为适应信息化时代的发展需要，彰显《四川农村年鉴》的资料性、适用性和影响力，2013年8月，建立了《四川农村年鉴》官方网站——四川农鉴网（www.njw.sc.cn）。编委会在做好《四川农村年鉴》编纂工作的同时，充分发挥编撰农村系列丛书的职能作用，拓展编纂业务。2010年5月，在“5·12”汶川特大地震发生2周年之际，编纂出版了80余万字的《四川农村年鉴·抗震救灾专卷》；2011年8月，与四川省总工会合作，编纂出版了112万字的《“5·12”汶川特大地震·四川工会抗震救灾志》；2018年12月，与四川省农村发展促进会、四川省灾后重建促进会联合编纂出版40万字的《中国力量——“5·12”汶川特大地震灾后重建纪实》；2019年10月，中华人民共和国成立70周年之际，与《四川农村》编辑部、四川省农村发展促进会联合编纂《四川“三农”70年大事记（1949—2019）》。20年来，《四川农村年鉴》相继获得省级、国家级多项大奖。其中，2012年卷获得四川省第十五次地方志优秀成果奖。2013年卷被中国版协评为第五届年鉴编纂出版质量综合二等奖。2016年12月，2014年卷被四川省地方志工作办公室、四川省地方志学会评为四川省第十七次地方志优秀成果二等奖。2017年3月，2015年卷被中国出版协会年鉴工作委员会评为2015—2016年度年鉴编校质量检查评比一等奖。2018年12月，2017年卷被四川省地方志工作办公室评为四川省第十八次地方志优秀成果（年鉴类）三等奖。2019年1月，2017年卷被中国出版协会评为第六届年鉴编纂出版质量（综合奖）二等奖；被中国出版协会年鉴工作委员会评为第六届年鉴编纂出版质量框架设计，条目编写，装帧设计，检索、编校质量和出版时效四个单项二等奖。2021年1月，2019年卷被四川省地方志工作办公室等单位评为四川省第十九次地方志优秀成果（年鉴类）二等奖。2023年1月，2021年卷被四川省地方志工作办公室等单位评为四川省第二十次地方志优秀成果（年鉴类）二等奖。2023年11月，《四川农村年鉴（2023）》加入中华人民共和国年鉴志鉴系列。2024年8月，《四川农村年鉴（2022）》在参加中国出版协会年鉴工作委员会主办的2024年全国年鉴编纂出版质量检查推优活动中被推选为优秀年鉴，据版协年鉴工委介绍，本次年鉴推优共分为特优、优秀、良好、合格、不合格五个等级，优秀年鉴相当于一等奖。

《四川农村年鉴》坚持以习近平新时代中国特色社会主义思想为指导，继续当好全省农村经济社会发展的记录者、农业大省向农业强省跨越的见证者、擦亮农业大省金字招牌的传播者，全面、翔实记载省委、省政府事关“三农”的重大战略决策部署和各项目标完成情况，客观、系统地记述四川全面建设社会主义现代化国家的发展历程，为全省农村经济社会持续健康发展提供重要参考。

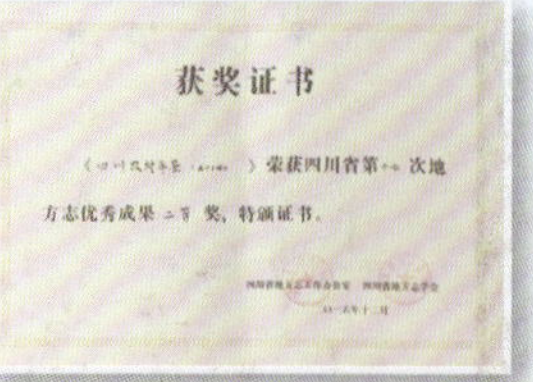

值此《四川农村年鉴》创刊20周年之际，谨向长期关心支持四川“三农”事业发展的各级党政机关、科研院所、涉农单位及社会各界人士致以崇高敬意！

总第20卷

2024 SICHUAN NONGCUN NIANJIAN

四川農村年鑑

四川农村年鉴编辑委员会 编纂

新 华 出 版 社

图书在版编目（CIP）数据

四川农村年鉴. 2024 /《四川农村年鉴》编辑委员会主编. -- 北京 : 新华出版社, 2025. 1. -- ISBN 978-7-5166-7865-7

Ⅰ. F327.71-54

中国国家版本馆CIP数据核字第2025PU4165号

四川农村年鉴 . 2024卷

作者：四川农村年鉴编辑委员会　　责任编辑：李　成

出版发行：新华出版社有限责任公司

（北京市石景山区京原路8号　邮编：100040）

印刷：四川宏丰印务有限公司

成品尺寸：210mm × 285mm　1/16　　印张：54.75　　字数：1500千字

版次：2025年1月第1版　　印次：2025年1月第1次印刷

书号：ISBN 978-7-5166-7865-7　　定价：478.00 元

微店

视频号小店

抖店

京东旗舰店

扫码添加专属客服

微信公众号

喜马拉雅

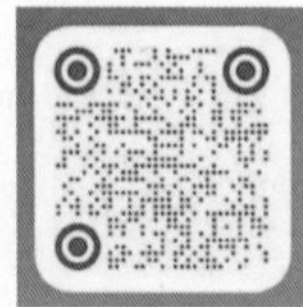

小红书

淘宝旗舰店

编纂说明

《四川农村年鉴》是逐年记录四川省农村经济社会发展、工作经验和研究成果的大型综合年鉴；是新时代各级党委、政府、机关、企（事）业单位解决“三农”问题、决策“三农”工作、实施乡村振兴、全面建设社会主义现代化国家的重要参考书；是帮助国内外人士了解、认识、研究、投资四川的重要工具书，具有资政、存史的重要作用，2005年以来已连续编纂出版20卷。

《四川农村年鉴（2024）》编纂出版工作坚持以马克思列宁主义、毛泽东思想、邓小平理论、“三个代表”重要思想、科学发展观、习近平新时代中国特色社会主义思想为指导，坚持辩证唯物主义和历史唯物主义的立场、观点和方法，汇集了2023年度四川“三农”各个方面发展状况的文献资料、图片、研究成果以及农村工作经验，如实反映了全省农村经济社会的新发展、新成果、新情况。为全省各级党委、政府决策“三农”工作提供重要借鉴，为广大科研和教学工作者、国内外各界人士研究四川“三农”提供权威资料，增进各省（区、市）及世界各国与四川在农村经济、科技、文化及社会各个方面的交流合作，促进四川农村经济社会发展。

《四川农村年鉴（2024）》全彩印刷，大16开精装版本，书名由中国现代作家、诗人、书法家马识途题写，入编资料均由有关省直部门，各市（州）、县（市、区）政府及相关单位提供，图文并茂地专题介绍全省农村经济社会发展，分篇目、章目、类分目及条目编辑。为保持相关篇章的完整性和连贯性，本书对部分内容做了适当回顾，对一些篇章涉及2024年的内容亦做了相应保留。所刊载数据以统计局的统计口径为准，辅以行业主管部门提供的数据，由于统计口径和使用方法的不同，个别数据稍有出入。年度聚焦篇目中的涉农统计数据均来自《四川统计年鉴（2024）》。本年鉴中相关领导人职务以文中记录之事发生的时间为准，文中所记录单位均以简称呈现。

《四川农村年鉴（2024）》的组稿、编纂、出版、发行等工作得到了各级各部门领导和社会各界人士的大力支持。由于本年鉴的入编单位较多，涉及面较广，工作量较大，书中难免存在不足之处，恳请广大读者尤其是供稿单位撰稿人批评指正，以便我们更好地改进工作，提高质量，服务四川发展。

《四川农村年鉴》专家评审指导委员会

（按姓氏拼音排序）

陈一农　中共四川省委政研室原副巡视员
邓良基　四川省人大农业农村委原主任委员
　　　　四川农业大学原党委书记
杜受祜　四川省社会科学院原副院长
　　　　四川省委省政府决策咨询委员会委员、研究员
冯久先　国家统计局四川调查总队原副总队长
郭晓鸣　四川省社会科学院原副院长、研究员
黄　丽　四川省交通运输厅交通史志总编室原总编辑（编审）
雷俊忠　原中共四川省委农村工作委员会二级巡视员
　　　　四川省委省政府决策咨询委员会委员
李洪仁　四川省人大常委会原副主任
李仁霖　四川省农业科学院原常务副院长
李泽民　四川省财政厅原一级巡视员
李兆权　原四川省文化厅副厅长
刘建军　四川省农业科学院原副院长
刘茂才　四川省社会科学院原院长、研究员
刘诗白　四川省社科联原主席
吕火明　四川省农业科学院原党委书记
孟俊修　四川省人大常委会原副主任
彭大鹏　中共四川省委党校新农村建设研究中心副主任、副教授
舒维双　四川省人大农委原主任
唐建军　四川省人民政府原副秘书长
万崇实　四川省政协农委原副主任
文心田　四川省委省政府决策咨询委员会农业组原副组长
　　　　四川农业大学原校长、教授、博士生导师
文正经　四川省政协农委原主任
谢学峰　中国民主建国会四川省委员会调研处处长
杨继瑞　成都市社科联名誉主席
杨忠好　原中共四川省委农村工作委员会巡视员
张田义　四川省人民政府原副巡视员

《四川农村年鉴》编辑部

《四川农村年鉴》协办单位

（排名不分先后）

四川省审计厅

四川省卫生健康委员会

四川省农业科学院

国家统计局四川调查总队

四川师范大学

国家能源集团四川发电有限公司

四川省国有资产投资管理有限责任公司

四川金融控股集团有限公司

成都市人民政府

绵阳市人民政府

乐山市人民政府

甘孜藏族自治州人民政府

成都市新都区人民政府

成都市双流区人民政府

绵阳市游仙区人民政府

峨边彝族自治县人民政府

雅安市名山区人民政府

九寨沟县人民政府

德阳市旌阳区农业农村局

西昌市林业和草原局

绵阳市游仙区盐泉镇人民政府

目　录

年度聚焦

年度聚焦 012

特　载

中共四川省委　四川省人民政府关于做好2023年乡村振兴重点工作加快推进农业强省建设的意见 002
四川省农村经济和社会发展报告 006

大事记

大事记 023

四川概况

自然资源 031
气候状况 034
行政区划及变更 035
人口情况 037
宗教情况 038

农业发展概况

种植业 040
　综述 040
　粮食安全 042
林业和草原 043
　综述 043
　森林资源保护管理 045
　草原保护建设 046
　野生动植物保护 047
　森林和草原防火 048
　森林病虫害防治 049
畜牧业 050
　综述 050
　生猪价格波动体系建设 051
渔业 052
特色效益农业 053
　林草产业 053

中药材产业…………………………………… 054
特色经济林产业……………………………… 055
国有林场林区………………………………… 056
农业对台合作与交流………………………… 057

农村基础设施建设与管理

水利建设……………………………………… 060
综述…………………………………………… 060
水资源管理…………………………………… 061
水利工程建设与管理………………………… 061
防汛抗旱……………………………………… 062
水文工作……………………………………… 063
饮水民生工程………………………………… 063
水利科技……………………………………… 064
河（湖、库）管理…………………………… 064
河（湖）长制工作 ………………………… 065
水土保持……………………………………… 065
交通建设与管理……………………………… 066
综述…………………………………………… 066
农村公路建设及养护………………………… 069
国省干线公路建设…………………………… 070
交通运输……………………………………… 071
四川农村信息网建设………………………… 072
农田水利建设………………………………… 072
农村邮政事业………………………………… 073
综述…………………………………………… 073
农村邮政综合服务体系建设………………… 074

农村财政、金融与市场监管

农村财政与金融……………………………… 076
农村金融工作………………………………… 076
新型农村金融机构…………………………… 076
涉农保险……………………………………… 077
金融体制改革………………………………… 077
中国农业发展银行四川省分行涉农工作…… 078
管理与监督…………………………………… 078
涉农物价管理………………………………… 078
涉农审计工作………………………………… 079
农产品市场安全监管………………………… 080
四川省农产品进出口概况及年度特点……… 086

宜居宜业和美乡村建设与乡村旅游

宜居宜业和美乡村建设……………………… 088
农村生态建设………………………………… 088
综述…………………………………………… 088
水污染防治…………………………………… 088
土壤污染防治………………………………… 089
水源地保护…………………………………… 090
农村人居环境整治…………………………… 091
综述…………………………………………… 091
农村生活污水治理…………………………… 091
乡风文明建设………………………………… 092
农村教育……………………………………… 092
综述…………………………………………… 092
农村基础教育………………………………… 093
农村职业教育与成人教育…………………… 094
民族地区教育………………………………… 094
农村文化……………………………………… 095
农村居民家庭收支情况……………………… 097
农村体育……………………………………… 099

农村居民社会保障…… 100
农村防灾减灾…… 101
农业气象服务…… 101
农村消防工作…… 101
农村群团工作…… 102
农村青少年工作…… 102
农村妇女儿童工作…… 102
农村妇女就业与创业…… 103
农村民主法制建设…… 104
农村司法保障和法律服务工作…… 104
农村司法行政工作…… 107
农村社会治安综合治理…… 109
乡村旅游…… 110

乡 村 振 兴

文化振兴…… 112
抓党建促乡村振兴…… 113
城乡融合发展与新型城镇化建设…… 115
民族地区社会事业…… 116
综述…… 116
民族地区科技工作…… 117
民族地区文化工作…… 118

市（州）、县（市、区）农村工作概况

成都市…… 120
锦江区…… 142
青羊区…… 143
金牛区…… 144
武侯区…… 145
成华区…… 146
龙泉驿区…… 147
青白江区…… 147
新都区…… 148
温江区…… 148
双流区…… 152
郫都区…… 155
新津区…… 156
都江堰市…… 159
彭州市…… 161
邛崃市…… 162
崇州市…… 165
简阳市…… 167
金堂县…… 168
大邑县…… 168
蒲江县…… 170
自贡市…… 172
自流井区…… 188
贡井区…… 189
大安区…… 191
沿滩区…… 193
荣县…… 197
富顺县…… 202
攀枝花市…… 203
东区…… 209
西区…… 209
仁和区…… 210
米易县…… 210
盐边县…… 211
泸州市…… 212
江阳区…… 216

龙马潭区…………………………………………………… 219
纳溪区…………………………………………………… 224
泸县…………………………………………………… 225
合江县…………………………………………………… 230
叙永县…………………………………………………… 236
古蔺县…………………………………………………… 241
德阳市…………………………………………………… 243
旌阳区…………………………………………………… 245
罗江区…………………………………………………… 251
广汉市…………………………………………………… 253
什邡市…………………………………………………… 254
绵竹市…………………………………………………… 255
中江县…………………………………………………… 255
绵阳市…………………………………………………… 266
涪城区…………………………………………………… 273
游仙区…………………………………………………… 273
安州区…………………………………………………… 285
江油市…………………………………………………… 286
梓潼县…………………………………………………… 289
平武县…………………………………………………… 290
北川羌族自治县…………………………………………… 296
三台县…………………………………………………… 300
盐亭县…………………………………………………… 305
广元市…………………………………………………… 308
利州区…………………………………………………… 316
昭化区…………………………………………………… 321
朝天区…………………………………………………… 323
旺苍县…………………………………………………… 324
剑阁县…………………………………………………… 325
青川县…………………………………………………… 325
苍溪县…………………………………………………… 326
遂宁市…………………………………………………… 326
船山区…………………………………………………… 333
安居区…………………………………………………… 335
射洪市…………………………………………………… 336
蓬溪县…………………………………………………… 338
大英县…………………………………………………… 340
内江市…………………………………………………… 343
市中区…………………………………………………… 345
东兴区…………………………………………………… 346
隆昌市…………………………………………………… 348
资中县…………………………………………………… 349
威远县…………………………………………………… 350
乐山市…………………………………………………… 355
市中区…………………………………………………… 364
五通桥区…………………………………………………… 367
沙湾区…………………………………………………… 371
金口河区…………………………………………………… 374
峨眉山市…………………………………………………… 378
犍为县…………………………………………………… 381
井研县…………………………………………………… 384
夹江县…………………………………………………… 387
沐川县…………………………………………………… 392
峨边彝族自治县…………………………………………… 395
马边彝族自治县…………………………………………… 399
南充市…………………………………………………… 401
顺庆区…………………………………………………… 405
高坪区…………………………………………………… 406
嘉陵区…………………………………………………… 407
阆中市…………………………………………………… 408
南部县…………………………………………………… 412
西充县…………………………………………………… 414

仪陇县……415
营山县……416
蓬安县……418
宜宾市……421
翠屏区……437
南溪区……440
叙州区……443
江安县……449
长宁县……451
高县……458
筠连县……461
珙县……462
兴文县……465
屏山县……467
广安市……471
广安区……472
前锋区……473
华蓥市……474
岳池县……475
武胜县……476
邻水县……480
达州市……482
通川区……482
达川区……483
万源市……483
宣汉县……484
大竹县……484
渠县……491
开江县……491
巴中市……492
巴州区……495
恩阳区……500
南江县……501
通江县……506
平昌县……507
雅安市……509
雨城区……510
名山区……511
天全县……513
芦山县……514
宝兴县……518
荥经县……519
汉源县……522
石棉县……523
眉山市……524
东坡区……525
彭山区……526
仁寿县……529
洪雅县……535
丹棱县……537
青神县……538
资阳市……548
雁江区……549
安岳县……552
乐至县……559
阿坝藏族羌族自治州……564
马尔康市……579
汶川县……580
理县……581
茂县……582
松潘县……583
九寨沟县……584

金川县……588
小金县……589
黑水县……590
壤塘县……591
阿坝县……593
若尔盖县……594
红原县……595
甘孜藏族自治州……596
康定市……605
泸定县……606
丹巴县……607
九龙县……608
雅江县……611
道孚县……612
炉霍县……613
甘孜县……614
新龙县……615
德格县……616
白玉县……616
石渠县……617
色达县……618
理塘县……618
巴塘县……619
乡城县……620
稻城县……621
得荣县……622
凉山彝族自治州……624
西昌市……625
会理市……626
木里藏族自治县……627
盐源县……627
德昌县……628
会东县……629
宁南县……630
普格县……631
布拖县……632
金阳县……634
昭觉县……634
喜德县……635
冕宁县……636
越西县……637
甘洛县……638
美姑县……639
雷波县……640

调查与研究

聚焦国之大者　坚持系统思维　为全面推进乡村振兴贡献审计力量……642
对口支援传帮带　托底帮扶显成效……643
新型农村集体经济发展的现实挑战与路径选择……646
我国新型农业经营主体的进展、问题及政策建议……649
我国山区粮食产业发展的需求、困境与路径选择……652
四川省农产品加工产业集群化的区域选择与协同战略……657
当好科创主力军　为建设农业强省赋能提速……661
“川味”土特产助推乡村振兴成效大潜力更大……662
四川省共同富裕试验区建设进程分析……664
金融活水润泽巴蜀沃土　多维赋能助力乡村振兴……669

党建引领下的托底帮扶：国家能源集团四川公司推进布拖县乡村振兴的实践与成效…………………… 671
当好时代“答卷人”　写好帮扶“新文章”　推动欠发达县域振兴发展的省国投公司…………………… 673
充分发挥综合金融服务优势　用心用情用力支持县域发展………………………………………………… 676
高质量发展助推“四好农村路”创建　奋力谱写新时代新都交通事业新篇章……………………………… 678
乡村消费体质扩容　“低空物流+”蓄势起飞　重塑乡村物流新生态…………………………………… 680
成渝合作共建　打造现代高效特色魔芋产业……… 681
峨边久久为功　谱写小凉山区“四好农村路”高质量发展新篇章………………………………………… 682
关于茶园统防统治促茶叶质量安全的调研报告…… 684
实施乡村振兴战略背景下高县乡村旅游发展问题及对策研究………………………………………………… 687
因路而美　因路业兴　以“四好农村路”推动乡村全面振兴……………………………………………… 689
聚焦聚力农业农村重点工作　扎实有效推进农业强县建设……………………………………………………… 690

附　　录

表彰…………………………………………………… 693
2023年国家乡村振兴示范县创建名单（四川省部分）…………………………………………………… 693
第七批国家生态文明建设示范区名单（四川省部分）…………………………………………………… 693
首批文化产业赋能乡村振兴试点名单（四川省部分）…………………………………………………… 693
2023年全国休闲农业重点县名单（四川省部分）…………………………………………………… 693
2023年中国美丽休闲乡村名单（四川省部分）…………………………………………………… 693
第三批全国乡村治理示范村镇名单（四川省部分）…………………………………………………… 693
国家农业产业强镇名单（四川省部分）………… 694
全国第四批农村物流服务品牌名单（四川省部分）…………………………………………………… 695
2023年全国兽用抗菌药使用减量化行动效果突出县（市、区、旗）名单（四川省部分）……… 695
2023年全国“平安农机”示范县名单（四川省部分）…………………………………………………… 695
2023年国家级水产健康养殖和生态养殖示范区名单（四川省部分）………………………………… 695
第七批“绿水青山就是金山银山”实践创新基地名单（四川省部分）……………………………… 695
2023年度四川省农村改革工作先进县（市、区）名单…………………………………………………… 695
2023年度四川省乡村振兴先进县（市、区）、成效显著县（市、区）、重点帮扶优秀县（市、区）和先进乡镇、示范村、重点帮扶优秀村名单…………………………………………………… 695
2023年四川省乡村文化振兴省级样板村镇名单…………………………………………………… 701
第四批“四好农村路”四川省级示范市名单…… 702
第七批“四好农村路”四川省级示范县名单…… 702
2023年度四川省“十大最美农村路”名单……… 703
2023年四川省森林城市、森林乡镇、森林村庄、森林人家名单……………………………………… 703
四川省第二批农村致富带头人名单……………… 703
第四批四川省级乡村旅游重点村名单…………… 706
2023年度四川省星级现代农业园区名单………… 707

四川省第一批农村法治教育基地名单…………… 708

政策法规………………………………………………… 710

四川省人民政府关于印发《建设“天府森林粮库”实施方案》的通知………………………………… 710

四川省人民政府办公厅关于印发四川省深入推进农产品质量安全省建设行动方案的通知………… 713

四川省人民政府办公厅关于印发《四川省农村一二三产业融合发展行动方案》的通知……………… 715

编　写　组

《四川农村年鉴》省级部门编写组…………………… 720

《四川农村年鉴》市（州）编写组…………………… 721

《四川农村年鉴》县（市、区）编写组…………… 722

聚焦“三农”

四川省审计厅……………………………………… 002

四川省农业科学院………………………………… 006

国家统计局四川调查总队………………………… 012

交通银行股份有限公司四川省分行……………… 016

四川师范大学……………………………………… 022

国家能源集团四川公司…………………………… 028

四川省国有资产投资管理有限责任公司………… 036

四川金融控股集团有限公司……………………… 044

四川省都江堰水利发展中心……………………… 052

四川省武都引水工程运管中心…………………… 054

成都市新都区……………………………………… 056

四川省农村发展促进会…………………………… 063

成都市双流区……………………………………… 064

德阳市旌阳区……………………………………… 072

绵阳市游仙区……………………………………… 076

绵阳市游仙区盐泉镇……………………………… 078

峨边彝族自治县…………………………………… 080

雅安市名山区……………………………………… 082

乐至县……………………………………………… 086

九寨沟县…………………………………………… 092

甘孜藏族自治州…………………………………… 096

西昌市林业和草原局……………………………… 102

索　　引

索引………………………………………………… 729

Contents

Annual Highlights

Features

Events

Overview of Sichuan

Natural Resources ········· 031

Climatic Conditions ········· 034

Administrative Divisions and Changes ········· 035

Population ········· 037

Religious Beliefs ········· 038

Overview of Agricultural Development

Planting Industry ········· 040

Overview ········· 040

Food Security ········· 042

Forestry and Grassland ········· 043

Overview ········· 043

Forest Resources Protection and Management ········· 045

Grassland Protection and Construction ········· 046

Protection of Wild Animals and Plants ········· 047

Forest and Grassland Fire Prevention ········· 048

Forest Pest Control ········· 049

Animal Husbandry ········· 050

Overview ········· 050

Pig Price Fluctuation System Building ········· 051

Fishery ········· 052

Characteristic and Profitable Agriculture ········· 053

Forestry and Grassland Industry ········· 053

Chinese Herbal Medicine Industry ········· 054

Special Economic Forest Industry ········· 055

State-owned Forest Farms ········· 056

Agricultural Cooperation and Exchanges with Taiwan ········· 057

Rural Infrastructure Construction and Management

Water Conservancy Construction ········· 060

Overview ········· 060

Water Resource Management ········· 061

Construction and Management of Water Conservancy Projects …… 061
Flood Control and Drought Relief …… 062
Hydrological Work …… 063
Drinking Water and Livelihood Projects …… 063
Water Conservancy Technology …… 064
River (Lake, Reservoir) Management …… 064
River (Lake) Chief System …… 065
Water and Soil Conservation …… 065
Transportation Construction & Management …… 066
Overview …… 066
Rural Highway Construction and Maintenance …… 069
National and Provincial Trunk Highway Construction …… 070
Transportation …… 071
Construction of rural information network in Sichuan …… 072
Water Conservancy Construction in Rural Areas …… 072
Postal Services in Rural Areas …… 073
Overview …… 073
Building of Comprehensive Postal Service System in Rural Areas …… 074

Fiscal, Financial and Market Supervision in Rural Areas

Rural Finance …… 076
Rural Financial Work …… 076
New Rural Financial Institutions …… 076
Agriculture-related Insurance …… 077
Financial System Reform …… 077
Agriculture-related Work of Sichuan Branch of the Agricultural Development Bank of China …… 078
Management and Supervision …… 078
Agriculture-related Commodity Price Control …… 078
Agriculture-related Audit Work …… 079
Agricultural Product Market Security Supervision …… 080
Overview and Annual Features of Agricultural Product Import and Export in Sichuan Province …… 086

Construction of Livable, Business-friendly, and Beautiful Villages and Rural Tourism

Construction of Livable, Business-friendly, and Beautiful Villages …… 088
Rural Ecological Construction …… 088
Improvement of Living Environment in Rural Areas …… 091
Development of Civilized Rural Culture …… 092
Rural Education …… 092
Rural Culture …… 095
Income and Expenditure Situation of Rural Households …… 097
Rural Sports …… 099
Social Security for Rural Residents …… 100
Disaster Prevention and Mitigation in Rural Areas …… 101
Group Organization Work in Rural Areas …… 102

Rural Women's Employment and Entrepreneurship ······ 103
Democracy and Legal System Building in Rural Areas ······ 104
Comprehensive Management of Public Security in Rural Areas ······ 109
Rural Tourism ······ 110

Rural Revitalization

Cultural Revitalization ······ 112
Promoting Rural Revitalization Through Party Building ······ 113
Integrated Urban-Rural Development and New Urbanization ······ 115
Social Undertakings in Ethnic Regions ······ 116
Overview ······ 116
Scientific and Technological Work in Ethnic Regions ······ 117
Cultural Work in Ethnic Regions ······ 118

Overview of Rural Work of Municipalities (Prefectures) and Counties (Cities and Districts)

Investigation and Research

Appendix

Recognition ······ 693
Policies and Regulations ······ 710

Compilation Group

Provincial Department Compilation Group of "Sichuan Rural Yearbook" ······ 720
Municipal (Prefecture) Compilation Group of "Sichuan Rural Yearbook" ······ 721
County (City and District) Compilation Group of "Sichuan Rural Yearbook" ······ 722

Focus on “Agriculture, Rural Areas, and Farmers”

Index

在推进乡村振兴上全面发力
加快实现由农业大省向农业强省转变

2023年以来，省委认真贯彻落实习近平总书记重要指示精神和党中央决策部署，坚持把“三农”工作作为重中之重来抓，粮食生产再获丰收，脱贫攻坚成果持续巩固，现代农业发展步伐加快，农民群众生活水平持续提升，宜居宜业和美乡村建设扎实推进，各项工作取得显著成效。面对新的形势和任务，全省要更加深刻认识到，在现代化建设的大背景下，农业农村现代化是基础支撑，着力补齐“三农”短板，加快推进农业大省向农业强省跨越，四川现代化建设的基础才能更加稳固、质量和成色才会更足；在经济回升向好的大形势下，农业的基本盘地位更加凸显，巩固和增强四川农业向好态势，全省稳增长、稳就业、稳物价才能更有支撑，才能更好掌握应对风险挑战的战略主动；在城乡融合发展的大逻辑下，农村的巨大潜力亟待激发，随着城乡要素的流动和经济循环的打通，农村蕴藏的巨量消费和投资需求将得到进一步释放，有利于我们拓展发展空间、加快现代化进程；在促进共同富裕的大目标下，农民的持续增收尤为重要，需要把促进农民增收摆在更加突出位置，千方百计帮助农民增收，让农民群众有更多实实在在的获得感。全省各地各部门要始终坚定“三农”发展正确方向，坚持用习近平总书记关于“三农”工作的重要论述统揽四川“三农”工作，深入学习运用“千万工程”经验，加快建设宜居宜业和美乡村，全面发力推进乡村振兴，坚决守住粮食安全和不发生规模性返贫两条底线，打造新时代更高水平的“天府粮仓”，加快推进全省农业农村现代化。

持续提高粮食安全保障能力。把提单产作为主攻方向，实施主要粮油作物单产提升行动，大力发展现代种业，强化科技和装备支撑，充分调动粮食生产积极性，统筹抓好生猪、蔬菜等重要农产品供给。加强耕地保护和建设，规范耕地占补平衡，加大撂荒地常态化整治、土地细碎化专项整治力度，扎实推进高标准农田建设，确保每年耕地面积只增不减。着力补齐农田水利短板，统筹推进大中型水利工程和“五小水利”设施规划建设和管理，切实增强应对极端天气能力。

不断巩固拓展脱贫攻坚成果。落实好防止返贫监测帮扶机制，进一步健全常态化监测网格管理体系，及时发现和解决各类苗头性、倾向性问题。稳步提升帮扶工作实效，大力促进帮扶产业提质增效，开展防止返贫就业攻坚行动，扎实抓好易地搬迁后续扶持，千方百计保持脱贫人口收入较快增长势头。加大重点地区支持力度，统筹用好东西部协作、定点帮扶、驻村帮扶、社会帮扶等资源力量，突出抓好乡村振兴重点帮扶县、重点帮扶村振兴发展，扎实做好欠发达县域托底性帮扶，持续改善脱贫地区发展条件，增强发展动能。

扎实推进宜居宜业和美乡村建设。全域整治农村人居环境，常态化开展村庄清洁行动，实施基础条件补短计划，高质量推进山水林田湖草沙一体化保护和系统治理，持续提升农村治理能力和水平，不断改善农村生产生活条件。提升乡村产业发展水平，持续用力做好“土特产”文章，大力建设现代农业园区，促进农村一二三产业融合发展，实施农产品精深加工提升行动，推动农村流通高质量发展。大力促进农民稳定增收，实施农民工高质量充分就业行动，多方挖掘增收潜力，完善联农带农机制，多措并举增加农民经营性收入、财产性收入。突出抓好试点示范，推动宜居宜业和美乡村精品村、示范村培育建设，以点带面推动工作整体提升。

积极稳妥深化农业农村改革。加快构建现代农业经营体系，突出抓好家庭农场和农民合作社发展，完善农业社会化服务体系，实现小规模农户和现代农业发展有机衔接。持续深化县域内城乡融合发展改革试点，努力在重点领域和关键环节改革上率先取得突破。大力发展新型农村集体经济，深化农村集体产权制度改革，创新集体经济发展模式，更好地造福当地农民群众。

全面推进乡村振兴、加快建设农业强省，关键在党。要坚持和加强党对“三农”工作的全面领导，压实五级书记抓乡村振兴责任，不断提高工作水平，以钉钉子精神推动各项部署落地落实。要加强纪律作风建设，聚焦形式主义官僚主义问题开展靶向治疗，规范和优化各类涉农督查检查考核，坚决管住农村基层“微权力”、惩治群众身边“微腐败”。要敢于挑重担子、啃硬骨头，不折不扣抓落实、雷厉风行抓落实、求真务实抓落实、敢作善为抓落实，不断开创全省“三农”工作新局面。

2024年2月2日，省委农村工作会议在成都市召开，省委书记、省人大常委会主任王晓晖（中）出席会议并讲话。王晓晖强调，要深入贯彻落实习近平总书记关于“三农”工作的重要论述，认真落实中央农村工作会议精神，学习运用“千万工程”经验，在推进乡村振兴上全面发力，大力推进农业农村现代化，加快实现全省由农业大省向农业强省转变。

农历甲辰龙年春节即将到来之际，省委书记、省人大常委会主任王晓晖（中）等省领导率团到各地开展走访慰问工作，亲切看望困难群体、优抚对象、老党员、先进典型和奋战在基层一线的干部群众等，向大家送去党和政府的关心温暖，向全省各族人民致以诚挚问候和新春祝福。在阿坝州，王晓晖分别到茂县富顺镇上关村脱贫户官清元和黑水县色尔古镇麻都社区困难群众阿哈基、维古乡西苏瓜子村老党员古古基家中看望慰问。王晓晖详细了解具体情况后，勉励其坚定信心、乐观生活，在党委、政府的帮助下，依靠勤劳双手克服生活中的各种难关，把日子越过越红火，并叮嘱当地要进一步做实做细防止返贫常态化的监测帮扶工作，及时帮助脱贫群众解决实际困难和问题。图为王晓晖到阿坝州黑水县色尔古镇麻都社区困难群众阿哈基家中看望慰问。

2024年10月14日—16日，省长施小琳（中）到甘孜州调研。施小琳强调，要深入贯彻党的二十届三中全会精神，全面落实新时代党的治藏方略，以铸牢中华民族共同体意识为主线，认真落实省委部署要求，坚持生态优先、绿色发展，立足资源禀赋、发展条件、比较优势等实际，扎实做好发展、稳定、生态、民生等重点工作，夯实民族地区长治久安基础，推动高质量发展不断取得新成效，让各族群众共享改革发展成果。图为施小琳到乡城县藏医院调研藏医药历史和特色疗法等情况。

2024年8月16日，省政协主席田向利（中）到攀枝花市米易县开展安宁河流域巡河工作。田向利强调，要深入学习领会习近平生态文明思想，全面贯彻党的二十届三中全会精神，按照省委、省政府部署要求，统筹生态环境保护和汛期安全工作，把河（湖）长制落实落细，持续用力筑牢长江上游生态屏障。图为田向利到米易县马鞍山水库调研防汛减灾工作。

2024年5月8日，省委常委、省委组织部部长于立军（中）到巴中市恩阳区红岩现代芦笋产业园调研。于立军强调，欠发达县域托底性帮扶是一项事关全局和长远的战略性工程，要提高政治站位、履行好政治责任，特别是要进一步做实产业和项目支撑，完善上下游产业链条，积极培育发展新质生产力。要着力抓好产业园区等平台载体建设，加大招商引资力度，持续优化营商环境，补齐园区公共服务配套和基础设施短板，以园区发展带动产业提升。要大力推动芦笋等特色农产品发展，持续推进特色农产品基地化、集群化、绿色化、品牌化建设，培育优质种质资源，健全联农带农、就业增收机制，让托底性帮扶的成果惠及更多群众。

2024年5月10日，副省长、省防汛抗旱指挥部指挥长胡云（中）到雅安市调研。胡云强调，要深入学习贯彻习近平总书记关于防灾减灾救灾重要论述，坚决落实全国防汛抗旱工作视频会议要求，按照省委、省政府工作部署，扎实做好防汛应对准备工作，坚持人民至上、生命至上，树牢底线思维、极限思维，以“时时放心不下”的责任感抓细抓实各项防御措施，确保人民群众生命财产安全。胡云先后到雨城区陇西河防洪治理工程、天全县引大济岷工程前期平整项目、天全县水产现代农业园区现场，实地督导防汛备汛工作，现场调研引大济岷工程准备情况和鱼子酱特色产业发展情况，并听取有关工作汇报。

第十届四川农业博览会

2024年9月20日—9月23日，第十届四川农业博览会在成都世纪城新国际会展中心举办。展会与第二届智慧农业博览会和第十届成都国际都市现代农业博览会同期同址举办。展会以“博天府粮仓之富集·览四海农业之精华”为主题，积极推动开放合作、成果展示、品牌塑造和市场拓展，以中匈建交75周年为契机，邀请匈牙利担任主宾国，匈牙利派出高级别代表团访川，并开展系列经贸洽谈活动。由重庆市担任主题省（区、市）、阿坝州担任主题市（州），创新模式设置“展+园+城”三大板块展示内容，设置39个欠发达县域优选产品展区，包含序厅、国资国企对口帮扶县域展区、直播区三大版块。在展示设置上，农博会专设“天府粮仓”展区，以实物展示、图文宣介集中展示宣介四川打造新时代更高水平“天府粮仓”行动的重点任务。活动设置上，在天府农博园举行“天府粮仓”品牌之夜，邀请社会各界人士品鉴“天府粮仓”精品农产品。在展会期间开展了“天府粮仓·第十届四川农博会最受欢迎农产品及品牌”评选活动并在品牌之夜活动上揭晓评选结果，全省有10个农产品、30个农产品品牌入选，“攀果”获评第十届四川农博会最受欢迎农产品品牌。活动策划方面，首次举办了“农博搭台·39唱戏”产销对接活动，助力欠发达县域农产品拓展市场，首次引进了美团（西部）选品会在农博会期间举办；联合行业协会、知名企业和媒体单位等，围绕行业发展关键与热点话题，举办四川油橄榄产业高质量发展国际研讨会等相关细分领域专业性会议活动和相关发布活动。

该届农博会首次以市场化方式举办，展览面积共10.5万平方米，共有2000余家企业上万种特色农产品亮相，匈牙利、智利等22个国家参展，其中国家馆数量达11个，为历届之最。累计现场销售金额5200万元，线上成交量超过3700万元，贸易签约金额超过60亿元，帮助欠发达县域现场签约超过1000万元，共吸引8万人次市民到现场采购 。

2024年全国“四季村晚”冬季主场活动

2024年12月30日，以“大地欢歌迎新春　攀西暖阳庆丰年”为主题的2024年全国“四季村晚”冬季主场活动在攀枝花市米易县草场镇龙华村枇杷生态园上演。活动由文化和旅游部公共服务司主办，四川省文化和旅游厅、中国文化馆协会、攀枝花市人民政府承办，四川省文化馆、攀枝花市文化广播电视和旅游局、米易县人民政府实施，文化和旅游部全国公共文化发展中心支持。国家公共文化云、四川公共文化云，“攀枝花开”App、“阳光米易”App，攀枝花文旅视频号、抖音号，阳光米易视频号，米易文旅抖音号对活动进行了同步直播。整场“村晚”约有20支群众文艺队伍300余名群众参与主场展演，演出分为《共享·幸福阳光》《相约·四季花城》《共赴·美好家园》三个篇章，“晒”家乡文化、“晒”乡村好物好景，以独特的艺术形式展示了乡村振兴的辉煌成就。活动现场还同步设置了“体验民俗文化项目”“参观新春市集”“品鉴乡村坝坝宴席”等配套活动，吸引了众多游客和群众驻足观赏，绘就了一幅乡村美、产业兴、百姓富的乡村振兴美丽画卷。

全国“四季村晚”是文化和旅游部品牌公共文化活动之一，是乡村文化生活的重要组成部分，是提升群众幸福感、带动乡村文化振兴的重要舞台。近年来，米易县持续补短板、强供给、优服务，多措并举推动文化事业繁荣发展，以满足人民文化需求、增强人民精神力量为着力点，

立足自身特色优势，统筹民俗、文化、特色农产品等各类资源，推进农文旅深度融合，不断完善公共文化服务体系，持续丰富群众文化生活，用文化绘就百姓乐、乡村美的乡村振兴新画卷，“颛顼故里·阳光米易”的知名度、美誉度和影响力不断提升。

大地欢歌迎新春　攀西暖阳庆丰年
2024年全国"四季村晚"冬季主场活动

大地欢歌迎新春
2024年全国"四季村

2024年中国农民丰收节

9月22日，2024年中国农民丰收节四川省庆丰收主场活动在成都市新都区军屯镇天星村举行。活动以“学用‘千万工程’ 礼赞丰收天府”为主题，坚持农民为主体，突出农民唱主角，各地举办庆丰收系列活动150余场次。主场活动现场，种粮大户、职业农民、职业经理人、乡村规划师代表等共计400余人相聚一堂、共同联欢。活动通过“1+6”的形式开展，“1”即1场群众庆祝丰收联欢活动，通过“丰收天府”“农民赛歌会”“天府‘星村’”等互动式、情景式的团体表演，全面展示了四川省农业发展新成就、农村改革新气象、农民群众新风貌；“6”即在主会场现场举办的6个配套活动，包括“金秋消费 共庆丰收”21个市（州）特色农产品线上线下促消费展示展销、“数智赋农 振兴39”电商直播活动、智慧农业及农机装备现场展示，以及四川宜居宜业和美乡村主题摄影展、非遗文化展和农娱体验活动。省丰收节组委会各成员单位发挥各自优势，组织开展27项活动。省委副书记、省委组织部部长、省委农村工作领导小组副组长于立军出席活动，宣读了习近平总书记对第七个中国农民丰收节的重要指示。副省长、省委农村工作领导小组副组长胡云出席活动。

四川省庆丰收主场活动

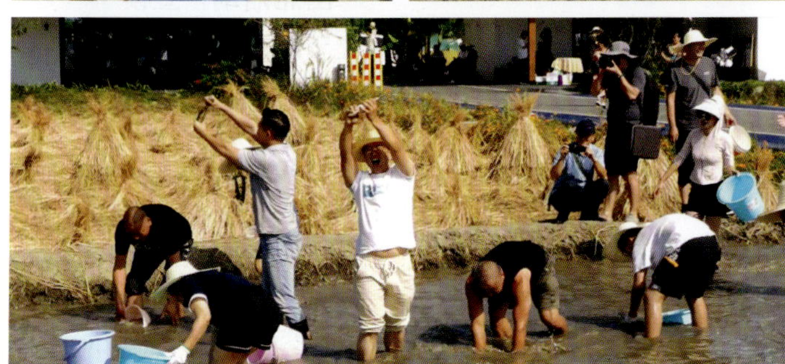

年末户籍人口

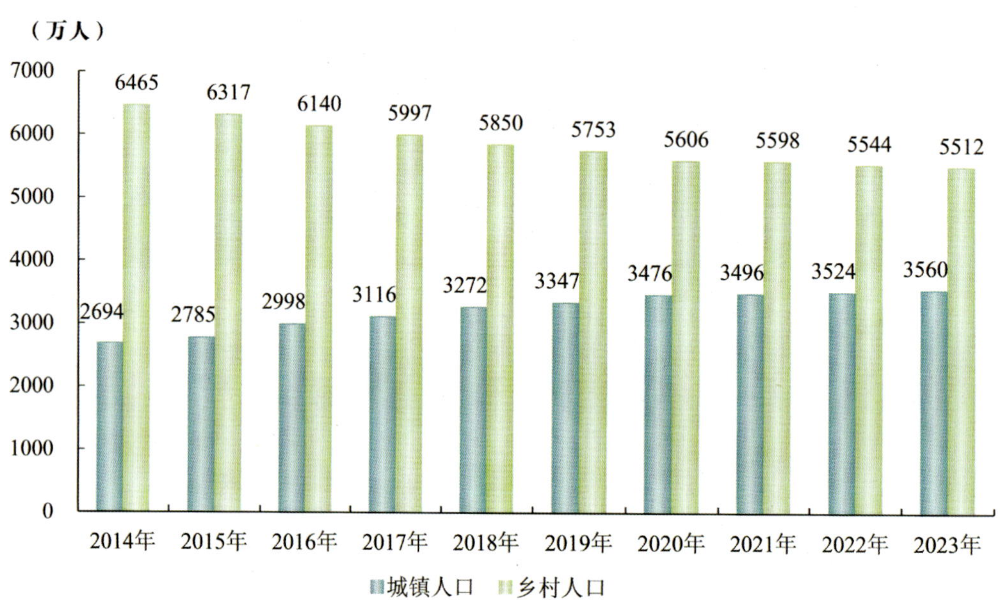

三次产业就业人员构成

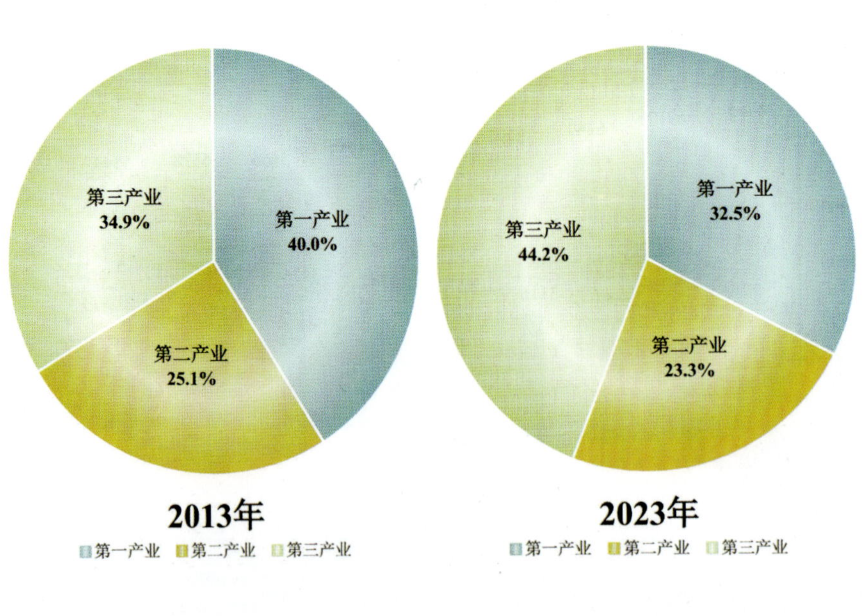

地区生产总值和增长速度

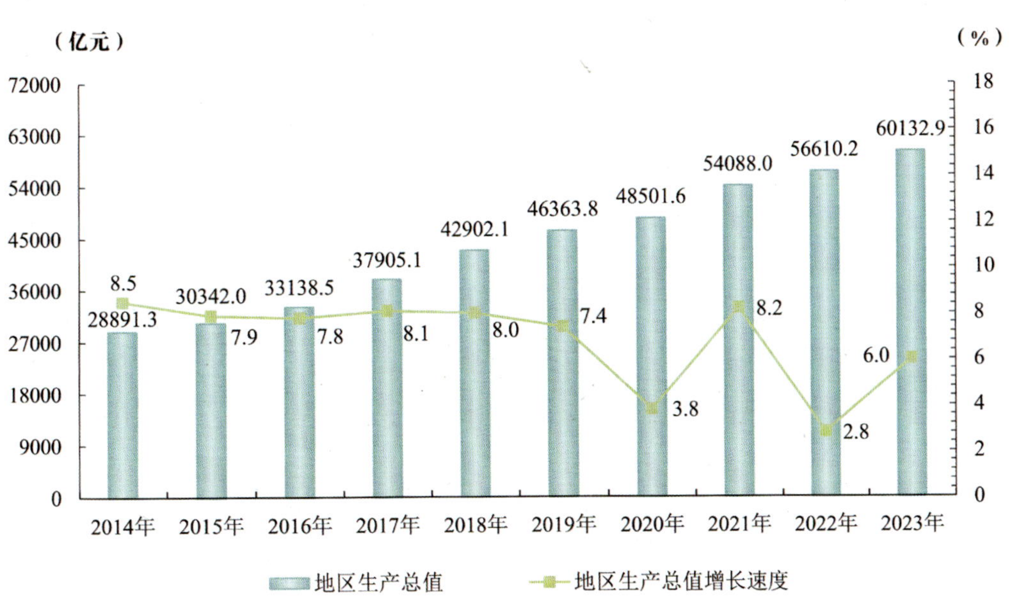

地区生产总值构成

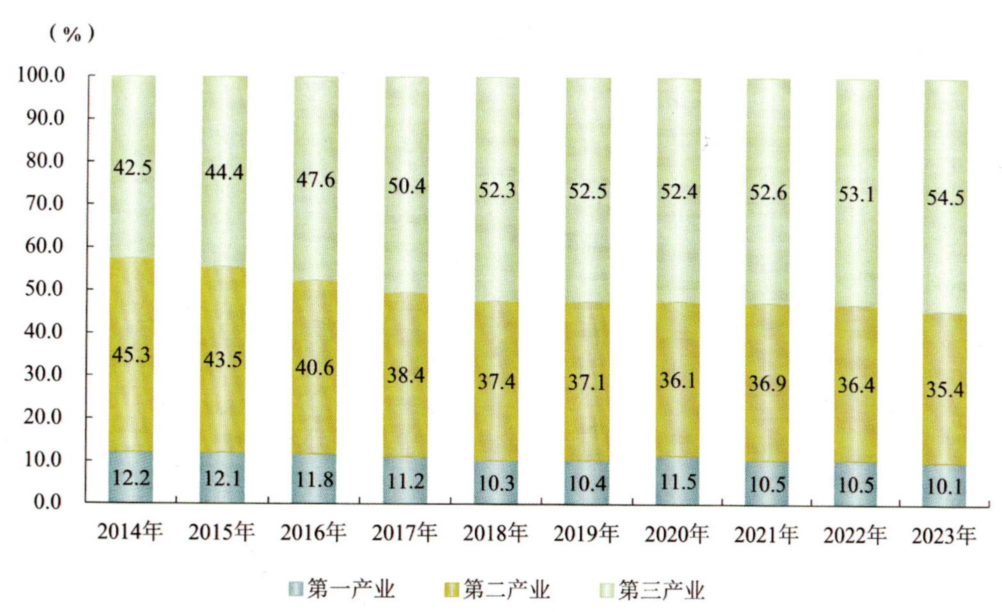

人均地区生产总值

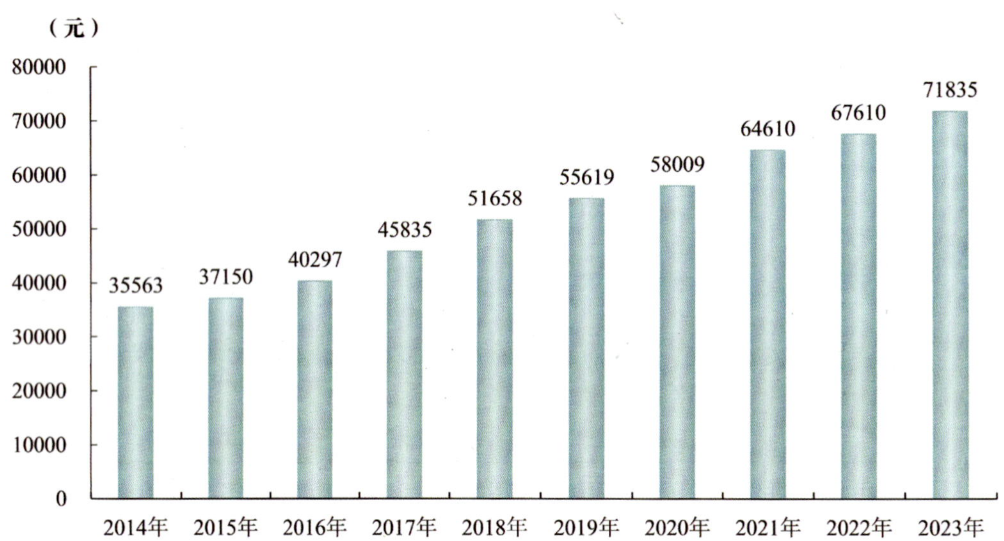

农林牧渔业总产值

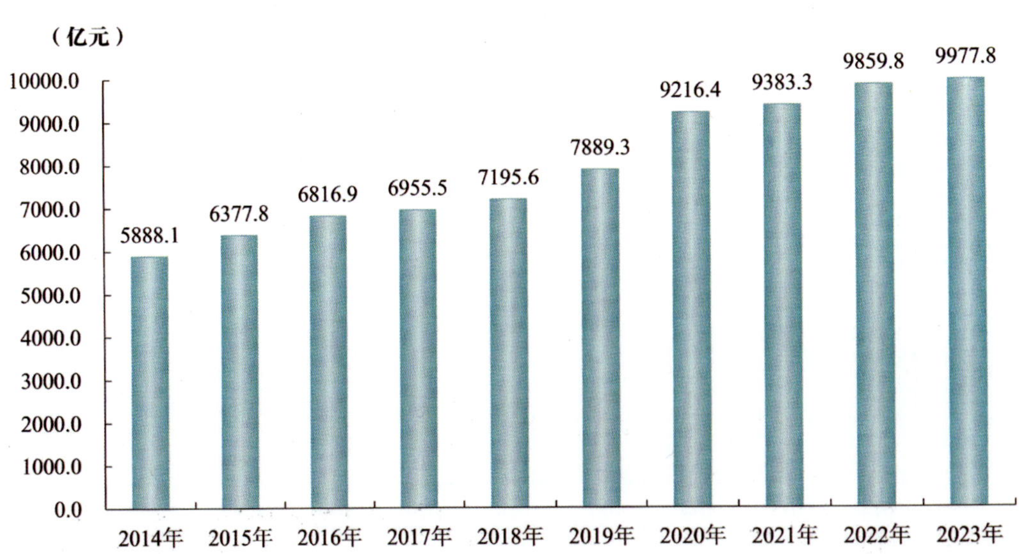

粮食作物和油料作物播种面积

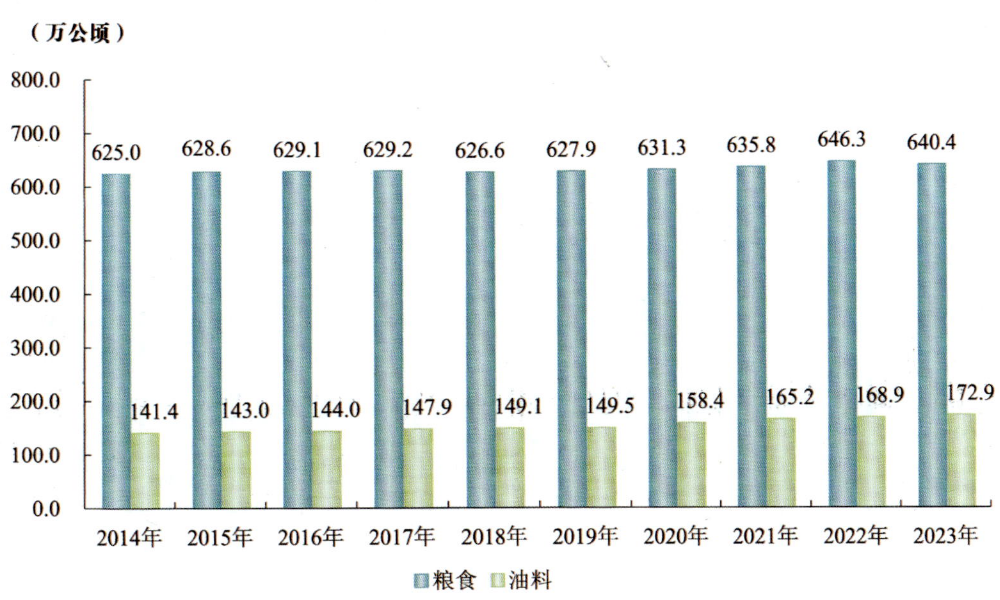

粮食产量和油料产量

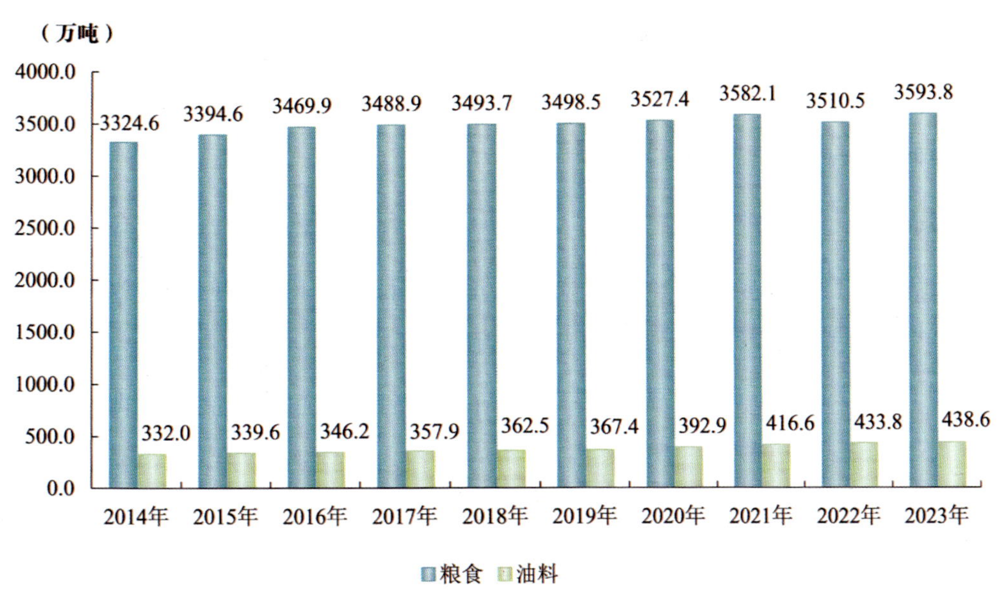

肉类总产量

（万吨）
800.0
700.0
600.0
500.0
400.0
300.0
200.0
100.0
0.0
704.1
694.3
680.4
653.8
664.7
559.5
597.9
664.0
685.7
697.1
2014年
2015年
2016年
2017年
2018年
2019年
2020年
2021年
2022年
2023年

化肥施用量

（万吨）
300.0
250.0
200.0
150.0
100.0
50.0
0.0
252.1
252.1
249.0
242.0
235.2
222.8
210.8
207.2
204.4
202.2
2014年
2015年
2016年
2017年
2018年
2019年
2020年
2021年
2022年
2023年

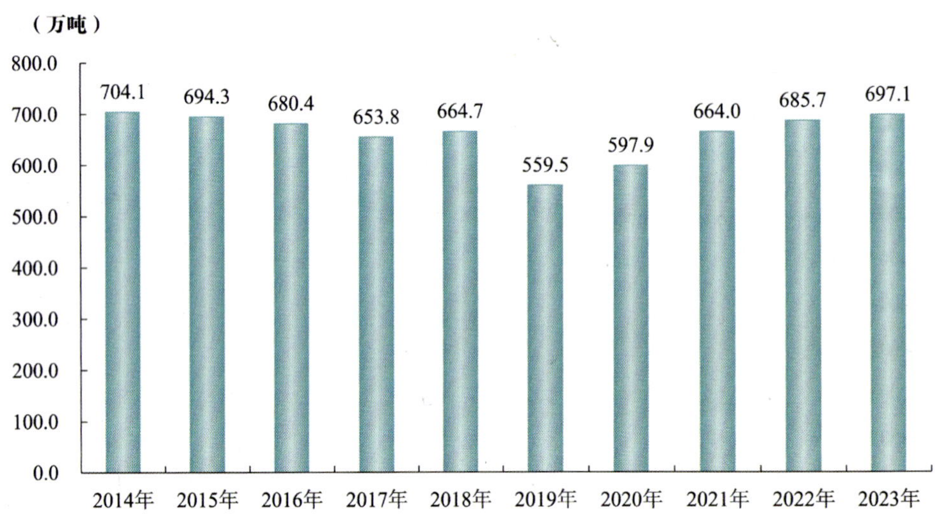

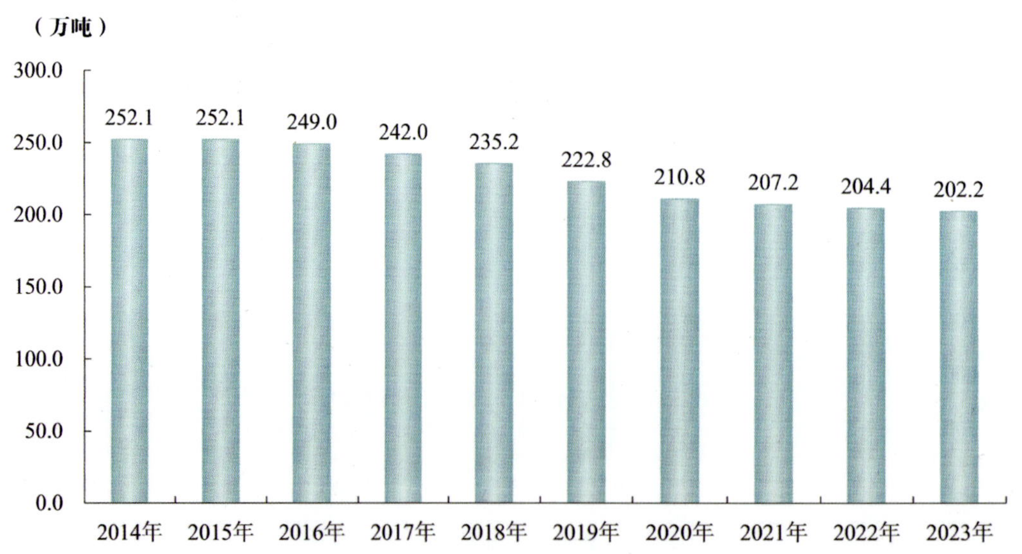

地方一般公共预算收入和支出

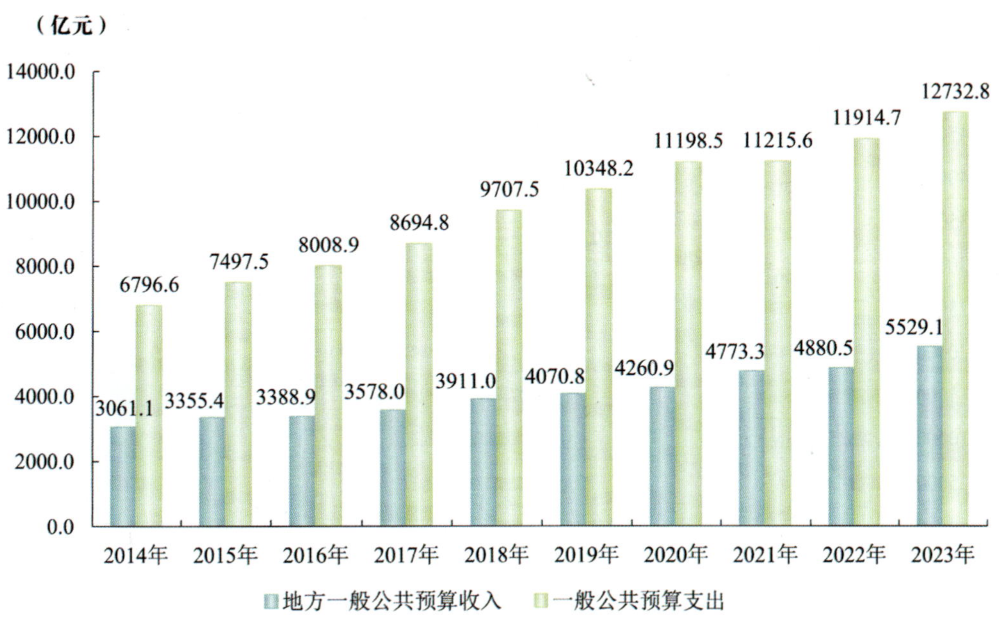

居民消费价格涨跌情况

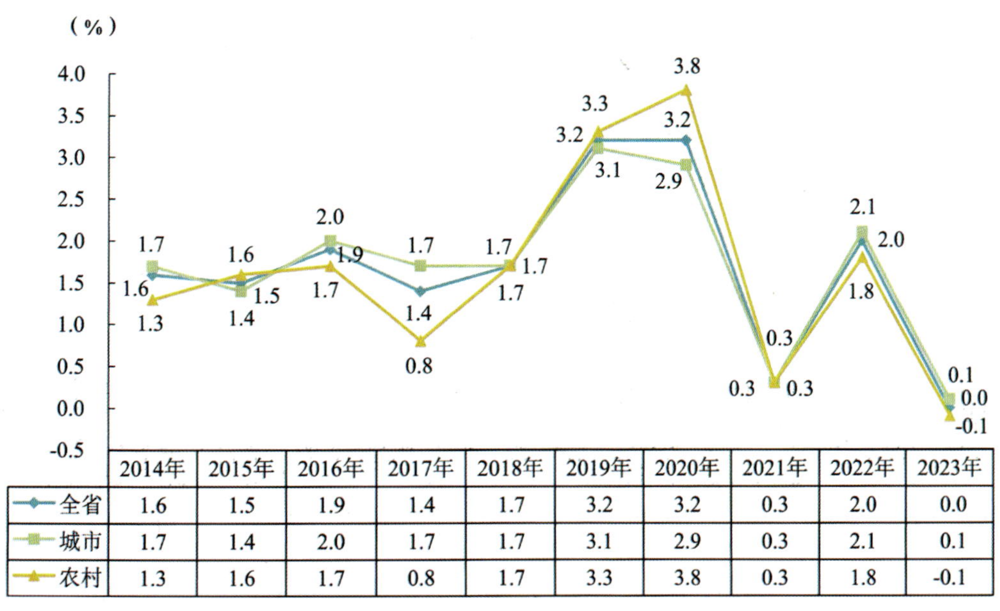

	2014年	2015年	2016年	2017年	2018年	2019年	2020年	2021年	2022年	2023年
全省	1.6	1.5	1.9	1.4	1.7	3.2	3.2	0.3	2.0	0.0
城市	1.7	1.4	2.0	1.7	1.7	3.1	2.9	0.3	2.1	0.1
农村	1.3	1.6	1.7	0.8	1.7	3.3	3.8	0.3	1.8	-0.1

城乡居民人均可支配收入

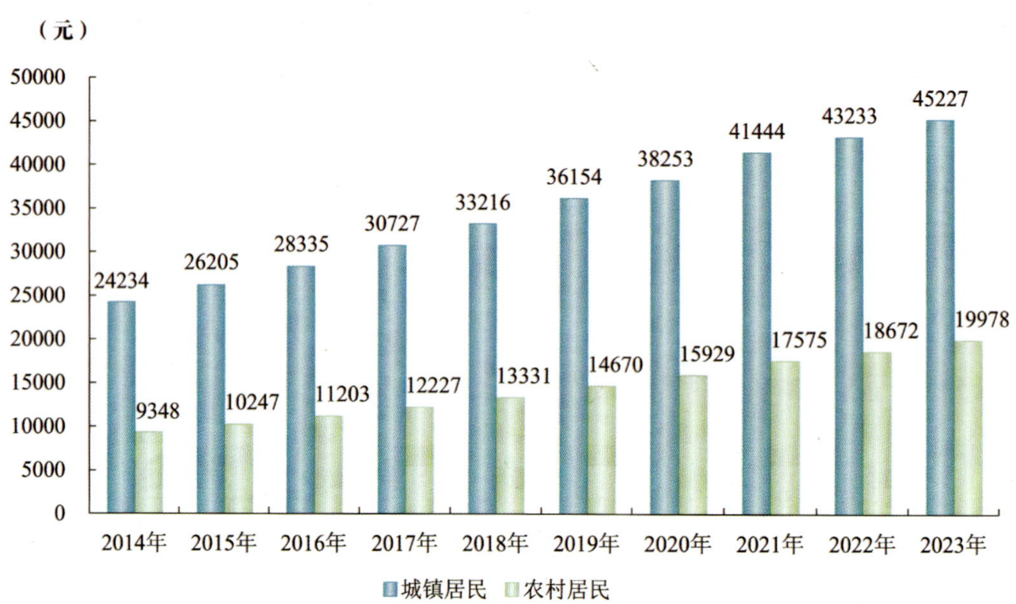

城乡居民人均消费支出

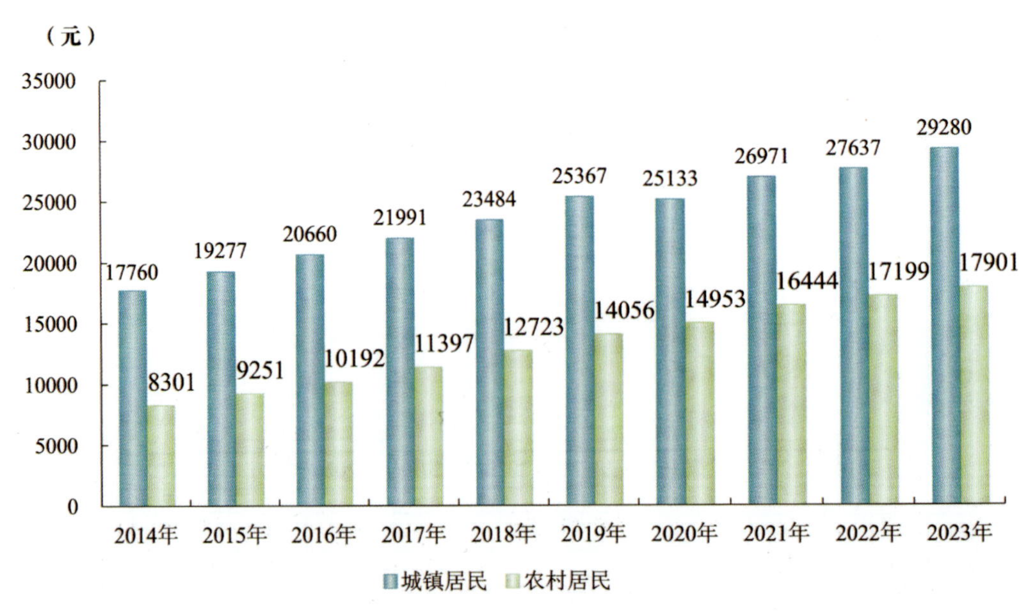

特载

TE ZAI

SICHUAN

中共四川省委　四川省人民政府关于做好2023年乡村振兴重点工作加快推进农业强省建设的意见

（川委发〔2023〕1号　2023年3月2日）

做好2023年和今后一个时期我省“三农”工作，要坚持以习近平新时代中国特色社会主义思想为指导，全面贯彻落实党的二十大精神，深入贯彻习近平总书记关于“三农”工作的重要论述和对四川工作系列重要指示精神，坚持“讲政治、抓发展、惠民生、保安全”工作总思路，落实“四化同步、城乡融合、五区共兴”战略部署，坚持农业农村优先发展，以建设新时代更高水平“天府粮仓”为引领，坚决守牢确保粮食安全、防止规模性返贫、加强耕地保护等底线，扎实推进乡村产业发展，加快建设宜居宜业和美乡村，全面推进乡村振兴，加快建设粮食安全和食物供给保障能力强、农业基础强、科技装备强、经营服务强、抗风险能力强、质量效益和竞争力强的农业强省。

一、加快建设新时代更高水平“天府粮仓”，提高粮食和重要农产品供给保障能力

（一）全力抓好粮食生产。严格落实粮食安全责任制，确保粮食播种面积稳定在9500万亩以上、产量达到715亿斤以上。实施粮食绿色高质高效创建工程，推进优质专用粮食基地建设。实施新一轮千亿斤粮食产能提升行动，开展吨粮田创建。实施玉米单产提升工程，支持有条件的地方发展再生稻。稳步扩大大豆玉米带状复合种植面积，建设省大豆玉米带状复合种植技术创新中心，因地制宜推广大豆高粱复合种植、果园套种大豆等模式。统筹落实油菜生产扶持政策，大力开发冬闲田（土）种植油菜，持续实施“天府菜油”行动。扩大木本油料种植面积，完成油茶扩种任务。持续推进农业种植园地优化改造。完善省级种粮大户补贴政策，分区域提高补贴标准。继续在产粮大县实施好稻谷小麦玉米完全成本保险政策，全省三大主粮保险覆盖率达到70%以上。健全农民种粮挣钱得利、地方抓粮担责尽义的机制保障。建立健全耕地种粮情况监测评价和通报机制。加强农资储备供应，稳定市场价格。落实新增地方粮食储备规模。深入开展粮食节约行动。

（二）保障“菜篮子”产品供给。严格落实“菜篮子”市长负责制。落实生猪稳产保供市县主体责任，稳定生猪生产长效性支持政策，做好生猪产能调控，确保生猪出栏数量稳定在6000万头以上。推进牛、羊、禽、兔、蜂等产业高质量发展。抓好蔬菜、水果、肉蛋奶、水产品等重要农产品稳产保供，做好“菜篮子”主要产品价格监测和预警。

（三）守牢耕地保护红线。足额带位置下达耕地保护目标任务，严格考核监督。全面推行田长制，实现耕地和永久基本农田保护网格化监管全覆盖。严格落实耕地占补平衡管理制度，实行部门联合开展补充耕地验收评定和“市县审核、省级复核、社会监督”机制，确保补充的耕地数量相等、质量相当、产能不降。全面加强耕地用途管控，明确耕地利用优先序，严格控制一般耕地转为其他农用地和农业设施建设用地。常态化做好流出耕地恢复补充。深入开展成都平原及全省耕地保护专项整治行动。建立健全防止耕地撂荒长效机制，确保可以长期稳定利用的耕地不再减少。全面开展第三次全国土壤普查工作。

（四）加强农田水利建设。实施“天府良田”建设攻坚提质十年行动计划，整区域推进高标准农田建设试点工作，重点补上“能排能灌、宜机作业”短板，年内新建高标准农田230万亩、改造提升195万亩，逐步将永久基本农田全部建成高标准农田。严格落实高标准农田建设财政补助政策和建设标准，整合涉农项目资金支持高标准农田建设，省级实行差异化补助政策，提高丘陵、山区补助标准，健全管护机制。开工建设引大济岷工程，分类加快推进安宁河流域水资源配置（打捆）工程建设，开工建设向家坝灌区一期二步、毗河供水二期工程。科学编制全省农田灌溉发展规划，全面实施“十四五”大型灌区续建配套与现代化改造工程，加快推进中型灌区续建配套与节水改造、病险水库除险加固。加强连接灌区骨干工程与田间地头渠系的农田水利设施建设。实施农村“五小水利”建设工程。实施农村机电提灌站建设三年行动。稳步推进水权水价改革。

（五）深入实施种业振兴行动。开展种质资源普查，建成四川省种质资源中心库，建设一批种质资源圃（场、区）。实施当家品种培育与推广工程，启动农业种子科技成果转化应用三年行动。深入实施农畜育种攻关计划及生物育种、川猪重大科技专项。开展制种基地提升三年攻坚行动。推进现代种业园区和水稻、玉米、油菜、大豆、生猪五大种业集群建设。加快南繁科研育种基地提升改造，加快培育种业领军企业和成长型企业。

（六）强化农业科技支撑。加强国家和省级重点实验室、省级技术创新中心建设。培育建设一批农业科技现代化先行县。加强国家现代农业产业技术体系四川创新团队建设。优化提升一批省级农业科技园区。深入推行科技特派员制度。推进基层农技推广体系改革与建设。完善农业科技领域基础研究稳定支持机制。鼓励以市场化方式设立农业科技创新投资基金。健全农业农村灾害性天气预警发布机制。加强旱涝灾害防御体系建设和农业生产防灾救灾保障。健全基层农作物病虫害监测预警网络。

（七）提升农业物质装备水平。落实农机购置与应用补贴政策，推进农机研发制造推广应用一体化试点。建设农业机械创新联合体。推进农业机械化先行县和先导区建设。深入实施"五良"融合产业宜机化改造。推进农产品产地冷藏保鲜和集散地冷链物流基础设施建设。实施数字农业建设项目。加快建设成都现代农业装备产业园。

二、加快构建现代农业产业体系，推动乡村特色产业高质量发展

（八）加快发展现代农业园区和产业集群。新认定或晋级60个以上省级星级现代农业园区、100个以上市级现代农业园区，创建2个国家现代农业产业园，推进川渝农业合作园区和都市现代农业园区建设。深入开展现代林业产业基地和林业园区建设。布局并启动建设首批省级农业高新技术产业园区，积极争创国家农业高新技术产业示范区。实施省级现代农业产业集群培育工程，新培育10个以上全产业链发展的现代农业产业集群。创建一批国家农村产业融合发展示范园。新培育60个国家级和省级农业产业强镇。

（九）构建多元化食物供给体系。实施设施农业现代化提升行动。培育壮大食用菌产业。支持畜禽养殖场新建改造。推进"鱼米之乡"建设。实施"天府森林粮库"工程，新增森林粮库经营面积350万亩。大力发展节粮型畜牧业，推进饲料粮减量替代。

（十）加快现代食品产业发展。实施农产品产地初加工设施设备建设工程。实施农业产业化龙头企业"排头兵"工程。推进省级农产品加工园区建设，支持农产品加工企业做大做强，培育壮大一批农产品加工助推乡村振兴重点企业。大力发展预制菜产业。支持大中型农产品批发市场改造升级。支持开展农产品供应链体系建设。落实鲜活农产品运输"绿色通道"政策。启动建设农产品质量安全省。

（十一）积极发展乡村新产业新业态。持续开展乡村旅游重点村镇和天府旅游名镇名村建设，培育一批"天府度假乡村"。建设一批中国美丽休闲乡村、全国和省级休闲农业重点县。打造一批等级旅游民宿。建设一批省级科技助力乡村振兴先行村、"星创天地"等。加快发展现代乡村服务业。推进县域商业体系建设，支持农村商贸和流通基础设施建设补短板，推进电子商务进农村，打造"交商邮"融合发展试点县。实施"川货寄递"工程。

（十二）扩大农业开放合作。推进农业国际贸易高质量发展基地建设，支持培育农产品出口大县和龙头企业，优化农产品出口通关流程，扩大农产品出口。推进农业对外开放合作园区和基地建设。支持农业企业"走出去"。

三、巩固拓展脱贫攻坚成果，接续推动脱贫地区加快发展

（十三）坚决守住不发生规模性返贫底线。压紧压实巩固拓展脱贫攻坚成果责任。坚持全覆盖集中排查和常态化动态监测相结合，实施分类精准帮扶，严格规范监测对象退出程序，确保应纳尽纳、应扶尽扶，坚决防止出现整村整乡返贫现象。落实最低生活保障、特困人员救助供养制度，健全分层分类的社会救助体系，稳步提高兜底保障水平。开展巩固拓展脱贫攻坚成果"回头看"，巩固提升"三保障"和饮水安全保障水平。

（十四）促进脱贫群众持续增收。加快脱贫地区产业发展，中央财政衔接推进乡村振兴补助资金用于产业发展的比重不低于60%。因地制宜高质量发展庭院经济，用好"天府乡村"公益品牌。强化就业帮扶，开展"雨露计划+"就业促进行动，发展壮大帮扶车间，保持乡村公益性岗位规模总体稳定，确保有劳动力的脱贫家庭至少有1人稳定就业。

（十五）支持脱贫地区整体加快发展。构建乡村振兴重点帮扶县（村）支持体系，推动50个重点帮扶县巩固拓展脱贫攻坚成果同乡村振兴有效衔接实施方案落地。充分发挥东西部协作、定点帮扶、省内对口帮扶、教育医疗科技人才"组团式"帮扶、驻村帮扶等帮扶机制作用，增强脱贫地区内生发展动力。

（十六）抓好易地搬迁后续扶持。实施易地搬迁后续扶持项目，完善提升安置区配套基础设施，统筹安置区与迁入地公共服务供给。深入开展搬迁群众就业帮扶专项行动，力争800人以上的安置区都有帮扶产业园或帮扶车间覆盖。实施易地搬迁安置区乡村治理专项行动，持续实施"牵手伴行"行动计划。

四、千方百计促进农民增收致富，加快推进农民农村共同富裕

（十七）促进农民工高质量充分就业。健全县、乡、村三级劳务服务体系，积极培育"川字号"劳务品牌，加大跨省农民工就业失业监测和困难帮扶，稳定农村劳动力转移就业规模，提高就业质量。培育发展县域富民产业，支持大中城市疏解产业向县域延伸，在城市周边县域布局关联产业和配套企业。实施"一县一业"强县富民工程，促进农村劳动力就地就近就业。深入推进根治欠薪等工作，加强农民工权益保障。完善农民工返乡入乡创业政策。在政府投资重点工程和农业农村基础设施建设项目中推广以工代赈，适当提高劳务报酬发放比例。健全农民工就业统计监测机制。

（十八）拓宽农民经营增收渠道。支持农民扩大农业生产规模、延伸产业链条。支持新型农业经营主体完善与农民的利益联结机制，推动建设农业产业化联合体。支持农民发展乡村作坊、家庭工场和乡村生产生活服务业，在县域内从事个体工商业经营或利用个人技能从事便民劳务活动。支持鼓励乡村传统技艺人才、非物质文化遗产传承人、乡村工匠等发展乡村特色、民族手工业。鼓励支持村级组织和乡村建设带头工匠依法承接小型工程项目。县级政府要为农民在县域内从事生产经营活动创造良好环境、提供政策支持。

（十九）挖掘农民财产性收入增长潜力。引导土地经营权有序流转，健全农民土地租金和分红收益增长机制。支持农户采取出租、入股等方式，盘活利用农村闲置农房和宅基地。健全农村集体经济组织收益分配机制。深化集体林权制度改革。开展农村产权流转交易市场规范化建设试点。鼓励金融机构开发适应农村家庭需求的理财产品，让农民获得多元化收益。

（二十）增加农民转移性收入。足额精准发放各项惠农补贴。落实新一轮退耕还林还草延长期补助政策。提高城乡居民基本养老保险基础养老金最低标准，落实为符合条件的困难群体代缴城乡居民养老保险费等帮扶政策。逐步提高农村低保标准。推动农村用电、用水、用气、客运、网络等公共服务提质降费。引导慈善公益项目加大对农村地区的投入。

五、扎实推进宜居宜业和美乡村建设，加快农村基本具备现代生活条件进程

（二十一）加强乡村规划建设。加快推进以片区为单元的乡村国土空间规划编制实施。将村庄规划纳入村级议事协商目录。制定不同类区农村基本具备现代生活条件建设指引及标准。深入实施“四好农村路”建设和乡村运输“金通工程”，推进较大人口规模自然村（组）通硬化路、产业路旅游路建设，加快村道安防工程建设、危旧桥梁改造和铁索桥改公路桥建设。开展乡村水务百县建设行动，推进农村规模化供水工程建设和小型供水工程标准化改造，开展水质提升专项行动。加快农村电网现代化建设及薄弱地区电网建设改造，因地制宜推进乡村光伏发电和风电项目建设。鼓励支持各地开展农村低碳能源项目建设，加快农村能源消费转型升级。提升农村4G网络覆盖水平，推动5G网络和千兆光网向行政村延伸、向户拓展。实施智慧广电乡村工程，推进智慧广电、应急广播与社会治安综合治理中心等乡村治理信息化平台融合发展。加强新一代信息技术在农业农村的推广应用，打造一批数字乡村。持续推进农村房屋安全隐患排查整治，开展农房和村庄建设现代化试点。加强乡村建设工匠培养。落实村庄公共基础设施管护责任。加大传统村落及民族村寨保护力度，持续推进集中连片保护利用。加强农村集镇建设，以乡镇政府驻地为重点，加快提升基础设施、环境风貌和公共服务，切实解决集镇“脏乱差堵”等问题。加强农村应急管理基础能力建设，深入开展重点领域风险隐患治理攻坚。开展宜居宜业和美乡村试点建设。

（二十二）整治提升农村人居环境。实施农村“厕所革命”整村推进示范村、人居环境整治重点县建设项目，开展干旱、寒冷、高海拔地区农村卫生厕所适用技术模式试点，探索农村厕所长效管护机制。推动农村生活垃圾收运处置体系建设和源头分类减量，及时清运处置。实施农村生活污水治理“千村示范”工程，推进生活污水资源化利用。稳步消除较大面积农村黑臭水体。探索厕所粪污、畜禽粪污、易腐烂垃圾、有机废弃物就地就近资源化利用。强化农业面源污染综合治理，深入推进化肥农药减量化，整县推进秸秆综合利用。常态化开展村庄清洁行动，推进村容村貌整治提升。

（二十三）加强农村生态保护。强化山水林田湖草沙一体化保护和系统治理，实施重要生态系统保护和修复重大工程。持续推进国家储备林建设。实施乡村绿化美化行动，开展森林乡镇、森林村庄创建工作。严格落实森林、草原、湿地、物种保护制度。加强乡村原生植被、小微湿地保护，坚决遏制开山毁林、填塘造地等行为。完善农村河湖长体系，推动农村河湖水环境改善。实施好长江十年禁渔。推进农业生物安全治理。深入推进森林草原防灭火常态化治理。

（二十四）推进乡风文明建设。加强农村思想政治工作，深入开展社会主义核心价值观宣传教育，广泛开展听党话、感党恩、跟党走宣传教育活动。持续开展新时代乡风文明建设十大行动，深化文明村镇创建。实施乡村文化振兴“百千万”工程，鼓励乡村自办群众性文化活动。深入推进移风易俗，扎实开展高价彩礼、大操大办等重点领域突出问题专项治理。实施农耕文化传承保护工程。建设认定一批四川乡村石窟文化公园。

（二十五）完善农村基本公共服务。改善乡村学校办学条件，缩小区域、城乡、校际教育差距，落实乡村教师生活补助政策。加强乡村两级医疗卫生、医疗保障服务能力建设，统筹解决乡村医生薪酬分配和待遇保障问题。提高农村传染病防控和应急处置能力，做好农村疫情防控工作。实施村级综合服务设施提升工程。推进乡村社工服务体系建设。完善县乡村三级养老服务网络，推进乡镇区域性养老服务中心建设，推广村级互助养老模式，健全农村留守老年人关爱巡访机制。实施农村妇女素质提升计划，加强乡村两级未成年人保护站点建设。

（二十六）健全党组织领导的乡村治理体系。强化县级党委抓乡促村责任，深入推进抓党建促乡村振兴。开展乡村振兴先进乡村党组织选树，常态化整顿软弱涣散村党组织。培训提升乡镇、村班子领导乡村振兴能力。对农村党员分期分批开展集中培训。坚持以党建引领乡村治理，深化市域社会治理现代化试点工作，强化县、乡、村三级治理体系功能。全面落实县级领导班子成员包乡走村、乡镇领导班子成员包村联户、村干部经常入户走访制度。健全党组织领导的村民自治机制，开展创新基层群众自治试点，全面落实“四议两公开”制度，规范村级组织工作事务、机制牌子和证明事项。加强对乡村干部的激励保障，完善村干部基本报酬正常增长机制。开展乡村振兴领域腐败和作风问题整治。坚持和发展新时代“枫桥经验”，加强乡村人民调解组织队伍建设，完善农村矛盾纠纷多元预防调处化解和风险隐患社会化信息化排查处置机制。建设法治平安乡村，加强农村法治宣传教育和法律服务，深化民主法治示范村（社区）、“六无”平安村（社区）创建活动，推进“一村一辅警（警务助理）”，推进农村扫黑除恶常态化，开展打击整治农村突出违法犯罪专项行动。深化乡村治理体系建设试点，推广运用积分制、清单制等治理方式。培育发展社区社会组织，组织开展志愿服务。

六、深化体制机制改革创新，强化乡村振兴要素保障

（二十七）推进县域城乡融合发展。健全城乡融合发展体制机制和政策体系。加强市域统筹，坚持把县域作为城乡融合发展的重要切入点，选择20个县（市、区）开展县域城乡融合发展改革试点，促进城乡资源要素双向流动、合理配置。强化国土空间规划引领，建立健全县乡村一体规划、公共基础设施一体化建设管护、基本公共服务一体化供给机制。完善产业空间布局，推动城乡产业协同发展。加快补齐县域城镇化短板弱项，推动城镇基础设施向乡村延伸。推进县域内义务教育优质均衡发展、医疗卫生资源县域统筹，加快发展城乡学校共同体、县域医疗卫生次中心、紧密型医疗卫生共同体、养老服务联合体等，加快推进县域基本公共服务均等化。深入推进县域农民工市民化，统筹解决户籍、资金、公共服务等方面的问题，建立健全基本公共服务同常住人口挂钩、由常住地供给机制。深入推进成都西部片区国家城乡融合发展试验区建设。赋予县级更多资源整合使用的自主权，率先在县域内破除城乡二元结构，加快形成县乡村统筹发展格局。

（二十八）加快发展新型农村集体经济。巩固和深化农村集体产权制度改革，规范农村集体经济组织运行管理，推进农村集体资产资源“三权分置”改革。探索开展集体资产收益权抵押担保、有偿退出等权能拓展试点。实施扶持村级集体经济发展项目。支持农村集体经济组织抱团发展、与各类市场主体开展合作，支持有条件的市县国有企业探索联合农村集体经济组织组建公司，整合集体资产资源和社会力量，做大做强新型农村集体经济。

（二十九）深化农村土地制度改革。深化第二轮土地承包到期后再延长30年试点，开展解决农村土地细碎化问题试点。稳慎推进农村宅基地制度改革试点。深化农村集体经营性建设用地入市试点。保障进城落户农民合法土地权益，鼓励依法自愿有偿转让。探索开展土地综合整治改革，优化国土空间布局，盘活农村存量建设用地。

（三十）构建新型农业经营体系。深入开展新型农业经营主体提升行动。实施家庭农场培育计划，加快推进“一组一场”，把小农户培育成家庭农场。实施农民合作社联农带农能力提升工程，支持合作社根据发展需要办企业、组建联合社。深化家庭农场和农民合作社带头人职业化试点。加快发展农业生产社会化服务，支持农村集体经济组织、农民合作社、供销合作社、专业服务公司等各类主体开展以农业生产托管为重点的社会化服务。实施以村（组）为单位的农业生产“大托管”示范工程。持续深化供销合作社综合改革。

（三十一）创新乡村振兴投入机制。坚持把农业农村作为一般公共预算优先保障领域，持续增加公共财政对乡村振兴的投入，确保投入力度不断增强、总量持续增加。落实提高土地出让收益用于农业农村比例政策及省级统筹调剂机制。支持各地扩大债券资金用于乡村振兴项目规模。支持省乡村振兴投资引导基金加快社会募资进度，形成有效项目投资。推动金融机构创新农村金融产品和服务，促进农村产权与金融资源有机衔接，发挥四川农业信贷直通车等作用，持续加大乡村振兴信贷投入。深入开展金融服务乡村振兴“送码入户、一键贷款”信贷直通专项活动，建立完善金融服务主办责任银行制度。推进农村信用体系建设，发展农户信用贷款。稳步扩大农业保险覆盖面。加快推进乡村振兴金融创新示范区建设。

（三十二）加强乡村人才队伍建设。持续实施乡村人才振兴五年行动。组建四川乡村振兴职业学院。实施农业杰出人才培养计划，充分发挥基层涉农专业技术人才作用。深化“科技下乡万里行”专家服务团帮扶活动，完善城市专业技术人才定期服务乡村激励机制，对长期服务乡村的在职务晋升、职称评定方面予以适当倾斜。引导城市专业技术人员入乡兼职兼薪和离岗创业。允许符合一定条件的返乡回乡下乡就业创业人员在原籍地或就业创业地落户。落实事业单位人事管理倾斜政策，深入实施县以下事业单位管理岗位职员等级晋升制度。继续实施急需紧缺专业大学生定向培养、千名紧缺专业人才顶岗培养、“三支一扶”和大学生西部计划。加大乡村振兴高技能人才培育基地建设力度。实施高素质农民培育计划、“领头雁”农村创业青年网络培训。

办好农村的事，实现乡村振兴，关键在党。各级党委、政府要认真学习宣传贯彻党的二十大精神，学深悟透习近平总书记关于“三农”工作的重要论述，把“三农”工作摆在突出位置抓紧抓好，不断提高“三农”工作水平。充分发挥各级党委农村工作领导小组牵头抓总、统筹协调等作用，完善工作运行机制。严格落实乡村振兴责任制，持续对贯彻落实“三农”重大政策和资金使用情况开展审计监督，统筹开展乡村振兴战略实绩考核、分类考评和巩固拓展脱贫攻坚成果同乡村振兴有效衔接考核评估。加强作风建设，深入贯彻群众路线，大兴调查研究之风，坚决反对形式主义、官僚主义，坚决反对搞形象工程、做表面文章，减轻基层迎评送检、填表报数、过度留痕等负担。

四川省农村经济和社会发展报告

四川省农村经济和社会发展报告课题组

2023年是全面贯彻党的二十大精神、加快建设农业强国的开局之年，是四川农业农村改革发展历程中极不平凡的一年。四川各地深入贯彻习近平总书记关于“三农”工作的重要论述以及对四川工作系列重要指示精神，坚持农业农村优先发展，全面推进乡村振兴，全省粮食产量达359.4亿千克，创26年来新高；第一产业增加值首次迈上6000亿元台阶，城乡居民收入比值下降到2.26∶1。报告重点阐述了2023年四川农业发展的主要进展及成效、面临的主要问题与挑战。根据2024中央“一号文件”、省委“一号文件”和省委十二届四次全会精神，对四川省农业农村发展形势进行预测与展望，并提出2024年四川农业农村发展的主要思路和对策建议。

一、2023年四川农业农村发展的主要进展及成效

2023年是全面贯彻党的二十大精神、加快建设农业强国的开局之年，是四川农业农村改革发展历程中极不平凡的一年。一年来，四川各地深入贯彻习近平总书记关于“三农”工作的重要论述以及对四川工作系列重要指示精神，坚持农业农村优先发展，积极推进打造新时代更高水平“天府粮仓”，稳步提升粮食和重要农产品供给保障能力。与此同时，扎实推动乡村特色产业高质量发展，加快建设宜居宜业和美乡村，全面推进乡村振兴。2023年，四川农业生产平稳运行，全省第一产业增加值首次迈上6000亿元台阶；农林牧渔业总产值接近1万亿元，达到9977.8亿元，比2022年增长4%。

（一）农业生产总值稳中有升

1.粮食产量创历史新高

2023年，四川省以打造新时代更高水平“天府粮仓”为引领推进粮食生产，实施主要粮油作物大面积单产提升行动，取得明显成效。一是粮食播种面积基本稳定。全省全年粮食作物播种面积9606万亩，其中通过推广大豆玉米带状复合种植等举措，玉米播种面积2799万亩，增长0.6%；冬小麦播种面积879万亩，增长0.8%。二是粮食总产量创新高。全省全年粮食总产量达到359.4亿千克(3593.8万吨)，比2022年增加8.35亿千克(83.3万吨)，增长2.4%，超过预期目标1.9亿千克，创26年来新高，继续稳居全国第九位，增幅在13个粮食主产省(区)中居第三位。主要品种中，水稻产量148.1亿千克，比2022年增加1.85亿千克，增长1.3%；玉米产量109.7亿千克，比2022年增加5.1亿千克，增长4.9%；冬小麦产量26.4亿千克，比2022年增加1.65亿千克，增长6.6%；豆类产量16.3亿千克，比2022年增加1.75亿千克，增长12.2%；薯类产量52.65亿千克，比2022年减少2.4亿千克，减少4.4%(2018—2023年四川粮食总产量见图1)。三是综合单产实现恢复性增长。2023年，全省粮食综合单产374.1千克/亩，比2022年提高12千克/亩，增长3.3%，在2022年基础上实现恢复性增长，亩产增幅居全国第二位，在13个粮食主产省(区)中排第一位。

2.经济作物持续增产

2023年，四川省经济作物产量稳定增长，全省茶叶综合产值达1200亿元，同比增长11.1%，实现连续三年产值突破千亿元大关；除川茶外，川粮油、川菜等“川字号”产值全面突破千亿元大关。全省全年油料产量438.6万吨，较2022年增长1.1%，其中油菜籽产量居全国第一位。全省全年蔬菜及食用菌产量5417.9万吨，较2022年增长4.2%；茶叶产量42.5万吨，较2022年增长8.1%；园林水果产量1341.8万吨，较2022年增长8.3%（四川省2022年和2023年经济作物产量见表1）。

3.畜牧业生产相对稳定

2023年，四川省畜牧业生产相对稳定，肉蛋奶供应能力稳步提高，城乡

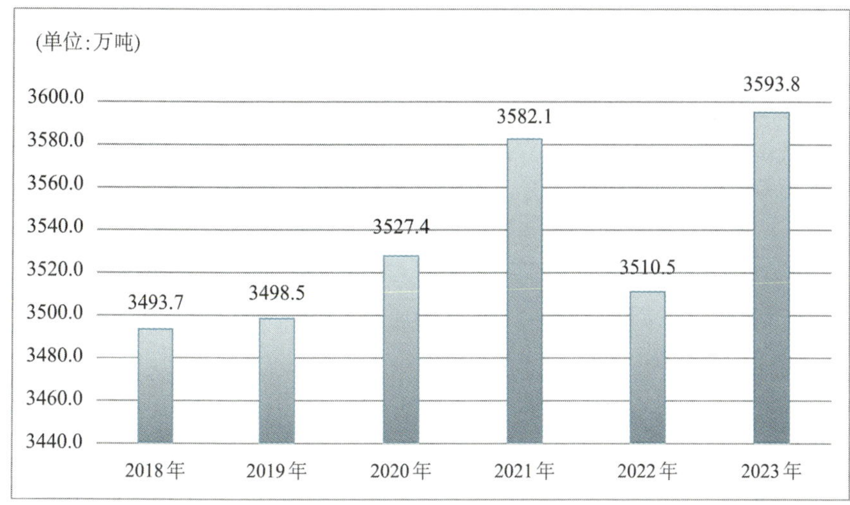

图1 2018—2023年四川粮食总产量

（数据来源：2018—2023年四川省国民经济和社会发展统计公报）

居民的“肉盘子”稳定有保障。全省全年猪(牛、羊、禽)肉产量670.8万吨，比2022年增长1.5%；禽蛋产量181.1万吨，同比增长3.2%；牛奶产量72万吨，同比增长1.7%。作为全国生猪养殖大省，四川省印发了《四川省生猪保供稳价九条措施》，并出台了《关于推进生猪产业现代化的意见》，持续推进生猪产能提升。全省全年生猪出栏6662.7万头，增长1.7%，出栏量创2017年以来新高，继续保持全国第一位，超额完成国家下达任务；牛出栏316.4万头，增长3.4%；羊出栏1767.3万只，减少1.4%；家禽出栏76511.9万只，减少2%。

4.林草生态持续改善

2023年，四川省生态环境进一步改善，全省全年完成营造林498万亩，修复退化草场1055万亩，森林蓄积面积增加1600万立方米；林草产业总产值达5200亿元，同比增长10.4%。一是实施“国土绿化”行动。全省全年实施人工造林64.6万亩、封山育林40万亩、退化林修复100万亩、森林抚育293.4万亩，义务植树1亿余株，治理沙化土地59.9万亩、干旱河谷1.9万亩、岩溶地区5.6万亩，1600余万亩退耕还林成果得到巩固；实施人工种草53.7万亩，改良天然草原229.2万亩，建设封育围栏157.8万米。二是推进“天府森林粮库”建设。围绕8类经济林食物和3类林下食物，遴选平武县厚朴、南江县核桃、攀枝花市仁和区板栗等首批“天府森林粮库”示范建设项目11个，全省全年林粮产量超过1400万吨，菌菇、中药材等林下经济经营面积超过2000万亩。

5.水产养殖能力稳步提升

2023年，四川省水产养殖能力稳步提升，全省全年水产养殖面积达到289.5万亩，增长1.4%；水产品产量178.9万吨、增长3.9%。创建国家级水产健康养殖和生态养殖示范区4个，分别是以县级政府为主体的安岳县、隆昌市和以生产经营单位为主体的平昌县道生渔业有限公司、广元市生态渔业发展有限公司。苍溪县、武胜县、富顺县和泸县创建为2022—2023年度全国平安渔业示范县。3家单位入选“2022—2023年度基层水产技术推广体系建设先进单位”，数量居全国前列。一是持续加强水产队伍建设。截至2023年年底，全省水产技术推广机构达906家，水产技术推广人员达1707人，分别较2021年增长4.7%、6%；共计争取各类项目资金8509万元，较2021年增长53.5%。二是持续提升技术服务水平。一方面，组织参加全国农业职业技能大赛、“全国星级基层水产技术推广机构”、“全国最美渔技员”等竞赛评选活动，充分发挥先进模范的示范引领作用；另一方面，开展“五大行动”现场观摩、苗种产业检疫工作交流、规范用药科普下乡等活动，各级水产技术推广人员到一线指导养殖户9.3万户，举办各类观摩培训913次，培训5.7万人次。

（二）现代农业发展提质增效

1.推进高质量现代农业园区建设

一是启动“天府粮仓·千园建设”

表1 四川省2022年和2023年经济作物产量

经济作物	2022年产量(万吨)	2023年产量(万吨)	同比增减(%)
油料	434.1	438.6	1.1
蔬菜及食用菌	5198.7	5417.9	4.2
茶叶	39.3	42.5	8.1
园林水果	1238.4	1341.8	8.3

（数据来源：2022年和2023年四川省国民经济和社会发展统计公报）

行动。2023年，为发挥现代农业园区的重要支撑和示范牵引作用，建设新时代更高水平“天府粮仓”，四川省委农村工作领导小组办公室、农业农村厅印发了《“天府粮仓·千园建设”行动方案》，提出到2025年，建成国家和省、市级现代农业园区1000个以上，实现有条件的涉农县省级以上园区全覆盖，示范带动建设县级园区1000个；到2027年，建成国家和省、市级现代农业园区1200个以上，示范带动建设县级园区1200个，实现有条件的涉农乡（镇）县级以上园区全覆盖。二是推进高质量现代农业园区建设。四川省坚持把现代农业园区作为建设新时代更高水平“天府粮仓”和持续擦亮农业大省“金字招牌”的重要抓手。全省创建国家现代农业产业园17个（其中认定10个），数量位居全国第二。新创建国、省级农业园区95个，产业集群21个，产业强镇66个，认定省星级园区155个、市级园区500个以上，国、省、市、县四级园区总量达到1500个以上，初步构建起四级园区梯次推进、联动发展的格局，全省现代农业园区为构建完善“川字号”优势特色现代农业产业体系、加快形成全省现代农业园区建设“一盘棋”、为提升四川农业发展质量和综合效益发挥了重要作用。

2.新型经营主体规模不断壮大

截至2023年年底，全省实有经营主体总量突破900万户，以17个月的时间再上一个百万台阶。全省积极培育新型农业经营主体，实施家庭农场培育提升行动，加强农民合作社省级示范社培育，发展农业生产社会化服务。一是开展新型农业经营主体培育。以理论学习、现场教学、线上学习相结合的方式，针对种养大户、农业企业、家庭农场、合作社及返乡农民工等多元主体开展新型经营主体培育，以提高其生产致富技能，落实科技兴农人才战略，为产业健康持续发展奠定坚实的基础。二是新型农业经营主体初具规模。全省全年新增家庭农场2万家、农民合作社省级示范社300个，新培育基层供销社示范社287个，农业社会化服务体系加快构建。2023年，全省农业产业化联合体增加至331个，建成家庭农场24万余家、农民合作社10.6万个、县级以上龙头企业近4000家。

3.扎实推进川种振兴行动

2023年，四川省认真贯彻落实习近平总书记关于种业发展的重要指示精神以及党中央、国务院关于种业振兴的重大决策，扎实推进种业振兴行动，并签署西南种业发展联盟倡议，促进西南地区种业区域协作。一是稳固“天府粮仓”优良品种支柱。国内唯一省级综合性种质资源中心库建成并投用，国家区域畜禽（生猪）种业创新中心投入运行，农业种质资源得以更好地保存和创新利用。高质量建设水稻、玉米、大豆、油菜、生猪五大种业集群。一批高产、广适、优质的水稻和玉米新品种在长江上游的国家级核心水稻品种评选中脱颖而出。二是锻造四川种业领军企业。成都种业集团正式挂牌，成立后的集团主要聚焦种质资源开发利用、先进种源引进推广、种业创新创业孵化三大功能方向，是实现现代种业“建圈强链”的重要抓手。2023年12月6日，四川省国家种业阵型企业——德康农牧在香港交易所主板上市。

4.休闲农业蓬勃发展

2023年，四川省进一步挖掘绿水青山、乡土文化等资源，探索农旅研学、养生、科普等农业新产业、新业态。四川省12地村落入选为2023年中国美丽休闲乡村，包括“农博+旅游社区”的成都市新津区兴义镇张河村、“茶旅融合”的自贡市荣县铁厂镇黑观音村等。成都市郫都区等10个县（市、区）被列为2023年四川省休闲农业重点县。彭州市、广元市利州区、雅安市雨城区入选2023年全国休闲农业重点县。截至2023年年底，全省累计认定全国休闲农业重点县8个，数量与江苏省、浙江省、新疆维吾尔自治区并列全国第一。此外，在第一批全国“一县一品”特色文化艺术典型案例名单中，文旅融合类四川有4地上榜。2023年，四川省继续开展“天府旅游品牌”建设，天府旅游名县、天府旅游名牌集体“出圈”，其中包括第五批8个天府旅游名县和第三批10个天府旅游名镇、30个天府旅游名村、10家天府旅游“名宿”、10名天府旅游名导、9件天府旅游名品。

5.农产品区域品牌建设成效显著

2023年，四川省深入实施品牌强农战略，努力打造一系列的“川字号”农产品区域品牌，加快构建“1+N”“天府粮仓”农业品牌矩阵，持续擦亮四川省农业大省金字招牌。一是四川农产品区域品牌建设成效显著。全省24个产品入选《2023年第二批全国名特优新农产品名录》。苍溪红心猕猴桃等30个区域公用品牌、道泉老坛等46个企业品牌、“东汉”牌醪糟等78个农产品品牌入选《2023年四川省农业品牌录》。二是“川字号”农产品品牌出川步伐加快。2023年6月，“天府粮仓”四川农业省级公用品牌发布，并公布全省100个首批入选“天府粮仓”精品（培育）品牌名单。此外，四川省在2023年中国农民丰收节上宣布启动“天府粮仓”精品全国推介活动。第九届四川农业博览会天府粮仓·农博会评选出凉山袁野农家腊肉、广元王家贡米等10个最受欢迎农产品和宜宾汇、都江堰猕猴桃等30个最受欢迎农产品品牌。

（三）扎实推进宜居宜业和美乡村建设

1.农村人居环境质量持续改善

2023年，四川省深入推进“美丽四川·宜居乡村”建设，实施厕所、垃圾、污水“三大革命”。一是继续实施农村“厕所革命”。整村推进实施示范村、人居环境整治重点县建设项目，新(改)建农村卫生厕所51.2万户，有效改善农村卫生条件，提高农民的生活质量。二是完善农村垃圾收运处置体系。进一步形成了以"户分类、村收集、乡镇转运、市县处理"为主，片区处理和就地就近处理为辅的农村生活垃圾收运处置模式。截至2023年11月底，新增农村生活垃圾集中收集点3.7万个，保洁、转运车辆2976台；建立农村生活垃圾收费制度的行政村占比达40%以上，农村生活垃圾收运处置体系行政村覆盖率达97%以上，收运处置能力和水平得到明显提升。三是开展农村生活污水与黑臭水体治理工作。针对农村生活污水和黑臭水体问题，四川省各地多点开花、因地制宜，逐步建立农村生活污水治理体系，提高了农村环境的宜居性。在生活污水治理方面，四川省推动实施农村生活污水治理"千村示范"工程，推进生活污水资源化利用，进一步提升了农村人居环境的品质。截至2023年10月底，四川省68.32%的行政村(含涉农社区)生活污水得到有效治理，较2019年初提升约50个百分点，推动水环境质量创20年来最好水平。在黑臭水体治理修复方面，四川省对准全面消除农村黑臭水体目标，全面整治农村黑臭水体，落实常态化巡查维护。2023年，宜宾市江之头、阿坝州花湖入选全国美丽河湖，绵阳市芙蓉溪入选全国幸福河湖建设试点。

2.农村公共服务质量显著提升

一是稳步推进农村低收入人口帮扶常态化。2023年，四川省基本建成省、市、县、乡四级联动的低收入人口动态监测预警机制；农村县、乡、村三级养老服务网络基本成型，推进乡村社工服务体系建设。四川省眉山市青神县高台镇诸葛村的《探索邻里互助居家养老新路径，村建"长者食堂"破解"老龄村"治理难题》被纳入第五批全国乡村治理典型案例。二是完善线上医疗保障公共服务平台。截至2023年年底，四川省实现医保码全流程应用，线上医保公共服务范围扩大、渠道增多，构建起了线上线下一体的医保公共服务体系。2023年，四川省22个统筹区已全部开展医保支付方式改革，其中20个地区已完成实际付费，实际付费覆盖率超过90%，有效降低了全省群众医疗费负担。三是加强以学生为本的乡村教育。2023年，四川省开展"乡村温馨学校"建设，并评选出首批14所"乡村温馨学校"。在均衡基础教育方面，四川省全面消除"超大班额"，多措并举落实"双减"政策，加快建设教育强省。宣汉县《汇聚多方力量，关爱留守儿童》案例入选《第五批全国农村公共服务典型案例名单》。在提高职业教育质量方面，农业农村厅与崇州市政府签订共建四川乡村振兴职业学院战略合作协议，成为全国唯一以乡村振兴命名的全日制高等职业学院，为全面实施乡村振兴注入了新生力量。

3.农村基础设施建设逐步完善

2023年，四川省农村基础设施逐步完善。在农村公路建设方面，四川省积极推动"四好农村路"和乡村运输"金通工程"高质量发展，四川省已累计完成农村公路投资1090亿元，乡村运输"金通工程"实现所有县(市、区)全覆盖。全省全年新(改)建农村公路1.9万千米，乡村"金通工程"车辆达到2.7万辆。在数字乡村建设方面，全省全年新增5G基站4.6万个，千兆光网覆盖家庭能力达5500万户。与此同时，推进智慧广电建设，实施"电商进农村"行动，扩大农村电商覆盖面。在农村电网建设方面，全省全年在20个市(州)114个县(市、区)新建和改造10千伏线路3306.03千米，配变5199台、低压线路18933.21千米，涉及户表5691户。在农村水利建设方面，"乡村水务百县"建设持续推进，推动乡村水务提速扩面，同时加快农业灌溉提标增效，实施农村供水工程改造提升和水质达标建设，持续推进44个乡村水务试点(示范)县建设；建设、改造农田灌溉设施，开始2023—2025年27个中型灌区续建配套和现代化改造。

4.乡风文明建设质量稳步提升

一是稳步推进农村移风易俗。2023年，四川省深入贯彻落实习近平总书记关于移风易俗的重要指示精神，扎实开展农村移风易俗重点领域突出问题专项治理，精准施策，破除陈规陋习并积极开展婚丧礼俗改革，四川省首次举办以移风易俗为主题的全省性集中展演活动。二是继承与发展乡村文化。四川省自2020年开始已成功举办三届乡村文化振兴魅力竞演大赛，覆盖183个县(市、区)3055个乡(镇)，共举办线下竞演456场；实施乡村文化振兴"百千万"工程，建成348个省级样板村镇，推动建成2058个市级、7409个县级样板村镇；以中心乡(镇)为重点，在119个乡(镇)开展乡(镇)公共文化服务提质增效试点，新(改、扩)建乡(镇)公共文化设施269个，逐渐形成一批县域文化副中心。三是发挥榜样示范作用。2023年，四川省坚持评选先进典型道德模范与身边好人，推评121名"四川好人"、30名"新时代好少年"，10人登上"中国好人榜"、2人入选全国"新时代好少年"，加强正面积极价值观念宣传，弘扬新时代精神文明。与此同时，启动第六届四川省文明村镇、文明单位和第三届四川省文明家庭评选工作。

(四)深化农业农村体制机制改革创新

1.推进县域城乡融合发展

2023年，四川省将新型城镇化与乡村振兴有机结合，推动城乡融合发展取得实质进展。一是制定和实施《关于推进以县城为重要载体的城镇化建设的实施意见》，在37个县(市)开展新型城镇化建设省级试点，更新改造城镇燃气管道超过1万千米、供水管道2202千米、排水管道4254千米，新开工改造城镇老旧小区5293个，改造棚户区6.8万套，加装既有住宅电梯4900部。二是发展县域内的特色优势产业，提高其对农村的辐射和带动能力，推动县、乡之间的功能互相连接、互为补充，充分发挥联城带村节点作用。三是启动39个欠发达县域托底性帮扶工作，系统谋划、稳步推进“县企结对”托底性帮扶工作。将151.3万名脱贫人口纳入兜底保障，对50个乡村振兴重点帮扶县全面落实专项扶持。

2.加快发展新型农村集体经济

2023年，四川省积极探索新型农村集体经济有效实现形式，推动新型农村集体经济健康发展。一是抓好《四川省农村集体经济组织条例》的学习和实施，以规范运行、资产安全、可持续发展为原则，健全集体资产监管长效机制，遵循市场经济发展客观规律，确保四川省新型农村集体经济行稳致远。二是鼓励各级党委、政府、相关部门积极开展示范创建工作，努力为全省和全国脱贫地区发展新型农村集体经济提供新的榜样和表率。三是印发《关于推介第二批全省新型农村集体经济发展典型案例的通知》，公布全省第二批12个新型农村集体经济发展典型案例，总结提炼了各地在探索新型农村集体经济有效实现形式等方面的先进经验，发挥先进引领作用。四是探索建立乡村资产管理运营制度，积极推行“三权分置”，促进农村资源资产化、资金股金化、农民股东化，推动“人地钱”等资源要素向村级集体经济组织集中。建立集体经济组织独资或合资设立公司法人名录，积极开展资源发包、物业出租等风险小、收益稳定的运营活动。

3.乡村振兴投入机制不断创新

2023年，四川省不断健全乡村振兴多元投入机制。一是不断增加公共财政投入，落实省级统筹调剂机制，提高土地出让收益金用于农业农村比例，把农业农村定为一般公共预算优先保障领域。二是探索金融服务乡村振兴模式。完善资金投入的风险分担体系，完成农村资产产权确权颁证、交易流转体系建设，通过引导金融机构创新农村承包土地经营权等农村产权抵质押贷款产品有效盘活农村资产。农业农村厅会同中国人民银行成都分行印发《关于金融支持建设新时代更高水平“天府粮仓”工作的指导意见》，督促金融机构加强对种粮企业的金融支持，有力支持种粮优质企业和专业组织发展壮大。三是印发《四川省社会资本投资农业农村指引(2023)年》，加强对社会资本投入农业农村的引导、规范和服务，激发社会资本投资“三农”活力，营造良好营商环境，保障农民利益不受侵害。

4.乡村运营人才队伍建设持续加强

2023年，四川省乡村运营人才队伍建设工作取得显著成效。一是政策保障返乡人员创业。出台了《四川省鼓励引导人才向基层流动十条措施》《促进返乡下乡创业22条措施》《进一步促进高校毕业生等青年就业创业十三条政策措施》，全年培训返乡农民工等约4万人次。成立省返乡创业专家服务团，每年免费为10万余名返乡创业者提供创业指导。制定《四川省突出贡献乡村文化和旅游能人评选办法(试行)》，大力培养乡村旅游人才。二是搭建平台培训乡村人才。搭建全省线上培训网络平台，连续3年组织开展乡村旅游带头人培训班，线上线下共培训乡村旅游带头人1000名、从业人员超过60万人次。三是进行教育机制改革。省乡村振兴局等八个部门联合下发《关于推进乡村工匠培育工作的实施意见》，明确“十四五”前初步建立起乡村工匠培育、扶持、评估和管理体系，认定省级乡村工匠1000名以上、优秀乡村工匠10000名以上，创建100个以上名师工作室、1000个以上乡村工匠工作站，培育一支服务于乡村振兴的乡村工匠队伍。

（五）农民生活水平不断提高

1.城乡居民人均收入持续增加

一是人均收入持续增加。2023年，四川省城乡居民人均可支配收入达32514元，较2022年增加1835元，名义增长6%，扣除价格因素实际增长6%。从收入来源看，城乡居民人均工资性收入16154元，人均经营净收入6433元，人均财产性收入2049元，人均转移净收入7878元，其中人均工资性收入、经营净收入和转移净收入的增长幅度均超过6%。二是城乡收入差距持续缩小。2023年，城镇居民人均可支配收入45227元，较2022年增长1994元，扣除价格因素实际增长4.5%；农村居民人均可支配收入19978元，较2022年增长1306元，扣除价格因素实际增长7.1%；城乡居民收入比由2022年的2.32：1下降为2.26：1，城乡居民收入相对差距继续缩小(2020—2023年四川省人均可支配收入情况见表2，2020—2023年四川省城镇居民与农村居民人均可支配收入对比见图2)。

2.农村居民收入结构多元

2023年，四川省就业形势总体稳定，从收入来源看，四川农村居民收入结构存在多元化增长趋势。一是促进农民工高质量充分就业。四川省于2023年出台了《关于建设青年发展型省份的若干措施》，针对高校毕业生等青年就业创业提出了35条具体措施，提供政策性岗位超过30万个，实施以工代赈重点工程375个，应届高校毕业生就业去向落实率居全国前列。全省城镇新增就业104万人，2600余万名农民工就业总体稳定，“零就业”家庭实现动态清零。与此同时，逐步加强新就业形态劳动者权益保护，建设户外劳动者服务站点4684个，“暖心之家”行动共惠及43万名货车司机。二是农民经营增收渠道逐渐拓宽。四川各地加快推进农业规模化生产，鼓励农户延

表2 2020—2023年四川省人均可支配收入情况

单位:元

年份	城镇居民人均可支配收入	农村居民人均可支配收入	城乡居民收入比
2020年	38253	15929	2.40：1
2021年	41444	17575	2.36：1
2022年	43233	18672	2.32：1
2023年	45227	19978	2.26：1

(数据来源:2020—2023年四川省国民经济和社会发展统计公报)

伸农业产业链条,不断完善种养大户、家庭农场和农民专业合作社等新型农业经营主体与小农户之间的利益联结机制,加快推动农业产业化联合体建设。鼓励支持非物质文化遗产传承人、乡村工匠和乡村传统技艺人才等主体发展民族手工业、乡村特色产业。2023年,全省农村居民人均可支配收入19978元,其中工资性收入6220元,增长6.4%;经营净收入7599元,增长7.9%;财产性收入609元,减少2.9%;转移净收入5548元,增长7.6%(2020—2023年四川省农村居民收入来源结构情况见表3)。

3.农村居民消费支出增加

2023年,四川省农村居民生活不断改善,消费支出逐步增长。一是整体性消费明显增加。全省全年城乡居民人均消费支出23550元,比2022年名义增长5.6%,实际增长5.6%,其中城镇居民人均消费支出29280元,名义增长5.9%,实际增长5.8%;农村居民人均消费支出17901元,名义增长4.1%,实际增长4.2%。二是服务性消费恢复回升明显。2023年,随着各项恢复和扩大消费政策的积极出台,四川城乡居民对餐饮和旅游等接触性、聚集性服务消费意愿增强,整体消费潜力逐渐释放,服务性消费持续恢复。全省全年城乡居民人均服务性消费支出10247元,增长11.5%,增速比上年提高7.2个百分点,回升态势明显。

(六)乡村基层治理持续优化

1.基层治理能力不断提升

2023年,四川省按照“产业兴旺、生态宜居、村风文明、治理有效、生活富裕”的总体目标,推进农村社会治理水平明显提高。一是基层治理服务水平获评国家级奖项。泸州市江阳区黄舣镇等6个乡(镇)获评全国乡村治理示范乡镇,成都市青白江区城厢镇十八湾村等60个村获评全国乡村治理示范村,单批入选数量位居全国第一。二是乡村治理效率提升明显。2023年4月6日起,在全省试行推广“川善治”乡村治理平台,畅通村民民意表达渠道,有效提升乡村治理能力,初步构建起特色鲜明的数字化乡村治理模型。三是乡村治理方式不断完善。开展“积分制、清单制+数字化”乡村治理试点,充分对接“耕耘者”振兴计划,聚焦“积分制”等重点开展培训,形成了《贫瘠贫弱村到富裕富足村的嬗变》等研学成果。

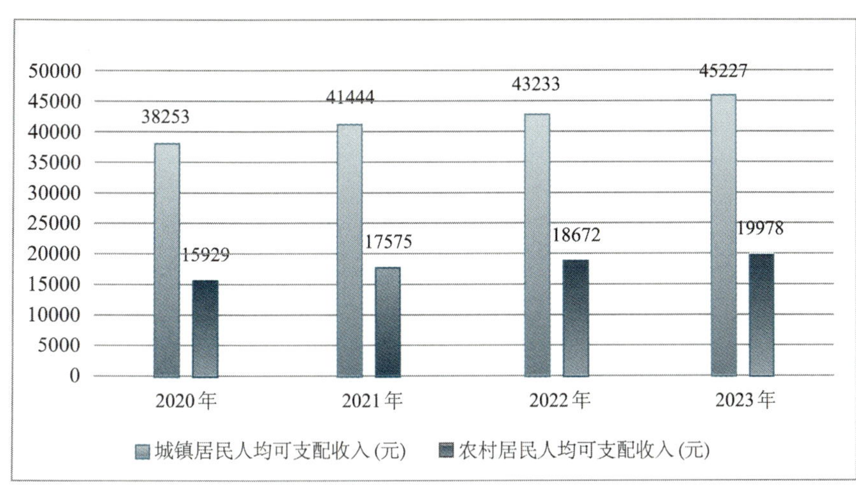

图2 2020—2023年四川省城镇居民与农村居民人均可支配收入对比

2.乡村治理体系不断健全

2023年,靶向突破乡村治理体系方面的难题,四川省乡村治理体系得到不断完善。一是不断壮大基层组织。始终坚持以党建工作为引领,各基层党组织通过凝聚发展合力促进组织力、战斗力持续提升。二是各地自治组织因地制宜制定《村规民约》,畅通群众参与自治渠道,规范自治行为。三是推动农村基层党组织带头学法、守法、用法。连续三年开展“三个一百”《中华人民共和国民法典》专题宣传示范活动,依托百名“法律明白人”,运用“民法典百问”读本,进百村(百社)宣讲,为基层法治建设提供有力支持。四是实施“四德工程”“五好家庭”等创建活动,扎实开展移风易

表3　2020—2023年四川省农村居民收入来源结构情况

单位:元

收入来源结构	2020年	2021年	2022年	2023年
人均可支配收入	15929	17575	18672	19978
工资性收入	4978	5514	5844	6220
经营净收入	6152	6651	7045	7599
财产性收入	510	587	628	609
转移净收入	4289	4823	5156	5548

（资料来源:2020—2023年四川省国民经济和社会发展统计公报）

俗工作,对基层党员干部进行“明礼知耻”“反陈规”教育和引导。五是推动乡村特色产业发展突飞猛进,促进现代农业园区、产业集群加快发展,加快多元化食物供给体系构建和完善,促使乡村新产业新业态高质量发展。

二、面临的主要问题与挑战

2023年,四川打造新时代更高水平“天府粮仓”成绩斐然,农业农村工作稳步推进,然而,加快推动四川由农业大省向农业强省跨越仍然存在诸多挑战,农民收入增长受到多重制约、乡村产业层次与产业能级依然偏低以及城乡人居环境依然存在较大差距等问题亟须得到有效解决。

（一）农民收入增长受到多重制约

农业产出受制于长期以来的小农经济模式难以达到规模经营收益,农村资源转化为资产缺乏适宜的制度保障,农民收入增长受到多重因素制约。一是农业生产经营规模化约束与享受规模收益冲突。四川省家庭成员人均耕地1亩左右的小农户数量占据了全省农户总数的70%。小规模经营的小农户缺乏议价能力及应用先进技术的动力,难以享受“规模经营”带来的经济效益。二是农村集体经济组织“空壳化”严重。农村集体经济组织是将农户和集体资产带入市场体系并从中获得收益的重要渠道。但长期以来,大量农村集体资产缺乏经营性收益,集体经济组织带动农民增收的作用有限。三是农村资源难以转换为可产生收入的资产,财产性收入水平差距较大。虽然农村居民实际上拥有宅基地、闲置房产、土地承包权等多种资源,但现实中受制度约束,许多资源难以变为资产,导致农民难以从中获得财产性收入。2023年,四川省农村居民财产性收入占可支配收入比为3.05%,城镇为7.76%,比城镇低4.71个百分点,城乡居民财产性收入比仍高达5.76∶1。无论是绝对值还是占比,农村居民财产性收入均与城市具有较大差距。四是经济发展稳定性不足,农民收入增长后劲不强。2019—2023年四川省农村居民人均可支配收入分别增长10.04%、8.58%、10.33%、6.24%、6.99%,在宏观经济形势总体较为不利的影响下持续稳定增收压力加大。

（二）乡村产业层次与产业能级依然偏低

尽管近年来四川省乡村产业得到了快速发展,但仍然存在乡村产业层次与产业能级偏低的问题,即乡村产业在产业结构、技术水平、经济效益等方面相对较低,尚未达到较高的层次和能级。一是乡村产业发育水平不足。2023年,四川省经济平稳恢复,但工业发展仍然处于转型期,民间投资信心不足,居民平均消费倾向低于2019年,农副食品加工业等行业受需求不足影响增长后劲仍然不足。乡村产业经济总量仍然需要扩大,且发展水平远落后城市。二是乡村产业同质化竞争现象较为明显,导致乡村产业的整体竞争力和效益偏低。部分地区自然资源和要素禀赋相似,再加上农村地区经济发展基础薄弱,缺乏了差异性与独特性。并且,乡村产业仍然依赖政府行政推动,市场竞争能力偏弱。四川省乡村产业帮扶缺乏市场化推进机制,在政府后期调整扶贫政策时乡村产业在衔接市场阶段中易出现困难。三是产业融合深度不足,叠加效应释放尚未达到预期效果。尽管四川省乡村一二三产业融合取得了一定成效,但各地产业融合深度不够,部分地区产业间分割现象依然较为明显,依赖政府程度较大,导致产业发展韧性不足、产业链不完善。

（三）城乡人居环境存在较大差距

四川省区域发展不平衡不充分问题仍然比较突出,成都平原、川南、川东北、攀西经济区和川西北生态示范区之间发展差距没有明显改观,市（州）发展分化加剧,县（区）之间发展差距仍然较大,区域发展不平衡导致大城市与小乡村之间、发达地区与不发达地区的人居环境发展存在较大差距。一是城乡在基础设施方面存在客观差距。城市地区拥有更加完善的交通、供水、供电、通信等基础设施，而农村地区则往往在这些方面存在短板。二是城乡人居环境改造重点存在差异。城市通过实施城市更新行动、推进公园城市建设在城市绿道建设中为市民提供了大量的休闲娱乐空间，努力把城市建设成为人与自然和谐共处的美丽家园；乡村地区则在开展生态保护的同时开展“三家园”建设，突出抓好“三大革命”。三是农村人居环境整治存在阻碍。农民由于传统观念与生活习惯影响，再加上农民工外出务工常态化，农民参与乡村人居环境整治力量不充分。

（四）城乡公共服务供给存在结构性不均衡

四川农村户籍人口占全省总人口的60%以上，农村在资源要素配置、公共服务供给等方面与城镇仍存在较大差距。一是公共服务供给投入存在差异。由于城市本身具有集聚效应，除了政府投入之外，还有其他社会组织、企业等资金投入，城市通常获得更多的资源和资金，而农村地区的投入相对依赖政府扶持，这导致城市公共服务的供给质量和数量相对较高，而农村地区的公共服务则相对薄弱。二是农村公共服务向下延伸存在薄弱环节。农村公共服务供给范围扩大，但同时存在公共服务闲置、农村基本公共服务获取非均等化等现象，教育资源、医疗资源、社会保障等多方面公共服务在城市区域配置水平远高于乡村地区。例如，全省农村医疗诊治水平远低于城市医疗诊治水平，计划到2025年力争全省所有的县医院均达到医疗服务能力基本标准，80%的乡（镇）卫生院达到乡（镇）卫生院服务能力标准。

（五）多元主体协同的社会治理能力仍需提升

实现国家治理体系和治理能力现代化需要基层社会治理作为支撑，作为社会治理的重心，基层社会治理又需要统筹推进乡（镇）和城乡社区治理，提升各类主体的治理能力。但现实却存在诸多不足：一是城乡各类治理主体的热情及主观能动性不足，改善民生的办法不多，群众满意度有待进一步提升。二是群众只能参与到有限的基层治理渠道和平台，未能充分发挥其参与社会治理的主体作用，导致其对基层治理的满意度和认可度普遍不高。三是基层社会治理方式创新度不足，仍然侧重政府主导方式，社会治理的系统化不够。四是基层网格员队伍不稳定，兼职人员往往一人身兼多职，且多数年龄偏大、学历低、知识匮乏，仅能进行常规工作，缺乏提供创造性、差异化服务的能力。

三、2024年四川农业农村发展形势预测与展望

2024年是中华人民共和国成立75周年，也是实现“十四五”规划的重要节点。四川省将以习近平新时代中国特色社会主义思想为指导，全面贯彻落实党的二十大精神，深入贯彻习近平总书记对四川工作系列重要指示精神，全面落实中央经济工作会议精神。以2024中央“一号文件”《关于学习运用“千村示范、万村整治”工程经验有力有效推进乡村全面振兴的意见》为四川农业农村发展的根本遵循，以省委十二届二次、三次、四次全会和省委经济工作会议、省委农村工作会议等关于农村工作的具体部署要求，统筹新型城镇化和乡村全面振兴，统筹高质量发展和高水平安全。四川省委、省政府将恢复和扩大消费放在优先位置，力争以人为本的新型城镇化建设高质量推进和以农业农村现代化为总目标的乡村振兴全方位实施。在中国式现代化建设的大背景下，农业农村现代化是基础支撑。2024年，四川省委、省政府以“四化同步、城乡融合、五区共兴”为总抓手全面推进实施现代化建设的战略布局，以农业农村现代化为乡村发展的方向，着力补齐“三农”短板，推进农业大省向农业强省跨越，进一步稳固四川农业现代化建设的基础。

（一）发展机遇

1.成渝地区双城经济圈建设持续推动区域和城乡发展格局优化

2023年7月，习近平总书记在来川视察时强调，必须坚持“川渝一盘棋”的理念，加强成渝区域的协同发展，以构建面向西方的开放战略高地和参与国际竞争的新基地；2023年12月，四川省委经济工作会议确定了2024年的重要任务，并提出加快推进成渝地区双城经济圈建设，更好地促进区域的协调发展。未来川渝两地将继续以“一体化”作为成渝地区双城经济圈建设的关键，壮大成渝主轴，打造中西部地区的发展脊梁，不断培育新的增长点，带动西部整体高质量发展。2024年，四川省将持续深入推进成德眉资同城化建设，不断优化都市圈布局和推动四市的协同发展，成德眉资四市在公共服务、产业发展、基础设施等领域进一步提升，壮大成都都市圈产业能级。截至2023年年底，成都都市圈人口已经突破3000万人，成都都市圈常住人口城镇化率为72.54%。随着人口和产业在都市圈的不断集聚，都市圈城乡融合的态势更加明朗，为四川省其他各地城乡融合提供了范本。

2.政策顶层设计支持四川国家战略腹地建设

2024年1月，国务院关于《四川省国土空间规划（2021—2035年）》的批复发布，强调“四川省位于长江上游、西南内陆，是我国发展的战略核心区域，对于支持新时代西部大开发和长江经济带发展等国家战略具有重要意义”，第一次以国务院文件的形式明确了四川的“国家战略腹地”地位，体现了强烈国家意志，也是对2023年末中央经济工作会议中提出“优化重大生产力布局，加强国家战略腹地建设”的政策顶层设计支持。

批复中明确提出了“构筑向西开放战略高地和参与国际竞争新基地”“积极保障国际产业链供应链安全”等重要表述，为了更好地承担起粮食、生猪、油料等重要农产品的稳定供应责任，四川省将高质量建设“天府粮仓”、建设农业强省，进一步巩固四川的国家战略腹地地位。

3.美丽中国建设加快绿色低碳转型

近年来，习近平总书记曾多次到四川省视察，屡次强调四川生态文明建设的重要性，要求四川省“把生态文明建设这篇大文章做好”“谱写美丽中国四川篇章”。四川省人民政府也印发了《美丽四川建设战略规划纲要(2022—2035年)》(以下简称《刚要》)。《纲要》强调，要以保护长江和黄河上游的生态环境为核心目标，积极推动绿色低碳经济发展，有序推进美丽四川建设，探索一条既注重生态环境、又能促进经济发展和文化繁荣的发展之路，为美丽中国的四川篇章添加新的一笔。党的第二十次全国代表大会明确提出，要在2035年前基本实现建设美丽中国目标。2024年1月，中共中央、国务院发布《关于全面推进美丽中国建设的意见》，提出“我国经济社会发展已进入加快绿色化、低碳化的高质量发展阶段，但生态文明建设仍处于压力叠加、负重前行的关键期”和“将美丽中国建设摆在强国建设、民族复兴的突出位置”。四川省地处青藏高原东缘，拥有独特的地理位置，成为我国西部生态安全屏障，是我国长江、黄河、澜沧江等大江大河的重要水源涵养地，是我国12个生物多样性保护优先区域之一，拥有丰富的动植物资源，在国家生态安全格局中，四川扮演着重要的角色。截至2023年年底，四川省将生态保护红线面积扩大至14.87万平方千米，接近全省土地面积的1/3，以覆盖全省重要的生态区域。全省森林覆盖率达35.72%。四川碳达峰碳中和工作有力有序推进，碳排放强度明显下降，成为全国人均碳排放量最少的省份之一，建设美丽宜居宜业四川农村是建设美丽四川的重要组成部分，四川全省将继续朝着绿色低碳转型发展的美丽四川建设愿景努力。

（二）面临的挑战

2024年，国际环境依然复杂严峻、发展的不确定性因素增多，四川全省经济运行也面临有效需求不足、社会预期偏弱、部分行业增长乏力等问题，达成经济回升目标仍需巩固基础。

1.农业资源环境刚性约束加剧，农产品总量供给压力趋增

四川耕地保护和质量提升受到资源环境刚性约束，城镇化进程推进和生态环境破坏带来耕地数量持续减少。2009年第二次全国国土调查数据显示，四川省耕地面积为672万公顷，到2019第三次全国国土调查时已降至522.7万公顷。2023年，四川省粮食作物播种面积为640.4万公顷，人地矛盾仍未缓解，这种趋势难以在短期内扭转。此外，四川省的地形复杂多样，整体耕地质量不高，中低产田面积占比61.8%，严重阻碍了农业规模化发展，优质耕地资源、有利于水土资源集约高效利用的土地则十分匮乏。在化肥农药零增长的前提和要求下，确保粮食等重要农产品产量稳定增加的目标实现难度大，由农村面源污染带来的土壤污染等环境问题依然存在。

从长远来看，四川省粮食增产潜力的转化形势不容乐观。一方面，由于四川省化肥和农药的施用水平已经较高，特别在一些高产地区化肥的增产作用已经较小，再加上边际效益递减规律的影响，化肥等投入要素促进粮食增产的作用逐渐下降，而且新技术、新品种的推广速度仍面临不少障碍，使四川粮食增产的潜力短期转化为现实能力比较有限；另一方面，当前四川省正处于工业化与城镇化互动的加快发展时期，因此对耕地的非农化需求会进一步扩张，加之后备耕地资源严重不足，这将导致扩大粮食生产规模严重缺乏净增耕地作为支撑。

2.农村人口流失严重，劳动力持续非农化转移

2015年至2023年，四川城镇化率增加了11.79个百分点，从47.7%上升到59.49%，城镇化程度日趋升高。与此同时，农村劳动力不断向非农产业转移，这一趋势在农业技术无法及时跟进的情况下会依然持续。受到宏观经济形势的影响，大量出川打工的农民工返回四川，但重新投入农业生产的农民工数量较小，更多返乡农民工更倾向于选择留在城市从事第二产业、第三产业生产，农产品供应压力进一步加剧。

另一方面，四川农业也面临着劳动力质量较低的问题。据调查数据显示，从2010年到2021年，四川农业从业人员数量年均减少2.4%，2021年四川农业从业人数已降至1500万人左右。农村常住人口不到户籍人口的50%，青壮年普遍选择外出打工，留守村庄的则多为老年人和妇女儿童，导致农村劳动力素质下降问题显著。农村劳动力持续外流，导致农业面临“用工难、用工贵”问题，特别是在农业季节性用工短缺方面的困难尤其显著，严重影响了农业的可持续生产。同时，随着农业产业化的不断推进，留守农村的弱势劳动力群体很难满足农业对劳动力的技术性需求，包括机械化的运用、科学化的育苗、精准施肥和疾病防控等方面，劳动技术的专业化、精细化程度加剧了农业面临的用工难题。

此外，兼业型农民收入较高，导致农民从事纯农业生产的积极性降低，更多的农民选择将打工作为主要收入来源。由于现行的土地流转机制存在诸多限制，外出务工农民流转土地收益较低，导致土地流转面积的增速趋缓。农业生产的精细化程度逐渐降低，普遍出现复种

指数下降和耕地撂荒的现象。

3.现代农业地区发展不平衡，农业生产率难以有效提升

党的十八大以来，四川在农业科技领域取得了显著进展，推出了多项新品种和技术创新，引进了先进设备和模式。尽管如此，与现代化农业的需求相比，这些支持措施仍显不足，导致四川省的农业生产效率远低于第二产业、第三产业，仅为其1/5至1/4。以2023年的数据为例，四川省粮食平均产量为5611.8千克/公顷，与全国平均水平5845千克/公顷相比，仍有一定差距。特别是在其传统强项作物水稻方面，尽管单产达到535千克/亩，高于全国平均475.8千克/亩的水平，小麦和玉米的产量却分别低于全国平均水平。四川省作为一个山区农业大省，农业机械化程度普遍落后，面临装备总量不足、结构不合理、质量较低等问题，各地区农业机械化发展极不均衡，例如川西平原的机械化率大幅高于其他丘陵地区。2023年，四川省主要农作物耕作和收获机械化率仅为70%，低于全国平均水平，现代农业机械难以在丘陵地区展开，且由于耕地分散难以集中进行机械化耕作，因此，四川省农业机械化在替代人工和降低成本上的效果并不显著。同时，新兴技术如物联网、大数据等在第一产业的应用尚未达到预期效果，农业劳动力的减少和“老龄化”问题仍然是一个亟待解决的难题，四川省农业依靠科技驱动的高质量发展仍然面临挑战。

（三）2024年预测与展望

1.粮食扩面增产持续发力

2024年，四川省将持续提高粮食安全保障能力，把提高单产作为主攻方向，大力发展现代种业，强化科技和装备支撑。预计确保全年粮食播种面积稳定在9600万亩以上，产量保持在357.5亿千克以上，高水平建设千亩高产示范片1000个。四川省委、省政府2023年印发的《建设新时代更高水平“天府粮仓”行动方案》规划到2025年建成30个国家级和省级现代化农业产业集群、1000个国家和省、市级现代农业园区。2024年将认定（晋升）省星级现代农业园区65个以上，创建一批国家现代农业产业园。加快建设20个省级优势特色产业集群，争创国家级优势特色产业集群。2024年通过进一步实施主要粮油作物单产提升行动，巩固大豆扩种成果，扩大油菜种植面积，落实产粮大县扶持政策，提高省级财政种粮大户补贴标准，落实稻谷、小麦、玉米完全成本保险和种植收入保险，实施“天府粮仓·千园建设”等举措和行动，四川省粮食生产仍将呈现扩面和增产趋势。纵观2018年至2023年四川省粮食产量数据，总体虽呈增长趋势，但过去六年中粮食产量增长并不是持续稳增的，尤其是在2021年至2022年间，疫情和自然灾害等不可预测因素导致粮食产量出现一定程度的下降。2022年至2023年间粮食产量有所回升，2024年四川省产粮增长从扩大耕地面积、集约经营现代农业园区模式的预期推进，预计未来一年四川省的粮食产量有望持续保持稳定增长的趋势（2018—2023年四川省粮食总产量趋势见图3）。

2.生猪和重要农产品稳产保供

2024年，四川省将继续抓实生猪、蔬菜等重要农产品稳产保供。通过出台“生猪保供稳价9条措施”和推进生猪产业现代化意见，四川省将快速执行生猪稳产保供政策，推进生猪产业现代化，不断调控生猪产能，加强对非洲猪瘟等重大动物疫病的防控。2018年至2023年的数据显示，四川省生猪出栏量逐年增长。从过去六年来看，生猪出栏量并不是持续稳定增长的，尤其是2019年受非洲猪瘟影响出现了明显下降。随着国家和四川省相继出台了一系列稳定生猪生产的政策，2020年至2023年期间四川省生猪出栏量逐步恢复。未来一年，四川省计划建设100个优质商品猪战略保障基地，预计生猪出栏量将继续保持在6000万头以上，并有望比2023年增长1～2个百分点，继续保持全国生猪出栏量第一的地位（2018—2023年四川省生猪出栏量见图4）。与此同时，四川省推进实施蔬菜产业提质增效行动，实施牛羊、家禽增量提质工程，加快建设水产产业集群和“鱼米之乡”，为其他重要农产品的保供谋划布局。

3.“天府良田”建设攻坚提质

2024年，四川省将持续推进“天府

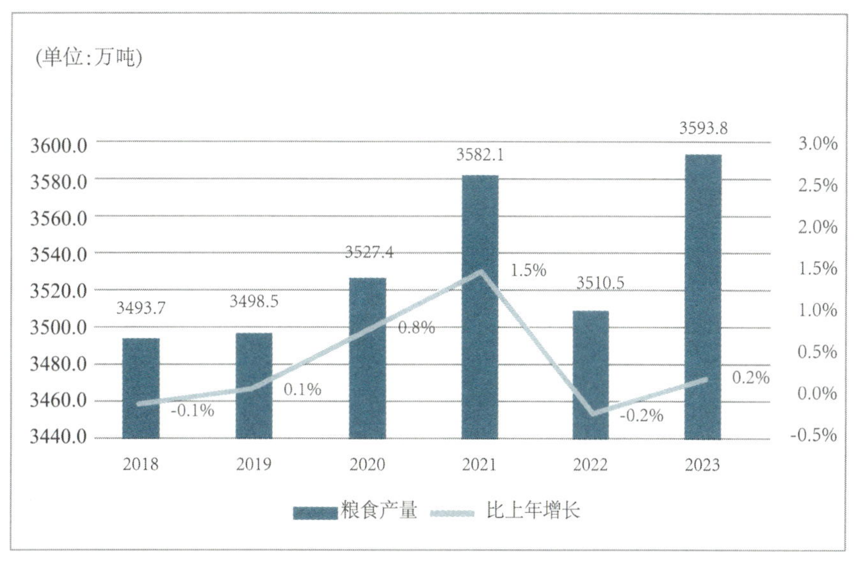

图3　2018—2023年四川省粮食总产量趋势图

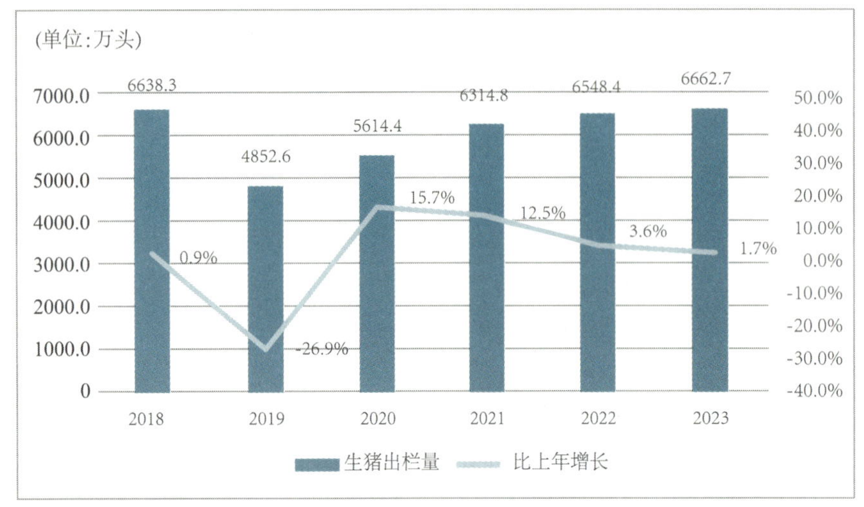

图4　2018—2023年四川省生猪出栏量

良田”建设攻坚提质行动，迈出第二批整市整县建设示范的步伐。按照“先易后难、整片推进、建管并举”的原则，全面加快永久基本农田高标准化建设，确保新建和改造提升的高标准农田面积达到425万亩以上的目标。同时，完善耕地占补平衡制度，积极推进耕地整治和恢复补充流失工作，坚决遏制耕地“非农化”，着力防止出现永久基本农田的“非粮化”现象。将健全“三位一体”保护制度体系，适当提高高标准农田建设中央和省级投资补助水平，确保耕地数量有保障、质量有提升。加快推进引大济岷工程等大中型水利工程建设，同时分类推进安宁河流域水资源配置工程，以促进大中型灌区的优先建设和现代化改造。在丘陵地区、盆周山区等重点地区实施山坪塘整治工程。计划新建和改造1500座提灌站，以进一步提升农田水利设施水平。

4.以县城为重要载体的城镇化建设不断推进

2024年，四川省将继续推进以县城为核心的城镇化建设和成都西部片区国家城乡融合发展试验区的先试先行。实施县城“精修细补十项民生工程”，积极推进城市老旧管网的更新改造，切实推动海绵城市建设。根据2018年至2023年的数据分析，四川省的常住人口城镇化率呈现持续增长的趋势，从52.29%增加至59.49%。通过对比过去六年的数据，可以观察到城镇化率呈现稳步提升的态势，且增长速度逐渐加快。其中，2020年至2021年的城镇化率增幅较为显著，其可能受到疫情期间城市吸纳农民工就业的影响。2021年至2023年期间城镇化率的增速稍有放缓，可能是受到城镇化进程逐渐趋于平稳以及农村人口外出务工趋向稳定等因素的影响。综合考虑未来川渝一盘棋和成都都市圈进一步推动的国家政策导向、经济发展和社会变迁等因素，预计未来一年四川省的常住人口城镇化率仍将保持增长趋势，提升1个百分点左右，四川常住人口城镇化率预计将超过60%。城镇新增就业85万人，城镇调查失业率5.5%左右(2018—2023年四川常住人口城镇化率见图5)。

5.农村居民收入逐步提高

2024年，随着四川省将恢复和扩大消费摆在优先位置，通过实施促消费扩内需行动增进经济发展活力，乡村产业发展和消费的增长预期较好，预计四川省农村居民人均可支配收入将继续保持增长。2018年至2023年的数据分析显示，四川省农村居民人均可支配收入呈现稳步增长的态势，从13331元增加至19978元。过去六年中，该增长趋势受益于农村经济结构调整、扶贫政策实施和农民收入提升等因素的综合作用，特别是在2018年以来，四川省积极推动乡村振兴战略，促进了农村产业的蓬勃发展和农民收入的增长(2018—2023年四川省农村居民人均可支配收入见图6)。2024年，四川省继续将农民增收作为“三农”工作的核心任务，建立健全乡村产业发展机制，以更有效地促进农民就业和增收。在提升乡村产业水平方面，将加速推动现代农业园区和产业集群的发展，并促进农产品加工，以实现生产规模化和专

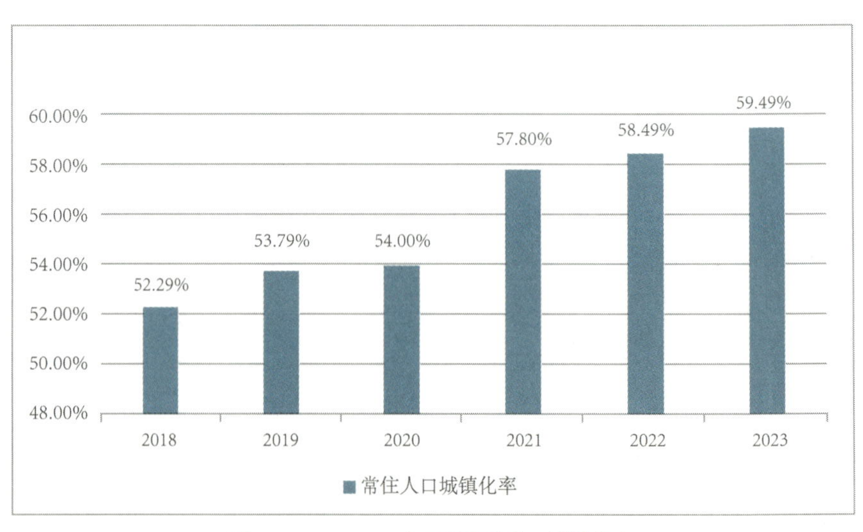

图5　2018—2023年四川常住人口城镇化率

业化。同时,推动农村流通水平高质量发展,深化农村一二三产业融合发展。充分利用四川省农民工资源,开展高质量的就业行动,确保全省农村劳动力转移就业规模持续增加至2500万人以上,助推农民工务工收入的稳步增长。

6.宜居宜业和美乡村建设稳步推进

四川省将积极推动宜居宜业和乡村建设。全面开展农村人居环境整治,开展"村庄清洁行动",并实施基础设施短板补齐计划。重点加强山、水、林、田、湖、草、沙一体化保护和综合治理,以提升农村治理水平和能力。同时,致力于改善农村生产生活条件,为广大农民提供更美好的生活环境,借鉴浙江省的"千万工程"经验,重点抓好试点示范,推动宜居宜业和美乡村示范村、精品村培育建设。加速建立现代乡村产业体系,持续改善农村居民生活环境,增强中心镇的辐射带动力,加快培育省级示范村和精品村,引领全省宜居宜业和美乡村建设。全面推进乡(镇)级国土空间规划的编制实施工作,建立党委领导小组和相关部门协同合作的示范工作机制,形成省、市、县共同推动宜居宜业和美乡村建设的格局,预计2024年培育省级示范村1000个、精品村100个。推动第二批全国乡村治理体系建设试点工作,深入推进实施智慧乡村治理试点项目,打造"川善治"数字化乡村治理平台。大力促进农民稳定增收,实施农民工高质量充分就业行动;积极探索增收潜力,完善联农带农机制,采取多种措施增加农民经营性收入和财产性收入。

7.探索生态产品的供给和价值实现

2024年,四川省将持续聚焦"生态共赢",打造价值实现"大市场",继续探索生态产品价值实现、绿水青山转化为金山银山的路径。构建"川字号"生态品牌,将以市场需求为导向,围绕川药、川茶、川酒、川竹以及大熊猫等丰富的生态优势资源,创新开发生态旅游产品,探索"品牌+服务""品牌+文旅""品牌+康养"等四川特色优势产品。通过此举,将形成地方特色生态产品品牌矩阵,提升其在市场上的溢价能力和品牌知名度,进一步推动生态产业的可持续发展。持续加强对生态系统的保护和修复工作,严格监管自然保护地和生态保护红线,深化河(湖)长制,积极推进国家级和省级生态文明示范创建。构建以国家公园为主体的自然保护地体系,持续推进大熊猫国家公园建设,积极争取国家批复设立若尔盖国家公园,争创四姑娘山世界地质公园,加强古树名木保护。扎实推进长江"十年禁渔"。实施林草碳汇项目开发试点,吸引社会资本参与生态保护修复,预计到2025年,全省森林覆盖率达41%,森林蓄积量达21亿立方米,草原综合植被盖度达86%。建设国家储备林,推进省级"森林粮库"现代产业园区和示范基地建设,培育现代林业基地和林业园区。

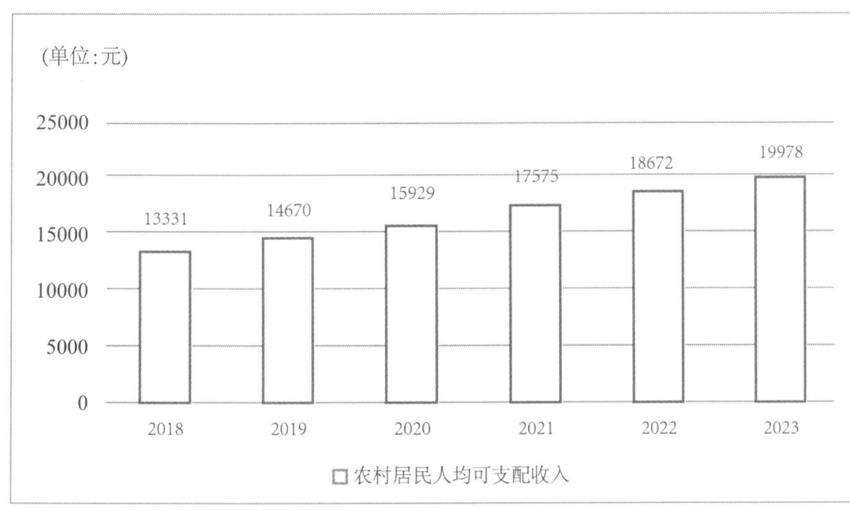

图6 2018—2023年四川省农村居民人均可支配收入

8.巩固脱贫成果提质增效

2024年是巩固拓展脱贫攻坚成果、实现与乡村振兴有效衔接的关键之年,四川省将积极实施"两促进一提升"计划,进一步提质增效巩固脱贫成果。全面落实防止返贫监测帮扶机制,进一步完善常态化监测网格管理体系,及时发现和解决潜在问题。首先实施防止返贫常态化监测帮扶体系促进计划,其次实施脱贫群众持续增收体系促进计划,同时实施脱贫地区内生发展动力提升计划。稳步提升帮扶工作实效性,大力促进帮扶产业提质增效,采取实施针对性强的防止返贫就业攻坚行动,推动大型易地扶贫搬迁安置区融入新型城镇化实现高质量发展,推动安置区与所在城镇一体化建设和农村安置区城乡融合发展,加快搬迁人口市民化进程,保持脱贫人口收入较快增长势头,促进其高质量就业。继续在重点地区加强实施西部协作、定点帮扶、驻村帮扶、社会帮扶等,突出抓好乡村振兴重点帮扶县、重点帮扶村振兴发展,扎实做好欠发达县域托底性帮扶,持续改善脱贫地区发展条件、增强其发展动能。

四、2024年四川农业农村发展的主要思路和对策建议

2020年我国已全面建成小康社会,今后一段时期都是集中力量全面推进城乡振兴、加快实现农业农村现代化的重要时期。四川省要做好2024年"三农"工作要以习近平新时代中国特色社会主义思想为指导,全面贯彻落实党的二十大精神,深入学习落实习近平总书记关于"三农"工作的重要论述和对四川工

作系列重要指示精神，全面落实中央农村工作会议决策部署，锚定建设农业强省目标，持续打造更高水平的“天府粮仓”，坚决守牢确保国家粮食安全、确保不发生规模性返贫等底线，以提升乡村产业发展水平、乡村建设水平和乡村治理水平为重点，加强党对“三农”工作的全面领导，推动四川省“三农”工作不断取得新进展新成果。

（一）持续打造更高水平的“天府粮仓”，确保粮食和重要农产品供给

1.全力推动粮食生产和确保种粮收益

由于扩大耕地面积始终有限且难度越来越大，今后应在稳定粮食播种面积的基础上把着力点放在大面积提高粮食单产上，主要应通过实施主要粮食作物大面积单产提升工程、粮食绿色高产高质高效行动、良种良法良制良田良机融合发展项目等来支撑粮食产量稳步提高。为维护大豆安全，要继续巩固大豆扩种成果，支持发展高油高产大豆品种，扩大油菜、木本油料种植面积，持续实施“天府菜油”行动。为进一步提高农业抗风险能力，应适当扩大稻谷、小麦、玉米三大主粮完全成本保险和种植收入保险政策实施范围，并因地制宜开展“川字号”特色农产品保险。为应对农资价格波动带来的经济压力，应探索建立与农资价格上涨幅度挂钩的动态补贴办法。合理保障种粮收益能够充分发挥种粮主体的积极性，因此应分区域用好各项惠农政策，激励农民“愿种粮、多种粮、种好粮”，适当提高省级财政对种粮大户等新型农业经营主体的补助水平，并突出粮食生产重点县建设，落实产粮大县扶持政策。此外，还应深入开展粮食节约各项行动，合理膳食。

2.提高生猪等“菜篮子”产品供给保障能力

随着居民生活水平的提高，“菜篮子”产品的消费能力稳步增长，提高生猪等“菜篮子”产品供给保障能力是切切实实的首要民生工程。为此，一要落实“菜篮子”市长负责制，压实“菜篮子”产品稳产保供责任，健全农产品全产业链监测分析和预警机制。二要发挥四川省的养猪优势，持续挖掘生猪产业发展潜力，优化生猪产能调控机制，加快提升生猪全产业链现代化发展水平，确保全年生猪出栏量稳中有增。三要积极促进蔬菜产业提质增效，持续推动畜牧业转型升级，加快推进现代渔业发展。四要认真践行大食物观，以大食物观视角多渠道拓展食物来源，积极向森林、草原、设施农业等“要食物”。

3.严格落实耕地保护制度

为了构建起一整套完善的耕地保护制度体系，可以从以下几个方面入手。一是健全耕地数量、质量、生态“三位一体”保护机制，严格考核监督下达的耕地保护目标任务。二是全面推行“田长制”，构建起省、市、县、乡、村五级田长耕地保护责任体系，以网格化监管守牢耕地保护红线。三是改革完善耕地占补平衡管理制度，坚持“以补定占”，强化耕地总量“进出平衡”管理，同时要注重健全补充耕地质量验收及后续管护制度，确保补充耕地的数量、质量和产能真实可靠。四是加强耕地种植用途管控，落实耕地优先序，推进耕地“非农化”和“非粮化”专项整治行动，并坚决防止“一刀切”。五是注重盘活利用撂荒耕地、低效园林等，因地制宜种植粮食或经济作物，并支持农村集体经济组织保护好、种好、用好无人耕种的耕地。

4.加强“天府良田”建设

“天府良田”是四川省持续打造更高水平的“天府粮仓”的基础。因此，要深入实施“天府良田”建设攻坚提质行动，对全省平原、丘陵以及山区分类实施高标准农田建设补贴政策，支持地方政府按规定统筹整合财政涉农资金投入高标准农田建设。还要注重强化高标准农田建设全过程监管，确保“建一片、成一片、用好一片”，并坚持新建和改造提升并重，推动已建高标准农田改造升级，不断提高粮食综合生产能力。为了进一步强化农业生产用水保障，要加快规划、建设新一批水利工程，持续对大中型灌区进行续建配套和改造，并注重协同推进大中型灌区改造与高标准农田建设，逐步将大中型灌区建成高标准农田。加强对基层小型农田水利设施的建设和维护工作，提高耕地有效灌溉面积，畅通水利设施延伸到田间地头的“最后一公里”。

5.提升农业科技水平和物质装备水平

先进的农业科技和物质装备是推动农业强省建设的动力源泉。在提升农业科技水平方面，一要着力提升“天府良技”，整合政府、科研院所、企业等力量推动农业科技研发创新，加大农业科技创新平台建设力度，并加快农业科技成果转化应用。二要实行农业关键核心技术“揭榜挂帅”“赛马”等制度，增强科研人员的积极性和创造力。三要大力实施科技到田，建设与完善基层农技推广体系，打造科技先行示范村，推动农村地区实现科技创新发展。四要加快推进“天府良种”行动，提高农作物及畜禽优良品种的自主研发能力，开展重大品种育繁推一体化试点示范，并推进现代种业园区和种业领军企业建设。在提升农业物质装备水平方面，要持续实施“天府良机”行动，提高四川丘陵山区农业机械化率，实行差异化农机购置与应用补贴政策，健全丘陵山区农机服务体系，实施丘陵山区农田宜机化改造行动。

（二）巩固拓展脱贫攻坚成果，确保不发生规模性返贫

1.完善防止返贫监测和救助帮扶机制

健全防止返贫监测和救助帮扶机制是预防和解决返贫致贫问题、巩固拓展脱贫攻坚成果的有效举措。为此，要建

立健全县、乡、村三级联动防止返贫监测帮扶网格体系，压紧压实巩固拓展脱贫攻坚成果责任，实现监测帮扶常态化。在信息化时代背景下，应加快建设防止返贫动态监测信息平台，持续跟踪监测贫困人口情况，及时上报和更新监测信息，形成监测“闭环”，确保应纳尽纳、应扶尽扶、应消尽消，确保返贫和新的致贫人口动态清零。准确认定监测对象并实施分类精准帮扶同样也十分重要，对有劳动能力的监测户应落实开发式帮扶政策，对无劳动能力的监测户应落实低保、基本医疗等综合性社会保障措施，对因病因灾因突发意外等特殊情况人员应按规定实行先救助后识别措施。在完善上述体制机制的同时，还要持续巩固提升“两不愁三保障”和饮水安全。

2.促进脱贫群众收入持续增加

为了不断缩小脱贫群众与其他农民的收入差距，可以从以下几个方面着手，一是发挥产业帮扶带动增收的作用，聚焦中央和省财政衔接推进乡村振兴补助资金支持脱贫地区产业发展，促进产业就业，健全帮扶产业与脱贫群众的利益联结机制。二是发挥就业帮扶带动增收的作用，加强职业技能就业培训，依托乡村公益性岗位、“帮扶车间”和帮扶基地等吸纳脱贫群众就业，并对脱贫群众实行一次性务工交通补贴等帮扶政策，确保有劳动力的脱贫家庭至少有1人稳定就业。三是发挥消费帮扶带动增收的作用，培育和用好“天府乡村”公益品牌，发展“小庭院”经济。四是确保帮扶项目的长期稳定运行，应将符合条件的帮扶项目资产纳入农村集体资产进行统一管理。

3.加大对欠发达地区的帮扶支持力度

为了不断缩小脱贫地区与其他地区的发展差距，可以从以下几个方面着手，一是加快补齐欠发达地区短板弱项，推动建立常态化帮扶机制，促进全省高水平区域协调发展。要依托全省39个欠发达县域和乡村振兴重点帮扶县(村)特色优势资源和产业基础，通过统筹整合涉农资金、加大金融支持力度、持续开展对口帮扶和结对帮扶等方式，打造形成欠发达地区的特色主导产业，增强其内生发展动力。二是深化东西部协作提质增效行动，帮助欠发达地区引进匹配度高、带动性强、经济效益好的帮扶项目。三是继续加强省内结对帮扶、定点帮扶、社会帮扶等各方力量对脱贫地区进行协作式、开发式帮扶等各类帮扶。

4.持续推进易地扶贫搬迁后续扶持工作

为推动易地扶贫搬迁安置区可持续发展，应强化后续扶持项目建设。一要持续开展就业帮扶专项行动。在安置区配套建设相应的“帮扶车间”、帮扶产业园等，为搬迁劳动力提供多元化就业机会，并提供相应的就业指导，确保就业规模稳定并有所增加。二要统筹推进安置区规范化建设。在安置区逐步建立起完善的产业发展链条体系，并建立健全长期有效的帮扶产业利益联结机制。三要加快促进社区治理和社会融入。要深入推进安置区基础设施配套升级，多举措推动公共服务能力建设，切实增强安置区居民的幸福感和满意度，让其融入新社区、享受新生活。四要提高困难搬迁群众保障能力。对易地搬迁至城镇后因人口增长出现住房困难的家庭，应将符合条件的家庭统筹纳入城镇住房保障范围。

(三)提升乡村产业发展水平，促进乡村产业高质量发展

1.大力推动现代农业园区和产业集群发展

现代农业园区和产业集群是培育现代农业产业体系的重要载体。在现代农业园区发展方面，应新认定或晋级一批省星级现代农业园区，创建一批国家现代农业产业园，推动形成国家、省、市、县四级上下协同、梯次推进的现代农业产业园格局。在产业集群发展方面，可以将现代农业园区作为平台，横跨行政区开展产业合作，整体推进川粮油、川果、川茶等优势特色产业集群建设，并加快建设一批国家级和省级优势特色产业集群。与此同时，还要积极建设国家级和省级智慧农业园区、农业现代化示范区、农业高新技术产业示范区、农业绿色发展先行区、乡村振兴先行区、现代林业园区等。

2.优化农产品加工业发展

在农产品初加工方面，要持续提高农产品产地初加工率，支持储藏保鲜、贴牌包装等初加工设施设备建设。在农产品精深加工方面，要加快建设一批农产品精深加工技术科研试验基地和加工装备制造企业，推广应用新型杀菌、微生物发酵等精深加工技术，发展智能化、清洁化精深加工。在对农产品进行加工的过程中，还应注重提高农产品加工副产物综合利用率，以最大限度发挥农产品的价值。在农产品加工业布局方面，要优化全省农产品加工业布局，推动农产品主产区、农产品加工产业园区和产业集群建设，打造“川字号”特色农产品加工产业基地。在农产品加工企业方面，要引导企业研发预制川菜、林竹产品、丝绸等多元加工农产品，持续培育壮大一批农产品加工助推乡村振兴重点企业。此外，还应注重加快农产品加工标准体系建设，规范加工行业发展。

3.不断完善农产品流通和销售体系

农产品流通和销售体系对促进农民增收、扩大国内外消费市场等方面发挥着重要作用，一要培育智能化农产品批发市场，在重点县、镇、村布局建设农产品产地仓储保鲜设施，加快农产品骨干冷链物流基地建设，落实鲜活农产品运输“绿色通道”政策。二要持续完善县、乡、村三级电子商务和物流配送体系，推

动农村客货邮融合发展，打造交商邮融合发展试点县，促进“快递进村”“川货寄递”。三要加强线上和线下产销对接，推进以县域为单元的农副产品电商直播基地建设，扩大农村电子商务覆盖面。四要开展集中展销配送，积极拓展省外市场，同时加强与“一带一路”国家和地区农产品贸易合作，支持农业企业“走出去”。五要完善农产品质量安全追溯系统建设，加强对农产品流通和销售领域的市场监管。

4.推动农村一二三产业融合发展

实现农村一二三产业融合发展能够激发农业农村发展新活力，推动乡村全面振兴。一要促进农文旅融合发展。深入挖掘农业农村的特色资源和人文底蕴，通过开展农事文化体验、非遗体验、康养度假等有机融合农文旅，并通过建设一批休闲农业重点县、天府旅游名县名镇名村、文化产业赋能乡村振兴试点县（市、区）等，提高乡村旅游的知名度。二要打造三产融合的平台和载体。优化实施农村三产融合发展项目，打造乡（镇）商业集聚区，引导各类生产要素向农村产业融合发展集聚，培育建设国家级农村产业融合发展示范园、省级农村产业融合发展园区等。三要健全联农带农机制。培育农业产业化联合体，发挥新型农业经营主体带头人和涉农企业等支撑产业融合的能力，带动农民增收。

5.部署开展农民工高质量充分就业行动

促进农村劳动力高质量充分就业是保障和改善民生的重要内容。因此，一要拓展农民工就业和创业渠道。要加快建设县、乡、村三级全链条劳务服务体系，提高农民工组织化水平，实现农民工和工作岗位的有效对接，通过发展壮大地方特色优势产业、在农业农村重点项目和基础设施建设领域实施以工代赈等方式提高劳务报酬规模，并完善农民工返乡创业政策措施，确保全省农村劳动力转移就业规模保持在合理水平。二要提升农民工就业技能水平。要分层分类为农民工提供多样化、个性化的职业技能培训，打造形成“川字号”农民工劳务品牌，提高“川字号”农民工劳务品牌的知名度和美誉度。三要注重维护农民工合法权益，指导用人单位与农民工依法签订并履行劳动合同，督促用人单位足额支付农民工工资，根治拖欠工资的行为。

（四）提升乡村建设水平，推动宜居宜业和美乡村建设

1.完善建设示范工作机制

健全建设示范工作机制是推动省、市、县共同建设宜居宜业和美乡村发展规划的有效举措。四川省应继续强化对县域国土空间规划的统筹布局，切实做好适应性强的村庄规划，做好分类编制，全面推进乡（镇）级片区规划。在示范村创建工作方面，要学习运用“千万工程”经验，统筹推进“五大提升”行动和“五网共建共享”，加快培育“一村一品”示范村镇，有效带动乡村特色产业发展。同时，在“典型引路、示范带动”总体思路的指导下，突出示范村、精品村产业扶贫、强村富民的功能和作用，加大对创建示范、培育典型的支持力度，引领带动全省建设宜居宜业和美乡村。相关部门也应抓紧研究制定完善的创建示范工作机制，形成以领导小组统筹协调、有关部门分工协作的工作模式，逐步形成以精品示范村为中心带动周边镇村发展特色产业的新格局，进一步推动建设和美乡村的规划发展。

2.持续完善农村基础设施

为进一步提升农民群众的生活品质和居住环境质量，对农村基础设施的完善可以从以下几个方面着手。一是补齐农村用水短板。积极打造农村优质水源水网，解决水源地散、小且不稳定的问题；引入有实力的供水企业，因地制宜进行规模化供水工程和中小型区域化供水水厂标准化建设改造。开展“乡村水务百县”建设行动，加快平原丘区与高原山区供水建设，进一步保障群众的生活用水和农业用水。二是完善乡村电力设施。深入实施农村电网巩固提升工程，提升农村地区供电能力和供电质量；构建高质量充电基础设施体系，使农村逐步适应可再生能源开发、新能源汽车下乡等新要求，进一步推动乡村新能源发展。三是加强“四好农村路”建设。大力实施乡村振兴产业路、旅游路建设，完善农村交通和安全防护措施，进一步加强农村道路交通安全管理。四是推动“数字入乡村”行动。统筹建设农业大数据平台，大力发展智慧农业，缩小城乡“数字鸿沟”，进一步促进涉农信息协同共享。五是继续推进农房建设和乡村环境治理，积极开展“美丽庭院”建设，加强活动宣传，鼓励有基础、有条件的庭院进行建设改造。

3.全域开展农村人居环境整治

提升村容村貌和农村人居环境要先从加强环境卫生治理工作开始，大力开展农村“厕所革命”示范村、人居环境整治重点县建设项目，提高居民的生活环境水平，营造一个洁净舒适的生活环境。同时也包括了以下几个方面，一是稳步推进农村厕改。开展高海拔地区农村卫生厕所改造适用技术试点，对各地区实施改厕继续实行奖补政策，引导农户自愿进行改造。二是共同推进农村生活污水、垃圾治理。推动农村生活垃圾收运处置体系建设，开展垃圾源头减量和垃圾分类处理行动，让有条件的村庄基本实现无害化处理；对生活污水进行资源化利用，实施农村生活污水治理“千村示范”工程，加大对较大面积农村黑臭水体的排查和治理力度，让农村水环境长治久清。三是加强农业面源污染防治。持续开展农业面源污染综合治理，推进农作物化肥农药减量化，促进乡村生态农产品产业发展。四是在农村生态环境保护方面，要重视自然恢复，保护农村天然植被，继续加强村庄绿化、庭院绿化和林业重点工程建

设，加快水土保持生态建设，严禁破坏生态环境的行为。

4.深入推进党建引领作用

加强党建引领是贯穿城乡基层治理的一条主线，是农村治理工作的基础。要继续发挥基层党组织的"主心骨"作用，加强县党委农村工作体系建设，完善县、乡、村三级联动争创先进、整顿后进机制。首先在基层党组织阵地建设工作方面，应常态开展软弱涣散党组织整顿提升，把基层党组织建设成为推进乡村振兴的战斗堡垒。同时，加强村干部队伍建设，鼓励编制资源向乡（镇）倾斜，广泛吸纳高校毕业生、退役军人、致富能手等群体加入村级干部队伍。其次要积极做好全国乡村治理体系建设试点工作，推行"积分制、清单制+数字化"智慧乡村治理模式，以积分制、清单制和数字化为抓手，充分运用"川善治"乡村治理平台，创新"1+4"机制，走出一条乡村治理的新路子。最后要继续加强法治乡村建设，推动"一村一法律顾问""一村一辅警"机制全覆盖，持续健全基层监督体系，整治乡村振兴领域不正之风和"微腐败"问题，及时依法打击农村突出违法犯罪行为，切实保障党的惠民政策落地见效。坚持和发展新时代"枫桥经验"，建立健全乡村矛盾纠纷调解机制，进一步加强乡村治安防范。

5.推动乡村文化发展

繁荣乡村文化可以进一步让乡村文明焕发新气象，培育乡村发展新动能，因此，推动乡村文化发展可以从以下几个方面着手。一是丰富创新农村精神文明建设。推动城市优质文化资源下沉，有效增加乡村文化服务供给。推进乡村移风易俗行动，整顿铺张浪费、人情攀比等不良之风，大力弘扬文明乡风。二是鼓励发展农耕文化传承和农村旅游文化。加强古村落和历史文化名镇、名村保护，因地制宜发展农文旅融合项目，将文化产业与人文自然资源保护结合起来利用，将农村现有文化存量转变为经济增量，既拉动乡村经济发展，又使乡村历史文化得到传承。推动以农耕体验、民俗观赏、非物质文化遗产展示为依托的产业发展，深挖传统村落"古色"，打造特色旅游胜地，推进农村生产生活遗产产业化发展；合理开展自然风光、生态康养、休闲农业等项目，因地制宜利用乡村自然资源，打造生态田园综合体。三是支持开展基层和农民群众的自主性活动。鼓励支持开展"村BA""村超"等乡村文化体育活动和特色"村晚"表演，促进群众性文体活动健康发展。

（五）深化农业农村改革，促进县域城乡融合发展

1.促进县域城乡融合发展

城乡融合发展是实现国家现代化和解决社会主要矛盾的关键举措，因此要积极推动县域城乡融合发展改革试点，继续深化在成都西部片区试验区和20个县（市、区）的改革试点工作，进一步畅通城乡要素流动体制机制，对加快形成城乡融合发展具有重要意义。首先在发展城乡产业方面，围绕"兴产业、活要素、优服务、强治理"，进一步优化县域经济发展布局，加强县域产业体系建设，以农产品加工业为重点建设一批全产业链典型县，逐步探索分类分区的农业现代化发展模式。其次大力提升县城的承载能力和服务功能，切实增强县城对人口和产业的吸纳集聚能力，为城市提供更多的劳动力和市场需求，促进产业发展和壮大。最后要统筹县域城乡教育、医疗基础设施规划建设，加强城乡教育交流合作，推进城乡学校共同体、紧密型县域医共体建设，促进县、乡、村教育医疗资源优化配置。

2.推进基本公共服务均等化

由于公共服务内容的交错复杂对服务供给主体有很大的挑战，因此必须发挥政府的主导作用，形成基本公共服务均等化供给合力。首先县级政府应在提升政策执行力和强化政策绩效评估等方面继续推动均等化政策向常态化治理转变。要持续完善县、乡、村三级养老服务网络，提升养老标准的普惠性，加快建成覆盖全体老年人的基本养老服务体系，开展居家社区机构、医养康养等养老服务形式，进一步加快城乡基本养老服务体系建设。其次要同等化提供城乡教育学位，更好地提升校园基础条件、提高教育质量，从而推进城乡公共教育均等化发展。更要注重将优质公共文化资源引流到乡村，让更多农村居民享受到同等的文化服务，从而推进文化服务均衡化发展。最后可以通过使用网络技术与基层医疗机构相结合的方式来实现城乡医疗资源、设备和人才资源的深度对接共享，从而推进农村与城市医疗资源的共建共享。

3.发展壮大新型农村集体经济

深化农村集体产权制度改革，进一步明确农村集体的产权责任分配，让一些被隐藏的资产重新回到集体经济组织手中，对进一步发展壮大新型集体经济具有基础性意义。由于农村集体产权制度改革基本完成之后已重点转向经济活动，所以在这种情况下应高度重视对农村集体经营风险进行严格管控，尽可能减少经营风险。为壮大新型农村集体经济，第一要加强村域内外部资源的有效对接，联结村集体组织成员共同开展村庄治理和基础设施建设改造，集中劳动力形成发展联盟。同时，依托村委会引入和对接各类市场主体，打通村庄资源与市场对接渠道，拓宽农副产品销售渠道。第二要实施农村集体经济组织所得税减免政策，促进农村集体经济发展。第三是鼓励农村集体经济组织引入职业经理人，并逐步规范其运行制度，聘请有市场经营和管理能力的人或者从村组织成员内部培育职业农民担任经理人，持续完善村集体经济组织经济运营架构，推动村集体经济实现可持续发展。第四是鼓励持续深化集体林权制度改革、农业水价综合改革、农垦改革和供销合作

社综合改革。

4.完善农业社会化服务体系

加快构建新型农业社会化服务体系能够增强农业生产性服务业对现代农业建设的支撑能力。为此，在服务平台建设方面，要完善“县为农业社会化服务中心+乡为农业社会化服务站+村为农业社会化服务员”三级服务体系，加强农业社会化服务体系中的人才队伍建设，并引导各类生产经营者进入社会化服务平台试点。加强发挥平台的聚合作用，促进农业生产经营的信息交流，探索推广线上对接、线下服务的有机结合新模式。在发展农业社会化服务全产业链方面，要拓宽社会化服务的广泛性，进一步开展文化旅游服务、农村休闲观光、农产品销售与市场服务管理等新业态新模式。政府特别要加大对农业科技服务和金融服务的政策支持，支持开展以家庭农场为主体组建合作社，支持有条件的农民合作社拓展规模，同时充分利用政策性银行在乡村振兴中的优势，缓解农村融资难、金融服务不全面等问题。

5.完善农村金融改革

农村金融改革是农民增收和乡村振兴的重要支撑，对于解决农业、农村、农民问题，推动农业现代化和乡村振兴具有重要意义。为此，应围绕聚焦“三农”发展，加大金融资源向“三农”工作倾斜的力度。一是丰富金融产品和服务的类型。进一步优化农户和新型农业经营主体金融服务，创新绿色农业金融产品和服务模式，拓宽绿色农业直接融资渠道。推进农村融资渠道拓展和融资平台搭建，积极运用债券融资产业投资基金、创业投资等方式，引导金融资本和社会资本参与乡村振兴。二是发挥农业保险的作用。积极开展优势特色农产品保险试点，推广乡村小额信用保证保险、森林保险、农产品价格指数保险等特色保险产品，鼓励开展“银保合作”创新。三是继续扩大信贷资金规模。运用互联网、物联网以及大数据等技术，依托“四川农业信贷直通车”平台，建设完善以信用体系为核心，辐射关于融资、保险、农产品供应链金融、政务服务和农村电商为主场景的服务模式，进一步增强数字普惠金融服务能力。

（六）全面落实推进乡村振兴的责任和组织保障作用

1.全面落实乡村振兴责任

乡村全面振兴作为新时代新征程“三农”工作的总抓手，为做好新时代农业农村工作指明了前进方向、提供了根本遵循。为此，要站在把解决好“三农”问题作为全党工作重中之重的高度，优化“三农”工作体制机制，全面落实基层治理责任制，确保五级书记肩负起推动乡村振兴的责任，发挥好组织的引导和推动作用。首先要强调党委在农村工作发展中的重要作用，加强党委在乡村振兴中的统筹推进职责，充分发挥党委农办统筹总体工作和协调各部门分工的作用。其次要积极执行“四下基层”制度，做好田间地头的实地调研，切实解决农民群众最关心的问题。最后放眼于基层考核评价方面，优化完善乡村振兴考核考评方法和流程，整合环节，简化在实施过程中出现的不必要程序，重点突出实际成效，切实减轻基层负担。积极开展乡村振兴表彰活动，树立先进模范，激发广大干部群众的积极性。

2.完善多元化的乡村振兴投入机制

完善乡村多元投入机制既为乡村产业振兴提供了长效动力，又促进了城乡经济的良性互动和协调发展。因此，巩固落实农业农村优先发展首先要将公共预算的优先保障领域倾向于农业农村方面，确保投入的资源能有效地助力乡村振兴目标任务。其次是落实土地转包出让收入支农政策，鼓励地方政府规范使用专项债券等政策工具支持乡村振兴工程建设。然后深入推进农村信用社政策改革，优化“助农振兴贷”产品，降低信用社运行风险。在强化财政与金融的协同联动的同时，充分发挥农业信贷担保体系和政府投资基金等作用，有效破除农业发展融资难、融资贵等难题，提高“三农”主体融资可得性。最后要积极开展关于高标准农田、农业设施建设等涉农领域的贷款贴息奖补试点，加强涉农项目的资金监管，有效防范在资金运行中出现的不当行为。

3.壮大乡村振兴人才队伍

打造一批高素质乡村人才队伍，让人才成为乡村全面振兴的重要力量，才能持续为乡村振兴注入新活力。一要加快实施乡村振兴人才支持计划。注重乡村本土人才培养与引导城市各类专业技术人才下乡参与乡村振兴，选拔组建熟悉“三农”工作、有突出实干绩效的领导干部班子。二要加强农业科技人才培养。遴选一批高层次农业科技领军人才投入乡村建设；不断优化人才培养机制，推动新农科建设，发展产教融合、校企合作模式，进一步搭建农业产业与教育合作平台，以提升乡村人才综合素质。三要进一步健全农业人才激励政策。健全相应的人才支持政策，鼓励科研院所、高等学校专家为农业农村提供专业化服务，并推动公共资源在城乡一体化过程中流向基层。建立县聘乡用人员激励机制和乡聘村用工作机制，主动引导卫生专业人才向基层流动，以此提高基层医疗卫生机构的服务能力。四要推广“科技小院”模式。通过这种模式进一步连接高校、科研机构与基层农村，使科技更好地服务农村。

（课题组组长：张克俊，四川省社会科学院农村发展研究所所长、研究员，主要研究方向为统筹城乡、农村经济。成员：虞洪，四川省社会科学院产业经济与对外开放研究所所长、研究员，主要研究方向为产业经济、农村经济；庞淼，四川省社会科学院农村发展研究所研究员，主要研究方向为农村发展和生态建设；代芸萱，四川农业大学资源学院农业与资源环境专业2022级学生）

大事记

DA SHI JI

一　月

【1月3日】 水利部公布全国134座电站为2022年度绿色小水电示范电站，四川省谭家堰电厂、武安电站、西河电站、高庙河花溪水电站、长滩河电站、峡口电站6座水电站入选2022年度绿色小水电示范电站名单，较上年增加2座。

【1月4日】 生态环境厅举行的例行新闻发布会公布，全省累计建成国家生态文明建设示范区32个和"绿水青山就是金山银山"实践创新基地8个，创建总数分别位居全国第三、西部地区第一，仅次于浙江省、福建省。

同日　由国家知识产权局指导，省知识产权服务促进中心和省市场监管局主办的首届地理标志天府峰会在成都市举行。国家知识产权局副局长卢鹏起致辞，副省长杨兴平宣布峰会开幕。峰会以"发展地理标志　促进乡村振兴"为主题，旨在通过行业交流和经验分享提升四川地理标志产品的价值内涵，推进四川省知识产权强省和品牌强省建设。会上发布了《2021年度四川省地理标志产业发展报告》《四川省地理标志产业发展助力乡村振兴三十大典型案例》《2022年度天府地标美食品牌价值50强榜单》，举行了地理标志产品"走出去"出海平台授牌和相关运营项目签约仪式，有关专家就地理标志产品在乡村振兴和国际贸易中的应用以及地理标志品牌培育工作作了交流分享。

【1月6日】 全国秋粮收购处于高峰期，各类粮食企业累计收购秋粮逾1亿吨。截至2022年12月31日，主产区各类粮食企业累计收购秋粮1.1亿吨，与上年相比基本持平，其中收购中晚籼稻2451万吨、粳稻2968万吨、玉米5326万吨、大豆195万吨。南方中晚籼稻旺季收购进入收尾阶段，收购进度已达九成；东北粳稻收购进度近七成、玉米约四成；华北地区玉米收购进度超四成。

同日　水利部公布第五批节水型社会建设达标县（区）名单，全国349个县（区）达到节水型社会评价标准，其中四川省共有崇州市、叙永县、广安市广安区等21个县（区）入选。

【1月9日】 省委、省政府印发《建设新时代更高水平"天府粮仓"行动方案》（以下简称《行动方案》），要求深入贯彻习近平总书记来川视察重要指示精神，建设新时代更高水平"天府粮仓"。《行动方案》强调，要以习近平新时代中国特色社会主义思想为指导，全面贯彻党的二十大精神，深入学习贯彻习近平总书记对四川工作系列重要指示精神，牢牢守住粮食安全底线，着力构建以粮为主、粮经统筹、农牧并重、种养循环、绿色生态、高质高效的现代农业体系，深入落实"藏粮于地、藏粮于技"战略，树立大食物观，念好"优、绿、特、强、新、实"六字经，做大做强做优"川字号"特色产业，持续擦亮农业大省金字招牌，加快建设农业强省。

【1月16日】 四川省首个高标准农田碳汇开发项目在崇州市落地。崇州市农业农村局与四川能投氢能产业投资有限公司签订协议，启动当地高标准农田碳汇开发，将温室气体减排量认证为碳减排指标，预计每年减少二氧化碳减排量12万吨，可实现交易收入500万元。

【1月30日】 白玉拉龙措国家湿地公园、炉霍鲜水河国家湿地公园创建通过国家林草局试点验收，全省共创建国家湿地公园（含试点）29个、省级湿地公园26个。

二　月

【2月2日】 在浙江省杭州市举办的2023年世界湿地日中国主场宣传活动上，国家林业和草原局宣布全国再新增18处国际重要湿地，四川色达泥拉坝湿地入选，该湿地成为继若尔盖湿地、长沙贡玛湿地之后全省第三处国际重要湿地。

【2月3日】 四川省乡村振兴投资引导基金子基金——四川振兴穗禾乡村股权投资基金注册设立。该基金由四川省乡村振兴投资引导基金与中国农业银行农银金融资产投资管理有限公司合作发起，资金规模30亿元。

【2月14日】 省委农村工作会议在成都市召开，省委书记、省人大常委会主任王晓晖出席会议并讲话。王晓晖强调，要深入学习贯彻党的二十大精神和中央农村工作会议精神，全面落实省委十二届二次全会决策部署，坚持农业农村优先发展，加快农业农村现代化步伐，加快建设农业强省，推动农业全面升级、农村全面进步、农民全面发展，以农业农村高质量发展不断夯实四川现代化建设根基。省长黄强主持第一次会议。

【2月21日】 全省乡村文化振兴"百千万"工程表彰暨现场推进会在达州市举行。会上宣读了2022年乡村文化振兴省级样板村镇命名通知，并对广元市朝天区曾家镇、甘孜州九龙县呷尔镇华丘村等第二批120个省级样板村镇代表进行了授牌。

【2月27日】 人力资源社会保障厅、省乡村振兴局联合召开全省脱贫人口稳岗就业工作视频会议，要求2023年确保全省脱贫人口务工规模稳定在220.6万人以上。截至2022年年底，全省脱贫人口（含防止返贫监测对象）务工就业规模达232.22万人，比2021年年底增加6.22万人，完成年度任务目标的105.3%。2022年，全省脱贫人口人均工资性收入达8822元，占脱贫户家庭人均纯收入的69.84%，比2021年增长13.96%。

三　月

【3月1日】 省政府新闻办举行《四川省〈中华人民共和国土地管理法〉实施办法》（以下简称《实施办法》）新闻发布会，对《实施办法》的修订背景及主要内容进行了解读。当日，全面修订的《实施办法》正式施行。

【3月3日】 四川省乡村水务现场推进会暨乡村水务百县建设行动启动会在广

元市举行。会议通报了全省首批乡村水务试点县(市、区)年度考核情况,并授予梓潼县、广元市昭化区、仁寿县、眉山市东坡区、泸县5个县(区)"四川省乡村水务试点先进县"称号。

【3月22日】 农业农村部公示首批20个整区域推进高标准农田建设试点名单,四川省两地入选,其中都江堰灌区入选整灌区推进高标准农田建设试点,南充市蓬安县入选整县级推进高标准农田建设试点。

【3月26日】 住房城乡建设部等六部门公布第六批列入中国传统村落名录村落名单,共有1336个村落入选中国传统村落名录,四川省自贡市富顺县赵化镇鳌山村等63个村落入选。

同日 达州市首届"巴山青"茶文化节暨大巴山富硒茶产业发展大会在万源市举行。当天,由10余家白茶企业共同组建的四川省白茶产业联盟揭牌,旨在推动全省白茶企业抱团发展,携手创建全省白茶区域公用品牌,助推精制川茶高质量发展。省人大常委会副主任祝春秀出席活动并宣布茶文化节开幕。

四 月

【4月6日】 2023年第一季度,全省实现川茶总产值近165亿元,同比增长10%左右,为近年新高。

【4月12日】 重庆市农业农村委员会、四川省农业农村厅在成都市签署《共同推进川渝地区农业生态环境与资源保护战略合作框架协议》(以下简称《协议》)。根据《协议》要求,川渝两省(市)农业农村部门将聚焦农业生态环境与资源保护领域,建立联席会议、信息共享、技术交流和宣传培训四大机制。

【4月13日】 生态环境厅、省发展改革委等17部门联合印发《四川省打好长江保护修复攻坚战行动实施方案》(以下简称《方案》)。《方案》提出,到2025年,四川省长江流域总体水质保持优良,70%以上的国控断面水质达到Ⅱ类,干流水质稳定保持Ⅱ类,饮用水安全保障水平持续提升,重要河湖生态用水需求得到有效保障,水生态环境质量明显提升。

【4月21日】 农业农村厅印发《四川省制种基地大提升三年攻坚行动方案》(以下简称《方案》)。《方案》明确,到2025年,四川省将建成以川西平原为主的杂交水稻、杂交油菜制种优势区,以安宁河流域为主的杂交玉米制种优势区,以丘陵低山为主的特色作物种苗优势区,以盆周山区为主的马铃薯、蔬菜和杂粮杂豆繁殖制种优势区。全省种子生产基地面积稳定在70万亩以上,制种面积达到30万亩以上。

【4月25日】 四川省"十城百县千乡万村"全域卫生创建行动暨凉山州全域卫生创建行动启动仪式在德昌县举行,标志着全省正式启动实施"十城百县千乡万村"全域卫生创建行动,要求到2027年,21个市(州)实现国家卫生市(州)全覆盖,国家卫生县(市)达到100个以上,2550个乡(镇)实现省级卫生乡(镇)全覆盖,省级卫生村达到22000个以上。

【4月27日】 农业农村部等六部委联合公布2022年国家农民合作社示范社和全国农民用水合作示范组织名单,四川省共有110家农民合作社入选国家示范社,夹江县马村镇农民用水协会入选全国农民用水合作示范组织。

五 月

【5月3日】 农业农村厅印发《关于实施家庭农场培育提升行动的意见》(以下简称《意见》)。《意见》明确,到2025年,全省家庭农场达到30万家左右,基本形成"一村一示范、一镇一省级示范"示范格局。到2030年,全省家庭农场经营能力得到巩固提升,基本形成以家庭经营为基础、新型农业经营主体为依托、社会化服务为支撑的现代农业经营体系。

【5月4日】 四川省划定永久基本农田储备区面积55.06万亩,标志着全省于2月启动的永久基本农田储备区补充更新工作全面完成。

【5月8日—11日】 由农业农村厅联合省贸促会等单位共同开展的"川字号"农产品"一带一路"行意大利站活动在意大利米兰国际展览中心举行。活动以第九届意大利米兰国际食品展为平台,共组织30家优质农业企业参展,展出面积270平方米,是3年来全省农业企业首次以省团形式集中亮相欧洲。

【5月11日】 第12届四川国际茶业博览会在成都世纪城新国际会展中心开幕。省人大常委会副主任祝春秀致辞并宣布开幕。

【5月15日】 全省启动水资源督察工作,标志着四川省正式建立水资源督察机制,属全国首例。首批水资源督察工作涉及成都市、遂宁市、宜宾市、达州市、眉山市5个试点市。

【5月25日】 农业农村部在各省推荐基础上遴选发布2022年十大优异农作物、畜禽、水产种质资源,巴塘县四倍体小麦"甲着"入选十大优异农作物种质资源。

同日 农业农村厅发布《四川省"千员带万社"行动方案》(以下简称《方案》)。《方案》提出,到2025年年底,每个市(州)要选聘80名以上新型农业经营主体辅导员,全省新型农业经营主体辅导员达到1600名以上,为全省农民合作社、家庭农场等新型农业经营主体提供精准辅导服务。

六 月

【6月2日】 省发展改革委等部门联合发布《关于推动大型易地扶贫搬迁安置区融入新型城镇化实现高质量发展的实施意见》(以下简称《实施意见》)。《实施意见》提出五个方面的重点任务:提升安置区生产生活便利性,推动安置区融入新型城镇化;加强安置区后续产业培育扶持,推动县域产业特色化发展;强化就业帮扶和就业培训,促进搬迁群众高质量充分就业;加快搬迁人口市民化进程,推进社区治理和社会融入;加强历史文化和生态保

护，提升安置区人居环境质量。

同日　农业农村厅发布《关于推介四川省第一批“10+1”家庭农场典型案例的通知》。经主体申报、市(州)选送、专家评审、公示等环节，全省共评选出崇州市道明敞马沟家庭农场等91个家庭农场典型案例、《简阳市注册辅导加扶持多措并举助农场》等10个推动家庭农场高质量发展典型案例。

【6月9日】“天府粮仓”四川农业省级公用品牌发布会在眉山市东坡区太和镇永丰村举行，“天府粮仓”形象标识首次公开亮相。省委常委、省委组织部部长、省委农村工作领导小组副组长于立军出席发布仪式并讲话。

【6月13日】四川省“天府地标”公共品牌首发仪式暨四川省知识产权运营人才培训会在成都市举行。“天府地标”集体商标的注册获批标志着四川地理标志产品拥有了省级公用品牌。省政协副主席、省知识产权服务促进中心主任谢商华出席首发仪式并致辞。

【6月16日】以“峨眉山茶，世界共享”为主题的第四届国际(乐山)绿茶大会暨第五届中国茶乡峨眉山国际茶文化博览交易会在峨眉山市开幕。大会吸引来自摩洛哥、俄罗斯、英国、美国等20余个国家和地区的茶叶相关组织，约150家中外企业参加展会。

【6月17日】6月17日是第29个世界防治荒漠化与干旱日。五年来，全省荒漠化面积减幅达23.59%。

【6月18日】农业农村部办公厅发布《关于推介发布2023年农业主导品种主推技术的通知》，推介发布2023年10项农业重大引领性技术、143个主导品种、176项主推技术，四川省6个品种、4项技术入选。

【6月20日】四川省第一批“红色村落”优秀党建案例评选暨第二批“红色村落”数字化服务平台启动仪式在小金县举行。四川省第二批“红色村落”已正式登录“四川党建”智慧云平台，面向社会公开展示村容村貌和工作亮点。

【6月21日】省乡村振兴局、教育厅等八部门联合发布《关于推进乡村工匠培育工作的实施意见》(以下简称《意见》)。《意见》要求加快推进全省乡村工匠培育工作，为乡村全面振兴提供人才支撑。

【6月24日】农业农村部公布新一批通过国家畜禽遗传资源委员会审定的畜禽新品种(配套系)和畜禽遗传资源，四川省3个畜禽新品种(配套系)、3个畜禽遗传资源通过审定。

【6月25日】2023年是第三次全国土壤普查全面开启之年，四川省第三次全国土壤普查试点县(市、区)成果验收观摩会公布，全省7个土壤普查试点县(市、区)共完成外业调查采样9122个，分析化验指标近20万项次，数据、图件、文字成果收集工作均已完成。

七　月

【7月2日】农业农村部天府种业创新重点实验室在邛崃天府现代种业园揭牌成立。实验室将围绕种质资源精准鉴定与种质创新利用、基因编辑与生物育种、种子繁育与品种测试、遗传生理与作物互作机制4个方向分别成立研究中心，瞄准川种振兴的难点、堵点，实现分子育种从2.0到4.0的跨越，培育一批突破性品种，支撑新时代更高水平“天府粮仓”建设。

【7月12日】省卫生健康委、省委编办、教育厅、财政厅、人力资源社会保障厅联合印发《四川省大学生乡村医生专项计划实施方案》(简称《方案》)，将面向社会招聘一批服务乡村医疗卫生机构的全日制大专及以上学历的临床医学类、中医学类(包括但不仅限于藏医学等民族医学)、中西医结合类等相关专业应届毕业生(含尚在择业期内未落实工作单位的往届毕业生)。

【7月15日】由省委网信办、文化和旅游厅共同举办的首期“直播天府”乡村英才计划·乡村旅游网络达人短视频/直播运营进阶训练活动在剑阁县落幕。活动通过前期线上培训考核结果选拔出70余名乡村文旅工作者、乡村网络主播、非遗项目传承人、自媒体从业者参加线下实操培训。

【7月24日】省政府新闻办举行的“美丽四川”系列主题新闻发布会——“保护生物多样性　建设美丽四川”新闻发布会宣布以国家公园为主体的自然保护地体系已在四川省全面建立。大熊猫国家公园获得首批设立，若尔盖国家公园获批创建，贡嘎山国家公园已被纳入国家公园空间布局方案。

八　月

【8月7日】古蔺县首宗农村集体经营性建设用地在古蔺县公共资源交易中心公开拍卖出让成交，敲响了古蔺县集体经营性建设用地入市“第一锤”，这也是新一轮国家深化农村集体经营性建设用地入市试点以来，四川省新纳入试点县(市、区)中的首宗公开拍卖出让成交案例。

【8月9日】由省农科院水稻高粱研究所等单位选育的杂交水稻新品种“品香优桐珍”入选2023年国家超级稻。

同日　以“创新驱动·振兴发展”为主题的中国·通江银耳产业发展大会暨第四届中国·通江银耳节在通江县开幕。在当天举行的通江银耳全产业链企业签约仪式上，8家企业与通江县政府签约，包括通江青岗段木银耳标准化种植及加工项目、食用菌配套产业开发项目、通江银耳综合产业发展项目等，计划投资金额20.2亿元。

【8月11日】广安市政府与四川种业集团在成都市举行种业产业项目合作签约仪式。根据协议，双方将推动油菜和水稻新品种在广安市广安区实现每年就地推广示范种植40万亩以上，这也是全省最大的种业科技成果转化项目。

【8月14日】省委办公厅、省政府办公厅印发《关于加强新时代水土保持工作的实施方案》(以下简称《实施方案》)。

《实施方案》提出，要以科学编规为核心、补齐短板为重点、夯实基础为抓手、提高水土保持率为目标，全面提升水土保持功能和生态产品供给能力。到2025年，全省水土流失状况持续改善，水土保持率达到79%以上；到2035年，全省水土保持率达到83%以上，生态系统水土保持功能显著增强。

【8月15日】 2023年世界无花果大会在威远县开幕，省人大常委会副主任祝春秀、省政协副主席许唯临出席开幕式。

【8月18日】 四川省生猪保险“1+N”工作推进会在成都市召开，会上发布了全国首创的生猪保险“1+N”模式。

【8月28日】 省委组织部、省委农办、省直机关工委、农业农村厅和省乡村振兴局联合印发通知，决定对曾科铨等450名优秀驻村“第一书记”、傅代彬等150名优秀工作队员予以通报表扬。

同日 省乡村振兴局等七部门在成都市召开巩固拓展脱贫攻坚成果同乡村振兴有效衔接推进会。截至2023年7月底，全省累计发动12441家民营企业（商协会）结对帮扶8880个村，实施“兴村”项目14559个；建成“中国农技协科技小院”19家、“四川省科技小院”30家，覆盖全省21个市（州）、30余个县（市、区）。

【8月29日】 四川省2023年度河（湖）长制进驻式督查动员培训会在成都市召开，标志着2023年全省河（湖）长制进驻式督查正式启动。

【8月30日】 农业农村部办公厅、财政部办公厅公布首批国家农业产业强镇名单，四川省共有57个乡（镇）上榜，数量居全国第二位。自2018年起，农业农村部、财政部启动国家农业产业强镇创建工作，以乡（镇）为单位聚焦1个主导产业，突出全产业链培育，推行基地在村、加工在乡（镇）模式，延伸产业链，提升价值链，促进农民就地就近就业。四川省是全国首批试点建设省份之一，先后共有83个乡（镇）获批实施该项目。

同日 四川省地质灾害指挥部办公室下发《关于盯紧盯牢秋雨秋汛全力夺取汛期地质灾害防治工作全面胜利的通知》，要求8月30日起至9月15日，对21个市（州）175个地质灾害易发县（市、区）有人居住及活动区域集中开展一轮隐患排查整治。

九 月

【9月6日】 以“绿色低碳 竹创未来”为主题的2023国际竹业品牌博览会暨第四届中国（宜宾）国际竹产业发展大会在宜宾市开幕，省政协副主席刘成鸣出席开幕式。

【9月9日】 由农业农村厅与成都市政府共同主办以“推进种业振兴，建设天府粮仓”为主题的第二届天府国际种业博览会开幕式在邛崃市天府现代种业园举行，会期为9月9日—10日。大会举办了天府地展、展览展示、园区开放月等系列活动，同步举办了第四届“藏粮于技”院士讲堂、种业知识产权保护论坛、西南五省种业发展论坛、种业企业高质量发展论坛、酿酒作物专用品种产业化论坛等活动。开幕式上，国内唯一的省级综合性种质资源库四川省种质资源中心库正式揭牌成立。会上为四川入选全国十大农作物优异种质资源、全国十大畜禽优异种质资源及新发现的优异种质资源授牌。

【9月10日】 2023年度四川河（湖）长制进驻式督查正式启动。2023年将分两批进驻6个县（市、区），首批3个督查工作组已进驻江安县、江油市、西昌市3个县（市）。

【9月15日】 农业农村部农产品质量安全中心公布2023年第二批全国名特优新农产品名录，全国共有550个农产品被纳入名录并获得证书。其中，四川省旌阳中稻、什邡毛豆、北川苔子茶等26个农产品上榜。

【9月20日】 农业农村部公布2023年中国美丽休闲乡村名单。经各地推荐、专家评审和网上公示，共推介256个村落为2023年中国美丽休闲乡村，四川省共有12个村入选，与江苏省、安徽省、湖南省、重庆市并列第一，全省累计有81个村被评为中国美丽休闲乡村。

同日 省河长办牵头组建3个进驻式督查工作组，对若尔盖县、渠县、古蔺县开展河（湖）长制进驻式督查，是2023年四川河（湖）长制进驻式督查首批进驻结束后开展的第二批进驻。

【9月23日】 2023年中国农民丰收节四川省庆丰收活动在眉山市东坡区太和镇永丰村启动。省委常委、省委组织部部长、省委农村工作领导小组副组长于立军出席活动，并宣读了习近平总书记对第六个中国农民丰收节的重要指示并讲话。

【9月28日】 位于南充临江新区的中法农业科技园举行开园仪式，全面开放迎客。省人大常委会副主任何延政出席开园仪式并宣布开园。

十 月

【10月3日】 农业农村厅四川省长江十年禁渔“三年强基础”工作情况新闻发布会举行，四川省长江“十年禁渔”三年强基础工作取得阶段性成效，已累计在长江流域重点水域监测到鱼类203种，占历史曾分布鱼类总数的84%。

【10月9日】 省委农村工作领导小组办公室、农业农村厅印发《“天府粮仓·千园建设”行动方案》（以下简称《方案》）。《方案》分阶段提出目标任务：到2025年，全省建成国家级和省、市级现代农业园区1000个以上，实现有条件的涉农县省级以上园区全覆盖，示范带动建设县级园区1000个。全省市级以上园区农产品加工业产值与农业总产值比值达2.5∶1，农业综合总产值达到5000亿元以上。园区内农民人均可支配收入高于全省农民人均可支配收入30%以上，其中粮食类园区达10%以上。到2027年，建成国家级和省、市级现代农业园区1200个以上，示范带动建设县级园区1200个，实现有

条件的涉农乡（镇）县级以上园区全覆盖。全省现代农业园区布局更加优化，主导产业全链条升级，一二三产业深度融合，质量效益显著提升，联农带农和辐射带动作用全方位凸显。

同日 省政府网站发布《关于同意各市（州）征收农用地区片综合地价标准的批复》，原则同意各市（州）修订并经自然资源厅审核的征收农用地区片综合地价标准。该标准于2023年11月1日起实施，原批复的征收农用地区片综合地价标准同时废止。

【10月13日】 2023新时代乡村阅读盛典在2023天府书展开幕首日举行，活动是2023“新时代乡村阅读季”的收官之作。同时，作为2023“新时代乡村阅读季”重点活动之一，2023“农民喜爱的百种图书”正式向社会公布。

同日 “天府粮仓·千园建设”工作推进视频会议举行。会议通报，全省共创建国家级现代农业产业园17个，数量居全国第二位；国、省、市、县级现代农业园区总量达到1500个以上，构建起国、省、市、县四级园区梯次推进、联动发展的格局。

【10月15日—17日】 中共中央政治局委员、国务院副总理刘国中到云南省、四川省调研农业农村工作。刘国中强调，要深入学习贯彻习近平总书记关于“三农”工作的重要论述，按照党中央、国务院部署，坚持稳中求进工作总基调，抓紧抓实秋冬季农业生产和水利建设，坚决守牢确保粮食安全和防止规模性返贫底线，全面推进乡村振兴落地见效，为实现全年经济社会发展目标贡献力量。

【10月16日】 2023年世界粮食日和粮食安全宣传周四川主会场活动在眉山市启动。活动由省粮食和储备局、农业农村厅、教育厅、科技厅、省妇联五部门与眉山市政府共同举办。活动现场发布了全省第五批16家粮食安全宣传教育基地并授牌；有关单位、学生代表就全链条节粮减损、爱粮节粮向全社会发出倡议，营造兴粮爱粮节粮的氛围；成都市、德阳市、眉山市、资阳市签署了《成德眉资同城化粮食安全保障合作协议》，加强区域粮食合作。

【10月19日】 以“川浙山海情　天府农品香”为主题的“天府粮仓”精品全国推介走进浙江活动在浙江省杭州市启动。活动组织16个市（州）的45家最具代表性的农业企业、70余个“天府粮仓”精品品牌和350余个“川字号”特色优质农产品同步开展线上线下展销活动，现场签订投资及采购合同17个，签约金额达8亿余元。

【10月23日】 省政府办公厅印发《四川省深入推进农产品质量安全省建设行动方案的通知》（以下简称《通知》）。《通知》提出实施5项工程、19项建设任务的要求，以推动农产品质量安全省建设全域行动、梯次推进、补短强弱、共建共治，全面提升全省农产品质量安全水平。

【10月26日】 四川省第三届乡村文化振兴魅力竞演大赛省级决赛在剑阁县举行。活动包括四川省第三届乡村文化振兴魅力竞演总决赛暨颁奖晚会1大主体活动，乡村集市、“蜀道连四川”网络直播等4项配套活动。活动由省委宣传部、省委网信办、农业农村厅、文化和旅游厅、省体育局、省广电局、广元市政府主办。

同日 全省易地搬迁后续扶持工作现场培训会在昭觉县召开。截至2023年9月底，全省易地搬迁劳动力就业规模达51.9万人，完成年度目标任务的105%，其中800人以上安置区搬迁劳动力就业4.94万人，完成年度目标任务的150%。

【10月27日】 第九届四川农业博览会·成都国际都市现代农业博览会开幕式暨“天府粮仓”合作发展大会在成都市中国西部国际博览城举行。省长黄强出席开幕式并宣布开幕。副省长胡云出席主宾国巴基斯坦国家馆开馆仪式，并与巴基斯坦驻华大使莫因·哈克共同按下展馆启动键。

【10月29日】 推进全省黄河流域山水林田湖草沙冰一体化保护修复工作，已累计完成生态修复19.11万公顷，达到目标任务的84%。

【10月30日】 四川省畜牧业协会猪业分会第二届会员代表大会召开。大会通报，全省已建成规模养猪场19500余家，规模养殖比重达62%，近三年提高近10个百分点，生猪养殖加快向标准化、集约化转变。

同日 第九届四川农业博览会·成都国际都市现代农业博览会收官活动——“天府粮仓”品牌之夜在成都市新津区天府农博园举行。活动现场发布了该届农博会成果，进行“天府粮仓”精品推介与品鉴，同时公布了第九届四川农业博览会天府粮仓·农博会最受欢迎农产品及品牌名单，并为全省10名第七届农村手工艺大师代表进行颁奖。副省长胡云出席活动。

十一月

【11月1日】 由西南科技大学、绵阳市农业农村局、绵阳市农业科学研究院、三台县农业农村局专家组成的验收组对三台县建平镇四季村台沃中试基地的“深优粤禾丝苗”“泰优粤禾丝苗”两个水稻品种再生稻进行测产验收，3块测产田再生稻亩产分别达255千克、311.84千克、258.09千克，再生季和头季水稻亩产合计均超过1000千克，实现“一种双收过吨粮”。其中，再生稻产量最高田块实现两季总产量1121千克，创造了川北地区新纪录。

【11月12日】 农业农村部办公厅公布2023年全国农业社会化服务典型案例，共有38个案例入选，四川天府新区管委会《坚持“三聚焦”深化农业社会化服务体系建设》是四川省唯一入选案例。至此，全省共有7个案例入选全国农业社会化服务典型案例。

【11月15日】 由省农民工工作领导小组主办，人力资源社会保障厅、绵阳市政府承办的四川省第三届农民工服务周在

绵阳市正式启动，活动集中为农民工开展18项特色服务。

【11月16日】 第三届川渝住房城乡建设博览会在成都市开幕。川渝住博会以“川渝合作，共建高品质生活宜居地”为主题，以“打造韧性安全城市　建设宜居和美乡村”为重点，由四川省住房和城乡建设厅、重庆市住房和城乡建设委员会共同主办，为期3天，展览面积达5万平方米。四川省委常委、副省长普布顿珠，重庆市政协副主席杜惠平出席开幕式并致辞。

【11月17日】 2023年四川省幸福河湖建设动员部署暨重点工作推进会在成都市举行。会议公布，截至2023年10月底，全省已有2.6万个村（社区）完成基层河湖管护“解放模式”推广，总体完成率达98.35%；累计建成河长工作室2.3万个、河湖管护队伍5.4万支、乡风文明生态超市1万余个。

同日　农业农村部公布第三批全国乡村治理示范村镇名单及前两批全国乡村治理示范村镇复核结果，四川省共有6个乡（镇）、60个村获得第三批认定，全省累计有18个乡（镇）、179个村被认定为全国乡村治理示范村镇。

【11月24日】 省委农村工作领导小组2023年全体会议召开，省委书记、省委农村工作领导小组组长王晓晖主持会议并讲话。王晓晖强调，要深入学习贯彻习近平总书记关于“三农”工作重要论述和对四川工作系列重要指示精神，认真落实省委十二届四次全会部署要求，坚持在推进乡村振兴上全面发力，不断开创全省“三农”工作新局面。省长、省委农村工作领导小组组长黄强出席会议。会议深入学习习近平总书记近期关于“三农”工作重要论述，学习李强总理对推进农田水利和高标准农田建设的批示要求及中央有关会议、有关文件精神，听取全省“三农”工作推进情况、巩固拓展脱贫攻坚成果同乡村振兴有效衔接工作推进情况的汇报，审议了《四川省学习运用“千万工程”经验加快建设宜居宜业和美乡村工作推进方案》《四川省农村一二三产业融合发展行动方案》《四川省科技支撑更高水平“天府粮仓”建设实施方案(2023—2027年)》。

【11月28日】 全省学习运用“千万工程”经验建设宜居宜业和美乡村工作推进会议召开，会议传达学习了习近平总书记关于“千万工程”的重要指示批示精神和全国学习运用“千万工程”经验现场推进会精神，安排部署当前和今后一个时期全省宜居宜业和美乡村建设工作。省委书记、省人大常委会主任王晓晖出席会议并讲话。王晓晖强调，要深刻认识学习运用“千万工程”经验的极端重要性和现实针对性，切实把先进经验运用到宜居宜业和美乡村建设中，推动全省农业全面升级、农村全面进步、农民全面发展。

十　二　月

【12月4日】 省政府办公厅印发《四川省加力补齐农机装备短板加快打造全程全面高质高效“天府良机”行动方案(2023—2025年)》(以下简称《方案》)。《方案》提出，2024年，全省农机装备产业科技创新能力持续提升，农机装备产业园区分批启动建设，全省农机总动力达到5000万千瓦以上，主要农作物耕种收综合机械化率达到73%；到2025年，完成“天府良机”产学研推用一体化布局，农机装备产业园区和农机装备创新载体平台建设稳步推进，丘陵山区适用农机研发取得重要突破并完成中试，平原地区基本实现主要农作物全程机械化，全省农机总动力达到5100万千瓦，主要农作物耕种收综合机械化率达到75%。

【12月7日】 以“深化农业农资经贸合作　助力澜湄发展繁荣”为主题，由中华全国供销合作总社主办、中国东盟农资商会承办、省供销合作社联合社联合承办的2023澜湄农业农资经贸合作峰会在成都市召开，中华全国供销合作总社理事会副主任侯顺利、四川省副省长胡云出席会议并致辞。

【12月7日—9日】 由文化和旅游厅、攀枝花市政府联合主办，以“艺术点亮乡村”为主题的2023年四川省乡村艺术节在米易县举行。艺术节采取“现场+线上”形式，以“1+5+N”的艺术节形式呈现“群星璀璨”2023年四川省群文视觉艺术精品展览、“大地情深”全省群星奖优秀作品示范性巡演暨攀枝花市文旅推介展示、“美美与共”乡村集市展销、乡村文化艺术调研、“阳光米易行·畅享深呼吸”2023城市微型马拉松比赛5个主题活动和全省21个市(州)的乡村文化艺术展演活动，实现线下与线上交织、艺术与旅游融合、主体与配套活动有机衔接。

【12月14日】 四川省推进中心镇改革发展厅际联席会议办公室印发《关于公布四川省省级百强中心镇名单的通知》，成都市邛崃市平乐镇、攀枝花市盐边县红格镇等42个镇被命名为省级百强中心镇。

【12月15日】 黄河干流若尔盖段应急处置工程完成竣工验收，标志着全省在黄河干流启动的首个生态护岸工程转入正式运行阶段。

【12月25日】 第十九届蒙顶山茶文化旅游节(秋季篇)暨第二届雅安藏茶文化旅游季在雅安市开幕。省人大常委会副主任祝春秀出席开幕式并宣布开幕。开幕式上，中国茶叶流通协会和国际茶叶委员会分别为雅安市雨城区“全国优质边销茶基地”和“世界黑茶发源地”授牌。

【12月30日】 省政府办公厅印发《四川省保障农民工工资支付工作考核办法》(以下简称《办法》)。《办法》要求从2023年到2027年，省政府对各市(州)政府每年开展一次保障农民工工资支付工作年度考核。考核内容主要包括加强对保障农民工工资支付工作的组织领导、完善落实工资支付保障制度、治理欠薪特别是工程建设领域欠薪工作成效、人民群众满意度等。

四川概况

SICHUAN GAIKUANG

自然资源

【基本情况】 四川省地处中国西南腹地、长江上游，介于东经97° 21'～108° 33'、北纬26° 03'～34° 19'。南北跨度为916千米，东西跨度为1062千米。东连重庆市，南邻云南省、贵州省，西接西藏自治区，北接青海省、甘肃省和陕西省。

【土地资源】 四川省辖区面积48.6万平方千米，占全国总面积的5.1%，居全国第五位，但人均国土面积低于全国平均水平，人多地少的矛盾十分突出。

四川省地貌复杂多样，有山地、丘陵、平原和高原4种地貌类型，分别约占全省辖区面积的77.1%、12.9%、5.3%和4.7%。土壤类型丰富，根据第二次土壤普查，全省土壤类型共有25个土类、66个亚类、137个土属、380个土种，土类和亚类数分别占全国总数的43.48%和32.6%。

根据第三次全国国土调查，四川省土地利用类型共分为9个一级利用类型（见表1）。全省土地利用以林草地为主，主要集中在盆周山地和西部高山高原，占总面积的72.22%，其中甘孜州、阿坝州、凉山州三州地区分别占全省林地面积的60.25%、占全省草地面积的94.43%；湿地主要分布在甘孜州、凉山州、阿坝州三州地区，占全省湿地面积的98%；耕地集中分布在东部盆地和低山丘陵区，凉山、南充、达州3个市（州）耕地面积较大，占全省耕地面积的27.68%；园地主要分布在凉山、成都、眉山3个市（州），占全省园地面积的39.85%；甘孜州、凉山州、阿坝州三州地区水域面积较大，占全省水域面积的33.5%。

【气候资源】 四川省气候复杂多样，且地带性和垂直变化十分明显。根据水热条件和光照条件的差异，全省分为三大气候区：

四川盆地中亚热带湿润气候区。全年温暖湿润，年均温16℃～18℃，积温4000℃～6000℃，气温日较差小，年较差大，冬暖夏热，无霜期230～340天。盆地云量多，晴天少，年日照时间较短，仅1000～1400小时，比同纬度的长江流域下游地区少600～800小时。雨量充沛，年降水量1000～1200毫米，50%以上集中在夏季，多夜雨。

川西南山地亚热带半湿润气候区。全年气温较高，年均温12℃～20℃，日较差大，年较差小，早寒午暖，四季不明显。云量少，晴天多，日照时间长，年日照时数为2000～2600小时。降水量较少，干湿季分明，全年有7个月为旱季，年降水量900～1200毫米，90%集中在5—10月。其河谷地区受焚风影响形成典型的干热河谷气候，山地形成显著的立体气候。

川西北高山高原高寒气候区。海拔高差大，气候立体变化明显，从河谷到山脊依次出现亚热带、暖温带、中温带、寒温带、亚寒带、寒带和永冻带。总体以寒温带气候为主，河谷干暖，山地冷湿，冬寒夏凉，水热不足，年均温4℃～12℃，年降水量500～900毫米。天气晴朗，日照充足，年日照时数为1600～2600小时。

总的特点是：季风气候明显，雨热同季；区域间差异显著，东部冬暖、春旱、夏热、秋雨、多云雾、少日照、生长季长，西部则寒冷、冬长、基本无夏、日照充足、降水集中、干雨季分明；气候垂直变化大，气候类型多；同时伴随气象灾害种类多，发生频率高，范围大，主要是干旱，其次是暴雨、洪涝和低温等。

【水资源】 四川省水资源丰富，居全国前列。全省多年平均降水量约为4889.75亿立方米。水资源以河川径流最为丰富，境内共有大小河流近1400条，号称“千河之省”。全省水资源总量共计约为3489.7亿立方米，其中多年平均天然河川径流量为2547.5亿立方米，占水资源总量的73%；上游入境水942.2亿立方米，占水资源总量的27%。地下水资源量约546.9亿立方米，可开采量为115亿立方米。境内遍布湖泊冰川，有湖泊1000余个、冰川200余条，在川西北和川西南还分布有一定面积的沼泽，湖泊总蓄水量约15亿立方米，加上沼泽蓄水量，共计约35亿立方米。

总的特点是：总量丰富，人均水资源量高于全国，但时空分布不均，形成区域性缺水和季节性缺水；水资源以河川径流最为丰富，但径流量的季节分布不均，大多集中在6—10月，洪旱灾害时有发生；河道迂回曲折，有利于农业灌溉；天然水质良好，但部分地区也有污染。

表1 四川省土地资源利用现状

土地利用类型	辖区	耕地	园地	林地	草地	湿地	城镇村及工矿用地	交通运输用地	水域及水利设施用地	其他用地
面积：万公顷	4861.16	520.99	121.44	2543.50	960.81	122.96	186.15	54.24	108.66	242.41
比例(%)	100.00	10.72	2.50	52.32	19.76	2.53	3.83	1.12	2.23	4.99

【生物资源】 四川省生物资源十分丰富,保存有许多珍稀、古老的动植物种类,是中国乃至世界重要的生物基因宝库之一。

动物资源十分丰富,全省有野生脊椎动物1400余种,占全国总数的45%以上,居全国第二位;兽类和鸟类约占全国的53%,其中兽类235种、鸟类759种、爬行类120种、两栖类110种、鱼类246种和亚种。被列入全国重点保护的野生动物有303种,占全国总数的39.6%,居全国之冠,其中国家一级重点保护野生动物63种、国家二级重点保护野生动物240种。据第四次全国大熊猫调查,四川省有野生大熊猫1387只,占全国野生大熊猫总数的74.4%,其种群数量居全国第一位。雉类资源极为丰富,有雉科鸟类20余种,占全国雉科总数的40%,其中有许多珍稀濒危雉类,如国家一类保护动物雉鹑、四川山鹧鸪和绿尾虹雉等。全省动物中可供经济利用的种类占50%以上,其中毛皮、革、羽用动物200余种,药用动物340余种。

植物资源种类繁多,全省有高等植物14470种,占全国总数的1/3以上,仅次于云南省,其中苔藓植物500余种;维管束植物230余科、1620余属;蕨类植物700余种;裸子植物100余种(含变种);被子植物8500余种;松、杉、柏类植物87种,居全国之首。有国家重点保护野生植物233种,其中国家一级重点保护野生植物11种、国家二级重点保护野生植物222种。有各类野生经济植物5500余种,其中药用植物4600余种,所产中药材占全国药材总产量的1/3,是全国最大的中药材基地;芳香及芳香类植物300余种,是全国最大的芳香油产地;野生果类植物达100余种,其中以猕猴桃资源最为丰富,居全国之首,并在国际上享有一定声誉;菌类资源十分丰富,野生菌类资源达1291种,占全国的95%。四川省还是全国重要竹区之一,竹子在全省均有分布,有竹类18属164种,其中乡土竹种140余个、特有竹种73个,竹林面积、竹产业产值分别居全国第一位和第二位。

【能源资源】 四川省能源资源十分丰富,主要以水能、煤炭和天然气为主,水能资源约占75%,煤炭资源约占23.5%,天然气及石油资源约占1.5%。

全省水能资源理论蕴藏量达1.43亿千瓦,占全国总量的21.2%,仅次于西藏自治区,其中技术可开发量1.03亿千瓦,占全国总量的27.2%;经济可开发量7611.2万千瓦,占全国总量的31.9%,均居全国首位,是全国最大的水电开发和西电东送基地。全省水能资源集中分布于川西南山地的大渡河、金沙江、雅砻江三大水系,约占全省水能资源蕴藏量的2/3,也是全国最大的水电“富矿区”,其技术开发量占理论蕴藏量的79.2%以上,占全省技术开发总量的80%。

四川省煤炭种类比较齐全,有无烟煤、贫煤、瘦煤、烟煤、褐煤、泥炭。全省保有煤炭资源量122.7亿吨,主要分布在川南片区,位于泸州市和宜宾市的川南煤田赋存了全省70%以上的探明储量。油、气资源以天然气为主,石油资源储量很小,四川盆地的天然气资源十分丰富,是国内主要的含油气盆地之一,已发现天然气资源储量达7万余亿立方米,约占全国天然气资源总量的19%,主要分布在川南片区、川西北片区、川中片区、川东北片区。四川省生物能源也比较丰富,每年有可开发利用的人畜粪便3148.53万吨、薪柴1189.03万吨、秸秆4212.24万吨、沼气约10亿立方米。此外,太阳能、风能、地热资源也较为丰富。

【矿产资源】 四川省成矿条件优越,战略性矿产资源丰富,矿产种类比较齐全,矿产资源供应能力较强,是中国西部乃至全国的矿物原材料生产加工大省。拥有世界级的钒钛、锂、稀土等重要矿产资源,钛储量占全国总量的93%,位列全球第一;钒储量占全国总量的63%,位列全球第三;钒钛原料产量占全国份额的65%以上。四川省已发现矿产136种,占全国已发现矿种总数的78.6%;具有查明资源储量的矿种97种(亚矿种129个),其中天然气、页岩气、钒、钛、锂等8种矿产查明资源量位居全国第一,资源优势明显。

四川矿产资源的特点:一是资源总量丰富,但人均占有量低于全国水平;矿种齐全,但多数矿种储量不足。除钒钛磁铁矿、岩盐、芒硝、铅锌、硫、铁矿、石棉、云母、金、磷、水泥灰岩等储量可满足开发需要外,多数矿产资源存在资源数量不足、质量差、探明矿山不足的问题。二是大型或特大型矿床分布集中,区域特色明显,有利于形成综合性的矿物原料基地。矿产集中分布在川西南(攀西)、川南、川西北三个片区,并各具特色:川西南片区以黑色、有色金属和稀土资源为优势,其他矿产也很丰富且组合配套好,是全国的冶金基地之一;川南片区以煤、硫、磷、岩盐、天然气为主的非金属矿产种类多,蕴藏量大,是全国化工工业基地之一;川西北片区稀贵金属(锂、铍、金、银)和能源矿产(铀、泥炭)资源丰富,是潜在的尖端技术产品的原料供应地。三是部分重要矿产以贫矿和低品质矿为主,富矿不足。除铅、锌、镉、银、岩盐、钙芒硝等品位稍高外,其他矿产多为中、贫矿。四是矿床的共生、伴生矿多,综合利用价值高,但增加了采矿和选冶工艺难度。如攀西片区的钒钛磁铁矿为铁、钒、钛共生,川南片区的煤矿为煤、硫共生,川西北片区的锂矿为锂、铍共生。

【旅游资源】 四川省旅游资源极其丰富,具有数量多、类型全、分布广、品位高的特点,其资源数量和品位均在全国名列前茅。

拥有世界遗产5处,其中世界自然遗产3处(九寨沟、黄龙、大熊猫栖息地),世界文化与自然遗产1处(峨眉山—乐山大佛),世界文化遗产1处(青城山—都江堰)。被列入世界《人与生物圈保护网络》的保护区有4处(九寨沟、黄龙、卧龙、稻城亚丁）。有“中国旅游胜地40佳”5处（峨眉山、九寨沟—黄龙、蜀南竹海、乐山大佛、自贡恐龙博物馆）。有中国优秀旅游城市21座、国家历史文化名城8座。截至2023年年底，全省共有国家A级景区939家，其中国家5A级景区17家、国家4A级景区335家；有自然保护区154个、面积7.7万平方千米，占全省总面积的15.9%，其中国家级自然保护区32个；有湿地公园55个，其中国家级湿地公园（含试点）29个。全省有国家级风景名胜区15处、省级风景名胜区79处；森林公园137处、面积232.48万公顷，占全省总面积的4.78%，其中国家级森林公园44处，森林公园总量位列全国前十。由于地质构造复杂、地质地貌景观丰富，全省地质遗迹类型多样，已发现地质遗迹220余处；有世界级地质公园3处、国家级地质公园19处，其数量居全国前列。截至2023年年底，全省共有博物馆320个，全国重点文物保护单位262处、省级文物保护单位1214处，国家级非物质文化遗产名录153项、省级非物质文化遗产名录1132项。四川省还是全国红色旅游资源大省之一，点多面广、类型丰富，有红色旅游重要景区（景点）120余个，分布在全省80%以上的市（州）。拥有全国红色旅游经典景区9处，其中包括“5·12”汶川特大地震抗震救灾系列景区（四川省主要资源及其地位见表2）。

表2 四川省主要资源及其地位

资源类型		地位
土地资源	国土面积	全国第5位，西部第4位
	耕地面积	全国第6位，西部第1位
	林地面积	全国第2位，西部第1位
	牧草面积	全国第5位，西部第4位
森林资源	森林面积	全国第4位
	森林蓄积	全国第4位
生物资源	高等植物种类	全国第2位
	蕨类植物种类	全国第2位
	裸子植物种类	全国第1位
	被子植物种类	全国第2位
	药用植物种类	全国第2位
	芳香油植物	全国第1位
	野生果类植物	全国第1位
	菌类资源	全国第1位
	国家重点保护野生动物种类	全国第1位
	陆生野生动物种类	全国第2位
	野生大熊猫种群数量	全国第1位
	鸟类	全国第2位
水能资源	理论蕴藏量	全国第2位
	技术可开发量	全国第1位
	经济可开发量	全国第1位

续表

资源类型		地位
旅游资源	世界自然文化遗产数量	全国第2位
	国家5A级景区数量	全国第3位
	地质公园数量	全国第1位
矿产资源	天然气、钒、钛等8种矿产查明资源储量	全国第1位

四川省自然资源科学研究院编写组

气候状况

【基本情况】 2023年，四川省平均气温16.1℃，较常年偏高0.9℃，创1961年以来历史新高，刷新了2022年15.9℃的历史纪录；全省平均降水量846.8毫米，偏少12%，位列历史第6少位。年内区域性暴雨天气过程接近常年，暴雨站次偏少，属暴雨偏弱年份；四川秋雨开始期偏早、结束期偏晚，秋雨强度显著偏强。全省春旱与伏旱强度一般，夏旱范围广、强度大，总体为重旱年。全省有128站出现高温天气，其中9站日最高气温突破本站历史极大值，宁南站和金阳站日最高气温42.7℃，为全省最高，全省平均高温日数为1961年以来第4多位。2023年，春夏季部分地方大风冰雹造成损失较重，全省年平均雾日数较常年偏少。

【暴雨】 2023年，四川省区域性暴雨过程接近常年，暴雨站次数偏少，属暴雨偏弱年。

根据全省156县站8时雨量统计，2023年，全省共有137县站出现暴雨天气，较常年偏多2县站；共发生暴雨353站次、较常年偏少27站次，位列历史同期第19少位，其中大暴雨35站次、特大暴雨1站次。年内暴雨天气发生在4—10月，主要集中在7—8月。6月，全省暴雨站次数(24站次）较常年显著偏少，位列历史同期第5少位。盆地大部分地方暴雨次数为1 ~ 3次，其中巴中、达州、南充、遂宁、雅安和眉山等市部分地区达4 ~ 5次，川西高原和攀西地区多数地方为1 ~ 2次。全省最大日降水量为259.6毫米，出现在7月27日的安岳站；九龙、宝兴和安岳3站最大日降水量突破本站历史极大值纪录。安岳站7月26日—27日暴雨过程雨量为306.1毫米，为2023年全省最大过程雨量。

2023年，全省共发生5次区域性暴雨天气过程，分别为7月2次、8月2次、9月1次；区域性暴雨次数接近常年，首场区域性暴雨过程出现时间偏晚。

【干旱】 2023年，四川省春旱与伏旱强度一般，夏旱范围广、强度大，总体为重旱年。

春旱。2023年，全省共有49站（盆地15站）发生春旱，其中轻旱19站（盆地10站）、中旱8站（盆地5站）、重旱5站、特旱17站。中度以上干旱主要分布在甘孜州西南部、攀西地区大部和盆中局部地区。春旱发生范围小，重旱以上县站主要集中在甘孜州西南部和攀西地区。

夏旱。2023年，全省共有135站（盆地90站）发生夏旱，其中轻旱24站（盆地12站）、中旱14站（盆地11站）、重旱44站（盆地22站）、特旱53站（盆地45站）。中度以上干旱主要分布在甘孜州西部，盆地大部和攀西地区大部。夏旱发生范围广、强度大，重旱以上县站主要出现在盆地中西部和攀西大部。

伏旱。2023年，全省共有69站（盆地61站）发生伏旱，其中轻旱42站（盆地36站）、中旱11站（盆地9站）、重旱11站（盆地11站）、特旱5站（盆地5站）。中度以上干旱主要出现在盆东北大部和盆南局部。伏旱范围接近常年，局部出现重旱特旱。

【高温】 2023年，四川省高温日数多，影响范围广，局地极端性强，综合评价为强高温年份。全省128站出现高温天气（日最高气温大于等于35℃），94站日最高气温大于等于37℃，主要分布于盆地和攀西地区，其中8站日最高气温大于等于40℃，宁南和金阳站日最高气温42.7℃，为全省最高，9站日最高气温突破历史极大值。2023年，全省平均高温日数为17.9天，较常年偏多8.5天，位列历史同期第4多位。全省42站高温日数在30天以上，主要分布在盆东北、盆中、盆南和攀西地区南部，其中盐边和米易2站高温日数超过60天，盐边站高温日数68天，为全省最多。普格、冕宁、会理、昭觉4站高温日数突破历史极大值。

【秋雨】 2023年，四川省秋雨开始期偏早、结束期偏晚，秋雨强度显著偏强。按照华西秋雨监测标准，四川秋雨开始于8月21日，比常年提前16天，结束于11月16日，比常年偏晚17天。雨期长度为87天，较常年偏多33天，秋雨量287.6毫米，偏多47.9毫米。综合强度指数为1.36，为5级显著偏强。

全省各地秋雨量等级从中部、北部向周围减弱，盆西南、盆南局部、阿坝州等地秋雨量偏强，其中松潘县、石棉县、甘洛县、马边县、昭觉县等地显著偏强，盆地和攀西地区大部、甘孜州等地偏弱，甘孜县、炉霍县、攀枝花市、会理市、三台县、汶川县等地显著偏弱。四川秋雨期间降水日数分布为川西高原西北部、盆西南及盆东北偏多2 ~ 6天，甘孜州南部及攀西地区大部、盆中、盆南偏少4 ~ 8天。

【大风冰雹】 2023年，四川省春夏季部分地方大风冰雹造成损失较重。3月11日，乐山市井研县出现7 ~ 9级阵性大风，造成农作物受灾面积295.17公顷、成灾面积110.75公顷、绝收面积15.83公顷，损坏房屋10间，造成直接经济损失约295.58万元。4月17日，泸州市古蔺县北部乡（镇）出现大风冰雹短时局地强对流天气，农作物受灾面积2798.4公顷，损坏房屋312间，造成直接经济损失1580.45万元。6月28日，阿坝州小金县抚边乡最大冰雹直径约2厘米，冰雹累积厚度达成年人脚踝，导致农作物、基础设施、农房不同程度受损，造成直接经济损失1008.62万元。7月17日，自贡市部分地区出现雷雨大风天气，导致荣县、自流井区、贡井区、大安区4个县（区）共24403人受灾，农作物受灾面积1329.52公顷、成灾面积742.48公顷、绝收面积31.43公顷、房屋不同程度受损，造成直接经济损失达2064.8万元。

【雾】 2023年，四川省平均雾日数为27.4天，较常年偏少2.8天。上半年除1月、4月雾日数较常年分别偏少1天、0.5天外，其余各月雾日数均多于常年，其中3月全省平均雾日数偏多最多，较常年同期偏多1天；下半年除7月、10月雾日数较常年分别持平及偏多1.1天外，其余各月雾日数较常年均偏少，其中12月全省平均雾日数偏少最多，较常年同期偏少1.6天。

川西高原和攀西地区全年雾日数大部分在1 ~ 10天，阿坝州北部在11 ~ 20天，凉山州东部在30 ~ 60天；盆西北、盆中大部分地区在11 ~ 30天；盆东北、盆西南和盆南大部分地区在30 ~ 70天之间，局部地区在100天以上，其中渠县站、峨眉山站和兴文站3站分别为112天、108天、106天，叙永站为155天，峨眉山站雾日数达298天，为全省最多。

四川省气象局编写组

行政区划及变更

【行政区划管理】 严格审核行政区划调整事项，加强部门联审，开展实地调查，完成3件行政区划调整事项审核，其中2件提交省政府决策、1件联审未通过中止办理。做好行政区划基础工作，开展行政区划基础信息核查，审核21个市（州）、183个县（市、区）行政区划图，编印出版《四川省行政区划简册（2022）》，及时为各级各部门提供最新、最权威的行政区划信息。全省行政区划统计见表1。

【提升地名管理服务水平】 开展地名管理办法修订调研，先后到巴中、泸州、眉山等地组织召开片区座谈会，与21个市（州）就修订内容进行交流研讨，并在此基础上起草形成《四川省地名管理办法（草案）》，经民政厅党组会审议后，报司法厅审核。落实地名备案公告制度，截至2023年年底，共完成地名线上备案公告748个，其中新命名地名717个、更名31个。加强中国·国家地名信息库更新维护，全年动态更新相关数据信息21079条，及时为有关部门和社会大众提供精准、翔实的地名信息服务。印发出台《四川省地名文化遗产保护名录类别与代码编制规范》（DB51/T3158–2023）、《四川省地名保护名录鉴定工作指引》（川民发〔2024〕39号），细化完善地名文化遗产评价、鉴定、确认的标准和程序，为做好新时代地名文化遗产保护工作奠定基础。推进“乡村著名行动”，启动“十县、百镇、千村”试点工作，并先后推动其写入省委常委会工作要点、省委“一号文件”、省政府工作报告、省委全会决定等一体部署、统筹推进，在全省上下构建形成了高位推动、强力攻坚的工作格局。持续实施“地名文化传承保护试点三年行动计划”，先后确定成都市大邑县、邛崃市，泸州市泸县，绵阳市梓潼县、三台县，南充市阆中市，遂宁市安居区，达州市宣汉市，巴中市恩阳区，广元市青川县，雅安市荥经县，眉山市东坡区12个县（市、区）作为试点单位，聚焦抓保护、促传承、创品牌等方面开展专项试点，引领带动全省地名文化传承保护水平整体提升。联合省委宣传部、住房城乡建设厅、文化和旅游厅、省双拥办五部门部署开展地名文化“进社区、进街区、进景区、进公园、进军营”活动，提升地名文化的影响力和覆盖面。系统打造“地名天府”文化品牌，构建形成“电视有节目、地铁有视频、广播有声音、报刊有文章、网络有推送、线下有活动”的宣传阐释矩阵，引发社会各界强烈反响，各类平台累计浏览阅读量超过4亿人次，三台、犍为、荥经三站线下活动直播观看人数超过700万人次，被民政部《工作简报》、省委办公厅《每日要情》以及人民网、新华网、《中国社会报》等平台媒体刊登报道，省委常委、省委宣传部部长郑莉两次作出批示并予以肯定；民政部副部长唐承沛批示“可发各地借鉴”，并被写入省委全会决定、省政府工作报告等重大部署之中。

【加强界线管理】 配合西藏自治区民政厅完成川藏线第五轮联检工作，两省（区）政府向国务院上报《关于两省区行政区域界线第五轮联合检查工作情况的报告》。完成第四轮县级行政区域界线联检工作，对全省488个县级界线走向、界桩及方位物管护等情况逐点逐段进行了实地检查、维护。开展“平安边界”建设，教育引导边界地区群众和睦相处，营造良好的生产生活环境。

【持续推进“两项改革”】 持续做好乡（镇）行政区划和村级建制调整后续工作，拟制印发《关于常态化做好两项改革后续工作的通知》。聚焦调整后基层干部群众的“急难愁盼”问题，先后到基层实地调研，起草形成专项调研报省委、省政府有关领导阅知，并推动相关工作纳入省委十二届四次全会决定部署，为加快实现“调顺、调适、调优、调强”改革目标奠定基础。

表1　四川省行政区划统计表

市（州）	县（市、区）					乡（镇、街道）				
	合计	市辖区	县级市	县	自治县	合计	乡		镇	街道
							小计	其中民族乡		
全省	183	55	19	105	4	3101	626	83	2016	459
成都市	20	12	5	3	—	261	—	—	100	161
自贡市	6	4	—	2	—	90	2	—	63	25
攀枝花市	5	3	—	2	—	49	15	10	23	11
泸州市	7	3	—	4	—	126	8	8	92	26
德阳市	6	2	3	1	—	84	4	—	67	13
绵阳市	9	3	1	4	1	166	31	14	122	13
广元市	7	3	—	4	—	142	23	2	112	7
遂宁市	5	2	1	2	—	95	3	—	72	20
内江市	5	2	1	2	—	83	—	—	70	13
乐山市	11	4	1	4	2	132	18	2	103	11
南充市	9	3	1	5	—	242	38	1	162	42
宜宾市	10	3	—	7	—	136	17	12	105	14
广安市	6	2	1	3	—	124	10	—	99	15
达州市	7	2	1	4	—	200	30	4	149	21
巴中市	5	2	—	3	—	139	6	—	116	17

续表

市(州)	县(市、区)					乡(镇、街道)				
	合计	市辖区	县级市	县	自治县	合计	乡		镇	街道
							小计	其中民族乡		
雅安市	8	2	—	6	—	96	29	13	57	10
眉山市	6	2	—	4	—	80	5	—	62	13
资阳市	3	1	—	2	—	89	13	—	67	9
阿坝藏族羌族自治州	13	—	1	12	—	174	92	1	82	—
甘孜藏族自治州	18	—	1	17	—	289	177	3	110	2
凉山彝族自治州	17	—	2	14	1	304	105	13	183	16

四川省民政厅编写组

人口情况

【基本情况】 截至2023年11月30日，全省共登记户籍人口3163.85万户9071.4万人，其中男性人口4640.35万人、女性人口4431.05万人，男女性别比为104.72∶100。全省户籍人口较2022年净增加3.92万人，其中出生登记和户口补录共新增人口67.94万人、死亡和户口清理共减少人口58.26万人、省内户籍人口共净迁出省外6.01万人。

除成都市、凉山州、甘孜州和阿坝州实现户籍人口增长外，其余市(州)均为减少状态。截至2023年11月30日，人口规模排全省前五位的市(州)分别是成都市、南充市、达州市、凉山州、宜宾市，分别占全省总人口的17.62%、7.76%、7.05%、6.05%、6.04%；排名后五位的市(州)分别是广元市、雅安市、甘孜州、攀枝花市、阿坝州，分别占全省总人口的3.21%、1.67%、1.21%、1.18%、0.99%。

【人口城乡分布】 截至2023年11月30日，全省乡村户籍人口5511.54万人，占总户籍人口的比例为60.76%；城镇人口3559.86万人，人口城镇化率为39.24%，城镇人口较2022年净增加35.97万人，人口城镇化率上升0.38个百分点。全省183个县(市、区)中，人口城镇化率超过50%的有35个，占比19.13%，其中成都市20个县(市、区)中，城镇人口超过50%的有15个(与上年持平)，占全省人口城镇化率超过50%县(市、区)总数的42.86%。

2023年，全省乡村人口转移城镇人口30.25万人，按照"来自地区"类别区分，"来自本市地"类19.86万人，占65.64%；"来自本省外地市"类8万人，占26.46%；"来自外省"类2.39万人，占7.9%。

【人口年龄结构】 截至2023年11月30日，全省户籍人口各年龄段中，0～17岁年龄段人口1575.06万人，占全省户籍人口的比例为17.36%，较2022年减少39.68万人；18～34岁年龄段人口1871.31万人，占全省户籍人口的比例为20.63%，较2022年减少40.94万人；35～59岁年龄段人口3607.33万人，占全省户籍人口的比例为39.77%，较2022年减少56.43万人；60岁及以上年龄段人口2017.7万人，占全省户籍人口的比例为22.24%，较2022年增加140.98万人。60岁以下三大年龄段人口均较上年减少，60岁及以上人口增加较多，增幅为7.51%；100岁及以上老人9596人，占全省户籍人口的比例为0.0106%，其中男性2906人、女性6690人。全省户籍人口平均年龄为42.14岁，较2022年(41.57岁)上升0.57岁。

【人口性别结构】 截至2023年11月30日，全省男性人口4640.35万人，占总人数的比例为51.15%；女性人口4431.05万人，占总人数的比例为48.85%；男女性别比为104.72 ∶ 100，相较于2022年有所下降，主要是由于出生登记人口男女性别比更为均衡调和，其次省外迁入人口中女性也多于男性。2011—2023年，全省男女性别比逐年下降，性别失衡情况逐步好转，从2011年的106.21：100下降到2023年的104.72：100，降幅1.49个百分点。各市（州）中，男女性别比最不均衡的是达州市（110.65：100），依次分别是广安市（109.86：100）、巴中市（109.48：100）、资阳市（109.41：100）、南充市（109.11：100）；男女性别比较为均衡的市（州）是甘孜州（101.36：100），其次分别是攀枝花市（102.20：100）、德阳市（102.33：100）、眉山市（102.37：100）、成都市（97.17：100）。

【人口民族结构】 截至2023年11月30日，全省共有少数民族人口629.54万人，占全省总人口的6.94%，较2022年上升0.09个百分点，以四川省固有的彝族、藏族、羌族为主。其中，彝族人口355.25万人，占全省总人口的3.92%，较2022年增加6.16万人（其中补录0.19万人，说明全省开展无户口人员补录落户工作效果明显）；藏族人口165.15万人，占全省总人口的1.82%，较2022年增加1.3万人；羌族人口35.19万人，占全省总人口的0.39%，较2022年增加0.22万人。另外重点关注的少数民族中，回族人口14.13万人，占全省总人口的0.16%，较2022年增加0.11万人；维吾尔族人口0.25万人，占全省总人口的0.003%，较2022年增加0.066万人。

【人口迁移】 2023年，全省省外人口迁移量31.61万人，其中省外迁入人口12.8万人、迁往省外人口18.81万人，省外总迁移率3.48‰，比2022年上升0.3个千分点；省外人口净迁移量（即机械增长量）-6.01万人、净迁移率-0.66‰。省内人口迁移量99.95万人，其中省内迁入人口50.1万人、省内迁出人口49.85万人，省内总迁移率11.02‰。

总体上看，全省人口迁移以省内迁移为主、省外迁移为辅，人口整体呈外流状态。

四川省公安厅编写组

宗教情况

【基本情况】 四川省是全国宗教工作重点省份之一，佛教、道教、伊斯兰教、天主教、基督教五大宗教俱全。2023年，省民族宗教委始终坚持全国宗教中国化方向，不断促进宗教事务治理体系和治理能力现代化发展。

【推进宗教中国化】 国庆节前夕，组织全省宗教界举行“庆国庆集中升国旗仪式”暨“爱国爱教爱家乡”系列主题活动，庆祝中华人民共和国成立74周年。活动由四川省基督教三自爱国运动委员会和四川省基督教协会轮值承办，省委常委、统战部部长赵俊民出席并讲话。活动包括集中升国旗仪式、全省宗教界“从严治教，崇俭戒奢”主题书法作品展、全省宗教界“全面从严治教，深化教风建设”座谈会、四川基督教“崇法尚秩，正道可传”现场访谈、全省宗教界“弘扬中华优秀传统文化”文体展演等，全省各宗教代表结合实际，分享交流宗教界对全面依法治国、民主办教、匡正教风、坚持正道以及铸牢中华民族共同体意识的认识、感悟和思考。活动激发了全省宗教界的爱国情感，展现了全省宗教界践行社会主义核心价值观、坚持我国宗教中国化方向的行动自觉，体现了维护祖国统一、促进民族团结、投身家乡建设的责任担当。

10月，省民族宗教委组织佛教、道教、伊斯兰教、天主教、基督教代表人士和中青年教职人员代表80余人到山东省曲阜市孔庙、孔府、孔林和青岛中国海军博物馆开展“中华文化体验行”活动。活动以现场教学、沉浸体验、专家辅导、分组讨论、召开座谈会等形式学习习近平文化思想和习近平总书记关于宗教工作的重要论述，引导宗教界人士坚定文化自信，传承中华优秀传统文化，坚持全国宗教中国化方向，深化中华文化浸润，引导宗教与社会主义社会相适应。

【依法加强宗教事务管理】 开展“国家宪法日”“八五普法”“宗教法规宣传月”等普法活动，引导宗教界人士和信教群众增强“国大于教、国法大于教规、教民首先是公民”的观念。2023年国家宗教事务局公布《宗教活动场所管理办法》（以下简称《办法》）后，省民族宗教委开展宣传贯彻工作，按照《办法》要求，开展学习宣贯彻，依法加强对宗教活动场所的管理，指导宗教活动场所不断规范完善组织、人员、财务、活动、安全等各方面制度，提升宗教活动场所管理的制度化、规范化水平。召开党组（扩大）会议，集中学习《办法》，研究贯彻落实措施。举办学习贯彻《办法》座谈会，全省各市（州）统战、民宗部门负责人、宗教团体负责人参加会议，7个全省性宗教团体会长（主席）作交流发言；落实《四川省宗教工作领域法治宣传教育第八个五年规划》，加大法律进宗教活动场所力度，通过开发普法微信小程序和将《办法》翻译为汉藏双语等形式持续推动《办法》的宣传和贯彻。

四川省民族宗教事务委员会编写组

农业发展概况

NONGYE FAZHAN GAIKUANG

SICHUAN

种 植 业

综 述

【基本情况】 2023年，全省粮食作物播种总面积9606万亩，比上年减少89万亩，减少0.9%；总产量359.4亿千克，创26年新高。三大主粮播种面积保持稳定，其中大豆播种面积831万亩，比上年增加51万亩，增长6.5%，粮食和大豆播种面积全面完成国家下达任务。主要品种中，水稻、薯类播种面积减少，玉米、冬小麦、豆类播种面积增加。全省建设的83个玉米、大豆百亩高标准示范片，9个“双高产”示范县，打造的40个“吨粮田”千亩示范片为全省粮食产量的增加发挥了重要作用。全省粮食综合单产374.1千克/亩，比上年提高12千克/亩，增长3.3%，在2022年的基础上实现恢复性增长，增幅在全国13个粮食主产省（区）中位居第一。各主要品种单产均有不同程度的提高，其中水稻单产535千克/亩，比上年增加14.8千克/亩，增长2.9%；玉米单产392千克/亩，增加16千克/亩，增长4.3%；冬小麦单产300.3千克/亩，增加16.3千克/亩，增长5.7%；豆类单产150千克/亩，增加11千克/亩，增长7.9%；薯类单产291.1千克/亩（折粮），增加6.1千克/亩，增长2.1%。全省夏粮生产呈现面积、单产、总产量“三增”态势，其中小麦亩产达300.3千克，单产创历史新高，首次迈上300千克台阶，亩产增幅居全国第二位，在13个粮食主产省份中排名第一位。四川省是全国13个粮食主产省份之一、西部唯一粮食主产省份，2023年，打造新时代更高水平“天府粮仓”正式开局起步。全省油菜籽产量居全国第一位。全省茶叶综合产值达1200亿元，同比增长11.1%，实现连续三年产值突破千亿元大关。除川茶外，川猪、川粮油、川菜、川牛羊等“川字号”产值全面突破千亿元大关。蔬菜及食用菌种植面积158.3万公顷，增长2.6%；产量达5417.9万吨，增长4.2%。茶叶产量和园林水果产量分别增长8.1%和8.3%，达到42.5万吨和1341.8万吨。中草药材种植面积增加至16.9万公顷，增长6.2%。全省一方面将耕地纳入党政同责考核内容，采取“腾”“退”“转”等方式复垦撂荒地面积；另一方面，全面启动“天府良田”建设攻坚提质行动，高标准农田建设全面提速。全面落实“田长制”，推进成都平原和全省耕地保护专项整治，耕地面积净增加50万亩以上，撂荒地动态清零4.2万亩。实施“天府良田”建设攻坚提质行动，实行整市整县整片推进，新建和改造提升高标准农田425万亩。9月，全国首个省级综合性种质资源库——四川省种质资源中心库建成投用；天府种业万安实验室加快筹建；全省5.8万名农技人员常驻种粮一线，构建起覆盖全省的农技服务体系；探索推广“以粮为主粮经统筹轮作”或套种模式，让种粮农户鼓起“钱袋子”；省级层面首次把种粮大户补贴分为丘陵山区、平原地区两类执行，更精准地调动农户种粮积极性。实施主要粮油作物大面积单产提升行动，在90个粮食生产重点县每县各建成1个万亩高产示范片。

【粮食作物生产】 全年粮食亩产达374.1千克，比上年增加12千克，增长3.3%，亩产增幅居全国第二位，在13个粮食主产省份中排名第一位。坚持整灌区、整市、整县、整片推进425万亩高标准农田建设。建立撂荒地“动态清零”机制，复垦撂荒地4.2万亩，在54个县共腾退20.87万亩低质低效种植园地直接恢复种粮，全省优化改造种植园地间套作种粮118万亩。实施主要粮食作物单产提升行动，在90个粮食生产重点县组织开展高产竞赛，在35个县开展绿色高产高效行动，在15个县整建制推进玉米、大豆单产提升，建设玉米、大豆百亩高标准示范片83个和“双高产”示范县9个，打造“吨粮田”千亩示范片40个。全省水稻、玉米、小麦、马铃薯平均亩产分别为520.2千克、376千克、282.8千克、281千克，涌现出一大批水稻亩产800千克、玉米亩产700千克、大豆亩产150千克的高产典型。全省粮食平均亩产比上年增加12千克，增长3.3%，增幅在13个粮食主产省份中排名第一位。加强科技服务，重点推广17个粮油当家品种和“稻香杯”优质水稻品种，推广面积较上年增加200万亩以上。7月，全国农技中心发布2023年度超级稻确认品种，全国共有16个水稻品种入选，其中“品香优美珍”等4个品种由四川科研院所选育。10月，四川省首次发布17个粮油作物当家品种，提出要推广应用当家品种，发挥当家品种对单产、品质和效益提升的作用。四川丰大种业有限公司主推产品——水稻新品种“品香优秱珍”入选超级稻，被列为四川省粮油当家品种。6月，“天府粮仓”建设技术到田现场推进会召开，同步印发《关于切实推进科技到田支撑“天府粮仓”建设的通知》，配套制定水稻、玉米、油菜、大豆、薯类、小麦的生产通用技术规程，解决了部分地区存在的田间管理粗放、耕地利用不足、科技支撑不强等问题。在90个粮食生产重点县组织开展高产竞赛，同时在各地打造“中稻再生稻”“麦稻”“麦玉豆”“麦玉薯”千亩“吨粮田”示范片，带动大面积均衡增产。实施“科技到田”行动，召开全省现场推进会，组建21个专家服务团队全覆盖包市、包县开展技术指导，建立省、市、县、乡、村五级贯通，超过4万人的农技推广队伍，打通技术到田“最后一公里”。聚焦“谁来种地”问题，加快建设县有中心、乡有站点、村有协办员的三级社会化服务体系，推动全省农业社会化服务面积达4100万亩次以上，增长6.7%。抓住农业防灾减灾“主动权”，及时下达救灾资金，抓早抓实冬春连旱、暴雨洪涝、稻飞虱等灾虫害应对工作，减少因灾损失。加强惠农富农政策落实，将成都平原种粮大户补贴提高到每亩90元、丘陵山区种粮大户补贴提高到每亩100元，提高粮食生产农机具购置补贴5个百分点，综合施策，让种粮农民有钱赚。

【小麦生物育种】 全年新审定高产广适多抗品种“川麦1648”、高产多抗优质专用品种“绵麦907”、高产优质多抗氮磷高效品种“内麦416”3个国审品种，新审定高产多抗优质品种“川麦618”、高产多抗优质品种“蜀麦1958”2个省审品种。研究集成“旱地小麦秸秆覆盖蓄水保墒水肥高效利用绿色生产技术”“麦玉两熟净作周年丰产增效机械化生产技术”2项技术。通过新品种、新技术集成示范，百亩以上大面积规模化验收小麦亩产突破550千克，创下全省百亩连片大面积实收测产的高产新纪录，新品种、新技术示范推广面积370万亩。小麦单产每亩300.3千克。

【油料作物生产】 油料作物播种面积迈上2亿亩台阶，实现连续5年增产，其中油菜籽播种面积1.1亿亩以上，增加700余万亩，创历史新高。带状复合种植稳步推进，在17个市1354个县开展试点，参与的新型农业经营主体增加到12万余个，共完成种植面积2016万亩，比上年增加509万亩。花生、油葵等油料作物保持稳定发展态势，扩种油茶474万亩、改造463万亩。油料产量实现“五连增”，油菜籽、花生、油葵等油料作物总产量超过3700万吨，比上年增加100万吨，其中油菜籽产量超过1500万吨，连续7年增产。大豆种植面积1.57亿亩，同比增加345.1万亩，其中高油高产大豆种植面积2000余万亩，同比增加500万亩左右。大豆产量连续2年创新高，2023年产量达2084万吨，比上年增加56万吨，连续两年超过2000万吨，其中2016万亩带状复合种植在保持玉米基本不减产的同时，大豆亩均产量84千克，比上年增加5千克，产量160余万吨。大豆大面积单产提升效果明显，农业农村部启动实施粮油等主要作物大面积单产提升行动，制定印发大豆大面积单产提升三年行动工作方案，聚焦100个大豆主产县，重点推广耐密品种、高性能播种机，集成配套高产栽培技术，整建制推进单产提升，100个整建制推进县大豆亩均密度增加1375株，亩产提高19.9千克，对推进县的增产贡献率超过70%，带动全国大豆亩产达132.7千克，同比增加0.7千克，为历史最高水平。

油料作物育种攻关。攻关团队共计创制亲本材料21份，育成抗除草剂新品种“川油82”等突破性品种9个，大豆品种“川农夏豆4号”粗蛋白含量高达50.4%，新品种、新组合在品质、抗性、专用性等多个性状上取得了新突破；在绵阳市安州区建立核心示范基地，推介示范新品种、新技术，“川油226”配套超高产关键技术体系实现亩产256.24千克，提质增效显著；玉米大豆带状复合种植玉米单产651.1千克/亩，套作大豆单产207.34千克/亩，再次创造全国大豆玉米带状复合种植大豆高产新纪录。花生生物菌肥和减毒固氮ARC菌剂提质固氮减损增产效果显著。在成果转化应用情况方面，“川油81”成为全省唯一一个入选2023年农业农村部主导品种的油菜品种；“川油81”等4个品种入选2023年国家农作物优良品种推广目录，占全省入选品种总数的90%；“川油81”“川油36”“川早油1号”等7个品种入选2023年四川省主导品种；“川油81”“川油83”“望乡油1881”被列为2023年四川省当家品种。育种攻关项目各团队审定和登记的9个新品种全部转化，已开始在省内外示范推广；研制的油菜优质原料生产技术等4项技术被列为省主推技术，并实现推广500余万亩。

【茶叶生产】 2023年，全省茶园面积稳定在590万亩左右；全省茶叶综合产值达1200亿元，连续3年突破千亿元大关，也是2021年首次突破千亿元大关以来增速最快的一年，同比增长11.1%。得益于全省茶叶呈现出开采早、产量增长的良好态势，带动茶叶价格、产值双提升，全省全年毛茶产量40.98万吨、产值403亿元，同比分别增长4.32%、10.41%，其中春茶占全年川茶60%的产值和40%的产量。受2023年春季气温偏高影响，春茶产量高，上市时间比往年更早、价格更好。一季度，全省手采鲜叶均价为每千克23.75元，较2022年增长10%。以川西南早茶优势特色产业集群、川红工夫红茶产业集群、农业产业强镇等项目为抓手，推进产业基地规模化、标准化、绿色化、良种化、数字化、宜机化建设。2023年，全省改造低产低效茶园面积170万亩、机采茶园面积276.37万亩、绿色防控面积461.5万亩。2023年，全省名优茶产量达25.8万吨，产值达354.9亿元，均为历年新高。

【粮食安全保障】 全省粮食安全形势总体较好，保供稳价基础扎实，粮食安全保障能力增强。抓好信息化建设，彻底改变仅靠“翻仓爬库”查粮传统模式，穿透式监管能力全面提升。出台监管信息化技术规范和建设方案，落实建设资金，推动省级平台和粮库端建设，优化完善省级平台监管功能，实现粮食购销全周期全流程监管。2023年，秋粮收购全面使用信息系统开展业务，实现粮食收购实时在线监管。在应急保障方面，加大省级救灾物资采购入库力度，省级救灾物资前置实现21个市（州）全覆盖，救灾物资储备保障实力不断夯实。完成四川省援赠甘肃省积石山县地震灾区10万件省级救灾物资调运任务。优质粮食工程"六大提升行动"全面推进，效应逐步放大。"天府菜油"连续4年上榜中国粮油影响力公共品牌，品牌价值超过100亿元，走出了一条引领"川粮油"高质量发展的崛起之路，持续擦亮四川农业大省金字招牌。

【农产品质量安全监管】 2023年，四川省级农产品质量安全例行监测合格率达99.4%，延续总体平稳、趋势向好的态势。全省结合省情、农情，制定《四川省深入推进农产品质量安全省建设行动方案》，经农业农村部批复同意，由省政府办公厅印发实施，农产品质量安全省建设正式启动。为确保"舌尖上的安全"，全省严把农药、饲料、兽药生产经营许可准入关，持续开展省级农药经营示范门店创建活动。全年监督抽查农药产品1102批次，合格率99.1%；肥料产品303批次，合格率92.7%；饲料样品1451批次，合格率99.2%；兽药样品685批次，合格率99.4%。围绕"川字号"特色产业，全年组织开展全省农业农村部门定量抽检农产品样品16.04万批次，达到1.9批次/千人，同比增长19.7%，全面排查农产品质量安全隐患。组织开展农药残留快速检测产品验证评价，加强技术指导培训，在165个涉农县（市、区）应用新型速测技术抽检样品7.05万批次。与此同时，推广绿色防控技术，全省主要农作物病虫害绿色防控覆盖率超过55%，比上年提高3个百分点。在农产品质量安全追溯方面，7.6万家主体入驻国家级（省级）追溯平台，共上传追溯批次信息664.4万条，数量位居全国第一，被农业农村部确定为全国重点农产品产地溯源试点省；聚焦12个重点品种开展产地溯源信息采集3.2万余条，数量位居全国第三。

【"川字号"农产品品牌发展】 提升"川字号"农产品竞争力，做靓"天府粮仓"名片。全省开展"天府粮仓"农业品牌建设行动，注册"天府粮仓"集体商标，举办"天府粮仓"省级公用品牌发布会；开展"天府粮仓"精品全国推介——走进广东、浙江、北京、上海活动，累计签订采购合同78个，签约金额近20亿元，实现品牌宣传推广和贸易促销"双丰收"。同时，实施"天府粮仓"精品品牌培育计划，培育精品品牌100个，全省累计认证绿色、有机、地理标志和名特优新优质农产品2659个，"川字号"农产品的市场知名度和影响力不断提升。

《四川农村年鉴》编辑部

粮 食 安 全

【基本情况】 2023年，全省共有粮食行业机构1845个，其中行政管理部门150个、各级粮食行政管理部门所属事业单位72个、全省国有及国有控股粮食企业527家、内资非国有粮食企业1049家、港澳台商及外商企业47家；粮食行业从业人员109234人，其中公务员887人、事业单位管理人员718人、企业经营管理人员21304人。全省国有及国有控股粮食企业总资产571.37亿元，其中固定资产98.42亿元、流动资产368.3亿元；粮食购销企业总资产538.18亿元，其中固定资产92.01亿元、流动资产353.63亿元。

2023年，全省粮食总产量359.4亿千克，比上年增加8.35亿千克，增长2.4%，继2021年后再创历史新高，继续稳居全国第九位，增幅在13个粮食主产省份中居第三位。全年收购粮油228万吨，销售粮油1986万吨。

【落实耕地保护和粮食安全党政同责考核】 省粮食安全考核工作组成员单位召开粮食安全党政同责考核工作联席会议，通报国家耕地保护和粮食安全责任制考核部署情况、2022年度市（州）和省直有关部门（单位）考核结果，研究2023年度考核工作。省政府召开2021年度粮食安全党政同责工作目标绩效管理考核集中约谈会，时任常务副省长李云泽对考核排名靠后的市（州）进行了约谈。

【粮油保供稳市】 定期开展粮食收购、价格、进度等市场动态监测，持续跟踪研判粮食收购形势，准确把握市场行情。重点做好成都市、"三州"，以及两会、两节期间等重点地区、重要时点的粮食市场供应工作，特别是保障成都大运会期间的粮油市场供应。加强粮食应急保障网点建设，建成粮油应急保供骨干网点5186家。开展粮食应急演练培训，加强应急保障能力建设，2023年全省粮油市场供应充足、价格稳定。

【深化储备企业改革】 落实"四川省地方政府粮食储备企业政策性职能和经营性职能分开"改革部署，推动省政府出台《关于推进四川省地方政府粮食储备企业政策性职能和经营性职能分开的指导意见》（川办发〔2023〕22号），配合组建省级储备粮管理集团公司，253家地方政府粮食储备企业全面完成改革任务。

【深化储备方式改革】 在全国率先探索建立省级粮食储备管理费用动态调整机制，首次实施后，稻谷由300元/吨提高到430元/吨，小麦由170元/吨提高到

200元/吨，玉米由100元/吨提高到120元/吨；甘孜州、阿坝州、凉山州及攀枝花市等民族地区的稻谷、小麦轮换费用在全省平均费用标准的基础上分别提高100元/吨、40元/吨。

【深化储备监管改革】 出台《四川省省级储备粮验收管理办法（试行）》《四川省省级储备粮轮换管理办法》，对40家重点承储企业开展省级储备粮年度“首考”，提升储备购销存全流程监管水平。完善跨部门粮食执法监管协作机制，围绕夏秋粮油收购、地方政策性粮食定向销售等重点任务开展联合执法检查。

【推进绿色仓储提升行动】 下达2023年度省级促进粮油产业高质量发展粮油仓储设施专项补助资金2.95亿元，建设高标准粮仓73.4万吨、仓顶阳光项目30个，降低库内低温储粮用电成本40%～50%，全省仓储设施布局、结构和功能得到极大优化提升。

【实施“天府菜油”行动】 “天府菜油”行动被写入省“十四五”规划和2035年远景目标纲要，并被纳入多项省级专项规划，构建“联席会议、奖补政策、品牌管理、产品标准、统计制度”五大体系，实施“品牌培育、基地提升、产能优化、产业融合、科技创新”五大工程，完成“天府菜油”行动三年计划（2021—2023年）目标任务，四川油菜全产业链被农业农村部列为全国油菜全产业链重点链。累计授权推出47个品牌产品，品牌知名度和美誉度不断提高，被消费者熟知接受，“天府菜油”连续4年上榜中国粮油影响力公共品牌，入选“新华社民族品牌工程”，品牌价值超过100亿元，四川省连续多年稳坐全国油菜产量第一大省，全省油料综合产值达880余亿元。四川、山东、新疆三省（区）在乌鲁木齐市共同举办齐鲁粮油·天府菜油·新疆粮油乌鲁木齐联合推介会暨2023“鲁川新”粮食产业发展合作洽谈会，共商产销协作，共谋产业发展。

【加强产销合作】 8月，国家粮食和物资储备局在河南省郑州市举办第五届中国粮食交易大会暨第三届全国脱贫地区优质特色粮油产品展销会，时任省政府副秘书长滕中平出席开幕式，省粮食和储备局党组书记、局长张丽萍带队参加会议，全省80余家粮油企业参展。四川、青海、新疆、陕西、甘肃、宁夏6省（区）现场签订《粮食安全保障互联互保机制框架协议》，进一步加强省际产销合作，为企业“引粮入川”搭建了合作平台。四川粮油集团、四川粮油批发中心直属库、成都市粮油集团等企业与省外粮食企业签订100余万吨粮食意向采购协议，交易总额约30亿元，有效掌握了粮源，保障了全省粮油市场需求。

【粮食安全宣传】 省粮食和储备局、农业农村厅、教育厅、科技厅、省妇联五部门与眉山市政府在眉山市联合主办四川省2023年世界粮食日和粮食安全宣传周主会场活动，活动发布四川农业大学、成都大学等16家粮食安全宣传教育基地并授牌。企业代表就节粮减损、坚守粮油食品质量安全做出承诺，学生代表就崇尚节约、爱粮节粮、反对浪费向全社会发出倡议。成都、德阳、眉山、资阳4市现场签订《成德眉资同城化粮食安全保障合作协议》，加强区域合作，提升全省粮食安全保障能力。

【加强救灾物资储备管理】 全年省、市、县三级粮食和物资储备部门共储备和管理生活类救灾物资395万件，较上年增加103万件，增长35.3%，其中省级救灾物资161.3万件、库91.3万件、向市（州）前置70万件，首次实现省级救灾物资布局21个市（州）全覆盖，提升了救灾物资就近保障能力。研究制定《省级救灾物资储备管理暂行办法》，规范各有关单位职责分工以及采购储备、仓储管理、调拨运输、分发使用等工作流程，推进规范化、标准化建设，提高省级救灾物资使用效益。

【支援甘肃、青海抗震救灾】 甘肃省临夏州积石山县6.2级地震发生后，按照省委、省政府部署，迅速启动应急物资调拨预案，及时调运5万床棉被、5万件棉大衣支援灾区抗震救灾。

【完成向尼泊尔运送救灾物资任务】 按照国家粮食和储备局通知要求，及时向尼泊尔调运中央救灾物资5200件。

四川省粮食和物资储备局编写组

林业和草原

综　述

【基本情况】 2023年是全面贯彻落实党的二十大精神开局之年，全省林草系统围绕“三个三”工作总体思路，实施林草事业、林草产业“两业并举”和改革激活、创新赋能“双轮驱动”总体战略，完成各项目标任务。全年落实中央、省级财政资金93.57亿元，较上年增加2.07亿元，其中中央资金75.38亿元，占总数的80%；完成营造林498万亩，为年度目标任务的127%；修复治理退化草原1055万亩，为年度目标任务的132%；林草产业总产值超过5200亿元，同比增长10.4%。

【"天府森林粮库"建设】 省政府印发《建设"天府森林粮库"实施方案》并召开全省工作会议，系统部署建设"天府森林粮库"工作。制定"六大工程"建设指南，指导地方因地制宜发展核桃、油茶、油橄榄、竹笋、林药、林菌等特色优势林粮产业。遴选11个"天府森林粮库"示范建设项目，已拨付补助资金4400万元。印发《四川省油茶生产项目管理和验收办法》，加强低产低效林改造，调整1800亩公益林种植油茶，新（改）造木本油料产业基地40万余亩。全省全年林粮产量超过1400万吨，林下经济利用林地面积超过2000万亩。国家林草局将四川省作为全国唯一"天府森林四库"建设示范省，编制形成建设"天府森林四库"研究报告和初步实施方案，将建设"天府森林粮库"拓展为建设"天府森林四库"。

【自然保护地体系建设】 加强大熊猫国家公园建设，建立川、陕、甘三省协作工作机制，召开省际联席会议。川、陕、甘三省人大常委会共同发布关于加强大熊猫国家公园协同保护管理的决定。省人大常委会发布《四川省大熊猫国家公园管理条例》，国家林草局批复大熊猫国家公园总体规划。全面清理退出矿业权200宗，退出小水电138座，兑现集体公益林生态效益补偿、天然商品林停伐补偿461.81万亩。修复栖息地6.61万亩，全面完成打桩定界工作，固定巡护样线663条，开展巡护21万余人次。推动周边社区融合创新发展试点，建成共建共管委员会81个。加快创建若尔盖国家公园，出台创建区生产经营活动管控意见，探索开展减畜降牧试点，创建任务基本完成。整合优化自然保护地，编制全省自然保护地整合优化方案和发展规划，获批各类自然保护地总体规划40个。成立川渝滇黔世界遗产保护联盟和长江上游珍稀特有鱼类国家级自然保护区保护联盟，举办香港2023"四川自然保护周"活动。

【科学绿化】 全面推进科学绿化试点示范省建设，编制国土绿化规划，完成造林绿化空间适宜性评估和退化林本底评估，上图率100%。完成营造林498万亩，其中人工造林64.65万亩、封山育林40万亩、退化林修复100万亩；巩固退耕还林成果1600余万亩。完成龙泉山国土绿化试点建设，实施达州川东平行岭谷国土绿化试点。组织实施"互联网+全民义务植树"，全年3016万人次参与义务植树1.02亿株。推动资阳市、遂宁市、青神县、天全县加快创建国家森林城市。加强退化草原修复治理，实施人工种草53.69万亩、天然草原改良229.15万亩。加强生态脆弱区域修复，编制防沙治沙规划，全年治理沙化土地59.9万亩、干旱河谷1.9万亩、岩溶地区5.6万亩，工程任务落地上图完成率100%。

【林草助力经济增长】 出台林草助力稳经济增长八条措施，开展林草项目管理年活动，制定林草以工代赈项目清单。加强林草要素保障，争取国家下达全省"十四五"林地定额指标5.6万公顷，年均较"十三五"增长41.8%。全年批准5053个项目使用林地草地14916公顷、146个建设项目进入自然保护地，征收森林草原植被恢复费14.72亿元。推进社会投资项目涉林草领域"用地清单制"改革，21项许可实现"全程网办"，审批用时提速80%以上，按时办结率、群众满意率均达100%。国家储备林项目新增授信284.7亿元，放款135.7亿元，累计授信项目96个、815.1亿元，放款项目83个、231.8亿元，共完成国家储备林建设35万亩。持续推进省级林草碳汇项目开发试点，制定森林经营碳汇发展优先区规划指南，实施固碳增汇示范工程123.84万亩，建立12个固碳增汇示范样板基地。省政府印发《竹产业提升三年行动方案》，建成竹产业基地1100万亩，预计竹产业总产值达1100亿元，同比增长8%。推进实施森林康养度假区试点，指导全省举办花卉（果类）、红叶等生态旅游节84场，实现生态旅游综合收入约1900亿元。

【资源保护管理】 编制全省天然林保护修复中长期规划，持续实施国有中幼林抚育。加强采伐管理，核发林木采伐许可证11.9万份、使用采伐限额375万立方米。加强衰弱古树抢救复壮及生态环境改善，新建省级古树公园10个。发布古树名木最新名录，新增一级古树25株、古树6株，4个古树群入选全国"双百"最美古树（群）。开展草原健康和退化状况评估，推进草原基况监测，全省草原资源"一张图"基本形成。推动国有草场和草原自然公园试点建设，牵头成立全国"红色草原"联盟，开展红色草原保护利用。实施全球环境基金四川湿地项目，修复退化湿地9.4万亩，色达泥拉坝湿地升级为国际重要湿地。出台陆生野生动物致害补偿办法，制定涉案野生动物及其制品处置实施意见，开展野生动物肇事补偿保险试点。开展打击毁林毁草专项行动，全年共查处破坏林草资源案件6600余件，恢复植被820余公顷，查处整改到位率达99%以上。联合开展"2023清风行动"，共查办野生动物案件1042起，打掉犯罪团伙63个。

【重点领域改革】 林长制改革不断深化，签发第2、3号总林长令，实施"林长制+林草重点工作"行动计划，推行林长巡林"三单一函"工作机制，明确林长巡林重点任务清单515项、重点问题清单230项。遴选首批林长制创新试点典型案例10个，广元市获得国家林长制激励通报表扬，探索建立的森林资源保护发展长效机制入选中国改革2023年度地方全面深化改革典型案例。深化集体林权制度改革，组织制定全省实施方案，鼓励工商企业等社会资本通过流转取得林地经营权，集体林地承包经营纠纷调处被纳入“平安四川”建设考评办法。成都市林业改革发展综合试点得到深化，打造的“林业共营制2.0”入选国家林草局林业改革发展典型案例。推进国有林场建设，建成全省国有林场矢量边界数据库。乡村振兴衔接资金林场部分被绩效评价为国家“优秀”等级。

【林草安全】 常态化防控森林草原火灾，全年共发生森林火灾8起，森林火灾受害率0.0095‰，低于0.9‰的考核指标。推动建立省、市、县、乡、村护林员六级网格化管理体系，高火险期护林护草员上线率稳定在90%以上。全年共组织排查整改火灾隐患1.6万余处，制止野外违规用火3000余起，实施计划烧除200余万亩，奖补森林防火成绩突出的村(社区)1000余个。组织全省770余万名中小学生接受防火“开学第一课”宣传教育。全年实施林业有害生物防治面积660.4万亩，成灾率控制在1.6‰；除治病枯死松树133.74万株，撤销3个疫区16个疫点，实现县级疫区、乡(镇)疫点、发生面积、疫情小班、病死松树数量“五下降”。启动草原鼠害综合防控示范区建设，实施草原鼠害治理524万亩、虫害治理169万亩。加强林草行业安全风险防控，开展“迎大运·保安全”集中整治专项行动，组织各级林草部门检查林草生产经营单位7300余家次，整治隐患2600余个。

【林草政务服务】 制定林草领域“一目录五清单”，推行行政执法“三项制度”，实现林草行政处罚裁量标准、行刑衔接全覆盖。全年立案林草行政案件6786起，结案率100%；查核办理涉林草生态环境损害赔偿案件348件，较上年增长115%。制定行政许可管理办法，完善“一单一图一表”管理体系，全省林草政务服务实现无差别受理、同标准办理。推进林草科技创新平台建设，批准建立省级林草科研基地11个、重点实验室7个、工程技术研究中心8个，与西华师范大学共建“大熊猫学院”。建成国家标准化林业站24个。持续开展“科技下乡万里行”活动，21个林草专家服务团现场技术指导450余次，推广应用新技术、新品种、新模式100余项。启动种质资源收集三年行动，建成全省林木种质资源数据库，省级审(认)定林木良种13个，建设保障性苗圃10个，新建乡土草种基地2个，新增国家审定草品种6个。中央、省级主流媒体全年正面报道涉及四川林草2500余篇(条)次，被国家林草局采用信息200余条。

四川省林业和草原局编写组

森林资源保护管理

【基本情况】 2023年，全省森林资源保护管理工作围绕林草“三个三”工作总体思路和“两业并举、双轮驱动”总体战略，加强森林资源保护、要素保障和基础管理，持续推进美丽四川建设。全省林地面积3.81亿亩，居全国第一位，占全省总面积的52.3%。

【林地林木管理】 贯彻落实自然资源部、国家林草局关于明确林地管理边界规范林地管理的文件精神，联合自然资源厅印发《关于进一步做好以第三次全国国土调查成果为基础明确林地管理边界 规范林地管理工作的通知》，推进四川省林地管理边界划定工作。贯彻落实中共中央办公厅、国务院办公厅《深化集体林权制度改革方案》要求，发文指导地方加强公益林调整，明确调整对象、调整程序、加强后续监管等要求。持续推进森林可持续经营试点，印发《四川省推进国家森林可持续经营试点工作方案(2023—2025年)》《四川省推进国家森林可持续经营试点宣传报道和舆情监测工作方案》，转发试点编制大纲、落地上图等技术规定，落实补助资金4400万元，下达试点任务9.35万亩，督促12家试点单位按期完成年度任务。持续推进“简政放权”，实施“林木采伐告知承诺制”，推行林木采伐App。支持储备林、油茶产业、松材线虫疫情防治林木采伐，研究破解生态保护红线内林木采伐等突出问题。全年共核发林木采伐许可证13.1万份，发证采伐量488万立方米，使用采伐限额409万立方米；受理审核省级不可预见采伐限额申请21件，依法追加采伐限额45万立方米。

【林地要素保障工作】 测算“十四五”期林地定额需求，争取全省林地定额指标，国家林草局下达全省“十四五”林地定额指标为5.6万公顷，年均1.12万公顷，比“十三五”期间年均定额增长41.7%。组建专班，开通绿色通道，聚焦国家级、省级重点项目“选址、可研、审查、报征”等重点环节，建立省级部门季度联络协调机制，协同推进国家级、省级重点项目建设。完成13个县(市)涉及重大项目保障“一张图”纠错调整事宜。采取“容缺受理”“并行审批”“快速通道”方式，“并联审批”13个项目使用林地1093公顷，批复成渝中线等8个项目先行使用林地100公顷，推动川藏铁路、西渝高铁等39个国家级、省级重点项目开工建设。坚持“要素跟着项目走”，服务全省“稳经济”大盘和高质量发展大局，全省全年各级林草部门共保障6863宗各类建设项目获批使用林地19672公顷，常务副省长董卫民对林草要素保障工作作出肯定性批示。

【森林资源监管】 监督指导林地委托审批工作，清理2022年度全省林地审核审批台账，梳理全省临时用地、直服用地审批专项清理整治情况，加强全省林地审批系统管理。落实国家林草局2023年13号公告，取消临时使用林地审批收费。印发《加强对临时使用林地恢复植被和林业生产条件监督管理通知》，严格审查临时使用林地申请和植被恢复。联合交通运输厅出台文件规范和加强公路建设项目使用林地管理，解决公路领域涉林问题。深化与国家林草局驻成都专员办“五联”工作机制，加强年度督查报告发现问题整改，联合挂牌督办2个县18起案件，约谈4个县（市）。持续推进“以康养名义开发房地产”“违规高尔夫球场”等清理整治，指导整改长江经济带生态环境警示片曝光问题。印发文件，开展森林资源管理突出问题自查自纠。开展打击毁林毁草专项行动，全年共查处破坏森林资源案件6200余件，处罚单位（个人）3000余家（名），恢复植被760余公顷，补种树木80余万株，查处整改率达99%以上，林地违法面积同比下降65%。

【林草湿样地调查监测】 完成2022年林草生态综合监测，四川省在全国总结会上作经验交流发言，四川省2家单位和5名个人被国家林草局通报表扬。推进2023年林草湿样地生态综合监测，会同自然资源厅制定工作方案、组建工作专班，编制全省实施方案和操作细则，落实中央和省级财政资金2443.5万元，完成全省3398个林草湿样地调查和10.12万个变化图斑现地核实入库，并通过专家评审，共同审核上报2023年林草湿样地调查监测成果。

四川省林业和草原局编写组

草原保护建设

【草原执法监管】 开展“打击毁林毁草”“草原联合执法”等专项行动，查处破坏草原违法行为，全年累计执法500余次，发现违法行为398起，立案398起，处罚违法单位（个人）242家（名），恢复草原植被1047.01亩，处罚款691.14万元。完成国家局挂牌督办的4起破坏草原典型案件查处整改，基本完成6个约谈县的整改验收。加强过程指导，实行“清单制管理”，推进草原变化图斑核查处置，2022年第一批下发的10451图斑中核查发现违法图斑456个，整改到位率98.90%；9月下发的7320个图斑已核查完成62.59%。抓好审计发现问题整改，先后多次到甘孜州、阿坝州、凉山州开展专项督导，指导建立专项整改责任清单和整改台账，对发现问题逐一整改销号，共立案查处188起，查处整改率100%。加强重点项目建设草原要素保障，健全完善草原征占用审批流程，对涉及经济社会发展的重点项目采取提前介入、并联审批、极速办理等方式加快审核，全年办结申请手续350件，使用草原面积9000公顷，征收草原植被恢复费2亿元。针对国土“三调”前后草原面积、区域变化大现状，为落实基本草原保护制度，在“三州”各县启动基本草原调整优化工作，加强基本草原划定和地方规划有效衔接，确保生态保护、地方发展有机统一。持续落实草原禁牧和草畜平衡制度，制定出台《草畜平衡和禁牧休牧管理办法（试行）》，细化监管举措。以第三轮草原生态保护补助奖励政策为抓手，理顺各级各部门的工作责任、内容和流程，完善县、乡、村三级草原监管网络，会同农业部门开展检查考核，有效落实监管职责。

【草原修复治理】 全年累计实施中央、省级财政草原生态修复治理和“双重”等项目人工种草53.69万亩、天然草原改良229.15万亩、封育围栏157.82万米，完成国家计划任务的117%，落地上图完成率100%；实施草原鼠害治理524万亩、虫害治理169万亩，草原有害生物成灾率9.36%，低于国家目标值0.64个百分点，全省草原综合植被盖度稳步提升。与财政厅多次对接，调整完善2023年中央财政资金分配方案，将草原鼠害综合防控试验区建设、草原健康和退化评估、主推草品种原种基地建设等纳入方案，加强对重点工作的资金支持。完成2022年实施的草原修复治理项目计划和任务落地上图。完善草原项目月调度机制，加强项目建设进度管理，提高建设成效，按照国家制定的草原生态修复治理项目成效评价3大项16个指标，首次组织对全省2022年项目实施县开展成效评价，收集亮点、发现问题、加强整改和结果运用，建立完善草原生态修复治理项目成效评价常态化机制。在全国率先探索建立草原鼠害综合防控试验区，争取省级财政专项资金1640万元，在草原鼠害成灾面积占全省90.8%的6个县分别建设草原鼠害综合防控区，面积共40万亩，并探索“治理+修复”的综合防控新技术、新模式，力争实现示范区内“绿色防控、有鼠无害”。

【草原监测评价】 推进草原基况监测，完成草原基况监测外业调查、内业数据整理和成果输出，将草原性质、权属、性状等地理信息上图和数据化，并将相关数据和信息落实到草班、小班，推进省级质量检查和数据汇总，摸清草原资源底数。持续推进年度性动态监测，制定2023年度草原监测工作方案，完成草原物候期调查，动态跟踪监测草原生长变化、物候期植被荣枯变化，为收集掌握全面的草原年度变化情况提供了补充。有序推进专项监测和数据收集，完成草原有害生物普查踏查面积44万公顷，为计划任务的1.83倍；采集各类标本6315份，完成数据初审。推进草原禁牧区和草畜平衡区落地上图，明确区域界限，完善矢量数据。启动草原健康和退化评估，争取财政资金1300余万元，抢抓草原窗口期，完成2812个新增样地的外业调查工作，并加快内业工作时序进度，分析判断草原生态发展变化趋势，定量定性评价草原生态服务功能，谋划草原管理数据库建设，推动草原“一张图”逐步形成。

【草业融合发展】 有序推进国有草场和草原自然公园试点建设，完成若尔盖县白河国有草场前期调研，指导理塘藏坝、巴塘格木、红原瓦切国家草原自然公园试点规划编制。联合省文物局、文化和旅游厅等部门印发《关于加强“红色草原”保护利用的通知》，共同推动以红色草原保护利用促进文旅融合、草旅融合，促进草原旅游业多元化发展。在红原县成立全国“红色草原”联盟，发布示范主题游径。在甘孜县建立全省首个“红色草原”旅游小镇——丹霞小镇，致力打造国道317线上的最美旅游驿站。夯实草种业基础，制定主推草品种原种基地建设三年行动方案，支持建设原种基地7个。新建乡土草种基地2个，完成省级第一批11个草品种区域试验站、6个草种质资源圃和5个草种良种基地材料初审工作。新增国家审定草品种6个。

【草业支撑保障能力建设】 举办四川省首届草业技术技能大赛，吸引社会各界选手参赛，通过“理论测试+实践操作”，选拔和培育了一批草业技能型人才，提升了涉草企事业单位人员的专业素质，探索草原技术技能培训的新形式、新渠道。健全科技支撑体系，调动高校、科研院所、社会力量，成立四川林业草原川西高原鼠害防控工程技术研究中心。推进国家级和省级科研平台建设，建设省级草种质资源圃、区域试验站10余个，建设优良草种原种基地3个，建设完善草种基地10个，推广草原新品种、新技术，开展培训100万人次；创新专家团队建设，开展“科技下乡万里行”活动，形成立体化科技支撑体系。举办全省草业高质量发展能力提升培训班、草原执法和征占用审核审批管理培训班，组织21个市（州）以及草原重点县草原管理人员和技术骨干共计160余人围绕草原监管执法、生态修复治理技术、有害生物监测预警和绿色防控、健康和退化评估、草种生产与加工等重点工作内容开展培训。

四川省林业和草原局编写组

野生动植物保护

【完善规章制度】 修订《四川省〈中华人民共和国野生动物保护法〉实施办法》，将于2024年1月1日起正式施行，为全省野生动物保护工作提供新时代法治保障。出台《四川省陆生野生动物致害补偿办法》，指导地方研究制定实施细则，通江、得荣、炉霍等县正式出台地方细则。制定《关于环境资源刑事案件中涉案野生动物及其制品处置的实施意见》。编制《大渡河流域岷江柏木迁地保护技术指南》。全面启动省重点保护野生动植物名录的调整论证工作。

【外来入侵物种普查】 将森林、草原、湿地外来入侵物种普查作为年度重点工作纳入林长制考核，全省累计投入普查资金9400余万元，出动外业调查5万余人次，完成路线调查36571条、样地设置8011个、样方设置84304个，有效调查路线长度36156千米，覆盖面积272311平方千米，采集标本9238号，收集图片视频304万张（条），发现入侵物种126种，全面完成并按时提交成果报告。

【大熊猫保护合作】 推进同中国香港的大熊猫保护合作，将省林草局与港方合作层次从香港海洋公园上升到香港特别行政区政府环境与生态局，为今后“四川自然周”系列活动奠定了基础。开展完成第四届四川卧龙“港粤青年实习计划”。全年野外救护伤病大熊猫3次，开展圈养大熊猫死因专家论证1次，完成中国大熊猫保护研究中心和成都大熊猫繁育研究基地2023大熊猫野外引种和放归论证及申报。配合国家林草局完成2处大熊猫自繁单位和3家借展机构的检查。筹备第五次全国大熊猫调查，开展首届大熊猫保护国际论坛筹备。完成旅美大熊猫“美香”“添添”“小奇迹”回国安置任务。成功野外放归大熊猫“倩倩”，系大熊猫国家公园成立后的首次放归。

【完善涉案动物处置政策】 发挥省打击破坏野生动植物资源违法犯罪厅际联席会议制度优势，结合“4·29”特大危害珍贵、濒危野生动物案整改，与公安厅、省检察院、省法院专题会商，联合印发《关于环境资源刑事案件中涉案野生动物及其制品处置的实施意见》，有效破解了涉案野生动物移送移交、收容救护、放归野外过程中权责不明的难题困境，在国内省级层面尚属首次。

【开展专项检查】 按照“打、防、管、控、治、宣、建”工作思路，坚持“科学严谨、依法依规、实事求是、注重实效”，结合“2023清风行动”工作安排，组建8个工作组，对全省303家人工繁育场所开展全覆盖监督检查，走访谈话1000余人次，总体掌握了全省野生动物人工繁育场所基本情况和各地在监管方面存在的薄弱环节。印发《关于印发2023年全省野生动物人工繁育场所检查问题整改方案的通知》（川林保函〔2023〕1178号）和《关于进一步加强野生动人工繁育监督管理工作的通知》（川林发〔2023〕53号），督促各地加快推进问题整改。

【野猪致害防控】 指导青川县开展野猪种群调控和致害防控国家试点示范工作。全面推进全省野猪种群调控试点工作，指导地方成立专业猎捕队20余支，落实经费720万元，全年共猎捕野猪3000余头。通过修建阻隔设施和监测预警设施、改造栖息地、加强宣传安全防范和应急避险知识等方式，有效降低了野猪致害危害。在宝兴县、屏山县、绵竹市组织开展野生动物致害防控科技攻关，已取得积极进展。鼓励具备条件的县（区）先行开展野生动物致害保险赔付，已有广元市全市，绵阳市江油市、北川县、平武县，巴中市南江县、通江县，甘孜州雅江县，雅安市宝兴县等地全面推行。

【迁飞鸟类保护】 全面落实巡护责任，加大对重要迁飞通道、停歇地、集群活动区等重点区域的监测巡护力度，有针对性地开展“巡山”“清网”“清套”等行动。会同公安、市场监管、农业农村、网信、邮政等部门联合开展全省“2023清风行动”“网剑行动”“网盾行动”“2023网络市场监管促发展保安全专项行动”“林蜂行动”“春雷行动”“平安寄递”等专项治理行动，出动执法车辆1.2万余辆次、执法人员4.5万余人次，查办野生动物案件1042起（其中行政案件440起、刑事案件602起），打掉犯罪团伙63个，打击处理违法犯罪人员1537人，收缴野生动物4.5万余头（只）、野生动物制品1441件，没收违法所得8500余万元，处以罚款121.86万元。

四川省林业和草原局编写组

森林和草原防火

【基本情况】 四川省是全国森林草原防火重点省份之一，全省175个县（市、区）有森林草原防火任务，其中35个县（市、区）被国家列为森林火灾高危区、81个县（市、区）被国家列为森林火灾高风险区，有15个草原防火极高火险县、11个草原防火高火险县、16个草原防火中火险县。全省林地面积3.81亿亩、草地面积1.45亿亩，林草地面积占全省辖区面积的70%以上，高中火险区森林面积占全省森林面积近90%，特别是攀西、川西地区干热河谷地带气候复杂多样，冬春干旱少雨，山高坡陡沟深，林草资源丰富，森林草原防火任务十分繁重。2023年，省林草局坚持“预防为主、积极消灭、生命至上、安全第一”方针，把“控发生”作为首要任务，推进森林草原火灾常态化防控，全省共发生森林火灾10起，受害森林面积166.26公顷，火灾受害率0.0095‰，实现春节、全国两会、成都大运会等重点时段、重要节点“零火灾”，未发生重大人为森林草原火灾和人员伤亡，火灾发生起数持续维持在历史低位，维护了群众生命财产安全和生态安全，森林草原防火形势总体平稳。

【工作部署】 省委、省政府主要领导组织召开省委常委会议、林长制全体会议和全省防灭火工作会议，签发关于加强全省森林草原防灭火工作的林长令，省、市、县三级森防指领导和成员单位在防火期实行包点联系督导。省林草局先后召开党组会议10次、全省林草防火会议5次，学习贯彻全国、全省森林草原防灭火工作有关会议精神，细化落实国家及省委、省政府工作要求，持续加强安排部署。省林草局系统谋划制定2023年防火工作实施方案，成立领导小组，组建工作专班，在春节、清明节、大运会等重点时段及时下发工作通知或工作提示函，推动各地林草部门抓紧抓实各时段重点工作。

【防火巡护】 印发《四川省森林草原防火网格化管理实施方案》，依托9万余名各级林长，推动构建省、市、县、乡、村、护林员（监管员）六级网格化管理体系。加强考核导向，通过优化完善市（州）林长制和防灭火工作党政同责有关考核指标，推动地方党委、政府领导责任，部门监管责任，经营单位和个人主体责任落细落实。组织更新全省护林护草员基础数据，通过“四川省森林草原火情监测即报系统”建立护林护草员数字化档案，开展巡护轨迹在线监测和上线情况定期提醒，并推动聘用单位落实“谁聘用谁管理、谁主管谁负责”要求，督促护林护草员履职尽责，实现高火险期护林护草员上线率稳定在90%以上。租赁3架大中型无人机执行航空护林巡护543小时。

【火源管控】 争取省政府批准延长《四川省林区野外火源管理办法》有效期至2028年，为规范林区野外用火行为、降低森林火灾风险，加强对祭扫、农事、生产施工等野外用火行为的管理提供了法规依据。持续台账化管理林牧区散居农户、特殊人群，规范设立林区卡防点，推动防火重点县建立违法违规野外用火举报奖励机制，督促赋权乡（镇、街道）严肃处理野外违规用火行为。开展全省森林草原火灾隐患排查整治和查处违规用火行为专项行动，推动各地持续排查整改林牧区输配电设施、施工作业等重点目标重要设施隐患。联合省级有关单位组织各地实施计划烧除200余万亩、可燃物清除60余万吨，降低林下可燃物风险。

【日常检查】 防火期，省林草局主要领导和分管领导采取“点面结合、四不两直”等方式，持续对甘孜州、凉山州等重点地区、重点国有林草单位开展检查指导和巡回督导，2名厅级干部长期驻扎盐源、新龙、白玉3个县开展包县联系督导，推动相关地方加强火灾预防责任，及时查补防控短板。牵头会同住房城乡建设厅、经济和信息化厅、交通运输厅、国家电网四川公司等单位开展火灾隐患排查整治、林牧区输配电设施和施工企业落实防灭火责任、基础设施建设管理等专项检查，推动相关行业部门履行监管责任，督促生产经营单位落实主体责任，主动防范化解火灾风险。

【防火宣传】 通过下发通知、工作提示和开展定期调度等方式，推动各地持续加强春节、“3·30”、清明节等重点时段防火宣传教育，组织举办防火宣传月和警示日宣传活动1.8万余场、入户宣传1800余万次，发送宣传短信6700余万条，曝光反面典型3100余例，推出防火故事典型事迹3万余条。采编推出《有一种力量》《以火防火》《火灾风险普查纪实》等视频报道和“木里第一国有林场打出防灭火组合拳”“用心守护巴朗山的每一片青绿”等专题新闻，先后被人民网、四川观察等10余家主流媒体平台转载。联合省委宣传部、教育厅组织开展“开学第一课”主题教育活动，全省9900余所中小学校770余万名中小学生接受教育。

【防火设施建设】 印发《关于进一步规范森林草原防火道路建设的通知》，指导各地加强森林草原防灭火道路等基础设施建设和管护，落实“建、管、用、养、护”一体化责任，夯实支撑保障基础。争取中央、省级投资3亿余元，支持各地加强林火视频监控、“两点一哨”、以水灭火等基础设施建设，重点县建成投用省级智能化视频监控23个，向高火险县下发视频会商系统40套、单兵小站35套、便携式卫星设备23套，向各地林草部门（单位）调拨防灭火物资价值600余万元。召开防火道路项目建设申报会议和业务培训，组织各地申报新（改）建防火道路、建设生物隔离带等项目，组建省级技术专班，编制形成重点防火阻隔系统建设实施方案，推动项目建设有序推进。

【火情早期处理】 严格执行防火期24小时值班制度，落实专人保障“四川省森林草原火情监测即报系统”高效运行，全年共推送热点信息5600余个，支撑火情火灾早发现、早报告、早处置。配合省森防指办开展火险会商22次，及时发布火险预报247期、橙色预警6期、红色预警3期，推动各地严格落实分区分级精准防控措施。坚持推行“以乡建队、以村布防、以林为家、带装巡护、有火灭火、无火防火”经验做法。组织举办全省重点国有林草经营单位森林草原专业消防队负责人培训班、全省森林草原防火综合管理能力提升培训班，推动各地加强打防结合早期处理队伍建设，提升国有林草单位专业消防队伍建设管理和火情早期处理能力。

四川省林业和草原局编写组

森林病虫害防治

【基本情况】 2023年，全省主要林业有害生物发生面积880.1万亩，防治面积660.37万亩，成灾率1.60‰，低于国家下达的全省成灾率指标。全省全年松材线虫病发生面积60.5万亩，比上年同期减少19%；病死松树197283株，比上年同期减少22%；疫情小班15004个，比上年同期减少13%，实现发生面积、病死松树、疫情小班“三下降”。15个县级疫区、85个乡（镇）疫点实现无疫情，其中6个县级疫区、49个乡（镇）疫点连续两年无疫情发生，达到拔除条件。大熊猫国家公园区域无松材线虫病疫情发生。

【松材线虫病防控攻坚行动】 对2022年秋季普查达到拔除条件的3个疫区和16个疫点开展撤销查定，撤销绵阳市涪城区、平武县、南充市高坪区3个疫区，阆中市沙溪街道、宣汉县桃花镇、华景镇等16个疫点。印发《关于完善松材线虫病疫情监管平台数据的通知》，组织开展2023年疫情专项普查，共普查松林小班69.61万个，普查面积4453.94万亩，准确掌握疫情发生发展动态。开展疫木集中除治工作，全年除治病（枯、濒）死松树133.74万株，清理面积133.6万亩。组织第三方机构对全省疫区除治质量和防控成效进行评估，并将评估成果作为疫区松材线虫病疫木除治质量评价、任务完成情况核定和问题整改依据。根据国家林草局安排部署，制定印发《四川省松材线虫病疫情防控五年攻坚行动中期评估方案》，按期完成中期定性评估和定量评估工作。

【加强监测预警】 组织召开全省主要林业有害生物发生趋势会商会，编制全省2023年主要林业有害生物发生趋势预报，并联合省气象局农气中心在四川电视台向社会发布。在有害生物发生重要时节及时发布生产性趋势预报，发布短期趋势预报1期、预警1期，指导各地开展防治工作。分解下达年度监测预报目标任务，全年累计报送监测预警信息数据2210条。优化监测预警网络体系，将40个国家级、55个省级中心测报点调整优化为40个国家级、35个省级中心测报点，并细化中心测报点考核指标。对国家级、省级中心测报点专业技术人员进行技术培训。组织编印四川油茶主要有害生物危害特点及防治技术手册。

【加强检疫监管】 发布2023年全省检疫性林业有害生物疫区、松材线虫病疫点公告。委托21个市（州）160个单位办理省际间调运林草植物检疫证书核发业务，实现林草植物检疫证书新办核发事项“川渝通办”。全省全年共核发林草植物检疫证书108148份，签发产地检疫合格证3355份，办理国外引种检疫30

件。开展2023年度全省林区重点工程检疫监管专项行动，对200个进入林区施工工程实施检疫监管，复检进入林区工程木质材料1008份，发放植物检疫政策告知书56572份。全年查处违反植物检疫法规案件32起，移送公安机关侦办3起。组织专家对11个植物品种的引进开展风险评估，开展国外引种林草苗木隔离试种检疫监管42次。联合农业农村厅、成都市林业和草原有害生物防治检疫站调研指导世园会项目植物检疫工作。牵头召开2023年度云贵川渝藏青林业有害生物联防联治会议，签订《云贵川渝藏青林业有害生物联防联治合作协议》，开展边界跨省、市联动82次。签订川甘两省林业有害生物联防联治框架协议，深化落实两省联防联控工作机制。召开川滇及宜宾市叙州区、云南省水富市松材线虫病联防联治协调会，明确年度联防工作重点和责任清单。召开秦巴山区松材线虫病四川片区年度联防会2次。建立川南五市松材线虫病疫情联防联控机制，组织召开联席会议1次。联合公安、海关等部门开展“护松2023”打击涉松材线虫病疫木违法犯罪行为专项整治行动，查办涉松木行政案件31起，移送公安机关涉疫木案件2起。

【抓好防治控灾】 根据全省主要林业有害生物越冬代虫情监测调查结果及历史发生规律分析预测，下达2023年全省春防任务计划，对蜀柏毒蛾、云南松毛虫、鞭角华扁叶蜂等主要食叶害虫和森林鼠害进行春季集中防治，全省共实施防治面积119万亩次，全省未出现大面积成灾情况。向各松材线虫病重点预防区及轻型疫区下达松材线虫病媒介昆虫防治任务110万亩次，累计完成139.69万亩次，压低了虫口密度，有效控制了松材线虫病自然传播。会同农业农村厅等部门印发《四川省农业农村厅等九部门关于印发四川省红火蚁根除行动方案的通知》（川农发〔2023〕9号），在全省分区域实施红火蚁根除行动，下达全省林草系统红火蚁防控根除任务2.4万亩次，监测面积24万亩。

【增强支撑保障】 落实中央和省级林业有害生物防控资金12182万元。组织开展林草生物灾害防控系列宣传活动，全年出动宣传人员5247人次，发放宣传单75万张，发放科普挂图16.7万份，悬挂宣传标语1405条，放置宣传展板753面，利用微信公众号、各种新媒体宣传4.3万余次，开展“五进”活动399次，宣传受众上百万人。联合重庆市开展林业有害生物灾害防控“百日宣传”活动，打造川渝两地林业有害生物联防联治协作样板，助推成渝地区双城经济圈建设高质量发展。全年在省级林业和森防宣传平台共发布信息202条，被中国林草防治网采用30条，被国家林业和草原信息网采用13条，被国家林草局（国家大熊猫管理局）简报采用1条。

四川省林业和草原局编写组

畜 牧 业

综 述

【基本情况】 2023年，全省生猪出栏6662.7万头，比上年增长1.7%，出栏量创2017年以来新高，继续保持全国第一位；生猪存栏3855万头，比上年末减少7.3%，其中能繁母猪存栏369万头，减少7.3%。全省牛出栏316.4万头，比上年增长3.4%；牛存栏848.5万头，比上年末减少2.3%。羊出栏1767.3万只，比上年减少1.4%；羊存栏1382万只，比上年末减少9.7%。家禽出栏76511.9万只，比上年减少2%；家禽存栏43472.6万只，比上年末减少4.4%。全省猪（牛、羊、禽）肉产量670.8万吨，比上年增加9.7万吨，增长1.5%；牛奶产量72万吨，比上年增长1.7%。蜜蜂饲养规模达167万群，蜂蜜产量6.5万吨，养蜂直接产值达60亿元以上。出台生猪保供稳价9条措施和推进生猪产业现代化意见，出栏生猪6662.7万头，居全国第一位，超额完成国家下达任务。国内唯一的省级综合性种质资源中心库建成投用，国家区域畜禽（生猪）种业创新中心投入运行，五大种业集群加快建设。全省已建成规模养猪场19500余家，规模养殖比重达62%，近三年提高近10个百分点。

【兔生产】 2023年，全省兔出栏1.79亿只，产值超过250亿元，已连续30余年稳居全国第一位；消费兔2亿只以上、兔头3亿个以上，占全国兔肉消费总量的60%。

【外种猪质量监督检验】 全年共监测种公猪469头，共来自全省14个外种猪核心育种场，其中10个国家级核心育种场和4个省级外种猪核心育种场，涉及3个品种（杜洛克、长白、大白），上半年首批162头种猪来自4个核心育种场，除去无效成绩，剩余146头测定成绩如下：30～100千克期间平均料肉比为2.38∶1，平均日增重1010.08克；达100千克体重校正活体背膘9.98毫米。对标2035年全国遗传改良计划任务,部分监测指标接近或超过该目标任务,其中该批种公猪达120千克体重平均日龄为158.42天,达到2035年全国遗传改良要求达160天以下目标,其中杜洛克猪为154.67天,大白猪与长白猪分别为156.75天和158.33天。在该批公猪中通过单项指标对比、体型评估和综合指数排名等方法对第一批结测种公猪进行了综合排名,筛选出成绩优秀的种公猪已送至四川生猪现代种业基因交流中心,其优秀的遗传基因将与加拿大阿尔伯塔省各核心育种场进行交流,建立场间遗传联系,实现优秀基因共享和联合育种,改善生猪生产性能,从而提高全省生猪生产水平。

【饲草生产】 在肉牛肉羊增量提质行动、粮改饲、肉牛牦牛产业集群、苜蓿发展行动、草原畜牧业转型升级、草原生态补奖政策等的带动下,各地发展饲草产业,优质饲草种植实现提质扩面,供应能力明显提升,形成了一批草牧业高质量发展的典型模式,全省种草养畜发展趋势总体向好。全省全年人工种草面积479.3万亩,其中一年生饲草面积427.5万亩,主要包括黑麦草、燕麦和饲用玉米等;多年生饲草面积51.8万亩,主要包括披碱草、老芒麦和杂交狼尾草等。全省全年人工饲草干草总产量698.1万吨,其中一年生产量444.8万吨、多年生产量253.3万吨。通过对川西北牧区、攀西地区、川东北深丘区、川南山地区和成都平原及盆周中浅丘区的302家种养企业(合作社、家庭农场、专业户)的人工饲草生产、供需状况、价格等进行信息分析,总结出饲用玉米、狼尾草属饲草、披碱草属饲草和饲用燕麦为四川省主要种植的人工饲草,4类饲草种植面积共占调查总面积的87%。受市场、气候等因素影响,国内饲草价格较上年同期小幅下跌,降幅约为4%~10%左右;主要进口饲草种子价格普遍走低,国产种子价格较上年小幅上涨。不足饲草料主要靠外购解决,外购饲草占比为52.9%,与上年相比基本持平。

【农药、饲料、兽药监管】 全省严把农药、饲料、兽药生产经营许可准入关,持续开展省级农药经营示范门店创建活动。全年监督抽查农药产品1102批次,合格率99.1%;肥料产品303批次,合格率92.7%;饲料样品1451批次,合格率99.2%;兽药样品685批次,合格率99.4%。组织开展农药残留快速检测产品验证评价,加强技术指导培训,在165个涉农县(市、区)应用新型速测技术抽检样品7.05万批次。为打击农产品生产过程中使用禁用农兽药和不严格执行农药安全间隔期、兽药休药期规定等违法违规行为,保障农产品质量安全,依据《中华人民共和国农产品质量安全法》《农产品质量安全监测管理办法》等法律法规,按照《四川省农业农村厅关于印发〈2023年四川省农产品质量安全监督抽查方案〉的通知》安排,围绕重点品种和问题参数,组织各地实施省级农产品质量安全监督抽查,截至2023年11月上旬,各地农业农村主管部门共抽检蔬菜、水果、茶叶、畜禽、蜂产品和水产品样品6024批次,检出并依法查处问题产品70批次,已依法对问题产品采取禁止上市、无害化处理等措施,对违法违规行为依法处理,对涉嫌犯罪的,已将案件线索移交公安机关。

《四川农村年鉴》编辑部

生猪价格波动体系建设

【加强重要民生商品价格调控机制】 4月,省发展改革委组织召开全省重要民生商品保供稳价工作暨省级协调机制联席视频会议,传达学习国家发展改革委关于"菜篮子"商品保供稳价工作视频会议精神。5月,省级协调机制办公室根据2023年工作安排,梳理形成五项重点任务,印发《全省重要民生商品保供稳价工作重点任务提示单》,督促重要民生商品价格调控省级协调机制成员单位对照任务要求加强谋划部署,并加快推进落实。在春节、中秋节、国庆节等节假日和重点时段,安排部署各市(州)发展改革委提前做好节日期间重要民生商品保供稳价工作,维护市场秩序,保证市场稳定。

【加强生猪猪肉价格市场调研分析交流】 省发展改革委组成生猪猪肉价格调控课题课题组,在开展调研的基础上,研究形成《四川省生猪猪肉价格波动特征、影响因素分析及对策措施建议》专题调研报告,被省委政策研究室《调查与决策(2023.08)》刊载。同时,紧密关注猪肉价格和猪粮比等走势,报送《产业集中度增加猪价波动幅度放大》《规模化占比提升周期呈现新特征》等约稿。11月,按照国家发展改革委统一安排,四川省在全国价格培训会上就猪肉价格调控工作进行经验交流。

【发挥政府储备猪肉调节作用】 为做好政府储备猪肉调节工作,在生猪猪肉价格波动的关键时间节点,省发展改革委督促储备责任企业和各市(州)密切监测市场动态、及时启动常规储备收储工作,提前研判谋划临时储备的收储工作。省、市同步及时开展收储、投放工作,保障重要时间节点猪肉市场供应和价格稳定。聚焦稳价保供,坚持以储备调节为抓手,持续抓好重要民生商品价格调控工作。自2022年10月以来,全省猪价达到阶段性高点后一路走低,持续低迷,按照国家统一部署,省、市及时启动并完成政府储备肉收储工作,总规模近8000余吨。

四川省发展和改革委员会编写组

渔　业

【基本情况】 2023年，全省渔业系统按照“两保一补”的工作思路，聚焦水产品稳产保供，夯基础、突特色，壮产业、强保护，全省水产品产量稳步增长，渔业经济实力迈上新台阶，经济结构实现新突破，渔民增收取得新成效，渔业绿色高质量发展呈现新局面。

【水产品产量及人均占有量】 2023年，全省水产品总产量178.86万吨，比上年增加6.72万吨，增长3.9%，其中养殖产量178.86万吨，比上年增长3.9%。2023年，全省水产品人均占有量21.38千克，比上年增加0.82千克，增长3.99%。2023年四川省水产品分类别产量如表1所示。

【水产养殖面积】 2023年，全省水产养殖面积19.28万公顷，比上年增加0.27万公顷。全年稻田养鱼面积33.87万公顷，比上年增长2.77%。2023年四川省分水域养殖产量和养殖面积如表2所示。

【渔业经济总产值】 按当年价格计算，2023年，全省渔业经济总产值迈上700亿元新台阶，实现727.53亿元，比上年增加53.13亿元，增长7.88%。其中，渔业产值359.1亿元，比上年增长4.66%；渔业工业和建筑业产值36.72亿元，比上年增长5.81%；渔业流通和服务业产值331.71亿元，比上年增长11.84%（休闲渔业产值54.81亿元，比上年增长5.97%）。三次产业产值结构比为49.4：5：45.6。渔业工业和建筑业及渔业流通和服务业产值占比突破50%。

【渔民人均纯收入及人均可支配收入】 2023年，全省渔民人均纯收入达24467元，比上年增加1378元，增长5.97%，高出上年增幅1.74个百分点。全省渔民人均可支配收入达24107元，比上年增长6.14%，高出全省农村居民人均可支配收入4129元，是全省农村居民人均可支配收入的1.21倍。

【水产品加工与贸易】 全省有水产加工企业21家，与上年持平；年水产加工能力3.09万吨，比上年下降7.54%。其中，规模以上水产加工企业8家，与上年持平；水产冷库71座，比上年增加29座。全年水产品加工总量0.41万吨，比上年增长5.86%，其中水产冷冻品生产量0.21万吨、鱼糜制品及干腌制品生产量0.15万吨、罐制品生产量0.04万吨（鱼子酱60吨）、其他水产加工品生产量0.01万吨。

2023年，全省水产品进出口总量6.03万吨，比上年下降3.41%；进出口总额3亿美元，比上年增长23.31%。其中，出口量0.4万吨，出口额1.26亿美元，分别比上年增长0.63%、21.47%；进口量5.63万吨，进口额1.75亿美元，分别比上年下降3.69%、增长24.67%。贸易逆差为0.49亿美元，比上年增加0.12亿美元。

【渔船拥有量】 全省渔业船舶总数为486艘，比上年减少132艘；总吨位2036吨，比上年减少132吨。其中，机动渔船305艘、总吨位1860吨、总功率17099千瓦，分别比上年减少116艘和116吨、增加350千瓦；非机动渔船181艘、总吨位176吨，分别比上年减少16艘和16吨。

【渔业人口和渔业从业人员】 2023年，全省共有渔业乡28个、渔业村145个；渔业

表1　2023年四川省按类别分水产品产量

指标	全省总计（吨）	同比增减（%）	占比（%）
全省总计	1788643	3.90	—
鱼类	1679941	2.74	93.92
甲壳类	88243	29.01	4.93
贝类	1774	−10.18	0.10
其他类	18685	16.62	1.04

表2　2023年四川省分水域水产养殖产量和养殖面积

指标	养殖产量（吨）	养殖面积（公顷）	占比（%）		占比（%）	
			养殖产量	养殖面积	养殖产量	养殖面积
全省总计	1788643	192793	3.90	1.42	—	—
池塘	985739	101337	3.33	−0.12	55.11	52.56
湖泊	915	2726	−24.38	−24.26	0.05	1.41
水库	216456	80288	2.15	6.58	12.10	41.64
河沟	28464	7881	−17.53	−15.39	1.59	4.09
其他	35620	561	31.60	41.67	1.99	0.29
稻田	521449	338733	5.81	2.77	29.15	—

户39.11万户，比上年下降1.78%；渔业人口133.35万人，比上年下降1.84%；渔业从业人员92.53万人，比上年下降2.24%。

【渔业生产经营】 全省共有水产苗种生产场站445家、水产专业合作社2520家、家庭渔场3988家、水产企业1818家。有规模以上水产批发市场19家，全年水产品成交量110.81万吨，同比增长10.12%。全省设施渔业数量3942个，设施渔业养殖产量1.84万吨，设施渔业养殖容量123.53万立方米，分别比上年增长69.26%、31.34%、30.73%。

【渔业灾情】 全年受灾养殖面积0.07万公顷，水产品损失0.14万吨，造成直接经济损失合计0.3亿元。

【全国排位情况】 全省淡水养殖面积19.28万公顷，居全国第九位；淡水水产品产量178.86万吨，实现淡水渔业产值359.1亿元，均居全国第七位。稻田养鱼产量52.15万吨，稻田养鱼面积33.87万公顷，均居全国第四位。在统计的39个淡水养殖品种中，全省有10个品种养殖产量居全国前五位，有17个品种养殖产量居西部第一位，其中鱼产量7.35万吨、鮰鱼产量8.56万吨、长吻鮠产量2.12万吨，连续11年稳居全国第一位。

《四川农村年鉴》编辑部

特色效益农业

林 草 产 业

【基本情况】 2023年，四川林草系统围绕“三个三”工作总体思路和“两业并举、双轮驱动”总体战略，发展竹、木材、木本油料、林草中药材、花卉苗木、林下经济和生态旅游康养等特色产业，全省林草产业总产值达5231亿元，同比增长11%；林草一二三次产业产值分别为1800亿元、1373亿元、2058亿元，同比增长7.8%、5.3%、18.5%。

【竹产业】 印发《四川省竹产业提升三年行动方案(2023—2025)》（川办发〔2023〕31号），明确了2023—2025年竹产业发展主攻方向、目标任务和政策措施。省林草局与财政厅联合印发《四川省省级现代竹产业基地认定管理办法》，指导各地加快推进竹资源提质增效。印发2023年现代林竹产业高质量发展重点任务清单，压紧压实各地责任，截至2023年年底，全省竹林面积达1841万亩，其中现代竹产业基地1110万亩，占总面积的60.3%；实现竹业总产值1112.3亿元，比上年增长9%。全省有竹材、竹笋、竹下种养产品初加工点2000余个，竹浆纸、竹食品、竹日用品等精深加工企业400余家，竹笋加工能力突破100万吨，竹浆产能达190万吨。全年生产大径竹4636万根、小杂竹856.4万吨，生产竹人造板18万立方米、竹地板39.3万平方米、竹家具480.3万件、竹制日用品1410.8万件、竹工艺品824.8万件、竹浆144.6万吨、竹炭4.4万吨；竹产品加工转化率达74%，提高1个百分点。认定公布省级竹产业高质量发展县1个、现代竹产业升星晋级园区5个、现代竹产业基地78个、康养基地5个、翠竹长廊（竹林大道）5条和竹林人家32家。提升改造翠竹长廊380千米，传承竹编、竹雕、竹油纸伞等竹工艺34件，新建竹文化场馆3个，举办竹生态旅游节等节会32场，全省竹林景区（景点）全年共接待游客6279万人次。

【木材产业】 立足四川实际，综合考虑树种生物学特性、培育周期和经济价值等因素，编制《四川省储备林树种目录》，共纳入储备树种612个。将储备林建设作为推动林业高质量发展的战略抓手，并纳入林长制考核，与相关金融机构建立协同机制，遴选6个县进行直接联系指导，全省储备林建设实现重大突破。印发《四川省金融贷款国家储备林项目工作流程》《四川省金融贷款国家储备林项目建设方案编写指南》，截至2023年年底，金融机构共为全省98个储备林项目授信资金843.3亿元，金融贷款突破200亿元；73个储备林项目放款202.7亿元，2023年新增放款117.6亿元；新增授信380.4亿元。以成都平原、川东北、川南地区为重点，集约培育以杨树、桉树、桤木、柳杉、杉木为主的短周期工业原料用材林，保障林板家具生产原料供给，壮大成都平原区林板家具产业集群。截至2023年年底，全省木质原料林基地达3600万亩，速生丰产用材林、珍贵树种用材林现代基地1113万亩。全年木材产量331万立方米，其中原木300.9万立方米、薪材30.1万立方米；生产锯材116.6万立方米、人造板477.7万立方米（其中胶合板116.8万立方米、木质纤维板146.9万立方米），生产实木地板25.1万平方米。

【木本油料产业】 全省木本油料产业以油茶、核桃、油橄榄“三棵树”为重点，加快实施“品种+地域”双集中战略。省政府与国家林草局签订《油茶发展目标责任书》。印发《四川省2023—2025年油茶生产任务》，制定《四川省油茶生产项目管理办法》《四川省油茶生产项目检查验收办法》。全省全年种植木本食用油料1773万亩，其中核桃1618.7万亩、油茶86.5万亩、油橄榄49万亩；木本食用油料产量77万吨，其中核桃干果产量69.8万吨、油橄榄鲜果产量4.6万吨、油茶籽产量1.8万吨。核桃、油橄榄、油茶等木本食用油料良繁体系逐步完善，省级及以上可推广使用良种53个，其中核桃17个、油橄榄10个、油茶24个。广元市朝天区中子镇把发展核桃产业作为乡村振兴的突破口，形成种植、加工、营销紧密结合、协调发展的核桃产业体系，入选《2023年农业产业强镇创建名单》。指导金堂县举办2023四川花卉（果类）生态旅游节暨成都第五届油橄榄节。在第30届中国国际健康产业博览会暨2023第25届国际高端健康食用油产业展览会上，荣县油茶获得“中国木本油料影响力区域公共品牌”称号，双溪湖油茶籽油夺得展会全国油茶油类唯一金奖，白云露山茶油登上“了不起的国货榜”。

【花卉产业】 推动实施建花海、办花市、过花节的“三花并进”战略，培育形成茉莉、玫瑰、桂花、大花蕙兰、蝴蝶兰等产值过亿元品种。全省花卉种植面积135.8万亩，年销售额102.6亿元，年出口额378万美元。建成大型花卉市场91个，拥有大型花卉企业226家，设施化栽培面积935万平方米。按照《四川省现代特色精品花卉园区（基地、花海）评审认定办法》要求，开展四川省“天府花卉”品牌系列特色传统名贵花木、川派盆景、川派植物编艺、鲜盆花、鲜切花、插花花艺、花境植物、花海、综合花卉市场等现代创新型特色精品花卉园区（基地、花海）认定工作，评审认定29家现代花卉企业。指导成都市举办2024年世界园艺博览会。编写“省花省树”评选方案和评选办法。

【现代林业园区】 开展第四批省级竹产业高质量县、园区、现代基地和第二批省级现代林业园区现场核查，并对第三批省级竹产业高质量县、园区、竹林乡镇、现代基地等运行情况进行监测。认定叙永县现代竹产业园区等2个园区为省级五星级现代竹产业园区、沐川县现代竹产业园区等3个园区为省级四星级现代竹产业园区，认定合江县林下中药材现代林业园区等7个园区为第二批省级现代林业园区。全省有国家级林业示范园区9个、省级园区42个、市（县）级园区126个，基本形成以朝天核桃等国家级园区为引领、省级园区为骨干、市（县）级园区为支撑的梯级园区体系，呈现出梯级提升、竞相发展的态势。

【生态旅游康养】 组织开展第八批省级森林康养基地申报和运行监测工作。召开2023四川生态旅游品牌发展大会，发布四川生态旅游标识LOGO、吉祥物和《四川生态旅游品牌发展的汉源实践报告》，成立“四川生态旅游节会联盟”。指导雅安市汉源县、宝兴县举办2023花卉（果类）和红叶生态旅游节主活动。全年共支持并指导全省举办花卉（果类）、红叶生态旅游节83场，发布花卉观赏信息2期、红叶观赏指数4期。节会期间，游客和当地群众参与人数突破1亿人次，拉动消费约280亿元。评定第八批省级森林康养基地25个、四川省森林城市3个、四川省森林乡镇14个、四川省森林村庄27个、四川省森林人家16个。

【草产业】 全省草原面积共14531.76万亩，其中天然牧草地14152.29万亩、人工牧草地86.56万亩、其他草地292.91万亩。推进中央、省财政草原生态修复治理项目和“双重”项目建设，全年完成退化草原生态修复治理1055万亩，其中实施人工种草53.69万亩、天然草原改良229.15万亩、封育围栏157.82万米、草原鼠害治理524万亩、虫害治理169万亩。制定主推草品种原种基地建设三年行动方案，支持7个原种基地建设。新建乡土草种基地2个。完成省级第一批11个草品种区域试验站、6个草种质资源圃和5个草种良种基地材料初审工作。新增国家审定草品种6个。指导编制理塘藏坝、巴塘格木、红原瓦切国家草原自然公园试点规划。与省文物局、文化和旅游厅等部门联合印发《关于加强“红色草原”保护利用的通知》，在红原县成立全国“红色草原”联盟，发布示范主题游径，共同推动以“红色草原”保护利用促进文旅融合、草旅融合，促进草原旅游业多元化发展。

四川省林业和草原局编写组

中药材产业

【基本情况】 2023年，全省林草中药材种植面积388.5万亩、产量45.4万吨，实现产值95.4亿元，面积比上年增加8.3万亩，产值比上年增加24.4亿元。

【林草中药材种植基地建设】 以现代林业（中药材）园区为引领，推进林草中药材基地规范化建设，其中北川厚朴园区、合江林下中药材园区创建为省级现代林业园区。6月，省林草局联合省中医药管理局印发《四川省林草中药材规范化种植（养殖）示范基地认定管理办法》（川林规发〔2023〕2号），已对申报的49个基地完成专家初评、现场核查、会议评审等程序，将择优认定10个省级示范基地，推进全省林草中药材产业规范化发展。

【科技成果转化】 安排中央财政科技推

广项目资金470万元，支持"防火隔离带中药材种植水肥一体化栽培研究与示范""杜仲叶用高效培育技术推广示范"等9项林草中药材科技成果推广项目。验收完成"黑水县濒危药材羌活人工仿野生标准化栽培示范""铁皮石斛林下仿野生标准化栽培推广示范""开江县叶用银杏标准化培育技术推广示范"等9项科技成果推广项目，建成科技示范基地2390亩，推广技术成果8项、技术标准3项。

【加强基层技术力量】 组建3个"科技下乡万里行"林草中药材专家服务团到阿坝、绵阳、广元等市（州）中药材生产一线开展科技帮扶和专题培训，同时将林草中药材列入2023年度"全省科技支撑能力提升"专题培训重要内容，全年培训中药材生产管理、种植、加工等500余人。多途径培育乡土实用技术人才，广元市昭化区义春中药材种植农民专业合作社商友剑、四川省龙森中药业有限公司杨昌林被国家林草局聘为2023年全国林草乡土专家。

四川省林业和草原局编写组

特色经济林产业

【基本情况】 2023年，全省结合各地现有产业基础、生态区位、资源禀赋、文化底蕴等优势，推动经济林产业健康有序发展。截至2023年年底，全省经济林种植面积达5933万亩（其中新造面积44.3万亩、改培面积35.9万亩、结果面积3972.9万亩），产量达1917.7万吨。

【政策引领】 省政府印发《建设"天府森林粮库"实施方案》，指导各地利用资源优势，加快推进"天府森林粮库"建设。省政府办公厅印发《四川省竹产业提升三年行动方案（2023—2025年）》，省林草局联合财政厅印发《四川省省级现代竹产业基地认定管理办法》，推动竹产业高质量发展。省林草局印发《关于公布第二批四川省油茶保障性苗圃名单的通知》，发布四川省省级保障性苗圃2023年秋季油茶良种苗木生产供应信息，保障油茶良种壮苗供应。自贡市印发《自贡市油茶产业发展工作推进方案》，编制《自贡油茶产业发展规划（2023—2025年）》，推进油茶产业发展。

【园区建设】 开展第四批省级竹产业高质量县、园区、现代基地和第二批省级现代林业园区现场核查，并对第三批省级竹产业高质量县、园区、竹林乡镇、现代基地等运行情况进行监测。认定叙永县现代竹产业园区等2个园区为省级五星级现代竹产业园区，沐川县现代竹产业园区等3个园区为省级四星级现代竹产业园区，认定合江县林下中药材现代林业园区等7个园区为第二批省级现代林业园区。全省共有国家级林业示范园区9个、省级林业示范园区42、市（县）级林业示范园区126个，基本形成以朝天核桃等国家级园区为引领、省级园区为骨干、市（县）级园区为支撑的梯级园区体系，呈现出梯级提升、竞相发展的态势。

【良种选育】 省林草局印发《四川省2023年林木良种目录》，其中包括核桃、油茶、油橄榄等77个经济林良种，涵盖木本油料、木本粮食、森林药材、森林食品、林产调料等多个领域。按照《四川省林业和草原局关于开展2023年全省林木种苗质量抽查工作的通知》要求，对全省享受财政补助造林项目使用的油茶良种苗木、省级保障性苗圃及其生产经营合作单位生产的油茶良种苗木、2023年享受中央财政林木良种苗木培育补助单位生产的良种苗木和国家重点林木良种基地生产的种子开展林木种苗质量抽查工作，共计抽查15个市（州）25个县（市、区）31个单位的种子样品12个、苗批45个（其中造林地苗批12个），合格率均为100%。公布沐川县国有林场等4个单位为第二批四川省油茶保障性苗圃。

【特色品牌建设】 培育良源核桃、元升油橄榄、太时茶油等优秀企业品牌和海伶山珍等知名电商品牌；"荣县油茶""盐源早核桃""金堂油橄榄""宜宾油樟"获评国家地理标志证明商标；创建"朝天核桃""宜宾油樟"中国特色农产品优势区和"广元油橄榄""金堂油橄榄"省级特色农产品优势区。在第30届中国国际健康产业博览会暨2023第25届国际高端健康食用油产业展览会上，荣县油茶获得"中国木本油料影响力区域公共品牌"称号，双溪湖油茶籽油获得展会全国油茶油类唯一金奖，白云露山茶油登上"了不起的国货榜"。

【科技支撑】 通过"全面征集帮扶需求、精准匹配地方需求、按需优化团队配置"三个方面对林草专家服务团进行优化调整，提升2023年度"科技下乡万里行"活动帮扶质效。围绕"天府森林粮库"（涉及竹、核桃、油橄榄、油茶、板栗、林草中药材等产业）建设，从省林科院、省草科院、省林规院、省林草科技推广总站以及有关市（州）科研院所、涉林涉草高校等单位选派115位专家，组建21个林草专家服务团（其中天府森林粮库技术服务团17个、储备林技术服务团2个、草原综合技术服务团1个、林旅融合发展技术服务团1个），累计开展集中培训70余次，现场技术指导200余次，培养技术骨干人才350余名，指导建设科技示范基地80余个，推广应用新技术、新品种、新模式60余项。省林草科技推广总站、省林科院编印《油茶实用栽培技术》手册，指导各地科学栽种油茶。

【监测督导】 对第四批省级竹产业高质量县、园区、现代基地、第二批省级现代林业园区建设进行督导。开展第五批省级林草产业化重点龙头企业运行情况监测。根据《四川省林业和草原局关于开展2023年全省油茶生产督导的通知》及《四川省油茶生产项目检查验收办法》要求，省林草局派出工作组分别前往自贡市、泸州市、绵阳市、内江市、宜宾市、达州市、凉山州等地开展2023年秋季油茶生产建设督导工作，通过实地核查、调阅档案资料和座谈会等方式督导油茶当年生产进程以及上年油茶生产项目检查验收准备情况，现场解决在油茶生产中出现的用地、用苗、采伐限额、实施方案编制等问题；针对部分地方油茶建设进度缓慢的情况，工作组实行跟踪指导，同时对油茶生产任务实行月调度，督促各地对任务进行带图上报和结果上图。

四川省林业和草原局编写组

国有林场林区

【全面保护林场资源】 落实国有林场森林草原资源管护保护首要职责，加强责任落实、值班值守、联防联控和巡护管护、森林草原防灭火、有害生物防治等工作，全年国有林场全面管护森林（草原）资源3439万亩。

【持续深化林场改革】 配合国家林草局完成推动国有林场绿色发展到宜宾市及洪雅县等实地调研；完成29个国有林场推动绿色发展问卷调查及情况分析。指导江安县国有林场继续探索实施国有林场经营活动与职工收入挂钩的薪酬分配制度，邛崃市国有林场形成《差异化绩效管理激励机制实施方案》，合江县福宝国有林场等建立激励机制。督导成都市、巴中市完成开展全民所有自然资源资产所有权委托代理机制试点涉及国有林场工作。

【加强林场基础工作】 配合自然资源厅确权登记局开展涉及邻水县丰隆铺国有林场的林权争议情况调查。组成工作组到凉山州、宜宾市、资阳市等地开展现场调研督导；指导各地做好国有林场矢量边界数据收集、修正和国有林场数据填报等工作，形成全省国有林场矢量边界数据库。按照国家林草局要求，首次在全国林业草原综合统计管理系统上完成全省国有林场数据填报。

【欠发达林场巩固提升】 加强欠发达国有林场项目实施过程管理，在财政部、国家林草局等五部门联合印发的《关于2022年衔接推进乡村振兴补助资金绩效评价结果的通报》（财农〔2023〕28号）中被确定为A（优秀）等级。按照国家林草局关于实施欠发达国有林场巩固提升支持范围动态调整的工作部署，结合全省实际，新确定上报邛崃市国有林场等为继续支持巩固提升的欠发达国有林场97个。及时下达涉及17个市（州）、30个县（市、区）、33个国有林场的2023年中央财政欠发达国有林场巩固提升任务专项资金3923万元；提前下达2024年专项资金3531万元；督导各地做好2023年度衔接资金林场任务项目实施工作。

【推进林场高质量发展】 组织召开全省国有林场高质量发展工作推进现场会，总结、交流近年来全省国有林场（深化）改革和建设发展工作，研讨、谋划、部署加快推进全省国有林场高质量绿色发展重点工作。督导雷波县、高县月江、什邡市等10个四川省示范国有林场建设单位推进示范林场建设提升。核实修正确认国有林场管护用房现状情况及建设需求，巴中市、宜宾市的国有林场管护用房建设被纳入2024年中央预算内投资专项项目申报。会同重庆市林业局联合举办川渝国有林场合作交流活动。持续加强基础设施建设，全年国有林场共计新建及改造林区公路、林道、防火线、输电线路、通信线路4832千米，改造、建设房屋3.7万平方米，绵竹市国有林场被中国林场协会命名为“2023年度十佳林场”。

【林场林区重点项目建设】 洪雅县、古蔺县等6个国有林场被纳入2023—2025年全国森林可持续经营试点范围，共下达试点任务4.3万亩，并完成2023年度森林可持续经营试点任务。合江县福宝国有林场引进社会企业合作，共同开发竹林经营碳汇项目；洪雅县国有林场依托国家储备林建设，购买技术服务，推进森林经营碳汇项目开发。组织国有林区开展国家储备林建设能力调查，推动国有林区开展国家储备林建设，其中甘孜州森工集团、阿坝州黑水国有林保护局国家储备林建设方案通过省林草局审查，阿坝州小金国有林保护局编制完成国家储备林建设方案并报省林草局，广元市鸳鸯池国有林保护处被纳入广元市国家储备林建设，盐边县、北川县、马边县、汶川县、盐源县县属国有林保护企业被纳入县级国家储备林建设。

【林区森林资源保护修复】 加强森林管护责任制落实，全省国有林保护企业层层签订森林管护责任书，将森林管护面积全面落实到山头地块和人头；加强森林防灭火、安全生产等相关工作，保障林区资源安全。争取中央财政资金9178万元，实施国有中幼林抚育45.89万亩；争取中央财政资金1646万元，实施森林可持续经营试点项目3.85万亩；争取中央预算内资金3727万元，实施重点区域生态保护和修复项目退化林修复4.55万亩、封山育林7.73万亩，促进国有林区森林质量明显提升。

【林区职工社保工作】 印发《四川省林业和草原局办公室关于报送天然林资源保护工程二期实施单位2024年参加社会保险人数的通知》，组织完成2024年天保实施单位社保需求人数核定。落实社保补助资金2.82亿元，确保国有林保护企业职工实现“应保尽保”。完成天然林保护修复人员管理信息系统人员数据年度更新。

【开展国有林区专题调研】 开展国有林区人工商品林利用调研，形成《国有林区人工商品林开展储备林建设研究》报告。开展国有林区单位发展林下种植养殖产业调研，形成《国有林区单位发展林下种植养殖产业研究》报告。开展国有林区基础设施现状调研，形成《四川省国有林区基础设施建设现状、存在问题及对策建议》报告。

四川省林业和草原局编写组

农业对台合作与交流

【基本情况】 2023年，川台农业合作深入落实擦亮农业金字招牌要求，发挥台农台企特色和优势，创新举办农业交流活动，助力提升农业发展水平和消费新场景品质。落实农业发展要素保障，提升台企融资便利化水平，促进台资农业企业稳定发展，支持台资农业企业和台湾农业专家联合培养新型农业人才。截至2023年年底，全省共有2个国家级台湾农民创业园、1个省级川台乡村振兴合作试验园、30个省级川台农业合作示范基地，在川台资农业企业稳步发展。

【推进川台农业合作】 巩固两岸合作交流机制，搭建各类活动平台，助力在川台资农业企业发挥精细化、专业化优势，抢抓成渝地区双城经济圈建设发展机遇，促进川台农业交流合作走深走实，全年累计邀请约500位两岸农业领域专家学者、基层农会和农业企业负责人到四川省参会和交流。

3月22日—29日，第四季“掌上蜀show”两岸媒体体验采访团走进攀枝花市和凉山州，聚焦攀枝花市盐边台湾农民创业园、白鹤滩水电站、摩梭博物馆、彝族新村等，从乡村振兴、民俗文化、农文旅融合、川台农业合作等角度进行采访拍摄，全方位展示川西地区乡村振兴建设成果。

4月4日—8日，台湾苗栗县参访团到成都、眉山、乐山等地参访成都国际铁路港、新津台湾农民创业园等，考察四川乡村振兴、农文旅融合发展和川台农业合作情况。

4月21日，“一脉茶香·两岸同耕”——茶文化暨乡村振兴研习营在成都市举行，100余名来自成渝台三地的茶文化专家、茶产业代表参观考察彭州市乡村振兴示范基地，探讨茶产业交流合作。

5月23日，川台乡村振兴合作发展交流会在泸州市召开，台商台企、专家学者等300余名嘉宾参加。交流会以“深化川台农业合作·助推乡村振兴发展”为主题，旨在为川台乡村振兴合作发展提供开放交流平台，深入探讨合作发展的新机遇、新优势，推动川台农业发展。

9月5日，第二届川台两地助力乡村振兴高质量发展研讨会在成都市召开，研讨会以“助力川台融合发展·同心共创美好生活”为主题，吸引省内外涉农台资企业负责人、“三农”领域有关专家学者等100余人参加，凝聚川台两地智慧力量，助力实施乡村振兴战略，促进川台两地交流合作。

9月8日，成都市郫都区举办“郫都——台东乡村振兴交流洽商”活动，邀请台湾台东县农业企业家一行40余人到郫都区参访交流，帮助台湾农业人才了解乡村振兴产业优势，促进蓉台农业交流合作。

9月10日，第三届“中国新农民”故事会暨海峡两岸青年农民交流活动在江苏省常熟市举行，在川台湾青年、冕宁元升农业科技有限公司的副总经理林书任应邀参加并分享“逐梦大凉山故事”。冕宁元升农业科技有限公司致力提升农文旅融合品质，带动周边5个乡（镇）25个村6800户村民增收致富。

9月14日，2023川台农业合作发展交流现场会在攀枝花市盐边县举行，全国台联、台湾苗栗县农会，四川、重庆、江苏、安徽、湖南等省（市）台湾农民创业园和台资农业企业相关负责人、两岸农业领域专家学者等近130人参加。活动以“推进国家级台湾农民创业园健康发展”为主题，探讨川台乡村振兴合作发展新机遇、新优势，共同推动川台农业合作，促进两岸融合发展。

10月24日，第一届海峡两岸农业交

流大会在福建省龙岩市漳平市开幕，新津、盐边台湾农民创业园及相关省内台企受邀参加，与两岸嘉宾一道围绕农村三产融合、良种开发与繁育、台湾农民创业园建设与发展等主题进行交流。

10月27日，第九届四川农业博览会在成都市举办，台湾农会20家台湾农业企业35人代表团应邀参展，展示展销高山茶、乌龙茶、凤梨酥等台湾特色优质农产品，现场销售额达60万元。

【吸引台资农业企业投资】 全省各地及涉台农业产业园区优化营商环境，提升服务水平，推动更多台胞台企来川投资兴业，服务全省乡村振兴事业和“天府粮仓”建设。

4月21日，台丽（四川）农业科技有限公司、四川橙行文化传媒有限公司等4家台资企业以及台湾青年创业团队与成都市彭州市白鹿镇白鹿顶村签订乡村振兴战略合作协议，涉及白鹿顶村乡村振兴工程总体开发建设、数字化智慧农业系统建设、山地旅游等项目，签约金额达1亿元。

9月5日，成都市“川台两地助力乡村振兴青年人才交流计划”、彭州市白鹿镇白鹿顶村“海峡两岸乡村振兴融创实践基地”、洪雅县“川台助力乡村振兴合作试验基地”3个涉农领域合作项目签约。

9月14日，四川新津、盐边，重庆北碚，安徽庐江4家台湾农民创业园签订缔结友好园区协议，盐边台创园内企业天府顶珍公司与台资企业四川实兆贸易有限公司签约，签约各方将加强经济、技术、人才等方面合作，实现深度融合与互利共赢。

11月9日，台湾安盛国际生技有限公司与绵阳市盐亭县签订《植物提取科研创新药用桑黄精深加工项目投资协议》。该项目一期预计年产值3000万元，项目二期全面投产后预计年产值1.5亿元。

【推动同等待遇落地落实】 主动作为、细化服务，持续推动“川台70条”“支持台企12条”“农林22条”操作指南等惠台政策措施常态化、长效化。

各级各部门坚持“以人民为中心”的发展思想，始终尊重、关爱、造福台湾同胞，不断完善保障台湾同胞福祉和享受同等待遇政策措施，在川台胞台企获得感、幸福感不断增强。一批符合条件的台企享受国家和四川省税收减免、低息贷款、水电价优惠等政策红利。督导盐边县台湾农民创业园加强基础设施建设，列支财政资金扶持企业改善园区、提档升级。支持台企东仔农场申报为国家级生态农场，台企冕宁元升农业科技有限公司申报为国家林业重点龙头企业和2023年四川省农业品牌名录。台企四川爱吾农业综合开发有限公司董事长陈爱武被省妇联授予2023年度四川省“三八红旗手”称号。

【加强川台农业合作调研】 全省对台工作系统开展“深入开展服务台胞台企落实提升年”活动，重点围绕“农林22条”操作指南落地落实和川台农业交流合作开展调研指导和督促检查，促进台资农业企业和涉台农业园区发展。

2月12日，全国政协常委、台盟中央副主席吴国华一行考察调研新津台创园，先后到天府农博创新中心、天府农博岛、台胞服务站、蕃薯藤台湾风情街等点位详细了解台创园发展现状及两岸融合发展乡村振兴工作情况。

2月14日，省台办主任罗治平率队到成都市郫都区走访调研台资企业台丽（四川）农业科技有限公司，与企业负责人座谈交流，鼓励台资企业抓住消费复苏大好机遇，培育消费新热点，提升农文旅融合品牌运营水平，在乡村现代服务业新业态上作出示范。

4月26日，省台办主任罗治平率队到宜宾市考察调研川台农业合作示范基地四川爱吾农业公司，鼓励企业抓住消费升级机遇，在产品、消费、体验等方面做出新特色和高品质，在一二三产业融合发展的新赛道上探索新模式、树立新标杆、取得新成效。

5月31日，省台办主任罗治平带领川台文旅文创代表到绵阳市盐亭县专题调研台企章邦村露营和民宿项目，鼓励台胞台商抓住四川大力发展文旅产业大好机遇，参与打造乡村消费新场景，助力四川文旅产业发展。

6月2日，全国台企联西南西北区秘书长、重庆台协副会长彭健嘉率在渝台企到新津台湾农民创业园考察调研，详细了解新津台创园的发展定位、主导产业、扶持政策等情况，与相关负责人就企业在台创园的合作模式、生产经营情况、营商环境等进行了交流。

6月6日，省台办主任罗治平率队到崇州市川台农业合作示范基地成都钧乔农业公司调研川台农业合作情况，鼓励企业探索家庭农场发展新模式，为乡村振兴多做贡献。

6月13日，省台办副主任袁明率省台资农业企业委员会专家考察组和部分在川台企负责人到巴中市考察投资环境和现代农业产业发展情况，促进川台交流合作。

8月11日，省台联会长、台盟成都市支部主委潘裕萍一行考察调研新津台湾农民创业园，详细了解乡村振兴项目在建设、推进及后期运营等方面情况。

9月27日，省台办主任罗治平率队调研成都市郫都区尚青园热带水果采摘园经营管理情况，并同与会台资企业负责人进行交流，希望台资农业企业再接再厉，发扬特色优势，打造经营发展新模式，吸引更多台湾农业人才到四川省发展。

10月19日，省台办副主任袁明率队到西充县考察调研台资企业广绿农业科技有限公司，详细了解企业发展状况，鼓励企业继续发挥好自身优势，在有机种植、生态农业、可持续发展上实现更大发展。

中共四川省委台湾工作办公室编写组

农村基础设施建设
与管理
NONGCUN JICHU SHESHI JIANSHE
YU GUANLI
SICHUAN

水利建设

综　述

【重大水利工程建设】 推动引大济岷"一号工程"建设，组建实体化专班，统筹协调推动前期工作取得重大进展，48个科研课题和11个支撑专题全部完成，28个审批专题已批复19个；推动水利部、生态环境部印发工程规划、规划环评审查意见，可研报告通过水利部水规总院审查待批，项目环评经生态环境部印发审查意见，即将实现"出部进委"。2023年，全国60项重大水利工程中四川省有6项，项目数量位居全国第一。向家坝灌区一期二步等3个重大工程开工建设，加紧验收亭子口水利枢纽等599个工程，加快推进长征渠引水工程前期工作，安宁河流域水资源配置(打捆)工程18个项目开工10个，攀枝花灌区工程新纳入全国"十四五"水安全保障规划。四川省作为全国水利基础设施建设成效显著的省份，首次得到水利部通报表扬。2023年，全省在建水利工程等1800余处，总投资达1500亿元。申报增发国债水利项目，四川省已落实水利项目568个、国债资金254亿元，项目数量和投资规模均居全国前列。

【新时期农村水利建设】 在以乡村水务为重点的新农水阶段，前三批66个示范县累计落实资金227亿元，新建集中供水工程493处、规模化供水工程264处，实现新增供水能力176万吨/天，改善1370万人的生活用水条件。在创新构建新时代县域城乡水务一体化阶段，聚焦农业灌溉用水和城乡居民用水"两大目标"，推行平原丘区集中连片规模化网络化、"三州"和盆周山区分布式水源规范化标准化人饮供水"两种模式"，坚持城乡水务一体化、灌溉人饮协同化、集中供水规模化、小型工程规范化、工程管护专业化"五个原则"，抓好农业灌溉、乡村水务、水源配置、农村水权水价改革、西部民族地区光电水产"四结合"特色水利体系和水美新村建设"六项工作"。

【省管大型灌区一体化管理改革】 坚持以"省牵头、市参与，一体化、增质效"为原则，将黑龙滩、通济堰、武引、青衣江、升钟灌区收回省管、挂牌运行；增量毗河供水工程"小机构管理、公司化运营"落地；龙泉山灌区三岔水库过水功能不断强化；亭子口、向家坝灌区建管体制全面理顺，"6+1+2"大型灌区改革发展全面进入高质量发展新阶段。构建都江堰灌区"一中心八处"一体化管理新体制，"国际知名、国内一流"榜样建设成效显著。推进大型灌区"十四五"续建改造，改造提升重要枢纽350余座、骨干工程2300余处；推进"六化"建设，创建国家级标准化灌区1个、省级标准化灌区4个，四川治水成就亮相第18届世界水资源大会。2023年，累计供水近100亿立方米，占全省四成多，惠及3400万名群众，其中春灌供水22亿立方米，保障连续三年实现"满栽满插"。

【水旱灾害防御】 整合资金开展水安全"5+1"能力提升，在全国率先探索开展山洪灾害避险搬迁，完成水旱灾害风险普查等工作。有效应对17轮强降雨，成功应对古蔺河、龙台河、姚市河100年一遇洪水。建立抗旱减灾多部门常态化协同机制，全年共抗旱输水超过50亿立方米，抗旱浇地8.27万公顷，有效解决37.2万人因旱饮水困难。开展"大水调"机制实体化建设，坚持"一库一策"精细调度，坚决打赢"迎大运、保安全、防灾害"攻坚战，提前超额完成20座水电水库130亿立方米年度蓄水任务。

【水生态保护修复治理】 承办省总河长全体会议和第二次黄河流域省级河(湖)长联席会议，推动将河(湖)长制工作首次纳入省级表彰；全省2.6万个村(社区)完成基层河湖管护"解放模式"创建，绵阳市芙蓉溪被纳入全国"幸福河湖"第二批试点建设；对泸州市古蔺县等6个县(市)开展进驻式督查，按期完成中央环保督察和长江经济带生态环境反馈问题年度整改，2023年退出小水电153座，完成年度任务。完善水资源调度管理制度体系，出台《四川省水文条例》《四川省水资源调度管理办法》，首创水资源督察机制并在成都等5个市开展先行先试，国、省两级调度管控断面达标率达98%以上；全省88个县(市、区)提前完成国家节水型社会达标县创建，累计创建各类节水载体1430个，实施节水项目87个。实施人为水土流失监督管理，创建国家水土保持示范县(园区、工程)6个，全面完成5130平方千米的年度治理任务。

【水利水电移民】 出台移民规划深化优化七条措施，修订印发《四川省大中型水利水电工程建设征地移民安置规划工作管理办法》，完成38个重大水利工程59项前期规划审核工作。全省48座在建大型水利水电工程共投入移民安置资金103亿元，实施安置任务650余项，安置移民近3000人；完成21座大中型水利水电工程移民安置阶段性验收或竣工验收。加快移民后扶项目库建设，为120余万名移民群众兑现后扶政策，分解下达移民后扶资金40.62亿元，并投入33亿余元实施移民美丽家园、产业扶持等各类项目4702个。健全信访工作制度,全年接待各类信访230件,受理率、办结率均达100%。

【水利改革创新】 系统性构建水权水价改革的“四梁八柱”,明确分配、用途、权属、价格、政策、交易六个工作环节,推进科技与法治两项支撑保障,促进水利工程建设投融资破题、水资源节约集约利用、水利工程有效管护和水交易市场活力不断激发;深化完善现代企业管理体制机制,获得国内最高的AAA主体信用评级。全年完成投资53亿元,同比增长56%,实现经营收入和利润总额“双增长”。申报省自然科学基金课题,加快推动在研课题6项(含水利部重大科技项目1项),储备科研课题224项;申报地方标准立项12项,已批准立项2项。

【法治水利建设】 完成《四川省河湖长制条例》《四川省水文条例》《四川省水资源调度管理办法》等立法。全年出具重大行政决策类事项和行政规范性文件合法性审查意见43份,妥善化解涉水矛盾纠纷和行政争议近50件次,连续15年实现行政诉讼“零败诉”。全年共查处各类水事违法案件569件,联合公检法开展河湖安全保护综合执法行动,约谈企业(单位)222家,行政处罚318件,移交司法7件,水行政执法“四项机制”建立情况位列全国第一。全面规范104个业务办理事项“运行图谱”,推行责任落实、协调审批、技术服务、监督指导“四到位”,推动服务事项100%进驻政务大厅无差别综合窗口。

【水利基础建设】 加强水利“5+1”基础建设工作,20个项目已完成16个,完成投资14亿元,占落实投资总额的90%;水利信息化建设项目第一阶段项目已完成数据融合、可视化平台展示等工作;都江堰渠首枢纽等4个数字孪生先行先试项目完成主要建设内容,形成39项应用成果。加强内控制度和管理,推进厅本级修订完善财务资产、议事决策等“5+3”内部管理制度。开展“预算执行提升年”行动,提升水利资金预算执行质效,增强风险防控能力和内部治理效能。丰富拓展机构编制队伍,推动省委编办发文明确水利厅“三定规定”新增7大板块内容;增设厅运行管理处,成立水利厅水文水资源处,组建引大济岷和亭子口工程筹建处2个事业单位;引进硕士、博士228人,高级技工46人,水利干部队伍得到充实。

四川省水利厅编写组

水资源管理

【水资源体制机制建设】 整合成立水文水资源处(省节约用水办公室)。健全最严格水资源管理制度考核机制,扩员构建“5+20”省级节约用水工作联席会议机制。在全国首创水资源督察机制,在四川省遴选成都、遂宁、宜宾、达州、眉山5个市先行试点。

【水资源供给侧保障支撑】 在全国率先完成流域套区域557个水资源网格化管控指标体系构建,优化调整各地区2030年用水总量“红线”指标,完成41个重要饮用水水源地安全保障达标建设评估。开展成都市郫都区磨底河等8条母亲河复苏行动。先行先试开展岷江、大渡河、安宁河3大流域26处水利水电工程生态流量复核与保障工作,探索流域区域水资源调度管控指标体系综合平衡先行经验。

【水资源需求侧管理】 开展水资源配置工程可研阶段水资源刚性约束审查,严格建设项目水资源论证审查,依法停止不合理取水项目210宗。完成23个化工园区涉水论证,开展88家省级经开区规划水资源论证,推动“四水四定”率先在工业领域刚性落地。严格监督管理,移交水资源领域违法线索261宗,完成处罚130宗。

【水资源基础工作】 完成水资源配置与监管基础要素调查评价项目、地下水资源监管要素调查评价暨开发利用保护区划项目,开展水资源分布、外调水、地下水资源、取用水对象等情况调查。推进取水监测计量设施安装,全省主要江河流域、规上取水户、重要水源地、地下水实现在线监测全覆盖。

【水资源改革与创新】 系统搭建分配、用途、权属、价格、政策、交易六个方面的水权水价改革框架体系,推进改革深入实施,完成水权交易155宗,交易水量5211万立方米,交易金额2586万元,其中四川省、宁夏回族自治区达成黄河流域首单跨省区区域水权交易。全省21个市(州)全部实现居民用水阶梯水价和非居民用水超定额累进加价制度。推进水资源税改革试点,全年收取水资源税28.55亿元。

四川省水利厅编写组

水利工程建设与管理

【水利投资】 2023年,全省落实水利投资650亿元,历史性首次突破600亿元大关,较上年增长29%,排名全国第11位,其中争取中央资金139亿元,资金规模居全国前列。全年完成水利投资610亿元,完成纳入水利部考核的中央投资计划174亿元,投资完成率99%。争取国债资金支持水利项目568个，总投资规模718亿元，安排国债资金254亿元。

【在建重大水利工程建设】 全省在建重大水利工程15项，总库容（年引水/供水量）40.31亿立方米，设计控灌面积38.67万公顷，供水人口932.55万人。加快建设向家坝灌区一期、亭子口灌区一期、蓬溪船山灌区、土溪口水库、固军水库、江家口水库、青峪口水库等大型工程，基本建成黄石盘水库，建成红鱼洞水库枢纽，推进紫坪铺水利枢纽等竣工验收；分类推进安宁河流域水资源配置工程；加快推进长征渠引水、涪江右岸水资源配置、川渝东北一体化水资源配置、毗河灌区二期、罐子坝水库及灌区等重大工程前期工作，做好项目储备。

【在建中型水利工程建设】 全省在建中型水利工程55处，含32处枢纽和33处灌区，总库容（年引水/供水量）9.05亿立方米，设计控灌面积17.06万公顷，供水人口566.57万人；年度计划投资38.96亿元，已完成年度投资39.77亿元。攀枝花市二滩南部片区供水工程、凉山州两岔河水库、广元市渔洞河水库开工建设；加快建设威远县大石包水库、成都久隆水库、会理市横山水库等中型工程；基本建成青神县复兴水库扩建工程，泸州市倒流河水库、广元市大寨水库等工程完成蓄水（通水）验收；宜宾市东山水库、乐山市金王寺水库枢纽工程、攀枝花市观音岩引水工程完成竣工验收。

【大中型病险水库除险加固项目】 实施大中型病险水库除险加固项目4座，其中大型病险水库2座、中型病险水库2座，完成年度投资2.42亿元；实施小型病险水库除险加固项目204座，完成年度投资4.59亿元。落实水库大坝白蚁等害堤动物隐患应急整治中央救灾资金2500万元，实施水库大坝白蚁等害堤动物应急隐患整治987座。

四川省水利厅编写组

防汛抗旱

【雨情】 2023年汛期，全省共遭遇5次区域性暴雨天气过程、17次强降雨天气。全年平均降水量632.9毫米，同比偏少14%，位列历史同期第7少位。4月21日，省级发布首个暴雨蓝色预警，较2022年提前近20天，较2021年提前近50天；8月21日，四川省进入秋雨季，较常年偏早16天。

【汛情】 2023年汛期，全省主要江河来水量较多年同期明显偏少，除渠江偏多2～3成以外，其余主要江河来水量偏少3～5成。各主要江河干流未发生超警戒水位洪水，40条中小河流46站次发生超警戒水位洪水，其中14条中小河流19站次发生超保证水位洪水，赤水河支流古蔺河发生超100年一遇洪水，琼江支流龙台河、姚市河发生100年一遇洪水。

【旱情】 全省累计有15个市（州）、92个县（市、区）发生旱情，其中攀西地区及广元市剑阁县冬干春旱偏重，盆地南部的内江市、自贡市、资阳市夏旱明显，威远县、自贡市城区供水持续紧张。

【灾情】 全年洪涝灾害共造成21个市（州）、175个县（市、区）493.01万人次受灾，因灾死亡失踪52人，造成直接经济损失67.21亿元；干旱灾害造成10个市（州）38个县（市、区）114.2万人次受灾，农作物受灾面积7.66万公顷，造成直接经济损失5.82亿元。

【防汛减灾救灾】 全年排查隐患点位16.16万处，发现并整改8307处。开展安宁河超标洪水防洪调度应急演练，落实防汛抗旱物资5.8亿元。加密加强预警监测，滚动开展会商调度，发布预警信息3.2万期，做到防灾责任人和雨区群众全覆盖。省级先后启动水旱灾害防御应急响应11次，全省转移避险245.2万人次，有效应对17轮强降雨、40条河流46站次超警超保洪水，减少受灾人口20.5万人，减淹耕地6.32千公顷，实现减灾效益6.27亿元。

【山洪灾害防御】 完成水旱灾害风险普查，在全国率先落实省级专项资金开展山洪灾害专业化隐患排查，率先探索开展山洪灾害避险搬迁专项工作，计划5年时间实现极高风险区动态清零、高风险区灾害风险不断降低。推动转移避险指挥官、避险过程监管员、安置管理责任人、安置过渡"安全屋""3人1屋"临灾处置能力建设，落实有关责任人12.41万人，建设过渡"安全屋"1.89万个。推动各地排查评估涉洪在建工地营地2746个，逐一落实包保干部及"叫应"责任人。

【抗旱蓄水保供】 建立抗旱减灾多部门常态化协同机制，分类施策应对冬干春旱和夏旱，投入省级资金0.7亿元，建设抗旱应急水源工程270处；出动送水车6万余辆次，解决37.2万人因旱饮水困难问题，抗旱浇地8.26万公顷。加快"大水调"机制实体化建设，"一库一策"精细调度，截至10月底，20座水电水库可用蓄水量达170.39亿立方米，提前超额完成年度蓄水任务，较常年同期偏多27.13亿立方米；"10+137"座大中型水利水库蓄水总量41.17亿立方米，保障了全省经济社会发展用水需求。

四川省水利厅编写组

水文工作

【水文基本建设】 2023年，全省水文中央预算内项目总投资1.63亿元（中央补助1.08亿元、省级配套5440万元），下达资金1.5亿元，全面完成省级四川水文基础能力提升项目建设，新建346处水文监测站点，改造提升354处水文监测站点，提档升级63处水文测报中心，新建广安、巴中、自贡、资阳、攀枝花5处水文巡测基地，甘孜、乐山、德阳3处水质监测中心。

【水情预警预报】 四川水文十大流域中心开展流域联合监测、联合预报预警、联合会商、水资源调度、信息共享等工作，组织流域开展联防联控应急演练，主动对接地方防御需求，以流域为单元，深化跨区域、跨行业雨水情信息和预报预警成果共享，全年共发布流域水情预测预报135份、流域水情简报41份。四川省报汛水库由2022年的1198座增加至2023年的4328座，站点增幅达261%。汛期，每日向省委、省政府报送每日主要江河控制站预报2730站次；接收水雨情信息9.26亿条，向各级防汛部门报送水情信息2.54亿条；发送水情预报短信49万条，发布水情简报765期、水情快报27期；制作发布过程洪水预测4137份、常态化预报488站次、短期洪水预报107站次、洪水预警2309站次。

【水资源监测与评价】 全省完成91个生态流量监测断面、205个水资源调度管控断面、130个重要地下水监测井、3955个取水设施及66个重要饮用水水源地在线监测及94个重点河流生态流量断面、48个水量分配断面及206个水资源调度断面的目标流量评价工作。开展全省183个县域取水许可审批超载分析，为划定水资源超载地区、划定压减审批水量提供了监管依据。建立四川省县域地下水水量及19个平原区地下水水位双控体系，以及557个流域套县级行政区的地表水水量管控体系；建立127个水资源分析评价单元，动态开展地表水、地下水监测与评价工作，按月、按季分别发布主要江河来水情况、地下水水量变化趋势成果。全年共向水行政主管部门移送涉嫌水资源领域违规违法线索184条，查实38条，共计处罚34.7万元。

【水质水生态监测】 开展地表水国家重点水质站、四川省重要饮用水水源地、大中型及重要小型水库、地下水水质监测。完成460余个常规水质监测断面水质监测与评价工作，监测评价范围覆盖169个全国重点水质站，67个四川省重要饮用水水源地，160余座大中型和人饮功能的重要小型水库，27座地下水监测井，52个市（州）、县（区）交界断面和14个沱江流域枯水期生态调水控制断面。各市（州）开展全国重要饮用水水源地安全保障达标建设评估，完成《全国重要饮用水水源地安全保障达标建设评估报告》（四川省部分）。持续开展赤水河、邛海、泸沽湖等重点水域共8个点位的水生态监测。成都大运会前期和举办期间，组织对6个涉及大运会比赛场地的重要水体开展水质监测，做好大运会涉及8个重要饮用水水源地水质自动监测站的运行、维护工作。

四川省水利厅编写组

饮水民生工程

【农村供水工程建设】 2023年，全省落实农村供水工程建设资金126亿元，开工建设农村供水工程1983处（其中规模化供水工程203处），完工1834处（其中规模化供水工程105处），涉及人口973万人。投入维修养护资金2.9亿元，维修养护集中供水工程7911处，服务供水人口1293万人，全省农村供水自来水普及率达90%，规模化供水工程服务农村人口比例达67%。截至2023年年底，全省累计建成各类农村供水工程137余万处，覆盖人口5347万人。

【“乡村水务百县”建设行动】 截至2023年年底，全省已遴选三批次66个县开展“乡村水务百县”建设，计划总投资350.36亿元，累计已落实资金227亿元，完成投资206.4亿元，开工建设农村供水工程493处完工342处，受益人口1370万人。66个县平均农村自来水普及率达91.4%、规模化供水率达76.8%，分别高出全省1.4%、9.8%。

【农村供水工程标准化专业化管理】 推进农村供水工程标准化专业化管理，加强县域统筹，加快推进农村供水县域统一管理、统一运维、统一服务。制定《四川省农村供水工程标准化管理实施方案（2023—2025年）》和配套评价办法、评价细则，实现4109处农村集中供水工程规范化管理达标、331处千吨/万人以上供水工程标准化管理达标，巴中市巴州区清江供水工程、巴中市南江县空木河供水站被评为2023年度水利部农村供水标准化管理工程。截至2023年年底，全省完成维修养护投资28850万元，维修养护农村供水工程7911处，服务人口1293万人，分别完成年度目标任务的100.66%、103.04%。

四川省水利厅编写组

水利科技

【水利科技政策及科研项目】 全年水利科研课题立项53项，申报四川省自然科学基金课题12项，储备科研课题224项，取得授权专利88个（含发明专利26项），在国内外学术期刊上共发表（含已录用）论文190篇（其中2篇发表于SCI、1篇发表于EI、50篇发表于中文核心期刊）。

【水利技术应用推广】 “智慧蓄能式闸门应急系统”入选水利部“2023年度水利先进实用技术重点推广指导目录”，“大体积非温控软岩堆石混凝土筑坝技术研究应用”项目通过科技厅组织的专家验收。作为科技厅引智成果示范推广项目，“多场景水情自动监测预警系统转化与应用示范项目”转化的水情自动监测设施连续两年在雷波县马湖水库应用。

【成果奖励】 古蔺县朝门水库大坝枢纽工程获得2022年度四川土木工程"李冰奖"，“四川坡耕地质量提升关键技术创建与应用”获得四川省科技进步奖二等奖，“灌区智能水网构建关键技术及应用”获得四川省科技进步奖三等奖。

四川省水利厅编写组

河（湖、库）管理

【基本情况】 2023年，全省抓好水库安全管理，加快推进水库除险加固和安全监测，持续推动水库管理提标增效，全省水库总体安全可控运行，各类项目序时进度大幅超多年同期水平和全国平均水平。全年落实各级各类资金10.35亿元，完成204座小型病险水库除险加固、1625座水库雨水情测报设施、610座大坝安全监测设施建设，恢复蓄水能力5000万立方米，恢复灌溉面积20万亩。竞争立项全国小型水库安全监测能力提升试点省份。

【管理制度体系建设】 全省将水库除险加固和运行管护作为安全工程、民生工程来抓，并纳入“十四五”规划、河（湖）长制和安全生产工作内容，作为市（县）党委、政府领导班子推进乡村振兴战略实绩考核指标。建立制度健全、管理规范的工程运行机制，建立监督考核机制，对水库管理存在的问题要求地方限期整改。

【水库安全管理】 全年完成137座水库大坝安全鉴定，2023年任务清零。以县域为单元分级分类深化水库管理体制改革，用好水库安全管理“三单一书”机制，全面落实以地方政府行政首长负责制为核心的水库大坝安全责任制，逐库明确大坝安全管理“三个责任人”及水库防汛“三个责任人”。加强水库值班与汛期值守，严格落实领导带班和人员值班，加强降雨预报和洪水预警，规范开展水库安全日常巡查、年度巡查和特别巡查，及时发布应急响应并采取有效的应急抢险措施。

【水库专业化管护改革】 建立工程管护经费保障机制，水利厅、财政厅向财政部、水利部争取工程管护资金，多渠道筹集工程管护经费，鼓励地方探索引入社会资本参与水库经营，用经营收益承担部分管护费用，建立稳定的管护经费保障机制。建立专业巡管、日常监管相结合的巡查机制，各地严格执行《四川省水库安全巡查操作手册》要求，开展水库专业巡管，加强水库日常监管，对管理成效显著的地区，给予政策上的扶持；对管理不力、进度滞后的地区，通报批评并扣减相关项目补助，直至不再安排。

【大中型水库标准化管理】 全省共计有43座大中型水库实现标准化管理，超额完成年度目标任务，占“十四五”任务总量的30.5%。绵阳市武都水库、眉山市龚家堰水库通过水利部标准化管理评价，成为四川省首个通过水利部标准化管理评价的大型水库和中型水库，填补了四川省水库工程运行管理领域获得国家级评价认定的空白；眉山市龚家堰水库是西南地区首批通过水利部评价的县管中型水库。

【基层河湖管护“解放模式”】 持续推广基层河湖管护“解放模式”，全省建立基层河长工作室2.4万个、基层河湖管护队伍5.6万支、“乡风文明生态超市”10463个。截至2023年年底，基本实现有管护任务的行政村全覆盖，解决了基层河湖管护“最后一公里”问题。

【河湖公园建设】 盐边县红格水乡水利风景区、古蔺县白沙河水利风景区、丹棱县梅湾湖水利风景区、梓潼县潼江河谷河湖公园、邻水县让水湖河湖公园、资阳市雁江区蜀人原乡滨江河湖公园被认定为省级水利风景区（河湖公园），全省水利风景区（河湖公园）总数达到175家。德阳市旌阳区邻姑泉水利风景区被认定为国家水利风景区，会理仙人湖申报国家水利风景区高质量发展典型案例，绵阳仙海水利风景区申报第三批国家水利风景区高质量发展典型案例重点推介景区。

四川省水利厅编写组

河（湖）长制工作

【基本情况】 2023年，全省25名省级河（湖）长共开展巡河巡湖38次，多次召开责任流域河（湖）长制工作推进会；近5万名河（湖）长共开展巡河问河176万余次，推动整改问题6万余个。印发《四川省幸福河湖建设工作方案》，全面开展"幸福河湖"建设，绵阳市芙蓉溪被纳入国家"幸福河湖"试点建设。按期完成中央环保督察和长江经济带生态环境反馈问题年度整改，对泸州市古蔺县等6个县（市）开展进驻式督查。全面完成水利部下发的河湖遥感"四乱"问题图斑复核，10859个属实问题已按时完成整改。完成1257条河流（段）湖库的健康评价，健康率达90%以上。岷江（成都锦江段）等4个数字孪生流域先行先试项目通过国家验收。全省203个国考断面、142个省考断面和285个水功能区水质达标率实现"三个百分百"，33个国家级水量分配考核断面、24个国家级重点河湖生态流量考核断面全部达标，主要河流出川断面水质全部达到"优良"等级。

【河（湖）长制体制机制建设】 优化考核激励机制，修订省级考评细则，统筹安排1500万元省级水利发展资金对考核综合排名靠前和进步最大的市（州）进行激励，首次对河（湖）长制工作成绩突出的100个先进集体、200名先进个人进行表彰，对2022年度考核综合排名靠后的市（州）进行约谈。深化督查机制，选取6个县（市）开展2023年度进驻式督查，公布典型案例6个，向地方移交突出问题200个和责任追究线索6条。深化联防联控机制建设，四川省、重庆市联合开展跨界河流巡河、调研、会商等近百次，四川省、青海省、西藏自治区召开三省（区）七市（州）第三届江河流域河湖长制联席会议并签署联防联控协议；四川、陕西、甘肃三省河长办联合发布"汉中宣言"，携手共建幸福嘉陵江；四川省、云南省、贵州省签订第二轮赤水河流域横向生态保护补偿协议，四川省、甘肃省签订第二轮黄河流域横向生态保护补偿协议；12月1日，四川省、云南省泸沽湖保护条例同步实施。

【水生态保护修复】 推进黄河上游若尔盖草原湿地山水林田湖草沙一体化保护和修复工程建设，39个子项目已开工38个，累计完成投资31.73亿元，修复退化湿地6266.66公顷。加强水生生物资源养护，长江上游珍稀特有鱼类保护基地和宜宾长江鲟人工繁育基地正式挂牌。落实长江"十年禁渔"，查办违法案件3968件，清理取缔涉渔"三无"船舶191艘。

【水环境综合治理】 制定重点流域水质达标方案，14个重点管控断面水质达到"优良"等级；印发《四川省长江流域总磷污染控制方案》，排查"三磷"企业145家，发现并整改问题148个；开展工业园区水污染整治专项行动，在148个省级及以上工业园区排查出污水集中处理设施问题330个，完成整治281个；加强农村生活污水治理，在1040个村开展生活污水治理"千村示范"工程建设；排查核定入河排污口30795个，完成整治30364个；巩固城市黑臭水体治理成效，开展排查治理，发现并整改问题24个，县级及以上城市黑臭水体动态清零；实施"绿水绿航绿色发展五年行动"，推进港口码头污染防治，全省具备岸电供应能力的泊位达153个。

【河（湖）长制信息化建设】 建立四川省河（湖）长制专家库，入库586人。实施河湖保护和监管能力提升项目，收集整理数据2943万条，制作图件1128幅，编撰河湖特性图表集14本，完善河湖信息基础数据。

四川省水利厅编写组

水土保持

【基本情况】 2023年，省委办公厅、省政府办公厅印发《关于加强新时代水土保持工作的实施方案》。全年新增水土流失治理面积5291.78平方千米，超额完成5130平方千米的年度治理任务，水土流失面积和强度呈现"双下降"态势。在国家七部委联合开展的2022年度全国水土保持规划实施情况评估考核中，四川省连续四年获得"优秀"等级。创建国家水土保持示范县（园区、工程）6个，建成生态清洁小流域8条。

【水土流失综合治理】 实施国家水土保持重点工程，治理小流域55条，治理水土流失面积937.67平方千米。自然资源、林草、农业农村等相关部门全年共协同治理面积3746.51平方千米，地方各级政府治理面积372.3平方千米，社会力量参与治理面积235.3平方千米。

【水土保持监督管理】 全年准予生产建设项目水土保持方案行政许可6559个。开展市、县级方案质量抽查100个，检查项目6795个，查处违法案件700余起，认定“水土保持重点关注名单和黑名单”134个，征缴入库水土保持补偿费10.34亿元。2019—2022年水利部遥感监管发现问题全部整改销号；现场复核省级加密遥感监管图斑4299个。制定《四川省开发区水土保持区域评估报告编制技术要点（试行）》《关于进一步做好开发区水土保持管理工作的意见》。开展水土保持空间管控试划定工作，按时完成巴中市南江县和攀枝花市仁和区水土保持空间管控试划定工作。制定《小流域划分技术方案》，初步完成小流域划分工作。

【水土保持监测与信息化】 编制完成智慧水保建设方案，推进水土保持监测设备计量管理。完成92个省级监测区年度监测任务和7个“一站一策”监测点初步设计工作。省财政安排资金697万元，建成西南地区首个省级水土保持监测机构直属管理的水土保持监测实验站。

【水土保持宣传教育】 在四川电视台、《四川日报》等主流媒体和“学习强国”、微信公众号等新兴媒介广泛宣传。在水利厅门户网站开设学习专栏，推出“每周一问”，印制宣传手册和“一图读懂”。

四川省水利厅编写组

交通建设与管理

综　述

【交通建设投资持续高位增长】 完成投资再创新高。加强用地、资金等要素保障，出台2023年交通建设抓项目促投资稳增长若干激励政策，推动全省公路、水路建设预计完成投资2685亿元，同比增长7%，总量连续两年位居全国第一，连续3年投资超过2000亿元，连续13年投资超过1000亿元。

重点项目加快建设。建成绵阳至苍溪、峨眉至汉源等15个高速公路项目（路段）624千米，全省高速公路通车里程超过9800千米；新增阿坝县、九寨沟县、北川县通高速公路，全省高速公路覆盖县达146个；新增久治至马尔康、内江至大足、宜宾至威信、九寨沟至绵阳、古蔺至金沙5条出川大通道，全省高速公路出川大通道达32条。新（改）建国省干线1800千米，打通国省道断头路、瓶颈路58处；全省30件民生实事中单体投资最大项目国道351线夹金山隧道平导洞提前一年贯通；“9·5”泸定地震恢复重建标志性工程海螺沟景区公路建成通车。岷江犍为、虎渡溪航电枢纽全面建成，东风岩航电枢纽实现开工，全省四级以上高等级航道达1925千米。眉山彭山北等3个综合客运枢纽、成都金属云商总部等3个货运枢纽建成投用。

储备项目做大做实。集中向社会推介59个、总投资8800亿元的重点交通项目。超前启动国道4217线马尔康至炉霍段等66个、6500千米高速公路前期工作，占规划待建总里程总数的65%以上。储备国省干线重点项目76个、1810千米。启动金沙江航运体系建设研究。

争取支持成效明显。省政府与交通运输部签订新一轮部省合作协议。《全国港口与航道布局规划》新增四川省高等级航道4条、1334千米，新增宜宾港为全国内河主要港口。印发实施《四川省内河水运发展规划（2023—2035年）》。争取交通运输部“十四五”规划中期调整倾斜支持。全年争取到位中央、省级补助资金427亿元，金融机构信贷支持超过2000亿元。

【支撑服务国省重大部署实施】 交通强国强省试点稳步推进。出台强国试点考评、强市强县试点管理和激励政策等系列措施，组织开展3批次强市强县试点，覆盖全省14个市（州）35个县（市、区）。川渝交通一体化、乡村运输“金通工程”、公园城市交通绿色发展等一批试点任务达到验收条件。“双圈”交通一体化走深走实。联合印发《成渝地区双城经济圈交通一体化发展五年行动方案》。成渝扩容、遂渝扩容、自贡至永川、大竹至垫江4个项目开工建设，内江至大足高速公路建成通车，川渝间建成及在建高速公路达22条。宜宾港进港铁路开通试运行，金沙江水富至宜宾段开通夜航，共建长江上游航运中心取得积极进展。内江市、宜宾市入选全省首批物流节点承载城市。川渝联合制定行政处罚、行政强制5张清单72项标准，开展交通执法“协作2023”专项工作，实现公路、水路执法领域全方位对接联动。

服务文旅经济发展实现重大突破。省政府印发实施大峨眉、大香格里拉交旅融合示范区建设方案，形成旅游公路设计技术指南等系列成果，全省72%的国家4A级以上景区实现三级以上公路覆盖，国家3A级以上景区基本实现双车道联通。打造川藏南线暨理塘至亚丁公路高原绿色超充电走廊，建成一批“1秒1千米”超充服务站。新开工建设沐溪河旅游航道，出台周末外地小客车通行费减免政策，提供“快旅慢游”体验和更多旅游场景。大渡河风景道（乐山段）入选全国第一批交旅融合发展典型案例。

服务世纪工程取得阶段成效。CZ铁路配套公路基本完工，完成CZ铁路建设全部6批次TBM大件设备运输保障任务。国道318线提质改造有序推进，折多山隧道出口至新都桥段等项目建成通车。

服务保障大运会。开展全域高速公路路域环境整治，提升完善4863处，拆除成都市域高速公路沿线广告牌336处。实施成都第二绕城高速免收货车通行费临时措施，缓解城市侧交通压力；保障5.5万辆次大运赛事车辆高效通行；完成开闭幕式焰火产品跨省运输任务。

【巩固拓展脱贫攻坚成果同乡村振兴有效衔接】 乡村路网持续完善。推动农村公路向通组入户和产业园区延伸，新（改）建农村公路1.9万千米，新增138个乡（镇）通三级路、6066个自然村组通硬化路，基本实现撤并村与新村委会直连直通；建成幸福美丽乡村路3632千米，新增80个县级以上产业园区通双车道以上公路。170座铁索桥改公路桥全部完工，惠及20余万名群众安全出行。创建“四好农村路”全国示范县16个，总数达36个；80%的县（市、区）达到省级示范县标准。

乡村运输提质增效。全省发展“金通工程”客运车辆2.7万辆、客运线路8588条，均居全国第一位；服务群众出行2.4亿人次，获评“交通强国品牌力量”政务事业类十佳文化品牌。建成“金通·邮快驿站”9001个，创建全国农村物流服务品牌11个，全年服务“快递进村下乡”和农产品收寄25.2亿件。

定点帮扶。完成协助交通运输部定点帮扶小金、黑水、壤塘、色达4个县年度任务，壤塘县、色达县创建为“四好农村路”全国示范县。乐山市金口河区瓦山村被评为全省乡村振兴重点帮扶优秀村。高速公路服务区特色农产品专柜销量突破100吨，销售额达300余万元。交通运输厅在省委、省政府乡村振兴实绩考核中连续两年被评为“优秀”等级。

【运输服务保障能力持续提升】 客运服务提质升级。全省累计完成客运量3.7亿人次、旅客周转量228亿人/千米，同比分别增长25.5%、33%。首次牵头完成全省春运任务，打造“便捷、顺畅、安康、温馨”春运品牌。壤塘县、泸县、蒲江县通过国家第二批城乡交通运输一体化示范县验收。新开通定制客运线路69条、敬老爱老公交线路40条。成都城市轨道交通运营里程突破600千米，居全国第四位。

货运增效有序推进。公路运输总周转量增速由年初的负增长稳步赶上全国平均水平。新培育国际道路货运企业4家、规上道路货运企业135家。首次发布《四川省交通物流发展蓝皮书》。国际物流体系建设及创新发展先行先试23项任务稳步推进。联合财政厅印发《四川省扶持内河水运发展“以奖代补”实施方案》，全省新增船舶运力12.4万吨，水路货运量同比增长18.2%。

路网运行畅通有序。建成天府服务区、安德服务区等一批主题服务区，评定星级服务区42对。落实“绿色通道”政策，制定实施班线客车通行费优惠等政策，累计减免通行费超过70亿元。建立物流保通保畅常态化运行机制，保障粮食、农机、能源等重点物资运输顺畅高效。实施普通国省道养护工程2033千米，国道路况水平总体达到“优等”等级。探索高速公路“一路三方”联合指挥调度，普通公路“一县一案”“一路一策”等保通保畅新模式，雅西高速防范低温雨雪冰冻天气等工作经验在全国推广。首次建立航道尺度信息监测及发布机制。开展大件公路空路路障专项整治，建立大件运输信息发布、信用核查等机制、保障5000余件公路水路大件运输。

【交通运输创新驱动发展】 创新体系不断完善。召开全省交通运输科技创新大会。印发《支持科技创新的若干政策措施》《四川数字交通总体框架》，认定首批13个厅级科研平台，建立厅科技人才“三库”。成立四川省交通运输标准化管理委员会。

创新成果持续涌现。四川低碳交通研究中心加快政企校院协同创新，一批低碳设计、建造、运营试点项目落地实施。发布“钢管混凝土桥梁技术”等31项优秀科技创新成果和公路工程信息模型规程等10项地方标准。“超长深埋高风险公路隧道建设关键技术及应用”等4项成果获得四川省科技进步奖。国内首个高速公路地下枢纽互通——西香高速元宝枢纽互通等超级工程启动建设。

新技术应用场景持续拓展。建成智慧高速公路2019千米，成都绕城高速、成都二绕高速西段完成智慧化改造，成宜智慧高速实现车道级全天候精准导航。打造76座集约化、智能化新型收费站。建成泸蓉高速、京昆高速交通运输部首批交通基础设施长期性能观测点和泸州港、宜宾港智慧港口。蒲江县农村公路智慧交通典型案例在全国推广。

科技赋能行业治理成效显著。交通运输行政执法系统使用覆盖率达80%。公路水路投资计划实现全领域、全周期、一张图可视化管理。创新利用大数据画像对“两客一危”企业实施精准监管。

【交通运输绿色低碳发展持续加快】 政策体系基本建立。印发交通运输绿色低碳发展实施方案和年度工作评估办法，出台绿色出行城市、绿色货运配送样板城市等激励政策，完成高速公路“绿电自给”规划、“电动四川”实施方案编制。

“五转”加快推进。建成服务区充电桩33对，全省高速公路服务区实现充电桩全覆盖。新能源公交保有量占比达53%。“20～60米跨度钢管混凝土桁梁技术”入选《国家重点推广的低碳技术目录》。成乐扩容项目型钢组合梁桥低碳智能建造技术降低能耗32%。全年完成集装箱铁水联运量4.93万标箱，同比增长15.8%。

环保底线兜牢兜实。坚持标本治理、综合施策，打好交通运输蓝天、碧水、净土保卫战。实行重大问题挂牌督办，完成中央环保督察反馈问题验收销号和2022年长江经济带生态环境警示片披露问题整改。完成交通运输领域生态环境保护形式主义、官僚主义问题纠治抽查督导。履行省级河长联络员单位职责，推动琼江流域国考断面水质全部达标。

【行业治理体系更加系统完备】 政务服务效能持续提升。省、市、县三级全部318个许可事项实现“一张网”办理，全年共办件162.9万件。新增客运驾驶员从业资格证换证等4个事项“零材料办”及川渝“免证办”，客运驾驶员从业资格证注销等4个事项实现“秒批秒办”。12328热线工单限时办结率、满意率实现“双优”。获评全省深化“放管服”改革优化营商环境工作先进集体、省级政务服务大厅先进窗口单位。

依法治理水平持续提升。农村公路、道路运输、航道管理、水路交通4项法规被纳入省人大常委会五年立法规划。统一全省124项交通运输行政处罚裁量基准。完成全省道路运输执法领域突出问题专项整治，排查整改执法不规范等突出问题2049个。完成15个市级执法机构、62个县级执法机构、7个试点乡（镇）“四基四化”奖补验收。省级执法队伍创新出台政治教员“四项办法”。“准军事化管理”向市（州）延伸。会同省交警总队开展“疾风”联合执法专项行动，查处各类违法违规行为1927起。

行业改革不断深化。完成经营性国有资产集中统一监管改革和国防交通体制改革。推进养护市场主体培育，43家养护作业单位通过资质审查。出台超限运输、高速公路法人管理、公路养护等领域信用管理办法。

对外开放合作成效显著。交职学院、港投集团与境外机构签署8项战略合作协议，蜀道集团推动“四川交通建造”走向世界。配合做好全球可持续交通高峰论坛(2023)、第十五届国际交通技术与设备展览会筹备工作，承办全球可持续交通人文交流高级研修项目，承办的第三届中国—中东欧国家物流合作秘书处联络员会议被外交部表扬。遂潼交通运输一体化外资贷款项目被纳入储备项目清单。

守住政策红线。2022年国家自然资源督察反馈公路建设领域“非农化”问题完成整改2844亩，完成率达94.1%；2023年反馈问题大幅下降90%，违法用地增量得到有效遏制。开展防范统计造假和数据质量提升专项行动，完成第五次全国经济普查单位清理核查，行业债务风险总体可控。

【持续筑牢行业安全稳定底线】 安全形势总体平稳。全年全行业生产安全事故发生数和死亡数分别同比下降27%、7%，连续五年实现“双下降”，实现元旦、春节、中秋节、国庆节等节假日“零事故”。水上交通连续两年实现“零事故、零死亡、零跑船、零污染”。

安全监管。制定安全生产“三张清单加一项承诺书”制度，推行企业首席安全官试点，实施运输企业“两类人员”考核和施工现场网格化管理。执行“人车户”记分管理和“一月一报告”制度，实现营运客车、危化车辆主防系统全覆盖。出台建设安全费管理办法，督促工地营地开展动态安全评估。牵头建立铁路沿线安全环境治理厅际联席会议制度。

防控能力持续提升。推进“平安智慧高速”建设，完成34处重点路段治理、116座隧道机电改造和200千米高风险路段护栏防护性能提升。实施普通公路“畅安工程”，整治事故易发多发路段342处，改造危病桥341座，国省道“十三五”危桥存量基本清零；累计建成村道安防工程2.8万千米，提前两年完成“十四五”规划任务。建成渡改公路桥14座。推进“平安渡运”建设，提升改造渡口80个。推进行业重大事故隐患整治等专项行动，闭环整改重大隐患525个。

健全应急体系。编制大震巨灾、多灾叠加、低温雨雪等专项预案方案，加强应急队伍和物资储备体系建设，常态化开展现场演练、桌面推演和装备拉练。制定自然灾害预警响应规程，落实“3人1屋”应急避险组织机制。

维护行业稳定。坚持和发展新时代“枫桥经验”，启动交通运输系统信访问题源头治理三年攻坚行动，组织开展重点时段、重点领域、重点环节突出矛盾涉稳风险排查。

四川省交通运输厅编写组

农村公路建设及养护

【基本情况】 2023年，全省新（改）建农村公路1.9万千米，完成投资347.5亿元，分别占年度目标任务的127.3%、103.7%，新（改）建里程和投资规模均居全国前列。其中，建成撤并建制村通畅工程8227.7千米、自然村（组）通硬化路4499千米、乡村振兴产业路旅游路3631.9千米，分别占年度目标任务的109.6%、123.4%、129.7%，超额完成年度目标任务；建成村道安全生命防护工程10106.4千米、农村铁索桥改公路桥70座，整治农村公路病危桥297座、农村交通事故易发多发路段31处。2023年，全省完成路面养护工程2103千米、危桥改造51座、重大灾害治理项目7个、桥梁健康监测系统建设5个，整治“畅安工程”事故多发路段342处。

【农村公路建管养】 印发《进一步做好重大建设项目借用农村公路管理养护的通知》，明确重大项目借用农村公路养护责任、资金来源、日常工作等，填补管理空白，保障道路通行安全畅通。创新推动信息化管理，推进农村公路重点桥梁简易安全监测、轻量化设备路况检测评定、“金通工程”车载视频智能公路巡查三项技术研究，提高农村公路管理效能。申报交通运输部农村公路“一路一档”信息化建设试点，推进公路资产管理协同共享。推进管养绩效考核，会同财政厅完成2022年度各市（州）农村公路管理养护绩效考核，并联合印发通报，督促各地加强问题整改，压紧压实管养责任。制定《2023年交通运输服务乡村振兴考核考评日常抽查评分工作方案》，将撤并建制村畅通工程、乡村振兴产业路、病危桥、次差路整治、农村公路日常养护经费落实和农村公路优良中等路率等指标纳入考核范围，完成乡村振兴实绩考核日常抽查3次。委托第三方开展全省路况自动化抽检，截至2023年年底，已完成178个县1.9万千米路况外业检测。

【管养制度】 交通运输厅公路局立足解决突出问题，精选调研主题，通过书面函调、现场走访、专题座谈等多种方式，开展主题教育大调研，摸清情况、找准问题、研提措施，形成《四川省普通国省干线公路日常养护情况调研报告》《普通国省道养护科学决策运用调研报告》；结合主题教育问题整改，印发《关于规范和加强普通国省道养护工程及改建项目施工现场管理的通知》《关于切实做好普通公路养护与改（扩）建工程保通保畅工作的通知》，指导各地提高养护工程建设管理水平，统筹做好养护施工与路网保通；开展普通国省道桥梁、隧道养护管理办法修编，编制《四川省普通国省道养护管理绩效考核办法》送审稿。

【养护工程】 交通运输厅公路局坚持问题导向，以提升省补养护工程执行率为目标，研究工作对策。

加大行业指导。印发《关于加快推进普通国省道路面养护工程实施的通知》，从前期工作、目标考核和资金监管3个方面提出11条具体工作措施，指导各地加速项目推进，实现“当年计划当年完成”。

加快前期工作。为提升项目设计及审查审批效率，编制2023年度省补大中修项目前期工作推进计划表，打表计时推进项目审批，周例会定期汇总项目审批进度，及时研究项目改进措施，促使尽量多的项目年内具备开工条件。

加强过程监管。运用“蜀路通”系统专门构建“养护工程项目”专用模块，全过程、全链条动态监测项目执行情况，项目工程资料在线上传、审核，实时更新项目动态，提升项目执行监测力度和精度，对不具备实施条件或计划执行滞后等项目，主动报请调整计划安排，及时回收资金，避免补助资金沉淀。

【桥梁隧道养护】 交通运输厅公路局贯彻落实省政府关于加强公路桥梁隧道安全管理要求，召开全省专题会议，安排部署普通公路桥梁隧道安全隐患排查整治专项行动。

加强风险防控。组织各地对普通公路桥梁和隧道安全隐患工作进行“拉网式”排查，特别是对62座统计年报内普通国省道四五类桥梁安全监管工作实现抽检“全覆盖”，督促各地落实危桥管控措施，建立专项台账，及时开展隐患处置，确保危桥监管责任事故“零发生”，保障了成都大运会、国庆节、中秋节等重要时段普通公路的交通安全。

加强业务培训。精选培训内容和师资力量，采取现场观摩、座谈交流、理论知识“3合1”教学方式，举办年度全省桥梁养护工程师培训班，培训市（州）及部分县级公路管理机构桥梁养护工程师50人，持续推进基层桥隧养护管理队伍建设。

【抢通保通】 交通运输厅公路局抢抓冬季防范低温雨雪冰冻天气的工作经验由交通运输部以工作简报予以推广。2023年春运期间，普通国省道保通保畅任务完成。

保障春运。编制“1个台账1份图册”，即全省普通公路冰雪重点县应急力量布防台账和应急力量布防示意图，指导各地优化抢险资源配置，做好极端天气应急抢险。春运期间，共抽查31个低温冰雪县（区）公路部门的应急值守、物资储备情况，督促各地抓实抓细春运保通保畅工作。

汛期保通。加强分析研判，系统安排部署年度防汛减灾工作，保障普通公路平安度汛。指导各地汛期及时采集公路灾损数据，落实专人常态化开展数据审核，保证灾损数据真实有效，并依据审核数据向交通运输厅报送普通公路灾损报告，为安排公路抢险应急资金提供决策依据。

应急抢修。5月，阿坝州国道213线青云镇鸳鸯桥处发生山体高位崩塌，造成该段国道断道，短期内不具备原线抢通条件，交通运输厅公路局第一时间赶到现场指导应急抢险和交通疏导，参与抢通方案制定，指导阿坝州提前完成绕行路线新建，最短时间恢复了交通，最大程度消除了社会舆情。

四川省交通运输厅编写组

国省干线公路建设

【重点项目推进】 交通运输厅公路局围绕交通强国（省）决策部署，按照巩固、增强、提升、畅通“八字方针”，聚焦补短板、提品质、强管养、创示范、优服务、促发展“六个重点”，围绕国道318线提质改造工程、夹金山隧道工程、“大峨眉”交旅融合先行示范区建设等重点专项，持续推进“品质工程”、绿色公路建设，推动全省普通国省干线公路建设高质量发展。

川藏铁路配套公路建设加快收官。截至2023年年底，国道318线康定至折多山段已完工，国道215线白玉至巴塘段、国道318线海子山垭口至德达段、省道220线雅江县城至雅江站起点段4个项目已基本完工，农村公路项目全部完工。国道318线提质改造工程全面加快建设，夹金山隧道工程全长10.07千米，其中夹金山隧道长度9.35千米、辅助主洞开挖的平导洞长9.36千米；截至2023年年底，累计完成投资7.22亿元，占总投资的39%；平导洞掘进9364米，已实现贯通；主洞累计掘进4010米（宝兴端掘进2090米、小金端掘进1920米），占主洞总长度的43%。“9·5”泸定地震灾后恢复重建项目进展有序推进，截至2023年年底，海螺沟景区道路、王岗坪景区道路等8个项目已完工，7个国省干线项目全部开工建设。大香格里拉交旅融合建设方案内项目共21个，截至2023年年底，已完工5个，在建3个，招标3个，剩余项目加快推进前期工作。大峨眉交旅融合先行示范区建设方案内项目共39个，截至2023年年底，已完工2个，在建11个，剩余项目加快推进前期工作。交通强国试点项目国道548线色达县色柯至翁达段开工建设。

【建设管理】 推行项目“台账制”“清单制”管理，加强项目督导调度和绩效考核，实现在建普通国省干线公路项目精细化、信息化管理。开展协调服务，按月推出《全省普通国省干线公路动态》，为各市（州）搭建信息共享平台、经验交流纽带、解疑释惑的桥梁，及时将中央和省政府各项政策措施和各地破困局、解难题的经验做法推送给地方。提升管理效能，印发《四川省普通国省干线公路建设管理办法》《四川省普通国省干线公路设计变更管理办法》，规范普通国省干线公路建设管理。利用信息管理平台PC端和蜀路通App全面管理项目基础数据，细化“三张清单”，指定专人负责，建立“月分析、季通报、年总结”工作机制，确保项目有序推进。每季度收集汇总分析全省农民工工资支付保障情况，开展根治欠薪夏季行动，保障农民工合法权益。交旅融合再上台阶，全面贯彻绿色发展理念，围绕“基础设施升级、快旅慢游成网、服务保障提质”思路，提升普通国省干线公路发展品质，推动大峨眉、大香格里拉等专项前期工作。加快推进项目建设，推动旅游资源跨区整合、成片发展，构建主题突出、影响力大、吸引力强的复合型旅游景区。

【项目前期工作】 全年完成101个项目工可行业审查意见，90个项目一阶段施工图设计、两阶段初步设计及重大设计变更批复。开展业务指导，修订制作国省干线工程前期工作指导书和流程口袋书，督促各市（州）落实《加强普通国省干线公路前期工作十条措施》《关于进一步加强普通国省干线公路前期工作的指导意见》；开展“送教上门”活动，指导各地熟悉审查审批流程，明确前期工作要件及其办理流程，缩短办件周期，提高前期工作质量和效率。抓好项目落地，交通运输厅公路局加强统筹协调，组建工作专班，主动靠前服务，开展定期调度，对项目前期工作实施“管家式”服务，全环节参与、全过程跟踪，并按照“超常规不超程序、并行交叉推进”的原则，推进前期工作。加强设计质量，为提高工可报告编制和勘察设计文件质量，研究制定《关于做好普通国省干线公路项目相关工作质量考核评定》，对编制单位和审查单位打分评定，提高工可报告、勘察设计文件以及咨询报告质量，提高审批时效。

【质量安全】 以习近平总书记关于防灾减灾救灾和安全生产重要论述重要指示批示精神为根本遵循，围绕夯实在建项目安全根基，落实习近平总书记关于“始终建成质量第一，效益优先，增强质量意识，视质量为生命，以高质量为追求”的重要论述，认识交通基础设施建设质量安全工作的重要性，打造“平安百年品质工程”，对全省普通国省干线公路在建项目进行质量安全监督抽检。筑牢安全防线，落实好汛期地质灾害防范“十条措施”和加强施工驻地安全“六条措施”，持续做好10人以上施工驻地安全（485个施工驻地24591人）和秋冬季森林防灭火工作。创新利用综合信息管理平台进行项目安全管理，针对汛期、森林草原防灭火等重点时段开展电话抽查。项目踏勘时采用“四不两直”等方式暗访暗查在建项目质量安全，取得较好效果。加强平安工地考核，制定四川省普通国省干线公路工程平安工地建设考核评价标准(试行)，并印发《关于开展普通国省干线公路项目平安工地考核评价工作的通知》，督促相关单位落实平安工地建设责任，组织开展现场考核验收和评选。

四川省交通运输厅编写组

交通运输

【基本情况】 2023年，全省公路运输客运量、旅客周转量、货运量、货物周转量分别完成3.8亿人次、227亿人/千米、18.6亿吨、1983.9亿吨/千米，比上年分别增长27.4%、34.7%、7.8%、6.8%。全年水路运输客运量、旅客周转量、货运量、货物周转量、集装箱吞吐量分别完成1108万人次、10080万人/千米、7148万吨、290.57亿吨/千米、31.85万标箱，比上年分别增长52.61%、15.64%、18.17%、5.44%、39.02%。

【道路、水路运输基础设施建设】 全省道路运输场站建设完成投资51.4亿元，完成年度目标任务的102.8%，其中建成客运枢纽3个、货运枢纽(物流园区)4个、县级客运站12个、乡(镇)运输服务站202个，分别完成年度目标任务的100%、200%、109%和104%。全省水路交通建设完成投资68.75亿元，比上年增长4.04%，完成年度目标任务的132.17%，新增向家坝至水富高等级航道33千米。制定印发《新型航道整治建筑物结构型式和施工工艺技术指南》《四川省内河高等级航道养护技术方案编制要求及文本格式》；建设金沙江水富至宜宾段夜航助导航标志；优化嘉陵江联合调度信息平台中海事管理机构抽检流程。

优化道路客运运力结构。全省有高级客车15878辆，占比34.4%，较上年减少0.2个百分点；城市公交车总数3.2万辆，开通22条跨省城际公交；“门到门”服务网络扩大，定制客运线路700条、车辆5841辆；基本出行服务保障增强，有乡村客运线路9161条、车辆3.2万辆、超长客运车辆438辆。全省具备条件的乡(镇)和建制村100%通客车，完成乡(镇)和建制村通客车任务。“十四五”期间，每年争取落实农村道路客运省级补助资金约4亿元，支持农村道路客运发展。“交商邮供”融合发展，发展“交邮”合作县84个、合作乡(镇)591个、合作线路756条，建成村级“金通·邮快驿站”9068个。旅游包车信息平台建设加快推进，“交通+旅游”融合发展趋势明显，全省224个三级以上车站实现联网售票，符合条件的193个二级及以上客运站实现电子客票推广应用。城市公共交通“一卡通”互联互通工程建设持续推进，21个市(州)实现公交“一卡通”互联互通。全年12328电话系统共受理业务89万件，投诉举报限时办结率达100%、回访满意率达99.93%，非投诉举报限时办结率达99.99%。

推进道路、水路货运物流体系建设。全省有营运货车42.4万辆(比上年下降8.3%)、总吨位610.2万吨(比上年下降5.1%)、集装箱车辆5422辆(比上年增长30.5%)。货运集约发展突破，发展网络平台道路货物运输经营者38家，有注册货运司机14.45万人，整合货运车辆8.03万辆，完成货运量2571.42万吨、货运周转量95.07亿吨/千米，运费交易总额超过30.32亿元。全省水路运输企业从个体经营向公司化运营转变，新增运输企业26家，航运企业达415家，港口企业达90家，可为腹地提供各类专业化服务。开展老旧船、僵尸船专项清理工作，船舶管理逐步实现大型化、专业化、标准化，全省运输船舶数量从4262艘减少到3935艘。水运多式联运发展成效明显，开行宜宾、泸州始发班轮，加密“宜宾—泸州—重庆”水—水中转航线，巩固开行“泸州—九江”“广安—重庆”集装箱班轮航线。广安港开通“广安—果园港—钦州港铁”水联运新通道，宜宾港进港铁路开通于9月10日开通，全年完成铁水联运集装箱吞吐量4.96万标箱，比上年增长16.49%。广元港启动嘉陵江“水—水中转”。推进运输结构调整，水路运输货物种类丰富多元，完成钢铁、金属矿石等适水货物公(铁)转水运输增量约200万吨。全省累计完成货运量7148万吨，比上年增长18%；完成周转量290.57亿吨/千米，比上年增长5.4%。

提升重大运输保障能力。完成春运、十一、成都大运会等重大道路运输保障任务。全年完成道路客运量5691.2万人次，比上年增长20.1%。逐领域排查潜在风险隐患，按重点制发道路运输领域突出风险及应对措施清单；抓早抓小处置苗头性风险，稳妥处置苗头性稳定事件10余起；加强重要节点稳定风险管控，保障成都大运会、中秋节、国庆节等重大节假日稳定有序运行。全年通行大件公路的大件设备5260件次，比上年通行量减少28%，其中车货总重100吨以下4721件次，占90%；100～199.9吨423件次，占8%；200～289.9吨95件次，占1.8%；290～499.9吨37件次，占0.7%；500吨以上18件次，占0.3%。车货总长40～49.99米58件次、50米及以上21件次；车货总宽6～6.99米242件次、7～7.99米65件次、8米及以上16件次；车货总高5～5.99米58件次、6～6.99米45件次、7～7.99米32件次、8米及以上45件次。

四川省交通运输厅编写组

四川农村信息网建设

【基本情况】 四川农村信息网(原四川农经网www.scnjw.com)是四川省人民政府主办,各涉农部门协办、四川省气象局承办的农村经济综合信息网站。网站于2001年7月18日开通,主要开展农村经济综合信息和气象信息服务。四川农村信息网建有1个省级信息中心、20个市(州)信息分中心和分布全省的23个市场价格信息采集点。网站开设有气象、政策、科技、教育、减灾、休闲和市场等专题栏目,涵盖主站、20个市(州)分站、农产品价格供求发布系统和"四川e农"App等多个平台,致力于帮助农民增产增收,助力乡村振兴。

全年信息网组织发布农业科技、涉农法律政策和市场分析等各类农经信息2.2万余条、各类农业气象信息1.23万余条,为农村用户提供农经和气象信息服务。通过网站的农产品价格供求模块,完成全省及全国范围内农产品价格行情信息和供求信息的采集、编辑和发布,采集粮油、蔬菜和农资共25个种类的农产品市场行情信息,全年共发布农产品价格信息12.31万余条、供求信息1.53万余条,定期向群众及政府决策部门发布《农产品价格供求情况分析》12期,组织各类农事指导、农村科普和防灾减灾专题30余期。面向农业经营主体的"四川e农"手机App广泛应用于"直通式气象服务",把气象服务延伸到了乡(镇)、社区、专合组织和种养殖大户,覆盖全省85%以上的新型农业经营主体。

【乡村信息员队伍建设】 开展气象信息员队伍建设和管理工作,截至2023年年底,全省气象信息员总数达34284人,乡(镇)覆盖率达100%。多部门联合开展气象信息员防灾减灾业务培训,利用培训班、互联网平台和发放气象知识小册子等各种方式提升气象信息员防灾减灾能力。

【气候生态产品创建】 推进国家级和省级生态气象品牌创建活动,创建"中国天然氧吧"6个、"中国气候宜居城市"5个、"避暑旅游目的地"3个,授牌"巴蜀气候标志地"10家。开展气候生态产品价值评估调查,挖掘乡村旅游气候资源潜力,逐步形成"气候小镇+农产品""气候小镇+民宿"等乡村旅游产品,地方生态资源优势、产品效益转化明显。

四川省气象局编写组

农田水利建设

【大型灌区建设】 四川省"十四五"大型灌区续建配套与现代化改造项目共下达投资计划14.52亿元,完成年度投资任务15.56亿元,新增恢复及改造灌溉面积130万亩,新增节水能力2亿立方米,新增粮食产能5592万千克。推动都江堰灌区三黄支渠渠系配套、鲁班水库除险加固,武引灌区(红岩分干渠)节水改造提升,九龙滩灌区阳化河水网(一期)等7个大型灌区9个项目被纳入2023年增发国债水利项目,项目总投资18.8亿元,其中增发国债15.1亿元。

【中型灌区续建配套与现代化改造项目建设】 全面完成2021—2022年19个中型灌区项目建设。完成南充市营山县幸福水库等19个中型灌区配套改造,总投资17.5亿元,新建和整治渠道1160千米、渠系建筑物5706座,新增恢复灌溉面积37.5万亩,改善灌溉面积51.8万亩,新增节水能力1亿立方米,新增粮食生产能力1.4亿千克。启动眉山市青神县鸿化堰等27个中型灌区续建配套与现代化改造项目建设,完成投资5.7亿元,年度计划总投资完成率101%。申报中型灌区改造国债项目51个,总投资51.67亿元,安排国债资金32.95亿元。

【重点山坪塘整治】 落实省级水利发展资金5000万元,支持10个易旱县和丘陵山区县完成122座重点山坪塘整治;制定出台指导性文件,加强重点山坪塘建设管理,初步编制形成《四川省重点山坪塘综合整治技术导则》。

四川省水利厅编写组

农村邮政事业

综　述

【基本情况】 2023年，四川邮政系统贯彻落实上级重大决策部署，践行"人民邮政为人民"的初心使命，主动融入乡村振兴大局，持续健全建强县、乡、村三级物流体系，参与县域商业体系建设，持续筑牢普遍服务基础，畅通城乡双向流通，服务乡村工作体系持续完善，政企合作不断深化，基础能力蓄势待发，乡村特色产业开发模式逐步构建，三大牵引业务(农品销售、农品寄递、融资E)发展初见成效，深度融入四川农业农村现代化发展大局，为加快建设农业强省贡献邮政力量。

【系统构建服务乡村振兴工作体系】 以中央要求、民众期盼、企业发展为"根"，以产业、服务、文化、组织"四大振兴"为"干"，以农村"五大客群"为"叶"，以内外协同联动为"花"，以落实"三大责任"为"果"，系统绘制四川邮政服务乡村振兴"生态树"，明确四川邮政服务乡村振兴的具体路径，将全省邮政服务乡村振兴的各项工作统一起来，形成有机整体。

【加强政企合作】 持续加强与农业农村、交通、商务、邮政管理、网信、乡村振兴、人社、税务等部门的合作，涵盖县域商业体系、"金通工程"站点建设、电子商务进农村、邮快合作及"快递下乡进村"等领域。商务厅等九部门联合印发《四川省县域商业建设三年行动实施方案(2023—2025年)》，邮政业相关内容被纳入其中。4月，联合交通运输厅、商务厅、省邮政管理局、省供销社印发《关于加快推进"交商邮供"融合发展的指导意见》；9月，明确在全省范围内开展"交商邮供"融合发展试点工作，全省28个县级客运站、368个乡(镇)综合运输服务站点入驻邮政服务，发展交邮合作线路756条，累计代运邮件量1072.7万件。参与承接改造整合村级商业网点、推动县域商业物流枢纽成网等具体工作，22个县分公司参与当地县域商业体系建设，其中6个县(区)(成都市青白江区、新津区，达州市通川区，南充市顺庆区，眉山市东坡区，德阳市中江县)获评商务部数字经济时代县域商业创新发展大会第一批123个全国县域商业"领跑县"典型案例。

【乡村特色产业开发模式初步构建】 围绕四川农业特色产业全链条，根据农业产前、产中、产后各环节服务需求，发挥邮政资源禀赋和"四流合一"服务优势，推出"五个进村"(站点进村、信贷进村、农资进村、快递进村、销售进村)，助力具有邮政特色的农业社会化服务走深走实。坚持"一类一策"打基础、"一业一策"上规模、"一品一策"塑优势，渐进式、体系化推进乡村特色产业开发各项工作。2023年，打造中邮惠农示范社130家、示范企业83家、乡村特色产业强县26个(其中14个达到集团"总部级"标准)，累计建设乡村振兴工作室270个。

【聚焦"三难"，服务农村市场】 推进农村普惠金融，破解"融资难"，以信用村建设为抓手，加大农村社区信贷投放，以农村骨干项目为抓手，加大涉农公贷投放。全省邮银协同完成行政村"整村授信、整村开发"979个，邮政向邮储银行引荐发放融资E贷款27.97亿元；"五大客群"新增对公开户574户。发展农村电商，破解"销售难"，建成7个"集团级"、60个"区域级"农产品基地。2023年，实现农产品交易额5.25亿元、农产品寄递6.04亿元。加快推进全省直播"1+N"矩阵建设，以售卖优质特色农产品为主，助力乡村振兴。省、市、县三级共开设65个抖音直播号，组建省、市两级直播团队，打造"四川严选"四川邮政旗舰店，加强直播运营管控，全省"川工带川货"全年直播带货255场，抖音直播销售额2.1亿元。建强寄递物流网络，破解"物流难"，分别建成县、乡、村物流节点99个、2202个、23803个，邮政入驻县客运场站30个、乡(镇)综合运输服务站420个，有交邮联运线路880条，建成金通·邮快驿站10456个，邮快合作县、乡、村覆盖率分别为100%、96%、95%；快递进村建制村实现全覆盖，过半市(州)建制村投递周五班及以上，快递进村2.9亿件，代投社会快递8742万件，农村投递汽车化段道覆盖率75%，综合便民服务站建制村覆盖率达91%。

【助力乡村文化振兴】 以乡风文明建设工作为重点，发挥邮政舆论宣传阵地作用，助力乡村文化振兴。增加党报党刊发运计划，及时将党的声音传递到基层一线，《人民日报》当日见报率提升0.55个百分点，达到79.78%。组织开展乡村旅游、水果采摘、研学实践等文旅活动，为农民合作社、家庭农场等引流，全年举办文化惠民活动422场。推进乡村特色主题邮局建设，打造眉山市东坡区“丰收邮局”、遂宁凯哥公社主题邮局、广安人民邮政主题邮局、德阳绵竹素质教育主题邮局、资阳雁江三贤文化主题邮局等，成为邮政系统落实习近平总书记文化振兴重要指示、服务乡村振兴战略的代表性网点。

中国邮政集团有限公司四川省分公司
编写组

农村邮政综合服务体系建设

【基本情况】 2023年，四川邮政立足全面推进乡村振兴、服务新发展格局，发挥商流、物流、资金流、信息流“四流合一”资源禀赋优势，聚焦三级物流体系建设及运营、“交商邮供”融合、惠农合作项目规模化发展等重点，推广集农村电商、普惠金融、寄递物流等于一体的综合服务解决方案，着力便农、利农、富农，打造农民获利、消费者获益、邮政获客、政府获赞的邮政惠农协同生态，推动邮政服务乡村振兴工作规模化发展。

【普遍服务持续提质】 全省有邮政营业网点6139个，其中农村区域5352个，占比87.18%。3182个乡（镇）政府所在地网点均实现每周营业5天及以上，其中每周营业7天的1388个;2170个乡（镇）其他地区网点每周营业5天及以上的达1816个，占比83.69%，其中每周营业7天的达506个，营业时间达标率、乡（镇）网点覆盖率、建制村直接通邮率、建制村周三投递频次达标率均达100%，未发生触碰“两条红线”行为。《人民日报》当日见报率79.78%，提升0.55个百分点。新增农村投递入网汽车893辆，优化农村投递段道6824条。开展建制村投递质量提升工作检查和调研，发现问题立行立改，促进普遍服务质量提升。

【普遍服务基础设施建设】 启动26处营业网点房屋购置，对247处营业网点进行装修改造，更换609处老旧营业网点店招牌，更新286处老旧营业外部形象。推进地市邮件处理中心购置、征地以及工艺设备优化改造，投入专项资金，实施20个县（乡）处理中心房屋、工艺设备建设，增购乡村投递汽车410辆。购置966辆电动三轮车，配置网运PDA、邮务寄递图形终端和便携式蓝牙打印机等设备。购置10辆冷链运输车，畅通优质农产品进城通道。

【农村寄递物流体系建设】 全省建成99个重点示范县共配中心、2342个乡（镇）寄递物流共配中心、2.38万处村级综合便民服务站。农村投递汽车化覆盖段道5178条，覆盖率达75%。与7家主流民营快递企业合作，加强信息对接，实现邮快合作建制村全覆盖，全年快递进村业务量2.9亿件，代投社会快递8742万件。

【综合服务平台建设】 全省警邮、税邮项目实现21个市（州）、县（市、区）全覆盖，其中警邮项目开办网点数467个，税邮项目开办网点数2154个，全年共代征税款382万元，代开发票8779笔。

【农村渠道服务能力】 加强“网点+站点”运营管理，打通邮政服务“最后一公里”，按照“3+3+1+N”标准，持续推进自有网点业务叠加，全省叠加6项业务的网点6139处，叠加7、8、9项业务的网点较上年分别增加239处、942处、520处；构建社会渠道协同发展生态，推进批销、金融、寄递三类场景叠加和运营，优质站点、持续活跃站点完成率分别达113.31%、113.46%。全省完成双屏机设备布放、激活站点1500个，渠道经理配备率100%，网点与站点关联率、双绑率均达100%。

全省以邮乐平台运营为重点，围绕邮乐小店、邮乐优鲜、邮乐直播三个核心工具，加强产品运营支撑，聚焦场景打造，提升线上平台运营能力。其中，邮乐小店全年实现交易额1.49亿元，较上年增长76.4%；在2023年“919电商节”活动中，全省累计打造万单商品104款。邮乐优鲜全年实现交易额1.97亿元，较上年增长96.2%；开展团购场次3.1万场，较上年增长96.9%。全年邮乐直播开播2260场，较上年增长413%；累计观看人数218万人次，实现直播间交易额4619万元，较上年增长185%。

【三级物流体系建设】 整合邮件处理场地、客运场站、电商仓储场地、农村便利店等节点资源，加快节点建设，支撑业务发展。全年完成93个重点示范县共配中心、2200个乡（镇）寄递物流共配中心（乡/镇覆盖率83.33%）和2.3万个村级综合便民服务站（建制村覆盖率85%）建设任务，重点示范县共配中心（处理中心）面积达8.6万平方米，常温仓面积达2.4万平方米，累计配备农村投递汽车3080辆，支撑工业品下行进村、农产品出村进城。聚焦乡村特色产业市场服务需求（特别是生鲜类农品上行需求），加快提升邮政冷链服务能力，通过“联、租、建”等多种方式，在汉源甜樱桃、攀枝花芒果、眉山柑橘等特色农产品主产区累计建设农产品“产地仓”6个，提供农产品源头仓储、冷藏保鲜、分选、包装、寄递等服务；累计配备冷链运输车39辆，满足甜樱桃、荔枝、松茸、脆李等农产品运输需求，提升生鲜农产品从“田头绿”到“餐桌鲜”的流通效率。

中国邮政集团有限公司四川省分公司
编写组

农村财政、金融与
市场监管
NONGCUN CAIZHENG、JINRONG YU
SHICHANG JIANGUAN
SICHUAN

农村财政与金融

农村金融工作

【涉农信贷投放力度持续加大】 印发《关于2023年四川银行业保险业全面推进乡村振兴重点工作的通知》，专项部署、全面安排农村金融工作，支持农业农村优先发展，推动辖内银行业保险业提高农村金融服务质效。加强监管考核引领，定期监测通报涉农信贷投放进度，引导辖内银行业金融机构围绕重要农产品供给、农业科技、和美乡村建设、乡村产业振兴、新时代更高水平“天府粮仓”建设等乡村振兴重点领域加大金融供给力度，持续为农村地区、脱贫地区、乡村振兴重点帮扶县注入金融“活水”、增强发展动能。截至2023年年底，全省银行业金融机构涉农贷款余额2.87万亿元，比2023年年初增加4368.65亿元，增速为17.96%，连续36个季度实现持续增长；88个脱贫县各项贷款余额增长20.5%，50个乡村振兴重点帮扶县各项贷款余额高于全省贷款平均增速7.6个百分点。

【县域资金适配性持续提升】 引导辖区内银行业金融机构服务县域经济发展，满足县域经济发展的信贷资金需求，重点加大对产粮大县的信贷保险投入，将新增县域存款的一定比例用于当地，提升县域存贷比水平。截至2023年年底，全省128个县的县域存贷比较2023年年初上升4.45个百分点，存贷比在50%以下的县域实现动态清零；产粮大县存贷比较2023年年初提升3.62个百分点。

【农村基础金融服务持续夯实】 印发《关于做好2023年度空白乡镇银行网点覆盖工作暨基础金融服务工作的通知》，明确覆盖任务和农村基础金融服务工作要求。采取“挂图作战”、倒排工期、定期监测的方式，督促相关分局和银行业金融机构抓实网点建设工作，全年在甘孜州偏远地区新覆盖23个银行网点空白乡（镇），全省乡（镇）银行网点覆盖率为99.55%，比全国平均水平高1.62个百分点。

【新型农业经营主体信用建档评级实现“能建尽建”】 印发《关于加快推进新型农业经营主体信用建档评级覆盖工作的通知》，加强督导，压实责任，加快推进覆盖工作。截至2023年年底，全省符合条件和有意愿的新型农业经营主体信用建档评级覆盖率为100%，较2023年年初提升14.86个百分点，实现“能建尽建”工作目标。

【金融帮扶工作】 推进包括雷波县、马边县在内的乡村振兴重点帮扶县的金融帮扶工作，按照“1家银行、1家保险机构+1个乡村振兴重点帮扶县”的模式开展结对帮扶。做好德格县定点帮扶工作，用好四川银行业（扶贫）慈善基金，为200名困难大学生提供资助100万元。

国家金融监督管理总局四川监管局
编写组

新型农村金融机构

【基本情况】 截至2023年年底，全省共有新型农村金融机构54家，其中村镇银行53家、农村资金互助社1家，原有的2家贷款公司于2023年年底批复解散；有村镇银行营业网点298个，较2023年年初减少3个。

【经营管理】 截至2023年年底，全省新型农村金融机构资产总额为877.89亿元，其中村镇银行资产总额为877.59亿元，较2023年年初增加25.68亿元，增长3.01%。各项贷款余额545.25亿元，其中村镇银行各项贷款余额545.17亿元，较2023年年初增加3.08亿元，增长0.57%。负债总额787.6亿元，其中村镇银行负债总额787.32亿元，较2023年年初增加27.64亿元，增长3.64%。各项存款余额697.11亿元，其中村镇银行各项存款余额696.84亿元，较2023年年初增加34.71亿元，增长5.24%。

【监督管理】 采取强监管、严监管措施，指导新型农村金融机构坚守支农支小市场定位，服务实体经济，防范化解风险，提升金融助力乡村振兴质效。

持续完善公司治理。开展董（监）事履职评价，加强高管履职监管，推动优化股权结构，完善以主发起行为主导的简洁、高效、实用的公司治理机制。持续通过非现场监管、履职回访、巡查等方式对村镇银行股东股权问题进行常态化排查，督促其立查立改。

加强风险防控与处置。对全省村镇

银行实现分级分类监管，对“风险高”和“风险较高”的机构“一行一策”制定监管方案。持续加大不良资产处置力度。加强评级结果反馈运用，逐家通报评级结果，发现问题及薄弱环节及时推动其督促整改完善。

加强市场定位监管。持续督促村镇银行坚守定位，扎根当地，专注存、贷、汇基础金融服务。按月监测、按季通报坚守定位、普惠金融考核指标达标情况。持续结合风险等级排序动态调整差异化考核机构名单及目标值，支持村镇银行高质量发展及可持续经营。

国家金融监督管理总局四川监管局
编写组

涉农保险

【基本情况】 2023年，全省农业保险原保险保费收入65.04亿元，全国排名第11位，同比增长15.36%；累计为1475.04万户次农户提供风险保障2786.24亿元，全国排名第4位，同比增长13.24%；为403.01万户次农户支付赔款45.91亿元，同比增长18.76%。截至2023年年底，全省农业保险密度为405.98元/人，农业保险深度为1.07%，三大粮食作物保险覆盖率超过全国70%。全省农险市场稳中向好，风险保障水平持续提升，农业保险高质量发展稳定推进。

【优化“一卡通”应用】 联合财政厅、人力资源社会保障厅、农业农村厅等部门，在全省全面实行农险赔款和工作费用社保“一卡通”支付，将农险资金“一卡通”支付范围扩展到工作费用。健全完善农业保险资金支付监管长效机制，提升农险赔款和工作费用支付的时效性、精准性、真实性，从源头上防范合规风险，降低“冒领”“滴漏”风险，增强受益群众的获得感和满意度。

【坚持科技赋能】 印发《关于鼓励农业保险科技赋能开展精准承保试点的通知》，推动各农险经办公司持续加大科技投入，通过散户土地确权数据比对上图、大户遥感测绘上图和林地小班比对上图三种模式开展精准承保试点，涉及水稻、玉米、水果等品种，打造“地块+农户+作物”一体化解决方案，实现种植险承保从“平面二维表”到“三维可视化”的转变。

【打造保障升级新模式】 为加强生猪全产业链保障，通过走访农户、谋划组织，指导全省保险行业协会推出行业统一的“川猪保”品牌，以“1+N”模式开展保险供给侧改革，并打造具有四川特色的生猪保险立体保障体系，更好地满足生猪养殖户多元化的风险保障需求。截至2023年年底，全省实现保费收入1.63亿元，共为747.67万头次生猪提供风险保障金81.27亿元。

【完善考评体系】 修订印发《四川保险公司农险经营综合考评办法》，明确监管导向，凝聚监管合力，突出考核重点，丰富考核手段，形成政策性农险、商业性农险、经营合规性考核各占1/3的考评体系。同时，以农险经营综合考评为抓手，加强考评结果运用，主动向社会公开考评结果。

【加强纵横联动】 依托全省农业保险工作领导小组平台，沟通协调，凝聚合力推动工作。联合财政厅等四部门印发《关于进一步加强和改进政策性农业保险管理工作的通知》，提升资金效能，规范市场行为，提高服务质量。联合农业农村厅等三部门印发《关于开展四川省政策性农业保险专家库建设试点工作的通知》，建立健全损失鉴定机制，化解理赔纠纷，保障投保农户的合法权益。与财政厅、农业农村厅联合开展2022年政策性农业保险效果实地复评工作，对7个市（州）开展现场复评。向分局开放农险综合信息平台查询权限，提升农险数据质量，加强全省农险非现场监管力度。重点关注2023年度小麦春旱、夏季生猪疫情情况，提示及时关注风险，督促机构做好理赔服务。

国家金融监督管理总局四川监管局
编写组

金融体制改革

【完成四川农商联合银行组建工作】 10月，金融监管总局根据国务院意见正式批复同意四川省深化农村信用社改革方案。四川农商联合银行于2023年年底获得金融监管总局批准筹建，并于2024年1月获批开业，标志着四川省深化农信社改革的关键一环——省级机构产权改革完成，为实现四川农信“三级法人、两级控（参）股”的改革目标奠定了基础。

【推进地市统一法人改革】 乐山、巴中、德阳、雅安4个市先后组建市级统一法人农商银行，截至2023年年底，全省共有8个市（州）完成统一法人改革，其余13个市（州）实现城区农合机构整合。

【完成农信社改制农商行】 推动农信社改制组建农商银行，截至2023年年底，四川经营性法人农合机构数量整合至73家，并已全部改制为农商行，提前2年实现“全域农商”的预期目标。

国家金融监督管理总局四川监管局
编写组

中国农业发展银行四川省分行涉农工作

【基本情况】 2023年，中国农业发展银行四川省分行以抓实主题教育为载体，围绕总行工作安排和省委、省政府工作规划，在服务地方经济社会发展的同时，实现自身高质量发展，完成年度各项任务，业务经营符合预期。年末贷款余额5194亿元；全年投放贷款1405亿元，净增加850亿元，增长20%，贷款投放量、增量均创历史新高，在总行年度绩效考评中再获“A+”等级，连续三年获评总行优秀奖。在中国人民银行四川省分行、国家金融监督管理总局四川监管局金融服务乡村振兴考核评估中获评“优秀”等级，获得四川银行业“年度最佳乡村振兴金融机构”表彰。

【服务国家粮食安全】 发挥“粮食银行”主导作用，共投放粮油类贷款230亿元。支持做好政策性粮油收储和市场化购销，竞标成为全省唯一一家成品油储备贷款行，投放系统内首笔“竞拍贷”，拓展粮油企业融资路径。

【服务巩固拓展脱贫攻坚成果同乡村振兴有效衔接】 助力守住不发生规模性返贫底线，投放精准帮扶贷款465亿元、东西部协作贷款余额158亿元，全面完成25个国家乡村振兴重点帮扶县任务，66个脱贫县贷款增速高于全行贷款增速。在向帮扶的美姑县洛干村捐赠65万元资金和50万元物资基础上，会同浙江分行协调浙江省企业再捐赠60万元资金。

【服务农业现代化】 因地制宜支持特色产业发展，投放农业产业贷款392亿元，净增310亿元。围绕“种子”和“耕地”两个关键点，投放种业贷款10亿元，投放农地类贷款315亿元，中国农业发展银行四川省分行农地贷款投放额居全系统首位。高标准农田建设贷款占全省市场份额的60%，支持的丘陵地区高标准农田建设做法获评“四川金融服务乡村振兴产品服务类优秀案例奖”。

【服务农业农村建设】 支持城乡一体化、骨干水网、民生水利、国省干道、“四好农村路”等建设，投放农业基础设施建设贷款615亿元，其中农村路网贷款余额居全系统首位。

【服务国家重大战略】 支持川渝合作共建重大项目28个，贷款余额80亿元。支持生态保护修复、水土保持综合治理、国家储备林建设，投放长江大保护贷款717亿元。全方位、多领域支持革命老区振兴发展，投放贷款635亿元。支持绿色、低碳、循环经济发展，绿色信贷余额首破千亿元，达到1252亿元，净增364亿元。

【落实特殊政策性金融工具】 投放农发基础设施基金，为企业注入资本金，累计推动全省245个重大项目开工建设，同时采取“投贷联动”方式为省级重点项目提供配套融资338亿元，带动社会投资590亿元。

中国农业发展银行四川省分行编写组

管理与监督

涉农物价管理

【加强价格形势分析研判】 关注涉农物价波动形势，跟踪CPI、PPI等指数变动情况，按月定期形成全省物价运行分析材料。2023年，全省CPI累计涨幅与上年同期持平，物价总水平保持稳定，完成年初预期调控目标。针对涉农价格运行中的倾向性、苗头性、潜在性问题开展专题研究。坚持价格形势会商制度，定期牵头组织省级相关部门召开价格形势分析会，组织开展生猪等涉农物价专题调研，形成《四川省生猪猪肉价格波动特征、影响因素分析及对策措施建议》专题调研报告，报送《产业集中度增加　猪价波动幅度放大》《规模化占比提升　周期呈现新特征》等约稿，适时提出价格调控政策的措施建议，为省委、省政府决策提供参考。

【涉农商品价格调控】 聚焦生猪、粮食等重点品种，丰富价格调控的方式方法，监测各地涉农商品价格运行情况，加强市场供需形势分析研判，印发《全省重要民生商品保供稳价工作重点任务提示单》，进一步压实“菜篮子”市长负责制工作责任，对各地保供稳价工作中存在的不足和风险点进行提醒。推进初级产品保供稳价工作，贯彻党中央国务院指导意见精神，按照省委、省政府工作要求，结合全省实际情况，研究制定《重点任务清单》。落实国家关于稻谷、小麦最低收购价格政策，及时公开稻谷、小麦最低收购价格。

【缓解猪肉价格大幅波动】 抓好生猪猪肉市场价格调控，及时开展储备调节，保障生猪猪肉市场的有效供给，促使生猪价格在合理区间运行。2月，在生猪价格处于低位运行时，及时开展省级猪肉储备收储工作，督促指导各地同步收储，提振市场信心。5月，全省猪粮比已连续17周低于5∶1，按照《调控预案》相关要求，立即在常规储备的基础上启动开展临时储备收储工作，发挥储备调节作用，保障生猪产业健康平稳发展。

【兜住兜牢民生保障底线】 督促指导各地根据物价上涨情况及时足额发放价格临时补贴，减轻因物价上涨对困难群众基本生活的影响。全年共计发放价格临时补贴2659万元，惠及175万人次。

四川省发展和改革委员会编写组

涉农审计工作

【基本情况】 2023年，审计厅把农业农村审计工作摆在突出位置，多项工作取得新突破，审计成果得到省部级领导批示21件次，在全省农业现代化进程中发挥了监督保障作用。审计厅获评四川省乡村振兴先进单位和耕地保护党政同责先进单位，1名工作人员被表彰为四川省建设更高水平“天府粮仓”先进个人。

【高标准农田建设审计】 为助力建设新时代更高水平“天府粮仓”，审计厅于3—5月组织对成都等9个市65个涉农县的高标准农田建设情况进行专项审计，揭示部分工程质量差，对新增“非农化”“非粮化”管控不严等6个方面1081个问题，移送典型问题线索99件，推动守牢建好“天府良田”。向省委审计委员会报送《关于65个县高标准农田建设专项审计情况的报告》和《审计建议拓宽高标准农田建设资金来源保障实际投入》简报，针对审计发现的问题研究提出完善全省规划、开展农田建设领域治理、优化财政资金支持政策、健全考核指标等建议，得到省委书记、省长等5位省领导批示。省政府召开“天府粮仓”建设专题会议，研究建立县级整合涉农项目统筹建设高标准农田推进机制。农业农村厅、财政厅组织开展全行业治理，出台高标准农田建设技术规范和项目管理办法等制度，完善保障市、县实际投入的乡村振兴考核指标，加快推进《四川省高标准农田条例》立法工作。全年各地收回财政和统筹盘活2亿元，修复补建农田水利项目180个，化解“非粮化”面积7.13万亩，健全完善配套政策制度239项，追责问责123人。

【乡村振兴重点帮扶县审计】 为助力巩固拓展脱贫攻坚成果，守住不发生规模性返贫的底线，审计厅于5—8月组织对大小凉山彝区12个乡村振兴重点帮扶县进行专项审计，重点关注防返贫监测帮扶、就业帮扶、农业经营、农民住房和财产权益保障等情况，系统揭示常态化帮扶工作不扎实、村集体经济经营管理不善影响资产收益等问题287个，移送典型问题线索17件，审计成果被审计署汇总上报后得到习近平总书记等中央领导批示，8条移送问题线索被中央纪委国家监委纳入重点跟踪督办。向省委审计委员会报送《关于大小凉山彝区乡村振兴重点帮扶县审计情况的报告》，针对审计发现的问题提出强化帮扶政策落实落地、推动产业帮扶资金提质增效、保障农户住房和财产权益等建议，得到省委书记、省长等5位省领导批示。省政府召开专题会议安排部署整改工作，要求建立11个省直相关部门“一对一”包县督导机制、行业问题整改包干机制和“清单制+责任制+时限表”推进机制；省巩固拓展脱贫攻坚成果专项工作领导小组印发整改通知，组织开展审计发现问题整改督导，将整改情况纳入乡村振兴考核范围予以重点核查；原省乡村振兴局等部门派出工作组对12个县蹲点指导，推动审计整改见实效。全年各地收回、归还、拨付财政资金等10669.58万元，健全完善配套政策制度57项，追责问责42人。

【种粮农民收益保障审计】 为保障种粮农民收益、维护国家粮食安全，审计厅于7—9月组织对自贡等9个市60个涉农县种粮农民收益保障情况进行专项审计，揭示政策落实不力、虚报骗取财政资金以及损害侵占种粮农民利益等问题941个，移送典型问题线索220件，涉及贪污侵占、虚报骗取、损失浪费等资金5043.3万元。向省委审计委员会报送《关于60个县种粮农民收益保障审计情况的报告》和《审计建议清理整治以过渡账户违规管理乡村振兴专项资金问题》简报，有针对性地提出健全支持种粮的政策保障体系、加强支持种粮项目绩效评价、完善粮食作物保险制度等建议，得到省委书记、省长等4位省领导批示。省政府召开专题会议研究部署审计整改工作，要求以重点问题整改为切口，“以点带面”推动全面整改。农业农村厅、财政厅、国家金融监督管理总局四川监管局等部门联合制发整改方案，在全省开展种粮农民收益保障政策项目专项整治行动，督促保险机构及时定损理赔，加强对虚假理赔的核实整顿。全年各地统筹盘活、收回财政资金8706万元，及时拨付种粮补贴、售粮款、理赔款等2.38亿元，健全完善配套政策制度150项，追责问责191人。

四川省审计厅编写组

农产品市场安全监管

【农村市场主体呈现回稳态势】截至2023年年底，全省实有经营主体901.42万户（家），同比增长9.15%，其中个体工商户621.84万户，同比增长7.66%；农民专业合作社10.7万家，同比增长0.66%。2023年，全省新登记经营主体149.65万户（家），同比增长20.93%，其中个体工商户96.08万户，同比增长23.56%；农民专业合作社0.52万家，同比增长12.19%。2023年，全省注销经营主体71.74万户（家），同比增长11.82%，其中个体工商户52万户，同比增长11.44%；农民专业合作社0.43万家，同比减少15.19%。

【水产制品生产经营市场主体监管】全年市场监管系统累计检查水产制品生产经营市场主体142万余家次，监测电商平台27万余个次，督促下架非法交易信息3813条；开展部门协作3982次，查处违法案件2800件，罚没金额512.6万元，坚决斩断市场销售产业链，取得显著成效。

【茶叶过度包装专项治理】4月20日，省市场监管局会同相关部门召开全省茶叶过度包装专项治理动员部署会，联合印发《四川省茶叶过度包装专项治理行动实施方案》，成立专项行动工作专班，按照省委主题教育领导小组要求，把治理茶叶过度包装列为主题教育问题清单并作为分管副省长牵头解决的市场监管领域主要问题。全年开展茶叶包装标准宣传贯彻、培训活动1188次，开展执法者普法4934次，发起集体倡议363次，发布公益广告5207次，印发宣传资料4.7万余份，企业签订承诺书2285份；出动执法人员3.1万余人次，检查生产、经营企业2.3万余家次，抽检茶叶包装266批次，共查办案件（含责令整改）279件。

【联合开展“双随机”常态化抽查】针对住房城乡建设、农业农村、文化和旅游等尚未实施分级分类监管的领域，指导相关部门结合市场监管部门根据通用型企业信用风险分类结果，实施“双随机”抽查3712户。1月，联合“双随机、一公开”监管联席会议（以下简称“联席会议”）印发《四川省市场监管领域部门联合抽查事项清单（第四版）》，明确一般检查事项54项、重点检查事项12项，修订13个抽查事项的配合单位、检查内容和实施层级，新增3个部门联合抽查事项。12月，组织召开四川省市场监管领域部门联合“双随机、一公开”监管联席会议2023年度全体会议，24个省直部门参加会议，会议审议并通过《四川省市场监管领域部门联合“双随机、一公开”监管检查工作指引》。联席会议制定包含59个监管任务的《四川省2023年度省本级部门联合双随机抽查计划》，明确各联合抽查任务的检查对象范围、抽取比例（户数）和完成时限，对联合抽查提出具体要求。2023年，全省各部门共检查对象22233户，发现存在问题对象7139户。联席会议将通用型企业信用风险分类结果接入省级平台并每月动态更新。

【推进信用修复工作】2月，完成个体工商户年报系统的改造，42万余户个体工商户通过网上补报年报完成信用修复。7月，与数据应用中心共同完成行政处罚信息公示和经营异常名录信用修复网上申报模块建设，并上线投入使用，简化和规范了信用修复工作流程。

【开展信用提升行动】1月，印发《开展信用提升行动助力市场主体纾困解难的若干措施的通知》，区分事前、事中、事后三个环节，出台助企纾困13条措施。2023年，全省市场监管系统结合年报、“双随机”抽查和检验检测等工作开展市场主体信用培育1900余次，涉及市场主体22万余户；在登记注册、行政审批、诚信计量等11个领域推行信用承诺制度，109万余户市场主体主动进行信用承诺。6月，指导成都市市场监督管理局梳理登记事项、公示信息监管领域经营主体合规建设指导清单；11月，指导广安市市场监督管理局和重庆市渝北区市场监督管理局编制餐饮服务信用合规指引，引导经营主体以守法合规为导向建立信用合规内控机制。

【加强农资化肥价格监管】3月8日，印发《四川省市场监督管理局化肥市场生产经营秩序行政指导书》，通过开展公开承诺、签定收购承诺书等方式指导化肥生产经营企业加强行业自律，规范行业秩序。重点对磷酸二铵、国产氯化钾、进口氯化钾、国产45%复合肥、国产尿素等重点产品价格进行采集监测，密切关注掌握春耕化肥供应市场价格动态变化情况，及时对化肥市场货源情况、价格趋势、生产需求变化进行分析研判。加强跟踪服务，构建农资储备与货源保供网，引导化肥生产、经营企业结合市场变化多渠道筹措、调度货源，防止化肥供应断档、货源脱销，助力春耕生产顺利开展和保障粮食稳产增收。5月17日—18日，组织前往四川泸天化股份有限公司、四川天华股份有限公司等3家企业开展现场检查。各地价监条线结合实际，制定印发2023年化肥农资专项整治工作方案，以氮肥、磷肥、钾肥等化肥生产、流通企业为监督检查重点，查处化肥生产、经营者不明码标价，囤积居奇、哄抬价格等价格违法行为。3—5月，累计出动执法人员5000余人次，检查化肥农资生产经营主体3600余户次。

【粮食购销市场监管成效明显】6月28

日，与省粮食和储备局、国家粮食和储备局四川局等开展完善粮食监管信息化提档升级建设协同工作，精准开展粮食市场价格定点监测。同时，深化健全粮食流通跨部门综合执法和协调联动机制，加强与省发展改革委、农业农村厅、省粮食和储备局等部门的协作联动，落实联席会议、工作联动及信息共享机制，实行联合监管、联合督导、联合执法。明确粮食收购环节市场监管政治责任，建立"分管领导亲自抓、相关处室合力抓、各市（州）具体抓"的工作机制，紧盯粮食收购环节市场监管的重点任务、重要环节、重点片区，统筹价监、计量、反垄断等处室条线力量，实现省、市、县、所四级监管执法联动，层层传导压力，级级压实责任，构建各尽其职、合力共治工作格局，部署安排2023年粮食购销市场监管工作。11月20日—24日，参加省粮食和储备局、农业农村厅、国家粮食和储备局四川局到自贡市、泸州市开展的秋粮收购监督检查省级联合督导抽查，发现督促整改价格信息公示、计量器具检定问题3个。5月31日、10月27日分别印发夏粮、秋粮粮食购销市场监管工作通知，根据国有粮食企业及基层粮库基本台账，通过查看信息公示牌、价格公示牌、收粮票据以及现场问询等方式，对重点粮食企业、基层粮库开展针对性、"点对点"执法检查，查处不明码标价、压级压价、抬级抬价和价格串通等价格违法行为，使用不合格计量器具或破坏计量器具准确度和伪造数据、未按规定申请检定或超过检定周期继续使用等计量违法违规行为和掺杂掺假、以劣充好等其他违反市场监管法律法规的行为。巩固部门联合监管成效，跨片区式开展粮食购销领域市场监管，助力打造更高水平的"天府粮仓"。

【突出重要民生商品价格监管】 按照《重要民生商品市场价格应急监测方案（试行）》要求，构建起"21个市（州）+8个省级直报点+48个网店"的重要民生商品价格监测体系，每周定期分析研判米、面、油等9类重要民生商品批发和零售价格走势，指导各地价监条线结合监测分析情况，精准开展价格监管，维护市场价格秩序稳定，以精准监管助力物价稳定。2023年，全省主要农副产品市场价格震荡变化，涨跌互现，猪肉价格低位运行。

【消费投诉信息公示全面落地】 完成总局消费投诉信息公示试点工作任务，试点期间全省共公示企业77563家，公示投诉13.71万条。全国消费投诉信息公示与全省消费投诉信息普通全量公示同步推进，通过全国消费投诉信息公示系统公示信息7.01万条，公示率达90.05%。重点经营者公示已延伸至139个县（市、区），实现了农村地区全覆盖。全年公示重点经营者819户，省市场监管局试行了首期重点经营者的短信公示。投诉信息公示促进争议和解，经营者、消费者自行和解投诉同比增长约2.7倍，在线消费纠纷解决（ODR）单位化解消费争议量同比增长89.77%。优化、细化数据质量评测内容和评测结果反馈方式，建立统一评价标准，组织开展数据质量评测2期，抽查工单3520件，通过检查督促，对比上下半年两期评测结果，问题发现率降低14个百分点，12315数据质量治理卓有成效。

【深化"川渝广告共助乡村振兴"公益行动】 4月16日—18日，在重庆市举办2023中国西部国际广告节，专门为越西、木里、丰都三县设置200余平方米的免费展位，用于农特产品展销和文旅项目推介。7—9月，会同致公党四川省委、重庆市市场监管局，依托四川电信天虎云商、川渝两省（市）广告协会资源力量，以"广告+电商直播"方式，开展"消费助农公益爱心'翼'起来"活动，为越西县、木里县、巴中市和重庆市丰都县搭建助农销售"新通道"、文旅宣传"新平台"，免费发布户外广告30余处，先后举办直播4场，累计成交松茸、麻辣鸡等产品6000余件，销售额超过70万元。9月21日，到木里县开展爱心捐赠活动，动员和组织川渝两地广告企业共捐赠价值9万元的物资器材，展现了社会关爱和情怀担当。

【加强农产品质量监管】 2月22日，省市场监管局印发《关于开展2023年全省化肥产品质量专项整治行动的通知》，聚焦春耕、"三夏"、秋冬种等关键时节，以化肥经营集散地、农村和城乡结合部等为重点，开展2023年化肥产品质量专项整治行动。3月17日，印发《关于开展2023年度棉花等纤维质量监督工作的通知》，安排开展非棉纤维公证检验（监测）5400吨，桑蚕鲜茧收购质量监测196批次，干茧、生丝标识监测140批次，棉花仓储及使用企业监测130批次。4月24日，印发《关于开展2023年塑料污染治理专项行动的通知》，突出聚乙烯农用地膜、塑料购物袋等重点产品，落实塑料污染治理各项工作。6月26日，印发《关于进一步推动全省农村消费品质量安全守护提升行动工作的通知》，提出十四项重点工作举措，健全完善农村消费品质量安全监管机制。

【开展农村标准化试点示范项目建设】 推动开展国家级、省级标准化试点示范项目建设，在建国家级农业农村标准化示范试点项目6个，在建省级农业示范项目16个。全省在建各类服务业标准化试点示范项目49个，其中国家级高端装备制造业示范项目1个、基本公共服务4个、社会管理和公共服务3个。13项省级服务业标准化试点项目通过终期评估，其他在建服务类标准化试点项目有序进行中期评估。推进眉山市东坡区国家高标准农田建设标准化示范区项目，支持成都市天府新区推进公园城市标准化综合试点建设。推荐温江国家级园艺、南充嘉陵国家桑茶项目入选市场监管总局第二批国家农业农村标准化试点示范典型案例。

【农村市场计量监管】 开展定量包装商品监督抽查及能效产品和水效产品监督抽查，根据“双随机、一公开”的要求，随机抽取20%的计量技术机构对其取得计量标准考核证书的计量标准开展监督检查，组织对30家建标单位、7个市（州）市场监管局计量标准考核工作以及12家法定计量检定机构、8家标准物质生产单位开展监督检查，全面检查其制度建设、体系运行、依法检定、文件归档、证书质量等方面问题，并要求限时整改到位。印发《四川省市场监督管理局办公室关于开展全省电子秤计量专项整治行动的通知》，开展夜市、流动商贩、农贸市场电子秤问题排查和计量监督检查，全省共出动执法人员1.4万人次，检查及检定各类电子秤12.8万余台，遏制了“鬼秤”乱象。结合“双随机”检查与日常检查，重点对群众关心且容易存在漏检计量器具的集贸市场、加油站、医疗机构、眼镜店、超市、小商户等民生领域强制检定工作计量器具开展摸底调查，收集在实际工作中存在的问题，汇总形成“问题清单”，同时组织执法人员、各级监管人员及技术专家探索解决办法，推动工作落地落实。围绕加油站、充电桩、眼镜制配、定量包装等领域，推进诚信计量体系建设，为构建放心安全的消费环境提供计量支撑。

【服务认证促发展惠民生体验活动】 3月31日，由市场监管总局指导、省市场监管局主办，市场监管总局认证认可技术研究中心和成都市新都区、彭州市市场监管局承办的服务认证促发展惠民生体验活动在四川省启动。

【开展有机产品认证有效性专项行动】 4月28日，2023年省级有机产品认证有效性专项监督抽查启动暨业务技能培训会在省食品检验研究院举行，全省检测认证机构相关技术人员参加了专项业务培训。会上通报了2022年度省级有机产品认证专项监督抽查工作基本情况；按照省市场监管局《2023年度省级有机产品认证有效性专项监督抽查实施方案》的部署，公开抽取了455个批次生产企业名单，随机确定了全省流通领域200个批次购样抽检地点；围绕《省级有机产品认证有效性监督抽查技术指引（2023）》，对全省检测认证机构相关技术人员进行了专项业务培训。

【举行有机产品认证、绿色产品认证与标识宣传周和检验检测机构开放日启动仪式】 9月25日，四川省有机产品认证、绿色产品认证与标识宣传周和检验检测机构开放日启动仪式在汶川县举行。阿坝州、甘孜州、凉山州共同签署了《协同发展高原（民族）地区有机产业战略合作协议》，有机产品农商举行了购销签约仪式。随后，参加活动领导一同参观了四川省有机产业图文展和阿坝州特色农产品、有机产品成果展示。

【召开省食品安全委员会2023年全体会议】 10月27日，省食品安全委员会召开全体会议，学习贯彻习近平总书记关于食品安全重要指示批示精神，落实党中央、国务院和省委、省政府决策部署，听取前三季度全省食品安全工作情况，部署下一步重点任务。省委常委、常务副省长董卫民主持会议并讲话，副省长杨兴平出席会议并讲话。会议学习了《四川省食品安全条例》，审议了《关于进一步健全食品安全属地管理责任和企业主体责任落实工作机制的意见（送审稿）》，省食品安全办通报了国务院食品安全委2022年食品安全工作评议考核结果，汇报了前三季度全省食品安全工作情况，教育厅、农业农村厅、省粮食和储备局就相关工作发言。会议指出，全省食品安全总体形势平稳向好，2020年以来连续三年在国家评议考核中获得A级等次。会议强调，要聚焦农产品质量、校园食品、特殊食品等重点行业、重点区域、重点人群抓好监管工作，防止出现系统性、区域性食品安全事故；要加强监管能力自身建设，坚持以法治为根本、以信用为基础、以技术为手段，提升食品安全治理体系和治理能力现代化水平；要深化细化实化工作措施，推动食品安全工作创新发展。

【落实食品安全“两个责任”】 11月，省市场监管局配合市场监管总局牵头制定酒类、食盐食品安全风险管控清单。11月2日，省食品安全委印发《关于进一步健全食品安全属地管理责任和企业主体责任落实工作机制的意见》，明确建立完善动态管理、风险分类处置、定期调度、督查督办、宣传培训、考核评价六项工作机制，解决落实食品安全“两个责任”工作中的问题短板，夯实工作制度保障基础。2023年，全省各级食品安全办组织市、县、乡、村四级9.4万余名包保干部对42.7万余家在产在营获证食品生产经营企业按季度开展全覆盖督导，指导督促全省食品生产经营主体配备安全总监2.3万名、食品安全员60.6万名，累计发现问题隐患15.4万余个，完成整改13.7万个。

【开展农村食品安全风险排查和问题治理】 聚焦农村蔬菜制品、食用植物油、散装白酒、肉制品等重点品种，紧盯关键工艺流程、关键岗位人员、管理薄弱环节，加强责任落实和隐患治理，对以次充好、掺杂掺假、违法违规添加乙基麦芽酚、塑化剂污染等重点问题采取针对性措施，做到整改措施有力、问题隐患整治到位，对于重点领域和重点企业增加检查力度和检查频次，督促企业严格加强原辅料采购、生产过程控制、产品检验、贮存管理等关键环节管理;引导企业认证实施HACCP等食品安全质量管理体系,持续推动白酒品质提升和肉制品、乳制品产品质量提升。

【加强食用农产品质量安全监管】 4月28日,省食品安全办、农业农村厅、商务厅、省市场监管局联合印发《关于深入推进2023年农产品集中交易市场规范化建设工作的通知》(川食安办〔2023〕9号),持续推进食用农产品集中交易市场食品安全规范化建设,制定出台《食用农产品集中交易市场经营管理规范》,组织修订《食用农产品集中交易市场食品安全规范化建设等级评定办法》,累计评定等级市场883个(其中农批市场市场49个:A17个、AA26个、AAA6个,农贸市场834个:A583个、AA246个、AAA5个)。推广食用农产品批发市场食品安全信息化监管系统,全省71家农产品批发市场全部被纳入在线监管,农批市场食品安全管理机构设置率、食品安全管理人员配备率均达100%。

【加强食品销售环节重点风险治理】 5月22日,印发《四川省市场监督管理局办公室关于持续深入开展农村假冒伪劣食品治理行动的通知》(川市监办〔2023〕43号),持续推进农村假冒伪劣食品治理行动,共排查治理风险隐患18681个。加快农村食品经营店规范化建设,创建农村食品经营示范店1513个、示范超市713个。

【规范农村集体聚餐安全行为】 指导各地抓好标准制度建设,全省累计出台实施《川渝农村集体聚餐节约行为规范》《川滇藏毗邻三市州农牧区集体聚餐管理规范》《雅安市农村集体聚餐点建设规范》等农村集体聚餐标准、制度35个,推动依法依规监管;利用农村地区现有资源,因地制宜建成或改造并投用农村集中办宴点316个,将农村集体聚餐引入固定场所举办,便于现场指导和隐患排查,推进规范办宴;指导各地将"农村坝坝宴食品安全"内容纳入村(社区)村规民约,并以亚硝酸盐、野生菌、醇基燃料等为重点,加大对乡厨团队及主办方的培训力度和对农村消费群体的宣传力度,提升群众自我防护意识,防范出现因误饮误食导致的伤害。

【夯实食品安全风险防控根基】 针对当前牦牛乳收奶、储存环节标准不一、管理混乱的现状,会同农业农村、卫健等部门共同研究制定措施,加强对牦牛养殖、生鲜牦牛乳收购、运输、贮存等各环节管控,防范婴配乳粉食品安全风险。12月4日,在马尔康市召开婴配乳粉用四川牦牛生鲜乳质量管控地方标准研讨会。截至2023年年底,已完成前期对牦牛乳品质的相文献研究、现场调研及样本采集检测和分析工作,形成《婴幼儿配方乳粉用四川牦牛生鲜乳质量管控规范地方标准制定调研报告》《婴幼儿配方乳粉用四川牦牛生乳质量管控规范》。聚焦特殊食品违法添加、未知风险管控难等突出问题,开展特殊食品非靶向风险物质筛查监测预警,连续两年随机选取100批次样品,在食品抽检检测项目之外,对3000余种未知风险物质进行全方位的高通量非靶向筛查,两年来共发现潜在问题隐患12起。

【持续开展川酒品牌保护】 5月18日,召开专题会议研究川酒行业保护方案,对接酒企梳理被侵权线索,将白酒保护纳入"春雷行动"重点关注。到多个省会商优化跨域保护机制,协助舍得酒业省外商标成功维权。联系知名白酒企业,共同召开四川白酒产业商标侵权网络监测研讨会。推荐全省8家知名白酒企业进入川黔重点白酒企业知识产权保护名录,与贵州省实施跨区域执法协作和知识产权保护。

【组织召开地理标志助力乡村振兴区域现场会】 联合农业农村厅、省知识产权服务促进中心等多家单位共同召开地理标志助力乡村振兴区域现场会,全面梳理全省2022年地理标志运用排查情况,对没有使用地理标志专用标志、用标量较低等情况的98个市(州)、县(区)政府逐一发函提醒政府加强地理标志工作开展。组织全省18家地理标志企业参加第五届中国质量大会,完成地理标志馆展出;四川省推荐的"郫县豆瓣""蒲江雀舌""安岳柠檬""蒲江猕猴桃"等17个地理标志产品品牌入选"2023中国品牌日系列活动"区域品牌百强榜单。

【地理标志专用标志第一批改革试点工作】 按照国家知识产权局工作安排报送持续深化第一批地理标志专用标志改革试点相关工作总结;开展地理标志专用标志使用列入异常、注销使用的工作调研,下发通知在8个市市场监管局试点交组织开展异常名录和注销使用;核准生产18个地理标志产品的65家企业使用专用标志;批复同意成立"白湾海椒""米易番茄""广汉缠丝兔"地理标志产品保护办公室;向国家知识产权局知识产权保护司报送5件地理标志产品保护申报资料;联合省知识产权中心上报国家局11家地理标志助力乡村振兴典型案例材料。开展地理标志产品保护示范区建设,推荐全省地理标志产品"涪城麦冬"为2023年国家地理标志产品保护示范区,截至2023年年底,已获批筹建;批复筹建万源市、七佛贡茶、荣县土陶省级地理标志产品保护示范区。开展"涪城麦冬"省级地理标志产品保护示范区的验收工作。参加国家知识产权局举办的地理标志产品保护国际交流论坛;指导中江柚做好地理标志保护产品技术审查会的汇报材料准备工作。

【个体工商户发展】 围绕省委"营商环境提升年"决策部署,推动出台"1+2"

政策文件，牵头细化253项工作清单，83%以上的民营经营主体对政策落实满意。2023年，全省民营经济增加值增速基本追平地区生产总值增速，县域民营经济改革试点取得阶段性成效，形成央企带民企、闭环清欠等一批创新举措。探索矛盾纠纷多元化解机制，全省全年民营办办结诉求1901件，清偿欠款2.8亿元。组织开展“个体工商户服务月”“万人进万企服务促发展”活动，解决问题1.7万个。2023年，全省民营经济实现增加值32195.1亿元，同比增长5.6%，增速较2022年提高4.4个百分点，与地区生产总值增速的差距由一季度的1.9个百分点缩小到全年的0.4个百分点。截至2023年年底，全省实有民营经营主体876.7万家（户），同比增长9%，其中私营企业244.2万家，同比增长13.5%；涉税民营经营主体446万户，同比增长34.5%；民营科技型中小企业20937家，同比增长12.3%。全省民营经营主体实现营业收入11.8万亿元，同比增长11.2%；民营经济实现入库税收4464.7亿元，占比为62.3%，较上年提高3.3个百分点。民营经济城镇就业登记2589万人，占比为92.5%，较上年提高1.1个百分点。

3月24日，印发贯彻落实《促进个体工商户发展条例》实施方案，从七个方面制定25项措施，指导全省各级市场监管部门促进个体工商户健康发展。6月30日，以省委办公厅、省政府办公厅名义印发《关于进一步促进个体工商户发展若干措施》，从优化准入准营环境、保护合法权益、降低经营成本、鼓励引导自主创业、拓展发展空间、加强服务支撑、加强组织保障等7方面提出24条具体措施。7月5日，省市场监管局、省发展改革委等16部门联合印发《关于开展第二届“四川省个体工商户服务月”活动的通知》，在全省以“精准服务、优化环境、提升质量”为主题开展为期一个月的服务活动。活动期间，省、市、县三级相关部门共开展线上线下专题宣传活动3862场，覆盖市场主体达5041450人次；召开个体工商户座谈会1443场，参与个体工商户达7万余户，走访个体工商户192820户，发放各类宣传材料1072062份；协调解决问题诉求和实际困难10859个，收集整理意见建议8051条；职业技能培训涉及人数70976人。开展线上线下专题宣传活动，编发各类宣传报道897篇，其中省级媒体69篇、中央级媒体21篇；向各级地方党委、政府报送个体工商户发展情况及信息328篇。

【县域民营经济改革试点】 围绕融资增信、降本减负、惠企服务、转企升规、多元化解纠纷等试点任务，推动试点县（区）用3年时间（2023—2025年）探索县域破解民营经济发展关键瓶颈问题的政策举措，推动市场主体融资需求更好满足、经营成本有效降低、“转企升规”成效明显、合法权益平等保护、县域民营经济综合实力和整体竞争力明显增强，确保试在关键处、改到点子上。在试点期间，从用地指标、民营企业投资项目审批、电价优惠、招标方式等方面制定7条激励支持措施，特别是每年给予1000余万元的资金支持，连续支持三年。协调省直相关部门和试点的市级层面加快落实配套政策，推动土地、资金等要素资源优先向试点县（区）倾斜，组建金融、法律、经济等领域专家团队，加强服务指导，调动市场主体的积极性、创造性，提升改革试点实效。围绕试点目标，实施动态管理机制，省市场监管局（省民营办）、财政厅定期跟踪试点情况，按年度开展绩效评价，对试点成效明显的，持续给予激励支持；对成效不明显且整改不到位的，将终止试点，收回激励资金，并按公示排名依次递补。

【全面加强“个转企”工作】 3月15日，省民营办印发《关于做好“个转企”工作有关事项的通知》，从加强指导服务、完善培育机制、规范转企登记、提升转企质量、加强激励帮扶五个方面明确工作要求，提升转企质量。10月31日，省市场监管局、文化和旅游厅、省卫生健康委、省药品监管局、省烟草专卖局、四川消防救援总队率先在全国出台“个转企”后续行政许可接续支持政策，实现8类行政许可无缝延续或快速变更。2023年，全省共1.65万户个体工商户转型为具有现代企业制度的公司制企业。11月8日，省民营办、省委政法委、省法院、省检察院、司法厅、省工商联举办四川省民营企业权益保护白皮书发布会暨商协会民营企业维权服务中心授牌仪式，省市场监管局总经济师董若洁主持发布会。活动现场发布《四川省民营企业权益保护白皮书（2018—2022）》，并为川商总会等18家商（协）会举行民营企业维权服务中心授牌仪式，相关省直部门有关负责人和18家商（协）会代表、部分民营企业家共计80余人参加。

【民营和小微企业经济纾困行动】 3月27日，省地方金融管理局、省民营办、人民银行四川省分行、国家金融监管总局四川监管局、四川证监局印发《关于做好民营和小微企业金融服务的通知》，开展民营企业融资难破解行动。截至2023年年底，全省民营经济贷款同比增长13.1%，占全省贷款余额的21.5%。5月19日，会同经济和信息化厅印发《2023年全省民营经济和中小企业发展工作要点》，从造良好发展环境、降低企业经营成本、化解企业融资难题、引导企业健康发展、提升服务能力和水平五个方面明确38项年度重点工作。5月，牵头承办人大建议、政协提案18件，其中承办的省政协第0005号重点提案受到省政协领导肯定。7—9月，省民营办组织省委政法委、省委组织部、省发展改革委、科技厅、省税务局等29个省直部门开展“线上+线下”政策解读活动，聚焦融资支持、税收优惠、人才培养、权益保护等方面与民营企业面对面沟通，点对点答疑，帮助广大市场主体知晓政策、理解政策、用好政策，累计开展活动5期，线上线下参与达560万人次。金融支持民营经济力度不断加大，全省民营经济贷款余额2.3万亿元，同比增长13.1%，占全省贷款余额的21.5%；普惠小微贷款余额1.2万亿元，同比增长25.9%。政府性融资担保公司新增小微、“三农”主体平均担保费率下降至0.9%。

【开展“小个专”党建工作】 4月13日，印发《四川省小微企业个体工商户专业市场2023年党建工作要点》（川市监党组〔2023〕62号），从7个方面23条具体举措部署安排全年工作，压实工作责任。9—10月，制定印发《全省“小个专”和外卖送餐员群体党组织开展主题教育的工作提示》2期，推动主题教育在“小个专”和外卖送餐员群体行业领域有效开展。全省系统组织“小个专”党建工作培训254期，培训“小个专”党组织负责人、出资人及骨干1.6万人次。5月16日，印发《关于加强全省市场监管所“小个专”党建工作指导站建设的通知》（川市监函〔2023〕236号），将“小个专”党建指导站建设纳入全省市场监管所标准化规范化建设统筹推进，明确“应建尽建”的工作目标，落实党建指导工作责任，做到有标牌、有制度、有人员、有台账，全省已累计建立“小个专”党建工作指导站1034个。9月28日，印发《关于认真贯彻落实〈市场监管部门开展小微企业个体工商户专业市场党建工作指引〉的通知》（川市监办〔2023〕70号）（以下简称《指引》），组织各地市场监管部门开展对《指引》的学习和宣传解读，推动小微企业、个体工商户和专业市场党建工作提档升级，以党建引领广大“小个专”发展。8月16日，印发《关于开展2023年度全省“小个专”及外卖送餐员群体党组织党建示范点考核评定工作的通知》（川市监党组〔2023〕98号），新选树30个“小个专”党建示范点和外卖配送员群体党建示范点，同时对2021年、2022年命名为省级“小个专”党建示范点的40个党组织开展“回头看”，并就第二批主题教育进行指导。10月16日—17日，参加全省两新组织“两个覆盖”提质增效第四次片区推进会，按照会议安排，围绕推进全省“小个专”和外卖配送员群体“两个覆盖”提质增效情况作了交流发言，并获得相关领导肯定。

【民营经济综合服务平台工作】 平台以政策精准推送为服务核心，从政策、政务服务、质量技术服务、企业信用信息、小微企业名录、标准、法律、融资贷款等多个维度提供便捷服务，推动惠企政策直达快享，助力民营企业高质量发展。截至2023年年底，平台共归集发布政策3385条，向民营企业精准推送政策31万余条次；电子“政策明白卡”动态更新1880条，社会公众浏览量达363万余次；融资产品超市提供省内1692款金融产品。4月4日，为发挥省民营经济综合服务平台政策数据服务效能，推动助企纾困政策直达快享，省民营办印发《关于进一步做好涉企政策归集的通知》（川民营办函〔2023〕4号），督导相关部门、市（州）民营办落实平台涉企政策归集与宣传工作，省级相关部门及全省各县（区）均上传了涉企政策。4月25日，为做好平台的推广和应用，引导市场主体注册，省市场监管局办公室印发《关于做好四川省民营经济综合服务平台推广使用工作的通知》（川市监办函〔2023〕82号），从登记审批口上加强平台的宣传推广，扩大平台服务覆盖面。6月8日，为推进省民营经济综合服务平台相关工作，省民营办通报平台的涉企政策文件和电子政策明白卡发布情况、市（州）和县（区）企业注册情况，为下一步工作开展提供参考。8月24日，为利用大数据技术提升民营经济政策匹配度，尽快打通政策落地“最后一公里”，省民营办印发《关于“民营经济综合服务平台”工作情况的通报》，对平台阶段性工作进行了总结，分析存在的问题，并对提升平台服务工作质效提出要求。8月15日，为做好民营经济“1+2”政策宣传解读，省民营办会同相关部门印发《四川省促进民营企业发展壮大政策明白卡》《四川省促进个体工商户发展政策明白卡》，平台同步上线政策，通过设制“热点”“置顶”“微信公众号主页专刊”等手段加大政策推广力度。8月16日，省市场监管局办公室印发《关于做好民营经济“1+2”政策宣传贯彻的通知》（川市监办函〔2023〕191号），结合登记注册、市场监管等职责，多形式加强政策宣传、推进政策落实。11月，拓展平台功能，提高政策数据的利用率。发挥数字互通共享作用，与“营商环境云地图”实现政策数据对接服务，与“川质通”实现互联互通。优化政策标签、应用界面等，政策查询按照国家、省级、地方进行分类，政策标签使用更精准。按照合同完成平台2022年《四川省民营经济综合服务平台等级测评报告》项目结项，并与第三方公司签订2023年平台等保备案及测评服务合同。

【做好小微企业名录相关服务】 3月，支持四川银保监局企业划型等信息查询，根据国家市场监管总局对小微企业划型判定工作的相关要求，提供小微企业《划型信息企业名单》《行业分类信息企业名单》。4月，落实国家市场监管总局登记注册局《关于提供有关工作情况的函》（市监注（司）函〔2023〕117号）要求，征集2020年以来省级和地市级两级政府及相关部门出台的有关培育促进市场主体发展的文件，共收集有关培育促进市场主体发展的文件355份，梳理筛选出19份文件向市场监管总局报送。

【组织民营经济政策落实情况调查】 9—12月，为了解掌握2023年以来国家及四川出台的促进民营经济发展相关政策措施落实情况，摸清民营企业和个体工商户的真实评价、诉求和意见建议，省市场监管局牵头对中央、省民营经济政策落实情况进行调查评估。经第三方招投标确定项目服务单位，组织督促第三方服务公司按调查方案推进各阶段工作，抽样民营企业4034家、个体工商户2056户。《调查报告》从政策宣传、企业融资、差异性施策、提振信心方面提出了对策建议，梳理出民营企业和个体工商户针对改善民营经济发展环境、促进民营企业发展壮大的意见建议10条，以及对民营经济政策改进的意见建议8条。

四川省市场监督管理局编写组

四川省农产品进出口概况及年度特点

【四川省农产品进出口贸易概况】 2023年，全省农产品进出口贸易总额208.1亿元，同比增长7.8%。其中，出口额72.6亿元，居西部内陆省份首位；进口额135.5亿元，同比增长33.6%。

【农产品进出口年度特点】 进出口贸易稳中有进。四川省农产品进口额连续四年保持正增长，出口额连续五年稳居西部内陆省份首位。新兴市场拓展取得新进展，四川省对东盟进出口农产品63.9亿元，增长85.8%，东盟成为四川省农产品进出口最大贸易伙伴。

出口贸易展现“五新”优势。一是特色产业带动出口结构实现新优化。出口农产品达151种。出口农产品34项统计分类中，有15类出口额超过亿元。雁江蜜柑、遂宁杏鲍菇、攀枝花草莓等8类农产品实现首次出口。鱼油、柠檬分别出口额7.7亿元、1.4亿元，位列全国第一，柠檬成为四川省首个单品出口额超过亿元的新鲜水果；鱼子酱出口额8708.3万元，位列全国第二；眉山酱油出口额2464.8万元，位列中西部第一。二是国际贸易市场多元化取得新进展。四川省农产品出口国家和地区达138个，新增17个，贸易额占前五位的分别为中国香港（占比12.1%）、印度尼西亚（占比11.5%）、美国（占比9.2%）、越南（占比7.5%）、菲律宾（占比6.8%）。2023年，四川省对“一带一路”共建国家出口农产品39.18亿元，增长28.9%；对RCEP其他成员国出口农产品32.36亿元，增长33.5%。三是市场主体增添新活力。四川省备案、注册登记出口食品农产品生产企业1254家，新增140家；种养殖基地435家，新增90家。对外推荐官方注册企业145家，新增50家，均大幅增长，为持续增长奠定了基础。四川省出口农产品有实绩的企业681家，其中民营企业623家，贸易额占70.5%；国有企业23家，贸易额占10.1%；外资企业35家，贸易额占19.4%。四是出海通道助推出口贸易拓展新路径。四川省已形成以成都为主枢纽的国际班列线路网络和全球陆海空货运配送体系，开行中越（成都—越南）、中老等出口农产品冷链班列，空运出口贸易额同比增长18.6%。五是市（州）多点发力形成新格局。全省15个市（州）农产品出口额实现两位数以上的快速增长，其中资阳、攀枝花农产品出口额分别增长3倍和6倍；成都市农产品出口额超过10亿元，德阳、凉山等10个市（州）实现农产品出口额上亿元。

【进口贸易呈现“三增”特点】 进口通道持续拓增。天府国际机场综合性指定监管场地获批并快速启用，全省已建成各类进境指定监管场地14个，成为航空口岸指定监管场地数量最多、功能最齐全的中西部省份。进境冰鲜水产品“两段准入”顺利实施。全国首列中欧班列进口肉类专列开行，进口肉类TIR国际公路跨境冷链运输路径顺畅，“快通+保税+直提”方式落地，带动四川口岸进境鲜活食品农产品进口7.6亿元，进口产品增加至90个，肉类进口2.2亿元，水果进口2.6亿元，均创历史新高。落实第三届“一带一路”高峰论坛国家元首会晤成果，全国首批智利冰鲜银鲑鱼从成都航空口岸入境。

进口贸易快速增加。四川省进口农产品达28类。大宗食品农产品进口增多，进口大豆18.2亿元，增长13.8%；进口棕榈油14.6亿元，增长97.1%；进口菜籽油13.4亿元，增长162.7%；进口食用水产品6亿元，增长193.5%。

进口市场持续增加。四川省进口农产品来源国家和地区达84个，新增6个，贸易额占前五位的分别为巴西（占比15.6%）、泰国（占比12.6%）、印度尼西亚（占比11%）、俄罗斯（占比8.9%）、美国（占比6.9%）。从“一带一路”共建国家进口农产品79.1亿元，增长37.6%；从RCEP其他成员国进口农产品51.9亿元，增长50.5%；从东盟进口农产品39.9亿元，增长124.2%。

中华人民共和国成都海关编写组

宜居宜业和美乡村建设与乡村旅游

YIJUYIYE HEMEIXIANGCUN JIANSHE YU XIANGCUN LVYOU

SICHUAN

宜居宜业和美乡村建设

农村生态建设

综　述

【基本情况】 2023年，全省践行习近平生态文明思想，落实习近平总书记对四川工作系列重要指示精神和全国生态环境保护大会部署要求，打好污染防治攻坚战，筑牢长江黄河上游生态屏障。

省委、省政府将贯彻落实习近平总书记关于生态文明建设、生态环境保护和美丽中国建设的重要讲话和重要指示批示精神作为拥护“两个确立”、做到“两个维护”的具体行动。省委十二届三次、四次全会对推进产业绿色化发展、城乡生态保护相互融合和协同发展作出部署。省委书记王晓晖主持召开省委常委会会议、全省生态环境保护大会、省生态环境保护委员会第四次会议、省田长制林长制暨省总河长全体会议等，系统安排部署生态环境保护工作，推动“美丽中国先行区”“维护国家生态安全先行区”“绿色发展先行区”建设。省长黄强多次主持召开省政府常务会议、全省生态环境保护工作电视电话会议等，安排部署大气污染防治和突出生态环境问题整改等工作。印发实施《2023年四川省推动长江经济带发展工作要点》《2023年推动四川黄河流域生态保护和高质量发展重点工作安排》《成渝地区双城经济圈“六江”生态廊道建设规划（2022—2035年）》等文件，推动国家重大战略部署落地落实。

省人大常委会加强立法监督，加快推进生态环境保护地方立法，颁布实施《四川省土壤污染防治条例》《四川省大熊猫国家公园管理条例》《四川省泸沽湖保护条例》《四川省人民代表大会常务委员会关于加强大熊猫国家公园协同保护管理的决定》，并报全国人大常委会备案。依法对有关政府规章和市（州）地方性法规开展备案审查。省人大常委会听取并审议省政府《关于2022年度环境状况和环境保护目标完成情况的报告》，及时对《中华人民共和国湿地保护法》《四川省湿地保护条例》的实施情况开展执法检查。

省政协紧扣黄河流域生态保护和高质量发展，举办沿黄九省（区）政协协商研讨会议。省政协主要领导参加全国政协有关推进黄河流域水资源节约集约利用重点提案办理协商，争取支持。运用长江经济带省（市）政协流域协商研讨平台，围绕共抓长江生态保护反映四川情况、提出协商建议。聚焦土壤污染源头防控、长江上游生态环境保护、生活垃圾分类处理等开展界别协商和民主监督。加强与重庆市等兄弟省（区、市）政协协同履职，就濑溪河流域、涪江流域生态保护开展协商研讨。

【生态县建设】 推动建成7个国家生态文明建设示范区（成都市青羊区、成都市成华区、攀枝花市米易县、绵阳市梓潼县、广元市苍溪县、宜宾市南溪区、阿坝州），2个“绿水青山就是金山银山”实践创新基地（成都市天府新区直管区、甘孜州丹巴县），创建数量与浙江省、山东省并列全国第一位。省政府审议命名第三批13个省级生态县（攀枝花市东区、平武县、峨边县、蓬安县、筠连县、石棉县、金川县、小金县、红原县、新龙县、石渠县、巴塘县、德昌县）。持续推进川西北生态示范区建设，开展2023年度川西北生态示范区建设水平评价考核，筑牢长江黄河上游生态屏障。

【加强自然保护地和生态保护红线监管】 持续推进“绿盾”自然保护地强化监督和卫星遥感问题核实整改，推动全省大熊猫国家公园、国家级自然保护区、国家湿地公园、省级自然保护区、核实国家级风景名胜区、生态保护红线内1099个疑似生态破坏问题核实，有关问题有序整改。完成全省首批30个县（市、区）生态系统保护成效评估。

【加强生物多样性保护】 印发《四川省生物多样性保护优先区域规划（2022—2030年）》。推动“五县两山两湖一线”（黄河流域5县，青藏高原贡嘎山、海子山、泸沽湖、邛海自然保护地，川藏铁路沿线）地方政府启动生物多样性调查，在一些重点地区已形成初步成果。推动18个市（州）建立55个生物多样性保护科普宣教基地。

四川省生态环境厅编写组

水污染防治

【聚焦水质达标攻坚，巩固提升河湖治理成效】 加强河（湖）长治水管水，省委、省政府主要负责人召开总河长全体会议，签署省总河长令，安排年度重点任务。5万余名河（湖）长全年巡河问河156万余次，推动整改问题4.8万余个。巩固重点流域水质，加强对地方水污染防治工作的指导，每季度召开水环境质量形势分析会议，分析重点问题，提出治理要求。制定《四川省2023年重点流域水质达标工作方案》，提出针对性治理措施53条，开展不达标和风险断面攻坚行动，四明水厂、白鹤桥等14个重点管控断面水质优良，全部达标。组织召开大运会水环境质量保障会，完成大运会水环境保障任务。开展暗访帮扶,突出枯汛期水质波动明显,分流域、分地区开展10轮次突出环境问题摸排指导,推动100余个问题点位加快整改。提升城市水质排名,印发《四川省地表水环境质量提升方案》,指导地方提升城市水质排名,攀枝花市排名全国第16位,比上年提升12位。提升控源截污效能,全面开展入河排污口整治及规范化建设,累计完成整治30098个,完成率97.74%;印发《关于加强入河排污口设置审批管理的通知》,全面开展入河排污口审批、整治及规范化建设,审批设置入河排污口304个,入河排污口审批工作经验被生态环境部推广;规范工业园区管理,全面完成148个省级及以上园区问题排查,整改问题262个;制定《四川省长江流域总磷污染控制方案》,完成148个"三磷"污染问题整治攻坚;印发《关于进一步加强城市生活污水管网精细化治理的实施意见》,指导各地开展污水管网病害整治,提升污水收集处理效能;推进黑臭水体系统整治,纳入国家平台的105条黑臭水体总体保持长治久清,实现县级城市黑臭水体排查全覆盖;协同开展农业面源污染防治,加强水产养殖尾水、畜禽养殖废水和农业种植退水管控治收。

【加强水生态修复保护,推进"三水统筹"】 探索水生态保护修复,启动岷江、沱江等6条河流水生生物基础信息库建设。开展小流域"三水共治"问题排查,实施长江上游沿江生态廊道修复与保护工程,完成140余千米河湖生态缓冲带建设,加快建设72条河湖滨岸生态隔离带。有序推进紫坪铺水库等12个重点湖库生态修复,综合营养状态提前达到"十四五"要求。协同落实长江"十年禁渔",累计监测鱼类196种,水生生物多样性稳定向好。加强水资源保障,会同水利部门制定13条主要江河年度水资源调度计划,落实58个重点河湖生态流量保障,完成50个试点河湖生态流量保障目标,生态环境用水增至5.8亿立方米。协同推动3508座小水电完成整改,退出数量和装机容量居长江经济带省份第一位。

【健全水环境监管体系,加强治理能力现代化建设】 坚持规划引领,配套出台长江保护修复和黄河生态保护2个实施方案,建立流域规划重点任务清单调度机制,对推进滞后地方"发点球",督促其加快整改,推动395个项目建成见效。深化"测管协同",高效运转"测管协同",完善水质预警快速响应机制,对水质下降、园区超标排放等问题做到当日预警、当日督促、当日回应,全年累计预警1100余次,各地第一时间溯源整改,水质快速恢复。开展川渝跨界河流联防联治,召开省级联席会议,印发实施南溪河、涪江等跨界流域联防联治方案,实施琼江、大清流河、大陆溪联防联治。加强立法共治,泸沽湖保护立法成为川滇第一部高原湖泊协同立法。加强要素保障,创新开展项目谋划,探索水环境项目包装"清单服务"模式,系统谋划210个拟实施项目,新增入库项目118个,安排资金39亿元。

【加强业务培训,锻炼队伍能力】 全面加强业务知识培训;聚焦新时代水生态环境保护短板弱项,多渠道开展"靶向式"全员培训;举办全省水环境管理现场培训,开展入河排污口监督系统、总量减排等视频培训,邀请中国环境研究科学院、中国环境监测总站等专家授课,提升全省水环境监管能力和水平;举办全省水生态评价考核培训会,邀请生态环境部规划院专家针对水生态政策法规、监测方法以及评价技术体系开展专题授课;组织举办全省水生态保护修复监管大讲堂,按照"掌握概念、读懂文件、厘清思路以及具体实践"培训要求,邀请省内高校科研院所重点就河湖水生态基本概念、水生态考核试点解读以及水生态保护修复技术等方面专题授课。打造学习交流平台,探索完善现场会机制,围绕重点工作谋划筹备,举办全省小流域综合治理、"美丽河湖"建设、工业园区暨入河排污监管等现场会3次,达到"统一思想、凝聚人心、破解难题、锻炼队伍、交流提升"的预期目标。

四川省生态环境厅编写组

土壤污染防治

【完善土壤污染防治法规标准体系】 7月1日,《四川省土壤污染防治条例》正式施行,填补了全省土壤环境管理地方法规的空白;修订《四川省农用地土壤环境管理办法》《四川省工矿用地土壤环境管理办法》《四川省建设用地土壤环境管理办法》,细化了"三块地"具体管理要求;出台《四川省建设用地土壤污染风险管控标准》《四川省固体废物堆存场所土壤风险评估技术规范》2项地方标准,补充了国家标准中未作规定的土壤污染物限值;制定《四川省磷肥制造行业企业土壤污染隐患排查技术要点》等6个行业隐患排查技术要点,助力企业科学高效地开展隐患排查。

【加强在产企业土壤污染风险防控】 督促1059家土壤重点监管单位依法履行污染防治法定义务,开展隐患排查、自行监测及"回头看",建立突出问题"移交+跟踪督办"机制。加强隐患排查质量管理和风险控制,组织对73家企业履行主体责任情况进行现场抽查并通报有关情况。在全国率先探索在产企业"边生产边管控"模式,督导233家超标企业开展详查和风险管控,在全国作经验交流。印发《四川省土壤污染隐患排查质量提升工作方案》《四川省在产企业土壤污染状况详细调查和风险管控工作指南》《四川省在产企业土壤污染风险管控效果评估工作指南》等文件,推动形成隐患排查、污染调查、风险评估、管控与修复、效果评估"闭环"管理机制。

【严格建设用地环境准入管理】 全年完成建设用地土壤污染状况调查1120个、风险评估78个、效果评估16个;按季度更新《四川省建设用地土壤污染风险管控和修复名录》,截至2023年年底,名录中有地块131个,完成治理修复累计退出名录47个,修复面积4883亩。全省纳入第一批优管地块清单480个，已实现污染管控233个，完成率达48.5%，超额完成国家考核目标任务。全省用途变更为"一住两公"并已完成土地供应地块448个，均依法落实风险管控和修复措施，重点建设用地安全利用得到有效保障。完成污染防治攻坚战成效考核目标任务。持续加强质量管理，组织抽查28个地块的初步调查报告，对其中13个地块进行了采样监测复核，并在全省通报抽查情况。

【实施耕地土壤污染源头精准防控】 经报请省政府同意，生态环境厅会同财政厅、自然资源厅等五部门联合印发《关于加强全省重点区域耕地土壤污染源头防治工作的通知》，在石棉等6个矿产资源开发活动集中区、什邡等20个耕地安全利用和严格管控任务较重的县（市、区）实施颗粒物和重点重金属污染物特别排放限值，降低了进入农用地土壤重金属污染物总量。推进彭州市、绵阳市安州区等10个受污染耕地面积较大的县（市、区）实施土壤重金属污染成因排查分析项目，落实资金4800余万元，所有项目均按照进度要求有序推进。推进涉镉等重金属重点行业企业污染源整治工作，截至2023年年底，《四川省涉镉等重金属重点行业企业污染源整治清单（第四批）》中的140家问题企业已全部完成整改并销号。印发《关于深入开展历史遗留固体废物排查治理工作的通知》，将462个历史遗留矿区清单提供给攀枝花等15个市（州），要求结合实际，有序推进历史遗留固体废物污染治理，截至2023年年底，累计排查固体废物堆体520个，发现历史遗留固体废物堆体415个，涉及历史遗留固体废物2857万吨，累计治理堆体66个。按照生态环境部、农业农村部《关于分解落实2022—2025年受污染耕地安全利用任务的函》要求，全省将受污染耕地安全利用计划及目标任务分解下达各市（州）严格执行，2023年度全省受污染耕地安全利用率为94%，完成国家下达的目标任务。

【推进试点示范建设】 有序推进9个国家"十四五"规划"102重大工程"土壤污染源头管控项目建设，其中4个项目已完成验收，1个项目已完成主体工程建设，其余项目按时序推进。指导泸州市开展国家级土壤污染防治先行区建设，完成年度试点任务。推进中昊晨光公司土壤及地下水污染管控修复试点，探索在产企业风险管控和修复监管模式。制定《土壤污染分区管控方案》，动态更新土壤污染风险源清单5696家，确定高风险区域77个，实施"一源一策""一区一策"差异化管理，形成全省风险管控"一张图"，长江黄河上游土壤污染风险管控区建设初见成效。

四川省生态环境厅编写组

水源地保护

【加强制度保障】 出台《四川省饮用水水源保护区管理规定（试行）》，完备、详尽地规范保护区划定、调整和撤销的决策程序，以制度形式固化勘界定标和边界矢量的管理，加强饮用水水源保护区监督管理，巩固提升饮用水安全保障水平，四川省成为全国首个健全"地方性法规+配套制度"保护饮用水水源地的省份。发布《四川省集中式饮用水水源保护区勘界定标技术指南》，建立健全饮用水水源保护管理技术体系。联合住房城乡建设厅、水利厅、省卫生健康委印发《关于加强饮用水水源保护管理工作的通知》，推进"十四五"饮用水水源环境保护规划落实落地。联合水利厅等部门印发《四川省农村供水水质提升专项行动方案（2023—2025）》，建立完善"从源头到龙头"的农村供水水质保障体系，提高农村供水水质。在年初和汛期来临前，通过印发（《四川省生态环境厅办公室关于加强汛期和成都大运会期间集中式饮用水水源地安全保障工作的通知》）、召开视频推进会、现场核查等方式，督促指导地方早预防、早发现、早处置，确保安全度汛和成都大运会期间饮用水水源环境安全。9月，参加全国农村饮用水水源环境保护工作座谈会并作交流发言。

【加强问题导向】 全年共梳理各类涉饮用水水源地问题37项81个，其中包括中央环保督察反馈问题、国家移交长江生态环境问题清单、沱江专项督察问题、审计发现涉饮用水水源地问题、省级环保督察问题、省级河（湖）长制进驻式督查问题、省级经济开发区突破红线违规开发排查问题等。截至2023年12月，已完成27项57个问题整改，其余问题按时序进行整改。印发《四川省生态环境厅办公室关于加快推进审计发现涉饮用水水源地问题整改的函》，推动审计发现的涉饮用水水源地问题整改；联合执法总队印发《关于转发生态环境部办公厅〈关于开展县级及以上城市地表水型集中式饮用水水源地排查整治工作的通知〉的通知》，开展县级及以上城市地表水型集中式饮用水水源地排查整治工作，地方排查上报问题43个，已完成整改25个。开展中央生态环境保护督察反馈涉饮用水水源地问题整改情况、涉饮用水水源地问题整改情况"回头看"，到眉山市、资阳市等6个市开展现场核查、指导工作，并以座谈会形式沟通交流问题，促进工作有序推进。

【水源地监督管理】 优化布局水源，2023年分2批次报请省政府批复划定或调整划定11个、撤销5个县级及以上饮用水水源保护区。理顺工作程序，与省直相关部门凝聚合力，形成闭环，确保科学划定、优化调整、合理撤销。截至2023年12月，全省共有集中式饮用水水源地2579个，县级及以上饮用水水源水质达标率为100%，集中式饮用水水源地保护区划定率为100%；一级保护区隔离设施完成率和标识标牌完成率均为88.3%，标识标牌设置完成率为95.5%。

加强饮用水水源地基础信息管理，完成2022年度饮用水水源基础信息和环境状况评估报告；将水源地水质监测纳入省级年度监测计划，分类下达监测名录；完成与国家系统对接，健全全省2579

个集中式饮用水水源地信息化管理平台；配合自然资源厅、应急管理厅、交通运输厅等核查23处矿权范围，54处交通、机场、抽水蓄能等项目与饮用水水源保护区位置关系，反馈意见建议80余条。

【开展高氯酸盐污染防治工作】 印发《长江流域部分河段饮用水安全保障工作厅内分工方案》，对部分流域主要饮用水水源地和干支流断面开展调查监测23期，根据监测结果开展溯源排查；推动建立41家高氯酸盐生产、使用企业名单，对生产、使用企业开展全覆盖专项执法检查、排污许可清查和省级现场抽查，对抽查发现的宜宾市南溪区金鼎花炮厂沉淀池私设排口、雅安市天源天泉盐化工有限公司将生产冷却水通过卫生间下水管网排入外环境等涉嫌环境违法行为责成属地立案调查；开展高氯酸盐废水排放标准前期研究，开展地方标准、团体标准、国家标准预研究的申请、立项；编制实施《高氯酸盐污染舆情处置内部预案》，建立舆情监测报告机制；以四川省生态环境事件指挥部办公室名义印发《四川省突发生态环境事件应急处置方案》，将高氯酸盐纳入主要污染物应急处置技术方法予以规范。

四川省生态环境厅编写组

农村人居环境整治

综　述

【基本情况】 2023年，全省坚持农业农村优先发展，将农村生活污水治理作为建设美丽乡村的重要抓手、落实乡村振兴战略部署的重点任务，走出了具有四川特色的农村生活污水资源化利用路径。

【农村大气环境监测】 2023年，全省农村区域空气质量较好，总优良率为89%，其中优为40.7%、良为48.3%；二氧化硫、二氧化氮、可吸入颗粒物、细颗粒物、一氧化碳（第95百分位数）、臭氧（第90百分位数）年平均浓度分别为7微克/立方米、13微克/立方米、50微克/立方米、31微克/立方米、1微克/立方米、136微克/立方米，同城市比较，二氧化硫、一氧化碳年均浓度较城市不变，二氧化氮、可吸入颗粒物、细颗粒物、臭氧年均浓度较城市分别降低47%、10.7%、16.2%、8.7%。

四川省生态环境厅编写组

农村生活污水治理

【基本情况】 截至2023年年底，全省累计实施1040个行政村“千村示范”工程建设，全省农村生活污水治理（管控）率达73.43%，居全国前列，农村生活污水就地就近资源化利用模式在全国推广应用。累计完成132个被纳入国家监管清单的农村黑臭水体整治，超额完成目标任务。

【坚持高位推动】 通过省委“一号文件”对农村污水治理工作作出部署，省领导多次就农村环境整治、农村生活污水治理工作进行安排部署。省污染防治攻坚战领导小组下设农村生活污水治理专项小组，专门负责该项工作。以省政府名义召开全省推进农村生活污水治理绘就美丽乡村四川画卷现场会，承办西南地区美丽乡村建设经验交流会，通过“现场观摩+经验交流”的方式推动市（州）政府重视农村生活污水资源化利用和设施优化整改工作。

【完善治理体系】 编制并印发《四川省农村生活污水治理典型技术模式汇编》，指导各地因地制宜选择工艺模式；修订《农村生活污水处理设施运行维护管理办法》，规范农村生活处理设施运维；印发《关于进一步加强农村“厕污共治”工作的通知》，加强统筹衔接，与农业农村厅共同做好农村生活污水治理工作，构建完善的农村生态环境管理体系。

【试点示范】 省级财政安排5亿元，在1040个行政村实施生活污水治理“千村示范”工程建设，同时优选112个行政村开展试点，明确各行政村合理选择治理模式和工艺，结合厕污共治，优先采取资源化利用模式，慎用一体化处理设备或其他后期运行维护费用高的设施。指导广元市探索完成全国农村黑臭水体全过程整治试点任务，推荐德阳市、达州市入选2023年全国农村黑臭水体治理试点，通过试点示范带动整体提升，推进全省农村生活污水治理水平有序提升。

【加强人才培训】 省委组织部把乡村环保人才振兴纳入年度人才培训计划，每年培训规模不少于300人，覆盖全省21个市（州）、176个涉农县（市、区），邀请生态环境部领导和专家，省内知名学者、专家教授从专业和科学的角度就农村生态环境保护政策和技术作专题授课。同时，选取农村生活污水治理成效较好的市（州）、县（市、区）进行经验分享，在相互学习过程中激发工作积极性。

【坚持长效管控】 将农业农村生态环境保护工作完成情况纳入乡村振兴实绩、生态环境保护党政同责、污染防治攻坚战成效等考核，并作为省级生态环境保护督察重点内容。组织21个市（州）开展农村生活污水治理“千村示范”工程建设项目交叉检查和农村生活污水处理设施排查整改专项行动，推动问题设施优化整改。驻厅纪检监察组将农村生活污水治理“千村示范”工程建设情况作为年度重点调研课题，督促各地编制年度实施方案，若存在“晒太阳”工程，必须追责问责。同时，完善农村生态环境保护信息管理系统，按月调度农村生活污水治理进度，按季度报送农村黑臭水体治理进度，提高设施监管效率。

四川省生态环境厅编写组

乡风文明建设

【深化文明村镇创建】 坚持常态长效，坚持把乡风文明建设作为乡村振兴的紧迫任务来抓，推进开展文明村镇、文明家庭、"五好"家庭等"细胞"创建活动，引导群众自我管理、自我教育、自我提升。坚持城乡统筹，采取文明单位与村镇结对共建方式，开展"城乡结对共建、共创乡风文明"活动，促进农村精神文明创建活动向纵深开展。坚持示范引领，抓好文明村镇宣传，定期报送文明村镇优质稿件，并协调中国文明网"文明村镇创建巡礼"栏目推出全省文明村镇系列宣传报道，营造和美乡村建设氛围。截至2023年年底，全省共有全国文明村镇276个，其中乡（镇）43个、村233个，在全国占比5.27%；省级文明村镇519个，其中乡（镇）60个、村459个。

【推进移风易俗】 开展移风易俗主题教育实践活动，将9月确定为"农村移风易俗主题宣传月"，并以省级示范活动为引领，组织全省各地集中开展相关活动，以主题宣讲、特色活动、文明实践、宣传报道等多种形式推进移风易俗宣传，弘扬时代新风。9月15日，省文明办会同农业农村厅在宜宾市珙县联合主办2023年四川省农村移风易俗主题宣传集中展演，通过实地考察、成果图片展、主题图书展、文艺节目汇演等，全方位营造移风易俗良好氛围，吸引2000余名群众现场观看，超过145万人通过网络直播观看。

开展试点形成推广经验。在彝区、涉藏地区14个村、镇开展移风易俗工作试点，推动凉山州制定文明行为促进条例、移风易俗条例，进一步破除高价彩礼、大操大办等陈规陋习。全省推进彝区移风易俗工作成效被中宣部《每日要情》单篇刊用，凉山州破解高价彩礼问题工作经验被中共中央办公厅、国务院办公厅采纳并在全国推广。

抓好专项治理。联合有关部门指导各地抓好高价彩礼、人情攀比、厚葬薄养、铺张浪费等突出问题专项治理，倡导文明新风。

【深化新时代精神文明建设】 坚持把学习贯彻习近平新时代中国特色社会主义思想贯穿到农村精神文明建设全过程各方面，依托新时代文明实践所（站），以"理响巴蜀""文润天府"等文明实践项目为载体，统筹各方力量开展习近平新时代中国特色社会主义思想、党的二十大精神和省委重大决策部署宣传宣讲活动。2023年，全省累计开展习近平总书记来川视察重要指示精神"进基层"专题宣讲3万余场，开展对象化分众化互动化理论宣讲7.2万余场，引导干部群众坚定不移听党话、跟党走。

中共四川省委宣传部编写组

农村教育

综　述

【基本情况】 2023年，全省有农村幼儿园7171所，在园幼儿22.2万人，专任教师3.05万人；农村小学3961所，校舍面积（含教学点）2935.36万平方米，在校学生306.58万人（含在读农村留守儿童45.67万人），专任教师18.4万人，生师比为16.66∶1；农村初中2533所，校舍面积2798.56万平方米，在校学生167.02万人（含在读农村留守儿童39.36万人），专任教师15.47万人，生师比为10.8∶1；进城务工人员随迁子女义务教育阶段在校学生53.5万人，其中小学在校学生37.92万人、初中在校学生15.58万人。

【教育帮扶工作】 省委教育工委、教育厅印发《2023年定点帮扶雷波县工作要点》，明确直属机关基层党组织27项具体帮扶举措、36个直属机关基层党组织和15个雷波县中小学党组织结对帮扶工作安排，并选配3名干部投入到新一轮乡村振兴工作。

教育厅印发《四川省"组团式"帮扶乡村振兴重点帮扶县高中阶段学校重点任务责任清单》《四川省教育人才"组团式"帮扶工作考核办法》，指导39个受扶县制定"一县一帮扶方案"，推动开展国家和省重点帮扶县的帮扶学校校长轮训工作。完成第三轮帮扶凉山州92名教师的调整工作。选送220余名脱贫农村家庭子女到浙江省宁波市的11所中等职业学校就读，并与当地企业签订"订单式"培养协议。发挥高校教育、科技、人才等资源优势，完成79所高校150名驻村"第一书记"和工作队员到期轮换工作，新选派高校驻村"第一书记"和工作队员152人。组织79所高校定点帮扶68个脱贫县、111个村，结对帮扶2023户。全省高校选派党建指导专家954人次，开展教师、医生、基层干部、种养殖等专题培训。全省统筹协调资金6.5亿余元，实施乡村振兴产业项目1649个；投入资金1.09亿元，开展消费帮扶1009次。

【实施重点高校招生专项计划】 实施国家专项、地方专项和高校专项计划招生，主要面向农村和脱贫地区招收学生，其中国家专项计划招生实施范围为68个原集中连片特殊困难县和原国家级扶贫开发重点县；地方专项和高校专项计划招生实施区域为全省民族地区、原集中连片特殊困难地区和革命老区、艰苦边远地区119个县，且只招收实施区域内的农村学生。2023年，184所国家专项计划招生的重点高校共在四川省招收学生4562人，省内13所地方专项计划招生的重点高校共在四川省招收学生2039人，95所高校专项计划招生的重点高校共在四川省招收学生1086人。

【实施农村教师“国培计划”培训】 全年投入资金14620万元，实施农村骨干教师能力提升培训、重点区域领域帮扶培训、市（州）教师培训团队研修、农村校（园）长领导力培训、中小学教师信息技术应用能力培训5个类别的农村教师“国培计划”培训，共培训农村中小学幼儿园教师和校（园）长30964人次。

【开展乡村教师培训】 实施农村教师学历提升计划，依托国家开放大学覆盖全国城乡的办学网络，首期对布拖县80名乡村教师开展培训，推动民族地区乡村教师队伍高质量和可持续发展。11月19日—28日，四川省2023年教师培训项目农村骨干教师能力提升培训（县级农村骨干培训）在雅安职业技术学院举行，来自甘孜州理塘县、泸定县、九龙县、得荣县、雅江县的75名“一村一幼”新入职及骨干辅导员参加培训。

【实施农村教师生活补助政策】 按照省政府办公厅印发的《关于实施集中连片特殊困难地区和国家扶贫开发工作重点县农村教师生活补助政策的通知》要求，实施农村教师生活补助政策。全年投入中央综合奖补资金28254万元、省级专项补助资金43052万元，共惠及秦巴山区、乌蒙山区、大小凉山彝区、高原藏区“四大片区”88个县的农村教师16.35万人。

【师范生顶岗支教】 全年15所高校共选派1903名师范生顶岗实习到凉山州支教，截至2023年年底，累计选派1.3万名师范生顶岗实习支教。5月，教育厅联合省关工委举办“爱在大凉山”师范生顶岗实习凉山州支教活动征文比赛，征文包括学校风采、调研报告、典型案例、个人感悟等方面的内容，共评选出获奖征文210篇。

【实施推普助力乡村振兴计划】 提升乡村教师语言文字教育教学能力，以民族地区和农村地区为重点，组织2700名教师参加教育部“童语同音”、中华经典诵读等培训。教育厅协同相关行业部门开展“职业技能+普通话”教育培训。与省妇联在凉山州试点开展以45周岁以下留守妇女为重点的“十万新公民”学普用普工作，全年共培训37956人次。实施教育部“童语童音”计划，启动民族地区“学前学好普通话2.0”行动，对404所幼儿园5.3万名学前儿童普通话能力进行监测。实施“经典润乡土计划”，组织各地、各校、各推广基地面向国家乡村振兴重点帮扶县和语言文字工作基础较薄弱的民族地区、农村地区开展语言文字特色帮扶活动。推动高校语言文字工作“校内推广与社会服务”相结合，98个推普助力乡村振兴暑期社会实践志愿服务团队入选教育部志愿活动名单，入选团队数量位列全国第二。

【乡村语言文字高质量发展先行试点建设】 教育部语用司印发《关于启动乡村语言文字高质量发展先行试点建设工作的通知》，利用6个月的时间开展先行试点建设和测评工作，引导各地探索试点建设经验和乡村语言文字工作发展模式，成都市龙泉驿区洛带镇宝胜村、成都市龙泉驿区山泉镇桃源村和成都市新都区清流镇水梨村被确定为乡村语言文字高质量发展先行试点村。同时，教育厅组建乡村语言文字高质量发展先行试点建设指导专家团队，建立“点对点”全过程跟踪指导机制。

四川省教育厅编写组

农村基础教育

【农村学前教育】 推进实施“十四五”学前教育发展提升行动计划，考虑出生人口变化、乡村振兴、城镇化发展趋势，按照“就近就便”原则，持续优化农村幼儿园布局。优先利用中小学布局调整后的闲置校舍改建公办园，办好乡（镇）公办中心园，依托乡（镇）中心园举办分园、村独立或联合办园，满足农村适龄儿童就近入园，实施乡（镇）、村幼儿园一体化管理。推进实施学前教育建设工程，2023年，在农村地区共投入中央和省级学前教育发展专项资金6.3亿元，支持在乡（镇）办好公办中心幼儿园，扩大农村学前教育资源供给。推进实施幼儿园示范引领工程，198所幼儿园被教育厅认定为省级示范性幼儿园。鼓励城区示范性幼儿园结对帮扶农村幼儿园，提高农村幼儿园的办园水平。

【改善农村义务教育学校办学条件】 实施“义务教育薄弱环节改善与能力提升”“校舍安全保障长效机制”等教育重大工程。2023年，在全省农村地区共投入中央和省级补助资金26亿元，新（改、扩）建校舍130万平方米，新（改、扩）建运动场60万平方米；维修改造校舍180余万平方米，维修改造运动场10万平方米。

【实施乡村小规模学校教师走教支持计划】 在中国教育发展基金会的支持下，开展2023—2024学年乡村小规模学校教师走教支持计划工作，为406名乡村中小学音乐、体育、美术教师提供补助资金80.13万元；支持1092人次“走教”，缓解农村义务教育学校师资紧缺问题。

【实施农村义务教育学生营养改善计划】 在119个县继续实施农村义务教育学生营养改善计划，投入农村义务教育学生营养改善计划膳食补助资金28亿元，惠及学生307万人。

【实施义务教育教师安身工程】 根据《四川省义务教育教师安身工程奖补资金管理办法》要求，按照“分类分档、定额补助、先建（租）后补”的原则，支持人口聚集的中心镇区义务教育阶段学校和确需长期保留的边远农村地区义务教育阶段学校为离家较远且确需在学校食宿的特岗教师等在岗教师提供住宿。2023年，投入省级补助资金7400万余元，奖补12个市（州）所属21个县（区）的85个项目，惠及教师2000人。

【特岗教师招聘】 根据教育部、财政部、人力资源社会保障部、中央编办的安排，继续组织实施农村义务教育阶段学校教师特设岗位计划，通过笔试、资格审查、面试、培训、聘用等环节共招聘上岗特岗教师874人。为绵阳市、甘孜州等9个市（州）的32个县（市、区）补充乡村教师，优化教师队伍结构。

【公费师范生培养】 2023年，全省共招录公费师范生719名。同时，由四川师范大学、西华师范大学等9所高等院校为农村公办义务教育阶段学校、幼儿园和特殊教育学校定向培养省属公费师范生2500名，解决农村学校师资紧缺的矛盾。

【实施“中小学银龄讲学计划”】 为发挥优秀退休教师引领示范作用，加强农村义务教育阶段教师队伍建设，帮助提升农村学校教学水平和育人管理能力。根据教育部、财政部联合印发的《关于做好2023年银龄讲学计划有关实施工作的通知》，继续实施“中小学银龄讲学计划”，招募到岗“银龄讲学计划”教师266人，其中中小学高级教师161人、中小学一级教师104人、其他高级职称教师1人。

四川省教育厅编写组

农村职业教育与成人教育

【服务乡村振兴战略】 2023年，全省有乡村振兴人才培养优质学校20所，其中国家级6所、省级14所。甘孜职业学院、达州职业技术学院等5所高职学院新增“现代农业技术”“中草药栽培与加工技术”等专业，新增涉农专业布点7个。有计划在农林牧渔大类专业招生的高职学校24所、专业27种、专业点93个，有计划在农林牧渔大类专业招生的中职学校95所、专业22种、专业点134个。立项建设省级“三名工程”涉农中职学校11所，立项建设国家级、省级“双高计划”高水平涉农专业群5个。立项建设休闲农业经营与管理等省级职业教育教学资源库3个，认定“作物生产技术”“果树生产技术”等省级职业教育精品在线开放课程10门。2023年，省内44所高职学校共定点帮扶44个县（含26个欠发达县）、53个村，选派帮扶干部135人。省内职业学校全年开展涉农技能培训7万人次。

【实施民族地区“9+3”免费教育计划】 继续实施民族地区“9+3”免费教育计划，做好民族地区职业教育，为适应民族地区现代农牧业、生态旅游业、康养产业发展，新增作物生产技术、导游服务、休闲体育服务与管理智慧健康养老服务等相关招生专业24个。120所承担“9+3”免费教育计划培养任务的中等职业学校面向省内涉藏地区的县（市）和大小凉山彝区的县（区）共录取学生8230人（涉藏地区2509人、大小凉山彝区5721人），36所公办高等职业学校通过“9+3”高职单招招收4838名中等职业毕业生，7所高等职业学校招收涉藏地区县（市）高中起点“1+2”模式学生285人。

【开展东西部协作】 开展浙川中高职贯通培养试点，鼓励省内协作地区学生到东部发达地区中职学校就读，接受优质职业教育。根据《浙川教育帮扶协作协议（2021—2025）》和浙江省教育厅与四川省教育厅联合印发的《浙江省职业院校与四川省甘孜州中职学校合作开展中高职贯通培养实施方案（2022—2025年）》要求，浙江省职业院校在四川省甘孜州招收初中毕业生，开展中高职贯通培养“2+1+2”分段试点工作（中职学段前2年在四川省的中等职业学校就读，中职学段后1年转学至浙江的中等职业学校，中等职业学校毕业考核合格后升入浙江省的高等职业学校继续就读2年），2023年共录取80人。做好中等职业学校跨省招生工作，根据2023年教育部下达跨省招生计划，浙江省、广东省中职学校在四川省跨省招生780人。

继续推进乐山市与浙江省绍兴市实施的东西部协作“蓝鹰工程”，已汇聚两地职能部门、职业学校、行业企业等试点单位35个，为11家绍兴市企业（协会）“订单式”培养人才600余名，400余名乐山市学生到绍兴市实习就业。整合资金245万元，培育“蓝鹰之师”职业教育教师教学创新团队，举办系列研讨活动3场次，惠及乐山市教师602名。分批次组织骨干教师到绍兴市培训、研修、访学，帮带教师642名，“双师型”教师比例从不足40%提升到49.5%。“蓝鹰工程”已被纳入《浙川省·四川省深化东西部协作“十四五”规划》，入选浙江省对口工作典型案例并获创新案例一等奖。

【农村成人教育】 建立省、市、县（市、区）、乡（镇、街道）、村（社区）五级社区教育网络体系，其中乡（镇、街道）建立社区学校1238个，村（社区）建立社区教育工作站（社区教育学习中心）11139个，参与农村社区教育活动和培训的人员达202.11万人次。“四川终身学习在线”网络平台“云上课堂”开设农业教育课程资源300余讲，全年参与“智慧助老”活动的农村老年人14.05万人次。在教育部职业教育与成人教育司发布的《“智慧助老”优质工作案例教育培训项目及课程资源第二批推介名单》中，四川省有1个工作案例、6个教育培训项目及15门课程资源入选。四川开放大学实施“农村带头人学历提升项目”，2023年共招生2620人、毕业5077人，截至2023年年底，该项目已累计培养农村带头人3万人。

四川省教育厅编写组

民族地区教育

【基本情况】 2023年，全省民族地区67个县（市）共有中小学校及幼儿园5251所，在校学生257.77万人，其中幼儿园3008所，在园幼儿47.06万名；小学1608所，在校学生120.49万名；初中460所（含九年一贯制），在校学生57.64万名；

高中阶段学校152所，在校学生32.32万名；特殊教育学校21所，在校学生2300名；工读学校2所，在校学生300名。

【铸牢中华民族共同体意识教育】 6月，召开2023年全省民族教育工作会议，学习贯彻习近平总书记关于教育、铸牢中华民族共同体意识的重要论述，推动民族教育工作与教育强省建设同频同向、共进共荣。编制《学校铸牢中华民族共同体意识教育实施方案》，用好《中华民族大团结》等专题教材，推进“铸牢中华民族共同体意识教育进课堂、进头脑、进试卷”。推进民族地区中小学合校合班工作，起始年级全部按照教育因素招生和管理。

教育厅、省民族宗教委联合开展四川省第二届大中小学铸牢中华民族共同体意识校园舞台剧展评、师生互访互学、正确民族观实践典型案例征集等活动，引导师生树立休戚与共、荣辱与共、生死与共、命运与共的“四个与共”共同体理念。

【国家通用语言文字教育】 按照教育厅印发的《四川省民族地区学前学好普通话2.0行动计划》要求，持续改善办学条件，扩大学前学普覆盖面，在园儿童全部使用普通话。执行新入职辅导员准入标准，辅导员“双证率”（教师资格证、普通话水平测试等级证）提升至75%。开展学前学普成效专项评估，儿童“听懂、会说、敢说”评分达84.59分，90%以上的儿童进入小学后能听懂国家通用语言授课。推进国家通用语言文字教育教学，民族地区使用民族文字教材的小学一年级至高中二年级全部使用国家通用统编的《道德与法治》《语文》《历史》三科教材开展教学。以“学好普通话、学会新教法、教好新教材”为目标，对民族文字授课教师开展“师德师风、普通话、教材教法、实践能力和数字教育能力”专项培训。以“同语同音、同台竞技、同心共筑中国梦”为主题，开展2023年四川省民族地区“学前学普”教师辅导员技能大赛和学普儿童普通话展示活动，40万名师生参与，活动分为儿童组、教师组、辅导员组3个组别，共评选出一等奖56个、二等奖102个、三等奖166个。

【实施教育民生实事】 继续实施民族地区“十五年免费教育计划”等政策，惠及学生172万余人。2023年共投入资金9亿元，实施“十年行动计划”“大小凉山义务教育学校办学条件提升工程”“新疆西藏等地区教育特殊补助资金项目”三大项目，建设学校项目173个，购置价值1.15亿元的设备设施，实现新入学学生“一人一位、一人一铺”。投入资金3150万元，支持学校数字化基础能力和州级数字教育中心建设，网络教育环境不断改善。

【构建区域教育协同发展】 开展“校对校”帮扶，2022—2023学年，成都市等10个市选派1300名校长、教师支教，2.7万名教师参加“送培送教”活动；民族地区1000名教师到对口学校挂职或跟岗学习；1.68万名教师参加名师工作坊研修；5万名师生参加“手拉手·心连心”活动。通过举办北川中学甘孜班、少数民族预科班和实施少数民族高层次骨干人才计划等，惠及民族地区学生3000名。

【“四川云教”助力民族地区教育】 贯彻国家教育数字化战略行动，完善四川智慧教育平台，依托名师工作室等开发课程资源，通过“精品课”“作业设计大赛”等活动遴选优质资源，形成“基地校+专题研发+名师献课”的资源建设机制。“四川云教”平台共汇聚45所优质主播学校，涉及民族地区65个县（市）的幼儿园、小学、初中、高中各学段，共惠及785所学校、4400个班级、19万名师生。

四川省教育厅编写组

农村文化

【农村公益电影放映】 全面推广“菜单选片”。建立健全直接面向农民群众的订片平台，通过“点片下沉”精准投放，激发农民群众参与热情，提高观影的主动性和积极性，全年共订购影片1928部、订购场次57.39万场。

推进“两个转变”。推动流动放映向固定放映、室外放映向室内放映转变，不断提升农民群众看电影的环境和品质。全省共有农村数字电影院线公司22条、放映队2130支，全年完成公益电影放映任务40.15万场，观影人次601.25万人。

支持少数民族语电影译制。四川省广播影视少数民族语言译制播出中心全年共译制电影50部（故事片35部、科教片15部），订购译制影片场次3974场；凉山州民族电影译制中心完成电影译制46部（故事片31部、科教片15部），订购彝语译制片场次27360场。

营造浓厚主题放映氛围。开展“学思想 建新功”主题放映活动，指导各市（州）放映《战狼2》《我和我的祖国》《红色土司》等主题影片。

【农家书屋建设】 创新农家书屋积分制管理。印发《四川省农家书屋积分制管理评分细则》，把管理员配备培训、图书更新管理、阅读活动开展、创新发展等作为推进农家书屋建设管理使用的“标准化”内容，上线运行农家书屋数字化管理系统，推行“中心书屋+乡‘阅’书架”试点，提高农家书屋复合利用率。

探索省际协作机制。创造性建立浙江—四川农家书屋提质增效东西部协作机制，全省原创、两省共推的“点亮阅读微心愿”主题活动引起社会广泛关注，被中宣部印发向全国推广。

加强示范评选推介。连续4年承

办中宣部“新时代乡村阅读盛典”。做好国、省两级农家书屋重点出版物目录推荐评选，全省86种出版物入选国家目录，7个农家书屋获评全国“最美农家书屋”，3人获评全国“乡村阅读推广人”“乡村阅读榜样”，2项阅读活动入选全国示范活动，获奖数量均居全国前列，四川农家书屋工作质效进入全国第一方阵。截至2023年年底，全省共建成农家书屋30176个。

【农村群众文化活动开展】 持续做强文化品牌。联合文化和旅游厅、省体育局、省广电局等单位，依托乡村文化振兴魅力竞演大赛、“百城千乡万村·社区”系列赛事、乡村艺术节等，引领开展群众性文化活动10万余场次，取得良好社会反响。举办2023年第三届乡村文化振兴魅力竞演大赛，吸引全省3055个乡（镇）、2.3万余名群众参与魅力乡（镇）、乡土文化能人、乡村代言人评选，征集参赛短视频和相关稿件20403条（件），浏览量达3.3亿人次，群众热情、活动热度均创历史新高，入选省委改革办2023年度四川改革典型案例。

组织节庆活动。印发《2023年春节文化惠民服务活动方案》，推出8大类50项重点文艺活动，示范带动全省开展文化文艺活动921项11000余场次，惠及群众3000余万人次。开展“我们的中国梦——文化进万家”活动。策划推出“蜀风艺韵贺新春”优秀文艺作品展播，推出作品436部，全网阅读量3800万人次。

开展科技惠民文化活动。办好第四届“广电惠民服务月”活动，推进解决群众关心的“套娃”收费、操作复杂等问题。集中开展发放广电5G关爱卡等多项惠民活动。举办2023年文化科技卫生“三下乡”，到28个县（市、区）开展科技大场2场、捐赠活动2场、文艺演出28场，捐赠价值650.32万元的物资（项目），印发资料60余万册，惠及群众130余万人次。

【示范试点探索】 推进农村公共文化服务标准化。全面推进乡（镇）级片区公共文化设施专项规划编制，指导809个乡（镇）级片区完成编制工作，优化公共文化设施资源布局；推进乡（镇）文化站评估定级，发布四川省地方标准《乡镇综合文化站评估定级规范》，以评促建，提升公共文化服务效能。

实施乡村文化振兴“百千万”工程。突出“一镇一品”“一村一特色”，打造最具标识性、代表性的基层文化标杆。全面总结220个省级、1346个市级、5061个县级样板村镇建设经验，编制发布《四川乡村文化振兴图鉴》，示范带动乡村文化设施提档升级。

推进乡（镇）公共文化服务提质增效。建立“自定任务清单”申报模式，推广“1+5+N”建设运营方式，确定76个乡（镇）为年度重点建设乡（镇），打造县域文化副中心。各地投入试点建设资金并撬动社会资本2.9亿元，改（扩）建乡（镇）公共文化设施面积达35.6万平方米，同比分别增长8%和294%。系统梳理三年来119个试点建设案例，汇编《四川省乡镇公共文化服务提质增效试点建设集萃》，推广典型案例和经验做法，推动公共文化服务设施从“补短板”转向“提品质”。

推进城乡公共文化融合发展。5月，围绕“公共文化城乡融合发展”课题，组织省委党校、四川师范大学等院校专家和网信、文旅、广电等省直部门到五大经济区“蹲点式”调研17个县（区）和105个镇、村（社区），全面掌握全省公共文化城乡融合发展工作现状，形成《健全体系促融合创新模式谋发展》调研报告，入选省委十二届四次全会省直部门研究课题成果。开展城乡公共文化融合发展县域试点，推动成都市温江区、射洪市、资中县、岳池县、宣汉县、西昌市6个县（市、区）在健全公共文化服务网络、丰富公共文化服务供给、推动文化资源普惠共享等方面先行先试，探索具有四川特色的公共文化融合发展路子。

【完善基础设施网络】 构建以省级“两馆”为龙头、市级“两馆”为骨干、县级“两馆”为枢纽、乡（镇、街道）综合文化站和村（社区）综合文化服务中心为基础的五级公共文化设施网络，全面开展公共图书馆、文化馆、乡（镇、街道）综合文化站评估定级工作，健全完善基本公共文化服务阵地。截至2023年年底，全省共有公共图书馆209个、文化馆206个、乡（镇）综合文化站4083个、村（社区）综合文化服务中心33459个。同时，各地创新建设具有地方特色的新型公共文化空间，如“城市书房”“24小时阅读书屋”“流动大舞台”“帐篷书屋”“数字文化驿站”等，形成有益补充，构建了场馆服务、流动服务和数字服务相结合的公共文化设施网络。

【逐步提升乡村公共文化服务水平】 公共图书馆、文化馆（站）全部面向社会免费开放，并因地制宜开展错时延时服务。公共图书馆“一卡通”“公共文化服务超市”“市民艺术学校”等服务模式不断创新，“大家唱”、乡村艺术节、少数民族艺术节、广场舞大赛、“村晚”、“百舟竞渡迎端午”、“千龙千狮闹新春”、“万人赏月诵中秋”传统节日重大群众文化活动等品牌效应日益凸显。“互联网+公共文化”开辟服务群众新路径，全年争取中央资金实施智慧图书馆、公共文化云建设项目，支持66个国家级脱贫县开展公共文化云建设，推动基层全民艺术普及提档升级；争取“戏曲下乡村”资金支持66个国家级脱贫县所辖1211个乡（镇）开展“戏曲进乡村”活动11058场次；争取省级财政资金支持开展全民阅读、全民艺术普及活动。

【推进重大品牌项目创建】 全年创建国家公共文化服务体系示范区4个、示范项目8个。先后在21个县开展省级现代公共文化服务体系示范县创建，全省62个县（市、区）、乡（镇、街道）被命名为“中国民间文化艺术之乡”，340个县（市、区）、乡（镇、街道）被命名为“四川省民间文化艺术之乡”。泸县“农民演艺网”、丹棱县"引导民间众筹文化院坝"、珙县"农民文化理事会"等新机制、新模式特色鲜明，打造了公共文化服务创新样本。成都市在全国率先实现市、县、乡、村四级公共文化服务常年经费财政预算全覆盖，带动全市公共文化服务水平迈入全国"第一方阵"。成都市金牛区等2个案例入选基层公共文化服务高质量发展典型案例，崇州市等3个案例入选"中国民间文化艺术之乡"建设典型案例，推荐全省文旅公共服务高质量发展优秀品牌、优秀案例、优秀团队、优秀空间各25个。

【增强创新改革活力】 聚焦服务效能难题，推进基本公共文化服务标准化、县级文化馆图书馆总分馆制、基层综合性文化服务中心和公共文化机构法人治理改革等重点领域改革工程建设，分批在21个市（州）开展县级文化馆图书馆总分馆制试点建设。截至2023年年底，试点带动162个县（市、区）完成文化馆总分馆制建设，建设分馆2595个；167个县（市、区）完成图书馆总分馆制建设，建设分馆3476个；10448个农家书屋作为服务点被纳入总分馆体系建设。"四项改革"任务完成率均为100%。实施政府向社会力量购买公共文化服务示范项目，2019—2023年连续4年共确定500余个可推广可复制的示范项目，并给予省级奖补资金。建立文化旅游志愿服务总队，注册志愿者14万余名，注册文化和旅游志愿服务团队3000余个，搭建文化旅游志愿服务网络平台，并打造"巴蜀春风"志愿服务品牌。全年共培训乡（镇）综合文化站站长1000名，推荐入选省级乡村文化和旅游能人库累计1700余名，为推动乡村文化振兴提供人才支撑。

中共四川省委宣传部编写组

四川省文化和旅游厅编写组

农村居民家庭收支情况

【基本情况】 2023年，全省聚焦高质量发展首要任务，着力恢复和扩大消费，农村居民收入稳步增长，居民消费支出平稳恢复，农村居民的获得感、幸福感、安全感不断增强。

【农村居民可支配收入稳步增长】 农村居民可支配收入稳步增长。在一系列扩大内需、提振信心、防范风险的政策举措作用下，全省经济持续快速恢复，带动农村居民收入稳步增长。2023年，全省农村居民年人均可支配收入达19978元，比上年增长7%，增速比前三季度回升0.5个百分点。

城乡居民收入相对差距继续缩小。全省各地坚持农村优先发展，实施乡村振兴战略，农村居民实现稳步增收，且增收速度明显快于城镇。2023年，全省农村居民人均可支配收入增速快于城镇居民2.4个百分点，城乡居民收入比由上年的2.32下降为2.26，城乡居民收入相对差距不断缩小。

【农村居民增收结构差异较大】 工资性收入发挥重要支撑作用。全省各地深入实施就业优先战略，推动农村居民工资性收入较快增长。2023年，全省农村居民人均工资性收入达6220元，比上年增长6.4%，增幅较2022年回升0.4个百分点。

经营净收入增长较快。市场主体活力不断激发，尤其是接触型、聚集型服务行业经营活动持续快速恢复，2023年全省农村居民经营净收入达7599元，比上年增长7.9%，收入占比和增收贡献率分别为38%和42.5%，成为农村居民增收第一来源。

转移净收入持续增长。全省各地高度重视民生工作，及时落实各项帮扶补贴政策，持续提高居民养老金和医保水平，加强托底性帮扶，提高困难群众生活保障水平，全年农村居民转移净收入达5548元，比上年增长7.6%。

财产净收入有所减少。受房地产持续疲软、土地流转租金趋于稳定、银行存款利率下调等多重因素影响，全年农村居民人均财产净收入609元，比上年减少2.9%，增长十分乏力（见表1）。

【农村居民生活消费支出】 农村居民消费支出较低迷。2023年，全省农村居民人均生活消费支出17901元，比上年增长4.1%。农村居民人均消费支出增长缓慢，特别是生活类消费支出较为低迷，消费支出增速较前三季度有所回落，并低于城镇居民1.8个百分点。

服务性消费恢复回升。居民消费潜力逐渐释放，居民对旅游、餐饮、交通运输等接触性、聚集性服务消费意愿增强，服务性消费持续恢复。全年农村居民人均服务性消费支出7122元，比上年增长10.6%，回升态势明显。

生活消费增长结构差异较大。随着需求逐渐释放，农村居民交通通信、教育文化娱乐、医疗保健、其他用品和服务等消费支出显著恢复回升，较上年分别增长15.2%、30.5%、16.6%、32.2%（见表2）。但是2023年CPI持续低位运行，房地产市场较疲软，食品、居住、衣着、生活用品和服务等常规生活类消费较为低迷，较上年分别下降1.4%、2.6%、8%、9.1%，大幅拉低了农村居民生活消费支出整体增速。

【农村居民增收支撑因素】 全省经济持续向好。2023年，面对错综复杂的宏观环境，各地拼经济、搞建设，全省经济运行延续恢复向好态势，为居民增收奠定了良好基础。据省统计局数据显示，全省主要经济指标持续回升，全省规模以

表1　2023年四川省农村居民人均可支配收入增长情况

指标名称	2023年（元）	2022年（元）	增加（元）	增幅（%）	占比（%）	贡献率（%）	拉动增长（%）
可支配收入	19978	18672	1306	7.0	—	—	—
工资性收入	6220	5844	377	6.4	31.1	28.8	2.0
经营净收入	7599	7045	555	7.9	38.0	42.5	3.0
财产净收入	609	628	–18	–2.9	3.0	–1.4	–0.1
转移净收入	5548	5156	392	7.6	27.8	30.1	2.1

表2　2023年四川省农村居民生活消费支出增长情况

指标名称	2023年（元）	2022年（元）	增幅（%）	占比（%）
生活消费支出	17901	17199	4.1	100.0
食品烟酒	6103	6189	–1.4	34.1
衣着	865	888	–2.6	4.8
居住	2961	3218	–8.0	16.5
生活用品及服务	1036	1139	–9.1	5.8
交通通信	2505	2174	15.2	14.0
教育文化娱乐	1828	1401	30.5	10.2
医疗保健	2190	1878	16.6	12.2
其他用品和服务	412	312	32.2	2.3

上工业增加值、全社会固定资产投资、社会消费品零售总额同比分别增长6.1%、4.4%、9.2%。

纾困政策成效明显。全省各地出台多项支持政策，通过实施减税降费、优化营商环境纾解企业困难，降低企业成本。同时，制定“1+2”专项政策体系支持民营经济发展，通过采取财政、金融、社会保障等措施支持民营经济高质量发展。截至2023年11月，全省规模以上工业企业利润总额同比增长4.6%。

扩大内需提振消费。全省把恢复和扩大消费摆在优先位置，先后出台多个扩大内需、提振消费政策，释放消费潜力、激发消费活力。受政策持续发力带动，居民升级类、出行类消费需求逐渐回升，服务业经营情况持续改善，2023年全省第三产业增加值比上年增长7.1%，特别是文旅市场强势复苏，文旅消费显著增长。2023年，全省实现旅游消费收入7443.46亿元，接待游客6.8亿人次，同比分别增长36.93%和42%。

加强民生保障。各地不断加强民生保障工作，织牢社会保障网，进一步提高城乡居民养老保险标准低限，做好困难群众生活保障，支撑居民转移性增收。2023年，全省城乡居民养老保险基础养老金标准、城乡低保标准、退休人员基本养老金标准均有所上涨，农村特困人员基本生活标准也有所上调。

【农民增收的影响因素】 部分行业效益不佳影响工资收入增长。由于国内外需求收缩、房地产市场疲软，部分制造业、建筑业等第二产业企业效益不佳，吸纳就业能力减弱，企业涨薪动力不足，城乡居民工资性收入增长后劲不足，尤其是制造业、建筑业属于农民工分布密集的行业对农民工工资影响较为突出，加之2023年以来沿海农民工回流省内趋势明显，而省内工资水平低于沿海地区，进一步制约了农民工工资增长。2023年，全省外出农民工平均月收入水平5153元，比上年仅增长0.6%。

成本价格共同挤压农业经营利润。种子、农药等农资价格处于高位，加之农业生产人工和机械成本不断提高，农业生产成本上涨明显。同时，农产品价格较低迷，全省农产品生产者价格总指数为95.58，较上年下降4.42%，比全国低2.13个百分点。受成本、价格双重挤压，农业经营利润受到较大限制，特别是以生猪为代表的畜产品价格下跌明显，全省畜产品生产者价格下跌9.13%，其中活猪价格下跌14.76%，生猪养殖亏损态势仍未扭转。

多因素制约居民财产性增收。2023年，银行存款利率多次下调，居民存款收益减少，加之其他金融资产收益率下降明显，居民利息收入增长乏力。同时，当前农村可供盘活的闲置资源减少，土地流转金趋于稳定，而部分集体经济增收稳定性不足，农民财产性收入增长受限。

居民增收政策支持力度有所减弱。一方面，受历史包袱拖累、客观条件限制和潜在风险隐患等影响，全省财政收入增长受限，尤其是部分市（县）土地财政收入大幅下降，受此影响，部分县（区）出现绩效奖降标或缓发情况；另一方面，当前各项惠民政策补贴标准、补贴范围逐步趋于稳定，短期内相关政策难有较大幅度提升，对居民增收支持力度逐步趋弱。

【提振消费的举措】 稳定经济提振信心。落实省委、省政府稳增长政策措施，保障经济平稳健康运行，为居民收入增长创造良好环境。加强细化工作举措，激发市场活力，扩大消费和有效投资，做实项目储备，激发民间投资活力，形成消费和投资的良性循环。加快发展民营经济，落实全省促进民营经济发展“1+2”政策，并因地制宜出台具体支持措施，持续实施减税降费，改善营商环境。

落实稳就业政策。继续实施减税降费政策，加强对小微企业、制造业、个体工商户的支持力度，保障稳岗就业。保障农民工等重要群体稳定就业，加强对下岗职工、灵活就业人员及就业困难群体的技能培训和再就业服务。做好失业人口的权益保障工作，加大失业再就业帮扶力度。

着力减少经营风险。加大生猪市场监管监测力度，适时启动猪肉收储和投放调节机制，稳定猪价，避免生猪价格大幅波动。加大惠农补贴力度，在稻谷目标价格补贴基础上，探索全省主要农产品价格补贴政策。与此同时，加大政策性保险投入力度，有针对性地对各地主要农产品开办险种，降低农户经营风险。

多措并举稳定物价。打造消费新场景，持续开展各种促消费活动，提振居民消费信心，促进消费市场活跃，提升市场消费力。加强价格监控力度，稳定粮油、肉禽蛋菜等重要民生商品的保供稳价，保障居民基本消费需求。相关部门要加大对乱涨价等市场乱象的打击力度，维护良好的市场秩序。

国家统计局四川调查总队编写组

农村体育

【全民健身场地设施补短板五年行动计划】 实施全民健身场地设施补短板五年行动计划，补助各地建设体育公园，乡（镇）、社区健身中心，多功能运动场等项目122个。推动构建市（州）、县（市、区）、中心镇和一般镇四级体育公园体系，在全国首创推出体育公园运动会。截至2023年年底，全省建成投用国家级标准体育公园47个、省级标准体育公园53个。2023年，全省人均体育场地面积达2.54平方米。

【体育民生实事】 投入中央、省级资金1.2亿余元（其中中央资金9431万元、省级资金2676.8万元），补助全省243个公共体育场馆和体育公园向社会免费、低收费开放，服务群众超过4000万人次。加强场馆开放服务评估督导，确保“安开、免开、低开”。有序推进全省公共体育场馆信息化建设，235个场馆完成与国家体育总局客流信息平台对接，完成率位居全国第一。

【加大赛事活动供给】 坚持五级联动举办赛事，全年共举办县级以上赛事活动7500项次，吸引超过4000万人次参与全民健身。创新举办省第一届绿道健身运动会，组织开展省第十届老年人运动会、第二届智力运动会、第四届全民健身运动会、第五届川籍农民工运动会、“百城千乡万村·社区”全民健身系列赛事活动等，组队参加第五届全国智力运动会等比赛。

【推广普及科学健身知识】 丰富科学健身知识宣传推广渠道，开展“送健身指导上门服务”，举办“科学健身大讲堂”100余期，累计为4000万人次提供健身指导。推广《国家体育锻炼标准》达标测验活动，连续5年举办场次、覆盖率和推广人次均位居全国第一。全省国民体质监测合格率达91.3%，经常参加体育锻炼人数比例达38.4%。实施“百万群众体育引领员”工程，招募培训“引领员”55万余名。

【开展体育特色帮扶】 发挥体育行业优势，做好凉山州盐源县体育基础设施建设、特色产业发展、人居环境改善等帮扶工作，牵头召开专题联席会议2次，共同研究帮扶举措，形成帮扶合力。投入258万元，用于多功能运动场项目建设及学校运动场升级改造；补助资金22万元，用于体育赛事活动组织实施；投入150万元，用于通组路段提升、产业路硬化、村主要干道路灯安设、村组电路升级等项目建设和家庭肉鹅特色产业发展，改善帮扶村群众生产生活条件。开展“以购代捐”活动，带动更多当地群众实现持续增收。

四川省体育局编写组

农村居民社会保障

【推进低保提质扩围】 会同省委农办、财政厅、省乡村振兴局出台《关于进一步做好最低生活保障等社会救助兜底保障工作的通知》，从“扩围、增效、补短、防漏、赋能”五个方面系统推进，推动低保等社会救助覆盖更多低收入群众。分片区召开工作座谈会，集中调度各地工作进展，向各市（州）党委、政府印送《社会救助数字解读》，为各地抓好低保提质扩围提供决策参考，较好地防范了漏保风险，也为稳住全国低保“基本盘”做出了四川努力。

【完善救助制度】 分层次完善救助对象认定机制，会同医保、财政等部门起草因病致困重病患者认定办法草案；分类别完善救助帮扶政策，修订《四川省临时救助工作规程》；会同住建、医保等部门完善专项救助政策，推动实施医疗、住房等专项救助，将低保对象、特困人员拓展至低保边缘和刚性支出困难家庭；会同省法院、省检察院、省总工会等部门完善关爱帮扶政策；配合人力资源社会保障厅、教育厅开展四类重点人群就业帮扶。

【加强监测预警】 下发关于完善困难群众主动发现机制的通知，依托省、市、县三级联动的低收入人口动态监测平台体系，将600余万名低收入人口纳入动态监测范围。建立潜在救助对象预警指标、在保对象疑点预警指标两个算法清单，先后推送30万条预警信息至县级民政部门，其中2.7万名预警人员通过纳入低保等救助政策、调整补助水平、转介专项救助等方式消除致贫致困风险。指导全省民政部门加强与乡村振兴部门的政策衔接、工作对接、信息共享，把低收入人口动态监测和常态化救助作为抓手，增强困难群众主动发现、精准识别、综合救助能力，发挥兜底保障防范化解规模性返贫风险作用，截至2023年10月，全省共有23.4万名防止返贫监测对象被纳入低保、特困等兜底保障，占省乡村振兴部门纳入防止返贫监测对象总数的54%。

【推动提标增资】 省委、省政府将“保障困难群众基本生活”列入“30件民生实事”，将提升低保标准全国排位写入政府工作报告，并列入省政府对市（州）专项督查事项。争取上级支持，2023年中央财政困难群众救助补助资金对四川省的补助额度达到122.2亿元；省级财政连续两年递增4亿元用于支持各地提标扩围增效，2023年达到17.8亿元。经省政府常务会审议通过，将农村低保标准低限提高53元，达到533元/月，农村低保标准年度增幅达到11%，为缩小低保标准城乡差距、提高低保补助水平提供了支撑。

【加强机构监管】 争取中央预算内投资支持的3个新建项目有序推进，其中眉山市救助管理站青神分站已建成并投入使用。争取省财政预算安排资金1860万元，改造56个县（市、区）级救助管理机构，改善机构服务硬件设施。经过协调，调研指导相关市（州）做好成都大运会、杭州亚运会期间救助管理工作，确保工作平稳运行。开展“夏季送清凉”“寒冬送温暖”专项救助行动，与自贡市政府联合举行以“科技赋能筑大爱，温情救助守初心”为主题的全省救助管理机构“6·19”开放日暨“夏季送清凉”专项救助行动启动仪式。参与“打拐行动”等专项工作，营造全社会关心关爱流浪乞讨人员的氛围。针对不同时节下发安全管理工作提示6次，采取“四不两直”方式到德阳市、南充市等26个救助管理机构进行暗查暗访。各救助管理机构有序接回站外托养人员，站内救助资源利用率得到较大提高，市、县均建立返乡人员台账和易流浪走失人员信息库，源头治理成效明显。2023年，全省救助管理机构共护送返乡11349人次、寻亲成功407人，对滞留超过3个月仍未查明身份的流浪乞讨人员实施落户安置76人，并全部纳入特困供养和公办社会福利机构保障。

【加强监督】 紧盯重点领域，加强综合治理，印发《2023年社会救助领域群众身边腐败和作风问题综合治理工作要点》，加强对困难群众关心的救助审核确认流程、资金使用管理、信息公开公示等领域监管。配合驻厅纪检监察组开展“四不两直”暗访，保持监督基层经办工作的高压态势。向驻厅纪检监察组专题报告全省社会救助防返贫工作情况，自觉接受监督。开展社会救助审计发现问题专项治理“回头看”，开展重点民生资金专项整治行动等，对地方自查自纠和复查中发现的问题进行督促整改。探索数据波动较大地区预警触发机制，开发社会救助数据月报系统模块，每月抽取系统数据形成精准到县的4张库表，为省厅开展专题调度提供决策辅助支持。

【做好社会救济】 原襄渝铁路西段民兵民工及遗属补助、精减退职老职工救济补助、起义投诚人员补助工作有序推进，对象动态管理实现常态化。原襄渝铁路西段民兵民工及遗属补助领域社会稳定风险总体可控，全年未发生群体性事件。加强沟通协调，争取将精减退职老职工救济补助标准从不低于400/人/月调整至不低于600/人/月，保障了该群体的基本生活。

【加强创新实践】 坚持改革赋能，鼓励支持各地开展社会救助领域创新实践，各地申报案例总数再创新高，遴选推荐5个地方创新实践案例参加民政部优秀案例评选。坚持人才赋能，完成会同省委组织部举办的“统筹城乡社会救助体系”专题研讨班保障任务，针对市（州）党政领导、民政局局长开展专题培训；举办全省社会救助政策培训班、救助管理工作培训班，并举办全国社会救助先进单位和个人颁奖仪式，激发干事创业激情；举办工作组织政策培训班、工作座谈会、乡村“院坝会”，提升全省社会救助干部队伍业务的整体水平。

四川省民政厅编写组

农村防灾减灾

农业气象服务

【农村气象防灾减灾建设】 气象灾害监测体系更加精密。实施2023年站网工程建设，105个自动气象站、18部遥测式自动土壤水分观测系统、18部植被和物候观测系统完成招标，3部X波段雷达完成选址和报审。持续推进新型雷达观测资料的深入应用，研发短时强降水、雷暴大风、冰雹等灾害性天气客观识别产品，优化分钟级临近降水预报，构建上下联通，省、市、县实时协同的扁平化短临监测预警业务流程，实现暴雨、雷电、大风预警信号精细到乡(镇)。建立面向农业影响评估的月季年气象灾害风险预估业务流程和复盘会商机制。持续开展普查成果应用，完善秋雨等5个灾种及综合气象灾害风险预估指标和模型，暴雨等3个灾害风险评估产品分辨率提升至1km×1km。

【助力"天府粮仓"气象服务】 针对冬春连旱、夏伏旱突出，春夏多强对流天气、盛夏高温、华西秋雨等不利天气对春耕春播、夏收夏种、秋收秋种等关键农事活动带来的影响，全年共制作近100期各类农业气象服务材料，其中农业气象专题报告4期，助力粮食安全和乡村振兴。升级改造省农业气象综合业务平台，开发水稻种子生产、夏种大豆、酿酒高粱、晚熟柑橘、猕猴桃、茶叶等作物专业气象保障精细化服务系统模块、主要农业气象灾害分析预警服务产品制作模块，全年粮食作物气象产量评分达99.16分。在6个国家级水稻制种大县持续推进水稻制种气象保障服务，累计制作专项服务材料50余期。加强卫星遥感、人工智能等先进技术在农业气象服务中的深度应用，利用卫星遥感数据提取盆地水稻穗花期分布图，为水稻关键生育期灾害预警提供了遥感技术支撑。省气象局和农业农村厅联合确认晚熟柑橘、芒果、柠檬、再生稻4个省级特色农业气象服务中心。与农业农村厅等部门开展农情、灾情、产量样方联合调查12次，病虫害趋势、产量趋势等联合会商7次，农业气象灾害风险预警等联合会商8次，实现部门间高效联动。

【人工影响天气服务】 聚焦农业生产、蓄水保供、生态保护与修复等领域，开展人影作业，组织实施飞机增雨和探测65架次、大型无人机增雨和探测作业13架次、地面增雨作业3654批次，累计航时约212小时，累计航程约7万千米，增雨影响面积约33.5万平方千米，作业影响区域雨量普遍增大，有效增加了地表径流。全省全年开展防雹作业3522次，保护面积约4.15万平方千米。

聚焦需求应急服务，助力蓄水保供迎峰度夏。协调机场、空管等部门，加强作业条件监测分析，国、省、市会商研判，省、市、县三级联动，在岷江、雅砻江、大渡河、嘉陵江上游主动开展人工增雨作业，实施无人机增雨作业1架次、地面作业近150批次，影响面积约3万平方千米，增雨量约1亿立方米，为抗旱增墒和蓄水保供发挥了重要作用。

推进创新工作业务应用，助力森林火灾防治。在全国率先常态化开展以森林草原防扑火为主要目的的大型无人机人工增雨作业，破解了高海拔复杂地形区空中增雨作业的难题，扩展了全省人工增雨作业保护面积。与省林草局联合开展森林草原火险预测预报，做好春季森林防灭火气象保障服务。持续开展降低森林防(灭)火人工增雨作业，在森林火险高发期监测降水天气过程，加大作业力度，春季共开展飞机作业21架次、地面作业1500余炮(箭)次，为森林火灾防治发挥了重要作用。

四川省气象局编写组

农村消防工作

【基本情况】 2023年，全省农村消防工作得到加强，农村火灾形势持续稳定。全省全年共发生农村火灾1.84万余起，死亡36人，受伤26人，分别占全省总数的39.02%、31.3%和22.81%。

【明确消防安全责任】 结合中央关于农村消防工作的部署安排，按照国家消防救援局的工作要求，建立健全市、县(区)、乡(镇)三级消防安全委员会，明确细化县(区)、乡(镇)、村的农村消防工作责任。修订出台《四川省公共消防设施条例》。参与乡村国土空间规划省级专班工作，明确将城乡消防规划作为全省《乡镇级片区专项规划编制清单》13个专项规划之一予以编制保障。联合自然资源厅印发《四川省乡镇级片区消防专项规划编制指南》，对消防供水设施、消防车通道规划的编制要求进行规范和明确，提供依据支撑。推动各地紧跟城乡新一轮国土空间规划编制步伐，在全省启动实施城乡消防专项规划补短板工程，推进规划编制(修订)。

【夯实群防群治基础】 以网格化管理工作为着力点，联合省委政法委将消防网格化管理纳入社会治安综合治理平台，组织全省网格员全面开展网格内的防火巡查和消防宣传工作，发挥一线网格管理员入户巡查和消防宣传的"主力军"作用，最大限度地延伸消防工作末端触角。升级四川省消防网格化管理服务信息平台，实现记录工作情况、上传隐患影像、记载劝改流程、逐级上报解决等功能。针对"三合一""多合一""九小场所""独居老人"等农村火灾防控重点，各地消防部门联合行业主管部门、派出所、基层管理人员逐一进行排查，制定针对性整改措施，建立隐患排查整改台账，消除火灾隐患。指导各村委会通过高音喇叭、短信、微信等方式在不同时段提醒群众注意防火，并督促村民针对家庭用火、用电、用油、用气，焚香点烛，柴草堆放等行为开展自查自纠，及时清理易燃可燃物品，消除不安全因素。

【加强基层基础设施建设】 指导各地持续加强市政消火栓建设、通水和维修等管理工作，出台管理办法、协调机制、实施方案，解决市政消火栓损毁、欠账问题；对部分消火栓实施智慧赋能，满足GPS定位功能，实时监测消火栓压力、流量。加强对农村消防队伍的业务指导，推动建立定期培训演练的常态机制，提高农村初起火灾扑救水平。推动省委深改委审议《关于改进和加强基层消防安全治理的指导意见》，加快推进基层消防治理"一办六有"（消防工作办公室，有组织机构、有监督执法人员、有经费装备队站，有监督执法服务、有灭火救援、有指挥调度）建设，推动编制出台市、县、镇三级城乡消防专项规划880部，编制率91.6%；推动设立2589个乡（镇、街道）消防工作办公室，在85个乡（镇、街道）启动委托执法试点。推进一线消防救援力量优化编配试点，全年新（改）建乡（镇）消防站82个，推动万人拥有消防救援人员数量由1.79人提升至2.45人，首战到场时间、火灾扑救时间分别下降26%和24%，"城市5分钟、农村30分钟灭火救援圈"逐步形成。

【加强宣传教育培训】 主动融入地方基层治理改革大局，将消防安全纳入村（社区）治保委员会工作职责，常态化开展火灾隐患巡查和消防公益宣传。协调省卫生健康委、民政厅，针对独居老人、留守儿童开展"安全回巢"关爱行动。推动乡（镇）卫生院设置消防宣传点位，成立消防宣传服务队。依托59个新时代文明实践中心、46个实践所建立消防志愿者服务站，组织社会公众广泛参与消防志愿服务。与文化和旅游厅签订战略合作框架协议，指导各地协调当地文旅局利用20万余个"村村通"大喇叭开展消防安全宣传，并分县（市、区）组建微信工作群，指导乡（镇）利用"坝坝会"、围炉茶话会、公益电影放映、消防宣传车等方式普及消防安全常识，提升火灾防控能力。

四川省消防救援总队编写组

农村群团工作

农村青少年工作

【"新时代好少年"学习宣传活动】 组织开展"新时代好少年"学习宣传活动，全年共评选30名四川省"新时代好少年"，其中2人被评为全国"新时代好少年"。在北川县举办四川省"新时代好少年"发布仪式暨"以梦为翼　青春启航"主题夏令营，展现当代青少年的优秀道德品质和良好精神风貌，牢固树立青少年爱国之心、报国之情、强国之志，争做担当民族复兴大任的时代新人。全省"培育'榜样少年'点亮成长之光"工作经验在全国座谈会上作交流推广。

【支持乡村学校少年宫建设】 全年争取中央专项彩票公益金1943万元，支持原国贫县1270所乡村学校少年宫运转，开设劳动技能、非遗手工、国学艺术等课程，拓展活动形式和内容，丰富农村青少年的课余文化学习生活，打造培育时代新人的坚强阵地。在四川文化艺术学院举办全省第27期乡村学校少年宫辅导员培训班，组织280名参训学员开展集中分类培训，开设经典诵读、书法、声乐等8个班次，提升全省乡村学校少年宫辅导员骨干队伍整体素质，发挥好乡村学校少年宫在农村青少年思想道德建设方面的重要作用。

中共四川省委宣传部编写组

农村妇女儿童工作

【加强顶层设计】 聚焦全省家庭家教家风建设情况开展调研，牵头起草《关于进一步加强家庭家教家风建设的意见（代拟稿）》，并多次召开座谈会征求专家学者、妇联干部、省级部门意见建议，推动省委办公厅发文。《家庭教育促进法》出台后，通过编印《家庭教育促进法》宣传动漫、线上线下举办专家讲座、网上竞答等方式宣传《家庭教育促进法》，推动法律走入家庭、走近群众，增强协同育人共识，构建家校社协同育人新格局，逐步形成家校社协同育人合力。

【弘扬优良家风】 深刻领会习近平总书记关于注重家庭家教家风建设重要论述的价值意蕴，推进家庭文明建设，先后推荐全国"最美家庭"38户，联合省文明办寻找省级"最美家庭"200户，各级妇联、文明办寻找"最美家庭"5万余户。"5·15"国际家庭日期间，联合省文明办在眉山市举办"家和万事兴——家教家风主题展"暨家风故事分享活动。各级妇联全年共举办家风故事宣传宣讲近1000场次。

【家教服务】 推进实施"爱在开端""阳光驿站"项目，引导达州、绵阳、广安、阿坝等7个市（州）46个村（社区）近万个家庭科学育儿。联合省委宣传部、省语委、教育厅线上线下举办"书香飘万家　阅启新征程"——四川省家庭亲子阅读活动，吸引100余所学校、1万余个家庭参与。召开第四届四川省家庭教育研讨会，聚焦"传家风、新融合、育新人"主题，推动家校社携手开创家庭教育新格局，推动教育事业发展。邀请专家录制"天府家教微课"20期，并免费向广大家庭推送。先后组织省家庭建设研究院专家到雅安、广元等地开展家庭教育专题讲座12场次，2500余名家长聆听讲座。

【关爱少年儿童】 坚持“儿童优先”理念，以帮助未成年人“扣好人生第一粒扣子”为目标，聚焦家庭监护教育、家庭监护指导、家庭监护监督，牵头推进实施未成年人保护“家庭监护提能计划”。联合重庆市妇联开展“红岩少年心向党”庆祝六一国际儿童节主题活动。在青川县竹园镇中心小学举办六一国际儿童节主题庆祝活动，引导新时代少年健康成长。联合省老促会等筹集资金30余万元，走访慰问7所革命老区学校的留守（困难）儿童。暑假期间，联合省委网信办、省法院、省检察院、教育厅、公安厅、民政厅、司法厅、省卫生健康委、应急管理厅、省体育局、省总工会、团省委、关工委等14个部门，以“少年儿童心向党　关爱守护伴成长”为主题，开展各类关爱服务活动11926场次，走访慰问儿童76610名，结对帮扶留守孤困儿童22429名，受益家长（儿童）373475名，48782名志愿者参与。

【开展移风易俗工作】 按照全国妇联工作部署，牵头在成都市武侯区、凉山州越西县开展移风易俗试点。配合全国妇联在四川省开展四川省农村地区移风易俗工作现状调研，总结评估全省创新实践的基层治理经验，获得全国妇联调研组的肯定。按照省纪委、农业农村厅、民政厅统一安排，聚焦高价彩礼、人情攀比、厚葬薄养、大操大办、铺张浪费等突出问题，制定试点方案，细化落实措施。运用多种传播平台、创新传播手段，采取群众喜闻乐见、具有地方特色的形式开展新型婚育文化、新时代家庭观宣传教育，讲好“家庭故事”，加强正面宣传引导。省妇联领导先后带队到凉山州、宜宾市、泸州市、乐山市、攀枝花市开展移风易俗宣传宣讲、指导督导10余次，引导广大家庭摒弃陈规陋习、转变思想观念，践行社会主义核心价值观。

【推进“三年行动”】 在昭觉县召开省、州妇联开展“树新风　促振兴”三年行动暨洁美家庭建设现场推进会。“春蕾计划”成效明显，2023年参加高考的200名“春蕾女生”中，本科和专科上线率达100%。开展“洁美家庭”创建，截至2023年年底，已创建“洁美家庭”545385户，占全州农村家庭总户数的73.9%。全州已建成“新风超市”366个。赋能培训全面实施，先后举办维权服务、婚育文化、健康服务、维权普法、学普用普等各级各类培训班66期，受益人数近1000人。截至2023年年底，凉山州学前儿童普通话合格率整体提升至97.96%，45周岁以下妇女普遍能听、会说普通话，综合素质不断提升。持续推进艾滋病预防，面向53357人次开展卫生健康知识培训630场次；面向229772人次开展宣传活动6300场次；动员1.5万人参与抗病毒治疗，死亡纠正后母婴传播率下降至0.86%。

四川省妇女联合会编写组

农村妇女就业与创业

【加强就业政策宣传】 做好观念引导。打造“天府巾帼大讲堂”品牌，各级妇联到乡村、企业开展“巾帼大学习”“巾帼大宣讲”活动，培养、选树“巾帼建功标兵”“乡村女能人”等，通过学习宣讲、典型选树等方式引导农村妇女树立正确的就业观与择业观。

做好政策宣传。指导各级妇联及时对接人力资源社会保障厅等部门，通过制作政策宣传海报、政策问答等形式，对重点群体、用人单位较为集中的社区、园区，主动开展“送政策上门”，增强政策传递的准确性、有效性。

做好岗位宣传。开展走访调查，了解农村妇女的就业状况、就业需求、就业愿望等，做到人员底数清、就业需求清、务工意向清、创业诉求清。向群众提供各类用工、技能培训、工作岗位等信息，登记就业需求，引导农村妇女就近就地就业，累计服务200万余人次。

【开展技能培训】 省妇联整合社会资源实施“乡村振兴巾帼人才培养计划”，面向乡村振兴女性带头人和农村妇女围绕特色种养、手工、家政、电商等领域分层分类开展培训，累计开展市（州）级培训68期、4035人，县（区）级培训806期、45482人。

【拓宽就业渠道】 开展专场招聘会促就业。各级妇联开展“春风送岗”女性专场招聘活动，累计开展线上线下招聘活动1598场，提供就业岗位13.5万个，提供就业帮助32.84万人次，发放各类宣传手册123万份。持续深化川浙、川渝劳务协作，落实省内结对帮扶，拓宽劳务输出渠道，在信息资源共享、联合开展招聘、精准培训输出等方面加强常态化合作，深化劳务协作对接。巴中市妇联携手浙江省义乌市妇联举办东西部协作2023年女性专场招聘会直播带岗活动，义巴两地1228家企业线上共提供女性就业岗位5895个，直播间实时在线参与人数达65.54万人次。资阳市、县两级妇联整合资源，联合成都市、德阳市、眉山市、重庆市人社等部门开展“春风行动”“巾帼家政零距离　幸福万家惠民行”等主题的就业援助月招聘会；涪江流域川渝九地妇联开展“同饮一江水　同圆共富梦”——涪江流域川渝九地巾帼云送岗招聘活动。

发挥乡村振兴巾帼基地带动作用。围绕乡村产业振兴，指导各地因地制宜发展乡村旅游、家政服务、电子商务、手工编织等妇女特色优势产业和新产业新业态，促进农村一二三产业融合发展，“妈妈岗”“巾帼工坊”“巾帼创意集市”等乡村振兴巾帼品牌持续赋能。开展“乡村振兴巾帼基地”创建，2023年创建全国巾帼现代农业科技示范基地5个、省级妇女居家灵活就业示范基地12个、省级巾帼现代农业科技示范基地8个；分层分级建立省、市、县三级农村“妇字号”基地1703个，带动25.5万名农村妇女实现就业增收。

【加大关心关爱及权益保护宣传】 开展暖心关爱。省妇联带队到各市（州）开展走访慰问活动，与农村妇女“唠家常”，仔细聆听她们的困难和需求，累计走访1500人次，发放物资21万元。各级妇联集中慰问、入户走访各类群众代表25819人次，发放物品价值共349万元。

开展维权宣传与帮扶。聚焦女职工就业环境、产假及待遇等权益问题，与人力资源社会保障厅联合开展专项执法检查，就女职工劳动合同、工资支付、社会保险、产假待遇和二孩（三孩）特殊保护、职场性骚扰等方面工作维护女职工劳动权益和人身权益。配合省人大常委会完成《四川省妇女权益保障法实施办法》修订，5月经省人大常委会审议通过，9月1日实施。打造“天府小妹微普法”线上普法栏目，以喜闻乐见、接地气的方式宣传妇女儿童相关法律法规、女职工权益维护及防邪教、禁毒防艾、安全生产等，并通过妇联“一微二网三平台N群N号”新媒体平台推送至农村妇女群体手中。

【推进巾帼家政品牌发展】 省妇联培育“天府妹子”巾帼家政公益品牌，并在成都市、攀枝花市等地建立四川省“天府妹子”巾帼家政服务站10个。开展“家政进社区”相关工作，累计开展活动621场次，建立家政站点204个；建立地方人才库16个，入库2536人。

省妇联指导四川省巾帼家政发展促进会建成“天府妹子·巾帼家政”大数据服务平台，持续完善巾帼家政人才数据库，形成人才库资源共建共享机制，截至2023年12月，巾帼家政技能人才库完成人才入库9000人、企业入库150家。

在泸州、攀枝花、南充、成都四地召开全省巾帼家政工作片区会，组织140余家企业参与培训。针对全省各年龄层待就业妇女开展公益培训和供需对接活动，开通家政企业招聘专栏。2023年，各市（州）累计开展培训962场次，覆盖39428人次，促进就业17829人；开展家政类技能竞赛35场，186个家政集体及个人在比赛中获得荣誉。

【实施“春蕾绽放”项目，促进女大学生返乡创业】 针对返乡创业女大学生实施“‘春蕾绽放’女大学生就创业微计划”。电子科技成都学院、成都信息工程大学等5所高校开展创业就业指导宣讲会，覆盖女大学生1000余人次。开展创业巡诊帮扶活动，到高校、乡村对已创业、正在创业的女大学生开展创业巡诊帮扶活动6场次，直接帮扶创业者及项目30个，培育更多乡村新产业、新业态。举办“春蕾绽放”返乡创业就业训练营，围绕巩固脱贫攻坚成果、助力乡村振兴建设，“点对点”孵化指导30个女大学生创业项目。升级打造“春蕾绽放”网上服务平台2.0版，开设“春蕾绽放”云学院，制作创业在线课程48个学时。新建“春蕾绽放”云集市，聚集全省女大学生创业代表商品，打造聚合式电商平台。

四川省妇女联合会编写组

农村民主法制建设

农村司法保障和法律服务工作

【基本情况】 2023年，全省法院系统围绕“公正与效率”主题，按照“实质化运行、优质化提升”工作思路，为大局服务、为人民司法，以审判工作现代化支撑和服务四川现代化建设。全省法院全年共受理各类案件189.48万件，审、执结173.32万件，其中省法院受理案件2.83万件，审、执结2.6万件。

【建设更高水平平安四川、法治四川】 全面贯彻总体国家安全观，坚持治罪与治理并重、源头与末端兼顾，循天理、遵国法、顺人情，以良法善治推进四川之治，以新安全格局保障新发展格局。

维护国家安全。从严惩处煽动分裂国家、邪教等犯罪，坚决维护国家政权安全、制度安全、意识形态安全。贯彻《中华人民共和国反间谍法》，王某某等人向境外提供情报、刺探军事技术行为被依法严惩，国家安全不容侵犯。审理涉黑恶及“保护伞”犯罪案件93件1083人，追缴“黑财”8.39亿元。推进金融放贷、市场流通、工程建设等领域扫黑除恶专项整治，谢某某非法吸存、套路放贷，曹某某垄断砖瓦市场、盘剥抽利，付某某非法采矿、强买强卖等均被依法铲除。全年审理涉毒品犯罪案件2561件3727人，从重惩处团伙制毒、大宗贩毒，王某某等人制贩毒800余千克，21人被判处无期徒刑直至死刑。加强禁毒工作，川渝黔滇法院签署协议，首创全国省际禁毒司法协作机制。联合凉山州委、州政府深化“打防帮教”，遏制家族式贩毒，巩固禁毒成果，实现外流贩毒人数从峰值的1604人降至12人，新收案件数较2018年减少85.88%，禁毒经验被最高人民法院向全国推广。

守护社会安定。严惩杀人、抢劫等严重暴力犯罪5069件7018人，重刑率达36.58%，其中王某某因感情受挫残杀3名无辜女性，手段极其残忍，影响极其恶劣，被依法执行死刑。打击电信网络诈骗及帮信、洗钱等犯罪，审理案件6479件1.47万人。联合省检察院、公安厅出台办理电诈案件工作指南，统一全省办案标准，凝聚共同打击合力，斩断上下游犯罪链条。审理“4·1”特大跨境电诈系列案，331人被惩办，获得国务院联席办的高度肯定。坚守安全红线，依法惩处危险作业、重大责任事故等犯罪51件96人。某水电公司因对设备采购、验收、安装疏于监管，导致水电站发生较大透水事故，造成人员伤亡和重大经济损失，10人被追究刑事责任。依法惩治腐败，审理贪污贿赂、渎职等犯罪案件910件1075人，分行业、分领域组织观看庭审2.7万人次，以身边事教育身边人。

助推法治政府建设。把“监督就是支持，支持就是监督”贯穿每一个案件办理始终。全年审理行政案件1.22万件，判决纠正行政机关违法行为2006件，准予行政机关强制执行行政处罚、拆除违章建筑等3738件。妥善化解涉白鹤滩水电站行政争议3504件，保障移民合法权益、大国工程运行、社会大局稳定，落实好习近平总书记关于“统筹推进后续各项工作”的嘱托。开展专题调研，推动省政府将行政诉讼胜诉率、调撤率、出庭应诉率等纳入市（州）政府目标考核，成都、绵阳、广安、达州、雅安等21个市（州）长出席庭审观摩、联席会议、同堂培训“三巡回”活动，共同将府院联动优势转化为政府治理效能。秉持“案结事了政通人和”理念，建立行政争议调解中心74个；遂宁、乐山等地法院推动建立违法行政行为容错纠错机制，促进3078件行政争议实质化解。泸州法院会同当地政府化解某中学宿舍楼征收补偿纠纷，长达10年的教职工安置问题得以妥善解决。

参与社会治理。坚持把非诉讼纠纷解决机制挺在前面，联合党委、政府在城镇、村（社区）、企业园区共建诉源治理中心414个，与省工商联等15家单位优化诉调对接，人民法院调解平台入驻调解组织3810个、调解员2.2万名，诉前解纷58.06万件，万人起诉率较全国均值低5.75%，实现解纷资源配置在一线、矛盾纠纷化解于萌芽。雅安法院打造“法律超市”，甘孜法院创新“太阳部落五步法”，在群众家门口息诉止讼。推进“枫桥式人民法庭”创建，结合区位特点、群众需求分类培优人民法庭，延伸司法服务触角。大邑县法院安仁法庭引导“东岳花苑”社区自治，368件纠纷无一进入诉讼。阿坝县法院麦尔玛法庭结对帮扶单亲母亲650人，让现代婚姻观念深入人心。丹棱县法院统筹辖区法庭推进“五调融合”，全链条化解土地流转、产销运输等橘橙产业纠纷。综合运用司法建议、示范诉讼化解同类型、群体性纠纷，实现“办理一案、治理一片”。泸州、乐山、眉山法院向住建部门、物业公司发送规范管理司法建议，物业纠纷同比减少40.26%。

【助力经济社会高质量发展】 围绕省委“全力以赴拼经济搞建设，坚定不移推动高质量发展”决策部署，深耕服务大局优质化，在法治轨道上保障市场有序、产业振兴、城乡融合、绿色发展，助力四川由经济大省向现代化经济强省全面跃升。

服务重大战略实施。推进成渝地区双城经济圈建设，两地司法协作拓展至消费维权、生态保护等8个领域，全年跨域立案、代为送达、委托执行2.68万件次，川渝通办量同比增长31.05%。两地自贸区法院优化法律查明与适用机制，协同化解中欧班列、西部陆海新通道等涉外商事纠纷，平等保护中外当事人合法权益。加快推进天府中央法务区提功能、升业态，举办法治协同发展论坛，获批设立成都环境资源法庭，开工建设省法院、成都中院审判法庭，形成“一点六院七庭”新格局，建设资源集聚、业态齐全、法商融合新地标。全面促进均衡发展，制定对口支援涉藏地区、彝区法院工作三年规划，加快补齐发展短板。出台意见支持攀枝花共同富裕试验区建设，助力打造先行样板。保障重大项目建设，川藏两地法院结对开展司法协作，妥善审理建设工程、劳动争议、生态保护等案件153件，护航川藏铁路世纪工程建成“团结线”“幸福路”。

保障市场运行健康有序。牢固树立“一个案件就是一个营商环境”理念，稳妥办理涉企案件56.38万件，保护各类市场主体平等准入、公平竞争。深化涉案企业合规改革，推进天翔环境、浩元恒达等32家企业合规整改，有效救治市场主体。依法惩治合同诈骗、非法经营等扰乱市场秩序行为，审理案件1981件4587人，维护市场交易秩序。审理知识产权案件1.89万件，优化快审机制，35.09%的案件在30天内审结。加大关键核心技术、新兴领域知识产权司法保护力度，判处惩罚性赔偿数额同比增长43.49%，华鲁恒升公司等侵害金象公司蜜胺生产系统技术秘密，被判赔9800万元并执行到位，激发市场创新活力。开展“破产案件审判攻坚年”行动，推动698家“僵尸企业”有序退出，盘活资产190亿元，充分释放市场动能。乐山法院4个月并案办结鑫河、川辉等12家公司破产重整案，让负债30.8亿元的民营企业涅槃重生，稳住了西南工业硅产业支柱。自贡、泸州、南充、雅安等地法院常态化开展中小企业恳谈问需，及时纾解涉法涉诉难题。成都法院设立全生命周期楼宇企业法律服务中心，实现“小事不出楼宇、大事不出商圈”。

服务现代化产业体系建设。紧跟省委优势产业提质倍增行动，“一企一策”提供定制化司法服务。省法院出台名优白酒司法保障意见，发布维权、审判指南，助力打造世界级优质白酒产业集群。绵阳、内江、资阳等地法院组建专门团队、开展法治体检，主动跟进九洲集团、“页岩气+”、中国牙谷等重点项目建设落地。聚焦新兴产业发展需求，贴近自贡航空、遂宁锂电、宜宾三江等产业园区设立人民法庭，审理案件1.18万件，助力打造航空航天、动力电池等世界级地标产业。围绕文旅产业融合发展，设立27个旅游环保法庭，妥善化解涉旅纠纷，持续擦亮“云上金顶”“四圈四同”等司法品牌。甘孜法院“一景区一法官”服务全域旅游，30分钟快速响应。设立武侯祠、三星堆、翠云廊等16个司法保护站，为历史文脉赓续注入司法力量。着眼现代乡村产业振兴，在成都市、眉山市设立“天府粮仓”司法保护示范基地，发布种业知识产权司法保护白皮书和典型案例，审理涉雷波脐橙、攀枝花芒果、峨眉山茶等地理标志产品案件52件。

筑牢长江黄河上游生态屏障。坚持用最严格的制度、最严密的法治保护生态环境，出台29条措施保障美丽四川建设，其中杨某某等6人盗挖若尔盖湿地泥炭案、屈某某等3人非法处置危险废物污染环境案分别入选青藏高原、大熊猫国家公园生态保护典型案例。审理非法占用、严重污染耕地等犯罪案件71件，保护好四川产粮宝地。绿丰公司硬化耕地修建厂房被处罚金并限期修复，耕地红线不容触碰。严惩盗伐林木、盗猎动物等犯罪，审理案件574件1006人，判处猎杀彩鹮的詹某某有期徒刑，保护生物多样性。树牢上游意识，审理暗管偷排、非法捕捞等案件486件985人。重庆虹彩工程部等在渠江涂装17艘船舶，造成地表水、底泥重金属超标，依法承担生态环境损害修复费用13万余元。深化省内外司法协作，与周边7个省（区、市）共建生态环境跨域保护机制，在全省推广“纽扣法庭”，守护长江黄河干支流长久安澜。

【践行“如我在诉”，促进公平正义可感、可触、可及】 坚持人民至上，以信息化建设和司法改革为牵引，推进为民司法优质化，积极回应司法需求，高效维护合法权益，让群众切实感受到公平正义就在身边。

加速兑现胜诉权益。推动将解决生效判决执行难工作纳入依法治省工作要点，压实“一把手抓”工作机制，攻坚“切实解决执行难”。全年共执结案件48.5万件，执行到位1644.1亿元，居全国第三位。加强线上线下快查协查，进入执行后三日内完成人员信息、存款、机动车、不动产、住房公积金、股票债券“六必查”，查人找物343.77万件次，网格员提供线索9.58万条。巴中法院建立执行110平台，执行到位率提升至65.66%。推进财产处置全程在线办理，网络评估拍卖节约佣金8.03亿元。运行案款可视化管理系统，临期自动预警，案款发放平均用时不超过4天。加大消极执行、选择性执行、乱执行根治力度，执行信访率低于全国平均值。保持打击拒执高压态势，判决拒执犯罪344人，决定拘留罚款1.35万人，同比分别上升26.3%、40.66%，促使被执行人履行案款109.21亿元，其中张某某欠款1343万元，转移财产潜逃12年，被判处拒不执行判决罪。深化善意文明执行，帮助“诚实而不幸”的企业渡过难关。某矿业公司陷入经营困境，法院以活封活扣助企恢复生产并履行案款4.35亿元。

保障民生权益。全年妥善审理涉食品、医疗、住房、就业等民生案件12.07万件。严惩以假充真、以次充好等涉食药品犯罪485件923人，让群众吃得放心。陈某组织人员以西药混入面粉的方式冒充名贵中药丸销往全国，获利6178.8万元，被判处有期徒刑14年，并处罚金1.24亿元。出台意见规范涉房地产案件司法处置，成都、德阳、南充、眉山等地法院适用破产程序化解涉房地产停工项目纠纷，支持以招商、垫资等方式回笼资金，保障复工续建270万平方米，交房2.56万套。内江、宜宾、资阳等地法院联合政府，以先例判决作示范，形成不经诉讼直接办证会议纪要，解决1.93万户业主办证难问题。攀枝花法院制定裁判指引，保障老旧小区增设电梯556部，惠及2.3万人，让群众住得舒心。审理醉驾、毒驾等案件1.23万件1.24万人，其中苏某酒驾强行闯岗致辅警重伤，被判处有期徒刑6年，让群众行得安心。联合人社、工会等8部门建立劳动人事争议协商调解机制，31.29%的纠纷在诉前化解。宣汉县法院开展联合调解，帮助115名农民工兑付工资1000余万元。

呵护重点群体。严惩侵害未成年人犯罪，审理案件1650件1949人。从严从重打击亲属、熟人或利用教师、医生等职业便利性侵未成年人犯罪，判处16人无期徒刑以上刑罚，对54人严格适用终身从业禁止。选任1861名法官担任法治校长，在未成年犯管教所设立法治教育基地，培育“小灯塔”“青柠花开”“宗巴雅母”“索玛花开”等未成年人司法保护品牌。常态化打击假借投资理财、保健养生等实施养老诈骗犯罪，审理案件112件443人，为5.38万名被害人“追赃挽损”，“桂森苑”养老公寓非法吸收公众存款案退赔案款1.04亿元，兑现率100%。审理婚姻家庭纠纷13.85万件，明确家暴不是家务事，发出人身安全保护令，构筑“隔离墙”；设立反家暴中心搭建庇护所，提供法律咨询、心理疏导等2.58万次。妥善化解涉军纠纷307件，加强涉军案件执行协作，维护军人军属合法权益。加强残疾人等弱困群体保护，主动与社会救助衔接，全年开展司法救助3814人5451.12万元。

弘扬社会主义核心价值观。坚持“一个案例胜过一打文件”，以司法裁判扬善美、笞丑恶。支持勇斗劫匪、身负重伤的张亨年获得损害赔偿，弘扬社会正气。判处以虚假诉讼套取公积金的邓某某拘役三个月，以“低价游”为手段强迫游客购买劣质商品的冷某某犯强迫交易罪，倡导社会诚信。判决施救突发疾病乘客失败的彭某某无责，已尽安全注意义务的物业公司不承担业主酒后溺亡赔偿责任，明晰裁判导向。认定卢某某安装电子猫眼覆盖邻居入户区域侵犯隐私权，铁路部门使用人脸识别技术时应履行告知义务，保护个人隐私。判处充当“网络推手”恶意散播虚假信息的李某有期徒刑，在直播间臆造事实煽动网民辱骂诋毁他人的黎某某侵权并公开道歉。“扎紧治网篱笆”，冯某某为追债挖人祖坟、盗取骨灰藏匿外省，被判盗窃骨灰罪。凉山法院适用移风易俗条例妥善化解婚约纠纷，遏制“天价彩礼”，引领社会文明。

提升司法体验。省法院统一接听全省12368热线，集约办理诉讼指引、进度查询等8项事务，96.61%的简单问题三分钟解决，复杂诉求工单派发责任法院限期办结，让群众拨通一个号找得到人、查得了案、办得成事。深化科技应用，推动诉讼方式变革，网上立案56.64万件、在线庭审4.23万场、电子送达164.61万次，让群众一键全签收、云端能开庭、指尖可诉讼。将答疑贯穿诉前、审中、判后各阶段，一审服判息诉率90.02%，主审法官作为第一责任人，主动邀请代表、委员、律师等参与答疑，让群众看得懂、想得通、心里服。推进“有信必复”，完善识别分类、跟踪督办机制，让群众第一时间知道由谁办、怎么办、何时了。以当事人视角开展“案件—纠纷”双向考评改革，严控审限延长、压减流转时间，从递交诉状到兑现真金白银用时缩短238天。广元法院明确上诉移送节点、流程、人员，案件移送周期缩短至23天。遂宁法院设立“鉴定管理官”，加强鉴定案件全周期监管，当事人拿到鉴定结果平均耗时缩短40天，让群众感受案件办理流程少、用时短、效率高。

【打造堪当时代重任的法院铁军】 把党的政治建设放在首位，深入贯彻习近平文化思想，弘扬新时代法院文化，持续培养“三高六质法官”，政治生态更加清朗，队伍活力充分迸发，干警面貌越发昂扬。

推进主题教育。组织开展学习贯彻习近平新时代中国特色社会主义思想主题教育，做好第一批、第二批衔接联动，把实的要求贯穿全过程。深化理论学习，开展专题党课、交流研讨、现场教学等1.09万次。到镇（街道）、村（社区）、企业调研走访5715次，形成刑事涉财执行、服务保障民营企业等重点课题成果466项，在破解难题中推动发展。一体推进查改治建，检视整改突出问题，解决群众“急难愁盼问题”，三年以上长期未结、久押不决案件存量清零，把主题教育成果转化为干事创业的生动实践。

培优人才队伍。选优配强领导班子，全省法院班子成员中“80后”占总人数的35.1%，大学本科及以上学历人员占比提升至97.9%，年龄、知识结构不断优化。加强人才外引内培，招录、遴选、引进急需紧缺专业人才579名。深化“三大工程”，“青苗工程”扣好入职“第一粒扣子”，“青蓝工程”71%的学员成长为领导干部，“领军工程”培育161名业务型专家，青蓝相继、薪火相传的人才梯队逐渐形成。推进员额、编制跨域动态调整，选派569名干警扎根基层担重历练，均衡分布、逐级晋升的人才格局基本构建。坚持严管厚爱，严格落实防止干预司法“三个规定”，秉公办案、清正廉洁的司法作风持续巩固。

弘扬法治文化。发挥文化持久的传播力、感染力、渗透力，实质运行“文化四室”722个，建成法治会客厅、法院文化博物馆等法治文化基地206个，成立“浅草”文学社、菁研社，学术调研成果排名升至全国第二。举办首届四川法院文化季，广安、巴中法院传承红色法治基因，建设中国法官林、革命法庭陈列馆。广元、南充法院汲取地域文化力量，培育“法小凤”“阳光果果”文化品牌。开展“庭审进万家”“百名法官进百企”活动1023次，开庭审理跨越20年的重大刑事案件被中央电视台在国家宪法日重磅推出。打造《小心有诈》《法官来了》《探秘生态秘境“华西雨屏”》等作品，全网观看量达到11.92亿次。

四川省高级人民法院编写组

农村司法行政工作

【完善促进农村发展制度保障】 根据省政府2023年立法计划，推进修订《四川省〈中华人民共和国农民专业合作社法〉实施办法》，进一步健全政府促进农民专业合作社发展机制，规范农民专业合作社的运行管理，加强对农民专业合作社的指导服务，完善农民专业合作社扶持措施，促进小农户与现代农业发展有机衔接，助力建设新时代更高水平的“天府粮仓”，促进乡村振兴战略实施和农业农村现代化。推进修订《四川省农村住房建设管理办法》，进一步加强农村住房建设管理，保障农村住房建设质量安全，改善农村人居环境，促进宜居宜业和美乡村建设。对《中共四川省委四川省人民政府关于做好2023年乡村振兴重点工作加快推进农业强省建设的意见》《四川省人民政府关于规范农村宅基地范围及面积标准的通告》《四川省农村一二三产业融合发展行动方案》等18件涉“三农”工作的文件进行合法性审查，提出了涉及内容违法、风险提示、工作建议等审查意见15条，推动政府依法决策，全面推进乡村振兴。

【健全乡村公共法律服务体系】 完善省、市、县、乡、村五级公共法律服务体系，织密乡村公共法律服务网络，截至2023年年底，全省各地共建成乡（镇、街道）公共法律服务工作站3101个、村（社区）公共法律服务室27710个。加强顶层设计，将乡村振兴法治保障工作作为《四川省公共法律服务条例》立法重要章节。深化“乡村振兴法治同行”活动，出台《关于深入推进公证助力乡村振兴活动的实施意见》，办理涉农公证38万件；召开“乡村振兴法治通行”四川省公证行业助力乡村振兴暨典型案例新闻通气会，发布《公证助力土地流转》等15个典型案例。支持鉴定服务美丽乡村建设，全省司法鉴定机构全年共办理土壤污染、涉农资源和生态环境破坏等环境损害司法鉴定案件3063件。举办全省首届“一村(居)一法律顾问”培训示范班，村(社区)法律顾问共提供法律咨询服务10万余人次。持续推进村(社区)“法律之家”建设，推动普法宣传与法律服务、基层自治的深度融合，全省各地已累计建设村(社区)“法律之家”3100余个。

【推动农村法治宣传教育】 按照“法治四川行”一月一主题活动整体部署，利用“12·4”国家宪法日和“宪法宣传周”、“民法典宣传月”、中国农民丰收节等重要时间节点，组织开展森林草原防灭火、环境保护、反电信网络诈骗、乡村振兴等群众性法治文化宣传活动，传播法治知识，讲述身边法治故事。2023年“宪法宣传周”期间，联合各“谁执法谁普法”责任部门结合职能职责，组织开展宪法主题宣传活动，推动“《中华人民共和国宪法》进乡村、进社区、进机关、进学校、进企业、进军营、进网络”，覆盖人数累计3300万余人次，增强了全社会的法律意识。联合有关部门举办集中“三个一百”主题宣讲示范活动，通过广泛宣讲，让《中华人民共和国民法典》走进群众身边、走到群众心里，助力全省经济社会发展和法治乡村建设，提升基层治理体系和治理能力现代化水平，为治蜀兴川再上新台阶提供法治保障。

【加强民主法治示范村(社区)创建】 将创建工作作为推进法治乡村建设的重要抓手，推进国家级、省级两级民主法治示范村(社区)创建，推动基层德治与法治深度融合，强化基层法治示范引领，加强对民主法治示范村(社区)的动态管理，优化民主法治示范村(社区)空间布局，截至2023年年底，共创建全国民主法治示范村(社区)9批次300个、省级民主法治示范村(社区)2批次403个，干部群众的法治意识和法治观念明显增强，办事依法、遇事找法、解决问题用法、化解矛盾靠法的法治良序基本形成，为全面实施乡村振兴战略、开启全面建设社会主义现代化四川新征程、推动治蜀兴川再上新台阶提供了法治保障。

【推进村(社区)“法律明白人”培养】 联合有关部门组织开展寻找四川最美“法律明白人”活动，评选出四川最美“法律明白人”10名、提名奖10名，通过讲述“法律明白人”在乡村(社区)基层开展法治宣传、化解矛盾纠纷、助力道德建设等方面的故事，推动四川“法律明白人”培养工作落地落实，营造全社会关心、理解、支持、参与“法律明白人”培养工作的良好社会氛围，活动展播环节参与点赞投票人数超过40万人次，整体活动阅读量超过500万人次。举办2023年度全省“法律明白人”提能培训班，对全省200名“法律明白人”代表进行现场培训，线上覆盖人次超过10万人次。全年组织开展2023年度市级示范培训班、县级集中培训班1590余场次，共培训“法律明白人”18.5万余人次。利用“法律明白人”来自群众、服务群众的独特优势，鼓励推动“法律明白人”主动参与基层工作。截至2023年年底，全省共培养认定村(社区)“法律明白人”17.9万余名，平均每个村(社区)有5名以上“法律明白人”。组建省、市两级“法律明白人”师资库20个，建成“法律明白人”实训基地171个、实践工作站1232个。

【开展乡村矛盾纠纷排查化解】 部署开展“坚持和发展新时代‘枫桥经验’深入开展矛盾纠纷‘大起底大排查大化解’”专项活动，在元旦、春节、全国(全省)两会、成都大运会等重大节庆和重要活动时段对人民调解组织队伍、制度机制、工作成果开展“大起底”，对“死角盲区”、重点时段、重点人群开展“大排查”，对存量纠纷、老案积案、重点领域开展“大化解”，发挥人民调解在维护社会稳定中的“第一道防线”作用。截至2023年年底，各地共建成乡村人民调解组织2.87万个，培育乡村人民调解员13.49万人。全年共调处婚姻家庭、邻里、山林土地、房屋宅基地等涉农矛盾纠纷21.45万件，涉农民工纠纷近7000件。组织开展全省乡村人民调解员提能培训班，提升乡村人民调解员服务法治乡村建设、推动乡村振兴的能力水平。会同省法院、公安厅等部门联合印发《关于进一步深化诉调、警调、访调、检调对接的意见》，深化部门协作，推动构建矛盾纠纷多元化解工作格局。

【加大“三农”法律援助工作力度】 加强乡村法律援助站点设置，依托村(居)委会设立法律援助联络点14220个，实现乡村法律援助站点全覆盖。在全省推进12348法律服务热线与12345政务热线并轨运行，提供7×24小时法律咨询服务，全年累计为农民工提供法律咨询服务38.32万人次。组建法律援助律师库，遴选擅长办理涉农案件的律师257名。印发《民族地区法律援助对口帮扶三年行动方案(2023—2025年)》，召开乡村振兴法律援助对口帮扶工作专题会，优化升级民族地区法律援助对口帮扶政策，将劳动争议、土地纠纷、环境污染等涉及农民工和农业生产经营人员切身利益的事项纳入法律援助事项范围。安排专人值守“农民工欠薪救助绿色通道”，全年共办理农民工欠薪求助案件142件。2023年，累计办理农民工法律援助案件24264件，帮助挽回经济损失2.52亿余元。成都、达州、攀枝花、广元等地建立“全域通办”工作机制，实现各县(市、区)法律援助申请、审核互联互通，解决群众“来回跑、多次跑”问题。联合人力资源社会保障厅、《四川日报》开展第三届农民工维权优秀案例评选活动，评选优秀案例140件。在省外川籍农民工集中的城市建立25个法律援助工作站，为川籍农民工提供及时的法律帮助。

四川省司法厅编写组

农村社会治安综合治理

【开展打击整治农村突出违法犯罪专项行动】 持续推进农村扫黑除恶常态化工作。制发《关于印发四川省公安机关扫黑除恶斗争“1+5”工作机制体系的通知》《全省公安机关常态化摸排治理农村家族宗族势力涉黑问题工作方案》，打击农村家族宗族势力涉黑涉恶犯罪和利用家族宗族势力长期把持基层政权、严重危害党执政根基等涉黑涉恶违法犯罪。2023年，全省公安机关共接收涉“村霸”等涉黑涉恶犯罪线索330条、涉基层组织人员线索185条，打掉涉“村霸”黑社会性质组织7个、恶势力集团11个，破获各类刑事案件211起，刑事拘留犯罪嫌疑人206名，查处涉黑资产约10.69亿元。其中，绵阳市“王某等人涉黑案”、德阳市“黄某等人涉黑案”“张某等人涉黑案”被公安部列为挂牌督办案件，全部专人专班侦办，打击了一批基层涉黑涉恶犯罪分子，形成了有效震撼，维护了农村地区的和谐稳定。

打击整治农村涉黄赌突出问题。按照“清彻底、清到底、清干净”的要求，以打击整治农村赌博“清风”系列专项行动为切入点，全面整治农村涉黄赌突出问题。2023年，全省共立案侦办农村地区线下涉黄涉赌刑事案件479起，采取刑事强制措施1387人；查处农村地区涉黄涉赌行政案件5768起，行政拘留9040人。

整治农村突出毒品问题。落实《关于治理农村毒品问题的实施意见》要求，把农村毒品问题治理纳入乡村振兴治理范畴，组织开展打击制毒犯罪“深耕肃毒”专项行动，针对农村地区毒品分销网络，开展“集群打击”“拔钉追逃”等行动，全年共破获毒品刑事案件2827起，抓获毒品犯罪嫌疑人4858人，查获吸毒人员16845人。

依法打击拒不支付农民工劳动报酬犯罪。印发《关于集中排查化解岁末年初欠薪风险隐患依法坚决打击惩治恶意欠薪犯罪的通知》及《关于下发省厅挂牌督办打击拒不支付劳动报酬重大案件的通知》等文件，部署各地紧盯岁末年初拖欠农民工工资问题集中爆发期，开展线索摸排、案件侦办和社会宣传，依法打击“恶意欠薪”，保障劳动者合法权益。

【加强农村地区公安“放管服”改革力度】 推进县域农民工市民化。率先在县域内破除城乡二元结构，保障进城落户农民合法土地等方面权益。调整完善户口迁移政策，推动各地放宽普通劳动者落户限制，除成都市外，在其他大中小城市具有合法稳定住所（含租住个人房屋）、合法稳定就业的人员都可以到常居住地公安机关申请办理户口迁移登记。推动成都市完善条件入户、积分入户双轨并行落户政策，取消市辖区内县（市、区）落户限制，成都市有序修订《成都市户籍迁入登记管理办法》，更好地解决普通劳动者落户问题。全面实施居住证制度，规范居住证申领、审核、发放和签注各个环节，拓展居住证办理“全程网办”，实现群众足不出户就能办成事，确保有意愿且符合条件的未落户常住人口全部持有居住证。2023年，全省农业转移人口落户城镇共计22万人，办理居住证105.55万张。

持续开展农村特殊人群关爱帮扶行动。参与农村养老工作，依托“四川e治采养老诈骗线索举报模块”，广泛收集侵害老年人合法权益的案件线索，加大对相关案件的打击力度，守好老年人的“钱袋子”。2023年，全省共发生养老诈骗案件74起，同比下降94.26%，为老年人挽回经济损失1.4亿元。做好农村妇女保护工作，贯彻落实《反家庭暴力八项措施》，2023年，全省公安机关共处置家暴警情1.8万起，出具家暴告诫书4000余份，有效防范了个人极端暴力犯罪案件的发生。做好农村留守儿童保护工作，依托“一标三实”信息采集，动态掌握全省31万名农村留守儿童的基本信息，并通报属地党委、政府，为相关职能部门落实兜底保障政策、开展关爱帮扶工作提供数据支撑。在农村派出所推进“一站式”儿童维权站建设，开通法律服务“绿色通道”，实现了对涉儿童矛盾纠纷“一站式调解”、家暴投诉“一站式受理”、户籍登记“一站式办理”，为儿童提供了关心关爱服务和法律保护。

【完善农村矛盾纠纷多元预防调处化解和风险隐患社会化信息化排查处置机制】 全面推广使用“四川e码”，发动群众通过扫码匿名反映各类矛盾纠纷、风险隐患和违法犯罪线索。同时，依托“四川e治采”，建立矛盾风险重点信息联动排查、预警推送、核查处置工作机制，推动落实矛盾纠纷属地管理责任和源头化解稳控措施，构建党委领导、政府负责、公安牵头、部门联动、社会协同、公众参与的乡村社会矛盾纠纷风险隐患社会化排查化解机制，提升对矛盾风险的源头化解和综合治理效能。2023年，全省公安机关运用“四川e治采”共排查登记矛盾风险78.95万起，其中矛盾纠纷50.69万起、风险隐患25.97万起。推广“四川e码”上墙271.07万个，群众通过扫码上报矛盾隐患26.88万起，派出所完成核查处置22.91万起。

【推进“一村一辅警（警务助理）”全面落实】 印发《贯彻落实〈公安部关于加强新时代公安派出所工作三年行动计划（2023—2025年）〉项目责任分工方案》（川公发〔2023〕1号），进一步深化派出所警务运行机制改革，推进“一村（格）一警”

配备。在农村实施社区民警全员化，每名民警包若干个行政村，按照“一村一辅警”配齐辅警或警务助理，原则上与村委会同址设立警务室（岗），在包村民警带领下会同治保会做好治安防范工作。截至2023年年底，全省共有22334个村落实“一村一辅警（警务助理）”配置，夯实了基层警务力量。全面推动社区警务与社区治理一体融合，全省有7098名社区民警分别进入村（社区）“两委”班子，通过警社联动、优势互补，共同开展矛盾纠纷排查化解、重点高危人员帮扶管控、个人极端及民转刑案件预防等，推动风险防控关口前移到社区。

四川省公安厅编写组

乡村旅游

【基本情况】 全省共有各类文化资源305.7万余处、旅游资源24.5万余处，是中国乡村旅游的重要发源地和发祥地。近年来，全省不断深化农文旅融合，加快推动乡村旅游集聚化、特色化、品质化发展，开发乡村旅游景点1452处。培育省级乡村旅游重点村镇420个，其中全国乡村旅游重点村49个、重点乡（镇）6个，总数位列全国第六。培育乡村民宿等特色经营户5.6万余户，带动超过百万名群众实现就业。据第三方监测数据统计，全年乡村旅游共接待游客5.5亿人次，实现乡村旅游收入3800亿元。

【加强示范引领带动】 坚持以重点突破带动全面提升，以石椅村、亚丁村为重点，打造全省乡村旅游示范样板。研究制定《关于将石椅村打造成贯彻落实习近平总书记重要指示精神的样板和示范工作方案》，推动石椅村统筹抓好禹羌文化保护传承和乡村旅游发展。组织相关部门、规划建设单位等到奥地利哈尔施塔特镇、瑞士格林德瓦尔德镇考察学习，对标世界一流水平加快推进亚丁村建设。在雅安市名山区举办2023全省农文旅融合发展工作现场会，研究部署下一阶段乡村旅游的重点工作，谋划制定《加快推进农文旅融合发展的指导意见》，引导各地推动农文旅融合发展。召开天府旅游名镇名村文旅发展联盟年会，组织名镇、名村、全国乡村旅游重点村镇代表到乐山市市中区现场考察学习，促进联盟成员互学互鉴、共同发展。

【做优乡村旅游品牌】 评选命名第三批天府旅游名镇10个、名村30个，培育省级乡村旅游重点村100个。制定《天府度假乡村实施导则》和《四川省智慧乡村旅游实施导则》，推动天府度假乡村培育和智慧乡村旅游建设试点。对标世界级旅游乡村建设标准，指导和推荐蒲江县明月村、理县桃坪村、稻城县亚丁村参加联合国世界旅游组织的第三批“最佳旅游乡村”遴选。总结推广典型经验，示范引领乡村旅游高质量发展，南江县西厢村乡村旅游助力乡村振兴入选第四届全球减贫案例，全国仅有2例入选。组织开展“安逸乡村看四川”主题宣传推广活动，策划推出15条乡村旅游线路并入选2023年“乡村四时好风光”全国乡村旅游精品线路。在崇州市五星村、北川县石椅村实地拍摄的《山水间的家》（第二季）在中央电视台一套正式播出。拍摄制作全省乡村旅游宣传片和第三批天府旅游名镇名村短视频，后期通过新闻媒体、官方网站、官方新媒体等平台全方位矩阵式加大宣传推广力度，提升全省乡村旅游的知名度和影响力。

【乡村旅游人才培训】 在泸州市纳溪区和绵阳市安州区分别举办2期乡村旅游带头人培训班，培训各类乡村旅游管理、经营人员300人次。联合省委网信办推动实施乡村旅游网络达人“百千万”培育工程，举办1次线上培训和5次乡村旅游网络达人短视频/直播运营进阶训练活动，4200余名乡村旅游网络直播人才参加培训，为乡村旅游高质量发展提供了人才支撑。

四川省文化和旅游厅编写组

乡村振兴

XIANGCUN ZHENXING

SICHUAN

文化振兴

【健全公共文化服务制度体系】 制定和修订《四川省公共文化服务保障条例》《四川省公共图书馆条例》。联合印发《四川省乡镇级公共文化设施专项规划导则》，指导各地优化片区公共文化设施布局。在全国领先出台省级地方标准《乡镇综合文化站评估定级规范》，并组织开展乡（镇、街道）综合文化站评估定级工作。实施文化馆图书馆评估定级“补短板”行动，建立公共图书馆文化馆评估定级“补短板”结对帮扶机制，推动全省公共文化服务均衡发展。会同教育厅、省文物局出台《关于印发利用文化和旅游资源、文物资源提升青少年精神素养实施方案的通知》，保障青少年文化权益。会同省民族宗教委、省发展改革委出台《关于实施旅游促进各民族交往交流交融计划的实施意见》，逐步改善民族地区公共服务设施，增强各族群众的精神力量。实施川渝阅读“一卡通”，2023年，全省66家公共图书馆与重庆市26家公共图书馆实现互联互通，市民持身份证、社会保障卡（含电子社保卡）在川渝两省（市）92家公共图书馆可享受图书通借通还服务。

【培育公共文化服务高质量发展样板】 完成第一、二、三、四批国家公共文化服务体系示范区创新发展复核工作，成都市、南充市、乐山市、攀枝花市在国家公共文化服务体系示范区建设创新发展复核中取得“三优一良”的成绩。完成6年周期三个批次的四川省现代公共文化服务体系21个示范县创建验收工作，成都市金牛区、新都区入选由中宣部、文化和旅游部、国家发展改革委联合遴选的基层公共文化服务高质量发展典型案例。崇州市等3个案例入选“中国民间文化艺术之乡”建设典型案例。全年推荐发布全省文旅公共服务高质量发展优秀品牌、优秀案例、优秀团队、优秀空间375个。开展“春雨工程”志愿服务，“文旅志愿服务进景区、进社区、进乡村、进校园、进部队”即“五进”活动影响力不断提升，全省文旅志愿服务67个项目、团体和个人受到通报表扬。开展援疆援边文旅志愿服务，全省3个项目获评文化和旅游部优秀案例。

【扶持乡村题材文艺作品创作】 组织文艺工作者围绕乡村振兴题材，创作音乐剧《山高水长》《荞麦红了》，川剧《沃野炊烟》，歌曲《不知火月令诗》《又见橙黄橘绿时》，舞蹈《盛开的羊角花》《年画村里幸福歌》《永丰永丰》《唢呐吹出幸福来》，器乐合奏《新村乐》，小品《心愿》《一碗豆花饭》，喜剧《幸福村的故事》等一批文艺节目。举办第三届四川艺术节四川群星奖比赛，首次将广场舞、群众合唱纳入比赛项目，评选出群星奖作品（团队）60个，为全省冲击第二十届全国群星奖打下了基础，储备了优秀群众文艺作品和群众文艺队伍。在成都、宜宾、乐山、攀枝花等地组织开展“大地情深”全国优秀群众文艺作品巡演，获评“大地情深”全国优秀群众文艺作品巡演优秀单位。制度化、常态化、普及化组织开展“戏曲进乡村”“文艺进基层”等惠民演出活动，创作和组织贴近基层群众的身边故事、文艺作品下乡演出。

【推动设施免费开放和群众文化活动开展】 实施省委、省政府确定的全省30件民生实事，推动全省208个公共图书馆、205个文化馆、4083个乡（镇、街道）综合文化站全部向社会免费开放。举办全国“四季村晚”示范展示活动、首届中国群众文化品牌发展大会、“中国民间文化之乡”交流展示活动、全国广场舞展演——广场舞大会四川德阳片区大会、巴蜀合唱节等全国性、区域性重大活动，组织开展“大地欢歌”四川省乡村文化活动年系列活动、四川省街舞大赛、广场舞展演、四川省少数民族节术节、四川省乡村艺术节等省级重点群众文化活动。持续打造“百舟竞渡迎端午”“千龙千狮闹新春”“万人赏月诵中秋”等活动品牌。《中国文化报》头版专题报道《四川：“百千万”活动激发群众文化活力》。开展“惠剧蓉城”四川惠民演出季活动，围绕品牌惠民、场馆惠民、艺术惠民，构建文化惠民、文化消费新模式。组织开展公共图书馆、文化馆宣传周活动，打造“阅无限·向未来”“安逸学艺”等全民阅读、全民艺术普及品牌。

【加强非物质文化遗产保护传承】 联合人力资源保障厅、省乡村振兴局印发《四川省非遗工坊管理办法》，出台具有“含金量”的12条扶持政策，公布第六批省级非物质文化遗产代表性项目名录334项。制定出台《四川省非遗大师工作室管理办法》，推动申报一批乡村非遗传承人、建设大师工作室，发挥非遗大师的技能优势和非遗领军人才的示范引领作用，推进非遗保护传承、队伍建设和宣传推广。以乡村为重点，依托非遗项目，三年共评选支持100个优秀非遗工坊，并开展技艺培训，带动就业增收。组织开展省级传统工艺工作站认定和“非遗四川·百城百艺”评选活动，三年共评选出100个非遗品牌，推动乡村传统工艺特色化、品牌化发展。组织开展“文化和自然遗产日”活动654场，其中开展“非遗进景区”活动100余场，涉及全省12个国家5A级景区，带动省内外体验人数4000万人次。举办第四届四川非遗购物节，全省各市（州）共推出线上直播90场次，线上累计观看8459.8万人次，全网总体传播覆盖量超过8.03亿人次；推荐非遗产品14948款，线上销售额达6985.1万元；举行线下非遗购物节活动426场次，线下销售额达4015.36万元。

【推动乡村文化旅游产业融合发展】 坚持民族文化与生态、创意融合，推动文化与农业、康养、教育等领域融合发展，促进民族民间文化发掘和传承，推动乡村文化产业快速健康发展。利用“四川音乐季”、凉山火把节等节事活动及《东女神韵》《康定情歌》等精品演艺作品，推进地方旅游与音乐、演艺、夜间娱乐的多维融合，塑造全时段、全周期消费品牌，提高乡村文化消费能级。红原县以“红原雅克音乐季”为引领，通过举办音乐季，让群众在体验藏羌彝文化的同时实现良好的经济效益和社会效益。七年五届的音乐季暨系列活动期间共计邀请1000余位表演嘉宾，全网曝光量达10.57亿余次，红原县共接待游客90.87万人次，实现旅游收入6.796亿元，带动周边县游客接待人数年均增长30%以上。

【打造乡村文化和旅游品牌】 参加2023年长三角及全国部分省（市）最美公共文化空间大赛评选，全省获得最美公共文化空间大奖2个、百佳公共文化空间奖17个、优秀公共文化空间案例奖18个、优秀运营奖2个、网络人气奖3个、年度十佳设计师/机构奖1个、优秀组织奖1个，参赛空间数量及获奖数量均居参赛省份前列。评选命名第三批天府旅游名镇10个、名村30个、“名宿”10家，推选发布天府旅游名品9件，培育省级乡村旅游重点村100个。制定《天府度假乡村实施导则》和《四川省智慧乡村旅游实施导则》，推动开展天府度假乡村培育和智慧乡村旅游建设试点。对标世界级旅游乡村建设标准，指导和推荐蒲江县明月村、理县桃坪村、稻城县亚丁村参加联合国世界旅游组织第三批“最佳旅游乡村”遴选。总结推广典型经验，示范引领乡村旅游高质量发展，南江县西厢村乡村旅游助力乡村振兴入选第四届全球减贫案例，全国仅2例入选。

四川省文化和旅游厅编写组

抓党建促乡村振兴

【基本情况】 2023年，省委组织部坚持以习近平新时代中国特色社会主义思想为指导，坚决贯彻习近平总书记来川视察时作出的“在推进乡村振兴上全面发力”重要指示精神，落实全国、全省组织工作会议以及省委十二届四次全会有关部署要求，坚持政治统领、重心下沉、全面创优工作思路，推进抓党建促乡村振兴取得新进展新成效，小金县冒水村党支部代表四川省在全国抓党建促乡村振兴推进会上作经验交流发言。

【履行组织部门的牵头责任】 按照省委统一部署要求，推动全省各级组织部门担负起牵头协调抓党建促乡村振兴的政治责任，自觉以组织路线服务保证政治路线，全面推进乡村振兴，加快建设农业强省。

立足职能职责抓党建促乡村振兴。省委组织部高度重视，部务会“第一议题”全年学习贯彻习近平总书记关于乡村振兴重要讲话和重要指示精神13次，省委常委、省委组织部部长于立军先后到93个县（市、区）调研指导。部班子成员结合分管工作加强调研督导，传导责任压力，推动任务落实。

层层压实责任抓党建促乡村振兴。坚持把抓党建促乡村振兴纳入市、县、乡党委书记述职评议考核重要内容，作为领导班子和领导干部年度考核等次评定重要参考，在干部任职谈话、日常管理、考核考察中加强责任提醒，在干部监督、选人用人检查、信访举报中注意了解尽责情况。组织开展乡村振兴实绩考核和巩固脱贫成果后评估，推动形成书记抓、抓书记的良好局面。市（县）党委组织部门对表对标开展行动，结合实际抓好落地见效。

统筹协同推进抓党建促乡村振兴。建立健全各级党委领导、组织部门牵头协调，相关职能部门合力推进抓党建促乡村振兴机制，年初制发工作要点及重点任务清单，定期沟通研究和协调解决问题，形成齐抓共管的工作合力。

【教育培训】 根据统一安排，分级分类开展全方位大规模培训，提升农村党员干部推动乡村振兴的素质能力。

加强理论武装。实施习近平新时代中国特色社会主义思想凝心铸魂计划，结合学习贯彻党的二十大精神和习近平总书记来川视察重要指示精神，省级举办领导干部读书班、市（县）级干部培训班，突出培训习近平总书记关于乡村振兴的重要论述，带动全覆盖培训县处级以上领导干部3.3万名。结合开展第二批主题教育，督促指导2642个乡（镇）党委、2.6万个村党组织制定学习计划，建立学习内容定期推送机制，推动学在经常、融入日常。

组织全员参训。承办全国农村党组织书记抓党建促乡村振兴培训示范班。配合开展全国村党组织书记和村委会主任视频培训，成都市郫都区战旗村党委书记高德敏在主课堂作案例交流，全省共设置分课堂239个，培训干部2.6万名。省级直接举办乡（镇）党政正职和村党组织书记示范培训班7期，调训干部1680名，带动市（县）共培训乡村干部31万名。

丰富培训载体。采取多种渠道和灵活方式实施党员全覆盖年训计划，举办“书记龙门阵”主题“坝坝会”24期、“党员开会了”21期，每周推送“党课星期天”音频党课，培训农村党员170万名。

【人才队伍建设】 坚持围绕乡村振兴排兵布阵、调兵遣将，结合届中分析选优配强各级领导班子，锻造堪当乡村振兴重任的干部队伍。

优化市（县）班子功能结构。结合开展市（县）领导班子建设综合调研、班子成员分工备案等工作，及时掌握市（县）党委书记抓党建促乡村振兴情况，推动市（州）党委班子均由副书记分管乡村振兴工作，县级党政班子均由熟悉“三农”工作、基层工作经验丰富的副职领导分管，其中4个市领导班子因推进乡村振兴实绩突出被评为“优秀”等次。统筹选派省内13个市35个县及省直机关1554名干部人才到56个受扶县开展新一轮结对帮扶。

开展乡村班子届中分析。以县为单位组建专班，逐乡逐村分析研判，优化乡（镇）班子54个、村“两委”班子200个，调整乡（镇）党政正职26名、村党组织书记64名。在主题教育中开展专项整治，集中排查软弱涣散村党组织995个，逐村落实“四个一”措施整治提升。

充实、稳定基层工作力量。开展抓乡促村机制专题调研，研究制定相关政策措施。落实艰苦边远地区支持政策，2023年全省共招录补充乡（镇）公务员5300余名，其中乡村振兴重点帮扶县平均招录选调生10名。落实乡（镇）最低服务年限、基层工作经历等政策，推动基层干部队伍保持总体稳定。

【基层党组织建设】 树牢基层鲜明导向，增强乡村党组织政治功能和组织功能，筑牢落实乡村振兴任务的一线战斗堡垒。

推动健全村级组织体系。优化乡村建制调整改革后党组织设置，统筹设立乡（镇）级片区党工委35个、村级片区党组织308个。加强村干部尤其“一肩挑”人员日常管理，省、市、县分别选树“担当作为好支书”100名、657名、1904名，推动构建村级监督体系。实施优秀农民工党员发展计划，发展党员8000余名。

派强用好驻村帮扶力量。统筹轮换选派新一轮1.1万个村3.2万名驻村干部，视频到县全员动员培训，加强日常管理，健全考核体系，推动作用发挥。评选表扬上一轮优秀驻村“第一书记”450名、工作队员150名，向38名帮扶干部发放风险保障金138万元。用好补助资金，引导6300名到村任职选调生发挥作用。

扶持发展新型农村集体经济。学习运用“千万工程”经验，推动新一轮1333个扶持村发展壮大新型农村集体经济、31个“红色村”试点建设红色美丽村庄。省、市、县联动开展上一轮扶持村、“红色村”项目实施效果评估，组建工作专班开展55个“红色村”省级验收，筑牢村级组织服务群众的物质基础。

【乡村人才选派与培育】 着眼培养集聚乡村振兴急需紧缺人才，加大统筹选派、培养使用和激励保障力度，厚植乡村振兴人才沃土。

大规模选派人才。推进医疗、教育、科技人才“组团式”帮扶，选派医疗、教育专业技术人才775人。出台考核办法，开展“组团式”帮扶工作全覆盖现场考核。统筹推进国家科技特派团和“科技下乡万里行”活动，选派907名专家组建160个专家团，下沉开展综合帮扶。制定加强科技帮扶人才关心激励工作6条措施，落实1620万元专项资金加强保障。

大力度引进人才。支持50个国家和省乡村振兴重点帮扶县引进全日制硕博士和高级职称人才，放宽3000米以上高海拔县教育、医疗、农牧、文旅、生态急需紧缺专业人才引才条件，为177名引进优秀人才发放安家补助885万元。

大范围培育人才。采取定向招生培

养上岗方式为基层定向培养急需紧缺专业学生225名，服务期不少于6年。推进千名紧缺专业人才顶岗培养，围绕脱贫县农业、林草、文化旅游、电子商务等12个重点领域，选派500名中青年专业技术骨干到省内外顶岗培养3～6个月，帮助培养本土人才。

【建设和美文明的善治乡村】 围绕完善党组织领导的自治、法治、德治相结合的乡村治理体系，推动重心下移、资源下沉、保障下倾，增强乡村治理效能，加快和美乡村建设。

推进乡村有效治理。制发《乡村治理专项工作领导小组2023年工作要点》，指导21个县（市、区）推进党建引领乡村治理试点，探索“党建引领、综合服务、综治保障、科技赋能”有效模式。深化乡（镇）管理体制改革，推动县直部门将派驻力量纳入乡（镇）统筹管理，下放县级行政权力事项到乡（镇）181项。推行村级网格化管理，推广运用“川善治”数字乡村治理平台，行政村入驻率达85%。

推进联系服务群众。落实“四下基层”制度，结合主题教育开展“万名干部进家门”“我为群众办实事”等活动，推动县级领导班子成员包乡走村、乡（镇）领导班子成员包村联户、村干部经常入户走访，解决群众“急难愁盼”问题。开展农村基层党建标识标牌设计制作和使用排查整改，“一村一策”改造升级90平方米以下活动场所305个。

推进文明乡风建设。学习运用新时代“枫桥经验”“浦江经验”，推动建设平安法治乡村，发挥村规民约作用，构建乡村善治格局。

中共四川省委组织部编写组

城乡融合发展与新型城镇化建设

【基本情况】 2023年，全省实施“四化同步、城乡融合、五区共兴”发展战略，实施以人为核心的新型城镇化战略，以县域为重要切入点推进城乡融合发展，全省常住人口城镇化率达59.5%，较上年提高1.1个百分点；城乡居民人均可支配收入比降至2.26∶1。

【大中小城市和小城镇发展更趋协调】 加快建设现代化成都都市圈，如期完成都市圈建设起步期三年行动计划，启动实施成都都市圈建设成长期三年行动计划。“成德眉资”同城化发展重点合作事项取得新突破，四市日均流动人口超过60万人次。推进成都市践行新发展理念的公园城市示范区建设，研究制定推动超大城市加快转变发展方式的实施方案，持续开展产业“建圈强链”行动，2023年，成都市经济总量超过2.2万亿元，人口城镇化率突破80%，极核带动和区域辐射能力不断增强。制定“一中心一方案”，支持省域经济副中心和区域中心城市建设，次级支撑更加有力。出台以县城为重要载体的城镇化建设实施意见，选择在32个县（市）分类开展试点，探索推动县城新型城镇化建设的有效路径。实施中心镇培育创建工程，累计考核命名省级百强中心镇100个。

【农业转移人口市民化稳步推进】 深化户籍制度改革，成都市修订户籍迁入登记管理办法，放宽县城落户限制，其他市（州）实行“零门槛”落户，全年共有30.7万名农业转移人口落户城镇。印发实施《开展全省县域农民工市民化质量提升行动实施方案》，深化灵活就业人员参加住房公积金制度试点；完成基本公共服务标准动态调整，保障随迁子女接受义务教育53.7万人次，农业转移人口社会保险覆盖面不断扩大。省级财政下达市民化奖励资金34亿元，转移支付资金分配与城市吸纳人口规模匹配度不断提高。依法保障进城农民农村合法权益，宅基地有偿退出、土地承包经营权退出试点、农村集体收益分配权抵押担保和有偿退出试点深入推进。

【城市规划建设治理水平不断提高】 加强规划源头管控，严格落实“三区三线”要求，省、市国土空间规划获批实施，“一张图”监督信息系统上线运行。持续改善居民住房条件，开展国省城市更新试点，新开工改造城镇老旧小区5293个、棚户区6.8万套，筹集保障性租赁住房10.5万套（间），推动既有住宅加装电梯4900部，城市“体检”实现全省设区城市全覆盖。持续夯实城市运行基础，更新改造城镇燃气管道超1万千米、供水管道2200千米、排水管道4250千米，城市（县城）污水处理率、生活垃圾无害化处理率分别提高到96.03%、99.97%。推进城市智能化精细化管理，开展第三批新型智慧城市省级试点，建成智慧社区483个。全面推广“微网实格”治理机制，加强网格末梢、城乡结合部等薄弱地区服务管理。

【城市产业支撑能力显著增强】 出台六大优势产业提质倍增行动方案及支持政策，壮大国家战略性新兴产业集群和国家先进制造业集群，启动建设23个省级战略性新兴产业集群，全省规上工业企业突破1.8万家。建成15个服务业高质量发展示范区，新增规上服务业和限上商贸企业3000家。出台支持成都加快打造国际消费中心城市的意见，开展县域商业建设行动，启动高品质示范步行街建设三年行动计划，消费新场景"热力图"不断扩大。持续增强成都市天府新区和4个省级新区承载能力，推进各类开发区提档升级，以产聚人、营城聚产城市发展新路径加快形成，全年城镇新增就业104万人。

【城乡融合发展迈出新步伐】 持续优化顶层设计，召开省委十二届四次全会，作出以县域为重要切入点推进城乡融合发展的决定，明确"抓好两端、畅通中间"工作思路，一端抓以县城为重要载体的城镇化建设，一端抓以宜居宜业和美乡村建设为牵引的乡村全面振兴，促进要素、产业、设施、治理四个融合，城乡融合发展内生动能和整体活力不断增强。加强公共资源县域统筹，推进小学向乡（镇）集中、初中向中心镇集中、高中向县城集中，优化调整城乡学校布局3900余所，建成县域医疗卫生次中心302家，推动城乡供水、道路客运等一体化发展。出台《四川省农村一二三产业融合发展行动方案》，培育农业产业化龙头企业，累计创建国家级现代农业产业园17个、认定省星级园区155个。发展农产品精深加工和农文旅融合产业，带动群众就业增收，农村居民年人均收入提高至1.99万元。启动深化县域内城乡融合发展改革试点，推进成都西部片区国家城乡融合发展试验区建设，"百家联营"盘活闲置用地等经验做法在全国推广。

四川省发展和改革委员会编写组

民族地区社会事业

综　述

【基本情况】 2023年，省民族宗教委搭建"党委领导、政府主导、民族工作部门实施、民委成员单位协作、社会各界广泛参与"的新时代四川民族工作新格局，在全国首创实施民族团结进步示范工程，以民族团结进步创建引领民族地区经济建设、文化建设、社会建设、生态文明建设和党的建设等，全省3个自治州全部创建为全国民族团结进步示范州，46个单位、10个基地、50个集体、64名个人获得全国示范表彰。建设民族团结进步示范村274个，命名中国少数民族特色村寨164个。"共同团结奋斗、共同繁荣发展"成为各族群众意识形态主流，为全省民族地区乡村全面振兴夯实了人心基础。

【民族地区自治工作】 民族区域自治是中国共产党处理民族问题的基本政策和国家的一项基本政治制度，是中国特色解决民族问题正确道路的重要内容和制度保障。民族区域自治制度确立于1949年的《中国人民政治协商会议共同纲领》，1954年载入《中华人民共和国宪法》。1984年通过的《中华人民共和国民族区域自治法》为民族区域自治制度的实施提供了法律保障。

四川省实行民族区域自治的历史沿革。全省民族区域自治地方含3个自治州、4个自治县，还有作为民族区域自治补充形式的83个民族乡，分别占全国总数的10%、3%和8%。1950年11月，全国第一个地（市）级自治地区——西康省藏族自治区（今甘孜藏族自治州）成立。1952年10月建立西康省凉山彝族自治区（今凉山彝族自治州）、1953年1月建立四川省藏族自治区（1955年改为四川省阿坝藏族自治州，1987年成立阿坝藏族羌族自治州）、1953年2月建立西康省木里藏族自治县（今木里藏族自治县）。1984年10月建立马边彝族自治县和峨边彝族自治县。2003年6月建立全国"最年轻"的自治县——北川羌族自治县。

民族区域自治地区立法情况。在《中华人民共和国宪法》《中华人民共和国民族区域自治法》框架下，在维护法制统一、确保政令畅通的前提下，全省各民族区域自治地区结合实际，完整、准确、全面把握和贯彻习近平总书记关于加强和改进民族工作的重要思想，以铸牢中华民族共同体意识为主线，遵循党中央重大决策部署，以构筑中华民族共有精神家园、增强民族团结、促进民族地区打赢脱贫攻坚战和高质量发展为目标，坚持以人民为中心的理念开展立法工作，涉及自治权行使、自然资源开发、生态环境保护、民族团结进步、宗教事务管理、婚姻人口家庭、教育发展、语言文字、人口计生、婚姻家庭、财产继承、非遗保护、旅游管理等10余个方面，因地制宜开展民族工作领域地区立法，截至2023年年底，全省民族区域自治地区共立法93件（其中阿坝州26件、甘孜州18件、凉山州18件、木里县4件、马边县9件、峨边县8件、北川县10件），单行条例的相继出台为民族自治地区依法行使自治权提供了法制遵循和保障，有效提升了基层治理的能力水平。

【民族地区经济工作】 省民族宗教委始终聚焦四川省民族地区资源禀赋、发展条件、比较优势等，全面贯彻"三个新"重要要求，赋予各项改革发展以彰显中华民族共同体意识的意义，以维护统一、反对分裂的意义，以改善民生、凝聚人心的意义。推进民族村寨建设提质增效，持续深化民族村寨开放合作机制，坚持"两个不低于70%"的资金产业投向要求，在抓好2023年度20个村寨建设基础上，完成2024年度少数民族特色村寨项目评审，下达少数民族发展任务资金8000万元，整合撬动各类资金近10亿元，为促进各族群众共同走向社会主义现代化注入了动力；有序开展民贸民品企业贷款贴息，会同财政厅、人民银行四川分行确定70家企业为四川省民贸企业，推荐68家企业申报"十四五"全国民品企业。下达专项资金549万元，按照120元/2千克/人的标准开展低氟砖茶"送茶入户"；推动自主创新试点建设，选取22个县（市、区）和10个少数民族特色村寨创新开展民族手工业融合发展和"云上民族村寨"保护试点工作，明确发展特色产业、推广优质资源、实施数字化保护等重点任务，更好地发挥数字经济的牵引作用和乘数效应。

2023年，四川省民族自治地区实现地区生产总值3518亿元，同比增长6.9%，增速高于全省0.9个百分点。从产业看，民族自治地区三次产业增加值增速均高于全省平均水平，第一产业、第二产业、第三产业分别实现增加值728.4亿元、1134亿元、1355.6亿元，同比分别增长4.9%、7.2%、7.7%，增速分别比全省高0.9个、2.2个、0.6个百分点。三次产业结构比为20.7：32.2：47.1，其中第三次产业占地区生产总值的比重较上年提高1个百分点。实现全部工业增加值978.2亿元，同比增长7.4%，增速高于全省2.1个百分点，工业化率从2022年的27.4%提高到27.8%。全社会固定资产投资增长7.7%，增速高于全省3.3个百分点。社会消费品零售总额增长11.4%，增速高于全省2.2个百分点。一般公共预算收入完成341.4亿元，相当于地区生产总值的9.7%，比上年提高0.8个百分点，占全省地方一般公共预算收入的6.2%，比上年提高0.3个百分点。城镇、农村居民年人均可支配收入分别为39489元、17659元，分别增长5.1%、7.3%，增速分别高于全省0.5个、0.3个百分点，城乡居民人均可支配收入比值由上年的2.26下降至2.24，收入差距持续缩小，民族自治地区的自我发展能力不断提升，为乡村振兴注入了动力。

四川省民族宗教事务委员会编写组

民族地区科技工作

【科技赋能支持民族地区特色产业发展】 依托省级科技计划项目，支持阿坝州、凉山州、甘孜州、泸州市叙永县、宜宾市筠连县等少数民族地区实施衔接推进乡村振兴、科技成果转移转化等项目160余项，科技赋能支持民族地区开展农产品精深加工、特色民族医药研发、农牧业产业创新、生态保护修复等，助力民族地区做强特色优势主导产业。

【科技示范加强民族地区创新平台建设】 加强民族地区农业科技园区调整优化，对壤塘、红原、汶川等10个民族地区县所在园区适当倾斜，促进民族地区农业科技园区提质增效，做强特色产业支撑。实施农业科技园区发展专项项目20余个，支持阿坝、凉山、甘孜等民族地区所在省级农业科技园区创新发展、转型升级。

【科技服务加强民族地区人才智力支撑】 优先支持民族地区符合条件人选申报科技计划人才项目，在科技创新创业人才项目和苗子工程项目等方面予以倾斜支持，全年支持3名民族地区科技人才申报"苗子工程"项目，培养壮大科技创新后备人才队伍。开展新一轮省级科技特派员服务团，按照"一县一团"组团原则覆盖阿坝州、甘孜州、凉山州等民族地区；实施"三区"科技人员专项计划，面向达州市宣汉县、攀枝花市仁和区、泸州市古蔺县等民族地区选派"三区"科技人员585人，持续开展新品种、新技术、新装备推广和农业科技服务。

四川省民族宗教事务委员会编写组

民族地区文化工作

【四川省石窟寺及石刻保护利用与乡村振兴衔接工作联席会议第一次会议】 推动石窟寺及石刻保护利用与乡村振兴战略有机衔接。2月8日，四川省石窟寺及石刻保护利用与乡村振兴衔接工作联席会议第一次会议在梓潼县召开，省委宣传部、省民族宗教委、民政厅、财政厅、农业农村厅、文化和旅游厅、省乡村振兴局、省文物局，探索启动阶段试点市（州）及县（市、区）相关部门参加会议。会议审议通过《四川乡村石窟文化公园（景点、微景观）建设工作方案》《四川乡村石窟文化公园（景点、微景观）认定管理办法（试行）》，确定9个县（市、区）9处石窟寺作为探索启动阶段试点建设点位，强调要推动将石窟寺及石刻优势资源转化为乡村公共文化服务潜能、农文旅产业发展动能，推动中小石窟寺保护利用纳入乡村振兴战略、乡村公共服务体系建设和农文旅产业发展一体化推进，推动中小石窟寺保护利用有机融入“城乡融合”发展大局。

【四川省第九届少数民族艺术节】 3月31日—4月4日，由文化和旅游厅、省民族宗教委、凉山州政府联合主办，省文化馆、凉山州文广旅局、凉山州民族宗教委承办的四川省第九届少数民族艺术节在西昌市举办。艺术节首次实现全省21个市（州）、4个民族自治县、83个民族乡以及5所高等院校参与全覆盖，1600余名演员共带来77件音乐、舞蹈作品，组成8场舞台艺术精品展演，举办了大家唱群众歌咏接力、诗歌网络征评、视觉艺术精品展等系列活动及4场“文旅志愿服务下基层”惠民演出，共惠及群众400余万人次。整个艺术节呈现出“祥和、简朴、隆重、精彩、热烈”的氛围，突出“共圆天府艺术梦、共铸中华民族魂”主题，以及民族地区浓郁的民族风情和地域特色，为弘扬各民族文化、增进民族团结献上一份满意的答卷。

【2023首届大凉山西昌民族电影周】 8月11日—16日，2023首届大凉山西昌民族电影周在西昌市举办。电影周活动主题为“五彩凉山情深谊长　浪漫西昌光影盛宴”。期间举办了民族电影主题展览、民族电影高质量发展访谈会、民族电影展映和文化体验等活动，来自全国各地的民族电影工作者回顾了民族电影发展历程，畅谈民族电影对弘扬中华民族精神、铸牢中华民族共同体意识的重要贡献，展望新时代美好前景。该届电影周以民族电影为媒，与时代共进、与社会共行、与创新共舞、与观众共情，弘扬各民族优秀文化，为促进民族电影高质量繁荣发展搭建了交流平台，让观众感受到民族电影为弘扬中华民族精神、铸牢中华民族共同体意识作出的贡献。

【2023年四川省文化和旅游发展大会】 9月27日，2023年四川省文化和旅游发展大会在宜宾市召开。会上，崇州市、绵阳市安州区、射洪市、南充市高坪区、兴文县、万源市、雅安市名山区、理塘县被正式授牌为第五批天府旅游名县。至此，四川省民族地区共有汶川县、稻城县、西昌市、米易县、北川县、宣汉县、理县、康定市、九寨沟县、兴文县、理塘县11个（县、市）获评天府旅游名县。

【第二届“铸牢中华民族共同体意识视野下的藏羌彝走廊研究”学术研讨会】 7月26日—27日，由四川省民族宗教事务委员会、西昌学院指导，中国西南民族研究学会藏彝走廊专委会、四川省民族研究会主办，四川省民族研究所、西昌学院科技处、凉山州民族研究所承办的第二届“铸牢中华民族共同体意识视野下的藏羌彝走廊研究”学术研讨会在西昌市召开，来自北京、云南、贵州等10余个省（区、市）的近百名专家学者进行了学术研讨交流。研讨会通过搭建学术平台，推动学术界用高质量学术成果回应时代需求和社会关切，凝心聚力，为中华民族共同体建设做出贡献。

【2023年民体杯全国民族健身操比赛】 11月9日—11日，2023年民体杯全国民族健身操比赛在珙县举行。比赛由国家民委文化宣传司、国家体育总局群众体育司、省民族宗教委、省体育局主办，宜宾市委统战部、宜宾市民族宗教事务局、珙县县委、珙县政府共同承办，来自12个省（区、市）的代表队共240余人参加比赛。通过两轮的角逐，河北省代表队获得一等奖，西藏自治区、海南省、辽宁省代表队获得二等奖，云南省、青海省、浙江省、上海市代表队获得三等奖。该次比赛为全省民族文化和体育事业繁荣发展提供了新机遇、增添了新动力、拓展了新渠道。

四川省民族宗教事务委员会编写组

市(州)、县(市、区)
农村工作概况
SHI (ZHOU)、XIAN (SHI、QU)
NONGCUN GONGZUO GAIKUANG
SICHUAN

成 都 市

【基本情况】 2023年，全市辖12区5市3县，辖区面积14335平方千米。年末常住人口2140.3万人，比上年末增加13.5万人，增长0.6%，其中城镇常住人口1722.9万人，常住人口城镇化率80.5%，比上年末提高0.6个百分点。年末户籍总人口1598.2万人，比上年末增加26.7万人。

【年度农业和农村经济运行】 2023年，全市粮食生产实现丰产丰收，聚力稳面积、提单产，新建高标准农田33万亩，粮食产量231.9万吨，生猪出栏435.16万头，蔬菜及食用菌产量实现“十连增”，“米袋子”“菜篮子”“果盘子”供应充足。现代都市农业产业建圈强链成势见效，培优做强“4+6”都市农业产业体系，加强重点项目招引促建，设施蔬菜产业集群（彭州、金堂）被纳入国家优势特色产业集群，崇州市街子镇获评全国农业产业强镇。全市第一产业增加值达594.9亿元，同比增长3%。依靠双轮驱动释放科技和改革红利，打造成都国家现代农业科技创新中心，全球首座超高层无人化垂直植物工厂建成投用，争创为全国农村产权流转交易规范化试点。农村居民增收渠道不断拓宽，实施新型农业经营主体提升行动，全面落实“四个一”帮扶机制，全市21个“零元村”全面“清零”，农村居民年人均可支配收入同比增长6.9%。

【农业金融服务创新】 农业保险政策落实。贯彻落实中央和省级关于政策性农业保险的各项政策，发挥全市政策性农业保险保障功能，全年政策性农业保险实现签单保费10.13亿元，理赔21.62万户6.2亿元，累计为全市提供风险保障1878.62亿元。提升三大粮食作物投保覆盖率，明确任务目标，加强组织领导，形成工作合力，定期调度通报，完成全市三大粮食作物承保覆盖率达到70%的任务目标。2023年，全市三大粮食作物投保面积253.4万亩，投保覆盖率85.35%，为37.09万户次农业经营主体提供19.98亿元风险保障。围绕“扩面、增品、提标”，将农业保险创新作为重要工作方向，满足农业经营主体多样化的风险保障需求，2023年，地方特色险种共计为74.02万户次提供风险保障1867.13亿元，支付赔款6.46亿元，发挥了政策性农业保险“助推器、稳定器”的作用。鼓励探索开展“保险+期货”“保险+信贷”保险+信贷+担保”等创新产品和服务，完善农村金融服务链条。

现代农业园区金融综合服务创新示范区建设。推动现代都市农业建圈强链，推进重点产业集群成链，以现代农业园区为载体引育头部型、平台型、成长型农业链主企业，以入股分红、托管服务等方式推动小农户融入农业生产全产业链，加快构建“4+6”现代都市农业产业体系。实施重大项目招引攻坚行动，支持简阳沱东生态农场、崇州天府粮仓核心示范片等“三个做优做强”重点片区多投快建，43个农业农村省、市重点项目共完成投资69.1亿元。

天府种业基金。成都农芯天府种业股权投资基金规模1.5亿元，聚焦以种业为核心的现代农业领域，天府种业基金项目储备23个，入库21个，其中涉及马铃薯育种、菌种培育、蔬菜种苗培育等育种相关项目16个，涉及植保防护、智慧农业、种业机械等农业服务相关项目5个。

“农贷通”金融综合服务提质增效。推进“农贷通”三年建设提升行动，利用涉农大数据对涉农主体进行精准画像，实现贷款产品智能匹配，有效满足涉农主体、金融机构和运营管理方等多方应用需求，全年新增贷款12246笔、金额102亿元。优化提升建设农村金融服务站，全年新建村站32个，累计发放《农贷通金融产品手册》等宣传材料5万余份。开展产融对接，举办系列金融下乡活动12场，参会经营主体2000余户，现场累计授信135亿余元、承保3亿余元。升级在线“农业保险产品超市”，支持实时测算自缴保费，上架涉农保险产品50余个，累计协保11.56万亩。创新金融产品“粮e贷”，以普惠金融服务助力“天府粮仓”建设。8月，“农贷通”案例被北京大学管理案例研究中心收录。

【农村集体经济发展（含农村集体经济组织建设、农村集体“三资”监管、四川省合并村集体经济融合发展试点）】 贯彻落实《四川省农村集体经济组织条例》，规范农村集体经济组织运行，全市有行政村（涉农社区）集体经济组织2288个，已全面完成登记赋码，并按照“有一个标准名称并挂牌、一个组织章程、一套内部治理机构、一本成员名册、一套管理制度”的“五个一”标准实行规范管理。全面开展农村集体资产监管提质增效行动，对“农村集体经济组织运行不规范、农村集体资产管理不到位”等8大类问题进行整治，保障农村集体经济组织和农民合法权益。全域开展合并村集体经济融合发展试点，合并村在完成清产核资、成员确认、股份量化等基础上，探索集体经济新的实现形式，多种途径盘活闲置资产资源，发展集体经济，《彭州市龙门山镇渔江楠村采取抱团发展模式不断壮大集体经济，助力乡村振兴和农民农村共同富裕》获评“四川省新型农村集体经济发展典型案例”。

【新型农业经营主体培育】 龙头企业。全年培育认定农业产业化市级重点龙头企业25家，淘汰9家，全市市级以上农业产业化龙头企业数量达461家，其中国家级龙头企业30家，数量位居15个副省级城市之首。

农民专业合作社和家庭农场。推进新型农业经营主体提升行动，全年新培育家庭农场2663家，累计达15722家；新培育农民合作社438家，累计达10814家。加强示范引领，全年新评定国家级示范社6家、省级示范社19家、市级示范社39家，市级以上示范社达520家；新评定省级示范场16家、市级示范场111家，市级以上示范场达1002家。加大政策扶持，共安排落实市级财政资金1022万元，对330家新评定的市级以上示范社（场）实施奖励。

【农业适度规模经营】 印发《成都市农村土地经营权流转管理实施办法》，引导土地经营权规范有序向新型农业经营主体集中，发展多种形式适度规模经营。截至2023年年底，全市土地适度规模经营率达54.62%。

【农商文旅体融合发展】 全市深化农商文旅体融合发展，实施"农业+""林盘+"，创新发展生态观光、休闲度假、民俗体验、文创零售、精品民宿、特色餐饮等新业态，形成集"吃、住、行、游、娱、购"于一体的乡村旅游消费融合模式。2023年，全市休闲农业收入与接待人次分别为445.4亿元、1.58亿人次，同比上年分别增长15.75%、15.5%，人均消费281.57元，与2022年人均消费水平基本持平。2023年，彭州市获评全国休闲农业重点县；新津区兴义镇张河村入选2023年"中国美丽休闲乡村"，成都市共有14个村入选"中国美丽休闲乡村"，数量在副省级城市中排名第一位；郫都区、金堂县、温江区获评四川省休闲农业重点县。

【农民负担监管和权益维护】 加强农民负担监管，开展村级组织负担专项治理，重点围绕对应由政府承担公益事业建设项目向村级组织转嫁资金缺口、要求村级组织出工出钱出物的达标升级活动、向村级组织摊派报刊出版物等问题开展治理，纠正和查处违规收费和摊派行为。开展涉农乱收费乱摊派专项治理，重点针对各类农业经营主体以及农村义务教育、农民建房、农业用水用电、殡葬服务、计划生育等涉农收费领域的价格和收费问题逐一进行排查。发放《农民权益义务监督手册》，宣传国家强农惠农政策，加强农民负担监督检查，明确农民权益义务，普及农业科技知识，提供与农民生产生活相关信息。

【乡村振兴】 贯彻习近平总书记"在推进乡村振兴上全面发力"等重要指示精神，全面落实省委"四化同步、城乡融合、五区共兴"发展战略，学习运用浙江"千万工程"经验，以加快宜居宜业和美乡村建设为牵引，持续深化农业农村改革，推进产业发展、耕地保护、粮食生产、乡村建设、乡村治理等重点工作，守牢确保粮食安全、防止规模性返贫等底线，促进农民增收致富，全市乡村振兴取得新成效。

乡村产业振兴。发展优质粮油、生猪畜禽、绿色蔬菜、特色水果四大保障性产业和现代种业、数字农业、智能装备、冷链物流、休闲农业、农业博览六大引领性产业，做优"4+6"现代都市农业产业体系。建强天府现代种业园、中国南方蔬菜种业创新中心等国家级创新平台。实施重大项目招引攻坚行动，支持简阳沱东生态农场、崇州天府粮仓核心示范片等"三个做优做强"重点片区多投快建。培育特色优势产业集群，争取到国家级设施蔬菜产业集群项目和国家级产业强镇项目；推动郫都区川菜小镇被纳入第四批国家农村产业融合发展示范园创建名单，金堂县官仓镇、东部新区贾家街道入选全国乡村特色产业产值超十亿元镇名单。培育市级"一村一品"示范村镇34个。实施"公园+""林盘+"行动，发展农事体验、休闲观光、民宿康养、亲子研学等现代都市休闲农业新业态，推动168个精品林盘提档升级，打造宜居宜业和美乡村消费新场景38个，推出"我在成都庆丰收——乡村旅游精品线路"20条。推进农产品电子商务发展、农产品供应链体系建设和县域商业体系建设，不断完善农产品流通的冷链仓储、运输等基础配套设施。

乡村人才振兴。全面培养乡村各类人才，引进"两院"院士、"长江学者"等高层次农业科技人才68人，全市持证农业职业经理人达3万人。出台《成都市深化农业职业经理人队伍建设的十条措施（试行）》，抓好家庭农场和农民合作社带头人职业化试点，推广以"土地股份合作社+农业职业经理人+农业社会化服务"为核心的"农业共营制"，打造一支超过10万人的高素质农民矩阵。实施"成都市产业建圈强链人才计划"都市农业和现代种业产业链项目，遴选产业领军人才16名；实施"蓉城英才计划"乡村振兴领军人才项目，启动遴选约20名为乡村振兴作出突出贡献的领军人才；实施农业科技英才培育项目，遴选农业科技领军人才10名、优秀青年科技英才20名、高水平创新团队7个。都江堰邹德旭等13人获评"四川省第七届农村手工艺大师"。

乡村文化振兴。坚持将中华优秀传统文化传承保护与乡村建设、乡村治理、农村精神文明建设等有机结合，统筹抓好农村物质文明和精神文明建设，持续丰富农民群众精神文化，厚植文明乡风，确保农村人心向善、稳定安宁。印发《关于传统农耕文化保护发展的指导意见》，实施乡村文化振兴"百千万"工程，全市7个镇入选全省100个魅力乡（镇），青白江区大同街道、金堂县五凤镇等9个村镇入选乡村文化振兴省级样板村镇。推进地方特色农耕文化挖掘，组织推荐四川省第七届农村手工艺大师46名。全年累计推荐5户家庭获评全国"最美家庭"，19户家庭获评四川省"最美家庭"，100户家庭获评成都市“最美家庭”。在全市6个婚俗改革实验区推动治理高价彩礼、大操大办等重点问题，引导群众树立现代文明的婚俗新观念。

乡村生态振兴。学习借鉴浙江“千万工程”经验，加快建设和美乡村。全市以片区为单元完成62个镇级片区、428个村级片区乡村国土空间规划编制。开展“百村先行、千村提升”工程，筛选确定年度50个先行村、50个重点村进行集中连片培育，通过“抓两头带中间”推进和美乡村建设。印发《成都市农村功能风貌提升三年行动工作方案》，系统推进乡村环境综合整治、绿化美化和农房风貌改造。全面落实河（湖）长制，创新推广林长制，累计建成天府绿道6665千米、天府蓝网220千米、水美乡村303个。打好农业农村污染防治攻坚战，全市化肥、农药使用量连年保持零增长，秸秆综合利用率达98%以上，畜禽粪污综合利用率达90%以上，农村无害化卫生厕所普及率达94.4%，生活垃圾无害化处理率达100%，生活污水有效治理率达96.2%。

乡村组织振兴。坚持以党建引领推动组织振兴，健全村党组织领导的村级组织体系，在增强党组织的政治功能和组织功能上持续用力，为乡村振兴提供政治保证。评选命名“‘蓉城先锋’新时代乡村振兴担当作为好支书”100名。健全网格治理架构和党组织体系，设置村（社区）总网格3045个，优化网格设置和人员配置。青白江区城厢镇十八湾村、温江区万春镇和林村、郫都区安德街道广福村、邛崃市羊安街道界牌村入选第三批全国乡村治理示范村。印发《成都市村民议事会议事导则》等规范性制度文件，规范明确村级议事范围和协商事项目录。推进“平安乡村”建设，镇（街道）公共法律服务站实现全覆盖，村公共法律服务室建成率达95%以上。开展打击和整治“村霸”问题专项行动，保障农村社会安定有序。

【农业农村改革】 全市落实党中央、省委、省政府关于深化农业农村改革重大部署，聚焦聚力全国农村改革试验区、成都西部片区国家城乡融合发展试验区建设，持续深化重点领域和关键环节改革，确保各项改革任务落地见效。全市新获批“探索粮食等重要农产品生产新技术新品种推广机制”等试验任务8项，累计承担31项，居全国65个试验区首位；获批全国农村产权规范化试点，成都市作为整市试点地区代表在全国农村产权流转交易规范化建设工作座谈会作交流发言。邛崃市探索农业产业化联合体经营机制创新、大邑县探索生态产品价值实现路径等10余条经验做法获得部省推广。

成都西部片区国家城乡融合发展试验区建设。成都西部片区国家城乡融合发展试验区建设紧扣“五项重点任务”，深化改革实践，推动城乡融合高质量发展。5月，国家发展改革委委托第三方机构对试验区建设进行阶段性评估，并予以肯定。聚力探索生态产品价值实现机制，崇州市构建“县域整体单元+特定生态单元”生态核算体系，严家弯湾村以GEP核算成果作价475.2万元入股，与企业共同成立景区运营管理公司，壮大村集体经济发展。聚力搭建城乡产业协同发展平台，累计创建国家农业现代化示范区3个（蒲江县、郫都区、新津区）、国家现代农业产业园3个（蒲江县、邛崃市、崇州市）。聚力探索建立有序流动的人口迁徙制度，构建农业转移人口市民化三级成本分担机制，创新实施农业科技英才培育项目，遴选农业科技领军人才10名、优秀青年科技人才20名、高水平创新团队7个，加快打造农业科技创新主力军。聚力探索农村集体经营性建设用地入市，构建完善农村承包地流转管理、价格评估、入场交易、纠纷调处等政策体系，郫都区提出的“明确集体经济组织市场主体合法地位”修改建议被《中华人民共和国民法总则》吸纳。聚力健全农村金融服务体系，深化“农贷通”平台建设，累计放款4.9万笔、569.8亿元。彭州市、蒲江县开办政策性农业保险27种，受益农户达26万余户。

土地承包制度改革（含乡村资产资源“三权分置”推动）。持续推进农村承包地“三权分置”，印发《成都市农村土地经营权流转管理实施办法》，进一步规范土地经营权流转。开展承包地“两项工作试点”，推进实施龙泉驿区解决土地细碎化问题省级试点，探索通过组建土地股份合作社、配套高标准农田建设方式解决土地细碎化问题；稳妥推进崇州市、邛崃市第二轮土地承包到期再延长30年市级试点，探索二轮延包平稳过渡实现路径。

农村金融服务综合改革。聚焦农业农村融资难、融资贵、农村资产处置难、信用风险频发等问题，推进城乡金融均等化创新实践，提高金融资源的配置能力和水平。优化提升“农贷通”平台，修订完善《成都市“农贷通”（乡村振兴农业产业发展贷款）风险补偿资金管理办法》，建立触发式预警、降准和叫停机制，细化风险补偿金申请审定流程，引导金融资金向县域流动。截至2023年12月，“农贷通”累计放款4.97万笔、金额582.93亿元。探索“土地经营权+”抵押、已入市集体建设用地直接抵押、农村土地综合整治项目建设用地使用权抵押等融资模式，其中农产品仓单质押贷款经验在世界银行第五届仓储融资和担保品管理国际研讨会上作经验交流。引导保险机构持续加大对农村保险服务网点的资金、人力和技术投入，探索开展“保险+期货”“保险+担保+信贷”等创新产品和服务。全市政策性农业保险共有13个中央补贴险种、22个地方补贴险种，已为117万余户次农业经营主体提供1939.84亿元风险保障，支付赔款4.34亿元。

【巩固拓展脱贫攻坚成果】 坚持将巩固拓展脱贫攻坚成果作为全面推进乡村振

兴的底线任务，落实“四个不摘”和5年过渡期要求，坚持“守底线、抓发展、促振兴”，围绕高水平构建“三大体系”、高质量实施“五大行动”，推进各项任务落实。2023年，全市172个乡村振兴重点帮扶村和重点提升村（以下简称“重点帮扶村”）人均可支配收入预计超过2.6万元，同比增长10%左右，经济社会加速发展；简阳市（含成都东部新区）脱贫人口农民人均纯收入18974元，同比增长16.4%，脱贫攻坚成果不断巩固拓展。

健全防止返贫监测和帮扶机制。实施返贫致贫风险动态清零行动，构建常态化监测帮扶体系。建立健全分层分类帮扶机制，根据全市农村低保标准，将2023年度防返贫监测收入标准调整为家庭年人均纯收入市辖区10920元、其他市（县）10320元。创新农村低收入人口分类帮扶，探索形成防返贫监测帮扶与农村低收入人口帮扶政策“衔接并轨”模式，获得国家乡村振兴局调研组肯定。突出政策宣传、排查入户、网格体系“三个全覆盖”，制定并发放防止返贫申报和帮扶两张政策“明白纸”，组织涉农县（市、区）完成农村人口全面集中排查。加强“微网实格”治理，在涉农县（市、区）全覆盖建立以党委、政府和行业部门、镇（村、组）负责人为成员的近3万人的防止返贫网格化监测队伍。落实常态化风险推送和核实核查，构建“4321”防止返贫监测帮扶工作体系，建立县级帮扶措施库，梳理整合帮扶措施484条，筑牢返贫致贫防线。全年新纳入监测对象597户1673人。

聚力实施“百村万户”帮扶提升行动，健全帮扶机制，推进共富共赢乡村实践。发挥“六个一”帮扶机制作用，37位市级领导、114个市级部门（单位）定点指导帮扶，成都市天府新区、成都市高新区和12个中心城区结对帮扶简阳市（含成都东部新区），实现重点帮扶村及所在镇（街道）全覆盖；深化“强村带弱村·携手共振兴”和“百企兴百村”行动，全市160余个乡村振兴示范村（先进社区）、150余家企业到结对村开展调研438次；组织部门择优选派新一批477名干部驻村履职。加强帮扶产业联农带农效益，逐村建立《2023年度巩固衔接重点任务（项目）清单》，市级衔接资金按每村20万～40万元标准分类分档支持重点帮扶村产业发展；中央、省级衔接资金（巩固脱贫攻坚成果和乡村振兴任务）用于产业占比分别超过63%和59%。推动新型集体经济发展，实施农村集体资产监管提质增效行动和集体经济消薄行动，简阳市（含成都东部新区）全面消除集体经济“零元村”，涌现出尤安村等集体经济强村，重点帮扶村集体经济人均收入超过60元。

巩固拓展脱贫攻坚成果。持续巩固脱贫成果，适应过渡期内目标任务变化，分类做好教育、医疗、住房、饮水、兜底保障等专项衔接政策的延续、优化和调整工作。制定出台《成都市重特大疾病医疗保险和救助制度实施办法》《2023年全面推进医疗保障助力乡村振兴和农业农村优先发展的实施方案》《2023年低保提标扩围精准兜底专项行动实施方案》等专项帮扶政策和促进脱贫人口持续稳定增收十条措施，围绕国家和省目标任务细化实化年度重点工作，确保过渡期帮扶政策举措的连续性和适配性。落实控辍保学“五长责任制”和“三免一补”“雨露计划”等教育资助政策，做好特殊儿童“送教上门”，实现农村义务教育阶段和职业教育适龄儿童少年“应学尽学、应助尽助”。统筹发挥基本医疗保险、大病保险、医疗救助三重保障制度综合梯次减负功能，实现农村低收入人口和脱贫人口参保动态全覆盖，医保政策范围内住院费用报销比例超过80%。实施农村住房安全动态监测，保障脱贫户和监测户住房安全。加强饮用水水源保护和农村水质监测，农村自来水普及率达90%以上，脱贫户和监测户饮水安全均得到保障。加强社会保障兜底功能，简阳市农村低保标准提高至860元/月，成都东部新区提高至910元/月。加大易地搬迁后续扶持力度，统筹提升社区治理和服务保障水平，拓宽搬迁群众产业就业帮扶渠道，落实帮扶资金3500余万元，实施帮扶项目27个，搬迁群众收入增速超过17%，高于当地脱贫群众收入增速。

扶贫产业持续发展。坚持把增加脱贫群众收入作为根本举措，实施特色产业多元就业强基富农行动，培育优势特色产业促增收，加强重点产业、星级园区对脱贫群众增收的带动作用，围绕“土特产”文章做精简阳晚白桃、简州大耳羊等拳头产品，启动建设天府农业科创园核心区；聚焦打造更高水平“天府粮仓”成都片区，提质壮大禾丰片区十万亩现代农业园区，加快建设沱东生态农场。实施消费帮扶促增收，拓展“天府乡村”“天府源”用标企业对重点帮扶村农产品销售的增值增量空间，全市新增“天府乡村”用标主体15家，新增用标产品50个；开展消费帮扶集中行动，帮销重点帮扶村农副产品价值5700余万元，成都农产品中心批发市场“四川消费帮扶馆”、四川国际农产品交易中心等销售“三州”农副产品突破30亿元。推动多元就业促增收，持续深化“互联网+就业服务”“雨露计划+”等就业促进行动，动态消除脱贫劳动力“零就业”家庭，全面完成2023年就业目标任务。

实施衔接资金项目提质增效行动，落实全过程监督管理。规范资金项目管理，分配下达2023年度中央、省、市衔接资金15726万元（其中市级资金5000万元），简阳市（含成都东部新区）共落实县级衔接资金5550万元，实施项目170余个。制定《成都市市级财政衔接推进乡村振兴补助资金项目实施指导意见》《关于优化帮扶项目管理暨扶贫（帮扶）项目资产规范管护运营的实施意见》，进一步健全管理制度体系。做强“农贷通”平台助力乡村振兴金融服务功能，简阳市（含成都东部新区）累计发放贷款9.69亿元。持续做好脱贫人口小额信贷工作，增强群众自主生产发展能力，新增贷款900余万元，累计发放贷款1.71亿元，惠及农户8100余户次。

【川西林盘保护修复】 2023年，市级财政专项资金转移支付县（市、区）1.45亿元，实施林盘基础设施和生态环境修复项目68个。截至2023年年底，市级财政专项资金累计转移支付县（市、区）7.48亿元，累计实施林盘基础设施和生态环境修复项目456个。形成了休闲观光、餐饮集市、亲子研学、文创博览、旅游民宿等多业态的乡村林盘消费新场景，通过林盘、绿道串联乡村旅游线路，促进川西林盘成为当地村民宜居宜业的新家园。

【种植业】 为加快现代种业产业发展，加快实施种业"建圈强链"行动，成立由分管市领导为链长，分管副秘书长和部门主要领导为副链长，市级有关部门分管负责人、各县（市、区）政府（管委会）分管负责人等组成的现代种业产业建圈强链工作专班，出台《成都市现代种业产业建圈强链工作专班方案》，明确各成员单位的职责分工及专班工作制度，全面加强对现代种业产业建圈强链工作的组织领导和统筹协调。制定《成都市推进现代种业发展工作方案》，作为全市农业农村工作重点的20个工作方案之一，为推动全市现代种业建圈强链工作走深走实、加快建设全国种业强市明确了方向。围绕产业链关键环节和目标企业战略布局，2023年遴选新增现代种业"链主企业"4家，累计达到6家(3家与上年重复)，评选推荐现代种业重点产业链"四链"融合标杆"链主"企业1家，评选推荐现代种业领军人才8名，新引进北京金色农华西南总部基地项目落地邛崃产业园、川芎全产业链项目落户彭州。推动成都种业集团成立运营。推动成立农业农村部天府种业创新重点实验室和四川现代种业研究院，为全市种业发展提供技术支撑。2023年，全市持证种子企业发展到121家，其中选育生产经营相结合、有效区域为全国的A证企业3家，生产经营主要农作物杂交种子及其亲本种子的B证企业41家，生产经营主要农作物常规种子的C证企业4家，生产经营非主要农作物种子的D证企业77家，从事农作物种子进出口贸易的E证企业6家：部分企业持有多种证照）；共有全国种业信用骨干企业1家、国家级龙头企业1家、省级龙头企业3家、市级龙头企业14家；有省级农作物种业领军企业6家、省级农作物种业成长型企业5家，数量位居全省第一。

"天府粮仓"成都片区建设。全市始终把确保粮食安全作为全市"三农"工作的头等大事、作为全面推进乡村振兴的首要任务，守住粮食安全底线，准确把握新时代新征程中国式农业农村现代化发展方向，以建设践行新发展理念的公园城市示范区为统领，以建园区、稳面积、稳产量、提单产、提品质、提效益为重点，聚焦"一带十五园百片"粮仓建设，加快打造形成"十化同步"的新时代更高水平"天府粮仓"核心示范区，确保全市乡村振兴工作始终走在前列、起好示范，为建设农业强国多做贡献。印发《打造新时代更高水平"天府粮仓"成都片区2023年工作方案》，构建"1193"耕地保护工作体系，建立四级田长责任体系，分类有序推进耕地"非粮化"整改，有序推进低效林果、苗木腾退恢复粮食种植7.1万亩。探索超大城市中心城区国土空间治理和生态修复新举措，恢复环城生态区粮油作物播种面积10.9万亩。新认定省级现代农业园区8个（含升星）、市级星级现代农业园区（含复评升星）53个、县级园区44个。"一带十五园百片"粮食园区共建成市级星级现代农业园区86个。2023年，全市粮食作物播种面积577.8万亩，粮食产量231.9万吨；粮食单产401.4千克/亩，较上年增加11.8千克/亩。获评"全国十佳农民"1人。在四川省建设更高水平"天府粮仓"2023年度先进集体、先进个人表彰评选中，全市6个先进集体、11名先进个人获奖。

种业园区发展。实施种业振兴行动，重点推进邛崃天府现代种业园区、彭州中国南方蔬菜种业创新中心建设。邛崃天府现代种业园区是国家首批布局西南唯一的国家级种业园区，被列入四川省"1+1+N"现代种业发展的核心园区，获评成都市五星级现代农业园区，规划面积94平方千米，涵盖临邛街道、前进镇、固驿镇、高埂镇、冉义镇5个乡（镇），配套建设种子生产科研、育种、制种试验示范核心基地1万亩，高端种业生产推广示范基地10万亩，是四川省第一个规模化、标准化种子生产加工园区，成都市唯一农作物种子加工基地和专业化园区。总部区2.1平方千米基本成形，93平方千米生产示范区规模成势，四川省种质资源中心库正式揭牌，四川现代种业研究院正式注册成立，国家品种测试西南分中心、四川省种子质量检测中心、种业孵化中心、种业博览中心、种业实验中心"五中心"已建成投用，可同时为15家种业企业提供"拎包入住"服务，园区全面建成并投用市政配套道路、雨污水管网等基础设施，"保、育、测、繁、推"一体化承载能力和生产生活便捷度全面提升。引进先正达、荃银高科、丰乐种业、金色农华4家国内种业领军企业以及20家种业及关联企业，促进川种种业、荣稻科技等4家企业正式入驻标准化厂房并投运，荃银生物、嘉禾种业总部基地项目全面开展建设。全年举办天府国际种博会、"天府菜油"首届院士专家大讲堂暨育种攻关成果推介会等专业展会论坛5场，聚集李培武、康振生等院士11位，参会参展企业241家，大会相关信息全网曝光量超过10496万次，品牌效应不断提升。彭州中国南方蔬菜种业创新中心规划面积约13.9421亩，总建设面积约14330平方米，主要建设集蔬菜种业研发创新中心、蔬菜新品种展示中心、蔬菜种业学术交流中心等功能于一体的蔬菜种业科技中心。截至2023年年底，中心建设已全面完工，并在第十二届中国·四川（彭州）蔬菜博览会开幕式上揭牌并投入使用，配套建设大蒜育种基地10万亩。

农作物制（繁）种基地建设。实施制种基地大提升三年攻坚行动，推进邛崃市杂交水稻制种基地、彭州市蔬菜种业创新基地、简阳杂交玉米制种基地等各类育制种基地建设，邛崃市完成8万余亩杂交水稻制种基地上图入库，推广父母本6：24宽行比全机械栽插模式，率先应用“无人机母本花时调控+无人机授粉”技术，每亩节约成本200元，全市杂交水稻制种面积稳定在2.8万亩以上。完善提升蔬菜种子（种苗）基地，支持彭州大蒜、牧马山地瓜、双流二荆条、郫都圆根萝卜等蔬菜制种基地和配套工厂化育苗中心建设，全市年集约化育苗5.15亿株，有成都金田种苗有限公司等21家种苗生产基地（公司）。简阳杂交玉米种子生产基地稳定起步，2023年玉米制种面积达2010余亩。

农作物种质资源保护。开展农作物种质资源保护工作，全面完成第三次农作物种质资源普查任务，全市收集上报种质资源386份，其中彭州大蒜入选全国十大特异资源品种、大邑红皮香豆被纳入四川省新发现优异种质资源名单。国内首个省级综合性种质资源库——四川省种质资源中心库于9月在第二届天府国际种业博览会上正式揭牌。谋划布局农林牧渔草资源收集保存、研究利用与科普展示“三位一体”功能，规划保存西南特色种质资源180余万份，其中农作物种质资源52.4万份。

农作物新品种引进推广。做好农作物品种展示评价和试验示范，在9个点位开展展示评价工作，共展示品种89个，其中小麦11个、油菜28个、水稻30个、玉米20个；开展辣椒、茄子、黄瓜、番茄等108个蔬菜新品种试验示范，并发布展示评价和试验示范结果公告，指导种植户选好种、用好种。举办第九届成都种业博览会（春、秋季）和第二届天府种业博览，累计吸引700余家次国内外企业、20余家科研院所参展，2万余名观众现场观展，800万余名观众线上观展，为参展企业创造经济价值超过1亿元。举办第十届“鱼凫杯”优质稻米品鉴活动，征集到国内科研单位、企业和专业合作社共75家单位的118个参评品种，评选出“泰丰优208”“玉龙优7号”“野香优贵禾”等20个优质水稻品种。

农作物新品种审定和保护。推动种植业新品种审定和保护，全市主要农作物通过各级组织审定的有121个，其中通过国家级农作物品种审定的有24个（水稻3个、玉米17个、小麦4个）、四川省农作物品种审定的有97个（水稻45个、玉米41个、小麦4个、大豆2个、棉花5个）；获得农业农村部植物新品种权授权（含共同品种权人）数量161个，包含水稻、小麦、辣椒、甘薯等作物，同比增长335.14%。加强植物新品种权保护，对新获得国家植物新品种权的，给予5万元/个一次性奖励，成都市级财政累计给予6个植物新品种权奖励资金30万元。

种子市场监管。加强种子市场监管力度，全环节把控种子质量。2023年，依法开展种子生产经营许可证审核办理工作，共计核查种子生产经营许可证19个，受理种子生产经营备案24个；检查水稻、玉米、大豆等主要农作物品种自主试验参试组合739个。完成2022—2023年度省、市两级686个农作物种子样品的南繁预警鉴定。在生产经营企业和种子市场专项检查中共抽查种子样品1070个。完成制种基地、自主试验、南繁基地种植的1249个农作物种子样品（组合）的转基因快速检测。全年处理种子质量相关投诉纠纷事件19起，挽回经济损失500余万元。2023年，全市主要农作物抽检合格率达98.7%，未出现重大种子质量事故，未发现违法转基因种子，维护了消费者和种子企业的合法权益。

粮食规模化经营。继续开展粮食规模化生产财政奖补项目，奖补对象为成都市域内水稻、小麦、玉米大豆带状复合种植面积达到50亩及以上的自然人和法人，同时秸秆综合利用率达100%，由市级财政按照200元/亩给予补贴。全市小麦、水稻（含杂交水稻制种）、玉米大豆带状复合种植50亩及以上的规模化生产新型经营主体达2631个，补贴面积达151.5万亩。

水稻。全市水稻种植面积217.4万亩，产量118.2万吨；单产543.6千克/亩，比上年增加12.4千克/亩，增长2.3%。水稻品种选择坚持米质优、熟期早、抗倒伏、适宜机插和抗稻瘟病，水稻主产县（市、区）有崇州市、邛崃市、彭州市等。举办了首届“最佳种植能手”水稻绿色高产挑战赛，邛崃市水稻新品种“晶两优534集”中连片50亩实收测产达881.8千克/亩，创近年水稻最高单产纪录。

玉米。全市玉米播栽面积148.9万亩，比上年增加0.1万亩；产量55.8万吨，比上年增加3.4万吨，增长6.1%；单产397.6千克/亩，比上年增加22.8千克/亩，增长6.1%。在龙泉山丘陵种植区主要推广丰产、抗旱、抗倒、适宜机收品种；在龙门山丘陵种植区主要推广丰产、抗倒、适宜机收、耐阴湿品种。玉米主产县（市、区）有简阳市、金堂县、成都东部新区等。

小麦。全市小麦播种面积57.5万亩，比上年增加2.4万亩，增长4.36%；产量18.3万吨，比上年增加1.1万吨，增长6.4%；单产318.6千克/亩，比上年增加5.7千克/亩，增长1.8%。小麦品种推广以抗病、耐肥抗倒、丰产性好的品种为主。小麦主产县（市、区）有邛崃市、崇州市、大邑县等。小麦新品种“蜀麦1868”百亩连片实收亩产516.9千克，创成都平原新高。

油菜。全市油菜种植面积131万亩，产量21.2万吨，单产161.8千克/亩。油菜品种推广以高产、高油、高抗、宜机收品种为主，注重应用抗根肿病品种，机播、机收以耐密抗倒、抗裂角等品种为宜。油菜主产县（市、区）有简阳市、金堂县、都江堰市、崇州市、邛崃市等。

薯类。全市马铃薯种植面积34.6万亩，产量10.1万吨，单产291.3千克/亩。甘薯种植面积50.8万亩，产量15.3万吨，单产302千克/亩。薯类主产县（市、区）有简阳市、金堂县、成都东部新区等。

豆类。全市豆类播种面积67.7万亩，与上年持平；产量10.6万吨，比上年增加0.4万吨，增长3.9%；单产156.6千克/亩，增加5.3千克/亩，增长3.5%。豆类主产县（市、区）有金堂县、简阳市、成都东部新区等。

蔬菜。成都市是全国冬春蔬菜生产基地，四季蔬菜以露地栽培的“大地蔬菜”为主，彭州市、金堂县、简阳市和郫都区为省级蔬菜（食用菌）重点县，形成了以彭州市“菜—稻—菜”轮作基地，金堂县、简阳市丘区常年蔬菜种植基地，郫都区饮水水源保护区绿色蔬菜生产基地为代表的特色蔬菜产业基地，拥有彭州莴笋、彭州大蒜、金堂羊肚菌、郫县豆瓣等一批蔬菜产品品牌。为进一步稳定常年蔬菜基地保有量，提升城市蔬菜应急保供能力，认定成都市宁升绿康食品有限公司工厂化食用菌种植基地等40家蔬菜基地为第一批成都市常年蔬菜（产品）基地、四川圣寿源农业有限公司育苗基地等5家蔬菜育苗基地为第一批成都市常年蔬菜（育苗）基地。4月，经农业农村部和财政部评审公示，彭州市和金堂县入选四川省设施蔬菜产业集群创建项目实施范围。11月，在彭州市天府蔬香现代农业产业园举办以“天府粮仓，科技菜博，立体山水，彭派生活”为主题的第十二届中国・四川（彭州）蔬菜博览会。

水果。成都市是全国水蜜桃主产区、优质枇杷主产区、南方冬草莓生产区、优质晚熟杂柑主产区和优质猕猴桃主产区，拥有“蒲江丑柑”“都江堰猕猴桃”2个省级特色农产品优势区。“龙泉水蜜桃”“双流枇杷”“双流冬草莓”“新都柚”获得国家农产品地理标志认证，“蒲江丑柑”“金堂脐橙”“蒲江猕猴桃”“都江堰猕猴桃”获得国家地理标志保护产品称号。柑橘主要分布在蒲江、金堂、邛崃、简阳等县（市、区），主栽品种仍以“春见”“不知火”“爱媛38号”等品种为主，近年来引进试验的新品种有“金秋砂糖桔”“阳光一号”“明日见”“无核沃柑”等。桃主要分布在蒲江、简阳、金堂等沿龙泉山脉的县（市、区），桃新品种推广更新速度较快，近年主推新品种有“早脆”“早红玉”“早黄玉”“霞脆”“晚湖景”等。猕猴桃主要分布在蒲江、都江堰、邛崃等沿龙门山脉的县（市、区），主栽品种仍以“红阳”“东红”“金艳”等品种为主，近年来引进试验的新品种有“瑞玉”“蜀玉”等。葡萄主要分布在大邑、双流、天府新区、金堂等县（市、区），其他县（市、区）均有分布，主栽品种以“夏黑”“红提”“巨峰”等品种为主，近年来引进试验的新品种有“阳光玫瑰”“蓝宝石”“醉金香”等。

茶叶。成都市是中国茶叶原产地之一，也是全国名优绿茶和出口绿茶优势区域，主要分布在蒲江县、邛崃市和都江堰市。全市拥有“天府龙芽”“蒲江雀舌”“邛崃黑茶”“都江堰茶叶”等4个茶叶区域公用品牌和“文君”“碧涛”“花秋”“青城道茶”“印象青城”等系列知名茶叶企业品牌，茶叶类国家生态原产地产品保护认证1个、地理标志6个、中国驰名商标3个，基本形成“品质塑品牌，品牌促品质”的良性运行机制。2023年，“邛崃黑茶”商标在英国注册。“文君”牌邛崃黑茶在第十二届四川国际茶业博览会上被评为“四川最具影响力茶叶单品”，“邛崃黑茶”品牌价值达到26.1亿元。2023年，全市茶园面积25.95万亩，与上年基本持平，其中投产面积23.17万亩、良种面积24.54万亩，分别较上年增长0.41%和0.25%；茶园绿色防控面积24.54万亩，其中绿色食品面积4.15万亩；毛茶总产量2.36万吨，其中绿茶产量1.58万吨，占总产量的67%；名优茶产值9.52亿元，出口产值640万美元，同比增长35.02%。

中草药。成都市位于“成德绵”中药材生产区，野生中药材种类多、分布广、蕴藏量大、种植历史长，是全国著名的川药和南药的集散中心，拥有全球最大的中药材专业信息资讯服务平台“中药材天地网”和1个“彭州敖平”川芎省级特色农产品优势区。重点围绕国家中医药综合改革示范区建设和中医药强市建设，推进中药材规范种植，提升中药饮片和中成药质量，为乡村振兴和中药产业振兴探寻新思路、新模式。天府中药城已成为全国最大的道地中药材产业标准化示范基地，川芎的种植面积、产量、销售量稳居全国第一位。“金堂川皇菊”和“金堂葛根”继“都江堰川芎”“彭州川芎”“都江堰厚朴”“金堂明参”“崇州郁金”“崇州重楼”“大邑黄连”之后新获得国家地理标志商标称号，全市中药材地理标志产品数量达到9个。5月30日，首届中国道地药材产业大会暨全国中药材乡村振兴会议在成都市召开。

【畜牧业】 全市以推进养殖业高质量发展、保障畜产品安全供应为目标，着力夯实种业基础，推进畜禽水产标准化建设、绿色健康养殖和长江“十年禁渔”，抓好重大动物疫病防控和饲料兽药等投入品管理，科学调控畜禽生产，积极应对市场波动，有效保障养殖业保供安全、产品质量安全、生态环境安全和公共卫生安全，全市养殖业发展持续保持稳中向好势头。全年生猪出栏435.16万头、年末存栏248.29万头，出栏肉牛3.94万头，出栏肉羊71.9万只，出栏家禽6494.74万羽。全年肉类总产量45.45万吨，其中猪肉产量32.12万吨、禽肉产量10.36万吨。禽蛋产量18.8万吨，牛奶产量8.33万吨（见表1）。实现畜牧业总产值228亿元，其中生猪产值128.3亿元，占畜牧业总产值的56.3%。

畜禽种业发展。全市有“成华猪”“雅南猪”“成都麻羊”“川中黑山羊（金堂型）”“彭县黄鸡”“四川白兔”6个地方品种，地方畜禽遗传资源丰富；培育“简州大耳羊”“大恒肉鸡699”“大恒肉鸡799”“蜀兴1号肉兔”“川白獭兔”“川乡黑猪”6个品种（配套系），全部进入《国家畜禽遗传资源品种目录》。全市有国家级核心育种场4家、省级畜禽核心育种场（区域性种公猪站）9家，国家级畜禽遗传资源保种场2家、省级畜禽遗传资源保种场3家。有种畜禽（蜂）场（站）78个，其中种猪场（站）46个、种牛场（站）4个、种羊场13个、种禽场10个、种兔场3个、种蜂场2个。成都旺江农牧公司创建为国家级生猪核心育种场，四川天地羊生物工程有限责任公司创建为国家级肉羊核心育种场；由邛崃市嘉林生态农场和四川农业大学共同培育的“天府黑猪”获得国家畜禽新品种认定，该品种是四川省第一个以地方猪遗传资源为主要育种素材培育出的国审猪新品种。

生猪。全年生猪出栏4435.16万头，比上年增长1.5%；年末存栏248.29万头，减少9.39%。猪肉产量32.12万吨，增长4.93%。加强以能繁母猪为核心的生猪产能调控，坚持生产调控与市场调控“双管齐下”，引导养殖场（户）顺时顺势出栏补栏，推动生猪产能稳定在合理水平。同时，持续抓好老旧规模场（户）提档升级，支持养殖场（户）转变生产方式，提升生产经营管理水平，稳步提高生产效率。

奶牛。全年存栏奶牛1.8万头，比上年增长7.4%；牛奶产量8.33万吨，比上年减少1.24%。有新希望、菊乐、伊利等乳品加工企业，有标准化鲜奶收购站6个，邛崃市、彭州市等地为成都市奶牛主要养殖区域。加强奶牛养殖场、生鲜乳收购站、运输车辆的常规监测检查和例行检测，全年生鲜乳样品抽检合格率达100%。

家禽。全年出栏家禽6494.749万羽，比上年减少9.29%；年末存栏3118.35万只，减少3.1%。禽肉产量10.36万吨、减少8.46%；禽蛋产量18.8万吨，增长2.04%。全市饲养品种主要有“青脚麻”“铁脚麻”“大恒”“科宝”（白羽系列）等肉鸡品种，以及“罗曼褐”“罗曼粉”“京粉”“京红”等蛋鸡品种。

牛羊。全年牛出栏3.94万头，比上年增长0.11%；牛肉产量0.51万吨，减少0.26%。肉羊出栏71.9万只，减少1.6%；羊肉产量1.04万吨，减少1.36%。

畜禽标准化建设。按照《四川省农业农村厅关于印发〈2023年畜禽养殖标准化示范创建活动实施方案的通知〉》《四川省农业农村厅关于开展2023年畜禽标准化养殖场示范创建活动的通知》要求组织创建活动，开展技术培训、服务，指导养殖场开展圈舍提档升级改造，完善生产、防疫、粪便资源化利用设施设备，规范并完善生产档案资料。全年共创建部级标准化场1家、省级标准化场48家、市级标准化场7家。

畜禽养殖污染综合治理。完成《成都市畜禽养殖污染防治规划》制定，统筹推进畜牧业和生态环境协调发展；严格落实畜禽禁养制度，全市共划定禁养区751个、面积5789.28平方千米，占全市总面积的40.39%。督促指导养殖场（户）按照《畜禽养殖场（户）粪污处理设施建设技术指南》要求，科学建设粪污资源化利用设施，提高设施装备配套和整体建设水平；开展畜禽养殖污染排查和治理，印发《成都市农业农村局关于开展畜禽养殖污染问题排查的通知》并全面开展排查整治，严防畜禽养殖污染问题发生，全市畜禽粪污综合利用率达93.96%，规模养殖场粪污处理设施装备配套率达100%。

动物疫病防控。一是非洲猪瘟防控。全市非洲猪瘟防控形势平稳，严格落实生猪屠宰环节“两项制度”，完善“3+1”网格化监管体系。按照“集中+日常”相结合的方式，持续开展“大消毒、大宣传、大培训”专项行动。二是基础免疫。全年共免疫家畜口蹄疫754.17万头份、禽流感5582.36万羽、羊小反刍兽疫39.34万只份，重大动物疫病应免疫密度达100%，抗体合格率达70%以上。三是动物疫病监测。全年完成疫病监测任务31项，共计检测样品11.19万份。全市重大动物疫病抗体水平全部超过农业农村部要求。

人畜共患病防治。做好犬只狂犬病、血吸虫病防控，家畜布病、结核病防控净化等工作。制定发布《成都市限养区禁养犬品种目录和大型犬标准》，开展《成都市养犬管理条例》修订调研论证。2023年，全市共免疫犬只狂犬病75.37

表1 2023年成都市主要畜禽产量

产品名称	产量（万吨）	同比增减（%）
猪肉	32.12	4.93
禽肉	10.36	–8.46
牛肉	0.51	–0.26
羊肉	1.04	–1.36
禽蛋产量	18.80	2.04
牛奶产量	8.33	–1.24

万只；开展病原学检测4618只次、血清学抗体监测465只次，病原学检测未发现阳性，血清学免疫抗体监测合格率超过农业农村部规定要求。完成血吸虫监测2759头份，监测羊布病17105只次、牛布病10110头次、牛结核病7159头次。

动物卫生监管。全年产地检疫生猪319.93万头、牛1.61万头、羊1.64万只、禽类8549.04万羽、水产苗种687.47亿尾、其他动物106.78万只，屠宰检疫生猪940.15万头、牛15.486万头、羊27.4595万只、禽类6060.84万羽，并对检出的病害动物及其产品均按照要求进行了无害化处理。印发了《关于加强宠物经营行为规范管理的通知》《成都市宠物经营管理指引》。

病死畜禽集中无害化处理监管。建立和完善病死畜禽集中无害化处理监管手段，实现从收集、运输、处理和产品流向全程可控、可追溯。2023年，养殖环节集中无害化处理病死猪30.49万头、牛346头、羊783只、禽194.57万千克、兔36.2万千克、鱼153.52万千克；屠宰环节集中无害化处理病害猪（含产品折算）2.45万头，处理其他病害畜禽及不可食用产品10.9万千克；无害化处理小动物（犬、猫等）4436只。

动物诊疗机构监管。印发《成都市农业农村局 成都市市场监督管理局关于印发〈成都市开展规范宠物诊疗秩序专项整治行动方案〉的通知》，从1月1日起，市农业农村局会同市场监管部门组织开展为期5个月的宠物诊疗秩序专项整治行动，围绕动宠物诊疗机构许可、兽医人员备案、疫病防控、病历处方、兽药使用、指定实验室运行等重点内容进行执法检查，对发现的违法行为进行依法查处，对检查中发现的动物诊疗机构证书和资质公示、电子处方笺设计不规范等问题要求及时进行整改。

畜禽屠宰监管。开展为期三个月的畜禽屠宰专项整治行动，共捣毁私屠滥宰窝点5个，查处私屠滥宰窝点案件4件，其中1件移送公安机关处置。对全市35家生猪屠宰企业246名兽医卫生检验人员开展肉品品质检验培训。开展生猪屠宰企业摸底调查，组织开展《生猪屠宰质量管理规范》宣传培训。

兽药监管。全市有兽药生产企业33家，其中兽用生物制品生产企业5家；有兽药经营企业720家。全年完成农业农村厅下达的兽药质量监督抽样任务70批次，组织开展部、省通报的监督抽检不合格兽药产品和假兽药查处行动，查处违法案件1起。协助部、省兽药监察机构开展动物源细菌耐药性监测抽样和畜禽及畜禽产品兽药残留监控抽样工作。组织开展兽药产品批准文号现场核查34次，抽样产品600余个。组织开展兽用生物制品类兽药经营质量管理规范检查验收37次。组织开展新版兽药GMP实施情况清理延伸行动，自6月1日—8月31日期间，对全市兽药生产企业开展全面排查，对发现的GMP缺陷项和安全隐患问题均指导企业限期整改到位。组织开展规范畜禽养殖用药专项整治行动，自7月1日—10月31日，全市各级农业综合执法机构共出动人员3677人次，检查兽药经营企业577家次、畜禽疾病诊疗单位和个人446家（人）次、畜禽规模养殖场667家次，对发现的问题均指导有关单位和个人进行了限期整改，查处违法案件9起。

饲料和饲料添加剂概况。全市饲料行业克服了饲料价格上涨、生猪价格持续低迷等影响，继续保持了稳定发展的良好态势。全年加工业饲料产量295.96万吨，同比增长1.25%，其中配合饲料259.55万吨，同比增长1.09%；浓缩饲料12.62万吨，同比增长0.4%；添加剂预混合饲料22.19万吨，同比增长3.98%。实现饲料工业总产值149.37亿元，同比减少2.21%。全市有饲料和饲料添加剂生产企业127家，颁发饲料生产许可证120个（其中配合饲料、浓缩饲料、精料补充料62个，添加剂预混料饲料39个，单一饲料19个）、饲料添加剂生产许可证44个（其中添加剂14个、混合型添加剂30个）（2023年成都市十大饲料生产企业见表2）。

饲料和饲料添加剂管理。严格许可核发，严把行业准入关，配合农业农村厅对饲料生产企业开展许可证核发现场审核，从产前、从源头入手加强饲料质量安

表2　2023年成都市十大饲料生产企业

企业名称	产量（万吨）	产值（万元）
成都正大有限公司	345687.00	146987.00
成都双胞胎饲料有限公司	215591.19	86012.96
邛崃驰阳农牧科技有限公司	178122.01	64844.90
成都特驱农牧科技有限公司	144540.70	58884.80
四川大北农农牧科技有限责任公司	137945.74	52372.74
成都海大生物科技有限公司	127725.92	61191.92
成都铁骑力士饲料有限公司	126213.00	66950.00
崇州市旺达饲料有限公司	120064.00	62618.49
中粮饲料（成都）有限公司	107544.32	39766.77
成都蓉峡通威饲料有限公司	91737.00	31167.40

全监管。开展监督抽检，根据农业农村厅下达的饲料抽检计划，共抽样检测饲料产品206批次，合格204批次，合格率达99%。实施检打联动，对生产不合格产品的企业进行立案查处，罚没金额1.5万元。加强监督检查，以日常监督检查和“双随机、一公开”联合检查为手段，对饲料生产经营企业执行质量管理规范、安全生产和职业健康、农业转基因生物安全等情况进行全面检查，督促企业落实主体责任，确保产品质量安全和生产安全。开展专项整治，组织开展饲料生产企业原料控制行动，督促企业执行《饲料质量安全管理规范》，加强饲料原料管控，从生产源头上提升饲料产品质量安全控制水平，共出动检查人员780余人次，检查企业120家次，完成问题整改186个。

【水产业】 全市水产品总产量153023吨，比上年同期增加3687吨，增长2.47%；养殖面积11786公顷，比上年同期减少75公顷，减少0.63%。有水产品加工企业5家，水产品加工量1990吨；有休闲渔业基地78个、苗种生产场站22个、水产专业合作社259个、水产专业协会7个、家庭渔场107个。

现代渔业发展。依托现有的1个国家级水产原种场、1个国家级水产良种场、5个省级水产良种场，抓好良种体系建设，不断壮大产业基础。完成第一次全国水产养殖种质资源普查，提交普查主体数1398个(包含普通养殖场，其中水产苗种繁育场站72家)，涉及品种数146个(包含养殖品种，其中繁育品种69种)，并结合普查工作编著《成都养殖水产动物图谱》。实施中央财政、省级财政项目，配备水产品初加工和冷藏保鲜等设施设备12台(套)；完成重点品种成鱼检测310批次、水产苗种检测100批次；完成1个水产良繁基地建设；完成1个水产品种深入鉴定评价；选育1个长吻鮠新品种，开展长吻鮠养殖实用技术和模式培训2000人以上，并开展繁育、病害监测防治研究等。发挥现有的1个国家级水产健康养殖和生态养殖示范区(以县级政府为主体)、10个国家级水产健康养殖示范场、81个省级水产健康养殖示范场的示范带动作用，以发展绿色生态渔业为主导，以渔业科技创新为核心，以水产品质量安全管控为抓手，推广绿色健康养殖技术，推动成都市渔业从传统渔业向生态渔业、绿色渔业、质量渔业转变，拥有1个省级美丽渔村、3个国家地理标志产品——新津黄辣丁、大邑三文鱼〔鲑鱼(非活)〕、大邑三文鱼〔鲑鱼(活鱼)〕。引导企业和社会资金投入水产品加工、流通、服务环节，加强政策和规划服务，推动养殖、加工、物流业等一二三产业相互融合、协调发展，延伸产业链，提高价值链。

水产养殖基地建设。利用中央财政资金1074.31万元，对3380亩集中连片内陆养殖池塘通过池塘鱼菜共生综合种养模式、池塘底排污生态化改造模式、多级人工湿地模式、池塘工程化循环水养殖模式、生态沟渠净水模式、多级沉淀池和资源化利用等方式进行标准化改造和尾水治理。按照“环境友好、资源节约、提质增效、助农增收”的发展思路，以规划为引导，优化水产养殖产业布局；坚持问题导向和目标导向，抓好水产养殖领域生态环境突出问题、重点问题整改；以养殖尾水资源化利用、达标排放为目标，加强水产养殖基础设施改造，加快补齐水产养殖业发展短板，增强水产品稳产保供基础。

稻渔综合种养。依托现有的1个国家级稻渔综合种养示范区，推进农业供给侧结构性改革，全市共有稻渔综合种养面积5.54万亩，稻田养殖水产品产量5827吨。稻渔综合种养主要集中在简阳市、崇州市、邛崃市、大邑县等县(市、区)，主要为“稻—鱼”结合、“稻—虾”结合、“稻—蟹”结合、“稻—鳖”结合等5种模式。邛崃市以实施乡村振兴战略为统领，聚焦稳粮增收、以渔促稻目标，开展“鱼米之乡”项目建设，打造“鱼米产业兴旺、乡民生活富足、生态环境宜居、文化特色鲜明”的公园式美丽“鱼米之乡”。

长江“十年禁渔”。持续推进长江“十年禁渔”，以“长江禁渔系列专项执法行动”“中国渔政亮剑2023”“护渔百日”“涉渔‘三无’船舶清理整治”等专项行动为重点举措，打击各类涉渔违法违规行为。以抖音、快手、官网、智慧动监App等新媒体渠道开展长江禁捕宣传贯彻，发布禁渔知识、禁用渔具渔法短视频和警示案例，提升长江“十年禁渔”知晓度，倡导全民参与，长江“十年禁渔”工作取得阶段性成效。

【农业项目及品牌推进】 农业项目财政投入。2023年，各级财政共投入农业项目资金43.04亿元，其中中央资金14.12亿元、省级资金12.4亿元、市级资金16.52亿元。为坚决守住脱贫攻坚成果，实现巩固拓展脱贫攻坚成果同乡村振兴有效衔接，各级投入财政衔接推进乡村振兴补助资金1.3亿元；为贯彻落实党中央关于“落实‘长牙齿’的耕地保护硬措施，严守18亿亩耕地红线”的决策部署，确保耕地数量不减、质量不降，中央财政投入耕地地力保护补贴资金5.79亿元，市级财政投入腾退低效果木恢复粮食等重要农作物种植资金2.34亿元；为建设“集中连片、旱涝保收、节水高效、稳产高产、生态友好”的高标准农田，各级财政共投入8.42亿元；为推动乡村产业振兴、人才振兴、文化振兴、生态振兴、组织振兴，实现农业全面升级、农村全面进步、农民全面发展，市级财政投入乡村振兴战略推进城乡融合发展考评激励资金1.1亿元，省级财政投入乡村振兴奖励补助专项资金1.21亿元用于乡村振兴战略推进城乡融合发展考评激励；为稳定粮食综合生产能力，加快打造更高水平“天府粮仓”核心示范区，市级财政投入专项资金1.4亿元，省级财政投入专项资金7350万元，用于农业园区奖补；为加快推进特色镇(街区)建设和川西林盘保护修复,推动农商文旅体融合发展,探索成都特色城乡融合发展之路,市级财政投入资金3.45亿元;为加快乡村建设,推动产业融合发展,中央财政投入资金3460万元。

【农产品质量安全监管】 紧扣建设新时代更高水平"天府粮仓"行动,以宣贯农产品质量安全法为契机,以国家农安市持续巩固提升、培育打造"天府粮仓"农业品牌为统领,坚持"守底线""拉高线"同步推,"保安全""提品质"一起抓,推进2023年全市农产品质量安全监管和品牌培育,成都第31届世界大学生夏季运动会农产品质量安全监管保障任务、农产品质量质量安全监管、突出问题专项治理和品牌培育等重点工作取得显著成效,"都江堰猕猴桃"作为猕猴桃产业全省唯一推荐入选国家农业品牌精品培育计划,金堂县农业农村局获评全国首批"基层农产品质量安全网格化监管服务典范",金堂县农产品质量安全监督检验检测站获评全国首批"县级农产品质量安全检测检测能力建设典范"。2023年,全市主要农产品质量安全例行监测合格率达99.4%,未发生重大农产品质量安全事件。

国家农产品质量安全市建设。巩固深化农安市创建成果,持续加强政府属地责任、部门监管责任、生产经营主体责任,以基层监管能力建设、乡(镇)网格化管理、日常巡查检查、食用农产品承诺达标合格证制度、农产品质量安全专项项目实施为重点,提升农产品质量和监管水平。简阳市创建为国家农产品质量安全县。

农产品质量安全监管与监测体系建设。市农业监测中心和15个县级检测中心(站)全部通过"双认证"能力验证。建立市、县、镇、村四级农产品质量安全网格化监管体系,全市有涉农镇农产品质量安全监管站177个(监管员258名)、农业主产村2057个、村级协管员1801名;全市监管人员运用成都市农产品质量安全检测监管溯源平台,开通移动巡查手机App开展日常监管巡查,实时上传监管信息,监管机构在市级追溯平台录入监管巡查工作信息15.27万余条,县均8982批次。全年完成生产环节食用农产品质量安全监测3.3万余批次,不合格产品问题查明率、查处率均达100%。

农产品质量安全溯源体系建设。督促指导生产经营主体开展农产品质量安全追溯工作,全市9600余家生产经营主体被纳入追溯平台管理,记录实时年生产批次信息4.57万批次、年销售批次信息58.38万批次。落实追溯"七挂钩"、承诺达标合格证"三挂钩"要求,在农博会、农交会、"天府粮仓"精品全国推介活动等推介展销附合格证、带追溯码农产品,引导消费新趋势。

农产品品牌培育。以品牌夯基、品牌培育、品牌质控、品牌推广等为抓手,组织隆兴大米、金堂油橄榄2个地理标志农产品实施开展保护建设和对"新兴粮油""龙泉驿水蜜桃"2个农产品品牌实施精品培育;组织开展"'天府粮仓'精品全国推介——走进广州、走进浙江、走进北京"活动,累计组织18家企业88个系列产品进行展示展销,组织郫县豆瓣进行单品推荐,都江堰天赐猕源农业有限公司与广州送享供应链科技有限公司、金堂县成都天绿菌业有限公司与广东港韩药业有限公司达成产销合作意向,现场签约金额1300万元。国庆节期间,组织开展"我在成都庆丰收"品牌农产品展销活动。组织开展"天府源·成都地标川菜创作"评选活动,近百家餐饮企业200余位川菜厨师参与同场竞技,以邛崃黑猪、金堂羊肚菌、都江堰方竹笋等11类40余种地标农产品作为川菜制作优质原材料,初赛和决赛制作地标川菜创作作品总计240余道,最终评选出的100余道地标川菜将载入《成都地标川菜大典》。组团参加省级区域公用品牌发布推介会,推荐"天府源""通威鱼""青城道茶"等14个品牌参加"天府粮仓"省级区域公用品牌发布推介会,并入选"天府粮仓"首批100个精品品牌名单。加强成都现代农业"特色消费新场景"示范点建设,形成"线上+线下"营销渠道网,实现"产业链+创新链+市场链+消费链"深度融合。举办"天府"品牌主题论坛,建立品牌农产品传播矩阵;完成抖音、快手平台账号搭建,初筛上架线上商城多个特优农产品,开展20余场次的常态化直播,并发布多个短视频。

实施食用农产品承诺达标合格证制度。加强开具管理,建立和公布876个合格证自助开具服务点,指导生产主体规范开具合格证,全年累计开具合格证4637万余张,附证销售农产品181万余吨。加强准入查验,会同市场监管局督促指导市场落实市场查验合格证制度,畅通农产品全程追溯链。加强合格证执法检查,按照新修订的《中华人民共和国农产品质量安全法》要求,加大对应开具、保存合格证主体的执法检查,全年查处合格证案件11件,坚决对其进行严厉处罚。

农产品质量安全专项整治。聚焦农资质量,开展农资打假专项整治,抓实"稳粮保供"、种业振兴市场净化、牛(羊)"瘦肉精"、农膜联合监管执法、农资打假"净网"等专项行动,确保农业投入品安全。聚焦突出问题和风险隐患,开展"治违禁　控药残　促提升"三年行动,持续对"12+5"重点品种尤其是豇豆进行整治,严厉打击禁限用药物违法使用行为,严控常规药物残留超标。聚力执法监管,加强监督抽检、检打联动、行刑衔接、案件查办、信息公开,严格追踪源头,严肃责任倒查,严厉依法查处。全年共查办农产品质量安全案件115件、农资案件120件,公布12起农资和农产品典型案例,2件获评"省级典型案例"。

食用农产品"治违禁　控药残　促提升"三年行动。聚焦突出问题和风险隐患,锚定关键环节、关键主体、关键产品，加强监管与巡查、实训与宣传、重点监测与监督抽查、技物服务与案件查处等相关工作，持续对“12+5”重点品种尤其是豇豆进行整治。2023年，全市开展巡查检查14.3万次，监管快速检测47.52万余批次，组织培训指导935场次，发放、张贴《农产品质量安全告知书》《食用农产品生产环节禁用投入品名录》《食用农产品合格证制度告知书》《科学安全用药挂图》《“两个替代”技术明白纸》等宣传资料余份12.8万余份。通过专项治理，违法违规使用禁限用药物得到基本控制，常规农兽药残留超标问题得到有效遏制。

【农村科技】 成都国家现代农业产业科技创新中心建设。成都国家现代农业产业科技创新中心（以下简称“科创中心”）是农业农村部批准建设的五个国家现代农业产业科技创新中心之一，选址四川天府新区科学城建设创新核心区，自2017年创建以来，成都市与中国农科院合作共建国家成都农业科技中心，作为科创中心的“一核”（即创新核心区）。同时，逐步优化形成温江、新津、青白江、邛崃、彭州的“五园”和成都市各级各类的“N基地”园区建设布局，构建了“技术研发—成果转化—产业孵化”的创新产业生态链。2023年，成都科创中心集成示范粮油产业先进实用技术和水稻、小麦、食用菌、枇杷、蔬菜等新品种95个，年度研发支出总额约1.55亿元，招引、培育链主企业和产业关联企业50家；引进到位内资22.96亿元，外商直接投资投资1000万美元，先后孵化转化植物工厂、育种加速、垂直农业等科技成果，获得重要领导的关注，中央电视台一套《新闻联播》栏目、中央电视台《朝闻天下》栏目、中央电视台17套《田园帮帮团》栏目、人民网、新华社、China Daily等多家媒体对成都科创中心研发的首座全球垂直植物工厂、育种加速器等科研成果进行了宣传报道。

基层农技推广体系改革与建设。按照农业农村部、农业农村厅通知要求，继续实施基层农技推广体系改革与建设补助项目。建设农业科技示范展示基地，在15个项目县建成农业科技示范展示基地44个，共开展展示活动52场次，组织农技人员和示范主体现场实训、观摩学习1832人次。加强基层农技推广机构公益性职责，在金堂县、简阳市、崇州市打造5个标准化公益基层农技服务站；组建17支粮食和大豆油料科技服务大队、165个服务小分队共756名农技员下沉包县包乡开展农业科技服务，全年开展服务活动214场次，服务农户5189人次。示范推广先进适用技术，全年示范推广先进适用技术438项（各项目县有部分重复），农业主推技术到位率达97.45%。实施农技推广服务特聘计划，15个项目县共招募特聘农技员和防疫员116名。提升基层农技推广队伍综合素质，全市1099名基层农技人员分14期参加省、市组织的知识更新培训。

农业科技推广应用。10月27日，在第九届四川农业博览会·第九届成都国际都市现代农业博览会开幕当天，由中国农业科学院、四川省农业农村厅、成都市人民政府联合主办，以“农业强国　科技驱动”为主题的第三届全国农业科技成果转化大会在成都市举行。大会评选出100项重大科技成果和1000项优秀科技成果进行发布和展示，其中绿色高产优质新品种玉米“中玉303”参加国家黄淮海夏玉米高密组统一区域试验(5000株/亩)，比对照“郑单958”增产7.4%；“中畜长白半番鸭”新品种通过国家审定，年出栏量超过2000万只，在国内肥肝市场的占比提高到40%左右，打破了半番鸭品种需要长期依赖进口的局面。大会邀请胡培松、周卫等知名院士、专家、企业家分别围绕科技创新引领与成果转化、肥料产业高质量发展战略研究等主题作主旨报告。在同期举行的全国农业科教机构成果转化圆桌会议上，中国农科院联合全国34所高校、省级农业科研院所共同发起并签署《以高水平科技成果转化助力大面积单产提升行动》倡议书。大会当天，超过24个重大项目在大会现场进行成果转化和战略合作签约，累计签约金额超过20亿元。

农业农村创新创业。加强返乡创业孵化载体建设，全市有全国农村创业创新典型县5个，建成全国农村创新创业园区（基地）34个、市级现代农业创新创业孵化基地10个、各县（市、区）农村创业创新园区（基地）71个；农村创业人员累计达153820人，创办企业7042家、农民合作社8685家、家庭农场12853家。高效运行成都农业创新创业联盟，健全完善农业“创客”沙龙等线下活动平台以及“农创通”线上服务平台，为返乡入乡农业创客提供交流合作、金融支持、创业辅导、技术支撑和人力资源等服务。截至2023年年底，联盟已累计加入团体和个人成员共近500个，举办各类线下活动150余场，共吸引农业创客10000余人参加，对接导师资源900余人次，现场解决问题创业融资、产品销售等困难问题810余项。

新型职业农民制度试点深化（含新型职业农民培育、农业职业经理人培育）。做好各类农民培训，印发《成都市农业农村局关于做好2023年农业职业经理人及实用技术培训工作的通知》和《做好高素质农民培育工作的通知》，明确了培训任务、培训内容、培训方式以及培训时间和补助标准等，县（市、区）按照通知要求制定实施方案并开展培训工作，全年开展新增农业职业经理人培训5000人、种养殖业实用技术培训30000人、农机手能力提升培训300人、高素质农民培训5553人。

农业职业经理人等级评定。2023年农业职业经理人等级评定工作市级共评出高级农业职业经理人91名。全市持证农业职业经理人24026人，其中高级673人、中级10618人、初级12735人。

2022年高素质农民培育机构培育

效果质量评价。根据《四川省农业农村厅关于开展2023年高素质农民培育机构培育质量效果评价工作的通知》精神，对全市17个承担2022年高素质农民培育的培训机构进行了培育效果质量评价，评价由培训机构自评、市级复评、省级抽评，市级现场复评6个机构，资料扶贫11个机构。

“十佳”、优秀农业职业经理人评选。根据《市政府办公厅关于印发成都市深化农业职业经理人队伍建设的十条措施（试行）》精神，开展2023年度“十佳”、优秀农业职业经理人推荐评选工作，经过农业职业经理人自主申报、各县（市、区）农业农村局审核推荐，共上报推荐人选37人。通过评选评议，评选出刘庆蓉等“十佳”农业职业经理人10名和牟洪学等优秀农业职业经理人20名。

“头雁”项目遴选推荐。根据《四川省农业农村厅、四川省财政厅关于印发四川省乡村产业振兴带头人培育“头雁”项目工作实施方案的通知》精神和全省“头雁”工作会议要求，结合2023年省乡村产业振兴带头人培育“头雁”项目总体数量和相关遴选条件，印发《关于报送2023年四川省乡村产业振兴带头人培育“头雁”项目培育对象的通知》，及时向农业农村厅推荐“头雁”项目培育对象，全年完成“头雁”培育122人。

“四川省农村致富带头人”推荐。根据《四川省农业农村厅关于印发〈四川省农村致富带头人扶持计划实施方案（2021—2025年）〉的通知》精神，2023年向农业农村厅推荐“四川省农村致富带头人”候选人34名。

智慧农业发展。完善智慧农业网络基础设施和技术供给主体，成都市是国家下一代互联网示范城市、“宽带中国”示范城市。全市行政村实现光纤全覆盖、无线通信网络全覆盖，5G镇（街道）全覆盖。乡村网民数量近1120万人；互联网宽带接入用户达402万户，乡村互联网普及率、家庭宽带入户率分别达80.8%、79%，分别高出全省平均水平8.4%、5.8%。龙头企业、专业合作社、家庭农场等新型经营主体计算机应用率、网络覆盖率、从业人员智能手机覆盖率等指标均达99%以上。有中国农科院都市研究所、四川大学、电子科技大学、四川农业大学、四川省农科院、成都市农林科学院、成都市标准化研究院等高校及科研院所，为技术创新提供源动力。汇集电信、移动、联通、成都数之联、同方（成都）智慧、比昂科技等信息化企业，为技术转化提供应用场景。拥有中国最大的专业软件园区“天府软件园”，聚集了华为、中兴、浪潮、同方、紫光、中科曙光等一批国内外信息领域顶尖企业，为智慧农业融合发展提供基础支撑。初步构建成都市智慧农业平台体系，打造数智粮油、智慧动监、农村经营管理、农贷通等应用系统，实现粮食生产、生猪养殖、农村金融等业务在线化。

智慧农业新场景。“数智粮油”场景借鉴大邑县“吉时雨”数字农业管耕地、管作物、管主体、管农机、管农服“五管”模式的经验做法，优化形成成都市“天府粮仓”业务系统，搭建“数智粮油”应用场景，通过卫星遥感、物联感知、北斗定位等技术手段回答了“地在哪里、谁在种地、种的什么”等问题；“智慧动监”场景，创新运用物联网和大数据，全面启动建设成都智慧动监畜产品质量安全监管系统，涵盖电子耳标、动物防疫、检疫执法、屠宰监管、病死动物无害化处理等12道关口场景，构建了“全域物联+责任网络+全程监管”的监管模式，覆盖养殖场（户）16万余家（户）、屠宰场34家、无害化处理场4家。9月，“智慧动监”在芜湖全国智慧农业现场推进会上做经验交流；农情监测场景，农业“四情”监测系统承担墒情、苗情、虫情、灾情等4项实时监测预警工作，覆盖全市粮油、蔬菜、水果、中药材等优势特色农业产业区，定期收集汇总、分析研判农作物生长环境数据。截至2023年12月，已在全市建设“四情”监测点位31个。

创新智慧农业技术手段猪皮喷码技术。以动物检疫工作为主线，创新构建猪肉产品质量全程追溯体系，其中屠宰环节关联生猪产地、屠宰、检疫、检验等信息，在猪皮上一体化喷印加施“两章一码”（动物检疫验讫印章、肉品品质检验合格验讫印章和溯源索证码），无纸化出具“两证”（检疫合格证明和肉品品质检验合格证）；流通环节，猪肉经营户扫码索证，系统自动记录去向信息，实现“一码两证、物证合一、扫码索证、证随肉走”，消费者扫码可准确查询猪肉产地、屠宰和流通信息；管理环节，通过信息平台统计分析全市屠宰企业生猪入场、屠宰和销售等数据，实现生产统计、价格信息采集、质量安全追溯、风险预警和监管执法等多项功能。2023年，猪皮喷码追溯体系在龙泉驿区、新都区等4个县（市、区）11家生猪定点屠宰场及其猪肉经营户试点实施，累计喷码白条猪肉280万余头，无纸化出具“两证”1120万余张，参与索证经营户3900余家。12月，市农业农村局向农业农村部畜牧兽医局申请数字喷码出具生猪屠宰检疫检验证章标识试点。

【农业信息化建设】 智慧蓉城农业农村城运分中心建设。根据市委、市政府关于智慧蓉城的建设部署，整合成都市农村经济信息中心力量，组建城运分中心，明确职能职责和工作流程，促进分中心协同高效运转，加快实现农业农村城运分中心实体化运作。按照实用、实战、实时的要求，加强全市统筹设计、市（县）共建共用、主体数字赋能，加快构建形成服务乡村振兴农业农村现代化的智慧治理体系，智慧蓉城农业农村分中心平台已上线运行。智慧农业数字乡村标准体系构建聚焦市场主体、政府部门和科研机构等多元化需求，突出地方特色，坚持政府引导、社会参与、协同推进，以通用标准为基础、数据标准为核心、技术标准为支撑、安全标准为保障、管理标准为指引，围绕基础通用、新型基础设施、数据资源、农业数字化、乡村数字化、建设与管理、安全与保障等7个模块，构建政府主导与市场自主协同配套的新型数字农业农村标准体系，为全市数字农业农村发展提供顶层指引。10月30日，发布《数字农业物联网基地建设规范》《数字林盘（村庄）服务与管理规范》等5项成都市地方标准。研制形成《数字农业农村标准化工作指南》《数字农业农村公共基础数据规范》《数字农业农村大数据平台系统架构与交换共享规范》等7项内部规范。

农业物联网建设。温江区、邛崃市创建为国家农业物联网基地示范县，建成新津中以津惠、金堂正鑫、邛崃微牧、温江惠美等70余个农业物联网示范基地，涵盖粮油、生猪、蔬菜和水果等主导产业。大邑县获批开展全国数字乡村试点，建成“吉时雨”数字农业服务平台、167个数字农场和全省首个“无人农场”，创建为四川省五星级粮油现代农业产业园区。新津中以津惠公司系统开展技术创新与产品创制，突破了一批关键技术，达到国内领先水平，产品各项指标符合欧洲、美国、中国三重有机认证安全标准，入选全国智慧农业建设典型案例。

数字农业农村联盟。整合联盟力量，鼓励高校、科研院所、企事业单位和农业新型经营主体发挥各自优势，打破信息壁垒，共谋发展方向、共享数字成果，助力传统农业转型升级，为全市农业园区、企业、新型经营主体提供智力支撑，引领带动成都智慧农业数字乡村发展。组织“信息进园区”“双十佳评选”（十佳方案、十佳案例），通过实地调研、案例剖析、专家咨询等方式，形成智慧农业数字乡村解决方案。11月，在大邑县举办以“发展智慧农业推动农业农村现代化”为主题的成都市第一届智慧农业发展大会。

【现代农业产业园区建设】 围绕全省加快构建“川字号”特色农业产业体系，贯彻落实中央、省委和市委关于现代农业园区的决策部署，坚决扛起维护粮食安全的政治责任，始终把现代农业园区建设、打造更高水平“天府粮仓”成都片区作为加快推进农业农村现代化的重要举措，推动都市现代农业建圈强链。截至2023年年底，已累计命名近200个国家、省、市、县四级现代农业园区，其中国家级现代农业产业园3个（蒲江现代农业产业园、邛崃天府现代种业园、崇州现代农业产业园），数量分别居副省级城市第一位和全省第一位；省星级现代农业园区11个，其中省五星级4个（崇州市粮油现代农业园区、大邑县粮油现代农业园区、新津区稻渔现代农业园区、金堂县食用菌现代农业园区）、省四星级2个（彭州市稻菜现代农业园区、新都区稻菜现代农业园区）、省三星级5个（青白江区稻菜现代农业园区、简阳市粮油现代农业园区、温江区稻菜现代农业园区、郫都区稻菜现代农业园区、龙泉驿区桃现代农业园区）；市星级现代农业园区68个，县级园区超过100个（部分命名区域重叠）。市级以上园区占地总面积697.336万亩，园区主导产业总产值625亿元，园区农民人均可支配收入达3.562万元，示范引领和联农带农成效显著。

简阳市沱东生态农场。涉及简阳市禾丰镇、平武镇、平泉街道等5个镇（街道）20个村（社区），规划范围面积118.94平方千米。农场位于成渝发展中轴线，距离成都市中心城区约55千米、简阳城区5千米，距离天府国际机场10千米，成安渝高速、第三绕城高速、国道318线等穿境而过，通达性极强。农场规划区域有耕地面积8.57万亩，围绕实现“高质量发展、高品质生活、高效能治理”目标，遵循“绿色、生态、环保、高效、安全、融合”理念，聚焦做强稳产保供核心功能、夯实幸福宜居基本功能、做优郊野公园特色功能，实施土地综合整治、现代农业发展、生态价值转化、基础设施提升、基层治理创新“五大行动”，创新城乡产业协调、利益联结、公共服务均等化“三个机制”，打造沱东“天府粮仓”、丘区幸福乡村，探索公园城市丘区乡村表达。2023年，沱东生态农场范围内禾丰片区十万亩粮油园区创建为省三星级现代农业园区，尤安村进入农业农村部、中国农村杂志社2023“和美乡村百佳范例”宣传推介名单，平武镇被评为省乡村振兴先进镇，高坡村被评为省乡村振兴先进村。

邛崃市粮油现代农业园区。涉及邛崃市固驿、羊安、文君、高埂4个街道39个村（社区），位于邛崃市东部平坝区、新邛路以南，属都江堰精华灌区。园区以水稻、油菜为主导产业，耕地面积8.54万亩，粮食作物播种面积12.69万亩。已建成全程机械化服务中心2个，育秧温室中心2个，粮油初加工、烘干和综合农事服务中心4个，全程社会化服务覆盖率达100%，粮油作物耕种收综合机械化率达94.96%，产地初加工率达80%。拥有省级龙头企业2家、市级龙头企业3家，培育家庭农场202家（其中县级及以上示范家庭农场120家）。园区坚持以粮为主、粮经统筹的发展模式，先后获评国家级稻渔综合种养示范区、首批省级稻渔综合种养示范基地，为成都市五星级现代农业园区。2023年，园区内的依丰水稻合作社在成都市首届“最佳种植能手”水稻绿色高产挑战赛中以881.8千克/亩的单产位列全市第一。邛崃市连续三轮获评国家级制种大县，先后获评全国产粮大县、首批全国农业科技现代化先行县、国家农业绿色发展先行区。

双流区粮油现代农业园区。规划面积12平方千米，涉及杨公、文武、扯旗和桃荚4个社区28个村民小组，覆盖5214户15438人，有耕地面积11809亩。距双流国际机场10千米，川藏路、大件路、成新蒲快速通道、天保大道穿境而过，交通优势突出。秉承公园城市理念，规划建设“一核一环两轴四区”，园区内有省级龙头企业2家、国家级示范合作社1家、家庭农场31家，组建联合组织

1个。拥有地理标志产品2个、企业品牌3个。建有省级“全程机械化+综合农事”服务中心，水稻综合机械化率达97%、烘干率达80%、全程社会化服务率达100%。与4家院校建立合作关系，先进技术推广应用率达98.82%，园区产品订单率达90%。同时，园区以农业大地景观为本底、以川西林盘为特色，推动全域大地景观化景区化改造，打造美田弥望大地景观，开展荷花节、菜花节等节会活动5次，全年乡村旅游接待游客10万人次。2021年创建为成都市三星级现代农业园区，2022年创建为成都市四星级现代农业园区，2023年创建为四川省三星级现代农业园区，臻爱田园项目获评“四川省2023年万企兴万村行动先进典型项目”。

都江堰市稻菜现代农业园区。位于都江堰市天马镇，属于平坝地区，涵盖天马镇金胜社区、新民社区、驾虹社区等12个社区，规划面积4.64万亩，有耕地面积2.96万亩。距离成都市中心城区约53千米、都江堰市城区5千米。园区以水稻、蔬菜为主导产业，2023年园区实现总产值2.2亿元，其中主导产业产值1.88亿元，占园区总产值的85%。园区有农业人口4.1万人，带动农户1.04万户，农民人均可支配收入达34818元。完善园区基础设施，沟渠、道路相互贯通，可充分实现机械化耕作，也能充分利用自流灌溉体系的天然优势实现旱能灌、涝能排。近年来，园区开展水稻、蔬菜轮作，通过建立质量安全联盟，将圣寿源种植基地打造成天府源品牌准入基地和四川省绿色蔬菜生产示范标杆，逐步形成了集水稻种植、蔬菜种植、休闲观光、农事体验、新品种新技术试验示范、科研培训、社会化服务等多业态于一体的现代农业园区，初步实现了区域主导产业标准化、规模化、品牌化、景观化，构建了从育苗、全程栽培服务、物联网、绿色防控、生态循环到加工销售于一体的产业闭环。2023年，都江堰市稻菜现代农业园区创建为省三星级现代农业园区。

【农业机械化】 推动农业机械化持续发展，全市主要农作物耕种收综合机械化水平达84.5%，较上年增加2个百分点。全年完成机耕992.32万亩、机械化种植495.75万亩、机收520.26万亩，农机总动力达428.52万千瓦（全市农业机械化基本情况见表3）。

农机购置补贴。实施中央农机购置补贴和市级农机购置累加补贴政策，市

表3　2023年成都市农业机械化基本情况

项目		单位	2022年	2023年	同比增减(%)
农机动力	农业机械总动力合计	万千瓦	423.51	428.52	1.18
	柴油发动机动力	万千瓦	269.02	271.92	1.08
	汽油发动机动力	万千瓦	39.74	40.16	1.06
	电动机动力	万千瓦	114.73	116.42	1.47
主要农机拥有量	大型拖拉机	台	1266.00	1466.00	15.80
	中型拖拉机	台	8206.00	8066.00	-1.71
	小型拖拉机	台	16187.00	15106.00	-6.68
	谷物联合收割机	台	2537.00	2505.00	-1.26
	秸秆还田机械	台	4948.00	4944.00	-0.08
	水稻插秧机	台	2227.00	2391.00	7.36
农作物农机作业面积	机耕	万亩	926.80	992.32	7.07
	机播	万亩	449.74	495.75	10.23
	机收	万亩	489.00	520.26	6.39
	机电灌溉面积	万亩	286.33	312.40	9.10

（备注：2023年农机化数据为农机统计直报系统2024年1月29日首次上报数据）

级在中央定额补贴的基础上累加的20%的补贴额。争取中央农机购置补贴资金，实行农机购置与应用补贴申请办理服务系统常年不间断开放、限时办理补贴申请和资金兑付。推广四川农机补贴App，开展手机终端申请农机购置补贴，保障购机者及时享受财政惠农政策。全年共投入中央农机购置补贴资金6270万元，市级累加补贴资金2574万元，补贴农机具4242台，受益农户2497户。

农机新技术新机具推广。聚焦现代农机装备短板弱项，围绕粮油、蔬菜、食用菌、水果、茶叶、中药材以及现代种业、畜牧水产等农业产业和农机化相关信息化、智能化、绿色生态化等技术，全面开展农业生产新机具新技术试验示范；持续在新都区、青白江区、郫都区、邛崃市、崇州市开展机械化作业奖补试点，规范服务作业流程，全面提升"耕、种、防、收"等农机作业能力；引导农机经营组织对享受补贴的拖拉机、联合收割机、插秧机等安装定位终端设备，探索"线上+线下"管理机制，搭建全市农机数智平台，推进农机向数字化、智能化转型升级。

农村机电提灌站建设。优先支持丘陵地区实施农村机电提灌站标准化建设，提升抗旱保灌能力，有效解决农业生产用水需求。争取省、市两级农机化项目资金投入741万元，用于简阳市、东部新区、金堂县、彭州市、郫都区等地的提灌站新建以及改造升级。

农机社会化服务。鼓励农机合作社等农机社会化服务组织提供农业机械化生产服务，购买使用烘干、育秧设施设备，拓展"耕、种、防、收、储"等服务范围，争创省级"全程机械化+综合农事"服务中心。支持农机社会化服务组织购置先进适用农机具，开展新机具新技术试验示范。完善农机防灾减灾应急预案，引导农机社会化服务组织参与农机应急作业服务队。截至2023年年底，全市省级"全程机械化+综合农事"服务中心达15家，农机应急作业服务队达29支。

【农田建设与灌溉】 高标准农田建设。贯彻国家和省、市关于高标准农田建设的各项决策部署，坚持以新一轮高标准农田建设规划为引领，以都江堰灌区整区域推进高标准农田建设试点为契机，落实逐步把永久基本农田全部建成高标准农田的目标要求，以永久基本农田和粮食生产功能区为重点，优先支持全市建设"一带十五园百片"粮油产业园区，统筹推进高标准农田新建和改造提升，因地制宜实施田（地）块整治、灌溉与排水、田间道路、地力提升等，实现田、土、水、路、林、电、技、管综合配套，促进生产、生活、生态"三生融合"，助推乡村全面振兴。2023年，全市投入各级各类资金10.46亿元，建成"能排能灌、旱涝保收、宜机作业、稳产高产、生态友好"的高标准农田33万亩，全面完成年度建设任务。

耕地质量管理。贯彻国家和省、市关于确保粮食安全，加强耕地保护和生态文明建设的各项决策部署，落实耕地保护和粮食安全党政同责，实施"藏粮于地、藏粮于技"战略，牢固树立耕地保护"量质并重"和"用养结合"的理念，持续推进耕地质量保护与提升行动，实施"保数量、提质量、管用途、挖潜力"硬举措，推进工程、农艺、农机措施相结合，守住耕地质量红线，推动提升耕地质量内在"动能"，确保耕地粮食生产能力，逐步构建耕地质量保护与提升长效机制，为打造新时代更高水平"天府粮仓"奠定基础。持续开展全市727个耕地质量调查点和76个耕地质量监测点的监测任务，完成耕地质量等级年度更新评价。贯彻落实国家和省、市关于第三次全国土壤普查工作的安排部署，按照"统一领导、部门协作、分级负责、各方参与"要求，全面完成全市9388个表层土壤调查采样等工作任务。

高效节水灌溉。贯彻"节水优先、空间均衡、系统治理、两手发力"的新时期治水方针和"创新、协调、绿色、开放、共享"的新发展理念，坚持以促进农业发展方式转变为抓手，将高效节水灌溉作为优化水资源配置、推动农业用水结构调整、确保水资源有效供给的战略举措，结合高标准农田建设，因地制宜采取管灌、喷灌、微灌等高效节水灌溉措施，促进农业产业升级和生态保护，推动实现农业可持续发展。2023年，全市建设高效节水灌溉面积2.23万亩，为推动现代都市农业高质量发展奠定了基础。

【农村人居环境整治提升】 秸秆禁烧和综合利用。印发《成都市2023年秸秆禁烧和综合利用工作实施方案》，市城管委、市生态环境局等市级有关部门和各县（市、区）按照任务分工落实秸秆禁烧责任。安排市级专项资金200万元，用于17个涉农县（市、区）开展秸秆无人机禁烧巡查。建立农作物秸秆资源台账，以县为单位，对秸秆资源数量、分布和利用情况进行常态化、制度化、规范化监测评价。推进秸秆"五化"利用，支持都江堰市实施中央资金秸秆综合利用重点县项目，涉农县（市、区）因地制宜推进秸秆综合利用，金堂县依托食用菌产业发展秸秆基料化，都江堰结合猕猴桃产业推广秸秆覆盖免耕直播套作马铃薯技术，天府新区探索实施田间堆沤腐熟技术新路子。

沼气安全管理体系建设。印发《关于做好2023年成都市农村沼气安全生产工作的通知》等，开展"迎大运·保安全"农村沼气安全生产重大事故隐患排查整治专项行动，累计派出7494个安全检查组，排查8.4万个沼气点位，共发现隐患1227项，已整改1216项，整改率达99%。推进沼气工程企业安全生产清单制管理提档升级，梳理形成《成都市沼气工程清单制管理台账(2.0升级版)》，指导各县（市、区）加强沼气工程企业清单制管理台账建立工作。开展农村沼气安全生产宣传培训活动，开展2023年全市农村沼气安全生产培训、农村沼气

"安全生产月"活动等。推进沼气池运维管护项目建设,实地抽查核实邛崃、新津等地2022年项目执行情况,督促指导2023年沼气池运维管护项目实施,有序组织2024年项目储备。

生态宜居美丽乡村建设。落实中央、省对宜居宜业和美乡村建设要求,以市委、市政府两办名义印发《成都市推进宜居宜业和美乡村建设三年行动计划》,同步编制出台建设导则、培育工作方案和评价办法,形成"1+3+N"政策支撑体系。市委主要领导亲自研究部署,分管领导召开多次现场会推动落实,组建市级工作专班每月调度推进,市委分管领导带队实地到浙江省考察学习,市政府分管领导牵头开展建设宜居宜业和美乡村课题研究,运用浙江"千万工程"做法推动工作落实。全年优选培育先行村、重点村各50个,17个涉农县(市、区)各规划布局1个重点支持片区,宜居宜业和美乡村建设起势见效,全市竹艺村作为全省学习运用"千万工程"经验建设宜居宜业和美乡村工作推进会议现场参观点位。全年申报全国美丽宜居乡村2个、宜居宜业和美乡村省级示范村44个。

农村卫生厕所普及。全年争取上级农村"厕所革命"整村推进项目资金1008万元,完成户厕改造7083户,全市农村无害化卫生厕所普及率超过95%。全面完成农村户厕改造提质年八项任务,邛崃市、彭州市九尺镇农村厕所管护模式,青白江区改厕故事"大家讲"作品被农业农村厅在全省推广。

"积分制、清单制+数字化"试点。依托"微网实格"治理机制,按照"先试点再推开"的步骤,在邛崃市和新津区整县推进、其余县(市、区)31个村开展"积分制、清单制+数字化"智慧乡村治理试点,引导将村级事务纳入"积分制"管理,完善村规民约(居民公约),鼓励将村集体经济收益分配、股份分红等与"积分制"挂钩,激发农民参与村级公共事务积极性。组织各级乡村治理骨干开展"积分制"研学等培训活动7批次共134人。制定印发《成都市试行推广运用"川善治"乡村治理平台工作实施方案》,推动在试点村(涉农社区)率先推广运用"川善治"平台,逐步扩大覆盖范围,截至2023年年底,全市共有2001个村(涉农社区)入驻"川善治"平台,服务村民36余万人,建成星级村庄820个,各地通过运用智慧手段赋能实现积分制和清单制在线管理,提高了民主协商议事智慧化、规范化、制度化水平。

【农村地区移风易俗专项治理】 制定印发《成都市关于开展高价彩礼、大操大办等农村移风易俗重点领域突出问题专项治理实施方案》,在全市农村地区以社会主义核心价值观为引领,推动村规民约修订完善,引导村民自觉把抵制高价彩礼、喜事新办、丧事简办等移风易俗内容纳入村规民约,推行移风易俗积分管理制度。开展常态化宣传和集中宣传,在新都区、温江区等县(市、区)举办"文明祭祀　绿色清明""迎大运盛会,送文明乡风,弘扬移风易俗新风尚"等移风易俗宣传活动,指导各县(市、区)因地制宜开展移风易俗宣传活动。及时总结工作成效和经验做法,全市形成治理经验材料18篇,入刊农业农村厅移风易工作动态专刊4篇。

【传统文化保护发展】 贯彻落实《关于传统农耕文化保护发展的指导意见》《关于推进农民体育高质量发展的实施意见》要求,加强部门协同联动,开展具有农耕农趣农味特色的文体活动,合力推进农耕文化保护传承,促进农民体育高质量发展。组织参加农民体育运动,获得"牡丹杯"四川省第四届农民象棋大赛女子组个人第二名、团队第六名,四川省首届村BA大赛第一名,四川省首届和美乡村乒乓球大赛团体第四名,第三届全省"和美乡村健康跑"优秀组织奖。举办"爱成都·迎大运"乡村运动节嘉年华活动2次。开展客家水龙季、都江堰放水节、"开秧门"插秧节、"农民读书月·书香满田园"等农耕文化活动,依托农家(社区)书屋开展全民阅读活动2000余场。

【乡村工匠培育】 联合8部门制定《关于推进乡村工匠培育工作的实施方案》,印发《关于开展"百千万"乡村工匠培育工作的通知》,组织各县(市、区)挖掘一批本区域内具有传承工匠精神、在行业内有一定影响、有助于带动当地乡村产业发展和农民就业增收的传统技艺技能人才,加强乡村工匠培育宣传推广,多渠道、多形式宣传乡村工匠培育政策,传播技能文化,弘扬工匠精神,不断激发乡村工匠的积极性、主动性、创造性,营造尊重劳动、尊重人才、崇尚技能、学习技能的良好舆论导向和社会氛围。2023年,全市培育乡村工匠330余人,建立完善乡村工匠工作站33个,获评省级乡村工匠名师26名。

【培育选树乡村治理先进典型】 培育选树因地制宜、特色鲜明的乡村治理先进典型,挖掘可复制、可推广的创新成果和经验做法,更好发挥示范引领带动作用。青白江区城厢镇十八湾村、温江区万春镇和林村、郫都区安德街道广福村、邛崃市羊安街道界牌村4个村获评"第三批全国乡村治理示范村";青白江区十八湾村《党建引领　文明润心》典型案例获评"第四批全国'文明乡风建设'典型案例";金牛区启雅尚民族文化交融、大邑县建川博物馆获评"第一批全国乡村特色文化艺术典型案例";都江堰邹德旭等13人获评"四川省第七届农村手工艺大师";青白江区城厢镇十八湾村《党建引领走直线文明乡风入民心》和《都江堰乡村文明吹出富裕风》2个乡村治理和文明乡风建设典型案例被《四川农村》刊载。

【农业农村法治建设】 乡村振兴法治保障。把党的二十大精神、习近平法治思想作为局党组理论学习中心组、局长办公会学习重点内容,完成6次局长办公会会前学法，组织为期1周的领导干部读书班集中学习，及时组织开展7次党组理论学习中心组、党组会集中学习研讨，局领导班子带动局系统各级领导班子成员到各自分管领域讲授专题党课34次，推动习近平法治思想入脑入心。做好2023年大运会农产品质量安全准出承检服务项目全程法律服务，防范大运会农产品质量安全项目采购风险。为激活乡村振兴内生动力，聚焦破除妨碍城乡要素平等交换、双向流动的制度壁垒，制定《成都市农业生产设施所有权登记管理办法》《成都市农村产权流转交易管理暂行办法》《关于进一步完善农村产权交易体制机制做大做强成都农村产权交易所的实施意见》等一系列涉及农村产权改革的重大政策性文件。规范行政决策程序，开展文件合法性和行政执法案件法制审核，共审核合同172份、政策文件31份，采购文件80份，办理重大案件37件。在全市开展“水生野生动物经营利用”“兽药经营”“动物诊疗”等无证无照专项整治。推进“互联网+监管”，梳理完善监管清单，行政执法、行政检查等信息数据全量归集平台，实现全省共享，避免企业接受重复检查、多头检查，减少对企业正常经营的干扰。涉企案卷评查、执法资格考试、行政规范性文件监督管理等工作得到市委依法治市办表扬；守法普法工作信息采纳在市级部门排名第二位，猪肉产品质量安全追溯项目被评为2023年成都市法治政府建设创新项目。

农业行政审批。全面贯彻党中央、国务院关于持续深化“一网通办”前提下“最多跑一次”改革，印发《成都市农业农村局行政审批管理办法（试行）》《农业农村领域部分行政许可证填写依据汇编的通知》《关于切实做好农业农村领域行政许可工作的通知》《过渡期植物检疫许可操作流程的通知》等制度文件，规范了全市农业农村领域政务服务工作。开展线上线下不一致清理工作，优化办事流程、细化办事指南，实现100%全程网办，承诺时限比法定时限减少82%。开通成德眉资通办事项6项、“天府蓉易办”自助服务事项3项，3项事项实现在“蓉易办”平台掌上办，新增智能客服QA知识20余条，证照临期提醒服务50余次，群众获得感明显提高。全年共办理行政许可事项123件，实现按时办结率、群众满意率100%和零投诉。7月，法规与行政审批处被四川省大数据中心、人力资源社会保障厅表彰为政务服务“一网通办”工作先进集体。

农业综合执法及执法监管。成都市农业执法总队开展“中国渔政亮剑2023”、2023长江禁渔系列专项执法行动、畜禽屠宰行业“强监管保安全”专项整治行动、农作物种子种苗检疫监管专项行动等各类专项执法行动。全年共办理案件601件（简易程序176件、普通程序425件），罚没款3938.59万元，没收违法物品968256千克。加强源头端饲料、兽药等投入品监督抽检，组织完成省级监督抽查农药样品50个、肥料样品25个，市级监督抽查农药样品965个、肥料样品35个。全年共办理农产品质量安全案件53件，其中移送司法机关案件19件。开展产地检疫，检出病害生猪0.0003万头，检出病害禽类0.0078万羽；开展屠宰检疫，检出病害猪0.7684万头，检出病害禽10.2556万羽，对检出的病害动物及其产品均按要求进行了无害化处理；开展“瘦肉精”检测112031批次，检测结果均为阴性。

创新智慧执法，构建“互联网+”监管执法新模式。依托成都智慧动监系统，整合系统资源，开发可视化页面，拓展落地报告、无害化处理等系统功能；实施畜禽养殖、运输、屠宰、无害化处理等环节非现场检查；持续推进猪皮喷码追溯项目在全市的推广应用。2023年，累计检查点位2.7万个次，发现并处理问题线索1400余个，通过非现场检查查处违法行为9起，约谈或处理官方兽医14人；猪皮喷码追溯项目在市政府创新工作评选中获得优异成绩。

农业农村普法。做好“八五”普法中期总结验收，总结中期评估成效，查漏补缺。统一印制一批普法宣传资料，分发各县（市、区）在普法工作中使用。严格落实谁执法谁普法责任制，采取线上与线下结合做好普法宣传。线上通过微信公众号“成都农业”“成都智慧动监”及微博发布便民普法视频、执法动态、法律解读、典型案例等信息48期，累计阅读量达68733人；线下通过开展农产品质量安全、“3·15”农资打假、农技推广法、禁渔、《中华人民共和国民法典》、乡村振兴促进法等专项宣传及技术培训20余次，现场参加人数3000余人，发放宣传资料1.2万余份，累计受益覆盖农村群众达12万余人次。举办全市农业农村系统依法行政能力提升视频会，参训人员600余人，编印典型案例6期。建立全系统工作人员个人法治档案，全员参加学法考法，合格率100%。在全市完善执法人员联系学法用法示范户和局分管领导联系农村法治教育基地机制，打造省级农村法治宣传教育基地24家，培育农村学法用法示范户1472户，行政村覆盖率达90%以上。

【农产品销售】 持续开展成都优质特色农产品消费新场景产销对接活动，开展中国（四川）新春年货购物节、“天府乡村”公益品牌年货大集活动，开展成德眉资优质农产品产销对接会、2023年蓉城巾帼创意集市、大运好礼主题优质农特产品嘉年华、成都优质特色农产品绿道赶集活动、2023年世界科幻大会成都优质农产品数字展销会等成都优质特色农产品消费新场景产销对接活动。全年举办各类农产品产销对接、展示展销活动43场次，参展企业534家，农产品参展数量达1900余个，线上线下参与人数60余万人。

深化成都都市圈优质特色农产品同城化产供销合作。组织40余家大宗农产品采购商到德眉资与当地农业生产主体开展产销对接活动，举办多场成德眉资优质农产品产销对接暨展示展销活动。成德眉资农产品同城化产销对接暨优质农产品展示展销活动共达成意向签约5亿元；成渝双城暨成德眉资农产品优质食材采购大会邀请重庆及“成德眉资”、雅安、乐山、广元等地60家余企业现场展示蔬果、肉类、禽蛋、调味品等优质食材，50余家采购商共发布蔬菜、米面油、肉蛋奶等11类农产品价值近百亿元的采购清单；在成德眉资“天府粮仓”优质农产品产销对接会上，成都三山粮油有限公司、四川欣益丰农业有限公司、重报电商物流有限公司等18家企业进行了集中签约；成德眉资优质农产品产销对接会暨天府水源地“火锅+”农产品品鉴会将特色农产品推介展示与品鉴有机结合。

农业农村电子商务发展。利用现代数字技术，整合成都商报买够网、京东成都馆、YOU农旅小程序等本地优质销售网络，结合“打造天府粮仓　品位成都风味”成都优质特色农产品消费新场景产销对接活动，全维度打造成都特色农产品线上线下销售服务平台。实时推介鲜活农产品，开展惠民活动，让群众得到实惠；常态化推介初加工农产品，持续唱响“川字号”招牌；在春节、“6·18”、“双十一”、“双十二”等节庆期间开展优质农产品专题推介，促进产销兴旺。全年吸引成都市新型农业经营电商150余家参展，商品数量达1000种，线上参与观众达3万余人，成交金额超过300万元。同时，挖掘农产品精彩内容，广泛拓展媒体宣传渠道，让“川字号”优质农产品更好贴近群众生活。

农产品产地冷链仓储物流体系建设。按照中央以及省、市关于实施城乡冷链物流设施建设等补短板工程的部署要求，开展《成都市农产品产地冷链体系建设》主题教育专题调研，形成《成都市农产品产地冷链设施提升行动工作方案》，从源头加快解决农产品产地冷链设施不足且发展不平衡、用地难融资难融资贵、运管能力有待提升、村集体经济主体占比低等问题。加大市级财政资金扶持力度，中央财政未安排专项资金支持产地冷链设施建设，为确保年度新增产地冷链静态库容量4万吨目标任务的顺利完成，市级财政安排3次专项资金共计2800余万元，支持33个村集体经济组织、农民合作社、家庭农场、龙头企业等农业经营主体新建改造农产品产地冷藏保鲜设施，预计新增静态总容量2.5万吨以上。围绕“10+3”和“4+6”都市现代农业产业体系，组织开展3次市级农产品产地冷藏保鲜项目储备，54个储备项目被纳入市级政府投入“三农”重大项目储备库，总投资1.83亿元，总容积26.53万立方米。

成德眉资区域“米袋子”“菜篮子”保供体系共建。安岳蔬菜示范基地项目于5月13日正式开工，项目流转土地面积367.89亩。截至2023年年底，连栋大棚、玻璃温室大棚、农机展示中心以及初加工中心等主要建设内容均已完工，预计2024年投运后可向成都市场供应蔬菜1000吨以上。

【农业区域合作】 锁定成都市“四中心一枢纽一名城”功能定位，促进在“五区共兴”协同发展中提升辐射带动力，在服务新发展格局构建中提升城市综合竞争力，深化农产品供销对接、联合塑造精品文旅产品等举措，扩大成都市与国内省外重点城市的合作交流，推动成渝地区双城经济圈农业合作迈上新台阶。

成都市与省内市（州）农业区域合作。2023年，成都市举办成渝双城暨成德眉资农产品对接活动大会2次，重庆及“成德眉资”、雅安、乐山、广元等地70余家企业现场展示蔬果、肉类、禽蛋、调味品等优质食材，发布蔬菜、米面油、肉蛋奶等11类农产品价值近百亿元的采购清单，采购意向金额10.8亿元。组织40余家大宗农产品采购商到“德眉资”与当地农业生产主体开展产销对接活动，举办成德眉资农产品同城化产销对接暨优质农产品展示展销活动”，达成意向签约5亿元。

持续开展成都优质特色农产品消费新场景产销对接活动，组织参加中国（四川）新春年货购物节、“天府乡村”公益品牌年货大集活动以及开展“花重锦城”2023年蓉城巾帼创意集市、“爱成都　迎大运”大运好礼主题优质农特产品集市、中国绿道运动生活嘉年华等活动30余场次。组织成都农产品供应链协会到郫都区与蔬菜生产基地开展合作交流，建立稳固产销合作机制，提升直采直销、订单农业覆盖面。在第九届成都国际都市现代农业博览会期间举办成都现代都市农业建圈强链招商推介暨农产品产销对接大会，首次搭建“四市三州”投资及特色农产品推介平台，邀请甘孜、阿坝、凉山推介优质特色农产品、发布投资机会清单，预计项目总投资额超过百亿元，达成农产品产销对接采购金额超过10亿元。

结合“天府粮仓”建设等重点工作，按标准推动38个“宜居宜业和美乡村消费新场景”的打造提升，推动美丽乡村生态价值转化，实现“天府粮仓”效益多化。对全市农业农村部门、相关村集体经济组织和消费场景经营管理人员进行新场景项目包装策划建设、场景运营管理、农村电商直播等方面的培训，提升从业者的综合素质。以“24节气”为主题定时推出赏花、踏青、采摘、研学等不同主题的休闲农业和乡村精品旅游线路，满足各类人群需求。以“我在成都庆丰收”为核心主题，联动“德眉资”，串联17个县（市、区）开展各具特色的农业活动，引领“国庆新时尚”乡村微度假，多元展示农商文旅体融合发展乡村消费新场景。

成都市与省外城市农业区域合作。成都乡村振兴基金探索引入国内农业领域头部资本、成渝“双城”区域各类产业战略资本、县（市、区）涉农经营主体等，通过加速打造“产业子基金+区域性乡村振兴子基金”矩阵、落实项目直接投放、加强二级撬动和底层标的层面撬动，已设立1.5亿元规模的农芯天府种业基金、15亿元规模的区域性乡村振兴子基金并直接投资6个项目。截至2023年11月底，乡村振兴基金对外投资总认缴出资100700万元，其中6个直投项目共认缴16050万元（已完成实缴出资16050万元，其中已退出一个项目并收回投资本金1250万元），4支子基金共认缴出资84650万元（已完成实缴约39170.5万元）。天府种业基金整合成渝两地资本、产业资源，重点支持天府现代种业园种业产业链和产业生态圈构建，聚焦各类种业振兴领域科技企业引进和孵化，计划在西南地区扶持一批掌握新育种技术、拥有突破性品种、具备“育繁推”一体化经营能力的领军型种业企业。截至2023年11月底，天府种业基金共储备项目22个，完成项目入库20个，其中11个项目完成立项。

【供销合作】 全市供销系统深入学习习近平总书记关于供销合作社工作的系列重要指示精神，贯彻党中央国务院、省委、省政府和市委、市政府关于深化供销合作社综合改革的系列部署，在供销总社、省供销社的支持指导下，围绕“三农”工作大局，聚焦为农服务重点领域，着力完善基层组织体系，持续推动社有企业转型升级，提升全市系统综合性经营服务能力，助力乡村全面振兴、城乡融合发展。2023年，全市供销社系统实现销售总额90.42亿元，同比减少12.34%；系统全资和绝对控股社有企业实现利润总额0.52亿元，同比减少76%；资产总额30.56亿元，同比减少10.1%。

建立完善联合社“三会”制度。根据供销社作为合作经济组织的特性，持续健全市、县两级联合社的社员代表大会、理事会、监事会。2023年，召开市供销社第五届理事会第三次、第四次、第五次全体会议和第五届监事会第四次全体会议。监事会第四次全体会议按程序调整市供销社部分监事，制定印发市供销社理事会主任办公会议事规则，分解落实理事会、监事会年度重点任务。指导县（市、区）供销社按期召开社员代表大会，优化调整理事会、监事会设置，全市17个县级联合社均实现“三会”制度全覆盖。

村（社区）级基层供销社建设。通过项目支持、业务融合、村（社区）共建等多种形式，重点在涉改村、中心村新建一批村（社区）级基层社，全市供销系统累计建成基层供销社382个，其中村（社区）级基层社162个；开展基层供销社示范社培育创建，全市供销系统新培育创建基层社示范社21个，累计达125个，实现示范社中心镇全覆盖；建成金堂竹篙、温江泰峰等区域性为农服务中心7个；“三社”融合，整合基层供销社、村集体经济合作社、农民专业合作社的优势资源，鼓励基层供销社通过股权融合、人员互用、业务合作等方式开展“三社”合作，全市供销系统开展“三社”合作的基层供销社160个，其中村集体经济组织入股占比达到87%。牵头做好全国农村改革试验区加强“三社”合作促进村级集体经济发展试点任务，形成了双流区供销社以“共享超市”、郫都区供销社以村集体闲置资产折价入股、新都区供销社以“数字供富”中心建设等形式推进“三社”合作方式。

供销系统农资保供体系建设。建成郫都区等7个县级农资配送中心，5家系统农资企业入选全省系统农资保供重点单位。全市供销系统共开展土地托管服务38.2万亩，24家服务主体被纳入全省系统农业社会化服务主体名录库。牵头构建全市农药包装废弃物和废旧农膜回收处置体系，6个县（市、区）供销社参与实施市级“两废”项目。

【农业节会活动】 举办第十二届四川国际茶业博览会、2023年中国农民丰收节全国主场活动、第九届成都国际都市现代农业博览会、2023第三届全国农业科技成果转化大会、第十二届中国·四川（彭州）蔬菜博览会等节会活动，得到了各级领导和社会各界的认可，以节为媒，展现了成都市奋力打造中国西部具有全球影响力和美誉度的社会主义现代化国际大都市的决心和新形象。

第十二届四川国际茶业博览会。第十二届四川国际茶业博览会以“品质川茶·世界共享”为主题，于5月11日—14日在成都世纪城新国际会展中心举办。茶博会展览面积7万余平方米，为历届最高。展会设有宜宾主题馆、川茶品牌馆、川渝合作馆、全国名茶馆等主题展馆。展品涵盖六大茶类、紫砂、陶瓷、茶食品等，共有国内外近2000家企业参展，展示和推介茶行业新产品、新技术、新装备、新业态，来自四川、广东、福建、江苏、安徽、山东等地数十家茶机械、茶包装企业联袂参展，各大知名企业抱团亮相，集中展示茶叶生产加工和包装方面的新设备、新技术、新服务。活动期间开展了峰会论坛、推介发布、文化展示等茶事活动。

2023年中国农民丰收节全国主场活动。9月23日，2023中国农民丰收节成都庆丰收活动在崇州市白头镇五星村开幕。通过一系列活动展现“天府粮仓”成都片区建设成果，2023年主会场活动除了群众文艺表演外，现场还举行了成都和美乡村摄影和短视频优秀作品发布、成都市助农惠农清单发布、“天府源”特色农产品推介以及丰收节启动仪式。同时，主会场周边还举办了“天府源”乡村集市活动、现代农机装备展销活动、最美村舞村歌展演活动、和美乡村摄影和短视频优秀作品征集展示等。与崇州市主会场同步，丰收节庆祝活动还在成都市新津区、彭州市、金堂县等16个县（市、区）举办，开展贴近农业生产、农村习俗、农民生活的村舞村歌展演、非遗及传统民俗技艺表演、体育健身等系列活动。农民丰收节围绕成都市农产品区域公用品牌“天府源”，主会场自9月23日开幕到9月30日打造全新乡村集市，展示展销成都市各县（市、区）特色优质农副产品，集市包括非遗展示、特色农产品展销、文创产品展销等多类别摊位。

第九届成都国际都市现代农业博览会。第九届成都国际都市现代农业博览会由成都市人民政府主办，中国农业科学院支持，成都市农业农村局（成都市乡村振兴局、成都市供销合作社联合社）、成都市博览局、成都市商务局、成都传媒集团承办，以“建天府粮仓　促乡村发展”为主题，为全面推进现代都市农业建圈强链，打造新时代更高水平的“天府粮仓”，助力成都高水平建设现代化国际大都市、持续擦亮四川农业大省金字招牌、建设农业强省赋能增效。农博会重点突出“川字号”“蓉字号”农产品产销对接和“天府粮仓”农业品牌推介，举办会议活动20余场。创新“一馆一园”办展模式，展览面积共10万平方米，创历届新高。设有中国西部国际博览城展区和中国天府博览园展区，规划全国农业科技成果转化馆、成都高质量发展合作馆、“天府粮仓”成都主题馆、城市（区域）合作馆、现代农业农资馆、农业非物质文化遗产馆、农业时尚消费馆、中华农耕文明馆、乡村元宇宙馆等多个主题展示馆，共吸引16个省（区、市）、全球20个国家（地区）、省内21个市（州）和全市23个县（市、区）参展，参展企业近1000余家，参展品牌超过10000个。累计开展上百场直播带货活动，推出宣传稿件近1600条次，线上观看人数超过6000余万人次，直播达人总粉丝量超过980万人次，全网互动量超过111万人次，线上销售额达735万元。

成都现代都市农业建圈强链招商推介暨农产品产销对接大会。由成都市人民政府主办的成都现代都市农业建圈强链招商推介暨农产品产销对接大会作为第九届四川农业博览会、第九届成都国际农业博览会（以下简称“农博会”）的重要活动之一在成都中国西部国际博览城举行。活动以“一会一展”的形式推进，即1场成都现代都市农业建圈强链招商推介暨农产品产销对接大会+1场重点项目投资推介、优质农产品展览展会。活动邀请了“成德眉资”农业农村主管部门、成都各县（市、区）农业农村局、行业商协会、优质采购商、农业产业化龙头企业代表等200余人参会，共29家单位进行了现场签约，投资总金额24.5亿元，采购金额超过10亿元。人民网、中华网、四川新闻网、川观新闻等主流媒体单位累计发送宣传稿件20余篇，成都电视台主持人联合“天府源”品牌电商主播现场通过抖音平台向广大网友推荐成都优质特色农产品20余种。

第三届全国农业科技成果转化大会。10月27日，中国农业科学院与四川省农业农村厅、成都市人民政府联合主办的第三届全国农业科技成果转化大会开幕。大会以“农业强国科技驱动”为主题，会议举行了1场高级别全体会议、1场展会、13个专场活动。会议聚焦粮食安全与农机装备、乡村振兴与农业产业、绿色农业与食品产业、农业科技成果转化与知识产权等领域，围绕科技协同创新、成果转化先进经验与模式等方面开展研讨交流、分享经验、共谋思路。大会评选出100项重大科技成果和1000项优秀科技成果进行发布和展示，其中绿色高产优质新品种玉米“中玉303”参加国家黄淮海夏玉米高密组统一区域试验（5000株/亩），比对照“郑单958”增产7.4%；“中畜长白半番鸭”新品种通过国家审定，年出栏量超过2000万只，在国内肥肝市场的占比提高到40%左右，打破了半番鸭品种长期依赖进口的局面。

第十二届中国·四川（彭州）蔬菜博览会。第十二届中国·四川（彭州）蔬菜博览会等农业品牌会展活动邀请吉林、福州、合肥等数十个省外代表团携百余家企业到成都市参展，组织全市23个县（市、区）300家企业集体亮相，展示展销先进农业装备和特色农产品，沟通交流现代农业管理经验，加快农业产业建圈强链，促进农业区域合作交流。推动成渝地区双城经济圈农业会展共建，与重庆市协商错峰举办成都农博会和重庆农交会，发挥两地农业品牌会展活动的引领作用；规划成都农博会重庆主题馆，专题展示重庆市全面推进乡村振兴和成都两地农业区域合作新成就；组织茶叶企业参加重庆市第六届斗茶大赛·川渝茶叶品牌联展暨第17届中国（重庆）国际春季茶产业博览会，促进两地农业交流，加深两地企业合作，增进两地深厚情感。加强国内重点城市农业交流，累计组织百余家农业企业、家庭农场、专业合作社等经营主体到青岛、南宁、杭州、北京等城市参加中国国际农产品交易会、中国—东盟博览会、杭州茶博会、北京展销周等重要农业会展活动10余次，持续推介“天府粮仓”精品品牌。

【农村大事记】 2月9日，由市农业农村局、市财政局、市金融监管局、人行成都分行营业管理部主办的“支农惠农尽知晓　金融保险助振兴”农村金融下乡活动在彭州市正式启动。现场向15个乡村振兴重点项目、新型农业经营主体进行集中授信承保，授信金额达20亿元，承保金额达2亿元。

3月9日，2023成都现代都市农业建圈强链重大项目开工活动在邛崃市举行，市委副书记陈彦夫出席活动并宣布开工。开工项目共26个，总投资87.4亿元。

3月28日，市委召开农村工作领导小组2023年第1次全体会议，传达学习近期党中央和省委关于“三农”工作的重要讲话、会议、文件精神，听取“三农”有关工作汇报，审议有关文件，市委农村工作领导小组组长施小琳、王凤朝出席会议。

3月31日，市委召开农村工作会议，会议以电视电话会议形式举行。四川省委常委、成都市委书记、成都市委农村工作领导小组组长施小琳出席会议并讲话，成都市长王凤朝主持会议，成都市委副书记陈彦夫出席会议，成都市副市长陈志勇作工作部署。有关市领导、市直有关部门负责人、各县（市、区）主要负责人、重大项目和农业企业代表等在主会场参会。

4月8日，中央党校（国家行政学院）国家高端智库乡村振兴论坛在新津区举行。中国农业科学院科学技术协会常务副主席、十四届全国政协委员张合成，中共中央党校（国家行政学院）科研部一级巡视员郑权、经济学教研部副主任曹立，省委农办专职副主任、农业农村厅副厅长毛业雄参加活动，市委副书记陈彦夫出席活动并致辞。

4月18日，成都市宜居宜业和美乡村消费新场景授牌仪式在青白江区举行，现场发布了30个宜居宜业和美乡村消费场景推荐机会清单和11条休闲农业与乡村旅游精品线路。

5月11日—14日，第十二届四川国际茶业博览会在成都世纪城新国际会展中心举行。展览面积7万余平方米，共有国内外近2000家企业参展，全面展示推介茶行业新产品、新技术、新装备、新业态。

6月2日，第九届成都种业博览会（春季）在成都世纪城新国际会展中心开幕。

6月8日，成都市第五届乡村振兴十大案例颁奖仪式在简阳市禾丰村举行。

7月2日，农业农村部天府种业创新重点实验室在邛崃天府现代种业园正式揭牌成立，省农科院党委书记、院长牟锦毅，农业农村厅副厅长伍修强，中国工程院院士万建民，中国农业科学院副院长刘现武出席揭牌仪式。

7月28日—8月8日，市农业农村局完成成都大运会供会农产品质量安全监管任务，保障了大型国际体育赛事供会农产品质量安全。

9月9日，第二届天府国际种业博览会在邛崃市召开，省人大常委会副主任祝春秀，农业农村厅党组书记、厅长徐芝文，市长陈志勇等出席活动并参加巡展。

9月22日，成都宜居宜业和美乡村建设联盟成立大会在温江川农牛科创农庄举行，会上发布了联盟首届理事单位及副理事单位名单，四川农业大学副校长刘登才，成都市农业农村局党组书记、局长古建桥出席会议并致辞，共同为联盟接牌。

9月23日，2023年中国农民丰收节成都庆丰收活动在崇州市举行，副市长陈志勇出席活动并致辞。

10月7日，农业农村厅与崇州市政府签订共建四川乡村振兴职业学院战略合作协议。农业农村厅党组书记、厅长徐芝文，成都市委副书记陈彦夫等出席签约仪式。

10月27日，由四川省人民政府、成都市人民政府主办，四川省农业农村厅、成都市人民政府、成都市农业农村局等单位承办的第九届成都国际都市现代农业博览会在中国西部国际博览城举办，省长黄强出席并宣布开幕。大会邀请了巴基斯坦驻华大使莫因·哈克，尼泊尔国家计委常委拉姆库马尔·普亚尔等外宾出席活动，省委常委、省委组织部部长于立军，副省长胡云，省政协副主席刘成鸣及省直有关部门负责人，成都市市长王凤朝，成都市委副书记陈彦夫等共同出席开幕式并巡馆。

同日，由中国农业科学院、四川省农业农村厅、成都市人民政府联合主办的2023（第三届）全国农业科技成果转化大会在成都市开幕。农业农村部党组成员、中国农业科学院院长吴孔明，四川省农业农村厅党组成员李宇飞，成都市政府副秘书长张弛出席高级别全体会议并致辞；中国农业科学院党组成员、人事局局长陈华宁出席会议并发布农业重大成果；中国工程院胡培松、周卫院士现场作主旨报告；中国农业科学院副院长刘现武主持会议。

10月29日，2023年全国食品安全宣传周部委主题日活动在中国西部国际博览城举办。农业农村部副部长马有祥出席活动并讲话，四川省副省长胡云出席活动并致辞，各省（区、市）农业农村部门、农业农村部和市场监管总局相关司局单位负责人、部分国家农产品质量安全县和农产品经销商等参加活动，成都市副市长陈志勇参加活动并致辞。

同日，由成都市农业农村局、成都市温江区人民政府主办，成都市种子管理站、成都市温江区农业农村局和成都种业协会联合承办的“蜀粮熟·天下足”成都市第十届“鱼凫杯”优质稻米品鉴活动在温江区光华公园举行。四川省供销社党组副书记、监事会主任肖小余，四川农业大学副校长刘登才，四川省种子站副站长周志军，四川省农技推广总站副站长薛晓斌，成都市农业农村局党组书记、局长古建桥等出席活动并对获奖品种颁奖。

10月30日，第九届四川农业博览会·成都国际都市现代农业博览会收官活动——“天府粮仓”品牌之夜在新津区天府农博园举行。副省长胡云、省政府副秘书长李君臣出席会议，农业农村厅党组书记、厅长徐芝文，成都市副市长陈志勇出席会议并致辞。

11月22日—26日，第十二届中国·四川（彭州）蔬菜博览会在彭州市举行，农业农村部国家首席兽医师（官）李金祥，四川省人大常委会副主任祝春秀，中国工程院院士、国家农业信息化工程技术研究中心主任赵春江，中国工程院院士、湖南农业大学党委副书记、校长邹学校，农业农村部信息中心主任王小兵，农业农村部信息中心党委副书记张游，中华全国供销合作总社经济发展与改革部副部长赵维全，智利共和国驻成都总领事古斯塔沃·迪亚兹·希达尔戈，原国务院发展研究中心市场经济研究所所长任兴州，成都市副市长陈志勇等出席开幕式及相关活动。

12月3日，2023品牌农业发展国际研讨会在蒲江县举行，第十二届全国政协副主席李海峰出席会议，副省长胡云、联合国粮农组织驻华代表处临时代办张忠军、成都市副市长陈志勇出席会议并致辞，农业农村部总畜牧师、农村合作经济指导司司长张天佐，中国常驻联合国粮农机构代表、大使广德福视频致辞。

【主要领导人】 市委书记：施小琳；市人大常委会主任：包惠；市长：王凤朝；市政协主席：张剡；分管农业副市长：陈志勇。

成都市编写组

锦 江 区

【基本情况】 2023年，全区辖11个街道，辖区面积62平方千米。常住人口91.94万人，比上年末增加0.5万人，增长0.55%，常住人口城镇化率100%。年末户籍人口69.74万人，比上年末增加2.27万人，增长3.36%。人口自然增长率3.95‰。

2023年，全区实现地区生产总值1446.2亿元，按照可比价格计算，比上年增长6%，其中第一产业增加值0.3亿元，比上年减少49.1%；第二产业增加值219.65亿元，比上年增长2.4%；第三产业增加值1226.25亿元，比上年增长6.7%。三次产业结构比为0.02∶15.19∶84.79。按常住人口计算，人均地区生产总值157727元，增长5.4%。

全年一般公共预算收入完成100.9亿元，同比增长7%，剔除留抵退税政策影响后同口径增长4.5%，其中税收收入完成88.47亿元，同比增长10.6%，剔除留抵退税政策影响后同口径增长7.6%。一般公共预算支出74.71亿元，同比增长5.1%。全年固定资产投资比上年减少3.3%。社会消费品零售总额1444.9亿元，比上年增长10%。全年外贸进出口总额99.43亿元，比上年减少11.8%。

有区属小学38所、普通中学18所、中等职业学校2所、特教中心1所、注册登记幼儿园108所，其中四川省一级示范性普通高中（引领型）3所、四川省二级示范性普通高中3所；在校学生130390人，其中幼儿园24181人、小学67026人、初中23738人、高中8680人、中等职业教育学生6629人、特教中心136人、国际学生41人。全年高新技术企业数量379家，高新技术产业营业收入213.08亿元；专利授权量2020件，其中发明专利476件、实用新型专利1234件、外观设计专利310件；有效发明专利拥有量累计达1987件。有博物馆9个，文化馆1个，公共图书馆1个（总藏书量54万册），区级体育场馆1个（年人均体育运动面积提升到2.57平方米）；完成综合性文化服务中心亲民化改造2个。有各类医疗卫生机构645个（其中医院33家、社区卫生服务中心14家、基层医疗卫生机构605个、公共卫生机构3个、体检中心1个），病床位11837张，各类专业卫生技术人员17309人。

【年度农业和农村经济运行】 2023年，全区实现农林牧渔业总产值0.48亿元，按照可比价格计算，比上年减少49.1%。全年实现农业增加值0.3亿元，比上年减少49.1%。经济作物播种面积418亩，增长505.8%。蔬菜及食用菌产量增长25.5%。

【农村社会保障】 全区城乡居民基本养老保险参保人数0.7万人，增长6.06%。全年累计为28612人次发放低保金2656.98万元，累计发放特困人员救助供养费107.12万元；为困难群众实施临时救助196人次，发放救助费用41.98万元。完成3个社区养老服务综合体项目建设，推进2个社区养老服务综合体项目和2个养老院项目建设；新增和改造提升老年人助餐点21个。截至2023年年底，全区共有养老机构18家、养老床位2960张。

【农村基础设施建设】 全年新增“回家的路”社区绿道50条，建成长度20千米；打造天府绿道健身新空间10处，新建改造提升“小游园”6个。打造特色街区2条，提升既有建筑风貌片区1个，保护修缮历史建筑4处，完成大运会风貌综合提升整治项目15个；实施棚户区改造825户，实施城市有机更新项目5个。启动改造老旧小区80个，既有住宅自主增设电梯190台。实施区域农田水利灌溉工程示范项目建设，划分出祝国寺、梅香湖等六大种植片区，共设计32个取水点位（含6个提灌站），打造原金港赛道、白鹭湾农田示范区等景观农业样板试点项目总面积1000余亩。

【主要领导人】 区委书记：陈志勇；区人大常委会主任：王昕；区长：缪晓波；区政协主席：张俊国；分管农业副区长：黄婉。

锦江区编写组

青 羊 区

【基本情况】 2023年，全区辖12个街道67个社区（其中涉农街道5个、涉农社区26个），辖区面积66.3平方千米。年末常住人口97.3万人、户籍人口78.56万人，人口自然增长率3.12‰。辖区绿地覆盖率46.57%。有1个国家级创新中心（成都青羊国家高端航空装备技术创新中心）、1个国家级产业集群（成都市青羊区航空配套产业集群）、2个国家级产业园区（青羊绿舟国家级文化产业示范园、中国成都人力资源服务产业园）、2个省级工业开发区（青羊工业集中发展区、四川航空整机产业基地）、2个省级服务业集聚区（骡马市省级金融服务业集聚区、金沙·中坝现代服务业集聚区）、1个省级文化产业基地（文殊坊四川省文化产业示范基地）、2个市级产业功能区（少城国际文创谷、成都工业创新设计功能区）、5个市级文创产业园（少城视井、非遗博览园、峨影、西村、明堂）、2个市级文创特色街区（文殊坊、天府今站）。有普通中小学（法人单位）50所，在校学生110370人；中等职业教育学校3所（含省市属），在校学生6158人；特殊教育学校1所，在校学生269人；学龄儿童入学率100%。有各类医疗卫生机构741家，病床位15097张。有区属图书馆、文化馆、有线电视台各1个，省（市）属科技馆、图书馆、美术馆、博物馆、剧场、体育中心等公共文化体育服务设施12个，国家A级景区4个，文物保护单位43家。

2023年，全区实现地区生产总值1589.5亿元，增长6.1%。一般公共预算收入完成114.42亿元，增长10.37%；一般公共预算支出完成75.54%，增长3.82%。落实减税降费及退税费20.1亿元。全社会固定资产投资220亿元。社会消费品零售总额1122.1亿元，增长9.4%。引进到位内资174亿元，实际利用外资0.86亿美元。全区城镇居民人均可支配收入59800元，增长4.1%。城乡居民基本养老覆盖率93%、基本医疗保险参保率98%。全年促进高校毕业生、退役军人、进城务工人员等重点人群新增就业1.56万人，全区失业率控制在4.48%以内。

青羊区获评第七批国家生态文明建设示范区、全国义务教育优质均衡发展区、全国基层中医药工作示范区，入选2023赛迪创新百强区、2023赛迪竞争力百强区、中国楼宇经济（总部经济）标杆城区30强榜单。

【乡村振兴】 全区围绕“人文青羊·航空新城”发展定位，依托涉农区域航空产业链主企业优势，持续推进涉农区域产城融合发展，打造青羊航空新城，优化航空新城产业规划布局，协同链主企业推动国家高端航空装备技术创新中心落地。引进航空产业企业53家，签约建设项目25个，建设产业载体项目17个，新增产业载体面积36万平方米，培育新增高新技术企业160家、“专精特新”企业24家、新经济梯度培育企业27家，建成院士（专家）工作站6个，青羊航空新城高新技术企业全年营业收入比上年增长15%；完善青羊新城市政功能配套，实施青羊新城光华南五路等基础设施项目56个、实验小学西区光华校区等公共建设配套项目14个、江安河康河段防洪生态环境设施项目3个；推进万家湾、快活等3个社区“城中村”改造项目被列入市级改造规划，新签约改造农户492户。丰富青羊新城生活消费、智能医疗、文化教育、社交运动等民生场景，建设产城融合、学有良教、病有良医、品质人居、人文友好新城区。推动环城生态区“非粮化”土地复耕，联合市绿道集团助力“天府粮仓”建设提质增效，调整环城生态区青羊段规划，优化农田布局，完成复耕交地9.88公顷，整治复耕“非粮化”问题图斑1.71公顷，协助市绿道集团种植大春粮食作物334.4公顷、小春粮食作物270.13公顷，兑现环城生态区青羊区搬迁农户2016名到龄人员生活补贴、医疗保险缴费和报销。推进宜居宜业和美产业社区建设，实施“清爽行动”，在涉农社区开展“清洁居住小区喜迎新春”主题月活动。实施“爱成都·美乡村·迎大运”人居环境品质提升百日攻坚行动，清理生活垃圾、厕屋便池、水源水体、畜禽禁养、农业生产废弃物，涉农小区呈现“清爽宜人”的良好生活环境。

【涉农社区集体经济“三资”监管】 加强涉农社区集体经济组织管理，运用“三资”监管网络系统实时收集、查阅、汇总“三资”信息，发挥“三资”监管系统“预警”“报警”功能，监督“三资”运行情况，定期检查“三资”工作进展；举办“三资”工作业务培训，组织“三资”管理机构负责人和工作人员共计120人参加培训，学习集体“三资”各项管理制度和建管平台操作系统知识，完善“三资”监管系统数据；区纪委监委、发改局联合开展涉农集体产权清查核实工作，组织监管骨干业务培训，组建工作专班，明确专人职责，推动清查核实工作有序开展，确保涉农社区集体“三资”运行安全。

【农业企业产业化发展】 全区按照“强龙头、补链条、兴业态、树品牌”农业产业化发展目标，支持农业企业产业化发展，聘请第三方安全监管服务机构排查区内农业企业、粮食收储公司、动物诊疗机构等60家涉农企业安全隐患，保障农业企业优质平稳发展；协调解决企业发展诉求，协助四川蜀茶集团申报兑现农业产业化银行贷款贴息41.54万元，同时区发改局、区商务局、草市街街道办事处联合走访四川农资集团，帮助其解决经营方面问题；提升农业企业品牌效应，组织区内农业企业参加省（市）茶博会、农博会等展会活动，兑现2家农业企业农博会参展费用补贴。

【园林绿地建设】 聚焦公园城市先行示范区建设，推进区域园林绿地营造，制发《2023年成都市青羊区林长制工作要点》，健全完善全区林长制组织体系，全年区、街道、社区三级林长共巡林2990次，发现处理涉林问题650件；建成天府绿道30千米、"回家的路" 50条，配合市属绿道公司推进环城生态公园青羊段步道和锦江府河段绿化建设，改造提升成飞大道绿化景观；升级开放石人公园、清水河绿道清波段和清水河清波公园，提升翠柳园、芳华园、成都西站绿地3个城市公园风貌；结合街道有机更新，打造小游园、微绿地2个，新增立体绿化面积1.3万平方米，建成公园城市示范街区2个，改造升级老旧院落绿化景观51个，新增绿地面积70公顷，全区绿化覆盖率达46.57%；督促街道加强道路行道树绿地管护，完成乔木修枝4000余株，修剪灌木312万平方米，补植1万平方米，松土2万平方米，药物防治200次。

【动物疫病防控】 加强动物疫病防控，实行动物防疫责任制，划定责任片区，将防疫责任量化到人；加大动物防疫机构检查指导力度，开展集中防疫检查2次，常态化检查防疫机构执业兽医、动物定点免疫、疫苗进出库登记、无害化处理等规章制度落实情况，推动动物免疫工作落实；加强产地检疫，提高服务意识，加大宣传力度，提升产地检疫率，做到专人专管、专人出证；实施犬只防疫专项整治行动，开展整治"回头看" 活动，预防控制狂犬病和动物流行性传染病发生和传播；开展动物诊疗机构安全检查，促进诊疗机构落实主体责任、消防设施配置、安全知识培训、资质证照齐备、应急管理措施等，提升诊疗机构责任主体的安全意识和安全生产水平。全年共免疫犬只狂犬病860只，实施犬只狂犬病毒抗原检测200只份（均为阴性）、犬只狂犬病抗体检测20只份（合格率100%），完成年度重大动物疫病防控目标。

【对口帮扶得荣县】 建立完善对口支援得荣县乡村振兴新措施，两地党政主要领导互访2次，协调推进帮扶项目实施，助推得荣县发展；通过强产业帮助群众增收致富，投入财政资金7400万元，援建重点项目51个，建成特色产业基地8个，其中川贝母种植基地面积66.07公顷，带动当地产业人口年人均增收2万元；瓦卡国家4A级景区建成开放，接待游客245万人次，实现旅游综合收入27亿元；通过促就业拓展强技富民新路径，引导青羊区20家商协会、150家企业到得荣县考察对接，依托青得就业创业实训基地，开设职业技能培训班30期，培训3268人次；举办招聘会、劳务洽谈会26次，提供就业岗位7000余个，促成就近和转移就业357人；通过兴教育增强乡村振兴新动能，实施共建藏地教育高地五年行动，青羊区、得荣县双方中小学校结成帮扶对子14个，施行"共研+共培" 得荣教师提升计划，开设"树德实验班" 并吸引93.3%的优质生源，基础教育质量明显提升，得荣县教育系统综合实力排名从全州第11位上升至第4位。

【生态环境保护及修复治理】 注重生态环境保护，推进违法建设治理，开展大运会违法治理"回头看"、自建房"回头看" 各类违法建设专项整治，拆除违法建筑335处、面积20.76万平方米；实施餐饮油烟污染防治，严格餐饮油烟管理证照审批，实现审批闭环；推动治理科技赋能，促成63家大型餐饮经营户安装油烟智慧在线检测系统，同时开展综合执法整治和专项执法检查，现场整改635起；突出扬尘污染治理，聚焦大运会和全国文明典范城市创建及"四库" 建设保障，区级生态环保、交通、城管、属地街道等联动执法精准治理，设置扬尘检查卡点4处，办理扬尘案件144件，处罚金额88.49万元；推进水环境综合治理，落实汛期24小时值班值守和三级负责人带班制度，加强防汛物资储备，全区实现汛期安全有序；落实区、街道、社区三级河长制管理模式，全年三级河长巡河共1.11万次，发现上报并解决涉水问题294个；实施污水治理，抢修市政排水管网垮塌病害点位6处，治理院落雨污分流1558户，排查市政工程风险隐患11次，整治隐患点位32处；结合江安河水毁工程治理，打造康河滨水消费空间，全区河湖省控、市控断面水质均达到Ⅱ类标准。2023年，青羊区获评第七批国家生态文明建设示范区。

【主要领导人】 区委书记：何勋；区人大常委会主任：戴夔；区长：冯胜；区政协主席：陈赋；分管农业副区长：彭茚。

青羊区编写组

金 牛 区

【基本情况】 2023年，全区辖13个街道和1个省级工业开发区，辖区面积108平方千米。年末常住人口128.83万人，比上年末增加0.47万人，常住人口城镇化率100%。年末户籍人口79.74万人，比上年末增加1.5万人，户籍人口城镇化率100%。全年人口自然增长率2.39‰。出生人口性别比为105：100（以女性100计算，按照户籍人口计算）。

2023年，全区实现地区生产总值1601.2亿元，按照可比价格计算，比上年增长6.2%，其中第一产业增加值0.1亿元，比上年增长1.1%；第二产业增加值283.1亿元，增长3.4%；第三产业增加值1318亿元，增长6.9%。三次产业对经济增长的贡献率分别为0、10.1%、89.9%。

三次产业结构比为0：17.7：82.3。按常住人口计算，人均地区生产总值124516元，比上年增长5.9%。

有中小学84所，其中小学49所、普通中学29所、职业中学4所、特殊教育学校2所；在校中小学生12.8万人，其中小学生8万人、初中生2.7万人、普通高中生1.3万人、职业高中学生0.7万人、特殊教育学生327人；幼儿园135所，在园幼儿3.2万人，学龄儿童入学率100%；在职中小学教职工0.9万人，其中专任教师0.8万人。小学专任教师大专以上学历占小学教师总数的100%，初中专任教师本科以上学历占初中教师总数的99.8%。

【年度农业和农村经济运行】 2023年，全区实现农林牧渔业增加值0.1亿元，同比增长1.1%。投入资金4825.4万元，实施成都市东部新区、石渠县帮扶项目17个。连续三年获评“全省去冬今春农民工服务保障工作先进单位”。

【耕地保护】 完善规章制度，落实“田长制”常态化巡田、问题发现机制，完成环城生态区拆迁、复耕复垦及耕地保有量9205亩等目标任务。全区受污染耕地安全利用率100%；地表水断面水质考核、饮用水水源地水质达标率达100%。

【主要领导人】 区委书记：周德强；区人大常委会主任：张映明；区长：罗开敏；区政协主席：刘蓉；分管农业副区长：方波。

全牛区编写组

武 侯 区

【基本情况】 2023年，全区辖15个街道，辖区面积75.36平方千米。常住人口122.47万人，比上年末增加0.49万人，增长0.4%，人口城镇化率100%。年末户籍人口69.03万人，其中男性人口33.12万人、女性人口35.91万人。全年出生人口5888人，人口出生率8.5‰；死亡人口1804人，人口死亡率2.6‰；人口自然增长率5.9‰。

2023年，全区实现地区生产总值1457亿元，按照可比价格计算，比上年增长6.1%，其中第一产业实现增加值180万元，增长12%；第二产业实现增加值188.4亿元，增长2.1%；第三产业实现增加值1268.6亿元，增长6.8%。三次产业结构比为0.001：12.929：87.07。二、三产业对经济增长的贡献率分别为5%和95%。按照常住人口计算，人均地区生产总值119205元，增长5.8%。全年接待游客2992万人次，实现旅游收入392亿元。

一般公共预算收入完成116.4亿元，比上年增长10.6%，其中税收收入完成102.7亿元，增长13.1%，占一般公共预算收入的比重为88.2%；一般公共预算支出99亿元，增长0.8%。全年新登记市场主体10.3万户，新增注册资本2501.4亿元。新增高新技术企业167家，高新技术企业总数达1516家。新增新经济企业25897家，新经济企业总数达10.1万家。新增专精特新企业43家。社会消费品零售总额1273.3亿元，比上年增长9.4%。

有中小学76所，其中公办中小学60所、民办中小学16所；普通中小学在校学生103819人，教职工8257人。中等职业教育学校2所，在校学生4248人，教职工371人。特殊教育学校1所，在校学生132人，教职工34人。幼儿园144所（其中公办幼儿园69所、民办幼儿园75所），在园幼儿30085人，教职工5727人。组织申报市级科技计划项目537项，获得国家、省、市级立项208项，资助资金4787.4万元。全年安排区财政科技资金1.4亿元。有省级以上重点实验室47个、工程技术研究中心18个、省级企业技术中心57个、市级技术中心49个。有效发明专利累计量14274件，有效商标注册量123681件，万人高价值发明专利拥有量47.1件。有公共图书馆1个（馆藏图书72.1万册），文化馆1个，街道综合性文化服务中心11个，社区综合性文化服务中心71个。有博物馆12个，国家级重点文物保护单位3处，省级文物保护单位3处，市级文物保护单位6处，区级文物保护单位4处。有医疗卫生机构1324个，其中医院92个、社区卫生服务中心12个；病床位20858张；卫生技术人员38060人，其中执业医师12956人（含助理医师）、注册护士18916人。全年医疗机构总诊疗人次2880.9万人次，其中医院诊疗2145.6万人次、社区卫生服务中心诊疗212.9万人次。

【年度农业和农村经济运行】 2023年，全区完成农林牧渔业总产值243万元，比上年增长12.3%；农林牧渔业实现增加值180万元，按照可比价格计算，比上年增长12%。

【基础设施建设】 全年开工建设公共服务配套设施16处；提升整治道路89条，整治道路面积27.3万余平方米，打通断头路2条。治理民生井盖1500座。建设道路16条，开工建设养老设施项目4个，建成公共服务设施15处。改建公共厕所1座，建成投运全新地埋式、日处理生活垃圾2000吨的生活垃圾压缩站1座。建成公用充电桩5629个，新建居住社区充电桩2150个，新建5G基站477个。处理人行道病害点位4700余处、面积0.8万平方米，处理车行道病害点位1500余处、面积0.7万平方米。清扫道路1313.9万平方米，清运生活垃圾42.5万吨。建成生活垃圾分类标准化投放设施1800个，投入可回收物智能回收设备162台，建设“碳中和”小屋18座，累计新增厨余垃圾分布式处理能力87吨/日，实现生活垃圾分类工作全覆盖。

【农村教育】 全年新建成并投用学校（幼儿园）7所，增加学位1.2万个。全年教育总投入23.6亿元，比上年增长1.5%。落实保障教育惠民资金0.2亿元。全区普惠性幼儿园覆盖率达87%。接收6403名符合条件的随迁子女入学。全区中小学生体质健康合格率达99.2%，共有全国网球特色学校6所、全国校园足球特色学校25所、全国篮球特色学校5所、全国足球特色幼儿园24所。

【农村社会保障】 全年城乡居民基本养老保险参保人数0.98万人，共为1.5万人次发放最低生活保障金1409万元；发放临时救助金135人次、56.1万元。为349名特殊困难群众购买"雪中送炭"专项意外及补充医疗保险231.2万元；救助供养特困人员464人次，发放救助金54.9万元、照料护理费9.5万元；困难残疾人生活补贴支出207.4万元，重度残疾人护理补贴支出442.8万元。惠民殡葬补贴支出314.7万元。提供居家养老服务5.4万人次，支付服务费用390万元；为5万名70岁以上老人购买"松鹤延年"保险，支付意外伤害及健康保险792.6万元；为80岁以上老人发放高龄补贴2834.6万元。新增养老助餐点位11个，为70岁以上老年人发放助餐补贴2.9万元。完成3个街道社区养老服务综合体建设，新增家庭照护床位100张。年末共有养老院31所、床位4167张，入住老人1556人。

【公园城区建设】 全年新建城市公园5个，完成老公园提升7个。更新利用剩余空间，实施"金角银边"场景营造27个，打造公园城市示范街区3个，公园绿地服务半径覆盖率达90%以上。建成天府绿道23.1千米，打造"回家的路"社区绿道52条，完成街道行道树增量提质58条，新增立体绿化面积2.4万平方米，创建市、区两级园林式居住小区15个。全区绿地面积2517.4公顷，绿地率达39.87%，人均公园绿地面积15.1平方米；绿化覆盖面积2939.8公顷，绿化覆盖率达46.56%。

【主要领导人】 区委书记：许兴国；区人大常委会主任：李燎；区长：景波；区政协主席：贺欣；分管农业副区长：刘莉。

武侯区编写组

成 华 区

【基本情况】 2023年，全区辖11个街道，辖区面积109.3平方千米。常住人口141.21万人，常住人口城镇化率100%。户籍总人口865149人，其中男性人口425778人、女性人口439371人。户籍总户数336863户，户籍人口城镇化率100%。

2023年，全区实现地区生产总值1443.7亿元，按照可比价格计算，比上年增长6.2%，其中第一产业实现增加值0.0028亿元，同比减少92.3%；第二产业实现增加值508.8亿元，同比增长4.4%；第三产业实现增加值934.9亿元，同比增长7.1%。按照常住人口计算，人均地区生产总值102571元，增长5.6%。实现农业总产值45万元，同比减少97.3%。全年接待游客2809.3万人次，同比增长21.3%；实现旅游收入378.1亿元，同比增长17.4%。

公路总里程（不含小区和单位内部道路）685.8千米，全年完成公路客运量165万人、公路货运量498万吨。年末公交车路数197路，年末实有公共汽（电）车营运1522辆、出租汽车618辆。一般公共预算收入完成87.3亿元，减少7.4%，其中税收收入75.1亿元，增长2.8%；一般公共预算支出86.2亿元，减少1.3%。社会消费品零售总额662.9亿元，同比增长9.7%。全年完成进出口总额245560万美元，同比增长23.7%，其中出口总额234630万美元，同比增长21.4%；进口总额10930万美元，同比增长108.3%。当年实际利用外资金额1.5899亿美元。城乡居民基本医疗保险参保登记人数24.68万人。

有小学28所，在校学生74769人，专任教师4473人；普通中学27所，在校学生34434人，专任教师2921人；中等职业教育学校3所，在校学生6932人，专任教师376人；学龄儿童入学率达100%。全年专利申请数2765件，同比减少2.5%；发明专利授权量938项，同比增长67.2%。有剧场、影剧院7个，体育场馆13个，博物馆4家，县级图书馆1个（图书总藏量535千册），有线广播电视入户率达100%。有医疗卫生机构927个，病床位8065张，卫生技术人员15856人。

【民生实事】 区民生实事项目涉及教育医疗、交通出行、市容环境、养老服务、文体惠民、住房保障、安全保障、便民服务8类共10个项目。成华区老旧小区（街巷）改造及周边基础配套设施提升项目对东雅苑、安庆苑等112个老旧小区分类推进"四类"改造，改造总面积80.28万平方米，惠及居民1.2万户3万余人。

【生态环境建设】 全年累计新增绿地70.34公顷，打造天府绿道51条，打造公园城市示范街区2个，营造"金角银边"场景22个，创建市级园林式居住小区4个，新增天府绿道健身新空间项目10处。全区生活垃圾实现"应收尽收、日产日清"，无害化处理率达100%。水环境质量达标率100%，饮用水水源水质量达标率100%。

【主要领导人】 区委书记：袁顺明；区人大常委会主任：王德运；区长：何兴轩；区政协主席：周万生；分管农业副区长：邱洪。

成华区编写组

龙泉驿区

【基本情况】 2023年，全区辖10个镇（街道）125个村（社区），辖区面积557平方千米（其中建成区面积97.8平方千米），常住人口137.76万人。

2023年，全区实现地区生产总值1502.5亿元，一般公共预算收入完成85.47亿元，高质量发展水平位居全市同类区域前列。全年接待游客2662.1万人次，增长26.2%；实现国内旅游总收入187.1亿元，增长70.2%。获得2023中国最具幸福感城区、省级体育产业示范基地、全市实施乡村振兴战略推进城乡融合发展先进区、全国村庄清洁行动先进县、“中国水蜜桃之乡”等称号。创建为全省服务业高质量发展示范区，梵木文化产业园获评国家级文化产业园区，东安湖国际旅游度假区创建为省级旅游度假区并获评2023中国体育旅游十佳精品景区。

【年度农业和农村经济运行】 2023年，全区实现农林牧渔业总产值38.3亿元，按照可比价格计算，比上年增长2.2%，其中种植业产值27.3亿元、林业产值6.3亿元、畜牧业产值0.4亿元、渔业产值1亿元。

【种（养）殖业】 全区农作物总播种面积15.3万亩，其中粮食作物播种面积4.7万亩、经济作物播种面积10.6万亩；粮食产量1.5万吨，蔬菜产量15.4万吨，园林水果产量16万吨。全年生猪出栏1.01万头，肉类总产量1179吨。全年耕地灌溉面积6.5万亩。

【主要领导人】 区委书记：邱向东；区人大常委会主任：钟世全；区长：周健；区政协主席：张昌勇；分管农业副区长：王旭涛。

龙泉驿区编写组

青白江区

【基本情况】 2023年，全区辖7个镇（街道）83个村（社区），辖区面积378.94平方千米。年末常住人口50.98万人，比上年末增加0.38万人，增长0.8%，其中城镇常住人口39.78万人，常住人口城镇化率78.03%，比上年末提高0.09个百分点。年末户籍人口43.07万人，比上年末增长0.9%。森林覆盖率33.94%，比上年增长0.1%。

2023年，全区实现地区生产总值684.1亿元，按照可比价格计算，比上年增长5.4%，其中第一产业增加值16.81亿元，增长3.2%；第二产业增加值187.79亿元，增长1%；第三产业增加值479.5亿元，增长7.4%。三次产业对经济增长的贡献率分别为1.9%、5.6%、92.5%。三次产业结构比为2.5∶27.5∶70。按照常住人口计算，人均地区生产总值134691元，增长4.5%。全年接待游客2380万人次，比上年增长15%；实现旅游收入96.8亿元，比上年增长26%。

境内公路总里程948.6千米，其中高等级公路159.84千米。全年实现交通运输、仓储和邮政业增加值163.91亿元，比上年增长8.7%。全年完成营业性客运车辆客运周转量25652万人/千米，比上年增长32%；营业性货运车辆货运周转量281162万吨/千米，比上年增长46.4%。工业增加值143.55亿元，比上年增长0.3%，对经济增长的贡献率为1.3%。一般公共预算收入完成49.12亿元，比上年增长14%，其中地方税收收入30.73亿元，增长22.5%，同口径增长8.5%；一般公共预算支出87.57亿元，增长9.1%。全社会固定资产投资比上年减少21.3%。社会消费品零售总额171.94亿元，比上年增长9%，其中城镇消费品零售额152.44亿元，增长9.5%；乡村消费品零售额19.49亿元，增长4.7%。全年实现金融业增加值40.43亿元，比上年增长8.7%。年末金融机构本外币存款余额666.21亿元，比上年末增长7.3%，其中住户存款余额448.79亿元，比上年末增长12.1%；金融机构本外币贷款余额558.4亿元，比上年末增长30.2%。全年完成邮电主营业务收入6亿元、邮政业务总量0.32亿件。有固定电话用户14.21万户，移动电话用户72.75万户，互联网宽带接入用户26.05万户。

有小学17所，在校学生28679人，专任教师1576人；普通中学15所，在校学生20441人，专任教师1628人；特殊教育学校1所，在校学生124人，专任教师42人；中等职业学校2所，在校学生8088人，专任教师520人；幼儿园64所，在园幼儿14411人，专任教师1088人；学龄儿童入学率100%，初中升学率98.7%，高中升学率100%，3～5岁幼儿入园率100%。

全年专利授权1099件，其中发明专利168件、实用新型专利756件、外观设计专利175件。共有高新技术企业145家，比上年增长26.1%；高新技术产业企业实现营业收入194.27亿元。有影剧院6个，博物馆（纪念馆）2个，体育场馆4个，公共文化馆1个、图书馆1个，镇（街道）综合文化服务中心7个。有医疗卫生机构288个，其中医院15个，卫生院8个，社区卫生服务中心（站）3个，门诊部、诊所、医务室、村卫生室、护理站259个，疾病预防控制中心1个，妇幼保健院1个；病床位4945张；卫生技术人员5191人，其中执业（助理）医师1626人、注册护士1931人。

【年度农业和农村经济运行】 2023年，全区实现农林牧渔业总产值27.66亿元，按照可比价格计算，比上年增长3.2%，其中种植业21.3亿元，增长2.6%；林业0.24亿元，增长0.5%；畜牧业2.26亿元，增长7.4%；渔业1.45亿元，增长2.9%；农林牧渔专业及辅助性活动2.41亿元，增长4.4%。农村居民年人均可支配收入增长6.4%，其中工资性收入增长6.1%、经营净收入增长6%、财产净收入增长7.4%、转移净收入增长7.6%；农村居民人均消费性支出增长7.9%。年末有效灌溉面积8084公顷。全年农村用电量1.31亿千瓦时，增长2.4%。

【种养殖业】 全年农作物播种面积33.2万亩，比上年减少0.1%，其中粮食作物播种面积17.05万亩，增长0.01%；经济作物播种面积16.15万亩，减少0.2%（油料作物播种面积6.39万亩，减少0.1%；中草药材种植面积0.7万亩，增长0.4%；蔬菜及食用菌种植面积6.5万亩，增长1.5%）。全年粮食产量6.57万吨，增长1.9%。经济作物中，油料产量1.17万吨，减少4.9%；蔬菜及食用菌产量24.17万吨，增长2.6%；园林水果产量4.4万吨，增长12.2%；中草药材产量0.29万吨，增长0.5%。全年生猪出栏2.99万头，增长19.6%；肉类总产量0.39万吨，增长25.8%。

【农村社会保障】 全年参加城乡居民社会基本养老保险人数11.09万人，比上年末减少0.3%；参加城乡居民基本医疗保险人数20.77万人，比上年末减少4.7%。有养老机构的镇（街道）6个，有各类养老机构16个、床位2324张。

【主要领导人】 区委书记：池勇；区人大常委会主任：罗文川；区长：王林；区政协主席：冯静；分管农业副区长：窦川。

青白江区编写组

新 都 区

【基本情况】 2023年，全区辖2镇7个街道，辖区面积496平方千米。年末常住人口159.3万人，比上年末增加1.6万人，增长1%，其中城镇常住人口126.1万人，常住人口城镇化率79.2%。年末户籍人口88.9万人，比上年末增加2万人。

2023年，全区实现地区生产总值1086.1亿元，按照可比价格计算，同比增长6%，其中第一产业实现增加值25.9亿元，增长3.1%；第二产业实现增加值322.6亿元，增长2.9%；第三产业实现增加值737.6亿元，增长7.6%。三次产业结构比为2.4∶29.7∶67.9；三次产业对经济增长的贡献率分别为2.1%、15%、82.9%。全年实现农林牧渔业总产值39.1亿元，按照可比价格计算，比上年增长3.1%。

【种植业】 全年农作物总播种面积54.6万亩，减少3.2%，其中粮食作物播种面积29.8万亩，与上年持平；经济作物播种面积24.8万亩，减少6.6%（油料作物播种面积7.6万亩，减少17.4%；蔬菜及食用菌种植面积16.1万亩，增长3.4%）。全年粮食产量14.1万吨、油料产量1.3万吨、蔬菜及食用菌产量37.1万吨。生猪存栏0.7万头、出栏2.6万头；肉类总产量8486吨，减少1.6%。

【主要领导人】 区委书记：王忠诚；区人大常委会主任：吴彬；区长：魏柯；区政协主席：李勇；分管农业副区长：王平安。

新都区编写组

温 江 区

【基本情况】 2023年，全区辖6个街道3镇95个村（社区），辖区面积276.14平方千米。有流动人口63.78万人、户籍人口59.26万人。户籍人口中，男性人口28.84万人，占48.67%；女性人口30.42万人，占51.33%。

【年度农业和农村经济运行】 2023年，全区实现第一产业增加值22.35亿元，同比增长2.5%。农民年人均可支配收入同比增长6.7%。

【供销合作社经营】 全区供销系统有镇、村两级基层社19个，其中镇级基层社13个、村级基层社6个。

供销合作社综合改革。以“三社”融合为抓手，健全多方受益的组织形式，通过供销社与专业合作社、村集体经济组织联合共建方式，新建镇子场社区、兴科社区、城武社区、北街社区等村级基层社6个。村级基层社通过开展农业机械化服务、大蒜试验示范基地建设、品牌农副产品销售等，拓展业务范围，提升基层社服务城乡发展的实力，增加经济效益，带动农民专合社和集体经济发展，全区已创建基层社示范社7个。依托经营网点，构建农村区域产业服务网络，依托区域内80家农资配送中心和农资放心店，形成行政村全覆盖的农资供应网络。泰峰供销社建设温江区供销社为农服务中心开展农资仓储和配送服务，可仓储农药、肥料等农业投入品2000余吨。开展数字供富项目，助力社区共建共治，区供销社与万春镇幸福村集体经济组织共同开展数字供富中心项目建设。幸福村数字供富中心是基于温江区特色农副产品及花卉、生活类购物的24小时便民智慧超市。通过"三个一"（一套积分管理制度、一套数字化技术系统、一个24小时智慧超市实体）建设，满足景区游客、辖区村民购物需求，促进了社区治理工作。

夯实为农服务基础。开展土地托管等农业社会化服务面积1.6万亩。探索构建"市场主体回收、公共财政扶持、专业机构处置"机制，开展农药包装废弃物和废旧农膜回收处置工作，全年共回收处置农药包装废弃物20.98吨、废旧农膜42.68吨，减少了农业面源污染，取得了良好的社会效益和生态效益。

【农村改革】 探索发展壮大集体经济新路径。制定印发《成都市温江区党建引领乡村联合壮大农村集体经济"六联六共"实施方案》，以"六联六共"（组织联建共强、资源联用共享、产业联营共兴、品牌联创共荣、骨干联引共育、治理联抓共担）模式构建乡村联合体，示范带动全区村（社区）做精做特都市现代农业，"六联六共"经验做法被写入2023年市委农村工作要点。构建强弱联合型、产业集聚型、以工促农型、飞地抱团型、强链补链型等乡村联合体。

全面消除集体经济薄弱村。按照《中共成都市委组织部成都市财政局成都市农业农村局关于印发〈全市抓党建促村级集体经济"消零消薄"集中攻坚行动实施方案〉的通知》文件要求，温江区结合实际，采取领导包片强化责任、"一村一策"精准发力、抱团发展共享产业等措施全面推进"消薄"工作。

加强农村集体"三资"监管。有序推进农村集体"三资""可视""有感"专项治理、集体资产监管提质增效等工作。

因地制宜打造集体经济发展场景。先后争取市（区）财政资金700万元，专项扶持15个村（社区）发展壮大集体经济，依托项目包装建设，分别探索出传统农村区域、城乡结合部区域集体经济发展路径。《聚焦三大难题　创新三项机制　积极探索资源资产盘活利用新路径》在2023年第248期《农村经营管理》刊登，并被推介为2023年全国农村改革典型案例。

【宜居宜业和美乡村建设】 学习浙江"千万工程"经验，制定《成都市温江区推进宜居宜业和美乡村建设三年行动计划》《成都市温江区2023年度宜居宜业和美乡村先行村、重点村培育工作方案》，培育岷江村、幸福村宜居宜业和美乡村消费新场景2个，陈家渡村、天星村市级"一村一品"特色村2个。开展农房风貌示范点位整治和示范村庄整治提升，建设田园林盘农耕消费区，包装策划林盘院士工作站配套服务、耕舍等川西林盘保护修复项目2个。

【扶贫开发及对口帮扶】 对口帮扶简阳市。建立"区级领导分村挂点督查、部门（镇、街道）定点帮扶"的工作机制，对简阳市禾丰镇和三合镇2个帮扶镇，连山村、碑垭村等9个省、市乡村振兴重点村开展定点帮扶工作，优选18个区级部门为定点帮扶工作责任单位，负责定点帮扶工作的组织和实施。鼓励禾丰镇、三合镇选择村集体实施模式、镇政府统筹模式、镇政府间抱团统筹模式组织实施帮扶项目，共落实帮扶资金300万元。

防止返贫监测帮扶。按照省、市集中排查工作安排，开展防止返贫监测帮扶集中排查工作，5—6月共组织全区0.1万人次参与排查工作，应排查农户4.91万户13.99万人，已完成排查4.91万户13.99万人，对0.0452万户0.0931万人采取入户核查方式进行排查，暂无新增监测户。坚持每月向区残联等相关部门推送风险线索，全年累计推送风险线索2905条，并由镇（街道）全部核实完毕。

区内乡村振兴重点提升村工作。整合对接全局扶持资金，指导寿安汪家湾社区、和盛石坝村申报为成都市实施乡村振兴战略推进城乡融合发展示范村（社区）；指导金马刘家濠社区、万春永和社区申报人居环境示范村创建项目；指导金马刘家濠社区申报为成都市宜居宜业和美乡村重点提升村；指导永和社区申报为集体经济薄弱村项目，以项目申报和建设促进集体经济增收。

【农村金融服务】 依托成都市普惠金融服务乡村振兴改革试验区战略定位，加强农村金融改革，深化"农贷通""银政担"等金融服务，截至2023年年底，全区累计投放涉农经营主体贷款超过40.38亿元，以涉农主体信用体系建设为核心的成都市温江区乡村振兴数字服务平台启动运行。

【农业市场主体发展】 新培育农民专业合作社5个、家庭农场23家，新培育市级农民专业合作社1家。截至2023年年底，全区存续农民专业合作社240个，其中市级以上示范社17个；家庭农场170家，其中市级以上示范家庭农场4家。

【种植业】 推进乡村振兴，夯实粮食安全根基，打造新时代更高水平"天府粮仓"高质高效示范区。落实耕地保护制度，实现全区粮食生产能力稳步提升，提升粮食安全保障能力。全区粮食作物播种面积2.22万亩，产量1.1万吨。蔬菜种植（含复种）面积3.2万亩，产量5.9万吨。

【林业】 重点推动森林资源保护管理、国土绿化、野生动植物保护、森林草原防（灭）火等各项重点工作落地落实，全年召开林长制全体会议1次、专题会3次，印发《2023年成都市温江区林长制工作要点》《2023年温江区林长制工作考核办法》，发布任务清单2份、工作提示督办函16份。区、镇（街道）、村（社区）三级林长履行林业资源保护和发展责任，全年累计巡林4928人次，发现并解决问题9个，保障全区林业产业健康有序发展。

森林资源及林业改革。加快林保规划编制，完成国家林草局下发的4批次

96个林地现地调查及森林督查变化图斑核查。开展森林草原湿地监测156个变化图斑和湿地调查581个图斑核实，完成草原基况调查外业核实3000余亩，完成2023年林草湿图斑监测和国家森林督查自查，完成森林督查违法案件查处整改及系统入库。推进林业综合改革课题调研，形成《国土三调标注"恢复属性"林地使用研究探索》课题报告。

国土绿化。组织开展春、秋季义务植树活动2次，其中春季义务植树活动于3月12日在天府街道三圣广场等12个地块、60个点位开展，区"四大班子"领导、相关部门、镇（街道）及社会人士共计500余人次参加，共栽植桂花、垂丝海棠、茶花等800余株；秋季义务植树护绿活动于10月13日在寿安镇吴家场社区开展，相关部门、志愿者共计50余人次参加。

野生动物保护。开展陆生野生动物保护宣传，策划实施野保宣传、"爱鸟周"活动3场次，发放宣传资料2000余份。开展陆生野生动物经营利用审批，办理审批件11件。做好陆生野生动物救助，救助普通鵟、棕腹大仙鹟、长耳枭、猴面鹰等野生保护动物100余只。严格林政执法工作，对陆生野生动物展演场所、鸟市开展定期巡查，规范鸟类经营利用行为16次。

古树名木保护。对全区90株古树名木开展日常巡查，按照《四川省城乡古树名木保护专项整治行动》要求完成专项排查，梳理影响古树生长等问题4个，并协调相关镇（街道）和部门逐步解决。对3株衰弱古树实施复壮救护。办理检察机关移送涉古树保护类问题线索1件。

森林草原防灭火。印发《关于加强林业园林资源保护发展和安全重点工作的令》，要求各级党政领导干部落实森林草原防灭火工作责任制有关规定，结合林长制责任体系做细做实网格化管理，常态化开展责任区域巡林督查，全年未发生森林火灾情况。

【畜牧业】 全区畜禽养殖户主要分布在北部的寿安镇、和盛镇、万春镇区域。按照《成都市农业农村局〈成都市兽用抗菌药使用减量化行动方案〉（2021—2025年）》工作要求，以生猪、肉牛、肉羊等畜禽品种为重点，推进兽用抗菌药使用减量化行动，开展打非减抗全覆盖监督检查，督促指导养殖场（户）建立完善兽药采购、存储、使用等管理制度，严格执行兽用处方药、休药期等制度。2023年，全区存栏生猪1896头（能繁母猪存栏294头）、出栏生猪4131头；存栏肉羊197只、出栏肉羊283只；存栏肉牛33头、出栏肉牛11头；存栏家禽29074只、出栏家禽96307只，畜禽肉产量461.05吨，禽蛋产量42.06吨。

畜禽废弃物综合利用。按照《成都市温江区人民政府办公室关于印发〈成都市温江区畜禽养殖禁养区划定方案〉的通知》《成都市温江区农业农村局、成都市温江生态环境局、成都市温江区规划和自然资源局关于印发〈成都市温江区畜禽养殖管理办法〉的通知》以及《成都市温江区2023年畜禽养殖废弃物资源化利用工作方案》要求，按照生态友好、产品安全、管理规范要求，指导养殖户做好畜禽粪污处理治理设施建设，采取种养结合模式开展畜禽废弃物综合利用。按照省、市畜禽养殖环节把减量控制和末端治理作为重点，有序推进畜禽养殖粪污治理和资源化利用，全年畜禽粪污资源化利用率达90%以上。

饲料管理。按照《饲料和饲料添加剂管理条例》《饲料质量安全管理规范》《成都市饲料生产企业原料控制行动方案》要求，对区内10家饲料生产企业大宗原料库、小料库、热敏原料库、药物库、合格供应商评价、原料查验和检验记录、原料安全性评价报告、出入库查验评价、检验化验、产品留样等进行5大项31个小项专项查验。完成省、市、区监督抽样36个，开展饲料质量安全生产安全检查26次。

兽药生产经营清理。按照中华人民共和国农业农村部第645号公告对7家兽药生产企业的新版GMP兽药实施情况，35家兽药经营企业、采购、入库、验收、销售管理等情况进行监督检查。开展农业农村部《国家兽药产品追溯系统》兽药生产企业入库10741批次，出库81634批次，退库141批次；兽药经营企业兽药入库2782批次，出库7766批次。进行兽药产品去向追溯监督，对生产经营企业兽药通用名称、生产批号、批准文号、数量、包装状况等进行监督检查，做好农业农村部、农业农村厅2023年度抽检不合格兽药警示备案生产企业通报日常监管。净化兽药生产经营专项整治，规范兽药生产经营行为，打击违法销售违禁和未经批准使用的兽用抗菌药物、兽药原料药流入畜禽养殖场（户）等行为，保证兽用抗菌药和生物制品生产使用安全。规范兽药生产经营行为专项检查15次、例行检查5次，开展兽药经营环节抽样2次、二维码追溯执法检查12次，有序保障维护兽药生产经营质量安全。

兽医医政管理。按照《成都市农业农村局成都市市场监督管理局关于印发〈成都市开展规范宠物诊疗秩序专项整治行动方案〉的通知》工作部署，加强对区内50家动物诊疗机构的清查和执业兽医师备案注销年度报告的管理，以及对动物诊疗活动的监管。加强对《中华人民共和国动物防疫法》《兽药管理条例》《动物诊疗机构管理办法》《执业兽医和乡村兽医管理办法》等法律规章的宣传贯彻，增强从业人员依法防控动物疫病、守法从事宠物诊疗的意识。全年新增执业兽医师备案65人，新增注销执业兽医师20人，全区从事动物诊疗执业兽医师在《中华人民共和国农业农村部全国兽医队伍管理系统》备案人员共142人。全年开展培训4次，共计培训200人次。全年出动各类人员78人次开展监督检查规范宠物医院诊所诊疗行为，检查宠物诊疗机构是否按照规定实施卫生安全防护、消毒、隔离，是否按规定处置病死动物、动物病理组织和诊疗废弃物，是否存在不再具备规定条件继续从业的情况，执业兽医是否违规操作造成或者可能造成动物疫病传播、流行。同时，打击动物诊疗机构、执业兽医师和乡村兽医无证经营、违规售药、非法行医、执业行为失范等违法行为，促进动物诊疗市场的健康发展。

【水产业】 全年养殖水产品产量517吨，实现渔业经济总产值7226.5万元。

水产安全管理。持续抓好渔业安全宣传和隐患排查，加强渔业安全生产检查；围绕水产绿色健康养殖技术推广“五年行动”相关工作要求，开展“白名单”和“水产用药明白纸”、水产健康绿色养殖宣传，加强生态养殖技术模式和养殖尾水治理模式推广；落实以地西泮为重点的养殖水产品质量安全专项整治，加大水产养殖用投入品监管力度，全年开展日常检查10次、专项检查3次，加强水产品质量安全和生产安全，规范水产养殖用药减量。

【都市现代农业发展】 以建设践行新发展理念的公园城市示范先行区为统揽，落实市委“产业建圈强链”工作要求，锚定创建国家农业高新技术示范区目标，聚力打造“天府粮仓”高质高效示范区、“天府粮仓”科技创新策源地。5月，通过科技部第九批国家农业科技园区验收，为国家农高区创建奠定了基础，农高区创建工作取得阶段性成效。

农业招商引资。聚焦产业生态“建圈”和产业“强链”，以项目为核心，签约引进贵州卓豪四川区域总部、四川省种业集团科创中心等现代都市农业项目22个，其中重大和高能级项目4个。引进产业链关键配套项目2个，引进顶尖人才团队2个。

重点项目建设。建成投运农高创新中心（一期）、四川农业大学科技园（一期）、花木（农产品）进出口园区、2022年万春（永宁）高标准农田等一批重点项目。

营商环境建设。按照《企业全生命周期服务制度》要求，制定“两张清单”，提供“三项服务”，融合“三员”，实行“一家企业+一个分管负责人+一个服务团队”运行机制，实现农业招商营销、项目促建、企业服务全生命周期联动。

世园会温江分会场筹备。紧扣“公园城市·美好人居”办会主题，按照“一园一馆一轴”总体布局，有序推进温江分会场筹备组织、建设运营、展陈布展、氛围营造等重点工作，已完成建设任务，筹备进度达90%。“一园”展陈方案设计和运营方的遴选工作有序推进，“一馆”已完成主展馆翻新及“三廊”道路整修，“一轴”南环线精品段已启动绿道风貌整治提升和环美“玛歌庄园”、鑫林大树“树下咖啡”等项目建设，预计2024年1月投入使用。

【农业机械化】 推广与农艺相融合的农机化技术，提升农机作业效率和质量。全年完成水稻机械化种植1.53万亩、机收1.67万亩，油菜机收0.38万亩、机播0.34万亩，完成农作物机耕5.287万亩，全区主要农作物耕种收综合机械化水平达95.43%。

农机购置补贴。实施农机购置补贴政策，提高农机装备水平。全年落实农机购置补贴农机具61台（套），实施购补资金65.791万元，其中中央资金49.1341万元、市级资金16.6569万元。

新机具试验示范。聚焦制约农业机械化发展的关键薄弱环节，借智科研院所，引进先进适用农机具，完成2023年大蒜全程机械化试验项目和玉米大豆带状复合种植全程机械化生产试验项目。组织开展农机新技术新装备宣传、培训及展示，举办现场培训会4次，促进了全区农业装备质量和农机化综合水平提升。被市农业农村局评为2023年加快推进农机现代化发展工作先进单位。

提升农机社会化服务能力。引导各农机专业合作社加大装备投入，优化农机装备结构，拓展服务范围，延伸服务产业链，运用订单式、托管式、预约式等多种经营模式为温江及周边县（市、区）提供粮油生产全程机械化服务9.6万亩，取得了良好的经济效益和社会效益，助力打造新时代更高水平的“天府粮仓”。

农机安全监理执法。加强农机安全监管，以清单制管理为抓手，压紧压实部门监管责任、农机经营者主体责任，把农机购置补贴与农机合作社建立清单制挂钩；开展农机安全生产技术培训4次，培训农机手219人次，签订农机安全生产承诺书60余份；开展农机安全生产专项整治和隐患排查20次，出动检查人员145人次，检查农机经营门市、农机专业合作社71个次，排查隐患6处，整改6处。加强变型拖拉机监管，联合区交警11分局开展上路行驶拖拉机专项整治24次，检查上路拖拉机40台，处罚17台，收缴外地变拖号牌8副，全年未发生重大农机安全责任事故。

【农村科技】 温江区获评“2022年度全省农业科教工作先进单位”“2022年度基层农业技术推广工作先进单位”。农业农村厅批准温江区与四川农业大学共建省级农业科技现代化先行县。

农产品质量检测。全年组织实施农药残留定量监测1445个，合格率达99%。组织实施农药残留快速检测12400个，未发现不合格样品。

农业从业人员培训。完成新增农业职业经理人培训160人，农机技能培训7人，种植、养殖、农机等实用技术培训1466人，四川省乡村产业振兴带头人培育“头雁”培训2人；完成2023年高素质农民培训任务148人，其中省级调训农业产业领军人才2人、市级调训农业经理人3人、县级培训经营管理型高素质农民143人；完成基层农技人员知识培训30人，其中省级调训人员3人、市级调训人员27人。

新媒体发布。全年通过温江区政府门户网站“温江公众信息网”发布工作动态、公示公告、重要文件等各类涉农信息236条，通过“成都市政府公开目录”公开部门信息62条。通过“温江农业”政务微信公众号发布农业动态、新产品、新技术、政策法规、新农村建设等信息400余条。

【农业安全生产】 制定印发《成都市温江区农业行业安全生产工作要点》《成都市温江区农业农村局农业行业重大事故隐患专项排查整治2023行动工作方案》《成都市温江区农业农村局农业行业安全生产“迎大运·保安全集中整治专项行动工作方案》等文件，做好农业安全宣传教育培训、农业安全生产专项整治工作，突出农机、农村沼气、生猪屠宰、饲料农（兽）药生产、休闲农业等重点领域，开展全国“安全生产月”和“安全宣传进农村”等各类安全宣传培训26次，出动人员360人次，检查点位304家次，排查一般隐患494处，全部整改完毕，全年未发生农业安全生产事故，被市农业农村局评为“2023年农业行业安全生产和信访稳定工作先进单位”。

【农村人居环境整治】 组建5个农村人居环境督查组负责农村人居环境督导工作；常态化开展以“清理生活垃圾、清理厕屋便池、清理水源体、清理畜禽粪污、清理农业生产废弃物”为主要工作内容的“五清”行动，全区59个涉农村（社区）累计清理农村生活垃圾约1万吨，清理村内水塘330口，清理村内沟渠2000千米，清理畜禽养殖粪污等农业生产废弃物340吨，清理农业生产废弃物820吨，清理户厕10万余次，清理公厕2万余次，清理院落176个。

【乡村振兴战略实施】 温江区获评“四川省乡村振兴成效显著区”，寿安镇获评“四川省乡村振兴先进镇”，公平街道分水惠和村、和盛镇李义村获评“四川省乡村振兴示范村”。自2023年起，全区实施宜居宜业和美乡村建设三年提升行动，万春镇高山村、和林村、永宁街道八角社区获评“全市首批先行村”，和盛镇李义村、金马街道刘家濠社区为重点村。

【花木产业】 温江区是全国花木主产区之一、全省6个川派盆景盆花产业带之一、全省2个特色观赏苗木产业带之一。2023年，全区实现花木产值31.84亿元，实现税收3711万元。花木种类包括乔木、灌木、地被、盆栽、水生植物等，品种达1300余个，主要为观赏苗木、盆景、编艺、盆栽花卉四大类，主要品种有桂花、紫薇、银杏、香樟、梅花、罗汉松、金弹子、国兰等。有花木从业人员10万余人、园艺场4000余个、园林绿化企业458余家、行业协会10个。打造“园区变景区”和“前店后厂”等消费场景项目10个，初步形成以青路盆景为主、天乡路盆栽花卉为主、府通路精品苗木、编艺为主消费场景的博览带。2023年，利用现有苗圃，通过美学造园和空间营景，植入文化创意、特色餐饮、拓展研学、园艺疗愈等消费新业态，打造了鹿尔花园、来吧田园景观设计产业园、南美院子、桔里小院等新消费场景。

【主要领导人】 区委书记：马烈红；区人大常委会主任：马良清；区长：王军；区政协主席：蒋莉；分管农业副区长：赵霜。

温江区编写组

双 流 区

【基本情况】 2023年，全区辖4个镇5个街道，辖区面积1067平方千米（实际管辖面积466平方千米）。年末总人口75.54万人（户籍人口），增长3.8%，人口自然增长率5.32‰。常住人口150.31万人，常住人口城镇化率79.4%。

2023年，全区实现地区生产总值1197.47亿元，增长5.9%，其中第一产业增加值14.66亿元，增长2.4%；第二产业增加值373.66亿元，增长0.1%；第三产业增加值809.15亿元，增长9.3%。三次产业结构比为1.2∶31.2∶67.6。全年接待游客2389.3万人；实现旅游收入202.8亿元，增长18.9%。

公路总里程657千米。全年航空货邮吞吐量52.65万吨，减少0.6%；航空旅客吞吐量3013.81万人次，增长69.2%。社会消费品零售总额484.61亿元，增长9.3%。地方公共财政预算总收入完成102.35亿元，增长7%；公共财政预算总支出145.9亿元，增长11.2%。金融机构本外币存款余额2947.39亿元，增长9.8%，其中住户存款余额1732.7亿元，增长14.5%；金融机构本外币贷款余额2575.58亿元，增长19.5%。全年投放涉农贷款215.08亿元，增长6.9%。农业产业化龙头企业国家级、省级、市级分别为2家、6家、10家。

有各类学校257所，在校学生206439人，教职工14271人，其中普通中学41所，在校学生46850人；小学25所，在校学生90601人。有卫生机构807家，病床位7087张，卫生技术人员11973人。城乡居民基本医疗保险参保人数44.65万人，减少3.3%。

【年度农业和农村经济运行】 2023年，全区实现农业总产值24.68亿元，增长2.4%；全区全年第一产业增加值达14.66亿元，增长2.4%。农民年人均可支配收入增长6.3%。全区主要农产品产量见表1。

【农业产业化发展】 扛起稳粮保供政治担当，落实《成都市双流区农村土地流转管理实施细则》《成都市双流区制止耕地撂荒管理办法》，严管土地用途、严格主体准入、严防经营风险，全年恢复耕地8706亩，连续两年实现耕地净流入。

表1　2023年双流区主要农产品产量

主要农产品	单位	产量	同比增减(%)
粮食	万吨	3.98	2.05
水稻	万吨	2.48	-1.59
小麦	万吨	0.23	35.29
玉米	万吨	0.65	8.33
马铃薯	万吨	0.35	2.94
油菜籽	万吨	0.46	3.33
蔬菜	万吨	31.81	0.73
水果	万吨	3.30	0
肉类	万吨	0.32	-8.57
猪(牛、羊)肉	万吨	0.15	7.14
猪肉	万吨	0.13	0
禽蛋	万吨	0.07	0
牛奶	万吨	0.09	-10.00

加强农业产业多元融合发展，拓展“一业多效”，发展采摘体验、农耕教育等新业态，培育欣悦草莓等经营主体9家，打造瞿上田园等新场景6个，新培育市级以上农业产业化龙头企业2家。全区农业经营主体共有909家，其中市级以上农业产业化龙头企业18家（国家级2家、省级6家、市级10家）、农业专业合作社195家、家庭农场696家。

【农村集体产权制度改革】 立足农村集体资产数字化管理改革试点任务，探索集体资产数字化管理新模式，助力农村集体资产精准、高效管控。推进农村产权清查核实工作，录入各类农村产权信息1万余条。实施集体经济“消薄创先”计划，分类梳理集体经济组织闲置资产，开展多元化招商，探索资源发包、物业出租、资产参股等形式壮大集体经济，全面消除集体经济年收入20万元以下薄弱村13个。打造市级壮大集体经济示范村项目2个。

【供销合作社改革】 探索建立“三社融合”发展新模式，在全省创新打造“社区共享超市”，规范建设“三社融合”基层社15个。双流区“三社融合”建基层社工作做法两次入选全国县级供销合作社主任培训班讲义、被列入四川省供销社“三社融合”发展典型案例。长埂基层社被评为“中国好社企”。

【农产品品牌战略实施】 全区有国家地理标志农产品4个（双流冬草莓、双流二荆条辣椒、双流永安葡萄、双流黄甲麻羊）、有机农产品13个、绿色食品4个，推荐“环太牌”苦荞茶、苦荞面、苦荞粉申报2023年四川省农业品牌目录并入选。依托空港综合农事服务中心全程综合服务能力，合力打造农产品区域公用品牌“瞿上珍品”，围绕优质优价，提升粮油、果蔬农产品品质和产量，提升双流区农产品的知名度和品牌影响力。

【现代农业园区建设】 持续提质发展现代农业园区，加快补齐基础设施建设短板，加强“双字号”粮食品牌打造，完成黄水园区接待展示中心建设，改造提升园区生产便道3975米、游步栈道1000米，配套建设服务驿站3个。持续推进园区腾退低效果木规模化种植粮油，园区高标准农田覆盖率达90%。双流区空港创意都市现代农业园区获评四川省三星级园区，彭镇时光原野现代粮油园区获评市级四星级园区，黄水镇臻爱田园现代粮油园区获评市级三星级园区。

【种植业】 全年大春粮食作物播种面积7.76万亩，其中水稻播种面积4.44万亩，亩产558千克；玉米播种面积1.61万亩，亩产406千克；豆类播种面积0.87万亩，亩产189千克；薯类播种面积0.84万亩，亩产321千克。小春粮食作物播种面积1.41万亩，其中小麦播种面积0.72万亩，亩产325千克；薯类播种面积0.5万亩，亩产295千克；豆类播种面积0.2万亩，亩产164千克。全年粮食总产量3.98万吨。

【畜牧业】 鼓励和引导生猪养殖场（户）增养补栏，增加生猪存栏，截至2023年年底，全区生猪存栏0.7万头、牛存栏0.03万头、羊存栏0.16万只、家禽存栏33.21万只，生猪出栏1.62万头、家禽出栏95.87万只；实现畜牧业总产值14499万元，其中生猪饲养产值4104万元、家禽饲养产值9020万元、羊饲养产值528万元、牛饲养产值124万元。

【水产业】 实施水产绿色健康养殖技术推广五大行动，在全区推广“一塘一策”管理模式，引导养殖户科学用药，加强管理，全年渔业产量9440吨，比上年同期增长2%。开展水产养殖投入品专项整治三年行动和尾水治理工作，组织开展水产养殖用药宣传和技术指导10次，共发放《水产养殖用药明白纸》《禁停用兽药名录》等资料2500余份。

【乡村振兴】 全面落实党中央国务院，省委、省政府，市委、市政府关于乡村振兴系列决策部署，全年一般公共预算和土地出让收入投入乡村振兴分别达7.28亿元、8.85亿元，其中安排乡村振兴专项资金6000万元，实施农居环境整治、基础设施提升、新场景营造等专项资金项目30余个。持续深化对口援助巴塘工作，实施乡村振兴项目23个，划拨援助资金4785万元。对口帮扶简阳市平泉街道、射洪坝街道8个乡村振兴重点村帮扶项目资金270万元。加强困难群体基本生活保障，为1251名农村低保对象、特困人员和重度残疾人全覆盖代缴城乡居民基本养老保险125.7万元，发放临时救助金、低保金、孤困儿童养育金等2314.83万元。永安镇三新村、彭镇永和村获评"省级乡村振兴示范村"。

【乡村旅游】 探索生态价值转化多元路径，发展观光农业、田园康养、研学科普、特色民宿等"农业+"新场景新业态，启动永安城投天府颐谷项目建设，建成投用空港综合农事服务中心，培育欣悦草莓等经营主体9家，打造瞿上田园等新场景6个，建设彭镇青石庭院耕莘堂等农商文旅项目18个，策划推出乡村旅游精品线路20余条。举办"大运成都·万千气象"双流主题活动、农民丰收节、花田音乐节等活动8场，欢乐田园获评"2023成都市宜居宜业和美乡村消费新场景"。

【农村水利】 推进耕地灌溉水系恢复，新建机电提灌站3座。启动全区农业水利设施修复三年计划，2024年拟开展沟渠清淤疏堵140余千米、山坪塘清淤140余个，新建维修提灌站、拦河坝等30余个。

【农业机械化】 依托中央、省、市、区农机购置补贴政策，持续加大对农业机械化的装备投入，加强购机补贴政策宣传，引导专合组织和农户购买主要农作物生产关键环节和薄弱环节机械装备，定制化引入"全流程+机械化+智能化"专业农事设备，配备高性能催芽机、播种机、空压机等先进农机具，全年拨付购机补贴资金2847324.3元，补贴购买农机具80台，主要农作物综合机械化率达89.6%。依托综合农事服务中心，形成耕种管收、产地烘干、产后加工等"一条龙"农机作业服务链条。

【农村科技】 加强技术到田指导，发布推介粮油作物主导品种30余个和主推技术20余项。开展"百千万"高产高效示范行动，在两个粮油园区建设高效绿色生产千亩示范片4个。与成都大学联建百亩科技研发应用核心区，组建专家服务团队、精品粮油专家工作站，打造百亩稻田绿色修复技术示范基地。布局智能化农业展示等智能管理设施设备，实现园区内5G通信技术、物联网及人工智能在农业管理、生产、销售等方面的高效赋能。全区粮食作物播种面积、产量实现"双提升"。全市"天府粮仓"建设现场推进会在双流区召开，区农业农村局获评"'天府粮仓'成都片区建设工作突出单位"，彭镇获评"全省建设更高水平'天府粮仓'工作先进集体"。

【农村文化】 加强农村基层党组织建设，增强基层党组织的政治功能和组织功能，细化制定农集区、老旧小区（院落）治理标准，深化党建引领社区"微网实格"治理，长顺社区、凤凰里社区、岐阳社区获评全市党建引领"微网实格"治理优秀村（社区）。深化"乡风文明建设十大行动"，提质打造黄龙溪火龙灯舞、瞿上讲堂等精品文化活动，持续深化移风易俗，完善区、镇、村三级治理机制。提升党组织"头雁"领航能力，建设村（社区）书记工作室4个；深化"三治融合"，发动群众参与房前屋后林盘院落整治提升；系统推进廉洁村社建设，健全群众参与基层监督机制，选育乡村治理"廉情监督员"；打通"微网实格"与"智慧蓉城"双向赋能渠道，全覆盖开通"微网实格"社会治理平台账号。培育市级党建引领示范社区10个、示范小区11个，创建市级以上文明村镇（标兵）10个。

【农村卫生】 促进基层医疗卫生提能升级，建成医疗卫生次中心1个，全区新增市级基层临床特色科室3个，创建3A级及以上村卫生室47个（其中4A级8个）。推动优质医疗资源下沉，开展县域巡回医疗和派驻服务，动态扫除村级医疗卫生服务"空白点"；实施"区管院用"，遴选36名成熟实用型人才下沉基层，全方位提升基层服务能力。建强农村人口健康管理机制，全面落实国家基本公卫服务项目12项，为乡村居民提供更加可感可及的健康服务。居民规范化电子健康档案覆盖率达69.5%。

【农村交通】 围绕区域产业振兴，高标准打造示范路，改造"白+黑"乡村道路43.5千米。优化乡村公交线路，实现具备道路通行条件的村（社区）公交覆盖率达100%，涉农村（社区）中有公交线路直达地铁站点的占比达75%以上。双流区获评"'四好农村路'省级示范区"。

【农村社会保障】 持续开展城乡居民基本养老保险参保扩面工作，引导灵活就业农民工参加企业职工基本养老保险，进街道、进社区、进小区开展政策宣传，发放宣传资料，现场为群众答疑。2023年，全区城乡居民基本养老保险参保人数74230人，参保覆盖率达95%以上；灵活就业农民工参加企业职工基本养老保险77665人。全年共为1809名低保对象、特困人员和重度残疾人等缴费困难群体代缴2023年度城乡居民基本养老保险费181.74万元，代缴完成数占省、市目标人数（1308人）的138%，每月代缴率均达100%。

【农村生态建设及环境保护】 学习运用浙江"千万工程"经验，推进宜居宜业和美乡村建设，采取"园区+项目""园区+林盘"等模式，实施微田园景观、村容村貌提升等项目建设9个，建设智慧农业基地2个，建成文武幸福美丽新村，培育市级宜居宜业和美乡村先行村、重点村4个。持续巩固拓展农村户厕改造成果，农村无害化卫生厕所普及率达97%。实施乡村风貌改造100处，嘉禾等7个村（社区）获评"成都公园城市荟最美社区"。完成59个村（社区）农村生活污水有效治理，全区行政村农村生活污水有效治理率达100%。深化城乡环卫一体化，农村生活垃圾收运处置体系覆盖率达100%。加强农业面源污染防治，化肥农药使用量实现连续5年零增长。

【农产品质量安全监管】 推动食用农产

品合格证制度，涉及430个农业经营主体，共开具合格证71万张。通过“区+镇+村+基地”农产品检测体系共计抽检样品35139个。完成部、省、市在双流区的农产品例行、专项监测抽检农产品样品共计153个，抽检样品合格率达98.5%以上。

【农村市场体系建设】 加强金融科技赋能乡村振兴，提升“农贷通”农村金融保险服务平台服务质效，全年通过“农贷通”平台发放贷款1782笔、27.77亿元。探索设立线下农村金融综合服务站，在黄龙溪镇、永安镇、黄水镇、彭镇、九江街道全面设立“政府+市场”农村金融综合服务站，打通金融服务乡村振兴“最后一公里”。

【劳务开发与返乡创业】 紧盯“院校最专业、企业最迫切、群众最热衷”的培训项目，开设物流服务师、养老护理、电工、叉车工等实用技能培训13项，开展劳务品牌培训1272人，擦亮“双流数控制造”“双流空港服务”首批“蓉字号”劳务品牌2个。做好农民工就业创业指导服务，开展“春风行动”，开展返乡农民工创业培训835人；举办招聘会19场，推动达成就业意向1790人；核实化解拖欠农民工工资问题360个，依法保障农民工合法权益。

【主要领导人】 区委书记：欧昭；区人大常委会主任：刘航；区长：杨钒；区政协主席：唐劲松；分管农业副区长：薛燕（9月止），罗仕明（10月始）。

双流区编写组

郫都区

【基本情况】 2023年，全区辖147乡3镇7个街道，辖区面积437.18平方千米。年末常住人口140.06万人，比上年增加0.22万人，常住人口城镇化率75.96%。年末户籍人口723419人，其中城镇人口459170人、乡村人口264249人。全年出生人口7278人、死亡人口2507人，比上年净增人口14171人，人口自然增长率6.7‰。

2023年，全区实现地区生产总值787.5亿元，按照可比价格计算，增长6%（按照行政区域分，地区生产总值1428.9亿元，增长5.1%）。分产业看，第一产业实现增加值26.3亿元，增长2.6%（按照行政区域分，第一产业增加值26.3亿元，增长2.6%）；第二产业实现增加值259.4亿元，增长3.1%（按照行政区域分，第二产业增加值754.2亿元，增长2.5%）；第三产业实现增加值501.9亿元，增长7.8%（按照行政区域分，第三产业增加值648.5亿元，增长8.7%）。三次产业结构比为3.4：32.9：63.7。三次产业对经济增长的贡献率分别为1.9%、17.3%和80.8%。全年接待游客1695.3万人次，增长14%；实现旅游总收入115.8亿元，增长15%。

全年281家规模以上工业企业增加值增长7.2%；实现营业收入435亿元，增长3.5%；利税总额44.9亿元，增长16.6%；利润总额30.4亿元，增长16.9%。全年固定资产投资比上年减少27.9%，从投资结构看，第一产业投资减少80.5%，第二产业投资减少1.6%，第三产业投资减少29.3%。全区投资项目197个，其中新开工项目116个。社会消费品零售总额186.4亿元（按照行政区域分，社会消费品零售总额343.6亿元），同口径比上年增长10.2%。按消费形态分，商品零售额138.7亿元，增长5.5%；餐饮收入47.7亿元，增长26.2%。按照经营地分，城镇实现零售额167.4亿元，增长10.3%；乡村实现零售额19亿元，增长9%。开展各类投资促进推介活动39场，对外发布郫都区“城市场景机会清单”“科技合作清单”“科技成果清单”，全年引进高能级产业化重大项目19个。全年完成省外到位内资77.1亿元、外商直接投资1363万美元。完成外贸进出口总额62.6亿元，增长32%，其中进口额4.3亿元、出口额58.3亿元。

公路总里程1160千米。有出租汽车252辆、公交车841辆，营运公交线路97条，通达里程1617千米，村通公交覆盖率达100%。地方一般公共预算收入完成61.8亿元，增长14.1%，其中税收收入42.5亿元，增长9.8%；一般公共预算支出80.5亿元，增长1.9%。年末金融机构本外币存款余额1567.4亿元，增长12.4%，其中住户存款余额1079.7亿元，增长16%；本外币贷款余额1033.8亿元，增长7.9%，其中个人消费贷款余额265.4亿元，增长13.5%。全年保费收入63221万元，增长12.4%，其中财产险收入14733万元，增长20.4%；人身险收入48488万元，增长10.1%。全年处理各项赔款金额13800万元，增长19.8%，其中财产险赔付金额8518万元，增长19.7%；人身险赔付金额5282万元，增长20.1%。全年完成邮电业务总量64821万元，增长2.6%；完成邮电主营业务收入64417万元，增长6.3%。全年用电量375941.7万千瓦时，增长6.6%，其中工业用电123013.4万千瓦时，增长16.4%；居民生活用电153543.3万千瓦时，减少0.4%。全年天然气用气量29032.7万立方米，增长5.7%，其中工业用气量10034.3万立方米，增长13.1%；居民生活用气量15126.9万立方米，增长2.1%。

有中小学校66所，在校学生111548人，教职工8417人，其中专任教师7238人；中等职业教育学校10所，在校学生28873人，教职工1746人，其中专任教师1438人；幼儿园264所，在园幼儿43398人；特殊教育学校1所，在校学生180人。全年实施国家和省、市科技项目267个，技术交易额增长28.2%。全年新增注册商标数3065件。新增专利授权量3019件，其中发明专利授权578件；全区有效发明专利拥有量2039件，实现知识产权融资18600万元。有国有博物馆2个、非国有博物馆12个，区级文体艺术中心1个，镇综合文化站10个，公共图书馆1个（馆藏纸质图书59.03万册，增长38.6%）。有广播电视台1座；有线电视注册总用户32.2万户，增长0.6%。有医疗卫生机构673个，其中医院25个、镇卫生院3个、社区卫生服务中心（站）13个（社区卫生服务中心7个、社区卫生服务站6个）、疾病预防控制中心1个、妇幼保健院1个。各类医疗卫生机构病床位6493张，增长12.8%，其中医院病床位4642张，增长10.7%。卫生技术人员8464人，增长7.3%，其中执业（助理）医师3423人，增长7.7%；注册护士3868人，增长8.4%。全年总诊疗840.7万人次，增长12%。

【年度农业和农村经济运行】 2023年，全区实现农业总产值44.9亿元，按照可比价格计算，同口径增长2.6%，其中农业产值42.4亿元，增长2.7%；林业产值0.06亿元，减少2.2%；畜牧业产值0.17亿元，减少15.5%；渔业产值0.15亿元，减少1.2%；农林牧渔专业及辅助性活动产值2.1亿元，增长3.4%。全年全体居民人均可支配收入增长5.1%，其中城镇居民人均可支配收入增长4.2%、农村居民人均可支配收入增长6.6%。

【种植业】 全年粮食作物播种面积12.59万亩，增长4.3%；油料作物播种面积31010亩，减少33.9%；蔬菜种植面积242404亩，减少0.6%。全年粮食总产量5.74万吨，增长11.5%；油料产量4141.1吨，减少50.7%；蔬菜产量691066吨，减少4.5%。

【畜牧业】 全年出栏生猪3868头，减少26.5%。肉类总产量462吨，减少15.6%，其中猪肉产量296吨，减少22.6%；禽肉产量166吨，增长0.6%。禽蛋产量45吨，减少47.8%；牛奶产量38吨，减少26.9%。

【农村生态建设】 推进河长制，各级河长全年巡河61140次。重拳整治水环境突出问题，全面排查和整治河道“四乱”突出问题251个；开展多轮水环境突出问题集中督导专项行动，发现问题192个；大河保洁清理各级河渠垃圾漂浮物440余吨。全区8条干渠水质均保持在Ⅲ类水质以上，重要支渠水质基本保持在Ⅳ类水质以上，基本消除黑臭水体。空气质量优良天数达291天，PM2.5年均浓度同比增长5.7%。全区建成区域级、城区级、社区级绿道459千米，新增绿地面积102.6公顷。

【农村社会保障】 城乡居民基本医疗保险参保人员45.7万人；城乡居民养老保险参保人数11万人，参保覆盖率达93%。建设社区养老服务综合体5个，有序建设2个；打造养老服务助餐体系，运营老年助餐点位58个；完成居家适老化改造39户，开展居家养老上门服务13700余人次。全区居民健康档案建档人数136.3万人，建档率达97.73%。

【主要领导人】 区委书记：辜学斌；区人大常委会主任：王洁；区长：赵继东；区政协主席：李奕；分管农业副区长：叶茂。

郫都区编写组

新 津 区

【基本情况】 2023年，全区辖4镇4个街道，辖区面积330平方千米。年末户籍总人口32.81万人，增长0.9%；人口出生率4.8‰，减少20.1个百分点；人口自然增长率-2.3‰。

2023年，全区实现地区生产总值502.66亿元，增长5.3%，其中第一产业增加值19.4亿元，增长2.9%，农、林、牧、渔及农林牧渔服务业之比为282：178613：632：100497：10271；第二产业增加值212.86亿元，增长5.3%（工业产值175.44亿元，增长6.5%）；第三产业增加值270.41亿元，增长5.6%。三次产业对经济增长的贡献率分别为3%、41.5%和55.5%。

社会消费品零售总额115.27亿元，增长8.8%。地方公共财政预算总收入完成87.84亿元，增长35.1%；公共财政预算总支出118.0733亿元，增长20%。农业产业化龙头企业国家级、省级、市级、区级分别为5家、6家、18家、25家。有各类学校34所，在校学生37195人，教职工2688人。

【年度农业和农村经济运行】 2023年，全区实现农业总产值31.4282亿元，增长2.9%；全区全年农业增加值达19.4亿元，增长2.9%。农民年人均可支配收入增长6.2%。全区主要农产品产量见表1。

【农村集体产权制度改革】 完成74个村级集体经济组织登记赋码工作。开展“抓党建促村级集体经济消薄攻坚行动”，加快推动实现“村村都有稳定的集体经济收入”。结合全区拓宽新型农村集体经济组织发展路径试验任务，探索形成股份合作委托经营等8种模式，争取上级资金2200万元通过配套固定资产、提升产业基础等方式发展壮大集体经济。

【土地流转】 全区依据土地流转规模，分设政府、部门、镇（街道）三级审查审核，其中流转100亩以下的由镇（街道）负责审查审核，100亩及以上500亩以下的由区农业农村部门负责审查审核，

表1　2023年新津区主要农产品产量

主要农产品	单位	产量	同比增减(%)
水稻	万吨	4.7800	—
小麦	万吨	0.8800	—
油菜籽	万吨	0.5700	—
蔬菜	万吨	23.3100	—
水果	万吨	5.0800	—
肉类	万吨	22500.0000	—
禽蛋	万吨	5994.0000	—
水产品	万吨	1.2444	2.9
牛奶	万吨	1201.0000	—

500亩及以上的由区农业农村部门会同区林业、自然资源、市场监管等部门会商后报区政府审查审核。全年共完成6宗农村土地流转业主资格审查，规模均为100～500亩之间，共流转面积1264.12亩。畅通普惠金融下乡通道，累计通过“农贷通”平台发放贷款1711笔、31.63亿元，贴息271笔、472.76万元。

【农产品品牌战略实施】 聚焦“一镇一业”“一村一品”，挖掘新津农产品资源禀赋和特色优势，做优做响“宝墩米”“新津鱼”“柳江菜”“永商果”等一批乡土特色产业；借助农博园平台优势，持续塑造“天府农博”区域公用品牌。

【现代农业园区建设】 以宝墩镇为核心，建成以水稻—油菜（小麦）为主导（产业）的市级10万亩粮油产业园区，建设普兴、花桥2个万亩粮经复合产业园区，被纳入“天府粮仓”成都片区“一带、十园、百片”建设目标；宝墩粮油产业园区创建为市级五星级现代农业园区，花桥万亩粮经产业园区创建为市级三星级现代农业园区，稻渔现代农业园区创建为省级五星级现代农业园区。

【种植业】 全区水稻种植面积8.75万亩，产量4.78万吨，单产546千克；小麦种植面积2.82万亩，产量0.88万吨，单产311千克。油菜种植面积3.28万亩，产量0.57万吨，单产173千克。在品种布局上，主导推广优质、高产、高效、抗逆良种，水稻品种主要有“宜香2115”“川种优3877”“荃优丝苗”“荃优822”“C两优丝苗”等；小麦品种主要有“川麦104”“蜀麦830”“绵麦902”“川农30”“川麦124”等；玉米品种主要有“川单99”“成单716”“成单3601”“南玉88”“正红507”“仲玉3号”“正玉1818”等；油菜品种主要有“川油48”“川油81”“川油83”“川油88”“蓉油18”“望乡油1881”“天府油668”“德油737”等。推广优质稻8.6万亩，占水稻总种植面积的98.3%。发放粮食规模化生产、稻谷补贴等惠农补贴3000余万元。推广水稻旱育秧及旱育抛秧栽培技术8.7万亩，占水稻总面积的99.4%。发展粮食适度规模经营，全区50亩（含）以上的水稻（含制种）规模种植面积达4.99万亩。

全区蔬菜以根茎类、叶菜类、茄果类、瓜类、豆类种植为主，主要分布在花桥、花源、兴义、安西、普兴等镇（街道），以大棚春提早、菜稻菜轮作和韭黄生产为优势，实现鲜菜总产值6.77亿元，优质蔬菜比重达75%以上。水果种植主要有柑橘类、葡萄、猕猴桃、梨、西瓜、草莓等，主要分布在永商、普兴、安西、宝墩、兴义等镇（街道），优质果率达70%以上，总产值达3.35亿元。

【畜牧业】 推行生猪生产代养模式，鼓励和引导中小养殖场（户）加强与大型农业产业化龙头企业的合作，实行“风险共担、利益共享”。推广“畜—沼—粮”“畜—沼—菜”等农业种养循环经济模式。在成都市内率先出台禽类孵化场行业审核要点，办理种畜禽生产经营许可证5家，2家生猪规模场创建为四川省畜禽标准化养殖场。

【水产业】 全区养殖水面积达7961亩（336户），实现水产品产值2.6亿元。引导宝墩镇、安西镇、兴义镇、永商镇养殖户发展黄颡鱼、鲈鱼、江团、小龙虾、泥鳅、蛙等名特优品种养殖，名特优品种养殖面积占全区养殖总面积的30%。实施水产绿色健康养殖五大行动，建成鱼菜共生、工厂化循环水养殖、陆基水全循环智能化养殖、稻渔综合种养、通威现代智慧渔光一体、高低位池循环微流水鱼池梯度生态养殖8个示范点位。

【乡村振兴】 坚持“农博赋能+乡村振兴”，推进耕地保护、粮食生产、产业发展、乡村建设等重点工作，加快构建都市现代农业发展格局。筹办中国农民丰收节“7+5”主会场系列活动，宣传现代农业发展最新成果，展现中华优秀农耕文化，展示新时代农民风采。举办四川金秋消费季农产品产销对接活动，吸引100余家优质特色农产品企业参展。争取市级资金350万元，实施“智慧耕保”建设项目。组织申报《成都市新津区推动数字赋能实体产业高质量发展支持政策》，补贴资金1000余万元。以宝墩10万亩粮油产业园区为核心，引导成立区粮油种植协会。培育家庭农场544家（省级4家）、农民专业合作社327家（省级1

家），新津新农汪氏家庭农场入选四川省第一批“10+1”家庭农场典型案例。新津区入选全省数字乡村试点，并被纳入成都市“智慧农业”信息化系统建设项目试点县（市、区）；宝墩镇获评“四川省首届‘稻香杯’农业丰收奖先进集体”，安西鱼头火锅节入选全国100个丰收节庆特色活动。

【乡村旅游】 策划开展天府农博沐春季、踏秋季等四季品牌活动，引导市场主体参与发展乡村特色餐饮、共享民宿、新零售等消费新业态，打造安西千亩荷塘等乡村消费新场景10个，花源街道东华村、永商镇九莲村创建为成都市“一村一品”示范村，张河村获评“2023年中国美丽休闲乡村”。以林盘为依托，形成劳作欢歌·农耕未来、月光宝荷·全龄乐学、韭黄飘香·田园野趣等一批“农业+研学”乡村旅游新业态，宝墩遗址研学旅行营地创建为首批全国农耕文化实践营地。全区休闲农业和乡村旅游实现年收入17.87亿元。

【农村水利】 6月23日，全区完成四川省成都市2022年花桥片区高标准农田建设项目，建设高标准农田0.8万亩，其中包括土地平整2197.17亩，建设灌溉与排水16.608千米（整治沟渠14.377千米、修复沟渠2.231千米），建设田间道路15.07千米，改良土壤2058.3亩。

【农业机械化】 新津区是全国第七批基本实现主要农作物生产全程机械化示范区。2023年，全区农业机械总动力达16.83万千瓦，主要农作物综合机械化率达94.53%。建成省级“全程机械化+综合农事”服务中心1个，共有农机专业合作社26家、农机装备制造企业2家。全年购置补贴农机具87台（套），补贴资金195.79万元。全年年检（审）拖拉机（联合收割机）94台，年检率达73.8%。

【农村科技】 引进示范谷物、蔬菜新品种224个，开发和应用高新技术和种植新模式10种，建设四川省“稻香杯”新品种田间试验示范区；依托58农业、陶然柑橘、现代农人、农彩农业等优质果蔬种苗繁育主体，培育种苗5300万余株，辐射种植面积13万亩。示范推广洁田稻直播、水稻暗化催芽、水稻硬盘育秧、稻蛙共养等粮油新技术4项；示范推广蔬菜、水果生物农药绿色防控技术3万亩次；推广莴笋直播高产栽培、蔬菜嫁接育苗、大棚设施栽培、水果果实套袋、柑橘留树保鲜、葡萄避雨栽培等果蔬新技术12项；推广秸秆堆沤还田、机械粉碎旋耕还田、免耕覆盖和果园秸秆覆盖栽培等秸秆综合利用技术。开展2023年新津区农业科技专家服务团科技应用示范项目，与成都市农林科学院合作建设“稻—麦”“稻—菜”农业科技示范基地4个，示范新品种3个、新技术2项。9月24日，柑橘种业创新研讨暨早熟新品种推介会在新津区天府农业博览园举行，近200人参加会议。会上，西南大学柑桔研究所选育出的第六代（6G）杂交柑橘新品种“川津1号”和“川津5号”正式亮相，填补了国内外无特早熟杂交柑橘的空白。

【农村生态建设及环境保护】 新津区创建为2023年化肥减量增效三新技术示范区，采取增施有机肥、秸秆综合利用、绿肥种植技术等措施提高耕地质量。到基层开展测土配方施肥技术培训和指导，发放测土配方施肥卡12.5万份，推广技术22万亩次，主要农作物测土配方施肥技术覆盖率稳定在90%以上。开展省级农药经营示范门店创建，推广绿色防控技术、新型高效植保机械和高效低风险农药，逐步淘汰高毒高残留农药，全区主要农作物绿色防控及统防统治覆盖率分别达55%和50%，化肥农药使用量零增长。推广陆基循环水养殖、全循环智能化养殖、高低位循环、渔光一体循环水养殖等5种尾水治理模式，安装尾水处理设施点位14个，促进尾水资源化利用。组织开展畜禽粪污资源化利用专题培训14期，共培训400人，发放宣传资料3000余份。全区规模养殖场设施配套率达100%，畜禽粪污综合利用率保持在90%以上。运行使用农用地土壤监测点。开展金马河流域（岷江）水污染治理巡查，对重点点位开展定期轮巡，发现问题及时督促镇（街道）进行整改。

【农产品质量安全监管】 健全区、镇、村三级监管网络体系，全面推行食用农产品承诺达标合格证制度和溯源管理工作。推进“智慧农安”场景建设，打造承诺达标合格证、网格监管综合平台，建成镇、村星级监管服务站点各3个。全年完成农产品样品质量安全监测1779个，合格1773个，合格率99.6%。持续推进食用农产品监管，57个合格证自助服务站点累计开具合格证154万余张，附带合格证上市农产品21万余吨。对397家入驻国家农产品质量安全追溯平台的生产经营主体录入生产批次7388条、销售批次2.6万条。开展农资打假和“治违禁　控药残　促提升”行动，结合春季农资市场集中整治和“3·15”消费者权益保护日，培训3000人，发放宣传资料5000余份。开展农产品质量安全执法检查600余次，出动执法人员1300余人次，查办农产品质量安全案件2起，全部结案。

持续加强对生产环节的蔬菜、水果、食用菌、水产、肉类、禽蛋等农产品中农药残留以及畜产品“瘦肉精”等禁用药物残留的监督抽检，全年抽检农产品613批次，其中蔬菜222批、水果93批、食用菌34批、畜产品56批、水产品72批、兽药4批、饲料132批，并加大对抽检不合格企业和品种的处罚和曝光力度，加强对不合格投入品和农产品的后续处理。

【主要领导人】 区委书记：唐华（9月止），熊艳（9月始）；区人大常委会主任：安建东；区长：胡建平；区政协主席：左斌；分管农业副区长：王波。

新津区编写组

都江堰市

【基本情况】 2023年，全市辖5镇6个街道，辖区面积1208平方千米，其中耕地面积16.25万亩，比上年增长8.12%。年末公安户籍户数24.19万户，户籍人口62.16万人。年末全市常住人口71.54万人，城镇化率65.02%。耕地有效灌溉面积30.11万亩，实际灌溉面积28.84万亩。有林业用地7.72万公顷，有林地面积6.82万公顷，活立木总蓄积量733.27万立方米，森林覆盖率60.37%。

2023年，全市实现地区生产总值506.8亿元，增长5.2%，其中第一产业增加值40.41亿元，增长3.4%；第二产业增加值139.6亿元，减少0.7%；第三产业增加值326.79亿元，增长8.8%。三次产业对经济增长的贡献率分别为5.3%、-4.3%和99%。全年接待游客2864.7万人，实现旅游综合收入398.38亿元。

公路通车里程2089.3千米，新（改）建村组道路（农村公路）12.4千米。社会消费品零售总额187.3亿元，增长9.5%。地方公共财政预算总收入完成40.31亿元，增长28%；公共财政预算总支出62.39亿元，增长19.3%。金融机构各项存款余额847.2亿元，比上年末增长0.2%；各项贷款余额493.1亿元，比年初增长0.7%。农业产业化龙头企业省级、成都市级分别为12家、18家。

有各类学校57所，在校学生133757人，教职工11483人，其中普通高校5所，在校本（专）科学生62800人，增长17.7%；普通中学24所，在校学生28953人；小学25所，在校学生38553人；适龄儿童入学率100%。有文化馆1个，文化站（活动中心）19个（含分站），公共图书馆1个，博物馆9个，重点文物保护单位71处。有卫生机构47个，病床位5632张，卫生技术人员3889人。城乡居民基本医疗保险参保人数328172人，参保率98%。

【年度农业和农村经济运行】 2023年，全市实现农林牧渔业总产值67.43亿元，增长3.4%；全市全年农业增加值增长3.4%；生猪、茶叶、猕猴桃等特色优势农产品产量保持稳定增长。农村居民年人均可支配收入增长6.9%，农村居民人均可支配收入增幅快于城镇居民人均可支配收入增幅2.5个百分点，城乡居民收入差距不断缩小。全市主要农产品产量见表1。

【农业产业化发展】 “都江堰猕猴桃”入选国家农业品牌精品培育计划，猕猴桃果汁饮品正式上市销售；猕猴桃花粉“芯片”基地全年累计生产花粉3000千克，实现产值6000万元。开工建设青山药谷粮食及中药材加工仓储中心。新增省级、成都市级农业产业化龙头企业各1家，升格（新晋）成都市星级现代农业园区4个，获评“天府粮仓”精品（培育）品牌3个。建设数字农业创新应用基地2个，打造成都首个茶叶类智慧产业园。举办中国农民丰收节系列活动，创新策划“农业新十二月市”活动。

【农村土地“三权分置”改革】 落实工商企业租赁农地的资格审查、项目审核和风险防范制度，全面落实农村土地经营权流转管理工作，全年完成农村土地流转管理审查审核105宗、面积2.46万亩。

【农村金融服务综合改革】 设立600万元乡村振兴农业产业发展贷款风险补偿金，覆盖全市的“农贷通”村级站点；面向全市涉农主体开展金融、保险相关服务，收集涉农主体融资需求，落实“农贷通”平台贷款贴息政策，2017—2023年共落实补贴资金560余万元。创新猕猴桃价格指数保险、农业融资保险产品，推

表1 2023年都江堰市主要农产品产量

主要农产品	单位	产量	同比增减(%)
粮食	万吨	9.800	-9.50
水稻	万吨	7.800	-14.60
小麦	万吨	0.200	17.20
玉米	万吨	1.400	15.80
马铃薯	万吨	0.100	100.01
油菜籽	万吨	1.480	-49.70
蔬菜	万吨	30.840	5.30
水果	万吨	6.570	25.80
肉类	万吨	2.520	—
猪肉	万吨	2.000	-3.20
牛肉	万吨	0.030	-4.90
羊肉	万吨	0.005	-1.30
禽肉	万吨	0.880	-12.00
兔肉	万吨	0.100	—
禽蛋	万吨	0.800	-17.10
牛奶	万吨	0.220	12.10

进农村产权抵押融资和上市交易。

【农村集体产权制度改革】 制定和部署《都江堰市全面开展农村产权清查核实工作方案》《都江堰市农村集体资产监管提质增效行动实施方案》,全面开展集体资产清查和集体资产监管提质增效行动。推进自治组织与经济组织账务分离,落实社区自治组织与经济组织账套分设、"三资"分离、账户分开,由各镇(街道)落实会计人员统一为村集体经济组织开展会计核算。配套印发《都江堰市村集体经济组织重大事项决策"四议两公开"工作的指导意见》《都江堰市村级集体经济组织经营性收益分配使用管理办法(试行)》,完善经济发展的议事决策和收益分配机制。

【供销合作社改革】 提升县域流通服务水平,与青城山镇供销合作社组建2500平方米农副产品展示区和520平方米仓储物流中心的县域集采集配中心,启动5个乡(镇)综合超市建设项目。补齐产后服务短板,石羊镇供销社组建4000余平方米粮食烘干仓储中心,中心具备日烘干粮食150吨、仓储2000吨的服务能力,全年烘干粮食2600吨,实现营业收入74.16万元。培育服务主体,在基础条件较好的基层供销社组建农业社会化服务队伍,石羊镇供销社被择优纳入四川省农业社会化服务主体名录库。开展土地托管,探索供销社主导、多方参与的土地托管服务模式,全年全系统土地托管服务面积共计10006亩。做实基层供销社,新建村级供销社3个,创建基层社示范社1个(石羊镇供销合作社),供销社会化服务体系向基层、向农村延伸。坚持开门开放办社,广泛吸纳都江堰市农资流通协会、再生资源协会、都江堰市天赐猕源农业有限公司等优质经营主体入社。

【农产品品牌战略实施】 启动"都江堰风物"农产品区域公用品牌建设工作,新增培育绿色食品认证产品3个、全国名特优新名录产品1个、良好农业规范认证产品2个,创建为四川省有机产品认证示范区。"都江堰猕猴桃"作为猕猴桃产业全省唯一推荐品牌入选国家农业品牌精品培育计划,同时通过生态原产地保护评审并获得保护证书。

【现代农业园区建设】 主动融入"天府粮仓·千园建设"和"一带十五园百片"园区体系,以构建乡村振兴共同富裕新城为主阵地,谋划、推进园区建设工作,建成一批产业特色鲜明、生产方式绿色、辐射带动有力的现代农业园区,新晋都江堰市耒谷稻菜轮作现代农业产业园区和都江堰市青城山粮菜复合现代农业产业园区为成都市三星级园区、都江堰市七里诗乡稻麦轮作现代农业产业园区为成都市四星级园区、都江堰市圣寿稻菜轮作现代农业产业园区为成都市四星级园区。

【种植业】 全年粮食作物播种面积20.29万亩,产量9.82万吨;蔬菜种植面积20.29万亩,产量9.82万吨。出台《都江堰市加强耕地保护保障粮食安全的十条措施》,加大规模种植、政策性农业保险保费、新品种试验示范等奖补政策力度,全年兑现一次性种粮补贴、稻谷目标价格补贴、规模化种粮补贴、玉米大豆带状复合种植补贴共计1679.6万元。

【畜牧业】 全年生猪出栏21.0813万头。重大动物疫病群体免疫密度常年保持在90%以上,应免畜禽免疫密度达100%,免疫抗体合格率达70%以上,养殖、屠宰等环节实现环境消毒全覆盖,全市未发生区域性重大动物疫病。指导全市591个畜禽养殖场(户)建设与养殖规模相适应的"防雨、防渗、防溢"的粪污收集、贮存、处理设施,确保污染物不外排,全市115个规模养殖场粪污处理设施装备配套率达100%,畜禽粪污资源化利用率达92.89%。

【水产业】 全市水产养殖面积945亩,其中池塘养殖面积855亩、流水养殖面积90亩;有水产养殖场户60家,其中50亩以上规模养殖场1个。养殖品种主要以草鱼、鲢鱼、鳙鱼、鲤鱼、鲫鱼等大宗淡水鱼类为主,同时立足冷水资源禀赋优势,养殖鲑鳟鱼、鲟鱼、裂腹鱼等名优冷水及亚冷水性鱼类品种。2023年,全市水产品总产量1400吨,比上年增加79吨,增长5.98%;实现渔业经济总产值5876万元,比上年增加133万元,增长2.31%。

【乡村振兴】 都江堰市获评"省级乡村振兴成效显著市""天府菜油"产业融合发展暨产油大县示范县",在成都市县(市、区)党政领导班子领导干部推进乡村振兴战略实绩考核中获得"优秀"等次;都江堰市稻菜现代农业园区获评"省星级现代农业园区",天马镇获评"2023年度四川省乡村振兴先进镇"。

【乡村旅游】 举办中国·都江堰第十七届(2023)青城三月三采茶节暨缤纷茶旅季活动、2023年中国农民丰收节系列活动·我在成都庆丰收天府粮仓精灌区田园艺术季活动。青城道茶观光园、茶溪谷、川西音乐林盘获评"成都市宜居宜业和美乡村新消费场景"。发布休闲农业乡村旅游精品线路4条。

【农村水利】 实施羊马河灌区现代化提升改造综合整治工程,对羊马河渠道实施现代化整治提升。实施都江堰市灌区"十四五"续建配套和现代化改造双涧槽项目,整治渠道4.588千米。

【农业机械化】 围绕建设更高水平"天府粮仓"等中心工作,提升农业机械化水平,落实农机购置补贴政策,加强农机安全监督管理,全年新增补贴农机具169台,发放农机购置补贴资金280.74万元;农业机械总动力增加至25.71万千瓦。全年完成农作物机耕面积49万亩、机播面积34.1万亩、机收面积36.95万亩,农作物耕种收综合机械化水平达75.5%。

【农村科技】 联同四川农业大学、四川省农业科学院等院校开展科技攻关行动,与天赐猕源、圣寿源等省级农业龙头企业开展战略合作,着力"水稻+""玉米+""猕猴桃+"等粮经复合种植模式研究。聘请中国农业科学院李清明等21名专家、教授组成专家团队，共建提升耕地“容积率”研究中心和产学研用联盟，解决科研攻关、技术推广等难题，抢占复合种植科技“新赛道”。

【农村教育】 组建8个乡村振兴教育联盟，24所城乡学校采取“1所联盟龙头学校+1所联盟成员学校+1所学区结对学校”模式，建立集体教研、片区教育资源共享和基础保障等机制，全年开展联盟学校活动150余次。精准推进教育资助，全年受助学生25373人次，发放各类资助金额共计1581.7万元，其中发放生源地助学贷款783人，共计857.8万元。

【农村卫生】 青城山镇中心卫生院完成成都市基层二级机构评审，沿江卫生院创建为县域医疗卫生次中心，青城山镇中心卫生院、沿江卫生院“医养结合”全面运营，青城山镇中心卫生院中西医结合科、沿江卫生院老年病科、石羊镇中心卫生院妇科通过成都市基层临床特色科室评审。

【农村法制建设】 把乡村公共法律服务作为公共法律服务体系均衡发展的首要环节，将各级各类公共法律服务站点阵地建设和法律咨询、法治宣传、法律援助、人民调解等基础工作放在首要位置。出台《都江堰市法治乡村建设实施方案》，建立健全民主法治示范社区建设机制。制定“法律明白人”、人民调解员履职事项清单，推动法治乡村建设。聚源、青城山司法所创建为省级“枫桥式司法所”，崇义笆桥、玉堂九龙创建为全国民主法治示范社区，灌口太平创建为省级民主法治示范社区。培育社区“法律明白人”1166名，其中2名获评省一级人民调解员、4名获评“省人民调解能手”。

【农村交通】 改造3座危旧桥，分别为青峰桥、坪乐大桥及木头桥，改造后桥体更加安全稳固，消除桥梁安全隐患，村民出行更加安全方便。实施聚青路、彭青路及IT大道大中修工程，对约13.3千米县道进行大中修维护，保障道路交通运输安全，提高群众出行舒适度。实施农村公路安全生命防护工程和次差路整治，对排查的约92个农村公路隐患点位通过加装护栏、完善标识标牌等措施消除道路安全隐患，保障群众出行安全，全年共计整治次差路38.835千米。

【农村社会保障】 确保农村低收入人口基本医疗保险“应保尽保”，全年城乡居民参保人数32.8万人，参保率达98%。持续加强特殊困难群体社会保障，做好医疗救助保障，加强部门联动、救助信息共享，全年资助参保特困人员、孤儿等共计1857人，资助金额69.54万元；资助低保对象2454人参保，资助金额70.55万元，实现“应助尽助”。

【农村生态建设及环境保护】 加强岷江流域水生态综合治理，巩固长江“十年禁渔”成果，治理水土流失面积16平方千米，国、省控地表水断面水质均达到Ⅱ类及以上，达标率100%。实施农村人居环境“三大革命”，农村户厕无害化普及率达97.5%，行政村生活污水有效治理率达92.94%，农村生活垃圾无害化处理率达100%。推动农业绿色发展，推广“两个替代”，规范农膜使用，化肥、农药使用量继续保持零增长，畜禽粪污综合利用率达到90%以上，秸秆综合利用率保持在98%以上。

【涉农招商引资】 全市3000万元以上的农业招商引资重大项目1个，为内资项目。

【农产品质量安全监管】 完善基层检测体系建设，新增快检设备共计36台，全年开展农残快速检测达2万批次。开展农产品及农业投入品监督抽检，完成省级监督抽样农产品19个、豇豆专项检测3个、水产检测4个；完成成都市级监督抽样农产品87个、农药90个、水产品14个、猪肉10个、猪肝7个、禽肉6个、禽蛋6个、生鲜乳20个；完成都江堰市县级监督抽样农产品358个。

【主要领导人】 市委书记：蒋蔚炜；市人大常委会主任：幸晓斌；市长：张亚丹；市政协主席：钟成基；分管农业副市长：谭凌云。

都江堰市编写组

彭州市

【基本情况】 2023年，全市辖9镇4个街道，辖区面积1421.43平方千米。年末户籍总人口78.91万人，其中城镇人口36.62万人、乡村人口42.29万人；男性人口39.06万人、女性人口39.86万人，男女性别比为1∶1.02。年末总户数29.5万户，户均人口2.68人。年末常住人口78.08万人，人口城镇化率56.6%。全市出生人口3799人、死亡人口6745人，人口自然增长率–3.8‰。

2023年，全市实现地区生产总值660.69亿元，按照可比价格计算，比上年增长3.1%，其中第一产业增加值65.88亿元，增长3.2%；第二产业增加值361.97亿元，增长0.6%；第三产业增加值232.84亿元，增长7.1%。三次产业结构比为10∶54.8∶35.2。三次产业对经济增长的贡献率分别为12.4%、10.8%、76.8%。人均地区生产总值84655元，增长3.4%。全年接待游客1887.91万人次，同比增长7.5%；实现旅游收入108.94亿元，同比增长7.9%。

境内公路总里程2804.12千米，其中高速公路61千米。全年完成旅客运输客运总量3528.07万人次，客运周转量

54999.04万人/千米；公路货运量1460万吨，公路货运周转量10.64亿吨/千米。全社会固定资产投资比上年减少26.3%。社会消费品零售总额138.93亿元，比上年增长9%，其中城镇实现零售额112.57亿元，增长10.2%；乡村实现零售额26.36亿元，增长4%。全年完成外贸进出口总额14.91亿元，其中进口额4.05亿元、出口额10.86亿元。一般公共预算收入完成41.96亿元，比上年增长1.6%，其中税收收入28.78亿元，增长4%；一般公共预算支出67.32亿元，增长1.8%。年末金融机构本外币各项存款余额978.31亿元，比上年增长9%，其中住户存款余额747.62亿元；金融机构本外币各项贷款余额708.34亿元，增长18.1%。全年新增市场主体8830家（户），其中企业2574家、农民合作社72家、个体工商户6184户。

组建“以城带乡”教育集团15个，优化整合乡村学校（园区）8所。全市共有学校（园）164所，在校（园）学生（幼儿）94600人，专任教师7087人。全年教育总投入18.22亿元。学前教育毛入园率达105.26%，小学、初中入学率达100%，小升初升学率达99.9%，初升高升学率达99.1%。有文化馆1个，图书馆1个，博物馆3个，文化站20个。全市共有各类体育场地设施2987个，体育场地总面积203.03万平方米。有医疗卫生机构513个，病床位8286张，卫生技术人员6580人（其中执业/助理医师2435人、注册护士2907人）。

【年度农业和农村经济运行】 2023年，全市实现第一产业增加值65.88亿元，按照可比价格计算，比上年增长3.2%。农林牧渔业总产值103.66亿元，增长3.2%，其中农业产值82.12亿元，增长4.7%；林业产值0.95亿元，减少7.5%；牧业产值18.87亿元，减少1.1%；渔业产值0.72亿元，减少5.9%。农村居民年人均可支配收入增长7.1%。

【种养殖业】 全年农作物总播种面积123.3万亩，其中粮食作物播种面积56.84万亩，产量25.63万吨；油料作物播种面积8.31万亩，产量1.42万吨；中药材种植面积6.43万亩，产量1.73万吨；蔬菜及食用菌种植面积49.86万亩，产量128.97万吨。生猪出栏41.41万头，增长4.4%。肉类总产量4.09万吨，减少2.1%。

【“智慧城市”建设】 建成彭州市城市运行管理平台及五大支撑平台，整合全市各部门应急资源，打造彭州市重大事件提级调度指挥等智慧应用场景，实现突发应急事件扁平化快速指挥。汇聚政务服务、医疗等领域数据800余项，集成数据总量2.1亿条；完成雨量监测、水位监测、地磁感应等5056个传感器数据和公安天网、“雪亮工程”、数字城管、水务等各部门7642路视频监控数据的接入。

【农村社会保障】 全市基本养老保险参保人数56.87万人，其中城乡居民基本养老保险参保人数24.38万人。基本医疗保险参保人数71.73万人，其中城乡居民基本医疗保险参保人数45.87万人。全年有城乡低保对象10264人，发放特困人员救助资金9703.8万元，实施特困人员医疗兜底救助2890人次214.14万元。实施临时救助、社区快速救助3830人次，发放救助金186.66万元。全年失业人员再就业3150人，就业困难人员再就业340人。新增技能人才8086人，其中高技能人才2674人。

【主要领导人】 市委书记：廖暾；市人大常委会主任：任时伯；市长：蒋明；市政协主席：米兰佳；分管农业副市长：钱亮。

彭州市编写组

邛　崃　市

【基本情况】 2023年，全市辖14个镇（街道），辖区面积1377平方千米，其中耕地面积33.56万亩。年末户籍总人口64.25万人，其中户籍乡村人口28.22万人。全年出生人口3292人，人口出生率5.12‰，人口自然增长率-3.66‰。地表水年径流量9.91亿立方米，其中可利用量5.328亿立方米。有森林面积68053公顷，人均公园绿地面积26.5平方米，建成区绿化覆盖率46.4%，森林覆盖率49.31%。

2023年，全市实现地区生产总值425.22亿元，同比增长6.2%，其中第一产业实现增加值54.3亿元，增长3.6%；第二产业实现增加值171.26亿元，增长5.4%；第三产业实现增加值199.65亿元，增长7.8%。三次产业结构比为12.8∶40.3∶46.9。人均地区生产总值70917元，增长6.7%。

年末公路里程2818.22千米，其中等级公路2751.56千米、高速公路66.67千米。社会消费品零售总额133亿元，同比增长10%。全社会固定资产投资完成115.09亿元。规模以上工业增加值同比增长8.3%。一般公共预算收入完成36.59亿元，同口径增长12.4%。全年农业固定资产投资3.02亿元，增长42.8%，增幅排名高质量发展Ⅳ类地区第二。年末金融机构各项存款余额677.54亿元，比上年增长7.2%；各项贷款余额512.42亿元，同比增长26%。有涉农企业601家、成都市级以上农业产业化龙头企业42家（省级14家、国家级4家），累计带动农户18.66万户，全市农业产业化带户面达92%。

有普通中小学校61所，在校学生5.73万人，专任教师3749人；学龄儿童入学率100%。年内新上科技项目27项，新认定高新技术企业25家。全年专利授权596件，有效发明专利拥用量4.62件/万人。有公共图书馆1个，馆藏图书37.1万册。有广播电台、电视台各1座，广播电视综合覆盖率100%。有农村药品集中配送网点775个，全年农村药品集中配送额3946万元。有各类医疗卫生机构403个，病床位5761张，卫生技术人员4911人。

【年度农业和农村经济运行】 2023年，全市实现农林牧渔总产值88.13亿元，同比增长3.6%，其中农业产值49.36亿元，同比增长6.5%；林业产值2.7亿元，减少8.6%；牧业产值29.69亿元，增长0.9%；渔业产值3.84亿元，增长2.7%。农村居民年人均可支配收入同比增长7.5%。全年粮食作物播种面积57.7万亩；油料作物播种面积9.07万亩、大豆播种面积3.76万亩（全市主要农产品产量见表1）。邛崃市获评首批全国农业科技现代化先行县、全国"四好农村路"示范县、四川省农村改革工作先进县、"川货寄递"先进县、四川省乡村运输金通工程样板县、全省县域节水型社会建设达标县，获得四川省乡村振兴先进县"回头看"考核"优秀"等次。邛崃市制种基地建设案例作为全国典型案例被推广，农业产业化联合体案例、水稻制种理赔分歧处理案例被农业农村部推广，探索农业科技现代化路径、创新乡村治理、加强农业品牌建设等相关做法在全省推广。

【农村集体产权制度改革】 2023年，全市消除20万元以下集体经济薄弱村104个。依托成都市农村产权交易平台，推进基层产权清查核实与平台信息录入衔接、产权清查核实结果线下公示与线上审核备案衔接、产权清查核实与阳光交易衔接，实现基层产权从清查到交易的阳光运行。开展农村产权清查核实工作，通过清查核实、公示审核、结果备案、系统录入、资料归档等程序，共清查农村产权2122宗，其中资金类产权78宗、资产类产权1241宗、资源类产权392宗、其他类产权411宗；51个村级集体经济组织通过农村产权规范交易实现溢价2900万元。全年完成产权规范化交易1006宗，交易金额2.1746亿元。

【农产品品牌战略实施】 全市有"三品一标"农产品67个，其中绿色食品27个、有机农产品16个、无公害农产品18个、国家农产品地理标志保护产品6个（"邛崃黑茶""邛崃黑猪""邛酒""邛崃猕猴桃""邛崃中蜂蜜""邛崃文君茶"）。用标企业33家，其中中蜂蜜4家、猕猴桃4家、文君茶4家、黑茶7家、邛酒11家、黑猪3家。全年新增"两品一标"农产品认证16个，其中绿色食品14个、有机产品2个。举办第十二届四川国际茶业博览会、第九届成都国际都市现代农业博览会、2023成都（邛崃）采茶节暨邛崃黑茶文化旅游节。在第十二届四川国际茶业博览会上，"邛崃黑茶"被评为"四川最具影响力茶叶单品"。邛崃市邛茶产业协会申请的"邛崃黑茶"商标在英国、德国、意大利注册。

【水产业】 全市涉渔养殖面积2.56万亩，其中水域养殖面积1.5万亩、稻渔综合种养面积约1.06万亩；水产品总产量1.78万吨。先后获得国家级水产健康养殖和生态养殖示范区（全国首批）、国家级稻渔综合种养示范区（全国首批）、省级稻渔综合种养示范基地（全省首批）等称号。创建国家级水产健康养殖示范场4家、国家级生态农场1家、省级水产健康养殖示范场5家。

【高标准农田建设】 实施高标准农田建设项目，填补土壤改良、农田灌排设施等短板，统筹推进高效节水灌溉，健全长效管护机制，实现田网、渠网、路网"三网"配套，农田灌排能力、土壤培肥能力、农机作业能力"三力"提升，机械化、规模化、标准化"三化"联动。全年新建高标准农田5万亩，改造提升高标准农田3万亩，新开工建设高标准农田4.4万亩。截至2023年年底，全市累计建成并上图入库高标准农田36.63万亩、高效节水灌溉面积4万亩，其中2023年建成并上图入库高标准农田5万亩、高效节水灌溉面积5000亩。完成渠道整治75.57千米、田间道路整治48.06千米、田型调整11489亩、土壤改良5万亩，新建蓄水池15座，整治山坪塘2座。财政专项管护资金完成渠道清淤22.46千米，修复渠道2.78千米，修复提灌设施3处，修复蓄水池1座。

【现代茶产业示范园建设】 邛崃市现代茶产业示范园位于邛崃市西南山丘区，涵盖夹关镇临江社区、熊营村、龚店村、拴马村和临济镇黄庙社区共2个镇5个村（社区），面积21.31平方千米，核心区茶叶种植面积1.3万亩。园区以茶产业为主，发展千年黑茶，依托2000余年的茶叶生产历史和茶林大地景观，推进农商文旅跨界融合，实施"农业+文化（旅游）"行动，形成特色文旅品牌，推动园

表1　2023年邛崃市主要农产品产量

主要农产品	种植面积（万亩）/存栏（万头）	产量（万吨）/出栏（万头）
粮油	66.72	26.35
茶叶	13.00	5.85
生猪	42.61	75.22
猕猴桃	7.00	9.20
柑橘	13.00	15.60

区内酒店营业额、农产品销售额增长，实现群众增收致富。

【“天府粮仓”邛崃片区建设】 邛崃市“天府粮仓”建设总体按照“一核两园九片”布局整体推进，依托天府现代种业园，筑强“天府粮仓”种业振兴核心增长极，推进东部平原地区临邛、牟礼两个10万亩粮油产业园区建设，在中部丘陵和西部山区按照“以粮为主、粮经统筹”发展思路，同步推进九个万亩粮经复合产业片区建设。2023年，“天府粮仓”邛崃片区新建高标准农田5万亩，实现“两园九片”高标准农田覆盖率达90%以上，主要农作物耕种收综合机械化率达92.08%以上，粮食适度规模经营面积21.4万亩，新培育农业职业经理人600人、高素质农民644人，新型经营主体覆盖面达90%，社会化服务覆盖率达80%，新品种、新技术、新材料推广应用面积达90%以上，新培育粮油加工品牌2个，发布休闲农业和乡村旅游精品线路3条，新打造和提档升级宜居宜业和美乡村消费场景2个，农业数字化水平明显提升。邛崃市粮油现代农业园区（牟礼10万亩粮油产业园区）创建为四川省三星级现代农业园区。

【城乡融合发展试验区建设】 完善县域商业体系，建设占地面积2000平方米的市级仓储物流配送中心和800平方米的市级商贸共配仓。推进国家级水美乡村生态综合体（EOD）试点、龙门山生物多样性博览园等重大项目建设。羊安街道中心卫生院创建县域医疗次中心接受省级现场评审。深化医联体、医共体建设，完成市传染病医院建设、市疾控中心改（扩）建项目，城乡居民医疗保险政策范围内住院报销比达82.13%。推进义务教育优质均衡发展、学前教育优质普惠，完成成都纺专邛崃产教园区（一期）、城北小学等项目，加快启动高铁片区幼儿园建设项目及蓉南新兴产业带（邛崃片区）天新产业功能区新建小学项目、新建中学项目、新建幼儿园项目。

【农业补贴】 全年发放耕地地力保护补贴资金4779.2万元，发放粮食规模化生产财政奖补资金3187.8万元，发放稻谷目标价格补贴资金815.52万元，发放实际种粮农民一次性补贴资金361万元。申请农机购置补贴的农户和合作社共282户，补贴农机具428台（套），申请补贴资金536.9119万元，全部完成资金拨付。发放养殖环节病死畜禽无害化补贴资金407.59973万元，发放生猪屠宰环节病害猪无害化处置补贴资金267.7966万元。对以个体身份参加企业职工基本养老保险的农业职业经理人给予补贴，补贴农业职业经理人924人，补贴资金323.983152万元；政策性农业保险承保保费16921.9万元，其中水稻、小麦、玉米三大粮食作物政策性农业保险承保面积20.87万亩、保费877.3万元，累计赔付470万元。

【农业物联网建设】 加快推广农业物联网技术在农业生产经营管理中的运用，促进新一代信息技术与种植业、种业、畜牧业、渔业、农产品加工业全面深度融合，对全市农业生产经营数字化应用场景进行全面梳理，梳理智慧动监、“农贷通”、农产品质量安全信息化监管、农村集体“三资”监管、农业“四情”监测预警等15个现有农业生产管理智慧化应用系统，完成应用系统数字体征梳理。完成8万亩宜机作业的高标准农田建设与改造提升，累计建成高标准农田36.63万亩并纳入资源遥感监测“一张图”管理。打造“天府粮仓”千亩科技示范片和百亩科技展示区5个，着力智慧大棚、无人农机等数字技术应用。依托国家级天府现代种业园，争取新型基础设施建设专项债1000万元，在天府现代种业园、制种大县片区、天府粮仓片区内选取7000亩作为建设范围，构建天、空、地、人、农机“五位一体”的全程种植数据采集体系，完成400套物联网设施设备的布局。通过实施数字种业创新应用基地项目，申报传统行业数字化绿色化协调转型试点，探索依托数字技术促进种业绿色转型协同发展的应用场景与解决方案。

【农村生态建设】 整改完成存在问题的养殖场（户）23家（户）。全市回收农药包装废弃物15吨、废旧农膜28吨，“两废”回收率达85%以上，回收的农药包装废弃物和废旧农膜集中无害化处置率达100%。全市畜禽粪污综合利用率达92%以上，秸秆综合利用率达99.3%。完成测土配方施肥技术推广面积91万余亩次。推进统防统治与绿色防控融合发展示范，带动全市实现主要农作物统防统治面积20万亩以上、绿色防控面积15万亩以上。

【农商文旅融合发展】 全市以“产业功能区+川西林盘+乡村旅游”的模式推进农商文旅体融合发展，通过腾退闲置宅基地及集体经营性建设用地入市流转等方式，实施大同桃园望江林盘、高埂斜江龚水碾林盘等6个政府投资建设项目，发布《邛崃市2023年川西林盘招商机会清单》，推进高埂石町谷田园综合体、平乐归崃林盘、桑园谢家坝林盘等13个社会投资重点项目建设。天台山镇天府红谷、桑园张坝社区谢家坝子民宿集群被成都市农业农村局列入2022年成都市宜居宜业和美乡村消费新场景名单，邛崃市丘山阅·田园文化村、Avilla阿乌拉度假屋被成都市农业农村局列入2023年成都市宜居宜业和美乡村消费新场景名单，邛崃种业特色小镇、邛崃邛窑特色小镇被省政府办公厅列入2023年四川省特色小镇名单。

【主要领导人】 市委书记：刘刚；市人大常委会主任：王瑞平；市长：王德彰；市政协主席：肖瑶；分管农业副市长：杨永胜。

邛崃市编写组

崇州市

【基本情况】 2023年，全市辖6个街道9个镇94个行政村78个社区，辖区面积1089平方千米。年末常住人口74.24万人，常住人口城镇化率56.58%，比上年末提高2.25个百分点。年末户籍人口65.33万人，其中城镇户籍人口30.66万人、乡村户籍人口34.67万人。

2023年，全市实现地区生产总值501.4亿元，按照可比价格计算，比上年增长5.6%，其中第一产业增加值45.3亿元，增长3.6%；第二产业增加值251.4亿元，增长4.5%；第三产业增加值204.7亿元，增长7.5%。三次产业对经济增长的贡献率分别为7.8%、39.3%和52.9%。三次产业结构比为9∶50.2∶40.8。按常住人口计算，人均地区生产总值67565元，增长5.8%。全年共接待游客2524万人次，同比增长28.3%；实现旅游综合收入165.82亿元，增长21%。

社会消费品零售总额150.1亿元，增长10.1%，其中城镇消费品零售额137.9亿元，增长10.2%；乡村消费品零售额12.2亿元，增长8%。涉农贷款余额249.35亿元，同比增长15.76%。全市有农业产业化经营龙头企业32家，其中省级农业产业化龙头企业6家、成都市级农业产业化龙头企业26家。

有幼儿园107所（民办63所），在园幼儿18668人，教职工2614人；小学28所，在校学生35927人，教职工1952人；初中15所，在校学生14962人，教职工1513人；高中3所，在校学生10004人，教职工875人；中等职业教育学校2所，在校学生648人，教职工252人；特殊教育学校1所，在校学生113人，教职工23人。有各级各类医疗卫生机构458家，其中市级公立医院2家、公共卫生机构3家、乡（镇）卫生院和社区卫生服务中心15家、村（社区）卫生站151家、民营医院31家、门诊部14家、诊所（卫生所）238家、驻崇医院3家、其他卫生机构1家，构建了市、乡、村三级覆盖全域的医疗卫生服务体系；医疗机构编制病床位7483张，实有病床位7878张；卫生专业技术人员6576人，其中执业（助理）医师2365人、注册护士3060人。

【年度农业和农村经济运行】 2023年，全市出台支持现代农业高质量发展15条措施。全年实现农林牧渔业总产值71.1亿元，按照可比价格计算，比上年增长3.6%，其中农业总产值39.9亿元，增长6%；林业总产值0.9亿元，减少8%；牧业总产值24.3亿元，增长0.8%；渔业总产值2.5亿元，增长1.6%。农村居民年人均可支配收入达32365元，同比增长7.3%。全市主要农产品产量见表1。

【农业产业化发展】 全年新增崇州市四川岷江米业有限责任公司、四川竹里牧茶农业开发有限公司、崇州金凤山生态农业开发有限公司3家成都市级龙头企业。创建国家级示范合作社1家、省级示范合作社2家。街子镇入选国家农业产业强镇创建名单，白头镇五星村（稻米）获评第十二批全国“一村一品”示范村，健生堂、健生堂蜂蜜入选2023年四川省“天府粮仓”精品（培育）品牌名单。

【农用地产权制度改革】 提高土地资源利用率，促进土地集约利用，摸清土地流转用途，开展承包地现状普查，全面完成

表1 2023年崇州市主要农产品产量

主要农产品	单位	产量
粮食	万吨	22.7000
水稻	万吨	17.5000
小麦	万吨	3.3000
玉米	万吨	1.2000
折粮薯类	万吨	0.4600
油菜籽	万吨	1.3940
蔬菜	万吨	39.0700
水果	万吨	1.9400
肉类	万吨	4.7629
猪肉	万吨	3.6400
牛肉	万吨	0.0728
羊肉	万吨	0.0164
禽肉	万吨	1.0337
禽蛋	万吨	3.4800
水产品	万吨	1.0788
牛奶	万吨	0.3885

74.1946万个承包地地块现状普查，摸清了承包地的承包情况、利用情况、经营情况与种植情况，并建立普查台账和数据库。印发《崇州市第二轮土地承包到期后再延长30年试点工作方案》，启动成都市级白头镇高笕村14组第二轮土地承包到期后再延长30年试点，试验各项工作有序推进。加强对工商资本流转土地的审查审核工作，建立健全市、镇（街道）土地经营权流转台账，截至2023年年底，全市共流转农村土地经营权2789宗，流转面积30.92万亩。

【农产品品牌战略实施】 实施农业精品品牌培育，把推动崇州特色农特产品进入省级“天府粮仓”农业品牌精品作为重要支撑，以粮油、畜牧、禽蛋、蜂蜜、米酒等特色优势产业为重点，以提升品牌核心竞争力为目标，做大做强一批品质优良、特色鲜明、带动能力强、知名度美誉度高的“崇耕”农业精品品牌，健生堂、健生堂蜂蜜、宫保府黑猪肉入选四川省农业品牌目录。健生堂蜂蜜作为蜂产品类唯一入选成都市天府粮仓精品（培育）品牌，蜀州红枇杷茶入选2023年成都市最受欢迎农产品品牌，“莫小仙”获评“2023年度消费力增长品牌”，“艾小”获评“2023年度中国果酒产业风云品牌”，推动全市农业品牌高质量提升、产业创新升级。

【现代农业园区建设】 促进提升现代农业园区建设，完成《崇州市现代农业园区建设规划》编制，隆兴片区十万亩园区等6个园区获评成都市星级现代农业园区，崇州市粮食现代农业园区获评省三星级现代农业园区，建成成都市级以上星级现代农业园区17个，园区数量位居成都市第一。崇州市获评“四川省现代农业园区建设工作推进典型县”。

【种植业】 全年粮食作物播种面积47.9万亩，总产量22.7万吨，增长1.4%，其中水稻种植面积31.83万亩，单产550千克，产量17.5万吨；小麦种植面积10.45万亩，单产316千克，产量3.3万吨，其中小麦新品种“蜀麦1868”百亩连片实收亩产516.9千克，创成都平原新高；玉米种植面积3.1万亩，单产402千克，产量1.2万吨；豆类种植面积9460亩，产量2102吨；折粮薯类种植面积1.55万亩，产量4571吨。

【畜牧业】 全市有规模养殖场209家、专业户及规模场共计800余户（家），畜禽养殖规模化率达78%。全市生猪存栏29.17万头（其中能繁母猪存栏2.51万头）、出栏49.5万头，同比增长6.45%；猪肉产量3.64万吨，同比增长10.64%。牛存栏5691头、出栏5606头，同比减少9.29%；牛肉产量728吨，同比增长0.97%。羊存栏3469只、出栏9577只，同比减少5.48%，羊肉产量164吨，同比增长1.86%。禽出栏661.4万羽，同比减少8.44%；禽肉产量10337吨，同比减少3.05%；禽蛋产量3.48万吨，同比减少0.85%。

【水产业】 全市养殖面积17070亩（其中池塘4005亩、稻渔综合种养11025亩、河沟等大水面养殖面积2040亩），成鱼总产量10788吨，实现渔业总产值2.57亿元，农民人均渔业收入547元。

【乡村振兴】 崇州市获评“2023年度成都市乡村振兴实绩考核先进集体”。廖家镇廖场村、街子镇古寺村、隆兴镇黎坝村获评“2023年四川省乡村振兴示范村”。全市累计创建省级乡村振兴先进镇1个、成都市级乡村振兴先进镇3个、省级乡村振兴示范村15个、成都市级乡村振兴示范村（社区）36个。自2022年10月获批国家乡村振兴示范县创建单位以来，全市聚焦推进项目建设“六个一批”，推进示范创建取得成效，完成2023年度国家乡村振兴示范县创建自查评估。

【农业机械化】 发挥农机购置补贴政策效能，引导各类经营服务主体购置农机，全市有水稻插秧机256台、大中型拖拉机359台、联合收割机160台、粮食烘干设备266台、植保无人机120台，农机化率达95%。

【农村科技】 建成四川农业大学现代农业星创天地、四川省旺达饲料有限公司企业技术中心等科技创新平台6个，其中国家级创新平台1个、国家级创业平台4个。联合中国农科院、四川农业大学、四川省农科院、西南大学等9个科研院所，柔性引进四川农业大学水稻育种专家李仕贵、西南大学油菜育种专家李加纳等19个农业科技创新团队，涵盖土肥、植保、微生物学等领域，实施米酒专用菌种选育、稻渔设施综合种养等6项技术攻关，推动开展米酒专用糯稻等校地企合作项目20余项，服务“云贵川渝”地区14个市（州）147万亩优质粮油基地。联合省农科院、川农大等15家科研院所建成长江上游优质粮油中试熟化基地1000亩，累计选育62个优质粮油新品种、筛选23项新技术在全省推广。

【农村社会保障】 全市城乡居民基本养老保险参保人数（含退休人员）245705人，城乡居民基本医疗保险参保人数375382人。城乡居民最低生活保障人数5602人，其中农村最低生活保障人数5178人。有城乡特困人员2462人，集中供养1367人。全市共有养老机构23家，其中公办11家、民办10家、综合体2家；床位5579张，其中公办床位2886张、民办床位2575张、综合体床位118张。

【农村生态建设及环境保护】 完成70件中央、省生态环境保护督察反馈问题和长江经济带生态环境突出问题整改。城乡生活污水处理率分别提高到93.2%、85.3%，主要河流水环境质量保持全优、出境断面水质稳定达到Ⅱ类以上标准，新增“水美乡村”6个；危险废物综合利用率达100%，受污染耕地安全利用率全面达标。五星村入选成都市零碳排放第二批试点。全市空气质量优良天数305天，优良率达83.6%，位列成都市第一；PM2.5平均浓度38毫克/立方米，同比增长5.6%。

【农产品质量安全监管】 健全农产品

质量安全监管台账，全市1538家农业生产经营主体全部被纳入监管范围，其中960家生产经营主体被纳入成都市监管溯源平台进行追溯管理。开展农产品农药残留快速检测20827组，合格率100%；开展四川省级农产品质量安全例行监测75组，合格率100%；开展成都市级农产品质量安全风险监测2025组，合格率99.75%；开展崇州市级农产品风险检测280组，合格率100%。全年无重大农产品质量安全事件发生。

【主要领导人】 市委书记：陈茂禄；市人大常委会主任：廖冬雪；市长：饶程；市政协主席：彭钚铀；分管农业副市长：郑宇。

崇州市编写组

简阳市

【基本情况】 2023年，全市辖21镇16个街道，辖区面积2213平方千米（含成都东部新区）。

【现代农业提质升级】 持续巩固脱贫攻坚成果同乡村振兴有效衔接，统筹各级衔接资金1.38亿元，实施项目88个。稳粮保供能力持续提升，开展耕地“非农化”“非粮化”和撂荒地整治，恢复耕地2万余亩，占全市耕地恢复总量的12.3%。新建高标准农田4.5万亩，建成高位蓄水池100口，主要农作物耕种收综合机械化率达70%。全年粮食产量39.5万吨，增长3.8%。沱东生态农场加快建设，实施重点项目72个，完成投资24.8亿元，天府农业科创园冷链物流中心主体竣工，30个项目全面完工。深化与省农科院等院校的科研合作，开展生产技术创新示范项目12个，实现成果转化5项，打造品种研发基地及中试基地2000余亩。简阳市创建为国家农产品质量安全县。

【统筹城乡发展】 城市品质持续提升。人居环境不断改善，完成老旧小区改造10处，白塔状元文化街区等4个城市有机更新项目、高铁片区等5个城中村改造项目建设有序推进。“15分钟公共服务圈”加快构建，射洪坝六幼、鄢江樾社区综合体等6个项目竣工，成简骨科医院等9个项目开工建设。践行建设公园城市理念，新建天府绿道35千米，打造“回家的路”社区绿道40条，获评“四川省生态园林城市”。以全国文明城市创建、国家卫生城市复审为抓手，实施“十大专项提升”行动，修复完善人行道、车行道无障碍设施9500平方米，完成“两拆一增”点位30个。

和美乡村加快建设。推进农村基础设施提质升级，改造农村道路323.5千米，新（改）建10千伏线路236.5千米；投入1.16亿元，新（改、扩）建农村供水管网1063千米，农村自来水普及率提升至76%；村通燃气率提升至88%。加快农村适度聚居，推动1849户村民在13个聚居点集中居住。连山村、高坡村幸福美丽新村建设初具成效，完成特色林盘保护修复3个。农村人居环境综合监管平台上线运行，场镇雨污分流改造有序推进，改造提升户厕3200户。

【生态建设】 完成中央、省环保督察及长江经济带生态环境问题整改“回头看”反馈问题197项，整改率达98%。加强大气污染精细化常态化管控，创建“绿色标杆”施工工地4个。城镇污水治理三年攻坚行动有序推进，河东污水处理厂建成运营，新建污水、雨水、再生水管道64.8千米，阳化河流域综合整治持续推进，市控及以上断面水质优良比例达100%。推进“无废城市”建设，建成投运医疗废物智能化集中收集点22个、再生资源回收站点147个、再生资源分拣中心1个。完成全国第一批森林可持续经营试点。

【社会事业】 教育事业均衡发展，新投用公办幼儿园2所，改（扩）建义务教育阶段学校2所，新增学位2580个；成都石室阳安学校挂牌招生，创建省级示范性学校3所。医疗卫生水平稳步提升，市中医医院通过“三甲”复评，市妇幼保健院创建为成都市首批儿童友好医院，市疾控中心创建三级乙等疾控中心，三星、云龙卫生院创建为省级县域医疗次中心，县域内就诊率达94%。升级改造基层综合性文化服务中心9个，创建成都微方志馆3个。羊肉汤传统制作技艺等3个项目入选四川省第六批省级非物质文化遗产代表性项目名录，“简阳农民画”被评为全省文旅公共服务高质量发展优秀品牌，创建为四川省现代公共文化服务体系示范县。“一老一小”服务网络更加健全，建成社区养老服务综合体2个、“智慧养老场景”8个、“儿童友好社区”73个，社会综合福利中心、杨柳养老敬老中心等项目建设加快推进。

【农村社会保障】 做好重点群体就业兜底帮扶，落实就业创业政策补贴6600余万元，城镇新增就业5172人。开展根治欠薪专项治理，协助4500余名劳动者追回工资待遇。全县城乡居民基本医疗保险、城乡居民养老保险参保率分别达98.6%、97.3%，城乡低保标准从820元/月/人提高到860元/月/人，累计发放各类救助金2.17亿元。健全住房保障体系，建成安置房46.7万平方米，新开工安置房30.5万平方米。实施幸福美好生活十大工程，邀请市民观察团全过程监督，110件民生实事全面完成。创建为全省第十二届双拥模范城。

【主要领导人】 市委书记：詹庆；市人大常委会主任：钟世全；市长：苏呈祥；市政协主席：李崇喜；分管农业副市长：罗胤。

简阳市编写组

金 堂 县

【基本情况】 2023年，全县辖10镇6个街道，辖区面积1155.62平方千米。常住人口81.21万人，人口城镇化率56.89%。

2023年，全县实现地区生产总值650.3亿元，按照可比价格计算，增长8.1%，其中第一产业增加值82亿元，增长3.8%；第二产业增加值249.4亿元，增长8.5%；第三产业增加值318.9亿元，增长9.1%。三次产业结构比为12.6∶38.4∶49。按常住人口计算，人均地区生产总值80523元，增长7.8%。新登记市场主体7317户；实现民营经济增加值425.3亿元，增长8.9%，占地区生产总值的比重为65.4%。

新（改）建公路67.4千米，年末境内公路总里程4362.5千米，其中等级公路（含一、二、三、四级）4270.1千米、高速92.4千米、国道25.7千米、省道125.8千米、县道378.6千米、乡道622.3千米、村道3117.8千米。年末公路密度为3.7千米/平方千米。全年完成客运量873万人，客运周转量234449万人/千米；公路货运量1955.7万吨，货运周转量123352万吨/千米。交付成绵高速扩容线、成南高速扩容改造用地，完成成金简快速路跨沱江大桥建设，完成宝成铁路改造及新建青白江至金堂线可研鉴修初审，完成淮口南站综合交通枢纽主体建设。整治农村公路次差路71.3千米。全年完成邮政快递行业业务到件量6962.7万件，比上年增长20%；发件量665.3万件，与同期持平。全年实现快递业务收入0.6亿元。

【年度农业和农村经济运行】 2023年，全县实现农林牧渔业总产值131.9亿元，增长3.8%，其中农业总产值89.3亿元，增长4.1%；林业总产值1.6亿元，增长14%；牧业总产值31亿元，增长2.6%；渔业总产值4亿元，增长3.3%。

【种养殖业】 全年粮食产量26.8万吨，增长4.5%；油料产量5.4万吨，减少21.2%；蔬菜及食用菌产量104.8万吨，增长5.9%。全年生猪出栏60.4万头，增长7.3%；肉牛出栏1.5万头，增长0.5%；肉羊出栏21.2万只，减少1.6%。肉类总产量6.96万吨，增长4.4%。水产品产量2.13万吨，增长6.5%；淡水养殖面积1520公顷。新建高标准农田3.5万亩，栽培羊肚菌约2万亩，油橄榄种植基地面积7.67万亩。新认定金堂县赵家镇粮果菌复合种植产业园区等县级现代农业园区6个，累计建成县级以上农林园区33个，其中省级星级园区2个、市级星级园区13个。累计登记认证“三品一标”农产品127个，其中国家地理标志保护产品8个、全国名特优新农产品8个。

【主要领导人】 县委书记：钟静远；县人大常委会主任：龚亚明；县长：王安宁；县政协主席：尹贤鹏；分管农业副县长：唐毅。

金堂县编写组

大 邑 县

【基本情况】 2023年，全县辖8镇3个街道，辖区面积1284平方千米，常住人口50.77万人。

【年度农业和农村经济运行】 2023年，全县实现农业总产值52.66亿元，增长3.7%，其中第一产业增加值33.77亿元，增长3.7%，排名全市第三位、近郊县（市、区）第二位。农村居民年人均可支配收入增长7.6%，增幅排名全市第一位。完成亿元以上农业重大项目招引2个，完成农业固定资产投资1.56亿元，排名全市第三位、近郊县（市、区）第二位。完成2023年第一批“农贷通”贷款贴息发放1240179.19元。完成农业产业化特色种植业发展（花椒、茶叶）贷款贴息工作，分别为四川友嘉食品有限公司贷款2500万元用于花椒收购，贴息资金28.08万元；为成都道源仙翁茶业有限公司贷款538.33万元用于茶叶基地发展，贴息资金9.9万元。“违反禁渔区、禁渔期的规定进行捕捞案〔大农（渔政）罚〕”被农业农村厅评为“省优秀案卷”。成都道源仙翁茶业有限公司申报为成都市农业产业化龙头企业。

【农村集体经济发展】 如期完成合并村组织产权管理和融合发展以及数字农业改革任务的国家复核检查和答辩。推动新型农村集体经济组织规范运行，完善法人治理机制。整合资金1605万元，实施壮大村级集体经济项目3个、扶持村级集体经济项目11个。全年村集体经济经营性收入超过1800万元，同比增长15%，其中集体经济10万元以下村实现“清零”，消除20万元以下薄弱村63个。

【大邑县粮油现代农业园区建设】 全县有省、市级园区13个（省级1个、市级12个），粮油现代农业园区规划总面积16800万平方米，涉及安仁、王泗、沙渠、青霞、晋原5个镇（街道），耕地面积9773.33万平方米，粮油种植面积约13533.33万平方米。园区以优质粮食和生猪为主导产业，水稻种植面积约8133.33万平方米，生猪年出栏量约30余万头，种养循环率100%。园区以打造四川粮食科技成果转化核心平台、国家数字乡村产业发展示范基地、川西田园城市乡村旅游目的地为建设目标，打造“锦绣大邑·智慧粮仓”。2023年，园区实现总产值约36.78亿元，土地规模化流转率达95%以上，机械化耕作水平达100%，良种覆盖率达100%，已建成现代农业生产、经营、服务三大体系。稻乡渔歌、南岸美村3A级林盘景区等农商文旅体融合发展重大项目建成投运。

【种植业】 全年粮食作物播种面积26593.33万平方米，产量17.04万吨，其中水稻播种面积12513.33万平方米，单产542千克，总产量10.18万吨；玉米种植面积4106.67万平方米，单产403千克，总产量2.48万吨；小麦播种面积733.33万平方米，单产325千克，总产量3.58万吨；薯类播种面积840万平方米，单产287千克，总产量0.36万吨；豆类播种面积1800万平方米，单产165千克，总产量0.44万吨。油菜播种面积4751.07万平方米，单产139千克，总产量0.99万吨。组织道源仙翁茶产业企业参加在成都世纪城新国际会展中心举办的第十二届四川国际茶业博览会，通过产销对接，做好招商引资推介，获得组委会颁发的最佳组织奖。

【畜牧业】 全县有畜禽规模养殖场（户）127家（户），其中生猪规模养殖场（户）103家（户）、牛（羊）规模养殖场12家、肉禽（兔）规模养殖场4家、蛋（禽）规模养殖场8家，主导产业生猪规模化、良种化水平分别达81%、95%。有畜牧业农业产业化龙头企业12家，其中省级2家（川娇、金正）、市级10家；畜禽标准化示范场34家，其中部级4家、省级26家、市级4家。建设完善原种场、扩繁场、商品场相配套的三级良繁体系，有种畜禽场8家，基本形成品种优良齐全的良繁体系。有大恒种鸡国家级核心育种场和成都麻羊、四川白兔等2个国家级畜禽遗传资源，有蜀兴肉兔、四川白獭兔、大恒肉鸡等3个省级畜禽遗传资源。青神瀚海农业科技有限公司与大邑县签约100万羽标准化蛋鸡养殖项目。大邑县被成都市农业综合执法总队评为2023年动物卫生和生猪屠宰监督工作优秀县（市、区）。

【“菜篮子”工程】 全县油菜播种面积7.13万亩，产量9910吨，同比分别增长12.11%、12.84%；水果种植面积3.46万亩，产量4.35万吨；蔬菜（含食用菌）种植面积12.96万亩，产量24.97万吨。全年生猪出栏51.1964万头，同比增长6.37%；肉牛出栏3051头，同比增长10.22%；羊出栏21198只，同比增长1.79%；肉兔出栏144.86万只，同比增长0.05%；家禽出栏829.48万羽，与上年持平。禽蛋产量28324吨，同比增长0.54%；水产品产量9650吨，同比增长0.7%。

【一二三产业融合发展】 创新建设稻乡渔歌、格林庄园等农业科普研学基地，培育消费新场景。发展乡村旅游、农耕体验、田园康养等新业态，推动“产村景”一体化发展。推送休闲农业精品点位6个，发布精品旅游线路2条。全年共接待乡村旅游人数820.1万人次，实现乡村旅游收入40.62亿元。稻乡渔歌、幸福里两个林盘消费场景获评“2022年成都市农商文旅体融合发展乡村消费新场景”。

【乡村振兴战略实施】 贯彻落实中央、省、市、县关于乡村振兴的各项决策部署，牵头完成2023年度省、市乡村振兴实绩考核工作。大邑县创建为四川省乡村振兴先进县，安仁镇白马村、新场镇李安村、鹤鸣镇大坪村获评“2022年度四川省乡村振兴示范村”，悦来镇获评“2022年度成都市实施乡村振兴战略推进城乡融合发展先进镇”，晋原街道盐店村、王泗镇白衣村、王泗镇永乐村、悦来镇义和村、西岭镇云华村、花水湾镇温泉社区获评“2022年度成都市实施乡村振兴战略推进城乡融合发展示范村（社区）”。

【农业和农村改革】 制定《农业和农村体制改革专项小组2023年工作要点及分工方案》，分解落实农村改革工作年度任务17项，明确责任分工、进度安排和成果实现形式，按时报送台账和工作总结，各项改革任务均完成。开展四川省改革先进县创建。2022年2项到期国家级农村改革拓展试验任务〔大邑县开展数字农业改革试验任务、合并村集体经济组织产权管理和融合发展（限大邑县）试验任务〕均通过部省级验收。3月，大邑县获得农业农村部等11部委批准，承担探索“网格化管理、数字化赋能、精细化服务”路径试验试点任务，改革工作有序推进。

【宜居宜业和美乡村建设】 分类推进41个村级片区规划编制。启动农村功能风貌提升3年攻坚行动，以林盘院落重塑、风貌改造和节点打造为抓手，建成以稻香渔歌、桐林林盘等为代表的林盘美学空间样板，创建市级2A级以上林盘景区7个（其中3A级4个、2A级3个）。以西岭冰雪·安仁文博国际旅游度假区41个村（社区）为宜居宜业和美乡村重点建设片区，围绕雪山、森林、温泉、古镇、田园等独特优势，培育“先行村重点村+农业、文化、旅游”等新产业新业态。落实“县级领导班子成员包镇走村、乡（镇）领导班子成员包村联户、村干部入户走访”制度。以数字乡村赋能，推动乡村治理公共服务全覆盖，推进数字乡村试点建设，提升大邑数字农业产业升级，推动大邑数字农业产业经验在全市推广运用，推进167个数字农场的应用。以组织赋能，推进文明乡风培育，开展“点亮”红色网格“七个一”系列活动，举办镇、村级活动277场次，全县乡村治理体系和治理能力不断提升。

【农机补贴及农业保险】 实施2023年农机购置补贴工作，对县内106户从事农业生产的个人和农业生产经营组织购置的268台农业机械实施补贴，截至2023年12月，已全面完成，年度完成财政补贴资金总额449.5253万元。实施政策性农业保险，12月26日完成抽查审核工作，全县共有21个保险品种，总计保险费用8825.06万元。

【耕地保护】 全年腾退6795.6亩低效果木林恢复粮食生产；参与复垦验收和地

面农作物生产指导500场次，组织指导整改动态监测图斑700余亩。

【农业基础设施建设】 全年完成3.7万亩高标准农田建设结转任务；按期启动4.3万亩新建和1.1万亩改造提升项目。创建5个市级、3个县级现代农业园区。持续推进宜居宜业和美乡村建设，桐林等5个村（社区）被纳入成都市年度先行村、重点村管理名录；启动实施飞凤林盘、宋稗曲林盘等50个川西林盘保护修复项目。开展农村人居环境整治专项检查15次，农村垃圾收运处置和20户以上农村集中居住区生活污水处理率均达100%，农村户厕无害化普及率达95%，村（社区）独立农村公共厕所实现全覆盖。

【农技推广及培训】 实施蔬菜智能育苗、现代农业信息化示范，巩固提升数字乡村建设成果，实现全县耕地数字应用全覆盖。开展农业新品种、新技术、新材料、新模式“校地合作”服务项目5个，推广高效种植模式38万亩次以上；“稻香杯”优质大米品种推广面积占水稻种植总面积的98%以上；推广“蜀麦830”“川麦104”“绵麦902”等优质小麦品种种植面积10万亩以上；推广履带式开沟除湿、无人机分段施肥等先进技术9项。新购置农机具260台（套），全县农作物综合机械化率达71%，主要农作物综合机械化率达90%以上。全年新增农业职业经理人培训1093人、实用技术培训2625人次、农业数字化培训1500人次。

【农业项目招引和入库】 发布机会清单11项，对投资1亿元以上的农业重点项目成立专班、“挂图作战”。接待上海唯丰农业等企业105次，到北京、上海、广东等地拜访企业22家，在谈项目2个，总投资2.3亿元；签约项目1个，投资概算1.3亿元。全年完成农业项目固定资产投资1.56亿元。

【农产品质量安全监管】 开展县、镇（街道）、村（社区）三级农产品质量安全网格化监管，全县11名镇级监管员和126个涉农村（社区）监管员对辖区内的种养殖业、农资经营店实施网格化监管。建立“分责全覆盖、知责全落实、履责全方位、问责全过程”责任体系，全年上传日常监管记录2万余条。实行食用农产品承诺达标合格证制度，实现产地准出与市场准入有效衔接，全年共开具食用农产品合格证29.48万余张，附证上市农产品1.01万余吨。开展农产品质量监测，开展蔬菜、水果、食用菌等定量检测2087个，样品合格率达99.6%；11个镇（街道）和47个溯源村开展农残快检约1.63万个，合格率达99.9%。“成都市大邑县某家庭农场生产、销售草莓上使用禁用农药氧乐果案”被农业农村部列为2022年农产品质量安全监管执法典型案例。

【农业生态文明建设】 全县化肥农药使用量实现零增长，畜禽粪污综合利用率达98%以上，秸秆综合利用率保持在98%以上。推进粮食绿色发展示范区和观测试验基地建设。参加河长制各类督促检查和整治50余场次；组织禁渔执法检查180余场次，劝离垂钓人员800余人次，处罚8人次，移送公安机关案件2件；组织开展增殖放流3场次，累计投放天然水域鱼苗3万尾。

【主要领导人】 县委书记：侯坤平；县人大常委会主任：李伦；县长：余戬；县政协主席：王伟；分管农业副县长：向征。

大邑县编写组

蒲　江　县

【基本情况】 2023年，全县辖6镇2个街道，辖区面积580.145平方千米，其中耕地面积13.19万亩，比上年增长12.7%。年末总人口26.56万人（户籍人口），增长0.08%；人口出生率5.32‰，增加1.72个千分点；人口自然增长率2.23‰，增加6.86个千分点。森林覆盖率67%。

2023年，全县实现地区生产总值214.4611亿元，增长5.4%，其中第一产业增加值29.4355亿元，增长2.6%，农、林、牧、渔及农林牧渔服务业之比为160267：203：67877：7604：4597；第二产业增加值71.2110亿元，增长4.9%（工业产值59.9亿元，增长11%）；第三产业增加值113.8146亿元，增长6.5%。从业人员135800人。

公路通车里程1713千米。社会消费品零售总额50.3141亿元，增长9.4%。农业产业化龙头企业国家级、省级、市级分别为1家、9家、16家。

有各类学校58所，教职工2326人，其中普通中学10所，在校学生9623人；小学12所，在校学生13308人。有医疗卫生机构169个，病床位2953张，卫生技术人员2240人。

【年度农业和农村经济运行】 2023年，全县实现农业总产值48.1096亿元，增长7.1%；全县全年农业增加值达29.4355亿元，增长7.4%。全县主要农产品产量见表1。

【国家农业现代化示范区创建】 按照《国家农业现代化示范区创建工作方案》要求，已完成29个重点项目建设，剩余12个在建项目已进入农业农村部验收相关工作筹备阶段。

【对上争取】 截至2023年10月，全县共争取中央、省、市各类项目11个，资金4489万元；培育省、市级乡村振兴示范创建单位9个，获评国家级生态农场2个、成都市乡村振兴十大案例6个，获

表1　2023年蒲江县主要农产品产量

主要农产品	单位	产量	同比增减(%)
粮食	万吨	3.7867	-20.90
水稻	万吨	1.2231	-15.20
油菜籽	万吨	0.0789	-99.20
蔬菜	万吨	12.4815	-41.70
水果	万吨	48.3650	10.20
肉类	万吨	3.6717	4.10
猪肉	万吨	2.9044	0.80
禽肉	万吨	0.5961	-1.95
禽蛋	万吨	0.5716	2.97
水产品	万吨	0.7500	1.00
牛奶	万吨	0.0107	4.90

批承担全国农村改革试验区试验任务1项，获批创建国家农业绿色发展先行区、首批国家现代农业全产业链标准化示范基地、全国绿色食品原料（柑橘）标准化生产基地。

【深化“两个替代”】 加强“种植端”社会化服务。全年新组建社会化服务队伍5支，新建村级服务站1个、镇级服务中心1个，在鹤山街道团结村、朝阳湖镇桥楼村试点推广“3331”全程托管模式；提升改造500亩以上的“两个替代”标准化示范基地14个，带动技术运用面积达20万亩，覆盖率达44%。

加强“流通端”体系管控。推广运用“两个替代”品牌标识，共发放“两个替代”标签3.6万张，对“两个替代”示范基地和种植产品实行“赋标”管理。

加强“销售端”产销对接。在成都伊藤举办丑柑产销对接会，“两个替代”优质柑橘卖出单个超过10元的“高价”，“蒲江丑柑”入选全国名特优新农产品名录；先后组织“两个替代”优质茶企参加省茶博会、第四届国际绿茶大会等农事节会，成佳茶乡获评“四川十大最美茶乡”，“嘉竹318雀舌”获得“金茶叶奖”。举办“两个替代”柑橘认养认种活动，增添营销推广新动力；举办蒲江县鹤山街道“两个替代”暨“私享定制”推介会，与成都市成华区、金牛区签约结对、合作共建。

【“三品提升”】 品种基础。依托西南大学柑桔研究所专家工作站和鲜农纷享、顶菓等农业龙头企业，建设新品种新技术示范基地16个，引进储备新品种7个，推广三大产业新品种示范种植面积达1.2万亩。

品质提升。新建高标准农田3000亩，实施粪肥还田10万亩，推动全县畜禽粪污资源化利用率达96.94%；新增“三品”及GAP等认证生产基地5000余亩，新增绿色食品产品4个，开具食用农产品承诺达标合格证19.6万余张。

品牌建设。深化“区域公用品牌+企业特色品牌”双轮驱动，培育镇域农业品牌“兴π”；举办2023品牌农业发展国际研讨会、成都采茶节，组团参加成都现代农业建圈强链招商推介暨农产品产销对接会，并在成雅段地铁口、宽窄巷子新型户外媒体、抖音开展三大产业品牌宣传，提升蒲江县农业知名度。

【农业农村综合改革】 推进国家城乡融合发展试验区建设，持续做好两项改革“后半篇”文章；实施供销合作社综合改革，出资成立供销社控股、社会主体参与的四川兴绿农业发展有限公司，并在朝阳湖镇试点“供销社+村集体经济”联合发展；抓好农业经营主体和经营人才培育，全年共培育市级以上示范合作社5个、农村经营管理人才574人；推进农村金融服务，通过“农贷通”贷款平台累计发放贷款1893笔、总额28.8亿元。

【宜居宜业和美乡村建设】 编制印发《蒲江县推进宜居宜业和美乡村建设三年行动实施方案》，铁牛村、铜鼓村、狮子树村被纳入市级宜居宜业和美乡村建设先行村管理名录，玉龙村和炉坪村被纳入市级重点村管理名录。在第三届公园城市论坛上，以《建设宜居宜业和美乡村做优公园城市乡村表达》为题作经验交流；“余家碥”、吕石桥村获评“成都市宜居宜业和美乡村消费新场景”；寿安街道吕石桥村、甘溪镇藕塘村获评“省级乡村治理示范村”。

【村集体经济发展】 创新“供销社+村集体经济组织+市场主体”模式，推动供销社服务本土优质农产品销售及品牌建设；对上争取资金700万元，在水口村、五里村等7个村（社区）实施2023年各级财政壮大集体经济项目；开展集体经济相对薄弱村消除行动，全年推动12个相对薄弱村集体经济总收入超过10万元。

【“五化”联动】 推进农业特色园区建设。提升园区要素集聚和服务带动功能，持续推进成佳镇、甘溪镇、大塘镇农业园区建设，获评“全省现代农业园区建设工作推进典型县”；蒲江县寿安街道万亩粮经复合现代农业产业园区通过市级星级园区复评，并获评“成德眉资现代农业园区”。

现代农业智慧化发展。推进西南特色水果冷链物流贸易港建设，全年新增静态库容1万吨，打造标准化示范冻库1个；推进主要农作物宜机化改造2000亩，推广使用各类农机具约1800余台（套），综合机械化率达80%，创建四川省第二批"全程机械化+综合农事"服务中心1个;建成智慧水产标准化养殖示范基地2个、养殖尾水处理示范点10个;新朝阳晋升为国家级重点龙头企业,创建省级农业产业化龙头企业10家。

促进生态价值高效转化。争取资金1050万元,实施林盘打造项目4个,助力田园生态商务区建设;开展招商引资与项目促建,全年签约城投梦里香洲等项目,落地洪九供应链结算中心项目,持续做强天府农创园片区生态价值转化。

【农业安全与法制建设】 加强安全生产责任落实,印发《蒲江县农业农村局2023年安全生产工作实施方案》,组织开展农机安全、沼气安全培训1050余人次,开展"安全生产月"及安全生产宣传进农村活动,安全监管能力持续提升。加强农业领域隐患排查,开展农产品质量抽样检测任务417个。开展安全生产督导检查、抽查52家次,排除一般安全隐患43个。加强农业农村法制建设,开展农村普法教育110余次,发放涉农法律法规资料书籍5600余份,培育农村学法用法示范户31户;《运输依法应当检疫而未经检疫的仔猪案》被农业农村部评为全国农业行政处罚优秀案卷。

【主要领导人】 县委书记:蒲发友;县人大常委会主任:郑自强;县长:赵钢;县政协主席:陈鑫;分管农业副县长:彭东。

蒲江县编写组

自贡市

【基本情况】 2023年,全市辖2乡63镇25个街道,辖区面积4381平方千米,其中耕地面积271.27万亩,比上年增长0.3%;基本农田232.82万亩。年末总人口312.3万人(户籍人口),减少0.44%;人口出生率4.88‰,减少0.46个千分点;人口自然增长率-0.48‰,增加5.31个千分点。本地水资源总量9.75亿立方米,人均占有水资源量401.4立方米。有林业用地10.22万公顷,有林地面积9万公顷,活立木总蓄积量641.5万立方米。

2023年,全市实现地区生产总值1750.47亿元,增长6.2%,其中第一产业增加值259.77亿元,增长4.1%,农、林、牧、渔及农林牧渔服务业产值之比为56.4∶7.5∶30.4∶4.3∶1.4;第二产业增加值588.04亿元,增长5.7%(工业增加值392.94亿元,增长6.4%);第三产业增加值902.66亿元,增长7.2%。三次产业对经济增长的贡献率分别为11%、31.6%和57.4%。劳务输出98.63万人,收入267亿元。

公路通车里程10055.264千米(其中乡村公路9361.322千米),密度235.05米/百平方千米、40.39千米/万人。社会消费品零售总额746.71亿元,增长4.9%。地方公共财政预算总收入完成364.6亿元,增长12.1%;公共财政预算总支出332.9亿元(不包含结转结余),增长10.7%,其中农业投入412030万元,占支出的12.38%。金融机构本外币存款余额2986.78亿元,比上年初增长8.98%;金融机构本外币贷款余额1995.88亿元,比年初增长9.23%,其中涉农贷款余额563.19亿元,增长12.09%。全年农业保费收入1.21亿元,减少0.01%;处理各项赔款和给付金额10030.81万元,增长0.38%。农业产业化龙头企业国家级、省级、市级、县级分别为3家、38家、150家、45家。

有各类学校679所,在校学生44.89万人,教职工3.27万人,其中普通高校3所,在校本(专)科学生5.8万人,增长0.34%;普通中学132所,在校学生12.81万人;小学102所,在校学生14.39万人;学龄儿童入学率100%。完成省级以上科技成果36项,3项科技成果获得省级及以上科技进步奖。有艺术表演团体4个,文化馆7个,公共图书馆7个,博物馆19个。有卫生医疗机构90个,病床位5060张,卫生技术人员6368人。

【年度农业和农村经济运行】 2023年,全市实现农业总产值417.15亿元,增长2%;全市全年农业增加值达263.49亿元,增长4.1%。全市农产品质量抽检合格率达98.9%;建成90个基层农业综合服务中心。全市主要农产品产量见表1,全市省级(及以上)农业产业化重点龙头企业名单见表2,全市省级(及以上)示范农民专业合作经济组织名单见表3,全市家庭农场经营情况统计表(前10位)见表4。

【农用地产权制度改革】 完善承包地制度,放活土地经营权,全市土地流转率达37.3%,适度规模经营率增长1.6个百分点,承包地确权颁证工作获评全国先进。持续深化农村产权制度改革,2个县(区)获批全国试点,宅基地"五级管理"经验做法在全国交流。推进全域土地综合整治试点工作,获批全国试点乡镇1个、省级试点乡镇2个。

【农村集体产权制度改革】 持续清理核实农村集体资产27.83亿元、集体土地513.72万亩,清理跨区域重复成员1.87万名,210个村完成集体资产股份制改革,259个村集体经济组织进行常态化变更登记。规范集体经济组织运行管理,全市702个集体经济组织均实现"五个一",

表1　2023年自贡市主要农产品产量

主要农产品	单位	产量	同比增减(%)
粮食	万吨	143.300	2.20
水稻	万吨	74.400	−0.09
小麦	万吨	0.092	−14.40
玉米	万吨	25.000	5.20
马铃薯	万吨	8.700	0.50
油菜籽	万吨	15.100	0.80
蔬菜	万吨	276.300	4.90
水果	万吨	54.900	7.70
肉类	万吨	26.600	3.00
猪肉	万吨	14.100	4.20
牛肉	万吨	0.387	0.90
羊肉	万吨	1.470	−1.20
禽肉	万吨	5.290	0.90
兔肉	万吨	5.200	4.20
禽蛋	万吨	6.780	0.78
水产品	万吨	9.560	4.10
牛奶	万吨	1.830	1.70

表2　2023年自贡市省级（及以上）农业产业化重点龙头企业名单（部分）

企业名称	注册资金（万元）	法人代表	示范等级	年度产值（万元）	主营产品
四川巴尔农牧集团有限公司	3041.00	李金玉	国家级	129734.90	生猪、饲料、兽药
自贡市春兰茶业有限公司	860.00	黄革文	国家级	8956.45	茶叶
四川省远达集团富顺县美乐食品有限公司	5000.00	王丽	国家级	39369.15	香辣酱、麻辣酱、豆花蘸水
自贡中农现代建设开发有限公司	10715.00	李朝晖	省级	248000.00	蔬菜、水果
四川金福星生物科技有限公司	600.00	李柏君	省级	31273.00	畜禽、水产、饲料
自贡市顺水农业投资开发有限公司	1200.00	曾祥娟	省级	9952.00	高粱
自贡德康畜牧有限公司	2000.00	邹园	省级	2025.43	生猪
自贡花香田园循环农业有限公司	2000.00	罗贵明	省级	2231.00	休闲农业、花卉苗木
贡井区成佳镇自然香大头菜加工厂	200.00	王睿	省级	5378.61	蔬菜
自贡市泰福农副产品加工厂	300.00	罗淮良	省级	6900.00	蔬菜
自贡市立华牧业有限公司	7000.00	王刚	省级	81150.00	黄羽肉鸡

续表

企业名称	注册资金（万元）	法人代表	示范等级	年度产值（万元）	主营产品
自贡市天花井食品有限公司	560.00	雷本江	省级	9689.52	火边子牛肉、冷吃兔、冷吃牛肉
四川金瑞克动物药业有限公司	1850.00	姜南	省级	5026.00	兽用药品
自贡盐味源食品有限公司	690.00	徐伯春	省级	5089.00	小龙虾底料、酸菜料包
自贡市博宏丝绸有限公司	30800.00	王世明	省级	8584.00	棉布、丝绸、静电纱
自贡市居华肉食品有限公司	1600.00	甘居华	省级	5691.32	肉类产品
四川丰大种业有限公司	3000.00	章存均	省级	9269.60	杂交水稻、玉米、油菜种子、大豆种子
四川太源井醋业有限公司	600.00	王勋	省级	5000.00	醋、酱油
四川平扬农业科技有限公司	1000.00	甘小平	省级	3459.45	黑山羊、鱼、蔬菜、水果、花椒、花卉
自贡市新昕源食品有限公司	10000.00	赵金玉	省级	28811.19	冷鲜肉
四川旭阳药业有限责任公司	3000.00	韩业祥	省级	8589.59	阿胶益寿口服液、通脉颗粒
四川绿食佳农业有限公司	2000.00	虞桂兰	省级	6215.45	蔬菜、水果
四川绿茗春茶业有限公司	1000.00	邹华春	省级	5765.00	茶叶
四川大农和农业开发有限公司	1000.00	吴剑	省级	5534.25	水稻、马铃薯
荣县阳光农业发展有限公司	3000.00	易建国	省级	28499.00	大米、稻谷、糠壳
自贡市雄丰粮油有限公司	2500.00	詹泽云	省级	23138.55	中晚籼米
四川黄金叶茶业有限公司	680.00	李奇红	省级	5237.27	茶叶
四川郁芽茶业有限公司	1000.00	叶胜	省级	6251.45	茶叶
四川叶子原茶业有限公司	1008.00	刘梅	省级	5487.00	茶叶
四川省旺林堂药业有限公司	1550.00	赵旺林	省级	7835.59	克拉霉素分散片、藿香正气胶囊、对乙酰氨基酚片、妇康胶囊、胆舒滴丸、炎可宁片
富顺县蜀佳味业有限公司	1010.00	李亭钢	省级	5893.00	香辣酱
四川省六顺农业开发有限公司	6666.66	刘世均	省级	6592.17	川南黑山羊种羊、肉羊、羔羊
自贡市锦程农业开发有限公司	500.00	陶咏梅	省级	5800.00	商品猪、商品牛、秸秆饲料
四川省洛源食品有限公司	1600.00	龚平	省级	7152.00	动（植）物油
四川省贡富食品有限公司	3000.00	张朝贵	省级	7166.00	榨菜及其他蔬菜
富顺橘园农旅发展有限公司	2580.00	张朝贵	省级	1401.00	休闲农业
四川戎春酒业集团有限公司	3200.00	赵剑波	省级	19128.09	白酒
四川雒源俊峰粮油食品有限公司	1100.00	王登友	省级	9500.00	食用油、大米

表3　2023年自贡市省级（及以上）示范农民专业合作经济组织名单

合作组织名称	注册资金（万元）	法人代表	示范等级	年度产值（元）	主营产品
自流井区农团食用菌农民专业合专社	185.00	古常林	国家级	1470566.00	蔬菜
自贡市旭水河玉米专业合作社	146.43	罗文彬	国家级	1659591.00	粮食
贡井区桥头土鸡专业合作社	50.00	沈敬良	国家级	43800.00	肉鸡
自贡市五宝宏运花生专业合作社	1430.12	胡立文	国家级	17115283.26	粮食
自贡市宝新隆农业专业合作社联合社	1200.00	刘立涌	国家级	23637809.43	粮食
贡井区成佳大头菜专业合作社	200.00	王信宽	国家级	14336438.50	蔬菜
自贡市大安区三绿水产专业合作社	270.00	朱建聪	国家级	1280000.00	其他种植业
自贡双河农牧专业合作社	1660.00	张劲松	国家级	1100000.00	其他畜牧业
自贡市兴贵果蔬种植专业合作社	283.60	陈兴贵	国家级	1050000.00	水果
自贡市九洪蜀江特种水产养殖专业合作社	300.00	明光银	国家级	15000000.00	蔬菜
荣县聚丰养蚕专业合作社	200.00	虞东	国家级	26477126.10	其他种植业
荣县兴农农作物种植专业合作社	1432.50	王建	国家级	3328000.00	其他种植业
自贡市四海养鸡专业合作社	343.00	丁时海	国家级	100000.00	其他服务业
荣县金桥鼎新蔬菜专业合作社	16.80	杨玉梅	国家级	30000000.00	粮食
荣县鼎新镇双贵马铃薯种植专业合作社	114.62	李双怀	国家级	25000000.00	蔬菜
荣县剑华谷物种植专业合作社	108.00	罗剑华	国家级	1500000.00	粮食
荣县东奇谷物种植专业合作社	110.00	吴剑	国家级	8900000.00	粮食
荣县白岩石油茶种植专业合作社	1505.00	肖志伟	国家级	1500000.00	其他种植业
荣县青青源水果种植专业合作社	480.00	朱碧英	国家级	1500000.00	水果
荣县惠农水果种植专业合作社	216.00	李龙刚	国家级	8658188.00	粮食
荣县和牧山羊养殖专业合作社	1050.00	乔文霞	国家级	2408758.00	肉牛（羊）
荣县荣林油茶种植专业合作社	120.00	朱学权	国家级	0	其他种植业
荣县兴明畜禽养殖专业合作社	100.98	李兴明	国家级	3865986.00	肉牛（羊）
富顺县世英农牧专业合作社	1300.00	陈久春	国家级	50000.00	水果
富顺县富又顺油茶专业合作社	52000.00	聂玉昆	国家级	35000000.00	其他种植业

续表 1

合作组织名称	注册资金（万元）	法人代表	示范等级	年度产值（元）	主营产品
富顺县舒适水产专业合作社	300.00	胡明莉	国家级	3800000.00	鱼类
自流井区荣边水果专业合作社	200.00	杨福贤	省级	1544210.00	水果
自贡市漆树水果种植专业合作社	150.00	宋正华	省级	2088428.00	水果
自贡市龙潭蔬菜专业合作社	276.62	刘邦成	省级	13542032.00	蔬菜
自贡市家财养鸡专业合作社	668.00	陈家财	省级	811580.00	肉鸡
自贡市天成畜禽养殖专业合作社	200.00	杨洪	省级	8993181.57	蛋鸡
自贡市牧旺生猪养殖专业合作社	210.00	梁先富	省级	1993690.00	生猪
自贡市福兴种养殖专业合作社	1000.00	黄云森	省级	4543770.88	水果
自贡市先科农机专业合作社	377.00	王强	省级	829061.00	粮食
贡井区五宝水产专业合作社	333.56	兰玉康	省级	300000.00	水产业
自贡市五宝联鑫生猪养殖专业合作社	1765.00	刘立涌	省级	17806946.55	生猪
自贡市众力生猪养殖专业合作社	2505.35	向玉林	省级	5605947.00	生猪
自贡市宝绿土豆专业合作社	2101.00	郭维彬	省级	5000000.00	粮食
贡井区安捷农机专业合作社	866.70	彭长明	省级	7052684.55	粮食
自贡市清怡种养殖专业合作社	181.51	杨明芬	省级	11021235.00	粮食
自贡市日月方元农业专业合作社	680.00	郎险峰	省级	62587424.00	休闲农业和乡村旅游
自贡市乡里乡亲高粱专业合作社	600.00	何裕会	省级	8011460.18	粮食
自贡市盐帮老坛泡菜专业合作社	300.00	罗在德	省级	2839173.11	蔬菜
自贡市家明蔬菜专业合作社	201.11	许家明	省级	1515840.49	蔬菜
自贡市嘉东生猪专业合作社	1000.00	陈运东	省级	3896370.00	生猪
自贡市文家农业专业合作社	190.00	邱红英	省级	3941828.89	其他种植业
自贡市明宇果业专业合作社	500.00	李刚	省级	2800000.00	水果
自贡市金蕾园种植专业合作社	200.00	曹跃飞	省级	3200000.00	中药材
自贡市沙塘种养殖专业合作社	500.00	田海波	省级	810258.32	水果
自贡市富全博宏种养殖专业合作社	280.00	罗相全	省级	2287929.45	其他种植业
自贡市沿滩区金银湖农民蛋鸡养殖专业合作社	381.00	伍瑜英	省级	3764000.00	蛋鸡

续表2

合作组织名称	注册资金（万元）	法人代表	示范等级	年度产值（元）	主营产品
自贡市沿滩区立丰花椒专业合作社	150.00	胡华	省级	6594637.97	其他种植业
自贡市立志生猪养殖专业合作社	620.00	陈至凯	省级	650000.00	生猪
自贡市沿滩区刘山乡红丰密柚专业合作社	260.00	曾彬仁	省级	1615000.00	水果
自贡荣鑫小龙虾养殖专业合作社	150.00	罗堰平	省级	12355867.00	粮食
自贡市杨柳溪水产专业合作社	186.00	杜银江	省级	8000000.00	小龙虾
自贡市九台山水果种植专业合作社	200.00	曾超	省级	1305001.10	其他种植业
自贡市懋垚种养殖专业合作社	201.52	曾和平	省级	1882006.12	水果
自贡市三合种养殖专业合作社	201.00	韩家友	省级	1782503.00	其他林业
自贡市九台山瓜椒专业合作社	200.00	明从健	省级	12000000.00	其他种植业
荣县升茂林木种植专业合作社	509.80	曾惠	省级	3498256.00	其他林业
荣县雨林油茶种植专业合作社	456.00	张俊良	省级	850000.00	其他种植业
荣县绿食佳蔬菜专业合作社	319.00	杨国军	省级	421157.90	蔬菜
荣县格瑞养鸡专业合作社	800.00	梁玉生	省级	13679305.00	蛋鸡
荣县绿源兔业专业合作社	1100.00	曹全洪	省级	36000000.00	其他畜牧业
荣县天天果蔬专业合作社	2002.90	卢正元	省级	14593500.00	水果
荣县新桥镇汇丰农机服务专业合作社	210.00	刘震乾	省级	957725.85	农机服务
荣县家好养猪专业合作社	208.00	刘志宣	省级	516632.00	其他畜牧业
荣县老龙水果专业合作社	985.80	余海生	省级	1260000.00	水果
荣县佳诚农机服务专业合作社	160.00	李成富	省级	260000.00	农机服务
荣县兴溢养鱼专业合作社	116.00	罗小平	省级	810000.00	水产品
自贡市群益柑橘种植专业合作社	290.00	胡宾	省级	1367000.00	水果
荣县缘林苗木种植专业合作社	214.40	但春生	省级	1605418.50	其他林业
荣县荣胜农作物种植专业合作社	120.00	朱志强	省级	5000000.00	粮食
荣县双古镇古峰茶叶种植专业合作社	120.00	谢富兵	省级	2000000.00	茶叶
荣县春兰茶叶专业合作社	167.90	黄革文	省级	2105000.00	茶叶
荣县鹅峰茶叶种植专业合作社	230.00	蔡丽萍	省级	852942.00	茶叶

续表3

合作组织名称	注册资金（万元）	法人代表	示范等级	年度产值（元）	主营产品
荣县沙溪土花生种植专业合作社	60.00	秦文杰	省级	800000.00	其他种植业
荣县众鑫畜禽养殖专业合作社联合社	551.98	段丽	省级	1516200.00	肉牛（羊）
荣县石笋山茶叶种植专业合作社	200.00	罗小清	省级	1032515.23	茶叶
富顺县东湖镇椦坝养鱼专业合作社	435.00	杨小东	省级	50000.00	水产品
富顺县土桥水产养殖专业合作社	619.00	袁永富	省级	9800000.00	水产品
富顺县宏源农机服务专业合作社	207.90	谢勇	省级	394243.73	农机服务
富顺县滨江竹业专业合作社	170.00	刘滨	省级	4069265.58	竹类
富顺县天翔生态养殖专业合作社	1660.00	陈卫湘	省级	855071.00	蛋鸡
富顺县富和乡和平村甜橙专业合作社	150.00	孙永康	省级	125235.00	水果
富顺县板桥镇柑竹湾村甜橙专业合作社	505.00	袁光才	省级	7100000.00	水果
富顺县安溪镇马山村甜橙专业合作社	52.00	何峰	省级	900000.00	水果
富顺县富兴贵种养殖专业合作社	340.00	崔兴贵	省级	434356.44	水果
富顺县长滩镇蔬菜专业合作社	170.00	钟孝云	省级	2568800.65	蔬菜
富顺县白岩山水果专业合作社	51.50	王和友	省级	5100000.00	水果

表4　2023年自贡市家庭农场经营情况统计表（前10位）

家庭农场名称	法人代表	年度产值（万元）	主营产品
荣县正紫镇小张家庭农场	杨敏	1350	猪
荣县正紫镇小张家庭农场	吴本成	1266	粮食、鸡
林茂家庭农场	林茂	1130	猪、粮食
大安区庙坝镇朵朵农场	林琳	900	家禽
荣县来牟镇君常鸿畜禽养殖家庭农场	曾立洪	882	猪
大安区庙坝镇大壮家庭农场	徐勇	700	猪
富顺向银种养殖农场	董平	700	粮食、鸡
何晓倩家庭农场	曾涛	700	猪
荣县鸿达家庭农场	钟树敏	670	猪、柑橘
荣县凤之源蛋鸡养殖家庭农场	吴俊良	652	蛋鸡

98.58%的村集体经济组织与村民委员会实现分账管理、独立核算。创新集体经济专班制度，建立集体经济组织专家服务团，持续实施集体经济"整镇推进"试点，探索"村村联营""村社联营""村企联营"等新型农村集体经济发展路径。2023年，全市共实现农村集体经济收入28901.85万元，村均41.17万元，同比增长24.1%。农业农村部副部长吴宏耀到四川省调研，对自贡市以低风险、可持续的方式发展新型农村集体经济，构筑"防火墙"确保集体资产安全的做法给予了肯定；《创新"四抓四化工作法"推动村级集体经济高质量发展》入选农业农村部推介2023年全国农村改革典型案例。

【供销合作社改革】 制定《自贡市供销合作社章程》，选举产生市供销合作社第三届理事会和监事会，建立自贡市供销社"三会"制度和成员社对联合社的工作评价机制，行业指导体系逐步完善。健全"双评估、双报告"风险管控制度，制定《自贡市供销社企业管理办法》《自贡市供销社理事会投资管理办法》，有效规范社有企业运行，保障社有资产安全，确保社有企业有序发展。2023年，成立自贡市中燃供销合作有限公司、自贡市自然贡品商业运营管理有限公司，拓展社有企业以购销服务为主的业务范畴，其业务触角延伸到燃油、农特产品运营。沿滩区、荣县申报供销为农服务综合平台试点县建设项目，实施供销城乡经营服务体系和供销为农服务综合体两大体系建设，项目资金共计966万元。全年新发展基层社示范社19个，全市供销系统基层社示范总数达56个，实现中心镇基层社示范社组织机构及服务全覆盖。发展国家级农民专业合作社示范社1家、省级农民专业合作社示范社6家，检测合格中华全国供销合作总社级农民专业合作社示范社12家。

【农产品品牌战略实施】 加大农业特色品牌培育力度，出台名优品牌奖补政策，认定"三品一标"农产品品牌256个。分类制（修）订生产标准、加工标准、营销标准等30余项，发布地方标准13项，培育"富顺再生稻""富顺柑橘""荣县花茶""沿滩区青花椒""大安肉鸡""贡井龙须淡口头菜"等品牌，区域性公用品牌"自然贡品"共64家品牌进入"自然贡品"目录。加大宣传推广力度，"自然贡品"抖音账号粉丝量达4.1万人。在中央电视台农业频道、"学习强国"平台同步播放"自然贡品"广告，共计触达人数近13880万人，累计收看人次达7360万人。组织"自然贡品"企业参加四川省第九届农博会，受邀参加川南经济区农产品展示展销活动。在邮乐网平台打造"自然贡品"销售专区，线上销售"自然贡品"产品20款，销售额60.68万元。与高投集团签订战略合作协议，开发"自然贡品"自营产品，拓展线上线下销售渠道，推动产品进入国内一线商超品牌采购体系和全国零售市场，以产品营销创新提升品牌价值。12月，市供销社组建全资社有企业自贡市自然贡品商业运营管理有限公司，并授权其运营"自然贡品"品牌，开启了"自然贡品"首次公司运营的探索。

【现代农业园区建设】 树立全产业链发展思维，推进园区梯次培育，突出主导产业、完善设施装备、深化产业融合、健全经营组织体系建设，重点培育现代农业园区15个，全年新认定市级园区9个，新建省三星级园区2个，提标升星四星级园区1个，大安区现代农业产业园跻身国家现代农业产业园创建名单。累计认定市、县级园区61个；创建省星级现代农业园区8个，其中五星级2个、四星级3个、三星级3个，园区建设取得初步成效。

【种植业】 扛牢粮食安全党政同责，落实"藏粮于地、藏粮于技"战略，印发《自贡市打造"天府粮仓"丘区示范实施方案》等文件，编制主要粮油作物规划布局图，开展两轮"抗旱保春耕攻坚行动"，落实4项惠农补贴和政策性种植业保险等政策。全年粮食作物播种面积23.81万公顷，超省下达目标任务133.33公顷，居全省第五位；粮食产量143.3万吨，创历史新高，较上年增长2.2%。《自贡市耐荫大豆品种开发情况》《自贡市富顺县充分挖掘旱地、水田潜力探索推广粮经统筹发展模式》获得农业农村部部长的肯定性批示，《关于自贡市抗旱保春耕工作情况的汇报》获得省委常委、省委组织部部长的肯定性批示，富顺县"1343"撂荒地治理工作机制在全省推广。

【林业】 发展林业产业。全市新增现代林业产业基地4万亩，完成油茶新造2.64万亩、低产低效林改造1.1万亩；油茶籽产量2652吨，实现综合产值5.2亿元。争取中央、省级、市级油茶产业发展补助资金8071万元。创建县级现代林业园区2个、市级现代林业园区1个，新增四川省林草产业化重点龙头企业1家（茶花谷农业有限公司）。组织编制完成《自贡市油茶产业发展规划（2023—2025年）》，对外发布四川省（自贡市）地方标准《油茶低效林改造技术规程》（2023年发字第6号），填补了自贡市和四川省低效林改造技术标准的空白，为建设"天府森林粮库"提供了技术支撑。加快4个省级现代竹产业基地和市级竹产业园区的提质增效工作，实现全市竹产业综合产值20.02亿元。荣县双溪湖油茶籽油获得展会全国油茶油类唯一金奖。

持续推进退耕还林、天然林资源保护工程。巩固退耕还林成果30.935万亩，新一轮退耕还林面积0.46万亩；管护天保工程国有林5.88万亩，补偿非国有公益林14.63万亩、非国有天然商品林1.84万亩。抓好林业有害生物防控，采取营林、物理、喷洒无公害农药等措施，完成松材线虫病、马尾松毛虫、松墨天牛、蜀柏毒蛾等林业有害生物防治作业面积32.85万亩次。

加强森林资源保护管理。严格使用林地审核审批，按照提前介入、主动服务的原则，指导、协助业主做好使用林地报批工作，全年完成建设项目使用林地审核审批82宗、面积2874亩。完成草原基况监测工作，形成草原基况监测成果报告、数据库，并通过省级审查认定。加强林木采伐管理，严格执行森林采伐限额和凭证采伐制度，共发放林木采伐许可证2733份，采伐蓄积240255.96立方米，使用采伐限额120785.25立方米，占全年采伐限额的79.8%。

【畜牧业】 生猪生产发展。印发《自贡市2023年新增能繁母猪补贴实施意见》，开展能繁母猪补贴。落实《自贡市生猪产能调控实施方案》，对242个国、省、市级生猪产能调控基地进行核定挂牌。荣县乐德德康10万头、荣县铁厂新牧15万头等14栋楼层式养猪场投产，全市生猪养殖规模化率达77.2%。推行能繁母猪和育肥猪养殖保险政策，全年价格险共赔付1574.1万元，死亡险共赔付5041.22万元。

肉鸡产业发展。打造肉鸡“育种—种鸡—孵化—饲料—饲养—屠宰”一体化生产加工全产业链体系，建成年产量18万吨饲料厂1个、存栏种鸡40万套的部级肉鸡标准化示范场1个、年孵化鸡苗3500万羽的孵化中心1个、年交易商品鸡3500万羽的肉鸡销售平台1个。

百亿级肉兔全产业链项目发展。与国家兔产业技术体系专家团队签订技术服务与开发合作协议，完成1个国家级现代兔业示范园、2个商品兔养殖示范基地、1个自贡市特色食品产业园施工图设计，其中荣县新桥商品兔养殖示范基地和沿滩区特色食品产业园开工建设。

禽畜遗传资源保护。完成第三次全省畜禽遗传资源普查，全市涉及猪、山羊、兔、鸭共4个畜种及其8个品种畜禽遗传资源〔代表性品种为川南黑山羊（自贡型）、四川麻鸭〕，发现群体数量达16020头（只），分布在全市172个行政村。完成川南黑山羊（自贡型）和四川麻鸭特征评估与性能测定，并通过省级和国家级专家核定。川南黑山羊（自贡型）在荣县和牧山羊养殖专业合作社实施保种，四川麻鸭在荣县华锦农业科技开发有限公司等3个场地实施分散保种。

生态可循环发展。全市畜禽粪污综合利用率达91.9%，规模养殖场和养殖专业户粪污处理设施装备配套率达99%以上。获评国家级畜禽养殖标准化示范场1个，通过复验合格的国家级畜禽养殖标准化示范场1个、省级畜禽标准化养殖场12个（其中生猪养殖场8个、蛋鸡养殖场2个、肉鸡养殖场1个、肉兔养殖场1个）。

【水产业】 全市水产品产量9.56万吨，同比增长4.06%。落实长江“十年禁渔”工作要求，抓好长江流域重点水域禁捕退捕工作，并在全省地级市率先开发天然水域垂钓管理系统，宣传引导垂钓爱好者规范垂钓。完善工作专班，细化责任清单，推出市场监管、长效禁捕、垂钓管理等系列实政，形成“1+5+3+N”推进体系，适时召开禁捕工作调度会，持续巩固禁捕成效。

【乡村振兴】 持续巩固脱贫攻坚成果。完善网格监测体系，落实帮扶措施6700余项，筹集2.45亿元支持帮扶产业发展，5.69万名脱贫劳动力稳定就业，脱贫人口年人均纯收入1.49万元，增长16.1%，无一户一人返贫致贫。

推动产业深度融合，加强加工物流园区建设，培育农产品加工规上企业149家，精深加工综合产值超过300亿元。川南农产品电商物流园（一期）等项目建成投运，创建中国美丽休闲乡村、天府旅游名镇各1个。

推进乡村设施建设，新建农村公路498千米，农村自来水普及率达90.5%，5G网络实现乡（镇）全覆盖，供电保障率达99.9%；新建县域医疗卫生次中心3个、“乡村教师工作室”109个，优化提升“一老一小”服务质量。

深化“三块地”改革，持续放活土地经营权，土地流转率达37.3%，适度规模经营率提高1.6个百分点。新获批国家级、省级改革试点4个，入选全省改革典型案例4个。

培育新型经营主体。累计培育省级以上龙头企业41家、示范社136家、示范家庭农场99家，组建产业化联合体21个，带动就业15.8万人。新培育高素质农民1038名、致富带头人17名。自贡市、富顺县被评为全省农业社会化服务典型地区。

【乡村旅游】 实施“文旅兴市”战略，按照“产业打底、文旅增收、多业融合”的总体思路，推进文旅振兴乡村、赋能乡村、扮靓乡村，实施城乡融合、三产融合、产村融合“三个融合”和产业园区、田园景区、新型社区“三区同建”。相继打造石笋沟生态旅游、仙市镇美丽乡村、莲花彩色生态园区、赖河坝粮油（稻渔）现代农业园等休闲农业与乡村旅游精品项目56个，创建国家农村产业融合发展示范园1个、全国休闲农业与乡村旅游示范点3个、中国美丽休闲乡村3个、乡村旅游国家A级景区12个、省级生态旅游示范区1个、省级乡村旅游重点村17个、天府旅游名镇2个、天府旅游名村3个、省级示范休闲农庄13个、省级农业主题公园4个。

【农村水利】 水利工程建设。向家坝灌区北总干渠一期工程2个自贡标段完成投资3亿元，截至2023年年底，邱场分干渠自贡段总长31.09千米的隧道全部贯通，完成隧洞二衬工程总长的89.21%。小井沟水利工程渠系配套工程2条提灌渠全面建成，4条支渠主体工程基本完成。楼房湾、狸狐洞、大坡上3座中型水库大坝枢纽工程均已完工并通过下闸蓄水阶段验收，开展灌溉渠系工程建设。11座水库（自流井区3座、大安区1座、荣县7座）除险加固主体工程竣工，完成投资2653万元。全市建有水库363座，其中大型水库1座、中型水库5座、小型水库357座，蓄水能力5.4亿立方米；中型灌区26处，设计灌溉面积66.95万亩，有效灌溉面积4.46万公顷。

城乡供水。全市村镇供水总人口212.6万人，自来水普及率达90.5%，规模化率达85.03%。全市16处千吨万人农村集中供水工程被水利厅认定为省级农村供水标准化工程。大安庙坝中心水厂、荣县东部水厂、荣县西部水厂、荣县铁厂中心水厂、富顺县安和水厂、富顺县赵化中心水厂、富顺县东部水厂7个片区中心水厂及自流井区、贡井区、沿滩区城市管网延伸工程建设持续推进。为应对60年来出现的伏旱连冬干，制定《自贡市解决群众用水难工作方案》《自贡市城市水源应急保障方案》《关于切实加强农村水利设施蓄水保供工作的通知》，组织应急取水4196.37万立方米，协调争取长葫水库农业灌溉调整用水计划200万立方米，完成抗旱保供任务。

【农业机械化】 落实农机惠农补贴政策。市级财政划拨农业机械化发展配套资金20万元，全年共录入补贴资金839.23万元，受益户数12062户，涉及农机具14448台（套），补贴资金为近6年新高。

建设农村机电提灌设施。争取省、市级农村机电提灌站建设资金1580万元，新建提灌站52座，改造维修提灌站98座，增强了全市提灌保灌能力。拟定《自贡市关于进一步加强农村机电提灌站建设的意见》，启动农村机电提灌站建设三年行动，建立市、县、镇、村四级提灌台账，制定《2024—2030全市提灌站建设规划》。协调组织提灌机械累计提水6528万立方米，灌溉面积9.37万公顷次，保障了农业生产生活用水。

培育农机社会化服务主体。开展以农机为载体的农业生产托管，创建以贡井区桥头镇团结村为主体的"全程机械化+综合农事"服务中心1个，培育富顺县宏源农机服务专业合作社、富顺县田野农机专业合作社骨干为省级认定的农机"土专家"2人，提高了全市农机作业服务能力。

农机应急水平提升。依托农机合作社、综合农事服务中心、农机大户等各类农机作业服务组织，建立以农机粮油应急播种、抢收、烘干为重点的农机应急作业服务队21支。结合全市农机安全新形势，按照相关法律法规的要求，修订并印发《自贡市农业机械事故应急预案》，指导全市规范处置农机应急事故。

机收减损大比武。落实粮油机收减损工作部署，开展以"减少机收损失，助力'天府粮仓'建设"为主题的系列宣传、培训、比武、监测活动，在全市范围内组织开展水稻、油菜机收减损监测，水稻、油菜平均机收减损率分别为2.25%、6.98%，低于标准水平。

【农村科技】 以项目为载体，重点开展农业科技实验示范，加大农业科技成果转化力度，"'高粱/大豆带状复合种植+大头菜'周年轮作栽培模式研究与示范"等6个农业、生物医药项目获得省级支持。自流井区、沿滩区、大安区、贡井区、富顺县、荣县4区2县实现科技特派员全覆盖。推动农业科技示范基地建设，评选认定自贡市首批农业科技示范基地8个，每个基地给予补助经费支持5万元。推动"四川科技兴村在线"平台自贡市本级和大安区、富顺县、荣县分平台建设，全年完成在线咨询量4010条，咨询量完成率达167%。开展科技惠农宣传培训30次，惠及受益群众2.5万人次。

【农村教育】 启动乡村教育改革试点。鼓励各县（区）进行乡村教育改革试点，推进集团化办学，先后建成教育集团43个，共建共享优质教育资源；2023年以来，补充乡村教师400余名，每年派出600余名优秀教师、校长到偏远农村学校支教，选派28名音体美教师"走教"，探索"银龄讲学计划"和"共享教师"资源库建设，建成乡村名师工作室117个，全面推进义务教育学校校长教师交流轮岗，优化城乡教师资源配置；富顺县作为"县管校聘"试点县，探索建立教职工编制的城乡、区域统筹和动态管理，促进城乡师资均衡配置。

优化乡村学校布局规划。按照"小学向乡镇集中，初中向中心城镇集中"原则，在办好必要的乡村小规模学校的前提下，适当整合、撤并小、散、弱乡村小规模学校，全市实施中小学新（改、扩）建项目54个，撤销合并中小学（教学点）56个，学校布局不断优化。

【农村文化】 开展群众性精神文明创建活动。6个村镇、12个单位通过四川省文明办第六届四川省文明村镇、最佳文明单位测评考核。开展新时代乡风文明建设十大行动，评选"乡村振兴"等"最美家庭"36户、盐都乡贤10名，打造"荣州乡贤"等乡风模范宣讲品牌；组织开展全民阅读、全民艺术普及进乡村活动200余场次，服务乡村群众9万余人次。开展"文明村镇创建巡礼"主题宣传活动，共收集全市优秀案例11个，向省上报送优秀案例5个；全市177个市级以上文明单位与村（社区）持续开展"携手文明实践　共建文明盐都"结对共建。

组织开展"文化铸魂润村"行动。市委宣传部会同市农业农村局、市文化广电旅游局在调研的基础上，与乡村文化振兴样板村镇、"和美共富"精品村统筹考虑，研究制定《2024年"文化铸魂润村行动"工作方案》，方案明确挖掘传承乡土文化、丰富公共文化供给等5项任务，并建立定点联系16个重点村的工作机制。

组织开展四川省第四届乡村文化振兴魅力竞演大赛自贡分赛区活动。举办四川省第四届乡村文化振兴魅力竞演大赛自贡分赛区活动，以"魅力村镇、乡土文化能人、乡村代言人"为参赛题材，通过"线上视频展演+线下现场竞演"的方式，推选魅力村镇、乡土文化能人、乡村代言人参加以"四川潮"为主题的四川省第四届乡村文化振兴魅力竞演大赛。

【农村卫生】 坚持以体系建设为抓手，优化医疗资源配置，因地制宜调整乡、村两级机构，乡（镇）卫生院和社区卫生服务中心、村卫生室和社区卫生服务站数量较调整前分别减少17.9%和10.5%，破解了乡村医疗卫生“小散弱”难题。实质性推动4个紧密型城市医疗集团“六一体”“六协同”建设和2个紧密型县域医共体“八统一”建设，牵头医院帮扶基层机构建成一批眼耳鼻喉、微创普外、中医肛肠等特色科室，新开展血液透析、无痛胃肠镜等服务项目，基层诊疗量占比57.2%，高于全省平均水平。抢抓乡村振兴和公立医院高质量发展机遇，建齐县级急诊急救“五大中心”，建设县级临床重点专科28个。全市1407个村卫生室中能提供4类以上中医药适宜技术的1106个，占比78.6%。

坚持以资源供给为核心，统筹推进公立医院改革与高质量发展示范项目和紧密型县域医共体建设，下达配套资金4800万元，重点保障县域医疗卫生次中心、社区医院等基础设施补短、关键设备配齐升级，为12个县域医疗卫生次中心配齐救护车、CT、电子胃镜等关键设备。推行“岗编适度分离”体制改革，科学制定岗位需求，持续通过柔性引进、退休人员返聘、对口帮扶等方式拓宽基层人才引进渠道，通过紧缺人才、县招乡用方式引进业务骨干30余人。投放招聘岗位34个用于大学生乡村医生专项计划，招聘大学生村医2名，村卫生室一体化管理率达80.2%。

【农村法制建设】 全市升级打造乡（镇、街道）公共法律服务工作站90个。全部建成规范化司法所，其中建成省级规范化司法所50个、省级“枫桥式”司法所6个。荣县双石司法所、贡井艾叶司法所等8个司法所被评为全国模范司法所，艾叶司法所、桥头司法所被司法厅、农业农村厅联合命名为“服务乡村振兴示范司法所”。全市有村（社区）公共法律服务工作室986个，建成率100%。全市197名律师和62名基层法律服务工作者组成村（社区）法律专家库，村（社区）全覆盖配备“一村（社区）一法律顾问”。

坚持和发展新时代“枫桥经验”，加强社会矛盾纠纷多元预防调处化解，印发《自贡市坚持和发展新时代“枫桥经验”深入开展矛盾纠纷“大起底大排查大化解”专项活动方案》，开展突出问题滚动排查，累计排查省、市、县、乡四级矛盾纠纷24693件，整体化解率达99.12%，防止出现重大涉稳（案）事件和“民转刑”“刑转命”个人极端（案）事件。

开展“六无”平安村（社区）创建活动。按照标准，召集法院、检察院、公安、司法等相关部门对照评选内容，择优向省委政法委推荐省平安乡镇（街道）4个、省“六无”平安村（社区）12个。

持续推进农村扫黑除恶常态化。建立完善“八大机制”，制定并印发《2023年全市常态化开展扫黑除恶斗争工作要点及责任分工方案》，将农村扫黑除恶常态化工作纳入工作要点，明确责任，并将农村扫黑除恶常态化工作涉及的重要内容纳入《2023年以市域社会治理现代化为抓手推动新一轮平安中国建设示范市创建实施方案重点任务清单》同步推进，确保上下联动。针对农业农村系统行业8大重点5大领域，加强行业乱象整治，铲除黑恶势力滋生土壤。

依法打击侵害农村妇女儿童权利的违法犯罪行为。成立“自贡市反对拐卖人口行动工作联席会议制度”，通过《全市公安机关打击整治侵害未成年人违法犯罪专项行动行动方案》《自贡市公安机关被拐卖及失踪儿童快速查找和解救工作规范》《自贡市打击性侵专项行动工作方案》。对教职员工性侵犯罪坚持“三个第一时间”办案原则，最快速度、最大限度体现打击效果，形成性侵犯罪“发必破”“发即破”的严打高压态势。对单独授课的校园课室、隐蔽街巷等部位，全面升级视频监控设施。组织刑警、督察、治安等警种部门对已破案件进行复盘，对未履行强制报告制度的单位和个人开展责任倒查，就治安乱点、治理漏洞发出公安提示函，推动责任落实、源头管控。全市共发生侵害农村妇女儿童权利的刑事犯罪案件36起，全部告破，遏制了该类犯罪。

【农村交通】 全市普通公路里程突破10000千米。荣县创建为“四好农村路”省级示范县，实现“四好农村路”省级示范县全域覆盖。建设撤并建制村畅通工程484.6千米，乡村振兴产业路、旅游路项目130.8千米，自然村（组）通硬化路工程114.7千米，村道安防工程208.5千米。

【涉农招商引资】 全市有3000万元以上的农业招商引资重大项目20个，均为内资项目，分别与上年持平和比上年减少39%；项目总投资34.83亿元，比上年减少39%（见表5）。协议资金34.83亿元，减少1.16%。

【农村社会保障】 印发《关于调整城乡居民最低生活保障和特困人员基本生活标准的通知》，将全市农村低保标准由480元/月调整至540元/月，较调整前提高12.5%。印发《自贡市最低生活保障扩围增效实施方案》，规范低保准入门槛，加大特殊困难群体救助力度，明确残疾人供养费和财产豁免机制，规范种养成本、因残、因病、因教育、照护等刚性支出扣除标准。全年累计保障农村低保对象138.45万人次，新增农村低保对象22732人；支出农村低保资金30146.94万元。印发《自贡市低保边缘家庭认定实施办法》，在重病、重残（含三级智力、精神残疾人）基础上，将新增低保边缘家庭中的65周岁以上失能失智老人参照“单人户”纳入低保，截至2023年年底，已认定农村低保边缘家庭6440户13145人。印发《自贡市临时救助审核确认细则》，细化救助类型为“急难型”和支出型，规范救助程序，提高救助标准，全年累计对农村困难群众实施临时救助8236人次。全面建成并应用自贡市低收入人口动态预警监测平台和社会救助综合服务平台，定期与市乡村振兴局、市人力资源社会保障局、市教育局等部门

表5　2023年自贡市3000万元以上招商引资项目表

项目	总投资（亿元）	投资内容	投资方	项目进度
龙潭将军产业物流综合示范园区项目	1.000	项目占地面积约480亩，整理土地420亩，新建容量约14800吨的气调保鲜库，建筑面积3160平方米；新建容量约5200吨的冷冻库体，建筑面积1040平方米；新建果蔬加工厂1120平方米；改建农副产品分拣服务中心720平方米；将关上砖厂砖窑改造为园区综合服务中心2700平方米、电商直播中心200平方米、多功能会议培训中心360平方米、特色农产品展示中心400平方米等综合服务中心，综合办公楼300平方米及其他相关配套附属设施建设	重庆客商王胜蓝	已注册成立四川六房村农业发展有限责任公司，项目气条库已部分搭建完成，综合办公用房已建设完成，有序进行配套设施建设
四川种业集团（自贡）优质大豆种业基地项目	10.000	项目总投资额约10亿元，拟在四方面开展合作：一是共建16万亩四川大豆种业基地，打造南方大豆育繁推中心；二是共建大豆种业产学研基地；三是共建种子加工储藏基地；四是共建农业全链服务企业，构建覆盖西南的社会化服务体系	四川省现代种业发展集团有限公司	项目已履约，注册本地公司，已开工建设
优质果蔬种植采摘示范基地项目	1.000	项目拟建在龙潭镇中坝村，项目占地约500亩，引进优良番茄、草莓、葡萄等各季节优质果蔬经济作物，新建优质高产果蔬种植、采摘示范基地项目，整理320亩高标准土地并配套建设灌溉设施，新建高标准日光温室3个，新建蔬菜设施栽培钢架大棚210亩，配套完善产业便道8.7千米，同步拓展农耕文化体验、农业生态环保、文化传承等新型功能	威远客商刘元平	已注册成立四川鹏源达农业发展有限公司，已开展果蔬种植作业，进行配套设施建设
忻宏肉兔标准化养殖基地项目	0.564	项目选址在大安区庙坝镇，总占地面积约2500亩，主要建设兔舍10400平方米，兔仔保育舍5400平方米，办公楼900平方米，员工宿舍、沼气池等，购置自动化控制设备2套、钢制格栅500套、污水提升泵2台、普通兽医器械20套、紫外线灯及消毒室配套设备等	内江客商陈淑辉	项目已签约，有序办理开工手续
成都祥虹（自贡）金星农业示范园项目	10.150	用地面积约400亩，一期主要建设高标准现代化育苗温室，主要种植彩色油菜、中稻、再生稻，培育各种观赏花卉、蔬菜等，建设采摘游玩基地及肉鸡家禽养殖基地；二期主要建设技术培训研学中心、农耕文化研学基地（内含温控大棚）、观光体验中心、乡村旅居、民宿，配套建设商务会议中心、康养中心及健康跑道、停车场等	成都祥虹园艺有限责任公司（成都）	项目一期已流转土地种植高粱
富顺县胜天农旅综合体建设项目	0.600	项目占地面积约1250亩，其中建设柑橘、李子种植采摘园600亩，主要种植爱媛、沃柑、蜂糖李、脆红李、秋姬李；建设蔬菜种植区650亩，主要种植蘑菇、高粱、蒜薹、冬瓜等；建设产业道8千米；建设农家乐1个，建筑面积2500平方米；建设农产品初加工厂1座，建筑面积4500平方米	泸州客商冯衫衫	建设完成，已投产

续表1

项目	总投资（亿元）	投资内容	投资方	项目进度
荣县存栏10万羽蛋鸡养殖基地建设项目	0.500	新建15000平方米现代化蛋鸡养殖场1座（含新建1000平方米有机肥加工厂1座），采购安装相关设施设备，配套完善粪污收集处理、雨污水管网、道路等附属设施建设	河南客商焦兆星	完成鸡舍及附属设施建设，已投入使用
荣县双古镇金子山综合养殖场建设项目	1.100	新建猪舍5栋，占地面积9560平方米；新建羊舍3栋，占地面积5440平方米；新建兔舍2栋，占地面积1880平方米；新建辅助设施用房二栋1410平方米	成都客商张蓉	进行猪舍（完成1栋并已投入使用）、兔舍建设
自贡肉兔规模化养殖基地项目	1.000	新（扩）建标准化肉兔规模养殖场2个、标准化兔舍24000平方米，安装金属兔笼风机湿帘温控设备机械清粪设备及粪污收集、处理、利用等设施	成都客商吴本成	已注册成立自贡市卯安农业发展有限公司，建设基础设施，采买设备
荣县有机果蔬产业园建设项目	1.100	项目位于荣县古文镇，拟流转土地5000亩，实施坡改梯5000亩，进行大头菜、马铃薯、辣椒等有机蔬菜种植，建设管网12.5千米，新建机耕路8.32千米、排灌渠4.32千米、产业道路8.56千米、蓄水池5个，新开挖养殖沟240千米，配套建设有机蔬菜初加工厂和货场等相关附属设施	浙江返乡自然人邓继锋	完成700亩土地流转及蔬菜种植，修建初加工厂房，并已投入使用
富顺县飞龙镇惠福现代农业示范项目	0.600	项目计划流转土地800亩，建设标准化桑园，栽植改良桑树，新建现代化大蚕棚、小蚕共育室，配备自动补湿设备和切桑机，配套建设浇灌系统，硬化田间生产便道等相关基础设施	凉山州客商林向军	已完成大蚕棚修建、标准化桑园建设，已完成栽植改良桑树、田间生产便道硬化，并建设完成小蚕共育室
自贡蓝和蛋鸡养殖场建设项目	0.500	项目计划总投资约0.5亿元，总建筑面积约10000平方米，其中新建厂房6000平方米，新建业务用房及食堂1000平方米，新建库房3000平方米；新建产业道路3.4千米；新建500立方米蓄水池1口；购置鸡粪处理设备2套、鸡舍配套设施设备4套；配套建设场区绿化（含产业道路两旁绿化）及室内外排污管网等附属设施	成都客商姚珍	项目已履约，注册本地公司，已开工建设
荣县川南育苗中心建设项目	1.100	项目位于荣县鼎新镇，一期流转及整理土地3000亩，建设高标准现代智能化育苗大棚，培育花菜苗、茄子苗、丝瓜苗、苦瓜苗、番茄苗等品种，新建排灌渠、灌溉渠，整治山坪塘、囤水田、硬化田间生产道等；二期建设多功能农事服务中心、集散中心、冷藏冷冻库房、研学基地、电商孵化基地、停车场、办公场所等	内江客商刘志强	已完成现代化智能育苗大棚（2座）、播种生产车间、水肥机房建设
荣县肉兔养殖基地建设项目	2.000	项目位于荣县新桥镇，新建14个标准单层养殖单元和楼栋式标准生产单元，配套建设专业缓冲洗消间及粪污处理系统	乐山客商曾安定	进行配电室及兔舍基础施工建设

续表2

项目	总投资（亿元）	投资内容	投资方	项目进度
成都大美种业（自贡）种业基地项目	0.500	项目计划总投资约0.5亿元，占地面积约2785亩，主要进行道路硬化23.1千米，修建生产、生活便民道22.5千米；田坎硬化加高、加宽228千米；修建蓄水池57口，建设长2250米、宽1.2米的进（排）水渠。开展大豆、玉米、水稻等品种研发；补充育种信息化管理系统、"四情"检测管理、水肥一体化管理系统，种子科研器、无人机打药、赶粉、插播一体机等部分关键科研、制种仪器、设备及农机，开展适宜的大豆科研材料对比筛选和新品种审定试验、制种	成都大美种业有限责任公司（成都市）	项目已履约，注册本地公司，已开工建设
蚕桑种养产业基地项目	0.500	项目位于富顺县安溪镇，计划流转土地约800亩，栽植改良桑树，配套建设浇灌系统、山坪塘等；新建小蚕共育室、标准化大蚕棚进行蚕桑培育，并配套智能化控制系统，新（改）建产业道路等相关基础设施	成都客商赵娟	已完成小蚕共育室建设，标准化大蚕棚主体已基本修建完成，有序进行蚕鹏外围工程施工、栽种桑树苗
邓井关街道生猪养殖基地项目	0.600	项目位于富顺县邓井关街道，拟占地约30亩，建设标准化猪舍、猪配怀室、分娩室等，新建标准洗消中心，配套建设标准洗消设施设备，安装粪污处理、饲料加工等基础设施设备，新建产业道路2.4千米	资阳客商李冬梅	建设完成，已投产
富顺县骑龙镇规模化鸡场建设项目	0.500	项目拟占地30亩，新建20个单元鸡场，长80米以上，宽12～13米，为轻钢结构；新建砖混结构库房；新建设备用房。采购全自动投料设备、淋雨设备、升温锅炉、降温设备等配套设施设备	内江客商尹杨	项目前期准备
富顺县古佛镇油茶营造林及木材加工厂建设项目	0.520	计划种植油茶林3000亩，进行开垦、整地、挖沟、土壤改良、种植等；修灌溉渠1000米，架设灌溉设施；新建防火通道18.1千米，新建防火水池31个、排水边沟等，安装视频监控系统7套，修建道路护栏以及其他相关附属设施等；新建小型木材加工厂1个，配套建设设备购置、水电气安装等附属设施	泸州博良商贸有限公司	已完成华福村、田边村、凤仪村油茶种植场地平整及全部木材砍伐、开垦及整地，完成木材加工厂生产设备安装，开始栽种油茶林，修建灌溉渠
自贡玉寺山桃花谷农旅项目	1.000	项目总投资约1.08亿元，占地面积1800余亩，新建3200平方米旅游接待与综合服务中心，提供游客服务和停车、餐饮、商品等服务；新建生态休闲度假区，其中民宿2500平方米，栽种桃树、李树600亩，为游客提供旅游、休闲、度假服务；新建水上娱乐区150亩，其中包括筑坝蓄水、临水长廊、休息平台和垂钓木屋等；新建农家乐接待区，建设集餐饮、住宿、娱乐于一体的具有典型乡土气息的农家小院；新建办公用房800平方米及水电气安装、绿化、安全、环保、消防及基础设施	山东客商刘奎彪	项目进行前期手续办理工作

开展数据比对，实现数据共享常态化。截至2023年年底，系统在监测低收入人口23.8万人，其中农村低保对象12.37万人。印发《关于推行“网格+困难群众主动发现”工作机制的通知》，搭建“网格化+社会救助”联网平台系统，推动困难群众主动发现纳入网格化管理服务体系。在各村（社区）设立1名社会救助协理员，发挥网格员、儿童福利督导员、社会救助协理员作用，集中摸排重病、重残等特殊群体，及时将符合条件人员纳入保障范围。全年累计摸排农村困难群体1.05万人，其中纳入低保3750人。

实施全民参保计划，全市居民医保参保人数215.3万人。居民医保待遇水平不断巩固提升，全市居民医保普通门诊、门诊慢特病、住院就诊人次分别为126.93万人次、44.79万人次、62.34万人次，基本医保支付金额分别为5935万元、5553万元、177996万元。大病保险补充保障作用持续发挥，全市享受大病保险待遇9.22万人次，大病保险赔付22734万元。医疗救助托底作用不断夯实，医疗救助基金实现市级统筹，全年救助贫困人口51.61万人次，救助金额达28002万元。

【农村生态建设及环境保护】 农村生活污水治理。以“千村示范工程”项目为抓手，加强生活污水处理设施日常管理和问题排查整改，发现问题并完成整改54处。完成40个行政村生活污水治理，推行农村生活污水处理设施第三方运维模式，174个设施交由专业机构运维，设施运行效率大幅度提升。2023年，全市农村生活污水得到有效治理的行政村占比达75.6%。

持续推进集中式饮用水源地环境保护规范化建设，累计建成隔离防护网10000余米、电子围栏30000余米、生态浮床约4500平方米、湿地50余亩，种植生态涵养林30余亩，新增视频监控设施3套。

完善农村生活垃圾收运处置体系，全年累计投入1.3亿元开展农村生活垃圾治理，收运处置农村生活垃圾约19.5万吨；有农村保洁人员7885人，垃圾集中收集点19286个，垃圾转运站45座，垃圾收集、保洁车辆554辆，转运车辆196辆，100%的行政村生活垃圾得到治理，实现垃圾收运处置体系全覆盖并平稳运行。

农业农村面源污染防治。统筹乡村振兴、农村人居环境整治，持续开展农村“厕所革命”，全年投入中央财政资金3677万元，完成87个村21035户农村户厕改造。推广测土配方施肥、绿色防控等减量增效技术，示范带动全市化肥农药使用量持续保持负增长。健全农业固体废弃物回收利用体系，推进农膜科学使用、秸秆“五化”利用，农膜回收率达85.2%，秸秆综合利用率保持在90%以上。制定《水产养殖尾水“一户一策一责”管理指南》，开展“三池两坝”、生态沟渠、鱼菜共生生态浮床等尾水处置设施建设，推动渔业绿色循环发展。

【农产品质量安全监管】 持续巩固提升省级农产品质量安全监管示范市成果，加强监管、专项整治、执法检查和风险监测等工作，推进食用农产品“治违禁　控药残　促提升”三年行动，开展春季农资专项执法检查、农资打假暨农产品质量安全专项整治、生猪违规调运、水产养殖业执法专项行动，出动执法人员3755人次，检查种子、农药、兽药等农业投入品单位5739家次，生猪养殖、屠宰等企业400余次，办理农产品质量安全案件18件。种养殖环节开展农产品质量监督抽查305个，检出不合格产品8个，全部立案查处，移送公安机关2件。开展农产品质量安全风险监测，全市完成种植业产品、畜禽（蜂）产品、水产品等例行抽样3000个。开展省级农产品质量安全例行监测663个，监测合格率达98.9%，确保了全市农产品质量安全。

【农村市场体系建设】 鼓励辖内银行机构打造农民工综合服务站，推动农民工综合服务站与农民工服务中心、人社、医保等部门合作，推进便民服务下沉、数字化建设进村，初步解决了金融服务“最后一公里”的难题。全年累计打造农民工综合服务站106个、省级农民工综合服务示范站4个、社银一体化网点30个，交易25.55万笔，交易金额0.66亿元。

加强乡村振兴领域金融服务，推广“支小惠商贷”“助农振兴贷”等财金互动政策产品，出台《金融支持全面推进乡村振兴的工作方案》《自贡市金融支持建设新时代更高水平“天府粮仓”工作方案》，印发《做好春耕生产金融服务的通知》，持续推进“送码入户一键贷款”专项活动。全年新增涉农贷款60.88亿元，全市金融机构涉农贷款余额563.19亿元，增长12.09%，其中农村基础设施贷款余额78.84亿元，增长36.88%。截至2023年年底，全市银行乡（镇）营业网点共有ATM机具503台，新增乡（镇）网点ATM机具3台、助农取款服务点1160个，全年累计交易234.27万笔、金额78643.97万元。

持续助力农业保险高质量发展。2023年，全市农业保险实现原保险保费收入1.21亿元，赔付支出1亿元，其中政策性种植险实现原保险保费收入5051.97万元，为208.68万户次提供风险保障12.14亿元，赔付支出2572.36万元。组织抓好春耕备耕保险承保工作，提高两县三大主粮作物完全成本保险覆盖面。2023年，全市共实现水稻、玉米完全成本保险保费收入3025.07万元，承保面积68.05万亩；财政农险承保规模指导亩数65.9万亩，承保完成率103.26%，累计为18.12万农户提供风险保障金额6.73亿元。鼓励支持农业保险产品创新，推动地方财政水果（柑橘）种植保险落地荣县，完善自贡地方特色农业保险产品，首单实现保费收入26万元，为1300亩柑橘种植园提供520万元的风险保障。

【农村留守家庭(儿童、学生)帮扶】 元旦、春节期间,为全市1200余名(个)留守儿童、困难妇女、留守妇女家庭等送去价值20余万元的物资。发放“春蕾计划”助学金6.82万元,惠及80名困难女童。根据《自贡市民政局关于开展2023年暑期农村留守儿童关爱服务的通知》要求,全市共组织动员专(兼)职儿童督导员92名、儿童主任1054名与3851名农村留守儿童结对,为其提供关爱帮扶服务,并建立帮扶台账。

实施“童伴计划”项目。聚焦留守儿童现实问题,推动“童伴计划”项目被纳入市委、市政府民生实事项目,新建“童伴之家”50个,全市持续运行“童伴之家”199个。选聘“童伴妈妈”199名,走访摸排留守儿童,全年“童伴妈妈”线下摸排走访7042次,建立5824个留守儿童动态台账,帮助其解决返校协助、大病救助等需求74例,发现留守儿童受侵害线索1条,并按照强制报告制度要求与相关部门对接。

实施“盐都·阳光成长”项目。针对未被纳入政府保障的159名事实无人抚养儿童,争取海南成美慈善基金会等各类资金27.56万元。共派出志愿者480人次为全市4区2县的事实无人抚养儿童提供“一对一”陪护服务240次。

【劳务开发与返乡创业】 全市农村劳动力总量130.61万人,转移就业98.63万人,其中省内就业56.91万人、省外就业41.72万人。推进县、乡、村三级劳务服务体系建设,累计建成国有劳务公司4家、劳务专合社25家,培育劳务经纪人489名,建成培育率达60%。自贡市腾鑫劳务专业合作社被选树为四川省第一批明星劳务专业合作社,张里平、程小华2人被选树为四川省第一批金牌劳务经纪人。以打造“1+2+N”创业孵化体系为目标,逐步形成以川南创新创业活动中心为龙头、2家省级创业孵化基地为骨干、多家市级区域特色基地为基础的孵化平台载体布局。搭建创业平台,鼓励和扶持农民工回乡创业,累计发放创业担保贷款近1.52亿元。大安区何市镇、富顺县狮市镇获评“首批四川省返乡入乡创业示范乡镇”,自贡市沿滩区高新技术产业园区、富顺纺织服装产业园获评“首批四川省返乡入乡创业示范园”。2023年,全市返乡创业1438人,创办企业364家,实现总产值1.43亿元,吸纳就业1739人。

【农村大事记】 1月1日,全省首部畜禽养殖污染防治地方性法规《自贡市畜禽养殖污染防治条例》正式实施。该条例共5章、24条,主要涉及污染担责、养殖专业户污染防治配套设施建设、散养户污染防治设施建设、养殖要求等内容。条例于2022年6月24日经市第十八届人大常委会第四次会议审议通过,2022年7月28日经四川省第十三届人民代表大会常务委员会第三十六次会议审议批准。

2月14日,全市2个县(区)2个镇20个村入选2022年度四川省乡村振兴先进名单。其中,荣县为乡村振兴先进县(区),大安区为乡村振兴成效显著县(区),贡井区建设镇、富顺县代寺镇为乡村振兴先进乡镇,自流井区荣边镇干塘村等16个村为乡村振兴示范村,贡井区龙潭镇将军村等4个村为乡村振兴重点帮扶优秀村。

3月1日,大安区入选全国深化农村集体经营性建设用地入市试点地区名单,为全省19个入选地区之一。

4月11日,自贡市百亿级肉兔全产业链项目研讨会召开。会议由国家兔产业技术体系、市城投集团共同主办,中国农业大学教授秦应和等10余位科学家参会。参会人员实地考察了荣县旭阳镇及沿滩(西南)食品工业园区,了解项目拟选址现场,就项目规划、功能布局、生物安全、消毒防疫、引种繁育、建设选材、农旅融合等课题开展专题研讨论证。

5月14日,自贡市等4个市获得省委、省政府政策支持。根据省委、省政府《关于支持川中丘陵地区四市打造产业发展新高地加快成渝地区中部崛起的意见》精神,自贡市与遂宁市、内江市、资阳市在发展先进制造业、现代农业、文化旅游、商贸物流等方面获得政策支撑,提出到2027年产业发展新高地建设取得明显成效、到2035年成为成渝地区现代化建设活跃的新兴增长极的发展目标。

6月9日,贡井区大头菜品牌“龙须淡口”被纳入首批“天府粮仓”省级公用品牌,为全市唯一入选品牌。“龙须淡口”大头菜由自贡市泰福农副产品加工厂生产,2016年获得第十四届中国国际农产品交易会金奖,2017年入选农业农村部“名特优新”产品目录。

7月,全市2个镇入选首批国家农业产业强镇名单。该名单由农业农村部办公厅、财政部办公厅公布,全省57个乡(镇)入选,包括荣县双古镇(茶叶)、大安区何市镇(肉鸡)。

9月12日,荣县铁厂镇黑观音村入选由农业农村部公布的2023年中国美丽休闲乡村名单,为全省12个入选村之一,全国共计256个村落入选。

10月10日,全省再生稻生产现场观摩会在富顺县召开。会议总结了近年全省再生稻生产取得的主要成效,安排部署再生稻生产发展相关工作,自贡市与富顺县相关负责人在会上作交流发言。参会人员先后到富顺县古佛镇凤仪村、童寺镇西湖村、代寺镇李子村实地观摩再生稻机收蓄留试验、品比试验、规范栽培高产创建现场及再生稻京东农场应用场景等。

11月,全市首个“村BA”(村级篮球联赛)在富顺县举行。该赛事为5人制篮球赛,全县15个乡(镇、街道)的16支队伍完成48场比赛,最终富世街道一队获得冠军。

12月5日,2023年全省乡村文化振兴现场推进会在富顺县召开。会议总结了全省乡村文化振兴“百千万”工程阶段性工作，宣布2023年乡村文化振兴省级样板村镇名单，交流乡村文化振兴样板村镇建设经验，部署2024年乡村文化振兴重点工作。参会代表实地参观了富顺县赵化镇、狮市镇马安村，富顺县相关负责人在会上作交流发言。

【主要领导人】 市委书记：曾洪扬；市人大常委会主任：谭豹；市长：石钢；市政协主席：王猛；分管农业副市长：龙腾鑫(6月止)，韩明祝(6月始)。

自贡市编写组

自流井区

【基本情况】 2023年，全区辖3镇9个街道29个村67个社区，辖区面积159.28平方千米。年末户籍总人口37.74万人，其中乡村人口6.27万人、城镇人口31.47万人。全年出生人口1693人，人口出生率4.49‰；死亡人口1764人，人口死亡率4.67‰；人口自然增长率-0.18‰。常住人口47.8万人，常住人口城镇化率94.21%，比上年提升0.4个百分点。林地面积4513.41公顷，占全区辖区总面积的28.75%。国家级公益林面积1407.47公顷、省级公益林面积217.2公顷，重点商品林面积820.69公顷、一般商品林面积2067.87公顷。森林面积4249.77公顷，活立木蓄积量20.2万立方米，森林覆盖率27.07%。

2023年，全区实现地区生产总值457.23亿元，按照可比价格计算，增长6.6%，其中第一产业增加值8.73亿元，增长4%；第二产业增加值105.11亿元，增长5.6%；第三产业增加值343.38亿元，增长7%。三次产业结构比由2022年的2.1∶27.3∶70.6调整为1.9∶23∶75.1。三次产业对全区经济增长的贡献率分别为1.4%、20.1%、78.5%。

全社会固定资产投资比上年增长3.1%，其中民间投资增长42.9%。社会消费品零售总额109.13亿元，比上年增长0.1%，其中城镇消费品零售额100.24亿元，与上年基本持平；乡村消费品零售额8.88亿元，增长0.6%。

有中小学22所，在校学生2.21万人，专任教师1376人，其中幼儿园35所，在园幼儿4077人，学前教育三年毛入园率97.33%；小学14所，在校学生1.26万人，小学学龄儿童净入学率100%；九年一贯制学校3所、纯初中学校1所，在校学生1798人，义务教育巩固率100%；普通高中2所，在校学生2603人；中等职业学校1所，在校学生764人；特殊教育学校1所，在校学生243人（含71名特校中职学生）。有医疗卫生机构（包括属地市级部门）178个，其中医院10个，专业公共卫生机构7个，乡（镇）卫生院（中心卫生院）4个，社区卫生服务中心（站）6个，村卫生室37个，诊所、卫生所、医务室、门诊部112个，其他卫生机构1个；病床位5140张，其中医院病床位4872张、基层医疗卫生机构病床位233张、专业公共卫生机构病床位35张；卫生技术人员6609人，管理人员474人，工勤人员422人，乡村医生43人。全年医疗卫生机构总诊疗人次468.25万人次。

【年度农业和农村经济运行】 2023年，全区农村常住居民人均可支配收入增长7.1%，农村常住居民人均消费支出增长6.6%。促进教育普惠发展，新（改、扩）建城乡学校4所，18所学校完成“互联网+明厨亮灶”改造。举办文化惠民活动90场次，获得四川省“百城千乡万村·社区”五人制足球联赛金牌。

【种植业】 全区粮食作物播种面积5873.33公顷，减少1.83%；油料作物播种面积3000公顷，增长3.2%；蔬菜及食用菌种植面积3440公顷，增长2.8%。粮食产量3.1万吨，增长1.95%；油料产量0.79万吨，增长2.24%；蔬菜及食用菌产量11.74万吨，增长6.6%。

【养殖业】 全年猪出栏6万头，增长1.51%；牛出栏0.07万头，增长1.06%；羊出栏1.03万只，增长0.32%；家禽出栏107.97万只，增长1.25%。全区猪（牛、羊、禽）肉产量0.62万吨，增长5.93%，其中猪（牛、羊）肉产量0.46万吨，增长8.32%。水产品产量0.43万吨，增长4.04%。

【乡村振兴】 落实“藏粮于地、藏粮于技”战略，推广“一田两用、一地双收”复合种植模式，恢复耕地1235亩，统筹调配灌溉水源13万立方米，实现播种面积稳定、产能提升。连片打造高效特色农业带1020亩，稻粱园区创建为省三星级现代农业园区。推进和美乡村建设，花满盐都、红色美丽村庄等项目加快实施，申报国家级第二轮土地承包到期后再延长30年试点，打造宜居宜业和美乡村标杆村3个，荣边镇尖山村创建为国家级乡村治理示范村。脱贫攻坚成果持续巩固。集体经济发展壮大，年收入超过100万元的村集体达5个。尖山桃花会入选四川省重点乡村文化活动名录，飞龙峡镇草堂村获评“第四批省级乡村旅游重点村”。

【农村社会保障】 全年建成普惠性托育机构1家，打造社区养老服务综合体2个。基本医疗保险参保人数25.77万人，其中城乡居民医疗保险参保人数21.11万人，困难群体基本医疗保险、养老保险实现全覆盖。全年发放低保、特困供养等各类救助补助资金4204万元。

【农村生态建设】 实施水质达标攻坚行动，小流域生态修复、面源污染治理等项目加快推进，釜溪河碳研所断面水质达到Ⅲ类。开展秋冬季大气污染防治专项行动，环境空气质量优良天数达264天。

中央、省生态环境保护督察移交(反馈)问题整改完成率达97.23%。

【主要领导人】 区委书记:黄雪智;区人大常委会主任:刘忠明;区长:刘杰;区政协主席:黄敏;分管农业副区长:邓航。

自流井区编写组

贡 井 区

【基本情况】 2023年,全区辖7镇1个街道,辖区面积410平方千米,其中耕地面积1506.93公顷、永久基本农田面积1.47万公顷。年末户籍总人口27.34万人;人口出生率3.97‰,减少0.52%个千分点;人口自然增长率-0.93‰。本地水资源总量1.73亿立方米,人均占有水资源量764立方米。有林地面积10323.19公顷,活立木总蓄积量42.73万立方米,森林覆盖率22.83%。

2023年,全区实现地区生产总值165.77亿元,增长6.2%,其中第一产业增加值28.04亿元,增长4%;第二产业增加值59.25亿元,增长5.5%;第三产业增加值78.48亿元,增长7.5%。三次产业对经济增长的贡献率分别为16.9%、35.8%和47.3%。全年接待游客908.54万人,实现旅游收入56.88亿元。

公路通车里程288千米,其中乡村公路107千米。社会消费品零售总额101.2亿元,增长6.6%。地方公共财政预算总收入完成3.96亿元,增长16.6%;公共财政预算总支出22.38亿元,增长17.6%。

有各类学校29所,在校学生20985人,教职工1620人,其中普通中学12所,在校学生8670人;小学14所,在校学生10435人;学龄儿童入学率100%。有卫生机构271个,病床位4534张,卫生技术人员2483人。

【年度农业和农村经济运行】 2023年,全区出台了5条重大决策。实现农业总产值26.31亿元,增长4.5%;全区全年农业增加值达28.57亿元,增长4%;特色优势农产品产量保持稳定增长,增长6.8%。全区农产品质量抽检合格率达99%以上;建成8个基层农业综合服务站。全区主要农产品产量见表1。

【新型农业经营主体】 加快培育新型农业经营主体,新增国家级农民合作社示范社1家、省级合作社3家,新增市级龙头企业2家。全区有农业产业化联合体3个、省级龙头企业3家、市级龙头企业12家、专业合作社203个(其中国家级5家、省级16家)、家庭农场649家(其中省级示范场11家、市级示范场37家、区级示范场76家),形成以龙头企业带动、家庭农场代管代种、专业合作社贯穿全产业链的新型专业化社会化服务组织,不断将小农户引入现代农业发展轨道。全年培育高素质农民78人、农村致富带头人2名,申报命名四川省农业生产社会化重点服务组织(第一批)1户,申报四川省“全程机械化+综合农事”服务中心1个,区、镇、村三级农业社会化服务体系初步构建。加强农业专业合作社示范社监测,开展“千员带万社”行动,初步在7个镇1个街道构建了合作社辅导员体系。村集体与自贡市宏运花生专合社、自贡市尚辉农业有限责任公司、自贡安捷农机专合社等签订产销协议,发展订单农业模式,利益联结机制更加健全。加强惠农

表1 2023年贡井区主要农产品产量

主要农产品	单位	产量	同比增减(%)
粮食	万吨	12.0200	2.12
水稻	万吨	4.9300	-2.00
玉米	万吨	2.3300	1.30
马铃薯	万吨	0.9500	7.50
油菜籽	万吨	2.3000	4.50
蔬菜	万吨	39.6100	4.30
水果	万吨	4.3900	6.70
肉类	万吨	2.7700	—
猪肉	万吨	1.3946	—
牛肉	万吨	0.0123	—
羊肉	万吨	0.0977	—
禽肉	万吨	0.5183	—
兔肉	万吨	0.5712	—
禽蛋	万吨	0.0177	—
水产品	万吨	1.7890	—
牛奶	万吨	1.0576	—

金融支农服务，全年为农业企业和新型经营主体新发放贷款458万元。

【农村改革】 加强农村宅基地管理，全年共审批200户656人，用地总面积33.2亩，占用农用地2.9亩，其中占用一般耕地0.58亩。推进农村宅基地改革，盘活闲置农房400余平方米打造特色民宿“乡聚会客厅”。宣传贯彻《四川省农村集体经济组织条例》，壮大农村集体经济，带动群众增收，实现村集体经济年收入2656.14万元，同比增长19%，其中收入超过100万元的村达5个，50万～100万元的村19个。指导建设镇完善《第二轮土地承包到期后再延长30年试点实施方案》，抓好刘家村改革试点，确保政策平稳过渡。

【种植业】 全年粮食作物播种面积35.6万亩，减少5438亩；产量12.02万吨，增加2500吨。经济作物总播种面积33.56万亩，其中油料作物播种面积18.59万亩；蔬菜及食用菌种植面积14.29万亩，产量39.61万吨，增长4.31%；水果总产量4.52万吨。

【特色农业】 按照“核心示范、辐射带动”的原则，打造“5个百亩田、2个千亩方、1个万亩片”大豆玉米复合种植高产创建示范片、1万亩马铃薯绿色高质高效栽培示范片，蓄留“中稻+再生稻”7.7万亩，种植酿酒高粱4万亩，辐射带动全区粮食生产转型升级，筑牢第一产业根基。

【畜牧业】 全年生猪出栏18.62万头、存栏9.17万头，牛出栏900头，羊出栏6.74万只，禽出栏335.11万羽；肉类总产量2.77万吨，其中猪肉产量1.39万吨、牛肉产量123吨、羊肉产量977吨、禽肉产量5183吨。加强动物卫生监督执法，不定期对屠宰场、养殖场及贩运户进行检查。加强动物防疫检查点管理，立案查处案件6件，其中违规调运1件、应当检疫而未检疫1件、未施加畜禽标识2件、经营假劣兽药1件、随意弃置病死畜禽1件，处罚款0.9819万元，涉案商品猪36头，没收过期兽药30袋、过期注射液168支。

【水产业】 全年水产品产量17890吨，增长3.89%。共出动执法车辆158辆次、执法人员528人次，开展陆上巡查400余千米，开展“清网行动”9次，收缴各类违法渔具150余副，驱离游钓人员580余人次。共查处渔政违法案件11起，另有16起涉嫌犯罪，全部移交至公安机关，涉案人员21人。

建立跨流域跨区域跨部门联动执法工作机制，同相邻区（县）签订《旭水河流域退捕禁渔联合监管协议》，加强农业农村、公安、市场监管等部门联动，严厉打击涉渔“三无”船舶、“电毒炸”、“绝户网”等违法行为，斩断非法捕捞、运输、销售、餐饮等地下产业链和利益链。全年开展联合执法行动34次、巡查61次，出动执法车辆39辆次、执法人员136人次，缴获非法渔具125套；共完成渔政案件处置28件，其中移交公安16件，没收处理渔获物84千克，生态补偿增殖放流约3.5万尾。

【乡村振兴】 示范建设。建成万亩特色产业基地6个，新增市、区级现代农业园区各1个，粮油现代农业园区通过省三星级园区现场考评验收；获得“中国大头菜之乡”称号；成佳镇（大头菜）获评第十二批全国“一村一品”示范村镇；莲花镇白仓村、建设镇重滩村、艾叶镇六房村入选四川省第三批乡村治理示范村。

农业执法。全年查处涉农违法案件36件，检查农资门店527家次，行政调解农资纠纷案件3起，为种植户挽回经济损失2.2万元。开展监督抽检，严把农产品安全关，农产品例行监测合格率达100%。打好长江“十年禁渔”持久战，严厉打击非法捕捞水产品，全年出动执法人员216人次，与公安等部门开展联合执法行动24次，清理非法网具98套，查处非法捕捞案件28件，移送公安机关33人，保护了水生资源环境。

安全生产检查。针对农业行业各领域存在的安全生产风险隐患，及时组织开展隐患排查，结合“迎大运・保平安”集中整治专项行动、2023年农业行业重大事故隐患专项排查整治行动、农业行业安全生产“强安2023”监管执法专项行动等工作，开展渔业船舶、农业机械、农村沼气、畜禽养殖、畜禽屠宰、休闲农业等重点领域安全生产检查，全年共派出检查人员212人次，检查企事业单位72家次，发现并整改隐患52处。

【农业机械化】 农机购置补贴。全年受理322户农户，补贴农机具359台，补贴使用资金30.29万元。

农机服务。全区农机总动力13.19万千瓦，全年完成机耕面积3.91万公顷、机播面积1.18万公顷、机收面积1.45万公顷。推进农机服务领域由传统农业向现代农业拓展，由产中向产前、产后延伸，向薄弱环节种收倾斜。

安全监管。与贡井区交警大队、道安办开展农机交通检查整治12次，检查悬挂外籍号牌变型拖拉机20余辆次，收缴假牌套牌牌照6副，督促强制报废4辆，安排各镇开展农机安全生产节前检查，遏制重特大农机事故发生。

提灌站建设。投入农业水利灌溉资金1104万元，新建农机提灌站5处、改造20处，新增更换管道50千米，促进农业抗旱稳产。

【农村生态建设及环境保护】 人居环境整治。持续深化农村人居环境整治，完成全区7个村2028户农户厕所改造。持续治理农业面源污染，全区畜禽粪污资源化利用率达92.52%。

乡村治理。运用村级事务管理平台“川善治”开展乡村治理，并通过平台推广“积分制”“清单制”等工作；持续实施数字乡村发展行动，发展智慧农业，缩小城乡“数字鸿沟”。莲花镇白仓村、建设镇重滩村、艾叶镇六房村入选四川省第三批乡村治理示范村。

农村生态建设保护。制定全区秸秆综合利用实施方案，全区秸秆综合利用率稳定在90%以上。开展农作物病虫害绿色防控和统防统治。印发《贯彻落实习近平总书记关于在推进乡村振兴上全面发力的重要要求学习运用浙江“千万工程”经验建设宜居宜业和美乡村的实施方案》，创建“盐都乡韵、和美共富”精品村2个、达标村9个。

【主要领导人】 区委书记：张洪涛；区人大常委会主任：李伟；区长：方矛；区政协主席：李平；分管农业副区长：胡启宁。

贡井区编写组

大 安 区

【基本情况】 2023年，全区辖9镇6个街道，辖区面积397.5平方千米，其中耕地面积28.45万亩，比上年增长0.23%；基本农田23.51万亩，比上年增长1.89%。有林地面积5419.133423公顷，森林覆盖率11.71%。

2023年，全区实现地区生产总值201.82亿元，增长6.3%，其中第一产业增加值26.5亿元，增长4.1%；第二产业增加值76.6亿元，增长5.2%（工业产值76.84亿元，增长9%）；第三产业增加值98.73亿元，增长7.9%。劳务输出109200人，收入36.72万元。全年乡村旅游景区接待游客338.51万人次，实现综合收入34.38万元。

公路通车里程1174.4千米（其中乡村公路898.79千米），密度2954米/平方千米、41.498千米/万人。有农业产业化龙头企业省级4家、市级14家。完成省级以上科技成果1项，1项科技成果获得省级及以上科技进步奖。有文化馆1个，公共图书馆1个，博物馆4个。

【年度农业和农村经济运行】 2023年，全区实现农业总产值45.2265亿元，增长4%；全区全年第一产业增加值达26.5亿元，增长4.1%。农民年人均可支配收入增长7.5%。全区主要农产品产量见表1。

【农业产业化发展】 全区在册农民合作社223个，其中国家级农民合作社示范社2个、省级农民合作社示范社9个、市级农民合作社示范社15个、区级农民合作社示范社13个。全年新培育省级、市级、区级农民合作社示范社各1个。

【农村集体产权制度改革】 全区87个行政村均成立村级集体经济组织，27.13万名农民成为村集体成员。做好集体资产清查确权，开展集体资产年度清查，梳理扶贫项目资产、农田建设项目等财政补助资金形成的、应确权到集体经济组织的各类资产。截至2023年年底，全区共清查核实集体资产总额4.38亿元。

【供销合作社改革】 自贡市大安区供销合作社联合社培育市级高质量建设基层社，选定大安区庙坝镇坪上村基层社作为大安区培育的第一个市级高质量建设基层社。结合坪上村蜂糖李及肉鸡、土鸡、土羊、生态鱼养殖等优势及特色产业，以及作为大安区幸福美丽新村示范点、乡村振兴示范点等优势，坪上村基层社以本地优势及特色产业为支撑，围绕“两端”“两网”开展经营服务，重点包括以坪上村基层社为中心点建设全镇农资下乡配送点位，面向全镇及周边镇配送化肥、种子等农资产品。启动农产品回城业务，将坪上村的蜂糖李、土羊、土鸡等优势特色农产品销往市区；依托已建的冻库，为周边农户、经营户提供冷链存储服务。继续开展农技培训、撂荒地整治等工作，已于2023年年底建成并达到市级高质量建设基层社验收标准。

表1　2023年大安区主要农产品产量

主要农产品	单位	产量	同比增减(%)
粮食	万吨	11.34	2.44
水稻	万吨	4.41	−1.16
玉米	万吨	3.26	3.93
马铃薯	万吨	0.51	−1.96
油菜籽	万吨	2.02	2.58
蔬菜	万吨	3.31	7.06
水果	万吨	1.61	8.29
肉类	万吨	3.90	4.56
猪肉	万吨	1.19	8.55
牛肉	万吨	0.11	0.06
羊肉	万吨	0.12	−0.88
禽肉	万吨	1.82	3.07
兔肉	万吨	0.64	4.90
禽蛋	万吨	0.79	1.84
水产品	万吨	1.05	3.80
牛奶	万吨	0.50	1.48

【农产品品牌战略实施】 印发《大安区加快推进农产品品牌建设实施方案》，支持企业开展“三品一标”品牌认证，持续做大做强“大安肉鸡”“长明牌火边子牛肉”等特色品牌，新申报认证13个绿色农产品，申报认证2家有机产品，申报3家GAP认证，申报5个名特优新农产品，初步形成企业品牌、“三品一标”产品品牌、区域公用品牌“天赋大安”融合发展模式，“天赋大安”的知名度、影响力和竞争力不断提升。

【现代农业园区建设】 紧扣粮食安全和重要农产品保供，以肉鸡、粮油为主导产业，结合大安区东西走向空间特征，按照“全域发展、因地施策”理念，梯次打造生产要素高度集聚的现代特色农业园区，同时推行“三区共建”的发展模式，串园成面，实现全区乡（镇）发展带动全覆盖。截至2023年年底，全区共建设11个农业园区，其中国家级产业园1个、省星级园区1个、省级跨区域合作园区1个、市级园区2个、区级园区6个。大安区被评为全省农业园区建设工作推进典型地区。

【种植业】 全年粮食作物播种面积32.3万亩，产量11.3万吨，其中水稻7.9万亩、玉米8万亩、大豆7.5万亩、秋冬马铃薯1.6万亩，恢复种植小麦3000亩。高粱和水稻为大安区农业特色产业，其中高粱订单面积1.3万余亩；国家产业园主导产业为水稻，在园区内建设有8000余亩“中稻+再生稻”高质高效示范片，带动发展再生稻产业2万余亩；油料作物播种面积19.51万亩，其中油菜播种面积13.95万亩，大安区获得2023年中央产油大县奖励资金1000万元，打造“天府油菜”项目；蔬菜种植面积13万亩，年产量32万吨，牛佛镇农科村蔬菜基地申报为出口蔬菜基地。水果种植面积约3.5万亩，产量2万吨，其中柑橘2万亩、规模种植杂柑1万亩、散户老旧柑橘种植面积1万亩；种植李子0.5万亩、葡萄0.2万亩、无花果0.3万亩、桃树0.2万亩、其他0.3万亩。

【畜牧业】 全年出栏生猪16.5664万头，同比增长1.12%；家禽1245.5757万羽，同比增长4.49%；肉牛0.8027万头，同比减少1.89%；肉兔567.3884万只，同比减少1.37%；肉羊7.7902万只，同比减少0.22%。生猪存栏7.2965万头，其中能繁母猪存栏0.7543万头，同比减少8.67%。累计发展肉鸡产业农户557户，累计建棚面积87.56万平方米，配套的种鸡场、孵化场、饲料厂、销售平台、立华粪污处理中心等项目建设全面完成。加快建设立华3万吨冷鲜禽肉加工及仓储冷链物流项目，基本实现该项目全产业链生产。

【水产业】 全区水产品产量10490吨，增长3.8%；实现渔业经济总产值32161.88万元，增长3.14%。完成2022年中央财政成品油价格调整对渔业补助——水产品质量安全抽检项目。修订《大安区禁捕水域休闲垂钓管理暂行办法》，加强长江“十年禁渔”宣传，组织开展大安区2023年“护渔百日联合执法行动”、“渔政亮剑2023”系列专项执法行动，打击非法捕捞。开展水产养殖尾水治理，推进水产养殖业绿色发展，全面取缔烈士堰一级保护区内的水产养殖池（塘）。完成2023年全省农产品质量安全例行抽检（风险监测）6批次、自贡市2023年水产品质量安全专项检测抽检6批次、部级抽检2批次（牛蛙），抽检合格率均为100%。在威远河开展增殖放流，共放流滤食性鱼类鲢鱼苗7万尾、鳙鱼苗3万尾（规格6～8厘米）。

【乡村旅游】 编制《文旅融合发展核心片区旅游发展规划》《何市现代田园农旅融合片区旅游规划专章》等规划；推动大山铺镇创建为天府旅游名镇、三多寨镇徐家村创建为乡村旅游重点村、自贡恐龙彩灯旅游度假区创建为省级旅游度假区。举办以“春赏梨花、夏品美食、秋赏玫瑰、冬采垂钓”为主题的系列文旅活动，三多寨举办“花漾赏古韵·乐享三多情”梨花风筝季暨特色农产品展销会，牛佛古镇开展“以花为谋、以桃为友”桃花季暨美食品览会、龙骨山桃李采摘、“端午美食季”等活动，玫瑰海景区开展春季旅游。逐步扩展放风筝、画国画、写书法、赏花、汉服游园、古镇打卡摄影大赛、祈福等乡村旅游业态。加快三多寨景区、牛佛古镇景区提档升级建设，持续推进集农耕体验、休闲观光、科普研学、健身娱乐、健康养生于一体的农旅融合示范建设。三多古寨完成石板路项目建设并对东门寨墙进行修复，牛佛古镇完成大安区生态观光花海区休闲步道及配套设施项目（龙骨山生态园）建设，青龙湖高端民宿完成建设并投入运营，环湖步道完成整体提升。

【农业机械化】 全区共办理农机补贴申请1690份，受益农户1338户，补贴农机具1690台，总补贴87.89万元。全区投资项目资金5223万元，新建、维修机电提灌站总计41座，保障农业生产用水，提高抗旱能力。召开植保无人机推广现场会，现场演示无人机飞防等农机作业。自贡大山农机专合社在牛佛镇流转土地面积450余亩种植水稻、油菜等农作物，从耕地、播种、病虫害防治、收割、烘干等环节实行全程机械化操作，以点带面，辐射带动全区耕种收机械化面积达75.64万亩，主要农作物耕种收机械化率达69.5%以上。全区有存量变型拖拉机6台，均为外市（州）或外省牌照（车籍所属地），回收号牌和行驶证车辆11辆，发放安全宣传资料240份。

【农产品质量安全监管】 开展农业执法检查、质量监督抽检、农业品牌培育、农资打假暨农产品质量安全专项整治和大（要）案查处，全年共出动执法车辆50余辆次、执法人员260余人次，检查农资经营门店、生产经营主体和肥料生产企业共计150余家次，查处问题36起，立案查处15起，罚款2万元。累计完成定性检测（快检）1.8万余批次，检测合格率达99%以上。共完成定量检测562个批次，省级例行抽样监测合格率为100%。

【农村交通】 全区公路总里程1174.4千米，乡（镇）通三级及以上公路覆盖率

90.91%，农村公路密度为2.954千米/平方千米（位列全市第一），乡（镇）和建制村通硬化路率和通客车率均达100%，乡（镇）物流营运中心建设率达100%。已先后创建为“四好农村路”省级示范县、四川省乡村运输“金通工程”样板县，5月被交通运输厅推荐为交通运输部第三批城乡交通运输一体化示范县创建单位，开展“四好农村路”国家级示范县创建。

【农村生态建设及环境保护】 围绕农村“厕所革命”、农村生活污水治理、农村生活垃圾治理、农业面源污染治理、村容村貌提升五大行动，补齐全区农村人居环境整治基础设施短板。全年完成13个村3550户无害化卫生厕所改造，完成5个行政村生活污水治理“千村示范工程”项目，完成大山铺镇、牛佛镇、三多寨镇的垃圾分类示范片区建设，完成200个生活垃圾分类收集点提档升级。全面实施化肥、农药使用量零增长行动，建立“两减”主推技术及示范区域，已在全区建立化肥农药减量增效示范点11个、农药包装废弃物集中回收点14个，建立化肥使用情况监测调查点58个和农药使用情况监测调查点20个。

【主要领导人】 区委书记：彭长林；区人大常委会主任：肖永忠；区长：唐小华；区政协主席：关义彬；分管农业副区长：周怡。

大安区编写组

沿滩区

【基本情况】 2023年，全区辖2个街道9镇1乡90个行政村22个社区，辖区面积468平方千米。

【农业经营主体培育】 家庭农场。全区注册家庭农场1240个，经营总面积3.54万亩；申报为省、市级示范家庭农场33个，其中省级示范家庭农场15个、市级示范家庭农场17个。在33个省、市级示范家庭农场中，以西瓜、柑橘、花椒、苗木种植业为主的有21个，以水产养殖业为主的有9个，以生猪、肉兔养殖业为主的有3个。

农民合作社。全区有农民合作社217个，经营总面积3.5万亩；申报为国家和省、市级示范社32个，其中国家级示范社2个、省级示范社15个、市级示范社15个。在32个国家和省、市级示范社中，以水果种植业为主的有10个，以花椒、苗木种植业为主的有5个，以粮油种植业为主的有2个，以蔬菜种植业为主的有2个，以生猪、肉兔和蛋鸡养殖业为主的有8个，以水产养殖业为主的有5个。

农业生产企业。申报省、市级龙头企业21家，其中省级5家（全市38家），占比为13%；市级16家（全市112家），占比为14.29%，数量在4区2县中排位第三。在21家省、市级龙头企业中，涉及农产品加工的企业仅有四川太源井醋业有限公司、自贡市博宏丝绸有限公司等7家公司，涉及文化创意的公司仅有自贡天香园林有限公司、自贡永安观音湖农业开发有限公司等3家公司，1家种业公司（四川丰大种业有限公司），剩余的四川平扬农业科技有限公司等10家公司均为发展种养殖农产品的生产企业。

农业社会化服务。初步构建起“区农业社会化服务中心1个+乡农业社会化服务站（点）12个+村农业社会化服务协办员90个”三级职责明确的农业社会化服务体系框架。为统筹做好全区服务组织信息资源发布，经主体自主申报、镇街推荐、区级备案公示，确定13家服务主体被纳入沿滩区农业农村局2023年农业社会化服务组织名录库。农业社会化服务组织为农户、其他农业经营主体提供土地耕整、育秧、栽插、病虫害防治到产品收割全过程的“一条龙”服务，提高了农业生产效率，2023年实现农业生产托管服务面积1.9万亩，服务农户和经营主体2242户。全年完成机收、机播面积2.6万亩，农作物病虫害统防统治覆盖率超过50%，代耕面积2万亩，技术指导2万人次，畜禽防疫23万头（只）。

【现代农业产业园区建设】 自贡市沿滩区花椒大豆现代农业园区2019年被评为自贡市市级现代农业园区，被评为2022年度四川省三星级现代农业园区。该园区紧邻内宜高速金银湖出入口，涉及永安镇4个村44个村民小组，涉及农户4592户、农业人口15418人，面积31335亩（耕地面积16063.1亩）。2023年，园区围绕建设豆椒标准化种植样板区、高质量花椒生产高地、豆椒种植装备现代化示范区、花椒大豆数字农业引领区的发展目标，规划了“1526”的园区建设思路（即“一个扩大、五个提升、两个加强、六大工程”：“一个扩大”即基地规模扩大，“五个提升”即提升标准化、装备化、数字化、产品功能化、景区化，“两个加强”即加强科技支撑和人才培养，“六大工程”即标准化基地提升扩建工程、数字农业体系建设工程、科技创新示范推广工程、豆椒种植装备现代化建设工程、豆椒产业新业态提升工程、豆椒现代农业市场化发展工程）。园区建成花椒产业基地面积8900亩、核心区集中连片种植面积5300亩、大豆种业核心研发基地面积1000亩和原种繁育基地面积5000亩，实现集中连片、高质高效、旱涝保收和宜机作业。园区集良种繁育、标准种植、精深加工、市场销售、展览展示于一体的全产业链完整，一二三产业深度融合，龙头企业引领，建成大型花椒烘干及初加工基地1座，引进西南区域日处理能力最大的循环式带枝烘干设备1

台，有花椒油及花椒复合调味品生产线等。2023年，园区鲜花椒产量5292.67吨、大豆产量1128.58吨。园区内花椒、大豆主导产业产值15832.09万元，其中第一产业产值6195.53万元、第二产业产值4287.06万元、第三产业产值5349.5万元；其他产业总产值5199.94万元，园区总产值为21032.03万元。园区花椒、大豆主导产业总产值占园区总产值的75.28%。园区内4592户农户通过新型农业经营主体与农户建立的联结机制，带动农户3935户，农户带动率达85.7%。园区以花椒、大豆为主导产业，建成花椒基地8900亩，"花椒+大豆"套作面积占基地面积的35.06%。园区建成大型花椒烘干及初加工基地1座，仓储保鲜、冷链物流设施装备配套率达65%，产地初加工量占总产量的96.3%。培育市级龙头企业4家、省级农民示范专合社3家、家庭农场50家。建成花椒新品种试验园120亩、大豆品种试验示范基地1000亩，园区良种覆盖率和科技推广率均达100%。建成市级农业主题公园1个，推广"园区+"模式，农户带动面达80.5%，高于全区农民人均可支配收入25.8%。2月13日，园区被认定为2022年度四川省星级现代农业园区。

基地建设。园区以"花椒+大豆"为主导产业，建成花椒产业基地面积8900亩、集中连片基地面积5300亩、大豆种业核心研发基地面积1000亩、大豆原种繁育基地面积5000亩，"花椒+大豆"间套作面积占基地面积的比重为34.8%。园区总产值21032.03万元，主导产业总产值占园区总产值的75.28%。园区农药包装废弃物回收率、农膜回收率、秸秆综合利用率均达100%。

设施装备。园区"五网"配套完善，配套公共服务平台、智能装备、信息化平台。满足能排能灌、旱涝保收、宜机作业、环境友好、高质高效的基地面积达到园区种植面积的85.06%。园区花椒综合机械化率达79.63%，大豆综合机械化率达45.11%。

产品加工。配套筛选、烘干、储藏等初加工设施，主导产业产地初加工量占总产量的96.5%。培育精深加工省级龙头企业1家。

农业新业态。建成市级农业主题公园1个，全年举办各型节会3次。开展多平台农产品电商销售，月均总时长达80小时以上。培育农民专业合作社14家、家庭农场47家、乡（镇）农业服务中心1家。园区社会化服务覆盖率占产业基地面积的53.56%。

质量品牌。园区有新型农业经营主体合计68家，已有55家入驻国家（省级）农产品质量安全追溯平台，占比80.8%。2023年，园区农产品定量检测合格率达100%。获得"沿滩花椒"地理标志证明商标、绿色食品认证2个。

科技支撑。依托川农大等科研院所组建专家团队，建成花椒新品种试验示范基地120亩、大豆新品种新技术试验展示园1000亩。有专家团队13人，全年在园区开展花椒、大豆育种等技术咨询、培训、服务，有效开展技术服务31天次。园区花椒、大豆良种覆盖率达100%。

组织方式。培育省级龙头企业1家、市级龙头企业3家、农民专业合作社14家、家庭农场47家。推广"园区+"模式，农户带动面达85.7%。

辐射带动。辐射带动周边乡（镇）发展花椒1万亩以上、大豆1万亩以上，辐射带动区域花椒产业单位产出效益高于全区平均产出效益13.76%、大豆产业单位面积产出效益高于全区平均产出效益43.59%，辐射带动区域内花椒、大豆良种覆盖率达100%。

保障措施。编制园区规划，功能布局合理。制定年度推进方案，领导机制健全、管理机构完备、管理运营机制流畅。出台人才、科技等政策，支持园区建设。开展农村产权抵押融资贷款试点，出台乡村振兴农业担保贷款、信贷贴息等园区金融支持措施。2023年，整合投入各类项目资金4000余万元。

率先在全省开展花椒大豆间作试验示范，实现花椒不减产、多种一季豆。建成花椒新品种试验示范基地120亩，开展大豆种质资源挖掘利用、品种比较试验，审定新品种2个，示范、扩繁新品种10余个，大豆育种成效显著。开展草雕主题游园活动、油菜花节等"信步沿滩·美过周末"乡村旅游活动，并在中央电视台媒体宣传报道。

【种植业】 落实粮食安全党政同责，提早谋划春耕备耕，开展抢种、抢收、抢管"三抢"攻坚战，抓好大豆、高粱等粮食作物推广扩面，组织召开区、镇两级春耕生产现场会，全区小春粮食和油菜产量分别为0.92589万吨、2.0541万吨，同比增长2.03%、4.92%。为应对高温干旱影响，有序推进大春粮食生产，播种面积同比减少1.2%，其中大豆播种面积6.536万亩，同比增长7.1%。严格考核奖惩，实现撂荒地动态调整，累计完成高标准农田建设1.49万亩，撂荒地实现全部清零。全区粮食作物播种面积40.935万亩，产量16.54798万吨。完成小春粮食作物播种面积3.9426万亩，产量0.92589万吨；大春粮食播栽面积36.9924万亩，产量15.622万吨。

产业科技提升。推进科技提升产业行动，建成"中稻+再生稻""优质高粱规范栽植""高粱/大豆""玉米—大豆"带状复合种植和秋冬马铃薯粮食特色产业基地20万亩。建成"旱地西瓜套小红椒+秋红薯+冬季叶片菜"模式1.5万亩、"早春菜玉米+夏玉米套夏大豆+冬春季叶片菜"0.8万亩。

【畜牧业】 全区生猪出栏16.91万头、肉羊出栏5.01万只、肉牛出栏877头、家禽出栏295.94万只、肉兔出栏435.51万只，肉类总产量2.29万吨，禽蛋产量1.13万吨，实现畜牧业产值12.37亿元，以生猪、蛋鸡为主的畜禽规模化养殖比重分别为63%、91%，畜牧业已成为农业和农村经济的支柱产业和农民增收的重要来源。

全区有饲料企业6家(自贡华侨凤凰饲料有限公司、自贡恒博饲料科技有限公司、四川泰昆饲料有限责任公司、自贡市金饭碗饲料有限公司、自贡市川强饲料有限公司、自贡德康农牧有限公司)、饲料添加剂企业2家(自贡市中浩化工有限公司、四川博浩达生物科技有限公司)。2023年,全区饲料和饲料添加剂总产量34.5万吨、年总产值14.1亿元,有饲料经营户40户、兽药经营户14户。

规模养殖。全年新增省级畜禽级标准化示范场1个,新增市级畜禽级标准化示范场5个。全区有出栏生猪50头以上养殖场(户)452家(户),其中1000头以上生猪标准化养殖场16个;年出栏100头以上肉牛场5个;年出栏300只以上肉羊场8个;年出栏3.5万只以上肉鸡场1个;年存栏蛋鸡1000只以上132户,其中存栏1万只以上40户;年存栏母兔400只以上8户。

疫病防控。全区有官方兽医50人,所有网点均实现电子联网出证,出证率为100%。组织发放猪口蹄疫疫苗14.5万毫升、牛(羊)口蹄疫疫苗6.2万毫升、H5+H7苗152万毫升、小反刍兽疫3.5万毫升、狂犬病疫苗1.8万头份、消毒药4.8吨,全区市场、屠场、畜禽圈舍消毒面达100%,免疫率100%,畜禽抗体合格率达95%以上。组织监测畜禽流行病组织样品180份、血清910份、拭子500份,常年抗体合格率达95.7%;抽检非洲猪瘟920份,检测结果均为阴性。

定点屠宰。 全区有B类生猪定点屠宰企业6家(停产1家),全年屠宰生猪4.41万头,驻场官方兽医屠宰同步检疫率100%、出证率100%,屠宰企业肉品品质检验开展面达100%。生猪定点屠宰场全年无害化处理病死生猪1头,病害腺体、组织和脏器4653千克,无害化处理率达100%。

生猪保险。全年共投保能繁母猪6233头、育肥猪100190头,保费收入496.93万元;理赔能繁母猪611头、育肥猪5389头,赔付金额345.88万元,赔付率达69.6%。

【水产业】 全区宜渔可养水面10.02万亩,其中池塘2.09万亩、水库8687亩、河堰1650亩、稻田6.9万亩;江河天然水面1万余亩。全区有鱼类11科47种,其中土著鱼类35种;引进养殖鱼类12种、水产养殖食用品种24种。全区养殖面积57000亩,其中池塘14640亩、水库6645亩、稻田35715亩;水产品总产量16154吨,其中名特优水产品产量3580吨,占总产量的22.2%;完成渔业经济总产值4.23亿元。推行水产健康养殖技术,推广稻渔稻虾综合种养面积8430亩,发展南美白对虾健康养殖面积640亩,巩固提升小龙虾生态健康养殖面积2600亩,示范带动全区生态健康养殖及稻渔综合种养发展;巩固提升九洪乡"火箭湖"休闲渔业基地为国家3A级景区,示范推动渔业一、三产业融合发展。加强渔业环保及水产养殖污染防治,巩固创建农业农村部水产健康养殖示范场8个、省级水产健康养殖示范场32个,依法全面取缔禁止养殖区水产养殖。严格监管限制养殖区水产养殖,落实"一户一责一策",推进釜溪河沿河水产养殖尾水管控治理及尾水治理设施建设,促进水产养殖基础设施、生产设施装备全面升级,推进养殖生产清洁化和产业模式生态化。

质量安全监管。加强水产品质量安全,开展"三鱼两药"及投入品监管专项行动和产地水产品质量安全风险监测,完成10个省、市例行及监督抽检;开展全区50亩以下水产养殖场(户)水产品质量安全1790批次快速抽检,合格率达100%。

【乡村振兴】 责任落实。落实党委、政府一把手"双组长"责任制,巩固拓展脱贫攻坚成果和乡村振兴"三级书记"一起抓,推动各项工作落地落实。健全工作体系,构建"区委统一领导,乡村振兴局日常负责、行业部门政策支持、乡(镇、街道)具体推进"工作体系,设立巩固拓展脱贫攻坚成果专项领导小组,推动巩固衔接工作。健全帮扶体系,围绕补齐弱项短板、巩固拓展成果、夯实发展基础、促进乡村振兴的思路,加快重点帮扶村建设,坚持和完善过渡期驻村工作制度,继续向脱贫村、省级乡村振兴帮扶村、集体经济薄弱村和软弱涣散村选派驻村工作队,共选派"第一书记"28人、驻村工作队成员48人。健全考核体系,将巩固拓展脱贫攻坚成果纳入乡(镇、街道)党政领导班子领导干部和区级部门(单位)推进乡村振兴战略实绩考核范围,加强考核结果运用,作为干部选拔任用、评先奖优、问责追责和项目资金下达的重要参考。

政策落实。落实"四个不摘"要求,针对省、市出台的衔接政策,配套制定住房安全、医疗卫生等领域政策文件32个,推动政策举措从临时性、特惠性向常态性、普惠性转变。落实中共中央、国务院《关于实现巩固拓展脱贫攻坚成果同乡村振兴有效衔接的意见》精神及省、市决策部署,制定沿滩区《关于实现巩固拓展脱贫攻坚成果同乡村振兴有效衔接的实施意见》,全年沿滩区低收入人口基本医疗保险和大病保险参保率均达100%,城乡居民政策范围内住院费用报销比例达70%以上,累计基金总额1018.04万元,救助困难群众16433人次,累计使用基金1008.09万元,使用率达99.02%。全年发放低保、临时救助、残疾人补贴等帮扶资金4371.18余万元。

工作落实。完善返贫预警监测机制,落实《中央农村工作领导小组关于健全防止返贫动态监测和帮扶机制的指导意见》和《中共四川省委农村工作领导小组关于印发〈四川省健全防止返贫动态监测和帮扶机制办法(试行)〉的通知》要求,制定印发《自贡市沿滩区防止返贫动态监测集中排查工作方案》,对全区农村居民开展集中排查,新增监测对象64户185人,并落实帮扶措施和监测联系人。抓好稳岗就业促增收，发展柑橘、花椒两大特色优势产业，发展壮大农村集体经济，引导贫困劳动力聚集在产业链上，通过实施就业培训、就业创业政策宣传、安排公益性岗位、“春风行动”等帮扶脱贫户就业，增强脱贫户“造血”功能，实现已脱贫劳动力外出务工8930人，超全年任务的7.29%；安置脱贫劳动力公益岗位952人。推进易地搬迁后续扶持，开展以工代赈、公益性岗位务工、“就业援助月”、“就业帮扶行动周”等专项活动，全区48个集中安置点建设40个配套产业基地，主要为发展花椒、柑橘、高粱种植和畜禽养殖等产业，吸纳群众就业，推动安置点就业帮扶工作。提升项目建设成效，建立健全产业带贫益贫机制，争取各级财政衔接乡村振兴资金6496万元，新实施扶贫项目31个，通过发展村集体经济、农村土地有效流转等方式实现增收，涉及集体经济发展、优势农业产业发展、改善农村人居环境等，为巩固脱贫攻坚成果衔接乡村振兴注入活力。

巩固成果。脱贫人口收入持续增长，每季度监测其收入支出状况、“两不愁三保障”及饮水安全状况，分类分层跟进“补、扶、引”措施，全区脱贫人口人均收入从2022年的人均纯收入12406元增加到2023年的1.44万元，同比增长16.3%。脱贫攻坚成果持续巩固，开展农村房屋全面排查，建立全区危房台账，完成危房改造10户。开展农村供水问题动态监测，各乡（镇、街道）每月推送饮水不安全的线索，围绕脱贫村、供水薄弱地区、脱贫人口和供水易反复人群，以村为单元，进行全面排查和常态化监测，确保农村居民用水安全。继续落实控辍保学“六长责任制”，确保义务教育阶段适龄儿童少年不失（辍）学。

【农村综合改革】 推进农村产权制度改革国家级试点工作，抓好村集体经济、产权抵押融资等4项省级改革试点任务并落实到位。2023年，全区实现第一产业增加值28.38亿元，同比增长4%；农村居民人均可支配收入同比增长7.1%。

清产核资。全面理清各村资源资产和资金，建立“三资”管理平台，加强农村集体资产管理。截至2023年年底，全区村集体资产总计34770.58万元，其中货币资金、短期投资、应收款项、存货等流动资产5574.05万元，固定资产27827.22万元，其他资产687.01万元；集体土地总面积51.81万亩，其中农用地51.81万亩、建设用地7.31万亩、未利用地37.35亩。同时，持续推进农村集体产权制度改革“回头看”，对村集体组织成员开展“去重”工作。

壮大村集体经济。在完成清产核资、成员身份确认的基础上，推进农村集体资产监管提质增效行动，指导完善村（股份）经济联合社推行村党组织书记、集体经济组织理事长，集体经济组织监事长“一肩挑”制，全面规范和建立成员（代表）大会、理事会、监事会“三会”制度，不断完善村级集体经济组织章程和经营收益分配制度，推动村级集体经济组织规范化、制度化、实体化运行，2023年全区有24个村实现分红。新实施6个村扶持发展村集体经济试点项目。2023年，全区90个村集体经济组织村均收入42.18万元。九洪乡三河村“聚焦三个三，扬长补短，为村集体经济注入源泉活水”入选全省第二批新型农村集体经济发展十大优秀案例。

【农田水利项目建设】 实施2023年高标准农田建设项目，新建高标准农田0.5万亩。实施沿滩区永安—兴隆片区财政转移支付高标准农田建设项目（改造提升），项目涉及永安镇立志村、丰收村、云丰村，兴隆镇光辉村共4个村，项目建成后可新增和改善灌溉面积5000亩，农业生产条件得到改善，农作物种植面积扩大、单产提高，农作物种植复种指数提高，提高项目农业产值，减少土渠输水占地面积大的现象，节约土地，提高肥料利用率和劳动率。

【农业机械化】 全年办理农机购置补贴中央资金83.2926万元，申请农户1076户，申请补贴农机具1299台（套），按照程序结算补贴中央资金83.2926万元（补贴个人的通过财政“一卡通”平台兑付、补贴生产经营组织的通过银行转账拨付）。全年印发农机安全宣传材料18600余份，签订农机安全责任书告知书1245份，开展农机安全检查和隐患排查，现场纠正农机作业违法违规行为14起；协助区行政审批局年检拖拉机1台、核发拖拉机驾驶证1份，登记收割机1台；配合区公安交警等部门开展变型拖拉机综合治理，查处假牌套牌，保障变型拖拉机道路交通安全，开展变型拖拉机排查清理2次，与区公安交警开展联合执法2次。全年农村机电灌设备维修68台2745千瓦，春灌和抗旱投入机电提灌机械2860台次8991千瓦，机电灌提水1180万立方米，灌溉面积15.8万亩（其中提灌站灌溉面积10.6万亩），灌溉水稻面积13.1万亩。

【农村新能源建设】 开展全区农村户用沼气池、集中供气沼气工程安全隐患摸排工作，理清全区沼气的使用情况，建立基础台账，全区共排查农村沼气池3000余口、集中供气沼气工程4处，发现安全隐患43处，已全部完成整改。落实集中供气项目安全责任网格化管理，区、乡（镇）、村均安排沼气安全管理员及信息员，并通过微信App填报相关沼气安全信息。定期开展沼气安全检查，每月安排工作人员到乡（镇）开展沼气安全检查2次，乡（镇）每月开展沼气安全检查2～3次，对发现的安全隐患立即安排整改。注重宣传教育实效，通过会议、培训及下村到户宣传方式，发放《沼气安全使用十不准》《沼气安全使用挂图》4000余张，乡（镇）在沼气池旁制作警示标识2000余户，组织收看沼气宣传视频200余人次，为沼气池农户免费更换灶具15套，全年无沼气安全事故发生。

【农村人居环境整治】 农村“厕所革命”。推进实施农村“厕所革命”整村项目，坚持厕污共治，制定农户无害化厕所改建标准，以政府分项补助材料费、农户酬劳方式进行改造和补助，2023年累计投入650万元，完成11个村3800户农村户厕无害化改造，农村卫生厕所普及率达95%以上。

村庄清洁行动。以新村聚居点、农家大院、自然村落为单位，每月常态化开展一次卫生大扫除行动，动员农民群众3万余人次，保持公路沿线、农村房前屋后、入户道路整洁，及时清运垃圾，累计清理房前屋后卫生死角和沟渠垃圾2300余处、约600吨，清理水塘（井）、河沟、污（臭）水沟400余处，清理公厕65处、户厕1万余户。打造九洪乡齐岩村干堰塘人居环境示范点位1个。

畜禽粪污资源化利用率。按照“综合治理、资源利用”的工作思路，推进畜禽规模养殖场环评备案工作，发展种养循环农业，建立健全畜禽粪污废弃物收集、转化、利用体系，科学有效处置畜禽粪污，新（改）建规模化养殖场3个，全区畜禽粪污资源化利用率达93.11%，大型规模养殖场粪污设施装备配套率达100%，专业户及以上养殖场粪污设施装备配套率达98%。

【农业科技】 加强与川农大、省农科院等科研院所建立科技合作关系，组建专家团队，研发应用新模式、新品种、新工艺，构建产研结合、全链服务的科技创新和应用体系。加大科技推广服务，遴选符合条件的基层农技人员参加业务培训，实现5天以上脱产业务培训的基层农技人员达到97人，其中市级调训89人、省级调训8人；推广优质安全、节本增效、生态环保的农业绿色高质高效主推技术模式4项，实现农业主推技术到位率超过95%；在全区优选2个专合社作为农业科技示范主体培育，推动新型经营主体示范带头；持续建设2个农业科技示范基地，以基地为载体开展新品种、新技术示范推广；优化区域农技推广资源配置，打造标准化公益基层农技服务站1个；以助力产业发展为导向，实施农技推广服务特聘计划，优先续聘考核优秀人员，全年聘用人员6人。加强农技人员应用中国农技推广信息平台开展在线指导和服务，推动农技服务信息化水平持续提高。

【农产品质量安全监管】 加强农产品质量安全，建立县、乡、村三级监管网格体系；开展“农资打假保春耕”及“治违禁　控药残　促提升”三年行动，对豇豆农药残留突出问题进行重点整治，出台领导包片文件，在豇豆上市时进行胶体金批次快检，合格率100%；对全区6家0.5亩以上豇豆生产主体和所有“两头畜”养殖场进行重点农产品信息采集。健全完善农业投入品监管机制，建立和完善全区农业投入品经营主体农业投入品安全使用、索证索票、经营台账等制度；加强安全执法监管工作，完成3件次农产品质量安全案件。

品牌建设。由于无公害农产品不再继续申报认证和复查换证，全区还有花椒、葡萄、柑橘等28个有效期内无公害农产品，绿泉家庭农场及立丰花椒专合社九叶青花椒2个绿色食品。

质量检测。开展农产品质量安全风险监测，省级农产品质量安全例行监测完成100批次，合格率达98%；省级监督抽检完成44批次，其中2批次豇豆、1批次鲢鱼不合格，均进行了立案查处；完成市级各类检测119批次；完成区本级1.2批次/千人风险监测180批次，监督检测84批次，3批次粮食作物不合格；乡（镇）农残快速检测室按照省级农产品监管示范县考评指标完成300批次/年快速检测，合格率达100%；胶体金免疫速测推广完成330批次果蔬农残检测，合格率达100%。重点企业、专业合作社及大型生产主体建有农残快速检测室，配备有快速检测设备，完成批次自检。全区新型生产主体入驻国家级、省级农产品质量安全追溯信息网开展业务，新增入驻61家，完成生产信息上传2700余条；实行信息网入驻“四挂钩”、“承诺达标合格证”使用“三挂钩。

【农业行政审批】 继续完善法规及执法体系，深化行政审批制度改革，清理农业农村领域所涉及的行政权力事项，截至2023年年底，共计下放各项行政权力63项。健全行政权力运行平台，简化流程，提高效率，继续保持“两集中、两到位”的工作要求，群众满意度达100%。抓好执法改革，明晰执法人员权责，推进开展农业综合执法工作，全年共出动执法检查车辆96辆次、执法人员282人次，查处违法案件18起。

【主要领导人】 区委书记：刘军；区人大常委会主任：杨兵；区长：廖东；区政协主席：王丽；分管农业副区长：杨文。

沿滩区编写组

荣　县

【基本情况】 2023年，全县辖19个镇2个街道52个社区196个村民委员会，辖区面积1606.43平方千米。年末户籍总人口64.1743万人，人口出生率4‰，减少0.14‰；人口自然增长率-3.39‰，增加3.46个千分点。

2023年，全县实现地区生产总值2731501万元，按照可比价格计算，同比增长5.6%，其中第一产业增加值875080万元，增长4.1%；第二产业增加值727694万元，增长5.7%；第三产业增加值1128727万元，增长6.8%。三次产业结构比为32∶26.7∶41.3。

公路总里程3072.4千米，其中高速公路101.44千米、国道57.87千米、省道244.78千米、县道503.71千米、乡道740.88千米、村道1423.72千米。有机动车136058辆，公交车路数8路，营运公交汽车30辆，出租汽车80辆。地方一般公共财政预算收入完成88274万元，自然增长13.1%；政府性基金收入110800万元。在地方公共一般财政预算收入中，税收性收入36633万元，非税收性收入51641万元。地方一般公共财政预算支出418596万元，同比增长19.6%；政府性基金预算支出合计164957万元。在地方一般公共财政预算支出中，一般公共服务支出34897万元，农林水事务支出82293万元，教育支出73917万元。

有幼儿园108所，在园幼儿8603人，专任教师534人；小学27所，初中19所，普通高中4所，特殊教育学校1所，中等职业学校1所。全县事业单位在编在岗专业技术人员6056人，其中农业技术人员420人；在编在岗专业技术人员中，中高级专业技术人员3877人。实施科技项目12个。全年专利申请书144件，其中发明专利9件、实用新型专利88件、外观设计专利47件；专利授权数177件。共有县级及县以上文物保护单位69处，其中国家级4处、省级9处、市级15处、县级41处。

【年度农业和农村经济运行】 2023年，全县农业增加值完成87.51亿元，增长4.1%。农民年人均可支配收入增长6.9%。全县主要农产品播种面积和产量见表1，全县肉类产量和家禽存（出）栏量及增长速度见表2。

【农业产业化发展】 农民合作社建设。

表1　2023年荣县主要农产品播种面积和产量

主要农产品	播种面积		产量	
	绝对数（亩）	同比增减（%）	绝对数（吨）	同比增减（%）
粮食作物	1062600	-0.3	442514	2.3
其中：小春粮食	92800	0.2	22319	3.4
（一）谷物	632700	-0.8	340601	1.0
1.稻谷	370000	-1.1	230325	-0.3
2.小麦	4000	-20.0	920	-14.4
3.玉米	243500	-0.2	104218	4.2
4.高粱	15200	3.2	5138	2.9
（二）豆类	247200	4.1	43730	17.9
其中：大豆	198300	6.6	35099	29.2
（三）薯类（折粮）	182700	-4.4	58184	-0.3
其中：马铃薯	74300	-3.6	23604	1.5
油料	301148	9.6	44639	9.8
1.花生	62383	2.1	10452	4.6
2.油菜籽	238765	11.7	34187	11.5
糖料	2883	1.2	8418	4.8
其中：甘蔗	2883	1.2	8418	4.8
中草药材	12889	4.5	5810	6.5
蔬菜及食用菌	351047	3.1	916711	4.8
瓜果类	3754	1.2	6125	3.1
其他农作物	10870	-0.8	—	—
其中：青饲料	10870	-0.8	—	—

表2　2023年荣县肉类产量和家禽存(出)栏量及增长速度

产品名称	单位	绝对值	同比增减(%)
肉类总产量	吨	82794	1.5
猪肉	吨	51054	1.0
牛肉	吨	984	1.1
羊肉	吨	5166	–1.6
活家禽肉	吨	10408	0
家兔肉	吨	15130	5.3
其他肉类	吨	52	0
生猪出栏	头	701325	1.7
生猪存栏	头	397449	–6.9
繁殖母猪存栏	头	39786	–8.2
牛出栏	头	7250	1.0
牛存栏	头	12685	–0.6
羊存栏	只	168254	–7.4
羊出栏	只	336353	–0.9
活家禽出栏	只	7164564	1.7
活家禽存栏	只	4653648	10.8
家兔出栏	只	12607519	0.2
家兔存栏	只	2422960	2.1
禽蛋产量	吨	19478	0.6
蚕茧产量	吨	1735	–0.1
蜂蜜产量	吨	63	0
奶产量	吨	505	2.0

全县有农民合作社437家，其中已累计创建国家级示范社14家、省级示范社24家、市级示范社45家、县级示范社12家。争取2023年中央财政支持合作社项目资金236万元，支持3个县级以上农民合作社开展粮油单产提升行动及9个县级以上农民合作社改善农业生产设施条件。

家庭农场建设。全县纳入家庭农场名录管理系统3842家，新评定县级家庭农场66家、市级家庭农场32家、省级家庭农场8家。新培育现代农业产业领军人才、农业经理人等高素质农民403人。创新运用“云上智农”、专家服务团助农等方式，培育各类农民3000余人次。争取2023年中央财政农业经营主体能力提升资金852万元，项目涉及家庭农场44家，项目内容涉及粮油单产提升和蔬菜、畜牧、渔业、农机设施条件改善两大类。重点完成《荣县家庭农场县级示范场评定办法》修订，结合全县农业产业发展实际，重点对认定条件进行修订，完成全县家庭农场名录数据更新，持续支持家庭农场产业联盟、家庭农场联合体发展，鼓励农户加入产业化联盟，发挥家庭农场联盟牵线搭桥的作用。2023年，荣县振兴家庭农场产业联盟现有成员单位450余个，其中核心成员265个，包括省级示范场31个、市级示范场170个。

【农村集体产权制度改革】 组织全县196个村开展农村集体资产监管提质增效行动，健全农村集体资产监督管理的长效机制；全县196个村级集体经济组织“五个一”（一个标准名称并挂牌、一个组织章程、一套内部法人治理机构、一套管理制度、一本成员名册）规范运行率100%。实施发展壮大新型农村集体经济三年行动计划，全年实现村集体经济收入7418.1万元，与上年相比，增加1678.56万元，增长29.25%；村均集体经济收入37.85万元。

【农村土地制度改革】 在东兴镇观音坳村7组开展第二轮土地承包到期后再延长30年市级试点，组织农户有序签订《第二轮土地承包到期后再延长三十年过渡期合同》67份。2023年，全县土地流转面积2.28万公顷，流转率达33.87%；单个经营主体土地规模流转面积1.29万公顷，规模流转率达19.25%。

【农村金融体制改革】 协调金融机构专设涉农产业“绿色”窗口，降低利率，累计发放“省农担”贷款508笔3.66亿元，全年新增56笔4773.46万元，在贷余额122笔0.74亿元。

【现代农业园区建设】 按照《荣县现代农业园区建设总体规划(2019—2023年)》要求推进全县现代农业园区建设工作，荣县茶叶现代农业园区创建为省三星级园区，新创建市级园区2个、县级园区1个。截至2023年年底，全县有现代农业园区20个，其中省四星级园区1个、省三星级园区1个、市级园区4个、县级园区14个，主导产业为粮油、生猪、茶叶。荣县粮油现代农业园区总产值达到4.009亿元，荣县茶叶现代农业园区总产值达到7.036亿元。

【种植业】 全年粮食作物播种面积7.08

万公顷，同比减少0.3%；粮食总产量44.25万吨，同比增长2.3%。油料产量4.46万吨，同比增长9.8%。蔬菜产量91.67万吨，同比增长4.8%。水果产量24.96万吨（含果用瓜），同比增长6.6%。茶叶产量2.86万吨，同比增长15.78%。

粮食种植。大春粮食作物播种面积6.465万公顷，其中水稻播种面积2.467万公顷、玉米播种面积1.623万公顷、大豆播种面积1.322万公顷、高粱播种面积1013公顷、甘薯播栽面积9520公顷，总产量42.02万吨。大春油料（花生）作物播种面积4158.87公顷，产量10452吨。小春粮食作物播种面积6187公顷，其中马铃薯种植面积2660公顷、小杂粮（胡豆、豌豆等）播栽面积3260公顷，总产量2.23万吨。小春油料（油菜）作物播种面积15918公顷，总产量3.419万吨。在技术上，水田重点推广"中稻+再生稻"绿色高质高效配套栽培技术，推广以"稻香杯"品种为主的优质稻6666.67公顷，建立"中稻+再生稻"绿色生产示范2666.67公顷，头季稻经农业农村厅组织专家测产验收，平均亩产1.066万千克/公顷，比目标产量9000千克/公顷增产1664.4千克/公顷；再生稻平均亩产3000千克/公顷以上，比目标产量2700千克/公顷增产300千克/公顷。承担农业农村部玉米大豆带状复合种植试验示范任务（全省唯一），旱地重点推广玉米大豆带状复合种植技术，推广面积5000公顷，建立玉米大豆绿色高质高效示范区666.67公顷，在乐德镇、旭阳镇集中成片建立133.33公顷玉米大豆绿色高质高效带状复合种植示范片，在乐德镇建立33.33亩豆玉豆新模式示范片，经自贡市农业农村局组织有关专家现场测产，玉米平均单产8253千克/公顷，比目标产量7500千克/亩增产753千克/公顷；经农业农村厅组织有关专家现场测产，大豆平均单产2311.65千克/公顷，比目标产量2100千克/公顷增产211.65千克/公顷。

茶叶种植。全县茶园面积近21.15万亩，有茶叶加工企业43家（其中国家级产业化经营龙头企业1家、省级产业化经营龙头企业4家），年初加工能力3.5万吨、精制加工能力7万吨。2023年，全县茶叶总产量2.86万吨，鲜叶产值达9.22亿元，综合产值达43亿元。全年春茶产量7053吨，实现农业产值6.78亿元，名茶鲜叶收购最高价达300元/千克，均价为240元/千克。全县共有出口茶加工企业15家（其中四川黄金叶、四川隽永华程、四川永青、四川绿茗春4家企业通过出口认证），出口茶（绿茶）产量达2.49万吨，出口茶产值达4亿元（约5477万美元），为消化夏秋茶机采鲜叶及全年茶农增收提供了保障。通过实施四川川西南早茶特色优势产业集群、乡村振兴100万亩现代农业园区建设等项目，持续推进茶用香花产业基地建设，继上年新建700亩茉莉花基地之后，又在旭阳等镇新建茉莉花基地500亩，扩大本地高档花茶产能。组建"荣县茶和油茶产业促进中心筹备组"，组织有关企业和专家到北京、天津等考察花茶市场，支持企业集中优势资源打造优势品牌，开展商标国际注册，认证"三品一标"，组织和推荐全县有竞争力的茶产品申报、参评省内外有影响力评选活动，组织春兰茶业、黄金叶、隽永华程、巅峰仙芽4家茶企参加2023年新加坡亚洲国际食品与酒店展，拓展海外市场。举办四川荣县·花茶斗茶大赛和荣县首届购茶节。

【畜牧业】 实施国家级生猪调出大县奖励资金建设项目、畜禽种业提升工程项目，国家财政分别投资536万元、65万元（其中川南黑山羊遗传资源保种资金25万元、四川麻鸭遗传资源保种资金20万元、川中黑山羊推广补助10万元、"蜀兴1号"肉兔配套系推广补助10万元）；实施畜牧业高质量发展（肉鸡）项目，财政投入357万元。全年生猪出栏70.13万头、肉羊出栏33.63万只、肉牛出栏0.73万头、小家禽出栏716.46万只、肉兔出栏1260.75万只，全年肉类总产量8.28万吨，牛奶产量505吨，禽蛋产量1.95万吨。全县生猪等主要畜禽规模化养殖比重达75%，畜禽规模化养殖标准化生产面达65%。

品种改良与技术推广。从外地引进优质种公猪0.4万头、调出种猪0.27万头；从省畜科院引进"蜀兴1号"肉兔配套系曾祖代种兔560只；推广温氏肉鸡智能化养殖、生猪全封闭式圈舍改建、蛋鸡智能化养殖、肉羊全舍饲养殖、秸秆综合利用、畜禽粪污综合利用等多套技术，推广川南黑山羊高繁品系。集成推广畜禽粪污治理与资源化利用技术，资源化利用率达91.2%以上。

畜禽养殖标准化示范创建。新增部级标准化畜禽养殖示范场1个、省级标准化畜禽养殖示范场3个、市级标准化畜禽养殖示范场6个、县级标准化畜禽养殖示范场5个。有年出栏生猪50头以上养殖场（户）720家（户），其中5万头以上标准化养殖场3家、1万～5万头7家；年出栏肉羊30只以上695家（户），其中出栏1000只以上3家；年出栏肉兔2000只以上养殖场1540家（户），其中出栏10万只以上规模养殖场3家；年存栏蛋鸡500只以上35家（户），其中存栏10万只以上5家；年出栏肉鸡2万只养殖场20家，其中年出栏50万只养殖场1家、年出栏10万～50（不含）万只养殖场4家、年出栏2万～10（不含）万只养殖场15家。

动物疫病防控。全年组织发放注射回猪口蹄疫疫苗20万毫升、牛（羊）口蹄疫疫苗12万头（只）份、禽流感疫苗130万毫升、小反刍兽疫疫苗11万头份、犬只狂犬病疫苗4万只份；组织消毒药物21吨，有"一组一簿"动物防疫登记簿2500本。全年动物防疫工作期间免疫猪口蹄66.6792万头、羊13.4916万只，免疫禽流感535.1325万羽，免疫小反刍兽疫羊13.4916万只。

畜产品质量监管。全年产地检疫生猪73.2万头、牛（羊）4202头（只）、小家禽畜263.87万只；屠宰检疫生猪19.52万头、牛1452头，检出病害畜禽324头（只），检出病害肉类10.15万千克；处理一类病死动物养殖环节2.92万头、屠宰环节305头，二类病死动物产品9.67万千克，均进行无害化处理。对猪、牛、羊实施瘦肉精检测3.26万头（只）份，其中运输环节0.47万头份、养殖环节1.15万头份、屠宰环节1.64万头份，阴性率100%。

【水产业】 全县水域总面积4577公顷，其中可养殖水域面积3333公顷，占全县水域总面积的72.8%，全县已养殖水域面积2244公顷（稻田养殖面积未计入）；可养殖稻田面积1.46万公顷，已养殖稻田面积6000公顷。全年水产品产量19855吨，增长4.16%。全年无重大水产食品安全、渔船安全等事故发生。

稻渔综合种养工程。全县已养殖稻田面积6000公顷，在长山镇、来牟镇、乐德镇、鼎新镇、度佳镇新（改、扩）建稻渔综合种养面积1357公顷，实现稻田养殖水产品产量8304吨，实现稻渔亩收益2000～6000元。

渔业安全管理。组织300余户规模养殖户以及镇农业综合服务中心主任及经办人员参加荣县水产品质量安全培训会。开展水产养殖尾水治理与水产养殖用投入品监管，以越溪河、旭水河、沙溪河等为重点流域，摸排养殖池塘200户，并建立管理台账，动态跟踪管理。在双石镇、长山镇、来牟镇、旭阳镇、河口镇对集中连片145公顷养殖池塘进行标准化改造和养殖尾水达标治理，督促检查指导规模化养殖户300余户。同时，开展省级水产品质量安全监测抽样2927批次，抽检的养殖基地和养殖品种全部达标。

【宜居乡村建设】 完成11个镇26个农村"厕所革命"整村推进示范村建设项目，新（改）建农村户用无害化卫生厕所3837户，全县农村户用无害化卫生厕所普及率达93.85%。开展"三清两改一提升"行动，巩固提升"户定点、村收集、镇运输、市县处理"的垃圾收运处置体系，探索以组为单位集中分类或分户分类收集处理农村垃圾，逐步实现农村生活垃圾密闭化收集、压缩化运输、无害化处理。有垃圾压缩中转站2座，地埋式垃圾库15座，农村生活垃圾收集池（房）3097个、垃圾箱（桶）3512个、收运车辆248辆、专（兼）职卫生保洁员2802人。截至2023年年底，有已开展垃圾分类工作的涉农行政村（社区）居民12.145万户，开展垃圾分类工作的行政村（社区）142个，行政村（社区）覆盖率72.45%、居民覆盖率72.47%、生活垃圾回收利用率35.06%。农村生活垃圾收转运设施覆盖全县所有行政村，因地制宜逐步推进农村生活垃圾分类工作，全县所有行政村的生活垃圾得到有效治理。农村生活污水坚持"城乡统筹、条块结合、梯次推进、分类施策"的治理思路，149个行政村的生活污水得到有效治理，占比74.9%。结合各类重要节日，坚持因地制宜，逐村逐户全域开展农村生活垃圾、厕屋便池、水源水体、畜禽粪污、农业生产废弃物等"五清"行动，全县21个镇（街道）196个行政村开展村庄清洁行动，清理农村生活垃圾7223.2吨，清理户厕30802座，清理公厕92处，清理水源水体392处，清理畜禽粪污24835.6吨，清理农业生产废弃物728.52吨。

【农村社会保障】 全县有各种社会福利收养性单位24个，实有床位3328张。城镇居民最低生活保障保障人数15950人，发放城镇居民最低生活保障人均月补差372.79元；农村居民最低生活保障保障人数32521人，发放农村居民最低生活保障人均月定量补助271.99元。供养农村"五保户"人数4612人。

【乡村振兴】 荣县获评2022年度省级乡村振兴先进县；创建省级乡村振兴先进镇1个（长山镇）、示范村3个（保华镇五皇村、来牟镇来牟村、高山镇正义村）。

【农业机械化】 全县有农机合作社7个，完成农机合作社作业面积5500公顷；农机户9万户，其中农机作业服务专业户1.1万户。以水稻、油菜、马铃薯、玉米（高粱）、小麦为重点，开展全程机械化技术示范推广。全年完成小麦机收面积0.3万亩、油菜机收面积8.58万亩，水稻机播面积20.53万亩、水稻机收面积34.36万亩，玉米机播面积4.05万亩、玉米机收面积3.84万亩，高粱机播面积1万亩、高粱机收面积1万亩，大豆机播面积1.14万亩、大豆机收面积1.11万亩，马铃薯机收面积0.65万亩。年末全县农机装备总动力达44万千瓦，农作物综合机械化水平达45.54%，主要农作物耕种收综合机械化率达66.59%。全年受理并录入补贴资金268.8万元，涉及购机户4102户，补贴农机具5157台（套）。

【农村科技】 与四川农业大学水稻研究所、四川农业大学玉米大豆研究所合作，研究示范头季稻新机具机收蓄留再生稻丰产增效技术，合作推广玉米大豆复合种植技术，同国家大豆体系南充试验站合作开展"南夏豆25""南豆12""南豆30""南黑豆20"的试验示范工作。引进旱稻新技术新品种"旱优737""蜀兴1号"肉兔配套系，番茄新品种5个，柑橘新品种2个，枇杷新品种11个。持续提升基层农技推广队伍综合素质，完成农技人员知识更新培训90人、省级农技推广骨干人才培训8人、市级集中统一培训82人。遴选建设农业科技示范基地5个，新培育农业科技示范主体5个。全年培育高素质农民404人，其中省级培育农业产业领军人才10人、农业职业经理人13人，市级培育农业职业经理人10人，县级重点培育经营管理型、技能服务型371人。选派22名农业专家，组建"荣县农业科技服务队"，下设21个服务小分队，下沉至乡（镇、街道）包县包乡开展科技服务。

【农业项目】 农业投资项目。全年中央、省级农业项目总投资4.11亿元，其中中央、省、市财政投资3.03亿元，地方政府专项债券1.08亿元，主要实施高标准农田建设、农业产业基础设施配套建设、农村人居环境整治、“厕所革命”、茶叶绿色高质高效建设、荥县粮油现代园区建设、荥县粮经复合种养循环示范区建设、荥县马铃薯万亩示范区建设、稻渔种养循环园区建设、冷链冻库建设等项目。

农田水利建设项目。完成2022年高标准农田建设项目2000公顷，其中高效节水灌溉面积200公顷，建设地点涉及古文镇、鼎新镇、正紫镇、东佳镇，总投资0.9亿元。

农业综合开发项目。发行2021—2023高标准农田建设项目专项债券3000万元，争取省级财政农田建设资金6590万元，持续推进2023年2666.66公顷高标准农田建设项目。争取提灌站建设省级专项资金220万元、市级专项资金80万元、县级地方债券资金410万元，整合高标准农田建设项目资金375.5万元，完成新（改）建提灌站30处。

【农产品质量安全监管】 农产品质量安全监管。2023年，全县共抽检农产品350批次，其中蔬菜水果279批次、茶叶8批次、粮食油料作物27批次、畜禽产品24批次、水产品12批次，合格率达98.2%；协助省级绿色食品原料基地抽检68批次、省级风险监测抽检173批次，合格率达98.3%；市级专项抽检181批次，合格率达98.9%；省、市、县监督抽检201批次，合格率达97%；送检重金属定点监测土壤样品68批次。出动人员4653人次，开展镇级农残速测5800批次，监测场所2761个次，合格率达98.5%。

农产品品牌培育。全年通过5个全国绿色食品原料标准化生产基地续报现场检查，整体认定基地面积26.1万亩。举办2023年全省绿色食品检查员、标志监督管理员培训会；获得“2023年度绿色有机地标工作成效突出单位”“2023年度优质农产品生产基地建设成效突出单位”“2023年度品牌培育工作成效突出单位”称号。全县有“三品一标”农产品43个，其中无公害农产品17个、绿色农产品26个。

【产品展销】 全年参加省级以上展销活动4次，自主举办推介会3次。组织13家企业参加第九届四川农业博览会；在第十二届四川国际茶业博览会上发布“荥县花茶”“荥县绿茶”团体标准；举办四川荥县·花茶斗茶大赛、荥县花茶北京、黑龙江推介会等活动；“春兰雀舌”获评“四川最具影响力茶叶单品”。

【主要领导人】 县委书记：易冬；县人大常委会主任：吴永红；县长：赵磊；县政协主席：陈伯於；分管农业副县长：伍祁君。

荥县编写组

富顺县

【基本情况】 2023年，全县辖16镇1乡3个街道203个村74个社区，辖区面积1342平方千米。年末户籍总人口104.3万人，其中乡村人口84.9万人、城镇人口19.4万人；男性人口53.7万人、女性人口50.6万人，性别比为106.3 ： 100。全年出生人口4159人，人口出生率5.82‰；死亡人口6771人，人口死亡率9.48‰；人口自然增长率-3.66‰。常住人口71万人，比上年末减少0.5万人，减少0.7%，其中城镇人口31.6万人、乡村人口39.4万人；常住人口城镇化率44.44%，比上年提升1个百分点。森林面积2.9398万公顷，森林覆盖率22.5%。

2023年，全县实现地区生产总值384.82亿元，增长6.4%，其中第一产业增加值80.5亿元，增长4.1%；第二产业增加值136.1亿元，增长6.5%；第三产业增加值168.2亿元，增长7.4%。人均地区生产总值54010元（按平均常住人口计算），增长6.9%。三次产业结构比为20.9：35.4：43.7。农业增加值增长4.1%。全年实现旅游总收入57.3亿元，同比增长25.65%。社会消费品零售总额170.6亿元，比上年增长6.4%，其中城镇消费品零售额105亿元，增长6.5%；乡村消费品零售额65.7亿元，增长6.1%。

【种植业】 全县粮食作物播种面积8.89万公顷，减少900公顷，减少1%；油料作物播种面积2.2万公顷，减少2107公顷，减少8.8%；蔬菜种植面积1.6万公顷，增加1093公顷，增长7.4%；中药材种植面积758公顷，增加491公顷，增长185%。粮食总产量56.1万吨，比上年增长2.2%，其中小春粮食产量3.8万吨，比上年增加0.12万吨；大春粮食产量52.2万吨，增长1.9%。油料产量5.4万吨，减少8.8%；蔬菜产量65.7万吨，增长4.2%；水果产量16.1万吨（不含瓜果类），增长8.6%。水稻高粱现代农业园区通过省四星级考评，创建市级现代农业园区3个、现代林业园区1个。获评全省农业社会化服务典型县、现代农业园区建设工作推进典型县，多熟制粮食生产经验被农业农村部肯定。“富又顺”再生稻米获得第22届中国绿色食品博览会金奖。全面落实田长制，新建高标准农田2.5万亩。3万吨低温仓项目建设加快推进。

【养殖业】 全年肉类总产量8.48万吨，增长1.09%，其中猪（牛、羊）肉产量5.56万吨，增长3.73%。全年生猪出栏64.3万头，增长1.77%；肉牛出栏1.1万头，增长1.43%；肉羊出栏45.6万只，减少0.62%；家禽出栏889.6万只，增长1.13%。水产品产量2.7万吨，增长4.3%。

【农村基础设施建设】 成自宜高铁富顺段、釜溪河大桥、省道436线城区段通车，东城客货枢纽站完工，自贡至永川高速公路、自贡至泸州港公路征地拆迁工作有序推进。安和水厂通水运行，东部水厂、城乡供水一体化工程完成主体施工，新（改）建供水管道104千米，创建为全省乡村水务示范县。石鱼110千伏等4个输配电项目建成投运，新（改）造高低压线路754千米，消除“小方杆”2151根。富顺一中、富顺职校改（扩）建项目竣工投用，新增学位4000余个。“1335+N”紧密型县域医共体体系初步形成，省级认定县域医疗卫生次中心3个，创建为省级慢性病综合防控示范区，县人民医院创建为川南首个县级“三甲”综合医院，县妇幼保健院通过“三乙”复评。

【和美乡村建设】 加快和美乡村建设，新（改）建农村厕所7500户、通村通组路108千米，建成美丽乡村路54千米，延伸农村污水管网20千米。推广“乡情小院”等治理模式，打造宜居宜业和美乡村30个，培育市级新时代“盐都乡韵·和美共富”精品示范村7个，评定县级示范村12个。获评全省城乡融合发展改革试点县，代寺镇丰光村获评全国乡村治理示范村，赵化镇鳌山村被列入全国第六批中国传统村落名录。

【农村社会保障】 全年民生支出38.2亿元，增长1.5%。实施52件民生实事，办结率100%。持续巩固脱贫攻坚成果，脱贫家庭年人均纯收入达14846元，增长16.2%，连续5年获评“全省去冬今春农民工服务保障工作先进单位”。城镇新增就业8156人，登记失业率3.3%。开工建设北湖返安综合楼，分配安置住房275套、公租房319套，改造农村危房138户。基本养老保险参保人数56.4万人，“医保+”一体化便民服务网络逐步完善，42家定点医院DRG支付改革实现全覆盖。新增低保对象5122人，城乡人均补差分别提高15%、21.5%。东湖街道社区养老服务综合体竣工投运，适老化改造特殊困难老年人家庭770户，新增民办养老机构4家。推进未成年人保护“六大行动”，困境儿童结对帮扶基本实现全覆盖。实施县烈士陵园升级改造工程，创建为全省“双拥”模范县。

【农村生态建设】 县城3万吨生活污水处理厂通水调试，新建农村聚居点污水处理设施21套，铁钱溪等小流域治理工程稳步推进，沱江水质类别提升到Ⅱ类，集中式饮用水水源地水质达标率100%。突出“四源”治理，深化夏季臭氧、秋冬季大气攻坚，空气质量保持全市前列。第三次全国土壤普查全面铺开。实施森林质量精准提升项目，完成油茶营造林2.1万亩。整改中央、省环保督察问题69项，完成率达94.5%。入选2023年美丽四川建设先行试点培育县。

【主要领导人】 县委书记：杨斌；县人大常委会主任：郭洁；县长：冯君；县政协主席：郑向东；分管农业副县长：刘尧洪。

富顺县编写组

攀枝花市

【基本情况】 2023年，全市辖3区2县，辖区面积7414平方千米。

【农业产业化发展】 打造特色农业“一品牌两中心”（“攀果”区域公用品牌，区域农产品精深加工中心、区域农产品商贸物流中心）。组建攀果产业发展联盟，已吸纳42家生产经营服务主体加入。“攀果”品牌被评为“天府粮仓”最受欢迎的农产品品牌，“攀果”系列产品实现了“进商超、上高铁、乘飞机”。“攀枝花芒果”被农业农村部列入2023年全国“土特产”推介名单，并被纳入第一批农业高质量发展标准化示范项目（国家现代农业全产业链标准化示范基地）创建单位名单。锐华攀枝花芒果入选2023年“天府粮仓”精品（培育）品牌名单，阳光米易、“迷易红”牌米易红糖、“紫椹缘”牌有机桑葚入选2023年四川省农业品牌目录品牌名单。认定“攀果”优质果源基地2.5万亩，建成出口备案基地19个。全市有国家级农业产业化重点龙头企业2家、省级农业产业化重点龙头企业27家、市级农业产业化重点龙头企业75家（见表1）。全市省级示范农民专业合作经济组织名单见表2，全市家庭农场经营统计见表3。

【农村集体产权制度改革】 全市共清查2023年度农村集体资产总额79.24亿元，其中经营性资产13.21亿元、非经营性资产66.01亿元。建立村级集体经济组织235个（包括5个社区村级集体经济组织）。转发农业农村部印发的《农村集体经济组织成员证书样式（试行）》，完成股权量化和股权设置工作，集体资产按一人一股平均量化到集体成员，采用“一人一股制”，实行“确权到人、颁证到户，户内共享、社内流转，长久不变、静态管理”模式。全市230个行政村集体经济组织实现全覆盖登记赋码，按需登记赋码组级集体经济组织725个；共确认农村集体经济组织成员146777户525179人。按照农村集体经济组织申请、乡（镇）人民政府实质性审核、县级农业农村行政管理部门要件审查、登记赋码等流程，对农村集体产

表1　2023年攀枝花市省级（及以上）农业产业化重点龙头企业名单

企业名称	注册资金（万元）	法人代表	示范等级	年度产值（万元）	主营产品
攀枝花立新养殖开发有限公司	1100.0000	邢晓艳	省级	5808.15	鸡蛋、饲料、淘汰鸡、有机肥
攀枝花丽新园艺技术有限公司	1000.0000	严春新	省级	3082.05	红掌、竹芋、姜荷花
攀枝花市行远牧业有限责任公司	8000.0000	李学海	省级	5274.00	鸡蛋、肉牛、生猪、有机芒果
攀枝花攀西阳光酒业有限公司	1000.0000	冉俊霞	省级	127.20	葡萄酒、蒸馏酒
攀枝花二十六度果品开发有限公司	2000.0000	张熙	省级	3165.30	芒果
攀枝花市创客农业有限公司	1300.0000	冯飞	省级	3217.24	芒果
米易华森糖业有限责任公司	5000.0000	张家华	省级	9889.62	红糖系列产品、白砂糖、糖化钙等
米易县绿生农业开发有限责任公司	1750.0000	刘斌	省级	6920.02	蔬菜、水果
四川益满达渔业有限公司	2000.0000	刘静雅	省级	4921.60	加州鲈鱼
米易县老高山农业科技有限公司	500.0000	孔维军	省级	5601.50	蔬菜、水果
米易县百绿农产品开发有限责任公司	500.0000	白廷全	省级	3065.21	蔬菜种苗
米易时光实业有限公司	5000.0000	管建明	省级	5026.04	冻干产品、芒果、桑葚、草莓、苹果、柠檬、西红柿、香菜、小葱、小米辣
攀枝花大华园艺有限公司	3000.0000	严春新	省级	3062.67	宝莲灯、彩叶芋、红掌、白掌等高档室内盆花
米易双胞胎饲料有限公司	300.0000	华磊	省级	30511.00	饲料
攀枝花市锐华农业开发有限责任公司	1800.0000	钟方祥	国家级	26321.16	特色水果
中丝天成（攀枝花）丝绸有限公司	410.6667	朱兴强	国家级	29660.00	桑蚕茧、白厂丝、蚕桑综合产品
盐边县大笮风特色农业开发有限责任公司	3250.0000	周蓉	省级	3200.00	白酒、配制酒、土特产收购销售，旅游餐饮、住宿、会议接待
盐边县二滩茶业有限责任公司	1000.0000	邱天云	省级	5378.32	茶叶
盐边县民财茶业有限责任公司	500.0000	杨涛宇	省级	2982.00	茶叶
攀枝花市优农农科农业开发有限公司	1000.0000	陈智	省级	0	生猪、肉牛
盐边县松林堡特色农业有限责任公司	600.0000	王顺祥	省级	3536.92	芒果、羊、牛
攀枝花市中康新润农业开发有限公司	1200.0000	张驰	省级	3467.25	杜泊羊及杜杂羊
攀枝花四喜农业发展有限责任公司	2000.0000	童隆浩	省级	5792.22	桑椹原汁、桑椹原浆、桑椹果酒、桑椹饮料

续表

企业名称	注册资金（万元）	法人代表	示范等级	年度产值（万元）	主营产品
攀枝花市华益粮油食品有限公司	1188.0000	崔巍	省级	3605.40	大米
攀枝花鑫旺农业有限责任公司	600.0000	田润泽	省级	4211.35	牛、羊
四川黑金椹阳光农业有限公司	2360.0000	熊晓英	省级	3373.00	桑葚
攀枝花田野创新农业科技有限公司	3000.0000	杨磊	省级	8664.25	鲜芒果、芒果原浆

表2　2023年攀枝花市省级示范农民专业合作经济组织名单

合作组织名称	注册资金（万元）	法人代表	示范等级	年度产值（万元）	主营产品
攀枝花市金果园果业专业合作社	100.0	胡德武	省级	56.80	水果
米易县金荣藤椒种植专业合作社	600.0	晏方林	省级	341.62	种植业
米易县三锅庄大樱桃种植专业合作社	667.5	孙光福	省级	119.15	水果
盐边县红桑圣蚕桑种养殖专业合作社	105.7	谢贵余	省级	298.87	种植业
米易县尚路堡种植专业合作社	241.0	王美华	省级	92.10	水果

表3　2023年攀枝花市家庭农场经营情况统计表（前10位）

家庭农场名称	法人代表	年度产值（万元）	主营产品
盐边县郑好家庭农场	郑浩文	400.0	渔业
米易县本军家庭农场	李本军	500.0	蔬菜
米易县蜀果匠种植家庭农场	张菲	500.0	枇杷深加工
米易县李雪昊家庭农场	李雪昊	380.0	葡萄
盐边县国胜乡正琪家庭农场	谢正琪	378.0	蔬菜
盐边县国红顺家庭农场	冉茂春	502.0	畜禽养殖
攀枝花市仁和区永强家庭农场	李永婷	837.6	芒果种植、生猪养殖
米易县兴源芒果园家庭农场	何虎	450.0	芒果种植
攀枝花市西区丰芒家庭农场	吴光海	360.0	芒果种植
盐边县国胜乡笮山郎家庭农场	罗顺兵	356.0	茶叶

权制度改革后的集体经济组织进行全面登记赋码，赋予其特别法人资格和市场主体地位。

【农产品品牌战略实施】 “攀枝花芒果”入选全国“土特产”推介目录。“攀果”品牌被评为“天府粮仓”最受欢迎的农产品品牌，锐华·攀枝花芒果入选2023年“天府粮仓”精品（培育）品牌名单，阳光米易、“迷易红”牌米易红糖、“紫椹缘”牌有机桑葚入选2023年四川省农业品牌目录品牌名单，盐边桑葚入选“四川十大地理标志道地药材”。

规范品牌管理。印发《“攀果”区域公用品牌授权使用管理办法》。开展“攀枝花芒果”“攀枝花枇杷”地理标志农产品标志使用授权工作，授权使用“攀枝花枇杷”标识的经营主体14家、使用“攀枝花芒果”标识的经营主体12家。完成农产品地理标志使用监管报告1份，修订中欧地标互认协定中的攀枝花芒果技术规范。加大对假冒攀枝花芒果行为的“打假”执法力度，针对“悲情营销”销售攀枝花芒果的行为，联合市市场监管局、市委网信办、市商务局向各大电商平台发函，通报全市芒果产业真实情况，敦促平台处理违规直播间25家。印发《加强“攀枝花芒果”等地理标志产品法律保护的行动方案》，召开攀枝花地理标志产品法律保护行动座谈会2次。印发《2023攀枝花市网络市场监管促发展保安全专项行动方案》。

实施品牌战略。逐步构建宣传推广矩阵，品牌影响力不断提升。获得“攀@果”商标使用权，组织开展攀果IP形象征集活动，形成一套完善的“攀果”IP形象并开发文具、卡通玩偶等文创衍生产品。

丰富品牌内涵。构建新媒体宣传矩阵，通过产品种草文、视频推介等形式逐步扩大品牌影响力；攀果公司受邀接受四川电视台乡村频道、东方卫视等电视媒体采访拍摄，提升品牌曝光度；参与大运会、英雄联盟城市争霸赛等热点或重大活动的布展及提供品牌支持，并收到来自成都大运会组委会的感谢信，提升了品牌知晓度，扩大了品牌“朋友圈”；参加西博会、农博会、亚果会、全国农交会、中国农民丰收节四川分会场、中国地方土特产推介大会等大型展会10余场，“攀果”品牌获评“第九届四川省农博会最受欢迎农产品品牌”；在双流机场、攀枝花南站等高人流量区域增设多个新广告位进行品牌曝光宣传。

【现代农业园区建设】 全市以现代农业园区建设为载体，推进特色产业发展，已创建省级五星级园区2个（米易县稻菜现代农业园区和攀枝花市仁和区芒果现代农业园区）、三星级园区3个，认定市级园区19个、县（区）级园区35个，形成多层次多类型园区体系和梯次提升、竞相发展的态势。

【种植业】 粮食生产。全年粮食作物播种面积458平方千米，产量26100万千克；大豆播种面积9.34平方千米。

蔬菜生产。提供优质蔬菜苗1.2亿株以上。开展中高山蔬菜发展情况调研，印发《攀枝花市发展中高山蔬菜产业实施方案（2024—2027年）》。制定《西瓜嫁接苗培育技术规程》《茄子嫁接生产技术规程》地方标准。实施中高山魔芋试验示范项目，种植魔芋250余亩，为示范户免费提供本地花魔芋种、有机肥、常备杀菌剂、杀虫剂、魔芋种植技术资料等，并现场指导和培训魔芋种植技术。全年蔬菜种植面积188.98平方千米，蔬菜及食用菌产量109051万千克，分别增长2.6%、4.8%，其中早春蔬菜种植面积103.33平方千米，产量65000万千克；外销量48100万千克，外销率达74%。

蚕桑生产。省蚕桑专家团队多次到攀开展技术培训和实地调研。全市桑园面积78.98平方千米，桑葚产量5257.08万千克，分别增长约0.71%、9.52%。

水果生产。打造芒果产业集群，编制《攀西晚熟芒果优势特色产业集群建设项目总体方案（2023—2025年）》《2023年年度建设方案》，争取到攀西晚熟芒果省级优势特色产业集群项目，重点提升攀西晚熟芒果的优质果品生产能力、产品加工贸易能力、品牌市场开拓能力、生产社会化服务能力、科技人才支撑能力“五个能力”。仁和区、米易县、盐边县获得省级财政资金2787万元。成立攀果产业发展联盟，联盟首批成员42家。采取统一品牌、标准、作业、储运、销售的方式降低芒果生产成本，提高“攀果”系列产品溢价能力。攀枝花与会理市、会东县、云南省华坪县、云南省永仁县、云南省永胜县等10个县（市）携手成立金沙江流域芒果产业联盟。与凉山州，云南省丽江市、昭通市、楚雄州成立金沙江流域两省五州（市）芒果产业发展联盟。全年水果种植面积743平方千米，产量68029.85万千克，增长7.13%；实现产值57.19亿元，其中芒果种植面积579.62平方千米，产量47900万千克。

烟叶生产。攀枝花市发展现代烟草农业领导小组办公室印发《2023年烤烟生产工作要点的通知》《关于切实抓好2023年烟叶收购工作的通知》；召开全市烟叶高质量发展现场会议。全市烟农种植烟叶46.42平方千米，收购烟叶1088.36万千克，烟农直接收入3.63亿元。实施烟基项目494个，投入资金1139万元，其中购置烟草农业机械10台，新建生物质内置式新能源烤房304座，改造生物质内置式新能源烤房49座、生物质外置式新能源烤房23座；建设育苗设施8处、400座，烤房群附属设施项目100座。

植物检疫。全年新增检疫员1名，注销检疫员1名。检查种苗生产基地30个、种子种苗企业28家、种子种苗门店（销售商）82个。开展检疫性有害生物专项调查；举办检疫性有害生物防控技术培训45场次，培训人员1960余人次，发放检疫宣传技术资料3500余份。落实检疫性有害生物防控资金300余万元，防控面积7215平方千米。

病虫害防治。举办安全用药培训45场次，培训人员2400余人次，发放资料2700余份。推广以灯诱、色诱、性诱、食诱和套袋为主的“四诱一隔”技术和生物农药，主要农作物病虫害绿色防控覆盖率57.86%，专业化统防统治覆盖率达49.6%，挽回损失2691.71万千克。

经济作物结构调整。开展农业种植园地分类优化改造，摸清可优化改造作物种类、改造方式和实施地点，制定优化改造年度实施方案，明确具体措施、整改标准、完成时限，共完成分类优化改造7.49万亩。

【畜牧业】 畜牧生产。全市生猪出栏62.43万头，同比增长1.6%。创建国家级生猪产能调控基地1家、省级生猪产能调控基地9家。全市能繁母猪存栏量处于绿色区域，最低保有量3.6万头以上。盐边县获得2022年生猪超额奖励补助资金109万元，获得省级现代畜牧业高质量发展项目资金357万元。

疫病防控。争取到中央和省级强制免疫资金528.8万元，全市春秋两防共计免疫猪瘟54.76万头、猪口蹄疫80.84万头、牛口蹄疫12.24万头、羊口蹄疫90.06万只、高致病性禽流感557.38万羽、小反刍兽疫53.06万只，各种病种应免密度为100%。开展免疫效果监测，抽取猪、牛、羊以及禽血清样品2813份，禽流感、口蹄疫、小反刍兽疫以及猪瘟免疫抗体合格率均为80%以上。开展养殖环节消毒灭源工作，发放消毒药剂20000余千克。加强监测预警，开展非洲猪瘟荧光定量PCR检测，抽取养殖、屠宰、农贸市场等环节样品8000余份，检测结果均为阴性。开展乳用牛和部分商品羊布病样品检测7372份、牛结核样品检测96份、血吸虫病检测100份、狗狂犬病抗体检测500份。

饲料兽药监管。开展饲料生产、经营门市、养殖场饲料和添加剂监督检查，共抽查样品16份。监管兽药经营企业9家、养殖场1家，完成兽药抽检送检任务10批次，抽检禽蛋类产品5批次；检查饲料生产企业2家、饲料添加剂生产企业3家，到盐边县和米易县开展专项执法检查。攀枝花恒通钛业公司生产许可通过农业农村厅现场审核。攀枝花恒通兴牧商贸有限公司兽药（兽用生物制品）经营质量管理规范检查（兽药GSP现场检查验收）通过省级验收。印发《攀枝花市农业农村局关于做好2023年度兽用抗菌药使用减量化行动工作的通知》《攀枝花市规范畜禽养殖用药专项整治行动实施方案》。全省饲料兽药监管暨减抗行动政策法规培训班在盐边县委党校开班。

【水产业】 水产养殖业。全市稻鱼综合种养面积675亩。推进池塘标准化改造，应用推广池塘内循环系统节能减排新技术、养殖新模式，推进养殖尾水治理试点示范。盐边北部山区冷水鱼、亚冷水鱼流水养殖、溪河增养殖得到发展推广。全年水产品总产量13489吨，实现渔业经济总产值35824万元。

质量安全监管。开展专项执法检查2次，出动人数18人次；开展日常检查9次，出动人数90余人次，制作安全展板、横幅标语，发放宣传资料2000余份。制定年度抽检计划，完成省级2023年水产品质量安全监督抽样检测20个基地50个样品工作，合格率为98%。开展水产养殖场所定期巡查，检查养殖户60余户，发放宣传单2000余份，整改问题3个，整改率为100%。开展水产品质量安全专项整治，出动执法人员180余人次，检查生产经营主体27家次。

长江禁捕退捕。印发宣传资料2.3万余份，在媒体平台上宣传25次，开展联合行动19次，出动执法人员1250余人次、执法车辆360余辆次、执法船（艇）127艘次，水上巡查8892.59千米、陆上巡查16544千米，检查水产品销售经营点97个次，渔具生产、经营点77个次，查办案件41件，查获涉案人员54人，涉案渔获物46.45千克；移送司法案件1起，移送司法涉案人员3人，收缴行政处罚金1.9万元。

资源养护。编制《攀枝花市年度鱼类增殖放流实施方案》。全年投放鱼苗200余万尾。开展小水电清理整治全覆盖，落实涉渔工程环境影响评价生态环境损害修复补偿，各县（区）农业行政执法部门与辖区公安机关就农业领域相关案件生态环境损害赔偿情况逐一落实销号。监测到国家二类水生保护动物13种、长江特有鱼类44种。

【乡村振兴】 推进乡村振兴和城乡融合发展，启动实施“百村示范、全域整治”行动，配套以奖代补资金2亿元，启动100个和美村庄样板村建设，带动全域建设宜居宜业和美乡村。新（改）建农村公路292千米，行政村全部实现硬化路和客车“双通”，“四好农村路”省级示范县实现县（区）全覆盖。新增迤沙拉太阳能提水泵站等农村供水保障提升工程11处，农村供水水质合格率提升6个百分点，达到88.8%。实施巩固拓展脱贫攻坚成果同乡村振兴有效衔接产业类项目147个，230个村集体经济收入全部突破5万元，2个镇2个村分别获评省级百强中心镇、全国乡村特色产业产值超亿元村，3个村被认定为全国乡村治理示范村，仁和区获评全省乡村振兴先进县（区），米易县入选全省农村基本具备现代化生活条件建设标准试点，盐边县和爱村获评中国美丽休闲乡村。

【农业机械化】 全市农业机械装备保有量达16万台（套），新增农机总动力0.7万千瓦，全市农机总动力达73.32万千瓦。主要农作物耕种收综合机械化水平为64.7%，同比增加4个百分点。争取中央、省农机购置补贴资金551万元，使用农机购置补贴资金178.2万元，补贴农机具514台（套），受益农户439户，资金结算进度为91%。争取到提灌站建设项目资金460万元，新建提灌站3座、改造2座。米易县完成省级“五良”（良田、良机、良种、良法、良制）融合产业宜机化项目改造（改造面积405亩，其中核心区面积205.5亩、辐射区面积199.5亩），投入资金300万元。新创建省级“全程机械化+综合农事”服务中心1个，新培育农机专合社2个。农业综合机械化服务能力覆盖全市14个省、市两级现代农业园区，覆盖面积3000余亩。

【农产品质量安全监管】 农产品质量安全监测。全年开展定量监测1743批次，其中风险监测1386批次、监督抽查357批次，监督抽查量占定量监测总量的20.48%。省级农产品质量安全例行监测合格率达99.5%，高于全省平均水平0.1个百分点。

农产品质量安全执法。全年办理农产品质量安全案件13件，其中违法违规使用禁限用药物和常规药物残留超标案件10件、不开具承诺达标合格证案件2件、生产记录不规范案件1件。纳入“重点监控名单”的生产主体12家。全年发放禁限用农药清单、豇豆经常检出问题农药清单以及豇豆安全用药告知书等5000余份。

食用农产品合格证制度实施。推行食用农产品承诺达标合格证制度，加强食用农产品产地准出与市场准入衔接工作，全年共开具合格证32万余张，附带合格证上市的农产品6万余吨。

农产品质量安全追溯。农产品质量安全追溯管理信息平台有生产主体822家，新增212家，上传信息15000余条。将农产品质量安全追溯与农业农村重大创建认定、农业品牌推选、农产品认证、农业展会等挂钩，加强农产品质量安全追溯管理。开展重点农产品产地溯源信息采集，共采集信息2279条。

【农村大事记】 1月18日，市农业农村局党组成员、总农艺师斯慈伟带队到仁和区平地镇开展节前农机安全生产暗访检查，检查农资经销点2家、农机经销点2家（农机维修点），检查拖拉机4台，惩处无牌无证、改装拖拉机1台。

3月14日，市农业农村局总农艺师斯慈伟带领行政执法科（农机服务中心）、渔业渔政科（水产站）联合仁和区农业农村局到仁和区开展“3·15”农机质量及农机安全生产宣传、长江“十年禁渔”执法检查、春季禁渔宣传活动。

3月22日，市农业农村局、仁和区农业农村局、仁和区啊喇彝族乡政府在仁和区啊喇乡啊喇村举办春耕生产农机作业现场示范会，现场签订农机社会化服务订单。农业农村部门、乡（镇）政府、村（社区）相关负责人及当地群众70余人参加。

3月27日—31日，中国热带农业科学院环境与植物保护研究所赵朝飞副所长一行到攀枝花市，与市农业农村局、乡村振兴局、科技局、攀枝花农林科学院、热科院攀枝花分院就绿色防控、农业环境保护等领域开展科技交流，双方一致同意要围绕院市战略合作协议的相关内容共同助推乡村振兴。

4月11日，市农业农村局联合盐边县农业农村局、盐边县市场监督管理局在盐边县红格镇开展“放心农资下乡进村”、“食用农产品‘治违禁　控药残　促提升’三年行动”、《中华人民共和国农产品质量安全法》、豇豆质量安全宣传活动。

4月24日，攀枝花市农业农村局组织召开2023年“科技下乡万里行”活动农业产业服务团专家座谈会。市农业农村局党组成员、副局长陈友龙主持会议，“科技下乡万里行”蔬菜（36团）、芒果（44团）、蚕桑（61团）、家禽（80团）、花椒（85团）产业技术服务团专家成员、各县（区）农业农村部门分管领导和责任部门主要负责人、局属相关科室负责人和部分产业企业的负责人等参加会议，市委组织部、市人力资源社会保障局有关领导参加会议。

5月6日，攀西地区蚕桑产业经济协作会议在盐边县红格镇召开。凉山州、县蚕业管理部门、凉山州农科院、蚕种场和蚕桑龙头企业，攀枝花市农业农村局、盐边县委分管领导和县农业农村局、龙头企业中丝天成（攀枝花）公司负责人参加会议。

5月8日—12日，为确保三普样点布设的科学性、代表性和准确性，攀枝花市土壤普查办与省农业科学院的专家团队对国家布设的样点进行全面校核。校核工作共校核表层土调查采样点3653个、剖面调查采样点122个。

5月5日、5月11日，市农业农村局党组成员、总农艺师斯慈伟带队到盐边县、米易县检查督导2022年农村“厕所革命”整村推进项目实施、2022年审计反馈农村厕所革命项目问题整改、2023年农村厕所革命整村推进等项目实施情况，市纪委监委驻市农业农村局纪检监察组、市农业农村局乡村建设和治理指导科等有关人员参加检查。

5月17日，四川省农业大学水稻研究所品种改良中心教授王玉平到仁和区福田镇务子田村现场指导农民移栽水稻。

6月1日—2日，农业农村厅调研组到攀枝花市展开渔业产业发展督导调研。

8月10日，副市长龙勇到盐边县桐子林镇金河村专题宣讲习近平总书记来川视察重要指示精神，并调研农业产业、村集体经济发展等情况。

8月30日—31日，攀枝花市第三次全国土壤普查表层土壤调查采样技术培训会召开。省土壤普查办专家参加会议，市土壤普查办成员单位、各县（区）土壤普查办成员单位及乡（镇）相关人员共计120余人参加培训。

9月18日，结合全市“质量月”和农产品质量安全宣传要求，市农业农村局在米易县撒莲镇平阳村开展以“增强质量安全意识　推进农业高质量发展”为主题的宣传活。活动以发放宣传资料、现场宣讲等形式开展《中华人民共和国农产品质量安全法》、“治违禁　控药

残　促提升”三年行动、食用农产品承诺达标合格证宣传。

同日，结合全省“农村移风易俗主题宣传月”活动，市农业农村局在米易县撒莲镇平阳村开展以“移风易俗引领风尚·文明新风润泽城乡”为主题的农村移风易俗宣传。活动以发放宣传资料、现场宣讲等形式开展“高价彩礼”“大操大办”等农村移风易俗重点领域突出问题专项治理精神和政策宣传。

9月21日，市农业农村局联合仁和区、盐边县农业农村局组织开展2023年农机安全生产培训，仁和区、盐边县有关乡（镇）的20余名农机手参加了培训。

10月11日，攀枝花市2023年农机安全事故应急处置演练活动在米易县鲁班职业技能培训学校有限公司举行。市、县（区）农业农村局、钒钛高新区社会管理局农机安全分管领导、局安办和农机安全监管部门负责人，米易县农业农村、应急、消防、卫健、各乡（镇）农机安全监管负责人，米易县有关农机专合社、农机大户、农机经销商代表及农机驾驶操作员，鲁班职业技能培训学院中职学生等共计150余人参加演练活动。

10月17日，由市纪委监委驻市农业农村局纪检监察组组长刘漫带队，会同市农业农村局相关科室负责人，对仁和区农村“厕所革命”项目进展、审计反馈问题整改、农村改厕“提质年”工作、厕所建设质量、资金兑付、后续管护和群众满意度等情况进行监督检查。

11月3日，市农业农村局联合仁和区农业农村局到仁和区布德镇开展红火蚁防控检查，并以随机抽查的形式现场检查红火蚁发生防控情况。

11月21日—22日，市农业农村局对2018—2019年存量的3个沼气工程开展项目验收。

11月，四川省十四届人大常委会第七次会议审查批准《攀枝花市安宁河流域保护条例》并于11月1日施行。

12月14日，农业农村厅官方门户网站发布《2023年度四川省农业综合行政执法典型案例》。米易县农业农村局办理的“攀枝花市米易县某果蔬种植专业合作社未取得经营许可证经营农药案”入选全省农业执法十大典型案例。

12月20日，市农业农村局党组成员、总农艺师斯慈伟带队到盐边县惠民镇青龙村、渔门镇三河源村对2023年农村“厕所革命”整村推进项目实施情况进行市级抽查复验，共抽查9户，合格率为90%，1户因改厕户因圈舍与厕屋未分开需进行整改。同时，对惠民镇民主村建设中的大米加工厂安全生产进行了检查督导。

【主要领导人】 市委书记：张正红；市人大常委会主任：黄正富；市长：虞平（2月止），范继跃（3月始）；市政协主席：李仁杰；分管农业副市长：龙勇。

攀枝花市编写组

东　区

【基本情况】 2023年，全区辖5个街道1镇40个社区7个村，辖区面积166平方千米。常住人口41.34万人，常住人口城镇化率99%

2023年，全区实现地区生产总值571.02亿元，同比增长6.7%，其中第一产业增加值2.46亿元，同比增长3.8%；第二产业增加值322.64亿元，同比增长7.2%（工业增加值262.8亿元，同比增长7.1%）；第三产业增加值245.93亿元，同比增长6.1%。全社会固定资产投资同比增长5.8%。社会消费品零售总额144.89亿元，同比增长10.6%。

有各类学校76所，其中学前教育学校53所、义务教育学校20所、普通高中2所、特殊教育学校1所。有卫生医疗机构253个，体育场地993个。

【年度农业和农村经济运行】 2023年，全区实现农林牧渔业增加值2.55亿元，同比增长3.8%。粮食产量0.1万吨。生猪出栏14459头，同比增长1.5%。

【农村社会保障】 全年就业人员达19.96万人，同比增长10.15%。基本养老保险参保人数5.8万人，同比减少1.79%；基本医疗保险参保人数43.9万人，同比减少4.35%。

【主要领导人】 区委书记：凌永航；区人大常委会主任：刘霄；区长：毛志强；区政协主席：林廷华；分管农业副区长：王洋。

东区编写组

西　区

【基本情况】 2023年，全区辖1镇5个街道，辖区面积153.6平方千米，其中耕地面积543.37公顷，占总面积的4.42%；园地面积1708.7公顷，占总面积的13.89%；林地面积6816.21公顷，占总面积的55.4%；草地面积325.52公顷，占总面积的2.65%；湿地面积20.61公顷，占总面积的0.17%；城镇村及工矿用地面积2012.17公顷，占总面积的16.35%；交通运输用地面积338.63公顷，占总面积的

2.75%；水域及水利设施用地面积399.31公顷，占总面积的3.25%；其他土地面积138.94公顷，占总面积的1.13%。常住人口12.9万人。水资源总量2.55亿立方米。

2023年，全区实现地区生产总值94.6亿元，同比增长4.5%，其中第一产业增加值2.82亿元，同比增长3.9%；农林牧渔业增加值2.9亿元，同比增长3.9%。农村劳动力转移就业0.25万人，同比增长24.07%。

有各类学校34所，其中学前教育学校21所、义务教育学校9所、普通高中1所、特殊教育学校1所；专任教师1.3万人，同比减少5.04%；在校学生1.63万人，同比减少2.21%。有特色村寨1个。

【种养殖业】 全区粮食产量2055吨，同比减少11.5%。有效灌溉面积5250亩。生猪出栏14362头，同比增长1.5%。

【农村社会保障】 全县基本养老保险参保人数2.78万人，同比减少0.47%；基本医疗保险参保人数6.77万人，同比减少0.4%。有养老机构10家，同比增长0.11%；养老机构床位781张，同比增长0.06%。

【主要领导人】 区委书记：胡昱冰；区人大常委会主任：刘琳；区长：尚滟佳；区政协主席：黄大宣；分管农业副区长：吴伟。

西区编写组

仁和区

【基本情况】 2023年，全区辖1个街道5乡8镇89个行政村25个居民委员会64个村民委员会176个居民小组426个村民小组，辖区面积172885.03公顷，其中湿地面积268.31公顷、耕地面积9956公顷（水田3519.01公顷、水浇地178.05公顷、旱地6258.95公顷）、林地面积104201.02公顷（乔木林地74425.69公顷、灌木林地20672.33公顷、竹林地95.23公顷、其他林地9007.76公顷）、草地面积3683公顷、园地面积37533.3公顷（果园37119.75公顷、其他园地413.56公顷）、城镇村及工矿用地面积7367.58公顷（城市2636.36公顷、建制镇164.39公顷、村庄3826.27公顷、采矿用地714.63公顷、风景名胜及特殊用地25.93公顷）、交通运输用地面积1679.16公顷（铁路用地185.87公顷、公路用地1247.65公顷、机场用地242.93公顷、港口码头用地0.27公顷、管道运输用地2.44公顷）、水工建筑用地面积163.85公顷、水域面积4302.94公顷（河流水面1734.36公顷、水库水面1259.9公顷、坑塘水面766.11公顷、沟渠378.72公顷）、其他土地面积3893.72公顷（农村道路2058.82公顷、设施农用地114.09公顷、田坎1701.05公顷、裸土地4.86公顷、裸岩石砾地14.9公顷）。年末户籍总户数80016户，户籍总人口24.3万人，常住人口26.67万人。水资源总量51773万立方米。森林覆盖率43.3%。

【种植业】 全区芒果种植面积40.5万亩、石榴种植面积1.15万亩、葡萄种植面积1.22万亩、其他温带水果种植面积2.3万亩。

【主要领导人】 区委书记：班宏；区人大常委会主任：白春林；区长：荀军；区政协主席：李孝彬；分管农业副区长：李群。

仁和区编写组

米易县

【基本情况】 2023年，全县辖11个乡（镇、街道），辖区面积2153平方千米，其中森林面积13.66万公顷，森林覆盖率64.74%；草地面积0.58万公顷，草原综合植被覆盖度83.24%；湿地面积0.01万平方千米；生态保护红线面积310.15平方千米；矿山生态修复面积1.1平方千米；耕地保有量307195.2亩。有户籍人口22.93万人，同比增长0.26%。先后获得全国文明城市、平安中国建设示范县、全国法治建设先进县、全国卫生县城、国家园林县城、全国民族团结进步示范县、全国文化先进县、天府旅游名县、全国百佳深呼吸小城十佳示范城市、全省首批实施乡村振兴战略工作先进县、全省农村改革先进县等称号，是全国蔬菜产业发展重点县、国家级"南菜北运"基地、首批省级农产品特优区，被纳入"十四五"全国首批农业现代化示范区创建名单。

2023年，全县实现地区生产总值196.85亿元（同比增长6.8%），其中第一产业增加值41.68亿元，同比增长4.2%；第二产业增加值84.16亿元，同比增长7%；第三产业增加值71.01亿元，同比增长8.1%。对外出口额6.51亿元，同比减少27.%。

社会消费品零售总额58.15亿元，同比增长10.6%。城乡居民年人均可支配收入同比增长6.4%，居民人均消费支出同比增长5.2%。一般公共预算收入完成16.59亿元，同比增长23.27%；一般公共预算支出26.72亿元，同比增长26.9%。全社会固定资产投资同比增长6.1%。有高新技术企业9家，专精特新中小企业9家，工程技术研究中心3个。

有各类学校54所，同比增长0.02%；在校学生3.5万人；专任教师0.26万人，同比减少0.02%。有体育场地0.06万个，同比增长1.04%。有高水平后备人才基地1个。有宗教团体1个、宗教中国化示范场所1个。有医疗卫生机构238个，实有病床位0.14万张，卫生技术员0.17万人（同比增长0.05%）。

【农村社会保障】全年就业人员达13.3万人，同比增长2.78%。农村劳动力转移就业3.12万人，同比增长2.9%。基本养老保险参保人数15.73万人。有养老机构11家、床位1125张。有儿童福利院1家。

【主要领导人】县委书记：蔡君；县人大常委会主任：董明远；县长：代坤宏；县政协主席：罗文跃；分管农业副县长：侯锋。

米易县编写组

盐边县

【基本情况】2023年，全县辖6镇6乡88个村（社区），辖区面积3269.453平方千米。年末户籍人口20.96万人，常住人口17.88万人。先后获得全国民族团结进步示范县、国家卫生县城、省级文明县城、省级乡村振兴先进县、全省特色产业工作典型县等称号。

2023年，全县实现地区生产总值169.6亿元，按照可比价格计算，比上年增长6.5%，其中第一产业增加值31.8亿元，增长4.1%；第二产业增加值96.2亿元，增长6.3%；第三产业增加值41.6亿元，增长9%。三次产业结构比由上年的20.3∶55.7∶24调整为18.8∶56.7∶24.5。一般公共预算收入完成30.2亿元，增长187.4%，剔除红格南矿因素增长41.3%。城乡居民年可支配收入分别增长4.6%和7.3%，城乡收入比缩小至1.98。

【现代农业发展】整合移民后扶、乡村振兴衔接等资金，新建高标准农田666.67公顷，实施土地整治新增耕地219.93公顷。启动二滩南部片区供水工程建设，启动国家储备林一期项目，昔格达田园综合体基本成型，和美共富示范村（昔格达村）、未来新村（联合村）建设取得进展；珠芽金魔芋、高海拔优质烤烟扩面提质，鹌鹑养殖共富模式加快推广，紫约蓝莓基地、亚热带水果种植园落地建成；“盐边桑葚”获得国家地理标志产品认证，晚熟芒果获批创建首批国家级现代农业全产业链标准化示范基地。惠民镇获评首批国家农业产业强镇和省级乡村振兴先进镇。盐边县获评全省特色产业工作典型县。盐边县创建为省级林草中药材规范化种植基地。

【文旅消费】出台支持乡村民宿、盐边烧烤、餐饮名店发展等配套政策，引进天沐温泉、全季酒店、希悦酒店等项目，实施听风萤地、雅港餐厅、金芋别院、铃铛烧烤、火烧天营地等文旅消费场景升级改造，羊肉米线预制菜品种推陈出新，“笮酒”获得中国国际酒业博览会“青酌奖”。“攀果”电商节、欢乐阳光节促消活动取得成效，京东产业园继续入围四川省电子商务示范基地。盐边县获评“2023年度巴蜀十佳摄影目的地”；二滩国家森林公园被评为四川“十大避暑胜地”。

【农业农村改革】建成知识产权维权援助站4个，科技型中小企业“升规入库”24家，申报龙佰省级绿色选冶技术工程研究中心；有序推进全国农村集体经营性建设用地入市试点县工作，完成全市首宗集体经济建设用地市场化交易；推进供销社综合改革，建成基层供销社示范社6个；建立园区工业投资项目“标准地”指标体系，完善共同富裕农村道路管养机制。完成以教师积分制为基础的“县管校聘”和南北幼教集团公立化改革，推进国防动员体制改革。推出茶叶、桑葚价格指数保险，与攀枝花市农村商业银行盐边支行合作完成农户整县授信工作。盐边县被纳入全省青年发展型县域试点，进入全国农村能源试点县推荐候选名单。盐边发展集团通过AA主体信用评级。川台农业合作发展交流现场会等招商推介工作取得实效，全年招商引资实际到位资金57.3亿元；外贸进出口总额突破2.5亿元，增长73%。盐边县获得中国县域民生经济凤栖奖发展成果奖及“中国县域投资价值高地TOP50”称号。

【花园县城建设】完善“天网下地”，摸底试点屋顶光伏项目，推陈出新名店亮招，整治城市疤痕，推进富民农贸市场安全隐患整治。南入口大道、站前广场、天网下地、桐雅线环境提升、智慧停车场建成投用，同缘公园、橄榄坡公园（一期）、婚恋主题公园、国防教育公园、综合游泳馆、老旧小区改造、县城亮化二期等项目基本完工，县城保障性租赁住房、燃气管道改造，县城屋顶光伏试点等项目加快推进。6月，创建为第三批四川省生态园林县城。

【和美乡村建设】加大集镇和乡村建设力度，加速呈现魅力红格，竞训基地大道、昔格达大道北段、红山大道修复等项目建成投用，铜火锅一条街、昔格达田园升级、美食星空剧场建设全面完成，推进岩羊河公园、绿谷水街、二医院、农产品物流中心建设。红格镇获评省级百强中心镇和省级水利风景区。加快建设美丽乡村，红果彝族乡棚户区改造、永兴镇农贸市场建设基本完成，惠民镇、共和乡示范场镇改造有序实施，北部厨余垃圾处理站、垃圾中转站建成投运，通过实施“厕所革命”改造农村厕所3147户。共和乡纳底河村获评省级乡村振兴重点帮扶优秀村，红格镇和爱村获评中国美丽休闲乡村，格萨拉彝族乡大湾村入选省级乡村旅游重点村，红果彝族乡三滩村入围省级样板村。

【交通建设】 有序推进沿江高速(盐边段)建设。攀枝花至盐源高速公路招商落地，组建项目公司，勘查设计工作基本完成，有序推进土地报批等前期手续。省道218线县城连接线快速通道、桑园大桥工程加快建设；改(扩)建农村公路87千米，新建产业道路128千米。金纳路被评为2023年度全省最美农村路。

【农村教育】 实施第一初级中学升级改造、红格中学运动场改造、渔门中学宿舍改造等教育基础设施项目。建立教师队伍"预聘试讲、考证入编"机制，义务教育阶段教师竞聘上岗。与9所市内优质学校建立帮扶合作关系，与市七中联合办学成效明显，35名教师入选"市三名工程"〔攀枝花市教育系统名校长工作室领衔人(含名幼儿园园长)建设工程、名师工作室(教育体育专家团队)领衔人(含名班主任)建设工程、名校(含幼儿园)建设工程〕。完成南北幼教集团公立化改革，国家学前教育普及普惠县、省级义务教育优质领航学校创建通过评审验收，盐边县第一中学被教育部认定为中小学国防教育示范学校。盐边县入选全省首批示范性学区制治理试点县。

【农村卫生】 推进"123X"医疗服务体系改革，探索卫生院、敬老院"两院一体"运行模式，建成全市首家医养康护中心。打造省级重点专科、省级基层特色专科各2个，建成投用县人民医院体检中心，启动中医院改(扩)建等项目前期工作，有序推进二医院建设。县人民医院被评为全省星级智慧医院。

【农村社会保障】 全年民生支出占一般公共预算的75.1%，实现"六连增"。启动红格、国胜敬老院升级改造工程，动态清零年收入万元以下家庭。实施高校毕业生就业帮扶行动，发放创业担保贷款8612万元，开发各类公益性岗位860个。盐边县被纳入全省首批慈善事业高质量发展试点县，获评"全省农民工服务保障工作先进单位""全省根治欠薪专项行动先进县"；红格镇被评为四川首批返乡入乡创业示范乡镇。

【农村社会治理】 落实安全生产"十五条"硬措施，县安全生产委员会办公室实体化运行，实现森林草原防灭火、地灾防治、防汛减灾"零伤亡"，食品药品安全"零事故"。C、D级既有房屋排查完成率和隐患管控率均达100%，"国家非煤矿山重点监管县"摘帽。落实河(湖)长制、林长制和长江"十年禁渔"，推进实施水钢红发超低排放改造、县城污水处理厂整治、农村污水"千村示范"等环境治理工程，持续打好蓝天、碧水、净土保卫攻坚战，环境空气质量优良率稳居全市第一位，地表水环境质量跃居全省第二位。全年依法打击各类犯罪562件，化解移民安置、城乡建设等信访积案45件。桐子林镇和县税务局先后获评"省级民族团结进步示范镇和示范机关"，创建省级"枫桥式"派出所、枫桥式司法所和民主法治示范社区各1个。清偿拖欠的企业账款，政府综合债务率、隐债率下降至绿色风险等级。

【主要领导人】 县委书记：王兴全；县人大常委会主任：谢文辉；县长：蒋启君；县政协主席：周兴；分管农业副县长：李晓波。

盐边县编写组

泸 州 市

【基本情况】 2023年，全市辖3区4县126个乡(镇、街道)1143个行政村，辖区面积1.2万平方千米，有乡村户籍人口300.35万人、乡村常住人口199.9万人。泸州市是世界晚熟龙眼优势区域中心、"中国特早茶之乡"、"中国晚熟荔枝之乡"，先后获得全国首批水生态文明试点城市、国家森林城市、第三批国家现代农业示范区、四川省农产品质量安全监管示范市、四川省乡村振兴先进市等称号。全市有国家级产粮大县2个(泸县、合江县)，列入国家优质商品猪战略保障基地县6个(江阳区、纳溪区、泸县、合江县、叙永县、古蔺县)、全国蔬菜重点县2个(江阳区、合江县)，获评国家、省级特色农产品优势区6个("合江荔枝"获评中国特色农产品优势区；"江之阳蔬菜""合江真龙柚""泸州桂圆""纳溪茶叶""糯红高粱"获评省级特色农产品优势区)。泸州酿酒高粱、再生稻、荔枝、桂圆种植面积和产量均位居全省第一；水稻、柑橘、特早茶、蔬菜、地道中药材等产量均居全省前列；以长江大地菜、纳溪特早茶、泸州早稻、晚熟荔枝、晚熟桂圆、晚熟柑橘"三早三晚"为代表的"酒城优品"农产品在全省及全国享有一定的知名度。

【年度农业和农村经济运行】 2023年，全市农林牧渔业总产值470.2亿元，全省排名第八位，比上年增长4%，全省排名第12位。其中，农业产值260.9亿元，增长4.2%；林业产值25.8亿元，增长11.3%；牧业产值151.2亿元，增长2.0%；渔业产值21.3亿元，增长6.3%。全市农林牧渔业增加值288.4亿元，比上年增长4%。第一产业增加值281.41亿元，列全省第10位；比上年增长3.9%，增速列全省第14位。农村居民年人均可支配收入达20016元，列全省第11位，同比增长6.3%，比城镇居民人均可支配收入增速高2.6个百分点。

【乡村振兴示范创建】 泸州市在2023年度市（州）党政领导班子领导干部推进乡村振兴战略实绩考核中被评为“优秀”等级，江阳区获评2023年度乡村振兴先进县（市、区）“回头看”考核“优秀”等级，叙永县叙永镇、合江县白米镇被评为乡村振兴先进乡镇，江阳区黄舣镇瓦窑滩村、龙马潭区特兴街道长春村、纳溪区大渡口镇民生村、泸县牛滩镇新林村、合江县白沙镇灵丹村、叙永县分水镇鱼洞村、古蔺县彰德街道长岭村等22个村被评为乡村振兴示范村，纳溪区白节镇赵坪村、泸县奇峰镇长林村、合江县九支镇石顶山村、叙永县马岭镇龙盘村、观兴镇普兴村、古蔺县观文镇民乐村、马嘶苗族乡建新村7个村被评为乡村振兴重点帮扶优秀村。出台《中共泸州市委　泸州市人民政府关于聚焦2023年“三农”工作重点全面推进乡村振兴的实施意见》，印发《2023年度泸州市区县党政和市级部门（单位）领导班子领导干部推进乡村振兴战略实绩考核实施方案》。建立健全乡村振兴实绩考核考评机制，评定市级乡村振兴优秀区县1个、优秀市级部门（单位）21个、先进乡镇4个、成效显著乡镇6个、示范村21个、重点帮扶优秀村4个。

【现代农业园区和产业集群建设】 江阳区蔬菜现代农业园区创建为四川省五星级现代农业园区，古蔺县高粱现代农业园区、泸县稻渔现代农业园区、叙永县茶叶现代农业园区、龙马潭区水产现代农业园区4个园区创建为四川省三星级现代农业园区。截至2023年年底，全市建成各类现代农业园区110个，其中省五星级园区3个、四星级园区1个、三星级园区7个。2019—2023年，市政府共命名市级现代农业园区41个（含创建为省星级园区11个）。以加快推进现代农业产业化集群式发展为基础，围绕农业特色产业，通过壮大龙头企业、发展示范基地、现代农业示范区、培育农业品牌、补齐产业链条、完善服务体系等多种方式加大资源投入、完善要素保障，重点打造川南中稻再生稻、川南酿酒高粱、川南肉牛、川南早虾、泸州柑橘、川南晚熟荔枝龙眼、泸州蔬菜、泸州茶、泸州生猪9个产业集群，其中川南中稻再生稻、川南酿酒高粱、川南肉牛、川南早虾4个产业集群入选2023年省级优势特色产业集群建设。

【农业农村综合改革】 统筹推进重点领域和关键环节改革，泸县申报为全国农村产权流转交易规范化试点县、全省县域内城乡融合发展改革试点县，江阳区申报全省集体资产收益权抵押担保试点区，古蔺县开展全省土地细碎化问题试点，泸县获评“2023年度四川省农村改革工作先进县”。全市农村集体产权制度改革阶段性任务全面完成，已完成农村承包土地确权颁证工作，共颁发农村土地承包经营权证97.73万份，流转家庭承包耕地面积152.76万亩，流转率25.2%，其中规模流转面积56.22万亩。共清查核实集体资产159.78亿元、集体资源性资产1579.54万亩，确认农村集体经济组织成员409.81万人，建立村股份经济合作联合社1195个、组股份经济合作社782个。全面排查整治农村集体经济组织运行不规范问题，实现全市1190个村级集体经济组织按照“五个一”标准规范运行。推进泸县农村宅基地制度试点工作，再次开展农村宅基地基础信息核查工作，建立完善数字化管理台账。

【现代农业产业发展】 粮食生产。全市粮食作物播种面积608.2万亩，产量235.3万吨，增长2.2%，其中再生稻有收面积138.1万亩，产量19.3万吨，面积和产量均稳居全省第一位，再生稻高产示范片实现最高亩产517.4千克，再创全省新高；高粱种植面积35.8万亩，产量11.5万吨，排名全省第一位。

养殖业。全市生猪出栏422.2万头，总量位列全省第六，同比增长1.64%；生猪存栏233.43万头；猪肉产量30.9万吨，同比增长1.75%。牛出栏7.98万头，增长0.4%。羊出栏54.67万只。小家禽出栏3974.2万羽。水产养殖面积9337公顷，水产品总产量11.15万吨。

精品果业。全市水果种植面积82.9万亩，产量35万吨，增长7.7%，主要品种有叙永县、古蔺县赤水河流域鲜食精品甜橙，合江县晚熟荔枝，江阳区、龙马潭区和泸县晚熟龙眼，合江县、纳溪区及龙马潭区优质柚。

绿色蔬菜产业。全市蔬菜种植面积128.48万亩，产量318.8万吨。

特色经作产业。全市茶叶种植面积29.6万亩，产量2.3万吨；烤烟种植面积7.36万亩，总产量0.89万吨。

休闲农业。截至2023年年底，已创建全国休闲农业与乡村旅游示范县1个、中国美丽休闲乡村3个、省级休闲农业重点县3个、省级示范农业主题公园7个、省级示范休闲农庄13个。

加工物流产业。全市农产品产地初级加工经营主体达1250家（户），其中加工企业90家、专业合作社380家、家庭农场和种养大户780家（户）〔年收入500万元以上的有50家（户）、500万元以下的有1200家（户）〕。建成鲜果、水产、肉类等冻库、烘干设施1376座，库容量14.87万吨。

【种质资源保护利用】 启动海南省三亚市“泸州市农作物育种南繁基地”建设。加大种业企业扶优和提升科研育种力度，完成泸州市当家品种遴选，公布和推广10个水稻、5个玉米和2个油菜当家品种，推荐3个品种争创省级当家品种，推动泸县海潮种业园区提档升级。实施制种基地大提升三年攻坚行动，全市制种面积达3.1万亩。全市有金土地种业公司、泰丰种业公司、高地种业公司、旌洋种业公司等4家重点种业企业。已建成规模化农业种质资源圃11个，其中农作物4个（龙马潭区罗沙贡米种质资源圃，叙永县朝天椒种质资源圃、糯稻种质资源圃、古茶树种质资源圃)、畜牧业3个(省级湖川山地猪(丫杈猪)遗传资源保种场、省级古蔺马羊遗传资源保护区、省级云贵高原中蜂资源保护区)、水产业2个(濑溪河翘嘴鲌蒙古鲌国家级水产种质资源保护区、龙溪河省级水产种质资源保护区)、经作类2个(合江县带绿荔枝种质资源圃、泸州市农科院荔枝龙眼种质资源圃)。

【耕地质量提升】 印发《泸州市高标准农田建设规划(2023—2032年)》,全年共完成高标准农田建设29.1万亩,其中古蔺县完成田园综合体示范样板高标准农田建设3300亩,累计完成投资9.6亿元。古蔺县高标准农田建设项目创新金融支持模式入选农业农村部、中国人民银行典型案例。推进第三次全国土壤普查,全面完成古蔺县三普试点工作,其余6个县(区)启动表层土壤外业调查采样工作。加强耕地质量保护与提升,在纳溪区、泸县和古蔺县实施市级耕地质量提升综合示范区建设0.3万亩,完成江阳区、合江县耕地生产障碍修复利用2万亩。完成2022年全市县域耕地质量等级变更评价,全市耕地质量平均等级评价同比提升0.15级,增幅高于全省平均水平。

【和美乡村建设】 印发《2023年泸州市农村人居环境整治提升工作推进方案》,实施农村"厕所革命"整村推进项目,新(改)建农村卫生厕所1.2万户。以村为单位全覆盖常态长效推进村庄清洁行动,古蔺县获评全国村庄清洁行动先进县。开展秸秆综合利用行动,在重点区域推广秸秆快速腐熟还田30万亩、秸秆粉碎翻埋及覆盖还田200万亩,建成秸秆饲料化利用示范基地17个、收储点位44个,承办全省农作物秸秆产业化利用工作推进会,推动秸秆资源综合利用。推进乡村善治,印发《关于开展"积分制、清单制+数字化"智慧乡村治理试点工作的通知》,有序推进全市1290个行政村(涉农社区)开展智慧乡村治理试点,完善"积分制""清单制""村民说事"等乡村治理模式,实现乡村治理数字化平台村庄上星率达98%,位列全国第一。指导江阳区申报全省"积分制、清单制+数字化"智慧乡村治理试点县,江阳区黄舣镇入选全国乡村治理示范镇,纳溪区上马镇黄桷坝村等3个村入选全国乡村治理示范村。抓好移风易俗,指导县(区)因地制宜开展"高价彩礼""大操大办"等农村移风易俗重点领域突出问题专项治理,《泸州市纳溪区:矩阵式持续推进移风易俗入民心》等多篇移风易俗典型案例被省厅工作简报刊用。保护农耕文化,印发《泸州市传统农耕文化保护发展实施方案》,挖掘、宣传泸州优秀农耕文化,申报省级农村生产生活遗产名录3个。

【农村服务体系建设】 争取中央、省级项目资金新(改、扩)建农产品烘干冷链实施库体17座,新增静态库容1150吨。截至2023年年底,全市共有农产品仓储保鲜冷链建设设施库体1373座,静态库容量达14.47万吨。农业信息化发展整体水平不断提升,推动5G、大数据、物联网、人工智能等在农村领域广泛应用,初步建成数字农业园区创新应用示范场景基地31个,促进智慧农业扎根落地。农业农村电子商务持续健康发展,全市实现网络交易额472.28亿元,同比增长13.13%;农村网络零售额14.1亿元,同比增长22.16%;农产品网络零售额9.04亿元,同比增长16.39%。

【新型经营主体培育】 加大政策、信贷、保险等支持力度,抓好农民合作社、家庭农场培育和提档升级,培育省级农民合作社示范社18家、家庭农场省级示范场15家,争取中央资金2638万元支持28个农民合作社建设,实施家庭农场粮油单产提升行动项目38个、农业生产设施条件改善项目90个。截至2023年年底,全市新型农业经营主体有市级以上农业产业化重点龙头企业210家(国家级2家、省级45家、市级163家)、农民专业合作社4904家(国家级34家、省级121家、市级152家、其他4597家)、家庭农场9341家(省级示范场147家、市级示范场536家、县级示范场1062家),培育高素质农民2048人。

【农产品品牌建设及质量安全监管】 巩固省级农产品质量安全监管示范市创建成果,指导古蔺县申报建设国家农产品质量安全县。组织参加中国绿色食品(有机食品)博览会、"天府粮仓"农产品区域公用品牌发布活动,清凉洞牌水磨糯米磕粉获评第二十二届中国绿色食品博览会金奖,"国窖1573"获得第十五届中国国际有机食品博览会金奖,"泸州桂圆"、"蔺州马蹄甜橙"、"柚到乐"牌真龙柚入选"天府粮仓"精品品牌,"合江荔枝""纳溪特早茶"等9个农业品牌入选2023年四川省农业品牌目录。截至2023年年底,全市有有效"三品一标"农产品140个,其中无公害农产品54个、绿色食品57个、有机产品21个、地理标志农产品8个,5个农产品被纳入全国名特优新农产品名录。全市共建立食用农产品承诺达标合格证自助服务站点43个,开具承诺达标合格证的食用农产品生产主体2497家,共开具合格证46.38万张,附带合格证上市农产品2.15万吨。全市完成农产品质量安全定量监测任务5280批次,其中风险监测4228批次、监督抽查1052批次,被列入"重点监控名单"的生产主体达25个。省级农产品质量安全例行监测合格率达98.79%,全年未发生重大农产品质量安全事件。

【农村生态建设及环境保护】 叙永县、古蔺县开展化肥减量增效"三新"技术示范区建设,集成推广施肥新技术新产品新机具,创新服务新模式,建成化肥减量"三新"示范区12万亩次。以赤水流域和长江流域为重点,在合江县持续开展绿色种养循环农业试点,建成绿色种养循环示范区10.05万亩。推广农作物重大病虫害农业防治、理化诱控、生物农药等绿色防控技术,实施绿色防控面积277.15

万亩次，绿色防控覆盖率为56.37%。推进生态种养循环，全市先后有5个县（区）实施畜禽粪污资源化利用整县推进项目。全面开展畜禽养殖标准化建设，规模养殖场设施设备配套率稳定在97%以上，畜禽粪污综合利用率达80%以上。开展秸秆综合利用行动，在重点区域推广秸秆快速腐熟还田30万亩、秸秆粉碎翻埋及覆盖还田200万亩，建成秸秆饲料化利用示范基地17个、收储点位44个，古蔺县承办全省农作物秸秆产业化利用工作推进会，全市秸秆“五化”利用率达97.8%。持续抓好长江“十年禁渔”工作，开展长江生物多样性保护和长江生态水生监测，全年投入增殖放流资金258元，放流珍稀、经济鱼类349.5万尾以上。

【重大动植物疫病防控】 全年实施绿色防控面积277.15万亩，绿色防控覆盖率达56.37%；推广性诱剂21.87万套、色板455.35万张、杀虫灯13789盏、天敌昆虫30万亩。实施水稻、玉米、小麦统防统治275.57万亩次，统防统治覆盖率达47.6%。开展重大动物疫病春秋防工作，共免疫猪口蹄疫420万头次、猪瘟420万头次、牛（羊）口蹄疫57.9万头（只）次、小反刍兽疫30万只次、高致病性禽流感2388.7万羽次，抗体合格率均达到国家要求的70%以上。健全非洲猪瘟防控网格化监管体系，开展“大消毒、大培训、大宣传”专项行动。实现对养殖场（户）和屠宰场全覆盖监管，全年未发生区域性重大动物疫情。推行兽医社会化服务。制定《泸州市畜禽寄生虫病防治技术规范》标准，创建全市首个国家级非洲猪瘟无疫小区、首个省级猪伪狂犬病动物疫病净化场。

【畜禽屠宰和饲料兽药监督管理】 持续压减小型生猪屠宰场点，推进标准化生猪屠宰场建设，注销8家B类生猪定点屠宰企业，新增3家A类生猪定点屠宰企业，筹划建设A类生猪定点屠宰企业2家，全市有在营A类生猪定点屠宰企业23家、B类生猪定点屠宰企业19家。加强饲料兽药监管，开展饲料生产企业原料控制行动和新版兽药GMP实施情况清理延伸工作，全面完成饲料兽药生产、经营、使用环节“全覆盖”质量安全监督抽检，全年共抽检饲料兽药样品56批次，抽检合格率100%。完成农业农村厅“减抗行动”目标考核，全市657家规模养殖场中共有87家开展“减抗行动”，占比达13%。做好饲料工业统计监测工作并获得农业农村部畜牧兽医局发文表扬；加强动物监管工作，全面实施无纸化出具动物检疫证明（动物B证），完成2个入川动物运输指定通道建设（合江九支站、合江榕山站）。加强动物诊疗行业监管，指导成立泸州市宠物诊疗协会。

【农业综合执法】 全年共办理各类农业执法案件306件（其中种植业投入品13件、养殖业投入品24件、动物卫生监督63件、渔政198件），移送其他行政机关2件、公安机关6件，农业执法案件结案率达100%，共处罚金额74.9万元，“未办理植物检疫证书调运大豆种子案”等3件案件被评为全省农业行政处罚优秀案卷。

【农业机械】 全市有拖拉机存量64台，联合收割机在册338台，农机总动力251.7万千瓦。完成机耕作业面积416822.97公顷、机播作业面积173153.4公顷、机收作业面积218416.67公顷，全市主要农作物耕种收机械化水平达68.95%，比上年增加4.11个百分点。全年补贴购置各类农机具3.2万台（套），受益农户2.37万户，使用中央补贴资金1568.19万元，配套地方累加补贴资金313.64万元。全市有农机专业合作社38个，从业人员1183人；新增省级“全程机械化+综合农事”服务中心2个。有农机作业服务专业户5849户、乡村农机从业人员15.48万人、农机维修点221个。

【农业安全生产】 推进实施农业行业安全生产清单制管理，印发《泸州市农业行业安全生产清单制管理信息化建设试点工作方案》，对农机合作社和沼气工程企业安全生产管理责任清单参考模板（2.0版）进行优化升级，指导全行业持续推进清单制管理，共建立涉农生产经营单位安全生产责任清单313份。结合“强安2023”、“迎大运、保安全”、重大事故隐患排查整治等专项行动，对围绕农业机械、农村沼气、渔业船舶、饲料兽药、畜禽养殖等分别建立的163家重点监管对象和912家一般监管对象开展农业行业安全隐患排查整治，排查并整改安全隐患478个。推进实施企业内部安全隐患报告奖励制度，印发《泸州市农业行业领域安全生产举报工作制度》，已建立隐患报告奖励制度涉农企业79家，报告风险隐患35件，兑现奖励0.093万元。全年未发生农业安全生产责任事故。

【农村大事记】 1月19日，以“千年茶乡振兴路，香飘世界纳溪茶”为主题的中国·泸州纳溪特早茶新茶上市媒体见面会在北京市人民日报新媒体大厦人民网1号演播厅举行。

2月11日，四川第十届茶叶开采活动周启动仪式在纳溪区中国特早茶城举行。

2月17日，市委农村工作领导小组2023年第一次会议召开，市委书记、市委农村工作领导小组组长杨林兴主持会议并讲话。

2月24日，市委农村工作会议召开，市委书记杨林兴出席会议并讲话。会议总结了2022年全市农业农村工作，研究部署了2023年重点工作。

3月21日，合江县“开秧门”暨农技大比武活动在白米镇转龙湾村举行。

4月3日—4日，国家重点研发计划项目“红火蚁防控关键技术研究与集成示范”技术培训班在龙马潭区举办。

5月11日，第十二届四川国际茶业博览会在成都市开幕，全市获得金奖11个、银奖3个，纳溪区梅岭茶乡获评“四川十大最美茶乡”。

5月15日—16日，泸州市人大常委会、重庆市永川区人大常委会、重庆市江津区人大常委会在重庆市江津区开展共建“巴蜀鱼米之乡”集中视察活动，助推泸永江融合发展。

5月17日，泸州市农业农村局与四川化工职业技术学院合作共建的“乡村振兴学院”签约暨揭牌仪式在酒谷湖校区举行。

6月12日，市委书记、市级田长杨林兴和市委副书记、市长、市级田长余先河带头开展巡田工作，并在合江县白米镇转龙湾村召开泸州市市级田长巡田暨耕地保护现场会会议。

7月10日，市委农村工作领导小组2023年第二次会议召开，市委书记、市委农村工作领导小组组长杨林兴主持会议并讲话。

8月2日，农业农村部非洲猪瘟无疫小区评审专家组组长、二级研究员刘道新带队对叙永巨星农牧有限公司开展非洲猪瘟无疫小区国家级现场评审。

8月10日，农业农村厅组织专家组分别对泸州市3个市级中稻再生稻吨粮田高产攻关示范片中稻进行测产验收，平均亩产762千克，比2022年增产48.6千克。

8月28日，泸州市召开市农业农村行业党委成立大会，标志着全市农业农村行业党委正式成立。

9月5日，“走进天府粮仓”2023中央省主流媒体采风活动走进泸州市。

9月22日，2023年中国农民丰收节泸州市庆祝活动启动仪式暨江门荤豆花美食节在叙永县江门镇举行。

9月22日—25日，由农业农村部、台盟中央、重庆市政府共同主办的第二十一届中国西部（重庆）国际农产品交易会在重庆市举行，全市组织11家涉农企业参加。

10月27日，全省农业农村人事干部暨职称评审信息系统操作培训会在泸州市召开，农业农村厅及下属事业单位、全省21个市（州）农业农村人事干部参加会议。

同日，泸州市肉牛产业集群、泸州国家生猪交易市场、泸州为农服务中心建设落地签约仪式在泸州市举行。

同日，泸州市优质农特产品产销对接暨农业招商引资项目推介会在第九届四川农业博览会会场举办，副市长杨长缨出席推介会并致辞。

11月7日，四川省首届和美乡村乒乓球大赛开幕，泸州代表队获得混合团体一等奖。

11月24日，农业农村部管理干部学院在泸县举办乡村治理体系建设交流活动。

12月13日，长渔趸005船正式入列暨移交仪式在泸州市举行，农业农村部长江办、农业农村部渔政保障中心，农业农村厅执法局、泸州市政府及相关部门负责人出席移交仪式。

12月26日，农业农村部发布《关于表彰全国农业农村系统先进集体和先进个人的决定》，泸州市农业农村局被表彰为“全国农业农村系统先进集体”。

【主要领导人】 市委书记：杨林兴；市长：余先河；市人大常委会主任：鞠丽；市政协主席：田亚东；分管农业副市长：葛洪亮。

泸州市编写组

江 阳 区

【基本情况】 2023年，全区辖6个镇9个街道，辖区面积649.25平方千米，其中耕地面积35.2205万亩，比上年增长1%；基本农田26.83万亩。年末总人口70.76万人（户籍人口），增长1.5%；人口出生率7.7%，增加0.9个千分点；人口自然增长率0.6%，增加4.6个千分点。本地水资源总量2.4491亿立方米，人均占有水资源量208.57立方米。有林业用地1.1133万公顷，有林地面积0.66万公顷，活立木总蓄积量34.56万立方米，森林覆盖率20.8%。

2023年，全区实现地区生产总值812.65亿元，增长5.6%，其中第一产业增加值32.05亿元，增长4.2%，农、林、牧、渔及农林牧渔服务业之比为70∶1∶19∶5∶5；第二产业增加值431.78亿元，增长8.9%；第三产业增加值348.82亿元，增长2.1%。三次产业对经济增长的贡献率分别为3.6%、79%和17.4%。全年接待游客1398.43万人，实现旅游收入137.89万元，其中乡村旅游收入41.37万元。

公路通车里程1286.912千米（其中乡村公路919.065千米），密度1982.9米/平方千米、17.16千米/万人。社会消费品零售总额489.3亿元，增长1%。地方公共财政预算总收入完成26.35亿元，增长7.7%；公共财政预算总支出47.45亿元，其中农业投入48923万元，占支出的10.3%。金融机构各项存款余额1618.52亿元，比上年初增长15.95%；各项贷款余额1723.4亿元，比年初增长13.67%，其中支持农业产业化发展项目贷款68252万元。全年农业保费收入0.12亿元；处理各项赔款和给付金额1288.06万元，增长0.89%。全区已培育农业产业化重点龙头企业32家，其中国家级、省级、市级分别为1家、4家、27家。

有各类学校165所，在校学生107143人，教职工7888人，其中普通中学23所，在校学生26004人；小学20所，在校学生53652人；学龄儿童入学率100%。有文化馆1个，公共图书馆1个。有卫生机构600个，病床位11041张，卫生技术人员11357人。城乡居民基本医疗保险参保缴费人数462319人，参保率稳定在98%以上；新型农村社会养老保险参保人数15.6万人。

【年度农业和农村经济运行】 2023年，全区实现农业总产值48亿元，增长

4.3%；全区全年农业增加值达32.05亿元，增长4.2%。农民年人均可支配收入达24915元，增长5.8%。在粮食、生猪、蔬菜生产中，科技投入的占比或科技贡献率67%。全区建成12个基层农业综合服务站。全区主要农产品产量见表1。

【农业产业化发展】 开展新型农业经营主体提升行动，全区共培育家庭农场1139家，其中省级示范农场14家、市级示范农场63家；培育农民专业合作社291家，其中国家级示范社5家、省级示范社18家、市级示范社17家；培育市级以上龙头企业31家。投入中央、省集体经济扶持资金900万元，发展以产业带动、文旅开发、配套加工型、物业经济等为主的集体经济发展模式，持续发展壮大新型农村集体经济。截至2023年年底，全区村级集体经济组织资产中，经营性资产2090.39万元，村级集体经济收入719.27万元，其中自主经营收入466.48万元、投资收入7.86万元、物业出租收入122.02万元、资源发包收入28.28万元、其他经营性收入94.63万元。

【农用地产权制度改革】 推进土地承包经营权、林权等农村不动产确权登记，优化流程，简化材料，基本实现农村不动产登记全覆盖，保护农民财产权益，服务乡村振兴。

【农村集体产权制度改革】 完成2023年农村集体资产年度清查工作，共清理出镇级资产103.59万元、村级2.33亿元、组级2.1亿元，镇级集体土地10.48亩、村级4960.3亩、组级57.59万亩，公益林6.42万立方米、商品林1.99万立方米。抓好"资产资源管理、经济合同管理、债权债务管控、工程项目管理、集体经济审计"等五个关键环节，重点查摆纠正"组织运行、资产管理、合同管理、财务管理、债权债务管控、集体经济审计、管理短板"等八个方面存在的问题，完成全区90个村集体经济组织农村集体资产监管提质增效行动。

表1　2023年江阳区主要农产品产量

主要农产品	单位	产量	同比增减(%)
粮食	万吨	20.68	2.2
水稻	万吨	12.07	2.3
小麦	万吨	0.11	0
玉米	万吨	3.35	3.4
马铃薯	万吨	1.00	-1.0
油菜籽	万吨	0.94	2.2
蔬菜	万吨	56.31	4.0
水果	万吨	2.90	3.2
肉类	万吨	2.53	0.8
猪肉	万吨	2.03	1.5
牛肉	万吨	0.01	0
羊肉	万吨	0.06	0
禽肉	万吨	0.39	-2.5
兔肉	万吨	0.04	0
禽蛋	万吨	0.22	0
水产品	万吨	1.15	3.6
牛奶	万吨	0.09	50.0

【供销合作社改革】 全区供销合作社系统共有镇（街道）级基层供销社14个、村级供销社1个、直属企业9家。全区供销合作社改革工作按照加快建设为农服务综合平台的目标，继续按照"供销社+村集体经济组织+农民专业合作""三社"融合的发展模式，改造提升邻玉街道、黄舣镇等基层供销社。健全经营服务体系，逐步完善农资供应保障体系、农产品流通服务体系、再生资源回收体系、农村电子商务体系等覆盖城乡的为农综合服务体系，有各类网点800个。建设农业大数据平台，实施农贸市场数字化改造，在通滩镇、方山镇、江北镇等农贸市场新建农特产品网络直播间、改造提升农贸市场摊位，配置专门团队收集、汇总、分析农特产品销售信息情况，通过销售端信息汇总，用于指导生产端农业产业结构调整。建设数字农业互动体验馆，通过视频、语音等形式展现全区乃至全市农业发展状况和现代农业发展趋势等，建设镇、村、社区三级运营团队，为各团队配置专门车辆，提升农村服务流通水平。试点探索"政务+供销"服务，在通滩镇供销社建设"政务+供销"窗口，由镇供销社为群众办理医保费代收代缴、养老资格认证等业务。办理农资"连心卡"，实施优惠活动，为农户提供"心连心""送到户"的农资帮扶，实现订单配送到户，实施统购分销，降低采购成本，从进货渠道严把质量关，从进货渠道杜绝假冒伪劣农资商品流入市场，维护农民利益。

【农产品品牌战略实施】 全区有"泸州桂圆""江之阳蔬菜""江阳区糯红高粱"3大区域公用品牌，其中"泸州桂圆"获得"四川省优秀农产品区域公用品牌""四川省名优特新农产品"称号，江之阳蔬菜、江阳区糯红高粱入围四川省特色农产品。江阳区被认定为四川省首批特色农产品优势区，申报进入四川省农业品牌目录产品1个、地理标志产品3个、绿色食品4个、有机产品2个。

【现代农业园区建设】 发展粮油果蔬产业、高端生态渔业、现代科技种业，建成长江上游万亩最晚熟龙眼园区、长江上游首个鮰鱼养殖基地等现代农业产业园11个。创建省级五星级现代农业园区1个、市级五星级现代农业园区1个、三星级现代农业园区2个，江阳区获评"全省现代农业园区建设工作推进典型区"，董允坝园区创建为全省五星级现代农业园区。

【种植业】 全区种植业总产值达33.7亿元，同比增长5.29%。粮食作物播种面积48.7万亩，产量20.7万吨，其中水稻21.02万亩，产量12.1万吨；小麦0.6万亩，产量0.12万吨；玉米8.1万亩，产量3.4万吨；高粱5.82万亩，产量1.8万吨；豆类3.91万亩；薯类9.25万亩，产量2.67万吨。经济作物播种面积30.98万亩。

【林业】 全年实现林业总产值28.13亿元，同比增长10.4%。全区森林面积13503.08公顷，其中林地面积6632.78公顷，森林覆盖率20.8%；覆盖林木的土地面积19306.87公顷，林木绿化率29.74%。实施国有林管护0.63万亩，补偿集体公益林6.12万亩，巩固退耕还林成果2万亩。江阳区创建为四川省"全面绿化"达标县（区）之一。

【畜牧业】 全区备案畜禽养殖场（户）559家（户），其中生猪养殖场（户）524家（户）、其他养殖场35家（户）。全年肉类总产量25292吨，同比增长0.71%。生猪出栏27.82万头，同比增长1.46%；存栏15.11万头。牛出栏0.0964万头，羊出栏3.68万只，家禽出栏263.24万羽。全区畜禽养殖规模化率达60%以上，畜禽粪污综合利用率达90%，规模养殖场粪污处理设施装备配套率达100%。

【水产业】 全区淡水养殖面积1.3395万亩，水产品总产量1.1503万吨，总产值达2.2274亿元。按照"水产生态化、集约化、高密度化、生态循环化"思路，抓好长江鮰鱼、岩原鲤等珍稀鱼类品种养殖，加快打造"高端水产示范区"建设。引进四川省大胃王稻渔种业有限公司在通滩镇龙兴寺水库建设"水库+循环水养殖"的水库型设施渔业新模式，建有养殖桶20口，开展鲈鱼家系选育、新品种培育、鱼苗驯化、成品鱼养殖等工作，年产优质鲈鱼约10万千克，附加年产优质花白鲢、虾、蟹等调水渔产品约4万千克。成功试养鮰鱼（成活率达95%，重量达500克/条，达到批量上市的标准），填补了泸州市以及西南地区水产养殖鮰鱼的空白。开展2023年渔业增殖放流活动，放流鳙鱼25万尾、胭脂鱼16万尾。

【乡村振兴】 全区脱贫户年人均收入达15764元，同比增长15.6%。加强返贫致贫风险线索排查，全年开展全覆盖大排查2次，新识别困难群众73户236人，已全部纳入监测帮扶。全区创建省级乡村振兴先进镇1个、示范村2个，市级成效显著镇1个、示范村2个。全年投入乡村振兴资金5.96亿元，发行高标准农田建设专项债券资金3000万元。投入各级衔接推进乡村振兴补助资金8730万元，其中区级投入资金3330万元，同比增长2.1%。全区安排财政衔接资金399万元用于脱贫人口产业到户项目，15.37万元用于防止返贫监测对象产业到户项目，实现2131户脱贫户、38户防止返贫监测户产业发展增收。

【乡村旅游】 培育渔子溪公园、屿澥花园等消费新场景，屿澥花园成为泸州市2023年网红打卡点，"江渚上·树蛙部落"创建为泸州市2023年新消费场景。完成第三批天府旅游名牌申报工作，分水岭镇被评为天府旅游名镇，泸州市博物馆讲解员刘秋虹获评第三批天府旅游"名导"，南城街道创建为酒城文旅融合发展镇，荷花书院获评"第二批酒城旅游名宿"。

【农村水利】 完成小型水库维修养护项目、农业水价综合改革、农村饮水工程维修养护；争取中央大中型水库移民后期扶持资金448万元（三峡后续工作资金116万元），发放直发直补资金84万元。

【农业机械化】 全区主要农作物综合机械化水平达74.82%，较上年提高3.74个百分点，其中主要农作物机耕水平为99.32%、机播水平为49.73%、机收水平为67.21%。

【农村科技】 加强与高校院所的合作，建立创新合作平台，开展研究开发和"四新五良"成果转化活动，江阳省级农业科技园区被科技厅评为优秀园区。吸引和集聚各类人才创新创业，培育创新主体，备案入库科技型中小企业18家。省、市科技特派员江阳区服务团围绕优势特色产业，开展科技服务工作。

【农村教育】 全区有农村公办校园20所，其中幼儿园9所、单设小学4所、单设初中3所、九年一贯制学校4所；在校学生17020人，其中幼儿园1872人、小学10467人、初中4681人；在职农村公办教职工1017人。全年农村教育投入经费2.19亿元，用于改善城乡学校办学条件；投入88万元，为1600名农村困难学生提供生活补助；实施教育集团化办学、学区制治理，先后成立4个教育集团以及11个覆盖城乡中小学的教育学区，每个教育集团、学区由一所优质教育学校作为领航学校。江阳区被四川省教育厅、重庆市教委确定为成渝地区首批城乡义务教育一体化发展试验区。

【农村文化】 举办江阳区"醉喜江阳年·春节天天乐"、花朝节等，开展集"传统性+娱乐性+文化性"于一体的系列活动。全年共划拨公共文化服务免费开放资金98.8万元，资金拨付比例达100%；拨付广播电视"户户通"维护工程资金36.37万元，共计维修1150台，维护3245次，其中运行维护应急广播"村村响"900次，通响率达98.5%。

【农村卫生】 健全农村生活垃圾收运处置体系，修建生活垃圾收集点2100余个，生活垃圾实现"日产日清"，无害化处理率达100%。农村污水得到有效治理的行政村占比100%。

【农村法制建设】 坚持和发展“新时代枫桥经验”，持续开展矛盾纠纷大起底大排查大化解专项行动，推进镇、村两级综治中心、农村“一站式”矛盾纠纷多元化解平台建设。推进农村地区扫黑除恶，开展《中华人民共和国反有组织犯罪法》宣传50余次。抓实抓细软弱涣散村（社区）党组织整顿提升，9个村（社区）后进党组织已完成转化提升。建强村（社区）“两委”干部队伍，共联审125名村（社区）干部有无“村霸”、“矿霸”、宗族恶势力等情况，铲除黑恶势力滋生“土壤”。

【农村交通】 全区境内农村公路里程1100.032千米，其中县道180.967千米、乡道368.275千米、村道550.79千米，路网面积密度198.29千米/百平方千米。全年新（改）建幸福美丽乡村路20千米，建设通组路28.231千米，建设村道安全生命防护工程15千米。投入农村公交车132辆，开通农村公交线路55条；建成区级物流仓配中心1个、综合运输服务站7个、“金通·邮快驿站”68个，开通“交商邮供”合作线路13条。江阳区入围全国第三批城乡交通运输一体化示范创建县。

【农村社会保障】 全区城乡居民基本医疗保险国家财政补助标准调整为640元/人，为23443名符合条件的医疗救助对象代缴城乡居民基本医疗保险费587.93万元；农村低保标准调整为543元/月，比上年增长8.6%；农村散居特困人员供养标准调整为706元/月，比上年增长8.6%，对符合条件的困难群众实现“应救尽救”。全区共有农村低保10931人、农村特困人员2541人。2023年，全区城乡居民养老保险参保人数15.6万人，为16 ~ 59岁符合条件的6909名困难群体代缴城乡居民养老保险费69.09万元，困难群体代缴率达100%，并及时为6.57万人城乡居民养老保险退休人员发放基本养老金。全年累计为特殊困难群众上门服务639人次。

【农村生态建设及环境保护】 推进长江流域重点水域禁捕退捕工作，联合长江航运公安、港区海事处、区公安分局、区市场监管局等部门开展联合执法，健全执法联勤协作机制，辖区长江流域生态环境持续改善。全年开展联合执法447次、巡查1146次，出动执法人员3173人次，集中销毁各类渔具1500余件，办理行政案件81起，劝离规范钓鱼爱好者2000余人次。

【农产品质量安全监管】 全年抽检农产品4673批次，其中定量检测983批次，抽检农产品总体合格率达99.1%。加强农产品质量安全执法检测、安全巡查、安全培训，组织开展农安专提培训8期，巡查、检查生产经营主体300余家，发放农产品安全宣传资料6000余份，查办农产品质量安全违法案件5件。

【农村市场体系建设】 全年建设5G基站300个，已实现中心城区和周边区域的5G无缝覆盖，重点镇（街道）、重点村、高速公路的连续覆盖，以及重点景区和普通街镇热点的覆盖。建成并开通电信普遍服务基站4个，“双千兆乡镇通”覆盖全区所有镇（街道），为乡村振兴打下基础。健全农村金融服务体系，推动银行在村（社区）党群服务中心建立农村金融综合服务站238个，延伸金融服务“触角”。推进信用镇、信用村建设，加快农村信用体系建设，打造信用镇（街道）12个、信用村119个；授信金额63818万元，已使用额度48702万元。

【农村留守儿童（学生）帮扶】 各镇（街道）摸排辖区内农村留守儿童情况，签订监护责任确认书并更新系统数据，系统有农村留守儿童356名，每年进行不少于4次走访，准确掌握农村留守儿童基本信息及救助关爱政策落地落实情况，宣传防性侵、防溺水、防欺凌等安全知识。对全区农村留守儿童发放春节慰问金400元，征集702个爱心家庭对包含农村留守儿童在内的6类困境儿童实行结对帮扶，提升农村留守儿童关爱保护水平。

【劳务开发与返乡创业】 举办江阳区创新创业大赛，推选出18个创新创业项目参加泸州市第二届“酒城工匠杯”职业技能大赛暨创新创业大赛，其中获得乡村振兴组一等奖1名。到各镇（街道）、园区开展创业担保贷款政策宣讲，继续深化社银合作模式，为创业者提供创业担保贷款、创业补贴等政策支持，发放创业担保贷款4370万元，共落实创业补贴59万元。提升创业孵化基地管理，建成省级创业孵化基地2个、市级创业孵化基地4个、移动孵化器4个。创业孵化基地扶持农民工创业92人，带动农民工就业872人。全年完成农民工劳务品牌培训和返乡创业培训807人。

【主要领导人】 区委书记：郭宏川；区人大常委会主任：张生勇；区长：唐栋良；区政协主席：杨雷；分管农业副区长：曾镜枫。

江阳区编写组

龙马潭区

【基本情况】 2023年，全区辖3镇8个街道，辖区面积333平方千米，其中耕地面积14.6万亩。年末总人口37.22万人，人口出生率5.41‰，人口死亡率6.48‰。森林覆盖率17.7%。先后获得全国和谐社区建设示范城区、四川省县域经济发展强区、四川省促进民营经济发展先进县（区）、四川省第二批工业强县等称号。

2023年，全区实现地区生产总值448.28亿元，比上年增长6.6%；工业增加值176.16亿元，增长0.6%；全社会固定资产投资增速5.4%；社会消费品零售总额245.55亿元，增长11.8%。农村学龄儿童入学率100%。农村最低生活保障标准为543元/月/人。

【年度农业和农村经济运行】 2023年，全区完成农林牧渔业总产值21.78亿元，同比增长3.94%。农村居民年人均可支配收入增长6%。

【新型经济组织培育】 截至2023年年底，全区共发展市级及以上农业产业化龙头企业27家，其中省级农业产业化龙头企业5家。新培育农民专业合作社5家，全区农民专业合作社达245家，其中国家级示范社5个、省级示范社18个、市级示范社41个；培育家庭农场178家，其中省级示范家庭农场6家、市级示范家庭农场34家。

【现代农业园区建设】 开展省、市、区星级农业园区创建，推动现有农业园区提质扩面增效。推行科技特派员制度，完善基层农技推广服务体系，推动农产品集配中心、冷链物流运输中心建设。建成省三星级现代农业园区1个（水产现代农业园区）、市三星级园区1个（红粱现代农业园区）、区级园区1个（顺江粮果园区）。

【种养殖业】 全区粮食总产量6.91万吨，增长2%，其中夏粮产量0.29万吨、秋粮产量6.61万吨；油料产量0.29万吨，增长2.18%；蔬菜产量15.21万吨，增长7.35%；水果产量1.45万吨。全年出栏生猪10.56万头，增长1.45%；年末生猪存栏5.86万头，减少9.55%；肉用家禽出栏474.45万只，减少2.09%；水产品产量9827吨。

病虫害统防统治。全区在主要粮食作物生产区实施重大病虫害统防统治8.42万亩次，占主要粮食作物病虫害防治面积16.79万亩次的50.15%；实施绿色防控面积10.88万亩，占水稻、玉米、高粱、柑橘、蔬菜种植面积21.73万亩的50.07%。

重大动物疫病免疫。全区按照季节性集中免疫与平时补免相结合的方式开展重大动物疫病免疫，春、秋防共免疫生猪猪瘟、口蹄疫2.2万头，牛（羊）口蹄疫0.15万头（只），禽流感65万羽，小反刍兽疫0.11万头，群体免疫密度达95%以上，抗体有效率达70%以上；实施狂犬病防控工作，共免疫犬只22000余只，镇（街道）犬只免疫密度达90%以上，抗体抽检结果均合格，全区暂未出现犬和人患狂犬病的病例。

【林地管理】 加强资源保护宣传力度，印制林业宣传资料5300余份，增强群众爱林护林意识。在全区开展林地保护管理清理整顿行动，对各镇（街道）发生的未批先占林地、毁林开垦等违法占用林地的建设工程情况进行全面清理，并将清理出的问题移交执法大队处理。逐步探索建立“林长+法院院长+检察长+警长+执法队长”联动工作机制，设立各级林长176人，选配村监管员66人、巡护员72人，签发《林长令》2个，更换林长制公示牌4块，建立起森林资源保护长效机制。

【惠农补贴】 落实耕地地力保护、稻谷目标价格、种粮大户补贴等惠农惠民政策，全年发放种粮农户一次性补贴80.3万元，发放率达99%；发放耕地地力保护补贴1663万元，发放率达99.9%；稻谷补贴203万元已完成资金测算；推广农机具1000余台，发放购机补贴资金59万余元。

【河长制工作】 推进河长制工作，开展重点流域、重点河流的养殖污染排查，问题整改和流域养殖场（户）粪污综合治理日常监督检查，建立完善重点流域、重点河流畜禽养殖污染防治监管台账和问题整改台账，每季度进行更新核实。

【农业农村改革】 创新发展新型农村集体经济，全区58个涉农村（社区）集体开展资产清资核资、成员身份确认、股权设置与量化等全部产权制度改革工作任务和赋码登记，建立成员大会、理事会、监事会“新三会”制度。深化农村土地制度改革，推进承包地“三权分置”，农村土地确权登记工作已基本完成，全区已清理并纳入土地流转台账监管面积总计27403.761亩。深化供销合作社综合改革，坚持“党建带社建、村社共建”模式，建立并运行供销社专合社“双线运行体系”，助推专合社与供销社整合资源，增加收益，促进村集体经济发展。

【推进巩固脱贫攻坚成果同乡村振兴有效衔接】 完善体制机制，推进巩固脱贫攻坚成果同乡村振兴有效衔接。建立健全巩固拓展脱贫攻坚成果长效机制，印发《领导小组工作规则》《重点工作任务责任分工方案》等，健全长效帮扶机制，细化联系帮扶镇（街道）和重点村清单，由23名区级领导、47个区级部门、4支驻村帮扶工作队定点包保联系8个镇（街道）、4个重点村（3个脱贫村、1个乡村振兴重点村）和4419名脱贫人口，并推动责任落实到位、任务完成到位。开展返贫动态监测，采取“包镇（街道）包村、责任到人”的方式，1700余名机关干部全员下沉，常态化开展问题整改“回头看”，对发现的问题清单管理、层层交账，全区105户282名监测对象均无返贫致贫风险。组织农业农村、民政、教育等14个部门对脱贫不稳定户、边缘易致贫户、突发严重困难户进行线上监测，共享信息，定期研判，精准施策，全区未发生“漏测失帮”和规模性返贫现象。落实就业扶贫政策，继续发挥就业帮扶基地作用，加强技能培训指导，开展就业帮扶技能培训20期，培训脱贫家庭劳动力201人。落实吸纳脱贫人口就业企业奖补和各类补贴共496.93万元；开发公益性岗位，安置脱贫劳动力508名，发放乡村公益性岗位补贴515.76万元；组织扶贫专场招聘会和“送岗下乡”招聘活动18场次，达成就业意向3223人次，2023年，全区脱贫人口实现转移就业1884人，比2020年同期增加130人。推进项目建设，安排乡村振兴有效衔接资金350万元扶持5个村集体经济发展、450万元实施脱贫户认领生猪到户项目、1162万元重点支持金胡园区产业提档升级、1266万元作为金胡园区及其辐射区项目发展匹配资金使用，加强监督检查，推动项目建设落地见效。坚持动态监测，筑牢"脱贫防线"，开展"回头看、回头帮"，对脱贫对象和边缘户开展全覆盖动态监测。建立健全"年初一计划、每月一走访、季度一监测、年终一算账"工作机制，综合运用低保、教育、医疗、危房改造、产业扶持、培训就业等政策措施，确保脱贫户不返贫、边缘户不致贫，全区新增监测对象65户177人，落实帮扶措施49个，有效防止了返贫。

【产业融合发展】 发展优势产业。围绕全省"10+3"现代农业体系建设，发展优质水稻、精品果蔬、健康水产、糯红高粱、现代养殖五大特色产业。整治撂荒地，稳定粮食生产面积，全区粮食作物播种面积17万亩，产量6.91万吨；蔬菜种植面积7.5万亩，产量15.21万吨。开展高标准农田建设，通过完善田网、渠网、路网以及地力培肥等基础设施，在胡市镇、金龙镇、石洞街道完成高标准农田建设2.26万亩，改造提升高标准农田11000亩。推广良种及规范化栽培、配方施肥等高产技术，各创建高粱、水稻高产示范片1万亩，促进单产增加，高粱高产示范平均单产330千克，水稻平均亩产576千克，全区农业主推技术到位率达95%。2023年，水产现代农业园区晋级为省三星级园区。

发展全域农业。将32个村（社区）划分为9个村级片区，设置9个中心村，发展优质水稻、精品果蔬等都市现代农业，覆盖面积16.8万亩，初步构建起濑溪河生态农业带、龙溪河农旅融合示范带、长江上游特色农业示范带、现代农业园区的"三带一园"空间格局。

做大商贸物流。发挥"水公铁空"立体交通枢纽优势，打造以自贸区农产品交易中心、海吉星农产品商贸物流园为主的农产品仓储、物流、交易集散基地，市内名优农产品通过泸州港直供港澳地区和出口国外。

【乡村旅游】 立足都市服务农业发展定位，突出"农业+文化""农业+旅游"，以"赏花、摘果、观景"等为主题，重点打造十里渔湾、柑博园、天香花谷、桐心院子等一批乡村旅游示范园，举办乡村文化旅游节、马拉松赛、黄桃采摘节等活动，引游客下乡、助农产品进城。2023年，全区共吸引游客651万人次，实现旅游综合收入71.2亿元

【农村人居环境整治】 以《泸州市龙马潭区农村人居环境整治村庄清洁行动方案》为指南，以长江、沱江、濑溪河、龙溪河等流域镇（街道）为重点，坚持"四清两改一提升"，在石洞街道岳坡山社区建设整村推进示范村，新（改）建农村无害化卫生厕所500户，村覆盖率达100%，农村卫生厕所普及率达95.2%。提升农村生活污水治理水平，改善农村人居环境，在农村聚居点共建成农村生活污水处理设施24座，合计日处理能力达1555吨/天。

【农村生态建设及环境保护】 印发《关于下达2023年农村环境综合整治目标任务的通知》，督促各责任单位推动农村环境综合整治工作，助力美丽宜居乡村建设，截至2023年年底，已全面完成农村环境综合整治任务，完成整治的行政村生活污水治理率达100%以上，黑臭水体整治率达100%，集中式饮用水水源地规范化整治完成率达100%，村庄环境干净整洁。

抓好农村"三大革命"，建立卫生厕所长效运行管护机制，建设整村推进示范村1个，新建农村卫生厕所500户，农村卫生厕所普及率达95.2%。持续深化城乡环卫一体化改革，农村垃圾收转运处理体系覆盖率达100%。

开展农村生活污水治理，按照"聚居点集中治理、散户改厕+综合利用、城乡污水处理设施管网延伸收处"等举措，因地制宜采用污染治理与资源利用相结合、工程措施与生态措施相结合、集中与分散相结合等方式推进农村生活污水治理，提升生活污水处理率。加强农村生活污水治理与农村"厕所革命"的有效衔接，通过新（改）建农户三格式化粪池、进行尾水综合利用有效治理农村散户生活污水，截至2023年年底，各行政村累计新（改）建三格式化粪池8313户，全区已实现100%的行政村生活污水得到有效治理。

农村黑臭水体整治。为健全生活污水处理设施长效监管机制，规范生活污水处理设施运行维护管理，制定并印发《泸州市龙马潭区镇（街道）生活污水处理设施运行监督考核管理办法（实行）》，并与第三方公司签订城乡环卫一体化服务采购合同，将生活垃圾收转运工作委托第三方公司开展，并由第三方公司对环卫设施进行日常管理、维护。将农村黑臭水体整治工作纳入"一河（湖）一策"管理保护方案，督促加强黑臭水体排查整治，防止已整治的黑臭水体反弹。按照《泸州市农村黑臭水体排查工作方案》要求，再次对2个行政村的农村黑臭水体开展全面排查，经镇（街道）排查上报，龙马潭区生态环境局会同区农业农村局、区水务局逐一现场核查，未发现农村黑臭水体。

开展村庄清洁行动。以"村庄清洁百日行动"为抓手，组织引导群众参与清理农村生活垃圾、清理农村厕屋便池、清理农村畜禽粪污、清理农业生产废弃物等"五清"行动，宣传村庄清洁、垃圾分类、污水治理等常识。加强农村生活垃圾收转运基础设施建设，及时收、储、

运农药包装和废旧农膜等农业生产废弃物，防止农业面源污染。

开展农业面源污染防治，推广秸秆腐熟还田、秸秆肥料化等综合利用技术，全区秸秆综合利用率达90%以上。坚持绿色种植、高效利用，推广测土配方施肥面积17万亩，施用配方肥2200吨；推广生物有机肥1800吨，可替代化肥使用量600余吨。开展地膜、农药包装废弃物回收处置工作，建立镇（街道）回收站8个、村（组）回收点（处）39个，回收利用率达80%以上。

加强资源利用。对专业户以上规模养殖场（户）实行定点、定人网格化监管，定期开展养殖污染巡检查，全年共开展巡检查900余次，长江经济带农业面源污染治理项目已全面完成验收。

【耕地保护与整理】 加强耕地保护建设，推进农村乱占耕地建房问题专项整治行动，坚决遏制耕地"非农化"、防止耕地"非粮化"，坚决守住耕地保护红线，保障粮食生产安全。落实中央、省级和市（县）财政补助资金每亩共计不低于3000元的建设补助标准，推动发行高标准农田建设专项债。开展高标准农田建设"百日会战"，2023年建成高标准农田2.26万亩，新启动建设高标准农田1.1万亩。

【农贸市场建设】 全区共规划建设10个农贸市场，并按照《泸州市城区农贸市场整治改造基本标准》要求对农贸市场完成升级改造，持续开展农贸市场提档升级工作，提升农贸市场硬件建设和管理水平，倡导文明诚信经营，营造清洁、整齐、优美、规范的市场环境。

【农业安全】 开展农业行业安全生产"强安2023"监管执法专项行动、重大事故隐患专项排查整治行动、农业行业岁末年初安全生产重大隐患专项整治和督导、设施农业（大棚房）常态化安全监管和专项检查等，建立完善一般检查企业名录和重点检查企业名录。对涉及农产品质量安全的违法违规行为始终保持高压态势，坚持检查、检测、检举与执法查处打击相结合，有效遏制农产品质量安全突出问题。

【农业行政执法】 开展农资打假和农资市场整治行动，全年共出动执法人员200余人次，检查农资经营网点及农产品生产经营主体110家，累计开具合格证72410张，附带合格证上市的农产品5476.5吨。镇（街道）开展快速检测2480批次。办理行政处罚案件70件，共结案70件，其中林业案件19件、农药1件、种子1件、农产品质量安全3件。

【水环境违法行为执法监管】 贯彻落实退捕禁捕工作，加强渔政执法检查，建成龙马潭区指挥渔政监控平台1个，在保护区岸线安装高清双光谱中载云台摄像机30台、网络音柱30个，实现对保护区主要岸线24小时监控全覆盖；联合各镇（街道）累计出动渔政执法人员4586人次，水上巡查1017.2海里，劝离教育游钓人员1289人次，暂扣钓具344具，清理网具30张，放生渔获物115.8千克；渔业立案13件，处罚13人，罚款金额1.52万元；实施非法捕捞生态赔偿磋商4起，赔偿金额0.7万元，自愿购买鱼苗13000尾增殖放流；在长沱两江增殖放流鱼苗52万尾，有效净化水生生态环境。

【名优特农产品】 泸州市龙马潭区九狮柚专业合作社以安宁街道九狮柚基地示范园区及其广大种植户为载体，共建有九狮柚标准化基地5000亩，从1998年开始挂果投产，常年产量1040吨，实现产值5200万元、利润3640万元。2000年注册"九狮"商标，2002年中国西部农博会评选"九狮"柚为优质农产品，2003年被农业农村厅评为无公害农产品，2009年在全国名优果品展评会上获得"中国名优果品金质奖""中国优质果品九狮柚基地"称号，2010年5月"九狮"柚被中国果协评为"中华名果"。

【重点乡镇、特色乡镇】 胡市镇。胡市镇结合自身实际，以现代都市农业发展为目标，以糯红高粱优势产业为基础，以培育省级糯红高粱现代农业园区为载体，采取多层次多维度的策略，推动"三生"与"三产"融合发展，取得了显著成效。一是特色产业发展。胡市镇立足自身资源优势，因地制宜发展农业特色产业。通过引进和推广新品种、新技术，提高农产品的附加值和市场竞争力。各村（社区）主动谋求新思路，片区发展种植万寿菊、大球盖菇、金丝皇菊、紫山药等，增加土地附加值，促农人均增收2500余元。农业主导产业稳步发展，高粱面积、产量逐步提升，通过探索"公司+合作社+集体经济组织+农户+贫困户"的发展模式，全镇高粱种植面积达1.1万亩；产量达2380余吨，同比增长15%；实现收入2200余万元，同比增长18.3%。胡市镇注重一二三产业融合发展，将农业与旅游业等相结合，通过发展农副产品初加工延长产业链，提高农产品附加值。同时，依托乡村自然风光和人文景观，抓住培育省级有机糯红高粱现代农业园区建设契机，谋划建设"一江一河"（沱江、濑溪河）农文旅融合发展带，逐步部署落实完善研学基地、特色农事体验、休闲运动、观光度假等新消费场景，利用近郊优势，举办开秧门、亲子文化、钓龙虾、农耕研学等活动，促进农旅融合发展，带动农民增收。二是基础设施建设。胡市镇不断完善镇区交通网络，提升交通条件，对外实施城市道路延伸工程，总投资2.8亿元的"两桥一路"（洞子上濑溪河大桥、胡市沱江大桥及其连接线）建成通车，成为连接江阳龙马的新枢纽；总投资2.2亿元的北滨路至胡市段滨河路建设项目被纳入龙马潭区2023年"十二件民生实事"。规划建设省道213线、214线，形成春雨路至胡市、云龙至胡市快速通道，与周边区域衔接能力更加紧密。对内推动县、乡道提档升级，实施场镇“白+黑”改造，场镇街道加宽至32米；建成通村、通组联网路140.3千米，实现硬化道路组组通、公交线路村村通；投入资金940余万元，对乡村道路改造提升，落实“路长制”，获评市级“四好农村路”示范镇；实施核心区道路环线“白加黑”升级改造。同时，开展乡村客运“金通工程”建设，引进“三通一达”快递企业，实现“村村通快递”。加强公共服务设施建设，提升乡村公共服务水平，配备健身设施、乒乓台、篮球场等运动设施，丰富群众文化体育生活。逐步建立幼儿园到高中完整基础教育体系，加快实施投资2000万元的胡市镇幼儿园新建项目，推动泸州市第十七中学改（扩）建，推进优质教育资源发展。全镇有在校学生近4000人，外镇学生占比超44%。建设特色产业园区，投入资金5500余万元，建成高标准农田近万亩，土地整理2000余亩，修建机耕路40千米，推动农业机械化、科技化、数字化建设，不断补齐农业基础设施短板。总投资4.5亿元的金胡片区现代农业产业示范园债券项目已发行，胡市红高粱园区创建为市三星级现代农业园区。三是人居环境改善。开展环境整治行动，改善乡村人居环境，建设美丽乡村，新（改）建雨污管网1.8千米，场镇、农村污水收集、处理能力不断提升。与垃圾压缩中转站签订垃圾转运、处置协议，行政村生活垃圾收转运处置体系覆盖率达100%。实施农村人居环境“积分制”管理，以积分制为核心，推动党员领动、志愿驱动、乡贤联动、好人带动、平台互动、群众行动，共绘乡村振兴新图景。完成沱江场镇堤防维修改造1千米，新建濑溪河堤防1.18千米，争取沱江左岸胡市镇堤防建设项目，沿线河流生态拦截能力不断提升。持续加强农业面源污染治理，化肥、农药使用量继续保持零增长，畜禽粪污综合利用率达78%以上，秸秆综合利用率达90%以上。落实“十年禁捕”政策，建立联合执法巡查机制，打击非法捕捞行为，鱼类资源明显恢复。四是社会治理与乡风文明。加强社会治理体系建设，提升乡村治理能力和水平。整合政法、信访、公安、司法等人力、物力资源，加强平安建设，维护乡村社会稳定和谐。建立4个功能性小区党支部，推动成立5个小区业委会，加强基层组织建设。完成镇综治中心“6+X”六大功能区升级打造，推进天网、雪亮、慧眼“三网融合”，实现场镇区域全覆盖、重点区域时时监控。开展镇村平安创建行动，镇司法所创建为省级“枫桥式司法所”。建立综合行政执法队，实现“一支队伍管执法”。制定重点底线工作作战图，守好守住工作底线。结合乡村文化实际，推进乡风文明建设。加大对全镇重点文物（玉龙寺、玉蝉酒厂百年窖池、生源酒厂百年窖池）和传统文化的保护管理力度，以火龙烧花传统文化艺术为载体，胡市镇被评为“四川省民间文化艺术之乡”。举办乡村特色文化活动、第三届“产业振兴万象耕新”插秧比赛，弘扬勤劳朴实乡风，在全镇形成崇尚农耕的氛围。年初召开乡村振兴表彰大会和农业农村工作会，党委、政府主要负责人对全镇优秀家庭农场、专业合作社、种粮大户等颁发证书及奖金，营造“重农、崇农、强农、富农”的氛围。

金龙镇。金龙镇位于龙马潭区西北部，距龙马潭区政府20千米，全镇面积40.8平方千米，辖4个村2个社区52个村（居）民小组，总人口23015人（其中农业人口21476人），有耕地面积22839亩（其中农田13331.2亩），农业人口人均耕地面积1.01亩。金龙镇是典型的近郊农业镇，以糯红高粱、优质果蔬等附加值较高的农产品为主，是“国窖1573”有机原粮基地之一，先后获得“省级新农村示范镇”“市级乡村振兴先进镇”等称号。2023年，全镇通过夯实基础产业、重点项目推进、巩固脱贫成果方式推进乡村振兴。一是夯实基础产业。金龙镇是国窖1573有机原粮基地之一，有机高粱生产采用“公司+基地+农场（农民专合社）+农户”的模式，农事管理遵从“四个统一”标准，即统一育苗、统一移栽、统一管理、统一销售，整个有机生产贯穿红粮种植始终，在生产区范围内严禁使用化肥、农药、除草剂，在核心区实施病虫害统防统治全域绿色防控，极大减少了面源污染，筑牢了有机高粱品质红线。2023年，全镇有机糯红高粱种植面积12488亩，实现产值2663万元。二是重点项目推进。通过争取乡村振兴专项资金771万元，有序投入到土地整理、灌溉措施、生产便道、蔬菜大棚、蓄水池等建设。立足5000余亩官渡高粱基地和雪骡高粱基地，加强有机糯红高粱产业培育和农耕文化融合力度，持续改善园区1000亩核心区水利灌溉、产业运输条件，提升生产水平和产业品牌效应，辐射带动园区800余户种植户增产增收，融合胡市高粱产业园区发展，为全区建设金胡有机糯红高粱省级现代农业园区奠定了基础。加大金龙镇果蔬、稻虾等特色产业培育和基地建设力度，提升金龙镇综合农业经济，促进产业多元化，带动村集体经济发展；提供更多农业就业岗位，培育新型职业农民，产生联农带农效益；对部分公益基础设施进行“补短板”，提高土地使用效率。三是巩固脱贫成果。坚持镇党委书记作为组长、分管领导为副组长，按照相关考核细则落实工作责任。村（社区）“第一书记”、支部书记为村级第一责任人，驻村工作队、联村干部和村干部为责任主体，到脱贫户、出列村摸清情况，从实际情况出发，解决好遗留问题，确保巩固脱贫与乡村振兴取得成效。

【主要领导人】 区委书记：涂曲平；区人大常委会主任：黄月桂；区长：徐兵；区政协主席：刘鹏飞；分管农业副区长：陆曹蓉。

龙马潭区编写组

纳 溪 区

【基本情况】 2023年，全区辖10个镇3个街道，辖区面积1150.22平方千米，年末户籍总人口447763人。全年出生人口1520人，人口出生率为4.34‰；死亡人口3415人，人口死亡率为9.75‰；人口自然增长率-5.41‰。

2023年，全区实现地区生产总值2483179万元，按照可比价格计算，同比增长6.5%，其中第一产业实现增加值339930万元，同比增长3.8%；第二产业实现增加值1212323万元，同比增长6.3%；第三产业实现增加值930926万元，同比增长8%。三次产业结构比调整为13.7：48.8：37.5。第一产业比重比上年下降0.3个百分点，第二产业比重比上年下降0.9个百分点（实现工业增加值927574万元，同比增长4.7%），第三产业比重比上年提高1.2个百分点。三次产业对经济增长的贡献率分别为13.3%、36.3%和50.4%，分别拉动经济增长0.6个、2.9个、3个百分点。

全社会固定资产投资同比增长33.8%，增幅比上年同期上升21.8个百分点。社会消费品零售总额1257037万元，同比增长11.8%，其中限额以上单位实现零售额394428万元。全区外商直接投资200万美元，同比增长32.45%；到位市外国内资金89.86亿元，同比增长12.33%。新签约项目47个，签约总额195.63亿元。新开工招商引资项目45个，其中投资额5000万元以上开工45个，竣工投产亿元以上39个。全年实现外贸进出口总额1.45亿美元，同比增长18.6%，其中实现进口总额0.08亿美元，同比增长170%；实现出口总额1.37亿美元，同比增长14.9%。

公路通车里程1746千米，其中高速、国（省）道241千米，县道364千米，乡道524千米，村道617千米，全区建制村均通硬化路。全年完成客运量342万人次，同比增长144.7%；客运周转量7628万人/千米，同比增长77.3%。完成货运量2802万吨，同比增长9.2%；货运周转量321145万吨/千米，同比增长7.1%。全区实现邮政业务总量10741万元，同比增长15.1%；实现邮政业务收入11278万元，同比增长20.6%。地方公共财政一般预算收入完成148011万元，同比增长9.1%。地方公共财政一般预算支出327829万元，同比增长0.1%，其中教育支出75927万元，同比增长1.3%；科学技术支出1978万元，同比减少46.1%；卫生健康支出23581万元，同比减少4.7%；节能环保支出9019万元，同比增长1.6%。金融机构全社会各项人民币存款余额3131447万元，比上年末增加286678万元，同比增长10.1%，其中城乡居民储蓄余额2700412万元，比上年末增加247905万元，同比增长10.1%；全社会各项人民币贷款余额1625093万元，比上年末增加171177万元，同比增长11.8%。

有学校78所，在校学生54610人，教职工4374人，其中幼儿园44所（公办12所、民办32所），在园幼儿6956人，教职工790人；小学15所，在校学生19078人，教职工1301人；初中12所（包括九年一贯制学校2所），教职工1206人；特殊教育学校1所，在校学生115人，教职工19人；普通高中3所（省示范高中1所、市示范高中1所、民办艺术高中1所），在校学生7563人，教职工589人；职业高中3所（省重点高中1所、民办职业高中2所），在校学生7885人，教职工469人；小学入学率100%，初中入学率100%，初升高入学率97%，高中阶段学校职普比为47.6：52.4。有医疗卫生机构40家，实有病床位2840张，卫生技术人员2692人，其中执业（助理）医师988人。全年住院分娩率99.93%，5岁以下儿童死亡4人，死亡率2.72‰；婴儿死亡3人，婴儿死亡率2.04‰；新生儿死亡3人，新生儿死亡率2.04‰。实施重点科技项目11项；推广新技术12项，开发新产品10项。

【年度农业和农村经济运行】 2023年，全区实现农林牧渔业总产值548333万元，其中农业产值301987万元、林业产值41171万元、牧业产值180574万元、渔业产值13255万元、农林牧渔专业及辅助性活动产值11345万元，按照可比价格计算，分别比上年增长3.8%、4.9%、10.1%、0.8%、3.9%、5.6%。全区有效灌溉面积24.32万亩，同比增长0.8%。农村居民年人均可支配收入同比增长6.4%，从农民家庭收入构成来看，人均工资性收入同比增长6.7%，人均经营净收入同比增长6.2%；人均生活消费支出同比增长6.6%。

【种植业】 全年粮食作物播种面积687370亩，比上年减少10330亩。其中，稻谷播种面积286800亩，比上年减少3200亩；小麦播种面积7000亩，比上年减少500亩；玉米播种面积116500亩，比上年增加2300亩；高粱播种面积27000亩，比上年增加200亩；豆类播种面积39370亩，比上年增加1970亩；薯类播种面积210700亩，比上年减少11100亩。全区经济作物播种面积265539亩，比上年增加16241亩，其中油料作物播种面积88970亩，比上年增加9107亩；油菜籽播种面积84110亩，比上年增加9101亩；甘蔗种植面积1322亩，比上年增加13亩；烟叶种植面积259亩，与上年持平；药材种植面积5264亩，比上年增加304亩；蔬菜及食用菌种植面积152490亩，比上年增加6975亩；瓜果类种植面积3159亩，比上年增加31亩；其他农作物播种面积14075亩，比上年减少189亩。全区实现粮食总产量282181吨，同比增长2%，其中稻谷产量158047吨，同比增长1.5%；小麦产量1526吨，同比减少1.2%；玉米产量45971吨，同比增长3.8%；高粱产量8856吨，同比增长2.9%；豆类产量7653吨，同比增长13.8%；薯类产量60148吨，同比增长0.5%。经济作物中，油料产量11297.4吨，同比增长9.8%，其中油菜籽产量10642吨，同比增长10.4%；甘蔗产量4798吨，同比增长0.13%；烟叶产量29吨，与上年持平；药材产量885吨，同比增长4%；蔬菜及食用菌产量291489吨，同比增长6.8%；瓜果产量3874吨，同比增长2.5%；茶叶产量17506吨，同比增长7.9%；水果产量34702吨，同比增长10.6%。

【林业】 全区共有森林面积110万亩，其中竹林面积96万亩。实施国有林管护8545亩，新建油茶基地1000亩，义务植树92万株。全年采伐蓄积1.2万立方米，采伐竹材160万株。竹康养旅游产值达26.56亿元。

【养殖业】 全区生猪出栏56.59万头，同比增长1.7%；牛出栏1387头，同比减少0.3%；羊出栏29501只，同比减少0.6%；家禽出栏437.38万只，同比减少2.5%。肉类总产量5.09万吨，同比增长0.9%，其中猪肉产量4.14万吨，同比增长1.7%。禽蛋产量3728吨，同比增长0.54%；牛奶产量822吨，同比增长16.1%。水产品产量9997吨，同比增长3%。

【文旅消费】 举办乐购云溪竹光里特色文化美食节、旭日东升广场文化美食活动、护国镇护国柚促销活动、白节镇和丰乐镇猕猴桃采摘活动等。开展“惠享泸州·乐购云溪”促消活动，共发放消费券1.64万张、金额65万元，拉动消费1159万元。

【广电建设】 持续开展广播电视维护服务，共维护“村村响”“户户通”终端用户设备500台次，配发更换广播终端250台、电视节目接收设备80台，完成春节、两会等重保期广播电视安全播出任务。开展纳溪区第四届“广电惠民服务月”活动，集中“一对一”服务群众500余户；实施困难群体收看有线数字电视节目基本收视费减免优惠，减免有线电视（低保户）351户、费用10万元。提供“村村响”广播服务，宣传森林防灭火、禁渔宣传等内容，累计播出时长约1280小时，滚动播出约10200条次。坚持“三馆一站”免费开放，开展护国战争博物馆公益课堂等文化惠民活动80余项。创作纳溪本土文艺精品，推出“云溪天籁”“云溪新八景”等作品20余件。抓好基础设施建设，区图书馆新增图书1000册、订阅报刊杂志120种。打造一批名镇、名村、名品，全年新增省级百强中心镇1个、“省级民间文化艺术之乡”1个、省级竹林乡镇2个。花田酒地景区获评泸州市首批市级文明旅游示范单位，护国镇梅岭村创建为第四批省级乡村旅游重点村，大渡口镇获评天府旅游名镇并创建为第三批酒城文旅融合发展镇，13个村落入选首批省级传统村落。纳溪竹雕等4项非遗项目入选第六批省级非遗代表性项目名录，推动“护国陈醋传统酿制技艺”申报国家级非遗项目。

【农村社会保障】 全年失业人员实现再就业2265人，就业困难人员实现就业538人。吸纳青年就业见习306人，公益性岗位累计安置就业困难群体1119人。组织开展职业培训3910人次，已发放补贴资金224万元，其中创业培训1365人次；发放创业担保贷款164笔4354万元，其中小微企业4家990万元；发放创业补贴27万元。失业保险新增扩面6000人，累计参保24600人；延续实施阶段性降低失业保险费率政策，为1800家企业减少失业保险费1500万元；发放失业保险金988.98万元，为失地农民缴纳职工基本医疗保险77.95万元。

【主要领导人】 区委书记：谭荣兵；区人大常委会主任：熊杰；区长：袁维荣；区政协主席：潘浩；分管农业副区长：陈瑚。

纳溪区编写组

泸　县

【基本情况】 2023年，全县辖19镇1个街道，辖区面积1525.26平方千米，其中耕地面积109.85万亩，比上年增长0.15%，人均耕地面积1.06亩；基本农田99.04万亩。年末户籍总人口103.8万人，减少0.86%；全年出生人口3788人，人口出生率5.02‰，减少1.62个千分点；人口自然增长率-6.81‰，增加0.33个千分点。全县耕地有效灌溉面积和保证灌溉面积分别达到耕地总面积的58.86%和87.04%；本地水资源总量5.58485亿立方米，人均占有水资源量550.19立方米。有林业用地2.65万公顷，有林地面积2.2万公顷，活立木总蓄积量110万立方米，森林覆盖率15.65%。

2023年，全县实现地区生产总值464.6亿元，增长0.5%，其中第一产业增加值72.84亿元，增长3.7%，农、林、牧、渔及农林牧渔服务业总产值之比为50.1∶2.6∶37.9∶8.1∶1.3；第二产业增加值238.6亿元，减少3.1%（工业总产值187.9亿元，减少19.4%）；第三产业增加值153.2亿元，增长5%。全年接待游客500万人，实现旅游收入41000万元，其中乡村旅游收入86124万元。

公路通车里程5385千米（其中乡村公路5055千米），密度3.53千米/平方千米、51.45千米/万人。社会消费品零售总额162亿元，减少1%。地方公共财政预算收入完成13.79亿元，增长0.32%；公共财政预算支出56.95亿元，减少0.83%，其中农业投入11.47万元，占支出的20.14%。金融机构各项存款余额538.6亿元，比上年初增长13.1%；各项贷款余额336.8亿元，比年初增长17.7%。全年农业保费收入0.84亿元，增长9.09%；处理各项赔款和给付金额0.57亿元，增长16.32%。完成农业产业化项目7个，完成投资15200万元。

有各类学校85所，在校学生104710人，教职工7738人，其中普通中学6所，在校学生35560人；小学75所，在校学生69150人；学龄儿童入学率99.65%，提高0.2个百分点。完成省级以上科技成果20项。有艺术表演团体3个，文化馆1个，公共图书馆1个，博物馆2个。有医疗卫生机构1173个，病床位4282张，卫生技术人员6388人。城乡居民医疗保险参保人数84.77万人，参保率98.03%；城乡居民养老保险参保人数50.87万人，参保率达94%以上；被征地农民养老保险参保人数2866人，占总人数的91.13%。

【年度农业和农村经济运行】 2023年，全县出台了《关于锚定农业强县目标扎实做好2023年乡村振兴重点工作的意见》。实现农业总产值122.04亿元，增长3.72%；全县全年农业增加值达72.84亿元，增长3.7%；生猪、蔬菜等特色优势农产品产量保持稳定增长。在粮食、生猪、蔬菜生产中，科技投入的占比或科技贡献率63.5%。全县农产品质量抽检合格率比年初提高0.08个百分点。全县主要农产品产量见表1。

【农业产业化发展】 泸县牛滩镇供销合作社、泸县毗卢镇供销合作社、泸县立石镇供销合作社被命名为泸县第六批农民专业合作社县级示范社；泸县喻寺镇供销合作社被命名为泸州市第十四批农民合作社市级示范社；泸县得胜镇供销合作社、泸县方洞镇供销合作社被命名为四川省第十四批农民合作社省级示范社；泸县玄滩镇供销合作社被评为2022年国家农民合作社示范社。泸县方洞镇供销合作社、泸县嘉明镇供销合作社、泸县玄滩镇供销合作社、泸县熟龙龙眼专业合作社联合社、泸县太伏龙眼专业合作社被全国供销总社认定为2011—2020年度供销合作社系统农民专业合作社示范社监测合格。

【农村集体产权制度改革】 通过农村集体产权制度改革，摸清农村集体资产家底，厘清权属，落实了所有权；通过集体资产股份合作制，改变农村集体资产虚置闲置情况，实现共同共有制向股份制转变，落实了农民的收益分配权和民主管理权，增加了集体向心力；村股份经济合作联合社以市场主体身份盘活农村集体资产，开展经营活动，壮大农村集体经济，拓展农民增收渠道，增加了农民的收入。全县251个村已全面完成集体资产清理工作，集体资产总量达25.49亿元，全覆盖成立村股份经济合作联合社251个。累计培育农民合作社568家、家庭农场2077家，创建国家级专合社8个、省级专合社28个、市级专合社38个，有省级示范场44家、市级示范场110家。探索产业发展、资产盘活、物业经营、居间服务、资产参股5种新型农村集体经济发展模式，村集体经济收入持续稳定增长，2023年全县村集体经济收入突破5000万元，其中"百万收入村"达5个。

【供销合作社改革】 承办全省供销合作社为农服务综合平台建设现场推进会和四川省供销合作社系统城乡消费端"三社合作"座谈会全省性会议2次。在全国供销合作社基层组织建设暨农业社会化服务推进会、全国供销合作社农资网络体系建设暨"绿色农资"升级行动试点推进会和全省供销合作社为农服务综合平台建设现场推进会、全省农业社会化服务试点动员会、全省供销合作社统计工作培训会等全国、全省供销合作社系统工作会议上作经验交流5次。完成全国供销总社、省供销社，市委、市政府

表1 2023年泸县主要农产品产量

主要农产品	单位	产量	同比增减(%)
粮食	万吨	55.300	2.22
水稻	万吨	33.150	1.69
小麦	万吨	0.110	-6.38
玉米	万吨	8.860	4.26
马铃薯	万吨	1.530	-14.83
油菜籽	万吨	4.670	-7.87
蔬菜	万吨	71.220	0.88
水果	万吨	9.320	5.22
肉类	万吨	10.860	0.57
猪肉	万吨	7.540	1.00
牛肉	万吨	0.037	2.95
羊肉	万吨	0.130	1.24
禽肉	万吨	2.360	-1.23
兔肉	万吨	0.770	1.71
禽蛋	万吨	1.480	3.42
水产品	万吨	5.270	7.32

和重庆市、山西省、云南省、广东省供销社等省内外各级领导到泸县调研考察活动44次，综合改革经验被新华社、“学习强国”、《四川农村日报》、《西南商报》、《四川经济日报》、四川经济网、川观新闻、川南在线等媒体给予多次宣传报道。泸县首创的“供销合作社+村股份经济合作社（村集体资产公司）+农民专业合作社”的“三社”融合发展模式在全省推广，并被写入《四川省供销合作社条例》。泸县被全国供销总社列入全国供销合作社“绿色农资”升级行动试点县（四川省唯一被列入的县），被省供销社、财政厅列入四川省供销为农服务综合平台试点县和被农业农村厅、省供销社、财政厅列入四川省供销合作社2023年农业社会化服务试点县。泸县供销社党组成员洪代富受邀就泸县供销综合改革典型经验在中国合作经济学会供销合作社、农民专业合作社、农村集体经济组织融合发展专题培训班和山西省供销合作社联合社深化综合改革基层社主任培训示范班、云南省供销合作社基层社主任培训示范班、云南省昭通市委组织部全市扶持壮大村级集体经济示范培训班、四川省绵阳市委党校2023年市区统筹村党组织书记进修班等全国、省内外作经验交流8次，参加人员达1115人。

泸县供销社获得市供销社2023年度区县供销合作社综合业绩考核特等奖；被省供销社通报表扬为全省供销合作社系统2023年度供销社综合改革先进单位、农业社会化服务先进单位、流通服务网络建设先进单位、财会工作先进单位、宣传文化先进单位，位居全省供销合作社系统县（市、区）单项工作先进单位榜首；泸县被省委、省政府表扬为2023年度全省农村改革工作先进县。

【农产品品牌战略实施】 指导泸县潮河镇州圆龙眼专业合作社和四川泸州龙城粮油购销有限公司等16个单位开展有机产品认证，共获得证书16个，其中有机产品认证证书9个、有机转换认证证书7个；认证泸县龙眼、泸县油茶、泸县柑橘、泸县葡萄、泸县柠檬、泸县柚子、泸县李子、泸县梨子、泸县桑葚、泸县高粱、泸县稻谷、泸县大豆、泸县荔枝、泸县枇杷、泸县桃子15个品种，认证总面积4.339万亩。

【现代农业园区建设】 泸县现代农业园区建设工作围绕四川省现代农业“10+3”产业体系、泸州市农业八大特色产业发展，持续推动泸县“6+2”现代农业产业体系优化升级，重点发展粮油主导产业和稻渔、种业等特色产业，新创建省三星级泸县稻渔现代农业园区、市三星级生猪+水稻现代农业园区，形成“2+5+9”的省、市、县星级现代农业园区发展格局，泸县被农业农村厅通报表彰为现代农业园区建设工作推进典型县。抓好“一圈一带”产业布局，梯次推进现代农业园区培育，加快融入成渝现代高效特色农业示范带。打造万亩粮油稻渔产业集群，做强“鱼米之乡”，以百和、玄滩等5个镇为核心，连片发展20万亩优质粮油和稻渔产业，发展绿色优质水稻、油菜、稻虾及其深加工产业，全县优质水稻种植面积56.07万亩，油菜种植面积24.19万亩，建成规范化稻虾基地15万亩。打造万亩订单高粱产业集群，做大“原酒之乡”，以云锦、百和等4个镇为核心，连片发展11万亩酿酒用糯红高粱，新建有机高粱原料基地5个，带动全县高粱种植15万亩，并与泸州老窖、郎酒集团等企业合作，采取“订单种植、保底收购”模式发展酿酒用糯红高粱种植。打造万亩晚熟龙眼产业集群，做响“龙眼之乡”，以潮河、海潮等6个镇为核心，连片发展20万亩长江中上游晚熟龙眼荔枝产业带，加快龙眼种植结构调整，新建龙眼高换示范园14个，示范带动龙眼种植产业标准化、市场化、品牌化发展。

【种植业】 全县发展国标三级以上优质稻种植面积55.9万亩，其中国标二级优质稻面积51万亩、酿酒高粱基地面积7.86万亩。粮食作物播种面积128.06万亩，粮食总产量55.28万吨，同比增长2.22%。油菜种植面积24.19万亩，产量4.67万吨。与老窖公司、郎酒集团签订高粱收购合同面积4.94万亩。

【林业】 推进市级油茶现代林业园区建设，印发《泸县推动油茶产业高质量发展实施方案》，新建现代油茶产业基地7600亩，完成年度目标任务的126.67%。

【畜牧业】 开展动物疫病强制免疫，全县累计免疫猪瘟116.11万头、猪口蹄疫108.99万头、牛口蹄疫0.762万头、羊口蹄疫6.95万只、小反刍兽疫免疫6.98万头、禽流感421.53万羽、水禽308.5万羽、狂犬病5.74万只，应免密度达100%，年均抗体检测合格率达90%以上，确保县域内无重大动物疫病暴发流行。全年出栏生猪103.1258万头、肉牛2957头、肉羊8.6635万只、小家禽1587.45万羽。升级改造生猪老旧规模养殖场14个，规模养殖场装备配套率达55%，畜禽粪污综合利用率达94%。

【水产业】 全县全年水产养殖面积达6.4万亩，其中水库1.65万亩、池塘4.63万亩。推进泸县旱虾发展，推广稻虾综合种养面积15万亩。水产品总产量5.27万吨，同比增长4.86%；实现渔业经济总产值10.57亿元，同比增长7.32%。增殖放流珍稀鱼类23万尾、经济鱼类25万尾，水产健康养殖示范面积达75%。

【乡村振兴】 依托省五星级现代粮油农业园区和市四星级稻渔现代农业园区为基础，示范带动形成优质粮油、特色稻渔、晚熟龙眼、糯红高粱4大十万亩特色农业产业带。全年完成优质水稻种植面积56.4万亩、油菜种植面积24.19万亩，新建有机高粱原料基地5个、高粱种植基地15万亩、规范化稻虾基地15万亩，建成龙眼优新品种示范园14个，连片发展20万亩长江中上游晚熟龙眼荔枝产业带。2023年，全县粮食总产量居全省第11位（其中水稻产量、再生稻面积和产量均居全省第一位），生猪出栏量居全省第六位，水产品总产量居全省第二位

（其中小龙虾产量居全省第一位），农林牧渔业总产值居全市第一位。紧盯宜居宜业，建设和美乡村，乡村基础设施、公共服务和治理水平实现提质增效，城乡融合发展进程不断加快。2023年，泸县获评2023年度四川省农村改革工作先进县；泸县方洞镇（水稻）被认定为首批国家农业产业强镇；"泸县旱虾"稻虾产业被纳入全省6县川南旱虾产业集群建设项目；泸县获评全省现代农业园区建设工作推进典型县；泸县获评"全省去冬今春农民工服务保障工作先进单位"。

【脱贫攻坚】 按照"四个不摘"总体要求，持续推动巩固拓展脱贫攻坚成果同乡村振兴有效衔接，全县脱贫户人均纯收入达13754元，较上年增长14.3%，"两不愁三保障"和安全饮水全部达标，脱贫成效全面提升，乡村振兴再上新台阶。全县有脱贫村40个、乡村振兴重点帮扶村8个，脱贫户18469户49680人，监测户1027户2786人。通过实施"百千万"产业增收行动和现代农业园区引领行动，带动脱贫群众持续增收，脱贫人口生产经营性收入人均达1151元。通过全覆盖就业排查、开发乡村公益性岗位、落实就业扶持政策等措施，实现脱贫人口转移就业20787人。

【乡村旅游】 全年共计开展乡村文旅活动43场，其中民俗文化展示活动36场、农事节庆活动7场；共吸引游客384万人次，实现乡村旅游收入86124万元。落地重大乡村文旅项目5个，规划打造泸县粮油现代农业园区、海潮环都市农业示范园区等农文旅融合发展示范点位。对道林沟、屈氏庄园文化旅游景区、玉蟾山等景区进行基础设施提升改造，改善景区公共服务能力。

【农村水利】 以《泸县"十四五"水利发展规划》为引领，加强对接，做好防洪治理、大中型灌区、农村饮水等5大类10余个项目包装储备工作，土公庙水库、三溪口水库灌区续建配套与节水改造等一批大中型水利项目立项，全年争取项目资金22969万元，争取国债资金4.71亿元。坚持以集中供水规模化为主、分散式供水规范化为辅、以长江为主要水源，构建完备供水体系，多渠道落实7.75亿元，加快推进全县共饮长江水项目建设，完成17个场镇老旧管网改造132千米，建成一体化超滤设备8台（套），日常供水能力提升至6万吨/天。完善水库管理体制，完成农业水价综合改革任务56万亩，打破全县水利设施"重建轻管"局面。加强现代水利灌区建设，牛滩土公庙中型水库完成立项等前期工作，三溪口等中小灌区改造前期工作有序开展；西部抗旱抢险救灾补水工程52天抢通，解决了西部地区11万名群众生活用水和4.2万亩农田灌溉用水。开展水库大坝安全鉴定、维修养护和除险加固7座，132座中小水库水雨情测报系统全覆盖；26座水库建有大坝安全监测系统，实现在线监管和自动化控制。实施中小河流防洪治理，龙溪河水系连通及水美乡村建设试点全面完成；完成濑溪河喻寺镇谭坝段等3段中小河流建设防洪治理工程，新建堤防14.8千米，综合治理河长19.5千米。加强取用水监管，纵深推进区域水权与水价改革试点，探索"节水—收储—交易"三步走策略，完成全省首宗跨行业水权交易案例，促进水资源优化配置。

【农业机械化】 全县有小型拖拉机（标拖）41台0.2万千瓦、农用排灌机479台1.89万千瓦。全年机耕作业面积9.5万公顷、机播作业面积4.32万公顷、机收作业面积6.32万公顷、机械排灌作业面积6.7万公顷，农业机械总动力达55.34万千瓦。

【农村科技】 备案入库国家科技型中小企业21家。泸州市科学技术局牵头组建市级农业科技特派员团队，印发《泸州市科技特派员绩效管理办法》，并选定熊安会等13名农业科技专家组成"泸县市级科技特派员服务团"，为10个镇30个行政村提供科技服务。2022—2023年共创建市级农业科技园区2个——泸县龙眼荔枝市级农业科技园区和泸县现代农业科技园区。截至2023年年底，全县已建成市级涉农科普基地4个。

【农村教育】 泸县是全国首批义务教育发展基本均衡县、国家级农村职业教育和成人教育示范县、全国社区教育实验区、国家学前教育改革发展实验区、全省首批中小学心理健康教育引领区。获得泸州市2022—2023学年度中等职业教育、普通高中教育、初中教育质量综合评价（区/县）一等奖，27所学校获得优秀奖、进步奖，数量位居全市第一。

学前教育普及普惠有力度。创建四川省示范性幼儿园2所，认定县级示范性幼儿园14所，达到普惠性民办幼儿园认定标准32所。全县学前三年入园率达90%，普惠性幼儿园覆盖率达81%，公办园在园幼儿占比达60.3%。

义务教育优质均衡有强度。启动义务教育学区制治理改革，优化城乡教育资源配置。创建首批四川省义务教育优质发展共同体领航学校1所，通过市级初检3所。

职成教育创新发展有进度。实施中等职业学校办学条件达标工程，加强3所职业学校软硬件设施建设。泸县建校与7所高等职业学校在专业建设、联合培养、基地建设等方面深度合作，开展中高职衔接五年制大专联合培养，职业教育升学率达97.7%，持续提升职业教育内涵。

【农村文化】 依托"东翼"泸县文化底蕴，深挖本土农文旅资源，举办一批特色节庆活动，培育打造新消费场景，丰富消费商圈业态，绘制"东翼"特色消费图谱，打造特色文旅品牌。在全国图书馆评估定级工作中，县图书馆获评国家二级图书馆；在样板村镇评定中，创建省级样板村1个，市级乡村文化振兴样板镇2个、样板村5个。在全省综合文化站评估定级工作中，全县20个镇（街道）参与第一批次评定的有15个。开展文化惠民活动53场；开设免费课程16种门类，免费开放730课时。开展县上业务技能培训指导6次，并多次到基层为20个乡（镇）进行业务培训，参与培训的文艺骨干达300余人，惠及群众20万余人次。“泸州雨坛彩龙”获评首批“非遗四川·百城百艺”品牌。申报2023—2024年全国智慧广电乡村工程试点建设县，完成全县2911个自然村广播电视“户户通”工程运行维护。

【农村卫生】 全县有医疗卫生机构1173个，其中县级公立医院3个，卫生监督、疾病预防控制、卫生健康服务中心、妇幼保健、精神卫生机构各1个，镇级医疗卫生机构20个，民营医院25个，门诊部2个，村级卫生室918个，社区卫生服务站1个，诊所189个，医务室10个；有卫生专业技术人员6388人，其中执业（助理）医师2037人、注册护士2192人、在岗乡村医生1124人。全县实现省级卫生乡（镇）全覆盖，国家级卫生乡（镇）覆盖率达21.05%，省级卫生村覆盖率达100%，居民健康素养水平达25.7%。

【农村法制建设】 全县以持续提升群众法治素养为着力点，完善村（社区）“两委”集中学法制度，不断深化乡村普法“七个一”，开展乡村“茶园”普法活动，实施乡村“法律明白人”培育工程，深化乡村法治文化建设，因地制宜打造乡村法治农家小院、乡村法治文化广场，创作法治快板、小品等法治文艺节目。培养乡村“法律明白人”1525名、“法治示范户”251户。开展“《中华人民共和国民法典》进乡村（社区）”专题法治讲座140余场次。组织开展《中华人民共和国宪法》、《中华人民共和国民法典》、禁毒、反电诈等各类法治宣传活动900余次，涉及人数46000余人次；推送法治微信500余条，各类点击阅读量10万次。组织开展法治文艺演出20余场次，“村村响”播放法治广播节目6期，向各级新闻媒体推送采用法治宣传信息300余条。

【农村交通】 实施农村公路恢复美丽乡村路建设23.5千米，维修加固病危桥6座，完成村道生命防护工程建设166千米，陆续开工建设“东岳”环线公路、型家坝至新溪子公路等，开展玉龙湖环湖公路等美丽乡村路前期工作，完善农村公路区域路网，形成高效、便捷的内部通道。

【农村社会保障】 推进全民参保工作，确保养老保险覆盖率达94%以上。加大参保扩面力度，宣传社保政策，组织开展“社保服务进万家”城乡居民养老保险政策宣传50余场次、专题讲座7场次，发放张贴活动宣传手册及海报4万余份，利用微信等工具进行精准宣传，扩大社保政策知晓度。全县参加基本养老保险69.36万人，其中城乡居民基本养老保险参保覆盖50.87万人，待遇领取19.34万人，全年累计发放城乡居民基本养老保险待遇31904.79万元。

【农村生态建设及环境保护】 推进大气“三源”整治，引导企业开展绩效升级，加强“五烧”管控。环境空气质量综合指数同比改善0.2%，在全省排名提升5位，摆脱了全省后20名的落后局面，完成了排名攻坚任务，坚守住了四季度不出现重污染天的底线。维修改造农村生活污水处理设施78座，龙溪河水生态保护修复项目建成生态湿地15000余平方米、生态护坡5000余平方米、水生态系统30000余平方米，聘请技术河长持续投入到大陆溪、濑溪河、龙溪河技术管控服务，濑溪河、大陆溪出境断面水质达到Ⅲ类标准，龙溪河水质同比上年持平。

【农产品质量安全监管】 完善县、镇、村三级农产品质量安全监管网络，县、镇配有监管员，302个村（社区）配有协管员。开展农资打假和“治违禁、控药残、促提升”三年行动，对农产品生产经营主体（家庭农场、种养企业、专合社、生产基地）、农资门市、兽药饲料门市开展巡查、检查527场次，出动检查人员346人次，共计检查232家次，整改安全隐患12处。全年办理农产品质量安全案件4件，其中行政处罚案件3件、移送司法案件1件，罚款金额1350元。严格主体档案管理，严控主体投入品使用，严把主体质量标准，严格落实合格证制度，加强农产品质量安全追溯应用，推进规范化经营，从源头上保障农产品生产规范和安全。2023年，全县新增103家生产经营主体入驻国家农产品质量安全追溯平台，省平台生产批次生成1863条，国家平台录入机构巡查信息4116条，生成交易批次2937条。“三品一标”获证主体100%入驻国家农产品质量安全追溯平台。全县274家农产品生产经营主体已累计开具食用农产品合格证55548张，附证农产品7142.24吨。

【农村留守家庭帮扶】 完善儿童关爱服务机制，构建县、镇、村三级儿童保护机制，确保儿童保护工作一线有机构负责、有专人办事。建强未成年人保护示范阵地，建立儿童保护“监测预防、发现报告、帮扶干预”一体的联动反应机制，构建覆盖县、镇、村的“一中心一站一点”工作模式，成立县级未保中心1个、镇级未保站20个、村级未保点305个。加强儿童保障队伍建设，20个镇（街道）配备了儿童督导员，305个村（社区）配备了儿童主任，指导镇（街道）和村（社区）对留守儿童、困境儿童开展关爱服务，确保儿童工作有人管有人做，将关爱帮扶工作落到实处。泸县学前减免保教费、义务教育家庭经济困难学生生活费补助、普通高中国家助学金和免学费、中职国家助学金、中职和本（专）科特别资助等项目全年共资助从学前到高校家庭经济困难学生6.5万人次，发放资助资金5425万元。

【劳务开发与返乡创业】 全县有农村劳动力51.04万人，其中务农9.51万人，占劳动力总数的18.24%；转移就业农民工41.73万人，占劳动力总数的81.76%（转移就业省内务工18.2人，占转移就业农民工总数的43.61%；省外务工23.53万人，占转移就业农民工总数的56.39%），转移就业实现劳务收入119亿元。2023年，全县回引农民工5693人(其中返乡创业1154人、带动就业2190人)，回引创业项目总投资1.01亿元。12个项目入选四川省2023年返乡入乡创业项目库，卓玛花桑葚酵素精深加工项目参加四川省返乡入乡创业项目推荐会活动展示，李云川、杨忠萍获评“四川省第二批返乡入乡创业明星”，嘉明镇创建为首批四川省返乡入乡创业示范乡镇。

【主要领导人】 县委书记：肖刚(11月止)，李仁军(11月始)；县人大常委会主任：杨双全；县长：曹阳；县政协主席：吴雪松；分管农业副县长：王先奎。

泸县编写组

合 江 县

【基本情况】 2023年，全县辖19镇2个街道，辖区面积2414平方千米，其中耕地面积107万亩、基本农田86万亩。年末总人口870232人(户籍人口)，人口出生率5.25‰，减少0.71个千分点；人口自然增长率-5.16‰，增加0.53个千分点。有林业用地13.4万公顷，有林地面积12.5万公顷，活立木总蓄积量700万立方米，森林覆盖率57.14%。

2023年，全县实现地区生产总值319.1亿元，增长6.5%，其中第一产业增加值51.5亿元，增长3.5%；第二产业增加值139.5亿元，增长7.2%；第三产业增加值128.1亿元，增长7.1%。三次产业对经济增长的贡献率分别为10.03%、48.27%和41.7%。劳务输出32.97万人。全年接待游客940.01万人，实现旅游收入100.58亿元，其中乡村旅游收入34.49亿元。

公路通车里程3183千米(其中乡村公路2900千米)，密度1318米/平方千米、36千米/万人。地方公共财政预算总收入完成12.23亿元，增长3.69%；公共财政预算总支出48.99亿元，增长0.22%，其中农业投入7.45万元，占支出的15.21%。金融机构各项存款余额478.52亿元，比上年初增长7.51%；各项贷款余额276.21亿元，比年初增长12.28%，全年农业保费收入0.5021亿元，减少1.47%。农业产业化龙头企业省级、市级分别为6家、25家。

有各类学校192所，在校学生139240人，教职工11464人，其中普通高校1所，在校本(专)科学生17023人，增长3.41%；普通中学16所，在校学生26464人；小学57所，在校学生41165人；学龄儿童入学率100%。有艺术表演团体25个，文化馆1个，公共图书馆1个，博物馆4个。有卫生机构750个，病床位6106张，卫生技术人员4232人。城乡居民医疗保险参保人数704871人，参保率稳定在98%以上；城乡居民养老保险新参保人数0.61万人，总覆盖人数达32.17万人；完成困难群体养老保险代缴1.81万人；被征地农民养老保险参保人数288人。

【年度农业和农村经济运行】 2023年，全县实现农业总产值88.13亿元，增长3.6%。农民年人均可支配收入达19768元，增长5.8%。在粮食、生猪、蔬菜生产中，科技投入的占比或科技贡献率60%。全县农产品质量抽检合格率比年初提高0.1个百分点；建成21个基层农技中心。全县主要农产品产量见表1。

【农业产业化发展】 全年新培育省、市级龙头企业2家，申报省、市、县级专合社15家，家庭农场35家，培育全省首批农业生产社会化服务省级重点服务组织

表1 2023年合江县主要农产品产量

主要农产品	单位	产量	同比增减(%)
粮食	万吨	52.00	2.3
水稻	万吨	30.50	2.2
小麦	万吨	0.50	8.4
玉米	万吨	8.20	8.5
马铃薯	万吨	3.00	-18.2
油菜籽	万吨	1.20	51.8
蔬菜	万吨	52.30	5.2
水果	万吨	8.80	3.7
肉类	万吨	7.86	0.8
猪肉	万吨	6.06	1.3
牛肉	万吨	0.06	11.7
羊肉	万吨	0.29	-0.6
禽肉	万吨	1.36	-1.2
禽蛋	万吨	1.50	1.4
水产品	万吨	2.25	3.9

1个，申报农业生产托管试点村5个。建立健全县农业社会化服务中心+乡农业社会化服务站（点）+村农业社会化服务协办员三级农业社会化服务体系。

【农用地产权制度改革】 深化农村承包地管理与改革，完成土地确权登记颁证工作，加强土地经营权流转规范管理与服务，共计确认登记地块247.05万块，确权总面积109.74万亩，颁发证书206640本，各项工作均达到省、市目标要求。深化农村土地制度改革，按照“大稳定，小调整”的工作总思路，探索第二轮土地承包到期后再延长30年的具体办法，在九支镇开始土地承包到期再延长30年试点，确保政策平稳过渡，已在赵岩村完成试点，在锁口村继续开展试点工作。

【农村集体产权制度改革】 全县有改革任务的196个行政村全部完成成员身份确认、资产量化、集体经济组织成立等工作，完成率达100%。全县共确认成员身份227415户749249人，196个行政村全部颁发了村集体经济组织登记证书。进行村股份经济合作联合社挂牌，开展产权制度改革后续工作，建立完善村集体经济组织财务管理制度、资产登记、保管、使用、处置制度，开展“三资”管理工作。

【供销合作社改革】 社企带动，与社会资本合作，成立合江县供销现代农业发展有限公司等2家混改企业。社有企业通过开展农资供应、农产品收购销售等业务，以上带下带动基层供销社发展。组建基层供销经营体系，通过业务带动，逐步改造提升基层供销社，在白沙、尧坝、荔江等10个重建供销经营网点开展农资、酒类销售等经营业务，实现业务突破。推进“三社”融合发展，按照“基层社+村集体+专合社”的融合发展思路，在大桥镇、真龙镇供销社等按照“县社指导+政府主导+村集体运营”模式运行。神臂城、白沙等镇（街道）受其带动表现出创建新型基层供销社的愿望。

针对农民因零散、盲目购买农资导致供求信息不对等、假劣农资等问题，逐步构建直达田间地头的农资经营服务和物流配送体系。一是生产技术到户。根据病虫害预测预报和品种试验示范，组织农业专家针对性配置“套餐式”农资，一站式配齐所需种子、农药、化肥等农资，打通农资配送的“最后一公里”，直接配送至田间地头，并开展相应生产技术指导，从种植前端保障农作物产量和产能“双增长”。二是农资统购到村。创新农资经营模式，在重要农时以村为单位统计农资需求，集中向供销系统下单各类农资，适度增加村集体收益，最大限度让利于民。

按照“供销+专业合作社（种植大户）+农户”模式，重点建设以荔枝、真龙柚为主的供销合作基地。一是生产技术定期指导到位。组织专家或农技人员提供从修枝到挂果生产全过程技术支持。二是农资定期配送到位。根据生产需要，配送最优性价比的农药、化肥产品，在保证质量基础上节本增效。三是产品销售到位。通过农户自销一点、专合社统销一点、供销社助销一点，解决产品销售难问题。白米镇史坝村建设史坝真龙柚产业示范基地2000亩，服务农户105户，2023年真龙柚产量35万千克，商品果全部销售完毕。

【农产品品牌战略实施】 按照“强基地、塑品牌、拓市场”的理念，打造特色农产品优势区。开展荔枝果品品质提升年行动，召开中国晚熟荔枝产业大会，举办第32届合江荔枝文化旅游节，持续推进荔枝种质资源圃、中荔果蔬进出口中心高效运营，开展合江荔枝出口外销，有序推动荔枝大小年试验及科技园区项目。补植主导荔枝500余亩，荔枝高换品种改良1000余亩，异花授粉真龙柚12万亩。2023年，全县荔枝产量1900万千克，实现产值24.5亿元；金钗石斛产量410万千克，实现产值6.2亿元。

【现代农业园区建设】 投入乡村振兴衔接资金1891万元，在符阳街道、荔江镇等12个镇（街道）集中打造特色产业，推动农业园区景观化、旅游化。“巴蜀鱼米之乡”合江稻渔现代农业园区被列入全市乡村振兴“一圈一带两片”先行区建设，投入资金3500万元，重点打造白米镇斗笠村、白沙镇龙顶山村。持续推进产业融合示范园和特色农业合作园区建设，投入资金6.2亿元，新建稻渔种养循环园区7.17万亩、高标准农田4万亩，启动高标准农田提档升级建设2.59万亩，新建（升级）产业路184千米，新（改）建提灌站设施6座，新（改）建休闲农业设施5处，新建智慧育秧中心1个，改良荔枝产业合作园区品种0.6万亩，统防统治1万亩。开展现代农业园区培育创建，初步构建省、市、县级园区梯次培育的格局，园区示范带动效应逐步显现，稻渔园区培育成功后带动白鹿镇、临港街道等镇（街道）打造粮油类现代农业园区，粮油类园区新发展到7个。全县有省、市、县三级园区23个，其中省级1个、市级3个、县级19个。

【种植业】 创建县级粮食生产示范点9个，实现“中稻+再生稻”最高亩产达1265.2千克，刷新了泸州地区两季稻亩产最高纪录。全年粮食作物播种面积121.82万亩，产量52.03万吨，其中水稻播种面积51.63万亩，产量30.46万吨；玉米播种面积19.2万亩，产量8.16万吨；小麦播种面积2.6万亩，产量0.55万吨；高粱播种面积9.45万亩，产量3.24万吨；豆类播种面积11.13万亩，产量1.93万吨；马铃薯播种面积11.06万亩，产量（折原粮）2.99万吨；红薯播种面积15.68万亩，产量（折原粮）4.58万吨。油菜播种面积10.04万亩，产量1.23万吨。合江荔枝面积稳定在30.6万亩，产量3800万千克，综合产值突破24.5亿元。合江真龙柚面积稳定在30.8万亩，产量10000万千克，综合产值达12亿元。合江花椒种植面积5万亩，产量2000万千克（鲜椒产量），实现产值2.2亿元。蔬菜种植面积25.43万亩，产量87.27万吨，实现产值10亿元。中药材种植面积7万亩(其中合江金钗石斛5万亩、合江佛手0.5万亩、其他药材1.5万亩),产量2.03万吨,实现产值8.36亿元。

【林业】 林竹基地提质增效。通过实施定向培育、立竹密度调整、竹林复壮、测土配方施肥等丰产技术措施,新培育现代竹产业基地4.3万亩,新建"林药""林菌"等林下生态种植基地0.5万亩,新建油茶基地0.6万亩,配套建设竹(林)区公路65千米、生产道路70千米。榕山、九支、大屋基3个现代竹产业基地创建为省级基地。

林业园区提档升级。加大中药材基地建设力度,提升中药材加工水平,合江县林下中药材现代林业园区被认定为省级现代林业园区,获得奖补资金1000万元。引入川林集团、成投集团与华盛竹业签订投资合作意向协议。县政府与四川林业集团有限公司签署林竹资源培育和综合开发利用战略合作协议,延伸产业链,推动合江县林竹业发展。

生态旅游稳步推进。将竹林风景线建设与林业生态旅游、竹林产业基地和乡村振兴等结合打造,实现点位串联、环线互动。完成金龙湖竹林风景线提档升级,开展法王寺竹林风景线节点建设,龙挂山竹林康养基地被认定为省级现代竹产业(康养)基地,天竺度假村被认定为省级竹林人家。

【畜牧业】 全年生猪出栏82.76万头、存栏46.74万头,肉牛出栏0.5万头、存栏1.2万头,山羊出栏18.7万只、存栏12.2万只,家禽出栏922万羽。截至2023年年底,建成规模种猪场4个,年产仔猪38万头;发展年出栏1000头以上规模育肥场125个,规模养殖率达67%。新创建省级畜禽养殖标准化示范场1个。保持规模猪场数量稳定,分级建立产能调控基地,分别挂牌国家级、省级、市级生猪调控基地2家、29家、17家。

【水产业】 发挥川南地区开春最早的天然资源禀赋,以稻渔种养循环园区建设为抓手,用好64.5万亩高标准农田,建设稻渔综合种养示范基地,将水源富集区江北4个镇及毗邻重庆市江津区2个镇(街道)纳入规划,打造江北、津合旱虾产业示范带,规划面积6万亩,跻身川南旱虾特色产业集群建设。以渔业增效、水产养殖户增收为核心,加快推进现代设施渔业建设,推广"鱼萍共生""鱼菜共生"等生态治理模式和健康养殖技术。实现"一水两用、一地多收",在长江水域增殖放流胭脂鱼、岩原鲤、长吻鮠、中华倒刺鲃等40万尾。全年水产养殖产量22730吨,增长4.76%;实现产值46224万元,增长3.77%。

【乡村振兴】 实施乡村振兴战略,坚持农业农村优先发展,将省、市乡村振兴示范创建工作同谋划、同部署、同推进,创建2023年度省级乡村振兴先进镇(白米镇)1个、示范村(白沙镇灵丹村、先市镇大土湾村、石龙镇大久村、荔江镇慈竹林村为示范村)4个、重点帮扶优秀村(九支镇石顶山村)1个,市级乡村振兴成效显著镇1个(法王寺镇)、示范村(神臂城镇高陵村、白沙镇会龙村、白米镇金宝山村)3个、重点帮扶优秀村(法王寺镇农会村)1个。2023年到位各级财政衔接资金2.324亿元,安排建设类项目115个。清理扶贫和帮扶资金项目5618个,涉及资金42.96亿元,形成扶贫和帮扶项目资产28.35亿元,涉及项目2688个,其中经营性资产3.13亿元,涉及项目557个;公益性资产17.79亿元,涉及项目1584个;到户资产7.43亿元,涉及项目547个。针对全县1991户687名搬迁群众和13个集中安置点的后续扶持工作,安排实施易地搬迁后续扶持项目4个,投入衔接资金403万元,完善提升安置点配套基础设施和公共服务设施;通过加强就业培训、引导外出务工、促进就近就业等方式帮助2442名搬迁群众就业。针对各类逾期风险,每季度召开工作例会,逐一研判化解措施并督促落实到位,每月逾期率始终控制在0.8%以下。

【乡村旅游】 推动重点项目建设。抢抓长江国家文化公园建设机遇,包装谋划长江上游泸州神臂城古遗址保护传承利用建设项目、长江上游酱油古法酿造文化廊道建设项目等项目9个,计划总投资168亿元。完成长征国家文化公园建设(泸州段)规划编制基础资料收集工作。谋划县文化和旅游组团重点项目18个,预计总投资120.06亿元,2023年计划完成投资7.396亿元,其中合江县大佛宝景区旅游综合开发建设项目和合江长江文化文旅融合建设项目被列入2023年市重点项目。福宝国家级森林公园保护展示设施项目已完成竣工验收,有序开展结算审计工作。永兴诚酱油文化博览园项目完成游客中心和非遗体验中心主体建设,同步启动国家4A级景区创建,专业创建指导团队有序完善整体创建工作方案。中国福宝国际旅游度假区项目(一期)土玉路全线贯通投用。

提升管理水平。借助全市文化旅游发展大会现场考察、《非遗里的中国四川篇》实景拍摄地、"文化和自然遗产日"四川省非遗宣传展示等系列活动,提升景区的知晓度和影响力。指导各国家A级景区完成2023年度景区复核,指导各景区按照专家反馈意见改善景区环境、提升旅游品质。指导尧坝古镇景区在春节和五一等重要节假日开展特色民俗表演等活动,尧坝驿举办"盛世华诞·浓情中秋——尧坝首届九州非遗绝技文化旅游节"活动,全国10余个省(区、市)知名"非遗绝技"演出项目齐聚尧坝镇,吸引19万余名游客打卡,累计实现门票收入93.08万元;福宝玉兰山景区推出特色温泉药浴和端午民俗体验等服务。龙卦山生态旅游扶贫项目(一期)全面投入运营,举办"国风嘉年华""龙卦制燥放肆一夏"等活动,累计吸引游客7万余人次。

【招商引资】 开展文旅项目招商引资季活动,包装梳理神臂城等12个重点文旅招商项目,其中尧坝驿、龙卦山新业态招商等8个项目被列入2023年泸州市重点招商项目。重庆城市建设投资（集团）有限公司等20余家企业来合考察文旅招商项目，其中玉兰山景区举办"'渝'你相约·清凉玉兰""最美泸州·清凉玉兰"等夏季旅游现场推介会；白米陈家坝及石坝上河沿文旅生态一体化建设项目参加2023年全省文化和旅游重大投资项目集中签约；尧坝驿新业态项目引入整体托管公司；龙卦山与四川华可酒店管理有限公司签订酒店运营托管协议。

促进跨界融合发展。发挥"+旅游"综合带动功能，构建"1+N"融合产业体系，不断延伸旅游产业链、催生新业态、丰富产品体系，扩大旅游业综合效益。指导大桥镇创建为泸州市第三批酒城文旅融合发展镇；牵头开展2023年合江县首批研学旅行基地申报及验收工作，评选出县博物馆、县禁毒教育基地、泸州市长江博物馆、长江大学堂4家县级研学旅行教育实践基地（营地）；指导迷彩记忆·研学营研学基地提档升级，做好迎接省级验收工作；培育指导龙卦山、陈家大院、先市酱油、忠孝佛手农庄等一批资源单位对标创建县级研学旅行基地。尧坝古镇、龙卦山被评选为"泸州40正当红——醉美泸州·网红打卡地"，福宝玉兰山景区被评选为泸州市第三批"醉美泸州·文旅消费新场景"。

【农村水利】 全县在册水利水库104座，总库容5731.02万立方米，总兴利库容4214.09万立方米，其中中型水库1座，为锁口水库，总库容2400万立方米，兴利库容1972万立方米；小(1)型水库7座，总库容1101.06万立方米，兴利库容818.37万立方米；小(2)型水库96座，总库容2229.96万立方米，兴利库容1423.72万立方米。104座水库共建成渠道412.3千米，其中完整渠道108.4千米，可维修复灌渠道222.8千米，报废渠道81.1千米，设计灌溉面积27.45万亩。全县有中型灌区3个、小型灌区21个，耕地灌溉总面积50.95万亩，节水灌溉面积26.78万亩。全县有农村集中供水工程59处，受益人口59.9万人，自来水普及率达92.3%，供水处理能力总规模11.57万吨/日，其中农村规模化供水工程（千吨/万人以上）22处，规模化供水人口达51.09万人，规模化供水人口覆盖率达78.6%。全县规模以上堤防15.71千米，有山洪灾害危险区317处（高风险12处、中风险74处、低风险231处）。共有小水电站70座，总装机5.838万千瓦，年发电量2.16亿千瓦时，担负着全县城乡25%～30%的供电任务。按照2019年省级《四川省长江经济带小水电清理整改工作实施方案》、2021年省级《赤水河流域（四川）小水电清理整改方案（修编）》要求，全县有整改类电站35座、退出类电站35座（其中赤水河流域29座）。截至2023年年底，已累计退出小水电站31座。

【农业机械化】 全县有耕整地机械13598台、水稻插秧机98台、育秧流水线4套、植保机械3925台、植保无人飞机14台、水稻收割机202台、烘干设备116台（套）、农用提灌站163座（其中太阳能提灌站12座、实现远程控制的提灌站28座），农机总动力45.751万千瓦。完成主要农作物机耕面积99.2万亩、机播面积56.69万亩、机收面积73.9万亩，主要农作物耕种收综合机械化水平达73.51%。全年新增农机总动力1.2万千瓦以上。全年完成2022年高标准农田建设项目田块修筑10061亩，耕作层剥离和回填2665.21亩，细部平整148.29亩，地力培肥4万亩；整治山坪塘75座，新建小型集雨设施37座，衬砌渠道42.76千米，新建渠系建筑物中农桥389个、其他措施1239个（出水口生态消纳池、沉沙池等），硬化机耕道路45.3千米，新建生产路82.26千米。

【农村科技】 全年完成高素质农民培育任务360人；完成基层农技推广体系改革项目。实施农技推广服务特聘计划，发挥典型示范和引领带动作用。完善农技人员分级分类培训机制，组织基层农技员参加省、市培训基地脱产业务培训，提升基层农技推广队伍的业务能力和服务水平。聚焦县域农业优势特色产业和年度主推技术推广任务，建设2个长期稳定的农业科技示范展示基地，开展农技指导和培训服务。围绕保障粮食安全和重要副食品供应，全县以主导（特色）产业为单元，遴选发布13项主推技术，农业主推技术到位率≥95%。推进农技推广在线服务，引导推动农技人员、专家教授等通过App、微信群、QQ群、直播平台等开展技术指导工作。完成农业实用技术培训，在各镇（街道）围绕主导产业、特色产业、农产品质量安全等开展农业实用技术培训，共培训23000人次左右，发放技术资料25000份。组织"科技下乡万里行"、荔城专家服务团农业产业小组开展农业实用技术培训，共培训1000人次左右，提高了农民的种养业技术水平。完成乡村产业振兴带头人"头雁"培育项目，摸排遴选全县乡村产业振兴带头人，建立全县"头雁"候选人才信息库，推荐16名乡村产业振兴带头人入选省厅"头雁"候选人才库，其中10名参加2023年"头雁"培育。加强市级院士（专家）工作站建设，以荔枝园区为基础，依托与华南农业大学高校合作，继续完善市级院士（专家）工作站建设，补助经费20万元。

【农村教育与体育】 投入资金7846万元，实施学前教育园舍改（扩）建和设备购置、中小学校舍新（改、扩）建等。全面落实国家资助政策，全年共发放各种资助金6188.526万元，惠及9.2344万余人次，无一名学生因贫失学辍学。优化校点布局，撤销"空、小、散、弱"校点4个。实施学区制改革，成立学区联合党委6个，建立县委教育工委统一领导、学区联合党委统筹协调、学校党组织具体落实三级组织体系，建立以学区"领航学校"为中心的学区共同体。学区内每月开展一次联合教研，每季度召开一次联席会议，每学期开展一次学校评估诊断，每年开展一次述职测评，构建了以学区为单元、以优质均衡为导向的城乡教育一体化发展新格局。坚持“名校带弱校”，开设“乡村教师工作室”，实现学区教育教学“五统一”。实施“4311”课改模式，按照“整体谋划、分步实施、标杆引领、系统推进”原则，出台课改行动计划，全域推进课改，课堂实现“三个转变”：由分数为主向能力为主、由教师为主向学生为主、由关注优生向关注全体学生转变，课改经验被人民日报客户端、《教育导报》、《四川教育》等媒体专题报道。构建“政府主导、教育统筹、部门联动、全员参与、城乡覆盖”五大体系，抓好线上、校内、社区家长学校三大阵地建设。开展“千师访万家”活动，6300余名教师到13万个家庭为学生解难纾困。组建家庭教育讲师团，分批到校开展家庭教育公益讲座，受听家长6万余人次。重视家校共建，以“校园开放日”等为契机，引领家长与学校教育同频共振。加强劳动教育资源配置，加强学校劳动教育实践基地规范化建设和常态化运用，全县68所农村学校全部建成劳动实践基地，36所学校开发劳动教育校本课程。5月，全县劳动教育现场会在凤鸣中学召开，市上专家作劳动教育专题讲座。以“五失”青少年、农村留守儿童、困境儿童等为重点，以“十百千万”五老关爱行动为抓手，配合有关部门，持续推进“五助一爱”关爱活动，开展99公益日春蕾计划、“暖冬行动”捐赠活动11场。争取各类助学资金350余万元，资助学生近1.5万人次，实现了贫困学生应助尽助。与公安、市场监督、综执、应急和交管等部门协调配合，持续开展学校及周边环境综合治理工作，加强警校联动，加大对重点部位、重点场所的清理整治，及时消除治安隐患。邀请留守儿童监护人等参与学校管理，开展“家长课堂”“家长进校园”等活动20余项，参与家校活动共达1.7万人。开展“教师入家庭、家长进课堂”双向家访，持续深化“千师访万家”活动，架起家校“连心桥”，合江中学、合江天立学校等12所学校家访活动已形成家校共育特色。泸高合江实验学校提出的“家长好好学习，孩子天天向上”的家校共育理念成为学校核心竞争力。开展“一月一主题”学校体育比赛活动，举办“奔跑吧·少年”2023年合江县“活力荔城”中小学生幼儿园体育比赛暨体育类课后服务展示活动，参赛学生3900余人，其中田径项目打破县记录10项24人次，15人达到二级运动员成绩。完成白沙、先市、大桥3个镇的乡（镇）全面健身中心项目建设。

【农村文化及旅游】 完善机制，打造公共文化“生态圈”。一是构建紧密型文化共同体。建立健全县、镇、村三级公共服务体系，县图书馆、县文化馆、县美术馆等面向社会零门槛开放；镇（街道）综合文化站、村（社区）综合文化服务中心实现全覆盖，提供书刊借阅、展览讲座、艺术培训等服务，受惠群众22.85万余人次。印发《合江县镇（街道）综合文化站免费开放考核工作方案》《合江县镇（街道）综合文化站评估定级实施方案（2023—2025年）》等工作方案，开展21个镇（街道）综合文化站年度评估定级，促进公共文化服务设施提质增效。二是加快数字化建设。推进“文图”总分馆制建设；推进社保卡进入“一卡通”系统，助力川渝“一卡通”通借通还无障碍；完成王朝闻故居陈列馆、白米斗笠村村史乡情馆提升设计初稿，征集合江籍革命先辈王辛佑红色藏品91件，完成80件博物馆馆藏珍贵文物数据采集，提升博物馆馆藏文物数字化管理水平。三是提升公共服务人才队伍水平。通过“清单化”“点对点”等方式，促进公服队伍素质提升。开展合江县乡村文化振兴培训会4次，采取“现场观摩+交流研讨”的方式，对镇（街道）文化专干、村文化管家等200余人，通过实地参观、听取讲解、查看资料、观看宣传视频等方式，了解合江县公共文化服务体系建设，推动“文化+数字”对乡村振兴的深度赋能。推出《本土歌曲广场舞教学》《网络短视频拍摄剪辑及推广》《廉洁小品排导现场教学》《戏剧表演培训》等特色课程4期，受训人数400余人，提升全县文化人才队伍业务水平。

共建共享，擦亮文旅活动“金名片”。一是做强地方品牌活动。创新推出合江县网络春晚，以中国传统文化活动“逛庙会”为主题，融入传统民间艺术，贯穿合江本土文艺精品节目，全网播放总量超过200万次。举办合江荔枝生态文化旅游节、中秋诗书画音乐晚会、真龙柚生态文化旅游节等品牌活动，实现城乡参与、全民狂欢。二是打造乡村特色节庆。坚持“一镇一品一特色”，围绕尧坝古镇红汤羊肉、黄粑等地方资源推出红汤羊肉节，举办荔江镇柿子田村油菜花节、凤鸣镇和美乡村篮球赛（村BA）、白米镇田园马拉松、神臂城镇大端阳节等活动。三是城乡融合惠民共享。持续做强“书香致远·悦读荔城”“文心艺术中心免费培训”等文化品牌，年均组织开展“我们的节日”、“阅无限向未来”馆校合作、流动图书进校园、流动博物馆下乡、荔博讲堂、廉政文艺巡演等“送文化下乡”活动50余场次，打通服务乡村群众“最后一公里”。

扎根乡土，创作文艺作品。紧扣文旅融合、乡村振兴、文化自信等重大主题，挖掘荔江镇荔枝种植、先市镇酱油酿造等乡村资源进行创作，全年创作川剧《最后一场封箱戏》，儿童剧《小笔架奇妙之旅》，歌曲《川粤千年》《老家合江》《相传》，舞蹈《酱油飘香》等40余件。其中，四川艺术基金资助项目川剧《最后一场封箱戏》代表合江县参加第三届四川艺术节展演，获得四川文华奖编剧奖。泸州市首部原创儿童剧《小笔架奇妙之旅》进行公演，吸引1500余名群众到场观剧，售出合江荔枝元素文创周边3000余份。

【农村卫生】 全县有医疗卫生机构750个；共设置编制床位4477张，实际开放床位6106张；有卫生技术人员4232人。全县构建了以县人民医院、县中医医院为总医院的2个医共体，5个县域医疗卫生次中心为骨干，各镇、村基层医疗机构为网底的"2+5+N"县域紧密性医疗卫生服务体系。全县"优质服务基层行"基本标准以上基层机构占比达100%，推荐标准占比达23.81%。以镇（街道）卫生院体检为主、进村巡回体检为辅、入户上门体检为补充的方式开展健康体检工作，全年开展全民预防保健体检22.5万人次。建立家庭医生签约服务团队193个，个人、家庭、村（社区）三级健康档案建档率达93.9%。实施健康帮扶，落实"大病分类救治""先诊疗后付费"等健康帮扶政策。巩固基层中医药服务阵地，全县21个镇（街道）中医馆全覆盖，100%的村卫生室能够提供中医药服务。开展中医馆、中医阁标准化和服务内涵建设，推广中医药适宜技术，基层中医药服务量稳定在50%以上。

【农村法制建设】 落实"谁执法谁普法"普法责任制，制定"法治四川行一月一主题"方案，开展"法治进校园·同讲一堂课"活动，共开展主题活动898场次。培养"法律明白人"1098人，实现每个村（社区）4名以上"法律明白人"的工作目标。创建省级"民主法治示范村（社区）"1个。规范合法性审查流程和模板，深化落实镇（街道）合法性审查全覆盖工作，完成县本级合法性审查373件、镇（街道）审查680余件。"法治茶馆"一站式法律服务工作站被评为泸州市首届法治政府建设创新实践案例，开展宣讲并同步直播27场次。开展"万所联万会""民营企业大走访大调研"活动，组织法律服务团为55家企业进行"法治体检"，到村（社区）开展宣讲356场次。落实刑事案件审判阶段律师辩护全覆盖，指派律师551人次。全年办理法律援助案件662件，解答法律咨询3006人次；办理公证案件790件。组织开展矛盾纠纷"大起底　大排查　大化解"专项活动，共进行矛盾纠纷排查9327次，调解矛盾纠纷4272件，调解成功4269件，调解协议涉及金额9436万元。开展边界矛盾纠纷排查90次，联合调解矛盾纠纷20件，调解成功19件，避免或挽回经济损失60万余元。

【农村交通】 推动"四好农村路"发展，推进农村公路建设。按照"县级统一组织、镇（街道）配合实施、群众投资投劳"的建设模式，以"降成本、促进度、保质量"为目标，制定印发《合江县2023年农村公路建设实施方案》，全年新（改）建农村公路87千米、桥梁1座。甘竹路甘雨至石龙段开工建设，自怀至天堂坝改建工程加快建设，甘竹路（甘雨至石龙段）改建工程、合江县X132凤锁路改建工程开工建设。

【涉农招商引资】 全县有3000万元以上的农业招商引资重大项目16个，协议总投资220.7亿元，比上年增长626%；引进总投资200亿元的泸永江现代农业生态创新示范园区项目。农林牧渔业到位资金88803万元。

【农村社会保障】 全县农村低保按照543元/人/月标准共救助375194人次，累计发放农村低保金9679.3万元；农村低保中有建档立卡脱贫户16314人，占总人数的49.56%。农村特困按照706元/人/月标准共救助115179人次，累计发放农村特困供养金5593.45万元；给予因突发性、紧急性、灾难性困难造成基本生活陷入困境的家庭或个人临时救助，累计救助农村人口2886人次，发放补贴资金319.5万元。按照100元/人/月标准为农村人口发放困难残疾生活补贴112693人次，发放金额1126.93万元；按照一级残疾100元/人/月、二级残疾70元/人/月标准为农村人口发放重度残疾人护理补贴117538人次，发放金额918.82万元。

各村（社区）儿童主任通过入户走访及时掌握辖区留守儿童家庭监护及委托照护情况，分层分类精准建立留守儿童台账，及时录入和更新全国儿童福利信息系统相关数据，分别每月、每两月、每三月开展一次入户走访，开展关爱服务；定期了解儿童生活、学习等基本情况，一经发现被委托照护人缺乏照护能力、怠于履行照护职责等情况，及时告知儿童父母或其他监护人，情节严重的，及时向公安机关报告，同时告知学校重点关注留守儿童情况，及时与辖区社事办沟通反馈留守儿童情况。

为实现基本养老保险全覆盖，聚焦各类城乡居民、低保、特困等生活困难群体，组织开展"特殊人群代缴居保""全民参保扩面"等专项扩面行动，全县城乡居民养老保险新参保0.61万人，全覆盖32.17万人，其中参保17.05万人、退休15.12万人；全面落实对重残、低保、特困人员等缴费困难人群的政府代缴城乡居民基本养老保险费政策，全年为1.81万名困难群众代缴城乡居民养老保险费，代缴率达100%；召开农民工参保政策宣传专题会议，通过观看宣传视频、讲解社保政策、现场答疑等方式引导农民工了解社保、参与社保，农民工参加职工养老保险人数达56293人；落实被征地农民养老保险相关政策，全年被征地农民参加基本养老保险人数288人。

【农村生态建设及环境保护】 全县生态环境质量持续改善，全县环境空气质量采样365天，优良307天，达标率为84.1%；空气质量综合指数3.55，在全省193个县（市、区）中排名115名，同比上升24名，全市排名第3名。全县水环境质量稳定，长江、赤水河、塘河地表水国控考核断面水质稳定保持Ⅱ类标准，苦竹溪、桐子溪、两汇水等13条河流市控水功能区水质保持Ⅲ类标准及以上。县城集中式饮用水水源地水质保持Ⅱ类标准，万人千吨乡（镇）集中式饮用水水源地水质达标率为100%。全县土壤环境质量总体保持稳定，土壤环境风险得到基本管控，农用地和建设用地土壤环境总体安全。全县城区区域环境噪声符合《声环境质量标准》（GB3096-2008）相应类别标准限值要求，声环境质量较好。

全县核与辐射环境质量平均值和辐射空气剂量平均值均低于国家相应标准，辐射环境处于安全受控状态。通过建设污水处理设施、城镇周边纳管处理、“厕所革命”改厕等方式持续治理农村生活污水，截至2023年年底，全县199个行政村（含3个涉农社区）中156个行政村农村生活污水得到有效控制，占比78.39%；建成投运农村生活污水处理设施65座，完善污水收集管网建设90.85千米。

【农产品质量安全监管】 推进农产品质量安全追溯、农产品质量安全监管、食用农产品合格证制度三大体系建设，全年完成生产追溯1956批次、销售追溯2659批次；完成县级农产品定量检测任务480批次，省级以上例行检测合格率超98%；完成蔬菜农残快检6300个，合格率100%。

【农村市场体系建设】 建设“鱼米之乡”物联网平台，在白米镇斗笠村委周边建设物联网设备1套（包括气象站、虫情监测系统、物联网环境数据采集系统、视频监控系统），建设前端LCD展示大屏系统1套。对园区内的物联网传感器进行管理，包括土壤墒情、水质、虫情等传感器设备管理。

【劳务开发与返乡创业】 在21个镇（街道）流动开展招聘活动28场，共提供岗位2.7万余个，累计参会人数4000余人次，促进劳动力转移就业32.97万人。以四川三河职业学院省级高技能人才培训基地、荔城乡村振兴学院等为载体，结合特色产业优势，开设特色工匠班，共开展各类培训2800余人次；宣传就业创业政策，全年发放返乡创业补贴20万元。

【主要领导人】 县委书记：李仁军；县人大常委会主任：陈益良；县长：王波；县政协主席：刘卫；分管农业副县长：陈璐。

合江县编写组

叙　永　县

【基本情况】 2023年，全县辖23个乡（镇）212个行政村43个社区（其中涉农社区19个），辖区面积2977平方千米。总人口71.02万人，其中乡村人口54.76万人；户籍人口城镇化率22.9%，比上年末减少0.01个百分点；人口出生率8.47‰，比上年同期增加0.09个千分点；人口死亡率9.22‰，比上年同期增加0.37个千分点。

2023年，全县实现地区生产总值184.98亿元，比上年增长8.1%，其中第一产业增加值38.7亿元，同比增长4%；第二产业增加值62.02亿元，同比增长11.3%；第三产业增加值84.26亿元，同比增长8%。第一产业增加值占地区生产总值的比重为20.9%，比上年减少1.4个百分点；第二产业增加值占地区生产总值的比重为33.5%，减少0.9个百分点；第三产业增加值占地区生产总值的比重为45.6%，增加2.3个百分点。人均地区生产总值33512元，比上年增长8.1%。

新（改）建农村公路660.784千米。全县公路总里程达4363.391千米，同比增长17.37%，其中等级公路（含高级和一、二、三、四级公路）4346.65千米，同比增长30.67%；高速公路里程157千米，与上年持平；一级公路6.503千米，二级公路199.006千米，三级公路40.65千米，四级公路3943.491千米，等级外公路16.741千米。按行政等级划分，国道165.397千米，省道100.64千米，农村公路（县道、乡道、村道）3940.354千米。全年公路旅客周转量24826.421万人/千米，累计增长14.07%；公路货物周转量97321.469万吨/千米，累计增长7.22%。年末城镇公交线路5条，公共交通汽车营运车辆（包括农村班线公交）40辆，城市公交汽车运营线路总长度49千米。全年公共交通汽车客运总量（包括农村公交）516.7万人次。有邮政局（所）31个，快递企业8家，备案营业网点91余个。全年完成邮政业务总量11764.61万元，比上年增长15.46%。邮政业务全年完成邮政函件业务3万件、包裹快递业务309.96万件。

社会消费品零售总额70.38亿元，同比增长10.4%。地方一般公共预算收入完成12.17亿元，增长10.24%；地方一般公共预算支出45.99亿元，增长13.55%。各项存款余额247.08亿元，比年初增加14.37亿元，同比增长6.2%；各项贷款余额222.62亿元，比年初增加25.09亿元，同比增长12.7%。

有幼儿园114所，在园幼儿16100人，专任教师763人（公办幼儿园55所，在园幼儿9391人，专任教师407人）；小学116所（含教学点），在校学生43177人，教职工2566人，专任教师2539人（以上数据包含九年制学校小学数据）；初级中学26所，九年义务教育学校7所，在校学生23910人，教职工2007人，专任教师1899人（初级中学数据包含九年制学校和完全中学校初中数据）；高级中学校3所，完全中学校1所，在校学生12364人，教职工905人，专任教师752人（以上数据包含完全中学高中数据）；中等职业教育学校1所，在校学生3304人，教职工189人，专任教师159人。有全国公共图书馆一级馆1个（全市区/县级仅2个）。有医疗卫生机构526个，其中医院10个（综合医院8个、中医医院2个）；基层医疗卫生机构26个，其中社区卫生服务中心1个、乡（镇）卫生院25个、社区卫生服务站9个、诊所81个、门诊部2个、村卫生室394个；专业公共卫生机构1个。年末有卫生技术人员3479人，其中执业医师和执业助理医师1108

人、注册护士1581人；病床位3190张，其中医院1579张、乡（镇）卫生院1561张。全年总诊疗212.81万人次。基本医疗保险参保人数59.25万人，参保率持续稳定在98%以上。先后获得农作物种质保护利用工作突出县、四川省第三批乡村水务示范县、农机安全监理工作突出单位、科学施肥工作先进单位、农田建设工作突出单位、四川第三次全国土壤普查先进集体、全省动物卫生监督工作成效显著单位等称号。

【年度农业和农村经济运行】 2023年，全县实现农林牧渔业总产值68.9亿元，比上年增长4%。农林牧渔业增加值39.46亿元，比上年增长4.1%。居民人均年可支配收入比上年增长6.2%，居民人均消费支出比上年增长6.1%，其中城镇居民人均可支配收入比上年增长3.9%，农村居民人均可支配收入比上年增长7.2%；城镇居民人均生活消费支出比上年增长3.8%，农村居民人均生活消费支出比上年增长7.3%。城镇恩格尔系数为38.06%，农村恩格尔系数为41.65%。

【农业产业化发展】 全县注册农业经营主体2402家，其中农业企业287家（市级及以上龙头企业31家）；登记注册农民合作社935家，其中市级及以上示范社47家；登记家庭农场1180家，其中市级及以上示范农场114家。

【农村集体经济发展】 坚持以资源变资产、资金变股金、农民变股东"三变"改革为抓手，建立联农机制，壮大集体经济，整合资金1800万元，实施集体经济项目建设12个，全县218个村集体经济组织经营性总收入突破3000万元。

【农村宅基地管理】 全年共审批宅基地1005宗，审批面积188.5亩。盘活利用闲置宅基地（闲置农房）1060户，收入1100万元以上。加强宅基地执法，检查在建住宅32家，遏制违法建房苗头3起，到现场指导处置利用宅基地违建6起。

【农业农村改革】 农村集体资产和财务管理指导。按照《四川省农村集体资产监管提质增效行动实施方案》要求，加强全县218个农村集体经济组织农村集体资产监管体系建设，通过实地调研、电话抽查等方式对各乡（镇）进行督促指导，累计整改农村集体经济运行不规范问题46个、农村集体经济合同不规范问题6个。

农业生产社会化服务体系建设。在全县范围内初步构建起县、乡、村三级农业生产社会化服务体系，已建成农业社会化服务中心1个、农业社会化服务站23个，配备村级农业社会化服务员335名。县域内农业社会化服务组织总数已达30余家，年服务面积达52万亩次。

农民承包地"三权分置"。持续推进农村承包地"三权分置"工作，组织开展农村土地承包经营权信息应用平台操作系统培训，方便查询土地承包信息。以多种形式放活土地经营权，土地流转面积逐年稳步上升，30亩以上的规模化经营面积同比增长1.5%以上。

纠纷调解仲裁。建立健全农村土地承包经营纠纷调解仲裁体系，妥善化解矛盾纠纷。成立第三届农村土地承包仲裁委员会，成员共17人，选聘仲裁员79人，由副县长担任仲裁委员会主任，仲裁委员会办公室设在县农业农村局。全年县级共调处土地承包经营及流转纠纷16件，仲裁裁决2件。

农经统计。召开叙永县2023年度农经统计年报与清产核资工作会，安排部署工作任务。完成全县农业社会化服务、农民专业合作社、农民负担、农经机构队伍情况统计、农村宅基地管理利用情况统计、乡村治理、农村基本经济、农村土地承包经营及管理、农村集体经济组织收益分配、农村集体经济组织资产负债、农村集体产权制度改革、农村集体经济财务会计管理和审计、农村产权流转交易等情况统计。

【现代农业园区建设】 围绕叙永县优势特色产业，新建与巩固提升现代农业园区，搭建从国家级到县级的农业园区梯次发展体系，打造1个国家级现代农业产业园，2个省级现代农业园区，多个市、县级现代农业园区"1+2+N"现代农业园区体系，创建省级现代农业园区1个、市级现代农业园区2个、县级现代农业园区2个。

【巩固脱贫攻坚成果】 优化帮扶体系，提升帮扶成效。建立健全巩固拓展脱贫攻坚成果长效机制，落实"四个不摘"要求，优化完善"五级作战"机制，开展4个省直部门、单位定点帮扶，集结3000余名机关干部"一对一"帮扶，108个村"第一书记"、205名工作队员在重点村驻村帮扶，形成县委统揽、上下联动、内外协调的责任机制，实现218个村（涉农社区）1400户监测户2.3万余户脱贫户监测帮扶全覆盖。

常态集中排查，动态精准监测。印发《叙永县健全防止返贫动态监测和帮扶机制实施细则》，设立工作专班，建立镇、村防返贫监测队伍，每月常态化开展防返贫监测帮扶排查，共识别监测对象463户1795人（其中5月集中排查识别监测对象137户553人），累计识别监测对象1400户5159人，已消除风险户491户1726人，坚决守住了不发生规模性返贫底线。

防住"风险"，稳住"易搬"。持续加大"两不愁三保障"及饮水安全保障力度，实现脱贫户城乡居民基本医疗保险全覆盖，家庭医生签约服务率、行政村卫生室普及率、合格村医生覆盖率均达100%；全面落实学生资助补助政策；实施危房改造"清零"行动，实现"危房不住人、住人无危房"；落实兜底保障政策，累计发放城乡低保救助资金1.63亿元，受益困难群众53.88万人次；持续保障农村饮水安全，推动江门、后山等千人供水站改造提升，叙永县被列入四川省第三批乡村水务示范县；建立资金全流程监管体系，严格管理使用3.15亿元衔接资金，实施产业发展、基础设施建设等项目100个，有效遏制返贫风险，助力乡村振兴。坚持"安居"与"乐业"同步推进，投入资金550万元，开展易地搬迁后续扶持强基提质行动，做好易地搬迁“后半篇”文章。深化就业帮扶专项行动，开展技能培训1550人次，帮助搬迁劳动力务工就业或发展产业1.5万人。

借力社会帮扶，促进产业发展。持续深化东西部协作，投入协作资金3900万元，实施项目11个，消费帮扶4169万元；重点聚焦红色旅游、油茶、食用菌、竹笋等优势产业，推动协作项目与特色产业融合对接。拓展定点帮扶，中国电科投入帮扶资金1460万元，实施柑橘产业数字化提质增效项目、“鸡鸣三省”石厢子会议红色文化沉浸式体验等7个项目，推动文旅、康养等优势产业成势见效。用足省内帮扶，深化与省信访局、泸州老窖集团、内江卫生与健康职业学院等单位的协作联动，投入中央、省定点帮扶资金3010余万元，引进实施项目20个，其中泸州老窖集团凭借品牌优势、技术优势和营销优势，开展“酒业+”帮扶行动，以股权预付款方式投入1000万元支持赤水河村酒厂建设，完成清香型和酱香型酒试生产，同步聘请中科院专业设计团队对赤水河流域红色资源文旅进行谋划，完成赤水河村农文旅规划设计。内江卫生与健康职业学院通过招商引资引进回乡创业致富带头人，投资300余万元打造生态农庄，提档升级李红村农文旅产业。

拓宽就业渠道，助力脱贫群众增收。开展就业帮扶，加大劳务输出对接力度，通过东西部劳务协作，采取“点对点、一站式”输送，确保脱贫劳动力有序外出，外出规模稳步提升，实现3.69万名脱贫人口就业务工，省外务工人数达1.97万人，确保脱贫人口持续增收，脱贫群众人均纯收入达14417元，较上年增长15.9%，实现了脱贫群众增速超过农民可支配收入增速的目标。

【宜居乡村建设】 乡村治理。全县226个行政村或涉农社区入驻“川善治”平台，212个行政村已完成村规民约修订，引导逐渐形成以行动换积分、以积分化新风的良好局面。

农村“厕所革命”项目。基本完成涉改村户厕建设，建设无害化厕所1271口，新建卫生厕所470座、改建615座，全面完成目标任务。

示范创建。创建省级乡村振兴先进乡镇1个、市级乡村振兴成效显著乡镇1个，省级乡村振兴示范村3个、市级乡村振兴示范村4个。黄坭镇金星村、水潦彝族乡赤水河村被列入第六批中国传统村落名录；分水镇木格倒村、水潦彝族乡海涯村、正东镇永兴村、石厢子彝族乡堰塘村、水潦彝族乡田坝村、白腊乡苗族天堂村、黄坭镇金星村、水潦彝族乡赤水河村、黄坭镇兴安村、两河镇保丰村、两河镇天生桥村、水尾镇番山村、水尾镇青杠村、叙永镇宝元村等14个村被省政府公布为首批四川省传统村落名录。

城乡建设。全面完成2022年农村危房改造建设任务76户，其中C级22户、D级54户；实施2023年农村危房改造168户，已全面开工，在建2户，竣工166户；编制《叙永县农房建设和风貌整治推荐参考图集》共60套。水尾镇被命名为第二批泸州市市级中心镇；摩尼镇被命名为2022年度泸州市中心镇发展工作先进镇。

项目资金使用和管理。安排各级财政衔接推进乡村振兴补助资金3.15亿元，实施项目101个。争取到全省唯一的中央彩票公益金5000万元支持欠发达革命老区乡村振兴项目，用于赤水河流域5个乡（镇）的红色传承和精品水果产业的发展，并在2月国家中期实地评估考核工作中取得“A”等次，获得国家巩固提升奖励资金1090万元。全面完成叙永县世界银行贷款贫困片区产业扶贫试点示范项目建设任务，累计完成项目投资11018.52万元，项目执行和完成情况获得世界银行、中国国际扶贫中心的肯定，为国际扶贫开发交流合作提供了“叙永案例”。持续开展2013—2021年扶贫项目资产（2021年为过渡期帮扶项目）清理，涉及资金42.946亿元。

【种植业】 全年粮食作物播种面积112.1万亩，总产量36.6万吨，其中小春粮食作物播种面积15.1万亩，总产量3.7万吨。小春种植小麦0.1万亩，亩产157千克，总产量0.0157万吨；胡（豌）豆1.5万亩，亩产111千克，总产量0.2万吨；马铃薯13.5万亩，亩产263千克，总产量3.5万吨。大春粮食作物播种面积97万亩，单产338.3千克/亩，总产量32.8万吨，同比增加0.6万吨，其中水稻种植面积25.3万亩，单产402.5千克/亩，产量10.2万吨；玉米播种面积42万亩，单产366千克/亩，产量15.4万吨；高粱播种面积1万亩，同比增加0.3万亩，产量0.3万吨；豆类播种面积5.9万亩，单产105.3千克/亩，产量0.6万吨（大豆播种面积5.8万亩，同比增加0.3万亩，单产105千克/亩，同比增加15千克；复合种植大豆3.2万亩）。马铃薯播种面积4.7万亩，单产278千克/亩，产量1.3万吨。甘薯播种面积18.12万亩，单产277千克/亩，产量5万吨。

农业抗灾救灾。安排涉农资金和救灾资金173.4万元，维修提灌站7个，维修整治田间灌溉损毁堰渠10余千米，接通灌溉水管20千米，维修山坪塘3口，保障水稻田灌溉面积1.5万亩以上。

粮食生产支持政策。全年发放耕地地力保护补贴资金6403.79万元，补贴面积47.9万亩，补贴户数13.86万户，每亩补助标准为132.537元。发放实际种粮农民一次性补贴611.93万元，补贴玉米面积36.11万亩，补贴户数8.73万户，每亩补助标准为16.945元。发放稻谷目标价格补贴资金771.9万元，补贴面积12.86万亩，补贴户数3.87万户，每亩补助标准为60.04元。发放种粮大户补贴资金162.13万元，粮食作物播种面积合计1.62万亩，补贴户数0.035万户，每亩补贴标准为100元。

示范创建。开展粮油绿色增产模式创建示范活动，创建粮油万亩示范基地

1个和千亩核心示范区10个，推广抛秧7万亩、旱育秧10万亩、机插秧0.5万亩、免耕栽培5万亩。蓄留再生稻5.34万亩。推广优质高产粮油品种34个、面积35万亩。优质水稻面积达23.6万亩，优质油菜面积达8.97万亩。

农作物种质资源。开展中籼早熟水稻山区组区域试验，参加区域试验品种10个（含“CK川作优8727”）。继续培育叙永县两河镇杂交玉米制种基地；继续开展种质资源保护与利用，种植糯稻品种17个。开展朝天椒种质资源及本地春大豆种质资源提纯复壮，种植本地辣椒品种16个、本地春大豆品种10个。

肥料监管。加强肥料稳价保供调度，加强肥料市场信息监测，配合农业农村厅、市农业农村局开展化肥监督抽检，做好化肥使用评估调查。建立省级化肥农药用量监测调查点110个，动态监测化肥、农药使用情况，同步完善肥料节水专业统计系统，持续支撑和巩固化肥减量增效。

农药管理。开展以农药经销商、农民专业合作社、家庭农场、种植大户为重点的农药科学安全使用技术培训122场次，共培训4349人次。开展农药经营许可监管240家次，下架过期农药4批次68瓶（包），提出指导性建议600余条。培养乡村植保员23名。设置农药固定监测点位100个。

农业植物检疫。开展应施检疫的植物和植物产品产地和调运检疫，全年实施产地检疫7批次，其中柑橘产地检疫1批次共1亩、玉米产地检疫4批次485亩、大豆1批次400亩、李子1批次3.5亩。开展2023年叙永县植物检疫宣传活动，发送手机短信5000余条，张贴和书写宣传标语20条，印发资料2万份，设立宣传点6个，制作宣传栏4块；出动宣传车3次，巡回宣传5次，现场咨询400余人次，共计培训220人次。

农作物重大病虫害监测与防治。发布病虫害情报12期，准确率达92.73%。投入资金129万元，实施迁飞性、流行性重大病虫害统防统治项目共计12.2万亩次，辐射带动联防联控49.5万亩次，统防统治覆盖率达46.37%，病虫害损失率达3.54%，挽回粮食产量损失5.76万吨。

农业科技推广。实施2023年基层农技推广服务体系改革与建设项目，开展实用技术培训100余场，培训农民5000余人次；开展入户技术服务指导4000余次，发放各类技术资料15000余份；开展新技术试验示范推广10项、新品种示范推广6个；分批次组织224名农技人员到省、市培训机构全脱产参加知识更新培训5天以上；建立试验示范基地3个，共计500亩。

外来农业物种管理。完成农业外来入侵物种普查工作，调查鉴定农业外来入侵植物76种、入侵植物虫害4种、入侵植物病害4种、入侵水生动物4种。在全面踏查结果的基础上设置标准样地53个，样地发现外来入侵植物18种。

农业转基因生物安全。开展大春农作物制种基地转基因检测2次，检测玉米样品17个、大豆样品2个。开展农作物自主试验转基因检测1次，检测玉米样品65个、水稻样品13个、大豆样品2个。

职业农民与家庭农场发展。实施2023年高素质农民培育项目，培训农业产业领军人才6人、农业经理人14人、经营管理型高素质农民186人、专业生产型和技能服务型高素质农民170人。截至2023年年底，全县共有家庭农场1180家，其中市级以上示范场114家。

【畜牧业】 全县生猪存栏39.71万头，其中能繁母猪存栏4.16万头；生猪出栏72.65万头，同比增长1.49%；肉牛存栏7.6万头、出栏2.9万头；肉羊存栏1.9万只、出栏3.9万只；家禽出栏170万羽。规模化、标准化、集约化养殖占比增加，散户养殖占比不断下降，畜牧业持续健康发展。

生猪补贴。组织实施生猪良种补贴项目，启动川南肉牛优势特色产业集群项目建设。完成叙永旭和联宠宠物店动物诊疗资格验收。

规模化标准化养殖。全县建成投产存栏1000头以上能繁母猪的种猪场6个，可年产仔猪70万头；年出栏500头以上规模商品猪场175个，其中年出栏5万头育肥场2个、年出栏1万头规模养猪小区2个、年出栏3000～5000头规模养猪场25个、年出栏500～3000头规模养猪场146个。同时，以泸州东牛牧场科技有限公司为引领的叙永县生态肉牛现代农业园区快速发展，有存栏肉牛500头以上1家、存栏肉牛100～499头有45家。丰岩乌骨鸡产业稳定发展，建成存栏5000只丰岩乌骨鸡种鸡场1个。叙永县何大养殖家庭农场、叙永县能利生猪养殖家庭农场、叙永县益飞养殖场创建为省级标准化畜禽养殖示范场。有市级以上生猪产能调控基地60个，其中国家级3个、省级37个、市级20个。

畜禽粪污资源化利用。全县规模养殖场畜禽粪污资源化利用设施设备配套率达100%，畜禽粪污资源化利用率达92%。

畜禽屠宰行业管理。对屠宰企业的安全生产、落实质量安全管理等情况进行全面检查，共检查屠宰场32家次。推动屠宰企业兼并重组和升级改造，提高行业标准化、规模化、机械化水平。

畜禽种业发展和管理。完成生猪改良配种10万余窝、牛人工授精改良配种2.5万头。叙永丰岩乌骨鸡新类群被写入省级畜禽资源普查报告。

动物疫病防治防控。组织实施猪、牛、羊口蹄疫、羊小反刍兽疫、家禽高致病性禽流感国家强制免疫病种和猪瘟、狂犬病地方性强制免疫病种春秋两季集中免疫和平时补免工作，全年共免疫生猪92万头、牛4.2万头、羊1.3万只、禽180万羽、犬0.9万只，动物疫病强制免疫病种群体免疫密度保持在90%以上，免疫抗体合格率达70%以上。开展兽医实验室监测预警，全年完成血清学检测6100份，其中牛羊布病血清采样检测4200份、病原学检测1830份。持续实施动物疫病防控"大消毒、大宣传、大培训"三大行动，对全县养殖场、屠宰场、农贸市场等重点场所进行全覆盖消毒、培训和宣传，累计投入消毒药700件(7吨)、生石灰40吨，完成消毒面积1380万平方米，书写宣传标语500余幅，发放宣传资料3.6万余份(册)。组织开展非洲猪瘟等重大动物疫病防控技术培训104期3200余人次和人畜共患病防控培训40期1300余人。实施规模养殖场动物疫病强制免疫先打后补政策改革，全县有5家生猪规模养殖企业实施强制免疫先打后补政策申报。打造无疫小区和净化场，叙永巨星农牧公司后山种猪场成为泸州市第一家通过评估的国家非洲猪瘟无疫小区和省级猪伪狂犬病净化场。

饲料兽药行业监管。指导兽药饲料经营企业建立兽药饲料购销台账、使用记录，执行可追溯管理制度，共检查饲料兽药经营店175家次。完成7家新办兽药经营企业、16家兽药经营企业换证验收。

【水产业】 全年渔业养殖面积422公顷，特种水产养殖290亩(稻田养虾270亩、稻田养鳅20亩)，新增稻田养鱼1000亩，投放鱼种362吨，渔业水产品总产量达3324吨，实现渔业经济总产值6610万元(其中渔业产值6329万元)。

渔业水域生态环境及水生野生动植物保护。在赤水河干流增殖放流鱼苗51.45万尾，其中岩原鲤20.45万尾、白甲鱼苗31万尾。叙永县电力行力商会增殖放流鱼苗42万尾，其中鲤鱼鱼苗15万尾、鲫鱼鱼苗15万尾、白甲鱼苗3万尾、中华倒刺鲃鱼苗3万尾、华鲮鱼苗6万尾。

渔政渔港及网具监督和安全管理。开展执法检查158次，出动执法人员649人次、执法车辆170辆次，清理取缔"三无"船舶3艘，清理电鱼设备12套，清理违规网具16副，清理违规钓具52套，劝退违规垂钓人员150人次。办结案件27起31人，其中移送案件1起1人；组织开展联合执法行动51次，检查水生生物保护区65个次；联合市场监管部门检查水产品销售经营点46个次，渔具生产、经营点59个次。新建渔政视频监控点位26个(赤水河16个、永宁河10个)、后端指挥中心和数据中心1个，组建乡(镇)公益性岗位护渔员45人、渔政协助巡护队伍4人，组织护渔员和渔政巡护人员开展业务培训1次。开展"世界环境日""全国放鱼日"野生水生动物保护宣传，张贴禁渔禁捕宣传通告3000余处，印发执法宣传资料10000余份，利用新媒体宣传20余次。

【特色产业与交流合作】 全县水果种植面积20.63万亩，投产面积16.14万亩，产量12.33万吨，产值达7.41亿元(按市场价格计算)；茶叶种植面积7.4万亩，投产面积4.26万亩，产量0.305万吨，产值达1.288亿元；蔬菜种植面积25.8万亩(其中商品菜种植基地8.35万亩)，总产量42.53万吨，产值达16.21亿元。

农业产业化经营。投资2000万元，在赤水河流域建设精品水果园区。投资400万元，在摩尼、麻城和观兴发展高山蔬菜(辣椒)示范基地5000亩。投资600万元，建设向林镇跃龙村标准化茶叶基地700亩，完善生产便道、水利设施等相关配套设施。争取中电科集团730万元资金发展现代柑橘产业。安排700万元东西部协作资金，新建茶叶加工生产车间1800平方米，新建研学中心800平方米及相关基础配套设施。

烟叶规划种植。全县烤烟种植面积3.68万亩，落实种烟乡(镇)9个、种烟村64个、种烟社区197个、种烟农户1074户，户均种植面积34.26亩。收购烟叶8.9万担，其中售烟收入1.43亿元，同比增加0.37亿元；上等烟比例62.24%，同比增长13.29个百分点；均价16.09元/斤，同比增长2.55元/斤；户均售烟收入(含补贴)15.27万元，同比增加3.27万元。

特色产业发展与对外合作交流。依托中国电科集团搭建平台，到秭归县考察学习柑橘产业发展模式，并初步达成互助合作协议。与四川农业大学、成都中医药大学在水果、蔬菜、茶叶、中药材产业的发展规划、技术培训、示范研究等方面达成合作协议。组织企业参加省内外博览会、展销会等宣传推介活动，选送的草坪翠芽、黄草坪川群体种、迎春毛峰、宝元春芽获得3个金奖、1个银奖，叙永县农业农村局获得优秀组织奖。

农业经济技术交流与合作。聘请秭归县专家、省农科院专家、市农业农村局专家等对水果、茶叶、蔬菜等种植技术进行培训。承办泸州市柑橘种植技术现场培训会；举办2023年度农业农村部重大技术协同推广四川省蔬菜(豇豆)绿色优质高效生产技术现场会。

农产品出口基地建设。配合泸州市农业农村局调研野植珍食用笋加工种植基地建设，拟定出口基地建设方案及实施步骤。

【农业机械化】 农业机械发展。全县新增农机总动力0.42万千瓦，有各类农业机械约22.94万台(套)，其中拖拉机18台、各类联合收割机74台、微耕机17978台；农作物综合机械化水平达43.08%，同比增加6.35个百分点；机耕、机播、机收机械化率分别为70.37%、25.38%、24.38%。

农机购置补贴及综合奖补政策。全年使用中央财政农机购置补贴资金200万元、县级配套资金40.65万元，共补贴农户资金240.65万元，受益农户2987户，补贴农机具3473台。

农业机械新技术新机具。全年推广各类农业机械3473台(套)，其中耕地机械2400台、饲草加工机械502台、粮食粗加工机械420台、稻麦联合收割机8台、电动无人植保机械12台、其他类农机具131台。新(改)建提灌站24座，其中新建5座、改建19座；投入财政资金共计680万元，年提水量达到4万立方米，保灌面积20000亩。

农业机械作业安全监督管理。成立督查组，到乡（镇）进行督查和暗访，全年未发生农机安全生产伤亡事故。及时掌握灭失、停驶、报废、脱检的变型拖拉机情况，通知车主限期进行注销报废处理，收回拖拉机牌照245块。加强部门协同共管，与公安交警部门开展联合执法检查56次，发现违法违规行为37起，均规范处置。

【农产品质量监管与品牌培育】 农产品质量安全监督管理。开展食用农产品"治违禁 控药残 促提升"三年行动，推进豇豆农药残留问题攻坚治理行动。全县新入驻国家农产品质量安全追溯信息管理平台生产主体150家，应用平台开展业务累计录入4820条。推进实施承诺达标合格证制度，建立承诺达标合格证自助打印服务点3个，开具承诺达标合格证13500张。落实"重点监控名单"和"黑名单"制度，3家主体被列入"重点监控名单"。完成省、市级风险监测抽样365批次，省级监督抽样48批次，县级风险监测375批次，监督抽检80批次；督促乡（镇）开展快速检测6900批次，合格率均在98%以上。办理农产品质量安全案件3件。叙永县农产品质量安全监督检验检测站通过"双认证"，并获得证书。

农产品品牌培育。全年新认证有机食品2个，组织叙永县希旺猕猴桃种植专业合作社申报绿色食品换证。组织叙永县马岭粮油食品公司的绿色食品水磨糯米磕粉（汤圆粉）参加全国第22届绿博会并获得绿博会金奖。推荐"清凉洞"牌水磨糯米磕粉（汤圆粉）农产品品牌、泸州野植珍食品有限公司的"野植珍"企业品牌进入四川农业品牌目录。

【农田水利建设】 全年新建2023年高标准农田建设项目农田面积5.7万亩，其中高效节水灌溉面积0.6万亩；总投资17680万元，其中中央、省级资金10380万元、地方政府专项债券资金7000万元、县级配套300万元，该项目于10月开工建设，12月底前已完成高标准农田建设1.4万亩。全县累计建成高标准农田面积38.89万亩。

耕地质量管理。建立耕地质量长期定位监测点12个、耕地质量调查点114个，逐步完善全县耕地质量调查监测网络体系建设；加强耕地质量保护与提升措施落实，推广秸秆还田、种植绿肥等耕地土壤培肥改良措施，面积占粮食作物播种面积的100%；推广科学施肥技术，持续开展"专家包片联乡镇"科学施肥活动。

水利建设。全县水库达45个，其中中型水库1座、小(1)型水库18座、小(2)型水库26座。水库库容9300.07万立方米，防洪库容992.97万立方米，兴利库容6004.78万立方米。有水电站59座、泵站38座。

【农业市场与信息化建设】 农产品冷链物流。支持7个新型农业经营主体自主建设冷链、烘干设施，新建高温库9个，静态库容量约800吨（约4000立方米）；新建低温库7个，静态库容量约350吨（约1750立方米）；新建全自动烘干线1条，每批次处理量10吨。

农业农村数字化智能化信息化建设。持续开展数字化农业试验示范基地建设，已建设智慧农业两河镇天生桥村柑橘基地700亩、石厢子乡堰塘村柑橘基地800亩、黄坭镇希旺猕猴桃园300亩、正东镇石桩村猕猴桃园300亩。

【主要领导人】 县委书记：廖俊；县长：王一米；县人大常委会主任：周之平；县政协主席：牟正权；分管农业副县长：彭羽。

叙永县编写组

古蔺县

【基本情况】 2023年，全县辖3个街道17镇3个苗族乡39个社区（居民委员会）314个居民小组246个行政村（村民委员会）1871个村民小组，辖区面积3185平方千米。公安户籍登记户数22.58万户、户籍总人口87.59万人，其中乡村人口72.77万人、城镇人口14.82万人，户籍人口城镇化率16.91%；迁入人口1453人，迁出人口5538人。按照户籍人口计算，人口密度为275人/平方千米。按照户籍人口计算，全年人口出生率9.55‰、人口死亡率8.17‰、人口自然增长率1.38‰。年末森林面积17.63万公顷，森林覆盖率54.54%。全年木材产量2.58万立方米，退耕还林1.7万公顷，有自然保护区5个。

2023年，全县实现地区生产总值247.9亿元，按照可比价格计算，比上年增长10%，比全国(5.2%)、全省(6%)、全市(5.6%)分别高4.8个、4个、4.4个百分点。分产业看，第一产业增加值37.3亿元，增长4.6%；第二产业增加值105.2亿元，增长14.2%；第三产业增加值105.5亿元，增长8.5%。一二三产业对经济贡献率分别为8.45%、54.66%、36.89%，分别拉动经济增长0.8个、5.5个、3.7个百分点。三次产业结构比为15：42.4：42.6。年末注册登记企业8234家，增长20%。年末注册登记个体户45039户，增长5.4%。有农民合作社1728家、家庭农场1031家、县级以上农业产业化龙头企业31家、农业技术服务机构6个。有国家A级景区8个，其中国家4A级景区4个、国家3A级景区1个、国家2A级景区3个。

实现工业增加值97.4亿元，比上年增长13.5%，占地区生产总值的比重为39.3%，对经济增长贡献率为48.2%，拉动地区生产总值增长4.8个百分点。有规模以上工业企业98家，规模以上工业增加值增长11.9%。规模以上工业企业主营业务收入223.5亿元，增长18%；利润总额53.3亿元，增长50.2%；实现税金40.5亿元，增长6.1%；产成品存货43.2亿元，增长12.3%；产品销售率72.8%。全社会固定资产投资比上年增长6.9%，其中第一产业投资比上年增长39.5%，占全社会固定资产投资总额的6.2%；第二产业投资比上年增长70.8%，占全社会固定资产投资总额的31.3%；第三产业投资比上年增长5.2%，占全社会固定资产投资总额的62.6%。社会消费品零售总额89.2亿元，比上年增长12.5%，其中城镇市场实现零售额65.3亿元，比上年增长12.4%；乡村市场实现零售额23.9亿元，比上年增长12.8%。

公路总里程6258.2千米，其中国道114.5千米、省道201.8千米、县道1070.3千米、乡道1658.3千米、村道3213.2千米。等级公路（含高速公路和一、二、三、四级公路）6264.5千米，其中高速公路里程66.7千米。公路运输营运车辆673辆，其中客运车辆377辆、货运车辆296辆；公路运输客运路116条，其中跨省11条、跨市9条；行政村客运班车通达率100%；城市公共汽车客运总量1000万人次；出租汽车135辆，公交车115辆。全年公路运输客运周转量19563.7万人/千米，比上年增长103%；公路运输货运周转量63716.1万吨/千米，比上年增长5%；公路运输总周转量65672.5万吨/千米，比上年增长7%。全年水上运输货运量20.7万吨，比上年增长129.5%；水上货运周转量2596.9万吨/千米，比上年增长69.7%。有邮政和快递营业网点225个，其中快递营业网点225处、邮政所29个；邮政业务总量比上年增长12.6%，其中累计订阅报纸518.9万份、杂志13.2万份。地方一般公共预算收入完成30.1亿元，比上年增长23.7%（自然增速），其中税收收入21.8亿元，比上年增长6.7%。地方一般公共预算支出63.7亿元，比上年增长4.4%，其中一般公共服务支出6.3亿元，比上年增长19.3%；公共安全支出2亿元，比上年增长1.8%；教育支出17.4亿元，比上年增长8.6%；科学技术支出0.04亿元，比上年增长160.8%；文化旅游体育与传媒支出0.4亿元，比上年增长4.5%；社会保障和就业支出7.6亿元，比上年减少7.8%；卫生健康支出4.1亿元，比上年减少0.5%；城乡社区事务支出3.1亿元，比上年减少5.1%。年末金融机构人民币各项存贷款余额573.9亿元，比年初增长14.6%，其中各项存款余额255.6亿元，比年初增长4.4%（住户存款余额193.4亿元，比年初增长11.3%）；各项贷款余额318.3亿元，比年初增长22.8%。

有学前教育学校128所，在校学生21536人，专任教师873人；小学32所、小学教学点138个、九年一贯制小学部4个，在校学生65137人，专任教师3610人；初级中学校28所、九年一贯制初中部4个，在校学生34161人，专任教师2463人；高级中学5所，在校学生20468人，专任教师1265人；特殊教育学校1所，在校学生96人，专任教师21人。有卫生机构653个，其中医院17个、基层医疗卫生机构631个、专业公共卫生机构3个、其他卫生机构2个。医院中，有综合医院10个、中医医院1个、专科医院6个。在基层医疗卫生机构中，社区卫生服务中心（站）4个，卫生院21个，村卫生室515个，诊所、卫生所、医务室91个。在专业公共卫生机构中，疾病预防控制中心1个，妇幼保健院1个，卫生监督机构1个。卫生在岗职工4744人，卫生技术人员3588人，执业（助理）医师1355人，注册护士2357人；实有病床位3901张。

【年度农业和农村经济运行】 2023年，全县农林牧渔业实现总产值66.5亿元，比上年增长4.6%，其中农业产值36.5亿元、林业产值4.5亿元、牧业产值23.9亿元、渔业产值0.27亿元、农林牧渔专业及辅助性活动产值1.3亿元。农林牧渔业实现增加值38.2亿元，比上年增长4.7%，其中农林牧渔专业及辅助性活动增加值0.88亿元，比上年增长6.2%。农村居民年人均可支配收入比上年增长7.3%。农用机械总动力达29.68万千瓦，农用化肥施用量（折纯）1.26万吨。

【种植业】 全县粮食作物播种面积7.46万公顷，比上年减少0.3%。大春粮食作物播种面积6.56万公顷，比上年减少0.7%，其中谷物播种面积5.59万公顷、豆类播种面积0.55万公顷、薯类播种面积0.42万公顷。小春粮食作物播种面积0.89万公顷，比上年增长2.3%，其中小麦播种面积0.11万公顷、豆类播种面积0.05万公顷、薯类播种面积0.72万公顷。粮食总产量35.6万吨，比上年减少2.4%。大春粮食产量32.6万吨，比上年增长2.4%，其中谷物产量30万吨、豆类产量1万吨、薯类产量1.6万吨。小春粮食产量3万吨，比上年增长2.6%，其中小麦产量0.3万吨、豆类产量0.1万吨、薯类（马铃薯）产量2.6万吨。

【畜牧业】 全年生猪出栏68.7万头，比上年增长3.3%；生猪存栏37.6万头，比上年减少6%；能繁殖母猪存栏4.2万头，比上年增长0.5%。牛出栏4万头，牛存栏8.3万头。羊出栏15万只，羊存栏7.9万只。家禽出栏119.7万只。全年肉类总产量5.8万吨，其中猪肉产量5万吨。禽蛋产量0.7万吨。

【农村水利】 全县已累计建成水利工程8422处，实际总供水14555万立方米，有效灌溉面积2.83万公顷。有堤防65.1千米、水库57座、水电站3个、机电井155眼、塘坝1321座。

【农村社会保障】 全年城乡最低生活保障人数669664人次，其中农村居民最低生活保障人数639437人次。年末农村特困人员救助供养人数2600人。城乡居民养老保险参保人数30.8万人。

【主要领导人】 县委书记：任晓波；县人大常委会主任：刘松梅；县长：赵源华；县政协主席：罗波；分管农业副县长：李小波。

古蔺县编写组

德 阳 市

【基本情况】 2023年，全市辖2区3市1县，辖区面积5911平方千米。

【"天府粮仓"重要承载地建设】 全市坚持把粮食生产和重要农产品稳产保供作为首要任务来抓，推进"天府粮仓"重要承载地建设。一是扎紧"米袋子"。实施粮油单产提升行动，新建百亩、千亩粮油高产示范片13个，小麦单产稳居全省第一位，广汉市再创西南地区百亩规模小麦亩产601.3千克新纪录，中江县超级稻测产909.4千克/亩，领跑全省丘陵地区。全年粮食作物播种面积472.2万亩，产量201.7万吨，增长2.9%，增幅居全省前三位。二是丰富"菜篮子"。创建国省生猪产能调控基地93个，新（改、扩）建规模化标准养殖场11个，建成特色黑猪示范养殖基地，完成"德甄香"黑猪品牌注册，落实700余个规模养殖场一次性稳产保价补贴1200万元。全市建成规模养殖场1158家，能繁母猪存栏13.2万头，生猪出栏286.3万头以上（增长1.8%）。三是拎稳"油瓶子"。罗江区油菜最高亩产253.6千克，中江县油菜最高亩产267.1千克，两度刷新四川盆地油菜一段机收纪录，达到全国领先水平。引进培育油菜种业企业10家，数量居全省第三位。发展水稻油菜制种面积6万亩，规模居全省第二位。自主培育的2个品种入选2023年度全省主要粮油作物当家品种，数量居全省第二位。

【现代农业产业提升】 推进高标准农田建设。印发《德阳市建设高标准农田示范片打造"天府良田"实施方案》，整市被纳入都江堰灌区整区域推进高标准农田建设国家级试点。全市累计建成高标准农田305.55万亩，在永久基本农田中建成高标准农田214.08万亩，占比74.11%，位居全省第一。新增全省整县推进高标准农田建设试点县1个、建后管护保险试点县5个。

现代农业园区提档升级。实施"一园一策"补短板，推动现有园区"生产+加工+科技+品牌"全产业链发展。旌阳区粮油现代农业园区晋升为省五星级现代农业园区，罗江区枣子现代农业园区晋升为省四星级现代农业园区，新认定（晋级）市级现代农业园区9个、县级现代农业园区10个。中江县通过农业农村部中期评估，被列入农业现代化示范区创建单位，全年投入资金9.4亿元，实施项目21个。

深化科技赋能增效。加快组建四川丘陵山区农机装备产业技术研究院，规划建设丘区山区农机装备产业园。完成"五良"融合宜机化改造1.5万亩，全市新增农机总动力1万千瓦，发放农机补贴2756万元。全年完成主要农作物机播面积300万亩、机耕面积590万亩、机收面积425万亩，农机社会化服务面积达190万亩；主要农作物综合机械化率达77.5%，位居全省第二。

做强新型农业经营主体。实施"小农户"振兴计划，指导县（市、区）培育发展家庭农场，全市录入家庭农场名录系统的家庭农场1万余家，新增省级示范农场15个，创建县级以上示范场2154家。获评全省首批"10+1"家庭农场典型案例8个、农民合作社省级示范社18家，新增省级重点农业社会化服务组织7家，入选全省农产品加工助推乡村振兴重点企业4家。

农业产业融合发展。发展"一村一品""一乡一业"，罗江区、什邡市被纳入全省唯一的部级设施蔬菜产业集群项目，新增德遂生猪省级产业集群1个，什邡市马井镇入选省级产业强镇创建名单，共争取各类产业融合类项目资金5700万元。坚持以"粮头食尾""农头工尾"为抓手，推动中江县在仓山镇建设农产品加工园。加强农业产业化龙头企业培育，开展市级农业龙头企业监测认定，市级龙头企业数量达306家。

【乡村振兴】 抓好乡村振兴工作的全面"政治体检"。推进乡村振兴战略实绩考核、乡村振兴先进县（市、区）"回头看"考核、县（市、区）实施乡村振兴战略分类考评和农村改革工作先进县（市、区）考评工作开展，德阳市本级党政领导班子领导干部获评全省乡村振兴实绩考核"优秀"等次。什邡市获评乡村振兴先进县，中江县获评乡村振兴成效显著县，绵竹市获评全省乡村振兴先进县"回头看""优秀"等次。罗江区略坪镇、中江县仓山镇获评乡村振兴先进乡（镇），旌阳区柏隆镇隆兴桥村、罗江区略坪镇松花村、广汉市金鱼镇等19个村获评乡村振兴示范村，旌阳区黄许镇泰康村、罗江区略坪镇广安村、广汉市向阳镇高寿村等7个村获评乡村振兴重点帮扶优秀村，旌阳区获评全省农村改革工作先进县。

全国乡村振兴示范县创建。提早谋划，全面开展创建指标梳理工作，加强与农业农村厅的汇报对接，借鉴省内其他地方好经验、好做法，指导县级农业农村部门做好前期准备工作并组织开展国家乡村振兴示范县遴选推荐工作，9月罗江区入选2023年国家乡村振兴示范县创建名单。

乡村人才振兴。一是加强农技体系

建设。争取中央资金374万元，推进全市基层农技推广体系改革与建设项目落地见效，建设农业科技示范基地12个，遴选科技示范主体12个以上，培训基层农技人员294人，组建下沉包县包乡农业科技服务队6个，组织市、县农技人员373人开展农业科技服务、农业人才培养、技术指导。二是实施乡村振兴“头雁”项目。将“干得好、有潜力、能带动”农民合作社负责人、家庭农场主、农村集体经济组织负责人、社会化服务组织负责人等新型经营主体作为培育对象，遴选49名新型经营主体带头人参加省级乡村振兴“头雁”项目培训。三是高素质农民培育。争取中央资金810万元，以新型农业经营主体带头人为主要培育对象，全年培育高素质农民2219人。持续深化整市推进职业农民制度试点，在教育培训、生产扶持、金融保险和社会保障方面给予支持，全市纳入职业农民试点1200人。

【农业农村改革】 深化乡村土地改革。全市承担省级以上农村改革试点12个，其中国家级4个、省级8个；新争取全国农村产权交易规范化试点、什邡市农村集体经营性建设用地试点、第二轮土地承包到期后再延长30年试点3个国家(部)级试点，完成什邡市县域内城乡融合发展试点、第二批省级解决农村土地细碎化问题试点等4个省级试点任务。推广运用市、县、乡、村四级农村产权流转交易平台，创新“村集体+政府+农交所”土地流转服务模式，全市土地流转率达52%。

发展农村集体经济。贯彻《四川省农村集体经济组织条例》，开展农村集体资产监管提质增效行动，全面规范集体经济管理运行，推动农村集体经济持续健康发展，入选全省农村集体收益分配权抵押担保、有偿退出试点县1个，全省农村集体经济发展典型案例1个。建成市、县、乡、村四级农村产权交易体系，累计交易1174宗，交易金额3.02亿元，全年农村集体经济总收入达4.56亿元。

推进农业社会化服务体系建设。围绕补齐乡村教育、医疗、公共服务、基础设施等短板，建成县、乡、村三级农业社会化服务体系，建成服务中心6个、服务站(点)69个，全市816个行政村服务协办员全覆盖。推进服务主体培育，全市农业社会化服务组织达1013家，入选全省首批农业生产社会化服务重点服务组织7家(位居全省第二)，广汉市被确定为全省农业社会化服务典型县，全市农业生产托管服务面积达352万亩次。

【和美乡村建设】 改善农村人居环境。开展农村“全域无垃圾”专项治理，农村生活垃圾收转运处置体系实现全覆盖。争取中央专项资金2822万元，新(改)建农村卫生厕所2万余户，共惠及56个镇132个行政村，农村卫生厕所普及率达96%。实施农村生活污水“千村示范工程”36个，生活污水得到有效治理的村占比80%。全市畜禽粪污资源化利用率达97.86%、秸秆综合利用率达95%。

“五网”建设。新(改)建农村公路515千米、电网528千米、燃气管网510千米，建成农村5G、4G基站817个，新增规模化供水人口23万人，农村供电可靠率稳定在99%以上，宽带网络覆盖率达99%，村级燃气普及率达95%，自来水普及率达89.6%，建制村客车通达率达100%。旌阳区创建为“四好农村路”省级示范县，什邡市创建为全省乡村水务示范县。

优化基层治理。发布推行全国首个市州级基层治理信息化平台“好德行”。开展“镇村书记抓治理”“民生微实事”暖心凝聚行动，打造“云端上的党群服务中心”，实现入驻村(社区)1185个，共服务群众86万余人。广汉市入选全省“积分制、清单制+数字化”智慧乡村治理试点县，新增省级“积分制、清单制+数字化”乡村治理试点村14个，创建全国乡村治理示范村3个，建成红色美丽村庄1个，新增全省平安乡镇(街道)6个、“六无”平安村(社区)18个。

【农业强市建设】 推进农业项目建设。健全项目谋划储备体系，谋划重大项目88个，总投资102.6亿元。51个项目被纳入省级项目储备库。建立重大项目“周调度、月通报”制度，21个市重点项目共完成投资35.08亿元，年度投资完成率143.8%。全年第一产业固定资产投资增长26.1%，高于全省14.5个百分点。制定农业竞争性资金争取工作方案，先后争取国省重大项目20个，向上争取竞争性资金12.05亿元，增长29.3%。

承办全国性会议。完成迎接全国人大常委会《中华人民共和国种子法》、省人大常委会乡村振兴“一法一条例”执法检查。承办全国春季农业生产工作会，先后承办全国耕耘者振兴大会、全国农机流通工作会和全省建设宜居宜业和美乡村工作推进会、全省土地管理现场会、全省数字农业暨农业农村市场与信息化工作会等国省会议9次，受到各级领导的肯定。

农业经济稳中向优。坚持以“农业多做贡献”为目标，以“一产提速、农民增收”为抓手，年初及时下达全市农业农村经济目标，加大对上沟通汇报和对下政策落实力度，实现了农村经济稳中有进、农民收入稳步提升。全市农村居民年人均可支配收入达24885元，增长7.3%，增速高于全省平均水平0.2个百分点，总量稳居全省第三位；农业增加值303.7亿元，增长4.1%，居全省第八位。

【主要领导人】 市委书记：李文清；市人大常委会主任：卢也；市长：刘光强；市政协主席：何明俊；分管农业副市长：向赟。

德阳市编写组

旌阳区

【基本情况】 2023年，全区辖7镇6个街道，辖区面积648平方千米。年末总人口70.67万人（户籍人口），增长0.6%；人口出生率5.01‰，减少0.8个千分点；人口自然增长率0.92‰，增加5.8个千分点。本地水资源总量2.01亿立方米，人均占有水资源量242立方米。

2023年，全区实现地区生产总值920.8亿元，增长6.2%，其中第一产业增加值46.07亿元，增长4.1%，农、林、牧、渔及农林牧渔服务业产值之比为51∶2∶36∶5∶6；第二产业增加值418.43亿元，增长6.5%（工业产值1237.49亿元，增长7.3%）；第三产业增加值456.31亿元，增长6.1%。三次产业对经济增长的贡献率分别为3.8%、47.9%和48.3%。劳务输出11.95万人，收入42.45亿元。

公路通车里程1269.421千米（其中乡村公路1051.118千米），路网面积达195.9千米/百平方千米、15.28千米/万人。社会消费品零售总额313.86亿元，增长10.4%。考核口径地方公共财政预算总收入完成139.71亿元，增长41%；考核口径公共财政预算总支出102.94亿元，增长5.4%，其中农林水支出4.42亿元，占支出的4.3%。金融机构各项存款余额1709.44亿元，同比增长8.3%；各项贷款余额1256.02亿元，同比增长6.2%。

有各类学校150所，在校学生161207人，其中普通高校4所，在校本（专）科学生37506人；普通中学21所，在校学生39361人；小学36所，在校学生51790人。有文化馆2个，公共图书馆2个。有医疗卫生机构473家，病床位8279余张，卫生技术人员9974人。城乡居民基本医疗保险参保人数30.91万人，参保率98%；被征地农民养老保险参保人数6.56万人，占总人数的9.28%。

【年度农业和农村经济运行】 2023年，全区第一产业增加值达46.07亿元，增长4.1%。农村居民年人均可支配收入达24366元，增长7.4%。全区主要农产品产量见表1。

【农业产业化发展】 培育农业产业化经营重点龙头企业，市级及以上农业产业化经营重点龙头企业达65家（其中省级6家）。规模以上农产品加工企业达16家，产值达20.46亿元。有农民专业合作社601家、家庭农场1023家，其中省级及以上示范社22家、家庭农场36家。通过土地股份合作社、新型经营主体带动等多种方式实现规模经营，年内规模土地流转面积19.72万亩，占全区耕地总面积的54.3%。龙头企业、专合组织、农村经纪人和农业生产大户共带动农户12.2万户。

【农用地产权制度改革】 深化农村产权制度改革。健全县、乡、村三级农村产权流转交易市场体系，规范农村产权流转交易行为，2023年，通过农村产权流转交易平台交易农村产权162宗、交易金额4.59亿元。创新农村集体资产监管，完成村委会与村集体经济组织职能分离、账务分设，推进村集体经济组织非现金结算。截至2023年年底，全区通过德阳市“三农”服务平台完成资金线上支付7.11万笔、金额2.73亿元。推进县域内城乡融合发展改革试点。加快构建“1+4+14”空间规划体系。建立县有路政员、乡有专管员、村有护路员的三级公路管理养护体系，全区农村公路建成率、列养率均达100%。优化乡村基本公共服务，实施“区域教育一体化”项目，

表1 2023年旌阳区主要农产品产量

主要农产品	单位	产量	同比增减(%)
粮食	万吨	24.1100	2.91
水稻	万吨	14.4500	2.57
小麦	万吨	6.1700	3.64
玉米	万吨	2.0800	7.22
马铃薯	万吨	0.4920	−24.30
油菜籽	万吨	3.1900	5.53
蔬菜	万吨	43.3200	4.72
水果	万吨	1.9400	10.40
肉类	万吨	6.0142	1.79
猪肉	万吨	2.7274	3.27
牛肉	万吨	0.0997	1.01
羊肉	万吨	0.0168	−2.89
禽肉	万吨	2.8402	0.18
兔肉	万吨	0.3052	4.34
禽蛋	万吨	2.4823	1.19
水产品	万吨	1.6095	2.26
牛奶	万吨	0.5555	2.72

完善“区管校用”制度。推进县域医疗卫生次中心建设，孝泉镇卫生院、黄许镇卫生院创建为二级综合医院。深化农村“三变”改革，69个改革村持续纵深推进改革工作，形成“抱团取暖”“村企合作”“自主发展”“产业配套”“租赁经营”5种新型集体经济发展模式。2023年，69个改革村集体经济收入4318万元，较上年增长26.5%。

继续推进农村土地制度改革。一是规范农村土地流转行为。贯彻落实《农村土地流转资格审查和项目审核办法》《农村土地流转风险防范制度》等，全面实行土地流转台账管理，开展分级审查、资格审查和项目审查，明确规定土地流转必须通过农村产权流转交易平台进行，促进土地流转规范有序。2023年，全区共流转土地19.71万亩，流转率达54.3%。二是推进土地流转台账信息平台建设。组织各镇（街道）摸排全区农村土地流转不规范行为和农村土地长时间、大面积流转风险情况，通过土地流转台账信息平台完成3个土地不规范流转问题、1个土地大面积流转风险问题销号，确保问题整改到位、风险隐患得到有效监控。三是做好农村宅基地管理工作。贯彻落实《农村宅基地分配、使用和流转管理办法（试行）》和《农村宅基地巡查、监管、执法实施办法（试行）》等，保障农村集体经济组织和农民权益，规范农村宅基地管理。2023年，全区累计审批宅基地160宗15879.26平方米。四是做好土地巡查管理工作。印发《村级土地巡查管理办法》，落实69名村级土地巡查员，将辖区内承包地流转、宅基地用地建房、设施农业用地情况等纳入土地日常巡查管理范围，实现土地管理区域全覆盖、过程全监管。

【农产品品牌战略实施】 坚持“企业品牌+区域性公共品牌”双品牌发展，鼓励主体开展“三品一标”认证和区域性公用品牌使用。全区有无公害农产品42个、绿色食品25个、有机农产品16个；有“鹿头”皮蛋、“东美枣”鲜枣、“旌晶”玉米粉等一批优质农产品，“旌阳中稻”被纳入全国名特优新农产品目录。组织区域内优质农产品参加农博会、西博会等各类展会活动，提高产品品牌知名度；搭建“旌耘农业”抖音号，上架旌阳区优质农产品，通过制作小视频、直播带货活动助力线上销售，全年“旌耘农业”抖音销售金额达45万元以上。

【现代农业园区建设】 全年完成4个农业园区星级晋级和认定，累计建成区级及以上现代农业园区11个，其中省五星级园区1个、市级园区6个、区级园区4个，初步形成递进培育、逐级晋升的现代农业园区发展体系。3月，全国春季农业生产工作会议在德阳市召开，旌阳区粮油现代农业园区作为会议现场调研参观点位之一，向全国参会代表展示园区油菜高质高效生产情况。10月，旌阳区上榜全省现代农业园区建设工作推进典型区。

【种植业】 全区粮食作物播种面积52.77万亩，产量24.1万吨；油料作物播种面积18.75万亩，产量3.8万吨；蔬菜种植面积19.67万亩，产量43.32万吨；瓜果种植面积0.62万亩，产量1.47万吨。推广优质米线专用水稻14万亩，推广“稻香杯”获奖优质稻4万亩、优质专用小麦17万亩、优质专用玉米4万亩，推广水稻机械化插秧15万亩、水稻强化栽培技术20万亩，推广水稻直播技术5万亩，推广小麦机播10万亩。培育种粮大户633户、面积14.5万亩；发布病虫害情报13期，全年病虫害预测预报准确率达95%；综合防治病虫草鼠害390.78万亩次；开展绿色防控47.4万亩，覆盖率达54.481%；开展统防统治163万亩次，覆盖率达47.23%；病虫害损失率控制在4%以内。

【畜牧业】 全区生猪出栏36.61万头，同比增长2.41%；年末生猪存栏20.53万头，同比减少4.97%，其中能繁母猪存栏1.45万头，同比减少9.05%；小家禽出栏2021.19万只，同比增长1.62%；肉牛出栏7730头，同比下降0.26%；肉羊出栏11429只，同比下降2.05%；禽蛋总产量达24823吨，同比增长1.19%。

贯彻落实生猪产能调控政策，创建国家级生猪产能调控基地3个、省级生猪产能调控基地4个。实施生猪产能调控基地补助项目、生猪规模养殖场补助项目及能繁母猪生产补助项目，落实生猪产能调控工作，确保生猪稳产保供。继续实施能繁母猪商业性保险，持续稳定和巩固全区能繁母猪保有量。推进能繁母猪电子耳标全覆盖工作，探索建立“旌阳区能繁母猪动态监测系统”，全区能繁母猪监测工作精准高效。推进旌牧农业二期、三期育肥猪猪场及双隆公司10万头仔猪基地及肉鸡楼房养殖项目建设，旌牧农业二期、三期均已建成投产，双隆公司建设项目进入收尾阶段，完成4栋肉鸡楼房养殖项目建设，年新增肉鸡产能50余万羽。

【渔业】 全年渔业产量16095吨，较上年同期增加356吨，同比增长2.26%；实现渔业产值36916余万元。抓好渔业资源保护工作，摸清全区渔业资源家底，开展渔业资源调查工作，全区调查有45种鱼类，隶属于5目10科33属；持续抓好长江“十年禁渔”，组织禁捕联合执法2次，查处非法捕捞水产品案1起，移送司法机关1起；加大渔业资源修复力度，开展非法捕捞案件生态修复增殖放流1次，投放各类鱼苗1万尾；开展2023年鱼类增殖放流暨水生野生动物保护宣传活动，放流草鱼、鲢鱼、鳙鱼鱼苗6万尾；加强涉渔（水）工程管理，全年共完成涉渔（水）工程水生生物影响评价4处。持续推进水产绿色健康养殖暨养殖尾水治理，实施池塘改造提升及养殖尾水治理，完成2023年中央财政渔业资金补助项目方案批复，预计2024年4月完成建设，实施集中连片池塘标准化改造和尾水治理水产养殖面积1100亩，涉及资金302.75万元。开展水产品质量安全快速检测工作，全年完成100批次；排查水产养殖户550余户，发放安全资料1000余份，签订《旌阳区渔业安全生产承认书》550余份。

【乡村振兴】 实施乡村振兴战略，以全域乡村振兴为抓手，建立“全域规划、全域推进、全域服务”制度体系和“点上示范、线上典范、面上规范”推进机制，聚焦“改革、数字、美育”等关键词，促进农业全面升级、农村全面进步、农民全面发展，探索出一条独具特色的乡村振兴之路，获评全国县域经济“百强区”、国家级油菜制种大县、四川省农村改革工作先进区、四川省数字乡村试点区，连续五年脱贫攻坚考核为“好”等级。

【农村水利】 全年续建及新开工项目15个，计划总投资1.19亿元，完成投资8875万元，重点实施沱江干流孟家段防洪治理工程、人民渠46–2号支渠整治工程、绵远河孟家白鹭湖段河道清淤工程等项目。申报2023年增发国债项目23个，7个通过审核，共争取到国债资金4590万元。全面提升防洪和供水保障能力，综合治理河长1.365千米，新建堤防1.028千米，整治加固堤防0.56千米，清淤疏浚河道50余万立方米，整治渠道9.67千米，整治渠系建筑物148处、病险水库除险加固4座、小型水库维修养护18座。优化毗邻区域防汛减灾联防联控机制、“三单一书”和“两书一函”工作机制，落实五级责任体系，落实包保责任人350余人。修订完善防汛抗旱预案，指导开展各类防汛演练200余次，累计补充200余万元防御物资。开展专项排查整治行动，排查点位1000余处，处置隐患50余处，做好山洪、内涝灾害防御工作。加强指挥调度，组织区防指相关部门启动联合办公，实现“三零”目标。保障农村人饮安全，巩固36处集中供水工程规范化达标评价成果，完成孝泉、黄许两个千吨万人供水站标准化建设省级评价。稳供农业灌溉，人民渠共输蓄水约1.7亿立方米，保障灌区农业生产用水及粮食安全。

【农业机械化】 全年农机总投资2284.344万元，其中中央农机购置补贴资金548.5247万元、农户自筹1735.8193万元，补贴比例为24.01%，共295户农户受益，共补贴农机具419台。发放农机报废补贴17.278万元，共21户农户受益，共补贴农机具26台。组织检修各类农机具5300台。全年完成提水保灌面积36.9万亩、农机合作社作业面积25.05万亩，主要农作物耕种收综合机械化水平为84.86%，全区农机化总动力达37.5万千瓦。

【农村科技】 围绕全区优质粮油、特色果蔬等产业，依托特派员专家工作站、农业科技专家大院等平台，立项实施科技项目14项，争取各级项目资金153万元，打造猕猴桃创新科技示范基地、绿色高效果蔬科技示范基地、优质高粱科技示范基地3个，引进“旌优7863”“川甜糯168”等新品种20余个，推广“品香优稠珍”全程机械化高产高效栽培技术、鲜食玉米绿色高效种植技术等新技术15项，辐射带动400余户农户增收。“科技兴村”在线平台全年入库信息员186人、专家81人，培训信息员5场次、116人次，培训专家3场次、96人次，全年解答技术咨询1000余条，服务涉农企业、专合社及种养大户近100次，上报成果转化、产业支撑、供销对接信息45条，挽回农户经济损失100余万元。开展“科技之春”“科技活动周”“三下乡四进社区”“全国科普活动日”等大型科普活动2次，“科技赶场”3次，进社区宣传2次，科技特派团乡村行活动5次。开展科技兴村在线优秀单位暨优秀个人表彰大会，评选出优秀单位1个、优秀专家5名、优秀信息员4名、优秀联络员6名。1名专家和1名信息员被科技厅评为优秀个人。德阳科技创新创业孵化园通过省级3年达标认定，“红光印象”星创天地建设有序推进，齐远生态、油研种业等8家涉农企业通过国家科技型中小企业认定，新增1家涉农高新技术企业。

【农村教育】 持续优化农村学校布局调整。9月，以整体并入天元烛光小学的方式撤销天元侨爱小学，70余名学生、20余名教师整体并入天元烛光小学，完成布局调整工作。

推进集团化办学。区教体局会同区委编办、区财政局、区人社局联合印发《德阳市旌阳区义务教育阶段学校集团（学区）化办学工作实施方案》。全区共组建“1+N”教育集团9个，实现教育集团农村学校全覆盖，纵深推进城乡学校一体化发展。

建强农村学校教师队伍。2023年秋期，启动第五轮干部教师交流轮岗，其中33名乡（镇）教师交流到城市学校、47名城市教师交流到乡（镇）学校，不断缩小校际间、城乡间师资差距。落实乡村教师激励政策，78名优秀教师获评乡村“勤耕教师”称号，9名乡村教师被评为德阳市先进教育工作者。

持续改善农村学校办学条件。全年投入1289万元，对黄许镇初级中学校、孝泉民族小学校等12所乡村学校校舍及运动场进行维修改造。

优质教育资源共享。借力旌阳区“国家级信息化教学实验区”建设，以“优质高效”为核心理念，以“异地同堂”为开展模式，以“双师协同”为落地办法，建设“1+1”城乡融合“专递课堂”，覆盖乡村中小学校师生9000余人。

【农村文化】 公共文化服务效能大幅提升。全面建成以1个区文化馆、1个区图书馆为主体，12个镇（街道）综合文化站为补充，146个村（社区）文化活动室为延伸的三级公共文化服务体系，免费Wi–Fi覆盖所有镇、村文化站（室），基本实现群众文化艺术普及化、图书通借通还常态化、文旅公共服务便捷化。

文明新风浸润千家万户。一是“文明创建”创出文明好乡风。开展文明村镇创建工作，已创建全国文明村镇3个、省级文明村镇3个、市级文明村镇23个。二是“模范典型”引领乡村新生活。推出“新时代最美旌阳人”“星级文明户”

系列评选活动，寻找乡村振兴、基层治理、志愿服务等各领域的“新时代最美旌阳人”，并在爱旌阳App开设专题专栏刊播先进典型报道，引领时代风尚。三是“以文化人”倡树文明新风尚。

文化产业赋能乡村振兴。按照“建园区带景区融社区”的思路，以农业为本底，实现一二三产业转型升级，探索出一条具有旌阳特色的农文旅融合发展之路。一是促进业态融合，发挥文化旅游产业拉动促进作用。二是突出产品融合，以文化创意为依托，深挖旌阳特色农文旅资源。三是加快项目融合，深化农文旅供给侧结构性改革。

【农村卫生】 全区有标准化规范化镇卫生院7家、社区卫生服务中心4家。按照“一村一卫生室”要求，建成标准化村卫生室69所，均配备有合格村医，全覆盖保障基层就医需求。开展“优质服务基层行”达标评审，争取实现农村地区“优质服务基层行”基本标准全覆盖。探索“互联网+医疗”和“远程诊疗”等新工作模式和方法，为农村居民提供更加便捷、高效、优质的医疗服务。打造以全区为试点的慢病示范区，为农村地区慢性病的预防和治疗开启更加全面的健康管理指导。

【农村法制建设】 普法宣传。加强村(社区)法治宣传教育，对照年度普法依法治理工作要点，结合全区乡村普法工作实际，开展多样主题法治宣传活动。落实年度“法治四川行”一月一主题活动，加强谁执法谁普法责任制，开展法治宣讲、法治文娱、法治研学等各类法治宣传活动110余场次。加强“法律明白人”培育工程，实现每个村(社区)培养5名骨干“法律明白人”目标，开展各类主题法治培训13场次。加强乡村法治文化阵地建设，打造黄许镇新龙村“法律之家”、新中镇龙居村宪法小广场等特色法治阵地。

人民调解。开展人民调解“三查三化三优”专项行动，开展各项领域的民间纠纷排查化解工作，做到矛盾纠纷“应调尽调”，受理率达100%，调解成功率不低于98%，杜绝了因调解不力或不当而引发群体性事件或刑事案件。加强人民调解网络建设，建立健全调解组织，建立镇、村人民调解委员会76个，确保化解矛盾纠纷的及时性、便利性。强化三大调解衔接协作机制，健全预警性信息报送网络建设，加大重大疑难纠纷和社会不安定因素大排查调处力度，全年开展农村矛盾纠纷排查588次，排查发现矛盾纠纷93件，预防纠纷84件，共调解338件人民调解案件，调解成功334件，调解成功率98%，其中主动申请调解案件142件、依申请调解案件196件。

法律援助。提升法律援助工作质效，为基层群众提供高效便捷的法律服务，将法律咨询、法律援助、公证服务等多种法律需求纳入公共法律服务平台网络，切实为民办实事。推进法律援助服务规范，加大对《中华人民共和国法律援助法》《四川省法律援助条例》的宣传力度，扩大法律援助群众知晓率，落实“应援尽援”，为方便经济困难公民就近就便提起法律援助申请，将各镇(街道)司法所纳入法律援助咨询站点和申请站点，结合村社法律顾问工作，为群众提供便捷的法律服务。全年共受理民事援助案件168件，其中涉及农民工援助案件135件(工伤赔偿8件、涉及讨薪127件)，为农民工挽回利益损失122余万元；受理涉及农民工来电来访咨询共计700余人次。

公共法律服务。加强乡村公共法律服务，建立7个镇级公共法律服务工作站、69个村级公共法律服务工作室，全区范围法律服务覆盖率达100%。优化公共法律服务，利用已建成的三级综合性公共法律服务平台提高乡村法律服务质效，贯彻落实法律援助法，开展农民工讨薪专项行动，管好、用好“一村一法律顾问”，加强对公证、律师及基层法律服务的监管力度，配合调解、普法宣传、公证等多项工作开展。

行政执法监督。印发《德阳市旌阳区取消部分赋予镇(街道)区级行政权力事项清单》，取消“对未按照规定登记、使用拖拉机、联合收割机的行政处罚”等5项赋予镇的区级行政权力事项。7个镇动态调整本单位行政权力清单，规范权力运行。组织全区行政执法人员参加网络培训测试，镇(街道)共81人通过行政执法人员资格认证考试。

【农村交通】 推进农村公路建设。以“四好农村路”高质量发展为主线，围绕旌韵高槐等现代农业园区和旅游景点，加快推进产业路、旅游路建设，寿岚路改线工程已完成，华强沟水库环湖路、福白路、寿岚路等项目加快实施，构建近郊休闲观光旅游交通环线，实现交通优势向发展优势转化。坚持交通为民工作理念，聚焦群众急难愁盼问题，推进民生工程建设，实施农村公路危桥改造项目4个，完成较大规模自然村通硬化路建设约22千米，安装古什路照明设施。2023年，旌阳区创建为省级“四好农村路”示范县。

提升道路管养水平。坚持公路管理三级联管，全面落实“路长制”职责，构建“县有路政员、乡有监管员、村有护路员”的路政管理体系，全年累计开展安全巡查560余次，排查安全隐患129处，均已完成整改。落实道路养护分级管养体系，按照“县有所、乡有站、村有队”标准，构建县、乡、村三级管理养护体系，推进“机械+人工”规范化养护模式，落实精细化养护标准，全区农村公路列养率达100%。

推进交通运输服务高质量发展。巩固推进农村客运“金通工程”，持续提升安全服务水平。截至2023年年底，全区共有城乡公交线路9条、农村客运车辆137辆、城乡公交站点420个，与涉及农村区域的5条城市公交线路、26辆城市公交共同组成了以城市、城乡公交为主，乡村片区化预约响应式客运服务为辅的农村客运网络，覆盖全区69个建制村，每年服务乘客约400万人次。

【涉农招商引资】 全区有3000万元以上的农业招商引资重大项目2个；协议资金56亿元。

【农村社会保障】 全区城乡居民基本医疗保险财政补助标准由每人每年610元提高至640元。做好兜底保障，全面落实医保参保分类资助政策，全区低收入重点人群共计25197人（含重复身份人员），均实现“应保尽保”，参保率100%；健全防止返贫监测帮扶机制，落实动态监测机制，累计向民政部门、乡村振兴部门推送个人年度累计自付费用超过16125元参保对象信息2527人，部门新增认定监测对象15人、低保对象375人。加强医疗救助托底保障，健全救助对象精准识别机制，做好综合保障，稳步推进基本医保、大病保险、医疗救助“一站式服务、一窗口办理、一单制结算”，全年享受医疗救助待遇1.27万人次733.13万元。持续优化异地就医流程，全区322家医药机构已开通跨省门诊费用结算。推进医保信息化建设和移动支付，医保电子凭证已开通31万余人。以孝泉镇便民服务中心申报全国医疗保障优秀案例为契机，聚焦“下得去、接得住、办得好”三步棋，持续推进“网上办”“规范办”“便捷办”“暖心办”，构建起“区医保事务中心+基层便民服务机构+医保服务站”三个层次的医保服务体系，建成覆盖城乡的”15分钟医保服务圈”。

2023年，全区农村特困人员供养标准为813元，全区农村特困供养1149人，比上年减少4.33%；累计发放农村特困供养金1138.7万元，比上年增长27.81%，做到农村特困供养“应养尽养”。农村低保标准为625元，全区有农村低保9645户10843人，比上年增长239.91%；累计发放农村低保金1505.61万元，比上年增长42.86%。

做好全区农村留守、散居特困等特殊困难老年人需有所应、困有所助、难有所帮、孤有所慰等工作，防止发生严重冲击社会道德底线的事件，提升居家养老服务水平。实施特殊困难老人家庭适老化改造140户，为4000名老人提供居家养老上门服务。通过政府购买服务方式，为6.23万名70周岁以上老年人购买意外伤害保险，支付保费124.7万元；为全区1.86万名80周岁以上老人发放高龄津贴851.9万元。

【农村生态建设及环境保护】 推进农村生活污水治理“千村示范工程”建设。以农村生活污水治理“千村示范工程”为抓手，完善农村生活污水治理基础设施建设。筛选聚居点，多次进行现场选址踏勘工作，争取省级奖补资金144.6万元，在和新镇福兴村，德新镇龙泉村、星光村3个行政村实施建设2023年度农村生活污水治理“千村示范工程”。

开展农村环境综合整治成效评估。对2022年实施的农村环境整治村开展核查检查，巩固整治成效。以区级自评、市级核查、省级审核的方式对2022年农村环境整治任务村柏隆镇南平村、新中镇茶店村进行成效评估，通过市核查、省审核。

加强面源污染治理监管。印发实施《旌阳区畜禽养殖污染防治规划》。督促指导畜禽规模养殖场（小区）制定年度畜禽粪污资源化利用计划。监督水产养殖单位严格执行国家或地方相关水污染物排放标准，规范水产养殖尾水排放。

加强对农村生活污水处理设施的检查和监测。不定期对农村生活污水处理设施运行情况进行日常抽查，主要对是否落实管理人员情况、管理制度落实情况、设施运行维护台账、开展自行监测等情况进行监督检查。按照省、市生态环境部门要求，纳入年度监测计划，其中对于日处理规模处理20吨及以上的5个设施每半年开展一次监测。

加强饮用水水源地保护监管。做好乡（镇）级及以下集中式饮用水水源地保护。开展对已划定保护区的水源地进行环境巡查监管，加强环境风险日常排查，落实防控措施，开展半年1次水源地水质监测。7月底完成华强沟水库水源地规范化建设，主要实施保护区隔离、标志标牌设立、环境问题整治等8项工程，全面完成隔离设施、标志标牌安装，污染治理，监管能力建设等工作。

巩固农村“厕所革命”成果。做好全区农村“厕所革命”“提质年”相关工作，将工作重心从实施厕所革命项目转移到健全农村户厕后续管护机制上，全面实施问题厕所动态台账管理，常态化开展问题厕所的摸排和分类限期整改，全区“回头看”共摸排发现并整改问题177处。加大宣传力度，通过发放改厕知识“明白卡”、入户宣传等方式提高农户规范使用意识，将小问题扼杀在萌芽阶段。加强监督检查，全年抽查“回头看”发现问题厕所100户，抽查新（改）建农村户厕153户。截至2023年年底，全区卫生厕所普及率达95.65%。

河湖生态建设。围绕工作要点和“四张清单”，动态调整河（湖）长体系；推进9条自然河流河湖健康评价工作，创建邻姑泉国家水利风景区；举办2023年全省河湖长制基层河湖管护“解放模式”现场会，全面推广具有旌阳特色的“五星模式”；开展河（湖）长制“七进”宣传、“清四乱”专项行动，开展河道巡查103次、联合检查17次，累计巡查河道1493千米。加强水土保持治理和水资源管控，完成2022寿丰河小流域水土流失综合治理市级竣工验收及2023年高标准农田建设项目水土流失治理任务，治理面积4平方千米；水土保持自主验收报备项目104个，较上年提升352%。严守用水总量和强度“双控”目标，严格生态流量监管，修编主要江河流域水量分配方案；开展取用水专项检查行动，建立节约用水联席会议制度，推进6所节水型学校建设。

【农产品质量安全监管】 加强对农产品种植专业合作社、生产企业和种植户的督查和监测，本级共完成蔬果、水产品样品快速检测1502个，定量检测840个，省级例行监测合格率达98%以上。建立区、镇、村、经营主体四级网格化监管体系，将巡查检查和宣传纳入常态化管理。全区建有镇级网格10个、村级网格69个，明确镇级监管员25个、村级协管员73个，监管员、协管员培训率达100%。开展农资打假和“治违禁 控药残 促提升”行动，结合新型职业农民培训，对种养殖户开展生产技术培训，并不定期开展巡查检查。结合豇豆农药残留攻坚治理行动，建立包镇包村工作机制，实现本地商用豇豆生产主体全覆盖建档、全覆盖培训、全覆盖检测。全年查处农产品质量安全案件3起，罚没0.87万元。

【农业保险】 政策性农业保险。全年政策性农业保险总保费1586.9万元，中央、省、市、区各级财政分别补贴729.21万元、415.91万元、30.08万元、30.08万元，农户自缴381.61万元，其中三大主粮为28047户次承保35.67万亩，其中水稻承保面积16.88万亩，占水稻种植总面积的78.82%；玉米承保面积4万亩，占玉米种植总面积的82.7%；小麦承保面积14.79万亩，占小麦种植总面积的84.09%。三大主粮政策性农业保险保费总投入1261.29万元，其中农户自缴315.32万元，中央、省、市、区各级财政分别补贴567.58万元、340.55万元、18.92万元、18.92万元，共为14664户次农户提供理赔款762.28万元。

特色农业保险。对当地特色农作物开展特色农业保险，涉及品种有水果、生猪价格指数、蔬菜等，特色农业保险总保费为376.46万元，区财政补贴金额为244.7万元，农户自缴131.76万元。

水稻价格指数保险。在部分乡（镇、街道）开展水稻价格指数保险试点，资金来源为本级财政资金，共投入1274008.4元。

【数字农业】 全区坚持“示范先行、有序推进、多方参与、共建共享”的工作原则，持续推动数字农业建设，围绕耕地种植用途管控、数字畜牧等重点任务方向发力，加快建设数字农业“全区域资源管理图、全过程服务物联网、全周期产业区块链”，已初步形成“一图、一网、一链”旌阳数字农业体系。全区42.9万亩耕地、40.98万个地块实现编码上图，8000余头能繁母猪实现“一猪一码一档”。1月，农业农村部大数据发展中心与旌阳区签订《合作备忘录》，就数字农业场景创新及耕地种植用途管控工作开展合作。3月，在全国春季农业生产工作会议上，旌阳区汇报了数字农业建设的发展成果。9月，旌阳区在农业农村部大数据发展中心组织的全国耕地种植用途“一张图”绘制工作培训会上作数字农业经验交流。旌阳区智慧农业模式在德阳市、省内和贵州省台江县试点推广运行。

【农村留守家庭（儿童、学生）帮扶】 救助项目。全年为留守儿童、困境青少年提供救助600余次，投入资金51万元。一是“重疾救助”项目。为留守儿童、困境青少年提供医疗救助，帮助其解决因病致困的问题。全年资助大病青少年6名，发放慰问金3.6万元。二是“微爱暖冬行”项目。在冬季为困境青少年送去温暖，满足其衣食住行等基本生活需求。全年“暖冬慰问”困境青少年（含留守儿童）572名，发放慰问金24.5万元。三是特别救助。对40余名条件特别困难的留守儿童、困境青少年进行1000元以上的特别救助。

助学项目。一是“弘志助学”项目。为5名成绩优异、综合素质高、家庭贫困的丘陵乡（镇）学生提供小学至高中全阶段的持续性助学补助，全年发放关爱资金6000元。二是德阳市关心下一代信任基金项目。在市关工委、市关心下一代基金会的支持下，帮助20名成绩优异的贫困留守学生获得“读书角”项目支持、10名青少年获得“困境青少年救助”项目支持。

“未来工程师”项目。争取德阳市关心下一代基金会支持，东湖博爱学校获得信任基金4.8万元的支持，改善了乡（镇）学校科技教育资源匮乏的现状，为100余名乡村学子提供了科创筑梦的机会。

“梦想改造+”项目。团区委协调上级资源，动员社会爱心力量，为双东镇10名居住环境简陋的留守贫困儿童进行房屋改造，打造专属“梦想小屋”。

【劳务开发与返乡创业】 全年组织开展“春风行动”“民营企业招聘周”“送岗位、送政策下乡”和“就业帮扶”等各类线上线下招聘会51场，发布“就业超市”岗位信息46期，累计提供就业岗位7.3万余个次。根据企业和求职者的双向需求，量身定制培训计划，提升就业能力，660人参加项目制培训和创业培训。对3392人次通过自主参加技能培训并取得职业资格证书的劳动者及时兑现职业技能提升补贴；共为4186人次发放职业培训补贴343.44万元。补贴高技能人才16人次，发放高技能人才补贴5.7万元。通过有组织或“一带一”的方式，累计实现农村劳动力转移就业11.95万人，实现转移就业收入42.45亿元。优化创业担保流程，采取“快审快贷”方式缩短业务办理时限，全年为29名返乡农民工发放创业相关补贴19.4万元，为60名农村自主创业农民发放创业担保贷款1278.8万元。搭建创业平台，认定德阳5G智慧产业园为区级创业孵化基地，并推荐其被认定为市级孵化基地，推荐1953数字产业园、武庙工坊被认定为市级微型创业园，推荐德阳袈蓝旅游管理有限公司、红伏村被认定为市级创业实践基地，推荐新中镇、高槐村被认定为市级创业小镇。为返乡入乡的创业者提供创业孵化平台，挖掘推荐优质的创业项目参加德阳第六届“千里眼”创业大赛，为区内优秀创业项目提供展示平台。

【主要领导人】 区委书记：谢斌；区人大常委会主任：唐平；区长：李得立；区政协主席：谢坤；分管农业副区长：陈然。

旌阳区编写组

罗 江 区

【基本情况】 2023年，全区辖7镇，辖区面积447.88平方千米。

【新型农业经营主体培育】 做好农民合作社培育创建，推荐申报市级示范社3家，待评审区级示范社2家，全区共有农民合作社227家，创建各级示范社118家。实施家庭农场培育提升计划，实施粮油单产提升行动计划支持11户、改善设施设备计划支持18户；巩固与培育“三好”家庭农场市级示范场，计划总投资1282万元。支持调元镇裕粮制种家庭农场联合体争取村集体组织资金100万元入股联建育秧工厂。通过罗江区家庭农场协会有序拓展行业服务，全年开展相关培训6次，参训人数达200人次；及时完成家庭农场名录率信息核实和更新工作；助农销售农产品近0.6万千克；引导家庭农场主利用闲置农机组建农机服务队开展农机作业服务，服务作业面积近5000亩。

【农村集体资产监管提质增效行动】 利用“三农”服务平台对集体资产资源资金进行监管，加强业务指导，62个村集体经济组织全部规范挂牌。全年清理整改不规范经济合同200余份，清理村级债务122万元。规范村财管理，新增资产资源及时入账，确保资产资源的处置必须通过农村产权交易平台，截至2023年9月底，在农村产权交易平台累计交易261宗，金额8314.72万元，交易面积14582.69亩。继续做好“银村直连”线上审核支付工作，将93个村（社区）以及村民小组纳入在线审核，规范审批支付，利用德阳市“三农”服务平台进行复审，加强对村组资金的线上实时监管，截至2023年9月底，共审核支付资金74123笔，约4.72亿元；累计审核17.05万笔，约8.56亿元。

【土地流转管理】 规范有序推进农村土地经营权流转，落实区、镇、村分级审查审核、备案和台账管理制度，审查审核100亩以上土地经营权流转69宗，共计8716.6亩。建立土地流转台账，全区土地经营权流转均纳入台账管理，土地流转总面积达14.6652万亩（包含农业社会化服务面积1.28万亩），其中30亩以上规模流转10.2144万亩。加强宅基地管理，指导各镇健全审批流程和管理机制，规范开展宅基地审批、监管工作，前三季度各镇共上报审批宅基地55宗，共计5401.9平方米，均为原址重建。建立巡查机制，已对全区7个镇开展全覆盖巡查。

【农业品牌提升建设】 开展“三品一标”品牌提升行动，规范产品包装标识。全区有机农产品种养面积达22300亩，有有机认证产品10个、绿色产品10个、农产品地理保护标志2个。加强特色农产品推广，主办2023年贵妃枣生态旅游节，吸引商户和游客12万人左右，带动当地农民增收1200万元；组织20余个罗江区农产品特色品牌参加中国农民丰收节，获得现场消费者好评；筹备参加第九届四川农业博览会等各项展会，实现罗江区特色“走出去”。

【现代农业园区建设】 重点推进现代农业园区提档升级，完成枣子园区乡村服务中心主体建设，建成元宝山柑橘现代农业园新增山地轨道运输系统4套、气象监测及虫情病害智能测报系统3套，打造完成景观节点2处；粮油园区新增土地平整设备3台（套）。全区培育发展区级以上现代农业园区11个，其中省级现代农业园区1个（宝峰山枣子现代农业园区）、市级现代农业园区3个（元宝山柑橘现代农业园区、牧羊河粮油现代农业园区、白庙河粮油现代农业园区），加快形成上下协同、梯次推进的现代农业园区建设格局。推动四川江茂食品有限公司被认定为2023年第十一批农业产业化省级重点龙头企业，全区共有市级重点龙头企业29家、省级重点龙头企业4家。推进农业信贷担保工作，截至2023年9月，为18家新型经营主体出具担保确认函，共审定担保贷款1604万元，累计为343家新型农业经营主体提供担保贷款2.18亿元。试点推出“低门槛、低成本、高效率”的精准支农信贷产品“惠农担 · 支农信贷”，发挥政策性农业融资担保增信功能，助力全区新型农业经营主体纾困解难。

【特色产业发展】 争取四川省设施蔬菜产业集群项目资金4000万元，推动新盛镇以油菜制种为主导产业打造特色产业强镇，申报2023年省级优势特色产业乡镇（省级产业强镇）。按照“山上挣票子，山下饱肚子”的发展理念，“山下”发展以牧羊河为核心覆盖全区7个镇的优质粮油（制种），稳健粮油“基本盘”；“山上”发展以元宝山为核心覆盖鄢家、新盛、金山3个镇的晚熟柑橘，以宝峰山为核心覆盖白马关镇的贵妃枣，以合峰为核心覆盖白马关镇、调元镇的青花椒等特色产业16万亩，做强现代农业产业，持续擦亮“罗江产”特色金字招牌。5月14日，罗江区代表四川省参加2023全国油菜高产竞赛，油菜亩产达到全省领先水平。推动乡村休闲旅游业发展，推荐上报2023年中国美丽乡村休闲旅游行（春、夏季）精品景点线路1条。

【种业振兴特色发展】 全区杂交水稻制种基地面积达2.6万亩、杂交油菜制种基地面积达2.68万亩，制种总面积保持在5.28万亩以上，其中双季制种面积8000亩，年产种子900万千克，可满足400万亩水稻、2200万亩油菜种植需求。有制种企业19家、制种经营主体90户，辐射带动制种农户5000余户，制种农户人均收入比全区农村居民人均可支配收入高出2000余元。罗江区率先开展国家级制种大县种子生产基地及制种区域上图入库工作，制种图斑3480个、面积4.48万亩。

【乡村振兴】 示范试点创建。9月11日，罗江区入选2023年国家乡村振兴示范县创建名单。罗江区酉星智慧家庭农场、艺凡家庭农场、漆彩林家庭农场被评为四川省第一批“10+1”家庭农场典型案例；《德阳市罗江区：构建“三位一体”从业制度让农民成为更体面的职业》入选四川省第一批“10+1”推动家庭农场高质量发展案例；《大力发展“居间服务”实现村强民富产业兴——德阳市罗江区金山镇富荣村》入选四川省第二批高质量发展典型案例。

乡村治理建设。参与德阳市“镇村书记抓治理”活动，全区62个村31个社区入驻“川善治”小程序，将“村民积分制”搬上“云端党群服务中心”，动态展示乡村治理成效，共服务村民6582人。组织白马关镇万佛村申报全国乡村治理示范村、鄢家镇申报全国乡村治理示范镇，组织白马关镇万佛村等6个村申报全国宜居宜业和美乡村省级示范村。新盛镇入选四川省第三批乡村治理示范镇，罗江区略坪镇长玉村、白马关镇宝峰村、鄢家镇璧山村入选四川省第三批乡村治理示范村。

人居环境治理。参与全域无垃圾治理专项行动，出动380人次维护清洁卫生。申报2023年农村人居环境整治专项中央预算内投资项目，总投资4218.84万元用于农村生活垃圾和生活污水处理设施建设，计划新建垃圾阳光堆肥房44个、生活污水处理设施1批（日处理量2127.5立方米）、农村生活污水收集管网52802.5米。落实四川省农村改厕“提质年”任务安排，开展问题厕所整改质量抽查297户、2022年新建厕所质量抽查200户等8项工作。

【惠农补贴】 全年发放农机购置与应用补贴180.51万元，补贴各类农业机械38台（套）。发放2023年耕地地力保护补贴资金2530.82万元，惠及农户60003户。发放能繁母猪生产补助、生猪产能调控基地补助、生猪稳产保价和能繁母猪政策性保险全覆盖补助152.87万元，补助能繁母猪9853头、生猪产能调控基地补助国家级基地1个、省级基地3个，惠及养殖户88户。发放能繁母猪生产补助和良种引进补贴124.4万元，补助能繁母猪5164头。

【农产品质量安全监管】 对全区主要农产品生产基地和市场进行全覆盖抽检，抽检农产品样品300个、农残速测1000个、水产品抽样和快检500批次、畜产品抽样116个。在省、市两级农产品质量安全例行监测结果中，农产品质量安全抽检合格率保持在97%以上；“三品一标”产品合格率达98%以上；蔬菜、水果、茶叶中禁用农药，畜产品中“瘦肉精”，生鲜乳中三聚氰胺等违禁物质，水产品中孔雀石绿、硝基呋喃、氯霉素等禁用药物的检测合格率均达100%。

执法监管。长江“十年禁渔”日常巡河80余次，日巡查河段15千米，开展联合执法和专项治理行动2次，规劝违规垂钓人员100余名。联合开展“春耕农资打假”专项行动3次，检查监管160余次。加强日常监管，落实24小时应急值守，及时响应出动，全年共出动执法人员600余人次、执法车辆100余辆次，处理群众举报20余次，立案查处4件。提升执法能力，建立农业综合行政执法巡查企业库，完善农业监管台账。落实畜牧行业监管责任，排查整治安全隐患和盲点、难点问题，共组织1013人次排查饲料企业及养殖场465家次。对辖区内14家饲料生产企业实现生产环节全覆盖抽检，送省上抽检饲料样品31批次，合格率100%。

疾控检疫。加强兽药监管检查，全年共出动128人次，检查兽药经营企业39家；推进兽用抗菌药减量化行动；指导开展兽药GSP复验，共有21家企业通过验收。加强非洲猪瘟等重大动物疫病防控，持续开展“三大行动”，对重点场所全覆盖大消毒，累计出动人员1760余人次，消毒养殖场2284家次、屠宰场点63个次，累计消毒面积540万平方米，累计举办培训宣传61场次，培训养殖户2034人次。全区春秋两防累计免疫猪48.01万头、牛1.53万头、羊0.95万只、禽类420.34万羽，应免密度达100%。严格实行屠宰同步检疫，实现“检疫合格率、出证率、无害化处理率”100%。推动畜禽无害化处理，有序收集处置病死猪2633头、牛（羊）12头（只）、犬2只、病死家禽17583千克。推进智慧监管，提高网报覆盖率，实现禽畜运输全程闭环管理。

【农村人才培训】 持续推进深化家庭农场和农民合作社带头人职业化试点，全年试点总人数达412人，新纳入100人，投入资金466万元，优先将家庭农场主纳入高素质农民培训范围，组织参加乡村产业振兴带头人培育“头雁”项目、“耕耘者”振兴计划、百万乡村振兴带头人学历提升计划等，培训高素质农民229人，培育“头雁”4人、“耕耘者”15人。开展高素质农民培训，组建种养殖产业专家组2个，建设长期稳定的农业科技试验示范基地2个（罗江区调元镇顺河村粮油/油菜制种种植基地、罗江区略坪镇长玉村水稻制种基地）。

【农业社会化服务建设】 制定《德阳市罗江区区镇村三级农业社会化服务体系建设方案》，初步建成区、镇、村三级服务体系。2023年度农业生产全程托管服务面积任务3.39万亩，预计可完成4.095万亩。

【高标准农田建设】 以推进农业现代化为目标，集中力量建设旱涝保收、高产稳产的高标准农田项目，2022年度5.2万亩高标准农田建设完成，累计建成高标准农田28.1万亩，占全区耕地总面积的97%。争取2023年度高标准农田改造提升项目0.7万亩，含高效节水灌溉面积0.1万亩。加强农业机械化水平，全年完成机耕面积51万亩、机播面积20万亩、机收面积40万亩；主要农作物耕种收综合机械化率达73%，其中小麦87.4%、水稻75.7%、油菜72.1%。争取四川省丘陵山区水稻薄弱环节机械化研发制造项目，实施方案已通过农业农村厅审核。开展农机“两审”工作，共年检（审）拖拉机和收割机213台，新注册登记68台，换补拖拉机驾驶证本57本；安全培训驾驶（操作）员110余人次，全年无农机安全生产事故发生。

【农村生态建设及环境保护】 推进河长制巡查，发现一般性问题5个，已全部转交整改。加强畜禽面源污染监管，摸排养殖场污染及防治情况，共组织人员715人次排查养殖场286家次，发现一般性问题5个，全区畜禽粪污综合利用率达95.6%，规模化养殖场设施配备配套率达100%，均已完成整改。持续开展“回头看”，重点处理中央生态环境保护督察投诉件、群众信访举报件，确保整改彻底。推进秸秆综合利用，编制实施方案，推进秸秆高质量还田，秸秆综合利用率达95%以上。继续开展化肥减量增效工作，组织开展“科学施肥进万家”宣传活动。开展耕地安全利用工作，全区受污染耕地安全利用率达100%。开展第三次全国土壤普查，成立区级“三普”工作机构，编制实施方案，推进“三普”工作。

【冷链物流体系建设】 全年计划投资900万元，重点支持25家家庭农场、农民专业合作社和村集体经济组织建设农产品仓储冷链物流设施，配套开展农产品冷藏保鲜设施信息化建设。加强对全区现有75个村级益农信息社的管理，推进农村电商服务，鄢家镇星光村益农信息社与四川农信、中国邮政合作建设数字乡村益农工作站，促进与邮政惠农服务体系深度融合发展。

【主要领导人】 区委书记：黄琦；区人大常委会主任：谭德明；区长：张天则；区政协主席：黄静；分管农业副区长：杨益（5月止），曾骥（6月始）。

罗江区编写组

广汉市

【基本情况】 2023年，全市辖9镇3个街道，辖区面积548平方千米。年末总户数228127户、户籍人口590978人，其中城镇人口248367人、乡村人口342611人。年末常住人口62.7万人，人口城镇化率61.5%。全年出生人口2976人，人口出生率4.85‰；死亡人口5054人，人口死亡率8.24‰；人口自然增长率-3.39‰。全年完成营造林333公顷，年末实有森林管护面积502.4公顷、林地面积1438.9公顷，活立木蓄积量7.4万立方米，森林覆盖率5.8%。

2023年，全市实现地区生产总值536.5亿元，增长6%，其中第一产业增加值46.1亿元，增长4%；第二产业增加值265.8亿元，增长5.5%；第三产业增加值224.6亿元，增长7%。三次产业结构比由上年的8.9：50.7：40.4调整为8.6：49.5：41.9。人均地区生产总值85562元，比上年增加4712元，增长6%。

【年度农业和农村经济运行】 2023年，全市实现农林牧渔业总产值77亿元，增长3.9%，其中农业总产值48.7亿元，增长5%；林业总产值0.2亿元，增长10%；牧业总产值20.1亿元，增长1.6%；渔业总产值3.5亿元，增长3.2%；服务业总产值4.4亿元，增长2.8%。全市农村居民年人均可支配收入达23845元，增长7.5%，其中工资性收入12624元，增长8.3%；经营净收入8432元，增长6.8%；财产净收入945元，减少8.3%；转移净收入1843元，增长14.6%。农村居民年人均生活消费支出18107元，增长6.9%，其中居住消费支出增长7%、生活用品及服务消费支出增长7.4%、交通通信消费支出增长20.6%、医疗保健消费支出增长15%。农村居民恩格尔系数为31%。全年水产养殖面积805公顷，与上年持平；水产品产量1.6万吨，增长4.2%。

【种植业】 全年农作物播种面积71030.9公顷，减少0.2%，其中粮食作物播种面积66.1万亩，减少0.2%。全年粮食总产量32.4万吨，增长3.2%，其中水稻产量20.4万吨，增长2.6%。

【畜牧业】 全年生猪出栏23.3万头，增长2.1%；牛出栏1.3万头，减少0.3%；肉用家禽出栏1178.9万只，增长2.6%。生猪存栏11.97万头，减少7.6%。肉类总产量4.3万吨，增长2.5%，其中猪肉产量1.8万吨，增长5.2%；牛肉产量0.2万吨，增长1%；羊肉产量110吨，减少2.7%；禽肉产量1.9万吨，增长0.7%。禽蛋产量1.6万吨，增长2.3%。

【现代农业发展】 启动粮食生产“1+10”全域均衡增产计划，新（改）建高标准农田2.1万亩，农业新品种新技术覆盖率达98%，主要农作物耕种收综合机械化率达88%，水稻、小麦单产保持全省前列。推动农业农村融合发展，新增“两品一标”及全国名特优新农产品4个，“熊家婆”入选“天府粮仓”精品品牌培育目录，“坎上人家”等5个品牌入选全省农业品牌目录，稻菜现代农业园入选“成德眉资”都市现代农业园区。创新耕地保护“三管三必须”机制，整治恢复耕地1.5万亩，入选全省耕地生产障碍修复利用试点。年末农业机械总动力达29.2万千瓦，增长2%。

【和美乡村建设】 持续巩固脱贫成果，脱贫户、监测户“两不愁三保障”稳定达标，无返贫和新增致贫发生。改善农村面貌，创建“干净整洁院落”20个，改造农村户用卫生厕所5949户，整治渠系25千米，三星堆镇、连山镇农贸市场竣工，金鱼镇和兴社区、南丰镇新城村、金轮镇五里村被评为省级乡村振兴示范村。统筹推进“五网”建设，新建村级硬化路28.7千米、燃气管网34.5千米，新建5G基站177座，升级电网29.7千米，南兴220千伏输变电站投入使用，新增规模供水1.75万人。

【农村水利】 全年完成水利建设投资1.6亿元，新增堤防11.8千米，改善灌溉面积1.5万亩，恢复灌溉面积0.3万亩，完成综合治理水土流失面积2平方千米。

【农村社会保障】 全市城乡居民基本养老保险参保人数14.3万人，减少0.2万人。城乡居民基本医疗保险参保人数40万人，减少1万人。工伤保险参保人数12万人，增加0.1万人，其中参加工伤保险的农民工4.8万人。全年财政衔接推进乡村振兴补助资金共5486.21万元。全年共有10409人享受农村居民最低生活保障，农村居民最低生活保障标准为625元/月/人，累计月人均补差水平农村为306元。全市有农村特困人员851人，农村特困人员供养标准为813/月；集中供养472人，集中供养率49.8%。全市共有养老机构15个、床位2141张，其中公办养老机构10个、床位1682张，民办养老机构5个（含公建民营1个）、床位459张（含公建民营33张）。建立社区服务机构（党群服务中心）59个。全年销售福利彩票1.2亿元。广汉市慈善会全年直接接受社会捐赠457.6万元，其中教育领域定向捐赠资金152.1万元、村（社区）发展治理慈善基金募集资金85.5万元。

【主要领导人】 市委书记：王锐；市人大常委会主任：张启兵；市长：杜尚武（10月止），胡涛（11月始）；市政协主席：何敏；分管农业副市长：胡羽宇。

广汉市编写组

什 邡 市

【基本情况】 2023年，全市辖8镇2个街道，辖区面积821平方千米。年末总户数17.1万户、总人口41.4万人，其中非农业人口13.7万人。全年出生人口1576人、死亡人口2317人。年末常住人口40.5万人，人口城镇化率58.2%。

2023年，全市实现地区生产总值470.9亿元，按照可比价格计算，比上年增长8.1%，其中第一产业实现增加值42.5亿元，增长4.5%；第二产业实现增加值233.3亿元，增长8%；第三产业实现增加值195.1亿元，增长9%。人均地区生产总值115698元（按照年平均常住人口计算），增长8.3%。三次产业结构比由上年的9.5∶50.5∶40调整为9∶49.6∶41.4。全年第一产业（不含农户）投资增长25.5%，第二产业投资增长11.7%，第三产业投资增长56.2%。全市城乡最低生活保障保障人数115365人次，其中城镇24408人次、农村90957人次。

【年度农业和农村经济运行】 2023年，全市农村居民人均可支配收入达27704元，增长7.4%；农村居民人均生活消费支出达20816元，增长6.9%。全年机电排灌面积21520公顷，年末农业机械总动力达18.79万千瓦。

【种植业】 全年粮食作物播种面积比上年下降1.1%。油料作物播种面积6.02万亩，增长4.9%；药材种植面积5.4万亩，增长1.6%；蔬菜种植面积22万亩，下降0.7%。全年粮食总产量19.9万吨，同比增长3.1%，其中小春粮食产量增长5.1%、大春粮食产量增长2.8%。经济作物中，油料产量1.1万吨，增长4.4%；烟叶产量0.4万吨，增长6.9%；蔬菜产量63.4万吨，增长3.8%；茶叶产量0.01万吨，增长39.7%；水果产量1.04万吨，增长11.5%；药材产量1.4万吨，增长2.6%。设施蔬菜产业集群、川芎产业强镇等国家级、省级项目落户什邡市，稻菜园区创建为省级三星园区，什邡毛豆入选全国名特优新农产品名录。建成高标准农田1万亩。什邡市粮食质量监测站获得省级资质认定，建设更高水平“天府粮仓”获评省级先进，创建为全省乡村振兴先进县（市、区）。

【养殖业】 全年生猪出栏量增长2%，牛出栏量下降0.9%，羊出栏量下降2.2%，家禽出栏量增长1.3%，禽蛋产量增长1.7%。全年水产养殖面积181公顷，水产品产量6055吨，同比增长4.6%。

【和美乡村建设】 实施农村“五网”建设和美乡村建设项目40个，新（改）建农村公路72.4千米，农村自来水普及率达90%以上。全域无垃圾专项整治成效明显，50%以上的行政村实现有机废弃物资源化利用。师古镇获评“全国乡村振兴示范镇”，上榜“2023中国西部百强镇”。

【主要领导人】 市委书记：王洪；市人大常委会主任：简鸿彬；市长：晏世莹；市政协主席：黄剑；分管农业副市长：钱波。

什邡市编写组

绵竹市

【基本情况】 2023年，全市辖10镇2个街道，辖区面积1246.2平方千米。年末总户数238737户、户籍人口484496人，其中男性人口239609人、女性人口244887人，人口性别比为1∶1.022。全年出生人口1974人、死亡人口3102人。

2023年，全市实现地区生产总值438.58亿元，按照可比价格计算，同比增长8%，其中第一产业增加值38.96亿元，增长4.4%；第二产业增加值230.38亿元，增长9.3%；第三产业增加值169.24亿元，增长7.2%。一二三产业结构比为8.9∶52.5∶38.6。按照常住人口计算，人均地区生产总值100133元，同比增长8.4%。

【年度农业和农村经济运行】 2023年，全市实现农林牧渔业总产值68.5亿元，按照可比价格计算，同比增长4.3%；农林牧渔业增加值42.6亿元，按照可比价格计算，同比增长4.3%。农村居民年人均可支配收入达22849元，增长7.3%；年人均消费支出达16733元，增长6.8%。

【农村社会保障】 全年失业人员再就业2823人，就业困难人员再就业727人。年末城乡居民基本养老保险参保人数179006人。参加基本医疗保险426622人，其中城乡居民基本医疗保险参保人数323478人。全年纳入城乡低保11445户18277人，共计发放城乡低保资金4020.33万元，其中农村低保8931户14451人，支出农村低保资金3066.4万元。救助孤儿11名（其中艾滋儿童1名）、事实无人抚养儿童15名，发放救助金36.8万元（孤儿基本生活费15.4万元、事实无人抚养儿童基本生活费21.4万元）。

【种植业】 全年粮食总产量28.9万吨，同比增长3%。经济作物总产量46.62万吨，增长5.68%，其中蔬菜及食用菌产量增长5.58%、瓜果产量减少2.86%、中草药材产量增长9.75%。玫瑰、猕猴桃等特色经济作物规模达4.9万亩。

【畜牧业】 全年生猪出栏45.45万头，增长2.02%。小家禽出栏598.77万只，增长1.49%。主要畜禽肉类总产量4.47吨，增长1.92%。有年出栏50头以上生猪养殖规模户632户、年出栏10头以上肉牛养殖户224户、年出栏2000只以上肉鸡养殖户256户。

【乡村振兴】 全年发放各类惠农补贴近1亿元，完成年度粮食生产和生猪存出栏目标任务，创建国家级生猪产能调控基地2个。落实“三区三线”管控，四级田长制架构全面建立并实质化运转；新建高标准农田2.1万亩、新开工1.65万亩，优化改造农业种植园3675亩，开展细碎田块整治试点4000亩，耕地保有量“一厘不减”。农业现代化加快推进，中欧智慧农业园启动筹建工作，剑南粮油园区上榜省三星级园区，绿色种养循环农业试点经验入选全国十大县级典型案例。涉农改革持续深入推进，试点开展第二轮土地承包到期再延长30年，新增省级农民专合社4个、省级家庭农场示范场1个。整合涉农资金超3亿元，持续推进实施农村公共基础设施“5+2”提升工程，年俗村入选全省学习运用“千万工程”现场会考察示范点；投入1350万元扶持发展壮大村集体经济，新增省级乡村振兴示范村3个，德阳市乡村振兴示范镇1个、示范村4个。常态化开展防返贫监测和帮扶工作，用好7501万元衔接资金，实施产业发展等项目38个，脱贫人口收入实现“两个高于”。全市获评第三批全国乡村治理示范村1个、农业农村部畜禽养殖标准化示范场1个；获评省级乡村振兴示范村3个、乡村振兴重点帮扶优秀村1个、乡村治理示范村1个、乡村文化振兴省级样板村（社区）1个、农村法治教育基地1个。

【主要领导人】 市委书记：王宏；市人大常委会主任：甘志；市长：耿垣合；市政协主席：肖静；分管农业副市长：古广华。

绵竹市编写组

中江县

【基本情况】 2023年，全县辖4乡26个镇（街道），辖区面积2200.414平方千米，其中耕地面积95004.75公顷，比上年增长0.3%，人均耕地面积1.06亩；基本农田129.06万亩。年末总人口134.3万人（户籍人口），减少0.5%；人口出生率4.69‰，减少1.63个千分点；人口自然增长率-8.7‰，减少0.31个千分点。本地水资源总量5.26亿立方米，人均占有水资源量425.6立方米。有森林面积6.5万公顷，林地面积6.395万公顷，活立木总蓄积量489.5万立方米，森林覆盖率29.46%，林木绿化率40.81%。

2023年，全县实现地区生产总值466.14亿元，增长6.1%，其中第一产业增加值102.72亿元，增长4.1%，农、林、牧、渔及农林牧渔服务业之比为975∶77∶613∶28∶39；第二产业增加值176.31亿元，增长5.8%（工业增加值147.5亿元，增长4.6%）；第三产业增加值187.12亿元，增长7.6%。三次产业对经济增长的贡献率分别为22%、37.8%和40.2%。劳务输出504400人，收入189.549亿元。全年接待游客385万人，实现旅游收入16.9亿元。

公路通车里程3692.911千米，密度167.86千米/百平方千米、27.5千米/万人，其中农村公路3246.76千米，另有已建成但未纳入数据库的村内联网路3700千米，所有乡（镇）和建制村均实现通畅要求。社会消费品零售总额247.5亿元，增长9.8%。地方一般公共财政预算总收入完成13.3亿元，增长10.6%；地方一般公共财政预算总支出66.3亿元，增长4.5%，其中农林水支出12.07亿元，占支出的18.21%。金融机构各项存款余额715.07亿元，比上年初增长7.5%；各项贷款余额391.42亿元，比年初增长14.7%。全年农业保费收入0.88亿元，增长15.79%；处理各项赔款和给付金额5222.42万元，增长24.55%。有各类学校265所，在校学生126044人，在职教师8308人（含特岗教师333人），其中普通中学52所，在校学生48738人；小学83所，在校学生49364人；义务教育阶段学校入学率达100%、巩固率达99.92%。有艺术表演团体4个，文化馆1个，公共图书馆1个，博物馆1个。有卫生机构688个，病床位6613张，卫生技术人员4870人。城乡居民基本医疗保险参保人数941668人，参保率98.32%；城乡居民基本养老保险参保人数56.5万人，参保率99.71%。

【年度农业和农村经济运行】 2023年，全县实现农业总产值173.2亿元，增长4.1%；全县全年农业增加值达102.72亿元，增长4.1%。农民年人均可支配收入达20019元，增长7.2%。全县省级农产品质量安全例行监测合格率100%。全县主要农产品产量见表1。

【农业产业化发展】 抓好基地建设，坚持粮经统筹发展。抓好粮食与道地中药材生产，重拾粮药套作种植传统。在集凤镇、富兴镇建立粮药套种示范基地200亩，辐射带动全县粮药套作种植面积2万余亩。抓好蔬菜与粮食轮（套）作生产，在蔬菜园区核心乡（镇）回龙镇以“玉—菜—菜”“玉—菜”轮作模式，科学利用土地资源，提高综合效益，实现“米袋子”“菜篮子”有机统一，保障粮食安全。

加强科技助力。聚焦产业生产关键领域和薄弱环节，加强与涉农高校院所交流合作，建立产学研深度融合的技术创新体系。争取项目资金220万元，与四川农业大学开展中江县道地药材品种培优科研攻关，解决因中江丹参常年传统留种带来的品种退化、带病严重等问题，推动道地中药材质量提升和产业高质量发展。引进四川农业大学现代果树栽培与生理研究团队作为中江柚产业科技技术团队，开展解决中江柚裂果问题技术攻关，推广中江柚规范化栽培管理技术，打造万亩高品质中江柚种植基地。加强与四川省农业科学研究院蚕业研究所合作，成立中江县粮油蚕桑蚕业专家大院，在科技团队的支持下，蚕茧单产显著提高50%以上。

鲜切花产业。中江县中药材现代农业园区于2023年年初被省政府命名为省五星级园区。衍生产业芍药鲜切花产业首次出口到欧洲。全县直接对接市场的鲜切花收购商达30余家，主要发往昆明、北京、上海等地，少量出口，少量经抖音、淘宝等直接发到消费者手中。作为全国最早上市的重瓣芍药，2023年中江芍药鲜切花年销量达2000万余枝，产值约3400万元。

生产技术指导和统计。继续做好经济作物的生产季报信息和价格监测工作，落实专人做好旬报、季报、年报的数据收集、分析、汇总和上报等工作，力争做到数据真实、有效。通过经济作物的生产信息监测，准确掌握全县经济作物的产销动态，及时分析产销形势变化，指导新型经营主体合理安排生产，为经济作物有序调运提供信息数据，促进生

表1　2023年中江县主要农产品产量

主要农产品	单位	产量	同比增减(%)
粮食	万吨	82.63	2.85
水稻	万吨	22.52	−0.26
小麦	万吨	13.15	4.99
玉米	万吨	32.72	5.06
马铃薯	万吨	3.41	−19.72
油菜籽	万吨	11.13	0.20
蔬菜	万吨	52.95	6.13
水果	万吨	6.83	9.65
肉类	万吨	14.13	0.71
猪肉	万吨	8.48	0.53
牛肉	万吨	0.47	1.75
羊肉	万吨	0.28	−2.35
禽肉	万吨	3.84	0.48
兔肉	万吨	1.04	3.56
禽蛋	万吨	5.63	2.99
水产品	万吨	1.30	4.60
牛奶	万吨	0.06	−0.31

产稳定发展和市场平稳运行。针对中药材、中江柚、蚕桑、蔬菜（含食用菌）等产业的田间技术管理，通过微信工作群等方式及时发布天气预警信息及管理措施，同时邀请川农大、省农科院等专家及本县“土专家”“田秀才”开展指导服务。3月，永安镇永安村（中江柚）获得第十二批全国“一村一品”示范村镇认定。7月，中江县经济作物技术推广站获评2022年德阳市知识产权保护工作成绩突出集体。

农业现代化示范区创建。12月，中江县被列入全国首批农业现代化示范区创建单位，全县成立以县委、县政府主要领导为组长的创建工作领导小组，同时对标全面建设现代化国家大目标，围绕农业设施化、园区化、融合化、绿色化、数字化，以“粮食+”为基础，把园区建设作为推进农业现代化示范区创建的抓手，规划“粮食+生猪”“粮食+中药材”“粮食+蚕桑”“粮食+蔬菜”“粮食+中江柚”五大现代农业园区建设，构建国、省、市、县四级联动，梯次发展的现代农业园区体系。编制完成《四川省德阳市中江县国家级农业现代化示范区创建规划(2021—2035)》，印发《2023年中江县农业现代化示范区创建监测、评估指标任务责任清单》，完善保障机制，制定工作方案，明确目标任务，层层压实责任，加强组织领导机制、投入保障机制、社会参与机制、监督考核机制建设，推动科技、资金、人才等现代要素向示范区聚集，带动全县农业农村现代化整体水平提升。

新型农业经营主体培育。全年新增培育并规范发展农民专业合作社35个；新增评定县级示范社8家，创建市级示范社6家、省级示范社4家。累计创建国家级农民专业合作社示范社7家、省级农民专业合作社示范社34家、市级农民专业合作社示范社73家、县级农民专业合作社示范社80家。持续开展农民合作社“空壳社”清理行动，累计注销21个。

【农村集体“三资”监管】 继续加强对农村集体“三资”的管理，不定期通过德阳市“三农”服务平台对各乡（镇）“三资”进行检查，对检查中存在的问题进行通报并督促乡（镇）及时进行整改。加强对乡（镇）农村集体“三资”管理服务中心人员的培训，6月1日，召开中江县村级财务管理培训会，共计120余人参加会议。持续推行非现金结算，覆盖29个乡（镇），完成支付5.2万笔，支付金额5.04亿元。抓好监督检查，聘用第三方对全县10个乡（镇）80个行政村开展农村“三资”抽查审计。以村集体资产提质增效整改排查行动为抓手规范“三资”管理工作，对全县30个乡（镇）436个村集体进行排查，针对排查问题开展现场指导、自查自纠和建章立制工作。

【农村集体产权制度改革】 巩固提升农村集体产权制度改革成果，全面开展农村集体资产监管提质增效行动，聚焦农村集体经济组织运行不规范、农村集体资产管理不到位、农村集体经济合同不规范、农村集体财务管理不规范、农村集体债权债务管控不严格、集体承接工程项目管理不规范、农村集体经济组织审计走过场、其他农村集体资产管理方面八大问题开展工作。编制实施《中江县2023年村集体经济发展工作实施方案》，规划全县村集体经济发展主要目标和重点工作，同时发放3万份宣传手册推介发展壮大村级集体经济“五种模式”，提供可借鉴学习的先进发展经验，拓宽发展思路，指导全县436个村因地制宜发展村集体经济。贯彻落实扶持政策，全面落实《中江县加快新型农村集体经济高质量发展的若干措施（试行）》，对于没有产业支撑或产业单一的村从资金、项目、土地、税费及金融等方面保障农村集体经济发展，持续增强其发展后劲。2023年，向上争取到新型农村集体经济扶持项目资金2100万元对14个村进行扶持，村级集体经济发展实力稳步提升。

【供销合作社改革】 推动“三社”融合工作发展，不断扩大村级供销社服务覆盖范围，截至2023年12月，共创建村级供销社34家，实现基层社中心镇服务全覆盖。

【农产品品牌战略实施】 实施农产品品牌发展战略，全年认证绿色食品8个、面积63691亩，产量6515吨，实现产值8644万元；有机农产品7个、面积878亩，产量89吨，实现产值195万元；地理标志产品4个。全县“三品一标”农产品总数19个。2022年推荐的四川德阳市年丰食品有限公司品牌“年丰食品”“纯乡菜籽油”获得四川省“天府粮仓”精品（培育）品牌。2023年，推荐四川万凤粮油有限公司、中江金稻香粮食有限公司申报四川品牌目录。

【现代农业园区建设】 整合各类资金，补齐园区短板，争创省、市级现代农业园区，中江县中药材现代农业园区创建为省五星级现代农业园区，中江县仓山镇粮食蔬菜现代农业园区、中江县普兴镇粮食蔬菜现代农业园区创建为市一星级现代农业园区。

【种植业】 粮油生产。全年粮食作物播种面积218.13万亩，减少2.88万亩，减少1.3%；粮食总产量82.6万吨，增加2.3万吨，增长2.86%，连续17年位居全省第一。油料作物播种面积75.09万亩，增加4.99万亩，增长7.1%，其中油菜播种面积58.11万亩，增加3.66万亩，增长6.7%（油菜总产量11.13万吨，增加0.02万吨，增长0.2%）。

高产高效创建。全县共建设粮油高质高效示范片11个，其中水稻(1.2万亩)4个、油菜(20万亩)2个、玉米(3.81万亩)2个、小麦(6.2万亩)3个，示范面积31.21万亩。以龙台、玉兴、永太、黄鹿等乡（镇）为核心的2022年“天府菜油”产业融合发展暨产油大县示范县项目油菜绿色高产高效示范片示范面积10万亩，5月11日，农业农村厅组织相关专家进行了现场验收，示范区油菜平均亩产238.9千克，最高亩产253.6千克。以黄鹿、永太、南华、辑庆等乡（镇）为核心的小麦绿色高质高效行动暨小麦促弱转壮项目小麦高质高效创建示范片示范面积6.2万亩，5月15日，农业农村厅组织相关专家进行了现场验收，示范区水稻平均亩产597.43千克，最高亩产609.2千克。在辑庆镇文堂村会同四川省农业大学打造了“正红507”百亩示范片，8月3日，农业农村厅组织相关专家进行了现场验收，示范片玉米平均亩产788.48千克，最高亩产828.4千克。在辑庆镇新建村会同省农科院水稻高粱研究所打造了“玉龙优1611”百亩示范片，9月13日，受农业农村部委托，农业农村厅组织相关专家进行了现场验收，示范片水稻平均亩产813.43千克，最高亩产850.4千克。在辑庆镇钟楼村会同省农科院作物研究所打造了“川康优粤农丝苗”百亩示范片，9月7日，受农业农村部委托，农业农村厅组织相关专家进行了现场验收，示范片水稻平均亩产893.3千克，最高亩产909.4千克。

粮食适度规模经营。根据《中江县2023年种粮大户补贴实施方案》文件要求，坚持“统一标准、简便易行”“谁种粮补贴谁”“多种多得、少种少得”“公开、公平、公正”的原则，种粮大户是指承包或租种耕地（包括捡拾撂荒地）达到一定规模，集中种植至少一季主要粮食作物的农户、法人或其他组织，并按经营主体划分，主要有种粮农户、家庭农场、农民专业合作社、土地股份合作社、农业产业化龙头企业等类型，并明确适度规模生产经营者种植一季主要粮食作物面积不低于30亩。财政厅下达全县2023年种粮大户补贴资金1218.713万元。

【林业】 国土绿化。全年完成营造林35200亩，其中人工造林1200亩、森林质量提升1000亩。完成优质林木种苗培育120亩；义务植树48万人，植树90万株。

林业产业建设。完成现代林下中药材园区建设1个、现代林业基地建设0.7万亩，全县竹业综合产值达1.33亿元。

退耕还林工程。继续抓好7万亩退耕还林工程的管护，重点落实管护措施，管护补助资金44.588万元由县财政通过“一卡通”直接兑付到退耕农户。为保障林业惠农补助政策落实到位，防止挪用挤占惠农补助资金，规范林业惠农资金的兑付，12月，县自然资源局对28个前一轮完善退耕还林管护补助的乡（镇）进行了全覆盖清查，各乡（镇）无违规现象。

古树名木管理。经过实地踏勘，形成古树问题整改台账，建立“一树一策”档案，通过应用现代监控设备、安排专人护林的方式，解决了富兴镇崴螺山破坏古树群的难题；移植成活国道350线道路沿线所涉古树。在完成日常古树排危复壮工作的同时，加大对群众的宣传教育力度，全年共发放宣传资料10000余份。开展大型古树维护项目3项，进行排危复壮5起，全年用于古树管护费用合计13万元。

天然林保护工程。全年实施天然林保护工程森林管护面积133013亩，其中管护国有林5161亩、补偿集体公益林127852亩。兑付公益林林权所有者森林生态效益补偿金226.54万元，涉及29个乡（镇）298个村，覆盖全县57035户农户。按时发放和缴纳天保工程系统人员的森林管护工资和社会保险。天保工程管护区未发生滥砍滥伐林木重大案件，未发生森林火灾，没有林业有害生物成灾面积，森林资源得到有效保护。

林长制工作。全面夯实工作机制，完善组织架构，及时调整、更新各级林长信息及责任区域，设立林长668名，安装林长制公示牌473块，召开林长制培训会2次，全年三级林长巡林18265次，发现并督促整改完成87个问题。建立“三单一函”运行机制，县林长办印发巡林重点工作提示函3份，推动林长解决重难点问题50余个。向存在破坏森林资源现象的乡（镇）林长发送督办函3份，力争将问题解决在萌芽状态。提醒督促各级林长履行森林资源保护主体责任，做好巡林工作。建立“林长+警长+检察长”协作机制，以“林长+警长+检察长”协作机制形成森林监管保护合力，推进林业行政执法、刑事司法和检察监督有机衔接，打击各类涉林违法犯罪行为，共同守护林业生态安全。创新林长制工作机制，实现林长制跨区域一体化合作，8月24日，组织召开毗邻区（9个市、县）第一次联席会议暨合作协议签约仪式，建立联席会议制度、巡查监督、宣传引导、共享协作、互访学习机制及森林防灭火及林业有害生物防治等协作机制，加强毗邻地区联防联控，加强林业共商、共建、共巡、共护、共享新模式，加强与兄弟县（市、区）的协作配合，确保区域合作落地落实。9月5日，省林草局于政务信息网发布会议相关信息动态。

林业有害生物防治。全年在仓山、永太等14个乡（镇）开展蜀柏毒蛾发生、危害情况监测，完成13个乡（镇）0.22万亩马尾松林春季松材线虫病发生情况普查和监测任务，监测覆盖率达100%。全年林业有害生物发生面积11.9514万亩，其中轻度发生面积7.5154万亩、中度发生面积4.3495万亩、严重发生面积0.0865万亩；发生种类以蜀柏毒蛾为主，发生区域主要分布在回龙、永太、集凤、继光、仓山等13个乡（镇）。组织开展无公害防治面积3.03万亩，均采用灯光诱杀防治，无公害防治率100%；未发生林业有害生物成灾面积，全年林业有害生物成灾率为零，完成省、市目标管理的考核要求，均控制在3‰指标以内。

【畜牧业】 全年出栏生猪117.85万头、肉牛3.86万头、肉羊17.68万只、小家禽2262.15万只、肉兔733.54万只，肉类总产量141256吨，禽蛋总产量56322吨，实现畜牧业产值61.3亿元。全县有年出栏500头以上生猪养殖场500余家、年出栏肉牛100头以上规模养殖场35家、年出栏肉鸡35000只规模养殖场100余家。

动物疫病防控。加强对重大动物

疫病的强制免疫，全年共免疫牛口蹄疫7.2968万头次、羊口蹄疫7.6316万只次、猪瘟96.9702万头次、猪口蹄疫102.0844万头次、禽流感1789.7078万羽次、鸡新城疫1412.4404万羽次、羊小反刍兽疫4.4961万只、兔瘟巴氏杆菌91.8675万只次，狂犬病免疫9.7376万只，高致病性禽流感、小反刍兽疫、口蹄疫等动物疫病强制免疫应免密度达100%，群体免疫密度常年保持在95%以上；狂犬病、兔瘟等病种的免疫密度达95%以上。做好重大动物疫病监测调查工作，对全县非洲猪瘟疫情监测进行排查，全年排查生猪养殖等场所10.979万个次、猪只302.3827万头次，完成非洲猪瘟监测采样9499份并按规定进行实验室检测，检测结果均为阴性；完成高致病性禽流感等动物疫病病原学样品检测1680份，检测结果均为阴性；检测高致病性禽流感、口蹄疫、猪瘟、鸡新城疫、狂犬病等重大动物疫病血清学样品7008份，免疫抗体水平均在70%以上。开展动物强制免疫"先打后补"工作，县农业农村局制定《中江县农业农村局关于开展动物强制免疫"先打后补"工作的实施方案》，并于2月1日起正式实施，对参与"先打后补"的中江温氏畜牧有限公司、中江县铭态农业科技有限公司进行验收并发放直补资金，共计补助鸡2294.5179万羽。巩固血吸虫病消除达标成果，全年完成流行区牛（羊）扩大化治疗13957头（只）次，完成血吸虫病监测9048头（份）次。加强非洲猪瘟等动物疫情防控集中消毒灭源工作，全年开展非洲猪瘟等动物疫情防控集中消毒灭源共5次，完成消毒面积5901.89万平方米，消毒面达100%。加强业务培训、加强督导检查，全年通过现场培训、视频会议、微信、QQ等形式组织宣传、培训、学习，累计培训人数达1.9万余人次，并全面落实好应急值守、疫情核查报告、应急物资储备等，提高应急处置能力；采取现场督导、核实、查看资料等方式对全县30个乡（镇）进行全覆盖督促检查，出动动物疫病防控督导检查车辆60辆次，出动督导人员270余人次，全覆盖督导纠改问题，推进工作落实。

畜产品质量安全监管。抓好队伍建设，县农业农村局分批次组织基层畜牧兽医站的官方兽医开展动物检疫方法、检疫规程等方面的业务培训72次，及时为符合条件的12名新进职工办理官方兽医身份。严把动物检疫关，全县检疫申报点电子出证共计219407份，其中动物B证63211份，共32212490头（只、羽）；动物A证1865份，共2669338头（只、羽）；产品B证153902份，共20789121千克；产品A证429份，共2952749千克。严把病死畜禽无害化处理关，全年无害化处理病死生猪27755头，无害化处理病死牛1头，无害化处理禽类、胎衣等动物产品322008千克。抓好动物卫生监督关，加强对养殖环节、屠宰环节和调运环节的监管力度。

【水产业】 全县有规模以上河流23条、水库66座〔中型水库5座、小(1)型水库12座、小(2)型水库49座〕、塘堰1万余口。全县淡水养殖面积42075亩，另有稻渔综合种养面积20280亩。全年成鱼总产量12616吨，同比增长4.58%；实现渔业经济总产值4.12亿元，同比增长4.19%。

推进水产健康养殖。加强水产健康养殖技术推广，推进水产健康养殖工作，规范养殖生产管理，推广应用大水面生态增殖、稻渔综合种养等绿色健康水产养殖模式。加强水产养殖生态环境保护，为加大水产养殖对环境影响的防控，保护渔业生态环境，促进水产养殖业的持续健康稳定发展，明确县级相关部门和乡（镇）的职责，上下形成监管合力，采取因地制宜、分类推进等方式，逐步提高水产养殖尾水资源化利用率和尾水治理设施覆盖率，加强水产养殖生态环境保护。开展池塘养殖尾水治理，根据《四川省财政厅四川省农业农村厅关于提前下达2023年中央财政渔业发展补助资金的通知》《四川省财政厅四川省农业农村厅关于下达2023年中央财政农业产业发展资金（支持渔业发展）的通知》文件精神，分别印发《中江县人民政府办公室关于印发〈中江县2023年中央财政渔业发展补助资金项目实施方案〉的通知》《中江县人民政府办公室关于印发〈中江县2023年中央财政农业产业发展资金（支持渔业发展）项目实施方案〉的通知》文件。有16家水产养殖场分别实施2023年中央财政渔业发展补助资金项目、2023年中央财政农业产业发展资金（支持渔业发展）项目。全县养殖池塘尾水治理面积达1746亩，提升了水产品稳产保供能力。

"鱼米之乡"提质。围绕"川鱼"振兴，打造中江特色的"鱼米之乡"，将鱼米有机结合，盘活和利用好稻田、水产等农业资源，实现"米袋子""菜篮子"和"钱袋子"的有机统一，形成可持续发展的粮食生产机制，破解了种粮效益低、种粮积极性不高、农民持续增收后劲不足的难题。根据省、市相关文件要求，对黄鹿镇、永太镇已建成的稻渔综合种养田块进行了护坡整理，以中江县振农农产品专业合作社、中江县众玉辉稻谷专业合作社为主的稻虾综合种养场完成稻田护坡整理1060亩。开展稻渔综合种养技术培训，培训36人次。

保护渔业资源。完善长江"十年禁渔"工作机制，县、乡（镇）政府分别成立"长江流域重点水域禁捕"工作领导小组，建立打击非法捕捞、市场监管2个工作专班，成立中江县打击非法捕捞专项整治联合指挥部。在将长江"十年禁渔"工作纳入对乡（镇）政府目标绩效考核的基础上，落实督察暗访机制，与周边县（市）建立跨部门跨区域联合执法机制，不定期开展重点水域联合执法。加强"十年禁渔"和郪江黄颡鱼国家级水产种质资源保护区宣传力度，利用电视、手机、音频、标语、手机短信等多种形式和多种角度开展法律法规宣传，使禁渔工作深入人心，营造了人人参与保护天然渔业资源的氛围，印发宣传资料22000余份，悬挂宣传标语126幅。开展渔业增殖放流活动，加强水生生物多样性保护，中江县凯江、东江生态环境治理建设项目一期工程、中江县公园街片区老旧小区及周边配套设施改造工程三标段、中江县凯江七桥至东江十桥新建工程一标段、中江县鹰嘴岩水库工程、中江县龙家咀水闸加固除险工程5个涉渔工程项目落实了生态补救措施，开展鱼类增殖放流，在凯江、小东河放流中华倒刺鲃、白甲、黄颡鱼、鲢鱼、鳙鱼鱼苗44.5万尾。持续开展联合执法检查，打击非法捕捞专项整治行动。建立农业、公安、市场监管、河长制办、水利等单位参与的协调联动机制，采取"白+黑""定期+不定期""联合+分散"等执法方式，广泛发动群众举报，进村入户摸排线索，对郪江、凯江、清溪河等重点河段进行巡查，到农贸市场和餐馆、渔具店等进行专项检查，打击违法捕捞和违法销售、收购、经营野生鱼类的行为，全年开展联合执法行动39次，共出动执法人员5200余人次，出动执法车辆4500余辆次，随机检查市场水产品销售经营点375个次、渔具经营点295个次、餐馆58家次。持续开展联合执法检查、打击非法捕捞专项整治行动，办结非法捕捞案件1件，行政处罚1.5万元，清理违规钓具20余个，协助森林公安查办非法捕捞案件8件。通过严格执法，遏制了非法捕捞案件的发生，保护了天然江河鱼类资源。

渔业生产及水产品质量安全。渔业生产安全工作坚持"安全第一、预防为主"的原则，要求每位渔业养殖户签订安全承诺书，加强防灾减灾工作，做好渔机渔具等机械设备的管理维护，特别是电、气设备和线路的检查维护，设置好警示标识标牌，从源头上杜绝渔业事故发生。抓好水产品质量安全监管，规范水产养殖户用药行为，促进水产养殖业健康可持续发展。全年县级抽样检测32个水产品，合格率100%。全年发放《水产养殖用药明白纸2022年1号》《水产养殖用药明白纸2022年2号》宣传资料5000份，《水产养殖档案》400余本，检查指导水产养殖单位127场次，责令整改4户。加强对饲料、渔药等水产投入品的监督管理，督促养殖场填写水产养殖生产、投入品使用等记录，落实农产品合格证制度，保障养殖水产品质量安全，加快推进水产养殖业绿色发展。

【乡村振兴】 构建工作体系，推动责任落实。健全组织体系，常态化部署统筹推进，县委常委会、县政府常务会分别研究部署相关工作12次、13次，调整成立由县委、县政府主要领导任"双组长"的县委农村工作领导小组，由县委、县政府分管领导任"双组长"的巩固脱贫成果专项工作领导小组，统筹推进巩固衔接工作。清单化要求压实责任，全面落实五级书记抓乡村振兴要求，制定县、乡、村三级书记抓乡村振兴责任清单，明确县委书记8项、乡（镇）党委书记10项、村党组织书记9项第一责任人职责，构建起职责清晰、分工明确、合力推进的责任体系。季度化考核倒逼落实，实行巩固脱贫成果季度考核，将考核结果纳入"红黑榜"通报，并与绩效考核、评先评优、职务晋升"三挂钩"，以考核倒逼工作真抓实干。加强政策投入，争取中央、省、市财政衔接资金投入3.07亿元（含市统筹资金5710万元），县本级财政资金投入6155万元，本级投入连年增加。完善政策体系，制定全县巩固衔接工作总体方案，组织22个行业部门出台巩固衔接文件49个，形成"1+49"政策体系，并梳理形成巩固脱贫成果政策清单，加强政策宣传和落地执行，确保政策不断档。引导金融机构加大"三农"领域信贷投入，全县农业龙头企业、现代农业产业园及农村小额信贷余额达34.8亿元，县财政安排200万元专项用于小额信贷贴息，助力脱贫户发展生产、开展经营。完善帮扶机制，67名市、县领导带领98个市级部门、99个县级部门以及相关企（事）业单位全覆盖联系帮扶30个乡（镇），全县6600余名帮扶干部对脱贫户全覆盖结对帮扶，600余名干部对监测户全覆盖监测联系。选派驻村"第一书记"、驻村工作队员119名，对乡村振兴重点村、集体经济薄弱村、党组织软弱涣散村等3类73个村开展驻村帮扶。实行每周二乡（镇）"乡村振兴工作日"、每月帮扶干部"民情走访日"制度，各级干部常态化进村入户访民情、察民意、解民忧，确保取得实效。

抓实巩固重点，提高脱贫成色。抓动态监测守底线，明确防返贫动态监测网格长31名、监管员63名、监测员505名、网格员4186名、兼职网格员6600余人，清单式细化监测职责、对象、范围、方法。优化防返贫动态监测识别程序，定期开展数据信息预警分析筛查，对43.3万户农户开展两轮全覆盖集中排查，走访调查重点对象9.3万户次，新增识别认定监测对象515户1377人，累计落实综合帮扶措施8436条，消除风险1367户3153人。抓产业就业促增收，促进稳岗就业，精准送岗促进转移就业、开发岗位实现兜底就业、落实政策鼓励引导就业，并抓实培训提升就业质量，健全机制提升服务水平，全年累计推送岗位7.65万个，实现脱贫劳动力和监测对象转移就业3.6万余人，较上年增加300余人；兜底就业8988人，较上年增加490人；脱贫人口人均务工收入9236元，增长15%。2023年，全县脱贫人口家庭年人均纯收入达13469元，比上年增长15.1%。投入650余万元扶持"三类"人员发展小家畜禽养殖等短平快项目，投入200万元以奖代补鼓励脱贫户、监测户因户制宜发展小微产业，实现户均增收157元。开展消费帮扶，创建"天府乡村"公益商标13个，推介带动农副产品销售4200余万元，民营企业以购代扶购买重点帮扶村或脱贫户农产品228.3万元，干部职工以购代扶购买农副产品价值270余万元。优化产业布局，以国家农业现代化示范区创建为抓手，采取大园区套小园区梯次推进模式，共计建成省、市、县级特色现代农业产业园区143个。培育形成江中源、雄健实业、颜氏粮油、年丰食品、四川逢春等粮油食品、蔬菜产品、道地中药材精深加工龙头企业48家。抓政策落实惠民生，加强住房保障，动态监测住房安全，投入663万元实施农户住房新（改）建174户，实现全域人不住危房、危房不住人。固本强基保障基本医疗，财政投入2899.04万元资助重点人群参保，实现基本医疗保障"应保尽保、不漏一人"。2023年，全县重点人员住院44303人次，慢性病维持治疗74344人次，医疗救助支出7625.1万元，住院医疗费用救助报销比例达84.95%，慢性病维持治疗救助报销比例达97.14%。加强教育保障，全面落实控辍保学政策，全县脱贫户和监测户适龄儿童入学率、巩固率和义务教育阶段毕业率均达100%。落实"六长"负责制控辍保学，分类加强在校学生巩固，落实教育资助政策，全年资助脱贫户、监测户家庭学生16619人次1042.4625万元，实现"应助尽助、精准资助"。

基础设施建设。推进高标准农田建设，全年投入资金2.5亿元，建设高标准农田8.4万亩，全县高标准农田总规模达82万亩。完成土地平整18298.7亩，建设排灌渠69.8千米、机耕道54.76千米、田间作业道0.84千米，整治塘堰15座、蓄水池2口、农桥13座。推进"五网"设施建设，完善水利设施建设，全年投资5.6亿元，加快推进石泉水库、双河口水库除险加固、光明水库、石泉灌区工程建设，保障农业灌溉、粮食生产用水；加快建设重点山洪沟通山河防洪治理、重点山洪沟小东河防洪治理等工程，筑牢农村防洪安全屏障，确保生产输水高效畅通；加快完成北部片区城乡供水一体化工程建设，做好饮水保障工作，提高农村用水质量，助力新农村建设；实施响滩子水厂改（扩）建工程，新建黄鹿三水厂，综合治理河道22.1千米，灌区续建配套67.8千米，新建桥亭、飞乌水闸2座，实施重点山坪塘整治15座，维修养护小型水库61座，提升农村供水工程165处，完善镇（村）水利基础设施，改善农村生产、生活用水条件。推进道路交通条件改善，投入资金1.2879亿元，实施农村公路危桥改造项目、撤并建制村畅通工程、通组路项目、财政衔接资金村组道路建设项目，完成农村公路危桥改造5个，新（改）建村（社区）道路345.294千米。推进电网设施建设，架设农村10千瓦线路127.1千米，安装变压器428台；投入资金1.09亿元，实施电网改造升级项目149个，惠及201个行政村13689户，全县农网线路网架结构、农村用电质量得到有效改善。推进通信设施建设，累计投入资金6000万元，新建5G基站193个，优化4G基站420个，改造、新建通信基站，乡村4G信号覆盖率达100%，光纤宽带村、社区覆盖率达98%。实施"燃气村村通"项目，推动实现30个乡（镇）天然气全覆盖，村（社区）天然气普及率达95.8%。

推动改善人居环境。推进农村"厕所革命"，按照《中江县2023年农村"厕所革命"实施方案》要求，将农村"厕所革命"和"美丽中江·宜居乡村"创建工作结合起来，集中整合资金项目，将"厕所革命"示范村和"美丽中江·宜居乡村"作为一体同步建设。结合全县实际，采取以新（改）建砖砌三格化粪池为主的方式处理农村粪污，并推进"厕污共治"，投入市（县）衔接资金450万元，新建农村公厕27座，累计完成50个村8248户农村户用无害化卫生厕所改造。持续推进乡村"全域无垃圾"专项治理，制定《中江县农业农村局乡村"全域无垃圾"专项治理行动方案》《中江县乡村领域全域无垃圾常态化治理工作方案》，成立乡村"全域无垃圾"专项治理行动领导小组，组建8个协调督促指导组，攻坚时期，每天对乡村"全域无垃圾"专项治理行动开展督查指导；常态化时期，则对乡（镇）进行每月全覆盖考评打分，考评结果报送至执法局进行汇总通报，全县乡村常态化"全域无垃圾"治理工作有序开展，乡村面貌得到改善和提升。务实笃行保障住房安全，确保全域农户"人不住危房，危房不住人"，修订完善巩固住房安全脱贫成果衔接乡村振兴方案，制定农村住房安全动态监测办法，投资619万元，实施安全隐患农房整治，完成住房改造174户、自建房安全隐患管控整治694户。统筹提高城乡饮水安全保障水平，投资17亿元规划建设仓山水厂（已建成）、响滩子水厂、黄鹿三水厂、双河口水厂、石泉水厂、龙台水厂等6座骨干供水工程，并同步实施小型集中供水安全提升工程，构建全域城乡一体化供水格局，截至2023年年底，全县有集中供水工程241处，覆盖全县30个乡（镇）、376个村（社区），农村自来水普及率86.68%，供水保证率93%，水质达标率90%。梯次推进农村生活污水治理，按照"突出重点、分类治理、技术优化"的原则，完成13个行政村农村生活污水治理"千村示范工程"建设，全县农村生活污水得到治理的行政村占比达82%。

推动"美丽中江·宜居乡村"建设。根据全县实际，制定《中江县2023年"美丽中江·宜居乡村"精品村、示范村、创建村考评方案》，评选出2023年"美丽中江·宜居乡村"入选村60个，其中精品村10个、示范村20个、创建村30个。

推进乡村建设、省级乡村振兴示范村创建。实施村容村貌提升"六化"工程（家园美化、道路硬化、村庄绿化、照明亮化、环境净化、乡土文化）和农村人居环境整治，全年共安排项目资金2365万元，建设乡村项目13个。开展乡村振兴先进乡（镇）、示范村的创建申报工作，共创建省级乡村振兴先进乡（镇）1个、省级乡村振兴示范村4个、市级乡村振兴先进乡（镇）1个、市级乡村振兴示范村8个；推进乡村治理示范村镇申报工作，永安镇永安村、南华镇南山村和普兴镇静安村创建为四川省第三批乡村治理示范村镇；推进农村生产生活遗产保护和传承工作，中江竹编、阳平菜刀和石泉瓦酒入选四川省农村生产生活遗产名录（第三批）。

【乡村旅游】 全年接待游客385万人次，实现旅游业综合收入16.9亿元。中江千年一面景区创建为国家3A级景区，伍城家园大酒店创建为国家三星级酒店。实施乡村旅游提升行动，加快推进继光湖旅游区、西南界洞峡群、中国挂面村、沼源博物馆等文旅项目建设，不断提升全县乡村旅游接待能力。依托乡村旅游资源，策划2023“继光故里·大美中江”乡村旅游节会系列活动，举办芍药赏花节、中江第六届樱花节、四川盆底大地艺术节等活动，承办2023年四川花卉（果类）生态旅游节子活动暨中江第三届柚子采摘节，共吸引游客超过200万人次。

【农村水利】 项目建设。全县水利工作紧跟四川水利“3226”高质量发展工作思路，投资5.6亿元，实施响滩子水厂改（扩）建工程，新建黄鹿三水厂，综合治理河道22.1千米，灌区续建配套67.8千米，新建桥亭、飞乌水闸2座，实施重点山坪塘整治15座，维修养护小型水库61座，提升农村供水工程165处，完善镇（村）水利基础设施，改善农村生产、生活用水条件。同时，抢抓政策机遇，申报双河口水库除险加固、石泉灌区、光明水库、小东河、通山河防洪治理工程5个国债项目，总投资4.06亿元，安排国债资金2.97亿元。

防汛减灾。分级分类开展防汛抗旱应急演练161次，发放避险“明白卡”、减灾工作卡和宣传资料10000余份，通过短信预警平台共发送重大气象信息、水情信息22000余条。及时向物资紧缺的乡（镇）提供抗旱设施设备，共计发放管材80余千米、水泵12台、抽水机37台、抽水软管10000米。全县建有1支专职应急抢险队伍和552支乡（镇）应急队，组织开展相关培训和演练。成功应对1轮强降雨，实现防汛减灾“零死亡、零失踪、零责任事故”工作目标。

春灌输水。县管渠道岁修、除淤工作于4月全部完成，完成全县16条379处48.93余千米水毁修复。和都发中心共同制定提前“关秧门”稳粮增收的联合保障方案，自3月30日—6月6日春灌共输水1.2余亿立方米，同比历年提前7～10天完成全县41.66万亩水稻满载全插。

巩固脱贫。实施饮水安全巩固提升项目4个，共投资611.78万元，持续巩固提升农村饮水安全，保障群众用水安全。规划实施骨干供水工程6座，其中仓山水厂已建成，累计使用户数7.9万户；响滩子水厂完成扫尾工程并调试，水质检测合格，通过完工验收；黄鹿三水厂厂区主体完工，管网完成95%；石泉、双河口、龙台水厂等项目前期工作有序推进。投资158.06万元，对23个乡（镇）166处已建成的农村集中供水工程进行维修养护，巩固提升32万人用水标准，改善供水规模至45784立方米/天。

【农业机械化】 截至2023年年底，全县共受理农机购置补贴申请1831份，涉及农户1380户，补贴各类农业机械2052台（套），补贴资金275.7956万元。落实“机收减损”，增强服务功能，提高效能，保障粮食安全，截至2023年年底，完成小麦机耕37.9万亩、机播31万亩、机收37.9万亩，油菜机耕43万亩、机播10.5万亩、机收25万亩，水稻机耕41万亩、机插（机播）21万亩、机收40万亩，玉米机耕77.2万亩、机播23万亩、机收13万亩。加强保障，夯实保障基础，组织开展农机化生产宣传推广活动25次，共培训机手、修理工0.26万人次，检修各类农业机械1.7万台。9月26日，承办德阳市2023年“天府粮技”主要粮油作物（水稻）机收减损技能大赛暨成德眉资邀请赛活动，县农业农村局工作人员刘霖获得一等奖。

农机化推广。继续加大对农村机电提灌站维护保养、提水蓄水及安全相关工作的督导，确保提水蓄水有序，为农业生产做好服务，严防安全事故发生，建设提灌站60座。完成宜机化推行改造2万亩，投入改造资金超过6000万元，其中省级产业宜机化改造项目资金500万元。与省农业机械科学研究院合作，落地国家“十四五”重点研发计划项目——“丘陵山地通用动力机械创制”，推进基地项目建设，建成国家级丘陵山地通用动力机械作业性能试验平台。持续开展中药材收获机械的研发，与省农业机械科学研究院合作，落地中江丹参机械化收获技术提升及装备改造中试项目，进行适用于当地的丹参收获机械研发和试验示范。上半年，先后与四川省农业机械科学研究院、四川省农业机械化发展推广中心联合开展农机化技术推广培训，培训人次超过500人次。

农机服务。开展“送年检、年审下乡（镇）”工作，全年办理农机具及驾驶操作人员年检30次，农机年检率达87%，比上年增长36%。开展农机安全应急演练2次，新培训农机驾驶操作人员200余人次。农机服务能力不断壮大，全县农机专业合作社达25家，农机资产超过4300万元，专业服务人员120余人，服务能力达15万亩。全年新增农机专业合作社1个，获评四川省“全程机械化+综合农事”1家；1家农机专业合作社被评为省级重点社会化服务组织，3家获评市级重点社会化服务组织。

【农村科技】 加强农业科技创新体系建设，推进激发农业科技人员创新创业改革，优化科技创新创业环境，加强农业科技成果转化、科学普及与适用技术培训，促进农业产业升级、农村发展和农民增收。

农业重点研发和成果转化。加强农产品高产高效安全生产技术支撑，重点围绕小麦、油菜、中药材、水果等优势产业和区域特色产业，开展产业化技术集成研究与示范推广应用攻关。围绕生物医药等社会发展领域开展技术攻关，研发新产品，运用推广新技术。全年组织实施农业科技计划项目25项，其中“中江县科技特派团产业技术服务与示范（科技特派员）”“杂交萝卜蜀萝11号关键技术集成与产业化示范”“地标产品中江白芍新品种‘川芍1号’及其配套生态栽培技术集成示范与推广”“浓香菜籽油高效生产工艺与加工专用装备的示范应用及产业化”“中江丹参种植关键环节机械化技术研究与示范”等17个重点研发和成果转化项目获得国、省、市、县立项支持。

科技普及。3月20日，在永安镇举办以“科技创新引领城乡融合发展”为主题的科技、文化、卫生三下乡活动暨第二十七届科技之春科普活动月活动。举办果树栽培管护技术、大田作物栽培管护技术培训等培训讲座。组织科普成员单位开展科普知识宣传咨询和“科普大篷车进校园”活动，活动参加人数达1000余人，发放各类资料8000余份。

农村特派团。开展现场科技服务280次以上，培训种养大户、新型职业农民32场1800余人次。与企业、专业合作社、家庭农场、专业大户等建立利益联结机制，与服务对象签订协议25个以上，撰写论文论著及技术规程或编写培训教材21篇以上，引进示范推广或解决重要技术难题36项以上，报送服务信息80余条。

“四川科技兴村在线”中江县平台建设。“四川科技兴村在线”平台为全县22个乡（镇）提供技术服务，已入库专家68人、信息员827人、分诊员4人。全年完成信息咨询数量1324条，为年度目标800条的165.5%；开展现场服务5次，完成村级驿站建设9个；开展业务培训4次，培训信息员、专家300余人，发放宣传资料2000余份，服务农户700余户、新型农业经营主体80余户。

【农村教育】 总投入14350万元，建设55个项目，新（改、扩）建、维修校舍、运动场30.6万平方米，其中人民路幼儿园城西分园、玄武路幼儿园城北分园、御河中学学生宿舍、城北中学新建教学辅助用房、德阳市江南高中、中江中学新建教学楼等市（县）重点项目竣工，仓山镇第二小学、凯州新城第二幼儿园、兴隆中学学生宿舍、实验小学综合楼（二期）、中江县城南职业技术教育基地开工建设。全面实施义务教育阶段“三免一补”政策，免除9.23余万名学生的学杂费、教科书费、作业本费，为20513名贫困学生提供生活费补助资金1997.4375万元。减免3023名贫困家庭幼儿保教费，免除3752名家庭经济困难普通高中生、7651名家庭经济困难中等职业学校学生学费，为普通高中家庭经济困难学生3752人、中等职业学校家庭经济困难学生997人提供国家助学金，共下发资金3020.1855万元。办理大学生助学贷款2128.1764万元，惠及大学生1921人。坚持“校内提质减负、校外治乱减负”双向发力，持续深化课堂教学改革，不断提高课后服务质量，加强校外培训机构督导检查，规范办学行为，确保“双规双减”政策落地见效。

【农村文化】 春节期间，在全县开展“送春联下乡”活动30场次；举办“我们的中国梦文化进万家”活动9场次、春节团拜会文艺演出1场、民俗文艺展演5场次、“状元魁登高会”系列活动4个、“2023幸福中江·欢乐元宵”文艺演出1场、2023年“三下乡”集中示范服务活动1场、“大地欢歌”第四届乡村文艺调演34场、大型民族歌剧《同心结》优秀唱段音乐会1场、曲艺展演4场、中江庙会——川剧演出50场、“党的声音进万家”主题文化惠民演出50场；承办由县委、县政府主办的七一晚会1场、五一晚会1场，承办由文化和旅游部主办的“乡约继光湖——夏季大联欢”村晚1场、2023年全国广场舞展演——四川德阳中江县文化惠民演出1场，承办由省林草局主办的2023年四川花卉（果类）生态旅游节子活动暨中江第三届柚子采摘节文艺演出1场。指导乡（镇）综合文化站开展各类群众文化活动180场次，全年开展各类文化活动450场次。

【农村卫生】 全县共有乡（镇）卫生院（中心卫生院）30个、村卫生室436个，其中龙台中心卫生院、仓山中心卫生院为二级综合医院，基本建立起能够满足农村基层医疗卫生服务需求的体系。按照省核定全县94.8万名常住人口计算，全县共建立居民健康电子档案89.17万份，建档率94.07%；动态使用55.38万份，档案使用率61.82%。7类重点人群健康管理服务继续加强，其中辖区活产数3420人，规范健康管理服务新生儿3344人，访视率97.78%；规范健康管理服务0～6岁儿童4.58万人，管理率91.56%；0～6岁儿童眼保健和视力检查4.2万人，眼保健和视力检查覆盖率90.01%；孕产妇系统管理3420人，早孕建册3267人，早孕建册率95.53%；产后管理3330人，产后访视率97.37%；规范健康管理服务65岁及以上老年人城乡社区12.5万人，管理率59.65%；原发性高血压患者在管7.75万人，规范管理5.31万人，规范管理率68.56%；2型糖尿病患者在管2.76万人，规范管理1.88万人，规范管理率68.16；社区在册居家严重精神障碍患者健康管理5991人，管理率89.46%；肺结核患者健康管理321人，管理率100%；中医药健康服务达到规范要求，其中老年人中医药健康管理率75.91%、0～36个月儿童中医药健康管理服务率87.34%；登记法定传染病924例，网络直报924例，上报率100%；协助开展食源性疾病、饮用水卫生安全、学校卫生、非法行医和非法采供血、计划生育实地巡查788次。

血防消除巩固。全年完成查螺3623.34万平方米、灭螺876.41万平方米。全年完成询检27760人次、血检52780人次、粪检4280人次、扩大化疗1129人次；播放影像宣传24次，覆盖人数13万人；组织召开会议及开展血防讲座41场次、广播601场次，覆盖人数7.5万余人次；

制作板报180期，发放健康教育知识读本2.1万册，发放宣传资料13万份；开展血防知识课的中小学学校21所、班次40次，听课人数0.31万人，健康教育受教覆盖30万人次，血吸虫流行地区学生健康教育知晓率达98%，学生健康行为形成率达95%。完成国家监测点及流动监测点监测、风险监测点监测任务，开展返乡人员及流动人群监测以及晚血现症病人治疗和动态监测，重点加强对石泉水库及石林谷区域风险人员监测。

牵头组织医疗机构制定监测对象识别标准，汇总监测脱贫不稳定户、边缘易致贫户、突发严重困难户信息，通过数据筛查、信息监测、调研督查等渠道将发现因大病、重症患者可能导致返贫致贫风险的名单推送至县乡村振兴局，截至2023年年底，与县医保局研判后，共向乡村振兴局推送线索15730条。截至2023年12月，县卫健局组织安排帮扶干部94人帮扶仓山镇6个村374户，其中已脱贫户346户、脱贫不稳定户9户、边缘易致贫户19户，主要配合镇、村工作。

计划生育政策。全县计划生育奖励扶助对象累计45218人，发放标准为960元/人/年，实际发放45211人、奖扶金4340.256万元；全县特扶对象累计2080人，其中伤残类498人，资金发放标准为9480元/人/年；死亡类1582人，资金发放标准为12000元/人/年，实际发放2080人（伤残类498人、死亡类1582人）、2370.504万元特扶金；再生育关怀项目中，有独生子女死亡对象累计16人，资金补助标准为7080元/人/年，共计发放11.328万元补助金。为1730名计生特扶对象（含德阳市再生育关怀）按时缴纳城乡居民基本医疗保险（二档）和补充医疗保险94.285万元，共投入资金3.64万元；为547名符合条件的特扶对象按照100元/人/年代缴城乡居民养老保险5.47万元；按照200元/人/年的标准，为2080名特扶对象、16名再生育关怀对象购买住院护理险，共投入资金41.92万元，全年理赔295人、50.27万元。全年为21336.5户（含折合户）、42369人发放独生子女父母奖励金256.038万元。

【农村法制建设】 全面实施“八五”普法规划，举办法治宣传活动60余场次，编制《今日学法》电子海报）100余期，制作《江江法治讲堂》短视频8期，发放法治宣传折页共计4.5万余份，解答疑问1万余人次。建立调整乡（镇）、村（社区）、行业性调委会共计559个，排查矛盾纠纷14262次，调解纠纷4764件，调解成功4758件，涉案金额675.39万元，调解成功率达99.87%。全年援助工作任务量为330件，咨询服务1600人次，截至2023年年底，中心共受理法律援助案件587件（其中民事案件205件、刑事案件382件），占年度目标任务的177.87%；咨询2482人次，占年度目标任务的155.12%。列管社区矫正对象810人，开展审前社会调查评估387件，训诫59人次，警告29人次，依法收监4人，无再犯罪，社区矫正对象重新犯罪率严控在2‰以内。

【农村交通】 全县共实施农村公路危桥改造5座、农村公路村社道路项目建设345.294千米，总投资12879.68万元。

农村公路危桥改造项目。拆除原中江县Y136龙山路川龙桥、中江县Y052严钟路平桥、中江县Y081黎玉路高间桥、中江县C289利—何路利民桥、中江县Y007和高路渠湾村拱桥5座危桥，根据道路规划分别采用2～4级公路建设标准重建桥梁，总投资1646万元。

村（社区）道路新（改）建项目。已建成345.294千米，完成投资11233.68万元，其中财政衔接资金村社道路建设项目110.06千米、撤并建制村畅通工程建设项目113.164千米、通组路建设项目122.07千米。

【农村社会保障】 扩面参保。采取抓宣传舆论，增强参保意识；抓政策入户，深挖特殊人群；抓社保扶贫，落实“应保尽保”等措施，扩大参保覆盖面。全县城乡居民养老保险参保人数达56.5万人，其中16～59周岁32.72万人、60周岁及以上23.78万人。按月足额向23.78万名城乡居民养老保险待遇领取人员发放养老金，全年累计发放38459.29万元。

落实困难群体代缴。通过与县民政局、县残联、县乡村振兴局等部门建立的协作联动机制，每月进行数据比对，确保对困难群体人员信息实现动态掌握；及时与各乡（镇）对接，着重对疑点信息逐一研判；组织镇、村干部到困难人员家庭逐一核查，确保村不漏户、户不漏人。截至2023年年底，完成为低保对象、特困人员、重度残疾人员等困难群体代缴最低标准城乡居民养老保险费(100元/人/年）共2.66万人，代缴金额266万元，目标完成率达107.26%。

开展待遇领取人员资格认证。拓宽开展手机App、电子社保卡等认证新方式，提高便民利民服务质效。将城乡居民养老保险待遇领取人员资格认证工作纳入年终目标考核，加强监督检查，全年完成城乡居民养老保险待遇领取人员资格认证共计21.38万人。

做好基金监管。做好基金监管，规范内控制度和基金稽核制度，对基金的筹集、划拨、发放进行监控，定期开展监督检查，并加大与财政部门、信用社等部门的配合力度，确保财政补助资金落实到位，杜绝截留和挤占资金现象。成立督导小组，到乡（镇）、村（社区）进行督导，要求镇、村建立基金追收台账，注明未追回具体原因。加强部门联动，实现信息共享，加强与县卫健局、县民政局、县公安局等部门协调，按月将死亡人员数据与系统中养老保险待遇领取人员开展信息比对，确认疑点信息，及时暂停待遇发放并开展核查工作，尽可能减少冒领现象发生。加强冒领社保基金方面法律法规宣传，在政策宣传上下功夫，重点加大对社保基金冒领法律法规、政策的宣传力度，提高参保人员直系亲属积极主动申报死亡的意识。2023年，全县已追回违规领取养老金1676.57万元，追回率达85.1%。

维护农民工合法权益。开展清理整顿人力资源市场专项行动、集中整治拖欠农民工工资问题专项行动、女职工合法权益保护专项执法行动、根治欠薪冬季专项行动、企业劳动保障守法诚信等级评价等。对70个建设项目和62家工商业企业（含个体工商户）开展根治欠薪实地核查和劳动用工专项检查，对45家企业进行劳动用工年审，涉及人数9461人。全年共处理农民工工资举报投诉案件45件，涉及人数55人，涉及金额51.9万元，结案率达100%。欠薪线索平台共接收案件168件，处置率100%。德阳12345信访平台等各类举报投诉案件488件，结案率100%。

【农村生态建设及环境保护】 凯江西平断面达到Ⅱ类水质，郪江象山、清溪河碾子湾断面水质达到Ⅲ类水质，均达到上级考核目标。土壤环境安全可控，全国污染地块土壤环境管理系统内录入地块土壤环境初步调查已全部完成。开展河湖“清源”专项行动，发现并整改问题321个；制定《中江县2023年乡（镇）河流交接断面水质考核办法》，在郪江流域30个乡（镇）设置49个考核断面，加强污染源管控和治理；在全县30个乡（镇）381个村完成基层河湖管理保护“解放模式”创建工作，探索建立各项制度，分别成立党员、巾帼、保洁志愿队伍，调动群众参与河湖治理的积极性，提升基层河湖治理水平，改善农村河湖水环境、水生态；加强农村面源污染治理，结合“厕所革命”“千村示范工程”推进农村生活污水治理，实施“千村示范工程”建设，16个村生活污水得到治理，全县3个国考断面水质均达到上级考核要求。坚决打赢“蓝天保卫战”，开展在建工地扬尘专项治理，加强道路执法检查，严查货运车辆违规入城、抛洒滴漏等违法行为；对76家涉气企业实施重污染天气应急管控；抽测柴油车1254辆；完成12座加油站三次油气回收改造，安装完成100户餐饮油烟在线监控系统；推进秸秆禁烧和烟花爆竹禁燃禁放等工作。坚决打赢“净土保卫战”，督促4家重点监管单位开展土壤环境自行监测工作，对寿益冶金炉料有限公司地块土壤污染状况开展详细调查，指导20家企业完成危险废物规范化建设，严格固危废监督管理，确保土壤环境安全可控。

中江县2023年省级农村生活污水治理“千村示范”工程争取省财政以奖代补资金770万元，对16个行政村进行农村生活污水治理，通过新建一体化污水处理设施对农村聚居点进行污水治理，已完成16个村的治理任务。

【农产品质量安全监管】 全县农产品生产经营主体入驻国家农产品质量安全追溯信息平台592家，全部实施食用农产品合格证制度监管。根据农业农村厅《关于印发2023年县级农产品质量安全风险监测方案的通知》文件要求，县农产品质量安全检验检测站全年共抽检样品125个，其中风险监测抽检样品112个，抽检样品包括粮食作物20个、蔬菜30个、食用菌3个、水果10个、水产品3个、畜禽产品46个（猪肉30个、牛肉3个、禽肉5个、禽蛋5个、牛奶3个）；监督抽检13个，其中蔬菜4个、水果3个、水产品2个、禽肉2个、禽蛋2个。按照县农业农村局关于印发《中江县2023年农产品重金属专项监测方案》《关于印发2023年县级农产品质量安全风险监测方案的通知》文件要求，县农产品质量安全检验检测站共承担风险监测样品515个，实际完成风险监测样品525个，其中畜产品165个（禽肉75个、禽蛋75个、生鲜奶15个）、种植业354个（小麦170个、玉米80个、水稻102个、大豆2个）、产地环境样品6个（水样6个）。

【农村市场体系建设】 商品市场有序发展。全县共有商品市场56个，营业面积28.3万平方米，从业人员3000余人，年交易总额8.5余亿元，其中农贸市场48个，营业面积15.8万平方米，从业人员约2550余人，年交易总额1.95亿元。丝棉巷市场、御河市场、通济镇农贸市场完成改造并投入使用。

城乡统仓共配加快推进。聚焦提升“工业品下乡、农产品进城”双向流通效率，推动城乡统仓共配。截至2023年年底，全县共入驻“四通一达”等20家快递企业，并以国有企业中江邮政公司为支撑，对辖区内15家县域快递企业进行整合，开通城乡物流配送专线8条，直达30个乡（镇）场镇及100个行政村，搭载“日用消费品、农资下乡和农产品进城”双向配送服务，创造规模效应，降低了县域快递成本，县城与乡（镇）间快递实现当天转运。

商贸流通网点融合发展。鼓励阳光盛源等商贸流通骨干企业以镇村为重点下沉供应链，为各镇（村）的中小企业和个体商户提供集中采购、统一配送、销售分析等服务，增强农村实体店铺的抗风险能力，推动农村商业网点实现寄收快递和商品流通等多种功能。截至2023年年底，阳光盛源在县域内各镇（村）共设点365个，全部能实现商品销售、寄收快递等综合功能。

【农村留守家庭（儿童、学生）帮扶】 承办四川省万名青少年夏令营主营暨德阳市分营开营仪式，丰富留守儿童假期生活。实施“求学圆梦行动”，争取苏州金螳螂慈善基金会资金100万元，资助100名中江籍高中毕业生；争取江苏百姓城管助学团慈善助学项目，资助24名贫困儿童至大学毕业。实施青春守护行动，10所镇中心学校开展心理专题辅导、未成年人保护体操等系列活动，助力儿童心理健康成长。实施“梦想改造+”项目，争取省、市、社会资金18万元，改造“爱心小屋”30间，改善贫困儿童居住环境。

【劳务开发与返乡创业】 全年劳动力转移输出总量50.44万人，其中省内就业32.15万人、省外就业18.29万人。全年开展劳务品牌培训1325人、返乡创业培训514人。

加强人力资源合作。抢抓“成德眉资”同城化、成渝地区双城经济圈建设有利契机，打造优质劳务产业。与成都市简阳市人社局、成都市温江区人社局、江苏省靖江市人社局等签订人力资源合作协议12份，同步开展重点企业专项招聘，促进农民工定向就业；建立福建省、浙江省、上海市等10个驻外服务站，开展人力资源和社会保障等工作。

加强就业稳岗。在宏发电声等企业开展新型学徒制培训班，培训996人，其中脱贫劳动力24人。通过“送教下乡”模式，在龙台等多个乡（镇）开展“中江建工”劳务品牌培训，培训“农村建筑工匠”654人次（其中脱贫劳动力15人），兑现培训补贴1.5万元。通过“中江找工作”微信公众号、“中江县农民工服务保障”等QQ群、“中江县人才网”视频号等线上平台开展招聘193期，组织开展线下招聘41期，同步举办进企业、进乡（镇）招聘会，全年累计提供就业岗位共计7.65万余个，满足企业用工和劳动者求职需求。为在2023年申报就业困难人员灵活就业兑现社保补贴的141名人员拨付补贴119.04万元。

返乡创业全程指导。提供创业指导服务，由创业导师为创业者提供创业项目咨询及创业指导服务，保证创业服务的连续性，提高创业服务的时效性，使创业服务涵盖创业初期、成长期、成熟期整个过程。中江县农民工服务和就业创业促进中心创业交流平台打造“创业小镇”2个、“微型创业园”1个、“创业孵化基地”1个等众创空间。规范建成就业帮扶示范基地，鼓励支持116家省、市、县就业帮扶基地（车间）共吸纳脱贫劳动力2000余人就近就地转移就业增收。

加强就业创业政策宣传。通过乡（镇）、社区人力资源和社会保障服务平台进街道、进小区、进门店等方式开展政策宣传活动，印制就业创业政策宣传单2万余份。加强政策培训，对30个乡（镇）的分管领导和经办人员进行业务培训，详细解读政策。通过QQ群等方式宣传就业创业政策。宣传创业典型，报道创业成果，分享创业过程中的好做法、好经验，以带动更多的创业者创业。全年共为126人发放创业补贴126万元，其中返乡农民工113人、高校毕业生11人、脱贫户1人、就业困难人员1人；发放创业担保贷款5511万元，其中小微企业贷款3678万元、个人贷款1833万元。

【主要领导人】 县委书记：杜尚武；县人大常委会主任：罗万举；县长：魏宇；县政协主席：袁海；分管农业副县长：刘福兴。

中江县编写组

绵阳市

【基本情况】 2023年，全市辖31乡122镇13个街道，辖区面积2.02万平方千米，其中耕地面积533.03万亩，比上年增长0.87%，人均耕地面积1.01亩；永久基本农田457.9万亩。年末总人口525.59万人（户籍人口），比上年减少0.08万人；全年出生人口2.8万人、死亡人口3.56万人，人口自然增长率-1.53‰。全市耕地有效灌溉面积330.81万亩，达到耕地总面积的62.06%；本地水资源总量78.44亿立方米，人均占有水资源量1601立方米。全市有林业用地126.59万公顷，有林地面积111.72万公顷，活立木总蓄积量9801.57万立方米，草地面积1.1万公顷，森林覆盖率、国土绿化覆盖率分别达56.31%、70.5%。

2023年，全市实现地区生产总值4038.73亿元，增长8%，其中第一产业增加值393.19亿元，同比增长3.8%，农、林、牧、渔及农林牧渔服务业之比为327.01∶49.61∶223.32∶29.36∶26.94；第二产业增加值1599.05亿元，同比增长7.7%；第三产业增加值2046.49亿元，同比增长9.2%。三次产业对经济增长的贡献率分别为5.7%、7.7%和9.2%。全市接待国内游客9391.42万人次，实现旅游收入819.94亿元。

公路通车里程24992千米（其中农村公路22093千米），密度1237.2米/平方千米、50.9千米/万人。社会消费品零售总额1822.36亿元，增长11.5%。地方公共财政预算总收入完成201.47亿元，增长26.2%；公共财政预算总支出577.59亿元，增长15.3%。金融机构各项存款余额7026.98亿元，比上年初增长12.5%；各项贷款余额4412.08亿元，比年初增长17.6%。全年农业保费收入5.34亿元，增长17.24%；处理各项赔款和给付金额3.61亿元，增长30.91%。农业产业化龙头企业国家级、省级、市级分别为6家、63家、328家。

有各类学校1255所，在校学生723310人，教职工63843人，其中普通高校15所，在校本（专）科学生39575人；普通高中36所，在校学生156663人；中等职业学校21所，在校学生47604人；初中130所，在校学生155252人；小学331所，在校学生285933人；学龄儿童入学率100%。有公共图书馆10个，文化馆10个，博物馆（纪念馆）13个和美术馆3个。有卫生机构176个，病床位13231张，卫生技术人员13577人。

【年度农业和农村经济运行】 2023年，全市实现农林牧渔总产值656.24亿元，增长3.6%；全市全年第一产增加值达393.2亿元，增长3.8%。农民年人均可支配收入达21621元，增长7.5%。农业科技贡献率65.2%；全市农产品质量抽检合格率为98.9%。全市主要农产品产量见表1。

【农业产业化发展】 全市坚持以“三品”工程为引领做优现代农业，加快建设新时代更高水平“天府粮仓”，围绕“23610”现代农业空间布局，实施现代农业园区建设提升行动，发展现代特色农业产业，夯实乡村全面振兴基础。2023年，江油市入选国家农业现代化示范区创建名单；三台县芦溪镇（原花园镇）、梓潼县许州镇、北川县桂溪镇、盐亭县鹅溪镇被认定为首批国家产业强镇；北川县石椅村获评中国美丽休闲乡村。涪城区杨家镇（蚕桑）获评国家第十二批“一村一品”示范村镇。申报并实施省级弱筋小麦产业集群和盐亭川中甘薯产业集群项目建设；北川县禹里镇、平武县响岩镇实施2023年度省级产业强镇项目。

优质品种标准化建设。制定加快全国种业强市建设硬措施，用好市级种业发展专项资金，加快现代种业全产业链发展。2家企业被中国种子协会认定为“十年AAA信用企业”；3家企业入选2022年中国种业及蔬菜种业信用骨干企业；2家企业入选2022年度四川省“专精特新”中小企业。在2022年度中国农作物商品种子销售额排名中，国豪种业油菜商品种子销售总额排名全国第四位，全兴种业蔬菜商品种子销售总额排名全国第六位，西科农业杂交水稻商品种子销售总额排名全国第七位。全市建成集中连片1000亩以上的制种核心基地26个，梓潼县入选全省首个“国家水稻制种标准化示范区”。三台县国家级生猪种业园区通过认定，推进2个省级种业园区建设，6个市级种业园区获得认定。

重点龙头企业发展。全市共有市级以上农业产业化重点龙头企业397家，其中国家级6家、省级63家、市级328家，数量位居全省第二。共有县级以上农业产业化联合体31家，其中市级21家、县级10家。

高素质农民与家庭农场培育。截至2023年年底，全市已发展1.56万家家庭农场。共创建省、市、县各级家庭农场示范场2893家，其中市级以上示范场1104家；培育高素质农民2.52万人。涪城区继续开展深化家庭农场和农民合作社带头人职业化试点，新培育职业农民40人，共计培育职业农民170人。三台县新景蔬菜专业合作社理事长崔兴江被评为全国农业农村劳动模范；安州新农农机专业合作社景波被评为四川省高素质农民创新创业先锋；盐亭县家禾兴盛家庭农场等10家家庭农场和三台县推动家庭农场高质量发展经验入选四川省第一批“10+1”家庭农场典型案例；游仙区荆桃家庭农场主周金桃等30位家庭农场主被市委组织部、市农业农村局、市人社局、市财政局联合发文选树为“首批优秀家庭农场主”。

农民合作社发展。截至2023年年底，全市已发展农民合作社5805个，成员达33.89万户，实现经营收入31.29亿元；创建市级及以上示范社381个。梓潼县完成全国农民合作社质量提升整县推进试点任务，江油市、三台县完成农民合作社质量提升整县推进省级试点任务。

表1 2023年绵阳市主要农产品产量

主要农产品	单位	产量	同比增减(%)
粮食	万吨	2353.91	2.200
水稻	万吨	92.29	1.520
小麦	万吨	39.79	4.790
玉米	万吨	83.20	3.910
马铃薯	万吨	9.10	−21.620
油菜籽	万吨	44.07	0.420
蔬菜	万吨	94.33	6.210
水果	万吨	6.67	7.800
肉类	万吨	43.42	0.001
猪肉	万吨	28.24	1.850
牛肉	万吨	1.62	1.230
羊肉	万吨	1.40	−1.310
禽肉	万吨	10.87	−4.230
兔肉	万吨	1.21	0.600
禽蛋	万吨	17.03	3.800
水产品	万吨	13.48	3.970
牛奶	万吨	1.68	8.640

【农用地产权制度改革】 深化第二轮承包到期后再延长30年试点。完成盐亭县部级延包试点单位大兴回族自治乡的1个村试点任务，游仙区新桥镇石庙村、三台县芦溪镇鹤林村2组、北川县马槽乡明头村2组市级试点任务。开展农村土地承包和流转合同网签试点，游仙区开展农村土地承包和土地经营权流转合同网签试点，探索建立健全农村土地承包、流转合同网签机制和工作流程。加强农村承包地管理，印发《关于协同做好土地承包经营权不动产登记与土地承包合同管理衔接工作的通知》，推动做好农村土地承包经营权不动产登记工作。

【农村集体产权制度改革】 发展壮大新型农村集体经济，实施《绵阳市村级集体经济提质增效“千百工程”三年行动计划》，1004个村集体经济年收入达20万元以上、84个村年收入达100万元以上，超过94%的村有经营收益。开展2期村党组织书记、1期乡（镇）长、1期新一轮驻村干部发展壮大农村集体经济专题培训。加强农村集体资产管理，开展村级集体经济债务调查、农村集体资产监管提质增效行动，并在全省工作部署会上作《规范集体经济合同，助力集体资产监管》交流发言。印发《关于农村集体资产产权全部进场交易的通知》《农村集体资产产权入市交易流程》，推动农村集体资产产权依法入市交易。拓展农村集体资产权能改革，安州区开展农村集体收益分配权抵押担保、有偿退出省级试点，试点地区已完成农村集体资产股权证的印刷、填写和发放，形成抵押担保或有偿退出案例。

【供销合作社改革】 全市供销合作社系统共有社有企业（全资及控股）41家，建设农村端、城市端各类网点合计1204个（其中农资网点802个、农产品经营网点195个），实现农副产品购销总额92.8亿元，累计销售化肥146222.22吨、农药3584.78吨、农膜812.56吨。开展土地托管服务55万亩，实施测土配方施肥32万亩、统防统治72万亩、农机作业73万亩。全市供销系统有新型基层社140个、区域性为农服务中心9个，基层社开展农资集采直供3000吨，村集体经济创收90万元、帮助农户节约农资支出60万元。推进农村闲置房屋盘活利用，提高农村资源使用效益，全市共流转交易闲置农房29宗，交易金额334.57万元。

【农产品品牌战略实施】 实施品牌打造工程，共有市、县农产品区域公用品牌9个，入选全国名特优新农产品名录5个、首批“天府粮仓”精品品牌名单2个，全市有效期内“三品一标”农产品达541个（包含安县魔芋、涪城蚕茧、梓江鳜鱼等28个农产品地理标志）。开展“绵品出川”活动15场，实现销售额1.16亿元，“绵阳好物”受到消费者喜爱。

【现代农业园区建设】 三台县现代农业产业园（生猪种业）入选国家现代农业产业园，梓潼县蜜柚生猪生态循环现代农业园区、平武县果梅现代农业园区和盐亭县生猪种养循环现代农业园区新晋省三星级园区，安州区粮油现代农业园区晋升为省五星级园区，截至2023年年底，全市共建成县级以上园区115个，其中国家级产业园1个、省星级园区10个、市星级园区29个、县级园区75个。

【种植业】 全市贯彻落实省委、省政府打造更高水平“天府粮仓”要求，抓好粮油生产、耕地“非粮化”整治等重点工作，全年粮食生产产能提升明显。2023年，粮食作物播种面积613.83万亩，总产量235.91万吨，比上年增长2.21%，其中夏粮播种面积156.9万亩，产量48.4万吨，平均单产为308.6千克/亩，实现面积、单产、总产量“三增”（小麦面积和单产位居全省第二，总产量位居全省第三），继续成为全省重视夏粮生产的主要地区和小麦生产的主力军。全年完成农业种植园地优化改造7.8万亩。全市杂交油菜制种面积2.57万亩，超目标任务0.27万亩，完成率111.74%。水稻新品种“品香优美珍”成为全市首个全国超级稻确认品种。“绵麦902”“绵紫薯9号”“绵紫豇1号”入选四川省2023年农业主导品种，全市3家企业入选2022年中国种业蔬菜及种业信用骨干企业。

【林业】 全市完成营造林49.99万亩，巩固退耕还林成果69.86万亩，有效管护国有林427.02万亩。有林业用地面积126.59万公倾、森林蓄积量9801.57万立方米，森林覆盖率56.13%；草地面积1.1万公顷。有自然保护区6个，其中省级3个、县级3个。新认定市级现代林业园区2个，新创建国家级自然教育基地2个、省级自然教育基地3个，省级森林康养基地1个，省级林业重点龙头企业3家，省级林草中药材规范化种植示范基地1个。全年林业有害生物成灾率控制在2.1‰以下，全年森林火灾实现零发生。

【畜牧业】 实施《绵阳市促进生猪稳产保价工作方案》，新增国家级、省级生猪产能调控基地50个，总数达473个，位居全省第一。全市生猪出栏385.3万头（全省排名第八位），同比增长1.98%；能繁母猪存栏22.8万头，同比减少7.81%；牛出栏12.67万头，同比增长1.22%；羊出栏94.96万只，同比减少1.46%；禽出栏7101.73万只，同比减少5.19%。禽蛋产量17.03万吨，同比增长3.8%；禽蛋产量17吨，同比增长3.8%。持续做好畜禽养殖标准化示范场创建工作，创建部级场2个（市/州第一）、省级场23个、市级场44个，带动全市畜禽养殖标准化水平整体提升。推进动物疫病净化工作，创建国家级无疫小区2个、省级净化场4个，数量位居全省前列。

【水产业】 全年水产养殖面积22384公顷，同比减少1%；稻田养鱼面积6478公顷，同比增长7.66%；生产各类鱼苗173140万尾，同比增长4.42%；水产品总产量134810吨，同比增长3.97%；实现渔业经济总产值451202万元，同比增长4.01%；人均占有水产品25.65千克。推进江油市“鱼米之乡”项目续建和生产管理，发挥稻渔种养循环效益，新争取三台县省级“鱼米之乡”建设项目1个，新发展稻渔综合种养面积2万亩。召开长江十年禁渔联席会议3次，印发禁捕工作相关文件13个，统筹部署禁渔工作，完善监管网络，教育劝离涉钓人员1万余人次，收缴非法垂钓渔具800余根（套），放归钓获物300余千克。严格执法打击，组织开展联合执法167次，查办违法案件50起，涉案人员64人，处罚款6.3万元，司法移送6件9人。全市退捕渔民养老保险参保率100%，有劳动能力和就业意愿的退捕渔民（125名）转产转业率100%。实施资源监测，落实涉渔工程建设项目水生态补救措施年度补偿资金1578万元，增殖放流水生动物苗种232万尾。全市禁渔秩序总体稳定，渔业资源恢复向好。

【乡村振兴】 2月，绵阳市获评“2022年度省乡村振兴先进市”。2019年以来，涪城区、游仙区、安州区先后创建为省级乡村振兴先进县（市、区），三台县、梓潼县、江油市先后创建为省级乡村振兴成效显著县（市、区），涪城区、游仙区、安州区分别获得省乡村振兴先进县（市、区）2020年度、2021年度、2022年度“回头看”考核“优秀”等次，14个乡（镇）创建为省级乡村振兴先进乡镇，166个村创建为省级乡村振兴示范村，24个村创建为省级乡村振兴重点帮扶优秀村，共获得省级乡村振兴奖补资金5.84亿元。

【乡村旅游】 全市共有全国乡村旅游重点村2个、天府旅游名镇3个、天府旅游名村3个、天府旅游“名宿”1家、省级乡村旅游重点村19个。印发《绵阳市2023年乡村旅游工作任务清单》《绵阳市旅游业助力特色农产品发展专项行动方案》。组织开展“2023绵阳市十佳旅游商品”评选活动，通过专家评审和网络投票的方式评选出“2023绵阳市十佳旅游商品”。组织相关企业参加中国（西部）健康食品博览会和成都大运会商品展示展销活动。持续推进仙海区国家旅游度假区创建。涪城区出台《涪城区推进农业主题公园高质量融合发展支持措施（试行）实施细则》，鼓励文旅能人、非遗传承人、艺术家、网红达人等在主题公园设立工作室；建设栖遇·乐途营地和瑞丰·乐途农耕研学教育实践基地，开展中小学生农耕研学活动。游仙区推动芙蓉花溪旅游环线提质增效，建成旅游公路26千米、郊野绿道36千米、雨污管网22千米、水堰6座、一级驿站2座、湿地3个、游仙文化广场和相应旅游配套设施；丰富太乙仙山、铁炉村等旅游业态，引进露营、民宿经营主体6家。安州区推进国家4A级景区创建，新建罗浮山旅游景区、白水湖旅游景区游客接待中心、白水湖旅游景区环湖路，提升改造海绵生物礁地质公园博物馆。北川县依托特色农产品资源优势，打造以水果采摘、茶文化研学、农耕体验等为主的“生态农业+旅游”特色项目，推动农区变景区；发布推广“羌食荟”农产品区域公用品牌，建立苔子茶、枇杷等14个质量标准体系，做优农产品品质，让农副产品变旅游商品。保护和发展禹羌文化，完成“北川羌绣”等10余项非遗项目商标注册，推动传统文化变富民产业；编创《走北川》等大型实景演出10场，打造“大禹祭祀”“羌历新年”“沙朗节”三大区域文化节庆品牌，年吸引游客超过100万人次。江油市支持“激励乡镇抓经济建设”文旅类试点乡（镇）青莲镇文旅产业发展，李白诗意绣非遗工坊被评为江油市第一批市（县）级非遗工坊，李白诗意绣传习所被评为第三批江油市非遗传习所；创建国家4A级景区1个。三台县推进潼川古城游客中心、主题酒店建设，完成文化示范中心服务功能提升建设6个，建设村（镇）史馆3个，建设县级非遗工坊4个、非遗传习所（点）3个、省级非遗保护传承基地1个、传统工艺工作站2个，打造西平镇乡史馆。梓潼县打造百里潼江河谷风景线，推进天宝蜜柚博览园国家3A级景区创建，完善鸭鹤岩景区基础配套设施。盐亭县完善旅游基础设施，创建国家3A级景区2个。平武县抢抓九绵高速建设带来的新机遇，出台《平武县民宿产业发展鼓励办法》《平武县民宿产业发展服务细则》等支持政策，建立“民宿+乡宿”“民宿+文创产品”等7个利益链接机制，设立精品民宿发展风险基金4000万元，规范民宿产业建设运营，整合1500万元，奖励扶持“民宿+产业”。

【农村水利】 截至2023年12月，全市有规模以上灌区73处，其中大型灌区1处、中型灌区30处、小型灌区42处、水库822座（大型水库2座、中型水库12座、小型水库808座）、塘坝56879座、泵站4775座、窖池26286处。

【农业机械化】 全年农机化一般行政事业支出1055万元、基础建设资金30960万元、农业机械购置资金20058万元，年末农机总动力达374.7万千瓦，比上年增加2.2万千瓦；农作物综合机械化水平较上年增长4.92%，达到61.66%。全年共完成机耕面积848.21万亩，较上年增长4.7%；机播面积424.4万亩，较上年增长13.31%；机收面积566.41万亩，较上年增长8.86%；机电灌溉面积204.71万亩，较上年增长3.06%。加快机电提灌站建设，全年机电提灌站建设累计投资2750万元，其中新建机电提灌站42座、改造机电提灌站374座，机电提灌总动力达22.38万千瓦。全年机电提水3.3亿立方米；提水保灌面积204.71万亩，较上年增加2.45万亩，为应对农业旱情，确保大春满栽满插、抗旱保苗、保障人畜饮水发挥了积极作用。

【农村科技】 发挥科技城资源优势，以科技创新赋能农业现代化建设，农业科技进步贡献率达65.2%。

农业科技平台建设。组织实施以种业为重点的关键技术攻关，持续提升农业创新体系整体效能。构建“政府主导、企业主体”涉农科研体系，创建种业部省级实验室4个，建成全省唯一的国家区域畜禽（生猪）种业创新中心，建立院士（专家）工作站9个，全市涉农科研机构达50余个。围绕创新链、价值链，建成集中连片1000亩以上的制种核心基地26个、国家级生猪核心育种场3个，创建国家级农业科技园区1个、省级农业科技（示范）园区2个。组建生猪、粮油、蔬菜三大种业创新联盟，建立“校地合作、校企攻关”联合协作模式，与中国农大、川农大等院校开展深度合作，育成经国省审定、登记的农作物品种500余个，累计获得各类科研成果奖200余项。

农业科技创新与成果转化。统筹农业科技创新和成果转化，提升发展质量效益。坚持多元互补、高效协同，持续加强农业科技推广服务能力建设，建成市、县、乡农技推广机构385个，示范推广优质绿色高效技术60项，线上线下服务农民约1.5万人次。推进研用结合，培育“天府肉猪”“川藏黑猪”2个生猪新品种（配套系），水稻选育品种“品香优美珍”入选全国超级稻确认品种，小麦改良品种“绵麦902”入选全省首批小麦当家品种。坚持对标提升，建立水稻、玉米、水产等科技试验示范基地29个，建成农业标准化生产基地210万亩、高标准农田425.9万亩。建成首批国家生猪产业集群，创建部级畜禽标准化养殖示范场2个。

基层农技推广。绵阳市获得基层农技推广体系建设中央资金593万元，主要用于推进基层农技推广体系改革创新、提升基层农技人员服务能力、建设长期稳定的农业科技示范基地、培育具有示范带动作用的农业科技示范主体、示范推广农业优质绿色高效技术、加强农技推广服务信息化建设等。对全市1122名基层农技人员争取进行知识更新培训，提升基层农技推广队伍能力和水平；建设29个长期稳定的农业科技试验示范基地。争取农业重大技术协同推广计划68万元，围绕本地粮食生产、农业机械化、技术攻关等方面任务，熟化一批先进技术，补齐技术短板，解决生产技术问题。

【农村教育】 全市落实城乡义务教育经费保障机制，统一城乡义务教育学校生均公用经费基准定额，对城乡义务教育学校（含民办学校）按照不低于小学720元/生/年、初中940元/生/年的标准补助公用经费，在该基础上，寄宿制学校寄宿生按照300元/生/年、特殊教育学校和随班就读残疾学生按照6000元/生/年标准补助公用经费，对学生规模不足100人的村小学和教学点均按照100人以上核定公用经费，共惠及全市城乡义务教育中小学校学生44万人。

【农村文化】 定期引进和举办音乐会、话剧等高水平舞台演出，抓好音乐剧《将进酒》等重点剧目的提升打磨和巡演，折子戏《刘氏回煞》参演文化和旅游部2023第二届黄河流域戏曲演出季，持续打造“名家开讲·涪江讲坛”“绵乐荟”“琼楼雅乐”移动书堡等50余项品牌文化活动，“欢庆羌年”等5项活动入选全省重点乡村文化活动名录。建成县级图书馆分馆236个、文化馆分馆219个，指导安州区创建为省级试点单位。创新实施乡村文艺人才招引计划，两年共计引进人员100名，以“乡村文化指导员”或“乡村文化小分队”的实践模式扎根基层开展文化服务。非物质文化遗产名录体系不断完善，新增省级代表性项目15项。全市认定非遗工坊46家，2家非遗工坊入选省级优秀非遗工坊，新增市级非遗传习基地12个，20个非遗体验基地入选第八届中国成都国际非遗节体验基地。举办2023年文化和自然遗产日绵阳非遗集中宣传活动、第八届国际非遗节绵阳非遗展、非遗社区实践等活动，持续开展非遗“四进”活动，让优秀传统文化走进群众、走进生活。

【农村卫生】 全年已累计建立和完善城乡居民电子健康档案460万余份，电子建档率达94.16%，居民规范化电子健康档案覆盖率达74.57%；高血压患者规范化管理率达71.99%，管理人群血压控制率达69.06%；糖尿病患者规范化管理率达71.25%，管理人群血糖控制率达55.21%；严重精神障碍患者规范管理率达71.25%，肺结核患者管理率达99.89%，群众对基本公共卫生服务的获得感和满意度得到提升。

全面铺开紧密型县域医共体建设。除国家级试点县平武县和省级试点县梓潼县外，2023年在全市所有县（市、区）全面铺开紧密型县域医共体建设。组织全市各县（市、区）卫健局分管局长等到平武县实地考察学习，邀请省级专家现场授课。北川县探索构建“职称岗位活水池”，梓潼县打造全县统一信息化平台。全市全年县域内就诊率为82.87%，高于全省平均水平(81.14%)。

提升基层医疗卫生服务能力。打好“优质服务基层行”活动“翻身仗”，组织市级专家开展多轮现场指导，以评促建，以评促改。省级下达基本标准及以上达标率80%，全年新增55家基层机构达到基本标准，基本标准及以上达标率从62.1%提升至89.42%。省级下达县域次中心建设任务5个，全市共9家机构已通过省级验收；省级下达社区医院建设任务2个，已创建3家机构并通过省级验收；省级下达基层临床特色科室建设任务8个，已创建28家机构，待省级验收。

夯实基层医疗卫生人才队伍。9个县（市、区）及高新区、仙海区均组织开展“大学生村医”招聘，全年新增12名“大学生村医”到岗。各县（市、区）均已基本统筹解决乡村医生薪酬分配和待遇保障问题，并开展针对基层医务人员的专项培训，全市累计培训131人，其中乡村医生76人，乡（镇）卫生院、社区卫生服务中心骨干人员39人，骨干全科人员16人。

【农村法制建设】 落实“谁执法谁普法”责任制，开展“农村学法用法示范户”培育和农村法治教育基地建设，截至2023年年底，各县（市、区）依托村综合性文化服务中心等场所建立农村法治教育基地10个，共培育、认定"农村学法用法示范户"1558户，开展"农村学法用法示范户"培训20次，全市95%的行政村至少培育"农村学法用法示范户"1户。"法律进农村"活动有序推进，开展"一月一主题"、"民法典进乡村"、禁毒等系列法治宣传教育活动，增强农村法治宣传教育工作的针对性、实效性。

【农村交通】 全年实施农村公路项目723个，其中完工694个、在建29个。截至2023年年底，农村公路完工1208千米，占年度目标任务的121%。

农村公路建设。建成幸福美丽乡村路（乡村产业路）174千米，提升农村路网服务水平；建成撤并建制村畅通工程662千米、30户以上自然村组通硬化路268千米；共实施村道安防工程413千米，分布于9个县（市、区）120个乡（镇），共计1279个点位；共完成危桥整治76座，占省下达年度目标任务（47座）的162%。实现撤并建制村与新村委会之间直连直达，持续提升村（组）道路通达深度，保障群众出行，支撑带动中心镇建设、沿线产业发展。

农村客运服务优质便民。推进实施乡村运输"金通工程"，全面巩固"四统一"成果，加快构建"五大体系"，盐亭县创建为省级样板县。改（扩）建乡（镇）综合运输服务站12个，超额完成全年目标任务。加大农村客运发展资金支持力度，市本级补贴金额由360万元/年提升至720万元/年。市交通运输局和市财政局联合印发《绵阳市农村客运补贴和城市交通发展奖励资金实施细则》《绵阳市"十四五"时期农村客运、城市交通发展工作绩效考核办法》，对各县（市、区）农村客运开展绩效考核。

"四好农村路"创建。持续推进"四好农村路"国家级示范县、省级示范县、省级示范市和市级示范乡（镇）等创建工作，明确全市"十四五"期间"四好农村路"建设阶段目标。安州区创建为"四好农村路"国家级示范县（2024年正式公布），实现全市"四好农村路"国家级示范县零突破；游仙区、平武县、北川县创建为"四好农村路"省级示范县，实现"四好农村路"省级示范县全覆盖；绵阳市创建为"四好农村路"省级示范市，实现首创即成。安州区秀水镇等15个乡（镇）被认定为第五批"四好农村路"示范乡镇，许青路获评省"最美农村路"，1人获评"省最美路长"，2人获评"省最美护路员"。

【涉农招商引资】 全市有3000万元以上的农业招商引资重大项目9个，协议资金272000万元（见表2）。

【农村生态建设及环境保护】 全市基本实现农业面源污染治理"一控两减三基本"目标，全年统筹发展高效节水灌溉面积2.8万亩，化肥农药可持续保持零增长，畜禽粪污综合利用率保持在90%以上，秸秆综合利用率达97%以上，废弃农膜回收率保持在90%以上。全面完成第二轮中央生态环境保护督察反馈意见第67项整改任务。产地环境不断向好，实现受污染耕地安全利用面积26.55万亩，受污染耕地安全利用率稳定保持在92%以上。履行生态环境保护相关职责，完成农业外类入侵物种普查补充调查和踏查、样地数据提交。

【农产品质量安全监管】 全市省级农产品例行监测合格率为98.9%，继续保持重大农产品质量安全事件零发生。市本级和9个县（市、区）的农产品质量安全检测机构全部通过2023年省农产品质量安全检测技术能力验证，全年开展定量样品抽检6044批次，任务完成率达103.4%。开展农资打假和"治违禁 控药残 促提升"行动。围绕豇豆、韭菜等12个重点治理品种，重点监管生产主体810家，针对重点区域、重点参数，加大监测力度，及时发现问题隐患，共出动监管执法人员3039人次，巡查检查792次，抽查门店企业2521家，开展快速检测9.99万次。全市1538家承诺达标合格证制度实行主体全年开具食用农产品承诺达标合格证53.6万张，带证销售农产品3.02万吨。建成承诺达标合格证自助服务点41个。

【农村市场体系建设】 全省首个"农房增信贷"在平武县签约，并向农户发放贷款用于扩大生产经营。在2023年全省农业投资管理工作大会上，绵阳市以"坚持'三个聚焦'畅通金融'活水' 助推乡村全面振兴"为题在大会交流工作经验。推出全省首款"乡村振兴保"，为3万名困难群众提供风险保障342亿元，在全国两会期间被中央电视台专题报道。印发《开展特色农产品保险推动农业强市建设实施方案》《绵阳市种植险回溯机制实施方案》《绵阳市育肥猪保险年度承保回溯机制实施方案》，拓展农业保险范围，落地"农业保险+信贷"直通车创新业务。

【农村留守家庭（儿童、学生）帮扶】 全市有农村留守儿童11904名。全市166个乡（镇、街道）、2070个村（社区）均配备不少于1名的儿童督导员、儿童主任。全市共建成未成年人保护工作站点166个，覆盖率100%，所有站点均明确了站点联系人，常态化开展工作。全年开展市、县、乡三级儿童督导员、儿童主任培训，累计培训超过3700余人次。印发《绵阳市困境儿童和农村留守儿童结对帮扶工作方案》，已为1678名孤儿、事实无人抚养儿童、低保家庭的重残重病儿童择优确定县级部门及乡（镇、街道）在编在岗干部职工"一对一"开展结对帮扶；对11904名农村留守儿童通过县级部门包片方式开展结对帮扶。暑假期间集中开展专项摸底排查，健全市、县、乡、村四级联动摸排机制，持续开展困境儿童和农村留守儿童专项摸排，并依托全国儿童福利信息系统精准规范管理困境儿童"一人一档"信息。发挥市、县未成年人保护工作领导小组及办公室的作用，加快构建全方位、多层次的未成年人保护体系。指导盐亭县按时保质保量完成省级民生实事，累计投入资金470万元（省

表2 2023年绵阳市3000万元以上招商引资项目表

项目名称	拟建设内容
湖南汉甲涪江鳖生态甲鱼产业园项目	建设甲鱼生态养殖场和加工厂；打造以甲鱼养殖观光和甲鱼产品开发为主，集垂钓、餐饮、休闲娱乐、农产品开发、劳动康养于一体的生态甲鱼综合体
盐泉零碳循环产业园项目	建设2000亩粮油饲种植基地、1000平方米秸秆厂、3000头标准养牛场、10万只标准养鸭场、5万立方米农废循环处理中心等
100万只禽蛋养殖项目	建设百万蛋鸡生产基地，新建蛋鸡舍10栋，新建蛋库、有机肥厂、管理用房等附属生产设施
东方希望畜牧有限公司安州区生猪养殖项目	方碑育肥场年出栏生猪6.25万头（一级洗消、实验室、售猪台及对外洗消烘）；高峰繁殖场年出栏2500头母猪，年出栏6.25万头小猪（一级洗消、实验室、售猪台及对外洗消烘）
梓潼60万头生猪及肉羊屠宰冷链及加工项目	建设待宰圈、屠宰车间、急宰间、分割车间、冻库等及辅助设施和公用设施等
百万羽蛋鸡养殖项目	新建养殖圈舍25000平方米、有机肥库房3000平方米、饲料配置房3000平方米、蛋库3500平方米、办公区2000平方米及配套设施及仪器设备等
鲟鱼养殖项目	占地面积90亩，新建鱼池60亩，建设生产管理用房200平方米，购置尾水净化系统1套等
特色中羌药材精深加工项目	建设生产厂房5000平方米，新建中羌药材提取生产线、中药饮片生产线、药食两用生产线
南宁漓源粮油饲料有限公司年产36万吨饲料加工项目	主要建设生产能力15T/H全价配合饲料生产线3条，总建筑面积约26640平方米，包括原料车间、生产车间、玉米筒仓、豆粕筒仓、综合楼、热能车间、机修车间、成品车间、办公室等

级300万元、县级170万元），示范性建成“1+4+4”（一个县级未成年人保护中心、4个乡/镇未成年人保护站、4个村级未成年人保护点）共9个点位。

【劳务开发与返乡创业】 推进城乡融合发展，助力乡村振兴。全市农村劳动力转移就业141万余人，贫困劳动力实现累计转移就业8.7万余人。开展“去冬今春农民工服务保障五大行动”，走访慰问返乡农民工34.05万人、未返乡农民工41.48万人，发放慰问金855.61万元。面向农民工举办专场招聘会94场。打造集“政务服务+电信服务+邮政服务+金融服务”四位一体的农民工综合服务站，打通服务保障农民工“最后一公里”，截至2023年年底，全市已建成635个农民工综合服务站。建设以“零工驿站”为品牌的零工市场，为钟点工、天工等灵活就业人员打造就业新平台，实现“揭榜挂帅”“即时快招”，截至2023年年底，已建成零工市场10处。全年新建市级就业帮扶基地（车间）7个。全年发放创业担保贷款3.98亿元，发放返乡农民工创业担保贷款2954万元，直接扶持返乡农民工自主创业164人。

【农村大事记】 1月18日，习近平总书记通过视频看望慰问北川县石椅村干部群众。

2月13日，绵阳市被省委、省政府评为2022年度四川省乡村振兴先进市。

4月，绵阳市开展2023年度乡村振兴八大专项行动，概算总投入20.624亿元，专项行动内容包括农村人居环境整治提升、农村电网变配电设施改造升级、农村公路畅通和隐患整治、农村健康饮水、农村特殊儿童教育关爱、农村义诊、传统村落民族村寨川西民居保护利用、乡村产业人才引领。

6月9日，全国人大常委会委员长赵乐际率全国人大常委会执法检查组到四川省检《中华人民共和国种子法》实施情况，对绵阳市种业发展给予了肯定。

8月，江油市被纳入2023年农业现代化示范区创建名单。

12月，三台县现代农业（生猪种业）产业园入选国家现代农业产业园。

【主要领导人】 市委书记：曹立军；市人大常委会主任：付康；市长：李云；市政协主席：李亚莲；分管农业副市长：李栋（8月止），吴明禹（9月始）。

绵阳市编写组

涪城区

【基本情况】2023年，全区辖5镇4个街道，辖区面积554平方千米，常住人口133.55万人。

【新型农业经营主体培育】推进新型农业经营主体培育工作，新创建市级以上家庭农场示范场6家，新增省级农业龙头企业1家。培育乡村产业振兴“头雁”3名，累计培育新型职业农民170名。

【现代农业发展】“三年三园三步走”目标全面实现，“蔬香绿野”芦笋大健康农业主题公园开园。出台农业主题公园高质量融合发展支持措施，“三大主题公园”市场化高效运营，全年接待游客51万人次，带动消费3800万元；完成高标准农田改造提升5000亩。全年粮食作物播种面积21万亩、产量8.82万吨，油料作物播种面积12.12万亩、产量2.4万吨。实施“三品”工程，新认证有机农产品8个、绿色食品3个。“涪城芦笋”入选全国名特优新农产品名录，“天虹丝绸”入选四川省农业品牌目录，蚕桑产业基地被认定为省级国际贸易高质量发展基地。

【乡村振兴】乡村振兴创建成果持续巩固，累计创建省级先进镇1个、示范村13个和市级先进镇4个、示范村18个。落实“田长制”“林长制”“河(湖)长制”，守牢耕地、粮食、森林资源及水资源保护红线。启动实施农田水利设施建设三年行动。“川善治”治理平台成果全面运用，全区农业村(社区)全部升级为星级村庄。乡村研学旅行品牌打造成型，“五朵金花”渐次绽放。新皂镇刘家坪村入选第三批全国乡村治理示范村，杨家镇柏林湾村、鲜家坝村分别获评省级第三批天府旅游名村、第四批乡村旅游重点村。

【主要领导人】区委书记：邓辉；区人大常委会主任：顾建；区长：张虚怀；区政协主席：杜正茂；分管农业副区长：刘琳。

涪城区编写组

游仙区

【基本情况】2023年，全区辖3个街道8镇112个社区居委会1328个村民小组60个社区居委会417个居民小组，辖区面积1018平方千米，其中耕地面积59.15万亩，人均耕地面积1.04亩；基本农田40.75万亩。年末总人口56.84万人(户籍人口)，增长20.6%；人口出生率5.74‰，人口自然增长率0.1‰。全区耕地有效灌溉面积和保证灌溉面积分别达到耕地总面积的89%和88%；本地水资源总量3.52亿立方米，人均占有水资源量527.86立方米。有林业用地3.022万公顷，有林地面积47.76万公顷，活立木总蓄积量160.49万立方米，森林覆盖率31.29%。

2023年，全区实现地区生产总值479.71亿元，增长5.7%，其中第一产业增加值38.78亿元，增长3.7%，农、林、牧、渔及农林牧渔服务业之比为53：5：30：7：5；第二产业增加值146.57亿元，增长1.8%；第三产业增加值294.35亿元，增长8.4%。三次产业对经济增长的贡献率分别为6.2%、11%和82.8%。从业人员15.77万人，劳务输出10.39万人。

公路通车里程2045.173千米(其中乡村公路1385.801千米)，密度202.33千米/百平方千米、40.93千米/万人。社会消费品零售总额170.69亿元，增长11.8%。地方公共财政预算总收入完成18.86亿元，增长16.5%；公共财政预算总支出48.78亿元，增长2.7%。金融机构各项存款余额568.3亿元，增长35.9%；各项贷款余额356.04亿元，增长19.5%，其中支持24家新型农业经营主体“农担贷”项目贷款3635.9万元。全年农业保费收入7.27亿元，增长5.06%。农业产业化龙头企业省级、市级分别为8家、52家。

有各类学校143所，在校学生95909人，教职工6214人，其中普通高校11所，在校本(专)科学生16078人；普通中学14所，在校学生28092人；小学118所，在校学生51736人；学龄儿童入学率100%。完成省级以上科技成果78项，24项科技成果获得省级及以上科技进步奖。有文化馆1个，公共图书馆1个，博物馆1个。全区广播覆盖率100%，电视覆盖率100%，城区数字电视转换率100%。有卫生机构413个，病床位3284张，卫生技术人员5034人。城乡居民医疗保险参保人数32.46万人，城乡居民养老保险参保人数25.06万人。

【年度农业和农村经济运行】2023年，全区实现农业总产值53.5亿元，增长3.5%；全区全年农业增加值达38.78亿元，增长3.7%。农民年人均可支配收入达22749元，增长7.5%。全区主要农产品产量见表1。

【农业产业化发展】全区新增农业企业437家，总数达1248家，其中省级龙头企业8家、市级龙头企业52家；新增农民专业合作社269家，总数达633家，其中国家级示范社4家、省级示范社22家、市级示范社19家、区级示范社35家；新增家庭农场185家，总数达1740家，其中省级

表1　2023年游仙区主要农产品产量

主要农产品	单位	产量	同比增减(%)
粮食	万吨	24.5500	2.20
水稻	万吨	12.5100	3.80
小麦	万吨	5.1100	4.80
玉米	万吨	5.7300	7.10
马铃薯	万吨	0.4700	–58.60
油菜籽	万吨	4.9900	7.00
蔬菜及食用菌	万吨	22.5900	5.80
水果	万吨	2.2200	12.10
猪肉	万吨	1.4800	–3.80
生猪存栏	万头	12.4800	–4.00
牛出栏	万头	0.7800	1.10
羊出栏	万只	2.9300	–2.10
禽出栏	万只	720.9400	–5.10
生猪出栏	万头	20.2900	1.70
禽蛋	万吨	1.3900	5.90
水产品	万吨	1.5200	4.01
牛奶	万吨	0.0168	–28.20

家庭农场示范场24家、市级家庭农场示范场40家。遴选新建科技示范基地2个，培育农业科技示范主体2个。

【现代农业园区建设】 聚焦“优质粮油、绿色蔬菜、优质蚕桑、花卉林果、生态养殖”五大特色产业，结合乡（镇）级片区发展规划及产业发展现状，规划布局建设“花果桑田种药菜”7大现代农业园区。因耕地保护政策受限，经研判后取消花舞游仙园区和中药材园区，调整为“粮种林、桑果渔”6大现代农业园区，形成“1+5+6”现代农业产业体系。起草《绵阳市游仙区2023年蔬菜种业现代农业园区建设推进方案》《绵阳市游仙区2023年优质粮油现代农业园区建设推进方案》等相关文件；牵头完成优质粮油园区晋升市级五星级园区、葡萄+青梅园区晋升市级四星级园区、忠兴镇粮油园区争创市三星级园区迎检考核工作；牵头完成全市现代农业园区暨农田水利现场会筹备工作。

【农业主题公园建设】 围绕“1+5+6”现代农业产业体系，加快农业主题公园建设，完成“种业硅谷”、“风吹麦浪”、桑梓家园、鹤林绿洲四大农业主题公园规划体系、投资估算等前期策划工作。落实“种业硅谷”、“风吹麦浪”、桑梓家园农业主题公园策划工作。

【种业强区建设】 实施种质资源保护利用、种业创新攻关、种业企业扶优、基地园区提升、种业市场净化五大行动，争取2022年度省级蔬菜种业培育项目资金600万元、2023年市级财政种业发展专项资金435万元，引进和保存优势种质资源2000份，新（改）建种质资源圃2个，构建核心育种亲本40份，新审定登记“禾创599”“绵邦油188”等新品种20个，新增省级优势农作物种业企业1家（达到4家）。

【农用地产权制度改革】 农村土地承包和流转合同网签省级试点。以“数字农经”系统为载体，组织农村产权交易中心、软件技术公司进行12次研讨会商，在原农村经济经营管理平台的基础之上，对农村土地流转管理及农村土地承包合同管理两个板块进行升级，并纳入一体化运营的区、镇、村（社区）农村产权流转交易市场服务体系，实现土地承包和流转合同网签。市级第二轮土地承包到期后再延长30年试点。摸清试点村石庙村第二轮土地承包以来家庭承包人口及承包地变化情况、确权登记颁证到户情况、整户消亡、全家进城落户、被征占地农户，自愿交回承包地以及整户无地等情况，听取乡（镇）和村（组）干部及群众的意见，梳理问题清单；在原有农经平台基础上升级系统，满足承包农户和流转业主线上查询、变更、业务办理预约、需求意向发布、合同签订等全过程，服务系统已升级完毕；处理涉及承包地信访问题7宗；为规范信访处置程序，初步建立区级土地纠纷仲裁委员会，增强矛盾纠纷调处能力。

【农村集体产权制度改革】 农村集体资产监管“百村整治”。出台《关于开展游仙区农村集体资产监管“百村整治”提质增效行动的通知》，开展整治农村集体经济组织运行不规范、农村集体资产管理不到位、农村集体经济合同不规范、农村集体财务管理不规范、农村集体债权债务管控不严格、集体承接工程项目管理不规范、农村集体经济组织审计走过场“八项行动”，通过排查清理一批、严肃查处一批、规范指导一批、示范引领一批规范村集体经济组织运行，最大限度盘活农村集体资金、资产、资源。

村级集体经济提质增效“百村攻坚”。按照“党（工）委领办目标、书记领办项目、支部领办产业、党员领办任务”工作思路，以“一村一档一策一项目”为抓手，持续深化农村集体产权制度改革，拓展新型农村集体经济发展路径。2023年，全区村集体经济组织总收入6569万元，其中新桥镇胜利村探索的宅基地“三权分置”模式完成全市首宗集体经营性建设用地入市出让；忠兴镇“土地大托管”模式在农业农村厅《农经工作动态》刊发。

农村财务管理。筹建农村财务内审中心，建立游仙区农村财务专业技术人员库，完成镇级联合总社在内的38个集体经济组织及村委会的财务审查。组织各镇（街道）等相关单位的财务人员参加农村财务培训，提高农村财务工作人员业务水平，全年共培训300人次。

【供销合作社改革】 发展基层组织。采取开放办社新模式，将全镇所有村集体经济组织吸纳为镇供销社股东社员，实现全区镇供销组织全覆盖，增强基层社的组织力。加快完善基层社治理结构，定期召开股东会、理事会、监事会等50场次，提高农民社员的参与度和话语权，促进基层社组织不断发展壮大。

社有企业对外开放发展。围绕农村产权流转交易、农产品品牌运营、农资集采和基层社建设等重点工作，规范社有企业运营、整合社有资产，审慎选择投资入股合作对象，新投资成立富乐源农产品销售公司、坤易达农资公司、耒椝会计服务公司等社有企业5家，包括全资公司3家、合作控股公司2家。

社有资产监管加强。出台《游仙区供销联社社有资产监督管理暂行办法》，对存量固定社有资产进行摸底统计，对重点投资项目运行情况进行检查，规范社有资产监管。聘请专业财务咨询、法律顾问探索建立区农合联公司向全资及控股企业委派财务会计（负责人）和监事制度，加强对社有企业财务和社有资产的监管。

财政资金扶持力度加强。支持基层社作为涉农政策和项目的实施主体，协调省社、市社将政策资金向基层社倾斜，支持粮油项目争取补助资金278万元，2023年争取省、市社为农服务中心资金23.6万元。近3年共争取财政资金250万元，专项解决供销系统7宗改制房屋办证等历史遗留问题。

【农产品品牌战略实施】 品牌认证。全区“三品一标”农产品总数达139个，其中无公害农产品119个、绿色农产品14个、有机农产品5个、国家地理标志1个。举办农民丰收节，发布“游仙优品”区域公用品牌，支持木龙观种植专业合作社开设游仙区“仙溯农庄”特色农副产品直营店。组织开展“绵阳好物·游仙优品”深圳行活动。全年参加展示展销活动15次，签订产销对接金额超过14亿元。

发展绿色、有机和地理标志农产品。制定绿色食品新申报工作计划表、游仙区绿色食品年检计划表，按时全覆盖完成辖区绿色优质农产品发展监测数据填报，数据审核合格率大于95%。加强政策扶持，鼓励申报认证登记，新增绿色优质农产品2个，落实奖补资金8.6万元。

品牌体系建设。推荐游仙特色优质农产品申报《2023年农业品牌精品》《中国农产品品牌索引名录》《天府粮仓”省级区域公用品牌目录》等部、省级评选。“仙特”牌大米、“鑫浩东”牌菜籽油入选2023年四川省农业品牌目录。

品牌培育。打造“游仙优品”游仙农业区域公用品牌。结合农民丰收节，发布“游仙优品”农业区域公用品牌，全方位推介、全覆盖使用“游仙优品”品牌，构建“产、营、销”互为支撑的产业聚合平台，形成“政府推动、企业主动、市场拉动”的良性互动格局；坚持政府引导，组织全区30余家农产品生产经营企业参加绿博会、农博会、“天府粮仓”精品全国推介会、“绵品出川月月行”等国家、省、市展会，全年共参加展示展销活动15次，签订产销对接金额达14亿元（佛山行3家企业签约2.95亿元，无锡行3家企业签约1.95亿元，宁波行7家企业签约3.2亿元，深圳行7家企业签约5.9亿元）；支持木龙观种植专业合作社在城区开设“仙溯农庄”特色农副产品直营店，整合本村及周边约120个名优特产摆上直营店货架，打通产品销路，助推优质农产品从乡村走进城市；在油菜花节、桃花节、三八妇女节、舞蹈大赛、蝉躁音乐节等庆祝活动中展示展销农特产品，同时组织优质农产品走进中物院、机关院校、食堂社区，拓宽销售渠道，增加品牌的知名度，助推优质农产品走出游仙、走向全国。

【种植业】 优质粮油。全年实现农业产值28.39亿元（占总产值的53%），同比增长5.2%。全年粮食作物播种面积59.15万亩，产量24.55万吨，其中水稻23.81万亩，产量12.51万吨；小麦15.76万亩，产量5.11万吨；玉米14.81万亩，产量5.73万吨；大豆9600亩，产量1613吨；薯类2.83万亩，产量0.84万吨。

经济作物。油菜籽播种面积25.61万亩，产量4.99万吨；蔬菜及食用菌种植面积11.1万亩，产量22.59万吨；水果产量2.26万吨；中药材种植面积0.61万亩，产量0.35万吨。

优质蚕桑。全区桑园面积达69000亩，发放蚕种80960张，产茧2992.4吨，产值18409.5万元，全年发种量、产茧、产值均稳居全市第一位。

农作物病虫害防控。全年完成植物产地检疫4类作物17个品种，其中小麦产地检疫2740亩、863000千克，水稻产地检疫757亩、138110千克，大豆产地检疫910亩、81200千克，苗木产地检疫60亩、300万株；出具植物检疫证书110余份。

【林业】 全区实有森林管护面积达5182.9公顷，森林覆盖率达31.29%。区内有自然保护区1个，面积777公顷。全年零星植树57.7万株。全年合计森林蓄积采伐量3104立方米(包括限额指标内采伐1967立方米、工程征占等不占限额指标采伐1137立方米),折合木材出材量1470立方米,竹材产量750吨。

林长制工作。全年召开林长制会议7次,严格落实工作责任,化解涉林难点、痛点、堵点问题。发布游仙区林长令2个,作出林长指示批示8次,推动落实林业重点工作。全面推行"三单一函",加强林长巡林履职,全年发出提示单、督办函22个。按照《绵阳市林长巡林工作指南》等制度,压紧压实各级林长保护发展森林资源主体责任,并严格落实区级林长重点巡林区域责任。制定《森林资源保护积分考核办法(暂行)》,将考核结果作为领导干部综合考核评价和自然资源资产离任(任中)审计的重要依据。印发《关于动土、动林开工行为审查的通知》,规范建设项目使用林地手续。开展"林长+森林督查"创新试点工作,抓好森林督查发现问题的查处整改。2023年,省林草局先后到游仙区调研林长制工作2次,巴中市考察组到游仙区考察学习林长制工作及林业产业发展1次。游仙区林长制工作成效先后被省级杂志《绿色天府》报道2次。

大规模绿化行动。全年完成造林面积4.3万亩,其中人工造林0.1万亩,森林抚育、退化林修复等森林精准提升面积4.2万亩。完成芙蓉溪沿岸6.4千米,魏城镇群益村、盐泉镇上方寺村农村公路11千米滨江绿道工程。对高新区学府路周边环境进行整治提升,建设"口袋公园"4个。

现代林业产业。成立现代林业产业建设工作领导专班,实行区领导定点联系现代林业产业园区工作机制,推进林业产业园区建设工作。工作专班多次研究、反复修改,全领域编制《游仙区建设特色经果林现代林业产业园区实施方案》《游仙区木本油料现代林业园区规划》,提出构建以核桃、油橄榄、油牡丹木本"三桶油"为主导的现代林业特色产业体系,明确了未来产业发展道路。2023年,全区林业总产值达24.577亿元,新增林业产业基地0.3万亩,新造油橄榄、山桐子0.32万亩。

森林草原湿地违法违规处置。完成森林督查图斑自查、森林督查省级质量检查,合格率100%;国家西南院现地复核一致率≥80%。制定《绵阳市游仙区2023年打击毁林毁草专项行动工作方案》,专人跟进各案件整改销号情况,持续抓好违法案件动态清零。

野生动植物保护监管。区林长制办公室印发《绵阳市游仙区湿地及自然保护地、野生动植物巡护工作制度》,敦促各镇(街道)加大对野生动植物及其栖息地的巡查和保护力度。利用"世界湿地日""世界野生动植物日""爱鸟周""保护野生动物宣传月"及"4·22"世界地球日、"6·25"全国土地日、"11·9"消防宣传日、"12·4"法制宣传日等重要时间节点进行野生动物保护法相关法律法规的宣传,提高群众守法意识,自觉摒弃滥食、捕猎、买卖野生动物等违法行为,全年共发放宣传资料5000份。印发《游仙区打击破坏野生动植物资源违法犯罪联席会议制度》,落实成员单位,明确职能职责,打击破坏野生动植物资源违法犯罪行为。开展林地、草地、湿地外来入侵物种普查,共出动调查人次305人次,踏查路线119条,调查里程为347.79千米,设置样地21个、样方327个,发现外来入侵物种51种(其中植物45种、动物6种),制作标本144份,编制《游仙区外来入侵物种普查工作技术报告》《游仙区外来入侵物种普查工作风险评估报告》。

森林防灭火。全区全年无森林火灾发生,森林火灾受害面积严格控制在0.1‰以内。利用包保制度、网格制度、林长制等,明确各地主体责任人、责任范围和责任内容;通过组建完善半专业群众扑火队伍、配置防火物资、修建防火通道等方式,提升各地应急处置能力;通过制定专项行动方案,开展"森林草原火灾隐患排查整治和违规用火行为查处""强安2023""百日攻坚"等专项行动,开展各类森林火灾风险隐患排查及整治,降低森林火灾发生隐患;通过在重点时期、重点区域开展集中宣传、培训,加设固定标语、警示牌等形式全面增强群众安全防范意识;通过建立局领导包片督导机制,采用明察与暗访相结合的方式,压实森林防火主体责任及监管职责;通过科学划定森林草原火险区域类型及预警等级,实施森林火险分区分级精准防控,提升常态化管理水平。

涉林检疫监管专项行动。为加强和规范林业植物检疫执法,打击违法调运森林植物及其产品的行为,严防松材线虫病等危险性林业有害生物的传播蔓延、巩固造林绿化成果、维护林业生态安全,区森林病虫害防治检疫站开展"游仙区涉林检疫监管专项行动",共计到企业宣讲47次,发放宣传手册100余份;开展集中宣传3次,发放宣传资料5000余份;与区行政审批局联合开展检疫执法行动2次,出动执法人员15人次,检疫苗木花卉基地(苗圃)18家,检疫和复检各类苗木10万余株,检疫检查涉木企业13家,有效防控了松材线虫病等重大林业有害生物疫情,减轻了林业有害生物灾害损失,促进了现代林业高质量发展。

【国土资源管理】 持续开展规划审批工作,出具项目地块规划设计条件30余件,完成20个公益性项目用地预审与选址意见书,核发15个重大项目建设用地规划许可证等。全年实现净增加耕地323.72亩,永久基本农田超保护目标任务0.24万亩。完成2宗采矿权延续、变更登记的审批,4宗生态红线内矿业权退出,1宗历史遗留矿山生态修复工作。持续加大执法监督力度,全年通过开展土地卫片执法发现违法图斑76个,完成整改52个，完成率68.42%；2022年自然资源督察反馈问题44个已完成整改销号42个，完成率95.45%；2023年自然资源督察反馈问题9个已完成整改销号6个，完成率66.67%。全年共启动报征项目用地34个、2893亩，组卷上报征地项目15个、2645亩，取得批次征地批复1个、28亩，出库土地65宗5630.0759亩。全年供应土地42宗，面积3449.98亩。办理抵押登记，协助实现抵押融资约17.58亿元，办理不动产登记业务10252件；开展集体土地所有权登记工作，完成辖区近3000宗集体土地所有权变更登记业务；完成辖区内首个工业用地“交地即交证”项目。

规划审批。全年出具项目地块规划设计条件30余件，完成九院二所科研用房含库房建设项目、游仙区失能半失能老年养护院项目等20个公益性项目用地预审与选址意见书，核发新一代FLASH放疗设备研发及其产业化工项目（二期）、航空航天发动机用熔模铸造机匣项目等15个重大项目建设用地规划许可证，办理（含技术咨询）工业（含科研、仓储、物流）、区级公益性服务设施等建设项目审查及审批手续60余件，推进核医疗健康产业园各项目、游仙第二中学项目等重大项目总图、建筑设计方案咨询、技术审查及工程规划许可相关工作，落实建设工程验线、竣工规划核实20件及既有住宅加装电梯规划审查手续118件，配合有关部门协助查处城市规划区内违法建设项目54件，全年规划审批工作持续开展。

田长制工作。全区10个镇（街道）133个村（社区）涉及耕地保护任务，均严格落实《巡田实施办法》，开展巡田工作，区级田长共巡田65次，镇级田长共巡田1605次，村级田长共巡田11944次，网格员共巡田60000余次，巡田上报违法用地线索问题共计141个，其中“非农化”问题112个、“非粮化”问题29个，已全部完成整改。各镇（街道）都能按照要求使用巡田App开展巡田工作。

矿产资源管理。根据矿产资源规划，贯彻执行矿业权管理政策，监督指导矿产资源合理利用和保护。完成矿业权人矿产资源开采年度信息网上公示；完成2宗采矿权延续、变更登记的审批；督促指导矿山企业完成本年度矿产资源统计基础年报表、矿产储量年报表等各类年报数据库报送并通过省厅审核；完成4宗生态红线内矿业权退出工作；完成1宗历史遗留矿山生态修复工作。

动态巡查。结合土地卫片、执法综合监管等加强动态巡查，加强土地日常监管。全年开展动态巡查400余次，发现疑似违法用地行为45次，现场发布责令改正违法行为通知书18次、责令停止违法行为通知书4次，权力机关办结案件12件，口头制止违法行为37次，遏制了新增违法用地行为。

土地报征。全年共启动报征项目用地34个、2893亩，其中单独选址项目用地3个、1783亩，批次用地项目31个、1110亩；组卷上报征地项目15个、2645亩，其中单独选址项目1个、1127亩，批次用地项目14个、1518亩；取得批次征地批复1个、28亩，出库土地65宗5630.0759亩。

混合用地改革。为创新国有建设用地多用途混合利用制度，探索以建筑功能使用需求为主体的综合性用地管理模式。游仙区率先开展混合用地改革工作，在游仙区公共资源交易中心挂牌成交全市首宗“混合用地”。该改革打破了现行的“一宗土地只有一种用地性质”模式，将工业用地、商业用地、物流用地等7类相互关联的土地性质按照项目产业使用需求混合利用，实现研发、生产等二产功能区与物流、休闲等三产功能区规划在同一区域，解决因土地性质单一引发的土地资源浪费等问题。全年供应“混合用地”3宗，面积206.24亩。

不动产登记。全年不动产登记中心办理抵押登记协助实现抵押融资约17.58亿元，办理不动产登记业务10252件；开展集体土地所有权登记工作，完成辖区近3000宗集体土地所有权变更登记业务；完成辖区内首个工业用地“交地即交证”项目，促进企业项目早落地、早开工；为辖区内首宗框架结构工业厂房项目颁发不动产证，形成不动产登记服务保障投资项目、项目助推融资、融资助力城市建设的良性循环；派员参加首届四川省不动产登记技能大赛和首届全国不动产登记技能大赛，为绵阳市代表队获得四川省团队三等奖、四川省代表队获得全国团队三等奖贡献了力量。

【畜牧业】 全年实现畜牧业产值16.08亿元（占总产值的30%），同比减少0.5%。全年生猪出栏20.29万头，同比增长1.7%；牛出栏7773头，同比增长1.1%；羊出栏2.93万只，同比减少2.1%；禽出栏720.94万只，同比减少5.1%。禽蛋产量13907吨，同比增长5.9%。有生猪规模养殖场近50家，其中万头猪场5家、规模种猪场7家、国家级生猪产能调控基地3家。常年存栏生猪约20万头，常年存栏能繁母猪约2.5万头。九惠公社、康丰源、恒亚信等规模蛋鸡场年产鲜蛋近2.5万吨。鹌鹌金鹑、蜀瑞康等大型鹌鹑养殖基地逐步投产年，产优质鹌鹑蛋近2500吨。

动物疫病防控。开展布病基线调查、血吸虫病防治、狂犬病疫苗补免工作，完成家禽禽流感疫苗免疫475万羽、牲畜口蹄疫苗免疫共计25万头、猪瘟疫苗免疫注射20.4738万头，全区免疫抗体合格率达70%以上。

重点领域监管。与中国电信合作，在辖区5个生猪定点屠宰场搭建魔镜视频云平台，对生猪入场检疫、非洲猪瘟实验室检测、宰前巡检、屠宰同步检疫实现24小时实时监控和存储。全面完成国家卫生城市复审工作，联合区市场监督管理局、区农业综合行政执法大队出动执法人员60余人次，查出共性问题9个，责令关停不达标活禽经营（宰杀）点4个。举办游仙区生猪屠宰场肉品品质检验员暨非洲猪瘟实验室检测技能大赛。

畜禽屠宰与养殖。全区共有生猪定点屠宰企业5家、养殖场107家、饲料厂3家，其中A级屠宰企业2家、B级屠宰企业3家。与相关单位共签订安全生产责任书115份，开展安全生产各类培训200余人次。对畜禽屠宰、养殖开展安全生产隐患排查210余次，出动执法检查人员450余人次，排查出屠宰场水塔老化倒塌风险重大事故隐患1处、一般安全生产隐患30余处并完成整改。

农（兽）药监管。指导各镇（街道）及时做好农作物重大病虫害监测防控，向群众发放"科学安全使用农药挂图"、禁限用农药名录等技术资料1万余份。开展全区农药经营门店"打非治违"专项行动，出动执法检查人员76人次，共检查农资经营门店120余次。

【水产业】 水产品及渔业。全年实现渔业产值3.54亿元（占总产值的7%），同比增长3.9%。全区水产养殖面积4.44万亩，水产品产量1.52万吨，同比增长4%。

长江流域"十年禁捕"。制作大型永久性禁捕宣传横幅10副、宣传牌50副、宣传标语100副、宣传手卡10000张、宣传海报500份，发放禁捕宣传资料30000份。落实专人开展禁渔执法，出动执法人员500人次，收缴电鱼设备1套，没收非法网具8副，销毁真饵复钩钓具152个，收缴违规钓具196套、可视锚鱼竿6套，劝离违钓人员100000人次，放归钓获物425尾，放生鱼苗5万尾。

【乡村振兴】 重要事项办理。承办市委农村工作会议视频会议、区委农村工作会议、区委农村工作领导小组全体会议、乡村振兴八大行动专题会议等区级会议10次，编制印发《绵阳市游仙区2023年全面推进乡村振兴实施方案》等区级重要文件43个，完成及配合完成省、市、区级安排汇报材料、经验材料等30余篇，编发《三农要情》7期。

乡村振兴工作。全区通过四川省省级乡村振兴先进区"回头看"考评和市级乡村振兴实绩考核，创建省级乡村振兴示范村3个（新桥镇王家坝村、魏城镇星光村、小枧镇雨凤村），创建乡村振兴重点帮扶优秀村1个（魏城镇栖凤村），培育市级乡村振兴优秀镇1个（游仙区忠兴镇）、优秀示范村4个（忠兴镇鑫龙村、新桥镇高意村、盐泉镇上方寺村、信义镇仙山村）；评选区级乡村振兴优秀镇1个（石马镇）、优秀村10个（石马镇张家坪村、魏城镇绣山村、新桥镇玉泉村、新桥镇新龙村、盐泉镇宝山村、盐泉镇圣谕村、小枧镇八龙村信、义镇凤鸣村、仙鹤镇金柏村）。

【农村"厕所革命"及能源建设】 完成农村"厕所革命"整村推进示范村建设项目，新（改）建农村户厕660户，市、区两级验收完成，拨付补助资金96万元。完成2022年种养循环利用项目建设1处，市、区两级验收完成，拨付补助资金69万元；每季度定期开展安全生产隐患摸排工作，全年共摸排沼气工程30处、户用沼气150户；完成农发国际贷款项目全省交叉审计工作。

【农村交通安全监管】 全年共开展农机道路交通联合执法72次，查处已注销变型拖拉机61台，收回外籍变型拖拉机号牌61幅、行驶证31本，监督车辆解体16台。加强农机安全生产隐患排查，累计出动检查车辆15辆次、检查执法人员120余人次，检查农机合作社9个，检查各类作业农业机械200余台，排查一般隐患5处，并当场督促进行了现场整改。

【农村沼气安全】 制定《关于做好2023年农村沼气安全的通知》，采用购买服务的方式聘请专业技术队伍对全区沼气工程进行一年两次的安全隐患排查，进行专题工作部署及业务培训3次，覆盖300余人次，发布警示提示信息60余条，发放资料1300余份；走访排查农户150余户、沼气工程30处，共检查出户用沼气一般隐患5处、沼气工程一般隐患8处，已完成闭环整改。

【乡村旅游】 全区服务业文体娱行业主营业务收入全年同比增长49.31%；劳动工资总额增速21%；招引云端助手手游圈、岷山饭店等4个项目，投入资金2.77亿元；服务业文体娱行业升规入统企业4家；完成省、市文旅重点项目库投资10.6亿元。

文化旅游市场主体。全区有文旅市场九类主体157家，其中规模以上文化旅游规上企业28家；有国家A级景区4个、星级酒店4家、星级乡村酒店3家、星级农家乐6家、民宿3家，接待总床位883张；有旅行社及服务网点25家、歌舞娱乐场所16家、网吧43家、文化艺术类培训机构49家。

文旅项目。策划包装文旅项目15个，总投资230.39亿元，其中纳入省、市重点推进项目7个，总投资163.6亿元；引进咔啦嘟嘟游乐园、快发助手落地游仙；与华侨城签订战略合作协议，对太乙仙山植物园内业态进行规划；邀请上海驴妈妈旅游集团等专业团队到游仙区考察指导工作；聘请曲江文旅、村上文旅参与游仙文旅和商圈建设策划；和中国作协网络文学中心签订战略合作协议，在游共谋发展科幻网络文学产业；推进全区道路旅游标志规范化建设，编制《游仙区全区道路旅游标识标牌规范化建设工作方案》，核定24处道路旅游标识标牌；绵阳科技馆、越王楼·三江半岛景区共建成新能源充电桩26个、充电车位25个；新（改）建旅游厕所2座。

文旅品牌。推进品牌化建设，指导太乙仙山植物园、铁炉村等提档升级、丰富业态，引进半森云汐汽车露营基地、光影丛林基地、鹧鸪啼民宿等民宿和露营旅游经营主体6家；组织特色农业、非遗、文创等14家企业参加国家、省、市各类创建评比。文昌年画天下第一幅系列产品获得“绵阳市十佳旅游商品”称号，越王楼选手王佳敏获得全市金牌导游（讲解员）大赛一等奖；指导仙鹤镇洛水溪谷创建国家3A级景区，已通过景观评审。魏城镇铁炉村创建省级乡村旅游重点村进入市局推选名单。联合绵阳市仙海区创建省级文化产业和旅游产业融合发展示范区，已进入创建名单。

宣传推介。组织参加2023绵阳文旅发展大会、“绵品出川”等大型推介活动，14家企业34个系列特色商品参加。组织7家企业参与“涪江文旅一卡通”，入园人数近2万余人次；组织越王楼、太乙仙山植物园、绵州唐城、奇迹健身等参加“‘一元购’冬游四川大放送”消费季活动，其中越王楼提供免费门票1000张；推出精品线路4条，打造“相约游仙”新媒体品牌，发布推文200余条、视频50余条，阅读量10余万人次。协助非遗高空杂技参加中央电视台四套《环球综艺秀》栏目录制，“礼赞祖国·富乐游仙”城市巡演系列活动、“限定集市”得到四川电视台关注。

【农村水利】 全区共有各类蓄水工程8513座，其中小(1)型水库12座、小(2)型水库93座、山坪塘8408座；小水电站4座；主要河流9条；武引渠道总长352千米（支渠111千米、斗渠213千米、过境渠道28千米），有效灌溉面积36.97万亩。全年非经常性向上争取工作完成率778%，位居全区第一；经常性向上争取工作完成率290%，位居全区第三；芙蓉溪入选全国第二批“幸福河湖”试点县，为全省唯一入选河流；仙鹤镇洛水村被水利厅评为“水美新村建设典型村”（全市唯一）；移民工作被全省通报表扬（全市唯一）；承办全市农田水利建设三年行动现场会。

【高标准农田建设】 全年新建成高标准农田3万亩，总数达28.06万亩，占永久基本农田面积的67.23%。在建高标准农田7.9万亩，计划投资2.76亿元，已完成工程量的85%。游仙区被确定为全省高标准农田整县推进试点县，计划用2年时间把全区未建高标准农田的永久基本农田全部建成高标准农田。

水政执法。印发《游仙区河湖安全保护综合执法行动工作方案(2023年—2025年)》，与区法院、区检察院、区公安局、区司法局建立联席会议制度，出台《游仙区水行政执法与刑事司法衔接工作细则》《游仙区水行政执法与检察公益诉讼协作机制实施细则》。组织行政执法证考试，11名工作人员取得行政执法证。开展行政监管检查108次，办结水事行政处罚案件4起、河湖生态环境保护行政公益诉讼案件9件、防洪河道清理案件3件，行政罚款34.1万元，涉水违法犯罪行为得到遏制。

水利工程建设。全年对上争取项目14个，到位资金1.78亿元；包装策划项目38个，总投资约44.5亿元。2022年续建项目2个：盐泉镇双玉斗渠一期建设项目投资2080万元，整治、新建斗渠11千米，小型建筑物71座；游仙武引二水厂建设项目投资38000万元，新建武引二水厂及配套管网73千米。2023年新建项目14个：小型水库除险加固项目投资1134万元，对段家桥水库、先锋水库、红岩水库、铜瓦铺(仙海)、文胜(仙海)5座水库进行除险加固；小型水库工程设施维修养护项目投资266万元，对前进、金花、飞跃等61座水库进行维修养护；山洪灾害防治非工程措施项目投资110万元，对28个监测站点进行更新改造；山洪灾害防治设施维修养护项目投资25万元，新建视频监测站点3处；人口饮水工程维修养护项目投资400万元，对盐泉、仙鹤、魏城、忠兴等镇供水站设施设备、输配水管网进行维修养护；天星堰灌区2023—2025年续建配套与节水改造项目投资4918.19万元，整治干渠11.52千米、支渠3.13千米、水闸21座、管理房1座，新建下渠梯步30处、巡渠管护道路9.58千米等；2023年游仙区地方政府一般债券小型水库除险加固项目投资570万元，对忠兴镇太平水库、信义镇跃进水水库、盐泉镇涌泉水库进行除险加固；2023年游仙区新增一般债券小型水库雨水情监测设施项目投资200万元，安装25座水库雨水情监测设施；中央及省级大中型水库移民后期扶持资金项目投资1029.57万元，硬化道路3.884千米，精修堰塘12口，硬化渠道1.424千米；“十四五”大型灌区续建配套与现代化改造项目(游仙灌区)投资9337.46万元，整治渠道总长43.53千米；绵阳市芙蓉溪“幸福河湖”建设系统治理项目投资11377万元，建设智慧芙蓉溪数字孪生中心1座、亲水配套项目7处；2023年游仙区中央水利救灾资金项目投资136万元，修复盐泉镇、小枧镇、信义镇、魏城镇12处水毁灾损渠道、隧洞；2023年游仙区第三批中央和省级水利救灾资金项目投资235万元，修复水毁灾损塘堰10口、溢洪道0.4千米。

人饮保障。印发《游仙区农村饮水工程运行管理办法》《游仙区农村供水工程突发性事件应急预案》，落实农村饮水安全工程“三个责任”“三项制度”，全区农村自来水普及率达99.92%，规模化供水率达80.31%。新建游仙武引二水厂厂区主体工程并全面完工。开展月度“拉网式”安全检查12次，发现整改问题6个。开展水质巡检4次，出厂水水质均为100%。开展技术、业务培训2次，培训96人次。按照区发改局文件执行水费收缴，其中执行阶梯水价2处(石马、魏城)、执行固定水价12处；被城市管网覆盖供区执行城市水价2.96元(含污水处理费)；村级供水站采取村组“一事一议”协商定价，控制在2.5元以内；水费收缴率达99.5%。全年农村饮用水补水2319万立方米，收缴水费747.37万元。

水土保持。印发《2023年水土保持流失综合治理目标通知》，完成水土流失治理面积11.43平方千米，完成绵阳市水土保持委员会下达的9平方千米目标任务。经初步计算，全区年均减少土壤流失量约3.79万吨，通过实施的水土保持措施年增产粮食约335.6吨，通过水土保持措施增加收入约100.68万元。依法督促22家生产建设单位编制水土保持方案，补缴水土保持补偿费300万元。

河（湖）长制。举办区级河（湖）长制专题培训班5期，调训河长、河长制工作人员400余人次，培训各镇（街道）工作人员30余次。各级河长全年开展巡河194次，发现问题42处，发出督导整改书29份，全面完成问题整改。探索实施村级河湖"解放模式"，组建河湖管护队172支，开展活动880次，清理河道岸线3300千米、沟渠350千米、塘堰440座、岸线垃圾及水面漂浮物240吨。开展河（湖）长制"七进"宣传活动，发放宣传图册23000余份、禁渔禁捕宣传资料950余份。开展整治电（毒、炸）鱼等非法捕捞专项执法行动52次，与江油市、梓潼县、涪城区、三台县等相邻区域开展联合执法行动9次，收缴电鱼设备1套、网具63幅、违规钓具118套，劝离违钓人员1000余人次。开展增殖放流活动2次，放生鱼苗10000余尾。开展污水处理设施及配套管网建设和既有污水处理设施提标改造，对全区25座污水处理设施（含二级场镇）进行提标改造。开展畜禽养殖业污染防治专项行动，规模养殖场、大型养殖场粪污处理设施装备配套率达100%，畜禽粪污综合利用率达94.37%。开展化肥农药零增长行动，主要农作物绿色防控技术覆盖率达51.84%，专业化统防统治覆盖率达50.75%。

水资源保护。绵阳市全年下达用水指标为23000万立方米，全年实际总用水量为18374.8万立方米，万元国内生产总值用水量较2020年减少15.4%，万元工业增加值用水量较2020年减少30.67%，完成水资源年度双控指标。完成各镇（街道）取水工程摸排、名录收集、登记工作等，实现取水设施系统填报。严格规范全区取水户的日常管理，配合区行政审批局新签批取水许可证10本，延续换证3本，变更5本。开展水资源保护和节水知识竞赛活动，全区各单位参赛率达100%，合格率达90%以上。

武引工程管理。全年向辖区供水6563.35万立方米，实现36.97万亩水稻满栽满插目标任务。整合和规范11个用水户协会，持续推行农业分类水价、超定额累进加价和精准奖补。投资9337.46万元，完成"十四五"武引灌区续建配套与现代化改造项目，提升整治渠道43.53千米。投资250万元，完成2022年武引灌区水毁岁修工程项目，整治渠道7.8千米，武引渠系灌溉系数提升至0.52。武引灌区全年上交水费460万元。

防汛抗旱。印发《游仙区防汛抗旱总体预案》，组建区防汛抗旱工作专班，抽调区防汛抗旱指挥部成员单位12名工作人员实行集中办公。落实包保责任区级领导17人、村（社区）干部172人，形成"纵向到底、横向到边"的应急处置体系，储备编制袋3000条、铅丝10吨、砂石料5万立方米、救生衣210件、冲锋舟1艘。建立16支796人的区级专（兼）职应急救援队伍，开展镇、村级演练97场次，其中山洪灾害演练8场次、水库应急演练89场次。开展"大排查、大整治、大曝光"行动，排查整改防汛隐患416处。开展业务培训41场次，发放"防汛明白卡"30000余张。新增气象雨量监测站点9处，优化山洪雨量监测站点5处。汛期启动防汛四级应急响应6次、防汛三级应急响应2次，召开会商研判会议18次，值班值守抽查1650余次，发布防汛提示信息80000余条。全年平均降水量795.1毫米，与常年相比偏多34%，境内各主要河流经监测均未超过蓝色预警，全区各类水库运行正常。年内降水时空分布不均，7—9月雨水较多，共出现7次强降雨过程，最大日平均降雨量为172.8毫米（信义观太）。在"6·27""7·3""7·13""7·21""7·27""8·24""9·11"强降雨期间，紧急转移安置5180人，无死亡、失踪、受伤人口。

移民后扶。全区共接收安置大中型水库移民4958人，截至2023年年底，因死亡、迁出变化，实有移民4280人。通过"一卡通"直发直补移民后期扶持资金260万元、瀑电移民养老保障金65.1285万元。落实移民后扶项目资金1014.53万元，建设美丽家园、移民增收项目共53个，验收项目36个，拨付项目资金345.67万元。

【农业机械化】 农机购置补贴。2023年，中央下达全区农机购置、报废更新补贴资金595万元，发放农机购置补贴资金六批共计354.636万元，惠及农户和农机专合社、家庭农场469家，补贴农机具730台，资金拨付比例达92%；补贴报废农机47台，发放补贴资金61.78万元。

农机化推广。完成农机化生产任务，争取省级高质量农业发展资金2批共140万元，新建提灌站3座，技改提灌站23座。全年完成机耕面积89.89万亩、机播面积64.27万亩、机收面积76.2万亩。创建省级"全程机械化+综合农事"服务中心1个，组建全区常态化农机应急作业服务队伍8支，游仙区新罗氏农机专业合作社被评为第十四批省级示范社。开展农机化作业综合奖补工作，补助机械化秸秆还田3万亩，补助金额60万元。

农机服务。全区共办理拖拉机注册登记63台、联合收割机注册登记18台；注销车辆136台，年检审329台次。办理拖拉机和联合收割机驾驶证初次申领24人。

农机安全。全年共开展农机道路交通联合执法72次，查处已注销变型拖拉机61台，收回外籍变型拖拉机号牌61幅、行驶证31本，监督车辆解体16台。开展农机安全生产隐患排查，累计出动检查车辆15台次、检查执法人员120余人次，检查农机合作社9个，检查各类作业农业机械200余台(套),排查一般隐患5处,并当场督促其进行现场整改,对年检不合格及达到报废的拖拉机、收割机进行公告注销。开展收割机环保编码备案工作,全区有履带式联合收割机171台,其中完成环保备案并审核通过156台。开展农机安全生产宣传教育,发放农机安全使用宣传手册500余份,与机手签订农机安全承诺书600余份,加强平安农机责任意识。

【农村科技】 家庭农场。编制《2023年度绵阳市游仙区中央财政粮油单产提升行动项目实施方案》《2023年度绵阳市游仙区中央财政农业生产设施条件改善项目实施方案》,全年共有11家家庭农场实施项目。全年新认定2家省级家庭农场、8家市级家庭农场,命名16家区级家庭农场示范场。

高素质农民培育及农技推广体系建设。编制《2023年高素质农民培育工作方案》《2023基层农技推广体系改革与建设项目实施方案》,全年培育高素质农民265人,其中省级调训6人、市级调训10人、区级培训249人。遴选新建科技示范基地2个,培育农业科技示范主体2个,对70名基层农技人员进行知识更新专题培训,招(特)聘农技员5名。

秸秆综合利用。完成全区秸秆资源台账工作并报送农作物秸秆资源台账子系统,支持配合上级主管部门及时按时报送上级要求的各类表册、信息、简报、总结等资料。做好秸秆禁烧巡查工作,坚持"以用促禁",推进秸秆禁烧,坚决杜绝焚烧秸秆。

农村人才建设。向上级农业部门推荐13名新型农业经营主体带头人参加"头雁""耕耘者"培训,推荐"特色水果产业人才团队"1个、"优秀家庭农场主"2名、"十佳返乡入乡创业明星"2名、"最美农技员"3名、"种粮达人"5名。2人获得省级农村致富带头人发展奖金,2人获得"游仙区2023年优秀科技特派员"称号。

【农村教育】 全区有各类学校143所,在校学生95909人,专任教师6214人,其中普通高中6所,在校学生9610人,专任教师701人;职业高中5所,在校学生6468人,专任教师425人;初中14所,在校学生28095人,专任教师1777人;小学30所,在校学生37013人,专任教师2047人;幼儿园88所,在园幼儿14723人,专任教师1264人,其中正高级教师10人、特级教师9人。辖区内有富乐中学、游仙中学、富乐国际学校、富乐小学、剑南路小学等义务教育优质学校,开元幼儿园、五里幼儿园等学前教育优质学校,开元中学、游仙职业技术学校等高中阶段学校。以富乐中学、游仙中学为领航学校,推动课改城乡共进。全年优质学校到薄弱学校交流教师84名,推动教育优质资源逐渐均衡。4所领航学校牵头,以强带弱、以城带乡,不断优化组合。

【农村体育】 全区区域内中小学有400米标准田径场12个、300米田径场5个、200米塑胶环形跑道38个、篮球场128个、排球场96个、足球场56个,有专职体育教师293人,全区体育教师学历达标率达100%。有全民健身中心1处、公共田径场1处、乡(镇)农民健身工程和社区多功能运动场4处、全民健身路径319处、健身步道79条,实现行政村(社区)体育设施全覆盖,人均体育场地面积达2.56平方米。发展社会体育指导员3200人。

【农村文化】 全区有公共图书馆1个、文化馆1个、博物馆1个、飞龙山红军纪念馆1个、镇(场镇)综合文化站21个、街道综合文化站3个、村(社区)综合文化服务中心(文化广场)172个。区图书馆共配置纸质图书2万册、五车平台电子书8万册,博看书苑微书屋电子期刊4000种共20万期、电子图书6万册,有声期刊人声版资源300余种共6万集。

【农村卫生】 全区共有各级各类医疗卫生机构413个,其中区级公立医院3家、其他公立医院1家、乡(镇)卫生院(中心卫生院)8家、社区卫生服务中心4家、村卫生室196个、社区卫生服务站14个,另有民营医院4家、综合门诊部7家、中医门诊部2家、口腔门诊部4个、诊所161个、学校或企业医务室8个、卫生所1个。共开放病床位3284张(不含市三医院和科学城医院),其中区直二级及以上医疗机构838张。全区卫生人员总数达5871人,比上年增加613人,增长11.66%。2023年,全区医疗卫生机构总诊疗人次379.81万人次,比上年增加43.87万人次,增长13.06%。全区医疗卫生机构入院人数15.64万人。

家庭医生签约服务。全区12个基层医疗卫生单位共有223支家庭医生服务团队,利用家庭医生服务宣传栏、世界家庭医生日等开展"签而有约、共享健康"宣传活动,提高群众知晓率。结合基本公共卫生服务、农村义诊专项行动,以高血压、糖尿病、严重精神障碍患者等重点人群为切入点,全年家庭医生签约率在上年的基础上提升4个百分点,全区常住人口签约覆盖达56.58%,十类重点人群中65岁老年人签约率达94.85%,高血压签约率达98.85%,糖尿病签约率达99.20%,0～6岁儿童签约率达94.15%,孕产妇签约率达92.8%,肺结核签约率达93.19%,重度精神病患者签约率达94.23%,残疾人签约率达93.17%,计生特殊家庭签约率达99.79%,脱贫人口签约率达100%。

农村义诊专项行动。全区组织28个义诊队到所有行政村开展义诊活动。市、区、镇三级医疗机构联合开展各类特色义诊服务,绵阳电视台多次对全区农村义诊专项行动进行了采访报道。市、区两级责任医院累计派出专家881人次参加农村义诊专项行动,其中市三医院425人次、区人民医院194人次、区中医院195人次、区妇幼保健院67人次。各基层医疗机构累计派出医务人员2404人次参加义诊行动,共义诊6096人次,咨询28991人次,发放宣传资料43224人次,入户义诊178人次，转诊117人。

爱国卫生运动。区爱卫办以巩固提升国家卫生城市创建成果、开展创建卫生先进单位为重点，举办“美好家园　健康生活”小学生手抄报比赛，共征集224幅以文明健康绿色环保生活方式为主手抄报作品。在新桥镇芙蓉港湾广场举办以“宜居靓家园　健康新生活”为主题的第35个爱国卫生月宣传活动，结合爱国卫生月和“爱卫新征程　健康中国行”等活动，引导群众主动学习健康知识，掌握健康生活技能，参与生活垃圾分类，养成良好个人卫生习惯，自觉践行文明健康绿色环保生活方式。全年共开展宣传活动26次，发放各类宣传资料1200余份、宣传海报800份。开展第35个爱国卫生月集中宣传活动信息在健康中国观察网上刊登。

环境卫生整治。组织开展以环境整治、清脏治乱、病媒防制和文明健康绿色环保生活方式等为重点的“传承爱卫新风　欢度健康佳节”爱国卫生专项活动。针对辖区内部分老旧小区、背街小巷存在卫生死角，楼道堆积杂物、非机动车乱停乱放等情况不同程度存在的问题，开展老旧小区、背街小巷等“边缘地带”大扫除。开展机关、企事业单位工作环境卫生大扫除，乡村环境卫生大扫除，社区环境卫生大扫除，农贸市场和重点场所环境卫生大扫除，各区级52个部门共计完成集中周末大扫除7次，出动1400余人次，清洁面积约28000平方米，清除垃圾约4.3吨。

巩固卫生创建成果。印发《绵阳市游仙区巩固国家卫生城市工作方案(2022—2024年)》《关于开展巩固国家卫生城市建设工作区级领导联系镇(街道)包片、区级部门包社区的通知》《关于成立巩固国家卫生城市建设工作专项工作组的通知》《关于成立农贸市场、便民市场及市场周边环境整治工作组的通知》，成立爱国卫生组织管理工作组、健康教育与健康促进工作组等9个专项工作组，明确13位区级领导、52个区级部门包6个辖区、40个社区。成立10个农贸市场管理工作组、1个便民市场管理工作组、1个夜市管理工作组。依托区级领导联系镇(街道)包片、区级部门包社区工作机制，持续开展督导督查。区爱卫办、区委目标绩效办牵头，区卫健局、区住建局、区市场监管局、由区综合行政执法局成立巩卫督察组，对巩卫工作开展情况进行督察，已发出区级领导温馨提示报告7份，出具专项通报13期，发出工作协调提示函32份。

【农村法制建设】推进“八五”普法，推动乡村法治建设，深化区、镇、村三级公共法律服务体系建设，“智慧法务”掌上平台，打通服务群众“最后一公里”。创新开展乡村“法治体检”，提升基层依法治理水平。加强农村普法宣传，新选拔“农村法律明白人”58人，涪江街道五里堆路社区、魏城镇铁炉村被命名为“四川省‘法律明白人’实践工作站”。全覆盖开展矛盾纠纷排查化解，维护乡村和谐稳定。新桥司法所被命名为第四批省级“枫桥式司法所”。

【农村交通】全区公路通车总里程2045.173千米，其中国道101.823千米、省道120.155千米、县道437.394千米、乡道629.454千米、村道756.347千米，公路密度202.33千米/百平方千米、40.93千米/万人。境内高速公路66.9千米，其中一级公路52.568千米、三级公路95.464千米、四级公路1826.783千米。健全县、乡、村三级管理养护体系，规范各级养护标准，提升农村公路养护工作成效，列养率100%，并已完成对各镇(街道)的年度养护绩效考核。实现城乡公交全覆盖，开通公交线路52条，优化公交线路8条、城乡公交运力411台(含25台“村村通”客车)。健全三级物流体系，全区8个镇112个行政村均建有物流站点，覆盖率100%，村民足不出村就可收寄邮件快件，打通城乡物资双向流通渠道，推动交商邮供融合发展。

【农村基本养老保险】全区基本养老保险参保人数37.04万人，其中参加城乡居民养老保险25.06万人。城乡居民养老保险缴费18.39万人，比上年末减少0.29万人，其中代缴低保对象、特困人员等困难群体城乡居民基本养老保险个人缴费0.37万人；征收基金7544.52万元。

社会保险待遇发放。全年完成33401人养老金年度待遇调整，补发养老金1811.2万元，月增加养老金260.58万元，月人均增加78.01元。全年共有535人申报死亡，支付遗属待遇2385.43万元。新增领取病残津贴5人，共发放23人病残津贴23.66万元。发放工伤保险待遇178人932万元，其中发放工亡待遇35人。落实财政代发政策，配合区供销社、工信局代发集体企业超龄人员养老金33人16.99万元，代发遗属补助5人5.33万元，发放原单位支付人员147人26.9万元。发放(市属、区属、国企退休人员)春节慰问大米5.1万袋。全区为66.7万人发放城乡居民基本养老保险金1.35亿元。

【医疗保险】全区基本医疗保险累计参保人数375890人(较上年减少12202人)，其中城乡居民医保参保人数324574人，较上年减少16120人，减少4.73%。

基金收支情况。城乡居民医保基金全年累计收入32326.16万元，同比增加1699.41万元，增长5.55%。居民医保待遇享受62.34万人次，支出31873.62万元，同比增加5960.11万元，增长23%，其中门诊支出6390.7万元，同比增长85.05%；住院支出25482.92万元，同比增加13.46%，政策范围内补偿比例达57.69%(基层医疗卫生机构79.7%)。代缴居民大病保险支出2324.47万元。居民医保基金当年收支超支1871.93万元，超支率达5.79%。

【农村生态建设及环境保护】从源头预防，提升土壤环境质量。依托高标准农田建设项目，加大高效节水灌溉技术推广力度，与高标准农田建设同步设计、施工、验收、考核，新建高效节水灌溉面积9000亩。推进受污染耕地安全利用和治理修复工作，印发《绵阳市游仙区2023年受污染耕地安全利用工作实施方案》，通过污染源控制、农艺调控、代替种植等方式完成1.78万亩的目标任务。

农业投入品源头管控。化肥使用量实现负增长，按照“增产施肥、经济施肥、环保施肥”理念，通过调优结构、精准施肥、有机肥替代、地力提升和技术集成实现化肥减量增效，截至2023年年底，全区测土配方施肥技术推广面积达76万亩次，测土配方施肥技术覆盖率达95%以上。2023年，全区化肥使用量1.8万吨（折纯），较上年减少519吨（折纯）。农药使用量保持稳定负增长趋势，推进专业化统防统治，加强生态调控、物理防治、生物控制、科学用药等绿色防控技术集成应用，实现主要农作物绿色防控技术覆盖率达55%、专业化统防统治覆盖率达53%。2023年，全区农药使用量约362吨（较上年减少3.2吨），呈逐年下降趋势。

农业废弃物回收利用。秸秆资源化利用。印发《关于做好农作物秸秆资源台账建设工作的通知》，全面完成数据调查和系统录入工作，严格落实秸秆禁烧巡查工作，推进秸秆“五化”利用。2023年，全区秸秆可收集资源量27.26万吨，秸秆综合利用总量26.45万吨，利用率达97%以上。废弃农膜回收利用。全年农膜用量369吨，回收量338吨，农膜回收处置率达92%。通过宣传引导，全区农民环保意识明显增强，参与污染治理的积极性明显提高，农村生产生活环境得到明显改善。畜禽粪污资源化利用。实施畜禽粪污资源化利用整县推进项目，推动畜禽规模养殖场全部完成粪污处理设施装备配套，全区畜禽粪污综合利用率达95%。加强农药包装废弃物回收，制作农药科学安全使用标语横幅20余幅，发放《农药科学安全使用挂图》《农药包装废弃物回收处理流程图》7000余份，全区建立农药废弃物包装回收点258个，全年共收集各类农药包装废弃物20.44吨，回收率达71%。

农村人居环境整治。结合城乡环境综合提质三年行动，推进农村“五清”工程常态化、制度化，推进实施人居环境整治“三大革命”，完成户厕改造660户，农村户用卫生厕所普及率达99.2%；全区生活垃圾得到有效处置的村占比达100%，生活污水得到有效处理的村占比达95%以上。

开展长江“十年禁捕”和水生生物资源养护，全年共发放宣传资料5万余份，开展日常巡护1万次，收缴违规设备器具440余套，劝离违钓人员10万人次。落实涉渔影响评价补救措施，开展生态补偿增殖放流鱼苗近10万尾。

【农产品质量安全监管】 全年共组织监管、检测、执法人员进行专题培训2次，召开农业生产经营主体专题宣讲培训4次。协同市场监管部门开展农产品质量安全知识科普活动2次，发放《农产品质量安全法》《农产品质量安全十大亮点》《农产品质量安全应知应做》等宣传单1万份，确保宣传覆盖面达100%。

执法办案。全区共计抽取水稻、玉米、蔬菜等种子样品24份，查办农资和农产品质量安全案件共14件，及时公布辖区内农资和农产品质量安全典型案例，保障全区农业生产和农产品质量安全。

“治违禁 控药残 促提升三年行动。全年对本地12个重点治理品种建立完整的生产主体和农资生产经营主体目录，在重要农事时节加强日常巡查，以问题为导向，重点检查豇豆、芹菜、韭菜等高风险农产品品种及纳入重点监控名单的生产经营主体，全区共开展巡查检查550次，出动人员1000人次，检查主体880家。

农资打假专项治理。开展“放心农资下乡进村”宣传活动及春秋重点时节农资打假行动。活动期间，全区共出动执法人员326人次，举办现场咨询培训5场次，接待咨询群众200人次；印发“明白纸”、宣传资料5000份，悬挂标语、横幅10条，检查农药、种子、化肥等农资销售点1000个次。

农产品追溯管理。完成辖区内重点农产品采产地溯源信息采集。加大国家（省级）农产品追溯平台推广应用，新增入驻主体91家，上传追溯批次信息共3582条。建立食用农产品承诺达标合格证制度，推动农产品“证码合一”追溯规范化发展，实现线上查询、线下亮证。落实农产品质量安全追溯与农业农村重大创建认定、农业品牌推选、农产品认证、农业展会等工作“四挂钩”和“双随机”要求，对参展农产品带证赋码情况进行准入核查。全区共有276家生产经营主体被纳入合格证制度实施名录，全年共开具蔬菜、水果、畜禽、禽蛋、养殖水产品承诺达标合格证10万张。

【网络交易监管】 全年开展网店网站巡查167个次，监测网络经营主体85户次，监测网络各类信息530余条，受理办结违法违规网络线索4条。打击网络销售宣传“特供”“专供”标识商品，整治网络直播搭贷乱象，推进互联网销售危险化学品专项治理，共检查相关企业经营户95户、相关网站45个。

【四川省级百强试点镇选介】 盐泉镇位于绵阳市游仙区东南部，东依三台县，北临梓潼县，全镇面积109.88平方千米，距离绵阳市区53千米，属于丘陵地貌，辖区生态优美、民风淳朴，魏城河自北向南穿境而过。盐泉镇历史底蕴深厚，从西魏到元朝的725年间，先后为魏城县和盐泉县的县治所在地。在北宋时期又培养出科举时代以来的绵州第一状元——苏易简（958—996），官至参知政事（副宰相），故盐泉镇素有“状元故里、古县治所”之称。同时，镇内地下盐卤资源丰富，是绵州古盐场及古盐道所在地。2019年12月，原梓棉镇、白蝉镇和玉河镇重新组建为盐泉镇，同时设立梓棉场、白蝉场。全镇辖14个村3个社区177个村（居）民小组，总人口39795人，其中农业人口37354人、常住人口18657人；总户数12850户，其中农业户数11849户、常住户数9330户。有山林面积3606.88公顷；耕地面积4222公顷，其中水田面积1731.17公顷。全年完成社会固定资产投资1.14亿元，向上争取760余万元。财政总收入完成7328万元，增长129%，其中地方财政收入4466万元。实现农业总产值4.66亿元，前三季度农民人均可支配收入达20141.2元。

基础设施建设。加强基础设施建设，盐泉镇被绵阳市政府评为第五批“四好农村路”示范乡镇，投资额达3229万元的双玉斗渠一期等7个项目全面建成，12个村652.2公顷高标准农田建设项目完成规划设计并陆续开工。新建村道5.81千米，修复扩宽4.12千米，共计9.93千米。城乡建设增减挂钩项目加快推进，累计拆除包括土胚房和一户多宅等在内闲置农房737户，集约整理土地面积33.33公顷。

社会治理。开展“大排查、大整治、大曝光”行动，全年未发生影响安全稳定事件。做好信访维稳工作，全年共处理市长热线189起、网络信访25起，化解积案1件、长期缠访4起、镇村信访事项4起。推进应急安全工作，对盐泉镇因灾群众申报冬春救助3400余人，争取应急资金治理地质灾害隐患点3处，组织镇应急骨干队员开展专题培训1次。

生态环境。落实河长制、林长制和路长制，做好河流巡护、大气污染防治、长江水质保护、秸秆禁烧等工作。推进农村生活污水、垃圾及畜禽养殖污染治理，加大秸秆禁烧巡查环保检查，加强饮用水源地监护力度，持续提升社区生活污水处理能力，镇污水处理厂日处理95万千克。在打包购买社会服务完成垃圾清运的基础上，建立常态化清扫保洁队伍，落实环境整治包干责任制，实行网格化管理，“定人、定责、定岗、定效”。开展人居环境综合整治，完成“厕所革命”工程，推进改厕209户。每月至少开展一次城乡环境综合提质三年行动活动，将全镇各村进行排名比较。成立环保志愿服务队18支，常态化开展“党建引领垃圾分类”“志愿服务助力环境卫生整治”等各类志愿者服务活动50余次，营造“人人参与、家家行动、户户整洁”的人居环境治理氛围。

绵阳市游仙区现代蚕桑融合发展科技示范园区建设。出台《盐泉镇推进蚕桑产业高质量发展扶持办法（试行）》。在全区范围内率先制定出台《盐泉镇推进蚕桑产业高质量发展扶持办法（试行）》，明确包括扩大蚕桑种植面积、推进桑园改造提升、加快完善配套设施、发展壮大经营主体、延伸产业链条、推进品牌发展等6个方面15项具体奖补措施，在发挥财政资金引导、撬动作用的基础上，调动各类主体共建蚕桑现代农业园区、共享蚕桑产业发展红利的积极性和主动性，已有1家企业、27户养蚕户向盐泉镇提出奖励申请。推进绵阳市游仙区现代蚕桑融合发展科技示范园区建设项目，自8月专项债申报成功以来，全镇全面摸排辖区各村现有桑园、蚕棚、养殖业主和土地资源等基础条件，与村（社区）干部和养殖业主座谈交流，了解掌握其产业发展意愿，广泛听取意见建议，按照“桑园在哪里、大棚就建在哪里”“产业发展需要什么、项目就建设什么”的原则，在严守耕地红线的前提下，科学合理布局项目点位，高质高效配套相关设施，为项目早日开工建设奠定基础。

强村公司建设。镇党委、政府结合全镇发展实际和农业产业现状，围绕“运营乡村资源资产、发展状大集体经济”的发展目标，组建盐泉镇强村运营公司——绵阳易简商业运营管理有限公司（以下简称“易简商业”）。11月20日，易简商业联合圣谕村村集体经济组织与百万级抖音网红“农村欢子与凯丽”开启直播带货活动，活动吸引近30万名网友在线观看，两个半小时内累计线上销量达到4678单。

文化建设。用好“状元故里”金字招牌，挖掘苏易简状元文化、蚕桑文化、农耕文化和盐井文旅资源，发挥苏易简纪念馆、农耕博物馆、蚕桑博物馆“盐泉三馆”文化阵地聚合作用，提档升级农耕体验基地、家风书画作品展馆、“状元大讲堂”，建设文创文旅行业落地温床。与市妇联、区纪委、区委宣传部等部门联合开展“清廉家风伴我行”“端午话家风”等家风文化传承系列大型活动2次，社会影响不断扩大，苏易简纪念馆被四川省关工委评为“四川省青少年社会实践教育基地”、被绵阳市关工委评为“绵阳市青少年社会实践教育基地”。

志愿服务。打造1处新时代文明实践所、17处新时代文明实践站，500余名党员志愿者及300余名群众志愿者参与服务。全镇每周平均举办志愿服务活动9次，每月志愿服务超过30次，涉及法治政策宣传宣讲、村居环境整治、交通安全劝导、科普卫生知识宣讲、环保宣传、安全教育宣传、居家养老服务、公益关爱、精神文明宣讲等共10余个方面，采用“线上+线下”结合、“集中+分散”结合、“定点+入户”结合等组合形式推行志愿服务。2023年，参与志愿服务人数7200余人次，服务村（居）民1.4万余人次。

民生事务。全年发放低保资金575.41万元、特困供养金156.73万元、80岁以上老人高龄补贴52.2万元、残疾人“两项补贴”108.34万元、临时救助资金18.07万元。发放计划生育家庭奖扶资金260.93万元、特扶资金和其他特别扶助资金140.35万元、独子父母奖励资金7.75万元。全镇民生支出占财政支出的75%以上，城乡居民医疗保险参保参保率达98%。

【主要领导人】 区委书记：陈华斌（4月止），韩晓清（5月始）；区人大常委会主任：何守君；区长：韩晓清（5月止），罗盛军（7月始）；区政协主席：杨守贵；分管农业副区长：姚永强。

游仙区编写组

安 州 区

【基本情况】 2023年，全区辖10个乡（镇）118个行政村35个社区，辖区面积1181.14平方千米。总人口45.6万人，其中乡村人口30.94万人。先后获得全国文明城市、国家卫生城市、国家农产品质量安全县、国家级水稻制种大县、第五批天府旅游名县、全省县域经济发展进步县、四川省食品安全示范县等、第二批全国统防统治百强县、2023年度第三次全国土壤普查先进集体、四川省现代农业园区建设工作推进典型县等称号。

2023年，全区实现地区生产总值262.46亿元，增长8.3%。地方一般公共预算收入完成14.03亿元，增长25.48%。规上工业增加值增长7.4%。全社会固定资产投资增长16.6%。社会消费品零售总额117.32亿元，增长12.3%。

【年度农业和农村经济运行】 2023年，全区实现农业生产总产值56.36亿元，同比增长3.9%，其中农业产值26.11亿元、林业产值4.43亿元、牧业产值17.47亿元、渔业产值5.65亿元、农林牧渔服务业产值2.7亿元。第一产业增加值36.85亿元，同比增长4.1%。农民年人均可支配收入达21515元，同比增长7.2%。

【新型农业经营主体培育】 加大国省级农业产业化龙头企业、合作示范社、家庭示范场培育力度，推行订单生产、土地入股、品牌返利等联农带农模式，带动小农户持续增收。全年认定区级农业产业化联合体2家，新增省级示范社3家、市级示范社2家，省级示范场2家、市级示范场8家，全区累计入库农民专业合作社618家、家庭农场1958家、市级以上龙头企业50家，先后被列为全国农民合作社质量提升整县推进试点县、全省农民合作社高质量发展示范县。

【农产品品牌培育】 "黄土地香米""永福湃菜籽油""绿源贡米""山水丝苗米""糟米""罗浮山""一品水晶香米"通过绿色食品认证，"蜀好湃""罗浮山"获得全国绿博会金奖，"川菜王"获得"中国食用油十大品牌""四川名牌产品"称号；辉达粮油被中国质监协会评为全国百强油脂加工企业，也是全市唯一拥有"天府菜油"公用品牌使用权的企业。

【种植业】 粮油产业。贯彻落实粮食安全和"菜篮子"行政首长责任制，全面落实粮食安全党政同责，保障粮食稳面增产。全年改造提升高标准农田1.5万亩。粮食作物播种面积58.07万亩，总产量26.52万吨，其中大春粮食产量21.7万吨、小春粮食产量4.82万吨。水稻种植面积34.2万亩，产量18.3万吨；小麦播种面积12.33万亩，产量4.17万吨；玉米播种面积8.25万亩，产量3.23万吨；油菜播种面积27.55万亩，产量5.5万吨。全区有辉达粮油、绿源米业等规模以上粮油加工企业20家，其中国家级重点产业化龙头企业1家、省级产业化龙头企业1家；建有精深加工、智能化仓储自动包装生产线和冷藏保鲜库，年加工稻谷41.75万吨、油菜籽50万吨。

蔬菜产业。全区蔬菜种植面积15.43万亩，同比增加7300亩，增长5%；产量49.04万吨，同比增加2.63万吨，增长5.6%；实现产值7.885亿元，同比增加0.575亿元，增长7.8%。蔬菜产业主要分布在河清镇、睢水镇、塔水镇、秀水镇和黄土镇，品类包括折耳根、大蒜、大白菜、青毛豆、羊肚菌、大棚辣椒、甘蓝类等，有标准化设施蔬菜种植基地5000亩、折耳根种植基地2万亩、大白菜种植基地2.5万亩、大蒜种植基地2万亩、青毛豆种植基地1.2万亩。

水果产业。全区水果种植面积8万亩，与上年持平；产量15.44万吨，同比增加1.21万吨，增长8.5%；实现产值16.82亿元，同比增加1.19亿元，增长7.6%。水果种植以猕猴桃、柑橘为主，无花果、葡萄、梨、桃等水果为辅，其中猕猴桃种植面积3.5万亩，核心基地主要集中在黄土镇新光村、文明村、青龙村、民生村；柑橘种植面积2.5万亩，核心基地主要集中在花荄镇九合村；葡萄种植面积0.6万亩，核心基地主要集中在塔水镇七里村，花荄镇红武村、联丰村；无花果种植面积0.3万亩，核心基地主要集中在黄土镇方碑村、柴育村。

中药材产业。全区中药材种植面积16.8万亩，与上年持平；产量6.78万吨，同比增加900吨，增长1.4%；实现产值10.16亿元，同比增加1.39亿元，增长15.8%。种植面积较大的有黄连、重楼、鱼腥草、附子、川芎、云木香、大黄等，入驻中国中药集团和好医生药业两家全国知名药企。产业基地主要分布在高川乡天池村、泉水村和茅香村，千佛镇宝藏村、东益村、千佛村、老望沟村，桑枣镇柳坝村、齐心村、骑牛村、上清村、大竹村、高峰村，睢水镇皇帽村、白河村、沸水村、水晶村、月儿门村。

魔芋产业。全区魔芋种植面积4万亩，生产鲜芋7.6万吨，产值达2.7亿元。魔芋种植以花魔芋为主，有魔芋加工企业17家，其中豪茂魔芋、都乐魔芋、东方魔力为精深加工企业，年加工魔芋精粉2.25万吨、魔芋食品8000吨。种植主产区主要集中在桑枣镇柳坝村、齐心村、上清村、大竹村、高峰村，千佛镇宝藏村、东益村、千佛村，睢水镇白河村、月儿门村、皇帽村、三合村，高川乡茅香村、泉水村、高川村。

【制种产业】 全区10个乡（镇）中有5个乡（镇）发展水稻制种，探索建立"公司+基地+农户""公司+制种新型农业经营主体"等利益联结机制，通过推行"订单农业"，形成"水稻制种+中药材""水稻制种+油菜/蔬菜"等高效轮作模式，中化农业、四川隆平高科等20余家种业公司常驻安州区，常年制种基地面积稳定在4万亩左右，是全省重要的优质杂交水稻良种繁育基地。2023年，全区杂交水稻制种面积3.15万亩，总产量6300吨，平均单产200千克/亩，建成种业科技创新服务中心。

【畜牧业】 全区生猪存栏12.2761万头，其中能繁母猪存栏1.0192万头；生猪出栏18.9013万头。小家禽出栏982.2656万只。牛出栏7113头，牛存栏16414头。羊出栏15114只，羊存栏12124只。全年肉类总产量29762吨，禽蛋产量20829吨，牛奶产量7130吨。畜牧业总产值达17.47亿元，占农业总产值的31%。

【水产业】 安州区是国家级水产健康养殖和生态养殖示范区，全区有渔业村8个、渔业户6355户、渔民15887人、渔业从业人员7682人。全区水产养殖面积2090公顷，其中池塘养殖面积1813公顷、稻田养鱼面积1000公顷。全年生产各类淡水鱼苗10600万尾，同比增长16.48%；淡水鱼种5392吨，同比增长3.69%。投放鱼种5736吨，同比增长3.73%。全年水产品总产量2.588万吨，同比增长3.11%；实现渔业经济总产值7.9673亿元。

【乡村振兴】 全区把实施乡村振兴战略作为新时代“三农”工作的总抓手，推进“五大振兴”提速增效，促进农业高质高效、乡村宜居宜业、农民富裕富足。落实区委、区政府主要领导“双组长”制，持续健全区、镇、村三级书记抓乡村振兴工作推进机制，落实“实施乡村振兴战略20条硬措施”，完善责任分工、工作保障、督促检查、考核评价、问责奖惩“五大长效机制”，完成省级乡村振兴先进区“回头看”评估工作，金花村被评为全国乡村治理示范村，桑枣镇千柏村等3个村被评为省级乡村振兴示范村，花荄镇兴福村等4个村被评为市级乡村振兴示范村。全区有全国乡村治理示范村3个，省级乡村振兴先进镇1个、示范村15个，市级乡村振兴先进镇5个、示范村23个，区级乡村振兴先进镇7个、示范村32个。

【农业产业融合发展】 鼓励和支持龙头企业、专业合作社、家庭农场和村集体经济组织发展保鲜、储藏、分拣、包装等农产品产地初加工，实施省级“菜篮子”仓储冷链物流推进示范县项目，全区静态总库容达到6.5万立方米，初步构建起“2+3+N”的农产品仓储保鲜冷链物流体系。聚焦农旅融合，推动休闲农业发展，全区126家休闲农业主体全年共接待区内外游客578.15万人次，实现经营性收入26827万元。

【农产品质量安全监管】 开展食用农产品“治违禁　控药残　促提升”三年行动，宣传贯彻“新农安法”，开展豇豆农药残留攻坚治理，加强农业主体监管，推进落实食用农产品承诺达标合格证，做好日常检测抽样，保障农产品质量安全。全年完成农畜产品质量安全监督抽样检测74个，558家生产主体实现农产品质量安全追溯，检查生产经营主体668家次；开展禁限用农药快检5000批次、风险监测定量检测610批次，开具承诺达标合格证25万余张，全年省级例行监测合格率达100%。查办农产品安全案件4件、农资违法违规案件7件，未发生重大农产品质量安全事件。

【农村人居环境整治】 全区把农村人居环境整治作为实施乡村振兴战略的重要内容，围绕农村生活垃圾、污水治理、农村“厕所革命”、村容村貌提升等重点工作，全域推进农村人居环境整治工作。全区农村生活污水有效治理率达92%，农村生活垃圾行政村治理率达100%，乡（镇）生活垃圾设施收转运设施覆盖率达100%，农村无害化卫生厕所普及率达75%。有宜居宜业和美乡村基本达标村38个。实施村（社区）“五清”、场镇“四定”、城区“四化”、提质“两保障一奖惩”四大工程，由“清脏”向“治乱”拓展，持续开展“百家看·千家比”“卫生文明户”等评比激励活动，改善乡村生活陋习。2023年，全区参与村庄清洁整治人数累计达7.2万余人次，发动群众投工投劳1.8万余人次，清理农村生活垃圾3000余吨、畜禽废弃物1231吨。

【主要领导人】 区委书记：胡斌；区人大常委会主任：赵奎；区长：童华建；区政协主席：任晓军；分管农业副区长：蒋波。

安州区编写组

江　油　市

【基本情况】 2023年，全市辖1乡22镇1个街道，辖区面积2720平方千米，其中耕地面积82.28万亩，人均耕地面积0.97亩。年末总人口84.06万人（户籍人口），其中乡村人口56.33万人、城镇人口27.73万人。全年出生人口3198人，人口出生率4.4‰；死亡人口6909人，人口死亡率9.5‰；人口自然增长率减少5.14‰。有林业用地15.29万公顷，有林地面积14.58万公顷，活立木总蓄积量1199.49万立方米，森林覆盖率53.48%。

2023年，全市实现地区生产总值668.91亿元，增长5.7%，其中第一产业增加值63.74亿元，增长3.7%；第二产业增加值301.26亿元，增长2.3%；第三产业增加值303.92亿元，增长9.8%。三次产业对经济增长的贡献率分别为8.1%、17.7%和74.2%。劳务输出24.35万人，收入75.14亿元。全年乡村旅游接待游客544.9万人次，实现乡村旅游经营收入5.28亿元。

公路通车里程3241千米，其中乡

村公路4063.58千米。社会消费品零售总额244.71亿元，增长10.6%，其中乡村零售额123.77亿元，增长10.5%。地方公共财政预算总收入完成36.07亿元，增长20.1%；公共财政预算总支出62.47亿元，增长16.7%。完成农业产业化项目62个，完成投资13.06亿元。农业产业化龙头企业省级、市级、县级分别为7家、22家、3家。

有各类学校151所，在校学生9.18万人，教职工8171人，其中普通中学17所，在校学生3.08万人；小学40所，在校学生3.8万人；学龄儿童入学率100%。有文化馆1个，公共图书馆1个，博物馆2个。有卫生机构687个，卫生技术人员6125人。

【年度农业和农村经济运行】 2023年，全市实现农林牧渔业总产值105.07亿元，增长3.5%，其中农业总产值50.89亿元，增长4.5%；林业总产值9.13亿元，增长14%；牧业总产值37.2亿元，增长0.2%；渔业总产值3.74亿元，增长4.7%。全市实现林业综合产值30.55万元，其中第一产业产值10.83万元、第二产业产值7.62万元、第三产业产值12.1万元。农村居民年人均可支配收入达22027元，增长7.3%。农林牧渔业增加值65.91亿元，增长3.6%。全市主要农产品产量见表1。

【农业产业化发展】 产业基地建设。围绕“3+6”现代农业产业体系，发展粮食作物播种面积69.38万亩、油料作物播种面积34.25万亩、蔬菜种植面积21万亩、瓜果种植面积1.57万亩、特色中药材种植面积1.54万亩。有生猪原种场2个、一级扩繁场3个、父母代场10个、种公猪站2个。

农业项目投资。全年实施农业项目62个，其中投资亿元以上项目5个，完成固定资产投资13.06亿元。

发展壮大村级集体经济。实施中央、省财政资金扶持项目14个，扶持村依托当地特色资源，盘活现有资产，开发农业多种功能，拓宽村集体增收渠道。

龙头企业发展。培育绵阳市级以上龙头企业29家，其中省级以上龙头企业7家。

合作社及家庭农场发展。全市经工商注册合作社812个，新创建县级示范合作社3个。全市共有县级示范场279家，新增县级示范场30家；市级示范场80家，新增市级示范场12家；省级示范场34家，新增省级示范场2家。

【农用地产权制度改革】 在持续深化土地承包制度改革的基础上，选定在战旗镇白沙村1组和2组开展推进第二轮土地承包到期后再延长30年试点，编制《江油市第二轮土地承包到期后再延长30年整组推进试点工作方案》。围绕农村闲置宅基地和闲置农房盘活利用，印发《江油市2023年农村闲置宅基和闲置住宅盘活利用工作的方案》，将试点范围扩大到全市，全市累计盘活农房297宗。创新开展农村闲置宅基地和闲置农房使用权流转，探索集体经营性建设用地入市交易，全年共办理交易鉴证49笔，交易各类项目总面积4665亩，交易金额1399万元。

【供销合作社改革】 按照现代企业发展模式，新建3个镇级基层供销社，乡（镇）基层供销社总量增加至17个，实现全市基层供销社乡（镇）覆盖率达73%。全年销售总额、农副产品购进总额、电子商务销售额共实现增长11%以上。新增“天府乡村”公益品牌使用权企业3家，实现土地托管、流转面积共计3.8万亩。线上线下结合，打造全市农村资源流转交易“一站式”服务的公益性综合平台。

【农产品品牌战略实施】 全年新认证绿色食品1个、全国名特优新农产品1个，入选四川省省级农业品牌目录1个。全市累计有绿色食品24个、有机农产品8个、地理标志农产品2个、名特优新农产品1个。

【现代农业园区建设】 全年新认定绵阳

表1　2023年江油市主要农产品产量

主要农产品	单位	产量	同比增减(%)
粮食	万吨	29.28	2.40
水稻	万吨	16.73	1.40
小麦	万吨	3.68	5.10
玉米	万吨	7.08	4.10
马铃薯	万吨	1.16	-3.30
油菜籽	万吨	6.07	3.95
蔬菜	万吨	46.10	5.91
瓜果	万吨	4.00	-4.03
肉类	万吨	7.48	0.02
猪肉	万吨	4.71	5.70
牛肉	万吨	0.20	1.90
羊肉	万吨	0.10	1.50
禽肉	万吨	1.85	-3.70
兔肉	万吨	0.61	0.01
禽蛋	万吨	2.53	3.90
水产品	万吨	1.70	4.94

市四星级园区2个、绵阳市三星级园区1个、江油市三星级园区2个，累计建成省星级园区1个、绵阳市级星级园区5个、江油市级星级园区15个。

【种植业】 全市粮食作物播种面积69.38万亩，产量29.28万吨，其中水稻播种面积32.55万亩，产量16.73万吨；玉米播种面积18.3万亩，产量7.08万吨；小麦播种面积11.37万亩，产量3.68万吨。油料作物播种面积34.25万亩，产量6.69万吨，其中油菜播栽面积32.03万亩，总产6.07万吨。蔬菜（含食用菌）种植面积21万亩，产量46万吨；瓜果种植面积1.57万亩，产量4万吨；中药材种植面积1.54万亩，产量0.99万吨。

【畜牧业】 全市出栏生猪64.3万头，同比增长2%；年末生猪存栏38.9万头，其中能繁母猪存栏3.7万头。牛存栏3.65万头，出栏1.53万头。羊存栏5.44万只，出栏6.87万只。家禽出栏1204万只。禽蛋产量2.53万吨，同比增长3.9%。猪肉产量7.71万吨，同比增长5.7%；牛肉产量0.2万吨，同比增长1.9%；羊肉产量0.1万吨，同比增长1.5%；禽肉产量1.85万吨。

【水产业】 全年水产品总产量1.7万吨，其中投放各类鱼种1879吨；实现渔业产值4.1亿元，渔业经济总产值达5.5亿元。

【乡村振兴】 江油市被省委、省政府评为2023年度乡村振兴成效显著市。全市累计创建省级乡村振兴先进乡镇1个、示范村18个，创建绵阳市级乡村振兴先进乡镇4个、示范村24个，江油市级乡村振兴先进乡镇13个、示范村50个。实施农业园区建设提升、重点帮扶村产业建设等衔接资金产业项目45个，为4570户自主发展产业的脱贫户、监测对象落实产业到户奖补资金127.5万元。开展就业帮扶，提供378个公益性岗位，为729名脱贫户、监测对象发放跨省务工交通补助费30.63万元，帮助13592名脱贫劳动力实现务工就业。推进过渡期脱贫人口小额信贷工作，全年新增贷款113笔408.15万元，累计发放贷款2.13亿元。

【乡村旅游】 举办江油市第十一届乡村文化旅游节启动仪式暨大堰镇开凤村第六届古风李花节、李白故里桃花节、龙凤镇朝天村柑橘采摘节、西屏镇第一届户外运动节、青莲芍药花节、方水白玉村第十四届枇杷暨蜜桃采摘节、重华传统民俗文化节等乡村旅游节庆活动24场，共涉及19个乡（镇）。

【农村水利】 全市共有河流76条，有涪江、通口河、平通河、方水河、梓江、青江、芙蓉溪等大江（大河）7条，全长933.58千米，已建成河堤工程235.32千米（其中堤防139.11千米、护岸96.21千米），共保护耕地15万亩。市级28条主要河流现有县级河长17名、乡（镇）级河长162名、村级巡河员209名、专职巡河员67名、河道警长70名。全市总灌溉面积55.95万亩。共有水库190座，其中在建水库1座、已建成水库189座。全市共有水电站24个，总装机容量34万千瓦。全市农村供水人口50.92万人，农村集中供水工程管网到户人口47.23万人，集中供水率达92.75%。江油市入选四川省第三批乡村水务示范县。

【农业机械化】 全年补贴农机具1337台，补助资金399.43万元，惠及农业生产者1034户；农机总动力达74.57万千瓦，比上年增加0.55万千瓦。全市主要农作物生产综合机械化率达86%，比上年增加1个百分点，水稻、小麦、油菜三大主要作物耕种、播种、预防、收获、烘干、秸秆还田6个环节机械化生产程度明显提升。通过提灌站建设项目专项资金支持，补贴资金140万元，对社会化服务组织开展水稻、小麦、油菜机耕、机播、机收、机防等环节作业服务给予补助，共计补贴资金713万元，补贴面积78.5万亩次。

【农村教育】 优化调整农村学校布局，撤销枫顺小学，新建江油市特殊教育学校。投入资金3015.88万元，改善乡（镇）寄宿制学校办学条件，投入资金186万元，改造农村义务教育学校教师周转房93套。实施农村义务教育学生营养改善计划，拨付资金1965.1万余元，惠及农村学校47所1.6万余人。落实教育资助政策，累计发放资金4012.96万元，惠及学生4.68万人次。农村学校共补充教师69名；农村教师交流36人，其中农村之间交流28人、城区到农村交流8人。推进四川省重大课题《区域乡村教育质量提升研究》，建构区域乡村教育质量提升的模型，推进区域乡村教育质量提升。摸排适龄特殊儿童455人，其中义务教育学校就读405人（含市外就读36人、送教上门特殊儿童81人）、完成义务教育28人、学前及康复机构就读20人、依法缓学2人。

【农村文化】 全市有对外免费开放公共文化服务机构46个，其中乡（镇、街道）综合文化站42个。全市182个行政村实现广播“村村响”，地面数字电视覆盖235个自然村。有直播卫星用户0.94万户，有线电视注册用户21.8万户（其中数字电视用户16.15万户、模拟电视用户5.08万户、IPTV用户0.57万户），有线宽带用户5.03万户。

【农村法制建设】 创建绵阳市级“枫桥式”司法所4个。在青莲镇承办四川省第三届民法典“三个一百”主题宣讲活动，组织开展“一月一主题”、“法治乡村行”、“12·4”国家宪法宣传日等系列法治宣传服务活动290余场。推进“10分钟公共法律服务圈”建设，一站式解决群众多样化法律服务需求。建立养马峡乡村振兴法治服务工作站，整合厚坝镇养马峡村公共法律服务工作室、社会心理服务室、警务服务室、人民调解室于一体，组建法治服务团，打造“民法典+乡村振兴”主题法治文化广场，开展法治助力乡村振兴主题宣传活动3场。在太平镇名仕新苑小区建立以法律援助联系点、“法律明白人”驿站、业主议事厅、立法民意征集点为一体的“法律之家”。战旗镇白沙村建设江油市青少年法治教育基地，中坝街道太白社区建设法治文化阵地。太白社区、白沙村创建为第二批省级民主法治示范村(社区)。

【农村交通】 全市有7家客运公司,涉及客运车辆471辆(农村客运车辆286辆),其中客运班车342辆、旅游客车41辆、包车88辆;所有客运线路共计108条,其中县内及跨县农村客运班线95条(县内农村客运班线86条)。23个乡(镇)、182个建制村全面通车,设有乡(镇)级客运站18个、招呼站(牌)400个,农村客运日发班次1063班次。

【涉农招商引资】 全市有3000万元以上的农业招商引资重大项目1个,为内资项目,分别与上年持平;项目总投资5亿元,比上年增长100%。

【农村社会保障】 全年城乡居民养老保险参保人数32.28万人;被征地农民养老保险安置人数188人。城乡居民基本医疗保险参保人数61.44万人,参保率达98%;待遇保障353万人次,基金支出6.06万元;大病补充保险保障2.36万人次,保险赔付3839万元;医疗救助2.61万人次,救助金额达1932万元。

【农产品质量安全监管】 全市24个涉农乡(镇、街道)全部建立农产品质量安全监管服务站,有监管员24名、农残快检员24名、村级协管员182名,培训生产经营主体203人次、乡(镇)农产品质量安全监管员79人次、乡(镇)农残快检员85人次。全年完成县级抽检1.2批次/千人、877个检测样品,省例行检测合格率达100%,各乡(镇)农产品快检达300个以上。累计开展专项整治12次,出动执法人员320人次,查办农产品质量安全案件3件、未规范开具食用农产品承诺达标合格证案件1件;检查农资经营店160家、兽药经营店25家、种养殖企业236家,发放《中华人民共和国农产品质量安全法》宣贯海报6000余张、禁限用药名录1万余份。全市共张贴食用农产品承诺达标合格证告知书800余份,共开具食用农产品承诺达标合格证12.55万张、电子承诺达标合格证7.43万张,附证上市农产品9.53万吨。

【农村留守家庭(儿童、学生)帮扶】 邀请北京众一公益基金会讲师到学校为留守儿童开展"拥抱青春期"性教育讲座,惠及留守儿童100余人。联合检察院、法院、妇联等部门为留守学生开展"心理健康"讲座100余场,校园"防欺凌""防性侵""网络安全"等法治教育近100场,参与的留守学生近1000人。在全市各中小学开展"诗城有爱,幸福童年"走访关爱活动,各中小学均按照要求安排教职工到困境儿童和留守儿童家中进行慰问并带去慰问品,惠及留守儿童近1000人。

【劳务开发与返乡创业】 全市新增农民工返乡创业1268人,创办企业296家,实现总产值1.71亿元,吸纳就业833人。选树省级返乡入乡创业明星3人、绵阳市级返乡入乡创业明星4人、绵阳市"十佳返乡入乡创业明星"1人、江油市返乡入乡创业明星10人、绵阳市"第六届劳动模范"1人、绵阳市第五届"创业能手"3人。跻身全省三级劳务服务体系建设工作13个试点县之一,建成国有劳务平台公司2家、劳务专业合作社14个,备案登记劳务经纪人283人,选树省级、绵阳市级明星劳务专业合作社各1个,省级、绵阳市级金牌劳务经纪人各2人。市内建成村(社区)农民工综合服务站88个,市外建成驻外农民工服务工作站3个,选树省级农民工综合服务示范站1个、绵阳市级农民工综合服务示范站2个。选树第二批"绵字号"特色劳务品牌1个、第二批"江字号"特色劳务品牌2个。

【主要领导人】 市委书记:元承军;市人大常委会主任:姚华宗;市长:曾建军;市政协主席:唐传凤;分管农业副市长:杜依伶。

江油市编写组

梓 潼 县

【基本情况】 2023年,全县辖16个乡(镇)1个经济开发区,辖区面积1443.92平方千米,总人口38万人。全年第一产业增加值增长3.9%,增速排名全市第二位。第一产业固定资产投资完成12.24亿元,同比增长35.1%,增速排名全市第二位。全年实现农林牧渔业总产值85.15亿元,增长3.8%。农村居民年人均可支配收入达20771元,增长7.9%,增速排名全市第一位。获评全国兽用抗菌药使用减量化行动效果突出县、省级农业科技现代化先行县、全省农业社会化服务典型县、四川省乡村振兴成效显著县,潼江河谷优质粮油现代农业园区晋升省级四星级园区,创建为省级有机产品认证示范区,获批全省第一个国家水稻制种标准化示范区,入选第三批国家级制种大县。承办全省小麦秋播病虫害防控现场培训会、川北地区标准化工作现场会。举办梓潼县2023年"庆丰收 促和美 兴乡村"农民丰收节暨高标准农田建设项目管护移交仪式活动。

【种植业】 全县粮食作物播种面积77.4万亩,产量30.01万吨;油料作物播种面积34.49万亩,产量7.57万吨。

【畜牧业】 全县累计出栏生猪60.47万头,超额完成55万头目标任务;小家禽存栏530.8万羽,出栏肉牛1.65万头、肉羊24.43万只、小家禽795.47万羽。以生猪产业为农业主导产业,是国家生猪调出大县,四川省第二轮、第三轮现代畜牧业重点县,中央财政川猪优势产业集群和(非畜牧大县)畜禽粪污资源化利用项目实施县。立足全县77万亩耕地、92

万亩林地的自然资源优势，规划合理布局生猪产业，完善生猪全产业链，推进生猪产业发展，为建设四川新时代更高水平“天府粮仓”贡献力量。加强组织保障，打造生猪全产业链，出台《支持生猪产业健康发展的十六条措施》，从政策引导、建立健全利益联结机制、财政资金补助等多个方面实施乡村振兴战略，以村集体产权制度改革、村集体经济发展为核心，补齐生猪全产业链短板，变单一养殖为产业集群发展，做大做强生猪产业品牌，打造年出栏生猪70万头、年产值超50亿元的生猪全产业链，实现政府增税、企业增效、群众增收的局面。

创新模式，产业富民。首先，创新“1+3”生猪代养模式，在保障养殖效益的同时实现农户零风险致富。全县已发展“1+3”生猪代养场194栋，年出栏生猪40万头以上。其次，巩固“1+5”生态循环产业扶贫模式，助力脱贫攻坚，全县共建成“1+5”生态循环产业扶贫代养场56栋，年出栏生猪13万头以上，助力29个贫困村脱贫“摘帽”、6000余名贫困人口脱贫。升级村集体经济组织代养模式，实行“村集体经济组织+”利益联结共享模式，已建成投产村集体经济组织代养场44栋，在建9栋，全部建成投产后年可出栏生猪达14万头以上，已投产村集体经济组织年均收入达10万元以上。

强智慧，扩产能。投入700余万元建立生猪养殖大数据信息平台，实现全县209家规模养殖场数据共享和信息交流，县农业农村部门可随时查看养殖场运行情况，实现全方位精准监管。

【水产业】 全县水产养殖面积2890公顷，有国家级健康养殖场3个、养殖面积4000亩，省级健康养殖场14个、养殖面积5000亩。建成高位池72口、浮桶20口，养殖水体约10000立方米。全年水产品产量1.43万吨，同比增长4.47%。落实渔政协助巡护队伍22人，无人机4台、智慧渔政监控27套，实现潼江河主河道禁渔禁捕人员、技术力量全覆盖，让非法捕捞等违法违规行为无处遁形，全年共立案破获非法捕捞水产品案件3起。

【乡村振兴】 紧扣乡村振兴“一法一条例”，实施乡村振兴战略考评激励机制，创建省级乡村振兴先进乡（镇）1个、乡村振兴示范村4个，市级乡村振兴先进乡镇1个、乡村振兴示范村5个，评定县级乡村振兴先进乡（镇）2个、示范村10个。

【农业机械化】 全年下达农机购置补贴资金1018万元，使用887.492万元，补贴农机具1013台，受益农户 677 户。争取到2023年利用农机购置补贴资金开展农机化发展综合奖补试点项目，总动力达44.15万千瓦时。有拖拉机8144台、耕整机械15201台、种植施肥机械1072台、大型联合收割机1381台。全县农作物播种面积110万亩，完成机耕面积106万亩、机收面积74万亩、机播（插）面积49万亩，水稻、小麦、油菜、玉米等主要农作物机械化综合水平达74.8%。有省级“全程机械化+综合农事”服务中心1个、农机专业合作社16个，农机合作社年服务能力达80万亩以上。

【农村科技】 推动科技特派员服务团24名专家开展农技培训指导服务，围绕全县农业主导产业发展，推进优质粮油、水稻制种、生猪 、蜜柚、中药材、蔬菜等产业健康发展，科技特派员及团队利用自己的专业优势，通过召开技术培训会、农家“院坝会”、到田间地头进行指导服务，共计开展各类培训64场次，培训农户2500余人次，共解决农村科技问题1000余条，专家实地回访重难点问题人次达100余人。

【农村生态建设及环境保护】 推进农村生活污水治理“千村示范工程”，争取省级资金390万元，实施“千村示范工程”8个；县财政统筹1500余万元在31个行政村同步实施污水治理和“厕所革命”，实现“厕污共治”，全县82%以上行政村生活污水得到有效治理。

【农产品质量安全监管】 创建梓潼县农业公用品牌联合会（以下简称“联合会”），制定《梓潼县农业公用品牌联合会团体标准管理办法（试行）》和《文昌贡大米》等6项团体标准，实行“政府+品牌运营联合会+品牌授权企业”运营模式，累计有80个“梓潼造”特色农产品被纳入品牌目录、“三品一标”农产品57个。开发“文昌贡”系列礼品套装22种，授权范围涵盖大米、油菜、面粉、鸡蛋等7大产业，授权企业50家。将中国驰名商标“圣迪乐”、“饭扫光”，国家地理标志保护产品“梓潼酥饼”“天宝蜜柚”等省级以上名牌认证产品品牌作为载体，组织品牌主体参加国内知名展会。借力“绵品出川”活动，举办“文昌贡”产品走向广东省东莞市、福建省厦门市、江苏省苏州市等地专场推介会，共签订意向合同13.9亿元。

【主要领导人】 县委书记：刘强；县人大常委会主任：杨飞涛；县长：黄建；县政协主席：敬友忠；分管农业副县长：胡鹏。

梓潼县编写组

平 武 县

【基本情况】 2023年，全县辖14乡6镇162个村，辖区面积5974平方千米，其中耕地面积22.6466万亩，比上年增长0.32%，人均耕地面积1.3145亩；基本农田12.5939万亩。年末总人口17.15万人（户籍人口），减少0.58%；人口出生率5.65%，减少0.37个千分点；人口自然增长率-1.41%,增长1.17个千分点。全县耕地有效灌溉面积和保证灌溉面积分别达到耕地总面积的19.83%和14.65%；本地水资源总量32.67亿立方米，人均占有水资源量25785立方米。有林业用地50.82万公顷，有林地面积46.09万公顷，活立木总蓄积量5190.46万立方米，森林覆盖率77.46%。

2023年，全县实现地区生产总值76.43亿元，增长8%，其中第一产业增加值12.33亿元，增长3.7%；第二产业增加值28.26亿元，增长9%（工业产值17.96亿元，增长4.3%）；第三产业增加值35.84亿元，增长9%。从业人员566人。劳务输出36763人，收入86600万元。全年接待游客400万人，实现旅游收入400800万元，其中乡村旅游收入104000万元。

公路通车里程2193.415千米(其中乡村公路1746.958千米)，密度36000米/平方千米。社会消费品零售总额28.37亿元，增长12.7%。地方公共财政预算总收入完成27.7616亿元，增长11.81%；公共财政预算总支出27.7616亿元，增长11.81%，其中农业投入10632万元，占支出的3.8%。金融机构各项贷款余额115.07亿元，比上年初增长2.37%；各项贷款余额109.3亿元，比年初增长21.49%，其中支持农业产业化发展项目贷款14379.1万元。全年农业保费收入0.088784亿元，增长41.04%；处理各项赔款和给付金额496万元，减少51.84%。完成农业产业化项目20个，完成投资2792.5万元。农业产业化龙头企业省级、市级、县级分别为3家、24家、17家。

有各类学校37所，在校学生12580人，教职工1263人，其中普通中学8所，在校学生5500人；小学16所，在校学生4576人；学龄儿童入学率100%。有艺术表演团体1个，文化馆1个，公共图书馆1个，博物馆1个。有医疗卫生机构203个，病床位912张，卫生技术人员871人。城乡居民基本医疗保险参保人数138467人，参保率98.1%；新型农村社会养老保险参保人数83568人；被征地农民养老保险参保人数2453人，占总人数的1.64%。

【年度农业和农村经济运行】 2023年，全县出台了215个规划、政策。实现农业总产值23.26亿元，增长3.5%；全县全年农业增加值达12.76亿元，增长3.7%。农村居民年人均可支配收入增长7.8%。全县主要农产品产量见表1。

【农业产业化发展】 为巩固脱贫攻坚成果同乡村振兴有效衔接，全县以农业产业发展为总基调，编制"十四五"时期农业产业发展规划，印发《关于推进脱贫地区特色产业可持续发展的指导意见》，规划布局五大片区（熊猫公园生态旅游片区、白马文化传承展示片区、涪江上游文旅融合发展片区、清漪江森林康养片区、九环线三产融合发展片区）建设，促进特色农业产业发展，并按照省"10+3"、市"6+10"现代农业产业体系构建全县"3+4+N"特色农业体系。

在基地建设方面，县委、县政府确立构建"3+4+N"的现代农业产业发展体系，全县生态优质农产品基地设面积约90余万亩，其中建立以茶叶、厚朴为重点的清漪江流域种植基地52万亩，以果梅、蜜桃、核桃为主的涪江流域种植基地8.5万亩，以天麻、魔芋、高山蔬菜等为主的龙安镇以上高山地区种植基地12.5万亩，发展以羊肚菌、香菇为主的食用菌面积1400余亩，种植雷竹近4000亩，特色农产品基地已初具规模。

在精深加工方面，支持雪宝顶茶业、龙泉茶业、天源茶业、绿野科技等7家规模以上本土农产品加工企业以"走出去、引进来"的方式不断扩大产能，确保产值同比增长10%以上。

在品牌建设方面，持续推进全县农业品牌建设工作，为"平武造"农产品赢声造势。以项目建设为抓手，在品牌打造上持续发力，实施落实品牌创建项目

表1　2023年平武县主要农产品产量

主要农产品	单位	产量	同比增减(%)
粮食	万吨	10.3800	2.20
水稻	万吨	0.2500	-14.10
小麦	万吨	0.3800	28.10
玉米	万吨	7.0900	2.80
马铃薯	万吨	2.1300	-1.60
油菜籽	万吨	0.5400	6.00
蔬菜	万吨	10.8300	-12.52
水果	万吨	1.8830	-0.10
肉类	万吨	1.2153	-2.37
猪肉	万吨	0.9079	-2.58
牛肉	万吨	0.1136	1.16
羊肉	万吨	0.0699	-1.55
禽肉	万吨	0.1218	-4.55
兔肉	万吨	0.0021	3.45
禽蛋	万吨	0.2007	5.91
水产品	万吨	190.0000	2.70

资金300万元用于品牌打造，提升知名度。实施落实农业产业转换项目资金200万元用于引导和鼓励新型农业经营主体、村集体经济建设特色生态产品形象店，开拓生态产品销售市场。落实生态产业推广项目资金500万元，组织农副产品在大中城市进行展示展销，助力"平武好物"走出四川；以"报恩飨礼"区域公用品牌为引领，在品牌宣传上持续用力，"报恩飨礼"于7月3日在绵阳市发布，提高平武县生态农特产品的知名度、辨识度和市场竞争力，构建直达产销两端的农商联通模式，搭建起平武生态产品走向全国、走向世界的平台。全县"三品一标"农产品共计106个，其中无公害农产品2个、绿色食品23个、有机产品73个、地理标志保护产品8个。

在市场推广方面，深挖县域优质资源和悠久历史文化，锚定一线城市消费能力，开展"熊猫走天下・生态进万家""来秘境平武・逛熊猫家园"等共享平武系列活动40余次，签约项目67个，签约金额约19.6亿元，销售农特产品3000余万元。到村开展公益直播带货71场，共计销售农产品价值500余万元；推动24家平武企业入驻"832平台"，累计实现销售农特产品价值6300余万元。联合周边北川县、青川县、九寨沟县、松潘县、兴文县发起成立"大熊猫生态产品产销联盟"，65家生态产品经营主体通过基地共建、产品共销、品牌共用、加工共享方式组团出道、抱团发展。开展"世界蜜蜂日"主题活动，20家与平武合作的蜂产品参展企业展示推介特色蜂产品，川渝蜂业专家学者就蜂产业发展现状、挑战与机遇进行了交流。通过直播平台，向全国各地网友全方位、多角度地介绍平武蜂蜜，线上直播实时观看人数和全平台累计点赞数达到50万余次。2023年，全县野菜销售量8396吨，实现销售金额超过1亿元。

在主体培育方面，全县共培育农业产业化龙头企业41家，其中省级3家、市级24家、县级14家；培育专业合作社421个，其中国家级示范社2个、省级示范社15个、市级示范社9个、县级示范社57个；培育家庭农场示范场132个，其中省级示范场10个、市级示范场35个、县级示范场87个。

【农用地产权制度改革】 推进农村土地所有权、承包权、经营权"三权分置"改革，不断规范土地承包和土地流转行为。县委农村工作领导小组办公室出台了《关于规范农村土地经营权流转工作的通知》，对土地流转监管提出了明确要求，明确了相关部门及乡（镇）的监管职责；县、乡两级建立了土地经营权流转台账，并按季度进行更新备案。县级指导乡（镇）开展工商资本流转土地审查审核工作，对流入方的主体资格、征信情况、农业持续经营能力及拟经营项目是否符合本区域产业布局和现代农业产业发展规划等情况进行严格审查。与县供销社协调沟通，协助县供销社做好农村土地承包经营权流转交易服务平台服务工作，规范开展土地经营权流转政策咨询、信息发布、交易流程、交易鉴证。

【农村集体产权制度改革】 全县贯彻落实中央和省关于农村集体产权制度改革的一系列决策部署，推进农村集体产权制度改革工作，为发展集体经济、促进农民增收创造了必要条件，也为实施乡村振兴战略奠定了基础。截至2023年年底，全面完成集体经济组织登记赋码工作；贯彻落实《四川省农村集体经济组织条例》实施办法，组织开展培训，广泛宣传政策，落实任务分工，按照"八个一"标准指导全县162个村级集体经济组织规范挂牌，建立"三会"制度、"三资"管理制度，并开展农村集体"三资"体质增效行动，规范农村集体经济组织管理；按照《绵阳市村集体经济体质增效"千百工程"三年行动计划》要求，指导各乡（镇）创新集体经济发展新机制，因地制宜多途径探索发展村集体经济模式和村集体经济，全面完成2023年"20万元以上收入村60个、100万元以上村2个"目标任务。

【供销合作社改革】 基层社建设。截至2023年年底，全县成立乡（镇）基层社17个、村（社区）级供销社7个，乡（镇）基层供销社覆盖率达85%。

农村产权流转交易。截至2023年年底，县农村产权交易中心共受理产权流转交易51宗，完成交易鉴证33宗，待审核完善资料18宗，涉及交易面积共计530亩，交易额60.36万元。

社有企业经营。开展古城供销社综合楼旧房升级改造，已实现年租金收入3.6万元；水晶供销社资产出租工作已基本按协议落实。

为农服务平台建设。与市"农资在手"平台和农资生产企业合作，累计采购复合肥、尿素、猪饲料共207吨，节约采购成本10.56万元，实现集体经济收入4万元。在绵州珍宝公司销售平台的支持下，对接衢江协作资源，利用直播平台帮助农民销售滞销蜂蜜10余吨。双安村供销社按照"龙头企业+合作社+基层供销社+农户"的模式在县内从事蔬菜、中药材等种植生产，为各地60余所学校及周边单位定点配送，共带动县域内2000余户农户及部分脱贫户，安置失地农民就业215人。

【农产品品牌战略实施】 以"熊猫走天下生态进万家"为载体，以擦亮"报恩飨礼"农产品区域公用品牌为目标，聚合平武县20余家农业企业、28类127种特色农产品，走进成都、重庆、上海、宁波等城市，走进省直机关、高校、央企、医院、社区等，开展展示展销活动45场，累计签约项目68个，签约金额27.5亿元，销售农特产品价值3600余万元。全县共有"三品一标"认证产品113个，其中无公害农产品9个、绿色食品23个、有机产品73个、地理标志农产品8个。平武果梅被全国名特优新农产品名录收集登录。制定"三品一标"激励政策，对符合条件的"三品一标"认证主体进行了奖励。以组织管理、生产管理、农业投入品管理、技术服务为重点，迎接省级有机产品认证示范区现场复核评查。

【现代农业园区建设】 以现代农业园区建设为抓手，先后创建省级现代农业园区1个（平武县果梅现代农业园区）、市级现代农业园区5个（平武县厚朴现代农业园区、平武县茶叶现代农业园区、平武县粮经复合现代农业园区、平武县响岩蜜桃现代农业园区、平武县黄连现代农业园区）。

【种植业】 全年完成粮食作物播种面积38.21万亩，产量10.38万吨；完成大豆生产任务3.52万亩，其中大豆玉米带状复合种植示范推广任务2万亩。对全县撂荒地开展日常动态监管，全面完成农业农村部下达平武县的1913个疑似撂荒地图斑的调查核实并在规定时间内将调查结果上报市农业农村局。按时完成强农惠农补贴资金的核发，发放资金共计2932.231665万元（实际种粮农民一次性补贴238.405073万元、耕地地力保护补贴2657.391857万元、稻谷补贴6.996335万元、种粮大户补贴29.4384万元）。持续开展化肥零增长行动，以项目为依托，推广应用有机肥；加大畜禽粪污资源化利用；加大测土培方肥和有机肥推广力度；加大农作物秸秆粉碎还田和蔬菜水肥一体化等技术措施指导。加强大小春农作物病虫害监测预报及防治工作，根据监测情况和县气象台通报近期天气预测综合分析，及时发布病虫害发生动态预测预报，编制植保植检工作动态简报，发送病虫草鼠害防控技术短信。开展小麦条锈病、油菜菌核病、马铃薯晚疫病、稻飞虱等重大病虫害防控技术现场指导30余次，开展会议培训600人次、田间现场指导农户防控技术培训3500人次，印发技术资料4.2万份。全县病虫草鼠发生危害面积累计54.153万亩次，累计防治55.266万亩次，病虫害危害损失率控制在2%以内。

【林业】 全县有国家级自然保护区2个（王朗、雪宝顶）、省级自然保护区1个（小河沟）、县级自然保护区1个（余家山），已知野生植物4159种、野生动物1932种。被纳入首批大熊猫国家公园（四川）先行试验区，有野生大熊猫335只；成立全国首个大熊猫国家公园岷山自然教育联盟，有自然教育基地7个。全年实现林业总产值34.55亿元。种植三木药材46.5万亩，其中厚朴全产业链示范建设项目入选四川省第一批“天府森林粮库”示范建设项目；建成核桃基地20余万亩；创建森林康养人家27家、森林康养基地5家。建设精品民宿83家，年接待康养避暑游客100万余人次。在森林资源管理方面，累计投入国土绿化资金290.74万元，营造林6.42万亩，退耕还林15.2万亩，义务植树54万株。建立“林长+公益组织”“林长+警长+检察长”“林长+产业”等协作机制，建成“平武县北山林长制自然教育小径”。开展林地核实、政策服务80余宗220余人次，审批使用林地22宗18.0087公顷。全年查处林业行政案件47件，林草湿资源变化图斑核实率100%。落实有害生物防治“双线”责任，林业有害生物成灾率控制在2.1‰以下；开展野生动植物保护“林蜂”“清风”行动，查办案件6起，打掉犯罪团伙3个；实行森林草原防灭火“清单制+责任制+销号制”管理，落实管护片区责任人1865人（护林员），连续35年无重大森林火灾发生。

【畜牧业】 全年生猪出栏12.21万头，同比增长1.75%；牛出栏0.87万头，同比增长0.82%；羊出栏4.7万只，同比增长0.06%；活家禽出栏79.95万只，同比减少5.09%。年末生猪存栏7.63万头，同比减少8.2%；牛存栏1.68万头，同比减少0.68%；羊存栏3.79万只，同比减少5.82%；活家禽存栏65.37万只，同比减少5.99%。肉类总产量1.21万吨，同比减少2.37%，其中猪肉产量0.9万吨，同比下降2.58%。禽蛋产量0.2万吨，同比增长5.91%。天然蜂蜜产量0.21万吨，同比增长5%。

【水产业】 全年完成水产总产量190吨，实现产值945余万元。引进外地企业发展冷水鱼养殖，新建冷水鱼养殖场2个，投入资金2000余万元，养殖虹鳟、鲟鱼30余万尾。落实长江“十年禁捕”，加强禁渔宣传，安排人员巡河监管，同时开展跨水域、多部门联合执法，组织开展执法人员业务培训，打击非法捕捞。注重涉水工程监管，保护天然水域鱼类资源和水域生态环境。开展增殖放流活动，全年共放流珍稀和重要经济鱼种42.416万尾。

【乡村振兴】 持续完善防止返贫动态监测帮扶体系，投入531万元设立致贫返贫基金，惠及2003人次。投入乡村振兴衔接资金、东西部协作资金1.73亿元，实施项目152个，推动衢平共建产业园区4个；实施“乡村振兴八大专项行动”，发挥“百村共富”等8支分险基金作用，撬动金融资本9.76亿元，共发放贷款4.14亿元、惠农补贴5791万元。全县脱贫人口家庭人均纯收入增长17.2%。创建省级乡村振兴先进乡镇1个、省级乡村振兴示范村3个、乡村振兴重点帮扶优秀村1个。

【乡村旅游】 扮靓文旅品牌，构建现代文旅产业体系，持续推进全域旅游发展，建立健全旅游规划布局，完善旅游服务功能设施，创建省级全域旅游示范区；加大文旅项目包装，多渠道争取资金，在全省文旅发展大会上集中签约平南康养旅游项目。加强文旅品牌建设，转化资源为产品，平武县被列为省级文旅产业融合示范区创建单位，高村乡民主村创建为省级乡村旅游重点村，创建花间伴山为国家甲级旅游民宿、响韵桃源为国家3A级景区；打造熊猫家园旅游名片，加大文化旅游宣传力度，举办2023“春游绵阳·观花乡野”文旅季活动、平武县第九届梅花节、响岩镇第二届桃花节、中国旅游日全国自驾游平武行活动、老河沟车厘子采摘节等来秘境平武·逛熊猫家园系列体验活动，全方位、立体化展示平武县城文化旅游形象。围绕"生态游""乡村游""红色游"，推出精品旅游线路，加大文旅宣传力度，提升平武文旅品质。

【农村水利】 在水资源管理上，全年开展取用水监督日常检查36次，开展线上线下抽查、巡查108次，水电站下泄生态流量及达标率均满足要求，确保河道生态基流；在地方电力平稳有序管理上，开展在建小水电站管理及小水电验收工作，土城河二级水电站工程于2021年9月恢复建设，已通过蓄水暨机组启动验收、下闸蓄水阶段移民验收、取水验收及水生生态验收，并取得发电业务许可证及取水许可证，12月开始试运行并网发电。平武县小水电监管工作结合长江经济带小水电清理整改工作成果，加强对全县小水电的监管；在农村水电站安全监管方面，县水利局牵头联合县发改局、工科局和第三方专业机构专家对全县水电站（含大坝）结合汛期安全进行全面检查，建立问题整改台账，督促电站落实整改措施及计划，并对在建电站的涉水工程部分的安全和已建电站的安全生产进行监管，确保在建电站和已建电站的建设、生产安全。

【农业机械化】 按照省、市政策和平武县2021—2023年购机补贴实施方案，实行即时申报、及时核验兑付的购机补贴兑付方式，全年共完成兑付补贴7批次。截至2023年年底，全县共完成农机购置232台（套），受益农户206户，兑付国家补贴资金21.8183万元，核查率100%，资金兑付率达90%以上。截至2023年年底，全县农业机械总动力达100539千瓦，其中柴油发动机动力73773千瓦、汽油发动机动力3796千瓦、电动机动力22970千瓦、拖拉机75台（套）5336千瓦、耕整地机械895台（套）4612千瓦、水稻插秧机28台（套）51千瓦、农用水泵53台、节水灌溉类机械31台（套）、稻麦联合收割机26台862千瓦，主要农作物耕种收综合机械化水平达33.75%。加强农业机械安全检查和隐患排查工作检查力度，依法做好农业机械的牌证核发工作，整治外地籍变型拖拉机，收回已注销号牌103副，收回注销行驶证31本、驾驶证4本，督促拆解5台，保持全县农机安全形势稳定向好。

【农村科技】 全年共邀请来自省、市科研院所、高校的"三区"科技人员19名，同时组建一支由8人组成的"科技特派员服务团"服务乡村振兴和经济社会发展。完成法人科技特派员登记备案21人，完成自然人科技特派员登记备案104人。开展实用技术、科技人才和企业能力提升培训，全年共开展培训和技术指导20余次，参训人数650余人，培养当地骨干人才20人，发放种养殖实用技术手册1000余份（册）；引进黄精、百部等新品种5个，推广"高山优质中药材种植""平武红鸡生态养殖"等技术10余项。加强"四川科技兴村在线"平台体系建设，发挥平武县运管中心平台作用，已录入脱贫户（农户）8599户、信息员943人、县级专家302人，全年开展乡村振兴在线技术服务1921项。

【农村教育】 推进"党的二十大精神进教材进课堂进头脑"，开展思政课展示交流活动2次，6堂"精品思政课"获得市级奖，2个心理健康教育微视频获得市级奖，1堂"廉洁教育进校园"思政微课获得市级二等奖。1名学生被评为绵阳市新时代好少年，创建绵阳市级文明校园1所，创建绵阳市示范少年宫1所，创建绵阳市心理健康教育特色学校1所，创建绵阳市无废校园2所。通过制定和实施《平武县义务教育阶段学校划片招生实施方案》，结合县域发展规划和人口走势，按照"做强一个中心、以城带乡提质，做优3个片区、以强带弱达标"的思路，全面落实薄弱学校改造计划。执行"双减"和"六项管理"，科学开展课后延时服务，召开教育质量提升专题研讨会3次，做实常规检查、评比、跟踪工作。全年公开招聘中小学教师5名，交流校（园）长2人、教师49人，完成各级各类教师培训共计2674人次，做好5名援川教师的生活保障。全年发放衢江—平武励志奖教金50.4万元用于奖励在中高考教学成绩优异教师179名；发放衢江—平武励志奖学金49.6万元，奖励中高考成绩优异的学生156人。组织400余名学生参加绵阳市中小学生田径锦标赛、"三大球"联赛、艺术体操、幼儿足球、乒乓球、跆拳道等体育比赛，获得特等奖1个、一等奖6个、第二至八名奖项若干；举办平武县"文轩教育杯"中小学生田径运动会、中小学校园"三大球"联赛体育赛事活动，3000余名学生参加。

【农村文化】 开展平武县职工舞蹈培训、音乐公益培训、白马文创开发与利用培训、书法公益临帖等文化惠民活动；组织乡村文艺人才对白马艺术团、各协会、乡（镇）文艺团队等开展文艺辅导30余次；创作舞蹈、美术、文学、文创等文艺作品20余项。招聘乡村文艺人才12名，组建群众文化活动队伍30支、文艺志愿者120余人；组织乡村文艺人才参与全县文化活动130余场次；承办、协办文化惠民活动374场，开展2023年新春晚会、"报恩情韵"文艺展演、乡村文艺人才巡演等文化惠民活动200余场次。

【农村卫生】 全年共报告法定传染病14种3881例，死亡4例，报告年发病率、年死亡率、年病死率分别为3114.42/10万、3.21/10万、0.1%，其中乙类传染病9种1385例、丙类传染病5种2496例、其他传染病7种87例。报告结核病发病率45.52/10万，其中非结防机构报告疑似结核病和结核病患者126例，到位120人，总体到位率95.23%；定点医疗机构（平武县人民医院）成功治疗率100%，其中高危人群登记1人，开展耐药筛查1人，耐药筛查率100%；应管理结核病患者37人，规范管理37人，规范管理率

100%。初（高）中新生入学应做PPD和症状筛查的人数1792人，实际筛查1789人，筛查率99.83%；小学、托幼机构新生入学应做PPD和症状筛查932人，实际筛查932人，筛查率100%。

全市紧密型县域医疗卫生共同体建设现场会暨县域医疗卫生次中心建设推进会在平武县召开。重大慢性病发病率上升趋势得到遏制，重点人群健康状况显著改善。截至12月，家庭医生已持续为全县12.56万名常住城乡居民免费提供服务。建立远程、影像、心电、B超等医共体医疗共享服务中心。县人民医院、县中医医院、县妇幼保健计划生育服务中心已全部接入市级线上检查检验结果互认平台，实现线上互认，其余医疗机构均开展线下互认。

【农村法制建设】 开展"阳光法援送温暖"活动，坚持"服务下沉、送援上门"，设立藏汉"双语"法律援助咨询点3处，开展涉农法律援助宣传8场次，受理法律援助案件144件，提供法律援助咨询530人次，挽回经济损失200余万元；常态化开展法治宣传"坝坝会"60余场次、"法治赶大集"活动40余场次，发放各类法治宣传资料2万余份。持续擦亮"'白羽毛'双语普法+调解"品牌，开展"双语普法进藏寨"活动15场次，巧用白马民俗化解矛盾纠纷128件，"'双语'普法+调解"经验做法被《人民日报》新媒体平台等转载推送；有序推进"法律明白人"培育，开展培训21次，遴选"法律明白人"890人，每个村（社区）"法律明白人"达到5人。实现县、乡、村（居）三级公共法律服务实体平台全覆盖，村集体经济组织法律顾问配备率达100%。调整充实人民调解员、"白羽毛"双语（藏汉语）普法宣讲小分队3支队伍，新增法治宣传辅导员42名，为群众提供"普法到身边"服务；聚焦"法治+民族特色"，打造木座藏族乡民族村、响岩镇清水村等基层法治宣传阵地，龙安镇报恩寺社区创建为第二批省级民主法治示范村（社区）。

【农村交通】 全县农村公路总里程达1746.958千米，已实现乡（镇）、建制村通硬化路，农村公路网络化已初步形成，交通运输环境得到明显改善，解决了群众出行难和运输难等问题。新（改）建自然村公路、幸福美丽乡村路项目约30千米，已全面开工。通过多渠道筹资，多元化投入，加大资金筹集力度，解决农村公路建设养护中的资金难题。紧抓安全、质量、进度不放松，确保全县农村公路建设稳步推进。完善竣工管护制度，明确管护责任，确立养护责任主体，逐步建立农村公路建设管护网络。

【涉农招商引资】 全县有3000万元以上的农业招商引资重大项目6个，均为内资项目，比上年增长200%；项目总投资4.6亿元，比上年减少19.2%。协议资金46000万元，减少19.2%，完成全年任务的100%。

【农村社会保障】 全年财政民生支出占一般公共预算支出的比重为69.2%。38件省、市、县民生实事稳步推进。完成农村无害化卫生厕所新（改）建1116户。城镇职工、城乡居民养老保险参保人数分别达1.93万人、8.37万人。城乡居民基本医疗保险参保人数13.85万人。全年发放社会救助、福利资金4698万元，惠及群众26.8万人次。提升农村应急救灾能力，汛期累计转移群众27.4万人次。

【农村生态建设及环境保护】 按照《绵阳市农村生活污水治理三年推进方案》和《关于下达2023年农村生活污水治理目标任务的通知》文件要求，平武县需实现82%的行政村生活污水得到有效治理，已完成5个行政村农村生活污水治理"千村示范工程"项目建设。农村生活污水治理率和资源化利用率明显提高，生活污水乱排乱放现象明显减少，农村环境得到明显改善。

【农产品质量安全监管】 建立县、乡、村、生产经营主体四级网格化责任体系。开展"治违禁 控药残 促提升"三年行动和豇豆农药残留突出问题专项治理工作。全年农产品质量安全监测产品194批次，例行监测合格率100%，监督检测发现1起不合格产品，立案查处率100%；开展胶体金免疫速测37批次，速测合格率100%。

【农村市场体系建设】 市场监管。将"两个责任"纳入县委、县政府"一把手"工程，明确县、乡、村三级包保干部337名；推动"监管"到"自管"转变，配备食品安全总监19名、食品安全员1411名，并建立健全"日管控、周排查、月调度"工作机制；持续开展食品安全放心工程建设攻坚行动，抓好校园食品、特殊食品、网络食品等监管，针对连续抽检不合格和通报问题较多的食品生产经营企业适时开展"回头看"工作。

农村金融。注重提升服务，引导各银行建立乡村振兴金融服务工作领导小组、服务团队和涉农服务工作机制，做好金融服务乡村振兴；提升宣传力度，银行入户宣传普及涉农贷款政策，走村入户为农户办理贷款，开展推广宣传"送码入户，一键贷款"信贷直通专项活动。全面加大信贷支持力度，引导银行通过政银担模式增信、特色惠农信贷产品降低借款主体融资成本、提高办贷效率不断加大对茶业、种养殖、农产品加工等产业的信贷支持力度。截至2023年年底，全县涉农贷款余额539791万元，较2023年年初增加31321万元。

农业保险。引导保险公司与各乡（镇）村级负责农业的管理人员、经办人员进行工作对接，开展各个阶段农业经验的承保任务。截至2023年12月，全县实现农业保费收入887.84万元，较2023年年初增加258.22万元。

【农村留守家庭（儿童、学生）帮扶】 继续做好对县（区）、学校范围内的6～16周岁义务教育阶段留守儿童的摸底调查，建立《平武县2023年留守儿童少年名册》数据台账，掌握全县留守儿童总的基本情况并实施动态管理，及时更新相关数据，经过系统排查，全县共有1164名留守儿童，做到精准关爱，保证留守儿童健康成长。开展"送教到校"活动，绵阳师范学院美术学院到锁江小学开展暑期留守儿童帮教活动；22所义务教育学校为留守（困境）儿童提供生活补助、费用减免等优惠政策，助力留守儿童健康成长；开展平武县心理教师专题培训以及家庭教育大讲堂等活动，召开线下家长会50余次，加强对留守儿童家长和临时监护人的家教知识指导。通过多样化形式的活动，营造出教体系统关心关爱关注留守儿童的氛围，使关爱活动常态化开展，关心关爱留守儿童，助力青少年成长成才。

【劳务开发与返乡创业】 依托国有企业，拓展其经营业务范围，增加"劳务服务、人力资源服务"项目，组建国有劳务公司1家，10个乡（镇）合作社完成"劳务服务"业务注册登记，培育50名村劳务经纪人。建立"零工市场"1处，为有务工需求的农村劳动力提供务工信息，解决县内劳务组织化程度低、信息不对称、就业不稳定等问题。投入东西部劳务协作资金191.33万元，开设"网络直播带货""互联网+民宿管家"等农村劳动力培训课程，开展农村劳动力技能培训16期828人（其中脱贫劳动力459人），扶持创业150人。修订印发《平武县创业担保贷款管理办法》，将对符合条件的个人发放担保贷款最高额度提高到30万元，并免除反担保要求；将小微企业创业担保贷款最高额度提高至400万元，2023年发放创业担保贷款1340万元。

【主要领导人】 县委书记：黄骏（4月止），姜坤（4月始）；县人大常委会主任：赵树兵；县长：姜坤（6月止），赵琳（6月代理，7月始）；县政协主席：孟松林；分管农业副县长：佘兰。

平武县编写组

北川羌族自治县

【基本情况】 2023年，全县辖10乡9镇（其中民族乡1个），辖区面积3083平方千米，其中耕地面积11.19万亩、永久性基本农田7.15万亩。年末总人口22.82万人（户籍人口），增长0.48%；人口出生率6.19‰，人口死亡率9.44‰，人口自然增长率-3.25‰。全县耕地有效灌溉面积和保证灌溉面积分别达到耕地总面积的90%和85%；本地水资源总量16.39亿立方米，人均占有水资源量916立方米。有林业用地26.7万公顷，有林地面积19.73万公顷，活立木总蓄积量208万立方米，森林覆盖率66.1%。

2023年，全县实现地区生产总值106.55亿元，增长8.2%，其中第一产业增加值15.72亿元，增长3.8%，农、林、牧、渔及农林牧渔服务业之比为36.4∶27.68∶32.72∶0.77∶2.79；第二产业增加值26.35亿元，增长9.8%（工业产值21.8亿元，增长8.5%）；第三产业增加值64.49亿元，增长8.8%。三次产业对经济增长的贡献率分别为8.5%、29.3%和62.2%。乡（镇）中小企业实现增加值64.34亿元，增长6.9%。全年接待游客453.2万人，实现旅游收入16.11万元。

公路通车里程3610千米，其中乡村公路637.73千米。社会消费品零售总额42.27亿元，增长11.6%。地方公共财政预算总收入完成6.81亿元，增长20.9%；公共财政预算总支出23.48亿元，增长4.2%。金融机构各项存款余额203.36亿元，比上年初增长9.4%；各项贷款余额174.95亿元，比年初增长12.4%。全年农业保费收入0.32亿元，增长52.38%；处理各项赔款和给付金额736.47万元。农业产业化龙头企业省级、市级、县级分别为7家、24家、51家。

有各类学校32所，在校学生28834人，教职工2463人，其中普通高校2所，在校本（专）科学生6377人；普通中学5所，在校学生3166人；小学13所，在校学生8957人；学龄儿童入学率100%。有公共图书馆1个，文化馆1个，乡（镇）综合文化站23个，博物馆1个，美术馆1个，非遗中心1个，剧场1个，影剧院2个。有广播电视公共服务网点33个，广播覆盖率100%，电视覆盖率100%。有卫生机构243个，病床位1856张，卫生技术人员1587人。城乡居民基本养老保险参保人数6.55万人，城乡居民基本医疗保险参保人数17.59万人，"北川乡村振兴保"累计参保人数超过5万人。

【年度农业和农村经济运行】 2023年，全县实现农业总产值32.31亿元，增长3.7%；全县全年农业增加值达11.64亿元，增长2.7%。农民年人均可支配收入达20254元，增长7.8%。全县农产品质量抽检合格率比年初提高98.9个百分点。全县主要农产品产量见表1。

【农业产业化发展及农产品品牌创建】 创建省三星级茶叶生猪种养循环现代农业园区、市四星级枇杷现代农业园区、市三星级稻渔综合种养现代农业园区。北川苔子茶复合栽培系统入选中国重要农业文化遗产、"北川苔子茶"入选全国名特优新农产品，完成"苔子茶一号"品种选育、登记。禹露茶叶、羌山雀舌2个企业品牌入选2023年四川省农业品牌目录。截至2023年年底，全县"两品一标"农产品达49个，其中有机产品14个、绿色食品32个、地理标志保护产品2个（"北川苔子茶""北川花魔芋"）、地理标志证明商标1个（"北川茶叶"）。

【农用地产权制度改革】 加强农村土地承包经营管理，在马槽乡明头村二组开展第二轮土地承包到期后再延长30年试点工作，开展土地承包经营权纠纷仲裁、流转业务培训会2次。规范土地流转审批程序，开展农村宅基地审批和管理，共审批宅基地备案54宗；出动巡查人员60余人次，开展宅基地管理指导和专项检查，及时反馈问题清单16个。

【农村集体产权制度改革】 全县已完成登记赋码的农村集体经济组织793个，其中村级224个、组级569个。改革时点量化资产总额10381.44万元，确认农村集体经济组织成员25.2977万人，年末经营性资产总额10.24亿元。

【供销合作社改革】 完成白坭、开坪、青片、马槽4个乡（镇）供销社组建，全县乡（镇）供销社覆盖率达84.2%。省、市、县三级供销社联合石椅村集体经济组织成立石椅村供销合作社，运营以日用消费品、北川农特产品、文创产品销售为主营业务的便民超市，实现销售额近30万元；开展电商直播带货2期、电商直播培训1期。因地制宜推进已建基层社运营，支持村“两委”干部投身基层社经营，启动陈家坝供销社运营；采取联合合作经营方式，禹里供销社与禹穴沟景区达成运营合作协议。做好问题整治，牵头制定17条整治措施并整治农产品网络销售渠道不畅问题。

【农产品品牌战略实施】“北川苔子茶”被纳入2023年第二批全国名特优新农产品名录；先后组织90余家农业企业参加“绵品出川”、农博会、“天府粮仓”等各类农产品展示展销活动21次，实现线上线下销售额达1560余万元，签订正式及意向订单1.9亿元。《150种“绵阳造”农特产品亮相成都宽窄巷子》《四川北川：山中有茶创富有路》《北川石椅村的“黄金果”熟了不仅有统一包装还带“出生证明”！》等近30余则新闻被中央及省、市媒体宣传报道。

【现代农业园区建设】 创建省三星级茶叶生猪种养循环现代农业园区、市四星级枇杷现代农业园区、市三星级稻渔综合种养现代农业园区，厚朴现代林业园区创建为第二批省级现代林业园区。

【种植业】 粮油实现稳面增收，全县农作物播种面积49.91万亩，同比增长0.9%，其中粮食作物播种面积28.95万亩，减少1.1%；油料作物播种面积8.86万亩，增长8.6%。粮食总产量8.82万吨，增长2.1%，其中大春粮食产量6.72万吨，增长2.3%；小春粮食产量2.11万吨，增长1.7%。经济作物中，油料作物产量1.07万吨，增长8.6%；蔬菜及食用菌产量8.9万吨，增长7.2%。

【林业】 全县森林面积19.73万公顷，森林覆盖率达66.1%。有自然保护区4个，总面积1039.4平方千米。结合大规模“绿化北川”行动，成立以县长为组长的“国家储备林项目工作专班”，完成980余亩集约人工林栽培和1400亩现有林改培，有效管护国有林112.96万亩、公益林33.15万亩，常年管护国有林112.96万亩、集体和个人所有国家级公益林33.15万亩。兑现国有林管护补助937.1万亩，兑现集体和个人所有公益林生态效益补偿资金527.92万元、天然商品林停伐管护补助资金853.63万元。防治林业有害生物面积约3.03万亩，成灾率控制在2.1‰以下。有全国森林养生重点建设基地1个、国家级森林康养基地1个、省级康养基地2个、省级竹林康养基地2个、竹林乡镇1个、省级翠竹长廊2个、四川省首批国家级森林氧吧2个、市级康养基地6个，建立古树小微公园（景点）3处、林长制小微公园1处，建成小寨子沟、药王谷、九皇山、石椅羌寨等多个重点森林旅游景区，构建起1个5A级、4个4A级森林旅游集群。

【畜牧业】 全年生猪出栏22.238万头，同比增长1.7%；存栏14.131万头，同比减少6.7%，其中能繁母猪存栏1.6481万头，同比减少3.6%。全县共有规模场12个，

表1　2023年北川羌族自治县主要农产品产量

主要农产品	单位	产量	同比增减(%)
粮食	万吨	8.82	2.10
水稻	万吨	0.75	1.50
小麦	万吨	0.08	3.50
玉米	万吨	5.08	2.60
马铃薯	万吨	2.43	0.50
油菜籽	万吨	1.07	8.60
蔬菜	万吨	8.90	7.20
水果	万吨	2.18	0.96
肉类	万吨	2.78	23.50
猪肉	万吨	1.65	1.80
牛肉	万吨	0.10	2.70
羊肉	万吨	0.20	0
禽肉	万吨	0.23	-4.30
禽蛋	万吨	0.35	6.00
水产品	万吨	0.25	78.57

其中生猪规模养殖场3个(桂溪镇、禹里镇、都贯乡)、肉牛规模养殖场2个(通泉镇)、白山羊规模养殖场7个(白什乡2个、马槽乡1个、白坭乡3个、片口乡1个)。

【水产业】 全县渔业养殖总面积2800亩(含稻渔综合种养面积),水产品总产量1500吨。主要以永昌镇、永安镇等乡(镇)山坪塘、小二型水库、稻渔综合种养等模式为主,辅以擂鼓镇、片口乡等乡(镇)冷水鱼养殖模式,主要养殖草鱼、鲢鳙鱼、鲫鱼、鲤鱼等常规品种和鲟鱼、大鲵、虹鳟、罗非鱼、小龙虾等特色品种。

【乡村振兴】 坚持把巩固拓展脱贫攻坚成果同乡村振兴有效衔接放在突出位置,坚决守住不发生规模性返贫的底线,推动巩固衔接重点工作任务落实落细。北川县防止返贫监测帮扶工作先后在省、市乡村振兴系统作经验交流发言;衔接资金项目管理"1+3+4+N"工作法被省委、省政府作为典型经验在全省通报推广;相关工作连续在全省考评中进入"好"的行列。

【乡村旅游】 与四川旅投旅游创新开发有限责任公司在石椅羌寨签署北川全域旅游战略合作协议,双方将以石椅村片区为切入点,围绕北川羌城旅游区国家5A级景区、西羌九皇山、药王谷等旅游资源,开展旅游资源整合、品质提升、营运推广。立足乡村旅游禀赋及文化资源,孵化培育农文旅数字运营产品,以数字化运营赋能线上经济发展。全县有星级农家乐(乡村酒店)共40家,其中四星级农家乐2家、三星级乡村酒店3家、二星级农家乐35家。全县共有旅游资源1697项,其中五级资源18项、四级资源55项、三级资源385项、新发现159项,149项分布在全县范围,1548项分布在各乡(镇)。

【农村水利】 全县在建水利工程6个,已完成水利工程46个(水电站22座),其中被纳入安全生产重点监管的在建水利工程2个,已完成水利工程14个(水电站工程17座)。开展安全生产检查62次,检查发现安全生产问题150个,已全部完成整改。组织开展水利工程建设质量安全宣传教育培训和项目法人培训4次(约120余人次),提高了全县涉水企业单位的安全生产意识。

【农业机械化】 全县有农业机械3.1万余台,农机总动力达9.7余万千瓦,主要的大中型作业农机包括拖拉机318台、联合收获机79台、水稻插秧机3台。全年完成机耕面积25.5万亩,其中水稻1.5万亩、玉米12.35万亩、油菜6.35万亩、小麦0.2万亩、马铃薯0.9万亩;机播面积4.5万亩,其中水稻1万亩、小麦0.1万亩、玉米0.5万亩、油菜0.25万亩、大豆0.25万亩、马铃薯0.3万亩;机收面积5.25万亩,其中小麦0.2万亩、水稻1.3万亩、油菜2万亩、玉米0.15万亩、大豆0.6万亩、马铃薯0.1万亩;共受理农机补贴25户、27台(套),补贴资金5.6221万元。开展拖拉机及联合收割机年检审121台,办理农机牌证业务31台、驾驶员证照33人;开展安全宣传12次,安全培训6期556人次,签订《安全责任书》《超限超载承诺书》200余份;在农事季节开展安全检查14次104人次,专项安全检查4次25人次,整治农机重大隐患专项8次12人次,排查一般隐患22起、重大隐患11起,完成整改33起;开展联合执法检查12次60人次,检查上路农用车辆152辆,查处违法上路车辆11辆,收缴牌证11副,拆解11辆。

【农村科技】 健全科技成果转化和科技创新融合发展长效机制,做好"四川科技兴村在线"平台建设,组建省、市、县高校和科研院所专家20余人的科技特派团,提供技术指导,解决技术问题10余项。发挥科技特派团和"三区"专家(农业技术部门通过为受援对象提供科技指导、技术培训和物资援助等系列活动,推动边远贫困地区、民族地区和革命老区等"三区"脱贫致富)指导作用,组织开展政策培训宣讲10余次,完成线上咨询1099条,发布技术供给、供销对接信息31条;举办农村实用技术培训7场,培训人员300余人次;组织11家企业报送高新技术企业认定申报材料,帮助解决农村产业发展技术难题。启用"四川田长巡田"App线上巡田,全县各级田长、网格员全年累计巡田4万余次,上报并处置线索181条,处置率达100%,其中有效线索172条,有效线索占比达95.3%。

【农村教育】 "以弱带强、以城带乡",按照"1+1+N"和"1+1"模式,实施"学区和集团化"办学,推进城乡义务教育一体化发展,缩小校际办学质量差异。从义务教育学校的招生秩序、作业负担、课后服务、班额编排等方面规范办学行为,减轻学生过重的课业负担,加强学校主阵地作用,提高课后延时服务水平,促进中小学生健康成长。从办学条件、办学方向、学校治理、学校发展、教师队伍、五育并举、学生发展、特色建设、校园文化等方面不断补齐短板,提升学校内涵,打造校园特色亮点,推进学校高质量发展。永昌小学、永昌中学创建为四川省义务教育优质发展共同体领航学校。全年义务教育阶段享受"三免一补"受助学生15196人次,共计资金2230.01万元。

【农村文化】 全年新招引乡村文艺人才6名,其中戏剧文学专干1名、舞蹈专干1名、音乐专干2名、美术专干1名、数字营销专干1名,丰富了全县乡村文艺人才队伍。论文《优秀传统文化的创造性转化和创新性发展》获得第四届绵阳市公共文化理论研究征文二等奖。围绕石椅连线、北川羌族自治县成立20周年、主题教育等活动主题,推进主题采风创作活动20余次,持续挖掘人文资源,讲好"北川故事";出版《石椅故事》,撰写报告文学《羌山磅礴》(待出版)、《云朵上的石椅村》,小说《我自月亮来》入选四川省农家书屋推荐书目,《青石记》等4部小说进行有序创作;发行北川主题歌曲《北川人民感党恩》《北川北川》《羌寨这一天》《北川正青春》,创作歌曲《云上》《回到片口》《很好的样子啊》《大禹日记》等10余首；美术作品《羌家喜事》入选2023年四川版画作品展，《共话振兴筑梦羌城》入选四川重庆“双城记”美术作品，北川县新晋中国美协会员1人。承办省委宣传部省文艺家新村走基层、涪江流域川渝九地“云上文艺走廊”启动暨绵阳市文联文艺新村民入村仪式；举办大型主题志愿服务1场，组织6支文艺轻骑兵到19个乡（镇）、村（社区）开展专题文艺会演，以喜闻乐见的方式让乡村振兴走进群众心中。

【农村卫生】 全县21个基层医疗机构、所有村卫生室均紧急配置指氧仪584个。争取东西部资金135万元，购置救护车5辆，提升基层急诊急救能力。持续推进县域医疗次中心建设工作，擂鼓镇中心卫生院县域医疗次中心建设创建工作完成省级验收；启动桂溪镇中心卫生院县域医疗次中心建设工作。持续推进国家“优质服务基层行”活动，青片、禹羌、白坭、漩坪、开坪5家医疗机构达到优质服务基层行基本标准，全县累计共有13个乡（镇）卫生院达到国家基本标准、4个乡（镇）卫生院达到国家推荐标准。禹里医疗次中心中医康复科创建为四川省基层临床特色科室。印发《2023生次中心设置规划(2021—2025年)》《基层医疗卫生机构财政保障和绩效工资管理实施方案》《关于调整退出乡村医生生活补助标准的通知》等文件，落实基层医疗卫生机构绩效考核管理。争取专项资金30余万元用于保障乡村医生待遇，稳定优化乡村医生队伍，实施退出乡村医生给予退出生活补助、在职乡村医生购买养养老保险给予补助、村卫生室给予差额补助。

【农村法治建设】 在19个乡（镇）综治中心设立“法官联系点”，为群众和企（事）业单位提供“问诊式”法律服务，并在偏远或中心乡（镇）增设25个联调仓，构建“1319+N”的纵横联动调解新格局。统筹整合县级政法各部门和专职调解员、律师、基层法律工作者等优质资源力量，组建24个工作小组下沉基层参与矛盾纠纷预防化解，全年共开展法治宣传130场次，走访群众1000余户，参与矛盾纠纷调处246次，为群众、企业提供法律服务90余场次。县、乡、村三级综治中心规范化建设全面完成，基层治安保卫委员会、人民调解委员会实现全覆盖，全面落实“一村一警务辅助人员、一村一法律顾问”。

【农村交通】 统筹推进国省道22千米养护工程，投入755万元实施小修及维修。设置县级路长14名、乡级路长19名、村级路长202名，细化各级路长职能职责，以“路长制”实现“路长治”。以“5·26”爱路日为主线，加大爱路护路乡规民约、村规民约宣传力度，提高群众的爱路、护路意识。以城乡环境综合提质三年行动为契机，持续开展路域环境综合整治。成立119名汛期应急抢险分队，在全县范围以国省干线为主，辐射农村公路的方式布防16台50型装载机，投入机械100余台次、抢通人员160余人次，安装警示标牌360余块，清理塌方11000余立方米。北川县获评第七批“四好农村路”省级示范县。

【涉农招商引资】 有3000万元以上的农业招商引资重大项目1个，为内资项目；项目总投资1.2亿元，协议资金1.2万元。

【农村社会保障】 实施全民参保计划，不断扩大社会保险覆盖面。加大宣传力度，动员参保，确保法定人员基本养老保险全覆盖。养老保险参保人数15.86万人，其中居民养老保险参保人数6.53万人。以《社会救助暂行办法》《关于改革完善社会救助制度的实施意见》为依据，聚焦巩固社会救助脱贫攻坚成果，聚焦特殊群体，聚焦群众关切，按照“应兜尽兜、应救尽救”要求，统筹城乡社会救助体系，保障贫困群众基本生活。

【农村生态建设及环境保护】 结合文明城市创建和六五环境日，开展“习近平生态文明思想进农村、进学校、进社区”等系列活动20余场，发放秸秆禁烧、环境日知识等生态环境保护宣传资料5000余份和环保小礼品500余份；开展“环保三十佳”网络评选，挖掘生态环境保护和生态文明建设先进典型，获评“十佳”环保集体1个；拍摄《美丽中国，我是行动者》等环保视频和图片；参与“绿水青山看绵阳”作品征集，获得二等奖1个、优秀奖1个。

【农产品质量安全监管】 在巩固省级农产品质量安全监管示范县成果的基础上，示范引领建成石椅片区农产品质量安全村级服务站点，通过开展蔬菜、水果等常规农产品农残的快速检验检测，指导经营主体、农户开具承诺达标合格证，推动县、乡、村、企业四级网格化监管落地落实。全年开展全覆盖监管检查40余次，印发资料1万余册，累计培训指导生产主体100余家，累计开具承诺达标合格证1.4万余张。建立农产品快速检测数据平台，实现农残速测结果实时上传，确保了检测数据的真实可查。全年共开展农药残留速测6226批次，合格率99.97%；开展定量监测473批次，合格率98.9%。动物群体免疫密度均高于90%，应免畜禽免疫密度达100%。实施水稻、茶叶、枇杷、蓝莓作物绿色防控面积3.1万亩次，对动植物疫情有效地进行了防控。

【农村市场体系建设】 制定出台北川县《关于进一步培育壮大市场主体的实施意见》《支持培育壮大市场主体的若干政策措施》，培育和壮大市场主体，引进中国未来乡村数字中心、浙江安吉县新时代乡村学研究院参与产业发展、运营招商。

【农村留守家庭（儿童、学生）帮扶】 15个“留守儿童之家”常态化开展法治教育、关爱困境留守儿童等活动450余场次，累计服务青少年1万余人次。投入资金6914.352万元，落实教育资助政策，覆盖率达100%，受惠学生56946人次，学前教育免幼儿保教费政策受助幼儿8302人次，资金996.24万元；义务教育阶段“三免一补”受助学生15196人次。

【劳务开发与返乡创业】 建立劳务专业合作社，在各乡（镇）内成立劳务专业合作社，建立农民工综合信息台账，引导农民工加入劳务专业合作社，主要开展乡（镇）内用工调度和劳务输出，解决农民工就业服务"最后一公里"问题；鼓励由村集体牵头成立劳务专业合作社，培育劳务经纪人，依托党群服务中心、村（社区）劳动力资源监测点、农民工综合服务站、农村集体经济组织等资源，将村（社区）干部、致富带头人、乡村能工巧匠、劳动力资源监测员等培育为劳务经纪人，收集推送劳务信息，协助开展劳务品牌等技能培训，"点对点"为农民工提供个性化服务。通过宣传返乡创业先进经验，选树一批创业典型营造返乡创业的浓厚氛围，发挥典型的示范引领作用，增强返乡创业者的信心和决心，全县获评"四川省返乡入乡创业明星企业"1家、"四川省返乡入乡创业明星"1人、"绵阳市十佳返乡入乡创业明星"2人。县委、县政府表扬优秀农民工10人，评选"十佳返乡入乡创业明星"10人。为展示全县返乡入乡创业成果，集中打造县级返乡入乡创业示范园（永昌镇）1个、镇级返乡入乡创业示范园（通泉镇）1个。

【主要领导人】 县委书记：李昊天；县人大常委会主任：李光辉；县长：周福兰；县政协主席：王军；分管农业副县长：李智。

北川羌族自治县编写组

三　台　县

【基本情况】 2023年，全县辖2乡31镇，辖区面积2659.701平方千米，其中耕地面积10.324万公顷，比上年增长0.45%，人均耕地面积1.149亩；基本农田9.24万亩。年末总人口134.68万人（户籍人口），减少0.6%；人口出生率5.14‰，人口自然增长率-0.32‰。本地水资源总量5.55亿立方米，人均占有水资源量412.08立方米。有林地面积8.9261万公顷，活立木总蓄积量411.7万立方米，森林覆盖率33.4%。

2023年，全县实现地区生产总值530.55亿元，增长8%，其中第一产业增加值104.83亿元，增长3.7%，农、林、牧、渔之比为51.8 ∶ 3.39 ∶ 41.2 ∶ 3.62；第二产业增加值173.41亿元，增长9.2%（工业产值87.78亿元，增长4.8%）；第三产业增加值252.31亿元，增长9.3%。三次产业对经济增长的贡献率分别为19.8%、32.7%和47.5%。

公路通车里程5049.88千米（其中乡村公路2900千米），密度1898.66米/平方千米、37.49千米/万人。社会消费品零售总额268.49亿元，增长11.5%。地方公共财政预算总收入完成16.28亿元，增长16%；公共财政预算总支出74.35亿元，增长12.9%，其中农业投入17.37万元，占支出的23.36%。金融机构各项存款余额657.11亿元，比上年初增长11.3%；各项贷款余额408.41亿元，比年初增长20.5%。

有各类学校120所，在校学生105502人，教职工8028人，其中普通中学35所，在校学生45062人；小学83所，在校学生53084人；学龄儿童入学率100%。完成省级以上科技成果11项。有文化馆1个，公共图书馆1个，博物馆及展览馆1个。有卫生机构1104个，病床位8739张，卫生技术人员6681人。城乡居民基本医疗保险参保人数1011251人，参保率97.3%；城乡居民社会养老保险参保人数664347人。

【年度农业和农村经济运行】 2023年，全县实现农业总产值151.94亿元，增长3.5%。建成33个基层农业综合服务站。全县主要农产品产量见表1。

【农业产业化发展】 全县对标"一组一场""136"发展目标，培育家庭农场306家，提升创建县级示范场114家、市级示范场7家，推荐省级示范场3家。截至2023年年底，全县家庭农场总数达4595家，实现100%的村民小组有1个家庭农场、100%的行政村有1个示范家庭农场。完成第四批农民合作社质量提升整县推进省级试点。做好农民专业合作社

表1　2023年三台县主要农产品产量

主要农产品	单位	产量	同比增减(%)
粮食	万吨	67.52	2.2
水稻	万吨	20.62	1.8
小麦	万吨	10.64	5.0
油菜籽	万吨	13.79	0.4
蔬菜	万吨	40.32	4.5
水果	万吨	6.89	4.8
肉类	万吨	11.96	1.6
禽蛋	万吨	3.87	3.0
水产品	万吨	2.34	4.0
牛奶	万吨	6695.00	60.1

规范化建设指导，创建示范社41家，其中省级示范社3家、市级示范社1家、县级示范社37家。加大产业化重点龙头企业的培育和引进，培育省级农业产业化重点龙头企业1家、市级农业产业化重点龙头企业1家。

【农用地产权制度改革】 做好农村土地确权颁证后续工作，排查农村土地承包经营权证书发放到户、信息不准等情况，纠正权证滞留在村（组）集体经济组织现象，解决“漏人漏地、面积、四至不准”等问题，调处权属争议和矛盾纠纷，做好档案资料整理归档；在芦溪镇鹤林村二组开展第二轮土地承包到期后再延长30年市级试点，探索土地延包工作的好经验好做法；构建完善县、乡、村三级土地承包仲裁调解体系，抓好土地承包经营纠纷调解仲裁工作，全年受理农村土地承包及流转纠纷85件，调处纠纷85件。

【农村集体产权制度改革】 实施农村集体资产监管提质增效专项行动，集中整治农村集体资产管理领域突出问题，紧盯“资产资源管理、经济合同管理、债权债务管控、工程项目管理、集体经济审计”五个关键环节，精准识别管理漏洞和廉洁风险，通过“排查清理一批、严肃查处一批、规范指导一批、示范引领一批”，整治农村集体资产流失行为。实施村级集体经济提质增效三年行动计划，明确2023—2025年村集体经济发展目标任务，巩固拓展“消薄”成果，整体提升全县村级集体经济发展水平。指导乡（镇）清理村级公有闲置资产636处、20.2万平方米，盘活率100%，实现物尽其用。加强村级集体经济发展基金管理使用，全县村级集体经济发展基金规模为8071.56万元，使用7038.27万元，使用率达87.2%。对全县农村集体资产进行年末资产清查，全县农村集体资产总额为29.89亿元，其中经营性资产3.23亿元。

【供销合作社改革】 全县供销系统实现购进总额40591.9万元，同比增长20.3%；实现销售总额46426.9万元，同比增长11.68%。县供销合作社联合社按照“村‘两委’+供销合作社+农民专合社”建设模式，吸纳村集体经济组织、农民合作社联合组建乡（镇）基层供销社，截至2023年年底，恢复镇级基层供销社14个。出台《三台县基层供销社管理办法（试行）》《三台县供销合作社联合社社有资产管理办法（试行）》，加强基层供销社规范管理和业务指导。推广“建中供销社”模式，争取承接政府购买服务。实现农村产权流转交易鉴证53宗（其中土地鉴证面积716.8公顷、闲置农房使用权鉴证面积150平方米），比上年增加26宗；鉴证合同总金额2308.03万元，比上年增加1756.4万元。以绿洲农资公司、乡（镇）供销社为主体，做好化肥等农资产品淡储旺供，调运各种化肥3.8万余吨。4月，三台县供销系统农资稳价保供工作被中央电视台专题报道。依托参股企业绵阳绿香源食品有限公司，立新镇、石安镇、景福镇等供销合作社发展订单农业，截至2023年年底，建设蔬菜生产基地766公顷，企业收购蔬菜9500吨。开展农资科技服务，引导各“庄稼医院”开展赶场日集中培训、下村实地指导，在农资农家店建立农资科技咨询、新技术推广窗口，开展农资科技讲座170余次，出诊230余次，免费发放农资科技宣传资料50000余份。推广使用“梓乡情”区域公用品牌，截至2023年年底，全县使用“梓乡情”区域公用品牌企业33家，打造线上线下展示展销门店3个，使用“梓乡情”区域公用品牌的企业、农民专业合作社等销售农产品金额1500余万元。

【农产品品牌战略实施】 推动形成“本源生涪城麦冬”“梓州台沃香米”“鲁班花鲢”等“区域公用品牌+企业自有品牌+有机产品品牌”的品牌发展矩阵，全县45种特色农产品被纳入品牌目录。“三台黑猪肉”入选第三批全国名特优新农产品名录，台沃、代代为本入选首批“天府粮仓”精品（培育）品牌名单，“涪城麦冬”省级地理标志产品保护示范区通过实地验收，并入围2023年国家地理标志产品保护示范区筹建名单、全省唯一，台沃香生态稻鸭米、平强金谷潼江香米等获得绵阳好物消费者喜爱的农特产品授牌。

【现代农业园区建设】 三台县国家现代农业产业园（生猪种业）高分通过国家现代农业产业园认定，麦冬种养循环现代农业产业园通过省级园区“回头看”现场核查。优质粮油现代农业园区提质增效，景福粮油园区晋级为市四星级园区，塔山粮油园区、立新蔬菜园区创建为市三星级园区。2023年，新培育认定县级现代农业园区4个（其中粮食类园区2个），分别是古井镇粮油园区、三元镇粮油园区、紫河镇种鸡园区、富顺镇板栗园区。全县农业园区数量达26个，其中国家级1个、省五星级1个、市五星级4个，总共涉及乡（镇）23个，占全县33个乡（镇）的69.7%。根据绵阳市委编委《关于同意设立三台县现代农业产业园区（生猪种业）管理机构的批复》文件，设立中共三台县现代农业产业园区（生猪种业）工作委员会、三台县现代农业产业园区（生猪种业）管理委员会，为中共三台县委、三台县人民政府派出机构，机构规格为正科级，负责园区的经济开发建设和产业发展工作，下设综合管理办公室（挂“党群工作办公室”牌子）、规划建设股、产业发展股3个内设机构。

【种植业】 落实耕地保护和粮食安全责任制，贯彻落实粮食稳产、粮油扩面增收战略，开展“四新”技术展示和绿色高质高效行动项目示范，提升粮油作物生产水平，抓稳“粮袋子”“油瓶子”“菜篮子”。全县粮食作物总播种面积达12.07万公顷，粮食总产量67.52万吨，较上年增产1.42万吨，位居全省县域第三。其中，小麦播种面积2.19万公顷，总产量10.64万吨；玉米播种面积4.96万公顷，总产量28.95万吨；水稻播种面积2.61万公顷，总产量20.62万吨；大豆播种面积1.31

万公顷，总产量3.32万吨。油料作物播种面积5.62万公顷，较上年增加1143公顷；油料总产量17.66万吨，较上年增产0.115万吨。其中，油菜播种面积4.53万公顷，总产量13.79万吨；花生播种面积1.09万公顷，总产量3.86万吨。台沃稻谷、穗多香稻谷、奕川稻谷等通过有机农产品认证，“台沃”入选首批“天府粮仓”精品（培育）品牌名单。

【林业】 全县林地面积8.94万公顷、森林面积8.86万公顷；净增森林蓄积量0.04万立方米，森林蓄积量达411.7万立方米，森林覆盖率达33.33%。林业有害生物监测面积8.86万公顷，监测覆盖率100%，测报准确率90%以上；林业有害生物发生面积15933.33公顷，其中蜀柏毒蛾15066.67公顷、云斑天牛866.67公顷，林业有害生物病虫害发生种类单一，范围集中，以轻中度为主。审核审批使用林地112宗，收缴植被恢复费868.5456万元。实行林木采伐许可证网上申请审批，网上办证率达100%，办理林木采伐许可证1483份，采伐蓄积5119.9立方米，占年采伐限额的7.52%。做好国家森林督查工作，完成2022年国家森林督查发现反馈的41个问题查处整改工作，查处整改率100%。推进国家柏木良种基地建设，通过2022年金鼓国家柏木良种基地省级考核，完成“十四五”国家柏木良种基地中期评估。申报国家储备林建设项目2期，总建设规模20984公顷，总投资27亿元，新建森林防火通道5753.788米。

【畜牧业】 全年实现畜牧业总产值59.69亿元，占农业总产值的39.28%。生猪出栏118.8万头，连续五年位列全省第一；实现产值30.41亿元，年出栏500头以上生猪规模养殖场516个，其中2000头以上228个、万头猪场35个、千头以上扩繁场20个。创建生猪标准化示范场75家、无非洲猪瘟小区2家。家禽出栏1521.94万羽，实现产值13.74亿元，有年出栏3万羽家禽养殖场14家；牛出栏3.67万头，实现产值5.8亿元，有年出栏50头以上规模户48户；羊出栏13.09万只，实现产值2.07亿元，有年出栏300头以上规模场5家。

【乡村振兴】 构建防止返贫常态化监测帮扶六大机制，集中排查36.46万户，新增监测对象367户864人。通过支持产业发展增加收入、拓宽就业渠道增加收入、减轻支出负担方式，做好脱贫人口增收。抓实衔接资金项目管理，实施计划项目112个，总投资2.6亿元。争取项目资金700万元，打造现代农业产业园风貌示范点位，改造40个村无害化卫生厕所10000户，全县卫生厕所普及率达94.96%。抓好乡村治理，推进脱贫村移风易俗工作。争取到2022年度四川省乡村振兴先进市一次性奖补资金700万元，用于打造国家级现代农业产业园（老马镇、永明镇、芦溪镇）宜居宜业和美乡村建设示范点位。县内2个产业团队入选市级优势特色农业产业人才团队，16名乡土人才获评全市第一批乡村振兴乡土能人。3月，通过省级摘牌、县级帮扶措施库做法被省乡村振兴局2023年度第18期简报刊载并在全省推广。4月，三台县在防止返贫监测帮扶压实各级责任和精细化帮扶等方面相关做法在全国健全防止返贫动态监测与帮扶机制培训班上作经验交流。

【乡村旅游】 以“春赏百花　夏戏山水　秋看民俗　冬季嘉年华”为主题，举办绵阳市首届农村消费节暨三台县第八届油菜花节、三台县鲁班湖文化旅游节、郪汉文化旅游节等农村文旅活动，以活动为载体，整合商务、工会等相关资金发放文旅消费券78万元，参与者达100余万人次，直接消费约1.5亿元，拉动消费5亿余元。会同市场监管、消防等多部门开展2023年度星级农家乐复核及环境问题专项整治工作，核定星级农家乐8家，取消星级农家乐2家。以“郪江”为纽带，依托古郪文化，指导开展郪汉文化旅游节暨首届“一江三地”郪汉大集。联合中江县、大英县探索合作途径，深化区域协作。包装特色农旅商品，组织稻鳅香泥鳅系列产品、潼川豆豉、智华皮蛋等特色产品参加“绵品出川”、旅游博览会、蝉噪音乐会等，助力本土产品“走出去”。参与“安逸四川”宝藏赏春地、宝藏亲子露营地等文旅宣传推广活动，三元禹平故里、新鲁情花岭、盛世樱花悠乐谷进入“安逸四川”宝藏赏春地人气榜单前60位。

【农村水利】 全年争取中央、省水利资金1.71亿元，完成水利行业固定资产投资22.36亿元，完成率82.85%。完成水网工程（二期）等初设批复及都江堰灌区“十四五”续建配套与现代化改造工程姚家垭支渠、熊菊支渠渠道整治工程等施工监理招标，确定乡村水务试点县创建实施方案编制单位，启动县级水网建设规划编制。完成祠堂湾水库导流放空取水隧洞进出口边坡支护、洞身开挖和二次衬砌、取水闸室基础浇筑，整治水网工程（一期）广华寺片区各级渠系15千米、大围埝片区6千米、永和埝片区16.5千米等，推进城乡供水一体化工程芦溪水厂、二水厂厂区改（扩）建，完成“452”、德胜、路家沟、小堰、七一等水库除险加固，凯江古井万安、郪江郪江场镇防洪治理、三道河山洪沟治理主体工程，维修养护小型水库97座。编制饮水安全应急保障预案，为重点地区应急送水4000吨，延伸建设应急管网14.1千米。三台县鲁班水库管理中心供水总量达5856.59万立方米，三台县武都引水工程建设管理局供水总量达7100万立方米，三台县团结水库管理中心供水总量达4174.87万立方米，保障全县群众用水需求。

【农业机械化】 全县新增农机装备0.4万台（套）3.15万千瓦，其中新建烘干房3处8台（套），新增批处理能力260吨，全县农机装备总量达14.1万台（套）78.85万千瓦。全年完成农作物机耕面积16.52万公顷、机播面积6.64万公顷、机收面积10.16万公顷，农作物综合机械化水平达57.58%，比上年提升4.1个百分点，其中水稻、小麦、玉米和油菜四大主要农作物综合机械化水平达69.97%，比上年提升1.37个百分点。新增北斗导航无人驾驶系统5套、农机作业监测终端120台、烘干监测设备10台，信息化监测设备达700余台（套）。统筹提灌站建设资金1317万元，恢复、更新改造机电提灌站147座，恢复和新增灌溉面积2666公顷。

【农村科技】 推进绵阳三台省级农业科技示范园区创建，完成园区创新创业孵化中心、生猪种业繁育与加工技术研发中心、食品安全检验检测中心建设，园区被科技厅评为“2023年度优秀农业科技园区”。开展绵阳国家农业科技园区（三台为核心区）升建国家农业高新技术产业示范区工作，在科技厅组织的国家农高区培育园区遴选评审中，绵阳园区专家评分排名全省第二，仅次于成都市。4月，科技厅将绵阳市、成都市、乐山市的3个园区作为国家农业高新技术产业示范区升建对象推荐至科技部。发挥县域科技支撑作用，组织开展省级农业科技示范园区、天府粮仓科技示范基地、粮油高产示范基地、科普基地等项目建设，助力乡村振兴。

【农村教育】 为缓解农村学校教师老龄化和结构性缺编问题，制定《关于义务教育学校校长教师交流轮岗实施方案（试行）》，加大校长教师交流轮岗力度。落实9名省属公费师范毕业生到农村学校任教，为教育优质均衡发展提供人才支撑。投入资金516万元，改建八洞小学幼儿园和光辉学校幼儿园2所，装修提升幼儿园1所，预计增加学位120个。推进城乡一体教育联盟常规管理，推进联盟教研，落实联盟教育质量捆绑考核，做好“揭榜挂帅”课题研究的质量体系项目研究。抓好“控辍保学”工作，重点抓好义务教育脱贫户和监测户“控辍保学”，为310名原建档立卡贫困户残疾学生和“送教上门”学生购买特殊教学用品。3月6日，绵阳乡村振兴学校授牌仪式在三台县举行，绵阳市第一所乡村振兴学校正式成立，开设有数控技术应用、学前教育、汽车运用与维修等19个专业，有145个教学班，在校学生7270人，有教职工441人。

【农村文化】 组织开展“践行雷锋精神志愿服务到基层”文化文艺志愿服务进乡村20余场、“文化进万家”三台县2023公共文化服务集市（“四下乡”）实践活动10余场。推进“绵渝”两地文旅交流合作，组织开展“绵品出川”展示展演活动，首次整合绵阳市乡村文艺人才资源，开展三台县特色文艺专场演出，吸引线上线下观众50万余人次。到北川县学习全国“四季村晚”活动举办经验。乡村文艺人才罗涛的雕塑作品《源浚者流长》入选四川省文华美术奖初评，为三台县首次有文艺作品入选参评该奖项。“‘流动博物馆’进乡村”系列活动在《四川新闻》、四川观察等媒体栏目上展播。投入330万元，完成邓禹平故居的文化氛围营造、基础建设、板块设计和陈列布展，对故居周边路面进行整治。投入600万元，用于打造公共文化示范区，对忠孝乡、古井镇文化站进行提档升级。挖掘本土文化资源，打造忠孝文化一条街和西平镇乡史馆。投入300万元，将鲁班镇电影院升级为集观影、演绎、阅读、会议于一体的多功能文化服务中心，提升文化站的服务能力和设施水平。

【农村卫生】 全县有乡（镇）卫生院50个、村卫生室857个，在岗乡村医生903名（其中乡/镇卫生院派驻村医235名）。推进农村义诊工作，开展“一村一月一义诊”行动，通过下沉优质医疗资源提升基层医疗水平，实现383个建制村每月义诊全覆盖，并组建124支义诊队伍900余名医务人员，开展义诊3400场次，受益群众13.2万人次。推进健康科普活动，构建三级健康科普网络，由县疾控中心牵头，县级医疗卫生机构配合，组建健康科普专家库76人，结合基本公共卫生服务、家庭医生签约服务开展健康科普活动，构建起县、乡（镇）、村（社区）三级健康科普网络。分别在中太镇、断石乡、观桥镇菊河社区开展居民健康素养监测，调查610人，居民健康素养水平达30.2%，并形成监测报告，梳理全县居民主要的健康问题，为全县健康教育工作开展提供依据。开展“万名中医驻村帮扶”行动，遴选329名长期从事中医临床诊疗或保健服务工作，且具有较好的中医药理论基础的执业（助理）中医师按照“远近适宜、优化组合、能力提升”的原则，对全县337个建制村卫生室和社区卫生服务站开展驻点服务，共服务群众23.78万人次，满足农村群众日益增长的卫生健康服务需求。全县33个乡（镇）建设中医阁46家，除提供针灸、推拿、拔罐等中医适宜技术服务外，每个中医阁都有自己的特色和优势，能满足辖区内居民的基本中医药服务需求，延伸中医药服务范围，基层中医药服务量率达50.4%，让村民在家门口就能享受到“简、便、廉、验”的中医药服务，被《健康报》、四川新闻网率刊登。

【农村法制建设】 加快“雪亮工程”补点扩面，推动县、乡、村三级综治中心实体实战化运行，完成市域社会治理现代化试点验收工作。耕地保护被纳入环境资源审判，依托“河（湖）长制+法官”工作机制，依法审理涉土地承包经营权纠纷等涉土地资源流转案件12件，打击非法占用农用地等破坏土地资源犯罪案件3件。全县462个村（社区）综治委员全部履职在岗，组建各类群防群治队伍达1.2万余人，发现、上报、办理各类事项15.2万余件，同比上升52.66%；99.95%的事项在网格中得到及时办理，全年治安案件发案率同比下降27.24%。县公安局建立“1235”警务助理队伍管理模式，在全县383个行政村、79个社区共配备警务助理462名，打通了农村警务“最后一公里”。县检察院打击涉农违法犯罪，全年办理破坏农业生产等案件17件。

【农村交通】 全县33个乡(镇)383个建制村实现道路通畅率达100%。完成2023年撤并建制村畅通工程建设119千米;完成较大人口规模自然村组通硬化路建设88千米。投入资金6126余万元,对古井镇花园桥、观桥镇老拱桥、建平镇翻水堰桥、富顺镇华新桥等18座危桥进行重建。开通立新镇公交,覆盖8个行政村,惠及人口9万人,票价低于农村客运票价的30%。完成11条农村客运线路公交化改造,覆盖13个镇145个建制村。"红领巾"专车服务累计投入车辆43367辆、207047趟次,运送学生300.51万人次,其中公交车接送学生79.64万人次、农村客运车辆接送学生220.87万人次。建立1个县级快递物流仓配中心、33个乡(镇)节点和6个客运站改(扩)建的综合运输服务站、383个"金通·邮快驿站"。投资300万元,建设并投入使用全自动分拣设备,实现农村电商仓储共配、邮快合作转接等功能,日处理量达5万余件。鼓励客运企业投入货车开展邮政小件快递集中配送,变"小黄车"为"大黄车",9月20日,全县首辆"金通工程·天府交邮通"金通货车正式投入运行,服务南路、北路片区乡(镇)收发快递、邮件,可实现每日货车带货9000余件。全县交邮合作共有4家运输企业、18条线路,全年共收发快件82万余件,实现邮政和客运企业多边合作共赢。

【农村社会保障】 全县城乡居民养老保险缴费246772人(不含代缴),缴费总金额16334.43万元(不含代缴)。城乡居民医疗保险参保人数101.12万人,参保率达97.3%。为17746名符合代缴条件的低保对象、特困人员、返贫致贫人员和重度残疾人员代缴城乡居民基本养老保险费,超过目标任务的27.32%。健全完善县、乡、村三级社保业务经办体系,引导企业和群众高频业务"掌上办",规范办理个体参保、职工参保、失地农民参保人员退休手续5100余人次,办理养老保险转移接续2556人次。在全市率先开展"全员参保示范镇"创建活动,以石安镇、灵兴镇为试点,示范带动全县参保覆盖面不断扩大、社保缴费档次提高、业务经办更加方便快捷。制定出台《三台县公办敬老院社会化运营改革实施方案》,推进全县公办敬老院社会化改革,62所农村公办敬老院社会化运营的达61所,社会化运营率超过98%。实现农村低收入人口和已稳定脱贫人口参保、救助动态全覆盖,城乡医疗保险参保率达100%。供养保障农村特困人员92157人次,发放供养资金6388.12万元,保障标准由650元提高到736元。

【农村生态建设及环境保护】 落实《三台县农村生活污水处理设施运行维护管理办法(试行)》《三台县农村生活污水处理设施运维管理考核评估办法(试行)》要求,建立市、县、镇、村、户农村生活污水治理五级台账和治理、管护、考核体系,首次发放农村生活污水治理考核评估县级财政运维补助资金40万元,立新镇新民村农村生活污水纳管治理上报为省级优秀典型案例。推广测土配方施肥9780公顷、绿色防控集成技术1333公顷,建立农资监测点265户,开展统防统治4000公顷。培育秸秆综合利用主体62个,秸秆综合利用率达97.1%,农膜回收率达90.01%。11月17日,四川省2023年河(湖)长制进乡村暨贯彻省总河长令第4号宣传活动走进三台县鲁班镇洞湾村。活动以"全民参与爱河护水　共建共享幸福河湖"为主题,旨在创新河(湖)长制"七进"宣传活动形式,响应省总河长令第4号号召,发动更多群体参与到河湖保护队伍中。在全市率先推行"河湖长+警长+检察官+法官"联动协作机制,鲁班镇洞湾村、乐安镇金家村践行基层河湖管护"解放模式"经验作出示范引领,《三台郪江流域"4+2"模式破解河道清理难题》入选水利部推行河(湖)长制典型案例;老马镇回龙村推行乡风文明生态超市,搭建村级社会治理新平台,提高群众参与度。编制《农村健康饮水行动专项实施方案》,摸排33个乡(镇)82个规模以上供水工程饮水运行管理安全情况,建立问题整改台账,逐一对账销号。实施2023年中央水利发展资金农村供水工程维修养护项目,项目建成后受益人口39.94万人。

【农产品质量安全监管】 巩固省级农产品质量安全监管示范县建设成果,部级食用农产品"治违禁　控药残　促提升"行动豇豆农药残留问题治理成效显著,全县未发生重大农产品质量安全事件,33个乡(镇)农残快检样品1万余个,合格率100%,省级农产品例行监测合格率达98.5%以上;开具农产品承诺达标合格证19万余张,达14721.23吨。联合成都中医药大学制定"涪城麦冬"种苗质量、投入品使用标准操作规程、药材等级等10个标准,发布绵阳市《地理标志产品涪城麦冬区域性系列标准》(DB5107/T120—2023),引导麦冬种植经营企业和个人对标生产、按标经销。发布《严禁在麦冬种植过程中使用"多效唑"等植物生长调节剂的通告》,通过联合执法、建立农户田间档案和农资进销台账、实行网格化管理等手段加强管控。四川省药检所和成都中医药大学麦冬检测数据表明,新鲜麦冬多效唑残留量达标率为88.89%,初加工并仓储半衰4个月后的麦冬多效唑残留量达标率为100%,重金属残留量在安全范围内,全县麦冬均符合食品安全标准。推行"田间、加工、入市、外调"四步检测机制,对每个村民小组麦冬田的土壤和植株选取2个样本进行检测,对全县所有加工点每批次麦冬进行1次抽样检测,对进入麦冬交易市场的麦冬100%快速检测,对批量外运销售麦冬100%检测,依据检测结果建立麦冬质量"红黑名单",对合格品提供"涪城麦冬"证明商标,实行统一包装和定点物流,保障麦冬产品质量安全。

【农村市场体系建设】 构建"一核两区多极"商业网点空间格局,依托全省首批县域商业建设行动项目、2023年农产品供应链体系拟支持建设项目，建成中药材气调库14个、冷冻库1个，改造升级智慧云仓1处、县级物流中心2处，改造提升乡（镇）商贸中心5家、农产品上行场所5处。县人民银行开展金融服务乡村振兴“送码入户、一键贷款”信贷直通专项活动，做好脱贫人口小额信贷接续转换工作，截至2023年6月底，全县脱贫人口小额信贷支持脱贫人口907户，续贷余额2085.57万元；推动“三农”金融产品和服务创新，支持金融机构运用大数据、物联网等新型技术拓宽乡村产业融资渠道，截至2023年6月底，全县涉农贷款余额298.95亿元，同比增长22.89%。县农发行解决西平镇耕地保护、全域高质量发展等问题融资13.5亿元，是近年来绵阳市单笔最大融资额的项目，也是三台县单个项目融资额的新高；融资5.4亿元助推祠堂湾中型水库开工建设，该项目是近10年以来绵阳市首个开工建设的中型水库。县工行发放全省工行首笔“兴农通”App线上“兴农快贷”、首笔“农担贷”，完成全市首笔种植E贷投放及特色麦冬种植E贷投放。三台农村商业银行聚焦“生猪粮油、麦冬蔬菜和种业”产业规划，推进服务和产品创新，发放农户小额贷款56748户、76.09亿元，支持新型农业经营主体1032户、贷款7.11亿元，向铁骑力士、台沃、明兴农业等农业龙头企业发放贷款2.58亿元；通过“信用贷款+担保贷款”等模式，累计投放村集体经济组织贷款1.32亿元，助力村集体经济组织增收。县人保财险公司有针对性地改进《农村小额意外保险》方案，以农险合作乡（镇）为基础、以农业保险为切入点，“农村小额意外险”保费提升至44.72万元，同比增长122.71%；12月12日，签单全市首单地方特色“小家禽—肉鸡”保险，为当地某企业近45万羽肉鸡提供1800万元的风险保障，对于肉鸡市场的稳产保供发挥作用。

【农村留守家庭（儿童、学生）帮扶】 推进儿童福利和未成年人保护信息精准化管理专项排查工作，对辖区内孤儿、事实无人抚养儿童等重点对象进行反复摸排，实施动态化管理，为精准关爱服务提供依据。加强与医疗、教育等资助救助政策以及社会慈善资助救助项目衔接，实施“孤儿医疗康复明天计划”和孤儿、事实无人抚养儿童年满18周岁后助学项目，孤儿和事实无人抚养儿童综合保障水平提高。落实孤儿、事实无人抚养儿童基本生活保障资金934人次91.75万元。落实困难妇女儿童帮扶慰问和关心工作，在传统节假日和重要活动期间走访慰问100余名困境妇女儿童，送出资金、物资共计30000余元。在北坝镇开展友好儿童社区、妇女儿童维权示范站点建设，共计5万元。9月23日，在永明镇团缘村开展2023年绵阳市最美家庭巡讲巡展暨未成年人关爱保护活动，邀请西南科技大学智慧研究中心副主任张广兵教授进行题为《做优秀家长成就最好的孩子》的授课。

【劳务开发与返乡创业】 聚焦农民工服务保障“回引、创业、培训、维权救助”四大核心任务，探索农民工服务保障工作新模式，取得显著成绩。摸排农村劳动力70.19万人，转移就业47.05万人，“农村劳动力实名制信息管理工作”被四川省就业服务管理局表扬。成立“四川省三台县驻重庆农民工服务站”，发挥12个驻外农民工服务站在劳动力转移、优秀农民工回引的作用，回引2184名优秀农民工就业创业，新创办经济实体414家。在2022年首批打造15个村（社区）农民工综合服务站的基础上，以点扩面，新建站点342个，累计建成村（社区）农民工综合服务站357个，覆盖377个村（社区），覆盖率达81.6%。选树绵阳市十佳返乡入乡创业明星1名、绵阳市返乡入乡创业明星4名、三台县返乡入乡创业明星10名。

【主要领导人】 县委书记：吴明禹（12月止），曾建军（12月始）；县人大常委会主任：杨增辉；县长：唐顺江；县政协主席：贺强华；分管农业副县长：钟蓓（4月止），何广（4月始）。

三台县编写组

盐 亭 县

【基本情况】 2023年，全县辖2乡14镇1个街道，辖区面积1645.8平方千米，其中耕地面积80.3046万亩，比上年增长0.51%，人均耕地面积2.1661亩；基本农田70.6993万亩。年末总人口51.56万人（户籍人口），减少0.6%；人口出生率5‰，增加0.2个千分点；人口自然增长率0.4‰，增加5.05个千分点。全县耕地有效灌面和保证灌面分别达到耕地总面积的60.9%和86.3%；本地水资源总量3.24亿立方米，人均占有水资源量890立方米。有林业用地7.8695万公顷，有林地面积7.8695万公顷，活立木总蓄积量724.2万立方米，森林覆盖率49.68%。

2023年，全县实现地区生产总值230.15亿元，增长8.1%，其中第一产业增加值47.25亿元，增长3.9%；第二产业增加值82.85亿元，增长11%（工业产值44.39亿元，增长20.6%）；第三产业增加值120.05亿元，增长8.8%。三次产业对经济增长的贡献率分别为1%、2.8%和4.3%。全年接待游客492万人，实现旅游收入22.6亿元，较2022年同比增长115%。

公路通车里程2487.997千米（其中

乡村公路1635.709千米），密度142.9米/平方千米、68千米/万人。地方公共财政预算总收入完成24.97亿元，增长12.4%；公共财政预算总支出65.84亿元，增长6%，其中农业投入94430万元，占支出的14.34%。金融机构各项存款余额289.22亿元，比上年初增长9.66%；各项贷款余额165.88亿元，比年初增长16.1%、全年农业保费收入7971.91万元，增长13.2%；处理各项赔款和给付金额5036.61万元，增长25.7%。完成农业产业化项目4个，完成投资3000万元。农业产业化龙头企业国家级、省级、市级、县级分别为1家、4家、44家、23家。

有各类学校83所，在校学生37657人，教职工3564人，其中普通中学16所，在校学生16789人；小学41所，在校学生15578人；学龄儿童入学率90.26%，提高1.16个百分点。完成省级以上科技成果3项。有文化馆1个（乡/镇分馆35个），公共图书馆1个，博物馆1个。有卫生机构532个，病床位2898张，卫生技术人员2053人。城乡居民基本医疗保险参保人数37.8万人，参保率97.12%；新型农村社会养老保险参保人数246674人。

【年度农业和农村经济运行】 2023年，全县实现农业总产值90.5513亿元，增长3.7%；全县全年农业增加值达47.25亿元，增长3.9%。农民年人均可支配收入达20402元，增长7.4%。全县农产品质量抽检合格率比年初提高0.1个百分点；建成17个基层农业综合服务站。全县主要农产品产量见表1，全县省级农业产业化重点龙头企业名单见表2，全县省级（及以上）示范农民专业合作经济组织名单见表3。

表1 2023年盐亭县主要农产品产量

主要农产品	单位	产量	同比增减(%)
粮食	万吨	30.01	2.10
水稻	万吨	7.60	-3.30
小麦	万吨	6.99	4.20
玉米	万吨	13.39	3.30
马铃薯	万吨	0.83	-9.10
油菜籽	万吨	4.45	-11.43
蔬菜	万吨	17.36	5.60
水果	万吨	5.73	9.03
猪肉	万吨	4.26	1.50
牛肉	万吨	0.31	1.10
羊肉	万吨	0.41	-2.20
禽肉	万吨	1.39	-4.70
禽蛋	万吨	2.65	3.80

【农产品品牌战略实施】 全县已培育“三品一标”农产品品牌73个，其中地理标志产品2个、有机农产品7个、绿色食品28个。组建“嫘之味”营运企业，成立发展协会，举办“嫘之味·福州行”活动，9次参加绵品出川系列活动，入选“天府粮仓第九届四川农博会最受欢迎农产品品牌”，已兑付认证“三品一标”奖补资金90.3万元，参加农业展会奖补资金49.5万元。

【现代农业园区建设】 全县共有现代农业园区13个，其中省星级现代农业园区1个（省四星级：盐亭县水产现代农业园区），市星级现代农业园区5个（市五星级1个：盐亭县生猪+粮油现代农业园区，市四星级2个：盐亭县柑橘现代农业园区和盐亭县蛋鸡种业现代农业园区，市三星级2个：盐亭县嫘祖镇粮油现代农业园区和盐亭县球宿根花卉现代农业园区），县级现代农业园区7个（新认定县级园区3个：盐亭县梓江河谷粮油现代农业园区、盐亭县富驿粮油现代农业园区和盐亭县黄甸粮油现代农业园区）。

【种植业】 全县农作物总播种面积130.66万亩，同比增长0.2万亩，其中粮食作物播种面积80.25万亩，同比减少0.25万亩；粮食产量30.01万吨，同比增长0.61万吨。

【畜牧业】 全县生猪生产指标稳定增长。全年生猪存栏37.8万头，生猪出栏58.1万头，同比增长2%；能繁母猪保有量达3.38万头，同比增长0.8%。全县有国家级生猪产能调控基地28个（年出栏育肥猪1万头及以上）、省级生猪产能调控基地89个（年出栏育肥猪3000～9999头）、市级生猪产能调控基地20个（年出栏育肥猪1000～2999头）。全县实现牛存栏4.88万头、羊存栏17.94万只；全年出栏肉牛2.4万头、肉羊27.9万只，肉牛出栏增长1.3%，肉羊出栏下降1.7%。小家禽存栏512.6万只、出栏902.8万只，实现禽肉产量1.39万吨、禽蛋产量2.65万吨，其中实现蛋鸡存栏327.9万只，同比增长13.3%。全县新建投产百万只蛋鸡场2个。凤集集团蛋鸡技术研究院已建设完成，成立了首个可生食鸡蛋研究中心；凤集集团蛋品加工厂建成投产。绵阳吉羊农牧有限公司在全县建成天府肉羊养殖基地4个，建筑面积2万余平方米，其中核心场（玉龙镇双兴羊场）共建有标准化圈舍14栋，圈舍总面积6000余平方米。公司饲养天府肉羊基础群5320只，其中核心种群2250只。

【水产业】 全县水产品总产量2.2269万吨，实现渔业总产值5.8亿元，其中渔业产值4.97亿元，同比增长3.4%；渔业流通和服务业产值0.87亿元，同比增长2.4%。

2023年盐亭县省级农业产业化重点龙头企业名单

企业名称	注册资金(万元)	法人代表	示范等级	年度产值(亿元)	主营产品
凤集食品集团有限公司	10088.4215	冯斌	省级	14.02	蛋品、青年鸡
四川建丰林业有限公司	18800.0000	刘鹤	省级	4.80	刨花板
四川天水缘生态农业开发有限公司	10000.0000	陈奉明	省级	0.67	水果
四川新科汇农业投资开发有限公司	2000.0000	何云	省级	0.49	休闲旅游

表3　2023年盐亭县省级(及以上)示范农民专业合作经济组织名单

合作组织名称	注册资金(万元)	法人代表	示范等级	年度产值(万元)	主营产品
盐亭县火星小麦种植专业合作社	1080.00	刘文强	省级	102.00	粮食
盐亭县佬百信农机专业合作社	1100.00	任小君	省级	121.00	农机服务
盐亭县众勤畜禽养殖专业合作社	360.00	姚帮俊	国家级	798.00	肉牛
盐亭县鹅溪农机专业合作社	268.00	欧秀坤	省级	256.00	农机服务
盐亭县众兴肉牛养殖专业合作社	1983.60	霍家飞	省级	201.00	肉牛
盐亭县良永生猪养殖专业合作社	5660.00	黄永淮	国家级	420.00	生猪
盐亭县恒兴渔业养殖专业合作社	331.10	范国齐	国家级	1300.00	渔业
盐亭县天府肉羊养殖专业合作社	354.16	赵文伯	省级	980.00	肉羊
盐亭金钟水产养殖专业合作社	219.40	金汉理	省级	305.00	水产
盐亭县鑫兴生猪养殖专业合作社	2326.20	余春	国家级	5232.00	生猪
盐亭县嫘祖蛋鸡养殖专业合作社	350.00	谭君	省级	345.00	鸡蛋
盐亭县安家镇琼兴生猪养殖专业合作社	858.00	李奉琼	省级	100.62	生猪
盐亭县奇骏果树种植专业合作社	2100.00	何奇骏	国家级	130.00	桃子
盐亭县佳贝特蛋鸡养殖专业合作社	1276.00	冯国伦	省级	269.00	鸡蛋
盐亭县林峰蜜柚种植专业合作社	759.00	何林	省级	335.62	柚子
盐亭县浩森渔业养殖专业合作社	840.40	汤春秀	省级	224.00	渔业
绵阳嫘祖蚕业养殖专业合作社	413.10	王成伟	省级	158.00	蚕
盐亭县琪霞土鸡养殖专业合作社	310.00	潘小军	省级	156.32	肉鸡

淡水养殖产量2.2269万吨，鳜鱼产量1460吨，鲈鱼产量1020吨，“四大家鱼”产量14598吨，虾类产量260吨。淡水养殖产值4.8亿，水产苗种0.165亿元，同比增长3.47%和3.77%。水产流通产值0.199亿元，水产(仓储)流通产值0.095亿元，休闲渔业流通产值0.576亿元，同比分别增长0.66%、0.21%和3.43%。

【乡村振兴】 盐亭县创建为市级乡村振兴优秀县，建成市级乡村振兴先进乡镇1个、示范村7个，省级乡村振兴先进示范村3个。加强防止返贫监测和帮扶，设立县、乡、村三级网格力量2105人，对各级网格力量定岗定责，持续开展监测帮扶，坚持常态化走访、防返贫动态监测帮扶集中排查相结合，共排查农户16.85万户，集中排查新增109户254人，全县监测对象总数达到1422户3000人。

【农村水利】 投入省级财政提灌建设资金160万元，撬动各类资金66.4万元，新建提灌站1座，改造提灌站26座，装机1038千瓦，灌溉面积16890亩；通过实施高标准农田建设项目，投入资金927万元新建提灌站23座。全县共有农村机电提灌站710座、714台(套),装机2.37万千瓦,常年提水1600万立方米,有效灌溉面积16万亩。

【农业机械化】 全县有农机总动力47.05万千瓦,其中拖拉机1909台6.46万千瓦、耕地机械31573台(套)17.16万千瓦、种植施肥机械556台(套)、植保机械3167台(套)0.6万千瓦、排灌机械3455台(套)3.61万千瓦、收获机械1305台(套)3.11万千瓦、收获后处理机械23857台(套)4.07万千瓦、农产品加工机械29758台(套)5.88万千瓦、渔业机械1245台(套)0.13万千瓦、畜牧养殖机械6662台套2.37万千瓦。全县建成省级"全程机械化+综合农事"服务中心1个、农机化作业服务组织843个、农机专业合作社28个、农机维修点80个。

【农村科技】 全县合作建设4个试验示范基地开展新品种、新技术、新模式示范推广应用。全县180名基层农技人员参加绵阳市基层农技人员知识更新培训,培训5天、共60学时,培训内容涵盖粮食安全现状及对策、高水平建设现代农业园区、四川蔬菜产业现状及高产高效技术、绵阳种业现状及油菜发展、畜禽规模化养殖及疾病防治等农业新品种新技术推广应用,持续督促指导全县基层农技人员全员用好"中国农技推广App",全县共有347名基层农技人员上线使用,基层农技人员的专业水平和业务能力不断提升。推进高素质农民培育,实现围绕粮油稳产保供任务开设的班次和培育人数不低于80%、普通农民参训率不低于40%的目标任务,全县共培训高素质农民242人。制定《盐亭县2023—2024年度农业主推技术技术规范》,推介发布农业主推技术22项,农业主推技术到位率超过95%,包括大小春农作物种植和农机化应用、柑橘品种改良和病虫害防控、肉羊养殖、水产综合标准化养殖等。

【主要领导人】 县委书记:何长鹰;县人大常委会主任:蒲浪涛;县长:卢昊;县政协主席:衡洪志;分管农业副县长:吴鸿飞。

盐亭县编写组

广 元 市

【基本情况】 2023年,全市辖142个乡(镇、街道),辖区面积16319平方千米,其中耕地面积412.55万亩。年末全市户籍人口291.25万人,其中城镇人口71.32万人、乡村人口219.92万人,分别占总人口的24.5%和75.5%。年末全市常住人口224.9万人,其中城镇人口111.48万人、乡村人口113.42万人。常住人口城镇化率49.57%,比上年提高1.02个百分点;人口出生率5.3‰,人口死亡率8.84‰,人口自然增长率-3.54‰。

2023年,全市实现地区生产总值1179.82亿元,增长6.2%,其中第一产业增加值215.13亿元,增长3.8%;第二产业增加值437.46亿元,增长7.2%;第三产业增加值527.23亿元,增长6.4%。全年人均地区生产总值52204元,比上年增长7%。三次产业结构比由上年的19.2∶37.1∶43.7调整为18.2∶37.1∶44.7。第一产业增加值占地区生产总值的比重比上年降低1个百分点,第二产业增加值比重与上年持平,第三产业增加值比重比上年提高1个百分点。

全年居民消费价格比上年下降0.1%,其中教育文化和娱乐类上涨3.2%、医疗保健类上涨1.5%、其他用品和服务类上涨1.1%、食品烟酒类上涨0.2%、居住类上涨0.1%、生活用品及服务类上涨0.1%、衣着类减少5%、交通和通信类减少2.1%。

全年城镇新增就业38428人,比上年减少102人。失业人员就业11702人,比上年减少1680人;就业困难人员就业2718人,比上年减少408人。城镇登记失业率3.1%,比上年末降低0.25个百分点。

年末全市"四上"企业1785家,比上年增加116家,其中规模以上工业企业584家,减少7家;资质建筑企业389家,增加26家;房地产开发经营企业124家,减少5家;限额以上批发零售和住宿餐饮业企业456家,增加73家;规模以上服务业企业232家,增加29家。全年新登记各类市场主体2.39万户,年末市场主体总数达20.44万户。

全市居民人均可支配收入按照可比口径计算,比上年增长5.9%,其中城镇居民人均可支配收入增长4.3%、农村居民人均可支配收入增长7.2%。城乡居民人均收入比值缩小为2.33。

【年度农业和农村经济运行】 2023年,全市完成营造林1.73万公顷,其中造林面积0.39万公顷。年末森林覆盖率57.85%,比上年提高0.09个百分点。全年新增农田有效灌溉面积2.67千公顷,改善灌溉面积0.83千公顷,综合治理水土流失面积25.88千公顷。年末农机总动力311.65万千瓦,比上年增长1.4%。化肥施用量(折纯)8.66万吨,减少1%。

【新型农业经营主体培育】 推进新型农业经营主体做大做强,发展农业生产托管服务,建立健全利益联结机制,助农增收,累计培育新型农业经营主体1.66万家,其中家庭农场10681家、合作社4435家。

家庭农场。发展家庭农场，把长期稳定务农的小农户培育成家庭农场，加快“一组一场”“一村一示范”向空白村（组）覆盖。加强家庭农场名录系统管理，及时把符合条件的家庭农场纳入名录系统，实现随时填报、动态更新和精准服务。2023年，入库家庭农场名录库10681家，创建省级示范场18家，评定市级示范场107家，县级以上示范场总数达2578家。75%的市级示范场使用“随手记”开展记账，81%的示范场完成“一码通”赋码。广元凤头嘴蔬菜种植家庭农场等4个家庭农场入选四川省第一批“10+1”典型案例。

农民合作社。规范提升农民合作社，开展“百员带千社”行动，组建市、县、乡三级辅导员队伍230余人，建立市、县级辅导员名录库，为3700余家合作社、家庭农场提供政策咨询、规范建设、财务代理、供需对接等公共服务。创建第十四批省级示范社19家，评定第十三批市级示范社164家（监测合格129家、新增35家）。苍溪县益康粮油专业合作社“科技提升效益精心耕种希望”入选“四川省农民合作社第一批典型案例”，剑阁县“‘四大行动’推动农民合作社高质量发展”入选全省农民合作社质量提升整县推进试点典型案例。

农业产业化龙头企业。推荐全市茶叶、生猪等5个产业和广茶集团、剑阁巨星等5家“链主”企业申报全省农业全产业链重点链和“链主”企业。全年新培育农业产业化市级龙头企业21家，累计培育国家级、省级龙头企业47家、市级龙头企业63家。推送农业产业化银行贷款贴息、企业上市等惠企政策，14家龙头企业共获得2023年农业产业化银行贷款贴息资金369.37万元。

农业社会化服务组织。推进农业社会化服务，全覆盖建立县、乡、村三级的农业社会化服务体系并启动运行，建成7个县（区）服务中心、112个乡（镇）站点，遴选确定村协办员1890名。建立健全社会化服务组织名录库，新培育农业社会化服务组织306个，累计培育农业社会化服务组织1500个，全年服务主体服务面积达411万亩次。在100个村全面开展“耕种防收销”生产大托管试点，试点村服务面积12.34万亩，服务农户2.79万户。创建四川省首批农业生产社会化服务省级重点服务组织6个，利州区被评定为全省农业社会化服务典型县。

联农带农机制。引导新型农业经营主体通过组建产业化联合体、新型农业经营主体联盟（联合会）等方式促进主体之间和主体与农户紧密抱团、融合发展，建立健全以“订单生产”“保底+分红”模式为主的利益联结机制。培育新型经营主体联盟（家庭农场联合会）4个、农民合作社联合社24个，组建农业产业化联合体31个，全市新型经营主体带动农户数占农业经营户总数的59%。

【种植业】 全年粮食作物播种面积479.84万亩，比上年减少0.9%，增速均居川东北地区第一位。其中，夏粮151.63万亩，与上年基本持平；秋粮328.21万亩，减少1.3%。经济作物播种面积336.86万亩，增长5.3%，其中油料作物178.52万亩，增长6.9%。全年粮食总产量161.82万吨，比上年增长2.3%，其中夏粮产量42.13万吨，增长4.1%；秋粮产量119.7万吨，增长1.7%；粮食单产较上年提高10.5千克/亩，同比增长3.2%，粮食总产量、单产创历史新高。油料作物产量30.8万吨，增长6.7%。撂荒地整治经验入选全省典型案例。示范推广大豆玉米带状复合种植45.8万亩，居全省第二位。粮经套种模式获得省长黄强的调研肯定，工作经验被农业农村部在全国推广。建立“三管控四利用两逗硬”撂荒地整治长效措施，实现撂荒地动态清零，全年开展粮经复合种植59.7万亩、粮油绿色高质高效生产示范34.6万亩，破解了粮经争地困局。推广有机肥替代化肥、加厚地膜生物降解膜等绿色生产模式，建立绿色种养循环示范基地20.4万亩，持续保持化肥农药使用量零增长，废弃农膜回收利用率达90%以上。撂荒地整治经验入选全省典型案例，粮经复合种植经验被部省推广。地膜科学使用回收经验被《人民日报》报道。

茶叶生产。全市茶园种植面积50万亩，产量1.88万吨。改造提升旺苍、青川低效茶叶基地6个。举办首届广元好茶评选活动、“游大美蜀道·品广元好茶”广元市文化旅游和茶产业推介活动、广元黄茶推介官选拔推广活动、广元好茶走进智利等系列茶叶推介活动，市委书记、市长等10位市领导亲自推介广元茶。参加首届四川国际茶业博览会（川渝）“金奖茶叶”活动、“天府名茶”评选活动，广元黄茶等21个产品获得金奖。旺苍县特色黄茶茶乡获评“四川十大最美茶乡”，广元黄茶获评四川最具影响力茶叶单品并入选“天府粮仓”精品培育品牌和全国土特产推介名单。编制实施中华全国供销合作总社行业标准《广元黄叶茶》和中国茶叶流通协会团体标准《广元黄叶茶冲泡与品饮指南》。

水果生产。全市水果种植面积89万亩，产量511万吨，其中猕猴桃种植面积50万亩，产量18万吨。优化改造苍溪、昭化、剑阁6个猕猴桃园区，改造提升猕猴桃基地3.2万亩。启动红心猕猴桃新品种“红源”植物新品种保护，举办首届中国红心猕猴桃高质量发展大会，发布《苍溪县红心猕猴桃产业高质量发展白皮书》。苍溪红心猕猴桃注册广元市第一件马德里国际商标，入选国家第二批地理标志运用促进重点联系指导名录，被农业农村部列入2023年全国“土特产”推介名单，被纳入2023年全国土特产高质量发展精选案例，获得“2023年度最受消费者喜爱的中国猕猴桃十大区域品牌”称号、2023年中华品牌商标博览会金奖及2023年全国猕猴桃品鉴会3个金奖和3个银奖。

蔬菜生产。全市蔬菜（食用菌）种植面积123万亩，产量320.6万吨。坚持

“三园联动”，巩固提升蔬菜基地基础设施，促进基地规模化、标准化发展，基本形成北部山区食用菌产业带和朝天区曾家山高山露地蔬菜基地、昭化区和利州区沿河谷走廊地带城市调节蔬菜基地、剑阁县和苍溪县加工原料蔬菜基地的“一带三基地”产业布局。利州区、昭化区、朝天区、青川县争取到全省川东北名特优食用菌产业集群项目，建设期限为2023—2025年，共争取省级项目资金0.88亿元。青川县木鱼镇（食用菌）争取到全省优势特色产业乡（镇）项目，争取省级项目资金0.1亿元。

特色品牌。新认证和续展绿色食品35个，绿色食品证书达132张；完成有机证书新申报和年度换证，有机证书达320张，数量稳居全省第一位，有机认证面积达49.6万亩。完成12个全国绿色食品原料标准化生产基地的年度检查和1个基地的复查换证。组织品牌主体参加“天府粮仓”全国推介活动、国家农安县产销对接活动等品牌推介和展示展销活动，唐家河蜂蜜、剑阁菜籽油、利州红梨入选全国名特优新农产品，苍溪红心猕猴桃、广元黄茶入选2023全国土特产推介名单，“赵丕洪”朝天核桃入选2022中国农业品牌目录品牌，“苍溪红心猕猴桃”“王家贡米”2个区域公用品牌和“山客”“严大姐”“剑粮”“一品剑门”4个企业品牌入选四川省农业品牌目录。第九届四川农业博览会上，王家贡米被评选为最受欢迎农产品，剑门关土鸡被评选为“最受欢迎农产品品牌”。

中药材。全市草本与灌木中药材种植总面积39.6万亩，产量6.8万吨。全市基本建成苍溪环嘉陵江产业带、苍巴线、212线3个万亩中药材种植示范片，利州宝轮栀子、三堆茯苓、金洞天麻3个中药材产业示范带，旺苍英萃芍药、国华淫羊藿、嘉川天麻3个中药材园区，突破性发展淫羊藿种植1.7万亩。发布《地理标志保护产品　苍溪川明参生产技术规程》《地理标志产品　青川天麻种植技术规范》2项地方标准。承办四川省生态产品价值实现机制试点现场会，向国家发展改革委及全省各市（州）全面展示全市在道地药材生态产品价值转化方面的经验。举办苍溪中医药产业高质量发展推介会。

【畜牧业】 全年牛出栏10.88万头，增长2.1%；羊出栏72.6万只，增长0.1%；家禽出栏3756万只，下降1.1%。全面落实生猪产能调控措施，新建国家级标准化示范场1个、非洲猪瘟无疫小区1个、标准化示范屠宰企业1家。全年生猪出栏量再创历史新高，达到390.7万头，生猪产业发展经验在全省生猪产业高质量发展现场推进会上作现场汇报。

生猪生产。全市出栏生猪390.7万头，排全省第七位，同比增长1.76%，高于全省平均增速0.06个百分点。年末能繁母猪存栏22.8万头，排全省第八位。新颁证种猪场2家，共计18家，种猪主要品种有长白、杜洛克、大白，商品猪主要为外三元。有年出栏500头以上生猪规模养殖场户1131户。轮换挂牌管理生猪产能调控基地400个，同比增长66.67%，其中国家级32个、省级167个、市级201个，同比分别增长28%、41.5%、107.2%。各县（区）发放能繁母猪一次性救助补贴、生猪产能调控基地动物疫病防疫补助、养殖标准化创建奖补等3680.79万元，均开展育肥猪价格指数保险。在苍溪县、剑阁县实施的国家川猪产业集群项目（2020—2022年）中规划建设的169个生猪养殖子项目全部建成投产，出栏生猪均超过100万头。全市4个国家生猪调出大县共获得中央财政奖励资金2752万元，其中苍溪县894万元、剑阁县844万元、昭化区558万元、旺苍县456万元。获得超额完成2022年生猪出栏省级激励奖补发展项目资金639万元。苍溪温氏畜牧有限公司歧坪种猪场创建为农业农村部畜禽养殖标准化示范场，广元华鑫农养殖有限公司（岚黎生猪养殖场）、剑阁县坤红畜禽养殖有限公司（开封生猪养殖场）等6家猪场创建为四川省畜禽标准化养殖场。在全省生猪产业高质量发展现场推进会上作交流发言。全市生猪生产工作获评农业农村厅2023年全省优秀市（州），排名第五位。

肉牛（羊）生产。全市出栏肉牛10.88万头、肉羊72.6万只，分别排名全省第九位、第八位，同比分别增长2.09%、0.12%，增速均居全省第三位。年末存栏肉牛26.7万头、肉羊50.5万只，分别排名全省第四位、第三位。主要品种有西门塔尔牛、安格斯牛、海福特牛、夏洛莱牛和川中黑山羊、南江黄羊、湖羊、简州大耳羊等引进品种。新建成种牛场2个、种羊场2个、肉牛（羊）交易市场1个，分别增长40%、13.3%、50%，累计分别达7个、17个、2个。新建成肉牛规模养殖场65个、肉羊规模养殖场23个，同比分别增长21.7%、15.3%，累计分别达363个、173个。青川县竹园镇肉牛现代农业产业园区创建为省三星级园区，实现省级畜牧园区零的突破。四川那坐山生态农业有限公司（朝天区羊木镇银岭村肉牛养殖场）、广元市农发种业（集团）有限公司（昭化区磨滩种羊场）等12家牛（羊）养殖场创建为四川省畜禽养殖标准化示范场，占全省63个的33.3%，排名全省第一位。苍溪县获批实施2023年中央财政肉牛增量提质行动项目，获得中央财政补助资金927万元。会同人行广元支行、市金融工作局等市级有关部门和单位出台《广元市肉牛（羊）产业链“金融链长制”试点方案》，推动建立肉牛（羊）产业链“金融链长”制，加强金融服务支持；制定《关于保险助力全市肉牛（羊）产业突破性发展的指导意见》，增强肉牛（羊）养殖政策性保险的针对性、适用性，提升肉牛（羊）养殖风险防范保障能力。

土鸡产业。土鸡产业是广元市重点打造的五大百亿产业集群和山区群众增收致富的支柱产业之一，是四川省特色农产品优势区。2023年，全市共出栏土鸡3756万只，建成省级原种场2个、省级核心育种场2个、市级现代农业产业园1个（剑阁县关刀河剑门关土鸡产业园区）、土鸡规模养殖场124家（部级标准化示范场1个、省级5个）；建成家禽集中屠宰场9个，设计年屠宰能力1300万只左右。培育省级农业产业化重点龙头企业2家、市级4家。广元有悠久的剑门关土鸡养殖历史，据《齐民要术》引汉《广志》记载："鸡有胡髯，五指，金鮫，反翅之种，大者蜀，小者荆，白鸡金骹者鸣长，倍于常鸡。"剑门关土鸡体型中等大小，结构均匀紧凑，头中等大小，啄短粗且微弯曲，眼大圆，虹彩栗色，成年公鸡姿态雄伟，颈羽、鞍羽、背羽表层覆盖有灰色、红色或金黄色羽毛，尾羽、主翼羽为深灰色；成年母鸡面目清秀，颈羽、尾羽、主翼羽为深灰色，背羽、鞍羽为灰色，腹羽为浅灰色。剑门关土鸡是在广元独特的地理位置及自然环境下通过林下放养、人工补饲稻谷、玉米等原粮的方式养成，养殖期超过180天，具有肉质细嫩、味道鲜美、营养丰富、口感细腻等鲜明特点。据检测，剑门关土鸡肉氨基酸含量8.94克/100克，高于同类24.69%；鲜味氨基酸含量5.9克/100克，高于同类19.68%；蛋白质含量22.9克/100克，高于同类17.73%；不饱和脂肪酸占总脂肪酸百分比70.3%，高于同类6.19%。"剑门关土鸡"品牌是土鸡产业统一打造的区域性公用品牌，先后获得农业农村部颁发的农产品地理标志登记证书、国家工商行政管理总局颁发的地理标志证明商标以及国家知识产权局颁发的地理标志证明商标，入选2020年中国品牌价值评价区域品牌榜和2022年四川省农业品牌目录、"天府粮仓"精品（培育）品牌。全市"剑门关土鸡"品牌授权使用主体已达63家。

重大动植物疫病防控。全市口蹄疫等重大动物疫病畜禽群体免疫密度常年保持在90%以上，应免畜禽免疫密度达100%，免疫抗体平均合格率达85%以上。落实非洲猪瘟常态化防控措施，加强兽医实验室建设与管理。建成并运行广元市病死畜禽集中无害化处理中心，全年养殖环节病死猪专业集中无害化处理率达66.38%。加强植保防灾减灾体系建设，乡（镇）植保技术人员覆盖率达94.37%。提高主要粮食作物病虫害防控能力，主要农作物绿色防控和统防统治覆盖率分别为55.78%和55.69%，病虫危害损失率为1.3%，农业防控处置率达100%。

【水产业】 发展生态健康养殖，持续推进长江"十年禁渔"，全面履行渔政行业监管职责，完成省、市下达的各项目标任务。全市水产品总产量6.27万吨，实现渔业经济总产值16.5亿元，同比分别增长4.05%、9%。水产养殖面积达26.2万亩，水产品抽检合格率100%，全年无水产疫情、无渔业安全生产事故。全市渔业水域环境持续改善，水生生物种群数量和多样性得到明显恢复。

全域健康养殖。持续推进"两湖"生态渔业建设，建成库湾围网养殖基地7个，投放鱼苗200万尾，捕捞有机鲢鳙鱼40万千克。发展稻渔综合种养，新增稻渔综合种养基地5000亩，面积累计达9.7万亩，建成剑阁、昭化"鱼米之乡"，《山区稻渔综合种养技术集成与应用》获得2023年四川省科技进步奖三等奖。稳步发展冷水鱼流水养殖，利用青川、旺苍、朝天北部山区丰富的冷水资源发展冷水鱼流水养殖，年产量2000余吨。实施健康养殖"五大行动"，实施渔业绿色发展试点和池塘标准化改造面积3684亩，新建循环水养殖基地3个，累计创建国家级水产健康养殖示范场43家、省级水产健康养殖示范场29家、国家级水产健康养殖和生态养殖示范区1个、健康养殖"五大行动"骨干基地6个。加快推进渔业项目建设，申报中央、省财政资金项目15个，已落地项目5类11个，到位资金2659万元，并加速推进在建项目建设，按进度要求完成建设任务。全面开展技术服务，现场指导3000次以上；集中技术培训50场次以上，培训人员3000人次；推广新技术3项、新品种3个、新模式2个，推广面积2万亩以上。

现代水产种业。编制并发布《广元市水产种业振兴工作推进方案》，持续推进苗种基地建设，新建水产苗种繁育基地1个，巩固提升省级水产原种场1家、省级水产良种场7家、市（县）级水产良种场6家，初步建成500亩一级繁育核心区、6000亩二级培育骨干区、10000亩三级培育补充区，形成较为完善的水产苗种供应体系，水产良种覆盖率达90%以上。全年水产苗种产量达1.8亿尾以上。

水产品牌建设。加大"三品一标"创建，累计认证有机水产品9个、有机水产品生产基地3个、地理标志产品3个。打造"白龙湖亭子湖生态有机鱼""苍溪鳖"区域公用品牌，建成"白龙湖亭子湖生态有机鱼"品牌专营店（经销商）30家、品牌餐饮店70家（其中品牌餐饮体验店4家），"苍溪鳖"在重庆、浙江、上海、北京等地对接直供酒店20家。"白龙湖亭子湖生态有机鱼"入选"中国水产行业百强品牌"，"苍溪鳖"获得国家农产品地理标志、国家地理证明商标、中国有机产品认证，承办首届"川渝"水产品质量安全监管和品牌培育交流研讨会并作交流发言。

水产业融合发展。发展水产品初、精加工，加快发展水产品流通服务业，发展集养鱼、钓鱼、品鱼、赏鱼、民宿、乡村游于一体的休闲观光渔业，配套发展观赏鱼、钓具、钓材等相关产业，打造"两湖"休闲渔业特色小镇，形成白龙湖博鱼大赛、巨网捕捞等赛事和节庆品牌，累计发展渔家乐、涉渔农家乐累计达到380家以上。全年水产品加工产值达1000万元以上，水产品、水产批发流通服务业收入3亿元以上，休闲渔业实现营业收入2.45亿元。

长江禁捕退捕。全面完成长江禁渔省下达任务，2022年度全省考核等级为"优秀"等级，并获得省级奖补资金50万元。加强执法能力建设，按照"六有"标准，配齐执法装备，配足人员力量，推进渔政执法智能监控系统项目建设。全市有重点水域视频监控点位250个、无人机16个，全面落实24小时值班值守制度。完善网格化管理，将禁捕工作纳入河（湖）长制工作内容，优化设立市、县、乡、村四级河长（网格员）4395名，河道警长298名，吸收退捕渔民、志愿者等就近"分段包片"开展巡河护渔，发挥"护渔员""网格员"作用，织密织牢日常巡护网格，旺苍县长江禁捕渔政协助巡护队获得全国2022年度长江流域渔政协助巡护优秀队伍评选二等奖。打击涉渔违法犯罪，开展"渔政亮剑""护渔百日"等系列专项执法行动，全市出动渔政执法人员13235人次、执法车辆4689辆次、执法船艇254艘次，水上巡查9542千米、岸线巡查18余万千米，检查渔船259艘次、涉渔市场353个次、水产品销售经营点408个次、渔具生产经营点376个次，清理取缔涉渔"三无"船舶11艘、违规网具70张（顶）、非法钓具156个，收缴行政罚款9.1万元，查处渔政行政案件70起75人，破获非法捕捞刑事案件32件，抓获犯罪嫌疑人93人，立案查办市场涉渔违法案件26件，形成了"水上不捕、市场不卖、餐馆不做、群众不吃"的社会共识。

【农村生态建设及环境保护】 实施人居环境整治行动，新（改）建无害化卫生厕所16.42万户，农村卫生厕所普及率达96%以上，行政村农村生活污水有效治理率达71%，生活垃圾收转运处置体系实现全覆盖，村镇生活垃圾无害化处理率达78%以上。持续巩固农业产地环境，畜禽粪污综合利用率、秸秆综合利用率、废旧农膜回收率分别达91%、93.34%、90.28%。剑阁县被评为"全国兽用抗菌药使用减量化行动效果突出县"。

【农业农村改革创新】 在24个村开展承包地村集体经济组织或新型经营主体托管试点。制定农村住房建设管理15条措施，累计审批农村宅基地7397宗、面积1140.6亩。朝天区被评为"全省农村改革工作先进县"。健全农业社会化服务体系，创建全省首批农业生产社会化服务省级重点服务组织6个、省级"五有五好"植保社会化服务组织3个，昭化区"1+5+N"现代农业社会化服务体系建设获得省委书记王晓晖调研肯定。启动100个村"耕种防收销"大托管服务试点。

【农村基础设施建设】 开展村道提升、入户路建设、天然气普及、乡村水务提质、电网改造、快递进村等基础设施和公共服务配套设施建设，持续改善农村生产生活条件。创新推进中心镇（村）党建联合体建设，持续完善基层党组织领导的乡村治理体系。全市乡村治理工作经验在省委农村工作会上作交流发言，利州区月坝村在全省学习浙江"千万工程"建设宜居宜业和美乡村现场会上作经验交流发言。

【农业集群成链发展】 率先在全国启动整市建设脱贫地区特色产业高质量发展引领区，工作经验被农业农村部简报宣传，并在《农民日报》头版头条刊发。新创建省五星级现代农业园区1个、三星级现代农业园区3个。建成国家首批农业产业强镇4个。新建省级农业国际贸易高质量发展基地1个。建成农产品产地初加工设施3.6万台（套），农产品初加工率达73%。创建国家级、省级的休闲农业重点县各1个、中国美丽休闲乡村1个，全省第三届"和美乡村健康跑"示范活动在广元市举办。市政府与农业农村部信息中心签订共同推进农业品牌和智慧农业发展战略合作协议。

【农业生产"三品一标"提升行动】 新建国家级生态农场3个。全国绿色食品原料标准化基地面积保持全省第二位，有机农产品证书数量稳居全省第一位。农产品质量安全例行监测合格率达100%，广元市农产品质检体系建设经验被农业农村部在全国推广。唐家河蜂蜜、剑阁菜籽油、利州红梨入选全国名特优新农产品，苍溪红心猕猴桃、广元黄茶入选2023全国土特产推介名单。首届川渝水产品质量安全监管和品牌培育交流研讨会在广元市举办。

【农业科技服务】 全年培育高素质农民2684人。"广元青川县'白叶一号'5G示范基地"入选2023年全国乡村振兴优秀案例。"山区稻渔综合种养技术集成与应用"获得省科技进步奖三等奖。建成国家级猕猴桃区域性良种繁育基地、省级茶种业现代农业园区。建成市农科院南繁育种科研基地、苍溪红心猕猴桃科创中心、旺苍茶叶种业科技创新联盟等育种科技创新平台，分类组建育种创新团队9个。

【农业机械化】 新建省级"全程机械化+综合农事"服务中心2个，主要农作物耕种收综合机械化率达69.6%。围绕"强弱项、补短板、抓关键、提水平"的工作目标，以"五良"融合为引领，以主要农作物全程机械化先行县、先导区创建等工作为抓手，在农机装备拥有量、农机装备产业升级、农机作业水平提升、农机社会化服务组织培育等方面均有新发展、新突破，为全市粮食稳产保供、脱贫攻坚成果同乡村振兴有效衔接、助力"天府粮仓"建设提供了农机装备支撑。承办全省"五良"融合产业宜机化改造项目现场培训会。

农机装备及购置补贴。全市有各类农业机械36.6万台（套），农机装备总动力达307.46万千瓦，农作物和经济作物精量播种机、收获机、修剪机等农机装备均实现了从无到有，改善和优化了农机装备结构。争取中央农机购置补贴资金3101万元、省财政农机购置补贴资金527万元，实施农机购机补贴资金1304万元，补贴农机具7819台，补贴用户5844户；结算资金1287.3937万元，结算率98.6%。全市已有5个县（区）开展报废机具补贴工作，实施报废更新补贴资金15.53万元，补贴农机具40台，补贴用户40户。

农机作业及抗旱工作。组织市、县、乡（镇）农机技术人员到基层开展机具检修和机手培训，抓点示范，提高农机作业质量，在“春耕”“三夏”“三秋”等关键农时生产中，累计投入拖拉机14112台次、各型播栽机具5604台次、各类收获机械17211台次，播栽农作物838.26万亩，机耕787.51万亩、机播260.24万亩、机收375.83万亩，农作物耕种收综合机械化率达60.34%，主要农作物耕种收综合机械化率达69.6%，畜禽养殖机械化率达56.79%，水产养殖机械化率达34.31%，水果生产机械化率达23.04%，茶叶生产机械化率达33.91%，农产品初加工机械化率达36.81%。争取提灌站建设省级财政资金1100万元，新建和技改提灌站230座。投入各类抗旱排灌机械4725台次。

全程机械化试点示范。在剑阁县、苍溪县率先创建全程机械化先导区，探索建立以水稻、小麦、油菜、玉米、大豆、马铃薯等为主要农作物的全程机械化生产模式。提升关键环节和薄弱地区在新机具、新技术、新模式方面的示范推广能力，全年累计开展“田间日”现场技术培训会49场，培训人员2100人次，发放宣传资料3600余份。在昭化区和朝天区分别组织开展主要粮油作物机收减损“大宣传　大培训　大比武”现场会，引导农机手和农户树立“减损就是增产”意识，提升全市主要粮油作物收获机械化作业质量，全年开展机收减损宣传座谈会26场、1580人次，发放资料1660份，通过微信、短信发送信息500余条；召开现场培训会7场，参赛培训机手59人次。全市共完成49个采样点的监测，全市玉米机收平均损失率为2.64%，最高损失率为3.72%，最低损失率为1.2%；水稻机收平均损失率为2.34%，最高损失率为3.5%，最低损失率为0.9%；小麦机收平均损失率为1.5675%，最高损失率为1.853%，最低损失率为1.285%，均符合国家玉米、水稻、小麦作业现行机收损失率控制标准。

农业专业合作社培育。以“补短板、强弱项”为抓手，创建“全程机械化+综合农事”服务中心5个。加大对农机专业合作社的培育指导力度，创建农机专业合作社7个，全市农机专业合作社总数达75个。苍溪县家海农机专业合作社被认定为2023年度省级农民示范合作社。苍溪县金永丰农机专业合作社理事长欧小荣被农业农村部评定为农机使用一线“土专家”。

【高标准农田建设】 完成2022年度高标准农田建设26.9万亩，全市已建成高标准农田200万亩，占耕地总面积（412.55万亩）的48.5%；永久基本农田（319.88万亩）中已建成高标准农田161.37万亩，占比50.4%。

建设规划。把高标准农田建设规划与农业重点发展区域相结合，与乡村振兴规划、国土空间、土地整治、水资源利用等综合规划和行业规划有机结合，确保高标准农田建设规划工作“一盘棋”。优先支持“两区”、粮油现代农业园区和脱贫地区特色产业高质量发展引领区等重点区域。实施方案经专家现场审查后，再征求项目区干部群众意见，确保既符合群众需求又符合项目管理要求。把专项投入与其他资金投入相结合，统筹整合各渠道农田建设资金，加强专项债资金投入力度，引导金融和社会资本投入高标准农田建设，提升资金使用效益，2023年项目投入达3000元/亩。印发《广元市高标准农田建设规划（2021—2030年）》，指导县（区）完成《2021—2030年高标准农田建设规划方案》编制，要求县（区）按照“集中连片、旱涝保收、宜机作业、节水高效、稳产高产、生态友好”目标，采取“先易后难、建管并举、整片推进”措施，优先把平坝河谷地区、有水源保证的地区建成高标准农田，打造广元市“天府良田”建设示范样板。

政策配套。为规范全市高标准农田建设项目工作，在部、省相关管理办法和政策规定范围内，结合全市实际，印发《广元市农业项目监督管理实施细则（试行）》《广元市农田建设项目管理办法〈实施细则〉》。

竣工验收。按照《高标准农田建设通则》《高标准农田建设技术规范》及农业农村厅相关要求开展验收，同时完善项目验收监督机制，确保项目验收人员遵纪守法、依法履职，坚决抵制验收走形式、审计走过场编报告等弄虚作假行为。对验收发现的问题，按质按量及时整改，确保高标准农田建设“实质名归”，建一块、成一块，让“望天田”变成“丰产田”。加强管护利用，提升项目建设效益，高标准农田原则上全部用于粮食生产，确保“良田粮用”，杜绝“非农化”，防止“非粮化”。

监管机制。落实工程招投标全程监督机制，依法依规确定工程招标代理，严格执行《招标投标法》规定，纪检部门参与监督，协调处理工程招投标相关投诉和质疑。落实每月督查、通报机制，专项检查组和“三农”重点工作督导组对各县（区）高标准农田建设项目每月开展一次督导，每个县（区）落实一名副县级领导包片联系。发挥监理监督、部门监督、群众监督、社会监督、媒体监督“五个监督”的作用，抓好原材料、中间材料和工程质量检测与评定，确保工程质量达标。

【乡村振兴】 在全省乡村振兴考核考评中，广元市被表彰为“2023年度四川省乡村振兴先进市”，利州区被命名为“2023年度四川省乡村振兴先进县”，剑阁县白龙镇、青川县木鱼镇被命名为“2023年度四川省乡村振兴先进乡镇”，苍溪县歧坪镇和平村等25个村被命名为“2023年度四川省乡村振兴示范村”，利州区金洞乡水磨村等11个村被命名为“2023年度四川省乡村振兴重点帮扶优秀村”。

组织领导。落实“五级书记抓乡村振兴”要求，市委、市政府主要负责人履行第一责任人职责，召开市委农村工作会议、市委工作会议、市委农村工作领导小组会议，研究制定《做好2023年乡村振兴重点工作加快推进脱贫地区特色产业高质量发展引领区建设的实施意见》等文件，谋划部署“三农”工作，建立市领导联系乡村振兴制度，带头到乡村走访调研，推动各项重点工作任务落到实处。市委农村工作领导小组制定《广元市“三农”领域拼经济比发展六条措施》，组建“三农”工作综合调研督导组，坚持重点任务“三比拼”、重点工作“月调度”、重点项目“季拉练”，激发各级各部门“不服输、敢争先”的精气神。制定《广元市落实2023年度四川省市（州）党政领导班子领导干部推进乡村振兴战略实绩考核目标责任清单》，明确年度任务目标，压紧压实工作责任。结合广元市实际，将脱贫地区特色产业高质量发展引领区建设、乡村振兴“四大行动”纳入乡村振兴实绩考核指标体系，制定《2023年度广元市县（区）党政和市级部门（单位）领导班子领导干部推进乡村振兴战略实绩考核实施方案》《广元市乡村振兴先进乡镇和示范村分类考评实施方案》，推动先进示范创建。

农业产业发展。聚焦重点任务创新突破，围绕全域规划统筹、适度规模经营、引导社会投入等11个方面，以县域为单位建设“四大协同服务平台”，创建6个省级社会化重点服务组织。昭化区“1+5+N”现代农业社会化服务体系建设工作获得省委书记王晓晖调研肯定。实施现代农（林）业园区建设行动，按照“两区百园八集群”建设方案，统筹规划、梯次布局市、县、乡三级现代农（林）业园区和“一村一品”示范园建设，新建现代农（林）业园区14个，巩固提升42个，广元市被评为全省现代农业园区建设工作推进典型市。推进特色产业集群发展，建成全国最大的红心猕猴桃、黄茶生产基地。举办中国红心猕猴桃高质量发展大会，5个农产品入选全国名特优新农产品目录，8个农产品品牌入选全省首批100个“天府粮仓”精品品牌。推进“广供成都”“广供杭州”行动，推动农产品实现优质优价。

脱贫成果巩固。制定《关于构建防止返贫常态化监测帮扶体系的实施意见》，健全监测对象快速发现和响应机制，落实1.34万名监测网格力量，新增监测对象1362户4254人，对未消除风险的2782户监测对象全部落实帮扶措施，对达到“四项条件”的216户605人按照程序标注退出，确保不出现规模性返贫。分别安排4.77亿元、1.67亿元的中央、省财政衔接资金用于产业发展，发挥国家产业顾问组专家作用，支持脱贫群众发展茶叶、猕猴桃等特色优势产业，新增脱贫人口小额信贷2.73亿元支持发展庭院经济；通过“832”和浙江“政采云”等平台销售农特产品价值6.62亿元，带动2.1万余户脱贫户增收，全年实现16.84万名脱贫劳动力就业，脱贫户家庭年人均纯收入增长16.3%，超过全市农村居民人均可支配收入增幅。加强扶贫资金后续管护，制定《扶贫项目资产后续管理办法》，联动开展有效衔接专项调研，清理各类扶贫（帮扶）资金347.97亿元、项目11.2万个、资产237亿元，管好用好扶贫项目、衔接资金项目等形成的资产。

项目规划建设。坚持工作围着项目转、落在产业链，全市农业农村系统项目储备数量达410个，争取国家级农业产业强镇项目1个、省级农业产业强镇项目4个、省级产业集群项目2个，集群项目实现县（区）全覆盖；争取到位资金18.74亿元，增加4个百分点；23个市级重点项目完成投资41.63亿元，增长23%。78个新签约规模以上农业项目到位资金62.7亿元，资金增长率、目标完成率均超过20%以上。争取到增发国债资金3.11亿元，用于建设高标准农田13万亩，面积居全省第四位。广元市50万头优质生猪种养循环基地项目作为全省唯一入选农业农村部现代设施农业投融资模式和案例。

协作帮扶。拓展杭广协作，召开杭广协作联席会议2次，推动杭州市临平区与利州区建立合作关系；争取资金2.56亿元，实施61个帮扶项目；培育全链式产业集群8个。新增引导落地投产企业49家，到位投资47亿元。杭州市干部职工（劳模）疗休养基地增加至6个。建设乡村振兴示范项目12个。全国东西部残疾人帮扶协作工作现场会在广元市召开。抓好省内结对帮扶，新增泸州市、绵阳市分别帮扶苍溪县、青川县，资阳市投入资金1830万元，实施项目15个；广安市投入资金2860万元，实施项目17个；绵阳市、泸州市分别投入帮扶资金1000万元。抓好中央、省定点帮扶，加强与定点帮扶的3个中央机关、24个省级部门对接联系，到位帮扶资金2.93亿元，实施项目291个。抓好市、县驻村帮扶，完成新一轮驻村帮扶轮换，向721个村选派“第一书记”721名、工作队员1404名；931个帮扶部门投入（引进）帮扶资金3.91亿元，实施项目1750个。

【农村集体经济发展】 持续深化农村集体产权制度改革，贯彻落实《四川省农村集体经济组织条例》，持续推进新型农村集体经济示范建设，按照“五个一”标准全面规范村级集体经济组织，联合市场工商资本，发展壮大村集体经济，全市村级集体经济实现年经营收入1.287亿元，同比增长84.9%，实现连年稳定增长。

新型农村集体经济示范建设。坚持“地域覆盖、类型全面、要素聚集、突破发展”的思路，开展县、乡、村三级示范，构建市、县、乡、村四级联动工作推进机制，持续推进示范建设工作。采取季度通报、流动现场学习、交叉评比等措施，宣传推广本地经验做法，及时研讨问题症结，对标最新政策要求，及时提出工作重点。全市374个新型农村集体经济示范村共实现经营收入4650.19万元，村均12.43万元，高于全市整体村均收入53.85%。

村级集体经济项目。把握新一轮中央、省财政扶持村级集体经济发展契机，以财政投入引导社会资本注入集体经济发展。遴选申报发展意愿强烈、基础优质扶持村77个，争取中央、省财政资金8470万元，撬动社会资金2807.86万元，建设形成绿色种养基地、加工存贮设施、农家乐乡村酒店、农事服务中心等村集体固定经营资产1亿余万元。巩固提升2019—2022年已实施项目，完善利益联结机制，开展“千企联村”行动，357个扶持村集体经济年经营收入村均达14万元，高于全市整体村均收入5.93万元。

村级集体经济新型发展路径。农村集体产权制度改革纵深推进，打破了权属限制，流通了各方要素，唤醒了农村沉睡“三资”。引导村集体通过自主经营、资源发包、物业出租、居间服务、资产参股等路径，发展壮大集体经济。自主经营模式，即实力强劲的村集体依托产业优势，挖掘历史文化，自主发展优质粮油、特色经作、生态养殖、农产品加工营销、休闲农业和乡村旅游等业态；资源发包模式，即将村集体梳理、规整耕地、林地、草地、四荒地等农村资源性资产按照民主议事程序发包、转包种养大户、专业合作社、公司（企业），收取承包费，获得发包收入；物业经济模式，即村集体将存量门面、闲置村小学、合村并组后的村级阵地、财政项目建设形成的固定资产出租或参股给种养大户、专合社、企业，获得租赁、投资收益；居间服务模式，即村集体发挥组织协调优势，对外开展劳务（包括摘果队、摘茶队、建筑队）、市场信息、电子商务、养老托儿、农业生产服务（机耕机播机收、病虫害统防统治）、休闲旅游观光、文化体育、餐饮民宿等居间服务，获得服务费。

村级集体经济运营机制。完善组织章程，健全“三会”架构，施行民主决策监督，促进村集体经济组织“五个一”标准规范运营。执行《农村集体经济组织会计制度》，做好新旧会计制度衔接，规范村集体经济组织财务运营。用好农业农村部农村集体“三资”管理平台，开展资产年度清查、登记入库工作。开展村级债务调研、集体资监管提质增效行动，市委审计委员会、农村工作领导小组联合印发《广元市农村集体经济组织负责人经济责任审计办法（试行）》，加强对农村集体经济组织负责人的管理监督，促进农村集体经济稳健发展。全市农村集体资源性资产1942.2万亩（其中耕地456.3万亩）、经营性资产31.9亿元、非经营性资产233.9亿元。

经验做法宣传推广。及时发现总结发展集体经济的创新举措、有益探索，形成了一批可复制、可推广的典型经验，打造脱贫山区集体经济发展样板。昭化区《把握关键抓监管　综合施策提质效》在全省农村集体资产监管提质增效行动视频会上交流发言，《广元市昭化区探索产业振兴促进村集体经济发展新路径》《全域开展示范建设发展壮大集体经济》在文化和旅游厅《每周要情》《农经工作动态》刊发，利州区和平村、昭化区狮子村发展集体经济典型案例被《精神文明报》《广元日报》专题报道。

【农业农村综合改革】 以脱贫地区特色产业高质量发展引领区为抓手，推进农业农村各项改革任务落地落实，年度各项改革任务全面完成。朝天区获评2023年度全省农村改革工作先进县。

农村土地制度改革。全面落实田长制“五项制度”，加强耕地保护。稳慎推进利州区全国农村集体经营性建设用地入市试点，印发《广元市利州区深化农村集体经营性建设用地入市试点具体推进方案》，在龙潭乡和白朝乡开展试点工作。落实《关于进一步规范农村住房建设管理15条措施》要求，推行“乡（镇）一个窗口对外受理、多部门内部联动运行”的农村宅基地用地建房联审联办制度，全市累计审批农村宅基地7421宗、面积1145.6亩。昭化区申报为四川省农村宅基地审批管理信息系统试点县。

农村承包土地流转。农村承包土地管理体系不断健全，在旺苍县开展市级试点，探索研究第二轮土地承包到期后延包的具体办法，推动研究完善相关配套政策。落实《农村土地经营权流转管理办法》，建立工商企业等社会资本流转土地经营权的分级资格审批制度。全市土地规模流转面积93万亩，增加1.15万亩，规模流转率28.96%。在全市开展农村土地托管服务试点，每个县（区）选择3个村探索托管面积8726亩、农户1952户。《广元市深化农村土地土地托管服务试点推动适度规模经营》被省委农办、农业农村厅《每日要情》第41期刊发。

农业经营方式变革。全市入库家庭农场10545家、合作社4446家、农业产业化龙头企业218家，新型农业经营主体带动农户数占农业经营户总数的59%。农业社会化县、乡、村三级服务体系基本构建，建成县（区）服务中心7个、乡（镇）服务站102个，落实村协办员1977名。新培育农业社会化服务组织306个，累计达1307个。创建四川省首批农业生产社会化服务省级重点服务组织6个。利州区被农业农村厅通报为农业社会化服务典型县。昭化区“1+5+N”现代农业社会化服务体系获得省委王晓晖书记调研肯定。

农村改革试点。争取国家、省重大改革试点5项、国家级试点2项、省级试点3项，昭化区、利州区被纳入全国农村集体资产财务管理系统应用试点、全国农村集体经营性建设用地入市试点；苍溪县、昭化区、朝天区被纳入全省县域内城乡融合改革试点、全省农村宅基地审批管理信息系统试点和农村集体资产收益权抵押担保、有偿退出省级试点。

改革经验宣传交流。脱贫群众持续稳定增收、苍溪县粮经复合种养工作经验分别被国家乡村振兴局、农业农村部印发简报在全国进行宣传推广。昭化区“村能办”工作经验成为全省唯一入选第四批全国农村公共服务典型案例，《旺苍县筑牢流转监管防线　释放农村改革活力》入选全省农村土地承包管理与改革典型案例，《剑阁县“四大行动”推动农民合作社高质量发展》入选全省农民合作社质量提升整县推进试点典型案例。全市完善五大机制保障粮食安全、全域开展集体经济示范建设、农村土地托管服务试点、利州区盘活闲置资产激发乡村振兴活力、昭化区探索产业振兴促进村集体经济发展新路径等工作经验被省委农办、农业农村厅印发简报在全省推广。利州区被评为全省农业社会化服务典型地区。先后承办全国东西部残疾人帮扶协作工作现场会、全国以工代赈工作现场会，全省中省扶持集体经济发展项目建设现场会、全省乡村水务现场会暨乡村水务百县建设行动启动会等重要会议并在会议上就经验做法作交流发言。

【农村大事记】 2月13日，省政府命名剑阁县粮油现代农业园区和昭化区猕猴桃现代农业园区为2022年度省五星级现代农业园区，命名苍溪县粮油现代农业园区、利州区食用菌现代农业园区和青川县食用菌现代农业园区为2022年度省四星级现代农业园区。

2月14日，旺苍县被省委、省政府评为2022年全省农村改革工作先进县。

3月29日，市委农村工作会议召开，市委书记何树平、市长董里等市领导出席会议。

3月，《山区稻渔综合种养技术集成与应用》获得2023年四川省科技进步奖三等奖。

4月19日，市农科院科研成果玉米新品种“广青6号”产品使用权授权给四川粮种天下生物科技有限公司，实现市农科院科研成果首次整体转化。

4月，举办“游大美蜀道　品广元好茶”主题推介活动，市委书记何树平、市长董里等10位市领导先后到杭州市、成都市、重庆市、兰州市、西安市推介。

7月20日，全市正式发布实施《中华蜜蜂标准化蜂场及种蜂场建设规范》《中华蜜蜂活框饲养管理技术规范》两项地方标准。

8月10日，《农民日报》头版头条刊发《新课题、新解法、新答卷》，推广广元市脱贫地区特色产业高质量发展引领区建设经验。

8月25日，首届中国红心猕猴桃高质量发展大会在苍溪县举行。

8月25日，“走进智利——中国广元市茶叶品鉴会”在智利圣地亚哥举行，市长董里出席活动。

9月21日，承办四川省第三届“和美乡村健康跑”示范活动暨2023年中国农民丰收节广元庆丰收活动。

10月26日，承办四川省第三届乡村文化振兴魅力竞演总决赛。

10月27日—30日，广元市作为全国唯一国安市代表在国家农产品质量安全县产销对接活动上作农产品推介。

11月28日，利州区月坝村作为唯一村级代表在全省学习运用“千万工程”经验建设宜居宜业和美乡村推进会上作交流发言。

12月16日—17日，农业农村部在云南省大理白族自治州大理市举办2023全国土特产集中推介活动，市政府与农业农村部信息中心签订共同推进农业品牌和智慧农业发展战略合作协议，市长董里受邀在活动开幕式上作案例分享，广元黄茶、苍溪红心猕猴桃入选2023年全国土特产推介名单。

12月21日，利州区创建为全国休闲农业重点县。

12月29日，《广元灰鸡饲养管理技术规程》省级地方标准正式发布实施（四川省地方标准公告）。

2023年，旺苍县长江禁捕渔政协助巡护队获得全国2022年度长江流域渔政协助巡护优秀队伍评选二等奖。

2023年，《苍溪县粮经复合种植既稳“粮囤子”又鼓“钱袋子”》《旺苍县探索“四个三”运行模式　扎实推进绿色种养循环农业试点》被农业农村部简报宣传。

【主要领导人】 市委书记：何树平；市人大常委会主任：杨凯；市长：董里；市政协主席：谢晓东；分管农业副市长：罗怀熙。

广元市编写组

利　州　区

【基本情况】 2023年，全区辖4镇3乡7个街道，辖区面积1538.53平方千米，其中耕地面积24.79万亩，比上年增长0.35%。

2023年，全区地区生产总值跨过400亿元大关，达到407.09亿元，增长6.5%；全社会固定资产投资增长18.6%；规模以上工业增加值增长9.3%；社会消费品零售总额146.75亿元；地方一般公共预算收入完成9.52亿元，增长11.69%；城乡居民年人均可支配收入分别增长4.1%、7.9%。全区主要农产品产量见表1。

【农村改革】 全面推进土地制度改革，开展农村土地大托管和“耕、种、防、收、销”全程服务试点改革。探索土地适度规模经营，全年规模经营土地流转面积2.4万亩，农村土地适度规模经营率提高1.5%。全国农村集体经营性建设用地入市试点改革有序推进。

探索农村宅基地“三权分置”，月坝村盘活闲置农房农地“三变三赢”经验在全省交流。月坝村《盘活“闲”资产　激发乡村振兴新活力》被农业农村厅《农村宅基地管理与改革动态》第30期进行专题报道。

推进集体经济改革。探索“总社+分社”村集体经济发展新路径，推动“独立经营”向“抱团发展”转变。《发展集体经济　打造乡村振兴“新引擎”》被《精神文明报》2月27日第3版刊发。2023年，全区集体经济经营性收入实现1700万元，村均收入16.2万元，集体经济经营

表1 2023年利州区主要农产品产量

主要农产品	单位	产量	同比增减(%)
粮食	万吨	8.493000	2.0
水稻	万吨	2.289231	-3.6
小麦	万吨	1.427800	7.7
玉米	万吨	2.941200	2.3
马铃薯	万吨	0.673400	0.8
油菜籽	万吨	0.962100	42.1
蔬菜	万吨	45.325000	5.0
水果	万吨	3.3735000	18.4
肉类	万吨	2.463200	—
猪肉	万吨	1.490000	0.6
牛肉	万吨	0.130000	—
羊肉	万吨	0.070000	—
禽肉	万吨	0.410000	2.0
兔肉	万吨	0.003200	-1.0
禽蛋	万吨	0.360000	5.8
水产品	万吨	4310.000000	4.6

性收入突破400万元。月坝村被评为“全省发展集体经济促进共同富裕十强村”。

【农产品品牌战略实施】 做强“川字号”农产品，加速农产品加工提档升级。坚持推进产品品牌化，把“三品一标”品牌创建作为提高农产品农产品质量，促进农业增效、农民增收和保护环境的重要举措，全年“三品一标”农产品累计认证总数达68个，其中认证无公害农产品29个、绿色食品3个、有机农产品34个（新申报有机农产品8个），认证国家地理标志保护产品2个（利州香菇、利州红栗）。

【现代农业园区建设】 以6个万亩园区建设为抓手，统筹推进重大工程、重大项目在园区落实落地，促进园区提质增效。

抓好大荣粮油园区省级园区创建。推动园区实现“应种尽种、绿色生态、稳粮增收”，园区全年粮食作物播种面积14858亩，辐射带动面积5608亩。安排衔接资金947.67万元，完成园区道路建设32.6千米、渠系建设8.3千米；安排470万元，用于提升园区数字化和水肥药一体化智能设施等建设，打造“天府粮仓”盆周山区样板。

持续巩固利州食用菌省四星级园区成果。争取省食用菌产业集群、省四星级园区奖补、衔接资金等项目3200万元用于开展园区基础设施、产业扩面、产品加工、数字化建设等方面提质。新建大棚3.5万平方米，维修0.8万平方米，新建作业路4.8千米，提升数字化基地1处，建成标准化研发基地300亩，改造厂房1000平方米，打造农事体验基地1处、线上标准化电商平台1处。

改造提升已建现代农业园区质效。安排专项资金2300万元用于龙潭红梨园区、宝轮蔬菜园区、三堆粮油等园区产业基地扩面，新建红梨产业基地4000亩，与吉香居签订1万亩蔬菜订单协议，改造提升三堆粮油基地800亩。

【种植业】 全年粮食作物播种面积28.55万亩以上，比上年增长0.35%，其中小麦7.76万亩、水稻4.4万亩、玉米8万亩、大豆4.3亩；产量8.2万吨，增长2.76%。油料作物播种面积9.3万亩，增长41.5%；产量1.3万吨，增长31.3%。大豆玉米带状复合种植示范推广面积4.6万亩，建立示范片面积1.1万亩。

粮食扩面增产。严格落实粮食安全党政同责责任制考核，全面落实“藏粮于地、藏粮于技”战略，推进高标准农田建设，有序推进第三次土壤普查工作，持续抓好撂荒地调查整治，开展耕地“非粮化”治理，推广粮经复合种植，推动“五良”融合发展。截至2023年年底，未新发生土地撂荒问题，通过套种方式已完成非粮化整改899.7亩，建立粮油绿色高质高效示范片共计3万亩，全面完成1.6万亩高标准农田改造提升和0.1万亩高效节水灌溉建设。

绿色粮油发展。推进农业供给侧结构性改革，以发展绿色优质粮油产业为重点，聚焦绿色安全，突出科学集约，以农业科技创新和适用新技术推广为手段，推广高产、高效适用新品种；示范推广“生物生态协调+技术物资结合+农机农艺配套”的全程绿色防控技术模式，推广“生态养殖+沼气+绿色种植”循环生产模式。推广有机肥代替化肥、改善土壤结构，提高土壤有机质，提升农产品质量。全区完成大豆玉米带状复合种植示范推广任务面积4.6万亩，建立示范片面积1.1万亩。立足自身实际，综合考虑土壤质地、气候环境、生产条件、产业发展等因素，尊重农民种植习惯和意愿，推广大豆玉米带状复合种植比例，大豆2～4行，玉米2行；推广大豆玉米带状复合种植比例，大豆2行，玉米2行。全区主要推广的种植模式是3行大豆2行玉米，经测产，玉米亩产380千克，大豆亩产135千克。

全区12个乡（镇、街道）建立粮油绿色高质高示范片0.05万亩以上各1个以上，共计3万亩。示范片的建立主要依托新型农业生产经营主体，全面推广粮油绿色高质高效生产技术；构建“全过程”社会化服务体系，达到“五统一”，即统一种植品种、统一肥水管理、统一病虫防控、统一技术指导、统一机械作业；打造“全链条”产业融合模式，引领“全区域”优质粮油产业绿色高质高效发展。主要开展新品种展示、重大技术试验示范、生产“全过程”社会化服务，通过购买优质玉米商品化集中机耕、机播、病虫草统防、机收和集中烘干等服务全面展示优质粮油全程机械化生产技术和优质粮油生产“全过程”社会化服务模式。

【惠农政策】 按照“应享尽享、不漏一人”的原则，落实惠民惠农政策，确保各项惠农补贴资金发挥更大效能，确保惠农补贴政策落到实处，提高农民种粮的积极性。落实稻谷补贴134.47万元、耕地地力补贴1467.9万元、种粮一次性补贴（玉米）169.95万元，其中全区涉及耕地地力保护补贴的乡（镇、街道）17个、村131个、组687个、农户45046户，实际补贴面积161325.46亩，补贴标准91.45元/亩，实际兑付补贴资金合计14800840.67元，结余资金1059.33元，实际补贴资金全部发放到位；涉及稻谷补贴的乡（镇、街道）15个、村（社区）101个、组441个、水稻种植户14442户，补贴种植面积22226.69亩，补贴标准为60.5元/亩，实际补贴资金1344712.22元，结余资金26183.78元，实际补贴资金全部发放到位；涉及种粮一次性补贴乡（镇、街道）13个、村97个、组539个、玉米种植户23220户，补贴种植面积45922.34亩，补贴标准为37.01元/亩，实际补贴资金1699585.81元，结余资金414.19元，实际补贴资金全部发放到位。实施农机购置补贴70万元，已兑付42.918万元，受益户数468户，机具数量513台。

【林业】 加快推进“天府森林粮库”建设，全年完成核桃品改0.6万亩，建成稳产丰产示范基地7万亩；完成油橄榄稳产丰产示范基地建设1万亩，新增油茶基地0.32万亩，建成笋用竹丰产示范基地0.8万亩，完成林下经济示范基地建设1万亩。持续巩固11.45万亩退耕还林成果，对全区69万亩生态公益林、7.3万亩国有林和6930亩天然商品林进行有效管护。组织开展古树名木第二轮普查，并坚持“一树一档一人一策”措施对全区564株古树进行严格保护管理，全年累计实施抢救复壮保护古树16株，巩固建设古树公园3个。

【畜牧业】 全年出栏生猪20.8万头、肉牛1.3万头、肉羊5.2万只、剑门关土鸡289万只。有肉牛规模养殖场7个、肉羊规模养殖场4个、生猪规模养殖场79个。

产业布局基本形成。形成以荣山现代肉牛养殖示范园为核心，在宝轮镇、龙潭乡、三堆镇和嘉陵街道发展肉牛养殖；以三堆现代肉羊养殖示范园为核心，在白朝乡、宝轮镇和金洞乡发展肉羊养殖；以宝轮小家禽养殖园为核心，在大石镇、龙潭乡等丘陵地带发展土鸡产业的布局结构。

产业规模逐渐形成。建有肉牛（羊）龙头企业12家、肉牛（羊）标准化养殖场42家；建有生猪龙头企业6家、生猪标准化养殖场44家。依托剑门关土鸡产业协会，新（改、扩）建年出栏土鸡3万只以上的规模场（小区）3个。

营销体系基本完善。建有牛羊加工屠宰企业1家、家禽屠宰加工企业1家。以加工企业为龙头和产业协会为带动，与成都伊藤、四川德惠商业股份有限公司、大润发、成都么么等大型超市合作，开设剑门土鸡专卖门市、土鸡销售专柜。利用电商平台在阿里巴巴盒马生鲜开展网上销售，带动培育土鸡营销大户43户，营销体系基本完善。

扩繁体系逐步健全。建有生猪扩繁场2个、牛人工授精站5个，建有以龙潭青驿农牧、赤化环联为核心的育雏扩繁场2个，逐步形成品种扩繁体系，为全区生猪、肉牛（羊）、土鸡产业提供品种保障。

畜禽品种改良有序推进。加强对全区种畜禽场的监督管理，对从事畜禽生产经营的单位和个人严格审核办理《种畜禽生产经营许可证》，对种畜场引种、繁育、销售严格管理，规范种畜场生产经营行为；加强良种引入管理，宣传落实跨省引入种用畜禽审批制度，核查跨省引种审批手续、输入场种畜禽合格证、种畜禽合格证明、种畜禽系谱资料、运输检疫合格证明等资料，确保引入种畜的品质。加强对引入种畜的落地监管，采取“引入前、落地后”双申报制度，加强落地观察，确保引入种畜来源可查、落地可控。开展标准化示范场创建工作，全区2023年创建肉牛标准化示范场1家、肉羊标准化示范场1家和生猪标准化示范场1家。推进肉牛（羊）、土鸡重点产业发展，制定专班工作方案，下发2023年工作重点任务，并实行“四个一”（每月一调度、每季一拉练、每季一通报、年终一考核）运行机制，推进全区肉牛（羊）、土鸡重点产业发展。

【水产业】 发展水产生态养殖，在白龙湖三堆镇和金洞乡辖区以广元市生态渔业发展有限责任公司为主发展生态有机渔业。全年水产品产量4310吨，较上年同期增长4.4%。推进特种水产养殖。广元市阳光水产养殖示范园投资1000余万元，建成工厂化孵化大棚2300余平方米、圆形成鱼池1100余平方米、鱼苗培育池4300平方米、三级沉淀池5个，已全部投入生产，培育各规格鲈鱼苗800余万尾。

【乡村振兴】 利州区是全市率先脱贫“摘帽”、推进乡村振兴的县（区）。持续巩固脱贫成果，做好防返监测，建立区、乡、村三级防返贫监测网格体系，认定监测对象63户233名，并落实“一对一”帮扶措施176条。加强基础保障，实施高标准农田改造提升、食用菌集群、国家储备林等涉农项目312个，加强乡村振兴支撑。学习运用浙江“千万工程”经验，因地制宜、因村施策，打造各展其长、各美其美、富有川北特色的宜居宜业和美乡村。持续提升人居环境，新（改）建农房315户；推进农村“三大革命”，户用卫生厕所普及率达95%，生活污水处理率达76.2%，畜禽粪污综合利用率达95.1%。持续完善基础设施，实现建制村通硬化路、通客车、通5G或4G信号“三个100%”，获得全国休闲农业重点县、全省农业社会化服务典型县、全省“互联网+”农产品出村进城工程试点县等称号，月坝村乡村振兴工作经验在全省学习运用“千万工程”经验建设宜居宜业和美乡村工作推进会议上作交流发言，全区创建为2023年全省乡村振兴先进县（区）。

【乡村旅游】 推进实施月坝旅游度假区项目，已完成花前月下酒店项目内装并投入运营，露营基地主体租赁中心工程已完工；32千米白朝旅游赏花经济带已建成；黄蛟山栈道项目、游客接待中心及停车场扩建项目已开工；精品民宿群落、四库书房、月坝爱情表白地等项目前期工作加快推进。天曌山景区功能提升改造项目中联星资产已完成摘牌，日月星辰露营基地、问界咖啡屋、滑翔伞基地已建成并投用；109厂—天曌山旅游公路建设工程已全线通车。鹏奇趣乐园项目有序推进，于2023年年底竣工并对外运营。围绕“一心两片”全域旅游空间布局，聚力攻坚重点旅游项目。

【农村水利】 加快建设乡村水务示范县并通过省级考评，智慧水务一体化项目加快推进，全区构筑起以乡村与城区供水标准一致、服务一致、管理一致的“同质量、同服务、同管理”民生水利安全网。三堆鹅项颈供水站改造工程主管网基本完成，龙潭供水站、白朝供水主体工程完工。提升农村安全饮水，实施一批农村供水提升和维修养护项目，整合水利发展、移民、乡村振兴等资金1100余万元用于大石金龙洞村饮水、宝轮镇张弓岭村、三堆镇井田村等20处饮水工程建设，其中新建设15处、维修养护5处，全区自来水普及率达97.93%，规模化供水工程覆盖率达75.03%，农村供水工程标准化（规范化）管理通过省级复核。全年实施中小型水库维修养护23处，并完成2021年以来水库除险加固4座，验收率达100%。

【农业机械化】 全年落实农机购置补贴资金70万元，发放补贴资金42.918万元，受益农户468户，补贴农机具531台（套）。通过发放购机补贴和农机推广，新增农机总动力2000千瓦，农作物机械化水平达53.16%，比上年增加4个百分点；主要农作物机械化水平达68.33%，比上年增长4%。在春耕备耕、“三夏”和“三秋”期间，督促指导农机经销商、维修网点和农机合作社、家庭农场等新型农业经营主体做好机具保障供给、调试检修、机手技术培训、安全监管和农机社会化服务对接，确保农机优质、高效、安全作业。全年注册登记拖拉机12台、联合收割机7台，转移登记拖拉机3台，拖拉机、联合收割机驾驶证换证32人，新办理拖拉机驾驶证8人。全年共年检拖拉机、联合收割机274台，在检拖拉机参保率达100%。开展农机、交警联合执法4次，共检查拖拉机和变型拖拉机45台，其中查处未携带有效证件5台、拖拉机货物超宽超长行驶6台、未按时参加年度检验3台。

【农村科技】 建设三堆镇优质粮油和宝轮镇设施蔬菜2个农业科技示范基地，新培育广元市利州区鸿发家庭农场和广元市利州区郭延坤家庭农场2个农业科技示范主体，招募特聘农技员5人。根据广元市农业农村局《关于推介发布2023年度农业主推技术的通知》文件要求，组织相关部门和专家，结合全区实际遴选46项农业主推技术，发布《广元市利州区农业农村局关于推介发布2023年度农业主推技术的通知》，农业主推技术到位率达95%。及时准确地填报体系管理信息系统和中国农技推广信息服务平台，共报送工作动态22条。遴选推荐5名农技人员参加省级知识更新调训、4名农技人员参加市级知识更新调训，培育农业产业领军人才2人、农业经理人17人。举办2023年优质粮油培训班及粮油产业带头人培训班，培训107人。按照乡村产业带头人培育“头雁”项目要求，遴选6名符合条件的带头人上报省厅。推荐2名带头人到北京市房山区韩村河村参加乡村产业融合发展专题培训班。完成高素质农民参训学员实训指导20天，实地走访指导79名学员。全区2023年度高素质农民培育满意度达99.9%，参评率达96.7%。

【农村教育】 完善农村儿童教育关爱工作，建立“一生一卡”“一校一册”“一校一表”档案和落实干部教师“1+N”关爱保护措施，开展谈心、交流、家访、慰问、集体过生日、各类文体等活动，制定《农村留守儿童的家访制度》《关爱留守儿童帮扶制度》等制度，使关爱工作落到实处。教育资助救助政策全面落实到位，全区家庭经济困难学生共享受11项教育补贴资助政策。全年共落实义务教育“三免”资金5770.217万元，惠及学生55177人次；发放各类学生资助资金共1632.6876万元。及时补充农村中小学专任教师，2022年、2023年共计补充中青年教师107人；全面落实教师交流制度，全年共计安排“三区”人才支教18人、兼职支教85人、“银龄计划”4人。提高乡村教师的保障水平，落实农村教师生活补助及乡（镇）津补贴政策，农村中小学教师月均收入增加近千元；在职称评定、晋级等方面，落实在农村工作满30年、满20年的优惠政策。

【农村文化】 实施乡村文化振兴“百千万”工程，荣山镇、金洞乡清河村、嘉陵街道小岩村3个村（镇）创建为省级乡村文化振兴样板村镇，宝轮镇、金洞乡清河村、三堆镇羊盘村等7个村（镇）创建为市级乡村文化振兴样板村镇，三堆镇、宝轮镇入选四川省第三届乡村文化振兴魅力竞演“100个魅力乡镇”名单，龙潭乡入选全省片区中心乡镇公共文化服务提质增效试点乡镇。全面启动乡（镇、街道）综合文化站达标建设，制定、实施《广元市利州区乡镇（街道）综合文化站评估定级工作总体方案（2023—2025年）》，组建业务"小分队"到一线指导，率先完成宝轮镇、三堆镇、荣山镇、龙潭乡等地综合文化站规范化建设。

【农村卫生】 推动落实乡（镇）行政区划和村级建制调整改革后续工作，将基层卫生服务能力提升与"十四五"卫生健康事业发展规划紧密衔接，加强二级医疗机构的枢纽辐射带动作用，围绕基本公共卫生、健康管理和常见病诊疗服务，重点加强基层医疗机构服务能力建设。推进实施优质服务基层行活动，在4家社区卫生服务中心创建为社区医院的基础上，河西社区卫生服务中心、天曌社区卫生服务中心创建社区医院完成现场考核验收。新建产前筛查机构2个、市级基层医疗卫生机构儿童早期发展优质服务基地1个。大石镇卫生院中医科、嘉陵社区卫生服务中心临终关怀科、雪峰社区卫生服务中心中医科创建"四川省基层医疗机构临床特色科室"通过省级复核验收。全区基层医疗服务体系进一步健全和优化，能够满足群众多层次、多样化的卫生健康需求。

【农村法制建设】 把建立"一村（社区）一法律顾问"作为法治乡村创建的重要内容，把健全农村法律服务体系作为公共法律服务建设的重要内容，把律师参与村（社区）法律顾问作为考核律师履行社会责任的重要内容，推进建设以人民为中心的共建共治共享的公共法律服务体系，建成区、乡、村三级公共法律服务平台。建成乡（镇、街道）公共法律服务工作站14个、村（社区）公共法律服务室156个，建成率达100%。公共法律服务工作站均设置前台服务接待受理大厅和后台业务办理室。14个公共法律服务工作站和156个公共法律服务室均按照《四川省公共法律服务工作站（室）建设规范》规范设置了外观及形象标识，接待窗口采用"3+X"建设模式设置，设置法律援助、人民调解、法律咨询等基本职能。全年共开展各类纠纷排查1300余次，受理人民调解案件1080件，成功调解1067件，调解成功率达98%以上。

【农村交通】 实施普通公路"畅安工程"，完成农村公路安防工程7.1千米，整治完成四沟河桥、李家二桥、宝珠大桥3座农村公路危桥改造，整治完成次差路19.526千米。推进农村公路建设，全面完成荣山镇高坑村五组、泉坝村三组铁索桥改公路桥2座。完成5千米撤并建制村畅通工程及10千米30户及以上自然村通硬化路工程。推进乡村振兴衔接资金项目，实施交通运输方面乡村振兴项目24个，已完工22个，三堆镇五郎桥、羊盘桥项目加紧建设，资金支付比例达100%。完成其他农村公路建设项目。完成2022年利州区荣山镇高坑村新增水毁工程；完成国道108线K1860–K1866（利州界—工农镇段）交通安全设施建设项目；完成2023年路网改善、村道完善、公路水毁、通村硬化路、农村公路路面病害整治等工程。

【涉农招商引资】 全区洽谈涉农招商引资项目48次，洽谈项目23个，完成年度洽谈项目目标任务的191.66%。先后签订农业招商引资项目18个，项目总投资22.48亿元，完成年度新签约项目目标任务的180%。年内到位资金8.42亿元，完成年度目标任务的187.11%。储备招商引资农业项目54个，总投资80亿元，完成年度招商引资储备项目任务个数的180%，100%完成招商引资储备项目总金额投资任务。

【农村生态建设及环境保护】 推进实施农村生活污水治理"千村示范"工程，持续改善农村人居环境。争取省级以奖代补专项资金146万元，在荣山镇和平村、大石镇安家湾村和河西街道白山村实施农村生活污水治理"千村示范"工程，新建化粪池15座、污水管网4.2千米，受益人口约840人，项目已全部完工，全区农村生活污水治理率达79.76%，高于市定目标2.76个百分点。

开展农村黑臭水体治理试点。全区8条农村黑臭水体被纳入全国治理试点，总投资8156.79万元，其中申请中央资金3846.17万元、地方配套4670.62万元，治理水域面积86005平方米。通过采取控源截污、清淤疏浚、水系连通、生态修复等综合工程措施，已完成全部工程治理。

开展入河排污口整治。按省、市长江入河排污口排查整治专项行动部署，对辖区内嘉陵江干流及其一、二级支流入河排污口开展全面排查，已完成嘉陵江主干流84个入河排污口及嘉陵江二级以上支流160个排口的调查、溯源、监测，并按照《长江、黄河和渤海入海（河）排污口排查整治分类规则（试行）》，对嘉陵江干流80个排口及支流8个集中式污水处理设施设置标识标牌，已完成嘉陵江干流14个排口整治任务。

【农产品质量安全监管】 配合完成3次省级例行风险监测、5次省级监督抽查。完成省、市、区农产品质量安全定量检测任务425个（其中省级风险监测75批次、区级风险监测350批次），合格率100%；完成农产品质量安全定性检测（含乡/镇）5716个，合格率100%；"瘦肉精"共检测4532批次，合格率100%。全区未发生重大农产品安全事故。

【劳务开发与返乡创业】 组织开展"春风行动"等各类招聘活动26场次，提供招聘岗位4.4万个。全区脱贫劳动力务工就业9105人、安排公益性岗位就业1320人、易地搬迁项目带动就地务工456人，实现每个有劳动力的脱贫和监测家庭至少有1人稳定就业。建立区、乡、村三级劳务专业合作社，发展社员7.7万名，其中组织劳务对接7657人次，实现劳务收入826万元。

【主要领导人】 区委书记：张勋图；区人大常委会主任：张宗虎；区长：郭祖炎；区政协主席：李映文；分管农业副区长：杜晓蓉（9月止），成伟平（9月始）。

利州区编写组

昭 化 区

【基本情况】 2023年，全区辖12镇，辖区面积1433.47平方千米，其中耕地面积45.689万亩，人均耕地面积1.98亩；基本农田40.2477万亩。年末总人口22.9157万人（户籍人口），人口出生率7.24‰（其中符合政策生育率100%），人口自然增长率-5.96‰。全区水域面积约14400公顷，水资源年平均总量113亿立方米，人均占有水资源量47083立方米。有林业用地8.27万公顷，活立木总蓄积量831.4万立方米，森林覆盖率56.27%。

2023年，全区实现地区生产总值81.8亿元，增长6%，其中第一产业增加值22.5152亿元，增长4%；第二产业增加值30.2694亿元，增长7%（工业产值134.1亿元，增长3.1%）；第三产业增加值28.9681亿元，增长6.4%。三次产业对经济增长的贡献率分别为1.1%、2.6%和2.2%。全区共接待游客1054.85万人次，同比增长9.71%；实现旅游综合收入86.56亿元，同比增长8%。

公路通车里程2990.563千米。社会消费品零售总额331475.9万元，比上年增长3%，其中乡村消费品零售额77148.9万元，增长3.4%。地方公共财政一般预算总收入完成4.0029亿元，增长15.4%；地方公共财政一般预算总支出27.8866亿元，增长19.7%。金融机构各项存款余额101.36亿元，比上年初增长12.17%；各项贷款余额93.38亿元，比年初增长2.86%。全年农业保费收入0.32亿元，增长23.74%。农业产业化龙头企业分别为省级6家、市级13家。

有各类学校79所，在校学生13238人，教职工1813人，其中职业高级中学1所，在校学生1775人，专任教师121人；普通高中1所，在校学生2003人，专任教师146人；初级中学10所（含九年一贯制学校4所），在校学生2509人；小学27所，在校学生4615人；幼儿园40所（含公办园3所、公办附属幼儿园25所、民办幼儿园12所），在园幼儿2336人；学龄儿童入学率100%。完成省级以上科技成果5项。有艺术表演团体35个，文化馆1个，公共图书馆1个，博物馆1个。有卫生机构166个，其中医院5个、卫生院12个、妇幼保健院1个；有病床位868张，每千人拥有病床位6.46张；卫生技术人员898人，每千人拥有卫生技术人员6.69人。建立居民健康档案13.36万份，规范建档率98.9%。新型农村合作医疗参合人数18.45人，参合率98.93%。

【年度农业和农村经济运行】 2023年，全区实现农业总产值18.4亿元，增长4.5%；全区全年农林牧渔业总产值41.64亿元，同比增长4%；生猪、猕猴桃、王家贡米等特色优势农产品产量保持稳定增长。农民年人均可支配收入达18000元，增长7.4%。全区农产品质量抽检合格率稳定保持在100%。全区主要农产品产量见表1。

【农业产业化发展】 全年粮食作物播种面积39.2万亩，完成大豆玉米带状复合种植面积4.5万亩、油料作物播种面积20.14万亩，粮油总产量突破16万吨，实现“二十连丰”。巩固提升猕猴桃、脆桃等特色水果面积10万亩，王家贡米粮油现代农业园区创建为省三星级现代农业园区，王磨王家贡米现代农业园区创建为市一等级现代农业园区。

【社会化服务体系建设】 全年新增家庭农场93家，组建家庭农场协会，创建省级示范家庭农场2家、合作社示范社4家，市级示范家庭农场14家、合作社示范社7家；入选省级家庭农场典型案例1家，入选省级科技示范家庭农场1家。社会化服务水平持续提升，创新“1+5+N”农业社会化服务体系建设，新增社会化服务组织10个，创建省级社会

表1 2023年昭化区主要农产品产量

主要农产品	单位	产量	同比增减(%)
粮食	万吨	12.9136	2.75
水稻	万吨	5.9246	-1.17
小麦	万吨	1.0218	13.22
玉米	万吨	3.9721	8.55
马铃薯	万吨	1.3153	-10.11
油菜籽	万吨	3.4687	15.23
蔬菜	万吨	43.8195	2.94
水果	万吨	5.5795	148.50
肉类	万吨	5.6202	3.40
猪肉	万吨	4.7508	3.80
牛肉	万吨	0.1257	1.90
羊肉	万吨	0.1115	0.90
禽肉	万吨	0.6322	0.60
禽蛋	万吨	0.3654	4.60

化服务组织1家，全年农业生产“大托管”试点10个村粮油全程托管面积2万亩，服务农户2043户。

【农村经济体制改革】 元坝镇普子村、卫子镇中山村、磨滩镇百胜村等38个村创建为市、区级农村集体经济示范村。创新推行“企业+合作社+家庭农场（农户）”“村集体+”等经营模式，带动农民年均增收增长5%以上。推进农村宅基地制度改革试点，宅基地信息化管理入选全国县级农村宅基地审批管理信息系统建设试点。开展全区农村集体资产监管提质增效专项行动，在农村集体资产监管提质增效行动工作部署视频会议作经验交流发言。集体经济发展模式经验多次在人民网、《省委农办要情》、《四川组工动态》等刊载，获评全省合并村集体经济融合发展先进县。举办全国农村集体资产财务系统应用试点培训会。全区村集体资产管理经验在全省作交流发言，全区集体经济经营性收入达1000余万元。

【农产品品牌战略实施】 制定发布《地理标志产品王家贡米生产技术规程》和《地理标志产品王家贡米地方标准》，建成以“王家贡米”为主导产业的王磨现代粮油园区，并被评为市一等级现代粮油园区。“王家贡米”获评“天府粮仓·农博会10大最受欢迎农产品”称号，入选“2023年中国农业百强标志性品牌”，获得“2023年中国农业名片十大杰出品牌奖”。在成都市举办“王家贡米”区域公用品牌推介会。累计认证“两品一标”农产品品牌39个，发展稻渔综合种养面积2.5万亩，接受“鱼米之乡”建设项目考核。《稳粮增收 山区稻渔种养助力秦巴山区脱贫奔康》在农业农村部官网发布。在全省“鱼米之乡”建设项目现场推进会上作经验交流发言。昭化区“天府粮仓”建设工作被中央电视台《新闻联播》栏目报道。四川信德农牧百万羽非笼养鸡蛋出口中国港澳地区。

【现代农业园区建设】 落实“天府粮仓·千园建设”行动，以基地建设、设施装备、产地加工等8个方面为重点，全面推进园区基础设施及软硬件配套建设，持续巩固提升双凤、滨湖等已建成园区创建成果，建成“王家贡米”现代种业园区，全区园区建设工作获评2023年全省现代农业园区建设工作推进典型地区。累计建成市级以上现代农（林）业园区13个，猕猴桃现代农业园区创建为省五星级园区、省级农业主题公园，王家贡米粮油现代农业园区创建为省三星级现代农业园区，园区建设工作获评全省现代农业园区建设工作推进典型地区，园区引领带动产业高质量发展的动能更加强劲。

【种植业】 全年粮食作物播种面积39.2万亩，产量13.27万吨，分别完成市下目标任务的102.9%、104%。油料作物播种面积20.14万亩，产量3.47万吨，完成市下目标任务的115.7%。示范推广大豆玉米带状复合种植面积4.6万亩。水果种植面积10.5万亩，产量5.5795万吨，实现产值5.9616亿元，其中猕猴桃面积7万亩，产量3.15万吨，实现产值3.74亿元。蔬菜种植面积20.3万亩，产量约45.02万吨，其中发展加工原料类蔬菜4万亩、设施蔬菜0.41万亩。完成老园区巩固提升2万亩以上，建成特色水果避雨栽培设施15000余亩，喷滴灌等现代设施装备覆盖率达28%以上。培训“剪刀干部”和“剪刀村民”3500名，推广“水果+”复合种养模式，发展果园间套作豆类、中药材和蔬菜等作物2万亩，实现“一地多种、一园多效”。

【林业】 全年共营造林1.68万亩，9.38万亩退耕还林成果得到有效巩固，年末森林覆盖率达56.27%。全区国有林管护面积0.76万亩。有国家级风景名胜区1个、国家级湿地公园1个、省级自然保护区1个、省级森林公园1个、市级风景名胜区1个。昭化林下中药材产业园区创建为省级现代林业园区，昭化茯苓“种一休三”产业发展模式在全国推广，昭化药博园被评为全省现代林业培育园区、全省中医药健康旅游示范基地。

【畜牧业】 全年新竣工投产规模肉牛（羊）养殖项目57个、繁育场4个，建成部级生猪标准化示范场2个、省级生猪标准化示范场6个，挂牌国家级生猪产能调控基地12个、省级生猪产能调控基地13个。全年累计出栏生猪65.07万头、肉牛1.02万头、肉羊7.45万只、土鸡1390万只。全区累计建成投产2000头以上生猪规模养殖项目65个。四川亿鹏农业5000头肉牛养殖基地、交易市场、屠宰加工及冷链物流项目加快建设。新开工建设川北肉牛（羊）交易中心等重点项目24个。举办全省种草养畜高质量发展暨优质饲草肉牛产业带发展战略研讨会、广元市肉牛（羊）产业园区建设现场推进会。三联禽业通过“天府肉鸡”原种场认证和四川省核心育种场验收。被评为2023年度全省布病等人畜共患病防控工作成效突出县（区）。

【乡村振兴】 全域建成幸福美丽新村，巩固提升居民聚居点218个，农村生活垃圾有效治理率达100%，农村卫生厕所普及率达97%，行政村生活污水有效治理率达72%。建成宜居宜业和美乡村24个，昭化镇天雄村启动建设全国宜居宜业和美乡村示范村，农村人居环境明显改善。绿色种养循环实现全覆盖，创建为全国首批绿色种养循环农业试点县。昭化镇入选第三批全国乡村治理示范镇，昭化镇朝阳村入选全国“一村一品”示范村，卫子镇新荣村等16个村获评省级乡村振兴示范村，元坝镇、昭化镇2个镇获评省级乡村振先进镇，昭化区获评2023年度全市乡村振兴实绩考核成绩突出县。“‘114’以工代赈工作模式助力群众增收模式”入选全省典型案例。天雄村乡村建设经验在《中国乡村振兴》杂志刊载，入选“八八战略”杭州实践100例。

【乡村旅游】 全区新打造市级以上农业主题公园1个、美丽休闲乡村1个、休闲农庄2个。举办丰收节、紫云猕猴桃采摘节、桃花节等节会活动26次，共接待游客58.95万人次，以王家贡米农业公园、桃博园国家5A级景区、滨湖市级农业主题公园为代表的农旅经济、乡村旅游持续升温。入选2023年中国县域旅游发展监测强区，被评为省级文化产业和旅游产业融合发展示范区创建单位、省级文化产业赋能乡村振兴试点县（市、区）。

【农村水利】 全区有中型水库2座（工农水库和紫云水库）、小(1)型水库9座、小(2)型水库66座，年工程蓄水量达7100万立方米，常年蓄水量达5500万立方米。完成病险山坪塘整治252口。

【农业机械化】 全区农机总动力达34.17万千瓦，同比增长0.75%。全年共建成机械通达率100%地块4.2万余亩，主要农作物综合机械化率由2022年的66.2%提高到2023年的68.52%，增加2.32个百分点，农作物综合生产能力明显提升，耕地质量、水资源利用率逐步提升，农业种植结构不断优化。全年机收面积35.13万亩。下达农机购置补贴年度资金425万元，共完成补贴资金拨付206万元，补贴农机具763台（套），受益户数760户。培育“全程机械化+综合农事”服务中心1个，新成立农机服务专业合作社1个。全区投入集体经济发展资金300余万元，在6个村购置“耕、种、收、植保”机械。

【农村科技】 全年共达成产学研合作协议13项。实施省、市科技计划项目立项8个，其中省级5个、市级3个。争取省、市科技项目资金135万元，实现科技成果转化产值32.36亿元、高新技术企业产值1.07亿元。“王家贡米”育秧中心在全省县（区）中率先高规格建成水稻研发中心和育种加速实验室，配套提升育秧工厂1个，育成王家贡米系列品种12个，其中2个水稻育成品种进入省级区域试验，稻种资源数量居全省县（区）之首。《稻田草鱼生态养殖技术规范》通过省地方标准终审，山区稻渔综合种养技术标准获得四川省科技进步奖三等奖。

【农村文化】 全区有文化馆1个、美术馆1个、公共图书馆1个、文化站28个、博物馆1个；区图书馆被评为国家三级馆，藏书总量达31万余册，其中纸质藏书8万余册、电子图书23万余册。全年创作歌曲、舞蹈等文艺作品30余件，其中与市文化馆联合打造的音乐舞台剧《家谱》获得四川省第三届群星奖，与市豫剧团联合打造的现代川剧《蜀道行歌》获得四川文华表演奖。

【农村法制建设】 推进“平安乡村”建设，巩固扫黑除恶专项斗争成果，完善矛盾纠纷多元化解机制，开展“农资打假暨放心农资下乡进村”宣讲活动115人次，“食品安全宣传周”“禁毒宣传进万家”活动110人次，“春雷行动”“利剑行动”等专项执法整治行动218人次。加强农业普法宣传教育，开展“学法用法示范户”培育，农村社会大局持续和谐稳定。“未经批准非法占用土地修建住宅案”获评全省农业行政处罚优秀案卷。全区获评2023年度全省农业行业安全宣传“进农村”示范点创建优秀县（区）。

【农村社会保障】 全区城乡居民养老保险参保覆盖12.21万人，参保缴费3004.66万元。全年享受城镇最低生活保障1205人，发放保障金546.34万元；享受农村最低生活保障18804人，发放保障金5343.31万元。供养“五保户”654人，发放供养资金520.51万元。

【农村生态建设及环境保护】 全年主要河流出境断面水质达到地表水Ⅱ类标准。城区集中式饮用水水源水质全年达标率100%，乡（镇）饮用水水源水质达标率100%。建成化肥农药减量增效融合示范片2万亩，建成绿色种养循环农业试点示范片10万亩，实施病虫害专业化统防统治9万亩，畜禽粪污、农作物秸秆综合利用率达93%以上，废弃农膜回收率达90%以上，农药包装物废弃率80%以上，农产品各类监测合格率均达98%以上。

【农产品质量安全监管】 持续巩固提升国家农产品质量安全县创建成果，开展农产品质量安全监测，完善农产品监管、追溯体系建设，实行食用农产品达标合格证制度。开展农产品质量安全、农资打假、种子（种畜）禽市场专项整治行动。推行“双随机、一公开”，定量抽检达到每千人1.3批次的标准，推动农产品质量监测扩面增量，全面实施食用农产品承诺达标合格证制度，推动农产品全程可追溯。

【劳务开发与返乡创业】 全年实现就业困难人员再就业172人。围绕产业、市场、项目开展培训2321人次，培育返乡创业实体277个、贫困户创业实体8个。全年转移农村劳动力就业8.5万人，城镇登记失业率2.76%。

【主要领导人】 区委书记：刘自强；区人大常委会主任：贾小玲；区长：王静；区政协主席：朱永国；分管农业副区长：任斌。

昭化区编写组

朝 天 区

【基本情况】 2023年，全区辖12个乡（镇）139个村（社区），辖区面积1613平方千米，总人口21万人。

2023年，全区地区生产总值同比增长6.7%，增速列全市各县（区）第二位，分别比全国(5.2%)、全省(6%)、全市(6.2%)高1.5个、0.7个、0.5个百分点。分产业看，第一产业产值增长3.8%，与全市(3.8%)持平，比全国(4.1%)低0.3个百分点，比全省(4%)低0.2个百分点；第二产业产值增长7.6%，分别比全国(4.7%)、全省(5%)、全市(7.2%)高2.9个、2.6个、0.4个百分点；第三产业产值增长7.1%，比全国(5.8%)高1.3个百分点，与全省(7.1%)持平，比全市(6.4%)高0.7个百分点。

【种植业】 全年粮食作物播种面积43.6万亩，较上年减少0.8%，其中夏粮播种面积17.24万亩，较上年增加63亩，增长0.04%；秋粮播种面积23.36万亩，较上年减少3569亩，减少1.34%。全年粮食总产量12.23万吨，较上年增加3239吨，增长2.72%，其中夏粮产量4.02万吨，较上年增加1908吨，增长4.99%；秋粮产量8.22万吨，较上年增加1331吨，增长1.65%。粮食单产281千克/亩，较上年增加11千克/亩，增长3.55%，其中夏粮单产233千克/亩，较上年增加10千克/亩，增长4.95%；秋粮单产312千克/亩，较上年增加9千克/亩，增长3.02%。

【主要领导人】 区委书记：余飞宇；区人大常委会主任：张开翅；区长：张骏；区政协主席：饶和刚；分管农业副区长：杨金军。

朝天区编写组

旺苍县

【基本情况】 2023年，全县辖21镇2乡37个社区居委会199个居民小组220个村委会1564个村民小组，辖区面积2987平方千米。

2023年，全县实现地区生产总值164.21亿元，按照可比价格计算，比上年增长7%，其中第一产业增加值32.67亿元，增长4.2%；第二产业增加值71.02亿元，增长9.5%；第三产业增加值60.51亿元，增长5.7%。全年人均地区生产总值51483元，比上年增长3.5%。三次产业结构比由上年的21.1：42.4：36.5调整为19.9：43.3：36.9。第一产业增加值占地区生产总值的比重比上年下降1.2个百分点，第二产业增加值比重提高0.9个百分点，第三产业增加值比重提高0.4个百分点。

【种植业】 全年粮食作物播种面积66.95万亩，比上年减少0.8%。粮食总产量23.86万吨，增长1.8 %，其中夏粮产量6.55万吨，增长3.5%；秋粮产量17.31万吨，增长1.2 %。油料产量2.71万吨，增长20.5%。全县主要农产品产量见表1。

【林业】 全年完成营造林面积5.33万亩，其中造林面积1.25万亩。年末森林面积达17.16万公顷，森林覆盖率达66.92%。自然保护区面积2.34万公顷。

【畜牧业】 全年生猪出栏59万头，增长3.2%；牛出栏1.7万头，增长2.1%；羊出栏12.7万只，增长0.1%；家禽出栏388万只，减少1%。年末生猪存栏34万头，牛存栏3.8万头，羊存栏7.9万只。

【主要领导人】 县委书记：唐文辉；县人大常委会主任：赵俊科；县长：杜非；县政协主席：张健；分管农业副县长：赵福勇。

表1 2023年旺苍县主要农产品产量

主要农产品	单位	产量	同比增减(%)
粮食作物	吨	2385711.8	1.8
谷物	吨	1932433.2	3.2
稻谷	吨	70181.0	1.5
小麦	吨	36064.0	7.6
玉米	吨	86975.0	2.7
豆类	吨	6277.0	3.9
薯类	吨	39051.0	–5.2
油料作物	吨	27090.0	20.5
花生	吨	3840.0	2.4
油菜籽	吨	23000.0	24.2
中草药材	吨	13650.0	6.9
蔬菜及食用菌	吨	275780.0	3.6
茶叶	吨	8260.0	7.1
水果	吨	32400.0	7.9

旺苍县编写组

剑 阁 县

【基本情况】 2023年，全县辖29个乡（镇），辖区面积3204平方千米。

2023年，全县实现地区生产总值168.85亿元，按照可比价格计算，同比增长5.8%，其中第一产业增加值51.27亿元，同比增长3.9%；第二产业增加值44.78亿元，增长6.5%；第三产业增加值72.8亿元，增长6.8%。全年人均地区生产总值41588元，比上年增长8.9%。一二三产业分别拉动经济增长1.2个、1.7个、2.9个百分点。

【年度农业和农村经济运行】 2023年，全县实现农林牧渔业总产值90.46亿元，比上年增长3.9%。全年淡水养殖面积5424公顷，水产品产量1.27万吨，同比增长5.4%。全年农用化肥施用量（折纯）2.73万吨，减少0.5%。

【种植业】 全县粮食作物播种面积136.31万亩，同比减少0.9%。粮食总产量47.06万吨，同比增长2.4%，其中小春粮食产量13.21万吨，同比增长3.8%；大春粮食产量33.86万吨，同比增长2%。经济作物中，油料产量11.95万吨，增长3%，其中油菜籽产量9.11万吨，增长3.8%。

【林业】 全年完成营造林面积4570公顷，年末森林面积16896公顷，森林覆盖率达52.75%，活立木蓄积量1293万立方米。有自然保护区2个，保护面积5.06万公顷。习近平总书记亲临蜀道翠云廊视察。古树名木保护工作经验获得国家林草局、省政府主要领导批示推广。种植中药材4.2万亩，发展油茶1600亩。剑阁县获评“全国松材线虫病疫情防控攻坚行动先进单位”“广元市全面推行林长制工作成效突出集体”。全年认定农业产业化省级重点龙头企业1家、国家农民合作示范社1家，剑阁县核桃现代林业园区被认定为省级现代林业园区，剑阁县白龙元宝枫现代林业园区被认定为市级现代林业园区。

【畜牧业】 全年生猪出栏101万头，比上年增长1.7%；牛出栏1.95万头，比上年增长1.6%；羊出栏19.02万只，比上年增长0.1%；家禽出栏1110.85万只，比上年减少1.2%。肉类总产量9.76万吨，比上年增长1%，其中猪肉产量7.36万吨，比上年增长1.4%。

【主要领导人】 县委书记：杨祖斌；县人大常委会主任：张大勇；县长：范为民；县政协主席：向坤道；分管农业副县长：唐家华。

剑阁县编写组

青 川 县

【基本情况】 2023年，全县辖12镇8乡（2个回族乡）178个行政村（社区），辖区面积3216平方千米，户籍总人口217731人。森林面积237913公顷，其中当年造林面积2000公顷；有自然保护区3个，保护区面积91560公顷；森林覆盖率74.01%。是国家重点生态功能区、首批国家全域旅游示范区、中国国家旅游最佳生态旅游目的地、国家生态原产地产品保护示范区、国家有机产品认证示范区、国家生态文明建设示范区、天府旅游名县、首批四川省乡村运输“金通工程”样板县、“四好农村路”省级示范县、首批四川省数字乡村试点地区、全国自然资源节约集约示范县、全国绿色食品原料标准化生产基地、“中国名茶之乡”、“中国食用菌之乡”。

2023年，全县实现地区生产总值608222万元，按照可比价格计算，比上年增长5.6%，其中第一产业增加值145988万元，增长3.8%；第二产业增加值165282万元，增长7.1%；第三产业增加值296952万元，增长5.6%。三次产业对经济增长的贡献率分别为16.8%、33.8%、49.4%，分别拉动经济增长0.9个、1.9个、2.8个百分点。三次产业结构比由上年的25∶27.5∶47.5调整为24∶27.2∶48.8。第一产业增加值占地区生产总值的比重比上年降低1个百分点，第二产业增加值比重比上年降低0.3个百分点，第三产业增加值比重比上年提高1.3个百分点。规模以上工业增加值同比增长7.5%，增速分别高于全国、全省2.9个、1.4个百分点。社会消费品零售总额29.51亿元，增长9.3%。财政一般公共预算民生支出达65.7%。全年接待游客1277.98万人次，实现旅游总收入146.7亿元。

【年度农业和农村经济运行】 2023年，全县实现农林牧渔业总产值291364万元，增长3.8%；实现农林牧渔业增加值149517万元，比上年增长3.8%。城乡居民年人均可支配收入分别增长4.3%、7.2%。年末有效灌溉面积4240公顷。农业机械总动力10.08万千瓦，比上年增长1.7%。全年化肥施用量（折纯）3550吨，农用塑料薄膜使用量116.9吨，地膜使用量24.7吨。

【种植业】 全年粮食作物播种面积45.9万亩，比上年减少0.46万亩；油料作物播种面积19.04万亩，比上年增加1.7万亩；蔬菜及食用菌种植面积7.87万亩，比上年增加0.05万亩；中草药材种植面积5.34万亩，比上年增加0.32万亩。全年粮食总产量12.97万吨，增长2.7%，其中夏粮产量2.74万吨，增长3.9%；秋粮产量10.23万吨，增长2.4%。油料作物产量2.22万吨，增长10.4%；蔬菜及食用菌产量15.28万吨，增长3.9%；中草药材产量1.27万吨，增长33.5%；茶叶产量1.05万吨，增长15.4%。

【畜牧业】 全年生猪出栏19.02万头，比上年增长0.1%；牛出栏1.46万头，增长2.2%；羊出栏9.39万只，增长0.2%；家禽出栏358万只，减少1.1%。全年猪（牛、羊、禽）肉产量2.22万吨，比上年增长3%，其中猪肉产量1.38万吨，增长4.4%；牛肉产量0.18万吨，增长1.5%；羊肉产量0.14万吨，增长0.5%；禽肉产量0.51万吨，增长0.7%。禽蛋产量0.51万吨，增长4.1%。年末生猪存栏13.4万头，比上年增长9.2%。

【主要领导人】 县委书记：李方甫；县人大常委会主任：张国辉；县长：程远泽；县政协主席：杨政国；分管农业副县长：张久全。

青川县编写组

苍溪县

【基本情况】 2023年，全县辖31个乡（镇）454个村（社区），辖区面积2334平方千米。年末总人口72.15万人，其中农业人口60.76万人。全年机电排灌面积9.4千公顷，比上年增长8%；有农业机械总动力91.46万千瓦，增长1%。全年木材产量1.4万立方米，比上年减少26%。

2023年，全县实现地区生产总值211.91亿元，按照可比价格计算，比上年增长5.3%，其中第一产业增加值58.65亿元，增长3.3%；第二产业增加值56.18亿元，增长3.6%；第三产业增加值97.07亿元，增长7.5%。三次产业对经济增长的贡献率分别为18.2%、18.5%和63.3%。人均地区生产总值42212元，增长6.1%。三次产业结构比由上年的29.2∶26.7∶44.1调整为27.7∶26.5∶45.8。

【种植业】 全年粮食作物总播种面积120.6万亩，比上年减少0.9%，其中小春粮食作物播种面积37.4万亩，与上年持平；大春粮食作物播种面积83.3万亩，减少1.3%。经济作物播种面积67.07万亩，减少0.4%，其中油菜籽种植面积36.44万亩，减少4.4%。粮食总产量44.6万吨，比上年增长2.1%，其中小春粮食产量11.5万吨，增长4.2%；大春粮食产量33.2万吨，增长1.4%。经济作物中，油料产量5.64万吨，减少2.5%；水果产量28.98万吨，增长7.7%；蔬菜及食用菌产量43.64万吨，增长5.5%。

【养殖业】 全年生猪存栏57.17万头，减少17.8%；出栏107万头，增长1%。牛存栏7.03万头，减少1.3%；出栏2.65万头，增长2.3%。羊存栏6.89万只，减少3.8%；出栏10.9万只，增长0.1%。家禽出栏829.7万只，减少1%。禽蛋产量2.03万吨，增长3.8%。主要畜禽肉产量9.96万吨，增长0.4%。全年水产养殖面积19.3万公顷，增长1.4%；水产品产量1.88万吨，增长1.6%。

【主要领导人】 县委书记：张世忠；县人大常委会主任：冯明；县长：任云；县政协主席：李汀；分管农业副县长：翟广生。

苍溪县编写组

遂宁市

【基本情况】 2023年，全市辖2区2县75个乡（镇）20个街道，代管射洪市，辖区面积5322平方千米。全年出生人口1.69万人，人口出生率6.03‰；死亡人口1.85万人，人口死亡率6.59‰；人口自然增长率-0.57‰。年末常住人口274.8万人，比上年末减少2.4万人，其中城镇人口164.28万人、乡村人口110.52万人；城镇居民常住人口城镇化率59.78%，比上年末提高1.1个百分点。年末户籍人口353.12万人，比上年末减少1.28万人；户籍人口城镇化率29.18%，比上年末减少1.05个百分点。

2023年，全市实现地区生产总值1714.97亿元，按照可比价格计算，比上年增长6.7%，其中第一产业增加值221.32亿元，增长4%；第二产业增加值783.11亿元，增长6.5%；第三产业增加值710.54亿元，增长7.9%。人均地区生产总值62137元，增长7.3%。

公路总里程14582千米，其中等级公路14373千米、高速公路386千米。公路运输总周转量57.63亿吨/千米，其中公路客运周转量4.96亿人/千米，比上年下降2.65%；货运周转量52.67亿吨/千米，增长7.3%。

有各级各类学校744所（不含高等院校），在校学生41.45万人，专任教师2.98万人，其中普通小学163所，在校学生17.54万人；普通初中107所，在校学生9.04万人；

幼儿园428所，在园幼儿7.21万人；特殊教育学校5所，在校学生2309人；普通高中30所，在校学生5.45万人；中等职业教育学校10所，在校学生2.12万人。

【年度农业和农村经济运行】 2023年，全市第一产业增加值221.32亿元，增长4%，居全省第13位。全市农林牧渔总产值365.98亿元，增长3.8%，居全省第16位。全市农村居民年人均可支配收入增长7.1%，增速排名全省第10位。推进农业保险覆盖力度，扩大三大主粮完全成本保险覆盖面，推行“四必保一动员”，全年承保覆盖率达95%以上。

【农业产业化发展】 粮食稳面丰产。在全省率先启用卫星遥感监测系统，推进撂荒耕地“动态清零”。优化改造农业种植园地2.05万亩，严格管控“非粮化”。建成粮食高产示范片24个、大豆玉米带状复合种植28.2万亩，玉米大豆带状复合种植示范基地大豆和玉米单产均创全国最高纪录，粮食面积、单产和总产量呈现“三增”态势。全年粮食作物播种面积416.1万亩，超目标任务0.07%；产量147.9万吨，同比增长2.3%，超目标任务0.96%，粮食作物播种面积、产量增幅均居全省第五位。

畜禽水产稳定增长。解决企业“猪周期”下行期间流动资金需求近1亿元，建立国、省、市三级生猪产能调控基地310个，调控产能167.3万头。推动18栋“楼房式”智能化养殖场建成投产，新创建部、省级畜禽养殖标准化示范场16个，生猪养殖规模化率达70%。全年生猪累计出栏380.7万头，增长1.97%，增速排名全省第4位。加快肉牛（羊）产业高质量发展，扩大白羽肉鸡产能。全年牛出栏3.79万头，增长0.1%；羊出栏39.24万只，减少2.8%；家禽出栏2663.28万只，增长1.4%。建成循环水养殖基地12个，新增稻渔综合种养面积4万亩。水产品产量5.9万吨，增长4.32%。

“菜篮子”供应充足。10万亩渝遂绵优质蔬菜生产带核心示范基地加快建设，建成1万亩蔬菜、水果标准化种植基地16个。推动设施农业集约化、工厂化、智能化发展，建成蔬菜育苗科技中心1个、设施蔬菜基地6.1万亩。全年蔬菜及食用菌产量137.22万吨，增长5.8%；瓜果产量增长14.6%；中草药材产量增长38.2%。

【种植业】 落实粮食安全责任制考核工作，抓好粮食生产，工作成果得到省委、省政府肯定。9月，省政府办公厅印发《关于对2022年度落实有关重大政策措施真抓实干成效明显地方予以督查激励的通报》，对全市2022年推动落实粮食生产（含大豆扩种）、开展撂荒地整治等工作明显成效予以激励通报。持续推进粮食生产“稳面增产”工作，加强农机农艺融合，抓牢抓实单产提升，通过加大补贴调动农户积极性，加强技术指导，推动增产增收，突出抓好粮油绿色高质高效示范区建设。全市以大豆亩产207.34千克、玉米亩产651.1千克的成绩获得全国大豆高产竞赛带状复合种植组第一名，创全国大豆玉米带状复合种植高产新纪录，被全国农业技术推广服务中心通报表扬。粮油生产、科学施肥两项工作表现突出，被农业农村厅通报表扬为先进单位。大豆单产提升关键技术措施推广经验做法被农业农村部、农业农村厅肯定，《遂宁市积极实施大豆玉米单产提升工程》被省政府办公厅《政务晨讯》（2023年第70期）刊用，《遂宁市安居区扩面提质增效并重探索大豆玉米带状复合种植新模式》被农业农村部种植业管理司《种植业快报》（国家大豆和油料产能提升工程专刊第42期）刊发，《遂宁市多措并举大力推广大豆玉米带状复合种植》被全国农业技术推广服务中心《全国大豆油料提产能农技行动专刊》（2023年第11期）刊发。

全年水稻播种面积85万亩，产量45.8万吨；玉米播种面积140.2万亩，产量53.8万吨；小麦播种面积83.4万亩，产量23.9万吨；大豆播种面积43.5万亩，产量5.8万吨；红薯播种面积31万亩，产量9.8万吨；马铃薯播种面积26.4万亩，产量7.4万吨；油菜播种面积90.96万亩，产量17.31万吨；花生播种面积25.38万亩，产量4.45万吨。遂宁市是川渝“菜园子”和全国冬春蔬菜基地，是晚熟柑橘和柠檬种植最适宜区域之一，是川白芷的著名产区和发源地。2023年，全市特色产业发展坚持以市场为导向，以提质增效为目标，走特色化、标准化、产业化发展之路，推进渝遂绵优质蔬菜生产带建设，推动全市经作产业提档升级，为农业增效、农民增收，助推乡村振兴奠定产业基础。全年蔬菜种植面积131.5万亩，产量264.3万吨，实现产值约50.2亿元。重点打造“遂宁白萝卜”（16.2万亩）、“遂宁食用菌”（15.3万吨）、“遂宁莲藕”（8.1万亩）3个特色农产品品牌。已建成省五星级蓬溪县食用菌现代农业园区、市四星级大英县蔬菜现代农业园区、市三星级船山区遂潼涪江蔬菜现代农业园区和安居区莲藕现代农业园区。基地集中成片万亩以上的乡（镇）有红江、回马、沱牌、老池等10个，流转面积30亩以上的业主有四川省绿然现代农业科技有限责任公司、四川琪英菌业有限公司、四川博茂农业开发有限公司等625家。琪英菌业单体厂区杏鲍菇、虫草花工厂化生产和骆峰菌业黄色金针菇工厂化生产产量均位居全国第一。4月26日，大英县、蓬溪县被列入国家设施蔬菜产业集群。全市水果种植面积63万亩，产量51万吨，实现产值26.3亿元。重点打造“遂宁晚熟柑橘”（15万亩）、“遂宁鲜桃”（12.3万亩）、“遂宁柠檬”（5.6万亩）3个特色农产品品牌。已建成市四星级大英县柑橘种养循环现代农业园区，市三星级大英县甜桃现代农业园区、蓬溪县任隆仙桃现代农业园区、蓬溪县宝梵柑橘现代农业园区。基地集中成片万亩以上乡（镇）有沱牌、蓬莱、卓筒井、河边等6个，流转面积30亩以上的业主有四川锦天福泽农业有限公司、四川玖月农业开发有限公司、四川正源康柠檬有限公司等427家。柠檬种植面积位居全省第二。全市中药材种植面积9.7万亩，产量4万吨，实现产值约7.5亿元，主要品种有白芷、枳壳、黄精、佛手、菊花等。重点打造“遂宁白芷”（2.5万亩）特色农产品品牌。已建成省三星级大英县中药材现代农业园区和市五星级船山区白芷现代农业园区。基地集中成片千亩以上的乡（镇）有唐家、永兴、隆盛、蓬南、群利等5个乡（镇）。流转面积30亩以上的业主有四川全泰堂川白芷产业有限公司、四川兴川白芷产业发展有限公司等157家。白芷种植面积2.5万亩，稳居全省第一位。

农作物统防统治。全市植保植检工作坚持“预防为主，综合防治”的工作方针，围绕农业生态环保绿色可持续发展目标，聚焦推进第二轮中央环保督察反馈农药减量化问题整改，加强主要病虫害预测预报，加快农药减量控害技术推广，开展科学安全用药培训宣传，提高病虫害科学防控水平，为促进农业生态环境保护、保障粮食和主要农产品安全供给作出植保贡献。全年农药使用量保持下降势头，全市农作物病虫草鼠螺害发生面积881.37万亩次，防治面积1090.4万亩次，粮食作物病虫草鼠害损失率1.14%，主要农作物病虫害绿色防控率、统防统治覆盖率分别达59.32%、55.14%。2月10日，遂宁射洪市被评为第二批全国农作物病虫害专业化统防统治百强县。

【种业发展】 开展种资源保护和利用。全面完成中央、省农作物种质资源普查任务，累计普查农作物种质资源244份；收集寄送入库种质资源96份，超目标任务16个。加强种质资源库（圃）建设，在射洪市现代种业园区建成种质资源库5个、种质资源圃20亩，园区累计保种玉米、水稻、小麦、油菜、棉花种质资源14198份。扶持云海农业、内江市农科院在种业园区内开展资源创制和鉴定工作，4个水稻新亲本（恢复系）“润珠千晶”“千恢49”“千恢32”“千恢18”通过四川省农作物品种审定委员会田间技术鉴定。

开展联合育种攻关。鼓励和推进种业企业与科研院所、高等院校深度合作，组建技术研发平台和种业创新战略联盟。加强与省农科院、内江农科院等科研机构的合作，打造两系杂交稻育种、玉米制种优势品牌，云海农业科技有限公司与内江农科院等单位联合选育的水稻“千乡8优708”“千乡优906”，玉米“内玉3610”“云苌46”4个品种通过主要农作物品种审定。

做大做强种业企业。支持射洪市建立种子质量检测中心。引导遂宁市本地种业企业发展科研基地、良种繁育基地。鼓励在遂宁市登记注册的制种企业育种，企业所在县（市、区）按照不低于市级奖补标准予以配套支持。全市有制种办证企业16家，其中B证企业4家，C、D证企业12家。新引进贵州卓豪、四川神龙科技、广西良农等种业业主15家，全市种业新型经营主体达42家。全年完成制种面积水稻1万亩、玉米2.9万亩。

【畜牧业】 全年生猪存栏206.23万头，减少6.03%，增速排名全省第二位；能繁母猪存栏20.1万头，减少6.5%，增速排名全省第六位；生猪累计出栏380.7万头，增长1.97%，增速排名全省第四位。牛存栏8.16万头，减少1.04%；牛出栏3.79万头，增长0.06%，增速排名全省第21位。羊存栏25.52万只，减少7.09%；羊出栏39.24万只，减少2.81%，增速排名全省第19位。禽出栏2663.28万只，增长1.39%，增速排名全省第四位。

建设基地稳产能。坚持以稳定生猪产能为基础，推动生猪产能调控基地建设，发挥好生猪产能基地稳大盘、保供给的作用。全年建成生猪产能调控基地国家级18个、省级186个、市级106个，总数较上年新增93个；调控基地生猪产能达167.3万头，占全市总量的40%以上。新建投产楼房猪场2栋、大型规模养殖场2个，新增育肥猪存栏8万头；在建楼房猪场1栋、大型规模养殖场2个，建成后可新增存栏能繁母猪0.3万头、育肥猪1万头。

助企纾困提信心。协调金融机构，对符合条件的优质企业实行无还本续贷，节约企业融贷成本。针对个别本地生猪养殖龙头企业，开辟绿色经融通道，采取“由平台公司担保向银行贷款”“无还本续贷”等方式，解决企业“猪周期”下行期间流动资金需求近亿元。

主动对接争项目。按照2023年财政转移支付资金涉农项目储备工作要求，组织各县（市、区）开展项目储备，向上争取中央、省奖补资金支持全市畜牧产业发展。2023年，全市共争取中央、省级项目4个，其中畜牧业发展补短板项目1个、粮改饲项目2个、德遂生猪产业集群项目1个，共计争取中央、省级资金8027余万元。

示范创建强发展。开展2023年部、省级畜禽养殖标准化示范场创建的宣传动员、培训部署、县级初审、实级复审等系列工作。全市申报创建部级畜禽养殖标准化示范场1个、省级畜禽养殖标准化示范场15个。2月27日，遂宁市船山区生猪农业国际贸易高质量发展基地被认定为2022年省级农业国际贸易高质量发展基地。

【水产业】 全市水产品产量5.9万吨，同比增长4.32%；实现渔业经济总产值16.6亿元，同比增长2.32%。

水产品基础生产能力提升。全域推进“鱼米之乡”创建，指导安居区、蓬溪县进行规范化建设，通过省级中期评估，新增稻渔综合种养面积4万亩，船山区、大英县被列为2023年度创建县。整市推进“鱼米之乡”示范建设目标实现，为全省唯一整区域推进“鱼米之乡”建设的市（州）。稳步发展设施渔业，因地制宜发展陆基设施循环水养殖、工厂化循环水养殖等集约化、工业化健康养殖，全市建成陆基设施循环水养殖基地5处、养殖设施164个、养殖水体2.7万立方米，新增鲈鱼、南美北对虾、黄颡鱼等名优水产品产量500余吨。持续推进水产园区建设，按照创建省级园区目标指导射洪天仙农业园区、香山水产现代农业园区建设，帮助其制定发展规划并加快推进建设，已建成稻渔养殖基地5000余亩，设施渔业基地2处，初加工厂房800平方米，配备初加工设备8台（套）、冷藏库4座、检测中心2处。成立射洪市梓渔水产养殖专业合作社联合社1个。

推动产业绿色健康发展。聚焦绿色健康养殖“五大行动”，因地制宜开展生态健康养殖、养殖尾水治理、水产养殖用药减量等行动。推广绿色健康养殖模式，在全市范围推广稻渔综合种养和设施渔业等健康养殖模式，组织开展全市水产绿色健康养殖现场会培训，通过培训健康养殖技术和实地参观“五大行动”骨干基地的方式，培训规模养殖户65人。全省水产绿色健康养殖技术推广“五大行动”现场交流活动在射洪市举行，全省170余人参加，遂宁市作经验交流发言。加强水产养殖污染防控，争取到位中央、省级资金984万元用于池塘升级改造和尾水治理，累计完成6269.5亩池塘养殖尾水治理，推进产业发展。

加强水产品质量安全监管。围绕“治违禁 控药残 促提升”，组织开展“水产养殖规范用药科普下乡”活动、“放心农资下乡进村宣传周”活动等3次，开展水产品质量安全培训1次，发放“水产养殖用药明白纸”5000余份，重点生产单位《水产养殖用药明白纸》上墙率达100%。指导养殖户完善养殖记录和规范用药、减量用药。加强水产苗种产地检疫，推广应用疫苗防病技术，从源头降低病害发生，减少用药风险。加大重点品种抽检力度，完成国家产地水产品兽药残留监测抽样12批次，开展以地西泮为重点的养殖水产品质量安全专项整治。

养护水生生物资源。持续牵头做好“十年禁渔”统筹协调工作，“十年禁渔”工作在2022年度考核中获评“优秀”等级，为全市获得加分0.065分，获得省级奖励资金50万元。组织开展督查暗访，发现问题第一时间采取“发点球”的方式通报至相关县（市、区）和相关部门，督促整改。组织开展涪江流域水生生物资源调查，配合省厅完成涪江、郪江、琼江监测任务。加强增殖放流监管，监督涉渔工程单位科学有序开展增殖放流活动，向涪江、郪江放流中华倒刺鲃、白甲鱼、岩原鲤、黄颡鱼、长吻鮠和中华鳖等各类鱼苗14.1万尾，促进渔业修复增殖。加强对水产种质资源保护区的监管，严格审批在保护区从事开发利用的各项涉渔活动，组织开展人工增殖放流、打击非法捕捞、进行鱼类动态监测，并督促涉渔工程单位落实补救措施。通过召开专题会、现场检查、定期调度的方式加强督导，帮助唐家渡电航工程解决落实补救措施中遇到的困难，截至2023年年底，已累计实施资金1817.11万元。加强水生野生动物保护宣传，编制水生野生动物保护宣传图册，与环保局、林业局共同开展“5·22”生物多样性宣传活动，现场发放宣传图册500余份，增强市民关爱水生动物、保护水域生态环境意识。

抓好渔业安全生产。加强安全生产警示教育和培训，组织开展渔业安全生产培训1期，引导养殖户和其他涉渔经营主体加强安全生产意识，推动渔业安全监管向事前预防转型。抓防灾减灾指导服务，加强灾害天气预报预警，指导涉渔单位及人员做好应急预案和抗灾减灾物资储备，提升行业抗风险能力。加强渔业安全隐患排查，开展安全生产检查5次，督导重点部位和区域落实各项安全管理措施，消除安全风险隐患，全年未发生重大渔业安全事故。

【高标准农田建设】 全域推进高标准农田示范市建设，力争5年内将符合立项条件的永久基本农田全部建成高标准农田。2023年立项项目亩均投入达到新建项目5800元、改造提升项目4800元。谋划2024年项目储备，争取到国家新增国债高标准农田建设项目21.3万亩，占全省总量的12%。建成耕地质量长期定位监测点40个、耕地质量调查点406个，在全省率先建立高标准农田项目区耕地质量调查点182个。

【农业农村改革】 推动农村承包地“三权分置”，探索形成土地流转合作社“确权不确地、互换并地”等做法，解决承包地细碎化分散化问题。率先开展土地流转网签试点，耕地规模经营率达44%，建立土地流转风险保障金443万元。全市已培育市级以上龙头企业、农民合作社示范社、示范性家庭农场1130家。全市累计为2277户新型农业经营主体发放贷款19.1亿元，同比增长16.73%。持续巩固全国农村集体产权制度改革试点成果，聘请37名职业经理人经营管理集体资产。探索推广“跨村联营”“四联共富”等集体经济发展新模式，完善利益联结机制，保障强村富民。截至2023年11月底，全市农村集体经济总收入达2.49亿元，纯收入达5771万元，分别增长145%、130%。

【宜居乡村建设】 统筹推进和美乡村示范建设。实施乡村振兴“1151”示范工程，统筹做好“三园一体”“五美”精品示范村“后半篇”文章，带动乡村振兴“聚点成线、连线成面”，射洪市被纳入国家乡村振兴示范县建设名单，申报创建省级乡村振兴先进县、成效显著县2个。2月13日，安居区常理镇、大英县卓筒井镇被省委、省政府命名为2022年度乡村振兴先进乡镇；蓬溪县被省委、省政府命名为2022年度乡村振兴先进县；船山区永兴镇锦秀村等22个村被省委、省政府命名为2022年度乡村振兴示范村。2月25日，遂宁市被省委农办、省委组织部评为2022年度市（州）党政推进乡村振兴战略实绩考核“优秀”等次。11月17日，遂宁市船山区永兴镇新开村、遂宁市蓬溪县群利镇印花村和遂宁市大英县卓筒井镇为干屏村被农业农村部、中央宣传部和司法部评为第三批全国乡村治理示范村。11月9日，射洪市农业综合行政执法大队被评为全国农业综合行政执法示范窗口(第五批)。

面源污染治理。全域推进畜禽粪污资源化利用、秸秆综合利用、农膜使用回收，化肥农药连续8年保持零增长，全市病死畜禽集中无害化处理率达100%，秸秆综合利用率达92.26%，畜禽粪污综合利用率达95.75%，均居全省前列。全面实施长江流域“十年禁渔”，结合“河长+警长”巡河联动机制，组织开展多部门联合执法检查、巡查96次，巩固“四清”工作成果。

【乡村特色产业】 集群发展成效凸显。成片成带成规模发展粮油、菌菜、水果、药材、畜禽、水产六大特色产业，白萝卜、莲藕、白芷规模化种植面积位居全省第一，虫草花、杏鲍菇工厂化单体年产量位居全国第一。梯次建设60个现代农业园区，投入12.5亿元推进现代农业园区提档升级，已培育建设省星级现代农业园区5个、市级现代农业园区28个，船山区国家生猪大豆种养循环现代农业园区通过农业农村部中期评估，船山区遂潼涪江蔬菜现代农业园区被纳入成渝现代高效特色农业带合作园区培育，设施蔬菜被纳入国家产业集群创建名单，生猪、油菜、红薯被纳入省级产业集群建设名单，已推荐新评定省级现代农业园区4个、提档升级1个。

链条延伸深入推进。坚持“产加销”贯通、农文旅融合发展，累计新建农产品仓储保鲜冷藏库915间、烘干设施设备296台(座)，全市农产品初加工率达66%，高于全省平均水平。生猪、白羽肉鸡、食用菌、白芷等特色优势产业形成全产业链，射洪市被纳入国家农村产业融合发展示范园创建名单，新纳入国家农业产业强镇建设名单1个，创建省级农业产业强镇2个，新获评中国美丽休闲乡村1个。

品牌效益持续壮大。加快构建“3+3+3”特色优势农产品体系，推行“1+N顺风车”销售模式，新建特色农产品专销点14个。牵头组建产业联盟10个，引领带动成员单位287个。举办首届成渝特色农产品博览会，组织200余种本地产品参加中国农交会、西部农博会等展示展销活动11场，新建特色农产品专销点14个。新增绿色食品、名特优新农产品认证18个。申报遂宁白萝卜、遂宁食用菌等地理标志农产品4个，“遂宁红薯”“高金食品”“弯哥鱼米”“五斗米”“遂宁鲜”入选“天府粮仓”精品品牌名单。

【农业机械化】 农机装备水平不断提高，新争取省级“五良”融合机械化改造示范县3个，新(改)建机电提灌站300余座。

【特色农副产品】 遂宁晚熟柑橘。遂宁市属亚热带湿润季风气候，气候温和，四季分明，是世界柑橘的原始基因库。遂宁市历来盛产柑橘，栽培历史悠久，据《射洪县志》清光绪十年(1884年)记载，因自然条件适宜，柑橘在涪江流域广为栽植，是该地主要栽植水果之一。2000年前后，由于甜橙、红橘等老品种效益逐渐走低，遂宁开始推广晚熟杂柑，并确定了发展晚熟品种和推广中熟品种留树晚采技术的“双晚”战略。经过10余年发展，遂宁市通过低产果园改造、高接换种等手段，加大品种改造进度，取得了显著成效。2013年，遂宁晚熟柑橘种植面积7.9万亩，年产量0.7万吨。2016年年底，四川晚熟柑橘种植面积为269万亩，而遂宁市成为全省栽培面积最大的晚熟柑橘生产地，共引进和培育规模业主100余户，规模种植柑橘8万余亩，占新建柑橘基地总面积的30%左右。2018年，遂宁晚熟柑橘种植面积10万亩，年产量2.1万吨。发展至2021年，遂宁晚熟柑橘种植面积达14万亩，位居全省前列，产量11万吨，主要产区在射洪市金华、瞿河、沱牌，大英县蓬莱、卓筒井等乡(镇)，遂宁市万亩以上连片有射洪市瞿河镇、沱牌镇，大英县蓬莱镇等3个晚熟柑橘基地。遂宁晚熟柑橘于2007年被认定为无公害农产品产地，其优质清见橘橙产业化和基地建设项目获得《国家级星火计划项目证书》，先后参展中国绿色食品2008上海博览会和四川特色优质农副产品北京展示展销会，获得中国绿色食品2008上海博览会畅销产品奖。其中，射洪金华清见晚熟柑橘获评国家农产品地理标志产品，射洪市也因“遂宁鲜柑橘”被认定为首批省级特色农产品优势区，产品主要销往北京、深圳、成都、重庆等国内大中型市场，广受消费者喜爱。

遂宁柠檬。遂宁市属亚热带湿润季风气候，气候温和，雨量充沛，四季分明，具有冬暖春旱、夏热秋凉、雨雾多、日照少、无霜期长等特点，是柠檬种植最适宜的区域之一。遂宁柠檬种植始于20世纪70年代，主要集中在安居区、射洪市、大英县等地。1984年，遂宁市境内公社成片种植嫁接水果幼树1000万株。1991年，由四川省日用化学工业研究所梁家友教授从美国引进柠檬。1993年，遂宁柠檬自美国引种嫁接。1995年2月，河边镇从重庆日化研究所引进在卧龙村培植，通过适应性观察、砧木选择、嫁接苗的培育、土壤改良、肥料管理、整形修剪、病虫害防治、激素应用及适时采收等一系列栽培技术，1996年12月，遂宁柠檬试点培育成功，并于同年开始发展。1999年，遂宁市建立名优特新水果种植基地6个、面积450公顷。2003年，遂宁市基本形成河边白柠檬等4个水果生产基地，面积达576公顷，年产水果100万余吨，畅销省内外。2009年，遂宁市引进5000万元新建柠檬基地2000亩，打造八里总支老基地5000亩，筹建白柠檬树苗基地5000亩。2012年，遂宁柠檬种植面积约3000余亩，产量4000余吨；2014年，遂宁柠檬种植面积16800亩，产量42000吨。2017年，遂宁柠檬种植面积8万亩，产量1.5万吨。2020年，全省“10+3”川果产业振兴工作推进方案将射洪市、安居区规划入柠檬产业带。2021年，遂宁柠檬面积65000万亩(位居全省第二)，产量50000吨，主要产区在大英县河边、射洪市瞿河、安居区三家、安居等乡（镇），遂宁市已有大英县河边镇1个万亩柠檬种植基地。全市已培育打造“蜀珍柠檬”“富鑫柠檬”“柠香柠檬”“河边白柠檬”“大英白柠檬”等柠檬品牌，其中“大英白柠檬”被农业农村厅评为无公害食品、被农业农村部评定为国家农产品地理标志产品。产品在重庆、成都、昆明、北京、上海、广州等多个大中城市均建有销售网络或网点，部分产品远销俄罗斯、东南亚、中国香港等地，深受消费者喜爱。

遂宁鲜桃。遂宁鲜桃种植历史悠久，主产地集中在安居区、大英县、蓬溪县等地，其中以蓬溪仙桃品质最优。早在唐朝时期，蓬溪县种植的寿桃就是皇宫贡品，清朝时期改种为八仙桃，仍然深受上层社会青睐。天宝年间，大诗人杜甫到蓬溪县造访时任唐兴县（今蓬溪县）县令王潜，品尝了蓬溪仙桃的美味后写下：“五夜漏声催晓箭，九重纯色醉仙桃”的诗句。近年来，遂宁市把鲜桃作为优化结构、助农增收的骨干项目来抓，与四川农业大学实行校地联合，在任隆白泥埡、八角村等地统一规划，统一组织种苗，统一栽植，统一技术培训、统一管理，建立了万亩鲜桃科技示范园，辐射带动任隆、高升、黄泥等乡（镇）发展鲜桃产业，建成优质鲜桃基地5.1万亩，年产量达6万余吨。2009年9月，中国果品流通协会授予遂宁市“中国优质桃之乡”称号；2011年9月，遂宁鲜桃获得《有机产品认证证书》；2013年，遂宁鲜桃进入2013年度全国名特优新农产品目录。2016年，遂宁鲜桃种植面积10万亩，产量4万吨；2019年，遂宁鲜桃种植面积11万亩，产量6万吨。截至2023年年底，遂宁鲜桃种植面积达12万亩，产量8万吨，已有任隆镇、大英县卓筒井镇2个万亩基地。遂宁鲜桃果肉白色，肉质细脆，味纯甜，据四川农业大学测定，可溶性固形物含量达15.1%，富含多种人体所需的蛋白质、维生素和矿物质元素，是真正的绿色原生态食品，远销成都、宜宾、重庆、贵州、湖北、云南等地，深受消费者喜爱。

遂宁白芷。遂宁白芷是遂宁市的特产，据《遂宁白芷志》记载：“遂宁白芷栽培约有600余年的悠久历史。”遂宁白芷产区位于四川盆地中部，涪江纵流而过，涪江灰棕冲积物风化发育成的沙土和油沙土土壤及当地的亚热带湿润季风气候区形成了遂宁桂花至龙凤一带沿江两岸特殊的生态环境，其土壤、气候非常适宜白芷的生长。遂宁市得天独厚的环境条件正适合白芷根系的生长，长期以来成为了上品“白芷”的发源地，素有“白芷之乡”的美誉。遂宁白芷在明代（1368—1644年）由杭州的杭白芷引种栽培而形成道地药材。2004年，王梦月实地调查证实安岳、南充、达县（现达川区）等地，分别在1956年、1958年、1966年从遂宁市引种在当地栽培白芷，成为白芷的主产地。2010年以来，遂宁白芷主要以“企业+合作社（种植大户）+农户”为种植模式，连续耕作，土地有效利用率高，龙头企业通过流转土地规模化种植白芷，逐步建立白芷示范种植基地。2008年，遂宁白芷种植面积1.05万亩，产量0.5万吨；2012年，遂宁白芷种植面积1.5万亩，产量0.7万吨；2015年，遂宁白芷种植面积2.2万亩，产量0.9万吨；2019年，白芷种植面积达1.95万亩，种植面积逐年稳步增长，总产量达10000吨，产值突破1亿元。遂宁市所产白芷且具有药性独特、芳香浓郁等特色，名列世界四大著名白芷产地之首。早在2006年，遂宁白芷已通过GAP认证，遂宁市涪江流域的22个乡（镇）被纳入保护范围，被国家确认为白芷的原产地和道地药材产区。2018年，遂宁白芷被收录于《全国道地药材生产基地建设规划（2018—2025）》西南片区名录，在《四川省中药材产业发展规划（2018—2025年）》中也明确定位遂宁为川白芷主要生产区域。当地出产的遂宁白芷不仅满足了国内医药配方的需要，而且远销新加坡、马来西亚、日本、中国香港等10余个国家和地区。

遂宁菌菜（遂宁菌菜指香菇、木耳、银耳、平菇、金针菇等食用菌的统称，而地理标志证明商标只能以“地名+品名”组合申请注册，如“遂宁香菇”“遂宁木耳”等）。遂宁菌菜人工栽培有较长历史，产业化发展起步于1996年。遂宁市因食用菌产业先后获得“国家级优质双孢蘑菇农业标准化示范区”“全国食用菌工厂化生产示范县”“全省现代农业产业基地强县（食用菌）”等称号，蓬溪县食用菌现代农业园区获评四川省四星级现代农业园区。遂宁菌菜设施种植面积约1万亩（天福、红江、大石、高升等地），工厂化栽培约4亿袋（天福工厂化占地1000余亩），食用菌年产量约9万吨，实现产值7亿元。琪英、骆峰日产杏鲍菇120吨、虫草花50吨、色金针菇60吨，遂宁市成为全国最大的单体杏鲍菇及虫草花、黄色金针菇工厂化生产基地。

遂宁鱼米。遂宁鱼米即按照稻渔综合种养方式生产的大米，生长期长，大米油脂度高，香气十足，口感软糯。20世纪60年代，遂宁地区开始全面发展稻田养鱼的稻渔模式，发展至今形成稻鱼、稻虾、稻蟹、稻鳖、稻蛙等多种模式的稻渔产业，遂宁鱼米最具代表性的是射洪鹤弛稻田养殖专业合作社生产的弯哥鱼米，2023年，弯哥鱼米被农业农村厅评为“天府粮仓”精品品牌。具体方式是大春选择优质晚熟籼稻品种，田间放养鲫鱼苗进行开放式散养，水稻定植7天后按照500尾/亩的密度投放鱼苗。稻鱼之间有种相互依存的关系，使稻米营养更为集中，更可以为水稻提供天然肥料、翻松泥土以及增加水中的氧气含量，而水稻引来的各种昆虫又为田鱼提供食物。当稻田载鱼量达每公顷1500千克以上，养鱼一年后土壤中的氮、磷、钾含量可分别提高57.7%、78.9%及34.8%，更有助增加稻谷产量约5%～15%。遂宁鱼米2019年获评四川省优质品牌农产品，2020年获得全国绿博会金奖、全国农交会金奖。截至2023年年底，全市稻渔综合种养生产面积达20万亩，实现产值5亿元。

遂宁白萝卜。遂宁白萝卜生长在遂宁涪江沿岸冲击土壤，水域每年冲击的焕新沙土非常适合遂宁白萝卜生长，孕出优品，遂宁农民常年有种植、食用白萝卜的习惯，距今已有300年，遂宁白萝卜表皮纯白光滑，长30厘米左右，口感脆嫩，富含维生素C、钾和锌等微量元素，有开胃消食、除疾润肺和解毒生津等功效，遂宁民间流传有“冬吃萝卜夏吃姜，不用医生开药方”的农谚。20世纪90年代，遂宁白萝卜是遂宁市出口创汇的主要农产品之一。2000—2005年，遂宁政府引导农民因地制宜发展遂宁白萝卜种植，遂宁白萝卜种植面积每年达5万亩，总产量15万吨；2006—2014年，遂宁进行农村改革创新，结合市场需求，推行“订单种植”模式，遂宁白萝卜种植面积每年达10万亩，总产量40万吨；2015—2019年，遂宁农产业体系不断优化，遂宁白萝卜种植面积每年达13万亩，总产量65万吨；2020年遂宁白萝卜种植面积达14万亩，总产量70万吨；2021年，全市种植面积15万亩，总产量75万吨。近年来，遂宁白萝卜主销北京、上海、广州，远销日本、韩国等地。遂宁白萝卜被列入2020年国家发展改革委北京地区新冠疫情防控“菜篮子”保供名单。预计到2025年，白萝卜种植面积将达到15万亩，产量将达到75万吨，产值将达到10亿元。

遂宁莲藕。遂宁历来就有人工种植荷花莲藕的传统，有着“莲藕之乡”的美誉。遂宁莲藕含有大量淀粉、蛋白质、多种维生素及钙、铁、磷等多种矿物质，口感爽脆味甘，生者性寒、熟者性温，具有极高的营养价值和药用价值。2012年，遂宁莲藕得到地方政府的支持，各乡（镇）发展种植莲藕；2013年，荷花被确定为遂宁市花；2014年，莲藕从原有的300亩发展到2500亩，年收入1000万元以上；2016年，全市建设莲藕基地，引进莲藕新品种，采取“基地+专业合作社+适度规模户”的多种经营模式发展，使得遂宁莲藕成为渝遂绵优质蔬菜生产带六大产业之一，是西南片区最大的莲藕规模化种植加工基地；2020年，全市莲藕种植面积达2.5余亩，年收达1亿元以上；2021年，全市莲藕种植面积3万亩，产量3.1万吨，实现产值1.3亿元，产品销往成都、重庆、新疆、墨西哥、加拿大、韩国等国内外地区；预计到2025年，莲藕种植面积将达到10万亩，产量将达到15万吨，产值将达到10亿元。

遂宁无抗猪肉。遂宁无抗猪肉是按齐全主导制定的四川省地方标准《无抗生猪饲养技术标准》从繁育到育肥全程不使用抗生素类药物和药物饲料添加剂的高品质猪肉。无抗生猪饲养从猪苗到上市周期为10个月，比普通生猪饲养周期长4个月，其肉质紧致、色泽靓红、系水力强、肌间脂肪含量高且呈雪花状，肥瘦相间，口感上乘。无抗猪肉是四川省生猪无抗养殖工程技术研究中心与西北农林科技大学、四川农业大学合作研发多年从饲料营养水平设计、发酵原料开发及应用、发酵中草药提高猪群健康水平、优化猪场饲养环境等多个维度的研究推出的高品质猪肉。船山桂花、蓬溪、大英等地10余个养殖基地推广应用无抗生猪养殖技术，全市年出栏无抗生猪40万余头。无抗猪肉严格把控生产、屠宰、销售各个产业链，采用门店鲜销、线下配送等方式方便消费者购买，在遂宁城区设立销售门店2个，2023年销售额达7.31亿元。

遂宁黑猪。遂宁市生猪养殖历史文化悠久，在市政府主导下，遂宁市先后被列为国家现代畜牧业示范区、国家优质商品猪生产基地、国家优质生猪良种繁育供应基地。2012年在遂宁市推出“六大兴市计划”后，遂宁市农业产业化国家重点龙头企业四川高金实业集团股份有限公司开始建立安全生态牧场，引入科研院所基因，经过12年6代培育出海拔4000米以上的雪域纯种藏香猪与川黑猪的珍惜少产品种——“遂宁黑猪”，其肉香浓郁、柔嫩可口。遂宁黑猪2014年获得《畜禽新品种（配套系）证书》，2016年获得《有机产品认证证书》，2020年获得《生态原产地产品保护证书》《猪种检化测试数据证明》《无抗产品认证证书》。遂宁黑猪深受消费者喜爱，2012年开始培育猪苗，2013年存栏达5000头，2014—2016年每年存栏6000头，出栏7000头；2017年在政府支持下，扩建养殖规模，遂宁黑猪饲养数量成倍增长。截至2023年年底，全市存栏“遂宁黑猪”12018头，年出栏商品猪9500头。预计到2025年，遂宁黑猪年出栏将达到10万头以上，产值将达到5亿元，“遂宁黑猪”将进入全国生猪知名品牌第一方阵。

遂宁土鸡。遂宁市农民素有养鸡的习惯，遍布辖区各村（社区），过去为一家一户散养，2000年初期遂宁市政府把遂宁市土鸡发展作为富民兴业的支柱产业来抓，遂宁土鸡养殖规模不断扩大，数量迅速增加，同期遂宁农业技术人员联合四川农业大学及四川省畜牧科学研究院联合培育出遂宁土鸡新品种，使遂宁土鸡体型更加健壮，口感、风味、滋补作用具佳，滋阴补阳，同时转换经营方式，遂宁土鸡采取“公司+农户（村集体）”模式实行“五统一包”，从生产到屠宰加工实现遂宁土鸡生产全产业链发展，2013年，遂宁土鸡存栏规模寄养10万羽，生态放养5万羽；2015年，遂宁土鸡存栏规模寄养15万羽，生态放养8万羽；2017年，遂宁土鸡存栏规模寄养18万羽，生态放养10万羽；2019年，遂宁土鸡存栏规模寄养20万羽，生态放养12万羽；截至2023年年底，全市存栏规模寄养50万羽，生态放养20万羽，已带动60余户农户及村集体参与遂宁土鸡寄养，年屠宰遂宁土鸡200万羽，实现稳定增产。预计到2025年，遂宁土鸡将实现年出栏达到500万羽以上，产值将达到5亿元。2021年，遂宁土鸡经过两个世代的纯系育种，该项成果国内领先，已授权发明专利，获得四川省科技进步奖三等奖及天府畜牧兽医科技进步奖二等奖，标志着全市现代畜禽种业发迈上了一个新台阶，让"遂宁土鸡"成为川渝地区知名品牌。

【大事记】 2月15日，全市两个新型农业经营主体入选全国第四批新型农业经营主体典型案例。

3月24日，市农业农村局与重庆市潼南区农业农村委签订共建农业植物疫情及农作物重大病虫害联防联控合作协议。

4月4日，蓬溪县、大英县被纳入国家设施蔬菜产业集群建设，安居区被纳入国家农业产业强镇创建名单。

4月18日，出台《建设新时代更高水平"天府粮仓"遂宁样板区实施方案》，以六大整区域行动推进样板区加快建设，全年粮食总产量增速、生猪出栏增速分别居全省第五位、第四位。

5月5日，市农业农村局组织市属公安、市场监管等部门和水域交界辖区蓬溪县、船山区农业农村部门执法人员与重庆市潼南区农业农村委员会、潼南区公安局联合开展遂潼交界水域打击非法捕捞联合执法行动。

5月10日，四川农业大学导师团帮扶指导乡村产业振兴带头人"头雁"项目在遂宁市启动。

6月29日，遂宁市举办DCE·产业行·走进产融基地暨2023年生猪产业期现结合发展高峰论坛。

8月8日，蓬溪县天福镇、常乐镇、安居区三家镇被评为首批国家农业产业强镇。

8月31日，2023年农业科技市州行·成渝现代高效特色农业带科技成果发布洽谈会在射洪市召开。

9月21日，遂宁市生猪、红薯、油菜产业被列入省级产业集群，船山区永兴镇（白芷）、射洪市瞿河镇（白羽肉鸡）被列入省级产业强镇。

11月29日，2023年度全省乡村振兴考核考评交叉现场检查遂宁见面会召开。遂宁市再次获得全省乡村振兴实绩考核"优秀"等次，再次获得"四川省乡村振兴先进市"称号，再次获得财政奖励资金1亿元，获评"四川省乡村振兴先进乡镇"2个、"四川省乡村振兴示范村"22个、"四川省乡村振兴重点帮扶优秀村"7个，新创（晋升）省级现代农业园区2个；射洪市获评"四川省农村改革工作先进县（市、区）"。

12月15日，"遂宁晚熟柑橘"联盟成立大会在射洪市沱牌镇舍得文化园区举行。

12月21日，遂宁市大豆玉米带状复合种植大豆亩产207.34千克，获得全国高产竞赛第1名。

【主要领导人】 市委书记：李江；市人大常委会主任：周霖临；市长：刘会英；市政协主席：杨军；分管农业副市长：张智勇。

遂宁市编写组

船 山 区

【基本情况】 2023年，全区辖7个乡（镇），辖区面积359.91平方千米。

【年度农业和农村经济运行】 2023年，全区农林牧渔总产值53.25亿元，增长3.6%。第一产业增加值24.48亿元，增长3.7%。农村居民年人均可支配收入达20151元，增长7.1%。

【道地川白芷产业基地建设】 编制完成《白芷园区市五星级园区奖补资金实施方案》并启动实施，争取省级衔接补助资金600万元、市级园区奖补资金200万元，资金拨付进度完成84%。白芷园区扩面种植2000余亩，通过白芷省级标准化示范项目中期评审。9月，永兴镇以白芷产业为主导产业入围省级产业强镇建设名单。

【村集体经济建设】 探索新型农村集体经济有效实现形式，形成凤凰村高效盘活宅基地促增收、联盟村合作经营蔬菜基地共发展、金井村入股经营水厂稳收益、遂宁永河联村农业有限公司抱团发展等多种模式并存的新发展格局。全区农村集体经济组织实现稳步增收，全年完成村集体纯收入619.96万元，同比增长20%以上。

【新型农业经营主体培育】 推进涉农领域"转企升规"及高素质农民培育工作，全区新增培育农民专业合作社5家、家庭农场54家，动员符合条件的9家家庭农场转型升级为公司制现代企业。

【国家现代农业产业园创建】 国家现代农业产业园位于船山区西北部，规划范围包括桂花镇、唐家乡、新桥镇、北固镇、广德街道办事处，共33个村4个社区，面积99.98平方千米，耕地面积7.45万亩，总人口7.63万人。以"生猪+大豆"为主导产业，是全省生猪养殖加工全产业链发展优势区域、全省最大的豆制品加工产业集聚基地、西南地区第二大饲料兽药生产基地，获得"中国肉类罐头之都"称号。产业园创建方案共明确24项创建任务，2022年度中期创建任务100%完成，部分创建目标超过预期，三年总体创建进度达到55%。产业园创建期实施五大工程29个项目，已建设完成18个，占中央奖补资金支持项目完工率的90%；退经还粮大豆扩面、绿色防控、高标准农田改造提升6个续建项目陆续在2023年年底完工；生猪立体养殖基地等3个在建项目于9月底前陆续完工；社会投资项目拟新纳入的高金、美宁预制菜和凡是食品肉类加工基地二期等3个约5.9亿元的社会投资项目有序实施。

【种植业】 全年粮食作物播种面积36.13万亩，产量12.6万吨，其中大豆播种面积3.64万亩，全面完成稳粮增收任务。

撂荒地整治。按照“发现一处，整治一处，动态清零”原则，通过联合绩效部门督导、政策项目引导等举措，完成唐家乡红涪社区、仁里镇亿禾村等零星耕地季节性问题整治200余亩；指导各乡（镇）按照通过“农事直通”App技术手段，按照“逐地核实，一地一策”思路核实疑似图斑4000余个。

种植模式。建立大豆玉米复合县、乡、村三级种植台账，以责任书、测绘图、时间表相结合的模式实现大豆玉米带状复合种植3.07万亩；推广羌凤李、白芷等粮经、粮药复种面积2000亩以上。船山区粮油园区创建为市三星级园区。

粮食补贴。全年共下发耕地地力保护补贴、实际种粮农民一次性补贴、种粮大户补贴等政策资金1894万元，累计补贴面积11.8万亩次，覆盖农户4.22万户次，其中水稻种植大户亩均补贴面积达203元/亩，保障了种粮的合理收益。

农业保险。定期调度三大主粮保险单位工作情况，敦促保险人员及时下沉查灾定损，履行理赔义务，三大主粮累计投保面积7.55万亩，总覆盖率达92.41%。

绿色防控。开展草地贪夜蛾、玉米粘虫、玉米螟虫、稻水象甲、水稻螟虫、稻瘟病、水稻两迁害虫、黄瓜绿斑驳花叶病毒病等重大病虫害疫情监测防控工作，全年开展田间调查指导965人次，完成监测面积0.6万余亩次，完成统防统治社会化服务面积9.1万亩次。开展“百县千乡万户”农药科学安全使用培训宣传397人次，发布植保情报19期，累计安装频振式太阳能杀虫灯1950盏，主要粮食作物病虫危害损失率为0.64%，低于4%的损失率。

种业振兴。支持全泰堂白芷、兴川白芷等育种企业与川农大等科研院所开展联合育种攻关，“川白芷2号”“川白芷3号”取得种子生产经营许可证。全年抽检农作物种子样品22个，抽检合格率100%；完成大春种子备案345个、小春种子备案161个。

【养殖业】 全年出栏生猪58.27万头、肉牛0.41万头、肉羊4.7万只、家禽262.41万只，能繁母猪保有量3万头。肉类总产量4.9万吨，禽蛋产量1.4万吨。船山区被纳入遂宁—德阳生猪产业集群发展。

生猪绿色养殖。全区在持续推进生猪养殖产业现代化方面取得显著成效。一方面，生猪养殖设施设备现代化普及率逐年提升，近七成规模养殖场加大对设施设备和圈舍的改造力度，引入了自动饲喂、自动饮水、自动环控以及粪污自动收集等先进设备，提高了生猪养殖的机械化率和自动化率；另一方面，全区在生猪立体养殖场建设方面取得了重要突破，已建成和在建的生猪立体养殖场5座，其中金绿农牧科技有限公司在桂花镇桂鄞村建设的8层生猪立体智能化繁育场成为西南地区首个立体智能猪场。推进养殖粪污处理现代化水平提升，通过实施畜禽养殖粪污资源化利用整县推进项目等措施，全区畜禽养殖粪污处理装备配套率达100%，综合利用率高达94%，促进了生猪产业的绿色可持续发展。

生猪屠宰加工。全区有A级屠场4个、B级屠场4个，年生猪屠宰能力达300万头以上，其中高金公司生猪屠宰厂获评“国家级标准屠宰示范厂”。全区还聚集了高金、美宁、凡是等多家肉类精深加工企业，形成西南地区最大的生猪屠宰加工集聚基地，获得“中国肉类罐头之都”的称号。注重培育和发展本土品牌，“高金食品”“美宁”等商标成为中国驰名商标，为全区生猪产业发展注入了动力。

生猪智慧管理。作为全省首批数字乡村试点县，全区在生猪产业数字化建设方面进行探索、创新，通过推广金绿、南大生猪立体智能化养殖示范基地等先进模式，以及建设“猪小智”生猪养殖大数据平台和高金公司全产业链数字化运营管控平台，探索推广“生猪调运检疫无纸化出证”等措施，提高全区生猪产业现代化管理水平。结合现代农业产业园建设和德—遂生猪产业集群项目等重点工作，建设全区生猪产业智慧农业监管平台和生猪大数据中心，为全区生猪产业链上下游的高效衔接和资源共享提供支撑。

【水产业】 全区完成宜鱼养殖面积9460亩，水产品总量6586吨，实现渔业经济总值2.53亿元。全区有水产养殖户566户、规模养殖场47家，有家庭渔场、专合社、养殖公司19家；有国家级水产健康养殖示范场6家、省级健康示范场2家、苗种场站3家，养殖面积198亩，繁育专用池面积1260平方米，年繁育能力8600万尾，培育鱼种900吨。全年农民年均渔业增收30元。水产品质量安全样品抽捡15批次、30个样品，合格率100%，全区渔业安全生产无安全事故发生。

现代渔业发展。指导规范全区渔业生产和农业面源污染涉渔类生态环境治理工作，要求养殖业主坚持“科学、健康、绿色、生态”养殖理念，因地制宜采取池塘养殖尾水生态化综合治理、生态沟渠尾水处理、池塘鱼菜果共生综合种养尾水处理、植物浮板处理等模式，全区开展池塘标准化改造和尾水达标治理1215亩，通过池塘养殖尾水治理，养殖业主保护渔业水域环境意识增强，相关渔业水域环境得到有效治理。

渔业安全生产。组织全区50亩以上规模养殖户签订《规范水产养殖行为承诺书》42份，制定印发《遂宁市船山区十年禁渔宣传手册》《船山区农业环保宣传——水产养殖污防治手册》。督促设施渔业业主尽快办理设施农业用地备案表、池塘养殖业主加快办理水域滩涂养殖证等事宜。全区水产品质量安全样品抽捡15批次、30个样品，合格率达100%。

【高标准农田建设】 开展高标准农田家底清查，修订完善2023—2027年高标准农田建设五年规划，完成2022年高标准农田建设项目结转任务1.34万亩，2023年高标准农田提质改造0.7万亩项目建设进度达60%。同时，开展高标准农田建设工程质量专项整治百日行动和交叉检查，持续落实落细排查问题整改，做到“守田有责、守田担责、守田尽责”。

【农业机械化】 指导四川天穗农业集团成立船山区农业社会化服务联盟，全年农机社会化服务面积累计达4.5万亩，“1+1+3+N”的全域全链条社会化服务体系逐步完善成型。完成全区114座机电提灌站全覆盖隐患排查，投入300万元新建、维修机电提灌站36座，超额完成目标任务。省级产业宜机化改造项目通过市级验收，河沙、永兴共新增耕地1500余亩，达到“四变一通”标准。全年年检拖拉机和联合收割机189台。开展“打非治违”、五月“双抢”、变型拖拉机专项治理行动，开展集中安全教育培训13场次，培训驾驶员271人次。

【农产品质量安全监管】 全年完成省级例行抽样2次，共抽取样品64个，其中蔬菜28个、食用菌4个、水果3个、水产5个、猪肉（肝）10个、牛肉4个、禽肉（蛋）10个。完成市级农产品质量安全例行监测1次，共抽取样品25个，其中蔬菜12个、食用菌2个、水果1个、猪肉（肝）5个、禽肉（蛋）5个。完成区级快速检测47次，共抽检样品450个，其中蔬菜328个、水果122个，所有抽样农产品合格率均达100%。

【农业综合执法】 针对兽药、饲料、农药、种子、农产品质量安全、渔政等领域开展日常检查600余次，涉及经营生产主体360余家次，共出动执法人员1500余人次。组织开展“中国渔政亮剑2023”“护渔百日联合执法行动”“船山区种子执法专项行动”“2023年遂宁船山区种业监管执法年活动”等专项执法行动10余次，全年共办理涉农领域案件82件（一般程序38件、简易程序44件），其中渔政中队办结51件（一般程序8件，简易程序43件）、畜牧兽医中队办结10件、种植中队立案7件、农经中队办理5件（一般程序4件、简易程序1件）、动物防疫9件，通过“行刑衔接”制度移送公安机关办理4件，共罚没金额32.01292万元；启动生态赔偿案件4起，涉及生态修复资金5.4758万元。

【主要领导人】 区委书记：段勇；区人大常委会主任：刘捷；区长：陈绍坤；区政协主席：袁旭；分管农业副区长：谯强。

船山区编写组

安 居 区

【基本情况】 2023年，全区辖16镇2个街道，辖区面积1258平方千米。

【年度农业和农村经济运行】 2023年，全区实现农林牧渔业总产值84.77亿元，其中农业产值44.93亿元、林业产值3.54亿元、牧业产值30.6亿元、渔业产值3.8亿元、服务业产值1.91亿元。第一产业增加值46.84亿元，增长4.3%，排名全市第一位。农村居民年人均可支配收入增长7.3%，排名全市第一位。

【农产品品牌及新型农业经营主体培育】 全区有效期内“两品一标”农产品达13个；21家农业经营主体进入“遂宁鲜”协会。有现代农业家庭农场2386家，其中省级示范场34家、市级示范场133家；农民合作社848家，其中国家级示范社7家、省级示范社23家；农业产业化龙头企业37家（省级重点龙头企业包括辛农民粮油、普升农业、龙婷生态、永荣高科技、祉香食品、博茂农业等6家，市级重点龙头企业包括春阳农业京富食品、永正生态农业等31家。

【种植业】 全年农作物总播种面积164.51万亩，其中粮食作物播种面积117.02万亩（水稻25.8万亩、玉米33.9万亩、马铃薯8.06万亩、大豆13.07万亩、红薯8.3万亩），产量41.11万吨，粮食作物播种面积、产量均居全市第一位。油菜播种面积23.37万亩，产量4.43万吨。大豆玉米带状复合种植千亩展示片大豆亩产达207.34千克，刷新了遂宁市大豆玉米带状复合种植大豆亩产新纪录，同时召开2023年全省大豆玉米带状复合种植技术现场观摩培训会并作交流发言。“遂宁红薯生境保护与可持续发展案例”被列为“科创中国优质地理产品生境保护与可持续发展案例”（第13例），为四川省首例；遂宁红薯入选省级优势特色产业集群，形成三家大米、遂宁红薯、遂宁大豆、辛农民黄菜油四大优质粮油品牌。

绿色蔬菜产业。推进蔬菜发展，全区蔬菜种植面积16.02万亩，产量34.1万吨，实现产值8.5亿元。以遂宁莲藕现代农业园区为重点，在横山镇打造渝遂绵优质蔬菜生产带万亩核心示范片1个，带动全区发展莲藕产业4.4万亩。

特色水果。发展特色水果产业，形成以遂宁鲜桃、黄金梨、遂宁柠檬、沙田柚为主的特色水果产业基地，全区水果基地面积14.8万亩（其中柑橘8.24万亩、梨3.37万亩、桃1.41万亩、其他1.78万亩），产量9.62万吨，实现产值4.33亿元。

【畜牧业】 全年出栏生猪94.7128万头、肉牛0.378万头、肉羊4.6954万只、家禽507.8028万只，肉类总产量7.8994万吨，实现畜牧业产值30.6亿元。完成6家畜禽养殖场提升养殖场粪污处理设施装备。全年新建成标准化生猪规模养殖场5个。生猪产业入选省级优势特色产业集群，在全省2023年绿色种养循环农业试点工作现场培训会上作典型交流发言。

畜产品质量安全。加强畜产品质量安全监管，确保群众“舌尖上的安全”，全年检测“瘦肉精”4.1487万份，查处违法违规案件5起，处罚金16.4592万元；集中处理病害猪1.9951万头、小家禽3.049万只、屠宰废弃物8.1096吨。

动物防疫。做好重大动物疫病防控工作，开展口蹄疫、禽流感、小反刍兽疫、猪瘟等强制免疫注射，做到“应免尽免”，免疫密度达100%，抗体水平抽检合格率达85%。做好布病、狂犬病等人畜共患病防控、监测净化工作，免疫犬只3.5万只，免疫率达95%。全年非洲猪瘟、高致病性禽流感、口蹄疫等重大动物疫情和人畜共患病零发生。

【水产业】 全区生态水产养殖面积1618公顷，生产鱼苗0.38亿尾，投放鱼种4376吨，水产品产量1.81万吨，实现渔业经济总产值3.8亿元。升级改造规模水产养殖示范基地6个。全年监测水产品养殖基地739家，抽检样品739个，抽检合格率达100%。

渔政执法。全年出动巡查人员4470人次，清理收缴各类型违规网具5副123米，查处非法捕捞刑事案件7件，取保候审8人，移送起诉6件8人；办结渔政行政案件15件，涉案人员15人，涉案金额4400元。开展宣传教育6583人次，终止违法违规行为2743起，劝退劝离垂钓人员7980人次。

【农业农村改革】 深化农村集体产权制度改革，贯彻落实《四川省农村集体经济组织条例》要求，按照“五个一”标准全面规范集体经济组织运行管理。做好集体资产清产确权，开展资产年度清查，清理出集体资产25.27亿元，其中经营性资产2.27亿元、非经营性资产23亿元，资源性资产152.58万亩。

【美丽宜居乡村建设】 全区获评2023市乡村振兴考核“优秀”等次；创建省级乡村振兴先进镇1个、省级乡村振兴示范村4个、市级乡村振兴示范村5个，累计创建省级实施乡村振兴战略工作示范村29个。举办全省农村能源绿色低碳发展助推乡村全面振兴现场会。

【农业机械化】 全年农业机械总动力达28.6万千瓦。有各类机械约5.6万余台，其中拖拉机766台、谷物联合收割机149台、机动脱粒机12409台、烘干机31台、水稻插秧机52台、无人机46台、其他农业机械4.3万余台；主要农作物全程机械化率达75.1%。

【农技推广】 遴选6名基层农技推广骨干人才完成省级培训，组织全区60名基层农技人员参加脱产业务培训；遴选3家新型经营主体建立农业科技示范基地，统一树立“2023年基层农技推广体系改革与建设项目农业科技示范展示基地”标识标牌；从新型经营主体中遴选2个农业科技示范主体，加强良种良法良机良艺应用展示示范建设；建立1个农业社会化服务站点，为农户提供生产管护、技术服务、存储加工等全程“保姆式”科技服务；从“土专家”“田秀才”和新型经营主体技术骨干、种养能手等农技推广服务重要力量中招募5名特聘农技员开展农业专业技术指导；遴选36项农业主推技术，发布《遂宁市安居区农业农村局关于推介发布2023年度农业主推技术的通知》。

【农产品质量安全监管】 区农产品质量安全检测中心开展农产品质量安全定量检测326个批次，检测合格率为99.5%；各镇农业综合服务中心开展农产品质量安全农残快检3658个批次，合格率为98.2%。

【主要领导人】 区委书记：吴军；区人大常委会主任：黄元章；区长：杨文彬；区政协主席：田斌；分管农业副区长：肖柱。

安居区编写组

射洪市

【基本情况】 2023年，全市辖21镇2个街道，辖区面积1496平方千米。全年农业第一产业增加值82.75亿元，增长3.7%。农村居民年人均可支配收入增长7%。

【新型农业经营主体培育】 全年新培育国家级示范社2个、市级示范社7个、县级示范社12个，新培育省级农业产业化龙头企业5家、市级农业产业化龙头企业5家、县级农业产业化龙头企业6家。建立健全合作社辅导员队伍，落实镇级辅导员23人、市级辅导员8名。在全省率先组建射洪市龙创农民合作社服务中心，建立服务阵地60平方米，并安排专人全天候为农民合作社提供服务，先后接待全市合作社咨询代办服务事项650人次，向咨询人员宣贯党的“三农”政策，免费制作发放成员证1万册，指导合作社填写成员账户1.2万本，免费统一制作种植技术、养殖技术规程2000本。举办合作社农业技术高质量提升课程培训，受训1200人次。

家庭农场培育。全年争取中央、省级资金443万元，其中支持家庭农场粮油单产提升项目10家131万元，支持家庭农场农业生产设施条件改善项目26家312万元。抓好家庭农场名录库建设，全市家庭农场名录系统入库数量达5777个。新认定家庭农场县级示范场32个、市级示范场22个、省级示范场7个。

【村集体经济发展】 全年村集体实现总收入13837万元，其中73个脱贫村实现村集体经济收益875.36万元，比上年增加297.53万元，增长51.49%。2023年，脱贫村平均收益为11.99万元，其中村集体自主经营收入272.9万元，占31.18%，主要为粮油种植、畜禽养殖、农机作业、光伏发电等；合作经营收入32.95万元，占3.76%；资产承包租赁收入117.28万元，占13.4%；资源发包收入131.29万元，占15%；管理服务性收入64.3万元，占7.35%；入股分红收入254.98万元，占29.13%；其他收入1.65万元，占0.19%。

【土地流转管理】 执行土地流转风险保障金制度，部分乡（镇）已收取土地流转风险保证金136万元，复耕保证金47万元。开展全县流转土地经营情况及农民权益保护情况清理工作，全市土地流转331646.23亩，其中30亩以上规模流转22.6万亩，涉及业主1166个。仲裁庭公开仲裁土地纠纷案件2起。

【农产品品牌培育与营销】 全年新申报认证"两品一标"绿色食品农产品7个，其中新申报6个；续展（复查换证）"两品一标"农产品1个，续展率100%。参加第九届四川农业博览会等展示展销活动5次。

【现代农业园区建设】 按照做大市级园区总量、提高现代农业园区质效的思路，射洪市仁和粮油现代农业园区、射洪市桃花鱼米现代农业园区晋级市三星级现代农业园区，射洪市瞿河白羽肉鸡现代农业园区被认定为市五星级现代农业园区，射洪市桃花鱼米现代农业园区、射洪市曹碑粮油现代农业园区被认定为县级园区。

【种植业】 全年粮食、油料作物播种面积分别为112.8万亩、37.5万亩，产量分别为39.8万吨、6.9万吨，其中小春粮食作物中小麦播种面积21.6万亩，产量6.5万吨；豆类播种面积0.6万亩，产量0.1万吨；马铃薯播种面积3.34万亩，产量0.95万吨。小春经济作物中油菜播种面积28.25万亩，产量5.26万吨。大春粮食作物中水稻播种面积18.7万亩，产量10.3万吨；玉米播种面积42.4万亩，产量16.1万吨；豆类播种面积13.2万亩，产量1.6万吨。薯类播种面积15.9万亩，产量5万吨，其中马铃薯播种面积7.8万亩，产量2.2万吨；甘薯播种面积8.1万亩，产量2.8万吨。大春经济作物中花生播种面积9.2万亩，产量1.64万吨，通过稳面积固基地，有序推进经济作物提质增效。推进射洪晚熟柑橘产业发展，组建晚熟柑橘联盟，成立了柑橘技术服务团队，分季节到柑橘基地重点对合理施肥、绿色防控、抗旱防冻和冬夏修剪工作进行现场培训与技术指导。指导业主进行柑橘新品种示范7个，林下套作4000余亩，林下生草2000余亩，落实柑橘套袋、覆膜等防控措施2万余亩。推进蔬菜产业发展，成立蔬菜产业联合会，以渝遂绵蔬菜产业带建设为重点，通过技术指导、绿色防控物资配套等方式，提升蔬菜优质高效核心示范区4000亩，开展试验示范新品种8个。持续推进农产品产地冷藏保鲜设施建设，建成冷藏保鲜库10座，新增静态储藏量1000吨，以满足农产品田头保鲜、冷藏需求，促进产业增效、农户增收。

【现代种业】 引进贵州卓豪、四川群策、广西皓凯等15家公司会同全市4家B证种子企业发展杂交水稻、玉米、油菜、小麦种子生产，全市制种面积5万亩，其中两杂种子生产3.6万亩，实际生产两杂种子800万千克，总产值达3.7亿元。射洪市被认定为农作物种质资源保护利用工作突出县、农作物种业企业帮扶工作突出县、农作物种业基地提升工作突出县。

【畜牧业】 全年存栏能繁母猪5.0506万头、生猪49.0692万头，出栏生猪96.1454万头、肉牛1.6807万头、肉羊11.182万只、家禽1026.1661万羽。全市共有生猪规模养殖场286个，其中楼房式养猪场4个；建成一级生猪扩繁场4个、存栏300头能繁母猪以上的二级生猪扩繁场11个，已形成一级扩繁场—二级扩繁场—商品场一体化的生猪产业布局。全年新（改、扩）建猪场65个，新增产能8.5万头，新引进种猪1000余头。新建规模肉牛（羊）养殖场8个，建设圈舍面积约4750平方米。全市畜禽粪污资源化利用率达95%以上。

畜禽检疫。严格落实检疫申报制度、现场实施检疫、查验免疫标识、免疫档案等情况，严格按规定出具检疫合格证明。全年产地检疫生猪74.54万头、牛0.18万头、羊0.0197万只、禽2136.28万羽。执行《动物屠宰检疫操作规程》，严格凭产地检疫合格证明和免疫标识进场，严把畜禽入场关，实施宰前、宰中、宰后检疫工作。全年共屠宰检疫生猪42.85万头、牛（羊）0.36万头（只）、禽1283.1568万羽，养殖环节无害化处理病死生猪2.9507万头、禽28.3653万羽，屠宰环节处理病死生猪0.0386万头；折合0.3273万头病害产品均由遂宁浩川油脂有限公司统一收集转运，并集中无害化处理，保证了上市动物产品质量安全。

兽药、饲料、动物诊疗机构监管。全年出动检查人员316人次，检查兽药经营门店15家、饲料经营门店126家、畜禽规模养殖场258家，动物医院3家、动物诊所6家，宠物店25家，维护了全市兽药、饲料行业的良好秩序，促进了动物诊疗行业健康发展。全年流通环节"瘦肉精"共抽检3727头份，全部合格；屠宰环节"瘦肉精"抽检34515头份，全部合格，保证了全市范围内无非法添加"瘦肉精"等违禁物品事件发生。

持续推进兽用抗菌药使用减量化行动，已确定36家规模场参加"减抗行动"，并推荐7家养殖场申报省级达标场。截至2023年年底，完成市局下达的15%的以上规模养殖场达标任务。

持续开展重大动物疫病防控。对生猪养殖场（户）、交易市场、屠宰场等场所分片包干，实行网格化管理，开展"大清洗、大消毒、大宣传"活动，坚持屠宰企业每月停业2～3天进行火焰消毒。严格调运监管，全年调入种猪0.62万头、仔猪20.1万头，均按照规定做好落地监管，防止疫病发生。

【水产业】 全市水产养殖面积达1.45万

亩，水产品总产量1.39万吨，实现产值3.27亿元，投放鱼种2152吨。推广稻渔综合种养面积2.27万亩。开展水产品产地检测抽样42个，完成规模化养殖基地标准化改造和尾水治理面积1656亩。

【乡村振兴】 射洪市入围国家乡村振兴示范县、国家农村产业融合发展示范园创建名单，获评全国农作物病虫害专业化"统防统治百强县"、2023年全省农作物种业基地提升工作突出的县。"合众养道"牌五谷杂粮被纳入2023年四川省农业品牌目录名单；"弯哥鱼米""五斗米腌制品"被纳入2023年"天府粮仓"精品（培育）品牌名单。承办全省第三次全国土壤普查工作培训会、全省水产绿色健康养殖技术推广"五大行动"现场交流活动、全省2023年生猪高效生产关键技术示范推广项目推进暨技术培训班活动。

【秸秆综合利用】 全市秸秆资源量46.38万吨，秸秆可收集量40.18万吨，秸秆综合利用量37.37万吨，秸秆综合利用率达93%。全年开展秸秆综合利用技术培训2期，培训1200人次，印发宣传资料12000份。利用2020年、2021年秸秆项目结余资金，培育壮大14家秸秆综合利用主体，提高全市秸秆综合利用主体处置利用秸秆能力。在全市开展秸秆综合利用示范片建设21个，提升全市秸秆综合利用率，减少秸秆焚烧现场。

【撂荒耕地整治】 在全市范围内开展撂荒耕地整治，摸清农户承包耕地撂荒底数，完善市、镇、村三级耕地撂荒地摸底台账。采取多种形式，一边调查一边开展复耕复种，推广村集体流转社会化服务组织托管、引进企业复耕复种等模式，对具有复耕复种条件的耕地进行整治复耕复种。组建农技专家团队23个，开展巡回式指导、技术培训，共计复耕复种0.25万亩撂荒耕地，粮食播种面积有较大幅度增长，为确保全市粮食产出总体稳定奠定了基础。

【农村科技】 开展三大主要粮食肥料利用率试验4个，完成142户农户施肥监测调查并将调查数据上报平台系统。分别开展化肥减量技术培训2期2个班，分别培训人员160人640人次。完成施肥新技术新产品新机具集成推广6万亩次。推广测土配方施肥技术143万亩次。开展基层农技推广体系改革与建设，新建农业科技示范展示基地4个，其中水产1个、生猪养殖1个、蔬菜种植1个、粮食种植1个。培育农业科技示范主体4户。推广适宜本市的农业主推品种59个、主推技术42项，农业主推技术到位率达100%。培训基层农技人员89人（含农技推广骨干人才9人），实现农技服务精准化。

【高素质农民培育项目】 全年共培训高素质农民353人，其中现代农业领军人才4人、经营管理型249人、专业生产型30人、技能服务型50人、农业经理人20人，主要开设天府粮仓+大豆、玉米单产提升复合种植，粮经复合种植，油菜产业发展，种养循环，稻渔综合种养，水稻、玉米制种，农机操作维修等7个专业课程。

【农业机械化】 全市农机拥有量达33.8万台（套），农机总动力达42.52万千瓦。全市完成提灌站建设总投入409万元，完成技改、新建、维修提灌站82个，其中新建11个、技改44个、维修27个。全市农机社会化服务托管面积244.35万亩，其中机耕83.2万亩、机种48.3万亩、机防57.25万亩、机收55.6万亩。

【农产品质量安全监管】 农产品质量安全检验检测。全年开展食用农产品快速检测9280批次，合格率100%；开展市本级农产品质量安全风险监测440批次，合格率100%；开展省级农产品质量安全风险监测137批次，合格率100%。

农产品质量安全追溯体系建设。全年累计入驻国家农产品质量安全追溯信息平台585家，录入产品生产批次9295批次，附带承诺达标合格证上市的农产品共16万余吨。已纳入食用农产品承诺达标合格证主体名录库的405家，其中能自主开具承诺达标合格证的405家〔农产品生产企业97家、合作社153家、家庭农场和种养大户155家（户）〕。

【农业安全执法】 全年办理农业行政处罚案件174件，罚没款共计25.658万元，其中渔政134件（一般程序44件、简易程序90件），罚没款61410元；农资16件，结案17件，简易程序2件，罚没款37260元；动监23件，结案23件，简易程序1件，罚没款157909.9元；处理各类投诉举报243件、涉农纠纷15件。全年开展专项行动47次（其中渔政38次、动监4次、农机宅基地1次、农资4次），出动执法人员11206次，出动执法车辆2356辆次，开展渔政执法检查1458次，检查生产、经营企业、个体、农业新型经营主体1720家次，制作各类广告牌、宣传标语2000余块（条），发放宣传资料6万余份，开展法制宣传8万余人次。

【主要领导人】 市委书记：谭晓政；市人大常委会主任：袁渊；市长：王能；市政协主席：邓茂；分管农业副市长：陈丽宇。

射洪市编写组

蓬 溪 县

【基本情况】 2023年，全县辖19个乡（镇）1个街道261个行政村，辖区面积1251平方千米，总人口近70万人。

【年度农业和农村经济运行】 2023年，全县第一产业增加值实现34.35亿元，增长4.1%，排名全市第二位。农村居民年人均可支配收入增长7.9%。

【重要农产品保供】 全年粮食作物总产量34.08万吨，出栏生猪71.5万头，蔬菜种植面积26.5万亩，食用菌产量14万吨。全面完成2023年农业农村部重大技术协同推广计划四川省蔬菜（萝卜）绿色优质高效种植技术项目。中药材、水果、青花椒、水产品等量质均有所提升。对接农业农村部，争取资金4400万元，在全县分三年实施国家食用菌产业集群项目（四川省共6个县）。对接农业农村厅，争取油菜产业集群项目（共6个县）、生猪产业集群项目（共8个县）。

【农业项目投入】 全年争取上级项目45个，到位资金4.2亿元，同比净增1.1亿元，增长35.5%，占全市的近1/3。争取到2024年高标准农田建设国债项目4.8万亩，资金1.112亿元。提前争取到位2024年高标准农田建设项目转移支付资金7625万元，占全市15463万元的50%左右。

【农业社会化服务体系基本形成】 全县"1+20+289"的县、乡、村三级农业社会化服务体系基本建立，即建立1个县农业社会化服务中心，全县20个乡（镇、街道）建立农业社会化服务站，全县261个行政村、28个涉农社区设置农业社会化服务协办员289人。按照"1+4+N模式"在全县布局4个"全程机械化+综合农事"服务中心，即在蓬南镇钟山村建立蓬溪县南部片区综合农事服务中心，在文井镇青龙咀村建立蓬溪县北部片区综合农事服务中心，在高升乡新建村建立蓬溪县中部片区综合农事服务中心，在红江镇部营村建立蓬溪县西部综合农事服务中心。蓬溪县被农业农村厅评为农业社会化服务典型县，蓬溪县禧德祥种植专业合作社被评为四川省首批农业生产社会化服务省级重点服务组织。《蓬溪县云台村水稻生产整村全程托管服务模式》《蓬溪县钟山村集体"双托三领"服务模式》入列全市农业社会化服务典型模式。

【现代农业园区提档升级】 统筹涉农资金4000余万元，用于园区特色产业发展和基础设施补短，新建产业道路28.54千米、排灌渠系6.44千米，新建冷藏库3500平方米、烘干房9座。食用菌园区通过农业农村厅现场考评，升级为省五星级现代农业园区；任高粮油园区晋升为市五星级园区，任隆仙桃园区、宝梵柑橘园区被新认定为市三星级园区；新增县级园区3个；全面实现"一镇一园"。4月，全国政协副主席胡春华到任高粮油园区调研，对园区建设进行高度评价。入选国家食用菌产业集群（四川省共6个县）、省生猪产业集群（四川省共8个县）、省油菜产业集群（四川省共6个县）。萝卜产业以《蓬溪县新品种新技术助力萝卜突围破局》为题被广播电视《四川乡村》栏目宣传报道。

【农业基础设施建设】 编制完成《蓬溪县2023—2027年高标准农田整区域示范方案》，通过市、县审核；2022年4.2万亩高标准农田全面完工并通过验收，2023年4.3万亩高标准农田于11月开工建设。完成电力提灌站建设投资179万元，新建20处156千瓦，比计划数多5处；改造维修电力提灌站45处1612千瓦，常年机电保灌面积45万亩以上。新建生猪规模养殖场2家（其中万头猪场1家），创建部省级标准化示范场30家（其中猪场26家、牛场1家、兔场2家、蜂场1家）。新（改）建设施大棚1000余亩，建成育苗中心3处，蔬菜科技服务中心投入使用。

【新型农业经营主体培育】 完成专合社系统795个数据更新及示范社财务报表录入。完成5家省级示范社、7家市级示范社申报，完成15家县级示范社评定命名。新申报国家级龙头企业1家、市级龙头企业4家，新培育县级龙头企业1家。2月15日，全县推荐上报的蓬溪县裕丰农作物种植专业合作社"耕耘活米村　激活共富路"入列全国第四批新型农业经营主体发展粮食规模经营典型案例，四川省共3家（蓬溪县、安居区、汉源县）。

【乡村振兴】 2月，蓬溪县获评全市乡村振兴优秀县并创建为全省乡村振兴先进县，11月通过先进县"回头看"考核考评，获得"优秀"等级；创建省级乡村振兴示范村4个，鸣凤镇田沟村被命名为四川省乡村振兴重点帮扶优秀村。举办中国·蓬溪第二十二届全国菌博会，天福镇（杏鲍菇、虫草花）获评全国"一村一品"示范镇，天福镇、常乐镇获评首批国家农业产业强镇。蓬溪县获评全省农经工作典型县，蓬南镇获评省级百强中心镇（农产品主产区）。

【质量兴农】 完成耕地质量定位监测及产地环境协同监测；组建土壤普查工作小组和技术专家团队50余人，全面开展第三次全国土壤普查。实施农作物绿色防控177.08万亩次，主要粮油作物病虫草鼠害损失率为1.9%，远低于省下达控制在4%以内的目标；重大动物疫病防控到位，群体免疫密度保持在95%以上，免疫抗体合格率保持在75%以上，上半年代表四川省迎接农业农村部春防检查，下半年代表遂宁市迎接农业农村厅秋防检查，均通过检查。以"控药残　治违禁　促提升"三年行动为抓手，开展农产品质量安全监管，省、市、县三级农产品检测合格率均大于98%。新认证绿色食品4个。推进省级农产品质量安全监管示范县考核评价各项工作，即将复审迎检。

【科技特派团行动】 市、县科技特派员果树团队到任隆镇八角村开展夏季仙桃管理科技服务活动，科技特派员团队专家现场示范，指导果农进行果树拉枝、扭梢、摘心等关键技术管理。蓬溪仙桃院县合作基地成立于2019年9月，种植面积100亩，是全县仙桃早熟品种母本园，主要引进红玉、紫玉、黄玉三个早熟品种，已初投产，基地仙桃销售价格10元/千克，为全县仙桃品种结构调整、品质提升发挥了一定作用。

【农业综合行政执法】 推行公示、记录、审核“三项制度”，规范执法程序，获评全省农业行政处罚优秀案卷2次、全市农业行政处罚优秀案卷1次。加强部门、区域、检打“三个联动”，增强执法成效，全年移交农资打假、非法捕捞等案件6件，送检产品260个批次，根据检测结果均依法处理。践行畅通民意“零缝隙”、执法检查“零死角”、执法惩治“零容忍”“三个零模式”，加强执法服务，全年立案并办结案件18件，罚款29.4万元；开具责令整改通知书30余份，受理投诉和涉农违法线索12起，调处12起，为农户挽回直接经济损失3余万元。依法取缔非法屠宰活禽点位，重启活禽集中宰杀点，加强宣传，配套惠民政策，解决群众后顾之忧，采用疏堵结合的方式，实现城区农贸市场活禽屠宰规范化。

【农村法治建设】 建立健全法治建设组织机构，落实法治建设责任主体。将法治建设列入农业农村年度工作计划，与业务工作同谋划、同部署、同推进，编制全县农业农村“八五”普法实施方案，制定《2023年全县农业农村法治建设工作要点》，围绕法治建设工作目标和任务，学习宣传习近平法治思想和总书记关于全面依法治国的新论述新要求、以习近平同志为核心的党中央关于全面依法治国的重要部署。结合学法考法活动，推动全县农业农村系统党员干部深刻领会核心要义、精神实质、丰富内涵和实践要求。突出学习宣传《中华人民共和国宪法》，组织开展“宪法进机关”“宪法进农村”普法宣传活动，弘扬《中华人民共和国宪法》精神。

【主要领导人】 县委书记：黄亚军；县人大常委会主任：杨帆；县长：吴红彬；县政协主席：杨军；分管农业副县长：廖峰。

蓬溪县编写组

大英县

【基本情况】 2023年，全县辖9镇1个街道168个行政村29个社区，辖区面积701平方千米，其中耕地面积44.62万亩（水田11.54万亩、旱地32.97万亩、水浇地0.11万亩）。总人口51.5万人。

【年度农业和农村经济运行】 2023年，全县168个行政村实现集体经济总收入9728.56万元，村均57.9万元；农村居民人均可支配收入达22177元，增长7.1%，增速排名全市第二位；第一产业完成总产值43.3亿元，同比增长4.1%，排名全市第二位。

【农业产业化发展】 围绕“2＋4”现代农业产业布局，做优做强粮油、中药材、柑橘三大主导产业，加快培优升级青花椒、甜桃、柠檬、蔬菜等特色优势农业。加大向上争取资金和项目招引力度，争取到位农业农村政策资金0.95亿元，用于农业发展、高标准农田建设、农业园区建设等项目。投入资金9930万元，新建高标准农田2万亩。实施现代农业产业基地提升工程，发展优质粮油产业基地9.5万亩，改造提升优质中药材、特色果蔬等产业基地0.3万余亩。推进水肥一体化建设，改造提升柑橘基地、河边柠檬基地。加快提升产业链配套，新建保鲜果蔬药冷藏设施51座、烘干设施6处，日烘干能力达380吨；果药分选清洗全自动生产线3条。争取为省级“天府菜籽油”暨产油大县项目县，争取国家集优势特色产业集群项目资金2600万元，引进中化集团、吉峰农机连锁集团等大型企业投资合作发展现代粮油产业。

【新型农业经营主体培育】 以推进家庭农场、农民合作社等新型农业经营主体发展为抓手，分东西中片区建立“全程机械化＋农事服务”社会化服务中心，加快推进农业社会化三级服务体系建设。新发展培育家庭农场15家（累计达1374家），培育创建各级示范场52家，其中省级示范场4家、市级示范场13家；新发展农民合作社16家（累计发展409家），评定各级示范社10家，其中省级示范社3家、市级示范社3家。评定市级龙头企业2家；监测农业龙头企业20家，合格20家。

【现代农业园区建设】 按照“1+2+5”现代农业园区发展格局，突出种粮导向，形成以中药材、蔬菜、柑橘、柠檬、甜桃、青花椒、种养循环为特色的多个产业梯次发展态势。安排相关项目120余个，统筹财政、金融、社会等资金5.1亿元，支持产业道路、提灌站、烘干、冷链等设施建设。引进龙头企业，补链强链，全面推进农业产业园区“种植规模化、产业标准化、生产机械化、加工集群化、营销品牌化”全产业链发展。新认定粮蔬、稻渔县级现代农业园区2个，象山镇粮蔬园区被新认定为市级三星级现代农业园区。回马镇蔬菜产业园区晋升为市级四星级现代农业园区，并被纳入国家级蔬菜产业集群建设，获得2600万元的资金支持，粮油、柑橘、中药材、甜桃4个市级现代农业园区不断提质增效。

【种植业】 全年粮食作物播种面积59.97万亩，总产量21.3万吨，其中大春粮食作物播种面积48.71万亩，产量18.04万吨；小春粮食作物播种面积11.26万亩，产量3.26万吨。水稻种植面积10.95万亩，产量5.91万吨；玉米播种面积24.7万亩，产量9.53万吨；小麦播种面积8.58万亩，产量2.57万吨；大豆播种面积8.39万亩，产量1.13万吨；薯类播种面积6.37万亩，产量1.88万吨。油菜播种面积17.61万亩，产量3.46万吨。柑橘种植面积2.1万亩，以春见、不知火、“爱媛38”和金秋砂糖橘为主，主要种植区为蓬莱镇、卓筒井镇。柠檬种植面积1.3万亩，以尤力克、白柠檬为主，主要种植区为河边镇。甜桃种植面积1.2万亩，以加州早甜、加拿岩为主，主要种植区为卓筒井镇。青花椒种植面积0.8万亩，主要种植区为蓬莱镇。中药材种植面积1.2万亩，以枳壳、刺梨为主导相对集中成片发展，主要种植区为隆盛镇。蔬菜种植面积4.5万亩，集中连片种植基地以白萝卜、菜玉米为主，主要种植区为回马镇、隆盛镇、象山镇。

植保植检。围绕优化生态抓防治，推进农业面源污染治理、化肥农药减量减量控害，加强耕地保护。抓好农作物重大病虫害预报预测监控，建立大英县水稻IPM绿色防控示范区、大英县柑橘IPM绿色防控示范区、大英县蔬菜IPM绿色防控示范区等病虫害绿色防控技术示范区9.11万亩次，辐射带动全县绿色防控面积52.27万亩，主要农作物绿色防控覆盖率达54.23%，主要病虫害发生预报准确率达95%以上，大面积病虫害防控处置率达98%以上。实施畜禽养殖治理"3.0版"，畜禽粪污资源化利用率达92%，秸秆综合利用率达90%以上，农膜回收率达90%以上，大小春作物测土配方施肥技术覆盖率稳定在90%以上。

集成配套技术推广。抓好优良品种推广，水稻主推"宜香优2115""川优8377""川优6203"等高产优质抗病品种，玉米主推"成单716""同玉18""华玉5号""仲玉1号"等品种，大豆主推"中黄39""油春1204""南夏豆12""南夏豆25""南夏豆40"等品种。抓好绿色高产高效新技术推广，推广绿色高效栽培技术、作物病虫害绿色防控技术、秸秆还田、测土配方施肥、水稻旱育秧集中育秧、工厂化集中育秧、水稻机插秧、玉米增密覆膜移栽、农机农艺融合、水果、蔬菜避雨栽培等农业高产高效技术，提升土地产能。抓好趋利避害适时育播，指导各镇（街道）利用镇（村）广播宣传，及时印发育播时令宣传单，引导农民趋利避害，把握好育播时节，适时开展"五苗"育播。抓好病虫害防控，指导各镇（街道）筑牢"防病保粮、虫口夺粮"思想，把病虫害防治工作作为实现农业增产增收目标的重要措施来抓，突出抓好水稻、玉米、小麦、大豆、油菜、柑橘、蔬菜、中药材等农作物的病虫害防控，降低病虫害损失。全面摸排整治农机提灌站设施设备，整合涉农资金投入提灌站建设，改造严重老化提灌站30座。围绕春耕、"三夏"、"三秋"农业生产抓好农机作业服务，全县主要农作物耕种收综合机械化水平达68.75%。

测土施肥。通过实施秸秆还田、粪污资源化利用、项目采购发放有机肥、新建水肥一体化等措施，完成测土配方施肥技术推广面积75万亩，测土配方施肥技术覆盖率达90%以上，耕地质量与保护推广面积占耕地总面积的380%。全年化肥使用量1.9524万吨（折纯），较上年减少0.0134万吨（折纯），减少0.68%。全面完成111个耕地质量长期定位监测点和6个耕地质量长期定位调查点监测，形成大英县2023年耕地质量等级评价报告、技术报告和分析报告并录入系统，全县耕地质量等级达到4.52，同比提升0.1个等级，全县耕地质量等级得到明显提升。

【畜牧业】 全年出栏生猪58.98万头，同比增长2.14%，增速排位全市第一。

畜牧产业发展。统筹各级项目资金618.612万元奖补符合条件的养殖企业（养殖户）存栏能繁母猪、出栏肥猪，较好稳定了生猪产能；鼓励养殖户进行农业政策性投保，累计投保生猪315388头，其中能繁母猪17214头、育肥猪256308头、生猪价格指数41866头，实现"愿保尽保"。研究印发《进一步规范畜牧产业发展监管工作指南》，组织开展多轮多层级行业安全专题培训，提高行业安全生产意识和自查自纠能力，持续保持未发生重大环境保护和安全生产事故良好态势。健全包片监管、镇级督导、县级抽查工作机制，持续推行"一场一人一周一查"和"月汇总季督导"工作制度，明确层级责任，环保整改养殖场2处、安全隐患4个。持续推进种养循环结合，督促隆盛一养殖场修建田间池300余立方米，铺设管道3000余米，将种养结合落到实处。引导规模养殖场流转周边土地进行消纳粪污，共计流转土地4.25万亩，其中复耕撂荒地0.97万亩。发挥回马镇金山村"科技小院"优势，实行"村集体育雏，低价卖给群众饲养并免费提供技术指导，村集体回收或群众自行销售"的模式，带动550户群众养殖，户均增收1000元以上。引进晖利公司发展"五免一包"模式（免费供应禽苗、饲料、疫苗、兽药、技术指导，包回收），带动37个村集体（户）平均收益19万元/年。实施400万元"短平快"项目，为12663户脱贫户、监测户按照10只/户发放鸡苗和饲料补贴，巩固了脱贫户、监测户持续增收。

动物疫情防控。抓实强制免疫，采取"整村推进、及时补免"的方式，逐户逐头同步免疫注射、同步消毒和同步登记造册，做到"镇不漏村、村不漏户、户不漏畜、畜不漏针"，完成全年动物重大疫病强制免疫工作任务，全年共免疫猪口蹄疫76.11万头、牛口蹄疫0.72万头、羊口蹄疫2.41万只、小反刍兽疫2.41万只、家禽禽流感328.67万羽。抓好人畜共患病监测工作，自购狂犬病灭活疫苗4万头份，免疫犬只3.7万余只，全县犬只免疫率达90%以上，继续保持狂犬病零发病、零感染目标。加强结核病、布鲁氏菌病监测工作，对牛（羊）养殖场、散养户等进行布鲁氏菌病全覆盖监测，全县共采集72个养羊场（户）样品468份，未检出布病阳性样品，确保人畜共患病稳定控制。加强非洲猪瘟防控，抓实"三大行动"，开展"大清洗、大消毒、大宣传"活动，净化养殖环境，全方位消毒灭源，累计使用各类消毒药物约30.97吨，消毒面积约679.78万余平方米；对屠宰场实验室操作人员、官方兽医等30余人进行非洲猪瘟检测技术培训，提高屠宰场的非洲猪瘟自检能力。开展流行病学调查监测，做好实验室监测，全年监测禽流感H5亚型抗体540份、禽流感H7亚型抗体540份、猪O型口蹄疫抗体172份、猪瘟抗体172份、羊O型口蹄疫抗体270份、羊小反刍兽疫抗体270份，免疫抗体合格率均在80%以上。

加强应急管理。做好应急物资储备及管理，储备喷雾器35台、发电机2台、防护服200套、胶靴160双等应急物资。健全应急管理机制，根据现行法律法规及全县实际，组织人员对重大动物疫情应急预案进行修订，完善应急体系，规范应急处置工作。

【水产业】 全县有水产养殖户1228户，养殖面积2.23万亩，水产品产量9690吨（同比增长4.47%），实现渔业经济总产值2.6亿元。通过发展健康养殖，建设“鱼米之乡”，新建稻渔基地1600余亩，发展池塘高效循环养殖圈养桶32个，增殖放流鲢鱼、黄颡鱼、鳜鱼、中华鳖鱼苗10余万尾，恢复了郪江水生生物资源。推动大英县黄颡鱼养殖场高标准建设水产良繁基地，年提供优质鱼苗2000万尾。推进实施大英地下盐卤渔业技术开发与利用研发项目，在卓筒井镇为干屏村建成小试基地并养殖成功。

渔业管理。加强水生野生动物保护宣传，和遂宁发展投资集团有限公司多次协商，落实唐家渡电航工程生态补救资金，督促县水利局落实涉保护区工程影响论证报告。协助执法队和县公安局救护野生娃娃鱼，协助省水产学校开展保护区渔业资源调查和水生态环境监测，为县检察院提供渔政案件水生态修复方案并参与，组织开展水生野生动物保护月活动，配合省水产校等单位开展水生生物监测，有效评估禁捕效果。加强对养殖户的宣传指导，发放张贴水产养殖用药明白纸等1000余份，监督抽检水产品产地80批次并全部合格。开展水产品地西洋溯源并专项整治，全县监管整治工作被推荐在川渝水产品质量安全监管和品牌培育交流研讨会上作经验交流。

【农业农村改革】 着力遏制耕地“非农化”“非粮化”，落实土地流转分级审查、项目审核、备案和风险防范机制等制度，组建县、镇、村三级土地流转巡查服务队伍，实现横向到边、纵向到底、全域覆盖的跟踪监管机制，共审查土地流转面积3675.4亩，新收缴风险保障金3.5万元，抽查监测土地流转主体76户，开展动态巡查124人次；整合投入涉农资金1359.2万元，在卓筒井镇为干屏村、隆盛镇土门垭村开展解决土地细碎化问题试点，实现承包地“集碎为整、集中连片”，改革后两个试点村1169户农户地块数量缩减80%，可耕种面积增长4.6%。围绕各村区位优势和资源禀赋，利用集体资源盘活集体资产，发展特色优势产业，推广资源开发型、资金入股型、合作共营型、资产租赁型、服务创收型、联村共建型等集体经济发展模式，构建“农场+村集体+农户”“合作社+村集体+农户”“强村+弱村”“村集体+农户”的利益连接机制。2023年，168个村共实现集体经济总收入9728.56万元，村均57.9万元，其中经营性收入3077.78万元，村均18.32万元。

【乡村振兴】 制发《建设新时代更高水平“天府粮仓”示范县实施方案》《关于做好2023年度乡村振兴重点工作加快建设农业强县的实施意见》《支持第一产业高质量发展2023年行动方案》《大英县“美丽乡村全面振兴”对标跨越行动2023年实施方案》等文件，贯彻落实习近平总书记来川视察重要指示精神、乡村振兴责任制实施办法、农业农村体制改革、新时代更高水平“天府粮仓”示范县、第一产业高质量发展等工作，争创特色乡村，卓筒井镇为干屏村被评为2023年中国美丽休闲乡村；卓筒井镇被评为省级乡村振兴先进镇，玉印村等3个村被评为省级乡村振兴示范村；卓筒井镇为干屏村通过第三批全国乡村治理示范村验收并公示。持续深化乡村治理，制定《大英县2023年农村“厕所革命”整村推进示范村建设项目实施方案》，投资1748万元改造提升农村无害化卫生厕所0.92万户，农村卫生厕所普及率达96%，受益群众满意度达97%。全面实施推进城乡垃圾PPP项目，累计投放240L垃圾桶18854个、智能垃圾箱340个，配备各类垃圾清运车辆76辆、冲洗车8辆，购置水平式压缩箱体30台，确保城乡生活垃圾日产日清。加快推进农村污水治理，共有132个行政村的生活污水得到治理，占比79%。统筹乡村振兴成效显著县创建工作，制定创建方案，分解任务，组建工作专班，牵头现场点位打造，审核佐证资料，督促问题整改，创建为乡村振兴成效显著县。

【巩固脱贫攻坚成果】 巩固提升脱贫攻坚成果，多渠道筹集衔接资金，支持乡村产业发展。全县用于发展产业的乡村振兴衔接的中央、省级资金4126万元，其中中央资金2494万元，用于产业发展的资金为1632万元，占比65%，超过60%且不低于上年投入；省级资金4996万元，用于产业发展的资金为3148万元，占比63%，超过50%且不低于上年投入。持续开展定点帮扶和驻村帮扶，继续选派4名干部担任定点帮扶村“第一书记”。抓牢抓实产业帮扶，做好防返贫动态监测，坚决守住不发生规模性返贫底线。加强驻村力量后勤保障，定点联系帮扶工作有序推进，落实以购助扶。围绕组建科技下乡乡村指导服务队，开展“三农”政策宣传、农业科技指导，继续抓好高素质农民、致富带头人培训，培训高素质农民265人，其中省级调训8人、市级调训8人、县级集中培训249人。获评“四川省农村致富带头人”1人；入选2023年度农业农村部、财政部乡村产业振兴带头人培育“头雁”项目3人。用好耕地地力、农机购置、种粮大户等惠民补贴、农业保险和小额信贷等支农惠农政策，农民参与乡村建设和农业生产的积极性、主动性明显提高。

【农产品质量安全监管】 持续开展"治违禁、控药残、促提升"三年行动，对全县5家饲料兽药生产企业、6家兽药GSP企业、43家饲料经营门市建立监管台账，抽检饲料兽药10批次、耐药性监测样本50份，查处销售假兽药案件2起，收缴假劣兽药22千克；加强动物及动物产品检疫监督，共检疫畜禽240.5638万头（只、羽）、畜禽产品2.5449万吨，抽检"瘦肉精"11038头份，结果均为阴性，集中无害化处理生猪2683头、羊23只、禽19214羽、病害动物产品33.3541吨（主要是三腺和边角料），全年无重大动物疫情发生；完成农产品省级风险监测75批次、省级例行抽检122批次、县本级定量检测255批次，合格率100%；检查指导水产养殖场70余家，抽检水产样品94个次，从源头上保障农产品质量安全。推广"合格证+追溯码+品牌Logo"模式，累计开具食用农产品承诺达标合格证39782张。

【农业执法服务】 制定印发《2023年大英县农业农村局普法责任清单》，结合"科技下乡"行动开展法治宣传教育、"放心农资下乡进村宣传周"、禁渔期打击非法捕捞、农机安全宣传月等活动，参与"3·15消费者权益日"、农资打假"春雷"行动、"守护舌尖上的安全——农产品质量安全法"、"6·14"社会信用体系、"12·4"宪法日主题活动等普法宣传；在重要河段张贴《禁渔通告》60余份，在主要河段悬挂禁渔标语20余幅，发放宣传资料4000余份，接待群众咨询300余人次，受教育人数约500人。组织开展农村学法用法示范户法治培训，累计开展培训10场次180余人次，发放资料200余份，认定示范户60余户。围绕农药、兽药、种子、化肥等重点品种，在重要时段开展农资监管、动物卫生监督、农产品质量安全、水生野生动物等专项检查行动10次，出动执法人员580余人次、执法车辆150余辆次，查处违法案件26起，结案26起，共罚款6.05万元，打击了制假、贩假等坑农、害农、损农行为，保障了群众合法权益。

【主要领导人】 县委书记：胡铭超；县人大常委会主任：牛斌；县长：唐紫薇；县政协主席：文漳；分管农业副县长：晏刚。

大英县编写组

内　江　市

【基本情况】 2023年，全市辖2个区1个市2个县，辖区面积5385平方千米。社会消费品零售总额增长10%。全年服务外包业务总量达20亿元，增长62.6%。电子商务网络交易额超过900亿元，保持全省第三位。银行业金融机构各项贷款余额1706.25亿元，增长16.5%，存贷比达63.35%。新增规模以上（限额以上）商贸服务业企业299家，挂牌"新三板"企业1家。全年实现旅游收入397亿元，增长9%。

【现代农业发展】 落实"四个不摘"要求，推动脱贫人口持续稳定增收，投入支持乡村振兴资金52.58亿元。全面落实耕地保护和粮食安全党政同责，落实落细田长制，动态摸排整治撂荒地1.35万亩，新建抗旱机井5231口，累计蓄引调水2.65亿立方米，新建和改造提升高标准农田16.5万亩。粮食产量174.3万吨。出栏生猪265万头，其中内江黑猪出栏23万头。肉牛（羊）产业实现综合产值80亿元，建成精品蔬菜示范区16个。发展大水面生态渔业，水产品总产量14.15万吨，隆昌市创建为2023年国家级水产健康养殖和生态养殖示范区。举办全国首次世界无花果大会，内江黑猪肉、内江甜城味稻等36个农产品被纳入全国名特优新农产品名录，"内江天冬"入选四川品牌培育工程。培育农业新品种14个。省级农产品质量安全例行监测合格率100%。林长制工作体系更加完善，全面启动国家储备林项目，新发展油茶、林下经济1.2万亩。

【城乡融合发展】 城市更新行动成效明显。开展以老旧小区改造和整治为重点的中心城区城市更新行动，完工项目34个，完成投资43.5亿元。完成老旧小区改造206个，新增公共停车位2570个、机动车充电桩907个，新（改）建"甜城绿道"51.6千米、"口袋公园"13个，新增城市公共绿地面积约40万平方米。新开工装配式建筑面积150.44万平方米，完成建筑业总产值338.6亿元，增长5%。加强城市精细化、智能化、人性化管理，利用城区闲置地块优化设置临时摊区94处。生活垃圾分类年度考核位列全省第一、全国86个同类城市第四。创新实行中心城区拆迁"房票"安置办法，安置户实现转换购房1127套。创建为海绵城市建设省级示范城市、全国节水型城市。主城区人口增加6.5万人，实现五年来首次大幅净增长。

县域经济竞相发展。坚持把县域作为推进城乡融合发展的重要切入点，县域百亿主导产业加快培育，重点镇建设卓有成效。市中区入选全省文旅融合发展示范区创建名单，东兴区创建为全省电商示范区，隆昌市获评全国首批自然资源集约节约示范县（市），资中县入选全国首批“五好两宜”和美乡村试点试验县，威远县入选第四批国家农业绿色发展先行区创建名单，内江市经开区在2023年国家级经开区考评中排名西部第五位、全省第二位，内江高新区（白马园区）入选四川省首批绿色园区（低碳化循环化）培育名单。田家镇入选全国乡村特色产业超十亿元镇，连界镇入选“2023镇域投资竞争力西部50强”，银山镇入选省级百强中心镇；5个镇入选首批国家农业产业强镇，数量居全省第一位。

农村面貌显著改善。学习运用浙江“千万工程”经验，实施农村面貌改善行动，实施相关项目290个，完成投资32.57亿元。全域推进清杂去乱、“六净六顺”工程，首批实施的18个目标镇（街道）共改造厨房1.14万户、厕所2.29万户，打造“四微”庭院1.46万个。改善农村电网、供水、通信、到组入户公路等基础设施，改造危旧房、土坯房7235户，新安装自来水3.9万户、通气2280户，建设生活垃圾集中投放点2.36万个。全市行政村农村生活污水有效治理率达79.9%，农村生活垃圾收运处置体系覆盖率、无害化处理率均达100%。全市村容村貌和农村生产生活条件显著提升，《创新“三改”模式全力打造甜城现代版“富春山居图”》入选《全国地方全面深化改革典型案例》。推进“交商邮供”融合发展，建成县级快递物流仓配中心5个，城乡物流服务站点实现村镇全覆盖。

【重点领域改革】 32项年度改革任务全面完成，国资国企、农业农村、教育、卫生等重点领域改革有序推进。持续推进自贸试验区内江协同改革先行区建设，复制推广全国、全省制度创新成果20项，承接省政府三批次授权事项146项，进出口整体通关时间提速15%。有序开展农村关键领域改革，295项“甜成办”高频民生事项精准下沉，市中区农村闲置宅基地盘活利用改革试验有序开展，隆昌市县域集成改革试点通过中期评估。持续释放市场主体活力，川渝市场主体准入实现“异地同标”，政府采购项目公开率100%。

【农村交通】 成自宜高铁建成通车，在全省率先实现县县通高铁；内江至大足高速公路、自隆高速公路连接线、水心坝大桥及连接线建成通车，资中至铜梁高速公路建设加快推进，成渝高速公路扩容改造工程、资中至乐山高速公路开工建设；内江机场完成选址评审。新（改）建农村公路706千米，创建“四好农村路”省级示范市，全域创建为“四好农村路”省级示范县，威远县创建为“四好农村路”全国示范县，市中区创建为乡村运输“金通工程”省级样板县。

【毗邻合作】《推动川南渝西地区融合发展总体方案》获得国家发展改革委批复，18个川渝合作共建重大项目、30个市级“双圈”重点项目分别完成投资128.32亿元、237.42亿元。内荣农高区“一城两园多基地”加快布局，玻陶、稻渔、生猪等主导产业加快成势，共建成稻渔综合种养基地面积26.2万亩，建成“双昌”智慧猪场。推进内自同城化，内自合作园区基础设施加快完善，内江甜味食品产业园、内江绿色能源产业园加快建设，成渝粮食应急保供物流基地、内江表面处理基地等项目建设有序推进。

【农村生态建设】 生态环境持续优化，推进大气污染防治攻坚，臭氧污染天数同比减少10天，空气质量优良天数率80.3%，氮氧化物、挥发性有机物减排提前完成“十四五”目标任务。加强河（湖）长制工作，12个国、省控考核断面水质优良率100%，沱江干流（内江段）出境断面水质稳定在Ⅱ类，乌龙河水质由Ⅳ类改善为Ⅲ类，5个小流域消除Ⅴ类水质，城市、乡（镇）集中式饮用水水源地水质达标率达100%。建成全省第二个市级废旧农膜回收处置加工厂，回收处置废旧农膜710余吨，土壤、声环境质量总体保持稳定。节能降碳工作有序开展，全国区域再生水循环利用、全国废旧物资循环利用、全国农业面源污染治理与监督指导等试点建设有序推进。威远县入选美丽四川建设先行试点培育县。

【民生实事】 办好民生实事，全年民生支出204.98亿元，占一般公共预算支出的66.4%。城镇新增就业4.55万人，基本医疗保险参保率稳定在95%以上，低保保障率提升至3.04%；新增养老床位1000张，新增农村困难老年人集中供养2078人。新（改、扩）建中小学幼儿园15所，新增学位1.07万个，内江二中城南校区、内江铁路中学改（扩）建等项目建设有序推进，隆昌市获评成渝地区城乡义务教育一体化发展试验区；6所高中创建为省一级示范性普通高中，数量居全省第三位。推进卫生事业高质量发展先行市建设，新增4个省级临床重点专科、8家县域医疗卫生次中心。举办第十一届大千龙舟文化节，免费开放公共文化场馆138个。承办省级以上体育赛事13次，第十五届省运会筹备工作有序开展。内江市、各县（市、区）均创建为四川省“双拥”模范城（先进城）。

【基层治理】 深化“平安内江、法治内江”建设，市、县、镇三级综治中心实体化实战化运行机制不断健全，超大小区治理试点工作有序推进，获评全国市域社会治理现代化试点合格城市。成功侦破6起重大积案，做好成都大运会等重要时间节点安全稳定保障，禁毒系统治理、打击治理电诈犯罪、未成年人司法保护、预付式消费乱象治理取得明显成效。妥善化解信访突出问题，信访事项及时受理率、按期办结率100%，群众满意率达99.1%，群众合法权益得到有效维护。

【主要领导人】 市委书记：郑莉；市人大常委会主任：戴震；市长：李丹；市政协主席：康俊；分管农业副市长：徐炼英。

内江市编写组

市中区

【基本情况】 2023年，全区辖5个街道7镇，辖区面积386.2平方千米。

2023年，全区实现地区生产总值192.79亿元，同比增长6.8%，高于年初目标任务0.6个百分点。第一产业、规模以上工业、服务业增加值分别增长4.1%、10.5%、8%。地方一般公共预算收入完成6.18亿元，同比增长5.3%。城乡居民年人均可支配收入分别增长4.6%、7.3%。

【现代农业发展】 落实粮食安全责任制，全面推行"田长制"，整治撂荒地2797亩，新建高标准农田2.5万亩。粮食作物播种面积34.05万亩，粮食总产量11.9万吨，同比增长2.72%。抓好重要农产品稳产保供，蔬菜、水果供给种植面积持续稳定，出栏生猪26.7万头，水产品产量7920吨。发展肉牛（羊）产业，出栏肉牛1674头、肉羊1.99万只。培育发展"一黑一白"特色产业，内江黑猪种养循环现代农业园区建成投用，白乌鱼原（良）种场主体完工，四川恒通内江猪保种繁育有限公司上榜国家级示范场名单，永安镇获得首批国家农业产业强镇认定。

【重点改革】 推进相对集中行政许可权改革，完成18个部门147主项行政审批事项划转，全面实现"一枚印章管审批"。持续深化"放管服"改革，推进"一网通办"集中攻坚行动，实现网上可办率达91.66%、全程网办率达88.9%。1200余项政务服务事项入驻政务服务大厅，依申请政务服务事项承诺提速达87.18%，企业开办、工程建设项目审批时间分别压减至1.5小时、50个工作日。推进农业农村改革，朝阳镇黄桷桥村"1433"三治融合模式获评全省基层群众自治优秀案例。

【新型城镇化】 推进城市更新行动，40个城市更新项目有序推进，改造老旧小区116个，对389户无厕所等配套设施的筒子楼进行改造，拆除存在安全隐患的危旧房屋10栋。持续提升城市品质，完成玉溪街道、民族路北二巷、北四巷、虹桥中路通讯线路"蜘蛛网"整治和桂湖街农贸市场改造，建成特色主题小区4个、社区阵地2个、"口袋公园"2个，新（改）建"甜城绿道"12.6千米。统筹零星地块建成5G智慧停车场16个，新增停车位1886个。推进中心城区拆迁"房票"安置工作，安置户实现转换购房112套。

【乡村振兴】 学习运用"千万工程"经验，实施农村面貌改善行动，全域推进"六净六顺""清杂去乱"，统筹推动2个目标镇实施涉农项目25个，完成投资3.48亿元，拆除破损农房、偏杂房等1189间（户），改造安全隐患房屋721户，改造提升院落114个。创建为省级乡村振兴成效显著县，整合投入各级补助资金4.87亿元，新增自来水到户5831户，新建电力线路37.71千米，新（改）建农村公路45.3千米，水心坝大桥及连接线建成通车。持续巩固拓展脱贫攻坚成果，新增监测对象232户608人，实现脱贫劳动力就业5413人，守住不发生规模性返贫底线。实施农村面貌改善行动和城市更新行动，朝阳镇下坝桥村经验做法在全市推广，新华路"爱在西二巷"等经验做法被《人民日报》等媒体报道。创建乡村运输"金通工程"省级样板县。建立健全县、乡、村三级物流体系，第三方物流企业全年营业额增长10%，实现物流产值8亿元。

【农村生态建设】 生态环境持续向好。有序推进突出环境问题整改，25件信访件及国家长江经济带移交问题全部办结销号，按进度完成第二轮中央督察和省级、市级移交问题整改。实施"减排、压煤、抑尘、治车、控秸"五大工程，空气质量优良天数率79.4%。落实河（湖）长制，持续开展沱江流域"十年禁渔"，加大对口滩饮用水水源地保护力度，沱江干流国控、省控断面平均水质保持在Ⅱ类，乌龙河水质由Ⅳ类改善为Ⅲ类，城市集中式饮用水水源水质达标率达100%。实施土壤环境监测，严控农村面源污染，农药、化肥实现零增长，行政村生活垃圾处理率和危险废物安全处置率达100%。

【民生实事】 推进实施"30件甜蜜内江民生实事"，48项省、市民生项目全面完成，全年民生支出17.94亿元，占一般公共预算支出的66.5%。坚持把就业作为最大的民生，新增城镇就业7497人。全面兜准兜牢民生底线，持续提高"一老一小"和特殊困难群体服务保障水平，发放城乡低保金、特困供养金等各项补贴5464万元。大自然老年养护中心（一期）完工，新增养老床位502张。新建保障性租赁住房1100套，改造农村危房50户。教育事业稳步发展，新（改、扩）建校园8所，建成基层未成年人保护阵地7个，凌家中心幼儿园建成招生，朝阳幼儿园、内江二中城南校区主体完工，获批全省首批幼小科学衔接实验区、全省中小幼品格教育成果推广应用示范区。健康中区加快建设，城乡基本医疗保险实现全覆盖，区人民医院创建为三级乙等医院，区口腔医院城南分院改建完工，区妇幼保健院城南院区建成投运。文化事业繁荣发展，区图书馆被评为国家二级公共图书馆，古法制糖非遗工坊获评全市唯一的省级优秀非遗工坊，原创歌曲作品《英雄恋》《你为了谁》获评首届博鳌展演金奖。退役军人事务工作及"双拥"创建成效明显。

【法治建设】 自觉接受人大、政协和其他各方面监督，坚持重大行政决策向区人大常委会报告、向区政协征求意见，8个民生实事人大代表票决制项目全面完成，51件人大代表建议、71件政协委员提案办结率、满意率均达100%。深化法治政府建设，严格依法行政，审议重大行政决策事项92项，备案行政规范性文件5

件,清理失效文件4件,联合出台府院共治政策文件3个,行政复议质量和应诉水平明显提升,依法行政能力不断增强,凌家镇酒房沟村、白马镇朝天门社区创建为第九批全国民主法治示范村(社区)。

【主要领导人】 区委书记:马炬;区人大常委会主任:李运书;区长:岳光科;区政协主席:王岗;分管农业副区长:杨云。

市中区编写组

东 兴 区

【基本情况】 2023年,全区辖14镇3个街道,辖区面积1181平方千米。

【省级粮油园区创建】 按照"一镇一园区"发展规划,在全区培育建设25个粮经统筹现代农业园区,分年分批分层级创建现代农业园区,构建国家、省、市、区四级培育体系,引领带动产业发展、农户增收,全区建成省四星级园区1个、市级园区8个、区级园区10个。对照创建省级现代农业园区8个大项23个子项认定评分标准,补短板、强弱项,力争将稻菜现代农业园区创建为省五星级现代农业园区、天冬粮药现代农业园区创建为省三星级现代农业园区。

【种植业】 粮食生产。全年完成粮食播种面积102.73万亩、产量37.56万吨,同比分别增长-0.89%、3.03%,其中豆类播种面积20.04万亩,产量3.05万吨,同比分别增长2.8%、22.84%。夏粮播种面积9.62万亩,产量2.15万吨。大春粮食作物播种面积93.11万亩,产量35.41万吨;完成大豆种植面积14.97万亩(完成大豆扩种0.75万亩),其中大豆玉米带状复合种植示范面积7万亩。

经济作物。油菜种植面积23.2万亩,产量3.55万吨,同比分别增长11.9%、3.8%。优化改造农业种植园地0.3万亩。发展精品蔬菜基地面积6.2万亩,建设精品蔬菜示范村1个,建成精品蔬菜标准园3个,全区蔬菜种植面积36.29万亩。

良种推广。利用开展大豆玉米带状复合种植等项目,因地制宜推广"川优6203""宜香优2115""内6优107"等优质水稻品种,"华试919""川单99""成单716"等玉米新品种,"南夏豆38""贡秋豆5号""贡夏豆13"等大豆品种,提高粮油产量和品质。

病虫害防治。全区坚持落实"预防为主,综合防治"的植保方针,树立"公共植保、绿色植保、法治植保"理念,围绕防灾减灾的中心目标,坚持以病虫害监测预警为基础,以绿色防控、统防统治为重点,以植物检疫为保障,抓好农作物重大病虫害防控工作,提高植保防灾减灾能力,确保粮食生产安全、农产品质量安全和生态环境安全。在制定全年重大病虫害防治预案的基础上,在大小春农作物主要病虫害发生期间,坚持周报制,采取大面积田间普查和系统调查相结合,准确掌握病虫害发生动态,报送大春周报表11期、小春周报表17期,发布植保情报10期,预报准确率达90%以上。指导完成全区大小春作物病虫害防治196.55万亩次,挽回粮油等损失21587.22吨,病虫危害损失率降低到4%以下。

【特色产业发展】 把天冬产业作为"一号工程"推进,累计建成天冬生态种植基地40余个,建成产地初加工基地3个,推广安装中药材智慧种植体系前端设备38套,与合作科研团队研发天冬系列产品40余种。"内江天冬"申报为国家地理标志,入选新华社民族工程、四川品牌培育工程,并获评2022四川十大地理标志道地药材。

农业生产技术培训。按照农业农村厅《关于做好2023年高素质农民培育工作的通知》要求,全区完成高素质农民培育省级调训10人,其中农业产业领军人才4人、农业经理人6人;市级调训18人,其中农业经理人6人、创新创业12人;县级培训164人,其中经营管理型110人、专业生产型54人。完成培育高素质农民目标任务192人。

【农业现代化发展】 深挖农产品加工产业发展资源,引进飞龙米业、四川中萁等优质食品加工企业入驻园区,推动农产品加工产业高质量发展;推进农业技术装备研发应用,组织实施"水稻无人机直播轻简技术研究与示范"项目和"小麦智能精量播种机研发制造推广应用一体化试点"项目。全年新增农机总动力1.1万千瓦。

【宜居宜业乡村建设】 上级下达东兴区农村"厕所革命"整村推进项目建设改厕任务涉及32个村(社区)5081户,实际完成重点镇(街道)田家镇、富溪镇、东兴街道及非重点镇(街道)椑木镇、郭北镇等32个村(社区)5127户改厕任务,完成率达100.9%。

【农业基础设施建设】 有序推进高标准农田项目建设,在田家、富溪镇实施高标准农田建设项目共计3.2万亩,其中新建1.8万亩、改造提升1.4万亩,项目于9月进场施工,逐年将全区永久性基本农田全部建成高标准农田。推进提灌站建设和改造,利用省级财政现代农业发展专项项目资金280万元分两批计划新建、改造提灌站14座,截至2023年年底,已按照进度要求全面完成14座新建和改造任务。

【农业行政执法】 开展"放心农资下乡"等农资安全宣传活动、农资打假、农用薄膜执法检查、豇豆农药残留突出问题专项行动;对养殖户防疫条件开展新办证审查及年审,全年共完成新办证23户,年审45户。梳理并任命全区141名官方兽医。开展病死畜禽无害化处理补偿工作，补助符合补助标准的一类生猪28057头、二类动物产品26829千克、三类动物产品26435千克。围绕全区天然水域、水产养殖用投入品经营店、水产养殖专合社等开展“拉网式”执法检查，开展“中国渔政亮剑2023”“护渔百日联合执法行动”“节假日期间长江流域重点水域专项行动”等执法工作，联合区公安分局、区市场监管局、区交通管理局、镇（街道）开展联合执法行动，重点打击电、毒、炸鱼、绝户网、可视瞄鱼器等涉渔违法行为，对涉渔“三无”船舶、禁用渔具、违规渔具以及生产性垂钓进行依法查处整治。全年检验年审变型拖拉机76台、注销变型拖拉机57台、转移登记变型拖拉机7台，现存变型拖拉机128台。全年共查处各类案件21件。

【农产品安全监管】 开展农产品质量安全监测，围绕食用农产品“治违禁　控药残　促提升”三年行动，开展区级农产品定量监测562批次，发现不合格农产品3个，问题发现率2%。聚焦豇豆农药残留攻坚治理，开展豇豆安全用药开展技术培训5场次；建立4个豇豆种植生产主体及152户散户种植档案；开展省、部级豇豆定量抽检12批次，区级检测豇豆34批次，镇级快速检测豇豆12批次，监测合格率98.3%。完善溯源体系建设，采集重点农产品产地溯源信息214家，新入驻国家农产品质量安全追溯管理平台主体60家，上传追溯批次信息4840条；督促指导生产主体规范开具承诺达标合格证，开具合格证3.5万张，带证上市农产品1.6万吨。

【畜牧业】 全年出栏生猪64.365万头，能繁母猪存栏2.95万头；出栏肉牛6553头、肉羊13.39万只，牛（羊）肉产量0.28万吨。新（改、扩）建牛（羊）标准化规模养殖场41个，其中羊25个、牛16个。

畜牧生产。加强生猪填槽补栏，对空栏或在养未关满的养殖场（户）及时补栏；加大能繁母猪补栏力度，及时对空栏和在养未关满养殖场（户）进行补栏，生猪规模场共计补栏生猪69.37万头。加强肉牛（羊）扩能增产，提高种源供给能力，成立寻找牛羊种源工作小组，建立肉牛（羊）经纪人台账，依托9支经纪人团队，开展寻找牛（羊）种源工作，引进肉牛6328头、肉羊31264只；引进培育龙头企业，9月3日天府集团年出栏肉牛2000头规模化养殖场开工建设；加强与农商银行、邮储银行等的沟通协调，助力完成贷款5491.57万元；开展养殖场新（改、扩）建意愿、闲置养殖场摸排，摸排出新（改、扩）建意愿养殖场78个（户）养殖场（户）、15个闲置养殖场，并建立“一场一策”清单，推进闲置场改建。

畜牧业标准化和规模化发展。创新发展模式，推广“公司+农户”“公司+合作社+农户”等代养、寄养模式，探索“企业+集体经营+农户”的养猪新路子，以龙头企业带动中小养殖户发展生猪养殖，构建稳定利益共同体，截至2023年年底，全区共有寄养代养规模化养殖场64个。提升养殖水平，引进天府、国智等大型企业到东兴区投资建场，提升生猪规模化养殖程度和种业发展水平。支持龙头企业构建集养殖、屠宰、加工等于一体的全产业链，补齐生猪产业链条短板，增强区内猪肉消纳能力。新（续）建生猪规模养殖场5个，新增生猪产能53.74万头，其中新增优质仔猪产能27.3万头、优质种猪产能2万头、育肥猪产能24.44万头。

畜禽产品安全监管。对畜禽产品开展监督执法抽样，分批次共抽取猪肉4个、猪肝7个、牛肉2个、羊肉2个、鸡蛋10个，共25个样品，经检测，所抽取的样品均合格。对全区规模化养殖场、屠宰场、散养户的生猪、肉牛、肉羊进行“瘦肉精”检测，共抽样监测饲养环节8378份、运输环节1296份，结果显示全部为阴性，未发现违法添加使用“瘦肉精”的行为。

疫病防控。对17个镇（街道）开展2023秋季重大动物疫病防控工作全覆盖检查，包括秋防免疫开展情况、非洲猪瘟防控“3+1+1+1”网格化管理情况、“大消毒、大培训、大宣传”专项行动情况、人畜共患病及其他病防控工作情况、动物疫病监测流调情况、动物卫生监管情况，信息报送情况等。对各镇（街道）的秋防工作量化打分，对镇（街道）秋防工作存在的问题交换了意见，并按照要求限期整改。继续开展重大动物疫情的排查工作和信息报送，做好防疫物资的保存、发放和管理，对秋防血清样品进行全覆盖检测，完成2023年动物防疫各项目标任务，确保不发生区域性重大动物疫情。

屠宰加工。全区共有生猪定点屠宰场5个、牛（羊）定点屠宰场1个。全年共屠宰生猪11.57万头、牛0.8万头、羊0.36万只、小家禽167.87万羽，满足了区内肉品市场供应。属地政府按要求向屠宰企业派驻官方兽医实施日常监管和检疫，各屠宰企业落实非洲猪瘟自检和“瘦肉精”自检工作，保障了肉品质量安全。

【农业机械化】 全区承办全市性农机化生产活动3次以上，创建1000亩以上小麦耕种收全程机械化示范区2个（石子镇龙安村+七星村和田家镇余家湾村+顺河镇花祠村），实现智能机械化机插秧3000亩。

农机应用和管理。通过宣传指导，全区新增农机专业合作社2个，全区农机专业合作社累计达10个。全年完成小麦机耕面积0.45万亩、机播面积0.45万亩、机收面积0.45万亩，油菜机耕面积23.1万亩、机播面积10.5万亩、机收面积11.6万亩，水稻机耕面积28.35万亩、机播面积19.4万亩、机收面积27.77万亩，玉米机耕面积32.1万亩、机播面积10.2万亩，主要农作物耕种收综合机械化水平达70.387%，比上年增长2.501%。新增农机总动力1.1万千瓦，占目标任务的122%。

【农村能源建设】 全年投资2260万元，新建2个秸秆收储加工中心、2个能源化加工厂、3个秸秆收储点、4处秸秆综合利用展示基地。全区农作物秸秆总体理论资源量42.33万吨，综合利用总量33.34吨，综合利用率达92.03%。争取省级资金63万元，新建种养循环沼气工程1处，为13户农户供气。东兴区被农业农村厅评为2023年度秸秆综合利用工作和农村能源工作先进单位。

【主要领导人】 区委书记：康厚林；区人大常委会主任：陈泽清；区长：余梅；区政协主席：韩双林；分管农业副区长：谢庆诗。

东兴区编写组

隆 昌 市

【基本情况】 2023年，全市辖11镇2个街道，辖区面积794平方千米总人口74万人。全年实现农业总产值83.11亿元，同比增长1.2%；全市全年完成增加值51.55亿元，同比增长4.1%。

【农村集体产权制度改革】 持续完善清产核资，在原有清产核资基础上对农村集体资产进行再清理再核实，及时纳入全国农村集体资产监督管理平台，并建立明晰的集体资产资源台账。全年清理集体资产19.65亿元，其中村级资产6.68亿元、组级资产12.97亿元；资源性资产114.13万亩。探索集体经济发展多样化途径，通过清产核资，指导各村建立各级财政扶持村集体经济资金及财政资金投入形成的各类经营性资产台账，采取租赁、股份合作、资产资源入股或自主经营等多种模式与工商企业、合作社等合作经营，发展产业项目，探索集体经济发展有效实现形式。加强农村“三资”管理，推进农村集体“三资”平台建设，通过开展农村集体资产监管提质增效行动，将全市所有村（社区）的账务均纳入平台处理，实现与内江市级平台对接，实现“三资”全流程线上监管与村、镇、县、市四级实时监管，规范了农村集体“三资”管理。

【现代农业园区建设】 隆昌市被认定为全省首个以“稻渔”为主导产业的国家现代农业产业园。2023年，全市实现稻渔总产值13.16亿元，累计投入各类资金6.47亿元支持园区建设，产业园内村集体经济平均收入较上年提升12.9%；园内农民人均可支配收入达3.02万元，高于全市平均水平32.5%。实现水稻产量33.24万吨；小龙虾产量1.16万吨，约占全省的15%。稻渔农产品抽检合格率达100%，获评国家级水产健康养殖和生态养殖示范区。建设农业大数据平台，“稻渔智慧农场管理系统”获得2023年全国数字乡村创新大赛优秀奖。建设第三代杂交水稻研究中心和西南地区首个稻渔研究院，联合科研院校探索丘陵地区稻渔综合种养技术体系，培育新品种3个。率先在全省推广稻渔特色农业保险，累计理赔784.9万元。引育旺旺集团、万林冷食品等17家龙头企业，开工建设西南地区首条小龙虾预制菜生产线，建成川南地区最大的农产品交易中心。新认定内江市星级园区2个，升星级现代农业园区1个；新认定隆昌市级现代农业园区2个，升星级现代农业园区3个。

【种植业】 全年粮食作物播种面积76.72万亩，同比减少1.98%；油料作物播种面积17.99万亩；蔬菜种植面积16.58万亩，同比增加0.54万亩。全年粮食总产量33.24万吨，同比增长2.57%。

【乡村振兴】 坚持以现代农业园区建设为抓手，推进特色产业发展，巩固脱贫攻坚成果。依托建设国家现代农业产业园、内荣农高区现代农业产业示范园、成渝现代高效特色农业带合作园区三大平台，发展稻渔、生猪、肉牛（羊）、高粱、油茶、竹等特色产业，累计创建国家级现代农业园区1个、省级现代农林园区2个、内江市级现代农业园区6个。全市累计发展稻渔产业17.6万亩，建成万亩以上稻渔示范区3个、千亩以上稻渔示范区10个。推动发展“订单农业”特色高粱产业，建成高粱物流仓储中心和万亩高粱种植基地2个。完成省级乡村振兴先进县“回头看”考核和内江市级乡村振兴战略实绩考核，获评2023年度省级振兴示范村3个、内江市级乡村振兴先进镇2个、内江市级乡村振兴优秀村8个。

【现代农业产业化发展】 全市粮食作物播种面积76.72万亩，粮食总产量33.24万吨，其中水稻产量19.88万吨、玉米产量7.48万吨。有农产品产地初加工企业14家、大米精深加工生产线7条。发展荣昌·隆昌共建40万亩“稻渔”综合种养绿色发展产业，全市累计发展稻渔综合种养产业17.6万亩。引进产业链关键环节、上下游配套企业，加快年产10万吨稻渔产品综合加工基地建设，实现稻渔精深加工产品产值8亿元以上。制定《隆昌市2023年生猪生产实施方案》《隆昌市推动肉牛肉羊产业高质量发展十六条措施》，全市新发展肉牛规模场15个、专业户73户，发展肉羊规模场35个、专业户1023户；出栏肉牛2493头，同比增长67.43%；出栏肉羊8.01万只，同比增长137.96%，肉牛（羊）产业实现突破性发展。推进农产品产地冷链物流建设，完成隆昌市烘干冷链物流设施项目建设，增加储存库容量9.23万立方米。举办稻田虾音乐美食节、稻田虾产业博览会等活动，打造稻虾农旅融合示范区，拉动农旅收入增长9%以上。

【农业机械化】 印发《隆昌市农业农村局关于下达2023年农机化生产任务的通知》，全面完成机耕面积、机播面积、机收面积年度生产任务，主要农作物耕种收机械化率达75.79%。将农机装备纳入隆昌市创建国家现代农业产业园资金支持范围，投资用于提灌站建设。围绕“耕、种、收”三个环节开展“推技术、提单产”行动，创建国家农民合作社示范社1个。准确把握补贴政策，严格补贴工作标准，规范补贴工作流程，中央农机购置补贴资金结算进度达98.43%。组织开展县级农机化统计人员培训1次。全面落实油菜扩种、大豆玉米带状复合种植配套农机装备保障工作，督促指导组建常态化农机应急作业服务队。配套建设综合农事服务中心，新增农机合作社2个。开展农机安全检查82次，注销变型拖拉机175台，收回号牌101副。

【农产品质量安全监管】 全年完成省级农产品质量安全监测任务75个，完成本级农产品质量安全定量监测总样品量年初目标任务621个，合格率均为100%；省级例行抽检4次，合格率达100%，全市未发生农产品质量安全事件。推动农产品批发市场建立承诺达标合格证查验制度，建成合格证自助服务站点3个、承诺达标合格证“亮证”行动示范点1个。全年培育区域公用品牌“川南早”，新认定“三品一标”农产品10个。加大国家级、省级农产品追溯平台推广应用，新增入驻主体60余家，将280余家生产经营主体、80个产品纳入省级、国家级追溯平台，通过农产品质量安全可追溯管理平台实现对种植、畜牧、水产业等主要农产品从生产源头到产品上市前的质量管控，录入生产批次7000余次，交易成功4万余条。

【主要领导人】 市委书记：林双全；市人大常委会主任：杨超；市长：任伟；市政协主席：王昭夏；分管农业副市长：林锡东。

隆昌市编写组

资中县

【基本情况】 2023年，全县辖22个镇，辖区面积1733.96平方千米。全年地区生产总值增长7.3%，位居全市5个县（市、区）第一。争取到县域经济高质量发展促进城乡融合等国省试点14项，其中全国首批“五好两宜”和美乡村试点获得奖补资金2.2亿元，是全省最大的财政支农项目。

【现代农业发展】 坚决扛牢政治责任，新（改）建高标准农田5.3万亩，整治撂荒地0.44万亩，恢复补充耕地1.83万亩，全年粮食产量57.35万吨，获评全省农村改革工作先进县。突出抓好畜牧生产，新（改、扩）建大型规模场87个，全年出栏生猪77.1万头、肉牛（羊）19.9万头（只）。第一产业增加值增速位居全市第一。实施血橙高质量发展工程，建成万亩标准化种植基地，举办资中血橙营销大会，血橙红酒、血橙啤酒上市销售，全产业链产值超过58亿元。全域推进177座水库大水面生态养殖，投放鱼苗0.25万千克，渔业经济总产值连续5年位居全市第一。

【统筹城乡发展】 实施城市更新试点，95个项目完成投资25.99亿元。新建市政道路16千米，西干道等3条城市主干道建成通车，建成区面积拓展至27.12平方千米，获批全省县城新型城镇化建设试点，银山镇获评“省级百强中心镇”。日供水10万吨的城区新水厂建成投用，后西街等10条市政道路全面升级，幸福巷等20条背街小巷焕发生机，荷花池片区等13个老旧小区旧貌换新颜，困扰多年的状元街、北街内涝完成治理，一批备受群众关注的堵点、难点问题得到解决。完成历史文化名城保护规划修编，谷田河、永兴河河道治理和景观工程启动建设，沱江北岸生态修复、沿江环线健身步道加快推进，罗汉洞公园、凤尾广场对外开放，7个“口袋公园”建成投用，新增绿地面积18万平方米。

【乡村振兴】 健全防止返贫动态监测和帮扶机制，脱贫群众年人均纯收入达14645元，增长14.8%，省巩固脱贫成果后评估综合评价为“好”等级。公民镇获评首批国家农业产业强镇，资中粮油现代农业园获评省三星级园区，新增市级园区2个、县级园区5个。全域推进承包地“三权分置”，适度规模化经营面积达10.6万亩，村集体经济总量超过3000万元，获评全省农业生产社会化服务工作典型县。农村面貌显著改善，出台多元投入19条措施，首批目标镇改造户属设施10881户，整治院落264个，黄莲树村等6个村获评全省乡村振兴示范村。实施“三大革命”，改造户厕11956户，完成“千村示范工程”建设25个，农村卫生厕所普及率、污水处理率、垃圾处理率分别达93.5%、79.1%、100%。

【乡村旅游】 加快建设资中古城核心区，完成重龙山生态修复，建成游客接待中心，提档升级罗泉古镇，入选全省历史文化遗产综合保护利用试点县。鹿尔花园落地建设，响水滩生态休闲体验区加快打造，双联村、蚂蟥坪村获评省级乡村旅游重点村。全年接待游客1070万人次，实现旅游收入75亿元。

【农村交通】 成自宜高铁建成通车，资中西站投入使用，正式迈入“一城双高铁”时代。成内渝、资乐高速公路启动建设，资铜高速公路建设有序推进，完成投资26亿元。提速归沙路、球马路建设，改造提升仁顺路、宋荆路等“四好农村路”示范路105千米，新（改）建撤并建制村畅通工程、自然村通硬化路74千米，完成安全生命防护工程108千米。发轮镇、公民镇获评市级“四好农村路”示范镇。

【民生实事】 全面完成“30件甜蜜内江民生实事”,民生领域投入超过省定目标9.2个百分点。推进全民参保,养老保险覆盖人数57.2万人,医疗保险参保率98%。持续推进低保提质扩围,净增低保对象6397人,保障率提升至3.4%。健全县、镇、村三级劳务服务体系,开发公益性岗位1150个,新增城镇就业8553人,“资中血橙达人”成为全市唯一“川字号”特色劳务品牌。提升改造公办养老机构4所,建成银山镇社区养老服务综合体。在全省率先实现“童伴计划”行政村全覆盖,创建“童伴之家”省级示范点10个。县中医医院迁建二期完成建设,县妇幼保健院综合大楼投入使用,县人民医院东院区全面接诊,创建四川省慢性病综合防控示范区。创新组建县人民医院“1+13”、县中医医院“1+9”紧密型县域医共体2个,建成县域医疗卫生次中心2个,“十统一”管理模式在全省推广。启动城乡学校共同体建设,教育厅帮扶县域教育高质量发展行动首站落地资中,香炉山小学项目有序推进,资中二中等6所学校获评省级示范学校。

【农村生态建设】 实施“三大保卫战”,空气质量优良天数达318天,优良率达87.1%,综合指数位居全市第一。全面落实河(湖)长制,深化沱江流域“十年禁渔”,国考断面水质稳定达标,沱江资中段水质达到Ⅱ类,球溪河、濛溪河、乌龙河水质达到Ⅲ类。全面推行林长制,新增人工造林1500亩,森林覆盖率达24.98%。开展全国农业面源污染治理试点,畜禽粪污利用率、秸秆综合利用率、农膜回收利用率分别达92%、93.9%、85.3%。

【主要领导人】 县委书记:路松明;县人大常委会主任:雷五江;县长:唐荣;县政协主席:邓方全;分管农业副县长:王冬。

资中县编写组

威 远 县

【基本情况】 2023年,全县辖14镇,辖区面积1289平方千米。

【年度农业和农村经济运行】 2023年,全县农业农村工作坚持农业农村优先发展,实现巩固拓展脱贫攻坚成果同乡村振兴有效衔接。重点围绕粮油生猪、精品蔬菜、威远无花果、威远黑山羊、优质茶叶、现代林业等六大乡村特色产业,推动一二三产业融合发展。全县第一产业增加值达56.56亿元,同比增长4.2%,排名全市第三位;农村居民年人均可支配收入同比增长7.5%,排名全市第一位。威远县获评全省乡村振兴先进县。2023年省级财政农业改革创新科技示范奖补资金(贷款贴息方向)为四川金四方果业有限责任公司用于现代农业烘干冷链物流以及四川省复立茶业有限公司用于鲜茶叶收购贷款,共给予贷款贴息76.85万元。

【农民专业合作社管理】 2023年享受中央财政支持合作社发展项目319万元,共支持8个合作社。全年新发展专合社36个,新评定示范社15家,其中县级示范社11家、市级示范社1个、省级示范社2个、国家级示范社1个,并完成合作社名录库建设。

【农业生产社会化服务】 推进农业生产社会化服务规范发展,出台《威远县镇村三级农业社会化服务体系建设方案》,全县三级农业社会化服务体系建设情况良好;出台《威远县农业生产社会化服务县级重点服务组织评定及监测办法》,威远县丰源种植农民专业合作社被评为首批农业生产社会化服务省级重点服务组织;组织实施威远县2023年农业生产社会化服务项目,主要实施内容为粮油作物的托管服务、统防统治服务等,折合服务面积0.42万亩,已完成社会化服务组织的选择、合同签订,其余工作有序实施。

【农村宅基地管理】 规范开展宅基地审批工作,全年完成宅地基审批1677宗,占地250.04亩,其中涉及农用地转用138宗,占地19.83亩。落实宅基地动态巡查制度,已开展县级动态巡查14次,抽查督查14个乡(镇)的宅基地管理工作。2023年,由县级部门介入调解或处理宅基地信访事项5件。配合自然资源部门整治乱占耕地建房行为,落实整改国家自然资源督查反馈问题2个。

【土地承包管理】 印发《威远县工商企业等社会资本通过流转取得土地经营权审批许可办事指南》,指导各镇做好土地流转备案审查工作,加强对土地流转行为的监督管理。2023年,全县累计土地流转面积5015.3亩,通过产权交易中心挂网24宗,交易面积6331.35亩,交易金额1209.35万元;累计流转8.79万亩,通过县产权交易中心挂网交易累计80宗,交易面积2.02万亩,交易金额6196.51万元。妥善化解土地承包经营纠纷,宣传解释土地承包、土地经营权流转政策,指导各镇(村)化解土地承包经营纠纷。

【新型村集体经济发展】 发展村集体经济,实施中央、省财政扶持村集体经济项目10个。制定并印发《中共威远县委组织部　威远县财政局　威远县农业农村局　威远县乡村振兴局关于印发〈威远县2023年扶持发展新型农村集体经济实施方案〉的通知》《威远县农业农村局　中共威远县委组织部　威远县财政局　威远县乡村振兴局关于印发〈威远县扶持发展新型农村集体经济项目管理办法〉的通知》，规范实施集体经济组织项目，壮大村集体经济。

【农产品品牌培育】 全年新认证“三品一标”农产品3个，有效期范围内农产品“三品一标”101个，其中农产品地理标志2个、绿色食品15个、种植业无公害产品55个、无公害水产品25个、无公害畜产品4个，全国名特优新农产品认证9个、特质农品5个。

【现代农业园区建设】 截至2023年年底，全县共创建现代农业园区18个。新创建县级园区3个，分别为越溪镇粮油现代农业园区（县三星级）、镇西镇黑山羊现代农业园区（县三星级）、严陵镇特色粮油种植示范园区（县三星级）；创建威远县姜椒现代农业园区（市三星级）、镇西镇粮油现代农业园区（市三星级）；威远县新场镇粮油现代农业园区由市四星级晋升为市五星级。

【农村财务管理】 2023年度的清产核资工作已于2023年年初全部完成，完成全县180个村和10个涉农社区的清查、登记、核实、公示、确认、建立台账、审核备案、汇总上报和纳入平台等9个流程的清产核资工作，对各镇的资产情况、产权归属情况、平台管理情况、操作程序情况、工作保障情况、建立健全制度情况进行了检查验收。完成“三资”管理平台升级工作，全县14个镇180个村和10个涉农社区的集体经济组织“三资”由村级财务核算中心统一进行日常财务核算等工作。履行对全县范围内农村集体“三资”管理的指导、服务和监督工作，以及对村级财务核算中心的日常业务指导工作。全年对全县村（社区）的“三资”管理情况进行了专项整治1次和日常监督检查9次，检查中共发现问题10个，督促完成整改问题10个，整改工作已全部完成。

【农业农村改革】 印发《威远县农业和农村体制改革专项小组2023年工作要点及台账》，明确2023年农村改革工作年度任务、责任分工、进度安排和成果实现形式。出台《威远县农村面貌改善行动实施方案》《威远县2023年水美新村建设方案》等一系列较为完备和实用的配套政策及工作措施，有序推动全县农村改革工作。

【家庭农场培育】 全县新增注册家庭农场340个，全县共有家庭农场4366个，覆盖粮食、蔬菜、中草药、畜禽等农业主导产业，经营无花果、蟠桃、茶叶等特色产品。中央财政新型农业经营主体能力提升专项粮油单产提升行动项目资金支持家庭农场52万元，农业生产设施改善项目资金支持家庭农场291万元。新评定县级示范场29家、省级示范场2家，截至2023年年底，全县共有县级示范场295家、市级示范场148家、省级示范场35家。

【乡村振兴】 全县坚持农业农村优先发展，巩固拓展脱贫攻坚成果同乡村振兴有效衔接，融入成渝地区双城经济圈建设，全面推进乡村全面振兴，促进农业高质高效、乡村宜居宜业、农民富裕富足。创建为全省乡村振兴先进县，新创建省级示范村4个。乡村振兴农村产业发展贷款风险补偿金累计发放贷款270笔，发放贷款21737.7万元。

【特色产业提质增效】 全县“2+6”特色产业竞相发展，无花果、中药材、樱桃等特色优势产业实施粮经复合种植提质增效，全年“无花果+红薯”“无花果+大豆”种植面积3000亩，“茶叶+大豆”“茶叶+豌豆尖”种植面积2万亩。稳定精品蔬菜种植面积6.3万亩。

【种植业】 全年小春粮食作物播种面积8.27万亩，同比增长1.47%；产量2.01万吨，同比增长2.63%，其中小麦播种面积0.023万亩，产量0.0614万吨。豌（胡）豆种植面积3.1万亩，同比减少3.65%；产量0.52万吨，同比减少7.38%。马铃薯种植面积4.94万亩，同比增长0.64%；产量1.42万吨，同比增长2.68%。油菜种植面积26.96万亩，同比增长10.2%；产量3.86万吨，同比增长2.22%。大春粮食作物播种面积87.02万亩，同比减少1.2%；产量32.27万吨，同比增长2.5%。其中，水稻播种面积24.36万亩，同比减少0.28%；产量13.08万吨，与上年同比持平。玉米播种面积30.11万亩，同比增长0.38%；产量12.27万吨，同比增长2.68%。红薯种植面积10.72万亩，同比减少8.38%；产量3.32万吨，同比减少3.15%。马铃薯种植面积3.04万亩，同比减少20%；产量0.85万吨，同比减少17.25%。大豆种植面积18.05万亩，同比增长5.21%；产量2.58万吨，同比增长25.84%。高粱种植面积0.37万亩，产量0.12万吨。其他杂粮种植面积0.36万亩，同比增长5.54%；产量0.0553万吨，同比增长4.7%。花生种植面积4.93万亩，同比增长0.35%；产量0.65万吨，同比增长0.48%。蔬菜种植面积40.65万亩，同比增长2.72%；产量116.0275万吨。

统防统治。全县病虫害防治面积259.389万亩次，防治面积261.957万亩次。主要农作物绿色防控覆盖率54.92%，统防统治覆盖率54.41%。发布各类病虫害预报18期、电视预报6期，预报准确率达96.8%。建立专业化统防统治示范（包括农药减量控害、科学用药、统防统治等）面积约1.5万亩，辐射带动约6万亩。安装杀虫灯379盏，推广黄色粘虫板3.5万张。开展种子产地检疫面积1500.5亩，产量258200千克；调运检疫1批次，调运258000千克。

农村面源污染治理。全年推广测土配方施肥技术135万亩，测土配方施肥技术覆盖率93.1%；施用配方肥面积72.1万亩，施用配方肥0.923万吨（折纯）；推广有机肥面积138.6万亩；推广水肥一体化面积2.13万亩；实施秸秆还田面积33.6万亩，推广秸秆覆盖16.05万亩，秸秆综合利用率达92.8%。

种子管理与监督检验。全县备案品种共计268个，其中水稻品种88个、玉米品种152个、油菜品种28个；备案种子销售网点356家，种子备案率达100%。种子质量监督抽检品种共计47个，其中水稻12个、玉米17个、大豆1个、油菜10个、蔬菜7个，送省种子站检查40个，抽检结果均合格。

惠农政策。全县全年发放耕地地力保护补贴资金5881.36万元，补贴标准152.9元/亩，补贴面积384654.18亩，受益农户156700户；实际种粮农民一次性补贴资金531.53万元，补贴标准61.28元/亩，补贴面积86738.29亩，受益农户23836户。发放水稻规模化经营补贴资金255.62万元，补贴面积9308.1亩，受益经营主体28个，其中种植大户14户、家庭农场9家；稻谷补贴资金521.5891万元，补贴标准60.5元/亩，补贴面积86213.07亩，受益农户23982户；种粮大户补贴资金200.7601万元，补贴标准100元/亩，补贴面积20076.01亩，受益农户167户。大豆玉米带状复合种植补贴资金1455.47966万元，补贴标准200元/亩，补贴面积72773.983亩，受益农户250户。通过各项惠民惠农补贴政策的落实落地，水稻规模化经营主体从5个增加到28个，种植面积从460.02亩增加到9308.1亩；种粮大户从97户增加到167户，种植面积从4395.7亩增加到20076.01亩。支持3家农业公司，引导131户种粮大户，培育18家家庭农场、6家农民专业合作社、2家村股份经济合作联合社在县域内种粮。

粮油作物良种推广。在主推品种方面，水稻以“泰优808”“锦优90”“荃优851”“奥富优287”“甜香优2115”“甬优4953”“锦城优雅禾”“千乡优5040”“川康优2117”“宜香优2115”等品种为主；玉米以“群策189”“天育888”“康农玉188”“翔玉168”“内玉2900”“巡玉618”“高玉039”“蠡玉88”等品种为主；豆类以“威远冬豆”“南豆”“贡豆”系列优质品种为主。在主推技术方面，具体抓好水稻旱育秧、集中育秧、玉米地膜覆盖、玉米乳苗移栽、水稻全程机械化生产、水稻玉米绿色高产高效栽培、玉米大豆带状复合种植、节水灌溉等技术的落实，全县主要农作物良种覆盖率达87.7%。以“稳粮增收调结构，提质增效转方式”为工作主线，全县种植优质稻21.12万亩，占水稻种植面积的88.55%。

【畜牧业】 全年生猪存栏28.7万头，出栏53.1万头，同比增长1.5%，其中能繁母猪存栏2.7万头，同比减少6.9%；牛存栏1.08万头，出栏3038头，同比增长0.93%；黑山羊存栏16.98万只，出栏23.61万只，同比减少1.03%；家禽存栏149.7424万只，出栏502.6721万只，同比减少4.57%；肉兔存栏126.5258万只，出栏568.5883万只，同比增长5.72%。威远黑山羊农牧循环产业园一期于7月投产，二期主体工程建设已完工。

生猪生产。全年出栏生猪53.1万头，同比增长1.5%，完成任务率104.12%；四季度核定生猪存栏28.7万头。出台《威远县2023年稳定生猪生产扶持办法》《威远县2023年良种补贴》，促进生猪稳产保供。印发《威远县内江黑猪引种及出栏补贴实施方案》《威远县“内江黑猪”产业发展工作方案》，推动“内江黑猪”产业高质量发展。按照“外防输入、内防反弹”要求，把非洲猪瘟各项综合防控措施落实落细落到位，加强部门协作，继续做好“联防联控”，严格实施非洲猪瘟“3+1+1+1”网格化管理。

肉牛、黑山羊生产。全年出栏肉牛3038头，完成任务率84.39%；规模场达16个，专业户达90个。全年出栏黑山羊23.61万只；规模场达51个，母畜扩繁场达1个，仔畜繁育场达6个，专业户达1020户。成立推动威远县肉牛黑山羊和“内江黑猪”产业高质量发展工作领导小组，印发《关于加快肉牛黑山羊产业高质量发展的实施意见》《威远县推动肉牛黑山羊产业高质量发展十七条措施》等文件。实行三级包联，190余名人员包联88个场（户），现场指导1000余场次。全年开展协调工作会议52次，解决工作推进中问题19件，“一站式”服务选址28次。创建部级肉羊标准化示范场1个、省级肉羊标准化示范场1个，省级肉牛标准化养殖场2个、市级肉牛标准化养殖场1个。与四川农业大学、四川省农科院、重庆畜科院建立合作，开展线上线下相结合培训450余人次，组建技术服务小分队28支，实施指导服务200余场次。四川恒通威远黑山羊产业发展有限公司与四川农业大学合作，推广黑山羊人工配种、早期断奶等十大育养技术；四川蜀多多农业科技有限公司与省畜科院合作，选育新品种“蜀丰”黑山羊，已进入四世代选育。成立威远县黑山羊养殖协会，吸纳养殖会员80余名。实施“秸秆换肉”工程，全县累计发展秸秆收贮饲料化利用主体191个，其中包含2个秸秆饲料化利用收储中心。2023年，全县秸秆饲料化利用量累计达6.82万吨，其中鲜食玉米秸秆1.88万吨，秸秆饲料化率达21.89%。威远黑山羊申报进入2023年全国第二批名特优新农产品名录。

动物疫病防控。全年猪瘟免疫45.23万头次，应免率为100%。猪口蹄疫免疫45.23万头次，应免率为100%。牛口蹄疫免疫1.33万头次、羊口蹄疫免疫12.59万只次，应免率为100%。高致病性禽流感免疫118.51万羽次，应免率为100%。狂犬病免疫4万只次，应免率为100%。小反刍兽疫免疫12.59万头次，应免率为100%。兽医实验室开展8种动物疫病监测，监测血清、组织和拭子、环境等样品共计9263份，其中强制免疫病种监测血清样本共计1912份，4项强制免疫病种抗体监测合格率达75%以上；市送检血清、组织和拭子、环境样品564份。全县未发生区域性重大动物疫情，无重大及以上行业安全生产事故发生。持续开展非洲猪瘟防控工作，全县累计排查生猪养殖场2.35万场次，排查猪只302.5万头次；生猪屠宰场1080个次，排查猪只14.5头次；生猪无害化收集点39场次，排查猪只115头次，均未发现异常情况，全县未发生非洲猪瘟疫情。组织开展对县域内所有畜禽圈舍、屠宰场、交易市场、运载工具、无害化处理收集点的消毒灭源工作，累计使用消毒液53吨，实施消毒面积885万平方米和27.4万场（点）次、圈舍17.94万间、车辆10000余辆次；累计培训1871场次，参训人员1.7万人次；累计发放非洲猪瘟防控宣传资料1.5万余份，发送抖音、微信2万余条。

【水产业】 全县全年水产养殖面积1535公顷，水产品产量23472吨，同比增长3.86%；全社会渔业总产值达90293万元，同比增长6.58%。培训新型经营主体带头人134人次。开展水产品质量安全抽样23个。人工繁殖各类水花鱼苗6.3亿尾。

水产种业。继续与西南大学、四川省水产校联合建立“政—校—企”联合育种机制，建成大学生教学实训基地1个，培训实训大学生45人。开展1个鲫鱼新品种选育工作。

大水面生态养殖。在全县60座水库推广大水面生态渔业，向水库投放鲢鳙等虑食性鱼类25.9万尾，重量8.26万千克，实现“以渔控草、以渔抑藻、以渔净水”，有效改善水库生态环境。

建设水产养殖尾水治理基地。安排中央财政渔业发展补助资金392.36万元，在集中连片的水产养殖基地建设完善养殖尾水治理设施，在严陵镇、高石镇、越溪镇、连界镇等镇建设养殖尾水治理示范基地8个，辐射养殖尾水治理面积1770亩。推广建设稻渔综合种养处理尾水基地240个、原位处理养殖尾水基地518个，全县水产养殖尾水实现达标排放或循环利用。

【农业机械化】 加快农机化推广步伐，全年农机总动力达53.33万千瓦，同比增加0.61万千瓦；完成机耕面积125.1498万亩、机播面积50.7354万亩、机收面积62.5749万亩，主要农作物耕种收机械化水平达74.52%，同比增长2.24%；完成农机购置补贴（报废补贴）资金151.3477万元，补贴农机具3725台（套），受益农户2617户，农机购置补贴（报废补贴）中央资金结算、兑付进度达100%。

【高标准农田建设】 为守住国家粮食安全底线，实施“藏粮于地、藏粮于技”战略，遏制耕地“非农化”、基本农田“非粮化”，确保粮田粮用。全年建设高标准农田4.2万亩，总投资1.47亿元，其中中央、省级资金7336万元、县级配套资金7364万元，建设地点涉及新店镇、向义镇、镇西镇、小河镇和界牌镇等5个镇14个村。项目建成后，新增综合效益1549.78万元，项目区农户人均增收381.37元；新增粮食产量2339.4吨，新增油料作物产量352.8吨，新增蔬菜产量785.4吨，年节约用水量447.33万立方米；道路通达率达90%以上，增加机耕面积25580亩，农业综合机械化率达60%。

【农村人居环境整治】 推进实施农村人居环境整治厕所、垃圾、污水“三大革命”，持续开展农村“厕所革命”整村推进示范村建设项目，全年完成无害化卫生厕所改造26个村6183户。优化农村生活垃圾“收转运”体系，全县农村生活垃圾收运处置体系覆盖率100%，农村生活垃圾无害化处置率100%。实施农村生活污水治理提升行动，完成农村生活污水治理“千村示范工程”项目建设7个，全县农村生活污水得到有效治理的行政村占比达80.6%。有序推进农业面源污染治理，全县畜禽粪污综合利用率达96%，规模养殖场粪污处理设施配套率达100%，秸秆综合利用率达92.6%，农膜回收率达85.6%。

【农旅融合发展】 2023年世界无花果大会在威远县举办，来自包括中国在内的18个国家和地区384名（国外专家40名）无花果领域专家学者、业界人士和相关领导参会，规模创历届世界无花果大会之最。大会期间，与会嘉宾分享了无花果产业最新研究成果，探讨了无花果产业未来发展方向和前沿课题，探索区域间合作和产业链构造模式与渠道，参观了威远世界无花果博览园、无花果博览中心、无花果农事服务中心、镇西食品集中发展区，了解了以威远无花果为代表的“甜味+”产业融合发展和全面推进乡村振兴成果。大会期间，新华社、中新社、人民网、《农民日报》等17家权威主流媒体报道信息124篇；在广播、电视、微信公众号、抖音等平台宣传解读大会，累计阅读量达1000万余次，带动了威远县“无花果”特色农文旅融合发展。

【农产品质量安全监管】 全县“三品一标”农产品库存量101个，无重大农产品质量安全事故发生。累计完成632家主体入驻国家（省）级农产品质量安全追溯平台，18家主体、1家超市及5个政府办公区设置承诺达标合格证示范点。共完成农产品抽样监测1075个，其中农业农村部专项抽查豇豆等样品13个；省级例行监测蔬菜、水果等样品125个；省、市级专项监测蔬菜、粮食作物等样品96个，合格率均为100%；与农业综合行政执法大队联合监督抽查韭菜、豇豆等蔬菜样品55个，合格率为98.1%。县级农产品定量检测601个，合格率达99.8%以上；县级农产品快速检测（酶抑制法+胶体金检测）185个，合格率达99%以上。2家兽药生产企业和17家兽药经营企业被纳入二维码追溯管理。

【农产品流通体系建设】 加大宣传推介力度，探索“政府搭台、企业唱戏，产品为主、品牌优先，产销对接、助农增收”模式，“走上去、走出去”，发动企业参加展会，利用展销平台，提高企业品牌和产品知名度。组织黄老五、金四方、久润泰、威宝、穹窿花等10余家企业参加内江市“3·15”国际消费者权益保护日宣传活动、天府粮仓省级公用品牌发布会、2023年内江龙舟节活动、2023中国（西部）健康食品博览会、第十九届中国西部国际博览会、2023年世界无花果大会、第四届秦巴山区绿色农林产业投资洽谈会、第九届四川农业博览会、第十六届亚洲果蔬产业博览会、中国县域民生经济交流博览会、“天府粮仓精品推介会——走进广东、北京”等各类农产品展示展销活动10余次。通过线上线下推动，现场累计销售额9万元，网络销售额28万元，意向销售额65万元，现场签约金额超过50万元。组织复立、威宝等企业参加四川博览国际合作交流中心东南亚分中心（泰国站）揭牌仪式，助推全县农业企业开拓国际、国内市场，展示威远县特色农产品的独特魅力，提高知名度。组织黄老五、复立茶叶等龙头企业参加“川字号”农产品“一带一路”行老挝站、泰国站活动，把“川字号”农产品推向国际市场。搭建对接展示平台，开展产销对接活动，举办2023年世界无花果大会。

【农业综合执法】 动物执法监管。全年查处动物卫生监督行政违法案件6件，均为一般程序案件，共处罚金13174.6元；继续加强对7个非洲猪瘟防控临时检查点的检查和指导。根据市非洲猪瘟防控与恢复生猪生产指挥部办公室要求，结合威远县实际，在内威荣高速高石收费站、内威荣高速镇西收费站、成自泸高速威远南收费站、成自泸高速威远西收费站4个非洲猪瘟防控临时检查点增设自动喷淋消毒设施。开展官方兽医清理工作，注销官方兽医资格36人，新确认官方兽医资格13人；12月组织开展全县官方兽医培训，印制省动监所编写的《动物卫生监督政策法规汇编》和《官方兽医警示教育读本》并发放至各镇；依法依规开展检疫工作，全年共开展生猪产地检疫537744头、牛产地检疫2226头、羊产地检疫47848只、家禽产地检疫590666羽、生猪产品检疫30436吨；落实病死动物及其产品集中收集无害化处理工作，全年共集中收集无害化处理15370头（一类）、病害畜禽产品21643.7千克。抓好“瘦肉精”检测工作，采购“瘦肉精”检测卡1.25万条，全年共检测猪、牛、羊10352头（只）。

种植业执法监管。结合春季农资打假行动、“稳粮保供”等专项行动，对全县农资市场开展全覆盖检查2次，出动执法人员333人次，检查农资经营主体699个次，抽检农药8个，责令改正不规范经营行为6起，立案查处违法经营行为案件5起，罚款12000元，没收违法所得471元，没收非法财物（农药等）8.83千克；对农产品生产经营主体开展执法检查52次，出动执法人员216人次，检查农产品生产经营主体378个次，抽检蔬菜、水果样品33个，检测合格31个，立案查处不合格样品，已移交司法机关进行处置。

严格宅基地执法，加强培训管理，组织开展乡（镇）经办人员培训，宣传宅基地相关法律知识，培训宅基地执法技巧，开展农村宅基地动态巡查4次，巡查农村宅基地20余个，指导办理涉嫌宅基地违法案件2起。配合县市场监管局开展农用薄膜检查2次，检查农膜经营主体226个，农民专业合作社、家庭农场等种植业生产主体104家。

养殖投入品监管。开展落实“稳粮保供”“利剑行动”等各项专项行动，以各项专项行动为契机，重点检查是否存在饲料产品违规添加抗生素、违规添加禁用药，是否销售假冒伪劣兽药等现象；重点打击饲料兽药养殖环节非法添加违禁药物，使用禁限用兽药、抗生素，不执行休药期等行为，对饲料、兽药经营环节进行执法检查，检查饲料兽药经营主体262个次，出动执法人员170余人次，发放宣传单1200余份，接受群众咨询500余人次，查处行政处罚立案5件，罚没金额22050元；办理协查案件1件，移送违法线索5条、犯罪线索1条，接受群众投诉举报6人次，抽取7个样品送检。

渔政执法监管。加强禁捕宣传，采用执法宣传车广播宣传禁渔45次、场镇（乡村）宣传4场次，新增（更新）禁渔宣传牌15处，发放宣传资料23300余份，在县农业农村局微信公众号和“威远融媒”发布信息15篇。加强禁捕巡查，出动执法人员214人次，销毁地笼网108个、跨河抬钓线45组，依法暂扣违规垂钓鱼竿95根，劝离违规垂钓人员134人次，现场放生违规垂钓渔获物约18千克。加强联合执法，联合县公安局、镇政府、市场监管局等开展联合执法12次，出动执法人员96人次；联合资中县、市中区农业农村局开展联合执法2次，出动执法人员45人次；县公安局联合自贡市大安区农业农村局、大安区公安分局开展威远河共管水域执法2次，出动执法人员35人次。开展“中国渔政亮剑2023”专项执法行动，巡查48次，出动执法人员290人次，使用无人机空中巡查35次，劝退违规垂钓者304人，收缴违规渔具142副，销毁跨河台线53副、河道残留渔网、地笼网71副，救护国家二级保护动物（大鲵）1只，清理取缔“三无”涉渔船舶1艘，打击“绝户网”非法捕捞6起，涉案人员7人；查处使用禁用渔具（一杆多钩）生产性垂钓案件1起；涉案人员1人；移送公安机关打击使用电鱼方法非法捕捞13起，涉案人员21人；检查水产养殖基地（场、户）27家（户），抽检水产品样品469个，查处违规使用水产养殖投入品案件1起，行政处罚偷捕他人养殖水产品2起，涉案人员3人。规范禁用渔具销售，联合公安、市场监管等部门抽查6个镇16个渔具销售店，对未建立台账、未按要求归类存放、未尽到告知责任等不规范销售行为的经营户进行批评教育，并责令限期整改。加强长江野生鱼类运输、销售监督管理，联合公安、市场监管等部门抽查8个镇的农贸市场9个、餐饮店12家、水产品销售门店2家，整改含“河鲜”字样菜谱2家，未发现销售野生鱼类情况。

农机安全监管。举办安全教育培训1期，发放宣传资料25册，发送温馨提示短信1520余条；联合开展变型拖拉机专项整治29次，出动执法人员140人次，检查变型拖拉机85台，责令整改存在安全隐患25个，由公安交警行政处罚6人，查处涉嫌假牌假证变型拖拉机23台，收缴假号牌23副、假行驶证13本、假登记证书7本；加强农业机械年度检审和报废，办理变型拖拉机年检99台，注销178台变型拖拉机，年检保险购买率达100%，函告提示未按时参加年检的拖拉机和联合收割机25台次，向县外户籍机主及所在地镇政府和公安交警部门寄送挂号信函230封，依法公告注销登记变型拖拉机130台；开展农业机械安全隐患排查15次，发现安全隐患4起，已全部整改完毕。

【主要领导人】 县委书记：兰徐；县人大常委会主任：周功会；县长：罗侯勇；县政协主席：刘浑源；分管农业副县长：许凤。

威远县编写组

乐 山 市

【基本情况】 2023年，全市辖18乡103镇11个街道，辖区面积1.28万平方千米，其中耕地面积242.56万亩，比上年增长0.43%，人均耕地面积0.77亩；基本农田190.74万亩。年末总人口344.9万人（户籍人口），减少2.03‰；人口出生率6.9‰，减少0.3个千分点；人口自然增长率-0.5‰，增加2.5个千分点。全市耕地有效灌溉面积216.975万亩。本地水资源总量96.69亿立方米，人均占有水资源量3072立方米。有林业用地80.03万公顷，有林地面积77.81万公顷，活立木总蓄积量7046.99万立方米，森林覆盖率61.09%。

2023年，全市实现地区生产总值2447.53亿元，增长6.5%，其中第一产业增加值308.3亿元，增长4.2%，农、林、牧、渔及农林牧渔服务业总产值458.8亿元；第二产业增加值1034.47亿元，增长6.4%；第三产业增加值1104.76亿元，增长7.4%。三次产业对经济增长的贡献率分别为9.3%、41%和49.7%。全年接待游客9144.69万人次，实现旅游收入1200.19亿元，其中乡村旅游收入212亿元。

公路通车里程16481.95千米（其中乡村公路15229.24千米），密度1295.75米/平方千米、52.37千米/万人。社会消费品零售总额994.4亿元，增长10%。地方公共财政预算总收入完成159.14亿元，增长7.54%；公共财政预算总支出340.53亿元，增长8.06%，其中农业投入64.59万元，占支出的18.97%。金融机构各项存款余额3838.56亿元，比上年初增长12.28%；各项贷款余额2644.13亿元，比年初增长10.41%。全年农业保费收入1.52亿元，增长16.74%；处理各项赔款和给付金额14020.98万元，增长23.54%。农业产业化龙头企业国家级、省级、市级、县级分别为7家、50家、191家。

有各类学校981所，在校学生48.74万人，教职工4.32万人，其中普通高校5所，在校本（专）科学生5.2万人；普通中学130所，在校学生8.93万人；小学203所，在校学生18.68万人；学龄儿童入学率100%。完成科技成果登记43项，同比增长10.26%。有艺术表演团体18个，文化馆12个，公共图书馆12个，博物馆15个。有医疗机构3228家，编制病床位23818张，卫生技术人员253180人。基本医疗保险参保人数309.07万人，参保率98%；城乡居民基本（新型农村社会）养老保险参保人数118.86万人；被征地农民养老保险参保人数4001人，占基本养老保险参保总人数的0.16%。

【年度农业和农村经济运行】 2023年，全市制定出台《支持夏秋茶产业发展的十二条措施》《建设新时代更高水平“天府粮仓”乐山片区实施方案》《乐山市2023年耕地恢复补充工作方案》《乐山市促进农业社会化服务组织发展的十条措施》等规划和支持政策。实现农业总产值458.8亿元，增长4.2%；全市全年农业增加值达308.3亿元，增长4.2%。农民年人均可支配收入增长7.6%。在粮食、生猪、蔬菜生产中，科技投入的占比或科技贡献率62.28%。全市省级农产品质量安全例行监测合格率98.9%；建成129个基层农业综合服务中心。全市主要农产品产量见表1。

【农业产业化发展】 巩固川西南早茶、晚熟柑橘国家优势特色产业集群成效，实施“夏秋茶产业倍增计划”，出台支持夏秋茶发展“十二条措施”，完成茶叶基地7.9万亩、水果基地改造提升3.16万亩，累计建成茶叶面积140万亩、晚熟柑橘面积28万亩、道地中药材面积38万亩，新建成峨眉山市稻药、峨边县马铃薯等37个现代农业园区（发展）项目，入选省星级现代农园区5个，申报国家级重点龙头企业1家（全市省级及以上农业产业化重点龙头企业名单见表2）。聚焦现代农业产业集群、现代设施农业、现代农业园区等重点，推进现代农业产业发展等8个市重点项目建设，2023年计划投资32.59亿元，完成投资37.98亿元，完成率116.5%。新建高标准农田8.83万亩，改造提升高标准农田6.1万亩，完成高效节水灌溉面积0.4万亩，全市土地流转面积4.55万亩。推动新型农业经营主体发展，全市培育家庭农场12483家，其中省级示范场167家、市级示范场506家（见表3）；农民合作社4609个，其中国家级示范社39个、省级示范社141个、市级示范社

表1　2023年乐山市主要农产品产量

主要农产品	单位	产量	同比增减(%)
粮食	万吨	125.40	2.2000
水稻	万吨	65.20	1.1000
玉米	万吨	37.40	4.0000
马铃薯	万吨	8.63	-0.8000
油菜籽	万吨	8.16	-16.000
蔬菜	万吨	310.00	0.0032
水果	万吨	62.50	6.3000
肉类	万吨	29.97	3.6000
猪肉	万吨	20.51	2.2000
牛肉	万吨	0.47	0.7000
羊肉	万吨	0.56	0.5000
禽肉	万吨	6.72	0.2000
兔肉	万吨	1.20	4.7000
禽蛋	万吨	16.42	3.8000
水产品	万吨	13.93	4.0000

163个(见表4)。印发《乐山市贯彻落实〈四川省农村集体经济组织条例〉实施方案》,巩固农村集体产权制度改革成果。通过开发利用集体土地资源、发展服务型经济、推进股份合作、规范承包租赁经营等多种路径,全市集体经济收入在10万元以上的村达553个,占比49.95%。

【农用地产权制度改革】 按时完成集体土地所有权确权登记成果更新,全市共完成集体土地所有权确权登记2.9万余宗,并推动成果应用。按照“登记成果汇交国家级信息平台、颁证到户、规范登记、日常更新”的工作标准,推进房地一体宅基地确权登记颁证,已完成农村70.7万户“房地一体”确权登记权籍调查工作,已向省汇交农村不动产确权登记权调数据成果,全年房地一体颁证率达45%。树立“一盘棋”思想,推动不动产统一登记与土地承包合同管理工作有序衔接,指导县(区)不动产登记机构及时承接农村土地承包经营权登记颁证职能职责,做好土地承包经营权登记簿和承包合同信息数据共享、登记系统流程配置等工作,推动实现不动产登记机构土地承包经营权(土地经营权)登记发证。峨眉山市被纳入深化推进农村集体经营性建设用地入市试点,探索入市方案会审、入市地块监管、村民权益保障等工作机制,规范入市流程。

【农村集体产权制度改革】 全面完成农村集体产权制度改革,探索通过“强村公司”“飞地经济”等多形式发展壮大村级集体经济,全市农村集体经济组织总收入2.7亿元,年村均收入24.3万元,其中年收入10万元及以上的村级集体经济组织有553个,占比49.95%。拓展农村集体“三资”监管平台功能,探索开展项目全链条管理。落实村民自建住房“五必”制度,全年审批宅基地2321宗、面积409.82亩。依托成都农交所乐山所逐步构建覆盖市、县、乡、村四级农村产权流转交易体系,累计实现交易额8.7亿元,带动村集体增收3695.84万元。

【供销合作社改革】 全市有基层供销社238个、农民社员7.4万户,农村集体股份经济合作社团体社员126个,领办农民合作社670个、农民合作社联合社65个。农资供应量足、价稳,供应化肥24万吨、农药农膜2200吨,农资市场占有份额保持在60%以上。农业社会化服务延伸拓展,培育服务主体85家,建成区域性为农服务中心17个,土地流转、托管服务面积39.9万亩,农业社会化服务规模50.4万亩次。构建对接供给端与消费端的农产品流通网络,加强品牌营销,拓宽销售渠道,全年系统农产品销售45亿元。

【农产品品牌战略实施】 推动农业标准化生产,新立项大球盖菇—马铃薯套作、玉米魔芋复合栽培等技术规程10项,新认定绿色食品、有机农产品和农产品地理标志22个,全市有效期内的“三品一标”农产品达89个。

全市有中国驰名商标5个(峨眉雪芽、哈哥、论道、蓝雁、竹叶青);全国名特优新农产品24个(犍为佛手柑、犍为姜黄、沐川刺梨、沐川乌骨黑鸡、沐川乌骨黑鸡鸡蛋、沐川银花、夹江泽泻、夹江马村藤椒、夹江新生葡萄、沐川魔芋、嘉州香葱、井研水晶柑、井研血橙、金口河乌天麻、金口河川牛膝、金口河老鹰茶、金口河金丝黄菊、嘉州脆红李、嘉州荔枝、嘉州苦笋、沙湾淫羊藿、沙湾鲜鸡蛋、夹江枇杷、夹江苦笋);农产品地理标志10个(嘉州荔枝、西坝生姜、马边绿茶、犍为麻柳姜、峨边马铃薯、黑竹沟藤椒、峨眉山藤椒、沐川猕猴桃、井研柑橘、犍为再生稻);农耕农品记忆索引名录13个(井研柑橘、嘉州荔枝、犍为再生稻米、嘉州江团、金口河川牛膝、西坝生姜、沐川猕猴桃、沐川魔芋、黑竹沟藤椒、峨眉山藤椒、夹江泽泻、沐川金银花、峨边马铃薯);四川农业品牌目录14个(井研柑橘、峨眉山茶、犍为茉莉花茶、森态、奇能米业、百岳茶业、一枝春、牛华芽菜、竹叶

表2　2023年乐山市省级（及以上）农业产业化重点龙头企业名单

企业名称	注册资金（万元）	法人代表	示范等级	年度产值（万元）	主营产品
四川罗城牛肉食品有限公司	13000	苏荣聪	省级	31047	牛肉制品
乐山市继东饲料有限责任公司	810	易继东	省级	6418	饲料
四川天人农牧科技有限公司	1000	吴云杰	省级	750	生猪
乐山市金鸿农业科技发展有限公司	8000	袁应全	省级	3088	生猪
四川巨星企业集团有限公司	12662	唐光跃	省级	119152	饲料
乐山市牛华芽菜食品有限公司	650	刘彬	省级	5498	牛华芽菜
四川省五通桥德昌源酱园厂	460	古仁义	省级	4201	豆腐乳、汤圆粉
福华通达化学股份公司	82705	张华	省级	952861	草甘膦、草铵膦、双氧水、液碱
四川省乐山市明仕农业发展有限公司	500	明保清	省级	5915	家禽（鸡）饲养、食用农产品（鸡蛋）零售
乐山傲农康瑞牧业有限公司	1500	余杰	省级	5875	生猪和种猪养殖、销售，饲料销售
四川省金福纸品有限责任公司	10000	王科	省级	16682	纸浆制造、纸制造、纸制品制造
乐山市金口河区宏祥菌业有限公司	500	范小林	省级	1140	食用菌
乐山市金口河天池农业开发有限公司	800	童恒疆	省级	3350	油用牡丹、云朵玫瑰
四川省峨眉山竹叶青茶业有限公司	8000	唐先洪	国家级	93000	绿茶、花茶、白茶、红茶等
峨眉山市全林农业科技有限公司	1500	杜鸿飞	省级	5875	家禽（鸡）饲养、食用农产品（鸡蛋）零售
峨眉山万佛绿色食品有限公司	3000	向奇	省级	12148	调味品
四川峨眉山龙马木业有限公司	600	龚小民	省级	7180	木门定制家具
乐山正源畜牧科技有限公司	800	但加平	省级	1000	生猪
峨眉山市三父子茶叶有限公司	1200	徐建军	省级	3740	茶叶
四川金林药业有限公司	6000	李军	省级	5455	中药饮片
四川凤生纸业科技股份有限公司	33200	杨朝林	国家级	111728	木竹浆制造
犍为聚永益食品有限责任公司	800	黄华	省级	5218	鲜猪肉、“達昇義”土猪腌腊肉、香肠等腌腊制品系列，“御禄”野猪腌腊制品系列，“键风隆”鸡、鸭及其他腌腊制品系列
四川省炒花甘露茗茶有限公司	100	程刚	省级	13600	茶叶加工
四川犍为金福粮油工业有限责任公司	5000	王永莲	省级	12584	食用植物油加工
四川金博恒邦农业科技有限公司	6000	杨洪武	省级	3275	肉兔养殖及加工

续表

企业名称	注册资金（万元）	法人代表	示范等级	年度产值（万元）	主营产品
四川省井研县食品有限责任公司	12500	刘伟	国家级	41502	冷鲜冻猪肉及副产物
乐山市奇能米业有限责任公司	1000	薛雨寒	省级	1296	米、面、油
井研县林翔米业有限责任公司	3	王世林	省级	6000	大米
乐山市何郎粮油有限公司	420	李立新	省级	5253	挂面
四川华象林产工业有限公司	5000	陈勇	省级	37025	竹木胶合板
四川省百岳茶业有限公司	3500	蒋静伟	国家级	13692	茶叶
四川洪椿茶业有限公司	1000	古翠琼	省级	9000	茶叶
四川福华高科种业有限责任公司	4000	陈吉良	省级	773	水稻种子
四川华义茶业有限公司	1200	陈志国	省级	10546	绿茶、红茶
夹江天福观光茶园有限公司	7013.99	李家麟	省级	7380	茶叶、茶食品
四川绿山针茶业有限公司	1000	朱廷云	省级	1550	红茶、绿茶、黑茶、茉莉花茶
四川厚全生态农业有限公司	10100	郑瑛	省级	15893	鸡蛋
四川永丰纸业股份有限公司	5404.8	韩晓春	国家级	239551	制造、销售印刷用纸、书写用纸、技术配套用纸、生活用纸、纸浆
四川森态源生物科技有限公司	10000	刘磊	国家级	20650	魔芋系列制品
四川一枝春茶业有限公司	360	杨昌银	省级	2945	茶叶
四川乐山生态农业有限公司	1000万元	郭龙富	省级	3351	茶叶
四川峨边五旺有限责任公司	300	王磊	省级	4500	蔬菜罐头、酱腌菜
四川奔乡农业科技有限公司	300	廖丽华	省级	4373	生猪、青花椒、红花椒
四川润物生态农业发展有限公司	1000	何明科	省级	4528	猕猴桃
四川峨边雪山玉芝食品有限公司	300	舒福安	省级	5729	茶叶
四川谷咕农业发展股份有限公司	500	金玮	省级	5500	肉制品及副产品加工，畜禽养殖，茶叶及中药材种植、加工、销售
马边文彬茶业有限公司	100	何文彬	省级	3446	茶叶
马边金凉山农业开发有限公司	2000	沈静	省级	5458	加工谷物产品、水果种植、新鲜水果批发
马边高山茶叶有限公司	100	李贤波	省级	3090	茶叶生产、加工销售
四川德顺源食品股份有限公司	5500	罗志义	省级	2211	蔬菜、水果等冻干食品

表3　2023年乐山市家庭农场经营情况统计表（前10位）

家庭农场名称	注册资金（万元）	法人代表	年度产值（万元）	主营产品
乐山市市中区福农家庭农场	3000	赵炳全	2000	蛋鸡
夹江县蜀佳农场	300	李鑫	900	蛋鸡养殖
峨眉山市富丽农产品种殖家庭农场	3	徐朝富	800	水稻玉木轮作、川芎、泽泻
乐山市市中区安谷镇金滔家庭农场	500	梁金滔	720	生猪
夹江县凯瑞家庭农场	50	陈有洪	644	粮食、中药材
犍为县不二家农场	1000	李玉兰	530	蛋鸡
乐山市市中区鑫盛家庭农场	50	王盛江	500	生猪
乐山市沙湾区嘉农镇王永祥养殖家庭农场	0	王永祥	486	生猪
井研县圣牧源家庭农场	500	梅燕	411	柑橘、肉羊
乐山市市中区邹清顺家庭农场	100	邹清顺	400	水果

表4　2023年乐山市省级及以上农民合作社名单

合作组织名称	注册资金（万元）	法人代表	示范等级	年度产值（万元）	主营产品
市沙湾区明仕蛋鸡专业合作社	500	明保清	国家级	7500.00	鸡
乐山市继东渔业专业合作社	2000	易继东	国家级	5320.00	水产养殖
夹江县乐天农业机械化服务专业合作社	480	谭毅强	国家级	5000.00	社会化服务
井研县繁盛杂交柑桔专业合作社	628	范敬超	国家级	3805.00	柑橘
井研县强生畜禽养殖专业合作社	800	熊富强	国家级	3000.00	蛋鸡
乐山市市中区嘉益渔业专业合作社	300	杨加义	省级	1821.00	水产养殖
马边彝族自治县文彬绿雪茶叶专业合作社	133	何文彬	省级	1682.55	茶叶
夹江县五星蔬菜专业合作社	100	万建华	国家级	1200.00	蔬菜
马边下溪镇青山莲畜禽养殖专业合作社	1800	赵小洪	国家级	1200.00	牛羊
犍为县团结柑桔专业合作社	500	谢召礼	国家级	1070.73	柑橘

青牌绿茶、马边高山牌茶叶、郭顺溜水晶柑、"西坝"牌生姜、"峨边花牛"牌牛肉、"芭沟水晶"牌樱桃）；市级优秀区域公用品牌1个（峨眉山茶）；县级优秀区域公用品牌21个（峨眉山茶、峨眉山藤椒、峨眉山藤椒油、井研柑橘、犍为茉莉花茶、马边绿茶、嘉州荔枝、西坝生姜、金口金品、金口河乌天麻、金口河川牛膝、峨岭云边、峨边竹笋、峨边花牛、沐川魔芋、沐川猕猴桃、沐川乌骨黑鸡、沐源尚品、沙湾淫羊藿、夹江泽泻、青衣江茶）。

推进名特优新和良好农业规范(GAP)认证发展，已申报全国名特优新农产品24个。完善"区域品牌+企业品牌+产品品牌"农产品品牌体系，1个区域品牌（犍为茉莉茶）、4个企业品牌（奇能米业、百岳茶业、一枝春、牛华芽菜）、3个农产品品牌（"西坝"牌生姜、"峨边花牛"牌牛肉、"芭沟水晶"牌樱桃）入选2023年四川省农业品牌目录。

【现代农业园区建设】 持续实施"百园千亿"工程和"211"园区培育计划，累计建设现代农业园区120个，其中国家级现代农业产业园1个（峨眉山现代农业产业园）、省五星级现代农业园区2个（犍为县茉莉茶农旅现代农业园区、沙湾区中药材现代农业园区）、省四星级现代农业园区4个（井研县柑橘生猪种养循环现代农业园区、夹江县茶叶生猪种养循环现代农业园区、市中区水产现代农业园区、马边彝族自治县茶叶现代农业园区）、省三星级现代农业园区6个（五通桥区稻菜现代农业园区、沐川县茶叶生猪种养循环现代农业园区、金口河区中药材现代农业园区、峨眉山市稻药现代农业园区、沐川县魔芋现代农业园区、峨边彝族自治县马铃薯现代农业园区）。认定市级现代农业园区59个、县级现代农业园区120个（含国家、省星级和市级园区）。

【种植业】 全市粮食作物播种面积336.7万亩，比上年减少3.3万亩，减少0.9%；产量125.4万吨。其中，水稻播种面积125万亩，产量65.2万吨；玉米种植面积108.1万亩，产量37.4万吨；马铃薯种植面积32.17万亩，产量8.63万吨；大豆播种面积40万亩，产量5.6万吨。油菜籽播种面积66.72万亩，产量8.16万吨。蔬菜种植面积115万亩，产量310万吨，同比分别增长0.002%、0.0032%。中药材种植面积38万亩，产量9.8万吨（干），其中佛手和柔毛淫羊藿人工种植面积位居全国第一，姜黄、川牛膝、泽泻种植面积位居全省第一。水果种植面积73.8万亩，产量62.5万吨，同比增长6.3%，其中柑橘种植面积46万亩（晚熟柑橘28万亩），产量40.8万吨。茶叶总产量15万吨，实现总产值98亿元，分别增长1.4%和8.9%。

【林业】 全年培育现代林竹产业基地15万亩，申报省级现代竹产业基地7个、市级园区2个，培育省级竹产业园区4个。犍为县创建为省级竹产业高质量发展县，沐川县省级现代竹产业园区由三星升四星。实施森林抚育、商品林改造、退化林修复等项目，完成营造林32.15万亩、义务植树（含折算）403万株。聘用145名专家林长对县（市、区）林长制工作进行服务指导，实现乡（镇）"一镇一专家林长"全覆盖。创新建立"林长+政协委员""林长+德古""林长+乐林人"等模式，聘请12名市政协委员担任林长制社会监督员，提出建议提案14个，协助群众解决涉林问题130余件。

【畜牧业】 持续推进生猪（畜禽）产业项目建设，制定实施生猪稳产保价七条措施，落实能繁母猪引种补贴、生猪规模化养殖场无害化处理补助政策，井研新希望金峰养殖场获评部级标准化示范场。全市连续6年生猪出栏增幅位居全省前列，全年生猪出栏281.8万头，同比增长2.2%，增幅位居全省第二。年末生猪存栏164.3万头，其中能繁母猪存栏15.2万头。完成饲料、兽药监督抽检任务88份，检测结果均合格。新开展"减抗行动"养殖场138个，犍为新好农牧有限公司等21个规模养殖场通过省、市级"减抗行动"达标评价，夹江县获评全国兽用抗菌药使用减量化行动效果突出县。全年肉类总产量29.97万吨，增长3.6%，其中猪肉产量20.51万吨，增长2.2%，占肉类总产量的68.4%；牛肉产量0.47万吨，增长0.7%；羊肉产量0.56万吨，增长0.5%；禽肉产量6.72万吨，增长0.2%。禽蛋产量16.42万吨，增长3.8%。

【水产业】 围绕《乐山市养殖水域滩涂规划(2017—2030年)》《乐山市推进"十四五"渔业发展方案》，合理维护好全市池塘、水库和冷水等养殖资源。举办全省池塘标准化改造及尾水治理现场观摩会，完成池塘标准化改造7007亩、水产养殖尾水治理2.1万亩。有渔业户10991户、家庭渔场213个、水产专业合作社116个、规模养殖场383个，主要养殖品种有"四大家鱼"（青鱼、草鱼、鲢鱼、鳙鱼）、鲤鱼、鲫鱼、鲶鱼、鮰鱼、黄颡鱼、长吻鮠（江团）、泥鳅、鲈鱼、克氏原螯虾等10余个品种。全市水产品产量13.93万吨，同比增长4%；实现渔业经济产值38.85亿元，同比增长2%。淡水养殖面积11.5万亩，稻田养殖面积19.1万亩。

【乡村振兴】 巩固脱贫实现新突破，帮助8万余名脱贫劳动力务工，脱贫人口年人均纯收入增长16%，未发生规模性返贫，连续7年在考核评估中获评"好"等次。协作帮扶迈出新步伐，"蓝鹰工程""越嘉有味""两地仓""强村公司"等品牌受到国家乡村振兴局和两省省级层面肯定，托底性帮扶美姑县、马边县工作经验在全省交流。特色产业站上新台阶，四大产业集群基地规模达680万亩，获评"世界高端绿茶发源地"，"峨眉山茶"品牌价值达46.44亿元，茶产业综合实力位居全省第一，林竹产业综合产值位居全省第四。和美乡村建设展开新画卷，中国美丽休闲乡村达4个，建制乡（镇、场镇）建设管理服务提升经验做法在全国、全省进行宣传。文明善治成为新风尚，推广"彝家·法治新寨""积分超市”等典型做法，常态化抓好“高价彩礼”“大操大办”等问题整治，累计有11个镇92个村获评乡村治理示范镇村，乐山市获评全国市域社会治理现代化合格城市。集体经济激发新活力，累计组建“强村公司”72家；争取76个中央、省级财政扶持村集体经济项目，每村落实150万元扶持资金，村集体经济收入在5万元以上的村突破700个。联农带富展现新作为，累计培养“农村家庭能人”50万余人，农村居民年人均可支配收入增长7.6%，居全省第二位。争取支持达到新高度，到位中央、省级涉农资金29.7亿元，其中中央、省级衔接资金8.73亿元，创历年新高，较上年增加1亿元；省级财政衔接补助资金助推脱贫地区乡村振兴工作试点项目5个、资金3600万元，占全省的10%，是除“三州”以外试点最多、资金最多的市。

【乡村旅游】 组织召开全市乡村旅游工作推会，印发实施《乐山市飨村旅游提升发展行动方案(2023—2025年)》。金口河永和镇和峨边古井村分别创建为天府旅游名镇、名村；市中区悦来镇道铧村、沙湾区轸溪镇轸溪村、峨眉山市高桥镇福田村、井研县千佛镇民建村、峨边县黑竹沟镇解放村、马边县雪口山镇永兴村等6个村入选省级乡村旅游重点村；“行大渡河风景道　探人与自然之秘”被纳入全国乡村旅游精品线路。邀请四川师大历史文化与旅游学院教授、博士生导师、国家文化公园专家委员李小波和四川大学巴蜀文化博士、四川旅游学院乡村旅游研究院院长晋超对全市发展乡村旅游区县、镇村负责人就“发现乐山乡村之美乡村旅游文化与建设”“文旅赋能乡村振兴”等方面开展集中培训。组织全市乡村旅游发展带头人及品牌创建重点单位负责人到彭州市、崇州市、眉山市考察学习当地乡村旅游发展情况，为指导全市乡村旅游向观光、休闲、度假、康养等复合型业态模式转变提供借鉴。组织并承办“直播天府”乡村英才计划·乡村旅游网络达人短视频/直播运营进阶训练活动(第二期)，邀请抖音集团老师就全市乡村旅游网络达人、直播运营等进行专业指导培训。

【农村水利】 全年争取到位各类水利资金20.03亿元，加快青衣江灌区、白井干渠、高中水库等大中型灌区续建配套与现代化改造项目、马边芦稿溪水库、市中区引水工程等项目建设。全年实施水利项目43个，完成投资24.38亿元，同比增长35%。完成17个水美新村建设。市中区、夹江县申报为全省第三批乡村水务示范县。全市农村自来水普及率达92.71%，规模化供水率达60.5%。

【农业机械化】 全市农作物耕种收综合机械化率达51.88%，农作物综合机械化水平提高4个百分点。新增农机总动力3万千瓦以上，农机总动力达290.5万千瓦；农机保有量达43.7万台(套)。争取各类项目资金2380万元，用于新建改造农村机电提灌站235座和改造产业宜机化3340亩。开展适宜丘陵山区各类农机推广示范现场会、培训会32场次，创建省级“全程机械化+综合农事”服务中心1个。

【农村科技】 全年发布主导品种116个次、农业主推技术426项次，市农业科学研究院新培育推广5个玉米、油菜新品种，全市良种覆盖率、农业主推技术到位率均超过95%。到基层组织开展种养技术培训100次，培训基层技术骨干和高素质农民3000人次。组建粮油产业等6个主导产业科技特派团，有成员73人。开展科技特派员同企业结对挂钩试点工作。推广新技术91项，引进新品种89个，开发新产品35个，领办、创办、协办企业和农业新型经营主体32个。“四川科技兴村在线”平台完成线上农技服务并解决生产技术问题8118条次，为农户开展种养殖提供了建议与指导。

【农村教育】 新投用中小学、幼儿园35所。坚持落实“七长”责任制与联控联保，聚焦民族地区异地搬迁群众、留守儿童、农村儿童等群体，对有辍学风险学生建立“一生一表”工作档案，做好劝返复学工作，确保动态清零，保障农村适龄儿童全部接受并完成义务教育。推进“学前学普2.0”行动计划，小凉山彝区“学前学普”行动始终保持行政区域全覆盖，总共惠及3.8万名幼儿、2.3万个彝区家庭。继续办好乐山一中“美姑班”，选派骨干教师到大小凉山地区开展支教帮扶；依法保障进城务工人员随迁子女在乐山市平等接受义务教育的权利，增加学位7000余个，100%解决随迁子女入学，全市全年义务教育阶段农村随迁子女就学1.5万人，其中在公办学校(含民办购买学位)就读占比90%以上。

【农村文化】 继续推进国家公共文化服务体系示范区创新发展，由文化和旅游部主办的“大地情深”——全国优秀群众文艺作品示范性巡演首次亮相乐山，苏稽古镇完成2023年全国“村晚”示范展示，夹江县举办全省“百舟竞渡迎端午”示范展演，沐川草龙上榜第一批全国“一县一品”特色文化艺术典型案例。加强文化遗产保护利用，争取中央、省文物保护资金实施乐山大佛附属造像窟龛保护前期勘察研究等重点项目，举办四川·意大利文化遗产保护利用专题学术对话会、第二届文化遗产保护青年学者论坛、澜湄世界遗产城市对话等活动，推动文物修护交流合作。夹江年画被文化和旅游部列入春节民俗文化实践项目，并被纳入申报人类非物质文化遗产名单；峨边非遗、夹江年画亮相2023年香港国际授权展。新增省级非遗项目13个(时隔5年后新增省级非遗项目)。

【农村卫生】 全面开展优质服务基层行活动，创建社区医院1家、基层临床特色科室6个，建成县域医疗卫生次中心8个，基层医疗服务能力显著提升，促进乡村医疗卫生事业全面发展。组建1328个家庭医生服务团队，打造“家庭医生示范工作室”12个。持续为全市312.51万名城乡居民免费提供12项国家基本公共卫生服务，高血压患者基层规范管理服务率81.82%，2型糖尿病患者基层规范管理服务率达87.22%，社区在册居家严重精神障碍患者规范化管理率达93.99%。累计开展健康教育咨询1185次、健康教育讲座1378次。开展“健康敲门行动”，为8865名失能老人提供“三个一”服务。

【农村法制建设】 以“清单制+责任制+时限制”的形式，部署开展“三下乡”“乡村振兴法治同行”等主题法治宣传活动。围绕禁毒防艾、移风易俗、高价彩礼综合治理等工作开展“送法进彝乡”专项活动62场次。举办“送法进彝乡”网络直播活动，11余万人在线观看。开展“春暖农民工”服务行动、“法援惠民生助力农民工”专项普法宣传周活动以及“情暖新春，共护未来”法治课堂，打造“法惠‘嘉’里人”专项活动品牌。加强对农民工、妇女、儿童、残疾人等特殊人群的法律援助，为困难群众办理法律援助案件2167件，挽回经济损失2000余万元。持续实施“法律明白人”培育工程，实现每个村至少有3名以上“法律明白人”的目标，1名“法律明白人”获评全省最美“法律明白人”。建立市、县两级司法行政机关包联乡（镇）制度，成立16个工作专班包联乡（镇、街道），开展矛盾纠纷排查化解工作，共调解矛盾纠纷9580件，调解成功率99.7%。峨边县要惹阿觉作为“全国模范人民调解员”代表在全国调解工作会上作交流发言，并参加司法部新闻发布会。

【农村交通】 全年新（改）建农村公路840.95千米，其中30户以上自然村（组）通硬化路完工204.5千米，农村公路优良中等率达87.74%，农村群众出行日益便捷舒适；撤并建制村畅通工程完工381.7千米，解决了撤并村与新村委会因缺乏直连道路绕行严重的突出问题；幸福美丽乡村路完工256.2千米，满足了群众便捷出行、产业集聚发展的交通需求；桥梁工程全部完工，保障了临河地区群众的安全出行。深化农村公路养护体制改革，农村公路列养率达100%；继续推进农村公路自动化自主检测3242千米；推进畅安工程建设，村道安防工程完工196.96千米。加大建设力度，井研县创建为国家级“四好农村路”示范县，五通桥区、峨边县创建为省级“四好农村路”示范县，全市有国家级示范县2个、省级示范县10个，数量居全省第二位。大渡河风景道（乐山段）获评全国首批交通运输与旅游融合发展典型案例，市中区乐沙生态大道获评“全省最美农村路”。

【涉农招商引资】 全市有3000万元以上的农业招商引资重大项目3个，项目总投资15.8亿元（见表5）。

【农村社会保障】 持续推动城乡居民基本养老保险适龄参保人员“应保尽保”，通过不断对城乡居民养老保险缴费档次进行优化，加强对升档补缴和“多缴多得”“长缴多得”等政策的宣传，提高了不符合参加企业职工养老保险的参保人员转而参加城乡居民养老保险的参保意愿。为实现农民工参保全覆盖，采取线上与线下相结合的方式进行参保政策宣讲，线下通过举办专场政策宣讲会、设立集中宣传点、召开座谈会等形式，走进社区、乡村、企业、校园，重点面向灵活就业人员、新就业形态就业人员、农民工等群体提供现场咨询和服务指导；线上依托微信公众号等网络媒体平台优势，制作社保政策解答系列短视频，运用动画视频、直播连线等方式为群众答疑解惑，社

表5 2023年乐山市3000万元以上招商引资项目表

项目	总投资（万元）	投资内容	项目进度
海南熙聚（乐山）淫羊藿标准化种植示范基地项目	3000	该项目位于沙湾区福禄镇，项目用地800亩，新建淫羊藿标准化种植示范基地及配套基础设施。年产值不低于2000万元，年纳税收不低于600万元，带动就业人数80余人	已履约
四川雲上蜀茶（乐山）茶叶种植及加工项目	5000	新建规范化、标准化茶叶种植基地0.2万亩，租用金口河区为农服务中心标准厂房，对厂房进行改造升级，建设茶叶粗加工生产线2条。预计年产值1000万元，新增就业约10人	已履约并开工
广东春禾（乐山）峨眉智慧农业产业集群项目	150000	项目位于峨眉山市峨山街道彭桥村，用地面积约1100亩（最终用地面积以土地主管部门核准的项目面积为准），建设约50万平方米智慧农业项目、约2万平方米严选中心及综合楼、食堂、道路、绿化等配套设施。预计年产值8000万元，新增就业岗位30个	已投产

会保险精准扩面实现量到质的转变，企业职工养老保险参保人数每年呈上升趋势，城乡居民养老保险参保人数呈下降趋势。同时，加大对参保单位的实地稽核力度，督促用人单位为16.71万名农民工以单位职工身份参保；利用"走基层"、乡（镇）赶集等契机宣传基本养老保险政策，有41.29万名农民工以灵活就业人员身份参保，全市农民工参加职工基本养老保险共58万人。

【农村生态建设及环境保护】 主要农作物化肥、化学农药使用量连续6年实现零增长，全市农村卫生厕所普及率稳定在95%以上，生活垃圾收转运处置体系覆盖100%的行政村，824个行政村生活污水得到有效治理，秸秆综合利用率达93.49%，农膜回收率达87.87%，畜禽粪污综合利用率达96.41%，规模养殖场粪污处理设施配套率达99.36%。建成国家级生态文明示范区2个、"绿水青山就是金山银山"实践创新基地1个、省级生态县3个。

【农产品质量安全监管】 深化运用国家（省级）农产品质量安全追溯管理信息平台，已注册入驻7428家生产经营主体及其农产品，年录入2.1万条生产批次、3.24万条销售批次，实施农产品追溯管理。制定《关于开展2023年乐山市农产品质量安全监测工作的通知》，组织开展农产品例行监测、专项监测、监督抽查，共抽检农产品批次4208个，全市农产品质量安全定量检测量达1.2批次/千人，省级农产品质量安全例行监测合格率达98.9%。开展"治违禁、控药残、促提升"三年行动，对12个重点治理品种开展全覆盖监管，出动监管执法人员1.12万人次，检查生产经营主体4478家，查办违法违规使用禁限用药物和常规药物残留超标问题食用农产品质量安全案件33件，确保问题查处率100%、整改率100%。

【农村市场体系建设】 发挥好乐山市数字化转型促进中心平台作用，在乡（镇、街道）开展直播电商培训4场，提升农村群众的直播电商技能，促进电商人才创业就业，激发当地的市场潜力。引导保险机构开发特色农业险种30余种，全市农业保险保费总收入1.52亿元，同比增长16.74%，水稻、小麦、玉米三大粮食作物农业保险投保面积覆盖率达85.5%。为方便参保群众，优化平台建设，向乡（镇、街道）延伸经办服务，在部分村设立"助农取款点"，方便群众待遇领取；工作人员定期上门为年龄大、残疾、因病在床、孤寡老人等行动不便的参保人员提供相关服务。加强社银合作，参保缴费和待遇发放全部实行由银行代扣、代发，群众参保和领取待遇更加便捷。

【农村留守儿童（学生）帮扶】 建立健全留守儿童关爱工作联络机制，全面落实学前教育减免保教费、义务教育家庭经济困难学生生活补助、普通高中免学费和国家助学金、中职免学费和国家助学金等国家资助政策，共资助、帮扶农村留守家庭学生13830人次，资金1719.25万元。协调乐山市教育基金会开展"践行十爱·情暖嘉州学子"公益活动，关爱全市农村留守学生等困难学生600人次，发放慰问金30万元；为帮扶村56名留守学生送温暖，发放慰问金6.4万元；组织马边县、峨边县、沐川县、金口河区共160名农村留守学生开展"书香润童年"研学活动。开展传统节日、童心向党、知识讲堂、文娱实践等一系列特色主题活动1000余场次，服务留守儿童2.7万人次。

【劳务开发与返乡创业】 动态发布《乐山市创业项目地图》，做好创业项目推荐工作。全市农民工返乡创业累计达2.93万人，比上年同期新增0.11万人，其中本年度新增创业人数0.09万人，新增创办企业922家。全市农村劳动力转移就业实现劳务收入241.96亿元。依托优势产业，发展特林竹、水果等各类特色产业，加大创业孵化基地、嘉州微创园等创业载体建设，探索"园区+业主"的创业模式，鼓励农村劳动力自主创业带动就业，实现致富增收。依托"我能飞"创业提升培训等资源平台，为农村劳动力提供就业创业政策解读、直播电商运营实操等实用性培训，提升创业综合能力水平；选取有经验的创业带头人组建乐山市创业指导专家库，常态化开展创业指导服务活动；用好创业担保贷款等政策、资金支持，解决创业后顾之忧。持续推进"农村家庭能人"培养计划，通过"领头雁"引领产业发展、带动更多农村劳动力就业增收；持续推荐创业达人参加中国创翼大赛、天府杯创业大赛等国、省创业比赛，通过榜样引领作用激发内生动力，化被动为主动。

【涉农节会会展】 第四届国际（乐山）绿茶大会暨第五届中国茶乡峨眉山国际茶文化博览交易会在峨眉山市举行，乐山市获评"世界高端绿茶发源地"，峨眉山市和夹江县分别获评"世界绿茶黄金产区""世界出口绿茶核心产区"称号。大会现场销售额628万元、网络销售额1.74亿元、协议销售额2.57亿元。举办中国魔芋产业发展大会，承办全国生态低碳茶生产技术示范现场会、农民丰收节等重大活动。组织100余家企业参加第九届四川农博会、第12届四川茶博会、第一届西部（重庆）农交会等展示展销活动。

【重点乡（镇）选介】 五通桥区西坝镇。西坝镇辖9个村1个社区，辖区面积58.61平方千米（其中耕地面积1.4万亩），总人口2.3万余人。交通便捷，乐宜高速五通桥收费站、迎宾大道终点、五犍沐快速公路均位于镇北部。全镇农村居民年人均可支配收入达21847元，推动集体经济年收入10万元以上村达5个，超过总数的50%。西坝镇有豆腐、生姜、米酒"三绝"，境内有农业产业化省级重点龙头企业——德昌源酱园厂。有省级风景区桫椤峡谷、人文景观西坝古镇、县级文物保护单位宋代古窑遗址。在浅丘地区发展葡萄、大枣、枇杷、柑橘等水果9000亩，形成了沿乐宜高速水果产业片；在沫溪河两岸坝区种植生姜5000亩、其他蔬菜5000亩，形成了沿河坝区蔬菜（生姜）产业片；在沫溪河以南丘区形成了近3万亩的林木产业片。拥有省级农产品加工龙头企业1家、农产品地理标志产品1个、省级非物质文化遗产2项、四川名牌产品1个，先后获评省级卫生乡（镇）、全省首批百镇建设行动试点镇、全国重点小城镇。

犍为县清溪镇。清溪镇距犍为县城10千米，乐宜高速、仁沐新高速、国道213线在此交汇，全镇辖14个村2个社区，辖区面积83.29平方千米，总人口4.9万人。清溪镇交通区位优越、文化底蕴厚重、旅游资源富集，茶马古道盘城而走，茉莉幽香氤河而升，获得“中国茉莉之乡”“中国茉莉茶之都”称号，先后获评中国历史文化名镇、全国文明镇、省级卫生、市级乡村振兴先进镇等。建成中华茉莉种植资源圃，建成标准化基地1.1万亩，带动辐射全镇10个村发展茉莉花面积2.5万亩，创建为省五星级现代农业园区。打造集“花、产、旅”于一体的世界茉莉博览园，持续举办茉莉花文化艺术节等特色活动，获评省级示范农业主题公园，创建为国家3A级景区，年接待游客10万人次，实现旅游综合收入1.5亿元。

【农村大事记】 1月20日，搭载着总重量1220吨、价值382万美元的四川夹江茶叶的集装箱专列从成都国际铁路港出发前往乌兹别克斯坦塔什干，是四川省茶叶出口中亚的首列专列。

5月11日—14日，第十二届四川国际茶业博览会在成都世纪城会展中心开展。副市长毛剑出席开幕式并参观乐山馆。乐山市作为四川省主要产茶区之一和茶产业强市，组织45家茶企亮相本届茶博会，展示乐山茶业形象，提升乐山茶叶品牌影响力。开幕式上，位于犍为县的四川省炒花甘露茗茶有限公司的五朵金花牌“炒花甘露”获评四川最具影响力茶叶单品。

9月16日，2023年中国魔芋产业发展大会在沐川县开幕。省政协副主席、民建四川省委会主委谢商华出席开幕式并讲话。大会以“科技赋能　全链发展——共创魔芋产业新时代”为主题，开展了现场调研参观、大会经验交流、专家主题报告、招商引资推介、分组互动讨论等活动。

【主要领导人】 市委书记：马波；市人大常委会主任：赖淑芳；市长：陈光浩；市政协主席：黄平林；分管农业副市长：雷建新（3月止），毛剑（3月始）。

乐山市编写组

市　中　区

【基本情况】 2023年，全区辖12个镇5个街道，辖区面积837.13万平方千米，其中耕地面积25.3438万亩，比上年增长0.65%；基本农田19.5309万亩，比上年增长5.16%。年末总人口66.62万人（户籍人口666167人），增长1.79%；人口出生率6.18‰，减少0.81个千分点。全区耕地有效灌溉面积和保证灌溉面积分别达到耕地总面积的70%和61.6%；本地水资源总量4.03亿立方米，人均占有水资源量480立方米。有农用地面积65791.95公顷，林地面积37273.33公顷，森林面积47.8713万亩，森林蓄积面积222.77万立方米，森林覆盖率38.17%。

2023年，全区实现地区生产总值480.8亿元，增长5.4%，其中第一产业增加值37.3亿元，增长2.9%；第二产业增加值125.1亿元，增长5.5%（工业产值162.6亿元，增长2%）；第三产业增加值318.4亿元，增长5.8%。三次产业对经济增长的贡献率分别为5.1%、26.3%和68.6%。全年接待游客3003.84万人，实现旅游收入435.57亿元，其中乡村旅游收入15.21亿元。

社会消费品零售总额298.4亿元，增长10.5%。地方公共财政预算总收入完成10.9亿元，增长6.9%；公共财政预算总支出28.5亿元，增长15.6%，其中农业投入47535万元，占支出的16.7%。金融机构各项存款余额1635.4亿元，比上年初增长12.29%；各项贷款余额1190.4亿元，比年初增长8.49%，其中支持农业产业化发展项目贷款12883万元。全年农业保费收入2228.27亿元，增长16.81%；处理各项赔款和给付金额2012.12万元，增长67.02%。农业产业化龙头企业省级、市级分别为5家、19家。

有各类学校149所，在校学生68139人，教职工6526人，其中普通中学22所，在校学生14954人；小学23所，在校学生35843人。申报省级以上科技项目1项、市级科技项目15项，1项科技成果获得市级及以上科技进步奖。有艺术表演团体12个，文化馆1个，公共图书馆1个，博物馆1个。有卫生机构628个，病床位10175张，卫生技术人员10323人。城乡居民基本医疗保险参保人数381220人，参保率97.55%；城乡居民养老保险参保人数143691人；新增被征地农民养老保险参保人数1214人。

【年度农业和农村经济运行】 2023年，全区实现农业总产值58.8亿元，增长3%；全区全年农业增加值达37.3亿元，增长2.9%。农民年人均可支配收入增长7.7%。全区建成15个基层农业综合服务站。全区主要农产品产量见表1。

【农业产业化发展】 加强以园区建设引领产业振兴、以产业振兴引领全面振兴，做大生猪、水产、蔬菜三大主导优势产业，新建生猪规模养殖场4个，建成国家级生猪产能调控基地8个、省级调控基地22个。推动农民合作社跨经营主体培育品牌联合社，文氏畜禽专合社被评为国家级示范社；新增省级示范社4个，培育总数达434个，其中国家级示范社5个、省级示范社13个、市级示范社14个；新增省级家庭农场3个，培育总数达568个，其中省级家庭农场19个、市级家庭农场20个。开展社会化规范服务，培育社会化服务组织232家，服务小农户约1.5万户，农业生产托管服务面积约5万亩。乐山宏迪达农业服务有限公司入选四川省首批农业生产社会化服务省级重点服务组织，永连家庭农场和市中区鑫盛家庭农场入选四川省第一批“10+1”家庭农场典型案例。

【农村集体经济发展】 全覆盖建成农村集体“三资”监管平台，对全区131个村（社区）资金资产资源实现“数字化运行+全流程监管+无盲区覆盖”。按照“五个一”标准规范农村集体经济组织建立、管理及运行。依托成都农交所乐山所推动农村集体闲置资产盘活利用，新增2个镇级农村产权交易服务站，挂网交易106宗，成交89宗，交易规模1.4亿元，位居全市第一。争取集体经济中央、省级财政扶持项目资金3800万元，带动村集体增收446.9万元，其中集体经济收入10万元以上的村达到52个，占总数的42%。

【农用地及农村集体产权制度改革】 推进农村产权制度改革，探索形成资源开发、服务经济、物业租赁等六类发展模式。新增土地流转面积3028亩，累计流转土地面积6.94万亩。执行农村村民自建住房“动土必报、建设必批、开工必到、过程必管、查处必严”五必制度，落实审批管理程序和要求，全年审批农村宅基地372宗、58亩。《率先在县域内破除城乡二元结构推进城乡融合发展》调研成果获得省级三等奖，探索城乡融合发展模式相关做法被《四川三农》刊载报道。

【供销合作社改革】 贯彻省委《关于深化供销社综合改革加快建设为农服务综合平台实施意见》和市委《关于深化供销社综合改革加快建设为农服务综合平台的若干措施》要求，制定要点，分解目标任务，深化供销社综合改革。制定领导联系基层制度，落实班子成员分片包干责任，加强对基层供销社、社有企业、基层组织的指导服务，帮助解决实际问题30余件，争取到省供销社农业社会化服务试点项目、省供销社“政务+供销”试点县项目。深化“党建带社建、村社共建”模式，推进专合社、基层社、协会建设，助推乡村产业发展。改造提升基层社2个，全区镇、村基层供销社达31个，综合服务社网点达105个，服务覆盖率100%。

【农产品品牌战略实施】 擦亮农业品牌，打造“水润农嘉”农产品区域公用品牌，14个农产品获得“天府乡村”公益品牌授权。全区有效期内无公害、绿色、有机、地理标志和全国名特优新农产品达62个，其中新取得3个有机产品、绿色食品认证；嘉州香葱等4个“嘉字号”农产品获评全国名特优新农产品，农业品牌建设实现“从无到有”“从有到多”的跨越式发展。

【现代农业园区建设】 加强现代农业园区培育打造，推动水产现代农业园区创建省四星级现代农业园区。建成2个三池两坝生态尾水处理设施，新增处理鱼塘面积2000亩；建成30万头优质生猪种养循环园区，《粮油生猪种养循环产业“四态合一”融合发展经验》在省委农办《三农要情》刊载报道，获得市委领导肯定性批示，抓紧创建省三星级现代农业园区；建成全市首个现代种业园区、全市首个粮油生猪种养循环现代农业园区，认定区级农业园区2个。

表1　2023年市中区主要农产品产量

主要农产品	单位	产量	同比增减(%)
粮食	万吨	10.88	2.40
水稻	万吨	8.54	2.60
小麦	吨	20.50	-47.60
玉米	万吨	1.25	3.40
马铃薯	万吨	0.66	-5.10
油菜籽	万吨	1.02	5.00
蔬菜	万吨	35.13	5.20
水果	万吨	3.01	3.70
肉类	万吨	3.85	1.60
猪肉	万吨	2.47	2.60
牛肉	吨	218.80	0.50
羊肉	吨	149.20	0.80
禽肉	万吨	1.22	0.40
兔肉	万吨	0.12	-6.10
禽蛋	万吨	2.62	4.50
水产品	万吨	4.54	4.06

【种植业】 履行粮食安全党政同责，开展春耕备耕、蓄水保水，做好粮食生产，及时兑现耕地地力保护补贴、种粮大户补贴等惠农政策，落实发放涉粮补贴3097万元。推广玉米大豆带状复合种植技术，建成全市最大大豆玉米带状复合种植千亩示范片。全年粮食作物播种面积24.52万亩，产量10.88万吨，同比增长2.4%，增幅创近三年新高；粮食单产同比增长3.5%，增幅创近5年新高。

【林业】 全年完成造林任务2.1万亩，完成率100%。推进森林质量精准提升，加大森林抚育和退化林修复力度，世界银行贷款长江流域上游森林生态系统恢复项目已全面完成营造林任务6.5万亩。建设"天府森林粮库"基地2000亩，示范带动农户增收3200万元，被中央电视台经济频道作为典型经验进行宣传报道。开展生态旅游节会，举办荔枝节和苦笋节。悦来镇荔枝弯村申报为四川省森林村庄。打击违法调运、加工、经营、使用松材线虫病疫木及其制品的行为。

【畜牧业】 实施推进2023年稳定生猪生产项目各类补助政策，加强生猪政策性保险实施，累计投入近1200万元扶持资金促进生猪产业发展。严防非洲猪瘟等重大动物疫病，检测非洲猪瘟样品2569份，排查生猪养殖场4270个，通过非洲猪瘟无疫小区省级现场评审，市中区被评为四川省动物疫病净化和监测流调工作成效突出县。全年生猪出栏33.77万头，同比增长2.5%，增幅排名全市第一。年末能繁母猪存栏1.92万头，增幅排名全市第一。

【水产业】 利用水产养殖种质资源普查结果，加强水产种质资源保护利用，指导省级长吻鮠良种场跃红鱼种场生产苗种4亿尾，新培育2个苗种生产基地；引进鳜鱼、白对虾和罗氏沼虾等养殖新品种，建立特色养殖基地4个，全区水产品产量4.5386万吨，其中长吻鮠3600吨、鲶鱼3400吨、斑点叉尾鮰3296吨、黄颡鱼4200吨；比上年同期增加1771吨，增长4.06%。实现渔业产值97068亿元，比上年同期增长4.08%。

【乡村振兴】 推进宜居宜业和美乡村建设，创建为省级乡村振兴成效显著县，智慧乡村治理相关做法在国家乡村振兴局官网刊载报道；承办四川省首届"村BA"，获得农业农村厅书面感谢。以"五清"行动为抓手，聚焦农村人居环境"脏、乱、差"等突出问题，统筹推进"三大革命"和面源污染整治、村貌提升，累计清河、清渠、清沟、清路7.31万千米，清院8.91万户，农村人居环境整治相关做法等被《四川三农》刊载报道，获得市委主要领导肯定性批示。

【乡村旅游】 全年乡村旅游接待游客955.8万人次，实现旅游收入15.21亿元，分别同比增长59.3%和33.6%。深挖地域文化特色，创新乡村旅游产品，加快乡村旅游基础设施提档升级，打造区域特色品牌，乡村文旅产业发展态势稳步向上，平羌三峡文旅融合示范项目被评选为四川省文旅融合示范项目。悦来镇道铧村创建为四川省乡村旅游重点村。大渡河风景道（乐山段）入选国家交通运输与旅游融合发展典型案例。

【农村水利】 投资100万元，对市中区农村供水工程进行维修养护，农村供水保障水平得到提升；投资143万元，完成市中区2023年小型水库维修养护项目与国管水利工程岁修养护，完成牛心寺、健丰等16座小型水库设施维修养护以及近100千米骨干渠道清淤岁修工作，确保了水库安全运行和效益的正常发挥。

【农业机械化】 持续落实农机购置补贴政策，补贴农机具1523台，补贴资金108.74万元，涉及农户1278户；牵头完成白马镇、青平镇、牟子镇衔接资金道路硬化项目；投入省、市资金180万元，在青平镇、苏稽镇、茅桥镇维修、改造机电提灌站24座，新增恢复灌溉面积1.35万亩，常年提水保灌面积约13万亩。2023年，全区主要农作物综合机械化率达80.39%，农作物综合机械化率达61%。

【农村科技】 组建由省、市、区三级专家组成的科技特派员服务团，开展集中培训指导5次，服务领域覆盖畜牧、水产、林业、园艺等，推进农村科技产业发展。开展"科普活动月""科技活动周"等"科技下乡"宣传活动，举办培训班，培训农民250余人次，发放科普宣传品40000余份，覆盖13000余人次，打通了科技服务群众的"最后一公里"，营造了学科学、爱科学、用科学的浓厚氛围；乐山市阙纪食品有限公司申报中央引导地方科技发展专项资金50万元，提升了企业科技创新能力。

【农村教育及法制建设】 投资1000万元，开展乐山市市中区平兴学校新建教学楼及运动场改造等附属工程项目，已竣工投用。建成16个镇（街道）公共法律服务站以及179个村（社区）公共法律服务工作室。

【农村文化】 4月27日—28日，天府旅游名镇名村文旅发展联盟年会在市中区召开，会议贯彻落实中央、省委关于乡村旅游和"天府旅游名牌"发展的决策部署，深化天府旅游名镇、名村文旅品牌建设。以苏稽镇为乡村旅游重点发展点位，推动当地文旅活动提质升级，苏稽镇接连举办2023全国"村晚"示范展示活动、千人跷脚牛肉坝坝宴、"品味苏稽·在'嘉'过年"文化巡演大拜年活动、第二届"乐山味道"美食文化活动、端午龙舟赛、中超联赛、四川省首届"村BA"等各类活动；将苏稽古镇作为建设蓝本，打造岷江、大渡河、峨眉河乡村旅游产业带，聚焦发展"两区融合、三带联动、八线串联"的乡村旅游发展新格局，为全省天府旅游名镇、名村文旅发展贡献嘉州力量。

【农村卫生】 土主镇中心卫生院通过县域医疗卫生次中心省级验收。加强基层医疗力量，通过公开考试招聘卫生专业技术人员9名，并安置1名订单定向医学生到土主、牟子、苏稽、茅桥等镇卫生院，涉及中医学、临床医学、临床检验、药学等专业；到高校考核招聘5名卫生专业技术人员到茅桥、剑峰、白马等镇卫生院，涉及中医学、中西医临床医学、药学、护理学等专业，补充了基层医疗卫生机构人才队伍。全区已设立11个镇卫生院，共有卫生专业技术人员475名。

【农村交通】 全区公路通车里程1783.19千米（其中乡村公路1667.83千米），密度2130.45米/平方千米、21.89千米/万人。投资899.6万元，完成乐山市市中区2023年通村通组路岷西片区项目，里程合计约6.836千米，按照四级公路标准建设，涉及苏稽镇、水口镇和平兴镇3个镇；投资3700万元，完成乐山市市中区引水工程建设项目镇（街道）供水设施配套道路工程（乐山市市中区2023年通村通组路岷东片区项目），涉及土主镇、白马镇、青平镇、茅桥镇、剑峰镇、悦来镇、棉竹镇、大佛街道、全福街道9个镇（街道），里程合计约26千米。

【农村社会保障】 加大城乡居民养老保险宣传力度，做好低保、特困、重度残疾等困难群体代缴工作，已为低保对象、特困人群、重度残疾人、已脱贫人员、独生子女伤残死亡家庭9743人按照规定代缴城乡居民养老保险，推进农村社会保障工作。

【农村生态建设及环境保护】 以"五清"行动为主要抓手，聚焦农村人居环境"脏、乱、差"等突出问题，统筹推进"三大革命"和面源污染整治、村貌提升，累计清河、清渠、清沟、清路7.31万千米，清院8.91万户，农村人居环境整治相关做法等被《四川三农》刊载报道，获得市委主要领导肯定性批示。全区农村户用卫生厕所普及率稳定在97%，保持农村生活垃圾收转运体系覆盖无害化处理率稳定达100%，生活污水得到有效治理的村占比达73.3%，畜禽粪污综合利用率达93.5%，秸秆综合利用率达94.3%，获评省级农业生态资源环境保护工作成效明显县。

【农产品质量安全监管】 全年完成各类农产品风险监测和监督抽检，共抽检农产品750余个，农产品农残快速检测5530个，抽检合格率保持在99%以上，全年无农产品质量安全事故发生。

【农村市场体系建设】 全区农业保险完成水稻5.07万亩、玉米2.94万亩、油菜投保0.34万亩，能繁母猪投保1.24万头，育肥猪投保24.18万头，商品林投保0.1万亩，水产投保1.16万亩，育肥猪价格指数0.3万头；累计签单保费2228.27万元，其中财政补贴1727.93万元（中央财政补贴922.48万元、省级财政补贴389.24万元、市级财政补贴117.46万元、区级财政补贴298.74万元）、农户自缴500.34万元，助力农产品市场安全稳定。

【农村留守家庭帮扶】 持续关心青少年身心健康，在乐山七中、嘉州学校等地设置"嘉州小海棠"信箱7个，收集信件900余封，解决各类心理问题15件；持续关心青少年成长成才，在红旗小区、龙泓路社区等七地持续开展"童伴之家"活动，常态化组织志愿者为留守儿童、进城务工人员子女开展思想政治教育、课业辅导、兴趣培养等活动，累计服务青少年400余名；持续关心青少年实际困难，开展市中区"暖冬行动"慰问活动，为215名困境儿童发放暖冬行动慰问物资，帮助困难儿童温暖过冬。

【特色农副产品】 嘉州香葱。8月获批为全国名特优新农产品，主产区位于牟子镇苏坪村，种植面积约2000亩。嘉州香葱鳞茎为狭卵形，外皮粉褐色，内白色，葱高25～50厘米，辛香味浓郁。

嘉州荔枝。12月获批为全国名特优新农产品，主产区位于悦来镇荔枝弯村和道铧村，种植面积约10000亩。嘉州荔枝果实近球形，果皮淡红色，果肉透白，口感细嫩脆爽、清甜多汁。

嘉州苦笋。12月获批为全国名特优新农产品，主产区位于大佛街道棕桥村和三尊村，种植面积约15000亩。嘉州苦笋呈规则锥型，笋肉呈米黄色，肉质脆嫩、微苦。

嘉州脆红李。12月获批为全国名特优新农产品，主产区位于剑峰镇群团村、东旗村和五星村，种植面积约1500亩。嘉州脆红李果实近球形，果面光洁，果皮紫红色，带灰白色果粉，果肉黄色，肉质脆爽、味甜。

【劳务开发与返乡创业】 通过各乡（镇、街道）宣传栏、微信群等方式加大对返乡农民工的培训意愿调查和培训宣传。开展保育员、手绣制作工、电工、电子商务师等培训，提高返乡农民工的就业创业能力。同时，加大对返乡农民工的扶持力度，采用短信推广、电话回访、微信公众号介绍等方式宣传创业扶持政策，共发放返乡农民工、脱贫人口创业补贴7人次7万元，为其创业提供了支持。

【主要领导人】 区委书记：左小林；区人大常委会主任：刘华东；区长：舒东平；区政协主席：肖兴军；分管农业副区长：杜晨霞（10月止），雷俊扬（10月始）。

市中区编写组

五通桥区

【基本情况】 2023年，全区辖8镇94个村2个涉农社区776个组，辖区面积465.68平方千米。全区耕地有效灌溉面积和保证灌溉面积分别达到耕地总面积的90.8%和79.5%；本地水资源总量2.29亿立方米，人均占有水资源量975立方米。

2023年，全区实现地区生产总值401.7亿元，增长10.6%，其中第一产业增加值30亿元，增长2.9%；第二产业增加值283.5亿元，增长13.5%（工业产值

277.1亿元，增长14%)；第三产业增加值88.2亿元，增长5%。三次产业对经济增长的贡献率分别为2.4%、87.1%和10.5%。全年接待游客325.38万人，实现旅游收入380803万元，其中乡村旅游收入25000万元。

有各类学校69所，在校学生23714人，教职工2594人，其中普通中学13所，在校学生8715人；小学16所，在校学生9859人；学龄儿童入学率99.01%，提高0.03个百分点。有艺术表演团体6个，文化馆1个，公共图书馆1个。有卫生机构239个，病床位2082张，卫生技术人员1349人。新型农村社会养老保险参保人数7.67万人，参保率95%；被征地农民养老保险参保人数3030人，占总人数的76%。

【年度农业和农村经济运行】 2023年，全区实现农业总产值42.9亿元，增长5.4%。农民年人均可支配收入增长7.4%。全年水产品总产量5495吨，同比增长5%。全区主要农产品产量见表1。

【农村集体产权制度改革】 通过全面完成清产核资工作将数据纳入平台管理，完成村集体经济组织成员身份确认和股权量化工作，选举出理事会和监事会成员，通过了村股份经济合作社章程和制度，96个村(涉农社区)已全部完成登记赋码，并颁发农村集体经济组织登记证。村股份经济合作社完成公章刻制、银行开户等手续，在村(社区)活动室挂股份经济合作社的牌子，完成挂牌亮照、人员齐全、章程上墙、制度完善、监管到位的工作要求。

【现代农业园区建设】 创建金粟刘家山茶叶现代农业园区、五通桥粮药现代农业园区、稻姜现代农业园区，稻姜现代农业园区创建为省级培育园区，并被评为全省首批、全区唯一的省级乡村振兴高技能人才培育基地。

【种植业】 全年完成经济作物基地改造提升建设1.45万亩，其中以金粟刘家山茶叶现代农业园区为依托，在金粟、金山、石麟等茶区建成标准化茶叶基地0.55万亩；在冠英、金粟、西坝等地加强标准化生产基地和蔬菜钢架大棚等建设，推进蔬菜标准化生产，完成蔬菜基地改造提升0.4万亩；在蔡金、石麟等镇通过园区带动推广稻药轮作发展泽泻及利用丘陵坡地种植佛手，建成佛手、泽泻标准化生产基地0.15万亩；结合金山柑橘、杏林李、西坝豆果蔬等园区建设，在金山、西坝等镇建成标准化果园基地0.35万亩。在牛华、冠英、西坝、金粟等镇实施灾后重建项目，改造和新建钢架或塑钢蔬菜生产型大棚700余亩。食用菌、甘蔗、花椒及其他经济作物生产与往年相比基本稳定。

【畜牧业】 全年生猪出栏14.6941万头，同比增长2.2%；牛出栏0.1171万头，同比增长0.8%；羊出栏0.6974万只，同比增长1%；禽出栏437.184万只，同比减少1.8%；蛋产量1.07万吨，同比增长4.95%。全年肉类总产量18378吨，比上年同比减少0.2%，其中猪肉产量10579吨，减少1.05%；牛肉产量156吨，增长0.6%；羊肉产量111吨，减少3.5%；禽肉产量6702吨，增长0.68%；兔肉产量830吨，增长4.1%。

【乡村振兴】 实施"桥雁归乡"、高素质农民培育等人才振兴工程，吸引返乡农民工、大学毕业生就业创业，举办培训9期，培训400余人，累计培育高素质农民1400余人、农村实用人才1500余人，培育省级农民致富带头人4人。开展防返贫集中排查、巩固脱贫攻坚成果"回头看"等工作，入户排查3359户8897人，核定监测对象82户169人，消除监测风险37户73人。

统筹抓好农业生产。全区耕地面积18.01万亩(含园地、林地)，划定永久基本农田13.23万亩，人均耕地面积约0.76亩，已建成高标准农田面积

表1 2023年五通桥区主要农产品产量

主要农产品	单位	产量	同比增减(%)
粮食	万吨	8.1700	2.10
水稻	万吨	5.4500	2.08
玉米	万吨	1.7400	4.45
马铃薯	万吨	0.3400	-0.14
油菜籽	万吨	2.6700	4.43
蔬菜	万吨	15.3800	2.66
水果	万吨	3.5500	3.13
肉类	万吨	1.8378	-0.20
猪肉	万吨	1.0579	0.60
牛肉	万吨	0.0156	-1.00
羊肉	万吨	0.0111	-3.50
禽肉	万吨	0.6702	0.70
兔肉	万吨	0.0830	4.00
禽蛋	万吨	1.0701	5.00
水产品	万吨	0.5495	5.00

15.76万亩。有生姜、晚熟柑橘、道地中药材三大特色农业产业，稻姜现代农业园区创建为省级培育园区并被评为全省首批、全区唯一的省级乡村振兴高技能人才培育基地。出台《乐山区五通桥区乡村振兴奖补办法》政策，对主要粮食规模生产、扶持带动主体等8个类别拟兑现2022年乡村振兴奖补资金440余万元。科学推进空间规划，引导1119.8公顷闲置土地和零散建设用地有序腾退，规划380.4公顷用于新村聚居点建设，规划农村新产业新业态用地38.04公顷。推进示范乡村创建，学习浙江“千万工程”经验，创建省级乡村振兴先进镇1个、示范村1个、重点帮扶优秀村1个，区级乡村振兴示范村2个。推进厕所、垃圾、污水“三大革命”，常态化开展“五清”行动，整改销号问题200余个，完成户用卫生厕所新（改）建937户，户用卫生厕所普及率达95%。推进农业农村环境治理，紧抓面源污染治理，投资1.01亿元建设五通桥区长江经济带面源污染治理工程；开展粪污资源化利用，推广粪便全量收集利用、水肥一体化等技术，畜禽粪污综合利用率达80%以上，农作物秸秆综合利用率达91.6%。按照“城乡环卫一体化”的总体要求，建成投运垃圾压缩转运站6座、垃圾集中收集设施1600余个，生活垃圾日处理能力达900吨以上，农村生活垃圾收转运覆盖率达100%。

【乡村旅游】 全区乡村旅游资源以零星和分散面广为特点，具有培育连点成片综合开发潜力。岷江河东片旅游资源主要有新塘沽、中国根书艺术馆（国家3A级景区）、木鱼人家——竹根镇翻身村农家乐群（属于全国最早兴起，省级乡村旅游重点村）、兴隆里、金山牟罗古寨、丁佑君烈士四望关纪念碑和菩提山丁佑君烈士纪念馆（红色旅游）、四望关水域荡舟、游览、菩提山森林公园和特色村（牛华镇与竹根镇赏荷花、金山镇赏李子花和油菜花、金山镇李子和石麟镇蜜桃、竹根镇火龙果）；岷江河西片旅游资源有同仁寨、桫椤峡谷、西坝豆腐、米酒、生姜礼物和水果，冠英镇果园（枇杷、葡萄与草莓），石麟镇张坳口佛手园等，点多、景小，不连片。围绕乡村振兴战略，指导实施并开展金山镇杏林李花基础设施更新完善项目、竹根镇“七彩田园”农旅融合产业园、冠英镇稻姜文化节等，构建全区乡村旅游新格局。

【农村水利】 全年实施五通桥区茫溪河竹根镇鲞草滩段防洪治理工程、五通桥反修水库南北干渠整治工程、五通桥区涌斯江高低干渠骨干工程整治项目（低干渠）、五通桥区城乡供水一体化工程建设项目（二期）、金粟镇井房坳村二次加压供水工程、蔡金镇二次加压供水工程、2022年中央水利发展资金农村饮水工程维修养护项目。

【农业机械化】 制定印发《乐山区五通桥区2021—2023年农机购置补贴实施方案》，支持引导农户购置使用先进适宜的耕地、收割、喷药等农业生产机械装备。截至2023年年底，共维修、改造提灌站29座；办理农机补贴1478户1663台，补贴金额952886元，农作物综合机械化水平达55.26%。

【农村教育】 深化教育评价改革。坚持以教育评价改革为牵引，调动教育教学工作积极性，全面推动育人方式变革。制定完善普通高中、职业高中、初中、小学、幼儿园教育教学质量综合评价方案。

深化教研科研工作。探索五通桥区教科研实践“1234567”路径，确定了“用好新课标、打磨新课堂、践行新方式”的全年教研主题，聚焦全面提升学生核心素养，区教研室、各教育集团、各名师工作室组织开展课改主题教研活动。2023年，全区教育教学成效显著，在乐山市2023年度中小学教育质量综合评价中，区教育局获得乐山市2023年普通高中教育质量综合评估一等奖，区教育科学研究室获得小学、初中一等奖，实验小学获得小学联系学校特等奖，盐码头小学、二码头小学、震华小学获得小学联系学校一等奖，跃进小学获得联系学校二等奖，西坝小学获得非联系学校优秀学校，二码头小学获得乐山市小微特色学校，东辰外国语学校获得初中一等奖，佑君初中获得二等奖，冠英学校、金粟初中、牛华初中获得农村类学校评估一等奖，金山初中获得农村类学校评估优秀奖，冠英学校、金粟初中获得农村类学校评估提高奖。

深化集团化办学。2023年先后两次调整全区教育集团成员学校，将全区学校重新调整划入若水、知行、佑君、育英4个教育集团。各教育集团坚持“资源共享、双向互补、多元活动、绿色发展”的原则，坚持以需求和问题为导向，在学校、教师、学生三个层面分别开展集团集体备课、青年教师论坛等活动，为集团内所有教师的发展搭建成长平台，促进集团内学校深度融合、共建共享、共同进步。

深化课后服务社团建设。落实“双减”政策，缓减学生学业压力，为学生五育并举提供展示个性的平台。全区各校建立学生特色社团42个，涵盖了语方艺术、机器人、舞蹈、足球、篮球等8个科目，覆盖学校24所。依托课后服务社团建设，举办全区首届少先队鼓号队比赛、首届中小学第一课堂器乐演奏比赛，实验小学若水合唱团参加首届西部学校音乐周展演并获得中小学组二等奖，盐码头小学鼓号队参加2023年“意林杯”四川省第九届管乐展示活动并获得三等奖，实验小学若水合唱团参加“新时代·蜀少年”2023年省级展演并获得二等奖。学生参加科创类比赛取得突破性成绩，共获得国家级奖项2个（其中一等奖1个、三等奖1个），省级奖项14个（其中一等奖7个、二等奖4个、三等奖3个），市级奖项225个（其中一等奖59个、二等奖64个、三等奖102个）。

深化开放合作办学。五通桥中学

与成都七中签署合作协议，2023年秋季学期，桥中英才班与成都七中同步实行远程网课同步教学模式，执行同步学习与考试。东辰外国语学校与桥中深度合作，东辰外国语学校选派1名教师到五通桥中学任教，共享优质教辅资料等资源。

深化家校合作。5月，举办区“花开千万家·幸福五通桥”家庭教育讲座暨志愿者讲师培训会，打造“多方共建，资源共享，合力共育”模式；推进家长学校建设，各校发挥家长学校作用，通过家长会、“家长开放日”等，向阳小学组织亲情节，瓦窑沱小学开展亲子共读等活动，引导家长履行第一监护人责任，共同形成家校共育合力。

【农村文化】 按时下拨86万元中央、省资金，保障“文图”两馆、12个镇综合文化站免费开放；吸纳职工服务中心和退役军人管理事务局参与公共文化服务，新增图书馆分馆2个；完成全国公共文化示范区复核工作，常规化开展综合文化站暗访，下发整改通知书1份；制定印发《五通桥区镇级综合文化站评估定级工作总体方案(2023—2025年)》，开展2023年第一批6个综合文化站评估定级工作，预计2025年完成12个镇综合文化站的评估定级工作，以提升全区镇、村公共文化服务水平。区图书馆全年共接待读者47492人次，外借图书48440册次，接待普通参考咨询5886人次；区文化馆共计接待文化群众13320余人次。“文图”两馆微信平台全年共发布推文500余篇，关注人数达5000余人。充实图书馆云阅读平台，“书香乐山”App、超星汇雅电子书、云阅读小程序、五通桥区图书馆读秀等数字资源约130TB，实现每月新书更新推荐；完成图书馆流通人数统计设备安装，购买24小时自助借还机1台、电子报刊机及数字借阅机，注册使用人数达70000余人；推出线上活动，开展“诗词新唱·传诵经典”中秋国庆作品征集赛、“烟岚云岫　诗寄盐韵”诗词吟诵活动、“学五车　精百科”百科知识竞赛网络挑战答题、线上音乐、舞蹈培训、非物质文化遗产及民俗文化推广等线上活动19场，参与人数达1300余人。

【涉农招商引资】 全区有3000万元以上的农业招商引资重大项目1个，为内资项目。项目总投资0.47亿元；协议资金4726.03万元，完成全年任务的157.53%。

【农村社会保障】 继续开展社保精准扩面工作，采取多种形式加大对社会保险政策、业务办理流程等的宣传。2023年，全区城乡居民基本养老保险参保人数达7.67万人，征收城乡居民养老保险保费9000.24万元。全面实现社会保险各项待遇线上发放，发放城乡居民养老保险待遇5587.12万元(基础养老金3942.45万元、个人账户养老金1644.67万元)。持续巩固社保扶贫“应保尽保”成果，落实困难群体城乡居民基本养老保险费代缴政策，为参加城乡居民养老保险的低保对象、特困人员、返贫致贫人员等困难群体代缴社保费，保障低收入人员社保相关待遇，共代缴8382人，完成率127%。

【农产品质量安全监管】 对全区8个镇的农资经营单位进行监督检查，整顿农资区场12个，出动执法人员260余人次、执法车辆85辆次，检查生产经营单位300余个次，维护了全区农业行业市场秩序。协调处理农资纠纷，为农户挽回损失数万余元。配合省、区抽样，农药抽样20个、油菜9个、蔬菜3个、玉米5个、水稻9个，抽检全部合格。立案查处肥料生产含量与登记批准内容不符案1件、未按规定超前标注生产日期案1件、销售不符合农产品质量安全标准的农产品案3件，共罚款1.47万元。

【农村留守家庭(儿童、学生)帮扶】 全区有在校就读留守儿童181名。区教育与关工委以及团区委、区妇联等部门开展形式多样的关爱活动，区教育局利用六一儿童节、国庆节等节假日联合区关工委开展留守儿童慰问活动，为57名为留守儿童送去价值约15000元的牛奶、书籍、文具等慰问品。区教育局联合区关工委、妇联开展五通桥区2023年“金秋助学　圆梦行动”，向120名困难家庭儿童、留守儿童发放慰问金60000元。区教育局联合区团委开展困难家庭儿童、留守儿童“微心愿”活动，共送去生活用品、体育用品、学习用品等118份慰问品。

加强留守儿童教育关爱。关注在校留守儿童的生活、学习情况，有针对性地开展课业辅导、兴趣培养、健康课教育等关爱活动，帮助其养成良好的行为习惯和学习习惯。关注留守儿童心理健康发展，开展留守儿童心理辅导，帮助其建立自信、增强自律，培养良好的人际关系。做好留守儿童家庭教育指导，针对大部分留守儿童跟随祖辈生活，家庭缺乏对留守儿童学业上的辅导，因缺少亲情陪伴容易造成心理上的问题，学校组织教师通过留守儿童家长会、到家庭走访、电话联系等方式与家长进行沟通，对留守儿童家庭教育给予正确的指导。

【劳务开发与返乡创业】 为提高劳动力转移化输出程度，全区采取“政府+市场”的模式，成立国有劳务公司1家、村级劳务合作社16个，培育劳务经纪人126名，全区实现每村有1名以上的劳务经纪人，吸纳剩余劳动力和弱劳动力人群就近就业2万余人。全年返乡创业2人，其中袁子杰在牛华镇创办乐山市五通桥区温馨针纺织品经营部，余秤锋在竹根镇创办乐山市五通桥区一阵风建材经营部。全年脱贫劳动力创业2人，其中吴平在牛华镇创办乐山市五通桥区吴平种植场，李建仙在金山镇创办乐山市五通桥区萍鑫小吃店。

【主要领导人】 区委书记：刘勇；区人大常委会主任：王读红；区长：魏阳东；区政协主席：陶红；分管农业副区长：朱文全。

五通桥区编写组

沙 湾 区

【基本情况】 2023年，全区辖8镇1个街道，辖区面积610.89万平方千米，其中耕地面积12.2588万亩，比上年增长0.23%，人均耕地面积0.743亩；基本农田10.377万亩。年末总人口16.54万人(户籍人口)，常住人口14.1万人，其中农村常住人口10.08万人。全区耕地有效灌溉面积和保证灌溉面积分别达到耕地总面积的62.96%和61.08%；本地水资源总量4.45亿立方米。有林业用地4.2万公顷，有林地面积3.5万公顷，活立木总蓄积量316.123万立方米，森林覆盖率保持66.363%。

2023年，全区实现地区生产总值226.4亿元，增长6.6%，其中第一产业增加值21.2亿元，增长6.7%；第二产业增加值143.8亿元，增长6.8%；第三产业增加值61.4亿元，增长6.3%。三次产业对经济增长的贡献率分别为10.4%、64.1%和25.5%。全年接待游客494.27万人，实现旅游综合收入485846.99万元，其中乡村旅游收入291508万元。

公路通车里程782.201千米(其中乡村公路680.442千米)，密度1280米/平方千米、47千米/万人。社会消费品零售总额48.7亿元，增长10.8%。地方公共财政预算总收入完成10.8亿元，增长25.19%；公共财政预算总支出18.16亿元，增长30.79%，其中农业投入29100万元，占支出的16.02%。金融机构各项存款余额137.73亿元，比上年初增长16.52%；各项贷款余额102.54亿元，比年初增长6.94%，其中支持农业产业化发展项目贷款8654万元。全年农业保费收入0.04亿元，增长8.6%；处理各项赔款和给付金额414.1万元，增长23%。

有各类学校26所，在校学生15100人，教职工1165人，其中普通高中1所，在校学生1825人；职业中学1所，在校学生1272人；教师进修学校1所；普通初中7所，在校学生3371人；小学13所，在校学生6169人；公办幼儿园12所(含乡/镇学校附设幼儿园)，在园幼儿1546人；民办幼儿园12所，在园幼儿917人；全区学龄儿童入学率为100%。有艺术表演团体20个，文化馆1个，公共图书馆1个，博物馆1个。城乡居民基本医疗保险参保人数116044人，参保率98.4%；新型农村社会养老保险参保人数52168人，参保率91.3%；被征地农民养老保险参保人数1421人，占总人数的100%。

【年度农业和农村经济运行】 2023年，全区实现农业总产值30.8亿元，增长6.7%；全区全年农业增加值达21.5亿元，增长6.6%。农村居民年人均可支配收入达19625元，增长7.6%。在粮食、生猪、蔬菜生产中，科技投入的占比或科技贡献率63.1%。全区农产品质量抽检合格率比年初提高0.5个百分点。全区主要农产品产量见表1。

【农业产业化发展】 全区2022年土地流转规模经营总面积4.246万亩(数据来源：每年对土地流转规模经营情况开展统计汇总，扣除其他土地面积后的数据)，土地流转率为19.37%；2023年新增土地流转规模经营面积4967.74亩，土地流转率为21.63%，增长2.27%。培育壮大新型农业经营主体，注册登记农民专业合作社170家，涉及种养殖业等领域，其中国家级示范社2家、省级示范社10家、市级示范社6家、区级示范社30家。建成省级畜禽标准化养殖场4个、省级农业产业龙头企业3家、市级农业产业龙头企业5家、农民专业合作社170家、家庭农场287家、茶叶加工厂(坊)10家、中药材初加工厂4家。

【农村集体产权制度改革】 全区村建制调整改革后的74个村全部完成产权制

表1　2023年沙湾区主要农产品产量

主要农产品	单位	产量	同比增减(%)
粮食	万吨	5.25890	2.98
水稻	万吨	2.65600	5.39
玉米	万吨	1.69620	3.46
马铃薯	万吨	0.36490	-10.20
油菜籽	万吨	0.26540	5.40
蔬菜	万吨	9.11370	0.90
水果	万吨	0.30320	5.60
肉类	万吨	1.31100	1.10
猪肉	万吨	0.84520	0.50
牛肉	万吨	0.01758	0.40
羊肉	万吨	0.01260	-2.50
禽肉	万吨	0.42140	2.70
兔肉	万吨	0.01420	-6.60
禽蛋	万吨	0.53250	6.00
水产品	万吨	0.14010	4.90

度改革工作。依托乡(镇)行政区划和村级建制调整改革"后半篇"文章,创新发展新型农村集体经济,深化农村土地制度改革,探索建立土地流转、土地入股等利益链接机制,用活用好城乡建设用地增减挂钩,设施农用地、高标准农田治理等政策,推动资源变资产、资金变股金、农民变股民"三变"改革,让农民从资源资产中获得更多实惠。完成农村集体产权制度改革任务,成立76个村级集体经济组织(其中2个社区),已全面完成76个村登记赋码工作,核实集体经济组织成员128481人,股份量化完成率达100%。清理核实村组资产4.85亿元,其中经营性资产6297.57万元、非经营性资产42296.5万元。加强农村"三资"监管平台建设,组建区级农村财务审核记账中心,规范村集体经济组织财务管理,形成全区农村"三资"管理新模式。加强对村(社区)集体经济组织的"三资"监督管理,提升全区村集体经济组织发展水平。

【农产品品牌战略实施】 围绕中药材和生猪发展优势,农业品牌建设取得进展,企业的品牌意识不断提升,影响力、竞争力不断增强。以建设省级中药材现代农业园区为契机,注册商标319个,认证"三品一标"农产品8个,其中获证有机产品6个、全国名特优新农产品2个;建设品牌基地3万余亩。范店黄连创建为国家地理标志集体商标,川佛手被评为乐山十大道地中药材之一,川佛手和柔毛淫羊藿有序创建国家地理标志集体商标,"沙湾鲜鸡蛋""沙湾区淫羊藿"申报为全国名特优新农产品,通过旅博会、西博会等大型博览会多次宣传全区农产品。

【现代农业园区建设】 坚持园区引领优产业,区农业农村局、铜河农业、太平镇协同推进,提升"万亩药",推广"粮下地、药上山、不与粮争地"模式,分别巩固川佛手和柔毛淫羊藿种植基地2.3万亩和5000亩,投资3亿元新建中药材加工园区,与五粮液集团合作推出川佛手系列养生酒,沙湾区中药材现代农业园区创建为省五星级园区。区农业农村局、铜河农业、嘉农镇、踏水镇等部门联动打造"万亩稻",整治撂荒地及低效地2000余亩,兑现种粮大户等粮食补贴1400万元,鼓励种植大户建成大豆玉米带状复合种植、粮药套种间种、林下种养循环面积1.2万亩。相关经验材料《四川省乐山市沙湾区探索利用荒山荒坡发展现代特色农业新模式》被农业农村部发展规划司《发展规划工作动态》19期采用。沙湾区嘉农粮蔬现代农业园区创建为市级现代农业园区,长宏中药材种植专业合作社被评为国家农民合作社示范社。

【种植业】 全年粮食作物播种面积14.87万亩,其中水稻播种面积5.293万亩、玉米播种面积5.08万亩、豆类播种面积2.293万亩、薯类播种面积2.21万亩。全区茶园种植总面积稳定在5万亩,其中安吉白茶、黄金茶等特色品种面积4万亩。全年干毛茶总产量0.22万吨,干毛茶总产值1.97亿元,实现综合产值2.7亿元。全区蔬菜种植面积3.3万亩,产量7.4万吨,实现总产值1.9亿元。水果种植面积1.16万亩,产量1.06万吨,实现产值0.68亿元。水果种植种类主要有柑橘、李子、桃子、猕猴桃等,其中柑橘面积0.52万亩(晚熟柑橘面积0.28万亩),产量0.52万吨,实现产值0.26亿元。全区植物类中药材在地面积5.9万亩(不含"三木"药材1.1万亩),产量0.8万吨(折干),实现综合产值3.6亿元,其中川佛手和柔毛淫羊藿种植面积位居全国第一。

【畜牧业】 全年生猪存栏71180头,其中能繁母猪存栏6060头;生猪出栏116741头。牛存栏2343头,出栏1316头。羊存栏4852只,出栏8109只。家禽存栏993571羽,出栏2778124羽。

【水产业】 全年水产品产量1401吨,实现渔业经济总产值2776万元。池塘养殖面积46公顷,稻田养殖面积309公顷。全区有渔业户26户、规模养殖场1个。全区水产品主要养殖有"四大家鱼"(青鱼、草鱼、鲢鱼、鳙鱼)、鲤鱼、鲫鱼、鲶鱼、鮰鱼、黄颡鱼、鲈鱼、克氏原螯虾等10余个品种。

【乡村振兴】 坚持产业提质促升级,保障粮食安全和重要农产品有效供给,助力建设更高水平"天府粮仓"。落实"菜篮子"工程,招引金咯咯50万羽蛋鸡项目落户。完成2022年新建高标准农田任务2000亩,改造提升2023年高标准农田6000亩,粮食、生猪、大豆等均完成省、市下达生产任务。推广低碳农业模式,建设粮蔬科技智能大棚、育秧育苗中心150亩,建成连片粮蔬基地2.1万亩。与福华高科等科技企业开展"北稻南移节水抗旱丰产粳稻种植试验",试种推广"竹稻1号""中植旱香1、2号"等5个产量高、抗性强、成本低的新品种,建成全省首个节水抗旱丰产粳稻种植基地。坚持固本强基优环境,突出"三清两改一提升",纵深推进村庄清洁行动,解决村庄环境"脏乱差"问题。完成新(改)建无害化卫生厕所596户,完成"千村示范工程"项目3个,实现农村生活垃圾收转运处置体系行政村全覆盖。调整完善各级河(湖)长572名,落实各级林长239名,完成大渡河左岸葫芦防洪工程等水利项目并验收。持续改善农村生产生活条件,在全市率先实现寄递物流站点全覆盖,新(改)建农村公路43千米,通客车率100%,4G网络覆盖率100%,农村自来水普及率92%。建成"美丽四川·宜居乡村"达标村43个、"水美新村"12个。沙湾区创建为省级"金通工程"样板县和省级竹产业示范基地。坚持以"四个优先"夯实沙湾"三农"工作基本盘,在干部配备上优先考虑,镇级"一办一站一中心"实现全覆盖并满编运行,村级党组织书记大专及以上学历达100%;在要素配置上优先满足,安排8%的新增建设用地指标,保障乡村重点产业发展和项目用地；在财政资金上优先保障，一般公共预算中乡村振兴财政支出的占比达14.44%，同比增长0.69%；在公共服务上优先安排，推进水、电、气、路、讯等72个基础设施项目和19项民生实事项目建设，提升教育、医疗、文体、养老等公共服务供给质量。沙湾区在2023年全市乡村振兴发展拉练中排名类区县第一。踏水镇公坪村、福禄镇燕子坎村被省委、省政府评为2023年度省级乡村振兴示范村。

【农村水利】 实施乐山市沙湾区沫溪河太平镇马胡埂村上游段防洪治理工程，项目总投资2019.16万元，主要建设内容为综合治理河长4.5千米，新建堤防2.46千米，配套建设堤顶防洪通道，项目于10月20日开工建设，2023年完成工程量的80%，项目建成后将保护沿线居民400余人，保护耕地630余亩。

【农业机械化】 全区农业机械拥有量达4.5635万台（套），农村机电提灌站120座，农机总动力达21.46万千瓦。农作物（小麦、水稻、玉米、油菜）耕种收综合机械化率达51.93%。

【农村科技】 依托科技特派团、科普活动等，加强农业科技支撑，推动农业科技进步，助力乡村振兴。依托省、市农业科技进步贡献率统计体系推动农业科技进步贡献率显著提升；签订合作协议2份，推动建设农业科技示范基地3处；组建科技特派团12人并签订科技服务协议，开展相关技术培训9场次364人次、技术指导35场89人次；组织开展科普活动10次，发放宣传资料1000余份；开展当家品种培育推广，推广主导品种5类14个，主导品种覆盖率达90%以上。建设智慧农业设施100亩。出台《沙湾区2023年省四星级中药材现代农业园区建设项目实施方案》《2023年度沙湾区乡村振兴先进市激励奖补资金设施农业示范项目实施方案》，开展“四新五良”应用56项。

【农村教育】 全区共有农村学校（幼儿园）31所，其中小学12所、初中5所；在校学生3535人，其中小学2215人、初中1320人。乡（镇）幼儿园14所，其中公办幼儿园10所、民办幼儿园4所，在园幼儿831人。按照《沙湾区教育事业“十四五”发展规划》推进学校布局，撤销九年一贯制学校1所，调整九年一贯制学校为纯小学3所。2023年，累计投资近300万元，完成福禄镇中心幼儿园综合楼改造、嘉农一中学生宿舍改造和福禄镇中小学教学楼维修改造，农村学校办学条件有了很大改观。抓实教育改革，教育质量稳中有升，学前教育“8050”指标全面完成，中小学教学质量连续多年位列全市前列，踏水镇初级中学、踏水镇中心校连续多年获得乐山市教学质量综合评估一等奖。抓实控辍保学“七长责任制”，通过与学校、教师、家长等多方签订《控辍保学责任书》，以及及时劝返、动态清零，做好重度残疾儿童“送教上门”，做好家庭经济困难学生资助工作等多项措施，保障适龄儿童接受义务教育的权利，实现农村义务教育阶段适龄儿童入学率达100%。

【农村文化】 开展非物质文化遗产挖掘、保护、传承、展示，推动非遗创造性转化、创新性发展。2023年，申报区级非遗代表性项目和代表性传承人，新增区级非遗代表性项目3个，新认定市级非遗代表性传承人2人、区级非遗代表性传承人9人。做好农村文物保护，利用高清摄像头对各文物点进行网络实时监控，兼具特殊情况报警、回播录像等功能，以“互联网+”的方式加强田野文物防范力度。做好田野文物“四有”工作，完成2023年县级及以上文物保护单位文物安全责任清单公告公示牌更新。抓好公共文化服务，加快构建现代公共文化服务体系，优化提升乡（镇）文化站、村级文化室、村级广播室效能，通过国家公共文化服务体系示范区创新发展复核验收。开展乡（镇、街道）综合文化站（中心）评估定级第一批次（铜河街道、嘉农镇、牛石镇、葫芦镇、福禄镇）申报工作，实现以评促改、以评促建、以评促效能提升，助推国家公共文化服务体系示范区创新发展，保障群众基本文化权益。加强区综合文化站在基层公共文化服务体系中的主体作用，持续推动公共文化服务设施“补短板”“提品质”工程纵深发展。开展“沫若艺苑”“沫若大舞台”“沫若大讲堂”“三下乡”等活动，丰富农村地区群众文化生活。

【农村法制建设】 开展“美好生活·民法典相伴”主题宣传进村（社区）活动，发放《中华人民共和国民法典》、《婚姻家庭实用法律常识》、《法律援助知识读本》、“法治围裙”等普法宣传资料500余份，现场解答法律咨询7个，提高干部群众的法治意识。开展《中华人民共和国宪法》宣传，由区委依法治区办、区委宣传部、区文明实践中心、区司法局、嘉农镇联合承办的2023年沙湾区“宪法宣传周”集中宣传活动在嘉农镇举行，区委国安办、区公安分局、区法院、区检察院、区税务局等27个重点执法司法单位参加现场宣传活动。踏水镇人民调解委员会被司法部评为“全国模范人民调解委员会”，沙湾区踏水镇柏林村创建为第一批省级民主法治示范村，福禄镇平原村创建为第二批省级民主法治示范村，福禄司法所、踏水司法所、嘉农司法所、沙湾司法所被命名为第一批市级“枫桥式司法所”。

【农村交通】 全年完成村组公路建设43千米，其中完成撤并村连接道路项目13个，里程31千米；完成较大人口自然村道路（通组路）建设项目18个，里程12千米，完成总投资2300万元。

【农村生态建设及环境保护】 沙湾区农村生活污水治理“千村示范工程”总投资163.32万元，上级专项资金为144万元，主要建设内容为在福禄镇干坝子村4组、踏水镇铁寨村3组2个聚居点各修建1套处理工艺为“无动力厌氧+人工湿地处理”的污水处理设施，完成福禄镇干坝子村、踏水镇铁寨村、凉水村3个村共241户(723人)散户生活污水治理(处理工艺为三格化粪池/沼气池+隔油池+人工湿地)，总受益人口263户787人。2023年，全区农村生活污水有效治理率达71.62%。对大渡河、沫溪河、生态河等6条流域入河排污口进行排查整治，共排查出排污口500余个。对全区7个乡(镇)集中式饮用水水源地开展每半年一次的水质监测，经监测表明，水质达标率为100%。

【农产品质量安全监管】 完成全区2023年度农产品质量安全监测工作，全年省级农产品质量安全例行监测合格率达100%。制定《乐山市沙湾区农业农村局关于开展2023年农产品质量安全监测工作的通知》(以下简称《通知》，按照《通知》要求，完成188批次区级定量监测，包括例行监测和监督抽查，其中例行监测138批次、监督抽查50批次。完成豇豆攻坚治理目标任务且监测合格率达90%以上(含)，查办涉及违法违规使用禁限用药物和常规药物残留超标问题食用农产品质量安全案件2件及查处豇豆上使用禁用农药案件并按照规定移交。

【农村留守儿童帮扶】 全区有农村留守儿童1118人，其中小学739人、初中379人。全区各校结合本校实际，通过“留守儿童之家”、农家书屋等开展集体过生日、读书活动、走访慰问、召开座谈会等形式关心关爱留守儿童，促进留守儿童身心健康成长。

【特色农副产品】 川佛手。川佛手为芸香科植物佛手的干燥果实，是芸香科柑橘属香橼的变种，喜光喜温暖，不耐寒。川佛手是种植于云贵渝一带特定自然环境下的地方品种，是四川省86种川产道地中药材之一。其根、茎、叶、花、果均可入药，主要功效为理气化痰、止呕消胀、舒肝健脾、和胃等，川佛手干片是中医临床上常用的一味大宗药材。川佛手的叶、花、果可开发下游衍生产品，如川佛手保健酒、川佛手茶、川佛手纯露、川佛手精油等。

柔毛淫羊藿。淫羊藿是川产道地中药材，有40余个品种，其中柔毛淫羊藿药用价值最高。常散生于海拔500～2000米的林下、灌丛中、山坡地边或山沟阴湿处。柔毛淫羊藿以茎叶入药，主要含淫羊藿苷、挥发油成分，具有镇咳、祛痰、平喘、降压、祛风除湿、抗炎作用；有补肾壮阳功效，促进性腺功能。主治阳痿不举、小便淋沥、筋骨挛急、半身不遂、腰膝无力、风湿痹痛、四肢不仁等。最新研究表明，柔毛淫羊藿还有抗癌治癌作用。

【劳务开发与返乡创业】 在全区范围内征集高校毕业生、脱贫劳动力等重点群体创业情况，摸排符合政策申报的创业对象，逐一上门核实、指导申报创业惠民政策，共服务指导重点群体89人次；开展“蜀创优品”四川农民工返乡创业成果线上展销活动申报工作，帮助2家企业在“天府云商”平台开店营业。邀请创业导师对轸溪蚕谷桃源、嘉农盐溪口村柠香百果园进行创业巡诊，提供专业的经营策略咨询和优秀项目资源推荐；为创业成功的返乡农民工等群体兑现一次性创业补贴13人13万元，帮助45名创业者申请贷款资金2299.4万元、1家小微企业申请贷款300万元；在全区范围内广泛开展评选工作，共评选出创业明星7名，并发放奖励物资合计0.56万元。创建沙湾区“沫水名湾·情暖农工”系列行动服务品牌，组织开展企业职工座谈会和返乡农民工坝坝会4场，发放各类慰问物资2000余份、就业宣传资料3000余份；到村组慰问优秀及困难农民工代表18名，向新疆、江苏、成都等地未返乡农民工邮寄本地特产300余份；利用电信“望乡”平台，为未返乡的农民工提供视频、语音、监控等服务；利用电信“云喇叭”点对点为返乡农民工推送贺新春等语音电话3000条；组织专车护送40名农民工安全返岗。逐步完善国有劳务经纪公司、农村劳务合作社、农村劳务经纪人三级劳务体系，为农村劳动力转移就业提供多级服务，全区已建立国有劳务公司1家，注册劳务合作社8家，收集上报劳务经纪人2人，指导金昱农村劳务合作社申报为省级明星劳合社，实现农村劳动力转移就业5.71万人。

【主要领导人】 区委书记：徐岳泉；区人大常委会主任：李勇；区长：汪秀丽；区政协主席：陈为波；分管农业副区长：李诚宇(9月止)，李乐(10月始)。

沙湾区编写组

金口河区

【基本情况】 2023年，全区辖3乡2镇，辖区面积598平方千米，其中耕地面积3.8094万亩，比上年增长0.0052%，人均耕地面积1.1亩；基本农田1.7807万亩。年末总人口4.6935万人(户籍人口)，增长4.602%；人口出生率5.896‰，减少0.382个千分点；人口自然增长率0.83‰，增加2.77个千分点。全区耕地有效灌溉面积和保证灌溉面积分别达到耕地总面积的41%和30%；本地水资源总量5.76亿立方米，人均占有水资源量15171立方米。有林业用地5.32万公顷，有林地面积3.96万公顷，活立木总蓄积量168万立方米，森林覆盖率66.18%。

2023年，全区实现地区生产总值384672万元，增长4.3%，其中第一产业增加值53158万元，增长3.1%；第二产业增加值185990万元，增长2.8%(工业增加值177099万元，增长2.4%)；第三产业增加值145524万元，增长7%。三次产业对经济增长的贡献率分别为10.9%、30.7%和58.5%。全年接待游客132.11万人，实现旅游收入43789.69万元，其中乡村旅游收入21058.84万元。

公路通车里程463.807千米，密度0.83米/平方千米、115.95千米/万人。社会消费品零售总额8.9112亿元，增长10.6%。地方公共财政预算总收入完成3.61亿元，增长24%；公共财政预算总支出10.14亿元，增长21.85%，其中农业投入28125万元，占支出的27.72%。金融机构各项存款余额37.06亿元，比上年初增长6.78%；各项贷款余额22.02亿元，比年初减少23.41%，其中支持农业产业化发展项目贷款22028万元。全年农业保费收入0.0525亿元，减少1.62%；处理各项赔款和给付金额281.66万元，减少22.69%。完成农业产业化项目13个，完成投资10664万元。

有各类学校27所，在校学生5033人，教职工645人，其中普通小学9所，在校学生2472人；普通中学1所，在校学生1477人；完全中学1所，在校学生1057人；高中在校学生420人；幼儿园32所，在园幼儿1084人（其中民办幼儿园297人、城区公办幼儿园547人、乡村幼儿园213人）；学龄儿童入学率100%，九年义务教育完成率100%。

有文化馆1个，公共图书馆1个，博物馆1个。有卫生机构46个，病床位174张，卫生技术人员309人。城乡居民基本医疗保险参保人数30243人，参保率98%；城乡居民基本养老保险参保人数15321人，参保率93.15%；被征地农民养老保险参保人数4人，占总人数的100%。

【年度农业和农村经济运行】 2023年，全区印发《2023年农民增收工作方案》《乐山市金口河区2023年度“家庭奋进计划”实施方案》《乐山市金口河区进一步健全完善帮扶项目联农带农机制实施细则》等农业稳增长政策。实现农业总产值7.24亿元，增长5.8%；全区全年农业增加值达5.3621亿元，增长3.1%。农民年人均可支配收入达19351元，增长8.1%。在粮食、生猪、蔬菜生产中，科技投入的占比或科技贡献率80%。全区农产品质量抽检合格率98.2%；建成5个基层农业综合服务站。全区主要农产品产量见表1。

【农业产业化发展】 全区累计登记注册涉农企业60家，其中省级2家、市级7家。累计培育农民专业合作社247家，其中国家级示范社2家、省级示范社10家、市级示范社10家。

【农村土地流转】 制定印发《乐山市金口河区工商资本通过流转取得农村土地经营权的资格审查、项目审核和风险防范实施细则（试行）》，规范农村土地经营权流转，全区完成3宗农村土地经营权流转，面积857.11亩，土地规模经营率为9.12%，同比提高1.53%，超额完成乡村振兴实绩考核目标。

【农村集体产权制度改革】 全区赋码登记26个村级集体经济组织，全年实现经营性收入327.8万元，村均收入12.6万元，其中收入1万～5万元的村有6个、5万～10万元的村有6个、10万～20万元的村有9个、20万元以上的村有5个。

【供销合作社改革】 全区供销组织体系不断健全，基层社建设实现乡（镇）全覆盖，基层社农民社员达1500余人。全面整合供销社综合改革资金10.5万元，建成共安彝族乡供销社、金口河区瑞才供销合作社（社区），升级改造众鑫专业合作社联合社、滨河路社区爱心超市。联合永胜乡供销社开展农业技术和家庭能人技术培训，完成茶叶种植实用技术培训52人次。打造“金口金品”品牌。依托东西协作平台，与浙江省绍兴市上虞区供销社开展交流学习，对接市供销农业科技发展有限公司推销高山蔬菜、菊

表1 2023年金口河区主要农产品产量

主要农产品	单位	产量	同比增减(%)
粮食	万吨	2.0745	1.90
水稻	万吨	0.0290	634.60
小麦	万吨	0.0078	2.50
玉米	万吨	0.8524	3.90
马铃薯	万吨	0.8862	0.49
油菜籽	万吨	0.0277	8.20
蔬菜	万吨	1.2355	2.70
水果	万吨	0.1265	3.30
肉类	万吨	0.3662	0.55
猪肉	万吨	0.3063	0.30
牛肉	万吨	0.0200	0.70
羊肉	万吨	0.0093	1.70
禽肉	万吨	0.0293	–0.80
兔肉	万吨	0.0004	33.33
禽蛋	万吨	0.1710	0.94
水产品	万吨	0.0074	4.20

花、乌天麻等农产品，供销系统全年实现农产品销售额200余万元。

【农产品品牌战略实施】 金口河区与中国经济林协会共建“中国黄柏之乡”，获得“中国黄柏之乡”称号。金口河乌天麻、金口河川牛膝、金口河老鹰茶、金口河金丝皇菊入选全国名特优新农产品名录。结球甘蓝（莲花白）、辣椒、萝卜、大白菜、抱子芥（娃娃菜）5个农产品获得有机转换认证。金口河川牛膝入选首批农耕农品记忆索引名录。加大“金口金品”农产品区域公用品牌影响力和品牌价值宣传力度，组织参加第四届国际（乐山）绿茶大会暨第五届中国茶乡峨眉山国际茶文化博览交易会、西博会；组织农产品到浙江省绍兴市上虞区参展，组织参加农民丰收节、农博会。累计参展人数100人次，线上线下销售额共计50万元左右。对接浙江省绍兴市上虞区开展消费帮扶，采购全区特色优势农产品价值150万元。

【现代农业园区建设】 全年围绕道地中药材、高山果蔬两大主导产业，突出粮食安全导向，整合资金约1.13亿元，新培育市级现代农业园区1个（金口河区胜利老鹰茶+大豆现代农业园区），认定县级现代农业园区2个（金口河区共安核桃+大豆现代农业园区、金口河区和平彝族乡迎春村种粮现代农业园区）。永和镇获评“2023年度乐山市特色产业十亿元镇”。

【种植业】 全区农作物播种面积10.455万亩。粮食作物播种面积7.92万亩，其中谷物类播种面积3.3401万亩、豆类播种面积0.3084万亩、折粮薯类4.2715万亩；油料作物播种面积0.2752万亩，其中油菜0.1416万亩、花生0.136万亩；蔬菜及食用菌种植面积1.0403万亩，中草药材种植面积1.2095万亩。全年粮食总产量20745吨，其中谷物类产量8892吨、豆类产量357吨、折粮薯类产量11496吨；油料产量277吨，其中油菜126吨、花生151吨；蔬菜及食用菌产量12355吨；中草药材产量4171吨。有茶园总面积1.0098万亩，实际投产面积0.81万亩，毛茶产量145吨，实现产值1421万元；有主要茶生产企业4家、专业合作社2家。

【林业】 全年完成营造林2.1万亩。加强全区林业有害生物防治工作，完成全区2023年度松材线虫秋季普查工作。健全“村村联保社区共建”机制，开展野生动植物保护宣传和动态监控，救助野生动物6只。完成2022年度森林督查违法破坏森林资源案件查处、整改工作。全年兑现退耕还林补助资金52万元、护林员工资152.73万元，兑现非国有公益林生态效益补偿资金387.87万元和非国有天然林停伐管护补助资金99.54万元。

【养殖业】 全年出栏肉猪4.18万头，年末生猪存栏2.7万头，生猪标准化养殖场保有量达12个。全年肉类总产量3662吨，其中猪肉产量3062.8吨、牛肉产量200.2吨、羊肉产量93.3吨、禽肉产量292.7吨。禽蛋产量1710吨。全年畜牧业总产值达2.0154亿元。全区水域养殖面积50公顷，水产品产量74吨，实现产值244.66万元。

【乡村振兴】 实施农村“厕所革命”，累计新（改）建农村户厕10232户，农村户用卫生厕所普及率达92.4%。学习运用浙江“千万工程”经验，落实“五清”三项工作10条硬措施，农村生活垃圾无害化处理率、收运处置体系覆盖率均达100%，农村污水有效治理率达76%，“美丽四川·宜居乡村”达标村占比达92%。金口河区被评为全省乡村振兴重点帮扶优秀区，永和镇新乐村被评为省级乡村振兴示范村；永和镇被评为市级乡村振兴示范乡镇，共安彝族乡新河村被评为市级乡村振兴示范村。

【乡村旅游】 加强文旅人才培育，组织2批20余人次到浙江省绍兴市上虞区考察学习，组织2期70余人次开展乡村旅游服务人才培训，助推全区文旅产业高质量发展。全新打造金口大峡谷景区和铁道兵博物馆讲解词，培养壮大红色讲解员队伍，新招录铁道兵博物馆红色讲解员4名，讲解队伍扩大至6人；组织铁道兵博物馆讲解员参加四川省第四届红色故事讲解员大赛，获得“优秀讲解员”称号。发展乡村经济，大渡河金口大峡谷景区和大瓦山片区共发展餐饮、住宿商户95家，其中4家已单独入库。壮大本土文旅企业，由金旅公司作为景区统一结算平台公司，筛选10家商户进行统一结算试点。新增一山半舍、瓦山云台、瓦吉瓦3家特色民宿，推动成立大瓦山湿地旅游片区民宿联盟，规范民宿行业，壮大民宿队伍，打响大瓦山湿地旅游片区民宿品牌。

【农村水利】 启动凉河坝水库项目相关工作。完成永和镇新乐村提灌站建设项目开工准备工作，并已进场开工建设。因近两年极端天气频发、多发，通过印发文件通知各乡（镇）加强对全区农村水利基础设施的管护，确保农业生产用水，保障粮食安全。

【农业机械化】 全年发放农机购置补贴资金1.8769万元，购置各类农机具7台（套），受益农户6户，新增农机总动力71千瓦，主要农作物耕种收综合机械化水平达36.5%。开展农业机械安全检查，加强变型拖拉机安全管理，全区无重大农机事故发生。

【农村科技】 全年投资1373万元，建设占地1800平方米的同心蔬菜园区智慧育苗中心和吉星黄柏园区智慧育种温室。搭建智慧农业大数据平台，配套建设水肥一体化设施和气象、苗情、虫情、药情“四情”监测站，通过园区数智集成系统对农作物灌溉、除虫等进行智能化、自动化管理。搭建“政采云”线上平台，销售老鹰茶、乌天麻、金丝皇菊、绿壳鸡蛋、腊肉香肠、蓝莓等40个金口河区农特产品，年销售额150万余元。

【农村文化】 做好国家公共文化示范区创新发展工作，提高公共文化阵地和公共文化配备设施的使用率，全年“三馆一站”到馆人数达1万余人次。区图书馆被评估定级为全国三级图书馆。创建“云上瓦山”文化乡村行品牌，开展“送文化（戏曲）下乡”“虞金文化走亲”等线上线下主题活动30余场次，活动参与人数近1万余人次。编创《万疆》《美丽中国》《七月火把节》《五清行动就是好》等节目并在全区推广，获得好评。虞金联创歌曲《全家福》登上绍兴、乐山“春晚”舞台。定期举办书香金口河·阅读伴我行等阅读活动，参与人数1000余人次。

加大非遗项目挖掘保护与传承。有序推进小凉山生态文化示范区创建。完成4项县级非遗项目、2名市级非遗传承人申报，认定县级非遗传承人4名、县级非遗工坊1家，1名非遗传承人当选金口河区首届瓦山工匠，1名非遗传承人入围全省100名文化能人，金口河区老鹰茶制作技艺体验基地入选第八届中国成都国际非遗节体验基地名单。开展“红薯麻糖传统制作技艺”“老鹰茶传统制作技艺”等非遗传承培训2期，参训人数100余人次。

【农村卫生】 全区有乡村医生39人，均已取得乡村医生证，其中有11人取得执业（助理）医师职称。全年选派2名民族地区骨干人员、4名基层人员到上级单位参加基层医疗机构医疗设备培训（急诊急救）。全区“优质服务基层行”系统内达到基本标准的机构占比100%。印发《乐山市金口河区县域巡回医疗和派驻服务的工作方案》，并有序推进方案实施。

【农村法制建设】 持续推进实施“法律明白人”培育工程，培育以村“两委”干部、人民调解员、法律服务工作者、“五老”人员为重点的“法律明白人”队伍，整合社会力量共同携手解决疑难事，激发群众参与基层法治实践的内生动力。组织全区25个村、5个社区共120人参加“法律明白人”培训，打造一支“看得懂法律、讲得出政策、用得通法规”的基层普法依法治理工作队伍。落实“八五”普法规划，坚持从群众最关心的问题出发，从不同普法重点对象的个体需求出发，开展精准普法，普法小分队将“法言法语”转化为“乡音土话”，将普法宣传融入农业农村管理、公共服务、监督执法的全过程。利用“12·4”国家宪法日、“民法典宣传月”、农民丰收节等时间节点，开展“送法下乡”“法律进家庭”“普法基层行”等普法惠民活动10余场，受众5000余人。依托“一村一法律顾问”，为村民提供法律咨询服务，开展法治宣传以及参与矛盾纠纷化解工作，全年调处农村土地征用、土地确权、工程承包、婚姻家庭等复杂矛盾纠纷391起，调解成功率100%。加大对农村留守儿童、空巢老人、残疾人、农民工、低保户等特殊群体的维权工作力度，对部分行动不便的残疾人和老年人开展“预约服务”和“上门服务”，提供“上门服务”2次，为1名老年人和1名残疾人提供法律援助服务；简化援助申请手续，保证弱势群体得到及时、有力、高效的法律援助，为经济困难群众提供法律援助4件；受理农民工讨薪维权案件6件，涉及农民工18人次，挽回经济损失30余万元。

【农村公路】 全区境内县道四级路124.817千米（其中沥青混凝土91.488千米、混凝土33.329千米），路面宽约4.5～6.5米；乡道四级路76.606千米（其中沥青混凝土4.337千米、混凝土72.269千米），路面宽约4.5～6.5米；村道四级路234.695千米（其中沥青混凝土19.674千米、混凝土215.021千米），路面宽约4.5米，共计436.118千米。完成全区25个村60千米村道生命安全防护工程（护栏）建设，完成顺河村、同心村沥青路面4.5千米铺设。落实农村公路养护任务，加大养护成效，根据《农村公路管理办法》要求，将436.118千米农村公路中县道由公路中心负责养护，乡村道路由乡（镇）、村养护，根据不同公路等级和交通量的需求，采取不同的养护措施。

【涉农招商引资】 全区有3000万元以上的农业招商引资重大项目2个，均为内资项目，同比增长100%；项目总投资1.1亿元，比上年增长100%。协议资金11000万元，增长100%，完成全年任务的110%；到位资金11000万元，增长100%，完成年度目标任务的110%。

【农村生态建设及环境保护】 全区25个行政村中生活污水得到有效处理的行政村19个，占比76%。实施2023年金口河区农村生活污水治理“千村示范工程”项目，完成解放村、林丰村生活污水治理，人居环境得到改善，农村生活污水治理设施长效管护机制不断健全。

【农产品质量安全监管】 健全农产品质量安全体系，省级农产品质量安全例行监测合格率100%。完成区级农产品抽样109批次，定量检测合格率达98.2%；乡（镇）定性检测1500个，合格率100%；胶体金检测80个，合格率100%。开具承诺达标合格证12758张，附带产品3548.51吨。

【农村留守儿童（学生）帮扶】 全区共有农村留守学生139人，其中小学56人、初中76人、高中7人。成立领导小组，统筹全区农村留守儿童工作，建立农村留守学生联系制度，学校根据校内农村留守儿童人数，安排老师联系留守学生，将平时电话联系与适时家访相结合，加强留守学生管理。组织留守学生参加学校田径运动会、乒乓球比赛，对有异常的学生开展心理辅导等，加强师生之间的感情交流，增进其与同学之间的友谊，促进集体荣誉感的形成。六一儿童节期间，对全区100名单亲、留守贫困儿童进行走访慰问，并发放慰问品。

【劳务开发与返乡创业】 全年开展劳务品牌培训4期102人，发放脱贫劳动力创业补贴4人4万元，发放高校毕业生创业补贴1人1万元，为28人发放创业担保贷款587万元。

【涉农节会会展】 全年举办或组织参

加农产品展销6次。其中，6月16日—18日组织10家企业参加国际绿茶博览会展销；9月22日，组织10家企业参加乐山市市民丰收节展销；9月22日—24日，组织10家企业参加重庆西部农交会展销；9月24日，举办金口河区农民丰收节，组织10家企业参加展销；10月10日，组织10余家企业参加全市乡村振兴发展拉练展销；10月27日—30日，组织7家企业参加四川省农业博览会展销。全区主要推介农产品分别为全国名特优新农产品川牛膝、乌天麻、老鹰茶、金丝皇菊和支柱农业产业黄柏、蓝莓、高山云雾茶等。

【主要领导人】 区委书记：魏端；区人大常委会主任：陈新；区长：安沛然；区政协主席：黄国兵；分管农业副区长：谭超。

金口河区编写组

峨眉山市

【基本情况】 2023年，全市辖1乡10镇2个街道，辖区面积1181.15平方千米，其中基本农田20.06万亩。年末全市总户数15.6163万户，户籍人口42.0101万人，同比减少874人。出生人数2087人，死亡人数2193人，人口自然增长率-0.3‰。耕地有效灌溉面积1.89万公顷，实际耕地灌溉面积1.23万公顷。有林业用地8.1254万公顷，有林地面积6.518万公顷，活立木总蓄积量769.3143万立方米，森林覆盖率61.4%。

2023年，全市实现地区生产总值402.8亿元，增长6.9%，其中第一产业增加值36.38亿元，增长4.5%；第二产业增加值107.3亿元，减少1.3%（规上工业产值246.68亿元，减少16.1%）；第三产业增加值259.12亿元，增长11.2%。三次产业对经济增长的贡献率分别为6.9%、-5.3%和98.4%。从业人员23.52万人。全年接待游客2198.65万人，实现旅游收入3978466.62万元，其中乡村旅游收入92300万元。

公路通车里程1820千米(其中乡村公路1256千米)，密度1538米/平方千米、43千米/万人。社会消费品零售总额176.97亿元，增长10.3%。地方公共财政预算总收入完成23.16亿元，增长5%；公共财政预算总支出39.65亿元，增长23.2%，其中农业投入49841万元，占支出的12.57%。金融机构各项存款余额557.18亿元，比上年初增长13.8%；各项贷款余额397.16亿元，比年初增长17.5%，其中支持农业产业化发展项目贷款262.06万元。全年农业保费收入584.92万元，增长8.07%；处理各项赔款和给付金额609.78万元，增长35.17%。农业产业化龙头企业国家级、省级、市级分别为1家、6家、17家。

有各类学校36所，在校学生41623人，教职工2556人，其中小学21所，在校学生22461人（含特殊教育学校学生50人）；初中9所，在校学生10106人；普通高中4所，在校学生6623人；中等职业学校2所，在校学生2433人。学龄儿童入学率100%。完成省级以上科技成果2项。有艺术表演团体2个，文化馆1个，公共图书馆1个，博物馆1个。有卫生机构356个，其中医院13个、卫生院11个、诊所121个、村卫生室192个，128个行政村均配置有标准村卫生室；病床位3278张；卫生技术人员2972人。城乡居民基本医疗保险参保人数282091人，参保率97.08%；城乡居民基本养老保险参保人数110039人，参保率96%；农村居民最低生活保障人数7430人。

【年度农业和农村经济运行】 2023年，全市实现农业总产值34.2014亿元，增长6.9%。农民年人均可支配收入增长7.7%，超全省平均水平0.7个百分点。全市农产品质量抽检合格率达98.9%；建成13个基层农业综合服务站。全年水产品养殖面积185公顷，水产品产量0.17万吨。全市主要农产品产量见表1。

【农业产业化发展及村集体经济发展】 编制《峨眉山市“十四五”推进农业农村现代化规划》《峨眉山市双福峨眉山茶片区农业现代化建设专项规划》等3个乡（镇）级片区农业现代化专项规划，有序推进现代农业发展。全年改造提升茶叶基地1万亩、蔬菜基地0.7万亩、中药材基地0.1万亩。引进春禾（广东）现代农业集团有限公司实施四川峨眉智慧农业产业集群（一期）项目，建设面积约29万平方米的智慧农业5.0工厂。接续完成2022年绥山镇2000亩高标准农田项目，新开工建设5000亩。改造提灌站27座，有效改善农业灌溉面积1.2万余亩。全年土地流转面积68189.6亩，土地规模经营面积(30亩以上）169788.6亩，土地规模经营率45.7%，较上年提高2.2%。新发展农民专业合作社20家、家庭农场50家，全市共有农民合作社457家、家庭农场883家，其中县级以上示范社76家、示范场179家。新培育省级龙头企业2家，全市共有国家级、省级、市级龙头企业24家，其中精深加工龙头企业5家。全市128个村级集体经济收入达3501.64万元，其中10万元以上的村达85个，占比66.4%。

【供销合作社改革】 印发《持续深化供销合作社综合改革加快建设高质量为农服务综合平台的实施方案》，持续推进供销社高质量改革。引进四川邦力达、广东天禾、宏达等农资企业，保障农资产品品质，促进农户节本增效。全年培育三星级综合服务社2个，改造提升薄弱基层社1个，共完成土地托管、流转等规模化服务面积4万余亩次。

【农产品品牌战略实施】 全市有"两品一标"农产品40个，其中绿色食品26个、有机农产品13个、地理标志农产品1个（峨眉山藤椒）；有中国驰名商标3个（峨眉雪芽、论道、竹叶青）、农耕产品记忆索引名录1个（峨眉山藤椒）、全国农产品名特优新1个（峨眉山藤椒油）、中国农产品品牌名录1个（峨眉山藤椒油）、四川优质品牌农产品2个（峨眉山茶、竹叶青牌绿茶）、市级优秀区域公用品牌1个（峨眉山茶）。

【现代农业园区建设】 实施2023年度峨眉山市乡村振兴先进市激励奖补资金粮油园区基础建设提升项目、2023年乐山市级财政衔接推进乡村振兴资金（现代农业园区奖补资金）项目，打造峨眉山市稻药现代农业园区为省级现代农业园区，补齐省级园区短板，构建国、省、市、县四级园区发展体系；培育峨眉山市高桥茶叶现代农业园区为乐山市级现代农业园区，认定符桂九粮药现代农业园区和大为镇楠山片区现代农业园区为2023年县级现代农业园区。全市各级园区数量达20个，其中国家级园区1个、省级园区1个、市级园区6个、县级园区12个。

【种植业】 全年农作物总播种面积37716公顷，同比增加706公顷，其中粮食作物播种面积18601公顷，同比减少165公顷；油料作物播种面积6714公顷，同比增加261公顷；糖料作物播种面积6公顷，同比减少0.7公顷；蔬菜种植面积9384公顷，同比增加149公顷。全年粮食产量102021吨，同比增加2587吨，增长2.6%；油料产量14209吨，同比增长6.6%；糖料产量338吨，同比减少3.2%；茶叶产量12115吨，同比增长9.5%；蔬菜及食用菌产量225120吨，同比增长5.3%；水果产量35943吨，同比增长3%。

表1　2023年峨眉山市主要农产品产量

主要农产品	单位	产量	同比增减(%)
粮食	万吨	10.20210	2.60
水稻	万吨	5.68240	1.00
玉米	万吨	2.86050	4.10
马铃薯	万吨	0.97970	0.53
油菜籽	万吨	1.39020	6.10
蔬菜	万吨	22.51200	5.30
水果	万吨	3.59430	3.00
肉类	万吨	2.12140	–0.20
猪肉	万吨	1.33030	–0.40
牛肉	万吨	0.03727	0.80
羊肉	万吨	0.02060	–4.90
禽肉	万吨	0.58990	0.10
兔肉	万吨	0.14300	0.10
禽蛋	万吨	2.98000	–0.30
水产品	万吨	0.17000	6.25
牛奶	万吨	0.00640	–0.66

【林业】 实施国家储备林建设及森林质量提升项目，总投资约29.7亿元，分南山片区国家储备林建设项目和北部片区国家储备林建设项目2期实施。开展5000亩生态保护和9000亩退化林修复。全市森林草原火灾受害率控制在0.8‰以下，实现连续59年无重特大森林火灾发生。兑现前一轮退耕还生态林抚育补助、新一轮退耕还林还草延长期补助、非国有公益林生态保护补偿、非国有天然商品林停伐管护资金共361.7万元，实现"应兑尽兑"。全面完成国家森林督查及林草湿调查监测工作和全市森林、草原、湿地生态系统外来入侵物种普查工作。持续巩固退耕还林成果7万亩，实施国有林管护25.78万亩。全年造林面积433.5公顷，全市森林面积达7.26万公顷，森林覆盖率61.4%；竹业综合产值近1亿元。建成国家、省森林康养基地1个，省级森林村庄2个。

【畜牧业】 全年出栏肉猪183856头，增长1.8%；出售和自宰家禽3815545只，减少1.6%。全年肉类总产量21214.18吨，同比减少0.2%，其中猪肉产量13306.05吨，同比减少0.4%，占肉类总产量的62.7%；牛肉产量372.7吨，增长0.8%；羊肉产量206吨，同比减少4.9%；禽肉产量5899.4吨，增长0.1%。禽蛋产量29800.3吨，同比减少0.3%。

【乡村振兴】 有序推进国家乡村振兴示范县创建，成立创建工作领导小组，制定《峨眉山市国家乡村振兴示范县创建实施方案》，明确创建"十大行动"，落实44个创建项目，总投资达24.4亿元。培育省级乡村振兴示范村2个（双福村、友谊村）、市级乡村振兴示范村3个（双福村、赵河村、龙凤村），获得"2023年四川省休闲农业重点县"称号。

【乡村旅游】 指导嘉峨茶谷、简陋田野、四溪沟等乡村旅游景区（景点）完善设施、优化服务，嘉峨茶谷提档为国家3A级景区。持续打造高桥汪寨环线禅茶康养、双福黑包山—佛顶山高山高端茶叶观光带、桂花桥农业大公园等农旅融合点，完成“五彩福田”项目建设。推出乡村旅游精品环线8条，“千年禅茶·忆在峨眉”入选2023茶乡精品旅游路线。优化“一营地九基地”的研学旅游发展格局，评定麻柳村白蜡研学实践基地、罗目古镇印象研学实践基地和桂花桥农业大公园自然与传统研学基地，促进峨眉山茶、峨眉山虫白蜡、昆虫科普、农事体验等主题研学活动开展。召开全市民宿发展专题大会，新建小茶园、荷叶溪谷、濠梁垂天二期等民宿，赵河“天街”、荷叶记忆等民宿逐渐成为网红打卡地，加速推动农旅融合产业集群发展。

【农业机械化】 全年发放农机购置补贴资金139.41万元，补贴农机具1421台(套)，惠及农户1097户。全市农业机械总动力37.75万千瓦，增长1.1%。建立病虫害物联网监测站点6个，逐步完善病虫害监测体系。成立农机社会化服务中心，全市农作物耕种收综合机械化率达61.84%，统防统治和绿色防控覆盖率均达50%以上。

【农村科技】 推进“四川科技兴村在线”峨眉山市平台建设，组建全市分诊员、信息员与专家队伍，拥有分诊员6人、信息员299人、专家115人，全年在线咨询服务达1393次。

【农村教育】 建立命名峨眉山市“杨丽”小学语文工作室等15个峨眉山市级名师工作室，其中乡村工作室2个。成立乡村教师培训队伍，开展学科主题教研、专题培训、“送教下乡”等乡村教师培训，涵盖18个学科。投入资金403万元，全面完成义务教育学校教室灯光改造和图书购置项目。全市农村学校网络接入率达100%，农村学校多媒体教室配备率达100%。

【农村文化】 举办元宵游园会、“峨眉山歌”非遗文化艺术节等乡风民俗活动。完成第九批县级非物质文化遗产代表性项目和第七批县级非物质文化遗产项目代表性传承人、县级非物质文化遗产保护传承基地、县级特色文化之乡认定工作。尽膳峨眉非遗博物馆非遗体验基地、峨眉茶传统制作技艺非遗体验基地被评为第八届中国成都国际非物质文化遗产节非遗体验基地。

【农村交通】 全年新(改)建幸福美丽乡村路、撤并建制村直连路等107千米。全市公路总里程1820千米，其中高速公路65千米、国道65千米、省道63千米、县(乡)道路371千米、村组道路1256千米；一级公路里程62.17千米，占3.42%；二级公路里程103.931千米，占5.71%；三级公路里程39.376千米，占2.16%；四级公路里程1614.523千米，占88.71%。

【农村生态建设及环境保护】 实施重点流域农业面源污染治理项目，持续改善农业面源污染，畜禽粪污综合利用率达88.9%，秸秆综合利用率达96.74%，农业固体废物回收率达85%以上。制定实施《峨眉山市“无废城市”建设实施方案》，加快推进EOD项目建设，打造独具特色的“无废景区”“生活垃圾处置基地”等“无废细胞”。打好污染防治攻坚战，全年空气质量优良天数336天，首次位居乐山市第一。峨眉河入选四川省美丽河湖优秀案例，峨眉山楠木群获评全国最美古树群，峨眉山市入选美丽四川建设先行试点县(市)、中国最美县域榜单。

【农产品质量安全监管】 开展食用农产品“治违禁　控药残　促提升”行动，完成国家、省、乐山市农产品质量安全监测抽样191批次，县级农产品质量安全监测抽样658批次，农产品质量安全例行检测合格率达98.9%。开展豇豆农药残留突出问题攻坚治理，完成风险监测定量检测豇豆53批次。全年未发生农产品质量安全事故。

【农产品市场体系建设】 推进“政银担”服务体系建设，年新增贷款45笔，新增贷款金额6243万元；全市累计贷款340笔，累计贷款金额4.13亿元，其中在保贷款87笔，在保贷款余额1.15亿元。落实精制川茶补贴、农业产业化银行贷款贴息等惠企政策，累计发放各类补贴资金670余万元。

【农村留守儿童(学生)帮扶】 组织开展“呵护青苗　千师进万家”专项活动，搭建“守护童心　共伴成长”平台，开展留守儿童心理疏导、“送教上门”等公益服务130场，走访学生3.5万人次(其中“六类儿童”5750人次)。全年累计发放各类教育补助资金1400.57万元，惠及困难家庭学生4.15万人次。辖区内农村家庭义务教育阶段应入学适龄儿童少年应读尽读，未发生失学、辍学情况。

【特色农副产品】 全市坚持以茶产业为主导，实施峨眉山市农村产业融合发展示范园、峨眉山市茶旅融合生态产业园、四川峨眉智慧农业产业集群等项目建设，持续推动茶产业高质量发展。全年改造低产低效茶园1万亩，茶叶种植面积23.26万亩。有国内一流茶叶加工生产线5条，全市茶叶加工率达100%，年加工干茶2.42万吨，实现产值13.35亿元。发展“区域品牌+企业品牌+产品品牌”三位一体品牌战略，竹叶青成为首个及唯一入选亚洲品牌500强的茶叶品牌，被国际茶叶委员会授予“国际高端绿茶品牌”称号，连续15年稳居中国高端绿茶市场占有率第一，入选“四川名片”。“峨眉山茶”区域品牌价值达46.44亿元，位居全省第二，较上年度增长11.2%。获得“世界绿茶黄金产区”“2023年度重点产茶县域等”称号。

【主要领导人】 市委书记：李良；市人大常委会主任：樊廷举(9月止)，何方(9月始)；市长：陈林强；市政协主席：谭勇强；分管农业副市长：童登俊。

峨眉山市编写组

犍为县

【基本情况】 2023年，全县辖15镇164个行政村，辖区面积1375.4平方千米，其中耕地面积53.94万亩，比上年增长0.47%；基本农田47.12万亩。年末总人口53.56万人（户籍人口），减少0.77%；人口出生率5.23‰，增加0.01个千分点；人口自然增长率-3.1‰，增加1.1个千分点。全县耕地有效灌溉面积和保证灌溉面积分别达到耕地总面积的68%和55.02%；本地水资源总量5.59亿立方米，人均占有水资源量1348立方米。森林面积6.3964万公顷，活立木总蓄积量437万立方米，森林覆盖率44.672%。

2023年，全县实现地区生产总值285.5亿元，增长7.4%，其中第一产业增加值53.42亿元，增长4.7%；第二产业增加值115.09亿元，增长7.4%（规上工业产值103.99亿元，增长1.2%）；第三产业增加值116.99亿元，增长8.9%。三次产业对经济增长的贡献率分别为13.3%、39%和47.7%。全年接待游客935.82万人，实现旅游收入1111407.28万元。

公路通车里程2900.482千米（其中乡村公路2662.59千米），密度2115.35米/平方千米、54.15千米/万人。社会消费品零售总额99.74亿元，增长10.3%。公共财政预算总支出32.72亿元，增长8.13%，其中农业投入45296万元，占支出的13.75%。金融机构各项存款余额336.43亿元，比年初增长9.15%；各项贷款余额217.89亿元，比年初增长6.16%。全年农业保费收入0.188亿元，增长54.69%；处理各项赔款和给付金额1408万元，增长4.43%。农业产业化龙头企业国家级、省级、市级、县级分别为1家、5家、20家、8家。

有各类学校122所，在校学生54692人，教职工5446人，其中普通中学21所，在校学生20273人；小学26所，在校学生22376人；学龄儿童入学率95.28%，提高1个百分点。有艺术表演团体5个，文化馆1个，公共图书馆1个，博物馆1个。有卫生机构539个，病床位2994张，卫生技术人员2459人。新型农村合作医疗参合人数385383人，参合率98.25%；新型农村社会养老保险参保人数221127人，参保率96.07%；被征地农民养老保险参保人数1443人，占总人数的10.56%。

【年度农业和农村经济运行】 2023年，全县实现农林牧渔业总产值79.41亿元，按现价格计算，增长4.2%；按照不变价格计算，增长4.7%。全县全年农林牧渔业增加值达53.89亿元，按照不变价格计算，增长4.6%。全县主要农产品产量见表1。

【农业产业化发展】 确立粮、猪、花、茶、姜、果、兔、竹和油茶、水产“8+2”现代农业产业体系。全年提质发展优质茉莉花8.6万亩、茶叶26.5万亩、姜黄3万亩、水果18.57万亩、林竹43.3万亩。年出栏肉兔300万只，规模位居全国第三。争取农业经营主体能力提升项目，其中粮油单产提升行动项目资金81万元，支持3家农民合作社、3家家庭农场；生产设施条件改善项目资金14万元，支持1家农民合作社、2家家庭农场；链主型经营主体能力提升项目资金40万元，支持2家农业产业化重点龙头企业，提升各类新型农业经营主体产业化发展能力。

【农用地产权制度改革】 开展农村宅基地日常审批备案，完成全县424宗宅基地日常审批备案，并督促镇、村落实“四到场”“三巡查”制度，规范农村建房行为。开展撂荒耕地图斑排查整治，确保全县撂荒耕地动态清零；严格工商资本

表1　2023年犍为县主要农产品产量

主要农产品	单位	产量	同比增减(%)
粮食	万吨	27.9300	1.92
水稻	万吨	17.4200	0.51
玉米	万吨	6.3100	3.55
马铃薯（含秋马铃薯）	万吨	0.7100	3.80
油菜籽	万吨	0.9654	-39.30
蔬菜	万吨	27.6914	5.00
水果	万吨	7.4225	5.60
茶叶	万吨	0.8131	4.20
肉类	万吨	6.4300	2.80
猪肉	万吨	4.1700	3.30
牛肉	万吨	0.1100	0.20
羊肉	万吨	0.0900	0.70
禽肉	万吨	1.5800	0.60
兔肉	万吨	0.4700	6.70
禽蛋	万吨	2.9148	3.30
水产品	万吨	2.6639	4.00

流转土地资格审查，规范土地流转行为。

【农村集体产权制度改革】 开展农村集体资产监管提质增效行动，按照《四川省农村集体经济组织条例》规定，执行“五个一”标准，做到挂牌亮照、人员齐全、章程上墙、制度完善的要求。持续推进农村集体“三资”监管平台运行，规范农村财务资产管理，全年村（居委会）累计产生会计凭证6.3万笔，收入金额5.67亿元，支付金额4.95亿元；集体经济组织累计产生会计凭证1.02万笔，收入金额3.2亿元，支出金额3.09亿元。

【供销合作社改革】 加强基层社示范社建设，新建基层社示范社1个，全县提高供销基层组织覆盖率。开展“家庭能人”技术培训，先后举办植保无人机操作、农业技术推广和电商销售技能培训，培训人数达120人次。争取四川省“政务服务+供销”试点，依托犍为县富良广袤种植专业合作社申报四川省“政务服务+供销”试点，推进便民政务服务、供销服务深度融合。全面落实两项改革“后半篇”文章工作部署，推进与农民专合社、家庭农场、股份制为农服务公司等组织的融合发展，依托犍为县供销社社有平台企业，整合农产品上下游资源，搭建以县为依托、镇为纽带、村为基础的全方位、多功能服务体系。自企业成立以来，建设生产基地3000余亩，带动周边群众种植蔬菜1000余亩，累计销售各类农副产品价值800余万元。打造三星级以上综合服务社3个，新增农民合作社2家、农民合作社联合社1家。全年累计土地流转、托管服务面积达48250亩。

【农产品品牌战略实施】 全县共有“三品一标”农产品33个、名特优新农产品2个，新增绿色食品2个。犍为县东犍果澧家庭农场、犍为县顶家平家庭农场、犍为县石溪松森家庭农场被命名为四川省第九批家庭农场省级示范场。

【现代农业园区建设】 犍为县粮油樱桃复合种植现代农业园区创建为市级现代农业园区。推动犍为县生猪粮油种养循环现代农业园区蔬菜产业基地建设，建成育苗中心；与省农科院开展技术合作，进行蔬菜品种对比试验、丝瓜线虫病防治试验。推动犍为县粮油姜现代农业园区建设，开展姜黄标准化种植基地建设，建成核心标准化示范片6800亩。

【种植业】 全年粮食作物播种面积65.89万亩，产量27.93万吨。大春生产方面，完成播种面积63.55万亩，产量27.3万吨，其中水稻32.94万亩，产量17.4万吨；玉米15.76万亩，产量6.3万吨；大豆6.64万亩，产量1.12万吨；薯类8.4万亩，产量2.4万吨。小春生产方面，完成总播种面积2.34万亩、产量0.64万吨，其中薯类2.01万亩，产量0.59万吨；豆类0.33万亩，产量0.05万吨。油料作物方面，冬油菜播种面积8.34万亩，单产109千克/亩。蔬菜种植面积18.6万亩，产量27.83万吨，实现产值97426万元。水果种植面积18.57万亩，产量15.93万吨，实现产值10.38万元，其中柑橘13.7万亩，产量11.6万吨，实现产值79400万元。犍为茉莉花茶企获评国际茉莉花茶杰出企业，茉莉花茶获得四川“天府名茶”金奖、“四川最具影响力茶叶单品”等多个奖项。

【林业】 全县共有竹林面积43.3万亩，全年竹材产量44.5万吨，实现竹产业综合产值27.5亿元。2023年，犍为县创建为省级竹产业高质量发展示范县。

【畜牧业】 全县生猪出栏57.31万头，生猪存栏31.69万头；能繁母猪存栏3.19万头。蛋鸡存栏207.83万只以上。年出栏肉兔302.59万只。获评2023年农业农村部农业重大技术协同推广计划肉用畜禽（肉兔）高效生产关键技术示范县。

【水产业】 全年水产品产量2.66万吨。完成鱼类增殖放流100万尾。投入资金300万元，放流达氏鲟、胭脂鱼等鱼类19.1万尾。

【乡村振兴】 清溪镇创建为省级乡村振兴先进镇，罗城镇白鹤村、舞雩镇双桥村创建为省级乡村振兴示范村，石溪镇联盟村创建为省级乡村振兴重点帮扶优秀村，芭沟镇黄家山村、罗城镇大同村、石溪镇白家村创建为市级示范村。罗城镇获评“乐山市特色产业十亿元镇”，清溪镇灌引村、定文镇方井村获评“特色产业亿元村”。茉莉花茶制作技艺、麻柳姜种植技艺被列入四川省第四批农村生产生活遗产名录。认定四川省第二批农村致富带头人3人、乐山市首批农村致富带头人7人。

【乡村旅游】 加快农文旅融合发展，依托景区周边、乡村旅游重点村镇、传统村落等区域自然风光和乡村旅游基础设施条件较好的区域，注重宣传营销，完善乡村旅游政策和措施，开展“一镇一品”文旅品牌建设，举办寿保荷花节、芭沟水晶樱桃节、石溪桃花节等文旅活动。融入大峨眉旅游圈和全市农文旅融合示范带建设，推动岷江流域生态文化旅游综合保护与融合发展。采取景区带动乡村发展的联动模式，实施景区提档升级工程，建设世界茉莉花温泉综合开发等重点项目，打造乡村旅游新场景，常态化推出“夜游芭沟”“罗城听戏”“夜发清溪”等特色活动。鼓励乡村民宿集群化、连锁化发展，推进乡村民宿规范发展，提升花溪院子、清溪院子等乡村民宿品质。

【农村水利】 全县共有水库75座，其中中型水库3座、小(1)型水库16座、小(2)型水库56座。配套建成各类渠道共2323千米，全县有效灌溉面积达33.62万亩。全年投入资金288万元，对64座小型水库开展维修养护；投入资金322万元，对23座小型水库开展雨水情系统升级和大坝沉降、位移等安全监测设施建设。

【农业机械化】 在13个镇完成水稻全程机械化服务，完成集中育秧100.05亩、机耕499.9亩、机插秧499.9亩、机收2999.79亩、烘干500吨。优化农机装备结构和质量，实施农机购置补贴资金105.23万元，补贴农机具1833台，受益农户1798户。

【农村科技】 新申报涉农高新技术企业1家、涉农科技型企业4家。获得省级科技涉农技项目资金支持40万元。在全市率先兑现科技型企业认定、行业标准及精茶川茶产业发展“三品一标”奖补资金205万元，其中获得涉农企业补助6家75万元，提升了企业创新发展信心。全县科技工作综合排名全市第一位，分别获评乐山市2023年度科技创新工作先进单位、2023年度科技助力乡村振兴突出单位、2023年度技术合同登记工作突出单位、2023年度科技创新领域党建工作突出单位。依托科技特派团开展各类农业产业服务指导，培训茉莉花茶叶基地镇、村干部，企业、专业合作社成员3次885人；培训生姜、姜黄标准化栽培，病虫害综合防治5次1058人。推广应用实用技术、新技术8项，形成集成配套技术体系3项。新聘请平台工作人员2名，建立科技兴村驿站54个，提供技术咨询服务1120余条，完成供销对接及产业支撑30条，电话回访1000条，现场回访200条；开展姜黄、茉莉花及柑橘产业现场培训3次170余人；邀请四川食品药品学校专家到九井镇麻柳村开展中药材种植技术指导，现场培训种植户10余人。

【农村教育】 完成寿保初中撤并工作，撤销大兴小学公平教学点，将泉水小学设立为教学点；共投入2289.66万元用于32435名贫困学生资助和扶贫救助，确保不让贫困学生因贫失学。加强精准资助，推进资助育人，全面落实各项学生资助政策，为5924名义务教育家庭经济困难学生提供生活费补助金额约213万元；为1800名普高学生发放助学金180万元、为1800名普通高中学生减免学费70万元；为683名职业高中学生发放国家助学金82万元。

【农村文化】 结合全县创建四川省现代公共文化服务体系示范县工作，提升基层文化阵地。培育“一镇一品”镇文旅品牌活动，坚持“一个镇一个特色一个品牌”，持续举办寿保荷花节、芭沟水晶樱桃节、石溪桃花节等文旅活动，持续开展乡村文化振兴魅力竞演活动。结合犍为文庙、罗城古镇、清溪古镇等文旅资源开发“祭孔大典”“罗城听戏”“夜发清溪”等特色文旅活动。

【农村卫生】 全县16个基层医疗机构为城乡居民免费提供12类基本公共卫生服务。完成城乡居民电子健康档案建档40.5万份，其中居民规范化电子健康档案覆盖率为72.8%。双溪镇卫生院创建为数字化预防接种门诊，玉津镇卫生院创建为5A级预防接种门诊，罗城镇中心卫生院创建为四川省社区医院，犍为县创建为省级慢性病综合防控示范区。22个村被命名为省级卫生村。

【农村法制建设】 印发《2023年普法依法治理工作要点》，持续深化“法治乡村”建设，实施法治助推乡村振兴工程。以“法治四川行一月一主题”普法宣传活动为统揽，以“法律七进”为抓手，开展“双百活动”“三个一百——民法典进乡村”等主题普法活动30余场次，发放各类宣传资料用品7万余份，覆盖群众98%以上。累计培养“法律明白人”809名，平均每个村（社区）达4名。申报“法律明白人”实践工作站3个。清溪镇洛江村被命名为“全省民主法治示范村（社区）”。到农村宗教活动场所开展反渗透、宗教相关法律知识、禁毒等宣传活动5场次，在少数民族人口集中的罗城镇开展法治宣传教育活动，利用新媒体等载体推送宣传内容60余条次，发放宣传资料3000余份，民族宗教事务治理法治化水平不断提升。罗城司法所被司法厅授予省级“枫桥式司法所”称号。

【农村交通】 四川省犍为县芭石独立工矿区S309犍为县芭沟镇（泉水）至沙湾区福禄镇界公路改建工程全长4.436千米，总投资3750万元，于1月建成通车；犍为县乡村生态文明建设项目主路全长0.75千米，总投资760万元，于5月建成通车；犍为县X050罗城镇至自贡市界美丽乡村路（犍为县旅游环线基础设施一期项目罗城古镇绕城旅游公路工程）全长1.9千米，总投资7500万元，于5月建成通车；解放军某部犍为营区战备路改建工程全长1.74千米，总投资545万元，于8月建成通车；完成撤并建制村畅通工程46.589千米公路、自然村通硬化路项目44.951千米、村道公路安全生命防护工程77.528千米，总投资4060万元。完成2023年农村公路次差路整治33千米；通过向社会购买服务方式，实现全县国、省、县、乡道940.48千米养护工作专业化，提高了公路养护质量；以镇、村为单位，实施村道公路养护1848.22千米。完成“四好农村路”全国示范县复核整改工作，于9月通过交通运输部现场复核。

【农村社会保障】 全县城乡居民基本养老保险参保人数22.11万人，领取待遇人员5.94万人，支付待遇1.28亿元。全年为特殊群体代缴城乡居民基本养老保险合计22610人，代缴城乡居民基本养老保险重度残疾人2124人、特困人员631人、低保对象9830人、精准扶贫9628人、失独家庭397人。全县征收农村集体土地8宗，纳入养老保障的被征地农民1443人，已通过被征地农民养老保障系统发放被征地农民生活补贴560人，发放一次性养老保险补偿费31人。

【农村生态建设及环境保护】 下达省级农村生活污水治理“千村示范工程”以奖代补资金384万元，因地制宜，选取治理模式对玉屏镇卓坪村、竹根村、新民村，九井镇峰门村、祇园村、金鼓村，石溪镇画眉村、小二河村等共8个村农户散户的生活污水进行治理，治理率均达60%以上。持续推进农村生活污水治理，农村生活污水得到有效治理的行政村占比达75%。全县2个县级及以上集中式饮用水水源地、14个乡（镇）及以下集中式饮用水水源地水质达标率100%。加强农村面源整治，加强饮用水水源保护区监管，禁止建设畜禽养殖场、养殖小区，对于保护区原有的畜禽养殖场、养殖小区予以拆除或搬迁，并严格控制农药、化肥的使用。对乡（镇）集中式饮用水水源水质实行每半年一次水质监测、“万人千吨”集中式饮用水水源地实行每季度一次水质检测，水质达标率均达100%。

【农产品质量安全监管】 全年开具食用农产品达标合格证17万张，省级农产品质量安全例行监测合格率达99.5%以上。新型农业经营主体入驻国家农产品质量安全追溯管理信息平台1483家。

【农村留守儿童帮扶】 开展常态入户走访，全县配备镇儿童督导员15名、村（居委）儿童主任203名，建立定期走访制度，全年共解决生活困难、监护缺失、心理障碍等问题200余个。印发《关于开展犍为县2023年困境儿童结对帮扶工作的通知》，帮扶单位增至85个，结对干部职工及其爱心家庭详细了解结对儿童的基本情况、父母履职、邻里关系等情况。实施留守儿童包片帮扶制度，全年收集留守儿童“微心愿”100余个，送达帮扶物资折合8万余元。依托犍为县未成年人救助保护中心、复兴少年宫站点、“童伴之家”等阵地，为全县留守儿童和困境儿童免费提供常态化课业辅导、心理疏导、跳舞等服务，年服务2万人次；漱玉社区“壹基金”儿童服务站为留守儿童常态化开展特色活动、主体活动、作业辅导等，全年共开展300余次，共服务留守儿童1.5万人次，提升了留守儿童的自我防范能力。

【劳务开发与返乡创业】 依托劳务服务体系实现用工1044人，实现劳务收入4736万元；继续实施返乡创业人才回引计划，加大创业担保贷款扶持力度，简化贷款审批流程，发放创业担保贷款94笔2729万元，为5名返乡农民工发放返乡创业补贴奖补5万元。四川炒花甘露茗茶有限公司、罗城惠田优质稻现代农业园区被命名为“嘉州微创园”。

【主要领导人】 县委书记：谭春秋；县人大常委会主任：缪骏；县长：孙廷鹏；县政协主席：冯柏清；分管农业副县长：杨谦。

犍为县编写组

井 研 县

【基本情况】 2023年，全县辖14镇1个街道，辖区面积840.14平方千米，其中耕地面积35.32万亩，比上年增长1%；基本农田31.5万亩。年末总人口37.5114万人（户籍人口），人口出生率5‰，人口自然增长率-4.3‰。本地水资源总量2.81亿立方米。有森林面积3.0436万公顷，有林地面积1.4743万公顷，活立木总蓄积量127.04万立方米，森林覆盖率36.22%。

2023年，全县实现地区生产总值149亿元，增长5.2%，其中第一产业增加值39.8亿元，增长2.8%，农、林、牧、渔及农林牧渔服务业之比为33.2：3.8：40.3：14.7：1；第二产业增加值44.1亿元，增长7.2%；第三产业增加值65.1亿元，增长5.7%。三次产业对经济增长的贡献率分别为15.7%、38.7%和45.6%。有农村劳动力15.98万人，转移就业12.96万人，劳务收入15.18亿元。全年接待游客299.85万人，实现旅游收入186595万元。

公路通车里程1608.69千米（其中乡村公路2268.13千米），密度1915米/平方千米。社会消费品零售总额67.2亿元，增长9.3%。地方公共财政预算总收入完成3.84亿元，增长21%；公共财政预算总支出23.67亿元，减少8%，其中农业投入57077万元，占支出的24%。金融机构各项存款余额255.85亿元，比上年初增长12.11%；各项贷款余额130.91亿元，比年初增长27.28%。农业产业化龙头企业国家级、省级、市级分别为1家、4家、19家。

有各类学校87所，在校学生29299人，教职工2426人，其中普通中学23所，在校学生11531人；小学20所，在校学生12071人；学龄儿童入学率100%。有文化馆1个，公共图书馆1个。有卫生机构382个，病床位2339张，卫生技术人员1819人。城乡居民基本医疗保险参保人数295608人，城乡居民养老保险参保人数172971人，被征地农民养老保险参保人数1195人。

【年度农业和农村经济运行】 2023年，全县实现农业总产值59.5亿元，增长2.8%；全县全年农业增加值达39.8亿元，增长2.8%。农村居民年人均可支配收入比上年增长7.4%。省级农产品质量安全例行监测合格率100%。全县主要农产品产量见表1。

【农业产业化发展】 全县共有农民合作社415家、家庭农场2229家，新增农民合作社21家、家庭农场137家；培育省级家庭农场示范场3家、市级示范场8家、县级示范场17家；培育国家级农民合作社示范社2家。全县农村土地流转面积合计153959.63亩。井研县获评“四川省现代农业园区建设工作推进典型县”。

【农村集体经济发展】 2023年，全县村集体经济总收入达1207.8万元（其中村属企业、公司收入255万元），比上年增加232.25万元，增长23.9%，其中年收入50万元以上的村集体达4个，比上年增加3个。开展农村集体产权制度改革“回头看”，开展年度集体资产清产核资、成员清理等，发展壮大农村集体经济。

【供销合作社改革】 加快构建为农服务综合平台，加强与农资公司合作，健全农资供应网络，完善化肥应急保供体系，畅通基层供应链。2023年，完成提升打造10个农资网点、5个农村综合服务社；聚

表1 2023年井研县主要农产品产量

主要农产品	单位	产量	同比增减(%)
粮食	万吨	24.4977	2.720
水稻	万吨	11.6309	-0.015
小麦	万吨	0.0032	-42.860
玉米	万吨	6.9638	3.730
马铃薯	万吨	0.2475	11.590
油菜籽	万吨	1.2091	-50.240
蔬菜	万吨	12.7100	4.000
水果	万吨	30.0700	8.700
肉类	万吨	6.6400	13.300
猪肉	万吨	4.9848	5.700
牛肉	万吨	0.0120	1.200
羊肉	万吨	0.1028	1.300
禽肉	万吨	0.8432	-0.800
兔肉	万吨	0.1874	1.400
禽蛋	万吨	2.4888	5.100
水产品	万吨	5.2396	3.900

焦农村供给端和城市消费端，实施县域流通服务网络建设提升行动，全年完成快递物流发件1300余件约15吨，帮助农户销售各类农副产品价值200余万元；收件派送至镇（街道）1.5万件次约120吨，派送至村（含自然村）3000件次。井研县被列为全省供销系统社会化服务试点县，争取到社会化服务资金170万元，宝五曙光、王村社区2家供销社入选四川省供销社社会化服务主体名录库，年均服务面积6万亩以上。利用品牌推介会、农博会、全省乡村振兴乒乓球大赛、成渝双城经济圈全国气排赛等重大活动，组织各类农产品在省内外参展10余场次。

【农产品品牌战略实施】 全县依托生态环境、产业基础等资源优势，实施标准化生产，加强绿色生产技术指导，发展品牌农业。全年新申报绿色食品7个，截至2023年年底，有效期内的“三品一标”农产品达25个（绿色食品认证农产品18个、有机产品认证6个、地理标志农产品1个）、全国名特优新农产品2个（“井研血橙”“井研水晶柑”）。“奇能米业”入选2023年四川农业品牌目录，“井研柑橘”获评“天府粮仓·第九届四川农博会最受欢迎农产品品牌”。“井研柑橘”经中国品牌建设促进会认定品牌价值为16.89亿元。

【种植业】 全年粮食作物播种面积66.05万亩，比上年减少0.26万亩；油菜籽种植面积8.95万亩，比上年增加1.6万亩。全县水果种植总面积24.1万亩，其中柑橘产业面积23.03万亩，产量28.8万吨，产值达18.43亿元。

【林业】 做强项目支撑，通过引入社会资本，建设木本油料（油桐）生产基地1500亩，11月进入试投产阶段；康贝德高端家具板材项目二期生产线于3月全面竣工投产，年产刨花板材30万立方米，实现产值19558.4万元。依托竹胶合板产业链优势，培育市级现代竹产业园区1个、省级现代竹产业基地3个。

【畜牧业】 全年存栏生猪37.8627万头、小家禽279.8666万只、肉牛2614头、肉羊4.8542万只；出栏生猪68.7072万头、小家禽559.2446万只、肉牛896头、肉羊6.5372万只。建成国家级生猪产能调控基地6个、省级生猪产能调控基地34个，部、省级畜禽标准化养殖场20个。推进家禽产业标准化建设，四川青未农业有限责任公司扩建20万只标准化禽舍建成投产，达到存栏蛋鸡70万只的规模。推广优质饲草种植，种植牧草2.1万亩。全面扶持牛（羊）产业发展，推广肉用山羊养殖综合配套技术。加强畜禽养殖污染防治，畜禽养殖粪污资源化利用率达95.83%，规模养殖场设备配套率达100%。加强兽医从业人员和兽医、动物医疗机构管理，开展兽药监督执法，打击非法经营兽药行为。加强对饲料企业的日常监督管理，开展饲料生产企业全覆盖监督检查21次，出动执法人员78人次；完成省、市饲料抽检工作2批次，抽检合格率100%。加强动物防疫检疫工作，保障畜牧业健康发展。

【水产业】 全县水产养殖面积12.05万亩（其中5亩以上池塘养殖面积37896亩），水产品产量5.2396万吨，实现产值13.9亿元。

【乡村振兴】 井研县在市级乡村振兴实绩考核中获评“优秀”等级，创建省级乡村振兴示范镇1个、示范村2个，创建市级乡村振兴示范村3个；井研县柑橘现代农业园区被纳入农业农村部第一批国家现代农业全产业链标准化示范基地创建名单。井研县入列国家农业现代化示范区创建名单，获评全省农业社会化服务典型县，入列全省农村基本具备现代生活条件建设标准试点县名单。同时，水产养殖产业集群清洁生产审核创新试点经验和美丽乡村建设经验在全国交流推广，全国农作物病虫害绿色防控研讨会、全省水稻重大病虫害及检疫性病虫害防控现场培训班、全省水产养殖池塘标准化改造及尾水治理现场观摩会在井研县召开；举办全省首届和美乡村乒乓球大赛、“中国橘乡杯”成渝地区双城经济圈气排球公开赛等省级赛事。

【乡村旅游】 千佛镇民建村创建为2023年度省级乡村旅游重点村。五一假日期间，举办研溪湿地2023年帐篷音乐嘉年华暨五一假日群众文化体育活动，首次加入帐篷、音乐等游客喜爱的元素，通过“文化+演艺”“帐篷+音乐”“美食+烧烤”推动“旅游+”融合发展，为假日旅游增添文化氛围。活动期间，研溪湿地共接待游客30余万人次，同比增长21倍，在全市20个新兴景点中游客总量排名第三位，增长率排名第一位。

【农村水利】 全县有各类水利工程3131处，其中中型水库2座（大佛水库和毛坝水库）、小⑴型水库16座、小⑵型水库34座、山坪塘2402口、石河堰304处；水利工程蓄水总量17035万立方米。建成各类输水渠道1905.3千米，已防渗渠道468.2千米，防渗率为25%。有稻渔轮作工程2.47万亩，蓄水能力达2470万立方米。

【农业机械化】 全县农作物耕种收综合机械化水平达64.85%，农业机械总动力达39.953万千瓦。有拖拉机及配套机械59台（套）、各类耕整地机械9628台、水稻插秧机185台、水稻直播机23台、农田排灌机械13850套、稻麦联合收割机171台、机动脱粒机13350台、谷物大型烘干机18台、保鲜储藏设备65间、粮食初加工机械10535台、油料初加工机械68台、农用航空器植保无人机35台。全县有提灌站440余处，每年机电提水量达6000万立方米，灌溉农田60万亩次。

【农村科技】 建设“四川科技兴村在线井研县平台运管中心”，完成108名农、林、牧、渔领域专家，205名村级信息员，2名平台运管人员三支队伍建设，全年完成1200余条信息工作任务；开展“科技下乡”、科技特派团工作，发放资料1000余份，邀请四川农业大学专家现场开展柑橘、粮油、畜禽养殖培训，覆盖种养殖大户、脱贫户等500余人次。

【农村教育】 全面落实教育资助政策，全年各学段减免、资（救）助14864人次、823.45万元，为1346名大学生办理生源地助学贷款1327.23万元。全年普惠性幼儿园在园幼儿占比85.4%，公办园在园幼儿占比55.1%，“80、50”计划全面达标。完成高滩小学、乌抛小学、新兴小学撤并；城南小学建成投用，新增学位1800个；投入2060.7万元，用于41所学校美丽校园建设和设备设施购置；课后服务学校覆盖率达100%，学生参与率达98%。全市教育质量综合评估普通高中、初中、小学均获得一等奖。坚持德才兼备、以德为先的选人用人导向，井研中学、研城中学实行党组织书记与校长分设，配齐中小学校专职副书记，调整干部132人次，补充新教师135人。

【农村文化】 推进城乡公共文化服务体系一体建设，优化城乡公共文化产品和服务供给，做好公共图书馆、文化馆（站）免费开放。组织开展“我们的中国梦——文化进万家”、“研为百姓大舞台”、“书香井研”全民阅读等系列文化惠民活动。围绕元旦、春节、丰收节、中秋节等传统节日，开展各类主题文化活动，举办“翰林故乡·月圆中秋”实景演出晚会，雷氏民居共接待游客9万人次。连续举办五一、十一研溪湿地帐篷音乐节、跃动假期·乐享井研等活动，集聚引流游客约60万人次。持续打造具有本地传承基础的JBA农民篮球赛、气排球比赛等活动，以赛事为引领，将井研县打造成成渝地区双城经济圈有影响力的运动休闲城市。完成第二批县级非物质文化遗产代表性项目（井研指书、井研糖画制作技艺、李记号子糍粑、井研县山棕编制技艺、镇阳绿茶制作技艺、传统木雕技艺）的公布工作。

【农村卫生】 全县共建立居民纸质健康档案26.55万份，建档率达95.5%，其中建立电子档案26.55万份。家庭医生签约19.92万人，其中重点人群签约5.13万人、脱贫人口家庭医生签约1.57万人，实现“应签尽签”，常住人口家庭医生服务比例达71.67%。开展食源性疾病监测240例，完成目标任务。巩固国家卫生城市创建成果，开展“五清”行动和周末卫生大扫除。持续开展卫生创建，累计创建省级卫生村96个，覆盖率100%。

【农村法制建设】 组建由政法各部门领导班子和政法干警为成员的政法宣讲团，到全县所有行政村开展法治宣讲110余场。开展“‘典’亮乡村——法治坝坝电影进百村”活动，全年开展1000余场。常态化开办全县“法律明白人”示范培训班，培养农村“法律明白人”608名。实行政府购买村（社区）法律顾问服务，全县119个村（社区）法律顾问实现全覆盖，全年村（社区）法律顾问开展法治讲座和法治宣传40余场次，调解婚姻家庭、土地流转等重点难点纠纷225件。定期开展农民工劳动合同体检，开辟农民工讨薪法律援助案件“绿色通道”，帮助14个建设项目修改、完善劳动合同915份。开展“乐山新阶·律动乡村”“情暖农民工”等法律服务活动，解答村民法律咨询800余人次，受理涉农法律援助案件173件。开展全国民主法治示范村（社区）复核工作，集益镇雨台村通过复核，保留“全国民主法治示范村”称号，千佛镇瓦子坝村创建为第二批省级民主法治示范村。

【农村交通】 全年新（改）建农村公路198.68千米，其中井研县千佛镇雷畅故居至集益镇长山湖段美丽乡村路工程27.1千米、2023年撤并建制村畅通工程99.2千米、2023年度自然村通硬化路工程72.38千米。井研县创建为“四好农村路”全国示范县。

【农村社会保障】 全年城乡居民养老保险参保人数172971人，足额发放5.83万名城乡居民养老保险退休人员养老待遇，累计支付养老金1.07亿元。持续做好低保对象、特困人员、重度残疾人、返贫致贫人口等困难群体的城乡居民养老保险代缴工作，为全县1.65万名符合条件的特殊人员全员代缴城乡居民基本养老保险。全年新开发乡村公益性岗位676个。

【农村生态建设及环境保护】 按照省、市“宜散则散，能用则用”治理思路，以“厕污共治”为导向，以“五清行动”为抓手，通过“以镇带村管网覆盖”“大集中、小集中治理”“散户治理”等多种治理模式实现因地制宜、分类治理。截至2023年年底，全县已建成投运集镇集中污水处理站27座，受益户数达3328户，在全市率先实现城镇污水处理厂（站）全覆盖；建成投运聚居点集中一体化处理设施108套、散户处理设施41031座，全县87个行政村生活污水得到有效治理，行政村治理率达90.62%，目标完成率100%，治污成效排名全市前列。

【农产品质量安全监管】 建立农产品质量安全网格化管理体系，落实镇级监管员、村级协管员开展农产品质量安全监管工作。落实承诺达标合格证制度，指导主体开具承诺达标合格证5.6万张；开展“亮证”行动，实现“承诺达标合格证进学校、进超市、进机关”。配合开展部级绿色食品抽检8批次、省级例行抽检71批次，省、市监督抽样、专项抽检132批次，县级风险监测333批次、县级监督抽样92批次，各镇（街道）完成农残快检任务4900个。开展豇豆农药残留突出问题攻坚治理等专项整治行动，开展监督检查、日常巡查等，对监管巡查中发现的案件进行及时查处，案件查办率达100%。

【农村市场体系建设】 全县开展水稻完全成本、玉米完全成本、油菜、能繁母猪、育肥猪5个品种的农业保险承保工作，全年种植业承保总面积18.02万亩，其中水稻6.33万亩、玉米7.14万亩、油菜4.54万亩；养殖业承保总头数33.01万头。全年农业保险签单保费共计2142.86万元。

【农村留守家庭（儿童、学生）帮扶】 对全县4700余名留守儿童进行全面摸排，建立专门档案，建成学校主导、部门配合、教师实施的工作机制，常态化开展留守学生“一对一”帮扶走访活动，实现留守学生监管有力、关爱有度。联合县妇联、县民政局、县关工委开展家庭教育暨心理健康指导服务系列活动，科学指导家庭教育。定期召开县、校、班三级工作会议，落实留守学生联系卡制度、家校联系制度和责任帮扶制度。每学期召开家长会、家庭教育讲座，开展学生个体、团体辅导1000余人。建立“童伴之家”，发展“童伴妈妈”，持续开展“留守学生谈心日”等活动，填补留守学生的“精神空白”与“监管空白”。

【劳务开发与返乡创业】 推进县、乡、村三级劳务服务体系建设，建成农村劳务合作社22个，培育农村劳务经纪人90人。井研县鼎牛劳务专业合作社申报为四川省明星劳务专合社，获得奖励补助资金10万元；劳务经纪人杨东平和罗国文申报为金牌劳务经纪人，各获得奖励补助资金2万元。2023年，选树县级“返乡入乡创业明星”12名，推选1名创业者、1家企业分别获评“省级返乡入乡创业明星”“省级返乡入乡明星企业”。纯复镇缤纷生态渔业科技园、镇阳镇扇子坝有机茶叶园、研城街道五谷果农创业孵化园申报为“嘉州微创园”。全年共为70名创业者发放创业担保贷款2579.5万元，发放创业补贴17人17万元。新增创业1218人，创业带动就业3521人。

【主要领导人】 县委书记：熊建新；县人大常委会主任：杨玉兴；县长：陈剑波；县政协主席：杜宏（4月止），谷平（7月始）；分管农业副县长：谢建平（8月止），雷平（8月始）。

井研县编写组

夹 江 县

【基本情况】 2023年，全县辖18乡103镇11个街道，辖区面积1.28万平方千米，其中耕地面积21.71万亩，比上年增长0.55%；基本农田19.74万亩。年末总人口33.6万人（户籍人口），减少0.58%；人口出生率5.56‰，增加5个千分点；人口自然增长率–3.39‰，减少3个千分点。本地水资源总量5.11亿立方米，人均占有水资源量1708立方米。有林业用地2.83万公顷，有林地面积2.32万公顷，活立木总蓄积量248万立方米，森林覆盖率42.95%。

2023年，全县实现地区生产总值235.7005亿元，增长1.5%，其中第一产业增加值37.7298亿元，增长5.6%；第二产业增加值106.6113亿元，减少3.6%（工业总产值190亿元，减少16.7%）；第三产业增加值91.3594亿元，增长6.1%。全年接待游客761.83万人，实现旅游收入788250.64万元，其中乡村旅游收入113877.46万元。

公路通车里程1347.4千米（其中乡村公路1200.6千米），密度180千米/百平方千米。地方公共财政预算总收入完成12.71亿元，增长56.13%；公共财政预算总支出27.08亿元，增长31.46%，其中农业投入68027万元，占支出的25.12%。金融机构各项存款余额371.43亿元，比上年初增长10.31%；各项贷款余额225.6亿元，比年初增长16.17%，其中支持农业产业化发展项目贷款1510201.39万元。全年农业保费收入1466.16万元，同比减少1.18%；处理各项赔款1638.12万元，同比增长73.55%。农业产业化龙头企业国家级、省级、市级、县级分别为1家、6家、13家、5家。

有各类学校77所，在校学生32582人，教职工3046人，其中普通中学16所，在校学生11199人；小学16所，在校学生14192人；学龄儿童入学率100%。有文化馆1个，公共图书馆9个，博物馆3个。有卫生机构330个；总编制病床位2352张，实际开放病床位2530张；卫生技术人员2800人。城乡居民基本医疗保险参保人数269487人，参保率97.59%；新型农村社会养老保险参保人数142095人，参保率96.37%；被征地农民养老保险参保人数30172人。全县农产品质量安全抽检合格率99.1%。全县主要农产品产量见表1。

【农村集体产权制度改革】 全县有村集体经济组织86个，围绕"资产资源管理、经济合同管理、债权债务管控、工程项目管理、集体经济审计"五个关键环节完成全县农村集体资产监管提质增效问题排查整改，依托夹江县农村集体"三资"监管平台，加强农村集体资产动态监管，2023年"三资"监管平台共在线支付2.03万笔、资金约3.6亿元。当年村集体经济收入910.9万元，人均收入34.39元，同比增长9%；村均集体经济收入10.59万元。甘江镇金银河村入选乐山市第一批村集体经济发展典型案例。

【供销合作社改革】 健全供销组织体系。依托地方特色产业，建设基层供销组织服务链。截至2023年年底，全县供销系统有基层社21家、农民专业合作社42家、全资企业4家、参股企业2家，服务范围覆盖辖区的7个镇2个街道95个村（社区），每年服务带动群众20万人次，实现助农增收20%以上。依托基层供销社示范社因地制宜推进各类生产要素优化配置，深化社会化服务内容，促进农业生产、加工、流通及其他服务业有机融合，丰富特色加工、精品农业、农旅互融等产业态，搭建以县为依托、镇为纽带、村为基础的全方位、多功能服务体系。

完成"三位一体"试点。"三位一体"综合试点工作以县级社为轴心、基层供销社为载体、金融流通等为支撑、农合联为辅助，统筹建立为农服务综合平台，拓宽为农服务范畴，提升为农服务水平。以青衣江基层供销社为先行试点，围绕辖区8000余亩枇杷产业基地，开展农资稳价保供、枇杷品种培育、枇杷种植技术培训、统防统治和枇杷销售等"一条龙"服务。2022年、2023年举办两次枇杷丰收节，注册"青衣有果"商标，枇杷销售到全国各地，年直接销售额达500余万元。指导基层社采取"党建+社建+专业合作社+农民社员"等扶贫模式发动农民群众入社入股，让社员享受社内生产、供销、信用"三位一体"综合服务。通过试点工作的开展，形成了可复制可推广的夹江经验。

社会化服务产业链化。夹江乐天为农户提供"耕、种、防、收、烘、储、销"的全环节农业保姆式社会化服务，把农民从繁重的农业生产中解放出来，直接带动7800余户农民增加务工收入。2023年，邦力达乐天直接为周边农业经营主体供应农药30吨、种子50吨、化肥2100吨，育秧32600余亩次、机耕68900余亩次，插秧56100余亩次、收割22000余亩次、植保69000余亩次，服务面积同比增长33%，托管土地45000亩，服务群众近3万户。

提升流通服务水平。聚焦"两端两网"流通服务建设，健全完善工业品下行与农产品上行、线上线下深度融合的双向流通服务体系，通过采取同构分销、网络直销、快递到村等措施，提升供销社经营服务水平。

【农产品品牌战略实施】 围绕绿色有机，推进绿色、有机农产品和地域品牌认证推广，开展"三品一标"认证。2023年，

表1 2023年夹江县主要农产品产量

主要农产品	单位	产量	同比增减(%)
粮食	万吨	11.4000	1.95
水稻	万吨	8.0400	1.58
小麦	万吨	0.0410	5.85
玉米	万吨	2.3000	5.02
马铃薯	万吨	0.4800	-2.84
油菜籽	万吨	1.4900	0.29
蔬菜	万吨	14.9100	8.30
水果	万吨	0.0980	-11.21
肉类	万吨	2.5373	0.02
猪肉	万吨	1.5718	0.30
牛肉	万吨	0.0258	1.10
羊肉	万吨	0.0049	2.20
禽肉	万吨	0.8798	-0.30
兔肉	万吨	0.0550	-3.30
禽蛋	万吨	2.8131	7.40
水产品	万吨	0.3536	4.05
牛奶	万吨	0.0594	2.60

新获证绿色食品2个、全国名特优新农产品2个;"夹江泽泻"申报地理标志证明商标。截至2023年年底,全县共获证绿色食品、有机食品农产品9个,地理标志保护产品1个,全国名特优新农产品5个,"百岳茶业"入选2023年省级农业品牌目录,"夹江泽泻"入选首批中国农耕农品记忆索引名录。实施"区域品牌+企业品牌"双商标战略,加大推广力度,组织四川百岳茶业有限公司、四川洪椿茶业有限公司等多家企业参加各类展销活动,提高"夹江造"农产品知名度。

【现代农业园区建设】 完成"一镇一园区"全域布局,建成以粮食、畜禽、茶叶、蔬菜、中药材、水果等为主导产业的现代农业园区14个,其中省四星级园区1个(夹江茶叶生猪种养循环现代农业园区)、市级园区7个(黄土稻药园区、甘江稻蔬园区、马村水果园区、木城茶畜园区、新场茶叶园区、吴场蛋鸡园区、华头石斛园区)、县级园区6个(吴场茶叶园区、吴场稻药园区、华头茶药园区、青衣茶果园区、新场稻药园区、甘江稻药园区)。

【种植业】 落实粮食安全党政同责,全年粮食作物播种面积25.1万亩,粮食总产量11.4万吨。加快推进茶叶体系建设,形成河东出口茶产业带、河西峨眉前山高山生态茶产业带,建成全国首批生态低碳茶认证基地1000亩。2023年,全县茶叶种植基地30万亩,良种率达96.4%;建成出口茶质量安全示范区23万亩,机采茶园18万亩,出口茶备案基地10.4万亩。构建"1+3+240"茶加工体系,全县茶叶总产量4.85万吨,毛茶产品产值35.4亿元,同比增长5.5%。出口茶产量3.61万吨,产值11.46亿元,占全国绿茶出口总量的11%;综合产值92亿元,同比增长22.7%,分别居全省第五位、全市第二位。承办国际绿茶大会,签订总金额2.83亿元的外资订单。2023年,全县蔬菜基地总面积达21万亩(含复种),总产量47.8万吨,产值13.4亿元。水果基地面积稳定在6.5万亩,产量7.6万吨,产值2.65亿元,同比增长1.9%。中药材种植基地面积6.18万亩,产量和产值分别为1.4万吨、2.95亿元,面积、产量、产值同比分别增长3.78%、7.93%、6.47%,其中泽泻种植面积4.24万亩,产量0.91万吨,产值1.73亿元,同比分别增长2.17%、6.87%、2.61%。泽泻产量占全国总产量的60%以上。

【林业】 全县有林业产业基地25万亩,其中木质用材林20万亩,主要树种为巨桉、杉木、柳杉、桤木、桢楠、红豆杉等;竹林5万亩,主要为苦竹、慈竹等。全面完成夹江县世行贷款长江上游森林生态系统恢复项目5.72万亩、森林质量精准提升项目1.98万亩、横断山区水源涵养与生物多样性保护退还林修复项目0.2万亩等重点项目建设。有木材加工企业63家,其中规上企业6家、省级林业产业化龙头企业1家,主要加工产品为中密度纤维板、乐器材、细木工板、沙发条、扣板等,县有年产中密度纤维板10万立方米、乐器材1万立方米、其他板材30万立方米的生产能力。同时,全县12家制浆造纸生产企业已陆续开展产业升级改造,实现年产制浆造纸近60万吨。截至2023年年底,全县森林覆盖率达42.95%。

【畜牧业】 加快推进生猪项目建设,新建成大型规模场1个,全县规模化生猪养殖场达303个,其中5000头以上规模场有29个;新增省级产能调控基地2个,全县共计有26家国家级、省级产能调控基地。全县能繁母猪存栏1.21万头,生猪出栏21.335万头;肉类总产量2.54万吨,禽蛋总产量2.81万吨;实现畜牧业产值13.56亿元

【水产业】 全年渔业总产量3536吨,比上年同期增长4.05%;养殖面积3677亩,其中50亩以上养殖规模的渔业生产主体16户,其中包含3家水库,主要养殖品种为鲢鱼、草鱼、鲤鱼、鲫鱼、虾等。

【乡村振兴】 以深化县域内城乡融合发展改革试点为统揽,串联国家级农民合作社质量提升整县推进、全省首批交通强县改革、全省"家庭农场信贷直通车"等试点示范,推动各种资源要素更加合理有效配置。打造"千万工程"夹江样板,聚焦重点领域,创新基础设施和公共服务共建共享体系,重点推进教育均等化改革,稳步推进医共体运行,与省、市建立专科联盟8个。全县行政村寄递物流综合服务站点覆盖率达100%,农村自来水普及率达89%,4G网络全覆盖、5G覆盖率达90%以上。实施供水、燃气、排污3个"一张网"项目,其中供水项目获得金融工具支持8亿元。承办全省和美乡村现场会。创新基层社会治理体系,构建"六防"集成基层风险治理体系,把乡村振兴与防灾等5项防风险工作一同列入底线工作范畴,以镇、村为单元,加强风险识别,实现动态清单管理,用制度应对未知风险。常态化召开三级"坝坝会",引导党员干部在基层一线收集解决问题。开展"践行十爱·德耀嘉州"活动,表扬先进示范,彰显文明新风。

【乡村旅游】 夹江县2023年乡村旅游取得重大进展,持续推进世界灌溉工程遗产东风堰文旅融合项目——景区公共服务设施及景观景点提升项目(一期工程)、夹江县博物馆群落建设项目(一期工程)、909红色教育基地建设提升项目、杨湾纸坊项目等农文旅融合项目建设。完善东风堰—千佛岩景区配套设施,新建石堰大地博物馆8000平方米,修缮木城历史古区15000平方米、竹纸制作保护修复及体验区10000平方米及配套服务设施,增加909红色教育基地科技馆展厅2个,开放《硬核时代》拍摄场景。杨湾纸坊建成20个古法纸槽(年产手工纸5万刀)、手工竹纸制作技艺非遗研学区、高端纸文化民宿"杨湾文栖院",推进"纸文化""纸产业""纸旅游"融合发展。举办第二届东风堰大灌区枇杷丰收节系列活动、凤山李子节、新场镇采茶节、辕门石斛花节等节会活动,塑造夹江乡村旅游新亮点。建成"文家乐民宿"特色文旅品牌,挂牌12家。夹江县申报为全省文化赋能乡村振兴试点县,

夹江县东风堰入选2023年文化和旅游部推出的10条长江主题国家级旅游线路——长江安澜见证之旅，中国核动力九〇九基地获评新时代军工文化教育示范基地，夹江木城高山云雾茶园入选“2023安逸四川宝藏赏春地”总排行榜前100名单。

【农村水利】 截至2023年年底，全县已建成各类水利工程0.3107万处，蓄引供水能力0.3477亿立方米，设计灌溉面积23.34万亩，有效灌溉面积20.07万亩（其中节水灌溉面积1.5万亩、旱涝保收面积13.5万亩）。在现有水利工程实际供水量中，农业灌溉供水1.62亿立方米，城镇生活供水0.1687亿立方米，工业供水0.3845亿立方米，农村人畜供水0.18亿立方米。全县已建成各类水库35处，全部为小型水库，总库容0.259164亿立方米，兴利库容0.1654亿立方米，设计灌溉面积8.772万亩，有效灌溉面积8.5721万亩。建成引水工程2处（东风堰和跃进渠，其中跃进渠为跨县灌区，取水口在全县境内，大部分灌区在外县），年引提水能力26.08亿立方米，设计灌溉面积24.58万亩，有效灌溉面积19.17万亩。建成山坪塘、石河堰等小型水利工程0.307万处，总蓄水能力0.1284亿立方米，设计灌溉面积8.2195万亩，有效灌溉面积7.47万亩。共建成水轮泵、机电提灌站工程471处，提水能力0.0713亿立方米，有效灌溉面积4.8911万亩。

【农业机械化】 全县完成农作物机耕面积55万亩、机播面积17.5万亩、植保面积110万亩、机收面积25.6万亩，其中社会化服务作业面积90万亩次（含跨区作业），同比增加3万亩；服务小农户5.4万户，农作物综合机械化实现率67%，主要农作物综合机械化实现率83%；农机服务总收入及农户使用农机节本增收15850万元，实现纯收入9910万元，比上年同期的9460万元增加450万元，人均纯收入增加22.5元；有农产品仓储冷链物流经营主体（农场、合作社）16家，储藏库容4万立方米，仓储能力达8000吨次，果蔬、肉类、水产等主要鲜活农产品低温冷藏率达25%。

【农村科技】 截至2023年年底，全县有涉农国家高新技术企业5家、涉农国家科技型中小企业8家、乐山国家农业科技园区企业6家、涉农科技创新服务平台4个（百岳茶业市级院士专家工作站、华义茶业市级专家工作站、仙草谷市级专家工作站、百岳茶业市级企业技术中心）。实施省级科技项目1个。

【农村教育】 全年一般公共预算教育投入2.08亿元，向上争取中央资金2462万元、省级资金503万元。投入1205万元，改建华头中学、甘霖小学等8所农村小规模学校运动场、校舍等。全县共有农村留守学生2094人，其中小学留守学生1001人、初中留守学生565人、高中留守学生528人。2023年，共发放教育扶贫资金54300元，资助74人次；发放幼儿免保教费400000元，资助800人；发放中等职业教育学校国家助学金357000元，资助257人次；普通高中免学费政策惠及1300人次，发放554800元；发放普通高中国家助学金1300000元，资助1300人次。

【农村文化】 健全优化基层公共文化服务体系。每个镇（街道）综合文化站成为群众文化的中心和枢纽，深化农村数字化建设，实现每个村（社区）文化室（文明实践中心）成为群众开展文化活动和文化实践的集散地。

创作文艺作品。改编创作作品《匆匆》代表乐山市参加“成渝地—巴蜀情”方言诵经典获得三等奖，夹江谐剧节目《一个都不能少》代表乐山市参加四川省第三届艺术节群星奖决赛等。

组织开展文化活动。组织开展2023年“万人赏月诵中秋”——夹江分会场展演活动，承办2023中秋诗歌征集活动、“纸乡风・端午情”端午节有奖征文活动，办好《若濡文苑》刊物。开展“百姓大舞台　文化走基层”系列活动，包括文艺演出2场、文化走基层6场，免费送出春联1000余幅、“福字”500余张、年画300余幅、文化书籍600余册，共惠及群众10000人次。

促进文旅融合。开展省、市、县非遗传承人、非遗项目申报工作，拟定第八批夹江县非遗代表性传承人名单。组织非遗企业到峨眉山市参加第十届四川国际旅游交易博览会，宣传展示夹江年画和夹江竹纸。利用散布于各镇（街道）、村的历史文化资源发展乡村旅游，推进全县A级景区创建，打造中国石堰——大千纸乡景区、华头古镇景区、辕门仙草小镇景区等一批优质项目。

【农村卫生】 有乡（镇）中心卫生院6个、乡（镇）卫生院1个、社区卫生服务中心1个、村卫生室84个，主要开展基本医疗和基本公共卫生服务，其中基本医疗以常见病、多发病的诊治为主，解决辖区内群众看病需求；基本公共卫生是为全县常住城乡居民免费提供健康档案管理、免疫规划、重点人群健康管理等基本公共卫生均等化服务。

【农村法制建设】 加强乡村法治宣传教育，到村（社区）开展法治宣传40余场次，编印发放《法治进农村》《民法典宣传手册》等读本手册8000余本。推进乡村依法治理，培养“法律明白人”496人。督促指导全县各村（社区）打造法治文化阵地，实现全县95个村（社区）法治文化阵地全覆盖。持续完善乡村公共法律服务，实现市（县）公共法律服务中心、法律援助中心和乡（镇）公共法律服务工作站运行率100%，村公共法律服务室建成率达100%，法律援助率达100%，人民调解成功率达98%以上、履行率达90%以上。

【农村交通】 持续巩固“四好农村路”建设成果，推进乡村运输“金通工程”高质量发展，加强“建、管、养、运”协调发展，建设大峨眉交旅融合先行示范区和交通强县。加快建设“茶乡”“水乡”“纸乡”最美风景道，产业路、旅游路连线成环，建设撤并建制村畅通工程49千米、30户以上自然村通硬化路29千米、幸福美丽乡村路41千米，建成“百里水乡”产业道路33千米、“百里茶乡”产业道路20千米，建成麻柳吊桥等3座铁索桥改公路和新（改）建甘江镇席湾桥、黄土镇水口桥，安装农村公路安防设施36千米。全面加强路域环境综合整治，建立国、省、县、乡、村五级“路长制”，实行“总路长+国、省、县、乡、村道路长”组织形式，落实落细农村公路管护主体责任。利用“智慧路长App”信息化平台，规范开展公路巡查，健全三级养护管理日常工作记录，及时整改巡查发现问题12起。加强执法监管和宣传引导，全面维护路产路权，制止破坏公路行为25起，立案处理22件，各类宣传活动发放公路保护宣传资料1000余份，宣传公路“路长制”、路产路权保护等知识，提升群众爱路护路理念意识。深化农村公路养护管理体制改革，招募招聘道路专管员755名开展农村公路网格化管理，通过市场化购买服务管养里程160千米，采取公益性岗位、家庭承包等方式实现全县1194.1千米农村公路列养率100%，农村公路优良中等路率93.7%，路面使用性能指数(PQI) 86.01。实施乡村运输“金通工程”，全县基本形成以城乡公交为主，班线客运、片区客运为辅的客运体系，全县运行公交线路19条，实现除华头外所有乡（镇）全覆盖；农村客运车辆49辆，实现村村通客运。“交商邮供”融合发展，建成县级快递物流中心1个、镇级物流中心7个、村级金通驿站68个，开通交邮合作线路10条，开行“物流+货运+便民小客”乡村运输和物流配送服务，依托全县41台“金通”小黄车，打通农村物流“最后一公里”，加速“农特产品进城、消费品下乡”双向畅通。开通“金通工程”护学专线，投入21辆城乡公交车、29辆“金通护学车”，通过6条公交线路、2条班线客运线路、4个片区客运覆盖全县6个镇，每天接送学生1000余人。

【涉农招商引资】 全县有3000万元以上的农业招商引资重大项目1个；项目总投资20亿元，比上年增长1567%。协议资金200000万元，增长1567%；到位资金26000万元。

【农村社会保障】 截至2023年年底，全县城乡居民养老保险参保人数142095人（其中在职参保人数90590人），待遇领取51505人；征收12364万元，发放养老金9013万元。生成征地生活补贴发放计划8576人次，财政发放1134.3万元。8月，为722名被征地农民领取生活补贴人员调整待遇，共计调整补发38.47万元；9月，为47860人城乡居民养老待遇领取人员调整养老金，共计补发约188.14万元；11月，为49236人城乡居民养老待遇领取人员调整养老金，共计补发约123.1万元。按时足额向43453万名城乡养老保险符合条件的人员发放养老金。为低保对象、特困人员等困难群体代缴城乡居民基本养老保险个人缴费部分，截至2023年年底，为5144人代缴51.44万元个人缴费，完成目标任务数4500人的114.31%。

【农村生态建设及环境保护】 出台《夹江县空气质量达标三年攻坚行动方案（2023—2025）》，实施“工业、扬尘、面源、移动”四大行动。推进陶瓷行业深度治理，列入全市“五个一”批减排任务清单的11家陶瓷企业建成SCR脱硝和湿电除尘设施，新增B级绩效管控企业5家，达到18家，占全省197家的9.1%，占全市27家的66.6%，数量名列全省和全市第一，重点陶瓷企业秋冬季在非橙色以上预警情况下基本实现自主生产。完成天晟等9家泽泻规模化加工主体生物质改气。建成厚金、农茂等2个秸秆综合处理中心项目，全县秸秆综合利用率达91.46%。2023年，圈县PM2.5浓度为41.8微克/立方米，优良天数率78.1%，重度污染3天，在全省193个县（市、区）（含10个经济开发区）中排名第171位，同比提升3位；在全省128个县（市、区）中排名第127位，同比不持平；综合污染指数变化程度排名全省128个县（市、区）第47位，同比提升63位；空气质量及改善幅度综合排名居128个县（市、区）第98位，同比提升29位。水污染防治方面，在全市率先建成金牛河、马村河小流域水质24小时自动监测站点3个。完成吴场镇光辉村、新场镇欣凤村、甘江镇新兴村3个村2023年农村生活污水治理“千村示范工程”项目，截至2023年年底，新增生活污水有效治理行政村3个，达65个，占全县88个行政村总数的73.9%；新建集中式污水处理设施1座，达到20座。常态化开展河流和集中式饮用水水源地水质监测，15条河流中Ⅱ类水质5条、Ⅲ类水质10条，县级青衣江群星集中式饮用水水源地、8个乡（镇）集中式饮用水水源地水质达标率100%，为有水质监测数据以来的最好水平。2023年，全县在全省187个县（市、区）水质综合指数中排名第30位，全市排名第一位；水质综合指数2.7981，同比改善2.04%。土壤污染防治方面，推进“无废城市”建设，建成日处理30～50吨大件垃圾的分拣处置中心，各类生活垃圾和建筑垃圾均得到有效处置。开展土壤污染防治，完成受污染耕地安全利用17715亩，土壤安全总体可控。

【农产品质量安全监管】 全年开展县级农产品定量抽检440批次，定量监测总样品量达到1.28批次/千人，其中例行检测334批次，合格率99.1%；监督抽检106批次，监督抽查样品量达到抽检总量的24.1%；发现问题产品2批次，查处率100%。配合部、省、市抽检农产品242批次，抽检合格率99.5%。制定并印发《夹江县豇豆农药残留突出问题攻坚治理工作方案》等文件，对商品豇豆种植户进行全面建档立卡，实施网格化管理，建立定期巡查和不定期抽查工作机制，开展全覆盖巡查检查，并加大监督抽检力度。实施农产品溯源管理，按照“生产有记录、流向可追踪、质量可追溯、责任可界定”的要求，指导473家新型农业经营主体入驻国家级（省级）农产品质量安全追溯平台，并按要求录入产品批次信息。推进承诺达标合格证制度试行，建设镇级承诺达标合格证自助服务点4个、村级承诺达标合格证自助服务点1个、食用农产品合格证制度实施“准入制”示范点9个、合格证标杆企业30家。落实农产品生产主体质量安全“重点监控名单”和“黑名单”制度，纳入夹江县重点监控名单11家，加强巡查检查力度，发挥警示震慑作用。加强农业执法，打击农产品质量安全违法违规行为，对市、县监督抽检发现的8批次不合格产品进行立案查处，涉及违法违规使用禁限用药物和常规药物残留超标问题食用农产品质量安全案件查办完成率233.3%。

【农村市场体系建设】 全年创新普惠金融助农服务体系，制定出台《支持出口茶企业发展的五条措施》，设立风险补偿金，鼓励金融机构创新“出口茶订单贷”等模式，加大对出口茶的金融支持力度；做好“茶业贷”，投入200万元与昆仑银行合作，为全县茶业生产、加工等经营主体定向发放贷款，累计发放贷款57笔2584万元，金融服务“三农”走在全省前列。

【劳务开发与返乡创业】 全县累计建成农民工综合服务站4个、“夹江县零工市场”1个。选树返乡入乡创业明星41名。全县共有农村劳动力14.46万人，实现转移就业10.5万人（省内转移就业9万人、省外转移就业1.5万人）；脱贫劳动力实现转移就业5372人，完成市下目标任务的102.56%。受理农民工创业者创业补贴10人，共计10万元，已发放创业补贴6万元。

【主要领导人】 县委书记：许天毅；县人大常委会主任：伍仕军；县长：张毅；县政协主席：李冰海；分管农业副县长：薛怀军。

夹江县编写组

沐 川 县

【基本情况】 2023年，全县辖8乡5镇，辖区面积1408平方千米，其中耕地面积14.8万亩，人均耕地面积0.7455亩；基本农田11.99万亩。年末总人口24.28万人（户籍人口），减少6.1%；人口出生率6.08‰，增加0.85个千分点；人口自然增长率-4.53‰，减少4.87个千分点。本地水资源总量9.65亿立方米，人均占有水资源量5186立方米。有林地面积10.73万公顷，活立木总蓄积量689.71万立方米，森林覆盖率77.34%。

2023年，全县实现地区生产总值93.4亿元，增长5.6%，其中第一产业增加值23.32亿元，增长4.5%。劳务输出9.05万人，收入163029万元。全年接待游客344.18万人次，实现旅游综合收入25.3亿元，其中乡村旅游收入12.43亿元。

公路通车里程2588.125千米（其中乡村公路2412.051千米），密度186.3米/平方千米、136.6千米/万人。社会消费品零售总额38.04亿元，增长9.9%。地方一般公共预算收入完成4.81亿元，同比增长37.31%；一般公共预算支出17.54亿元，同比增长2.13%，其中农业投入4.59亿元，占支出的25.85%。金融机构各项存款余额141.7707亿元，比上年初增长15.41%；各项贷款余额105.3816亿元，比年初增长20.92%，其中支持农业产业化发展项目贷款9621.23万元。全年农业保费收入16385.63亿元，增长13.24%；处理各项赔款和给付金额8654.57万元，增长24.63%。县农业农村局全年牵头重点项目8个，完成投资4.93亿元。农业产业化龙头企业国家级、省级、市级、县级分别为2家、2家、17家、169家。

有各类学校47所，在校学生27818人，教职工3697人，其中普通高中1所，在校学生2604人；职业中学1所，在校学生1707人；义务教育阶段学校22所，在校学生19457人；幼儿园23所，在园幼儿4050人；学龄儿童入学率100%。有文化馆1个，公共图书馆1个，美术馆1个，博物馆1个。有卫生机构223个，病床位1164张，卫生技术人员1078人。新型农村社会养老保险参保人数113177人，参保率96%；征地养老保险安置人数127人

【年度农业和农村经济运行】 2023年，全县实现农业总产值35.26亿元，同比增长4.9%；实现第一产业增加值23.3亿元，同比增长4.5%。农民年人均可支配收入达21745元，同比增长7.8%。全县主要农产品产量见表1。

【农业产业化发展】 全县共有农民专业合作社370个，较上年新增25个，其中市级以上示范社达21个（国家级示范社1个、省级示范社11个），入社农户4336户，带动农户27927户。累计培育家庭农场788家，较上年新增60家，其中市级以上示范场达48家（省级示范场4家）。有社会化服务组织5个，农业生产社会化服务率提升至60%以上。

【农村集体产权制度改革】 印发《关于进一步做好2023年村级集体经济发展的通知》，召开专题会议6次，实地调研6次，检查督促12次，确保集体经济组织项目建设稳步推进；召开农村集体资产年度清查培训会，培训26人次，完成年度资产清查和成员身份校核。持续深化农村产权制度改革，

紧盯“资产资源管理、经济合同管理、债权债务管控、工程项目管理、集体经济审计”等五个关键环节，精准识别管理漏洞和廉洁风险。2023年，新型农村集体经济项目实施建设有序推进，全县集体经济总收入达820.35万元，较上年增长5.7%。

【供销合作社改革】 全县供销社持续推进供销系统综合改革，以建设为农服务综合平台为目标，新建城市日用品经营服务网点5个，在中心镇新建为农服务中心1个，打造农村三星级综合服务社2个，改造升级农村经营服务网点5个，在空白乡（镇）新建基层供销社1个，改造升级薄弱基层社1个，新建农村专合社2个，推进“三位一体”合作基层社建设1个。依托社有企业川业农资公司，发挥26个农资配送网点主渠道作用，确保全县优质农资储备和供应，全年农资配送总额700余万元，共计储备调运配送有机肥、复合肥、生物菌肥等1000余吨，除草剂、杀虫剂、杀菌剂等农药1000余件，储备农膜10余吨。依托社有企业和基层社及其为农服务中心开展综合服务，通过川业农资公司，茨湾、同创、七碗茶山基层供销社，智农为农服务中心及开门开放办社企业，开展为农服务业务，全年保有土地流转面积11000亩，土地托管和半托管面积15000亩，开展配方施肥、统防统治、农机作业服务等26000亩次。通过社有企业、基层供销社、开门开放合作企业实现全年购销额32000余万元，其中农产品购销26000万元、农业生产资料购销（含茨竹同创供销社回收利用秸秆）1300余万元、再生资源回收利用1000余万元。

【农产品品牌战略实施】 持续抓好“沐川猕猴桃”地理标志农产品保护工程项目实施，建设绿色、有机生产基地4387.4亩，新增“三品一标”及名特优新认（换）证12个，截至2023年年底，全县累计获得“三品一标”及名特优新农产品认证73个，其中无公害农产品19个、绿色食品10个、有机食品36个、地理标志农产品3个、名特优新农产品5个；基地面积43.85万亩，占全县农作物生产面积的84.5%。举办2023中国·沐川紫茶节活动、沐川县出口红茶贸易洽谈会、中国魔芋产业发展大会，“沐川紫茶”国家地理标志认证申请被国家知识产权局受理。

【现代农业园区建设】 围绕林竹、茶叶、魔芋三大特色产业，推进现代农业园区建设，加快牛郎坪茶叶生猪种养循环园区改造提升，龙溪河玉米+魔芋、高笋果畜种养循环、五指山竹笋产业园等现代农业园区建设快速推进，魔芋科技示范园后期运营管理取得实质性进展，现代农业园区建设工作走在全市前列。全县已培育现代农业园区11个，其中省级三星级园区2个、市级园区5个。在全市片区拉练中先后获得脱贫类区县2个一等奖、1个二等奖。沐川县魔芋现代农业园区创建为省三星级园区，沐川县杨茨粮油现代农业园区创建为市级园区。

【种植业】 全县粮食作物播种面积30.89万亩、产量10.31万吨，其中小春粮食作物播种面积2.7749万亩、产量7030.96吨，同比分别增长2.05%、3.67%；大春粮食作物播种面积28.1151万亩、产量9.61万吨，同比分别增长-1.25%、2.01%；豆类播种面积2.7325万亩、产量0.29万亩，同比分别增长5.92%、19.81%；折粮薯类播种面积1.5827万亩、产量0.4251吨。

【林业】 全市唯一一处油茶保障性苗圃基地已建成并投入使用，取得省林草局颁发的《林草种子生产经营许可证》并被认定为四川省第二批油茶保障性苗圃，2023年培育油茶良种225万株，在利用箭板镇、大楠镇良好的区位优势和油茶生产基础上，辐射带动周边富新镇、舟坝镇、黄丹镇、高笋乡等乡（镇）发展油茶种植1.9万亩，油茶产业稳步推进。

表1　2023年沐川县主要农产品产量

主要农产品	单位	产量	同比增减(%)
粮食	万吨	10.3102	-0.97
水稻	万吨	4.6062	-2.90
小麦	万吨	0.0082	100.00
玉米	万吨	4.2857	-0.55
马铃薯	万吨	0.8616	-1.20
油菜籽	万吨	0.7871	4.09
蔬菜	万吨	12.2311	2.27
水果	万吨	1.7542	8.40
肉类	万吨	1.8496	-0.20
猪肉	万吨	1.4966	-0.20
牛肉	万吨	0.0149	0.80
羊肉	万吨	0.0627	1.20
禽肉	万吨	0.2209	-1.60
兔肉	万吨	0.0545	4.00
禽蛋	万吨	0.1785	5.30
水产品	万吨	0.2439	3.79

推进国家储备林项目建设，沐川国储林项目总投资约36亿元，第一批贷款授信9.53亿元，项目已完成招标，确定勘察设计施工单位，5月底完成作业设计编制，作业设计获批后开展营造林工作。建立“示范园区+示范基地+示范户”三级竹林丰产培育示范体系，以省级现代竹产业示范四星级园区辐射带动竹基地建设，新增省级现代竹产业基地2处，全县累计建成省级现代竹产业基地7处。推动竹产业转型升级，服务泰盛集团4个技改项目。牵头完成五指山竹笋产业园区建设，硬化园区道路11.2千米，新建生产道、机耕道15千米，建成中高端民宿4家、林家乐3家、观鸟基地1个，并以园区带动鲜竹笋加工企业技改升级，菱欣农业、云雾食品生产经营步入正轨。政府安排资金20万元，在全市率先将野生动物损坏农林作物事件引入保险机制，全年共发生野生动物损害农林作物及家禽家畜案件365件，赔付金额73968元。开展外来入侵物种普查工作，维护了生物多样性。

【畜牧业】 坚持“预警为主、调控兜底、及时介入、精准施策”的原则，做实“菜篮子”工程，落实生猪生产县长负责制，印发《2023年度生猪生产目标的通知》，分解下达生猪调控目标任务到乡（镇），并纳入地方党政综合目标考核；建成生猪产能调控基地7个，其中国家级基地1个（乐山宏海农业科技有限公司）、省级基地6个，将生猪纳入统计系统重点调查10户。全年生猪出栏20.6万头，同比增长1.9%；能繁母猪保有量0.97万头，有常年规模养殖场40个。

【水产业】 抓好长江流域“十年禁捕”工作，加强禁渔期监督管理和禁捕政策宣传，通过宣传车、张贴通告、广播电视、微信等多种形式开展宣传，营造浓厚氛围；加强日常监管，常态化开展巡河工作，开展“护渔百日联合执法行动”，发放禁捕宣传资料6000余份，制作安装禁捕标识和广告牌21个、标语13幅；出动检查人员2000余人次，收缴违法捕捞网具112张，处罚总计2000余元，批评教育并劝离违规游钓人员500余人次，协助公安机关办理电鱼案件8件，暂扣鱼竿200余只；检查渔具经营门店、水产品市场400余次，确保禁用渔具不上市销售。清理拆除马边河沐川段水域水上“浮动设施”及配套设施设备2810.34平方米，做到清除彻底、无死角。监督黄丹电站、石灰岩电站落实2023年度生态补偿措施，增殖放流6.5万尾。会同四川省珍稀特有鱼类保护与利用中心开展长江水生生物监测和禁捕效果评估，设置水生物调查点位2个，开展外业调查2次。

【乡村振兴】 坚持农业农村优先发展，在财政投入上优先保障，2023年年初一般公共预算安排乡村振兴经费15949万元，占一般公共预算支出的14.33%，经费预算、一般公共预算支出占比分别较上年增长3.26%、1.09%。一般公共预算支出中乡村振兴支出56385万元。在乡村振兴要素配置上优先满足、公共服务上优先安排，聚焦“五大振兴”持续发力，产业支撑明显增强，乡村治理规范有序，乡村环境持续改善，宜居宜业和美乡村加快成型。

【乡村旅游】 围绕“一根竹、一叶茶、一颗芋、一幕戏”发展路径，以文旅融合、农旅融合、交旅融合等多样化的融合路径优化“旅游+”产业布局，融入成渝双城经济圈、“大峨眉”、“大竹海”战略联盟，加强资源整合，综合施策提振文旅消费。举办“2023中国·沐川紫茶节”，“来沐川·我氧你”走进成都、重庆等系列文旅消费推介活动。沐川竹海景区国家4A级景区创建通过省级专家评审，获评“2023四川十大避暑胜地”；森态源魔芋工业旅游景区入选2023年四川省工业旅游示范基地；沐川观鸟基地上榜四川最受网民喜爱的网红打卡地。推进新兴旅游景点开发培育，开发研学旅游、自驾露营、生态康养等旅游业态，加强打造五指山野奢民宿群、中国魔芋科技示范园区、牛郎坪茶叶产业园区等农旅融合产业园区。完成璞舍民宿和茶文化研学基地建设以及宏之菲民宿、五指山野奢民宿等文旅项目签约3个，签约金额2.55亿元，完成文旅项目投资1.5亿余元。2023年，全县乡村旅游共接待游客185.52万人次，实现乡村旅游收入12.43亿元。

【农业机械化】 推进农业技术装备研发应用，完成农机化生产和相关项目建设任务。及时兑现农机购置补贴资金69.6万元，全部通过“一卡通”形式直接兑付到农户手中。

【农村教育】 2023年春季学期，全县普惠性幼儿园覆盖率达96.7%，公办园幼儿占比51.36%；2023年秋季学期，全县普惠性幼儿园覆盖率达97.37%，公办园幼儿占比50.43%。全年锁定辍学风险学生14人，对辍学风险学生实施“一生一案”管理，调动各方力量开展“全员访、重点访、定点访、爱心访”，14名学生全部返校。将脱贫家庭学生、脱贫不稳定家庭学生、边缘易致贫家庭学生等13类学生优先纳入资助范畴，全年发放学生资助金1047万元，资助学生1.08万人次。通过省、市各类公益资助项目对310名家庭经济困难学生进行补充帮助，发放资助金或免除费用合计50.95万元。实施“生本教育”课堂教学改革，组建义务教育学校共同体7个，成立课改工作室9个，形成“以点带面”辐射全县的课改工作布局。常态化开展义务教育优质均衡发展评估监测，完成项目储备7个。依托乌蒙山区高考“三大专项”政策优势，与乐山一中开展深度合作办学，举办“乌蒙清北班”1个。投资2.6亿元，开工建设沐川职中产教融合基地实训项目。深化“蓝鹰工程”，与浙江省诸暨市5所职业技术学院达成合作办学协议，吸引东部10余家知名企业开设“蓝鹰工程”企业冠名班14个，开设专业10个。沐川职中申报为“3+2”中高职贯通培养学校，与四川信息职业技术学院等4所高职院校的王牌专业实现贯通衔接。

【农村文化】 提升公共文化服务阵地品质，贯彻执行《乡镇（街道）综合文化站评估定级规范》《村（社区）基层文化服务中心建设标准》，确保全县13个乡（镇）综合文化站、22个社区文化服务中心和129个村文化服务中心公共文化服务设施建设规范、功能齐全，优化阵地功能和服务。优化公共文化服务设施布局，推进公共文化设施标准化建设，全县13个乡（镇）综合文化站均已设立文化馆、图书馆分馆。实施公共文化服务惠民工程，各乡（镇）在元旦、春节、国庆节等重要节日期间开展各类文艺演出活动30余场次；县图书馆开展“学思践悟新思想　砥砺奋进新征程”党的二十大精神宣讲暨竹乡人文讲坛公益讲座、基层业务指导以及“我们的中国梦图书进万家”图书流动服务77场次；县文化馆开展“戏曲进乡村”惠民活动117场次，服务群众2.1万余人次。

【农村法制建设】 全县共培育“法律明白人”604人，举办培训14次，开展“法治进乡村”40次，发放资料35000余份。建成乡（镇）公共法律服务站13个、村（社区）公共法律服务室151个，实现乡（镇）、村（社区）法律顾问全覆盖。

【农村交通】 全县农村公路里程2412.051千米，其中县道430.388千米、乡道459.648千米、村道1522.015千米，100%的乡（镇）、100%的行政村通硬化路。

【涉农招商引资】 全县有3000万元以上的农业招商引资重大项目8个，其中外资项目1个、内资项目7个，分别比上年增长100%和100%；项目总投资10亿元，比上年增长127%。

【农村社会保障】 持续落实缴费困难群体代缴政策，全年按照最低缴费档次为参加城乡居民基本养老保险的低保对象、特困人员、脱贫人员、重度残疾人、失独五类缴费困难群体代缴城乡居民基本养老保险19214人192.14万元。

【农村生态建设及环境保护】 组织实施2023年农村生活污水治理“千村示范工程”项目，项目总投资480万元，比上年增长26.98%，完成凉井村、禾加村、乐园村、莺歌村、凤凰村、黄龙村、两路村、严湾村、和平村、油房村等10个村1150户农户生活污水治理，项目完工后农村人居环境不断改善，农村环境监管能力和群众环保意识明显增强，全县共有82个村农村生活污水得到有效治理，占比63.57%。

【农产品质量安全监管】 全县建成县级检测机构1个、乡（镇）检测室13个、村级检测室3个、农业新型经营主体检测室18个。完成县级定量监测297个、监督抽样65个，配合完成部、省、市抽检150个，指导乡（镇）及企业快速检测4150个，推广胶体金新检测技术检测300个，合格率达99.99%。

【劳务开发与返乡创业】 全面落实稳就业政策，精准施策，拓宽就业渠道，通过网络招聘、线下培训、稳就业补贴、公益性岗位安置等举措，确保全县就业形势保持基本稳定。2023年，全县城镇新增就业1698人，城镇失业人员再就业386人，就业困难人员就业318人。全县农村劳动力转移就业9.05万人，其中脱贫劳动者转移就业11642人。出台《2023年东西部劳务协作奖励补助办法》，发放务工补贴5503人278万元，开发农村公益性岗位1320个，兜底安置农村劳动力就业。围绕“有特色、有亮点、有成效”目标，落实各项创业支持政策，发放创业担保贷款558万元、创业补贴31万元，支持返乡入乡人员创办经济实体200余个，带动就业500余人。森态源魔芋种植加工创业园被认定为省级创业孵化基地，沐溪镇被评为省级返乡入乡创业示范镇。

【主要领导人】 县委书记：余斌；县人大常委会主任：胥大齐；县长：赵星；县政协主席：徐孝飞；分管农业副县长：伍刚。

沐川县编写组

峨边彝族自治县

【基本情况】 2023年，全县辖6乡7镇，辖区面积2382平方千米，其中耕地面积10.8846万亩，人均耕地面积0.914亩；基本农田7.3457万亩。年末户籍总人口14.85万人，减少0.03%；人口出生率14.71‰，增加1.09个千分点；人口自然增长率7.54‰，增加3.69个千分点。有林业用地21.4155万公顷，有林地面积18.7918万公顷，活立木总蓄积量2836万立方米，森林覆盖率79.27%。

2023年，全县实现地区生产总值69亿元，增长6.9%，其中第一产业增加值9.7亿元，增长3.6%，农、林、牧、渔及农林牧渔服务业之比为38.4∶13.4∶42.6∶0.3∶5.3；第二产业增加值33亿元，增长7.3%；第三产业增加值26亿元，增长7.9%。三次产业对经济增长的贡献率分别为8.4%、48.4%和43.2%。全年接待游客318.76万人，实现旅游收入18.38万元。

公路总里程1556.9千米，其中等级公路1555.4千米、高速公路23.7千米、农村公路1377千米（县道301千米、乡道496千米、村道580千米）。全年公路货物运输量38万吨，公路货运周转量3679万吨/千米；公路旅客运输量37万人，公路客运周转量1947万人/千米。民用汽车拥有量15872辆，增长8.5%。社会消费品零售总额301145亿元，增长11%。

地方公共财政预算总收入完成5.29亿元，减少41.22%；公共财政预算总支出20.26亿元，减少7.9%，其中农业投入64777万元，占支出的31.97%。金融机构各项存款余额99.07亿元，比上年初增长5.84%；各项贷款余额109.93亿元，比年初增长10.16%，其中支持农业产业化发展项目贷款50.63万元。全年农业保费收入0.19亿元，增长35.15%；处理各项赔款和给付金额3725万元，增长12.2%。完成农业产业化项目34个，完成投资2212.8万元。农业产业化龙头企业省级、市级、县级分别为4家、16家、93家。

有各类学校29所，在校学生18551人，教职工1193人，其中中等职业学校1所，在校学生1037人；普通中学11所，在校学生5851人；小学17所，在校学生11663人；学龄儿童入学率98.39%，提高0.01个百分点。有艺术表演团体1个，文化馆1个，公共图书馆1个，博物馆1个。有医疗卫生机构123个，其中医院3个、卫生院14个、疾病预防控制中心1个、妇幼保健院1个；卫生机构人员925人，其中卫生技术人员696人、执业（助理）医师240人、注册护士（师）306人；病床位582张，其中医院450张、卫生院123张。全年5岁以下儿童死亡率7.86‰，婴儿死亡率5.59‰，产妇住院分娩率99.33%。参加企业基本养老保险在职职工人数18035人，参加机关事业养老保险在职职工人数3850人。参加城乡居民基本养老保险人数61540人，领取城乡居民基本养老保险养老金人数12977人。参加城乡居民基本医疗保险人数108422人。

【年度农业和农村经济运行】 2023年，全县实现农业总产值16亿元，增长3.7%；全县全年农业增加值达9.73亿元，增长3.6%。农民年人均可支配收入达17256元，增长8%。全县农产品质量抽检合格率比年初提高98.9个百分点；建成13个基层农业综合服务站。全县主要农产品产量见表1。

【农业产业化发展】 依托306万亩林竹资源，以百里林竹南环风景线为纽带，推广种植“峨优1号”、油竹，提质扩面三月竹、八月竹等本土特色品种，培育笋用竹38.7万亩，建成省级现代竹产业基地2个，入选全省脱贫地区竹产业全链条发展试点县。深化与四川省农科院、四川农业大学的合作，邀请全省蔬菜首席专家到县指导2次，开展“科技万里行”活动3次，示范推广新品种36个、新技术23项。组建专家服务团，推广应用无公害水果栽培技术和高山蔬菜栽培技术，培训3500人次，印发技术资料15247份。依托四季分明、垂直差异明显的立体气候，推动粮果复合发展、果蔬错位发展，建成宜坪枇杷、毛坪猕猴桃、新场辣椒等特色高山果蔬产业基地8万亩，新林镇获评全国首批国家农业产业强镇。实施林下中药材种植抚育行动，依托境内1564种中药资源，发展黄柏、天麻、川牛膝等道地中药材种植，推广林药、林蔬、林菌等林下经济，建立林农复合经营体系。种植天麻32亩、艾草400亩，完成600亩白芨提升管理，全县道地中药材种植面积达7万亩。

【农村集体产权制度改革】 开展集体资产清产核资工作，成立农村集体“三资”专项清理整治推进工作领导小组，印发《峨边彝族自治县农村集体“三资”专项清理整治工作方案》，要求各乡（镇）在村级建制调整改革前各村集体资产的基础上再次对所辖行政村的农村集体“三资”进行清理，分村建立农村集体“三资”台账。全县全年集体经济总收入1022.69万元，同比增长3%，其中收入100万元以上的村有1个，30万～50万之间的村有1个，20万～30万元之间的村有11个村，10万～20万元之间的村有18个，剩下62个

表1　2023年峨边彝族自治县主要农产品产量

主要农产品	单位	产量	同比增减(%)
粮食	万吨	5.1000	2.15
水稻	万吨	0.4519	3.57
小麦	万吨	0.0076	120.00
玉米	万吨	2.6649	3.85
马铃薯	万吨	1.3279	–2.06
油菜籽	万吨	0.3234	5.17
蔬菜	万吨	3.5759	2.49
水果	万吨	0.1031	24.52
肉类	万吨	1.6003	1.80
猪肉	万吨	1.2198	0.10
牛肉	万吨	0.1080	0.50
羊肉	万吨	0.0401	–0.50
禽肉	万吨	0.1652	–0.90
兔肉	万吨	0.0672	68.00
禽蛋	万吨	0.3158	0.80
水产品	万吨	0.0147	5.00

村均在10万元以下，实现消除5万元以下村集体经济收入的年度任务。

【供销合作社改革】 全县21家基层社提升经营服务能力，发挥社有企业峨边承欣会计服务有限公司专业优势，支持基层社开展会计代理记账，全县共有8家基层社进行会计代理记账。推行"村'两委'+供销合作社"的"村（社区）共建工程"，通过发挥供销社的经营服务优势、农村集体经济组织的组织优势、农民专业合作社的产业优势，依法组建村级供销社，改造薄弱基层社1家，发展基层示范社2家，2家基层社负责人由村"两委"班子成员担任。全县有企业、基层社主营茶叶、猕猴头、腌制腊肉等农产品24种，其中具有农产品加工功能的4家。打造农产品品牌，申领特色农产品品牌8个，其中佳支依达、雪山玉芝农产品品牌被纳入省供销社特色农产品系统。

【农产品品牌战略实施】 培育公用品牌"峨岭云边"。全县农产品品牌有地理标志保护农产品（农耕农品）2个（峨边马铃薯、黑竹沟藤椒）、地理标志认证商标1个（峨边花牛），新申报企业绿色农产品3个（四川润物生态农业发展有限公司的猕猴桃、众成种植养殖专业合作社的枇杷、亿星园种植养殖专业合作社的枇杷）。

【现代农业园区建设】 修订出台《峨边彝族自治县现代农业园区建设总体规划（201—2023）》，示范打造"彝步千年·文旅新寨"核心区，打通产业中环线，构建"一核一环五组团"的园区发展新格局。提升打造新林"马铃薯+桃"、新场"玉米+辣椒"、宜坪"玉米+枇杷"现代农业园区，编制《峨边彝族自治县"马铃薯+桃"现代农业园区升星规划方案》，建成"串点成线、连线成片、集片成带"的"马铃薯+桃"现代农业园区，并通过省级现场核查。全年创建省星级园区1个、市级园区1个，认定县级园区2个。

【种植业】 推广"峨边一号"马铃薯和"贵卓玉9号"玉米等优良品种，平均亩产分别达2407.3千克、586.5千克；建成"马铃薯+玉米"套种示范片3000亩，辐射带动全县种植面积3万亩；建成水稻高产示范片150亩，亩产达646.26千克，示范片优良品种覆盖率达100%。茗新村、宜坪村示范片实测亩产分别为玉米679.17千克、大豆155.38千克和玉米651.9千克、大豆144.04千克。引进旱稻"旱优73"，实测最高亩产640.5千克，平均亩产543.5千克，初步宣告引种成功，可继续推广种植。引进"南薯88""尤特香薯"等10个红薯新品种，在不同区域进行品比试验和示范，实测"南薯021"产量最高，亩产达5612千克。

【林业】 落实森林防灭火"12个100%到位"和"9个上阵"要求，先后出动70余个检查组，检查人员310余人次，张贴森林防火禁火令3800余份，发放宣传单62300余份、宣传物资2300余件，张贴宣传标语56幅，召开"户长会"340余次，争取上级资金61.53万元购买添置森防物资。坚持巩固和发展退耕还林成果，组织开展前一轮退耕还林森林抚育补助和新一轮延长期补助共计2216万元的资金兑现工作和全县456.71万元生态效益补偿金的兑现工作。执行林地定额使用制度，做好要素保障，为县域内6个项目共申请使用林地定额7.7603公顷。结合全县"3+3+3"特色产业规划，细化分解林竹产业园区创建任务，形成《四川峨边现代林竹产业园区规划（2023—2027年）》。指导杨河乡举办首届采笋节，全年林业总产值达9.9428亿元，竹产业综合产值达3.7587亿元。新造油茶0.2万亩，新造笋用竹1.3万亩；创建2个省级现代竹产业基地，分别是峨边县志彪农林省级现代竹产业基地（0.62万亩）和峨边县杨河乡省级现代竹产业基地（0.54万亩）。

【畜牧业】 加强生猪生产周期调节，建成省级调控基地19个、规模化养殖场44个。争取省级贷款贴息补助资金3万元，解决养殖场资金周转问题，提振养殖户信心。实施完成生猪出栏补贴、生猪补栏补助、能繁母猪引种补贴等项目，稳定全县优质母猪存栏数量，保障全县仔猪生产与供应。多次邀请四川农业大学、省畜科院专家现场指导峨边花牛保护和开发，完成峨边花牛协会换届工作，推动峨边花牛产业可持续发展。

【水产业】 全县水产养殖面积46公顷，水产品产量147吨。优化和调整水产业养殖结构，盘活农村闲置坑塘资源，引导发展水产养殖产业。全年投放鱼种34吨，实现渔业经济总产值950万元。

【乡村振兴】 推进实施农村"三大革命"，推进农村"厕所革命"，市下农村户厕任务150户，实际完成162户；推进农村"污水革命"，通过实施农村生活污水治理项目建设，有60个行政村的农村生活污水得到治理，占比达65.9%；推进农村"垃圾革命"，健全完善"户分类、村收集、乡运输、县处理"运行机制，配备农村保洁员1160人、垃圾收集点1602处、垃圾清运车辆58辆、垃圾中转站6座，推进农村垃圾就地分类减量和资源回收利用，让乡村环境更美、生态更优、群众生活更便利。县农业农村局被评为2023年度全市农村能源建设和"厕所革命"建设先进单位；茗新村获评中国美丽休闲乡村；黑竹沟镇古井村、宜坪乡宜坪村创建为省级乡村振兴示范村，沙坪镇六丰村创建为省级重点帮扶优秀村；宜坪乡宜坪村、新场乡羊子岩村创建为市级乡村振兴示范村，沙坪镇河沟村、五渡镇新茶村、新林镇麻柳村创建为市级乡村振兴重点帮扶优秀村；新林镇茗新村、新场乡星星村被评为四川省"积分制、清单制+数字化"智慧乡村治理非试点县试点村；毛坪镇杨才宣、新场乡史治刚、五渡镇胡琳娟获评"四川省第三批农村致富带头人"。

【乡村旅游】 围绕"四季文旅"活动。举办"黑竹沟形象大使选拔"、黑竹沟火把节、黑竹沟彝歌会等活动，开展"彝家有味　悦享春天"消费促进活动，发放消费券3.23万元；开展"三八节户外健步走活动”，发放消费券0.76万元，带动消费160万元。依托东西协作消费平台举办“柯峨两地　职就共行”、“柯峨乐购游”等网络直播带货活动，打造峨岭云边农产品柯桥旗舰店“峨边之窗”，开展柯桥区峨边高山枇杷线下品鉴会，进驻“柯供优选”平台签约；组织经营主体到浙江省绍兴市柯桥区调研消费市场，洽谈采购商2次，全年向东销售农副产品4808.36万元，提升了峨边农副产品在浙江市场的占有率和知名度。

【农村水利】 推进城乡供水一体化，争取专项债券和融资贷款，完成峨边二水厂二期管网工程前期和施工招标挂网工作，加快推进三水厂、四水厂、万坪水库、杨河水库等前期工作；持续开展安全饮水动态监测，累计投入乡村振兴衔接资金127万元，改善提升5000余人的饮水水质。持续抓实水利扶贫，选聘161名公益性水利巡管员对管网进行维护和水源管理；加强对农村供水工程特别是对贫困人口饮水安全状况的动态监测，及时排查问题，建立到村到户问题台账，且发现饮水安全状况，及时采取加强工程维修养护、应急送水、新建工程等措施，守住脱贫攻坚农村供水成果，并且每月按时推送饮水困难风险线索。

【农业机械化】 为推进农业农机化工作，开展农机具购置补贴，全年补贴农机具188台，补贴金额11.5862万元。有提灌站1座，位于五渡镇，运行情况良好。

【农村教育】 全县中小学在校学生17946人，其中农村小学生981人（彝族学生942人），占小学生总数的8.41%；有乡（镇）单设小学14所，在校学生8039人；单设初中4所，在校学生2260人；九年一贯制学校4所，在校学生1427人；九年义务教育巩固率达100%，全部达到脱贫攻坚要求。有幼儿园127所，其中公办4所（含县幼3个幼教点）、民办5所、其他乡（镇）中心幼儿园12所、村幼教点106所；学前入园幼儿4802人（县幼762人、民办园1423人、乡/镇中心幼儿园和村幼2617人）。全县3 ~ 6岁幼儿4887人，已入园4802人，学前三年毛入园率为98.26%；学前一年幼儿2592人，已入园2549人，学前一年毛入园率98.34%。

【农村文化】 全县通过国家公共文化服务体系示范区创新发展复核验收。实施乡村文化振兴“百千万”工程，评选县级样板镇3个、样板村13个，申报省级样板村1个。推动开展村级群众性活动，“文化大篷车”进村入寨，全年演出21场，惠及21个村3560人次。开展“东西协作文化走亲”、“遇见黑竹沟　寻美小凉山”文旅形象大使选拔大赛等“四季文旅”活动40余场次。《美神·甘嫫阿妞》音乐剧实现本土化排练并成功试演，通过四川省艺术基金线上答辩。彝族说唱《峨边克斯》获得第十一届中国曲艺节开幕式优秀奖，舞蹈《孜木伟勒》、组合唱《回到佳支依达》在四川省第九届少数民族艺术节上分别获得非职业组比赛第二名和优秀表演奖，歌曲《尼木泽》获得第五届西部民歌展演“最佳作品”和“最佳演唱作品”以及第三届四川艺术节四川群星奖，彝族歌舞《朵洛荷》获得第八届成都国际非物质文化遗产优秀展演奖，峨边本土书画家谢树宏创作的中国画《穿越小凉山》获得四川省第十一届新人新作美术作品优秀奖。发展文化产业，推动文化旅游深度融合，开发“小凉山”民俗文化，规划建设铜河湾特色街区项目。引进培育成长型创意文创企业2家，致力于非遗市场转化。引导和培育彝族手工刺绣，每年开展妇女培训100余人次，组织刺绣产品参加国际非物质文化遗产节等各类文化术节活动。评定县级非遗项目12个、非遗传承人12人，申报6名市级非遗传承人，“毛坪山歌”“峨边彝族月琴弹奏技艺”2项非遗项目被列入第六批省级非物质文化遗产代表性项目名录。

【农村法制建设】 实施“八五”普法规划，推进开展“一月一主题”法治宣传活动，提升“普法小阿依”品牌。2023年，全县共开展法治宣传类主题活动50余场次，发放各类宣传用品20万余份。组建县、乡两级培训师资，通过“线下+线上”结合模式开展培训18批次，认定“法律明白人”411人。保留茗新村和铜河村“全国民主法治示范村”称号，沙坪镇东风社区创建为省级民主法治示范村。

【农村社会保障】 全县有社会福利院单位1个、床位200张，养老服务机构单位7个、床位640张。农村居民最低生活保障人数为9274人，农村特困人员人数389人。城乡居民基本养老保险参保人数61540人，城乡居民基本医疗保险参保人数108422人，领取城乡居民基本养老保险养老金人数12977人。

【农产品质量安全监管】 全年完成农产品抽样检测279批次，合格率98.92%；办理农产品质量安全执法案件3件。完成省级检测任务50批次，全部合格；部、省、市抽检40余批次，全部合格；开展胶体金快速检测80批次，全部合格；开展乡（镇）农残快速检测3900批次，全部合格。成立安全巡查小组，召开专题培训班1次；出动执法人员200人次，开展安全检查200家次、集中宣传4次，发放宣传资料3000余份，全年农业行业未发生安全事故。

【特色农副产品】 全县中药材产业在依托县农投公司等业主种植金银花、当归、白芨的基础上，重点发展艾草、天麻，以及峨参、重楼、牛膝、黄精等种植，全县中药材种植面积1.95万亩，同比增加0.07万亩；产量0.2637万吨，同比增加0.14万吨；实现产值4270万元，同比增加1175万元。建立天麻工厂化生产2000平方米，发展林下种植32亩，年产天麻35吨，产值达230万元；完成艾草基地提升改造400亩，艾草产量达800吨，产值达300万元；依托市级拉练完成600亩白芨基地提升改造。

【劳务开发与返乡创业】 全年组织开展线上线下招聘会28场，累计推送岗位7万余个。落实一次性创业补贴55人55万元，发放创业担保贷款2399.1万元，创业带动就业362人。开展创业培训8期181人。

【主要领导人】 县委书记：漆宾；县人大常委会主任：栗那针尔；县长：陈玉秀；县政协主席：余平；分管农业副县长：欧其月布（2月止），舒安彬（3月始，7月止），部欣（8月始，11月止），李建修（12月始）。

峨边彝族自治县编写组

马边彝族自治县

【基本情况】 2023年，全县辖3乡12镇114个村（社区），辖区面积0.2293万平方千米，其中耕地面积23.6351万亩，比上年增长0.0855%；基本农田10.56万亩。年末总人口22.8949万人（户籍人口），增长0.76%；人口出生率18.6‰。全县耕地有效灌溉面积和保证灌溉面积分别达到耕地总面积的34.48%和23.75%；本地水资源总量24.89亿立方米，人均占有水资源量13101立方米。有林业用地17.7万公顷，有林地面积17.7万公顷，活立木总蓄积量2112万立方米，森林覆盖率80.28%。

2023年，全县实现地区生产总值64.7311亿元，增长7.2%，其中第一产业增加值14.1949亿元，增长5.2%；第二产业增加值25.4245亿元，增长10.6%（工业产值18.8815亿元，增长7.1%）；第三产业增加值25.1117亿元，增长5.4%。三次产业对经济增长的贡献率分别为17.5%、53.2%和29.3%。全年接待游客330万人，实现旅游收入220000万元。

公路通车总里程1809.98千米，其中国道1条87.26千米、省道1条35.91千米、县道9条192.44千米、乡道32条336.73千米、村道1142.99千米、等级公路里程1795.33千米、高速公路14.65千米；公路旅客运输周转量550万人/千米，公路货运运输周转量40333万吨/千米。有公交车路数7路，实有公共汽车营运车40辆；民用汽车拥有量20614辆，增长11.8%。社会消费品零售总额30.5908亿元，增长11.2%。地方公共财政预算总收入完成6.9134亿元，增长23.7%；公共财政预算总支出27.9027亿元，增长25.7%。金融机构各项存款余额106.3477亿元，比上年初增长21.3%；各项贷款余额71.8382亿元，比年初增长29.5%。全年农业保费收入0.1158亿元，增长71.8%；处理各项赔款和给付金额0.0297万元，减少39.8%。农业产业化龙头企业省级、市级、县级分别为5家、9家、14家。

有各类学校77所，其中普通高中1所、中等职业技术学校1所、初中（含一贯制学校）9所、小学29所、小学教学点22所、公办幼儿园5所、民办幼儿园10所。有“一村一幼”119所、寄宿制学校36所；在校学生43609人，其中学前教育学生8047人、义务教育学生32087人、高中生3475人、寄宿制学生15231人；专任教师2421人，其中小学1523人、初中（含一贯制学校）675人、普通高中178人、中等职业技术学校45人。有艺术表演团体4个，文化馆1个，公共图书馆1个，博物馆1个。广播电视中型发射塔台1座、微型电视发射基站20处、广播转播台1座，广播人口覆盖率为99.3%。有卫生机构159个（含村卫生室），其中县级综合医院1个、县中医医院1个、县妇幼保健计划和计划生育服务中心1个、县疾病预防控制中心1个、县执法大队1个、乡（镇）卫生院（中心卫生院）15个、民营医院2个、村卫生室109个、诊所28个。有卫生技术人员1135人，比上年增长1.07%，其中执业（助理）医师306人，比上年减少37人；注册护士（师）525人，比上年增加36人。卫生机构病床位822张，比上年增加91张，其中县级医院521张、卫生院229张、妇幼保健院72张；医疗机构年门诊人次66.5万人次，比上年减少1.42%；婴儿死亡率2.74‰，比上年下降0.42个千分点；产妇住院分娩率99.18%，比上年上升0.92个百分点。城乡居民基本医疗保险参保人数191970人，参保率101.04%；城乡居民基本养老保险参保覆盖人数76485人。

【年度农业和农村经济运行】 2023年，全县实现农业总产值13.5063亿元，增长30.79%。农民年人均可支配收入达17600元，增长7.9%。全县农作物耕种收机械化率达35.28%，新增农机总动力304千瓦。全县主要农产品产量见表1。

【农村集体产权制度改革】 制定《马边彝族自治县农村产权流转交易市场体系建设工作方案》，建成成都农交所乐山产权交易有限公司马边分中心，并与成都农交所乐山农村产权流转交易有限公司联网运行，率先建立全省首个民族地区农村产权交易服务体系。

【供销合作社改革】 推行“党建带社建、村社共建”和“三社”融合发展模式，规范发展农民合作社，打造基层社示范社，全年培训农民社员105人；发展新型基层供销社3个，打造基层社示范社1个；领办农民合作社3个、农民合作社联合社1个、省级以上农民合作社示范社1个，入社成员达3016人；联结农村集体股份经济合作社6个，带动发展农业产业1万余亩。

【农产品品牌战略实施】 以开展小凉山采茶节、农民丰收节等活动为抓手，组织涉农企业参加四川茶博会等农产品展销活动；结合淘宝、京东等线上营销平台和特色农产品销售门店，建成集农产品宣传、展示、交流、交易于一体的品牌营销体系，推广“马边绿茶”“马边竹笋”等

表1　2023年马边彝族自治县主要农产品产量

主要农产品	单位	产量	同比增减(%)
粮食	万吨	9.5907	2.40
水稻	万吨	0.7327	–5.20
小麦	万吨	0.01524	4.20
玉米	万吨	6.3969	4.10
马铃薯	万吨	1.4455	2.86
油菜籽	万吨	0.4194	13.60
蔬菜	万吨	2.6983	9.00
水果	万吨	0.5788	3.10
肉类	万吨	1.4354	–0.90
猪肉	万吨	1.0533	–1.20
牛肉	万吨	0.0887	1.30
羊肉	万吨	0.1901	0.70
禽肉	万吨	0.0998	–2.00
兔肉	万吨	0.0034	–2.00
禽蛋	万吨	0.3347	–0.70
水产品	万吨	0.0100	66.00

区域品牌，2023年“马边绿茶”区域公用品牌价值达26.4亿元，稳居省内县级茶叶区域公用品牌评估价值榜第一位。

【现代农业园区建设】 按照“上山青梅下山茶，二半山区冒笋牙，山地畜禽溪养鱼，连片插花种桃李”的立体生态产业发展思路，聚焦茶叶、竹笋、青梅三大主导产业，以打造现代农（林）产业园区为抓手，发展农（林）业产业，已初步构建起以茶叶、林竹产业为重点的省、市、县三级现代农业产业园区格局。全县累计建成省四星级现代农业园区1个（马边彝族自治县茶叶现代农业园区）、省级现代竹产业基地4个（马边丰产现代竹产业基地、马边烟峰现代竹产业基地、马边大竹堡现代竹产业基地、马边民主镇丰产村白竹现代竹业园区）、市级现代农业园区5个（劳动镇福来高山茶叶现代农业园区、劳动镇柏香茶叶现代农业园区、荣丁镇猕猴桃现代农业园区、莜坝镇茶叶现代农业园区、雪口山玉米+蔬菜现代农业园区）、县级现代农业园区22个（莜坝镇油菜现代农业园区、苏坝镇向阳茶果现代农业园区、下溪镇金马皮球桃现代农业园区、荣丁镇凤凰粮油现代农业园区等）。

【种植业】 全年农作物总播种面积31556公顷，比上年增加305公顷，其中粮食作物播种面积23333公顷，同比减少0.1%；油料作物播种面积3816公顷，同比增长13.1%；糖料作物播种面积37公顷，同比持平；蔬菜种植面积2869公顷，比上年增加121公顷。全年粮食产量95907吨，比上年增长2.4%；粮食单产4111千克/公顷，增长3.4%。稻谷产量7327吨，减少5.2%；玉米产量63969吨，增长4.1%；油料产量4194吨，增长13.6%；糖料产量1050吨，增长0.3%；蔬菜产量26983吨，增长9%；茶叶产量12028吨，增长9.9%；水果产量5788吨，增长3.1%。

【林业】 全县林地总面积达265万亩，活立木总蓄积量达2112万立方米，森林覆盖率80.28%。全年实现林业现价总产值1.96亿元，增长19.4%；林农人均收入2384元，增长6.4%。

【畜牧业】 全年生猪出栏144805头，增长1.9%；牛出栏6632头，增长1.1%；羊出栏120578只，增长1.1%；出售和自宰肉用兔22543只，减少5.7%。全年肉类总产量14354吨，减少0.9%，其中猪肉产量10533吨，减少1.2%，占肉类总产量的73.3%；牛肉产量887吨，增长1.3%；羊肉产量1901吨，增长0.7%；禽肉产量998吨，减少2%。禽蛋产量3347吨，减少0.7%。水产品产量100吨，同比增长66%；实现产值270.71万元，同比增长46.33%。

【乡村振兴】 落实“四个不摘”要求，持续巩固脱贫成果，全面推进乡村振兴。对全县10041户44100名脱贫人口开展常态化监测帮扶，新增监测对象114户474人，全县累计纳入监测对象633户2781人，2023年脱贫户家庭人均纯收入达16123元，同比增长16.88%。统筹整合使用财政涉农资金2.06亿元，实施基础设施、产业发展等各项目建设69个。全年共投入东西部协作、对口援彝帮扶资金5800万元，实施帮扶项目20个。

【乡村旅游】 出台“十四五”文旅融合发展规划，建成运营雪口山漂流等特色旅游项目，打响文创品牌。举办中国彝茶文化节暨第六届小凉山采茶节、中国彝族风情狂欢节暨第七届小凉山火把节等系列文旅活动。全年接待游客330万人次，实现旅游综合收入22亿元。

【农村水利】 投入资金11亿余元，推进芦稿溪水库、铜槽子水库及供水工程、县城区和乡（镇）规模化供水保障工程（三期）等水利项目建设，完成5个片区饮水安全抗旱工程建设。巩固提升供水受益人口3万人，新建堤防3千米，综合治理水土流失面积38.32平方千米。

【农村科技】 全县争取到省级科技项目

支持4个，项目资金1800万元。引进新品种3个，推广新技术1项，指导建立示范基地2个；举办培训17场次，培训农户834人次；开展在线科技咨询服务1220次。全年有效发明专利拥有量21项，专利申请授权量49项。

【农村教育】 贯彻落实国家各项资助政策，全年投入各项资金2742.98万元，资助学生26262人次。全年免除学前教育保教费，义务教育学生、高等职业教育学生学杂费、书本费等共5153.8万元，累计受益学生51621人次，确保家庭经济困难学生不因贫困失学。

【农村文化】 县文化馆、图书馆和乡（镇）综合文化站全年共接待群众4.99万人次。推出的《千年彝叹》、彝历新年民俗文化体验、“阿依美格”等文化活动展现了马边彝族文化魅力。

【农村法制建设】 全面升级全县129个村（社区）法制工作站（室），突出工作职责、法律服务内容、服务机构等信息，上墙制度、公示栏等牌子278个。开展“一村一法律顾问”法律服务活动，依托三级公共法律服务实体平台、微信群，通过“线上+线下”方式，“7×24”小时响应群众法律咨询需求。全年村（居）法律顾问开展法律咨询500余次、法治宣传60场次，开展法律“云咨询”500余次。持续开展法律援助民生工程，坚持“应援尽援”，全年免费办理法律援助案件139件，免收代理费63万余元，为受援人挽回损失70余万元。

【农村社会保障】 全县农村居民最低生活保障人数19238人。全县有养老服务机构单位4个、床位394张，分散供养特困人员617人。有城市社区日间照料中心4个、农村日间照料中心5个。

【农村生态建设及环境保护】 全年空气优良天数达337天，PM2.5等6项指标均达到《环境空气质量标准》中环境空气污染物基本项目浓度限值二级标准。县城和乡（镇）集中式饮用水水源达标率100%。有1.5万立方米的污水处理厂，全年污水处理总量达291万立方米。全县城乡生活垃圾做到“应收尽收”并转运至乐山焚烧发电无害化处理，日均收集转运处理生活垃圾102.6吨。全年建成区面积4.5平方千米，建成区绿化覆盖面积235.6公顷。

【农产品质量安全监管】 投入县级财政资金32.5万元，完成农产品定量抽检292批次，其中蔬菜、食用菌199批次，水果45批次，茶叶25批次，粮食作物3批次，畜禽20批次，检测结果均合格；指导全县15个乡（镇）完成农产品速测4600批次，检测结果均合格；配合省（市）农产品质量安全检测机构对全县粮食、茶叶、蔬菜、畜禽、水果等农畜产品开展抽样139批次，未发现不合格农产品，且无农产品质量安全事故发生。

【农村市场体系建设】 全面落实税务、金融等领域稳经济政策措施，新增减税降费退税缓费2.27亿元，金融机构下调贷款利率让利907.17万元。实施创新驱动发展战略，培育高新技术企业2家、科技型中小企业11家。支持企业“升规入统”，完成市场主体“个转企”65家，新增规模（限额）以上法人单位10家；召开民营经济发展大会，兑现企业奖励资金2100万元；申报落实水电消纳等支持政策11项，持续激发民间投资活力。新增市场主体1104户，总数达10704户；各类市场主体新增贷款15.77亿元，同比增长41.44%。

【特色农副产品】 做强茶叶、青梅、竹笋三大优势主导产业，新（改）建茶叶、青梅、竹笋基地3.75万亩。被纳入四川省川红工夫红茶产业集群项目（2023—2025年），劳动镇入选首批国家农业产业（茶叶）强镇。“马边绿茶”区域公用品牌价值达26.4亿元，同比增长19.45%。“中国彝茶之乡·马边绿茶”“马边猕猴桃”团体标准通过技术审查并向社会公布。

【劳务开发与返乡创业】 用好“乐在浙里”等劳务协作平台，全年组织开展各类招聘活动56场次，提供就业岗位5.8万余个，转移输出农村劳动力6.89万人。新增城镇就业1000余人，动态消除“零就业”家庭，城镇调查失业率控制在5.5%以内，实现劳务经济收入13.23亿元以上。

【主要领导人】 县委书记：沙万强（4月止），先平（4月始）；县人大常委会主任：董兴燕；县长：鲁子军林；县政协主席：孙燕平；分管农业副县长：立克浩茂。

马边彝族自治县编写组

南充市

【基本情况】 2023年，全市辖3区1市5县，辖区面积1.25万平方千米。

【年度农业和农村经济运行】 2023年，全市实现农林牧渔业总产值835.8亿元，增长4.1%，高于全省平均水平；第一产业增加值506.98亿元，增长4.1%，增速居全省第八位。仪陇县创建为2023年全省乡村振兴成效显著县，市农业农村局获得“全国农业农村先进集体”称号，市农村合作经济经营管理站获评“四川省人民满意公务员集体”，蓬安县创建为全国“平安农机”示范县。

【现代农业园区建设】 南充市申报创建国家现代农业产业园，实现国家级园区零的突破，成为全国唯一以蚕桑为主导产业的国家产业园，全市有“国字号”示范区（园区）8个。2023年，新建现代农业园区11个，总量达127个；累计建成省星级园区14个，实现省星级园区县域全覆盖。南部县柑橘现代农业园区获评2023年省五星级现代农业园区。以川东北农产品精深加工园区为引领的“1+8”农产品加工园区签约引进四川优诺等重点企业10家，总投资78.6亿元，全市农产品加工产能达420万吨。

【农业特色品牌】 全市创建有机基地面积36.1万亩、认证面积23万亩，有机农产品总量达300个，经验做法在省委农办《三农要情》专刊印发。举办第三届亚洲有机产业创新发展大会。建成“好充食”门店、合作店、商超专柜43个，“好充食”、上水大米等15个品牌入选四川省农业品牌目录，“好充食”加盟企业达320家。在农业农村厅组织的“天府粮仓”精品全国推介活动（成都、广州、杭州、北京）中，唯一被全程指定由市政府分管领导亲自推介农产品，共签约12.8亿元。全年争取到位中央、省级财政涉农资金26.4亿元，承办省级会议11次，市农业农村局获评“全国农业农村系统先进集体”。

【人才联盟促进科技到田】 在全省率先出台基层农经农技体系建设等政策措施，推动“人员归位、专岗专用、下沉到底”，人才联盟促进科技到田经验做法在省委农办《三农要情》专刊发布。发挥粮油、畜牧、经作等7个乡村振兴人才发展联盟农业产业分联盟作用，实行市级巡回、县级包片、乡（镇）蹲点，推动全市606个专家服务团、1.2万余名专业技术人才走进田间地头。全年召开技术到田现场培训会议12次、到田到场到园指导240余批次、推介农业主推技术56项、解决产业发展难题750个。

【乡村建设】 学习浙江“千万工程”经验，规划建设26条宜居宜业和美乡村示范带。完成253个行政村、7.3万户无害化卫生厕所新（改）建，农村卫生厕所普及率达93%，农村生活污水有效治理率达72.7%，99%的以上行政村生活垃圾得到有效治理。获评全国乡村治理示范镇1个、示范村2个，高坪蚕桑文化系统入选中国重要农业文化遗产。南充市获评“四川省2022年农业生态资源环境保护工作成效明显市”；顺庆区、仪陇县、营山县、蓬安县获评“四川省2022年农业生态资源环境保护工作成效明显县（市、区）”。

【种植业】 粮油作物。贯彻建设新时代更高水平“天府粮仓”决策部署，聚焦“一稳二扩三提升”目标任务，出台防止耕地撂荒十六条措施和300万亩粮食安全产业带建设规划，统筹推进科技到田、主体培育、基地建设，全年引育100亩以上粮油规模经营主体1853家，新建粮食安全产业带80万亩，累计建成面积达230万亩。划定粮食生产功能区454.9万亩和重要农产品（油菜籽）生产保护区147.3万亩，划定面积位居全省第一。全年粮食作物播种面积858万亩，总产量319.4万吨，分别居全省第一位、第二位，其中水稻、玉米、小麦三大谷物播栽面积分别为225.8万亩、229万亩、176.1万亩，占粮食总播种面积的73.5%。水稻总产量119.8万吨，较上年增长0.6%；玉米总产量89.8万吨，较上年增长4.8%；小麦总产量52.9万吨，较上年增长6.4%。大豆播种面积62.2万亩，其中玉豆带状复合种植面积40万亩。油料作物播种面积294.1万亩，产量55.26万吨，同比分别增长7.8%、9.1%，其中油菜播种面积207.4万亩，产量40.9万吨，同比分别增长9.8%、9.8%，油菜播栽面积占油料总面积的70.5%。全市夏粮总产量达64万吨，居全省第一位；同比增长4.3%，居全省第二位。推广小麦免耕浅旋抗湿精量播种、玉豆带状复合种植、水稻集中工厂化育秧、油菜浅旋开沟种肥同播等实用技术720万亩次以上，科技对提升粮食单产的贡献率达71%。粮食安全产业带建设等经验做法在中央电视台《新闻联播》栏目播出并在《经济日报》刊载推广，被省委农办《三农要情》刊载推广4次、在全省工作会议上交流5次。《南充市：稳生产　保供给　惠民生　坚定推动习近平总书记来川视察重要指示精神落地生根》被省委办公厅《督促检查情况》第1期刊发推广。蓬安县创建为全国首批整区域推进高标准农田建设试点县，粮食安全等工作获得省政府督查激励1000万元。全市2023年高标准农田建设任务为45.3万亩，申请中央、省级补助资金7.5亿元，近3年争取建设面积和补助资金均居全省市（州）第一位。南充市经农业农村厅同意储备2024年中央预算内新增投资高标准农田建设项目，储备面积74.3万亩，补助资金18.9亿元，储备面积和补助资金均位居全省市（州）第一。

蔬菜。全市蔬菜种植面积264.6万亩，产量450.4万吨，分别较上年增加6.3万亩、20.4万吨，分别增长2.4%、4.7%。争取市级和县级财政资金2350万元用于“菜篮子”工程建设，新（改）建专业蔬菜基地面积3万亩，引进蔬菜新品种200个，示范推广蔬菜“三新”技术10万亩，均达年度目标计划的100%；培育100亩以上的生产主体113个、蔬菜产销主体10个，分别占年度目标计划的113%、100%。全市建成鲜食蔬菜保障供给基地18万亩、特色优势蔬菜外销基地36万亩、美味川菜原料生产基地22万亩，已形成以顺庆区、高坪区、嘉陵区、阆中市、蓬安县为重点的鲜食蔬菜保障供给区，以嘉陵江沿岸冲积平坝区为重点的萝卜外销优势区，以西充县、嘉陵区、顺庆区为重点的食用菌外销优势区，以南充冬菜、阆中泡菜、仪陇榨菜、西充辣椒调味品为重点的加工蔬菜原料优势区。全市有全国蔬菜产业重点县2个、省蔬菜生产重点县5个、省辣椒生产重点县3个、省食用菌生产重点县2个，是成渝两地鲜食蔬菜应急调控的重要区域。全市建成冬菜等川菜调味品原料生产基地48.9万亩，产量71.5

万吨，南充“冬菜之乡”品质和内涵持续提升。南充芥菜种植基地入选全国传统优势食品产区和地方特色食品产业培育名单。市农业经济作物管理站参与的《鲜食番茄生态栽培技术集成与应用》项目获得南充市科技成果三等奖。

中药材。打造阆中五东、南部定升、仪陇赛金等7个中药材优势区，覆盖76个村共17.8万亩，占全市中药材种植总面积的80%左右。建立标准化示范基地3万亩，创建市星级以上现代农业园区4个。建设药用植物科普园、南充地区重点中药材资源调查与资源库各1个，建成野生中药材驯化选育基地和道地药材种苗繁育基地4个、中药材良繁基地1万余亩。培育中药材生产企业25家、市级以上示范合作社和家庭农场示范场130余家。培育“两品一标”中药材产品10个、企业商标21个。

花椒。实施木本油料精细工程，打造精品花椒基地，培育花椒优势产区16万亩。创建市星级以上现代农业园区5个。培育壮大玉润木泽等精深加工企业6家，建成精深加工产品全自动生产车间6个，生产花椒啤酒等产品50余种，延伸以花椒废弃物为原料的生产线4条。发展“傅花椒”等花椒品牌32个。认证绿色食品3个、有机农产品5个，认证面积2.4万亩。发展村级以上花椒农产品网店9个，注册农产品电商用户28户。

晚熟柑橘。全市建成柑橘基地130万亩（其中晚熟柑橘种植面积80万亩），产量45万吨，种植面积位居全省第一，产量位居全省第二。建成省五星级南部县柑橘现代农业园区1个、省三星级南充市高坪生猪+柑橘现代农业园区1个，全市柑橘产业融合度位列全国南方九大主产区前列。建成川渝柑橘种业园（十大省级种业园区中唯一柑橘种业园区），品种储备丰富，具有品种先发优势，年可产优质柑橘种苗1000万株，晚熟柑橘种苗研发、繁育能力位居西部地区市（州）前位。获得“中国晚熟柑橘之乡”“中国甜橙之乡”称号，注册了“南充柑橘”“果城果橙”“果城”等柑橘产品商标，拥有南充柑橘、西凤脐橙等5个国家地理标志证明商标（产品）。2021年、2022年、2023年“南充柑橘”连续入选“全国受市场欢迎果品区域公用品牌100强”产品榜单。制定发布《晚熟柑橘生产技术规程》等南充地方标准6个。建成柑橘产地商品化处理线20条（处），静态库容达20万吨，产地初加工能力达60万吨。引进培育台湾佳美、四川果泰等果汁加工龙头企业，年精深加工能力达30万吨。建成以果为主题的休闲农庄（公园）68处，实现年果业休闲旅游综合产值5亿元。建立国家柑橘产业技术体系南充综合实验站，柑橘科研成果获得省政府科技进步奖二等奖2次、市政府科技进步奖一等奖2次。首创晚熟柑橘预警预报机制，与市气象局联合发布气象专报25期，有效降低了极端低温、干旱等天气灾害损失。市乡村振兴人才发展柑橘产业分联盟全年开展“师带徒”“点示范”精准技术服务20万亩以上。开展“果王”、年度领军企业评选、南充柑橘电商大赛等活动，促进了南充晚熟柑橘知名度。

【畜牧业】 生猪。全市生猪存栏378.8万头、出栏618.2万头（其中能繁母猪出栏35.4万头），均居全省第一位。新建成3000头原种场1个、10万头仔猪繁育场1个、2.4万头育肥场2个，全市生猪规模养殖场达1872个，产能400余万头，位居全省第一。有国家优质商品猪战略保障基地县9个、国家生猪调出大县8个。四川省源芳农业科技有限公司一级扩繁场通过省级验收。高坪温氏鹤鸣种猪场、蓬安德康兴旺镇海田三青沟良繁种猪场创建为部级生猪标准化示范场，数量位居全省第一；创建省级生猪标准化养殖场20个。

肉牛（羊）。全年出栏肉牛14.2万头、肉羊196.2万只，有全省现代畜牧业重点县7个（高坪区、蓬安县除外）、全省肉牛生产基地县4个（仪陇县、营山县、阆中市、南部县）、全省肉羊生产基地县3个（营山县、嘉陵区、蓬安县）。建成年出栏千头以上牛场7个、年出栏千头以上羊场10个、规模养殖场441个（肉牛265个、肉羊176个）。嘉陵合众种养专业合作社办理南充黑山羊一级扩繁场种畜禽生产经营许可证。有仪陇“哈哥兔”、阆中张飞牛肉、高坪过江龙牛肉、营山通旺牛肉等加工企业，“草药山”黑山羊、张飞牛肉、过江龙牛肉等知名品牌享誉全国。

疫病防控。市、县两级均设有畜牧兽医饲料科（股）、市动物疫病预防控制中心、市动物卫生监督所，设置乡（镇）或区域性畜牧兽医站（工作点）210个，按村聘村用原则全市2602个行政村（农村社区）共聘有村级动物防疫员3681人。实施特聘动物防疫专员项目，招聘特聘动物防疫专员112名，补充了基层防疫力量，形成了上下通畅、运转高效的工作模式，保障动物防疫工作取得实效。

常态化抓好非洲猪瘟防控，加强春秋两季动物强制免疫，落实屠宰环节“两项制度”，坚持“人病兽防、关口前移”原则，抓好人畜共患病防控，确保公共卫生安全。指导四川佳信恒、阆中大北农、仪陇温氏畜牧有限公司福临种猪场创建为省级猪伪狂犬病净化示范场，营山县绿草牲畜养殖专业合作社创建为省级布病净化示范场，高坪温氏畜牧有限公司、仪陇温氏畜牧有限公司创建国家非洲猪瘟无疫小区已通过省级验收，四川锦辰食品有限公司创建国家级生猪屠宰标准化示范场已通过省级验收，市疫控中心参与的“畜禽重要疫病防控关键技术研究集成与推广运用”项目获得农业农村部农业技术推广成果二等奖。

【水产业】 产业发展。推动“鱼米之乡”建设，新增稻渔综合种养养殖面积2.8万亩，完成集中连片池塘标准化改造和尾水治理1738亩。在各县（市、区）推进建设1 ~ 3个特色鲜明、产业链条完善、生产方式绿色、品牌影响力较大、农村一二三产业融合、辐射带动有力的现代水产产业园区。全市全年水产养殖面积（不含稻田）20.08万余亩，其中水库8.76万亩、池塘11.3万亩。有国家级水产种质资源保护区5个、省级水产种质资源保护区1个、国家休闲渔业示范基地1个、省级原良种场3个。

质量监管。全年完成省级水产品质量安全例行样品抽检50个，合格率达100%。完成2023年上半年国家产地水产品兽药残留监控计划抽样工作，合格率100%。指导南部县完成水产品产地质量安全专项监督抽查80批次。指导南部县、仪陇县、营山县开展重点水产品质量安全定量检测225批次，招投标工作有序进行。加强水产养殖投入品监管，落实"白名单"制度，重点生产单位《水产养殖用药明白纸》上墙率达100%。

【蚕桑产业】 全市有优质桑园30余万亩，面积位列全省第三，其中果桑面积1.3万亩，年产桑果1.2万吨；茶桑面积5万亩，年产桑产品（桑叶茶、桑叶粉、桑食品等）3800余吨。有嘉陵区、仪陇县、南部县、西充县、阆中市、蓬安县6个省级优质蚕茧基地县，建成县级以上蚕桑现代农业园区6个（其中省星级园区3个）；培育市级以上农业产业化重点龙头企业9家，其中国家级龙头企业1家，年产优质蚕茧1.4万吨，嘉陵区获评"中国蚕丝被之乡""中国桑茶之乡"。2023年，嘉陵区现代农业产业园入选国家现代农业产业园创建名单，成为全国首个以蚕桑为主导产业的国家现代农业产业园培育园区；建成桑产业生物科技园1个，研发生产桑叶茶、桑叶粉、桑食品等系列桑产品100余个，年产值超过3亿元；开展茧丝初加工及精深加工，研发生产蚕丝被、丝绸服装等高附加值产品，蚕丝被年产量超过30万床，蚕桑产业综合产值达15亿元。高坪蚕桑文化系统被农业农村部认定为第七批中国重要农业文化遗产。

【农业技术推广】 农机科研。"现代农业装备与技术""畜禽养殖恶臭气体处理技术"2个市级科技计划项目获得验收通过。实施"丘陵地区红薯机械化移栽技术推广与应用"科技项目，引进先进适用的红薯秧苗移栽机及其技术，创建全市红薯机械化移栽示范基地。立项"大豆玉米带状复合种植全程机械化技术应用与推广""南充市农机社会化服务信息管理平台研发""手持吸附式桃子采摘器的设计与研究"3个市级科技计划项目。

推广应用。组建农机专家服务团开展农机技术推广、培训，主要服务农机研发制造、农机化技术推广、农机维修及农机社会化服务等领域。与仪陇县农业社会化服务中心共同建立南充市农机实用技术培训基地。开展"农机送技术、送服务"活动，指导农机具维护保养。举办大豆玉米带状复合种植机械化收获技术培训、南充市油菜机械化分段收获田间日活动、丘陵地区红薯机械化移栽技术培训、南充市农机维修保养技术培训、全市农机实用技术培训等相关农机新机具新技术示范推广活动。

【农业机械化】 农机购置补贴。持续推动以农机购置与应用补贴为重点，作业奖补和报废更新补贴为补充的补贴政策体系建设，其中西充县、南部县、蓬安县对农机合作社或家庭农场开展水稻机械化移栽、油菜机械化联合收获、农用高效植保、秸秆机械化还田离田等作业予以补贴。2023年，全市实施农机购置与应用补贴中央资金3740万元，引导农户和农业生产经营组织33794户，购买农机具48217台（套）；利用中央农机购置补贴资金148.816万元，报废农机具123台（套），实施作业补贴169.75万元，补贴作业面积8.4496万亩。

基础建设。指导营山县、顺庆区、西充县完成2023年省级财政"产业宜机化改造"项目建设，分别完成建设任务2064亩、3008亩、4600亩，改造后的项目区大中型农业机械地块通达率达100%、农作物耕种收综合机械化率达95%以上。指导有关县（市、区）开展2023年省级财政机电提灌站项目建设，新建和改造机电提灌站266座，全市机电提灌站灌溉总面积达359万亩。

社会化服务。采取支持政策优先倾斜、项目任务优先安排、跟踪指导帮扶等措施，培育发展农机合作社，新增省级"全程机械化+综合农事"服务中心3个、市级"全程机械化+综合农事"服务中心11个，建成市级全程机械化先导区4个。指导顺庆区推动全域全程农业机械化工作落地落实，首批启动8个乡（镇、涉农街道）、46个网格村加快补齐农机装备、政策配套、网格化服务、农机实用人才四大短板，投入750余万元修建15个机库棚。南充市、阆中市、西充县、仪陇县被评为全省农业社会化服务典型地区。

转型升级。全年共培养培育农机操作、农机驾驶、农机维修等农机实用技术人才共计1200余人，检修各类农业机械11万台，登记备案跨区作业证122个；完成机耕面积1199万亩、机播（插）面积362万亩、机收面积553万亩，农作物耕种收综合机械化水平达51%，主要农作物耕种收综合机械化水平达69.7%。在仪陇县召开农机实用技术培训暨农机人才分联盟工作推进会。指导南充市中法农业科技园智能温室在全省设施农业现场会上就"现代设施农业装备与技术在四川的成功实践"作主旨演讲。组织嘉陵区、阆中市、南部县、仪陇县、营山县、蓬安县开展小麦、油菜、水稻等农作物机收减损工作。

【农产品质量安全监管】 "治违禁　控药残　促提升"三年整治行动。建立12个重点治理品种、490个生产主体名录，落实重点主体安全用药培训全覆盖，编印12个品种技术指导手册1万份，开展《中华人民共和国农产品质量安全法》宣传贯彻、"食品安全周"、"质量月"等活动，打造出顺庆绿科、仪陇渔湾等一批高标准示范体。全市出动监管执法人员1.2万余人次，检查生产经营主体及农资经营主体4137家次，查处农资违法案件134件、农产品质量安全违法案件35件，其中移交司法3件。

农产品质量安全监测。开展国家质量安全抽检46批次，合格率100%；省例行监测683批次，合格率99.2%；省监督抽查351批次，问题发现率2%；市、县两级农产品定量监测7025批次，即1.26批次/千人，总体合格率达98.5%，不合格产品核查处置率100%，全市农产品质量安全水平保持稳中向好态势。

农产品质量安全监管机制。建立合格证自助服务点66个、“合格证准入制”示范点38个。全年共开具合格证80.8万张，带证销售农产品3.2万吨。新增入驻国家追溯管理平台主体700家，总数达3716家，“两品一标”主体入住率达100%。落实合格证“三挂钩”及追溯“四挂钩”制度，列入2023年全市“重点监控名单”主体10家。226个涉农乡（镇）实现农安网格化管理“区域定格、网格定人、人员定责”。

“好充食”区域公用品牌建设。2023年，新入驻“好充食”主体30家，入驻主体总量达310家。全市认证有机产品290个、绿色食品99个、农产品地理标志11个，全市“两品一标”总量达400个，名特优新农产品达5个。“好充食”与“尚好露茗”“保宁醋”“张飞牛肉”“营山黑山羊”“昇鱼尚水”“老观上水大米”等15个品牌入选四川省农业品牌目录。“好充食”获得2023年中华品牌商标博览会金奖。

【主要领导人】 市人大常委会主任：潘国华；市长：尹念红；市政协主席：廖伦志；分管农业副市长：李洪君。

南充市编写组

顺庆区

【基本情况】 2023年，全区辖12个街道7个乡（镇），辖区面积555平方千米，其中耕地面积22249.02公顷、城区规划面积约95平方千米。

2023年，全区实现地区生产总值522.8亿元。“一特两主”产业产值占规上工业总产值的比重达52.9%，财政收入税占比提高4.2个百分点，县域经济高质量发展运行监测从全省137位跃升至56位，跻身“一方阵”。全年兑现减税降费6.39亿元。新增市场主体1.43万户，增长45.2%。完成“个转企”2480家。

全年签约重大项目30个，总投资287亿元；争取各类资金60.6亿元，增长47.5%。99个年度重点项目完成投资257.5亿元，超年度计划23个百分点。全社会固定资产投资增长16.6%，增速分别高于全国、省、市13.6个、12.2个、10.9个百分点。社会消费品零售总额458.4亿元，增长11.8%，增速分别高于国、省、市4.6个、2.6个、0.4个百分点。顺庆区入选首批全国县域商业“领跑县”，顺庆府文化旅游区被评为第三批国家级夜间文化和旅游消费集聚区。

民生支出占一般公共预算支出的比重达71%，30件民生实事和人大民生票决事项全部完成。城乡居民年人均可支配收入分别增长3.7%、5.4%。全年未发生较大及以上生产安全事故，获评全省首批法治政府建设示范区，连续三年获评全省平安建设先进区。5家企业入围省级“专精特新”企业，新增国家高新技术企业32家。实现规上高新技术产业营业收入61.2亿元，增长24%。出台促进服务业高质量发展“12条”，净增规上服务业企业13家、限上商贸企业23家。开展促消费稳增长“七大行动”，印象西河入围全省首批消费新场景，全年实现服务业增加值323.4亿元，增长7.5%，获评“全省服务业高质量发展示范区”。

【人居环境整治】 58条市政道路雨污分流改造如期完工，清晖阁成为市民网红打卡地，获评“中国最美绿水青山生态名区”“中国生态宜居典范区”。

【现代农业提档升级】 落实“田长制”，耕地恢复补充净流入0.55万亩，新建连片高标准农田2万亩。推进全域全程农业机械化，首批启动8个乡（镇、街道）47个村试点，试点总面积10.5万亩，耕地撂荒问题得到有效解决。新建粮食安全产业带3万亩，李家粮油现代农业园区获评省三星级园区，全年实现粮食产量14.9万吨、出栏生猪27.9万头。

【城乡融合发展】 建成临江大道3.89千米，建成顺兴大道1.45千米，高新大道、站东大道建设加快推进，“六纵六横”骨干路网初见雏形。南充北站站前基础配套设施工程启动实施，绿地塔复工。南充市“1+5”党校正式揭牌，市第四人民医院临江院区开诊运行，南充电影工业职业学院步入正轨。市中医医院临江院区完成基础施工，川北医学院新校区开工建设，西华师大临江校区建设加快推进。临江新区连续3年入围全国城市新区发展潜力30强。完成28254户、289.5万平方米老旧小区改造，建成保障性住房939套。将军大桥、西河滨河路建成通车，临江大道下穿隧道双向贯通，清澜路小龙门航电堤坝成功打通。得益时代广场改造主体完工，城北公园加快建设，嘉陵江风景绿道建设年度任务全面完成，西山风景区提升改造工程有序推进。美丽乡村加快振兴，创建省级乡村振兴示范村3个，芦溪镇获评省级百强中心镇。持续巩固拓展脱贫攻坚成果，稳定消除102户288人返贫风险。实施城乡“十个一体化”，改造农村厕所5222户，通乡公路硬化率达100%，入选第三批全国城乡交通运输一体化示范创建县。

【民生事业】 创新设置城区学校"家长驿站"，8个教育重点项目加快实施，新增校舍面积2万平方米，各学段教学质量稳居全市第一。区属公立医院创新实行"一号管三天"，市第四人民医院临江院区与成都市妇女儿童中心医院组建跨区域医联体，新复乡通过国家卫生乡（镇）考核验收，全国基层中医药工作示范县通过国家验收，基层医疗卫生机构标准化率达100%。南充市民健身中心创建为"四川省体育产业示范单位"，中城街道体育场社区入选全国第一批"完整社区"建设试点。民生实事稳步实施，全面落实就业优先政策，新增城镇就业1.2万人，"零就业"家庭动态清零，川渝（南充）人力资源服务产业园创建为省级园区。城乡养老、医保参保率分别达93.5%、99%。实施"城市暖心工程"，惠及困难群众694户1844人。"一老一小"服务体系不断完善，968名困境儿童和农村留守儿童被纳入福利帮扶计划。新建养老服务综合体7个、敬老中心5所。城乡低保覆盖人数3.37万人，发放救助资金1.26亿元。

【农村生态建设】 落实河（湖）长制和林长制，持续打好"蓝天、碧水、净土保卫战"，空气质量保持主城三区第一位，国、省考核断面水质优良率100%，受污染地块安全利用率100%。实施农村生活污水治理工程，建成农村生活污水处理站35个，新建乡（镇）污水管网48千米。中央、省生态环保督察反馈问题和长江经济带生态环境移交问题整改率99.8%，嘉陵江（顺庆段）流域综合治理EOD试点项目加快推进。新复乡获评四川省森林乡镇。

【社会治安防控体系建设】 推进社会治安防控体系建设，常态化开展"扫黑除恶斗争"。坚持和发展新时代"枫桥经验"，中央、省交办信访件全部按期办结。落实国务院安委会"十五条硬措施"，开展专项整治行动，排查整治安全隐患2122项。建立"3+3"应急救援队伍，应急处置能力不断提升。通过省级安全发展示范区创建综合评议。

【主要领导人】 区委书记：蒲鹏程；区人大常委会主任：陈琳；区长：唐鄰波；区政协主席：吴斌；分管农业副区长：宋敏。

顺庆区编写组

高坪区

【基本情况】 2023年，全区辖8个街道10镇1乡，辖区面积806平方千米，人口约60万人。

2023年，全区实现地区生产总值240.6亿元，增长8%。农林牧渔业总产值增长4.1%，规模以上工业增加值增长8.3%。社会消费品零售总额188.4亿元，增长11.6%。全社会固定资产投资增长18.7%。一般公共预算收入完成7.9亿元，增长3.1%。城镇居民和农村居民年人均可支配收入分别增长4.2%、6.6%。全区地区生产总值、规模以上工业增加值、全社会固定资产投资等7项主要经济指标增速高于全国、好于全省、领跑全市。在已公布的全省县域经济高质量发展运行监测结果中，全区在183个县（市、区）中综合排名第45位，在全市排名第1位。"1+3"主导产业产值占规上工业总产值的比重超50%，金融机构存贷款余额及保费收入迈上800亿元台阶，社会物流总额突破1000亿元大关，擦耳、走马镇被认定为首批国家农业产业强镇，会龙获评全省建设更高水平"天府粮仓"先进集体。全年新增各类市场主体8399户，增长21.2%。新申报省级"专精特新"企业、创新型中小企业14家，年度净升规上企业10家。都京街道永安村获评第四批省级乡村旅游重点村，全区接待游客人数和旅游收入全面超过疫情前水平，实现文旅产业产值205亿元。"放管服"改革纵深推进，"一件事一次办"事项增至72项，东观镇、会龙镇便民服务中心获评省级示范便民服务中心。

【现代农业发展】 全面落实"田长制"和"菜篮子"区长负责制，整治撂荒耕地665.2亩，实现粮食总产量21.2万吨、蔬菜总产量56.4万吨、生猪出栏58.8万头。新建高标准农田5.3万亩，新增"两品一标"农产品12个，新创建省三星级现代农业园区1个，高坪青花椒入列全国名特优新农产品名录。承办全市春耕生产现场会，国家农业现代化示范区创建工作有序推进。中法农业科技园入选农业农村部智慧农业建设优秀案例。

【城乡融合发展】 推进幸福城市建设，将军大桥建成通车，兴汉路、兴安路完成改造升级，会展中心主体完工，23个重大城建项目完成年度投资30.4亿元。在市辖三区率先启动嘉陵江风景绿道建设、率先完成城市雨污管网分流改造，12千米滨江绿色走廊全线贯通，城区"海绵城市"面积占比提升至42.3%。84个老旧小区改造惠及群众6635户。城市管理规范有序，整治"十大乱象"，生活垃圾分类处理体系基本建成，提质达标农贸市场8个，改造升级公共厕所16座，清溪街道高坪社区入选省级完整社区建设试点。推进和美乡村建设，持续巩固脱贫成果，脱贫群众年人均纯收入增长18.7%。深化乡村建设行动，整合资金2.57亿元，实施农村提升补短项目848个，新（改）建美丽乡村路17.1千米，新创建省级乡村振兴示范村3个、重点帮扶优秀村1个，高坪区入列全省脱贫地区农村三产融合发展试点县。中心镇建设成效明显，东观镇创建为省级百强中心镇，长乐镇被命名为市级重点中心镇。推进生态环境建设，临江新区生态环境综合治理项目入选全国第三批EOD模式项目，中央、省系列环保督察反馈问题整改完成率99.1%，城区空气优良天数率85.6%，小流域断面水质达标率100%、历史最优，全年水环境质量改善排名全省第一位。森林覆盖率34.62%，区自然资源和规划局被评为全国松材线虫病防控先进集体。突出文化和旅游"双向赋能"，以文旅"出彩"推动城市"出圈"，凤仪湾水镇惊艳亮相，获得中央电视台点赞。六合丝绸博览园入列国家工业旅游基地。

【城乡治理】 巩固安全稳定形势，区应急指挥中心建成投用，成功应对6轮区域性暴雨天气过程，全年未发生较大及以上生产安全事故，全区事故发生起数、死亡人数分别减少67%、86%。提升社会治理水平，"平安高坪"建设有序推进，开展防范和处置非法集资专项整治活动，刑事和治安案件发案率逐年降低。市场监管规范透明，小龙市监所被评定为全国首批五星市场监督管理所。城乡治理水平明显提高，新建省级智慧平安小区25个，创建全省首批城乡社区治理"创特色"单位5个，高坪区获评全省首批城乡社区治理"特色创优"主题县。

【民生实事】 30件民生实事全部办结，人大代表票决民生实事项目有序推进，全年民生支出25.95亿元，占一般公共预算支出的比重为65.16%。全市首个"零工市场"揭牌开业，"绸都丝妹"入选全国脱贫地区特色劳务品牌，建成就业"帮扶车间"8个。根治欠薪工作走在全市前列，全区获评"全省去冬今春农民工服务保障工作先进单位"。未成年人"正心"健康工程建设有序推进，创建为全国未成年人保护示范区。基本养老保险待遇水平稳步提高，医疗保险服务实现网上通办。全年累计发放城乡低保金及各类救助资金1.46亿元，惠及群众76.7万人次。筹集保障性租赁住房720套，完成棚户区改造900户。高坪七小、清溪幼儿园分别创建为省级领航校、示范园，高坪中学被认定为全国中小学生国防教育示范校，高坪区入选全省首批示范性义务教育学区制治理改革试点县。新创建县域医疗卫生次中心2个。高坪蚕桑文化系统上榜中国重要农业文化遗产名单，高坪竹编、蜀绘非遗体验基地入选第八届中国成都国际非遗节非遗体验基地，区图书馆获评国家一级图书馆。城区便民生活圈、全民健身圈、养老服务圈加快形成，完成3个社区试点建设、3个体育场馆新（改）建、11个养老场所改造升级，鹤鸣山养护院、友豪颐养院被评定为四星级养老院。

【主要领导人】 区委书记：陈多平；区人大常委会主任：洪峰；区长：兰吉春；区政协主席：傅天贵；分管农业副区长：吴再合。

高坪区编写组

嘉陵区

【基本情况】 2023年，全区辖5个街道17镇2乡506个村民委员会87个居民委员会，辖区面积1177平方千米。年末户籍总人口669328人，其中女性人口316712人。常住人口52.2万人，其中城镇人口26.79万人、农村人口25.41万人，人口城镇化率51.32%。全年出生人口2664人、死亡人口4141人，人口自然增长率-2.78‰。

2023年，全区实现地区生产总值242.3亿元，比上年增长7.3%，其中第一产业增加值50.7亿元，比上年增长3.8%；第二产业增加值99.9亿元，比上年增长9.3%；第三产业增加值91.6亿元，比上年增长7.1%。三次产业对经济增长的贡献率分别为12.2%、53.4%、34.4%，分别拉动地区生产总值增长0.9个、3.9个、2.5个百分点。三次产业结构比由上年的21.3：42.9：35.8调整为20.9：41.3：37.8。

全年城镇居民人均可支配收入比上年增长3.4%，农村居民人均可支配收入比上年增长6.2%。全年居民消费价格比上年下降0.1%，其中衣着类上涨0.4%，生活用品及服务类上涨0.5%，教育文化和娱乐类上涨2.4%，医疗保健类上涨0.9%。全区规模以上工业企业共103家，规模以上工业增加值比上年增长8.2%。全年固定资产投资151.1亿元，比上年增长19.2%，其中第一产业投资2.3亿元，比上年下降15.4%；第二产业投资28.4亿元，比上年增长90.3%；第三产业投资120.4亿元，比上年增长44.6%。社会消费品零售总额118.5亿元，比上年增长11.7%，其中城镇市场消费品零售额79.6亿元，比上年增长14.3%；农村市场消费品零售额38.8亿元，比上年增长6.8%。全年进出口总额437146万元，比上年增长198.2%，其中直接进口额652.3万元，增长13%；出口额436494万元，增长199%。

公路通车里程4005千米，等级公路（含高级、一级、二级、三级和四级公路）4004.3千米，高速公路50千米。境内铁路营运里程23千米。地方一般公共预算收入完成88380万元，比上年增长7.4%，其中税收收入32324万元，比上年增长16.36%。地方一般公共预算支出408756万元，比上年增长6.23%，其中农林水支出89275万元，比上年增长24.85%；科学技术支出669万元，比上年增长381.29%；教育支出89400万元，比上年增长2.35%；卫生健康支出30847万元，比上年增长11.17%。

有小学28所，在校学生32483人；普通中学校点40个，在校学生24368人。有医疗卫生机构429个，病床位2441张，卫生技术人员2400人（其中执业/助理医生1057人）。

【种养殖业】 全年农作物播种面积164.7万亩，比上年减少2.37%，其中粮食作物播种面积100.88万亩，比上年减少1.3%；油料作物播种面积26.9万亩，比上年增长5.75%。全年粮食产量36.1万吨，比上年增长2.3%。生猪出栏66.7万头，比上年增长1.95%；牛出栏0.754万头，比上年增长0.36%；羊出栏30.8万只，比上年减少1.76%。

【主要领导人】 区委书记：张青松；区人大常委会主任：张学军；区长：张全杰；区政协主席：白青云；分管农业副区长：苏长龙。

嘉陵区编写组

阆中市

【基本情况】 2023年，全市辖4乡19镇5个街道，辖区面积1876.27平方千米。年末总人口80万人（户籍人口），减少1%；人口出生率4.04‰。全市林地面积99.65万亩，其中生态公益林33.83万亩、人工商品林67.72万亩，森林覆盖率46.91%。

2023年，全市实现地区生产总值293.7亿元，增长6.3%，其中第一产业增加值6.5亿元，增长3.9%，农、林、牧、渔及农林牧渔服务业之比为61.6∶5.3∶28.4∶3.3∶1.4；第二产业增加值144.2亿元，增长7.3%；第三产业增加值144.2亿元，增长7.3%。三次产业对经济增长的贡献率分别为15.45%、30.89%和53.66%。全年接待游客1605.2万人。

有各类学校126所，在校学生78912人，教职工5881人，其中普通高校1所，在校本（专）科学生8013人；普通中学6所（完全中学4所、十二年一贯制学校2所），在校学生10032人；小学73所（单设小学19所、九年一贯制学校54所），在校学生31929人（单设小学在校学生26240人）；初中54所，在校学生18366人（单设初中8所，在校学生6236人）；中等职学教育学校3所，在校学生5108人；学龄儿童入学率99.2%，提高2个百分点。有医疗卫生机构959个，病床位5210张，从业人员近6057人，其中农村地区医疗机构806个，包括中心卫生院9个，社区卫生服务中心3个，乡（镇）卫生院18个，社区卫生服务站1个，村卫生室696个，民营医院2个，诊所、医务室、门诊部77个，病床位1039张；卫生技术人员1926人。全年总诊疗服务439.03万人次、门急诊服务416.2万人次、住院服务16.17万人次，实现县域内住院就诊率90.44%，其中农村地区总诊疗服务264.21万人次、门急诊服务246.46万人次、住院服务3.1万人次。推广电子健康卡，全市累计注册电子健康卡59万余张，持卡就诊量达200万人次，为全面实行"一卡通用"打下基础。

【年度农业和农村经济运行】 2023年，全市实现农业总产值67.3亿元，增长5.3%。农民年人均可支配收入达18842元，增长5.7%。全市近三年农产品质量抽检合格率均达98.5%以上；建成27个农产品质量安全监管服务站、8个星级监管服务站点。全市主要农产品产量见表1。

【农业产业化发展】 围绕粮油、水果、蔬菜、中药材以及畜禽产品、水产品等特色优势农产品，建成包装、烘干、仓储等农产品产地初加工场所636家（其中烘干场所18家，日烘干粮食可达900余吨），年加工能力80万吨以上，初加

表1 2023年阆中市主要农产品产量

主要农产品	单位	产量	同比增减(%)
粮食	万吨	45.24490	1.9
水稻	万吨	13.92858	-1.0
小麦	万吨	9.68660	4.9
玉米	万吨	14.06044	4.1
马铃薯	万吨	1.18150	-23.9
油菜籽	万吨	5.03600	9.5
蔬菜	万吨	54.06150	1.0
水果	万吨	12.21340	4.2
肉类	万吨	8.10970	1.9
猪肉	万吨	5.87370	3.3
牛肉	万吨	0.30110	2.9
羊肉	万吨	0.28670	1.7
禽肉	万吨	1.11570	-8.8
禽蛋	万吨	2.23960	4.2
水产品	万吨	1.79500	0.8

工率达82%。加强农业装备支撑，推进“五良融合”宜机化改造，新增农机动力0.98万千瓦，农机总动力达48.2万千瓦；农作物综合机械化水平达51.1%，同比提高4个百分点；主要农作物耕种收机械化水平为68.4%，同比提高5个百分点。全市有各类农业产业化龙头企业38家，其中规上农产品加工企业27家，占规上企业总数的37.8%。

【农村宅基地改革】 全市受理建房申请1836宗299亩，审批1833宗297.96亩，其中原址翻建、改建1571宗259.88亩，新（扩）建262宗38.08亩，18户农户利用增减挂钩项目集中建房实现户有所居。

【农村集体产权制度改革】 截至2023年年底，全市有202家村（社区）股份经济合作联合社、12家组（股份）经济合作社，全部达到“一块牌子、一个章程、一本成员名册、一套管理制度、一套治理机构”“五个一”要求，农村集体经济从“等靠要”向“想发展、要发展、能发展”转变，资产盘活型、产业带动型、项目投入型、生产服务型、生活服务型等成为本地集体经济发展的主要模式。

【供销合作社改革】 阆中市供销社建立和完善农业社会化服务体系，做好“农业、农村、农民”服务工作，促进农村经济发展和农民收入水平提高；组织、引领、指导、扶持、服务农村专业合作经济组织发展，构建新型农村社会化服务体系的公共服务平台。2023年，全系统实现销售收入19亿元，销售各类化肥、农药2.3万吨，各项年度计划指标全面完成。全系统建设基层中心供销社11个、基层中心供销分社39个，领办创办农民专业合作社48个，建设农村综合服务社69个、农业社会化服务中心3个，拥有农资、日用消费品、烟花爆竹、再生资源回收、农副产品收购等各类农村流通服务网点989个，建成农资流通协会、农产品流通协会、再生资源协会、烟花爆竹协会、农民专业合作社联合会各类行业协会5个。

【农产品品牌战略实施】 全市6家企业7个产品获得绿色食品认证，有效“三品一标”农产品达39个，其中14家企业33个产品获得绿色食品认证。34家企业入驻南充“好充食”区域公用品牌，张飞牛肉、保宁醋、上水大米特色品牌入驻“天府粮仓”。

【现代农业园区建设】 围绕现代农业“3+3”产业体系，以现代农业园区建设为抓手，依托龙头企业、家庭农场产业联合体和村集体经济组织，推广社会化服务，推进农业从生产到加工、流通、销售全产业链高质高效发展。坚持粮食安全产业带建设和粮油现代农业园区建设“双轮驱动”，推进园区科技化、智能化建设，完善园区“五网”配套。加强农业装备支撑，推进“五良融合”宜机化改造。坚持品牌化建设，推进国家农产品质量安全县创建，加快绿色、有机和地理标志农产品发展。阆中市粮油现代农业园区创建为省三星级现代农业园区，五马镇川明参基地入选第二批全国种植业“三品一标”基地（南充市唯一入选基地），提升了农业经济效益，带动了农民增收致富。

【种植业】 全市建立撂荒耕地台账0.21万亩，并完成撂荒耕地治理0.21万亩，治理率达100%。全年粮食作物播种面积127.5万亩，产量45.2万吨，实现粮食生产连续6年丰收。建成以晚熟柑橘为主的水果基地10.07万亩、特色水产养殖基地1.97万亩。蔬菜种植面积19.04万亩，新（改）建专业蔬菜种植基地0.45万亩。中药材种植面积7.46万亩，建设标准化中药材基地3000亩，实现中药材总产量2.49万吨（干品）。水果总产量9.8万吨，蔬菜总产量54.06万吨。

【林业】 全市林地面积达99.65万亩，其中生态公益林33.83万亩、人工商品林67.72万亩，森林覆盖率达46.91%，持续保持稳定态势。2023年，全市实现林草产业总产值268314万元，同比增长12.6%；第一产业产值111801万元，增长13.13%；第二产业产值12870万元，增长5.6%；第三产业产值143643万元，增长12.82%；竹产业产值210万元；林下经济产值12350万元。各类经济林面积总计11586.4公顷，同比增长32.98%，其中水果合计6713公顷、干果合计350公顷、林产调料合计1105公顷、森林食品合计2.1公顷、森林药材合计583.3公顷、木本油料合计2833公顷。全年木材产量合计7302立方米。有生态护林员510人，拨付管护面积43200公顷，管护经费379万元。

【畜牧业】 推进非洲猪瘟等重大动物疫病防控，规模化发展生猪、肉牛、肉羊、家禽等畜牧产业。全年出栏生猪79.96万头、肉牛2.46万头、肉羊18.85万只、禽兔1200余万只。累计新（改、扩）建标准化生猪规模养殖场158个，先后创建部、省级畜禽养殖标准化示范场31个，南充市级示范场33个，其中2023年新创建省级畜禽标准化养殖场5个。推进生猪稳产保供工作，其中阆中大北农农牧食品有限公司河楼猪场、阆中新六农牧科技有限公司老观猪场等7个年出栏生猪1万头以上的现代化猪场被确定为国家级生猪产能调控基地，阆中大北农农牧食品有限公司桥楼猪场、阆中新六农牧科技有限公司得阳猪场、四川省源芳农业科技有限公司洗马滩猪场等25个现代化猪场被确定为省级生猪产能调控基地。推进畜禽粪污种养循环综合利用，畜禽规模养殖场设施设备配套率达100%，全市畜禽粪污综合利用率达93.62%，种养结合面达95%。抓好重大动物疫病综合防控，辖区内未发生区域性重大动物疫情，阆中大北农农牧食品有限公司创建为省级伪狂犬净化场。抓好畜禽种业保护工作，指导四川省源芳农业科技有限公司取得大白猪《一级扩繁种畜禽生产经营许可证》，成为南充市第4家、阆中市首家获得该资质的种猪场。同时，实现肉牛一二三产业全产业链发展，阆中市思依肉牛现代农业园区创建为南充市星级园区，推动全市畜牧业向规模化、标准化、产业化、信息化方向发展。

【水产业】 全市水产品总产量17950吨，比上年增长0.9%；实现渔业经济总产值4.94亿元，比上年增长3.59%。全年新建改造养殖池塘1200亩，指导规范现有国家级水产养殖类专业合作社1个、省级示范社2个、市级示范社3个。全市新增鲈鱼养殖面积400亩（鱼子沟家庭农场）、小龙虾养殖面积350亩（宏鑫家庭农场）、甲鱼养殖面积40亩（敏敏甲鱼）、黄颡鱼养殖面积700亩（全市推广），新技术新模式示范效应初步呈现。开展水产养殖技术培训2场、230人次。建成标准化示范基地3个，持续推进水产标准化绿色健康养殖，新增5家无公害水产品认证基地，新增鲈鱼、小龙虾、甲鱼等无公害品种。水产品质量安全省、市、本级风险监测和监督抽查合格率均达100%。

【乡村振兴】 彭城镇创建为南充市级乡村振兴优秀乡镇，老观镇雪洞村等5个村被命名为省级乡村振兴示范村。

【乡村旅游】 全市将人文性、地方性、乡村性作为乡村度假旅游发展的核心元素，挖掘各地乡风民俗、传统技艺、历史文脉，因地制宜开发田园观光、研学旅行、康养度假等新业态，凤舞天宫、田园五龙、桥亭康养等成为阆中知名打卡地。沿省道347线打造形成江天旅游环线，带动区域4个乡（镇）、9个村的乡村旅游错位互补、联动发展。江南街道田公社区创建为省级乡村旅游重点村，整体提升了乡村旅游产业影响力、社会认知度和品牌知名度。

【农村水利】 打造灌区“主骨架”，推动“灌区一体化”。亭子口灌区一期工程开挖隧洞11.71千米，2座渡槽浇筑混凝土约2400立方米，完成投资4.5亿元；升钟灌区续建配套与现代化改造项目（柏垭分支渠）总投资1350万元，主体工程已全面完工，完成投资约1050万元；石滩灌区渠系配套与节水改造工程项目有序申报；罐子坝灌区2座小型冲水库开展前期工作，嘉陵江左、右岸互联互通、互调互补的大灌溉格局逐步形成。畅通小微“毛细管”，总投资约16200万元，其中构溪河龙泉场段防洪工程投资829万元，治理河道4千米，进入用地手续办理阶段；姜家拐堤防工程投资4516万元，治理河道3.699千米，完成工程量的40%；高观河山洪沟治理项目和监测预警能力提升项目投资861万元，完成工程量的80%；山洪灾害防治设施维修养护项目投资32万元，已全面完工；防汛救灾设施维修整治项目投资191万元，已全面完工；小型水库维修养护项目投资413万元，维修养护小(1)型水库12座、小(2)型水库85座，已全面完工；2023年小型病险水库除险加固工程投资3078万元，除险加固万家沟等18座水库，已全面完工；白蚁防治项目投资134万元，对50座小型水库开展白蚁整治，已全面完工；水库安装监测设备、维修养护项目投资746万元，已全面完工；农村安全饮水工程维修养护项目投资245万元，已全面完工；大中型水库移民后扶项目投资4876万元，98个项目已完成63个，完成工程量的64%；移民安置项目投资282.71万元，全面完成建设，“生态、民生、平安、智慧”的现代水网格局初步形成。

【农业机械化】 实施《四川省加力补齐农机装备短板　加快打造全程全面高质高效“天府良机”行动方案》，从落实农机购置补贴政策、优化调整农机装备结构、改善农机作业条件、培育发展农机专业合作社、抓好农机安全生产工作五个方面做好农业机械化发展。2023年，全市完成机耕面积158.12万亩、机播面积47.95万亩、机收面积73.45万亩，农机总动力由2018年年底的44.8万千瓦增加到2023年年底的48.02万千瓦；主要农作物综合机械化水平由2018年年底的59.5%增长到2023年年底的68.41%，平均每年增长1.78个百分点；农机专业合作社数量由2018年年底的10个增加到2023年年底的16个，服务作业能力由2018年年底的5.09万亩增加到2023年年底的9.68万亩。

【农村科技】 参与实施科技厅项目青贮玉米种质资源发掘利用关键技术研究与示范应用在内的科技项目6项；推广桑树冬管技术等在内的新技术14项；引进家蚕、瓜蒌、玉米、鸡、猪、羊等新品种11个；建立瓜蒌栽培示范企业园区在内的示范园区4个；引进科技厅重点项目玉米全程机械化节本增效技术产业化示范在内的项目3个；创办领办协办家庭农场3个；开展农村实用技术培训36期，共培训3730人次，发放书籍4500余册、宣传资料5000余份。

【农村教育】 巩固拓展义务教育控辍保学成果，全面落实控辍保学“六长”责任制，按照“不漏一户、不漏一人”的要求，运用好控辍保学动态管理系统，督促指导各地加强全覆盖排查、情况调度，保持控辍保学常态清零。2023年，全市义务教育阶段适龄儿童少年无一例失学辍学，入学率100%；改善农村义务教育学校办学条件，持续推进实施农村学校营养餐改善计划，2023年营养餐改善计划惠及学生12120人次，投入资金1119.4万余元。多渠道增加农村普惠性学前教育资源供给，办好乡（镇）公办中心园、村独立或联合办园等，满足农村适龄儿童就近入园，实施乡（镇）、村幼儿园一体化管理；发展农村特殊教育，适宜安置适龄残疾儿童就近就便入学，实现2所农村普通学校与市特殊教育学校进行结对融合教育。加强乡村教师队伍建设，全年通过公开考试招聘、考核招聘补充教师109人，其中农村教师62人。

【农村卫生】 制定印发《阆中市农村区域医疗卫生次中心建设方案》，规划建设千佛、老观、水观、柏垭、思依、洪山等6个区域医疗次中心项目，老观、柏垭次中心相继通过省检。120紧急医疗救援指挥中心在农村新建千佛镇、老观镇、柏垭镇、洪山镇、思依镇中心卫生院5个院前医疗急救点。老观镇中心卫生院急诊急救分中心已于8月正式投用，县域医疗卫生次中心急诊急救专科联盟建设取得实际成效。

指导基层医疗机构开展个性化签约服务，开发有偿签约服务包，6家基层医疗机构开展有偿签约服务。持续优化完善基层医疗机构慢病管理中心、慢病科服务流程和工作机制，已建立9个慢病管理中心、21个慢病科。303个家庭医师团队“送医上门”，服务重点人群27万余人，免费为8.4万余名农村地区老人开展健康体检。持续开展失能老人“健康敲门”行动，为2000余名提出申请的农村地区失能年人提供“三个一”免费健康服务。在金垭镇保娘庙村启动实施老年人心理关爱项目，对老年人常见心理问题进行早期识别、评估和开导。持续开展对口支援“传帮带”工程，选派55名二级及以上医院医生分期到全市8个基层医疗机构开展帮扶工作，帮助受援单位补短板、强弱项。落实2112名退职村医生活补助和129名在职村医养老保险补助。

全市累计电子建档594092份，其中农村地区累计建档498164份，电子建档率达96.67%；65岁及以上老年人体检84131人，管理高血压患者41375人，管理糖尿病患者12115人；对3619名严重精神障碍患者进行规范管理，规范管理率达97.7%。阆中市2023年度基本公共卫生服务、精神卫生、宣传获得南充市第一名。

全市30家农村基层医疗卫生机构中，8家医疗卫生机构达到推荐标准（其中1家建成社区医院），占比26.67%；22家基层医疗卫生机构达到“优质服务基层行”活动基本标准，占比73.33%。“优质服务基层行”活动开展经验在南充市基层卫生健康工作培训会上进行交流发言。

全市确认国家奖扶对象62319人、省级奖扶对象6602人；确认计划生育特别扶助对象2537人，其中农村地区计划生育特别扶助对象1940人，已完成资料收集、审核、确认上报工作。将全市1940个农村计划生育特殊家庭人员纳入全国计划生育特殊家庭扶助档案子系统实时管理，信息完善度达100%。南充市人口与家庭发展工作现场交流会在阆中市召开。

国家卫生城市首轮复审通过现场评估，新创建国家卫生乡镇1个。2个国家卫生乡镇、6个省级卫生乡镇通过复审，省级卫生乡镇、村已实现全覆盖创建，爱国卫生与卫生城镇创建工作进入南充市第一方阵。

【农村法制建设】 贯彻落实“八五”普法规划。制定出台《阆中市2023年普法依法治理工作要点》《2023年阆中市法治宣传教育“一月一主题”活动工作方案》，推动落实“谁执法谁普法”普法责任制。全年共开展法治宣传活动2000余场次，发放法治宣传物资30余万份，受教群众覆盖城乡20余万人。天宫镇五龙村被评为2023年四川省十大农村法治宣传教育基地，望垭镇洛城寨村、思依镇大益湾村被评为第二批省级民主法治示范村，洪山镇良善垭村、天宫镇五龙村通过全国民主法治示范村复核。

推进人民调解助力纠纷多元化解。加强人民调解组织建设，全面摸排全市人民调解组织规范化建设情况，清理整顿村“零案件”调解组织105个、社区“零案件”调解组织12个、行业性专业性“零案件”调解组织2个，清理整顿“零案件”调解员491人。开展矛盾纠纷“大起底　大排查　大化解”专项活动，发动派出所、司法所、人民调解员和村（社区）干部等基层力量，全年共化解矛盾纠纷3090件，调处成功率达99%以上。

加强培育基层法治调解力量。制定印发《阆中市“法律明白人”“学法用法示范户”及人民调解员培训工作方案》，引导基层力量参与矛盾纠纷排查与化解、法治宣传与社情民意搜集等。全市共培育“法律明白人”1636人，新培育“法律明白人”426人，为基层法治队伍注入“新鲜血液”。

发展新时代“枫桥经验”。加强特殊人群管控，全年累计接收社区矫正对象226人、安置帮教对象523人，落实安置帮教率达100%。打造2处社区矫正教育基地、4处社区矫正就业基地，为有就业需求的社区矫正对象提供兜底帮扶。阆中市老观司法所创建为第四批省级“枫桥式司法所”。

推进公共法律服务平台建设。出台《阆中市“十四五”公共法律服务体系建设规划》，督促各乡（镇、街道）、村（社区）完善公共法律服务站（室）的建设及运行。健全全市党政机关法律顾问制度，保障“一村（社区）一法律顾问”制度全面落实。

提供法律援助服务。全年共受理法律援助案件475件（法律帮助案件164件），提供法律咨询3001人次。开展“春暖农民工”专项行动，为农民工追索劳动报酬开启“绿色通道”，办理农民工讨薪、工伤以及其他劳动争议案件110余件，涉案金额达160余万元。

【涉农招商引资】 全市（州）、县（市、区）有3000万元以上的农业招商引资重大项目7个，均为内资项目，比上年增长75%；项目总投资15亿元，比上年增长58%。到位资金13亿元，减少54%（2023年起全市招引项目以制造业为主，故农业项目到位资金出现负增长）。

【农产品质量安全监管】 全年完成部、省级农产品质量安全例行监测83批次，合格率达98.8%。开展豇豆、韭菜、柑橘等三年行动重点品种监测103批次，抽检合格率达98.5%以上。分片区在江南街道、老观镇、河溪街道、天宫镇、思依镇、水观镇开展农产品质量安全集中培训，实现全市所有监管员、协管员、生产经营主体全覆盖培训。开展农产品质量安全监管制度机制集成创新试点，落实县、乡、村、生产主体四级农产品质量安全网格化管理体系，完成对27个涉农乡（镇）、64个重点村居、126家重点主体、55家重点农资店网格化责任图上墙公示，建立星级监管服务站（点）6个、合格证打印机自助服务点11个、胶体金检测点11个。开展豇豆农药残留突出问题攻坚治理，召开绿色防控技术指导培训会。开展农资专项打假行动，查办农资类行政案件共计14起。

【农业保险】 承保方面，全市农业保险三大粮食作物等政策性保险稳步推进，完成水稻承保19.31万亩，投保户数4.57万户，保险覆盖率为95.55%；玉米承保25.32万亩，投保户数5.32万户，保险覆盖率为91.84%；小麦承保17.61万亩，投保户数4.64万户，保险覆盖率为74.27%；油菜承保20.5万亩，投保户数5.77万户，保险覆盖率为79.77%；育肥猪承保30.71万头，投保户数1.65万户，保险覆盖率为59.71%；能繁母猪承保2.86万头，投保户数0.48万户，保险覆盖率为57.78%；森林承保7.21万亩，地方优势特色农产品承保4.02万亩（万头），露地果蔬类承保1.94万亩，养殖类承保0.17万头。

保费补贴方面，全市三大粮食作物保险保费规模2202.68万元，财政保费补贴标准按照中央承担45%、省级承担27%、市（县）承担3%、农户承担25%的比例，其中中央财政保费支出991.21万元、省级财政保费支出594.72万元、县级财政保费支出66.08万元、农户自缴550.67万元。

保险理赔方面，全市农业保险理赔已报案1.5万件，已结案件1.5万件，结案率达100%；完成各类赔款共计3709.358万元，受益农户达3.73万人次。通过政策性农业保险的推广实施，农户对农业保险认可度逐年提高。

【农村留守儿童帮扶】 建立关爱应急机制、谈心制度、心理疏导机制等。利用“乡村少年宫”阵地培育留守儿童的自尊心、自强心、自信心、上进心，丰富校园文化生活，提升留守儿童幸福指数。2023年，全市“乡村少年宫”阵地学校共计32所，投入资金48万元用于阵地建设；发展校内辅导员人数165人、校外辅导员人数39人；14所城乡学校开展学生结对等留守儿童主题关爱活动。

【主要领导人】 市委书记：杨德宇；市人大常委会主任：曹健；市长：唐硕；市政协主席：陈绍荣；分管农业副市长：杨劲松。

阆中市编写组

南部县

【基本情况】 2023年，全县辖5乡33镇4个街道，辖区面积2211平方千米。年末常住人口80.1万人，其中城镇人口37.78万人、农村人口42.32万人。户籍总户数41.2万户，户籍总人口119.3万人，其中农业人口93.7万人、非农业人口25.6万人；女性56.7万人，男性62.6万人，男女性别比为110.4∶100。常住人口80.1万人，比上年末减少0.7万人，其中城镇人口37.78万人、乡村人口42.32万人；常住人口城镇化率47.17%，比上年末提高1.07个百分点。全年出生人口3756人，人口出生率4.61‰；死亡人口5124人，人口死亡率6.28‰；人口自然增长率-1.68‰。

2023年，全县实现地区生产总值472.1亿元，同比增长1%。分产业看，第一产业增加值90.5亿元，同比增长4.2%，拉动经济增长0.86个百分点。第二产业增加值208.7亿元，同比减少5.1%，拉动地区生产总值增长2.51个百分点，其中工业增加值123.4亿元，同比减少11.8%；建筑业增加值85.3亿元，同比增长6.6%。第三产业增加值172.9亿元，同比增长7.4%，拉动经济增长2.65个百分点。三次产业结构比为19.2∶44.2∶36.6。人均地区生产总值58682元，同比增长1.5%。全年接待游客1300万人次；实现旅游收入110亿元，增长12.2%。全县共有星级饭店2个，客房总数146间。

全年规上工业增加值同比减少20.1%；培育23家规上工业企业入库，共有规模以上工业企业159家，实现全部工业增加值123.4亿元，同比减少11.8%。全社会固定资产投资同比减少26.6%。社会消费品零售总额237.7亿元，同比增长10.4%，按照销售所在地分，城镇消费品市场实现零售额159.1亿元，同比增长10.4%；乡村消费品市场实现零售额78.6亿元，同比增长10.5%。按照行业类型分，批发业零售额38亿元，同比增长10.4%；零售业零售额164亿元，同比增长10.4%；住宿业消费额2.4亿元，同比增长9.9%；餐饮业消费额33.3亿元，同比增长10.6%。

公路里程5366千米，其中国道109千米、省道214千米、县道692千米、乡道1322千米、村道3030千米。全县等级公路里程5316千米，其中一级公路74千米、二级公路128千米、三级公路123千米、四级公路4991千米。全县邮政业务邮路总长度1465千米，农村投递线5112千米，投递函件118万件、包裹578万件。全年实现邮政储蓄8.4亿元；实现邮电主营业务总收入1.6亿元，同比增长21%；实现利润总额7038万元。一般公共预算收入完成10.1亿元，同比减少16%，其中各项税收性收入4.1亿元、非税收性收入6亿元。一般公共预算支出55亿元，其中一般公共服务支出5.1亿元、公共安全支出2.1亿元、教育支出12.4亿元、科学技术支出0.02亿元、社会保障和就业支出8.8亿元、医疗卫生支出4.5亿元；环境保护支出0.6亿元、城乡社区事务支出0.4亿元、农林水事务支出11.7亿元、工商金融等事务支出6.2亿元、交通运输支出2.3亿元。人民币存款余额566.4亿元，同比增长8.5%，其中非金融企业存款15.7亿元，同比增长14.8%；住户存款527.1亿元，同比增长10.6%。人民币贷款余额327.5亿元，同比增长17.5%，其中短期贷款39.8亿元，同比增长31.7%；中长期贷款274.1亿元，同比增长17.9%。有科技主管机构2个，高科技产业企业18家，专业技术人员339人（其中农业技术人员276人）；有农业科技与服务单位1个，实施科技兴农项目2个，引进科技兴农新品种5项、科技兴农新技术6项，建立示范基地5个；有民营科技企业110家，其中省级高新技术企业10家。

有学校188所，其中幼儿园84所、小学33所、普通中学67所、职业中学3所、特殊教育学校1所；教职工9824人，其中幼儿园教职工1373人、小学教职工2704人、普通中学教职工5358人、职业中学教职工346人、特殊教育学校教职工43人；专任教师8585人，其中幼儿园专任教师788人、小学专任教师2544人、普通中学专任教师4895人、职业中学专任教师317人、特殊教育学校专任教师41人；在校学生111496人，其中幼儿园在园幼儿17032人、小学在校学生45861人、普通中学在校学生43361人、初中在校学生27585人、职业中学在校学生4897人、特殊教育学校在校学生345人；初中升学率92.1%，高中升学率91.8%。有乡（镇）文化中心73个，从业人员203人；举办展览313次，组织文艺活动711次；藏书18万册，每万人拥有文化馆建筑面积达50平方米。公共图书馆共有从业人员7人，藏书25万册。有文物保护单位128个，其中国家级4个、省级19个、市级20个。有乡（镇）广播站40个，广播通村率达100%，公共广播节目全年累计播出时间5970小时。有乡（镇）有线电视网络公司72家，电视总用户27.5万户，电视覆盖率100%；有线电视入户率97%，公共电视节目全年累计播出3870小时。有线广播电视传输网络干线总长度5900千米。有医疗卫生机构78个，其中医院24个、卫生院39个、社区卫生服务中心6个、门诊部5个、疾病预防控制中心1个、卫生监督（执法大队）1个、妇幼保健院1个、其他卫生机构1个；病床位6174张，共有从业人员5548人。有卫生技术人员5176人，其中执业医师942人、执业助理医师1352人、注册护士2044人、药剂人员204人、检验人员165人、其他卫生技术人员469人。全年5岁以下儿童死亡率2.4‰，婴儿死亡率1.2‰；产妇住院分娩率99.98%，产检率99.56%。

【年度农业和农村经济运行】 2023年，全县农林牧渔业总产值136.1亿元，同比增长4.2%，其中农业总产值77.4亿元，同比增长6%；林业总产值6亿元，同比增长12.9%；畜牧业总产值43.3亿元，同比增长0.1%；渔业总产值4.2亿元，同比增长8%；农林牧渔服务业总产值5.2亿元，同比增长4.2%。农村居民年人均可支配收入比上年增长5.2%。全县居民消费价格（CPI）累计减少0.6%。分类别看，食品烟酒价格累计减少1.2%；衣着价格累计减少1.2%；居住价格累计增长0.4%；生活用品及服务价格累计减少1.4%；交通和通信价格累计减少2.3%；教育文化和娱乐价格累计增长2.2%；医疗保健价格累计减少0.5%；其他用品和服务价格累计减少0.7%。全县主要农产品产量见表1。

【农产品品牌战略实施】 全县持续通过加强农产品品牌培育与特色农产品品牌建设扩大市场销售，带动现代农业产业发展。对接四川省“10+3”和南充市“5+4+3”农业产业体系，坚持“一乡一业”“一村一品”的产业发展思路，构建“3+5”农业产业体系，做强优势产业、做精做优柑橘特色产业，2017—2019年通过引进业主自建、县国资公司统建、股份合作联建等方式，相继建成覆盖东坝、永定、万年等18个乡（镇）85个村，总面积11.2万亩的晚熟柑橘园区。打造“盘龙—八尔湖”“定水—升钟湖”“火峰山—长坪山”三大乡村产业振兴示范带，产业集聚效益凸显。注册“升钟福果”“土木工橙”等商标，覆盖面积1.6万余亩、产品2.4万余吨。铁佛塘—东坝柑橘3万亩产业基地创建为国家级绿色食品原料（柑橘）标准化生产基地。

【种植业】 全年粮食总产量53万吨，同比增长1.5%。油料作物产量10.8万吨。蔬菜及食用菌（含菜用瓜）产量82.9万吨。水果产量12.7万吨。

【畜牧业】 全县生猪出栏87.8万头，同比增长0.6%；猪肉产量6.4万吨，同比持平。牛出栏1.6万头，同比增长0.4%。羊出栏29.1万只，同比减少1.7%。家禽出栏1086.2万只，同比减少3.4%。

【农业机械化】 全县农作物完成机耕面积185.37万亩、机播面积61.13万亩、机收面积92.83万亩，主要农作物耕种收综合机械化水平达69.58%。全县农机保有量达10万余台（套），农机总动力达57.23万千瓦。完成2023年农机化生产任务，全县农业机械化持续向全程全面高质高效转型升级，农业综合生产能力不断增强。

农机服务保障。落实农机购置补贴政策，加大政策宣传力度，做好农机购置补贴、作业补贴、报废补贴办理工作，全年共使用农机购置补贴资金617.0563万元，补贴各类农机具9062台（套），受益农户6406户。推进农机社会化服务，逐步将全县小户分散经营转化到规模化、集约化、产业化经营上，提供“耕、种、管、收、烘”等全程机械化服务，推动适

表1　2023年南部县主要农产品产量

主要农产品	单位	产量	同比增减(%)
粮食	万吨	53.0000	0.80
水稻	万吨	15.8000	-0.20
小麦	万吨	11.7000	0.70
玉米	万吨	17.0000	0.60
马铃薯	万吨	1.4000	-0.10
油菜籽	万吨	7.1840	8.12
蔬菜	万吨	82.8969	3.63
水果	万吨	12.7300	6.86
肉类	万吨	8.8345	-0.34
猪肉	万吨	6.4411	0.14
牛肉	万吨	0.1988	-2.12
羊肉	万吨	0.4662	-4.17
禽肉	万吨	1.4873	-1.24
水产品	万吨	2.2264	7.50

度规模经营，促进农机、农艺、农民的深度融合，带动生产经营主体节本增效，全县参与粮食生产社会化服务的农机服务组织达50余家，社会化服务面积达22万亩。建立健全农机投诉监督体系，向社会公布投诉电话，及时处理农机服务组织和农户对农机产品质量、农机作业质量等方面的投诉，维护农民和农机服务组织的合法权益。加大农机安全监管力度，常态化开展联动执法大检查，重点加大对拖拉机联合收割机无牌无证、违法载人、超速超载、非法改装拼装农业机械等违法行为的打击力度，排查安全事故隐患，深化综合治理。同时，到村（社区）开展“平安农机”和“安全生产月”宣传活动，提升农民的农机交通安全意识、农机安全生产意识，确保全县农机安全生产形势持续稳定。

【农村体育】 有乡（镇）体育协会38个、体育馆2个，新建全民健身场所1090处，全县经常参加锻炼人数达38.9万人。全县参加县、乡两级运动会共17000人，参加省、市运动会300人，取得金牌25人、银牌23人、铜牌30人。

【农村社会保障】 全年城乡居民养老保险覆盖人数达61.4万人，参保缴费人数达19万人；实际征收城乡居民养老保险基金2.8亿元，实际发放城乡居民养老保险基金3.7亿元，实际发放城乡居民养老保险人数达18.9万人。全年已参加医疗保险人口达94.7万人，其中参加医疗保险居民人数为86.9万人；医疗保险金实收5.5亿元，实际支付医疗保险费用9.6亿元。全县共有残疾人9.8万人，按照城乡划分，城镇残疾人0.8万人，农村残疾人9万人；按等级划分，一级残疾人2.3万人，二级残疾人3.9万人，三级残疾人2.1万人，四级残疾人1.4万人。全年新增就业人员8870人。

【主要领导人】 县委书记：黄波；县人大常委会主任：杨勇；县长：尹成平；县政协主席：廖先民；分管农业副县长：袁彬峰。

南部县编写组

西　充　县

【基本情况】 2023年，全县辖5乡16镇2个街道，辖区面积1108平方千米。常住人口41.4万人，其中城镇人口18.07万人、农村人口23.33万人。户籍人口57.39万人，其中城镇人口14.52万人、农村人口42.87万人。年末总人口566408人，其中城镇人口129749人、乡村人口436659人。全年出生人口2949人，人口出生率5.21‰；死亡人口5600人，人口死亡率9.89‰；人口自然增长率为-4.68‰。全年迁入人口779人，人口迁入率0.14%；迁出人口5609人，人口迁出率0.99%，总迁移率1.13%，人口净迁移率-0.85%。人口城镇化率22.93%。

2023年，全县实现地区生产总值212.34亿元，按照可比价格计算，比上年增长3.8%，其中第一产业增加值50.21亿元，增长4.3%；第二产业增加值59.62亿元，减少1.3%；第三产业增加值102.51亿元，增长7.1%。三次产业结构比为23.6∶28.1∶48.3。人均地区生产总值51476元，比上年增长4.4%。全年接待游客847.39万人次，实现旅游综合收入81.25亿元，分别增长46.42%、32.05%。

全社会固定资产投资比上年减少48.6%，其中第一产业投资减少91.4%、第二产业投资减少74.6%、第三产业投资减少42.1%。社会消费品零售总额102.7亿元，比上年增长11.3%，其中城镇市场实现零售额65.9亿元，增长11.3%；乡村市场实现零售额36.79亿元，增长11.4%。一般公共预算收入完成71908万元，比上年减少8.4%；一般公共预算支出419808万元，比上年增长6%。全年实现邮电主营业务收入37949.26万元，其中移动主营业务收入14265万元。有固定电话用户73623户、移动电话用户424277户、国际互联网用户143144户。

有各类学校71所（民办37所），其中普通高中3所（其中民办1所）、初中5所、九年一贯制学校2所、小学22所、幼儿园37所（民办35所）、特殊教育学校1所、中职学校1所（民办）。在校学生48035人，其中职业高中生2575人，同比减少1%；普通中学在校学生16998人，同比减少3.6%，高中毕业率96.8%；小学在校学生20434人，同比减少1.9%，学龄儿童入学率达99.6%，初中升学率96.9%。有在职专任教师3642人，其中普通中学1446人、小学1998人。全年新培育科技型中小微企业127家；完成高新技术产业产值65亿元、技术交易合同登记7100万元、企业研发经费投入0.6亿元。有文化馆1个，社会事业服务中心（综合文化站）45个，农家书屋及社区书屋295个，公共图书馆1个（图书总藏量100581册），文物保护单位60处（其中国家级文物保护单位1处、省级文物保护单位13处、市级文物保护单位20处）。全年开展“文化下乡”演出170场次，观看人数13.7万人次。

有卫生机构331个（含村卫生室289个），病床位4295张，卫生技术人员2730人（其中执业医师1075人、执业助理医师125人、注册护士1060人、其他卫生技术人员470人）。在卫生机构中，有公立医院2个，病床位1200张，卫生技术人员1094人；农村卫生院23个，病床位728张，卫生技术人员885人；妇幼保健机构1个，卫生技术人员126人；疾病预防控制机构1个，卫生技术人员37人；卫生监督所1个。广播电视综合覆盖人口60万人，有线电视入户率100%，电视覆盖率100%。有乡（镇）广播站23个、村广播室221个、广播喇叭6000个，广播通村率100%，广播覆盖率100%。城乡居民社会养老保险参保人数26.01万人，城乡居民医疗保险参保人数39.98万人，农村居民最低生活保障人数61625人。有各种社会福利收养性单位32个、床位2576床。

【年度农业和农村经济运行】 2023年，全县实现农林牧渔业总产值87.36亿元（现价），比上年增长4.3%，其中农业产值53.65亿元，增长6.2%；林业产值1.75亿元，增长10.9%；牧业产值27.91亿元，增长0.7%；渔业产值3.17亿元，增长5%；农林牧渔专业及辅助性活动产值0.88亿元，增长4.2%。全体居民人均可支配收入比上年增长4.6%，其中城镇居民年人均可支配收入增长3.3%、农村居民人均可支配收入增长5.4%。

【种植业】 全年粮食作物播种面积84.99万亩，产量32.29万吨，其中水稻播种面积20.33万亩，减少2.3%；产量10.92万吨，减少1.38%。小麦播种面积17.52万亩，增长1.61%；产量5.34万吨，增长6.5%。玉米播种面积29.34万亩，增长0.09%；产量11.62万吨，增长5.7%。折粮薯类播种面积11.27万亩，减少3.54%；产量3.31万吨，减少4.5%。全年油料作物播种面积28.69万亩，产量5.25万吨，其中油菜籽播种面积20.94万亩，产量4.28万吨；花生种植面积7.44万亩，产量0.95万吨。蔬菜及食用菌种植面积25.5万亩，产量57.18万吨。园林水果总产量6.12万吨，其中柑橘类产量5.06万吨、香桃产量0.75万吨。

【畜牧业】 全年猪（牛、羊、家禽）肉类总产量6.2万吨，其中猪肉产量5.09万吨。全年出栏生猪69.06万头、牛0.68万头、羊10.06万只，存栏生猪39.52万头、牛1.67万头、羊11.45万只。

【主要领导人】 县人大常委会主任：张伟；县政协主席：蒙朝贵；分管农业副县长：朱佳宇。

西充县编写组

仪 陇 县

【基本情况】 2023年，全县辖1个街道29镇7乡531个村（居），辖区面积1791平方千米，其中耕地保有量920805亩、永久基本农田保护面积804950亩。常住人口72.1万人，其中城镇人口28.9万人、农村人口43.2万人。户籍人口105.49万人，其中城镇人口16.31万人、农村人口89.18万人。森林面积7.2万公顷，森林蓄积量0.041亿立方米，森林覆盖率40%。

2023年，全县实现地区生产总值270.7亿元，按照可比价格计算，同比增长7.2%，其中第一产业增加值68.3亿元，增长4.4%；第二产业增加值88.2亿元，增长9.9%；第三产业增加值114.2亿元，增长7%，三次产业对经济增长的贡献率分别为18.1%、42.7%、39.2%。三次产业结构比为25.2：32.6：42.2。

公路里程0.63万千米。民用汽车拥有量83545辆。全社会固定资产投资同比增长10.1%。年末市场主体数量3.897万家，同比增长15.49%，其中农民专业合作社0.1141万家，同比增长3.16%。社会消费品零售总额135.4亿元，同比增长10%，其中城镇消费品零售总额86.6亿元，同比增长8.2%；农村消费品零售总额48.9亿元，同比增长13.2%。全年全体居民人均可支配收入24360元，比上年增长6.2%，其中城镇居民人均可支配收入37649元，增长4.1%；农村居民人均可支配收入18689元，增长7.1%。城镇居民人均消费支出23338元，增长3.2%；农村居民人均消费支出14659元，增长6.3%。一般公共预算收入完成8.6亿元，比上年减少4.2%；一般公共预算支出66.8亿元，增长30.2%。年末金融机构人民币各项存款余额488.2亿元，比上年增长6.6%；人民币各项贷款余额291.2亿元，增长13.4%。邮政营业网点79处，邮政业务总量11.7亿元。有移动电话用户54.85万户；互联网宽带接入用户27.3万户，固定宽带端口43.92万个。

有学校222所，在校学生1.2万人，专任教师0.87万人。R&D经费投入1.14亿元，同比增长26.66%；有R&D研发人员401人；有高新技术企业10家，同比增长100%；有"专精特新"中小企业8家，同比减少22%。有卫生机构69个，实有病床位0.3万张，卫生技术人员0.29万人（执业/助理医师0.1万人）。全年婴幼儿死亡率0.65‰。基本养老保险参保人数54.21万人，基本医疗保险参保人数89.62万人。

【农村基础设施建设】 推进厕所、污水、垃圾"三大革命"，持续改善农村人居环境，推进乡村公共服务体系建设，乡村面貌焕然一新。全县农村卫生厕所普及率达91.5%，72%的行政村生活污水得到有效治理，农村生活垃圾收转运处置体系实现行政村全覆盖，畜禽粪污资源化利用率达90%以上。基础设施不断完善，境内通车里程6709千米，行政村100%通硬化路、通客车；农村自来水普及率达90.22%，农村规模化供水率达83.81%；农村供电可靠率达99.86%。公共服务能力明显提升，村级卫生室覆盖率达100%，综合性文化服务中心（站）覆盖率达100%，区域性养老服务中心、村（社区）养老服务站（点）、"颐养之家"、社区养老服务综合体覆盖率达90%以上。

【农业社会化发展】 全县把农业社会化服务作为打造新时代更高水平"天府粮仓"丘区样板的重要抓手，通过健全服务体系、创新服务模式、加强要素保障等举措，探索出"以公共服务机构为依托、新型农业经营主体为骨干、专项服务和综合服务相协调"的农业社会化服务新路径。双胜镇是仪陇县打造新时代更高水平"天府粮仓"丘区样板的核心示范区，全年在荣光、高升等7个村开展高标准农田建设，已完成田地调型4000余亩、河道整治3.8千米、提灌站配套5处。扩大高标准农田改造范围，并按照"资源统筹、规划集中"的原则，在新政、双胜、马鞍等10个镇44个村开展土地调型1.2万亩。在高标准农田建设过程中，全县坚持'规模化、宜机化、组织化'原则，集中整合农业、水利、交通等部门资源，整片规划、连片建设、一体实施高标准农田建设，已建成高标准农田71.95万亩。结合全县农业发展实际，建立县级农业社会化服务中心1个、区域性"全程机械化+综合农事"服务中心3个，以区域性服务中心为重点，统筹培育农业社会化服务组织，为农业生产提供农事综合服务，全县已培育专业合作社、家庭农场、村集体经济组织等各类农业社会化服务组织3390个。坚持政府主导、企业主体，整村整镇、联村连片推进服务体系建设，形成布局合理、配套完善、全程覆盖、效益最优的综合服务体系，为全县农业产业发展奠定了基础。

【主要领导人】 县委书记：郭宗海；县人大常委会主任：李斌；县长：赵云强；县政协主席：陈家喜；分管农业副县长：唐弘平。

仪陇县编写组

营　山　县

【基本情况】 2023年，全县辖3个街道26个乡（镇），辖区面积1635平方千米。

2023年，全县实现地区生产总值270亿元，按照可比价格计算，比上年增长8.1%，其中第一产业增加值53.7亿元，增长3.7%；第二产业增加值89.3亿元，增长11.2%；第三产业增加值127亿元，增长8%。三次产业对经济增长的贡献率分别为10.7%、44.8%和44.5%。三次产业结构比为19.9：33.1：47。一般公共预算收入完成9.2亿元，比上年增长0.8%；一般公共预算支出54.9亿元，比上年下降1.5%。年末金融机构人民币各项存款余额518亿元，比上年增长6.9%；人民币各项贷款余额303.4亿元，比上年增长12.2%。

【年度农业和农村经济运行】 2023年，全县农林牧渔业总产值92.4亿元，增长3.7%。第一产业增加值53.7亿元，增长3.7%。农村居民年人均可支配收入增长7%。脱贫人口年人均纯收入达11952元，增长17%。

【种植业】 落实"藏粮于地、藏粮于技"战略，推进新时代更高水平"天府粮仓"建设，以粮为主、粮经统筹，保障粮食安全。2023年，全县粮食作物播种面积104.7万亩，产量40.6万吨；油料作物播种面积39.4万亩，产量6.8万吨，同比分别增长7.9%、11.1%。蔬菜种植面积36.5万亩，产量45.2万吨，同比分别增长4.5%、7.6%。全年新建成粮食安全产业带12万亩，总规模达32万亩；建成优质粮油基地10万亩，打造县级千亩粮油高产示范区5个、百亩粮油高产示范片5个。全县共有粮油种植业主386个，其中100亩以上的粮油种植业主181个。

加强与省（市）农科院、四川农业大学等科研院校的合作，开展高产创建技术攻关，带动全县种植、单产水平不断提升。骆市镇建通村"品香优桐珍"水稻全程机械化百亩示范片经农业农村厅组织专家现场测产，平均亩产达775.72千克，创造了川东北丘区优质一级米杂交稻全程机械化生产最高产量纪录；打造川东北综合试验站油菜新品种试验区，引进示范和培育推广油菜新品种23个，旱地油菜示范片平均亩产达213.84千克。

【养殖业】 全县坚持把畜牧产业作为农业增收的主导产业，发展生猪、牛、羊养殖，先后获评全国优质商品猪战略保障基地县、国家生猪调出大县、四川省现代畜牧业重点县、四川省养羊十强县、山羊基地县。

生猪养殖。全县出栏生猪81.13万头（增速位列南充市第一），年末存栏52.09万头。全县共有生猪养殖场537个（规模场375个），引进温氏、东方希望、德康、双胞胎、双龙、巨星生猪龙头企业6家，发展"公司+农户"托养场76家，建成省级生猪标准化示范养殖场4个以及国、省、市生猪产能调控基地114个。

牛（羊）养殖。实施肉牛肉羊提质增量行动，建成牛（羊）养殖场283个，其中肉牛养殖场153个（规模场73个）、肉羊养殖场130个（规模场77个）。全县肉牛出栏2.4万头、存栏5.1万头，肉羊出栏38.94万只、存栏26.25万只。以营山县为主产区的南充黑山羊遗传资源被评选为四川省新发现优异种质资源。全县共有黑山羊养殖户22896户，黑山羊出栏24.53万只、存栏16.54万只，能繁母羊存栏9.4万只。

水产养殖。依托幸福水库在清水、回龙等乡（镇）发展现代水产业，建成工厂化养殖和稻田综合种养基地5万亩，稻渔现代农业园区创建为省三星级现代农业园区。按照"大园区+小业主+村集体"模式，依托省级水产农业龙头企业，培育规模化养殖主体13家、养殖业主172家，联结14个村集体投资入股，年均增收2万元以上，并吸引农户4680户共同发展，年均增收1000元以上。招引四川新倍食品公司投资建设水产品精深加工厂，已研发出花白鲢鱼头、水煮鱼等预制菜及鱼糜、鱼丸、鱼肉水饺、鱼肉罐头等速冻水产品，全面投产后日加工水产品达20吨，年产值超过5亿元。

家禽养殖。全县出栏家禽917.09万羽，年末存栏383.48万羽。共有小家畜养殖场60个（规模养殖场8个）。

【高标准农田建设】 全县坚持把高标准农田建设作为保障国家粮食安全、实施"藏粮于地"战略的关键举措，紧扣"设施完善、节水高效、宜机作业、生态友好、旱涝保收、稳产高产"目标，围绕园区、产业和业主推进高标准农田建设，建成区耕地质量等级提升0.5左右，农机通达率达90%，灌溉保证率达80%，确保好用耐用、良田粮用、防止撂荒。全县建成高标准农田36.19万亩。争取2024年增发国债高标准农田建设指标6万亩（其中新建4万亩、改造提升2万亩），总投资达1.49亿元。

【乡村振兴】 实施乡村振兴战略，县委、县政府主要负责人担任县委农村工作领导小组双组长，主动履行抓乡村振兴第一责任人职责，坚持以乡村振兴实绩考核为引领，持续抓党建引领、抓组织领导、抓责任落实，牢牢守住"粮食安全""耕地保护""防止规模性返贫"三大底线，实施"人居环境整治""基础设施提升""示范乡村建设"三大行动，通过乡村振兴实绩考核，东升镇黄桷社区、东升镇玉帝村、骆市镇建通村、骆市镇新华村、黄渡镇宗祠村、清水乡清水湖社区被评为省级乡村振兴示范村。

【农村科技】 全年组建成立粮油、经作、柑橘、畜牧、水产、农机等乡村振兴人才分联盟6个，组织178名农技人员成立1个农业科技服务队县大队、28个乡（镇、街道）农业科技服务小分队，进村入户到田指导农业生产，开展技术培训、科技示范，培养培训农村实用技术人才和科技示范户，解决农民技术问题等工作。全年服务指导产业基地26个、科技示范户1500余户，累计开展技术培训、咨询服务1.5万余人次，对口解决涉农企业、专业合作社、家庭农场、种养大户等人才（科技）项目需求52个，建设农业科技示范基地12个，培育科技示范主体21个、高素质农民326人。

【农业经营主体培育】 抓好新型农业经营主体培育，持续开展国、省、市、县示范社（场）四级联创，实施"千员带万社"行动，构建"辅导员+服务中心"基层指导服务体系，建立新型农业经营主体服务中心4个。择优选聘28名新型农业经营主体辅导员，实现全县乡（镇、涉农街道）新型农业经营主体辅导员全覆盖。

全年培育新型农业经营主体128个，创建省级示范社6个、示范农场5个，市级示范社3个、示范农场5个、重点龙头企业1个。截至2023年年底，全县登记注册农民专合社1072家、示范农民合作社279家，其中国家级示范社5家、省级示范社18家、市级示范社58家、县级示范社198家；全县登记注册家庭农场856家，创建示范家庭农场190家，其中省级示范场23家、市级示范场57家、县级示范场110家；培育农业产业龙头企业221家，创建省级农业龙头企业6家、市级农业龙头企业11家。

【现代农业园区建设】 按照"全域规划、区域推进"思路，因地制宜规划建设现代农业园区23个，总面积30万亩。推进成立营山县现代农业园区管理委员会，印发营山县粮油现代农业园区晋级升星工作实施方案，全面推动粮油园区晋级升星。营山县稻渔现代农业园区通过农业农村厅"回头看"考评，营山县三溪粮油现代农业园区和营山县明德茶叶现代农业园区通过市星级园区考评。

【农村集体经济发展】 全县坚持把发展农村集体经济作为逐步解决“三农”问题、加强基层组织建设的重要抓手，推动农村集体经济“消薄培强扶优”。持续加强农村集体资产监督管理，全面完成全县340个涉农村（社区）的登记赋码工作，确认集体经济组织成员72.81万人，股权量化经营性资产6078.93万元，清理核实农村集体资产53.23亿元；推进农村集体经济发展，选定在85个产业基础好、村“两委”班子好、党员干部队伍好的“三好”村开展扶持发展村级集体经济试点，通过投资分红、产业带动、社会化服务等模式，全年实现经营性收入1494.75万元。

【农产品质量安全监管】 全县成立农产品质量安全监管机构29个，有监管从业人员412人，其中县级农产品质量安全监管机构1个，监管从业人员4名；乡（镇街道）农产品质量安全监管机构28个，监管从业人员56人；检验检测机构1个，检验检测人员4人；执法监管机构1个，执法从业人员6人；村级农产品质量安全协管员342人；建成标准化、星级化乡（镇）监管服务站3个、村级服务点1个。

全县有农产品生产经营主体774个、农资经营主体105家，入驻国家农产品质量安全追溯平台333家；认证无公害农产品生产主体22家、产品54个，绿色食品生产主体3家、产品3个，有机食品生产主体9家、产品13个。30家企业50个产品入驻南充“好充食”区域公用品牌，“营山黑山羊”入驻“天府粮仓”精品品牌。

全年配合开展农业农村部抽检23批次、农业农村厅抽检126批次、市农业农村局抽检138批次、县级抽检434批次，抽检合格率均达98.9%。

【农村生态建设及环境保护】 农业行业安全。开展农业行业安全排查整治，派出检查组31个、检查人员486人次，开展检查421次；开展有限空间作业、农机作业、农业生产等安全知识宣传教育，发放宣传资料10.3万余份；开展安全生产知识宣讲培训56场，参与人数3253人次。全年未发生一起较大及以上安全事故，农业安全形势持续稳定。

秸秆综合利用。全县坚持遵循“五个围绕”，实施秸秆综合利用“六大工程”，加强“五化”利用，探索出一条以肥料化、饲料化利用为主，原料化、基料化利用为辅，燃料化利用兜底的秸秆全域全量、高质高效利用的丘区模式，全县秸秆综合利用率达91.5%。推广测土配方施肥技术，引导种植业主和农户根据土壤情况、作物需求合理选用肥料农药，全年推广测土配方施肥技术146万亩次以上，推广化肥机械深施8万亩；推广高效肥料，引导业主和农户施用高含量的多元复合肥、专用配方肥、有机无机复混肥、土壤调理剂等新型肥料，推广增施有机肥，鼓励采用养殖场畜禽粪污、秸秆还田、沼渣沼液、种植绿肥等方式保证施肥质量，全年施用高效新型肥料面积16万亩、施用有机肥面积66万亩，秸秆还田面积59万亩，粪肥还田面积12.6万亩。

畜禽粪污资源化利用。贯彻落实中央、省、市有关畜禽养殖污染防治工作要求，推动规模养殖场粪污处理设施改造升级和水产养殖尾水综合治理，建立健全畜禽养殖污染防治网格化管理责任制度和环保主体责任制度，坚持业主日检查、乡（镇）周巡查、县级月抽查机制，推进畜禽粪污资源化利用。全县畜禽规模养殖场粪污处理设施装备配套率达100%，畜禽粪污综合利用率达94.82%。

化肥农药减量增效。推广农作物病虫害绿色防控和统防统治技术，推广使用高效低毒低残留农药。鼓励通过使用植保无人机、喷杆喷雾机等新型植保器械改善施药技术，做到科学用药、靶向喷施，提高农药利用率，减少农药的使用次数和使用量。全年农药使用量578吨，比上年减少7.3吨。建立废旧农膜和农药包装废弃物回收利用体系，全年回收农药包装废弃物5.4吨，农膜回收率超过85%。

【主要领导人】 县委书记：敬健；县人大常委会主任：李涛；县长：孔北川；县政协主席：李虹波；分管农业副县长：冯娟。

营山县编写组

蓬安县

【基本情况】 2023年，全县辖5乡14镇2个街道，辖区面积1332平方千米，其中耕地面积74.7万亩。有常住人口45.2万人，其中城镇人口18.1万人、农村人口27.1万人，常住人口城镇化率40.1%。有户籍人口64.4万人，比上年减少0.59万人，其中男性人口33.9万人、女性人口30.5万人，男女性别比为111∶100；城镇人口11.8万人、农村人口52.7万人。全年出生人口1977人，人口出生率4.32‰；死亡人口2597人，人口死亡率5.62‰；人口自然增长率-1.3‰。

2023年，全县实现地区生产总值210.3亿元，按照可比价格计算，比上年增长6.2%，其中第一产业增加值49.8亿元，增长3.8%；第二产业增加值69.2亿元，增长6.7%（工业增加值49.1亿元，占地区生产总值的比重为23.3%，比上年增长7.8%）；第三产业增加值91.2亿元，增长7.2%。三次产业对经济增长的贡献率分别为16%、34.8%和43.2%。三次产业结构比由上年的24∶35.4∶40.6调整为23.7∶32.9∶43.4。人均地区生产总值46312元，增长6.9%。全年接待游客920万人次，实现旅游收入79亿元，增长11.3%。

社会消费品零售总额123.2亿元，比上年增长11.3%，其中城镇市场消费品零售额79.7亿元，增长11.2%；农村市场消费品零售额43.5亿元，增长11.4%。全社会固定资产投资比上年增长6.3%，其中第一产业投资减少48.8%、第二产业投资增长129.1%、第三产业投资增长6.3%。全年交通运输、仓储和邮政业实现增加值3.1亿元，比上年增长5.4%。

公路总里程2486.6千米，其中国道65.6千米、省道97.4千米、县道424.9千米、乡道528千米、村道1370.7千米。一般公共预算收入完成7.2亿元，同比增长5.6%，其中各项税收性收入3.8亿元、非税收性收入3.4亿元；一般公共预算支出41.5亿元，同比增长1.7%，其中一般公共服务支出4.5亿元、公共安全支出1.3亿元、教育支出8.2亿元、科学技术支出0.02亿元、社会保障和就业支出6.5亿元、医疗卫生支出3亿元、环境保护支出1亿元、城乡社区事务支出1.7亿元、农林水事务支出8.6亿元、交通运输支出2.3亿元。人民币存款余额357.4亿元，同比增长9.1%，其中单位存款余额19.7亿元，同比增长7.5%；储蓄存款余额319.1亿元，同比增长10.3%。人民币贷款余额199.9亿元，同比增长16.5%，其中短期贷款余额29.7亿元，同比增长21.8%；中长期贷款余额158.7亿元，同比增长16.7%。

有基础教育校（园）97所，其中小学28所、初中26所、高中4所、幼儿园38所、特殊教育学校1所。在校学生56227人，比上年减少7.1%，其中学前教育在校学生9965人，比上年减少10.9%；小学在校学生23672人，比上年减少5.9%；初中在校学生14201人，比上年减少6.7%；高中在校学生8187人，比上年减少6.5%；特殊教育学校在校学生202人，比上年减少10.7%。基础教育教职工4977人，比上年减少1.5%。有职业教育学校1所，在校学生2005人，比上年减少10.3%；教职工116人，比上年减少2.5%。有高科技产业企业21家，专业技术人数7668人。全年申请专利185件。有公共图书馆1个，文化馆1个，乡（镇）文化站40个，文物保护单位39个。全县广播覆盖率100%，电视覆盖率99.9%。有卫生机构43个，其中医院17个、社区卫生服务中心（站）2个、卫生院19个、疾病预防控制中心1个、妇幼保健院（所、站）1个、卫生监督所（中心）1个、其他卫生机构2个；卫生技术人员2950人，其中执业（助理）医师1072人，注册护师、护士1073人，药剂人员134人，检验人员105人。全年医疗机构总诊疗人次276.91万人次，其中医院69.27万人次、乡（镇）卫生院50.84万人次、妇幼保健院16.75万人次。全年婴儿死亡率和5岁以下儿童死亡率分别为2.75‰、4.32‰。全县参加基本医疗保险人数49.9万人，其中城乡居民基本医疗保险参保人数46.2万人。农村居民最低生活保障人数74756人，发放最低生活保障金12910.4万元。

【年度农业和农村经济运行】 2023年，全县农林牧渔业总产值86.4亿元，同比增长3.8%，其中农业总产值51.1亿元，同比增长5.7%；林业总产值1.7亿元，同比增长8.3%；牧业总产值28.3亿元，同比增长0.6%；渔业总产值3.4亿元，同比增长1.1%；农林牧渔服务业总产值1.9亿元，同比增长4.3%。全体居民人均可支配收入比上年增长5.2%，其中城镇居民人均可支配收入增长4.3%、农村居民人均可支配收入增长5.7%。

【新型农业经营主体培育】 培育多元化市场主体，引进、培育农业龙头企业1家，培育专业社会化服务组织30个。评选县级示范家庭农场28家、示范合作社14个。新培养高素质农民274人。

【农村集体经济发展】 因村制宜推广产业经济、资源经济、服务经济、合作经济等新型农村集体经济发展模式。开展农村集体资产监管提质增效行动，整治规范集体资产管理、经济合同签订、财务管理、工程项目管理等8个方面问题。实施农村集体经济示范项目13个，全县集体经济总收入有望突破1650万元，增长25%以上。

【农村土地改革】 严格审批管理农村建房，审批村民建房1307宗、面积233亩。开展农村乱占耕地建房专项整治，督促整改问题24个。有序开展第三次全国土壤普查。实施睦坝镇老君村、巨龙镇柳树垭村农村二轮土地承包到期再延长30年试点。

【现代农业园区建设】 将现代农业园区建设作为产业振兴的关键举措，新建以粮油为主的农业园区2个。睦坝粮油省级农业园区创建、利溪花椒省星级农业园区复核通过现场验收。创建省、市级星级现代农业园区2个，评定县级园区3个。

【种植业】 全年粮食总产量82.3万吨，同比减少0.3%。油料作物产量6.4万吨；蔬菜及食用菌（含菜用瓜）产量42.6万吨；水果产量13.9万吨。落实粮食安全党政同责，坚持“藏粮于地，藏粮于技”，加快新时代更高水平“天府粮仓”建设，打造“两带三园”，建成优质粮油示范片10个、粮食安全产业带30万亩。

【畜牧业】 全年生猪出栏61.2万头，同比增长2.3%；牛出栏1.4万头，同比增长0.34%；羊出栏18万只，同比减少2.2%；家禽出栏653.5万只，同比减少3.5%。猪肉产量4.6万吨，同比增长2.6%。落实生猪生产扶持政策，加强非洲猪瘟等疫病防控，抓好生猪稳产保供。

【特色产业】 围绕粮油、果蔬、生猪三大优势产业，发展水产养殖、木本油料、中药材三大特色产业，完善农机服务、仓储物流、产地加工三大配套产业，“3+3+3”现代农业产业体系加快成势。巩固提升特色产业基地45万亩。

【耕地保护】 落实“长牙齿”的耕地

保护硬措施，抓好“田长制”，层层压实耕地保护责任，设立县、乡、村三级“田长”572名，各级“田长”全年巡田16.55万人次。严格耕地执法监管，查处非法占用耕地行为59起，补划永久基本农田1.97万亩，腾退低质低效经果园6000亩，恢复流出耕地7600亩，实现耕地净流入500亩。

【高标准农田及水利建设】以全国整区域推进高标准农田建设试点为抓手，新（改）建高标准农田6.94万亩。加强水利设施建设，推进亭子口灌区一期工程建设，贯通渠道51.3千米，辐射灌溉面积15万亩。整治山坪塘142口，完善小微水利设施473处。新建产业路40千米、机耕作业道15千米。

【巩固脱贫成果】防范化解返贫致贫风险，落实“四个不摘”要求，加强返贫致贫风险防范化解。围绕教育、医疗、住房、饮水等11个方面，核实研判风险线索2.83万余条，新增监测对象238户744人，落实各项帮扶措施3081人次。支持1万名脱贫群众发展“四小经济”，帮助2.1万名脱贫劳动力就业增收。全县脱贫人口年人均纯收入达1.16万元。

驻村帮扶力量轮换。开展新一轮驻村帮扶力量轮换，选派156名驻村“第一书记”、312名驻村工作队员，万名干部职工常态化结对帮扶。完成新一轮驻村“第一书记”和驻村工作队员全覆盖培训468人次。

加快补齐脱贫地区基础短板。投入衔接资金11387万元，实施衔接资金项目310个，新建脱贫地区村（社）水泥路55.96千米，山坪塘、蓄水池等水利设施91处，新建（维护）饮水工程214处，巩固提升脱贫村文化、卫生等公共服务设施48处。

精准完善衔接措施。落实困难学生精准资助2.22万人、2413万元，“雨露计划”补助1030人，实现控辍保学动态清零。对农村低收入人口实施医疗救助3.02万人次，发放救助金3743.97万元。统筹开发公益性岗位2960个。新增脱贫人口低保987人。落实脱贫人口、监测对象医保定额资助个人缴费政策，资助重点人群参保8.53万人，脱贫人口、监测对象医保参保率达100%。脱贫户、监测对象住房安全达标率100%。

【乡村规划编制】严守永久基本农田、生态保护红线、城镇开发边界3条控制线，推进国土空间规划编制，完成城乡融合片区、巨龙高效粮油片区、徐家红色旅游片区、罗家兴旺旅游康养片区4个乡（镇）级片区规划编制和周口街道牛毛漩村片区、正源镇红豆和望江村片区、利溪镇花房子村和万寿村片区、巨龙镇合作和大石坪村片区共4个村级片区国土空间规划编制。严格国土空间规划指导约束，整改完成土地卫片违法图斑44个，涉及图斑面积247.54亩、耕地面积104.15亩。

【文明乡风建设】开展“新时代乡风文明建设十大行动”，开展“文化下乡”活动49场次，打造“全民阅读”“传统文化传习”等实践基地5个，评选乡村文化振兴样板村镇29个、县级“最美家庭”20户。县图书馆获评国家二级图书馆。在第三届乡村文化振兴魅力竞演大赛中获得全省二等奖、全市一等奖。县新时代文明实践中心获评省级示范中心。蓬安水龙舞、豆腐干制作技艺入选省级非遗代表性项目，《百牛渡江》入选四川省第二届乡村十大金曲。举办2023年中国农民丰收节”南充·蓬安“1+6”系列庆祝活动，《人民日报》、新华网等20余家国家、省级主流媒体报道，点击量达1亿余次。

【乡村治理】推进“一强五治”治理模式，实施乡村干部“聚能”行动，巩固提升“六有”标准村级党群服务综合体85个，储备大专以上后备干部478名。推行“片区党委+”党建引领发展模式，经验做法在全省乡（镇）党政正职示范培训班上作交流发言。推广运用“四川e治采”，川善治村（社区）入驻率达100%。巨龙镇羊角嘴村、兴旺镇三青沟村创建为省级民主法治示范村（社区）。

【农村科技及农业机械化】实施科技强农战略，新培育农产品品牌5个，遴选农业主推技术17项，开展新品种、新技术试验示范。恒顺农业等4家公司被认定为全市首批农业科技示范基地。加快现代农业机械推广应用，加速构建“1+5+N”农机社会化服务体系，实施农机购置补贴6847台（套），全县主要农作物综合机械化率达73.56%。

【农村社会事业】新（改、扩）建农村寄宿制学校4所，新增基础教育学位1860个，农村适龄儿童义务教育入学率达100%。相如教育特色小镇获评省级特色小镇。推进公共医疗服务能力建设，新建县域医疗卫生次中心2个。改造提升罗家区域养老服务中心，完成5个乡（镇）养老院“公建民营”。加快县、乡、村三级未成年人保护阵地建设，建成新园、锦屏等6个镇级工作站、2个村级工作点。“六有”村级党群服务综合体得到持续巩固。

【农村人居环境整治】持续开展“大宣教、大整治、大评比”活动，统筹推进农村厕所、垃圾、污水“三大革命”，完成20个村整村农村无害化户厕改造1万户，建成巨龙镇等8个农村生活集中式污水处理设施配套管网工程、12个行政村生活污水治理“千村示范工程”，全县农村生活污水治理率达72%；升级改造垃圾压缩站1座，新增农村垃圾收集点16个、分类收集亭300个，全县农村生活垃圾收运处置体系行政村覆盖率100%，生活垃圾无害化处理率100%。

【农村生态建设及环境保护】抓好林长制，查处违法使用林地和采伐案件28件。组织开展自然保护地专项督查，核实上级下达的自然保护地疑似违法图斑7处。新园宽敞沟村获评四川省森林村庄。推进河（湖）长制，保护修复嘉陵江岸线11千米。全县重点水体水质优良比例100%。巩固“十年禁渔”成果，在嘉陵江增殖放流45万尾。抓好农药化肥减量，新建化肥农药减量示范片2个，测土配方施肥技术覆盖率达95%以上。推进秸秆综合利用，实现秸秆肥料化、饲料化、能源化和基料化综合利用1.8万吨。防治畜禽养殖污染，畜禽粪污综合利用率达92.96%以上。德康公司获评部级生猪养殖标准化示范场。抓好环境保护督察反馈问题整改，蓬安县连续三年获评全市污染防治成效考核"优秀"等级，进入省级生态县推选公示名单。

【农村基础设施建设】 开工建设省道509线(平头至福德)改造工程，新(改)建幸福美丽乡村路36千米，建成撤并建制村畅通工程110千米。建成公路生命防护工程96千米、312个村级金通邮驿站。基本完成锦屏范家坝堤防工程。实施升钟灌区渠系建设8千米，整治病险水库3座。维修养护小型水库48处。治理水土流失面积13平方千米。实施19个农村电网改造项目，新建10千瓦线路8.86千米、低压线路84千米。改造老旧燃气管网22千米。建成4G、5G基站350个。

【农村市场体系建设】 按照"产、加、销"一体化发展理念，推动花好月圆、德康、双胞胎、佳美等企业联农带农协同发展。加快建立冷鲜肉品流通配送和预制菜体系，推进农产品加工转化。建成A级以上农产品交易市场6个。盘活健民肉食品公司。布局建设村级物流站点228个，对121个乡(镇)级、村级电商服务站点开展业务培训指导，推动站点发挥代买代卖、快递收发、话费充值等作用，巩固国家级电子商务进农村综合示范扶持项目成果。

【助农增收】 落实农民增收工作书记县长责任制，促进农民收入持续稳定增长。开展中式烹调、中式面点、西式面点、动物防疫、家政服务、有害生物防治、电工、农艺工等专业培训57个班次，参与培训人数共计2970人次。全年兑付地力补贴、种粮补贴等支农惠农资金0.75亿元。

【主要领导人】 县委书记：唐方春；县人大常委会主任：向峰；县长：邱跃峰；县政协主席：滕明鹏；分管农业副县长：荀毳。

蓬安县编写组

宜 宾 市

【基本情况】 2023年，全市辖3区7县17乡105镇14个街道，辖区面积1.3283万平方千米，其中耕地面积542.42万亩，比上年增长0.83%，人均耕地面积0.99亩；永久基本农田401.37万亩。年末总人口547.5万人(户籍人口)，减少0.15%；户籍人口城镇化率37.79%，增长0.11%；人口出生率7.22‰，减少0.56个千分点；人口自然增长率0.57‰，增加2.38个千分点。全市新增耕地灌溉面积0.3万亩，年末达306.15万亩，达到耕地总面积的56.4%；本地水资源总量61.67亿立方米，人均占有水资源量1332.5立方米。有林业用地66.45万公顷，有林地面积62.21万公顷，森林覆盖率46.9%。

2023年，全市实现地区生产总值3806.64亿元，按照不变价格计算，比上年增长7.5%，其中第一产业增加值404.18亿元，增长4.3%，农、林、牧、渔及农林牧渔服务业之比为55.7：8：29.7：4.3：2.3；第二产业增加值1888.89亿元，增长7.8%(工业增加值1496.63亿元，增长9.9%)；第三产业增加值1513.57亿元，增长8.%。三次产业对经济增长的贡献率分别为6.9%、51.2%和41.9%。三次产业结构比为10.6：49.6：39.8。人均地区生产总值82341元，增长7.2%。农村劳动力总数为230.7万人，农民工165.9万人，其中外出农民工93.66万人，减少0.2%；本地农民工72.25万人，减少0.1%。全年接待游客8901.22万人，实现旅游收入804.78亿元。

公路通车里程26668.4千米(不含高速公路)，其中乡村公路24765.8千米，密度2千米/平方千米、48.7千米/万人。社会消费品零售总额1245.07亿元，增长2.9%，其中乡村消费品零售额266.08亿元，增长1.6%。全年乡村振兴预算安排61.08亿元，占一般公共预算的11.97%，较上年增长9.46亿元。一般公共预算安排乡村振兴实际投入资金105.17亿元。金融机构各项存款余额5281.72亿元，比年初增长13.4%；各项贷款余额4593.25亿元，比年初增长22.5%；涉农贷款余额1540.41亿元，同比增长24.5%，高于各项贷款2个百分点；农业农村系统全年承接中央、省无偿资金17.2亿元。全年政策性农业保险保费规模44252.66万元，增长3.54%。涉农规上(限上)企业总数达519家，其中加工业270家、服务业249家。农业产业化县级及以上重点龙头企业达1071家，其中国家级、省级、市级、县级分别为4家、67家、310家、690家。

全市2所普通高校本(专)科招生1.18万人，在校学生3.93万人，毕业生1.02万人；成人本(专)科在校学生0.53万人；专任教师0.22万人。有各级各类学校1437所(不含普通高等院校、技工校、职业培训机构)，在校学生81.64万人，教职工6.88万人，专任教师5.6万人，其中普通中学43所，在校学生9.46万人；小学286所，在校学生33.8万人；学前三年毛入园率100.43%，提高1.23个百分点。全年共登记技术合同591项，技术合同认定登记额42.9亿元，完成省级科技成果登记59项。有艺术表演场所3个，文化馆11个，公共图书馆12个，美术馆1个，综合文化站186个，备案博物馆21个。有卫生机构4870个，病床位3.9万张，卫生技术人员3.98万人。城乡居民基本医疗保险参保人数391.94万人，53.98万名农村低收入人口和脱贫人口实现"应保尽保"；城乡居民基本养老保险参保人数188.34万人，其中农村居民参保人数181.97万人，参保率99.83%；被征地农民养老保险参保人数11156人，占总人数的94.4%。

【年度农业和农村经济运行】 2023年，全市出台了《宜宾市和美乡村农业生产力和产业设施规划导则（试行）》《宜宾市高标准农田建设规划（2021—2030年）》《宜宾市创建（晋升）省级以上现代农业园区激励办法（试行）》等规划、政策。实现农林牧渔业总产值657.15亿元，增长4.3%；全市全年第一产业增加值达404.18亿元，增长4.3%；酿酒专用粮、生猪、茶叶、蚕桑、水产、林竹、油樟等"5+2"特色优势农产品产量保持稳定增长。农民年人均可支配收入达20453元，增长7%。在粮食、生猪、蔬菜生产中，农业科技进步贡献率达60%。全市农产品省级例行监测合格率99.2%；建成134个基层农业综合服务站。全市主要农产品产量见表1。

【农业产业化发展】 坚持"二产三产协同带动一产"思路，推动全域产业规模化集群发展，争取川南酿酒高粱、肉牛、中稻再生稻、旱虾、川红工夫红茶5个产业集群项目，推进7个省级"鱼米之乡"项目建设。全市酿酒专用粮定制基地面积达20万亩，茶园面积达130万亩，稻渔综合种养面积达34万亩，桑园面积达63万亩，竹林面积达334万亩，油樟面积达53万亩，蔬菜种植面积达141万亩，水果种植面积达100万亩，烤烟种植面积达5.13万亩；出栏生猪523.57万头，有年出栏规模500头以上规模养猪场2241个，规模化率达65.98%。"5+2"特色现代农业产业中，酿酒专用粮、茶叶、蚕桑、林竹、油樟面积和生猪出栏量均居全省前列。农业产业提质增效"百规千企万户"专项攻坚行动收官，全市涉农规（限）上企业总数达519家，实现产值（营业收入）350.97亿元。县级以上龙头企业达1071家，其中国家级4家、省级67家、市级310家（见表2），川红茶业集团有限公司申报为第八批农业产业化国家重点龙头企业；新增涉农个体工商户16505户，乡（镇、涉农街道）全覆盖注册镇级国有农业公司。有农民合作社6601家，其中国家级示范社34家、省级示范社148家、市级示范社212家、县级示范社515家（见表3）；注册家庭农场16343家，其中省级示范场198家、市级示范场643家（见表4）。

【农用地产权制度改革】 持续巩固用好承包地确权登记颁证成果，全市农村承包地确权颁证率达98.9%，分别高于全国、全省平均水平2.9个、1.4个百分点，并对109.45万户农户发放土地承包经营权证。所有县（区）均建立土地承包纠纷仲裁委员会，基本形成县、乡（镇）、村三级联动调处机制。印发《关于进一步加强工商资本流转农地监管和风险防范工作的通知》，建立健全工商资本流转土地分级审查审核和风险防范机制，落实工商企业等社会资本通过流转取得土地经营权行政审批事项，推动农村土地流转，引导适度规模经营，全市农村土地流转面积162万亩，流转率达29.7%，农村土地适度规模经营率达25.7%。

【农村集体产权制度改革】 深化翠屏区农村宅基地两项试点工作，通过自愿有偿腾退宅基地复垦形成集体建设用地指标557.5亩，完成交易5宗，涉及集体建设用地35亩，交易额达1143.4万元，全

表1 2023年宜宾市主要农产品产量

主要农产品	单位	产量	同比增减(%)
粮食	万吨	259.510	3.2
水稻	万吨	124.700	1.5
小麦	万吨	0.120	9.1
玉米	万吨	76.430	7.3
马铃薯	万吨	15.990	−2.7
油菜籽	万吨	15.110	10.3
蔬菜	万吨	337.450	4.0
水果	万吨	96.950	7.1
肉类	万吨	49.995	1.0
猪肉	万吨	38.330	0.9
牛肉	万吨	2.050	1.4
羊肉	万吨	0.670	0.4
禽肉	万吨	7.240	0.4
兔肉	万吨	1.700	4.6
禽蛋	万吨	5.470	1.7
水产品	万吨	12.720	4.2
牛奶	万吨	0.320	6.9

表2　2023年宜宾市省级（及以上）农业产业化重点龙头企业名单

企业名称	注册资金（万元）	法人代表	示范等级	年度产值（万元）	主营产品
宜宾五粮液股份有限公司	388160.80	曾从钦	国家级	8327206.70	白酒
四川省茶业集团股份有限公司	35680.00	颜泽文	国家级	76000.00	茶叶
宜宾市申酉辰明威农业发展有限公司	4900.00	孙力民	国家级	6461.22	茶叶、沉香
四川早白尖茶业有限公司	4947.23	张德勋	国家级	30856.00	茶叶
四川省宜宾市叙府酒业股份有限公司	10000.00	熊吉	省级	230000.00	白酒
宜宾碎米芽菜有限公司	8400.00	周雨浓	省级	7100.00	碎米芽菜
宜宾顺风畜牧业有限公司	800.00	朱顺彬	省级	802.00	生猪
宜宾市富康食品有限公司	913.00	刘川秀	省级	5673.00	酱腌菜
宜宾黄桷庄粮油集团有限公司	1700.00	应旭洪	省级	13944.00	大米油脂
四川云辰园林科技有限公司	5500.00	卢维	省级	10077.00	农林产品
四川鑫锐投资有限公司	5000.00	周朝忠	省级	503312.00	水果、蔬菜
宜宾茶缘牧业有限公司	4700.00	罗国正	省级	12720.00	生猪
宜宾市义兴农业发展有限公司	500.00	杨义	省级	6827.20	茶叶
四川宜宾戎陈坊食品有限公司	800.00	夏敏生	省级	6844.00	酱腌菜
四川省宜宾张杨茶业有限责任公司	500.00	张贵杨	省级	2000.00	茶叶
四川乾力农业科技开发有限公司	1050.00	陈方乾	省级	7854.65	柑橘销售
宜宾山勾勾农业科技有限公司	5000.00	陈芬	省级	8430.00	鸡蛋、有机肥
宜宾市金禹农业有限责任公司	160.00	禹洪	省级	150.00	生猪养殖
四川好牧农业有限公司	2000.00	罗娟	省级	5619.30	生猪养殖
四川省青潭粮油有限公司	1000.00	罗军	省级	6508.00	大米、食用油
四川银皇食品有限责任公司	1000.00	蒋元银	省级	5328.00	花生、粮油
四川横竖生物科技股份有限公司	3113.90	王洪润	省级	3154.00	实验猴、猪
四川天堂湾农业开发有限公司	2000.00	梁健	省级	3181.67	休闲农业
宜宾市久顺食品有限公司	1203.00	朱顺平	省级	13336.00	生猪屠宰、食品经营
四川省宜宾市汇宝食品有限责任公司	1018.00	唐智	省级	11899.00	鲜猪肉、腌腊制品
四川宜宾九彩虹生态农业科技有限公司	500.00	李响	省级	1200.00	休闲农业
四川省宜宾天宫茶业有限责任公司	500.00	张毅	省级	6358.00	茶叶
四川宜宾宝香园食品有限公司	520.00	罗鹏	省级	8447.00	叙府芽菜
四川宜宾恒生福酒业集团有限公司	1835.60	刘建明	省级	8800.00	白酒
宜宾市娥天歌食品有限公司	198.00	徐纲	省级	11000.00	鹅肉制品、其他禽肉制品
四川嘉福乐食品有限公司	1000.00	王红	省级	12000.00	生猪屠宰
宜宾纸业股份有限公司	17690.40	陈洪	省级	170000.00	食品包装原纸、生活用纸
四川锦城林业开发有限公司	350.00	唐明蓉	省级	2300.00	竹笋
四川省宜宾市长兴酒业集团有限公司	6000.00	李刚	省级	13200.00	白酒

续表

企业名称	注册资金（万元）	法人代表	示范等级	年度产值（万元）	主营产品
四川南溪徽记食品有限公司	1000.00	吕金刚	省级	17783.00	豆腐干
四川天竹竹资源开发有限公司	137525.00	张振宇	省级	61500.00	竹材粘胶纤维浆粕
宜宾新宇酒业有限公司	1000.00	邓正川	省级	12507.00	白酒、复糟酒生产销售
江安德康生猪养殖有限公司	1000.00	熊太权	省级	48149.00	生猪养殖，兽药、饲料销售
四川省宜宾市华夏酒业有限公司（宜宾市怡宾酒业有限责任公司）	1188.00	黄建平	省级	3181.00	生产销售酒、饮料、矿泉水
四川省宜宾竹海酒业有限公司	4200.00	宋永铸	省级	14199.00	白酒
四川牛九牛农业股份有限公司	16047.00	黄雨	省级	10255.00	肉牛、牛肉产品
国美酒业四川有限公司	3000.00	武玉杰	省级	114578.00	白酒
长宁县大旗竹业有限公司	500.00	蒯良友	省级	5520.00	竹制品
四川省宜宾酒都实业有限责任公司	1020.00	周一鸣	省级	12144.00	白酒
四川腾耀农业科开发有限责任公司	1800.00	罗芳	省级	9728.00	泡菜及调味料品
宜宾川红茶业集团有限公司	13500.00	王新宇	省级	39618.00	红茶、绿茶、花茶
四川峰顶寺茶业有限公司	4000.00	李鑫	省级	2041.40	茶叶
四川新丝路茧丝绸有限公司	6000.00	彭江	省级	13856.00	生丝
四川云州茶业有限公司	600.00	张毅	省级	3090.00	绿茶、红茶、花茶
宜宾市顶古山薯业有限公司	1000.00	崔秀荣	省级	6458.00	粉条、淀粉、蛋白
四川龙溪茶业有限公司	1000.00	侯向华	省级	12000.00	绿茶、红茶、花茶
四川省珙县鹿鸣茶业有限公司	647.00	张岷熹	省级	6070.00	茶叶
珙县智溢茧丝绸有限公司	1000.00	余力	省级	61866.00	蚕茧
宜宾龙茶花海旅游开发有限公司	441.00	张成龙	省级	280.00	花卉树木种植、旅游
宜宾市双星茶业有限责任公司	1008.00	周涛	省级	629.10	茶叶
宜宾醒世茶业有限责任公司	500.00	陈蓉	省级	2127.00	茶叶
四川省凤鸣茶业有限公司	800.00	文显强	省级	5120.00	茶叶
宜宾牛犇食品有限公司	200.00	李仁刚	省级	0	肉牛
筠连县瑞鑫茶业有限责任公司	1000.00	罗伟	省级	3456.00	茶叶
兴文县金鹅粉业有限责任公司	300.00	白永富	省级	8324.00	淀粉制品
宜宾市兴文县纯正油坊食用植物油有限公司	499.00	罗建林	省级	5011.00	菜籽油
四川省宇庆食品有限责任公司	200.00	李云奉	省级	5219.00	泡菜制品
宜宾五尺道集团有限公司	10000.00	刘成宽	省级	14579.00	生猪、肉食品
宜宾满园春色茶业有限公司	500.00	朱晓方	省级	7015.00	茶叶、粮油
屏山县岩门秀芽茶业有限责任公司	300.00	张德兵	省级	3572.80	绿茶、红茶
宜宾万国顺农业科技有限公司	2000.00	高功金	省级	3515.56	柑橘

表3　2023年宜宾市省级(及以上)示范农民专业合作经济组织名单(部分)

合作组织名称	注册资金（万元）	法人代表	示范等级	年度产值（万元）	主营产品
宜宾市翠屏区留诚养殖专业合作社	1101.38	陈伟	国家级	4315.00	鸡
宜宾市翠屏区明清茶叶专业合作社	314.00	彭子权	国家级	860.00	茶叶
宜宾市翠屏区茗缘种植养殖专业合作社	349.00	练洑材	国家级	245.00	茶叶
宜宾市翠屏区金禾田园水产养殖专业合作社	100.00	陈荣	国家级	367.20	稻、鱼、鳖
宜宾市翠屏区一新花卉苗木种植农民专业合作社	589.10	张焕然	国家级	560.00	花卉苗木
宜宾市翠屏区新隆种植专业合作社	200.00	顾凤	省级	614.45	茶叶、沉香
宜宾市翠屏区方圆茶叶专业合作社	210.40	熊章元	省级	780.00	茶叶
宜宾市翠屏区斗笠坝果蔬专业合作社	18.10	焦河清	省级	2036.00	果蔬
宜宾县瑞民生猪养殖专业合作社	370.00	赵修贵	省级	2009.00	生猪
宜宾市翠屏区香妹苗木种植专业合作社	500.00	曾九香	省级	300.00	油茶、苗木
宜宾市翠屏区绿合养殖专业合作社	480.00	李秋雪	省级	405.00	生猪
宜宾县农康富生猪养殖专业合作社	504.00	向前英	省级	700.00	生猪
宜宾县孔滩镇狐家洞山茶籽油专业合作社	800.00	陈春潮	省级	1000.00	油茶
宜宾市翠屏区神农果蔬专业合作社	239.17	余启兵	省级	300.00	蔬菜种植
宜宾市翠屏区远华种植养殖专业合作社	150.00	梁华	省级	240.00	鸽子
宜宾市翠屏区乾力种植养殖专业合作社	200.00	陈方乾	省级	458.00	柑橘
宜宾市叙州区联茂竹木种植专业合作社	492.60	黄显春	国家级	2100.00	竹木加工及种植
宜宾市叙州区旺优新花生专业合作社	900.00	谭宗利	省级	456.64	养殖业及相关产业
宜宾市叙州区旺优新花生专业合作社	300.00	谢长清	省级	432.00	种植业及相关产业
宜宾市叙州区一树鲜种植专业合作社	100.00	杨毅先	省级	256.00	种植业及相关产业
宜宾市叙州区小鱼窝竹材种植专业合作社	300.00	范小平	省级	200.00	林业（竹类）及相关产业
宜宾仙鹅林樟专业合作社	306.00	樊尚富	省级	480.00	油樟、林业
宜宾市叙州区功益茶叶专业合作社	515.00	蒋友群	国家级	754.00	茶叶、桅子花
宜宾川花种植专业合作社	60.00	余学江	省级	443.00	茉莉花、金银花
宜宾市叙州区红禄种植专业合作社	200.00	李禄萍	省级	1562.00	中药材黄柏、砂仁
宜宾市叙州区金鑫养殖专业合作社	416.00	廖运兵	省级	3092.00	畜牧业及相关产业
宜宾市叙州区黄江林生态茶叶专业合作社	250.00	王康良	省级	128.00	茶叶

续表 1

合作组织名称	注册资金（万元）	法人代表	示范等级	年度产值（万元）	主营产品
宜宾市叙州区桃花源种植专业合作社	124.00	黄忠清	国家级	200.00	种植业及相关产业
宜宾市叙州区惠农园林农民专业合作社	800.00	敖代芳	国家级	500.00	水果、花卉苗木
宜宾市南溪区君恒林木种植专业合作社	1000.00	李君	省级	333.30	林业
宜宾市南溪区孝善坊种植专业合作社	1200.00	韩忠亮	省级	2400.00	豆类品
江安县金土地农业开发专业合作社	300.00	樊治容	国家级	4182.70	种植业及相关产业
江安县名优种养殖农民专业合作社	500.00	王长明	省级	300.00	种植业及相关产业
江安县蟠龙乡共同农机农民专业合作社	280.00	邹汉明	省级	300.00	种植业及相关产业
长宁美川林业专业合作社	800.00	吴文祥	省级	486.60	花椒
长宁县佳鑫中药材种植专业合作社	101.80	李容	省级	1392.40	中药材
长宁县巿鑫水果专业合作社	418.00	杨玉堂	省级	1071.00	水果
长宁县均运畜业专业合作社	600.00	敖培均	省级	542.10	生猪
长宁县祥和民生种植专业合作社	198.00	卢晓军	省级	525.10	蔬菜
长宁县竹海山宝食用菌开发专业合作社	158.00	黄晓	省级	353.80	竹荪、食用菌
长宁县裕林肉牛养殖专业合作社	200.00	周远林	省级	1000.00	肉牛
高县荣礼葡萄种植专业合作社	501.80	荣礼	国家级	475.00	水果
高县四烈腾耀农副食品专业合作社	3600.00	罗刚强	国家级	6061.00	泡菜及调味料品
高县云嶺茶叶专业合作社	60.00	张毅	省级	400.00	茶叶
高县华硕园蔬菜专业合作社	180.00	张凤英	省级	300.00	果蔬
高县菲诺柠檬种植专业合作社	1202.00	彭斌	省级	670.00	水果
珙县兴晟农产品开发专业合作社	500.00	余林昌	国家级	1500.00	大米
珙县金石种养专合社	316.00	彭政	国家级	861.00	种植业及相关产业
珙县回龙茶叶专业合作社	201.50	周仕华	省级	220.00	茶叶制品
珙县绿爽生态养殖专业合作社	200.00	何定才	省级	200.00	生猪
珙县裕民水稻种植专业合作社	91.40	段胜友	省级	200.00	大米、食用菌
兴文县香山猕猴桃专业合作社联合社	119.00	李进	国家级	1140.00	水果
兴文县茂禾植保专业合作社	160.80	罗小明	国家级	973.30	水稻
兴文县石海薯制品专业合作社	210.00	黄兴杨	国家级	170.00	薯类

续表2

合作组织名称	注册资金（万元）	法人代表	示范等级	年度产值（万元）	主营产品
兴文县麒麟苗乡油茶专业合作社	500.00	梁中华	国家级	552.60	油茶
兴文县石海穗丰富民蚕业专业合作社	300.00	张思华	省级	300.00	蚕茧
兴文县野珍竹荪蔬菜开发专业合作社	112.80	王大元	省级	800.00	菌类
兴文县禾瑞水果种植专业合作社	2000.00	李成波	省级	265.60	蔬菜、水果
兴文县坪山烤烟专业合作社	1.00	易伟	省级	327.40	烤烟
兴文县毓秀苗乡林下散养黑猪专业合作社	212.00	何招林	省级	335.00	生猪
兴文县石家沟优质肉牛养殖专业合作社	297.80	程天明	省级	612.50	肉牛（羊）
兴文县仙峰富康方竹专业合作社	150.00	陈文富	省级	600.00	竹类
筠连县茴山秀岭烟草专业合作社	500.00	赵奔	省级	310.00	烤烟
筠连县青山绿水茶叶专业合作社	1000.00	王强	省级	300.00	茶叶
筠连县团林苗族乡苗岭白毛乌骨鸡专业合作社	500.00	何顺金	省级	210.00	小家禽
屏山县益清水果农民专业合作社	200.00	刘益清	省级	300.00	水果
屏山县地康兔业养殖农民专业合作社	311.60	喻地康	省级	700.00	兔类及家畜家禽养殖
屏山县永清白茶种植农民专业合作社	800.00	钟永清	省级	900.00	茶叶
屏山县华溪竹林笋农民专业合作社	400.00	王国才	省级	800.00	竹笋

表4　2023年宜宾市家庭农场经营情况统计表（前10位）

家庭农场名称	注册资金（万元）	法人代表	年度产值（万元）	主营产品
南溪区民旺家庭农场	1200	袁辅强	2000	生猪
叙州区金猪家庭农场	80	廖运兵	1070	生猪
叙州区富敏家庭农场	120	张自富	1000	生猪
叙州区鑫旺达家庭农场	80	张永雄	981	生猪
长宁县王松家庭牧场	100	王松	900	牛
叙州区裕鑫成家庭农场	100	张静	900	生猪
高县牧旺家庭农场	400	孙小兵	850	生猪
珙县孝儿镇广富家庭农场	1000	李艳军	830	生猪
翠屏区向丽嘉养殖家庭农场	100	向前群	800	生猪
叙州区程语含家庭农场	100	程升明	800	生猪

市农村产权累计交易额30余亿元。坚持先行先试先改，完成全省首例提升自然资源资产价值集成项目，土地经营权出让面积达1559亩，成交价3732.5万元，溢价率达42.06%，叙州区被纳入全省首批城乡融合发展综合改革试点。推广集体经济"职业经理人"制度，创新"一统四变"12种发展模式，壮大村集体经济，全市村集体经济收入超过10万元的村占比超过75%，兴文县群鱼村获评"全省发展集体经济促进共同富裕十强村"，筠连县春风村被确定为第二批全省新型农村经济发展典型案例。全面推进农村集体资产"应进必进、阳光交易"，开发"农村集体资产综合监管平台"，实现市、县、乡、村四级农村集体资产"一网集成、一键监管"，1792个村集体资产全部被纳入宜宾市农村集体资产综合监管平台进行动态监管，覆盖率达100%。

【供销合作社改革】 省供销社支持宜宾省级供销综合改革发展专项资金480万元，全市供销社系统实现经营服务总额151亿元、农业生产资料销售额2.53亿元。建成高质量发展基层供销社示范社22个，组织推荐省级特色农产品优选15个。完成全国总社和省供销社农业社会化服务试点任务6000亩，帮助农民人均增收25.8元。巩固发展社区综合服务社2084个，其中农村综合服务中心1239个、生产性为农服务中心57个、"庄稼医院"818个。新发展基层供销社等新型农民合作组织14个，全市专合社总数达620个；专合社会员总数达10.04万户，带动农户12.4万户。成立宜宾农服供销集团公司统筹全市供应链资源，截至2023年年底，已承接业务9106万元。四川供销农资集团与翠屏区政府签订项目合作协议，共同出资3000万元组建宜宾邦力达供销有限公司，建设川南农资交易中心。引进四川恒源惠乡厨公司，整合当地厨师团队，在兴文县试点推广标准化农村坝坝宴，实现销售额上千万元。打造"宜宾汇"区域农产品公用品牌，完成"宜宾汇"集体商标七大类共70个产品类商标注册。参与四川农博会、茶博会、浙江和北京等地"品味宜宾"展示展销活动，累计实现农产品品销售额700余万元。

【农产品品牌战略实施】 举办第十七届中国·宜宾早茶节、2023国际竹博会、2023国际酒博会等大会，组织企业抱团参加全国小龙虾产业高质量发展大会、四川农博会、四川茶博会、成都茶博会、杭州茶博会等重要展会活动，持续扩大"宜宾早茶""川红工夫""宜宾早虾"等农产品区域品牌影响力。引进浙江永续农产品品牌研究院，持续打造"宜宾汇"区域公用品牌，筠连县醒世·黄金白露红茶、高县早白尖牌绿茶入选"四川最具影响力茶叶单品（第二批）"，"高山清水笋"等14个品牌入选"天府乡村"特色优选产品品牌，"宜宾汇"和"宜宾早虾"入选天府粮仓·农博会最受欢迎农产品品牌，12个农产品品牌被纳入首批"天府粮仓"精品（培育）品牌（数量位居全省第一）。新增绿色食品12个，全市绿色食品总量达152个。

【现代农业园区建设】 出台《宜宾市创建（晋升）省级以上现代农业园区激励办法（试行）》，按照"大园区+小业主+社会化服务""龙头企业+代养场"等实体化运作模式，农业园区管委会、平台公司等国有主体重点打造粮油园区，龙头企业等市场主体重点打造经济作物、畜牧水产园区，推进全市现代农业园区连片布局、集群发展，兴文县粮油现代农业园区、屏山县茶叶生猪种养循环现代农业园区分别晋升为省五星级和省四星级现代农业园区，南溪区粮油现代农业园区、翠屏区粮油现代农业园区、江安县粮油现代农业园区创建为省三星级现代农业园区，全市已建成省星级现代农业园区13个（数量位居全省第三）、市级现代农业园区48个、县级现代农业园区37个，形成以"点带面、串珠成线"的现代农业产业园梯次发展体系。

【种植业】 出台《建设新时代更高水平"天府粮仓"宜宾示范区实施方案》，推广"七套十五种"等种养复合模式236万亩，建设酿酒专用粮定制基地20万亩，建设优质粮油高产万亩示范区7个、中稻+再生稻"吨良田"千亩示范片5个、大豆玉米"双高产"百亩示范点10个。全市粮食播种面积达648.3万亩，产量259.5万吨，"天府粮仓"核心示范区创造了川南新建高标准农田中稻亩产806.97千克的最高纪录。

粮食生产。落实粮食安全党政同责，制定推进撂荒耕地"四个一批"整治措施，整治撂荒耕地0.8万余亩，恢复补充流出耕地10万亩。采取直接还田种粮、间套作种粮、轮作种粮3种整改模式，优化改造农业种植园地4.56万亩，对0.98万亩低质低效经果林腾退后恢复种粮。建立农业国有（集体）公司种粮兜底机制，对无力种、无人种、无法种的耕地，农业国有（集体）公司兜底种粮面积超万余亩。将种粮大户补贴范围扩大至20亩以上，出台《建设新时代更高水平"天府粮仓"宜宾示范区实施方案》，全市粮食作物播种面积648.3万亩，居全省第四位；产量259.5万吨，居全省第三位；产量增加8.1万吨，增长3.23%，居全省第一位。实现大豆复合种植39.1万亩，大豆总播种面积达60.7万亩，增长6.38%。"两优一新"油料作物播种面积破位增长，冬油菜种植面积111.43万亩，增长11.7%；花生种植面积43.9万亩，增长8.9%；油料作物播种面积157.9万亩，产量23.2万吨，增长11.7%。布局建设优质粮油高产万亩示范区7个、中稻+再生稻"吨良田"千亩示范片5个、大豆玉米"双高产"百亩示范点10个，分别创造了水稻806.97千克、749.62千克和玉米618.8千克的单产纪录，全市粮食平均亩产提高16.5千克。

茶产业。全市茶园面积稳定在130余万亩，干茶总产量10.58万吨，增长8.8%；茶产业综合产值达340亿元，增长6.3%。5家茶企入选2023年度四川省专精特新中小企业，2家茶企获评省农产品加工助推乡村振兴重点企业，宜宾茶产业成为千亿川茶产业的排头兵。举办中国茶产业联盟一届六次理事会议暨生态低碳茶整建制推进启动会和第十六届中国·宜宾早茶节活动，争取到省级川红工夫红茶产业集群项目，翠屏区入选全国首批生态低碳茶整建制推荐县（区）试点名单、被授予"四川茶业科技示范区"称号，川茶集团获评全国首批生态低碳茶认证企业、中国茶业百强企业，高县、筠连县再次入选中国茶业百强县，筠连县被认定为全国首批十个红茶重点产区之一，筠连山地茶文化系统入选第七批中国重要农业文化遗产候选项目。

蚕桑产业。全市桑园总面积稳定在63万亩，占全省总面积的26.1%；全年发种70万张，同比增长2.9%；产茧3.15万吨，同比增长4.7%，桑园面积和蚕茧产量继续稳居全省第一位，综合产值达77亿元。推进2万亩蚕桑基地改造提升标准化建设，改造提升标准化小蚕共育室80个、省力化大蚕棚90个，小蚕共育覆盖率达90%以上，蚕房标准化率达50%以上，桑树良种率达80%，巩固了"中国蚕桑之乡""中国优质茧丝生产基地"地位。

果蔬产业。全市水果种植面积100.35万亩，同比增长1.81%；产量96.95万吨，同比增长7.2%。蔬菜种植面积140.86万亩，同比增长3.6%；产量337.45万吨，同比增长4%。中药材种植面积28.46万亩，同比增长20.08%；产量13.15万吨，同比增长6.91%。

烤烟产业。全市烟区完成烤烟种植面积5.13万亩，收购烟叶13.08万担，同比增长44.5%。烟叶收购均价29.9元/千克，增长15.4%；有种烟农户954户，售烟收入1.96亿元，户均售烟收入20.5万元。

【种业振兴】 实施宜宾市现代种业振兴行动，江安县万亩科创种业核心示范区完成1000亩核心区科创基地建设任务，辐射带动周边发展高粱繁育制种3000亩、大豆繁育制种20000亩。完成农作物、畜禽、水产种质资源普查任务，宜宾市移交国家库（圃）农作物种质资源样品共计256个。

【林业】 全市以生态保护、生态发展、生态安全为主要任务，推进林竹事业高质量发展，获得省政府"四川省建设长江上游生态屏障先进集体"表彰。全市林地面积996.7万亩，森林面积933.2万亩，森林覆盖率达46.88%。完成营造林23.69万亩，实现林业总产值550亿元，同比增长6%，其中实现竹产业综合产值385亿元，同比增长8.9%；实现油樟产业综合产值57亿元，同比增长3.6%。森林火灾损失率和林业有害生物成灾率分别控制在0.01‰、24‰以内。

林竹产业发展。全市竹林面积达334万亩，油樟面积达53万亩，新改造油茶基地1.85万亩，建成初油加工点13个。新增林业"四上"企业58家，总数达144家；新认定国家级林业重点龙头企业1家、省级林业重点龙头企业8家。长宁县竹产业创新融合发展示范园区、兴文县以竹代塑现代竹产业园区获评省级四星级现代竹产业园区，已建成省级竹产业高质量发展县4个、省级现代竹产业园区5个，兴文县笋用竹增笋培优全产业链示范建设项目入围四川省首批"天府森林粮库"示范创建项目。举办2023国际竹业品牌博览会、全国"以竹代塑"标准化工作会和全省竹产业高质量发展工作会，获授"中国竹都"称号。

自然保护地管理。实施长江上游珍稀特有鱼类国家级自然保护区（宜宾片区）管理能力提升项目，开展生物多样性监测，新挂牌屏山环崖丹霞国家地质公园、兴文石海国家地质公园管理机构。

林长制。落实市、县、乡、村四级林长管护机制，构建多级联动的保护森林资源责任体系，市级林长全年开展巡林82人次。推动林长制创新试点，筠连县"林长+产业发展"入选四川省第一批林长制创新试点工作案例。

森林防灭火。常态化设置森林防灭火卡口389个，重点时段临时增设卡口77处，已建成林火视频监控66个，有效监测面积160万亩；分区分级发布森林火险等级预报共260期，常态化开展林区火灾风险隐患排查整治，全年未发生森林火灾。

生态系统保护与修复。围绕三江九河岸线修复实施"两岸青山·千里林带"森林生态系统建设，全年完成营造林23.69万亩，其中造林3.44万亩、封山育林0.28万亩、退化林修复2.18万亩、竹林规模化经营和森林抚育等营林17.8万亩。全年实施林业有害生物防治面积59.8万亩，无公害防治率100%，松材线虫疫情发生面积和病死松树株数同比下降26.1%、28.5%，19个疫点乡（镇）实现无疫情，其中7个乡（镇）达到拔除疫点条件。

【畜牧业】 全年生猪出栏523.57万头，增长1.6%；肉牛出栏15.48万头，增长2%；羊出栏47.35万只，减少0.4%；家禽出栏4957.96万只，增长0.1%。禽肉产量7.24万吨，增长0.4%；禽蛋产量5.47万吨，增长1.7%。畜牧业第一产业产值达195.2亿元，同比增长1.2%。

生猪产业。完成576个生猪产能调控基地的认定挂牌工作，年出栏规模500头以上备案规模场达2241个，规模化率达65.98%。新签约投资达8.5亿元的兴文县雷香猪绿色生态养殖项目开工建设，德康集团年300万头生猪屠宰、肉食品精深加工及冷链项目一期工程屠宰加工生产线和南溪溯源农业公司仙临镇五星村10万头商品猪场项目均已投入运营，在翠屏区、南溪区等8个县（区）实施"百村百万"生猪产业项目试点工作。2023年，全市生猪出栏523.57万头，增长1.6%；能繁母猪存栏29.1万头。

肉牛产业。坚持"山繁川育、藏牛于户、小群体、大规模"的肉牛养殖模式，争取省级专项资金3000万元在筠连县、兴文县、长宁县、珙县4个县发展肉牛产业，全年项目区出栏肉牛12.61万头，出栏能力提升10.5%；新增优质饲草种植0.5万亩，新增饲草加工1万吨，新增秸秆收贮加工利用1万吨。签约投资总额达51.39亿元的筠连县安格斯肉牛产业集群项目，加快推动“万头超级牧场”和百个“千牛村”项目建设。全年出栏肉牛15.48万头，增长2%。

特色畜禽养殖。多样化发展江安黑山羊、南溪白鹅、兴文山地乌骨鸡、高县桫椤鸡、绿全康麻鸭、筠连黄牛和屏山彝家黑猪等地方特色品种，推进山勾勾、劲松、腾飞等蛋鸡生产基地建设，加快国家四川白鹅保种场迁建及南溪区10万只商品鹅场项目建设，屏山县通过东西部协作引进浙川白鹅，建设生态循环白鹅基地和种鹅种养殖基地。2023年，全市出栏肉羊47.35万只、家禽4957.96万只，禽肉产量7.24万吨，禽蛋产量5.47万吨。

粪污资源化利用。推广绿色生态养殖和“畜—沼—果”“畜—沼—粮”“畜—沼—菜”等种养结合循环农业经济发展模式，提高畜禽粪便还田利用率，促进种养业效益“双提升”。全年累计完成1520个养殖场畜禽粪污处理配套设施和60个畜禽规模养场（小区）改造提升，全市畜禽粪污资源化利用率达83%以上，规模养殖场粪污处理设施装备配套率达100%。

疫病防控。全市畜禽应免尽免率达100%，常年免疫密度保持在90%以上，抗体合格率达70%以上。加强输入动物监管，设立非洲猪瘟临时检查点40个及入川动物运输指定通道1个。推进无疫小区和净化场创建工作，创建国家级无非洲猪瘟小区1个、省级动物疫病净化场1个。

【水产业】 全市水产养殖面积保持在14.84万亩，稻渔综合种养面积达42.82万亩，水产品总产量12.72万吨，增长4.23%；实现渔业经济总产值43.12亿元，增长5.84%。

稻虾产业。依托省级“鱼米之乡”项目和“川南早虾产业集群”项目，以7个省级“鱼米之乡”项目县（区）为重点布局特色稻虾产业带，建成万亩示范区1个、千亩示范片21个、百亩示范点100个，稻虾养殖总面积16.33万亩，同比增长64%；小龙虾产量1.58万吨，同比增长89.7%，初步建成四川小龙虾主产区。

渔业船舶安全监管。开展渔业船舶安全生产专项整治行动，全年开展渔业船舶安全检查7次，发现渔业安全制度不完善、船舶标识管理不规范等问题5个，未发生渔业船舶安全事故。

长江禁捕。全市渔政执法人员达124人，渔政协助巡护队人员达187人，已配备到位渔政趸船4座、渔政执法船艇19艘、冲锋舟20艘、无人机13架，建成333个视频监控点位、7个指挥中心，实现全市禁捕重点水域实时监控全覆盖。持续开展“中国渔政亮剑”“护渔百日”等系列专项执法行动，共查处案件394起，起诉174人，非法捕捞违法犯罪行为得到根本性遏制。做好退捕渔民安置保障工作，892名渔民已全部实现转产就业，参保率达100%，其中纳入低保的退捕对象24人、特困供养保障1人、实施临时救助7人次。开展涉渔工程生态补偿工作，落实生态补偿资金3466.637万元。

【乡村振兴】 巩固脱贫成果同乡村振兴有效衔接。推广“四个一”盯村抓户模式，完善“闭环式”监测帮扶、“网格化”精细管理工作机制，新识别监测对象5408户17895人。建立脱贫人口“两类群体”台账，采取组织外出、园区安排、公益岗位、就近就业“四个一批”，推动35.4万名脱贫群众收入稳步增长。2023年，全市脱贫人口人均纯收入达14225元，较上年增加1941元，增长15.8%，各县（区）增速均超过当地农村居民人均可支配收入增速。浙川纺织产业协作示范园新增落地企业10家，到位投资12.47亿元，吸纳劳动力1万余人，被中国纺织工业联合会授予“全国纺织服装产业园区（示范）”称号。9月，省委书记王晓晖到屏山县浙川产业协作示范园考察，肯定了宜宾市东西部产业协作成效。

推动和美乡村“百村示范、千村达标”工程建设。全年整合各类资金27.92亿元，到位资金19.91亿元，培育示范村30个、达标村400个，规划并实施项目1183个。推进总投资达13.75亿元的2个乡村振兴市级示范带和11个县级示范带建设，翠屏区、长宁县、高县、筠连县4个县（区）分别被列入全省统筹乡村基础设施和公共服务布局、农村基本具备现代生活条件建设标准、易地搬迁集中安置区典型、“积分制、清单制+数字化”智慧乡村治理试点示范。推进以“百千工程”示范村为核心、连片开发的“3+1+9”示范带建设，即3个城乡融合示范带、桃坪产业提升示范带、9个县级特色示范带。

乡村振兴示范创建。叙州区创建为2023年度四川省乡村振兴先进区，筠连县创建为2023年度四川省乡村振兴成效显著县，南溪区江南镇和屏山县中都镇创建为2023年度四川省乡村振兴先进乡镇，翠屏区双城街道高庙村等33个村创建为乡村振兴示范村，叙州区观音镇广学村等8个村创建为乡村振兴重点帮扶优秀村，高县入选国家乡村振兴示范县创建名单，南溪区被纳入全国“五好两宜”和美乡村试点实验区。

【乡村旅游】 李庄镇获评全国乡村旅游重点镇，“中国李庄”被认定为首批“天府文旅IP”，兴文县获评第五批天府旅游名县，兴文县博望村获评第三批天府旅游名村。评定第二批市级研学旅行基地（营地）11家，举办西南民族特色文化产业带系列活动、2023文化和旅游产业赋能乡村振兴人才培训班。持续发布全市乡村旅游人气指数，推荐多条精品旅游线路，江安竹海茶香乡村休闲行入选中国美丽休闲乡村旅游行精品线路，李庄“如意原乡”乡村游入选2023中国美丽乡村休闲旅游行（冬季）精品景点线路，翠屏区天府龙芽特色茶乡、叙州区天宫山世界著名茶乡两地入选“四川十大最美茶乡”。打造南丝绸之路不夜城、仙峰星空帐篷露营等乡村旅游新产品，提升改进半丘塘等乡村精品民宿旅游接待和服务体验，翠屏区半丘塘被评为第三批天府旅游“名宿”。2023年，全市休闲农业接待游客3307万人次，实现营业收入108.4亿元，带动农户11.3万户。

【农村水利】 全市有各类供水工程157913处，其中城市管网延伸工程29处、“千吨万人”供水工程59处、千人供水工程239处、千人以下集中供水工程276处、分散供水工程15.731万处；农村供水总人口353.22万人，其中集中供水人口294.55万人、分散供水人口30.44万人，集中供水率达90.92%，规模化供水率达65.24%。30处供水工程通过省级农村供水标准化管理评价，乡（镇）集中式饮用水水源地水质优良率100%。全市有水库391座、中型水库5座、小(1)型水库68座、小(2)型水库318座，总库容3.2亿立方米。2023年汛末，各类蓄水工程总蓄水2.4亿立方米，较上年同期增加1361立方米。

【农业机械化】 市、县财政整合涉农项目全年投入农机化发展资金4.75亿元，同比增加4368.29万元，新增农机装备45261台(套)、农机总动力13.57万千瓦，新建改造产业宜机化良田28.5万亩，建成“全程机械化先导区”38个；消减变型拖拉机443台，清零县达到4个。

农机作业水平。全市农作物播种面积978.34万亩(含复种)，农作物机械化作业水平分别为机耕894.4万亩，机耕率91.42%；机播332.98万亩，机播率34.04%；机收406.44万亩，机收率41.54%，农作物和主要农作物(水稻、小麦、油菜、玉米)综合机械化水平分别达59.24%、69.71%。针对四大主要粮油作物共设置机收损失监测点66个，各作物机收平均损失率均在国家现行作业质量标准范围内。

农机社会化服务。新增农机专合社10家，全市达62家；新增省级“全程机械化+综合农事”服务中心2家，全市达8家。94支农机社会化服务组织、303家农机销售网点、266个农机维修站组建148个助耕小分队和42个维修小分队，形成“常态化组织+机动化服务”的农机化生产体系。建成多功能农事服务中心21个，配置农机装备1326台(套)，作业服务面积达12.65万亩。社会化服务主体全年服务农户29866户，完成代耕、代种、代收作业面积172.21万亩次，实现作业服务收入3932.5万元。“叙州区黎晨农机合作社”等2家专合社入选第三批省级“全程机械化+综合农事”服务中心名录，宜宾亿粮农机专业合作社获评国家级专合社，万胜农机专合社等2个生产社会化服务组织获得首批“四川省农业生产社会化服务省级重点服务组织”认定；肖佑兵等2人入选四川省第二批农机使用一线“土专家”名录。

宜机化建设。市(县)全年投入宜机化建设(改造)资金4.29亿元，同比增长3.8%；落实田型调整4.41万亩，修建机耕道209.03千米、生产路313.95千米、上下田坡道24784处、配套提灌站21座、配套蓄水池760口，蓄水容量可达1.14万立方米，确保新建高标准农田全部、全面达到“宜机作业”条件。全年新建提灌站60座，新增动能0.24万千瓦；维修改造373座、379台，常年保灌能力达194.7万亩。

【农村科技】 制定《关于组建市级科技特派团的通知》《关于进一步抓实新时期科技特派团和科技特派员工作的实施方案(2023—2025年)》，选派农业领域各类专家人才120人，组建8个特派员创新服务团，实现县(区)全覆盖。全年邀请专家服务团开展集中培训14次、现场技术指导120次，培养科技示范户35人、技术骨干人才90人，建设农业科技示范基地20个，培育农业科技示范主体20个，推广先进适用主推技术58项，农业主推技术到位率达95%。加强农业科技平台建设，宜宾川红工夫红茶工程技术研究中心通过专家评审，新增国科中农生物科技公司、四川新丝路茧丝绸有限公司等7个省级企业技术中心，获批省级工程技术研究中心2个。

【农村教育】 全市有乡村幼儿园190所，在园幼儿16303人，幼儿教师814人。推进寄宿制学校建设，共投资35.34亿元，新建寄宿制学校6所，实施33个寄宿制学校改(扩)建项目。加强乡村教师队伍建设，补充省属公费师范生356名、特岗计划20名、银龄教师70名，完成第五批市级骨干教师培养人选培训，培训合格乡村教师500余人，建成乡村名师工作室65个。完善学区治理体系，发挥中心校组织带动作用，建立学区中心校、薄弱学校、小规模学校“学校管理、教学科研、课程建设、教师发展”共同体，推动教育管理体制由“管学校”向“管学区”转变，深化交流轮岗，促进学区师资均衡配置。翠屏区、南溪区、三江新区通过省级督导评估，数量居全省第二名。

【农村文化】 全市农村公共文化服务体系不断完善，全市122个乡(镇)共有乡(镇)综合文化站172个，1792个行政村综合文化服务中心覆盖率100%，全部实行免费开放。

农村公共文化服务建设。兴文县文化馆和图书馆新馆投入使用，实现所有县(区)公共图书馆、文化馆、博物馆和非遗展示馆“四馆”全覆盖。高县来复镇、沙河镇、筠连县沐爱镇等17个中心镇综合文化服务中心投入使用，完成30余个农村公共文化服务设施建设，打造翠屏区安石村文化广场、长宁县碧湖村文化服务中心、屏山县书楼智慧书房等一批乡村新型文化空间，加快构建“农村5公里”文化圈。举办“百姓大舞台”“荔枝节”“梨花节”“裴石荷花节”“铁清桃花节”“川南请春酒民俗体验活动”“过苗年”“红色话剧进基层”“小绘本·大悦读”“苗族花山节”“龙华山歌”等品牌活动，持续举办魅力乡镇竞演、“我们的节日”、乡村“村晚”、农民丰收节、川剧坐唱、太极表演等文化活动，丰富群众精神文化生活。开展乡村文化振兴样板村镇创建活动，创建省级乡村文化振兴样板村镇6个、市级乡村文化振兴样板村镇50个、县级乡村文化振兴样板村镇146个。

农村文化遗产保护利用。对金盆民居上院、中共川南特委会议会址（余家祠）、楞严寺等位于农村的不可移动文物实施保护修缮工程，改善文物保存环境。备案红楼梦糟房头白酒文化陈列馆，屏山县博物馆、珙县博物馆建成并投入使用，屏山马湖府古城开园对游客开放，全市备案博物馆数量达21家。新建兴文县共乐镇自由村史馆、江安县四面山普照村史馆、洪谟文化陈列馆等乡村史馆，全市乡村史馆达27家。

非遗展示推广。建成24家非物质文化遗产馆及非遗体验中心，认定68家县（区）级非遗工坊。邓子均传统酿酒技艺、哪吒传说、李庄白肉传统制作技艺等19个非遗项目被公布为第六批省级非遗项目，全市非遗项目总数达48个。江安竹簧、南溪豆腐干非遗工坊分别创建为“非遗四川　百城百艺”四川非遗品牌、四川省优秀非遗工坊，“苗族花山节　助力旅游融合发展”“宜宾面塑进旧州小学”入选2023年度四川省非遗保护优秀案例。

【农村卫生】 持续加强乡（镇）卫生院和村卫生室服务能力建设，推进县域医疗卫生次中心建设，7家卫生院完成建设任务，全市已有18家卫生院创建为县域医疗卫生次中心。开展“优质服务基层行”和社区医院创建活动，全市有93家乡（镇）卫生院、社区卫生服务中心达到基本标准，33家达到推荐标准，1家建成社区医院。截至2023年年底，全市有基层医疗卫生机构4689个，其中乡（镇）卫生院124个、社区卫生服务中心（站）35个、门诊部40个、诊所类1111个、村卫生室3379个。

【农村法制建设】 全市设立各类人民调解组织2479个，其中乡（镇、街道）人民调解委员会138个、村（社区）人民调解委员会2097个。建成市、县（区）两级公共法律服务中心13个，乡（镇、街道）公共法律服务工作站136个，村（社区）公共法律服务工作室2101个，公共法律服务中心、工作站、工作室覆盖率均达100%，打通公共法律服务“最后一公里”。以“法律十二进”为抓手，开展禁毒艾防、根治欠薪、保护合法权益、国家安全、生态环境保护等“一月一主题”活动30余次，发放宣传资料700万余份、法治物品190万余份，解答法律咨询10万余人次，受教育干部群众740万余人次。推荐申报省级第二批民主法治示范村（社区）12个，叙州区喜龙村“法律之家”建设试点工作受到省厅肯定。

【农村交通】 全市建设幸福美丽乡村路等项目675千米，乡（镇）通三级路比例达79.5%，较大人口规模自然村（组）通硬化路比例达80.9%，高县、屏山县获评全省乡村运输“金通工程”样板县，筠连县获评“四好农村路”省级示范县，全市90%的县（区）创建为“四好农村路”示范县。

【涉农招商引资】 全市有3000万元以上的农业招商引资重大项目21个，均为内资项目；项目总投资95.592亿元，比上年增长26.37%（见表5）。

【农村社会保障】 全市城乡居民基本养老保险参保人数181.97万人，参保率99.83%。采取“即征即保、分类施保”的方式，为11822名被征地农民提供养老保障；按年龄纳入企业职工基本养老保险或城乡居民基本养老保险11156人，占总人数的94.37%。全市农村低保月标准由535元提高至630元，居全省第二位；累计保障农村低保对象158.7万人次，支出农村低保资金5.45亿元，月人均补助水平达343.19元，居全省第四位；农村特困人员基本生活月标准由696元提高至819元，累计供养农村特困人员25.84万人次，支出供养金2.38亿元；救助农村困难群众16935人次，累计支出临时救助资金2856.93万元，每人次平均救助1687元，救助水平居全省第一位。开展养老机构综合安全隐患排查整治专项行动，有序撤并关停“老破小”机构20个，妥善转移安置老人553人。

【农村生态建设及环境保护】 推进实施农村“三大革命”，开展农村改厕“提质年”工作，完成整村推进“厕所革命”示范村建设112个，新（改）建无害化卫生厕所30721户，完成率100.92%，农村卫生厕所普及率达93.9%；加快农村生活污水处理设施建设，1594个行政村农村生活污水得到有效治理，有效治理率88.9%；城乡生活垃圾收转运处置体系基本建成，所有乡（镇）、村实施生活垃圾收转运设施全覆盖，农村生活垃圾有效治理率达98%以上。开展村庄清洁行动，以“三清两改一提升”为重点，动员群众参与村庄环境卫生整治，1599个行政村开展村庄清洁行动，参与群众43.93万户，清理生活垃圾16.9万吨、厕屋便池24.8万座、水源水体6470处、畜禽粪污21.4万吨、农业生产废弃物2.6万吨。开展水生生物多样性保护，承办2023全国“放鱼日”增殖放流活动，长江鲟天然水域繁殖试验取得重大突破，时隔23年后首次在长江天然水域实现调控下的自然产卵。实施化肥农药减量增效、废旧农膜回收、畜禽养殖粪污治理、秸秆全域禁烧和综合利用、受污染耕地安全利用等行动，全市废旧农膜回收率稳定在84%以上，畜禽粪污资源化利用率达83%以上，规模养殖场粪污处理设施配套率达100%，受污染耕地安全利用率达94%，秸秆综合利用率保持在92.3%以上，农药用量持续保持零增长。

【农产品质量安全监管】 开展农业质量安全监管，加大农产品、农业产地环境和农业投入品监督抽检力度，市、县两级实施食用农产品定量监测5540批次，达到常驻人口1.2批次/千人。实施食用农产品“治违禁　控药残　促提升”三年行动，开展“百县千乡万户”科学安全用药培训84场次，查办常规农兽药残留超标、使用禁限用药物、未依法开具合格证等农产品质量安全案件40件，将12家生

表5 2023年宜宾市3000万元以上招商引资项目表

项目	总投资（亿元）	投资内容	投资方
泸州禾顺实业（翠屏区）5万亩现代化粮油种植基地建设项目	5.000	项目一期拟在白花镇相对集中成片打造万亩粮油现代化种植示范基地，发展“高粱+小麦”轮作；开展土地整理，实现宜机化作业；新建粮油基地调度、初加工、仓储、农机中心1个，面积40亩，匹配建设智能化管理指挥部，配套烘干设施、仓储设施、初加工中心等生产设施和生产生活用房、晒场、农机停车场等附属设施，实现一、二产业串联发展。项目二期拟参照一期在新国道247线沿线新增扩面4个万亩粮油现代化种植基地示范基地（根据一期情况扩建）	泸州禾顺实业有限公司
重庆金粮源（高县）粮油产业融合发展合作项目	5.000	一期拟投资1亿元，流转庆岭镇向阳村约2000亩耕地，实施高标准农田建设和土地提质工程建设，配套水肥一体化、地力培肥等相关基础设施建设，采取高粱/水稻+榨菜/油菜轮作的方式建设粮油高产示范基地；新建“两主体四中心”，二期拟投资1.8亿元，在庆岭镇、复兴镇将示范园区扩大至10000亩，实施高标准农田建设和土地提质工程建设，完善机耕道和生产便道、绿色防控体系建设，新建蔬菜加工中心、农机服务中心，开展新品种试验示范，推进吨粮田、稻鱼、稻虾示范田、地力培肥等相关基础设施建设。用2～3年时间把园区建设为粮油生产高质高效、加工储运链条完善、农机装备先进、产业要素聚集的省星级现代农业园区和国家现代农业产业园。三期拟投资2.2亿元，由项目公司全面统筹高县25万亩粮油产业发展、5万亩竹笋食品产业发展和智慧农业建设。依托特色农业产业及川南农耕文化，高标准规划布局川南春酒风情园，提档升级文武荷田，打造“休闲农业+科普研学”基地，发展乡村旅游，实现农文旅融合发展提质增效	重庆金粮源农业科技有限责任公司
江安县年产20万吨饲料深加工项目	2.500	新建年产20万吨饲料深加工厂	昆明邦云饲料有限公司
蜀山茶海川王国际100万千克茶叶加工项目	0.500	项目总投资约5000万元，第一期投资2200万元，其中投资300万元建设规范化、标准化茶叶加工厂房1个，面积约1600平方米；投资300万元，采购茶叶加工生产设备；投资100万元，用于水、电、生物颗粒燃料等要素配套保障；投资流动资金1500万元，用于原材料收购、人工工资以及运输成本等	黄山市华大茶业有限公司
兴文县雷香猪绿色生态养殖项目	8.500	开展雷香猪生态养殖，建设15个年出栏1万头规模的绿色生态养殖示范基地	蒙雷猪业有限公司

续表1

项目	总投资（亿元）	投资内容	投资方
刘家镇乡村振兴提档升级及观光采摘旅游建设项目	0.650	进行雷公山国家3A级景区升级、稻虾科研基地及配套基础设施建设	深圳市掌优科技有限公司
宜宾市南溪区刘家镇现代农业产业园项目	0.500	建设1500亩花椒及养猪场产业园	成都宏兴贸易有限公司
兴文县特种菌类种植项目	0.500	在僰王山镇富安村建设羊肚菌、皇簇菇、白节骨等特种食用菌基地150亩；在古宋镇火箭村建设羊肚菌生产基地100亩；在五星镇连天山村建设羊肚菌生产基地200亩；在僰王山镇富安村建设菌种保鲜冻库200平方米，建设菌种研发中心1个、菌种制种车间30平方米	成都潼禾农业科技有限公司
四川省苗医药材规范化种植示范基地及四川省苗医药文化宣传教育基地建设项目	2.100	在大河苗族乡峰岩村建设生态药材种植示范区、苗医药乡村旅游区、森林康养度假区、峰岩洞天旅游度假区、石李桃花采摘体验区；在麒麟苗族乡海纳村建设生态药材种植、海纳灯光秀，建设苗乡新农村旅游度假基地，进行瓶（桶）装水全产业链建设	贵州天苗药业有限公司
高县粮药套种基地项目	0.550	建设产学研与劳动教育实践基地8000平方米、中药材母本培育园4500平方米、中药材品种博览园4000平方米、中药材鲜品加工厂及配套设施、中药材产业发展研究中心600平方米、水培药材培育示范园10000平方米、粮药套种示范基地220亩和农户产业技术培训等项目，辐射带动周边农户种植10000亩以上	高县漫岭花木种植有限公司
高县蕉村镇龙潭蛋鸡养殖项目	0.300	新建育雏育成舍1400平方米厂房1栋、蛋鸡舍3栋4000平方米、鸡粪周转区1000平方米及配套设施设备	宜宾绿润农业发展有限公司
宜宾市翠屏区思坡镇燃面、预制菜开发生产项目	0.500	对小龙村学校进行厂房改造，新建液体包装、颗粒包装、肉制品料包生产线、通过新技术、新工艺及成果推广应用	宜宾拾面食品有限责任公司
“宜宾燃面”体验园项目	0.502	总项目建设面积约为38亩，总投资5050万元。分三期完成：第一期1300万元，第二期1620万元，第三期2100万元。通过产业链式打造，修建“燃面体验园区”，赋予“宜宾燃面”燃面文化，实现规范“宜宾燃面”行业典范；弘扬中华传统美食，打造“中华美食博物馆”	四川瑞雪兆丰年农业科技有限公司

续表2

项目	总投资（亿元）	投资内容	投资方
金坪镇宜特道地中药材种植示范基地	0.500	建设中药材基地和组培车间	四川宜特农业科技有限公司
屏山县浙川白鹅全产业链融合发展项目	3.000	新建标准化种鹅养殖基地6个、年孵化鹅苗150万羽基地2个、年育鹅雏苗10万羽以上基地30个、数字化养殖基地15个，新建屠宰、分割、冷链等初加工厂1个，白鹅精深加工及产业链相关制品加工厂2个，新建展示厅1个、体验店（含销售）1个（具体建设内容以实际项目规划设计为准）	浙江味德丰食品科技有限公司
佳龙食品年加工8000吨竹笋项目	1.000	新建厂房约14200平方米、办公和附属用房约3000平方米、冻库约4000平方米及其他配套用房，购置生产和配套设备	郑州佳龙食品有限公司
筠连县安格斯肉牛产业集群项目	51.390	项目分为三期规划，一期为：改造运营现有育肥场1个（1000头规模）、年屠宰10000头规模的屠宰厂1个，实施0.5万亩种养循环；二期为：建设存栏2万头的规模化肉牛育肥场，实施2万亩种养循环；三期为：新建5个规模化肉牛育肥场，存栏规模达到8万头，实施7.5万亩种养循环，建设年屠宰30万头肉牛屠宰厂项目，配套建设牛肉精细分割及冷链物流中心，三期项目根据实际情况可适当进行调整	安歌斯农牧科技（北京）有限公司
天府竹乡农业产业园项目	5.000	打造一二三产业农旅融合园区	四川峰成农业科技有限公司
宜宾同乐农业科技（兴文县）稻虾综合种养项目	2.000	从事克氏原螯虾的稻虾综合种养，项目投产达到稳定水平后向市场提供虾苗约8000万尾、成品虾约5000吨、优质稻虾米约7500吨	宜宾同乐农业科技有限公司
广东轩盈生态农业（兴文县）曙光牛蛙生态养殖项目	0.600	建设产卵池、蝌蚪饲养池、室内室外饲养池、温室以及营业用房，建成牛蛙规模养殖生态基地和优质种苗繁育基地	詹泽文
成都大胃王稻渔种业（兴文县）稻田智能水产养殖基地项目	5.000	总规划占地500亩，计划分三期建设，一期项目在大坝乡建设100亩陆基设施、在麒麟乡建设60亩陆基设施；一期计划投资1.7亿元，预计年产商品鱼247.5万千克	成都大胃王稻渔种业有限公司

产主体纳入农产品生产主体质量安全重点监控名单。推进实施豇豆农药残留攻坚治理行动，部级豇豆抽检产品全部合格。全市省级农产品例行监测合格率达99.2%，全年未发生农产品质量安全事件。翠屏区创建为国家农产品质量安全县，高县创建为四川省农产品质量监管示范县，引领提升全市农产品质量安全水平。

【财政金融支农】 全市安排乡村振兴预算61.08亿元，占一般公共预算的11.97%，较上年增加9.46亿元，实际投入资金105.17亿元。涉农贷款余额1540.41亿元，同比增长24.51%，高于各项贷款2个百分点。全市农业农村系统全年承接中央、省无偿资金17.2亿元。发挥财政资金的撬动作用，用好乡村振兴产业贷款风险补偿金等政策，推出“好农贷”“惠林贷”“兴村贷”等11个特色信贷产品，全市乡村振兴产业发展贷款累计为9709户主体发放贷款50.3亿元，撬动社会资本85.3亿元；共发布农业投资机会清单3期，签约项目12个，签约金额108.2亿元。落实惠农惠民政策，全年投入种粮大户补贴和实际种粮农民一次性补贴0.44亿元；投入耕地地力保护补贴4.21亿元；投入稻谷补贴0.85亿元；水稻、玉米、小麦三大主粮保险承保覆盖率均超过90%。

【农村留守家庭(儿童、学生)帮扶】 出台《宜宾市农村留守儿童关爱服务实施办法》《宜宾市困境儿童和农村留守儿童结对帮扶实施方案》，建立“爱心家庭、邻居、伙伴”与困境、农村留守儿童结对关爱的“N+1”帮扶机制，组织4387个“爱心家庭”“爱心邻居”“爱心伙伴”等以“N+1”的方式结对关爱3516名儿童。市级福彩公益金投入100万元支持开展“童伴计划”项目，定期举办“同在蓝天下·我们共成长”等活动，组织800余人次儿童到市博物馆、科技馆、宜宾学院等开展研学实践。全面落实减免幼儿保教费、为普通高中家庭经济困难学生发放助学金等资助政策，全年投入资金近4.9亿元，资助从学前教育到高等教育学生约33.9万名。推进实施农村义务教育学生营养改善计划工作，全市实施营养改善计划的学校783所，享受学生36.5万人，全部实行食堂供应热餐模式。

【劳务开发与返乡创业】 全市农村劳动力总数达230.7万人，其中有农民工165.9万人。全市开展劳务品牌培训7387人、返乡下乡创业培训1615人、创业培训5147人，培育“宜宾燃面师”等“川字号”特色劳务品牌3个、市级特色劳务品牌7个、县级特色劳务品牌21个，已建成驻外农民工服务中心49个、省级创业孵化示范基地5家、劳务专业合作社81个，国有劳务公司实现县(区)全覆盖。培育劳务经纪人1760名，获评省级明星国有劳务公司1家、金牌劳务经纪人5名。全年累计发放创业担保贷款7.31亿元，连续两年保持年度增长60%以上，直接扶持自主创业人数1887人，带动(吸纳)就业8802人；为733名返乡创业农民工发放创业担保贷款1.43亿元，分别为633名返乡创业农民工、48名就业困难人员兑现一次性创业补贴633万元、48万元。全市有返乡入乡创业10万人，新增农民工返乡创业18312人。

【农村大事记】 1月17日，2023年乡村旅游季之小龙虾美食节暨早虾开捕启动仪式在兴文县举办。省水产局计划财务处处长耿毅，市水产产业工作专班常务副主任陈永胜，兴文县县长周明军、县委副书记王琳和县委常委彭波等参加活动。

2月9日—10日，农业农村部乡村产业司三级调研员刘清率专家组到宜宾市开展国产大豆产销衔接调研工作，对宜宾市针对丘陵山区的地貌特征，通过“企业(公司)+村集体+农场(农户)”的农业产业化经营模式，采取“高粱+大豆”“玉米+大豆”“蔬菜+大豆”“柑橘+大豆”等大豆间套作种植模式给予了肯定。

3月1日，宜宾市正式启动“护渔百日”联合执法行动。农业农村厅党组副书记、副厅长、一级巡视员卿足平率队到宜宾市检查“护渔百日”联合执法行动有关工作开展情况，对宜宾市“护渔百日”联合执法行动和渔政执法智能监控系统建设工作给予了肯定。

3月24日，宜宾市委农村工作会议召开。市委书记方存好出席会议并讲话，强调要一以贯之抓好“三农”工作，以更加有力的举措加快农业农村现代化步伐，奋力推动宜宾从农业大市向农业强市跨越，为宜宾加快建设现代化区域中心城市作出“三农”贡献。市长廖文彬主持会议，市委副书记曾令举出席会议。

4月16日，长江鲟天然水域繁殖试验成果鉴定会在江安县召开，中国科学院曹文宣院士(线上)及中国水产科学研究院、中国水利水电科学研究院、武汉大学和四川大学等科研院所20余名专家，农业农村部长江办副主任衣艳荣(线上)、省水产局局长何强和宜宾市副市长周文宇等参加会议。会议由中国水产科学研究院长江水产研究所书记、研究员陈大庆主持。

5月11日—14日，宜宾市作为主题市参加在成都市举办的以“品质川茶，世界共享”为主题的第十二届四川国际茶业博览会，共组织6个县(区)约40家重点茶企参展，为历年参会规模最大一届。市委书记方存好在5月11日开幕式上作主题市相关推介。

6月6日，2023年全国“放鱼日”四川省增殖放流活动在宜宾市三江口举行。农业农村部渔政保障中心副主任郭云峰出席并宣布活动开始，农业农村厅党组副书记、副厅长、一级巡视员卿足平出席活动，省水产局党委书记、局长何强讲话，宜宾市副市长周文宇致辞，三峡集团生物多样性研究中心党总支书记李志远参加活动。宜宾市长江公园及周边放流现场共放流各类水生生物苗种112.43万尾，其中国家一级重点保护水生野生动物长江鲟亲本404尾、幼鱼71.27万尾。

6月12日，宜宾港开展2023年长江鲟

增殖放流活动，活动以“放流入清水、携手护长江”为主题，共放流长江鲟8190尾，其中130～160厘米亲本30尾、80～100厘米共160尾、35～45厘米共8000尾。全国水产技术推广总站正高级农艺师周晓华，中国水产科技研究院长江水产研究所副所长、研究员李创举，中国野生动物保护协会水生野生动物保护分会秘书长王海燕，宜宾市政协副主席李康出席活动。

7月31日，2022年度长江流域渔政协助巡护优秀队伍和优秀队员表扬活动在江安县举行。农业农村部长江流域渔政监督管理办公室主任马毅，农业农村部渔政保障中心主任刘忠松，农业农村厅党组副书记、副厅长卿足平，宜宾市委副书记曾令举出席活动。

8月1日，农业农村部长江上游珍稀特有鱼类保护基地和农业农村部宜宾长江鲟人工繁育基地在长宁县正式揭牌成立。农业农村部长江流域渔政监督管理办公室主任马毅，农业农村部渔政保障中心党委书记、主任刘忠松，农业农村厅党组副书记、副厅长、一级巡视员卿足平，省农业科学院党委副书记钟毅，省水产局党委书记、局长何强，宜宾市政协副主席陈厚生和宜宾市政府副秘书长陈科明出席揭牌仪式。

9月15日，以“移风易俗润民心　乡风文明促振兴”为主题的2023年四川省农村移风易俗主题宣传集中展演活动在珙县举行。农业农村厅总农艺师徐斌、省委宣传部二级巡视员邓志明出席活动并讲话。

9月23日，2023年长江上游（四川·云南）珍稀特有鱼类秋季增殖放流活动在叙州区长江公园举行。活动以“加强水生生物资源养护，促进人与自然和谐共生”为主题，共计放流55.5万尾鱼苗，其中规格20厘米以上的长江鲟1.5万尾；5厘米以上的圆口铜鱼20万尾、长薄鳅1万尾、胭脂鱼3万尾、厚颌鲂20万尾、岩原鲤10万尾。

9月27日，2023四川省文化和旅游发展大会在宜宾市举行，省委书记王晓晖出席会议并讲话。王晓晖强调，要深入学习贯彻习近平总书记关于文化和旅游工作的重要论述，坚定信心、抢抓机遇、奋发有为，着力推动文旅融合高质量发展，不断开创文化强省、旅游强省建设新局面，更好助力新时代新征程四川现代化建设。省长黄强主持会议。省领导陈炜、何延政、胡云、钟勉，宜宾市领导方存好、廖文彬、谢杰，省直有关部门和部分中央在川单位负责人，有关方面代表等在主会场参加会议。

11月30日，四川省竹产业高质量发展工作会议在兴文县举行。省政府副秘书长李君臣主持会议，副省长胡云出席会议并讲话。

12月19日，2023首届世界优质白酒产区高质量发展大会在宜宾市举行。中国酒业协会理事长宋书玉致辞，四川中国白酒金三角酒业协会创会理事长王少雄出席会议，工业和信息化部消费品工业司食品处副处长孙璐，经济和信息化厅党组成员、副厅长冯锦花，四川中国白酒金三角酒业协会常务副理事长焦伟侠出席会议并作主旨演讲。中国酒业协会秘书长何勇主持会议。

12月23日，中国茶产业联盟一届六次理事会议暨生态低碳茶整建制推进启动会在宜宾市召开，农业农村部总农艺师曾衍德作视频讲话，省人大常委会副主任祝春秀，中央候补委员、中国工程院院士刘仲华出席会议并讲话，全国农技中心主任、中国茶产业联盟秘书长魏启文主持会议。会议指出，要深入贯彻落实习近平总书记关于“三农”工作的重要论述，贯彻落实中央经济工作会议和中央农村工作会议精神，锚定建设农业强国目标，聚焦“两确保、三提升、两强化”，坚持产业兴农、质量兴农、绿色兴农，坚持科技引领和联农带农，推动茶产业行稳致远。会议强调，要以此次会议为契机，聚焦生态低碳茶整建制推进，打通生态价值转化实现路径，为茶产业注入新的动能，推动茶产业绿色低碳转型发展，助力推进乡村全面振兴。农业农村部种植业管理司二级巡视员龙熹，全国农技中心总农艺师、中国茶产业联盟副秘书长王积军，农业农村厅副厅长伍修强，宜宾市委副书记曾令举，宜宾市副市长周文宇，中国茶产业联盟轮值理事长单位、四川省茶业集团股份有限公司董事长何锐及联盟各理事单位代表等100余人参加会议。

【主要领导人】 市委书记：方存好；市人大常委会主任：陈政；市长：廖文彬；市政协主席：谢杰；分管农业副市长：周文宇。

宜宾市编写组

翠屏区

【基本情况】 2023年，全区辖12镇8个街道，辖区面积1526.49平方千米，其中耕地面积80.38万亩，比上年增长0.59%；基本农田63.74万亩。年末总人口88.05万人（户籍人口），人口出生率6.81‰；人口自然增长率2.11‰，增加4.34个千分点。有林业用地4.18万公顷，有林地面积3.9万公顷，活立木总蓄积量271.5万立方米，森林覆盖率33.45%。

2023年，全区实现地区生产总值1512.46亿元，增长9.2%，其中第一产业增加值50.78亿元，增长3.5%；第二产业增加值976.32亿元，增长9.9%；第三产业增加值485.36亿元，增长8.4%。全年接待游客3150万人，实现旅游收入302亿元。

公路通车里程3338.64千米。社会消费品零售总额326.1亿元，增长3%。金融机构各项存款余额3205.9亿元，比上年初增长17.6%；各项贷款余额2508.29亿元，比年初增长24.7%。农业产业化龙头企业国家级、省级、市级、区级分别为3家、15家、34家、88家。

有各类学校273所，其中普通高校1所，在校本（专）科学生2.5万人；学龄儿童入学率100%。有卫生机构701个，病床位10881张，卫生技术人员12442人。

【年度农业和农村经济运行】 2023年，全区实现农业总产值76.09亿元，增长3.5%。农民年人均可支配收入达22400元，增长7.3%。全区农产品质量抽检合格率100%；建成12个基层农业综合服务站。全区主要农产品产量见表1。

【农业产业化发展】 全区规模化特色农业产业基地103万亩。全年组织实施农林牧渔总投资53.4亿元。规模流转农村土地18.9万亩。累计培养新型农业经营主体2871家，其中龙头企业140家、合作社817家、家庭农场1914家；农村集体经济组织2580个，其中村集体经济组织176个、社集体经济组织2404个。

【农用地产权制度改革】 全年共流转土地面积18.9万亩，全面排查整改土地流转不规范行为，加强农村土地长时间大面积流转风险监管，督促镇、业主整改土地流转改变农业用途的行为，完成流转土地违规使用行为整治3起。

【农村集体产权制度改革】 全区共建立农村集体经济组织2580个，其中村集体经济组织176个、社区集体经济组织2404个。通过资金运营、资产盘活、资源开发、服务增收等模式，全面消除村集体经济年收入3万元以下的薄弱村，全区全年村集体经济总收入1.4亿元，其中172个村集体经济收入达10万元以上；在运行的326个社区集体经济组织总收入1620万元，其中18个社区集体经济收入达10万元以上。

【供销合作社改革】 10月19日，区供销社全资企业宜宾市源本农业发展有限责任公司与宜宾松通商贸有限公司签订合作协议，共同打造“翠蓉供销”生鲜连锁商超品牌，启动县域商业流通服务体系建设。宜宾市翠屏区供销合作社联合社第二次代表大会于10月26日召开，修改并通过《宜宾市翠屏区供销合作社联合社章程》，选举产生第二届理事会、监事会。11月2日，区政府与省供销农资集团签订投资协议，实施川南农资集散中心和农化服务中心项目建设。区供销社社有资本分别投资组建翠屏区四化农机服务有限公司、翠屏区月染蓝莓种植有限公司、宜宾邦力达供销有限公司。12月19日，区委农村工作领导小组印发《关于持续深化供销合作社综合改革加快建设为农服务综合平台的实施方案》。

【农产品品牌战略实施】 推进绿色有机农产品认证和农产品品牌建设，新申报认证绿色食品6个，“川茶集团”“叙府牌叙府龙芽”入选2023年“天府粮仓”精品（培育）品牌名单；“宜宾碎米芽菜”“农鲜军鸡蛋”“申酉辰”入选2023年四川省农业品牌目录。

【现代农业园区建设】 翠屏区北域围绕再造一个“宜长兴”目标，按照“串联一片风景、融合一带产业、造福一方百姓”发展思路，以“粮油、芽菜、莲藕、果蔬、油樟”为特色优势产业，沿国道247线布局“一带五园”，建设白花粮油、永兴粮菜（莲藕）、双谊油樟、宗场—双谊芽菜、思坡果蔬5个现代农（林）业园区。翠屏区粮油现代农业园区被评定为2023年度省三星级现代农业园区，翠屏区思坡镇果蔬现代农业园区被宜宾市政府命名为2023年度市级现代农业园区。翠屏区南域围绕建设“天府粮仓”李端核心示范区，培育李端镇粮油现代农业园区

表1　2023年翠屏区主要农产品产量

主要农产品	单位	产量	同比增减(%)
粮食	万吨	34.92	3.4
水稻	万吨	22.97	2.4
玉米	万吨	5.98	7.1
马铃薯	万吨	1.17	1.7
油菜籽	万吨	1.32	8.9
蔬菜	万吨	46.23	2.8
水果	万吨	11.37	1.8
肉类	万吨	4.54	0.4
猪肉	万吨	3.78	0.2
牛肉	万吨	0.09	2.2
羊肉	万吨	0.04	−2.8
禽肉	万吨	0.63	−4.9
兔肉	万吨	0.09	0.9
禽蛋	万吨	0.92	−0.7
水产品	万吨	3.70	2.0
牛奶	万吨	0.09	7.1

并被命名为宜宾市翠屏区2023年度区级现代农业园区。10月，翠屏区被农业农村厅通报为现代农业园区建设工作推进典型县（市、区）。全区累计获得命名省五星级现代农业园区1个、市级现代农业园区4个。

【种植业】 粮油生产。全年粮食作物播种面积5.36万公顷，产量34.92万吨，增长3.4%，其中水稻生产面积2.77万公顷，产量22.97万吨；再生稻蓄留面积1.02万公顷，再生稻有收面积0.85万公顷，再生稻总产量达2.03万吨以上。与省、市科研院所合作共建的李端镇其林村“优质中稻—再生稻”千亩连片核心示范片经省、市专家现场测产，示范片中稻亩产达734.8千克，再生稻亩产达303千克，中稻再生稻两季亩产达1037.8千克，达到川南地区水稻生产先进水平。在南北两域发展五粮液定制化酿酒专用高粱2000公顷，收购订制化高粱4782.862吨。大豆种植面积6087公顷、油菜种植面积7780公顷。

翠屏渔米。持续推进稻渔高效种养融合发展，推广稻渔共生模式，实现亩产稻谷500千克以上、亩均渔业产值达2000元以上，既稳住了“米袋子”，又丰富了“菜篮子”。以稻渔高效种养模式种植出的翠屏渔米米质饱满，米粒光泽润滑、晶莹透亮、均匀、腹白少；米饭纵向长度好、不开裂，煮熟后松软可口、不粘结，入口绵甜、清香可口、口感好，是稻渔高效种养综合生产的优质大米，米质达到国颁二级优米标准。

果蔬生产。全区蔬菜种植面积1.46万公顷，增长3%；总产量46.23万吨，增长2.8%。水果种植面积6586.67公顷，产量11.37万吨，增长1.8%。实施粮经统筹示范项目，推进果粮套作示范，发展“柑橘+大豆”粮经统筹及柑橘品质提升工作200公顷。建设农药喷雾系统示范点2个，建设柑橘品质提升示范核心区13.33公顷。

茶叶生产。全区建成生态早茶基地11000公顷，投产面积7533公顷，干茶产量8548吨，增长8.2%；实现茶产业综合产值85亿元，产业和效益稳步提升。新引进“中茶105”“中茶604”等良种品种30余个，新技术主推机械化修剪和采摘技术，全面推广茶园病虫害绿色防控技术，基本实现全覆盖。全区有各类涉茶企业17家，涉茶新型经营主体精深加工产能达3万吨/年。培育“叙府金芽”“优黑优红”“道秘”等名优茶叶品牌，其中“叙府”被评为“中国驰名商标”。先后承办2023年四川省茶叶科技年会、四川省早茶产业集群绿色防控技术培训会暨川红工夫产业集群项目启动会、茶产业电商直播基地开园仪式和中国茶产业联盟理事会暨低碳生态茶整建制推进启动会等。

【林业】 竹产业。完成2023国际竹业品牌博览会暨第四届中国（宜宾）国际竹产业发展峰会招商引资项目签约7个，签约金额共计11.9亿元；完成项目包装8个，包装金额共计35.45亿元；完成购销合同签约3.375亿元。双谊镇苦竹笋示范种植基地建设成效初显。

油樟产业。完成油樟丰产培育1万亩（其中复层经营改造0.2万亩）、规模化经营1万亩、樟茶混交0.2万亩；完成林下经济示范点建设4个；完成油樟限上企业培育2家；完成油樟企业招引2家（樟油收储、樟油深加工），签约金额1亿元。

油茶产业。全年新造油茶林7000亩（含2023年度提前下达2000亩）、改造油茶1000亩；完成2024年度0.5万亩油茶新造林和0.1万亩油茶林改造项目实施方案的编制及图斑上报；完成2025年度2000亩油茶新造林项目规划及图斑上报省林草局外业工作。

【畜牧业】 全区生猪出栏51.82万头，增长1.7%；畜牧业产值达17亿元。全年建设生猪规模养殖场3个，全区累计创建市级以上畜禽标准化示范场40个。新增区级以上龙头企业11家，新增市级以上生猪产能调控基地2个。全区应免密度达100%，免疫畜禽平均抗体水平合格。落实非洲猪瘟常态化防控，对全区9000余家（户）生猪养殖场（户）实现全覆盖，严防非洲猪瘟疫情。

【水产业】 全年水产品产量3.7万吨，增长2%；实现渔业产值7.8亿元，增长5.4%。培育限额以上服务企业1家、区级龙头企业4家。建设小龙虾产地交易集散中心、品鉴交易中心、小龙虾预制加工厂各1个，产业链条逐步完善。全年新增稻虾养殖面积440公顷，养殖总面积达1640公顷；小龙虾产量2833吨，增长46.9%，全区稻虾养殖面积和产量均居全市第二位。培育打造100亩相对集中连片稻虾养殖示范点20个，1000亩连片稻虾基地4个。

【乡村振兴】 按照“南域提质，北域拓面，全域推进”的思路，优化“两线两片多点”布局，通过串点拓面、串珠成链，集中连片推进乡村振兴示范区建设，乡村振兴建设有力有效。持续夯实巩固“省实施乡村振兴战略工作先进区”创建成果，整合区级乡村振兴、高标准农田建设等资金1.45亿元，实施项目52个。集中力量推进宜长线农旅融合精品示范片和国道247线粮经复合特色种养示范片建设，接续推进李庄高桥竹村、安石酒乡渔美、牟坪川南橘乡、李端其林等乡村振兴示范点提档升级和白花粮油、永兴荷莲、思坡果蔬等现代农业园区建设，启动宗场镇空港稻渔共生农旅示范园建设。串珠成链、聚链成群、集群成势，打造宜长线城乡融合、国道247线农旅融合、环金秋湖茶旅融合3条农旅融合发展长廊。李庄“如意原乡·乡村游”入选2023中国美丽乡村休闲旅游行（冬季）精品景点线路，安石村半丘塘民宿被命名为第三批天府旅游“名宿”，白花镇入选2023年市级乡村旅游重点镇，一曼村入选2023年市级乡村旅游重点村。李庄镇南胜村、思坡镇小龙村、永兴镇颜家村、双谊镇红场村、双城街道高庙村5个村创建为省级乡村振兴示范村；创建省级和美乡村先进村3个，市级先进村3个、市级达标村45个；入选全省统筹乡村基础设施和公共服务布局试点县。安石村入选全省学习运用“千万工程”经验典型案例。

【农村水利】 截至2023年年底，全区（含双城街道、沙坪街道、白沙湾街道、宋家镇）共有骨干水利工程3309处，其中水库82座、塘坝3227处；供水能力达8500万立方米，耕地有效灌溉面积2.47万公顷。

【农业机械化】 全区各类机械拥有量8.13万台（套），农机总动力达29.57万千瓦。完成机耕作业面积76400公顷、机播面积2.86万公顷、机收面积3.6万公顷，农作物耕种收综合机械化率达62.4%，主要农作物耕种收综合机械化率达72.7%。

【农村科技】 印发《宜宾市翠屏区农业农村局关于推介发布2023年度农业主导品种和主推技术的通知》，推广农业主推技术31项、农业主导品种6个。争取到2023年基层农技推广体系改革与建设项目资金80万元，建设长期稳定农业科技示范基地2个，培育农业科技示范主体2个，打造1个标准化公益基层农技服务站，组织107名基层农技人员参加5天以上脱产业务培训，招募4名特聘农技员，推广应用5项及以上农业绿色高质高效技术模式，农业主推技术到位率达95%以上。

【农产品质量安全监管】 持续巩固“国家农产品质量安全县”创建成果。落实“四个最严”要求，实现农产品质量安全例行监测合格率达98%以上。全年共299家生产经营主体实现农产品“带证上市”，共出具合格证21.6万张，附带合格证上市产品2.08万余吨。

【涉农招商引资】 全区有3000万元以上的农业招商引资重大项目6个，均为内资项目，增长20%；项目总投资3.6亿元，协议资金3.6亿元，到位资金4200万元。

【主要领导人】 区委书记：兰宏彬；区人大常委会主任：范建平；区长：张林；区政协主席：詹立；分管农业副区长：何健（7月止），祝科（7月始）。

翠屏区编写组

南溪区

【基本情况】 2023年，全区辖8镇3个街道，辖区面积676.69平方千米，其中耕地面积38.6万亩，人均耕地面积0.94亩；基本农田32万亩。年末总人口33.8043万人（户籍人口），人口出生率7.22‰，人口自然增长率0.5‰。全区耕地有效灌溉面积达到耕地总面积的64%；本地水资源总量1.84亿立方米，人均占有水资源量552立方米。有林业用地1.94万公顷，有林地面积1.89万公顷，活立木总蓄积量95.3万立方米，森林覆盖率40.65%。

2023年，全区实现地区生产总值237.14亿元，增长6%，其中第一产业增加值39.2亿元，增长4.7%，农、林、牧、渔及农林牧渔服务业之比为58：7：29：3：3；第二产业增加值101亿元，增长5.3%（工业产值181.21亿元，增长89.84%）；第三产业增加值96.94亿元，增长7.4%。三次产业对经济增长的贡献率分别为6.59%、17.86%和75.55%。劳务输出118826人，收入339700万元。全年接待游客431万人，实现旅游总收入423000万元，其中乡村旅游收入141000万元。

公路通车里程1789千米（其中乡村公路1669千米），成宜高速铁路南溪北站建成通车，全区高速铁路营运里程19.247千米，其中高速公路4千米、国道24.181千米、省道53.174千米，密度2467米/平方千米、39.89千米/万人。内河航道0.0023万千米。有桥梁82座、客运站2个。社会消费品零售总额94.88亿元，增长2.9%。地方公共财政预算总收入完成16.76亿元，增长8.2%；公共财政预算总支出43.44亿元，增长4%，其中农业投入152700万元，占支出的34.7%。金融机构各项存款余额216.02亿元，比上年初增长6.63%；各项贷款余额246.36亿元，比年初增长20.62%。全年农业保费收入0.21亿元，增长7.3%。农业产业化龙头企业省级、市级、区级分别为7家、27家、50家。

有各类学校105所，在校学生61024人，教职工3262人，其中普通中学15所，在校学生22193人；小学38所，在校学生21183人；学龄儿童入学率96.23%，提高5个百分点。有艺术表演团体36个，文化馆1个，公共图书馆1个，博物馆1个。有卫生机构307个，病床位1800张，卫生技术人员2300人。新型农村合作医疗参合人数298586人，参合率97%；城乡居民基本养老保险参保人数148282人，参保率92.5%；被征地农民养老保险参保人数新增741人。

【年度农业和农村经济运行】 2023年，全区出台了《中共宜宾市南溪区委宜宾市南溪区人民政府关于做好2023年乡村振兴重点工作加快推进农业农村现代化的意见》《南溪区2023年度推进乡村振兴工作年度任务清单》。实现农业总产值68.99亿元，增长2.33%；全区全年农业增加值达39.2亿元，增长4.7%；粮油、生猪、林竹、白鹅等特色优势农产品产量保持稳定增长。农民年人均可支配收入达20971元，增长7.1%。全区农产品质量抽检合格率比年初提高1个百分点；建成9个基层农业综合服务站。全区主要农产品产量见表1。

【农业产业化发展】 全年新培育农业产业化市级以上重点龙头企业2家、家庭农场20家、种植大户5户。依托宜宾酒类食品园区，携手五粮液集团、宜宾纸业、徽记食品、娥天歌等龙头企业，打造以白酒、豆制品、竹产品、生猪和白鹅精深加工等为主导的绿色食品饮料产业，形成从种养殖到精深加工的全产业链，构建起以粮油、林竹、生猪、白鹅等特色种养殖业为主导的“3+1”现代农业产业体系。

【农用地产权制度改革】 创新农村土地适度规模经营机制，促进农业增效、农民增收。贯彻实施《宜宾市南溪区农村土地经营权股份合作制改革试点工作方案》，指导有条件的村探索性地开展农村土地经营权股份合作制改革。贯彻实施《关于完善农村土地所有权承包权经营权分置办法的实施意见》，不断健全农村土地产权制度，推动新型工业化、城镇化、农业现代化同步发展。

【农村集体产权制度改革】 贯彻实施《宜宾市南溪区贯彻〈四川省农村集体经济组织条例〉实施细则的通知》，指导各农村集体经济组织按照“五个一”标准规范农村集体经济组织管理，发挥集体经济组织管理集体资产、开发集体资源、发展集体经济、服务集体成员的作用。同时，探索推行村民委员会与村农村集体经济组织资产、财务和核算分离，并纳入南溪区“明白了”平台监管。

【供销合作社改革】 推行“供销社+村‘两委’+农村新型经营主体+农民”的融合发展模式，累计改造综合服务网点19个，创建基层社示范社7个，建立标准化、规范化的南溪柑橘、猕猴桃、葡萄等6个特色优势产业基地4000余亩，带动1000余户农民社员户均增收3000元。争取2023年度省级农业社会化服务试点项目，在仙临镇、南溪街道开展“耕、种、防、收”全程机械化服务面积达6000亩，提高农民的种粮积极性和农业机械化水平，促进农业增产、农民增收。

【农产品品牌战略实施】 截至2023年年底，全区有南溪豆腐干、南溪白鹅2个国家地理标志保护产品，南溪血橙、南溪白酒、南溪榨菜、南溪茵红李4个国家地理标志证明商标。协助新型农业经营主体注册涉农产品商标40余个。结合省、市对“两品一标”的奖励政策，配套专项资金对企业和新型经营主体进行奖励，全区累计发展“两品一标”农产品16个。

【现代农业园区建设】 全区按照“农业多贡献、园区当先锋”的总体思路，坚持把创建国家、省、市、区级现代农业园区作为推动乡村产业兴旺、助力乡村振兴的重要抓手，持续完善资金投入、人才支持、用地保障等创建工作保障，加强园区创建对标补短，推进全环节提升、全产业融合、全要素保障。新创建省三星级现代农业园区1个、市级现代农业园区2个，新认定区级现代农业园区2个，南溪区被农业农村厅评为现代农业园区建设工作推进典型区。

【种植业】 全区粮食作物播种面积43.3万亩，粮食总产量19.5万吨。开展种养结合、粮经复合等水旱轮作、分带间套作生产示范，推广“玉米(高粱)大豆带状复合种植”模式，落实大豆高粱带状复合种植面积3.2万亩。蔬菜种植面积32.39万亩，产量76.78万吨。茶叶种植面积2.72万亩，采摘面积1.6万亩，产量321吨。水果种植面积9.51万亩，产量12.69万吨。

【林业】 全区森林面积2.75万公顷，林业用地总面积1.9万公顷，森林覆盖率达40.65%。全年木材产量1.16万立方米，完成营造林0.9万亩，培育现代林竹产业基地0.6万亩。全区绿化造林3.7万株、抚育42.21万株。林竹基地总面积26.5万亩，以竹浆造纸原料林为主，实现竹产业综合产值58.4亿元。加快推进宜宾纸业调结构技改(扩)能项目，建成后每年将增加竹子使用量150万吨，打造成为全国最大的竹浆造纸产业基地。

【畜牧业】 全年生猪出栏40.6896万头，增长1.7%。共有规模化猪场95个，其中省级标准化示范场2个、市级标准化示范场17个。牛出栏3429头，增长1.5%；

表1　2023年南溪区主要农产品产量

主要农产品	单位	产量	同比增减(%)
粮食	万吨	19.4600	3.15
水稻	万吨	13.4200	2.33
玉米	万吨	2.9300	9.39
马铃薯	万吨	0.3600	5.48
油菜籽	万吨	1.1000	1.90
蔬菜	万吨	76.7400	5.40
水果	万吨	12.6800	13.50
肉类	万吨	4.1990	0.29
猪肉	万吨	2.9620	0.27
牛肉	万吨	0.0459	0.66
羊肉	万吨	0.0820	1.32
禽肉	万吨	1.0520	0.13
兔肉	万吨	0.0570	3.10
禽蛋	万吨	0.4300	–5.60
水产品	万吨	0.9300	9.20
牛奶	万吨	0.0480	3.20

羊出栏5.5012万只，增长0.4%；家禽出栏761.36万只，增长0.1%。奶产品产量486吨，增长3.2%。

【水产业】 全年水产品产量9393吨，增长5.5%；实现渔业产值2.49亿元，增长9.2%。以稻虾产业补短及稻渔共生基地建设项目为重点，布局特色小龙虾产业带建造，打造百亩稻虾示范点15个、千亩稻虾示范点4个。培育稻虾产业生产主体20个，稻虾种养面积达2.2万亩。

【乡村振兴】 按照“典型示范、全域推进”思路，坚持每年打造1个乡村振兴示范片，建成七洞湖乡村振兴示范片，加快推进长江第一湾乡村振兴示范片建设。做好乡村振兴实绩考核考评工作，在2023年度乡村振兴实绩考核暨省级乡村振兴先进区“回头看”考评中获得“良好”等次。建成省级乡村振兴示范村3个，市级乡村振兴先进镇1个、示范村3个、重点帮扶优秀村1个。实施美丽乡村建设“百村示范、千村达标”工程补短项目79个，创建市级示范村2个、达标村25个。

【乡村旅游】 裴石镇长江第一岛旅游度假区被评定为市级旅游度假区；南溪区大观镇被评定为市级乡村旅游重点镇；大观镇飞马村、南溪街道石鹅社区、仙源街道长江社区村被评定为市级乡村旅游重点村。推出和美乡村游度假旅游线路。

【农村水利】 持续改善农业用水条件，以马耳岩水库中型灌区续建配套与节水改造项目为重点，不断改善水利设施，全区共建成水库工程47座、小型水源工程2365处，其中山坪塘2187处、石河堰178处。全区耕地有效灌溉面积24.15万亩，节水灌溉面积17.57万亩。

【农业机械化】 全年农机购置补贴共补贴农机具3144台，增加1133台，增长56.34%；完成金额补贴149.7091万元，增加56.9981万元，增长61.48%；受益农户2221户，增加907户，增长69.03%。全区农机总动力达30.375万千瓦，比上年增加8070千瓦，增幅为2.72%；农作物耕种收综合机械化水平为55.58%，增加5.23个百分点；主要农作物耕种收综合机械化率为73.78%，增加5.07个百分点。

【农村科技】 总投资1500万元在酿酒专用粮现代农业园区实施智慧物联网系统建设，实现农业数字技术在农业生产上的综合应用，利用传感设备、自动化控制设备、气象站实时监测采集田间土壤墒情、气象信息、作物长势信息。全年培训农业领军人才、职业经理人、新型经营主体带头人等165人，推广应用新技术8项，建设农业科技试验示范基地2个，培育农业科技示范主体4个。

【农村教育】 全区义务教育营养改善计划惠及学生13590人，拨付资金1227.91万元。安排义务教育薄弱环节改善及能力提升补助资金1051万元、中央支持学前教育发展专项资金1662万元、校舍维修改造专项资金安排332万元，改善农村学校教育教学环境。全年学前教育资助人数1452人，资助金145.15万元；义务教育阶段资助人数5824人，资助金580.93万元。

【农村文化】 全年公布第四批区级非物质文化遗产项目名录6个、第三批区级非物质文化遗产代表性传承人8人。坚持“月月有展演·周周有活动”，依托景区（景点）、文化街区等，常态化举办百姓大舞台等群众性文化传承活动，全年开展活动280余场次。大观镇、裴石镇中心镇综合文化服务中心建设完工，裴石镇被列入片区中心乡镇公共文化服务提质增效省级试点乡镇。推动实施文化中心提升改造项目7个。

【农村卫生】 持续推进基本公共卫生服务均等化项目工作，开展居民建档、慢病管理、0～6岁儿童管理等。建立城乡居民规范电子档案27万份，建档率占常住人口的81.8%。开展重点人群管理，为孕产妇13周前建立《孕妇保健手册》，产后访视1300余人；为65岁以上老年人实施免费健康体检2.78万人次，为2万余名高血压患者、6000余名糖尿病患者提供慢病管理服务。

【农村法制建设】 建立村（社区）公共法律服务工作室126个。开展“法律援助进百村”活动，7个律师组建宣讲团到全区106个村（社区）开展法治宣传、法治讲座、现场法律咨询服务；组织律师到9个镇（街道）对2300名“法律明白人”开展专题培训。对9个司法所进行高品质全面提升打造，刘家镇大庙村和仙源街道长江村被评为全国法治民主示范村（社区）。

【农村社会保障】 实施全民参保计划，推进养老保险精准扩面。以法定人群全覆盖为目标，实行分类施策，推动实现基本养老保险“应保尽保”。开展数据共享比对和数据筛查清理，摸清参保底数，通过申报核定、审计稽核等工作措施，精准推进农民工、灵活就业人员、新就业形态从业人员等重点群体参加企业职工养老保险。实施城乡居民养老保险大龄人员（45岁）“漏保”清零行动，确保城乡居民养老保险应保尽保、待遇应享尽享。2023年，全区基本养老保险参保人员23.85万人。

【农村生态建设及环境保护】 开展农村人居环境整治行动，全域推进农村垃圾、污水、厕所“三大革命”，完成17个村卫生厕所新（改）建1203户。开展化肥减量增效田间试验，印制《南溪区主要农作物科学施肥技术指南》5万份，建立100户化肥和农药使用情况监测调查点。已建成6个秸秆收储中心和28个村级收集点，全区秸秆收储能力达3万吨以上。依托秸秆禁烧可视化监控系统，实现“人防+技防”的双重监管。

【农产品质量安全监管】 全年完成风险定量监测400个，合格率达99.6%；速测3700个，合格率达99.89%。同时，省、市对全区农产品农药残留的例行监测合格率保持在99%以上。321家新型经营主体（农产品生产企业）加入国家追溯平台和省级追溯平台；运用国家（省级）追溯平台上传监管、监测、执法信息1702条；生产经营主体运用国家（省级）追溯平台开展追溯业务，上传产品批次（收获、加工、销售）信息2763条；生产主体开具97590张食用农产品承诺达标合格证；发放农产品质量安全宣传资料6000余份，接受咨询680余人次。

【农村市场体系建设】 全区打造农村食品安全示范店30家，监管农村"坝坝宴"269家、"明厨亮灶"631家、"互联网+"72家、保健食品"沙盒监管"8家。为深化商事制度改革，促进农业农村经济发展，设立农民工绿色通道，专门为农民工办理证照，持续压缩企业开办时间，实名认证后2小时就可领取营业执照。新成立农民专业合作社7家，全区133家农专社已进行2023年度年报。

【农村留守家庭（儿童、学生）帮扶】 建立干部结对包保留守儿童工作机制。印发《宜宾市南溪区干部结对包保留守儿童工作方案》，根据全区留守儿童年龄、性别及家庭情况划分风险评估等级，并对应匹配相应包保单位，建立全区机关干部、事业人员结对包保留守儿童帮扶联动机制，明确结对帮扶留守儿童的目标任务、定期巡查巡访、帮扶计划等工作措施，确保包保力量全覆盖，全面落实对全区留守儿童的关心关爱。匹配60余个政府机关单位以及9个镇（街道）结对帮扶，全年为7472名义务教育阶段家庭经济困难学生提供生活费补助。

【劳务开发与返乡创业】 紧盯春节期间农民工返乡高峰开展专项行动，收集各镇（街道）报送2023年春节期间返乡创业意愿项目13个，农民工返乡下乡创业融资项目14个、融资需求1150万元，闲置房产31处、25746平方米。对接宜宾农商行等金融机构，帮助5名返乡创业农民工解决融资需求。实施农民工返乡创业指导，走访指导返乡创业项目14个。加强返乡农民工创业宣传报道，精选18名优秀返乡农民工事迹，通过在南溪区农民工之家、《南溪新闻》等平台宣传报道30余次，营造出农民工返乡创业的氛围。

【主要领导人】 区委书记：刘刚；区人大常委会主任：李德斌；区长：陈元华；区政协主席：余水情；分管农业副区长：谭宗顺。

南溪区编写组

叙 州 区

【基本情况】 2023年，全区辖2乡12镇3个街道，辖区面积2572平方千米，其中耕地面积115.96万亩，比上年增长0.83%；永久基本农田保护目标84.97万亩。年末总人口99.91万人（户籍人口），增长0.02%；人口出生率6.54‰，下降0.5个千分点；人口自然增长率0.73‰，增长3.31个千分点。全区耕地有效灌溉面积和保证灌溉面积分别达到耕地总面积的30%和38%；本地水资源总量11.7281亿立方米，人均占有水资源量1161.198立方米。有林业用地10.54万公顷，有林地面积10.11万公顷，活立木总蓄积量662万立方米，森林覆盖率43%。

2023年，全区实现地区生产总值640.33亿元，增长6.1%，其中第一产业增加值63.46亿元，增长4.5%，农、林、牧、渔及农林牧渔服务业之比为55.06∶12∶30.29∶4.53∶3.11；第二产业增加值294.38亿元，增长4.8%（工业增加值199.35亿元，增长4.5%）；第三产业增加值282.49亿元，增长8%。三次产业对经济增长的贡献率分别为2.7%、27%和70.3%。全年接待游客1399.83万人，实现旅游收入129.53亿元，其中乡村旅游收入51.82亿元。

公路通车里程4721.156千米（其中乡村公路3852.584千米），密度1837米/平方千米、49.64千米/万人。社会消费品零售总额249.91亿元，增长3.1%。地方公共财政预算总收入完成22.64亿元，增长11.95%；公共财政预算总支出70.72亿元，增长18.17%，其中农业投入9.25万元，占支出的13.66%。金融机构各项存款余额3745.9亿元（翠屏区+叙州区），比上年初增长16.65%；各项贷款余额3016.11亿元，比年初增长22.72%。市辖区（与翠屏区共用）各类银行业存（贷）款余额合计6762.04亿元，同比增速为19.29%，增速居全市第一位，超全省平均水平（15.8%）约3.5个百分点。全年农业保费收入0.55亿元，增长62%；处理各项赔款和给付金额1635.1万元，减少10.43%。农业产业化龙头企业省级、市级、区级分别为10家、42家、120家。

有各类学校159所，在校学生119589人，教职工7790人，其中普通中学47所，在校学生45596人；小学108所，在校学生64571人；职业中学3所，在校学生9250人；特殊教育学校1所，在校学生172人；学龄儿童入学率100%。有艺术表演团体1个，文化馆1个，公共图书馆1个，博物馆1个。有卫生机构1071个，病床位2954张，卫生技术人员8611人。城乡居民医保参保人数692478人，参保率97.18%；新型农村社会养老保险参保人数353403人；新增失地农民参保1917人，累计参保19021人。

【年度农业和农村经济运行】 2023年，全区出台了《宜宾市叙州区乡村振兴总体规划》《宜宾市叙州区发展壮大村级集体经济三年行动计划实施方案》。实现农业总产值105亿元，增长4.5%；全区全年农业增加值达63.46亿元，增长4.5%；生猪、茶叶、食用菌、水果、蔬菜等特色优势农产品产量保持稳定增长。农村居民年人均可支配收入达20572元，增长7.2%。全区农产品质量抽检合格率达98%以上。建成16个基层农业综合服务站，其中标准化公益基层农技服务站1个。全区主要农产品产量见表1。

【农用地产权制度改革】 建立工商企业等社会资本流转土地经营权审批制度，开展土地流转资格审查5宗1635.062亩。新增土地规模流转经营面积34349亩，土地规模经营率比上年度提高2.38%。

【农村集体产权制度改革】 开展农村集体资产监管提质增效行动，297个村集体经济组织全覆盖构建运行机制。印发《关于促进新型农村集体经济高质量发展的实施意见》《宜宾市叙州区发展壮大村级集体经济三年行动计划实施方案》。柏溪街道南京村等15个村被列为新一轮村级集体经济壮大扶持对象，项目资金150万元/村。制发《宜宾市叙州区农村集体经济组织运行管理规则》，规范应用宜宾市农村集体资产监管平台，加强农村集体资产规范管理。建立133宗农村集体闲置资产明细台账。形成9种较为成熟的集体经济运营模式，总结提炼10个集体经济发展典型案例。

【供销合作社改革】 3月16日，宜宾市叙州区供销合作社第一次代表大会在柏溪街道蓝天宾馆召开，会议审议通过了《宜宾市叙州区供销合作社联合社章程》，选举产生了宜宾市叙州区供销合作社联合社第一届理事会、监事会。区委农村工作领导小组印发《关于持续深化供销合作社综合改革加快建设为农服务综合平台的实施方案》的通知，加快建设为农服务综合平台。叙州区供销社申报为全省为农服务综合平台试点县建设项目，争取省级财政奖补资金212万元，拟开展日用消费品体系、农产品购销体系、供销物流配送中心建设。加强为农服务体系建设，组建区、乡（镇）、村三级农村合作经济组织联合会，会员数扩增至1095名；依托“三中心”，其中会计中心在“五经普”期间为23家重点培育企业提供升规达限财务咨询服务。激发电子商务发展活力，打造宜宾市“酒都惠”直播基地，按照“1+17”的发展模式，开展互联网企业孵化、直播带货、主播培训、农产品品牌培育等工作，已开展直播带货培训10期，培育本土乡村“达人”200余名，全年完成产值2218万元。培育农产品品牌，申报“宜美宾”“酒都惠”公用品牌农特产品商标，“誉满三江”公用品牌，申报扶贫商标12个；打造“叙州有礼”大礼包，销售农产品价值90余万元；组织开展“农超对接”、推介会等4场次；参与福建省福州市城市购物节、中国农民丰收节、中秋节、国庆节等展示展销活动10余场次，助销额达300余万元。

表1　2023年叙州区主要农产品产量

主要农产品	单位	产量	同比增减(%)
粮食	万吨	57.4000	3.24
水稻	万吨	24.3000	1.00
玉米	万吨	16.2000	7.30
马铃薯	万吨	5.3000	-4.50
油菜籽	万吨	3.8100	11.14
蔬菜	万吨	25.9700	5.16
水果	万吨	9.6500	6.63
肉类	万吨	8.5000	2.00
猪肉	万吨	6.2300	1.40
牛肉	万吨	0.1110	5.80
羊肉	万吨	0.1100	8.00
禽肉	万吨	1.2500	0.04
兔肉	万吨	0.8000	2.34
禽蛋	万吨	0.7500	0.10
水产品	万吨	2.1452	1.85
牛奶	万吨	0.0700	3.41

【农产品品牌战略实施】 加强“两品一标”农产品管理工作，特别是对绿色、有机产品加强监管检查，开展绿色食品新认证12个，年检现场审核10个。完成宜宾茵红李品牌项目建设，规划编制，产品Logo包装设计、户外广告宣传投放、专题片拍摄、技术和推广培训等工作。组织6家茶业企业和合作社到成都市参加第十二届四川国际茶博会并举行专场推介会，四川省青潭粮油有限公司生产的“青潭牌”菜籽油申报为四川农业品牌目录。兑现2021年度“三品一标”奖补资金，其中市级奖励9.5万元、区级奖励27.3万元。

【现代农业园区建设】 推进“四园两带两基地”建设，构建梯级创建、压茬推进的工作格局。截至2023年年底，全区建成区级以上现代农业园区15个，其中茶叶现代农业园区获评省级四星级园区，大塔晚熟荔枝园、南广镇稻渔园、石城山蚕桑产业园、岷江蔬菜产业园、叙州区茵红李产业园、合什镇粮油产业园6个园区被评为市级现代农业园区，培育观音镇粮油产业园、双龙镇蚕桑产业园、七星山镜湖桃源园区等8个区级现代农业园区。2023年，园区内主导产业基地面积达21.77万亩、高标准农田面积达13.9万亩，产值达23亿元，园区内龙头企业、专合社、家庭农场等新型农业经营主体达658家，吸纳农民工就业17884人，带动农民128214人，15个园区农民人均可支配收入达22869.9元。

【种植业】 建设更高水平“天府粮仓”示范区，探索“粮药轮作”“粮经复合”模式，推动水果、茶、中药材等优势产业持续做优，全区粮食作物播种面积150.3万亩，产量57.4万吨，其中油料作物播种面积40.85万亩；大豆播种面积19.6万亩；茶叶种植面积22万亩，产量9520吨；蔬菜种植面积10.27万亩，产量26.42万吨；水果种植面积12.35万亩，产量10.65万吨；中药材种植面积8.92万亩，产量4.65万吨；蚕桑种植面积7.35万亩，鲜茧产量2230吨。

【林业】 重点推进工程造林、生态修复及森林质量提升，推动长江沿岸“两岸青山·千里林带”建设，完成营造林3.6万亩、全民义务植树215万株，累计营造林6.59万亩；551株古树名木得到常年性保护，在全市首次为35株一级、二级古树购买保险，全区投保森林面积129.72万亩，实现政策性森林保险全覆盖。7月17日—7月21日，叙州区通过国家林草局产业发展规划院对叙州区2022年度天然林保护修复及2019年度退耕还林工程的国家级验收。推动“百规千企万户”攻坚行动，完成林竹规上企业11家、“个转企”71家、个体工商户注册261户，推荐1家企业申报省级龙头企业、3家企业申报区级龙头企业。深化集体林权制度改革，累计林权抵押融资5.3亿元；新增林权流转面积0.5万余亩，累计29.1万亩。推进国家储备林项目建设，完成林地流转6万余亩，同步推进油樟、油茶及林下中药材产品开发。完成竹林规模经营2万亩，开展招商引资，组织企业参与竹产品展览、推介和营销活动3次，持续推进竹产业发展。完成油樟丰产培育2万亩、规模化经营3万亩、樟茶混交350亩，实施林下种养殖示范项目4个，编制8个油樟粗油集中加工点运营方案，油樟初油收储225吨，初油加工剩余物综合循环利用产值达500万元，开发初油下游产品1个，与眉山市签约樟油精深加工项目“飞地”模式，巩固提升油樟产业发展绩效。全年新造油茶7000亩，已申请注册“国星”“金森林”等茶油品牌，加快建设“天府森林粮库”。全年油樟、林业综合产值分别实现39.3亿元、61亿元，农民人均从林业获得收入3880元。制定《宜宾市叙州区林长制协作工作制度》，建立“林长+检察长”协作机制。全年开展各级培训326次，共发放宣传资料5.6万份，制作宣传标牌68块、标语56条。印发《宜宾市叙州区探索“林长制+林草重点工作”行动计划实施方案》《宜宾市叙州区林业行政执法“局队合一”改革创新试点方案》，上报林长履职典型案例及创新试点典型案例3个。

【畜牧业】 加强全区畜禽养殖业发展规划设计，科学指导畜牧生产，到场指导养殖场生产40余场次，培训养殖户100余人次；开展畜禽良种繁育技术推广、宜宾水牛保种技术指导，提高全区畜禽生产水平，新创建省级生猪标准化示范场2个；推进泥溪镇年出栏2万头生猪养殖场、樟海镇年出栏100头肉牛养殖场、柳嘉镇年出栏1000只肉羊养殖场、观音镇年出栏5000头生猪养殖场、龙池蕨溪年出栏5000头生猪养殖场项目建设。开展“公司+农户”生猪代养、“专合社+农户”等生猪合作模式推广，促进全区生猪养殖场增养补栏，全年生猪合作模式出栏生猪20万头以上，其中生猪代养模式出栏15万头以上；完成6个国家级、33个省级、16个市级、98个区级生猪产能调控基地挂牌，促进生猪产业稳产保供和转型升级。开展畜禽政策性保险工作，投保能繁母猪2811头、育肥猪185343头、生猪价格指数保险182550头、肉羊1098只，理赔981.4万元。全年出栏生猪84.44万头、肉牛0.77万头、肉羊7.49万只、家禽860万只、肉兔560.69万只，禽蛋产量7506吨，同比分别增长1.2%、1.85%、1.07%、0.1%、2.31%、0.09%；实现畜牧业总产值30.43亿元，同比增长0.9%。

【水产业】 全区水产养殖面积3.55万亩，其中池塘养殖面积1.86万亩、水库面积6990亩、河沟面积9765亩、其他面积170亩；全区稻渔综合种养面积5.1万亩，其中稻鱼3.4万亩、稻虾1.6万亩、稻蛙和稻鳖等其他综合种养0.1万亩；水产品总产量2.1452万吨。完成2022年度省级“鱼米之乡”建设项目，总投资8091.2万元，结合高标准农田、乡村振兴、达标村、新型经营主体培育等相关农业项目建设，整合资金6025.2万元，投入省级财政“鱼米之乡”专项资金1000万元和项目建设业主资金1066万元。在南广、赵场、横江、柏溪、观音、合什6个乡（镇、街道）18个村建成稻渔综合种养面积2.4万亩。

【乡村振兴】 叙州区连续三年获评全省“三农”工作先进县。2023年，区本级财年初一般公共预算安排乡村振兴资金3.68亿元，占一般公共预算支出的6.02%，同比增加3161万元。一般公共预算支持乡村振兴实际投入11.25亿元，同比增加1.4亿元。创建省级先进镇2个、示范村22个，市级先进乡镇5个、市级示范村22个，区级先进乡镇14个、区级示范村96个。建立区、乡、村三级网格管理体系，落实网格管理人员3556人，并建立“红黑榜”奖惩机制，每月开展动态监测。开展集中排查14.6万户、入户排查1.5万户，新识别监测对象378户1175人。累计补助义务教育困难家庭学生25905人，兑现资金1260.58万元，实现脱贫户适龄子女100%入学；持续落实基本医保、大病保险、医疗救助“三重”保障政策，特困户、低保户、脱贫户、防止返贫监测对象被纳入城乡居民医保70574人，各类低收入特殊人员实现“应保尽保”；推进农村房屋安全隐患排查，实施危房改造79户；持续实施农村厕所、垃圾、污水“三大革命”，新（改）建农户厕所3332户，完成245个村（社区）生活污水治理，新建1000个垃圾分类收集点；推进易地扶贫搬迁集中安置点后续扶持项目2个。

【乡村旅游】 推动“农业+文化”融合发

展，结合全区红色文化、油樟文化、茶文化、酒文化等特色文化元素，推进特色文化元素与乡村旅游相生相融，保护乡土资源，挖掘文化内涵，加强对乡村传统文化资源的系统发掘、整理、凝练，提升乡村旅游品质，举办“和美乡村文化节”“百村春晚”等特色文旅活动。实施“+旅游”和“旅游+”模式，世界樟海景区以资源为优势、以产业为主导，挖掘油樟特色，推出享受田园环境的生态旅游、体验樟林香浴的养生旅游，现代化、可视化的工业旅游，教学式、亲子式的研学旅游等特色旅游产品，形成以休闲度假、康体养生、创意农业于一体的特色生态旅游示范区。2023年，全区有休闲农业经营主体273个（其中农家乐148个、星级农家乐22个），接待消费55.6万人次，实现综合经营性收入4.79亿元。推进全域旅游基地建设与和乡村旅游景区发展，创建宜宾卫校、幸福公社、彩山景区、少娥谷农庄为市级研学旅行实践基地；幸福公社、少娥谷景区通过省级研学旅行基地验收；幸福公社创建为市级中医药健康旅游示范基地；喜龙村、新联村申报为省级乡村旅游重点村。横江古镇、彩山景区、幸福公社等生态旅游、休闲观光国家A级景区已通过市级复核。彩山、横江古镇等景区先后被中央电视台《新闻联播》《朝闻天下》等栏目报道；四川乡村频道《乡村大篷车·一镜到底看叙州》栏目在叙州区乡村旅游景区（景点）取景拍摄。

【农村水利】 全区共有农村水利工程19943处，其中水库74座〔小(1)型8座、小(2)型66座〕、电站16座、山坪塘3661口、石河堰274处、提灌站194处、窖池6613口、机电井9111处。全区主要水利工程蓄水能力达6756万立方米，各类水利工程蓄引提水供水能力达24778万立方米。

五岔湖水库工程建设有序推进，完成总投资8000万元；太平、大山碥等2座小型水库除险加固总投资342万元，已全面完工并投入使用，工程完工后实现恢复和改善灌溉面积0.024万亩，新增供水能力12万立方米，保护耕地面积0.42万亩，保护下游人口1.2万人；叙州区2023年小型水库维修养护和农业水价综合改革项目总投资504万元（小型水库维修养护250万元、农业水价综合改革254万元），已全面完工并投入使用，项目实施后水库维修养护工程将新增供水能力30万立方米，新增、恢复灌溉面积0.14万亩，改善灌溉面积1.1万亩，新增粮食综合生产能力3.8万千克，覆盖人口6.8万人。叙州区2023年小型水库雨水情测报与大坝安全监测设施项目全面完工并投入使用，其中安装完成雨水情测报设施24座、大坝安全监测设施水库6座，一般债券资金总投资242万元。

【农业机械化】 全年新建机耕便民道（产业路）216千米；发放购机补贴510.37万元，补助农业机械9135台（套），维修改造机电提灌设备1850台（套）5556千瓦；新建和改造提灌站41座1182千瓦，机电提灌设备出勤4.55万台次4.05万千瓦，提水3180万立方米，灌田35万亩。全年新增农机总动力4000千瓦，农机总动力达53.1万千瓦；完成主要农作物机械化作业面积332万亩，其中机耕面积185万亩、机播面积66万亩、机收面积81万亩；农作物耕种收综合机械化水平达55.4%，比上年增加4个百分点。

【农村科技】 加强农业科普宣传，加快农业科技成果转化。全区农业科技投入10.8万元，148名农业科技人员开展农业科技工作，实际投入工作量3552人/天，设置科普展厅面积110平方米，当年参观777人次，在农村开展科普活动169场次，开展科技服务15588人次，开展科普专栏宣传169个，更新宣传内容12次；发放科普宣传（技术资料）55183份；举办线下科普讲座290场次，参加人数达17462人次；举办线上科普讲座7场次，参加人数387人次；举办科普（技）竞赛3场，参加人数208人；举办科技活动周1次，参加人数309人次；举办实用技术培训次数369场次，参加人数19916人次。

【农村教育】 全区14个乡（镇）共有各级各类学校105所，在校学生58386人，其中小学（含教学点）74所、九年一贯制学校12所、初中14所、普通高中2所、完全中学1所、职业中学2所；小学在校学生26113人，初中在校学生17376人，普通高中在校学生7341人，职业中学在校学生7556人。依托农村场镇建立14个学区，镇区学校布局基本合理，能实现学生就近入学，除部分中心场镇外学位充足。学区内学校实施管理互促、研训互动、质量同进、文化共建、项目合作五大工程，通过轮岗交流、定点指导、捆绑考核、年度监测加强常态管理。立足“儿童本位、教师成长、学校自主、扎根乡土、区域生态”办好乡村学校，改善办学条件，改变评价机制，建立探究式乡土课程体系。公共教育资源向农村地区、薄弱学校倾斜，缩小区域间、城乡间、校际间公共教育资源差距。建立健全义务教育学生资助体系，确保义务教育阶段的学生不因贫困而失学。推进农村留守儿童寄宿制学校建设工程建设，关心留守儿童和进城务工人员随迁子女等弱势群体教育状况，确保每一个义务教育阶段孩子受教育的权利。

【农村文化】 在17个乡（镇、街道）、村（社区）配备文化管理人员53人；建立叙州区文旅能人人才库，推荐注册乡村文旅能人336人；选拔优秀文化志愿者、文艺人才长期服务乡村，开展“油樟之春”、“百村春晚”、魅力乡镇竞演、“戏曲进乡村”、“浓情端午”、荔枝节、李花节等群众性文化活动100余场次。“百村春晚”项目获得省级公共文化服务专项资金支持。开展乡村文化振兴“百千万”工程样板村镇市级、区级评选工作，泥溪镇被评为市级乡村文化振兴样板镇，泥溪镇红春村、柏溪街道少娥村被评为市级乡村文化振兴样板村；开展中心镇综合文化服务中心项目建设。开展农村公共文化社会化宣传，整合乡（镇）文化社会组织、文艺队伍、村（社区）文艺爱好者，全年开展品味端午·粽香观音、庆“七一”、纪念“一二·九”等大中型文化活动累计29场，营造和谐、健康发展的农村文化氛围。开展公共文化氛围及营造，并在新媒体发布文化品牌宣传视频16个。完成年度乡（镇）级片区公共文化设施专项规划编制。全区共有24个综合文化站、297个村（社区）文化服务中心，完成8个乡（镇）综合文化站评估定级工作，其中4个文化站被评为特级文化站、2个综合文化站被评为一级文化站；每个乡（镇）综合文化站均达到“六有”标准，并常态化免费开放；每个乡（镇）开展各项文化活动不少于6次，每个综合文化站每年划拨中央、省免费开放经费4.4万元，区级配套0.6万元，年度免费开放上级资金已全部到位，并健全各种管理机制和规章制度。

【农村卫生】 全区共有基层医疗卫生机构19家，其中3家中心卫生院已达到“优质服务基层行”推荐标准并创建为四川省县域医疗卫生次中心，其余16家医疗机构已达到“优质服务基层行”基本标准。指导观音镇、双龙镇创建国家卫生乡镇，有市级卫生村81个、健康乡（镇）5个。观音片区医养中心、南岸社区卫生服务中心、凤仪乡卫生院竣工并投入使用，蕨溪镇、双龙镇、柳嘉镇等中心卫生院改（扩）建或新建工程有序推进。全年居民电子健康档案建档率达95.39%，高血压患者规范管理率达77.86%，2型糖尿病患者规范管理率达75.66%。2023年符合农村部分国家级计划生育奖励扶助对象15495人，省级农村部分计划生育家庭奖励扶助对象2500人，符合计划生育家庭特别扶助对象1494人，计划生育家庭特别扶助制度（其他）人员332人，全区共发放农村部分计划生育家庭奖励扶助金1727.52万元、计划生育家庭特别扶助金1661.004万元、计划生育家庭特别扶助制度（其他）扶助金107.7万元。全区失独家庭均已购买独生子女意外险和特殊家庭住院护理保险，独生子女意外险申请理赔11件35.5万元；特殊家庭住院护理补贴保险申请理赔256件共30.5万元。对12家开展农民工职业健康体检的企业补助体检资金17.65万元，涉及体检农民工人数1816人。

【农村法制建设】 组织开展“弘扬民法典精神　助力百强区建设”主题法治宣传教育活动，开展普法活动300余场次。培养“法律明白人”1280名，开展“法律明白人”专题培训170余场次，打造“法律明白人”工作室4个、“法律明白人”实践工作站1个。樟海镇红荔村获评第二批四川省民主法治示范村（社区）。构建起以乡（镇、街道）、村（社区）、村（居）民小组、村（居）民10户集中联调为主体，以行业性、专业性、区域性和派驻人民调解工作室为补充的“4+”调解组织网络，逐步完善基层治理体系。开展矛盾纠纷大排查大化解活动，全年各级人民调解组织成功调解纠纷3689件，维护了社会和谐稳定。蕨溪司法所创建为省级“枫桥式司法所”。

【农村交通】 以推动“四好农村路”高质量发展为目标，以“美丽乡村路”、村组公路项目建设为抓手，推进农村交通基础设施不断完善、服务水平不断提升。加强村（组）公路建设，完成南广、凤仪等4个镇（街道）21.5千米道路黑化，新（改）建商州、泥溪等12个镇（街道）农村公路141千米，群众出行更加安全便捷。推进“美丽乡村路”建设，实施叙州区Y065安边—凤仪公路（双龙至水沟湾段）美丽乡村路项目，按照原公路等级（四级公路）单车道标准执行，设计速度为20千米/小时，路面宽度5.5米，全线采用沥青混凝土路面，建设里程11.637千米（含双龙街道路面黑化），项目建设总投资2562万元，于9月底全面完成建设任务；实施宜宾市叙州区泥溪岷江特大桥项目，路线全长2.653千米，包括路线主线和支线连接线，主线路全长2.074千米，其中桥梁长1351.59延米/2座，引道长0.722千米，在岷江右岸主线止点处设置支线连接线，连接县道XQ02线宜宾至泥南公路，路线长0.579千米，项目建设总投资3.4亿元，于8月建成通车。

【农村社会保障】 以增强公平性、适应流动性、保证可持续性为重点，不断完善覆盖全体城乡居民的基本养老保险制度，推进城乡融合，全面开展全民参保登记工作，落实退捕渔民养老保险参保补贴、被征地农民养老保障等工作，推进农村社会保障体系建设，在巩固前期全民参保成果的基础上加强数据动态管理和分析应用，开展精准宣传，查漏补缺，形成推动参保扩面的合力。全年新增1193名被征地农民纳入城乡居民养老保险，累计纳入城乡居保13703人。新增为984名被征地农民计发被征地农民个人账户待遇，累计为5235名被征地农民发放个人账户养老金待遇。实施农村留守家庭帮扶工作，将失去父母或查找不到生父母的未成年人纳入孤儿发放生活补贴，散居生活补贴标准为1252元/月，集中供养生活补贴标准为1687元/月，全年累计保障1138人，累计发放生活补贴155.6万元。将因家庭经济困难父母双方均符合重大疾病、服刑在押、强制隔离戒毒、被执行其他限制人身自由的措施、失联、被撤销监护资格情形之一的儿童，或者父母一方死亡或失踪，另一方符合重度残疾、重大疾病、服刑在押、强制隔离戒毒、被执行其他限制人身自由的措施、失联、被撤销监护资格、被遣送（驱逐）出境情形之一的儿童纳入事实无人抚养儿童，发放生活补贴，发放标准参照散居孤儿补差发放，全年累计保障1675人，累计发放生活补贴191.2万元。将因家庭经济困难自身重度残疾、重大疾病等原因导致康复、教育、照料、护理和社会融入等发生困难的儿童纳入困境儿童保障范围，发放生活补贴，发放标准参照散居孤儿发放标准的80%减去低保金补差发放，全年累计保障1536人，累计发放生活补贴53.7万元。

【农村生态建设及环境保护】 生态环境保护和治理。推进农村生活污水治理。依托2023年中央财政衔接推进乡村振兴补助资金主要对凤仪乡悦来村开展联户治理，在华东安置点集中生活区、永光安置点集中生活区修建10立方米/天联户式三格化粪池共计2个，配套建设2个水平潜流湿地、污水管道1300米，收集户数均为15户。2023年度农村污水治理“千村示范工程”项目总投资108万元，主要在凤仪乡五凤社区村、凤滩村农村聚居点开展污水治理和农村散户污水治理，项目建设主要在五凤社区村新建12立方米的钢筋混凝土化粪池1座、9立方米的钢筋混凝土化粪池6座，新建配套污水管网3900米，配套7台水环式真空泵及水管用于处理后的粪水资源化利用；在凤滩村新建2立方米的三格式PE材质化粪池119套，配套建设污水管网1190米。全市农村行政村生活污水有效治理率达82.1%。

水源地保护。组织专业机构针对全区3个乡（镇）集中式饮用水水源水存在铁、锰元素超标的情况开展超标原因调查和分析，形成《宜宾市叙州区乡镇集中式饮用水水源水质超标问题分析报告》，并通过市级专家评审。对观音、柳嘉、合什、泥溪饮用水水源点进行现场检查，做好乡（镇）及以下集中式饮用水水源保护区的管理；印发《关于加强宜宾市岷江菜坝饮用水水源保护区问题整改的通知》，对岷江菜坝饮用水源保护区现场标识标牌模糊、隔离网破损等问题进行了交办。牵头编制《宜宾市叙州区蕨溪镇岷江北江社区村集中式饮用水水源保护区划分技术报告》《宜宾市叙州区樟海镇越溪河大塔滩村集中式饮用水水源保护区划分技术报告》和《宜宾市叙州区乡镇集中式饮用水水源撤销论证报告》，拟划定蕨溪镇岷江北江社区村、樟海镇越溪河大塔滩村集中式饮用水水源地，撤销观音镇古罗村、观音镇猴朝村、柳嘉镇学习村、柳嘉镇三合村、樟海镇永乐村5个集中式饮用水水源地。

【农产品质量安全监管】 严守农产品质量安全关，保障群众“舌尖上的安全”。推行网格化监管、农残检测技能提升，增加检测批次，扩大检测范围，2023年区级定量监测抽检各类农产品680批次（其中监督抽查110个），配合省、市完成农产品抽检任务330批次，农产品质量安全例行监测合格率达98%以上，监督抽查发现问题2个，立案查处食用农产品案件3件，将不合格主体列入农产品生产主体质量安全“重点监控名单”。加大宣传和舆情监测处置能力，加强舆情监测、研判分析，处置农产品质量安全投诉举报。持续实施农药兽药使用减量和食用农产品“治违禁　控药残　促提升”三年行动，推广应用追溯体系，推行承诺达标合格证制度和市场准入制，完成食品安全党政同责年度目标任务。

【农村市场体系建设】 采取平台拉动成员企业、成员企业宣传平台的模式进行电商直播带货，取得了良好的互帮效果；成立17个乡（镇）级直播分基地，并开设镇级抖音账号为乡（镇）赋能。全年开展电商带货直播达30余场，吸纳叙州区内上百家民营企业、返乡创业企业入驻“酒都惠”平台，“酒都惠”直播基地入围2023年四川省电子商务示范基地。在产业相对集中、基础较好的村，以村“两委”为运营主体，设立N个村级直播基地，各村级基地也开设独立的账号进行孵化和培育。引进借助现有成熟的网红主播资源，组建运营团队，借助宣传及运营优势，整合本地产业优势，挖掘本地网红，培训孵化企业自持主播，基地同时培训主播为企业赋能代播。

【劳务开发与返乡创业】 围绕“规范化+专业化+市场化”的思路，构建以区级劳务服务公司为龙头、乡（镇、街道）劳务专合社为骨干、村（社区）劳务经纪人为基础的三级劳务服务体系，构造全链条劳务输出服务模式。建成培育区级劳务公司2家、16个乡（镇、街道）劳务专业合社，聘任147名劳务经纪人，初步形成县、乡、村三级劳务服务协同联动的工作格局。围绕“实施品牌牵动，发展特色劳务”的工作思路，培育打造“戎州家人”区域特色劳务品牌，“戎州家人”争创建为市级劳务品牌，全年开展特色劳务品牌培训42期，培训1902人，助力全区农民工更加充分更高质量就业。开展面向农民工特别是困难农民工的职业技能培训，提高其技能素质和稳定就业能力。开展劳务品牌和返乡下乡培训52期2272人，其中劳务品牌培训46期2108人、返乡下乡创业培训6期164人。

组织镇（街道）、村（社区）对辖区内返乡创业人员开展“拉网式”调查摸底，做好优秀返乡创业企业及项目收集和典型选树储备工作。搭建返乡入乡创业项目库8000余家，充实完善返乡入乡典型45个；围绕全区产业发展规划，回引优秀农民工和优秀农民工企业家返乡发展，收集回乡创业意愿18个，上报创业项目3个，回引并签订意向协议2个；组织宜宾宝升电子科技有限公司的锂电池生产项目和宁乡市中山佳捷电子有限公司薄膜电容器的生产研发项目参加2023年返乡入乡创业推介项目活动，推介“世湘味业”参加“蜀创优品”四川农民工返乡创业成果线上展销活动；持续开展返乡入乡创业明星企业和明星选树，四川省世湘味业被选树为市级和省级返乡入乡创业明星企业、叙州区四季花果农业开发有限公司李洪被选树为市级和省级返乡入乡创业明星；创建宜宾市叙州区蕨溪镇蔬菜现代农业园为市级返乡创业示范园，培育宜宾市七星山农旅融合产业园等4个园区为区级返乡创业示范园，选树四川中铭检测服务有限公司等4家企业（项目）为区级返乡入乡创业明星企业、罗泽彬等12人为区级返乡入乡创业明星。

【主要领导人】 区委书记：黄修国；区人大常委会主任：刘畅；区长：瞿进；区政协主席：钟建华；分管农业副区长：程洪凯。

叙州区编写组

江 安 县

【基本情况】 2023年，全县辖14个镇26个社区189个村，辖区面积948.49平方千米，其中耕地面积51.94万亩，比上年增长0.3%，人均耕地面积1.11亩；永久基本农田面积45.21万亩。年末总人口57.97万人（户籍人口），减少3.69%；人口出生率6.99‰，减少2.56个千分点；人口自然增长率-2.2‰，减少1.01个千分点。全县耕地有效灌溉面积和保证灌溉面积分别达到耕地总面积的55%和54%；本地水资源总量4.3亿立方米，人均占有水资源量1029立方米。有林业用地3.3775万公顷，有林地面积3.3775万公顷，活立木总蓄积量51.1665万立方米，森林覆盖率35.6%。

2023年，全县实现地区生产总值235.54亿元，增长5.9%，其中第一产业增加值42.13亿元，增长4.2%，农、林、牧、渔及农林牧渔服务业总产值之比为54.5∶6.1∶31.8∶6∶1.6；第二产业增加值85.41亿元，增长4.7%（工业产值217.02亿元，减少14.3%）；第三产业增加值108亿元，增长7.6%。三次产业对经济增长的贡献率分别为14%、31%和55%。限上商贸流通企业全年营业收入21亿元，增长21.5%。劳务输出202700人，收入483383万元。

公路通车里程2768.101千米（其中乡村公路2595.617千米），密度2918米/平方千米、47.7千米/万人。社会消费品零售总额108.88亿元，增长2.6%。地方公共财政预算总收入完成31.0316亿元，减少5.5%；公共财政预算总支出60.2958亿元，减少11.23%，其中农业投入31193万元，占支出的9.47%。金融机构各项存款余额245.61亿元，比上年初增长6.5%；各项贷款余额233.89亿元，增长27.9%，其中支持农业产业化发展项目贷款89801.52万元。全年农业保费收入0.63亿元，减少7.8%；处理各项赔款和给付金额4030.18万元，增长11%。完成农业产业化项目19个，完成投资100400万元。农业产业化龙头企业省级、市级、县级分别为4家、17家、76家。

有公办法人学校116所，在校学生69841人，教职工4150人，其中普通高中4所，在校学生8510人；职业高中1所，在校学生5038人；义务教育阶段学校53所，在校学生46439人；幼儿园57所，在园幼儿9713人；特殊教育学校1所，在校学生141人；学龄儿童入学率100%，与上年持平。有艺术表演团体1个，文化馆1个，公共图书馆1个，博物馆2个。有卫生机构525个，病床位2992张，卫生技术人员2818人。城乡居民基本医疗保险参保人数439552人，参保率97.5%；城乡居民基本养老保险参保人数193317人；被征地农民养老保险参保人数2184人，占总人数的0.69%。

【年度农业和农村经济运行】 2023年，全县制定《川南万亩科创种业园区建设规划》等规划。实现农业总产值63.8亿元，增长1.38%；全县全年农业增加值达42.13亿元，增长4.2%；高粱、生猪、柑橘、早茶和特色水产等特色优势农产品产量保持稳定增长。农民年人均可支配收入达20321元，增长6.7%。在粮食、生猪、蔬菜生产中，科技投入的占比或科技贡献率为90%。全县农产品质量抽检合格率100%；建成14个基层农业综合服务站。全县主要农产品产量见表1。

【农业产业化发展】 全县建设酿酒专用粮定制基地8.9万亩，编制川南万亩稻虾产业园概念规划，推进现代农业特色水产（鳗鱼）养殖二期项目建设，推动畜

表1　2023年江安县主要农产品产量

主要农产品	单位	产量	同比增减(%)
粮食	万吨	27.7000	4.10
水稻	万吨	19.1000	3.00
玉米	万吨	3.2000	9.20
马铃薯	万吨	0.7000	-16.70
油菜籽	万吨	1.9000	11.40
蔬菜	万吨	35.5100	5.50
水果	万吨	24.9900	11.30
肉类	万吨	5.2520	2.32
猪肉	万吨	4.1579	3.24
牛肉	万吨	0.0510	0.29
羊肉	万吨	0.0921	7.22
禽肉	万吨	0.8027	-3.81
兔肉	万吨	0.1482	10.51
禽蛋	万吨	0.3063	-1.23
水产品	万吨	1.7226	3.23
牛奶	万吨	0.0330	69.23

禽规模化养殖场（小区）粪污设施提档升级。完成农业产业化项目19个，完成投资10.04亿元。全县共有农民合作社502个、各级示范社79个，其中国家级3个、省级13个。

【农村集体产权制度改革】 印发《江安县贯彻〈四川省农村集体经济组织条例〉实施细则的通知》，指导各村集体经济组织按照"五个一"标准规范农村集体经济组织管理。同时，探索推行村民委员会与村集体经济组织资产、财务和核算分离制度，并纳入宜宾市农村集体资产综合监管平台监管。全年村集体经济收入6398万元，其中收入在50万~100万元的村有23个、大于100万元的村有9个。

【供销合作社改革】 全县供销社系统有全资公司3家、参股控股农资企业1家、新型基层社15个，领办农民专业合作社38个、经营服务网点60个，实现经营性服务总额28612万元。全年销售各类化肥3811吨。开展农药、化肥使用"两放心"和农民实用技术培训，培训农民132人次。有区域性为农服务中心1个、供销云财务服务中心1个，是宜宾市唯一将全县251家村（社区）和189家股份经济合作社全部纳入宜宾市农村集体资产综合监管平台统一管理的县，100%实现村级代理记账。

【农产品品牌战略实施】 全县有江安大白李、江安夏橙、江安黑山羊3个国家地理标志保护产品。新增绿色认证企业5家、认证产品18个，全县累计有绿色产品认证企业10家、认证产品22个。创响"江安晚熟柑橘""江安德康生猪""江安糯红高粱""川鳗郎"等区域公用品牌，并被纳入国家级电子商务进农村综合示范县建设。

【现代农业园区建设】 聚焦"4+2"现代特色产业体系建设，立足县域实际，累计建成省三星级现代农业园区2个、市级现代农业园区4个。对标国家级、省级、市级现代农业园区建设标准，制定各类园区规划并编制《"十四五"推进农业农村现代化规划》。

【种植业】 全年粮食扩种0.7万亩，粮食作物总播种面积61.6万亩，粮食总产量27.7万吨，粮食生产实现"十六连增"；发展酿酒专用粮20万亩，总产值达5亿元；豆类种植面积4.13万亩、油料作物播种面积11.8万亩、薯类种植面积8.4万亩；蔬菜及食用菌种植面积14.28万亩。全县水果种植面积24.67万亩，其中柑橘面积21万亩，产量24.99万吨，实现综合产值24.82亿元；茶园面积2.8万亩，产量1806吨，实现茶叶综合产值3.68亿元。

【林业】 全年完成营造林1.1658万亩。林业用地面积3.3775万公顷，林地面积3.3775万公顷，活立木总蓄积量51.1665万立方米，森林覆盖率35.6%。完成国家储备林项目建设方案编制。建成市级千亩丰产竹林（绵竹）示范基地1个、万亩省级现代竹产业基地1个、竹林规模化经营基地0.95万亩，实现竹产业年总产值50.88亿元。

【畜牧业】 全年生猪出栏57.01万头，同比增长1.67%；肉牛出栏0.38万头，同比增长2.04%；黑山羊出栏6.53万只，同比增长1.65%；家禽出栏557万羽，同比增长0.09%。

【水产业】 全县淡水养殖面积1.917万亩（池塘1.485万亩、水库4215亩），稻田养鱼面积17.86万亩；水产品总产量达1.72万吨，产值3.81亿元，同比增长14.1%；渔业养殖面积达1278公顷，出水成鱼1.72万吨，同比增长3.23%。共有90个规模化水产养殖基地，其中专业合作社30个，养殖面积2600亩；家庭农场25家、面积1500亩；公司7家、面积2000亩，发展鳗鲡、小龙虾、美蛙、大闸蟹等特色水产品养殖。

【乡村振兴】 全县全年脱贫人口人均纯收入较2022年增长15.4%，坚决守住不发生规模性返贫的底线。共有脱贫村42个、脱贫户8528户26852人、易地扶贫搬迁户776户2710人、监测户1351户4019人，通过年度省级巩固拓展脱贫攻坚成果同乡村振兴有效衔接考核评估。

【乡村旅游】 全年新增县级非遗传承人5名、县级非遗项目5项、市级非遗传承人3名。打造"中国戏剧文化名城"，剧专旧址恢复项目主体完工、展陈施工进场，剧专文旅商业综合体项目进入验收阶段。夕佳山镇坝上村获评省级乡村旅游重点村，夕佳山民俗博物馆获评市级研学旅行基地。

【农村水利】 以水库、高标准农田为重点，持续改善水利设施与农业用水条件，共建成水库工程61座、小型水源工程2476处，其中山坪塘2374处、石河堰102处。全县耕地有效灌溉面积29.24万亩，占总面积的55%。建成投运规范化水厂1座，完成桐梓水厂项目建设并投入运行，完成会溪桥、牛巷口、大堰坝水库补水工程建设。

【农业机械化】 推进农机化发展建设，完成县决策咨询委员会调研课题《江安县推进农业机械化先行县建设调研报告》购置插秧机9台、收割机23台。全县农机保有量94563台，农作物耕种收综合机械化水平为62.11%。

【农村科技】 组织开展"科技之春""科技活动周""科技三下乡"等宣传活动，集中宣传3次，发放各类科普宣传资料5000余份。

【农村教育】 全县99所农村义务教育学校全部实施营养改善计划，食堂供热餐率100%，受益学生32343人；资助贫困学生4.2万余人次，发放资金2700余万元；申请大学生源地信用助学贷款5600余万元，惠及贫困大学生5100余名。

【农村文化】 阳春镇姜庙社区村获评省级乡村文化振兴样板村，完成《江安县历史文化丛书》文稿编撰。创新打造"橙乡理'响'"基层宣讲品牌，组织开展"橙乡故事汇"等活动，广泛开展"五好选树""十美"等文明细胞选树培育。县图书馆和各镇文化站图书室、各惠民书屋实现通借通还"一卡通"服务，村民阅读方式更加便捷、高效。

【农村卫生】 县域医疗卫生次中心——夕佳山中心镇医院建设项目（投资11000万元）和红桥片区基层防治能力提升项目（投资8000万元）竣工并投入使用。规范开展基本公卫生服务，全县健康档案建档率达91.31%，电子健康档案建档率达91.24%，居民规范化电子健康档案覆盖率达86.76%。全年发放各种卫生健康、应急救护、传染病防控等宣传资料约19.65万份，受益群众7.33万人。

【农村法制建设】 将"订制调解"工作模式推广至全县14个镇，全县共排查矛盾纠纷1887次，化解2964件。开展"八五"普法宣传教育和"法律七+七进"活动，办理各类法律援助案件647件，解答法律咨询2072人次，为受援人避免和挽回经济损失363.6万余元，其中受理农民工讨薪105件，帮助农民工追回薪资139.6万元。

【农村交通】 完成下江路、经开区道路路面改善提升16千米，完成危桥整治2座；开展县域内农村公路PQI检测抽查，PQI指数高于全省平均指数。安装农村公路安装波形护栏205千米，更换波形护栏板1132米，划设标线2648平方米，补划震荡式减速标线266平方米，矫正和新增标识标牌共54块，更换示警桩43根，安装凸视镜14块，安装或更换橡胶减速带43米，修复条石桥栏220米，灌缝桥面15781米。全年对上争取项目资金4.4亿元。

【涉农招商引资】 全县有3000万元以上的农业招商引资重大项目2个，均为内资项目，与上年持平；项目总投资4.1亿元，比上年增长2.35%。协议资金41000万元，增长2.35%，完成全年任务的100%；到位资金2700万元，增长3.2%，完成年度任务的100%。

【农村社会保障】 持续推进"全民参保扩面专项行动"，各种社会保险参保人数312895人，其中城乡居民基本养老保险参保人数193317人。

【农村人居环境整治】 深化农村人居环境整治"五大行动"，全县生活垃圾和生活污水有效处理的村分别达90%、85%，农村户用卫生厕所普及率超过90%，基础设施水平显著改善。

【农产品质量安全监管】 全年完成风险定量监测429个，合格率100%；农产品质量安全日常监管抽样样品6600个，合格率100%；配合部、省、市监督抽检18个，合格率100%；市级酿酒专用粮和省级专项抽样74个，例行抽检44个，合格率100%。全县有效期内绿色食品22个、地理标识3个。建设农产品质量追溯体系，省级农产品质量安全追溯平台、国家级农产品量安全追溯平台累计入驻生产主体246家，录入生产销售批次1021批次、销售批次1286批次，录入基地巡查和现场巡查347次。全年累计开具食用农产品合格证20179张，发放宣传资料10000余份。

【农村市场体系建设】 持续推进国家级电子商务进农村综合示范县项目建设，打造县、镇、村三级电商服务和物流配送站点60个。开展区域品牌策划注册，培育产品品牌26个、企业品牌3个。开展电商、农村经济、企业管理人员三大人才培训4000余人次，培育庆慧丰腊肉、红桥猪儿粑、江安大白李、月亮山皮蛋、邵湾早茶、农村人等本土电商品牌。培育引进电商企业30家，开展各类电商培训16期，带领电商企业参加各展会5次。

【农村留守儿童帮扶】 持续落实困境儿童和留守儿童全覆盖调查评估制度，对172名困境儿童、3029名留守儿童实行"一人一档"动态调整、精准施策，确保兜底保障政策落地落实。全面推行"6+1"精准结对关爱机制，对228名困境儿童、留守儿童（红、黄等级）落实爱心家庭和爱心邻居。贯彻落实农村留守儿童委托照护指导监督机制，农村留守儿童委托照护协议书、监（照）护人承诺书100%签订，监（照）护人责任清单100%知晓。实施"城乡互助 · 禾爱同行"行动，帮助149名困境儿童实现"家庭梦"。

【劳务开发与返乡创业】 全年开展线上招聘活动11场，提供岗位4100余个，浏览访问人次50.62余万人次，投递简历共计3033份；开展现场招聘宣传活动21场，提供岗位9364个，达成求职意向5200余人。开设农村公益性岗位620个，累计有684人在农村公益性岗位就业。全年共发放创业担保贷款2108.9万元。

【主要领导人】 县委书记：李强（12月止），张林（12月始）；县人大常委会主任：蒋龙珍；县长：何益伟；分管农业副县长：程勇。

江安县编写组

长 宁 县

【基本情况】 2023年，全县辖13个镇，辖区面积941.7平方千米，其中耕地面积36.11万亩，比上年增长0.36%；基本农田30.1万亩。年末总人口42.59万人（户籍人口），减少0.3%；人口出生率6.72‰，下降0.43个千分点；人口自然增长率1.66‰，下降0.5个千分点。本地水资源总量5.3658亿立方米，人均占有水资源量1621.08立方米。有林业用地4.5万公顷，有林地面积4.8万公顷，活立木总蓄积量104万立方米，森林覆盖率65.6%。

2023年，全县实现地区生产总值219.56亿元，增长7.2%，其中第一产业增加值40.29亿元，增长4.5%；第二产业增加值80.65亿元，增长8.1%（工业产值48.2亿元，增长27.5%）；第三产业增加值

98.62亿元，增长7.7%。三次产业对经济增长的贡献率分别为12.3%、42.1%和45.6%。劳务输出15.34万人，收入47.17亿元。全年接待游客1488.14万人，实现旅游收入150.98亿元。

公路通车里程2928千米（其中乡村公路2356.494千米），密度3086.97米/平方千米、68.5千米/万人。社会消费品零售总额114.76亿元，增长3.3%。地方公共财政预算总收入完成7.8354亿元，增长11.81%；公共财政预算总支出26.7484亿元，增长0.63%，其中农业投入54630万元，占支出的20.43%。金融机构各项存款余额328.6亿元，比上年初增长12.71%；各项贷款余额186.9亿元，比年初增长15.59%。农业产业化龙头企业省级、市级、县级分别为5家、19家、72家。

有各类学校102所，在校学生60052人，教职工3311人，其中普通中学10所，在校学生10804人；小学16所，在校学生18811人；学龄儿童入学率100.43%，提高0.13个百分点。有艺术表演团体1个，文化馆1个，公共图书馆1个，博物馆3个。全县医疗卫生机构共计428个，包括三级乙等综合医院1个、三级乙等中医医院1个、二级乙等妇幼保健计划生育服务中心1个、二级乙等疾病预防控制中心1个、卫生监督执法大队1个、单采血浆站1个、镇卫生院13个、民营医疗机构7个、个体诊所73个、村卫生室329个；共有编制病床位2563张，其中县人民医院520张（实际开放病床位540张）、县中医医院580张（实际开放病床位650张）、县妇幼保健计划生育服务中心60张、各镇卫生院966张（实际开放病床位895张）、社会办医疗机构437张（实际开放病床位632张）。城乡居民医保参保人数31.69万人，参保率99.34%；新型农村社会养老保险参保人数14.5万人，参保率96%；被征地农民养老保险参保人数540人，占总人数的0.3%。

【年度农业和农村经济运行】 2023年，全县实现农业总产值64.55亿元，增长4.5%；全县全年农业增加值达40.29亿元，增长4.5%。建成13个基层农业综合服务中心。全县主要农产品产量见表1。

【农业产业化发展】 全县坚持“强优势、稳基础、壮特色、兴拓展”的发展思路，围绕“粮（水稻、高粱）油（春油菜）肉（肉牛、生猪）菜（早春菜）果（柑橘、枇杷、梨）笋（竹笋）菌（竹荪）”等优势特色产业，通过不断优化调整产业布局，打造特色农产品生产基地，发展农副产品加工，壮大乡村休闲旅游，全县绿色产业发展水平较高，农产品加工能力较强，品牌建设成果明显，科技支撑较强，组织方式日趋完善的农业产业化发展新格局初步形成。实施长宁县川南肉牛产业集群项目、川南早虾产业集群项目、省级“鱼米之乡”项目，持续推进长宁县肉牛产业振兴项目，加快支持做大做强宜宾市生态牧业数字经济管理运营平台，长宁县畜禽粪污综合利用整县推进项目持续推进。

【农用地产权制度改革】 推动农用地产权制度改革，做好不动产统一登记与土地承包合同管理工作有序衔接，将农村土地承包经营权纳入不动产统一确权登记。完成326个地块的权属调查核实，为22户农户颁发新的不动产权证书。收集2012—2023年设施农用地用地备案台账，共涉及养殖项目248个，其中生猪养殖项目92个，并逐一开展权属调查，摸清养殖场土地权属，完成不动产权证办理的前期调查工作。全县农村土地承包经营权涉及农户100846户，完成1380655块地块现场调绘、601028亩土地确权登记，颁发证书99478本，确权颁证到户率达98.65%。

【农村集体产权制度改革】 全面完成全县140个村级集体经济组织挂牌工作。贯彻落实《四川省农村集体经济组织条例》《农业农村部农村集体经济组织示范章程（试行）》等法规政策规定，全县所有村级集体经济组织按照“有一个标

表1 2023年长宁县主要农产品产量

主要农产品	单位	产量	同比增减(%)
粮食	万吨	21.43	3.04
水稻	万吨	13.61	3.03
玉米	万吨	3.49	9.87
马铃薯	万吨	0.40	6.72
油菜籽	万吨	2.12	8.52
蔬菜	万吨	19.96	4.91
水果	万吨	9.11	5.11
肉类	万吨	50821.00	3.10
猪肉	万吨	37521.00	2.00
牛肉	万吨	1025.50	0
羊肉	万吨	188.00	-8.30
禽肉	万吨	10617.01	0.06
兔肉	万吨	1469.00	15.13
禽蛋	万吨	6000.00	0
水产品	万吨	2.07	3.40

准名称并规范挂牌、有一个组织章程、有一套内部治理机构、有一本成员名册、有一套管理制度”“五个一”标准规范农村集体经济组织运行管理，并制定完善组织章程，建立健全成员（代表）大会、理事会、监事会“三会”，并行使职权。在农村集体资产监管提质增效行动基础上开展农村集体“三资”监管突出问题集中专项整治行动。

排查整治农村集体财务管理问题。排查侵吞、挪用、截留、套取集体资金行为，特别是私设“小金库”、公款私存、虚假列支、多报少支、违规发放补贴等问题，纠正以白条入账、无票据入账、抵顶发票入账等支出不规范情形，整治财务信息不公开、未及时公开、选择性公开等问题。

排查整治农村集体经济合同问题。对超长期、超低价、不规范等三类问题合同进行清理整改，重点纠正未经民主程序审议、未签订书面合同、未及时缴纳合同约定价款等问题。严肃查处集体资源资产发包、租赁、拍卖和工程项目建设等合同中的“垄断包”“人情包”“权力包”现象。

排查整治农村集体债务问题。排查举债兴办公益事业、以虚假债务核销不合理开支、长期挂账不还、个人债务转嫁村集体等行为。整治因吃喝招待、请客送礼、滥发补助等非生产性开支形成债务的行为。整治行政推动或引导村集体以举债方式购买理财产品或投入平台公司等经营主体的行为。

排查整治工程项目管理问题。排查工程项目采购或招投标、后期管理不规范行为。重点整治暗箱操作、围标串标、拆分项目等行为。严肃查处村干部利用工程项目套取资金、收受贿赂、优亲厚友、违规承揽和转包本村工程行为。

排查整治农村集体资产处置不规范问题。按照《长宁县农业农村局中共长宁县纪委机关关于加强农村集体资产规范化流转交易工作的通知》要求，对应当纳入“应进必进、阳光交易”的农村集体资产进行自查，全面推行农村集体资产“应进必进、阳光交易”，规范农村集体资产处置。

【供销合作社改革】 深化供销合作社综合改革，推进县域流通服务体系建设。长宁县供销社共有基层供销社示范社8个，在农资供应、产业发展、社会化服务方面不断做强，已建设3000亩蓝莓产业基地、2000亩蜂糖李种植基地、3000亩沃柑种植基地。履行保供稳价职责，开展农资市场调查和价格监测，出台《长宁县化肥商业储备管理办法》。争创供销为农服务综合平台试点县，2023年申报长宁县作为全省首批15个供销为农服务综合平台试点县之一。推进供销城乡经营服务体系建设，在保证县供销社持股51%的前提下，与民营资本合作，成立宜宾值得看看商贸有限责任公司，指导其重点建设运营“竹都供销”流通网络体系，已建成并运营“竹都供销”生活超市、“竹都供销”高铁站前广场便利店和“竹都供销”集采集配中心。

【农产品品牌战略实施】 为促进农业提质增效、提高农产品竞争力、促进现代农业发展和农民增收，发展绿色农产品、有机农产品、地理标志农产品质量认证，以农产品品牌发展为主线，组织生产主体申报农产品质量品牌认证，引导生产主体由重数量转变为重质量；加强“证后监管”，截至2023年年底，全县有绿色食品11个、地理标志农产品1个。

【现代农业园区建设】 长宁县肉牛现代农业园区被评为省三星级肉牛现代农业园区。推进长江上游名特优水产种业园区建设，园区核心区智慧渔业平台入选全省第三批数字乡村建设典型案例。8月，农业农村部长江上游珍稀特有鱼类保护基地和农业农村部宜宾长江鲟人工繁育基地在长江上游名特优水产种业园区内正式揭牌成立。11月，桃坪粮食（稻虾）现代农业园区通过市级现场考评。7月，长宁县现代竹产业园区被评为省级四星级现代竹产业园区。长宁县竹·盐特色资源循环产业园区面积达12.17万亩，园区持续加强与浙江农林大学、四川大学合作，加强科技合作成果转化，园区内绿竹基地已正式投产，长宁县金豆食品有限责任公司、四川丰泰吾厨食品科技有限公司、四川长盛新材料科技有限公司3家企业被省林草局于11月认定为省级林业产业龙头企业，可带动就业1000余人。

【种植业】 全年粮食作物播种面积50.42万亩，产量21.43万吨，其中小春粮食产量0.45万吨、大春粮食产量20.98万吨，完成市上下达粮食生产任务。4月，承办2023年宜宾市春耕生产（长宁）现场推进会。

解决主要矛盾。年初全县春耕生产的主要问题是水的问题，60年难一遇的旱情暴露出全县农田水利短板，按照“抓当前谋长远”思路，整合项目资金500余万元，维修改造提灌站60台，同时为调动农户提水积极性，将0.5元/度的农业设施用电恢复到0.225元/度的农业灌溉用电，解决了“等雨种田”问题，保证了春灌春耕。

抓好关键重点。坚决落实耕地保护硬措施，持续推进实施耕地流出整改和园地整改，坚决遏制耕地“非粮化”，实现“非粮化”零增长，全面整治撂荒地，加快推进1.5万亩高标准农田建设，夯实现代粮食产业基础。落实好5万亩大豆复合种植和0.3万亩“中稻+再生稻”吨粮田高产示范等重点工作，确保大春粮食“种满种尽”。

推进“天府粮仓”示范区建设，抓好现代农业园区和“百亩田、千亩片、万亩区”永久基本农田集中连片整治工程，通过良法、良田、良种、良机、良制“五良”融合建设推进现代粮食产业发展。

【林业】 全县森林面积92.4万亩，森林覆盖率达65.6%，植被以竹林为主，有竹林面积73.1万亩、竹类487种，竹资源开发潜力巨大，获评“中国竹子之乡”。推进竹产业三次产业融合发展，全年实现竹产业产值110.6亿元，同比增长12.2%.

推进实施“万亩林亿元钱”建设项目，累计完成规模化经营2.3万亩。在梅硐镇石陇村建立“三笋培育示范基地”2000余亩。推进“天府森林粮库”建设，在龙头镇龙头村组织村集体实施林下种植大球盖菇100余亩；指导长宁县美川林业专业合作社发展林下淡竹叶种植1300余亩。截至2023年年底，全县共有竹企业316家，与2020年年底相比，新增竹企业30余家。润森竹业、鸿云竹木、竹荣食品、丰泰吾厨已成功升规；四川长盛新材料科技有限公司、长宁县金豆食品有限责任公司、四川丰泰吾厨食品科技有限公司3家企业为省级龙头企业；金豆食品、鑫益食品等企业通过技改引入新设备提高产能，助力区域经济发展；郑州佳龙食品年产8000吨竹笋项目完成建设，融顺生物质燃料生产项目已于7月正式竣工投产；江苏炫丽、江阴协统已与四川长盛新材料公司就年产100万套汽车内饰板材生产项目基本达成一致，协调争取早日开工建设；邀请川林集团、成都城投建材集团到长宁县考察投资重型竹板材建设项目，已达成初步合作协议。推进抓好国家竹类种质资源库建设，在世纪竹园完成“黄文培竹荪大师”工作室装修提质升级工作，打造完成景观竹苗圃基地；举办长宁县第二十二届梨花节、森林城市马拉松、全国三亿青少年进森林研学教育活动、苦笋采摘节等主题节庆活动，其中森林城市马拉松吸引参赛选手及家属共1万余人入驻长宁县，县城酒店、宾馆入住率达95%以上，到蜀南竹海、蜀南花海、七洞沟等地的旅游人数超过5.6万人，实现旅游收入3000万余元。

【畜牧业】 全年生猪、牛、羊、兔、家禽分别出栏51.2996万头、0.7339万头、1.2737万只、99.1565万只、680.3086万只，同比分别增长2.03%、3.6%、4.44%、10.76%、0.06%，其中生猪、牛、羊出栏量均居全市第一位，兔出栏增速全市排名第二位。66个（340条生产线）生猪标准化规模养殖场正常投产。新建成肉牛规模养殖场1个，135个肉牛适度规模养殖场逐步有序达产，全县肉牛生产能力达4.67万头。创建5个省级畜禽标准化示范场，其中种猪场1个、兔场1个、生猪场3个。创建首个种畜禽一级扩繁场和全市首家省级猪伪狂犬病净化场和猪繁殖与呼吸综合征净化场。新建成规模养鹅场1个。九牛风险补偿金已覆盖养殖户350余户。

【水产业】 全年水产品产量20761吨，同比增长3.4%，其中名优水产品产量7174吨。实现渔业第一产业产值4.46亿元，同比增长15.92%，总量、增速均位列宜宾市第三。渔业综合产值4.89亿元，同比增长6.07%。新增稻虾养殖面积5400亩，全县稻虾养殖面积达21150亩，同比增长34.29%；小龙虾产量2098吨，同比增长134.68%。2月，承办2023年水产业提质增效暨川南早虾宜宾（长宁）现场会；6月，承办2023年四川省水产产业高质量发展现场会。

【乡村振兴】 全年创建省级乡村振兴示范村2个、市级乡村振兴示范村3个、省级重点帮扶优秀村1个。实施“厕所革命”，改造农村户厕4350户。3月，承办2023年全市农村“厕所革命”暨人居环境整治工作推进会。

创建全国乡村治理示范村1个（梅硐镇泽鸿村）。获得全省“农村基本具备现代生活条件”试点县之一，试点范围包括竹海镇稻虾园区所在的联盟、新坪等5个村，龙头镇乡村振兴特色示范带所在的官兴、武宁寨等6个村，2023年“百千工程”示范村联合村、泽鸿村，共覆盖4个镇13个村。2月，被省委、省政府表彰为2022年乡村振兴先进县、乡村振兴示范村和乡村振兴重点帮扶优秀村；3月，被市委、市政府表彰为2022年度宜宾市推进乡村振兴战略优秀县（区）和优秀市直部门（单位）；4月，被省乡村振兴局安排承担开展农村基本具备现代生活条件建设标准试点县；7月，被省委办公厅、省政府办公厅表彰为脱贫攻坚“好”等级。

【乡村旅游】 乡村旅游品牌创建。世外桃源酒店创建为市级中医药健康旅游示范基地。洪谟村、笔架村创建为市级乡村旅游重点村。长宁县铜鼓镇、竹海镇万岭箐社区村、硐底镇三桥村、古河镇红色村、花滩镇丰坪村、老翁镇长翁村被评为宜宾市第三批市级乡村文化振兴样板村镇。蜀南竹海景区被文化和旅游厅评为“2023年度四川省十佳旅游景区”。蜀南竹海景区创建为第二批省级文明旅游示范单位。蜀南花海、佛来山、永江村入选文化和旅游部乡村振兴旅游路线。长宁县梅硐竹石林和蜀南竹海入选第一批中国特品级旅游资源推荐名录。宜宾市竹产业文旅融合示范项目（竹海镇竹产业振兴示范基地）入选2023年度四川省文化旅游融合示范项目名单。长宁县归云居禅驿酒店、蜀南竹海山里·罗罗民宿建成投运。中华非遗宜宾体验中心建设完成，国庆节正式对外开放。

乡村旅游节庆活动。开展长宁县第二十二届佛来山梨花节、硐底镇第一届“七彩徒步登山月”活动、2023国家森林城市马拉松系列赛宜宾蜀南竹海站活动、铜鼓镇第七届枇杷采摘月活动等文旅节庆活动20余场。国庆节、中秋节假期，双河镇以“美食古镇、国风古镇、文化古镇”为主题，举行“祈学双河文庙，传承千年文脉”、“中秋雅韵游园会”、首届“淯州杯”篮球赛等大型文旅融合活动，策划举办打铁花、舞龙舞狮、状元巡街等民俗表演共7场，组织筹备连续6天的古城文化节目展演。双河文庙、古城文博联动推出“祈福文庙、国学体验、演艺演出、投壶射箭”留客妙招，以多角度全方位旅游体验打造乡村文旅消费新热点。

乡村旅游宾馆（饭店）管理。全县有五星级宾馆1家、四星级宾馆1家、三星级宾馆2家，其他旅游主题宾馆、连锁酒店20余家。推进罗氏农庄、香草居民宿建设，罗氏农庄创建为全市最美农家乐。有君悦山庄、竹安隐所、叠翠别苑、浮生闲、香草居等网红精品民宿及兴隆湾度假山庄、碧湖春天、七贤阁等特色乡村酒店。

旅游规划。修改完善《长宁县文旅融合发展规划(2021—2035)》，新增各镇文旅融合发展规划专章，推动旅游与乡村振兴深度融合。

乡村旅游招商引资项目。完成乡村文旅项目落地4个，分别为天府竹乡农旅融合发展示范项目总投资5亿元，主要建设农旅融合体验区、特色文旅民宿、有机蔬果农业种植采摘地、农产品加工区及观光区，配套完善旅游标识导览系统及相关基础设施；古河镇读旅生态文化民宿项目总投资1亿元，新建高端独栋小民宿11栋，打造茶舍、原生态餐厅，配套老木制观光凉亭、观光长廊、网红无际泳池、打卡观景台等；长宁县百里淯江文旅融合示范项目总投资9亿元，在长宁百里淯江文旅产业带建设佛来山民宿集群，乡村旅游、康养休闲轻奢民宿群，建设运营梅硐泽鸿故里国家4A级景区，双河古城投运一体；觉知橼旅游文化民宿项目总投资0.5亿元，项目主要打造集住宿、餐饮、休闲、会议、旅游、购物、交际等于一体的现代化、智能化综合性旅游和商业服务设施。6个特色文旅产业项目投资近24亿元，分别为总投资10亿元的长宁三里半竹主题生态康养旅游项目、总投资1亿元的古河镇读旅生态文化民宿项目、总投资4.5亿元的长宁县“氡泉水镇·渔乐龙头”度假区建设项目、总投资5亿元的天府竹乡农旅融合发展示范项目、总投资0.5亿元的觉知橼旅游文化民宿项目、总投资3亿元的双河古镇运营项目。共策划包装招引项目15个，总投资约198亿元，分别为长宁县竹生态康养旅游项目、长宁县数字文化创意产业园项目、长宁县印象竹海实景演绎项目、长宁县竹生态旅游文化创意产业园项目、长宁县李子河“欢乐竹里”项目、佛来山度假乡村建设项目、长宁县“氡泉水镇渔乐龙头”建设项目、长宁县安宁康养小镇开发建设项目、长宁县碧浪湖民宿酒店及养生基地开发项目、长宁县东山生态休闲度假园区建设项目、长宁县年产50万平方米楠竹板材加工项目、长宁县七洞沟竹景区二期开发建设项目、长宁县世界竹子博览园建设项目、长宁县竹系列产品研发孵化园项目、长宁县竹芯茶开发项目。

旅游公路。全县新建成2条旅游公路，分别是长宁县村道659线佛梨村幸福乡村路、国道547线世界竹景观大道（长宁镇至竹海镇段），其中长宁县村道659线佛梨村幸福乡村路路长约3.3千米，路面宽7.5米，起于西明禅寺前400米交叉口，经佛来山、寨子顶止于佛梨村关口，佛来山景区新增一条旅游大通道，并与西明禅寺、佛来山景区游客中心形成文旅环线；国道547线世界竹景观大道（长宁镇至竹海镇段）长5.2千米，宽20米，总投资约2.8亿元，于2023年年底正式建成通车，实现县城15分钟到达蜀南竹海。

【农村水利】 实施长宁县2023年中央水利发展资金农村安全饮用水维修养护项目，总投资330万元，涉及8个镇，9月正式开工建设，截至2023年年底，主体工程已完工，新增和改善50000人饮水问题。争取财政债券资金600万元，有针对性地解决部分供水站水源问题。实施长宁县水源和灌区（梅白集中供水站巩固提升工程）项目，总投资290万元，11月正式开工建设，2024年2月初主体工程完工，新增和改善梅白镇力行村、会贤村近3000人的饮水问题。实施长宁镇建设村供水巩固提升工程项目，总投资98万元，10月正式开工建设，12月主体工程基本完工，新增和改善近2500人饮水问题。实施长宁镇铜锣爱国村管网延伸工程项目，总投资89万元，11月正式开工建设，2024年1月初主体工程完工，新增和改善近1200人饮水问题。实施长宁县2022年农村保障供水项目，总投资131万元，涉及2个镇，5月正式开工建设，7月完工，新增和改善8850人饮水问题。

【农业机械化】 全县农业机械总动力33.39万千瓦，其中柴油发动机动力18.24万千瓦、汽油发动机动力5.82万千瓦、电动机动力9.33万千瓦。全年完成机耕面积49013公顷、机播（插）面积15953公顷、机收面积22333公顷，农作物耕种收综合机械化水平达59.37%。年末全县农业机械拥有量72592台（套），其中拖拉机及配套机械100台（拖拉机73台、拖拉机配套农具27台），种植业机械45606台（套）（微耕机19111台、旋耕机9台），种植施肥机械59台（水稻插秧机57台、精量播种机2台），排灌机械12218（套）（水泵11936台、节水灌溉类机械282台），田间管理机械1533台（田园管理机20台、机动植保机械1500台、茶树修剪机13台），收获机械12676台（稻麦联合收割机113台、脱粒机12469台、打/压捆机5台，秸秆粉碎还田机87台），设施农业设备（连栋温室）2600平方米，农产品初加工机械15271台（粮食初加工机械15203台、油料初加工机械66台、茶叶加工机械2台），畜牧机械9694台（铡草机525台、饲料/草粉碎机2405台、饲养设备621台、畜产品采集储运设备12台、畜禽粪污资源化利用设备542台、其他5589台），水产机械1900台（增氧机910台、投饵机910台、其他80台），植保无人机6台，其他机械15台。

【农村科技】 开展产学研合作。长宁县政府与宜宾市农科院签订校县合作协议，双方就粮油作物新品种示范、丘陵地区适宜机具研发和推广、专家工作站、饲草高效种植技术、竹荪工厂化栽培、稻菌轮作等方面深化产学研合作。

持续推进科技特派团创新创业。长宁县与科技特派员服务团签订科技服务协议，特派团围绕长宁县“2+2”（竹、酿酒专用粮和生猪、水产）现代农业产业发展，深度融合科技兴村在线工作，开展业务培训、现场技术指导和培训、宣传活动3场、7场和2场，指导、培训、服务近1400人次，累计发放宣传手册、技术资料以及叶面肥、围腰帕、洗衣粉等生产生活用品礼包4000余份，完成全年目标任务并按时报送科技特派员工作总结和相关典型案例。加强科技兴村平台服务能力，平台全年在线咨询服务量925条（累计1366条），年度任务完成率达115%，咨询回访数量完成率达100%。制作酿酒高粱专用粮漂浮育种科普视频1个，被采纳简报2篇。上报供销对接、产业技术信息62条。1月，被农业农村厅表彰为2022年度全省农业科教工作先进单位（基层农业技术推广工作先进单位）；被省农技推广总站表彰为2022年度农技推广工作先进单位。

【农村教育】 全县有普通义务教育学校35所、教学点14个、特殊教育学校1所。2022—2023学年度有义务教育在校学生38668人，其中小学生24872人、初中生13600人、特教学生196人。全县有3～5周岁幼儿9853人，在园在读幼儿9896人，学前三年毛入园率达100.43%。有幼儿园（点）76个，其中公办园18所、幼儿附设班12个、民办园46个，普惠性幼儿园普惠率达87.11%。2023年学前教育减免贫困幼儿保教费226.75万元，共减免2331名幼儿保教费，每个幼儿500元/期。投入900万元，实施学校运动场提升改造项目9个。

【农村文化】 坚持开展农民读书月、“我的书屋·我的梦”、新时代乡村阅读季、留守儿童阅读等阅读活动。龙头镇小坪村从2018年以来五年时间一直坚持每周末组织留守儿童开展经典诵读、国学教育和道德讲坛，每年参加人数达2000人次以上。长宁镇安宁社区开办“国学班”，利用长宁县洪谟文化等红色资源，开设红色诗词、长宁文化、党史故事、手工创作等课程，将国学经典深入到农村孩子及家庭，传承孝德文化。全年开展农村电影公益放映2280场次，观影68400人次。

动员组织各镇发动群众参与全省“魅力乡镇”“乡土文化能人”“乡村代言人”“慢直播”等线上展演活动和线下竞演活动。组织开展线上线下魅力竞演活动，长宁县线上视频展演上传视频57个，热度位列宜宾市第二。7月14日，组织开展四川省第三届乡村文化振兴魅力竞演大赛（宜宾市长宁赛区），组织参赛队伍参加市级魅力竞演活动，获得“文化能人”“乡村代言人”类别三等奖各1个。成立“余泽鸿烈士生平事迹研究课题组”，开展余泽鸿烈士生平事迹研究工作，已完成中共川南特委会议会址（余家祠、余泽鸿故居）修缮、余泽鸿故居展陈布展、余泽鸿烈士纪念馆改陈布展，完成余泽鸿故居周边台阶、故居广场防水、故居公厕、小型停车场、跨梅硐河桥建设、梅硐镇至故居和会址的道路加宽黑化、余泽鸿故居到红军客栈周边环境提升改造、余泽鸿故居消防和防雷等建设。完成建设特色红军客栈、自驾营地、停车场等。改建完成红色研学基地，调整优化功能布局，增设电子显示屏、投影仪等设备，改建提升固定电影放映点等场所，打造研学旅行基地。

常态化开展17个镇级综合文化站、文化馆、图书馆免费开放工作，累计开展各类文化惠民活动90场次，包括开展元旦假期活动2场、春节期间开展线上线下迎新春系列文化活动14场，观众达50000人次以上；到镇、村（社区）开展法制宣传、农民工慰问、“送戏曲下乡”、“送文化进企业”等活动34场，开展“4·23”世界读书日全民阅读系列活动、“趣玩端午·与粽不同”端午系列活动等各类文旅活动40余场次。全民艺术普及培训春季班共开设10个班，招收学员200余人。5月，启动文化馆服务宣传周活动，宣传周以“新时代文化馆开放·融合·创新”为主题，让更多群众认识文化馆、了解文化馆、感受文化馆平台带来的文化体验，在5月22日—28日期间共开展文化活动16场，观众达20000人次以上。

加强对重点镇、村文物点、文物保护单位的安全巡查，全年开展巡查137次，出动巡查人员56人次，巡查文物保护单位13处、一般文物点26处，发现并处理隐患11处，其中重点对省级文物保护单位仙寓洞石窟寺、市级文物保护单位联山观音岩石窟寺等文物保护单位进行巡查，落实好文物安全。加强对非物质文化遗产保护项目进行申报和开发利用，其中第二批四川省农村文化遗产保护项目双河酱粑酱油传统酿造技艺申报为第六批四川省非物质文化遗产保护名录，县内23个非遗保护项目被列入县级非物质文化遗产保护名录。

【农村卫生】 全县有卫生健康领域完工项目2个，在建项目3个。完工项目分别为：长宁县双河镇中心卫生院中心镇建设补短板项目，总投资1500万元，于2022年12月开工，2023年12月完工；长宁县淯江幼儿园托育服务中心改建项目，总投资82万元，于2023年7月开工，2023年12月完工。在建项目分别为：长宁县人民医院补短板建设项目二标段，总投资3200万元，于2023年5月开工，预计2024年4月完工；长宁县妇幼保健计划生育服务中心能力提升建设项目，总投资999.76万元。

【农村法制建设】 在全县13个镇全面铺开“全域诗华”行动，组织召开“全域诗华”片区现场会2次，并将吴诗华返聘到县综治中心，全覆盖到各镇开展“诗华讲堂”，发扬其“五心四勤三诊二治一线”工作方法，抓紧抓实调解人才挖掘培养、实践提升，探索形成“九个一”工作体系。截至2023年年底，打造“安宁茶馆”“段妈心灵氧吧”“刘三姐调解室”等基层特色调解阵地14个，村级调解室144个；指导协助老翁镇探索复杂矛盾纠纷“村级片区联调”模式、长宁镇探索“红色”预警矛盾纠纷“直报直调”模式、花滩镇试点推行聘任离任村(社区)干部担任村(社区)专职人民调解员模式等,实现矛盾纠纷善发现、有人管、能化解的流程闭环,工作成绩获得市、县领导的肯定性批示。2023年,全县各级调解组织共排查化解各类纠纷3357件,调解成功率达99.1%,化解可能引发“民转刑”命案重大矛盾纠纷12件,全年无命案发生,同比下降500%。

【农村交通】 截至2023年年底,全县境内公路总里程达2928千米,其中乡道57条501.865千米、村道1134.693千米、通组公路719.936千米(含珙县1.979千米、江安县下长镇42.172千米,计划2025年年底调出)。全县有农村客运招呼站牌374个、二级客运站1个,为长宁高铁客运枢纽站;已建成双河、花滩、井江、硐底镇4个多功能运输服务站。全县有农村客运线路14条,共投入“金通工程”运行车辆86辆,全面实现村村通客运全覆盖。

【涉农招商引资】 全县3000万元以上的农业招商引资重大项目7个,均为内资项目,分别比上年增长133.33%、与上年持平;项目总投资15.24亿元,比上年增长271.71%。

【农村社会保障】 截至2023年12月,全县城乡居民养老保险参保人数14.5万人,新增2452人。全年向领取城乡居民养老保险待遇的6.52万名群众按时足额发放养老金,累计发放金额1.15亿元。全年为困难人群代缴城乡居民养老保险10426人,代缴金额104.26万元。

【农村生态建设及环境保护】 2023年,长宁县入选全省首批美丽四川建设先行试点县。大气环境质量持续改善,累计细颗粒物(PM2.5)平均浓度为35.5微克每立方米。水环境质量持续良好,地表水考核断面共2个,均达到或优于Ⅲ类水质,水质状况良好,达到管控要求。县城及乡(镇)集中式饮用水水源地水质达标率为100%,无黑臭水体。土壤环境质量总体平稳,加强土壤污染风险管控和源头防控,做好重点行业企业土壤污染监管工作,完成四川省宜宾市长宁县耕地土壤重金属污染成因排查项目分析采样等工作。5月,被市委、市政府表彰为2021年度宜宾市经济发展和生态建设工作先进集体。

【农产品质量安全监管】 全年部、省级共抽检农产品134个,未检出不合格农产品,抽检合格率达100%。县级农产品质量安全定量检测监测批次达到1.2批次/千人。有绿色、有机、地标农产品共计12个,其中绿色食品11个、地理标志农产品1个。在农产品安全治理行动中,共立案查处农产品质量安全类案件农业行政处罚案件4件,全部办结,罚款金额3200元,案件办结率100%,执法质量和公信力明显提升。加强与四川大学、四川农业大学、宜宾学院等高校合作,对接市竹研院,不定期邀请其到长宁县开展笋类抽样检查工作,已陆续完成楠竹笋、苦笋、绿竹笋等笋类检查工作。

【农村市场体系建设】 全县农业银行、邮储银行、农商银行系统到各个乡(镇)打造助农取款点169个,行政村覆盖率达100%。按照“四流合一”的标准建设农村金融综合服务站11个,依托当地农民工服务中心和党群服务中心,在长宁镇东风村和老翁镇旭红村打造2个标杆农综站,改善农村支付结算体系和畅通农村基础金融服务渠道。把握“党建+”关键点,夯实“点”的发散力,以“党建+业务”,创建文旅、乡村振兴、城乡融合等6个特色支部、32个金融服务队,以党群活动室和农综站共建为切入点,推广“双基惠农贷款”模式。鼓励金融机构创新“三农”金融产品与服务,引导县金融机构针对全县农业特色优势产业创新产品与服务,继续推进“乡村振兴贷”“好农贷”“党建贷”“惠林贷”等各类信贷担保产品,推动金融机构增加乡村振兴领域贷款投放。成立1家政府性融资担保公司,不断拓展农担公司服务范围,实现农担公司服务乡(镇)全覆盖。同时,引导担保公司不断创新产品服务,拓宽担保业务深度广度,推动农村经营主体更高效、更便捷地获得金融机构资金支持。市农担公司于2016年6月正式成立长宁分公司,并与全县金融机构开展全方位合作,全年在保余额299户共计37350.31万元,新增业务65笔共计7704.99万元,已兑现2022年的各类财政金融贴息资金金额79.6万元;申报省级农业产业贷款贴息81.59万元;获得市党的建设发展专项资金贷款贴息资金29.95万元。

全县有涉农限额以上商贸企业12家(含2家电商企业),网络零售额实现4.86亿元,其中农产品网络零售额实现1.94亿元,占全年网络零售总额的39.92%。

【农村留守家庭(儿童、学生)帮扶】 全县有农村留守儿童1637人,其中6岁以下117人、6～13周岁的1191人、14～16周岁的329人。在由县政府主要领导为双组长、32个部门为成员单位的的未成年人保护工作组的工作统筹下,开展县联席会议2次、未保工作专题会议6次,落实“福彩圆梦·孤儿助学工程”、“明天计划”孤儿体检、“慈善助学”、“栋梁工程”、“暖冬行动”等未成年人关爱保护政策,共计帮扶留守儿童507人次,走访慰问覆盖2000余人次。组织儿童督导员、儿童主任、教师、医生、法官、检察官等未成年人保护一线工作者,依托未成年人保护站点、“童伴之家”、“儿童之家”等点位,以预防性侵、防溺水生命安全主题教育、亲子阅读及家风家教、普法宣传、心理健康教育等为主题实施留守儿童心理健康教育项目和暑期儿童关爱活动587场次,共覆盖家长及儿童8254人次,并走访慰问儿童3369名,结对帮扶留守孤困儿童18名,涉及金额54.68万元。依托全县各类公共LED广告牌及党政机关宣传屏投射关心关爱农村留守儿童相关宣传口号,播放相关宣传视频,在全县范围内开展关于农村留守儿童的公益宣传,宣传月共悬挂标语182幅，发放宣传手册5000余份，滚动播放宣传专题片120次，发动宣传群众6000人次，共发放慰问大礼包2000余个，共计支出15万元。

【劳务开发与返乡创业】 全县农村劳动力资源总量为20.33万人，转移输出15.34万人，其中市内就业7.56万人、省内市外就业1.71万人、省外就业6.07万人，实现劳务收入47.17亿元。全县新建村（社区）农民工综合服务站65个，覆盖村（社区）89个，覆盖率达54.6%，其中梅白镇洪谟村先后获评省级示范站、市级示范站。长宁镇佛梨村于9月申报为全市第二批返乡下乡创业示范园区；双河镇、佛梨村2个市级返乡下乡创业示范园区累计回引1270名农民工返乡创业，创办经济实体827个，带动就业5022人。成立1家国有人力资源公司，登记8个镇级劳务专合社，培育160名村级劳务经纪人，其中2人被推荐评选为省级金牌劳务经纪人。全县依托产业优势，按照“一镇一品”“一行业一特色”的目标，选树17个地方劳务品牌建立品牌资源库，培育打造6个县级特色劳务品牌，发放奖补资金18万元，其中“蜀南竹乡人”于11月申报为市级特色劳务品牌，并已申报“川字号”特色劳务品牌评选。全年累计办理外出就业交通补贴2117人，发放交通补贴109万余元。全年审核发放创业担保贷款7998.5万元，其中为172人发放个人创业担保贷款4276万元，为13家小微企业发放创业担保贷款3722.5万元，带动吸纳就业462人。全年为158名符合条件的创业者审核发放创业补贴158万元。

【主要领导人】 县委书记：徐创军；县人大常委会主任：雷佑兴；县长：杜伟；县政协主席：李宏斌；分管农业副县长：李政。

长宁县编写组

高　县

【基本情况】 2023年，全县辖13个镇，辖区面积1323平方千米，其中耕地面积59万亩，比上年减少1.9%。年末总人口51.17万人，减少1.56%；户籍人口比上年末减少0.81万人；人口出生率5.97‰，下降1.68个千分点；人口自然增长率-1.37‰，增加0.67个千分点。有林业用地5.5万公顷，有林地面积5.3万公顷，活立木总蓄积量294万立方米，森林覆盖率40.1%。

2023年，全县实现地区生产总值215.97亿元，增长5.9%，其中第一产业增加值36.34亿元，增长4.8%，农、林、牧、渔及农林牧渔服务业总产值之比为50：25.1：3.5：16.2：0.9：1.3；第二产业增加值12.88亿元，增长4.5%（全部工业增加值44.59亿元，增长7.4%）；第三产业增加值99.97亿元，增长6.8%。三次产业对经济增长的贡献率分别为4%和19.7%、76.3%。全年接待游客724.3万人，实现旅游收入65.86万元，其中乡村旅游收入46.1亿元。

公路通车里程2742千米（其中农村公路2522千米），密度为2.07千米/平方千米、52.8千米/万人。地方公共财政预算总收入完成10.35亿元，增长10.53%；公共财政预算总支出33.12亿元，增长4.97%，其中农业投入79033万元，占支出的23.86%。金融机构各项存款余额208.76亿元，比上年初增长8%；各项货款余额208.5亿元，比年初增长13.8%，其中支持农业产业化发展项目货款50000万元。全年农业保费收入0.3711亿元，增长21.7%；处理各项赔款和给付金额2069.77万元。农业产业化龙头企业国家级、省级、市级、县级分别为1家、7家、20家、80家。

有各类学校178所，在校学生64929人，教职工5317人，其中小学68所，在校学生27940人；初中18所，在校学生16106人；普通高中2所，在校学生6785人；职业高中1所，在校学生4042人；特殊教育学校1所，在校学生87人；幼儿园（班）88所，在园幼儿9969人；学龄儿童入学率100%。完成省级以上科技成果3项。有艺术表演团体1个，文化馆1个，公共图书馆1个，博物馆2个。有卫生机构398个，医疗卫生人员3029人。

【年度农业和农村经济运行】 2023年，全县出台《高县2023年度村级片区国土空间编制规划工作方案》《高县创建国家乡村振兴示范县三年行动方案》《高县庆岭镇城乡融合发展示范区建设实施方案》。农民年人均可支配收入达20490元，增长7.2%。在粮食、生猪、蔬菜生产中，科技投入的占比或科技贡献率为70%。建成13个基层农业综合服务站。全县主要农产品产量见表1。

【农业产业化发展】 全年新包装项目5个，新签约、开工、竣工投产项目各2个。新入库固定资产投资项目3个，总投资2.0067亿元。完成嘉乐镇国家级农业产业强镇项目（一期）建设。推进高县2023年川红工夫红茶优势特色产业集群项目建设，新建适制红茶品种繁育基地120亩、品种资源圃30亩、川红工夫精制生产线2条，培育茶叶专业社会化服务组织1家。开展农业提质增效“百规千企万户”专项行动，全县涉农规模（限额）以上企业已累计入库38家，净增19家。新引进涉农企业3家，新增县级及以上农业产业化龙头企业52家。金穗火龙果农民专业合作社获评省级示范农

表1　2023年高县主要农产品产量

主要农产品	单位	产量	同比增减(%)
粮食	万吨	26.70	3.17
水稻	万吨	10.84	–2.25
玉米	万吨	9.43	10.04
高粱	万吨	0.47	–2.08
大豆	万吨	1.10	5.77
肉类	万吨	4.60	1.07
猪肉	万吨	3.55	–1.09
牛肉	万吨	0.17	1.67

民合作社，嘉乐镇铭城家庭农场获评省级家庭农场。

【农村集体产权制度改革】 印发《高县贯彻落实四川省农村集体经济组织条例实施细则的通知》《促进新型农村集体经济高质量发展实施方案的通知》《高县农村集体资产管理办法（试行）的通知》《高县贯彻落实〈四川省农村集体资产监管提质增效行动实施方案〉任务清单的通知》，指导各村集体经济组织按照“五个一”要求规范管理和运行。将各村“三资”纳入宜宾市农村集体资产综合监管平台进行管理，确保“三资”使用的规范性。2023年，文江镇胜利村、来复镇大屋村被推介为宜宾市第一批新型农村集体经济典型案例。

【供销合作社改革】 依托16个合作农资网点做好农资供应工作，全县下属各基层社通过打造电商直播基地、创建现代农业仓储保鲜库，助农销售李子200余吨。供销系统全年助农销售农牧产品8000余吨。推荐3款高县区域公共农产品入驻“宜宾汇”并进行展示展销，组织8家企业农产品申报为“天府乡村”公益品牌。为小微企业等新型经营主体提供代理记账等服务，已承接60个单位的代理记账业务。

【农产品品牌战略实施】 全县有效期内“三品一标”农产品企业37家。认证农产品112个，认证总面积3202.18公顷，其中绿色农产品21个、有机农产品50个、农产品地理标志证明商标6个。组织早白尖、龙溪茶业等本土茶企参加2023年第十二届四川国际茶业博览会和高县茶专场推介会，分别与成都京东世纪贸易、四川森林茶业等7家企业进行集中签约，签约总金额达3.66亿元。四川早白尖茶业有限公司早白尖牌绿茶获评四川最具影响力茶叶单品（第二批）。四川新丝路茧丝绸有限公司KAIHUA牌商标获评四川省著名商标，KAIHUA牌生丝被省政府授予“四川名牌产品”称号。

【现代农业园区建设】 印发《高县2023年度村级片区国土空间编制规划工作方案》，召开宜宾市村级片区国土空间规划编制现场培训会，启动落润公益片区、庆岭龙泉片区、复兴白鹤片区、罗场田村片区4个片区规划编制工作。全年培育省星级园区1个（高县茶叶现代农业园区）、市级园区2个（高县粮油现代农业园区、高县胜天镇粮油现代农业园区），认定县级园区3个（高县粮油现代农业园区、高县胜天镇粮油现代农业园区、高县蕉村镇茶叶现代农业园区），促进农工文旅融合发展。

【种植业】 全年粮食作物播种面积69万亩，产量26.7万吨。蔬菜种植面积8.92万亩，产量23.05万吨，实现产值8.31亿元。水果种植面积3.91万亩，产量1.83万吨。茶叶种植总面积33万亩，其中改建茶园面积0.5万亩，良种化率98%。桑树种植面积23.5万亩，对原有桑树进行嫁接改良50.7万株。

【林业】 全年完成营造林1435.8公顷，其中沙河镇、月江镇、蕉村镇、复兴镇等镇更新造林284.1公顷，胜天镇凤鸣村、安和村、农民村、新福村实施竹林规模经营533公顷。管护国有林4300公顷、集体公益林10613公顷。全年兑现生态效益补偿资金254.71万元，兑现退耕还林政策性补助298.7万元。月江镇国有林场新建杉木2.5代示范林面积100亩，来复镇国有林场完成油樟采穗圃面积10亩。

【畜牧业】 全年生猪出栏48.64万头、存栏36.6万头，其中能繁母猪存栏3.378万头，实现生猪综合产值44.5亿元；肉牛出栏1.4万头，存栏2.67万头；羊出栏3.14万只，存栏2.74万只；家禽出栏484.93万只，存栏173.64万只；兔出栏98.52万只，存栏26.53万只。

【水产业】 全县水产养殖面积398公顷，稻渔综合种养面积5000余公顷，投放鱼种1455吨，水产品养殖总产量5910吨，实现养殖水产品产值23800万元。全年共培训各类水产养殖户及渔民约500余人次，发放各类渔业科技资料2000余份。

【乡村振兴】 全县有脱贫村50个，脱贫户15248户43443人，防返贫致贫监测对象1221户3565人，乡村振兴重点帮扶村30个，市重点帮扶镇3个，易地扶贫搬迁集中安置点72个。创建省级乡村振兴重点帮扶优秀村1个、省级乡村振兴示范村3个，市级乡村治理示范镇1个、市级乡村治理示范村4个，市级和美乡村示范村3个、达标村45个。9月12日，高县被列入2023年国家乡村振兴示范县创建名单，成立了国家乡村振兴示范县创建工作领导小组，编制了《高县创建国家乡村振兴示范县三年行动方案(2023—2025年)》及责任清单。

【乡村旅游】 七仙湖创建为省级生态旅游示范区，叙高屏文化产业和旅游产业融合发展区创建为省级申报单位，胜天镇安和村获评省级乡村旅游重点村，高县胜天红岩山特色小镇文旅融合建设项目被授予四川省文化旅游融合示范项目，庆岭镇获评市级乡村旅游重点镇，胜天镇凤鸣村、沙河镇白庙村、复兴镇白鹤村获评市级乡村旅游重点村，大雁岭茶文化研学基地创建为市级研学旅行基地，审批评定县级研学旅游基地13家。举办2023年高县迎新春城市购物节启动仪式暨迎春联欢晚会、2023年宜宾"十一"高县旅游美食节等活动15场次。"沙河豆腐蛋糕""高县土火锅"亮相2023年中央电视台"秋晚"。

【农村水利】 全县41座中小型水库总蓄水量约2793万立方米(包括二龙滩水库)。惠泽水库、郝家村水库等多个中小型水库保证了灌溉区域农田春耕灌溉用水供水。

【农业机械化】 全县有农机专业合作社3个，农机户27601户37835人(其中农机化作业服务专业户2453个)，农机维修人员313人，农机经销点60个206人。全县农业机械总动力达284373千瓦，其中农产品初加工作业机械29735台78293千瓦、饲草料加工机械17881台14470千瓦、农用水泵7010台、联合收割机30台350千瓦、水稻插秧机67台125千瓦、太阳能杀虫灯13070台；机电灌溉面积8531公顷；耕作机械28346台115810.3千瓦，机耕作业面积55366.7公顷，机械植保作业面积19173公顷，机收作业面积233667公顷；农田基本建设机械177台19319.6千瓦，作业量508600立方米。

【农村科技】 全年选聘20名科技特派员主要负责进驻特色产业村、产业基地、协会或合作社等36个单位，推广新技术35项。投入创业资金400余万元，用于推动农业科技创新与产业发展。引进18个新品种，丰富农业种植结构。围绕主导特色产业，如茶业、蚕桑和水果，成立3个科技特派员工作站，以推动农业社会化科技服务体系建设。通过"平台+驿站"的服务模式，发布技术供给信息68条、产业支撑机构信息10条、供销对接信息7条。

【农村教育】 全县学校建设项目涉及投资1.6亿元，沙河镇幼儿园清溪分园、罗场镇幼儿园建设路分园等20个项目建成投用，新增学前教育学位1080个、义务教育学位2000个。创建省级示范幼儿园1个、市级示范幼儿园2个，实验一小创建为四川省义务教育优质发展共同体领航学校，嘉乐中学入选教育部义务教育教学改革实验校名单。全年减免4546人次幼儿保教费，发放20575名义务教育家庭经济困难学生生活补助，免除5347名普通高中家庭经济困难学生学费，发放5347名普通高中、5251名中等职业教育家庭经济困难学生助学金，共下发资金2013.13万元。办理大学生助学贷款4437.32万元，惠及4064名本(专)科学生。补充教师251人，其中考核招聘引进紧缺人才(硕士研究生)7人、考核招聘公费师范生32人。撤并庆符镇葛藤小学等11个校点，优化农村教育资源配置。

【农村文化】 举办高县迎新春城市购物节启动仪式暨迎春联欢晚会、"文化进万家——视频直播家乡年"、2023四川花卉(果类)生态旅游节子活动暨高县第十四届李花节、沙河镇新春民俗文化节、庆符镇小靖村土火锅美食文化推广节、罗场镇茶花文化节、魅力乡镇展演、千人土火锅宴等文旅节庆活动10余场。利用传统节日、全民阅读日等节点，开展诵读、摄影展览、川剧坐唱等乡村文化活动。各镇、村举办特色乡村"村晚""九九重阳节"等活动30余场。县文化馆、图书馆、各协会开展广场舞指导、送展览、送春联、送演出等惠民活动100余场次，丰富农村文化生活。推进乡村文化振兴样板村镇建设，评定省级乡村文化振兴样板村镇1个、市级乡村文化振兴样板村镇5个、县级乡村文化振兴样板村镇16个。

【农村卫生】 全县共有医疗卫生机构410个，其中医院7个、基层医疗卫生机构398个、专业公共卫生机构4个、其他卫生机构1个(血液透析中心)。为常住城乡居民免费提供12项国家基本公共卫生服务，建立居民电子健康档案370210份。启动第四轮全民免费健康体检，为7～64岁人群进行免费健康体检88045人。创建老年医疗机构2家，镇卫生院(中心卫生院)与12家养老机构签订合作协议。

【农村法制建设】 全年开展矛盾纠纷排查1288次，调解各类纠纷1709件，调解成功率达98%以上，挽回经济损失1481万余元。选聘人民陪审员7人、人民监督员10人，选派62名法治人才为217个村(社区)提供"一村(社区)一法律顾问"服务。月江司法所创建为省级"枫桥式"司法所，可久司法所创建为市级"枫桥式"司法所。

【农村交通】 全年新(改)建农村公路97千米。完成农村公路安全隐患整治10千米。投入村通客运车辆84辆、农村班线车辆71辆，开通农村客运线路24条，实现建制镇和建制村客车通车率达100%。全年公路客货运输周转量同比增长9.5%。开展"打非治违"和货运源头监管，严厉查处各类违法违规案件84起。实施"乡村客运+快递"融合发展，推进交邮合作，建成县级快递物流仓配中心1个、镇级快递物流运营中心13个、村级综合便民服务站195个，开通驿站运输线路13条。6月，高县创建为四川省乡村运输"金通工程"样板县；高县"红色速递"入选全国第四批农村物流服务品牌。高县被省邮管局评为"川货寄递"先进县。

【涉农招商引资】 全县3000万元以上的农业招商引资重大项目4个，均为市外投资项目，比上年增长33%；项目协议总投资6.35亿元，比上年增长7.63%。

【农村社会保障】 全年城乡低保人数净增1501人，增长12.89%，全年累计保障农村低保对象125089人次，累计发放农村低保金5035.06万元；累计临时救助农村困难群众1086人次，发放临时救助资金267.07万元；纳入农村特困供养人员22639人次，累计发放城乡特困供养金1621.97万元，累计发放照料护理补贴443.77万元。纳入社会基本养老保险的被征地农民4335人。

【农村生态建设及环境保护】 结合蚕桑、茶叶、经济水果发展情况，推广"畜—沼—菜（茶、果）""秸—畜—粮"和"林—草—畜—沼—菌"等生态循环农业发展模式，全县畜禽粪污资源化利用率达88.2%，规模养殖场粪污处理设施装备配套率达100%；四川宜宾凯华生态科技开发有限公司与沙河兴渝养殖场、落润昆伦养殖场与公益村茶叶基地实现种养循环生态养殖，提高了畜禽粪污资源化利用率，促进了绿色生态健康发展。持续开展50户农户的农药化肥固定监测，并对监测户科学施肥和科学用药进行"点对点"指导。

【农产品质量安全监管】 完成省级农产品质量安全监管示范县创建，并通过省级专家组技术核查。完成实施2023年度宜宾市高县农产品质量安全面达标行动项目。在庆符镇、胜天镇安和村等镇（村）建立食用农产品承诺达标合格证自助服务站点5个。"红贵人"牌红茶、"早白尖"牌绿茶、"早白尖"牌贵妃红红茶入选"天府粮仓"精品（培育）品牌名单，四川云州茶业有限公司入选四川省农业品牌目录。新增绿色食品产品8个，全县"三品一标"农产品保有量达104个。

【农村留守家庭（儿童、学生）帮扶】 推行"6+1"爱心结对关爱机制，持续落实好农村留守儿童、困境儿童全覆盖调查评估机制。牵头开展防范和打击整治侵害未成年人违法犯罪专项行动防范工作，将6类易被侵害未成年人中的留守女童录入宜宾市预防侵害未成年人犯罪信息化平台，采取集中慰问和走访入户等形式慰问困境儿童和农村留守儿童325人。发放孤儿基本生活补贴673人次84.2596万元、事实无人抚养儿童基本生活补贴1708人次153.8366万元、低保家庭重病重残儿童基本生活补贴971人次43.0542万元、低保边缘家庭非重病重残儿童基本生活补贴520人次9.766万元，发放"福彩圆梦·孤儿助学工程"助学金33人次8.9164万元。争取省级福彩公益金40万元，完成复兴、蕉村等4个镇未成年人保护站建设。

【劳务开发与返乡创业】 推进县、镇、村三级劳务服务体系建设，建立县级国有劳务公司1家、镇级劳务专业合作社8个，培育村（社区）劳务经纪人211人。建立驻外农民工服务机构5个（市级2个、县级3个），与新疆维吾尔自治区等7地签订劳务合作协议，与四川新丝路、丝丽雅等10家企业签订共建劳务基地协议，推进跨区域供需服务和劳务协作。规范开发农村公益性岗位1706个，兜底就业困难群体就业。促进农村劳动力转移就业14.4万人，实现劳务收入27.48亿元。加大农民工创业担保贷款和创业补贴等政策扶持，创建返乡下乡创业示范园区3个，全年发放创业担保贷款10086万元、创业补贴58万元。依托县域特色产业，加强"高州巧手（蚕桑）"特色劳务品牌培育，开展劳务品牌和返乡创业培训1167人、企业职工培训697人。有返乡下乡创业农民工1.6万余人，创办市场主体1.6万余家，其中企业3102家；选树县级返乡下乡创业明星10人。

【主要领导人】 县委书记：黄修国（3月止），何胜伟（3月始）；县人大常委会主任：邓志刚；县长：张锡恒；县政协主席：周应；分管农业副县长：龚平。

高县编写组

筠 连 县

【基本情况】 2023年，全县辖7镇5乡157个村15个社区，辖区面积1256.37平方千米，常住人口32.9万人，素有"川南煤海""中国苦丁茶之乡""中国奇泉之乡"之称。

【年度农业和农村经济运行】 2023年，全县实现地区生产总值200.7亿元。全年实现农林牧渔业总产值55.04亿元，比上年增长4.4%，其中农业产值30.33亿元，比上年增长6.1%；农林牧渔专业及辅助性活动产值0.89亿元，比上年增长4.7%。全年新增耕地灌溉面积100公顷，年末有效灌溉面积达21890公顷；综合治理水土流失面积2150公顷，累计治理水土流失面积105656公顷。全年解决农村安全饮水人口0.2万人，累计解决农村安全饮水人口45.5万人。新增农业机械总动力1.37万千瓦，年末农业机械总动力达17.69万千瓦。全年农用化肥施用量（折纯）4067吨。新增农村用电量3881.2万千瓦时，农村用电量累计达29942.2万千瓦时。

【种植业】 全年粮食作物播种面积52.1万亩，减少1.7%。油料作物播种面积7.19万亩，增长19.2%；中药材播种面积2.2万亩，增长15.9%；蔬菜及食用菌种植面积7.38万亩，增长7.1%。粮食总产量18.13万吨，增长3.2%，其中夏粮产量1.88万吨，增长3%；秋粮产量16.25万吨，增长3.2%。经济作物中，油料产量0.83万吨，增长25.8%；园林水果产量

3.08万吨，增长9.7%；中药材产量0.32万吨，增长33.2%；蔬菜及食用菌产量16.24万吨，增长5.6%；茶叶产量2.24万吨，增长11%（其中绿茶产量1.13万吨，增长14.2%；红茶产量0.85万吨，增长15%）；烟叶种植面积1.75万亩，产量0.22万吨，增长2.9%。

【林业】 全年实现林业产值3.9亿元，比上年增长10.2%。全年完成造林面积4.31万亩，其中人工造林0.2万亩、森林抚育3.5万亩、中幼林抚育0.2万亩、退化林修复0.41万亩。

【畜牧业】 年末生猪存栏32.32万头，牛存栏13.31万头。出栏肉猪50.84万头，增长2%；出栏肉牛6.32万头，增长1.6%；出栏羊0.98万只，增长1.5%；出栏家禽273.84万只，增长0.1%。肉类总产量4.95万吨，增长10.5%，其中猪肉产量3.71万吨，增长1.9%；牛肉产量0.82万吨，与上年持平。禽蛋产量0.4万吨，增长66.7%。全年实现畜牧业产值19.61亿元，比上年增长1.3%。

【水产业】 全年水产养殖面积1305亩，水产品产量1466吨，增长5%；实现渔业产值0.31亿元，比上年增长6.6%。

【主要领导人】 县委书记：谢晓丹；县人大常委会主任：雷敏；县长：谢晓丹；县政协主席：周勇；分管农业副县长：刘伟。

筠连县编写组

珙　县

【基本情况】 2023年，全县辖10镇3乡，辖区面积1149.5平方千米，其中耕地面积69万亩。本地水资源总量8.779亿立方米，人均占有水资源量2000立方米。有林地面积6.7253万公顷，活立木总蓄积量386万立方米，森林覆盖率53.48%。

2023年，全县实现地区生产总值216.74亿元，增长5.6%，其中第一产业增加值32.79亿元，增长3.6%；第二产业增加值83.36亿元，增长4.5%；第三产业增加值97.59亿元，增长7.3%。三次产业对经济增长的贡献率分别为10.7%、32.3%和57%。劳务输出15.2179万人，实现收入12.41万元。全年接待游客14.8万人，实现旅游收入65.9万元。社会消费品零售总额87.39亿元，增长2%。

有各类学校109所（包含民办幼儿园55所），在校学生59766人，教职工3359人，其中普通中学12所，在校学生23217人；小学26所，在校学生26728人；学龄儿童入学率99.8%，提高0.1个百分点。有文化馆1个，公共图书馆1个，博物馆1个。有卫生机构264个，病床位2550张，卫生技术人员2570人。城乡居民养老保险参保人数164134人，参保率96.89%；被征地农民养老保险参保人数1501人，占总人数的63.22%。

【年度农业和农村经济运行】 2023年，全县出台了《珙县促进蚕业高质量发展三年行动方案(2023—2025年)》。实现农业总产值56.9亿元，增长3.6%；农民年人均可支配收入达20098元，增长6.5%。全县主要农产品产量见表1。

【农业产业化发展】 全年新纳入农业统计口径规上（限上）企业11家（含划转企业3家，新增企业8家），年产值超过5.2亿元；新增县级以上龙头企业78家；乡（镇）属国有农业公司13家。全年培育农民专合社795个，家庭农场、种养大户

表1　2023年珙县主要农产品产量

主要农产品	单位	产量	同比增减(%)
粮食	万吨	19.43290	3.31
水稻	万吨	5.18160	0.42
玉米	万吨	10.02820	5.67
马铃薯	万吨	1.28210	0.95
油菜籽	万吨	1.04000	4.00
蔬菜	万吨	35.75000	1.70
水果	万吨	1.36810	3.90
肉类	万吨	4.60970	0.53
猪肉	万吨	3.92020	1.44
牛肉	万吨	0.21840	2.18
羊肉	万吨	0.01813	−7.03
禽肉	万吨	0.34650	−9.41
兔肉	万吨	0.10646	1.10
禽蛋	万吨	0.60160	2.73
水产品	万吨	0.59700	0.50
牛奶	万吨	0.01110	141.59

1218家(户),新增国家级示范社1个。

【农用地产权制度改革】 鼓励发展多种形式的适度规模经营,农地"所有权、承包权、经营权"实现有效分置。全年通过县级农村产权交易平台累计完成各类农用地产权(经营权)流转交易25宗,流转面积约8534.27亩,流转交易金额6271.32万元。

【农村集体产权制度改革】 通过开展清产核资、成员确认、量化资产、股种设置、登记赋码等工作,全县已成立162个村集体经济组织,有成员户数96891户、成员人数348349人。

【供销合作社改革】 全县完成13家乡(镇)供销公司、170家村级供销公司组建。开展桑枝食用菌种植技术培训,培训农户200户。建立1个种质资源保护基地,带动农户6300户,辐射发展紫苏种植面积2万余亩。与农户签订《水稻委托种植协议》,带动周边种粮农户1600余户,辐射发展水稻种植面积2万余亩。组织基层社企业、成员社参加"天府乡村公益品牌"年货大集,满堂腊肉、沁宜大米、鹿鸣茶和底洞豆腐干等11个农特产品品牌入驻"宜宾汇"并签订供销协议。全年申报省级示范社1个、农民专业合作社7个、家庭农场76个。

【农产品品牌战略实施】 组织企业参加西博会、农交会等,向社会集中宣传推介珙县优质品牌农产品,亮好珙县农产品名片。支持品牌农产品企业到境内外重点城市开设品牌农产品专营店、品牌销售专区。实施"互联网+现代农业"行动,支持壮大一批有潜力、有亮点的农业电商企业。

【现代农业园区建设】 立足珙县山区农业发展特点,实施"提品质・创品牌"专项行动,培育"珙字号"特色品牌。打造大数据综合管理方案和智慧种养殖模式。建立专家工作站、名师工作室,推进蚕桑、稻虾、食用菌等产学研用协同创新。发挥温氏集团、智溢茧丝绸公司等龙头企业的带动作用,吸引人才参与农业园区建设。健全完善利益联结模式,打造共建共享的合作农业园区。

【种植业】 粮食产业。全县完成171.03亩撂荒地的全面整治与2022年2.5万亩高标准农田项目建设。全年粮食作物播种面积54.27万亩,产量19.43万吨。

蚕桑产业。全县桑园面积稳定在22.93万亩,发种23.01万张,产茧1.16万吨(能缫5A及以上丝的蚕茧占90%以上),蚕农售茧收入达6.19亿元,蚕业综合产值达28.53亿元,带动全县1.8万户蚕农持续增收。推行8×2×2(尺)"大豆(蔬菜)—蚕桑"粮经复合经营模式,提高桑园机械化水平。建立"龙头企业+村支'两委'(村集体经济组织)+共育室+蚕农"模式,助力村集体经济增收近300万元。

茶产业。全县茶园面积达15.17万亩,鹿鸣茶叶厂房建设项目已正式投产。全年茶叶产量1.05万吨,实现农业产值7.24亿元、毛茶产值11.8亿元。

蔬菜产业。全县蔬菜种植面积13.05万亩,产量35.59万吨。

水果产业。全县水果种植面积4.3万亩,产量0.89万吨;中药材种植面积0.95万亩,产量0.13万吨。

【林业】 全县林地面积共85.71万亩,森林面积共90.83万亩,森林覆盖率达52.85%,竹林规模化经营面积7000亩,有现代林示范基地等林业产业项目3个,培育森林蔬菜特色产业基地1.5万亩,实现林竹第一产业产值2.06亿元。

【畜牧业】 全县生猪存栏31.42万头,出栏53.47万头;肉牛存栏2.78万头,出栏1.66万头;羊出栏1.3万只;家禽出栏237.17万只;肉兔出栏69.45万只;肉类总产量4.61万吨;实现畜牧业总产值24.8亿元。

【水产业】 全年水产品产量0.6万吨,生产鱼苗3500万尾、苗种1210吨,实现渔业第一产业产值1.56亿元、渔业综合产值2.35亿元。

【乡村振兴】 全县建立县、乡、村三级网格系统人员共计1466人,其中县级22人、乡级39人、村级1405人。全年集中排查入户走访5类重点对象6937户,行业部门共计推送风险线索10412条,新增监测对象459户1597人,完成38户监测户风险消除。采取产业帮扶类、就业帮扶类、金融帮扶类等14大类50小类具体帮扶措施对监测对象开展精准帮扶,全县脱贫人口人均纯收入13125元,较2022年增长16.3%。全年争取到各级财政衔接推进乡村振兴补助资金共1.6亿元,统筹实施乡村振兴项目181个。全年完成改厕2670户。"百千工程"总投入资金7996.88万元,共计落实项目71个。

【乡村旅游】 全县全年接待游客14.8万人次,实现门票收入65.9万元,带动文旅消费150万元。创建巡场镇三合村为省级乡村旅游重点村。制作珙县乡村旅游地图,借助"和美乡村"购物节契机,鼓励国家A级景区开展茶花生态旅游节、石板溪娃娃鱼品鉴美食节等活动。

【农村水利】 全年完成上级水利投资5857万元,综合治理水土流失面积26平方千米;实施珙县芙蓉沟防洪治理工程,综合治理河道3.3千米,完成7套在线监测站点设立及7套计量设备安装。全面落实河长制,确定县级河长24名、乡(镇)级河长25名、村级河长99名,县级河长联络员单位11个。修订完善2023年防汛预案和应急预案,制定汛期应急预案,并组织开展1个县级、13个乡(镇)、8个水库、34个水电站和198个山洪灾害危险区的防汛演练,同时组织开展乡(镇)防汛责任人业务培训,提高基层防汛责任人业务能力。

【农业机械化】 全县农机总动力达27.12万千瓦,全县机耕、机种、机收面积分别达74万亩、25万亩、34万亩,主要农用物耕种收综合机械化水平达61.7%。全年共兑付农机购置补贴资金183.22万元,补贴各类农机具3004台,受益农户2364户。全年下达珙县省级财政提灌站建设资金140万元，新建提灌站2座，维修改造提灌站20座，促进粮食稳产增收。

【农村科技】 四川科技兴村在线珙县分平台覆盖全县175个村（社区），平台专家增至250名、信息员增至545名。平台累计录入村（社区）技术需求信息8108条，实现网上办结7897条，2023年新增939条。全县新选派14名县级科技特派员，涵盖粮食生产及畜牧、林业、水产、蚕桑、茶叶六大产业；鼓励科技特派员送科技下乡入户，全年共举办技术培训5场，共培训210人次。

【农村教育】 全县6～15周岁脱贫户适龄儿童5139人已全部入学或已完成九年义务教育，入学率100%；持续落实农村义务教育阶段营养改善计划，受益学生4.079万人，县级自筹资金对90人以上的村提高标准2元、90人以下的村提高标准3元；落实义务教育“三免一补”政策，全年共为4.22万名学生免除学杂费、免费提供教科书、免费提供作业本，资助困难学生3.2万人次；“春苗助学”“栋梁工程”等社会助学全年资助困境学生3650人，“雨露计划”惠及学生1775人次。

【农村文化】 全县结合“幸福宜宾”城乡文化服务提升工程，对公共文化阵地进行提升打造，建成应急广播系统县平台1个、乡（镇）广播站13个，改造升级161个村广播室，新建482个村民小组终端，实现村（社区）全覆盖。

【农村卫生】 实施农村妇女免费“两癌”筛查项目，对全县35～64岁的适龄农村妇女开展宫颈癌和乳腺癌筛查，共完成筛查5040人，任务完成率152.73%。

【农村法制建设】 推行“1+1”法治宣传模式，利用农村赶集日，采取“订单”服务方式，通过现场解答、发放资料、悬挂横幅等形式开展集中宣传活动，全面落实“四议两公开”制度。2023年，全县建成公共法律服务中心1个、乡（镇）公共法律服务站13个、村（社区）公共法律服务室177个，实现村（社区）法律顾问配备率达100%。选育社会观察员30名，解决法律问题和矛盾纠纷700余起。开展法治宣传200余场，调解矛盾纠纷1976件，调解成功1958件，涉及金额2000余万元。创建省级民主法治示范村（社区）3个、市级民主法治示范村（社区）13个。

【农村交通】 全年撤并建制村畅通工程建设任务为6千米，实际实施9.8千米，其中福胜村至长梗村3.421千米，规划总投资273.68万元；徐家村至四合村2.206千米，规划总投资176.48万元；白玉村至麻窑村3.481千米，规划总投资278.48万元；洛旺村至中心村0.738千米，规划总投资59.04万元，4个项目均已建成通车。

【农村社会保障】 健全农村“一老一小”关爱体系，投入60万元建成巡场镇新桥社区老年认知障碍友好社区；将珙泉敬老院提档升级为珙泉镇区域性养老服务中心，收住特困供养对象104名。全县达到国家标准的养老机构占比90%以上，创评1个四星级养老机构、1个二星级敬老院、3个一星级敬老院。

【农村生态建设及环境保护】 全县以集中式和分散式治理方式推动实施农村生活污水治理“千村示范工程”。全县整合争取各类资金3000余万元，修建农村一体化污水处理设施17处，累计污水处理量达610立方米/天，配套建设污水管网35千米。加强饮用水水源保护，推进地下水污染防治，申报《宜宾市珙县蜀南硫铁矿地下水污染综合防治项目》进入中央储备库，消除周边土壤及水体污染风险。

【农产品质量安全监管】 全县设立农产品质量安全监管工作领导小组，县级设立1个监管机构、13个乡（镇）设立监管服务站、162个行政村聘请协管员，形成“1+13+162”网格化监管体系。开展农产品质量安全工作督查4次。全年开具合格证4000余张，带证上市农产品600余吨；开展科学安全用药和绿色防控技术培训4期，培训人次共计600余人，出动执法人员857人次，检查市场168家次、企业（生产经营户）1020家次，共立案查处3起农产品违法案件、15起农资违法经营案件，并按照规定将抽检结果进行公布。

【农村市场体系建设】 全县发挥创业担保贷款扶持创业带动就业作用，简化办事流程，开辟“绿色通道”，提升贷款额度，帮助创业人员和企业破解融资难题。全年发放创业担保贷款64人3958.06万元，其中个人贷款53人1237.56万元、小微企业贷款11家2720.5万元，带动就业565人，涉及第一产业27人581.58万元、第二产业2人430万元、第三产业35人2946.48万元。

【农村留守儿童帮扶】 开展困境留守儿童结对关爱帮扶系列活动，落实专项活动资金共计609.35万元，全县26名县领导和80个县直帮扶（部门）单位“爱心家庭”与5790名困境留守儿童建立亲子关系，为全县847名困境儿童发放救助保障资金384.93万元、爱心基金118.98万元。“1+6+1”精准结对关爱帮扶机制得到省未保办全文刊发和全省推广。

【劳务开发与返乡创业】 全县农村劳动力转移就业15.699万人，成立乡（镇）劳务专合社4个，培育村（社区）劳务经纪人63人，建成驻成都农民工服务中心、驻龙港农民工服务中心等驻外农民工服务中心2个，代管宜宾市驻厦门农民工服务中心1个。新建成村（社区）农民工综合服务站26个，累计建成服务站46个，其中底洞镇锦绣村农民工综合服务站创建为宜宾市首批村（社区）农民工综合服务示范站、首批四川省村（社区）农民工综合服务示范站。

【主要领导人】 县委书记：周文武；县人大常委会主任：严宏；县长：高果；县政协主席：张君；分管农业副县长：杨勇。

珙县编写组

兴 文 县

【基本情况】 2023年，全县辖12个乡（镇）（含4个苗族乡）160个村，辖区面积1371.17平千米。总人口50万人，其中苗族人口5.2万人、农业人口32.07万人。

【农业产业化发展】 全年新培育县级示范场12家、市级示范场6家，市级示范社1家、省级示范社3家，县级农业龙头企业53家，截至2023年年底，全县共有在册家庭农场1153家、农民合作社601家、县级以上农业产业化龙头企业76家。

【新型农村集体经济发展】 印发《兴文县农村集体经济示范村创建评选实施方案》，新评定共乐镇新阳村等19个集体经济示范村。全年村集体经济总收入达1.02亿元，其中超过10万元的村有133个、超过50万元的村有70个、超过100万元的村有49个。加强和规范村级财务管理，截至2023年年底，共清理入账全县农村集体资产39.3亿元。

【供销合作社改革】 11月，石海、仙峰、僰王山3家基层社建设完成并通过市供销社验收，被认定为基层社示范社。全县共计有5家基层社示范社，实现全县中心乡（镇）基层社示范社全覆盖。

【现代农业园区建设】 全县获评全省现代农业园区建设工作推进典型县，创建为第三批四川省乡村水务示范县。兴文县数字农业—现代智慧农业产业园区被农业农村部评为2023年智慧农业建设优秀案例，《宜宾市兴文县：构建现代农业模式助力数字乡村建设》入选《四川省第三批数字乡村建设典型案例选编(2023)》。兴文方竹产业园区晋升为省级四星级现代林业产业园区，兴文县僰王山现代笋用林示范基地被认定为省级现代竹产业基地，兴文县笋用竹增笋培优全产业链示范建设项目入围2023年“天府森林粮库”示范建设项目名单。兴文县粮油现代农业园区创建为四川省五星级现代农业园区，兴文县大坝粮药现代农业园区、兴文县麒麟蔬菜现代农业园区、兴文县九丝粮药复合现代农业园区创建为县级现代农业园区，兴文县稻渔现代农业园区、兴文县粮药现代农业园区申报创建市级现代农业园区。

【种植业】 全年粮食作物总播种面积61万亩，产量24.9万吨，其中小春粮食作物播种面积6.54万亩，产量1.77万吨；大春粮食作物播种面积53.46万亩，产量22.13万吨。蔬菜种植面积13.51万亩，产量50.15万吨；水果种植面积4.7万余亩，产量1.94万吨。出台《关于加强撂荒耕地整治确保粮食安全的通知》，建立健全撂荒地台账，完成193.12亩撂荒耕地复耕复种。探索建立国有企业主导土地流转经营试点改革和国有（集体）公司兜底种粮机制，国有（集体）农业公司共流转经营土地3900余亩，兜底耕种耕地3202.5亩，解决了耕地撂荒问题。

【林竹业】 承办全省竹产业高质量发展工作会议。在全国“以竹代塑”标准化工作推进会上，省长黄强肯定了兴文竹产业发展成效，兴文竹品品牌影响力和“以竹代塑”水平得到提升。争取到中央、省、市无偿资金9803.03万元，位居全市第一。全省县级最大单体项目、全市唯一“双重”项目（赤水河流域水源涵养和石漠化综合治理项目）总投资3.31亿元，争取到位中央预算内投资5410万元。兴文县笋用竹增笋培优全产业链示范建设项目通过竞争立项，入围四川省首批“天府森林粮库”示范创建项目，为全市唯一。兴文县国家储备林项目总投资7亿元，其中农发行贷款5.5亿元。培育省级林业产业化龙头企业2家、县级龙头企业15家，7家企业完成升规上限。

【畜牧业】 全年生猪出栏58.33万头、存栏39.5万头，实现产值16亿元；家禽出栏562.57万羽；牛出栏3.05万头，实现产值8.4亿元；羊出栏1.99万只；兔出栏15.5万只。全年实现畜牧业产值30亿元，促进农民人均增收3084元。

【水产业】 全县累计发展稻虾养殖面积8万亩，产量12400吨，实现产值7.4亿元；其他特色水产面积1.2万亩，产量3200吨，实现产值0.64亿元。

【乡村振兴】 持续巩固拓展脱贫攻坚成果，建立县、乡、村三级联动防止返贫监测帮扶网格体系，明确1380名网格管理人员职能职责，全年新增监测对象690户2679人。建立《兴文县防止返贫监测对象县级帮扶政策措施库》，共整合资金8681万元。落实“补短板”资金1200万元，解决脱贫户、监测户产业发展、“三保障”、安全饮水等资金急需问题。重点围绕产业发展、综合保障、乡村治理和搬迁对象后续扶持措施等内容，编制2023年后续扶持工作方案。根据脱贫群众和监测对象具体情况，分类制定增收措施。实行低保兜底政策，解决3455户10120人的生活保障问题；落实公益性岗位2503个；实施“雨露计划”，资助学生1565人次，共发放资金234.8万元；开展技能培训，完成脱贫劳动力稳岗就业培训21465人，完成省级下达目标任务的104.5%，实现有劳动能力和有就业意愿家庭至少1人就业。完成高素质农民培训任务，争取高素质农民培训资金61万元，完成高素质农民培育204人。

【宜居宜业和美乡村建设】 全年创建“百千工程”示范村4个、达标村17个；培育示范村5个、达标村43个。安排财政衔接资金2501.9万元，用于培育示范村和达标村建设补短提升；争取市级资金400万元，用于2个联建培育示范村实施“两整两改一应用”项目。市下达全县新（改）建无害化卫生厕所任务2258户，已完成2430户，完成率107.62%，农村卫生厕所普及率达94.07%；29个行政村已接入集镇管网，64个行政村修建污水处理设施（其中包含增设管网），农村生活污水治理率达87.5%。全县农村生活垃圾收转运设施覆盖率达100%，畜禽粪污资源化利用率达90%，秸秆综合利用率达93.2%。

【农业机械化】 落实农机购置补贴政策，加大农机购置补贴和报废更新力度，全县共计补贴各类农机具2088台（套），补贴资金共计137.14万元，惠及农户1629户。全年新增农机总动力0.71万千瓦，截至2023年年底，全县农机总动力达25.1万千瓦，农作物耕种收综合机械化水平达58.34%。

【农村教育】 全面实施义务教育阶段乡（镇）学校全寄宿制办学，完成城区学校可躺式午休课桌椅采购，推进城乡教育办学条件均衡发展。完成温水溪学校、法侨学校改（扩）建，县城区义务教育阶段新增学位近3000个，提升县城区义务教育学位供给水平，进城务工和外来就业人员随迁子女就学需求得到更好满足。执行义务教育划片招生与就近入学、免试入学政策，按照四川省统一要求，已全面实行新招生网上报名、分批招录，推动实现更加公开、公平的就学保障。

【农村水利】 11月，水利厅印发《关于开展第三批乡村水务示范县建设的通知》，兴文县经过县级申报、市级推荐、省级遴选，正式被确定为第三批四川省乡村水务示范县，助力城乡融合发展、农村供水能力提升。在10—11月国债资金项目包装时，兴文县符合政策投向、前期工作成熟的项目很少，包装上报项目13个，通过国家发展改革委确认项目5个，已安排资金20000万元，资金量排名全市第二位。新坝水库移民安置重大设计变更被水利厅定为"未批先变"后，蓄水阶段移民安置验收工作无法推进，水利厅于3月印发新坝水库移民安置部分重大项目设计变更审查意见，同意开展蓄水阶段移民安置验收；省政府办公厅于6月29日—7月1日组织开展现场检查，于8月组织省、市相关单位召开省级终验会，同意通过新坝水库工程蓄水移民安置省级终验，新坝水库蓄水验收工作完成，新坝水库得以合规蓄水。协调水利厅对《四川兴文经济技术开发区规划水资源论证报告书》开展审查批复，县经开区管委会完成第二轮中央生态环境保护督察交办问题整改。协调市水利局完成《兴文县太平自来水厂及配套设施建设项目（一期工程）水资源论证报告书》《兴文县僰王山镇经石海至叙永县江门镇（宜宾境）公路工程盐店坡大桥、双沱子大桥、龙洞古宋河大桥等拟建桥梁工程洪水影响评价报告》审查，市水利局及时支持出具行政许可决定，保障了工程的合法、合规推进。全县国控断面水环境质量持续改善，水质总体向好，断面水质监测结果基本保持稳定，17个断面水质多数时候都优于考核标准一个等级。河长制工作被《中国水利报》报道，2017—2022年河（湖）长制工作被市委、市政府评为全市先进集体。抓实抓细防汛减灾工作，应对"5·31""7·2""7·26""7·31"等多轮强降雨，全年未发生安全事故，防汛抗旱工作被评为2022年全市防汛抗旱先进集体。

【农村交通】 持续推进农村公路建设，提升改善农村交通基础设施建设水平，持续深化巩固"金通工程"实施成果，提升农村交通运输水平。完成通村（组）农村公路新（改）建25千米，完成莲花镇沥青路新建约1千米，助力打造山水田园乡村振兴示范片区。完成金鹅池火车站至大河乡政府改（扩）建工程建设；完成九丝小河沟桥和古宋松林坡漫水桥设计并进场施工，松林坡漫水桥已完成1#墩桩基、2#桥台施工，九丝小河沟桥已完成便道修建并进行桩基施工；完成大坝、僰王山、玉屏、麒麟、莲花水栏街道黑化。全县运行乡村客运车辆250辆，其中班线客车166辆、小型便民客车84辆，实现全县12个乡（镇）160个建制村通客车率达100%，保障了农村群众出行需求。

【农村卫生】 实施医疗救助对象信息动态管理，依托四川省医疗保障信息平台、农村低收入人口监测平台和民政社会救助信息平台，加强信息共享，做好因病致贫和因病返贫双预警风险监测，对基本医保参保对象实施动态监测，做到主动发现、精准救助。按照《宜宾市医疗保障局等五部门关于转发〈关于坚决守牢防止规模性返贫底线健全完善防范化解因病返贫致贫长效机制的通知〉的通知》要求，与县乡村振兴局、县民政局、县残联对接，开展落实重点人员信息月月比对工作，对未参保的低保对象、防止返贫监测对象等进行逐人核实，建立台账，定向追踪，确保"应保尽保"。

【农产品质量安全监管】 创建四川省农产品品牌目录品牌1个、四川省第九届农博会"最受欢迎农特产品"1个。持续建设农产品质量安全网格化管理体系，开展食用农产品"治违禁 控药残 促提升"三年行动。推进食用农产品承诺达标合格证制度和农产品质量安全追溯工作，全年开具承诺达标合格证6680张，全县未发生重大农产品质量安全事件。抓好农业农村依法治理，按要求做好"依法治县"相关工作，制定《兴文县农业农村局2023年依法治县工作要点》《兴文县农业农村局2023年谁执法谁普法责任清单》等相关文件，加强农业农村重点领域执法力度，出动执法人员960人次，检查生产主体850家，按照规定管控"重点监控名单"生产经营主体，办结行政处罚案件8件，罚款23万元，其中1件案卷被评为省级优秀案卷，维护了全县农业农村生产秩序，全年未发生生态环保、安全生产、食品安全责任事故。

【主要领导人】 县委书记：陈良云；县人大常委会主任：朱远鹏；县长：周明军；县政协主席：周丽虹；分管农业副县长：何宇。

兴文县编写组

屏山县

【基本情况】 2023年，全县辖3乡8镇，辖区面积1504平方千米，其中耕地面积27.5783万亩，比上年增长4.09%，人均耕地面积0.89亩；永久基本农田19.48万亩。林地面积7.9万公顷，其中有林地面积6.3万公顷；活立木总蓄积量812万立方米，森林覆盖率56.24%。

2023年，全县实现地区生产总值119.51亿元，增长7.6%，其中第一产业增加值28.34亿元，增长4.8%，农、林、牧、渔及农林牧渔服务业之比为663∶45870∶110614∶2694∶9200；第二产业增加值40.38亿元，增长8.2%（工业产值97.16亿元）；第三产业增加值50.78亿元，增长9%。三次产业对经济增长的贡献率分别为16%、37.5%和46.5%。全年接待游客220万人，实现旅游收入14.3亿元。

公路通车里程2364.739千米。社会消费品零售总额36.58亿元，增长3.5%。金融机构各项存款余额171.2亿元，比上年初增长8.1%；各项贷款余额170.17亿元，比年初增长18.6%。

有各类学校97所，在校学生47783人，在编在职教职工2962人，其中职业高中1所，在校学生3296人；普通中学18所，在校学生15900人；小学12所，在校学生20586人；幼儿园35所，在园幼儿7869人；学龄儿童入学率100%。有艺术表演团体5个，文化馆1个，公共图书馆1个，博物馆1个。有卫生机构223个，卫生技术人员679人。基本养老保险参保人数19.19万人，参保率95.5%。

【年度农业和农村经济运行】 2023年，全县实现农业总产值11.6亿元，增长4.2%；全县全年农业增加值达28.34亿元，增长4.54%。农民年人均可支配收入达18853元，增长7.5%。全县农产品质量抽检合格率为98.29%。全县主要农产品产量见表1。

【农用地产权制度改革】 建立健全农业适度规模经营体制机制，印发《中共屏山县委 屏山县人民政府关于进一步加快推进农业现代化的意见》《屏山县关于进一步规范农村土地承包经营权有序流转推进农业适度规模经营的实施意见》，引导全县农村土地经营权规范有序流转，创新土地流转体制，优化农业生产要素组合，发展农业适度规模经营，推动全县现代农业发展，促进农业增效、农民增收。全年农村土地规模经营总面积649195.53亩，土地规模经营率达16.35%，同比增长1.72%。

【农村集体产权制度改革】 全面完成农村集体资产监管提质增效行动任务，先后印发《屏山县农村集体资产监管提质增效行动实施方案》《屏山县农村集体资产监管提质增效行动任务清单》《屏山县农村集体资产管理办法（试行）》《关于2023年农村集体资产及村级财务管理相关事项的工作提示》《屏山县农业农村局关于开展农村集体经济组织相关审计的工作提示》《屏山县农业农村局关于进一步规范农村集体资产监管平台运行的通知》等文件和工作提示，全面安排部署细化全县农村集体资产监管提质增效行动相关工作；通过开展集中业务培训、外出参观学习以及加强对各乡（镇）、各村集体农村集体资产监管提质增效工作的指导督导、定期收集任务完成情况等措施，确保农村集体资产监管提质增效任务取得实效，总结全县开展该项工作的做法、成效，形成《屏山县三举措助力农村集体资产监管提质增效》信息，并被农业农村厅采用。全县初步

表1 2023年屏山县主要农产品产量

主要农产品	单位	产量	同比增减(%)
粮食	万吨	9.7000	2.30
水稻	万吨	2.9919	5.50
小麦	万吨	0.0125	15.70
玉米	万吨	5.1450	2.80
马铃薯	万吨	0.9841	15.00
油菜籽	万吨	1.1866	11.80
蔬菜	万吨	11.7693	8.40
水果	万吨	20.1900	11.20
肉类	万吨	2.8700	−2.80
猪肉	万吨	2.1600	−4.20
牛肉	万吨	0.0680	−1.90
羊肉	万吨	0.2200	−3.70
禽肉	万吨	0.2500	0.03
兔肉	万吨	0.1700	10.30
禽蛋	万吨	0.2500	7.96
水产品	万吨	0.1140	7.02

构建起村集体经济组织“机构健全、制度完善、成员完整、机制合理”的规范运行机制，为村集体经济不断发展壮大奠定了基础。为指导促进全县农村集体经济发展，出台了《屏山县镇级国资公司和村股份经济合作联合社（村集体公司）规范提升试点工作方案》《屏山县村集体经济提质增效十一条措施》《中共屏山县委农村工作领导小组关于推进农村集体经济提质增效的意见》《屏山县村级集体经济发展基金管理实施细则》《屏山县农村集体经济评价办法》《屏山县村集体经济组织收益分配管理办法（修订）》《屏山县农村集体闲置资产盘活工作方案》等多个措施和办法，全面安排部署农村集体经济发展目标任务和工作内容，为全县村集体经济发展提供了政策支撑，健全了村集体经济运营发展机制。运用县级农村产权交易平台盘活村级闲置资产，增加集体经济收入。通过村集体经济提质增效系列措施的实施，全县村集体经济收入为1.28亿元，同比增长6.7%；村集体经济收益实现798万元，同比增长15.3%。

【供销合作社改革】 确定2023年目标任务为创建8家示范提升农民专合社。县供销社于6月对11个镇申报的20家参建示范提升农民专业合作社开展全覆盖走访摸底和业务指导，重点内容为“四个统一”（统一生产管理、统一技术服务、统一农资采购、统一销售组织）、股权配置、分红核算、规范管理、运营模式等。8月，开展示范提升中期评估。截至2023年年底，配合农业、财政等部门完成达标评比验收，完成全年任务，并以县委农办名义发文正式明确。

【农产品品牌战略实施】 全县首次执行《屏山县人民政府关于印发屏山县有机产业奖励扶持办法的通知》，对全县2022年、2023年取得有机（转换）证书的22家企业的23个基地进行培育，以项目扶持方式发放补助资金1038.28万元，截至2023年年底，全县共获得有机（转换）证书38张，涵盖茶叶、茵红李、龙眼、白魔芋等55个品类。

【现代农业园区建设】 全县茶叶生猪种养循环现代农业园区位于大乘、锦屏2个乡（镇），涵盖双峰村、沙坪村、中坪村、蔡和村、漆树村、新村、三洞村、富荣社区村8个村，累计建成生态基地1740公顷，投产面积1740公顷；有茶机196台（套）、修剪机1377台（套）、农用车1725辆、旋耕机222台、机动喷雾器3418台、粉碎机与打米机362台；套种养循环面积1357.2公顷，种养循环覆盖率达78%。园区有农业机械7920台（套），其中茶叶加工机械628台（套），综合机械率达78.51%。园区以茶叶、生猪为主导产业，全年总产值6.5亿元，增长46.15%，占园区总产值6.9亿元的93.79%。茶叶鲜叶产量12556吨，增长46.85%；干茶产量2650吨，增长87.94%。

【种植业】 全县有富硒土壤土地2.4万公顷、足硒土壤土地7万公顷，完成1：1万比例调查面积1.09万公顷，圈定富硒土地面积5699.67公顷、足硒土地面积4681.67公顷。2023年，全县粮食作物播种面积1.73万公顷，增长3.6%，其中夏粮播种面积0.15万公顷、秋粮播种面积1.58万公顷。全年粮食总产量9.7万吨，增长2.3%，其中夏粮产量0.5万吨，秋粮产量9.2万吨；实现总产值2.81亿元，增长2.5%。全年蔬菜种植面积4000公顷，增长5.26%，其中保障性蔬菜基地面积333公顷、魔芋种植面积2800公顷，实现总产值1.42亿元。全县酿酒专用粮基地2000公顷，减少26.28%；黄油菜种植面积3000公顷，增长2.5%。

【林竹业】 全县林地面积79153.33公顷，活立木蓄积量807.5947万立方米。有竹林面积21476公顷（竹林规模位居全市第四），以龙华、屏边、清平3个乡（镇）最为集中。竹资源品种以慈竹、屏山方竹（俗称实竹子、石竹）、楠竹、刺黑竹四个大类为主，规模占全县竹资源总量的82.66%。全年实现竹产业总产值17.7亿元，其中第一产业产值4.84亿元、第二产业产值7.92亿元、第三产业产值4.94亿元。全年办理林地征占用报批手续共59宗，征占用林地面积77.1121公顷；办理森林林木采伐许可证1451份，审批采伐蓄积量5.1753万立方米，采伐面积474.11公顷。完成屏山县慈竹现代竹产业基地建设667公顷；完成竹林规模化经营1333.33公顷，其中屏山县碧生元生态农业开发有限公司466.67公顷、屏山县芳源竹木制品农民专业合作社333.33公顷、屏山县彝林人家生态养殖农民专业合作社533.33公顷。

【畜牧业】 全年出栏生猪29.5万头，增长1.7%。常年能繁母猪出栏1.7001万头，减少10.1%；存栏14.84万头，增长0.4%。猪肉产量2.16万吨，减少4.2%。肉牛出栏0.5万头，增长0.6%；存栏1.28万头，增长28.2%。肉羊出栏16.5万只，减少3.5%；存栏8.15万只，减少11.2%。

特色白鹅产业发展。按照绿色、循环、生态的发展理念，在11个乡（镇）建成育雏基地3个（屏山县凤君家庭农场、屏山县鹏翅有限公司、屏山天宫农民养殖专业合作社），年育雏能力达50万羽以上；建成种鹅养殖基地3个（屏山天宫农民养殖专业合作社、屏山县锦旭农业有限公司、屏山县光玉土鸡农民养殖专业合作社）、标准化鹅苗孵化车间1个（屏山天宫农民养殖专业合作社），年孵化能力达150万羽；建成规模化养和分散养殖相结合的存栏2000羽以上的村集体专业化养殖基地（养殖示范基地）23个，实现种鹅存栏达1.1万羽，增加1.1万羽。11月，建成年宰杀禽500万羽白鹅屠宰加工厂厂房，实现时宰白鹅200羽。

【水产业】 全年实现水产业总产值6293.66万元，减少12.77%。有渔业生产主体641家（个），与上年持平，其中水产企业8家、农民专业合作社8家、家庭农场12家。全县水产养殖主要品种为青鱼、草鱼、鲢鱼、鳙鱼、鲈鱼、黄辣丁、克氏原螯虾，养殖总面积387公顷，增长10.89%；

总产量1144吨，增长7.02%。实现总产值6293.66万元，其中渔业产值2693.87万元，减少37.6%；渔业工业和建筑业产值865万元，增长1.76%；渔业流通和服务业产值2734.79万元，增长33.53%。全县特色水产养殖主要品种为大鲵、红鳟、牛蛙、黄颡鱼、克氏原螯虾等10余个品种，养殖总面积161公顷，增加48公顷。全年有水产养殖户573户，增加68户。稻虾共作主要集中在屏山镇蒋坝村、寺坪村，水产养殖水域面积在100亩以上经营主体有4家（屏山县灏丰农业发展科技有限公司、县晶禾农业有限公司、县沃鑫农业开发有限公司、稻虾农场）；另有经营主体10家（宜宾远程创展生态农业开发有限公司、屏山镇张毅养殖户、龙华镇刘永珍养殖户、宜明源生态鱼养殖观光基地、县渡口家庭农场、县富群家庭农场、县佳宜水利养殖有限公司）。

【乡村振兴】 常态化开展防止返贫动态监测和帮扶，全年新增监测对象1044户3669人（消除风险15户62人），实现零返贫、零致贫目标；2023年度全县脱贫人口人均纯收入达14992元，比上年增长15.7%；投入财政衔接推进乡村振兴补助资金和其他涉农整合资金2.67亿元，实施项目241个；新增发放脱贫人口小额信贷1124笔，发放金额4871.985万元。持续推进宜居宜业和美乡村建设，坚持规划先行。编制完成屏山县2023—2025年乡村建设中期任务清单和2023年度任务清单，共编制乡村建设中期任务清单72项、2023年度建设任务清单68项。学习浙江“千万工程”经验，以实施和美乡村建设“百千工程”为抓手，以普惠性、基础性、兜底性民生建设为重点，着力补短板、强弱项、缩差距、提质效，提升乡村产业发展融合度、基础设施完备度、公共服务便利度、人居环境舒适度、人民群众满意度。全年整合各类资金49326.71万元，实施对标补短项目171个，培育“百千工程”示范村3个、达标村35个，建成省级乡村振兴先进乡（镇）1个、示范村3个、重点帮扶优秀村1个，市级乡村振兴先进乡（镇）1个、示范村3个、重点帮扶优秀村1个。

【农村水利】 加强水利项目建设。全年实施锦屏镇场镇人饮抢险救灾工程，总投资530万元，6月完工，完成锦屏、富荣集镇区域和部分长输管线改造，受益人口1985人。继续实施屏山县龙华镇鱼孔村供水厂工程（一期），总投资8000万元，6月完工，建成矿泉水厂1座并投入生产。继续实施屏山县真溪河小流域水土流失综合治理工程，总投资571.5万元，7月完工，综合治理水土流失面积11.43平方千米。6月，启动2023年小型农村集中供水工程维修养护工程，总投资100万元，10月完工，维修养护小型农村集中供水工程50处，巩固提升8万人饮水安全。8月，启动2023年抗旱人饮水窖项目，总投资840万元，9月完工，新建抗旱人饮水窖998口，巩固提升约0.5万人饮水安全。

加强农村供水管理。全县有14座乡（镇）水厂，日供水能力达1.31万立方米/日。乡（镇）年平均日供水量1.1万立方米、日售水量0.56万立方米，供水量占实际生产能力的83%。14座乡（镇）水厂共有供水用户2.16万余户，实现销售收入342.13万元。全县农村供水总人口25.43万人，农村集中供水人口22.39万人，自来水普及率达88%，农村规模化供水工程供水保证率超过95%，小集中及分散供水工程供水保证率超过90%，农村供水水质合格率达98%。

加强水政水资源管理。全年开展各类水事执法检查74次，组织开展联合执法10次，出动执法人员200人次，办理非法采砂案件1起。金沙江河道采砂以公开遴选方式确定宜江水务发展有限责任公司为采砂权业主，向县财政缴纳采砂权有偿服务费13000万元。全年受理水行政审批接件43件，办结43件，其中《行洪论证与河势稳定评价审批》5件、《取水申请》1件、《取水许可》10件、《开发建设项目水土保持方案审批》27件，按时办结率达100%，群众满意率达100%。征收水土保持补偿费260.19万元，并按照规定缴纳财政。

【农业机械化】 农机购置与应用补贴。全年完成中央财政农机购置与应用补贴资金兑现148.3万元，同比增长112%；带动农民购置各类农机具1442台（套），受益农户1035户。按规范要求核查补贴2000元以上的31户、275台（套）机具购置与应用情况，均符合农机购置补贴系统申报要求。

农机推广示范。统筹整合中央、省、市衔接资金200万元，配置农业机械19种711台（套），建成小型实用农机推广示范点1个（项目名称：2023年屏山县锦屏镇农机化示范推广项目；地点：锦屏镇漆树村；建成时间：2023年12月）。全年为锦屏镇漆树村4000亩茵红李、锦屏村6000亩茶叶套种茵红李和2000亩粮油作物提供机械化喷药、施肥、松土、修剪、除草、收获、运输等服务，示范带动作用良好。

农业机械化水平。全年完成农作物机耕面积2.85万公顷、机播面积866.67公顷、机收面积11333.33公顷，耕种收综合机械化水平达54.4%。

农机安全监理。全年管理拖拉机档案506个、拖拉机驾驶员档案1560个；登记在册（四川一体化政务服务平台—四川农机安全监督管理信息系统）拖拉机驾驶员173人，办理拖拉机驾驶证期满换证等监理业务2件，签订《拖拉机驾驶人及机主上道路行驶安全责任书和承诺书》2份。共享更新外籍在屏运输拖拉机信息和登记在册拖拉机驾驶员信息6次，推送安全宣传短信23392条，发放宣传资料2300份，保持变型拖拉机清零并无新增、无农机安全生产事故发生。

【农村科技】 全县实行科技养蚕，小蚕共育（发蚕卵改为发小蚕）从3龄发放改为2龄发放，提前5天，缓解了共育压力，增加了消毒间隔期，确保了共育室环境质量。新购置纸板方格簇（一蚕一格一粒茧）5万片，用于更换原有损坏和不良簇具，全县优良簇具达95%，提升5%。新推省力蚕台40套2400平方米，技术革新后，实现单张产量提高1.5千克，产值增加75元，农户增收近34万元。

【农村教育】 全县11个乡（镇）有单设中学4所、中心校5所、九年一贯制学校9所（8所中心学校、1所基点校）、教学点32个，在校学生20054人。由于出生率降低和乡（镇）人口向城市集中，乡（镇）学校数量不断缩减，2024年计划撤并乡（镇）小规模学校5所。全县有少数民族乡（镇）2个，有少数民族中心学校2所（清平乡民族中心学校和屏边乡民族中心学校，均属少数民族寄宿制学校）、教学点2所（清平彝族乡星星基点校、清平彝族乡民族希望小学）。2所民族乡学校共有教职工187人、少数民族教师41人（本科29人、专科12人；高级6人、一级6人、初级14人、未评职15人）。全县有少数民族在校学生2896人（小学1622人、初中603人、高中152人、职业高中188人、特殊教育学校5人、幼儿园326人）。根据乡（镇）学校地域条件和艰苦程度，按照每人每月400元、450元、500元、550元、600元、650元、700元、750元、900元、950元、1200元11个档次标准为1920名农村教师发放生活补助1201万元；按照每人每月220元、260元、480元、600元四个档次标准为1607名教师发放乡（镇）工作补贴811.52万元。

【农村文化】 全年开展基层文化活动78余场，其中“2023年我们的中国梦——文化进万家”系列活动共39场、开展“送文艺演出下乡”11场、“送培训辅导下乡”17场、“非遗进乡村”展览11场。

【农村卫生】 开展爱国卫生月宣传、环境卫生整治等形式的爱国卫生运动，各乡（镇）和爱卫成员单位参与群众4万余人，义诊咨询1600余人，发放各类爱卫知识传单（册）5000余份、宣传海报500份、爱国卫生工作指导手册1000本，开设宣传专栏146个，张贴标语110条，发送简报信息52条。创建1个省级卫生乡（镇）、32个省级卫生村（社区），8个市级卫生村（社区）、3个省级卫生乡（镇）和1个市级卫生乡（镇）届满通过复审。

【农村交通】 全县境内有国道131.881千米、省道199.14千米、县道276.131千米、乡道463.599千米、村道1347.37千米。全县11个乡（镇）151个行政村全部通水泥路，里程达336.377千米，村通水泥路率达100%。全县通航水域里程108.2千米（金沙江93.5千米、岷江14.7千米）。成贵高铁设立屏山站。全年完成农村公路建设26.8千米，占目标任务的100%；完成农村公路次差路整治42千米，完成村道安防工程5.2千米。屏山区位交通劣势逐渐转变为区位交通优势，2020年屏山县创建为“四好农村路”省级示范县，2023年创建为四川省“金通工程”样板县。

【涉农招商引资】 全县有3000万元以上的农业招商引资重大项目2个，项目总投资4亿元，协议资金4亿元。

【农村社会保障】 全县基本养老保险参保人数达19.19万人，较上年增加5600人，参保率达95.5%，其中城乡居民基本养老保险人数13.5万人，较上年增加1480人。

【农产品质量安全监管】 全年开展定量监测抽检350批次，合格率98%；省级例行抽检样品154个，合格率98%；绿色食品风险监测8个样品，合格率100%；绿色食品原料标准化生产基地省级抽检10个样品，合格率100%；市级抽检108个样品，合格率99.5%。全年有329家农业经营主体入驻国家农产品质量安全追溯管理信息平台，录入生产1178批次、销售1636批次。全面推行承诺达标合格证制度，累计开具合格证14.75万张，带证上市数量2155.48吨。全年32家企业53个品类取得38张有机（转换）证书。对全县11家绿色食品生产经营主体中的5家开展年检，指导6家开展续展。执行农产品生产主体质量安全“重点监控名单”和“黑名单”制度，3家监测结果不合格生产企业被列入“重点监控名单”。

【农村市场体系建设】 开展价格监督专项整治、重点领域广告监管，监督检查各类经营主体单位2088家次，立案查处违法广告5件；规范网络交易市场，打击野生动植物非法贸易，线上线下共检查平台和网站1194个次，开展行政指导3次。保持打击养老诈骗高压态势，采取轮流值守、盯重点场方式，检查聚集性会议营销场所38场次，查办全市首起违规开展食品宣传推介活动案件。

【农村留守家庭（儿童、学生）帮扶】 建立“留守儿童之家”“乡村少年宫”“童伴之家”等关爱阵地311个，开展各类关心关爱活动23000余人次，开展“留守儿童之家”活动90余次，为2000余名留守儿童集体过生日；举办集体生日活动260余次，参与学生3600余人；开展家访9000余人次。全县建成县级心理健康中心1个、心理辅导室25个，开通心理健康服务热线2条，开展学生心理辅导3600余次，开展防性侵心理健康教育100余场。各单位部门、组织、个人向学生累计捐赠75万余元、爱心包裹500余个、书包600余个、课外书籍2000余本、学习文具3000余套。学校精准开展“七型学生”和“四种特殊学生”摸排，建立特殊学生动态台账，由学校中层以上干部负责包保重点人员，截至2023年9月底，最新台账中“七型学生”1563人、“四种特殊学生”8660人。全县11个乡（镇）168个村（社区）配备的儿童督导员、儿童主任每季度走访辖区内的困境儿童，每季度收集乡（镇）困境儿童情况，根据“监护、生理、行为”三类风险建立“红、黄、蓝、绿”四个风险等级台账，动态并重点监测存在风险的儿童，已为1652名留守儿童建立档案。由31位家庭志愿者组建的家庭教育协会定期或不定期组织开展家庭教育宣讲、亲子阅读课堂等，对留守儿童的家长或监护人进行家庭教育指导5000余人次，全县各中小学校每学期至少召开1次全校性集中监护人家长会，建立"童伴之家"22个，聘请"童伴妈妈"22名，全覆盖开展未成年人保护法治宣传活动和多种主题活动；组织开展暑期兴趣活动班，建立大学生实践教育活动基地，开展各种文化、娱乐、教育活动，丰富留守儿童的文化生活。

【主要领导人】 县委书记：代军；县人大常委会主任：冷远林；县长：赵丹；县政协主席：林敏；分管农业副县长：李劲松。

屏山县编写组

广 安 市

【基本情况】 2023年，全市辖2个区3个县1个市，辖区面积6339.22平方千米。

2023年，全市地区生产总值增长6.6%，比全国、全省分别高1.4个、0.6个百分点，排全省第八位；社会消费品零售总额增长10.8%，排全省第七位；规模以上工业增加值、固定资产投资分别增长7.7%、4.1%；地方一般公共预算收入首次突破100亿元，增长10.9%；城乡居民可支配收入分别增长5%、7.4%，均排全省第四位。

【统筹城乡发展】 全年实施市政基础设施建设项目277个，完成投资60.5亿元。西溪河沿岸生态综合治理项目开工建设，海绵城市建设获评中央财政绩效评价A级，华蓥市入选省级系统化全域推进海绵城市建设示范城市。全年开工改造棚户区2998套、老旧小区323个，惠及群众10万名。建成广安市民服务中心，初步实现"一屏观全域、一网管全城、一端惠全民"。"四公一农"建设三年行动收官，主城区建成公园（含口袋公园）30个、公共厕所（含城市驿站）48座、公交站台115个、公共停车场31个、综合整治农贸市场133个，城市颜值、品质大幅提升。加快建设镇广高速广安段等项目14个，建成罗渡渠江大桥等项目10个，完成综合交通投资150亿元。广安市获评全省"交通强市"试点成效显著市，武胜县创建为"四好农村路"全国示范县。

【乡村振兴】 加强耕地保护，全年耕地净流入4.5万亩。建设高标准农田23.5万亩，经验做法获得省政府督查通报表扬。累计建成优质粮油基地55万亩，巩固提升优势特色产业基地48万亩，粮食总产量183.7万吨。出栏生猪384.2万头。岳池现代农业产业园被纳入国家现代农业产业园创建名单，新创建（晋升）省星级园区4个。获评国家农业产业强镇5个，数量居全省第一位。完成水利投资46亿元，邻水县入选全省乡村水务示范县。国家储备林项目获得省农发行授信50亿元，排全省第六位。环主城区产城景融合发展示范带启动建设。建成乡村振兴示范片6个、示范乡（镇）6个、示范村77个。代市镇、罗渡镇入选省级百强中心镇。完成剑阁县年度帮扶任务，巩固脱贫攻坚成果考评有望实现"五连好"。获评全省乡村振兴先进市。"三农"领域省级年度考核考评获得激励资金1.96亿元。

【民生实事】 完成省、市57件民生实事，民生支出占比72%。新增城镇就业4.6万人，"賨州姐妹""轻纺巧匠"入选"川字号"特色劳务品牌，获评全省农民工服务保障先进市。广安市成为全国首批全域通过县域学前教育普及普惠国家督导评估实地核查的地级市，新创建省级示范性幼儿园10所、义务教育优质发展共同体领航学校7所、省级示范性普通高中2所，全市常住人口每万人本科上线人数比全省平均水平高19.7%。小平干部学院二期即将建成投用。广安职业技术学院"双高计划"建设完成中期绩效实地评价。广安市被纳入全省"三医"联动系统集成改革试点，全国三级公立医院绩效考核排全省第六位，市人民医院晋位A级，获批省呼吸和心血管病区域医疗中心，通过国家卫生城市现场评估验收。全国社区和居家养老提升项目获得民政部通报表扬，累计建成养老服务机构159个、社区养老服务综合体25个。医保移动支付结算率位居全省第一。建成市残疾人康复中心，县级残疾人托养中心在全省率先实现全覆盖。走好网上群众路线，为民服务办实事综合评价居全省第一方阵。环境空气质量综合指数排全省第九位，国、省考核断面水质优良率达100%，土壤环境质量总体稳定，中央、省环保督察反馈问题整改达到时序进度。建成投用市综合应急救援基地和6个中心乡（镇）消防站，生产安全事故起数、死亡人数实现"双下降"。森林防灭火实现零火情，食品安全监管扎实有效，政府债务和金融风险总体可控。"保交楼"交付率92.9%，排全省第四位。推进"平安广安"建设，完成成都大运会等重要活动安保维稳任务，创建为全国市域社会治理现代化试点合格城市，连续7年获评全省社会治安综合治理、平安建设优秀市。

【主要领导人】 市委书记：张彤；市人大常委会主任：张力；市长：赵波；市政协主席：单木真；分管农业副市长：尹黎明。

广安市编写组

广 安 区

【基本情况】 2023年，全区辖3个乡16个镇6个街道，辖区面积1027.79平方千米。

2023年，全区实现地区生产总值244.66亿元，增长6.6%。服务业增加值173.5亿元，增长7.2%。全社会固定资产投资增长1.1%。规上工业增加值增长16.1%。社会消费品零售总额172.8亿元，增长8.1%。地方一般公共预算收入完成12.1亿元，增长12.5%。城乡居民年人均可支配收入分别增长4.9%、7.8%。完成邮政区、乡、村三级物流体系建设，实现网络零售额14.3亿元，居全市第一位。

【现代农业发展】 落实"长牙齿"的耕地保护硬措施，恢复补充耕地1.5万亩，耕地面积连续3年净增加。实施"天府良田"建设行动，新建高标准农田9.6万亩，获评全省整区域推进高标准农田建设示范县；建设优质粮油基地16.8万亩，粮食总产量33.4万吨，出栏生猪79.2万头。承办省级农业工作现场会3次，获评全国农作物病虫害绿色防控示范推广基地。提质特色优势产业基地4.2万亩，示范推广水稻、油菜全程机械化种植5万亩。广安区省级粮油现代农业园区"三星升四星"进入公示名单，建成市级现代农业园区2个，龙安乡创建为首批国家农业产业强镇，龙安柚上榜全国名特优新农产品名录。新引进培育新型农业经营主体138个，培育龙头企业4家、"两品一标"农产品11个。建成片区综合农事服务中心3个、专家大院6个，培育社会化服务组织28个，获评"全省农业社会化服务典型区"。

【文旅融合发展】 编制完成协兴片区文商旅产业发展等专项规划2个，渠江印象文旅融合示范、文庙修缮等项目加快建设，创建为全省首批历史文化遗产综合保护利用试点县，创建省级乡村文化振兴样板镇、村各1个。"四川省曲艺之乡"首创即将完成，"中国曲艺之乡"通过初评验收。全国最大村级博物馆聚落——牌坊村建川博物馆开工建设，推动打造文庙片区城市文化IP。通过天府旅游名县复核，接旗"川东北天府旅游名县联合体"理事长单位，全区7个国家A级景区全部通过复核，牌坊村创建为天府旅游名村。举办第八届龙安柚旅游文化节、首届"金色广安·春归花桥"油菜花节，全年接待游客502.2万人次，实现旅游收入41亿元，入选全省文化产业和旅游产业融合发展示范区创建单位。

【新型城镇化】 统筹推进新区开发、老城更新、协兴片区整体提质，官盛湖酒店签约落地，开工建设方坪大道提质改造、"一路四新村"等项目21个。改造老旧小区54个，为既有住宅增设电梯74台，惠及群众2.5万人，"四治融合"推进老旧小区改造经验做法在全省推广。实施渠江印象城市公园综合提升工程，竣工投用滨江路延伸段等城市道路20条、23千米，"四公一农"建设三年行动收官，累计新（改）建涵虚公园等城市公园12个、城市公共厕所（含城市驿站）21座，新增停车位2000个，19个城区农贸市场综合整治全面完成，建成投用活禽集中交易宰杀市场。智慧城管建成投用，改造坡屋顶3000余平方米，实施环卫市场化服务改革，通过国家卫生城市复审，品质主城形象更加鲜明。

【和美乡村建设】 环主城区产城景融合发展示范带年度建设任务全面完成。龙安全域乡村振兴示范乡镇、花桥乡村振兴示范片基本建成，龙台全域乡村振兴示范乡镇、大龙乡村振兴示范片加速推进，提档升级大安、彭家、大龙、悦来4个场镇，完成散居农房改造1200户，改造提升老旧院落4个，新建农村居民小区2个。完成"厕污共治"1200户，提质恒升、兴平等9个乡（镇）污水处理厂（站）。全区农村生活垃圾收运处置体系实现行政村全覆盖，场镇污水处理率达100%。深化乡风文明"一榜两评"，创建全国文明村镇3个、省级文明村镇4个、市级文明村镇26个。进入2023年度全省乡村振兴先进县"回头看"考核"优秀"等次公示名单，和美乡村形象全面彰显。

【基础设施建设】 实施"同城融圈"交通三年大会战，广华快速通道城区段提质改造等11个项目加快建设，完成投资5.1亿元。镇广高速区境段、白马渠江大桥、明月渠江大桥建设快速推进，大龙大桥、石笋至肖溪冲相寺旅游示范公路等重点工程即将竣工，完成撤并建制村畅通工程200千米、通组路30千米。开通乡村客运定制班线8条，投运客车56辆，农村群众出行"通返不通"的问题有效破解。亭子口灌区一期工程加快推进，黄桷水库主体完工，完成"一江六河"防洪治理5千米。更新改造城乡供水管网300千米，为重点人群安装自来水3515户，全区自来水普及率达89.5%。

【生态建设】 国家储备林一期项目获得授信7.8亿元，首批到位1.1亿元。完成林地抚育、改培0.5万亩。推进工业源、扬尘源、移动源PM2.5和臭氧协同管制。全面完成197个省级河（湖）长制遥感图斑问题核实整改，村级河湖管护"解放模式"全区推广，建成水美新村3个，综合治理水土流失面积31平方千米，渠江国控断面水质由Ⅲ类提升至Ⅱ类，市控断面、饮用水水源地水质100%达标。抓好面源污染防治，化肥、农药使用量保持零增长，土壤环境稳定达标。中央、省环保督察反馈问题整改全部达到序时进度。

【民生实事】 坚持“四个不摘”，投入衔接资金1.3亿元，制定落实4大类50条帮扶措施，新培育集体经济收入超过10万元以上的村35个，省定26件、市定30件民生工程全面完成，10件自办民生实事全面兑现。开发城乡公益性岗位1505个，新增城镇就业7080人，城镇登记失业率控制在4%以内，“賨州姐妹”获评第二批“川字号”特色劳务品牌，临港经开区入选全省首批返乡入乡创业示范园。农民工、退役军人等特殊群体服务保障不断加强，龙安乡龙安社区农民工综合服务站获评首批省级示范站。落实职工医保门诊共济保障机制，城乡居民基本医疗保险、养老保险参保率分别为98.4%、92.7%。为6.1万名特殊困难人群代缴医疗、养老保险1417万元，发放各类救助资金1.8亿元，普惠性、基础性、兜底性民生建设持续加强。

【农村教育】 加德·爱众江景幼儿园主体竣工，天湖美郡幼儿园、西溪河幼儿园即将投用，全区公办幼儿园学位占比提高至56.2%，通过县域学前教育普及普惠国家督导评估。广安小学主体完工，滨江路学校开工建设，提质城区义务教育阶段学校2所，创建省级示范校（园）6所、省二级示范高中1所，获评全省首批中小幼品格教育成果推广应用示范区。表彰优秀教师、先进典型692人。全市首所民办高职院校——广安数字经济职业学院项目落地，全民国防教育中心开工建设。

【农村卫生】 区人民医院二期全面投用，三期工程加快建设，与川北医学院附属医院建立紧密型医联体，全国名中医张之文工作室、全国师承导师张琦工作室落户区人民医院。石笋中心卫生院创建为省级县域医疗卫生次中心，通过“二乙”医院创建验收。成立区疾控局，建成市级临床重点专科1个、区级10个，通过省级慢性病综合防控示范区复审。优化养老和托育服务供给，全区32家综合医院、护理院建成老年友善医疗机构，肖溪片区养老院开工建设，市养老服务中心、区老年养护院主体竣工，建成“养老服务驿站”5个。累计建成3岁以下婴幼儿托位1803个。

【农村安全生产】 落实安全生产“十五条”硬措施，区、乡两级安办实体化运行，抓实道路交通、建筑施工、城镇燃气、自建房、食品药品等领域安全隐患排查整治，抓好防汛减灾、森林防灭火等工作，全年事故起数、死亡人数实现“双下降”，未发生较大及以上生产安全事故，创建为省级安全发展示范城市。成立区消防指导服务中心，23个乡（镇、街道）全部设立消防办，建成官盛片区消防救援站，启动建设3个乡（镇）片区消防站，城乡消防救援体系持续完善。为成都大运会、广安“红马”等省、市大事要事营造了良好的社会环境。

【主要领导人】 区委书记：刘永明；区人大常委会主任：尹才宏；区长：刘永明；区政协主席：刘昌杰；分管农业副区长：王正君。

广安区编写组

前锋区

【基本情况】 2023年，全区辖4个街道8个镇，辖区面积505.6平方千米。地区生产总值（区属）增长5.5%，规模以上工业增加值增长4.9%，社会消费品零售总额增长9.1%，服务业增加值增长6.9%，全社会固定资产投资增长0.2%，地方一般公共预算收入增长11.4%，城乡居民人均可支配收入分别增长5.1%、7.2%。

【现代农业发展】 落实粮食安全、耕地保护党政同责，新（改）建高标准农田2.5万亩。建成富锶水稻新品种选育、试验和示范基地，选育试种“天府胭脂”等富锶良种5个。“田坎玉米”种植经验做法在新华网刊发。粮食总产量11万吨，增长2.1%；出栏生猪17.4万头，增长1.9%。前锋区粮油现代农业园区创建为省三星级现代农业园区，龙滩“生猪+柑橘”现代农业园区创建为市级现代农业园区，虎城镇上榜首批国家农业产业强镇。制定广安青花椒生产技术地方标准，广安松针获得中华品牌商标博览会金奖。国家储备林项目加快实施，国有林场竹产业基地创建为省级现代竹产业基地，建平集团产业园投产西部地区单条产能最大的竹纤维生产线，竹产业全产业链初步形成。

【新型城镇化】 城镇建设渐次提质，统筹推进海绵城市、“三型”城市建设，创新“五自”模式建设智慧城市驿站、智慧化公交站台等“四公一农”精品项目26个，建设经验在全市交流推广。海绵运动广场建成投用，成为市民网红打卡地，单日人流量峰值破万人，为全市海绵城市获评国家绩效评价A级作出了贡献。完成老旧小区改造9个，推动38个封闭小区成立自治组织，幸福社区工会爱心驿站入选“全国最美户外劳动者驿站”。代市镇创建为省级百强中心镇。

【乡村振兴】 实施以工代赈项目12个，培育农民合作社省级示范社2家，申报认证“天府乡村”公益品牌7个、产地仓2个。创新打造“富民车间”57个，带动1500余人实现家门口就业，脱贫人口人均纯收入增长16.3%，通过巩固脱贫成果后评估和乡村振兴实绩考核考评。美丽乡村重点县建设试点有序推进，农村卫生厕所覆盖率达97%，建成“美丽乡村”3个、“广安美居”院落11个，创建省级乡村振兴示范村2个、重点帮扶优秀村2个。开展乡风文明“一榜两评三治”，建成全国、全省乡村治理示范镇1个、示范村7个。基础设施日臻完善，省道204线西环线铁路下穿工程竣工投用，省道507线前锋段、流杯滩快速通道建设加快推进，新（改）建农村公路48千米。建成虎城老街堤防等水利项目12个，新（改、扩）建山坪塘29口、提灌站20座、渠系12.6千米。新建4G、5G基站178个，新能源充电点位8处。

【生态建设】 生态环境持续优化，空气质量综合指数居全省65个建制区第七位、全市第一位，连续4年达到国家二级标准，获得省级大气激励资金居全市第一位。集中式饮用水水源地、城乡生活污水处置水质达标率以及地表水省控市控流域考核断面优良比例均达100%。土壤环境质量安全可控。前锋区生态环境局获评“全国生态环境系统先进集体”。

【民生实事】 投入民生资金18亿元，实施64项省、市、区定民生实事。广安“轻纺巧匠”获评四川省第二批“川字号”特色劳务品牌，创建全省村（社区）农民工综合服务示范站1个，广安青花椒现代农业园区获评首批四川省返乡入乡创业示范园。挂牌成立全市首个退役军人异地服务站，获得“四川省双拥模范区”称号。在全市率先实施低保对象分档救助，扩围增效成果位居全市第一。学前教育普及普惠通过国家督导评估认定，创建省级、市级示范性幼儿园各1所；优化调整小规模农村学校（校点）布局7所，改（扩）建义务教育学校3所，创建省级义务教育优质发展共同体领航学校1所。全区镇卫生院全面通过国家卫生健康委优质服务基本标准验收，区内住院就诊人次增长23%，通过国家卫生城市复审。加强“一老一小”服务，建成普惠托育托位80个、儿保中心1个；完善智慧养老服务平台，建成标准化区域养老服务中心3个，新增家庭养老床位207张。首个体育馆建成投用。创建省级“枫桥式”司法所、税务分局各1个，民主法治示范村1个，法治宣传教育基地1个。

【主要领导人】 区委书记：张伟；区人大常委会主任：蔡丽华；区长：陶开琴；区政协主席：张必伦；分管农业副区长：杨东南。

前锋区编写组

华蓥市

【基本情况】 2023年，全市辖8镇1乡3个街道，辖区面积464平方千米。

2023年，全市地区生产总值增长6.1%，固定资产投资增长4.2%，规模以上工业增加值增长8.8%，服务业增加值增长6.5%，社会消费品零售总额增长10%，城乡居民人均可支配收入分别增长5.1%、7.2%，地方一般公共预算收入增长10.25%。全年接待游客700余万人次，增长63.8%。

【年度农业和农村经济运行】 2023年，全市实战化运行安办“三组一中心”专班，推进重点行业领域专项整治，全年未发生较大及以上生产安全事故。持续打好蓝天、碧水、净土保卫战，空气质量综合指数全省排名上升6位，城乡集中式饮用水水源地水质稳定达标。全面落实粮食安全党政同责，守住16万亩耕地红线。健全矛盾纠纷化解机制，创建省级“枫桥式”派出所、司法所3个，蝉联省平安建设表现优秀县。完成成都大运会等重大活动安保任务，成功应对华蓥山“6·19”民间庙会三年新冠疫情后人流爆发的安保维稳。

【农村交通】 打好“交通三年大会战”，加快融入重庆市“半小时通勤圈”。西渝高铁华蓥段率先完成先行用地交付，清溪口特大桥、草靶场隧道等“三桥四隧”基本成型，广安东站站前广场、交通路网等被纳入高铁滨江新区规划；广华直达通道完成定线，华蓥山隧道及引道工程、明月渠江大桥初具雏形，华蓥至重庆定制客运、溪口至三汇跨省公交等入渝专线成功开行，完成综合交通投资32.95亿元，位居广安市第一，创建为全省“交通强县”试点县。

【服务融圈实现新突破】 借力优质公共服务资源，加快融入重庆教育圈、医疗圈。与重庆市27所学校签约合作，华蓥中学挂牌“重庆市巴蜀中学川渝合作示范校”。与重庆医科大学附属儿童医院等3家三甲医院签约合作，市人民医院挂牌“重庆医科大学附属第一医院华蓥医院”，全市公立医院医疗水平不断提升。与重庆市合川区联合出台的《农村集体聚餐节约行为规范》作为全国首例农村“坝坝席”区域性团体标准被列入全国十大社会共治案例。

【现代农业发展】 着力建基地、提质量、树品牌，逐步走出一条特色农业发展之路。扛牢粮食安全政治责任，改造提升高标准农田1.1万亩，粮食作物播种面积和产量分别稳定在27万亩、10万吨以上，高兴粮食现代农业园区获评省三星级现代农业园区，高兴镇创建为省级优势特色产业乡（镇）；新建规模养殖场3个，全市出栏生猪23.5万头。提档升级蜜梨产业，新建母本园500余亩，提质扩面2000余亩，引进培育新品种15个，建成投用广安蜜梨农业服务中心，综合产值达5亿元，同比增长

11%，广安蜜梨入选2023年国家梨产业十佳区域公用品牌典型案例、四川省"天府粮仓"精品（培育）品牌名单，核心区禄市镇被认定为国家农业产业强镇。延链发展林业产业，油樟智能连续蒸煮生产线投产出油，研发精品油樟产品7个，高兴镇、红岩乡被认定为省级现代竹产业（康养）基地。

【乡村振兴】 白鹤咀村创建为全国乡村治理示范村，沙坝村、跳石沟村等4个村分别创建为省乡村振兴示范村和重点帮扶优秀村，凉水井村入选全国村集体经济发展典型案例，连续三年获评省乡村振兴成效显著市、先进市、"回头看"考核"优秀"等次。

【统筹城乡发展】 统筹实施城市更新、乡村振兴，推动城乡融合发展。城市品质加速提升，入选2023年系统化全域推进海绵城市建设省级示范城市。完成9个老旧小区改造，累计改造老旧小区达142个。新（改）建"四公一农"项目32个，安公湖公园加快建设，红岩公园完成提标改造，宋韵公园及10个微广场建成开放，提档升级广清路等5条主干道。

【民生实事】 办好群众就业、就学、就医等民生实事，让发展成果惠及全市人民。全年城镇新增就业5392人，完成目标任务的128.4%。获评"全国学前教育普及普惠县"，红军小学、高兴小学创建为国家级中小学国防教育示范学校，华蓥二中、占云小学等3所学校创建为省级义务教育优质发展共同体领航学校，城北幼儿园、清溪路幼儿园创建为省级示范性幼儿园，华蓥中学创建省一级示范性普通高中通过实地评估复核。市妇计中心创建为二乙妇幼保健院，高兴镇中心卫生院创建为县域医疗卫生次中心，农村医疗救治和公共卫生服务体系建设经验在全国推广，创建为省级健康促进县。开展居家和社区基本养老服务提升行动试点，建成标准化公办养老机构5个。持续深化"放管服"改革，2054个服务事项全部实现"最多跑一次"，事项认领率、发布率、办件满意率均为100%。《跨层级代理采购项目服务重点产业发展》获评"全省公共资源交易服务创新案例"。

【主要领导人】 市委书记：王山；市人大常委会主任：刘光文；市长：徐纪敏；市政协主席：陈云栋；分管农业副市长：熊巧利。

华蓥市编写组

岳池县

【基本情况】 2023年，全县辖27个乡（镇、街道）406个村63个社区，辖区面积1479平方千米。

2023年，全县实现地区生产总值315.6亿元，同比增长8%。规上工业增加值增长16%，服务业增加值增长8.6%，固定资产投资增长9.2%，社会消费品零售总额增长17%。地方一般公共预算收入增长11.3%。第一产业增加值增长4.1%，居全市第一位。

【现代农业发展】 30万亩优质粮油产业带加速建设，粮食作物播种面积110.7万亩，总产量49.4万吨，入围全国油菜、全省玉米单产提升整建制推进县名单。完成中药材种植标准化基地补栽3000亩，粮药间作、轮作1万亩。全年出栏生猪86.7万头。流出耕地恢复整改1.9万亩，新增耕地6143亩，新（改）建高标准农田4.4万亩。银丰食品入围农业产业化国家重点龙头企业申报名单。岳池县粮油现代农业园区成为全省首个3年内从"三星"升"五星"的现代农业园区，现代农业产业园成为全市第一个国家现代农业产业园培育园区，获评"全省现代农业园区建设工作典型县"。

【统筹城乡发展】 城市建管提档升级，新建市政道路4条，新（改）建城区雨污管网、燃气管网10千米，改造老旧小区122个，升级城市公园4个。建成城市（爱心）驿站63个。开展物业管理、户外广告专项整治行动，城市服务管理水平持续提升。乡村面貌不断改善，完成青鱼塘等5座水厂源水补给工程，建成供区末端、高台地等加压泵站7座，创建为全国县域节水型社会建设达标县。完成43个行政村农网改造升级。罗渡渠江大桥、省道203线万寿至红星段以及兴隆至黄龙等3条县道建成通车。新（改）建农村公路150千米，通过"四好农村路"省级示范县复核。新建5 G基站152个，在全市率先实现行政村5 G网络全覆盖。农村卫生厕所普及率、农村生活污水治理率稳步提升，人居环境综合整治工作得到全国政协调研组肯定。罗渡镇入选第二批省级百强中心镇，顾县镇被评为第六届省级文明乡（镇）。"川善治"推广运用被农业农村厅通报表扬，顾县镇羊山湖村获评"第三批全国乡村治理示范村"。通过省级巩固脱贫攻坚成果"后评估"和乡村振兴实绩考核交叉检查。生态环境稳中向好，持续推进"减排、压煤、抑尘、治车、控秸"五大工程，环境空气质量优良率为86.8%。垃圾无害化处理率、受污染耕地安全利用率均实现100%。国控、省控断面水质稳定达标，12条县级主要河流水质持续向好。中央、省环保督察反馈问题整改率达99%。

【农业农村改革及创新】 全面完成101项改革任务。推进"放管服"改革，全程网办率达98.6%。持续推进工业用地"标准地"改革，新增"标准地"供应977.9亩。入选四川省县城新型城镇化建设试点县，被纳入全省县域内城乡融合发展改革试点。新增高新技术企业3家、科技型中小企业58家、省级创新型中小企业5家,仁安药业创建为省级技术创新示范企业,春风人力公司入驻四川省创新共同体。开放合作不断扩大,联合清华大学建成乡村振兴岳池远程教学站,与四川大学、西南交通大学等高校院所共同开展科研攻关及成果转化4项。优化商会协会体制,成立医药产业、工程建设发展、米粉行业等商(协)会,昆明、贵阳、深圳等地的岳池商会规模不断发展壮大。

【民生实事】 全面完成省、市、县63项民生实事,民生支出占比稳定在70%以上。搭建"安易办"便民服务平台,20类141个服务事项实现村级可办。全年发放救助资金5.39亿元,新增城镇就业9115人。养老、医疗、失业保险等实现"应保尽保"。社会事业加快发展,建成投用九龙敬老院,创建为全国医养结合示范县、省级健康促进县。完成岳池中学、岳池一中三年提档升级。新建公办幼儿园3所,创建省级示范幼儿园3所,通过学前教育普及普惠县国家评估。柴云振生平事迹展陈获批"四川省青少年社会实践教育基地"。未发生较大及以上生产安全事故,森林防灭火实现"零火情"。化解各类矛盾纠纷1.1万件、信访积案28件,创建省、市级"枫桥式派出所""枫桥式司法所"14个,通过市域社会治理现代化试点省级评估验收。社会治安持续向好,刑事案件发案数下降10.8%,完成全国两会、成都大运会等重大安保维稳任务。

【主要领导人】 县委书记:米亮;县人大常委会主任:李廷远;县长:陈松柏;县政协主席:谢帮勇;分管农业副县长:龙军华。

岳池县编写组

武胜县

【基本情况】 2023年,全县辖4乡19镇276个村,辖区面积966平方千米,其中耕地面积63.84万亩、基本农田56.2万亩。总人口55.85人(常住人口),出生人口3312人,人口出生率5.93‰;死亡人口4821人,人口死亡率8.63‰;人口自然增长率为-2.7‰。出生婴儿性别比为101.57 /100。本地水资源总量1.3亿立方米。有林业用地1.47万公顷,有林地面积1.47万公顷,活立木总蓄积量54.17万立方米,森林覆盖率15.42%。

2023年,全县实现地区生产总值283.4亿元,增长6.3%,其中第一产业增加值47.7亿元,增长4%;第二产业增加值85.6亿元,增长6.1%(工业增加值61.9亿元,增长5.7%);第三产业增加值150.1亿元,增长7.3%。三次产业对经济增长的贡献率分别为14.3%、27.7%和58%。

公路通车里程4021.3千米(其中乡村公路3817千米),密度4206米/平方千米、51千米/万人。地方公共财政预算总收入完成54.73亿元,增长9.8%;一般公共预算支出44亿元,增长6.41%,其中农业投入84139万元,占支出的19.12%。金融机构各项存款余额466.98亿元,比年初增长11.25%;各项贷款余额234.29亿元,比年初增长11.3%。全年农业保费收入0.48亿元,增长71.43%;处理各项赔款和给付金额2453.15万元,增长124.44%。农业产业化龙头企业省级、市级分别为3家、7家。

有各类学校170所,在校学生84896人,教职工7978人,其中普通中学6所,在校学生10203人;小学37所,在校学生33722人。有文化馆1个,公共图书馆1个,博物馆1个。有卫生机构31家,编制病床位2529张、开放病床位4124张,卫生技术人员3502人。新型农村合作医疗参合人数29.51万人;被征地农民养老保险参保人数556人,占总人数的96.7%。

【年度农业和农村经济运行】 2023年,全县实现农林牧渔业总产值76.6亿元;农民年人均可支配收入增速达7.2%。全县农产品质量抽检合格率达99.86%。全县主要农产品产量见表1。

【农业产业化发展】 贯彻落实四川省"10+3"现代农业产业体系和广安市"311"现代农业产业体系建设要求,因地制宜,确立了武胜县"2+3"现代农业产业体系,坚持区域化布局、规模化发展、标准化生产、产业化经营、市场化运作、信息化服务理念,推进现代农业发展。依托项目,推广绿色防控技术,推广施用有机肥,提升产业经济效益。2023年,完成农业项目投资29500万元,累计发展农业产业龙头企业10家,其中省级3家、市级7家。完成主导特色产业贷款36笔、6823.6万元。

【农用地产权制度改革】 规范农村宅基地管理和改革,指导23个乡(镇)有序开展农村宅基地审批工作,累计审批办结备案599宗、62521平方米;处理涉及宅基地信访及纠纷问题31起,政策咨询90余件。

【农村集体产权制度改革】 规范有序推进承包地"三权分置"工作,持续规范土地流转,县农业农村局指导乡(镇)按照省厅制定的《农村土地承包经营权出租合同》指导业主和农户签订流转合同。2023年,全县土地流转面积累计达29.78万亩,办理土地流转经营权证677个。新发展合作社18个,在全省农民专业合作社信息系统累计录入626个专合社信息。有序推进土地细碎化试点工作,参加试点的541户农户共有承包地1140

亩、承包地块2673块，土地调形后，共有地块438块，地块减少率达80%以上。

【供销合作社改革】 全县供销社系统创建基层社示范社3个，改造提升薄弱基层社2个，发展城市社区经营服务网点5个，完成经营服务“数字化赋能”网点14个，推动村集体经济组织入股基层社14个；建设区域性为农服务中心1个，拓展农资销售、农产品加工、农机代耕代种等托管服务0.78万亩。武胜县供销社被广安市供销社授予“经济发展与统计工作先进单位”“企业发展先进单位”“流通服务网络建设先进单位”“监事会工作作先进单位”称号。

【农产品品牌战略实施】 培育“两品一标”优质农产品，引导规模化生产经营主体申报绿色有机食品，提高“两品一标”优质农产品的生产规模和质量水平。加强证后监管，开展多种形式的宣传推介活动，提高“两品一标”优质农产品的影响力、公信力和市场占有率。2023年，全县有“两品一标”优质农产品7个。

【现代农业园区建设】 根据县域“2+3”现代农业产业体系，坚持区域化布局、规模化发展、标准化生产、产业化经营、市场化运作、信息化服务理念，促进产业融合发展，推进现代农业园区建设。创建省五星级现代农业园区1个，即武胜县蚕桑现代农业园区；创建市级现代农业园区1个，即武胜县胜利镇柑橘现代农业园区；创建县级现代农业园区2个，即武胜县街子镇粮油现代农业园区、武胜县万隆镇粮油现代农业园区。

【种植业】 全县粮食作物播种面积77.35万亩，比上年减少0.77万亩；粮食产量33万吨，比上年增加0.67万吨。推广旱育秧栽插面积24.3万亩、水稻规范化栽培面积32万亩、玉米肥团育苗移栽面积17.8万亩；测土配方施肥技术推广面积96万亩次，技术覆盖率保持在90%以上；病虫害绿色综合防治面积64.4万亩。同时，推广优良粮油品种，引进水稻、玉米、大豆、油菜等优新品种64个，建设优质水稻基地12万亩、优质油菜基地3万亩，优质粮食种植面积达69.5万亩，优质良种覆盖率达96.7%。其中，国标三级以上优质水稻种植面积达33.4万亩，“稻香杯”品种推广种植面积达18.5万亩；“两高双低”油菜种植面积14.9万亩，占油菜种植面积的96.6%。

表1 2023年武胜县主要农产品产量

主要农产品	单位	产量	同比增减(%)
粮食	万吨	33.00	2.0
水稻	万吨	18.70	2.7
小麦	万吨	0.50	5.2
玉米	万吨	9.50	6.7
薯类	万吨	3.70	-11.0
豆类	万吨	0.60	13.2
油菜籽	万吨	2.20	18.7
蔬菜	万吨	42.00	4.5
肉类	万吨	8.11	0.4
猪肉	万吨	6.70	0.5
牛肉	万吨	0.07	2.1
羊肉	万吨	0.07	-0.3
禽肉	万吨	1.05	0.1
兔肉	万吨	0.21	0.1
禽蛋	万吨	1.85	3.9
水产品	万吨	2.57	4.5
牛奶	万吨	0.06	-1.3

【林业】 发展生态康养、林竹、休闲旅游、林下经济等产业，申报省级森林康养基地1个、省级自然教育基地1个，培育林下经济示范基地1个，开展自然教育活动1次，举办花节花展等花事活动1次。发展竹笋产业基地4000亩，发展优质林菜基地1500余亩，带动周边群众发展林下经济2000亩。新增现代竹产业基地1000亩，改造竹产业基地5000亩。结合“四好农村路”建设，加强林区道路建设，新建竹区道路5千米。截至2023年年底，全县林业产业总产值达172960万元，竹业综合产值达3024万元。印发《武胜县现代林业园区认定管理办法（试行）》，用于支持武胜县林草产业发展并落实文件要求。

【畜牧业】 全县生猪出栏91.98万头，同比增长1.01%；生猪存栏51.8万头，其中能繁母猪存栏[illegible]3万头。出栏肉牛0.51万头、肉羊5.[illegible]万只、肉禽776.03万只。新（改、扩）建畜禽标准化养殖场16个，其中生猪标准化养殖场9个、肉牛标准化养殖场2个、肉羊标准化养殖场2个、肉兔标准化养殖场1个、家禽标准化养殖场2个。

【水产业】 全县水域面积约30万亩，宜渔水域面积10万亩，其中有水库85座、面积9600亩，山坪塘、池塘面积21300

亩，稻渔（虾）综合种养面积15000亩。有苗种繁育基地6处，培育鱼苗品种30余个，年生产苗种2亿尾。水产养殖面积1893公顷。有新型养殖主体133个，其中水产合作社37个、家庭渔场64个、规模化水产养殖基地32个。全年水产品产量2.57万吨，较上年同期增长4.5%；实现产值6.2亿元。

【乡村振兴】 结合“两带五区”规划布局，按照分步实施、梯次推进原则，推进乡村振兴试点示范创建，学习借鉴浙江“千万工程”经验，推进乡村振兴“2+2+15”试点示范创建、5个乡村振兴有效衔接试点示范村创建、2个乡（镇、场镇）提质改造。胜利镇三叉沟村被确定为全国“一村一品”示范村，街子镇创建为省级百强中心镇，飞龙镇被认定为首批国家农业产业强镇，龙女镇被纳入2023年度省级财政特色产业乡镇。聚焦“守底线、抓发展、促振兴”，增强脱贫地区和脱贫群众内生发展动力，守牢防止发生规模性返贫底线，开展集中排查、巩固脱贫成果“回头看”。2023年，全县脱贫人口人均纯收入增长16%，稳定超过全县农民可支配收入增速，武胜县获得2022年度全省巩固脱贫成果后评估“好”等次。

【乡村旅游】 全县抢抓成渝地区双城经济圈建设机遇，坚持以文塑旅、以旅彰文，发挥江水、古寨、乡村三大优势，培育“春赏花、夏亲水、秋采摘、冬养生”四季乡村旅游产品，推进“文旅+”“+文旅”多产业融合发展，举办首届大地油彩乡村文化旅游节和四川嘉陵江龙舟旅游文化节暨第27届端午龙舟赛，邀请重庆合川、垫江、潼南、长寿等县（区）文旅系统、旅游达人参加开幕式及相关活动；举办第十一届庖汤旅游文化节，展现川东传统庆丰收的民俗民风；联合重庆市合川区燕窝镇举办“首届南溪河绿色经济示范带浪漫旅游季”活动，开展美食制作、稻田插秧、汉服摄影、瀑布游览、樱桃枇杷采摘、宝箴塞镇观光旅游、清平镇小龙虾垂钓等体验活动。

【农村水利】 全年建成高标准农田3.5万亩、山坪塘蓄水池20座、人行便民桥6座。争取农村供水专项债券资金1.5亿元，完成固定资产投资入库47488万元，新安装上户自来水用户4646户。

【农业机械化】 全年完成机耕面积86.97万亩、机播面积43.66万亩、机械植保61.95万亩、机收面积51.02万亩，年提水量3860万立方米，机电灌溉面积23.6万亩，农田机械节水灌溉面积4.125万亩，机械无人机作业面积3.15万亩，机械化秸秆还田作业面积5.067万亩，全县主要农作物（水稻、小麦、玉米、油菜）耕种收机械化水平达73.85%。全县农机总动力42.133万千瓦，同比增长3.47%，其中拖拉机30台1691.26千瓦、微耕机10095台40593千瓦、水稻插秧机278台980.5千瓦、植保机械1200台2979千瓦、农用航空机械12台、联合收割机29台1273.1千瓦、油菜籽收获机3台200.8千瓦、机动脱粒机21099台33348.8千瓦、谷物烘干机18台540千瓦、水稻育秧设备11套、农产品加工动力机械28297台123163.4千瓦、畜牧养殖机械11368台34654.8千瓦、水产机械757台1660.5千瓦、林果业机械28台814千瓦；全县共有排灌动力机械8844台31395.88千瓦，其中固定提灌站289台8807千瓦、农田基本建设机械92台10105千瓦。全年完成购机补贴资金265.5102万元，补贴农机具5606台，受益农户4080户。

【农村科技】 开展基层农技推广体系改革与建设项目任务，完成农技员知识更新线下培训80人、线上培训900余人次，建成2个农业科技示范基地，农业主推技术到位率超过95%。招聘特聘防疫员10名。

【农村文化】 全县有文化馆1个、图书馆1个、乡（镇）综合文化站31个、村（社区）综合文化服务中心319个。县文化馆、县图书馆及31个乡（镇）综合文化站继续实行免费开放，并组织开展图书借阅、文艺活动、培训展览等基本文化服务项目，保障群众的基本文化权益。县图书馆开展“你选书·我买单”、“4·23”图书展等全民阅读品牌活动。县文化馆在人民广场、印山公园等地开展文艺展演，打造“百姓大舞台”文化品牌。公共图书馆藏书量224388册，总流通100067人次；书刊文献外借55573人次，书刊文献外借64524册次。文化馆（站）全年提供文化服务386次，惠及44800人次。围绕春节、端午节、中秋节等节假日，组织开展“迎新春·送祝福”文化进万家、武胜县曲艺展演周、嘉陵江湾音乐会、“玉兔迎春·欢乐元宵”线上猜灯谜、“翰墨书香·与你童乐”线上诗词书法比赛、2023年“欢庆五一·盛世同乐”文体展演、端午龙舟赛、武胜组歌推广演唱会、2023年武胜县大地油彩乡村文化旅游节主题赛事活动优秀作品展陈、“万人赏月诵中秋”等线下线上群众文化活动40余次，邀请成都知青艺术团到武胜县演出2场，丰富群众文化生活。方言小品《搞拐了桥了》获评省图书馆“成渝地巴蜀情——方言诵经典”集中展演优秀节目；武胜组歌在网易云音乐、QQ音乐、酷狗音乐等音乐平台同时上线；“一县一歌”——《亮山亮水靓武胜》在咪咕音乐、“四川观天下”微博等数个省内媒体平台进行展播；作品《小寨生活抿抿甜》获得“唱响新时代”2023大型原创词曲银奖；《春满傣乡》节目获得首届“蜀你最亮”川籍农民工网络才艺大赛第一名。加强公共文化服务品牌培育，武胜县乡韵艺术团入选2023年四川省文旅公共服务高质量发展“四个一批”优秀团队。加强非物质文化遗产保护与传承，高脚狮子和武胜牛皮鼓制作技艺被省政府公布为省级非遗项目。组织武胜剪纸、竹丝画帘、永寿寺豆腐干等非遗项目参加深圳第十八届文博会、重庆西洽会、成都西博会、峨眉山市第十届四川国际旅游交易博览会、"中国民间文化艺术之乡"示范性交流、2023年四川省乡村艺术节等宣传推介活动，提升了武胜县非遗的知名度和影响力。建成第八届中国成都国际非物质文化遗产节非遗体验基地2个（武胜剪纸体验基地和飞龙竹丝画帘体验基地）。鼓励引导非物质文化遗产代表性项目传承人创办各类经营主体和生产加工点，联合人社、乡村振兴部门认定四川禅修商贸有限公司1个非遗工坊。"武胜城南小学武胜剪纸艺术工坊案例"入围四川省2023年非遗在校园优秀案例。

【农村卫生】 全县享受农村部分计划生育家庭奖励扶助制度13823人，享受计划生育家庭特别扶助制度628人，享受计划生育手术并发症370人，做好计划生育特殊家庭关怀工作。新（改、扩）建100个普惠性托位，持续扩大全市普惠托育服务供给；实施农村妇女"两癌"免费检查、免费孕前优生健康检查、贫困地区儿童营养改善、新生儿疾病筛查等项目。推进中医药强县建设，全县100%的乡（镇）卫生院（中心卫生院）、社区卫生服务中心能够规范开展6类10项以上的中医药适宜技术，100%的社区卫生服务站和80%的村卫生室能够规范开展4类6项以上的中医药适宜技术。25家公立医疗机构创建为老年友善医疗机构。全县城乡居民在管电子健康档案51.94万人，常住人口电子档案建档率达93.76%。持续开展家庭医生签约服务，重点人群签约率90.16%，脱贫困人口签约率100%。全县0～6岁儿童健康管理率93.74%。全县65岁以上老年人接受健康管理77610人，健康管理率63.86%。发现肺结核患者243例，管理243例，管理率100%，规则服药率100%。全县高血压患者规范管理率80.37%，严重精神障碍患者规范管理率96.49%。抓好预防接种工作，全县辖区内建立预防接种证人数26179人，建证率100%。

【农村法制建设】 落实"谁执法谁普法"责任制，以"法律十进"为载体，推进开展"法治四川行"一月一主题普法宣传活动100余场，发放宣传资料6万余份。常态化开展"乡村法律明白人"培养工程，全县324个村（社区）已培养"乡村法律明白人"1411名，实现每个村（社区）不少于3名。打造法治阵地，坚持法治、德治、自治"三治"融合，基本实现每个村（社区）有1个法治文化阵地，全县已创建4个全国民主法治示范村（社区）、2个省级民主法治示范村（社区），同时国、省两级民主法治示范村（社区）动态管理良好，无被撤销情形。

【农村交通】 礼安环岛产业路（一、二期）、长滩寺河流域产业路（一期）、龙女花楼村至万善石屏村产业路建成投用，下礼安渡改桥、南溪大桥、Y037新桐路（鸣钟至三溪段）、X087沿鼓路（沿口至鼓匠段）等10个项目加快建设。完成撤并建制村畅通工程（加宽）111.8千米、通组路硬化81.8千米。实施次差路整治54.5千米，加固改造X083万水路一桥、X103兴桥，增设道路安全警示牌376块。新增开行乐善至龙庭、清平至棕湾村、龙女湖中学至飞龙高中等8条公交线路，优化延伸武胜至万隆、武胜至三溪等9条公交线路，全县共开通县域公交32条、万善火车站至合川七间省际公交1条，投入公交车164辆，实现23个乡（镇）公交全覆盖，251个建制村通公交（覆盖率达91%），创建为"四好农村路"全国示范县。

【涉农招商引资】 全县有3000万元以上的农业招商引资重大项目4个，均为内资项目；项目总投资4.07亿元，比上年增长0.2%。到位资金40700万元，增长0.2%。

【农村社会保障】 全年累计发放宣传明白纸4万余份、办事指南400余份，开展"乡村课堂——居保政策进万家"活动20余场；新增参保缴费6821人，累计参保缴费29.51万人（新增252名被征地农民纳入城乡居民基本养老保险安置），做到"应保尽保"；为14.09万人发放待遇24934.7万元（其中被征地农民生活补贴待遇领取296人），做到"应发尽发"；为低保对象、特困人员、重度残疾人等困难群体代缴城乡居民基本养老保险费1.83万人，做到"应代尽代"。开发公益性岗位2650个，实际上岗人数3197人次；为167名申请合格人员拨付补贴资金167万元，发放创业担保贷款3493万元；按要求为企业吸纳脱贫人口发放岗位、社保补贴38人70.91万元，发放一次性吸纳就业补贴3.8万元，发放一次性奖补2万元。2023年脱贫人口转移就业2.2884万人，完成目标任务2.0413万人的112.11%，完成力争目标任务2.1971万人的104.16%，脱贫人口（含异地搬迁人口）务工就业规模不低于2020年年底水平。

【农村生态建设及环境保护】 持续推进农村人居环境不断改善，加大农村"厕所革命"投入力度，整合各级各类资金2793万元，实现厕污共治"一次到位"，将户厕改厕补助标准由2022年每户最高补助4600元提高到6100元。安排在42个村实施整村推进"厕所革命"，安排实施改厕4432户，完成农村改厕"提质年"八项重点工作任务。巩固"十年禁捕"成效，重点对禁渔禁捕区域开展涉渔执法检查912次。全年开展小麦条锈病、稻瘟病、稻飞虱防治示范3.5万亩，实施统防统治8.5万亩，指导农户开展病虫害防治5000余人次，带动实施全县作物病虫草鼠防治面积176.7万亩次，挽回损失88350余吨。推广秸秆机械粉碎还田、堆沤腐熟还田、覆盖沃土还田技术，全县秸秆肥料化、饲料化、基料化等"五化"综合利用率稳定在90%以上。全年化肥施用量为12698.7吨（折纯），比上年减少115.3吨，减少0.9%，化肥使用量持续保持零增长。

【农产品质量安全监管】 加强农（畜）产品质量安全源头监管，开展执法检查，采取“双随机”、日常检查、专项检查等形式，对全县23个乡（镇）开展农药残留快速检测酶抑制法和胶体金农药检测技术培训，并完成县级定量检测任务720批次，合格率99.86%；完成省级农产品质量安全监测下达任务75批次，合格率100%。全年出动执法人员238人次，检查农资生产、经营、使用单位192家次，养殖场112个，屠宰场42场次，渔药、渔饲料经销商6家，养殖大户67户，抽检蔬菜、食用菌、水果等141个样品，抽检饲料质量2批次5个样品、兽药质量2批次5个样品，均合格。全年共查处案件34件，处罚款33.5万元。食用农产品生产经营主体入驻国家（省级）农产品质量安全追溯平台602家，累计录入生产批次信息16045条、销售追溯信息15862条，累计开具合格证20000余张。

【劳务开发与返乡创业】 健全县、乡、村三级劳务服务体系，依托光明公司子公司武胜卓创成立国有劳务公司1家，在胜利镇、宝箴塞镇、万隆镇等乡（镇）成立劳务专业合作社7个（分别是武胜县众城劳务专业合作社、武胜县为民劳务专业合作社、武胜县兴万劳务专业合作社、武胜县泰叁劳务专业合作社、武胜县万民劳务专业合作社等），培育村级劳务经济人125人，劳务专合社共解决就地就近就业600余人。加强脱贫人口就业帮扶，通过召开线上、线下招聘会介绍就业、产业吸纳、载体建设、创业带动、公岗安置等措施，推进脱贫人口稳岗就业。全年开发公益性岗位2650个，实际上岗人数3197人次；为167名申请合格人员拨付补贴资金167万元，发放创业担保贷款3493万元；按照要求为企业吸纳脱贫人口发放岗位、社保补贴38人70.91万元，发放一次性吸纳就业补贴3.8万元，发放一次性奖补2万元。加大劳务品牌创建力度，培育创建广安市特色劳务品牌“武胜麻哥”、县级地方特色劳务品牌“武胜桔工”，壮大“武胜麻哥”“武胜桔工”特色劳务品牌劳务人员队伍，并开展劳务品牌从业人员培训3000人次。落实创业补贴，助推返乡农民工、就业困难人员等群众实现创业，为153名返乡农民工发放创业补贴153万元。

【主要领导人】 县委书记：谭云；县长：陈俊楠；县政协主席：付松柏；分管农业副县长：朱伟。

武胜县编写组

邻水县

【基本情况】 2023年，全县辖25镇，辖区面积1907平方千米，其中耕地面积93.1万亩，与上年持平，其中田46.68万亩、土46.41万亩，人均耕地面积0.95亩；基本农田74.87万亩。年末总人口98.14万人（户籍人口），减少0.58%；人口出生率6.5‰，减少10个千分点；人口自然增长率0.5‰。

2023年，全县实现地区生产总值282.6亿元，增长6.1%，其中第一产业增加值57.8亿元，增长3.9%，农、林、牧、渔及农林牧渔服务业之比为61.55∶2.84∶28.4∶2.41∶2.33；第二产业增加值82.2亿元，增长6.8%；第三产业增加值142.6亿元，增长6.6%。三次产业对经济增长的贡献率分别为14.3%、31.9%和53.8%。

公路通车里程4124.7千米。社会消费品零售总额140.2亿元，增长10.5%。地方公共财政预算总收入完成16.8亿元，增长7.3%；公共财政预算总支出54.3亿元，减少2.6%。农业产业化龙头企业省级、县级分别为1家、3家。

有各类学校225所，在校学生1240.1万人，教职工11193人，其中普通中学48所，在校学生14166人；小学48所，在校学生51253人；学龄儿童入学率100%。有文化馆1个，公共图书馆1个，博物馆1个。有卫生机构386个，病床位4226张，卫生技术人员4500人。

【年度农业和农村经济运行】 2023年，全县实现农业总产值61.55亿元，增长9.8%，其中第一产业增加值57.8亿元，增长3.9%，排名全市第三位；全县全年农业增加值达57.8亿元，增长3.9%。农民年人均可支配收入达22192元，增长7.4%，排名全市第三位。全县主要农产品产量见表1。

【农产品品牌战略实施】 “缪老頭”葡萄入选2023年四川省“天府粮仓”精品（培育）品牌目录，“邻水脐橙”入选2023年四川省农业品牌（区域公用品牌）目录，推荐2023年四川省“天府粮仓”精品（培育）品牌目录申报全国名特优新农产品名录，同时组织“鼎红橙”“御临龙须茶”“邻水脐橙”等进行四川省农业品牌目录申报。筹办“巴蜀风韵·橙意邻水”“返葡归真·萄醉一生”等文旅活动。组织县内优秀农业企业参加第五届西洽会、第十九届西博会、重庆农交会、第九届农博会以及重庆渝北丰收节、广安丰收节等省（市）农产品展示展销活动6次。

【现代农业园区建设】 推动现代农业园区升级，按照“园区推动、片区联动环线拉动”工作思路，整合涉农项目资金4.95亿元投入邻水县粮油现代农业园区、丰禾高河蔬菜现代农业园区园区建设。编制邻水县20万亩优质粮油产业基地“1+5规划，持续完善产业基地配套，探索推广粮油种植新模式，依托农业龙头企业、农民专业合作社等经营主体新建优质粮油产业基地6.51万亩（累计建成11.42万亩）；实施邻水脐橙提质增效和分类改造，完成脐橙产业基地巩固提升2510亩，完成“四季优橙”产业融合发展示范区建设2300亩，累计完成13.95万亩特色优势产业基地巩固提升，邻水脐橙品牌价值达22.39亿元。全年认定县级园区4个，创建市级园区1个

【种植业】 邻水县是四川省产粮大县、产油大县，是全国商品粮供应基地、全国生猪调出大县、首批国家农产品质量安全县，主导产业为粮油、生猪、脐橙、蔬菜。全年粮油作物播种面积141.27万亩，其中粮食作物播种面积116.99万亩、油料作物播种面积24.28万亩；粮油总产量50.33万吨，其中粮食产量46.4万吨、油料产量3.93万吨。建有优质粮油产业基地34.2万亩，其中规模化种植面积达3.5万亩。建有粮油园区8个，其中省级粮油园区1个、市级粮油园区1个、县级粮油园区6个。示范推广水稻、玉米、大豆及油菜等作物新品种20个，叠盘暗化育秧、无纺布育秧、硬地硬盘育秧、水稻机插秧、中小苗早栽、增窝密植、大豆玉米带状复合种植、配方施肥等技术，实现“藏粮于技”，全县粮油主推品种主推技术推广率达95%以上。蔬菜产量68.8万吨；脐橙种植面积28.4万亩，产量10.7万吨，品牌价值达22.39亿元。

【畜牧业】 以提升畜牧产业发展水平、以加快生产方式转变、加强动物卫生监督工作和发展畜牧产业化经营为重点，加强龙头企业建设，推进规模经营、优化产业结构，抓好生猪产业发展。全年生猪出栏任务84万头，常年能繁母猪保有量5.05万头，常年规模养殖场（户）保有量70家（户）。全年生猪出栏85.3万头，同比增长1.49%；新（改、扩）建规模养殖场3家，新增仔猪3万头、育肥猪1.3万余头。培育国家级生猪产能调控基地6个、省级生猪产能调控基地57个。生猪存栏51.1万头，其中能繁母猪存栏4.88万头。全县无重大动物疫病发生。

【水产业】 邻水县是传统渔业大县，是四川省60个水产大县之一，全县共有水域面积6669公顷，其中可养殖水域面积约5335公顷，占总水域面积的80%。2023年，水产养殖面积3.3万亩，稻鱼综合种养面积3000亩。全县有规模水产养殖场50个，获得农业农村部水产健康养殖示范场认证基地5个，获得四川省水产健康养殖示范场认证基地6个、无公害养殖基地4个、水产苗种繁育基地1个、高位池养殖示范基地5家，健康养殖和生态养殖成为全县水产主要养殖模式。全年水产品产量达12816吨，同比增长4.61%；渔业经济总产值达2.86亿元，同比增长1.78%。

表1　2023年邻水县主要农产品产量

主要农产品	单位	产量	同比增减(%)
粮食	万吨	46.40	2.20
水稻	万吨	23.10	3.90
玉米	万吨	15.80	3.70
油菜籽	万吨	1.20	11.00
蔬菜	万吨	68.80	3.80
水果	万吨	8.60	–2.60
肉类	万吨	7.60	0.70
猪肉	万吨	6.20	0.80
禽肉	万吨	1.00	0.20
禽蛋	万吨	1.80	3.40
水产品	万吨	1.28	4.61

【乡村振兴】 坚持在谋划部署上作示范，因地制宜编制“2+2+30”乡村振兴试点示范规划，全年谋划项目150个，总投资9.97亿元。以云顶、高竹两个示范片和柑子、丰禾2个示范镇建设为重点，同步推进城南镇云安村等15个示范村建设，已完成云顶示范片城南镇水利设施配套项目、五岔村排水干管建设项目、城南镇云顶1组人居环境整治等项目，高竹示范片已建成八家山村产业配套项目、绿色高质高效示范区项目、桂花村楼福湾人居环境提升等项目。稳步推进柑子镇、丰禾镇全域乡村振兴试点示范镇建设。

【农业机械化】 全年农机固定资产231.15万元，比上年提高0.31%；农机总动力发展到59万千瓦，比上年提高1.2%。共补贴农机具6368台（套），其中耕整地机械2401台、收获机械875台、饲料（草）收获加工运输设备833台、农用动力机械8台；新建改造提灌站35座，新增恢复灌溉面积25000亩。实施“五良”融合产业宜机化改造面积3000余亩，改造后实现了“三通一平”，大中型农机作业通达率达100%。改善撂荒地100余亩，节约成本200元/亩左右。

【农产品质量安全监管】 全面完成省级农产品质量安全100个风险监测任务和部、省级农产品质量安全风险监测问题产品核查任务。县级检测机构完成定量抽检各类农产品900批次，合格898批次，检测合格率达99.78%。开展农产品质量安全监管，加强构建县、镇、村三级监管体系和镇、村、企业三级监管网格制度，落实农产品质量安全网格化管理“区域定格、网格定人、人员定责”制度。督促辖区镇按照“辖区负责制”和“党政同责”的原则，农产品生产经营主体100%签订安全生产（经营）承诺书

并全部入驻国家农产品质量安全追溯信息化管理平台。开展“治违禁 控药残 促提升”三年行动，实施豇豆、韭菜、芹菜等12个重点品种精准治理，采取“一个问题品种、一张整治清单、一套攻坚方案、一批管控措施”的“四个一”精准治理模式，实施生产经营主体全覆盖治理。

【主要领导人】 县委书记：黄永鸿；县人大常委会主任：冯永斌；县长：石国平；县政协主席：尚敏；分管农业副县长：张春燕。

邻水县编写组

达 州 市

【基本情况】 2023年，全市辖2区4县1市，辖区面积1.66万平方千米，年末常住人口532.4万人，先后获评“中国苎麻之乡”“中国黄花之乡”“中国乌梅之乡”“中国糯米之乡”“中国油橄榄之都”“中国富硒茶之都”“中国醪糟之都”，享有“巴人故里、红色达州、中国气都”称号，是国家商品粮生产基地、国家优质生猪生产基地和国家农业综合开发重点地区，全市粮食产量连续9年位居全省第一，已初步形成以能源化工、新材料、农产品加工、电子信息、智能装备制造、轻纺服饰、医药健康、绿色建材为主导的“3+3+N”现代产业体系。“2+7”产业园区加速发展，达州市农产品加工集中区获得“全国农产品加工基地”称号。

【种植业】 全市秋粮完成收获面积605.28万亩，完成率达83.78%，其中水稻、玉米最高亩产分别创盆周山区和西南地区最高纪录；晚秋粮食播种面积132.5万亩，居全省第四位。

【畜牧业】 畜禽产能稳中有升，全市保持能繁母猪常年存栏量24.5万头以上。全年生猪出栏435万头，同比增长2.72%；牛出栏37.8万头以上，居全省第四位，同比增长2.31%；羊出栏89.41万只，居全省第三位，同比增长0.97%；禽出栏4453.24万只，居全省第三位，同比增长1.28%。水产品产量2.81万吨，同比增长4%。

【特色产业提质增效】 全市新增国家农业现代化示范区1个、国家绿色发展先行区1个、省级优势产业集群2个。全年中药材产量2.49万吨，同比增长9%；蔬菜产量230.6万吨，同比增长5%；茶叶产量1.45万吨，同比增长6%；水果产量44.5万吨。全年特色产业产量增速达9%以上；农产品加工集群产值500亿元，增长15%以上。

【农业项目建设】 全年新建和改造提升高标准农田40.5万亩，项目区耕地质量提升0.2个等级以上；加快建设丘区现代农机装备产业园，已与四川农业大学等7家单位签订合作协议。向上争取涉农资金21.43亿元，占工作目标任务的103.68%、奋斗目标任务的94.25%。储备2024年中央预算内投资项目15个，计划总投资4.3亿元。

【主要领导人】 市委书记：邵革军；市人大常委会主任：邓瑜华；市长：梁磊；市政协主席：胡杰；分管农业副市长：张杰。

达州市编写组

通 川 区

【基本情况】 2023年，全区辖13个乡（镇）5个街道105个行政村104个社区，辖区面积888平方千米（其中耕地面积25万亩、林地面积49万亩），常住人口90万人，是全国科技进步先进区、全国和谐社区建设示范城区、全国法治宣传教育先进区和全省法治示范区、平安建设先进区、丘陵地区先进区、乡村旅游示范区、实施乡村振兴战略先进县。

2023年，全区实现地区生产总值412.1亿元，经济总量跻身西部百强区第72位、川东北主城区第二位。规上工业增加值增长8.9%，位居全市第三。

【乡村振兴】 全年生猪出栏36万头；粮食总产量18.6万吨，实现“十一连丰”；村集体经济总量突破千万元。打造“千万工程”通川样板，乡村振兴“回头看”省级免检，创建国家乡村振兴示范县。北部场镇饮水安全工程竣工投用，入选全省乡村水务示范县。江虎路、江黄路、凤凰山幸福美丽乡村路建成通车，双鱼湖环湖路和省道303线、省道204线改线工程全线贯通，创建为“四好农村路”全国示范县。开展“乐享新生活 消费来通川”系列活动，拉动消费13.6亿元。

【主要领导人】 区委书记：李祝荣；区人大常委会主任：何世清；区长：覃永利；区政协主席：刘菁；分管农业副区长：李征坤。

通川区编写组

达 川 区

【基本情况】 2023年，全区辖20个乡（镇）4个街道，辖区面积1550.3平方千米，总人口80.4万人。全年第一产业实现总产值85.2亿元，增长3.9%。是以农业农村为主的市辖区，获评“全省乡村振兴先进区”“中国乌梅之乡”。

【新型农业经营主体培育】 全年新增家庭农场63家，累计达766家；新增农民合作社18家，累计达685家；新增市级龙头企业3家（四川省国中科霖农业科技有限公司、达州市三代人文农业发展有限公司、达州市佰亿农业发展有限公司），累计达23家，其中国家级1家、省级4家。

【现代农业园区建设】 建设省重点项目1个（“南大万”粮油园区），完成投资5.78亿元；市重点项目2个（“南大万”粮油园区、天王牧业总部及饲料厂项目），完成投资5.78亿元；“四个一批”区重点项目15个，完成投资12.32亿元。

【种植业】 抓点示范，采取轻简化栽培技术、推广农业种植结构调整、优化区域布局品种结构等方式，完成粮食作物播种面积135.4万亩（含高新区、经开区），总产量54.9万吨，其中稻谷播种面积56.8万亩，产量28.9万吨；小麦播种面积3.8万亩，产量1万吨；玉米播种面积32.2万亩，产量14.7万吨；薯类播种面积27.6万亩，产量7.8万吨；豆类播种面积12.9万亩，产量1.8万吨。油菜种植面积28.3万亩，同比增长3.4%；产量5.2万吨，同比增长1%。

【畜牧业】 全年畜牧生产良好，生猪出栏84.9万头，增长1.7%；牛出栏6.8万头，增长1.1%；羊出栏17.8万只，减少1.3%；家禽出栏1235.7万只，减少1.2%；禽肉类总产量1.9万吨，减少1.6%。

【特色产业发展】 蔬菜、青花椒产业的基础地位不断巩固。全年蔬菜及食用菌种植面积16.9万亩，同比增长7.7%；产量38.8万吨，同比增长9.8%。青花椒种植面积6万余亩，投产面积2万余亩，产量达850吨。

茶果产业发展提质增效。全区瓜果类水果种植面积9170亩，同比增长9.3%；产量1.4万吨，同比增长19.2%。园林水果产量6.5万吨，同比增长47.9%。茶园总面积5600亩，投产面积5420亩；产量199吨，同比增长1.5%。

其他特色产业。苎麻、中药材（乌梅、黄精、金银花、银杏等）种植面积稳中有升，经济运行呈增长态势。全区苎麻种植面积10.1万亩，同比增长3.6%；产量1.1万吨，同比增长4.5%。中草药材种植面积4210亩，同比增长4.8%；产量0.1万吨，同比增长18.8%。

【主要领导人】 区委书记：倪欣；区人大常委会主任：叶祥金；区长：唐令彬；区政协主席：吴胜鸿；分管农业副区长：陈治龙。

达川区编写组

万 源 市

【基本情况】 2023年，全市辖1个街道30个乡（镇），辖区面积4065平方千米，常住人口406685人。

【年度农业和农村经济运行】 2023年，全市实现地区生产总值165.2亿元。实现农林牧渔业总产值59.85亿元，按照可比价格计算，同比增长3.8%，其中农业产值39.86亿元，增长3.7%；林业产值2.7亿元，增长26.9%；牧业产值14.96亿元，增长0.9%；渔业产值1.12亿元，增长2%；农林牧渔服务业产值1.19亿元，增长5.2%。全市主要农产品产量见表1。

【种植业】 全年粮食作物播种面积6.16万公顷，减少0.96%，其中稻谷播种面积10989公顷，减少3.04%；玉米播种面积21493.3公顷，增长1.7%；薯类播种面积24466.7公顷，减少0.36%。油料作物播种面积16454.5公顷，增长8.3%；蔬菜及食用菌种植面积8385.4公顷，增长

表1 2023年万源市主要农产品产量

产品名称	单位	绝对数	同比增减(%)
粮食	吨	329000	2.17
稻谷	吨	82000	1.20
玉米	吨	137000	7.03
薯类	吨	101000	–4.36
油料	吨	42093	11.40
油菜籽	吨	32970	10.50
园林水果	吨	11227	16.51
蔬菜	吨	186980	5.60

3.7%。全年粮食总产量329000吨，比上年增加7000吨，增长2.17%；油料产量42093吨，增长11.4%

【养殖业】 全年猪肉产量36331吨，增长28.9%；牛肉产量7285吨，增长25.06%；羊肉产量2961吨，增长15.57%；禽肉产量11683吨，增长60.52%。全年水产品产量3555吨，增长4.37%。

【农产品品牌培育】 富硒茶、马铃薯、大巴山老腊肉、蜂桶蜂蜜获得农产品地理标志认证，旧院黑鸡（蛋）获得有机农产品认证和国家地理标志认证，“巴山雀舌”茶叶获得“中国驰名商标”。

【主要领导人】 市委书记：蒋波；市人大常委会主任：方波；市长：朱挺；市政协主席：陈国斌；分管农业副市长：万明鲜。

万源市编写组

宣汉县

【基本情况】 2023年，全县辖37个乡（镇、街道）423个村（社区），辖区面积4271平方千米。总人口132万人（其中土家族人口近7万人），人口城镇化率47.5%。连续7年（2017—2023年）入选“中国西部百强县”，在全国县域经济百强县中排名第90位。

2023年，全县实现地区生产总值701.1亿元，增长7.5%。地方一般公共预算收入完成43.03亿元，规上工业增加值增长11.8%，固定资产投资增长6.1%。社会消费品零售总额222.9亿元，增长11.8%。

【新型城镇化建设】 明月新城起势成形，西区运动公园建成投用，张家坝大桥建成通车；实施老旧小区改造4061户，新建智慧停车场2个，完成下城壕至步行街特色街区打造，县城建成区面积达24平方千米，创建为省级生态园林县城。南坝龙驹坝大桥建成通车，大成镇获评首批国家农业产业强镇，全县人口城镇化率提升至47.5%

【乡村振兴】 落实“四个不摘”要求，全县无一人返贫致贫。全县行政村集体经济总收入突破3600万元，新培育超过30万元村6个，峰城镇仁义村、大成镇马滩村在全市率先突破收入100万元。创建全省乡村振兴示范村4个，毛坝镇上榜全省乡村振兴先进乡（镇），宣汉县入选全省城乡融合发展改革试点县，获评“全省乡村振兴成效显著县”。

【农村基础设施建设】 城乡水务一体化建设有序推进，白岩滩水库枢纽工程全面完成，实施农村饮水安全巩固提升工程150处。西达渝高铁加快建设，西安—宣汉动车旅游专列开通运行，宣（汉）南（坝）复线、毛（坝）普（光）快速通道、清（溪）普（光）路建成通车，新（改、扩）建农村公路390千米。宣汉县获评“全省交通强县试点建设先进县”和“推进成效显著县”，被纳入全省乡村运输“金通工程”样板县重点培育县。

【农村生态建设】 完成第三轮省级生态环保督察迎检工作。持续打好“蓝天、碧水、净土”三大保卫战，全面落实河（湖）长制、林长制、田长制，治理水土流失面积81平方千米，实施国家储备林项目19.28万亩，完成营造林2.61万亩，恢复耕地1.1万亩，全县河流考核断面水质全部达标，空气质量达标率达92.9%，森林覆盖率稳定在62%以上。宣汉县入选美丽四川建设先行试点县。

【现代农业发展】 全年新建高标准农田7.6万亩，治理撂荒地2.1万亩。全年粮食产量60.3万吨，生猪出栏82万头，获得全市粮食生产先进县一等奖。宣汉肉牛现代农业园区晋升省五星级园区，胡家粮油园区创建为省三星级园区。宣汉县获评全省现代农业园区建设工作推进典型县。

【主要领导人】 县委书记：杨勇；县人大常委会主任：张升国；县长：陈军；县政协主席：刘正轩；分管农业副县长：潘刚。

宣汉县编写组

大竹县

【基本情况】 2023年，全县辖28个乡（镇）3个街道，辖区面积2078.8平方千米，其中耕地面积117.899万亩，比上年增长0.2245%；基本农田97.7409万亩。年末总人口104.7103万人（户籍人口），减少0.008%；人口出生率2.93‰。有林业用地7.3452万公顷，有林地面积6.4925万公顷，活立木总蓄积量696万立方米，森林覆盖率42.1%。

2023年，全县实现地区生产总值451.4亿元，增长6.8%，其中第一产业增加值74.2亿元，增长3.4%，农、林、牧、渔及农林牧渔服务业之比为56.2∶5.4∶31.7∶3.5∶3.2；第二产业增加值154.6亿元，增长7.2%（工业产值283.5亿元，减少13.46%）；第三产业增加值222.6亿元，增长15.7%。三次产业对经济增长的贡献率分别为9.2%、37.2%和53.6%。实现农业总产值119.5亿元，增长3.4%。

公路通车里程4512.7千米。地方公共财政预算总收入完成24.44亿元，增长23%；公共财政预算总支出68.33亿元，增长13.85%，其中农业投入132653万元，占支出的19.41%。有医疗卫生机构293个，病床位7657张，卫生技术人员4721人。新型农村合作医疗参合人数817641人，参合率98.72%。

【农业产业化发展】 坚持产业先行，助推群众增收致富。依托竹、苎麻、糯稻、香椿、白茶“5+N”特色产业，打造百万亩特色产业基地，构建农产品百亿加工集群，擦亮农业金字招牌。全年品改苎麻1.9万亩，改造茶园0.36万亩，新（改）建茶厂3个、标准茶园1个。苎麻种植面积14.59万亩，原麻产量1.19万吨，产值达4.5亿元；白茶种植面积8.3万亩，干茶产量691吨，实现产值20亿元；糯稻种植面积20万亩，产量11万吨，实现产值3.5亿元；香椿种植面积12万亩，鲜芽产量1.5万吨，实现产值3亿元，全产业链产值达7亿元。新发展中药材面积0.27万亩，同比增长12.1%；全县中药材种植面积2.469万亩，产量2203吨，同比增长14.9%。加快推进现代农业园区创建，申报储备国家级产业园项目，大竹稻渔现代农业园区创建省四星级园区，清河粮油+李子现代农业园区创建市级园区，石桥铺粮油、安吉中药材+粮油、乌木粮油+中药材、高穴牧草+粮油、清水生猪+玉米现代农业园区创建县级现代农业园区。围绕粮油、苎麻、香椿、糯稻、白茶、水产养殖等特色优势产业发展需要，紧抓乡村振兴，编制储备2023年度项目18个，其中围绕高标准农田建设工程、现代种业提升建设工程、渔政执法能力建设项目等方面，编制储备2024年中央内预算投资项目4个，投资总额达6085万元；围绕产业强镇、农作物秸秆综合利用、国家现代农业产业园、农业生产设施条件改善、数字种植试点、渔业绿色循环发展试点等方面，编制储备2023年中央、省财政转移支付资金项目14个，计划纳入项目储备库投资总额达21.275739亿元。拟储备2022—2023年高标准农田建设项目专项债券2.2339亿元。

【农村集体产权制度改革】 全县以明晰农村集体产权归属、维护农村集体经济组织成员权利为目的，以推进集体经营性资产产权制度改革为重点任务，以发展股份合作等多种形式的合作与联合为导向，推进农村集体产权制度改革。通过清产核资，共清查出资产总计约7.2563亿元，经营性资产约0.9337亿元、非经营性资产约6.3226亿元。流动负债合计约2.017亿元，长期负债合计约0.5533亿元，所有者权益合计约4.686亿元；集体土地总面积174.9708万亩，其中农用地面积166.5856万亩、建设用地面积8.2116万亩、未利用地面积0.1736万亩。各集体经济组织建立健全集体资产登记、保管、使用、处置等制度，实行台账管理，保障了农民权益。通过开展集体经济组织成员认定，将集体资产主要是经营性资产确权到户，实现了集体经济组织成员对集体资产占有使用和收益分配的权利。截至2023年年底，全县共确认成员总数762506个，改革时量化资产总额6261.9254万元。全县完成农村集体经济组织登记赋码，颁发集体经济组织证书286本，其中235个行政村及涉农社区全部完成登记赋码。以户为单位共发放股权证书133165本，逐步建立符合市场经济要求的集体经济运行新机制。各集体经济组织在完成登记赋码后，将所有资料分门别类归档，挂牌办公，设置专门办公场所，理事会、监事会等人员信息及组织章程等各项规章制度均上墙公布。

【供销合作社改革】 大竹县供销合作社获评全省供销合作社系统2023年度流通服务网络建设先进单位，被达州市供销合作社联合社表彰为全市供销合作社系统2023年度基层组织建设先进单位、2023年度农业社会化服务先进单位；健全基层供销网络，通过开展“村社共建”行动，建成杨家镇人和社区、天城镇中和村、杨通乡春光村、柏林镇白马村、庙坝镇大全村等32个村级供销社。抓实化肥淡储工作，全年实际完成化肥淡储7022吨；抓好农资销售服务，全年销售化肥1万余吨，保障农资平稳供应；派出8名无人机飞手，调集12台植保无人机，在月华、观音、周家、石桥铺等镇对水稻、玉米开展飞防作业1.2万亩，惠及群众1万余人；提升仓储及烘干机械设备的质量效能，确保颗粒归仓，累计烘干粮食1400吨；落地落实省级乡村振兴项目，在县城区建成功能完备的乡村振兴体验馆，专馆面积240余平方米，东汉醪糟、万康生态米、唐长武手撕鸭、贺家正宗观音豆干、黄金芽白茶等100余种涉农主体产品入馆，拓宽全县农特产品销售渠道，全年共销售本地农产品430万元。

【农产品品牌战略实施】 以创建国家乡村振兴示范县为契机，夯实公用品牌建设基础，健全公用品牌发展机制，加强公用品牌营销推广，聚力打造知名度较高、美誉度较强的“竹字号”食用农产品区域公用品牌，提升全县农产品的辨识度、附加值，提高产业核心竞争力，构筑农业发展新优势。建立县级食用农产品区域公用品牌，提高全县农产品市场占有率，增加农业产值，带动农民增收。延伸粮油、畜禽、水产、茶果等主导产业，以绿色、有机、地理标志、国家名特优新农产品、全程质量控制农产品为重点，抓好质量监管、授权许可、宣传推广、市场拓展等关键环节，力争用5年时间系统打造“竹字号”食用农产品区域公用品牌战略体系，提升大竹县食用农产品区域公用品牌消费者的信任度和品牌溢价能力，将“竹字号”农产品推向全国市场，形成标准化生产、产业化经营、品牌化营销的现代农业发展新格局；力争到2024年年底，大竹县食用农产品区域公用品牌成功注册并发布；到2025年年底，大竹县食用农产品区域公用品牌农产品市场拓展能力及市场占有率得到全面增强；在大竹开设实体店1家、销售网点5个；在成都市、重庆市或深圳市开设销售体验店1家，销售额达5000万元；到2029年年底，将大竹县食用农产品区域公用品牌培育成全省全国知名农产品区域公用品牌，保持并发展大竹县食用农产品区域公用品牌使用优质企业30家，年销售额突破1亿元。

【现代农业园区建设】 统筹园区规划，委托专业设计单位编制《大竹县现代农业园区建设总体规划》和配套专项规划，对现代农业园区进行规划布局，实现了“一张蓝图绘到底、一本规划抓到底”。统筹“四网”建设，布局“田网”，全县24个园区累计建成高标准农田22.15万亩，覆盖率75.34%；完善“路网”，建成通村硬化路96千米、机耕道160千米、便民连户路270千米，农业机械化率达80%；畅通“渠网”，加强农田排灌、提灌、喷灌、微灌等建设；织密“信息网”，依托“互联网+”，推动农产品入驻抖音、天猫等电商平台，拓展农产品销路。统筹项目实施，建立涉农项目打捆实施机制，按照“因需而整、应整尽整”的原则，让项目资金在现代农业园区建设中发挥出整体合力和最大效应。统筹园区管理，创新实行现代农业园区建设“园长制”，建立“县级领导挂园、部门管园、乡（镇）建园”的管理机制，由县委书记、县长任园区建设工作领导小组组长，实行“周调度、月总结、年考核”的工作机制。促进产业聚集融合，发挥新型农业经营主体的引领作用，坚持政府主导、企业主建、农民主体，探索出“三统两保”“五供一收”“四入四同”“四带三供”等联农带农新机制。促进农工城乡融合，树立城乡“一盘棋”的发展理念，坚持把现代农业园区作为实现城乡要素融合的重要载体，推动人才、资金、技术等要素由城市向农村流动，实现城乡融合发展。促进产村一体融合，以村级集体经济组织试点为主要抓手，推行“生产在园、加工进村”“体验在园、休闲进村”等产村相融、园村共建的发展模式，在促进村集体经济同步发展壮大的同时，带动乡村水、电、路、气、讯等基础设施全面改善。加强“三联动”，打造农业金字招牌。加强院校合作联动，搭建院（校）政、院（校）企合作平台，推动园区内龙头企业与省农科院、川大、川农大等院校联合开展科技攻关，建立院士（专家）工作站及涉农科研机构，形成了一批极具经济价值的科技创新成果。加强智慧农业联动，发展设施农业，综合运用大数据、物联网等先进技术，建成“五大智能管理体系”，运用于园区产品研发、产品生产、过程监管、质量追溯等领域，推动生产研发全过程管理标准化、现代化。加强生态涵养联动，牢固树立绿色发展理念，开展“两个替代”绿色行动，采取“以蜂治虫、以菌治病”的防控策略，引导周边农民利用畜禽粪便等废弃物积造和施用有机肥持续改善果园生态系统，基本实现“一控两减三基本”的目标。保障“四要素”，增强园区发展活力，保障土地要素，全面建立以县级为中心、乡级为平台、村级为网点的“两平台一体系”，同时对农户单户自主流转承包土地、农户委托本集体经济组织流转承包土地、集体四荒地等三类土地流转程序进行规范，推动土地要素规范有序流转，实现适度规模化经营；保障资金要素，出台“猪十条”“粮十条”“苎麻十条”和白茶高质量发展等政策文件，县财政每年预算8500万元用于支持现代农业园区建设，引领社会资本、人才科技等要素集聚入园；保障人才要素，制定出台人才支撑十条措施、乡村人才振兴十条措施等系列文件，开展“百千万·达人计划”；保障科技要素，实施农业科技入户工程，全面推行科技特派员制度，鼓励农业技术人员到新型农业经营主体任职、兼职和开展技术服务。

【种植业】 落实粮食生产党政同责要求，将粮油稳产增产摆在首要位置，稳固粮食安全“压舱石”。通过召开县委常委会会议、县政府常务会、县委农村工作会等会议，研究部署粮油工作，与各乡（镇、街道）签订粮食生产目标责任书，同步纳入粮食安全党政同责考核，统揽各项工作高效开展。按照“应种尽种、满栽满插”要求，将粮食生产任务分解到乡（镇、街道）村（组），落实到具体地块，定期召开大春生产暨大豆扩种工作现场评赛会，通过“实地看、全面查、多方评，”确保粮食稳产和大豆生产高质高效。全年大春粮食作物播种面积132.24万亩，产量53.9万吨，其中水稻播种面积54.88万亩，产量27.2万吨；玉米播种面积37.93万亩，产量17.6万吨；高粱播种面积1.2万亩，产量0.4万吨；大豆播种面积13.29万亩（其中玉米大豆带状复合种植8.53万亩），产量1.9万吨；其他豆类播种面积2.22万亩，产量0.2万吨；红薯播种面积12.06万亩，产量3.6万吨；马铃薯播种面积10.66万亩，产量3万吨。全县小春粮食作物收获面积38.3万亩，产量8.3万吨，其中小麦7.64万亩，产量1.9万吨；小春马铃薯18.72万亩，产量4.9万吨；豌（胡）豆11.9万亩，产量1.5万吨。落实“谁种植谁收益”的惠农补贴政策，支持推广应用先进农业技术和现代农机装备，开展社会化服务，推进机械化、规模化、集约化的绿色高效现代农业生产方式，发展扶持粮食规模经营主体，提升粮食生产质量和效益。

【林业】 落实林长制责任体系、推进“绿化达州”行动、松材线虫病防治、森林防灭火、国家储备林建设、林业资源管理保护、林业产业发展等工作，加强“林长+警长”协作机制建设，成立大竹县“巴山生态义警队”，设立县级联合指挥部1个、乡（镇、街道）联合指挥所31个，甄选义警队队员731名，织密森林资源保护发展和安全管护网络；组织开展义务植树活动，全年义务植树种植竹160万株，尽责率达96%；实施松材线虫病防治作业12.38万亩次，清理松材线虫病疫木9.32万株；排查整改隐患340处，年度森林火灾受害率控制在1‰以内；成立达州市大竹县国家储备林项目推进工作专班，有序推进国家储备林建设工作；核查国家森林督查下发图斑4期396个、林草湿图斑监测425个；认定省级林草产业化重点龙头企业1家（四川图拉香实业有限公司）、省级现代竹产业（康养）基地3个（顺天寨、青云洞现代竹产业基地、云海竹林康养基地）、省级竹林人家1个（大竹县云峰茶谷），完成全年目标任务。

【畜牧业】 牵头制定《大竹县"十四五"畜牧产业发展规划》和《大竹县促进生猪保供稳价八条措施》，明确产业发展方向和重点任务，做好全县生猪保供稳价工作。全年引进优良种猪1.83万头，存栏外二杂母猪5.94万头，三元杂交改良面达93.1%。申报部级标准化示范场1个、省级标准化示范场3个、市级标准化示范场6个、县级标准化示范场10个。建成生猪一级扩繁场（省级）4个、生猪二级扩繁场（市级）3个。开展动物卫生、生猪屠宰、检验检疫等监督执法工作，严格生猪及猪肉产品的调运备案工作，打击违法违规调运行为，全年备案调运车辆143辆，立案查处8起，没收假、劣兽药1000余千克，罚款20380元，被农业农村厅表彰为2023年度动物卫生监督工作成效显著单位。加强基础免疫工作，发放动物疫病防控宣传资料8000余份，共免疫生猪90万头、牛9万头、羊11.5万只、鸡400万羽、鸭70万羽、鹅30万羽，应免畜禽免疫密度达100%，消毒面积达100%，确保全县多年未出现区域性重大动物疫情。加强对饲料企业的监管力度，带动各乡（镇）动物防疫站对全县年出栏生猪50头以上、存栏肉牛10头、存栏肉羊20只以上的养殖场开展"瘦肉精""拉网式"专项检测2次，检查饲料兽药经营企业200余家次，监测养殖场4300余家次，共检测"瘦肉精"12000份，检测结果均为阴性，被农业农村厅表彰为2023年度全省兽用抗菌药使用减量化行动效果突出县。组织技术人员到生产基地、农贸市场、超市进行监测抽样，及时组织检测人员开展实验室检测，承担省、市、县各级农产品质量安全检测任务1202批次，实际抽检1221批次，合格率达99.67%。

【水产业】 全县水产工作围绕国家实施乡村振兴战略政策环境，以产业融合发展为路径，以"公司+农户"双增收为根本目标，以"科技带动+机制创新"为驱动，加快推进水产产业蓬勃发展。2023年，全县水产养殖面积23.2185万亩（含稻渔综合种养面积），水产品总产量2.479万吨，实现总产值6.5亿元，完成上级下达的各项目标任务。在乌木镇实施大竹县良繁基地建设项目，完成投资414万元（其中中央财政补助资金200万元、企业自筹214万元），对四川百岛湖生态农业有限公司繁育基地约150亩繁育池塘进行提档升级、繁育场基础设施建设等，升级建成后形成以虾苗繁育、稻虾综合种养为主导产业的特色产业带，以优良苗种供应促进大中小养殖企业增收和带动农户致富，每亩实现综合利润5000元以上，增收增效达20%，达到"一水两用，一田双收"的经济效益。在乌木镇实施大竹县渔业资源养护亲本更新建设项目，完成投资50万元（其中中央财政补助资金21万元、企业自筹29万元），对省级克氏原螯虾良种场200亩的稻虾田进行亲本种虾投放，每亩投放22.5千克，总计投放5000千克，建成后将提升大竹县渔业资源水平和良种场的育苗能力，保障大竹县及周边地区的虾苗供应，带动周边更多农户发展稻虾综合种养产业，可解决农村耕地抛荒、撂荒问题，确保土地资源高效利用。在庙坝、柏林、东柳、杨家等（乡镇）实施大竹县2023年中央财政渔业发展补助资金建设项目，完成投资396.63万元（其中中央财政补助资金108.12万元），建成水产品初级加工和冷藏保鲜等设施设备6台（套），年加工冷藏及冷冻水产品20万千克，年经济收入达500万元。对全县50亩以下水产养殖基地水产品开展采样，并定性检测孔雀石绿结晶紫、硝基呋喃代谢物4项、氯霉素、氧氟沙星等药残，下达任务1038批次，已完成1054批次采样并送检，第三方检测公司检测结果已出具合格报告。开展水产健康养殖示范推广工作，规范养殖业主的养殖方式，监管养殖行为。创建水产健康养殖示范场，按照有关法律法规要求，健全养殖生产单位内部生产管理体系，重点做好养殖设施设备管理、生产记录、用药记录、病害防控、养殖废水处理等关键环节的自控和自检，鼓励实施标准化管理。每月定期组织召开禁捕工作领导小组办公室专班联席工作会议，定期对全县31个乡（镇、街道）进行"拉网式"督查，出动禁渔巡查人员350余人次、车辆75辆次，巡河里程2100余千米，劝导非法垂钓者45人次。开展渔业法规宣传，助推渔业水域水域生态环境保护，全年共计出动宣传车24趟次，张贴标语30余幅，印发宣传资料3000余份，张贴禁渔通告120余份，悬挂宣传横幅30余幅，制作长江"十年禁渔"宣传语音2条，让长江流域"十年禁渔"相关法律法规及禁渔知识进村入户，筑牢群众"禁渔"意识，形成禁渔工作的良好氛围。编制2023年增殖放流规划和年度实施方案，于8—9月在黄滩河、东柳河、铜钵河、东河等天然水域河段实施增殖放流活动，放流白鲢、花鲢、草鱼鱼种共计260.266万尾；加强涉渔工程监管，会同水务、环保部门开展小水电整治之机督导落实涉渔工程渔业资源补救措施，已完成1处电站生态补偿措施，为解决水产养殖业带来的环境污染问题，促进水产养殖业健康有序可持续发展，加强对水产养殖污染的监管和治理。开展调查摸底工作，掌握实际情况；加强监督管理，限期整改；加强联合执法力度，确保治理整改措施落到实处；利用国家渔业绿色循环发展政策扶持，推广应用多种形式的养殖尾水治理技术模式。依托现代信息传播手段，开展安全生产知识宣传教育，提高渔业从业人员的安全生产意识。同时，加强渔业安全生产职业培训，指导养殖业主排查生产设施设备安全隐患，提高渔业从业人员的自身安全素质，签订安全责任书，将责任分解落实到人，确保达到渔业安全零事故的工作目标。

【乡村振兴】 加强统筹推动，全面夯实振兴基础。加强作战体系，落实“五级书记”抓乡村振兴要求，健全以县委书记、县长任“双组长”的县委农村工作领导小组，成立全面推进乡村振兴指挥部，设置乡村振兴作战室，完善“6+31”统筹指挥机制，构建起县、乡、村、组四级联动、分层推进的工作体系。县委书记、县长组织召开县委农村工作会议、领导小组会议，每季度研究部署乡村振兴工作。出台《实施乡村振兴战略考评激励办法》，用好用活“阳光问廉”平台和“红黑榜”机制，将考核评估结果作为领导干部选拔任用、评先选优、追责问责的重要依据，倒逼工作落地落实。加强规划引领，按照自然地理走向、经济发展趋向、人口迁移动向、人文情感倾向“四向优化”原则，突出“山前、山后”协调发展、川渝合作一体发展、达州—大竹连片发展，推进“1+5”县域片区划分，重塑县域经济地理版图。坚持城乡一体、区域共建，制定全域乡村振兴战略实施规划，优化县城、中心镇、中心村三级空间布局，实施“四带引领、六片示范、百村精品”工程，加快构建“5+5+3”现代农业产业体系。融入成渝地区双城经济圈建设，打破区域发展壁垒，与毗邻6区（县）协同共建“明月山绿色发展示范带”。加强要素保障，落实“四个优先”要求，加强制度性供给和政策安排设计，出台《大竹县财政衔接推进乡村振兴补助资金管理办法》有关事项的补充通知，推进要素向“三农”领域倾斜，2023年投入乡村振兴资金14.04亿元，占一般公共预算支出的23.4%。出台《乡村人才振兴五年行动实施方案(2021—2025年)》，印发“人才振兴十三条措施”，建成院士（专家）工作站及涉农科研机构10个，创新选聘23名在外优秀人才担任乡村振兴顾问，培育“土专家”“田秀才”200余名，“乡村振兴顾问制度”作为全省人才工作先行区典型案例在全省印发推广。

【乡村旅游】 坚持“以文塑旅、以旅彰文”，以成渝地区双城经济圈建设为契机，抢抓“共建巴蜀文旅走廊、共谱川渝文旅华章”战略机遇，紧扣建成“川渝陕休闲度假康养旅游目的地”目标，按照“产业生态化、生态产业化”发展思路，构建“一心两廊、三区三带”的文旅发展新格局，全面塑造竹文化IP形象，持续扮靓“稻麻茶竹椿虾”六张名片，推动乡村旅游和农旅文融合发展，打造川渝丘陵地区乡村振兴“大竹样板”。完成《大竹县“十四五”文旅融合发展规划》《五峰山—百岛湖—莲印山连片发展总体规划》《城市文化旅游品牌形象VI视觉体系设计》及多个专项规划编制，初步形成“1+2+N”的规划体系。推动渔人部落创建为国家4A级景区，欢喜坪创建省级旅游度假区通过省级现场验收，欢喜民宿获得全市2023年旅游民宿提升建设工作一等奖。拍摄《川渝有约·文旅对对碰》《相约春天·自在大竹》春季赏花等宣传片短视频，各乡村旅游景点共举办中外露营节、菊花节、五一狂欢节及“相约春天·自在大竹”系列节会活动10余场次。

【农村水利】 全县累计建成水库88座、塘坝3221处、窖池1260处、泵站172处、水闸44处、水电站32处、机电井64769眼，共计69586处。水利工程年供水能力2.29亿立方米，其中规模以上水利工程年供水能力1.52亿立方米。城乡供水工程4641处，设计受益人口100万人，年供水量0.37亿立方米，其中集中供水工程231处，覆盖人口93.52万人，年供水量0.34亿立方米；分散供水工程4410处，覆盖人口6.48万人，年供水量0.03亿立方米。灌溉面积31.46千公顷，其中耕地灌溉面积（有效灌溉面积）31.27千公顷，实际耕地灌溉面积23.39千公顷。规模以上灌区4处，耕地灌溉面积10.86千公顷，渠道总长584.42千米，防渗渠道总长405.74千米。堤防总长35.76千米，其中达标堤防32.33千米，保护人口21.15万人，保护耕地9.59千公顷，除涝面积1.85千公顷。累计治理水土流失面积55.171千公顷，封禁治理保有面积12.903千公顷。

【农业机械化】 全年开展中心组学习4次，参加人员120人次；参加省、市组织的网上安全监管干部和企业负责人培训3次，参加人数15人次；机关和局属单位共专题学习《生命重于泰山——学习习近平总书记关于安全生产重要论述》1场，参加人员65人次；开展安全生产大讲堂1次，参加人员52人次。采取多种形式，组织开展安全宣传进农村“五进”活动，开展2023年“安全生产月”和“安全宣传咨询日”集中宣传活动和到乡（镇）赶场宣传活动，发放各种宣传册、宣传单和挂图等资料10000份以上。按照《农业行业安全生产清单制管理工作》方案，以清单制明确部门主要领导、分管领导、内设机构正副职及每个岗位的安全生产监管职责，推动形成安全生产与业务工作同部署、同推进、同考核，主要领导亲自过问、分管领导具体抓，一级抓一级、层层抓落实的工作局面。完善安全监管工作机制，建立农业综合执法大队牵头督查行业安全生产工作机制，发挥其在安全生产管理中的综合执法监督、查处问责职能，解决当前行业安全生产综合协调机制不顺、执法能力不足、推动乏力等突出矛盾和问题。按照“零容忍、严执法、重失效”的总体要求，开展农业行业安全生产隐患大排查大整治，坚持每月排查、重要时间节点排查，全年共排查隐患159条，整改159条，整改率100%。加强安全监管落地落实，针对变拖整治重点难点工作，制定《大竹县农机道路交通安全大排查大整治百日攻坚专项行动方案》，联合交警大队到各乡（镇）开展督导检查，该次行动共报废26辆，全年共报废30辆。

【农村科技】 全县农村科技工作以科技推动农村发展为目标，以加快农业科技成果转化和产业化为重点，开展农业科技创新主体培育、农业科技项目实施、农业科技服务体系建设等工作。农业科技创新主体培育方面，有省级农业科技园区1个、有效高新技术企业34家（其中涉农高新技术企业11家），有科技企业孵化器3家（其中国家级1家、省级2家），市级以上涉农工程技术研究中心、重点实验室等创新平台3家。全县科技型中小企业入库备案95家，其中涉农企业26家。农业科技项目实施方面，组织实施省级涉农科技计划项目2项，投入省级财政科技专项资金共计100万元；组织实施县级涉农科技计划项目6项，投入县级财政科技专项资金共计155万元。农业科技服务体系建设方面，开展"送科技下乡"活动，累计开展科普宣传、技术培训、现场技术指导等140余场次，受训群众达3200余人次。"四川科技兴村在线"大竹平台共开展线上技术服务1990次，新建平台村级服务驿站104个。

【农村教育】 全县有独立法人资格的学校87所，在校学生13.05万人。全年向上争取资金2.61亿元（债券1.81亿元、上级专项7517万元、职业教育554万元）。全县一般公共预算教育经费支出13.49亿元，比上年的12.52亿元增长7.78%，占一般公共预算支出68.33亿元的19.74%。投入7517万元，规划实施项目44个，计划新（改、扩）建面积5.4万平方米。采购项目12个，合计金额400万元，主要采购教学实验仪器设备、音体美器材、课桌椅等设施设备4000余台件（套）。全年公开招聘教师169名、特岗教师50名、公费师范生22名，引进高层次人才3名，被教育厅、人力资源社会保障厅评为四川省先进集体1个、四川省先进个人1名、达州市先进集体3个。5部作品在第37届四川省科技创新大赛终评展示活动上参赛，其中3部作品获得省级二等奖，2部作品获得省级三等奖。组织293人次到川环、天宝参加岗位实习。投入资金4500余万元，资助各学段家庭经济困难学生9万人次，为0.74万名家庭经济困难大学生受理生源地助学贷款7600余万元。县财政投入资金289.3万元，为17.08万名义务教育阶段学生免费发放作业本380.9万册；向4.7万名义务教育阶段家庭经济困难学生发放生活补助资金1700余万元。

【农村文化】 坚持"共建共享"的基本理念，按照"一乡一特色、一站一主题"的思路，建成县级"三馆一所一中心五影院"（即文化馆、图书馆、美术馆，文管所，群众文化艺术中心，太平洋、横店、光影国际、橙天国际、阳光电影院）。建成"竹廉馆"党风廉政教育基地，实现"竹文化"与"廉文化"有机融合。标准化建成31个乡（镇、街道）综合文化站、89个社区文化中心、235个村文化活动室、324个新时代文明实践站、235个农家书屋、15个流动图书服务点、31个农民工文化驿站、324个"留守学生（儿童）之家"。安装红喇叭648只，实现"广播村村响、电视户户通、电影人人看、出门能健身、就近可阅读、文化惠民生"。每年投入47万元，为235个农家书屋、15个流动图书服务点配备更新图书、报刊；投入60万元，对图书馆、美术馆、文化馆实行全年免费开放；投入395.64万元，对31个综合文化站、235个行政村实行免费开放；投入85.5万元，放映农村公益电影3888场次；投入1100万元，安装"村村通"广播648只；投入155.9万元，建成新时代文明实践所（站）335个，实现公共文化服务建设资金专款专用。

【农村卫生】 全县居民健康档案建档率达100%，各类重点人群管理率、规范管理率均达标，免费为全县84.2万名提供公共卫生服务。完成0.93万名农村适龄妇女免费"两癌"筛查服务。为3123名失能老人提供3次免费上门健康服务。采取"定点+入户"的形式开展全民健康体检，完成36万余人健康体检。持续推进县域医共体建设和远程诊疗服务，实施分级诊疗制度，县域内就诊率达94.74%，群众"半小时就医圈"基本建成。公立医院"取消药品加成"共让利群众2862.6万元，累计让利2.18亿元。完成推广新技术新项目45个、省级科研课题审查立项3个、县级科研课题审查立项4个。获评第四轮全国艾滋病综合防治示范县。创建为省级慢性病综合防治示范区。

【农村法制建设】 全年已配备法律顾问的村（社区）324个，其中法律顾问中的律师14人、基层法律服务工作者18人；法律顾问开展普法宣传活动202次，参与调解矛盾纠纷322件，协助村（居）委员会起草、审核、修订村规民约和其他管理规定232次，为村（居）民提供法律咨询、解答、引导等其他法律服务2000余次。全县324个行政村（社区）共遴选配备1600余名"法律明白人"。全县设立各级调解委员会370个、专业性行业性调解委员会15个、人民调解员1734名，其中专职人民调解员112名；共调解案件3892件，调解成功3853件，调解成功率98.9%。全县共受理各类法律援助案件516件，接待解答法律咨询2765件，法律援助率100%。

【农村交通】 截至2023年年底，全县通车里程4512.7千米，其中高速公路92千米、国道114千米、国道过境段5千米、省道302.2千米、县道536.7千米、乡道698.1千米、村（组）公路2764.7千米。境内公路网络已基本形成，覆盖100%的乡（镇）、100%的建制村、95%的村民小组。

幸福美丽乡村路。团坝至云峰茶谷、团坝至清水、中华至杨家3条47.9千米幸福美丽乡村路全部动工建设，截至2023年年底，完成投资4000余万元。

村道及生命防护工程建设。全县撤并建制村畅通工程、通组硬化路建设任务为175.4千米、村道安防工程为46

千米，截至2023年年底，累计完成村道建设125千米、安防工程建设40千米。按照县政府制定的“县道县养、乡道乡养、村道村养、国省道专业养护”模式，全县公路养护段主要对县境内国、县道共443千米公路进行日常养护管理和灾害抢修与保通。遵循“公路大中修、公路日常养护”相结合原则，以“养好公路，保障畅通”为宗旨，全年日常养护及大中修项目共投入836.63万元，国道公路路面使用性能指数(PQI)保持在90以上，继续在全省领先。全年专项工程投入4807.48万元，完成国道318线2014K+000处凉风垭左侧滑坡、省道404线K56+100石子镇牛头村山体滑坡等工程项目。投入1868万元，完成大竹县国省干线公路养护工程。全年共计维修沥青砼路面45300平方米、二灰碎石基层6450立方米、处治水泥砼基层490立方米、片（拳）石基层2800立方米；清理垮方、堆积物及高路肩4350立方米；新建水泥砼挡土墙7道约2100立方米、钢筋砼圆管涵8道95米、水泥砼水沟2400米；投入15.3万元，清理枯树、竹子等行道树。全年累计排查整改隐患65项，更换波形护栏2100米、广角镜36个、临时警示桩18处、警示标牌35个、减速振荡线720平方米，恢复标线4000平方米。

【农村生态建设及环境保护】 环境空气质量稳中有进。全县环境空气质量优良天数为323天，优良比例达88.5%，PM2.5平均浓度为36.2ug/m3；空气质量综合指数在全省128个县（市）中排名第110名，改善幅度排名第103名。完成市下达全县2023年环境空气质量目标（优良天数319天，优良天数率达87.3%，PM2.5浓度<37.8ug/m3）。

水环境质量持续改善。2个城市集中式饮用水水源地达标率保持100%，33个乡（镇）集中式饮用水水源地达标率达100%。铜钵河上河坝、东河岗架大桥、黄滩河双河口、平滩河牛角滩等4个国考断面和石桥河凌家桥、东柳河墩子河等2个省考断面年均水质达标率为100%，全县水环境质量总体保持稳定。全县土壤人居环境安全情况总体平稳，未发生疑似污染地块或污染地块再开发利用不当且造成不良社会影响事件。

环境风险安全可控。全年未发生突发环境应急响应事件，全县森林覆盖率提升至42.1%，绿化覆盖率提升至44.36%，生态环境质量综合指数保持良好状态。抓好农村生活污水治理，实施2023年大竹县农村生活污水治理“千村示范工程”，总投资1.15亿元，全县农村生活污水得到有效治理的村达163个，有效治理率达69.1%。完成农村黑臭水体整治，8个行政村均未发现黑臭水体。实施农村环境整治，8个行政村所在乡（镇）配建6个压缩式垃圾中转站、垃圾池78个、垃圾桶27个、分类垃圾亭5个，收转运设施村覆盖率达100%。加强饮用水水源地保护，在“千吨万人”饮用水源地保护区建设水质在线监测系统9套、视频监控系统30套，实现智能化监管。

【农产品质量安全监管】 加大农产品质量安全监管业务指导力度，重点推进各项监管措施衔接，抓好新制度、新要求的贯彻落实，健全和完善农产品从生产到销售各环节的全链条监管体系，压实农产品生产、经营者应承担的质量安全责任。以培训宣传为重点，推动新修订《中华人民共和国农产品质量安全法》入脑入心，在各乡（镇）建立农产品质量安全法普法宣讲员队伍，邀请专家对所有乡（镇、街道）的分管领导、农业服务中心主任、一名产业强村的村支部书记、具有代表的生产经营主任进行新修订《中华人民共和国农产品质量安全法》和承诺达标合格证的培训，通过重要活动、专题培训、入户指导等方式开展系列普法宣传活动，在全县范围内掀起新修订《中华人民共和国农产品质量安全法》的学习宣贯热潮。同时，加强干部群众和各类生产经营主体的农产品质量安全意识，将新修订《中华人民共和国农产品质量安全法》贯穿体现到日常巡查、产品抽检、执法办案等工作中。加大对园区、绿色食品、有机产品认证企业、市级以上专业合作社、家庭农场的农残快速检测力度，防止不合格农产品进入市场。截至2023年年底，全县共速测农产品样品5366批次，合格率98.8%；开展监督抽样68批次，合格率98.5%；配合开展农业农村部、省、市监测抽样农产品218批次，对监督抽样抽检不合格的农产品移送至执法大队进行处理。对东柳醪糟、木鱼池、百岛湖等企业开展绿色食品年检、续展认证、复查换证和专项检查等工作，重点检查获证单位产地环境、投入品使用、生产记录档案、产品检测、包装标识、标志使用和质量溯源管理的相关制度落实情况，指导东汉大诚进行绿色食品认证。在2023年度“巴山食荟”十大精品粮油、“巴山青”十大精品茶叶评选中均获得达州市第一名。

【劳务开发与返乡创业】 连续开展农民工返乡创业培训和劳务品牌培训，形成合力攻坚工作格局。安排专人及时对2022年参训学员进行回访，跟进掌握参训学员的培训天数、培训工种、培训机构等。全面了解学员参训后的就业意愿、创业想法，向5000余名学员定向推送重点企业用工信息，促进300余名农民工就地就近就业。借鉴其他县（市、区）先进经验，上线运用V3.0培训监管系统，实施“管办分离”，不断提升培训监管实效，全年培训农民工3000人。申报“达字号”劳务品牌2个。在2023年度返乡创业农民工及优秀农民工代表座谈会上，分享创业经验、宣传农民工创业故事，营造返乡创业氛围。实地走访企业60余家，宣传省、市、县的返乡入乡创业优惠政策，选树创业典型，评选大竹县创业明星和创业明星企业各5个，申报选树达州市创业明星1名、达州市创业明星企业2家、达州市创业园区1个、达州市返乡创业示范乡（镇）1个，带动周边群众共同创业增收。指导态康生猪养殖专业合作社进行“蜀创优品”线上展销。推荐优秀农民工李丙见获得达州市“五一劳动奖章”。

【主要领导人】 县委书记：李志超；县人大常委会主任：蔡文华；县长：何长华；县政协主席：梁经明；分管农业副县长：李尚桃。

大竹县编写组

渠　县

【基本情况】 2023年，全县辖28镇6乡3个街道，辖区面积2018平方千米，常住人口89.2万人。获评全省“农村改革工作先进县”“促进服务业发展先进单位”，创建为全省乡村振兴成效显著县，连续三年获评“全省县域经济发展先进县”，连续五年获评“全省脱贫攻坚先进县”，六度荣膺“中国西部百强县”（进升至第44位）。

【年度农业和农村经济运行】 2023年，全县实现地区生产总值4200597万元。全县全年实现农林牧渔业总产值1489924万元，比上年增长3.5%，其中农业产值923641万元，增长3.6%；林业产值77743万元，增长19.9%；畜牧业产值406462万元，增长0.2%；渔业产值49788万元，增长4.2%；农林牧渔业服务业产值32290万元，增长4.5%。

【种植业】 全县粮食作物播种面积120335公顷，总产量66.49万吨，比上年增加1.31万吨，同比增长2.02%，其中小春粮食作物播种面积20230公顷，产量7.08万吨，同比增长3.65%；大春粮食作物播种面积100105公顷，产量59.42万吨，比上年增加1.08万吨，同比增长1.85%。稻谷产量30.99万吨，同比增长3.54%；玉米产量16.28万吨，比上年增加0.58万吨，同比增长3.69%。全年油菜籽产量59947吨，同比增长5.6%；中药材产量6566吨，同比减少1.8%；茶叶产量301吨，同比增长3.8%。

【畜牧业】 全年生猪出栏96.5万头，同比增长1.5%；肉牛出栏6万头，同比增长0.9%；肉羊出栏19.7万只，同比减少2.2%；家禽出栏1635.55万只，同比减少1.3%；禽蛋产量26110吨，同比增长3.9%。

【林业】 全县实现林业产值77743万元，同比增长19.9%。人工造林1701公顷，其中完成中央财政资金投资造林面积540公顷。森林抚育600公顷。

【主要领导人】 县委书记：刘伟；县人大常委会主任：杜权军；县长：王飞；县政协主席：余述容；分管农业副县长：李根。

渠县编写组

开　江　县

【基本情况】 2023年，全县辖12个乡（镇）1个街道，辖区面积1033平方千米，总人口60万人。

【年度农业和农村经济运行】 2023年，全县实现地区生产总值166.8亿元。全年实现农林牧渔总产值69.8亿元，增长3.2%，其中农业产值38.8亿元，增长2.7%；林业产值3.7亿元，增长23.9%；牧业产值21.7亿元，增长0.8%；渔业产值3.2亿元，增长2.7%。全县主要农产品产量见表1，全县畜牧业生产情况见表2。

【种植业】 全县粮食作物播种面积79.8万亩，比上年减少0.97%，其中水稻种植面积26.9万亩，增长0.7%；玉米播种面积20.1万亩，减少0.4%；豆类播种面积12.3万亩，增长2.4%；薯类播种面积17.9万亩，减少8.7%；油料作物播种面积28.1万亩，增长1.4%；蔬菜种植面积17.2万亩，增长10.1%。全年粮食产量30.9万吨，增长2.3%；油料产量5.09万吨，减少1.9%。

【畜牧业】 全年主要畜禽肉总产量

表1　2023年开江县主要农产品产量

主要农产品	单位	产量(绝对数)	同比增减(%)
粮食	万吨	30.900	2.3
稻谷	万吨	13.900	5.6
玉米	万吨	9.700	1.0
薯类	万吨	5.000	–8.9
油料	万吨	5.100	–1.9
油菜籽	万吨	4.100	–3.4
麻类	万吨	0.004	2.7
园林水果	万吨	1.600	7.6
蔬菜	万吨	44.800	3.2

表2　2023年开江县畜牧业生产情况

主要畜产品	单位	产量(绝对数)	同比增减(%)
猪出栏	万头	40.2	3.0
猪肉	万吨	2.9	2.8
牛出栏	万头	1.5	1.0
牛肉	万吨	0.2	0.5
羊出栏	万只	12.9	-1.1
羊肉	万吨	0.2	-3.6
禽出栏	万只	1220.6	-1.0
禽肉	万吨	1.8	-1.3

9.3万吨，增长1.3%，其中猪肉产量2.9万吨，增长2.8%；牛肉产量0.2万吨，增长0.5%；羊肉产量0.2万吨，减少3.6%；禽肉产量1.8万吨，减少1.3%。

【主要领导人】 县委书记：庞佑成；县人大常委会主任：王忠武；县长：张鑫；县政协主席：何先如；分管农业副县长：闫小东。

开江县编写组

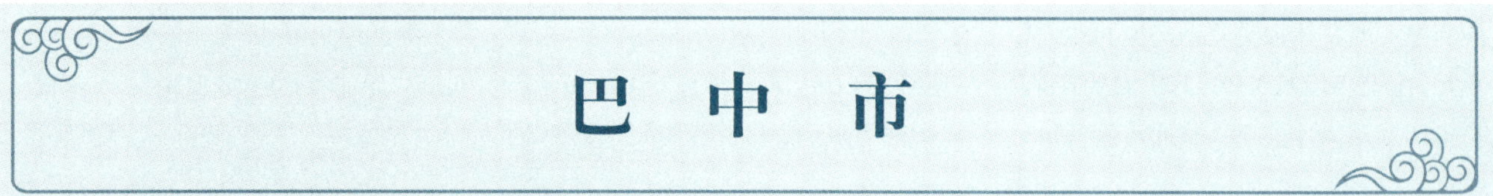

巴中市

【基本情况】 2023年，全市辖3县2区，辖区面积1.23万平方千米，其中耕地面积388.04万亩、基本农田328.15万亩。年末总人口356.61万人（户籍人口）；人口出生率5.9‰，增加5个千分点；人口自然增长率-3.16‰，减少3个千分点。新建高标准农田27.7万亩。年末有效灌溉面积9.92万公顷。本地水资源总量68.24亿立方米，人均占有水资源量1913立方米。全年植树造林面积1146.67公顷，年末实有森林面积77.73万公顷，森林覆盖率63.2%。

2023年，全市实现地区生产总值780.28亿元，增长6%，其中第一产业增加值195.2亿元，增长3.9%；第二产业增加值176.58亿元，增长10.2%（工业产值104.06亿元，增长5.4%）；第三产业增加值408.5亿元，增长5%。三次产业对经济增长的贡献率分别为16%、40.6%和43.4%。三次产业结构比为25∶22.6∶52.4。人均地区生产总值29517元，增长6.9%。劳务输出106.59万人，收入270.43亿元。全年接待游客5250.31万人，实现旅游收入461.3万元。

公路通车里程26208千米。社会消费品零售总额542.17亿元，增长9.9%。地方公共财政预算总收入完成56.07亿元，增长8.2%；公共财政预算总支出339.78亿元，增长4.3%。金融机构各项存款余额1948.65亿元，比上年末增长8.7%；各项贷款余额1328.95亿元，增长12.4%。全年保费收入56.09亿元，增长1.5%，其中处理各项赔款和给付金额18.24亿元，增长19.2%。

有各类学校688所，在校学生43.78万人，教职工3.68万人，其中普通高校1所，在校本（专）科学生13204人；普通中学212所，在校学生15.3万人；小学173所，在校学生18.35万人。有文化馆191个，公共图书馆6个，博物馆18个。有卫生机构3087个，病床位24497张，卫生技术人员19875人。城乡居民基本养老保险参保人数147.08万人。

【年度农业和农村经济运行】 2023年，全市实现农林牧渔总产值350.4亿元，同比增长4%；第一产业增加值67.15亿元，增长4.2%。农民年人均可支配收入达17247元，增长7%。全市主要农产品产量见表1。

【农业产业化发展】 出台《关于加快发展农业社会化服务的实施意见》，召开全市农业生产托管暨社会化服务现场会，已初步建立5个县农业社会化服务中心、103个乡农业社会化服务站（点）、1482个村农业社会化服务协办员的三级服务体系。争取到中央财政农业社会服务资金2073万元，用于开展农业生产全程托管服务面积20.54万亩，覆盖60%以上的小农户。

【农村改革】 全面完成全国改革试验区

到期改革试验任务，形成改革典型案例6篇，已通过农业农村部组织的验收评估答辩。争取到巴州区开展全国农村产权流转交易规范化试点，已完成试点任务中期评估。解决土地细碎化问题做法被省《农经工作动态》刊发，其典型案例已报送农业农村部。平昌县启动开展第二轮土地承包到期后再延长30年市级试点。推进县域内城乡融合发展改革试点，市本级调研成果获得全省三等奖，恩阳区、平昌县调研成果分别获得全省二等奖、三等奖。出台《巴中市农村产权流转交易管理办法》，整市开展农村产权流转交易规范化试点获得农业农村部批复。整市推进县域内城乡融合发展改革试点，巴中市获得全省《率先在县域内破除城乡二元结构推进城乡融合发展》调研成果三等奖。印发《巴中市支持发展新型农村集体经济十五条措施》，完成1623个村（居）民委员会与村级集体经济组织银行账户账套分设、核算分开，全市行政村集体经济收入村均超过10万元，同比增长40%以上。建成市、县、乡、村四级联网的农村集体资产监管服务平台，实现农村集体资源、资产、资金“一网通管”。

【农产品品牌战略实施】 出台《巴中市2023年农业品牌建设奖补方案》。组织四川德健黄羊、长赤翡翠米等5家企业29个产品参加第二十二届中国绿色食品博览会、第十五届中国国际有机食品博览会，其中南江元顶子茶场参展产品云顶茗兰牌绿茶获得优秀奖，平昌江口青鳙、通江银耳被纳入2023年度第二批名特优新农产品名录。“巴食巴适”“巴中云顶”2个农产品区域品牌和“青峪猪肉”等7个产品品牌入选首批“天府粮仓”精品品牌。新增“通江银耳”“南江黄羊”等9个品牌入列四川省农业品牌目录。“南江黄羊”入列全国农业品牌精品培育名单，全省累计达4个。组织开展第四届秦巴农洽会、巴中云顶茶北京推介会、“巴食巴适”区域公用品牌产品金华推荐销售周、中国·通江银耳产业发展大会暨第四届中国·通江银耳节等品牌推介活动。

表1 2023年巴中市主要农产品产量

主要农产品	单位	产量	同比增减(%)
粮食	万吨	196.14	2.20
水稻	万吨	70.14	1.10
小麦	万吨	23.32	8.50
玉米	万吨	61.62	3.60
马铃薯	万吨	21.00	–3.70
油菜籽	万吨	24.80	9.80
蔬菜	万吨	186.80	5.00
水果	万吨	15.77	5.80
肉类	万吨	31.21	4.56
猪肉	万吨	25.87	1.90
牛肉	万吨	2.43	1.60
羊肉	万吨	1.13	1.70
禽肉	万吨	1.77	–1.60
禽蛋	万吨	7.47	3.70
水产品	万吨	7.79	3.90

【现代农业园区建设】 出台高标准农田实施意见，创新“高标准农田+”模式，统筹实施土地整理、“小改大”、“坡改梯”等建改项目，协同推进产业园区、田园景区、新型社区“三区同建”；采用“生态夯土、生态护坡”等方式，使用新型固化剂替代混凝土和沥青等主干道建材，推动建成巴山田园综合体85个。

【种植业】 出台《建设新时代更高水平“天府粮仓”巴中片区工作方案》等文件，《巴中市持续巩固撂荒耕地治理成果探索复耕种粮长效机制》典型经验被省政府通报表扬。全市建设粮油绿色高质高效百亩攻关示范田1317个、14万亩，千亩展示片122个、13万亩，万亩示范片15个、20万亩。小麦高产创建点位亩产达571.2千克，油菜高产竞赛点位亩产达231.9千克，大豆玉米带状复合种植夏大豆亩产达190.18千克，突破全市高产创建纪录。油菜产业服务团获评“全市2022年人才下乡万里行活动优秀专家人才服务团”。

【畜牧业】 出台《巴中市2023年稳定生猪产能九条措施》，分类建立409个国、省、市级生猪产能调控基地，全市能繁母猪数量稳定在20万头左右，生猪规模养殖场数量稳定在800个以上。全年生猪出栏351.56万头，同比增长1.5%；猪肉产量25.87万吨，增长1.9%。推动实施“2+1”种养业优势大品种计划，新（改、扩）建巴山肉牛适度规模养殖场107个、肉羊适度规模养殖场51个。全年巴山肉牛出栏19.77万头；肉羊存（出）栏同比分别增长1.21%、1.13%。

【水产业】 市政府批准平昌县道生渔业科技有限责任公司成立全市渔业领域首个院士（专家）工作站；全市首家国资控股的水产品交易市场——巴中供投水产市场投入运营；招引上海思康达落地恩

阳区发展南美白对虾工厂化养殖。通江县“鱼米之乡”项目受到省水产局局长何强的肯定。平昌江口青鳙入列第二批全国名特优新农产品名录。新增全国水产绿色健康养殖骨干基地5家。平昌县道生渔业创建为2023年国家级水产健康养殖和生态养殖示范区。全年水产养殖面积18.26万亩，增长0.9%；水产品产量7.79万吨，增长3.9%。

【乡村振兴】 全年争取到位国家级、省级衔接资金、东西部协作、省内对口帮扶等财政性资金支持18.25亿元，比上年增加2.32亿元，增长14.56%。乡村振兴重点工作获得国务院督查激励并获激励资金5000万元，为全省唯一市（州）。争取7个省级试点项目落地巴中市，为省级试点项目全覆盖的唯一市（州），到位试点奖补资金2200万元；争取2023年中央专项彩票公益金5000万元支持欠发达革命老区乡村振兴项目落地南江县，为全省2023年度获取该项目的3个县之一；争取恩阳区、南江县2个非乡村振兴重点帮扶县比照省级重点帮扶县支持政策，每年给予4000万元省级衔接资金专项支持。创建省级乡村振兴重点帮扶优秀村10个。印发《巴中市传统农耕文化保护发展的实施意见》，申报高质量农村生产生活遗产项目2项。

【农村水利】 印发《巴中市2023年度高标准农田建设工作专项考评办法》，组织开展方案评审19次、现场踏勘50余次，2022年度24.6万亩建设工程项目全部完工，2023年度建项目建设全面开工。提前谋划2024年度项目工作，申报预算内新建和改造提升项目10.9万亩，编制项目实施方案5个。落实高标准农田建设中央、省、市、县四级财政资金合计投入不低于每亩3000元的标准，2023年度中央、省财政资金4.6亿元全部落实，争取市级财政554万元，配套县级资金4.6亿元。备案项目新建亩均4366元，改造提升亩均2397元，分别超省定标准824元、663元。

【农业机械化】 全市农机总动力突破200万千瓦，建成互联互通、宜机作业全程机械化先导区9个。紧扣春耕、“三夏”、“三秋”推动农业生产全过程机械化作业，完成625万亩机耕、240万亩机播、320万亩机收农机作业，全市综合机械化水平达65%，比上年提高2.5个百分点。

【农村科技】 组建农业技术专家人才服务团4个、农业科技服务队140余个，有农业技术人员700余人，下沉包县包乡，开展基层农技培训2605人，推介发布农业主导品种43个、主推技术90项。南江黄羊养殖基地入围国家数字畜牧创新应用基地，恩阳区入围国家数字农业中央资金储备项目。通过设置不同品种、不同播期、不同栽培方式，落实技术集成示范点10个、30亩。召开粮食作物技术到田现场推进会，集成展示高产栽培技术2项。推广水稻工厂化育秧、油菜毯状苗机械化移栽、玉米缩株保密等技术，全年遴选发布粮油主推技术21项，全市粮油作物主推技术到位率达95%以上。

【农村卫生】 实施农村“厕所革命”，组建技术指导专班，分片驻村指导，累计开展指导300余次。完成116个整村推进示范村项目建设，新（改）建农村户厕35325户，各示范村卫生厕所普及率达80%以上、厕所粪污无害化处理率达85%以上。抓好农业面源污染防治，废旧农膜回收率、畜禽粪污资源化利用率、农作物秸秆综合利用率分别达84%、90%、93%。

【农村法制建设】 结合“3·15”“12·4”等法制宣传日、食品安全宣传周、春秋季农资打假专项行动以及“放心农资下乡”、农业扶贫扶技等活动，集中进行《中华人民共和国种子法》等法律法规的普法宣讲以及主推技术、主推品种的宣传，引导农民科学选种用种。4月26日、5月18日，市、区联合分别在巴州区水宁寺镇枇杷村、曾口镇寿星村开展2023年春季“放心农资下乡进村”“乡村振兴法治同行”送法进村宣讲活动。组织行政执法人员、批发商、经销商参加省、市培训学习10场次，县级培训37场次，培训普法骨干、批发商、经销商1400余人次，印发宣传资料3.5万份。

【涉农招商引资】 从资源优势、市场优势、政策优势等不同层面入手，包装储备具有发展潜力和市场优势的农业产业招商项目91个，总投资额183.59亿元。引进四川嘉禾寨农业科技有限公司、广州市炬马供应链管理有限公司、平邑县瑞康药业有限公司等21家公司投资农业产业项目（不含肉制品产业项目），项目签约金额达24.6亿元，其中超过1亿元项目达5个。

【农产品质量安全监管】 加强农产品质量安全监测预警，部级农产品质量安全监测合格率达100%。印发《肉牛防检疫体系建设管理办法（试行）》，畜禽屠宰专项检查样品检测100%合格，首个非洲猪瘟无疫小区通过国家评审，应免畜禽强制免疫密度达100%。代表四川省接受部级例行监测，合格率达100%。完成省级农产品质量安全例行监测660批次，合格率达98.8%。完成省级农产品监督抽任务305批次，完成率达100%；共发现5个问题产品，问题发现率达1.5%。完成市、县本级农产品质量安全定量监测3219批次。所有涉农乡（镇）开展常规农药速测，139个乡（镇）共检测2783批次。

【农村大事记】 2月24日，市委农村工作会议召开，市委书记何平出席会议并讲话。

同日，巴中市农业机械化协会成立大会举行。

4月7日，省政府农田建设指挥部印发《关于2023年度全省高标准农田建设综合评价结果的通报》，巴中市获得表扬激励。

5月23日，举行全市首家巴山肉牛直营店开业仪式。

6月13日，省政府办公厅印发《关

于对获得国务院2023年督查激励地方予以配套激励支持的通知》，巴中市作为全省唯一市获得2023年国务院督查激励，省政府决定对巴中市予以配套激励支持。

8月8日，农业农村部办公厅、财政部办公厅公布首批国家农业产业强镇名单，恩阳区下八庙镇和平昌县邱家镇（原平昌县鹿鸣镇）上榜。

9月14日—16日，第四届秦巴山区绿色农林产业投资贸易洽谈会在巴中市举办，共吸引12个省（区、市）29个成员方参加。市委书记何平致辞，市长高鹏凌主持洽谈会，省经济合作局二级巡视员张树华、市委副书记喻在岗出席洽谈会。

10月16日，由民革中央和政协四川省委员会共同主办的2023中国・四川（巴中）宜居宜业和美乡村建设发展大会在巴中市开幕。全国政协副主席、民革中央常务副主席何报翔出席开幕式并讲话。

10月27日—30日，巴中市作为主题市参加第九届四川农业博览会，优选77家重点农业企业、2家专业合作社、2家家庭农场参加，精选400余种特色优质农产品参展。

11月29日，巴中雅拉德荣农牧科技有限公司海福特核心育种场投产仪式在平昌县南天门管委会红山村举行。

12月18日，农业农村部对全国18个畜禽新品种（配套系）和17个畜禽遗传资源审定鉴定结果予以公示，其中巴中市“空山牛”榜上有名，通过畜禽遗传资源审定鉴定。

【主要领导人】 市委书记：何平；市人大常委会主任：李映；市长：高鹏凌；市政协主席：侯中文；分管农业副市长：何金虎。

巴中市编写组

巴州区

【基本情况】 2023年，全区辖6个街道14镇2乡220个行政村76个社区，辖区面积1386.28平方千米，其中耕地实际保有量62.87万亩、永久基本农田55.66万亩。户籍总人口70.33万人，比上年末减少0.24万人；常住人口64.33万人。森林覆盖率55.07%。

2023年，全区实现地区生产总值207.87亿元，增长6.1%（按照可比价格计算）。全区一二三产业增加值分别为38.48亿元、40.63亿元和128.76亿元，分别增长3.9%、11.2%、5%。三次产业对地区生产总值增长的贡献率分别为11.3%、38.4%、50.3%，三次产业结构比由2022年的18.6：22.7：58.7调整为18.5：19.5：61.9。居民年人均可支配收入比上年增长5.3%，其中城镇居民人均可支配收入增长4.6%、农村居民人均可支配收入增长6.7%。

地方一般公共预算收入完成9.27亿元，同口径增长10.3%，其中税收收入4.02亿元，同口径减少16.5%；非税收入5.25亿元，同口径增长5.9%。地方一般公共预算支出5.24亿元，同口径增长5.8%。金融机构各项存款余额681.75亿元，增长9.6%；各项贷款余额535.16亿元，增长12.4%，存贷比为78.5%。社会消费品零售总额146.74亿元，增长9.4%，其中城镇消费品市场零售额77.24亿元，增长9.5%；农村消费品市场零售额69.5亿元，增长9.3%。

有学校140所，在校学生102282人，教职工9334人，专任教师8094人；校舍面积111.89万平方米，占地面积167.23万平方米；图书198.4万册，数字终端10790台；固定资产总值180229万元，其中教学仪器设备价值20285.37万元。有医疗卫生机构722个，其中医院31个（民营医院26个）、妇幼保健院2个、乡（镇）卫生院（含分院）11个、疾病预防控制中心2个、卫生监督所（中心）2个、社区卫生服务中心（站）19个、诊所（卫生所、医务室）220个、村级卫生室419个；卫生技术人员8477人，增长4.59%，其中执业（助理）医师2621人、注册护师护士3169人、技师（士）400人；病床位7948张。养老保险覆盖人口41.81万人，其中城乡居民基本养老保险参保人数27.08万人。有社会福利养老性单位17个，床位1488张，收养537人。有公共图书馆1个，文化馆（站）30个，美术馆1个，博物馆2个。有非物质文化遗产6项，其中国家级1项、省级5项；全国重点文物保护单位3处（11点）、省级重点文物保护单位12处（14点）；历史文化街区、历史建筑（文物建筑名录）34个；国家A级景区4个。

【年度农业和农村经济运行】 2023年，全区农林牧渔业总产值58.49亿元，增长3.9%，其中农业产值32.62亿元，增长4.1%；林业产值2.29亿元，增长7.8%；牧业产值19.17亿元，增长2.6%；渔业产值2.79亿元，增长5.8%；农林牧渔服务业产值1.63亿元，增长7.5%。

【种植业】 全年粮食作物播种面积91.32万亩，减少0.97%；产量34.56万吨，增长2.5%。分季节看，大春粮食作物播种面积62.34万亩，减少1.5%；产量25.96万吨，增长1.8%。小春粮食作物播种面积28.98万亩，增长0.2%；产量8.6万吨，增长4.8%。分品种看，稻谷播种面积25.37万亩，减少2.1%；产量12.64万吨，增长1.2%。玉米播种面积19.56万亩，增长0.05%；产量9.02万吨，增长3.79%。小麦播种面积20.54万亩，增长0.15%；产量6.21万吨，增长7.05%。薯类种植面积10.09万亩，减少7.43%；产量3.16万吨，减少4.1%。油料作物种植面积23.5万亩，增长17.8%；产量3.7万吨，增长20.2%。蔬菜种植面积17.41万亩，增长2.5%；产量36.09万吨，增长4.9%。中药材种植面积7.51万亩，增长7.1%；产量1.84万吨，增长8.6%。

【畜牧业】 全年生猪存栏34.15万头，减少6.5%；生猪出栏57.06万头，增长1.7%；猪肉产量4.18万吨，增长2.6%。牛存栏4.7万头，减少1.4%；牛出栏2.4万头，增长1.5%；牛肉产量0.29万吨，增长1.6%。羊存栏6.35万只，减少7.4%；羊出栏6.18万只，增长0.9%；羊肉产量0.09万吨，增长2.9%。家禽出栏196.75万只，减少2.2%；禽肉产量0.29万吨，减少1.6%；禽蛋产量1.78万吨，增长3.9%。

【粮油生产】 持续巩固1.47万亩撂荒地治理成果，推行"农户+集体经济组织合作社"发展机制，在东部化成镇、清江镇等推广"枳壳+马铃薯""枳壳+大豆"等"药粮"套作种植模式3万亩；在北部平梁镇、枣林镇等推广"茶叶+大豆"等"茶粮"套作种植模式1万亩；在巴河沿线、城郊环线推广"葱/蒜+玉米""瓜类/茄果类+小麦"等"蔬粮"套作或轮作种植模式2万亩，腾退3100亩低效经果林种植粮食作物。实施粮油规模种植单产提升行动，落实"四新"示范和"六良"配套，展示新品种57个，推广"稻香杯"获奖品种16万亩，落实大豆玉米带状复合种植面积8.05万亩，全区全年粮食亩产达378.6千克。按照"村有百亩示范点、镇有千亩示范片、区有万亩示范带"的思路，开展"百千万"示范行动，建成村级百亩示范点254个、镇级千亩示范片20个、区级万亩示范带3个，全区示范面积达18万亩。3个规范栽管高产竞赛百亩攻关点实现水稻、玉米（净作）均产量分别达611千克、607千克，小麦、油菜亩均产量分别达503千克、207千克。

【重要农产品生产】 加快推进生猪生产重点区域发展，优先支持在生猪生产重点区域兴办生猪养殖场，新建标准化生猪养殖场7个，全区生猪规模养殖场达253个，其中在养规模场182个。加强3个大型种猪场和14个中小型规模场群养母畜发展，全区能繁母猪存栏3.05万头。按照构建"一核两带三园百场千户"的肉牛产业布局，坚持"三个一批"（新建扩充一批、改建提升一批、稳定强化一批），推进肉牛规模养殖，建设全市万亩优质牧草种植基地大和乡示范区2500亩，凤溪、鼎山、梁永、曾口等乡（镇）种养殖大户利用撂荒地种植饲用玉米4000余亩。持续推进鼎山镇首市村1.7万头肉牛标准化育肥场项目，全区新建年出栏100头以上肉牛规模养殖场30个，发展年出栏10头以上的养牛户200余户，全区共有规模养牛场153家。以特色蔬菜和设施蔬菜为重点，建设特色优势基地，在水宁寺镇香炉村、江北街道凤头山村、大罗镇乐园社区和铁炉垭村等地新（扩）建蔬菜基地1100余亩，在桥炉村、龙门村、书台村等地巩固提升蔬菜基地5000亩，在大茅坪镇得阳村等地发展设施蔬菜1500亩，全年蔬菜种植面积17.2万亩。抓好水产、家禽等发展，实施水产绿色健康养殖技术推广"五大行动"，全年新增养殖水面500余亩，全区水产养殖面积3.55万亩（不含稻田养殖），水产养殖规模50亩以上的主体达45家，全年水产品产量1.39万吨。羊和家禽分别出栏6.18万只、196.75万羽。完成全区1.8万亩枳壳种植基地管护，初步实现部分基地投产，嫁接枳壳幼苗15万余株；白庙中药材现代农业产业园升级为市四星级园区，建成中药材产地初加工厂1座、中药材（葛根）系列产品专营店1个，培育年销售额500万元以上的中药材供销网点1个，巴州枳壳入选全省首批中药材GAP示范建设重点品种。

【林业】 深化集体林权制度改革，推进"天府森林粮库"建设，完成枳壳基地培育提升0.8万亩，建设林下养殖基地0.3万亩。培育林业生产经营主体3家，毛家山林果专业合作社获评国家农民合作社示范社，利民核桃种植专业合作社通过绿色食品A级产品认证。天马山、巴山花海、乡瓣童年省级森林康养基地通过运行监测，"云上青山森林人家"申报为四川省森林人家。协同实施渠江流域"两岸青山·千里林带"工程，完成全国森林可持续经营集体所有制试点4320亩。常态化加强999株古树名木建档立卡挂牌保护和日常管护，完成营造林1.8万亩，打造岸线生态廊道40千米、道路生态廊道160千米。社会各界参与义务植树36万人次，植树120余万株，筑牢绿色生态本底。启动莲山湖国储林项目大茅坪镇红垭村、白云村和光辉镇石庙社区、梁永镇金浪村等森林改培及抚育施工。完成集体公益林区划线和天然商品林停采界定，加强重点公益林和国有林管护，兑付非国有林生态保护补偿资金548.2676万元；加强退耕还林成果管护，兑付退耕还林直补资金791.35万元。加强生态护林员选聘管理，选聘建档立卡脱贫人口生态护林员826名。

【农业综合产能】 实施"藏粮于地、藏粮于技"战略，全面完成2022年4.6万亩高标准农田项目建设，启动2023年4.9万亩高标准农田项目建设，全年新建高标准农田3万亩、提升改造2.7万亩；编制2024年高标准农田建设项目规划，申报储备2024年高标农田建设项目4个，对鼎山小寨村4100亩高标准农田开展6年建管保险。开展定点取土化验和点位调查81个，建立化肥使用固定监测点124个。启动并推进第三次全国土壤普查工作，完成1156个土壤表层样点、32个剖面样点的调查采样任务。以农业社会化服务体系建设为载体，开展"五良"融合全程机械化示范区和"全程机械化+综合农事"服务中心创建，全年新补贴农机具1229台，惠及农户950余户；新建提灌站8处，检修各类机具1350台，培训机手和修理工385人，申报市级农机合作社示范社1家；开展耕种收农机作业61万亩次，农作物耕种收机械化作业水平达65.2%。对90

名基层农技人员开展为期5天的脱产培训，推介发布11个农业主导品种和27项农业主推技术，选派30余名农业科技人员开展技术指导，搭建产业园区智能化管理平台。全年培训高素质农民200人，新建鼎山观坪村和回风大佛寺2个农业科技示范基地，新培育肖家大院等36个农业科技示范主体，推行药剂拌种、配方施肥、秸秆还田、绿色防控等高产高效栽培技术。

【农业产业化发展】 坚持产业园区、田园景区、新型社区"三区同建"，按照省三星级现代农业园区创建标准，抓好基础设施建设，加强全产业链打造，创新联农带农机制，突出以油菜和水稻两大作物为主导产业，推进巴州区现代粮油园区建设，集中连片建立高产示范片2万亩。以入列国家级园区培育库为目标，围绕稳面、保产、提质、增效，突出"药粮""药蔬"套种，加强中药材省五星级园区升级管护。按照市星级标准，推进曾口粮油园区、三江粮油园区、鼎山清泉水产园区3个园区建设。启动建设三江—光辉—大茅坪—梁永巴河沿线万亩现代农业产业带，突出设施农业发展，打造更多特色亮点。建立"区农业社会化服务中心+乡农业社会化服务站（点）+村农业社会化服务协办员"三级服务体系，建成"全程机械化+综合农事"服务中心1个、镇级农业社会化服务站22个，培育村级综合农事服务员254名，建成社会化服务组织44个，引进台沃公司在鼎山镇等地实施耕种管收全程"农业社会化服务"5万亩。完成19家市级以上龙头企业监测，培育松巴茶业、温氏畜牧、蕊嘉懿3家市级龙头企业。全年新培育农民专业合作社15家，新培育省级专合社2个、市级专合社6个、区级专合社7个；新培育家庭农场243家，新培育省级示范农场4家、市级示范农场16家、区级示范农场62家。全年新颁发《农村土地流转经营权证》3本、《农业特色产业所有权证》2本、《农业标准化基地用益物权证》2本。

【农村改革】 推进"政经分离"改革，全面运行农村集体资产监管服务平台，发展壮大新型农村集体经济，培育年收入100万元以上的村2个、50万元以上的村（社区）8个，巴州区清泉村获评2023年度全省新型农村集体经济发展典型案例。开展"三项清理"，采取区、乡、村、组四级联动模式，锁定农村集体资产资源。实施2022年农村综合改革转移支付项目和2023年省级美丽乡村重点县建设项目，迎接省级美丽乡村重点县建设项目的省级复核。开展农村产权流转交易规范化改革试点，巴州区成为全国3个试点县（区）之一。发放《农村宅基地审批工作手册》《农村宅基地管理法律政策问答》2500余册，印制《农村宅基地批准书》，化解农村宅基地各类矛盾43起。1677户提出建房申请，依法审批1594户，整治乱占耕地建房11起。牵头大棚房整治专项工作，发现西城街道西龛社区疑似大棚房问题1处，会同乡（镇、街道）拆除违建面积300平方米。

【乡村振兴】 区财政全年投入乡村振兴资金226812.43万元，其中衔接资金25257万元、统筹整合财政涉农资金21410万元（含中央、省衔接资金12257万元）、教育口资金26082.49万元、社保口资金111339.62万元、经建口资金44633.06万元、资环口资金3309.26万元、乡财口资金3138万元、东西部协作资金3900万元，主要用于农村基础设施建设、农业生产发展、农村危房改造、社会保障支出、教育保障支出、环境治理支出以及村级运转保障支出等项目。守住不发生规模性返贫底线，织密4级监测帮扶网格，出台防止返贫监测帮扶十条措施，新纳入监测对象183户608人，消除风险监测对象22户71人。安排723.18万元发展庭院经济，实施"稳、保、促"就业行动，在外就业3.3万人，打卡直发防返贫基金94.8万元，安排1590万元用于重点帮扶村、强基补短村、挂牌预警村等"三个一批"建设，安排1215万元对产业园区、基础设施和集体经济进行对标补短。编制项目储备和实施清单，争取到位中央、省级衔接资金2.53亿元，实施项目263个。探索安置点治理新模式，安排衔接资金500万元发展产业和补齐短板。召开义巴党政联席会2场次，15个年度协作项目全面完工，浙江、四川两省省长到巴州区调研指导，肯定了全区就近就业的"1475"模式。配备111名"第一书记"、208名驻村队员开展驻村帮扶。

【和美乡村建设】 实施农村"厕所革命"整村推进示范村建设17个，新（改）建农村户厕4570户，对2022年摸排出的42户问题厕所完成整改，全市农村改厕"提质年"暨整村推进项目建设现场会在曾口镇黄垭村召开。推进禁渔退捕，完善三级网格监督管理，开展"两个'打非'""渔政亮剑""护渔百日"等执法专项行动，打击非法捕捞行为，处理违规垂钓、违法捕捞行为18起，销毁违规垂钓渔具200余根。牵头抓好农村移风易俗重点领域问题专项治理，全区各级党员带头制定家规家训2000余条，抵制高额彩礼120余起，放弃操办宴席350余起。采用"积分制""清单制"推进乡村治理，全区入住"川善治"平台的村庄245个。加强传统村落保护开发利用，挖掘优秀传统乡土文化，建立区级传统农耕文化传习基地1个。承办由市委、市政府主办的2023年中国农民丰收节巴中市庆丰收暨首届"最美三农人"表扬活动，会同区工会举办巴州区首届金牌手工制茶师"奋进杯"职工技能大赛，申报的天马山镇狮子寨村被农业农村部、中宣部、司法部命名为第三批全国乡村治理示范村。全面实施"一控两减三基本"，农药施用量较2018年下降20%，化肥施用量下降25%，主要农作物病虫害绿色防控覆盖率51.3%。培育秸秆市场利用主体24个，全区秸秆综合利用率达95%以上。建成废旧农膜回收网点65个，废旧农膜回收率达88%以上；畜禽粪污综合利用率达90%以上，规模养殖场粪污处理设施装备配套率达100%，无害化处理生猪3006头。肥料减量行动工作经验在全省作经验交流发言。统筹推进实施乡村振兴战略工作，牵头对基础设施弱、公共服务配套差的“灯下黑”巴城周边68个村（社区）和20个“边远掉角”村安排项目230余个。抓好示范创建活动，培育创建乡村振兴省级先进乡镇1个、示范村6个，培育创建市级乡镇2个、示范村11个。

【乡村旅游】 定期开展天马山旅游避暑季、云上青山旅游避暑季、三江龙舟汇、山水化湖桃花节、苏山坪乡村文化旅游节、青包山农旅融合示范园疱汤节、大和乡樱桃采摘节、大茅坪蓝莓采摘节、水宁寺枇杷采摘节、高山羊肉节等文旅节庆活动。巴州区入选2023年中国县域旅游发展监测强区；天马山镇创建为天府旅游名镇；天马山森林康养旅游度假区入选省级旅游度假区；天马山旅游度假区获评“2023发现四川新旅游·十大避暑胜地”；天马山旅游度假区获评“2023发现四川新旅游·康养新景”；平梁镇青包山村被评为第三批省级乡村旅游重点村；乡瓣童年入选全国最美公共文化空间大赛（四川赛区）“优秀公共文化空间案例奖——美丽乡村文化空间”。全区全年实现旅行社旅游业务营业收入1180万元。

【农村水利】 全年实施重点水利项目建设7个，完成天星桥水库蓄水验收，灌区工程设计变更报告通过初审。实施鼎山纸厂河、三江百花溪水土保持项目2个，治理水土流失面积42.84平方千米。完成曾口镇白鹤林至韩家湾防洪堤工程，新建防洪堤1.97千米。北部山区移民生产生活用水保障工程开工建设。全年水资源配置量1.54亿立方米，其中农业配水0.58亿立方米，占总配置量的40%。升级改造东溪沟、神水沟规模化供水工程2处，维修养护农村供水工程69处，新（改）建各类供水管网149千米，改造户表工程6000余户，农村供水保证率达95.2%，并出台《村级农村供水工程水费收缴管养机制》《农村饮水安全督办问责机制》等供水管理机制。完成平梁后溪沟一库等8座病险水库除险加固，实施病险水库险情处置3座，整治提升山坪塘39口，新建渠系15千米、耕作道路13千米，新增抗旱水源工程82处，修复水毁工程18处，全区水利工程蓄水量达10925万立方米，较上年同比增长12.41%。

【农村科技】 争取省级重点研发、农业科技成果转化等科技项目4项，立项实施区级农业科技计划项目5项。新培育秦岭药业、野蕊农业、鹿玺农业等涉农高新技术企业6家。柔性引进12名高层次科技创新人才服务食品加工、中药材等产业发展。在大和乡朱垭村、枣林镇灵山村等地建立产业服务驿站10个。优化组建省级科技特派员服务团19人，组建道地药材、优质粮油等5支产业科技特派团；选派科技特派员49人、“三区”科技人才、乡村振兴科技服务团16人实地开展精准服务220场次，解决生产技术难题15个。科技兴村在线平台全年解答产业技术咨询3700余条，新建立清江巾字村现代农业园、玉堂方雁村科技特派员工作站2个，清江蔡家湾村、曾口石柱村果蔬基地创新创业示范基地2个。开展科技活动100余场次，服务涉农企业和专合社50余家。

【农村文化】 新（改、扩）建乡（镇、街道）综合文化站（文化中心）29个、村（社区）文化活动室296个，累计建成图书馆分馆30个、文化馆分馆24个，化成镇文化综合体投入使用。开展“送文化下乡”“戏曲进乡村”等文化惠民演出近60场次、群众文化辅导80余场次；举办巴州区2023年文化科技卫生“三下乡”集中示范、2023年巴中市庆丰收暨“最美三农人”表扬活动等活动。水宁寺镇获评省级魅力乡镇，天马山镇获评省级乡村文化振兴样板镇。延伸设立晏阳初博物馆等文明实践点（基地）58个，推选市级新时代文明实践中心、所（站）16个，省级示范中心、所（站）6个；打造巾字村、新庙村2个全国文明村，龙台村“农耕文化”等特色村史馆30个；完成黄梁村等18个市级道德银行示范点建设。推选市级文明村镇10个、市级文明家庭10户；评选“巴中好人”6名、新时代好少年2名；联合区妇联评选2022年度“最美家庭”10户；开展“树敬老家风、留新婚记忆”等文明实践活动1226场次、党史理论政策宣讲1316场次。《人民日报》刊发《农业农村现代化稳步前行》，点赞巴州区农业发展。

【农村卫生】 实施基层医疗卫生机构能力建设项目，优化6家乡（镇）卫生院（社区卫生服务中心）硬件设备配置，2家基层医疗卫生机构达到“优质服务基层行”活动基本标准，创建四川省基层特色科室2个、县域医疗卫生次中心1个，首批纳入5家中心卫生院为区域检验中心成员单位。招聘大学生乡村医生6名，共有乡村医生540名，其中执业（助理）医师195名，占比达36.1%。开展家庭医生签约履约，一般人群签约507052人次，签约率95%；重点人群签约182004人次，签约率100%。开展居民免费健康体检1轮，接受体检115725人次，上门随访780998人次。加强基层中医药服务，16个建制乡（镇）卫生院、10个社区卫生服务中心中医馆均已与三方公司签订合同，接入中医馆健康信息平台；打造村卫生室、社区卫生服务站“中医阁”，“中医阁”设置比例10%。开展巡回医疗和派驻服务，确定巡回医疗服务单位1家，区、乡、村三级派驻医疗服务结对21个，开展巡回医疗2次，推进优质医疗资源下沉。

【农村交通】 建成54个撤并建制村直连道路，为四级公路标准，其中新（改）建道路118.4千米，新（改）建56个较大人口规模自然村道路53.7千米，全面建成天星湖至苏山坪段等3条共25千米幸福美丽乡村路，完成73.2千米村道公路安防设施建设，建成玉堂街道沪家河桥、白果桥等2座农村公路危桥改造项目和白庙乡桥河铁索桥改公路桥工程，启动建设巴城周边“灯下黑”和群众“急难愁盼”道路34条36.3千米。全区公路通车里程5085.19千米，其中一级公路58.76千米、二级公路128.13千米、三级公路127.17千米、四级公路3559.65千米、等外级公路1211.48千米，不含通组路（社区道路）。

【农村社会保障】 全年紧急救助未成年人4人，发放孤儿助学金16.5万元。完成农村日间照料中心全覆盖和880户困难家庭适老化改造。新增3级养老中心1个、2级敬老院1个，在全区推行“1+N+3”的农村互助养老模式，开展“15分钟养老服务圈”试点。足额发放各类救助资金1.6亿元，惠及困难群众8万余人；将低保、特困救助保障标准分别从252元、160元提高至342元、210元，保障扩围5835人，为9782名残疾人发放生活和护理补贴。城乡居民基本医疗保险参保人数56.2364万人（含经开区），参保率达99.45%。特困人员、低保对象、防止返贫监测对象和已稳定脱贫人口全部被纳入2023医疗保障救助范围，资助低保对象、防止返贫监测对象及已稳定脱贫人口参保11.0801万人，资助2513.56万元，实现脱贫人口和农村低收入人群“应资尽资、应保尽保”；城乡居民住院13.38万人次，城乡居民政策范围内住院费用支付比例达72.3%，其中医疗救助托底支付4785万元。举办直播电商培训班3期，通过线上线下培训妇女1500余人次，壮大“巴州云娘”队伍，辐射带动近600余名妇女实现就近就地就业，人均月增收2000元以上。

【农村生态建设和环境保护】 编制完成《巴州区2023年农村生活污水治理“千村示范工程”实施方案》，选取江北街道岳家坡村等10个行政村为目标任务村，科学选择治理模式，对10个行政村1441户散户居民的生活污水进行分散治理，全区72.05%的行政村农村生活污水得到有效治理。引入北控水务、四川禹洁等第三方运维单位负责技术指导，已建成投运的60处一体化污水处理设施共落实运维补助资金19.1万元。5处农村黑臭水体2022年完成整治4处；通过实施截污控源、清淤疏浚、生态修复等措施，投入资金14万元，对大罗镇张英庙堰塘黑臭水体进行整治，实现水质达标。出台《巴中市巴州区全面推行田长制实施方案》，制定和完善田长制等5项制度和工作要点，健全区、乡、村三级田长和网格员制度，设立区级田长24人、乡级田长82人、村级田长277人、网格员744人；田长App注册和使用培训实现全覆盖，全年开展巡田147200余次，发现并处理问题线索82个，恢复耕地2.06万亩。

【农业行业安全监管】 将种养殖大户、小农散户纳入监测范围，突出豇豆农药残留治理，配合上级完成4次例行监测抽样、132批次监督抽样，监测合格率达99.2%。完成专项监测抽样42次，其中豇豆专项监测抽样10批次、水稻专项监测抽样13批次、小麦专项监测抽样6批次、玉米专项监测抽样2批次、花生专项监测抽样1批次、现代园区中枳壳专项监测抽样10批次，监测合格率达100%。完成区本级68批次监督抽检样品和489批次风险监测样品，监测合格率100%。全面推行食用农产品承诺达标合格证制度，全年新型经营主体共开具食用农产品承诺达标合格证54181张，其中纸质版承诺达标合格证24512张、电子版承诺达标合格证29669张；全区533家农产品生产经营主体入驻国家（省级）农产品质量安全追溯平台，占全区经营主体的94%，其中“两品一标”获证主体全部入驻。全年新申报认证“两品一标”3个（均为绿色食品），续展认证绿色食品1个。41家规模养殖场开展兽用抗菌药减量化行动。开展猪瘟、禽流感、新城疫等多种动物疫病监测160场次，采集样品5140余份，免疫抗体合格率均达92%以上，巴中温氏二龙种猪场建成全市唯一的国家级无疫小区。开展稻飞虱等病虫害防治，实施稻水象甲、柑橘黄龙病等疫情监测调查0.3万亩次，处置稻水象甲面积0.17万亩次，建立稻水象甲等检疫性有害生物监测点20个、植物疫情阻截防控示范区1个，植物疫情处置率达100%；农作物病虫草鼠害防治面积255.8万亩次，统防统治覆盖率61.89%。组织开展养殖安全、农机安全等专题培训6次，承办全市农业行业安全活动月启动仪式。开展农业领域生产安全风险隐患“大起底”，排查各类农业生产经营主体663家，发现隐患220余个，其中重大事故隐患9个，均全部整改落实。开展全区变型拖拉机存量清零行动，从2022年的243台下降至182台，守住农村安全生产底线。

【乡村治理】 储备村（社区）后备干部960名，新选任30岁以下的村支部书记14名，调优乡（镇）党政正职9名，选优34名优秀干部进入乡（镇）班子，率先在全省表彰“第二届担当作为好书记”10名，调整不称职、不胜任乡村党组织书记25名，整顿软弱涣散党组织38个。全覆盖轮换111个重点村派驻385名驻村“第一书记”和工作队员，选派121名干部到乡村振兴主战场“墩苗”，引进223名大学毕业生到镇、村工作。创新开展“群众诉求再起底”，建立区、乡、村三级群众诉求快处中心（站）和老党员工作室，起底群众诉求3300余个，化解率达96.4%。选优配强政法委员22人，招录司法辅助人员41名，落实村（社区）警务助理296名；常态运行乡、村人民调解组织318个，配备专（兼）职人民调解人员1977名。建成“一乡镇一法官”驻点38个，办理法律援助案件231起，办结公证案件1773起，备案司法救助案件10起，设立产业园区法务工作站3个。全年查处农村赌博案件56件，行政处罚115人，收缴赌资3.7万元；查处农村枪爆案件4件，移送治安处罚7人，收缴非法枪支27支、子弹137发；查处非法烟花爆竹726件；破获非法捕捞案件3件，移送起诉4人。制发《关于进一步强化违规操办"升学宴""谢师宴"监督工作的通知》《巴州区治理大操大办工作责任清单》，建立快查快结、提级办理、通报曝光等机制，劝退群众大操大办386起，查处党员干部违规操办宴席10件10人。

【农村市场体系建设】 实施农产品供应链体系建设，申报2023年农产品供应链体系建设项目，下达资金531万元，重点支持与农业产业相关的4个项目建设，升级改造梁永镇、平梁镇2个乡（镇）农贸市场；新建逸都花园、半山逸城、龙腾苑等8个社区便民菜店示范店。组织80余家本地特色产品企业参加广交会、西洽会、川货电商节等活动21场，现场销售500余万元，意向合作4200余万元。持续运营义乌百县万品"巴州馆"，新增销售额500万元。加强京东商城"中国特产·四川巴州馆"运营，上架本地农特产品143款，实现销售额150余万元；上架832平台销售，实现销售收入7000余万元。举办电商人才培训暨电商人才创新创业大赛初赛，森牛家泡菜获评"四川快递服务农特产品银牌项目"，腌腊制品、银耳、茶叶获评"四川快递服务农特产品铜牌项目"。依托省农担巴中分公司融资担保增信平台，注入乡村振兴农业产业发展贷款风险补偿金1000万元，发放农业企业担保贷款320笔、23979万元，新增脱贫人口小额贷款90笔、353.14万元。

【农村留守儿童（青少年）帮扶】 建立农村困难未成年人信息台账，完善农村留守儿童、困境儿童信息档案4875份；开展关爱活动70余次，发放爱心物资47余万元；紧急救助未成年人4人，发放孤儿助学金16.5万元。实施"幻方助学"等助学项目，帮助216名困难青少年实现求学梦想。开展"'团团'助团圆·家家向'未来'"留守儿童赴义乌亲情团聚活动，用心呵护青少年健康成长。

【劳务开发与返乡创业】 开展线上线下专场招聘会18场次，提供就业岗位5.2万余个，帮助1.5万余人实现就业。建成47个农民工综合服务站，清江镇巾字村服务站创建为省级农民工综合服务示范站。开展"雁归兴巴"行动，召开巴商回家暨新年茶话会、返乡人才座谈会等专题会议，宣传优惠政策，回引返乡入乡创业437人，创办经济实体160个，新增农民工返乡就业3550人。开展"培训赋能"行动，围绕"巴字号"特色劳务品牌推行"订单式""套餐式"等新型多元培训方式，开展劳务品牌培训31期1031人次。余霖、何九江获评"四川省返乡入乡创业明星"，吴伽玲获评"全国农业农村劳模"，四川正大未来建筑科技有限公司获评"四川省返乡入乡创业明星企业"，巴州区被表彰为全省去冬今春农民工服务保障先进区。

【主要领导人】 区委书记：余斌；区人大常委会主任：张宏；区长：黄俊霖；区政协主席：蒋军辉；分管农业副区长：周永红。

巴州区编写组

恩阳区

【基本情况】 2023年，全区辖15镇209个行政村100个居委会，辖区面积1177平方千米。年末户籍人口56.07万人，常住人口33.36万人。

2023年，全区实现地区生产总值93.6亿元，同比增长6.3%。全社会固定资产投资增长2.2%。规上工业增加值增长13.5%；社会消费品零售总额增长9.7%。城镇居民年人均可支配收入增长4.5%，农村居民人均可支配收入增长7.4%。地方一般公共预算收入增长7.9%。

【新型城镇化建设】 美食文化产业园、花间堂二期建成投运，黄石盘水库枢纽工程全面完工，琵琶滩大桥建成通车，柏林法治公园主体工程完工，米仓古道文化融合示范园加快建设。打通恩阳四小至义阳大道等城市断头路4处，新增城区公交线路1条、公共停车场1个、休闲广场2个、"口袋公园"2个。改造老旧小区8个2001户，整治背街小巷4条、城市内涝点5处，新（改）建燃气管网20千米、排水管网25千米，建成5G基站73座。发挥城管委统筹协调作用，实行街（巷）长制，设置示范街区12条，入驻公安、执法、环卫、社区等工作人员128名，与社会治理网格联动管理。规范设置"外摆摊区"5个，米仓老味道食坊等5个"席地而坐"示范街区加快创建；全面整治"城市十乱"，推进"城市体检"，发现并处置问题1万余个，制止违法建设52起，拆除违建面积2万余平方米。恩阳区获评"中国城市精细化管理创新典范"。

提升城市品质，呈现戏楼广场街区、文创集市等，丰富米仓文化产业街、川陕渝特色美食街等街区业态，盘活汇金广场、川旅世纪外滩等5个综合商圈，恩阳古镇获评"全省高品质示范步行街"。举办全国"村晚"示范展演、"中国龙舟公开赛"等赛事活动。《极限挑战》节目到恩阳区录制，创造广场舞吉尼斯世界纪录。全年接待游客693.7万人次，实现旅游综合收入61.1亿元，同比分别增长25%、20%，恩阳区获评"中国县域旅游发展监测强区"，入选省级文化产业和旅游产业融合发展示范区创建单位。在全省率先启动"无废城市"建设，通过国家卫生城市复审，全国文明城市创建有序推进。

【现代农业发展】 扛牢粮食安全和耕地保护政治责任，完成58.9万亩耕地和52.3万亩永久基本农田保护任务，新（改）建高标准农田5.2万亩，全省首个全域土地综合整治试点项目落地柳林。建成恩阳魔芋产业园等市星级现代农业园区5个、特色产业基地36个。完成国家生物育种产业化应用试点，农作物耕种收综合机械化率达66.8%，全区粮食作物播种面积91.8万亩、产量34.9万吨，出栏生猪53.3万头、肉牛2.1万头。海山农事综合服务中心、恩阳芦笋科技赋能中心建成投用。

【乡村振兴】 投入资金3.6亿元，硬化村组路80千米，建成幸福美丽乡村路60千米，整治水毁道路258千米，恩阳区创建为“四好农村路”全国示范县。完成渔溪三河防洪治理工程、灵水河小流域水土流失综合治理，除险加固小型病险水库9座，收购（划转）场镇水厂24个，城乡供水一体化有序推进。万寿村获评天府旅游名村，建成双胜红岩、渔溪长岭“三区同建”示范区4个。恩阳区被纳入全省首批农村基本具备现代生活条件试点区，在全国率先发布建设标准指标体系。创建省（市）乡村振兴先进镇2个、示范村10个，恩阳区获评全省乡村振兴先进县，入选全国乡村振兴示范县创建单位。小微企业园、柳林镇分别入选省级返乡入乡创业示范园、示范镇。创建省级基层治理（乡村治理）单位7个，恩阳区通过全国市域社会治理现代化试点创建验收，获评“全省城乡社区治理优秀试点单位”。

【脱贫成果巩固】 落实“四个不摘”要求，优化完善“1+30”行业配套政策，健全防止返贫动态监测和帮扶机制，配强监测网格2288个，精准帮扶302户999名监测对象。用好衔接资金和涉农整合资金，实施“五个一”增收工程，3.7万名脱贫群众稳定就业，全区脱贫人口人均纯收入增长16.2%。改造农村危房1259户，新（改）建10千伏线路45.2千米，农村自来水普及率达93%，农村户厕普及率达93.5%。创建省、市重点帮扶优秀村5个，连续两年在全省巩固脱贫成果考核评估中获得“好”的等次。

【托底性帮扶】 成立区级协调机制，选优配强工作专班。完成宜宾市结对帮扶恩阳区三年工作规划编制，创建“沐浴党恩 · 宜路向阳”工作品牌；与中建西南公司、省商投集团深度合作，绿色建材产业基地、秦巴山区乡村振兴示范项目取得实质进展。与帮扶各方谋划项目18个，总投资90亿元。举办“感恩帮扶 · 昂阳奋进”托底性帮扶项目签约仪式，现场签约项目6个，总投资23亿元。

【民生社会事业】 全年民生投入占比73%，40件省、市、区民生实事全面完成，办成民生实事1.8万件。6个“保交楼”项目交房3377套，交付率88%。办理各类不动产登记事项2.6万件，及时帮助农民工追回欠薪1100万元，农村妇女“两癌”免费筛查1.1万人次，重点人群家庭医生签约率100%。建成巴中恩阳人力资源服务产业园，入驻人力资源服务机构9家。设置零工市场22个，开发公益性岗位2393个，城镇新增就业4808人，农村劳动力转移就业20.5万人。加大教育投入，改（扩）建中小学运动场2.2万平方米、校舍2.1万平方米，充实教师139人，新增巴山名师工作室2个。提高医疗水平，投入1.3亿元，更新改造医疗设施设备，创建“巴山名科”1个，培养“巴山名医”11人，建成茶坝、花丛县域医疗卫生次中心；争取到四川省人民医院对口帮扶区人民医院，与省人民医院共建医联体。

【农村社会保障】 城乡居民基本养老保险、医疗保险参保率均达98%以上，城乡低保标准达到全市平均水平。开展孤儿助学、重度残疾人等特殊人群扶持，发放抚恤优待资金8634万元、救济救助资金近2亿元、助学资金2800万元。建成区未成年人保护中心、雪山养老服务中心、明阳失能照护机构。登科街道白玉社区获评“全国示范性老年友好社区”。恩阳区创建为全省第十二届双拥先进区。

【农村生态建设】 实行“田长+林长+河长”联席会议制度。坚持“零容忍”态度打击违法用地行为，立案查处8宗125亩，没收构（建）筑物7.6万平方米、拆除507平方米；稳步推进卫片执法整改，销号问题103个812亩，完成年度耕地“进出平衡”2.2万亩。森林资源生态保护、生态修复有序推进。省考断面水质保持II类以上，集中式饮用水水源地水质达标率100%。央督、省督反馈问题整改销号142个。恩阳河入选“省级美丽河湖”。

【主要领导人】 区委书记：杨波；区人大常委会主任：邓林平；区长：何奎；区政协主席：贾君；分管农业副区长：何开国。

恩阳区编写组

南江县

【基本情况】 2023年，全县辖2乡29镇1个街道，辖区面积3389.5平方千米，其中耕地面积78.07万亩，比上年增长0.05%，人均耕地面积1.24亩；基本农田61.51万亩。年末总人口64.03万人（户籍人口），减少0.6%；人口出生率6.82‰，减少1.82个千分点；人口自然增长率-3.46‰，减少1.94个千分点。全县耕地有效灌溉面积和保证灌溉面积分别达到耕地总面积的69.74%和47.5%；本地水资源总量18.93

亿立方米，人均占有水资源量4027立方米。有林业用地25.03万公顷，有林地面积23.81万公顷，活立木总蓄积量2291万立方米，森林覆盖率70.28%。

2023年，全县实现地区生产总值138.66亿元，增长7.3%，其中第一产业增加值37.79亿元，增长4%，农、林、牧、渔及农林牧渔服务业之比为57.8∶2.9∶34.35∶2.6∶2.35；第二产业增加值34.8亿元，增长12.9%（工业产值24.48亿元，增长2.82%）；第三产业增加值66.07亿元，增长6%。三次产业对经济增长的贡献率分别为15.1%、46.5%和38.4%。劳务输出21.2万人，收入90亿元。全年接待游客1518.16万人，实现旅游收入141.44亿元，其中乡村旅游收入80亿元。

公路通车里程6451.60千米（其中乡村公路6178.37千米），密度1975米/平方千米、104千米/万人。社会消费品零售总额94.48亿元，增长10.1%。地方公共财政预算总收入完成8.62亿元，增长2.4%；公共财政预算总支出52.39亿元，增长10.7%，其中农业投入11.98亿元，占支出的22.9%。金融机构各项存款余额357.71亿元，比上年初增长6.5%；各项贷款余额210.24亿元，比年初增长11.9%，其中支持农业产业化发展项目贷款6.28亿元。全年农业保费收入0.74亿元，增长16.78%；处理各项赔款和给付金额4560.99万元，增长21.4%。完成农业产业化项目103个，完成投资81500万元。

有各类学校106所，在校学生78795人，教职工7111人，其中普通中学13所，在校学生27411人；小学49所，在校学生29368人；学龄儿童入学率100%。有艺术表演团体1个，文化馆49个，公共图书馆1个，博物馆3个。有卫生机构466个，病床位3887张，卫生技术人员1027人。新型农村合作医疗参合人数499663人，参合率98.8%；新型农村社会养老保险参保人数30.13万人，参保率98.6%；被征地农民养老保险参保人数138人，占总人数的0.04%。

【年度农业和农村经济运行】 2023年，全县出台了《关于全面推动“三农”工作提质增效加快建设乡村振兴示范县的意见》等政策文件。实现农业总产值69.2亿元，增长4.1%；全县全年农业增加值达37.79亿元，增长4%；南江黄羊、生猪、茶叶、南江金银花、翡翠米、食用菌等特色优势农产品产量保持稳定增长。农民年人均可支配收入达17189元，增长7.2%。在粮食、生猪、蔬菜生产中，科技贡献率63.5%。全县农产品质量抽检合格率比年初提高1个百分点；建成32个基层农业综合服务站。全县主要农产品产量见表1。

【农业产业化发展】 申报农业产业化项目23个，总投资84.77亿元；转化开工项目14个，总投资20.9亿元。全年新增省级农民合作社示范社3家、市级农民合作社示范社6家，市级重点龙头企业5家、家庭农场17家。关门镇富兴家庭农场被农业农村厅表彰为四川省第一批“10+1”家庭农场典型案例，南江县常青农机专业合作社获得省级重点农业生产社会化服务组织表彰。

【农用地产权制度改革】 全县农用地面积283.85万亩，其中耕地78.07万亩、园地6.8万亩、林地187.15万亩、草地9.69万亩、其他农用地2.14万亩。完成县级农村承包地确权登记应用平台建设，办理农户分户与纠错806户、遗失补证233户，解决土地纠纷问题37件次。

【农村集体产权制度改革】 全年村级集体资产总额37.63亿元，其中经营性资产5.28亿元、非经营性资产32.35亿元；资源性资产505.54万亩，其中农用地283.85万亩、建设用地9.12万亩、未利用地12.82万亩，水利设施1.48万处（塘

表1　2023年南江县主要农产品产量

主要农产品	单位	产量	同比增减(%)
粮食	万吨	39.80	1.64
水稻	万吨	12.62	0.15
小麦	万吨	3.80	11.11
玉米	万吨	14.44	3.89
马铃薯	万吨	5.20	–5.45
油菜籽	万吨	4.05	6.23
蔬菜	万吨	38.42	7.59
水果	万吨	3.67	7.49
肉类	万吨	6.89	1.62
猪肉	万吨	5.32	1.92
牛肉	万吨	0.51	0.20
羊肉	万吨	0.64	1.59
禽肉	万吨	0.40	–1.78
兔肉	万吨	0.02	9.22
禽蛋	万吨	1.39	3.73
水产品	万吨	1.30	4.06

4500口、库142座、堰10002座）。完成32个乡（镇、街道）承包土地确权工作，共颁发土地承包经营权证13.65万本；对718宗建筑物、521个村小学、626个村卫生室、4642处水利设施、630座安全饮水池进行确权颁证，累计颁发特色产业证173本。组建村集体经济股份合作社309个，完成登记赋码和《集体经济组织登记证书》颁发工作。全县共盘活利用村集体闲置土地16.9万亩、林地20.4万亩、水利工程126处，山坪塘1091处、办公设施设备5567件（套）、村小学177处、村卫生室74处；实现村集体经济总收入1500余万元，村均收入3万元。

【供销合作社改革】 全年改造提升中心镇供销社1个，培育基层供销社示范社2个，新（改）建农产品购销站点5个、为农服务中心1个、"三社"融合发展示范点2个，培育为农服务领域龙头企业1家，成立县级农业社会化服务中心1个，建立片区农业社会化服务站6个、村级社会化服务点322个，建成供销经营服务网点82个、农村综合服务社20个，实施农业社会化服务项目1个。全年开展土地托管6.6万亩次，惠及农户7000余户；实现农特产品销售收入4600余万元，带动400余户农户户均增收1000元以上。南江供销社被省供销社评为综合改革、农业社会化服务先进单位，南江农业社会化服务被省供销社农村合作指导处列为地方实践。

【农产品品牌战略实施】 培育培优绿色食品、有机食品、地理标志农产品12个，新申报绿色食品2个、有机食品6个。9月，南江黄羊被农业农村部纳入2023年农业品牌精品培育计划名单，11月获得2023年中国畜牧地理标志区域公用品牌科技奖。南江黄羊、南江大叶茶、南江金银花、长赤翡翠米获得国家地理标志产品认证，5家农产品生产企业被纳入省级农产品品牌目录。2023年，南江黄羊品牌价值达41.85亿元，南江金银花品牌价值达24.5亿元，南江大叶茶品牌价值达15.32亿元，南江翡翠米品牌价值达32.56亿元。

【现代农业园区建设】 建成农业主题公园1座，补植金银花2000余亩，补栏黄羊5万只，建成茶叶产业核心基地1万亩、良种试验示范基地500亩、母本园500亩、繁育圃5个。培育市、县级现代农业园区共8个。完成良种繁育中心、精深加工中心、科创和博览中心、电商服务平台等15个项目建设，总投资4700万元。

【种植业】 粮油生产方面，全年粮食作物播种面积105.2万亩，产量39.8万吨；油菜播种面积32.2万亩；玉米播种面积31.9万亩；大豆复合种植面积10万亩；水稻播种面积26.5万亩；小麦播种面积13.8万亩，主要粮油作物平均亩产较上年增长8%以上。建成5个优质稻种植核心展示区，建成32个大豆玉米带状复合种植示范片。南江金银花方面，建成丰产示范片1.7万亩、初加工生产线5条，基地面积稳定在18.9万亩；10月，南江金银花作为四川省地理标志促进乡村振兴30大典型案例在首届地理标志天府峰会上推介，入选2022年四川十大地理标志道地药材，全年干花产量4500吨，与上年同期持平；干制叶片产量1200吨，较上年增长40%。南江茶叶方面，完成幼龄茶园管护13600亩，改植换种1100亩，改造低产低效茶园10000亩，认定有机茶园2000亩、丰产示范基地9000亩，创建绿色食品原料标准化生产基地30000亩，新（改）建茶叶加工厂3个，新建智能化、自动化、连续化加工生产线1条，培育优质机采示范企业1家，新建品牌营销店1个。5月，南江大叶茶产品获得第十二届四川国际茶叶博览会9项金奖。蔬菜生产方面，集中育苗110万株，种植蔬菜27.88万亩。

【林业】 全年生产木材26052立方米、水果34300吨、干果3200万吨、林产饮料（干重）556吨、林产调料（干重）82吨、森林药材（干重）2973吨、木本油料（食用）4337吨、竹笋1268吨、食用菌1689.8吨。完成营造林4.3万亩、封山育林9000亩，办理林地征（占）用项目49个、91.4457公顷，救治野生动物43起。10月25日，小巫峡被评定为省级森林康养试点建设基地；11月28日，西厢村被评定为国家级森林康养试点建设基地；11月30日，南江县获评国家级全域森林康养试点建设县。

【畜牧业】 全年生猪存栏42.08万头、出栏72.52万头，能繁母猪存栏3.91万头，生猪规模养殖场保有量达140个。肉牛存栏10.8万头、出栏4.1万头，新（改）建适度规模养牛场14个、肉牛冻精站2个。南江黄羊存栏42.01万只、出栏47.32万只，有一级扩繁场3个、二级扩繁场3个、规模场183个、家庭羊场282个、养殖大户1639户。家禽存栏213.56万只、出栏273.23万只。

【水产业】 全年水产养殖面积2.826万亩，其中名特优水产养殖面积3750亩；水产品产量达12930吨，实现渔业总产值2.63亿元，同比分别增长3.66%、6.56%。执法方面，印发长江"十年禁渔"宣传材料27500份，媒体宣传31次，出动执法人员3031人次、执法车辆106辆次、执法船艇46艘次，规范垂钓行为769次，办理非法捕捞行政案件2件3人，行政处罚11250元；举办渔政协助巡护员培训会2次，巡护员参与行动1520人次，处置渔政案件6起。

【乡村振兴】 新增华润乡村、幸福柏山2个巴山田园综合体；新建"厕所革命"整村推进示范村30个，新（改）建无害化卫生厕所13175户；完成农村产权交易鉴证20宗，鉴证金额6484.78万元。全域推进农村党员"驾考制"、农村"道德银行"等治理模式，开展农村移风易俗整治。持续深化农村改革，建立县级农村产权交易所，建成7个乡（镇）农村资产交易平台，规范农村土地经营权证抵押融资。构建县、乡、村三级社会化服务体系，完成长赤、正直等六大片区农业社会化服务中心挂牌和制度上墙，配备村级协办员322名。

【乡村旅游】 建成楠木公园、农耕文化研学基地等特色体验基地9个，开发龙腾峡等乡村游乐场项目20个，打造留萤小筑、西厢记忆等巴山民宿3家。举办"巴中云顶"茶文化旅游节、醉美玉湖庖汤节等乡村旅游特色活动8场次。云顶茶乡文旅康养综合体项目开工建设，总投资28亿元。建成川内首个华润希望小镇，实施梦里西厢田园综合体项目彩绘3万平方米。打造欢乐西溪、羊旅芭蕉等"三区同建"巴山田园综合体22个、农旅融合示范片5个。云顶茶乡太空舱、国内最长玻璃栈道实现投运，光雾和谷森林康养二期工程全面建成。《"三生相融"促振兴"歌画西厢"焕新颜—南江县旅游减贫案例》入选第四届全球减贫案例征集活动104个最佳案例名单，《加快乡村智慧旅游建设，助推乡村振兴发展》入选2023年四川省文化和旅游数字化创新示范优秀案例。长赤镇龙泉村入选省级乡村旅游重点村，小巫峡森林康养基地、光雾仙山铁炉坝森林康养基地入选第八批省级森林康养基地名单，南江县被评为2023中国最美乡村旅游目的地、2023美丽中国首选旅游目的地。全县乡村旅游接待游客1062万人次，占全县出游总量的70%；全县休闲农业与乡村旅游经营单位达690余家，其中农家乐620余家；乡村旅游综合收入80亿元，带动农产品销售收入970万元，吸纳1.2万名农民就业，实现农民增收6700余元。

【农村水利】 杨家沟水库扩建工程和玉堂水库灌区续建配套与节水改造项目等6个农村水利项目开工建设，其中玉堂水库灌区续建配套与节水改造项目于8月开工，新建渠道43.17千米，整治渠道32.49千米，新建及改建灌溉管道9.93千米，新建1座渠道提灌站及泵站提升管道0.75千米，总投资3550万元；杨家沟水库扩建工程于12月开工，是一座以灌溉、乡村供水、改善水生态等综合利用的小(1)型水利工程，大坝为纵向增强体混凝土心墙坝，坝顶轴线长258.94米、坝顶宽6米、最大坝高46米、坝顶高程1004米，总库容464万立方米，投资600万元，水库枢纽包括拦河大坝、溢洪洞、取水放空隧洞等建筑物。2023年农业水价改革项目于8月开工、11月完工，完成玉堂灌区管道安装2000米、玉堂水库灌区13套计量设施安装并投入使用，投资150万元。3月，新引进云顶茶乡水源利用开发项目，新建库容4.9万立方米水源工程1处，改建云顶社区日处理2000立方米的净化水厂1座、容量500立方米的高位水池1口，投资1300万元。9月25日，高桥水库工程获批"封库令"。新安装农村供水管道130千米，安装在线监测设施设备6套，12月，熊包梁、东垭、虎跳沟3处供水工程竣工并投入试运行。完成35处农村集中供水工程规范化管理、3座小型水库除险加固。全县农村规模化供水率达85.69%。

【农业机械化】 全县主要农作物耕种收综合机械化水平达66%，较上年增加2个百分点；农机装备总动力达47.55万千瓦。建成4个农事服务中心、33个农机专合社、156支农机助耕队，全年社会化服务面积达20.7万亩。"五良"融合宜机化改造土地3037亩，亩盈利200元以上。与省农业机械科学研究院合作研发全省首台2BTD-4B型大豆玉米播种机并推广50台，引进2台小麦免耕带旋播种施肥机、1台油菜浅旋精量播种施肥机，推广其他适宜农用机具2000台(套)。南江县被农业农村部评定为2023年度全国"平安农机"示范县。

【农村科技】 全年开展科技特派团(员)服务20场次、四川科技兴村在线平台技术咨询服务885次、"众创空间创新创业专题培训"和"科技服务进乡村"等专项活动30场次。

【农村教育】 新(改、扩)建长赤中学等学校校舍面积4.8万平方米、运动场地2.9万平方米，完成天池镇二郎村小、红光镇白石村小等36所校点(含教学点)撤并调整。全县5.8万名适龄儿童全部入学，未发生适龄儿童少年除身体原因外失学、辍学现象。全年资助家庭经济困难学生3.2万人，发放减免补助资金5700万元，发放生源地信用助学贷款4866人、4725万元；发放农村义务教育阶段教师生活补助1710万元、学生营养膳食补助2434万余元。

【农村文化】 新创建省级文明村镇2个、市级文明村镇10个，省级文明家庭2户、市级文明家庭5户、最美家庭10户，市级文明校园10个。评选表彰优秀村规民约、居民公约20个。成立家庭教育讲师团7个，开展农村家庭教育指导30次。建设公山镇流坝社区、元潭镇字库村等6个"家风家训馆"，举办家庭教育专题讲座20次。唐元和家庭获评"全国最美家庭"，周梦容等2人获评"四川好人"，王庭槐等10人获评"巴中好人"，何文博等4人获评"巴中市新时代好少年"，曾山桃等4人获评"巴中市道德模范"，唐海浪等2人获评"巴中市道德模范"提名奖。8月31日，举办南江县第三届魅力乡镇竞演大赛；11月28日，杨坝镇、元潭镇分别获评2023年度"四川乡当潮"省级、市级魅力乡镇，杨坝镇党委书记谭江获评"全省100个乡村代言人"。全年开展"文化进万家"等系列民俗文化活动和"文艺走基层"等文化惠民系列演出活动300余场次，开展乡村艺术普及活动30余场次，放映农村公益电影4915场次，更新农家书屋图书2.5万余册、展陈图书10500余册。新创建1个省级"百千万"工程样板乡(镇)、1个省级样板村，1个市级样板乡(镇)、8个市级样板村(社区)，2个县级样板乡

（镇）、31个县级样板村（社区）。

【农村卫生】 南江县疾控中心项目建设主体工程完工，有序实施实验室二次装修及配套附属设施建设，该项目拟新建综合业务用房面积8000平方米，购置理化、微生物、病毒等检测设施设备，并完善全县突发公共卫生事件疫情应急指挥平台及疾控信息系统并配套相关附属设施，于2022年7月开工建设，投资0.6亿元，预计2024年12月完工。完成南江县中医院长赤院区装修施工及配套附属设施建设，共投资0.5亿元，该项目于2022年3月开工建设，预计2024年12月完工。5月，县妇幼保健院综合院区建设项目竣工并投入使用，该项目于2019年10月开工，建设内容包括建设南江县妇女儿童医院大楼、南江县妇幼保健计划生育服务中心综合楼等，总建筑面积25000余平方米，共投资8200万元。设置建制乡（镇）卫生院分院2家，设置建制村卫生室35个，整合设置第二、三村卫生室13个。四类慢病规范健康管理率、重点监测三类户入户核实率、患者救治率、农村低收入人口签约率等均达100%。全年招录30名人才，选派24名专业技术人员到村卫生室开展巡诊和派驻医疗服务，乡村医生中具备执业（助理）医师资格的占比达30%左右。创建下两镇等健康乡镇4个、光雾山镇槐树村等健康村23个、坪河镇坪河社区等健康社区4个。

【农村法制建设】 全县各级综治中心全年各类矛盾化解率达98.9%；各类公共安全隐患化解率99.1%；为民服务办实事1.5万余件，协助破获治安案件、刑事案件80余起，协助开展新冠疫情防控、防汛减灾、环境保护等公共服务5000余次。全年调解受理矛盾纠纷3575件，调解成功3566件，其中重大矛盾纠纷430件，调解成功率达99.7%、履行率达98.7%。法律援助解答法律咨询2167人次，受理法律援助案件457件，受理率达100%。11月，天池镇红豆村被命名为省级民主法治示范村。

【农村交通】 全县完成撤并建制村畅通工程建设183.411千米，新修通组路71.341千米，建设幸福美丽乡村路65.2千米、村道生命安全防护工程21.16千米。完成7个农村索改桥项目（桥亭镇龙门桥、关坝鲜家坝桥、大河镇白院河桥、桥亭镇上两老街桥、光雾山镇茶园桥、岩房桥、李家河桥）和1个危病桥整治工程（正直镇玉湖桥）建设，11月完成施工并投入使用。

【涉农招商引资】 全县有3000万元以上的农业招商引资重大项目5个，均为内资项目，与上年持平；项目总投资6.6亿元，比上年增长9.4%。协议资金6600万元，增长9.4%，完成全年目标任务的83%；到位资金25100万元，增长12%，完成年度目标任务的71.7%。

【农村社会保障】 全年城乡居民基本养老保险参保人数30.13万人，新增3899人；代缴城乡居民养老保险2.38万人，征收养老保险费1.33亿元，中高档次缴费首次突破20000人。全年发放城乡居民养老金1.69亿元、被征地农民生活补贴19.37万元、丧葬补助金882.42万元。建成农村互助养老服务站34个；成立未成年人救助保护中心1个，在32个乡（镇、街道）309个村102个社区建立未成年人保护工作点。下两镇区域性养老项目启动建设，计划总投资6000万元，计划工期为2023年7月—2025年7月。民康医院精神康复中心建设项目（二期）建成并投入使用。全年纳入农村低保47706人，月保障金额1008.92万元；供养特困对象2695人，月发放供养金207.93万元；发放残疾人“两项补贴”2024.4万元、临时救助金267.26万元、养老护理员补贴15万元、高龄补贴1094.1万元、养育金354.48万元、孤儿助学金41.6万元；慰问特困和百岁老人2000余名，改造护理型床位100张，落实日间照料中心运营补贴80万元；养育孤儿和事实无人抚养儿童2954人，落实绿色惠民殡葬补助资金26.7万元。开发公益性岗位兜底就业4618人，发放就业定额交通生活补贴12.48万元。全年查处劳动违法案件、信访案件200余件。

【农村生态建设及环境保护】 全县空气优良天数为349天，优良率达95.6%，PM2.5浓度为25.2微克/立方米，未出现重度污染天气；国、省考断面水质均达到国家地表水Ⅱ类标准，26条主要河流水质稳定达到地表水Ⅲ类及以上，集中式饮用水水源地水质达标率100%，农村生活污水治理率达73.12%。9—10月，元潭镇南丰村等6个乡（镇）15个涉农行政村（社区）生活污水治理“千村示范工程”项目开工建设，项目于12月15日竣工，建成污水处理设施161座，共投资868万元。10月27日，南江县入选首批美丽四川建设先行试点县。

【农产品质量安全监管】 开展国家农产品质量安全监督抽检9批次、风险监测10批次，抽检合格率100%；开展省级农产品质量安全例行监测（风险监测）抽样135批次，检测合格率98.52%；开展农产品质量安全省级监督抽检62批次，合格率100%；开展2023年省级农产品质量安全专项监测抽检34批次，合格率100%。完成2023年度县本级农产品质量安全定量监测任务，共抽检样品436批次，其中监督抽检90批次，不合格2批次；风险监测346批次，不合格1批次，抽检合格率99.31%。开展胶体金农残快速检测和“瘦肉精”监测，检测种植业类产品640批次，监测“瘦肉精”7000余份。

【农村市场体系建设】 全县有农产品批发市场1个、农贸市场35个。新评定A级农贸市场5家。开展农产品展销活动24场次，新（改）建农产品购销站点5个，基层供销社覆盖率达31%。开展“川工带川货”“邮政邮乐直播”直播带货50余次。农村寄递物流服务站（点）实现全覆盖。水稻、小麦、玉米三大粮食作物完全成本保险覆盖率达73%，政策性农业保险保费收入4083.05万元，同比增长23.3%。涉农贷款余额158.88亿元，同比增长13.81%；南江县农业融资担保公司涉农在保余额8403.84万元，同比增长1.89%。赋予乡（镇、街道）县级行政权力事项168项，细化乡（镇、街道）法定行政权力事项114项，梳理356项服务事项纳入便民服务中心（分中心）办理。

【农村留守家庭（儿童、学生）帮扶】 成立南江县未成年人救助保护中心1个，建立未成年人保护工作点443个、留守儿童关爱中心18个、乡村少年宫28个、社区青少年学生校外活动辅导站30个、爱心小屋和爱心浴室120个。养育孤儿和事实无人抚养儿童2954人，发放养育金354.48万元、孤儿助学金41.6万元。全年资助家庭经济困难留守儿童1.5万人次，发放资助金1800万余元。

【劳务开发与返乡创业】 全年开发城镇公益性岗位160个、乡村公益性岗位4404个，优先安排脱贫家庭、低保家庭和残疾人等就业困难群体就业，其中城镇公益性岗位按照1970元/人/月标准定额补贴，乡村公益性岗位按照500元/人/月标准定额补贴，零就业家庭实现动态清零。依托全县210余家企业和100余个重点项目，开展线上线下招聘活动29场次，实现新增就业5148人、城镇失业人员再就业1773人、就业困难人员就业401人、离校未就业高校毕业生帮扶就业率94.84%、脱贫人口就业4116人。开展返乡下乡创业人员培训410人、返乡创业培训281人，发放创业担保贷款3108万元，惠及343名创业者；兑现大学生、脱贫人口等重点群体创业补贴17万元。

【主要领导人】 县委书记：程秋；县人大常委会主任：李文荣；县长：韩君才；县政协主席：吴开财；分管农业副县长：赵燕飞。

南江县编写组

通 江 县

【基本情况】 2023年，全县辖1个街道30镇2乡324个行政村，辖区面积4119.83平方千米。年末户籍人口70.23万人，其中农村户籍人口54.69万人、城镇户籍人口15.54万人、少数民族户籍人口894人。常住人口50.17万人，其中城镇常住人口20.81万人，常住人口城镇化率提高到41.49%。人口出生率5.6‰，出生人口性别比为115.7（以女孩为100人）；人口死亡率9.9‰，人口自然增长率-4.3‰，人口符合政策生育率100%。森林面积28.07万公顷，活立木蓄积量2320万立方米，森林覆盖率65.75%，当年造林面积833公顷，有国家级森林公园1个。

2023年，全县实现地区生产总值134.52亿元，按照可比价格计算，比上年增长6.1%，其中第一产业增加值41.58亿元，增长3.9%；第二产业增加值29.14亿元，增长11%；第三产业增加值63.8亿元，增长5%。人均地区生产总值26646元，增长7.2%。三次产业结构比由上年的32∶20.5∶47.5调整为30.9∶21.7∶47.4。三次产业对经济增长的贡献率分别为19.7%、42.1%和38.2%，拉动地区生产总值分别增长1.2个、2.5个和2.3个百分点。年末工商登记企业和个体户总户数达26560家（户），比上年增长6.5%。全年接待国内游客1091.24万人次，同比增长13.7%；实现旅游总收入96.09亿元，增长21.2%。有旅行社（分社、服务网点）5个，旅游相关行业从业人数7.15万人。

工业增加值13.93亿元，比上年增长10.4%，其中规模以上工业增加值增长8.8%。全社会固定资产投资比上年增长2.1%。社会消费品零售总额95.08亿元，比上年增长9.3%，其中城镇市场零售额64.19亿元，比上年增长9.6%；乡村市场零售额30.88亿元，比上年增长8.7%。全年进出口贸易总额9986万元，比上年增长26.2%。招商引资签约项目43个，签约金额135.87亿元，实际到位资金66.25亿元。

公路总里程6133千米，其中国道126.7千米、省道471.1千米、县道810.2千米、乡道1272.7千米。有载货汽车178辆、载客汽车478辆，其中公交车78辆、出租车244辆。公路运输货运周转量18.68亿吨/千米、客运周转量2.12亿人/千米。邮电主营业务收入5.96亿元，比上年增长5.3%，其中邮政主营业务收入1.63亿元，增长11.3%；电信主营业务收入4.33亿元，增长3.2%。移动电话用户61.3万户，增长3.5%。互联网宽带接入用户22.36万户，增长7%，用户普及率达89%。地方一般公共预算收入完成5.59亿元，比上年增长11.1%，其中税收收入2.66亿元，增长9.1%；一般公共预算支出58.98亿元，增长0.1%。年末金融机构人民币各项存款余额326.85亿元，比上年末增长7.3%，其中住户存款余额301.97亿元，增长10.2%；人民币各项贷款余额190.27亿元，增长13.7%。年末共有保险公司14家，保险保费收入9.02亿元，比上年增长1.5%。

有学校196所，专任教师6548人，在校学生6.89万人，其中幼儿园110所，在园幼儿1.31万人；小学54所，在校学生3.36万人，小学学龄儿童净入学率100%；中学29所，在校学生2.89万人，初中学龄人口净入学率100%，初中毕业生升学率98.4%，九年义务教育巩固率95.4%，高中阶段毛入学率91.5%，高中毕业生升学率82.2%；职业中学2所，在校学生6312人。科学研究与实验发展（R&D）经费支出4850万元，实施重点科研项目8项，其中省级项目8项。获得科技进步奖3项。有医疗卫生机构639个，其中医院16家、乡（镇）卫生院32家、社区卫生服务站5个、村卫生室475个、诊所（医务室）109个、疾病预防控制中心和卫生执法监督大队各1个；卫生技术人员3526人（不含乡村医生），其中执业医师1031人、执业助理医师399人，注册护士1497人。全年门诊总诊疗人次306.1万人次，住院入院人次12.61万人次。当年婴儿死亡率1.21‰，新生儿死亡率0.73‰，孕产妇系统管理率97.09%，住院分娩率99.93%。广电系统和电信系统年末电视用户分别有7.8万户和21.15万户，电视人口覆盖率100%。全县有文物保护单位903个（共有文物藏品9897件），“三馆一站”40个（公共图书藏量178.7千册），电视差转台1个，影剧院2个，体育场馆51个。

【年度农业和农村经济运行】 2023年，全县实现农林牧渔业总产值78.78亿元，比上年增长4%，其中农业产值44.04亿元，增长4.1%；林业产值2.42亿元，增长9.4%；牧业产值26.67亿元，增长3.2%；渔业产值3.93亿元，增长5.9%；服务业产值1.73亿元，增长7.2%。全体居民年人均可支配收入比上年增长6.3%，其中按常住地分，城镇居民人均可支配收入增长4.8%，农村居民人均可支配收入增长7.1%。全县水产养殖面积2554公顷，比上年减少0.04%；水产品产量1.73万吨，增长3.2%。年末农业机械总动力达34.78万千瓦，比上年增长5.8%，其中农用排灌动力1.81万千瓦，增长14.8%。全年农村用电量4.97亿千瓦时，增长6.7%。

【种植业】 全县粮食作物播种面积123.15万亩，比上年减少1%，其中小春粮食作物播种面积28.64万亩，增长0.5%；大春粮食作物播种面积94.51万亩，减少1.4%；油料作物播种面积33.17万亩，增长7.1%；中草药材种植面积1.75万亩，增长7.5%；蔬菜种植面积17.78万亩，增长3%。粮食总产量47.17万吨，比上年增长2.1%，其中小春粮食产量8.24万吨，增长3.3%；大春粮食产量38.93万吨，增长1.9%。经济作物中，油料产量5.1万吨，增长8.1%；蔬菜及食用菌产量33.14万吨，增长4.8%；水果产量2.26万吨，增长45.6%；茶叶产量0.19万吨，增长6.1%；中草药材产量0.25万吨，增长7.4%。

【畜牧业】 全年生猪出栏83.41万头，比上年增长1.5%；牛出栏5.4万头，增长1.4%；羊出栏17.01万只，增长1.2%；家禽出栏244.76万只，减少2.2%。猪肉产量6.19万吨，增长2.2%；牛肉产量0.66万吨，增长0.3%；羊肉产量0.25万吨，增长0.3%；禽肉产量0.36万吨，减少1.6%。禽蛋产量1.21万吨，增长3.8%。

【农村水利】 全县水域面积66.7平方千米，水资源总量29.06亿立方米。全年水利工程建设总投资8.52亿元，当年治理水土流失面积6552公顷，恢复改善灌溉面积1333公顷。全县水利工程蓄水能力11229万立方米。

【农村社会保障】 全年参加城乡居民基本养老保险人数32.59万人。有敬老院20所，集中供养老人1283人；孤儿院1所，集中供养孤儿46人。当年享受定期抚恤人数519人，发放抚恤金1934万元；享受定期补助人数5817人，发放补助金4998万元；享受优待优抚人数722人，发放优待优抚金1058万元；“五保户”供养人数2700人，发放救济金2282万元。农村居民最低生活保障人数69035人，发放最低生活保障金14219万元。

【特色农副产品】 通江斑鱼。通江县是国家重点生态功能区、国家有机产品认证示范区、国家农产品质量安全县，县境大小河流涵养82种鱼类，发展山地高效特色渔业优势得天独厚。“通江斑鱼”又名“诺水斑鱼”，具有生长较快、食性广等优点，可池塘、稻田养殖。其肉质细嫩、味道鲜美，蛋白质含量高，氨基酸和不饱和脂肪酸含量丰富，深受人们喜爱，市场开发前景广阔。通江斑鱼入选2022年第三批全国名特优新农产品名录，成为通江县特色水产公用品牌。

根据产业发展规划，通江县秉持“树起一个品牌，撬起一片大产业”理念，按照“通江斑鱼+龙头带动+基地建设+品牌创建”产业发展模式，打造“一场两区”（“一场”即“通江斑鱼”科研繁育场；“两区”即以通江河流域为重点，构建县域南部的广纳镇、三溪镇、铁佛镇等镇为重点的通江斑鱼主养区和以城市、城郊区域为重点，构建多产融合的通江斑鱼美食体验区），形成具有地域特色的通江斑鱼产业集群。到2025年，发展通江斑鱼池塘养殖面积1000亩，建成科研繁育场100亩，打造餐饮专营店10家，综合产值突破亿元大关，使之成为实施乡村产业振兴的新支撑、水产转型升级的新亮点和产业融合发展的新载体。

【主要领导人】 县委书记：李玉甫；县人大常委会主任：吴天泉；县长：谭青松；县政协主席：王茂生；分管农业副县长：熊纯俊。

通江县编写组

平 昌 县

【基本情况】 2023年，全县辖28镇3个街道246个村147个居委会，辖区面积2229平方千米，其中耕地面积83.35万亩。常住人口63.31万人。森林覆盖率55.4%。

2023年，全县地区生产总值增长4.8%，全社会固定资产投资增长0.6%，规上工业增加值增长2%，社会消费品零售总额增长8.7%，地方一般公共预算收入增长7.5%，城乡居民人均可支配收入分别增长4.6%、6.8%。

【现代农业发展】 全链条发展现代农业，培育国家级、省级农民专合社7家，国家级龙头企业1家。特色产业提质增效，肉牛产业项目被纳入全省特色优势产业全链条发展试点，建成“海福特”智能核心育种场，新（改）建肉牛标准化养殖场83个，全年存（出）栏肉牛17万头。江口青鳙入选全国“名特优新”农产品名录，道生渔业园区创建为国家级水产健康养殖和生态养殖示范区。镇龙山瓦灰鸡养殖规模突破10万羽。推行“三社融合”模式，改造低产低效茶园2万亩、青花椒1万亩。邱家镇、土兴镇分别入选国家级和省级农业产业强镇，嘶峰村获评省级现代农业亿元村。粮油产业稳定发展，建成高标准农田5.6万亩，南天门、板庙2个“全程机械化+综合农事”服务中心竣工投用，粮食产量39.7万吨，粮油现代农业园区创建为省三星级园区。实施生猪稳产保供，全年出栏生猪85.2万头。发展订单蔬菜1万亩。获评省级大豆玉米“双高产”示范县。争取全省供销服务综合平台试点县，建成社有独资网点134个。全面完成耕地流出整改任务，盘活撂荒地经验入选全国农村改革典型案例。

【现代服务业提档升级】 实施“服务业强县”行动，培育规上限上商贸服务业企业33家，全县市场主体达3.4万家。全面促进消费升级，金宝山茶旅融合产业园、驷马牛肉美食街建成投运，江阳邻里中心入选省级“蜀里安逸”消费新场景，一品天下、同昌里等消费商圈点旺城市“烟火气”。举办特色产品展销等“十大促销”活动62场次，投放消费券566万元，消费活力持续恢复。发展文旅产业，提升改造驷马水乡、白衣古镇等国家A级景区，建成智慧文旅大数据平台。承办全市文旅康养发展大会。开展“父亲”主题围炉音乐会、“筑梦新时代·艺起向未来”等系列活动，获评中国县域旅游发展潜力百强县，全域旅游融合发展模式入选全省十大典型案例。

【统筹城乡发展】 坚持做强县城、做活城镇、做美乡村，完成县级国土空间总体规划编制，入列全省统筹乡村基础设施和公共服务布局试点县、省级县城新型城镇化建设试点县。推动老城更新，改造老城“主动脉”新华街4.2千米，整治背街小巷5条，改造口袋公园3个。完成老旧小区改造18个，增设既有住宅电梯10部。加强新区赋能，壹号公馆、金域华府等改善性住房陆续交房入住，中央城邦至一品天下连接线道路竣工通车，安家坝至车管所污水管网、金宝客运枢纽站加快建设。提升集镇功能，新建佛楼、云台乡（镇）客运站，28个建制镇污水处理设施全面投运。推进乡村建设，改造农村危房1800户，建成无害化卫生厕所8000个。新建撤并建制村畅通工程77千米、通组路48千米，实施村道安防工程550千米，获评全省乡村运输“金通工程”样板县。开展乡村水务试点建设，城乡供水实现“同网同质同价同服务”，入选全省“我为群众办实事案例”，上榜全国节水型社会建设达标县。驷马镇双城村获评中国美丽休闲乡村，江口街道草庙村、元山镇插旗山村等36个村（社区）入选全省首批传统村落名录。金宝街道石庙村、三十二梁镇柳林村等6个村（社区）获评省级乡村振兴示范村。同州街道龙王庙社区、白衣镇磴子社区被命名为省级民主法治示范社区。

【重点项目建设】 牢树“项目为王”理念，200个重点项目共完成投资208亿元，其中省重点项目优质肉牛全产业链超时序进度51%。金宝山产业环线道路等6个项目荣膺全市“红榜”项目。镇广高速平昌段超时序推进，省道101线龙岗至岳家段、省道304线灵山至元山段改建工程加快建设。江家口水库完成总投资60%，坝体填筑高程达330米。完成水库围堰淹没区移民安置任务，库周省道203线复建道路即将通车。除险加固病险小(2)型水库4座，白衣防洪堤完成主体工程的70%，开工建设二丝厂至雷坡石、江口醇酒厂至巴河大桥防洪堤，以及黑水、元沱、磴子3个中小河流治理项目。板庙35千伏变电站、157座5G基站和8座公共充电站建成投用。龙岗、土垭片区全市首个土地开发复垦项目通过验收。筹措5.3亿元实施补欠账、补短板项目45个，一批群众关注的长期“停摆”项目有序复工并加快建设。

【开放合作】 坚定走好招商引资“四条路径”，小分队招商、以商招商、乡友招商成效明显，签约落地巴山肉牛产业融合发展等项目68个，到位资金62亿元，产业匹配度超过70%。外资产业项目招引实现零突破。参与中外知名企业四川行、杭州制造业投资推介会，举办“巴商回家”活动暨招商引资集中签约仪式，签约云南倮果、石墨制品等项目45个，投资总额89.8亿元。被纳入全省39个欠发达县域托底性帮扶，与中国网安、大西洋、海天水务等企业达成战略合作。浙川东西部协作、中省定点帮扶和省内结对帮扶项目有序推进，实施项目19个，到位资金7000万元。

【农村教育】 实施教育“四质工程”，开工建设华严幼儿园和第八小学教辅用房，第七小学（一期）基本建成，响滩中学、宝坪小学等教辅用房建成投用，新增学位2570个。实施全国在线教育应用创新项目，组建10个校长发展共同体，入选全省首批示范性学区制治理试点县。

【农村卫生】 聚力推进“名医名院名专科”建设，与华西医院联建专病中心3个，省人民医院对口帮扶县第二人民医院。建成县妇幼保健院新院区，省妇幼保健院平昌分院挂牌运营。镇龙镇县域医疗卫生次中心竣工投用。引进医学高层次人才37名，8名专家博士常态坐诊，建成专科联盟14个，县域内就诊率超过95%。通过国家卫生县复审，创建省级健康镇23个、健康村（社区）333个，获评省级慢性病综合防控示范区。

【民生保障】 坚持以人民为中心，民生投入占财政总支出的73%。持续巩固拓展脱贫攻坚成果，脱贫群众人均纯收入增长16.1%。开展就业"暖心行动"，城镇新增就业8307人，公益性岗位安置困难群众4726名，"零就业"家庭实现动态清零。基本养老保险、基本医疗保险覆盖率分别达98.2%、98.5%，老农保试点遗留问题全面清零。加强"一老一小"服务保障，板庙、巴灵台养老服务中心竣工，建成未成年人保护中心，投用普惠托育项目6个，新增养老床位500张、托位466个。建成保障性租赁住房1350套。城乡低保标准分别提高8.8%、11%，困难群体实现"应助尽助"。

【安全生产】 开展安全生产大提升、重大事故隐患专项排查整治行动，消除重大事故隐患78个，连续101个月未发生较大及以上生产安全事故，跻身全省安全发展示范城市创建行列。成功应对8轮次强降雨和高温灾害天气，连续17年实现地质灾害零伤亡。开展污染防治"六大攻坚行动"，中央和省环保督察反馈问题年度整改任务全面完成，地表水监测断面水质、城乡集中式饮用水水源地水质全部达标，环境空气质量优良率达96.4%，土壤环境总体可控。驷马河湿地公园创建为省级自然教育基地。

【主要领导人】 县委书记：张勋；县人大常委会主任：张廷发；县长：杜小兵；县政协主席：何效德；分管农业副县长：李宝。

平昌县编写组

雅 安 市

【基本情况】 2023年，全市辖2区6县，辖区面积15046平方千米。年末常住人口142.9万人，人口城镇化率55.17%，比上年提高1.15个百分点。全年出生人口9097人，人口出生率6.0‰；死亡人口10241人，人口死亡率6.8‰；人口自然增长率-0.76‰。全年完成营造林面积20.19万亩。年末实有森林管护面积965.93千公顷，森林覆盖率69.42%，继续稳居全省第一位。

2023年，全市实现地区生产总值1010.03亿元，按照可比价格计算，比上年增长5.8%，其中第一产业增加值173.75亿元，增长4.1%；第二产业增加值317.28亿元，增长5.7%；第三产业增加值519亿元，增长6.6%。三次产业对经济增长的贡献率分别为14.2%、29.7%和56.1%。三次产业结构比调整为17.2∶31.4∶51.4。

全年交通建设固定资产投资完成80.06亿元，其中高速公路项目完成投资17.3亿元，年末高速公路通车里程377千米；国省干线公路完成投资42.9亿元，建设里程141.1千米；农村公路建设完成投资15.2亿元，建设里程672千米〔县（乡）道公路152千米，建村道公路345千米〕，旅游公路、产业路175千米；危桥、安保、大中修等专项工程完成投资4.66亿元。全年完成公路客运量798万人，比上年增长14.9%；客运周转量41468万人/千米，增长28.7%。完成货运量6334万吨，增长4.3%；货物周转量748285万吨/千米，增长7.1%；公路运输总周转量752432万吨/千米，增长7.2%。全年工业增加值285.75亿元，比上年增长5.2%，对经济增长的贡献率为24.4%。全社会固定资产投资比上年增长5.4%。社会消费品零售总额335.88亿元，比上年增长9.7%，其中城镇消费品零售额233.67亿元，比上年增长9.7%；乡村消费品零售额102.21亿元，增长9.6%。地方一般公共预算收入完成78.79亿元，比上年增长20.2%，其中税收收入44.8亿元，增长14.1%，占地方一般公共预算收入的比重为56.9%；一般公共预算支出223.97亿元，增长20.9%。年末金融机构人民币各项存款余额1740.07亿元，比上年末增长11.4%，其中住户存款1268.63亿元，增长12.8%。各项贷款余额1325.42亿元，增长14.5%，其中中长期贷款余额949.37亿元，增长14.1%；短期贷款315.93亿元，增长21%。全年完成邮政业务总量5.64亿标准量，增长22.2%。年末固定电话用户数为37.84万户，移动电话用户数为181.48万户。

有各级各类学校468所（高等教育附设中职班和高等院校不计所数），在校学生207086人，教职工20102人（其中专任教师15693人），其中幼儿园271所，在园幼儿（幼儿园、附设班）41533人；小学125所（另有小学教学点33个，不计所数），在校学生87781人；初中45所（初级中学32所、九年一贯制学校13所），在校学生41446人；特殊教育学校3所，在校学生821人；普通高中学校17所，在校学生23732人；中等职业教育学校7所（另有附设中职班3个，不计所数），在校学生12339人（中等技术学校2所，在校学生6125人；职业高中5所，在校学生5563人）。全年申报国家级高新技术企业25家，累计达86家。专利授权量累计达1100件，其中发明专利授权量202件，比上年增长45.3%；有效发明专利748

件，每万人发明专利拥有量5.2件，增长21.2%。有文化馆9个，公共图书馆9个，美术馆6个，乡（镇、街道）综合文化站142个，农家书屋727个，社区书屋99个，寺庙书屋1个，公共博物馆（纪念馆）17个。广播综合人口覆盖率98.25%，比上年提高0.01个百分点；电视综合人口覆盖率99.07%，比上年提高0.02个百分点。有线电视用户达24.53万户。有医疗卫生机构1207个，其中医院48个、卫生院89个、社区卫生服务中心（站）8个、村卫生室534个、诊所门诊部和医务室491个、专业公共卫生机构29个、其他机构8个；病床位14807张；卫生技术人员14344人，其中执业医师4301人、执业助理医师905人、注册护士6362人。全年孕产妇死亡率12.67/10万、婴儿死亡率2.66‰。

【年度农业和农村经济运行】 2023年，全市农村居民人均可支配收入同比增长7%。农村居民年人均生活消费支出同比增长6.3%，其中食品烟酒支出增长7.8%，生活用品及服务支出增长3.7%，交通通信支出增长7.7%，医疗保健支出增长6.8%。年末有效灌溉面积53.93千公顷。全年新增综合治理水土流失面积166.75平方千米，解决改善农村饮水不安全人口30.6万人。新增农业机械总动力0.56万千瓦，年末农业机械总动力达168.02万千瓦，增长0.3%。全年农村用电量109063万千瓦时，增长2.6%。

【种植业】 全年粮食作物播种面积105.7万亩，减少1%；油料作物播种面积12.7万亩，增长8.6%；中草药材种植面积12.4万亩，增长1%；蔬菜种植面积50.1万亩，增长2.3%。全年粮食总产量36.6万吨，比上年增长0.8%，其中小春粮食产量增长1.5%、大春粮食产量增长0.7%。经济作物中，油料产量1.6万吨，增长6.6%；蔬菜产量82.5万吨，增长3.8%；茶叶产量11.1万吨，增长6.6%；园林水果产量67.9万吨，增长7.5%。

【养殖业】 全年生猪出栏138.9万头，增长2%；牛出栏5.8万头，增长1%；羊出栏22.6万只，减少1.4%；家禽出栏744.6万只，减少0.1%；兔出栏133.9万只，减少3.7%。禽蛋产量2.7万吨，增长2.9%。牛奶产量2.4万吨，减少17.9%。全年水产养殖面积1336公顷，水产品产量12558吨，增长6.8%。

【农村教育】 全年实现义务教育全免费，共计免除学杂费、教科书费、作业本费25.5万人次，发放义务教育阶段贫困学生生活补助3.8万人次；农村义务教育学生营养改善计划覆盖7.8万人；减免学前教育保教费4.95万人次；共计为家庭困难普通高中学生发放助学金1.56万人次，免除家庭经济困难普通高中学生学费1.56万人次；为中等职业学校家庭经济困难学生发放国家助学金0.53万人次，免除中等职业学校学生学费1.15万人次；资助普通高校家庭经济困难学生0.61万人次。投入中央、省级资金12566万元，实施义务教育薄弱环节改善与能力提升项目。

【农村社会保障】 全市基本养老保险覆盖人数105.96万人，其中城乡居民养老保险覆盖人数50.26万人，比上年末增加0.65万人。基本医疗保险覆盖人数139.61万人，其中城乡居民基本医疗保险覆盖人数110.92万人，全市城乡居民医疗保险参保覆盖率稳定在95%以上。农村最低生活保障标准为每人每月550元，全年纳入农村低保人数37108人。全市有城乡特困人员5563人，全部被纳入政府供养范围，其中农村5191人。全市重点救助对象政策范围内住院自付费用救助比例达75%。资助104077名困难群众参加基本医疗保险。全市在营养老服务机构25个、床位4145张，其中养老型床位1250张、护理型床位2895张。全市在营养老服务设施165个，床位774张，其中养老服务综合体床位229张、日间照料中心床位545张。

【主要领导人】 市委书记：夏凤俭；市人大常委会主任：白云；市长：彭映梅；市政协主席：戴华强；分管农业副市长：邓朝金。

雅安市编写组

雨 城 区

【基本情况】 2023年，全区辖8镇5个街道，辖区面积1066.79平方千米。常住人口36.9万人，常住人口城镇化率64.72%。森林面积120万亩，林木蓄积量706万立方米，森林覆盖率达75%。是全国唯一的“中国生态气候城市”，先后被评为中国优秀旅游城市、中国十佳魅力城市、全国森林旅游示范市、国家级生态示范区、最具投资潜力城市、四川省历史文化名城、四川省旅游强县、四川省乡村旅游强县、四川省现代农业（茶叶）产业基地强县、四川省林业产业强县、天府旅游名县。

2023年，全区实现地区生产总值280.84亿元，按照可比价格计算，同比增长6.7%，其中第一产业增加值35.92亿元，增长3.7%；第二产业增加值79.22亿元，增长9.1%；第三产业增加值165.7亿元，增长6.4%。全年实现农林牧渔业总产值51.64亿元，同比增长3.7%。

规模以上工业增加值同比增长23.2%。第三产业增加值同比增长6.4%，其中批发和零售业增加值增长12.1%，交通运输、仓储和邮政业增加值增长13.5%，住宿和餐饮业增加值增长16.9%，金融业增加值增长7.1%，信息传输、软件和信息技术服务业增加值增长9.2%，租赁和商务服务业增加值增长7.9%。区属固定资产投资同比增长11.3%。全社会固定资产投资同比增长7.3%，其中第一产业投资增速同比减少6.3%，第二产业投资增速同比增长74.4%，第三产业投资增速同比增长25.3%。社会消费品零售总额102.31亿元，同比增长10.1%。按经营单位所在地分，城镇消费品零售额87.2亿元，增长10%；乡村消费品零售额15.11亿元，增长10.8%。按消费类型分，餐饮收入19.43亿元，增长11.6%；商品零售82.89亿元，增长9.8%。从限额以上热点商品分，服装、鞋帽、针纺织品类增长30.5%，中西药品类增长35.7%，石油及制品类增长17.3%，汽车类增长9.4%。

【种植业】 全年粮食总产量4.94万吨，增长0.5%；蔬菜产量增长4.5%；中草药材产量增长0.4%；园林水果产量增长9.1%；茶叶产量增长6.6%。共生产精制茶2722吨，同比增长64.5%。

【畜牧业】 全年生猪出栏203780头，同比增长2%；牛出栏4852头，同比减少2%；羊出栏38979只，同比减少1.3%；家禽出栏1885515只，同比减少0.9%。

【主要领导人】 区委书记：冯俊涛；区人大常委会主任：李健强；区长：陈建伟；区政协主席：张燕；分管农业副区长：韩东。

雨城区编写组

名山区

【基本情况】 2023年，全区辖11镇2个街道，辖区面积614平方千米，其中耕地面积8万亩、基本农田5.98万亩。年末总人口27.39万人（户籍人口）。

2023年，全区实现地区生产总值135.04亿元，增长5.3%，其中第一产业增加值33.55亿元，增长3.8%；第二产业增加值44.5亿元，增长5.3%；第三产业增加值56.98亿元，增长6.4%。全年接待游客650余万人次，实现旅游综合收入45亿元。

公路通车里程1574千米。地方公共财政预算总收入完成5.73亿元。有各类学校93所，教职工1918人，其中公办小学18所、初中10所、九年一贯制学校2所、高中2所、进修学校1所、全学段民办学校1所、各类幼儿园59所（公办幼儿园20所、民办普惠性幼儿园27所、民办非普惠性幼儿园12所）。有卫生机构163个。

【年度农业和农村经济运行】 2023年，全区实现农业总产值44.94亿元，增长6.19%。农民年人均可支配收入达19775元，增长7.1%。全区主要农产品产量见表1。

【农村集体产权制度改革】 继续深化农村改革，在农村宅基地制度、村集体经济制度等重点领域和关键环节解放和发展农村生产力。开展农村集体资产清产核资工作，集体资产全面纳入平台管理。加快推进集体经营性资产股份合作制改革，全区农村集体产权改革制度框架基本构建。探索村集体资产收益与村民委员会收入分账管理模式，全区村级集体经济发展成效显著，实施村集体经济发展“987”计划，全年村集体经济收入总量达2300万元以上，村均达25万元以上，其中50万元以上的村有8个。

【农产品品牌战略实施】 发展绿色食品、有机食品，加强证后监管，规范企业用标。全区共有绿色食品企业8家，共有绿色食品88个。完成15个有机农产品新认证，35个绿色食品续展工作有序开展，3个绿色食品新认证工作有序开展。1个名特优新农产品（名山乌龙茶）有序进行申报，共计3个产品在有效使用期（蒙顶甘露、名山蒙顶石花、名山蒙顶黄芽）。1家企业有序申报特质农产品。

【现代农业园区建设】 推动名山区省五星级茶叶现代农业园区提档升级，争取地方政府专项债券项目资金0.73亿元，建成茶叶现代农业产业园区建设项目（百丈湖综合体一期），助推名山茶产业发展再上新台阶，名山区入选全省现代农业园区建设工作推进典型区。优化

表1　2023年名山区主要农产品产量

主要农产品	单位	产量
粮食	万吨	6.870
水稻	万吨	3.440
玉米	万吨	3.130
马铃薯	万吨	0.070
油菜籽	万吨	0.400
蔬菜	万吨	5.870
水果	万吨	3.430
猪肉	万吨	4.370
牛肉	万吨	0.009
羊肉	万吨	0.040
禽蛋	万吨	0.380
牛奶	万吨	0.062

名山农业产业布局，全区有省级现代农业园区1个、市级现代农业园区1个、区级现代农业园区4个，其中新认定名山区猕猴桃现代农业园区区级现代农业园区1个，基本形成以园区化推动现代农业发展的新格局。通过加强经验宣传，名山区茶叶现代农业园区建设经验入刊《四川现代农业发展报告》，宣传推广名山区现代茶产业发展先进经验。

【种植业】 全区粮食作物播种面积16.46万亩，产量6.85万吨。蔬菜种植面积5.06万亩，产量5.88万吨，实现产值0.34亿元。油菜种植面积3.6118万亩，产量4186吨，同比增长9.07%。发展水果、中药材种植产业，草果种植面积2000余亩，实现产值870万元。水果种植面积4.32万亩，产量3.42万吨，实现产值1.31亿元。

茶叶。全区优质茶园面积稳定在39.23万亩以上，鲜叶产值达27.9亿元，增长7.4%；干茶产量达6.05万吨，综合产值突破100亿元，获评“2023年度重点产茶县域”。与四川农业大学合作选育的茶树新品种“川茶9号”通过农业农村部审核登记。“蒙顶山茶”连续7年入围“中国十大茶叶区域公用品牌”，蝉联四川省第一。在2023中国茶叶区域公用品牌品牌文化力评价中，“蒙顶山茶”获得“品牌文化力TOP10”（顶端）第二名。

【养殖业】 全年生猪出栏59.45万头、存栏43.15万头，能繁母猪存栏3.38万头，持续巩固国家级生猪调出大县重要地位，实现畜牧业产值12.32亿元。有规模生猪养殖场168个。全年家禽出栏178.65万头、存栏145.61万头。猪肉产量4.37万吨，牛肉产量88吨，羊肉产量375吨，禽肉产量3483吨，禽蛋产量3762吨。水产品总产量3130吨，实现渔业经济总产值7150万元。

【乡村振兴】 全区经村级建制改革后有脱贫村34个、乡村振兴重点帮扶村7个，有脱贫人口4778户13054人、监测对象201户511人，其中未消除风险93户256人。2023年，全区脱贫人口人均纯收入为14587元，同比增长17.4%。已到位并下达各级巩固脱贫成果任务资金5390万元，其中中央衔接资金715万元用于产业发展，产业占比100%；省级财政衔接资金2545万元，用于产业发展1486万元，产业占比56.18%。2023年，全区脱贫人口务工5747人，较上年增长11.9%。把巩固拓展脱贫攻坚成果同乡村振兴有效衔接作为重要政治任务，对防止返贫动态监测和帮扶、产业发展、项目推进、乡村建设、乡村治理等有效衔接工作安排部署。11月24日，筹办全省“百校联百县兴千村”行动现场推进会暨第二批结对校县签约仪式。全省农文旅融合发展现场会在名山区召开，名山区入选首批省级文化产业赋能乡村振兴试点县创建名单。加强乡村建设水平，成为全省第一批开展农村基本具备现代化生活条件建设标准试点县，助推全区乡村建设迈上新台阶。创新破解农业农村基础设施建设领域资金筹集难题，“以工代赈”工作被国家发展改革委点名表扬。

【农业机械化】 全区农机总动力达284044万千瓦，比上年增加56千瓦。全区完成农作物机耕面积约13833.27公顷、机播面积约6666.66公顷、机收面积约7600公顷，农作物综合机械化水平达57.29%，较上年提升4.03个百分点，其中粮油类主要农作物机械化水平达69.55%，较上年提升2.15个百分点，高于全省平均水平。

【农村精神文明建设】 持续开展新时代乡风文明建设十大行动，巩固拓展新时代文明实践所（站）建设，推进移风易俗，推广建设一批乡风文明“道德超市”，通过“道德积分制”发挥激励、约束作用，弘扬良好社会风气。

【农耕文化建设】 指导镇（街道）开展“积分制”工作，加强农耕文化保护，推进移风易俗等相关工作。通过组织开展茶叶翻耕技术培训、茶叶绿色防控技术培训、茶叶种植技术培训、制茶技术培训等方式调动年轻一代从事农村生产生活遗产传统工艺的积极性，更好地传承和保护传统文化、传承农耕文化。

【农村“厕所革命”】 名山区2023年农村“厕所革命”整村推进工作在车岭镇几安村、石堰村、龙水村、云台村、水月村，前进镇凤凰村、新市村、双龙村，蒙顶山镇关口村、止观村，黑竹镇廖场村、新场村4个镇12个行政村实施，项目建设已全面启动。召开2023年“厕所革命”推进会5次，到各镇、村开展现场培训30次，共培训村（组）干部和群众代表600余人次；发放“厕所革命”宣传手册和“厕所革命”调查问卷5000余份，组织开展2022年“厕所革命”项目验收工作10次。

【农产品质量安全监管】 落实政府属地责任，每年对农产品质量工作进行统筹部署，系统推进各项工作落地落实。建立健全区、镇（街道）、村（社区）三级网格化监管体系。近三年，区本级财政共投入资金202.3万元，用于农产品质量安全监管、检测、执法。实行农药连锁经营，有序引入符合条件的农药经营企业在全区范围内开展农药经营活动。以健全农产品质量安全体系为核心，以提升农产品质量安全水平和基层监管能力为目标，推进“一平台、一中心、七系统”的“智慧农安”监管平台建设，建立从茶园到茶杯的全程控制生产体系，保障群众“舌尖上的安全”，“智慧农安”系统入选2022四川省数字化应用场景优秀案例。组织开展“两品一标”申报认定工作，建立健全统一农资供应、统一技术服务、统一金融支持、统一品牌引领、统一订单销售的“五统一”机制，名山区创建为国家农产品质量安全县。

【主要领导人】 区委书记：余云峰；区人大常委会主任：高佳秀；区政协主席：倪林；分管农业副区长：马忠强（6月止），姜肖（6月代管）。

名山区编写组

天 全 县

【基本情况】 2023年，全县辖7镇3乡，辖区面积2390平方千米。年末户籍人口146499人，比上年末减少777人。全年出生人口803人，其中男性408人、女性395人，人口出生率5.48‰；死亡人口1096人，其中男性613人、女性483人，人口死亡率7.48‰；人口自然增长率为-5.28‰。年末常住人口13.1万人，人口城镇化率50.01%，比上年提高0.92个百分点。森林覆盖率74.15%。

2023年，全县实现地区生产总值930843万元，按照可比价格计算，比上年增长6.1%，其中第一产业增加值157786万元，增长4%；第二产业增加值295228万元，增长5.5%；第三产业增加值477829万元，增长7.3%。三次产业对经济增长的贡献率分别为12.9%、28%和59.1%。人均地区生产总值70787元，增长6.1%。三次产业结构比由上年的18.2∶32.5∶49.3调整为17∶31.7∶51.3。全年接待国内游客407万人次，增长16.2%；实现国内旅游收入36.5亿元，增长40.8%。全年实现旅游总收入36.5亿元，比上年增长40.8%。

全年完成交通运输、仓储和邮政业增加值10680万元，比上年增长15.9%。境内公路总里程934.866千米，其中国道99.932千米、省道35.043千米、县道233.716千米、乡道312.042千米、村道186.114千米；二级公路92.522千米、三级公路65.547千米、四级公路618.63千米、等外公路90.148千米、高速公路68.019千米。全年完成货运量271.4万吨，比上年增长4.29%；货物运输周转量32059万吨/千米，比上年增长7%。全年完成客运量85万人，比上年增长12.32%；公路客运周转量4387万人/千米，比上年增长25.61%。工业增加值272238万元，比上年增长5.7%。全社会固定资产投资比上年减少15.6%。社会消费品零售总额310177.7万元，比上年增长10.5%，其中城镇消费品零售额163308万元，比上年增长11%；乡村消费品零售额146869.7万元，增长9.9%。地方一般公共预算收入完成47130万元，同口径比上年增长14.9%，其中税收收入19753万元，减少8%；一般公共预算支出189978万元，增长13.2%。金融机构各项存款余额128.1亿元，比上年增长8.5%，其中住户存款余额104.32亿元，增长10.9%。年末金融机构各项贷款余额96.06亿元，比上年增长7.4%，其中农业贷款341265万元，比上年末增加25699万元，增长8.1%；工业贷款400847万元，比上年末增加37432万元，增长10.3%。全年实现邮政业务收入2305.33万元，比上年增长14.15%。全县已安装固定电话用户2.05万户，比上年增长9.9%；移动电话用户16.45万户，比上年增长5.3%；固定电话普及率15部/百人，移动电话普及率125部/百人。有互联网用户6.2万户，比上年净增4704户，增长8.2%。

有小学14所（含村小学9所），在校学生7505人；初中4所，在校学生4242人；职业高中1所，在校学生1448人；普通高中学校1所，在校学生2461人。全年组织申报省级项目7项，立项3项，支持资金75万元；申报市级项目3项，立项1项，支持资金15万元。有文化馆1个，文化站15个，公共图书馆1个，农家书屋96个，红军纪念馆1个。有医疗卫生机构105个，其中县级医院2个、乡级卫生院10个、个体私立医院3个；病床位1493张，其中县级医院1175张、乡级卫生院床位86张、私立医院232张；卫生技术人员1549人，其中执业医师405人、执业助理医师153人、专业护理人员638人。

【年度农业和农村经济运行】 2023年，全县农村居民人均可支配收入同比增长6.8%，其中工资性收入增长6.5%。农村居民年人均生活消费支出同比增长5.8%，其中食品烟酒支出增长9.6%，生活用品及服务支出增长7.3%，交通通信支出增长15.2%，医疗保健支出增长12%。全年农业用电量累计2964937千瓦时，同比增长8.26%。实施农村孕产妇住院分娩补助项目，孕产妇住院分娩率达100%。

【种植业】 全年粮食作物播种面积122719亩，比上年减少0.01%；油料作物播种面积24665亩，增长9.32%；中草药材种植面积13339亩，增长1.09%；蔬菜种植面积56107亩，增长0.66%。全年粮食产量44684吨，减少0.001%，其中小春粮食产量增长0.009%、大春粮食产量减少0.001%。经济作物中，油料产量2565吨，增长9.71%；蔬菜及食用菌产量69414吨，增长0.72%；茶叶产量4374吨，增长5.9%；园林水果产量2412吨，增长0.2%；中草药材产量2638吨，增长1.9%。

【畜牧业】 全年肉猪出栏101965头，增长2%；牛出栏3541头，减少0.5%；羊出栏11407只，减少1.5%；家禽出栏1349525只，增长0.2%。猪肉产量增长0.5%，牛肉产量减少0.9%，羊肉产量增长3%。禽蛋产量减少7.6%。

【农村社会保障】 全县参加基本医疗保险人数129389人，其中城乡居民医疗保险参保人数109099人。参加城乡居民基本养老保险人数56679人。全年纳入城乡低保人数4269人，其中农村低保人数4037人。农村最低生活保障标准为550元/月，比上年提高20元/月。有城乡特困人员605人，其中集中供养121人，集中供养率达20%。

【主要领导人】 县委书记：余力；县人大常委会主任：陈颖；县长：钟雪琴；县政协主席：李家顺；分管农业副县长：徐良。

天全县编写组

芦 山 县

【基本情况】 2023年，全县辖1乡6镇1个街道33个村（社区）238个村（居）民小组，辖区面积1364平方千米，其中耕地面积5.46万亩，人均耕地面积0.47亩（水田2.07万亩，占37.92%；水浇地0.013万亩，占0.24%；旱地3.37万亩，占61.84%）。芦阳街道、龙门镇、思延镇3个镇（街道）耕地面积较大，占全县耕面积的69.49%。年末总人口11.6万人（户籍人口），减少0.9%；人口出生率6.0‰，减少0.7个千分点；人口自然增长率-1.2‰，增加0.3个千分点。全县耕地有效灌溉面积和保证灌溉面积分别达到耕地总面积的85%和72%；本地水资源总量7.58亿立方米，人均占有水资源量7576.64立方米。有林地面积10.17万公顷，森林覆盖率78.23%，与上年持平。

2023年，全县实现地区生产总值68.3亿元，增长5.3%，其中第一产业增加值14.13亿元，增长4.1%；第二产业增加值22.47亿元，增长4.5%（规上工业总产值59.29亿元）；第三产业增加值31.7亿元，增长6.6%。三次产业对经济增长的贡献率分别为19.3%、25.6%和55.1%。全年接待游客337.7万人次，实现旅游综合收入25.35亿元。

公路通车里程700.56千米（其中农村公路589.8千米），密度588.1米/平方千米、60.19千米/万人。社会消费品零售总额27.75亿元，增长9.5%。地方一般公共预算收入完成3.6277元，增长20.34%；地方一般公共预算支出14.4947亿元，增长3.77%，其中农业投入4884万元，占支出的3.37%。金融机构各项存款余额68.15亿元，比上年初增长9.59%；各项贷款余额68.15亿元，比年初增长22.92%。全年农业保费收入0.058678亿元，增长2.33%；处理各项赔款和给付金额360.58万元，增长22.96%。农业产业化龙头企业省级、市级、县级分别为2家、8家、6家。

有各类学校39所，在校学生12410人，教职工1324人，其中普通中学4所，在校学生2337人；小学16所，在校学生5876人；学龄儿童入学率100%。全年获得授权专利34件，其中发明专利1件、实用新型专利23件、外观设计专利10件。申报省级科技项目1个、市级科技项目2个，到位项目资金280万元。年末高新技术企业保有量7家。加大科普知识宣传，芦山科技馆全年接待参观者1.2万人次。年末有艺术表演场所及活动广场45个、文化馆1个、文化站9个（其中省级示范乡镇综合文化站2个）、公共图书馆1个。有省级文化产业示范基地1个。有博物馆1个、文物保护管理机构1个，全国重点文物保护单位4处、省级文物保护单位9处、市级文物保护单位22处，省级非物质文化遗产名录4项、市级非物质文化遗产名录1项。有卫生机构99个（含民营机构），病床位778张，卫生技术人员754人。城乡居民医疗保险参保人数87626人，参保率96.6%。

【年度农业和农村经济运行】 2023年，全县出台了《芦山县乡村产业振兴实施方案》《芦山县乡村振兴支持政策二十三条》《芦山县支持产业发展十条措施》等规划、政策。实现农业增加值14.13亿元，增长4.1%；生猪、茶叶、冷水鱼等特色优势农产品产量保持稳定增长。农民年人均可支配收入达17687元，增长7.4%。全县主要农产品产量见表1。

【农业产业化发展】 全县坚持农业产业化、产业园区化、园区业态多元化的思路，重点围绕粮油、冷水鱼、中药材、茶叶，推广“粮食+蔬菜”“玉米+马蓝”“猕猴桃+白及”等经济作物复合种植，全

表1 2023年芦山县主要农产品产量

主要农产品	单位	产量	同比增减(%)
粮食	万吨	2.7019	1.35
水稻	万吨	0.8960	4.82
小麦	万吨	0.0278	14.70
玉米	万吨	1.6052	-0.38
马铃薯	万吨	0.0871	6.30
油菜籽	万吨	1.4670	9.70
蔬菜	万吨	3.9945	4.50
水果	万吨	0.0335	0.10
肉类	万吨	0.8862	0.50
生猪出栏	万头	8.6600	1.90
牛出栏	万头	0.2835	0.18
羊出栏	万只	0.6900	-0.72
禽蛋产量	万吨	1.0145	7.93
水产品	万吨	0.9160	3.97

年粮食作物播种面积7.77万亩，产量达2.83万吨，同比增长6%，实现粮食年产量“五连增”。大豆播种面积4894亩，产量579吨，同比增长4%；油菜播种面积1.47万亩，同比增长10%；中药材种植面积7万亩，年产量5760吨，实现产值4620万元；茶叶种植面积6.2万亩，年产量850吨，实现产值8950万元，分别较上年同期增长6.25%、4.86%。冷水鱼养殖面积达1485亩，产量815吨。完成高标准农田建设项目5000亩。完成芦山县2022年农产品产地仓储保鲜设施项目建设，建成省三星级现代农业园区（芦山县粮油现代农业园区），市星级现代农业园区（芦山县千亩冷水鱼园区）抓紧补短。全年累计发展正常经营农民专业合作社273家，其中国家级示范合作社2家、省级示范合作社15家、市级示范合作社13家；家庭农场161家，其中省级示范场17家、市级示范场34家；龙头企业16家，其中省级农业龙头企业2家、市级龙头企业8家。指导全县8个乡（镇、街道）成立乡（镇）农业社会化服务站并确定村农业社会化服务协办员名单，初步建成“县农业社会化服务中心+乡农业社会化服务站（点）+村农业社会化服务协办员”三级职责明确的农业社会化服务体系。

【农用地产权制度改革】 贯彻落实《四川省农业农村厅 四川省自然资源厅 四川省住房和城乡建设厅关于规范农村宅基地审批和住房建设管理的通知》《芦山县规范农村宅基地审批和住房建设管理实施细则》等相关政策规定，对农村村民住宅用地及房屋建设进行规范，对规划选址、设计勘察、宅基地审批、建设施工管理及竣工验收与所有权登记进行明确，全年农村宅基地申请31宗，申请面积6.11亩；审批26宗，审批面积5.13亩。全县土地流转面积6977.321亩，其中100亩以上19宗、500亩以上2宗。具体为：飞仙关镇土地流转面积608.035亩，500亩以上1宗；龙门镇土地流转面积3087.122亩，100亩以上9宗，500亩以上1宗；思延镇土地流转面积1912.49亩，100亩以上6宗；芦阳街道土地流转面积443亩，100亩以上1宗；双石镇土地流转341.264亩，100亩以上1宗；太平镇土地流转面积461.52亩，100亩以上2宗。拟定《雅安市芦山县第二轮土地承包到期后再延长30年试点工作方案》，并在龙门镇青龙场村全面铺开试点工作。

【农村集体产权制度改革】 印发农村集体产权制度改革指导性文件2个；组织召开县级培训会4次、乡（镇）级培训会5次，培训281人次；下乡开展工作督察和指导60人次。完成44个产权制度改革集体经济组织登记赋码工作，其中村级33个、组级11个，量化农村集体资产总额1.63亿元，确认组织成员10.7万人，并按照章程成立成员（代表）大会、理事会、监事会等管理机构。

【供销合作社改革】 县供销社坚持从“三农”工作大局出发，持续深化综合改革，健全为农服务体系，助力乡村振兴。成立社属企业1家，改造提升为农服务中心1个，新建为农服务中心1个，新建村级供销社1个。

【农产品品牌战略实施】 全县累计投入农产品质量安全专项经费资金22.4万元，定量检测农产品样品数量159批次（其中风险监测139批次、监督抽检20批次），监测合格率100%；农残快检2817批次，合格率100%；开展农资市场执法检查20次，检查农资经营点384个次，查处违法农资案件2件、违法畜牧案件1件、农产品质量安全案件3件，共处罚金12695元。全县1家生产主体被列入四川省重点监控名单，4家生产主体被列入县级重点监控名单。全年兑现2022年市级有机绿色奖补资金42.5万元、兑现2022年度县级有机绿色奖补资金12.3万元，指导2家绿色食品企业开展年检工作，完成3个全国名特优新农产品的年度确认和2个全国名特优新农产品新申报，全年申报“芦山甜茶”和“芦山青黛”两个全国名特优新农产品；新认证“两品一标”农产品20个（有机农产品），累计获评“两品一标”认证产品65个。

【现代农业园区建设】 芦山县粮油现代农业园区被评为省三星级现代农业园区。芦山县粮油现代农业园区位于芦山县东部，园区以水稻、玉米粮食类作物为主导产业，园区内建成以思延片区、大同片区为代表的高标准农田共计3.1万亩，占全县永久基本农田面积的51.8%，范围内主要农作物耕种收机械化率提升15%，建设种质资源培育研究基地300亩，推广种植区700亩，建立“化肥农药减量增效”示范区50亩，培育新型农业经营主体共41家，培育为农服务中心1个、全域数字农业综合农事服务中心1个、农民专业合作组织14家、家庭农场24家、龙头企业3家。园区年产粮油2万吨，占全县粮油总产量的65.7%。园区内村集体经济收入达300万元以上，比上年增长361.7%。同时，坚持以农促旅、以旅兴农、互促互进，在保证农业生产功能前提下，在青衣芸谷、大地之纹、龙兴之野植入旅游元素、强化旅游设施和功能配套，注重区域集中连片、品种色彩搭配，万亩油菜花成为新晋网红打卡点，走出了一条产业变景观、田园变公园、乡村变景区的融合发展新路子。2023年，园区乡村旅游接待游客330万人次，实现乡村旅游综合收入达24.7亿元，较上年同比分别增长8.1%、12.2%。根据《四川省“十四五”渔业发展推进方案》《雅安市冷水鱼产业发展规划（2020年—2030年）》《芦山县人民政府办公室〈关于印发芦山县农业特色产业奖补办法〉的通知》《芦山县2023年水产产业集群建设实施方案》等文件要求，立足全县特色冷水鱼养殖优势，启动千亩冷水鱼产业园建设，到2025年拟建成全省最大冷水鱼养殖基地。依托良好的生态环境和大川河、宝兴河等丰富的水源水体，因地制宜统筹规划，形成南起飞仙、北至太平，面积1100亩，覆盖全县6

个乡（镇、街道）的空间布局。打造以北部“鳟鱼+鲟鱼”、中部“鲈鱼+鳜鱼”、南部“鲟鱼+雅鱼”等特色冷水鱼品种为主的三大示范片，形成以“鱼跃龙门”为核心的“一核引领+三片协同+多点支撑”的冷水鱼产业发展格局。北部“鳟鱼+鲟鱼”示范片养殖水面334亩，年产量约1965吨，主要经营主体有羌江冷水鱼养殖专合社、蓝禾城投；中部“鲈鱼+鳜鱼”示范片养殖水面695亩，年产量约2710吨，主要经营主体有汉丰农业投资发展有限责任公司、蓝禾城投；南部“鲟鱼+雅鱼”示范片养殖水面28亩，年产量约210吨，主要经营主体有宝剑渔业有限公司、大伯生态农庄发展有限责任公司。园区建成后，全县养殖水面将达1000亩，将实现年产值114560万元。园区集水产繁育、养殖、加工、科研、旅游于一体，成为带动芦山县水产养殖业发展的新技术试验示范基地、优质种苗繁育基地、先进适用技术培训基地、水产信息与科技服务基地，为芦山县农业结构战略性调整发挥带动作用。

【种植业】 全年粮食作物播种面积7.43万亩，总产量2.7万吨；油料作物播种面积1.52万亩，产量0.21万吨，创建为省三星级现代农业园区。蔬菜种植面积3.9万亩，产量5.4万吨；水果种植面积0.35万亩，产量1465吨；茶叶种植面积6.2万亩，投产面积4.8万亩，产量850吨，芦山甜茶入选全国名特优新农产品名录；中药材种植面积7万亩（含木本药材），产量5760吨。“芦山青黛”入选全国名特优新农产品名录。

【林竹产业】 全县围绕中药材现代林竹产业园区建设发展林竹产业，芦山县中药材现代林竹产业园区位于大川镇小河村，东与成都市邛崃市接壤，南与大川镇三江村交界，西到大川镇三江村交界，北与成都市大邑县接壤。小河村辖区面积85平方千米，辖10个村民小组，有人口1918人，有林地面积55770亩，种植厚朴10000亩、柳杉25000亩，林下套种中草药2000亩。园区规划种植区面积5000亩（通过抚育厚朴提升林分质量），其中林下套种中草药1000亩；加工区建设中药材加工厂2000平方米。通过现代林竹产业园区创建带动大川镇其他村发展厚朴、黄柏种植10000亩，林下套种中药材5000亩。

【畜牧业】 全年生猪出栏8.6635万头，比上年增长1.9%；生猪存栏5.12万头；牛存栏4326头；羊存栏3961只；家禽存栏185万羽、出栏103.8万只。禽蛋产量10145吨。畜禽粪污资源化综合利用率达90%以上。

【水产业】 全县水产养殖以冷水鱼为主，其中又以鳟鱼、雅鱼、鲟鱼和鲈鱼为主要养殖品种，同时发展休闲农业，探索“鱼+旅”发展路径。全年水产养殖面积90公顷，水产品产量916吨，主要分布在大川镇、双石镇、龙门镇。

【乡村振兴】 出台《芦山县乡村振兴三年行动方案》（2023—2025年），制定全省首个木姜叶柯（芦山甜茶）种植技术地方性标准，芦山青黛、芦山甜茶新入选全国名特优新农产品，并创建为省三星级粮油现代农业园区；青龙场村获评省级乡村旅游重点村，禾茂田园争取为省级田园综合体试点，龙门镇获评“省级百强中心镇”，飞仙村、古城村入选中国传统村落名录。建成大熊猫国家公园芦山科普教育中心，开发生态体验线路5条。完成营造林1.4万亩，发展现代竹产业基地4.2万亩，创建为省级现代竹产业基地；新培育“百万村（社区）”2个，大河村、古城村创建为省级乡村振兴示范村，飞仙关镇创建为市级乡村振兴先进镇，大河村、双河村创建为市级乡村振兴示范村。

【乡村旅游】 全县以农文旅融合为核心，按照“农旅融合、产村相融、一三产业互动发展”思路和农业园区、农村社区、乡村景区“三区合一”建设思路，带动多元融合的集体经济发展。以芦山县粮油现代农业园区为例，在保证农业生产功能前提下，在青衣芸谷、“大地之纹”、“龙兴之野”植入旅游元素、加强旅游设施和功能配套，注重区域集中连片、品种色彩搭配，五彩油菜花、万亩稻浪等成为新晋网红打卡点，将芦山县粮油现代农业园区打造为芦山农文旅融合发展新高地。全年园区乡村旅游接待游客330万人次，实现乡村旅游综合收入24.7亿元，较上年同比分别增长8.1%、12.2%。

【农村水利】 全年实施各类水利项目7个，新建和整治防洪堤8.5千米，整治河道19.8千米；新建姜城湖拦河闸1道，整治渠道27.7千米；改造延伸输配主水管150千米，改（扩）建水厂1个，完成投资3.44亿元。项目实施后，确保了1.1万人安全度汛，改善灌溉面积4.57万亩，改善4.8万人饮水安全问题。

【农业机械化】 全县农业机械总动力为17.14万千瓦，主要农作物综合机械化率达62.34%，其中小麦耕种收综合机械化率为58.84%、水稻耕种收综合机械化率为84.64%、油菜耕种收综合机械化率为69.67%。全县农作物机收面积4.01万亩，所有作物耕种收综合机械化率为43.26%，主要农作物耕种收机械化率为62.34%，其中水稻1.79万亩，机收水平达91.98%；油菜1.47万亩，机收水平达59.85%；小麦0.15万亩，机收水平达57.9%。全县实施农机购置补贴205户，申请购机217台，补贴资金24.9106万元，全部实现兑付，资金结算率达100%，并全部实现社保“一卡通”发放。

【农村科技】 全县实现行政村4G网络和益农信息社建设全覆盖，全域数字农业服务中心工程数据处理中心平台已完成搭建；建成农业面源污染在线监测数据管理平台；依托芦山县农业技术培训中心建成“四川科技兴村在线芦山运管中心”，入库专家102人，入库信息员313人，全天开展线上农技服务，全年答复线上农业科技咨询1219条。全年新增病虫害监测系统站点11个，新增农林生态远程实时监测系统11套、农林小气候信息采集系统11套、虫情自动采集系统11套、孢子自动捕捉系统4套、高空测报灯1套、虫情性诱测报仪3套，新安装农林生态远程监测仪1台、太阳能风吸式杀虫灯158台、稻水象甲测报仪5台、远程物联网杀虫灯25台。全年组织3名基层农技人员参加四川省2023年度基层农技人员省级骨干培训，组织52名基层农技人员参加2023年雅安市基层农技人员知识更新培训；招募特聘农技员5名，建立农业科技示范基地2个，认证农业科技示范主体2个。

【农村教育】 建立残疾儿童入学情况台账，核查残疾儿童62人，其中随班就读38人、"送教上门" 18人、特殊教育学校就读6人。与县民政局对接，核查事实无人抚养儿童入学信息，建立入学信息台账，义务教育阶段残疾儿童、事实无人抚养儿童少年入学率达100%。设置心理咨询室19个，并逐步完善设备设施；配置心理健康兼任教师19名，在四年级以上班级中设立心理健康委员2名；组织心理团队教师到4所学校开展心理健康教育讲座6次，覆盖师生1000余人次，辅导个案100余人次，避免学生因心理问题而辍学。组织1100余名中小学、幼儿园教师参加2023年暑期教师研修学习，组织78名校长、中层干部、名师工作室主持人、专家成员、骨干教师到北京师范大学进行为期一周的能力提升培训，提高教师教育教学能力。

编制"6·1"芦山地震学校灾后恢复重建规划，将芦山县学校恢复重建项目（含全县学校维系加固项目）列入雅安市"6·1"芦山地震20个重大灾后恢复重建项目库。完成"6·1"地震灾后恢复重建6个项目（芦山县太平中学、芦山县芦阳镇第三小学、芦山县龙门晨阳希望学校、芦山县大川中心校、芦山县宝盛中心校、芦山县双石中心校）、芦山县隆兴中心校、芦山县飞仙关镇中心小学校附属幼儿园建设项目，已全面完工并投入使用，改善了各学校校舍、运动场地、教学设备、附属设施等教育教学条件。截至2023年年底，全县各级各类学校占地面积达509365.61平方米，其中教学用房面积193303.29平方米、运动场地面积140392.45平方米；体育场（馆）面积达标数45所，共有教室521间，其中多媒体教室335间。

【农村文化】 全县有艺术表演场所45个（包含活动广场）、文化馆1个（分馆9个）、文化站9个、文化室33个、公共图书馆1个（分馆11个）、农家书屋34个。全县109支村级文艺队依托有形的镇综合文化站和村文化活动室，以活动为载体，利用春节、端午节、中秋节、重阳节等传统节日开展文化活动，先后组织开展雅安市2023年"我们的节日・中秋"暨第六届"八月彩楼会"系列民俗活动、2023年雅安市第二届乡村文化艺术季暨第三届乡村文化振兴魅力竞演雅安赛区展演活动、"百人赏月诵中秋"音乐会等大型乡村文化推广活动，协助开展2023年迎新春文艺演出、太平镇栗子坪重建新居入住仪式、"乐和姜城　清凉一夏"文艺表演、芦山县2023年祭孔仪式观灯猜谜活动、"我们的节目・重阳"芦山县九九重阳节活动等，共计开展各类文化活动90余场次。

【农村卫生】 全年完成8处"千村示范"污水处理项目，全县县域行政村污水治理率达81%；全县8个乡（镇、街道）、30个村（社区）全覆盖启动垃圾分类工作，垃圾治理率达100%。全年完成3个农村"厕所革命"整村推进行政村，新（改）建无害化卫生厕所606户，卫生厕所普及率达96.27%。建成芦阳街道大同村污水处理系统。常态化推进村庄清洁行动和农业面源污染治理，农业面源污染治理率、粪污资源化利用率均达90%以上。全县空气质量优良天数达347天，优良天数达标率达95.1%。集中式饮用水水源地水质达标率保持100%，水环境质量保持在Ⅱ类以上。

【农村法制建设】 全县共建成县级公共法律服务中心1个、公共法律服务站8个、村（居）公共法律服务室33个，为全县33个村（社区）安排执业律师和基层法律服务工作者担任村（社区）法律顾问，打通法律服务"最后一公里"。结合乡村振兴、灾后重建、法治教育培训等工作，在飞仙关镇凤禾村、龙门镇青龙场村、太平镇大河村等地打造以融合习近平法治思想、《中华人民共和国宪法》、《中华人民共和国民法典》、村规民约等内容的法治文化阵地，芦阳街道先锋社区被命名为省级民主法治示范村（社区）。全年培育"法律明白人"449人，实现村（居）民小组或居民楼栋"法律明白人"全覆盖。全年组织乡（镇、街道）、执法部门开展行政执法专题培训，分别是学习贯彻习近平法治思想暨强化行政执法能力建设专题培训（为期3天）3期、芦山县2023年度依法行政专题培训、芦山县2023年法治政府建设工作会暨《中华人民共和国行政复议法》培训，共培训110人。

【农村交通】 全年完成公路货运量120.1万吨，比上年增长4.2%；货运周转量14184万吨/千米，增长6.9%。完成公路客运量51万人，增长12.1%；客运周转量2671万人/千米，增长25.6%；完成公路运输总周转量14451万吨/千米，增长7.2%。

【农村社会保障】 全县城乡居民养老保险参保人数76082人，新增参保人数2257人；征收基金2117.03万元，发放城乡居民养老保险143502人次191.01万元。全年为符合代缴条件的困难群众代缴2023年城乡居民养老保险43.04万元，其中代缴低保对象1620人，特困人员129人，重残一、二级人员144人，独生子女伤残12人；县财政下拨经费为已脱贫人员2399人代缴2023年城乡居民养老保险个人代缴费用。

【农村生态建设及环境保护】 全县农业面源污染治理投入资金10541万元，实施畜禽粪污资源化利用、农田面源污染治理、农业废弃物回收利用及农业面源污染在线监测系统等项目，新建畜禽粪污储蓄池40座16000立方米，铺设管道约15.6万米，增加消纳面积2.8万亩，惠及专业养殖户50户，辐射带动发展茶叶（白茶）、中药材等产业5万亩；全县畜禽养殖粪污综合利用率达90%以上，化肥农药利用率达40%以上，农膜及农药包装废弃物回收利率达86%。统筹推进水土流失综合治理、河道综合整治等生态修复工程，治理水土流失面积20.8平方千米。推进大熊猫国家公园范围内小水电清退和矿权退出工作，改善大熊猫栖息地生态环境人工林5000亩。建成大熊猫国家公园芦山科普教育中心，开发生态体验线路5条。推动林草产业基地建设，完成营造林1.4万亩，发展现代竹产业基地4.2万亩，创建为省级现代竹产业基地。

【农产品质量安全监管】 全县累计投入农产品质量安全专项经费资金22.4万元，在全县8个乡（镇、街道）上墙农产品质量安全网格化管理责任图，全覆盖设立承诺达标合格证自助服务点，全县各大农兽药经营门店、种养殖基地和合作社等主体禁限用药物清单和常规用药使用残留限量规定上墙率和知晓率达100%；定量检测农产品样品159批次，其中风险监测139批次、监督抽检20批次，监测合格率100%；农残快检2817批次，合格率100%；开展农资市场执法检查20次，检查农资经营点384个次，查处违法农资案件2件、违法畜牧案件1件、农产品质量安全案件3件，共处罚金12695元。全县1家生产主体被列入四川省重点监控名单，4家生产主体被列入县级重点监控名单。

【主要领导人】 县委书记：杨俊；县人大常委会主任：高永洪；县长：杨俊；县政协主席：朱文华；分管农业副县长：熊碧波。

芦山县编写组

宝 兴 县

【基本情况】 2023年，全县辖3镇4乡35个村3个社区，辖区面积3114平方千米。年末常住人口4.8万人，其中城镇人口2.17万人、乡村人口2.63万人，常住人口城镇化率45.2%。年末户籍总户数20719户，户籍总人口56392人。全年出生人口346人，人口出生率6.14‰；死亡人口240人，人口死亡率4.26‰；人口自然增长率1.88‰。实有森林管护面积440.75万亩，森林覆盖率71.39%。

2023年，全县实现地区生产总值508861万元，按照可比价格计算，比上年增长6.9%，其中第一产业增加值84499万元，增长4.1%，对经济增长的贡献率为11%，拉动地区生产总值0.7个百分点；第二产业增加值219815万元，增长8%，对经济增长的贡献率为50.1%，拉动地区生产总值3.5个百分点；第三产业增加值204547万元，增长7.2%，对经济增长的贡献率为38.9%，拉动地区生产总值2.7个百分点。按照常住人口计算，人均国内生产总值106013元，增长6.9%。三次产业结构比由上年的17.7 ： 43.1 ： 39.2调整为16.6 ： 43.2 ： 40.2。

公路总里程644千米，其中等级公路599千米。全年完成公路客运周转量2911万人/千米，增长34%；公路货运周转量13964万吨/千米，增长6.4%。工业增加值201252万元，增长7.4%，对经济增长的贡献率为46.7%。社会消费品零售总额119418万元，增长9.7%，其中城镇零售总额83908万元，增长9.5%；乡村零售总额35510万元，增长10%。地方一般公共预算收入完成8.65亿元，增长13.9%，其中各项税收收入5.57亿元，减少1.3%。地方一般公共预算支出16.62亿元，增长7.9%，其中农林水事务支出2.35亿元、卫生健康支出0.91亿元、教育支出1.1亿元。年末金融机构人民币各项存款余额55.65亿元，增长9.8%，其中住户储蓄存款余额36.05亿元，增长14%；年末金融机构人民币各项贷款余额41.97亿元，增长12.1%。

有小学4所，在校学生2473人，专任教师310人；普通中学4所，在校学生1449人，专任教师196人；幼儿园8所，在园幼儿1233人。全年专利授权量35件，其中发明专利授权量2件。有效发明专利17件，每万人发明专利拥有量3.4件，增长0.4%。有剧场、影剧院1个，文化馆1个，体育场馆4个，乡（镇）综合文化站7个，公共图书馆1个，农家书屋35个。有省级文物保护单位5处，市、县级文物保护单位35处。有博物馆（纪念馆）2个，文物保护管理机构1个。广播电视覆盖率100%，电视综合覆盖率100%。有医疗卫生机构50个（含医院2个、疾控中心1个、妇计中心1个、卫生院7个、村卫生室30个、诊所9个），病床位200张，医疗卫生技术人员376人（执业医师和执业助理医师146人、注册护士121人）。全年医疗机构总诊疗人次147588人次，其中基层医疗机构诊疗52624人次。全县无甲类法定传染病发病、死亡报告，乙丙类法定传染病发病10种2566例。

【年度农业和农村经济运行】 2023年，全县实现农林牧渔业总产值131072万元，增长4.1%。农村居民年人均生活消费支出增长6.8%，其中食品烟酒支出增长6.5%。全年完成营造林面积0.68万亩。全年水产品产量288吨，同比增长12.5%，均为淡水养殖产量。年末有效灌溉面积550公顷。全年新增综合治理水土流失面积19平方千米。全年巩固提升农村饮水人口8492人。年末农业机械总动力达10万千瓦。

【种植业】 全县农作物总播种面积18.2万亩，其中粮食作物播种面积8.3万亩（夏粮播种面积2.8万亩、秋粮播种面积5.5万亩）、经济作物播种面积9.9万亩（油料作物播种面积0.3万亩、中药材种植面积6.5万亩、蔬菜种植面积2.8万亩）。全年粮食总产量2.37万吨，其中夏粮产量0.63万吨、秋粮产量1.74万吨。经济作物中，油料产量0.03万吨，蔬菜及食用菌产量2.28万吨，茶叶产量0.09万吨，园林水果产量0.19万吨，药材产量0.91万吨。

【畜牧业】 全年生猪出栏54511头，增长1.9%；牛出栏15791头，增长1.6%；羊出栏23404只，减少0.7%；家禽出栏69855只，增长3.1%。年末生猪存栏30665头，减少16.1%，其中能繁母猪存栏3400头，减少3.1%；牛存栏26923头，减少18.3%；羊存栏15986只，减少6.8%。禽蛋产量694吨，增长3%。

【农村教育】 全县实现义务教育全免费，全年共免除学杂费、教科书费、作业本费3922人次，发放义务教育阶段贫困学生生活补助920人次；农村义务教育学生营养改善计划覆盖6620人次，减免学前教育保教费2872人次；为家庭困难普通高中生发放助学金442人次，免除家庭经济困难普通高中生学费442人次；为中等职业学校家庭经济困难学生发放生活特别资助金53人，为普通高校家庭经济困难学生发放生活特别资助金36人。

【农村社会保障】 全县基本养老保险覆盖人数40378人，其中城乡居民基本养老保险覆盖18270人；基本医疗保险覆盖51199人，其中城乡居民基本医疗保险覆盖40426人。全县有农村居民最低生活保障人数2486人、农村特困救助人数279人，农村居民最低生活保障标准为6600元/人/年，农村特困人员供养标准为9768元/人/年。全县有提供住宿的民政服务机构1个、床位216张。

【主要领导人】 县委书记：罗显泽；县人大常委会主任：明登英；县长：王惠明；县政协主席：朱和超；分管农业副县长：李智宽。

宝兴县编写组

荥经县

【基本情况】 2023年，全县辖7乡7镇1个街道，辖区面积1777.08平方千米，其中耕地面积3.97万亩，比上年增长1.5%，人均耕地面积0.28亩；基本农田2.84万亩。年末总人口14.4139万人（户籍人口），减少0.43%；人口出生率4.98‰，下降1.37个千分点；人口自然增长率-2.15‰，增加0.88个千分点。本地水资源总量22.92亿立方米，人均占有水资源量17630立方米。有林地面积160075.1634万公顷，活立木总蓄积量1339万立方米，森林覆盖率80.22%。

2023年，全县实现地区生产总值90.99亿元，增长4%，其中第一产业增加值16.19亿元，增长4.4%，农、林、牧、渔及农林牧渔服务业之比为62.5∶14.3∶30.1∶1.4∶1.7；第二产业增加值24.37亿元，减少1%（工业产值26.61亿元，减少51.4%）；第三产业增加值50.42亿元，增长6.7%。三次产业对经济增长的贡献率分别为21.6%、-7.6%和86%。转移就业3.8万人，劳务收入10.9亿元。全年接待游客754.1万人，实现旅游收入74.01亿元。

公路通车里程713.616千米（其中乡村公路501.769千米），密度4006.8米/平方千米。社会消费品零售总额32.71亿元，增长6.5%。地方公共财政预算总收入完成8.0111亿元，增长30.27%；公共财政预算总支出20.1429亿元，增长21.4%，其中农业投入31593万元，占支出的15.68%。金融机构各项存款余额209.61亿元，同比增加22.01亿元，同比增长11.73%；各项贷款余额74.35亿元，同比增加8.62亿元，同比增长13.11%，其中支持农业产业化发展项目贷款8.1亿元。农业产业化龙头企业省级、市级分别为3家、12家。

有各类学校33所，在校学生16694人，教职工1353人，其中普通中学2所，在校学生2752人；小学11所，在校学生7285人；学龄儿童入学率100%。有艺术表演团体18个，文化馆1个，公共图书馆1个，博物馆2个。有卫生机构116个，病床位794张，卫生技术人员1122人。城乡居民养老保险参保人数35459人；被征地农民养老保险参保人数29961人，占总人数的50.28%。

【年度农业和农村经济运行】 2023年，全县实现农业总产值26.27亿元，增长4.4%；全县全年农业增加值达16.46亿元，增长4.4%。农民年人均可支配收入达18810元，增长7.1%。全年新增农业产业信贷担保贷款4笔，实际发放贷款420万元。全县主要农产品产量见表1。

【农业产业化发展】 实施新型农业经营主体培育工程，发放财政扶持资金141.3421万元。新认定县级示范社4家，新工商注册农民专业合作社10家。新认定市级示范场11家、县级示范场7家，引导农户新工商注册家庭农场36家。市级以上龙头企业监测合格9家，新认定3家。

【农用地产权制度改革】 承包地“三权分置”改革成效初步显现，土地经营权不断放活。截至2023年年底，全县累计流转农村土地承包经营权4582亩，增加农

表1　2023年荥经县主要农产品产量

主要农产品	单位	产量	同比增减(%)
粮食	万吨	3.6200	-1.11
水稻	万吨	1.6300	0.61
玉米	万吨	1.9000	-3.40
马铃薯	万吨	0.0300	0.03
油菜籽	万吨	0.3070	9.88
蔬菜	万吨	4.7200	3.07
水果	万吨	0.4090	8.03
肉类	万吨	1.2420	127.32
猪肉	万吨	0.5271	-2.10
牛肉	万吨	0.0717	-1.20
羊肉	万吨	0.0204	-3.30
禽肉	万吨	0.0665	0.20
兔肉	万吨	0.2835	41.00
禽蛋	万吨	0.1835	4.60
水产品	万吨	0.0752	100.00
牛奶	万吨	0.0141	-11.88

民财产性收入约274.92万元，促进粮油、果蔬、茶叶等农业产业适度规模经营。

【农村集体产权制度改革】 农村集体产权制度改革成效初步显现，2023年，全县培育出“百万村”8个，全面消除收入10万元以下收入村，实现村级集体经济总收入3792.42万元，村均总收入59.25万元；村级集体经济总纯收入1742.59万元，村均纯收入27.23万元。

【供销合作社改革】 以荥经县供销经营有限公司为主体，联合庙岗村、岗家山村等5个村集体经济公司组建严道街道供销公司，成立严道街道供销合作社，通过入户收购、定点收购等方式购销全县农特产品。申报“清雅云供”产品商标，通过“线上+线下”等多种模式销售荥经农特产品。新建荥经县荥河镇、严道街道2个为农服务中心，全县共有6个为农服务中心。以新添、宝峰等为农服务中心为依托，组建专业茶园综合管理队伍，开展农资供应、茶园机剪、机采等农业社会化服务面积13000余亩。

【农产品品牌战略实施】 制定出台《荥经县绿色（有机）生产基地及产品认证奖补实施办法》，支持农业品牌培育发展壮大。实施产品生产基地质量提升、企业品牌转型升级、包装标识专项治理等行动，推进“公域品牌+企业品牌+行业品牌”共同发展，以“品牌培优+品质提升+品牌推介”新模式赋能品牌效能最大化。开展藏茶重走茶马古道、仁真杜吉重回布达拉宫等推介活动。授权使用“天府龙芽”企业4家，入驻“天润雅安”主体8家。“荥字号”品牌“瓦山笋”入选中国农业品牌目录名单。荥经县被列入第二十九批全国绿色食品原料标准化生产基地创建单位名单，基地创建面积6603.5公顷。

【现代农业园区建设】 推进现代农业园区建设，已建成现代农业园区5个，其中省级现代农业园区1个、市级现代农业园区2个、县级现代农业园区2个。新命名县级农业园区荥经县鲟鱼（鱼子酱）现代农业园区，并创建为市三星级现代农业园区。

【种植业】 实施粮食和大豆生产项目，完成“非粮化”农业种植园地腾退种粮480亩、标准化大豆玉米带状复合种植示范片200余亩，扩种大豆5000余亩，建成粮经统筹示范片1500余亩。优化改造提升低产低效茶园7500亩，开展茶园病虫害统防统治7500亩次。全年完成农作物秸秆肥料化2.25万吨、饲料化0.83万吨，全县秸秆综合利用率达93.37%。

【林业】 全年完成营造林任务3.475万亩，全县森林覆盖率持续保持在80.3%。天然林生态修复工程建设持续推进，有效管护国有森林面积134.6万亩，9.55万亩退耕还林成果得到巩固提升，新一轮退耕还林政策补助资金兑付率达100%。云峰山古桢楠被全国绿化委员会评为全国最美10株楠树，县烈士陵园古桢楠被雅安市绿化委员会评为雅安市最美十大古树，荥经县珙桐群被评为雅安市十大珍稀植物群落。荥经县珙桐、桢楠省级林木种质资源库被认定为第三批省级林木种质资源库。

【畜牧业】 全年建成生猪标准化规模养殖场12个，其中省级畜禽标准化示范场3个。全年生猪出栏7.1万头，同比增长2%；牛出栏5830头，同比增长2.3%；羊出栏1.0299万只，同比减少1.6%；家禽出栏33.4463万羽，同比增长0.4%。禽蛋产量1835吨，同比增长4.6%。

【水产业】 全县有可养殖水库6座，水产养殖面积19公顷。全年放养水面285亩、池塘165亩，养殖淡水鱼苗160万尾，水产品总产量752吨；主要养殖品种产量736吨，其中鲟鱼500吨、鲤鱼141吨、草鱼57吨、鲑鱼28吨、鲈鱼10吨。有渔业户80户、渔业人口419人、渔业从业人员142人。

【乡村振兴】 全县创建为2023年度省级乡村振兴先进县，宝峰彝族乡田坝村被评为第三批全国乡村治理示范乡镇，龙苍沟镇万年村被评为2023年中国美丽休闲乡村，五宪镇阳春坝村、青龙镇柏香村创建为省级乡村振兴示范村，严道街道创建为四川省第三批乡村治理示范村镇。

【乡村旅游】 打造龙苍沟镇周坪熊猫民宿集群，提升鸽子花客栈、水墨花溪民宿，鲟缘民宿、崃麓村茶马古道民宿呈现乡村特色新貌。打造提升桐野营地，大熊猫国家公园南入口片区自然教育和生态体验建设成效突显，云峰栖谷、牛背山镇片区综合开发项目、貊貊会客厅加快建设，丰富荥经文旅产业集群。牛背山露营追星、云峰山冥想禅修、貊貊家园康养度假、探秘学校邂逅国宝等新业态深受游客追捧。夜游博物馆沉浸式体验活动"一梦千年"、黑砂艺术村"黑砂+黑茶、+美食、+音乐剧、+文创"沉浸式文化体验形式诠释了千年黑砂文化，打造集展示和体验于一体的荥窑艺术馆、沉浸式非遗黑砂宴又见古窑、亲子体验非遗手工作坊，形成全新产业生态系统。

【农村水利】 争取资金17.54万元用于部分农村集中供水工程的提升改造，解决安靖乡崃麓村，严道街道烈太村(6组)、双汇村(3、4、5组)，荥河镇紫炉村(5、7、8组)、烈士村(5、7组)、王家村(5、7组)共3个乡(镇)6个村2298人饮水安全问题。

【农业机械化】 全年共补贴农机具214台，受益农户26户，补贴资金21.9638万元。全县农机总动力达18.31万千瓦，新增总动力500千瓦，有农业机械9500余台(套)。全年完成机耕作业面积12.3万亩、机播面积4.5万亩、机械收割面积5.5万亩，主要农作物耕种收综合机械化水平达60.77%，农业机械化水平同比增长1.55%。

【农村科技】 组建县级农业科技服务队和乡(镇)农业技术服务小分队、农业科技特派员服务团，共进村服务1500余人次，服务农户6000余户次；推介发布30项农业主推技术；依托新型农业经营主体，培育农业科技示范基地3个、农业科技示范主体3个。

【农村教育】 开展农业知识线上技术培训18次、线下技术培训12次；加强2022年高素质农民培训后续跟踪服务，组织其进行观摩实训，并参加电商、玉米高产高效栽培技术等网络视频学习；开展2023年度高素质农民培育工作，培育高素质农民84人，其中县级培训82人；优选2名新型农业经营主体参加省级农业产业领军人才。县级培训专业生产型学员50人、经营管理型学员32人。实施乡村产业振兴带头人培育"头雁"项目，新培育"头雁"带头人3名。

【农村卫生】 推动县域紧密型医共体建设，花滩镇中心卫生院县域医疗卫生次中心项目通过省级验收，实现全县所有行政村卫生室全覆盖。基本公共卫生服务拨款人口数量13.1万人。全县实际建立电子健康档案人数12.7896万人，电子建档率为97.63%，档案动态使用率为70.37%，规范化覆盖率为75.48%。开展老年人体检1.5275万人，接受健康管理的老年人1.5074万人，老年人健康体检率为66.97%，老年人健康管理率为66.09%。

【农村法制建设】 全县71个村(社区)已全部配备法律顾问，通过开展法律咨询、法治宣传、法律援助、人民调解等工作，让群众在享受优质法律服务过程中增强法律意识，培养法治思维，引导群众通过合法途径表达利益诉求，从源头上预防和化解矛盾纠纷。全年备案登记各类人民调解组织94个，其中乡(镇)调解委员会12个，村级调解委员会71个，行业性、专业性调解委员会11个。

【农村交通】 全年新(改)建农村公路94.25千米，所有乡(镇、街道)、建制村硬化路和客车双通率为100%，铺装路面养护覆盖率、路政管理覆盖率、农村物流覆盖率均为100%，自然村(组)道路通车覆盖率97.6%。对撤并建制村新老村委会之间的直连道路进行改(扩)建，路基宽4.5米，为水泥路面，建设里程51.9千米。对通往30户及以上村民小组的道路进行新(改)建，路基宽4.5米，为水泥路面，建设里程5.8千米。"9·5"泸定地震荥经县受损一般农村公路恢复重建工程建设总里程10.53千米。

【涉农招商引资】 全县有3000万元以上的农业招商引资重大项目4个，均为内资项目，分别与上年持平和比上年增长33%；项目总投资6.84亿元，比上年增长14.5%。协议资金48400万元，增长0.8%，完成全年任务的121%；到位资金41015万元，与上年持平，完成年度任务的102%。

【农村社会保障】 全年城乡居民养老保险新增参保人数553人，参保总人数达35459人，其中参保缴费26238人，待遇领取9221人；调整城乡居民养老保险基础养老金水平，达133元/月。征收城乡居民养老保险保费3554.79万元，其中政府代缴35.27万元，城乡居民养老保险待遇支出1642.6万元。全县被征地农民养老保险参保人数共计29961人，占总人数的50.28%。

【农村生态建设及环境保护】 全年共投入资金196万元，用于全县农村环境综合整治，其中投入资金106万元完成全县4个行政村农村生活污水治理，农村生活污水有效治理率达60%以上，加快完成上级下达的目标任务；投入资金90万元用于17台有动力集中式一体化污水处理设施的运行维护，确保农村生活污水达标排放，槐子坝出境断面水质长期维持在Ⅱ类及以上。

【农产品质量安全监管】 编制发布《精制藏茶严道古茶》(T/FDSA037-2023)团体标准，荥经茶叶团体标准达5项，集成应用各类农产品标准达52个。实施农产品全产业链质量安全自律控制示范15家、全程质量控制技术体系(CAQS-GAP)32家、良好农业规范(GAP)认证15家，新增农产品精深加工企业

4家、危害分析与关键控制点(HACCP)体系认证2家。全县130家农产品生产主体全部被纳入国家农产品质量安全追溯平台管理，开具食用农产品合格证46699张，附带合格证上市的农产品166.8吨，实现45类农产品“赋码上市”。完成农产品风险监测443个，合格率达99%以上。荥经县入选全国第一批农业高质量发展名单，建成国家现代农业（茶叶）全产业链标准化示范基地3个。新添镇被农业农村部农产品质量安全监管司确定为基层农产品质量安全网格化监管服务典范。

【农村留守家庭（儿童、学生）帮扶】 成立荥经县困境儿童和农村留守儿童结对帮扶专班，印发《荥经县困境儿童和农村留守儿童关爱结对帮扶工作方案》，在有关部门和社会力量的配合下，通过定期帮扶、跟踪回访，帮助解决农村留守儿童和困境儿童的实际困难，全县227名农村留守儿童和困境儿童建档率达100%、帮扶率达100%，留守儿童入学率达100%。

【劳务开发与返乡创业】 全县有返乡创业农民工495人，创办市场主体495家，实现总产值0.4544亿元；吸纳就业506人，农民工累计转移就业3.806万人，实现劳务收入10.9亿元。为26名自主创业人员、7家小微企业发放创业担保贷款2650万元，带动就业250人。为8名高校毕业生、14名返乡创业农民工发放创业补贴22万元。全年组织开展线上线下招聘会48场，县内外2809家企业提供3.15万个岗位，4724人登记求职，1665人达成就业意向。

【主要领导人】 县委书记：古玉军；县人大常委会主任：柯国富；县长：饶熹；县政协主席：任文华；分管农业副县长：胡嘉。

荥经县编写组

汉　源　县

【基本情况】 2023年，全县辖21个乡（镇）123个村（社区），辖区面积2382平方千米。年末户籍总人口314822人，比上年减少0.36%，其中男性161398人、女性153424人，男女性别比105∶100。总户数107255户，减少0.23%。全年出生人口2188人，人口出生率6.95%；死亡人口2303人，人口死亡率7.32%；人口自然增长率-0.37%。年末常住人口28.4万人，其中城镇人口12.75万人（用城镇化率推算），人口城镇化率44.9%，比上年提高0.9个百分点。

2023年，全县实现地区生产总值1552906万元，同比增长6%，其中第一产业增加值309881万元，同比增长4.6%，拉动经济增长1.1%；第二产业增加值474750万元，同比增长6.2%，拉动经济增长1.8%；第三产业增加值768275万元，同比增长6.5%，拉动经济增长3.1%。一二三次产业对经济增长的贡献率分别为18.4%、30.1%、51.5%。人均地区生产总值54584元，增长6.2%。三次产业结构比为20∶30.5∶49.5。全年接待国内游客652.98万人次，同比增长3.2%；实现旅游综合收入62.02亿元，增长3.1%。

全年完成货运量1004.1万吨，同比增长4.2%；完成货运周转量118621万吨/千米，同比增长6.9%。全年完成客运量81万人，同比增长26.8%；完成客运周转量4223万人/千米，同比减少41.6%。全年规模以上工业增加值同比增长2%，工业对经济增长的贡献率达27.2%。全社会固定资产投资同比增长6.3%。社会消费品零售总额506064万元，同比增长9.9%，其中城镇零售额429707万元，增长9.8%；乡村零售额76357万元，增长10.1%。全年地方一般公共预算收入完成125864万元，同比增长39%，其中税收收入81365万元，同比增长14.3%；地方一般公共预算支出217150万元，同比增长4.7%。年末全社会金融机构各项存款余额2388263万元，同比增长12.7%；全社会金融机构各项贷款余额1566050万元，同比增长16.8%；金融机构存贷款比为65.6%，比上年提高2.3个百分点。年末城乡居民储蓄余额1998689万元，增长14%；人均储蓄余额70376元，比上年增加8855元，增长14.4%。全年完成邮政业务总量4800万元，同比增长8.7%；电信业务总量11073.76万元，同比增长15.1%；主要通信公司年末电信主营业务收入23981万元，同比增长13.5%。年末固定电话用户47064户，同比减少0.1%；移动电话用户345388户，同比减少0.3%；互联网宽带接入用户121130户，同比增长7.7%。

有小学25所、教学点12个，在校学生17965人，学龄儿童入学率100%；普通中学8所，在校学生13173人；职业中学1所，在校学生2110人；全部专任教师3089人。有幼儿园89所，在园幼儿11027人，教职工1329人。完成各类专利申请107项，其中发明专利8项。省、市科技项目立项3项，到位资金136万元。有文化馆1个，文化站30个，公共图书馆1个，社区书屋8个，农家书屋115个。有有线电视用户4.76万户，广播综合人口覆盖率100%，电视综合人口覆盖率100%。有卫生机构265个，其中医院5个、乡（镇）卫生院22个；病床位1927张；卫生技术人员1937人，其中执业医师631人、助理医师153人、注册护士806人。

【年度农业和农村经济运行】 2023年，全县实现农林牧渔业总产值471773万元，同比增长4.6%。全年农村居民年人均可支配收入达17907元，增长7.2%，其中经营净收入8982元，增长7.1%。农民年人均生活消费支出达13136元，比上年增长6.8%，其中医疗保健消费支出增长5.4%；交通通信消费支出增长6.5%；生活用品及服务消费支出增长7.1%。农村居民恩格尔系数为35%。有农业机械总动力24.4万千瓦，同比增长0.5%；农用化肥施用量（折纯）13012吨，同比减少0.04%。

【种植业】 全年粮食作物播种面积300802亩，同比减少0.5%。粮食总产量95226吨，同比增长2.3%，其中稻谷产量20637吨，减少2.6%；玉米产量46092吨，增长4.1%；红薯产量3133吨，增长2%；马铃薯产量21691吨，增长3.9%。油料产量739吨，增长5.4%；蔬菜及食用菌产量240658吨，增长4.6%；花椒产量7131吨，增长29.4%；核桃产量3520吨，增长0.8%；园林水果产量519314吨，增长7.7%。

【林业】 全年完成造林面积813.33公顷（林业口径），完成幼林、成林抚育面积1153.33公顷，森林覆盖率达49%。

【畜牧业】 全年生猪出栏202927头，增长1.9%；牛出栏15600头，增长1.4%；羊出栏59215只，减少2.1%。生猪存栏110130头，减少15.7%，其中能繁母猪存栏11650头，减少7.6%；牛存栏29997头，减少15.7%；羊存栏41366只，减少12.2%。猪（牛、羊）肉产量17512吨，减少1.3%，其中猪肉产量14839吨，减少1.4%。牛奶产量2377吨，增长2.1%；禽蛋产量3491吨，减少2.3%。

【农村社会保障】 全年城乡居民基本养老保险参保人数134251人，其中农村居民参保人数132956人。城乡居民基本医疗保险参保人数252726人，参保率98.7%。全年纳入农村低保人数9058人，发放低保金168.19万元。

【创业与就业】 全年开展劳动力技能培训2555人、创业培训195人。落实再就业政策，使用就业创业补助资金1939万元，其中社保补贴378.63万元、岗位补贴1060.32万元、培训补贴192.72万元，帮助120名困难人员实现就业。全年发放创业担保贷款156人、4037.3万元。

【主要领导人】 县委书记：胡雪松；县人大常委会主任：贺东风；县长：覃建生；县政协主席：岑永杰；分管农业副县长：李树敏。

汉源县编写组

石 棉 县

【基本情况】 2023年，全县辖8乡3镇1个街道，辖区面积2678平方千米。年末户籍总人口119515人、户籍总户数40272户，其中城镇人口79803人、乡村人口39712人。全年人口出生率7.455‰，人口死亡率5.121‰，人口自然增长率2.334‰。常住人口11.4万人，人口城镇化率76.48%。林地保有量达342.027万亩，森林覆盖率69.94%。

2023年，全县实现地区生产总值135.59亿元，按照可比价格计算，增长5.5%，其中第一产业增加值完成18.74亿元，增长4.3%；第二产业增加值完成47.73亿元，增长4%；第三产业增加值完成69.13亿元，增长6.9%。三次产业结构比调整为13.8∶35.2∶51。全年接待国内外游客352.04万人次，增长34.1%；实现旅游综合收入22.44亿元，增长36.93%。

全年交通运输、仓储和邮政业完成增加值1.04亿元，增长22.4%。全年规模以上工业增加值增长6.1%，实现营业收入125.18亿元，减少6.3%；利润总额139.82亿元，减少31.8%。社会消费品零售总额32.72亿元，同比增长9.9%，其中城镇消费品零售额15.6亿元，同比增长10.9%；乡村消费品零售额17.1亿元，同比增长8.9%。地方公共财政预算收入完成10.2亿元，增长26.5%，其中税收收入7.44亿元，增长14%；公共财政预算支出25.3亿元，增长35.2%。金融机构各项存款余额122.28亿元，增长10.9%，其中住户存款余额90.19亿元，增长14.7%；各项贷款余额135.25亿元，增长17.7%。全年新增高新技术企业1家，合计12家；高新技术产业产值达45.68亿元，同比增长10.6%。全年获得专利授权 119件，其中发明专利18件、实用新型专利97件。

有小学16所，在校学生8967人，专任教师647人；普通中学4所，在校学生5978人，专任教师470人；中等职业教育1所，在校学生482人；幼儿园20所，在园幼儿3827人。有各类医疗卫生机构16个，其中医院2个、基层医疗卫生机构12个、专业公共卫生机构2个；病床位1273张；卫生技术人员1157人，其中执业医师、助理医师392人。

【年度农业和农村经济运行】 2023年，全县农村居民人均可支配收入增长6.9%，其中工资性收入增长7.1%、经营净收入增长7.6%、财产净收入增长6.8%、转移净收入增长5.2%。农村居民年人均生活消费支出增长5.6%，其中居住消费支出增长7.4%、生活用品及服务支出减少12%、医疗保健支出增长8.9%、交通和通信支出增长10.7%、教育文化娱乐服务支出增长7.5%。农村居民恩格尔系数为36.9%。年末有效灌溉面积5.69万亩。农业机械总动力14.4万千瓦，增长0.7%。

【种植业】 全县粮食作物播种面积4660.1公顷，同比减少1.9%，其中大春作物播种面积4072.7公顷，比上年减少2.3%；小春作物播种面积587.4公顷，比上年增长1.6%。经济作物播种面积4667.7公顷，比上年增长2.5%，其中油料作物播种面积529.3公顷、蔬菜种植面积3206.8公顷、中草药材种植面积931.6公顷。全年粮食总产量21736.2吨，增长0.8%，其中大春粮食产量19751.6吨，增长0.8%；小春粮食产量1984.6吨，增长0.3%。经济作物中，油料产量1286吨，增长6.5%；蔬菜产量75581吨，增长3.9%；园林水果产量125888吨，增长6.5%；坚果产量3223吨，增长0.2%。

【畜牧业】 全年生猪出栏73037头，增长1.9%；牛出栏8812头，增长0.8%；羊出栏41650只，减少1.1%；家禽出栏481530只，减少0.6%；禽蛋产量1099吨，减少2.7%。

【农村文化】 全年举办公益展演32场次，下乡进行广场健身操（舞）培训60场次；指导乡村策划组织文体活动298场次，开展乡村振兴专题文艺演出3场次。

【农村社会保障】 全年就业困难人员实现就业145人。年末纳入农村低保1302人。资助城乡低保、"五保"对象参保，参合率达100%。实施城乡医疗救助2.35万余人次。城乡养老、医疗保险覆盖面不断扩大，全年城乡居民养老保险参保人数7.85万人，其中居民参保人数3.69万人；城乡居民医疗保险参保人数8.56万人。

【主要领导人】 县委书记：罗刚；县人大常委会主任：邓西琼；县长：张瑜峰；县政协主席：陈洪忠；分管农业副县长：吴大斌。

石棉县编写组

眉 山 市

【基本情况】 2023年，全市辖2区4县13个街道62镇5乡510个行政村337个社区，辖区面积7140平方千米。年末常住人口295.5万人，常住人口城镇化率52.81%。户籍总人口338.04万人，其中城镇人口132.93万人。年末森林面积35.88万公顷，森林覆盖率50.25%。

2023年，全市实现地区生产总值1737亿元，增长6.2%，其中第一产业增加值243.28亿元，增长4.2%；第二产业增加值680.4亿元，增长5.8%；第三产业增加值813.32亿元，增长7.3%。三次产业对经济增长的贡献率分别为10.7%、36.6%、52.7%，分别拉动地区生产总值增长0.7个、2.3个、3.3个百分点，三次产业结构比调整为14：39.2：46.8。人均地区生产总值58722元，增长6.3%。

全社会固定资产投资增长5.2%，其中第一产业投资减少5.1%，第二产业投资增长43.7%，第三产业投资减少1.4%。社会消费品零售总额645.21亿元，减少0.9%，其中城镇市场实现消费品零售额434.05亿元，减少1.2%；乡村市场实现消费品零售额211.16亿元，增长5.4%。全年进出口总额134.95亿元，其中进口额38.5亿元、出口额96.46亿元。

全年累计完成公路客运量831.82万人次，客运周转量35769.36万人/千米；公路货运量7901.9万吨，货运周转量833249.76万吨/千米；客货运输总周转量836826.7万吨/千米，增长7.2%。全年电信业务总量37.14亿元（按照2021年不变单价），增长2.7%。固定电话用户76.90万户，增长0.8%。移动电话用户384.49万户，减少1.4%。宽带用户151.81万户，增长9.2%。全年邮政业务总量18.23亿元，增长22%。快递业务量16795.1万件，增长29.4%；快递业务收入8.4亿元，增长16.8%。地方一般公共预算收入完成159.84亿元，增长2.3%，其中税收收入84.06亿元，增长9.7%；地方一般公共预算支出369.21亿元，增长18.8%。年末金融机构本外币存款余额3498.08亿元，增长9.7%，其中人民币存款余额3493.85亿元，增长9.7%；金融机构本外币贷款余额2646.36亿元，增长19.4%，其中人民币贷款余额2646.15亿元，增长19.4%。有保险公司34家，全年各保险公司赔付支出31.05亿元，增长39.9%。全年组织实施市级以上科技计划项目57项，向上争取到位无偿科技项目资金2837.47万元。获得专利申请授权2641件。新增国家高新技术企业41家，新增瞪羚企业2家。

有各类学校733所，其中幼儿园389所、小学174所、初级中学119所、高级中学29所、中等职业学校15所、特殊学校7所；各类学校在校学生42.87万人，其中幼儿园在园幼儿7.8万人、小学生17.57万人、初中生8.39万人、高中生4.6万人、中等职业学校学生4.44万人、特殊学校学生0.06万人；各类学校专任教师总数3.13万人，其中幼儿园专任教师0.6万人、小学专任教师1.15万人、初级中学专任教师0.72万人、高级中学专任教师0.41万人、中等职业学校专任教师0.23万人、特殊学校专任教师0.02万人。各类学校校舍总面积607.82万平方米。有公共文化馆7座，文化站133个，博物馆18座，公共图书馆7座（总藏书量92.96万册）。有广播电视台6座，有线广播电视传输干线530千米，有线广播电视用户33.35万户。全年公共广播节目、电视节目播出时间分别为2.67万小时和3.77万小时。有医疗卫生机构2196个，病床位24275张，卫生技术人员23280人（执业/助理医师9655人、注册护士9988人）。

【年度农业和农村经济运行】 2023年，全市居民人均可支配收入达33470元，增长5.7%，其中城镇居民人均可支配收入增长4.1%、农村居民人均可支配收入增长6.7%。全体居民年人均消费支出增长4%，其中城镇居民人均消费支出增长2.9%、农村居民人均消费支出增长4.4%。有水库总数289座，整治病险水库2座，完成水利建设总投资16.72亿元。

【种植业】 全年农作物总播种面积500.05万亩，增长1%，其中粮食作物播种面积300.51万亩，减少0.1%；油料作物播种面积95.64万亩，增长7%；蔬菜及食用菌种植面积78.18万亩，增长2.7%。全年粮食总产量127.68万吨，增长1.8%，其中小春粮食产量6.83万吨，增长2.9%；大春粮食产量120.85万吨，增长1.7%。经济作物中，蔬菜及食用菌产量155.42万吨，增长4.5%；油菜籽产量13.46万吨，增长4.8%；茶叶产量2.76万吨，增长9.3%；水果产量149.96万吨，增长8.6%。

【养殖业】 全年肉类总产量24.3万吨，增长0.4%，其中猪肉产量16.63万吨，增长0.7%；牛肉产量3455吨，增长1.4%；羊肉产量6454吨，减少0.1%；禽肉产量5.81万吨，增长0.3%。牛奶产量16.07万吨，增长4.6%。禽蛋产量6.49万吨，增长4.8%。生猪存栏减少7%，生猪出栏增长2.2%；牛出栏增长1.8%；羊出栏减少1%；禽出栏增长0.3%。全年水产品养殖面积20.74万亩，水产品产量14.96万吨，增长3.7%。

【农业机械化】 全年农业机械总动力达227.48万千瓦，完成机耕作业面积416.89万亩，主要农作物耕种收综合机械化水平达79%。全年新建提灌站58座，新增提灌机械64台，新增提灌机械总动力1696千瓦。

【农村社会保障】 全年参加城乡居民基本养老保险207.29万人、城乡居民基本医疗保险251.4万人，支出城乡居民基本医疗保险待遇28.63亿元。全年失业人员实现再就业6402人，就业困难人员实现就业3086人。组织开展各类就业、创业培训1.42万人次，发放小额担保贷款1.9亿元。年末城乡低保保障人数9.43万人，支出保障金5.04亿元。城乡特困供养人员1.8万人，集中供养率23.2%。老龄户籍人口82.96万人，全市有养老床位14941张、护理型床位9997张，占比67%。城市社区综合服务设施覆盖率100%。全年福利彩票销售额3.41亿元，筹集福彩公益金1.03亿元。

【主要领导人】 市委书记:胡元坤;市人大常委会主任:刘先伟;市长:黄河;市政协主席:黄剑东;分管农业副市长:宋良勇。

眉山市编写组

东坡区

【基本情况】 2023年，全区辖3个街道13个镇125个村民委员会97个社区居委会。全年出生人口5032人，人口出生率5.62‰；死亡人口6508人，人口死亡率7.27‰；人口自然增长率-1.65‰。年末户籍总户数36.51万户，户籍总人口87.33万人。年末常住人口90.88万人，人口城镇化率63.01%。年末有效灌溉面积3.28万公顷，年末农业机械总动力60万千瓦。年末森林面积5.63万公顷，成片造林0.12万公顷，森林蓄积110万立方米，森林覆盖率42.28%。国有林地面积83亩，森林蓄积460立方米。

2023年，全区实现地区生产总值611.09亿元，按照可比价格计算，比上年增长7.1%，其中第一产业实现增加值65.93亿元，增长4.2%，对经济增长的贡献率为7.4%，拉动地区生产总值增长0.5个百分点；第二产业实现增加值249.21亿元，增长7%，对经济增长的贡献率为40.8%，拉动经济增长2.9个百分点（全部工业实现增加值191.93亿元，增长7.2%，工业增加值占地区生产总值的比重达31.4%，对经济增长的贡献率为32.6%，拉动经济增长2.3个百分点）；第三产业实现增加值295.95亿元，增长7.8%，对经济增长的贡献率为51.8%，拉动经济增长3.7个百分点。一二三产业比由上年的11.6∶41.5∶46.9调整为10.8∶40.8∶48.4。全口径规模以上工业增加值增长9.6%，全口径固定资产投资增长5.1%。

全年累计完成公路客运量249.8万人次，客运周转量10708.9万人/千米；公路货运量4794万吨，货运周转量405842万吨/千米。全年电信业务总量15.64亿元，增长1.1%。全年实现社会消费品零售总额229.08亿元，增长1.3%，其中城镇市场实现零售额169.79亿元，增长1.3%；乡村市场实现零售额59.29亿元，增长1.1%。全年地方一般公共预算收入完成30.36亿元，减少8.2%；地方一般公共预算支出65.55亿元，增长29.6%。年末金融机构本外币各项存款余额1435.84亿元，增长9.5%，其中金融机构人民币存款余额1432.14亿元，增长9.5%；金融机构本外币各项贷款余额1069.53亿元，增长20.8%，其中金融机构人民币贷款余额1069.33亿元，增长20.8%。有保险公司34家。有固定电话用户26.12万户，减少0.2%；移动电话用户131.7万户，增长0.7%；宽带用户47.6万户，增长3.7%。全年邮政业务总量9亿元，增长33.4%。快递业务量10314.81万件，增长43.9%；快递业务收入4.94亿元，增长25%。

有学校232所，其中幼儿园139所、小学48所、初中26所、普通高中11所、中等职业学校4所、特殊教育学校3所；在校中小学学生总数11.02万人，其中小学生5.83万人、初中生2.56万人、高中生1.43万人、职业中学学生1.16万人、特殊教育学校在校学生319人；专任教师总数9473人，其中幼儿园专任教师2020人、小学专任教师3531人、初中专任教师2059人、高中专任教师1249人、职业中学专任教师542人、特殊教育学校专任教师72人；小学学龄儿童入学率100%，小学毕业生升学率100%，初中毕业生升学率95.8%，高中毕业生升学率84.4%。新认定市级工程技术中心2个，新申报高企11家，有区属高新技术企业40家。组织备案科技型中小企业40家。有区文化馆1个，区文化馆社会分馆6个，区图书馆1个（馆藏纸本图书10.83万余册），美术馆1个，镇（街道）综合文化站16个，村级活动室222个，数字文化广场6个。有体育场地（室内、室外）4129个，人均体育场地面积达2.6平方米，免费或低收费开放体育场馆接待人数36余万人次。有医疗卫生机构561个，病床位9482张，卫生机构技术人员9604人（执业/助理医师3706人、注册护士4193人）。广播覆盖率100%，电视覆盖率100%。

【年度农业和农村经济运行】 2023年，全区农林牧渔实现总产值110.14亿元，按照可比价格计算，比上年增长5%，其中种植业产值75.13亿元，比上年增长5.3%；畜牧业产值23.3亿元，比上年增长1.2%；渔业产值8.25亿元，比上年增长2.9%；林业产值0.63亿元，比上年增长4.7%。全体居民年人均可支配收入达38074元，按照可比口径，同比增长5.5%。

【种植业】 全年粮食作物播种面积57.97万亩，减少1%；油料作物播种面积26.61万亩，增长2.8%；蔬菜及食用菌种植面积38.29万亩，增长2%。全年粮食总产量30.52万吨，增长2.2%；油菜籽产量4.22万吨，增长2.3%；园林水果产量24.04万吨，增长8.7%；蔬菜产量76.51万吨，增长4.4%；茶叶产量686吨，增长4.1%。

【养殖业】 全年生猪出栏52.93万头，增长1.6%；牛出栏2704头，增长1.8%；羊出栏4.37万只，减少0.2%；家禽出栏1267.91万只，增长0.3%；兔出栏34.58万只，增长15.1%。全年肉类总产量5.82万吨，增长1%，其中猪肉产量3.87万吨，增长1.3%；禽肉产量1.8万吨，与上年持平。禽蛋产量1.72万吨，增长9.3%；牛奶产量2.31万吨，增长2.9%；蜂蜜产量1.06万吨，减少0.9%。淡水鱼类产量4.87万吨，增长3.6%。

【主要领导人】 区人大常委会主任：商志忠；区长：杨翔宇；分管农业副区长：朱科良。

东坡区编写组

彭 山 区

【基本情况】 2023年，全区辖5个街道3镇，辖区面积465平方千米，总人口32.8236万人，是国家级生态示范区、全国新型城镇化推进试点区、国家海峡两岸产业合作区、全国第二批农村改革试验区。

2023年，全区第一产业增加值19.47亿元，增长4.3%。农村居民年人均可支配收入达27360元，增长6.6%。全年向上争取资金1.51亿元。

【农民合作社】 开展省级、市级、区级示范社的申报宣传、动员工作；完成国家级、省级示范社监测工作，重点督促指导2家监测不合格国家级示范社按照监测整改要求加强税务工作。对接区市场监管局，完成全区6个镇（街道）259家农民合作社信息收录，完成7家经营异常合作社移出工作，开展2023年名录库信息数据更新；参加全省农民合作社财务制度和会计制度专题培训、“耕耘者振兴计划”新型农业经营主体（农民合作社）带头人培训、全省农民合作社高质量发展助力农业社会化服务专题培训班等，提升工作人员及行业带头人农业发展水平；通过推荐、指导和争取，眉山市岷森竹草编专业合作社获评国家级示范社；引导粮食领域农民专业合作社参股创办企业1家，实现从“0”到“1”的突破。

【农村集体经济】 指导和监督农村集体经济组织规范化运行。按照“五个一”要求检查指导和监督农村集体经济组织建立健全各项内部管理制度，规范经济组织运行流程，全年指导和监督达20余次，推动农村集体经济发展。

完成2022年度清产核资工作，指导开展2023年度清产核资工作；加强农村集体“三资”管理，从日常监管、监督检查细化措施；建立区级农村财务审核中心，严格把关提升“三资”管理服务水平，促进村级集体经济组织财务数据制度化、透明化，实现彭山区“三资”管理提档升级，全年共审核各类账务逾7000笔。

全面排查农村集体资产监管过程存在的问题，自查自纠，建立问题台账，边查边改，将问题消化在核查过程中，完成各项任务，规范农村集体资产管理。

【土地流转】 按照分级审查要求开展土地流转2宗，涉及面积356.3亩；开展流转土地抽查10余次。开展“天府粮仓”示范区建设项目（一期）——退园还耕项目集中流转土地的审核备案，完成三批用地备案共计263宗，涉及面积10862.4亩。

【农产品品牌培育】 申报"彭山泽泻""彭山川芎"为地理标志证明商标。参加绿博会、省农博会等展销活动，提升农特产品品牌效益。全区"三品一标"保有量达21个。全年"味在眉山"实现销售收入200.01亿元。

【农村改革】 坚持试点先行、示范引领、稳慎推进，向改革要动力，以改革促发展，制定《眉山市彭山区2023年农业农村改革工作要点》，推进全区农村改革工作。深化职业农民制度改革，围绕培育认定、综合扶持、社会保障、示范引领，选育认定职业农民50名。抓好"两项改革"试点，完成宅基地基础信息数据和资料汇交。推进专项整治，对全区941个乱占耕地建房（住宅类）问题图斑开展细致补充调查核实，逐个提出分类处置意见，完成941个图斑初步处置意见，收集整理外业调查佐证资料，已按程序审核上报。完成农村宅基地基础信息调查工作，并通过省级验收，验收成绩排名全省第一。宅基地改革、城乡融合发展、小农户与现代农业有机衔接等经验在全省进行推广。

【巩固拓展脱贫攻坚成果同乡村振兴有效衔接】 脱贫成果。拟定56条帮扶措施，巩固"三保障"成果，建立区、镇、村三级防返贫网格管理体系，健全防止返贫动态监测常态化机制。抓好防止返贫监测帮扶集中排查，对全区5.7万户农户全覆盖排查，拟新识别纳入监测对象24户54人，坚持每季度1次入户走访。抓好产业帮扶，投入各级衔接资金6749万元，逐步提高衔接资金用于产业比例，优先支持脱贫人口到户产业发展。落实就业帮扶，出台脱贫人口外出务工交通补助、职业技能培训、"雨露规划"等各项优待政策，脱贫劳动力（含监测对象）实现就业3516人。全区脱贫人口年人均纯收入16447元，收入增长15.2%，较上年增加1个百分点。

乡村振兴。加强乡村基础设施建设，在6个镇（街道）实施农村"路灯照明"工程，安装农村太阳能路灯500组。巩固农村户厕问题整改成果，持续推广农村厕所管护"五化机制"，完成改水改厕农户名单导入管护系统和制作、张贴户牌，全区农村无害化卫生厕所普及率达95.3%。开展"积分制、清单制+数字化"智慧乡村治理，申报农村基本具备现代化生活条件建设标准试点区（县）。

获评2022年度省级乡村振兴先进区考核"回头看"考核"优秀"等次。黄丰镇、观音街道果园村入选2022年全国"百县千乡万村"乡村振兴示范创建名单。公义镇农乐村创建为2022年度省级乡村振兴示范村，向上争取省级奖补资金60万元；江口街道、凤鸣街道金烛村、黄丰镇共和村、公义镇公义场社区分别创建为2022年度市级乡村振兴先进街道、示范村（社区），向上争取市级奖补资金160万元。

【种植业】 按照"稳面积、提单产、多增产"工作思路，围绕构建"一园两翼六片"新时代更高水平"天府粮仓"示范格局，打造2.9万亩现代粮油园区和6个千亩以上不同种植模式的粮食产业示范片。加强撂荒地分类整治，238亩撂荒地实现"应种尽种"。持续提升耕地质量，提质改造6000亩高标准农田。落实粮食产区利益补偿机制，全年拨付耕地地力保护补贴、实际种粮农民一次性补贴、稻谷补贴2777.52万元。全面扩面稳产，完成果园套种2万亩、玉米大豆带状复合种植0.17万亩、小春粮食作物播种面积1.09万亩、水稻播种面积14.7万亩。全年粮食作物播种面积达19.2万亩，产量达9.75万吨。开展设施农业现代化提升，申报入围成都平原优质水稻集群项目，争取资金1950万元用于水稻产业高质量发展。

植物检疫。全区主要粮食作物病虫危害损失率为0.36%。水稻病虫害发生面积76.58万亩次，防治面积216.05万亩次，挽回损失11071.41吨；小麦病虫害发生面积0.175万亩次，防治面积0.4万亩次，挽回损失28.27吨；油菜病虫害发生面积10.32万亩次，防治面积19.3万亩次，挽回损失479.098吨；柑橘病虫害发生面积25.48万亩次，防治面积63.65万亩次，挽回损失3456.899吨；蔬菜病虫害发生面积5.065万亩次，防治面积5.065万亩次，挽回损失894.108吨。

【特色产业】 全区特色水果种植面积13.2万亩，水果总产量17.05万吨，实现产值16.3亿元，其中柑种植橘面积10.2万亩，产量12.85万吨，实现产值9.23亿元；葡萄种植面积2.3万亩，产量3.4万吨，实现产值5.92亿元；猕猴桃种植面积0.53万亩，产量0.77万吨，实现产值1.12亿元。中药材（川芎、川泽泻）种植面积3.1万亩，干药材产量0.78万吨，实现产值1.56亿元。蔬菜种植面积6.235万亩，产量8.93万吨，实现产值6.25亿元。食用菌产量0.9万吨，实现产值0.54亿元。

推动特色产业全链条升级，完成农副产品冷链仓储配送基地一期工程1～6号楼主体建设。提升特色产业社会化服务水平，建立3个农业科技示范基地，创建国家级农民专业合作社1个，新增市级以上家庭农场示范场4个，孵化市级以上农业龙头企业1家。农村新型经营主体累计达2950个。

【养殖业】 全区猪存栏89560头（其中能繁母猪存栏9163头）、出栏130962头，猪肉产量9821吨；牛存栏2497头、出栏1038头，牛肉产量137吨；羊存栏17520只、出栏21747只，羊肉产量301吨；禽出栏3612010羽，禽肉产量5162吨，禽蛋产量（鸡、鸭、鹅蛋）7511吨。

非洲猪瘟防控。及时补充调整"3+1+1"网格管理员，全区有非洲猪瘟防控网格员191人。组织对养殖场户、生猪定点屠宰场、运输环节等开展全面排查，全年排查生猪养殖场1569家次，排查生猪48.37万头次，排查屠宰生猪5901头。

动物疫病防控。全区共免疫猪瘟活疫苗8.3365万头次、猪口蹄疫8.3365万头次、牛口蹄疫0.0266万头次、羊口蹄疫0.3135万只次、小反刍兽疫0.3135万头次、高致病性禽流感111.6389万羽次(其中鸡68.5151万羽次、鸭40.2552万羽次、鹅2.8686万羽次)。使用各类消毒剂0.28吨,出动人员462人次,消毒养殖场(户)和农贸市场2653家(户),消毒面积75.82万平方米。

人畜共患病防控。全年开展牛(羊)布病检测448份,均为阴性;共免疫犬只2.2151万只。全区血吸虫病扩大化疗家畜3340头,发放治疗药物6千克。全区圈养家畜3312头,其中肉牛205头、肉羊3107只,肉牛圈养率达100%。

【农业机械化】 全年完成农作物机耕面积29.88万亩、机播面积20.13万亩、机收面积23.24万亩,农作物综合机械化水平达70.59%,比上年(64.84%)提高5.75个百分点。其中,主要农作物(水稻、小麦、玉米、油菜)机耕面积23.47万亩、机播面积15.435万亩、机收面积20.55万亩,主要农作物综合机械化水平为87.3%。全年农机化作业为农实现节支增收2510.68万元。

农机补贴。实施农机购置补贴政策,使用中央补贴资金85.3013万元,受益农户88户,补贴农机具117台,其中农机报废更新补贴35户37台,补贴资金29.2万元。购机补贴新增农机动力0.05万千瓦。

农机安全。规范办理拖拉机安全检验,年检做到“见人、见车、见证、见技术检验报告”。全年年检拖拉机74台,新增轮式拖拉机5台,注销拖拉机28台;注销15台,过户业务10台。新增驾驶员8人,换发驾驶证40本,注销驾驶证35本。

农机执法。到拖拉机集中区域和重点路段进行排查整治,加强农忙季节田间作业安全检查,上路检查102天,检查车辆217辆次,现场纠正违章21起,发现安全隐患20起,已限期整改完成,未发现违章载人情况。

【涉农项目管理】 彭山区观音街道五湖社区农田水利改造项目。项目总投资5000万元,计划改造水田561.89亩,改造旱地672.92亩,累计改造1234.81亩。项目主要涉及地表附着物清理搬迁、土地平整、田型调整、换填耕作土和排灌水工程等建设内容。

高标准农田建设项目。2023年眉山市彭山区公义凤鸣高标准农田改造提升项目总投资1800万元,改造提升高标准农田6000亩,建设地点为凤鸣街道金烛村,公义镇保胜场社区、龙安村、金岗村、天柱村。

2023年彭山区江口街道高标准农田提质改造项目。项目建设地点为江口街道大塘村、泉水社区,提质改造面积0.22万亩,总投资660万元。

第三次全国土壤普查工作调查采样及样品测试化验项目。完成整体外业调查与采样工作,并通过质量检查App进行全流程内部质量控制,形成初步普查成果;完成全部内业检测化验任务,检测机构按照统一检测标准、检测方法开展样品检测化验,实时在线填报测试结果。

2022年省级乡村振兴奖补项目。2022年省级乡村振兴奖补项目6180万元,其中省级先进区6000万元、省级示范村社3个(兴崇社区、新桥村、狮子村各60万元);在建项目4个,涉及资金1485万元,项目进度已完成73%。

【农业生态安全】 畜禽养殖污染治理。优化养殖布局,建设种养循环示范基地4个,实施畜禽养殖场提升工程10个,全区养殖粪污资源化利用率达96.2%,规模养殖场畜禽粪污治理设施配套率及综合利用率达100%。

化肥减量增效。推进秸秆资源化利用,全区秸秆综合利用率达93.59%。严格控制农药、化肥、农膜使用量,新增农药减量示范点3个,回收并无害化处置农业固体废弃物6.64吨,农药化肥使用量连续负增长。

病死畜禽无害化监管。全年共处置病死牛1头、病死猪4130头、其他畜禽130987千克。

【农业安全与农产品质量安全监管】 饲料兽药监管。组织开展饲料药物添加剂使用、禁限用农药、兽用抗菌药、农资打假、农产品质量及食品安全行动,开展安全生产执法监管工作,共检查企业、专合社、家庭农场等545家次,发现安全隐患53个,全部整改完毕,涉农企业未发生安全责任事故。

屠宰行业监管。以开展生猪屠宰专项整治行动为抓手,加大对生猪屠宰行业的管理力度,加强对产地检疫、屠宰检疫的监督检查,产地检疫、屠宰检疫报检率达100%。全区没有不合格动物及其产品进入流通环节,未发生畜产品质量安全责任事故。全区屠宰检疫报检率、检疫率均达100%,进场待宰猪耳标佩戴率达100%。加强对“瘦肉精”等违禁物品的监管与监测,与屠宰场点主签订《无“瘦肉精”承诺书》,未发现一例“瘦肉精”阳性,保障了全区养殖业稳定健康发展。

农产品质量安全监管。全年完成省(50个)、市(71个)督查抽样监测任务,合格率100%;完成市级抽样检测任务355个,合格率100%。

渔政执法。2023年是长江流域全面禁捕强基础的收官之年,全年发放宣传资料1450余份,张贴宣传画500余张,投送手机公益广告4次40余万条,在“不老彭山”、眉山市政府和区农业局门户网站发布信息共15条;出动渔政执法车辆300余台次、执法人员1000余人次,开展执法巡查;组织开展跨部门联合检查,共检查渔具店、水产经营店、涉鱼餐馆100余家次;加大对非法捕捞违法行为打击力度,共结案4起,移送公安机关2人,处罚1.7万元;加大对生态环境损害的处理力度,组织7名涉案人员进行补偿性增殖放流,放生价值15060元鱼苗。

案件办理。全年办理案件17件(含农业7件、畜牧3件、渔政6件、宅基地1件),其中向公安机关移送渔政案件2件。

【主要领导人】 区委书记:黄秀航;区人大常委会主任:杨兴弘;区长:杨静;区政协主席:杨红;分管农业副区长:周泽轩。

彭山区编写组

仁 寿 县

【基本情况】 2023年，全县辖4个街道26镇2乡216个村147个社区，辖区面积2716.86平方千米。年末户籍人口120.12万人（不含眉山天府新区代管乡镇和街道），实有人口87.84万人。

2023年，全县地区生产总值同比增长7.6%；地方一般公共预算收入完成51亿元。全国综合实力百强县、全国县域高质量发展百强县排名分别晋升至90位、96位。组建三个产业链招商专班，全年招商引资到位资金160亿元。实行“两个挂图作战”工作机制，省、市重点项目投资完成率分别达128%、123%。全社会固定资产投资同比增长4.7%。工业投资占全社会固定资产投资的比重提升6.8个百分点。全年争取各类上级资金78.6亿元，总量稳居全市第一位。

【年度农业和农村经济运行】 2023年，全县第一产业增加值103.74亿元，增长4.1%。农村居民年人均可支配收入达22276元，增长6.5%。

【新型农业经营主体培育】 截至2023年年底，全县共有涉农龙头企业18家，其中省级龙头企业6家、市级龙头企业12家。共有注册登记农民专合社995家，其中国家级示范社10家、省级示范社38家、市级示范社41家、县级示范社10家。累计创建省级示范家庭农场37家、市级示范家庭农场124家、县级示范家庭农场283家。

【现代农业园区建设】 截至2023年年底，全县已创建现代农业园区18个，其中省五星级现代农业园区1个、市级现代农业园区5个、县级现代农业园区12个。新申报市级园区2个、认定县级园区6个。

【种植业】 仁寿县“天府粮仓”“一核三带四基地”规划布局基本形成，耕地保护工程平稳推进，农田建设工程加快实施，种植业基础条件不断完善。印发《“以粮为主”农业投资指南》，建立种粮大户帮扶机制，不断培育种植业生产主体，完善县、乡、村三级粮食生产社会化服务体系，推广现代农业生产技术，推动科技赋能，农作物播种面积、农作物总产量均实现增长。全年粮食作物播种面积11.69万公顷，总产量65万吨，其中稻谷产量27.96万吨，较上年增长1.6%；玉米产量22.99万吨，较上年增长0.5%。油菜播种面积2.37万公顷，比上年增加2287公顷，增长10.6%；油料作物产量5.87万吨，较上年增长6.1%；水果产量85.96万吨，较上年增长12.9%；蔬菜及食用菌产量55.05万吨，较上年增长6.5%。

种业发展。完成春秋农作物种子市场抽检工作，春季抽检水稻品种19个、玉米品种14个、蔬菜和大豆品种5个，秋季抽检油菜品种18个、大豆品种16个、蔬菜品种5个，完成率100%。主要农作物自主试验开展联合体试验14组（水稻5组、玉米9组），引种备案适应性试验6组（水稻1组、玉米5组）。完成品种转基因检测水稻31个、玉米78个、大豆2个。

【养殖业】 坚持以稳产保供为抓手，推动养殖产业规模化、标准化、特色化转型发展，加强养殖技术推广和人才培养，提升畜禽产品质量，各项指标稳步健康增长，并创建为全省唯一一家生猪方面国家现代农业全产业链标准化示范基地。全年出栏生猪108.28万头，增长2.4%；出栏肉羊30.31万只，减少1.3%；出栏肉牛6657头，增长1.8%；出栏家禽1391.63万羽，减少0.4%。全县水产养殖总面积6800公顷，其中池塘3000公顷、水库2333公顷、山坪塘1467公顷；水产品产量57381吨，增长3.6%。

【乡村振兴】 贯彻落实中央、省委、市委关于乡村振兴的决策部署，确保振兴不掉队，推动巩固拓展脱贫攻坚成果同乡村振兴有效衔接高质量发展。推进宜居宜业和美乡村建设，推动乡村产业、乡村人才、乡村文化、乡村生态和乡村组织振兴发展，保障乡村风貌整洁有序、基础设施建设和公共服务稳步提升。

乡村产业振兴。投入2804.8万元用于产业直补到户项目，较上年增加投入756.1万元，补助9269户发展牲畜、家禽等，人均增收929元。支持脱贫人口开展小额信贷专项用于发展产业，县内4家银行累计发放脱贫小额信贷185笔737.21万元。

乡村人才振兴。依托现代农业产业园区建设，推行“试验示范基地+农技人员+辐射带动户”的农技推广模式，年均培训农技干部300余人次、种植大户及农民代表1000余人次、农机作业人员100余人次，核心试验区技术到位率100%。县农业农村局共有农业专业技术人才257人。全覆盖建成乡（镇）农技推广机构27个，编内在岗直接从事农技推广人数416人。

乡村文化振兴。印发《仁寿县开展高价彩礼、大操大办等农村移风易俗重点领域突出问题专项治理实施方案》，整治“农村天价彩礼”“薄养厚葬”“铺张浪费”等陈规陋习。通过上墙“三牢记八倡议”宣传海报、实施墙绘、录制音频、创作主题歌曲、开展主题实践活动等，使文明宣传入脑入心。启动曹家镇梨树社区等10个省级试点村“积分制、清单制+数字化”智慧乡村治理示范试点工作，并在全县优选27个县级乡村治理试点村推广“积分制”，群众反响良好。“川善治”小程序全年服务群众13万余人次。组织开展新一批四川省农村生产生活遗产名录、四川省第7届手工艺大师评选，组织文宫枇杷节、桃花节、曹家梨花节申报2023年精品农事节庆活动。组织各乡（镇、街道）、村（社区）参加“为耕耘者”乡村治理网上培训。

乡村生态振兴。全县粪污综合利

用率达94%，规模养殖场粪污处理设施装备配套率达100%，配套种养循环面积1.88万公顷，畜禽粪污资源化综合利用有效推进。增设化肥农药减量增效示范点5个，巩固提升现有化肥农药减量增效示范点35个，共计40个，并新建化肥减量增效“三新”（施肥新技术、肥料新产品、施用新机具）示范点14个。秸秆综合利用率达93%以上。

乡村组织振兴。按照省委组织部《驻村第一书记和工作队员管理办法》要求，对应当纳入期满考核的250名驻村干部进行期满考核，评选优秀干部62名。有序开展驻村帮扶干部轮换工作，将59个重点村（社区）作为新一批重点帮扶对象，下派78名优秀干部开展新一批驻村帮扶，保障帮扶工作不断档。

美丽宜居乡村建设。全面完成15个农村“厕所革命”示范村建设，惠及7418户，农村“厕所革命”整村推进行政村卫生厕所普及率达96%，全县农村户用卫生厕所普及率达92%以上。推进农村生活污水治理，农村生活污水得到有效治理的村占比97%。在27个乡（镇、街道）全覆盖开展“村庄清洁日”村庄清洁行动，生活垃圾治理率达100%。有序开展卫生月度“红黑榜”评比、季度“美丽庭院”评选并公示，全县开展环境卫生评选覆盖率达80%，珠嘉镇棚村村入选第三批全国乡村治理示范村。

农村基础设施建设。实施交通基础三年提升行动，提升改造农村公路2200千米（其中加宽新建村道1700余千米），通村（组）道路硬化率达100%。出台《关于加快推进现代水网建设为打造新时代更高水平“天府粮仓”丘区示范区提供坚实保障的决定》，预计投入26.35亿元，全面统筹现代水网建设规划布局。改造提升农村电网，安装低压变压器70台，架设低压线路30.68千米。新建产业道路约130千米，提升产业道路约275千米，新建、改造提灌站92座，新建、维修山坪塘和蓄水池56个，提高农业灌溉、生产运输条件。

特色镇（村、社区）建设发展。青岗乡探索“村集体+业主”合作经营模式，依托当地资源禀赋，整合集体经济扶持、美丽乡村建设资金350万元，新建“花里·居歆”民宿。发展特色水域经济，打造通江河沿岸多层次河道景观空间，实现“一河碧水、两岸秀色”，开通特色都市近郊旅游路线，拉动经济增长1000余万元；围绕清真餐饮特色文化，在国家级少数民族特色村寨汤家村入股100万元，打造民族风情主题餐厅马清生态牛肉馆，村集体经济收入6万元。方家镇哨楼村探索“村集体+公司”模式，组建村级劳务公司，整合哨楼周边劳动力资源，在为种养殖大户提供劳动力、促进农村群众稳定就业的基础上，拓宽了村级集体经济增收渠道，带动脱贫户就业25人，村集体收入达5万余元；引进生物质燃料化工厂，以积分形式收取村民秸秆，实行积分分红，在解决因秸秆焚烧带来污染问题的同时增加群众收入。大化镇龙门村探索“资源整合+产业融合”模式，分散地块引入公司统一租赁耕种、集中地块由农户土地入股，公司统管，农产品归农户所有，优先满足公司回购需求。撂荒的土地由农业公司代管代种，三年后实行收入分红；以资产、项目入股为主，农户、社会资本入股为辅的方式，与占地61.33公顷的十里花涧农业公司合伙发展园艺、餐饮和民宿，拓展现代农业产业链条，推进农旅融合发展。

【农业农村改革】 全县围绕新时代更高水平“天府粮仓”丘区示范区建设、农村经济市场化发展、城乡融合发展三个重点领域开展工作，推动乡村振兴取得新进展、农业农村现代化迈上新台阶。

农业供给侧结构改革。按照“控制面积、优化品种、提高品质、延伸链条、打造品牌、增加效益”的发展思路，坚持把柑橘产业作为推进乡村振兴、农业供给侧结构性改革的重要抓手，以大产业带动跨越发展，以大项目推进融合发展，以大规划引领集群发展，推进柑橘产业快速发展。实施2023年省级财政农业高质量发展项目，使用资金860万元。对大豆玉米带状复合种植的大豆种植者补助资金530万元，规模7067公顷；腾退现有低质低效园地241.76公顷。

农村集体产权制度改革。建立健全农村集体产权交易体系，将集体“四荒地”使用权、集体果园鱼塘、集体经营性资产等农村集体产权纳入平台交易，活跃农村集体产权交易市场。

农村集体“三资”监管。组建仁寿县农村财务记账中心并运营，出台《仁寿县农村集体经济组织承接项目实施办法（试行）》《仁寿县村级集体经济量质提升攻坚行动实施方案》《仁寿县农村集体资产监管提质增效行动实施方案》，执行财务公开和村级集体经济民主决策机制，加强村级集体经济“三资”管理，确保村集体资源资金得到有效利用。

土地承包制度改革。巩固完善农村土地确权登记颁证成果，推进矛盾纠纷调处，做好农村土地承包经营权证纠错、补打工作。鼓励引导土地流转业主进行存量备案，完成全县27个乡（镇、街道）的备案手续。建立农村宅基地数据库，探索落实宅基地“三权分置”，保障和维护农民宅基地权益，确保土地资源节约集约利用。

农村金融服务综合改革。提高三大粮食作物完成成本保险投保覆盖率，扩大生猪价格指数保险承保覆盖面。推进乡村振兴金融创新示范区仁寿县试点工作，构建“政—银—保—担—农交所”五方融合服务模式。推广“整村授信”“整园授信”，提升新型农业经营主体融资的获得率和信用贷款率。重点围绕建设新时代更高水平“天府粮仓”丘区示范区建设、高标准农田建设等，包装涉农项目。

乡村治理制度改革。推行“党建引领+综合服务+综合保障”乡村治理机制，深化法治乡村建设，推进法治文化阵地建设。构建“一支队伍管执法”新格局，以国家卫生县城、省级文明城市创建为契机，推进城乡执法管理工作。实施县、乡、村三级“治理力量优培”行动，建强专业化治理骨干队伍，推进农村移风易俗和现代文明相适应。

【巩固拓展脱贫攻坚成果同乡村振兴有效衔接】 贯彻落实中央、省委、市委关于进一步巩固拓展脱贫攻坚成果接续推动脱贫地区发展的决策部署，确保脱贫不返贫，坚决防止出现整村整乡返贫现象，推动巩固拓展脱贫攻坚成果同乡村振兴有效衔接高质量发展。

落实责任。县委、县政府贯彻落实习近平总书记来川视察重要指示精神，全年组织召开县委常委会会议、县政府常务会、领导小组会、专题会等60余次，定期研究部署巩固拓展脱贫攻坚成果、乡村振兴等相关工作，形成三级书记带头抓、全县上下共同抓的工作格局。制定《贯彻落实习近平总书记对巩固拓展脱贫攻坚成果重要指示的具体措施分工方案》，细化分解11大项、16小项工作，明确17个部门职责分工，有序推进落实“四个不摘”（摘帽不摘责任、摘帽不摘政策、摘帽不摘帮扶、摘帽不摘监管）防返贫动态监测帮扶、做好重点帮扶村、强化易地搬迁后续扶持、推动产业帮扶、做好稳岗就业、推动项目实施、推动社会帮扶、改善农村基础设施条件、提升公共服务水平以及提升基层治理水平等11项重点工作。

政策保障。印发《仁寿县2023年度巩固拓展脱贫攻坚成果同乡村振兴有效衔接工作要点》《关于构建防止返贫常态化监测帮扶体系的实施意见》《关于构建脱贫群众持续增收体系的实施意见》《仁寿县防止规模性返贫应急预案》《仁寿县防范因灾返贫长效机制》等纲领性文件5个，11个行业部门分别印发巩固拓展脱贫攻坚成果同乡村振兴有效衔接2023年度实施方案，确保乡村振兴政策更具延续性、持续性。

驻村帮扶力量。全县23名县领导定点结对帮扶23个重点帮扶村，选派78名优秀干部开展新一批驻村帮扶，选派党员干部、国企职工5800余人开展定点结对帮扶。

百企联百村。经信、工商联等部门动员和指导县内企业、商会参加“百企联百村”活动，优选11家规上企业和5家县属国有企业结对帮扶16个扶持村，开展“项目进村、企业联村”活动。

以工代赈。通过企业开发扶贫岗位、外出务工等方式，推动171名脱贫劳动力在全县5家企业就近就地就业，338名脱贫劳动力参与在建的以工代赈项目。

防返贫监测。建立完善县、乡、村三级网格体系，3404名网格人员全部定人定岗、定职定责。坚持每月推送风险线索和集中排查相结合，干部排查和部门筛查相贯通，缩短监测户识别认定流程在10天内完成。5月集中排查推送风险线索11361条，累计每月推送风险线索9357条，全年累计推送风险线索20719条，新增监测户339户1056人（其中5月集中排查新增115户330人，9月针对自付医疗超3万元的“回头看”新增116户164人），消除标注风险26户66人。

脱贫户增收。推动产业发展，投入2804.8万元用于产业直补到户项目，补助9269户发展牲畜、家禽等产业，人均增收929元，较上年增加投入756.1万元。支持脱贫人口开展小额信贷专项用于发展产业，县内4家银行累计发放脱贫小额信贷185笔737.21万元。加大衔接资金用于发展产业比例（中央资金60%以上，省级资金50%以上且不低于2022年度比例），加强产业帮扶谋划、论证、审核和督查，优先支持发展到户到人帮扶产业。抓实稳岗就业，加大劳务输出支持力度，组织脱贫人口到企业就业，按照300元/人的标准给予就业创业服务补助。对企业吸纳脱贫人口就业的，按照1000元/人的标准给予一次性吸纳就业补贴。安置公益性岗位3285人，补贴标准从500元/人/月增加至600元/人/月，共发放补助1781.43万元；安置临时公益性岗位2498人，补贴标准从400元/人/月增加至450元/人/月，共发放补助1142.12万元。

义务教育。纵向组建8个城区学段融通联合体，横向组建19个义务教育城乡发展共同体和17个义务教育区域发展共同体，通过“大带小、强带弱、高融低”的方式，推进城乡教育一体化建设。实施教育扶贫工程，在全省率先设立教育帮扶基金专户，脱贫户（监测户）家庭学生从幼儿园到高中实现全免费就学，无一人因贫失学辍学。全年累计发放国家资助金6300余万元、县级救助金1700余万元。

基本医疗。投入1.62亿元用于完善公共卫生体系建设，投入6.26亿元开展各级医院提标扩能建设，加快建成“7个县域医疗次中心+乡（镇）卫生院”的局域性医共体。拨付医疗救助资金730.7万元代缴40855名脱贫户（监测户）基本医疗保险。实行“一站式服务”，控制监测户县内住院和慢性病门诊治疗费用个人支付比例在10%以内。推进医疗救助托底保障，基本实现基本医保、大病保险、医疗救助全覆盖。

饮水安全。统筹谋划城乡供水网络体系建设，农村饮水安全供水管网覆盖行政村覆盖率达100%。持续推进饮水巩固提升工程，对318户脱贫户补贴自来水初装费112.9万元。全面完成2023年乡村水务试点县建设任务，全县农村自来水普及率达96%。

【“天府粮仓”建设】 全县“一核三带四基地”规划布局基本形成，形成了以珠嘉镇、方家镇、青岗乡为核心的示范区；黑龙滩灌区4万公顷耕地种植任务落实到村到户到地块，其中在文宫眉东新城协同发展区、仁寿城乡融合发展示范片区打造以麦玉豆、稻油为主的6666.67公顷粮油产业带；在钟祥现代农业示范片区、龙正东彭仁新融合发展区打造以稻油、稻麦、稻鱼为主的1.33万公顷粮油产业带；在富加三产融合发展片区、汪洋绿色转型发展示范片区打造以麦（菜）玉豆（薯）、橘豆为主的2万公顷粮油产业带；在黑龙滩灌区富加镇、文宫镇、龙正镇及慈钟彰片区建设4个以稻油（麦）、玉米大豆带状复合种植为主导产业的万亩以上集中区。

【特色产业发展】 启动"一业一策"产业振兴行动，编制完成《仁寿县畜禽养殖业"十四五"规划》《推进枇杷产业高质量发展实施方案》《梨产业高质量发展实施方案》《仁寿县柑橘产业高质量发展实施方案》等特色产业规划。形成集研发、生产、加工、销售于一体的高规格、高标准、高水平晚熟柑橘产业发展体系，有柑橘分选线12条，产地初加工率达70%，加工产值和农业产值比值达2.29∶1，全产业链综合总产值达113亿元。

生猪产业。全县创建国家级标准化示范场1个、省级标准化养殖场3个、市级标准化养殖场3个、县级标准化养殖场7个，创建国家级生猪产能调控基地1个、省级调控基地7个、市级调控基地7个、县级调控基地7个。中德通内斯屠宰加工项目全面投产。

水果产业。晚熟柑橘优势特色产业集群建设项目通过国家优势特色产业集群绩效评价，川果智慧冷链物流中心1#车间试运营，签约京东、中通、邮政等落户园区，与汇源果汁达成深加工果汁厂生产协议。全年通过初选加工、冷链物流方式带动销售仁寿果品约2000万千克，总产值达1.5亿余元。文宫镇申报为枇杷省级产业强镇。"仁寿果"区域公用品牌登上2023年度最受市场欢迎果业区域公用品牌榜。曹家六月雪梨在第二届"中华好梨"品鉴推介活动中获得金奖。

【农业生产项目】 以流程化管理为抓手，构建完善的项目管理制度体系，制定《涉农项目会商机制》《村集体经济组织承接项目实施工作指南》《涉农项目统筹管理制度》等制度。针对重大涉农项目和"挂图作战"项目，建立"每周调度、重点通报"制度。锚定年初计划目标，科学安排建设工期，在确保工程质量的基础上保障农业生产项目有序推进。

重大农业生产项目。仁寿县农业方面"挂图作战"项目共计6个（川果智慧冷链物流中心项目、2022年度高标准农田建设项目、仁寿县2023年高标准农田建设项目、仁寿县2023年高标准农田改造提升项目、仁寿县2023年衔接推进乡村振兴补助资金项目、仁寿县丘区"天府粮仓"粮油园区基础设施建设项目），涉及总投资20.58亿元。截至2023年年底，完成对上争取项目60余个，争取资金7.65亿元，排名全市第一位。储备仁寿县粮经复合基地建设项目、仁寿农村农产品批发市场建设项目，总投资共计9亿元。

【农业机械化】 全年在春耕、"三夏"、"三秋"期间维修、维护农机具累计2.69万台（套）次，累计投入各类农业机械5.34万台（套）次。全年机械耕整地12.54万公顷，其中水稻3.43万公顷、玉米3.85万公顷、油菜2.09万公顷、小麦0.6万公顷；机插（播）5.69万公顷，其中水稻2.35万公顷、玉米0.74万公顷、油菜1.39万公顷、小麦0.6万公顷；机收7.03万公顷，其中小麦0.6万公顷、油菜1.32万公顷、水稻3.39万公顷、玉米0.9万公顷。

农机购置补贴。全县共实施完成农机购置补贴中央资金312.77万元，资金兑付率100%，受益农户2071户，补贴各类农机具3084台，带动购机户自筹资金1021.36余万元。

农机灌溉。推进2023年度财政资金提灌站建设，全年新建、改造提灌站92座，新增恢复提水能力5000余立方米/时，新增、恢复灌溉面积2600余公顷。

农机科技推广。召开2023年农机化新技术应用与推广会议，重点开展油菜分段收获及机收减损、油菜毯状苗机械化移栽技术等培训和技术推广，覆盖295人次。

农机安全管理。对全县农机专合社、农机加油站、农机经销企业或网点等开展农机安全相关检查30次。注销到期报废变型拖拉机7台，收回牌证11副21面，全县存量变型拖拉机"清零"。

【农业质量安全监管】 持续开展种子、农药、化肥、兽药、饲料等检查，加强对农药购买使用、生产档案建立和有无违法违规用药情况的日常执法检查，同时对农产品生产经营地、项目采购物资实施监管，督促落实投入品台账制度。开展"治违禁　控药残　促提升"三年行动2023年宣传周活动、"百县千乡万户"科学安全用药宣传活动以及豇豆农药残留专项整治行动宣传活动，印发宣传资料8000余份，接受群众咨询180余人次。

【农业信息化】 推进数字化信息化农业建设，推动德康智能化生猪养殖场、藕塘镇铧锐公司现代数字果园基地智能水肥一体化滴灌系统和现场小气候监控系统、珠嘉镇粮油农业园区现代智慧农业综合管理平台、粮油农业园区育秧中心温室控制系统的建设使用，提升全县农业生产智能化、经营网络化、管理高效化、服务便捷化水平。

【农业行政执法】 全年累计出动执法人员1125人次，"拉网式"检查种子、农药、化肥、兽药、饲料等农资门市851家次，立案调查25件，全部结案。重点对农药购买使用、生产档案建立和有无违法违规用药情况加强日常执法检查，开展豇豆药残执法专项检查5次，对水果种植基地抽检11个次、肥料抽样检查9个、农药抽样检查3个、太阳能杀虫灯抽样检查1个，完成3起农产品质量安全案查办。对城区、乡（镇）渔药销售门市、饲料门市和水产养殖大户开展水产养殖投入品开展检查，累计出动执法人员42人次，检查渔药、饲料门市25家、水产养殖户37户，立案调查1起使用国家限制用兽药的水产养殖案。对全县12个屠宰场是否执行进场"六符合"凭证出场制度开展检查，出动执法人员85人次。

【土地承包经营管理】 截至2023年年底，全县累计流转土地面积3.41万公顷，占承包耕地面积8.57万公顷的40%，其中规模流转面积2.3万公顷，占流转面积的67%；颁发经营权证681本、面积8800公顷；开展土地领域违规违纪违法专项整治，对流转土地产业发展情况开展巡查28次。

【农村集体经济经营管理】 全县265个村级集体经济组织共领办、创办企业240余家，平均收益达16.5万元，比上年增长85%。成立“仁寿县农村财务审核记账中心”，全面规范农村集体经济组织财务记账工作。村集体经济发展基金总规模达1494.019万元。

【农业产业化龙头企业培育】 全年完成对12家市级农业产业化龙头企业、6家省级农业产业化龙头企业的指导监测工作。继续向省、市级农业主管部门申报推荐农业产业化重点龙头企业，推荐4家企业参与市级龙头企业评选。

【农业科技创新与人才培养】 通过召开各类专题会、培训会、现场会、观摩会等形式对农技人员、基层干部、种粮大户、农民等开展科技培训，举办培训180期次，培训农技人员和基层干部2500人次、农民20余万人次。会同省农科院、川农大等技术专家到田间地头进行技术培训指导。长期与中科院、省农科院、川农大等科研院所合作，先后建立“仁寿县粮油专家大院”、博士工作站，引进博士生30余人，“天府学者”特聘专家杨文钰教授长期在园区指导农业研发工作。粮油科技示范基地、玉豆带状示范基地、良种繁育基地、巨型稻稻蛙立体种养示范基地、粮草饲种养循环示范基地成效明显。实施科技部、农业农村部科研项目38项，国家自然基金项目8项。先后应用推广水稻、油菜新技术、新品种10余项，累计筛选优良主推品种42个。

【农产品质量安全监管】 实行追溯“四挂钩”（农产品质量安全追溯与农业农村重大创建认定、农业品牌推选、农产品认证、农业展会等工作挂钩）管理，全年共开具电子版承诺达标合格证575204张，开具纸质版食用农产品合格证1152张，国家农产品质量安全追溯管理信息平台已入驻生产经营主体725个。完成省级例行抽样任务133个，其中种植业产品83个、畜产品40个、水产品10个。完成市级农产品质量安全风险监测任务539个。完成日常快速抽样检测241个，其中水果142个、蔬菜99个。完成监督抽样检测128个。完成新申报绿色食品认证产品7个，完成22个绿色食品产品年检，续展认证产品3个。

【农村人居环境整治】 常态化开展“村庄清洁日”行动，全县273个村（社区）累计发动20万余人次，清理垃圾30000余吨。出台《进一步落实农村人居环境后期管护制度的意见》《2023年农村人居环境整治提升工作要点》，建立群众“门前三包”“月度红黑榜”“季度美丽庭院”评比制度，全县环境卫生评选覆盖率达80%。

【动物疫病防控】 印发《仁寿县2023年生猪重大动物疫病专项防控行动方案》。开展“三大行动”（大消毒、大培训、大宣传），全覆盖消杀村（社区）868次，非洲猪瘟核酸检测均为阴性。仁寿德康慈航种场创建为国家级非洲猪瘟无疫小区。畜牧兽医站在27个乡（镇）农业服务中心挂牌，285名官方兽医参训及考试合格率均达100%。全县动物B证无纸化出证工作落地落实。“双随机”抽查机制有效发挥，全年屠宰企业监督检查覆盖率达100%。

【高标准农田建设】 全年完成2022年高标准农田建设结转项目，于6月完成建设，9月完成县级验收，12月完成财评审计。启动建设2023年高标准农田4000公顷，其中新建2666.67公顷、改造提升1333.33公顷。按照《四川省高标准农田建设规划（2021—2030年）》和县委、县政府的统筹规划，仁寿县2023年建设高标准农田4000公顷，计划总投资2.4亿元。经县政府批复，仁寿铧锐农业投资有限责任公司担任项目业主，以设计、施工总承包EPC模式实施2023年高标准农田建设项目。项目于11月开工，已完成总工程量的40%。仁寿县2022年度高标准农田建设项目分7个子项实施，建设面积6133.33公顷，项目总投资33086.45万元，其中中央资金8778万元、省级资金4805万元、市级资金490万元、县级资金19013.45万元。项目施工单位为广东水电二局股份有限公司，施工设计单位为广东粤水电勘测设计有限公司，监理单位为四川省坝导水利科技有限公司。

四川省眉山市2022年仁寿县中央预算内投资高标准农田建设项目。项目计划建设高标准农田800公顷，计划总投资4320万元（中央资金1283万元、省级资金517万元、市级资金100万元、县级资金2420万元）。计划建设内容包括土地平整288.79公顷，地力培肥800公顷，整治山坪塘8座，新建及整治蓄水池7口（其中高位装配式蓄水池6口、下沉式蓄水池1口），新建及整治提灌站7座，新建及整治排灌渠系9.648千米，新建及整治田间道路34.934千米，布设耕地质量调查点10处，技术培训500人次。项目于2022年11月开工建设，2023年6月全面完工。项目完成高标准农田建设800公顷，其中土地平整实际完成288.79公顷，完成率100%；新建及整治排灌渠系实际完成9.648千米，完成率100%；整治山坪塘实际完成8座，完成率100%；新建及整治蓄水池实际完成7口，完成率100%；新建及整治提灌站实际完成7座，完成率100%；新建及整治田间道路实际完成34.934千米，完成率100%；耕地质量调查点实际完成布设10处，完成率100%；技术培训实际完成500人次，完成率100%。11月20日，县农业农村局会同县发展和改革局、县财政局、县规划和自然资源局、谢安镇政府、监理单位、施工单位等部门对项目进行了县级初验，一致认为该项目中的所有工程均已完成施工设计图的工程量，并且达到验收标准，准予验收合格。

四川省眉山市2022年仁寿县钟祥镇高标准农田建设项目。项目计划建设高标准农田666公顷，计划总投资3653.9万元（中央资金797万元、省级资金712万元、市级资金65万元、县级资金2079.9万元）。计划建设内容包括土地平整187.9公顷，地力培肥675.33公顷，整治山坪塘2座，新建蓄水池17口，新建及整治提灌站8座，新建及整治排灌渠系9.634千米，新建及整治田间道路27.522千米，布设耕地质量调查点10处，技术培训1000人次。项目于2022年11月开工建设，2023年6月全面完工。项目完成高标准农田建设666公顷，其中土地平整实际完成187.9公顷，完成率100%；新建及整治排灌渠系实际完成9.634千米，完成率100%；整治山坪塘实际完成2座，完成率100%；新建及整治蓄水池实际完成17口，完成率100%；新建及整治提灌站实际完成8座，完成率100%；新建及整治田间道路实际完成27.522千米，完成率100%；耕地质量调查点实际完成布设10处，完成率100%；技术培训实际完成1000人次，完成率100%。11月20日，县农业农村局会同县发展和改革局、县财政局、县规划和自然资源局、钟祥镇政府、监理单位、施工单位等部门对项目进行了县级初验，一致认为该项目中的所有工程均已完成施工设计图的工程量，并且达到验收标准，准予验收合格。

四川省眉山市2022年仁寿县慈航镇高标准农田建设项目。项目计划建设高标准农田855.2公顷，计划总投资4619.43万元（中央资金1160万元、省级资金714万元、市级资金65万元、县级资金2680.43万元）。计划建设内容田（地）块整治420.37公顷，土壤改良855.2公顷，整治山坪塘9座，新建蓄水池17口，新建及整治提灌站3座，新建及整治排灌渠系7.883千米，新建及整治田间道路45.062千米，布设耕地质量调查点10处，技术培训500人次。项目于2022年11月开工建设，2023年6月全面完工。项目完成高标准农田建设855.2公顷，其中土地平整实际完成420.37公顷，完成率100%；新建及整治排灌渠系实际完成7.883千米，完成率100%；整治山坪塘实际完成9座，完成率100%。新建及整治蓄水池实际完成17口，完成率100%；新建及整治提灌站实际完成3座，完成率100%；新建及整治田间道路实际完成45.062千米，完成率100%；耕地质量调查点实际完成布设10处，完成率100%；技术培训实际完成500人次，完成率100%。11月20日，县农业农村局会同县发展和改革局、县财政局、县规划和自然资源局、慈航镇政府、监理单位、施工单位等部门对项目进行了县级初验，一致认为该项目中的所有工程均已完成施工设计图的工程量，并且达到验收标准，准予验收合格。

四川省眉山市2022年仁寿县曹家镇高标准农田建设项目。项目计划建设高标准农田962.9公顷，计划总投资5205.2万元（中央资金1416万元、省级资金714万元、市级资金65万元、县级资金3010.2万元）。计划建设内容包括土地平整307.03公顷，土壤改良962.87公顷，新建及整治排灌渠系12.17千米，整治山坪塘7座，新建蓄水池11口，新建及整治提灌站10座，新建及整治田间道路32.817千米，布设耕地质量调查点14处，技术培训800人次。项目于2022年11月开工建设，2023年6月全面完工。项目完成高标准农田建设855.2公顷，其中土地平整实际完成307.03公顷，完成率100%；新建及整治排灌渠系实际完成12.17千米，完成率100%；整治山坪塘实际完成7座，完成率100%；新建及整治蓄水池实际完成11口，完成率100%；新建及整治提灌站实际完成10座，完成率100%；新建及整治田间道路实际完成32.817千米，完成率100%；耕地质量调查点实际完成布设14处，完成率100%；技术培训实际完成800人次，完成率100%。11月20日，县农业农村局会同县发展和改革局、县财政局、县规划和自然资源局、曹家镇人民政府、监理单位、施工单位等部门对项目进行了县级初验，一致认为该项目中的所有工程均已完成施工设计图的工程量，并且达到验收标准，准予验收合格。

四川省眉山市2022年仁寿县满井镇、虞丞乡高标准农田建设项目。项目计划建设高标准农田1119.9公顷，计划总投资5999.92万元（中央资金1755万元、省级资金720万元、市级资金65万元、县级资金3459.92万元）。计划建设内容包括土地平整331.77公顷，土壤改良1119.9公顷。整治山坪塘8座，新建及整治蓄水池7口，新建及整治提灌站3座，新建及整治排灌渠系12.903千米，新建及整治田间道路54.215千米，布设耕地质量调查点16处，技术培训1100人次。项目于2022年11月开工建设，2023年6月全面完工。项目完成高标准农田建设1119.9公顷，其中土地平整实际完成331.77公顷，完成率100%；新建及整治排灌渠系实际完成12.903千米，完成率100%；整治山坪塘实际完成8座，完成率100%；新建及整治蓄水池实际完成7口，完成率100%；新建及整治提灌站实际完成3座，完成率100%；新建及整治田间道路实际完成54.215千米，完成率100%；耕地质量调查点实际完成布设16处，完成率100%；技术培训实际完成1100人次，完成率100%。11月20日，县农业农村局会同县发展和改革局、县财政局、县规划和自然资源局、满井镇政府、虞丞乡政府、监理单位、施工单位等部门对项目进行了县级初验，一致认为该项目中的所有工程均已完成施工设计图的工程量，并且达到验收标准，准予验收合格。

四川省眉山市2022年仁寿县彰加

镇楼影片区高标准农田建设项目。项目计划建设高标准农田840公顷，计划总投资4356万元（中央资金1131万元、省级资金714万元、市级资金65万元、县级资金2626万元）。计划建设内容包括田（地）块整治306.35公顷，土壤改良840公顷，整治山坪塘11座，新建蓄水池14口，新建及整治提灌站11座，新建及整治排灌渠系10.412千米，新建及整治田间道路47.749千米，布设耕地质量调查点13处，技术培训1000人次。项目于2022年11月开工建设，2023年6月全面完工。项目完成高标准农田建设840公顷，其中土地平整实际完成306.35公顷，完成率100%；新建及整治排灌渠系实际完成10.412千米，完成率100%；整治山坪塘实际完成11座，完成率100%；新建及整治蓄水池实际完成14口，完成率100%；新建及整治提灌站实际完成11座，完成率100%；新建及整治田间道路实际完成47.749千米，完成率100%；耕地质量调查点实际完成布设13处，完成率100%；技术培训实际完成1000人次，完成率100%。11月20日，县农业农村局会同县发展和改革局、县财政局、县规划和自然资源局、彰加镇政府、监理单位、施工单位等部门对项目进行了县级初验，一致认为该项目中的所有工程均已完成施工设计图的工程量，并且达到验收标准，准予验收合格。

四川省眉山市2022年仁寿县彰加镇铧炉片区高标准农田建设项目。项目计划建设高标准农田880公顷，计划总投资4752万元（中央资金1236万元、省级资金714万元、市级资金65万元、县级资金2737万元）。计划建设内容包括田（地）块整治393.17公顷，土壤改良880公顷，整治山坪塘24座，新建蓄水池6口，新建及整治提灌站8座，新建及整治排灌渠系11.886千米，新建及整治田间道路34.5851千米，布设耕地质量调查点13处，技术培训1000人次。项目于2022年11月开工建设，2023年6月全面完工。项目完成高标准农田建设880公顷，其中土地平整实际完成393.17公顷，完成率100%；新建及整治排灌渠系实际完成11.886千米，完成率100%；整治山坪塘实际完成24座，完成率100%；新建及整治蓄水池实际完成6口，完成率100%；新建及整治提灌站实际完成8座，完成率100%；新建及整治田间道路实际完成34.5851千米，完成率100%；耕地质量调查点实际完成布设13处，完成率100%；技术培训实际完成1000人次，完成率100%。11月20日，县农业农村局会同县发展和改革局、县财政局、县规划和自然资源局、彰加镇政府、监理单位、施工单位等部门对项目进行了县级初验，一致认为该项目中的所有工程均已完成施工设计图的工程量，并且达到验收标准，准予验收合格。

2023年四川省眉山市仁寿县中央预算内投资高标准农田建设项目（新建）。项目计划新建高标准农田2667公顷，计划总投资16925万元（中央资金6000万元、省级资金1920万元、市级资金400万元、县级资金8605万元）。计划建设内容包括土地平整1397.72公顷，土壤改良2666.67公顷，整治山坪塘79座，新建蓄水池73口，新建及整治提灌站37座，新建及整治排灌渠系67.124千米，新建及整治田间道路65.581千米，布设耕地质量调查点40处，技术培训2500人次。项目施工单位为中国安能集团第三工程局有限公司，监理单位为四川眉山华能工程技术咨询设计有限公司。项目于10月开工建设，截至2023年年底，已完成总工程量的40%。

2023年仁寿县大化镇、珠嘉镇、文宫镇财政转移支付高标准农田建设项目（改造提升）。项目计划改造提升高标准农田1333公顷，计划总投资8311.68万元（中央资金1351万元、省级资金1209万元、市级资金200万元、县级资金5551.68万元）。计划建设内容包括土地平整832.19公顷，土壤改良1333公顷，整治山坪塘1座，新建蓄水池10口，新建及整治提灌站7座，新建及整治排灌渠系22.724千米，新建及整治田间道路9.046千米，布设耕地质量调查点20处，技术培训1500人次。项目施工单位为中国安能集团第三工程局有限公司，监理单位为四川眉山华能工程技术咨询设计有限公司。项目于10月开工建设，截至2023年年底，已完成总工程量的40%。

【主要领导人】 县委书记：王岳；县人大常委会主任：杨建；县长：明宇；县政协主席：何文华；分管农业副县长：王果。

仁寿县编写组

洪　雅　县

【基本情况】 2023年，全县辖12镇，辖区面积1896.49平方米。年末户籍总户数11.05万户，户籍总人口34.08万人，其中城镇人口12.97万人、女性人口16.85万人。

2023年，全县实现地区生产总值160.33亿元，按照可比价格计算，比上年增长7.6%，其中第一产业增加值完成23.95亿元，增长4.4%；第二产业增加值完成48.66亿元，增长9.7%；第三产业增加值完成87.72亿元，增长7.5%。三次产业对地区生产总值增长的贡献率分别为9.9%、37.8%、52.3%，分别拉动地区生产总值增长0.7个、2.9个、4个百分点。三次产业结构比由上年的16.1∶30.2∶53.7调整为14.9∶30.4∶54.7。按照常住人口计算，人均地区生产总值54277元，增长7.8%。

全年社会消费品零售总额51.5亿元，增长0.4%。按照经营地分，城镇消费品零售额23.08亿元，减少0.3%；乡村消费品零售额28.41亿元，增长0.8%。按照行业分，批发业实现2.28亿元，增长0.9%；零售业实现39.64亿元，减少1.5%；住宿业实现1.58亿元，减少3.4%；餐饮业实现8亿元，减少11.4%。全年进出口总额4.1亿元，比上年减少6.3%。地方一般公共预算收入完成12.93亿元，增长1.9%，其中税收收入4.38亿元，增长19.5%。地方一般公共预算支出31.17亿元，增长17.7%，其中农林水支出6亿元，增长26.7%；科学技术支出0.05亿元，增长188.6%；卫生健康支出2.31亿元，减少0.4%；教育支出3.7亿元，增长3%；社会保障与就业支出3.18亿元，减少10.4%；交通运输支出1.62亿元，减少43%。年末金融机构人民币各项存款余额283.42亿元，增长12.9%，其中住户存款余额250.91亿元，增长11.6%。金融机构人民币各项贷款余额202.12亿元，增长19%。

全年工业增加值38.74亿元，增长9.7%，其中规模以上工业增加值增长16.7%。全县有规模以上工业企业60家，实现总产值58.97亿元，增长18.8%；工业企业营业收入58.47亿元，增长6.6%。全社会固定资产投资建设项目264个。全社会固定资产投资增长0.3%，按行业分，第一产业投资增长70.6%，第二产业投资减少28.7%，第三产业投资增长6.5%。按种类分，基础设施投资减少1.1%；技改投资减少41.6%；房地产开发投资减少26.8；民间投资减少7.4%。5000万元以上项目投资50.9亿元，减少7.7%。

公路里程1391.298千米，其中国道40.359千米、省道253.412千米、县道243.838千米、乡道421.993千米、村道431.696千米。共有公路桥梁391座。全年邮政业务总量14384.14万元，增长20.2%；快递业务量983.64万件，增长72.3%；快递业务收入5352.64万元，增长44.3%。电信业务总量3.24亿元，减少0.1%。年末固定电话用户7.81万户，移动电话用户37.8万户，互联网宽带用户16.21万户。

有各类学校92所，其中幼儿园60所（含乡/镇中心校附属幼儿园）、小学22所、初中6所、九年义务教育学校1所、普通高中1所、中等职业教育学校1所、特殊教育学校1所；在校学生38901人，其中幼儿园在园幼儿7962人、小学生17992人、初中生7703人、普通高中学生2886人、中等职业教育学校学生2310人、特殊教育学校学生48人；专任教师2230人，其中幼儿园专任教师429人、小学专任教师973人、初中专任教师536人、普通高中专任教师239人、中职专任教师44人、特殊教育学校专任教师9人。有文化馆1座，文化站15个；公共图书馆1座（藏书量约7万册，其中2023年新增藏书2300余册），线上线下共接待读者3.8万人次。有医疗卫生机构244个，病床位1715张，执业（助理）医师743人，注册护士1136人。医疗机构全年门诊人次174.7万人次，医院病床使用率92.14%。全县5岁以下儿童死亡率3.1‰，婴儿死亡率1.24‰，产妇住院分娩率99.8%，传染病发病率1090.35/10万人。全年新安装有线电视用户3359户，有线电视用户总数28000户，有线电视户通率80%。有融媒体中心1个，广播电视台1个。

【年度农业和农村经济运行】 2023年，全县居民年人均可支配收入达31445元，按照可比口径，同比增长5.8%，其中城镇居民人均可支配收入同比增长3.9%、农村居民人均可支配收入同比增长7.2%。全县建成高标准农田12.61万亩。年末农业机械总动力达23.82万千瓦，主要农作物综合机械化水平达79.15%，其中机耕面积28.34万亩、机播面积18.07万亩、机收面积20.55万亩。年末有效灌溉面积10.08万亩。

【种植业】 全年农作物总播种面积49.1万亩，增长3.6%，其中粮食作物播种面积21.9万亩，减少0.96%，占总播种面积的44.6%；油料作物播种面积9.2万亩，增长6.4%，占总播种面积的18.7%；中药材种植面积0.6万亩，增长44.9%，占总播种面积的1.2%；蔬菜及食用菌种植面积9.1万亩，增长2.2%，占总播种面积的18.5%；青饲料播种面积8万亩，减少2%，占总播种面积的16%。全年粮食总产量10.47万吨，增长2.42%，其中小春粮食产量0.21万吨，增长2.64%；大春粮食产量10.26万吨，增长2.41%。油料作物产量1.27万吨，增长4.5%。蔬菜及食用菌产量8.5万吨，增长4.7%。瓜果产量0.3万吨，增长5.4%。茶叶产量2.2万吨，增长9.4%。水果产量0.8万吨，增长10.7%。

【畜牧业】 年末生猪存栏11.3万头，减少5%；牛存栏3万头，减少2.4%；羊存栏2.9万只，减少10.7%。全年生猪出栏19.1万头，增长2.7%；牛出栏1.2万头，增长1.8%；羊出栏3.9万只，减少0.02%；家禽出栏331.4万只，增长0.2%。全年肉类总产量2.12万吨，减少0.3%，其中猪肉产量1.4万吨，减少0.6%；牛肉产量0.15万吨，增长1.4%。牛奶产量13.2万吨，增长5%。禽蛋产量0.32万吨，增长2.6%。

【水产业】 全年水产品产量0.67万吨，增长3.86%。水产养殖面积0.48万亩（含水库），其中池塘养殖面积0.42万亩，产量0.63万吨，增长3.5%；水库养殖面积0.06万亩，产量0.04万吨，增长9.5%。

【农村科技】 全县22家企业共实施79个科技项目，项目经费支出10710万元，研发费用归集金额10673万元。运营四川科技兴村在线洪雅县平台，有服务专家71人、信息员239人，组织开展中药材种植技术视频培训会1次；到农村实地对信息员进行“一对一”培训15次，培训71人次；线上咨询量983次，完成目标任务800条。

【农村生态建设】 全县有林地面积208

万亩，人工造林0.5万亩，森林覆盖率达72.49%。青衣江水质常年保持在Ⅱ类；重点小流域五河三库水质均达到Ⅲ类以上，无Ⅴ类和劣Ⅴ类水质，达到省、市下达的目标任务要求。

【农村社会保障】 全年参加城乡居民社会养老保险15.9万人，参加城乡居民基本医疗保险26.48万人。全年共发放养老金12.49亿元，支出城乡居民基本医疗保险待遇27436.39万元。全县城镇新增就业4014人，失业人员实现再就业981人，就业困难对象实现再就业603人，发放创业担保贷款1993.3万元。

【主要领导人】 县委书记：周代军；县人大常委会主任：尹斗芳；县长：李忠云；县政协主席：李明清；分管农业副县长：杨传华。

洪雅县编写组

丹 棱 县

【基本情况】 2023年，全县辖5个乡（镇），辖区面积450平方千米。年末户籍总人口15.99万人，其中男性人口8.05万人、女性人口7.94万人，城镇人口3.95万人、农村人口12.04万人。常住人口14.84万人，其中城镇常住人口6.75万人、农村常住人口8.09万人，常住人口城镇化率45.47%。全年出生人口639人、死亡人口1404人，人口自然增长率-5.16‰。全县森林资源总面积26628公顷，林地面积17384.3公顷，营造林0.815万亩，森林覆盖率57.68%。

2023年，全县实现地区生产总值91.08亿元，增长8.6%，两年平均增长6.4%，其中第一产业增加值16.38亿元，增长4.5%，两年平均增长4.3%；第二产业增加值34.12亿元，增长11.2%，两年平均增长8.3%；第三产业增加值40.58亿元，增长8.3%，两年平均增长5.7%。三次产业对经济增长的贡献率分别为10.5%、47.5%、42%，分别拉动经济增长0.9个、4.1个、3.6个百分点。三次产业结构比优化为18∶37.5∶44.5。全年接待游客482万人次，实现旅游总收入30.2亿元。

全年工业增加值26.69亿元，增长11.9%。全社会固定资产投资54.48亿元，增长9.2%。社会消费品零售总额26亿元，增长1.1%，其中城镇市场消费品零售额10.1亿元，增长0.7%；乡村市场消费品零售额15.9亿元，增长1.3%。全年外贸进出口总额2925万美元，下降4.6%，其中出口额2670万美元，下降13.1%。

境内公路总里程633.247千米，其中等级公路610.223千米。全年邮电业务总量33693.1万元，其中邮政业务总量19961.1万元、电信业务总量13732万元。固定电话用户22498户，移动电话用户184657户，互联网用户74336户。地方一般公共预算收入完成5.64亿元，增长5.1%，其中税收性收入2.61亿元，增长17.3%，占地方一般公共预算收入的46.4%；地方一般公共预算支出16.94亿元，增长14.6%。全年政府性基金收入完成9.2亿元，增长15%；政府性基金支出完成13.99亿元，增长2%。金融机构人民币各项存款余额157.46亿元，增长9.5%，比年初增加13.61亿元，其中住户（个人）存款余额143.53亿元，增长13.9%，比年初增加17.56亿元；年末金融机构人民币各项贷款余额99.8亿元，增长15.7%，比年初增加13.57亿元。专利授权190件，有国家级高新技术企业11家。

有各级各类学校45所，其中小学12所、初中4所、完全中学1所、中等职业学校1所、普通高等学校1所、幼儿园26所（公办5所、民办21所）；在校学生33569人，其中小学8398人、初中3387人、高中1543人、中等职业学校1258人、高等学校15031人、幼儿园3952人；教师1951人，其中小学教师561人、初中教师307人、高中教师133人、中等职业学校教师80人、高等学校教师503人、幼儿园专任教师367人；小学学龄儿童净入学率100%，初中入学率100%。有公共图书馆1个（图书总藏量110187册），文化馆（美术馆）1个，文物保护管理所1个，博物馆1个，电影院1个，全国重点文物保护单位2处、省级文物保护单位4处、市级文物保护单位10处、县级文物保护单位32处。有线广播电视总用户3444户（有线高清数字电视），新增有线高清数字电视用户896户，干线总长421千米；直播卫星用户2375户，地面数字电视用户200户。有医疗卫生机构119个，其中二甲医院3所；医疗机构编制病床位1064张；卫生技术人员1171人（含乡村医生），其中副高以上职称84人、执业（助理）医师476人。全年养老保险参保人数127629人，其中城乡居民养老保险参保人数84739人。城乡居民基本医疗保险参保人数135898人。新增就业2433人，城镇失业率控制在3.8%以内。

【年度农业和农村经济运行】 2023年，全县农林牧渔总产值27.6亿元，增长4.5%。全县居民年人均可支配收入达31234元，增长5.8%，其中农村居民人均可支配收入增长6.6%；居民人均消费支出增长4.1%，其中农村居民人均消费支出增长4.5%。全年水产品产量5974吨，增长3.5%。

【种植业】 全年农作物总播种面积22.6万亩，增长2.2%，其中粮食作物播种面积11.89万亩，减少1%；油菜籽播种面积7.17万亩，增长8.5%。粮食产量5.46万吨，增长2.1%；油菜籽产量8384吨，增长5%；园林水果产量24.4万吨，增长9.7%；茶叶产量3944吨，增长10%；蚕茧产量82吨，增长6.5%。

【畜牧业】 全年小家禽出栏225.5万只，增长0.1%。生猪出栏16.9万头，增长4.3%；期末存栏10.4万头，减少4.9%。肉类总产量16939吨，增长2.2%。禽蛋产量5015吨，增长2%。

【主要领导人】 县委书记：郭红；县人大常委会主任：夏荣升；县长：曾建军；县政协主席：杨华；分管农业副县长：周明强。

丹棱县编写组

青 神 县

【基本情况】 2023年，全县辖1个街道4镇2乡，辖区面积386.8平方千米。年末户籍总人口约20万人，常住人口16.9万人，人口城镇化率43.17%。

【年度农业和农村经济运行】 2023年，全县对上争取项目49个，争取资金2.0685亿元。第一产业增加值13.82亿元，增长4%。农民年人均可支配收入达2.64万元，增长6.6%。全县粮食作物播种面积14.2万亩，产量6.51万吨；出栏生猪17.28万头、肉兔26.31万只、小家禽375.95万只、肉牛4468头、肉羊11870只。

【新型农业经营主体培育】 全年新增注册家庭农场151家，家庭农场名录库入库农场达1139家，创建各级示范场32家，全面推进各级示范场“随手记”使用和家庭农场赋码登记；青神县家庭农场联盟带动92家家庭农场抱团发展。眉山市家庭农场现场会在青神县召开。青神县涛哥哥家庭农场获评四川省第一批“10+1”家庭农场典型案例，被农业农村厅在全省通报推介。新增注册合作社19家，创建各级示范社12家；7月，完成全国农民合作社质量提升整县推进试点，推动合作社主体联合发展。《青神县：推动联合发展探索农民合作社带农致富多元路径》合作社典型案例被农业农村厅通报推介。出台《青神县乡村三级农业社会化服务体系建设方案》，成立工作专班推动农业生产社会化服务高质量发展。构建“1+7+52”农业社会化服务体系，成立县农业社会化服务中心，引进青衣助农农业服务专业合作社联合社等5家社会化服务组织入驻并实体运营，7个乡（镇、街道）落实1～2人专门负责乡农业社会化服务站（点）工作；52个村（社区）选举产生村农业社会化服务协办员，负责农业社会化服务具体需求方和服务方的组织联络、代办和监督，确保农业社会化服务高效落地。全县农业社会化服务体系建设工作——《我省县乡村三级服务体系建设加快推进》在省委农办、农业农村厅《每周要情》刊登。

龙头企业培育。全县有农业产业化经营龙头企业13家，其中国家级1家（四川环龙新材料有限公司）、省级5家（四川彩虹制药有限公司、四川省丹妮生态生活护理用品有限公司、四川省青神县云华竹旅有限公司、四川省金兴食品有限责任公司、眉山市神果环球食品有限公司）、市级7家（眉山百事康农业环保科技有限公司、眉山市民威林产制品有限公司、四川省青神坤元丝业有限公司、四川省青神县鑫隆酒厂、青神瀚海农业科技有限公司、四川禾本科技有限公司、眉山川青农业旅游开发有限公司）。眉山川青农业旅游开发有限公司被认定为2023年新认定市级龙头企业。开展“万名干部上门、万户企业暖心”提升行动，走访农业产业化重点龙头企业12家；开展“千企调研解难题·竞相发展比担当”工作，走访农业产业化重点龙头企业10家，填报千企调研工作台账；撰写《千企调研解难题　竞相发展比担当》工作总结报告；配合县民经办组织青神瀚海农业科技有限公司等8家农业企业和个体户参与民营经济政策宣讲活动，制作宣讲PPT，就青神县扶持农业特色产业发展相关政策进行宣讲。完成“个转企”15家。

【农村宅基地管理】 全县宅基地建房需求为689户、2206人、117.74亩，建房申请381户，申请人数1029人，申请面积45857.2平方米；批准380宗，批准面积45757.2平方米；验收203宗，验收面积24445.48平方米。开展农村违规建房专项整治，建立青神县宅基地管理信息平台和小程序，实现“让数据多跑路、让群众少跑路”；办理信访或热线件15件，接待政策咨询40余人，宣讲和贯彻执行法律法规政策。

【农业品牌培育】 青神柑橘入选《2023年四川省农业品牌目录》。全年新申报绿色食品认证12个，其中水稻3个、柑橘9个、有机食品1个。全县有“两品一标”农产品25个，其中有机食品1个、绿色食品24个。继续实施农村综合性改革试点试验项目，加强“竹予”品牌培育、品牌宣传推广、参展品牌会节、营销产品品牌打造等工作，补助资金200万元。按照县政府印发扶持跟到项目走、分类优化扶持等管理办法，针对农业品牌创建进行补贴，全年鼓励业主主动申报、续报“两品一标”16个，县级财政配套下达经费450万元。

【新时代更高水平“天府粮仓”特色示范区建设】 成立青神县建设新时代更高水平的“天府粮仓”工作领导小组，印发《青神县建设新时代更高水平的“天府粮仓”示范区2023—2024年度任务清单、阶段性成果清单》，制定《青神县2023年市级财政”天府粮仓“示范区建设专项资金项目实施方案》《青神县2023年优质水稻产业集群建设项目实施方案》。规划“一园两区三片”粮食生产发展布局，建设新光村竹里稻香、光辉村田园乡愁农旅融合示范片。整合项目资金11.53亿元，完成青神县粮油现代农业园区市级示范片建设10个重点项目和“两张清单”中涉及青神县建设任务。青神县入选国家农业现代化示范区创建名单。

【种植业】 粮油作物。全年粮食作物播种面积14.2万亩(其中种粮大户面积2.68336万亩)，粮食总产量6.511万吨；经济作物播种面积6.3184万亩，其中油菜5.7391万亩、花生0.5793万亩。粮食作物以水稻、玉米为主，面积、产量分别为9.55万亩、5.03万吨，2.49万亩、1.03万吨。

经济作物。全县经济作物以油菜籽为主，播种面积5.7391万亩，产量0.72万吨。茶园面积4.8万亩，产量3100吨，实现产值3.875亿元。蔬菜种植面积8.41万亩，产量15.44万吨，实现产值3.088亿元，其中泡菜种植面积3.31万亩，实现产值1.07亿元。全县有蔬菜种植合作社57家，其中市级专业合作社6家、省级专业合作社2家；泡菜初加工企业10家，均与吉香居等国内大型泡菜精加工企业签订了合作协议，为其提供优质原材料。“味在眉山”全年实现销售收入80.68亿元。

柑橘产业。完成全国晚熟柑橘产业集群项目建设，在全县推广水肥一体化、施药系统等先进技术，建成标准化果园基地面积2.625万亩，辐射带动标准化基地提升5.62万亩，基本实现适度规模户设施设备全覆盖。与中国农业大学、中柑所、省农科院等科研院所合作，围绕柑橘智慧农业应用、柑橘施肥管理、病虫害防治等开展技术培训3次。“青神椪柑”获评原产地证明商标并作为全县柑橘统一品牌推广使用，在“青神椪柑”区域品牌的基础上培育“水晶水果”“SINOFRUITS”和“橘香百家”等优质企业品牌，申报“南瓜柑”“柠檬柑”等本地品种国家地理证明商标。组织企业参加农博会、泡博会等重要商贸会节活动，举办青神县第十三届椪柑节。申报2023年优势特色产业乡（镇）建设项目，项目总投资3010万元，分2年完成实施；申报2024年省级财政优势特色产业乡(镇)。新通过柑橘出口基地备案15家，柑橘现代农业园区创建为省五星级园区。2023年，全县柑橘种植面积11.12万亩，产量23.5万吨，实现总产值19亿元。

茶产业。全县茶叶总面积4.8万亩，其中生产茶园4.7万亩，干茶产量3100吨，实现产值3.875亿元。西龙茶叶现代农业园区着力建基地、强基础，打造以万沟村3000亩茶园为核心，辐射带动2万亩茶叶基地。持续推广白茶、黄金茶等优势特色品种，有绿茶绿色食品4个；完善园区基础道路设施及太阳能滴灌、节水喷灌等生产设施，形成7千米产业观光环线。西龙茶叶现代农业园区先后被评为省级示范休闲农庄、省级示范农业主题公园、市级现代农业产业融合示范园区、县级现代农业园区。

种业发展。制定《青神县2023年种业监管执法年活动实施方案》，开展种子门店经营资质、种子标签、备案种子、转基因种子排查等检查，共检查种子门店98家；开展柑橘苗圃园、柑橘苗市场等检查，共检查种子市场16次，其中联合执法检查7次，对全县5个杂交水稻种、5个杂交玉米种、3个杂交油菜种、2个蔬菜种等进行了随机抽样，市上对种子的净度、水分、发芽率进行了检测，省上对水稻种、玉米种、油菜种的品种纯度、品种真实性、转基因成分进行了检测，全县种子检测指标全部合格。种质资源普查方面，根据《四川省农业农村厅关于开展全省农业种质资源普查的通知》要求，制定《青神县农业种质资源普查总体方案》(2021—2023年）和《第三次青神县农作物种质资源普查与收集行动实施方案》(2021—2023年），要求全县三年普查、收集上报入库20个种质资源，2023年反馈全县省移交入国家库征集资源清单青神县有24个种质资源，完成种质资源普查目标任务。

【畜牧业】 全县共有畜禽规模养殖场94个。全年出栏小家禽375.95万只，有年存栏蛋鸡10万只以上的规模养殖场2个。全年能繁母猪存栏1万头；生猪存栏9.94万头、出栏17.28万头，有年出栏生猪500头以上的规模养殖场82家。全年出栏肉兔26.31万只、肉牛4468头、肉羊11870只；肉、蛋、奶产量分别为18829吨、5575吨、5965吨；以生猪、肉兔、肉鸡为主的主要畜禽规模化比重分别达96.4%、96.4%、98.5%。全县畜牧业实现产值达75578万元。

奶产业。推广使用优质冻精5000支。采取“干湿分离，种养结合”的发展模式，建设粪污处理设备设施，种植优质牧草5000余亩。有青神县裕丰园农业有限公司、青神县涛哥哥农牧有限公司2个种养循环示范场。年末存栏奶牛843头，年产奶5965吨。

蚕桑产业。全县桑园面积近1000亩，主要以白果乡胡坝村、罗湾村，高台镇富塘村、安家坝村为核心，全面推行嫁接苗高厢深沟定园栽植、配方施肥、快速丰产、绿色防控等技术，配套桑园运输、耕整、伐条、除草等机具，实现桑园当年成型、当年试产、翌年丰产。

饲料产业。全县饲料生产企业共有2家，即四川金新农饲料有限公司、眉山市西都饲料有限公司。企业落实生产安全、环保安全责任制，全年饲料产能8.2万吨，产品销往云南、贵州等地。

畜禽良种化和养殖场标准化建设。全县生猪、肉兔、肉鸡良种化率分别为96%、98%、99%。新建成1个省级示范场、市级示范场2个、县级示范场2个，改造提升畜禽养殖场10个。

畜禽养殖废弃物资源化利用。推动种养循环示范基地建设，实施种养循环提升工程，构建畜禽养殖污染防治长效机制，对畜禽养殖废弃物产生、利用和排放情况实行动态监管。沼气池厌氧经发酵无害化处理、储粪池储存后通过管网或者抽粪服务队转运还田；干湿分离后将干粪用于果树施肥和生产商品有机肥，液体粪污还田；或者修建异位发酵床经发酵后生产有机肥，如养猪场、养牛场；通过垫料养殖，在垫料里面添加发酵菌种发酵后生产有机肥处理粪污，如养鸡场、养鸭场等；通过干清粪方法将干粪直接打包以每袋8～10元出售给种植户用于农田、经济林木施肥，如养羊场、养兔场等；将固体粪便出售给有机肥生产企业生产有机肥，如蛋鸡养殖场、肉鸡养殖场等。全县7个抽粪服务队共服务养殖户355户、种植户900户，共抽运粪污30980立方米，消纳面积22585亩。全县规模养殖场粪污处理设施装备配套率达100%，粪污收集率均在80%以上，粪污收集利用率达100%，全县粪污综合利用率达95%。

重大动物疫病防控。加强动物疫病防控工作责任制，抓好重大动物疫病的免疫注射工作。全年共免疫注射畜禽达480.6万头（只）次，其中猪99.6万头次（包括补防和普防免疫猪瘟49.8万头、口蹄疫49.8万头）、牛（羊）口蹄疫3.35万头（只）、禽流感371.81万只次、羊小反刍兽疫0.94万只。对畜禽养殖圈舍进行彻底消毒，全县消毒面积达1113.37万平方米，使用消毒药达11.41吨，确保了全县无重大动物疫病发生。开展春秋季免疫抗体检测，检测猪瘟抗体546份、猪O型口蹄疫546份、猪A型口蹄疫546份、禽流感H5抗体检598份、H7抗体598份、羊O型口蹄疫390份、羊A型口蹄疫390份、羊小反刍抗体390份、牛O型口蹄疫388份、牛A型口蹄疫388份、犬抗体564份，合格率分别为89.93%、90.29%、91.39%、92.31%、93.98%、98.97%、98.21%、95.38%、93.3%、93.56%、99.65%。检测牛羊布病2310份、血吸虫病574份，均符合部颁标准。开展动物疫病病原学监测，全年检测狂犬病犬唾液拭子546份次，其中检出阳性犬3只，及时进行扑杀并无害化处理；禽流感H5、H7咽喉/泄殖腔拭子735份次，全部为阴性；鸡新城疫咽喉/泄殖腔拭子301份，全部为阴性；羊小反刍兽疫眼鼻拭子329份，全部为阴性；猪蓝耳病组织样53份，两个养殖场3份样品为核酸阳性；猪瘟组织样40份，全部为阴性。开展狂犬病防控，全年免疫狂犬病犬只4.94万只（春、秋两防），占应免犬只总数的98.86%。2023年，全县犬伤就诊人数1119人，犬伤患者伤口处理人数1119人，接种疫苗人数1119人，接种狂犬病免疫球蛋白人数12人，未发生狂犬病致死事件。

非洲猪瘟防控。召开非洲猪瘟防控培训会10余次，培训人员200余人次。春、秋两季开展非洲猪瘟“大清洗、大消毒”工作，统一时间对全县范围内的运载动物及其产品的车辆、生猪养殖场、生猪屠宰加工场等重点场所进行消毒，消毒面积1113.37万平方米。开展非洲猪瘟病原学监测，对生猪养殖场（户）、交易市场、屠宰场、生猪运输车辆等重点区域进行监测采样，全年共排查生猪养殖场共采取6234家次、生猪59.95万头次、屠宰场1个，共采取非洲猪瘟核酸检测环境样、血样、组织样、精液和唾液样3400余份，全部为阴性。

动物卫生监管。加强官方兽医业务技能培训指导和警示教育，严格证章标识、出证账号管理，打击无倒卖证章标识、“隔山出证”行为。利用“四川智慧动监”“全国兽医队伍管理平台”“证章标识管理平台”等信息平台，完善养殖场、屠宰场、贩运户、运输车辆等基础数据库，实行《动物B证》无纸化出证，实现动物检疫监督全链条智慧监管。

生猪屠宰监管。落实进场非瘟自检制度，要求屠宰企业对进入屠场的生猪每车抽检，对自检发现阳性的立即进行无害化处置。落实肉品品质检验制度，对进入屠场的生猪要求必须核对耳标号和养殖户信息，并进行登记，确保信息无误。对进入屠宰场待宰圈的生猪进行巡查，问题早发现早处理。全县屠宰企业均按要求落实肉品品质检验员，县农业农村局派驻屠宰企业官方兽医4人，监督肉品品质检验员对出场肉品按照程序进行检验，经检验合格并出具检验合格证后肉品方可出场。同时，落实专人开展日常抽查，主要抽查是否严格按照检疫规范开展检疫。加强生猪屠宰日常监管，县农业农村局每月不定期对屠宰企业开展执法检查，每月出动执法人员14人，重点检查入场查验关、非洲猪瘟检测关、检疫申报关、待宰巡查关、同步检疫关和检疫出证关“六关”，查看生猪入厂（场）记录表、“瘦肉精”抽检记录表、生猪屠宰品质检验记录表、动物产品出场记录表、非洲猪瘟采样记录表、屠宰检疫工作情况日记录表、病害动物无害化处理记录表、消毒记录表、安全生产排查记录表，现场抽取当日待宰生猪血样、企业自检留存血样、生产线和待宰圈环境样等送检，检测结果均为阴性。

【水产业】 全年水产养殖面积10830亩，年产量8699吨，实现产值2.54亿元，主要分布在白果、高台、青竹街道3个乡（镇），主要养殖名优特品种长吻鮠、黄颡鱼、鲶鱼、草鱼、鲢鱼、鳙鱼、小龙虾等，养殖特色鱼种大鲵。全年水产品禁用药品抽检为100%，水产品年度抽样检测合格率为100%。

农村养殖水面经营权确权颁证。加强组织领导，建立领导机构、工作小组，落实工作人员，负责农村养殖水面经营权确权的办理。严格工作程序，首先依申请进行材料审查，包括原始合同、承包台账、法人身份等，确保申请人与当事人一致、合同人与申请人一致。开展实地踏查，重点审查水域滩涂是否满足渔业生产要求、权属是否有争议、现场与合同约定是否一致等，确保实地与材料一致，使用状态良好，对审查无意义的，在水域滩涂所在地公示，公示期满，符合《水域滩涂养殖发证登记办法》要求，可以用于渔业生产、证明材料合法有效、无权属争议的，给予发放水域滩涂养殖证。

水产科技推广应用。为保障水产养殖业绿色发展，以水产品安全有效供给和改善养殖生产环境为中心，以养殖尾水资源化利用、达标排放为目标，通过探索水产养殖绿色发展模式开展2022年渔业绿色循环发展试点项目，将大部分养殖池塘进行大改小的生态化改造，并全面推行改建成鱼塘养殖污水循环利用养殖技术模式。参与渔业绿色循环发展试点项目的业主已全部完成养殖池塘标准化改造，采用适宜的绿色健康养殖模式，预期能对尾水进行生态治理，进而达标排放，全县水产养殖业也逐步由传统粗放型养殖模式向生态、绿色的现代养殖模式转变。

长江“十年禁渔”。县天然流域、种质资源保护区禁捕专班采取日夜执法巡查、接受举报等形式开展禁捕监管。对全县种质资源保护区岷江河、金牛河等水域及农贸市场、渔具店、涉渔餐馆等场所开展执法检查，累计出动执法人员4050余人次、执法车辆1063辆次、执法船只1159艘次，陆上巡查5690千米，水上巡查6160千米，收缴并销毁鱼竿450余根、违规网具310张，现场放生渔获物500余千克。

【乡村振兴】 粮食安全保障。投入2.1亿元，建设10万亩“天府粮仓”特色示范区，新（改）建高标准农田1.8万亩，恢复耕地1.2万亩，粮食作物播种面积14.6万亩、产量6.6万吨。成立“天府粮仓”研究院，建成粮油科技转化、育苗、冷链、烘干仓储等配套设施35个。在全市率先成立社会化服务中心，培育社会化服务组织43个、新型职业农民220人。

特色产业提质增效。全年实现柑橘总产值21亿元。完成全国晚熟柑橘产业集群项目建设，提升标准化基地2.6万亩，推广智慧农业试点3000亩，创建柑橘出口基地（工厂）21个，高台镇获评全省特色产业强镇。全年出栏生猪17.5万头，蔬菜产量13万吨，“味在眉山”实现销售收入80亿元。

和美乡村持续扮靓。巩固脱贫攻坚成果后评估获得“好”等次，创新“五字工作法”建设美丽宜居竹乡入选全国城乡环境整治优秀案例，农业废弃物资源化利用率达91.3%，农村户用卫生厕所普及率达98%。评选“五美”家庭500户，创建国家级、省级乡村振兴、乡村治理示范镇村7个。获评全省城乡融合发展试点县、农业科技现代化先行县。

乡村产业振兴。加快“天府粮仓”特色示范区建设，投入资金5.8亿元，打造竹里稻香农旅融合示范区和田园乡愁粮食生产示范区，示范种植水稻、小麦等优质品种191个，主要农作物综合机械化率达81%。建成全市首个农业社会化服务中心、粮油科技转化中心、烘干仓储中心，成立“天府粮仓”研究院，打造稻香里、天台合作社等农旅新业态37处。做强柑橘产业，全面完成全国晚熟柑橘产业集群项目建设，投资1.33亿元，改造提升标准化基地2.6万亩，推行水肥一体化1.29万亩，推广智慧农业试点3000亩。做特竹艺竹业，开展“斑布1号”良种认定，建成良种基地5000亩，创建省级竹产业基地、省级竹林康养基地、省五星级现代竹产业园区。建成“竹筷研发加工中心”，“三味一箸”产品亮相2023中国品牌博览会，“青神竹编”被纳入成都大运会非遗体验活动。抓好农产品稳定供给，保障“菜篮子”供应，蔬菜产量13万吨；水果产量19.1万吨，同比增长15%。发展设施农业，培育“萤光大米”“古中岩·东坡茶”“汉阳花生”等特色生态农产品。

乡村人才振兴。建设政治过硬、适应新时代要求、具备领导现代化建设能力的干部队伍，培养更多知农、爱农新型乡村人才。选优育强乡村干部，加强乡村振兴“头雁”队伍培育，开展乡村干部年度政治体检，鼓励支持67名“两委”干部参加学历提升计划，分层分类培训村（社区）“两委”干部，提升其履职能力和素质水平。实施“年轻干部红色薪火工程青神计划”，优先招录、选派13名干部充实乡村振兴队伍，从乡村振兴一线优选4名干部参加眉山“兴眉优培”计划，遴选14人参加第二期年轻干部“蹲苗培养计划”，提拔交流到乡（镇、街道）、园区任职干部31人。建强乡村人才队伍，加强农业、林业等专业事业高层次人才引进力度，近三年来，共为乡（镇、街道）招录高层次人才51人，下派到基层一线46人。持续实施“本土菁才”培育计划，兑现“名师”“名医”“名家”等人才奖补128.84万元；加大农业人才培育力度，设立人才发展专项资金3000万元，将新型职业农民纳入人才扶持和奖励范围。深化校地合作，柔性引进中国农业大学朱启甄、任大鹏教授到青神县开展乡村人才培训。

乡村文化振兴。统筹加强农村精神文化阵地建设，全县各乡（镇）农村精神文化阵地建设累计投入534万元。持续实施乡村文化振兴“百千万”工程，组织高台镇申报入选省级公共文化服务提质增效重点建设乡（镇），瑞峰镇创建为省级文化样板镇，罗波乡宝镜村、高台镇诸葛村创建为市级文化样板村，青竹街道光辉村、西龙镇金花村等8个村创建为第三批县级文化样板村。推进文明实践阵地提质，提升西龙镇、高台镇、青竹街道花园社区、高台镇百家池村、高台镇安家坝村6个阵地，依托红色西山爱国主义教育基地、竹文化馆、中岩文苑、村史馆、汉阳镇图书馆、爱邻厨房等建成文明实践基地（点）50余个，选树县级新时代文明实践示范所（站）8个，创建市级示范所（站）4个。

乡村生态振兴。推动人居环境持续改善，推广“拆收改栽画”五字工作法，新建成农业废物综合处置或大件垃圾处置点7个、资源化利用垃圾分类亭400处，农业废弃物资源化利用率达91.3%，农村户用卫生厕所普及率达98%，实现垃圾和污水有效处理的行政村全覆盖，入选全国城乡环境卫生清理整治优秀案例名单、2023年美丽四川建设先行试点培育县。安排7个乡（镇、街道）和52个行政村（涉农社区）共70余人参加农村生活污水治理政策标准、技术工艺、运维管护等方面的专题辅导培训，完善《青神县农村生活污水处理设施运行维护管理办法》，统筹国家生态文明建设示范奖励资金、河长制工作经费79万元用于全县农村生活污水治理设施问题整改，全县农村生活污水处理设施按照20%的比例抽查1620口，乡（镇、街道）立行立改，整改问题842个；“回头看”抽查120口，整改问题16个，提升了农村生活污水治理设施运行质量。

乡村组织振兴。坚持大抓基层的鲜明导向，增强党组织的政治功能和组织功能。织密组织体系，统筹推进基层党组织体系建设，设立镇级片区联合党委2个、村级片区联合党委12个，全面升级58个村（社区）党组织，单建、联建村（居）民小组党支部377个，建立党员就近联系服务村民制度，健全村（社区）党组织、村（居）民小组党支部、党员中心户的三级村党组织体系，推进党的领导延伸到基层，实现“组织之力”全覆盖。规范组织运行，修订村（社区）党组织标准化规范化指标110项，完善组织生活制度规程7项和工作流程14个；开展基层党组织“补短争优创一流”分类提升活动，制定村（社区）分类提升指导标准41项，健全完善“常态教育、运行管理、组织保障、创先争优”四大体系，推动基层党组织全面进步、全面过硬。开展乡村领导班子届中分析，研判解决问题短板，增强乡村班子运行功能。结合主题教育，全覆盖摸排农村基层党组织，落实“四个一”整顿措施，整顿软弱涣散党组织3个。

美丽宜居乡村建设。因地制宜探索出农村人居环境整治“拆收改栽画”五字工作法，全民整治农村人居环境，全域做美宜居乡村颜值，推动美丽竹乡高质量发展。结合中央预算内农村综合改革项目和县级预算项目资金1000万元，将乡风文明纳入重要建设指标，打造宜居宜业和美乡村示范村8个，新建村史馆4个，共计9个；新建“长者食堂”6个，共计18个；新建议事厅（坝、院）20个，共计102个；新建微阵地18个，共计39个；亲民化改造村级阵地10个，共计40个；有村级各类服务组织120个。3月31日，举办了全省乡村工匠职业技能比赛暨乡村工匠遴选分类项目座谈会；10月23日，全市乡村建设现场推进会代表现场参观了“竹里稻香”项目、高台镇诸葛村村级阵地“三化”改造、“长者食堂”经营等。

【农旅融合发展】 全年休闲农业和乡村旅游实现综合经营性收入16069万元，游客接待人数达226万人，带动农民就业5900人。全县共有农家乐79家，其中星级农家乐5家。撰写兰沟村中国美丽休闲乡村典型案例。“柑林橘海”获评国家3A级景区，实现柑橘产业与文旅产业的有机结合。

【农业农村改革】 全县以深化城乡融合为主题，统筹推进8项国家级、省级改革试点任务，持续激活农村资源要素活力，探索更多叫得响、立得住、有影响力的改革经验。获评农业农村政策与改革系统2023年优秀调研成果，是全国唯一县级获评单位；《创新工作机制着力探索乡村振兴新路径》《百家池村二轮延包试点调研报告》《探索实施以工代赈促进农民就近就业增收》《创新治管护长效机制全域推进农村人居环境整治》《推进小田变大田着力解决土地细碎化》等8项经验做法分别被中央农办《农村要情》、农业农村部《农村改革动态》、省深改办《四川改革动态》、省委农办《每周要情》等刊发推广，青神县创建为四川省农村改革工作先进县。

全国农村改革试验区建设。完成盘活闲置宅基地和集体建设用地试验区验收答辩工作，自试点以来，累计盘活闲置宅基地165宗、面积17800平方米，盘活方式包括出租、退出、收回和入股，其中出租占72.7%、退出占6.3%、收回占9%、入股占12%；盘活集体建设用地20余宗、面积6700平方米，盘活比例达12.6%；“两项改革”试点累计投入资金2.4亿元，打造新产业新业态120处。加快推进现代农业经营体系、乡村治理体系建设、公共服务一体化3项试点任务，培育新型农业经营主体1400余家，探索“一领四微”治理模式，推动优质公共服务向乡村延伸。

省级县域城乡融合发展改革试点建设。按照“1+20”的试点范围开展省级试点工作，青神县成为眉山市唯一入选的区（县），为国、省、市推进城乡融合发展提供了青神样板。坚持全面推进和重点突破相结合，把县域作为城乡融合发展的切入点，提升中心镇的辐射带动能力，建成“产业强、群众富、乡村美、带动优”的中心镇，成为县域经济新支撑；加快农业转移人口市民化，深化户籍制度改革，建立健全进城落户农民权益保障机制，形成“学有优教，病有良医，老有所养，幼有好育，住有安居，劳有乐业”的公共服务格局；健全农村产权抵押担保融资机制，建立多层次、广覆盖、可持续的现代农村金融服务体系。

农村集体产权制度改革。为巩固和深化农村集体产权制度改革，加快发展新型农村集体经济，争取并实施农村集体收益分配权抵押担保省级试点，已完成抵押担保登记系统建设；拟定《青神县农村集体收益分配权抵押担保管理办法（试行）》《青神县农村集体收益分配权价值评估办法》《青神县农村集体收益分配权抵押登记办法》等制度体系，建立农村集体收益分配权价值评估机制和抵押登记机制；发放贷款50万元，探索农村集体收益分配权抵押担保贷款具体方式；持续推进农村集体资产股权量化工作。印发《青神县扶持发展壮大村级集体经济十条措施（试行）》《青神县村级集体经济倍增计划实施方案》，从资金、人才、金融、税收等多途径助力集体经济发展，钟家山村、官厅坝村和百家池村级集体经济组织申报参评全省第二批新型农村集体经济发展典型案例，并入选眉山市推荐典型案例；十条措施主要内容入选省委农办、农业农村厅每周要情第22期“加快发展新型集体经济”板块。2023年，全县集体经济收入50万元以上的村集体有11个，占比21.15%。

农村集体“三资”监管。开展农村集体资产监管提质增效行动，拟定《青神县农村集体资产监管提质增效行动工作方案》，指导村集体经济组织围绕农村集体经济组织运行、财务管理、债权债务管控、经济合同管理等八大问题全面自查整改。全省发展新型农村集体经济助农增收专题培训会在青神县召开，白果乡《创新“三治”模式促进农村集体资产监管提质增效》被省农村工作动态第10期专文刊发。

土地承包制度改革。印发《关于开展农村土地经营权流转和村级财务管理工作巡查的通知》，对全县工商企业租赁农地的资格审查、项目审核和风险防范制度等进行巡查督导。全年审查土地流转36宗2970.584亩，缴纳土地流转风险保证金840504.79元，其中新增24宗1320.69亩。落实土地流转审查备案，足额缴纳土地流转风险保证金，新增耕地流转全部用于粮食生产。推进第二轮土地承包到期后再延长30年试点工作，探索“1183”模式，高台镇完成先行试点，全镇第二轮土地延包农户6339户，承包地面积28517.26亩，签订《农村土地家庭承包延包协议书》6297份，签订率达99%，形成延包成果资料，理清了试点思路，探索出了可复制、可推广的第二轮土地延包工作程序和经验，实现政策平稳过度、农村社会稳定，为整县试点打下了基础。高台镇百家池村第二轮土地延包全国试点经验入选农业农村部《农村改革动态》，并在全国进行交流。

乡村治理制度改革。全县以实施乡村振兴战略为统揽，贯彻落实关于乡村治理的各项决策部署，加强乡村治理体系建设，构建了以“一领两翼四微”为内涵的青神县乡村治理体系。《四川青神创新工作机制着力探索乡村振兴新路径》典型经验被中央农办《农村要情》第5期刊载；《探索邻里互助居家养老新路径　村建“长者食堂”破解“老龄村”治理难题》在《四川农村》刊发；百家池村乡村治理典型案例《党建引领“四微”联动》在全省乡村建设现场会上书面交流；“创新‘一领四微’模式，构建共建共治共享乡村治理格局”入选全国第六届基层党建创新典型案例展示，“长者食堂”“爱邻厨房”“邻里百家”等工作经验受到《人民日报》、新华网等媒体关注。获评全国文明村2个、全国乡村治理示范村3个、全省基层治理示范社区2个，青竹街道、高台镇被评为全省基层治理示范乡（镇、街道）。

【巩固脱贫攻坚成果同乡村振兴有效衔接】 落实中央、省、市巩固脱贫攻坚成果同乡村振兴有效衔接的决策部署，锁定“3786户9078名脱贫人口、435户986名监测对象不返贫不致贫”目标，落实“四不摘”要求，以建设新时代更高水平“天府粮仓”特色示范区为抓手，推进脱贫人口生活更上一层楼，实现脱贫人口年人均纯收入达15021元，增长16.42%。

脱贫攻坚成果巩固。严格按照“‘摘帽’不摘责任、‘摘帽’不摘政策、‘摘帽’不摘帮扶、‘摘帽’不摘监管”要求，推进脱贫群众生活更上一层楼。

落实各类保障政策。落实教育资助帮扶政策，补助、减免家庭经济困难学生9830人次、725.59余万元；坚持控辍保学“六长”责任制，调整优化共同体办学5个，正常适龄儿童少年入学率达100%，残疾儿童少年入学率达98%；完成青神中职校基础能力提升工程、实验初中运动场改建等项目，启动青神县滨江幼儿园、青神县学道街小学滨江校区建设项目；乡村小学和初中师生比为1∶9.31、1∶6.01。落实兜底保障政策，为脱贫人口、监测对象、低保、特困群体代缴城乡居民医疗保险258.61万元，实现全覆盖；投入32.56万元，用于监测对象738人次在县域内定点医疗机构住院医疗的费用兜底；为低保对象、特困人员、孤儿及其他困难群体1.82万人次申请医疗救助资金563.96万元，为1777名脱贫人口进行低保兜底756.7万元，为4056名（含失独人员336名）低保特困人员代缴最低养老保险金40.56万元。落实住房饮水保障政策，对全县低收入人口住房进行“拉网式”排查，投入448万元，用于213户低收入群体的住房改造提升。持续推进城乡供水一体化工程建设，新建2万吨/日自来水厂，保障城乡安全平稳供水，提升供水水质。落实产业发展政策，制定特色产业发展规划，衔接资金用于产业的发展比例中央达61.3%、省级达57.3%，县财政投入1055万元用于衔接乡村振兴，项目开工率和支付率均达100%，累计发放扶贫小额信贷1183.25万元。探索股权量化扶贫模式，惠及800名脱贫户，人均分红800余元。

脱贫帮扶。发挥党委领导的核心作用，明确重点任务，发挥四类主体力量，保证有效衔接工作层层落实到位。提高站位，落实主体责任，县委常委会、县政府常务会等专题研究巩固拓展脱贫攻坚成果同乡村振兴有效衔接工作25次，传达贯彻习近平总书记关于“三农”工作的重要指示等17次。由县委书记牵头建立每个乡（镇、街道）一名县委常委挂联机制，履行县、乡、村三级书记第一责任人职责，结合主题教育，开展“三农”工作调研42次，形成齐抓共管的良好氛围。协同联动，压实工作责任，印发《2023年巩固拓展脱贫攻坚成果同乡村振兴有效衔接工作要点》《2023年度推进乡村振兴战略实绩考核实施方案》等，召开县委农村工作领导小组会4次、专项工作会议12次。实行“四套班子”联动、纪委监委日常督查、部门专项督导工作机制，开展专项督查4次，实现全过程监督考核，确保各级责任落实到位。全员参与，开展对接帮扶，统筹落实27名县领导、2000余名帮扶干部开展帮扶；选优配强13名村“第一书记”，到联系村（社区）开展村容风貌改造、交通劝导等志愿服务。通过“专题讲座+参观调研+座谈交流”等方式开展驻村帮扶力量集中培训和调度，补齐增强基层党组织力量。

农村扶贫开发。推进脱贫人口稳岗就业，组织70余家企业召开招聘会44场次，提供岗位1963个，达成就业意向2578人次。通过园区企业、新型农业经营主体、以工代赈项目等吸纳脱贫人口就近务工4000余人次；安置公益性岗位919个，同比增长12.9%，户月均增收700元。突出重点帮扶村持续性建设，对官厅坝、玉蟾寺重点帮扶村连续3年共投入资金769.7万元，盘活资源资产，发展富民产业，村集体经济收入实现盈利20万元以上，官厅坝村、玉蟾寺村先后被评为省级重点帮扶村优秀村。探索产业多元利益联结机制，构建“5+4+1”、“7+2+1”、产业联结分红、股权量化等方式，受益脱贫户达1336户，户均分红800元以上。

【农业生产项目建设】 围绕全县乡村振兴战略、脱贫攻坚“回头看”工作、农业农村改革试点试验和省、市、县农业发展工作重点，对上争取农业项目49个，争取资金2.0685亿元；完成非工固投在库项目建设11个，项目总投资6.53亿元，全年释放固定投资3.49亿元。县级财政年初预算项目21个，下达经费2408.72万元。在中央、省农业农村系统中储备在库项目12个，拟争取上级资金5421.1万元。

粮油现代农业园区项目。围绕眉山市“天府粮仓”市级示范片六大工程任务，建设新时代更高水平“天府粮仓”特色示范区，以实现“良田万顷、旱涝保收、绿色高效”为目标，重点建设“一园两区三片”的10万亩粮油现代农业园区。全面完成园区科研转化中心、社会化服务中心、县（乡）农业生产废弃物资源化利用服务中心、品比示范基地等10个重点项目建设；累计完成27千米生产道路、27千米沟渠、21千米田埂边坡改建及470户风貌改造；有效盘活闲置资源，完成稻香里农旅融合示范点建设，举办丰收节、稻香“村晚”、研学体验等活动，吸引民宿、餐饮等5家新业态入驻；汉阳农旅融合乡村民宿开工，并完成总工程量的80%。探索并形成“科技转化赋能、农村改革提质、示范推广增效、社会化服务补短、农旅融合强链、政策保障有力”六大特色。青神县“天府粮仓”特色示范区成效初显，入选国家农业现代化示范区创建名单。

晚熟柑橘产业集群县项目。完成2022年晚熟柑橘产业集群续建项目。晚熟柑橘产业集群3年建设项目已全部完成，项目累计投资13281万元，其中中央资金3650万元、整合投入资金800万元、社会资本8831万元。通过实施水肥一体化、种养循环等项目打造高标准晚熟柑橘产业基地，改造提升标准化基地2.6万亩，已完成推广水肥一体化12898亩、施药系统12909亩、有机肥施用系统12510亩、土壤改良6157亩、生草栽培23200亩、林下种豆16705亩。实施产地初加工建设项目，改造提升生产线1条，新建生产线13条，修建冻库4000吨，新建柑橘枳实烘干系统2个；开展新型农业经营主体培育项目，建立新品种示范园2个、智能化堆肥发酵示范点10个，开展技术培训4万人次、发放技术资料7万份，新建晚熟柑橘防寒防高温防强光设施示范点1个，完成联合体阵地建设、林下经济种植示范推广，建立果园管理平台和农产品可追溯平台，开展贷款全额贴息。

高标准农田建设项目。在青竹街道程家嘴村和季时坝村实施四川省眉山市2022年青神县青竹街道高标准农田建设项目，建设高标准农田0.5万亩。项目总投资1900万元，其中中央、省财政资金750万元，市级财政资金27万元，县级配套投入资金1123万元，主要建设内容为：田型调整914亩，土壤改良示范1900亩，整治渠道7.74千米，整治田间机耕道6.445千米。项目于2022年9月26日开工建设，2023年4月23日竣工。在西龙镇长池村、万沟村，罗波乡施家沟村、西坝村、新桥社区，高台镇杨店村、安家坝村，汉阳镇小三峡村实施2023年青神县财政转移支付高标准农田建设项目，建设高标准农田0.5万亩。项目总投资2250万元，其中中央、省财政资金850万元，市级财政资金50万元，县级配套投入资金1350万元，主要建设内容为：田型调整1893.05亩，土壤改良示范1900亩，整治渠道15.418千米，整治山坪塘1口，新建蓄水池4口，整治田间机耕道7.51千米。项目于2023年9月29日开工建设，计划于2024年4月26日竣工。

乡村振兴转移支付资金项目。省、市下达青神县乡村振兴转移支付资金840万元，主要用于农业产业发展、宜居乡村建设、农村基础设施建设等方面，在高台镇、瑞峰镇、西龙镇、白果乡、青竹街道等乡（镇、街道）实施粮食产业基础设施配套建设、农村人居环境整治、乡村治理能力提升等项目。

脱贫攻坚与乡村振兴衔接资金项目。加强衔接资金项目管理，各级财政衔接推进乡村振兴补助资金共计5478万元，实施项目41个，资金拨付率达95.12%。

四川省青神县长江经济带农业面源污染治理专项项目。实施完成2021

年长江经济带农业面源污染治理专项项目。农田面源污染治理示范区建设内容为：在全县各乡（镇）居民聚居点建设农村生活污水处理设施，新建厌氧池531口、人工湿地池531口共14888立方米及建设配套管网10万米。畜禽养殖污染治理示范区实施内容为：完成10个业主共计87个单元生猪养殖圈舍的配套粪污资源化利用设备设施建设，项目主要建设内容为：修建刮粪槽31600立方米、主粪沟860米、集粪池7950立方米、化粪池1120立方米、应急池1000立方米、排污管道18950米、沼气池9275立方米、氧化塘22000立方米、灌溉塘24000立方米、沉淀池2040立方米、排粪池100立方米、堆粪棚1000平方米、搅拌池50立方米、异位发酵车间1200平方米、集污池200立方米、拌均池40立方米、排粪沟300米，购置并安装刮粪机209套、漏粪板34675平方米、干湿分离机6套、粪污喷洒系统1套、MIPS搅拌系统1套、随动粪污搅拌器1台、集粪池搅拌机6台、叠螺机1套、预制板800平方米、抽水泵5台、排粪管50米、异位发酵车间翻抛机2台、排粪阀200个。

【农村能源清洁安全生产】 开展"科技下乡"、农村沼气安全生产专项整治等，通过展板展示、播放安全应急视频、宣传标语、设立咨询台等形式宣传农村户用沼气安全生产知识，共发放宣传资料、画册等1.2万余份，接受技术咨询670余人次；开展安全隐患排查27次。全县有大型沼气工程2处、新村集中供气工程1处。

【耕地地力保护补贴】 全年落实耕地地力保护补贴1553.2万元，涉及农户48295户、132005.3亩，补贴标准为117.661895元/亩；稻谷目标价格补贴231.3803万元，涉及农户10894户、39186.16亩，补贴标准为59.04元/亩；实际种粮农民一次性补贴91万元，涉及农户10889户、39415.37亩，补贴标准为23.0874402元/亩；种粮大户补贴249.9849万元，30亩以上农户113户、26833.6亩，补贴标准为93.1611487元/亩。

【农业机械化】 全年农业机械总动力达184979.42千瓦，其中拖拉机503台、耕整机1138台、微耕机2909台、联合收割机30台、水稻插秧机36台、植保机械819台、增氧机1786台、投饲机513台、畜牧养殖机械3773台、排灌动力机械37221台。

农机化应用推广。继续推广应用大豆玉米带状复合机械化种植技术，引进大豆玉米带状复合播种机，做好大豆玉米带状复合种植相关机具的试验示范、推广工作，总结好经验、好做法，总结分析问题和不足，稳妥推进大豆玉米带状复合种植，为粮食和重要农产品稳产保供提供装备技术支撑。

农机购置补贴。完成388台（套）农机具购置补贴资金54.23万元的兑付工作，受益农户349户。

农机智能化建设。继续配合有关单位建设智慧农机综合管理系统，农机信息管理平台主要针对农田、托管服务组织、农机专业合作社、维修服务站、农机大户、培训机构等的数据进行采集及存储、管理、查询分析。通过搭建智慧农机综合管理系统，把农机信息平台数据通过依托卫星定位采集作业机具数据，将数据传回服务器，服务器对数据进行分析、运算，生成县乡（镇）合作社、农机手、农户可以查看的数据，农机作业监管数据平台在某种程度上实现了农机信息化资源"一张网"以及调度服务"一张图"的机制。

提灌站建设。全年维修检修提灌站155座、155台、1755千瓦，改造提灌站29座、29台、319千瓦，新建提灌站6座、6台、167.5千瓦，新增灌溉面积1.2万亩。

农机安全管理。加强对拖拉机、联合收割机等的监督管理，开展2023年度农业机械及驾驶操作人员年检审工作，全年年检拖拉机及联合收割机20台，注册登记拖拉机及联合收割机7台，注销拖拉机4台。开展农机市场整顿，检查各类农机产品211台（件），检查农机销售、维修网点12家。学习贯彻《拖拉机和联合收割机驾驶证业务工作规范》《拖拉机和联合收割机登记业务工作规范》，加强农机安全管理和执法队伍建设。组织技术人员对全县机电提灌设施进行"拉网式"检查、维修，确保农业生产安全；举办《中华人民共和国安全生产法》专题学习培训，开展变型拖拉机专项治理，提高农机的年检率和上牌率；开展"百日专项"整治活动，查处无证驾驶、无牌行车、违法改装、违法载人等行为。全年与交警部门开展联合执法检查6次，出动执法人员30余人次，查扣变型拖拉机1台，纠正违法违规5起，排除安全隐患3处。开展田间地头、农机专业合作社农机安全隐患排查9次，排除安全隐患2处；向车主及驾驶员发送安全短信提醒3条；开展"安全下乡"宣传2次，发放各类资料500余份，全年无重特大农机安全事故发生。

【农田水利】 加强农田水利设施建设和管理，通过农业、水利、自然资源等部门实施高标准农田建设、"五小"水利、土地整理等项目，开展土地平整、新建和整治生产道路、排灌沟渠、蓄水池、山坪塘、提灌站等工作，改善项目区农田水利设施状况，增强农业防灾抗灾减灾能力。

耕地质量调查。全县有1个省级耕地质量监测点和1个县级耕地质量监测点，其中省级耕地质量监测点位于西龙镇光辉村4组，种植制度为"油菜—水稻"；县级耕地质量监测点位于白果乡官厅坝村1组，种植制度为柑橘。在全县共布设10个耕地质量调查点，开展田间调查与采样、样品检测工作。

以全县2个耕地质量长期定位监测点和10个耕地质量调查点为基础，持续推进全县耕地质量监测和耕地质量调查评价基础性工作，对全县耕地质量主要性状等进行持续监测，开展耕地质量等级评价，对耕地质量存在的主要问题及原因进行分析，提出土壤培肥改良对策，确保耕地质量等级稳步提升。

启动青神县第三次全国土壤普查工作，落实资金，组建工作机构，进行人员技能培训，开展调查和采样工作，截至2023年12月26日，全县已完成322个表层样、33个剖面样的土壤样品采集、风干、送样制备、系统录入等。

持续开展农田水利设施建设，实施高标准农田建设项目，先后共投入资金4150万元，计划新建高标准农田1万亩，已建成高标准农田0.5万亩，完成田型调整914亩，土壤改良示范1900亩，整治渠道7.74千米，整治田间机耕道6.445千米。安排财政资金300万元，用于全县各乡（镇）高标准农田和“五小”水利管护资金。

【农业金融与农业保险】 农业金融。全县累计支持发放乡村振兴风险补偿金贷款10320万元，支持贷款项目覆盖柑橘种植、生猪养殖、水产养殖、粮食生产等类别，并将全县837户（家）个体工商户、家庭农场、专业合作社、公司等纳入支持融资名单库。各大银行支持农业贷款，农业银行、农商银行及邮储银行分别开展乡村振兴金融服务，推出“智能小额农贷”“竹乡贷”“蜀青振兴贷”“创业担保贷款”等针对中小企业快速贷款的信贷产品。

农业保险。县财政局依照《关于印发〈中央财政农业保险保费补贴管理办法〉的通知》《四川省财政厅　四川省发展和改革委员会　四川省农业农村厅　四川省地方金融监督管理局　四川省林业和草原局　中国银保险监督管理委员会四川监管局关于印发〈四川省加快农业保险高质量发展的实施方案〉的通知》《关于印发〈四川省2020年度中央财政优势特色农产品保险以奖代补试点实施细则〉的通知》等文件精神，发布《青神县财政局关于做好2022—2024年农业保险工作的通知》，明确全县农业保险任务目标为“实现种植保险覆盖率达到70%以上，养殖保险覆盖率达到35%以上”，规范参保对象、参保险种、保费收取、资金管理等细节。

【农民负担监管和权益维护】 加强和规范村级财务管理工作，指导做好村级会计基础工作，完善村级财务民主监督机制，稳定农村财会队伍建设，加强村级财务管理工作保障措施及农村集体财务审计监督。

规范实施“一事一议”筹资筹劳。履行“一事一议”程序，按照程序和要求落实好每个“一事一议”项目。推行“一事一议”项目公示制度，发挥村民理事会、监事会等的监督作用。县农业农村局加强审核监督和专项检查，对向农民筹资筹劳未纳入监管，不符合筹资筹劳适用范围、议事程序以及超出限额标准等问题及时提出整改意见。

农民负担监督检查。逐步完善农民负担监测制度，准确掌握农民负担水平，畅通农民负担信访渠道，加强对信访问题的督查督办。

【农民增收促进工程】 全年农民人均可支配收入增长6.6%，排名全市第三位。拓展农民增收渠道，坚持因地制宜，特色产业、重点项目、农村电商和产业融合成为农民增收主要的拉动力量，粮食产业稳点增量发展。

【农村科技】 全县基层农技推广体系改革与建设要求组织39名基层农技人员参加5天以上的脱产业务培训，建设长期稳定农业科技示范基地4个，培训农业科技示范主体10个，招募特聘农技员5名，农业主推技术到位率≧95%等。发布推广农业主推技术7项，农业主推技术到位率达100%，建设青竹街道标准化公益基层农技服务站技术推广1个。

农业科技推广应用。举办各类“农业科技赶场”培训60场，培训农户、新农业型经营主体8000人，编写、印发技术资料1.5万余份。建设长期稳定农业科技示范基地4个、农业科技示范主体10户，辐射带动农户2000余户；推广农业科技主推技术11项、农业主导品种3个；建成水肥一体化示范基地2000亩；开展75个蔬菜、80个油菜新品种品比示范；新增设施蔬菜3000亩，推广果套菜1.5万亩。

农业农村创新创业。全县农村创业人员累计196人，组织返乡农民工参加就业培训162人次，发放创业担保贷款290万元。建立农村创业园区1个、电子商务产业园区1个，建有县、乡、村三级电子商务服务站（点）47个。城乡末端物流配送体系建设实现县、乡（镇）、村全覆盖，大部分村能够到村配送。

农业职业经理人培育。为提高农民科技文化素质，培养一支高素质农民队伍，促进乡村人才振兴和农业农村现代化，推进农民教育培训工作，新培育高素质农民95人，其中培育农业产业领军人才2人、农业职业经理人13人、经营管理型人才40人、专业生产型人才40人。

新型职业农民培育。开展深化家庭农场和农民合作社带头人职业化试点，建立备选对象数据库，争取中央财政补助资金240万元，新培育认定扶持新型职业农民50人。同时对2020—2022年认定且在册的149名新型职业农民进行复审，并对复审合格人员进行扶持补助，加快构建资格条件、教育培训、生产扶持、社会保障及退休养老等方面的制度体系。

加强政策支撑，依托行业重点龙头企业建设，发展数字化农业。建设1个自动化育秧工厂，继续发挥500亩“智慧果园”示范作用，打造温室环境智能控制系统7个，为全县农业产业现代化发展、科技创新发挥引领示范作用。

依托知识更新、高素质农民培育、田园名星、“头雁”等项目，组织农牧专技人员、家庭农场、专合组织、农业企业法人等开展科技创新人才培养150余人，备案入库省级科技特派员服务团16人。

【农业信息化】 全县物联网信息技术应用实现全覆盖，适度规模种植户普遍使用水肥一体化和监控、遥控控制等相关智能设备设施，规模养殖户在养殖中普遍应用物联网等信息技术。建成1个占地面积1300平方米的工厂化育秧厂，依托晚熟柑橘产业集群建设项目，改造提升标准化基地2.6万亩，推行水肥一体化1.29万亩，推广智慧农业3000亩，创建柑橘出口基地和工厂20个；标准化养殖基地全部安装监控设备，对养殖区域实现24小时监控，全面提升养殖源头环境的安全指数；配套自动化喂料和清扫系统，在提高饲喂效率的同时增加养殖效益。以园区为平台，加强农业数字技术应用。加快园区数字信息化建设，统筹布设10个区块，并配套建设气象站、土壤墒情站、物联网杀虫灯等成套设施，建成高标准果园3万余亩，机械化耕作水平达83%；信息化率达96.5%，现代农业智能化水平不断提升。

7个农业综合管理信息化系统持续发力，数字信息化服务能力不断提升。印发《青神县农药包装废弃物回收处置工作实施方案》，构建销售、管理、清运三级数字化服务平台，集成农药统一监管平台、逆向物流实时监控平台、废弃物综合监管平台"三大平台"，全覆盖追踪管理农药包装废弃物，实现智慧化监管，全年无害化处置农药包装废弃物9.5吨，回收处置率达87.1%。青神县家庭农场名录库系统已录入945家，合作社管理信息系统录入178家，规范全县家庭农场和农民专业合作社管理，推动家庭农场和合作社发展。

【农产品质量安全监管】 印发《青神县2023年农产品质量安全与品牌培育工作要点》，明确工作职责，落实工作任务，建立乡（镇、街道）、村（社区）两级农产品质量安全网格化管理体系。宣贯落实新农产品质量安全法，开展乡（镇）监管员、检测员和村级协管员修订的《中华人民共和国农产品质量安全法》培训2次、赶场宣传3次。依托《四川省青神县农村综合性改革试点试验项目2022年农产品质量安全追溯体系平台建设项目》，印制发放围裙500个、扇子500把、资料2000余份和广告牌5个，做好新修订的《中华人民共和国农产品质量安全法》宣传贯彻，准确掌握农产品质量安全法修订的精神实质和主要内容，确保县农业农村局农安工作人员知责履职。联合市场监管局制定《青神县食用农产品合格证制度实施方案》，依托《2022年农产品质量安全追溯体系平台建设项目》，打造农产品质量安全追溯标准化服务点5个，配备承诺达标合格证打印机5台，提供承诺达标合格证便捷开具指导服务。开展"承诺达标合格证进电商平台、进机关单位、进超市、进学校"活动，承诺达标合格证制度得到推广和运用。开展各项专项治理，印发《青神县豇豆农药残留突出问题攻坚治理工作机制和任务分工》的通知，在豇豆生产期开展全覆盖排查，将以商品生产为目的的豇豆种植户全部纳入监管名录，逐一建档立卡，分级规范田间生产档案管理，明确乡（镇）监管员和村级协管员，监管名录要在每个生产期动态调整、及时更新，通过省级农产品质量安全监管平台汇总到国家农产品质量安全追溯管理信息平台，对豇豆开展检测，发现一起农药超标情况，已处理完毕。开展"治违禁 控药残 促提升"行动，推进2023年春季农资打假行动，严打假劣农资，开展监管执法150次，责令整改5起，立案4起。开展"瘦肉精"检测3016份、生鲜乳检测60份，检测结果均为阴性；省级农产品质量安全例行监测总体合格率保持在100%。引导新型农业经营主体完善追溯平台，新增入驻60家，录入信息12000条。落实农产品追溯"四挂钩"机制，确保参加部、省农业展会的农产品100%附带追溯码。推进农产品生产主体质量安全"重点监控名单"和"黑名单"工作，全县有3家生产主体被纳入重点监控名单，全年未发生较大及以上农产品质量安全突发事件。

【农业行政执法】 全年出动农药抽检执法人员368人次、执法车辆80余辆次，抽检农药市场92次，查获违规产品15千克，涉案金额1万元；处理农资投诉3起，挽回经济损失38万余元。抽检农产品89个，完成农产品检查信息100余条，检出不合格蔬菜3个。共查处农药案2起、农产品质量案3起，共罚款10815元。成立畜牧和渔政专案小组，由股负责人牵头，开展"亮剑行动"，自2023年1月1日开始，县天然流域禁捕专班对全县1个街道6个乡（镇）逐个进行河道清理，整治范围为县域一江五河及部分溪流，截至2023年年底，累计发放宣传资料4090份，张贴禁渔宣传牌60余个，检查涉鱼餐馆、水产品经营店42个次，渔具店40个次，出动人员4050人次、执法车辆1063辆次、执法船艇1159艘次，陆巡5690千米，水上航程6160千米，拆除地笼、刺网、罾网等违规网具260余张，手竿、矶竿等非法钓具355根，共办理违规垂钓案9件，其中使用简易程序当场处罚案件6件，处罚6人；适用一般程序进行立案查处案件3件，处罚3人。全年查处违规捕捞案件3起，赔偿渔业资源损失费2000元（网捕2起、电捕1起，已移送公安机关）。开展"三无船只"专项清理行动，县农业农村局联合县交通局针对"三无船只"进行专项整治，组织人员召开专项整治工作会议，任务分配到人，共依法拆解"三无船只"8艘。建立有奖举报制度，广泛收集案源，共接听投诉举报电话30余起，政策咨询、市长热线、部门信箱平台投诉15件，均按照程序进行现场调查处理及书面回复。开展水产养殖用投入品整治专项执法行动和畜牧水产股加强水产养殖场所定期巡查，加大对使用假劣水产养殖用兽药、禁止使用的药品与其他化合物、停用兽药、人用药、原料药等违法行为的打击处罚力度，引导养殖者使用国家批准的水产养车。

【主要领导人】 县委书记：刘今朝；县人大常委会主任：卢明春；县长：邱磊；县政协主席：陈开军；分管农业副县长：万红缨。

青神县编写组

资　阳　市

【基本情况】 2023年，全市辖3个县（区），辖区面积5747平方千米。争取到位国家级、省级项目资金46.5亿元，同比增长17.7%；地方政府一般债券和专项债券55.1亿元，同口径增长5.93%。近两年谋划储备计划实施项目922个，总投资8000亿元。

【年度农业和农村经济运行】 2023年，资阳市美术学院周边配套加快完善，红碑村宜居宜业和美乡村示范项目加快建设，"山水美、田园美、院落美、环境美、乡风美"的乡村振兴样板初步形成。"资阳大足共建文旅融合发展示范区案例"入选2022年度全省文化和旅游领域10大改革典型案例，宝森柠檬旅游区创建为国家4A级景区，乐至县被评为2023四川烟火旅游胜地。雁江区被纳入全省首批服务业高质量发展示范区，乐至县被纳入全省首批县域商业建设行动县。

【现代农业发展】 优化改造种植园地5.5万亩，建成高标准农田18万亩。发挥毗河供水一期工程效益，调水6600万立方米抗旱保春灌，全年粮食作物播种面积501.7万亩、产量167.8万吨，出栏生猪290万头。资阳市获评全省现代农业园区建设工作推进典型市，安岳县获得"国家甘薯产业技术体系成果示范基地"称号，乐至县创建为四川省有机产品认证示范区，雁江丰裕镇、安岳镇子镇被认定为首批国家农业产业强镇。

【统筹城乡发展】 打好城市规划建设大会战，国土空间规划等12个规划全面完成编制，82个城建重点项目加快实施，三贤路及雷音大桥、城区雨污分流改造、高铁北站综合客运枢纽等51个项目加快建设。开展中心城区城市"体检"，有序推动城市有机更新，新开工老旧小区改造项目91个1.2万户，完工213个1.7万户。既有住宅增设电梯181部，打通5条城区断头路，中心城区基本实现物业管理全覆盖，新开工保障性租赁住房220套。建成全省首个城市运行管理服务平台，城市精细化管理再上新台阶。雁江区中和镇、安岳县石羊镇创建为第二批省级百强中心镇，乐至县创建为省级生态园林城市；国家卫生城市复审通过现场评估，全国文明城市创建有序推进。毗河供水二期工程完成规模优化，关刀桥水库、双石桥水库、蟠龙河水库除险加固工程实现蓄水验收，"张老引水"工程完工且具备通水条件，乐至县创建为省级乡村水务示范县。宜居宜业和美乡村加快建设，新（改）建农村户厕1.7万户，改造农村危房546户，生活垃圾收转运处置体系覆盖率达100%。乐至县天池街道被认定为四川省第三批基层治理示范街道，安岳县兴隆镇被认定为省级第三批城乡基层治理示范镇，雁江区祥符镇松树村、安岳县龙台镇桥墩村、乐至县劳动镇百花村等10个村被认定为示范村。

【农村改革】 推进农村宅基地制度"两项试点"，确权登记"房地一体"57.99万宗，完成率100%；流转盘活闲置宅基地1314宗，入市农村集体经营性建设用地10宗。推进农村产权制度改革，累计交易农村产权897宗，实现交易总额10.48亿元。紧密型县域医共体加快建设，县域内住院人次占比达92%以上，基层诊疗率达67.18%。恢复补充耕地面积9.1万亩，居全省第三位，耕地保有量、永久基本农田面积均高于省下控制数。

【民生实事】 全面完成省级25件民生实事和市级20件民生实事年度任务，全年财政民生支出171.51亿元，占比67.22%。脱贫成果持续巩固，脱贫人口年人均纯收入突破1.6万元。突出重点人群就业帮扶，高校应届毕业生去向落实率93.75%，居全省第二位。城镇新增就业2.05万人。完成涉军安置任务。基本养老保险参保人数189.6万人，参保率94.31%；城乡居民基本医疗保险参保人数227.96万人，参保率98.25%；城乡低保覆盖12万人，实现"应保尽保"。资阳师范学校新校区、雁江六中原址重建等项目开工建设。马鞍学校初中部、安岳实验中学新校区、乐至第三幼儿园等10个项目建成投用，新增学位12570个。资阳市成为全省首批消除血吸虫病达标示范市，市第一人民医院启动创建省区域医疗中心，雁江区完成全国基层中医药工作示范县现场评审。公共文化阵地全面实行免费开放、错时延时开放，资阳博物馆开馆运行，安岳县创建为全省现代公共文化服务体系示范县。

【交通建设】 打好"交通建设大会战"，25个重大交通项目中11个项目竣工投用、14个项目加快建设，完成投资超过100亿元。资中至铜梁高速公路资阳境内全线开工，成渝高速扩容项目控制性工程开工建设，中心城区外环快速路、省道401线改建工程等加快推进，协调推动天府机场空港大道全线通车。新（改）建农村公路385千米，撤并建制村100%通硬化路，安岳县创建为四川省乡村运输金通工程样板县，乐至县交邮融合"金通工程"典型案例在全国推广。

【主要领导人】 市委书记：元方；市人大常委会主任：王荣木；市长：王善平；市政协主席：陈莉萍；分管农业副市长：贾发扬。

资阳市编写组

雁 江 区

【基本情况】 2023年，全区辖17镇5个街道，辖区面积1632平方千米，其中耕地面积111.87万亩，比上年增长0.53%，人均耕地面积1.37亩；基本农田92.07万亩。年末总人口898822人（户籍人口，不含高新区、临空区），减少7.38 ‰；人口出生率4.75‰，下降1.28个千分点；人口自然增长率-2.65‰，下降3.41个千分点。全区耕地有效灌溉面积和保证灌溉面积分别达到耕地总面积的73.2%和80%；本地水资源总量3.9亿立方米，人均占有水资源量372立方米。有林业用地4.79万公顷，有林地面积2.17万公顷，活立木总蓄积量231.39万立方米，森林覆盖率39.34%。

2023年，全区实现地区生产总值440.31亿元，增长5.7%，其中第一产业增加值64.08亿元，增长3.7%；第二产业增加值149.63亿元，增长4.5%（工业产值114.45亿元，增长5.7%）；第三产业增加值226.6亿元，增长6.8%。三次产业对经济增长的贡献率分别为12.9%、18.8%和68.3%。

公路通车里程4369.262千米（其中乡村公路3695.209千米），密度2.68米/平方千米、51.22千米/万人。社会消费品零售总额174.13亿元，增长5.2%。地方公共财政预算总收入完成20.14亿元，增长12.8%；公共财政预算总支出533075亿元，增长4.08%，其中农业投入144261万元，占支出的27.06%。金融机构各项存款余额1858.42亿元，比上年初增长11.2%；各项贷款余额995.86亿元，比年初增长12.5%。全年农业保费收入6.3669亿元，增长2.9%；处理各项赔款和给付金额1724万元，减少13%。完成农业产业化项目5个，完成投资12465万元。农业产业化龙头企业国家级、省级、市级、县级分别为1家、6家、16家、3家。

有各类学校325所，在校学生13.22人，教职工10500人，其中普通中学63所，在校学生52483人；小学58所，在校学生54789人；学龄儿童入学率100%。有艺术表演团体8个，文化馆1个，公共图书馆1个。有卫生机构957个，病床位10000张，卫生技术人员8700人。全区城乡居民医疗保险参保人数707468人，参合率95.74%；新型农村社会养老保险参保人数363588人，参保率96.1%；被征地农民养老保险参保人数3471人，占总人数的21.4%。

【年度农业和农村经济运行】 2023年，全区实现农业总产值118.55亿元，增长3.6%；全区全年农业增加值达14.67亿元，增长3.6%。农民年人均可支配收入达21194元，增长6.4%。建成17个基层农业综合服务站。全区主要农产品产量见表1。

【农业产业化发展】 提质发展柑橘产业，全区柑橘种植面积27万亩，年产量46万吨，其中早熟蜜柑种植面积13万亩，有“中国早熟蜜柑之乡”之称。全年完成柑橘品种改良4000亩、水肥一体化建设2659亩，新增出口备案基地3311亩，“雁江蜜柑”自营出口实现零的突破。扩面发展稻虾产业，引进实施波镁特稻虾种养等项目，全区小龙虾养殖规模达3万亩（其中稻虾养殖面积达2.6万亩），年产量突破2500吨，年产值超过1亿元。培育壮大新型农业经营主体，创建市级龙头企业4家，培育区级龙头企业2家，创建省级示范合作社2家、家庭农场1家；创建市级家庭农场18家，创建区级示范社7家、家庭农场20家。

表1 2023年雁江区主要农产品产量

主要农产品	单位	产量	同比增减（%）
粮食	万吨	52.0600	3.70
水稻	万吨	12.9800	1.80
小麦	万吨	1.3900	19.30
玉米	万吨	22.1100	10.00
马铃薯	万吨	3.3900	-9.80
油菜籽	万吨	7.1300	-2.80
蔬菜	万吨	67.6200	5.10
水果	万吨	28.6368	13.00
肉类	万吨	8.8400	2.11
猪肉	万吨	6.9200	2.79
牛肉	万吨	0.0400	0.25
羊肉	万吨	0.5100	-0.26
禽肉	万吨	1.2500	-1.12
兔肉	万吨	0.1100	-1.12
禽蛋	万吨	3.1700	3.76
水产品	万吨	2.7785	1.50
牛奶	万吨	0.2500	6.23

【农村宅基地制度改革】 推进农村宅基地“两项试点”，完成不动产确权登记16.78万宗，占比98%。保和镇黄谷村实现全区首宗集体经营性建设用地入市交易，农村宅基地制度改革通过农业农村部综合评估。

【供销合作社改革】 区供销社辖5家直属企业，分别为2家未改制企业（日杂公司、农产公司）、1家改制企业（同吉公司）、1家新建企业（2002年由联社成立宏源农资公司，2018年开始经营化肥销售）和1家未改制基层供销社（伍隍供销社）。全区有8个基层惠农供销社、9个村级供销社。

【农产品品牌战略实施】 坚持质量兴农、绿色兴农、品牌强农，把抓好优势特色产业发展作为品牌建设工作重要抓手，打造以“雁江蜜柑”为主的区域公用品牌，通过实施柑橘品种改良、品质提升，夯实品牌发展基础，增强品牌产品的市场竞争力。印发《关于加强雁江区农业品牌建设的实施意见的通知》，支持农业生产主体申报绿色食品、有机食品认证。2023年，新申报绿色食品3个，资阳市山那边柑橘种植专业合作社的“心柑宝贝”入选2023年四川省农产品品牌目录。组织18家生产经营主体参加四川省农博会，推广雁江农业品牌。

【现代农业园区建设】 推进现代农业园区建设，建成市级园区1个（雁江区粮经复合现代农业园区）、区级园区1个（祥符镇粮菜现代农业园区），初步建成一批优质的粮油、稻渔、柑橘等特色农业园区，形成省、市、区三级现代农业园共同发展格局。整合各类涉农项目资金，建设雁江区粮经复合现代农业园区，申创市级现代农业园区，申报2024年市级“天府粮仓”丘陵示范区项目。截至2023年12月，全区累计创建现代农业园区12个，其中省级园区2个、市级园区3个、区级园区7个。

【种植业】 聚焦稳产保供，实现粮食扩面增产，以打造新时代更高水平“天府粮仓”雁江片区为目标，新建高标准农田5.5万亩，粮食作物播种面积161.6万亩、产量52.1万吨，蔬菜种植面积35.67万亩、产量67.62万吨。聚焦产业提质，做强特色产业集群，发挥27万亩柑橘种植良好本底，组建柑橘产业专班，推进产业改良提质，全年完成柑橘品种改良4000亩、水肥一体化建设2659亩，实现数字化管理3.13万亩，新增柑橘出口备案基3311亩，首次自营出口吉尔吉斯斯坦，丰裕镇入选国家产业强镇。

【林业】 推进国家储备林建设，编制并通过《资阳市雁江区2021年森林质量精准提升项目实施方案》《资阳市雁江区2021年木本油料林培育项目实施方案》，编制《资阳市雁江区创建国家森林城市提升期2023—2026实施方案》。全年完成征占用林地上报审批26宗，使用林地面积23.2502公顷，收缴森林植被恢复费251.297万元。动态调整295支3130人的地方扑火队伍；出动200余人次，检查较大涉林企业单位4家、野生动物养殖场2家、木竹材加工点20余家，办理滥伐林木案5件、擅自野外用火案1件、收购无合法来源木材案1件、违法猎捕非国家重点野生动物案1件。开展2022年森林督查案件的查处整改工作，处罚当事人（单位）12人（家）。开展2023年森林督查疑似图斑的核查工作，完成641个疑似图斑核查工作。查处森林督查违法占用林地行政案件9件；排除5株古树安全隐患，续签322株古树日常养护责任书；办理林木采伐许可证187份。救护国家一级野生动物1只、国家二级野生动物10只、“三有”野生动物20206只。

【畜牧业】 坚持“抓大带小、大小联动”，整合生猪调出大县等项目资金651万元，持续实施新增能繁母猪补贴、生猪生产试点等项目，支持15家规模养殖场新（改、扩）建圈舍和建设配套设施，引进正大6000头凤凰种猪场项目，申报国家级生猪产能调控基地4个、省级调控基地16个。全年出栏生猪94.34万头、山羊34.03万只、家禽816.5万只。

【水产业】 全年水产品产量2.7785万吨，同比增长1.5%。发展稻虾产业，签约落地成都大胃王水产养殖、波镁特稻虾综合种养项目。依托高标准农田项目建设，新增稻虾种养面积4000亩，全区稻虾种养面积达2.6万亩，小龙虾养殖面积达3万亩。

【乡村振兴】 坚决守牢不发生规模性返贫底线，健全帮扶体系，建立风险摸排、监测预警网格体系，配优网格员4751名，累计核实排查风险线索25451条，全年新增监测户845户2048人，全区19278户48798名脱贫人口未发生一起“漏测失帮”。落实保障政策，严格落实“四个不摘”要求，优化完善“1+27”衔接政策，推行学费减免、生活补贴等帮扶措施，资助经济困难学生5.53万人、3228万元，“雨露计划”补贴2200人、330万元。开展自建房安全排查整治专项行动，为34户农村低收入群体实施危房改造。落实低保兜底保障，农村低保覆盖25370户31416人。促进就业增收，设置各类公益性岗位2888个，开展农民工技能培训50期；全区脱贫人口外出务工19977人，较上年增加1181人。

【乡村旅游】 以雁江区乡村的自然山水和民俗风情为依托，打造具有雁江区特色的文旅融合产业。晏家坝乡村振兴示范园项目入选2023年四川省文化旅游融合示范项目，老君镇万年村获评第四批省级乡村旅游重点村，天府花溪景区获评“2023年度最受消费者喜爱的3A景区”。举办“大美春光　花漾雁江”资阳市雁江区第八届赏花季，推出天府花溪郁金香、老君镇桃花、丰裕橘子花3条赏花线路，做热“春游经济”。举办雁江区“中和小龙虾美食周”活动，共吸引游客近100万人次，共拉动消费近5000万元，促进稻虾产业发展。

【农村水利】 推进实施全域供水项目，完成80个实施村入村管网建设和部分供水主管网改造，丰裕水厂、伍隍水厂技改扩容，四合水库、振书水库、红光水库、鄢家桥水库等工程治理，农村规模化集中供水覆盖率达88.44%；高分通过乡村水务示范县实绩考核，排名全省第一位。获评第六批节水型社会建设达标县（区）。

【农业机械化】 持续提升农业机械化水平，全年完成粮食机耕面积1064公顷、机播面积50480公顷、机收面积48147公顷、机电灌溉面积58615公顷，机械初加工农产品36.77万吨。全区有大中型拖拉机142辆、小型拖拉机549辆、农用运输车1495辆，农业机械总动力达55.67万千瓦。全年完成机电提灌设备维修1530台，新增各类抗旱设备300余台，建立管网12万余米，实施喷灌、微喷灌、滴灌等高效技术灌溉面积20000余亩。

【农村科技】 全年完成柑橘品种改良4000亩、水肥一体化建设2659亩，新增出口备案基地3311亩。宝台薯类现代农业园区在全市范围内首次实现红薯种植、收获全程机械化。"伍隍猪"通过国家畜禽遗传资源委员会现场审验。

【农村教育】 推动全区教育优质均衡发展和城镇一体化发展，着力缩小城乡教育间差距。优化调整学校布局，按照"幼儿园就近就便、小学向乡镇集中、初中向中心城镇或片区集中、高中向县城集中、资源向寄宿制学校集中"的思路，有序撤并整合学校（教学点）20所（个）。加强义务教育控辍保学工作，落实"五长"责任制度，建立"三级联动"网络，实行"双线三包"工作法，确保"在校生留得住、辍学生劝得回"。加强特殊群体学生"送教上门"机制建设，建立"三残"儿童信息档案，对"三残"儿童等特殊群体适龄儿童开展"送教上门"，全区残疾儿童（少年）应安置学生人数为573人，其中"送教上门"学生64人、特殊学校就读学生129人、随班就读学生380人，残疾儿童（少年）入学安置率为100%。抓好各阶段学生资助，资助各阶段学生学费、助学金28218人，金额3214.3万元，其中学前教育免保教费3107人，金额339.048万元；义务教育阶段生活补助13945人，金额1191.54375万元；普通高中免学费4339人，金额341.578万元；普通高中国家助学金4339人，金额865.6万元；中等职业学校免学费1934人，金额371.531万元；中等职业学校国家助学金309人，金额56万元；中等职业学校、本（专）科建档立卡学生生活补助245人，金额49万元。加强乡村教师队伍建设，公开考试招聘教师224人，其中乡村教师108人，人数占比48%。加强教师交流轮岗，2023—2024年度交流教师422人，其中城区到农村学校、薄弱学校交流轮岗176人。

【农村文化】 区文化馆以脱贫攻坚为创作背景的微电影《归来》获评四川省2023"时代光影　百部川扬"优秀作品。全区乡村文化阵地覆盖率达100%，建立基层文艺队伍348支，打造文化振兴样板镇（村）44个，培养文化专业技术人才51人，乡村文化振兴工作取得明显成效。

【农村卫生】 区人民医院与伍隍镇中心卫生院等11家医疗单位组建医疗联合体，丹山镇中心卫生院呼吸内科、伍隍镇中心卫生院中医全科建成四川省第一批基层临床特色科室，基层医疗卫生机构常见病、多发病的诊治能力明显提升；规范建设省级社会心理服务体系，依托基层综治中心、城乡社区综合服务设施等，设置心理咨询室370个，建成率达100%。以国家基本公共卫生服务项目为抓手，完成1110个健康家庭、110个社区、22个健康小屋（自助式检测点）、5家食堂、5家餐厅、5家超市、5家单位、5所学校、1个健康主题公园的打造及验收，创建为省级慢性病综合防控示范区；加快基层中医药服务体系建设，21家基层医疗机构规范设置中医馆并接入省健康信息平台，完成第一批70个村卫生室中医阁建设，通过全国基层中医药工作示范县省级现场评审。

【农村法制建设】 做好农村学法用法示范户培育，开展与示范户"结对子"活动，通过学法培训、以案释法等方式，提供有针对性的培育指导和跟踪服务，全区已认定示范户239户，覆盖全区95%的行政村，已认定的示范户全部被录入学法用法示范户备案平台，实行"一户一档"台账管理。开展群众法治宣传教育，利用"一月一主题""民法典宣传月""宪法宣传周"等活动契机，开展"法律进乡村"活动20余场次。创建示范性农村法治教育基地，伍隍镇印合村被命名为省农村法治教育基地（第一批），祥符镇白狮村被命名为省农村法治教育基地（第二批）。

【农村交通】 全年完成农村公路建设109千米，其中新（改）建农村公路48千米，建设农村公路品质提升村道34千米，建成撤并建制村畅通工程17千米，建成自然村通硬化路10千米。全区行政村客运班车通达率100%。

【农村社会保障】 贯彻落实城乡居民基本养老保险政策，发挥社会养老保险的兜底作用，按时足额为14.97万名农村居民发放养老金，实现全区符合领待条件的农村居民养老金发放全覆盖。开展扩面提质工作，开展"社保服务进万家"活动，组织参与"进乡镇、进村社"宣传活动6场，提高群众的政策知晓率和主动参保意识。持续巩固社保扶贫成果，为1.85万名低保对象、特困人员、重度残疾人代缴城乡居民基本养老保险费185万元。

落实困境儿童生活兜底保障，全区共有散居孤儿110人、散居事实无人抚养儿童245人，将集中代养事实无人抚养儿童9人全部纳入兜底保障，全年累计发放生活费479.4858万元。落实孤儿就学保障，全区年满18周岁的孤儿有38名，为就读于普通全日制本科学校、全日制专科学校、高等职业学校等高等院校及中等职业学校的中专、大专、本科学生和硕士研究生每年发放1万元的助学金；扩大困境儿童助学范围，将救助对象由孤儿扩展至“孤儿+事实无人抚养儿童”，将年满18岁高中生纳入保障范围，保障困境儿童受教育需求，全年累计发放助学金35.875万元。落实孤儿就医保障，实施“明天救治”计划，每两年为孤儿开展健康体检，7月组织37名孤儿进行健康体检，共申报费用2.96万元。

【农村生态建设及环境保护】 推动全区农村生活污水治理，编制《资阳市雁江区农村生活污水整区治理规划》，改善农村人居环境。截至2023年年底，建成农村生活污水治理设施230套，191个行政村的生活污水得到有效治理，污水得到有效治理的村占比74.9%，生活污水乱排乱放现象得到有效管控。

【农产品质量安全监管】 持续巩固“四川省农产品质量安全监管示范县”成果。完成14个镇农产品质量安全综合检测室装修改造工程、仪器设备的采购、操作技术指导和制度建设。推动实施承诺达标合格证亮证行动，铺设全区承诺达标合格证自助服务点17个。建立健全农产品追溯体系，将区域内合作社、农业龙头企业、家庭农场等主体和“三品一标”生产基地纳入农产品质量安全追溯平台，全年新增106家业主入驻平台，运用省级追溯平台录入产品生产批次1299批次、销售批次3393批次。严格农产品检验检测，完成省、市级下达农产品定量监测任务665批次；配合省、市完成各项抽检435批次，省级农产品监测合格率达98.9%，区农产品检测站通过2023年省级能力验证。加强农业执法，全年共出动执法人员1200余人次，全覆盖检查农资店334家、屠宰场18家、兽药店65个、饲料店147个、饲料厂1家，查办各类案件17件（其中农产品质量安全类违法案件4件），处罚没款合计24471元，

【农村市场体系建设】 全区共有移动电话用户114.51万户、移动电话基站9276个，其中4G基站5542个、5G基站3435个；移动宽带用户普及率100%，固定宽带光纤端口占比100%；固定宽带用户36.68万户，固定宽带家庭普及率52%。全区共有邮政局（所）74个，全年邮政业务总量1.22亿元，同比增长14%；邮政业务收入1.16亿元，同比增长13.73%，其中快递业务收入0.11亿元。加强农村信用体系建设，推进以“天府信用通”平台为依托的信用信息数据库建设和新型农业经营主体信用体系建设，全区正常经营的新型农业经营主体1728户，信用评定覆盖面达100%。落实小额信贷贴息政策，指导银行机构在脱贫人口小额信贷方面予以政策倾斜和利率优惠，截至2023年年底，全区脱贫人口小额信贷累计贴息845.72万元，其中2023年贴息41.78万元。全区脱贫人口小额信贷风险补偿金规模已达1311.99万元，历年累计代偿24户、50.75万元。提升农村地区支付服务水平，推动“支付兴农工程”建设，全区共设置352个助农取款点和52个农村金融综合服务站，打通农村金融服务“最后一公里”，建立16个农村“政务+金融”综合服务站，全面推动金融助力乡村振兴。推广“云闪付”等新型移动支付工具在乡村运用，将基础金融服务延伸到乡村。加强涉农主体信贷支持，引导地方法人金融机构运用支农再贷款支持“三农”领域，全年支农再贷款限额1.9亿元，已发放余额1.9亿元，使用率100%。引导信贷资源向涉农主体倾斜，全区涉农贷款余额264.73亿元，同比增长5.66%。

【劳务开发与返乡创业】 持续稳定农民工就业规模，全区全年实现农村劳动力转移就业24.56万人（省外5.55万人、省内19.01万人）。鼓励支持农民工返乡创业，全年新增返乡创业农民工6447人，创办企业267家、个体工商户6180户。加快推进三级劳务服务体系建设，成立县级国有劳务公司1家、乡（镇）劳务专合社17个，选树培育农村劳务经纪人285名。雁江区祥睿劳务专业合作社获得“四川省首届明星劳务专业合作社”称号，王光辉、王震亚、王斌3人获得“四川省金牌劳务经纪人”称号。选树培育创业明星和明星企业，资阳市资乡味生态农业有限公司获得四川省第二批“返乡入乡创业明星企业”称号，资阳市雁江区胜安柑橘种植专业合作社法人代表赵红、资阳市雁江区恒胜家庭农场法人代表冯超获得“四川省第二批返乡入乡创业明星”称号。评选雁江区返乡入乡创业明星30人。持续提升农民工职业技能，组织开展农民工职业技能培训50期，累计培训合格1572人，其中劳务品牌培训35期，培训合格1194人；返乡创业培训15期，培训合格378人。持续推进村级农民工综合服务站建设，建成农民工综合服务站29个，其中祥符镇白狮村农民工综合服务站获得首批“四川省村（社区）农民工综合服务示范站”称号。

【主要领导人】 区委书记：焦杨；区人大常委会主任：姚忠志；区长：杨天学；区政协主席：孙家茂；分管农业副区长：李丽平。

雁江区编写组

安岳县

【基本情况】 2023年，全县辖46个乡（镇、街道）553个村（社区），辖区面积2700平方千米。

【新型农业经营主体培育】 全县有县级以上农业产业化龙头企业27家，其中国家级1家、省级8家、市级14家、县级4家；农民专业合作社1747个，其中国

家级9个、省级34个、市级62个、县级44个；家庭农场1237家，其中省级33家、市级93家、县级356家。新创建市级农业产业化龙头企业2家，认定县级农业产业化龙头企业2家。新培育农民合作社139个，创建省级示范社3个，评定县级示范社6个。新培育家庭农场189家，新创建省级示范场8家、市级示范场22家，评定县级示范场22家。

【现代农业园区建设】 坚持将现代农业园区建设作为推进农业农村现代化有效载体，擘画"六线七园"协同发展空间布局，打造以7个园区为核心、辐射周边乡（镇）的农业产业生态圈。乾龙粮经复合现代农业园区以"粮经复合"为主导产业，坚持"破两非、促融合"发展定位，探索创新机制模式，破解农业园区运营管理体系不健全问题。"天府粮仓"安岳东部现代农业园区以"稻麦"为主导产业，坚持"天府粮仓"丘陵示范样板发展定位，实施粮食高新技术集成示范，破解粮食生产高新技术与现代装备集成运用不充分问题。周礼红薯现代农业园区以"红薯"为主导产业，坚持种业振兴、融合发展定位，开展良种繁育和新品种试点示范，破解粮油品种退化、商品率低问题。合义成渝现代高效特色农业带合作园以"稻药"为主导产业，坚持跨区域产业协作发展定位，制定完善跨区域合作机制，破解毗邻区域产业同质竞争问题。龙台粮食现代农业园区以"粮果"为主导产业，坚持绿色生态高效发展定位，打造龙台河流域生态农业示范带，破解农业面源污染影响水生态环境难题。文化柠海水乡现代农业园区以"粮蔬"为主导产业，坚持城乡融合发展定位，发挥宝森柠檬旅游区等资源优势，推动休闲农业融合发展，破解城乡发展不均衡问题。卧佛粮油现代农业园区以"稻油"为主导产业，坚持农文旅融合发展定位，持续优化卧佛旅游大道和禅西路沿线产业结构，破解精品休闲农业缺乏问题。累计创建国家级园区1个、省三星级园区2个、市级园区2个、县级园区3个，基本构建国家、省、市、县现代农业园区梯次推进、联动发展格局。重点推动国家现代农业产业园创建成果持续巩固，柠檬产量54.9万吨，实现产值154.34亿元，安岳柠檬品牌价值达190.86亿元。"天府粮仓"安岳东部现代农业园区建成"稻麦轮作""粮蔬轮作"等以水稻为主的"粮食+"示范基地1.19万亩，示范带动园区内纯粮食和间作轮作粮食集中连片种植面积达1.2万亩，获评市级现代农业园区。周礼红薯现代农业园区建成标准化红薯种植示范基地1.2万亩，创新"三抓五统一"产业发展模式，推广"一种四收"生产技术，薯业融合发展示范园项目一期主体工程竣工，吸纳3家龙头企业入驻，被认定为省三星级现代农业产业园。

【种植业】 坚持首保"米袋子"，同保"肉盘子""菜篮子""油瓶子"的工作思路，确保重要农产品稳产增产、供给均衡。出台《安岳县支持粮食生产六条措施》《建设新时代更高水平"天府粮仓"安岳县行动方案》《安岳县2023年"六线七园"建设方案》等政策文件，全面支持粮食生产和农业基础设施建设。全年粮食作物播种面积214.6万亩，同比减少1%；产量74.4万吨，同比增长3.2%。油菜种植面积50.7万亩，同比增长6.6%；产量10.2万吨，同比减少2.6%。全年蔬菜种植面积43.4万亩，同比增长2.7%；产量93.89万吨，同比增长4.8%。园林水果种植面积44.7万亩（其中柠檬38.8万亩），减少3.46%；产量52.2万吨（其中柠檬产量47.3万吨），增长5.32%。

粮油作物。坚持增数量，采取残次园地改造一批等"五个一批"方式恢复补充耕地面积5.33万亩，扩面推广"果还粮""果加粮""果转粮"等多重粮经复合模式2.3万亩，采取"国企主导+订单改造"等方式建成高标准农田7.2万亩。坚持提质量，建成耕地质量调查点233个、化肥施用监测点333户，耕地质量等级提升0.1级，《改造低产地夺得全省产粮"前三甲"密码》在《四川日报》、川观新闻等媒体报道。坚持推广"良种"，与川农大合作筛选米质达国颁一级米标准品种3个、高产稳产水稻新品种6个，全县粮食亩均增产10.6千克。坚持用"良机"，制定农机购置补贴县级追加3%、提灌站电费补贴0.05元/度等政策措施，整合资金4043万元，新（改）建提灌站等农田水利设施721处。坚持推"良技"，推行稻麦轮作、带状复合等稳产高效生产模式，大豆玉米带状复合种植面积10万亩，蓄留再生稻7万亩，"崇香优20"首次在安岳县试种成功并在《人民日报》刊发。出台《安岳县支持粮食生产六条措施》，加大涉农项目资金整合，推动种粮大户经营面积达8.8万亩，同比增加5.5万亩。多重粮经复合模式获得省委调研组的肯定，并通过《四川改革动态》在全省推广（主要粮食作物生产情况见表1）。

经济作物。蔬菜方面，出台《2023年安岳县蔬菜产业发展方案》，依托"六线七园"建设、农业设施改善项目，建设25个县城大棚蔬菜保供基地3000亩、21个露地蔬菜基地4万亩/季。加强新品种新技术推广，对种植大户进行田间技术服务培训，确保蔬菜量质双增，全年蔬菜种植面积43.4万亩，同比增长2.7%；产量93.89万吨，同比增长4.8%。水果方面，推行果园提质增效行动，实施果树品种改良、改造提升基础设施，开展技术培训，推进柠檬良种苗木繁育基地二期、柠檬高产示范基地、柠檬直供基地、柠檬升级认证基地"四类"基地建设，推动生产标准化，促进水果产业健康发展。全年园林水果种植面积44.7万亩（其中柠檬38.8万亩），减少3.46%；产量52.2万吨，其中柠檬产量47.3万吨。中药材方面，全县中药材在田面积2.5万亩、种植面积1.2万亩，产量达0.34万吨。共有中

表1　2023年安岳县主要粮食作物生产情况

分类	作物	面积(万亩)	单产(千克/亩)	产量(万吨)
小春	小麦	2.60	268.00	0.70
	豌胡豆	7.95	130.20	1.04
	马铃薯	8.65	255.00	2.20
大春	水稻	57.30	503.80	28.90
	玉米	60.36	382.80	23.10
	高粱	0.40	285.00	0.10
	大豆	28.51	154.00	4.40
	绿豆	2.21	140.00	0.30
	马铃薯	8.71	272.80	2.40
	红薯	37.91	298.00	11.30

药材规模种植业主56家，种植面积8869亩。食用菌方面，全县共有食用菌种植户28家、种植面积1014.7亩，其中羊肚菌种植面积796亩、平菇等其他菌类种植面积218.7亩；食用菌产量3177吨，同比增长6.1%，其中干品产量104吨、鲜品产量3073吨（全县主要经济作物生产情况见表2）。

植保检疫。全年农药使用量499.2吨（行业抽样调查数据），同比减少0.07%。全年无农作物重大病虫害和植物疫情发生，挽回粮油及经济作物损失3.09万吨，制发病虫害防治简报18期。

【畜牧业】 安岳县是全省畜牧业重点县、全省生猪调出大县，全县规模以上畜禽养殖场（企业）达157家（其中生猪135家、肉/奶牛13家、肉鸡4家、兔3家、羊2家），有养殖专业户552户，生猪规模养殖比重达66%。创建国家级生猪产能调控基地5个、省级生猪产能调控基地15个。全年存栏生猪65.86万头、大牲畜3.14万头、羊15.33万只、小家禽674.2万只、兔59.76万只，出栏生猪114.24万头、肉牛1.48万头、羊33.75万只、小家禽1052.08万只（羽）。

发展规划。围绕成安渝高速沿线、国道247线沿线生猪产业，布局温氏、兴新鑫、正邦生猪产业一体化建设项目，安岳温氏在通贤镇、镇子镇、兴隆镇建设种猪繁育场3个；安岳正邦在大平镇玉石村建设16.8万头、文化镇新民社区建设8.4万头育肥场2个，全年新增生猪出栏25.2万头。安岳农神生物技术有限公司在李家东风社区建设年40万吨畜禽粪污区域收集处理中心及有机肥厂1座。

动物防疫。2—5月、9—11月开展春、秋两季重大动物疫病集中免疫工作，全县强制免疫病种免疫率均为100%，做到“应免尽免”；开展免疫抗体监测，抗体合格率达到国家标准70%以上。开展三轮“大清洗、大消毒、大宣传”行动，消毒面达100%。全年未发生区域性重大动物疫情。召开各类工作部署、业务培训会200余场次，培训各类防疫人员2000余人次；分两期召开基层农技人员知识更新培训班，培训县、乡两级基层农技人员共300余人。开展非洲猪瘟、高致病性禽流感、口蹄疫、小反刍兽疫等重大动物疫病及布鲁氏菌病、牛结核病、狂犬病等人畜共患病的监测与流行病学调查，结果均为阴性。继续坚持非洲猪瘟“3+1”网格化管理体系和屠宰企业非洲猪瘟自检制度；继续坚持非洲猪瘟等重大动物疫病“日排查、周报告”制度，对全县养殖场、屠宰场等疫病情况开展全覆盖排查，实时掌握疫情动态。全县未发生牲畜及人感染人畜共患病，各类样品检测结果均为阴性。抓好疫情监测和流行病学调查工作；抓好狂犬病免疫，做到“应免尽免”。

兽医培训管理。全县共有官方兽医194名。开展官方兽医集中培训3次，共计培训560人次。完成动物卫生监督机构、动物检疫申报点和官方兽医信息、注销、更新等工作。加强对官方兽医检疫行为的监督，督促其依法依规开展动物检疫活动。

动物诊疗机构管理。全县共有动物诊疗机构6家、兽药经营企业18家、饲料及饲料添加剂经营户179户。按照《动物防疫法》《动物诊疗机构管理办法》《执业兽医管理办法》《乡村兽医管理办法》

的规定，集中开展辖区内涉及动物诊疗活动机构专项检查20余次。

畜禽屠宰管理。全县有生猪定点屠宰企业22家，在建A类生猪定点屠宰企业1家，年屠宰生猪35.76万头。开展定点屠宰场猪肉质量安全日常监管，联合公安、工商、畜牧、卫生防疫等部门开展专项整治和食品卫生安全大检查，严厉打击私屠滥宰和制售注水肉、病害肉等不法行为，清理和整顿不合格定点屠宰企业。加强屠宰管理和执法检查，加强生猪定点屠宰管理和肉品质量监督控制，提高肉品质量，促进屠宰加工行业的健康发展，确保城乡居民肉类商品消费安全。

饲料、兽药（渔药）及添加剂监管。按照《兽药经营管理条例》和《兽用生物制品经营管理办法》开展经营活动，督促指导兽药经营企业在国家兽药产品追溯系统做好兽药产品入库、出库追溯数据上传，对不按规定实施兽药经营追溯的企业按照《兽药经营管理条例》相关规定进行查处。全年开展专项整治工作，出动人员48人次，专项检查兽药经营户32户次，未发现违法经营兽药行为。严厉打击无证经营、超许可范围经营及销售假冒伪劣兽药行为，重点查处标识为非兽药的水质改良剂、动保产品、饲料添加剂、饲料原料等，但标签和说明书标注有预防和治疗功能的产品。持续开展兽用抗菌药减量化行动。加强“瘦肉精”监管，确保畜产品质量安全，采取常规和专项相结合的方式，4月和9月开展养殖环节“瘦肉精”专项监测，全年共计监测6642份，监测结果全部为阴性。

【水产业】 全县有水产养殖经营主体163个、农业农村部颁发的健康养殖示范场11个、省级无公害基地15个，全年水产品总产量3.16万吨，实现渔业经济产值6.52亿元。水产养殖方式主要包括池塘养殖、水库增殖、稻田养鱼等。按照“农业供给侧结构性改革”要求，调整养殖方式，累计发展稻鱼综合种养3万亩，推广池塘底排污水质改良模式15处、玻璃钢循环水养殖模式1处、帆布池循环养殖模式1处、陆基集装箱养殖模式1处。

技术培训。以组织培训班、举办“送科技下乡”活动等多种形式开展技术培训、技术指导和服务，助力乡村振兴。全年开展水产技术培训16次，培训650余人次，接受技术咨询、现场服务约90余人次。

渔政管理。打击电鱼、毒鱼等破坏水生态环境的违法行为，全面实施长江禁捕工作。为保护天然水域渔业资源，

表2　2023年安岳县主要经济作物生产情况

指标名称	合计		
	面积（亩）	单产（千克/亩）	总产量（吨）
经济作物	1212103	—	—
一、油料	619340	—	—
其中：花生	112320	155	17376
油菜籽	507020	201	101928
二、糖料（甘蔗）	7039	2367	16661
三、中草药材	12010	283	3404
四、蔬菜及食用菌	434030	2163	938937
其中：蔬菜（含菜用瓜）	434030	2156	935759
食用菌	—	—	3178
五、瓜果类	21569	3405	73435
六、其他农作物（青饲料）	118115	—	—
七、园林水果	446892	—	521658
补充资料：饲料用青贮玉米面积	45030	—	—

以“禁渔期”“长江十年禁捕”和“电打鱼”等违法捕捞专项整治活动宣传为契机，发放宣传资料2万余份、宣传标语500余条、公益广告2000余条，提高社会公众的知晓率和参与度。县农业农村局、县公安局、县市场监督管理局、县交通运输局、县水务局联合开展保护渔业资源、打击电鱼等非法捕捞专项整治工作，立案非法捕捞渔政案件10件，办结8件，行政罚款1.48万元，对非法捕捞行为形成了震慑。

【乡村振兴】 聚焦“守底线、抓发展、促振兴”的思路，把巩固拓展脱贫攻坚成果放在突出位置，建立防止返贫常态化监测帮扶体系，6571名网格人员全年累计摸排风险线索52021条，共计新增监测对象1754户4373人，消除风险138户347人。紧盯135个脱贫村、27个乡村振兴重点帮扶村（含6个脱贫村）和39601户脱贫户99787名脱贫人口、3565户9640名监测对象，促进脱贫人口年人均纯收入达17139元，同比增长14.34%，守住了不发生规模性返贫底线，为实现全面乡村振兴奠定了基础。

产业振兴。粮油生产再获丰收，粮食产量达74.4万吨，位居全省第二；油菜产量达10.2万吨，位居全省第三，连续15年稳居全省第一方阵。生猪产能持续稳定，申报国家级、省级生猪产能调控基地20个，年出栏生猪114.24万头，保持全省第一方阵。柠檬产业创新突破，“安岳柠檬”入选全国首批“品牌价值领跑者”，出口金额1.4亿元，同比增长78%，占全省水果出口总额的85%以上。增强产业基础，整合资金4000万元，新（改）建提灌站等农田水利设施721处，新增恢复耕地5.33万亩，毗河一期工程全年调水3077万立方米。

人才振兴。立足全县乡村产业发展实际，持续加大行业人才队伍建设力度，制定人才工作发展十一条措施。加快高层次急需紧缺人才的引进、管理和培养，柔性引进王雪峰、李飞等12名专家学者，助力乡村振兴；招引农业人才40人，其中选调紧缺性人才2人，考录（聘）技术性人才24人，引进综合型人才11人，招募“三支一扶”3人。加大优秀年轻干部选拔任用和干部职务晋级晋升，全年提拔任用科级干部2人、公务员（参公人员）职级晋升17人、事业单位人员岗位晋升36人。推动人才服务基层，支持560名农村能人等回乡领办创办企业、发展特色产业。选派19名行业技术骨干开展综合帮扶，助力乡村振兴，其中选调生到基层锻炼2人、到凉山州开展综合帮扶8人、驻村帮扶干部12人。实施人才培育计划，全年完成基层农技干部知识更新培训209人、高素质农民培育411人，培育认定农业职业经理人138人，“科技下乡”培训农村实用人才1500余名，培育农村职业经理人100余名，引领乡村产业全面振兴。遴选15名优秀的种养业主或技术骨干参加省级乡村产业人才振兴带头人“头雁”培训计划，培训农村实用人才达19331人。加强人才典型选树，以“省级人才工作先行区创建”为契机，突出人才在乡村振兴、推动现代农业高质量发展的关键作用，开展选树农业系统单位和个人参与评优评先活动，以左孝川为代表的4名工作人员入选“第五届资阳市领军人才”，推荐唐明辉等4名工作人员参选2023年“天府青城计划”。

文化振兴。安岳米卷制作技艺、安岳石工号子被纳入省级非遗代表性项目名录，石永恩被省乡村振兴局推荐为国家级乡村工匠大师候选人。开展“安柠石光岳迎八方”安岳文旅主题推介会3次。运营“文旅安岳”官方微信号，全年发布微信推文150余条。开展“我们的节日·元宵”、安岳县2023年“龙腾狮舞闹元宵”游艺游园等活动11次，举办“创天府旅游名县·绘乡村振兴宏图”安岳县2023年文化惠民巡演80场次，《石乡古韵》在四川省第三届乡村文化振兴魅力乡镇竞演大赛中获得“金蜀稻”二等奖。制发《安岳县乡风文明十条》，在全市率先启动农村移风易俗宣传及专项整治行动。安岳县获评“四川好人”2名、“资阳好人”7人、“资阳新时代好少年”4人。开展“我们的节日”等文明实践活动7000余场次，惠及群众60余万人。

生态振兴。农村人居环境持续改善，示范带动14个乡（镇）41个行政村建成无害化卫生厕所8349户，全面完成市级民生任务5800户。建成化肥减量示范点6个，29家水产养殖场尾水实现原位或异位治理，完成26家畜禽养殖场粪污设施提档升级，龙台河等5条重点河流域“纵沟改横沟”项目全部启动建设。加强乡村治理，被纳入省级“积分制、清单制+数字化”智慧乡村治理试点，整合涉农项目资金613万元，重点用于7个示范村和39个试点村开展智慧乡村治理试点。和美乡村建设初步破题，创建省级宜居宜业和美乡村示范村8个，市级乡村振兴先进乡镇4个、示范村15个。

组织振兴。实施“乡村堡垒”建设行动，对118个村级组织活动场所进行升级改造，推进村级党群服务中心标准化规范化建设。实施“乡村头雁培育”计划，公开考试选拔村（社区）后备干部510余名，新增村党组织书记和主任“一肩挑”3名，调整60岁以上村党组织书记16名。整顿4个集体经济薄弱村、1个党组织软弱涣散村，对照“项目建设、脱贫户数量、示范创建、人均收入”4个指标，综合选派驻村干部442名。制定发展壮大村级集体经济十项机制、十条措施，促进全县村集体经济实现纯收益754.3万元。

【农村改革】 贯彻落实中央、省委、市委关于深化农村宅基地制度改革试点部署要求，按照“高位推动、统筹谋划、分类实施、稳慎推进”思路，稳步推进改革试点各项工作，重点围绕落实宅基地“三权分置”，稳妥盘活闲置宅基地和农房，《安岳县“宅改+”引领乡村旧貌换新颜》

等经验在国家、省推广，累计盘活闲置宅基地及农房598宗，实现236户农户宅基地资格权跨区域保障。

【宜居乡村建设】 学习贯彻“千万工程”建设经验，探索宜居宜业和美乡村建设新模式新机制，基本构建乡村振兴“三环两轴十片”、现代农业“六线七园”发展格局，完成公路建设215.54千米，改造农村病危桥8座。新建改造10千伏线路22.029千米、低压线路128.645千米，新增或增容配变27台。累计建成高中低压长输燃气管道10699千米，天然气用户达30万余户。所有场镇实现5G网络全覆盖，行政村覆盖率达100%。义务教育阶段适龄儿童、少年入学率达100%，残疾适龄儿童入学率达97.34%以上。城乡居民基本医疗保险参保人数102.17万人。建成乡（镇、街道）综合文化站70个、村（社区）基层综合文化服务中心553个。入选省级“积分制、清单制+数字化”智慧乡村治理试点县。探索“积分制+”村庄事务管理，“川善治”平台入驻率达100%、上星率达100%，位居全省前列。林凤镇与镇子镇金牛村等8个村被评为市级乡村文化振兴样板村镇，认定县级第三批乡村文化振兴样板镇4个、村31个，林凤镇与姚市镇方石村被评为乡村文化振兴省级样板村镇。安岳县创建为四川省现代公共文化服务体系示范县。

【农资质量监管】 开展“大春农资打假和放心农资下乡进村”“3·15农资打假打假”“种子执法”等专项行动，农资质量监督方面立案14起，全部结案，罚款金额合计35629元，起到了较好的警示和教育作用。

【种子管理】 大春农作物品种备案459个，其中水稻191个、玉米268个；小春农作物（油菜）品种备案164个，主要农作物种子生产经营备案率100%。开展农作物种子市场专项检查、种业监管执法年活动，检查经销商和种子经营门店453家；抽检种子样品120个，合格种子样品120个，合格率100%；抽取制种基地玉米种子品种39个、水稻种子品种5个进行转基因检查，经检测全部无转基因成分，为农民购买“放心种”奠定了基础。确保完成全年主要农作物良种覆盖率稳定在98%以上的目标。开展当家品种筛选，筛选主要粮油作物当家品种24个，其中水稻品种6个（“泰优808”“晶两优534”“宜香优2115”“泰优粤禾丝苗”“川康优6308”“玉龙优1611”），玉米品种6个（“川单99”“华试919”“中单808”“正红507”“成单716”“成单3601”），油菜品种4个（“川油81”“望乡油1881”“邡油777”“中油杂501”），红薯品种5个（“徐薯18”“南薯88”“普薯32”“烟薯25”“渝薯18”），大豆品种3个（“贡秋豆5号”“南夏豆25”“成豆18”）。

【农作物秸秆开发与利用】 全年农作物秸秆总产生量为76.82万吨，可收集量为65.66万吨，秸秆利用量为61.89万吨。市场规模化主体达23个，推广秸秆粉碎还田、堆沤还田、腐熟还田等技术，加强农作物秸秆“肥料化”“饲料化”“燃料化”“基料化”“原料化”五化利用，利用率94.25%，秸秆综合利用量稳步提升。

【农业区域合作】 按照“共研、共建、共享”发展思路，与重庆市大足区共同成立合作园区领导小组，召开各类联席工作会议16次，共享小龙虾销售网络体系，通过跨区域抱团发展，统一质量标准、稳定市场价格、提高品牌效益、打开销售路径，上半年小龙虾平均价格稳定在60元/千克，同比增长30%。按照“路相通、渠相连、产业协同、功能互补、互利共赢”原则，共同改（扩）建各类道路12千米，打通产业环线道路、共建乡村旅游景观环线。错位布局生产功能区，避免同质竞争，“基础设施互联互通、产业环节优势互补”发展格局基本构建。共同建立企业发展联盟，推动科技研发成果、新品种新技术、仓储冷链物流设施、农产品销售渠道等共享互惠，共享油茶和富葛招商项目2个，协议引资0.8亿元，协同推广水稻无人机散播示范2000亩。

【农业机械化】 全县共有拖拉机及配套机具1102台（套）、耕整机械12635台（套）、插秧机210台套、谷物联合收割机581台，农产品初加工机械102050台（套），收获后处理机械1000余台，农业机械总动力达92.68万千瓦。电力提灌站637处（23209千瓦），常年提水0.9亿立方米，保灌面积178万亩，全县主要农作物机械化作业水平达64.48%。

农机管理。全县完成机耕作业面积198万亩，机械化播种面积94.2万亩，机械化收割面积112.06万亩，农产品机械化加工65万吨，机械化植保面积98.29万亩。农机购置与应用补贴项目补贴农机具5813台，补贴金额1498.7796万元，受益户3649户（其中粮油糖粗加工机械1975台、饲料/草收获加工运输设备1854台、耕整地机械1469台、果菜茶初加工机械408台、收获机械51台、田间管理机械27台、农用动力机械13台、种植施肥机械9台、畜禽养殖废弃物及病死畜禽处理设备3台、水产养殖机械3台、田间监测及作业监控设备1台）。全年新建农村机电提灌站54座、维修维护技改105处。

农机培训。开办农机专业人员培训班1期，培训拖拉机及联合收割机驾驶操作人员80人。开展多种形式的培训，培训农机管理和从业人员1000余人，提高乡（镇）农业干部知识和业务水平，培养农机、农艺相结合的全能型农技人员。

农机安全监管。注册登记拖拉机16台、联合收割机48台，年检拖拉机和联合收割机52台，办理拖拉机和联合收割机转入业务3台。拖拉机和联合收割机驾驶证初次申领69人，增驾准驾机型15人，换驾驶证43人，办理驾驶证恢复业务2人，补领驾驶证1人，系统自动注销驾驶证218人。向农机专合社、农机手和群众发放各类安全宣传资料656份，向农机手派发宣传资料小邮包401

个。开展农机、交警、联合执法活动，查处拖拉机假证2人、假牌1台，排查外籍变型拖拉机21台。全年无农机安全责任事故发生。

【农村人居环境整治】 实施农村人居环境整治五大行动，编制农村"厕所革命"项目建设实施方案，推进14个乡（镇）41个行政村（社区）改厕8349户建设并全面完成项目建设。全县44个乡（镇）443个行政村生活垃圾得到有效治理，农村生活垃圾收转运处置体系覆盖98%以上的行政村，实现原生生活垃圾"零填埋"。通过千村示范农村生活污水治理项目对华严、大平、白塔寺、永清、云峰、东胜等乡（镇）的22个行政村开展农村生活污水治理，全县333个行政村农村生活污水得到有效治理，全县80%以上的行政村农村生活污水得到有效治理，实现75%的治理目标任务。开展农业面源污染防控，测土配方施肥技术推广面积120万亩，畜禽粪污综合利用率达92%以上，秸秆综合利用率稳定在93.5%以上，农膜回收率达85%以上。常态化推进村庄清洁行动，开展宣传活动3177场次，印发资料15.3万余份、宣传标语2415条，清理农村生活垃圾17152.93吨，清理农村厕屋便池216708座，清理农村水源水体5732处，清理农村畜禽粪污4863.746吨，清理农业生产废弃物1775.774吨，农村人居环境持续提升改善。对404户农村低收入群体的C、D级危房实现应改尽改。

【农村基础设施建设】 以优化资源配置、提升发展质量、增强服务能力、提高治理效能为载体，加快补齐农村路水气电讯"五网"功能短板，塑造山水田园与乡村聚落相融合的空间业态。道路设施短板加快补齐，推动"四好农村路"提质扩面，新（改）建农村公路215.54千米，整治农村公路次差路74.87千米，建设村道生命安全防护工程34.49千米，改造病危桥8座。按照"源头减排、过程控制、系统治理"思路，加快水利工程建设，整合乡村振兴先进县奖励资金、农村综合改革资金、农业生产救灾资金、产粮大县奖励资金、2023年省级财政农业高质量发展电灌站资金共计3000余万元，新建35处、技改20处、维修31处农村机电提灌站；维修整治山坪塘82座、蓄水池126口、石河堰8处；新建囤水田46512米。乡村清洁能源供给有保障，持续做好农村电网巩固提升，新建改造10千伏线路22.029千米、低压线路128.645千米，新增或配变增容27台。全面实现"气化安岳"目标，累计建成高中低压长输管道10699千米，46个乡（镇、街道）、443个行政村（社区）场镇气化率实现100%，天然气用户达30万余户。数字乡村建设加快推进，加快农村信息基础设施升级，累计建成5G基站1257个，实现所有场镇5G网络全覆盖，行政村覆盖率100%。"雪亮工程"一期、二期554个点位完成续签并升级97个点位夜间视频清晰度，新接入"慧眼工程"8000余个，建成"智慧小区"62个。

【农村公共服务】 结合城乡公共服务供给差异，采取整合利用、改造提质等方式，加快补齐乡村公共服务短板，提升为民服务效能。乡村教育事业均衡发展，认定2所民办幼儿园为普惠性幼儿园，义务教育阶段适龄儿童、少年入学率达100%、残疾适龄儿童入学率达97.34%。新（改）建学校食堂13个，"明厨亮灶"覆盖率达100%，创建市级"落实食品安全主体责任"示范食堂3个。实施学生营养改善计划学校118所，供餐食堂143个，惠及学生约7.5万人。医疗卫生能力持续提升，医共体建设开创新局面，龙台镇中心卫生院重症医学科人员资质、设备技术达到科室设置标准。建成石羊、李家等医疗次中心7个，周礼、驯龙镇中心卫生院持续"补短提能"。建立居民电子健康档案91.57万人，建档率98%。服务失能老年人3100人。城乡居民基本医疗保险参保缴费人数达102.17万人，推进医保服务事项入驻553个村（社区）便民服务站。养老服务有力，实施养老设施建设"三年攻坚行动"，关停"老、破、散"农村敬老院8所，周礼区域性养老服务中心开工建设，县中心敬老康复院被评定为三级养老机构，鸳大镇敬老院等17所养老机构被评定为一级养老机构。开展特殊困难老年人关爱巡访工作，每月巡访5.7万人次，月探访率达100%，为全县1.21万名特殊困难老年人购买居家养老服务。建成70个乡（镇、街道）综合文化站、553个村（社区）基层综合文化服务中心，完成龙台镇省级公共文化服务提质增效建设创建工作及龙台镇沙石村、天马乡画青村等综合文化服务中心提档升级。

【高标准农田建设】 严格按照"下达一亩、设计一亩、建设一亩、建成一亩"要求，建成"能排能灌、旱涝保收、宜机作业、稳产高产、生态友好"的高标准农田7.2万亩，其中新建3.8万亩、改造提升3.4万亩，涉及21个乡（镇）69个村（社区）。

【农村"厕所革命"】 按照农村无害化卫生厕所建设标准，对标农户户厕现状，坚持"缺啥补啥、补齐短板"原则，持续推进14个乡（镇）41个村整村项目建设，新（改）建农村无害化卫生厕所8349户，整村推进村无害化卫生厕所普及率达85%以上，全县卫生厕所普及率达93.92%，群众满意率达95%以上。

【农村经济带头人发展】 聚焦农业增效、农民增收，突出实干能力和工作成效，挖掘乡村产业发展带头人，汇聚一支懂技术、会经营、善管理的农业职业经理人队伍，全面提升农村经济发展水平。全年由农业职业经理人领办（创办）的新型经营主体达181家，其中家庭农场98家、农民专合社（含集体经济组织）76家、农业产业化龙头企业7家。

【主要领导人】 县委书记：刘建华；县人大常委会主任：安亮；县长：赖才建；县政协主席：刘云；分管农业副县长：姚丽。

安岳县编写组

乐 至 县

【基本情况】 2023年，全县辖1乡18镇2个街道，辖区面积1424.2平方千米，其中耕地面积99.19万亩、基本农田88.65万亩。年末总人口76.8万人（户籍人口），减少1%。全县水资源总量4.1亿立方米，人均占有水资源量863立方米。有林业用地3.27万公顷，有林地面积2.64万公顷，活立木总蓄积量253.9万立方米，森林覆盖率43.8%。

2023年，全县实现地区生产总值243亿元，增长6.2%，其中第一产业增加值42.6亿元，增长3.9%；第二产业增加值74.6亿元，增长7.2%；第三产业增加值125.8亿元，增长6.5%。三次产业对经济增长的贡献率分别为12.5%、34.3%和53.2%。劳务输出25.24万人，收入88.73亿元。全年接待游客640.2万人，实现旅游收入54.4亿元，其中乡村旅游收入18.3亿元。

公路通车里程2803.8千米（其中乡村公路2596.5千米），密度1967.58米/平方千米、57.15千米/万人。地方公共财政预算总收入完成8.66亿元，增长15.1%；公共财政预算总支出40.64亿元，增长3.3%，其中农业投入7.95亿元，占支出的19.6%。金融机构各项存款余额418.94亿元，比年初增长9.38%；各项贷款余额256.34亿元，比年初增长12.48%，其中支持农业产业化发展项目贷款11亿元。农业产业化龙头企业省级、市级分别为7家、15家。

有各类学校135所，在校学生63891人，教职工5605人，其中普通中学42所，在校学生31536人；小学41所，在校学生23426人；学龄儿童入学率100%。有艺术表演团体1个，文化馆1个，公共图书馆1个，博物馆1个。有卫生机构463个，病床位3123张，卫生技术人员1844人。城乡居民基本医疗保险参保人数53.45万人，参保率98.4%；城乡居民养老保险参保覆盖32.38万人。

【年度农业和农村经济运行】 2023年，全县制定出台《关于做好2023年乡村振兴重点工作加快推进农业强县建设的意见》，推动“三农”工作发展，全面推进乡村振兴，加快农业农村现代化。全县第一产业增加值42.6亿元，增长3.9%。农村居民年人均可支配收入达20713.9元，增长6.7%。生猪、黑山羊、蚕桑、伏季水果、蔬菜等特色优势农产品产量保持稳定增长。

【农村集体经济发展】 完成清产核资年报报送，全县共核实登记农村集体土地面积208.4万亩、农村集体资产13697.26万元。完成农村集体经济收益分配工作，共计分配收益678.75万元。持续巩固农村集体产权制度改革成果，加强农村集体资产管理，制发《关于做好2023年发展壮大村集体经济工作的通知》，指导各乡（镇）制定2023年集体经济发展方案及目标任务，通过盘活闲置资产资源、股份合作经营、壮大实体经济产业等7种发展模式实现集体经济收入增长，全县集体经济经营性总收入3279.57万元，村均11.23万元。

【农业农村改革】 推进农村宅基地两项试点。创新“两会一书”宅基地审核机制，建立宅基地资格权人名录库，全县共认定资格权人63.79万人；构建乡（镇、街道）“三位一体”建房审批体系，构建县、乡、村、组“四级联动”监管体系，颁发房地一体不动产证书10.01万本，占比68.81%；探索宅基地腾退机制，有序腾退宅基地1283宗、623亩，盘活闲置农房275座。

土地延包30年试点。研究制定《乐至县第二轮土地承包到期后再延长30年试点工作有关问题的指导意见》《关于开展第二轮土地承包到期后再延长30年试点工作有关事项的通知》等政策文件，全面指导完成4项省级延包先行试点工作。

农业“共营制”试点。结合现代农业园区（粮油）创建、撂荒地整治成果巩固等工作实际，扩面推广完成22个农业“共营制”试点，按照“入社自愿、退社自由，利益共享、风险共担”原则，成立土地股份合作社22家，培育农业职业经理人22名，打造了一批具有丘区特色的“农业共营制”示范样板。

【供销合作社改革】 宣传贯彻落实《四川省供销合作社条例》，持续推进供销综合社改革，在基层供销组织建设、业务创新发展等方面取得了明显成效。加强基层供销组织建设，推进“三社”融合发展，以股份合作的形式新组建村级供销社5个，全县“三社”融合村级供销社达到基层社总数的31.8%。农业社会化服务取得长足进展，实现土地托管面积4万余亩，服务区群众人均增收100元以上。创建童家和良安、清水村3个基层供销社示范社，吸纳农民社员1100人，带动家庭农场和农民专业合作社3个，增强了基层供销社的为农服务实力。加大牵头农产品销售力度，持续打造“公司+协会+品牌+基地”的一体化经营体系，推动一二三产业融合发展，供销企业年度实现农产品销售额1000余万元。

【农产品品牌战略实施】 促进区域农产品持续健康有序发展，提升“乐滋乐味”品牌的知名度和管理质量。打造提升“乐滋乐味”农产品区域公用品牌，新建“乐滋乐味”展示展销中心、面积1500余平方米，新建“乐滋乐味”云供销线上销售平台1个，开辟线上销售渠道。发展品牌使用单位，按照“乐滋乐味”品牌管理办法，授权符合条件的农产品生产经营单位使用“乐滋乐味”品牌达到21家。组织“乐滋乐味”产品参加农民丰收节、省农博会等各类展销活动5次，提升“乐滋乐味”农产品区域公用品牌的知名度、认知度、影响力。

推动绿色有机地理标志农产品发展。打造石湍、宝林、大佛等粮油品牌，鼓励支持高寺、龙门等乡（镇）引导新型经营主体申报"三品一标"认证，做好获证主体培训和技术服务，加强标志使用和证后监管。全县"两品一标"产品保有量达43个，其中绿色食品11个、有机产品25个、地理标志农产品7个。

【现代农业园区建设】 坚持以粮为主、粮经统筹，推动建设全产业链的现代农业园区，打造新时代更高水平"天府粮仓"丘陵示范区。推动阳化河现代农业、乐至现代粮油产业园区提档升级，乐至石湍粮油现代农业园区被命名为省三星级现代农业园区，乐至中药材产业园创建为市级现代林业园区，良安粮油现代农业园区、中天稻渔现代农业园区被命名为县级现代农业园区。推动本地特色产业园区发展，建成全国首个现代蚕桑全要素集成新园区2.5万亩，实现产茧4800吨、僵蚕400吨，蚕桑全产业链综合产值达15亿元；建成投用生猪、肉牛、牧草基地，四川（乐至）现代畜禽种业园区成为省内畜禽种类最全的种业园区，获得"中国畜牧地理标志区域公用品牌保护奖"；完成5700亩花卉苗木产业建设，国家林业科技示范园成为西南地区花卉苗木种质资源保护和品种选育基地，全年实现花卉苗木销售收入近1000万元，增长26.6%。

【种植业】 坚持实施"藏粮于地，藏粮于技"发展战略，按照"两稳、两扩、两提升"思路，以保障重要农产品有效供给和促进农民持续增收为目标，夯实粮食安全根基，全年粮食作物播种面积125.5万亩，总产量41.3万吨。

粮油作物。完成小春粮食作物播种面积13.06万亩，产量2.03万吨；完成大春粮食作物播种面积112.45万亩，产量39.31万吨。其中，水稻20万亩，单产494千克/亩，总产量9.89万吨；玉米51.65万亩，单产401.4千克/亩，总产量20.73万吨；大豆23.1万亩，单产151千克/亩，总产量3.49万吨；红薯16.82万亩，单产295千克/亩，总产量4.96万吨；马铃薯0.85万亩，单产270千克/亩，总产量0.23万吨。油料作物播种面积47.6万亩，产量8.7万吨，其中油菜播种面积43.1万亩，较上年增加2.5万亩，总产量7.39万吨；花生种植面积4.5万亩，产量1.31万吨，面积和产量基本与上年持平。

经济作物。全县经济作物栽培面积30.77万亩，总产量33.6万吨，其中水果种植面积8.15万亩，产量5.5万吨，增长11.5%；蔬菜种植面积20.21万亩，产量27.29万吨，较上年同期增长4.5%；中药材种植面积1.01万亩，产量0.46万吨，较上年同期增长21.1%；青花椒、甘蔗、烟叶等其他经济作物种植面积达1.4万亩，产量0.36万吨。

【林业】 全县有林业用地3.27万公顷，林地面积2.64万公顷，活立木总蓄积量253.9万立方米，森林覆盖率达43.8%。实施国土绿化，义务植树尽责率达90%以上；完成退化林本底评估2.4万亩，实施营造林1.8万亩，巩固退耕还林成果11.12万亩，管护非国有公益林16.87万亩；依托国家森林城市创建工作，实施童家镇伍家寨村、高寺镇石堰村、良安镇田家坝村乡村绿化美化项目。乐至县宝林林业工作站入选全国"一站一员一窗口"典型"家乡的林业站"。保障资源安全，持续深化林长制改革，实施有害生物防治9.66万亩，无公害防治率达100%，成灾率为零；建立"一树一档""一树一策"管理机制，挂牌保护古树名木407株，乐至报国寺树抱佛黄葛树入选全国"最美古树"。严格执行采伐限额管理制度，批准采伐蓄积量7125.82立方米，出材量3562.91立方米，占年森林采伐限额的22.86%；办理、签发植物检疫证书71件，调运植物检疫证书6件，种苗产地检疫率100%。加快发展惠民产业，推进实施国家储备林项目，集约栽培黄柏4000余亩，抚育中幼林2万余亩；提质培育乐至县中药材产业园区，发展"林粮""林药"等林下经济，基本形成集枳壳种植、收购、加工、储藏、销售一条龙及林旅休闲的全产业链，带动农户种植特色经果林、珍贵用材林等各类苗木15万亩。

【畜牧业】 推动畜牧业健康稳定发展，抓好生猪产能调控，做好部、省级生猪标准化示范场创建工作，做强龙头企业，通过示范引领带动，稳定提升生猪产能，完成上报部、省级标准化示范场6个，全县生猪规模养殖场保有量160个，能繁母猪保有量4.4万头，生猪存栏45.76万头、出栏82.22万头。做好乐至黑山羊生产工作，开展种羊生长和繁殖性能测定、性状选育等工作，完成400只优质种羊保种，乐至县八谊农业开发有限公司获得省级山羊遗传资源保种场认定。持续推进"乐至黑山羊"农产品地理标志核心保护区建设，已完成标准化乐至黑山羊保种场建设并投产，全年累计出栏乐至黑山羊63.12万只。常态化抓好畜禽养殖污染防治工作，做到粪污全量收集、设施正常运行、粪肥有效利用、日常监管到位，全县畜禽规模养殖场粪污处理设施设备配套率达100%，粪污资源化利用率达90%以上。

【水产业】 推动渔业生产由扩大规模、追求产量的粗放式增长方式向资源节约、环境友好型的生态、优质、安全、高效的集约型增长方式转变，全年水产品产量2.279万吨，实现产值3.62亿元。

转方式，助增长。继续转变渔业增长方式，推广稻渔综合种养、高位池、池塘内循环流水养殖等新型水产养殖模式，提高渔业增长能力，全年建成稻渔综合种养示范片2个，稻渔综合种养面积达4000余亩。

抓治理，保生态。有序推进水产养殖尾水治理工作，建立县级及以上河流沿河 200 米范围内20亩以上规模池塘尾水治理台账，利用渔业补助项目资金589万元开展重点流域水产养殖尾水治理2887亩。建立健全水产养殖尾水监测和排放报告制度，严控池塘养殖面积20亩以下分散水产养殖户尾水排放，避免尾水未经治理直排和无序集中排放。

建机制，强执法。建立健全乐至县长江流域重点水域禁捕长效管理机制，制发《乐至县长江流域重点水域垂钓管理办法》，制定《乐至县"渔政亮剑"专项整治方案》等方案，开展部门联动禁捕专项执法整治行动，加强日常巡查检查。加强水产品质量安全监管，加大渔业生产薄弱环节检查力度，印发水产养殖用药明白纸1号、2号等宣传资料，确保全县水产品质量安全。

【乡村振兴】 围绕"美丽乐至·宜居乡村"建设，推进农村人居环境整治，持续推进农村户用卫生厕所改造，全年完成4728户农村无害化卫生厕所改造；深化农村生活垃圾"户分类、村收集、乡（镇）转运、县处理"的收运处置体系建设，行政村生活垃圾收集处置率达100%；结合"千村示范"建设工程项目，推进农村生活污水治理，污水有效处理率达75%。开展乡村振兴"三级联创"，根据乡村振兴先进镇、示范村考核要求，在人居环境、产业发展及乡风文明等方面持续加强镇村各项建设，全年建成省级乡村振兴示范村6个、乡村振兴重点帮扶优秀村3个。

【乡村旅游】 发挥"旅游+"的无穷潜力，整合优质旅游资源，推动"红色旅游+乡村旅游"协调发展，全年接待游客640.2万人，实现旅游收入54.4亿元，其中乡村旅游收入18.3亿元。

推动文旅项目建设。推动陈毅故里景区有序开展"双品同创"，建成游客中心一期项目，完成德胜广场提质升级，黑化景区内部道路10000余平方米，改造内河一期320米，完成5平方千米景区地形测绘。不断完善以田园综合体为核心的农旅融合景区"秋千王国"，全年累计接待游客30余万人，实现收入3000余万元。

提升文旅品质。整合乡村振兴及社会投资，实施景区提质工程，桑都桑海、五彩林乡、四季果乡等景区陆续引进亲子游乐、非遗体验展示、农耕农事等项目，各景区旅游功能不断完善、业态持续丰富，吸引力不断提升。有序推进蟠龙湖景区国家2A级景区创建。高寺镇清水村获评省级乡村旅游重点村。

丰富拓展文旅活动。以文旅活动作为合作交流平台和旅游吸睛点，承办四川新旅游·2023四川避暑胜地推介活动颁奖典礼暨乐至'荷'您清凉一夏文旅推介宣传活动，举办中国乐至第六届田园诗会、"五一劳动去　快乐桑都游"系列文旅活动等重大活动10场次。持续擦亮"中国田园诗歌之乡""成渝特色赛事之城""中国美食烧烤之都"三张文旅名片。组织极桑紫酒、仙荷藕粉等30余类文旅商品参加第十届四川国际旅游交易博览会等省级文旅活动6场次。新开发乐至手绘旅游地图、《印象乐至》笔记本等文创产品10余种。参加第四届天府文创大赛暨红色文创大赛，"蚕宝宝"川剧脸谱书签获得大赛银奖，桑都三宝、青梅桑葚酒获评2023四川特色旅游商品大赛铜奖，逐步形成多层级、多形式、全方位、促共享的文旅产品供给格局。

【农村水利】 贯彻落实水利厅"3226"总体工作思路及市水务局安排部署，围绕年初既定的"1234"总体目标，有序推进各项工作，创建为省级乡村水务示范县。对接水利部、水利厅，编报项目60个，全年争取到位水利项目29个、资金3.03亿元（含国债、专项债）。推进毗河工程建设，全年移交复垦临时用地515.5亩，解决遗留问题127个。推广乐至"31411"基层河湖管护模式，4个国控、省控断面水质优良率、达标率均为100%，集中式饮用水水源地水质持续稳定达标。严守用水总量、用水效率、水功能区限制纳污"三条红线"，开展非法取水、违规采用地下水等执法巡查200余次。投入资金1.83亿元，完成良安水厂、岔岔河水厂改（扩）建，新建供水管网77千米、高位水池3个。完成273处集中供水工作规范化管理达标评价和3处集中供水工作标准化管理达标评价，实现全县集中供水工程规范化管理达标率100%。完成蟠龙河、东禅寺2座中型水库蓄水验收，10个小型水库标准化建设。开展104座水库、111处山洪灾害危险区及6处涉水在建水利工程隐患排查，共排查整改隐患6处。全年共应急调水2次，累计调水3400万立方米，保障了全县群众生产生活及抗旱保供用水。

【农业机械化】 推广农业新机具、新技术，在保证农机安全生产的前提下，以全面提高水稻、玉米、油菜、小麦耕种收综合机械化率为重点，推进全县农业机械化进程，全县主要农作物耕种收综合机械化水平达60.5%，较上年增加2.5个百分点。全年共投入农机购置补贴资金300余万元（其中中央补贴资金128.168万元、购机农户自筹资金200余万元），补贴各类农机具795台，受益农户和农机服务组织627户（个）。投入县级补助资金477万元、省级现代农业发展资金120万元，维修、改造提灌站63座，不断完善农业基础配套设施建设，保障农业生产用水。依法依规开展拖拉机和联合收割机的注册登记、年检、转移登记、期满换证等业务，审验拖拉机和联合收割机驾驶证39个，检验拖拉机、联合收割机84台；开展"送检下乡"，服务机主30余人次，发放农机安全宣传资料500余份，发送农机安全宣传短信7864条。开展农机安全知识培训4次，实地检验发现、消除事故隐患19个，全年农机安全零事故发生。

【农村科技】 贯彻落实"科技特派员"制度，以增加农民收入、推进农村科技进步为目标，开展农村科技工作。

举办各类实用技术培训。先后在各乡（镇）举办枳壳产业一体化、枳壳（柑橘果树）种植技能、杂柑管理、玉米新品种示范等实用技术培训10余场次，参训人员达到1500余人。结合文化、科技、卫生“三下乡”活动，开展各类实用技术咨询服务。

开展科技服务宣传。通过实地举办科普活动、广播、“天府科技云”、“科技兴村在线”等App宣传等形式开展农业实用技术培训指导，现场回答农户提出的问题400余人次，发放相关资料5000余份。

建设科技创新平台。指导四川乐到农业有限公司创建市级重点实验室，四川天府帅乡农业开发有限公司、双河场乡石庙子村股份经济合作联合社被资阳市科学技术局认定为市级农业科技园区。

实施农业科技项目。申报中央引导地方科技发展项目“从桑枝（桑枝皮）中提取1–脱氧野尻霉素关键技术研究”，获得项目资金30万元。“川产道地药材枳壳规范化种植、产地加工及炮制技术一体化研究（科技特派员）”和“四川科技扶贫在线”2个分年度涉农省级科技计划项目完成指标任务，并完成项目验收。

【农村教育】 全县有各级各类学校140所（公办100所、民办40所），在校学生63891人，教职工5326人（其中公办在校学生4585人、民办在校学生741人），专任教师4994人（公办4505人、民办409人），学龄儿童入学率100%。

教育助学。全年共为695名中等职业教育学生发放国家助学金139万元；为4952名中等职业教育学生免除学费940.88万元；为175名中职建档立卡学生提供特别资助8.75万元；为6名中职学生发放奖学金3.6万元；为2219名普通高中学生发放国家助学金443.8万元；为2219名普通高中学生免除学费204.148万元；为8279名义务教育家庭经济困难学生发放生活补助737.825万元；为41838名义务教育阶段学生免除作业本费143.158万元；为1171名学前教育贫困儿童减免保教费126.98万元；办理生源地信用助学贷款共计3314笔，发放助学贷款3315.6173万元；为113名家庭经济困难的大学新生申请“滋蕙计划”资助资金6.5万元。

改善办学条件。围绕“强化乡村教育有保障”目标，完成“十四五”基础教育学校布局和建设规划年度任务，将县域内8个教育责任区调整为5个学区。全面完成8所生源持续萎缩的小规模学校和幼儿园撤销任务，整合乡村学校教育资源，促进城乡教育均衡发展。

【农村体育】 乐至县石佛镇社区健身中心项目工程建设按计划完工验收，童家镇社区健身中心、南塔街道健身中心、金顺镇多功能运动场按计划建设。对县城6个有条件的社区公园、绿地、广场、居民小区增加配备24件体育健身设施。新增体育场地面积19.73万平方米，人均体育场地面积由1.48平方米上升到1.86平方米，基本形成了覆盖城乡的全民健身公共服务体系。

【农村文化】 乐至县获评四川省2023年度文化遗产保护利用“双试点”红色文化连片特色区域试点县，陈毅故居入选《四川省首批红色资源保护名录》，陈毅纪念馆入选四川省首批文博研学基地。濛溪河遗址考古发掘取得新突破，发掘出土距今6万余年的石器、骨器、植物遗存等编号文物5000余件，入选“2023年中国六大考古新发现”。

发挥公共服务体系效能。加强阵地管理，实施县文化馆、县图书馆、乡（镇）文化站、村文化服务中心免费、错时延时开放政策，新建文图分馆各2个。制定《乐至县乡镇（街道）综合文化站评估定级工作总体方案（2023—2025年）》，已完成第一批9个乡（镇、街道）文化站评估定级工作，县图书馆获评全国三级图书馆。开设合唱、舞蹈、器乐、书法等公益培训班5个，开展公益培训318次，参培8600余人次。举办“书香资阳·全民阅读”、“共建宜居宜业和美乐至”惠民演出、“戏曲进校园”、镇村文化演出等群众文化活动800余场次，引导40余万名群众自觉常态化参与文化活动。

乡村文化振兴。实施“百千万”工程，树立乡村文化新标杆，东山镇被纳入2023年度省级公共文化提质增效重点建设乡镇，石佛镇获评省级乡村文化振兴样板镇，获评市级乡村文化振兴样板村镇5个、县级乡村文化振兴样板村镇20个。组织乡（镇、街道）参加第三届乡村文化振兴魅力竞演大赛，南塔街道、石湍镇2个镇获评四川省乡村文化振兴魅力乡镇，1人获评“乡村代言人”，2人获评“乡土文化能人”。

【农村卫生】 全县共有医疗机构463个，其中县直卫生单位3个、县级医疗机构4个、中心卫生院7个、乡（镇）卫生院16个、社区卫生服务中心4个、社区卫生服务站82个、民营医疗机构9个、诊所100个、医务室4个、村卫生室234个；共有编制病床位3123张。

医疗服务能力稳步提升。成立乐至县紧密型县域医共体管理委员会，挂牌乐至县人民医院医共体总医院和乐至县中医医院医共体总医院；由总医院牵头开展带教坐诊、驻点帮扶、对口支援“传帮带”等行动，服务基层群众14375人次。提标升级机构建设，童家镇、良安镇中心卫生院创建为二级乙等医疗机构；新增优质服务基层行推荐标准1家、基本标准3家，实现基本标准达标率100%。

公卫服务有序落实。全年为常住城乡居民提供免费基本公共卫生服务并建立电子档案467405人，为0～6岁儿童落实健康管理服务13741人，为孕产妇落实健康管理服务806人，为65岁及以上常住老人开展健康体检75199人，为高血压患者落实健康管理服务40718人，为2型糖尿病患者落实健康管理服务15288人，严重精神障碍患者管理在册4113人。全县27个基层医疗卫生机构976名医务人员共组建114个家庭医生签约服务团队，累计签约239244人，家庭医生签约覆盖率达100%。

重点人群服务。持续优化老龄服务，围绕居家养老、社区养老、机构养老，构建“1+N”医养护共同体，114个家医团队为1600名失能老年人提供至少1次免费上门健康管理和3次健康服务指导，全县36家医疗机构创建为老年友善医疗机构，南塔街道三里社区创建为“全国示范性老年友好型社区”。全面加强妇幼健康，为农村适龄妇女免费提供“两癌”筛查服务5003人，打造示范性婴幼儿托育机构1家，改（扩）建省级普惠托育机构1家，新增普惠性托位212个。依法维护计生家庭权益，39676人被纳入农村计划生育家庭奖励扶助管理、2195人被纳入计划生育家庭特别扶助管理，共计发放扶助金6238.3万元；为477名特扶对象代缴最低档次城乡居民社会养老保险4.77万元，为1388名特扶对象代缴第四档次城乡居民医疗保险48.545万元，为12名年满60周岁以上独生子女伤残死亡人员发放失能护理补贴2.28万元。

【农村法制建设】 推进农村法制建设各项工作，完善依法治县“1+4+N”工作体系，被确定为全省公民法治素养提升行动试点县，“懂了么”普法服务网络创建为第一批全省法治政府建设示范项目，法治禁毒公园、陈毅故居被评为省级法治宣传教育基地，乐至县青少年法治教育基地被评为省级法治宣传教育培育基地。

推动法治素养精准提升。推出“三个一”村民法治素养提升工作品牌，创新“一点知民情、一卡达民意、一人帮民难”农村法律服务体系。创新开展新媒体普法，制作《举报》《懂了么·农药管理条例》《三个一》等普法宣传视频和音频，加强农村普法宣传。以“民法典进乡村”为重点，开展各类主题宣讲活动，培育“农村学法用法示范户”233户，提前完成3年行政村覆盖率达100%的任务目标。

推进乡（镇）行政执法规范化建设。印发《关于建立县、乡镇（街道）行政执法协作配合工作机制的实施意见》，加强乡（镇、街道）和县级行政执法部门行政执法协作配合，建立健全综合行政执法协作配合运行机制，稳步将基层管理迫切需要且能有效承接的行政执法事项依法赋予乡（镇），并建立赋权事项评估和动态调整制度。

提升公共法律服务水平。开展省级公民法治素养提升行动试点，实施公民法治素养提升“四大行动”，打造“乐融融法律援助帮益帮”“乐无忧公证到家”“左邻右舍”法治夜校、“谈经说法”法治服务站等品牌，让群众在“家门口”即可享受公共法律服务。建成县、乡、村三级公共法律服务实体平台，推进公共法律服务实体、热线、网络三大平台融合发展。举办全省“12·4宪法进农村”主题活动，禁毒“五治融合”、小镇法官、“三全实战”法治服务等基层社会治理现代化模式被中央政法委和“学习强国”平台推广。

健全矛盾纠纷化解机制。建立诉调对接、警民联调、访调对接等工作机制，实施《坚持和发展新时代“枫桥经验”深入开展矛盾纠纷“大起底大排查大化解”专项行动》，结合日常排查和专项排查，紧盯重点领域、重点人群、重点问题，织密矛盾纠纷排查化解网络。全年调处各类矛盾纠纷3113件，调处成功3092件，调解成功率达99%。加强司法所规范化建设，乐至县司法局天池司法所创建为“省级枫桥式司法所”。

【农村生态建设及环境保护】 坚持综合施策，实现“水更清”。推进流域生态沟渠建设，加快推动县城污水处理厂尾水湿地建设，新增完成18个村（社区）农村生活污水治理，全县农村污水治理有效率达75%。创新推广乐至县“31411”基层河湖管护模式，4个国控、省控断面水质优良率、达标率均为100%。

坚持系统防治，实现“天更蓝”。加强烟花爆竹禁燃禁放宣传、巡查，清理整顿非法销售烟花爆竹点30余家，及时制止非法燃放行为100余起。利用空气微站、高空瞭望视频全天候监控，利用无人机常态化开展空中巡查，加强禁烧源头管控。

坚持源头防控，实现“山更绿”。聚焦“吃得放心”，完成重点行业企业基础信息调查和持久性有机污染物统计，从源头遏制污染物质进入土壤。聚焦“住得安心”，推进“一住两公”用地土壤污染状况调查，做到转让入地“应查尽查”，未发生因建设用地开发利用不当而造成社会不良影响的“毒地”事件。聚焦“管得到位”，加强危废管理，严格执行转移联单、申报登记等制度，开展危险废物管理物联网建设试点工作，全县危险废物重点管理单位规范化管理抽检达标率为100%。

【农村社会保障】 全县城乡居民养老保险参保覆盖32.38万人，新增参保人数3790人；缴费成功12.24万人，累计征收保费2.08亿元；每月按时足额发放养老金待遇，全县待遇领取人数为14.61万人。为低保对象等困难群体代缴个人缴费1.3万人，资助农村低收入人口和脱贫人口参保5.6万人，筑牢防止因病规模性返贫防线。持续推进养老机构标准化建设，提升养老服务质量，安装各类适老化设备227件；在农村建有具备综合功能养老服务机构15个，占比达79%。落实困境儿童保障政策，对全县88名孤儿、213名事实无人抚养儿童每月按时足额将生活、医疗、就学等政策保障资金兑现到本人，累计发放孤儿基本生活费101.16万元、事实无人抚养儿童基本生活补贴222.68万元。适时提高保障标准，全年新增农村低保对象1722人、特困供养296人，将农村低保标准提高到533元/月、农村特困人员基本生活标准提高到693元/月。

【农产品质量安全监管】 加强农产品质量安全监督检测，提升农产品监管水平，保障农产品质量安全。

推广运用国家（省级）农产品质量安全追溯信息平台。落实职能和专人专职负责追溯示范建设工作，每两月组织相关业务部门对列入追溯示范企业（基地）目标任务的完成情况进行调度、督促，全县审核入驻国家（省级）农产质量安全追溯信息平台农业生产经营主体319家，上传追溯信息2468次。

加强农产品质量安全监督检测。对全县21个乡（镇、街道）农产品生产基地、专合组织、家庭农场、运输、收购环节的主要蔬菜、水果、食用菌产品进行有机磷农药和氨基甲酸酯类农药的快速检测，共抽检样品546批次，检测样品546批次，合格样品546批次，样品合格率100%。

开展豇豆农药残留突出问题攻坚治理。成立攻坚治理领导小组及专家队伍，分组分区域进行技术指导，紧盯豇豆商品性种植重点区域、集中上市重点时节、农药残留突出问题，在豇豆生产期组织开展全覆盖排查并进行培训宣传，印制发放豇豆经常检出问题农药清单和禁限用农药名录8000份。开展豇豆胶体金速测123批次，未发现常规农药超标、禁限用农药使用情况。完成豇豆定量监测抽样61批次，检测61批次，合格率100%。

【农村留守家庭（儿童、学生）帮扶】 开展农村留守家庭关爱帮扶工作，营造全社会关心关爱留守儿童的氛围，呵护农村留守儿童健康成长。依托各乡（镇、街道）“儿童之家”开展主题活动40余场次；开设寒假公益托管班和“七彩假期”暑期托管班共2期，为670个双职工家庭解决暑期无人照料孩子的困境。利用妇女儿童中心常态化开展亲子活动、读书活动30余期，开展国学经典诵读及舞蹈培训10场。春节期间，在部分乡（镇、街道）开展农民工家庭亲子活动15场，以亲子活动为切入口，加大外出务工父母对子女的陪伴，促进良好亲子关系的形成。利用节日节点动员社会组织、慈善机构、爱心企业、热心人士参与关爱服务，开展留守（困境）儿童关爱活动36场，发放慰问金及慰问品4.98万余元，惠及全县450余名困境儿童。为南塔街道曙光路的困境儿童家庭实施“梦想小屋”改造。寒假期间，开展“把爱带回家——真情暖童心相伴护成长”儿童关爱服务活动，到基层走访慰问留守、困境儿童，并发放慰问物资1.2万元。争取到“万泰益馨公益行”项目捐赠价值15万余元450支国产二价HPV疫苗，用于150名农村困境妇女和部分高中女生接种。在全县21个乡（镇、街道）、村（社区）建立337个妇女儿童维权服务站，构建县、乡（镇、街道）、村（社区）三级妇联组织工作体系，织密未成年人维权网。组织开展关爱未成年人健康成长专项行动，在部分偏远学校、村（社区）等开展普法宣传活动48场，帮助学生、家长建立预防性侵和自我保护意识，增强少年儿童自我保护能力，惠及学生及家长2.3万余人。

【劳务开发与返乡创业】 做好农民工服务保障、促进就业创业等工作，实现转移输出稳定在25万人以上，劳务收入88.73亿元。开展返乡留乡农民工技能提升培训班39期，为1308名农民工夯实就业创业基础。实施“引凤归巢”工程，回引返乡创业3262人，创办各类企业及家庭农场、农民专业合作社等新型农业经营主体542个，实现总产值3.41亿元，吸纳就近就业3939人次。4月，乐至县被省委办公厅、省政府办公厅表扬为“全省去冬今春农民工服务保障工作（就业招聘专项行动）先进县”。

【主要领导人】 县委书记：文勇；县人大常委会主任：刘强；县长：彭玉秀；县政协主席：吴琪；分管农业副县长：罗旭。

乐至县编写组

阿坝藏族羌族自治州

【基本情况】 2023年，全州辖92个乡82个镇1090个村民委员会，辖区面积83007.86平方千米，其中耕地面积98.65万亩，比上年增长0.04%，人均耕地面积1.11亩；基本农田58.18万亩。年末总人口896655万人，增长0.16%；人口出生率0.14‰，增加0.14个千分点；人口自然增长率0.062‰，增加0.062个千分点。全州灌溉总面积40.3千公顷，其中耕地灌溉面积31.35千公顷、林地灌溉面积0.67千公顷、园地灌溉面积4.21千公顷、牧草地灌溉面积4.07千公顷；实际耕地灌溉面积23.787千公顷。本地水资源总量330.17亿立方米。有林地面积390.8万公顷，森林面积220.04万公顷，森林蓄积量4.63亿立方米，森林覆盖率26.51%。

2023年，全州实现地区生产总值503.19亿元，增长6.8%，其中第一产业增加值98.48亿元，增长9.3%；第二产业增加值122.53亿元，增长4.3%；第三产业增加值282.18亿元，增长7%。三次产业对经济增长的贡献率分别为27.9%、14.9%、57.2%。全年接待游客5300万人，实现旅游收入4380000万元，其中乡村旅游收入992284.71万元。

公路通车里程15550.772千米（其中乡村公路1449.772千米），密度18.98米/平方千米、189.05千米/万人。乡村市场实现零售额31亿元，比上年增长13%，增速高于全省4.5个百分点；城镇市场实现零售额86.3亿元，增长11.4%，增速高于全省2.1个百分点，乡村市场增速高于城镇市场1.6个百分点。地方公共财政预算总收入完成62.94亿元，增长81.07%；公共财政预算总支出347.55亿元，增长14.5%，其中农业投入71.32亿元，占支出的20.52%。金融机构各项存款余额819.9亿元，比年初增长8%；各项贷款余额545.5亿元，比年初增长14.7%。全年农业保费收入4.38亿元，增长9.15%；处理各项赔款和给付金额3.07万元，增长14.88%。

有各类学校468所，在校学生134366人，教职工15299人，其中普通高校2所，在校本（专）科学生14449人，增长7%；普通中学51所，在校学生41879人；小学183所，在校学生62702人；学前三年毛入园率达90.5%，九年义务教育巩固率达97.3%，高中阶段毛入学率达94.2%。有艺术表演团体2个，文化馆14个，公共图书馆14个，博物馆7个。有卫生机构1620个，病床位5287张，卫生技术人员7141人。新型农村合作医疗参合人数691405人，参合率95%以上；城乡居民养老保险参保人数376514人，参保率90%；被征地农民养老保险参保人数39728人，占总人数的6.63%。

【年度农业和农村经济运行】 2023年，全州实现农林牧渔业总产值172.01亿元，按照可比价格计算，比上年增长10.7%，五大行业增速"四升一降"，其中农业（种植业）总产值62.01亿元，同比增长3.4%；林业总产值13.25亿元，增长14.1%；畜牧业总产值90.5亿元，增长15.8%；渔业总产值0.02亿元，减少43.2%；农林牧渔业专业及辅助性活动总产值6.23亿元，增长5.8%。农林牧渔业增加值102.51亿元，增长9.2%，五大行业产值占比由上年的37.5∶5.98∶52.79∶0.03∶3.65调整为36.05∶7.71∶52.61∶0.01∶3.62，农业占比略有下降，林业占比略有上升，其他行业占比基本持平，畜牧业继续保持"半壁江山"。五大行业贡献率分别为12%、7.9%、78.2%、-0.1%、2%。从产值拉动率来看，农业、林业、牧业、渔业和农林牧渔专业及辅助性活动产值拉动率分别为1.3个、0.8个、8.4个、0个、0.2个百分点。农民年人均可支配收入增长7.4%，比上年增长1%。全州农产品质量抽检合格率比年初提高1%个百分点；建成13个基层农业综合服务站。全州主要农产品产量见表1，全州省级（及以上）农业产业化重点龙头企业名单见表2，全州省级（及以上）示范农民专业合作经济组织名单见表3，全州家庭农场排名前十一位名单见表4。

【农用地产权制度改革】 组织各县（市）加大《农村土地经营权流转管理办法》《关于引导农村土地经营权有序流转发展农业适度规模经营的意见》的宣传力度，做好土地流转登记、咨询和评估工作，稳妥推进土地流转，全年共流转土地12.2万亩。加强农村土地承包纠纷调解仲裁，全年处理完成农村土地承包纠纷调解20起。加强农村土地承包经营纠纷调解仲裁人才培训，截至2023年年底，共培训仲裁员及工作人员560人次。

加强对土地流转的日常指导、监管，及时掌握流转土地生产经营情况，对可能的风险早发现、早处理。开展工商企业等社会资本流转农村土地不规范行为排查和风险隐患化解工作，对单个工商企业流转面积超过1000亩的进行重点排查和风险评估，建立风险监控台账。

理县、壤塘县启动第二轮承包地延包试点，按照相关要求推进试点工作，完成试点村的延包方案制定，通过召开村民大会和入户调查等方式开展试点村的情况摸底，收集承包地有关情况，为下一步工作打下基础。试点区域家庭承包耕地面积2122.47亩，涉及2个乡（镇）的2个村391户农户。

【农村集体产权制度改革】 全年共登记赋码农村集体经济组织1112个，实现集体经济收入1.63亿元。有收入的农村集体经济组织1091个，占村集体经济组织总数的98.11%，其中5万元以下的村集体经济组织475个，占村集体经济组织总数的42.72%；5万～10万元的村集体经济组织247个，占村集体经济组织总数的22.21%；10万～50万元的村集体经济组织336个，占村集体经济组织总数的30.22%；50万～100万元的村集体经济组织28个，占村集体经济组织总数的2.52%；100万元以上的村集体经济组织26个，占村集体经济组织总数的2.34%；无收入的村集体经济组织21个，占村集体经济组织总数的1.89%。完成2023年度清产核资工作，并录入全国农村集体资产监督管理平台。

【供销合作社改革】 州供销合作社继续坚持"开门开放办社"，基层组织体系逐步恢复，全州共有基层社148个、村级综合服务社244个，中心乡（镇）基层社实现全覆盖，基层经营服务网络逐步完善。"三社"融合创社，助力村集体经济发展，以"生产+供销+信用"三位一体建设为核心，以"供销合作社、村集体经济、农民合作社"相互融合发展为重点，整合系统内外资源，加快建成农民利益联结紧密、为农服务功能完备、市场竞争能力突出的为农服务基层组织体系。茂县供销社被纳入2023年全省为农服务综合平台试点县。

提升农产品销售服务能力，以"天府乡村"公益品牌为载体，组织各类农业经营主体开展"天府乡村"认定、使用、宣传、推广工作，全州共申报水果、蔬菜、野生菌、红酒、蜂产品、肉制品、奶制品等14类172个产品取得使用授权；依托"供销e家"、脱贫地区农产品销售平台（"832"平台）等电子商务平台，加强与新型农业经营主体、农产品批发市场、连锁超市等的联营协作，推行品牌共创、利益共享。全系统全年实现经营服务总额3.07亿元，其中农产品交易额达8786万余元，实现助农增收。

【农产品品牌战略实施】 培育"净土阿

表1　2023年阿坝藏族羌族自治州主要农产品产量

主要农产品	单位	产量	同比增减(%)
小麦	万吨	0.7400	−0.13
玉米	万吨	6.1600	−0.29
马铃薯	万吨	6.3800	0.26
油料作物	万吨	0.6489	6.80
蔬菜及食用菌	万吨	76.5683	3.60
园林水果	万吨	38.4642	22.3
肉类	万吨	10.9700	0.07
猪肉	万吨	2.9600	0.02
牛肉	万吨	7.2200	0.11
羊肉	万吨	0.6700	−0.04
禽肉	万吨	0.1100	0
禽蛋	万吨	0.2000	0.01
牛奶	万吨	16.0000	0.47

表2　2023年阿坝藏族羌族自治州省级（及以上）农业产业化重点龙头企业名单

企业名称	注册资金（万元）	法人代表	示范等级	年度产值（万元）	主营产品
阿坝州雪松牦牛肉干有限公司	600	付军	省级	2011.85	牦牛肉、牦牛肉干
阿坝县高原黑青稞天然生物开发有限公司	2800	俄周	省级	1300.00	黑青稞系列产品
若尔盖高原之宝牦牛乳营养食品股份有限公司	10000	王世全	省级	9000.00	牦牛婴幼儿配方乳粉(1～3段)、全脂牦牛奶粉、中老年牦牛奶粉、儿童成长牦牛奶粉
红原牦牛乳业有限责任公司	1500	杨勇	国家级	32436.00	牦牛乳制品
宇妥藏药股份有限公司	5000	张静波	省级	12200.00	肝苏胶囊、三味龙胆花片、智托洁白片
四川红原遛遛牛食品有限责任公司	2000	李鹏	省级	3000.00	牦牛肉制品
四川大禹农庄科技股份有限公司	3000	程琳	省级	825.00	生猪养殖、腊肉
汶川农辉山鸡发展有限公司	1000	李洪	省级	6263.50	鸡蛋、鸡
九寨沟天然药业股份有限公司	10000	黎黎	省级	17662.46	“獐”牌和“九寨沟”牌小金丸、西黄丸、牛黄醒消丸、小柴胡片
四川红星领地酒庄有限公司	2750	仲建平	省级	2000.00	葡萄酒
四川国青川贝母生物科技股份有限公司	2000	王政	省级	800.00	川贝母
九寨沟县九寨庄园葡萄酒业有限公司	3000	李长江	省级	3016.00	红酒

表3　2023年阿坝藏族羌族自治州省级（及以上）示范农民专业合作经济组织名单（部分）

合作组织名称	注册资金（万元）	法人代表	示范等级	年度产值（万元）	主营产品
九寨沟县鑫海种植专业合作社	888.00	毛海平	国家级	685.000	水果
九寨沟县大顺果蔬种植专业合作社	1298.00	侯德荣	国家级	516.000	蔬菜、水果
理县利农蔬菜营销专业合作社	11.00	冷贞围	国家级	22.000	蔬菜
理县锐农果蔬专业合作社	9.00	李云梅	国家级	45.000	果蔬种植
小金县利民蔬菜种植专业合作社	180.00	田洪	国家级	1100.000	蔬菜
小金县清多香玫瑰种植专业合作社	106.50	陈望慧	国家级	2000.000	玫瑰系列产品
小金县圣源牦牛养殖专业合作社	162.20	冯大敏	国家级	512.500	鲜牦牛肉、牦牛肉干
若尔盖县生态药材种植专业合作社	500.00	牟小虎	国家级	20.000	中药材种植、加工
马尔康梭磨大峡谷种养殖专业合作社	14.00	确布让	国家级	240.000	蔬菜
茂县六月红花椒专业合作社	133.00	何有信	国家级	520.000	花椒
茂县园丰羌脆李种植专业合作社	2809.00	周利华	国家级	125.000	水果
理县向巴堂土特产农产品专业合作社	100.00	何尔兵	省级	12.230	食用菌
理县富裕野鸡驯养专业合作社	50.00	祁富云	省级	12.000	畜产品
理县农友果树种植专业合作社	48.00	蒲俊吉	省级	115.000	果蔬种植
理县态康养殖专业合作社	45.00	施永康	省级	0	畜产品
理县木卡农丰果蔬种植专业合作社	660.00	杨科	省级	208.000	果蔬种植
理县羌山红阿坝中蜂养殖专业合作社	33.70	王平	省级	57.805	中蜂养殖
九寨沟县山安司猪苓种植专业合作社	1000.00	李爱玲	省级	102.000	中草药
九寨沟县佳怡特禽养殖专业合作社	90.00	艾代英	省级	15.000	特禽养殖
汶川富康蛋鸡养殖专业合作社	600.00	李荣	省级	170.000	蛋鸡产业
汶川县高原果蔬种植专业合作社	300.00	刘林	省级	2.000	水果
汶川县国全生态农业专业合作社	200.00	顺国全	省级	2.000	水果
汶川县建洪特色种植专业合作社	40.00	尚钟武	省级	3.000	水果
汶川县三江乔缘种植专业合作社	15.00	徐敏	省级	16.000	水果
汶川县寿江河谷猕猴桃种植专业合作社	698.04	罗葳	省级	200.000	水果
汶川县天蓬猪养殖专业合作社	57.00	蔡世兵	省级	200.000	生猪产业
汶川县新睿大樱桃种植专业合作社	90.00	李玉芳	省级	10.000	水果
汶川欣科方竹笋种植专业合作社	2.00	罗士	省级	35.000	方竹笋种植
阿坝县霜雪蔬菜种植专业合作社	130.00	温海瑞	省级	80.000	蔬菜
黑水县维多核桃种植农民专业合作社	0.50	严木学	省级	45.000	核桃

续表1

合作组织名称	注册资金（万元）	法人代表	示范等级	年度产值（万元）	主营产品
黑水县志晟蔬菜种植农民专业合作社	370.00	刘支平	省级	50.000	蔬菜、青翠李
黑水县青山果蔬种植农民专业合作社	100.00	杨次学	省级	20.000	蔬菜、青翠李
黑水县罗坝街蔬菜种植农民专业合作社	5.20	刘继勇	省级	24.000	蔬菜
黑水县扎苦水果种植农民专业合作社	480.00	兰克木	省级	20.000	青翠李
红原县茸日玛绵羊养殖农民专业合作社	20.80	瓜汤	省级	10.000	藏系绵羊养殖、白萨福克种公羊育种、贾洛羊、欧拉羊、畜产品加工及羊粪加工
红原县大成绵羊养殖专业合作社	500.00	谢尔新	省级	10.000	藏系绵羊养殖
红原县更攀农牧民专业合作联合社	90.00	让白	省级	1500.000	酸奶、冰淇淋
小金县老营农旺葡萄专业合作社	2.15	黎国林	省级	160.000	酿酒葡萄
小金县绿野养殖专业合作社	260.00	马倩	省级	200.000	高原藏猪冷鲜系列产品（活猪、冷鲜肉、鲜排骨、猪油等）、风干系列产品（风干肉、香肠、排骨、香猪腿等）、休闲系列产品（手撕猪肉干、芝麻猪肉干、猪肉肉松干等）
小金县林海养殖专业合作社	600.00	罗开顺	省级	80.000	跑山猪养殖与销售、野生菌加工与销售
小金县赞拉雪山种植专业合作社	600.00	许勤美	省级	210.060	中药材、农副产品种植、收购、销售，农业技术培训，农资产品销售
小金县世杰种植专业合作社	550.00	王仕吉	省级	200.000	中药材种植与销售
松潘县松山蔬菜种植专业合作社	500.00	更邓甲措	省级	215.210	高原蔬菜
松潘县雄山中药材种植专业合作社	408.00	张一辉	省级	150.000	中药材
松潘县镇江关雪山梨专业合作社	38.64	李洪	省级	12.000	雪山梨和李子
松潘县泥腿兄弟种养殖专业合作社	1000.00	葛玲	省级	2.000	李子
松潘县宏兴养鸡专业合作社	260.00	张进	省级	130.000	鸡蛋、肉鸡
松潘县小河食用菌种植专业合作社	60.00	胡天燕	省级	230.000	食用菌
松潘县满山红种养殖专业合作社	105.00	熊天忠	省级	200.000	花椒
松潘县岷江乡北定关中药材种植专业合作社	650.00	孟吉祥	省级	5.000	中药材
若尔盖县班佑乡求吉郎哇村牦牛良种繁育专业合作社	90.00	阿泽	省级	5.000	牦牛良种繁育
若尔盖县唐克乡牦牛产业专业合作社	300.00	索郎	省级	7.000	牛奶及乳制品生产加工与销售服务，肉及肉制品生产加工与销售服务，皮毛生产加工与销售服务，牲畜养殖与销售服务

续表2

合作组织名称	注册资金（万元）	法人代表	示范等级	年度产值（万元）	主营产品
若尔盖县黑河畜牧业农民专业合作社	35.00	纳科	省级	10.000	牛（羊）养殖、运输、收购、销售
若尔盖县巴西乡盛圜蔬菜专业合作社	150.00		省级	9.000	蔬菜种植、销售、收购，粮油加工、配送，当归、大黄、雪上一枝蒿等国家允许上市的中药材种植、销售，牛（羊）养殖、销售，菌类收售；病虫害防治技术指导、培训、咨询，提供农牧生产、农机服务、农资采购、生鲜加工、承接配送等
马尔康远地养殖专业合作社	400.00	尹才贵	省级	60.000	蔬菜、牦牛
马尔康润丰种养殖专业合作社	450.00	张桂兰	省级	0	—
马尔康雪域山珍种养殖专业合作社	300.00	李正华	省级	15.000	菌类、劳务
马尔康金土地蔬菜种植农民专业合作社	150.00	泽木根	省级	10.000	蔬菜
金川县沙尔乡洪才生猪养殖专业合作社	150.00	杨洪才	省级	36.000	生猪
金川县众鑫养殖专业合作社	194.00	赵树香	省级	17.400	肉牛、中药材
茂县窄溪绿源果蔬种植专业合作社	60.00	李文智	省级	31.300	水果
茂县罗山脆红李专业合作社	29.20	付志勇	省级	1560.000	水果

表4　阿坝藏族羌族自治州家庭农场排名前十一位名单

家庭农场名称	注册资金	法人代表	年度产值（万元）	主营产品
理县丰硕家庭农场	160	张春明	130	生猪养殖
理县索朗邓珠家庭农场	60	袁小刚	120	果蔬种植与销售
黑水县好牛家庭农场	400	俄木初	100	蔬菜、青脆李、花椒、牦牛
汶川县顺国全家庭农场	400	顺国全	100	水果、生猪、家禽
九寨沟县龙美家庭农场	—	高小龙	100	花椒
理县甲米村放心养殖家庭农场	50	张全宝	95	生猪自繁自养
理县藏屯家庭农场	50	杨军	76	家禽饲养
理县金屯孵鸡家庭农场	50	张晓平	75	家禽饲养
黑水县卓马家庭农场	100	卓马足	70	牦牛
汶川县漩口蔡家大院家庭农场	50	蔡世兵	70	生猪养殖
汶川县众辉家庭农场	180	杨加辉	70	生猪养殖

坝”区域品牌，拓展农特产品销售渠道，1901个农副产品入驻“832”平台和“天府乡村”公益品牌。根据州委、州政府关于建强“净土阿坝”品牌体系的决策部署，按照统一打造产品、统一升级形象、统一制定标准、统一搭建平台、统一提档产业“五个统一”要求，推进“净土阿坝”品牌培育各项工作。2022年、2023年，“净土阿坝”品牌连续两年获评“省农博会最受欢迎农产品品牌”，获评“全省十大优秀农产品区域公用品牌”，获得成都大运会高原特色产品类赞助商和特许经营授权合作商；阿坝州“红原牦牛奶”“遛遛牛牛肉干”“西羌六月红花椒”入选“天府粮仓”精品（培育）品牌名单，不断擦亮唱响“净土阿坝”金字招牌。

【现代农业园区建设】 全州共建成现代农业园区73个，其中省级12个、州级18个、县级43个；全州园区共建成主导产业种植基地36.19万亩、规模养殖场495个、专家工作站45个；认证有机农产品49个、绿色食品48个，登记农产品地理标志33个；培育国家级龙头企业1家、省级龙头企业11家、州级龙头企业34家；带动农户84577户286533人，吸纳农民就业118686人次。

【种植业】 州农业农村部门结合生产实际制定针对性强的贯彻落实政策措施和技术路线，遏制住粮食生产下滑势头，提升全年粮食生产面积和单产。经国调队核定，全年完成粮食生产面积74.57万亩、产量16.5万吨，分别较省下达目标增加0.07万亩、0.2万吨。完成2023年第一批耕地地力保护补贴资金拨付5348.3万元，亩均补贴58.84元，补贴面积90.895万亩。完成2023年省下达阿坝州实际种粮农户补贴312万元和第二批耕地地力保护补贴资金拨付44万元。争取大豆玉米带状复合种植国家资金180万元、省级配套资金60万元，共计240万元。同时，汶川县根据本县实际落实县级配套资金74万元。落实下达2022年藏区春油菜项目资金2100万元（2023年实施），实施县为阿坝县、若尔盖县、壤塘县、松潘县、九寨沟县、小金县和茂县。

新品种推广。青稞良种推广示范重点在阿坝、若尔盖、塘壤和松潘4县，围绕“阿青6号”和“藏青2000”等优质青稞品种的推广，加强推行“粉锈灵”或“立克锈”药剂拌种和野燕麦防除技术，抓好主产技术栽培示范，在河谷区域和海拔高度在3000米以下的高半山地带推广示范优质玉米。在河谷地区发展以优质蛋白质为主的籽秆兼用型玉米，建立多元化养殖和饲料加工基地。在城郊发展鲜食玉米，建立无公害生产和小食品加工基地。在高半山或高寒地区发展青饲（青贮）玉米，建立饲草料生产基地。高原马铃薯推广示范以提高产量和质量为主攻方向，在公路沿线主要发展薯型好、大小适中、淀粉含量中下的粮菜兼用型品种以及用于薯条、薯片加工的品种，高半山发展加工型和饲料型的高淀粉品种。加大推广示范“川油36油菜”“青海7号”“青海4号”等油菜新品种和高产栽培，加强适宜区栽培技术探索，完备示范性丰产栽培，促进新品种的示范推广。阿坝、若尔盖、壤塘、松潘、九寨沟、小金和茂县结合“天府菜油”三年行动计划项目，加大农旅融合建设力度以及农旅融合元素开发和宣传，建设观光春油菜基地，形成阿坝州观光春油菜特色景观带。同时，加大与浙江大学合作，引进7个浙江大学彩色油菜系列油菜品种在阿坝县、九寨沟县、茂县、壤塘县、若尔盖县、松潘县、小金县7个县开展新品种试种试验。推广示范大豆复合种植，种植模式原则上要求为大豆玉米带状复合种植，包括大豆玉米带状套作和大豆玉米带状间作、幼果林间（套作）作大豆等不与主粮争地新模式，多措并举扩大大豆种植面积。全年共推广大豆玉米带状复合种植1.2万亩，实际完成1.62万亩，超任务完成4200亩。

植物保护。聚焦“虫口夺粮”和第二轮中央环保督察反馈农药减量化问题整改，坚持病虫害监测预警，协同推广植保新技术，实现绿色防控面积74.6万亩，覆盖率57.62%；统防统治45万亩次，覆盖率38%。持续实施“百县千乡万户”科学安全用药培训，举办培训64场次，培训5200余人次。全年农作物病虫草鼠害发生总面积167.275万亩次，防治面积157.781万亩次，挽回损失3.65万吨，实际损失4498.23吨，占总产量123万吨的0.36%，其中病虫害发生面积121.21余万亩次，防控面积115.99万亩次，挽回损失3.17万吨；鼠害发生面积3.95万亩，防治3.66万亩，挽回损失3.17万吨；农田杂草发生面积36.17万亩，防除农田杂草32.3万亩，挽回损失0.25万吨，病虫草鼠危害损失率控制在4%以下。

植物检疫。严格执行疫情管理规定，在茂县、理县、小金县重点实施苹果毒蛾和梨火疫病监测，尚未发现检疫性有害生物。严格产地检疫，开展产地检疫30次，出具产检合格证15份，涉及13个作物品种，种植面积195.5亩，其中粮油作物4400千克、李子45000株、苹果50000株、樱桃11500株、中药材7320000株。严格执行调运检疫，调出种子种苗和产品11批次、70015千克、201730株，调入种子种苗产品252批次、5065537.45千克、1046881株。开展检疫监管专项行动，对辖区内15个种子种苗繁育基地进行监督检查和162个种子种苗经营门店进行执法检查，繁育基地符合检疫要求，申报面积82亩、477857株，经营门店调运销售的种子种苗均具有检疫证明，货证同行。

【林业】 压实森林草原湿地保护发展主体责任，推进“七大保护行动”，实施“七大治理工程”。依法推进生态环境问题整改，完成黄河干支流生态防护带建设，创建若尔盖国家公园，自觉肩负长江黄河上游生态安全责任，筑牢长江黄河上游生态屏障。截至2023年年底，全州有天然草原4718万亩，草原综合植被覆盖度达85.5%；湿地884万亩，林草湿资源占全州辖区面积的91%，林草覆盖率达84.98%；国家重点保护野生动物142种、国家重点保护野生植物93种；各级各类自然保护地59个；古树名木1212株。按照《中华人民共和国森林法》《中华人民共和国草原法》《中华人民共和国湿地法》等相关法律法规发布2次林长令，持续打击破坏林草资源行为，全年依法查处行政案件429宗。采取落实草原生态保护补奖，实施草原禁牧、草畜平衡，加强宣传教育等多种措施，红原县、松潘县获得“全国第一批红色草原”称号，“绿色中国行”活动首次走进“红色草原”。

全年林草长巡林15.34万人次，解决问题2250个。森林覆盖率增长0.01%，森林蓄积增加300万立方米。实施湿地修复、湿地生态补偿、落实休牧轮牧制度，完成湿地封禁14万亩，湿地野生动植物生存、繁育环境不断改善。

13个县（市）实现野生动物致害保险全覆盖。持续开展“清风行动”，全年查办野生动物案件11起，栖息地保存率达100%。突破了制约10余年的双江口水电站岷江柏采集审批“瓶颈”，依法支持重大项目建设。

加强59处自然保护地保护管理，完成全州自然保护地整合优化工作，解决了同一块地“九龙治水”的矛盾问题。四姑娘山世界地质公园创建已通过省级评审和国内专家推荐评审。

全年完成天然草原改良88.6万亩、人工种草22.5万亩、鼠虫害防治599万亩、沙化土地治理14.2万亩、湿地修复10万亩、营造林27.67万亩、干旱河谷治理0.85万亩。若尔盖县获得“全国防沙治沙先进集体”称号。

建立148套林火监控系统，设立239个卡点、71个前置驻防点和196个火情瞭望哨，落实“人防+物防+技防”三防工作，实现36年无重特大森林火灾的目标。严防松材线虫病等重大林业有害生物入侵，有害生物成灾率控制在省下达指标内。

成立要素保障专班，向省林草局提前申报、中期追加定额，2023年累计为全州重点项目提供用地保障584公顷，办结行政许可350宗，确保西成铁路、久马高速等重点项目加快推进。采取工程结合以工代赈方式，完成黄河干支流域生态防护带建设684.64千米、5.28万亩，实现了生态保护与群众增收的有机结合。争取全州7个县（市）和2个州属国有林保护局纳入国、省规划。汶川县已获得银行授信批复。

编制《阿坝州建设“高原森林粮库”实施方案》，依托森林资源，全面发展木本粮食、木本油料、森林蔬菜、森林药材、林产调料、林产饮料、森林水果、食药用花卉8类经济林食物；利用林地空间和林下生境，采用林下种植、林下养殖、林下采集3种模式发展林下食物，全年实现“林粮”产值8.15亿元。

若尔盖县被新纳入全省林草碳汇项目开发试点单位，成为全省首批湿地碳汇开发试点。完成世界园艺博览会阿坝馆建设，展示阿坝州生态保护成效、发展理念、历史文化、人文风采。全年共收集整理若尔盖国家公园创建、林长制、防沙治沙、黄河干支流域生态防护带建设等新闻线索400余条，省林长办采用推广汶川县乡（镇）林长办标准化建设创新试点经验，协同相关部门精选上报省委宣传部“天府新视界”平台，在各媒体推出《若尔盖：划定“生态红线”保护珍稀鸟类》《不可逾越的生态保护“红线”护“炭”若尔盖》等新闻报道500余篇，展示了净土阿坝的美丽生态。

【畜牧业】 全州各级农业农村部门以建设“新时代更高水平高原粮仓”和“阿坝牦牛产业集群”为抓手，立足阿坝州区域资源禀赋和畜牧业优势特色产业，推动畜牧产业全链条协调稳定发展。开展预防免疫、消毒灭源、疫情应急处置、无害化处理、疫情监测、流行病学调查等防疫工作，全州无区域性重大动物疫情发生，按时完成年初制定的各项防疫目标任务，推动了全州农牧业健康稳定发展。全年出栏各类牲畜144.51万头（只），同比增长4.79%；生产优质肉奶26.29万吨，同比增长3.6%；实现畜牧业产值90.5亿元。

推进各类动物疫病防控工作，全年组织发放口蹄疫、高致病性禽流感等重大动物疫病疫苗2235.56万毫升（头份、羽份）和牛出败、炭疽等地方流行性动物疫病疫苗2120.1万毫升（头份），累计免疫各类畜禽1603.38万头（只、羽）次，累计免疫各类牲畜704.48万头（只）次，重大动物疫病应免畜禽免疫密度达100%；圈舍、屠宰场、畜禽交易市场等场（舍）累计消毒灭源面积32472.94余万平方米。

在全州开展口蹄疫、高致病性禽流感等重大动物疫病和包虫病、布病、炭疽、结核病等人畜共患病的各项监测、检测工作，共采集畜禽重大动物疫病免疫血清3587份，免疫抗体合格率为90.86%。开展牛羊棘球蚴病免疫监测工作，共监测牛682头，阳性率为0.58%；监测羊8460只，抗体合格率为88.67%；检测犬粪棘球蚴病抗原6500份，阳性率为2.27%。开展牛（羊）布鲁氏菌病免疫抗体监测，监测牛3895头，免疫抗体合格率为92.62%；监测羊2635只，抗体合格率为93.12%。牛结核病采用牛型提纯结核菌素皮内变态反应试验，监测牛3569头，检出阳性13头，阳性率为0.36%。

开展非洲猪瘟防控工作，累计排查监测生猪养殖场（户）14.56万余家（户）次，排查生猪186.54余万头次；排查生猪屠宰场1.42余万次，排查生猪4.52余万头，未发现生猪异常死亡现象；累计开展非洲猪瘟屠宰抽检3962份，未检出非洲猪瘟阳性样品。

为提高畜禽免疫质量，全面推动重大动物疫病防控工作，全州开展动物疫病防控技术培训，共举办集中专业技术培训2次，累计培训县、乡技术骨干150余人次；开展动物防疫技术现场培训47场次，累计培训3124人次；

春、秋两防期间，全州累计发放防疫资料2万余册（份）。

建立三江牛种质资源基因库，采取同期发情等高效繁育技术，推进资源的保护开发利用；利用汶川羌山云朵鸡、黑水凤尾鸡2个家禽资源的优良特性，开展优质地方鸡种配套系培育，提升其育种创新能力。

坚持引种与自繁、本品种选育与杂交改良相结合，落实《阿坝州种业振兴行动方案(2022—2025年)》，以牦牛、西藏羊、藏猪等地方优良品种为重点，从种质资源保护、引入、利用、推广等方面推进地方优良畜禽品种繁育改良工作。全州累计提供优良种牛2000余头，推广牦牛冻精10000余支，改良后代2万余头，提高了牦牛良种率水平。完成麦洼牦牛、河曲马、藏绵羊生长性能测定。红原、阿坝、若尔盖等牧区各县继续实施《麦洼牦牛提纯复壮示范与推广项目》，聚焦破解牦牛人工配种繁殖成活率低的瓶颈，开展牦牛饲养管理、复壮改良、良种繁育、精准补饲等牦牛提纯复壮工作，采用牦牛人工配种技术，推广牦牛冻精提纯复壮牦牛技术，全年提纯复壮牦牛1000余头。州（县）农业农村部门、省龙日种畜场等单位独立或相互合作，开展麦洼牦牛、西藏羊、阿坝蜜蜂3个省级保种场和金川牦牛州级保种场、三江牛省级保护区提档升级的各项工作，若尔盖、阿坝等县开展欧拉羊（草地型）省级保种场、河曲马省级保种场创建工作，为构建阿坝州“育繁推”一体化现代种业服务体系打下基础。

2023年，全州标准化养殖牦牛存栏量达27万余头、西藏羊20万余只、生猪14万余头，全年标准化养殖出栏牦牛10万余头、西藏羊18万余只、生猪14万余头，全州藏猪、藏鸡生态标准化养殖存栏和出栏数量逐年提升，全州牲畜标准化养殖的生态效益、经济效益明显，以牦牛为例，标准化养殖的牦牛出栏周期缩短1～3岁，出栏率提高到25%以上，每头牦牛增效800～1200元，减轻了草原压力，畜禽粪污资源化利用率得到提升，养殖效益得到增加。

全国草原畜牧业转型升级试点县——红原县继续推行“暖季适度放牧、冷季舍饲”“家庭生态牧场+适度规模标准化养殖”“线上+线下一体化精准管理”三种牦牛标准化生产模式，为川西北牧区草原畜牧业转型升级探索出可借鉴、可复制、可推广的“红原模式”。红原县部分牦牛适度规模标准化养殖基地和牦牛养殖专业合作社实现犊牛死亡率降至2%以内、出栏年龄降低到3岁以内、出栏周期缩短1年、牧户平均增收达10万元以上的养殖成效，初步形成暖季顺势育肥、冷季错峰出栏、全年平稳产乳的牦牛标准化养殖新场景。

【乡村振兴】 实施重点帮扶地区加快发展行动，紧盯重点帮扶县（村）和易地搬迁集中安置点“两个重点”，全面落实《关于构建乡村振兴重点帮扶县（村）支持体系的指导意见》和《易地搬迁后续扶持强基提质行动实施方案》，坚持分类指导、示范创建，编制重点帮扶县（村）年度发展计划，整合投入资金2.3亿元，实施项目87个，完成47个重点帮扶村巩固提升。实行“123”易地搬迁后续扶持机制，投入资金6799万元，实施项目17个，完成黑水县西尔镇沙卡村易地搬迁安置点规范化建设任务。投入230万元，实施九寨沟县双河镇荷叶坡安置点易地搬迁示范区建设试点工作，促进搬迁群众“稳得住、融得进、逐步能致富”。用好东西部协作、对口帮扶和定点帮扶、驻村帮扶、社会帮扶“四支力量”，凝聚起加快发展的强大合力。抓好驻村干部期满轮换工作，选派新一轮驻村干部队伍639支、1775名。全年投入东西部协作帮扶资金6.5亿元，实施项目177个，持续打造乡村振兴示范村29个。投入省内对口帮扶资金2.8亿元，援建项目221个，已完工140个。推进“万企兴万村”，新增66家企业参与“万企兴万村”活动，所兴之村达117个。

实施资金项目提质增效行动。全年投入各级财政衔接资金20.57亿元，实施项目862个，一批巩固成果、推动乡村振兴的项目建成使用。做好财政衔接资金政策落实情况自查和2023年省级衔接资金现场实地绩效评价，完成《四川省“十四五”巩固拓展脱贫攻坚成果同乡村振兴有效衔接规划》中期评估。做好脱贫地区帮扶产业项目风险监测，对全州1371个帮扶产业实行动态监测。推进地震灾后重建，投入衔接资金6000万元，实施灾后重建项目14个，助推受灾地区巩固脱贫成果和产业振兴。持续开展扶贫项目资产、帮扶资金项目资产“大清理”“回头看”，完善项目资产后续管护和利益联结机制，清理扶贫和帮扶项目资产2.6万个，资产规模205.05亿元。

实施“三家园”示范建设行动。全州建成14个乡（镇）、138个村“三家园”，全州累计完成32个乡（镇）、283个村“三家园”五美乡村建设任务，构建“一环二纵二横四带全域覆盖”示范格局，实现“在净土阿坝看见美丽乡村”。理县卡子村、松潘县元坝子村、小金县双桥村等一批“五美乡村”脱颖而出，成为新地标、新示范。

宜居宜业和美乡村建设行动。全州完成148个中央、省扶持村和9个红色美丽村庄建设自查评估，编制33个扶持村和3个红色村项目实施方案。全州村集体经济收入达1.29亿元，人均分红86元。

落实国家、省《乡村建设行动实施方案》，制定《阿坝州乡村建设行动实施方案》，确立全州乡村建设“四五十”行动，探索建立州级统筹、县（市）主体、群众参与的工作机制，持续推进农村基础条件改善和公共服务水平提升，全州农村自来水普及率达85%以上、宽带用户普及率达95.83%、农村生活垃圾收转运处置体系覆盖率达91.5%、生活污水治理率达52.1%，理县、汶川县被纳入省级乡村建设试点。

坚持党建引领乡村振兴，全面构建"一核三治"基层治理体系，持续健全乡村分类转化提升长效机制，整顿软弱涣散基层党组织，逐村形成分类定级台账1090份，确定软弱涣散村基层党组织22个，"一村一策"制定整顿措施，提升整顿实效，基层组织战斗力、凝聚力显著增强。推广乡村治理"积分制"和"清单制"，推进文化振兴"百千万"工程，深化移风易俗专项行动，持续开展"听党话、感党恩、跟党走"宣传教育，举办"好婆婆、好媳妇""好家庭"等评选活动，壤塘县入选省文化产业赋能乡村振兴试点县。

【乡村旅游】 开展第三批阿坝州特色文化旅游名镇、名村培育，创建阿坝州特色文化旅游名镇5个、阿坝州特色文化旅游名村15个。马尔康市松岗镇松岗村、汶川县映秀镇秀坪社区、汶川县映秀镇中滩堡村、九寨沟县漳扎镇甘海子社区、红原县安曲镇下哈拉玛村5个村入选第四批省级乡村旅游重点村；汶川县映秀镇、九寨沟县漳扎镇漳扎村、茂县叠溪镇较场村分别创建为天府旅游名镇、名村。杨华珍"藏羌织绣·十二月花"系列入选天府旅游名品，"阿如藏"系列产品获得四川省商品大赛金奖。

【农村水利】 实施农村饮水安全工程维修养护，投入中央水利发展资金1751万元，对225处农村饮水工程进行维修养护，覆盖人口16.73万人。推进村镇供水规范化管理，全州各县（市）参评农村集中供水工程334处。

推进农业水价综合改革，全年完成新增16.7544万亩改革任务及6.25万亩改革验收任务。持续推进水美新村建设，完成汶川县、理县、茂县、九寨沟县、黑水县及壤塘县6个水美新村建设。

推进汶川威绵、九寨沟白水江等水利工程及马尔康脚棱两河水利工程渠系配套项目前期工作。持续推进理县米桃水利工程建设，累计完成管道铺设83千米，新建取水口5处，沉砂池、蓄水池39个、减压池15个。九寨沟罗州湖水库建设已完成坝体填筑，进行纵向增强体心墙施工，工程建成后多年平均供水量88.8万立方米，新增灌溉面积0.79万亩。

全年灌溉面积40.3千公顷，其中耕地灌溉面积31.35千公顷、林地灌溉面积0.67千公顷、园地灌溉面积4.21千公顷、牧草地灌溉面积4.07千公顷；实际耕地灌溉面积23.787千公顷，旱涝保收面积17.569千公顷；有规模以上灌区14处，渠道长度388.28千米，防渗渠道长度202.96千米。

【农业机械化】 全州有拖拉机18666台、各种配套农机具8460台（套）、农用水泵5094台、植保机械5083台、谷物联合收割机33台、饲草收获机械1901台、农产品加工机械5945台（套）、各类畜牧机械9016台（套）；完成农作物机耕作业面积102.16万亩、机播面积19.1万亩、机电灌溉面积17.93万亩、植保面积32万亩、机收面积19.06万亩；农机总动力达78万千瓦，主要农作物耕种收机械化水平达50%。

全年共实施农机购置补贴资金685.934万元（含2022年结存资金在2023年使用数），共有2427户农牧民、农机专业合作社、农业企业购买各型补贴农机具2594台（套），通过农机购置补贴政策的推动，农机总动力新增3.07万千瓦。

【农村科技】 结合州情、牧情开展科技攻关和成果推广，推进牧草种植、良种繁育、生态养殖、饲草开发、智慧牧业等重要领域、关键技术的科技攻关和成果转化。牦牛冻精改良等科技成果和适用技术通过集成组装和示范推广，取得良好成效。无人机播种、"企业+集体经济+牧户"等一批新装备、新模式在农村牧区的推广应用提升了畜牧产业的科技化、集约化水平。

开展品种引育和关键技术研究以及示范推广，为打造"高原粮仓"、推动乡村振兴集智聚力。申报和组织实施《高寒山区玉米种质创新及品种选育》《青稞良种繁育及栽培技术》《农作物种质资源繁育与保存》等项目7项，参与"院州合作项目"3项。配置青稞、玉米杂交组合1066个，繁殖农作物育种材料15069份；组合鉴定观察1907个，品种比较试验组合80个。自交果穗11000余个。"阿青贮232""阿青贮233"等49个组合较对照增产，具有进一步试验的价值。青稞"阿青糯1号"新品种登记已完成申报工作。"蓉椒8号""陇薯15"等6个品种产量高、抗性好，在适宜区域有推广前景，其中"蓉椒8号"平均亩产达6310千克，较当地主栽品种亩增815千克。

引进新材料、新品种50余个（份）进行性状调研和适应性研究。试验示范果蔬新品种新材料31个，其中梨品种4个、桃品种3个、甜樱桃品种3个、苹果新品种3个、蔬菜新品种18个。示范简化丰产树形结构培养、肥水布高效利用、粮经复合种植，实现"一园两收"增收模式等新技术3项，其中大豆产量150～160千克/亩，增收900～960元/亩；马铃薯产量1500～1600千克/亩，增收3000～4500元/亩。

开展技术指导培训。全年17名畜牧科技人员在各县开展"三区"人才科技服务、"专家万里行"和畜牧生产咨询等工作，到畜牧业生产第一线开展技术服务，普及畜牧技术知识、推广畜禽良种、推广高效养殖技术等，提高农牧民科学养畜水平。

阿坝州农业种子站与四川省豌豆岗位体系专家团队（南充农科院特种作物所）合作开展小金绿豌豆单株选择、两地冬夏种植加代等品种纯化培育工作。在州内海拔2000米以上的小金县八角乡太阳村、金川县勒乌镇角木牛村和阿坝县龙藏乡五村设置多点试验，拟以小金绿豌豆纯系品种和不限于小金绿豌豆血缘品种推进阿坝州高寒区绿豌豆品种升级换代。

在生产一线开展各项适用技术培训和技术指导，提高农牧民群众和普通养殖场(户)的科学养殖技术水平。2023年,州(县)农业农村部门共举办各类技术培训250余场,培训基层技术人员、农牧民、农牧业经理人、家庭牧场主、农民合作社带头人等各类人员13500余人次,发放宣传培训资料3.47万余份(册)。

畜牧科技。阿坝州四川省龙日种畜场制定了《遗传资源保护方案》《保种选育方案》等技术方案,持续开展生长性能测定和生产性能测定,健全牲畜系谱档案和种畜卡片,健全原种场牲畜档案资料。开展牲畜出生登记测定建档,测定犊牛89头、羔羊159只、马驹7匹;开展生长性能测定2次,测定麦洼牦牛1807头次、西藏羊680只次、河曲马142匹次;优化调整核心群畜群结构,开展原种场牲畜日常饲养管理,加强牲畜高效养殖和疫病防控。

聚焦州、县经济社会急需问题,加强应急攻关,推广牦牛冻精生产技术。分析采精频率、电压、平衡时间、温度等因素对精液采集的影响,提炼总结一套完整的牦牛电刺激采精技术。继续加强麦洼牦牛冻精生产技术、同期发情技术以及应用效果研究工作。选择原种场39头优质种公牛组建采精公牛群,全年生产麦洼牦牛细管冻精1557支;推广10000余支,配种适龄母牛300余头(其中原种场配种256头、红原县150头)。向红原县、绵阳市、云南省等地区销售麦洼牦牛细管冻精1万余支。实施省级重点项《麦洼牦牛多椎性状选育与推广应用技术研究项目》,开展多椎牦牛选育芯片研究,研制出多椎牦牛预选芯片V1.0版本。

结题验收2023年度预算类项目,审核通过1个社科项目和2个州科技计划项目的申报书,审定通过6个项目年度实施方案。全年共实施10个科研项目,其中社科项目1个、对外合作项目4个、财政预算项目3个、其他项目2个,总投资396.3万元。完成该年建设内容的项目总计10个,完成验收的项目共3个。截至2023年年底,全面完成项目5个,其余5个项目为跨年项目。

【农村教育】 截至2023年12月,全州共有农村学校446所,其中幼儿园219所、普通小学177所、普通初中(含初级中学及九年一贯制学校)33所、普通高中15所、特殊教育学校1所,共有各级各类在校学生12.31万人。农村地区共有教职工1.4万人,其中专任教师1.2万人。

持续开展控辍保学,印发《关于持续强化控辍保学工作的通知》,依托四川省控辍保学动态管理系统,实行控辍保学月报制度,持续巩固拓展教育脱贫攻坚成果。抓好教育助力乡村振兴工作,印发《2023年教育系统乡村振兴工作要点》《阿坝州"十四五"实施乡村教育提升工程推进方案》等相关文件6个。办好教育民生实事,累计落实学前"一免一补"、义务教育"三免两补"等中央、省、州学生资助及学校运转类资金8.1亿元,受益学生12万余人次。

统筹抓好农村教育发展,贯彻落实《阿坝州教育高质量发展五年行动计划(2022—2026年)》。学前教育方面,有序推进学前教育的普及普惠,聚焦幼儿园布局优化、准入管理、科学保教等重点内容和关键环节,持续优化县、乡、村三级学前教育服务体系,扩大农村地区、新增人口集中地区学前教育资源,普惠性幼儿园占比达98.8%。争取四川省民族地区教育发展十年行动计划、浙川对口帮扶等专项资金1000余万元,用于支持农村学前学普基地建设、教学资源购买及国家通用语言文字学习环境创设,多渠道、多层次提升学前学普保障能力。义务教育方面,印发《关于做好2023年全州普通中小学招生入学工作的通知》等,规范中小学校招生工作和规范课程标准、行课时间等。出台《阿坝州全面强化国家通用语言文字教育教学工作方案》,全面加强国家通用语言文字教育教学。持续组织实施转型教师能力提升培训,全年共选派600余名农村双语教师参加转型提升培训,为教育教学质量提升奠定基础。高中教育方面,抓实示范校创建,共新增省示范性学校(园)10所,储备州级示范学校(园)20余所。统筹四川省民族地区教育发展十年行动计划、浙江省对口帮扶等专项资金80余万元,组织开展"新课程新教材"培训及研讨4批次。启动县中托管计划,完成4所高中"组团式"帮扶学校帮扶意向收集、结对。特殊教育方面,印发《阿坝州"十四五"特殊教育发展提升实施方案》,研究制定12条具体举措,全面提升特殊教育教学质量,实现特殊少年儿童最大限度发展。组织开展第33个全国助残日活动,发放政策宣传单、倡议书1000余份。加强适龄残疾儿童少年接受义务教育监测,适宜安置每一名具备教育能力的残疾儿童。

印发《关于做好2023年度省内优质学校对口帮扶乡村振兴重点县中小学校及幼儿园相关工作的通知》,敦促各县(市)学校主动与帮扶方在办学理念、资源共享、课程交流、师资互挂等方面开展深度合作,推动2023年度全州对口帮扶工作出成效。5月,州教育局被教育厅评为2022年对口帮扶乡村振兴重点县中小学校及幼儿园先进集体。

全年招聘农村学校教师800余名。落实《阿坝州教育目标考核办法》《阿坝州鼓励教师终身从教认定办法》。全年累计完成农村教师"国培""省培""州培"三级培训4万余人。

制发《2023年全州学校安全稳定工作要点》《阿坝州教育系统重大安全事故隐患排查整治方案》《阿坝州教育局关于2023年常态化扫黑除恶教育乱像治理工作方案》等文件,对学校安全工作进行全方面安排部署,共组织召开学校安全稳定工作会议4次,落实安全定期研判制度。以防非正常死亡、防溺水、防震减灾、森林草原防灭火、国家安全等10个重点安全专题教育为抓手,采取"线上+线下"相结合的方式,持续开展家校共建主题教育活动，受教育农村学校学生10万余人次。全州农村学校共开展演练466场次。

指导6个国家、7个省乡村振兴重点帮扶县制定教育人才“组团式”帮扶工作“一县一方案”13份，年度目标任务为190余项，截至2023年10月底，已完成170余项，完成率近90%。完善本土师资培养体系，提升本土教师教研水平和专业素养，“师带徒”350余人，签订“师带徒”协议150余份，组建完成教学团队100余个，组建帮扶班30余个。坚持“请进来”，开展“线上+线下”共同教研150余次、“同课异构”交流活动280余次，完成300余次公开课、示范课、精品课献课活动。落实“走出去”工作要求，选派500余名管理干部、骨干教师到帮扶地学习交流。坚持高考成绩稳中有升，提升教育质量，理县中学、若尔盖县中学、黑水县中学2023年较2022年本科上线增长率提升较大，在全省国家、省乡村振兴重点帮扶县受帮扶高中学校中排名靠前。争取浙江省对口援助资金600万元，用于6个国家乡村振兴重点帮扶县教育人才“组团式”帮扶智力补助项目。

【农村文化】 完成阿坝州成立70周年文艺演出。围绕“乡村振兴”“幸福美好生活”等主题，创作《净土阿坝·幸福家园》等一批文艺作品，其中舞蹈作品《心画》，音乐作品《羌风吹过千年》《赞拉达娃》分别获得舞台艺术精品展演非职业组一、二、三等奖；舞蹈作品《樱桃树下幸福歌》《故乡的声音》分别获得舞台艺术精品展演（非职业组）优秀奖；《阳光高原》《风雪高原》获得美术类优秀奖；《珠姆露歌》《建设藏家家园》《青稞熟了》获得摄影类优秀奖；《节选文心雕龙》获得书法奖优秀奖；创演阿坝州首部羌族小剧场戏剧《云上的呼唤》，获得第五届四川文华剧目奖，并开展惠民演出8场；组织开展音乐剧《牦牛革命》惠民演出3场；组织开展音乐剧《辫子魂》惠民演出3场。全州各级图书馆外借书刊14万余册次，总流通人次近30万人次。各级“两馆”组织开展各类讲座、展览等免费开放活动近200场次。组织开展“书香阿坝·全民阅读”活动启动仪式、庆祝建州70年“书香阿坝·全民阅读”诵读活动、“70书香有你 阅读打卡”等各类全民阅读线上线下活动100余场次。

【农村卫生】 全州有乡（镇）卫生院171个、村卫生室1197个。茂县社区卫生服务中心探索开展个性化签约服务，全州家庭医生一般人群签约率达64%，重点人群签约率达82%，辖区内贫困人口签约率实现“应签尽签”。继续向全州93.75余万名常住城乡居民免费提供健康档案管理、健康教育、慢性病管理等12项国家基本公共卫生服务，全州居民健康档案建档率达95.2%，健康管理老年人3.69万人，健康管理高血压患者3.5万人，规范健康管理严重精神障碍患者0.11万人。实施妇女儿童公共卫生项目，规范妇幼保健技术服务和管理，妇幼保健服务指标呈逐年上升趋势。

【农村危房改造】 为保障低收入困难群众等重点对象的住房安全，全州农村危房改造及农房抗震改造总计下达目标任务为2590户（农村危房改造590户、农房抗震改造2000户），其中590户农村危房改造为马尔康市506户、金川县16户、汶川县2户、茂县4户、若尔盖县2户、壤塘县60户，阿坝县农房抗震改造2000户。

【农村法制建设】 夯实“三农”法治基础，护航乡村振兴有效实施，拓展、深化和健全“三农”领域法治建设，加强新兴领域和重点领域的地方立法工作，突出重点领域立法，《阿坝州农村集体经济组织条例》《阿坝州乡村振兴促进条例》经省十四届人大常委会第三次会议批准，8月1日起施行，为推进民族立法“三农”立法工作提供了法治保障。

【农村交通】 全年新（改）建农村公路428千米，建成村道生命安全防护工程56.6千米，改造“四五类”桥梁11座，铁索桥改公路桥2座，农村公路优良中等路率达78.1%。全州农村公路通车里程达1449.772千米，其中县道2678.585千米、乡道4289.159千米、村道4482.028千米。

【涉农招商引资】 全州有3000万元以上的农业招商引资重大项目1个，为内资项目；项目总投资1.2亿元，到位资金6928万元（见表5）。

【农村生态建设及环境保护】 开展75个行政村生活污水治理“千村示范工程”，分配以奖代补资金3601万元，完工率和资金拨付率达“双100%”。全州1090个行政村生活污水得到有效治理的有667个，治理率达61.2%。督促各县（市）制定出台农村生活污水处理设施运行维护管理办法，全州314个农村生活污水处理设施正常运行298个，停运或不正常运行16个。加强农村面源污染治理监管，督促指导各县（市）编制畜禽养殖污染防治规划，州级、县（市）规划印发实施已全覆盖。

协同治理工业废水、城镇污水、乡村污水和农村面源污染，水环境质量位居全省第三，整治入河排污口3595个，审批入河排污口11个，规范集中式饮用水水源地111个，主要出境断面水质常态达到Ⅱ类以上标准，饮用水水质稳定达到Ⅲ类以上标准。打好净土保卫战，以城镇工业用地、建设用地和乡村农业用地、畜牧用地为重点，有序开展污染调查评估、源头治理及安全利用，监督排查27家土壤重点监管单位，将在产企业、工业园区、填埋场、尾矿库等124个风险源纳入管控清单，安全利用21147亩受污染耕地。

【农村社会保障】 全州城乡居民基本养老保险参保人数369359人，被征地农民养老保险参保人数256人，年满60周岁以上领取城乡居民养老保险待遇的人数达96271人。

持续健全社会救助兜底保障政策措施。加强低保兜底保障工作，建立分层分类的社会救助体系。加强低保“兜底线”作用，兜牢兜好农村群众困

表5　2023年阿坝藏族羌族自治州1000万元以上招商引资项目表

项目	总投资（万元）	投资内容	投资方	项目进度
茂县农副产品深加工项目	0.15	一期拟投资500万元，新建产品生产车间仓库办公室以及生活设施，购买设备建立生产线，建立化验室。项目占地600平方米；利用当地旅游资源和农作物生产风味固体饮料和谷物固体饮料生产线，年生产300吨；为解决茂县青脆李、红脆李残次果的销售难题，将青红脆李加工成果酱果糕生产线，年加工2000吨。二期拟投资1000万元，根据市场情况增加相关生产线	雅安润溢食品有限责任公司	建设完成标准车间，谷物类固体饮料加工设备购进完成并已投产。李子干小型设备购进已完成，可少量生产
若尔盖县牦牛、藏系绵羊食品加工项目	0.15	新建厂房、污水处理设施设备、屠宰加工设施设备、办公用房等	若尔盖绿洲食品有限责任公司	建设完成，已投产运营
80万只蛋鸡及配套设施建设项目	1.20	建设80万只蛋鸡养殖厂及配套设施和有机肥料厂	松潘县农辉农牧科技有限责任公司	已完成1栋蛋鸡舍、2栋育鸡舍建设，并已入栏20万只蛋鸡
理县高原特色冷水鱼产业基地	0.15	项目拟流转高原特色冷水鱼产业基地项目用地约36亩，建设项目水源引水设施及约60个冷水鱼养殖流水池（总计养殖水面约8000平方米），建设约600平方米配套设施用房，建设约500平方米高标准温控鱼苗繁育大棚，建设约300平方米冷水鱼清洗转运用房和冷水鱼产业基地其他配套设施，探索利用云计算和NB-IoT技术的智能养殖	四川冷水鱼农业开发有限公司	完成项目取水工程全部内容建设，包括底格栏栅坝、一级沉砂池、引水管道和控制闸门等全部工程建设工作，场地已具备引水条件；完成场地全部养殖水面建设，包括二级沉砂池、标苗池、成鱼池、主引水渠、主排水渠和尾水池建设，已建成养殖水积约9000平方米；项目已完成发改立项、设施农业用地备案、行洪论证和水土保持等手续审批工作；场地已进行试水调试工作，基本具备进水关鱼条件

难群众基本生活底线，全年保障农村低保对象66199人，发放低保补助资金23346.35万元。

实施养老服务机构提档升级，争取省级养老发展补助资金，安排州级一般公共预算配套资金、州级福彩公益金，新建成村（社区）养老服务中心16个。申请省级试点资金180万元，率先在九寨沟县、小金县试点开展社区助餐点、老年认知障碍友好社区建设。

持续推进居家养老服务从兜底向普惠转变。按照“应保尽保”原则，将符合特困供养条件的5108名农村老人纳入特困供养，标准为每人每月693元，全年发放补助资金4469.23万元。制定出台《阿坝州散居特困老人和农村留守老人巡访工作方案》，落实工作职责，按照三档标准（一档160元/人/月、二档130元/人/月、三档80元/人/月）全覆盖落实散居特困老年人巡访工作。

为保障低收入困难群众等重点对象的住房安全，全州农村危房改造及农房抗震改造总计下达目标任务为2590户（农村危房改造590户、农房抗震改造2000户），其中590户农村危房改造为马尔康市506户、金川县16户、汶川县2户、茂县4户、若尔盖县2户、壤塘县60户，阿坝县农房抗震改造2000户。

全州孤儿、事实无人抚养儿童生活散居标准达到每人每月1200元，集中供养标准达到每人每月1600元，406名孤儿、事实无人抚养儿童、艾滋病感染儿童基本生活待遇足额落实；将9866名家庭经济困难的儿童按程序被纳入低保保障；738名重度残疾儿童全部被纳入重度残疾人残疾人护理补贴范围，293名困难残疾儿童享受困难残疾人补贴。加强落实孤儿、事实无人抚养儿童教育保障，为96名年满18周岁的孤儿实施“福彩圆梦·孤儿助学工程”，为77名困难家庭学生实施“福彩助学项目”。保障困境儿童医疗康复，全额资助207名孤儿参加基本医疗保险，为43名孤儿进行健康体检。实施“有福‘童’享·残疾儿童关爱”活动，为马尔康市、松潘县、理县130余名困难残疾儿童提供关爱服务，重点关注困难单亲母亲家庭未成年人的关爱保护。为若尔盖县20户单亲母亲家庭中的困境儿童实施“黄河边的爱心屋”困难儿童居家环境改造项目。开展未成年人保护相关工作，争取省级福彩公益资金300万元，在理县开展基层未成年人保护阵地试点项目建设。指导汶川县、理县、茂县启动实施“明眸”健康工程。完成州人大常委会开展的《中华人民共和国未成年人保护法》执法检查。

【农产品质量安全监管】 全州农业农村部门把农产品质量安全放在突出位置，坚持“守底线”“拉高线”同步推，“保安全”“提品质”一起抓，遵循“四个最严”要求，坚持“产”“管”并重，严格农产品质量安全全过程监管，全州农产品质量安全抽检总体合格率连续三年保持在98%以上，未发生农产品质量安全事故。在全省食品安全党政同责考核中，阿坝州成为涉藏地区首个全部农检机构获得“双认证”的市（州），阿坝州农产品质量安全监管、绿色食品、地理标志农产品发展工作被农业农村厅表彰为成效突出单位；2023年阿坝州农业品牌培育工作被农业农村厅表彰为成效突出单位。

【农村市场体系建设】 加快阿坝州数字畜牧业大数据平台建设，起草《阿坝州数字畜牧业大数据平台项目建设方案》并完成第一期建设任务。督促完成农产品产地仓储保鲜建设工作。督促完成阿坝州2022年度“菜篮子”工程冷链设施建设示范县（省级财政）理县、松潘县共1000万元农产品产品仓储保鲜项目建设任务和资金拨付。开展农产品产地冷藏保鲜设施建设项目“回头看”，各县（市）农业农村部门对辖区内2020年以来农产品产地冷藏保鲜设施项目建设情况开展自查自纠。指导督促2023年农产品产地仓储保鲜设施建设。开展办会、办展工作，组织13个县（市）农特产品参加红原牦牛产业大会、西博会、第九届农博会并到浙江省开展“阿坝特产进机关”活动。

【劳务开发与返乡创业】 全年转移输出农村劳动力15.48万人，实现劳务收入53.31亿元，其中转移输出脱贫劳动力4.22万人，实现劳务收入9.36亿元；农牧民转移人均工资性收入达8329元，比2022年同期增加393元。培育创建阿浙秀、高原之宝“净土阿坝”两个州级特色劳务品牌。全年发放创业担保贷款4449.31万元，完成目标任务的111.23%。实施农民工服务保障“十大行动”，办好农民工“五件实事”，建立县（市）、乡、村三级劳务体系，设立125个浙阿乐业云驿站，实时推送两地就业信息。通过“点对点、一站式”直达运输服务，让返岗务工人员实现“出家门，上车门，进厂门”，全州设立农民工便民服务窗口106个，开行免费专车46辆、免费包机15趟次等，帮助农民工返岗。支持农民工返乡下乡，全州累计返乡创业6993人，创办企业6779家，实现总产值34亿元，吸纳就业3.2万人。在汶川县举办先锋星创客“智慧创业·兴业汶川”创业大赛，营造浓厚的创新创业社会氛围。邀请人力资源社会保障厅返乡下乡创业服务创业项目巡诊活动走进茂县，国家注册一级职业指导师方凯娉、国家创业咨询师专家委员会特聘专家刘岩针对企业在发展中遇到的困难问题深入剖析，为创业者答疑解惑。

【农村大事记】 3月4日，州委农村工作领导小组2023年第一次全体会议在马尔康市召开。

3月7日，为贯彻落实农业农村部、财政部关于乡村产业振兴带头人培育“头雁”项目有关决策部署，阿坝州农业农村局组织召开全州乡村产业振兴带头人培育“头雁”项目工作推进（培训）会，会议对阿坝州各县（市）“头雁”培训名额进行了分配。

3月28日—4月2日，第二十二届中国绿色食品博览会暨第十五届中国国际有机食品博览会在安徽省合肥市滨湖国际会展中心举行。阿坝州农业农村局携辖区优秀“三品一标”企业亮相博览会，“高原之宝”牌牦牛奶幼儿配方乳粉获得第十五届中国国际有机食品博览会金奖。

3月，州农业农村组织力量，结合阿坝州实际，立足“天府粮仓”行动方案中确定的川西北高原农牧循环生态农业发展区定位，启动《建设新时代高水平“高原粮仓”阿坝州行动方案》编制工作。

4月6日—9日，州农业农村局畜科所《四川藏绵羊杂交改良及多羔型新品系育种技术创新研究》课题组成员先后到红原县瓦切镇、阿坝县贾洛镇和若尔盖县开展草地绵羊“多羔”品系培育工作。

4月19日，州农业科学技术研究所（省农科院阿坝分院）、马尔康市农业畜牧局和马尔康市白湾乡政府在白湾乡签订辣椒产业战略合作协议。

5月18日，州委农村工作领导小组在汶川县召开阿坝州促进涉农企业高质量发展暨农业产业“三业融合，三链同构”恳谈会，州委副书记杜海洋出席会议并讲话，副州长旺娜主持会议，州政府分管副秘书长出席会议。会议发放了“一对一联系卡”，着力构建更加高效的政企联系机制；签订了《专家企业意向合作框架协议书》，约定双方每年开展科研合作、成果推广、人员培训等内容；进行了“面对面”“零距离”沟通恳谈，相关部门、院校及科技特派团专家代表、涉农企业代表作了交流发言。

5月22日，州委农村工作领导小组召开专题会议，州委副书记、州委农村工作领导小组常务副组长杜海洋出席会议并讲话，副州长、州委农村工作领导小组副组长旺娜出席会议。会议书面传达学习了习近平总书记关于“三农”工作的重要论述和《农民参与乡村建设指南（试行）》《农村土地承包合同管理办法》；审议了《阿坝州乡村振兴分类考评“三家园”激励办法（送审稿）》《阿坝州乡村建设行动实施方案（送审稿）》《阿坝州农口系统政府投资项目前期生成决策机制实施办法（试行）（送审稿）》，原则同意，按照程序办理。

5月25日—26日，州农业农村局、州财政局、州乡村振兴局专家组对各县（市）省级财政乡村振兴转移支付资金及州级乡村振兴战略实绩考核财政奖补资金项目实施方案进行联合评审。

5月27日，阿坝州农业农村局邀请省、州长期从事草原畜牧业发展和草原保护的专家分别对阿坝县、若尔盖县、红原县《2023年草原超载过牧治理方案》进行评审。

5月30日，经阿坝州巩固拓展脱贫攻坚成果同乡村振兴有效衔接专项工作领导小组研究同意，《阿坝州乡村振兴财政衔接资金项目监督管理实施细则》印发实施。

5月31日，受强降雨影响，黑水县多个乡（镇）遭受冰雹灾害，接到灾情报告后，州农业农村局党组书记、局长李世林带队到灾区了解灾情，指导灾后恢复生产。

6月29日—30日，阿坝州农业农村局组织汶川、理县、红原县、小金县和若尔盖县党委农村工作领导小组办公室专职副主任以及州委农办督查室、秘书科、州农业农村局产业园区科负责人到宜宾市兴文县、长宁县考察学习全面推进乡村振兴战略先进经验。

8月1日，《阿坝藏族羌族自治州农村集体经济组织条例》（以下简称《条例》）正式施行。《条例》以维护人民群众合法权益为出发点和落脚点，从组织设立、成员身份认定和股份（股权）设置、组织机构成立及运行、资产管理和运营、财务监督和管理等方面以法律法规的形式进行规范。

8月24日，川浙现代畜牧业高质量发展暨阿坝州牦牛产业发展大会在红原县召开。省人大常委会副主任、阿坝州委书记刘坪，省政府副秘书长、浙江省驻川工作组组长王峻，农业农村厅李春华总畜牧师，省乡村振兴局副局长钟志荣分别致辞。会上，川浙联合发起的“我有一头牦牛养在阿坝州”草原生态保护公益行动正式启动。

8月，阿坝州农业公共安全突发事件应急处置系统升级建设完成。该系统升级后将扩展阿坝州农业公共安全突发事件应急处置州县联络通道，综合物联网技术、智能识别技术、会议室装修改造工程等实现了州级主会场的自主化监测及优化服务13县（市）分会场功能。

8月，阿坝州数字畜牧业大数据平台项目进入建设阶段，该项目在9月底前完成并在阿坝、若尔盖、红原、壤塘、松潘5县开展数据录入工作。

9月5日，全国首批引导社会公众科学放生阿坝州试点工作在马尔康市启动。在马尔康市大渡河上游鱼类栖息地生态环境境保护区文化长廊放生活动现场，约14万尾川陕哲罗鲑和齐口裂腹鱼、重口裂腹鱼、大渡软刺裸裂尻（鱼）等鱼苗相继被放入梭磨河。

9月9日，州委农村工作领导小组2023年第二次全体会议在马尔康市召开。省人大常委会副主任、州委书记、州委农村工作领导小组组长刘坪出席会议讲话，州委书记、州长、州委农村工作领导小组组长罗振华主持会议。州委副书记、州委农村工作领导小组常务副组长杜海洋传达有关会议精神并安排部署近期农业农村重点工作。

10月19日，中国共产党阿坝州农业农村行业委员会召开成立大会并揭牌。会议安排部署成立农业农村行业党委相关工作，推进全州农业农村行业党的建设，以高质量党建引领行业更高质量发展。

10月28日，西南民族大学与阿坝州政府举行校地合作补充协议签约仪式。副州长旺娜出席仪式并讲话。双方将包括在决策咨询、牦牛产业的转型升级和高质量发展、人才培训、文化建设等领域展开合作。

10月30日，第九届四川农博会与闭幕，"净土阿坝"品牌获得该届农博会"最受欢迎农产品品牌"称号。

10月31日—11月4日，州农业农村局组织全州13个县（市）到浙江省温州市、嘉兴市、湖州市开展"农特产品进机关"推介、展销活动。

11月6日—8日，阿坝州法治政府建设领导小组办公室和州农业农村局组织开展2023年度全州农业行政处罚案卷评查和业务培训工作。

11月16日，州委农村工作领导小组召开2023年度全州乡村振兴考核考评迎检工作动员部署会议，会议学习贯彻习近平总书记来川视察重要指示精神，贯彻落实党中央、国务院和省委、省政府全面推进乡村振兴的决策部署，安排部署2023年度县（市）党政和州直部门（单位）领导班子领导干部推进乡村振兴战略实绩考核、县（市）实施乡村振兴战略分类考评、省星级现代农业园区考评及"回头看"考核、巩固拓展脱贫攻坚成果同乡村振兴有效衔接考核评估4项乡村振兴考核考评工作。

11月28日，阿坝州被交通运输厅、财政厅、农业农村厅、省乡村振兴局联合命名为第四批"四好农村路"省级示范市。

11月，截至11月底，阿坝州已完成各类作物种质资源普查，共录入系统并妥善保存各类作物种质资源611份，上报省农科院种质资源299份，标志着阿坝州已全面完成农作物种质资源普查任务，为农作物新品种选育与现代种业发展提供了新种质、新材料，奠定了种质资源基础。

12月26日，州农业农村局以签订的《西南民族大学阿坝州人民政府战略合作协议书》为基础，与西南民族大学畜牧兽医学院院长李键等专家学者进行座谈交流，推动校地合作交流。

【主要领导人】 州委书记：徐芝文；州人大常委会主任：李为国；州长：罗振华；州政协主席：尼玛木；分管农业副州长：旺娜。

阿坝藏族羌族自治州编写组

马尔康市

【基本情况】 2023年，全市辖3镇10乡，辖区面积6633平方千米。户籍人口总数52545人，其中男性人口26952人、女性人口25593人，城镇人口22527人、乡村人口30018人，藏族人口、羌族人口、回族人口、汉族人口占总人口的比重分别为81.4%、3%、1.1%、14.3%。常住人口6.02万人，常住人口城镇化率55.98%。人口出生率7.66‰，人口死亡率4.52‰，人口自然增长率3.13‰。林地面积398942公顷，草地面积223579公顷，森林面积228984公顷，森林覆盖率达34.6%。辖区内有自然保护地1个，保护区面积31600公顷。

2023年，全市实现地区生产总值518580万元，按照可比价格计算，同比增长7.8%，其中第一产业增加值48965万元，增长7.8%；第二产业增加值37728万元，增长14.1%；第三产业增加值431887万元，增长7.4%。三次产业对经济增长的贡献率分别为9%、12%和79%，分别拉动经济增长0.7个、0.9个、6.2个百分点。人均地区生产总值86286元。三次产业结构比为9∶7∶84。全年接待游客177.35万人次，实现旅游总收入144869万元，分别比上年增长15.7%和15.3%。

公路总里程1345千米，其中等级公路1250千米。全年完成公路旅客客运量5.3万人，旅客周转量378.23万人/千米；公路货运量83.61万吨，货运周转量19529.27万吨/千米。年末有公交车路数2路，实有公交运营车辆30辆，全市行政村客运班车通达率100%。全市实现服务业增加值431887万元，同比增长7.4%。有规模以上服务业企业10家，实现营业收入143893万元，比上年增长5.5%。全社会固定资产投资777085万元，比上年增长23.1%。社会消费品零售总额114169万元，比上年增长11.4%，其中城镇消费品零售额92983万元，比上年增长11.1%；乡村消费品零售额21185万元，比上年增长12.7%。一般公共预算收入完成173411万元，比上年增长518.8%，其中税收性收入17915万元，比上年减少7.5%。一般公共预算支出250775万元，比上年增长32.9%，其中一般公共服务支出增长24.2%、公共安全支出增长24.4%、社会保障和就业支出增长0.09%、教育支出增长2.5%、科学技术支出增长51%、卫生健康支出减少3.9%、节能环保支出增长9.5%、城乡社区支出增长42.3%。年末金融机构人民币各项存款余额279.9亿元，比上年增长8.1%，其中住户存款余额59亿元，增长20.8%；人民币各项贷款余额178.68亿元，比上年增长21.2%。年末邮政电信业务总量达22035万元。全年快递企业完成快递业务量104.6万件，完成快递业务收入2432万元。全市有固定电话用户27959户、移动电话用户79005户、互联网宽带用户42339户。

有普通小学12所，专任教师403人，在校学生3945人；普通中学4所，专任教师401人，在校学生5553人；特殊教育学校1所，专任教师6人，在校学生4人；幼儿园11所，专任教师139人，在园幼儿

1882人。有卫生机构138个（含村卫生室102个），其中医院、卫生院17个，妇幼保健站2个，采供血机构1个，疾病预防控制中心2个，社区卫生服务中心1个，个体诊所13个；病床位922张；卫生技术人员1178人，其中执业（助理）医师530人、注册护士473人。

【年度农业和农村经济运行】 2023年，全市实现农林牧渔服务业总产值90957万元，同比增长8.7%，其中农业产值20060万元，增长1.4%；林业产值5339万元，增长5.6%；畜牧业产值61367万元，增长11.5%；农林牧渔专业及辅助活动产值2695万元，增长7.9%。农村居民年人均可支配收入比上年增长6.7%，农村居民年人均消费支出比上年增长5.4%。全市耕地有效灌溉面积达1508.9公顷；农业机械总动力达8.23万千瓦。全年农村用电量1896万千瓦时。

【种植业】 全年粮食作物播种面积3937公顷，同比减少0.5%；粮食产量9790吨，同比增长1.5%。中药材种植面积47.6公顷，比上年减少58.6%；中药材产量183吨，比上年减少41.3%。蔬菜及食用菌种植面积798.7公顷，比上年增长5.6%；蔬菜及食用菌产量35727吨，比上年增长5.9%。

【畜牧业】 全年各类牲畜出栏61344头（只），其中生猪出栏19200头、牛出栏39117头、羊出栏3027只、家禽出栏74542只。各类牲畜存栏166530头（只、匹），其中猪存栏23841头、牛存栏138074头、羊存栏4615只。全年肉类总产量6188.8吨，其中猪肉产量1346.6吨、牛肉产量4686.5吨、羊肉产量56.6吨、禽肉产量99.2吨。奶类产量10561吨。

【农村社会保障】 全年参加城乡居民社会养老保险人数达20766人。参加医疗保险人数达73771人（州本级人数32319人），其中城乡居民医疗保险参保人数达32442人。全市有4665人被纳入农村低保。有特困人员426人，其中集中供养76人。有各种社会福利收养性单位3个、床位496张。

【主要领导人】 市委书记：李清勇；市人大常委会主任：龚芹芹；市长：蒋刚；市政协主席：昌旺；分管农业副市长：牛培剑。

马尔康市编写组

汶川县

【基本情况】 2023年，全县辖9镇75个行政村8个社区，辖区面积4084平方千米。有户籍人口90041人，其中男性人口46573人、女性人口43468人；城镇人口34654人、乡村人口55387人；藏族人口18512人、羌族人口36416人、汉族人口33920人、回族人口903人、其他民族人口290人，占总人口的比例分别为20.6%、40.4%、37.7%、1%和0.3%。常住人口8.33万人，其中城镇人口4.56万人、乡村人口3.77万人，常住人口城镇化率54.74%。

2023年，全县实现地区生产总值915473万元，按照可比价格计算，比上年增长6.9%，其中第一产业增加值129296万元，增长7.4%；第二产业增加值408900万元，增长6.3%；第三产业增加值377277万元，增长7.2%。三次产业对经济增长的贡献率分别为17.6%、39.5%、42.9%，分别拉动经济增长1.2个、2.7个、3个百分点。三次产业结构比为14.1∶44.7∶41.2。人均地区生产总值109967元，增长6%。全年接待游客902.21万人次，比上年增长38.2%；实现旅游总收入667835.21万元，比上年增长29.7%。

公路总里程1024.673千米，其中高速公路64.7千米。全年完成旅客周转量60624.8万人/千米，同比增长217.8%；货物周转量276457.7万吨/千米，同比增长6.1%。全社会固定资产投资同口径比上年增长12%。全年实现服务业增加值377277万元，比上年增长7.2%。社会消费品零售总额170758.8万元，比上年增长18.1%，其中城镇消费品零售额150222.9万元，增长17.9%；乡村消费品零售额20535.9万元，增长19%。地方一般公共预算收入完成52323万元，比上年增长7.6%，其中税收收入28571万元，比上年增长5.5%；非税收收入23752万元，比上年增长10.4%。地方一般公共预算支出226931万元，比上年增长0.1%，其中一般公共服务支出24008万元，比上年增长12.5%；公共安全支出10061万元，比上年增长0.2%；教育支出39856万元，比上年增长0.5%；科学技术支出627万元，比上年增长14.8%；社会保障和就业支出21934万元，比上年增长14.1%；卫生健康支出23308万元，比上年增长16.2%；节能环保支出9256万元，比上年减少6.4%；城乡社区支出8145万元，比上年增长31.7%。全年实现进出口总额24427万元，减少9.2%，其中出口额19712万元，减少11.2%；进口额4714万元，增长0.3%。金融机构人民币各项存款余额892995万元，比上年增长4.9%，其中个人储蓄存款余额646165万元，增长9.9%；人民币各项贷款余额391746万元，减少1.1%。年末固定电话用户20166户，移动电话用户120167户，互联网用户64098户。

有各级各类学校38所，在校学生24080人（不含非学历教育注册学生及电大开放教育学生），专任教师2139人，其中幼儿园19所，专任教师265人，在园幼儿2192人；小学11所，专任教师610人，在校学生4703人；初中3所，专任教师349人，在校学生3228人；特殊教育学校1所，专任教师47人，在校学生170

人；高中2所，专任教师288人，在校学生3047人；全日制中等职业学校1所，专任教师82人，在校学生870人；普通高等院校1所，专任教师498人，在校学生9870人。有专业艺术表演团体1个（财政供养，无演出许可证），文化馆1个，文化站9个，体育馆1个；体育健身场所（均为各所中小学内）标准篮球场199个，乒乓球场227个，羽毛球场14个，体育场地17个；文物保护管理机构1个，博物馆1个（建筑面积8632.5平方米，参观人次50万人次，其中青少年15万人次）；纪念馆1个（建筑面积4800平方米，参观人次113.02万人次，其中青少年10.64万人次）；公共图书馆1个（阅览室面积1800平方米，阅览室座席数405个，总藏书量121.76千册，其中本年新购藏量6.108千册）。有卫生机构（含村卫生室）116个，其中医院2个、乡（镇）卫生院9个、社区卫生服务中心1个、卫生人员进修校1个、疾病预防控制中心1个、妇幼保健机构1个、村卫生室86个、诊所15个；病床位605张（开放床位数）；卫生技术人员580人，其中执业医师和执业助理医师293人、注册护士148人。全年5岁以下儿童死亡率3.35‰，婴儿死亡率为零，孕产妇住院分娩率100%。

【年度农业和农村经济运行】 2023年，全县农林牧渔业总产值216364.6万元，按照可比价格计算，比上年增长7.1%，其中农业产值136676.5万元，增长4.7%；林业产值40404万元，增长12%；牧业产值33528.8万元，增长14.8%；渔业产值103.3万元，减少48.6%；农林牧渔服务业产值5652万元。农林牧渔业增加值132494万元，增长7.2%。农村居民年人均可支配收入比上年增长7.7%。

【种植业】 全年粮食作物播种面积4.5万亩，粮食总产量1.1万吨；油菜籽产量539吨，增长5.7%；蔬菜及食用菌产量47507吨，增长6.1%；茶叶产量43吨，增长16.2%；园林水果产量106394吨，增长8.8%。经济作物播种面积57368亩，增长3%，其中油料作物播种面积4908亩，增长4.2%；蔬菜及食用菌播种面积28570亩，增长0.4%。

【畜牧业】 全年生猪出栏96286头，减少3.8%；牛出栏4370头，增长8.4%；羊出栏6715只，减少8.4%；家禽出栏150767只，增长21%。肉类总产量7662.9吨，减少2.7%。年末生猪存栏96091头，增长33.6%；牛存栏9873只，减少21.2%；羊存栏9711只，减少9.3%。

【农村社会保障】 全年参加城乡居民基本养老保险参保人数25727人。全年基本医疗保险参保人数84460人，其中城乡居民基本医疗保险参保人数59017人。全年纳入农村低保人员累计18649人次；纳入城乡特困供养265人，其中集中供养人口97人，集中供养率36.7%。有社会福利收养性单位1个、床位300张。

【主要领导人】 县委书记：李建军；县人大常委会主任：王永寿；县长：赫洛杰；县政协主席：王志勇；分管农业副县长：李雪燕。

汶川县编写组

理　县

【基本情况】 2023年，全县辖6镇5乡，辖区面积4318平方千米。

2023年，全县实现地区生产总值348897万元，同比增长5.6%，其中第一产业实现增加值44024万元，增长5.5%；第二产业实现增加值97935万元，增长5%；第三产业实现增加值206938万元，增长5.8%。三次产业结构比为12.6∶28.1∶59.3。全年规上工业实现增加值增长8%。全社会固定资产投资增长2.3%。社会消费品零售总额74353.3万元，增长7%。地方公共财政收入完成10401万元，增长7.4%。

【乡村振兴】 全县始终坚持以习近平新时代中国特色社会主义思想为指导，以“全面推进乡村振兴，加快建设农业强县”为主线，立足资源禀赋，找准比较优势，推进农业供给侧结构性改革，做细做实助农增收文章，推动全县“三农”工作高质量发展，先后获评全国农产品质量安全示范县、全省农牧民增收先进县、全省重大农村改革任务推进示范县、农业产业风险保障金试点县等称号，成为全国农村创业创新典型县范例，理县高原蔬菜现代农业园区创建为州三星级现代农业园区，理县薛桃果业现代农业园区创建为州四星级现代农业园区，“三农”工作呈现出稳中有进、稳中提质、稳中增效、持续向好的发展格局。

【困难群众产业到户项目】 县科农畜水局联合县乡村振兴局、县文体旅局制定《2023年困难群众产业到户工程实施方案》，对具备到户产业发展条件的脱贫户、监测户实施困难群众产业到户工程资金补助，项目涉及全县11个乡（镇）61个村1201户脱贫户和监测户，有999户发展“三到户”产业，困难群众发展到户产业占比达全县脱贫户总数的83%，共兑现补贴资金275.846万元。

种植产业到户。重点鼓励脱贫户和监测户种植玉米、马铃薯、大豆、油菜和蔬菜等农作物，提升粮油作物种植面积，在增收的同时解决部分非粮化问题。玉米、马铃薯、大豆、油菜等粮油作物种植综合补贴1000元/亩，蔬菜补贴300元/亩。2023年，粮油种植产业到户共种植粮油717.9亩、蔬菜510.2亩。

养殖产业到户。支持脱贫户和监测户发展养殖业，鼓励养殖生猪、牛、鸡、鸭、兔等畜禽，支持无劳动力困难群众与合作社、养殖场合作代养。发展小家禽（鸡、兔、鸭等）养殖，1千克以上的补贴20元/只，发展牛50千克以上的补贴500元/头，发展生猪20千克以上的补贴1000元/头。2023年，畜禽养殖产业到户中共发展生猪2171头、小家禽3161只、牛400头。

旅游产业到户。鼓脱贫户和监测户积极参与旅游接待，发展乡村休闲旅游，农旅融合发展到户工程按照环境和建筑、安全卫生、设施设备、服务和接待认可达标，补贴一户3000元。2023年农旅融合产业到户共发展旅游业20户。

【2023年中国农民丰收节暨理县第二届大白菜乡村振兴文化节表彰大会暨文艺演出】 9月23日，以“共享理县生态果蔬，共建产业兴旺家园”为主题的2023年中国农民丰收节暨理县第二届大白菜乡村振兴文化节表彰大会暨文艺演出在古尔沟镇举行。农业农村厅计划投资财务处副处长李俊飞，农业农村厅行政审批处副处长刘鹏，农业农村厅农产品质量监管与品牌培育处品牌处副处长张明，县领导莫尚华、刘鲲等参加了活动。活动由农业农村厅农产品质量监管与品牌培育处、阿坝州农业农村局指导，理县县委、县政府主办，旨在贯彻落实习近平总书记关于“三农”工作重要论述，按照中央“一号文件”部署暨农业农村部关于做好2023年中国农民丰收节的指示精神，展现理县“三农”发展成就和成果，营造关注农业、关心农村、关爱农民的氛围。歌曲《心灵坐标》、舞蹈《嘉绒德米》、快板《习近平总书记关心咱四川》等节目全面展示了理县农业新成效、农村新变化、农民新面貌，展现了全面推进乡村振兴的秀美画卷，推动中国农民丰收节化风成俗，营造了共庆丰收的氛围。在直供粤港澳大湾区农特产品首发仪式上，嘉宾们共同见证了理县农特产品首次走出川渝浙地区，实现与大湾区市场点对点直接供应。活动为“苹果公主”“白菜王子”“2023年理县优秀农民”进行了颁奖。品牌联盟·蔬菜保供优质商户进行了合作签约。

【理县农产品亮相2023第十届温州国际时尚文化产业博览会】 10月27日—30日，2023第十届温州国际时尚文化产业博览会在温州国际会展中心举行。理县10余家涉农企业参加博览会，主要包括阳光绿源、理县农投、金田野、向巴堂、飞鹏杰生态农业、米老头、绿洲生态、土老坎、扶川生态农业、高原绿谷、纳吉农场、花儿纳吉等企业和合作社。理县各类农副产品、预包装食品、文创产品等受到各地客商的青睐，现场订单突破4万元。通过博览会，全县各类农副产品、预包装食品及文创产品等得到了推广，更好地展示了理县的产业特色、民族文化特色、旅游特色及美食特色。

【主要领导人】 县委书记：金天强；县人大常委会主任：蒋明平；县长：杜文钲；县政协主席：郑子强；分管农业副县长：刘鲲。

理县编写组

茂　县

【基本情况】 2023年，全县辖11个镇，辖区面积3903.28平方千米。年末户籍总人口108526人，其中城镇人口27842人、乡村人口80684人。年末总户数35303户，年末常住人口9.51万人，常住人口城镇化率52.68%。

2023年，全县实现地区生产总值555294万元，按照可比价格计算，同比增长6.8%，其中第一产业增加值133158万元，增长7.4%；第二产业增加值198107万元，增长7.2%；第三产业增加值224029万元，增长6.1%。三次产业结构比为24∶35.7∶40.3。人均地区生产总值58421元。全年农林牧渔业总产值225610万元，比上年增长7.2%。全社会固定资产投资比上年增长4.5%。社会消费品零售总额136450.8万元，比上年增长12.6%，其中城镇消费品零售额97036.1万元，比上年增长14.2%；乡村消费品零售额39414.7万元，增长8.6%。

有小学、中学、普通高中等学校13所，其中小学9所，在校学生6316人，专任教师569人；普通中学4所，在校学生4580人，专任教师505 人；普通高等学校1所，在校学生4652人，专任教师239人。有医疗卫生机构15个，病床位771张，医院、卫生院技术人员1237人（其中执业助理医师340人）。有体育场地0.0311万个。

【种植业】 全年粮食作物播种面积6766.7公顷，比上年减少3.7%；油料作物播种面积390公顷，与上年基本持平；中草药材种植面积328.2公顷，比上年增长58%；蔬菜种植面积5182公顷，与上年同期基本持平。全年粮食总产量25921吨，比上年减少4.6%，其中小春粮食产量1931吨，增长4.5%；大春粮食产量23990吨，减少5.3%。经济作物中，油料产量739吨，增长3.9%；蔬菜及食用菌产量252798吨，增长1%；园林水果产量139560吨，增长16.7%。

【畜牧业】 年末生猪出栏68200头，同比增长1.7%；牛出栏6191头，同比增长9%；羊出栏13409只，同比减少0.5%；家禽出栏69679只，同比增长4.6%。全年肉类总产量6206.4吨，较上年同期增长2.7%，其中猪肉产量5144.1吨，同比增长2.8%；牛肉产量723.9吨，同比增长2.8%；羊肉产量233.1吨，同比减少1.3%；禽肉产量105.3吨，同比增长7%。

禽蛋产量136.2吨，同比增长3%。蜂蜜产量105吨，同比增长0.9%。

【主要领导人】 县委书记：唐远益；县人大常委会主任：周启军；县长：杨健；县政协主席：王斌；分管农业副县长：兰志龙。

茂县编写组

松潘县

【基本情况】 2023年，全县辖7镇10乡，辖区面积8341平方千米。有户籍总户数24648户、户籍总人口72355人，其中藏族人口占45.24%、汉族人口占28.19%、回族人口占15.28%、羌族人口占11.16%、其他民族人口占0.13%，是以藏族、羌族、回族、汉族为主的多民族聚居地。

2023年，全县实现地区生产总值32亿元，增长7%，高于全州平均水平。完成全社会固定资产投资16.07亿元，增长25.05%，增速创近8年之最。规模以上工业增加值增速扭负为正，增长3.2%。地方一般公共预算收入完成1.22亿元，达到近7年新高，增长8.09%。农村居民年人均可支配收入达19690元，城镇居民年人均可支配收入达44178元。各项存款余额达44.1亿元，增长10.8%。举办全州首届“桐松杯”我为家乡代言网络直播带货大赛，农村直播电商经验被列为2023年全国优秀案例，实物型网络零售额达1.77亿元，排名全州第一位。

【新型城镇化建设】 城镇基础设施日趋完善，推进以县城为重要载体的城镇化建设。争创国家历史文化名城，恢复打造岷山历史文化街区，新建供暖、燃气等管网22千米；规范设置特色农牧产品交易市场，创建省级绿色社区4个。川主寺镇创建为省级百强中心镇；完成6个乡（镇）综合服务设施项目建设，小河镇、三舍驿村、索花村通过省级历史文化名镇名村实地核查。

【乡村振兴】 保持过渡期内主要帮扶政策总体稳定，开发安置公益性岗位2269个，稳定消除27户、100人返贫风险，脱贫人口人均纯收入增长16.6%。全面完成农村户厕改造和10个村“千村示范工程”建设，垃圾“收、转、运、处”设施实现全覆盖。统筹资金1.91亿元，实施衔接资金项目87个，村集体经济发展不断壮大，松潘合作社发展模式入选全省典型案例。创建“三家园”抓点示范村4个，州级重点帮扶优秀村4个，省级乡村振兴先进村1个、乡村振兴重点帮扶优秀村2个。

【农业农村改革】 持续深化“放管服”改革，跨省通办事项增至162项，创建省四星级乡（镇）便民服务中心1个、示范便民服务中心2个。推动城乡社会治理试点、医疗、医药、医保“三医”改革，“县管校聘”实践经验在首届西藏教育发展论坛上交流推广，农牧业保险基本实现全覆盖。优化整合县属国有企业，“1+5+N”产权架构初步构建。推动下八寨乡更名为“沙窝乡”，完成国防动员体制改革等阶段性任务。

【现代农业发展】 整治原天堂香谷违法用地问题。完成3万亩高标准农田建设，粮食产量达1.35万吨。新（改）建标准化养殖场11个，新民标准化蛋鸡养殖生产基地入栏首批鸡苗10万羽；全州首个无土栽培数字农业基地亩均产值达到25万元，出台《地理标志产品松贝》地方标准，贝母种植面积超过千亩，打造县级农业园区1个。推动藏红花椒现代农业园区同创州级五星级和省级三星级现代农业园区，产值突破5800万元。镇坪乡创建为省级产业强镇。

【乡村旅游】 启动松州古城国家4A级景区创建，新增国家2A级、国家3A级景区9个。举办第七届古城花灯会、首届岷江源音乐季等重大活动，接待游客827.1万人次，旅游收入达78.63亿元，均超过“8·8”九寨沟地震前水平。通过省文旅产业融合发展示范区创建现场验收，入围中国县域旅游发展潜力百强县（市）前50名，获得“中国最美乡村旅游名县”称号。

【农村教育】 全面推行民族地区15年免费教育，落实资助、补助资金1687.83万元，十里乡中心幼儿园等重点项目投入使用，培养骨干教师、学科带头人66名，成立3个名师工作站。

【农村卫生】 推进“健康松潘”建设，17个乡（镇）卫生院开设中医馆，红土县域医疗卫生次中心主体已完工，在县医院建立中医综合诊疗中心、华西国家高原病医学中心专科联盟松潘基地，县域就诊率为42.75%，转院率持续下降。松潘县创建为省级慢性病综合防控示范区。

【农村生态建设及环境保护】 保护修复成效显著。投入资金3.42亿元，实施23个山水工程、大熊猫国家公园松潘园区入口社区等项目建设，建设黄河干支流生态防护带25.03千米，人工造林种草3.63万亩，森林管护面积698.34万亩，修复湿地、退化草地、河岸带生态27.8万亩，治理沙化土地、水土流失面积10.58万亩，实施地质灾害治理工程4处。探索生态价值转化，启动国家储备林项目。

环境质量持续向好。打好污染防治“三大战役”，整治入河排污口65个，推动污水处理厂提标改造，出境断面水质连续7年保持在Ⅱ类标准以上。开展土壤“三普”，严格危废、固废管理，土壤环境质量保持总体稳定。完成2022年国家移交黄河流域生态环境和各级督察反馈10项问题整改。

生态体系更加健全。落实“三长制”，创新“六长三队一产业一平台”河湖管护模式，小河镇被评为全省“河长制”先进集体；首创“两长两员一队”“林长述职”等机制，全面推进全省林长制创新试点县建设；严格实行耕地保护“一张图”“四清单”管控，完成自然资源30个重点督导县反馈问题整改。协同打造“鹤翔兰萨·守望岷源”公益诉讼品牌，盗挖泥炭案入选最高检湿地保护公益诉讼典型案例。

【农村社会保障】 全年发放创业补贴314万元，转移输出农村劳动力1.42万人次，创建省级明星劳务专合社1个，以工代赈经验全省推广。建成省级农民工综合服务站1个，为农民工讨回薪资528万元。全覆盖开展“社保服务进万家”活动，参保率达92.8%；城乡居民低保标准分别提高到740元/月、533元/月；为2000名老年人提供居家养老服务。精准落实“临时救助”“两项补贴”“医保代缴”等政策，基本民生得到保障。

【主要领导人】 县委书记：王世伟；县人大常委会主任：一西；县长：何建华；县政协主席：马骞；分管农业副县长：任剑。

松潘县编写组

九寨沟县

【基本情况】 2023年，全县辖7乡5镇，辖区面积5288平方千米，其中耕地面积8.06万亩、基本农田3.5714万亩。年末总人口6.7万人（户籍人口），增长7‰；人口出生率12‰，增加2个千分点；人口自然增长率6‰，增加3个千分点。全县耕地有效灌溉面积和保证灌溉面积分别达到耕地总面积的69.35%和40.3%。本地水资源总量16.55亿立方米，人均占有水资源量24775立方米。有林业用地39.73万公顷，有林地面积24.63万公顷，活立木总蓄积量7661.2万立方米，森林覆盖率49.51%。

2023年，全县实现地区生产总值37.1亿元，增长9.2%，其中第一产业增加值2.96亿元，增长8.5%，农、林、牧、渔及农林牧渔服务业之比为33.45：7：51.14：0.01：8.4；第二产业增加值5.03亿元，增长0.7%（工业产值5.42亿元，增长6.1%）；第三产业增加值29.11亿元，增长10.9%。三次产业对经济增长的贡献率分别为8%、13.5%和78.5%。劳务输出1.53万人，收入6.05亿元。全年接待游客702.89万人次，实现旅游收入72.14亿元，其中乡村旅游共接待游客210.87万人次，实现旅游收入185566万元。

公路通车里程848.54千米（其中乡村公路531.403千米），密度6米/平方千米、125.15千米/万人。社会消费品零售总额13.05亿元，增长16.3%。地方一般公共预算收入完成1.89亿元，比上年增长5.3%；公共财政预算总支出18.4亿元，增长14.9%。金融机构各项存款余额61.67亿元，比上年初增长6.58%；各项贷款余额84.83亿元，比年初增长9.85%，其中支持农业产业化发展项目贷款51.04万元。全年农业保费收入872.01万元，增长25.28%；处理各项赔款和给付金额504.97万元，增长125.78%。完成农业产业化项目39个，完成投资6634.91万元。农业产业化龙头企业省级、州级分别为1家、5家。

有各类学校18所，在校学生9741人，教职工976人，其中普通中学1所，在校学生1271人；初级中学1所，在校学生1702人；小学9所，在校学生4335人；学龄儿童入学率100%。有艺术表演团体10个（藏谜、九寨千古情、星宇·登嘎甘佾大剧院、映像文化、又见九寨、藏王宴舞、琵琶弹唱协会、白马文化传承协会、白马文化艺术协会、老年协会），文化馆1个，公共图书馆1个，博物馆2个（民办博物馆1个）。有卫生机构99个，病床位445张，卫生技术人员812人。城乡居民基本医疗保险参保人数48115人，参保率稳定在95%以上；新型农村社会养老保险参保人数31070人，参保率94.6%。

【年度农业和农村经济运行】 2023年，全县实现农林牧渔业总产值6.37亿元，按照可比价格计算，比上年增长8.9%，其中农业总产值2.13亿元，增长1.6%；林业总产值4462.6万元，增长14.9%；牧业产值3.26亿元，增长13.9%；渔业产值8万元，增长110%；农林牧渔专业及辅助性活动产值5352万元，增长4%。生猪、牦牛、蜜蜂、中药材、特色水果、蔬菜等特色优势农产品产量保持稳定增长。农民年人均可支配收入增长7.5%。在粮食、生猪、蔬菜生产中，科技投入的占比或科技贡献率11%。全县农产品质量抽检合格率达100%；建成26个基层农业综合服务站。全县主要农产品产量见表1。

【农业产业化发展】 围绕特色农牧业产业发展，因地制宜推进六大优势特色产业，构建“6+2”生态农业产业体系。2023年，新培育州级示范合作社1家，省级、州级家庭农场示范场各1家，截至2023年年底，全县共培育农业龙头企业7家，创建国家级示范社2家、省级示范社2家、州级示范社12家、县级示范社4家，培育省级、州级家庭农场示范场各1家。实施3个中央、省财政扶持村集体经济项目，全县150个村集体经济项目总收入1026万元。

【农用地产权制度改革】 深化农村土地制度改革，引导土地有序流转7309.89亩。推进农村宅基地制度改革试点，制定管理办法，建立联席会议制度，指导乡（镇）审批宅基地41宗，审批面积6526.14平方米。

【农村集体产权制度改革】 开展第四批、第五批股权证书发放整改工作，完成证书信息核查修改2000余户，发放证书2397本。开展跨区重复成员身份清理工作，完成成员跨区重复清理149人，按照程序办理2个村集体经济组织法人更换。

【农产品品牌战略实施】 新增认证"九寨沟蓝莓"绿色食品，"风干牛肉"等10个产品被命名为"净土阿坝"品牌产品，"九寨沟刀党"被评选为2022年四川十大地理标志道地药材。开展"走出去"特色农产品展销推介活动、"神奇九寨沟、绿色农产品"2023年九寨沟特色农产品推荐会、"庆丰收、促和美"九寨沟县2023年中国农民丰收节暨特色农产品宣传推介等活动；组织县域优秀农产品参加成都双流丰收节、陕甘川毗邻地区（九寨沟—武都）文旅联盟特色农产品展销活动、四川农博会、"阿坝文创大集市"、2023年消费帮扶金秋行动"三区三州"特色产品展销等活动，提高全县特色农产品知名度。

【现代农业园区建设】 把现代农业产业园区建设列入九寨沟县推进特色农牧业"6+2"产业体系建设，在已建园区的基础上，完善园区建设管理体系，创新农业投入融资机制，整合各级财政资金2822万元投入园区建设，开展园区提档升级工作，2月，九寨沟县葡萄现代农业园区被命名为2022年度四川省三星级现代农业园区；3月，九寨沟县李子现代农业园区被命名为2022年度阿坝州四星级现代农业园区。

【种植业】 开展第三次全国土壤普查，9月启动表层土壤外业采样工作。全面落实耕地地力保护补贴、实际种粮农民一次性补贴面积4.8万亩，补贴农户9591户，补贴资金306万元。完成主粮作物保险面积11693.51亩，完成率73.24%。全县粮食作物播种面积4.43万亩，产量1.13万吨。开展油菜试验新品种10个、大豆试验新品种5个，改造特色水果基地700亩，发展标准化蔬菜示范基地380亩。中药材种植面积14662亩，产量2909吨；水果种植面积16447亩，产量7820吨，同比增长22.1%；蔬菜种植面积11287亩，产量18539吨，同比增长7.3%。实施天府油菜产业融合发展暨产油大县项目，建设春油菜核心区1000亩，打造农旅互动观光景点1处。

【林业】 全县林业用地39.73万公顷，占辖区总面积的74.44%；森林覆盖率达49.51%。有优质天然草场142万亩，建有勿角（5.89万公顷）、白河（1.62万公顷）、九寨沟保护区（65074.4公顷）、贡杠岭（12.39万公顷）4个自然保护区，1个国家级森林公园。林业产业基地面积达33255亩，其中木本油料（核桃）13470亩、木本药材（杜仲）3090亩、特色干果（花椒）16695亩、森林蔬菜23000亩。林下种植业党参6130亩、羌活3345亩、淫羊藿6亩、黄精5亩、重楼8亩、猪苓687亩。境内已发现陆生野生动物330种，有大熊猫、金丝猴、雉鹑、绿尾虹雉、羚牛、林麝、豹等珍稀动物81种，野生植物2145种，银杏、红豆杉、独叶草等珍稀植物27种。截至2023年年底，全县红腹锦鸡存栏266只、林麝存栏73只。

【畜牧业】 全县畜禽总出栏127550头（只），同比增长4.38%，其中生猪出栏28000头，同比增长3.36%；牛出栏19082头，同比增长11.62%；羊出栏7043只，同比减少0.49%；禽出栏73425只，同比增长3.51%。全年肉类总产量4498吨，同比增长1.81%，其中猪肉产量2087吨，同比增长2.45%；牛肉产量2188吨，同比增长1.38%；羊肉产量118吨，同比减少2.92%；禽肉产量105吨，同比增长3.56%。禽蛋产量61吨，同比增长17.31%；奶产量1144吨，同比增长0.44%。

【水产业】 全县虹鳟鱼养殖产量2吨。推进禁渔期禁渔宣传，发放宣传资料3100余份，张贴《禁捕公告》等政策法规550余份，设立告示牌60个。部署禁渔

表1 2023年九寨沟县主要农产品产量

主要农产品	单位	产量	同比增减(%)
粮食	万吨	1.1300	0.04
小麦	万吨	0.0111	−21.00
玉米	万吨	0.4637	18.60
马铃薯	万吨	0.6073	−5.59
油菜籽	万吨	0.0374	55.00
蔬菜	万吨	1.8539	7.00
水果	万吨	0.7820	22.00
肉类	万吨	0.4498	1.81
猪肉	万吨	0.2087	2.45
牛肉	万吨	0.2188	1.38
羊肉	万吨	0.0118	−2.92
禽肉	万吨	0.0105	3.56
禽蛋	万吨	0.0061	3.56
水产品	万吨	0.0002	100.00
牛奶	万吨	0.1144	0.44

工作会议4次。开展联合执法专项行动4次，常规开展日常巡查，清理无主渔具7个，共计对11名游钓人员进行现场宣传教育，罚款300元；检查农贸市场、超市等1000余家次，查处误导消费者案件1起，拆除含河鲜、野生鱼的违规广告3幅。加强小水电渔业资源补偿监管力度，放流裂腹鱼鱼苗22.6万尾。

【乡村振兴】 印发《九寨沟县关于做好2023年乡村振兴重点工作加快推进农业农村现代化的实施意见》《2023年九寨沟县党政领导班子领导干部推进乡村振兴战略实绩考核工作要点及责任分工方案》。推进农村户厕改造，完成12个村1052户农村户厕改造。开展村庄清洁整治行动，累计开展宣传活动40次，印发宣传资料1700余份、宣传标语70条，清理村庄垃圾6400余吨，清理水源水体7处，清理畜禽粪污50余吨。创建全国乡村治理示范村1个。推广使用“川善治”平台，截至2023年年底，已入驻95个村。2个村创建为省乡村振兴战略示范村，1个村创建为省乡村振兴重点帮扶优秀村。

【乡村旅游】 九寨云顶旅游度假区创建为省级旅游度假区；指导九寨源噢斯淘旅游景区、白河金猴谷景区开展国家3A级景区创建工作，九寨源噢斯淘旅游景区、白河金猴谷景区于9月创建为国家3A级旅游景区；启动九寨华美胜地创建国家级旅游度假区，已通过省检，创建资料已正式提交文化和旅游部。按照天府旅游名牌、阿坝州特色文化旅游名镇（名村）评选管理办法及评选细则，指导漳扎镇漳扎村对标开展天府旅游名村创建，郎寨村、中查村开展阿坝州特色文化旅游名镇名村创建，漳扎镇甘海子社区开展省级乡村旅游重点村创建，九寨祥巴文旅企业争创天府旅游名品，九寨沟林水间轻奢美宿争创天府旅游“名宿”。漳扎镇漳扎村被命名为第三批天府旅游名村，漳扎镇郎寨村获评第三批阿坝州特色文化旅游名村，漳扎镇甘海子社区入选第四批省级乡村旅游重点村。开展2023年全国乡村文化和旅游带头人、四川省突出贡献乡村文化和旅游能人评选推荐工作。开展涉旅从业人员培训2期，培训人数226人。

【农村水利】 全县在建水利项目共计8个，总投资3.05亿元，截至2023年年底，已完成项目6个，在建项目2个。九寨沟县白河防洪治理工程（二期）总投资6826万元，项目于2022年5月开工建设、2023年4月竣工验收，建设内容为综合治理河长11.041千米，已完成建设。九寨沟县罗州湖水库工程总投资12624.7万元，建设内容为新建小(1)型水库1座，项目于3月开工建设，已完成总工程量的70%。九寨沟县达舍沟黑河镇防洪治理工程总投资2070.28万元，建设内容为综合治理河长4.55千米，项目于2月开工建设、7月竣工。九寨沟县罗依坝沟防洪治理治理工程总投资800万元，建设内容为综合治理主沟两段全长3.307千米，项目于4月开工建设、10月竣工验收。九寨沟县大录乡堤防恢复重建工程总投资759万元，建设内容为治理河长5861.81米，项目于5月开工建设、8月竣工验收。九寨沟县2023年农村饮水安全巩固提升项目总投资390万元，建设内容为修建取水口5座、取水池5座、沉砂池3座、漫滤池2座、蓄水池7座，安装消毒设施及输、配水工程等，项目于3月开工建设、11月底竣工验收。农村饮水维修养护项目建设总投资100万元，建设内容为新建3立方米取水池2座、10立方米蓄水池1座、防渗维修30立方米蓄水池1座、5立方米蓄水池1座，购买维修养护管材53000米，该项目已完成建设。九寨沟县白水江水利工程总投资6948.67万元，建设内容为灌溉面积2.06万亩（其中灌溉耕地1.21万亩、园地0.85万亩），工程新建取水口25座，铺设管道长度总计124.8千米，建设蓄水池42座、减压池67座、放水口230处、阀门井701座、穿路涵111处、穿溪涵65处，项目于12月开工建设，已完成总工程量的65%。

【农业机械化】 全年开展路检30天，出动农机执法车辆60l辆次，出动农机执法人员110人次，排查安全隐患5起。与12个乡（镇）签订安全责任书，与县交警队建立“警监联合”执法机制，新办理拖拉机驾驶证5本，换发驾驶证48个，注册登记拖拉机23辆，年检车辆53台。截至2023年年底，全县有农业机械15300台，装机容量93907千瓦。发放购机补贴政策国补资金49.3482万元，补贴农机具516户538台。

【农村科技】 全年申报阿坝州科技计划项目2个，创建2个四川省涉藏地区科普基地。完善“四川科技兴村在线”专家服务、技术供给等服务功能，组建涵盖全县行政村的村级科技服务平台，运管中心有95名专家、413名信息员，线上咨询信息1279条。开展农业技术服务指导，对果树、蔬菜、中药材、羊肚菌开展专业技术指导、网络技术指导230余次，派出技术人员300人次。实施基层农技推广体系建设项目，建设长期稳定农业科技示范基地2个，培训基层农技人员42人，培育高素质农民52人，农业主推技术到位率达95%以上。

【农村教育】 全县有小学9所，在校学生4335人，其中九寨沟县实验小学在校学生1741人、九寨沟县第三小学在校学生794人、九寨沟县第四小学在校学生1406人、九寨沟县大录乡中心小学在校学生126人、九寨沟县黑河乡中心小学在校学生18人、九寨沟县白河乡中心小学在校学生46人、九寨沟县九寨沟小学在校学生173人、九寨沟县永和乡中心小学在校学生18人、九寨沟县草地乡中心小学在校学生13人，学龄儿童入学率100%。全面落实“六长制”及“双线八包”工作机制，全县义务教育阶段无因贫困辍学现象。

【农村文化】 各乡（镇）文化站配备从事文化站管理运行的工作人员2人，面积均达300平方米以上；在乡（镇）设立图书馆分馆，每分馆可供借阅的实用图书3000余册、电子书1000册，针对全乡（镇）群众全天免费开放；有综合文化站12个、村（社区）文化活动室110个、文化大院22个、农村公益电影固定放映点12个；各文化馆分馆成立业余表演队110支1339人。

【农村卫生】 基本公共卫生服务。全年电子建档62691份，建档率94.99%；开展健康咨询宣传活动93次，发放健康知识资料208种1149份；召开健康知识讲座108次4002人次；播放健康教育音像资料约107种62次。

妇幼保健。农村妇女增补叶酸预防神经管缺陷项目共发放叶酸287人次。全年筛查乳腺癌1310人，完成率101%；筛查宫颈癌1323人，完成率102%。享受农村计划生育家庭奖励扶助政策共405人，兑现资金38.88万元；享受计划生育家庭特别扶助政策40人，兑现资金45.984万元；农村、无业居民独生子父母91人，共计兑付奖励金约0.9336万元，资金打卡兑现率100%。

人才建设。通过对口帮扶机构优势，选派到三级以上医疗机构进修36人次、乡到县进修16人次、全科培训3人。实行院长聘用职工、职工选用院长机制，实现人才“双向竞聘”，乡（镇）参加“双向竞聘”医务人员219人。

【农村法制建设】 规范成立全县129个基层人民调解委员会，配备人民调解员657名。全县各级人民调解组织全年共受理各类矛盾纠纷126件，调解成功124件，调处成功率达98%，预防矛盾纠纷升级5起。常态化开展宣讲180余场次，村（社区）新增培养“法律明白人”220人，评选“农村学法用法示范户”50户。坚持“用身边案例教育身边群众”，收集全县22个典型案例，编印《以案释法》读本1000本，精选禁毒、电信诈骗、盗伐林木等典型案例开展宣传教育活动40余场次，发放宣传资料3500余份。推进公共法律服务实体平台建设，夯实九寨沟县公共法律服务中心、12个乡（镇）公共法律服务站、110个村（社区）公共法律服务室规范化建设，全县各乡（镇）和村（社区）全覆盖配备法律顾问。推广12348公共法律服务热线和村（社区）公共法律服务微信群的宣传和运用，指导推进法律援助、公证等公共法律服务延伸到村（社区），打通“最后一公里”。

【农村交通】 农村公路养护。全县农村公路按路网规划道路养护里程536.168千米（其中县道10条173.024千米、乡道46条253.021千米、村道100条110.123千米），养护资金281.5299万元。

农村公路建设。九寨沟县农村公路水毁恢复工程路线全长13.955千米，于4月开工建设、12月完工，完成建安投资1215.0369万元。九寨沟县产业基础设施补短项目包含2座桥，其中甲勿村桥长14.6米及附属设施，郭元二组桥长18米，引道47米及附属设施，于6月开工建设、10月完工，完成建安投资167.841576万元。九寨沟县黑河镇Y031绕蜡路绕蜡口一号桥新建工程桥梁总长40米，于3月开工建设、10月完工，完成建安投资319.195075万元。九寨沟县南坪镇产业道路建设项目路线全长16.626千米，于4月开工建设、9月完工，完成建安投资698万元。

【农村社会保障】 通过开展医保、社保、居保参保数据比对和乡（镇）核实，准确掌握全县未参保人员信息。截至2023年年底，全县参保人数31221人，新增参保人数301人，协助税务部门征收保费1.73万人次、812.63万元。提高养老金待遇水平，按时足额发放养老金，按照阿坝州人社办〔2023〕76号文件要求，将城乡居民养老保险基础养老金标准从每人每月115元提高到每人每月128元；按照川人社发〔2023〕24号文件要求，将城乡居民养老保险基础养老金标准从每人每月128元提高到每人每月133元，两次提高基础养老金标准，均从7月执行。审核办理待遇申请、死亡注销业务，新增待遇领取人员547人，死亡减少待遇领取人员273人；按月申请、拨付养老金并通过社银平台及时发放，全年7129名待遇领取人员共发放养老金1263.47万元。通过信息比对和部门、乡（镇）核实，全年为764人（其中低保对象659人、特困人员38人、重度残疾人67人）困难群体代缴城乡居民基本养老保险费7.64万元，做到“应保尽保、应代尽代”。安排开展待遇领取人员资格认证工作并进行全覆盖，严格执行死亡零报告制度，及时开展部门数据共享比对和疑点数据清理，加大冒领和重复领取养老金追回力度，全年追回死亡冒领和重复领取养老金15人、35782.68元。

【农村生态建设及环境保护】 实施“七大保护”行动，推进“七大治理”工程，制发《九寨沟县2023年七大保护和七大治理工作实施方案》《九寨沟县深入打好污染防治攻坚战实施方案》《九寨沟县大气污染防治“一县一策”工作实施方案》等系列方案，按时完成中央环保督察问题15个，空气优良天数比例达100%，全县出境水水质稳定保持Ⅱ类及以上标准达100%，集中式饮用水水源地水质达标率达100%，重点建设用地安全利用率达100%，危废收集覆盖率达100%，县城主城区声环境质量达标率100%，农村生活污水有效治理率达67%，全县生态环境质量继续保持优良。

【农产品质量安全监管】 加大农产品合格证制度试行力度，全年开具合格证2533张，附证上市农产品1116.1吨。完成国家农产品质量安全追溯管理信息平台信息录入2596条。完成省、州样本监测211个，合格率达100%。开展农资打假专项行动，共出动执法车辆40辆次、检查人员120人次。

【农村市场体系建设】 “互联网+”。按照要求将财政行政权力在“四川一体化政务服务平台”公开，并定期发布财政相关数据和动态。

农村金融。截至2023年年底，农村

信用社累计发放再贷款资金5.1亿元，新发放支农再贷款32笔721.9万元，余额181笔7290.04万元。推动九寨沟县乡村振兴财金互动政策落地，纳入贷款贴息的主体36户、贴息金额35.47万元；纳入一次性奖补的信用示范村和信用示范乡（镇）分别为14个、2个，奖补金额分别为21万元、10万元；纳入农村支付结算补贴的服务点14个，奖补金额合计5.14万元，其中国库惠民服务平台3个、奖补金额4.5万元，银行卡助农取款服务点11个、奖补金额6390元。完成脱贫人口小额信贷贴息18.54万元、脱贫人口小额信贷代偿3笔71749.76元。

农业保险。全县种植业中玉米承保1.17万亩；养殖业中育肥猪承保886头、能繁母猪承保129头；林业中公益林承保248.19万亩；李子、葡萄等特色产品承保4744.31亩。中央、省、州、县四级财政加大政策支持和资金补贴，就以上所有险种承保机构保费补贴资金共拨付210.17万元，其中中央补贴资金72.67万元、省级财政补贴资金44.2万元、县级财政补贴资金93.3万元。

【农村留守家庭（儿童、学生）帮扶】 全县共有社会散居孤儿6人、事实无人抚养儿童3人、残疾儿童76人、留守儿童25人、低保儿童142人。制定《九寨沟县困境儿童和农村留守儿童关爱结对帮扶工作方案》，建立困境儿童和农村留守儿童关爱结对帮扶台账，结对以乡（镇）在编在岗干部职工为主体，在其中选择思想政治素质高、责任心强、富有爱心的干部职工及其家庭参与结对工作。帮助链接资源，协调解决帮扶工作中存在的困难和问题，定期开展关爱帮扶活动。

【劳务开发与返乡创业】 全县转移输出农村劳动力1.53万人，实现劳务收入6.05亿元，其中转移输出脱贫劳动力2537人。发放各类创业补贴8万元，推荐16名返乡创业人员申请返乡创业担保贷款352.1万元。

【主要领导人】 县委书记：贺松（3月止），李为仁（3月始）；县人大常委会主任：陈洪涛；县长：李为仁（6月止），许建国（6月始）；县政协主席：夏永胜；分管农业副县长：任伟。

九寨沟县编写组

金 川 县

【基本情况】 2023年，全县辖4镇15乡，辖区面积5550平方千米。

2023年，全县实现地区生产总值253504万元，按照可比价格计算，增长6.6%，其中第一产业增加值49839万元，增长5.3%，对地区生产总值的贡献率为17.1%，拉动地区生产总值增长1.1个百分点；第二产业增加值26657万元，增长6.5%，对地区生产总值的贡献率为8.5%，拉动地区生产总值增长0.6个百分点；第三产业增加值177008万元，增长7.1%，对地区生产总值的贡献率为74.4%，拉动地区生产总值增长4.9个百分点。三次产业结构比为19.7∶10.5∶69.8。

规模以上工业增加值增长15.1%，增速居全州第一位，增速高于全州（6.4%）8.7个百分点。全社会固定资产投资增长21.6%，增速居全州第四位，增速高于全州（8.2%）13.4个百分点。社会消费品零售总额75220万元，增长5.2%，绝对额居全州第九位，增速居第13位，增速低于全州（11.8%）6.6个百分点。地方一般公共预算收入60552万元，增长310.1%，绝对额居全州第二位，增速居第二位，增速高于全州（81.2%）228.9个百分点。农村居民年人均可支配收入增长7.6%，增速居全州第四位，增速高于全州（7.4%）0.2个百分点。

【现代农业发展】 实施“藏粮于地、藏粮于技”战略，533亩耕地修复利用、1万亩高标准农田建成投用，315万元耕地地力保护补贴惠及1.26万户群众。8.6万亩粮食作物播种面积、7.6万头生猪（牛、羊）出栏、2万吨特色水果超额完成任务。30万株雪梨、3353亩林下种植成势见效，牦牛、甜樱桃等现代农业园区加速提档，梨现代农业园区晋升为省四星级园区，金川县早白蜜梨和“金雪梨3号”获得第二届“中华好梨”银奖。全州春耕生产现场会在金川县举办。

【乡村振兴】 编制完成《乡村振兴总体规划（2023—2027年）》，1.7亿元4类101个财政涉农整合资金项目分点见效。开展“孝善和俭”道德传扬活动，表扬孝老爱亲、敬业奉献、诚实守信等先进集体4个、个人29名，二普鲁村获评四川省文明村。安宁镇获评省级乡村文化振兴“百千万”工程样板镇。5个乡（镇）多功能运动场、15千米健身步道建成投用，体育场所免费开放率95%，惠及4.2万人次。6个抓点示范村、5个“三家园”建设村和庆宁乡示范效应明显，观音桥镇创建为州级乡村振兴先进乡镇，二普鲁村、安宁村和新开宗村、曾达村、金江村、沙耳尼村创建为省（州）优秀村示范村；新开宗村入选首届“熊猫家园净土阿坝最美三家园”，被评为全省乡村振兴示范村；庆宁村、金江村被评为全省乡村振兴重点帮扶优秀村；金川县获评全省乡村振兴重点帮扶优秀县。

【统筹城乡发展】 完成周山清洁能源、安宁生态产业乡（镇）级片区，金马坪、杨家湾等12个村级片区国土空间规划编制，规模适度、功能错位、带动有力的片区发展格局态势显现。提升加固城区防洪堤防，老旧小区改造、城区供水管网、污水管网改（扩）建等接续实施，城市面貌焕然一新。勒乌滨河路、沙耳临江路、安宁顺河路等市政基础设施建设主体完工，观音桥生活垃圾无害化处理站等项目加快推进。

【脱贫成果巩固拓展】 县、乡、村三级防返贫动态监测网络高效运转，守住了99户369人新增监测对象返贫底线，36户143人监测对象返贫风险有效消除，精准帮扶"三类人群"2518户9351名。住房、教育、医疗等各项兜底政策全面落实，368户低保户、1105名困难残疾人、605名特困供养对象得到保障。"四大增收"行动带动5.3余万名群众人均稳定增收1700余元，落实3161个公益性岗位，实现脱贫人口务工就业3673人，实现消费帮扶910万元。全县脱贫人口人均纯收入增长16.1%。

【乡村旅游】 文旅消费快速回暖。老街旅游基础设施主体完工，观音桥、世外梨园国家4A级景区提升改造、复兴村农特产展示中心等加速推进。2023中国农民丰收节暨金川雪梨采摘节在金川县举办。莫莫扎村、复兴村被评为阿坝州特色文化旅游名村，世外梨园获得"2023发现四川新旅游·乡村新景"称号。全年接待游客163.2万人次，同比增长24%；实现旅游收入13.2亿元，同比增长45%。

【农村生态建设】 推进"七大保护"行动，紧盯"一增一减"目标，完成人工种草造林、天然草原改良等9.36万亩、苗木补植22.67万株、道路绿化318千米，林草综合覆盖率达85.1%。落实"十年禁渔"、禁牧休牧等制度，增殖放流鱼苗18万尾，"鸟中国宝"东方白鹳现身金川，生物多样性持续向好。推进生态治理系统，推进"5+2"综合整治，累计完成生态环保督察问题整改259项，完成率达97.7%。立案草原违法、环境行政处罚案件12起，处罚金额43万元。推进"七大治理"工程，完成天然草原改良、草原病虫害防治等19.4万亩，水土流失治理面积21.4万平方米，河道清淤33.4万立方米。抓好农村面源污染治理，10个农村生活污水治理"千村示范工程"全面竣工。完成28个入河排污口排查整治，空气、地表水、土壤、声环境达标率均为100%。生态创建实质突破，15个"七大保护""七大治理"工作先进集体和个人获得州级表彰。独松"金川县生态文明教育基地"挂牌投用。生态经济稳步发展，出圃苗木1001万株，云杉、红桦等4个林木种子园通过省级良种基地认定。完成核桃高接换优1100亩、11万芽，新建林麝圈舍700平方米，完成千亩高原生态优质核桃产业园、铜坡林麝养殖场提升改造。

【民生实事】 教育医疗全面升级。投入1.12亿元，推进教育优质均衡发展和教育现代化强县建设，金川二中教辅用房、勒乌镇第四小学一期等项目全面完工，19个乡（镇）实现公办幼儿园和标准化学校全覆盖。观音桥中心卫生院县域医疗次中心、临床技能中心等建成投用。居民健康档案建档率达96.46%。教育医疗"组团式"帮扶成效初显，县域教育医疗水平显著提升。

【农村社会保障】 社保水平全面提高，转移农村劳动力1.6万人，城镇登记失业率3.45%，创建"东女丽尊""东女乌梅"特色劳务品牌。实施全民参保计划，"五大保险"参保人数9.9万人次。依法处理拖欠农民工工资案件113件，追缴拖欠工资840万元，惠及1130名农民工。持续开展分类救助，累计发放"两保、三补助、三基金"946.59万元，惠及27887人次。

【农村基础设施建设】 推进"3+N"基础设施提档升级，卡撒沟脚姆塘堤防即将完工，实施沙耳段堤防、磨子沟小流域水土流失综合治理、河道汛前疏浚等项目，堤防基础不断夯实。农业水价综合改革、农村饮水安全维修养护全面完成，新建和改造水渠管道66千米，新增和改善农田灌溉面积2.3万亩，建成供水工程189处，崇化水利、农村供水保障工程有效发挥作用，县城供水普及率达100%，农村集中供水率达95.17%。供电网健全优化，220千伏输变电工程开工建设，能源外送通道实现新突破。巩固提升毛日村、热它村、二嘎里村、脚姆塘村等8个村农网，卡拉塘村、正里塘村、卡苏村3个村农网改造稳步推进，电力网络日趋完善。交通网提档升级，国道248线改（扩）建、省道451线提升改造有序推进，完成二嘎里乡查拉沟村幸福美丽乡村路建设，撤并建制村畅通工程、81千米道路安防设施全面升级，卡撒大桥、庆宁乡地质灾害点绕避项目建成通车，卡崇路被纳入省专项规划。"建好乡村路"在全省推动"四好农村路"和乡村运输"金通工程"现场会上作交流发言。通信网优化拓面，数字金川、智慧金川建设量质齐升，新建基站85个、5G基站补点4个，铺设光缆134千米，5G专线动脉畅通，骨干网、城域网和接入网不断优化，数据传输快速便捷、通信质量全面提升。

【主要领导人】 县委书记：郭素梅；县人大常委会主任：申红霞；县长：史志刚；县政协主席：达尔吉；分管农业副县长：陶丹。

金川县编写组

小 金 县

【基本情况】 2023年，全县辖7镇11乡109个村民委员会2个居民委员会，辖区面积5568平方千米。年末户籍总人口7.52万人，其中男性人口3.91万人、女性人口3.61万人；藏族人口4.84万人、羌族人口0.08万人、汉族人口2.31万人、回族人口0.27万人、其他民族人口0.02万人，占总人口的比例分别为64.3%、1.1%、30.7%、3.6%、0.3%。常住人口6.4万人，其中城镇人口2.6万人、农村人口3.8万人；常住人口城镇化率40.63%，比上年提高1.25个百分点。

2023年，全县实现地区生产总值29.93亿元，按照可比价格计算，比上年增长6.7%，其中第一产业增加值5.93亿元，增长11.2%；第二产业增加值5.19亿元，减少1%；第三产业增加值18.81亿元，增长7.5%。三次产业对经济增长的贡献率分别为31.3%、-2.6%和71.3%。三次产业结构比由上年的18.6：19：62.4调整为19.8：17.3：62.9。全年工业增加值4.17亿元，比上年减少2%，对经济增长的贡献率为-4.2%。年末规模以上工业企业11家，全年规模以上工业增加值减少3.8%。

全县通公路乡（镇）18个，行政村通硬化路109个。行政区划面积内公路总里程达1243千米，其中等级公路1203千米。全年完成公路客运周转量779万人/千米，公路货运周转量12994万吨/千米。全年邮政寄递服务业务量28.97万件，比上年增长14.6%；邮政寄递服务业务收入428.05万元，增长17.5%；单程邮路长度0.15万千米，邮路条数23条。全社会固定资产投资比上年增长8%。全社会消费品零售总额8.32亿元，比上年增长12.6%，其中城镇消费品零售额4.87亿元，比上年增长12.5%；农村消费品零售额3.45亿元，增长12.7%。地方一般公共预算收入完成1.25亿元，比上年增长11.7%，其中税收收入0.63亿元，增长42.3%；一般公共预算支出17.54亿元，增长7.8%。年末金融机构人民币各项存款余额45.58亿元，比上年末增长6.5%，其中住户存款余额35.95亿元，增长7%；人民币各项贷款余额19.66亿元，增长9.4%。

有各级各类学校28所，专任教师990人，在校学生8033人，其中小学18所，专任教师467人，在校学生3555人；初级中学3所，专任教师235人，在校学生1874人；高中1所，专任教师124人，在校学生1009人；幼儿园5所，专任教师152人，在园幼儿1572人；特殊教育学校1所，专任教师12人，在校学生23人。小学毕业生升学率100%，初中毕业生升学率98.9%，高中毕业生升学率88.1%。学前教育毛入学率87.2%，小学阶段学龄儿童入学率100%，初中阶段学龄少年入学率97.9%，高中阶段毛入学率96%，本地学生升入高等教育学校319人，九年制义务教育完成率99.1%。有文化馆1个，文化站18个，文物保护管理机构1个，公共图书馆1个（图书总藏量6.8万册），体育馆1个。广播、电视综合覆盖率100%。医疗卫生机构143个，其中医院2个、卫生院18个、妇幼保健站1个、疾病预防控制中心1个；病床位374张；卫生机构人员762人，其中医院、卫生院技术人员583人，执业（助理）医师236人，注册护士196人。全年医疗机构总诊疗人次25.3万人次，出院1万人。婴儿死亡率和5岁以下儿童死亡率分别减少至0和2.26‰。产妇住院分娩比例达100%。

【年度农业和农村经济运行】 2023年，全县农村有效灌溉面积6.2万亩。全年农村用电量2763.7万千瓦时，增长22.6%。农业机械总动力10.18万千瓦，增长0.1%。农村居民年人均可支配收入增长7.8%，农村居民收入增速快于城镇居民收入2.7个百分点，城乡居民人均收入比值为2.21，城乡居民收入差距持续缩小。

【种植业】 全年粮食作物播种面积9.5万亩，油料作物播种面积0.9万亩，中草药材种植面积1.1万亩，蔬菜及食用菌种植面积2.9万亩。全年粮食产量2.14万吨，比上年增长0.1%。经济作物中，油料产量0.1万吨，增长0.4%；蔬菜及食用菌产量8.2万吨，增长5.8%；中药材产量0.2万吨，增长2%；园林水果产量8.5万吨，增长68.5%。

【畜牧业】 全年生猪出栏2.9万头，增长11.1%；牛出栏1.9万头，增长4.7%；羊出栏1.9万只，减少7.2%；禽出栏2.3万只，增长4.3%。猪肉产量增长11.1%，牛肉产量增长2.2%；羊肉产量减少13.3%，禽肉产量增长5%；禽蛋产量增长3.7%，牛奶产量增长4.3%。

【农村社会保障】 全县城乡居民社会养老保险覆盖人数3.77万人，养老保险参保人数5万人，医疗保险参保人数6.6万人。全年纳入农村低保人数1153人，城市和农村低保标准分别为740人/元/月和533人/元/月，累计发放城乡低保补助资金634万元。有城乡特困人员474人，其中集中供养97人，集中供养率为20%。

【主要领导人】 县委书记：姚奇杰；县人大常委会主任：杨健；县长：刘明刚；县政协主席：刘显凡；分管农业副县长：雍茂。

小金县编写组

黑 水 县

【基本情况】 2023年，全县辖8镇7乡，辖区面积4356平方千米。年末户籍人口57031人，比上年减少0.3%，其中户籍城镇人口7536人、户籍乡村人口49495人。出生人口511人，人口出生率0.9%；死亡人口402人，人口死亡率0.7%；人口自然增长率0.2%。全年常住人口4.3万人，其中常住城镇人口1.8万人、常住乡村人口2.5万人，常住人口城镇化率41.86%。

2023年，全县实现地区生产总值

313179万元，按照可比价格计算，同比增长4.4%，其中第一产业增加值50009万元，同比增长5.9%；第二产业增加值86444万元，同比增长0.5%；第三产业增加值176726万元，同比增长5.9%。三次产业对经济增长的贡献率分别为24.4%、3.3%和72.3%，分别拉动经济增长1.1%、0.1%、3.2%。三次产业结构比由上年的17.4∶29.3∶53.3调整为16∶27.6∶56.4。全年接待游客182.5万人次，同比增长28.7%；实现旅游总收入146034.1万元，同比增长28.7%。

工业增加值73239万元，同比减少0.7%。全社会固定资产投资完成167868万元，同比增长47%。社会消费品零售总额52452.2万元，同比增长5.3%，其中城镇消费品零售额37224.5万元，同比增长4.6%；乡村消费品零售额15227.7万元，同比增长7.2%。地方一般公共预算收入完成9972万元，同比增长22.7%，其中税收收入7066万元，同比增长52.2%。一般公共预算支出154234万元，同比增长13.4%。年末金融机构人民币各项存款余额280470万元，同比增长2.8%，其中住户存款余额187701万元，同比增长6.6%；人民币各项贷款余额221462万元，同比增长12.1%。

【年度农业和农村经济运行】 2023年，全县农林牧渔业总产值89045.7万元，同比增长2%，其中农业总产值29802.9万元，同比减少0.5%；林业总产值8044.9万元，同比增长22.6%；牧业总产值44900.9万元，同比减少0.1%；农林牧渔业服务业总产值6297万元，同比增长7.4%。农村居民年人均可支配收入同比增长7.1%。开展“送文化下乡”活动128场次，放映农村、社区电影1659场次，组织400名文艺家在全州首次开展“文艺赋能乡村振兴——走进黑水”采风活动。省道446线扎红隧道实现应急通车；投资6700万元，建成幸福美丽乡村路15.9千米，新增农村公路安防设施19千米，维修自然村硬化路45千米。

【种植业】 全年农作物播种面积7528公顷，同比减少2.4%，其中粮食作物播种面积9.14万亩，产量1.82万吨。蔬菜种植面积1435公顷，同比减少0.6%；产量45813.5吨，同比增长2%。水果产量7826.6吨，同比增长59.4%。核桃产量1829吨，同比增长18%。花椒产量23.2吨。

【畜牧业】 全年大牲畜存栏55000头，同比增长3%；羊存栏7908只，同比减少1.8%；生猪存栏17565头，同比减少73%；牛存栏52434头，同比减少2.8%。年末大牲畜出栏13102头，同比增长10.2%；生猪出栏62200头，同比减少3.9%；牛出栏13102头，同比增长10.2%；羊出栏5709只，同比减少0.5%。肉类总产量6085.1吨，同比减少9.3%，其中牛肉产量1522.7吨，同比增长1%；羊肉产量101.9吨，同比减少3%；猪肉产量4460.5吨，同比增长2.6%。

【农村教育】 实施十五年免费教育，兑现教育惠民资金1321万元，惠及学生7400人次。借力教育人才“组团式”帮扶资源，选派跟岗学习教师26名，接受支教教师30名，县中学高考本科提升率居全省25个国家乡村振兴重点帮扶县第三位，芦花黑籽儿幼儿园创建为省级示范性幼儿园。

【农村卫生】 投资1164万元，完成县医院传染病房、中藏医院院感防控能力提升、乡（镇）卫生院维修改造等7个项目建设，提升全县医疗服务能力；全面推行异地就医即时结算，减免脱贫人口门诊及住院费396万元，惠及群众1578人次，县内住院自付费用比例控制在5%以内。实施全民健康免费体检，常态化义诊巡诊1.86万人次。

【农村社会保障】 全年转移农村劳动力2.13万人，为178名劳动者追回工资432万元。“黑水（措曲）保安”获评第二批“净土阿坝”州级特色劳务品牌。全年兑现各类城乡困难群众救助资金2452万元，实现城乡低保、特困供养人员“应保尽保”“应纳尽纳”。持续推动社会保障扩面提标，城乡居民养老保险参保人数2.84万人，为2752名困难人员代缴城乡居民养老保险44万元。

【主要领导人】 县委书记：杨莉；县人大常委会主任：陈永清；县长：欧涛；县政协主席：王扎；分管农业副县长：程娇。

黑水县编写组

壤　塘　县

【基本情况】 2023年，全县辖3镇8乡，辖区面积6863平方千米。

2023年，全县实现地区生产总值155015万元，比上年同期增长6.8%，增速排全州第八位，与全州平均水平持平，高于全省0.8个百分点，高于全国1.6个百分点，其中第一产业增加值43723万元，增长11.1%，增速排全州第四位；第二产业增加值6400万元，减少3.8%，增速排全州第13位；第三产业增加值104892万元，增长5.6%，增速排全州第11位。三次产业对经济增长的贡献率分别为47.9%、–2.4%和54.5%，分别拉动经济增长3.3个、–0.2个和3.7个百分点。一二三产业比调整为28.2∶4.1∶67.7。

全县规模以上工业增加值增长14%，增速排全州第二位。全社会固定资产投资同比增长12.5%，增速排全州第五位。社会消费品零售总额38968万元，增长10.4%，增速排全州第九位。一般公共预算收入完成4012万元，增长38.3%，增速排全州第三位，其中税收收入1856万元，增长13.6%；一般公共预算支出完成179658万元，同比增长12%。农村居民年人均可支配收入增长6.9%，增速排全州第12位。金融机构存、贷款余额分别为16.33亿元、10.58亿元，存贷比为64.79%，比上年增长14.35%。

【现代农业发展】 立足县域资源禀赋和区域特色，着力“建基地、办工厂、创园区、塑品牌”，坚决守好“三农”基本盘。守住4.05万亩耕地保有量和2.64万亩永久基本农田底线，完成农作物播种面积38820.9亩，新建高标准农田1000亩。种植“双低”油菜3164亩、蔬菜2900亩、青稞1.9万亩、马铃薯9000亩、黑木耳22.5万余棒，养殖中蜂6680箱。种植优良牧草8477亩，新建家庭牧场149户，出栏牦牛3.9万头。“三大农业园区”提质增效，南木达农业产业园区初具雏形。全县新型农业经营主体达158个，实现农业总产值7.5亿元，云端、巴莱牧场品牌建设效益初显。

【乡村振兴】 乡村发展稳步推进。紧盯“农牧立县”战略，实施衔接资金项目58个1.9亿元，乡村产业体系稳步构建。探索种植赤芍、羌活等林下作物403亩，道地药材规模种植初见成效。加强饲草种植、有机肥料加工、家庭牧场、标准养殖场、牛羊屠宰、冷链物流建设，畜产品产业链建链、延链取得长足进步。牦牛标准化养殖突破2000头，牦牛存栏19.8万头，畜产品供给侧结构不断调优。

乡村建设持续推进。坚持以“三家园”工程为统揽，实施项目29个1.05亿元，美丽乡村焕发生机。建设阳培、明达等4个乡村振兴示范村，人居环境、产业培育、乡风文明一体化推进。重点建设等吾克基、尕多等6个抓点示范村，布局美、产业美、环境美、生活美、风尚美的“三家园”建设成效逐步显现，石里乡中大石沟村、尕多乡瑟谷村获评全州首届最美“三家园”。建设雪木达、布康木达等6个重点帮扶村，对标补齐主要短板弱项，上壤塘乡雪木达村、岗木达镇阳培村获评省乡村振兴示范村、乡村振兴重点帮扶优秀村。完成“户改厕”376户、庭院建设1167户，实现28个村生活污水治理率达70%以上、覆盖率达54.9%，“三大革命”持续深化。

乡村治理持续优化。坚持以党建引领乡村治理，深化新时代“枫桥经验”，乡村治理成效突出。健全党组织领导的村民自治机制，全面规范“四议两公开”制度和村规民约。弘扬社会主义核心价值观，培塑厚养薄葬、喜事新办、勤俭节约时代新风。以文化振兴为灵魂，持续推进文化阵地建设，建成并运行县、乡、村三级文明实践点63个。持续推进“八五”普法，严厉打击各类违法犯罪，治安环境全面净化。加强重点人员管控，有序推进林政、路政、市政、“三山一界”管理，社会大局持续稳定。排查化解矛盾纠纷，实现信访“三率”100%目标。

【统筹城乡发展】 基础设施持续改善。创建为“四好农村路”全国示范县，城乡交通运输一体化全国示范县创建已验收公示，交通帮扶品牌效应日益彰显。新建农村“四好公路”29千米，新增道路安防设施50.7千米，改建二级客运站1个，交通设施持续改善。新（改）建南木达、中壤塘镇河堤1490米、河堤护岸1000米，实施饮水、灌溉项目14个，提升河道行洪能力。建设通信基站23个，2个农村电网改造项目有序推进，民生保障能力持续增强。推进“电子商务进农村”，助力实体经济发展，促进农牧民群众增收致富。

灾后重建成效明显。紧扣灾后重建规划，加强投资拉动，高效实施项目，确保受灾群众生产生活尽快恢复。累计完成投资13440.3万元，实施基础设施、产业培育、公共服务等领域24个项目，完工21个，完工率87.5%。做实农房保障，完成农房重建144户并全部入住，完成维修加固930户。13个地质灾害项目全部完工，累计完成投资2311万元，“三年任务两年基本完成”灾后重建成效明显。

城市品质明显提升。以民生、环保、节能、经济为宗旨，用高品质服务推动城乡融合发展。加强升级改造，投入8650万元，实施取水口改造、供暖技术升级、老旧小区改造等项目。提升保障水平，安装智能水表3617只，新增供暖变压器2台，新建供暖管道5000余米，新增供暖面积8万余平方米，供暖效果显著提升。关注住房安全，实施政法小区、老县委楼、税务楼老旧小区改造项目。县城农贸市场改造完成并投入使用，河边美食街提升改造项目崭新亮相，城市烟火气息更加浓厚。

【巩固脱贫成果】 落实“四个不摘”，构建县、乡、村三级防返贫动态监测帮扶体系，保持帮扶政策总体稳定、力度不减。117户817名监测对象稳定消除风险，脱贫人口人均纯收入达13205元，增长16.9%。5702名脱贫女性得到“加油木兰”公益项目支助，实现了“病有所医、学有所教、业有所就”。高效拟定托底性帮扶5年规划，精准拟定“4张清单、1个平台、10项需求”的年度任务。交通帮扶捷报频传，客货邮融合体系案例获评第四届全球减贫案例征集活动最佳减贫案例。

【民生实事】 聚焦群众的身边事、贴心事、具体事抓落实，更好地回应群众各方面诉求和多层次需要。紧盯民生、教育、医疗重点领域全面发力，落实资金9324万元，按时序进度全面完成24件民生实事。坚持履职为民，承接县人大十五届二次会议交办的2023年壤塘县六新工程（农村人居环境整治）、人工饲草基地建设及卧圈种草、州外务工稳岗补贴、教育帮扶——“雨露计划”4个民生实事人大代表票决项目，已全面办理并提交该次全会票决。全县基本医疗保险、基本养老保险参保率分别达99.33%、95.2%，落实民政专项资金1216.52万元。

【农村教育】 坚持“两花”教育理念，全面落实教育政策。投入资金3600余万元，落实“三免一补”“营养改善计划”

等民生政策，惠及学生11103人。投入资金5300余万元，实施教育项目7个，教育基础设施提质增效。新引进专任教师131人，完成国培、省培1791人次。与浙江省、绵阳市13所校（园）建立“校对校”“组团式”帮扶机制，提升教师专业素养，提高学校管理水平。

【农村卫生】 依托医疗“组团式”帮扶和对口支援力量，建成“五大中心”和健康体检中心。投资1010万元，建成上寨医疗次中心和中壤塘高原氧舱。实施县级医院和乡（镇）卫生院分级诊疗，培养专业技术人员20人，开展新技术21项。关心重点对象，规范管理慢病1301人，免费体检65岁以上老年人2261人，规范管理肺结核病患者33人，完成包虫病筛查17869人。关爱特殊人群，完成“两癌”筛查930人，免费接种HPV疫苗455人；免费筛查儿童先心病1413人，治疗12人；免费住院分娩278人。

【农村生态建设及环境保护】 纵深推进“美丽壤塘”建设，持续加强生态保护，长江上游生态屏障更加牢固。做实“三区三线”划定，完成国土空间规划编制送审，固化环评前置条件。“七大保护”行动整体发力，栽植云杉大苗1.2万株，推进防洪治理工程和流域水土流失治理4个项目建设，完成人工种草0.5万亩、退化草原改良3.2万亩、鼠虫害防治各5万亩，普查和监测草原437万亩。“一增一减”成效更加明显，土壤环境、空气质量、出境断面水质、集中式饮用水水源地全面达标。

综合开展“七大治理”工程，林草综合覆盖度不断提升，人草畜矛盾逐步缓解。加强全域环境综合治理，推进草原“两化三害”等项目18个。开展地质灾害风险管控，治理尕古玛沟3000米。坚持生态、生产、生活并重，规范排污口9个、清退矿业权4宗，实施南木达镇污水处理厂等项目4个。坚持“清单制+责任制+销号制”，完成中央、省、州74个环保督察反馈问题整改，完成率91.89%。

全面推行林（草）长制、河（湖）长制、田长制，共同构建齐抓共管的工作格局。制定国家生态示范县建设规划，围绕生态经济、生态空间、生态文化、生态生活、生态制度、生态安全抓示范创建。严格“三线一单”刚性约束，加强项目建设环境准入及环保监管。探索“两山”转化途径，推进森林碳汇核算评估工作，拓宽生态价值转换路径。

【就业创业】 以“高原星光计划”“春风行动”“就业援助”专场招聘等搭建外出就业渠道，实现城镇新增就业290人，转移农村劳动力6958人。抓好群众就业，发放稳岗就业补贴285人92.4万元。抓好青年创业，发放创业担保贷款230万元，创建高校毕业生见习基地7个。

【主要领导人】 县委书记：王甲；县人大常委会主任：刘木滚；县长：罗先全；县政协主席：张万贵；分管农业副县长：蒲毅。

壤塘县编写组

阿　坝　县

【基本情况】 2023年，全县辖15个乡（镇），辖区面积10124平方千米。

2023年，全县实现地区生产总值236449万元，按照可比价格计算，同比增长8.4%。全社会固定资产投资同比增长8%。社会消费品零售总额76338.3万元，同比增长12.5%。全年接待游客68.7575万人次，比上年增长53.01%；实现旅游总收入127041.25万元，比上年增长53.31%。全县通车里程1246.2千米，其中国道1条121.5千米、省道3条409.3千米、乡道35条726.4千米、村道43条71.9千米。

【“5+N”高原特色现代畜牧业产业体系建设】 为加快构建阿坝县“5+N”高原特色现代畜牧业产业体系，推动全县畜牧业转型升级和高质量发展，投入资金4700万元，实施牦牛园区建设和贾洛绵羊标准化养殖体系建设。以项目推动农牧民养殖基础设施升级，制定《阿坝县牦牛标准化养殖规范》，推动全县养殖标准化。全年新建牦牛标准化养殖示范户100户、贾洛绵羊标准化养殖示范户15户、牲畜棚圈100个、牲畜防疫巷道圈100个。通过项目实施调动牧民的养殖积极性和主动性，促使牧民思想观念和生产方式得到转变，牲畜生产效率得到提高，可有效缓解草原超载过牧问题，使之达到草畜平衡。

为提高全县牦牛生产能力，防止因种群近交造成牦牛品种退化，打造牦牛本品种选育场1个，引进优良牦牛种公牛600头，开展牦牛人工冻精改良80头，在提高牦牛个体生产性能的基础上对牦牛品种提纯复壮和品种保护方面具有重要意义。

贾洛绵羊是阿坝县特色优质畜种，具有体型大、产肉多、抗病力强、生长发育快、适应性强等特点，2023年，围绕贾洛绵羊优良遗传资源，建成日阿洛村贾洛绵羊良种繁育场1个，与四川省龙日种畜场、西南民族大学草地资源学院三方共同建立贾洛绵羊科研工作站并签订合作协议，以“讲好贾洛绵羊故事，做好贾洛绵羊文章”为工作主线，开展品种申报、提纯复壮、高效饲养、快速繁育、疫病防控、适度规模标准化养殖、产品开发等技术研究，力争通过3～5年时间，将贾洛绵羊申报为国家畜禽遗传资源，产业发展初具规模，形成“资源优势突出、技术研究深入、产业亮点明显、牧民增收致富”的贾洛绵羊发展格局。

【“青稞科技小院”建设】 为破解青稞

新品种培育的"卡脖子"问题,打造新时代的"高原粮仓",县政府联合四川农业大学共建四川省首座"青稞科技小院",统筹起"组团式"帮扶资源。"青稞科技小院"可以通过大屏实时监测青稞园区内的土壤温度、湿度、pH值,物联网传感器实时收集青稞成长所需数据,为不同成长阶段的青稞打造最适宜的环境。荧光显微镜、荧光定量PCR、低温冷冻离心机等20余种、价值400余万元的科研实验设备落户小院,同时配备智能数字监测站、传感器、物联网设备等现代化科技装备。黑青稞亩产由2019年的130千克/亩提升至2023年的210千克/亩左右,亩产量增加80千克,产值提升26.9%。

【主要领导人】 县委书记:冯峥勇;县人大常委会主任:罗让;县长:龙真泽郎;县政协主席:措德;分管农业副县长:唐郁鑫。

阿坝县编写组

若尔盖县

【基本情况】 2023年,全县辖7镇6乡,辖区面积10620平方千米。

【农牧业生产】 坚持以"牢牢守住十八亿亩耕地红线"为抓手,打好"耕地保卫战",建成高标准农田5000亩,农作物播种面积5.98万亩,巩固提升油菜、蔬菜、药材等特色产业基地5.27万亩,试种高原蓝莓、木耳、西瓜、小番茄等6种特色农经作物,产业结构持续优化。坚持产业转型升级,激发畜牧资源优势,建设人工饲草基地4万亩。盘活川甘青活畜交易市场,构建国内先进牦牛、藏系绵羊线上交易平台,已成交牛(羊)4.6万混合头(只)。唐克牦牛现代农牧业园区创建为州四星、省三星园区。

【草畜平衡】 坚持以草原增绿、产业增效、牧民增收的"人、草、畜"平衡发展为目标,创建"5+2+N"工作路径,发展"龙头企业引领+乡(镇)合作社带领+村示范户带动"模式,引进培育高原之宝等畜牧产业龙头企业5家,创建国家级、省级、州级级示范社11家,培育养殖示范户757户。建设人工饲草基地4万亩,对14万余亩退化天然草场实施治本改良措施,退化天然草场种草区植被盖度达80%以上;采购引进泽库牦牛种公牛,产肉量、产奶量分别增长30%、100%;成立7个片区畜牧兽医服务中心,推进兽医防疫体系化建设,落实4827万元草原生态奖补资金,实施草原禁牧、草畜平衡面积976.35万亩。2023年,全县出栏牛(羊)39万余头(只),通过免耕补播、卧圈种草等方式增产干草2.56万吨,外购饲料4.13万吨,全县草原超载率控制在4.4%以内。

【统筹城乡发展】 城镇品质不断提升。完善城市服务功能,投资5.4亿元,有序实施国道213线老城段辅道综合提升项目、县城一湾广场改造、国家公园城镇提升改造、多玛南北街等工程,推进道路、雨污管网、照明等改造提升46.3千米,县城污水处理率达95%,持续优化生活空间、生产空间、生态空间,提升县城核心集聚能力,推动新型城镇化建设,全县城镇化率达34.6%。完善唐克、红星、阿西、辖曼、麦溪等排污、道路基础建设,加快巴西新镇建设,实施"五小"工程、生活垃圾转运体系建设等项目,城镇面貌焕然一新。

乡村建设焕发新貌。实施"三家园"村建设,抓好重点示范村9个、重点帮扶村4个建设,开展"整乡整村"提升行动,加强唐克、辖曼、红星、包座等13个乡(镇)54个村的基础设施建设。建设城乡4G、5G基站189座,拓展国省干线通信信号覆盖面,让城乡更宜居、生活更美好。投资1.8亿元,实施农村公路次差路整治、畅安工程、阿牙路、花王路等项目,打造"畅、安、舒、美"的出行环境。以"三家园"建设为抓手,推进人居环境整治,加快推动乡村发展,通过整合衔接资金支持,麦溪乡俄藏村、红星镇塔哇村、求吉乡下黄寨村和嘎哇村村容村貌、人居环境、产业发展得到提升。

【托底性帮扶】 开展托底性帮扶工作,用好用活帮扶政策,发挥省发展改革委、德阳市、浙江省、中国石油天然气集团有限公司四川销售分公司、四川省国有资产投资管理有限责任公司等帮扶力量优势,实施援助项目27个,完成投资8413.55万元。动员社会力量投入帮扶资金312.3万元,动员社会力量捐物捐款121.18万元。产业促消费的相关举措分别入选省委办公厅2023年第28期《每日要情》和省委涉藏工作领导小组办公室2023年第26期《涉藏工作专报》,就业帮扶工作相关经验入选国家乡村振兴局东西部协作观察公众号。按照省、州托底性工作帮扶要求,谋划编制18项2024年度托底性帮扶重点工作,以及畜牧和旅游产业指导支持清单。围绕产业发展,谋划储备若尔盖县牦牛现代农业园、100万千瓦集中式光伏建设、特色民宿及特色村寨集中打造等7个帮扶项目,夯实全县高质量发展基础。

【社会事业】 投入8982万元,建成纳木中学、冻列中学、达扎寺小学等校舍及附属设施。优化校点布局,完成巴西中学整体搬迁,有序推进教育园区建设。投资3081.2万元,实施人民医院、藏医院、铁布中心卫生院等能力提升项目16个,推进"医联体""医共体"建设,紧密型"医共体"初具雏形。投资4080万元,建成民族体育馆、数字图书馆,"两馆一站"全年免费开放4.4万人次。开展"送文化下乡"

活动124场次，丰富群众精神文化生活。

【农村生态建设】 开展“七大保护”行动，推进“七大治理”工程，投资22.23亿元，实施“若尔盖山水工程”项目35个，举办“草原是我家，保护靠大家”“洁美高原展风采，有你参与更精彩”等系列主题活动。建立全民灭鼠常态机制，组织动员干部群众6万余人次参与控鼠、治沙、植树行动，完成鼠害防控406.49万亩、灭鼠14.39万亩、灭鼠26万余只、黄河干支流植树19.56万余株。争取8792个生态公益性岗位，花湖入选“2022年四川省美丽河湖优秀案例和全国第二批美丽河湖优秀案例”，若尔盖县河长制办公室获得“四川省河湖长制工作先进集体”称号，县林草局获得“全国防沙治沙先进集体”称号。

【主要领导人】 县委书记：刘飞；县人大常委会主任：伍晓东；县长：韩德龙；县政协主席：阿达；分管农业副县长：杨勇。

若尔盖县编写组

红 原 县

【基本情况】 2023年，全县辖4乡6镇，辖区面积8400平方千米。

【畜牧业】 引导草原畜牧业向标准化养殖、规模化种草、企业化加工转型升级，投资38000万元，建成家庭生态牧场140个、标准化养殖基地7个、规模化种植基地5个、种畜扩繁基地2个、企业化加工基地10个，人工种草12.7万亩，年产优质青干草4.3万吨。农村农旅融合发展示范、川甘青牧草交易中心、草原畜牧业转型升级安曲基地等一批“补短”“强基”“成链”项目加快实施，“种、养、加、销”一体化农牧业全产业链成势见效。牦牛现代农业园通过省五星级园区保级评估，入选全省现代农业园区建设工作推进典型地区。承办川浙现代畜牧业高质量发展暨阿坝州牦牛产业大会，以点带面助力全州打造高原畜牧百亿级产业集群。

【乡村振兴】 坚决守住不发生规模性返贫底线，全县1316户5565名脱贫户持续增收、100户468名监测对象风险可控，新增发放小额信贷412万元，投放“富民贷”334笔3268万元。1895名脱贫劳动力稳定就业，脱贫人口人均可支配收入达13989元，同比增加1981元，增长16.5%。投资48500万元，完成刷经寺、龙日、江茸、麦洼、查尔玛5个乡（镇）“三家园”抓点示范打造。投资24600万元，实施产业发展、基础设施提升、人居环境改善等5类项目82个，推进乡村全面振兴，村集体经济收入5万元以下的村全部清零。全县有“三品一标”农产品36个、有机农产品17个、无公害农产品10个、地理标志农产品9个；获批“净土阿坝”企业9家、“优质农产品品牌”2家、四川省农业品牌目录2个、省级特色农产品优势区1个。农村“三大革命”有序推进，卫生厕所、垃圾收转运、生活污水处理覆盖率分别达57.3%、100%、51.6%。入选全国100个乡村振兴示范县创建名单和全国第二批乡村振兴赋能计划产业振兴典型案例，连续7次获评省级巩固拓展脱贫成果同乡村振兴有效衔接评估“好”的等次，获评阿坝州乡村振兴重点帮扶优秀县、省级“四好农村路”示范县。

【基础设施项目建设】 实施嘎曲国家湿地公园保护展示设施、生活垃圾无害化技术处理工程等94个重点项目建设。阿坝州西北片区综合体育馆、政务服务中心、县委党校长征干部学院等68个项目竣工达效，“州府印象·红色记忆”、综合应急救援基础设施等项目加快建设。省道217线、县道119线查查路和县道121线查江路全线通车，久马高速（红原段）分段试运行进入倒计时，省道313线、西成铁路（红原段）进展有序，“快进慢游”交通网日益完善。

【农村生态建设】 完成县级国土空间总体规划、5个乡（镇）级片区、13个村级片区国土空间规划编制，“三区三线”划定成果通过国家批准启用，最新划定生态红线537万亩，绿色发展空间载体明显优化。319名草（林）长、河（湖）长、田长“三长”联动发力，1202名水、林、湿、草“四员”常管常效，耕地“非农化”、基本农田“非粮化”坚决遏制，守住了耕地红线。改良天然草原26万亩，发放草原生态保护奖补5278万元，惠及群众9190户。污染防治“三大战役”纵深挺进，全县出境断面水质达到或优于Ⅱ类标准，集中式饮用水水源地水质达标率100%，创建为省级县域节水型社会建设达标县。全县空气质量优良天数占比100%，空气质量综合指数排全省县级城市第4名，土壤环境“双地”安全利用率常年保持100%。

统筹兼顾、协同推进，坚持山水林田湖草沙一体化保护和系统治理，草畜平衡基本实现。总投资145300万元，接续实施“山水工程”46个，完工37个；修复退化草地88.37万亩，改造林地提质3.73万亩，治理沙化土地1.58万亩，治理水土流失面积1.66万亩，修复湿地、矿山、河岸带1.87万亩，新建堤防护岸66.17千米，实施地质灾害治理2处，项目总数、投资总额、中央奖补资金、项目完成率均位列全州第一。完成217个各级各类环保督察反馈问题整改，整改率达96%。重拳打击盗挖泥炭违法犯罪行为，查办环境违法案件61件，罚款1237万元。开展“全域全员全天”生态环境综合治理行动，生态文明理念深入人心。

【社会事业】 举办全县教育高质量发展暨2023尊师重教表扬大会，表扬先进集体5个、先进个人7人，发放教师终身从教、先进个人等奖励金153万元。投资6815万元，实施县中学教学楼、藏文中学综合楼等8个扩容提质项目，在全州率先实现学校智慧食堂全覆盖。完成县中学、藏文中学学段撤并，新增学位1400个，新招录教师220名。城关小学、查尔玛乡小学分别被命名为"全国国防教育示范学校"和"八一爱民学校"。投资1990万元，实施藏医院能力提升项目。加快推进"健康红原"专项行动，分娩补助221人次，为2361名65岁及以上老年人免费健康体检，建成急诊急救"五大中心"，开设危重病人"先抢救后收费"等绿色通道，在全州率先实施"专管医生+主管医生+院级专家+州级专家+中医专家+远程会诊"诊疗机制，医疗卫生事业取得长足进步。

【农村社会保障】 坚持"应保尽保"，全县基本养老保险参保人数21551人；城乡居民基本医疗保险参保人数36532人，参保率持续稳定在95%以上，115名重度残疾人参照"单人户"纳入低保。基本民生底线全面兜牢，发放城乡低保、特困救助、高龄津贴等保障金2792万元。追加发放教育、卫生扶贫救助基金489万元，覆盖2921人次；发放"爱·红原"基金救助金35.66万元、"双拥"慰问金93.6万元。27件民生实事全部办结。开展"春风行动"系列招聘会5场次，实现就业创业295人，劳务输出4020人。"一老一小一困"服务取得新进展，建成社会福利服务中心，3个未成年人保护站点完成升级改造。城区供暖扩面提质，新增城区供暖面积10.2万平方米，累计覆盖面积达40万平方米。投资15475.5万元，实施住房重建、地灾防治、基础设施等26个灾后恢复重建项目，全面完工25个，完成投资率99.2%，基本实现"三年任务两年完成"的总目标。

【主要领导人】 县委书记：杨文松；县人大常委会主任：拉旺健；县长：阿江；县政协主席：田长新；分管农业副县长：兰刚。

红原县编写组

甘孜藏族自治州

【基本情况】 2023年，全州辖17县1市177乡110镇2个街道，辖区面积14.96平方千米，其中人均耕地面积1.18亩、基本农田102.5514万亩。年末总人口1098278万人（户籍人口），增长0.39%；人口出生率11.6‰，增加0.1个千分点；人口自然增长率6.2‰，增加3.5个千分点。有居民110.3万人。有林业用地696.18万公顷，有林地面积289.9万公顷，活立木总蓄积量50266.14万立方米，森林覆盖率35.26%。有各种牧草1256种，天然草原面积1.42亿亩，占全省总面积的46.5%，占川西北牧区总面积的58%，居全省第一位，草原综合植被盖度达85.13%。

2023年，全州实现地区生产总值513.35亿元，增长6.2%，其中第一产业增加值86.88亿元，增长4.1%；第二产业增加值147.24亿元，增长8.9%（工业增加值127.31亿元，增长8.8%）；第三产业增加值279.23亿元，增长5.7%。三次产业对经济增长的贡献率分别为12.70%、37.56%和49.74%。社会消费品零售总额143.52亿元，增长10.8%。地方公共财政预算总收入完成54.69亿元，增长14.35%；公共财政预算总支出444.19亿元，增长7.34%，其中农业投入116.73万元，占支出的26.28%。金融机构各项存款余额943.31亿元，比上年初增长3.76%；各项贷款余额581.32亿元，比年初增长11.02%。全年接待游客4137.82万人，实现旅游收入452.03亿元，其中乡村旅游收入135.61万元。

有艺术表演团体25个，文化馆19个，公共图书馆19个，博物馆54个。全州基层医疗卫生机构核定编制2966人，在编2744人，每千人口核定基层卫生人员编制数与上年持平。全州有基层卫生人员5053人，占医疗卫生机构总人数的46.55%，较上年增长3%，其中基层卫生技术人员、执业（助理）医师、注册护士、全科医生人数分别为2703人、879人、671人和191人，分别较上年增长5.75%、5.4%、7.18%和24%。全州每千人口拥有基层卫生人员达4.59人；每万人口拥有全科医生人数1.73人，较上年增加0.34人。截至2023年年底，全州乡村医生共计1965人，其中取得乡村医生执业证书1457人、具有执业（助理）医师资格等85人，占比分别为74.15%和4.33%；具有中专及以上学历1357人，占比为69.06%；18～59岁1879人，占比为95.62%；60岁以上86人，占比为4.38%。全州共有乡（镇）卫生院295个、社区卫生服务中心2个、村卫生室2005个。

【年度农业和农村经济运行】 2023年，全州实现农林牧渔业总产值130.84亿元，增长4.1%，其中农、林、牧及农林牧渔服务业产值占比分别为43.19∶5.08∶50.42∶1.31；全州全年农业增加值达87.96亿元，增长4.1%。农民年人均可支配收入增长7.7%。全州主要农产品产量见表1。

【农业产业化发展】 争取财政涉农资金

表1　2023年甘孜藏族自治州主要农产品产量

主要农产品	单位	产量	同比增减(%)
粮食	万吨	23.30	0.87
水稻	万吨	0.07	-69.60
小麦	万吨	2.24	-6.70
玉米	万吨	5.38	5.49
马铃薯	万吨	4.56	1.56
油菜籽	万吨	1.80	与上年持平
蔬菜	万吨	46.73	5.20
水果	万吨	3.40	51.70
肉类	万吨	8.99	0.91
猪肉	万吨	1.66	0.73
牛肉	万吨	6.81	1.64
羊肉	万吨	0.48	-7.86
禽肉	万吨	0.04	2.07
牛奶	万吨	11.31	2.32

12.11亿元，统筹使用乡村振兴中央、省级衔接资金17.02亿元，涉农贷款余额达470.77亿元，有序推进涉农重点项目建设。投入资金16.05亿元，启动实施“三江六带”现代农业产业带建设项目136个，建成现代高原特色农牧业基地79.33万亩，配套建设县域商业体系、中心镇农贸市场、物流设施29个。投入资金2.38亿元，建设牦牛产业集群项目20个，开展人工饲草种植16.88万亩，新增载畜能力6.9万头，建成精深加工生产线5条，制定牦牛集群地方标准5个，开发牦牛特色制品41个，国家级牦牛产业集群建设通过农业农村部绩效评价和答辩。完成投资6470.65万元，实施藏香猪项目建设36个，建设种公猪配种点45个，培育养殖大户570户，建成扩繁场7个、规模养殖场17个，制定地方标准3个，补贴新增能繁母猪6600头。创建省级畜禽标准化养殖场5个。争取省级资金8610万元，实施德格、炉霍、白玉、石渠等9个县“高原粮仓”项目建设，占全省实施项目县总数的75%。争取中央、省级资金6900万元，实施炉霍县虾拉沱、丹巴县甲居、得荣县瓦卡等12个国家级、省级产业强镇项目建设。争取省级资金3180万元，启动实施牦牛、藏猪种业振兴项目建设，推动优异种质资源产业变现。落实资金1180万元，建设太阳能提灌站7座、“五良”融合产业宜机化改造项目1个和冷链仓储设施14个。落实资金10662万元，推动“9·5”泸定地震灾后农业产业项目恢复重建项目6个，支持受灾地区加快特色产业基地建设。争取省级财政资金537万元，助推稻城县亚丁村保护利用“由表及里”提升。全面启动57个现代农业园区创建，创建（晋升）省星级现代农业园区7个、州星级现代农业园区13个，园区覆盖产业基地面积21.6万亩、规模养殖畜禽19.77万头（只），实现园区产值45.34亿元，吸引新型农业经营主体2069户。全州农产品加工企业达107家（其中规模以上加工企业10家）、加工专合社达27家，农产品加工产值达9.41亿元。引进培育涉农企业737家（其中州级及以上龙头企业71家）（见表2）、农民专业合作社4006家（见表3）、家庭农场3030家（其中新增省级示范场4家）（见表4）。建成中心供销合作社74个，新发展种业企业2家，产业链条不断延伸补足。乡城县、色达县入选全省现代农业园区建设工作推进典型县。

【农产品品牌培育】 围绕打造“有机之州”的总体目标，及时调整优化全州绿色有机产品申报任务，以促进特色农产品标准化、品牌化和市场化为目标，以龙头企业、合作社等为申报主体，加大农产品品牌培育力度。全州“三品一标”农产品累计认证199个，认证面积5.6万公顷。有机产品从年初的23家获证企业44张证书增加到89家获证企业183张证书，增幅分别达287%和316%；绿色食品从47张证书增加到61张，增幅达30%；地理标志农产品达14个；10个农产品取得全国名特优新证书。编制有机产业发展规划，举办“有机之州·乡村振兴”现场会和“有机之州·甘孜甄选”推介会，现场签约项目8个，订单金额超1.2亿元。认证“三品一标”农产品258个（有机产品183个、绿色食品61个、地理标志农产品14个），新发布农业地方标准20项。有机产品类别达41个，面积达15.7万公顷，年产量8.2万吨，产值15.2亿元，分别增长90.7%、81.8%，农产品监测总体合格率达99.88%。乡城藏鸡蛋入选国家地理标志品牌，九龙花椒、理塘萝卜等10个农产品入选全国名特优新农产品，乡城县创建为省级有机产品认证示范区、泸定、九龙、甘孜3个县通过专家评审，康定市创建为全国绿色食品原料（青稞）标准化生产基地。授权113家经营主体103类农产品使用“天府乡村”公益品牌，申请商标217个。授权使用“圣洁甘孜”区域公用品牌46家，“圣洁甘孜”区域公用品牌、康巴拉牦牛肉入选全省100个精品（培育）品

表2　2023年甘孜藏族自治州省级（及以上）农业产业化龙头企业名单

企业名称	注册资金（万元）	法人代表	示范等级	年度产值（万元）	主营产品
甘孜县康巴拉绿色食品有限公司	8000	代埝君	国家级	4699.76	牦牛肉
甘孜藏族自治州康定蓝逸高原食品有限公司	3350	张荣	省级	4341.00	牦牛乳、牦牛乳冰激淋、牦牛乳食品
康定青藏谷地农牧业生物科技有限公司	2720	叶鑫林	省级	3263.39	牛肉系列产品
康定达折渚生态农畜产品开发有限公司	5000	陈关雄	省级	895.48	青稞
泸定县桑吉卓玛青稞酒业有限责任公司	1000	罗卫	省级	558.54	青稞酒
甘孜州康定红葡萄酒业有限公司	3700	吕昊道	省级	249.04	葡萄酒
九龙县祥海野生资源开发有限公司	1280	王海强	省级	7158.45	野生食用菌及制品
甘孜州日基农业开发有限公司	5000	钟群	省级	839.00	松茸
理塘县高城鹏飞牦牛肉食品开发有限责任公司	500	敖学刚	省级	8462.00	牦牛肉
理塘县康藏阳光农牧业科技开发有限责任公司	200	杨帆	省级	1081.00	萝卜
理塘县香巴拉绿色食品开发有限公司	700	洛桑克珠	省级	3301.01	食用菌
乡城县雪松天然绿色食品开发有限责任公司	880	丁真	省级	5380.00	松茸
四川扎西集团有限公司	10000	龙热	省级	5545.00	松茸、脆笋
乡城藏青兰药业有限公司	1000	潘文俊	省级	426.33	俄色叶板蓝根
石渠太阳部落生态农业发展有限公司	10000	丁永鸿	省级	7624.94	西葫芦
甘孜州康巴之花农业有限公司	1000	周懿	省级	66.00	三青莴笋

表3　2023年甘孜藏族自治州省级示范农民专业合作组织名单

合作组织名称	注册资金（万元）	法人代表	示范等级	年度产值（万元）	主营产品
泸定县益森养殖专业合作社	100.0	杨勇	省级	60	畜牧业及相关生猪产业
稻城县阿当种植农民专业合作社	80.0	灯巴扎西	省级	90	雪菊、苹果、藏桃等
白玉县河坡博嘎农民专业合作联合社	50.4	其麦多吉	省级	86	粮食作物

表4　2023年甘孜藏族自治州家庭农场经营情况统计表（前10位）

家庭农场名称	注册资金（万元）	法人代表	年度产值（万元）	主营产品
康定市姑咱镇枇杷林家庭农场	150	徐清驯	300.0	家禽养殖
炉霍县珠穆偌偌家庭农场	150	格彭扎西	250.0	畜牧业
康定市时济乡康庄养殖家庭农场	50	邹跃	230.0	家禽养殖
丹巴县万胜家庭农场	60	贺永花	200.0	生猪养殖
康定市金汤镇万畜灵家庭农场	50	刘杰	160.0	畜牧业
九龙县银忠家庭农场	30	银忠降泽	143.0	种养结合
九龙县古铁家庭农场	30	甲沙古铁	142.5	畜牧业
九龙县勇盛家庭农场	10	黄仁勇	112.0	种养结合
康定市甲根坝镇绿篱种植场	100	四郎杜吉	100.0	种养结合
色达县云上家庭农场	50	科科	100.0	畜牧业

牌，“康藏阳光”牌白萝卜、“祥海雪域山珍”牌白葱菌和康巴拉、高城鹏飞分别入选2023年四川省农产品品牌和农业企业品牌，甘孜萝卜、康巴拉入选“天府粮仓・农博会”最受欢迎农产品和农产品品牌。全年农产品网络零售额达2亿元，同比增长18.04%。推动理塘萝卜入选全国农业标准化示范基地。九龙县魁多镇里五村（茶）、德格县麦宿镇（藏木香、大黄）入选全国“一村一品”示范村镇。巴塘四倍体“甲着”小麦、玛格绵羊、得荣树椒入选全国十大农作物、畜禽优异种质资源，全州国家畜禽优异种质资源达14个，位居全省第二。

【农村集体产权制度改革】 持续深化农村集体产权制度改革，贯彻落实《四川省农村集体经济组织条例》，围绕“集中攻坚薄弱村、巩固提升一般村、发展壮大示范村”要求，印发《促进新型农村集体经济发展的通知》《扎实做好农村集体资产提质增效行动工作的通知》，指导2181个村集体经济组织落实“五个一”标准，开展农村集体资产提质增效行动，规范运行管理，围绕资源发包、物业出租、居间服务、资产参股四种途径，通过股份合作、资源合作、资金入股、租赁经营、共建飞地、托管代理等模式发展集体经济，助推乡村产业振兴。全州全年核实村级集体资产210.03亿元，其中经营性资产33.19亿元、非经营性资产176.84亿元；实现集体经济总收入3.43亿元，村均收入15.7万元。集体经济收益全面消除“空壳村”，收益在5万元以上的村达1148个，其中5万～10万元的村有665个，10万元以上的村有483个。

【供销合作社改革】 泸定、丹巴、道孚、甘孜4个县完成泸桥、冷碛、岳扎、巴底、八美、拖坝、来马等15个中心供销社（示范社）培育提升建设任务和田坝、加郡、太平桥、中路、鲜水镇、大德等20个网点建设任务。同时，抓好74个中心供销合作社（示范社）的运维管理，发挥其经营效益，确保其资产保值增值。

【种植业】 在全州范围内实施“百万斤粮食产能提升行动”，开展主要粮食单产竞赛活动，各地通过全覆盖推广粮食作物主导品种、主推技术和主要模式，完成粮食作物播种面积103.2万亩，粮食总产量23.3万吨，单产226千克/亩，其中完成大豆生产任务1.8万亩，分别完成省下达粮食作物播种面积102.5万亩、粮食总产量23万吨、大豆生产任务1.7万亩年度目标任务的100.68%、101.3%和105.88%，推动粮食作物播种面积103万亩、产量23万吨任务只增不减。

【林业】 争取州级财政林草重点项目资金225万元，支持康定市、九龙县、巴塘县采取良种嫁接、施肥培土、病虫害防治等方式完成核桃低效林基地改造0.85万亩。发展林下种植重楼、天麻等1.9万亩，实现林下种植产值13092万元。累计发展林下养殖藏猪、土鸡等0.69万亩，养殖藏猪、土鸡1.69万头（只），实现林下养殖产值1599.49万元，全年累计实现林下种养产业产值14691.49万元。

【畜牧业】 推进牦牛产业集群建设，逐县对接2023年集群项目，指导相关县落实建设主体、实施地点等，及时制发年度实施方案，督促2022年未完工10个项目及时复工，启动2023年建设项目。组织召开牦牛产业集群项目推进与技术培训会暨2023年有机牦牛发展高峰论坛，邀请农业农村厅相关领导及院校专家培训13个县项目管理人员、经营主体负责人120人参加，组织州级专家服务团队技术人员11批60余人次蹲点培训基层科技人员和经营管理人员550余人次。制定《甘孜牦牛产业集群及藏香猪产业发展建设项目州级考核评价方案》，派出4个考评组对2022年牦牛产业集群项目进行考核评价。按照农业农村部、财政部《关于开展优势特色产业集群建设绩效评价工作的通知》要求，完成牦牛产业集群建设中期绩效评价。到道孚、炉霍、色达等7个县对29个饲草种植样地、90个样方点进行实地监测和现场产量测定，全州2023年人工饲草种植面积15.95万亩，平均每亩鲜草产量达2500千克。对四川农大、省草科院、西南民大等，在色达、理塘等地设立专家工作站，开展高原玉米种植、青贮加工、牦牛重要疾病防控、饲草饲料添加配比研究、牦牛养殖、饲草与中藏药材种植研究、饲料配比与育肥研究等课题。“亚克甘孜”商标获得国家知识产权局受理，建成康定原产地旗舰店，启动牦牛产品线上线下营销。理塘县与杭州小芳家公司签订战略合作协议，共建“甘孜州牦牛精深加工塘塘研发中心”，开展牦牛皮、绒、骨等系列产品研发，探索甘孜州牦牛产业发展政企合作新模式。

推进藏香猪产业发展。按照《甘孜州藏香猪产业发展推进方案(2023—2025年)》和“项目不减、规模不减、资金总量不减”的要求，督促各县(市)及时调整落实项目建设配套资金，制定印发2023年度藏香猪产业发展推进方案。督促落实配套资金，及时启动建设，派出4批次专家组到乡城、稻城、得荣、九龙等县11个藏香猪规模养殖场和在建养殖场有针对性地开展圈舍建设、规范引种、猪群结构调整、疫病防控、饲养管理和粪污资源化利用指导。通过项目实施，预计补贴新增能繁母猪6600头，建设种公猪站45个，培育养殖大户840户，完成7个扩繁场、17个规模养殖场建设，新增藏猪存栏1万头，完成3个地方标准制定，甘孜州藏香猪人工授精技术研究完成任务量的40%以上。

畜牧业生产。制定2023年度牲畜出栏目标任务，按照“以月保季、以季保年”的要求，及时细化分解季度目标，指导各县(市)明确阶段任务，科学合理安排畜牧业生产。安排2022年省级财政生猪出栏超额奖励资金38万元，支持乡城县、稻城县有补贴新增藏猪能繁母猪760头。实施生猪一次性临时救助补贴政策，落实州级财政现代农业发展资金51.56万元，补贴康定、泸定、丹巴、九龙4县(市)19个生猪规模养殖场存栏良种能繁母猪1872头。支持牦牛改良，安排石渠县20万元，补贴80头牦牛开展冻精改良。开展牲畜出栏攻坚行动，全州兑现牲畜出栏奖励资金508.8万元。指导各县(市)挖掘新建养殖场养殖情况，加强与统计部门的工作对接，做到“应统尽统”。

落实草原生态保护补助奖励政策。完成草原生态保护补助奖励政策基础数据收集、核实、牧户确定等基础性工作，会同州财政局、州林草局制定印发《甘孜州2023年草原生态保护补助奖励政策实施方案》，在18个县289个乡(镇)2183个村(包括3个村级设置的国营牧场、12个农转居但仍有承包草原的社区)21.31万户牧户中实施草原禁牧4500万亩、草畜平衡7963万亩。全年通过省惠民惠农财政补贴资金“一卡通”资格审批系统、州级“一卡通”发放系统共兑现补奖资金54419.26万元，其中草原禁牧补助资金34511.76万元、草畜平衡奖励资金19907.5万元，实现牧户户均政策性增收2553.7元。

推进畜禽粪污资源化利用。到18个县(市)26个规模场、合作社开展畜禽粪污资源化利用培训，现场技术指导14次，培训150余人次。完成32个规模养殖场畜禽粪污资源化利用情况调查，完成36个生猪规模场设施设备配套信息审核。印发《关于开展2023年省、州级畜禽标准化养殖场创建活动的通知》，安排部署标准化规模养殖场创建工作。按照种养循环要求，引导规模养殖场与种植户签订粪污资源化利用协议，实现粪污就近还田。

重大动物疫病防控。联合州编办印发《加强全州基层动植物疫病防控体系建设实施方案》，优化完善基层动物疫病防控体系。组织做好夏季“大消毒”专项行动，加强疫情监测排查。加强技术培训，举办全州重大动物疫病防控技术培训和应急演练竞赛，参训人员80人，并在康定市进行应急演练(桌面推演)。举办2023年官方兽医培训班，培训官方兽医64人。采取集中培训、以会带训、现场培训等多种方式，共培训村防疫员2513人次。抓住春秋两季重大动物疫病防控时机，调运各类疫苗3981万毫升(头份、羽份)，完成口蹄疫、高致病性禽流感、小反刍兽疫、包虫病、布病等重大动物疫病免疫884.205万头(只、羽)，全州重大动物疫病群体免疫密度保持在90%以上，应免畜禽免疫密度达100%，免疫抗体合格率达70%以上。加强检疫监管，屠宰检疫生猪9.62万头、牛7.6万头、羊0.2万只、禽101.7万羽，产地检疫猪3.5万头、牛7.85万头、羊0.035万只、禽16.2618万羽；指定通道检查消毒车辆2010辆次，检疫生猪1.085万头、牛0.6095万头、禽22.268万羽；无害化处理病死生猪39头，处理率达100%。

养殖投入品监管。推进实施兽用抗菌药使用减量化行动，落实“减抗行动”养殖场达12家。出动执法人员560余人次，完成兽药抽检10批次，检查兽药经营门店49家、农资门市19家、动物诊疗门市5家，未发现不合格产品。开展养殖环节、流通运输环节、屠宰环节“瘦肉精”检测，全年共监测45847头份，其中养殖环节检测“瘦肉精”12903头份、流通环节监测10998头份、屠宰环节检测21946头份，检测结果均为阴性，未检出“瘦肉精”。

【乡村振兴】 推进实施乡村振兴“双百

工程”，按照“月调度、季通报”制度严格进行督导，并将其纳入乡村振兴实绩考核。各县（市）均组建“双百工程”工作专班，结合示范村（精品村）建设指标及标准，以县为单位编制年度建设实施方案，并明确精品村打造主题，整合衔接资金、涉农资金6.6亿余元、项目190个，建设乡村振兴“双百工程”示范村100个（含精品村20个）。

精品村打造主题突出。各县（市）发挥地理优势、资源禀赋，挖掘产业、旅游、文化资源特点，按照“缺啥补啥”原则因村施策，20个精品村均在年初制定方案中明确打造主题，打造一批主题突出、内容丰富、吸引力强的宜居宜业和美新村，涌现出以丹巴县甲居镇聂拉村、康定市雅拉乡王母村等为代表的网红民宿村，以道孚县龙灯乡燃姑村为代表的牧旅融合村，以得荣县古学乡比拥村、泸定县烹坝镇固包村等为代表的特色种养村。

产业赋能增收明显。优化村级产业结构，按照“一村一品”因地制宜培育发展牦牛、藏猪、藏鸡、中蜂等特色养殖，苹果、葡萄、汉藏药材等特色种植，温泉民宿、风情小镇、文旅村寨等新业态，推动每个示范村（精品村）培育发展至少有1个特色主导增收产业。在打造乡村农牧旅产业的同时，重点聚焦农民增收和集体经济增效，引导22家企业、11家园区入驻示范村（精品村），建立完善“园区+集体经济组织+企业+农户”“公司+合作社+农户”“村集体+合作社+农户”等联农带农发展模式，示范村集体经济年收入达5万元及以上、精品村集体经济年收入达10万元及以上。

乡村建设助推蝶变。学习浙江“千万工程”经验，以改善人居环境、提升民生短板为切入点，在64个村新（改）建农村户厕2627户，建设产业路、联户路、通组路154千米，建设污水处理设施560处，提升饮水工程42处，其他庭院改造、路灯安装、绿化美化等人居环境整治107处，实现示范村（精品村）人居环境持续优化，基础设施得到提升，农村卫生厕所普及率、农村垃圾收转运处理率、村主干道硬化率均达100%，4G网络实现全覆盖，5G网络覆盖71个村。

乡村治理效能提升。坚持党建引领乡村治理，落实“三会一课”，建强基层党支部，21个基层党支部获评县级及以上4A级村党组织，12人获得“担当作为好支书”、县级及以上优秀党员称号。严格执行“四议两公开”，规范完善村规民约，推进移风易俗，探索“积分制”“清单制”等治理方式，基层自治法治德治智治相结合能力不断提升，涌现出“树下协商”等自治品牌。开展“民族团结进家庭”行动，挖掘传统文化，香巴拉文化、“梦乖”文化、亚丁人文、松格玛尼石石刻、红色文化等得到传承发展。推进“平安法治乡村”建设，落实“一村一辅警（警务助理）”“一村一法律顾问”，开展法治宣传教育，村民办事依法、有事找法意识不断提升。

【产销对接】 筹备推进第十九届西博会参会参展系列工作，设置展陈内容，筹备活动流程，有序组织现场推进，展示了甘孜州“文旅之美、能源之最、农牧之优”，推动甘孜美食、甘孜美景、甘孜产品、甘孜文化“走出去”。6月29日—7月3日展会期间共实现销售额1554.2万元，开展线上直播活动32场次，实现网络销售额1477万元。签订农特产品内外贸采购订单10个，采购金额7550万元，中央、省主流媒体首发稿件50余条，甘孜话题火热出圈。7月18日，州商务局与成都市商务局在道孚县联合举办2023第七届成都市·甘孜州农商对接活动，道孚县源绿绿色食品开发公司、康巴渠德农牧实业发展合作社等5家企业与成都企业签订3500万元采购订单。8月25日，州商务局在乡城县筹办甘孜州“有机之州·甘孜甄选”有机产品推介会，通过“1+1+1”形式举办了1场有机产品推介会，搭建了1个甘孜有机产品精品展示区，组织了1场专家学术交流会。9月9日，州商务局组织州内18家优质农特产品企业在成都市参加2023全国金秋购物节暨第二届中国（四川）国际熊猫消费节，实现线上线下销售额72万元。

【乡村旅游】 截至2023年年底，全州已创建天府旅游名村5个；国家级、省级乡村旅游重点村20个，其中国家级乡村旅游重点村3个、省级乡村旅游重点村17个。加强村基础建设，完善配套设施，完善停车场、游客中心等基础设施的规划和建设，完善进入村寨的旅游标识，做好旅游村寨的指导和服务，带动周边村旅游健康有序发展。促进休闲农业、体验农业、乡村旅游等农文旅融合发展，发展休闲食品、特色餐饮、民宿接待、民间手工艺等，提供丰富的农特产品。选准主导产业，发展优势特色种养业，传承农耕文化，植入现代农业发展元素，因地制宜培育发展传统村落特色产业，力争每个传统村落或片区有1～2个主导增收产业。打造休闲农业与乡村旅游精品工程，泸定县杵坭村、理塘县濯桑乡汉戈村获得“中国美丽休闲乡村”称号。

【农村文化】 全州10家国有博物馆、55家乡史村史社区小微博物馆及民办博物馆均实行免费开放，计划打造的54所县级博物馆已有10家开馆。指导相关县（市）完成康定木雅文化艺术博物馆、东嘎唐卡博物馆等22家小微型博物馆挂牌、德格民俗博物馆等2家民办博物馆授牌，完成理塘县民族博物馆等11家新设立博物馆在省文物局备案确认。组织举办展览展示、演艺等活动，丰富文化内涵，提升展览品质，扩大影响力。甘孜州民族博物馆2023年推出钱塘匠心——杭州工艺美术甘孜展，实现馆际交流、区域合作。红军飞夺泸定桥纪念馆与红军长征纪念碑碑园黄龙国家级风景名胜区管理局、陈毅故里景区开展馆际交流，与西北工业大学、齐齐哈尔医学院举行馆校交流，打造思政新课堂。甘孜州国有博物馆全年参观人数达115余万人。逐步实施完成州民族博物馆馆藏珍贵文物防震预防性保护、馆藏珍贵文物数字化保护，州民族博物馆完成23幅噶玛嘎孜画派唐卡征集。革命老区朱德和格达活佛纪念馆提升项目已完成。

【农村卫生】 贯彻落实中共中央办公厅、国务院办公厅《关于进一步深化改革促进乡村医疗卫生体系健康发展的意见》精神，把乡村医疗卫生工作摆在乡村振兴的重要位置，以基层为重点，加快县域优质医疗卫生资源扩容和均衡布局，基层卫生服务模式逐步转变，完成康定市新都桥镇卫生院、德格县马尼干戈镇卫生院次中心建设任务并通过省级验收。督促色达县、甘孜县对标对表，深化国家级试点建设工作；其余的16个县（市）对照“任务台账”和“八统一”指导意见，全覆盖开展医共体建设工作，统筹推进人员、编制、岗位、经费、管理、药物、财务、信息“八个统一”改革，色达县、甘孜县、石渠县、德格县、炉霍县、道孚县已各建成一个医共体，康定市完成医共体架构并挂牌医共体牵头总医院。6—10月组织未达到基本标准的248个基层医疗卫生机构参加“优质服务基层行”活动，通过机构自评、县（市）级审核和州级复核审定，共有63个机构申报基本标准，1个机构申报推荐标准，经州级专家复核，50家基层机构达到基本标准，截至2023年年底，全州共计99家基层医疗机构达到基本标准及以上，占比为33.33%，较上年提升16.83%。

【农业机械化】 组织实施农机购置补贴政策和“五良”融合产业宜机化改造项目，全年兑付农机购置补贴资金445.9万元，补贴农机具652台（套），受益农户607户；“五良”融合宜机化改造面积1720亩。引进示范推广农机新机具、新技术，推广各类农机具1111台（套），新增农机总动力1.49万千瓦。完成机耕作业面积135.5万亩、机播作业面积44.87万亩、机收作业面积64.1万亩，主要农作物耕种收综合机械化水平达67.2%。新建太阳能提灌站5座、农产品仓储保鲜设施14个。培育发展农机专业合作社及“全程机械化+综合农事服务中心”3个。在甘孜县举办全省春马铃薯全程机械化现场会。开展拖拉机安全生产专项整治活动，提高拖拉机“三率”水平。

【农村“厕所革命”】 全州17个县（市）503个行政村实施农村“厕所革命”整村推进项目建设，全年新（改）建农村无害化卫生厕所31098户，超额完成目标任务的103.3%。项目完成后，503个行政村卫生厕所普及率达80%以上，厕所粪污无害化处理率达85%以上，持续改善群众生活品质，提高群众的获得感、幸福感。

【农村社会保障】 农村养老机构建设。全州投入运营养老机构45个（其中农村区域性养老机构25个），有床位3687张，入住老人1232人，入住率33.4%。

农村特困人员供养。全州农村特困供养标准为693元/月，截至2023年年底，共保障城乡特困人员8048人，其中农村7160人；累计发放特困人员供养金7033.7万元，其中农村5913.8万元。

城乡居民最低生活保障。全州城乡低保标准分别提高至740元/月、533元/月，全州共保障城乡低保对象153637人（其中城市低保对象7329人、农村低保对象146308人），累计发放低保保障资金5.64亿元（其中发放城市低保资金0.39亿元、农村低保资金5.25亿元），做到“应保尽保”。

就业创业。落实稳就业保就业系列政策措施，使用就业创业补助资金19454.38万元，惠及3.6万余人次。全州实现就业困难人员就业235人，促进脱贫人口就业7.5万余人，动态开发乡村公益性岗位2.8万余个。发放稳岗返还补贴1042.4万元，惠及企业973家；发放失业保险金939.17万元，惠及5200余人次；发放失业补助金87.8万元，惠及1200余人次。加强与重大项目建设企业衔接，组织群众参工参建9200余人次。投入培训补贴资金2740余万元，开展职业技能培训1.99万人次。做好公共就业服务，线上线下举办招聘活动122场次，提供岗位14.2万余个。做好创业指导服务，发放创业担保贷款3900余万元，带动1500余人实现就业。推选“逆行者—隔热材料助力祖国消防”和“等风兔”2个创业项目参加第四届“天府杯”创业大赛，分别获得初创组三等奖和成长组三等奖；创业故事短视频《塔公草原上的青稞咖啡》获评“全省十佳创业故事”。认定州级就业帮扶基地10家，带动更多企业吸纳农村脱贫劳动力就近就业，实现农村脱贫人口稳定就业。

社保民生。实施全民参保计划，全州企保、机保、城乡居保、失业保险、工伤保险参保总人数达101.77万人，新开工建设项目工伤参保率96.6%，均超额完成目标任务；优化工伤保障服务，办理工伤案件1109件，鉴定劳动能力1017件。落实社保，帮扶助力乡村振兴，为9.37万名低保对象、特困人员、返贫致贫人口等困难群体代缴城乡居民基本养老保险个人缴费部分1300余万元。坚守保发放底线，健全社保待遇保发放工作机制，按时足额发放社保待遇，支出城乡居保2.07亿元，做到“应发尽发”，群众安全感、幸福感持续增强。

人才队伍建设。出台《全州事业单位“定向评价、定向使用”职称中级岗位设置工作实施方案》《加强博士后工作创新发展六条措施》，拓展人才职业发展空间，做好人才引进和培训，引进高层次人才13人，定向培养急需紧缺专业人才386人，招聘事业单位工作人员600余人，在线培训专业技术人员2.4万人；向省上推荐学术和技术带头人4名、享受政府特殊津贴人员3名、“天府学者”特聘专家1名；落实少数民族专业技术人才特殊培养计划，在教育、卫生、农业、文化、工程等领域选拔18名专业技术人员到省内外高等学校、科研院所、企事业单位开展顶岗培养。开展“专家下基层”行动，邀请40名省内外专家围绕卫生、农业、规划设计、工程管理等方面到基层开展智力服务，对接智力帮扶项目20个，解决技术难题16项，达成长期项目合作意向7项；审批聘任专业技术岗位3207人。加强技能人才队伍建设，新增取得高级工以上职业资格证书或职业技能登记证书396人，取得技师、高级技师职业资格证书或职业技能等级证书230人。加大对干部职工的关心关爱，兑现全州事业单位、机关工勤人员基本工资调标和定额补助。

转移就业。抓好转移就业，实现农村劳动力转移就业15.87万人，实现劳务收入40.9亿元。抓实劳务品牌和返乡创业培训，完成劳务品牌培训86期3441人、返乡入乡创业培训27期800人，培育创建州级特色劳务品牌2个。推进县、乡、村三级劳务服务体系建设，建成县级国有劳务公司18家、劳务专合社169个，有劳务经纪人1456人；康定市、丹巴县入选全省13个运用三级劳务服务体系数智平台试点；获评四川省明星劳务专业合作社3个、四川省金牌劳务经济人5名。全州建成村（社区）农民工党群综合服务站810个，获评州级农民工党群综合服务示范站23个、省级示范站5个，夯实服务阵地。开展集中走访慰问，召开农民工座谈会30场次，发放各类慰问金147.56余万元，农民工幸福指数不断提升。

劳动关系总体和谐稳定。抓好新就业形态劳动者权益维护，依法保障劳动者合法权益。加强劳动关系领域风险防控，开展劳动保障监察执法240次，检查用人单位1275家，涉及劳动者44392人；按期办结欠薪核处平台欠薪线索，调处欠薪案521件，涉及劳动者9250人，为劳动者追发工资待遇9400余万元，劳动保障监察举报投诉案件结案率、拖欠农民工工资举报投诉案件结案率均达100%，劳动人事争议调解成功率达66.2%，争议结案率达100%，全州劳动关系总体情况保持稳定。

人社服务。把“温暖人社”建设作为重要抓手，实施通办服务、智慧服务、优质服务三大行动，人社政务服务事项90%以上实现“最多跑一次”，85%以上实现全程网办。加强经办队伍建设，完成数据中心机房整体搬迁工作。加快应用载体建设，社保卡持卡人数达113.86万人，申领电子社保卡人口覆盖率达45.1%，人社政务服务好评率100%。推进惠农惠民财政补贴、以工代赈劳务报酬等“一卡通发”，累计发放资金29.94亿余元。

【耕地保护】 全州耕地控制总量122.88万亩，2023年第一次上报国家变更调查数据显示，全州耕地实际保有量131.33万亩，高于控制数8.45万亩。有序开展耕地补充恢复，持续开展耕地变化情况动态监测，督促各县（市）推进年度耕地恢复补充并及时纳入变更调查，耕地净增加6576亩。缓解耕地占补平衡压力，推进新立土地整治项目实施，上报13个新增土整项目，10个项目取得省厅认定意见，7个项目审查立项，完成九龙县子耳彝族乡银厂湾村土地整治项目和甘孜县扎科乡扎科村、庭卡乡庭卡村等5个村土地整治项目2个新立土地整治项目验收。九龙县子耳彝族乡银厂湾村土地整治项目和甘孜县扎科乡扎科村、庭卡乡庭卡村等5个村土地整治项目于4月28日取得省厅《土地整治项目选址和新增耕地来源审核表》，符合立项要求，州自然资源和规划局于6月17日下达立项通知，批准项目立项实施。其中，九龙县为社会投资（投建一体）项目，投资规模1495.68万元；甘孜县为县级财政投资项目，投资规模547.21万元。经过财政评审、施工招投标等阶段，九龙县于6月下旬进场施工，甘孜县于9月初进场施工，2个项目均于11月初竣工。根据省中心出具的技术核查报告，九龙县子耳彝族乡银厂湾村土地整治项目新增耕地面积为481.53亩（其中净耕地面积405.13亩），甘孜县扎科乡扎科村、庭卡乡庭卡村等5个村土地整治项目新增耕地面积为120.65亩（其中净耕地面积111.58亩），耕地质量等别均为11等。新增耕地520余亩。压实全州各级党委、政府耕地保护责任，将耕地保护纳入州平安建设暨重点工作月例会内容，坚持月暗访、月分析、月通报。全面推行田长制，8月28日率先召开全州耕地保护暨田长制会议，庚即拟定并开展耕地保护重点工作专项督导，年末组织召开州田长办公室主任会议，通过建立健全州、县、乡、村四级田长制责任体系，设立各级田长和网格员6367人，注册巡田App 6468人，开展巡田139.51万次，设立州、县、乡、村标识标牌1084个；充实州田长办、州耕地保护领导小组办公室工作力量3人，保障工作正常运转。

【农村住房管理】 全年排查农村自建房22.04万栋，其中经营性自建房1.1万栋，初判存在隐患自建房1977栋（其中经营性自建房172栋），经复核并采取工程措施销号1867栋（经营性自建房166栋），整治销号率94.4%。将符合条件的257户农村低收入群体全部纳入农村危房改造，争取中央补助资金660万元，通过农户自愿报送农房抗震改造15户，争取中央补助资金23万元。为加强农房风貌管控，提高建房水平，全州11个县编制完成《农村住房建设通用图集》，并免费提供给建房村民使用，规范村民建房。组织各县（市）业务人员142名、乡村工匠代表91名参加全省农房质量安全监督管理专题培训，累计开展乡村建设工匠业务培训34次，培训合格乡村建设工匠1913人。全年申请宅基地3919宗1118.77亩，审批3621宗1016.82亩，其中农转用地402宗121.21亩。

【农村垃圾治理】 结合全州实际，编制《甘孜州高寒高海拔生活垃圾处理设施建设及运营维护管理技术导则》，制定印发《甘孜州城乡生活垃圾“收—运—处”一体化运行维护工作机制》《甘孜州城镇生活污水城乡垃圾处理设施建设运行管理考核办法》《实施方案》《宣传方

表5　2023年甘孜藏族自治州3000万元以上招商引资项目表

项目	总投资（万元）	投资内容	投资方	项目进度
牡丹农业种植加工与康养（2019年续建项目）	4300	投资开发“高原牡丹种源基因库”，建设牡丹观赏园300亩、高原牡丹谷	康定七彩田园公司	已开工
有机茶及有机茶相关农旅产品开发标准化合作项目（2021年续建项目）	32000	新建有机茶园，其主要品种为“开农白娘子”“开农蜜香”“开农小黄”“开农小青”；新建有机茶加工厂房，购置茶叶智能化加工流水线，建成有机茶及相关农旅产品开发标准化加工基地等	浙江开农贸易有限公司	已开工
白玉县麻邛乡强村产业牦牛生态园（一期）工程	30000	牦牛养殖	甘孜州白玉县藏意天成牧业有限责任公司	已开工
石渠县高原生态牦牛乳产业乡村振兴示范项目	13800	全程参加新建基地项目的选址、规划设计、建设工作，并对石渠县太阳部落乳制品厂升级改造提供全程指导，总计投资约1.38亿元	西藏高原之宝牦牛乳业股份有限公司	未开工
巴塘县甲着小麦全产业链开发项目	5000	建设资源圃30亩、良种繁育基地1000亩、品种优化改良、产品初加工厂、产品精深加工厂，进行产品研发、宣传展示厅、营销宣传、广告投放等	四川瑞丰农林生态科技有限公司	已开工
巴塘县巴吉通青稞精酿啤酒项目	5000	定制巴吉通品牌包装，结合13.14度、5.20度、3.18度生产巴吉通罐装包装、投入生产线。计划进一步拓展以巴塘农特产品为核心的巴吉通品牌并进行全系列打造（核桃油、雪菊等）	浙江天顺控股集团有限公司	未开工
乡城县水洼乡藏猪扩繁基地建设项目	30000	建设1座标准化、专业化、规范化、机械化、智能化藏猪扩繁基地（猪舍），生产附属设施用房，隔离圈舍，饲料加工厂及有机肥加工厂，仓库，配套设置门卫室、停车场、场内道路硬化及场区围墙等。项目建成后，实现年存栏藏猪8000头，年出栏藏猪7120头	四川慧达农业有限公司	未开工

案》《垃圾分类指南》，规范设施建设、运行和管理。通过健全工作标准、督查手册、考评办法，建立“分片包抓”“每月调度”“4+N”督查等机制，综合施策，整治城乡环境。建成农村生活垃圾无害化处理设施76个，日处理规模达680.9吨，2181个行政村配置农村生活垃圾收转运设施，行政村生活垃圾收转运体系覆盖率100%。

【城乡住房灾后重建】 投入“9·5”泸定地震抗震救灾，3天完成房屋应急评估，19天完成过渡安置板房建设，加快推进“9·5”泸定地震城乡住房及市政基础设施恢复重建，城乡住房重建基本完成，受灾群众加快搬迁入住。13个市政基础设施重建项目完工10个。

【涉农招商引资】 全州有3000万元以上的农业招商引资重大项目6个，均为内资项目，比上年增长200%；项目总投资120100万元，比上年增长9.74%。协议资金108800万元，增长1350%；到位资金5619万元（见表5）。

【农产品质量安全监管】 全州在营食用农产品集中交易市场35个，坚持从源头入手，严把食用农产品准入关，保障食用农产品质量安全；开展食用农产品集中交易市场规范化等级评定工作，累计评定21个，其中AA级农贸市场10个、A级农贸市场11个，综合评定率60%。开展食用农产品抽检1804批次，不合格55批次，合格率96.95%。

【农村市场体系建设】 制定《2023—2025年金融支持甘孜州乡村振兴实施

方案》，方案细化了持续助推金融支持巩固拓展脱贫攻坚成果等12项重点任务，增添了加大货币政策工具支持力度等3项配套措施；印发《2023年甘孜银行业保险业支持“三江六带”现代农业产业带建设工作要点》，对金融支持“三江六带”现代农业产业带建设进行了部署，促进提升金融服务乡村振兴质效。全年农业保费收入1.76亿元，增长36.28%；处理各项赔款和给付金额1.18亿元，增长118.97%。开展县域商业建设行动，制定实施《全州整体推进县域商业体系建设项目实施方案》，争取第二批扶持资金4352万元，累计开工建设项目8个；争取乡村振兴重点帮扶县中心镇农贸市场建设补贴资金2200万元，建成县级中心镇农贸市场20个。

【农村留守儿童帮扶】 开展农村留守儿童关爱服务，印发《甘孜州困境儿童和农村留守儿童关爱结对帮扶工作方案》，全覆盖建立干部结对帮扶制度。落实委托照护制度，签订《甘孜州农村留守儿童委托监护责任确认书》307份。

【主要领导人】 州委书记：沈阳；州人大常委会主任：舒大春；州长：冯发贵；分管农业副州长：袁纲。

甘孜藏族自治州编写组

康定市

【基本情况】 2023年，全市辖8镇7乡2个街道204个行政村12个居委会（社区），辖区面积1.16万平方千米。年末总人口12.73万人，其中城镇人口7.02万人、乡村人口5.71万人。户籍总户数31834户，户籍总人口106185人，其中男性54279人、女性51906人，男女性别比为105：100；非农业人口42165人、农业人口64020人。全年出生人口612人，人口出生率3.32‰；死亡人口323人，人口死亡率1.82‰；人口自然增长率1.5‰，符合政策生育率98%，出生婴儿性别比109.58%。全年迁入人口890人、迁出人口1624人，人口密度为每平方千米9人。

2023年，全市实现地区生产总值1253270万元，按照不变价格计算，同比增长5.6%，其中第一产业产值66787万元，同比增长4.3%；第二产业产值504540万元，同比增长5.7%；第三产业产值681943万元，同比增长5.6%。三次产业对经济增长的贡献率分别为5.9%、21.1%和73%，分别拉动经济增长0.3个、1.2个和4.1个百分点。三次产业增加值占生产总值的比重由上年的5.3：41.18：53.52调整为5.33：40.26：54.41，其中第一产业提高0.03个百分点、第二产业减少0.92个百分点、第三产业提高0.89个百分点。全年接待国内游客1160.77万人次，比上年增长28.6%；实现旅游总收入1251550万元，比上年增长26.9%。

全年实现交通运输、仓储和邮政业收入1.52亿元，同比增长20%。农村同村公路路网规模达1922.272千米，整治建设农村次差公路23千米。全年完成包裹件数450062件，实现收入675.0678万元。一般公共预算收入完成82588万元，同比增长11.3%，完成年度目标任务的110.3%，排名全州第四位，其中税收收入完成69924万元，同比增长19.3%，占一般公共财政预算收入的84.6%；一般公共预算支出280559万元，同比增长2.6%。金融机构人民币各项存款余额408.71亿元，比上年增长15.1%，其中住户存款余额94.61亿元，减少2.5%；金融机构人民币各项贷款余额294.25亿元，增长14.5%。规模以上工业总产值786024万元，同比增长2.5%。固定资产投资同比增长167.54%，增速排名全州第一位。社会消费品零售总额298674.1万元，同比增长9.5%，增速排名全州第九位。

有各级各类学校45所，其中幼儿园19所、小学18所、初级中学7所、特殊教育学校1所；在校学生20838人，其中幼儿园3548人、小学8827人、初中4306人、高中4157人；专任教师1593人，其中幼儿园298人、小学582人、初级中学376人、完全中学342人、特殊教育学校35人，全市乡村普惠性幼儿园覆盖率达100%、义务教育巩固率达100%。有医疗机构270个，其中市级医疗机构5个、街道（社区）卫生服务中心2个、乡（镇）卫生院15个、村卫生室204个、民营医院4个、个体诊所40个；编制病床位885张，开放病床位564张，每千人拥有卫技人员4.5人，每千人口拥有病床位6.9张，人均服务面积29平方千米；卫生专业技术人员454人，其中执业（助理）医师186人、注册护士146人、其他卫生技术人员30人，专业技术人员持证率为75%，每千人常住人口拥有卫生技术人员3.3人、执业（助理）医师1.5人、注册护士1.1人。

【年度农业和农村经济运行】 2023年，全市完成农林牧渔业增加值68832万元，增长4.3%，其中农业产值4.82亿元，减少14.7%；牧业产值3.88亿元，减少2.98%；林业产值0.6亿元，增长230%。全体居民年人均可支配收入同比增长6.2%，其中农村居民人均可支配收入同比增长8.3%。全体居民年人均消费支出同比增长7.6%，与全州水平持平，其中农村居民人均消费支出同比增长9.3%。

【种植业】 全年粮食总产量16628吨，减少2.19%。蔬菜及食用菌种植面积15802.4亩，增长0.02%；产量38416.9吨，增长7.97%。野生菌产量772吨，增长60.72%；水果产量5952.8吨，增长10.1%。

【畜牧业】 全年生猪存栏11372头，减少13.4%；牛存栏137611头，减少3.89%；

羊存栏5660只，增长20.32%。生猪出栏22756头，增长0.1%；牛出栏31112头，增长3.62%；羊出栏3382只，增长60.06%。

【乡村振兴】 坚持守牢底线不动摇，巩固拓展脱贫成果。聚焦重点人群开展防止返贫监测帮扶大排查工作，开展业务培训1256人次，组织全覆盖集中排查农户1.7万余户，通过集中排查和日常摸排等方式，新识别监测对象29户125人，并落实健康帮扶、就业帮扶等帮扶措施93条。培育新型经营主体760余家，实现联农带农8892户。实施"庭院经济"试点家庭100户。举办乡村振兴干部培训班3期190人次、专技人才培训4期270人次。

【统筹城乡发展】 排查农村经营性自建房1684栋、其他自建房18716栋，建设公租房80套，改造老旧小区13个，城区新增停车位465个，改造公厕17个，拆除违章搭建43处。实施"厕所革命"2873户，农村卫生厕所普及率、公厕覆盖率均达90%。完成"9·5"泸定地震灾后重建项目26个，新建、维修加固城乡住房3411户。

【农村文化】 开展"送文化下乡"、文艺辅导活动，全年开展"送文化下乡"活动130场次。开展"萧康文化走亲·交往交流交融"萧康专场文艺交流演出、"萧康共力·向美而行"2023年文化交流暨康定市优势资源推介活动等对口援建活动，举办"四月八"跑马山转山会非遗民俗、"贡嘎海棠"花开季——乡村自然音乐文化周等活动。成立1支机关文艺队、17支乡(镇)文艺队。培养"康定故事"讲解员149名、"本地向导"20名和网红达人36名。

【农村科技】 全面推进"院州""校州"合作，受援"科技下乡万里行"专家团3个，聘请特聘农技人员(专家)4名，开展产业技术培训指导20天，培养科技示范户6户，培养技术骨干9人，推广新方法新技术新模式11项(个)，指导搭建5个农业科技示范基地520亩。运行维护"四川科技兴村在线"平台1个，在重点乡(镇)设立在线平台服务驿站挂牌32个，平台入库专家165名、信息员260名。组建科技特派员服务团1个15人，设立科研助理岗位10个，选派"三区"科技人才6名，组织开展技术服务、技术培训、"送科技下乡"等系列活动及技术服务64场次，开展特色产业现场技术指导服务35场次，服务群众4800余人次，发放科普资料50余种7万余册(份)，在线解决农牧民在生产中遇到的种养殖技术难题1322条。完成高素质农民培训省级、市级调训303人。

【农村社会保障】 全市养老保险参保人数67931人，其中城乡居民参保人数43589人。工伤保险参保人数28870人，其中农民工参保人数11185人。城乡居民基本医保参保人数69286人，其中重点人群参保人数20588人，参保率100%。全市城乡居民医保累计6.68万人次受益，同比上年增长80.05%；基本医疗保险支出5983.08万元，大病保险赔付385.55万元，医疗救助支出405.7万元。有农村低保2352户4820人次，累计发放资金1716.794万元。有城乡特困户634人次，累计发放资金356.1029万元；累计救助孤儿227人，兑现资金27.24万元。全市事实无人抚养儿童累计有174人，兑现补助资金20.88万元；救助438人，发放救助金111.98万元。补贴困难残疾12004人次，发放金额120.04万元；重度残疾15818人次，发放金额125.458万元。对80～89岁城乡无收入和低收入的高龄老人(低保户)实行每人每月50元的高龄补贴，对90～99岁以上所有老年人每人每月补贴100元，对100岁及以上所有老年人每人每月补贴200元，共计发放高龄补贴1348人、75.835万元。

【就业与创业】 整合部门资源，通过开发乡村道路协管、草管、护林等公益性岗位，兜底安置脱贫劳动力1635人，同比增长0.122%。全年收集到省内外、州内355家企业提供就业岗位15393个，通过开展"春风行动"现场招聘会和校园招聘会、线上线下岗位信息日常推送实现劳动力转移就业37715人，同比增长2.38%，其中含脱贫劳动力转移就业4965人，同比增长24.37%。为265个符合条件的创业实体兑现创业补贴265万元，同比增长13.25%。为212名符合条件的就业困难人员实现灵活就业兑现社保补贴229.35万元，同比增长117.19%。

【主要领导人】 市委书记：颜磊；市人大常委会主任：罗秀珍；市长：王强；市政协主席：戴龙；分管农业副市长：陈中勇。

康定市编写组

泸定县

【基本情况】 2023年，全县辖8镇1乡90个村民委员会259个村(居)民小组(其中居民小组23个、村民小组236个)，辖区面积2165.35平方千米。年末户籍总户数27788户，户籍总人口86234人，其中城镇人口28969人、乡村人口57265人；人口出生率8.9‰，人口死亡率4.8‰，人口自然增长率4.1‰。

2023年，全县实现地区生产总值464.6亿元，按照可比价格计算，比上年增长0.5%，其中第一产业实现增加值72.8亿元，增长3.7%；第二产业实现增加值238.6亿元，减少3.1%；第三产业实现增加值153.2亿元，增长5%。三次产业结构比由上年的15.2∶55.8∶29调整为15.6∶51.4∶33。

境内公路总里程5385千米，其中等级以上公路4046千米、高速公路119千米。全年有营运性客车538辆，货车3182辆，公共汽车客运总量272辆。全年共完成旅客周转量2.6亿人/千米，比上年减少10%；货物周转量42.1亿吨/千米，增长7.5%。全县工业增加值125.6亿元，比上年减少14%。固定资产投资比上年增长0.5%。全年实现服务业增加值153.2亿元，比上年增长5%。社会消费品零售总额162亿元，比上年减少1%，其中城镇118.7亿元，减少5.3%；乡村43.3亿元，增长12.8%。全年实现进出口总额9.3亿元。地方一般公共预算收入完成13.8亿元，比上年增长0.3%，其中税收收入8.6亿元，增长18.8%；非税收收入5.2亿元，减少20.3%。地方公共财政支出56.9亿元，减少0.8%，其中民生支出占地方公共财政支出的70.3%。金融机构人民币各项存贷款余额966.4亿元，比上年增长10.4%，其中贷款余额396.5亿元，增长17.7%；存款余额569.9亿元，增长5.8%，其中住户储蓄存款余额515.7亿元，增长10.5%。

有学校85所，其中小学27所、初中48所、普通高中6所、职业中学3所、特殊教育学校1所；在校学生10.5万人，其中小学生4万人、初中学生2.9万人、普通高中学生2.5万人、职业高中学生（含中专生）1.1万人；教职工10270人，其中专任教师8958人。有幼儿园80所，在园幼儿1.5万人。小学学龄儿童入学率100%，九年义务教育完成率100%。有博物馆（含展览馆）3个，体育场馆37个。有电视发射机4部，电视、广播覆盖率均达100%。公共图书馆藏书151.3千册，图书馆总流通6.9万人次。有医疗卫生机构（含村卫生室）1173个；医院、卫生院病床位5608张；卫生专业技术人员3973人，其中执业医师1375人、注册护士1953人。全年产妇住院分娩率99.9%，婴儿死亡率和5岁以下儿童死亡率分别减少至3.06‰、6.12‰。

【年度农业和农村经济运行】 2023年，全县实现农林牧渔业总产值122亿元，比上年增长3.7%，其中农业总产值62.3亿元，增长3.2%；林业总产值3.6亿元，增长10.8%；牧业总产值43.6亿元，增长3.2%；渔业总产值10.6亿元，增长6.9%；农林牧渔服务业总产值1.9亿元，增长7.2%。农村居民年人均可支配收入增长5.7%，农村居民人均消费支出增长5.8%。

【种植业】 全县粮食作物播种面积128.1万亩，比上年减少0.1%；粮食总产量55.3万吨，比上年增长2.2%。其中，水稻播种面积55.9万亩，减少3.4%；产量33.2万吨，增长1.7%。玉米播种面积21.6万亩，减少0.6%；产量8.9万吨，增长4.3%。高粱种植面积7.9万亩，增长2.1%；产量2.6万吨，增长3.8%。经济作物播种面积54万亩，比上年增长2.3%，其中油菜籽播种面积24.2万亩，减少1.2%；产量5.1万吨，减少7.9%。蔬菜及食用菌种植面积21万亩，增长6%；产量71.2万吨，增长0.9%。

【养殖业】 全年出栏生猪103.1万头，比上年增长1%；出栏羊8.7万只，增长0.7%；出栏家禽1587.5万只，减少2%。全县水产养殖总面积6.5万亩，水产品产量5.3万吨，比上年增长4.9%。

【农村社会保障】 全县基本医疗保险参保人数90.6万人，其中城乡居民基本养老保险参保人数50.9万人。有农村低保30030人，投入低保资金9040.2万元，集中供养“五保”老人1727人。有各类社会福利收养性单位24个、床位3697张。

【主要领导人】 县委书记：宋晓军；县人大常委会主任：曾维勇；县长：王蕾；县政协主席：姜健康；分管农业副县长：且军。

泸定县编写组

丹 巴 县

【基本情况】 2023年，全县辖3乡9镇136个行政村4个社区，辖区面积4509平方千米。年末户籍总户数17221户，户籍总人口56021人，其中城镇人口15084人、乡村人口40937人，男性人口28194人、女性人口27827人。年末常住人口5.07万人，其中城镇人口1.68万人、乡村人口3.39万人；常住人口城镇化率33.14%，比上年末增加1.07个百分点。

2023年，全县实现地区生产总值263847万元，按照可比价格计算，比上年增长3.2%，其中第一产业增加值45070万元，增长4.2%；第二产业增加值76222万元，减少1.9%；第三产业增加值142555万元，增长5.7%。一二三产业对经济增长的贡献率分别为25.93%、-17.62%、91.69%，分别拉动经济增长0.8个、-0.6个、2.9个百分点。人均地区生产总值52299元，比上年增长2%。三次产业结构比由上年的17.56：30.4：52.04调整为17.08：28.89：54.03。第一产业增加值占地区生产总值的比重比上年减少0.48个百分点，第二产业增加值比重比上年减少1.51个百分点，第三产业增加值比重比上年提高1.99个百分点。全年接待游客352.56万人次，增长21.2%；实现旅游综合总收入38.8亿元，增长21.2%。

境内公路总里程1685千米，其中等级公路1639千米。全年完成公路运输总周转量14451万吨/千米，增长5.5%，其中货物周转量14451万吨/千米，增长5.5%；旅客周转量8904万人/千米，增长76.1%。年末本地固定电话用户0.6万户，减少46.4%；年末移动电话用户4.7万户，增长6.8%。全年互联网用户1.56万户，增长3.3%。全年社会消费品零售总额84768万元，比上年增长9.3%，其中城镇实现消费品零售额59799万元，增长4.3%；乡村实现消费品零售额24969万元，增长23.4%。地方一般公共预算收入完成24850万元，增长4.9%，其中税收收入15647万元，增长1.5%，占地方一般公共预算收入的比重为62.97%；非税收收入9203万元，增长11.3%，占地方一般公共预算收入的比重为37.03%。一般公共预算支出150664万元，减少10.1%，其中教育支出29348万元，增长1.2%；社会保障和就业支出13589万元，增长20.3%；医疗卫生支出11376元，减少3.2%；一般公共服务支出16488万元，减少7.1%；农林水事务支出49553万元，增长6.4%；交通运输支出1872万元，减少64.5%；城乡社区支出1558万元，减少85.4%；科学技术支出167万元，减少39.1%；节能环保支出2430万元，增长92.9%；公共安全支出7279万元，减少1.9%。年末金融机构各项存款余额42.94亿元，比上年末减少5%，其中住户存款余额31.13亿元，增长8.6%；金融机构各项贷款余额34.58亿元，减少5.6%。

有各级各类学校41所，其中高中1所、初级中学3所、乡中心校13所、教学点1个、单设幼儿园3所、乡（镇）幼儿园13所、学前教育点6个；在校学生6455名，其中高中生1042名、初中生1549名、小学生2761名、学前1103名；教学班232个，其中高中21个、初中43个、小学106个、学前62个；在职在编教师833名，其中幼儿园81名、小学404名、初中257名、高中91名；"一村一幼"学前教育辅导员333名。小学适龄儿童入学率100%，初中入学率100%，高中阶段毛入学率84.6%。有广播电视台1个，广播覆盖率85%。有有线电视用户420户，直播卫星用户3900户，电视覆盖率95%，州县节目覆盖率85%。有医疗卫生机构171个，病床位359张，卫生技术人员374人（其中执业/助理医师160人）。

【年度农业和农村经济运行】 2023年，全县实现农林牧渔业产值71587万元，增长4.6%，其中农业产值44441万元，增长5%；林业产值2070万元，增长37.5%；牧业产值22883万元，增长1.6%；农林牧渔服务业产值2193万元，增长4.4%。全年农村居民人均可支配收入增长8.1%，其中工资性收入增长11.3%、经营净收入减少2.1%、财产净收入增长15.9%、转移净收入增长13.3%；农村居民人均生活消费支出增长9%，其中衣着消费支出增长11.1%、居住消费支出增长7.6%、食品烟酒消费支出增长5.9%、生活用品及服务消费支出增长4.1%、交通通信消费支出增长15.4%、医疗保健消费支出增长15.4%、教育文化娱乐消费支出增长16.1%、其他用品和服务消费支出增长19.2%。农村居民恩格尔系数为36.21%。全年农用化肥施用量（折纯）276吨，减少0.7%，其中氮肥171吨、磷肥67吨、钾肥6吨、复合肥32吨；农用塑料薄膜使用量70吨；地膜覆盖面积1386公顷；农用柴油使用量69吨；农药使用量17吨；设施农业用地23公顷。

【种植业】 全年粮食作物播种面积3008公顷，比上年增长1.6%。粮食总产量10853吨，比上年增加571吨，增长5.6%，其中小春粮食产量2553吨，增长17.1%；大春粮食产量8300吨，增长2.5%。油料产量1106吨，增长0.2%。蔬菜及食用菌产量27100吨，增长8.9%。

【畜牧业】 年末大牲畜存栏82517头（只、匹），其中牛存栏50777头，增长1.8%；猪存栏25053头，减少8.3%；羊存栏6687只，减少36.7%。生猪出栏37097头，增长2.6%；牛出栏11093头，增长4.4%；羊出栏9200只，减少43.9%；家禽出栏15551只，增长1.24%。肉类总产量4220吨，减少0.4%，其中猪肉产量2624吨，增长1.2%；牛肉产量1417吨，增长2.9%；羊肉产量155吨，减少36.2%；禽肉产量24吨，减少7.7%。禽蛋产量45吨，增长9.8%。奶类产量2908吨，增长5.2%。

【农村社会保障】 全年城乡居民基本养老保险参保人数29537人，城乡居民基本医疗保险参保人数41773人。全县有社会福利院床位40张、敬老院床位100张。特困（"五保户"）供养人数427人，纳入农村居民最低生活保障2253人。

【主要领导人】 县委书记：黄杰；县人大常委会主任：阿根；县长：李樱；县政协主席：杨朋错；分管农业副县长：扎西尼玛。

丹巴县编写组

九龙县

【基本情况】 2023年，全县辖7乡9镇，辖区面积6764.71平方千米，其中耕地面积5.51万亩，与上年（下同）持平。年末户籍人口6.4万人、常住人口5.4万人；人口出生率9.37‰，增加0.28个千分点；人口自然增长率6.12‰，增加0.39个千分点。

2023年，全县实现地区生产总值36.79亿元，增长6%，其中第一产业增加值4.82亿元，增长4.4%；第二产业增加值17.84亿元，增长5.5%（工业增加值17.09亿元，增长4.6%）；第三产业增加值14.13亿元，增长7.3%。三次产业对经济增长的贡献率分别为11.51%、45.13%和43.36%。

公路通车里程1224.278千米。社会消费品零售总额4.97亿元，增长10.6%。

地方公共财政预算总收入完成3.21亿元，减少0.9%。公共财政预算总支出18.94亿元，增长13.6%。金融机构各项存款余额29.03亿元，增长6.7%；各项贷款余额31.02亿元，增长15.3%。

有各类学校33所，在校学生11035人，教职工1200人。有艺术表演团体1个，文化馆1个，公共图书馆1个，体育馆1个。城乡居民医疗保险参保人数4.52万人，城乡居民养老保险参保人数2.44万人。

【年度农业和农村经济运行】 2023年，全县实现农业总产值8.25亿元，增长14.6%；生猪、茶叶、花椒、蔬菜等特色优势农产品产量保持稳定增长。农村居民年人均可支配收入同比增长8%。全县农产品质量抽检合格率达100%；建成16个基层农业综合服务站。主要农产品产量见表1。

【农业产业化发展】 实施九龙牦牛、花椒、茶叶等产业类项目19个，九龙牦牛保护和利用中心、良种繁育场、花椒产业园区、仔猪繁育场、屠宰加工基地、九龙绒巴茶厂等产业项目建成投运。3家茶企销售收入突破2200万元，种产销体系逐步完善，茶农首次实现现金收茶，户均增收5000元。引进3家水产养殖企业，第一产业结构不断优化。

【农产品品牌战略实施】 制定出台《九龙县创建有机产品认证示范区实施方案》，并开展创建工作。推进品种培优、品质提升、品牌打造和标准化生产，加强绿色食品、有机产品认证和农产品地理标志登记保护。加强农产品品牌培育，做大做强"圣洁甘孜""九龙出山"农产品区域品牌，启动有机农业示范基地创建1个，新申报创建省级有机产品认证示范区1个；累计认证有效期内"两品一标"农产品共计37个，其中绿色食品7个、有机产品28个、农产品地理标志2个。

【农村集体经济改革】 推进《四川省农村集体经济组织条例实施方案》《农村集体经济组织财务制度》贯彻实施，把握农民合作社"姓农属农为农"属性，围绕"集中攻坚薄弱村，巩固提升一般村，发展壮大示范村"要求，不断增强村集体经济发展实力。加强农村土地承包管理，稳定农村土地承包关系并保持长久不变，在巩固承包地确权登记颁证成果的基础上加强农村土地经营权流转监管。

【现代农业园区建设】 推动县级农产品质量安全检测机构实验室"双认证"工作，推进有机产品认证，16家企业共认证有机产品48个、绿色食品7个、地理标志农产品2个，九龙牦牛、花椒、红茶被纳入全国2023年第一、二批名特优新农产品名录。九龙县申报为省级有机产品认证示范区，天乡茶叶园区创建为省三星级现代农业园区，花椒、牦牛园区获评州级现代农业园区。

【种植业】 全年农作物播种面积9.83万亩，其中粮食作物播种面积6.57万亩，粮食总产量2.06万吨；蔬菜种植面积2.54万亩，产量4.93万吨；油菜播种面积2450亩，产量400吨。

【林业】 完成干旱河谷生态综合治理1000亩、人工造乔木林750亩、封山育林2600亩、退化林修复3.59万亩。全县5000余人参与义务植树7.5万株，全年有效管护国有森林590.09万亩，森林覆盖率达51.54%。

【畜牧业】 年末各类牲畜存栏17.87万头（只、匹），其中生猪存栏3.01万头、牛存栏8.09万头、羊存栏6.25万只。各类牲畜出栏9.53万头（只、匹），其中生猪出栏3.95万头、牛出栏1.52万头、羊出栏4.06万只，牲畜总增率、出栏率、商品率分别达41.6%、54.17%、37.59%。肉类总产量5531吨，奶产量3365吨。

【乡村振兴】 实施衔接资金项目69个，完成投资1.14亿元。投入产业扶持资金5000余万元，发展村集体经济、到户产业、易地扶贫后期产业扶持项目，实现村集体经济5万元以上34个，占比66.66%；10万元以上15个，占比24.59%，其中呷尔镇华丘村达到94.6万元。落实"七大增收行动"，举办招聘会、岗位推介会各3场。深化东西部协作对口支援、省内对口帮扶、省直定点单位帮扶工作，落实帮扶资金1.26亿元，实施项目41个，完成消费帮扶1400万元。整合资金443万元，完成8个村"千村示范工程"、2000户"厕所革命"。投入资金5000余万元，建设汤古、乌拉溪、伍须特色民宿产业集群3个。投入资金3600万元，实施"双百工程"，打造乡村振兴示范村3个、精品村2个。里伍村获评"全国第十二批'一村

表1　2023年九龙县主要农产品产量

主要农产品	单位	产量	同比增减(%)
粮食	吨	20615.0	0.80
小麦	吨	676.0	-13.00
油菜籽	吨	400.0	11.70
蔬菜	吨	49302.0	7.65
水果	吨	2047.3	3.33
肉类	吨	5531.0	6.59
猪肉	吨	2840.0	3.49
禽蛋	吨	71.0	5.97
牛奶	吨	3365.0	5.91

一品’”示范村，华丘、伍须、察尔、汤古入选国家级、省级传统村落。

【乡村旅游】 编制《九龙县全域旅游总体规划》《伍须海旅游总体规划》《伍须海景区创建国家AAAA级景区规划》，整合资金1.2亿元，改造提升旅游道路20千米，完成景区游客中心、智慧系统、通信电力、步游栈道等基础设施建设，打造伍须传统村落，举办第五届伍须海国际游海节，伍须海国家4A级景区创建有序推进。实施国道248沿线风貌综合整治，打造鸡丑山、“1413”、神仙坝、石佛佑民等旅游打卡点，挖掘九龙“九秘”，推出“九石”“猛董”网红穿越线，串点成线猎塔湖、日鲁库、仙女湖、乌拉溪、湾坝云海、云上天乡特色景区，融入“一心六片”大贡嘎山地人文旅游度假圈。全年累计接待游客74.21万人，实现旅游综合收入8.16亿元。

【农村水利】 启动实施三垭水利工程曲系配套工程、九龙县三岩龙河三岩龙乡柏杨坪村段防洪治理工程、九龙县九龙河乃渠至文家坪段防洪治理工程等7个项目，总投资约1.4亿元。

【农村教育】 实施“教育追赶提质行动”，制定《九龙县县域内义务教育优质均衡创建工作实施方案》，配套县级教育类经费1.19亿元，县级财政对教育领域投入只增不减。全面完成校点撤并工作。实施县中学西湖楼、湾坝中学维修加固、湾坝片区寄宿制学校教师周转房建设等7个项目。依托“组团式”帮扶，九龙高中开设“杭青班”“艺术特长班”，高考本科上线率同比提升27%。

【农村科技】 通过建立健全线上线下相结合的新型农村科技服务体系，加快“四川科技兴村在线”平台提质扩面、转型升级，在呷尔镇设立“四川科技兴村在线”平台服务驿站1个，挂牌村级平台驿站19个。建立完善本级专家队伍113人，建立完善信息员队伍160人。平台服务全年在线咨询量1176条，完成任务率的146%。组织协同“科技下乡万里行”、“三区”科技人员、科技特派员服务团、“领导包片、农技员蹲点”、平台专家等科技力量，到乡（镇）、企业等开展技术培训、技术咨询、现场指导等农业科技服务13场次。组织开展“科普活动月”1次、“科技活动周”1次、“科技下乡”等科普活动4次，特派团专家到基层开展各行技术服务培训5次。

【农村文化】 实施藏汉彝文化走廊工程，出台《九龙县优秀传统文化传承发展方案》。申报省级非遗保护名录3项。完成16个村（社区）的村史收集整理编撰工作，建成小微型博物馆（村史馆）5个。县、乡举办各类群众文化活动20场次，开展“文化下乡”144场次。《阿依嫫嫫》民歌获得中国民间文艺最高奖项——山花奖，三岩龙乡获得四川省第三届乡村文化振兴魅力竞演大赛“魅力乡镇”奖，湾坝镇获评全省文化振兴样板乡镇。

【农村卫生】 县人民医院与成都市青白江区人民医院实现远程诊疗，为3000余名病患提供优质医疗服务；高血压病科与华西医院实现联动联管，为950名高血压病患建立跟踪诊疗档案。体检中心改造投运，采购移动健康体检车，群众健康检测更为便捷。全面完成肺结核重点人群筛查。县民族医院“二甲”复审通过省、州现场评审。

【农村法治建设】 以“法治文化阵地建设全覆盖”为工作目标和着力点，打造乃渠镇水打坝村等4个行政村的村（社区）法治文化阵地。开展乡村（社区）“法律明白人”培养，共计培养乡村（社区）、寺庙“法律明白人”260名，达到一村4名“法律明白人”，并在65个村（社区）、3座寺庙完成“法律明白人”相关信息及职责制度上墙工作并制作发放法律明白人身份卡。

【农村交通】 启动三岩龙、魁多、子耳3条美丽乡村路建设，完成2.8千米农村公路安保、30.78千米农村次差路（产业路）建设。推进国道549线九石路建设，木耳瓜山隧道全面贯通，省道469线文木路（九龙段）建成通车，“外连顺畅、内联便捷”的交通网络体系加快推进。

【农村社会保障】 投入民生资金2.21亿元，同比增长6.5%，办好45件民生实事。做好“一老一小”、残疾人等特殊群体服务保障工作，城乡居民最低生活保障标准每人每月分别提高60元、30元，全年发放低保金1686万元、临时救助金44.4万元、孤儿生活费132.36万元、重度残疾人护理补贴62.6万元、困难残疾人生活补贴80.2万元。完成九龙县未成年人保护基地、烈士陈列馆、殡仪馆建设。举办就业招聘4场，实现省外务工714人次，就近就业3768人次，零就业家庭保持动态清零。社保参保人数35037人，医保参保率达97%。

【农村生态建设及环境保护】 抓好中央和省、州环保督察反馈54个问题整改，整改率达98.6%。出台生态环境保护10条措施，查处环境违法案3件，处罚19.22万元。实施农村人居环境整治“五大提升行动”，开展全域无垃圾行动，在全州率先探索生活垃圾跨县转运处理模式，新建乡（镇）污水处理站8个、垃圾处理站6个，行政村生活垃圾收转运处体系实现全覆盖；城市污水处理率、农村生活垃圾无害化处理率分别达97%、78%以上。加强农村面源污染防治，畜禽粪污治理率、秸秆综合利用率、农膜回收率分别达82%、93.1%、85%。持续打好“三大保卫战”，全县空气环境质量优良率、集中饮用水水源地水质达标率、地表水水质优良率常年保持3个100%。

【农产品质量安全监管】 全年例行抽检定性检测果菜样品41批次、23个品种、455个样品，合格样品455个，合格率达100%，其中农贸市场样品223个，合格样品223个，合格率达100%；生产基地样品232个，合格样品232个，合格率达100%。开展定量检测监测样品共25个样品，其中果蔬样品18个、畜产品样品7个，合格率达100%。

【劳务开发与返乡创业】 实施就业促进行动，健全完善就业公共服务体系，全县实现各类城镇新增就业558人，城镇登记失业率控制在4.2%以内。利用创业扶持政策，引导扶持农民工返乡创业、乡村能人就地创业、脱贫人口等自主创业56人，落实一次性创业补贴56万元。完成20余家返乡创业明星和2家明星企业培育，对符合政策要求的3名创业者发放创业担保贷款50万元。举办甘孜州创业沙龙暨创业巡诊系列双创活动，培育50名县级返乡创业明星和3家明星企业，认定22名州级返乡创业明星和1家明星企业。

【主要领导人】 县委书记：祝邦文；县人大常委会主任：王德宏；县长：方和俊；县政协主席：四郎汪堆（11月止）；分管农业副县长：陈强。

九龙县编写组

雅 江 县

【基本情况】 2023年，全县辖6镇10乡79个行政村2个居委会，辖区面积7569.53平方千米，其中耕地面积45566亩（确权面积42428亩），人均耕地面积1.03亩。年末户籍总人口48347人，其中男性24599人、女性23748人，城镇人口5914人、乡村人口42433人。全年出生人口328人，人口出生率6.78%；死亡人口105人，人口死亡率2.17%；人口自然增长率4.61%。常住人口5.23万人，其中城镇人口1.62万人、乡村人口3.61万元，人口城镇化率30.98%。林地总面积48.511万公顷，占土地总面积的64.1%，其中森林面积38.16万公顷。活立木总蓄积量3678.96万立方米，森林覆盖率53.15%。

2023年，全县实现地区生产总值39.66亿元，增长19.5%，其中第一产业增加值3.29亿元，增长4.1%；第二产业增加值23.57亿元，增长38.2%；第三产业增加值12.8亿元，增长3.9%。三次产业增加值对地区生产总值增长的贡献率分别为2.73%、88.99%和8.28%；三次产业分别拉动地区生产总值增长0.53个、17.35个和1.61个百分点。三次产业增加值占地区生产总值的比重为8.3∶59.43∶32.27。人均地区生产总值76114元，比上年增加16148元，增长17.7%。全部工业增加值增长39%，对地区生产总值增长的贡献率为85.1%，拉动地区生产总值增长16.6个百分点。

公路通车里程2253.633千米，其中三级公路203.997千米、四级公路1995.284千米、等外公路54.352千米；国道159.705千米、省道125.076千米、县道228.4千米、乡道840.447千米、村道900.005千米。全年完成客运量1.8297万人，客运周转量746.5176万人/千米。全社会固定资产投资同比增长36%。社会消费品零售总额6亿元，其中城镇消费品零售额3.6亿元，增长9.5%；乡村消费品零售额2.4亿元，增长12.7%。地方财政一般公共预算收入完成29796万元，同比增长120.7%，其中税收性收入23701万元，占全部收入的79.5%。财政一般预算支出168025亿元，同比增长4.3%，其中一般公共服务支出26155万元，增长15.2%；教育支出20854万元，增长5.2%；卫生健康支出11686万元，增长5.2%；社会保障和就业支出15797万元，增长21.8%；节能环保支出290万元，减少95.8%；科学技术支出210万元，增长15.4%。年末金融机构各项存款余额66.36亿元，比上年末减少33.8%，其中住户存款余额20.98亿元，增长32.6%；各项贷款余额21.38亿元，增长94.4%。有邮政所17个，其中设在农村16个；邮路长度772千米，农村投递线路总长度1192.2千米；完成邮政业务总量736万元。有移动电话用户2.2万户，宽带用户7325户，固定电话用户685户。

有学校34所，其中幼儿园17所、小学15所、中学2所（初级中学1所、完全中学1所）。在校学生7855人，其中幼儿及学前教育1424人；小学生3773人，小学净入学率100%；初中生1778人，初中毛入学率139.06%；高中生880人，高中毛入学率93.7%。在编在岗教职工616人，其中中小学、幼儿园教职工584人，教育和体育局机关32人。有艺术表演团体1个，艺术表演场馆1个，公共图书馆1个，文化馆1个，文化站16个。有广播电视台1座，广播综合覆盖率97%～98%，电视综合覆盖率94%，有线电视用户150余户。有医疗卫生机构99个，其中乡（镇）卫生院16个、村卫生室79个；编制病床位355张，实际开放病床位277张，每千人拥有病床位数5.3张；卫健系统人员编制321名，实有专业技术人员272人（其中正高级5人、副高级20人、中级57人、初级及以下177人），每千人拥有卫生技术人员5.2人，卫生技术人员人均服务面积达28.87平方千米。

【年度农业和农村经济运行】 2023年，全县实现农林牧渔业总产值（现价）60189万元，增长22.2%，其中农业产值30262万元，增长37.6%；林业产值9267万元，增长35.9%；牧业产值19650万元，增长1%；农林牧渔服务业产值1010万元，增长6.3%。实现农林牧渔业增加值33560万元，增长4.2%，其中农林牧渔服务业增加值637万元，增长5.5%。农村居民年人均可支配收入增长7.8%，农村居民年人均生活消费支出增长8.7%。

【种植业】 全年农作物总播种面积5704.02亩，减少0.65%，其中粮食作物播种面积39659亩，增长353%；经济作物播种面积17382亩。经济作物播种面积中，油菜籽播种面积87亩，减少88.5%；中药材种植面积609亩，减少39.1%；蔬菜及食用菌种植面积15868亩，减少0.2%。全年粮食产量9970吨，增长0.06%；油菜籽产量11吨，减少89%；蔬菜产量22220吨，增长0.3%；水果产量430吨，减少2.9%。

【畜牧业】 全年各类牲畜存栏109929头（只、匹），增长1.91%，其中牛存栏82537头，增长1.8%；羊存栏2606只，减少74%；生猪存栏7354头，减少18%。各类牲畜出栏39137头（只），减少265.7%，其中肉用猪出栏8030头，增长6%。出售和自宰肉用牛14934头，增长5.9%；出售和自宰肉用羊13471只，减少16%；出售和自宰肉用家禽2702只，增长73%。肉类总产量2667吨，增长2.29%，其中猪肉产量583吨，增长4.2%；牛肉产量1850吨，增长5%；羊肉产量230吨，减少13.9%；禽肉产量4吨，增长33%。牛奶产量4208吨，增长1.42%。

【农村社会保障】 全县城乡居民养老保险参保人数20335人；基本医疗保险参保人数440802人，其中城乡居民医疗保险参保人数34717人。全县保障城乡低保对象3564人，其中农村低保1213户3535人。有特困救助供养人员356人，其中农村特困人员216人。

【主要领导人】 县委书记：郑显峰；县人大常委会主任：兄兄；县长：钟色；县政协主席：盛向东；分管农业副县长：罗让贡布。

雅江县编写组

道孚县

【基本情况】 2023年，全县辖19个乡（镇）121个村（社区），辖区面积7053平方千米。林地总面积382794.19公顷，占全县土地总面积的54.15%；耕地面积11.5万余亩，人均占有耕地面积2.01亩；生态红线数据4169.69平方千米。鲜水河大峡谷森林公园面积23.08万公顷。

2023年，全县实现地区生产总值16亿元，增长4.7%，其中第一产业产值3.55亿元，增长4.2%；第二产业产值1.6亿元，同比增长1.7%（工业增加值10240万元，增长10.4%）；第三产业（服务业）产值10.85亿元，增长5.3%。完成工业增加值1.02亿元，同比增长10.4%。全社会固定资产投资15.7亿元，增长0.5%。社会消费品零售总额3.83亿元，同比增长9.5%。地方公共一般预算收入完成2.13万元，增长21.3%。三次产业结构比为22.2∶10∶67.8。

公路通车里程1908千米。全年完成公路运输总周转量5864万吨/千米。全社会固定资产投资完成156848万元，同比增长0.5%。社会消费品零售总额38347万元，同比减少9.5%。地方公共财政收入2.13亿元，同比增长21.3%，其中税收性收入17861万元，增长21.9%；完成地方公共财政支出170708万元，同比增长11.6%，其中农林水事务支出41374万元、教育支出19575万元、科学技术服务支出181万元、医疗卫生支出13241万元、一般公共服务支出32521万元、交通运输支出2865万元、城乡社区服务支出8550万元、社会保障就业支出18337万元。金融机构各项存贷款余额24.2亿元，同比增长9.1%，其中城乡居民储蓄存款余额14.01亿元，增长23.6%；各项贷款余额11.09亿元，增长19.3%。年末固定电话用户6900余户，移动电话用户41396户，互联网用户12560户。

有幼儿园29所，在园幼儿2155人；小学13所，在校学生5144人，小学专任教师298人，小学阶段适龄儿童入学率100%；普通中学2所，在校学生2377人，专任教师175人；普通高中1所，在校学生337人，专任教师21人。有文化馆1个，公共图书馆1个（馆藏图书8千余册），体育场1个。有广播电台1座，电视台1座，有线电视用户2527户。有医院、卫生院24个，疾控中心1个，妇幼保健站1个，病床位282张，医院、卫生院技术人员314人（其中医生89人）。有专业农业技术服务单位1个。农村居民年人均可支配收入增长7.7%，农村居民年人均消费性支出增长8.8%；农村居民恩格尔系数为43.8%，减少0.3个百分点。

【种植业】 全年完成农作物播种面积10万亩，其中粮食作物播种面积74400亩、油料作物播种面积16037亩、蔬菜种植面积10204亩。粮食总产量14408吨，油料作物产量2603吨，蔬菜产量18403吨。打造“牧耘耕”区域公用品牌，新认证有机农产品8个。农村有效灌溉面积4110公顷。

【畜牧业】 年末各类牲畜出栏35100头（只），各类牲畜存栏123230头（只）。肉类总产量3612吨，奶产量6478吨。

【主要领导人】 县委书记：林东升；县人大常委会主任：呷沙东周；县长：伍金泽仁；县政协主席：琼措；分管农业副县长：根确单孜。

道孚县编写组

炉霍县

【基本情况】 2023年，全县辖11乡4镇139个行政村（其中纯牧业乡/镇6个、半农半牧乡/镇9个），辖区面积4477.13平方千米。年末常住人口4.71万人，比上年末增加0.06万人，增长1.3%，其中城镇人口1.37万人、乡村人口3.34万人，常住人口城镇化率29.09%。户籍总户数1.19万户，户籍总人口4.83万人，其中城镇人口0.57万人、乡村人口4.26万人，男性人口2.4万人、女性人口2.43万人。全年出生人口0.06万人，人口出生率1.3%；死亡人口0.03万人，人口死亡率0.67%；人口自然增长率0.63‰。

2023年，全县实现地区生产总值15.75亿元，按照可比价格计算，比上年增长5.6%，增速较全国水平高0.4个百分点，较全省水平低0.4个百分点，较全州水平低0.6个百分点，其中第一产业增加值3.51亿元，比上年增长4.3%；第二产业增加值2.66亿元，比上年增长9.8%；第三产业增加值9.58亿元，比上年增长5.1%。三次产业结构比由上年的23.12∶15.58∶61.3调整为22.28∶16.91∶60.81。三次产业分别拉动地区生产总值增长1.1个、1.5个和3个百分点。三次产业增加值对地区生产总值增长的贡献率分别为19.2%、26.7%和54.1%；按常住人口计算，人均地区生产总值33651元，比上年增加2480元，比上年增长5.4%。全年共接待游客70.33万人次，同比增长17.2%；实现旅游收入12.5亿元，增长89.3%。

全年实现交通运输邮政仓储业增加值0.17亿元，比上年增长12.4%。公路通车里程1448.185千米，其中四级公路756.057千米、国道317线119千米、县道246.533千米、乡道445.595千米、通村公路756.057千米。建设农村客运站11个，打捆实施147个村级招呼站建设。全年完成客运量1.38万人，增长6.2%；客运周转量2.3万人千米，增长9.5%。工业增加值实现1.71亿元，增长14.2%。社会消费品零售总额5.5亿元，比上年增长10.1%，其中城镇消费品零售额3.87亿元，比上年增长9.7%；乡村消费品零售额1.63亿元，比上年增长11.1%。金融机构各项存款余额21.1亿元，比上年末减少16.8%，其中住户存款余额11.56亿元，比上年末增长25%；各项贷款余额14.61亿元，比上年末增长9.8%。有保险公司2家，全年实现保险保费总收入0.28亿元，同比增长21.74%；支付各类赔款及给付0.22亿元，同比增长29.4%。全社会固定资产投资完成9.52亿元，比上年同比减少16.6%。一般公共预算收入完成0.71亿元，扣除留抵退税因素后增长19.04%，其中税收收入完成0.33亿元，扣除留抵退税因素后增长49.93%，占全部收入的45.65%。一般公共预算支出15.92亿元，比上年减少7.38%，其中教育支出2.84亿元，减少3.89%；卫生健康支出1.46亿元，增长44.92%；社会保障和就业支出1.08亿元，减少11.63%。全年完成邮政业务总量512万元，比上年增长20%；快递业务收入84万元，比上年下降7%。

有各级各类学校34所，其中幼儿园18所（不含村幼教点）、小学12所（不含教学点）、高完中1所、初级中学1所、九年一贯制学校1所、职业技术实训基地校1所。在校学生11519人，其中幼儿及学前1822人、小学在校学生6455人，小学净入学率100%；初中在校学生2622人，初中毛入学率112%；高中在校学生620人；职业教育在校学生92人。在编在岗专任教师610人，其中幼儿园46人、小学368人、初中159人、高中37人。有艺术表演团体9个，专业团体1个，文化馆1个，博物馆1个，新文博馆1个，公共图书馆1个，乡（镇）级综合文化站15个，村级文化活动室98个。有广播电视台1座，15个乡（镇、街道）94个行政村、4个社区和22座寺庙、19所学校的应急广播“村村响”正常播放，15个广播电视公共服务网点规范服务。有医疗卫生机构185个，其中综合医院1家、民族医院1家、乡（镇）卫生院15个、疾病预防控制中心1个、妇幼保健机构1个、卫生监督机构1个、诊所6个、村卫生室123个；病床位234张，其中各类医院病床位165张、妇幼保健机构病床位29张、卫生院病床位40张；卫生技术人员332人，其中执业医师和执业助理医师98人、注册护士86人。妇幼保健机构中，执业医师和执业助理医师9人、注册护士7人。乡（镇）卫生院中，执业医师和执业助理医师46人、注册护士27人；编制病床位491张，实际开放病床位234张，每千人拥有病床位49.7张；每千人拥有卫生技术人员7.2人，卫生技术人员人均服务面积达17.45平方千米。

【年度农业和农村经济运行】 2023年，全县实现农林牧渔业总产值6亿元，按照可比价格计算，比上年增长4.5%，其中农业总产值1.8亿元，增长9.9%；牧业总产值3.78亿元，增长1.9%；林业总产值0.37亿元，增长34.3%；农林牧渔专业及辅助性活动产值0.05亿元，增长6.4%。农村居民年人均可支配收入增长7.4%，其中工资性收入增长8.7%、经营净收入增长1.7%、财产净收入增长27.3%、转移净收入增长3.9%。农村居民年人均消费性支出增长8.2%。城乡居民人均收入倍差为2.26，比上年缩小0.07。农村居民恩格尔系数为43.8%，比上年上升0.3个百分点。全县农业机械总动力达39133.85千瓦，比上年同期增加895.5千瓦，同比增长2.35%。

【种植业】 全年农作物播种总面积10.12万亩，其中粮食作物播种面积5.55万亩，增长0.54%；经济作物播种面积4.57万亩，增长8.65%。经济作物播种面积中，油菜籽播种面积2万亩，增长0.02%；蔬菜及食用菌种植面积1.2万亩，增长0.15%；中药材种植面积0.3万亩；青饲料播种面积1.06万亩，增长6.1%。全年粮食产量1.03万吨，减少0.9%；单产186千克/亩，减少1.2%。油料作物产量0.36万吨，增长0.03%；单产180千克/亩，增长0.09%。蔬菜及食用菌产量1.48万吨，增长22.13%；单产1230千克/亩，增长21.94%。

【林业】 全面建立林长制，实施营造林0.8万亩，育种育苗74.5万亩，全县森林面积达229314.39公顷，森林覆盖率达51.8%。

【畜牧业】 全年各类牲畜存栏15.48万头（只、匹），减少4.6%，其中牛存栏14.21万头，增长0.17%；羊存栏0.25万只，减少75.11%；生猪存栏0.02万头，减少8.76%；马存栏1万匹，增长0.85%。全县各类牲畜出栏5.01万头（只），减少4.2%，其中出栏肉用猪0.05万头，减少53.5%；出售和自宰肉用牛3.63万头，增长4.28%；出售和自宰肉用羊1.32万只，减少18.86%。全年肉类总产量4912吨，增长3.86%，其中猪肉产量39吨，减少51.2%；牛肉产量4650吨，增长6.46%；羊肉产量223吨，减少20.64%。牛奶产量6111吨，增长5.36%。全县牲畜总增率为28%、出栏率为31%、商品率为30%。

【农村社会保障】 全县城乡参保资金1294.68万元，待遇支付1027.29万元。城乡居民养老保险参保人数2.25万人，其中领取待遇0.52万人；征收城乡居民养老保险资金286.68万元。全县保障城乡低保对象1393户4249人，其中农村低保1338户4184人，累计发放资金0.045亿元。全县特困救助供养人员689人，其中农村特困人员628人，累计发放资金0.021亿元。有各类社会福利机构4个、床位360张。

【创业与就业】 全年就业人数18772人，其中第一产业从业人数为46人、第二产业从业人数为7270人、第三产业从业人数为11456人。全年就业困难人员实现再就业15人。农村富余劳动力向非农产业新增转移就业人数725人，劳务转移输出规模50人。

【主要领导人】 县委书记：格勒多吉；县人大常委会主任：吴小平；县长：邓建光；县政协主席：康玲；分管农业副县长：洛绒昂汪。

炉霍县编写组

甘孜县

【基本情况】 2023年，全县辖21个乡（镇）194个行政村4个社区居委会，辖区面积7303平方千米，其中耕地面积11875.6公顷、农田有效灌溉面积3220公顷、高标准农田面积5593公顷。年末户籍户数为13718户，总人口65719人，其中城镇人口6997人、乡村人口58722人。年末常住人口73802人，其中城镇人口23301人、乡村人口50501人。全年出生人口842人，人口出生率12.81‰；死亡人口502人，人口死亡率7.64‰；人口自然增长率5.17‰；人口城镇化率31.57%。

2023年，全县实现地区生产总值224694万元，较上年同比增长6%，其中第一产业增加值51779万元，比上年增长4.1%；第二产业增加值34512万元，比上年增长7.8%；第三产业增加值138403万元，比上年增长6.3%。人均地区生产总值30675元，比上年增长4.7%。三次产业占地区生产总值的比重由2022年的28.5：15.4：56.1调整为23：15.4：61.6。三次产业分别拉动地区生产总值增长1.1个、1.2个和3.8个百分点，三次产业增加值对地区生产总值增长的贡献率分别为18.06%、19.24%和62.7%。全年接待游客142.12万人次，同比增长56.7%；实现旅游收入10.9亿元，同比增长9.3%。

公路通车里程2229.363千米，其中国道92.822千米、省道110.886千米；农村公路总里程2025.655千米，其中县道230.51千米、乡道323.766千米、村道1471.379千米。全年完成货运量3.8万吨、客运量7.3088万人次。全部工业增加值8426万元，比上年同期增长6%，拉动地区生产总值增长0.2个百分点，占地区生产总值的比重达3.7%。全社会固定资产投资同比增长15.7%。社会消费品零售总额107996.4万元，同比增长10.3%，其中城镇消费品零售额92155.9万元，同比增长10.6%；乡村消费品零售额15840.5万元，同比增长8.9%。年末固定电话用户11524户，移动电话用户4850户，互联网宽带接入用户15117户。实现电信业务总量2715万元。地方一般公共预算收入完成8177万元，同比增长16%，其中税收收入4926万元，同比增长43.2%。财政一般公共预算支出210927万元，同比增长1.1%，其中教育支出29021万元，下降17%；社会保障和就业支出18071万元，下降6.5%；医疗卫生支出14628万元，增长0.1%；一般公共服务支出28627万元，增长9.5%；城乡社区公共设施支出7041万元，下降33.6%；节能环保支出15921万元，增长32.1%。年末金融机构人民币各项存款余额30.81亿元，同比增长8.5%，其中住户存款余额18.58亿元，增长17%；金融机构人民币各项贷款余额15.17亿元，增长8%。

有小学30所、普通中学2所，小学在校学生7974人，专任教师419人；普通中学在校学生2997人，专任教师201人；初等义务教育入学率、完成率、毕业率分别达100%、100%、100%，初级中等义务教育入学率、完成率、毕业率分别达100%、100%和100%。有县级公共图书馆1个（图书藏量12.5万册），文化馆1个，体育场馆1个。有医疗卫生机构27所，病床位491张，医院、卫生院技术人员380人、执业医师（含助理）117人。新型农村合作医疗覆盖面100%。

【种植业】 全年粮食作物播种面积16.67万亩，粮食总产量3.5万吨，其中大春粮食亩产量212.5千克、马铃薯亩产量244.8千克、豌豆亩产量193.4千克、小麦亩产量202千克、其他谷物亩产量210千克、青稞亩产量210千克；经济作物播种面积36556亩。

【畜牧业】 全县主要牲畜存栏8.0609万头（只），其中牛存栏80071头、羊存栏538只；出栏肉猪92头、羊6575只、牛39341头。肉类总产量4837吨，其中猪肉产量7吨、羊肉产量109吨、牛肉产量4721吨。牛奶产量6917吨。全年实现畜牧业可比价产值43419.0876万元，比上年增长21882.868万元，占农林牧渔总产值的比重达52.51%。

【林业】 全年实施苗圃新育苗30亩。4.2万人参加义务植树，共栽植197871株（云杉、旱柳、杨树）。人工造林2.55万亩，修复退化林0.65万亩。

【农村社会保障】 社会保障体系不断健全，全县共有福利敬老院3个（中心、尼玛、达通玛）、床位150张。城乡居民基本养老保险参保人数50678人，城乡居民医疗保险参保人数55342人。全年享受农村最低生活保障17366人，享受城市最低生活保障463人；享受城乡特困供养605人，其中农村583人。

【主要领导人】 县委书记：嘎绒拥忠；县人大常委会主任：彭措翁堆；县长：其太；县政协主席：张彬；分管农业副县长：何鉴。

甘孜县编写组

新龙县

【基本情况】 2023年，全县辖6镇10乡92个村民委员会1个社区居民委员会273个村民小组，辖区面积9241.06平方千米。年末总人口5.19万人，全州排名第13位，其中藏族人口5.07万人，占全县总人口的97.88%；汉族人口0.11万人，占全县总人口的2.12%。

2023年，全县实现地区生产总值15.0842亿元，同比增长6.1%。工业增加值3789万元，同比增长0.9%。全社会固定资产投资10.4119亿元，同比增长6.6%。社会消费品零售总额2.6193亿元，同比增长10.7%。地方财政一般公共预算收入完成5213万元，同比增长7%。城镇居民年人均可支配收入达37642元，同比增长5.1%；农村居民年人均可支配收入16040元，同比增长7.4%。

【清洁能源开发】 生态环境厅、省能源局下达《关于新龙县清洁能源开发有关情况的函》，明确将雅砻江上游仁达、共科等7个梯级水电站纳入《雅砻江流域水风光一体化基地规划》，并将其作为“两河口水风光一体化项目群”的重要组成部分。省能源局已确定色戈光伏开发量为50万千瓦，并同意启动20万千瓦的法人优选工作。根据《四川省人民政府关于印发〈四川省电源电网发展规划（2022—2025年）〉的通知》文件要求，全县120万千瓦抽水蓄能项目已进入“四个一批”中的推进前期工作一批，并于4月由十三届州政府第26次常务会议审议通过《甘孜州长河坝、德荣、着巴、色达等9个抽水蓄能项目法人竞争优选工作方案》。

【托底性帮扶工作】 对接省移动公司、成都交投集团，召开县政府常务会、专题推进会7次，专题研究帮扶工作，明确帮扶重点。成立以县委书记扎多为班长、县长丁康为副班长，结对帮扶地、帮扶国有企业、帮扶单位负责人为成员的工作专班，制发《新龙县托底性帮扶工作推进机制》。组织相关部门研讨“十条措施”，深挖政策红利，结合全县实际，分层分类梯次细化为24项具体任务，按照“清单制”推进、“责任化”落实。与省移动公司、成都交投集团共同拟定《2024年帮扶方年度重点工作任务清单》《2024年重点指导支持产业清单》《2024年度需重点指导支持项目清单》《新龙县39个欠发达县域经济社会发展2023—2027年预期目标》《新龙县托底式帮扶项目需求表》，拟定2024年帮扶项目30个，总投资预算41.09亿元。

【主要领导人】 县委书记：扎多；县人大常委会主任：旺杰；县长：丁康；县政协主席：泽扎；分管农业副县长：熊永军。

新龙县编写组

德 格 县

【基本情况】 2023年，全县辖23个乡（镇）162个行政村3个居委会，辖区面积11439.28平方千米。年末户籍总户数15500户，比上年减少92户；户籍总人口88860人，比上年减少170人，其中城镇人口4225人、乡村人口84635人。全年出生人口914人，人口出生率10.23‰；死亡人口49人，人口死亡率0.55‰；人口自然增长率9.68‰。男女性别比为101：100。全县常住人口8.83万人，其中城镇人口2.6万人、乡村人口6.23万人；人口城镇化率29.45%，较上年增加0.93个百分点。

2023年，全县实现地区生产总值200652万元，按照可比价格计算，同比增长5.9%，其中第一产业总值65642万元，同比增长4.1%；第二产业总值10019万元，同比下降0.4%；第三产业总值124991万元，同比增长7.4%。三次产业结构比由上年的34.7：5.9：59.4调整为32.7：5：62.3。一二三产业对地区生产总值增长的贡献率分别为9.7%、-4.8%、95.1%。全年接待国内游客84万人次，实现国内旅游收入9.24亿元。

工业增加值4387万元，按照可比价格计算，同比增长7.3%。全社会固定资产投资78394万元，同比下降20.4%。全社会消费品零售总额40845.7万元，同比增长9.3%，其中城镇实现零售额29205.3元，同比增长10.4%；乡村实现零售额11640.4万元，同比增长6.7%。

全年实现交通运输、仓储和邮政业增加值2052万元，同比增长8.7%。境内公路总里程2328.933千米，其中二级公路73.405千米、三级公路308.876千米、四级公路1946.652千米。一般公共预算收入完成10050万元，同比增长20.3%，其中各项税收收入完成4053万元，同比增长60.9%。一般公共预算支出182152万元，同比下降4%，其中一般公共服务支出28260万元，同比增长11.3%；公共安全支出8556万元，同比下降0.5%；教育支出28966万元，同比增长2.3%；科学技术支出110万元，同比下降0.9%；社会保障和就业支出17106万元，同比增长10.8%；卫生健康支出14503万元，同比下降9.3%；节能环保支出7148万元，同比下降16.3%；城乡社区支出2758万元，同比下降60.6%。年末金融机构各项存款余额13.99亿元，同比增长4.4%；金融机构各项贷款余额12.79亿元，同比增长51.2%。有医疗卫生机构176个（包括县医院、藏医院和基层卫生室），病床位452张，卫生技术人员365人（其中执业/助理医师118人）。

【年度农业和农村经济运行】 2023年，全县完成农林牧渔业总产值99043万元，同比增长4.5%。农村居民年人均可支配收入同比增长7.3%，年人均消费支出同比增长8.1%。

【种养殖业】 全年粮食产量10306吨，同比下降1.3%。各类牲畜存栏217997头（只、匹），同比下降4.8%；各类牲畜期末出栏94467头（只），同比下降4.8%。肉类总产量8787吨，同比增长3.2%。牛奶产量9900吨，同比增长2.9%。

【农村社会保障】 全县城乡居民养老保险参保人数58975人，城乡居民医疗保险参保人数80778人。全县有各种社会福利收养性单位7所（其中公办4所、民办3所）、床位345张，收养人数159人。被纳入农村居民最低生活保障15766人。

【主要领导人】 县委书记：昌呷次称；县人大常委会主任：熊文华；县长：方一舟；县政协主席：土登郎卡；分管农业副县长：土格。

德格县编写组

白 玉 县

【基本情况】 2023年，全县辖16个乡（镇），辖区面积10591平方千米。年末总人口55306人，比上年增加116人，其中农业人口46525人，占总人口的84.1%；非农业人口8781人，占总人口的15.9%。全县总人口中，藏族人口54383人，占总人口的98.3%；汉族人口828人，占总人口的1.5%；彝族人口52人，占总人口的0.1%；其他民族人口43人，占总人口的0.08%。人口自然增长率为4.47%，人口出生率为8.1%，人口死亡率为3.64%。常住人口59300人，比上年增加900人，其中城镇人口14600人，比上年增加700人；乡村人口44700人，比上年增加200人；人口城镇化率达24.62%，同上年增加0.82个百分点。有林地面积793.63万立方米，分别居全州第二位、全省第四位；森林面积651.07万亩，分别居全州第二位、全省第五位。活立木蓄积量5530.92万立方米，居全省第二位。有天然草地面积855.2197万亩，可利用草原面积800.4856万亩。

2023年，全县实现地区生产总值219958万元，同比增长5.8%，全州排名第七位，完成目标任务（211200万元）的104.2%，其中一二三产业分别实现增加值45281万元、56521万元、118156万元，同比分别增长4.1%、3%、7.4%；一二三产业增加值占地区生产总值的比重由上年的21.7：25.3：53调整为

20.6∶25.7∶53.7；贡献率分别为14.4%、11.5%、74.1%，分别拉动地区生产总值增长0.8个、0.7个、4.3个百分点。全年完成农林牧渔业总产值75251万元，同比增长19.3%。全年接待游客73.9万人次，同比增长18.2%；实现旅游收入8.13亿元，同比增长18.2%。

公路通车里程2095.136千米，增长1.8%。实现全部工业增加值49220万元，同比增长8.3%，全州排名第八位。全社会固定资产投资累计完成263206万元，同比增长5.9%，全州排名第九位。社会消费品零售总额49341万元，同比增长10.6%，全州排名第三位，完成目标任务（448700万元）的101.3%。地方财政一般预算收入完成23876万元，比上年增加9284万元，增长63.6%；地方财政一般预算支出171785万元，比上年增加8799万元，增长5.4%。年末金融机构各项存款余额323332万元，同比增长2.4%，其中住户存款142500万元，同比增长33.4%；金融机构各项贷款余额143268万元，同比增长9.9%。

有小学18所，在校学生7146人，专任教师366人；普通中学1所，在校学生2437人，专任教师127人。有医院、卫生院21个，病床位434张，卫生技术人员396人。全县广播覆盖率达100%，电视覆盖率达99.38%。

【种植业】 全县农作物播种面积61527亩，减少0.6%，其中主粮播种面积50800亩，粮食产量10563吨，减少90吨，减少0.8%；粮食平均亩产208千克。

【畜牧业】 全县各类牲畜存栏204916头（只、匹），同比减少3.9%，其中大牲畜存栏174077头（匹），同比持平。各类牲畜总增率32.7%、出栏率31.5%。

【林业】 加强森林资源管护，巩固退耕还林成果，继续实施退牧还草和天然林保护工程，加强野生动植物保护和自然保护区建设。全年义务植树11.9万株。全年未发生森林火灾。

【农村社会保障】 城乡居民收入稳步增加，全年农村居民人均可支配收入同比增长7.5%。农村居民最低生活保障人数7996人，比上年减少0.1%。

【主要领导人】 县委书记：刘堰；县人大常委会主任：胥东；县长：洛绒倾培；县政协主席：罗吾降村；分管农业副县长：曾超。

白玉县编写组

石 渠 县

【基本情况】 2023年，全县辖22个乡（镇、场）161个村4个社区，辖区面积25191平方千米。年末常住总人口10.06万人，其中城镇人口1.73万人、乡村人口8.33万人，人口城镇化率17.2%。户籍人口10.65万人，其中男性人口5.37万人、女性人口5.28万人，城镇人口0.63万人、乡村人口10.02万人。全年出生人口2254人，人口出生率21.41‰；死亡人口199人，人口死亡率1.89‰；人口自然增长率19.52‰。

2023年，全县实现地区生产总值230408万元，按照可比价格计算，比上年增长3.7%，其中第一产业增加值52399万元，增长4.1%；第二产业增加值22262万元，减少4.1%；第三产业增加值155747万元，增长4.8%。三次产业结构比由上年的29.6∶11∶59.4调整为22.7∶9.7∶67.6。人均地区生产总值22790元。

工业增加值3114万元，同比增长40.4%。全社会固定资产投资同比增长9%。社会消费品零售总额5.97亿元，同比增长9.4%，其中城镇消费品零售额3.48亿元，增长6.7%；乡村消费品零售额2.49亿元，增长13.4%。地方一般公共预算收入完成7084万元，同比增长8.2%，其中税收收入2224万元，减少3.3%，占总收入的31.4%；地方一般公共预算支出241762万元，减少8.9%。年末金融机构各项存款余额128680万元，减少20%；年末金融机构各项贷款余额117753万元，增长13%。

有各类学校53所，其中幼儿园25所、小学25所、中学3所；在校学生22791人，其中在园幼儿2024人、小学生16028人、初中生4739人；教职工1404人，其中幼儿园179人、中小学（含小学、初中）1225人；专任教师1240人，其中幼儿园130人、小学828人、初中282人。有医疗卫生机构152个，其中综合医院1家、中医类医院1家、卫生院21家、卫生所（室）1家、村卫生室125家、疾病预防控制机构1家、妇幼保健机构1家、卫生监督机构1家；病床位611张，其中医院病床位380张、妇幼保健机构病床位30张、卫生院病床位201张；卫生技术人员350人，其中执业医师和执业助理医师73人、注册护士73人。

【年度农业和农村经济运行】 2023年，全县实现农林牧渔业总产值（现价）76702元，其中农业产值11344万元、林业产值3217万元、牧业产值61678万元、农林牧渔服务业产值463万元。农村居民年人均可支配收入增长7.7%，其中工资性收入增长28.5%、经营净收入增长3.8%、财产净收入增长10.8%、转移净收入增长10.9%；农村居民人均消费支出同比增长8.9%，其中食品烟酒支出增长4.7%、衣着支出增长1.4%、居住支出增长11.9%、生活用品及服务消费支出增长22.3%、交通通信支出增长13.3%、教育文化娱乐支出增长19.6%、医疗保健支出同比增长21.8%、其他用品和服务消费支出增长29.3%。

农村居民恩格尔系数为47.1%。

【种植业】 全年粮食作物播种面积3.98万亩，其中谷物播种面积3.64万亩（小麦0.99万亩、青稞2.65万亩）、薯类种植面积0.34万亩。全年粮食产量0.71万吨，其中谷物产量0.64万吨（小麦0.22万吨、青稞0.42万吨）、薯类产量0.07万吨。

【畜牧业】 全年各类牲畜出栏7.88万头（只），增长1.4%，其中生猪出栏1366头，增长47.4%。全年出售和自宰肉用牛5.56万头，增长2.4%；出售和自宰肉用羊2.32万只，增长8.4%。全年肉类总产量7854吨，增长5.2%。牛奶产量15260吨，增长3.4%。

【农村社会保障】 全县有城乡低保保障对象22863人，累计发放资金228.63万元。有重度残疾对象434人，累计发放资金21.7万元。全县城乡居民基本养老保险参保人数61782人，基金收入1947.54万元。有特困救助供养人员653人，其中农村特困人员639人，累计发放资金495.6619万元。城乡居民基本医疗保险参保人数9.34万人，城乡居民基本医疗保险基金收入95.64万元。

【主要领导人】 县委书记：陈志勇；县人大常委会主任：达瓦绒布；县政协主席：朱小林；县长：刘泽；分管农业副县长：杨玮。

石渠县编写组

色达县

【基本情况】 2023年，全县辖5镇11乡129个行政村5个社区，辖区面积9338.98平方千米。年末常住人口6.44万人，其中城镇人口1.63万人、乡村人口4.81万人，人口城镇化率25.31%。森林总面积13.43万公顷，森林覆盖率2.67%。

有各类学校76所，其中幼儿园57所、小学17所、初中1所、九年一贯制学校1所；幼儿园在园幼儿2755人，小学在校学生9132人，初中在校学生2476人；教职工909人、专任教师729人，其中临聘教师246人。

【种植业】 全年农作物总播种面积14600亩，其中粮食作物播种面积13200亩、经济作物播种面积10400亩。经济作物播种面积中，油菜籽播种面积300亩，中药材种植面积9000亩，蔬菜及食用菌种植面积1100亩。全年粮食产量2500吨，与上年持平；油菜籽产量50吨，增长25%；蔬菜产量2200吨，与上年持平。

【畜牧业】 全年各类牲畜存栏330618头（只、匹），减少25.2%，其中牛存栏208900头，减少25.2%；马存栏40711匹，减少9.6%；羊存栏81007只，减少31.2%；生猪存栏290头，减少8.5%。各类牲畜出栏74878头（只），比上年增长2.2%，其中出栏肉用猪197头；出售和自宰肉用牛69689头，比上年增长1.2%；出售和自宰肉用羊4992只，比上年增长3.48%。全年肉类总产量9705吨，增长3.9%，其中猪肉产量13吨；牛肉产量8858吨，增长4%；羊肉产量834吨，增长3.2%。牛奶产量10936吨，增长0.61%。

【农牧科技】 全县牧草种植规模达5.7万亩，青干草产量达2.25万吨，优质牧草自给率达50%以上。培育牦牛养殖大户410户、牦牛专业合作社67家；培育标准化家庭牧场达600户、规模化集体牧场11个，创建为全省三星级现代农业示范园区。

【草原建设】 全年治理草原生态31.9万亩，完成人工造林1.58万亩，修复湿地生态3352.5亩，治理水土流失面积83万平方千米。泥拉坝湿地被录入国际重要湿地名录。全县草原碳汇开发面积累计达97.25万亩，创建国家生态文明建设示范区，推进草原碳汇开发试点工作获得省政府督查激励。

【主要领导人】 县委书记：罗林；县人大常委会主任：泽让洛吾；县长：易西泽仁；县政协主席：华科；分管农业副县长：泽仁尼玛。

色达县编写组

理塘县

【基本情况】 2023年，全县辖7镇15乡，辖区面积14352平方千米。年末常住人口6.74万人，户籍人口70025人，人口城镇化率41.1%。

2023年，全县实现地区生产总值262135万元，按照可比价格计算，比上年增长3.6%，其中第一产业增加值完成89943万元，增长4.1%；第二产业增加值完成27567万元，减少6.9%；第三产业增加值完成144625万元，增长5.5%。三次产业对经济增长的贡献率分别为48.6%、−20.8%和72.2%，分别拉动经济增长1.7个、−0.7个、2.5个百分点。人均地区生产总值达38921元，增长3.2%。全年接待游客319.2万人次；实现旅游综合收入39.2亿元，同比增长66.7%。

公路通车里程1996.608千米，其中国道231.444千米、省道121.542千米、县道346.997千米、乡道633.858千米、村道662.767千米。工业增加值15203万元，比上年减少17.5%。全社会固定资产投资比上年增长3.8%。社会消费品零售总额102299.7万元，同比增长10%，其中城镇消费品零售额65904.6万元，增长9.3%；乡村消费品零售额36395.1万元，增长11.2%。地方一般公共财政收入完成1.49亿元，同比减少11.8%。金融机构人民币各项存款余额26.6918亿元，同比增长9.6%；金融机构人民币各项贷款余额13.6552亿元，同比增长20.4%。

有各级各类学校（教学点）共88所，其中幼儿园57所、小学28所、中学3所；在校学生16213人，其中幼儿园在园幼儿3071人、小学生9422人、初中生3720人；教职工888人，其中幼儿园102人、小学538人、初中248人；专任教师868人，其中幼儿园102人、小学518人、初中248人。有艺术表演团体1个，公共图书馆1个，文物考古管理所1个。有广播电视台2座，广播综合覆盖率99.8%；电视综合覆盖率99.64%。有医疗卫生机构121个，其中综合医院1家、民族医院1家、乡（镇）卫生院24家、疾病预防控制机构1家、妇幼保健机构1家、卫生监督机构1家、村卫生室92家；编制病床位663张，开放病床位385张；专业技术人员323人，其中执业医师和执业助理医师84人、注册护士91人。全年医疗机构总诊疗人次7.2582万人次。

【年度农业和农村经济运行】 2023年，全县实现农林牧渔业总产值136401万元，增长5.3%。农村居民年人均可支配收入增长7.5%。全县配备“一乡一消防水车”22辆、“一村一水泵”149台。

【种植业】 全县农作物播种面积7.62万亩，其中粮食作物播种面积5.17万亩、油料作物播种面积1.0012万亩、蔬菜及食用菌种植面积1.42万亩。粮食总产量12756.39吨，油料作物产量1400吨，蔬菜及食用菌产量67923吨，瓜果类产量113吨。

【畜牧业】 年末各类牲畜出栏69755头（只、匹），各类牲畜存栏251251头（只、匹），其中大牲畜存栏229825头、羊存栏20114只；家禽出栏3020只、存栏8021只。全年肉类总产量7004吨，其中家禽肉总产量4吨。奶产量10798吨。

【农村社会保障】 全县城乡居民养老保险参保人数3.17万人，其中领取待遇0.45万人；征收城乡居民养老保险279.89万元。全县城乡低保保障对象10719人，其中农村低保10232人；累计发放资金3615.58万元。全县实施特困救助供养人员445人次，累计支出资金350.83万元。全县城乡居民基本医疗保险参保人数55743人，参保率保持在98%以上，其中特殊困难群体参保率达100%。

【主要领导人】 县人大常委会主任：达瓦邓珠；县长：四郎曲批；县政协主席：王建琼；分管农业副县长：翁登。

理塘县编写组

巴 塘 县

【基本情况】 2023年，全县辖5镇12乡91个行政村1个社区，辖区面积7663.73平方千米，其中耕地面积4580.71公顷、草原面积237396公顷、林地面积39883.4公顷，草地覆盖率30.98%，森林覆盖率41.83%。年末总人口5.14万人，其中非农业人口1.99万人、农业人口3.15万人。全年出生人口705人、死亡人口174人。农村居民年人均可支配收入较上年增长7.7%，农村居民恩格尔系数为35.8%。

2023年，全县实现地区生产总值23.87亿元，同比增长9.7%，其中第一产业增加值4.58亿元，同比增长4%；第二产业增加值6.34亿元，同比增长47.7%；第三产业增加值12.95亿元，同比增长4.3%。三次产业比由2022年的27：13：60调整为19：27：54。人均地区生产总值48223元。全年接待游客93.39万人次，实现旅游总收入10.27亿元。

工业总产值完成78506万元，较上年同期增长68.71%。全社会固定资产投资比上年同期减少6.8%。全社会消费品零售总额77902.3万元，较上年同期增长9.9%，其中城镇消费品零售额50748.9万元，同比增长9.4%；乡村消费品零售额27153.4万元，同比增长11%。年末金融机构人民币各项存款余额33.9亿元，金融机构各项贷款余额13.66亿元。地方一般公共预算收入完成23859万元，同比增长7.6%，其中各项税收收入完成10639万元，同比增长1.73%。地方财政一般预算支出146335万元，同比减少0.21%，其中教育支出21869万元，同比减少3.04%；科学技术支出248万元，同比增长27.84%；文化旅游体育与传媒支出2147万元，同比增长9.15%；社会保障和就业支出17515万元，同比增长11.59%；卫生健康支出11927万元，同比增长18.46%；一般公共服务支出26251万元，同比增长2.18%；交通运输支出1061万元，同比减少58.44%；城乡社区事务支出6973万元，同比增长7.84%；节能环保支出1585万元，同比减少28.31%。全年完成邮电业务总量6255.02万元。有固定电话用户5424户，移动电话用户41588户，互联网用户15616户。

有小学21所，在校学生5509人，专任教师456人；初中1所，在校学生2619人，专任教师153人。有医院、卫生院24所，村级卫生室52个；病床位342张；卫生专业技术人员308人。

【种养殖业】 全年完成农业总产值6.43亿元，较上年减少6.5%。农作物播种面积72762亩，较上年增长0.27%；粮食产量16035.3吨，较上年增长2.4%。各类牲畜存栏90967头（只、匹），较上年减少0.87%，牲畜总增率、出栏率、商品率分别为33.81%、39.48%、32.6%。全年肉类总产量4169吨，较上年减少4.8%。

【主要领导人】 县委书记：张家志；县人大常委会主任：李雪平；县长：洛绒拉珍；县政协主席：达瓦泽仁；分管农业副县长：张莉。

巴塘县编写组

乡城县

【基本情况】 2023年，全县辖3镇7乡57个行政村3个社区，辖区面积5016平方千米。年末户籍人口29018人，其中男性14574人、女性14444人，城镇人口6282人、乡村人口22736人。年末常住人口30500人，比上年末增加100人，其中城镇常住人口9500人、乡村常住人口21000人；常住人口城镇化率31.15%，比上年末增加1.05个百分点。森林面积462万亩，森林总蓄积量2676.19万立方米，森林覆盖率62.38%。

2023年，全县实现地区生产总值19.7亿元，增长11.4%，其中第一产业增加值3.01亿元，增长4.2%；第二产业增加值7.4亿元，增长22.1%；第三产业增加值9.29亿元，增长7%。三次产业占地区生产总值的比重由上年的18.04：33.03：48.93调整为15.28：37.56：47.16。人均地区生产总值64717元，比上年增加9773元，增长17.8%。全部工业增加值67302万元，同比增长19.2%。全年接待游客106.2万人次，实现旅游收入11.68亿元，分别比上年增长107.5%和107.5%。

公路通车里程981.83千米，其中国道159.75千米、省道140.06千米、县道143.03千米、乡道228.33千米、村道310.66千米，三级公路192.34千米、四级公路773.13千米、等外公路16.36千米。全年完成客运周转量131万人/千米，同比下降7.92%；货运周转量3323万吨/千米，同比增长2.79%。全社会固定资产投资完成107687万元，同比下降70.8%。社会消费品零售总额44394万元，增长9.3%，其中城镇消费品零售额31288万元，增长17.5%；乡村消费品零售额13106万元，下降6.3%。地方财政一般公共预算收入完成10489万元，同比下降30.8%，其中税收性收入6574万元，占全部收入的62.68%；财政一般预算支出119586万元，增长2.5%，其中财政八项支出63300万元，下降9.7%。年末金融机构各项存款余额21.99亿元，增长9.4%，其中住户存款余额9.34亿元，增长21.3%；各项贷款余额9.52亿元，下降26.9%。

有各级各类学校23所，其中幼儿园16所、小学6所、中学1所（初级中学1所）；在校学生4253人，其中幼儿及学前教育1035人，小学在校学生2184人，小学阶段学龄儿童入学率100%；初中在校学生1034人，初中阶段学龄少年入学率96.43%；专任教师429人，其中幼儿园68人、小学247人、初中114人。有艺术表演团体1个，公共图书馆1个，文化馆1个，文化站10个。有广播电视台1座，广播综合覆盖率100%，电视综合覆盖率100%。有医疗卫生机构16个，其中县级医疗卫生机构4个、乡（镇）卫生院12个、村卫生室59个；编制病床位430张，实际开放病床位184张，每千人拥有病床位5.9张；卫计系统人员编制281名，实有专业技术人员215名，其中副高28人、中级24人、执业医师36人、助理21人，每千人拥有卫生技术人员8.9人，卫生技术人员人均服务面积达29.9平方千米。

【年度农业和农村经济运行】 2023年，全县实现农林牧渔业总产值50357万元（现价），增长16.75%，其中农业产值25801万元，增长15.28%；林业产值3981万元，增长245.51%；牧业产值20210万元，增长4.98%；农林牧渔专业及辅助性活动产值365万元，增长4.29%。农村居民年人均可支配收入增长8.2%。

【种植业】 全县农作物播种面积4040.4公顷，增长6.14%，其中粮食作物播种面积2648.3公顷，增长1.85%。经济作物播种面积1392.1公顷，增长15.4%，其中油菜籽播种面积200.2公顷，增长0.1%；蔬菜及食用菌种植面积673.6公顷，增长0.04%。全年粮食产量9844吨，增长1.86%；油菜籽产量402吨，增长0.5%；蔬菜产量18979.2吨，增长1.8%；食用菌新增种植产量20.8吨，为全县首次种植食用菌；水果产量7425吨，增长61.22%。

【畜牧业】 年末各类畜禽存栏89924只（匹、羽），减少9.94%，其中猪存栏11431头，减少12.19%；牛存栏45629头，减少17.33%；羊存栏944只，减少38.26%；禽存栏22826羽，增长13.3%；兔存栏986只，减少9.71%；其他大牲畜（马、驴、骡）存栏8108头（匹），减少8.85%。全县各类畜禽出栏50073头（只、羽），增长10.96%，其中生猪出栏20246头，增长3.51%；牛出栏13091头，增长6.6%；羊出栏3355只，增长201.98%；家禽出栏13381只，增长9.91%。全年肉类总产量3119.5吨，增长5.25%，其中猪肉产量1453吨，增长4.83%；牛肉产量1591吨，增长2.84%；羊肉产量57.5吨，同比增长238.24%；禽肉产量18吨，增长28.57%。牛奶产量3132吨，增长4.4%。

【农村社会保障】 全年城乡居民养老保险参保人数13501人，城乡居民医疗保险参保人数22753人。全县保障城乡低保对象702人，其中农村低保540人。有特困救助供养人员220人，其中农村特困人员110人。

【主要领导人】 县委书记：杨林；县人大常委会主任：李新；县长：尼玛西日；县政协主席：达尔比；分管农业副县长：陈文铭。

乡城县编写组

稻城县

【基本情况】 2023年，全县辖8乡5镇89个行政村和3个社区，辖区面积7323平方千米。年末户籍总户数6434户，户籍人口3.13万人，增长0.001%，其中男性人口1.57万人、女性人口1.56万人；藏族人口3.06万人，占总人口的97.55%。常住总人口3.4万人，同比增长3.3%，其中城镇人口0.87万人，人口城镇化率25.59%，增加0.77个百分点；乡村人口2.53万人。

2023年，全县实现地区生产总值155521万元，增长5.9%，其中第一产业增加值27026万元，增长4.2%；第二产业增加值12572万元，增长4.1%；第三产业增加值115923万元，增长6.6%。三次产业对经济增长的贡献率分别为13.8%、5.2%、81%，分别拉动经济增长0.8个、0.3个和4.8个百分点。人均地区生产总值达46494元，增长3.9%。一二三产业结构比为17.4：8.1：74.5，产业结构占比与上年持平。全年接待游客432.68万人次，同比增长135%；实现旅游收入47.69亿元，同比增长135.3%。

公路通车里程1270.6千米，其中国道200.4千米、省道244.5千米、县道124.5千米、乡道451.8千米、村道249.4千米。建成县级客运站2个、乡（镇）客运站13个、村级招呼站53个，开通农村客运线46条，有客运车辆235辆。全社会固定资产投资210466万元，增长2.4%。社会消费品零售总额49020万元，增长9.6%，其中城镇消费品零售额32830.6万元，增长9.3%；乡村消费品零售额16189.7万元，增长10.1%。地方一般公共预算收入完成11217万元，同比增长26.7%，其中税收性收入4226万元，减少22.9%；一般公共预算支出143500万元，增长8.3%。

有中小学校10所，其中小学8所、中学1所、九年一贯制学校1所；在校学生4981人，其中小学2536人、中学1174人；教师371人，其中小学教师221人、中学教师150人；小学净入学率100%，初中净入学率100%，小学五年巩固率100%，初中三年巩固率100%。有幼儿园14所，在园幼儿1271人，有教师52人。有卫生机构17个，病床位166张，卫生专业技术人员266人。全年医疗机构门诊人次129141人次，住院人次达1629人次，治愈好转率达98%。完成广播电视节目农牧区无线覆盖县级平台建设，广播电视综合覆盖率97%以上。有县电视台新增栏目融媒体中心1个，放映农村数字电影1068场。

【年度农业和农村经济运行】 2023年，全县实现农林牧渔业总产值39477万元，其中农业产值13930万元、牧业产值22014万元、林业产值3013万元、农林牧渔服务业产值520万元。

【种植业】 全县农作物总播种面积54465亩，较上年增长0.05%，其中粮食作物播种面积41830亩，与上年持平；油料作物播种面积7003亩；蔬菜种植面积5132亩。全年粮食总产量9640吨，增长0.86%；油料产量1102吨，减少1.3%；水果产量370吨，与上年持平；蔬菜产量6477吨，增长2.2%。

【畜牧业】 年末各类牲畜存栏102592头（匹、只），减少5.6%，其中大牲畜存栏79754头，减少5.5%；牛存栏77661头，减少5.3%；马、骡分别存栏1510匹、583匹；羊存栏2368只，增长4%；生猪存栏20470头，减少6.7%。全年各类牲畜出栏35083头（匹、只），其中牛出栏16605头、羊出栏2925只、猪出栏15553头。全年肉类总产量3242吨，增长3%，其中牛肉产量2091吨、羊肉产量52吨、猪肉产量1079吨、鸡肉产量20吨。

【林业】 有序推进“三大工程”及草补政策落实，巩固退耕还林成果，实施退牧还草工程，落实生态奖补政策，抓好森林草原防灭火，严格落实林长制，以更大力度推进环境保护和生态建设，实施国有林管护556.7万亩、非国有公益林生态保护补偿23.6万亩、湿地生态效益补偿43.1万亩、非国有天然商品林生态保护补偿18.2万亩，兑现前一轮退耕还林抚育资金0.5万亩，兑现2015—2018年新一轮退耕还林延长期补助资金0.5万亩，造林补助1.2万亩，森林抚育2万亩，治理草原2.8万亩（人工种草0.6万亩、天然草原改良2.2万亩），沙化治理0.5万亩。

【农村教育】 不断改善办学条件，落实教育惠民和“三免一补”政策，发放生源地助学贷款81.73万元，发放建档立卡户学生资助经费69.1万元、寄宿制补助经费553.87万元、营养餐补助332.95万元，免除教辅及学前书费30.55万元。通过持续投入，教学质量稳步提升，全县387

名初中毕业考生有353名被录取升学，录取率达91%。义务教育均衡发展以98.5分的成绩通过州级复核、省级督导评估。

【农村卫生】 全年建立居民规范化电子健康档案27501份。设立卫生扶贫救助基金98.32万元，累计救助284人。做好计划生育服务工作，兑现计划生育奖励扶助93万元、特别扶助178万元。

【农村社会保障】 城乡居民收入稳步增加，农村居民年人均可支配收入增速达7.6%，农村居民年人均消费支出增速达5.6%，农村居民恩格尔系数达34.7%。全年开展技能培训887人次，新开发公益性（类）岗位309个，推荐1253人外出就业。建立三级劳务体系，引导群众就近务工725人，实现劳务增收1080万元。全县城乡居民医疗保险、养老保险参保人数分别达26011人、19995人。全县有敬老院2个、养老床位59张。全年享受居民最低生活保障3496人，其中享受农村最低生活保障3248人。

【主要领导人】 县委书记：格绒追美；县人大常委会主任：吴斌；县长：袁斌；县政协主席：斯朗娜姆；分管农业副县长：曾晓平。

稻城县编写组

得荣县

【基本情况】 2023年，全县辖4镇6乡100个行政村3个社区，辖区面积2916平方千米，其中耕地面积36222.57亩。年末常住人口2.4万人，其中城镇人口0.65万人、农村人口1.75万人，人口城镇化率27.08%。

2023年，全县实现地区生产总值119921万元，按照不变价格计算，同比增长2.1%。分产业看，第一产业实现增加值22789万元，同比增长4.3%；第二产业实现增加值25732万元，同比下降7.7%；第三产业实现增加值71400万元，同比增长5.3%。三次产业结构比由上年的16.6∶24.6∶58.8调整为19∶21.5∶59.5。

全社会固定资产投资增速高于全国32.3个百分点、高于全省30.3个百分点。新登记各类市场主体189户，新发展个体工商户125户；民营企业达207家，民营企业实现增加值3078万元，增长5.9%，占地区生产总值的32%。组织开展各类消费促进活动21场次；加快发展线上经济，推动电商带货，电商总交易额年超过300余万元，电商销售额增长50%。社会消费品零售总额21220.7万元，同比增长9.3%。分城乡市场看，城镇消费品零售额15556.6万元，同比增长12%；乡村消费品零售额5664.1万元，同比增长2.7%。分行业来看，批发业实现零售额1571.7万元，同比增长24.6%；零售业实现零售额14854.3万元，同比增长6.5%；住宿业实现零售额1969.6万元，同比增长29%；餐饮业实现零售额2825.1万元，同比增长5.9%。

公路总里程1451.484千米，其中国道2条180.22千米，分别为国道215线全长144.22千米、国道549线全长36千米；省道1条，为省道461线全长19.3千米；县道7条222.19千米，分别为斯贡路62.958千米、奔白路28.953千米、斯日路63.258千米、日徐路23.807千米、松白路6.056千米、日曲路22.401千米、茨日路14.757千米；乡道66条577.859千米；村道207条271.695千米。

有教育机构25个，其中初级中学1所，在校学生571人；小学10所，在校学生1188人；九年一贯制学校1所，在校小学生790人、初中生149人；幼儿园13所，在园幼儿856人。幼儿园在编职工46人，专任教师40人，副高级职称3人，中级职称15人，初级职称23人，未定职级3人；小学在编职工288人，专任教师263人，副高级职称49人，中级职称109人，初级职称96人，未定职级5人；中学在编职工91人，专任教师86人，副高级职称33人，中级职称36人，初级职称14人，未定职级3人。有卫生机构14个，其中行政局1个、医疗机构3个、乡（镇）卫生院10个、村卫生室88个、医务室1个、疾病预防控制中心1个、卫生执法大队1个；病床位152张；在岗职工244人，其中卫生技术人员219人、执业（助理）医师51人、注册护士69人。

【年度农业和农村经济运行】 2023年，全县农林牧渔业总产值34610万元，同比增长4.7%，其中农业总产值14978万元，同比增长8.7%；林业总产值2447万元，同比增长23.9%；牧业总产值16404万元，同比减少2%；农林牧渔服务业总产值781万元，同比增长5.6%。农村居民年人均可支配收入增速高于全国2.9个百分点、全省3.6个百分点，同比增长7.5%；城镇居民年人均可支配收入增速与全国持平、高于全省0.5个百分点，同比增长4.2%。

【种植业】 全县粮食作物播种面积5.12万亩，粮食产量达1.33万吨。小春经济作物播种面积2807亩，其中油菜籽播种面积1020亩，产量146吨，与上年同比持平；蔬菜及食用菌种植面积1787亩，产量2216吨，同比增长0.2%。大春经济作物播种面积18120亩，其中油菜籽播种面积980亩，产量154吨，与上年同比持平；中药材种植面积8307亩，产量3吨；蔬菜种植面积6415亩，产量8415吨，同比下降0.1%；水果产量1879.2吨，同比增长10.54%。

【畜牧业】 全年实现畜牧业总产值16404

万元，同比减少2%，占总产值的47.4%。猪（牛、羊）出栏32701头（只），其中生猪出栏16991头，同比增长11.1%；牛出栏10008头，同比增长17.44%；羊出栏5702只，同比增长58.08%。禽出栏32013只，同比增长2.92%。猪肉产量1240吨，同比增长10.4%；牛肉产量1251吨，同比增长16.26%；羊肉产量99吨，同比增长57.14%；禽肉产量51吨，同比增长10.87%。牛奶产量1236吨，同比增长7.67%。禽蛋产量31吨，同比增长14.81%。猪（牛、羊）存栏52997头（只），其中生猪存栏22939头，同比下降4.68%；牛存栏24221头，同比增长12.88%；羊存栏5837只，同比增长28.82%。

【特色产业发展】 全年建成特色产业基地3.21万亩，特色养殖产业存（出）栏5.56万头（羽）、6万头（羽）；培育全省海拔最高、全州规模最大的川贝母基地，发展种植大棚156个；酿酒葡萄"省三星""州五星"现代农业园区创建工作实现预期目标；葡萄酒、树椒、蜂蜜等农特产品全年销售额达2530万元，"陡峭"2020赤霞珠干红葡萄酒获得柏林葡萄酒大奖赛金奖，C-47红酒成为成都大运会宴请国际外宾唯一指定红酒饮品。新增高标准农田1000亩。

【乡村振兴】 聚焦57个脱贫村和12个重点帮扶村，落实驻村帮扶责任人988人，统筹衔接资金1.17亿元，实施各类项目67个，中央、省级衔接资金用于产业发展的占比分别达61.06%、58.19%；脱贫人口稳岗就业1785人，实现人均增收1512元，村集体经济收入达524.37万元；对45户224名监测对象落实针对性帮扶措施，坚决守住不发生规模性返贫底线。深化东西部协作和省内对口帮扶，实施帮扶项目32个，完成投资9107万元；完成2023年度巩固拓展脱贫攻坚成果同乡村振兴有效衔接实绩考核、后评估工作，整改完成省内考核评估个性问题、州委专项巡察、审计发现反馈问题129项，整改率达75.97%。

区域协作。贯彻省委、省政府托底性帮扶决策部署，住房城乡建设厅、成都中医药大学、大唐四川发电和四川省盐业公司与10个乡（镇）完成结对帮扶，确定2024年重点支持产业项目2个、帮扶项目5个；深化东西部协作，推进"万企兴万村"帮扶行动，建设完成20个行政村帮扶项目，开展就业培训219人，帮助8名务工人员实现州内外就业；持续开展消费帮扶，组织各类展示展销活动18场次，撬动消费460余万元，助力农特产品销售额达226万元。

宜居宜业和美乡村建设。学习借鉴浙江"千万工程"经验，加快宜居宜业和美乡村建设，整合资金573.6万元，实施2023年"千村示范工程"。持续实施幸福工程"新五改三建""三大革命"专项整治，垃圾无害化处理率达80%，新（改）建农村户厕493户，配套881套户厕抽污设备，生活污水收集治理524户，自来水普及率、入户率均达100%，农村公路优良中等路率达80.13%以上。打造宜业乡村，开发乡村振兴公益性岗位602个。

【项目建设】 推进投资计划项目52个，完成投资15.98亿元，其中续建项目29个，完成投资7.37亿元，占计划任务的100.95%；新建项目23个，完成投资8.61亿元，占计划任务的111.82%；实施州重点项目8个，完成投资14.23亿元；申报中央预算内投资、专项债券等政府性投资项目9个；实施完成浙江青羊援建项目33个。

【水电建设】 旭龙水电站于11月实现大江截流，全面进入主体施工阶段，实现投资6.5亿元，兑现旭龙水电站工程截流阶段补偿费6000余万元，专班推进旭龙抽水蓄能项目；奔子栏水电站完成实物指标调查登记和公示确认工作，完成移民安置大纲编制、审查工作。装机容量21万千瓦的水光互补白松光伏电站项目实现当年开工当年投产。编制完成得荣县风、光电场工程总体规划。去学、古学电站稳定发电量达7.69亿千瓦时，实现产值1.63亿元。

【文旅活动】 融入"文旅之州"建设，举办"三大活动"，"三微一端"等权威媒体宣传阅读量近亿次；编排演出《牛圈边上的支委会》大型实景剧，岩体军旗被认证为世界纪录，得荣县民族博物馆暨红军长征陈列馆成为得荣首个红色文化研学基地，毛屋大峡谷"最美地球裂缝"为甘孜州旅游增添新版图。打通下拥景区通道，开辟云南—瓦卡—稻城一体化旅游精品新路线，全年累计接待游客89.6万人次，实现旅游综合收入9.77亿元。到外地参加各类文化艺术节、展览等活动10场次，组织县内惠民文化活动96场次，先后获得迪庆州非物质文化遗产宣传展示活动一等奖、梅里雪山第九届弦子节二等奖；参加第四届州运会，获得奖牌16枚，取得全州第六的成绩。

【城乡基础设施建设】 投资2500万元，建成美丽乡村路、撤并建制村畅通路18.49千米，实施农村公路次差路整治35.38千米，完成县、乡、村三级公路安保设施建设48.63千米，实现通乡通畅、通村通达、通村通畅三个全覆盖；建成51个"金通·邮快驿站"；开通得荣至香格里拉客运班线，群众出行更加安全便捷；投资9100余万元，实施完成白松水库大坝主体、点仲村灌溉引水等5个水利工程以及10个乡（镇）安全饮水巩固提升项目，基层用水保障更加稳定持续。投入3400万元，建成4G基站39个、5G基站59个，通信服务能力更加方便持久。

完善国土空间规划体系，分批次编制完成太阳谷综合发展片区、白松茨巫农旅融合发展片区、因都坝沿江经济发展片区等乡（镇）级国土空间规划。投资1.25亿元，推进建设太阳谷桥梁、扎朗街延长线、格子达延长线市政道路、县城污水处理厂改（扩）建等项目。推进全域无垃圾行动，整治卫生死角1033处，无害化安全处置医疗废物49.25吨，改造治理城区及公路沿线电力线、光纤线

225处，市容市貌有效改善；投入500万元，完成传统村落保护与利用；实施“双百工程”建设项目，打造示范村5个、精品村1个，同步创建文明村镇4个，乡村风貌焕然一新。

【农村生态建设及环境保护】 践行“两山”理念，坚持发展和保护两条主线，以创建省级生态示范县为抓手，全面完成第二轮央督、州“4+1”重点工作督查反馈问题整改；投入4150万元，完成污水管网建设，《太阳谷风景名胜区总体规划》获得省政府批准；投资8.35亿元，完成修复退化林、封山育林、人工造林、生态防护林建设6300万亩、储备林项目7.62万亩，义务植树4.8万株，改良修复天然草原1.4万亩；严格落实“三长”制、长江“十年禁渔令”，开展巡河巡林巡田11376次；完成4宗生态保护红线内矿业权退出，整改销号森林、草原图斑问题141个，收缴罚款80.45万元；县域空气、水质、地质质量优良率达100%。

【农村教育】 优化校点布局，县中学迁建12个项目招投标信息挂网公示，完成日雨镇片区寄宿制学校、得荣县九年一贯制学校改（扩）建项目；成都市树德实验中学得荣分校挂牌；制定得荣青羊合力共建藏地教育高地五年行动计划，举办第一届中国式教育现代化同频联动主题活动，互派34名教师跟岗学习；实施“强师提能”工程，培养州级骨干教师4名、县级骨干教师6名，争取中学教师编制12个；落实教育惠民政策，县财政保障教育科研经费每年不低于10万元，全面落实“三免一补”、贫困资助、教学质量奖励等激励保障政策，发放各类奖补资金750万元，实现“两个只增不减”；有效巩固“控辍保学”成果，全年适龄儿童入学率达100%；全面实施“学前学普2.0”行动，在园幼儿普通话合格率达90%。

【农村卫生】 推进卫生健康事业发展，投入928万元，完成基层医疗卫生机构中医馆建设、医疗次中心能力提升、中藏医制剂室和康复中心能力提升、结核门诊改造；打造“川滇藏”藏医医疗建设，投入560万元，实施中藏医院传染病区及藏医医疗病区建设项目，完成中藏医院“二甲”复审、省级健康县创建验收。依托“组团式”帮扶，增强省内、省外对口帮扶医疗力量，开展20个新项目新技术研究，筛查眼科疾病患者1200例，完成手术172例，开展膝关节置换术40例，巡回义诊1万余人次。正向激励关爱医卫人才，兑现一线人员新冠疫情防控补贴179.6万元。发挥“传帮带”效用，交流学习23人，开展卫生专业技术资格培训66人次，21人取得上一级职称。加强重大传染病预防控制，完成包虫病B超筛查8650人、结核病筛查7017人，艾滋病治疗覆盖率达100%。

【农村社会保障】 全年兑现城乡低保等各类惠民资金1772.85万元。全县城乡居民养老保险、医疗保险覆盖率分别达90%、100%，发放城乡居民待遇2996人507.34万元，完成补缴“规范基数”工作2386人1983万元。开展就业培训1112人，脱贫群众外出务工达1969人，实现新增就业创业276人，城镇登记失业率控制在4.2%以内，创建州级就业帮扶基地1个。依法处理劳动纠纷案件35起，为300余名农民工追回工资420万元，农民工“急难愁盼”问题得到妥善解决。健全退役军人服务保障体系，获得“四川省双拥先进县”表彰，兑现各类优抚资金227.55万元，退役军人安置率达100%；投入1101.66万元，完成省、州民生实事37件，基层群众的获得感、幸福感、安全感不断增强。全年城乡居民养老保险参保人数13029人，领取待遇2774人。

【主要领导人】 县委书记：黄进；县人大常委会主任：肖扎西；县长：廖大洪；县政协主席：阿郎；分管农业副县长：王继洪。

得荣县编写组

凉山彝族自治州

【基本情况】 2023年，全州辖2个县级市15个县，辖区面积6.04万平方千米。年末常住人口490.6万人，比上年末增加1.5万人，其中城镇人口203万人、乡村人口287.6万人，常住人口城镇化率41.38%。户籍人口548.49万人，增长1%，其中少数民族人口322.6万人，占总人口的58.82%；彝族人口304.24万人，占总人口的55.47%。

2023年，全州实现地区生产总值2261.11亿元，比上年增长7%，其中第一产业增加值503.41亿元，增长4.3%；第二产业增加值779.4亿元，增长7.1%；第三产业增加值978.3亿元，增长8.5%。

公路通车里程29907.3千米，其中等级公路通车里程28405.1千米、高速公路通车里程360.2千米。全年完成公路货物周转量1245707.6万吨/千米、旅客周转量157598.5万人/千米。全社会固定资产投资比上年增长6.4%。社会消费品零售总额872.6亿元，比上年增长11.4%。一般公共预算收入完成204.8亿元，比上年增长11.2%，其中税收性收入125亿元，增长19.7%；一般公共预算支出744.3亿元，增长15.3%。全年进出口总额20.27亿元，增长55.4%。年末人民币存款余额3145.94亿元，比上年增长5.45%。人民币贷款余额1988.85亿元，增长18.62%，其中短期贷款余额408.94亿元，增长21.56%；中长期贷款余额1547.54亿元，增长19.18%。邮政通信企业全年完成主营业务收入38.79亿元。年末国际互联网上网用户127.38万户；固定电话用户68.25万户，增长1.5%；移动电话用户451.85万户，增长3.3%。

有各级各类学校（不包含幼儿园）895所，在校学生102.7万人（少数民族学生76.3万人），专任教师5.6万人，其中小学711所，在校学生60.7万人，学龄儿童入学率99.99%（少数民族学龄儿童入学率99.99%）；初中126所，在校学生27.7万人；高中42所，在校学生8.7万人；中等专业和技术职业学校4所，在校学生0.9万人；职业高中10所，在校学生2.2万人。高等学校招生7558人，在校学生24917人（少数民族学生8404人）。全年共承担科研项目189个，其中国家级项目2个、省部级项目52个、州级项目135个。有艺术表演团体1个，公共图书馆18个（藏书量222.77万册），文化馆18个，乡（镇）文化站315个，博物馆12个，文物保护机构18个。电视人口覆盖率98.6%，广播人口覆盖率97%。有卫生机构3939个，其中疾病预防控制中心18个、妇幼保健站18个、乡（镇）卫生院292个；病床位32071张；卫生技术人员39143人，其中执业医生16378人、护师（护士）15793人。

【年度农业和农村经济运行】 2023年，全州实现农林牧渔业总产值818亿元，比上年增长4.3%。农村居民年人均可支配收入增长7.1%，人均生活消费支出增长5.7%。全年有效灌溉面积19.45万公顷。年末农业机械总动力382.18万千瓦，增长1.5%。

【种植业】 全州粮食作物播种面积53.35万公顷，减少0.8%；粮食总产量252.7万吨，增长2.2%，平均亩产315.7千克。主要经济作物中，油类作物产量3.9万吨，增长12.7%；烤烟产量12.6万吨，增长7.6%；蔬菜及食用菌产量386.7万吨，增长4.2%；园林水果产量237.8万吨，增长7.6%。

【畜牧业】 全年生猪出栏501.3万头，增长1.8%；牛出栏39.9万头，增长0.3%；羊出栏422.7万只，减少1.8%；家禽出栏2135.1万只，减少0.3%。肉类总产量达52.8万吨，增长4.4%，其中猪肉产量37.9万吨，增长6.5%；牛肉产量4.9万吨，增长0.8%；羊肉产量6.8万吨，减少1.5%；家禽肉产量3.2万吨，减少0.3%。牛奶产量4.8万吨，增长1%。蚕茧产量2.8万吨，增长0.8%。全年实现畜牧业产值244.8亿元，增长0.9%。

【农村社会保障】 全年参加城乡居民基本养老保险231.76万人，发放人数70.57万人，养老金社会化发放率达100%。全年新增就业人员20090人。纳入农村最低生活保障人数52.65万人，保障金支出19.9亿元。

【生态建设】 全州完成造林面积2.3万公顷，年末森林覆盖率达52.16%。森林火灾损失率控制在0.02‰以下，森林病虫害防治率100%。空气优良天数达360.4天，土壤环境质量总体保持稳定。

【主要领导人】 州委书记：虞平；州人大常委会主任：龙伟；州长：阿石拉比；州政协主席：杨文泉；分管农业副州长：马小合。

凉山彝族自治州编写组

西昌市

【基本情况】 2023年，全市辖25个乡（镇、街道），辖区面积2882.9平方千米。年末户籍总人口77.04万人，其中男性人口38.73万人，占总人口的50.3%；少数民族人口24.36万人，占总人口的31.6%。常住总人口97万人，人口城镇化率70.48%。有草原1.58224万公顷、湿地0.00627278万平方千米。有林地265.956万亩，占总面积的60.14%；森林14.8041万公顷，森林覆盖率达51.37%，其中人工造林面积0.2216万公顷；森林蓄积量0.1392亿立方米。

2023年，全市实现地区生产总值7510603万元，增长8.7%，增速位居全州第二，其中第一产业实现增加值643140万元，增长4.4%；第二产业实现增加值3262823万元，增长8.7%；第三产业实现增加值3604640万元，增长9.7%。按照常住人口计算，全市人均地区生产总值77589元。

公路总里程1726.24千米，其中国道281.48千米（含高速公路71千米）、省道157.01千米、县道269.52千米、乡道465.26千米、村道552.97千米。全社会固定资产投资比上年增长3.1%。社会消费品零售总额3802024万元，比上年增长11.2%，其中城镇消费品零售额2967303万元，比上年增长10.5%；乡村消费品零售额834721万元，增长13.7%。财政一般公共预算收入完成651215万元，同口径增长5.34%，其中税收收入完成393181万元；财政支出合计1089848万元，比上年增长7.66%，其中市本级支出890222万元，比上年增长15.41%。

有各类学校348所（含民办学校164所），其中幼儿园195所（含民办幼儿园148所）、小学110所（含民办小学7所）、初级中学11所（含民办中学1所）、九年一贯制学校14所（含民办学校4所）、高级中学2所（含民办中学1所）、完全中学

7所、十二年一贯制学校2所(民办)、特殊教育学校1所、专门学校1所、中等职业学校4所、职业高中学校1所(民办),附设中职班3个,另有小学教学点17个(不计校数);学前教育专任教师2916人、小学专任教师4124人、初级中学专任教师2670人、普通高中专任教师1384人、中等职业学校专任教师484人、特殊教育学校专任教师33人;学前教育阶段在校学生42576人,其中小学在校学生99423人、初中在校学生45283人、普通高中在校学生16840人、中等职业学校在校学生11218人、工读学校在校学生165人、特殊教育学校在校学生293人。有医疗卫生机构744个,其中医院32个、基层医疗卫生机构700个;实有病床位9540张,其中医院8710张、基层医疗卫生机构628张;卫生技术人员11915人,其中执业(助理)医师4602人。城乡居民基本养老保险参保人数26.36万人,城乡居民医疗保险参保人数52.16万人。

【年度农业和农村经济运行】 2023年,全市农林牧渔业总产值比上年增长4.3%,农村居民年人均可支配收入比上年增长6.87%。全市农作物总播种面积54474.2公顷,其中粮食作物播种面积41467公顷、油料作物播种面积1105公顷。

【科技惠农"万千百"培训工程】 全市将科技惠农"万千百"培训工程作为2023年"十大民生实事"之一,安排300万元专项经费保障其落地落实。科技惠农"万千百"培训工程重点以25个乡(镇、街道)脱贫户、监测户、自发搬迁户、零就业家庭、低保户及农业生产者、致富带头人、农业科技示范户、家庭农场主、返乡创业大学生、退役军人、外出务工人员等为培训对象,从11月下旬开始到12月下旬结束,分别开展"送培训下乡,技能提升万人工程""乡镇能手再创新高千人工程""培训田秀才、土专家、致富达人外出研学百人工程"。通过"走出去""引进来"的方式,围绕科技培训、农技服务、就业指导、农村科普等方面,对农业生产者和农村劳动力开展新品种、新技术、新模式培训,推广农业科学技术、科学种养殖技术,提高全市农业人口的科学素质和务农本领,促进农业持续增效和农民持续增收。在培训过程中,对有创业意愿的农户推荐西昌市孵化平台指导农户进行创业,并通过科技技能培训帮助、支持部分农村人员考取各类职业等级证书,致力于培训一批活跃在生产一线"看得见、问得着、留得住、用得上"的农民技术骨干,让先进、适用的管理技术进入农村千家万户,真正实现"科学务农、科学致富",为加快建设农业硅谷和"天府第二粮仓"提供科技支撑。

【主要领导人】 市委书记:马辉;市人大常委会主任:余勇;市长:宋莉;市政协主席:曾怀阳;分管农业副市长:杨伟洪。

西昌市编写组

会理市

【基本情况】 2023年,全市辖3个街道13镇4乡,辖区面积4537平方千米,常住人口39.3万人。全年森林面积20.28万公顷,年末草原综合植被覆盖度86.1%。有效灌溉面积2.43万公顷。农业机械总动力77.34万千瓦。

2023年,全市实现地区生产总值240.44亿元,按照可比价格计算,比上年增长6.4%,其中第一产业增加值75.31亿元,增长4.4%;第二产业增加值72.94亿元,增长5.2%;第三产业增加值92.18亿元,增长8.8%。三次产业对经济增长的贡献率分别为21%、25.4%和53.6%,三次产业结构比调整为31.3∶30.3∶38.4。全年实现人均地区生产总值61180元,按照可比价格计算,比上年增长6.2%。全年接待国内游客492.45万人次,实现旅游总收入39.4亿元。

公路总里程2919千米,公路客运周转量12865万人/千米,公路货运周转量140183万吨/千米。全社会固定资产投资(全口径)比上年减少5.8%。全年社会消费品零售总额97.63亿元,比上年增长11.6%,其中城镇消费品零售额69.99亿元,同比增长11.7%;乡村消费品零售额27.65亿元,同比增长11.2%。全市进出口总额2.4亿元。地方一般公共预算收入完成13.2亿元,比上年增长1.3%,其中各项税收收入9.83亿元;一般公共预算支出39.55亿元,比上年增长27%。年末金融机构人民币各项存款余额268.67亿元,其中住户存款余额210.94亿元;金融机构人民币各项贷款余额153.61亿元。年末移动电话用户45.64万户,互联网宽带接入用户15.57万户。全年完成邮电业务总量3.55亿元。

有普通中学10所,专任教师1406人,在校学生1.36万人;普通小学42所,专任教师1641人,在校学生2.76万人。有公共图书馆1个(图书总藏量172000册),体育场馆1个。有医疗卫生机构(含诊所)472个,病床位2724张,医疗卫生机构技术人员2897人(其中执业/助理医师1363人)。全年城乡居民人均可支配收入比上年增长6.3%,农村居民人均可支配收入同比增长6.9%。全年纳入城市居民最低生活保障人数1808人,纳入农村居民最低生活保障人数17447人。城乡居民基本养老保险参保人数21.58万人。

【种植业】 全市粮食作物播种面积103.08万亩,比上年增长0.4%;油料作物播种面积2.86万亩，比上年增长0.7%。烟叶种植面积18.58万亩，增长5%；蔬菜及食用菌种植面积15.5万亩，增长2.8%。全年粮食产量34.66万吨，比上年减少1.3%，其中小春粮食产量增长1.2%、大春粮食产量减少1.9%。经济作物中，油料产量0.29万吨，增长3.5%；烟叶产量3.2万吨，减少5%；蔬菜产量52.2万吨，增长3.4%；园林水果产量84.52万吨，增长2.9%。

【畜牧业】 全年肉猪出栏88.2万头，比上年增长4.1%；牛出栏3.39万头，增长1.3%；羊出栏49.79万只，增长0.1%；家禽出栏306.11万只，增长2.1%。猪肉产量增长5.3%，牛肉产量增长4.6%，羊肉产量增长2.4%，禽肉产量增长4.8%。禽蛋产量减少3.2%，牛奶产量增长2.6%。

【农村生态建设】 全市地表水环境质量指标年平均值达到或优于Ⅲ类标准，城河入境水质监测结果达到Ⅲ类及以上标准。全市22个乡（镇）集中式饮用水水源点水质达标率100%，水质达到Ⅲ类标准，水质状况良好。

【主要领导人】 市委书记：陈方勇；市人大常委会主任：黄玲；市长：徐阳；市政协主席：李悬古；分管农业副市长：张孝华。

会理市编写组

木里藏族自治县

【基本情况】 2023年，全县辖6镇21乡（5个民族乡）110个行政村4个社区，辖区面积13252平方千米。

2023年，全县实现地区生产总值66.89亿元，比上年增长3.7%，其中第一产业实现增加值12.52亿元，同比增长4.3%；第二产业实现增加值31.44亿元，同比增长2.8%；第三产业实现增加值22.93亿元，同比增长4.6%。地方一般公共财政预算收入完成7.55亿元，增长5.4%。全社会固定资产投资同比增长4.9%。规模以上工业增加值增长4.8%。建筑业增加值增长22.1%。社会消费品零售总额10.95亿元，增长11.1%。城乡居民年人均可支配收入分别增长5.01%、7.45%。

【特色农业】 第一产业发展势头良好，实施"农业兴县"战略，聚焦"林畜果蔬粮药"六大富民产业，建成高标准农田2.1万亩。粮食产量超过7.4万吨，实现"5连增"。发展设施蔬菜251亩，蔬菜产量6.2万吨，满足群众"菜篮子"需求。各类牲畜存栏89.25万头（只）、出栏43.63万头（只），肉类总产量1.98万吨。种植羊肚菌3115亩、魔芋2985亩、中药材4299亩、皱皮柑9100亩。新增家庭农场、农民合作社24家，建成农业产业园区2家、农业科技示范基地2个。乔瓦镇金丝皇菊农业产业园区被评为州级示范园区。

【主要领导人】 县委书记：高峰；县人大常委会主任：呷绒翁丁；县长：杨单祖；县政协主席：甘正友；分管农业副县长：孙根若。

木里藏族自治县编写组

盐　源　县

【基本情况】 2023年，全县辖24个乡（镇、街道），辖区面积8407平方千米。有常住人口34.4万人，其中城镇人口12万人，人口城镇化率34.77%。年末总户数99521户、户籍人口389729人，其中城镇人口25719人、乡村人口364010人。

2023年，全县实现地区生产总值1737125万元，比上年增长5.5%，其中第一产业实现增加值651930万元，增长4.3%；第二产业实现增加值576879万元，增长5%（工业增加值543148万元，增长2.3%）；第三产业实现增加值508316万元，增长7.6%。全年接待游客278.65万人，同比增长60.39%；实现旅游总收入144500万元，同比增长97.4%。

公路总里程2811.45千米，同比增长0.57%，其中等级公路2648.701千米，同比增长6.87%。全年完成公路客运周转量6475.04万人/千米，同比减少40.3%；公路货运周转量45746.31万吨/千米，同比减少17.27%。全社会固定资产同比增长43.7%，增速排名全州第一位。社会消费品零售总额367937.2万元（含石油报刊），同比增长11.3%，其中农村市场实现114336.2元，同比增长7.3%。一般公共预算收入完成127626万元，比上年增加24361万元，增长23.59%，其中税务部门收入91333万元、财政部门收入36293万元；一般公共预算支出423442万元，比上年增加66620万元，增长18.67%。

有学校135所，其中小学50所、小学教学点33个（本年无学生20所）、单列初级中学7所、九年一贯制学校1所、十二年一贯制学校1所（民办盐源文武九实验学校）、完全中学3所、职业高中1所、幼儿园38所（公办3所，含全县汇总填报"一村一幼"1所，民办35所）、特殊教育学校1所；在校学生76771人，其中学前教育14150人、义务教育51797人（小学32691人、初中18851人、特殊教育255人）、高中

6789人、职业高中4035人；教职工4460人，其中公办3706人、民办754人；另有校外教师（含支教教师及"一村一幼"辅导员等）578人，其中"一村一幼"辅导员499人。有医疗卫生机构185个，病床位1904张（其中综合医院1209张、中医医院240张、卫生院435张、妇幼保健院20张），卫生技术人员2466人。

【年度农业和农村经济运行】 2023年，全县实现农林牧渔业总产值1021054万元，同比增长0.7%，其中种植业产值789859万元，同比增长3%；林业产值18256万元，同比增长25%；畜牧业产值190144万元，同比减少0.09%；渔业产值4879万元，同比增长5%；农林牧渔专业辅助性活动产值17914万元，同比增长4.7%。农村居民年人均可支配收入同比增长7.29%。全年农作物播种面积76.1万亩，粮食产量23.94万吨，同比增长2.2%。

【畜牧业】 年末大牲畜存栏（牛、马、骡、驴）184326头，其中牛存栏112899头、马存栏54737匹、驴存栏4207头、骡子存栏12483头；大牲畜出栏38389头，其中牛出栏36370头、马出栏1138匹、驴出栏123头、骡子出栏758头。其他牲畜中，羊存栏472381只，猪存栏286395头。生猪出栏400051头，同比增长1.79%；牛出栏36370头，同比增长0.43%；羊出栏403516只，同比减少1.32%。全年肉类总产量46266吨，同比增长3.91%，其中猪肉产量30991吨、牛肉产量4179吨、羊肉产量6657吨。

【主要领导人】 县委书记：赫绍洪；县人大常委会主任：唐勇；县长：段勇纲；县政协主席：张应聪；分管农业副县长：胡玮。

盐源县编写组

德昌县

【基本情况】 2023年，全县辖2个街道8镇2乡，辖区面积2284平方千米。年末总户数73963户，户籍人口221993人，其中城镇人口38774人；少数民族人口74368人，占总人口的33.5%（傈僳族人口7379人，占总人口的3.3%）。常住人口21.8万人，其中城镇人口10万人，人口城镇化率46.08%。全年人口出生率13.58‰，人口自然增长率6.11‰，符合政策生育率98.5%。森林覆盖率71.6%。

2023年，全县实现地区生产总值1001166万元，按照可比价格计算，比上年增长8.9%，增速比全国、全省、全州分别高3.7个、2.9个、1.9个百分点，其中第一产业增加值245752万元，增长4.2%，拉动地区生产总值增长1.2个百分点；第二产业增加值301832万元，增长4.6%，拉动地区生产总值增长3.5个百分点；第三产业增加值453582万元，增长9.5%，拉动地区生产总值增长4.1个百分点。人均地区生产总值46137元，比上年增长9.2%。三次产业对地区生产总值的贡献率分别为14.1%、39.3%、46.6%。一二三产业占地区生产总值的比重为24.6 ∶ 30.1 ∶ 45.3。全年接待游客675.15万人次，比上年增长5.5%；实现旅游总收入193626万元，比上年增长10%。

全县公路运输总周转量119875万吨/千米，同比增长9.5%。社会消费品零售总额415936万元，比上年增长10.8%，其中城镇市场零售额268767万元、农村市场零售额135580万元，分别比上年增长12.6%和9.6%。一般公共预算收入完成74634万元，同比增长4.1%；一般公共预算支出246261万元，同比增长25.5%。金融机构人民币存贷款余额190016万元，比上年增长10.5%。全年保险机构保费收入29831万元，比上年增长8.5%。电信业务总量258925万元，增长10.2%；邮政业务总量3625万元，同比增长10.8%。年末国际互联网上网用户1.6万户，与上年同比持平；固定电话用户2.8万户，与上年同比持平；移动电话用户19.8万户，与上年同比持平。全县电话普及率达74.9%。

有学校97所，其中幼儿园38所、小学22所、小学教学点30所、初级中学1所、九年一贯制学校1所、完全中学2所、十二年一贯制学校1所、特教中心1个、中等职业教育学校1所；在校学生51951人，其中幼儿园9318人、小学22442人、初中11613人、高中4956人、中等职业教育学校3616人、特殊教育中心6人；专任教师2853人，其中幼儿园425人、小学1148人、初中767人、高中321人、中等职业教育学校19人、特殊教育中心2人。有医疗卫生机构183个，病床位1578张，执业（助理）医师396人。

【年度农业和农村经济运行】 2023年，全县实现农林牧渔总产值459604万元（现价），比上年增长4.8%，其中农业产值320034万元，增长7%；林业产值5884万元，增长3.2%；畜牧业产值112198万元，减少1%；渔业产值7687万元，增长6.4%；农林牧渔服务业产值13800万元，增长8%。农村居民年人均可支配收入比上年增长6.88%。水产品产量4176吨，同比增长5.19%。全年化肥施用量（折纯）8200吨，与上年持平。年末农业机械总动力达24.9万千瓦，同比增长1.2%。农用塑料薄膜使用量1307吨，同比增长38%；地膜覆盖面积11307公顷，同比增长0.01%。

【种植业】 全县粮食作物播种面积27.595万亩，比上年减少0.37万亩，同比减少1.4%；粮食总产量104893吨，比上年增加2148吨，同比增长2.1%。油料产量987吨，同比增长22.2%。糖类产量1174吨，同比减少29.2%。蔬菜、瓜果、食用菌总产量341536吨，同比增长4%。

【畜牧业】 全年肉猪出栏28.18万头，同比增长2.1%；羊出栏13.65万只，同比减少3.1%；牛出栏13402头，同比增长0.2%；家禽出栏116.9万只，同比增长0.2%。全年肉类总产量27346吨，同比增长5.8%，其中猪肉产量20588吨，同比增长8.3%；羊肉产量2180吨，同比减少3.4%；牛肉产量1722吨，同比增长0.2%；家禽肉产量2439吨，同比减少0.7%。牛奶产量126吨，与上年持平。

【乡村振兴】 整合乡村振兴衔接资金和涉农资金6000余万元，新（改）建农村户厕2223户，清理垃圾杂物6000余吨，整治农村道路220余千米，消除C、D级危房645户，建成“新风超市”72个，申报创建宜居宜业和美示范村建设2个。建成城乡垃圾中转站3座，农村垃圾转运率达95.89%。完成农村饮水安全和生活污水治理项目2个，畜禽粪污综合利用率达85%，规模养殖场粪污处理设施配套率达100%。开展移风易俗重点领域突出问题专项治理，创建州级移风易俗示范乡（镇）2个、示范村（社区）3个，县级以上文明镇达80%、文明村达100%。

【农村文化及旅游】 编制完成县域旅游发展规划和四大片区文旅专项规划，打造五大精品旅游线路。申报州级非遗传承基地2个、县级非遗工坊5个。傈僳族野蜂养殖习俗、建昌板鸭制作技艺入选第六批省级非遗代表性项目。云栖山庄、月光枇杷台、红色傈乡等特色文旅项目建设完成，投资15.1亿元的角半村农文旅体乡村振兴综合项目谋划实施，启动凤凰城省级旅游度假区创建申报。

【农村卫生】 推进紧密型医共体建设，加快公立医院高质量发展，县人民医院成为全省首家高血压达标中心（智享版）单位、全省首家国家级县域慢性病管理中心建设单位。7个乡（镇）卫生院（社区卫生服务中心）服务能力达到国家基本标准。启动全国基层中医药工作示范县创建。三幼太阳花托育中心项目启动建设。完成“两癌”筛查7412人，孕产妇规范管理率达96.92%。引进高层次医疗卫生人才13人。

【农村交通】 推进交通强县“五年行动”，新建撤并建制村硬化路47.9千米、自然村通组硬化路37.6千米，实施农村公路安保工程194.11千米，乐跃镇慢火车通站路半站营桥建成通车，沿江路麻湾子桥和五爪石桥启动重建，完成27千米国省干线大中修工程，德茨路口公交站台投入使用，全县通村道路通达、通畅、通客运率均达100%。巩固深化乡村运输“金通工程”建设，村级寄递物流综合服务站（点）覆盖45个行政村，农村寄递物流服务条件不断改善。

【农村社会保障】 全县基本养老保险参保人数13.62万人；基本医疗保险参保人数21.34万人，12.49万人次报销医保费用1.87亿元。城乡低保、特困供养、残疾人“两项补贴”、儿童福利稳步提标，发放社会救助和社会福利资金8510.92万元，覆盖32万人次。完成征兵任务和退役军人、随军家属安置工作，发放各类优待抚恤金1347.79万元。

【农村生态建设】 推进第二轮中央生态环境保护督察反馈剩余4个问题整改，全面认领第三轮省级生态环境保护督察反馈问题。抓好大气污染防治，严格控制扬尘、秸秆焚烧等空气污染源，主要污染物减排指标全面完成。贯彻落实《安宁河流域保护条例》，“清四乱”，有序实施一碗水村、大湾村农村生活污水治理“千村示范工程”，饮用水水源地水质监测达标率100%，安宁河国控断面水质监测符合国家标准。完成流域防洪治理及水土流失综合治理面积2773公顷，打好蓝天、碧水、净土“三大战役”。

【主要领导人】 县委书记：任贤明；县人大常委会主任：海连虎；县长：李友英；县政协主席：邱金华；分管农业副县长：牟宗合。

德昌县编写组

会东县

【基本情况】 2023年，全县辖2个街道13镇4乡，辖区面积3227平方千米。年末总人口42.22万人，共有10.55万户。总人口中，乡村人口38.51万人，占总人口的91.22%；城镇人口3.71万人，占总人口的8.78%。从民族结构上看，汉族人口38万人，占总人口的90%；彝族人口3.51万人，占总人口的8.31%；其他少数民族人口0.71万人，占总人口的1.69%。

2023年，全县实现地区生产总值192.75亿元，增长7.9%，其中第一产业增加值64.66亿元，增长4.3%；第二产业增加值59.31亿元，增长9.3%；第三产业增加值68.78亿元，增长10.3%。三次产业结构比为33.5∶30.8∶35.7。

公路总里程2423.26千米。全社会固定资产投资累计完成100.44亿元，同比增长18.8%。社会消费品零售总额74.24亿元，增长10.9%。一般公共预算收入完成12.69亿元，增长12.43%，其中税收收入实现9.9亿元，增长16.23%。公共财政预算支出34.44亿元，增长15.31%。年末金融机构各项存款余额195.65亿元，增长9.71%；各项贷款余额88.61亿元，增长20.16%。

有各级各类学校119所，中小学在校学生53889人、在园幼儿11354人，教职工3479人（其中专任教师3466人）；学前三年毛入园率93.92%，中小学毛入学率100%，高中阶段毛入学率91.8%；征收城乡居民基本医疗保险基金3.34亿元；城乡居民基本医疗保险参保人数34.76万人，参保率99.66%；征收养老保险金43924.5万元，实际参保人数25.19万人。

【年度农业和农村经济运行】 2023年，全县实现农林牧渔业总产值104.84亿元，增长4.33%，其中农业产值61.53亿元，增长6.33%；林业产值7.4亿元，增长0.31%；畜牧业产值34.11亿元，增长2.18%；渔业产值0.29亿元，增长9.84%。农村居民年人均可支配收入同比增长6.8%。

【种植业】 全年粮食总产量26.18万吨，增长2.34%，其中小春粮食产量5万吨，增长3.07%；大春粮食产量21.18万吨，增长2.17%。烤烟产量4.13万吨，增长8.91%。蚕茧产量0.41万吨，增长0.61%。

【农村社会保障】 健全和完善城乡社会救助保障体系，城乡低保做到"应保尽保"和动态管理。全年为24702名农村低保对象发放低保金9178万元。对农村1663名"五保"供养对象实现"应保尽保"，并对287名"五保"人员实行集中供养，发放农村"五保"供养金1532.82万元。

【主要领导人】 县委书记：环江红；县人大常委会主任：刘朝荣；县长：宋程凡；县政协主席：杨清林；分管农业副县长：海波。

会东县编写组

宁南县

【基本情况】 2023年，全县辖13镇，辖区面积1667平方千米。年末总户数52377户，户籍总人口203321人，其中女性人口98383人，占总人口的48.4%；男性人口104938人，占总人口的51.6%，人口性别比为107∶100。少数民族人口61959人，占总人口的30.5%；彝族人口58321人，占总人口的28.7%。常住人口18.43万人，其中城镇常住人口7.98万人，占常住人口总数的（常住人口城镇化率）43.29%。全年出生人口1779人，人口出生率为9.59‰；死亡人口1208人，人口死亡率为6.51‰；人口自然增长率3.08‰。全县造林面积0.525万亩，实有封山育林面积1.3万亩，森林管护面积70.8万亩，森林覆盖率51.72%。

2023年，全县实现地区生产总值1000175万元，按照不变价格计算，比上年增长8.4%，其中第一产业实现增加值328551万元，增长4.2%，对地区生产总值增长的贡献率为16.7%，拉动地区生产总值增加1.4个百分点；第二产业实现增加值329752万元，增长12.8%，对地区生产总值增长的贡献率为47.8%，拉动地区生产总值增加4个百分点；第三产业实现增加值341872万元，增长8.3%，对地区生产总值增长的贡献率为35.5%，拉动地区生产总值增加3个百分点。三次产业增加值占地区生产总值的比重为32.8∶33∶34.2。全年接待游客98.6万人次，实现旅游总收入5.4亿元。

公路总里程10339.88千米，其中国道2条、141.49千米，县道16条、210.22千米，乡道61条、509.05千米，村道34条、179.12千米。全年公路运输完成客运周转量4382万人/千米、货运周转量39416万吨/千米。全年完成邮政业务总量2202.34万元，比上年增长12.3%。地方一般公共预算收入完成7亿元，比上年增长429.5%，扣除留抵退税因素后增长16.1%；地方公共财政支出22.35亿元，同比增长14.3%。全年实现税收收入4.57亿元，扣除留抵退税因素后，比上年增长47.9%。全社会金融机构各项存款余额119.9亿元，比年初增长1%，其中城乡居民储蓄余额86.77亿元，比年初增长11.9%。全社会金融机构人民币各项贷款余额36.41亿元，比年初增长21.2%，其中农业贷款余额26.94亿元，比年初增长21.2%。全社会固定资产投资比上年增长2.1%。社会消费品零售总额34.99亿元，同比增长12.9%，其中城镇消费品零售额20.39亿元，同比增长15.1%；乡村消费品零售额14.60亿元，同比增长10%。固定电话用户数2.86万户，移动电话用户数19.03万户，宽带用户数6.26万户。

有各类学校38所，其中小学33所、初中3所、高中1所、职业中学1所；专任教师合计1880人，其中小学专任教师958人、中学（初中和高中）专任教师864人；在校学生32607人，其中小学18246人、中学（初中和高中）12903人、职业技术学校1458人。有幼儿园19所，在园幼儿7943人，教职工241人。有国家一级图书馆1座（藏书32万册），村级文化活动室79个，乡（镇）综合文化站25个，广播电视无线基站1座，"村村通"19255套；广播覆盖率100%，电视覆盖率100%。有科技馆1座。实施州级科技项目6个，涉及资金共计53万元；县级科技项目6个，涉及资金共计10万元。全县授权专利共计86件，其中实用新型专利61件、外观专利17件、授权发明专利8件。有医疗卫生机构102个，其中医院3个、基层医疗卫生机构96个（含74个村卫生室）、专业公共卫生机构3个；病床位1355张，其中医院867张、卫生院396张；卫生技术人员1459人，其中乡（镇）卫生院370人、妇幼保健计划生育服务中心77人；执业（助理）医师586人，其中乡（镇）卫生院180人、妇幼保健计划生育服务中心24人；注册护士613人，其中乡（镇）卫生院96人、妇幼保健计划生育服务中心33人。全年医院门诊人次94.85万人次。

【年度农业和农村经济运行】 2023年，全县实现农林牧渔总产值442904万元，按照不变价格计算，同比增长4.3%，其中农业（种植业）产值244468万元、林业产值31347万元、牧业产值158508万元、渔业产值2777万元、农林牧渔专业及辅助性活动产值5804万元。农村居民年人均可支配收入比上年增长6.98%。全年机耕面积2.88万公顷、机播面积0.63万公顷，农业机械总动力达10.84万千瓦。农用化肥施用量（折纯）7014吨，农药使用量42.9吨，农用塑料薄膜使用量325吨。

【种植业】 全县粮食作物总播种面积37.41万亩，其中玉米播种面积14.4万亩、马铃薯种植面积10.04万亩、小麦种植面积3.75万亩、稻谷种植面积2万亩。蔬菜及食用菌种植面积11.81万亩，烤烟种植面积5万亩。全年粮食总产量10.76万吨，其中玉米产量4.81万吨、马铃薯产量3.06万吨、稻谷产量1万吨、小麦产量0.68万吨。

【畜牧业】 全年生猪出栏29.52万头，比上年增长1.5%；牛出栏2.2万头，比上年增长0.4%；羊出栏16.37万只，比上年减少1.5%；家禽出栏68.98万只，比上年减少0.5%。生猪存栏15.46万头，比上年减少5.7%，其中能繁母猪存栏1.75万头，增长8.8%；牛存栏5.99万头，比上年减少1.6%；羊存栏14.45万只，比上年减少9.8%。主要畜禽（猪、牛、羊、禽）肉类总产量2.8万吨，比上年增长6.4%，其中猪肉产量2.19万吨，增长8.3%；牛肉产量0.26万吨，增长1.2%；羊肉产量0.24万吨，减少2.2%。蚕茧产量1.5万吨，增长0.7%。

【农村社会保障】 全县城乡居民养老保险参保人数9.16万人，城乡居民医疗保险参保人数17.04万人。全县共有农村低保对象7390户19692人，累计保障23.1719万人次，累计人均月保障补助292.97元。有农村特困供养人员461人，累计实施城乡特困人员供养保障5887人次，支出特困人员供养金440.65万元。

【主要领导人】 县委书记：王显晖；县人大常委会主任：龙仕江；县长：周应德；县政协主席：邰康宁；分管农业副县长：吴玮。

宁南县编写组

普格县

【基本情况】 2023年，全县辖8镇5乡，辖区面积1918平方千米。年末常住人口18.3万人，增加0.1万人，其中城镇人口3.8万人；增加0.5万人，城镇化率比上年增加2.33个百分点。年末户籍人口22.58万人，比上年增长1%，其中城镇人口2.74万人，减少0.2%；乡村人口19.8万人，增长1.2%。汉族人口2.74万人，减少1.4%，占总人口的比重为12.1%；彝族人口19.72万人，增长1.4%，占总人口的比重为87.3%；其他少数民族人口0.11万人，减少1.6%，占总人口的比重为0.6%。

2023年，全县实现地区生产总值40.2亿元，比上年增长4.8%，其中第一产业（不含农林牧渔服务业）实现增加值11.25亿元，比上年增长4%，拉动地区生产总值增加1.25个百分点；第二产业实现增加值7.74亿元，比上年增长8.5%，拉动地区生产总值增加1.6个百分点；第三产业实现增加值21.21亿元，比上年增长3.9%，拉动地区生产总值增加1.95个百分点。三次产业结构比由上年的26.1：20.3：53.6调整为28：19.3：52.7。全年接待国内外游客176万人次，增长12%；实现旅游综合收入3.45亿元，比上年增长109%。

年末公路里程1197千米，其中等级公路1177千米。全年完成公路客运周转量4984.31万人/千米、货运周转量37981万吨/千米。社会消费品零售总额13.68亿元（含石油报刊在本地区零售额），比上年增长13.5%，其中乡村实现社会消费品零售额3.93亿元，比上年增长18.7%。一般公共预算收入完成2.01亿元，比上年增长24.6%；一般公共预算支出26.79亿元，增长15.7%。年末金融机构人民币各项存款余额49.7亿元，其中住户存款余额36.5亿元；年末金融机构各项贷款余额34.67亿元，其中农业及支农贷款余额31.3亿元。年末固定电话用户1.3万户，移动电话用户14.86万户，互联网宽带接入用户3.3万户。

有普通中学5所、小学47所，普通中学专任教师1132人、小学专任教师1722人，普通中学在校学生17062人、小学在校学生35058人，乡村义务教育专任教师本科及以上学历比例为48.47%。有县级图书馆1个（馆藏图书9.8万册），文化和旅游部门所属艺术表演场馆1个，县级文化馆1个。有体育场地528个，足球场地10个，篮球场地179个。有医疗卫生机构106个，病床位694张，卫生技术人员507人、执业（助理）医师180人。乡村医生中，执业（助理）医师资格人员比例为48.1%。

【年度农业和农村经济运行】 2023年，全县实现农林牧渔总产值22.13亿元，比上年增长4.2%。农村居民年人均可支配收入比上年增长7.46%。全年水产品产量211吨，比上年增长31%。

【种植业】 全县农作物播种面积45.6万亩，比上年增长1%，其中粮食作物播种面积27.7万亩；粮食产量8.16万吨，增长2.2%。经济作物中，烟叶种植面积4.4万亩，产量12.6万担，增长31.9%；蔬菜产量4.8428万吨，增长5.6%；水果产量

4651吨，增长3.7%。

【畜牧业】 全年生猪出栏11.3万头，增长1.8%；牛出栏0.9891万头，增长0.4%；羊出栏13.68万只，减少1.9%；家禽出栏36.5209万只，增长0.2%。全年肉类总产量1.223万吨，增长4.4%。养蚕1.64万张，增长7.3%；产茧1.13万担，增长3.7%；蚕茧收购产值0.25亿元，增长9.3%。

【农村社会保障】 全县有提供住宿的民政服务机构1个、床位150张。全年参加养老保险（含退休人员）109449人，其中参加城乡居民养老保险91267人；基本医疗保险参保人数186532人，其中城乡居民基本医疗保险参保人数172856人。全年纳入农村居民最低生活保障人数33181人，救助农村特困人员342人。

【主要领导人】 县委书记：沙马周强；县人大常委会主任：日海补杰惹；县长：刘环宇；县政协主席：王平；分管农业副县长：曲木日沙。

普格县编写组

布拖县

【基本情况】 2023年，全县辖12个乡（镇）120个村5个社区，辖区面积1685平方千米，其中耕地面积2.94万公顷。年末总人口22.72万人，其中城镇人口3.63万人，户籍人口城镇化率16%；农村人口19.08万人，占总人口的84%。全年出生人口7636人，人口出生率33.61‰；死亡人口1611人，人口死亡率7.09‰；人口自然增长率26.79‰。有林地面积135万亩，覆盖率为32.4%；森林蓄积量235.5万立方米。草原面积51.46万亩，覆盖率为82.5%。

2023年，全县实现地区生产总值45.49亿元，同比增长4.6%，其中第一产业增加值16.44亿元，同比增长4.2%；第二产业增加值7.94亿元，同比增长9.4%（规上工业增加值比上年增长19.8%）；第三产业增加值21.12亿元，同比增长3.1%。三次产业结构比为36.12∶17.45∶46.43。全社固定资产投资同比下降63%，县本级固定资产投资同比下降21.3%。社会消费品零售总额7.73亿元，同比增长13.4%。地方一般公共预算收入完成2.05亿元，同比增长13.8%。三大行业成为拉动服务业较快增长的主引擎，其中占第三产业比重最大的其他服务业实现增加值13.7亿元，增长0.6%；批发和零售业实现增加值1.61亿元，增长7.1%；交通运输、仓储和邮政业实现增加值6266万元，增长5.8%。清洁能源装机容量突破45万千瓦，占比提高到55.2%以上；正负800千伏换流站（二期）建设项目竣工投产，总投资56.19亿元的浪珠、九都、采哈风电和光伏基地项目建设前期工作加快推进。总投资5000万元的白杨树木材及华山松松子加工项目落地。建筑业加快转型升级，完成增加值1.04亿元。完成商品房销售4813平方米。

【年度农业和农村经济运行】 2023年，全县实现农林牧渔业总产值21.79亿元，比上年增长2.97%。投入1.75亿元，建设现代农业产业集群1个、园区6个；发放家庭农场奖补695万元；建成投用冷链服务中心和布拖黑绵羊交易市场。

【种养殖业】 全县粮食作物播种面积39.73万亩，同比下降0.31%；产量10.93万吨，同比增长2.16%。经济作物播种面积13.24万亩，同比增长3.9%。猪出栏17.01万头，同比增长1.56%；牛出栏2万头，同比增长0.31%；羊出栏22.55万只，同比下降2.57%；禽出栏36.54万羽，同比下降0.35%。禽蛋产量254吨，同比增长4.1%。

【乡村振兴】 投入1.1亿元，建设示范村10个，4个村（社区）获评省级乡村振兴示范村、重点帮扶优秀村。投入2500万元，实施农村生活污水治理项目；投入1500万元，建设农村生活垃圾压缩式中转站6座，建制镇和集镇污水处理率分别达42.8%、60%。投入1135万元，建成农村无害化卫生厕所3244个，整改农村厕所问题757个，农村户用卫生厕所普及率达66.98%。新（改）建通组硬化路35.5千米。精准识别防返贫监测对象436户2036人，稳定消除风险95户445人。

【农村扶贫攻坚及对口帮扶】 投入1.41亿元，实施定点帮扶、东西部协作和省内对口帮扶项目63个，统筹四级财政衔接资金1511万元发展到户增收产业，发放产业就业奖补1331万元，2.46万名脱贫人口被纳入兜底保障，脱贫人口人均纯收入达1.3万元，增长14.8%，守住了不发生规模性返贫底线，通过省级后评估检查、战略实绩考核和财政绩效考核。投入1.23亿元，实施易地搬迁后续扶持项目；投入630万元，实施以工代赈项目。

【乡村旅游】 举办“火把原乡·清凉布拖”2023年度中国·布拖彝族传统火把节，推出各类精品活动10场次，实现旅游综合收入8035万元。发放消费券540万元，带动消费2500余万元。投入5194万元，建成乌科索玛花海景区旅游公路30千米。

【农村基础设施建设】 推进西昭、宜攀高速公路布拖段建设，昭普高速公路、金沙江白石滩翻坝转运体系工程项目前期进展有序推进。投入2082万元，提升改造国省干线公路79千米。老尔嘎铁、洛嘎莫水库项目建设前期工作加快推进；投入633万元，建设拖觉镇菲戈村供水站改造工程；投入608万元，新建输配水管网53.75千米；投入609万元，建成自然能提水建设项目。特木里镇110千伏输变电工程及35千伏配套建设项目前期加快推进，完成4个乡（镇）电网升级改造。新建5G网络基站157个。建成项目58个、开工17个，改造老旧小区1080户、棚户区429户，常住人口城镇化率提升至23%。滨河新区棚户区改造工程（一期）和城区综合管线分别完成工程量的70%、80%。城乡生活垃圾处理设施项目（二期）建成投用，县域污水处理率、垃圾无害化处理率分别达80.12%、82%。县城面貌逐步更新，投入2776.44万元，新建路灯703盏，改造提升道路9.73千米，绿化面积8.05亩，划定停车位733个。

【农村社会事业】 全年财政一般公共预算民生支出达22.5亿元，占比75%以上。孤寡老人和失能老人关爱照护行动惠及2300名困难老人，为5.7万名困难群众发放救助保障资金2.6亿元，为2.32万名困难群体代缴养老保险费232.36万元，为2983名残疾人发放“两项补贴”416.22万元，为427名农民工讨回欠薪687.25万元。农村居民年人均可支配收入增速达7.16%。参加省第十六届少数民族传统体育运动会、省第十届残运会、省第九届少数民族艺术节，残运会取得2金1银2铜的成绩。《丹红扎妮》舞蹈节目获得艺术节一等奖。举办“火洛杯”禁毒防艾男子篮球比赛、达体舞和彝族银饰服饰展演等活动。3所中小学被认定命名为“全国校园足球特色学校”“女子足球基地学校”。推广移风易俗“法、理、情”三步走和彝汉结合“四步走”做法，自愿解除无效婚约4062对，退还金额1.53亿余元，推行婚事新办494起、丧事减办1326起，为群众节约开支1.83亿余元；表扬移风易俗示范户356户、示范村24个、先进典型252个。地洛镇桥边村“三治融合发展模式”入选省级基层群众自治优秀案例。

【农村生态建设及环境保护】 全年完成森林（湿地）质量精准提升3230亩、营造林1万亩、草畜平衡88万亩，治理水土流失面积48平方千米。联合普格县开展草原禁牧，划定禁牧区14.2万亩。乐安湿地保护修复工程加快推进。虚拟货币“挖矿”清理整治巩固加强。全年空气质量优良率达99.7%，2个省考断面水质优良率达100%，土壤环境质量总体稳定。开展危废固废、河湖“清四乱”专项整治行动，常态化管理30个入河排污口。总投资13.3亿元的国家储备林建设项目完成上报，生态环境导向开发项目（EOD）加快申报，林草湿地碳汇开发项目落地实施。全县森林覆盖率、草原综合植被覆盖度分别提高到32.4%、82.5%，森林草原生态系统碳汇能力不断提高。第二轮中央环保督察反馈问题全部整改到位，省级第三轮第二批生态环保督察通过考核。

【劳务开发】 全年转移输出农村劳动力6.17万人次，实现劳务收入15.15亿元。定向输出劳务474人次，兑现稳岗补贴178.7万元。创新推进“保姆式”务工服务，不间断实现就业1600余人次，实现劳务收入8500余万元。开发各类公益岗位3395个。

【安全生产】 落实安全生产十五条措施，安全事故同比下降23%。及时处理道路交通违法3.4万起。建成农村道路安防设施173千米，道路交通事故起数同比下降55.93%。投入安全执法检查2563人次，检查企业和在建项目等2122次，发现问题隐患1654个，整改销号1654个，行政处罚28起，处罚金额44.299万元，责令停产整顿12家。对1023千米防火通道进行修缮维护，对926个钢锣子蓄水池进行维修装水，落实护林员1243名、卡点值守人员192人、乡（镇）半专业队伍摩托车训练队300人、前置点人员125人、瞭望哨人员40人，军警民巡逻队108人全天候全面值班值守。建成联保组4061个、联保户4.06万户，签订责任书143份，张贴标语300余条，发放禁火令5万份。对223个山洪灾害危险区、75个地质灾害隐患点进行隐患排查，撤离转移3047户1.15万人次，全年未发生重大及以上生产安全事故和食品安全事故。

【禁毒防艾】 全年争取财政资金805.6万元作为禁毒兜底保障专项经费，依托“1245禁毒人才孵化机制”，培养服务禁毒人才1000余人。新发现布拖籍吸毒人员同比下降65%，外流贩毒人数同比下降50%。破获公安部督办案件3起、毒品刑事案件20起，抓获犯罪嫌疑人36人、涉毒网逃8人，查处吸毒人员数量14人、强制戒毒12人，缴获毒品17425.65克，查缴没收涉毒资产57万余元。投入卫生健康经费2.2亿元。投入385万元，建成县医院门诊（一站式）综合服务中心；投入350万元，建设县人民医院康复医学科病区、产前筛查中心、血液透析中心，建成州级重点专科2个，全县基本公共卫生覆盖率达100%。巩固“四病同防”防治体系，治疗覆盖率保持在99%以上，母婴传播率控制在2%以内，艾滋病新报告人数持续下降。全县常住人口HIV筛查检测率达92.42%，感染者（病人）抗病毒治疗覆盖率达99.27%、检测率达94.8%，母婴传播率下降至1.8%。

【深化改革】 全年减轻市场主体税费9276万元，惠及企业810家；发放农业招商引资奖补810万元，帮助中小微企业融资3.89亿元，减免利息和延期还贷3.54亿元，解决民营企业欠款457.78万元，协调解决企业诉求62件，培育“个转企”38家，全县市场主体达到7111家。新一轮国企改革深化提升行动和预算绩效管理改革取得阶段性成效。医疗服务项目价格和药品耗材集中采购改革逐步加强，节约资金658.7万元。实施政府集中采购项目84宗，节约资金445.14万元。

【主要领导人】 县委书记：罗古阿吉（4月止），李剑（4月始）；县人大常委会主任：比布吴奖；县长：邓兴伟；县政协主席：刘浪；分管农业副县长：陈兴友。

布拖县编写组

金　阳　县

【基本情况】 2023年，全县辖15个乡（镇），辖区面积1588.23平方千米，年末常住人口17.01万人。

2023年，全县实现地区生产总值55.09亿元，同比增长5.9%，居全州第九位，较全国高0.7个百分点，较全省、全州分别低0.1个、1.1个百分点，比前三季度回落0.2个百分点，其中第一产业增加值12.17亿元，同比增长4.2%，增速较前三季度回升0.2个百分点，居全州第七位，较前三季度提升三位，高于全省0.2个百分点、低于全州0.1个百分点；第二产业增加值18.01亿元，同比增长5.6%，增速较前三季度回落1.2个百分点，居全州第八位，较全省高0.6个百分点，较全州低1.5个百分点；第三产业增加值24.91亿元，同比增长7.1%，增速较前三季度提升0.3个百分点，居全州第11位，与全省持平、较全州低1.4个百分点。三次产业结构比为22.1：32.7：45.2。三次产业分别拉动地区生产总值增长1%、1.8%、3.1%。实现农林牧渔业总产值24.37亿元，同比增长4.2%，增速与前三季度持平。

全社会投资同比减少1.9%，居全州第14位，较全省、全州分别低6.3个、8.3个百分点。社会消费品零售总额10.73亿元（含石油报刊），同比增长11.2%，居全州第11位，较全省高2个百分点，比全州低0.2个百分点。全年地方一般公共预算收入完成4.1亿元，同比增长12.4%，总量、增速分别居全州第10位、9位；地方一般公共预算支出31亿元，同比增长4.8%，总量、增速分别居全州第10位、12位。

【种养殖业】 全年粮食产量72886吨，同比增长2.1%。生猪出栏134373头，增长1.6%；牛出栏10832头，增长0.3%；羊出栏155671只，减少1.1%；家禽出栏534818只，减少0.1%。肉类总产量13911吨，增长4.5%。

【主要领导人】 县委书记：刘尧平；县人大常委会主任：曲木阿呷；县长：伍果；县政协主席：张贵斌；分管农业副县长：杨克哈。

金阳县编写组

昭　觉　县

【基本情况】 2023年，全县辖11镇9乡，辖区面积2560平方千米。年末常住人口25.7万人，比上年末增加0.1万人，其中城镇人口6.9万人、乡村人口18.8万人，常住人口城镇化率26.98%。年末户籍人口34.51万人，增长1.35%，其中乡村户籍人口29.66万人。少数民族人口34.15万人，占总人口的98.96%；彝族人口34.13万人，占总人口的98.91%。全年出生人口9386人，减少1.09%，其中男性出生人口4826人，减少1.26%；女性出生人口4602人，减少0.92%。死亡人口2333人，增长9.73%。全年迁入854人、迁出3226人

2023年，全县实现地区生产总值54.56亿元，按照可比价格计算，比上年增长4.4%，其中第一产业增加值17.36亿元，增长4.2%；第二产业增加值6.78亿元，增长3.2%；第三产业增加值30.42亿元，增长4.8%。三次产业结构比由上年的31.1：13.1：55.8调整为31.8：12.4：55.8。

公路总里程（含高速）2105.496千米，全年完成公路货物周转量3705.04万吨/千米、旅客周转量7236.66万人/千米。全社会固定资产投资比上年增长8.6%，高于全州增速2.6个百分点。全年社会消费品零售总额11.66亿元，比上年增长13.5%，其中城镇市场零售额7.4亿元，增长13.67%；乡村市场零售额4.26亿元，增长13.11%。一般公共预算收入完成2.01亿元，增长6.1%；一般公共预算支出37.53亿元，减少2.1%。邮政通信企业全年完成主营业务收入0.0098亿元，增长12.17%。

有各级各类学校91所，在校学生94263人（少数民族学生94212人），专任教师4127人，其中小学81所，在校学生53729人，学龄儿童入学率100%；初中8所，在校学生17624人；高中2所，在校学生5301人。全年共承担科研项目4个，其中国家级项目1个、省部级项目2个、州级项目1个。有艺术表演团体1个，公共图书馆1个（藏书量7.1万册），文化馆1个，乡（镇）文化站20个，博物馆1个，文物保护机构2个。有线电视覆盖用户0.39万户，电视人口覆盖率98%，广播人口覆盖率98%。有医疗卫生机构209个，其中疾病预防控制中心1个、妇幼保健站1个、乡（镇）卫生院21个（含1个社区卫生服务中心）；病床位1254张；卫生技术人员1453人，其中执业医生502人、护师（护士）562人。

【年度农业和农村经济运行】 2023年，全县实现农林牧渔业及其服务业现价总产值31.03亿元，增长4.2%。农村居民年人均可支配收入增长7.35%。年末有效灌溉面积210公顷。农业机械总动力达183094.15千瓦。全年空气优良天数达365天，土壤环境质量总体保持稳定。

【种植业】 全县粮食作物播种面积40.8

万亩，减少0.68%；粮食总产量11.5万吨，增长2.13%，平均亩产281千克。主要经济作物中，蔬菜及食用菌产量5.98万吨，增长3.6%；园林水果产量0.65万吨，增长5.01%。

【畜牧业】 全年生猪出栏20.62万头，增长2.05%；羊出栏36.04万只，减少8.49%；牛出栏2.86万头，增长0.18%；家禽出栏47.28万只，减少0.33%。肉类总产量2.6万吨，增长3.57%，其中猪肉产量1.41万吨，增长7.06%；羊肉产量0.64万吨，减少2.37%；牛肉产量0.37万吨，增长0.27%；家禽肉产量0.03万吨，减少3.53%。实现畜牧业产值12.34亿元，增长1.3%。

【林业】 全年完成造林面积333公顷，全县森林覆盖率达36.86%，森林火灾损失率控制在0.09‰以下，森林病虫害防治率达100%。

【主要领导人】 县委书记：罗古阿吉；县人大常委会主任：许世蓉；县长：白此联；县政协主席：孙子史则；分管农业副县长：克惹伍沙。

昭觉县编写组

喜德县

【基本情况】 2023年，全县辖7镇6乡，辖区面积2117.75平方千米，其中耕地29620.57公顷、林地130323.62公顷、草地36507.93公顷。年末总户数61114户，总人口220964人。常住人口15.81万人。

2023年，全县实现地区生产总值408287万元，比上年同期增长5.3%，其中第一产业实现增加值109862万元，比上年同期增长4.1%；第二产业实现增加值59865万元，比上年同期增长3.8%（工业完成增加值49693万元，比上年同期增长1.9%）；第三产业实现增加值238560万元，比上年同期增长6.3%。产业结构比调整为26.9：14.7：58.4。

全社会固定资产投资比上年同期增长12.5%。规模以上工业增加值增速5.5%。建筑企业产值比上年同期增长15.3%。一般公共预算收入完成15963万元，比上年同期增长10.6%，其中税收收入10141万元，比上年同期增长5.3%；一般公共财政支出261982亿元，比上年同期增长4.3%。社会消费品零售总额121614万元，比上年同期增长11%。全体居民人均年可支配收入比上年同期增长6.68%，其中城镇居民人均可支配收入比上年同期增长4.82%、农村居民人均可支配收入比上年同期增长7.19%。

【现代农业发展】 农业产业稳步发展，完年粮食作物播种面积30.29万亩，总产量8.31万吨，实现“双增长”。建成高标准农田2.1万亩，垦造水田811亩。发放耕地地力保护补贴、实际种粮农民一次性补贴资金2050万元。生猪、肉牛、肉羊、家禽分别出栏27.63万头、0.96万头、13.89万只、78.37万羽。收购烟叶3.53万担，超计划17.8%。经果、蔬菜作物产量分别达1.68万吨、2.93万吨。97个村集体经济完成成员身份认定、股权量化、赋码登记，实施村集体经济提升项目17个，21个村集体经济年收入首次突破10万元。新培育州级以上农业产业化龙头企业7家。喜德县生猪种养循环现代农业园区获评省三星级现代农业园区。

【巩固脱贫成果】 投入各级各类资金5.6亿元，实施产业、教育、人才、基础设施、医疗卫生项目195个。发放农业产业奖补资金4130万元。兑现教育补助资助资金4276.75万元。完成农村C、D级危房改造1188户。实施饮水安全巩固提升保障项目3个，覆盖群众7500户3.4万人。重点人群家庭医生实现“应签尽签”。建成易地搬迁后续扶持项目10个。全县脱贫户、监测户年人均纯收入达1.34万元，增长15.7%，守住了不发生规模性返贫底线。三大行动纵深推进，推进“防止漏测失帮”行动，实行“网格化”管理，精准帮扶监测对象2897户11368人，发放惠民惠农补贴资金6757.68万元。“惠农贷”、涉农创业贷款余额12.81亿元，赔付种养业保险2488.08万元，消除风险2533户9975人。推进“零就业家庭”动态清零行动，“五类家庭”全覆盖建立信息台账，实施“雨露计划+”就业促进行动，落实脱贫户、监测对象家庭新成长劳动力职业教育补助资金685.95万元。开发公益性岗位4415个，认定就业“帮扶车间”、基地27个，安置、转移脱贫劳动力就业24357人，全年实现劳务收入5.27亿元。推进“美丽乡村”行动，农村生活垃圾收运处置体系实现全覆盖，完成12个村、24个集中安置点污水处理配套设施建设。改造升级户厕43941个。且拖、幸福2个村首批宜居宜业和美乡村建设初显成效。乡村治理有效提升，筹办全省易地扶贫搬迁集中安置社区治理“彝路相伴”“牵手伴行”现场会。规范集中办理红白事宜560场次。制止10万元以上彩礼13起，节俭金额226万元。建成者果村、石门社区“新风礼堂”。成立“新风超市”“爱心超市”12个。且拖乡创建为州级移风易俗示范乡（镇），且拖村、中坝社区创建为州级移风易俗示范村（社区）。评定“洁美家庭”3.2万户。司金、尔曲等7个村被确定为省州级基层群众自治试点村。

【统筹城乡发展】 “一核一带一片”城乡规划体系不断完善，完成全县国土空间总体规划、5个乡（镇）级片区规划规划编制及“亩均论英雄”评价工作。处置批而未供土地17宗596亩，新增占补平衡、土地增减挂钩指标454.82亩，牢牢守住43.68万亩耕地、31.53万亩永久基本农田、87.06万亩生态保护红线、1.04万亩城镇开发边界。城乡面貌不断更新，完成老旧小区项目（一期）立面改造、县城新区孙水路等10条道路更名。建成"工哩啦"爱心驿站7个。烈士纪念设施改（扩）建项目有序推进。新建改造城市公厕11座、新能源充电设施24个、便民停车位500个，安装太阳能路灯5426盏。铺设城镇污水管网8千米，城镇生活污水处理率达53%，城市绿地覆盖率达24%。县城建成区面积扩大至3.21平方千米，常住人口城镇化率稳步提高。城乡品质提档升级，通过省级卫生县城创建现场评估。彝族语言文字展览馆、彝族漆器展览馆揭牌开馆。喜德西站全年发送旅客14.05万人次。投放新能源出租车15辆，公交线路增加至4条，群众出行更加便捷。建成移动5G基站47个，县、乡、村三级移动5G网络覆盖率分别达100%、100%、87%。完成尼波、洛哈、两河口3个村人居环境整治项目。第二水厂正式运行，改变了县城长期单水厂供水的局面。

【重大项目建设】 全年实施500万元以上重点项目88个，入库入统固定资产投资项目38个。两河口镇瓦尔西总村种养循环产业园等23个重点项目投产达效。尼波玄武岩产业园配套设施建设、喜德中学分校区前期工作有序推进。如期建成乡村振兴实训基地。红莫河谷开发建设、小相岭景区开发、米市水库工程等项目提速推进。

【主要领导人】 县委书记：巫照华；县人大常委会主任：苏正忠；县长：岭明；县政协主席：宋和远；分管农业副县长：阿尔猛杰。

喜德县编写组

冕宁县

【基本情况】 2023年，全县辖15镇3乡1个街道，辖区面积4423平方千米。年末户籍总人口411777人，其中乡村户籍人口317485人、城镇户籍人口94292人；少数民族人口188789人，占总人口的45.85%。常住人口36.6万人，其中城镇人口14.9万人，人口城镇化率40.66%，低于全州平均水平0.72个百分点，同比提高1个百分点。全年出生人口4696人，人口出生率12.32‰；死亡人口1679人，人口死亡率4.41‰；人口自然增长率7.91‰。

2023年，全县实现地区生产总值1440140万元，同比增长6.5%，其中第一产业完成增加值（不含农林牧渔服务业）379433万元，增长4.1%，对经济增长的贡献率为15.37%；第二产业完成增加值512967万元，增长6.4%，对经济增长的贡献率为38.09%；第三产业完成增加值547740万元，增长8.3%，对经济增长的贡献率为46.54%。人均地区生产总值39348元。三次产业结构比为26.4∶35.6∶38。全年接待国内外旅游客553.3万人次，同比增长19.1%；实现旅游总收入43.5亿元，同比增长24.64%。

公路总里程1861.37千米，其中高速公路87.2千米、国道214.012千米、省道92.459千米、县道115.996千米、乡道588.62千米、村道763.083千米。全年完成公路货运周转量48636.15万吨/千米、公路客运周转量7867.19万人/千米。社会消费品零售总额694990.6万元，同比增长11.2%，其中农村市场零售额164674.3万元，增长28.6%。一般公共预算总收入完成175357万元，增长2.46%。地方一般公共预算收入完成121336万元，同比增长6.18%；地方一般公共预算支出357766万元，增长17.49%。年末全社会金融机构各项存款额1728656万元，比上年增加62230万元，增长3.7%；年末各项贷款余额677155万元，比上年增加89902万元，增长15.3%。

有各级各类主体学校201所（不含教师培训中心），在校学生86387人，在职教职工（含民办学校）4873人，其中完全小学45所（不含不计校数的2所九年一贯制学校小学部）、特教中心1所、教学点51个；小学在校学生42967人（不含特教学生49人），比上年减少556人，小学学龄人口净入学率100%，小学毛入学率113.43%。普通初中学校（点）10所（不含泸沽中学初中部）（初级中学8所、九年一贯制学校2所），在校学生19909人，比上年增加323人；初中学龄人口净入学率100%，初中毛入学率129.62%。完全中学2所、民办高级中学1所、教学班114个，在校学生5941人。职业高中1所、教学班46个，在校学生2150人。教师培训中心1所，乡（镇）农民文化技术教学点38个。有公共图书馆1个（藏书量48000册），农家书屋146个，文化馆1个，美术馆1个，乡（镇）文化站18个，街道文化站1个，已备案纪念馆2个。有卫星地面接收站1座（不含农村），电视发射台和转播台34座，有线广播电视用户21728户，电视人口覆盖率98%，广播人口覆盖率100%。有医疗卫生机构205个，其中综合医院14个（二级以上公立医院4个、民营医院1个，二级以下民营医院9个）、妇幼保健计划生育服务中心1个、疾病预防控制中心1个、卫生监督执法大队1个、精神卫生中心1个、社区卫生服务中心1个、卫生院18个、村卫生室142个、诊所25个、医务室1个；编制病床位1594张，实有病床位2392张；卫生技术人员

2333人，其中执业（助理）医师912人、注册护士1003人。城乡居民养老保险参保人数172629人。

【种植业】 全县粮食作物播种面积44554公顷，减少79公顷，减少0.18%，占农作物总播种面积的75.47%。全年粮食总产量227089吨，增长2.12%，平均亩产340千克。主要经济作物中，烟叶产量9169吨，增长5.88%；蔬菜及食用菌产量452447吨，增长4.74%；园林水果产量89005吨，增长8.32%。

【畜牧业】 全年生猪出栏406522头，增长1.63%；羊出栏205051只，增长0.43%；牛出栏27555头，增长0.34%；家禽出栏1008767只，增长0.09%。全年猪肉产量31476吨，增长5.84%；羊肉产量3142吨，减少3.11%；牛肉产量3299吨，增长0.55%；家禽肉产量1436吨，减少0.71%。牛奶产量37吨，增长56.12%；蚕茧产量1677吨，增长0.71%。

【农村社会保障】 全县最低生活保障实现"应保尽保"，其中农村居民最低生活保障6217户，累计148466人次，发放保障金4656万元。享受重度残疾护理补贴67065人次（其中一级残疾24146人次，二级残疾41464人次，三级、四级、精神智力残疾1462人次），共发放重度残疾人护理补贴540.43万元。保障困难残疾人16674人次，发放困难残疾人生活补贴166.74万元。享受80周岁以上高龄老年人生活补贴97679人次，其中80～89岁87924人次、90～99岁9616人次、100岁以上140人次，共发放补贴1078.58万元。保障特困人员12683人次，其中集中供养（敬老院、福利院）1973人次、分散供养10914人次，发放特困供养金额989.93万元、护理费0.12万元、丧葬费26.03万元。

【主要领导人】 县委书记：马小宁；县人大常委会主任：兰伟；县长：王潇；县政协主席：沙马维且。

冕宁县编写组

越 西 县

【基本情况】 2023年，全县辖20个乡（镇），辖区面积2256.56平方千米，其中耕地面积2.03万公顷。全年出生人口9201人、死亡人口1596人，迁入人口537人、迁出人口2888人。年末总人口391318人，比上年增长1.36%，其中男性199269人、女性192049人，男女性别比为103.8∶100。18周岁以下人口143833人，占总人口的36.75%；18～34周岁人口107211人，占总人口的27.4%；35～59周岁人口104831人，占总人口的26.79%；60周岁以上人口35443人，占总人口的9.06%。汉族人口67565人，占总人口的17.27%；彝族人口319076人，占总人口的81.54%；藏族人口3764人，占总人口的0.96%；其他少数民族人口913人，占总人口的0.23%。全县年末总户数103542户，比上年同期减少690户，减少0.66%。常住人口30.5万人，其中城镇常住人口11.1万人；人口城镇化率36.32%，比上年增长2.09%。

2023年，全县实现地区生产总值698824万元（现价），同比增长10.67%；地区生产总值643911万元（可比价格），增长6.1%。其中，第一产业完成增加值186820万元（现价），同比增长4.52%，增长4.2%（按照可比价格计算）；第二产业完成增加值96962万元（现价），同比减少1.86%，减少1.4%（按照可比价格计算）；第三产业完成增加值415042万元（现价），同比增长10.26%，增长9%（按照可比价格计算）。一二三产业结构比为26.7∶13.9∶59.4（现价）。人均地区生产总值22912元。全年完成农林牧渔业总产值318260.08万元；实现现价增加值186820万元，增长4.2%。

公路总里程1035.75千米，其中国道2条119.11千米、省道2条82.55千米、县道19条185.32千米、乡道126条387.26千米、村道261.51千米。交通运输、仓储和邮政业全年实现增加值6100万元，同比增长29.3%。社会消费品零售总额231478万元，增长13.3%。全年一般公共预算收入完成33651万元，同比增长19.9%，其中税收收入完成20333万元、非税收收入完成13318万元；一般公共预算支出359890万元，同比增长11.4%。全社会金融机构各项存款余额113.05亿元，同比增长9.23%，其中储户存款余额90.81亿元，同比增长15.87%；年末金融机构各项贷款余额62.49亿元，同比增长13.89%。金融保险业全年实现增加值17661万元，增长4.2%。

有各类学校154所，其中职业高中1所、完全中学2所、初级中学5所、九年一贯制学校4所、特殊教育学校1所、小学51所、幼儿园90所（"一村一幼"1所、公办学校28所、民办学校61所）；在校学生95113人，其中学前教育学生18800人、特殊教育学生105人、小学生47208人、初中生22784人、高中生4969人、职业技术学校学生1247人；教师3658人，其中幼儿园老师55人、小学教师2269人、初中教师993人、普通高中教师296人、职业技术学校教师45人。有公立医疗卫生单位24个、民营医疗机构4个、诊所21家、村卫生室168个；医疗卫生编制1010人，其中在编职工888名、缺编122名；有卫生技术人员1606人，其中执业（助理）医师475人、注册护士495人；病床位1133张，每千人口拥有卫技人员、执业（助理）医师、注册护士、病床位数分别为5.26人、1.56人、1.62人和3.71张。标准化卫生院覆盖20个乡（镇），卫生室实现168个行政村全覆盖。

【农业农村改革】 全年完成20个乡（镇）168个村清产核资、163个村登记赋码，并成立新的村集体经济组织，全年村集体经济收入达1048.03万元；有农民专业合作社571个、工商注册家庭农场401家。推进现代农业园区建设，全年建成1个省级四星级产业园区、1个州级产业园、3个县级现代农业园区。

【种植业】 全年烤烟种植面积6.35万亩，收购烟叶16500万担，实现产值2.9亿元。农作物播种面积71.02万亩，其中粮食作物播种面积48.35万亩、马铃薯种植面积22.08万亩，总产量33.89万吨（未折合原粮）。水稻播种面积3.87万亩，产量1.57万吨；玉米播种面积13.05万亩，产量4.31万吨；荞麦播种面积7.13万亩，产量0.98万吨。粮食总产量13.93万吨。蔬菜及食用菌种植面积8.01万亩，产量12.64万吨。油菜种植面积34000亩，产量6482吨。水果种植面积58293亩，产量37542吨，其中苹果种植面积52000亩，产量31200吨。

【养殖业】 全年生猪出栏24.93万头，牛出栏1.59万头，羊出栏17.57万只，特色小家禽出栏57.94万只，肉类总产量2.42万吨。淡水养殖面积23公顷，水产品产量319吨。

【农村教育】 加大教育基础设施建设投资力度，投入3.7亿元新建文星中学、越西中学初中部2所学校，已完成主体建设，进入装饰装修阶段。投资0.16亿元的四川省越西中学新校区教学楼建设项目竣工投用；投资0.32亿元的新民中学等3个学生宿舍建设项目竣工，新增寄宿制床位1500个。教育资助政策持续推进，减免学前教育幼儿保教费1362.03万元，兑现学前生活补助813.08万元，兑现义务教育阶段家庭经济困难学生生活补助6576.63万元，减免9642人次普通高中学生的教科书、学费共计566.26万元，兑现普通高中寄宿制学生生活补助752.17万元；发放普通高中助学金569.9万元。兑现义务教育家庭经济困难寄宿制学生生活补助4898.04万元，其中春季享受学生27478人、秋季享受学生30146人；兑现义务教育家庭经济困难非寄宿制学生生活补助1678.59万元，其中春季享受学生33297人、秋季享受学生32053人。

【农村社会保障】 推进救灾、救济和最低生活保障工作，全县共纳入城乡低保对象18476户39838人，其中农村低保对象17447户38079人。全年累计发放城乡低保金15815.86万元，其中农村低保金14874.85万元；救助特困供养对象393人，累计发放特困供养金384.45万元。救助困难残疾人33012人次，累计发放补贴资金330.12万元。救助重度残疾人45375人次，累计发放补贴353.83万元。临时救助保障1580人，累计发放一次性临时救助金184.24万元，为8575人次孤儿（含艾滋病感染儿童）累计发放基本生活补助金1029万元，为16名孤儿学生发放助学金8万元，为27064人次事实无人抚养儿童累计发放生活补助资金3253.08万元；筹集未成年人保护基金，收到1800人捐款，捐款金额82802.61元。纳入高龄津贴老人4137人，累计发放高龄津贴518万元。

开展劳动技能培训，结合县内发展需求，开展多元化“靶向培训”88期，累计培训4028人。健全治理欠薪工作长效机制，办结州长信箱欠薪线索166件、12333全国欠薪线索平台121件，协调处理拖欠农民工工资案件43件，为434名农民工追回工资622.89万元，收取31个在建项目农民工工资保证金1765.73万元（其中保函615.52万元），退还62个无拖欠农民工工资项目保证金1379.05万元。落实各项措施促进城镇新增就业人员715人，失业人员再就业221人。依托“春风行动暨就业援助月”活动，举办线上线下招聘会24场，提供岗位29454个，促进初步达成意向1042人，安置公益性岗位3365人，累计发放补贴1717.7万元。全年实现农村剩余劳动力转移就业10.31万人，完成目标任务9.4万人的109.71%；实现劳务收入25.34亿元，完成劳务收入目标任务20.3亿元的124.8%；及时发放小微返乡创业担保贷款95笔1921万元、创业补贴169人169万元。做好残疾人基本康复工作，服务2100人，使用资金99万元；为320人配发基本型辅助器具，使用资金25万元；完成残疾儿童康复救助9万元，完成人工耳蜗手术救助5人、州外机构康复自闭症儿童康复救助3人；协助省八一康复中心完成假肢装配12人；完成家庭无障碍改造80户，使用资金34.8万元；残疾人“家庭医生”签约率达92%以上。

【主要领导人】 县委书记：陈路；县人大常委会主任：李长德；县长：何建梅；县政协主席：张华；分管农业副县长：马海木呷。

越西县编写组

甘洛县

【基本情况】 2023年，全县辖9镇4乡，辖区面积2150.79平方千米。

2023年，全县实现地区生产总值56.28亿元，按照可比价格计算，比上年增长6.9%，增速居全州第五位，分别高于全国、全省1.7个、0.9个百分点，低于全州0.1个百分点，其中第一产业增加值11.03亿元，增长4.2%，拉动地区生产总值增长0.8个百分点；第二产业增加值18.75亿元，增长2.5%，拉动地区生产总值增长0.9个百分点；第三产业增加值26.5亿元，增长11.4%，拉动地区生产总值增长5.2个百分点。实现农林牧渔业总产值19.4亿元，比上年增长0.5%，增速居全州第九位。

全社会固定资产投资比上年增长4.8%，居全州第九位，高于全省0.4个百分点，低于全州1.6个百分点。规上工业增加值比上年增长1.5%，居全州第15位，分别低于全国、全省、全州3.1个、4.6个、8.7个百分点。第三产业增加值比上年增长11.4%，居全州第一位，分别高于全国、全省、全州5.6个、4.3个、2.9个百分点。社会消费品零售总额16.52亿元，比上年增长13.6%，居全州第一位，分别高于全国、全省、全州6.4个、4.4个、2.2个百分点，其中城镇与乡村分别实现消费品零售额10.59亿元和5.93亿元，分别增长13.6%和13.7%。

【畜牧业】 全年生猪出栏17.8万头，增长1.75%；牛出栏2.22万头，增长0.39%；羊出栏15.8万只，减少2.97%；禽出栏66.47万羽，增长0.4%。

【主要领导人】 县委书记：刘建波；县人大常委会主任：吉拖哈史；县长：沙勇；县政协主席：朱辉；分管农业副县长：阿衣什哈莫。

甘洛县编写组

美姑县

【基本情况】 2023年，全县辖7镇11乡，辖区面积2731.6平方千米。年末户籍户数6.5万户、户籍总人口29.44万人，同比增长0.15%，其中男性人口15万人、女性人口14.44万人，男性与女性比例为103.9%；城镇人口1.03万人、乡村人口28.41万人；少数民族人口29.26万人，占总人口的99.35%。全年出生人口6670人，死亡人口1286人，人口自然增长率21.39‰。常住人口24.2万人，其中城镇人口4.4万人，人口城镇化率18.27%。全年完成造林面积823公顷，森林覆盖率39.25%。

2023年，全县实现地区生产总值454952万元，按照可比价格计算，同比增长5.5%，增速分别低于全省0.5个、全州1.5个百分点，增速全州排名第10位，其中第一产业增加值120834万元，增长3.9%，拉动地区生产总值增长1.9个百分点，增速分别低于全省0.1个、全州0.4个百分点，全州排名第17位；第二产业增加值59185万元，(工业增加值51660万元，减少0.7%)，减少0.1%，拉动地区生产总值增长0.2个百分点，增速分别低于全省5.1个、全州7.2个百分点，全州排名第16位；第三产业增加值274933万元，增长7.9%，拉动地区生产总值增长3.4个百分点，增速分别高于全省0.8个、低于全州0.6个百分点，全州排名第9位。三次产业结构比由上年的25.8∶14∶60.2调整为26.6∶13∶60.4。全年接待游客38.4万人，实现旅游总收入30070万元。

社会消费品零售总额89816.8万元，同比增长12.4%，其中城镇消费品零售额58302.8万元，同比增长12.8%；乡村消费品零售额31514万元，同比增长11.7%。

路网内公路建设1784.46千米，国省干线公路(1条国道与4条省道)总里程约291.48千米，农村公路总里程约1492.45千米(其中县道11条330.46千米、乡道172条851.81千米、村道1133条310.18千米)。非路网内通组路1485.14千米，安装安保护栏1047.9千米。等级公路1279.95千米，占全县农村公路总里程的90%。“金通工程”村村通客车率达100%。全年完成货运周转量36023.98万吨/千米，同比增长6.54%；客运周转量10296.07万人/千米，同比增长44.69%。有互联网用户3.46万户、移动电话用户10.57万户。

有幼儿园12所(其中公办3所，民办8所，“一村一所”、幼教点271个)，接收幼儿15633人，在编在职幼儿教职工59人、幼教点辅导员694人；小学91所(其中小学40所、小学教学点51个)，在校学生38923人，在校教职工1843人；初中学校5所、完全中学1所，初中在校学生15053人、高中在校学生2365人，初中在校教职工1048人、高中在校教职工180人。承担科研项目3个，其中省级项目2个、州级项目1个；获得州级表彰项目2个。有文化馆1个，乡(镇)文化站18个，文物保护机构 10个，公共图书馆1个(藏书 1.5万余册)。有广播电视用户3.2万户(不含锅盖接收和宽带电视)，电视人口覆盖率100%，广播人口覆盖率100%。有卫生医疗机构22个，其中乡(镇)卫生院18个；核定病床位804张，实际开放病床位1191张；卫生技术人员1509人(其中执业医师645人、注册护师护士182人、药师33人、全科医生37人)。

【年度农业和农村经济运行】 2023年，全县实现农林牧渔业及其农林牧渔业服务业(大农业)总产值222187万元，同比增长3.95%（可比价格)，增长速度比上年同期低0.05个百分点，比前三季度高0.05个百分点，其中第一产业增加值120834万元，同比增长3.9%。

【种植业】 全县粮食作物总播种面积37.2万亩，粮食总产量10.1万吨，同比增长0.3%，其中夏粮播种面积1.9万亩，产量0.3万吨；秋粮播种面积35.3万亩，产量9.8万吨。

【畜牧业】 生猪出栏21.1万头，增长1.46%；牛出栏2.5万头，增长0.35%；羊出栏24.9万只，减少1.59%；家禽出栏108

万羽，增长1.11%。肉类总产量2.32万吨，增长5.1%。禽蛋产量711吨，增长8.4%。

【主要领导人】 县委书记：陈翔；县人大常委会主任：洪开明；县长：朱华；县政协主席：贺雪冰；分管农业副县长：罗文才。

美姑县编写组

雷波县

【基本情况】 2023年，全县辖21个乡（镇），辖区面积2932平方千米。年末常住人口24.4万人，比上年末增加0.1万人，其中城镇人口6.4万人、乡村人口18万人，常住人口城镇化率26.21%。户籍人口29.44万人，较上年增长0.96%，其中少数民族人口18.11万人，占总人口的61.51%；彝族人口17.86万人，占总人口的60.66%。

2023年，全县实现地区生产总值842845万元，比上年增长3.2%，总量排名全州第8位，增速排名全州第17位，其中第一产业增加值160383万元，增长4.3%，总量排名全州第11位，增速排名全州第2位；第二产业增加值364707万元，增长1.3%，总量排名全州第6位，增速排名全州第15位；第三产业增加值317755万元，增长4.7%，总量排名全州第9位，增速排名全州第14位。

年末公路通车里程2302千米，其中等级公路通车里程1487.13千米。全社会固定资产投资比上年增长32.7%。全年社会消费品零售总额193131.7万元（含石油、报刊、烟草、盐业），比上年增长11.5%，其中乡村消费品市场零售额44711.2万元，同比增长10.7%。一般公共预算收入完成120155万元，比上年增长18.2%，其中税收性收入62735万元，减少0.2%；一般公共预算支出386812万元，增长2.9%。年末人民币存款余额101.26亿元，比上年增长8.4%。人民币贷款余额41.18亿元，增长26.05%，其中短期贷款余额12.89亿元，增长88.18%；中长期贷款余额28.29亿元，增长9.6%。全年共签约6个亿元以上重大产业项目，协议投资总金额20.64亿元。邮政通讯企业全年完成主营业务收入1.6275亿元。年末国际互联网上网用户7.78万户；固定电话用户3.55万户；移动电话用户20.74万户，增长11%。

有各类学校（不包含幼儿园）81所，在校学生4.9627万人（少数民族学生3.7545万人），专任教师0.3093万人，其中小学69所，在校学生3.3747万人，学龄儿童入学率100%；初中10所，在校学生1.588万人；高中2所，在校学生0.4258万人。有公共图书馆1个（藏书量73200万册），文化馆1个，乡（镇）文化站21个，文物保护机构1个。有线电视覆盖用户8000户，电视人口覆盖率97%，广播人口覆盖率97%。有医疗卫生机构292家，其中县级医疗卫生机构3家、疾控机构1家、民营医院7家、个体诊所25家、乡（镇）卫生院19所、社区卫生服务中心2家、村卫生室235所；病床位1222张；卫生技术人员1412人（高级职称79人、中级职称213人），其中执业医师（助理）401人、注册护士653人。

【年度农业和农村经济运行】 2023年，全县实现农林牧渔业总产值30.3亿元，比上年增长4.2%。农村居民年人均可支配收入增长7.28%，年人均生活消费支出增长5.83%。全年空气优良天数达354天，土壤环境质量总体保持稳定。

【种植业】 全年粮食作物播种面积19933.4万公顷，减少1.32%；粮食总产量9.4万吨，增长2.2%，平均亩产314.2千克。主要经济作物中，油料作物产量0.17万吨，增长7.8%；烤烟产量 0.004万吨，减少8.9%；蔬菜及食用菌产量7.6万吨，增长3.6%；园林水果产量2.5万吨，增长19.6%。

【畜牧业】 全年生猪出栏15.8万头，增长2.06%；牛出栏0.7万头，增长0.19%；羊出栏13.5万只，减少0.68%；家禽出栏44.2 万只，增长0.18%。肉类总产量（猪、牛、羊、禽）1.5万吨，增长4.54%，其中猪肉产量1.1万吨，增长6.01%；牛肉产量0.1万吨，增长1.62%；羊肉产量0.2万吨，减少0.48%；家禽肉产量0.05万吨，增长0.22%。实现畜牧业产值0.8亿元，增长2.03%。

【林业】 全年完成造林面积0.0893万公顷（893公顷），全县森林覆盖率达51.319%，森林火灾损失率控制在0.6‰以下。森林病虫害防治率100%。

【农村社会保障】 全县参加城乡居民养老保险116418人，月均发放19651人，月均发放金额327.12万元。全年累计保障农村低保对象37.59万人次，累计发放资金12542.4万元。有困难残疾人生活补贴发放对象3010人，累计发放3.4851万人次，累计发放补贴资金348.51万元；有重度残疾人护理补贴发放对象3102人，累计发放重度残疾人护理补贴3.5617万人次，累计发放补贴资金407.633万元。全县有城乡特困供养人员586人，其中分散供养492人、集中供养94人；累计保障0.58人次，累计发放资金466.11万元。

【主要领导人】 县委书记：杜刚；县人大常委会主任：杨顺忠；县长：陈嘉明；县政协主席：王向阳；分管农业副县长：马格胚。

雷波县编写组

调查与研究

DIAOCHA YU YANJIU

SICHUAN

聚焦国之大者　坚持系统思维 为全面推进乡村振兴贡献审计力量

四川省审计厅

2021年以来，四川省审计厅深入贯彻习近平总书记关于“三农”工作的重要论述，落实党中央、国务院和省委、省政府关于“三农”工作的决策部署，自觉增强政治意识和政治责任，聚焦“国之大者”，坚持发挥好审计监督“治已病、防未病”建设性作用，助力持续擦亮农业大省金字招牌，坚定推动打造新时代更高水平的“天府粮仓”。四川省审计厅连续三年获评四川省乡村振兴先进单位。

一、胸怀“国之大者”，把牢治蜀兴川“三农”工作主旋律

四川省审计厅始终把政治导向贯穿审计工作全过程，党中央和省委、省政府最关心的“三农”工作是什么，审计就跟进什么。结合省情规划农业农村审计中长期项目库，加强审计监督聚集农业发展中的难点，解决农村政策落实堵点，充分揭示民生痛点，强化审计项目的政治性、系统性和前瞻性。围绕习近平总书记关于“四川是全国的重要粮食主产区，一定要抓好粮食生产”的要求，连续四年开展耕地保护促进粮食生产系列专项审计，全省70%以上的涉农县先后参与实施，形成推动“粮食安全责任制”有力落实、高标准农田“量与质”稳步提升、管控“非农化”和“非粮化”措施稳步落地的审计“三部曲”。围绕习近平总书记关于“保障重要农产品有效供给”稳住“一头猪”的要求，组织开展生猪稳产保供专项审计，推动省政府“猪八条”“猪九条”政策落实。围绕习近平总书记关于巩固拓展脱贫攻坚成果任务要求，持续开展50个国、省乡村振兴重点帮扶县审计，有效保障多措并举守住不发生规模性返贫底线。围绕习近平总书记关于“建设宜居宜业和美乡村”要求，先后对全省3/4的涉农县开展人居环境整治专项审计，促进“美丽四川・宜居乡村”建设。围绕习近平总书记关于“夯实乡村治理这个根基”要求，开展乡村治理专项审计，促进“四议、两公开、一监督”制度落实、村级财务资产规范管理，为行政区划和村级建制调整“两项改革”顺利实施保驾护航。围绕习近平总书记关于“持续整治群众身边腐败和作风问题”要求，连续三年开展惠民惠农补贴“一卡通”专项审计，促进四川省率先实现补贴资金“阳光审批、阳光发放、阳光监管”，使农民群众真正拥有“幸福卡”。

二、强化统筹引领，贯通融合拓展审计监督广度和深度

四川省审计厅坚决贯彻党中央、国务院“三农”工作决策部署，把审计监督挺在保障农业农村优先发展战略落实的最前面，不断加强上级审计委员会对下级审计委员会的领导、上级审计机关对下级审计机关的业务指导，通过规划计划、工作调度、请示报告、监督考核、督查督办等方式，聚合审计目标，统筹审计资源，努力做到全省审计工作“一盘棋”。2021年年底，四川省出台了《乡村振兴促进条例》，明确要求对农业农村优先投入保障机制落实情况、乡村振兴资金使用和绩效情况实施审计监督。为加大审计力度，优化组织方式，2022年审计厅成立了乡村振兴审计工作领导小组，对全省涉农审计计划统管、方案统一、成果共用，将乡村振兴审计融入预算执行审计、经济责任审计、自然资源审计、金融审计、重大投资审计等专项审计中，整合审计资源，统筹形成合力，推动全省农业农村优先发展战略落地生根，初步构建了四川大乡村振兴审计“一盘棋”新格局。在近年来开展的省级各类乡村振兴融合审计项目中着力揭示了乡村振兴信贷风险防范机制不健全，水利工程项目推进缓慢、投资绩效不够理想，领导干部履行乡村振兴工作第一责任人职责还不够到位、财政投入保障不足等突出问题，有力拓展了乡村振兴审计监督的广度。推动修订完善《四川省内部审计条例》，促进乡（镇）建立健全内部审计制度，增强乡村振兴监督力量；以四川“两项改革”后半篇文章为契机，指导广元、内江、达州等地探索以乡（镇）为单元，成立乡（镇）（片区）审计站，重点开展村（社区）各类专项审计调查，着力打通农业农村审计监督在乡村基层的“最后一公里”，有力拓展了乡村振兴审计监督的深度，促进消除监督盲区。

三、强化协同配合，健全乡村振兴审计协作联动机制

四川省审计厅不断强化审计机关协同，大力促进各类监督贯通联动，解决不同级次审计交叉重复和成果碎片化问题。与审计署驻成都特派办联合，从项目实施共谋、审计资料共享、数据分析共推、审计成果共用、审计整改共促、审计力量共配等六个方面延续扶贫审计期间建立的联动工作机制；与浙江省审计厅签订东西部协作和对口支援审计框架协议，明确两省审计机关工作协调机制，明晰审计职责分工，落实计划制定、成果共享、业务交流等方面保障措施。强化省级主管部门协同，促进行业有效治理，努力解决“中梗阻”，畅通“三农”政策落实“起始一公里”。2021年以来，全省统一组织实施农业农村审计项目12个，出具审计报告550份，移送纪检监察机关、市县政府、主管部门调查处理和追责问责问题线索604件，省委、省政府采用和省领导批示审计综合报告、信息简报55篇次，向省级主管部门函送行业问题29件次。省委将审计发现问题和整改成效纳入对市（州）领导班子领导干部推进乡村振兴战略实绩考核范围，省委农办、省委组织部等单位将审计发现问题作为乡村振兴工作省直部门联合监督检查重要内容。省纪委监委、财政厅和农业农村厅等单位运用审计成果，举一反三，开展了“一卡通”、涉农领域惠民工程、高标准农田建设、涉农保险保费补贴、撂荒地整治等多个专项治理行动。2021年以来，全省农业农村审计促进追责问责1013人，通过挽回损失、盘活和新增安排资金等方式提高125.32亿元财政资金效益，各地健全完善制度措施2092项，乡村振兴审计有力增强了群众的幸福感、获得感。

对口支援传帮带　托底帮扶显成效

四川省卫生健康委员会

一、对口支援“传帮带”工程

2017年，全省实施城乡医疗卫生对口支援“传帮带”工程，印发《四川省城乡医疗对口支援工作方案》，每年选派千余名医疗专家对口支援贫困地区、民族地区县级综合医院、妇幼保健院、中医医院、乡（镇）卫生院、疾控机构、监督执法机构等各级医疗机构。2021年，国家卫生健康委等部门《关于印发“十四五”时期三级医院对口帮扶县级医院工作方案的通知》要求，全省结合实际，制定《四川省城乡医疗卫生对口支援“传帮带”工作方案(2022—2025年)》，每年选派千余名医疗专家帮扶88个脱贫地区、67个民族地区、83个革命老区、乡村振兴重点帮扶县等地区各级医疗卫生机构。2017年以来，全省共计选派5.4万余名医疗专家开展对口支援工作。

四川省人民医院在这一工作中倾力支援，表现突出，成效显著。8年以来，该院向帮扶的10余家医院相继派近600人，年度评优率保持在40%以上，超过全省20%的基准线；为基层医院培养了2000余名综合管理人才和专业技术人才，为当地医疗体系的自我造血功能注入了强大动力，促进了本土医疗人才的快速成长与持续发展；助力阿坝州人民医院成功打造了3个省级重点学科，仪陇县人民医院与通江县人民医院则分别建立了3个市级特色专科；助力通江县人民医院建成全市首家通过国家验收的胸痛中心，绩效考核提升至B级，荣获多项省级荣誉，同期帮助重庆市云阳县人民医院成功创建国家三级甲等医院。

二、医疗人才“组团式”帮扶

2022年，按照《中共中央组织部等关于印发〈“组团式”帮扶国家乡村振兴重点帮扶县人民医院实施方案〉的通知》（组通字〔2022〕15号）要求，浙江、四川两省按照“以市担责、以院包院”的方式，对四川省25个国家乡村振兴重点帮扶县进行帮扶，其中阿坝州2个县（金川县、黑水县）、甘孜州1个县（道孚县）、凉山州10个县（盐源县、普格县、布拖县、金阳县、昭觉县、喜德县、越西县、甘洛县、美姑县、雷波县）共13个国家乡村振兴重点帮扶县人民医院由浙江省派出43家三级医院进行帮扶，其余12个国重县由省内三级医院帮扶。在国家政策的基础上，全省印发《四川省“组团式”帮扶乡村振兴重点帮扶县人民医院实施方案》，由省内三级医院对25个省乡村振兴重点帮扶县人民医院进行帮扶。2022年、2023年、2024年分别有308名、295名、297名医疗专家对50家医院开展帮扶工作。

25个国家乡村振兴重点帮扶县包括：阿坝州6个县（壤塘县、若尔盖县、红原县、阿坝县、金川县、黑水县），甘孜州9个县（石渠县、色达县、德格县、理塘县、甘孜县、新龙县、白玉县、炉霍县、道孚县），凉山州10个县（美姑县、布拖县、金阳县、昭觉县、喜德县、普格县、越西县、甘洛县、雷波县、盐源县）；25个省级乡村振兴重点帮扶县包括：达州市万源市1个、巴中市2个县（通江县、平昌县），广元市2个县（剑阁县、旺苍县），乐山市3个县（区）（马边县、金口河区、峨边县），阿坝州7个县（市）（小金县、松潘县、理县、九寨沟县、茂县、马尔康市、汶川县），甘孜州9个县（市）（雅江县、得荣县、巴塘县、丹巴县、乡城县、稻城县、九龙县、康定市、泸定县），凉山州1个县（木里县）。

成都市中西医结合医院精准实施医疗人才“组团式”帮扶，累计选派92人次专家（含高级职称12人）驻点，“师带徒”培养本土骨干200余人次，开展培训300余场、手术示教600余台。帮扶建成甘孜州首个“5G+”远程E-ICU、国家级高血压达标中心等“十个第一”项目，助力晋升二甲医院并创建3个州级重点专科，实现59项新技术县域突破。开展公益手术周，完成白内障复明手术388例、骨关节手术84例。先心病筛查7万名学生，免费救治159名先心病患儿（成功率100%）。通过“输血+造血”双轨模式，显著提升医院综合能力及患者满意度，打造高原医疗帮扶示范标杆。

三、欠发达县域托底性帮扶

2024年，省卫生健康委印发《四川省39个欠发达县域医疗卫生托底性帮扶工作实施方案》，全面提升全省39个欠发达县域医疗卫生服务能力。39个欠发达县分布于阿坝州、甘孜州、凉山州、巴中市、广元市、达州市、乐山市、南充市8个市（州）。根据39个欠发达县域医疗服务能力评估和基础设施建设情况，按照各类机构的运行现状及能力，将39个欠发达县域各分为需巩固优化、全面提升、托底改善3类，从县医院能力建设、基层医疗卫生机构建设、妇幼保健机构建设等5个维度提出重点任务，分年度明确目标任务。在人力资源配备方面，目前39个县每千人卫生技术人员、执业医师数、注册护士数分别为5.97人、1.45人、2.37人，远低于全省平均水平的9.39人、2.62人、3.84人。在县医院能力建设方面，39家县人民医院中，“二级”医院29家，均为“二甲”29家；三级医院10家，其中“三甲”1家、“三乙”6家、三级未定等3家。根据2023年国家县医院服务能力评估结果显示，39家县人民医院仅34家达到基本标准，10家达到推荐标准。在基层医疗卫生机构建设方面，39个欠发达县域乡（镇）卫生院和社区卫生服务中心达到能力标准（包括基本标准和推荐标准）的机构占39.39%，达到推荐标准的机构占6.13%。在妇幼保健机构建设方面，39个欠发达县妇幼保健机构中除了巴中市恩阳县未评级，剩余38个县均达二级乙等。39个欠发达县婚检、孕检、产前筛查等机构覆盖率均为100%。

成都中医药大学附属医院立足雷波县医疗卫生实际，充分发挥中医药特色优势，实施精准医疗帮扶策略，取得阶段性成效。在技术帮扶方面，医疗团队成功实施雷波县首例超声引导下骶管注射术治疗腰椎间盘突出症，填补了该地区微创介入治疗领域的空白，有效解决当地群众因交通不便导致的“就医难、手术难”问题。在民族医药传承创新方面，医疗团队系统整理彝族医药理论体系，挖掘彝医外治法精髓，针对当地常见病多发病开展科研攻关，创新开展彝医火草灸特色疗法临床研究，在产后腰痛等病症治疗中取得突破性进展，相关成果已形成标准化治疗方案。通过“现代技术导入+传统医药开发”的双轮驱动模式，构建了具有民族地区特色的中医药健康服务新模式，为提升民族地区医疗卫生服务能力探索出可复制推广的经验路径。

四、“万名医护走基层”志愿服务活动

四川“万名医护走基层”志愿服务活动于2023年4月份启动，由省委宣传部、省精神文明办、团省委、省红十字会、省卫生健康委五部门联合组织实施。活动的根本目的是服务现代化建设全局和乡村振兴战略，引导和推动优质医疗资源下沉一线成为“习惯”和常态；基本指导是以革命老区、脱贫地区、民族地区、盆周山区为重点，坚持志愿服务常下乡、常在乡、常惠乡，让群众在家门口就能看到医生；主要任务是帮带基层与直接服务群众并重，促进乡村医疗卫生服务水平整体提升；核心举措是省、市、县三级联动，贯穿全年组织、覆盖全域实施，定点帮扶、义诊巡诊、临床带教、健康宣讲、疾病预防“五位一体”并行，推动医疗资源大省、医疗服务大省向卫生健康强省转进、向实现现代化迈进。活动开展一年以来，全省共开展志愿服务活动近万场，参与专家、志愿者4万余人次，直接惠及群众近300万人，为群众节省看病难问题，推动基层医疗卫生机构年诊疗量增长6.08%，更多的常见病、多发病在县域内得到解决。基本做法是建立“五大制度”。为确保志愿服务活动常态化、标准化、规范化开展，建立任务规划制度，明确规定省级示范引领活动全年不少于4次，全年派出医护志愿者不少于1000名；市（州）定期组团走基层每月不少于1次，每年派出医护志愿者不少于9000名。建立监督考核制度，将各级医疗卫生机构志愿服务情况纳入年度考评，定期对活动情况进行排名通报。建立引导激励制度，将志愿服务情况作为个人、集体评先创优和医德医风考核、推优入党的参考依据，志愿服务表现突出的个人优先推荐评选行业重大先进典型，参加志愿服务基层时间作为其基层工作经历累计计算。建立专项保障制度，派出单位为志愿者购买意外险并承担相关费用，志愿服务地统筹做好活动相关保障。建立宣传引导制度，各级卫健部门、党委宣传部门、文明办、团委、红十字会、志愿服务团队和受援单位联合组织志愿服务宣传，及时总结并推广先进典型经验做法，为活动的持续深入开展营造良好氛围。坚持“三大原则”。“三包”原则，国家卫生健康委在川医疗机构和委（局）直属医疗单位包片区、市级医疗机构包市域、县级医疗机构包县域，确保全域覆盖。“两并重”原则，坚持支援帮扶基层医疗机构提升能力与直接为群众提供医疗卫生服务并重，帮带与服务相促进。“一结合”原则，坚持自愿参与和社会倡导相结合，既尊重广大医护人员参与志愿服务的意愿，又强调医护人员和公民的社会责任。组建“四级队伍”。分层分级组建志愿者服务团队，省志愿服务总队由省卫生健康委负责组建，由4家国家卫生健康委在川医疗机构和18家省级直属医疗机构抽组1400余名队员组成。市（州）志愿服务支队由各市（州）卫生健康委负责组建，总人数1.1万余人。医疗卫生机构志愿服务团队由牵头单位负责组建，每队10～30人，人员组成以副高级以上医师为主体，兼顾“医、护、技、管、后”五类人员，覆盖内外妇儿等学科。优秀医护志愿者成立志愿服务小分队，特别优秀的医务人员牵头成立专业小分队，每队5～10人。做好“四个衔接”。与成渝地区双城经济圈建设相衔接，开行“健康中国川渝号”健康列车，让志愿服务延伸到川渝铁路沿线、惠及川渝两地广大群众，助推川渝卫生健康一体化建设。与城乡融合发展相衔接，依托志愿服务推动人员、技术、服务、管理下沉，以志愿服务活动的“小切口”带动乡村医疗卫生服务的“大提升”。与东西部对口帮扶相衔接，加强对革命老区、脱贫地区、民族地区、盆周山区对口支援“传帮带”和“组团式”帮扶，加快提升乡村医生卫生服务能力。与分级诊疗相衔接，把大医院技术传到基层，把大医院医生引到基层，让群众在家门口就能享受到优质医疗服务，使更多的常见病、多发病在县域内解决。

这一工作得到医护人员所在医院大力支持，在自愿基础上派出大批医护人员奔赴基层一线，其中成都市第三人民医院“医路同行”志愿服务队的工作成效较为突出，2006年以来，累计注册2279人，累计开展志愿服务96816小时，主要志愿服务项目有：“关爱天线宝宝”志愿服务、门诊为您服务志愿服务站、中国南丁格尔志愿护理服务总队四川省成都市第三人民医院分队、党员志愿服务、“救在身边”志愿服务队、走进边远地区义诊志愿服务。积极践行“健康中国”战略，进社区、进家庭、进企业、进高校、进机关，累计开展志愿服务活动1万余场，参与医护人员、志愿者3万余人次，直接惠及群众近500万人。医路同行志愿服务队从2008年“5·12”汶川地震到2020年新冠疫情防控，始终发挥医疗志愿者专业优势，先后获得第六届中国青年志愿服务项目大赛金奖、共青团中央第十四届中国青年志愿者优秀项目奖、全国抗疫先进个人、“感动中国”年度人物等荣誉，一批志愿者骨干获得省级、市级等各级荣誉。

成都市第三人民医院成立医路同行志愿服务总队、创建医院志愿服务实践平台、建立“医护工作者+社会工作者+志愿者”三工联动协作模式，积极开展“关爱天线宝宝”志愿服务项目，为患者及家属提供入院宣教、健康管理、基金申请等综合性志愿服务，开展病房探访服务、健康讲座，通过爱心捐赠、义卖等方式扩充资金来源，累计筹集善款6.4万余元。新冠疫情期间，医院志愿服务队组织志愿者与援鄂、一线医护人员和家属结对，提供坚实的后勤服务。加强对革命老区、脱贫地区、民族地区等对口支援“传帮带”和“组团式”帮扶。

五、健康列车

为响应全民健康素养提升三年行动号召，充分发挥“健康中国川渝号”在保障人民群众健康、提高居民健康素养水平方面的积极作用，2024年6月16日至20日，由四川省卫生健康委、重庆市卫生健康委、中国铁路成都局集团公司联合开展的“健康中国川渝号”健康列车驶进凉山州越西县普雄镇，为当地彝族群众带来了专业便捷的健康服务。25名来自成都大学附属医院的医疗专家，涵盖了呼吸与危重症医学、消化内科、心血管病、神经内科、妇科、全科医学、超声医学、放射、检验、康复等多个专业领域，运用CT、DR、心电图等先进的医疗设备，不仅为群众开展了体格、心电图、彩超、CT、血常规、生化和传染病防控等多项专业检查，还针对常见病、多发病以及慢性病进行了初步的筛查、诊断和咨询服务。此次“健康中国川渝号”系列之服务到家健康列车越西行活动，以“铁路与地方相结合”“医疗服务与公共卫生相结合”“疾病诊疗与健康科普相结合”为核心理念，现场服务3天。活动期间，向群众赠送和发放了药品、健康科普实物宣传品及《健康四川　幸福你我》科普读本等。健康列车医疗专家还对普雄镇当地的医务人员进行了帮教培训，极大地提高了当地的医疗水平和服务能力。同时，省卫生健康宣教中心联系峨眉电影团队，现场播放了爱国主义电影《雄兵出击》和《小心美食的烟火》《中医药四时养生》《科学健身》等健康科普视频，让群众在娱乐中学习到实用的健康知识和防病技能，进一步提高了其健康素养，养成健康文明的生活习惯。为民族地区提升居民健康素养、推动乡村振兴贡献了医疗力量。10月21日—25日，健康列车驶进尼波镇开展乡村振兴服务，来自成都大学附属医院、四川大学华西第四医院、四川省骨科医院、四川省中西医结合医院、成都八一骨科医院的40余名专家为当地群众开展体格检查、心电图、彩超、CT、血常规、生化（肝功、肾功、血脂、血糖、尿酸）等体检筛查，以及甲状腺疾病、乳腺疾病、幽门螺杆菌感染、骨关节病、心脏瓣膜病及外周血管病等专项筛查，到就近村落及附近铁路站区开展医疗巡诊，对以往健康筛查发现的先心儿患者及心脏瓣膜病患者进行回访复诊，对尼波镇卫生院医务人员开展帮教培训。省卫生健康宣传教育中心向当地群众发放健康知识读本和宣传品、播放健康视频等，向群众普及健康知识。活动被中央电视台《新闻联播》报道。

同时，中国铁路成都局集团公司冠名"健康中国川渝号"主题动车，由四川省卫生健康委对车上相关广告点位（车身、海报、小桌板、头枕巾、车门贴、LED滚动屏）开展健康宣传打造，通过张贴健康标语、健康知识图画、发放健康宣传资料、播发健康教育视频等形式为旅客群众开展健康服务。一年多来，在成渝两地对开2800趟次，运送旅客145万人次；5列健康小慢车开行成昆线、川黔线、渝怀线、成渝线上的川、渝两地卫健委将健康宣传内容融入相关主题宣传，充实健康驿站区域健康宣教内容，把健康科普知识送到百姓身边。

2024年，成都大学附属医院组派优质医疗团队，登上"健康中国川渝号"系列之服务到家健康列车，先后赴凉山州越西县普雄镇、喜德县尼波镇及重庆秀山土家族苗族自治县，为当地群众提供免费体检筛查、医疗巡诊、健康义诊、医疗帮扶等系列医疗健康服务。活动在四川省卫生健康委、重庆市卫健委支持下，成都大学附属医院医疗团队与成渝两地多家医院专家约50余人，涵盖神经内科、心内科、呼吸科、儿科等10余个专业，免费进行健康体检及义诊2000余人次，开展科普宣传4000余人次，同时对当地三家社区卫生服务中心进行专业指导，通过健康列车帮助边远地区群众进行慢病筛查及疾病预防，让老百姓在家门口即可享受中心城市的优质医疗资源及医疗服务。

六、"三下乡"活动

四川省卫生健康委积极组织国、省、市三级优质医疗卫生资源，通过"送卫生下乡"、国家医疗队巡回医疗、"服务百姓健康行动"等活动，帮助边远民族地区、革命老区提升医疗服务能力，持续开展巡诊义诊，深入推进健康宣教，助力新时代乡村振兴。2023年累计组织全省3999家医疗机构共3万余名医务人员，诊疗门急诊患者130余万人次，"送医到户"69人次，会诊24639例，开展住院手术16403台次，为患者减免242.8万元，发放免费药品（器械）29.86万元。

常年开展"三下乡"活动成绩突出的单位有省卫生健康宣传教育中心、四川护理职业学院等。四川省卫生健康宣传教育中心连续举办九届"点亮一盏灯　照亮一家人"健康知识上高原活动。先后有500余名医务工作者和社会志愿者，累计行程54万余公里，行经凉山州、阿坝州、甘孜州共49个县（市、区）130余个乡（镇），惠及10万余名群众，被中央宣传部评选为"2022年全国文化科技卫生三下乡活动示范项目"。四川护理职业学院定点帮扶阿坝州若尔盖县。4年来，针对当地医药卫生人才短缺，农牧民卫生健康观念落后等现状。发挥学院优势，进行"政—校—行—院—企"五方协同，在阿坝州若尔盖县组建"川护若尔盖健康服务志愿队"，定期开展"三下乡"工作，入户开展康养理疗、慢病管理与护理、健康咨询、送医送药、科普宣传等志愿活动，服务惠及农牧民8万余人，开展中医适宜技术技能培训1万余人次，为当地培养了100余名"感党恩、情怀深、技术精"的康养专业人才，编写了30余册涵盖通识卫生科普知识、常用技术和地方特色疾病的藏汉双语《民族地区卫生健康科普手册》和系列科普视频，为民族地区中小学、农牧民开展康养知识科普宣讲1.5万余人次，有效解决了当地"因病致贫、返贫"问题，被当地农牧民称为"高原上最美的格桑花"。定期志愿服务团队获得"全国教育系统先进集体""四川省最美健康服务团队"等荣誉。团队成员获得中央文明办"全国疫情防控最美志愿者"、中华护理学会"杰出护理工作者"和四川省十大"最美志愿者"等荣誉称号。

新型农村集体经济发展的现实挑战与路径选择

四川省社会科学院　郭晓鸣　张耀文　庞经滔

新型农村集体经济组织是指农村土地等资源资产的所有权主体，当前庞大的资源资产拥有量与新型农村集体经济发展困难形成较大反差，破解新型农村集体经济发展的"富饶的贫困"的矛盾，实现突破性进展，需要合理选择发展路径，有效化解一系列深层次矛盾。

一、新型农村集体经济发展面临重大现实需求

尽管农村集体经济经历了职能弱化、地位下降的历史发展过程，但随着乡村振兴和城乡融合发展的不断深入，时代又赋予了其全新的价值和意义，重大现实需求全面凸显。

（一）农业农村发展滞后条件下推动乡村全面振兴的需求

我国发展最大的不平衡是城乡发展不平衡，最大的不充分是农村发展不充分。农村集体经济发展不仅能够带来产业发展、基础设施和公共服务改善、文化和生态建设深化等综合性经济社会效应，还有助于解决农村“空心化”带来的乡村组织涣散、凝聚力下降等问题，为农民以集体行动方式参与乡村振兴和乡村建设提供重要组织载体。因此，农村集体经济既寄托着国家振兴乡村和强大农业的宏观愿景，又负载着维系村庄共同体稳定发展的重要使命。

（二）城乡融合发展趋势下推动要素有序高效流动的需求

城乡由二元分割走向融合统一是国家工业化和城镇化的内在规律和必然趋势，但在当前城市要素进入乡村过程中，既存在乡村对城市要素抗拒与排斥的突出矛盾，也存在城市要素对乡村掠夺与挤出的现实风险。要解决这一两难困境需要强化集体经济组织在城乡要素流动中不可缺失的组织载体功能，一方面，集体经济组织可以帮助农民在与外来主体的谈判中掌握主导权，还能够整合分散的耕地、农村集体建设用地等资源，与城市要素实现高效有序匹配；另一方面，集体经济组织有能力抑制农户的短期化行为倾向，确保村庄与外来主体达成稳定合作。

（三）乡村产业转型进程中同步健全产业组织体系的需求

在现代农业加快发展的新历史背景下，发展壮大新型农村集体经济是促进乡村产业转型发展的必然要求。新型农村集体经济组织是农村耕地等重要农业资源的所有权主体，较之于小农户，其具有明显的规模化利用资源的优势；较之于专业合作社，其具有更强的资源动员优势；较之于龙头企业和家庭农场，其又具有能够兼顾社会效益的比较优势。因此，新型农村集体经济组织可以在农业规模化经营中的资源整合、农业生产性服务业发展中的合作参与、多元化产业主体成长中的利益协调等方面发挥关键作用，是实现乡村产业转型升级不可缺失的重要组织形态。

（四）农民农村共同富裕目标下有效保障农民利益的需求

农村集体产权制度改革之后全面重构的新型农村集体经济在一定程度上正在成为促进农民农村共同富裕的重要组织载体。新型农村集体经济不仅能够以促进乡村产业和就业增长方式提升农民实际收入水平，带动小农户分享现代农业的发展收益，而且可以通过股份分红、社会救济、社区福利、公共服务等途径调节利益结构，开展扶弱助困，保障基本权益，助力农民农村共同富裕的有效实现。

二、新型农村集体经济发展存在的挑战性困境

就现实看，尽管发展需求不断增长，但受制于新型农村集体经济发展基础、组织特征和外部环境的多重制约，当前主要存在以下五大挑战性困境。

（一）主体困境：带头人激励受限，成员参与不足

当前，难以实现带头人有效引领和普通成员的认同参与是新型农村集体经济发展中的普遍障碍。一方面，集体经济实际发展水平与带头人高度相关，但存在的突出问题是激励受限，集体经济带头人的薪酬收入未能与自身付出及取得的发展成果合理挂钩，激励机制的严重缺失导致了集体经济发展带头人普遍动力不足；另一方面，农村集体产权制度改革虽然通过成员锁定、股份量化重构了集体与农民之间的股权关系，但现阶段绝大多数集体经济发展基础薄弱，盈余分配较少，集体经济发展与农民收入增长、生活改善依然呈弱关联状态，农民对集体经济的认同和参与不足问题尚未有效解决。

（二）经营困境：运行机制不健全，经营人才短缺

现实表明，多数集体经济组织仍然面临运行机制不健全和经营人才短缺的双重挑战。首先是组织运行不规范，不仅内部治理架构和收益分配制度不尽完善，有效率的监督机制和防风险机制缺失，而且与村“两委”之间普遍存在权责混淆不清现象，导致事实上的政经不分矛盾趋于加重。其次是经营人才严重短缺，由于乡村人才大量外流，集体经济发展中可供选择的人才相对有限，加之非市场化的薪酬制度对导入经营性人才缺乏有效激励，结果是相当数量的集体经济组织都是由长于治理而不擅经营的村干部“掌舵”，因其循守旧有余，探索创新不足，普遍缺乏市场化条件下引领村集体经济发展的基本能力。

（三）市场困境：合法性认可不足，发展路径单一

新型农村集体经济组织“特别法人”资格的确立为其参与市场经济运行提供了基础性法律保障，但在实践中，集体经济发展难、发展慢的矛盾仍然突出。一方面是市场认可度低，普遍存在有法律地位而无法人资格的困境，农村集体经济组织由农业农村部门而非工商管理部门登记，在取得合法经营资格、发票开具资格等方面受限，对外经营合作也经常难以得到其他市场主体的承认；另一方面是发展路径单一，由于市场化运行不足和风险承担能力有限，多数集体经济组织选择简单化出租资源资产，集体收益低位固化，以多种合作方式参与现代乡村产业发展的较少，集体经济增收渠道不宽，发展速度总体缓慢。

（四）资源困境：资源配置分散化，跨村合作不足

新型农村集体经济组织虽然拥有资源富集的独特优势，但却普遍存在整合不足的困境。一是村内资源整合困难，由于耕地、林地等重要资源实施的是长期化分户经营，集体经济组织事实上仅能直接掌控数量有限的机动耕地、“四

荒地"、闲置集体建设用地等，大量农民外出导致部分耕地粗放经营或者直接撂荒，但因集体经济组织缺乏补偿能力，对农户低效利用的分散耕地、林地等资源进行有效整合仍然困难，低效利用矛盾十分突出。二是跨村合作发展不足。当前集体经济普遍采取的是以行政边界为限的单村发展模式，不仅难以突破土地资源、资金、人才不足等制约，而且极易造成不合理过度竞争和同质化发展，加剧村域之间的发展不平衡矛盾。

（五）制度困境：改革赋权不充分，资源盘活受限

推动闲置资源资产高效利用是集体经济实现快速发展的关键一步，但需要多领域农村改革的集成推进。当前存在的突出问题：一是集体产权权能未能实质性拓展。农村集体产权制度改革虽然实现了"还权于民"，然而"还权"后的"赋能"尚未充分实现，集体股权抵押、担保、继承、流转、退出等权能拓展仍难突破，直接抑制了集体资源资产的效能发挥。二是改革协同性不足矛盾仍然突出。由于农村各项改革缺乏协同联动机制，碎片化特征明显，难以在最重要的推动集体资源资产优化配置中形成改革合力，突破发展瓶颈，导致集体经济内部虽有大量宅基地闲置，但既难以转换为集体经营性建设用地后入市交易满足城镇用地需求，也无法通过空间调整满足乡村产业用地需求，集体经济在资源利用上普遍因制度限制无奈面临着"富饶的贫困"矛盾。

三、新型农村集体经济亟须创新发展路径

新型农村集体经济具有独有的制度优势和加快发展的现实需求，但主要由于发展基础薄弱和政策支持不足，其实际发展仍然面临多重困境，急待基于自身组织特性，聚焦关键障碍，选择四大路径实现重点发展突破。

路径一：整合统筹与价值实现的多元化资源利用发展路径

农村集体经济组织具有资源共有和利益共享的基本特征，强化整合和优化配置资源能力，通过整合分散资源，以租赁、入股、合作等多元化方式推进资源激活和价值实现，应当是农村集体经济突破发展困境的基本路径。一是整合未承包到户的耕地、林地、草地等资源，通过统一流转、合作开发等方式，实现规模经营和价值增长。二是整合承包到户但低效利用的农地、果园、水塘等资源，采取重新发包经营、流转租赁、入股联营方式，实现资源的高效再利用。三是整合闲置的农村集体建设用地和农房资源，挖掘乡村独有的生态、历史、人文优势，通过股份合作、招租经营、共同开发等方式，全面融入乡村产业发展，大幅度提升乡村资源价值。

路径二：资产管理和稳健经营的多主体产业合作发展路径

农村集体经济组织共有产权的制度安排内在地决定了其既要实现资产保值增值，又不能因参与高风险市场竞争导致破产。因此，必须通过与家庭农场、合作社、农业企业等市场主体深度合作，以有效率的资产管理和经营方式实现低风险稳健发展。一是结合农业产业链延伸，整合财政扶持资金和自有资金，通过入股合作等方式投资建设农产品加工、仓储物流、交易市场等产业设施，使集体经济组织与新型经营主体形成产业链配套关系和合作经营关系，稳定实现收入增长。二是结合新产业新业态发展，收储并改造提升闲置农房，引入市场主体开发民墅康养、研学体验、餐饮娱乐等新业态和新消费场景，形成集体经济的经营性收入、租金收入、经营性收入和股份分红收入，在推动多元主体参与乡村产业融合中实现集体经济的稳健发展。

路径三：分工深化和功能拓展的多层次服务供给发展路径

农村集体经济组织作为代表社区共同利益的组织形式，能够更准确地了解本区域和农民的服务需求，进而更有效率和更低成本地进行多层次服务供给，不断拓展功能和强化服务功能，实现集体经济更具比较优势和持续能力的服务性收入增长。一是参与农业生产性服务供给。一方面，发挥优势，在农业生产性服务中提供居间协调服务，提高农业社会化服务供给效率；另一方面，与市场服务主体合作，参与提供农资供给、技术指导、劳务服务、产品营销等，成长为农业社会化服务体系的重要主体。二是参与管理性服务供给。重点为进入乡村从事农文旅产业发展的经营主体提供配套的物业管理、矛盾协调、劳务派遣等服务，成长为乡村公共性管理服务的主要供给主体。三是参与公益性服务供给。对集体经济组织合理赋权，承接政府购买的乡村小微型基础设施建设和公用事业维护等公共服务，实现农村基础设施高效建管和集体收入稳定增长等多重目标。

路径四：整体推进与利益共享的多类型村庄经营发展路径

推动农民农村共同富裕是新型农村集体经济的时代使命，构建现代乡村产业体系也需要突破单村发展的资源限制，因此，推动新型农村集体经济发展需要更加重整村经营和跨村合作，有效强化长效发展动能。一是探索整村经营模式。在统一规划基础上，以农村集体经济为主导，联动国有企业、专业运营团队等多元主体，系统开发乡村闲置资源资产，整体性发展高质高效农业和新型乡村产业，以强化集体行动方式带动农民实质参与并实现共建共享。二是探索多村联营模式。以产权关系明确和利益分配规范为基础实现多种类型的跨村合作，联合经营，在更大区域空间内整合资源和优势互补，实现农村集体经济以强带弱、共同发展。

我国新型农业经营主体的进展、问题及政策建议

四川省社会科学院　郭晓鸣　肖志娜　周攀青

培育新型农业经营主体、发展农业适度规模经营是加快农业现代化的战略选择。新型农业经营主体是指在完善家庭联产承包责任制度的基础上，有文化、懂技术、会经营的职业农民和具有较大规模经营水平、较高集约化程度和较强市场竞争力的农业经营组织，主要包括专业大户、家庭农场、农民合作社、农业龙头企业以及其他经营性农业社会化服务组织。与传统小农经营主体相比，新型农业经营主体在农业标准化生产、产业化经营、规模化服务等方面具有明显优势，具有较强的市场竞争力和抗风险能力，其快速发展现实地回答了"谁来种地""怎么种好地"的时代之问，为解决"大国小农"如何走出一条中国特色现代农业发展之路提供了可行路径。

近年来，在国家政策和市场机制的双重影响下，各类新型农业经营主体均得到了长足发展，其成长轨迹亦呈现出深刻的中国特色。特别是2020年农业农村部出台的《新型农业经营主体和服务主体高质量发展规划(2020—2022年)》，提出了关于新型农业经营主体发展的三大工程：家庭农场培育发展工程、农民合作社能力提升工程、农业社会化服务组织创新提升工程，新型农业经营主体迎来了发展机遇。当前，我国正处于加快建设农业强国的关键时期，新型农业经营主体日益发挥着举足轻重的作用。在此背景下，全面检视新型农业经营主体的发展现状与存在问题，进一优化对策举措，对于完善新型农业经营主体政策支持体系和加快推进中国式农业现代化意义重大。

一、新型农业经营主体的基本特征

新型农业经营主体作为乡村振兴战略中的重要生产单元，既是实现小农户和现代农业有机衔接、推动农业转型发展的基础性和骨干性经营主体，又是稳定农业基本盘、促进我国农业高质量发展的中坚力量。其实际发展规模和水平，直接关系到能否实现稳农业发展、保粮食安全和促农民增收等关键目标。进一步考察，新型农业经营主体除了具有商品化生产、企业化管理、市场化发展等规模经营的一般特性以外，还具有更加有利于现代农业持续发展的下述重要特征：

第一，新型农业经营主体的生产选择为稳固农业基础和确保粮食安全提供重要支撑。现实表明，新型农业经营主体的生产选择基本以种养业为主，并且在粮油、果蔬、生猪等传统农业领域保有较高比例。绝大部分新型农业经营主体不仅从事的是与种养业相关的农业生产经营活动，而且与本区域特色产业发展密切关联，事实上构成了巩固农业基础和保障粮食安全的重要支撑。

第二，新型农业经营主体普遍综合素质较高并与当地农村社区表现出较强的地缘关系。已有调查表明，新型农业经营主体有较高综合素质，普遍具有年纪较轻、受教育程度较高的特征。此外，绝大部分新型农业经营主体来源于本地村民，对当地的自然资源、社会环境等十分熟悉，即便是外来的新型农业经营主体也往往是回归家乡故里或者投亲靠友，同样与当地农村社区有着千丝万缕的密切关系。

第三，新型农业经营主体的发展有效促进了生产要素向农村流动。大量调查显示，现实中新型农业经营主体的发展已经突破以农民为主的封闭式发展方式，相当部分具有政府部门、科研院校、企事业单位工作的经历，这表明新型农业经营主体打破了城乡之间生产要素由农村向城市单向流动的困局，表现出不断增强的开放性特征，这不仅意味着"谁来种地"的严峻困扰有可能因此得到事实上的缓解，而且在人力资本流动的牵动之下，城乡之间生产要素全面对流的新的格局将有望逐步形成，从而构成促进现代农业发展不可缺少的持续性动力源。

第四，新型农业经营主体的发展过程表现出明显的规模理性。对大部分新型农业经营主体而言，土地成本控制比土地规模和集中连片更为重要，为了节约成本、保证稳定收益，新型农业经营主体宁愿放弃土地整体上集中连片而选择部分较边远、土地等级较次的耕地或荒地。现实表明，与城市工商资本往往因多种原因普遍存在非理性的规模偏好现象明显不同，新型农业经营主体基于自身基础一般不会人为地追求土地集中连片和过度规模化发展，而是尽可能地将农业经营规模控制在可行的经营能力范围之内，对土地、劳动力等要素配置更具经济理性。

第五，新型农业经营主体拥有发展现代农业相对更强的自主性。新型农业经营主体在土地流转、基础设施建设和维护、农机应用、设施农业建造及品牌建设等方面都表现出很强的自主性，主要按照自身发展实际情况及意愿对所从事的农业生产进行经营管理，并通过自我积累，自我发展，逐步承担农业生产经营

中的部分投资，具有一定的自主性发展能力，总体上行政干预较少，政府依赖度不高。大部分新型农业经营主体具有自己修建田间道路和灌溉设施的投资行为。

二、培育新型农业经营主体的主要进展

作为支撑中国现代农业转型升级的新型农业经营主体，目前正处于加快发展的重要阶段，在各级政府的高度重视和有效扶持之下，表现出良好的发展态势。

（一）整体数量快速增长，发展质量不断提升

随着国家出台了一系列扶持政策，包括财政补贴、税收优惠、金融支持等，为新型农业经营主体的发展提供了有力保障，全国新型农业经营主体发展迅速，数量不断增加，质量不断提高。从主体数量看，截至2023年年底，纳入全国家庭农场名录管理的家庭农场近400万家，依法登记的农民合作社221.6万家，组建联合社1.5万家。全国有超过107万个组织开展农业社会化服务，服务面积超过19.7亿亩次，服务小农户9100余万户。从2019年至今，我国新型农业经营主体在规模经营和经营收入方面均取得了显著成果。家庭农场方面，经营总收入增长35%，平均每个家庭农场年经营效益提升了近22%；农民合作社方面，全国农民合作社数量稳步增长，增速由负转正；此外，农业产业化龙头企业保持了稳健发展势头，市级以上重点龙头企业平均资产和营业收入增长率分别保持在5%和7%左右。

（二）经营规模有所拓展，发展模式日益多元

从经营规模看，2022年全国家庭农场共经营土地总面积6.98亿亩，其中粮食作物播种面积2.63亿亩，同比增长17.1%，占全国粮食作物总播种面积的17.6%；全国农业生产托管服务总面积19.7亿亩次，托管服务率达24.8%。从发展模式看，全国各类新型农业经营主体在实践中逐步走向联合和合作，探索出了“合作社+农户”“合作社+基地+农户”“合作社+家庭农场”“龙头企业+合作社+农户”等多种符合区域实际需要和产业特点的经营组织模式。

（三）联农带农力度加大，辐射带动农户多样

新型农业经营主体以市场化为导向，集约化、专业化、产业化水平不断提高，辐射带动力不断增强，不仅在入股分红、工资发放、土地流转等联农带农方式上加强扶持力度，更在生产托管，订单销售、技术指导等方面不断把小农户带入现代农业发展轨道。全国农民合作社成员中的普通农户占比95.5%，农民合作社年经营收入6309.2亿元，成员人均可获得盈余二次返还1460.4元。农民合作社为成员提供年经营服务总值8773.5亿元，成员人均享受合作社统购统销服务价值1.5万元。

（四）发展环境持续优化，产业链条拓展延伸

深入实施新型农业经营主体提升行动，鼓励有长期稳定务农意愿的农户适度扩大经营规模成长为家庭农场，支持以家庭农场为主要成员联合组建农民合作社，支持农民合作社依法组建联合社，形成规模优势。鼓励农民合作社发展新产业新业态，由种养业向产加销一体化拓展。目前，超过半数的农民合作社实行产加销一体化服务，12.1万家农民合作社创办了加工、流通、销售等实体。通过兴办现代企业延伸产业链、发展新产业新业态提升价值链、引入新技术新理念带动产业优化升级提高农村产业整体规模效益，有力推动乡村产业现代化发展。共有50.2万家新型农业经营主体注册了商标或通过了农产品质量认证，为乡村产业发展注入了活力。

三、新型农业经营主体发展中面临的现实问题

总体而言，当前我国新型农业经营主体培育虽然取得了显著成效，但依旧存在发展不平衡、不充分、实力不强等问题，面临的诸多短板和制约依然突出，难以满足乡村振兴和农业农村现代化的要求。

（一）经营主体总体规模较小，产业融合功能拓展不足

一是经营主体总体规模较小。新型农业经营主体以家庭农场、农民合作社为主，经营业务以农产品初加工和销售为主流，整体发展水平不高，普遍存在规模小、技术设备落后、精深加工转化能力不足和综合利用率低等问题，导致产品粗放、产业链条短、产品附加值低。单体新型农业经营主体的发展规模仍然偏小、实力弱，水平不高，大部分果蔬类、经济作物类合作社都是以解决初级农产品销售为主要目的，并没有形成从种植到销售一体的链条式服务。家庭农场规模普遍较小，基础设施薄弱，生产经营水平不高，特别是专业大户、家庭农场等主体仅仅满足自身需要，几乎不具备对外服务能力。二是产业融合功能拓展不足。近年来，新型农业经营主体从总体而言呈融合发展加速态势，但产业融合多功能仍拓展不足，乡村三次产业融合度整体偏低。绝大部分农民合作社、家庭农场从事种养殖业，对休闲农业、乡村旅游、民间工艺、农村电商和冷链物流等新产业新业态仍拓展能力不足，新型农业经营主体与一二三产业融合发展的优势和效益未能充分体现。

（二）新型经营主体发展类型不均衡，加剧农村区域发展失衡矛盾

一是新型经营主体发展类型不均衡，从产业类型看，以粮油为主的经营主体发展缓慢，以经济作物为主的经营主体发展速度较快。从主体类型差异看：大型农业企业和龙头企业发展迅速，而农民合作社和家庭农场等小型主体发展缓慢，导致整体发展水平参差不齐。二是新型经营主体发展地域不均衡，发达地区的新型经营主体数量和发展水平远高于欠发达地区，造成农村经济发展的不均衡。从规模化与专业化程度看，少

部分经营主体实现了规模化生产，而其他主体仍停留在小规模经营阶段，限制了其市场竞争力。

（三）资源要素集成能力不强，发展环境亟须继续优化

新型农业经营主体的发展壮大需要各要素的“集成性供给”作为支撑。然而，当前新型农业经营主体发展存在资源要素集成能力不强的短板，发展环境亟须继续优化。一是基础设施较为薄弱。虽然近年来农村基础设施大幅改善，但路网不完善、排灌设施不健全仍然是制约新型农业经营主体发展的重要因素。二是设施用地使用困难。乡村用地刚性约束较强，部分地区80%～90%的耕地被划定为永久基本农田，加上村庄规划编制成本高、建设用地审批程序耗时长、占补平衡指标难等问题，导致农业生产经营设施建设用地难以落地。三是人才不足矛盾突出。在产权保护有限导致城市人才下乡难稳定、难持续，“新农人”的增长数量实际有限。与此同时，乡村本土性新型经营主体也面临突出的结构性矛盾，不仅农业技术性人才仍显不足，而且农产品加工、冷链物流、电商、乡村旅游、经营管理等人才更为缺失。四是资金融通较为困难。由于新型农业经营主体可用于贷款抵押的财产缺乏，导致金融机构放贷的积极性不高，特别是中小型新型农业经营主体仍突出存在着融资困难、融资成本高的问题。

（四）多元主体联动发展不足，优势互补格局尚未成势

一是多元主体合作深度和广度不够。新型农业经营主体之间现有合作方式大多停留在浅层次的生产资料和技术共享、产品销售等方面，在更深层次的要素合作、质量提升、品牌共建等方面互通互联度较低、互助合作少，难以将区域农业产业链形成闭环、促进区域农业发展形成合力。二是多元主体组织化联动不足。农业企业、家庭农场、农民合作社等多元主体组织化程度不高，多元主体协调发展机制有待健全，优势互补格局尚未成势。对于涵盖多个家庭农场、农民合作社、农业企业等主体共同组建利益共享、风险共担、合作共赢的联盟或农业产业化联合体等更紧密、更广泛的合作模式而言，虽有一定进展，但整体力度和规模还不够。

（五）联农带农方式较为单一，示范带动效应仍需增强

一是联农带农方式较为单一。现有家庭农场、农民合作社、农业企业等新型农业经营主体与小农户的合作方式多以统购统销、土地流转和劳务聘用等关系为主，而通过订单采购、资产入股、托养托管和品牌打造等方式进行多重利益联结以实现“风险共担、利益共享、合作共赢”的情况不多，农户就业渠道单一，收入不够稳定。二是示范带动效应仍需增强。一方面，总体缺乏市场占有率高、辐射带动能力强的农业企业、农民合作社等新型农业经营主体；另一方面，现有新型农业经营主体对小农户的带动不足，兴农富农成效不明显。此外，部分新型农业经营主体经营效益不佳，甚至出现亏损或倒闭的情况，缺乏基本带动能力。

四、进一步促进新型农业经营主体发展的政策建议

当前我国新型农业经营主体的发展正处于十分重要的关键期，一方面，发展的内在需求强烈，是实现适度规模经营的最优选择；另一方面，面临的制约仍然明显，发展过程中还存在一系列突出困难，亟待更大力度的政策创新，实施更直接和更具针对性的支持措施。从总体上看，实现六个方面的重点突破至关重要：

第一，以土地流转体系优化为重点稳定新型农业经营主体土地经营。关键是三个方面的政策突破：一是进一步稳定土地流转经营。实现承包地登记颁证信息平台互联互通，加强土地承包经营纠纷调解仲裁能力建设，有效促进承包土地依法有序向新型农业经营主体流转，保障土地经营权基本稳定。二是加强土地流转价格指导。探索建立土地流转价格合理增长机制，出台不同区域流转土地的租金指导价格，实现用地成本变动稳定可控。三是扩大农用地转用农业设施用地弹性空间。明确新型农业经营主体转用农用地进行设施建设的条件、范围和程序，在严格管控的基础上有效满足新型农业经营主体所需的粮食晾晒、农业机械停放、农产品仓储的设施用地需求。

第二，以生产性基础设施建设为核心改善新型农业经营主体生产条件。重点实施双向政策调整：一是有效整合各部门涉农资金。依靠土地整理、高标准农田建设等各项农业建设项目的推动，加大对田间道路、灌溉沟渠等生产性基础设施建设力度，为新型农业经营主体提供良好的生产基础。二是加大针对性政策扶持力度。将新型农业经营主体直接纳入财政支持小微型农业基础设施建设项目的承接主体范围，同时针对新型农业经营主体普遍投资能力不足的实际，对其所建的沟渠、圈舍等生产性基础设施探索“边建边补”的补贴方式。

第三，以抵押方式多样化为突破口破解新型农业经营主体融资瓶颈。一是进一步完善农村产权交易体系。重点消除土地经营权抵押贷款的现实障碍，保障土地经营权抵押担保功能的有效实现。二是突破新型农业经营主体融资无抵押物困境。积极探索建立存栏牲畜、家禽、苗木等农作物土地预期收益权抵押办法，拓宽新型农业经营主体融资渠道。三是拓展农村金融机构对新型农业经营主体的信贷支持。支持新型农业经营主体以应收账款、仓单、注册商标专用权等办理权利质押贷款。四是加快开展新型农业经营主体信用等级评定。对信用等级高的新型农业经营主体给予一定授信额度，及时有效满足其信贷资金需求。

第四，以农业保险多元化为指向提高新型农业经营主体风险抵御能力。尽快探索建立以政策性保险为基础的多渠道、多主体的新型农业经营主体综合性农业保险制度。一是优化政策性保险品种结构。根据新型农业经营主体生产经营特性，开发新型农业险种，在实现稻、麦、油等大宗农产品保险全覆盖基础上，逐步扩大特色农业保险覆盖面，使更多新型农业经营主体能够享受到农业保险的保障。二是提供多种档次的风险保障。设计多种参保档次，对不同档次实行差别化补贴标准，由新型农业经营主体根据缴费和补贴标准以及自身风险防范需要自由选择参保档次，给予自主选择权，多买多补，充分发挥财政对保费补贴的杠杆作用。三是调整农业风险保障水平。逐步实现由保成本向保收入转变，提高新型农业经营主体农业保险的损失补偿水平。

第五，以社会化服务体系建设为抓手强化新型农业经营主体服务支撑。一是促进农业生产性服务业加快发展。有效弥补薄弱环节，为新型农业经营主体提供良种、农机、植保，以及农产品加工、储运、销售等一体化服务。二是大力发展公益性生产服务。采取政府订购、定向委托、奖励补助、招投标等方式创新服务模式，大力开展农技推广、抗旱排涝、统防统治、产品营销、农资配送、信息提供等公益性生产服务，更有效地满足新型农业经营主体对社会化服务的多样化需求。三是积极引导新型农业经营主体强化自我服务能力。支持围绕优势主导产业，创建龙头企业引领、科研院所支撑、合作社组织服务、家庭农场生产、小农户参与的实体化农业产业化联合体，强化生产供应链管理，完善利益联结机制，实现资源共用、产业共兴、品牌共建，形成“收益共享、风险共担”的新的具有多元利益联接的产业联合体。支持通过契约合作、股权合作、经营合作等多种利益联结形式发展各类产业联盟等产业组织，实现优势互补、强强联合。以强化新型农业经营主体“集体行动”能力的方式降低经营成本，构建新型农业经营主体有效带动农户和连接市场的重要组织载体。四是建设新型农业经营主体综合性服务平台。在省、市、县级层探索建设新型农业经营主体综合服务中心，整合智力、技术、供应链、渠道、品牌及金融等农业全产业链优质要素资源，提供普惠性、市场化服务。依托服务中心建立数据服务平台，逐步建立和沉淀集组织治理、业务运行及资源拓展为一体的数据服务，以数智驱动新型农业经营主体高质量发展。

第六，以制度化创新为重点探索建立新型农业经营主体的政策支持体系。一是加快制定新型农业经营主体高质量发展评价指标体系。根据新型农业经营主体经营规模、经营种类、经营形式等分类建立高质量发展的评价标准，对新型农业经营主体运营管理、产业带动、社会服务、联动合作和能力提升等方面进行发展质量的科学评价，有效引导其高质量发展。二是有效构建政策整合平台。通过整合现有各部门政策资源设立新型农业经营主体专项发展资金，加强政策协同推进，探索在完成相关部门专项政策目标的同时整体促进新型农业经营主体高质高效发展的有效路径。三是进一步加大人才培养力度。探索为新型农业经营主体提供养老补贴，重点破解新型农业经营主体缺乏职业安全保障的关键性障碍，构建新型农业经营主体能力提升和职业化发展的激励机制，夯实新型农业经营主体发展的人才基础。

我国山区粮食产业发展的需求、困境与路径选择

四川省社会科学院　曾娅敏

粮食事关国计民生，粮食安全不仅是经济发展与社会稳定的基本前提，更是强国建设和民族复兴的根本保障。目前，全国通过艰苦奋斗取得粮食连年丰收，谷物与口粮自给率稳居高位，为稳定全球粮食市场和食物安全做出了积极贡献，但在我国人多地少缺水的现实国情基础上，随着人口增长和居民消费结构升级以及国际形势的复杂变化，粮食供求结构性矛盾日益凸显，成为粮食安全与居民消费结构升级的重要制约因素。与此同时，中国幅员辽阔，同时拥有山地、平原、丘陵、盆地等多种复杂地形地貌，根据第一次全国地理国情普查公告（2017）显示，我国山地和丘陵面积分别占全国陆地国土面积的43.65%和20.39%。相对于平原地区地势平坦、土壤肥沃来说，经济欠发达的山区地势复杂，农业发展限制大，粮食安全和农作物生产效率的问题也显得尤为突出，面临着更多的压力和挑战。

一、保障山区粮食产业发展的现实需求

（一）新时期中国粮食安全仍任重道远

粮稳天下安。粮食在个人层面是温饱与营养，在国家层面则关乎整个社

会稳定乃至于兴衰。中国作为一个人口大国，粮食安全还面临诸多困难与挑战，因此，粮食产业一直是国家发展的重中之重。

近年来，全国通过扩大耕地面积、加强农业科技等方式成功将国内粮食产量提升数倍，直至今日，中国用不足全球9%的土地实现了约占世界1/4的粮食产量，养活了世界1/5的人口。但与此同时，随着中国人口增长与城市化与工业化建设的加快，保障粮食基本自给能力的提升是以同期耕地质量下降为代价，影响了粮食安全持续性目标的实现。并且，随着社会经济水平的逐步提高，我国居民的膳食结构已发生巨大变化，食物供需错位问题逐渐凸显。另外，在我国资源环境压力增加的同时，劳动力与粮食生产成本也水涨船高，进一步降低了粮食国际市场竞争力，这些状况已经成为可持续性保障中国粮食安全的最大制约和突出短板，必须加以有效解决。

（二）区域失衡矛盾仍然突出

当前，中国正处于高质量发展的关键时期，粮食区域供需不平衡是最为突出的结构性矛盾。

从粮食主产区来看，目前东南沿海地区基本上成为粮食调入区，西部地区需要调入粮食的地区增加，粮食区域供求格局的这种变化是形成主产区与主销区的错位分布的主要因素，如玉米主产区集中在北方，而作为养殖业密集区和饲料工业发达区的玉米主销区则主要集中在南方。2023年，13个粮食主产区库存占全国总库存的73%，7个主销区只占11%，产销平衡区自给能力明显减弱。一些粮食主产省如山东、湖南、四川也由过去的粮食调出省变为调入省。在粮食流通体系还不健全的情况下，局部地区粮食市场的小波澜有可能引起全国粮食市场的大风浪。另外，粮食区域供需不平衡不仅会导致粮食在区域间调运难度高，而且会增加粮食在运输过程中的损耗，进一步减弱全国性粮食保障力度。

从另一个视角看，全国粮食供需不平衡不仅表现在省际行政区域之间，同时也表现在自然区域之间。一方面，与山区相比，平原地区具有天然的地理优势与市场优势，平原地区拥有更加丰富的土壤资源，适宜多种作物的种植。水资源相对丰富，容易建设和维护大型灌溉系统，有利于提高农业产出和作物的稳定性。近年来，全国粮食生产重心仍在不断向北部平原地区转移，粮食产量占全国总产量的比重由2000年的36.7%增加到63.3%，可见平原地区仍然是担负粮食供给主体的重要角色。而我国山区县面积虽占国土总面积的2/3以上，耕地面积占全国的34.62%，粮食供给却一直不足全国总量的30%，生产效率低。另一方面，平原地区交通网络发达，粮食可以更快地运输到市场或加工厂，减少运输过程中的损失，同时也能更好地满足消费者对于新鲜农产品的需求。而山区本身地理条件偏远，因粮食物流不受重视以及设施陈旧，进而在导致山区粮食生产效益低的同时销售受阻。相比较而言，先天的自然与市场条件使平原地区粮食产业发展持续扩大，而山区粮食产业一直保持低水平发展。因此，自然区域差异成为全国粮食区域供给不平衡的又一重要表现。

（三）山区粮食产业需得到高度重视

中国丘陵山区县耕地面积4668.6万公顷，占全国总面积的34.62%；播种面积5673.1万公顷，占全国的34.2%，是果、茶、食用菌等特色农林产品的优势产区，依靠山区丰富的生物多样性，可种植多种特色作物和耐寒耐旱作物，多样化种植作为提高粮食产出的重要补充内容，在畜禽养殖和蔬菜生产中也占有不可替代的地位。另外，山区适宜推广可持续的农业实践，例如梯田耕作、有机农业等，不仅有助于保持土壤健康，防止水土流失，并在保持水源纯净的基础上减少了对化学肥料和农药的依赖，在有助于减轻环境压力的同时保障粮食生产。同时，通过山区独特的环境优势生产出来的粮食往往具有较高的生态价值，能够提高粮食质量，满足现代居民对高品质食品的需求。可见，我国山区粮食产业发展具有重要基础与条件，充分挖掘山区粮食增产潜力用以减轻全国整体粮食供给压力对保障粮食安全意义重大，能有效推动我国粮食产业可持续发展。

二、山区粮食产业发展具有特殊性

（一）自然条件的特殊性

一是具有资源约束。一方面，山区地形多样，地势地形不平整且小块分散，基建设施不足，水土保持难度高，坡度较大，耕地多呈现条带状、梯田等，这种地形条件限制了大型农业机械的使用，增加了耕作的难度和成本，从而无法进行规模种植以获取高效益与高收益。山区土层薄，有机质含量低，保水保肥能力差，需要更多的土壤改良措施，如施用有机肥、绿肥等。同时，由于地形坡度大，水土流失严重，特别是在降水量大的地区，水土保持也是山区粮食生产的重要问题。也正是由于山区的自然条件限制，粮食产业无法像平原地区使用大型机械进行规模化种植以获取更高效益，依靠扩大面积增加产量的空间十分有限，产能提升的主要途径是提高单产。

二是生产环境脆弱。山区生态环境多样，动植物种类丰富，具有较高的生物多样性，为发展特色与生态粮食种植提供了良好的条件。但山区生态环境脆弱，容易受到外界干扰和破坏。保护生态环境与发展山区农业生产的矛盾突出需要平衡发展。

三是基础设施不足。山区交通基础设施相对落后，运输成本高，物流困难，对粮食的市场流通和经济效益产生了不利影响。并且，相较于平原地区而言，山区常见自然灾害，如滑坡、泥石流等，对农业生产安全和农民生活都造成了威胁。

（二）发展定位的特殊性

山区由于地形复杂、气候多变、水资

源不均等自然条件，对粮食生产提出了较大的挑战。耕地多为坡地和梯田，机械化程度低，耕作难度大，同时，气候条件变化大，易发生自然灾害，对农业生产安全造成威胁。交通不便、基础设施薄弱也限制了粮食的流通和市场开拓。然而，山区的特殊区位也带来了许多其他地区无法比拟的优势。一是山区远离城市污染，空气清新、水质良好，这为发展绿色有机农业提供了得天独厚的条件。二是山区的多样化地形和气候条件适合多种特色农作物的生长，具有较高的市场价值和竞争力。

山区粮食产业适宜走多重结构提升产业效益道路。由于山区耕地小块分散的现实基础不可改变，机械化作业困难，无法通过规模效应来提升生产效率与收益，但可以通过优化耕作方式提高劳动生产率，推广先进的种植技术和管理方法，如精准农业、保护性耕作等，能够有效降低劳动强度，提高作物产量和质量。因此，粮食产业在发展过程中需重点注意其降本提质，通过合理密植、科学施肥、病虫害综合防治等措施提高农作物的抗逆性和产量。

（三）发展路径的特殊性

基于山区的禀赋特征，粮食发展面临的资源约束与现实需求，山区粮食产业需要探索差异化、符合山区自身特征的发展路径。首先，充分发挥多元经营主体在粮食产业中的资源整合、分工协调等功能，促进合作发展、联动发展，从而通过完善利益联结机制促进山区生态资源有效集成，实现粮食高效生产。其次，山区粮食产业的可持续发展是保障山区粮食安全的内在要求，应促进山区高质粮产品与综合大市场”的有效衔接，采取完善政策联动与创新市场化机制并重的策略，从而降低财政依赖，增强山区粮食产业发展的内生性动力。

三、山区粮食产业发展面临多重困境

（一）资源困境

第一，山区资源整合困难。一是山区的耕地多为坡耕地，土地面积有限且分散，加之地形复杂，大大限制了农业机械化水平的提升和大规模种植的可能性，要实现耕种的连片发展困难也就无法通过规模种植提高收益。二是山区的交通不便，道路建设和维护成本高，导致资源的运输和人员的流动困难。同时，电力、供水、通信等基础设施不完善，制约了资源的有效利用和整合。三是山区整合资源成本高也进一步导致社会资本进入难度大，市场化发展受限。

第二，山区资源改造提升难度大。一是山区往往是经济实力较差、贫困农户数量较多的地区，以至于当地的政府和农户无力承担耕地提质改造工程需要的高额经费。二是大量需要改造的农田往往位于大山深处，其耕地本身的土壤厚度、肥力和灌溉条件等客观指标都不容乐观，而这些不利因素也大大增加了耕地提质改造工程的实施难度。三是山区资源分布零散且道路建设困难，严重制约了山区资源的有效开发和利用。同时，分散的资源也需要投入更多的人力、物力和财力进行整合，而复杂的地形和高昂的道路建设成本又进一步增加了山区资源的改造难度。

第三，山区受生态环境保护限制。山区生态系统相对脆弱，一方面，生态环境保护要求山区使用可持续的农业生产方式，对环境有害的农药和化肥通常被限制使用，这些限制虽然有助于保护生态环境，但也增加了农业生产成本，降低了粮食产量；另一方面，过度耕作和放牧等行为对山区生态环境的破坏也是多方面的，这些行为不仅导致了严重的水土流失和土地退化，还会污染水资源，减少生物多样性，破坏生态平衡。

（二）组织困境

山区农户普遍规模小、生产分散，生产活动多为独立进行，缺乏有效的组织和协调，即便有一些合作组织，也由于管理水平低、运作不规范，难以发挥应有的作用。这种独立的生产模式使得农户难以共享资源和技术，无法形成合力和提升整体生产效率。同时，山区农户难以进行规模化生产和集约化经营。例如，在信息传输上，山区农户因地理位置偏远，互联网和移动通讯设施覆盖不足，难以及时获得最新的市场信息，并且获取市场信息的渠道有限，主要依赖于传统媒介，如乡村广播、邻里口传等方式，这些信息来源不仅内容有限，而且更新速度慢，无法提供准确和及时的市场动态，进而导致农产品价格、种植技术等信息不对称，不能及时获取市场价格信息，农户在出售农产品时常常处于被动地位，无法根据市场需求调整种植计划或适时出售农产品，导致农产品滞销或卖不上好价钱，影响其经济收益。由于信息不对称，农户在进行生产决策时缺乏科学依据，往往依赖经验和直觉，阻碍了对市场需求和技术创新的全面了解，导致决策的盲目性和随意性加大，进一步影响其收益。

（三）市场困境

由于山区区位条件限制、基础设施建设不足，导致大部分山区粮食生产标准化困难，产品规模小的同时生产成本高，不仅满足不了市场需要，市场竞争力也相对较弱，特别是面对其他已经形成规模化、标准化生产粮食的地区，山区粮食很难在价格上形成优势。在粮食加工与储存方面也常常面临设施不全等问题，导致农产品易腐烂，更加缩短了出售半径。在销售渠道方面，山区本身交通不便，运输成本高且耗时较长，销售网络不完善，缺乏有效的市场推广和销售渠道，使得粮食难以进入更广阔的市场。同时，山区信息闭塞，市场信息不对称，农民难以及时获取市场需求和价格变化的信息，降低了山区粮食种植的稳定性，进而影响对外销售平台的搭建，增加品牌化打造难度。

（四）政策困境

由于山区地理环境复杂和经济发展水平低，但即使国家和地方政府已经实施了一系列支持山区农业发展的政策，但在资源配置、主体培育、技术推广实施等方面仍存在不足。主要表现在：其一，缺少资源整合的政策协同性。山区土地以及人口都呈现出小块分散的特征，而现有政策都广而全地涵盖粮食种植，不利于针对山区资源的有效整合与配置。其二，缺乏主体培育专项扶持政策。山区经营主体的培育工作对比平原地区来说，面临更大的难度与风险，严重缺乏适宜山区经营主体的培育机制与激励机制，政策依赖度较高。其三，综合性政策体系构建不足。对于山区的农业技术推广工作来说，无论是市场形势的预测、农业技术资金的提供，还是农产品的营销和推广、农产品质量的管控等均存在缺乏政策上针对性推进的现象，加之撂荒地与非粮化都多发于山区地带，进一步阻碍了耕种治理等相关工作的开展，陷入了政策困境。

四、影响山区粮食产业发展的因素分析

（一）自然因素影响持续加大

山区地貌复杂多样，光照、土壤质量、水源等条件空间差异明显，耕地细碎化程度大，存在规模化农业生产的先天不足。同时，高大连绵的山脉阻隔了山区同外界和内部的交通，造成山区的相对封闭性，是山区粮食产业发展的空间限制障碍，产业最新发展理念与技术信息不能及时传播到山区，在新技术采用、经营管理机制和对外部市场变化的敏感度上，山区粮食产业发展也处于相对滞后的状态。在气候方面，山区本身气候多变且温差大，降水分布不均，容易受到天气影响。近年来，全球变暖程度也进一步加深，降水异常以及温度异常事件大规模发生，干旱加重，造成供水不足，进而导致作物减产，这些自然因素对粮食产业影响的持续性扩大，不仅阻碍了山区粮食产业在发展过程中的对外连接，同时限制了大规模机械化农业的实施，降低生产效率。

（二）要素投入不足日趋严重

人、地、钱三大要素日趋投入不足的现象在山区粮食产业上均有不同状态的呈现并产生了重要影响。在土地要素方面，随着近年来城镇化和工业化进程的加快，大量农地被转用于非农业用途，全国山区耕地总量也随之减少，为了“把饭碗端在自己手中”，我国执行了最为严格的耕地红线制度以保证粮食生产。然而，占用土地从事其他产业的经济效益明显高于种粮的比较效益结构是农业用地减少的根本动力，在此动力驱使下，城镇化与乡村社区建设“征地”、资本下乡“租地种植经济作物”等现象的直接后果就是越来越多的粮食生产用地投入不足。在劳动力要素方面，山区人口老龄化程度不断加剧的同时人才流失矛盾持续尖锐，缺乏人才引留的长效激励机制，留守山区农村劳动力素质低弱矛盾不断加剧，由此导致山区粮食产业发展中技术人才和经营人才严重短缺，也导致山区现存少量的耕地也大多由留守老人群体种植，粮食生产的劳动力投入进一步减少。在资本要素方面，在宏观经济发展压力持续增大的背景下，财政资金支持山区农业发展的空间收窄，与此同时金融本金进入山区的数量仍然有限，难以满足山区粮食产业发展和基础设施的融资需求。并且，在利润增值的理性支配下，资本更会将农业生产引向更能产生利润的其他品类与行业，这也是造成山区粮食产业资金投入不足的外部性结果。

（三）主体培育建设缺乏力度

一方面，在现有的资源格局下，山区粮食生产大量的保持着以小农户为主的小规模经营基本格局，粮食生产的经营主体包括家庭农场、合作社以及龙头企业等，不仅数量少，也呈现出带动性弱与成长严重不足的特征。

另一方面，在山区以小农户为主的背景下，经营主体成长困难与社会化服务的不充分也呈现直接相关关系。在粮食生产经营过程中，小农户需求规模小是导致社会化服务缺乏有效性的关键因素，平原地区的大规模多方位社会化服务道路不适宜山区粮食产业发展，山区需要培育适合本土零散化、小规模的社会化服务团体，加之在全国总体呈现缺乏规模化经营进展的大背景下，山区经营主体培育矛盾便显得更加突出。

（四）利益联结机制建设不足

山区农户、村集体、社会资本各主体间未通过相互作用产生共同利益，缺乏合作共赢机制，利益联结机制建设不足，主要表现在以下几点：

对于新型农业经营主体而言，山区的经营主体本身大多发展困难，自身的带动能力弱，不仅难以和小农户之间，在新型经营主体自身之间都难以建立共建共享的利益联结机制。平原地区的企业、村集体、农户等主体建立的多重利益联结机制在山区独特的条件与基础上也很难复刻，不论是新型经营主体参与入股或联合经营等多种利益分配机制都不常有。因此，山区粮食生产仍然是分散化的，各主体呈现孤岛化的生产方式。

对于村集体而言，山区外流人才增多进而导致村集体组织力量薄弱，很难参与山区粮食产业生产与服务环节，更难与农民建立联结机制，面临许多独特的困难和问题。同时，在山区，面对信息不畅、教育资源匮乏的现实阻滞，村集体在技术和管理方面的能力相对欠缺，难以与社会资本进行有效的对接和合作，更加无法有效成为对接农户与社会资本的核心桥梁，导致项目实施效果不理想。

对于龙头企业而言，山区农户、村集体和社会资本之间缺乏足够的信任，彼此之间存在较深的防备心理，尤其在信息不对称和利益分配不均的情况下，更加影响其合作的深入开展。现有的利益联结机制合作方式单一，社会资本的投入主要集中在土地流转与资金投入等方面，缺乏适应山区特点的多样化合作模式。另外，社会资本与山区的合

作项目往往是短期行为，难以形成持续稳定的合作关系和长久的利益联结机制，既降低了社会资本对山区粮食产业的投入期许，也影响了山区粮食产业的可持续发展。

总体而言，我国山区粮食生产经营主体之间的风险承担不合理，制度不完善、合作方式单一以及利益联结的长效机制缺乏都是导致山区粮食产业发展中整体利益联结机制建设不足的重要因素。

（五）生产方式低效态势仍未扭转

我国山区粮食产业仍普遍采用手工操作与简单工具的传统耕作方式，高度依赖人力与天气，农民需要投入大量的体力劳动，不仅耗时耗力，而且限制了生产规模和效益。干旱、暴雨、寒潮等天气的不确定性也常常影响粮食的生长和收成，导致产量不稳定。因此，生产效率的低下低效使得单位面积的产量和收益难以提升，不仅影响了农民的收入和生活水平，也直接限制了山区粮食产业的发展潜力。

现代农业技术在山区粮食生产经营中应用程度不高，农业机械化、信息化水平较低，缺乏智能农业管理系统、数据分析工具等现代科技的支持，农民难以利用现代信息技术进行科学种植、精细管理和市场预测，从而无法有效提升农业生产效率和减少生产成本。

五、保障山区粮食安全的路径选择

（一）适度规模推动，把握精准定位

一方面，山区耕地细碎化程度较高，田块面积较小，长宽度均较短，形状不规则，不易采取平原大规模型农业发展模式。因此，要在有限的小块分散地形条件下寻求山区适度经营规模是保障山区农业发展的第一要义。首先，通过开展土地规划和调整，使土地集中整块化，在实施工程中可根据山区的地形地貌特征采取缓坡化、梯台化、条田化等差异化土地改造方式，对于调整后的地块，根据地块状况进行田间整理工程和土壤改良。其中，田间整理工程基本按山区的地形条件尽可能整理成片，以利于灌溉、排水和小型农田机械化耕作。其次，注重多重结构提升产业效益。由于山区耕地小块分散的现实基础无法从根本上改变，不易通过提升规模效应来提升生产效率与收益，如果仅靠市场经济“看不见的手”，无法保障山区粮食产业的可持续性健康发展，所以在基础农业禀赋本就处于劣势的情况下，山区粮食产业在发展过程中的降本提质需重点关注，需提高改善相应技术与政策支持的精准度，针对顶层专业化的基本产业业态设计以及产品品质控制与改良为主线，走小规模精准路线。

另一方面，需要针对山区的特殊条件和挑战，制定综合性的社会化服务策略目标。山区农业种植多以小农户为主体，小农户信息获取能力有限、户均耕地规模小且种植分布不均，更需以小而特、小而精和小而优的多样化社会服务为主。在技术推广与培训服务中，提供适合山地特点的农业技术培训，如梯田种植、土壤改良等特定培训；在农资供应服务中，优先提供优质、环保、高效的农业投入品，减少对山区优质生态环境的负面影响；在畅通粮食生产社会化服务通道方面，扎实做好粮食收购、储存、运输、加工和销售等多个环节的流通工作，并针对性优化粮食产业配套建设，连接粮食生产源头和消费终端，既解决了粮食供应问题，也保证了种粮农民的收益。

（二）复合化发展，破解低效矛盾

“十三五”规划建议提出：“坚持最严格的耕地保护制度，坚守耕地红线，实施藏粮于地、藏粮于技战略，提高粮食产能，确保谷物基本自给、口粮绝对安全。”我国山区虽耕地有限，但技术进步无限，其中，科学提高粮食作物单产是破解山区粮食产业低效发展的重要方式。

粮食产业走种养循环以及套种复合化发展道路是多样化农业的重要生产方式之一，可采取“粮食作物+经济作物+饲料作物”的三元结构式的农产品生产模式，多元生产模式既能有效提升农作物的生产质量及效率，又能有效减少农药、化肥的使用，有效协调生态农业与粮食安全的发展。同时，复合农业模式能够推动农村经济的多样化和产业链的延伸，促进农产品加工、生态旅游等相关产业的发展，从而带动农村整体经济发展。更重要的是，通过多种农产品的生产，分散单一作物市场价格波动的风险，提高农业生产的经济效益，是增加山区农民收入的重要方式。另外，山区粮食产业走生态化种养产品组合的高质量发展道路在实现保护生态的基础上也可实现可持续发展，进而也为粮食生产提供更良好的生态环境，实现良性循环。

（三）绿色发展引领，构建可持续性长效机制

生态农业是现代农业发展的方向和主导模式，发展生态农业保障粮食安全正是对建设生态文明的有力践行。我国农业在持续增长中越来越难以满足不断增长的优质安全农产品需求，乡村本身在不断改造中面临越来越大的保有良好生态环境的压力，虽然山区的地势与区位在一定程度上限制了粮食产业的发展，但也因地势偏远，生态环境受污染较少，在消费者越来越注重饮食健康的现代社会，成为了山区粮食产业瞄准精品粮食产业定位的最大优势。

第一，充分利用山区气候条件、自然环境，以生态环保优先理念开展粮食产业污染防控与治理行动，激励嵌入农业资源化利用、有机化肥替代、生物农药技术、农膜回收等绿色技术，并建立粮食生态补偿的监管机制，严格落实重要生态系统保护与修复工作。第二，推进山区优质生态粮食品牌建立。在提高粮食产业综合能力的同时制定粮食优质生产标准，完善绿色农产品“优质优价”交易机制，推动山区粮食“品牌化”建设，进而提高山区生态产品在品牌评价领域的话语权，加快推动山区粮食品牌走向全国和世界的步伐。第三，推进粮食绿色增

效和农旅融合。按照“保护能力、藏粮于技,稳面增产、绿色增效,需求引领、优化结构”的要求,全面推进实施粮食绿色增效行动,立足当地生态资源和产业优势,精心规划,科学布局,推进粮食产业农旅融合发展,利用地方生态优势,做融合、产好粮,打造乡村共富产业。

(四)优化政策支持,拓展市场空间

山区粮食产业的政策支持重点需在构建与其特殊地理区位相适应的新的政策体系上实现突破,对现有相关政策进行有针对性的分析评估基础上,主要从政策优化、政策整合、政策创新三个维度同时发力。一是突破粮食种植空间提收入。一方面,政府在加强提升产业布局,打通种养循环、绿色、生态循环中做工作支持。加强山区粮食产业模式创新,例如“稻田+”是粮食类基础产业的发展的重要方式,同时,产业形态需适应市场化发展机制,形成市场化发展逻辑;另一方面,山区粮食产业能否健康发展需要重视该产业是否能实现盈利,在提升产业收入的同时应该以增加当地村集体与农户收入为重点展开政策制定。二是在政策上支持山区农业龙头企业发展,发挥其在技术创新、市场开拓、产业链整合等方面的带动作用,并在龙头企业的带动下,利用物联网、大数据、人工智能等先进技术推动智慧农业发展,提高农业生产的科学化、精细化水平。三是加强农业农村、国土、水利、建设等部门合作,优化粮食生产区域内耕地配套路、渠、沟等基础设施建设,确保推进小型宜机化工作,重点加强粮食烘干、育秧和生产资料临时仓储等粮食生产配套设施建设,提高粮食综合生产能力。四是发掘和推广山区特色农产品,通过有机认证、绿色食品认证等,提升农产品的品质和市场认可度,增加消费者信任,打造具有地方特色的农产品品牌,提高产品的知名度和附加值。

(五)强化利益联结,促进资源利用

加强村集体、农户与社会资本之间的合作发展。支持构建“治理相嵌、职能分工、利益相联、风险分割”等多元合作方式,由农户提供土地与劳动力,政府与村集体负责提供基础资源、基础设施及基础服务,为社会资本的良序经营提供有效的支撑条件,社会资本负责面向终端消费主体,灵活有效地提供高质粮食产品,实现更为高效的利益联结机制。需要注意的是,山区应更加坚持适度规模的基本取向,合理推行入股、托管、联耕联营等多种方式,着力发展生产性服务业,健全社会化服务体系。要确保处于相对弱势地位的小农户的生产收益,需要村集体有效发挥推动本村农业发展的先导性支撑力量,化解小农户发展困境,组织并带领山区农户与市场实现真正的现代化联结。

四川省农产品加工产业集群化的区域选择与协同战略

四川省社会科学院农村发展研究所　刘胜男

农产品加工作为农业现代化的重要标志之一,是推动农业产业链延长和产业提质增效的重要抓手,扮演着连接谷物生产与食品供应的核心桥梁与纽带角色。四川省作为中国西南地区的农业大省,拥有丰富的农产品资源和深厚的农业文化底蕴,其农产品加工业的集群化发展不仅关乎着地方经济的繁荣,更是实现乡村振兴、农业大省向农业强省跨越的关键所在。文章通过分析四川省农产品加工业的现状、优势与挑战,研究四川省五大经济区的核心农产品加工产业集群,为四川省农产品加工产业的集群化发展提供政策建议。

一、四川省农产品加工产业集群化发展的现实基础与挑战

四川省位于中国西南内陆地区,地域广袤,人口稠密,资源富足,地理环境优越,自然条件优良,农作物品类多样,是全国农业大省之一,在全国农产品供给版图中担当着重要使命,素来有着“粮猪安天下”的美誉,历史上曾以不到1/10的耕地面积为全国1/10的人口提供了粮食。农产品种类丰富、供给多元,为四川农产品加工业发展奠定了优良基础,但“原料多而加工弱”已然是四川农业现实窘境,四川省仍然存在农产品加工水平较低、优势特色精深加工产品少、技术创新能力不足等现实挑战。

(一)四川农产品加工产业集群化发展的现实基础

1.农产品供给丰富多元

四川省包括粮食、油料、蔬菜及食用菌、茶叶、水果、肉类、禽蛋和奶类八种主要农产品的产量连续实现五年增长,部分农产品产量位居全国或西部的前列。2022年,四川省有农林牧渔业总产值位居全国第三,粮食产量占全国的5.1%,油料产量占全国的11.9%,蔬菜及食用菌产量占全国的6.5%,茶叶产量占全国的11.8%,水果产量占全国的4.4%,肉类产量占全国的7.4%,均显示

出强劲的增长势头。

2.产业规模稳步提升

从企业规模看，2020—2022年，四川农产品加工规模以上工业企业数量稳步增长，但大中型企业数量呈波动下降。从业人员规模较为稳定，2022年四川农产品加工业规模以上工业企业从业人员数量为39.14万人，与河北省18.88万人、江苏省27.14万人、湖北省26.68万人等农业大省和西部陕西、云南、重庆等省（市）相比人员规模优势明显，但较山东省65.5万人、河南省47.33万人相比尚有一定差距。从经济规模来看，四川农产品加工业规模以上工业企业营业收入总额从2020年到2022年呈现先提升后下降的趋势，占全国同类企业营业收入总额的比重逐年下降，但同期规模以上工业企业利润总额为波动上升趋势，利润总额占营业收入总额比重呈逐年增长趋势，占全国同类企业利润总额的比重逐年增加。

3.农产品加工产业集群初步发展

自2017年农业农村部、财政部启动国家现代农业产业园创建工作以来，全省共创建国家现代农业产业园17个（其中认定10个），数量位居全国第二，2023年四川省建设高质量现代农业园区，新获评创建广安市岳池县、自贡市大安区、南充市嘉陵区国家级现代农业园区3个，新认定国家农业产业强镇57个，自2020年以来，累计入选全国特色优势产业集群9个。通过创新农产品营销模式和流通渠道、加强品牌建设和市场推广，四川农产品加工集群化发展取得显著成效，积极培育推广“天府粮仓”品牌，“天府源”“遂宁鲜”“甜城味”“好充食”“巴食巴适”等知名度不断提升，“大凉山”“圣洁甘孜”“净土阿坝”等区域公共品牌引领作用增强，天全鱼子酱、泸州桂圆、安岳柠檬、会理石榴、攀枝花芒果等特色农产品火爆出圈。全省绿色有机地理标志优质农产品数量达2459个，位居全国前列；农产品质量安全抽检合格率达99.4%。

（二）四川农产品加工产业集群化发展的挑战

1.农产品加工水平较低

尽管四川省农产品加工业规模较大，但整体加工水平仍然较低，多数企业仍处于初加工和粗加工阶段，精深加工比重较小，导致资源综合利用率低、产品附加值不高。2019年，四川全省农产品加工转化率仅为58%，比全国平均水平低7个百分点；农产品加工业总产值与农业总产值的比值仅为1.9∶1，低于全国2.2∶1的平均水平。

2.创新能力不足

创新能力是推动农产品加工产业集群持续发展的关键，然而，部分农产品加工企业缺乏技术创新能力和人才支持，导致产品同质化严重，缺乏市场竞争力，这不仅影响了企业的盈利能力，也制约了整个产业集群的升级和发展。因此，加强技术创新和人才培养、提升企业的核心竞争力，是四川省农产品加工产业集群化发展面临的重要挑战。

3.社会化服务不完善

农产品加工业的发展离不开完善的社会化服务体系。然而，目前四川省农产品加工业的中介服务组织较少，公益性社会化服务平台尚未形成，导致企业在创业辅导、融资担保、信息服务等方面难以得到有力的支持。这不仅增加了企业的运营成本，也限制了企业的快速发展。因此，建立健全社会化服务体系，为企业提供全方位、多层次的服务支持，是四川省农产品加工产业集群化发展亟待解决的问题。

二、四川省农产品加工产业集群化的区域选择

农产品加工是涵盖粮棉油薯、果蔬茶菌、肉禽蛋奶、水产品、林产品以及其他特色农产品展开的生产加工活动。产业集群化发展是区域农产品比较优势发挥的重要体现，而以区域优特农产品为主导促进产业集群差异化发展，以区域联动为根本实现农产品加工协同发展是农产品加工产业集群化发展的主要路径。为此，四川省深入贯彻习近平总书记的重要讲话和指示精神，将“粮头食尾”“农头工尾”作为重要抓手，充分发挥成都平原经济区、川南经济区、川东北经济区、攀西经济区及川西北生态示范区五大经济区多样化的地形地貌和资源优势，以区域优势特色农产品为主导全方位、多途径地开发农产品资源，优化区域生产力布局，推动农产品加工业集群化发展，以现代农业园区为基础，横跨多个行政区，整体推进晚熟柑橘、川茶和生猪等九大国家农产品产业集群打造，不断提升“川字号”优势特色产业的位势，进一步形成了粮经、白酒、桑蚕、亚热带特色农产品、牦牛等各具地方特色的农产品产业集群。

（一）成都平原经济区：粮经产业集群

成都平原经济区以成都为核心，包括德阳、绵阳、眉山、乐山、资阳、遂宁和雅安8个市，这一区域是四川乃至中国西部地区的重要经济引擎，其农业现代化水平遥遥领先。成都平原是重要的粮食生产基地，水稻、小麦、油菜等粮食作物产量大、质量优，并且盛产水果、蔬菜等经济作物，形成了多元化的农业产业结构，相对于其他区域，成都平原经济区内的农产品加工产业已经步入了更加成熟稳定的精深加工发展阶段。根据《成都平原经济区农业区域布局规划（2016—2020年）》的相关数据，该经济区的农产品产地初加工率已达60%，该区域依托丰富的粮油资源、优良发展环境和广阔市场占有率，不断引进国际领先的加工技术和设备，深耕粮油等农产品精深加工，致力于提升农产品加工集群化水平和产品附加值，已形成了以成都、德阳等为核心的油菜优势特色产业集群、设施蔬菜优势特色产业集群等国家级农产品优势特色产业集群。

（二）川南经济区：白酒产业集群

川南经济区地处四川盆地南部，这

一区域的气候湿润，土壤肥沃，适合高粱等酿酒原料的生长，同时紧邻经济活跃的重庆市与风光旖旎的贵州省，占据着长江上游的黄金水道，成为连接东西、贯通南北的重要交通枢纽，这一区域凭借其得天独厚的自然条件与悠久的酒文化历史，造就了当地白酒产业的辉煌，其中，“酒城”泸州与“酒都”宜宾两大千亿级白酒产区更是享誉国内外，成为川南经济区农产品加工的标志性名片，也是四川农产品加工业传统优势重要产业。在《川南经济区“十四五”一体化发展规划》中对白酒提及次数高达17次，从确立产业发展目标、精心打造白酒园区、强化白酒产区建设、优化白酒生产酿造流程、推进白酒重点项目实施到深度融合白酒文化与旅游等多个维度进行了全面布局，两大“世界级”发展愿景即建设世界级白酒产区和打造世界级优质白酒产业集群均聚焦于白酒产业，彰显了其在川南经济区一体化发展战略中的核心地位。

（三）川东北经济区：桑蚕产业集群

川东北经济区是四川乃至世界蚕丝业的重要发祥地之一，拥有5000余年栽桑养蚕的历史，产业规模更居全省前列。根据统计，四川省桑园面积达230万亩，年产蚕茧8.6万吨，整体规模居全国第二位，蚕茧质量全国领先。其中，南充、广安等川东北地区占1/3。得益于得天独厚的自然条件，川东北经济区成为了生产优质蚕茧的理想之地。在此基础上，该区域还以丝绸文化为纽带，积极发展休闲文旅、工业旅游等新兴经济形态，通过开发丝绸特色小镇、产业园、博物馆、科普基地等旅游新场景，以及工业观光、乡村休闲游等多样化的旅游线路，川东北经济区正逐步构建起一个集文化传承、旅游观光、产业发展于一体的综合性经济体系。南充市高坪区充分利用其百年六合、国家工业遗产等地域文化特色和资源优势，精心打造了“丝绸源点”景区，并成功举办了“安逸四川，丝源高坪”四川国际文化旅游节，为桑蚕加工及经济发展注入了新的活力。同时，南充市嘉陵区中国绸都丝绸博物馆成功入选全国乡村旅游精品线路，进一步提升了川东北经济区的知名度和影响力。

（四）攀西经济区：亚热带特色果蔬产业集群

攀西地区虽然拥有丰富的自然资源，但资源开发利用水平整体不高，导致该区域在产业集群的形成和发展上缺乏足够的动力和支持，所以四川省的九大产业集群在攀西地区没有占据主要地位，但攀西经济区立足当地亚热带特色农业和立体特色农业基础，发挥亚热带水果、反季节蔬菜等农产品特色优势，重点布局特色果蔬深加工等产业，建立了完善的果蔬洗选分拣体系，通过智能化、机械化的设备提高了果蔬的清洗、分级和包装效率，保证了产品的品质和卫生安全。同时，积极引进和研发先进的加工技术，将果蔬加工成各种高附加值的产品，如芒果干、果汁、蔬菜冷冻保鲜等，延长了产品的保质期，拓宽了销售渠道。加快推动农业生产向产业联动转变，建设全国重要的亚热带特色食品产业基地。攀枝花市作为四川唯一的亚热带水果生产基地，被纳入国家农业现代化示范区、全国首批特色农产品优势区、全国立体农业示范点和“南菜北调”基地，逐步形成了以芒果、高山蔬菜、葡萄等为代表的亚热带特色果蔬产业集群。

（五）川西北生态示范区：甘孜牦牛产业集群

川西北生态经济区包括甘孜州和阿坝州的31个县（市），辖区面积23.26万平方千米，占全省的47.86%。该经济区主要位于四川省西北部、青藏高原与四川盆地的边缘过渡地区，是长江、黄河上游的重要生态屏障，地型地貌复杂，海拔落差大，生态多样，农业发展以生态农牧业为主。川西北生态区拥有丰富的牦牛、藏羊等畜牧业资源，牦牛作为当地特色畜种，具有高蛋白、低脂肪、口感独特等特点，是加工高端肉制品、奶制品的理想原料，现已建成以理塘、甘孜等8个牦牛特色产业园区为核心的国家级甘孜州牦牛产业集群，且该产业集群2023年全产业链总产值达64.42亿元。

三、以区域联动为根本实现农产品加工业协同发展

农产品加工区域联动发展是基于区域资源禀赋差异与产业优势互补的战略选择，旨在通过跨区域合作与资源整合，推动农产品加工业转型升级与提质增效。四川省五大经济区虽然农产品原料丰富，已初步形成了农产品加工集群差异化发展格局，但是区与区、区域内部和各区（市）县之间仍存在加工制品品种同质化、产业结构不协调、加工主体分布不均衡、加工方式不可持续等短板，在一定程度上制约了四川农产品加工业更高发展层次的集约化生态系统的形成。因此，推动四川五大经济区联动融合，优化资源分配，促进农产品加工制品品种、产业结构、企业分布、技术方式的协同发展，对于提升四川农产品加工效率和产品质量、壮大特色产业集群至关重要。

（一）农产品加工制品的品种协同

四川省五大经济区根据各自地理和自然优势发展特色农产品加工形成了良好的协同与互补关系，共同推动了四川省农产品加工业的发展。成都平原经济区依托“天府粮仓”建设，重点发展米制品、菜籽油、肉制品等精深加工；川南经济区凭借独特自然条件，主打白酒酿造，如“五粮液”“泸州老窖”等知名品牌；川东北经济区产品多样，涵盖精制川茶、广元七佛贡茶等特色农产品；攀西经济区以亚热带水果、高山蔬菜加工为主，其中“攀果”品牌被评为“天府粮仓”最受欢迎的农产品品牌；川西北生态区则聚焦高原特色畜产品和中藏药材加工，突出绿色有机概念。

（二）农产品加工产业的结构协同

产业链优化与整合对提高产业效率、降低成本至关重要。四川各经济区间的农产品加工产业存在明显产业链协同，成都平原经济区的粮食为川南经济区白酒制造提供原料，川东北经济区的粮油加工可以为其他经济区的食品加工提供基础原料，攀西经济区的早熟蔬菜和水果可填补成都平原经济区市场空缺，实现季节性互补；成都平原经济区利用先进技术和设备，将攀西、川西北的特色农产品加工成高附加值产品，满足多样化需求，提升市场竞争力。

（三）农产品加工企业的区域协同

四川省五大经济区农产品加工产业的结构协同不仅体现在各经济区之间的合作，还深入到经济区内部的县（市、区）之间，以及五大经济区作为一个整体与省外的协作。以下将从这三个层次进行分析：

1.五大经济区区域内部农产品加工产业的协同发展

成都平原经济区聚焦粮油、果蔬等主导产业，建设标准化基地，发展精深加工业，促进一二三产业融合发展。川南经济区利用自然条件差异，推广杂交水稻和设施农业，丰富市场供应，增加农民收入。川东北经济区围绕七大特色产业，提升产品附加值。攀西经济区则深耕热带水果、蔬菜深加工。川西北生态区则以高原特色畜产品和中藏药材加工为主导产业，推动区域可持续发展。

2.五大经济区区域之间的农产品加工产业的协同发展

成都平原经济区的遂宁市船山区与川西北生态区的阿坝州理县在农产品加工、品牌建设、市场销售等方面开展深度合作，由船山区提供资金、技术和市场支持，理县提供优质农产品，两地共建加工车间和销售渠道，实现资源共享，共同提升市场竞争力和风险抵御能力。遂理两地通过深度合作，推动理县青稞粽子、牦牛肉干等特色产品走向市场，同时带动船山区农产品加工产业发展，实现区域协同和共同富裕。

3.四川省与邻省之间的农产品加工产业的协同发展

在成渝地区双城经济圈建设背景下，川渝两地火锅企业开始合作，共同开拓市场。四川省火锅协会与重庆市沙坪坝区合作成立公司，统筹引领火锅产业发展，通过举办火锅周、火锅节等活动，推动两地火锅产业联手发展，提升品牌影响力。攀西经济区与云南省在农产品加工、贸易等方面开展深度合作，两地共同建设农产品加工园区和物流中心，实现农产品集中加工、统一配送和快速流通。同时举办农产品展销会等活动，拓宽销售渠道，提升品牌影响力，合作促进了两地农产品加工与贸易发展，加强了四川和云南两省之间的经济联系与协同发展。

（四）农产品加工方式的技术协同

农产品加工方式的技术协同是指通过不同技术手段在农产品加工过程中的相互配合与协作，以提高加工效率、提升产品质量、降低生产成本、增加产品附加值等为目标。通过不同加工技术的协同作用，可以优化加工流程，减少加工时间，提高整体加工效率，有助于在农产品加工过程中更好地控制产品质量，确保产品符合相关标准和市场需求。开发出具有独特风味、营养价值和健康功能的新型农产品加工产品，增加农产品附加值，如五粮液企业在酿造白酒过程中引入现代发酵和质量控制技术，通过科技手段提升酿造水平，既保持纯正风味，又提高产量，实现了传统与现代的完美融合。

四、相关政策建议

四川省五大经济区依托地理优势和资源禀赋，形成了各具特色的农产品加工产业集群，促进了资源优化配置和产品附加值提升，但是在四川农产品加工产业集群快速发展的同时，存在产业链整合不紧、品牌影响力弱、科技创新能力不足等问题。针对这些不足，四川省应充分利用农业资源和自然条件，以优特产品培育为导向，做强农产品加工产业，通过区域联动发展提升农产品精深加工水平，打造“川字号”拳头产品，增强企业集聚带动能力，优化产业布局，发挥区域比较优势和集群效应，推动产业集群化发展。

（一）强基础，做优农产品产地初加工

通过科学规划五大经济区农产品初加工基地布局，确保设施与产量匹配，降低物流成本，同时在主产区建设初加工设施，减少运输时间，保持农产品新鲜度。积极推广产地预冷、储藏保鲜、烘干切制等先进技术，提高农产品附加值，并通过技术培训、现场示范等方式提升农民和企业的技术水平。此外，加大投资力度，争取中央财政支持，引导社会资本投入，引进国内外先进技术设备，推动产业升级。鼓励采用节能环保技术，推广绿色生产，实现可持续发展。同时，建立健全设施维护和更新机制，加强安全管理，确保设施良好运行，防止安全事故和环境污染，为四川农产品初加工产业的持续健康发展奠定坚实基础。

（二）延链条，提升农产品精深加工水平

引导农产品加工业“两头连、走高端”，以产业链延链融合推动四川农产品加工向精加工、深加工迈进。首先，促进农产品加工企业集群化发展，依托产业园区形成产业集聚效应，鼓励上下游企业紧密合作，推广多种发展模式，特别是在粮油、林竹、中药材等领域推动产业升级。其次，延伸农产品产品线，支持企业根据市场需求开发新产品，鼓励跨界融合，拓展业务范围，提高加工技术水平和产品附加值，增强企业的盈利能力和市场竞争力。最后，推动融合发展与销售嵌套，将农产品加工与文化旅游、工业旅游等产业相结合，打造特色品牌吸引游客。同时，建立多元化销售渠道，加强与超市、餐饮企业等的合作,拓宽市场,提高品牌影响力。

(三)重品牌,打造"川字号"拳头农产品

深入实施精品品牌培育计划,以展销促农产品加工发展,让四川农产品品牌触达更广泛的消费群体,扩大产品市场知名度,打造"川字号"拳头农产品加工制品。构建区域公共品牌体系,加强地理标志保护,推广省级公用品牌,鼓励农产品加工企业参与品牌认证评选,提升品牌知名度和美誉度。同时,培育龙头企业,通过政策扶持、资金支持等助力企业扩大生产规模,整合行业资源,优化产业结构,增强核心竞争力。此外,举办农产品展销活动,组织企业参加国内外知名展会,定期举办推介会、品鉴会等活动,利用互联网和新媒体平台开展线上展销,拓宽销售渠道,提高产品的曝光率和销售量。提升整个行业的竞争力和发展水平,助力四川农产品加工产业实现高质量发展,增强消费者对四川农产品的信任度和购买意愿。

(四)抓创新,增强企业集聚带动能力

科技创新是推动农产品加工产业升级的关键。高度重视四川农产品加工产业创新,以创新为抓手增强链主企业的农产品加工集聚带动作用。构建农产品加工创新平台,促进资源共享,推动产学研用深度融合。加强中小企业技术创新服务,培育创新型企业。同时,建立产业链上下游企业联动机制,确保原料供应稳定,推动技术交流和合作,共同研发新产品、新技术,提高行业整体技术水平;推广智能制造,提升生产效率和产品质量。此外,支持农产品加工企业延伸产业链,实现全产业链协同发展,采用"公司+农户""公司+合作社"等模式与农户紧密联结,实现共赢发展。加强政策扶持和金融服务,降低运营成本,提高盈利能力,带动整个产业快速发展。

当好科创主力军　为建设农业强省赋能提速

四川省农业科学院党委书记、院长　牟锦毅

在省委十二届五次全会上,省委对以发展新质生产力为重要着力点扎实推进高质量发展作出了战略部署、锚定方向坐标,让我们有了更加明确的方向和抓手。四川省农业科学院作为全省农业科技进步排头兵、科技创新主力军、"三农"工作重要智库和农业发展重要人才基地,要坚定信心、勇立潮头,务实推进一批抓得住、见成效的关键要事,加快发展新质生产力,为建设新时代更高水平"天府粮仓"注入新动能。

一、紧盯种源这个根本,高位推动新种质资源挖掘利用

强化种质资源保护工作战略性、基础性定位,立足资源禀赋、发挥比较优势,让种质资源活起来、用起来。一是全面"存"。依托第三次全国农作物普查与抢救性收集行动(四川)等工作,全面摸清全省资源种类、数量、分布、特征特性等"家底",抢救性保护一批珍贵、稀有、濒危资源,做到"应收尽收、应保尽保",夯实保障国家粮食安全和育种创新的资源基础。二是精准"析"。重点开展主要粮油作物核心种质表型组鉴定与评价,对高产优质、抗虫抗病等农艺性状有针对性地开展精准鉴定,充分挖掘优异基因,加快创制有重要育种价值的新种质。三是高效"用"。主动参与天府万安种业实验室建设,全力运行好四川省种质资源中心库,高标准推进农业农村部天府种业创新重点实验室、四川省海南南繁育种工程中心、天府夏繁(马尔康)现代种业园等高能级创新平台建设,构建种质资源"保育繁用"一体化体系,促进特色资源加快形成特色产业。

二、紧盯原始创新这个关键,坚决打赢关键核心技术攻坚战

精准对接全省农业优势产业发展需求,动态优化全院学科布局和重大科研项目清单,力争抢占生物育种、绿色农业等战略制高点,铸造新领域新赛道。一是实施生物种业创新工程,育好"天府良种"。加强前沿育种关键核心技术攻关,推进全基因组选择、基因编辑、生物芯片等现代生物育种技术与大数据、人工智能等信息技术融合创新,加快培育一批农作物突破性新品种和具有自主种质基础的国产化畜禽品种,确保种源自主可控。二是实施耕地质量巩固提升工程,建好"天府良田"。加强耕地质量保护和提升技术研发,探索复耕地、撂荒地综合开发利用模式,加快推进高标准农田高效利用、中低产耕地地力提升、退化耕地生态修复,不断提升"天府粮仓"持续丰产的能力。三是实施绿色高效栽培技术配套工程,用好"天府良技"。以"碳达峰、碳中和"引导绿色安全农业生产技术转型升级,推动固碳减排、秸秆利用、绿色防控、智慧管控等关键技术创新,有效破解农业资源趋紧问题,提高农业可持续发展能力。

三、紧盯现代农机装备这个短板，做好“天府良机”新课题

持续深化“天府良机”智库建设，开展“集智攻关”，全力补齐现代农业短板弱项。一是突出需求导向。以主要粮油作物生产全程机械化、丘陵山区适用农机装备研发为主攻方向，进一步梳理全省农机现代化薄弱环节和农机装备需求清单，制定技术卡点分析图和科研攻关路线图，加快先进农机装备引进、吸收和再创新。二是坚持分类推进。根据“五大生态区域”产业特点和耕作条件差异，因地制宜建设一批农业机械化科技示范基地，加强大中型、智能化、复合型农机装备集成应用，配套广适、轻便、多功能的新能源农机装备，增强全产业链农机作业能力，实现各类型农机装备合理配置、农机农艺有效融合、各区域协调发展。三是注重资源整合。积极探索创建现代农机装备创新联合体，推动创新链和产业链有机衔接，提升项目、平台、人才、资金等各类资源配置效率，共同攻克农机装备研发、制造和推广应用中的技术难题。

四、紧盯产业振兴这个重点，稳步提升科技成果转化质效

始终坚持在推进科技创新和科技成果转化上同时发力，强化“政产学研用”协同，拓展“院地企”合作的深度广度，加速优质科研成果转化为新质生产力、转化为物化产品。一是搭好平台促转化。牵头发挥好成渝地区双城经济圈农业科技创新联盟优势，建好跨区域成果转化平台，推动协同创新成果率先在成渝现代高效特色农业带落地转化。实施基层创新转化服务平台能力提升行动，加快市（州）分院、科技示范基地（农场）提档升级，推动科技成果迅速下沉转化，服务县域农业产业。二是示范引领促转化。围绕现代农业园区和产业集群，深入开展粮油作物大面积单产提升技术攻关和试验示范，集成配套“四新五良”成果成建制集中示范转化，加快农产品精深加工创新成果应用，巩固提升粮食综合生产能力和农业生产效益。三是培育品牌促转化。创新“区域品牌+‘天府农科’品牌”共赢互促的发展模式，深度挖掘高价值科技成果（专利）和特色农产品资源，加快推进物化科技产品产业化生产线建设，优选更多具备发展优势、满足消费需求的“天府农科”拳头产品走向市场，助推“川字号”特色产业提质增效。

五、紧盯人才这个“第一资源”，加快高水平人才队伍建设

抓住全院深化改革重要窗口期，推动省属农业科研院所改革的“政策红利”向“人才红利”升级，以人才工作的主动，更好地掌握创新的主动、发展的主动。一是建强战略领军人才方阵。坚持高标准精准引进和高质量自主培养“两手抓”，健全完善“产业+学科+人才”定向培养模式，灵活采取以才引才、平台引才等方式，重点加强博士后和青年领军人才引育，激发“培育一个人才、带活一支团队、壮大一个学科”的聚变效应。二是建强创新中坚人才方阵。持续巩固拓展职务科技成果权属混合所有制改革成果，积极推行“揭榜挂帅”“赛马制”等新型科研组织模式，在授权、松绑、激励方面力求更大突破，支持更多优秀人才挑大梁、出成果，最大化激发人才创新创业潜能。三是建强一线骨干人才方阵。积极选派专家参加“科技下乡万里行”“科技特派员”活动，继续开展干部“墩苗”行动，创新科研人才向基层流动的工作模式，为现代农业高质量发展蓄力赋能，为建设新时代更高水平“天府粮仓”筑牢人才根基。

“川味”土特产助推乡村振兴成效大潜力更大

国家统计局四川调查总队

道地土特产，一头连着农民增收、农村发展，一头连着产业升级、乡村振兴。“川字号”土特产是四川农业农村产业的一张重要名片，也是实现乡村振兴的重要引擎。为了解土特产助力乡村振兴发展现状，国家统计局四川调查总队对自贡、广元、遂宁等13个市（州）的职能部门及239户土特产经营主体开展了专题调研。结果显示，土特产助力乡村振兴成效明显，但要写好乡村振兴大文章，还需在“土”味挖掘、“特”色释放和“产”业拓展方面综合施策，取得更大成效。

一、土特产助力乡村振兴有成效

（一）创品牌树形象，擦亮乡村振兴名片

四川各地打造自身产品特色，培育标志性品牌，为土特产烙上“川”字印，擦亮叫响乡村振兴新名片。截至2023年年底，全省累计培育259个农业区域公用品牌、896个农业企业及产品品牌；国家地理标志保护产品数量达到296个，位居全国第一。在2024年6月最新发布的《中国农产品品牌索引名录》中，四川省有100个品牌上榜。调研显示，51%的土特产经营主体拥有独立品牌，19.6%的使用公用区域品牌。“川字号”土特产已逐渐发展成势，品牌价值越来越大。

据调研了解，凉山州突出地域特色优势打造“一县一品”“一乡(村)一品”，建成“大凉山”特色农产品区域公共品牌，“会理石榴”“盐源苹果”等县域公共品牌10个，已授权1490个农产品使用“大凉山”区域品牌标志，年产值190亿元。广元市积极运营“广元七绝”区域公共品牌，大力推广销售苍溪猕猴桃、青川黑木耳、剑门关豆腐等土特产，同时创建了“广供天下”、“广供农产”等自有品牌，引导县(区)创建“川名参”“龙岗山”等10个自有品牌。

(二)抓培训育人才，盘活乡村人力资源

乡土人才“根”在乡村，发展在本土，土特产的发展培育了更多懂技术的“土专家”，激励了更多有想法的“乡创客”，吸引了更多有情怀的“带头人”融入乡土人才队伍，为推动乡村振兴注入了“源头活水”。各地狠抓乡村人才培训，推动土特产生产、管理、销售体系人才数量增加、质量提升，受访的土特产经营主体中，2023年平均接受培训138人次。在一系列培训措施的催动下，乡村人力资源流动更加频繁、更加活跃。2023年1月—9月，全省农民工返乡入乡创业新增6.4万人，这些人将成为推动乡村土特产产业发展的中坚力量。

据调研了解，阆中市在中心乡(镇)分片区开展职业技能培训，2023年共培训1168人，其中100余名高素质农民创办了特色家庭农场。合江县某合作社负责人在外务工多年，心怀乡情返乡创业，带动周边群众种植中药材——川佛手。目前佛手种植面积达2400亩，产量达60万千克，2023年还成功创建佛手科普基地及乡村旅游示范基地。平昌县某土特产经营者大学毕业后在陕西从事食品行业，2023年受乡村振兴的感召，回村创办了腊肉加工坊，当年产值即达24万元。

(三)促融合共发展，提升乡村产业水平

依托特色资源，打造集观赏、农事体验、文化、土特产加工销售于一体的融合发展模式，挖掘乡村多元价值，把商机“引进来”，把“川货”推出去，为广袤乡村注入澎湃动能。《四川省农村一二三产业融合发展行动方案》中计划，到2025年，全省累计培育百亿级农产品加工园区10个，建设30个国家级和省级现代农业产业集群。调研显示，全省土特产经营主体经营方式更加多样，除生产土特产外，38.5%的从事土特产加工，20.4%的还从事乡村旅游，多样化的经营方式不仅有效提升了产业融合水平，提升了自身盈利能力，还有效提升了乡村产业水平，走出了一条以土特产为重点的乡村产业发展道路。

据调研了解，自贡市立足“川兔”优势特色产业发展思路，创立了“千灯萌兔”IP，打造大型兔文创基地，将兔文化融合进彩灯大世界，吸引游客超百万人次，冷吃兔年销售收入超过80亿元。2023年12月，邻水县举办第二届“巴蜀风韵·橙意邻水”文化旅游宣传周，以“橙”相待，以节会友，宣传推广土特产品牌。某家庭农场在旅游周期间卖出了80%的果子。

(四)重效益强带动，增强产业经济实效

土特产产业迅速发展，带动周边越来越多的农户参与到种植、养殖、加工等环节，带动了农民就业，提高了农户收入，联农助农模式为乡村振兴提供了重要保障。调研显示，93.7%的调研对象表示2023年土特产经营能够实现盈利，其中有53.6%的盈利主体利润率大于20%；土特产的生产经营平均为周边提供103个就业岗位，带动周边农民人均增收1.74万元。2023年，川猪、川粮油、川菜、川牛羊等“川字号”产品产值全面突破千亿元大关。随着产业带动作用的不断发挥，将持续有效促进农民增收致富。

据调研了解，广汉市3家缠丝兔龙头企业2023年合计实现销售收入1.5亿元，解决劳动力就业近250人，通过与本地养兔农户签订收购协议，有效促进了农民增收。南江县某农业科技有限公司带动周边400余户农户种植金银花6000余亩，长期固定用工200余人，季节性用工600余人，年均支付人工工资200余万元，每年带动周边农户户均增收1万元左右。

二、土特产价值潜力挖掘待深化

(一)“土味”待赋能

“五里不同风，十里不同俗”，土特产品种丰富，但多为初级农产品，往往在品种、类型上容易趋同，产品同质化明显。当地独特的风俗、风情、风味和文化内涵没有挖掘到位，“土”而不“特”，难以形成竞争优势，影响了销量和价格。调研显示，63.6%的调研对象认为自己经营的土特产质量好且价格合适，其中有60%的销售结果并不理想；45.6%的调研对象认为让土特产在市场上具有较强竞争力，需要依托本地丰富的资源和传统文化来赋予更多的特色。

据调研了解，汉源“甜樱桃”在几年前已是品牌响、价格高的土特产，但近几年随着周边地区大量同类产品上市，价格受到不小的冲击。凉山州的阳光玫瑰一直以来有着不错的口碑，一当地农场经营者表示，虽然近年来自己非常注重品质，但受云南、陕西、甘肃等地大力种植影响，造成本地阳光玫瑰价格下降，2023年每千克均价仅3～4元，同比下降3元左右，影响了种植效益。

(二)特色待释放

土特产品牌认知度不高，带动性不强，销售渠道较窄，不能从“卖产品”转变为“卖品牌”，影响了土特产特色向产业效益的转化。一是品牌价值不高。品牌杂而不精、多而不优，品牌价值未能充分体现。在2024年发布的中国品牌价值评价信息区域品牌（地理标志）百强榜单中，四川有16个上榜，但其中品牌价值最高的仅排名第15位。二是品牌效应发挥不充分。品牌宣传和推广力度不到位，品牌溢价能力弱。调研显示，31%的受访者表示自家土特产没有品牌，76%的认为与全国同类产品相比自己品牌知名度不高，44.7%的认为产品销售受阻的主要原因是品牌没有竞争力。三是销售渠道拓展受限。受资金、技术、人才、物流成本等限制，目前土特产销售仍以线下为主，网络销售渠道拓展不易。虽然82.5%的调研对象期待通过网络平台或自媒体方式销售土特产，但实际中86.4%的调研对象仍选择在农贸市场或线下店铺销售，强烈的愿望一时还难以得到实现。

剑阁县一自有独立品牌"忆剑门"负责人反映，公司经营的土特产有金丝皇菊、元宝枫、核桃油等，在全国同类产品中毫无品牌影响力和竞争力，知道该品牌的人少之又少，品牌优势更无从谈起。通江县一菌类公司负责人表示，公司从事银耳生产10年，近两年打算开始线上销售，但自己建立专业的网络营销团队面临不少困难，如果请第三方运营商进行运行，公司需支付销售额3%的管理费用，所以目前还是线下销售。

（三）产业待拓展

土特产产业链配套不完备，产品附加值挖掘不够，限制了产业增值增效的空间。一是冷链物流及保鲜技术不完备。四川山区较多，土特产大部分是鲜活的农产品，运输时间长、保鲜期短，在一定程度上限制了"山货出山"的销售半径。调研显示，37.7%的调研对象没有在产品的保鲜期上采取相应措施，48.1%的表示与全国同类产品相比购买便捷度不高。二是产品链延伸不足。本地缺乏土特产精深加工企业，产品价值挖掘不深，附加值低。调研显示，有59.8%的调研对象直接出售未经加工的农产品。三是产业增收效果达不到预期。随着劳务费、农资价格、土地流转费、农机作业费、物流成本等生产成本不断攀升，土特产规模扩大了、销售增长了，但最终利润空间却被压缩。调研显示，2023年有39.7%的调研对象经营的土特产销售额同比增长，但其中32.6%的利润率并未增长；43.5%的调研对象认为当前土特产助力乡村振兴发展存在的问题是产业增效不乐观。

调研显示，遂宁市食用菌、晚熟柑桔等土特产都是销售鲜品，全市有10余家农产品冷链物流配送中心，但难以满足日益旺盛需求，且冷链物流成本高，导致部分菜品价格偏高，销售受阻。甘孜州一网络主播反映，松茸等生鲜菌类因没有先进的保鲜技术，在运输过程中容易变质和磨损，影响市场推广。会理市石榴种植户反映，当地没有石榴深加工企业，只能卖鲜果，去年最低收购0.75元/千克，除去人工成本，收益甚微。

三、深究"土特产"助推产业大发展

（一）深入挖掘"土味"

结合地域特色，挖掘土特产背后的历史文化价值，通过文化传播与消费者产生共鸣，提升认同感。讲好"乡村故事"，传递浓浓乡情，让乡愁赋予土特产新的内涵，从"卖产品"到"卖情怀"。注重生态、绿色、有机标签打造，在土特产设计和宣传上做差异化文章。探索农旅结合丰富模式，促进产业升级，提高土特产生态附加值。

（二）更好彰显特色

发挥好网络销售对特色产品品牌的宣传推广作用，创新数字化营销能力，通过大数据提前与潜在客户建立联系，进行情景营销、跨界营销，输出品牌知名度和好感，加强品牌塑造和推广。降低线上销售门槛，突出电商优势。对有意向进入电商平台销售的主体给予资金支持，开展电商入村活动，孵化培育本地优秀电商经营人才，组建电商运营团队，帮助"小农户"顺畅对接"大市场"。

（三）融合产业发展

在建设土特产集群、激发经营主体积极性、促进产业融合、发掘培养人才、搭建社会统一服务平台方面，充分发挥"无形的手"的作用。为土特产科技赋能，加速农业科技成果转化，选育、改良、推广一批满足市场多样化需求的特色品种。引导加工企业投资建厂，做大做强精深加工，促进原料生产、精深加工、体验展示、物流配送有效衔接。联合科研单位开展产品储藏、保鲜等关键技术攻关，通过现代技术及应用，让更多"川味"出川。

四川省共同富裕试验区建设进程分析

国家统计局四川调查总队党组书记、总队长　赵太想

2022年12月，省委、省政府印发《关于支持攀枝花高质量发展建设共同富裕试验区的意见》。为更好监测反映攀枝花共同富裕实验区建设进度，为省委、省政府提供决策参考，国家统计局四川调查总队组织开展了课题研究，以

2035年奋斗目标为100，探索构建了共同富裕指标体系，开展了试测算工作，结果显示，2022年攀枝花共同富裕指数为78.28。

一、攀枝花市建设共同富裕试验区的优势与挑战

攀枝花市作为四川省推进共同富裕的试验区具有其自身的优势与典型意义，但仍然存在一些挑战。

（一）攀枝花市推进共同富裕的优势

1.经济基础好，居民富裕度高

作为四川推动实现共同富裕的“探路先锋”，经济发展水平较高。2022年，攀枝花市人均地区生产总值高达10.08万元，位居四川之首；城镇居民可支配收入50009元，农村居民可支配收入23364元，仅次于成都市。

2.产业发展势头强劲，发展潜力大

2022年，攀枝花市第一产业增加值112.22亿元，增长4.9%；第二产业增加值677.79亿元，增长4.0%；第三产业增加值430.51亿元，增长2.4%。三次产业结构为9.2：55.5：35.3，工业化率多年位列全省第一。攀枝花市立足资源优势重点打造清洁能源和钒钛产业，其中钒钛产业链完整度居全国首位。

3.城镇化率高，城乡发展均衡

截至2022年年底，攀枝花常住人口121.6万人，其中城镇人口85.4万人，常住人口城镇化率70.23%，位居全省第二。截至2022年，攀枝花市城乡居民收入比为2.14，比2012年低0.35，低于全国、全省平均水平。

4.体量规模较小，改革创新意识强

攀枝花市辖3区2县，总面积7434.5平方千米，占全省1.5%；常住人口仅多于阿坝和甘孜，占全省的1.5%。攀枝花市作为新兴城市、体量规模小，改革创新基因贯穿于整个发展过程中，比如在全省率先取消了农业税，市场准入自公告“预服务”制度受到国务院办公厅督查奖励并通报表扬，“三说会堂”多元化解矛盾经验在全国交流推广，“一窗通办、一网通行”改革被全省列为典型。

（二）攀枝花市推进共同富裕面临的挑战

1.工业“长板”面临转型升级压力

工业是攀枝花市的立市之本，但其高质量发展仍存在一定问题。比如，科技创新水平不高，市场竞争力不强，综合利用水平不高；运输、土地等要素成本较高，公共配套和产业配套的能力条件还比较薄弱；产业结构和企业结构较为单一，企业集群支撑不足，新兴产业发展缓慢；资源就地加工转化率不高、环境空间受限等问题。

2.居民收入快速增长存在难点

按照《攀枝花高质量发展建设共同富裕试验区实施方案（2022—2025年）》（以下简称《方案》）要求，2025年攀枝花市城镇居民、农村居民人均可支配收入目标分别为6.4万元、3.2万元，这就要求2023—2025年城镇、农村居民可支配收入年均增速至少要达到8.6%、11.1%。但2022年攀枝花市城镇、农村居民人均可支配收入增速仅为4.4%、6.3%。由于经济增长对居民增收影响较大，在当前持续推动经济实现质的有效提升和量的合理增长的大背景下，城乡居民收入保持较快增长存在一定困难。

3.城乡和地区差距仍然较大

《方案》要求，2025年攀枝花市实现城乡居民收入比在2以内。2022年该值为2.14，要实现目标，2023—2025年农村居民收入增幅必须高于城镇2.5个百分点以上，但目前仅高1～1.2个百分点，实现目标难度较大。从区域看，2022年攀枝花市县（区）间城镇居民收入变异系数为0.1008，而该值在2012年为0.1005，地区收入差距有所扩大。

4.水资源和交通物流条件制约

攀枝花市水资源时空分布不均，季节性、区域性、工程性缺水严重，限制了经济社会发展。攀枝花市交通发展滞后、物流成本一直较高，成昆铁路复线通车虽有所改善，但对外运输通道还比较单一，动车直达城市较少、耗时较长，直飞大城市的航线比较少，G5京昆高速公路受气候影响易断道、封路；物流基础设施建设不完善，与生产服务型国家物流枢纽承载城市和四川南向开放门户的定位还有一定差距。

5.社会公共服务不够均衡

攀枝花市山高谷深，基础设施和公共服务建设成本高，近年来虽投入了大量人力物力，但发展不平衡不充分仍是客观现状，城乡区域发展不够平衡和协调，城乡社会事业发展差距较大，公共服务均衡性和可及性还有待提高。

二、共同富裕试验区指标体系的构建与分析

围绕共同富裕的内涵和时代特征选择指标，通过熵权法等进行赋权，以2035年奋斗目标为100计算得分，构建共同富裕指标体系，对攀枝花共同富裕进程进行测度。

（一）指标体系的构建

1.指标选择

围绕共同富裕的内涵和时代特征，基于完整性、必要性、可获得性等原则选择指标，共设置物质生活、精神生活、社会公共、生态环境4项一级指标，进一步细化设置了13项二级指标和32项三级指标。同时，对三级指标的共同度与富裕度特征进行了划分与归类（攀枝花市共同富裕评价指标体系见表1）。

2.指标赋权

采用熵权法、CRITIC权重法和专家评估法相结合的方式赋权。首先确定一级指标的权重，4项一级指标权重分别为40%、20%、25%、15%，然后综合计算三级指标权重，再后计算二级指标与“共同度”“富裕度”权重。

3.指标赋值

深刻理解共同富裕内涵的基础上，

表1　攀枝花市共同富裕评价指标体系

一级分类	二级分类	指标名称	指标属性	最终权重	2035年目标值（数值）	富裕	共同
物质生活	收入	居民人均可支配收入	正向	0.0347	80000.00	√	
		城乡居民人均可支配收入比	逆向	0.0400	1.60		√
		县区人均可支配收入差异系数	逆向	0.0368	0.22		√
		中等收入群体比重	正向	0.0336	0.70		√
	消费	居民人均消费支出	正向	0.0330	48000.00	√	
		恩格尔系数	逆向	0.0321	0.29	√	
		城乡居民人均消费支出比	逆向	0.0444	1.30		√
		县区人均消费支出差异系数	逆向	0.0373	0.16		√
		每百户家用汽车	正向	0.0274	55.00	√	
	居住	人均住房面积	正向	0.0261	40.00	√	
	健康	人均健康预期寿命	正向	0.0259	82.12	√	
		国民综合体质合格率	正向	0.0288	93.00	√	
精神生活	文教娱乐	人均教育文化娱乐消费支出占消费的比重	正向	0.0731	0.14	√	
		每万人拥有公共文化设施面积	正向	0.0631	2200.00		√
		人均体育场地面积	正向	0.0638	3.50		√
社会公共	社会治理	民生支出占财政支出的比重	正向	0.0223	70.00	√	√
		党风廉政建设社会评价满意度	正向	0.0214	90.00	√	√
	医疗保障	每千人拥有执业（助理）医师数	正向	0.0237	3.85		√
	教育保障	普惠性幼儿园在园人数占比	正向	0.0193	94.00		√
	养老保障	基本养老保险参保率	正向	0.0207	0.95		√
	社会安全	社会治安安全感满意度	正向	0.0249	0.97		√
		产品质量抽查合格率	正向	0.0227	1.00	√	
		人均粮食产量	正向	0.0225	0.22	√	
	公平公正	公证人员人数/每十万人数	正向	0.0196	1.80	√	
		律师数/每万人	正向	0.0221	3.60	√	
		城乡最低生活保障标准之比	逆向	0.0308	1.00		√
生态环境	生态宜居	PM2.5平均浓度	逆向	0.0277	26.00	√	√
		地表水达到或好于Ⅲ类水体比例	正向	0.0107	1.00		√
		农村卫生厕所普及率	正向	0.0261	100.00	√	√
		人均公园绿地面积	正向	0.0264	16.00	√	√
	低碳排放	单位GDP能耗	逆向	0.0312	0.84	√	√
		污水处理厂集中处理率	正向	0.0278	0.75	√	√

参考相关研究资料，根据相关部门的测算，设定2035年攀枝花市基本实现共同富裕的三级指标目标值，并将此设为100，通过标准化处理，得到指标得分：

正向指标标准化处理：

$$z_i = \begin{cases} \frac{x_i}{x_{i1}} \times 100\% & ,若 \frac{x_i}{x_{i1}} < 1 \\ 100\% & ,若 \frac{x_i}{x_{i1}} \geq 1 \end{cases}$$

其中 z_i为 x_i的个体指数，x_i为实际值，x_{i1}为目标值。

逆向指标标准化处理：

$$z_i = \begin{cases} \frac{x_{i1}}{x_i} \times 100\% & ,若 \frac{x_{i1}}{x_i} < 1 \\ 100\% & ,若 \frac{x_{i1}}{x_i} \geq 1 \end{cases}$$

其中 z_i为 x_i的个体指数，x_i为实际值，x_{i1}为目标值。

4.指数计算

根据各个指标的综合权重 w_i，运用加权平均的方法，得到分项指数及总指数：

$$F_j = \sum w_i z_i$$

（二）攀枝花共同富裕进程分析

1.共同富裕持续推进，富裕度高于共同度

攀枝花市共同富裕指数稳步增长，2022年为78.28，与2017年相比，年均提高2.01。从两个维度看，富裕度为83.43，年均提高1.69；共同度为76.27，年均提高2.3。富裕度基数大但增长慢，共同度基数小但增长快，与现实情况较为吻合。2017—2022年攀枝花市共同富裕指数图见图1。

2.物质生活指数稳定增长，略低于总指数

2022年，物质生活指数为76.13，与2017年相比，年均提高1.89。物质生活指数是共同富裕的基础，权重占到40%，对总指数影响较大。2017—2022年攀枝花市物质生活指数见图2。

3.精神生活指数波动上涨，有较大增长空间

2022年，精神生活指数为60.5，与2017年相比，年均提高2.48，基数较低但增长幅度较大。值得注意的是，受全球新冠肺炎疫情影响，2020年居民教育文化娱乐消费支出总量下降，导致指数短期下滑。2017—2022年攀枝花市精神生活指数见图3。

4.社会公共指数完成度较高

2022年，社会公共指数为91.56，是最高的分项指数，与2017年相比，年均提高1.71。近年来，政府对民生领域的投入逐步增长，居民对社会治理成效的满意度提高，医疗和养老保障不断加强，群众的社会安全感满意度不断提升。2017—2022年攀枝花市社会公共指数见图4。

5.生态环境指数增长速度均高于平均水平

2022年，生态环境指数为85.6，与2017年相比，年均提高2.25，绝对值和增长速度均好于平均水平，环境治理成效显著。攀枝花市生态环境指数见图5。

三、推进共同富裕试验区建设的建议

（一）坚持“两条腿走路”，推动富裕和共享齐头并进

四个一级指标中，物质生活和社会

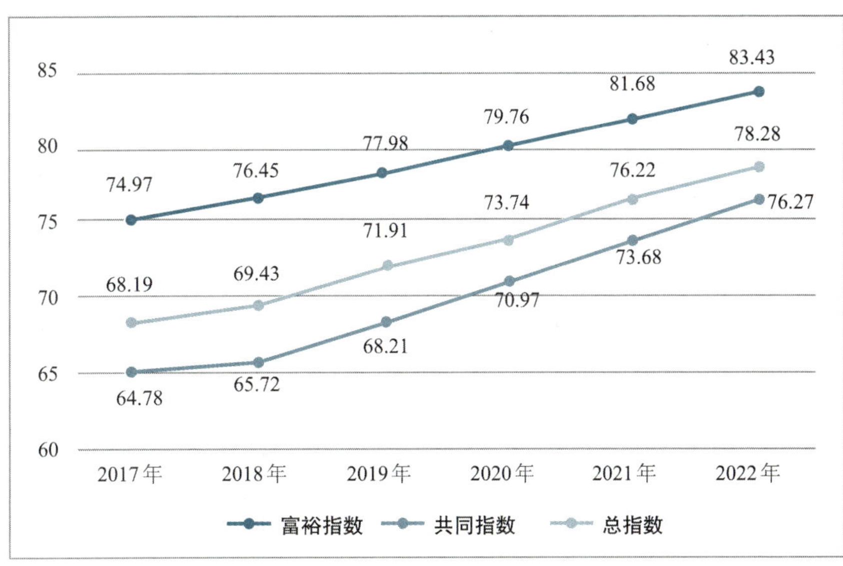

图1 2017—2022年攀枝花市共同富裕指数图

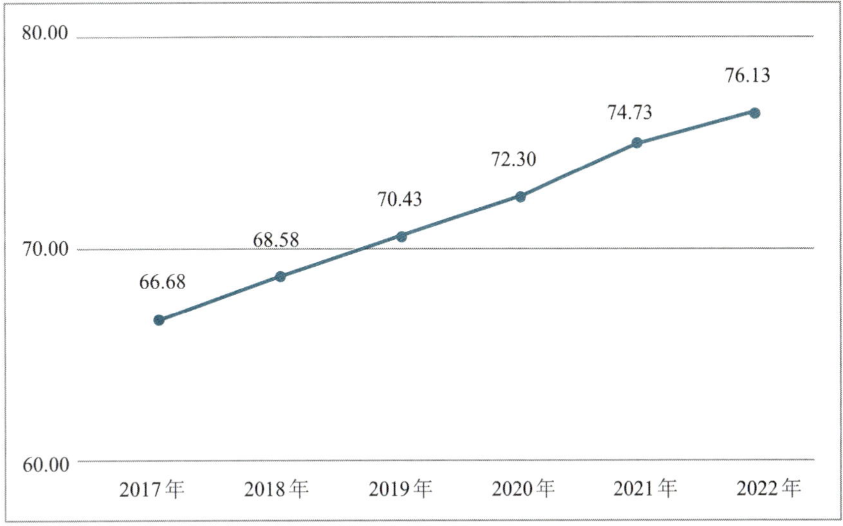

图2 2017—2022年攀枝花市物质生活指数

公共总权重为65%，需要在改善物质生活和提高社会公共服务水平方面着力。一是稳定经济社会发展大盘，抓好实业发展"牛鼻子"，推动产业多元发展，持续扩大市场需求。二是科学识别城乡、县区功能定位，统筹发展资源，不断缩小区域差异和城乡差异。

（二）注重"全面发展"，促使精神与物质协调推进

物质生活和精神生活指数存在差距。一是打造精品学校、学科、项目，提升各阶段教育水平；加大开发文化、教育、娱乐场地，举办文娱类公益活动，运用新闻媒体网络进行广泛宣传，扩大人员参与范围。二是优化收入分配结构，不断完善初次分配制度、加大二次分配调节力度、鼓励和扩充第三次分配，发挥好调控手段，让物质富裕为精神富裕奠定坚实的经济基础。

（三）缩小收入差距，促进公共服务均等化

一是完善收入分配制度和工资合理增长机制，实施中等收入群体递增计划，提高低收入群体收入，推动形成橄榄型分配结构。二是保持就业基本稳定，完善失业救济体系，降低低收入人群的贫困率。三是扩大医疗资源，打造区域医疗健康高地，实施健康保险计划，降低医疗费用负担；建立包容性的社会福利计划，满足贫困家庭和弱势群体的基本需求；探索性完整养老保障制度，重点提高农村居民养老保障水平。

（四）保护生态环境，实现高质量发展

一是优化产业结构、能源结构，提升资源利用率，大力发挥阳光、钒钛、清洁能源资源优势，实现传统产业升级和新兴产业培育双轮驱动。二是加大大气污染、水污染、土壤污染防治力度，完善治理体系，以高品质生态环境支撑高质量发展。

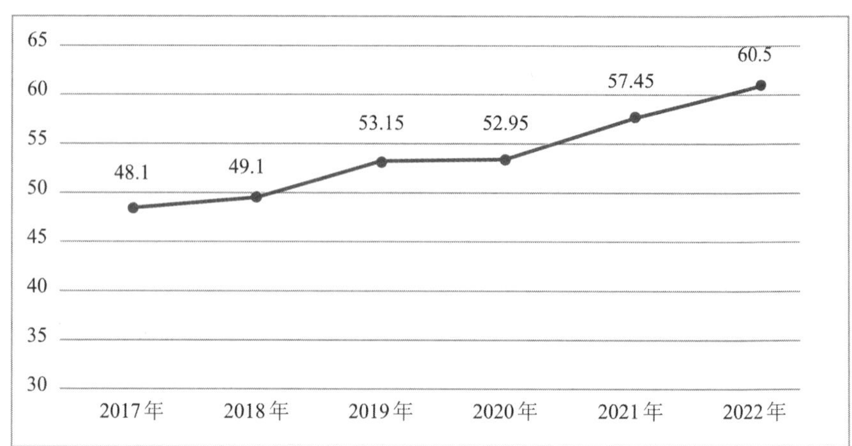

图3　2017—2022年攀枝花市精神生活指数

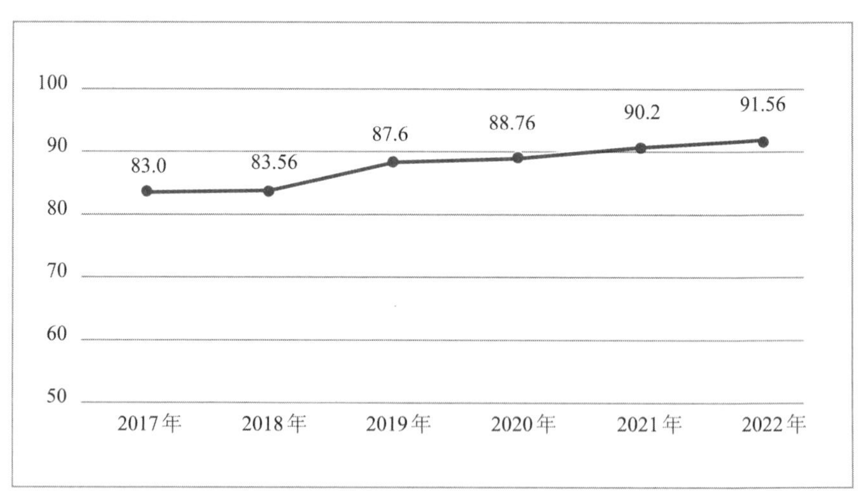

图4　2017—2022年攀枝花市社会公共指数

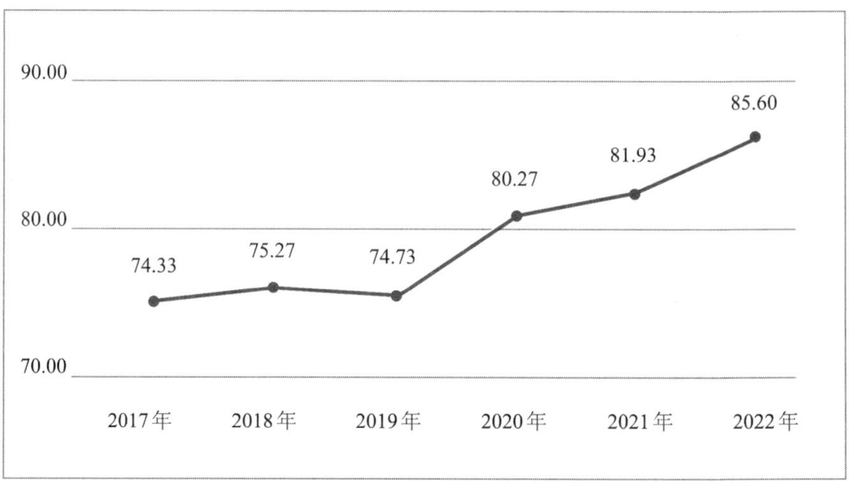

图5　2017—2022年攀枝花市生态环境指数

金融活水润泽巴蜀沃土　多维赋能助力乡村振兴

交通银行股份有限公司四川省分行

交通银行(以下简称“交行”)始建于1908年,是中国历史最悠久的银行之一。1987年4月1日,交行重新组建后正式对外营业,成为中国第一家全国性国有股份制商业银行,总部设在上海。2005年6月在香港联交所挂牌上市,2007年5月在上交所挂牌上市,2023年入选全球系统重要性银行。在《银行家》(The Banker)杂志公布的2024年世界银行1000强榜单中,按照一级资本排名交通银行位居全球银行第9位,为交通银行连续第多年跻身全球银行前10强。

交行四川省分行成立于1989年11月,作为交行在川的统一服务平台,四川省分行集合交行旗下多家子公司和各类金融资源参与四川建设,为四川客户提供最优金融产品、最佳服务方案、最低服务成本的一站式金融服务,业务范围涵盖商业银行、证券、信托、金融租赁、基金管理、保险、离岸金融服务等。目前,在川网点总数91个,下辖自贡、攀枝花、绵阳、泸州、德阳、南充、乐山、宜宾、达州、眉山10个省辖二级分,20家成都中心支行、1家大客户部、大邑村镇银行、软件开发团队(驻地成都)。

交行四川省分行坚持以习近平新时代中国特色社会主义思想为指导,深入贯彻党的二十大、二十届三中全会以及中央金融工作会议、中央经济工作会议和中央农村工作会议精神,深入学习习近平总书记来川视察重要指示讲话精神,以党建为引领,以高质量发展为主题,全面落实监管机构各项工作要求,抢抓机遇、牵头对接、搭建渠道,积极推进乡村振兴。

作为与地方发展同频共振的国有大行,交行四川省分行结合四川实际,提出坚持“三个1/3”,即服务实体经济、助力普惠小微和乡村振兴、提升零售信贷,不断引导金融资源向经济重点领域和薄弱环节倾斜,夯实四川经济发展根基,金融助力乡村振兴呈现以下特点:

一、强化组织领导,健全完善机制

交行四川省分行在2021年成立省分行乡村振兴工作领导小组,在省分行党委的领导下总体负责乡村振兴工作的统筹推进。省分行主要负责人任组长,省分行分管行领导任副组长,有关部门和经营单位主要负责人为小组成员单位。同时成立乡村振兴金融部,作为省分行金融服务乡村振兴的统筹部门,主要负责金融服务乡村振兴业务发展规划,承担定点帮扶、涉农产品体系建设、客群经营、推进普惠型涉农贷款业务等职责。

为深入贯彻落实党中央、国务院,省委、省政府,各级监管部门和总行对金融支持乡村振兴相关要求和战略部署,践行金融工作“五篇大文章”,履行好国有大行的使命担当,交行四川省分行结合自身情况,制定了服务乡村振兴工作规划、金融服务乡村振兴行动方案、助力峨边县乡村振兴工作计划、定点帮扶任务分解表、全面推进乡村振兴支持建设农业强省的行动方案等金融服务乡村振兴的制度文件,为“金融活水”润泽巴蜀大地保驾护航提供稳定续航。

二、聚焦县域经济,夯实乡村振兴根基

作为服务乡村振兴的主战场,县域经济承载着城乡融合发展的重要使命。交行四川省分行在成都都江堰、彭州,德阳广汉,泸州泸县等县域构筑起金融服务网络,将金融触角延伸至田间地头。针对县域经济“小、散、特”的产业特征,分行创新打造“产业地图+金融图谱”服务模式,深度挖掘地域特色产业价值。

交行四川省分行引导县域支行聚焦政府类机构业务、公立医院、高校、上市公司、重点招商引资企业等客群,立足当地产业特色,围绕都江堰猕猴桃(两部委双认证地标产品)、都江堰川芎(四川十大地理标志品牌)、万亩粮经复合产业园和产业基地、中国南方蔬菜种业创新中心、高标准农田建设、稻虾共作核心示范区等特色农业提供金融支持,助力提升农业现代化水平,积蓄乡村振兴新动能。

结合县域地区中小企业客户为主的特点,交行四川省分行借助新型移动设备,积极探索创新“互联网+”普惠金融服务,构建"线上+线下"双轮驱动服务体系。“兴农E贷”实现极速审批,线上保理业务让供应链金融突破时空限制,加上特色场景定制化产品满足客户多样化需求,有力支持县域地区各类中小微企业业务发展。

三、聚焦产业升级,打造现代农业引擎

在农业现代化进程中,交行四川省分行坚持“抓龙头、铸链条、育集群”的发展思路,构建起覆盖全产业链的金融服务体系,聚焦四川省粮油、生猪、牛羊等十大省域优势特色,与农业龙头化企业在信息流、物流、资金流等方面实现深度融合。

面对生猪养殖行业周期性波动,分行创新“生猪养殖风控”模型,与新希望等龙头企业合作推出“乡村振兴养殖贷”，通过“数据直联+动态监控+定向支付”三重风险缓释机制，累计投放资金超8亿元，稳定生猪产能超200万头，带动500余户养殖户增收。

在种业振兴和林草经济方面，分行与四川现代种业集团、四川林业集团建立战略合作，通过提供信贷支持、创新开发金融产品，聚焦代表区域，助力种业、森林四库和林下经济发展。针对天府粮仓建设，推出“高标准农田贷款”业务，支持全省高标准农田建设，为“藏粮于地、藏粮于技”战略贡献金融助力。

在三产融合方面，分行针对农产品市场全链条场景，推出“冷链e贷”“饲料贷”“肉牛贷”“粮油贷”“蔬果贷”等特色金融产品，现有贷款余额超6亿元，有力支持三产融合发展。

四、聚焦银政协同，创新服务供给模式

交行四川省分行充分发挥国有大行“连接器”作用，构建起“银政企保担”五位一体服务网络。与农业农村厅签订《共同推进“天府粮仓”建设合作备忘录》，建立重大项目联合评审机制。与省林草局达成合作意向，针对森林四库、林下经济打造金融样板间。积极对接成都市农业局，加入“农贷通”政银企农村综合性金融服务平台，为涉农主题提供线上金融服务。深化“银担”合作，与省农担公司建立风险分担机制，将担保费率降至1%以下，放大财政资金杠杆效。聚焦“银银”合作，与四川农发行签订战略合作协议，共同为乡村振兴协力同行。同时，结合“三农”需求，搭建“交银益农通”品牌体系，聚焦农业农村基础设施建设、设施农业和信贷直通车三大领域形成交行特色。

五、汇聚振兴合力，拓展脱贫攻坚成果同乡村振兴有效衔

峨边县地处四川盆地西南边缘，曾是贫困县，乡村振兴任务艰巨。新场乡羊子岩村作为交行四川省分行的定点帮扶村，长期面临耕地碎片化、产业基础薄弱、集体经济空壳化等问题。自帮扶开展以来，交行四川省分行立足“产业振兴是乡村振兴的核心”理念，以羊子岩村为试点，聚焦高标准农田建设与农文旅融合发展，探索出一条“科技强农、文旅兴村”的可持续振兴路径。通过三年帮扶，该村于2023年获评“四川省乡村振兴重点帮扶优秀村”，2024年再获“乐山市乡村振兴先进村”称号。

针对羊子岩村耕地分散、生产效率低的问题，交行驻村工作队联合农业专家，推动全村180余亩土地实施高标准农田改造，通过土地平整、灌溉系统升级和机械化作业，实现亩均粮食产量提升。交行还投入专项资金购置农业无人机，组建村集体无人机植保服务队，开展飞防作业，服务范围覆盖周边乡镇，科技助农效果不断显现。

依托羊子岩村毗邻峨边县“背峰山文旅项目”的区位优势，交行驻村工作队创新提出“农业为基、文化为魂、旅游为翼”的融合发展战略，并协调交行四川省分行向羊子岩村捐赠帮扶资金，在该村高标准农田旁修建兼具实用性与景观性的无人机操作平台及观景台，配套建设文化广场、移动厕所、太阳能艺术灯，硬化田间道路，安装智能安防监控系统，构建“田园综合体”硬件基础。该行驻村工作队还挖掘彝族非遗文化，设计“彝韵农耕”主题旅游路线，将传统火把节、彝族刺绣体验与农田观光结合。2024年国庆节前夕，驻村工作队协助该村致富带头人打造首家彝风民宿“半山渡”，国庆节假期客房预订率达100%，并有力带动周边农户销售土特产增收。并同步开发背峰山徒步线路衔接农田景观，形成“春耕体验、夏赏梯田、秋收研学、冬品民俗”的全季旅游链。通过“农田变景区、农房变民宿、农产品变商品”，实现生态资源向经济价值的高效转化。

这是交行四川省分行从2021年乡村振兴工作以来，在省委、省政府的正确领导和省直牵头部门的指导下，认真学习贯彻习近平总书记重要指示批示精神和党中央国务院关于全面推进乡村振兴的战略部署，学习运用“千万工程”经验，发挥金融专长，开展定点帮扶工作的一个缩影。

近年来，交行四川省分行每年专题研究帮扶工作不少于4次，乡村振兴工作领导小组召开专题会议不少于2次，同时制定定点帮扶工作五年规划、年度计划，连期选派帮扶干部脱产驻村工作，有效推动帮扶工作落实落地。分行以“产业帮扶、消费帮扶、捐赠帮扶”为抓手，“三位一体”助力峨边县经济高质量发展，实现从“输血”到“造血”的转变。在产业帮扶方面，交行四川省分行克服在帮扶县无物理机构的困难，累计向峨边县辖内企业发放贷款超2亿元，有力支持了企业和重大产业，截至2024年年底，交行四川省分行在峨边有贷款余额近亿元。交行四川省分行还积极开展“引智入峨”，邀请四川省供销科技产业集团等分行合作农业重点企业与峨边县委、县政府举行三方业务座谈，对峨边花牛养殖、高标准农田种植情况进行摸排调研，探索因地制宜发展县域富民产业。在消费帮扶方面，分行成功将峨边县农特产品上线交总行“买单吧”App，同时也将帮扶县农特产品引入分行机关大楼进行现场展销，形成“线上+线下”多渠道销售模式，已累计采购和帮助销售该县农特产品近800万元。在捐赠帮扶方面，已累计向峨边县拨付帮扶捐赠资金270万余元，用于完善基础设施改造、村民人居环境整治、乡村文旅业态发展等。

理塘县为甘孜州辖县，位于四川省西部，是国务院扶贫办安排的交通银行定点帮扶县，作为交行在川机构，交行四川省分行通过结对帮扶理塘县，拉开了金融助力建设高原美丽乡村序幕。

交行四川省分行认真落实党中央、国务院,省委、省政府要求和总行党委部署,当好交行援塘排头兵,在战略部署上“扣扣子”、责任履行上“担担子”、工作落实上“钉钉子”,有针对性地推进理塘县结对帮扶各项工作。每年为理塘县引进社会资金、购买农产品、帮助销售农产品、引进帮扶项目,并克服无物理网点、自然条件恶劣等困难,多次对理塘当地企业进行实地走访,持续加大对理塘县信贷资金投入,2024年在理塘贷款增速达28%,连续多年获评交行系统定点帮扶工作最高等级考核评价。分行将产业帮扶作为对塘帮扶重点,分行在为理塘县牦牛养殖、生产重点企业连续多年提供信贷支持的基础上,还通过创新模式,即由企业集中代养殖、交行定制产品配套、企业与养殖户签订收购合同,以金融科技赋能,量身定制研发了金融助力产业发展的信贷产品“牦牛贷”,实现农牧民足不出户,通过“扫码申请、手机提款”即可申请提用,延伸金融服务半径,以金融活水扩展了农牧民致富增收渠道。2025年,交行四川省分行还将为四川能投在理塘光伏项目(项目总投约38亿元)提供信贷支持,有力夯实美丽高原农村基础设施建设。

站在新的历史起点,交通银行四川省分行正以“金融报国”的使命担当,绘就服务乡村振兴的壮美画卷。分行将认真落实党中央各项决策部署,心怀国之大者,奋勇当先。交行四川省分行将铆足干劲,抓好以乡村振兴为重心的“三农”各项工作,进一步探索金融科技赋能现代农业,助力推进农业农村现代化,为加快建设农业强国而努力奋斗。

交通银行四川省分行将怀揣初心,扛起金融服务乡村振兴的重要责任,在乡村振兴的征程上继续奋勇前行,打造国有大行服务乡村振兴的“四川样板”。

党建引领下的托底帮扶:国家能源集团四川公司推进布拖县乡村振兴的实践与成效

国家能源集团四川公司党委书记、董事长　张　平

国家能源集团四川公司党委深入学习贯彻习近平总书记关于“三农”工作的重要论述和重要指示批示精神,全面落实党中央关于接续推进巩固拓展脱贫攻坚成果同乡村振兴有效衔接的决策部署,按照四川省委关于欠发达县域托底性帮扶工作安排,在对四川省凉山州布拖县的乡村振兴定点帮扶和托底性帮扶工作中持续强化党建引领,打出四套“党建+”组合拳,大力实施组织建设、文化教育、医疗健康、特色产业、技能培训等一批强基惠民帮扶项目,助力布拖县乡村振兴开新局、见新貌,朝着“产业兴旺、生态宜居、乡风文明、治理有效、生活富裕”的目标大步迈进。用心用情用力的帮扶投入和工作成效得到了上级组织和社会各界的广泛认可,得到省部级及以上集体和个人表彰13项,获得四川省脱贫攻坚先进集体、国家能源集团脱贫攻坚先进集体等荣誉,1名帮扶干部获评“四川省优秀驻村第一书记”,2名驻村“第一书记”的事迹被新华社拍成电影《我们是第一书记》在全国公映;公司还收到凉山州委、州政府的致信感谢,并在全省国资国企托底性帮扶欠发达县域工作推进会、深化东西部劳务协作及跨区域人力资源协同发展促进乡村振兴工作座谈会等重要会议上作经验交流。

一、“党建+赋能”,点亮乡村振兴“引路灯”

国家能源集团四川公司党委坚持党建引领乡村振兴,建立完善工作推进、规划实施、政策支撑、考核评估等工作机制,构建横向到边、纵向到底的领导责任体系,引领保障乡村振兴各项目标任务落细落实。

明确责任强引领。公司党委坚持定期研究乡村振兴定点帮扶和托底性帮扶工作,公司党委主要领导坚持深入帮扶一线调研督导,坚决扛起乡村振兴定点帮扶这一重大政治责任,并与布拖县委拟定《党建引领县企共兴协议》,明确任务、细化责任,进一步强化党建对乡村振兴的引领作用。

实施共建强基础。建立基层党支部共建机制,安排2个党支部与布拖县2个村党支部开展结对共建活动,投入共建经费85.5万元用于支部攻坚、主题党日活动、支部阵地建设、党员学习培训、村民发展产业、优秀党员表彰、困难群众和老党员走访慰问等,并组成党建指导组到受扶村现场指导党建工作,帮助提高基层党建质量,解决部分基层党组织弱化、虚化、边缘化问题,全面提升帮扶村基层党组织服务力、凝聚力、战斗力,充分发挥基层党组织在落实乡村振兴战略中的战斗堡垒作用。

升级补短强阵地。针对县内部分基层组织活动阵地破旧的情况,投入440万元分别在布拖县特木里镇先锋村、叶尔村,拖觉镇老鸠规村,龙潭镇朵洛村实

施村级党群服务中心升级补短项目，为党员提供氛围庄严、功能齐全的活动阵地，为村民提供议事、产业培训、法治宣传的重要场所，进一步提升乡村治理水平和丰富群众文化生活。

二、"党建+产业"，铺就乡村振兴"致富路"

国家能源集团四川公司党委不断改进传统"输血"帮扶模式，累计投入无偿帮扶资金6507万元帮助布拖县发展当地特色产业，持续用力通过发展产业增强县域"造血"功能。

围绕"一只羊"健全产业链条。布拖黑绵羊作为全国"畜禽10大优异种质资源"，是布拖县发展农牧产业的重要资源。公司投入2670万元帮助布拖县发展黑绵羊产业，与高校团队共建，选育优质基因、智慧化养殖布拖县黑绵羊；建设全州以黑绵羊交易为主的最大现代化畜禽品种推广中心，已交易黑绵羊5000余只，肉牛、生猪等6500余头（只），交易金额达4000余万元；在四川省农博会、中国国际农产品交易会、央企消费帮扶聚力行动之"彝心同力，共赋振兴"购物节等搭建布拖展区，推荐黑绵羊等农牧特色产品，助力布拖黑绵羊向高端生鲜市场发力，打造中国知名高端鲜肉品牌，打通黑绵羊端上大城市餐桌的渠道。公司以壮大布拖县黑绵羊产业为抓手，探索助力构建黑绵羊全产业链和全生命周期建设发展体系的做法获得省委、省政府主管部门领导的批示肯定，多次被推荐为产业帮扶典型案例。

围绕"一园菜"打通储运堵点。投入300万元建设拖觉镇蔬菜粗加工农业产业园，旨在为周边6000亩蔬菜基地提供蔬菜清洗、低温冷藏、烘干、成品包装等全流程服务，打通蔬菜瓜果从产品到商品的"最后一公里"，有效提升当地蔬菜的附加值。投入1760万元建成布拖县冷链服务中心，极大改善了布拖县农产品储藏保鲜条件，提高了集中采购、错峰销售能力，为全县每年解决3000余吨蔬菜、水果等农产品冷藏保鲜和外运销售难题。冷链中心投用以来已为当地蔬菜增加产值2200余万元，解决当地脱贫群众劳务用工9000余人次，增加农民收入200余万元，将冷库变成了农民的"宝库"、致富的"金库"。

围绕"一窝鸡"壮大集体经济。投入96万元，成立以党组织为引导、以党员为骨干、379农户参与的专业合作社——博作福源土鸡养殖合作社，无偿援助开展高山生态土鸡养殖，因地制宜发展村集体产业，以技术、效益带动村民发展养殖业，增强村民通过发展产业致富的信心。合作社存栏规模最高达6000羽，累计销售土鸡蛋50万枚、肉鸡1万余只，收入288万元，实现村民分红50万元，创造务工岗位收入51万元，有效增强了村民致富信心，使该村成为全县村集体实体经济发展的样板。

围绕"一带光"推进绿色发展。公司致力于将布拖绿色资源优势转化为经济发展优势，以新能源开发大力推进乡村振兴。在布拖县规划建设的园区分布式光伏项目一期已投产，补尔56万千瓦光伏项目实施方案已报州发展改革委，并全力推进风光储一体化新能源基地布局，积极探索"光伏+牧业"牧光互补示范项目，打好"新能源发展+乡村振兴"组合拳。

三、"党建+人才"，激活乡村振兴"内生力"

国家能源集团四川公司党委坚持将人才振兴作为乡村振兴的重中之重，通过实施一批教育、培训帮扶项目大力培养本土人才，着力为布拖打造一支"带不走"的乡村振兴队伍。

聚焦"智"阻断贫困代际传递。累计投入2.33亿元，先后建成阿布泽鲁小学、依撒中学等9所学校和幼儿园，共计新增学位7500个，在四川省最大的易地扶贫搬迁安置点——依撒社区建立了从幼儿园到初中的完善教育体系，为彝族孩子提供了公平教育机会和良好教育环境。在依撒小学开设足球特长班和音乐兴趣班，助力彝族儿童德智体美劳全面发展，为孩子们奔向美好未来插上希望的翅膀。公司对布拖的教育帮扶工作得到全县干部群众的高度认可，被布拖县评为"教育工作先进集体"。

聚焦"技"提升致富增收本领。着力培养熟悉当地资源、带领百姓致富的乡土领军人才，投入1498万元组织实施各层各类干部、技能人才培训，培训彝区干部、电商人才6200余人次，全覆盖培训12178名家庭劳动力；组织举办农民夜校、支部共建培训160余期，培训3000余人次，不断增强普通农民、产业工人、青年创客掌握现代化农业技术、电商运营的本领，大幅提高农业生产效率和拓宽农产品销售渠道，为乡村振兴提供有力的人才支撑。

聚焦"练"促进人才快速成长。积极与地方党委、政府探索人才实战实干锻炼机制，实行企地双向挂职，坚持优中选优、尽锐出战，先后选派14名优秀年轻干部到县、镇、村三级班子挂职锻炼，让年轻干部在吃苦吃劲的乡村振兴一线岗位磨炼成长，其中9名挂职干部得到重用提拔；自2023年开始，先后接收布拖县2批4名年轻干部到公司交流挂职，已有1名干部调至省级机关工作。近三年招聘6名布拖籍少数民族大学毕业生，逐渐培养其成为电力生产领域技术骨干。

四、"党建+凝心"，催生乡村振兴"新动能"

国家能源集团四川公司党委坚持把满足人民对美好生活的向往作为帮扶工作的主攻方向，努力办好一批群众看得到、用得上、能满意的民生实事，让当地群众过上更健康、更幸福的美好生活。

文化帮扶润人心。投入200万元实施布拖县文化馆提档升级建设项目，拓展城镇居民文化活动空间，进一步丰富全县人民的业余文化生活。特别是在地处偏远、定点帮扶的博作村，深度挖掘当地斗羊文化的"经济附加值"，把博作村打造为县域"斗羊文化第一村"，以斗羊文化带动乡村旅游，着力打造"农牧文旅”产业融合发展项目。针对少数民族欠发达基层村组实际情况，积极开展“学国语、学法律、学技能、学电脑，坚持移风易俗”的“四学一坚持”活动，培训当地村民2400余人次；通过文化墙、乡村广播、文艺演出等形式多种形式开展社会主义核心价值观教育；推进“移风易俗”常态化，教育引导群众自觉抵制陈规陋习，使博作村成为全县首例主动解除“娃娃亲”婚约的村，被作为典型案例宣传，移风易俗工作被四川省国资委作为示范推广。博作村被评为四川省“农民夜校示范村”、凉山州“先进基层党组织”、布拖县“移风易俗示范村”。

爱心医疗护健康。为布拖县人民医院、疾控中心提升医疗硬件条件，聘请医疗专家团队开展儿童先心病筛查和兜底救助，筛查儿童6648名，完成兜底救助12名，避免了特殊困难家庭因病致贫返贫。持续实施艾滋病母婴阻断“爱心红丝带”项目，实现了布拖阳性孕产妇住院分娩率100%，阳性产妇婴儿奶粉人工喂养全覆盖，母婴传播率大幅下降。

拉动消费稳增收。大力协调国家能源集团各级工会和食堂、职工个人在布拖县开展消费帮扶工作，集中采购布拖特色农产品，助力布拖农产品走向外部市场，消费帮扶总额已超过3210万元。充分发动所属单位到布拖开展红色研学活动，通过研学活动促进布拖盘活“红色资源”、发展“红色经济”，拉动脱贫地区服务性消费，助力当地群众增收。

讲好故事展形象。组织新闻宣传工作者到布拖开展采风采访活动，积极讲好帮扶故事、传播国能声音，公司在布拖的帮扶成效、工作经验、挂职干部事迹被人民网、新华社等中央媒体专题宣传报道，首任驻村“第一书记”胡小明获评“全国脱贫攻坚先进个人”，其和公司另一名驻村干部罗洪的先进事迹被新华社拍成电影《我们是第一书记》并在全国公映，全面展现了央企的责任担当和干部的良好形象。

国家能源集团四川公司作为在川央企，下一步将继续深入贯彻落实党的二十大和二十届三中全会精神，坚定践行关于“三农”工作的重要论述和重要指示批示精神，学习运用“千万工程”经验，按照党中央、国务院国资委和省、州、县有关工作要求，秉承“产业帮扶、兴教助医、志智双扶、移风易俗”工作思路，充分发挥党建引领优势，坚持“立足布拖所需、竭尽国能所能”，围绕布拖县“三篇大文章”和“124”现代农业产业体系，聚焦主责主业、突出产业振兴，做好资源能源大文章，进一步深化布拖县乡村振兴定点帮扶和托底性帮扶工作，推动产业、人才、文化、生态、组织全面振兴，助力布拖经济社会快速发展、尽早摆脱欠发达县域地位。

当好时代“答卷人” 写好帮扶“新文章”
推动欠发达县域振兴发展的省国投公司

四川省国有资产投资管理有限责任公司党委书记、董事长 陈争涛

强国必先强农，农强方能国强。习近平总书记强调，推进中国式现代化，必须坚持不懈夯实农业基础，推进乡村全面振兴。作为省属涉农国有企业，四川省国有资产投资管理有限责任公司（以下简称“省国投公司”或“公司”）始终牢记“国之大者”、心系“省之大计”，坚持走高质量发展道路，坚定不移履行政治、社会、经济责任，推动欠发达县域加快追赶跨越发展，为奋力谱写中国式现代化四川新篇章做出省国投公司积极贡献。

2017年，公司在深入研究中央乡村振兴战略和四川省推进向农业强省跨越重大决策部署的基础上，结合省国资委产业结构布局与结构调整规划，以下属高原企业白河牧场优势资源为依托提出构建公司高原生态产业集群的发展思路，打出了高原生态产业发展第一枪。2023年9月，四川省启动39个欠发达县域托底性帮扶工作，按照省委、省政府工作部署，公司托底性帮扶阿坝州若尔盖县。公司紧密结合高原生态产业发展实际和托底性帮扶工作具体要求，提出“深化推进托底性帮扶，高质量发展高原生态产业”帮扶模式，力求充分发挥高原地区资源集聚、产业积聚效用，把公司高原生态产业集群高质量发展与托底性帮扶工作深度融合，两项核心工作互相促进，以产业发展助力帮扶、赋能乡村振兴，以帮扶推进产业发展。

一、公司高原生态产业的总体布局

结合公司高原生态产业现状布局和机遇，如何真正地实现双核式“补血式深化推进托底性帮扶+造血式高质量发展高原生态产业”模式，既要有指导思想引领全局，又要总体布局得当，还需策略迭代，层次推进。

（一）以指导思想确立发展基调

以习近平新时代中国特色社会主义思想和习近平总书记对四川工作系列重要指示精神为根本遵循，深入学习贯

彻党的二十大精神，全面贯彻落实省第十二次党代会和省委十二届二次、三次全会精神，认真落实省委、省政府及省国资委对“四类地区”振兴发展作出的工作部署，坚持稳中求进工作总基调，完整、准确、全面贯彻新发展理念，积极服务和融入新发展格局，进一步推进高原生态产业发展，为黄河流域生态保护和高质量发展做出贡献。

（二）以总体指引引领发展方向

准确把握建设服务国家全局，围绕四川省构建现代产业体系战略部署，积极融入省委“四化同步、城乡融合、五区共兴”、阿坝州委“一州两区三家园”新发展格局，依托若尔盖县域“三大国家公园”建设、长江黄河上游经济社会高质量发展、乡村振兴重点帮扶县等国家战略和政策机遇，全力推进公司高原生态产业高质量发展。

（三）以战略布局统筹发展思路。

1.坚持“一个理念”引领

围绕地方所需，立足企业所能，将企业主责主业和地方资源禀赋密切结合，充分发挥国有企业引领带动作用，以“市场化”“产业化”帮扶为抓手，助力川西北高原绿色生态产业、区域民族经济可持续健康协调发展。

2.做到“两项规划”指引

高质量推进“十四五”发展规划，奋楫笃行实现公司“4311”目标到2025年高原生态产业资产总额超过5亿元、营业收入突破15亿元、利润突破1000万元；积极编制“一企一策”中长期(2023-2035年）帮扶若尔盖县域振兴发展规划，围绕草畜融合发展，积极打造立体式产业帮扶体系，到2027年，通过直接投资、采购销售等方式，累计投入资金不少于5000万元；到2035年，累计投入资金不少于2亿元，以点带面助力若尔盖县域高原生态经济稳健增长。

3.筑牢“三股力量”汇聚

始终牢记加快建设农业强国、推进建设农业强省的国企责任，高质高效发挥子企业白河牧场、农牧业公司、草业公司“企企”联动同向发力，释放“1+2>3”的叠加效应，发挥好拳头合力，高质量构建起“八位一体”高原生态全产业链共生发展生态。

4.坚守“四个基本”原则

坚持生态优先科学发展、创新改革驱动发展、外通内联合作发展、人才赋能持续发展，发挥好协同效应，推进集聚融合，助力高原生态产业高质量发展。

二、公司高原生态产业情况

长期以来，高原生态产业一直是公司农业产业发展的重要组成部分和投资发展方向，公司陆续在高原地区布局四川省白河牧场有限责任公司（以下简称“白河牧场”）、四川省国投现代农牧业产业发展有限公司（以下简称“农牧业公司”）、四川省国投草业集团有限责任公司（以下简称“草业公司”）及其子公司等相关产业。2017年，自提出构建公司高原生态产业集群的发展目标以来，公司高原生态产业基础逐步夯实、功能布局逐步完善，呈现出较好发展态势。

（一）高原生态产业战略多元立体

近年来，公司紧紧抓住若尔盖国家公园建设、国有草场试点建设、黄河流域生态保护等重大战略机遇，以川西北生态农牧业资源开发为基础，依托白河牧场65万亩国有草场资源，在种业发展、高原生态产业、特色优质农产品开发利用、“高原粮仓”建设等方面不断发力。探索开展集育种、种植、养殖、加工、交易、销售、服务、科研“八位一体”的高原生态全产业链发展形式，高原生态产业战略得到了一定的巩固与拓展。

（二）高原生态产业布局优势明显

2017年，公司高原生态产业发展较为单一，产业体系建设推进缓慢，企业主体户数仅1家白河牧场，经历7年时间的发展壮大，2023年，主业聚焦高原的企业主体户数增加6家，公司高原生态产业“八位一体”全产业链形态初步开始成型，农牧业公司、白河牧场、草业公司等企业聚点成链。

（三）产业市场发展基础稳步夯实

2017年，公司高原生态产业全年收入453.99万元、利润134.35万元、资产规模1423.73万元。经历7年时间发展，收入合计达到了84516.35万元、资产规模合计达到34030.37万元，分别较2017年增幅18516.35%、2290.23%。公司不断加强对高原菜籽油进行产品提档升级，油菜种植亩数达到5000亩，菜籽油年销售收入达到300万元，并积极开展农牧旅相结合的创新式旅游业务，每年旅游观光人次超过12万人次。牧草种植达到9000亩，参与政府抗灾免耕播种牧草公益项目合计达到55000亩，草业板块根据“藏绿于草、藏粮于草、藏富于草”的发展思路做大主责主业，2023年取得3个国审草品种使用权授权，延续“公司+合作社”的产业模式，建立规模7000亩的饲草种植示范基地1个，新增草产品销售项目1个，金额1024.84万元。所属川甘青交易市场完成交易区改造提升，2023年完成活畜交易45289头；2023年累计发展联农代养专合社、牧户共36家，存栏牦牛、羊合计约27150头（只），已初步形成与高原地区产业链上下游企业和农牧民共生共荣的生态系统。

（四）产业科技创新优势持续增强

近年来，公司认真贯彻落实中央、四川省关于科技创新发展部署要求，深入实施创新驱动发展战略，坚持培育与招引并举，科技创新体制机制得到有效健全、科技创新服务主责主业能力显著增强，科技创新硬实力逐步凸显。公司科创管理及骨干人才显著增加，柔性引进数名牦牛繁育、疾病防控、生物医药等领域专家学者。研发投入显著提高，2023年，公司研发(R&D)经费投入共计555万元，研发投入增速在20%以上。公司撰写的《关于牦牛标准化养殖技术规范的报告》提出牦牛标准化养殖新模式。

与龙日种畜场合作近800亩高原人工草地研发攻关项目，开展优质牧草种植繁育，牧草种植效果良好，经四川农大草业研究专业机构评鉴，牧草产量达3440千克/亩，产量高于同区域14.67%。

三、公司高原生态产业的实践路径

民族要复兴，乡村必振兴。在乡村振兴的工作中，国有企业对口帮扶是履行社会责任、彰显使命担当的体现。产业发展具有强牵引带动作用，积极赋能高原生态产业发展是托底性帮扶最有效的路径，打好“产业发展主引擎”这张牌，凝聚最大合力，加快把区域资源优势转换为产业优势、发展优势，有效助推帮扶区域加快追赶、跨越发展，助力区域经济社会健康协调发展。

（一）在挖掘高原生态产业存量资源上精准发力

公司在高原地区布局多年，存量资源相对丰富，合理利用存量资源撬动发展增量。一是公司在阿坝州天然在地资源丰富，充分释放土地资源价值，全域统筹规划，一体化发展，不搞“一时兴起”项目。二是立足牦牛养殖、油菜种植、牧草种植、藏绵羊养殖、高原大宗农产品交易、牦牛肉深加工“六大存量”业务，以存量为基础为依托，积极拓展增量业务，聚焦积极开展牦牛种源繁育保育、高附加值中药材种植、屠宰精深加工、沙化治理、草种繁育、特色旅游“六大增量”业务，实现新旧动能转换。三是探索推进“光伏+N”综合开发，与央企和省属国有能源企业深度合作，签署“光伏+种植”“光伏+草畜”“光伏+氢气+储能”等生态保护和高质量发展的工程试点建设战略合作协议。四是探索建立草原碳汇生态产品开发体系，将草原碳汇融入生态保护修复工程和“山水林田湖草沙”整体治理之中，与相关央企签署意向性协议，尝试利用市场化机制贯通生态产品价值实现路径，增加草原养护“绿色收入”，助力企业高质量发展。

（二）在打造完整高原生态产业链条上精准发力

以现有高原生态产业资源开发为基础，加快赋能延展产业链，积极构建高原生态产业链、价值链。一是加快白河牧场省级农业产业化龙头企业创建，以托底性帮扶和国有草场试点建设为契机，积极参与牦牛标准化养殖、育繁一体化建设，依托唐克狮子山资源，大力推动三产融合发展，全力建设好“白河牧场示范基地群”，高质量推进“三万工程”提效升级，助力种植、养殖和生态旅游“农牧旅三核齐发”。二是转型升级，强化政企、校企、企企多元合作，选好赛道，加快布局“高原粮仓”产业项目，立足草种业务发展，申请草业储备交易中心，实施草种基地建设，积极申报建设国家级草种基地、国家级中药材基地、高原牦牛种源繁育基地，切实发挥好示范带动作用。三是规划逐步将现有草业板块扩展为“草产品、生态修复、草科技”三大产业核心子板块，依托深化托底性帮扶工作，规划开展若尔盖万亩牧草基地建设，探索建设高原草种繁育加工基地，探索建设川内最大的高原草种繁育加工基地，推出自主研究的“川草”草种品牌，快速推动草原畜牧业转型升级及草原生态工程、林草开发、沙化治理（鼠害治理）、黄河流域整治等业务落地，从谋划上保障各业务协同高效发展。四是稳步打造国投供应链体系，深度挖掘公司旗下农产品资源禀赋，系统打造高原地区特色优质农产品矩阵，多点布局供应链业务，有效发挥对高原农业板块农牧产品市场端口的开拓维护保障作用。以“川国投”品牌为核心，系统整合塑造“川国投”“国营农工商”“川农垦”等高质量老字号国货品牌。

（三）在科技创新赋能高原产业发展上精准发力

广泛充分利用新质生产力赋能企业高原生态产业，及时将科技创新成果应用到具体产业和产业链上，改造提升传统产业，培育壮大新兴产业，布局建设未来产业，完善现代化产业体系。一是建立实用的科技创新体系，推进建立专家持股、超额利润分享、专利著作补贴等科技创新成果及转化激励机制，对企业价值创造作出突出贡献的团队和个人，按规定在收入分配、晋职晋级、表彰奖励等方面倾斜。二是发挥主观能动性加强与经信、发改、科技、农业等主管部门沟通交流，以政府倡导的科创项目为指引推进产业创新发展。三是培育新的科技创新增长极。加强与川农大、西南民大、草科院等科研院所合作，建设打造区域性国家科技创新中心，积极主动争取承担国家和省、市重大科技项目，优先在牦牛种源、牦牛血清、藏药研究、智慧化养殖等领域发力，形成有较高价值的科技成果，并形成转化，形成更多持续的有现金流的利润，做实公司的利润支撑新赛道。四是积极搭建科技创新新平台。打造公司全周期科创企业梯队，稳步实施科创企业倍增计划。加快“专精特新”企业和国家级、省级明星科创类、农业类示范企业培育，逐步构建完善公司“自主创新+成果转化”双轮科创驱动，赋能公司高质量健康发展。

（四）在大力弘扬干事创业实干精神上精准发力

一是大力弘扬“敢为人先，勇立潮头”的企业家精神。突出“敬业+情怀”。鼓励各高原企业结合产业端点，推动组织创新、技术创新、市场创新，以创新赢得发展主动权。营造激励干事、创业的良好氛围，健全激励约束机制，营造尊重干事创业的良好氛围，营造包容失败、崇尚创新的干事创业氛围，建立容错纠错机制。二是践行“人才是第一资源”发展理念，用好用活人力资源，突出“专业+精业”。要褒奖成功者、鼓励探索者、宽容失败者，完善市场化薪酬激励体系，推行战略导向的绩效考核机制。在涉农科技项目、科技创新平台、技术试验示范等方面，引进高校、科研院所、企业农业科技人才，并加大属地人才培养，引育一批创新型农业科技人才。三是拓宽用人途径，强化人才支撑。基于高原生态产业发展战略，重点吸引战略投资类、融资类、营销类高端人才和农牧行业生产、技术人才。针对高原特定自然条件和人文环境，围绕种植养殖、牲畜防疫、屠宰和加工，通过多种方式选用和培养一批在高原扎下根、安下心，有理想、有情怀、沉淀得住的人才队伍，为企业产业的可持续发展夯实人才根基。

充分发挥综合金融服务优势 用心用情用力支持县域发展

——欠发达县域托底性帮扶的四川金控集团实践

四川金融控股集团有限公司党委书记、董事长　周兴云

开展39个欠发达县域托底性帮扶，是省委、省政府深入贯彻落实党的二十大精神和习近平总书记重要指示精神，加快补齐区域发展短板的一项重大决策部署。四川金控集团作为四川省唯一的省级国有金融资本投资控股运营管理平台，主动肩负历史使命，充分发挥综合金融服务优势，以“苍溪所需、金控所能”为原则，积极探索支持县域振兴发展的创新路径，为支持欠发达地区高质量发展和实现共同富裕注入金融动力。

一、组织驱动：精准规划锚定方向

四川金控集团党委坚决贯彻落实省委、省政府决策部署，把托底性帮扶苍溪县作为重大政治任务抓紧抓实，主要领导全程统筹，专业团队深度对接，多次召开企地联席会议认真研究，建立并推行工作周报、每月通报、季度盘点、年度考评等制度机制，确保帮扶工作始终朝着正确的方向稳步前行。

立足地方所需和金控所能，精准剖析苍溪县产业结构不优、基础设施薄弱、专业人才不足等发展瓶颈，积极挖掘县域发展优势和资源禀赋，按照“产业兴县、生态优县、文旅活县”发展路径，编制帮扶苍溪县中长期规划和年度计划，与苍溪县签订《托底性帮扶政企合作协议》，制定《托底性帮扶工作清单》，做优做实顶层设计，为高效务实开展帮扶工作筑牢基石。

二、产业发力：激活链式发展潜能

布局帮扶基金引领产业蝶变。与苍溪县共同组建总规模2.01亿元的托底性帮扶基金——金兴基金，其中集团出资1.51亿元，在全省同类基金中率先通过备案并落地业务。深入调研形成基金“1+5”投资方案，即：聚焦“促进苍溪产业培育发展、扩大居民就业、增加居民收入”1个目标，围绕“中药材产业提质增效、清洁能源综合利用、水利基础设施建设、设备更新和消费品以旧换新、基金赋能招商引资”5大方向努力，以市场化方式深度参与苍溪县重点产业和重大项目全生命周期运作。2024年10月，金兴基金增资苍溪县“焕新生活”数字消费平台，搭建集家电、服装、超市等于一体的电子商务平台，建立西南片区结算中心，预计3年内将推动当地社会消费品零售总额提升15亿元，成为全省托底性帮扶基金投放的首笔项目。

创新金融产品促进产业协同。旗下担保公司为苍溪工业园区220千伏变电站项目量身定制4900万元担保方案，撬动金融机构2亿元贷款，激活产业园区聚集效应，吸引关联企业入驻，拉动固定资产投资约7亿元。旗下投资公司投资20万元研发苍溪农特产品NFC雪梨汁，完成产品中试，2025年新果上市后将正式投产，以精深加工拓宽苍溪梨业销路、提高产品附加值。与山东省上市公司朗源股份共同出资成立苍溪金朗农业有限公司，依托朗源股份丰富的产品种销经验及渠道资源，助力苍溪特色农产品升级推广和品牌打造。引进中国建材、省属建筑业龙头企业等赴苍溪考察推进项目合作，助力当地招商引资取得突破。

三、公益托底：精准施策改善民生

靶向帮扶筑牢民生底线。深入践行金融工作的政治性、人民性，计划4年捐赠公益性资金4000万元，为苍溪县高质量发展托底补短。2024年，到位1060万元，设立公益性岗位500个，支持“三类群体”发展庭院经济，发放求职补贴和创业贴息补贴，落地富民增收项目。捐资支持的“生态猪 · 云认养”项目帮助200户脱贫户、监测户等帮扶对象户均增收5000元，实现年产值150万元，被新华网、人民网等央媒广泛报道，并被推荐到中组部作为帮扶案例进行评审。

基建升级重塑乡村风貌。援建苍溪县关键民生基建项目，帮助改善城乡人居环境、补齐乡村产业设施短板。浙水乡梁都村安全饮水工程竣工通水，润泽千余村民；黄猫垭镇应急避险文化广场

打造成为乡村文化地标，丰富群众精神文化生活；百利镇冷链保鲜仓库、五龙镇停车场等项目加速推进，产业发展硬件条件大幅改善。

四、人才赋能：智力帮扶解放思想

人才双向交流激发创新活力。选派1名年轻干部、1名业务骨干到苍溪县开展帮扶工作，将“金融智囊”嵌入政府部门和国企决策，助力苍溪国有企业智慧转型、提升运营效率和风控水平。派出专业团队帮助苍溪国投公司完善运行机制，成功获评东方金诚AA主体信用评级，进一步提升发债能力、降低融资成本。接收苍溪县干部到集团跟岗锻炼，在思维碰撞与经验交融中催生人才成长“乘数效应”，计划3年内为苍溪县培养20名懂经济、擅管理的金融专业人才，为县域发展注入创新活力基因。

人才专业培训提升金融素养。采取校地企协同育才的方式，积极为苍溪发展“充电蓄能”。2024年，集团出资30万元，在西南财经大学举办苍溪县金融人才培训研讨班，邀请知名金融学者、业界精英为60名苍溪本土人才授课，剖析金融创新趋势、探讨乡村振兴金融模式、传授风险管理前沿理念。60名学员结业返岗后成为“火种”，以金融智慧为乡村产业“强筋健骨”，点燃地方金融创新引擎，形成一支带不走的金融人才队伍。

五、平台增效：矩阵协同帮扶升级

征信平台优化县域金融生态。旗下四川征信公司运营的“天府信用通”是四川唯一的省级融资信用服务平台和征信平台，针对苍溪涉农重点产业等领域融资需求，平台设立苍溪帮扶专区，开展宣传推介和融资撮合。2024年，该专区注册苍溪企业470家，实现融资542笔、融资金额13.01亿元。以苍溪帮扶专区为试点，天府信用通平台进一步搭建全省唯一、针对39个欠发达县域的综合金融服务专区，提供融资对接及相关特色融资场景服务，撮合企业融资5148笔、融资金额221.45亿元。

增信服务激发市场主体活力。旗下担保公司充分发挥政府性融资担保机构的政策传导作用，不断创新合作模式，2024年面向39个欠发达县域中的31个区域，通过贷款担保、非融保函等多种形式提供综合金融服务支持299笔、金额2.53亿元。设立“绿色担保通道”，创新“见贷即保”快速审批机制，以金融助力激发小微经济发展新活力。

消费帮扶拓展农特销售渠道。采取“农特展销+电商助农+消费协作”方式拓展苍溪农特产品销售渠道。开展“苍溪农特产品进金控”等活动，通过工会采购、鼓励职工自愿采购、向战略合作客户推介等方式，做好农特产品推销；助力“苍溪优鲜”电商平台联合头部主播开展直播带货，借助“乡哥哥生态农场”等小程序进行农产品推销，扩大品牌影响力、提高产品知名度。

六、经验启示

在支持苍溪县振兴发展的工作实践中，我们深刻体会到，必须以党建引领筑牢根基、以因地制宜挖掘优势、以创新驱动突破瓶颈、以协同联动凝聚合力，用心用情、久久为功，才能在推动实现共同富裕的道路上走得更远、更稳。

（一）党建引领：坚定帮扶方向、筑牢政治灵魂

党建引领是做好托底性帮扶工作的坚强保障。集团党委充分发挥把方向、管大局、保落实的领导作用，“党建+帮扶”深度融合，构建市、县、乡村四级党组织联动体系，经常性联合开展主题党日等活动，党员先锋队始终冲锋在前，确保帮扶工作政治方向正确、执行落实有力，切实将党建优势转化为帮扶发展胜势。党委统筹全局、协调各方，资源倾斜聚焦、措施支持给力，形成上下一心、内外协同的帮扶强大合力。

（二）因地制宜：靶向发力破局，精准滴灌增效

因地制宜是取得托底性帮扶工作实效的关键密码。集团调研绘制苍溪需求清单，突出“一户一策、一企一计、一业一方”精准施策，确保帮扶资源精准对接需求、释放最大效能。以苍溪产业资源禀赋和市场动态趋势为根本，紧扣产业发展逻辑投资、延链强链，规避了资源错配和无序竞争。积极支持和服务民生保障，聚焦饮水、就业、基建等关键短板，科学调配人才资源，高效实施暖心惠民项目，真正做到帮到心坎上、扶在最实处。

（三）创新驱动：突出金控特色，激发内生动力

创新驱动是做好托底性帮扶工作的动力源泉。发挥“集团平台化+子公司专业化”集成优势，建渠道、出资金、上项目、献策略，协调苍溪县重点项目对接资本市场、打通融资渠道；搭建县域公共资源交易中心小额项目网上超市、大幅提高项目落地效率；协调头部评级机构为苍溪县国有企业开展信用评级，提升本地“造血”功能；形成县域闲置国有资产重组盘活方案及多篇咨询报告供地方政府决策参考。总对总统筹、点对点落实，以创新性综合金融服务培育塑造苍溪县可持续发展的全新优势。

（四）协同联动：整合优势资源，汇聚帮扶合力

协同联动是实现托底性帮扶目标任务的致胜之道。集团及旗下各企业一体运作构建立体化金融服务体系，为苍溪县提供全周期、全链条、全方位金融支撑。政府企业紧密联动，广元市和苍溪县搭台筑巢、政策引领，金融机构积极回应、相向赋能，推动资源优化整合、服务提质增效，实现政策引导资金与金融资源“双向奔赴”，形成推动高质量发展的强大向心力。各帮扶主体同轴共转，与四川银行、四川农商银行加强对欠发达县域的信贷支持，与机场集团合作谋划建设苍溪农特产品机场展厅，与商投集团合作实现苍溪农产品进入“天府好粮油”产品矩阵，携手汇聚帮扶强大合力，共同绘就苍溪发展的壮美画卷。

高质量发展助推“四好农村路”创建 奋力谱写新时代新都交通事业新篇章

——成都市新都区创建“四好农村路”全国示范县实施路径与举措

成都市新都区人民政府

习近平总书记强调，新时代新征程，要持续发力，久久为功，进一步完善政策法规，提高治理能力，实施好新一轮农村公路提升行动，持续推动“四好农村路”高质量发展，助力宜居宜业和美乡村建设，为促进农民农村共同富裕、推进乡村全面振兴、加快农业农村现代化步伐、推进中国式现代化提供坚强服务保障。近年来，成都市新都区认真贯彻落实习近平总书记关于“四好农村路”的重要指示精神，坚定落实省委、省政府关于“交通强省”发展战略部署，高质量推进建设“四好农村路”，增强城乡互动，缩小城乡差距，改善农村居住和出行环境，有效带动乡村旅游、产业等示范点位发展，增加区域经济收入，为新都区实现乡村振兴、加快建设现代化国际范成北新中心城区提供了坚强的交通保障。

一、基本情况

2023年，新都区获评国家级“四好农村路”示范县。全区公路通车里程达1268.1千米（按行政等级分：国道31千米、省道31.8千米、县道210.2千米、乡道279.8千米、村道715.3千米），公路网密度为259千米/百平方千米，全区镇（街道）、建制村（社区）公路通达率均达100%，物流覆盖率达100%，实现了村村通水泥路（通组道路里程达2064千米）。全面建成了以城区为中心、镇（街道）为节点、建制村为网点的农村公路交通网络，“四好农村路”建设取得阶段性成效。全区农村公路基础设施明显改善，路网结构进一步优化，建设、养护质量全面提升，路域环境优美整洁，农村客运和物流服务体系健全完善，形成了布局合理、路网通达、节约高效、畅安舒美的农村公路格局。

二、主要做法

乡村振兴，交通先行，为促进“四好农村路”高质量发展，新都区主要从以下几方面做好工作：

（一）坚持高标准建设，全力打造“发展民心路”

始终把“四好农村路”建设作为民生工程、民心工程、德政工程，立足优化村镇布局、农村经济发展、农民安全便捷出行实际需求，因地制宜、以人为本，着力消除制约发展的交通瓶颈，全力构建畅通高效的农村公路网络体系。一是强化组织保障。成立由区政府主要负责同志任组长的“四好农村路”建设工作领导小组，建立“政府主导、部门负责、群众参与、综合治理”联动机制，编制成都市新都区农村公路网“十四五”规范，将“四好农村路”高质量发展纳入农村公路网“十四五”规范内。出台《成都市新都区人民政府关于推进“四好农村路”高质量发展的工作方案》《成都市新都区人民政府关于创建成都市“四好农村路”示范县的工作方案》《成都市新都区人民政府关于创建“四好农村路”示范路的工作方案》等文件，切实保障了“四好农村路”建设工作高效有序开展。二是强化资金保障。纳入区政府建设规划的“四好农村路”项目由区级财政保障实施；镇（街道）负责建设的通乡通村“四好农村路”项目由镇（街道）财政保障，区财政按照相关专项资金管理办法相关规定进行补助。近几年，全区共投入约35亿元实施快联内畅工程、农村公路提档升级工程、产业路、旅游路、资源路工程以及村组道路窄路加宽工程，进一步完善了路网体系。三是强化制度保障。全面推行农村公路建设“七公开”制度，制定《农村公路巡查工作方案》《新都区农村公路“路长制”工作方案》等制度，进一步完善全区农村公路管理体制和工作机制，切实提升农村公路管理水平和管护效果，推进“四好农村路”高质量发展，为乡村全面振兴提供坚实保障。

（二）坚持高水平管理，全力打造“平安放心路”

坚持“建管并重、以建促管、边建边管”原则，全力推进“四好农村路”管理规范化、专业化，真正让城乡群众出入平安，既“走得了”又“走得好”。一是完善公路管理机制。建立了区、镇（街道）、村（社区）三级路长管理责任制，强化管理领导责任，明确了考核管理办法并严格落实，各级路长管养责任明显加强。二是提升智慧监管水平。充分利用交通综合管理系统，设置全区200余名路长专用账号，实现“巡查—反馈—督办—办结”闭环流程，各级路长巡查管养质效全面提升，农村公路信息化、精细化管理水平不断提高。三是多方参与。增加“小三线”管理方和综合执法、经信、交警等部门，综合协调公路路域环境、交通秩序、路产路权保护等问题，高度重视新闻宣传和舆论引导，充分利用新闻媒体、宣传标语、村务公告等传播媒介提高群众参与爱护道路的自觉性和主动性，为农村公路发展创造良好环境。

(三)坚持高质量养护,全力打造“畅安舒美路”

牢固树立“建设是发展、养护也是发展”的理念,坚持“有路必养、养必到位”,确保农村公路完好畅通,始终发挥好“先行官”作用。一是完善公路养护机制。制定《新都区农村公路日常养护考核管理办法》,区政府将农村公路养护工作纳入对镇(街道)绩效考核,区财政每年预留资金,专项用于农村公路养护管理工作考核奖励,将考核结果与补助资金挂钩,对工作推进良好的,给予奖励;对工作推进情况较差的,实行约谈、扣减补助等措施。二是创新提升养护模式。发挥科技对公路养护的创新作用,积极探索科学养护手段,采用沥青还原剂养护道路10万平方米,有效延长公路使用年限2～3年。三是积极筹措保障养护资金。制定《新都区农村公路管养体制改革实施方案》,明确农村公路日常养护资金区级保障不低于最低标准的50%,并建立随地方财力和农村公路里程增加不断增长的机制,同时建立区级农村公路养护项目库,综合考虑公路路况、交通量等因素按计划分批实施养护。

(四)坚持高效能运营,全力打造“惠民致富路”

充分挖掘和利用农村公路作为重要基础设施的服务功能和经济功能,积极释放交通活力和能量,努力为全区农村群众致富增收提供更好保障。一是“交通+公交”覆盖城乡。公交覆盖全区7个街道、2个镇和184个村(社区),实现“村村通”公交。开通“香城乡巴”“漫花庄园专线”“沸腾巴士”等公交连接客运枢纽站、地铁站和乡村振兴点位;为拥军爱残开通荣军院红色专线、阳光家园专线,连接新都主城和四川省革命伤残军人修养院、军屯残疾人修养院;为满足产业新城通勤需求,开通定制出行公交,根据需要智能计算行驶路线和停靠站点。二是“交通+物流”全面贯通。依托京东亚洲一号、科伦中心区域、城市配送中心和乡(镇)邮政网点、村寄递点等,构建区、镇(街道)、村三级物流体系,全区有寄递点位约633个,快递企业覆盖全区100%的镇(街道)和村(社区),为当地居民提供足不出户就能享受到的一站式服务。三是“交通+旅游”融合推进。新都区按照“快进慢游、差异化、系统打造”理念,构建主干农村公路“快进”与内部绿道“慢游”协调发展的农村旅游路网,打造了“绿道、赛道、游道”三条道,串联以“匠心、拾味、养心、听音、耕读、乐活”等为主题的旅游组团。在新都芳华微马公园组团,沿路布置“可食地景”并附上作物的介绍,增长知识的同时增加乐趣;在夏河溪湿地公园组团,结合升庵文化等吸引农业项目入驻,展现耕读文化景观;在三河音乐足球小镇,布设足球明星雕塑、文化墙等,营造足球音乐场景;在每个组团内部建设绿道增加可达性,在旅游组团之间铺设彩色路面增强引导性,同时新都区深入挖掘公路沿线棕编文化、现代农业、状元故里、川西林盘、新都美食元素等主题资源,加强与周边旅游景区间的互动,注重资源差异化和互补性,农村公路的改造提升带动了旅游的发展,吸引的客流又促进了新都柚子、板鸭等特色农产品销售,产业联动,融合一二三产业,盘活了整个区域经济发展。

三、取得成效

一是百姓创收致富。新都区提前布局农村路网建设,吸引社会资本投资,其中最具代表性的沸腾小镇在路网建成后,引进社会资本约8亿元,建成以玛歌庄园、沸腾都火等为代表的1.9平方千米沸腾文旅产业聚群,年吸引游客800万人次以上,实现营业收入4亿余元,解决了本地农民就业近500人,当地人均纯收入增加1万元以上。二是乡村改造复兴。新都区结合独有的川西林盘资源以及泉水资源因地制宜打造进则都市、退则田园、彰显大美形态的田园会客厅,其中“泉印心都”特色田园综合体项目选址清流镇水梨村,规划总面积约17000亩,项目引进初期时,新都区委、区政府积极推进道路改造提升,优化投资环境,计划投资1.4亿元建设青白江环游绿道及项目配套道路改造工程。“泉印心都”项目以良好的农业产业资源、天然活泉水系资源、特色林盘资源等自然禀赋为最大优势,自2022年5月开工建设以来,主办多场500人以上规模研学活动,累计接待超过23万人次,获评“2022成都市宜居宜业和美乡村消费新场景”。三是城市地位提升。2020年中国农民丰收节系列活动暨四川省“百城千乡万村”业余足球联赛在新都三河村启动,数千群众见证着近年来新都区乡村振兴的新风貌与“四好农村路”高质量推进的新成效。“宝柚杯”足球超级联赛、微型马拉松比赛、乡村夜跑打卡、“星空之夏”创意集市等系列活动在一年之中接连上演,新都区将“四好农村路”与文化、旅游、餐饮相融合,全方位持续推广城市品牌形象,进一步扩大城市知名度。

四、下一步工作

新都区将以推动“四好农村路”高质量发展为主题,推动新都区农村公路发展由侧重普惠向普惠与效率统筹兼顾转变,构建融合发展新机制,努力让城乡群众享受到更通达、更便捷、更绿色的出行服务,为新都经济发展提供有力保障。

(一)在建设好农村公路上聚焦聚力

坚持把“四好农村路”高质量发展与乡村振兴结合起来,聚焦“老旧路”“产业发展路”等群众关心关注的焦点,接续实施农村公路改造提升工程,全面提高农村公路精细化建设服务水平。

(二)在管理好农村公路上加压加力

坚持依法治路,全面压实农村公路管理主体和监管职责,持续加大路政执法力度,全力保障路产路权,着力营造良好的运营环境,进一步健全“巡查—反馈—督办—办结”农村公路信息化闭环管理流程，全方位、无死角监督护航“四好农村路”。

（三）在养护好农村公路上精准发力

多措并举保障农村公路养护经费，千方百计提升公路养护专业化和机械化水平，全力做到日常巡查、日常保养、小修、预防养护、修复养护、应急养护“六个到位”，常态化排查消除公路安全隐患，努力营造安全顺畅的路域通行环境。

（四）在运营好农村公路上持续用力

紧盯区域产业布局和资源禀赋，巩固深化城乡公交一体化运营成果，持续拓展农村客运服务与产业发展、乡村旅游、休闲农业等方面融合发展的深度和广度，着力打造高标准、高颜值、带动性强的精品产业路、旅游路、致富路，为加快推动区域经济社会全面转型高质量发展提供坚实的交通运输保障。

乡村消费体质扩容 “低空物流+”蓄势起飞 重塑乡村物流新生态

成都市新都区交通运输局

实施乡村运输“金通工程”是成都市新都区深入贯彻落实习近平总书记关于“四好农村路”系列重要指示批示精神，全面推进乡村振兴的重要举措，做实做优乡村运输“金通工程”，助力乡村振兴和城乡融合发展。当下乡村消费体质不断释放新活力，乡村要全面振兴，农村物流需同步提速，新都区在乡村物流和快递配送领域又一次实现新突破，“无人机+无人车+即时配送”相结合开启乡村运输新纪元，不仅彻底改变了乡村快递的面貌，也将现代科技直接送到了每一个乡村角落，加快了农村寄递物流体系建设，也提升了农村地区寄递物流水平。

一、“低空物流+无人车配送”：低空物流商业模式应用新探索

小包裹，大作为。物流快递连接千城百业，畅通供需两端，承载着经济发展与民生福祉。新都区寄递物流业务总量年均约5亿件，日均进港件60余万件、出港件140余万件，区位优势明显，寄递物流业发展空间巨大，传统物流运输载具配送人力成本高、时效慢与群众日益增长的美好生活用邮存在差距。为此，探索“低空物流+”商业新模式必然会释放“1+1>2”的效果，给寄递物流业广阔的前景注入新的发展动力。

低空空域不仅是承载低空飞行的物理空间，而且是实现新型商业价值和社会价值的生产要素。随着无人技术的更新迭代、产业链建设的完善以及一系列政策的驱动，“低空物流+”将会推动商业模式改变、综合服务升级和低空产业集聚。

新都区中通快递公司同中科灵动航空科技有限公司，结合新都区独特优势和市场需求，积极探索“低空物流+”“1+1+1+N”寄递物流配送布局，即构建1个无人系统调度中心、1个无人系统运维团队、1幅城市航线规划地图和N个寄递网点协同，构建以无人机起降点为圆心的寄递物流生活服务圈，有效解决群众寄递物流服务“最后一公里”。

二、“优服务+高速度”：优质服务用户消费新体验

便捷服务与速度时效是消费者衡量寄递物流业发展的重要指标。“半日达”“小时达”“分钟达”正成为寄递行业标配。

该次“无人机+无人车+即时配送”多式联运配送，无人机单程飞行15千米，无人车运行5千米，串联5个末端门店，整体运行时间较传统运输模式缩短了50%，同时降低了相应人力投入成本。

这是“交邮融合”在低空经济领域的又一新表达。无人机配送突破了时间、空间、地理等诸多限制，能够实现即时配送、够量即飞的多式联运配送模式，解决了运输时效、交通拥堵等诸多难题，为物流绿色化、低碳化发展再加码，为城市带来“低空+”消费新体验，为满足群众美好用邮需要提速、提质、提效。

低空经济浪潮涌动、寄递物流业蓬勃发展，空中快递“及时达”正逐步从理想走进现实，群众定制化、个性化服务将逐步得以实现，低空物流场景应用将更加丰富，相信在不久的将来，消费者悠闲地坐在家中，通过简单操作就可享受到由无人机快速送达的商品。

三、“科技智能+创新驱动”：低空物流高质量发展注入新动能

低空经济作为一片“蓝海”，新都区积极探索低空经济与多领域融合发展，开辟新质生产力发展的新赛道，推动实现低空空域从“可通达空域”转变为“可计算空域”，进而成为“可运用空域”数字化的实现路径。

新都区“低空物流+无人配送”商业应用新模式的先行先试为探索开展无人机应急投送高价值、高时效生鲜和医疗物资、应急救援物资等多场景应用常态化飞行测试，验证评估无人机在寄递物流领域多元化飞行应用场景，无人机应用气象、通信保障，现代化寄递物流体系革新，无人机寄递物流空域规划、无人机应急协同安全保障机制、无人机基础设施标准化参数设定等提供了可借鉴的经验，进而形成可复制、可推广、符合新都区实际的低空经济应用方案，进一步拓宽了低空经济、现代物流、大数据和人工智能等应用场景，激活了低空物流高质量发展新引擎。

成渝合作共建　打造现代高效特色魔芋产业

沐川县农业农村局

一、基本情况

近年来，沐川县深入落实《成渝现代高效特色农业带建设规划》，深化校地合作、资源共享、科技赋能，聚焦“打造绿色经济发展强县”目标，聚力发挥生态资源禀赋优势，把魔芋产业作为三大支柱产业之一重点打造，以规划为先导、以园区为引领、以项目为支撑，紧盯魔芋产业“育、种、产、销、游”全链条，强化要素保障，加快基地建设，加大人才培养，完善配套设施，成功构建“一企一园一带”魔芋产业体系，带动沐川及周边区（县）发展魔芋基地4万余亩，实现综合产值4.5亿元，产品出口规模位居全国全行业第一。

二、经验做法

（一）校地合作，创新发展模式

同西南大学魔芋研究中心签订《技术服务合同》《智能温室大棚合作协议》，组建技术服务队伍1支10人；聘请西南大学、四川农业大学等高校和科研院所14名专家担任魔芋产业发展顾问，积极开展经验交流活动；引进西南大学魔芋专业研究及本科生来沐工作，提供长期稳定技术支撑；成立“中国农技协四川沐川魔芋科技小院”，提供科研平台，由西南大学魔芋中心进行魔芋产业相关项目研究。

（二）资源共享，增添发展动力

积极搭建资源共享平台，与中国魔芋协会签订战略合作协议，共同推动魔芋产业发展；与重庆西大魔芋科技有限公司签订发明专利普通许可协议，实现资源共享，推动川渝魔芋产业共同发展；县内龙头企业森态源公司与西南大学食品学院进行食品开发等项目合作，签订相关专利技术转让协议，取得专利后由公司就地就近生产转化。

（三）科技赋能，提升产业效益

高起点规划、高标准打造、高水平推进建设中国首个魔芋科技示范园，推动魔芋产业一二三产业融合发展；园区建设由西南大学按照“一心、两带、两区”空间布局编制总体规划，中国魔芋协会提供权威数据，建设中国首个魔芋智慧平台，推动沐川魔芋数字化发展。

三、工作成效

（一）政策扶持，培育产业基地

研究出台《“沐川魔芋”基地建设方案》《沐川县2021年珠芽魔芋大棚搭建补助方案》，对县内新型农业经营主体建设基地按照2000～2500元/亩的标准进行奖补，对搭建大棚500元/亩（简易）、3000元/亩（钢架）的标准进行补助，累计发放政策奖补854万元，使农户种植魔芋成本每亩降低30%，由财政每亩补助135元，将魔芋产业纳入政策性农业保险范畴，带动全县新建魔芋基地1.17万亩，实现魔芋产业快速起步。

（二）打造园区，建设示范样板

以打造国家级“玉米+魔芋”现代农业产业园为目标，投资1.1亿元，于2022年建成中国首个魔芋科技示范园，核心园区占地面积603亩。园区主要以品种展示、良种繁育、科技示范、农旅融合为载体，集成大数据、物联网、智慧农业、绿色防控、农产品溯源体系、水肥一体化设备等现代农业要素，配套农旅基础设施，形成一二三产业深度融合的样板区，打造成渝双城经济圈魔芋产教研学的新高地，目前正在建设特色魔芋餐厅及温泉民宿。

（三）育强龙头，抢占产销市场

成功培育国家级魔芋产业龙头企业四川森态源生物科技有限公司，自2012年10月成立以来，一直致力于魔芋种植、技术研发、产品销售全产业链开发，已获得发明专利1项、实用新型技术专利39项，通过BRC（英国）、FDA（美国）等7项国际认证，欧盟、美国等3国有机认证，获得“森态”中国农产品百强标志性品牌、国家高新技术企业等荣誉称号。开发魔芋精粉、魔芋果冻、魔芋方便面等魔芋产品100余种，魔芋系列产品销往北京、上海、深圳等10余个省（市）及法国、韩国、波兰等60余个国家和地区。2022年，实现销售收入3.1亿元，出口创汇2400余万美元，出口创汇居全国魔芋行业第一位。公司正进行全覆盖数字化工厂改造，鲜芋加工能力将突破15万吨。

（四）技术支持，助推产业发展

完成《沐川县珠芽魔芋种植技术指南》2.0版迭代升级，形成魔芋科学种植技术体系；引进西南大学魔芋专业研究生2名、本科生1名，从事全县魔芋技术培训及指导服务；遴选魔芋种植“土专家”4名，开展全县魔芋种植“保姆式”服务；会同西南大学、沐川魔芋科技小院开展魔芋新品种繁育、温室大棚周年管理等课题研究，长期有多名研究人员进行魔芋课题攻关。

（五）争创品牌，助力产业升级

培育“沐川魔芋”地理标志品牌，获得国家地理标志商标认定；加快建设“中国魔芋之乡”，获得中国园艺学会魔芋协会授权认定；中国有机认证已获得国家认监委认定；加快魔芋知识产权保护项目申报，成功获得四川省知识产权运营中心魔芋产业中心授牌。

（六）科学规划，谋定发展未来

沐川县委印发《关于推进魔芋产业高质量发展的决定》，确定将实施“百千万亿”工程，打造脱贫地区魔芋一二三产深度融合样板区、成渝双城经济圈魔芋产教研学游新高地、全国魔芋产业发展强县。力争到2027年，培育上市企业1家，全县魔芋产业经营主体达到100家，魔芋产品销售网络覆盖全球1000个城市，建成魔芋基地5万亩，年产值达到50亿元。

峨边久久为功　谱写小凉山区“四好农村路”高质量发展新篇章

峨边彝族自治县人民政府县长　陈玉秀

峨边，地处西南小凉山麓，境内崇山峻岭、绵亘起伏、沟壑纵横，县域面积2382平方千米，总人口15.3万人，其中彝族人口5.6万人，占总人口的36.6%。中华人民共和国成立前，峨边仅有乐（山）西（昌）公路117千米建成于1941年的碎石路。境内公路交通十分落后，山间羊肠小道，行走艰难，人与货靠几千年传承下来的人背、肩扛和马驮。解放后，一代代交通人用艰辛和汗水铸就了一条条幸福大道。

特别是党的十八大以来，峨边坚持把交通作为基础性、先导性、战略性产业，着力构建“两轴三环”县域交通路网体系和“五纵四横两环”城区骨干路网布局，以高速、高铁为“大动脉”，以农村公路为“毛细血管”，以打通对外“大通道”、畅通内部“主动脉”、贯通乡村“微循环”为主抓手，着力提升县域路网体系质量，致力形成“快进慢游”交通体系，不断加强管理养护水平，提高运营服务能力，打造“舒、安、畅、美”交通路网，让“四好农村路”成为老百姓家门口的致富路、幸福路、连心路、振兴路。

一、强化规划支撑，确保有规可依

突出规划引领，抽调行业系统专业精干力量组成“十四五”交通规划工作专班，将交通建设作为重点内容纳入全县“十四五”发展规划和九个专项规划，有序推进多规衔接统一，全面强化交通项目立项与用地、规划、环评、安评等建设条件保障力度，高效服务保障交通项目建设。“十四五”规划交通建设项目70个，投资额达113亿元，已完工项目18个，完成投资15亿元。截至目前，全县新建成昆铁路里程54千米，峨汉高速境内里程22.8千米，有峨边站和黑竹沟站两个出口，全县农村公路里程达1367千米，其中县道301千米、乡道496千米、村道570千米。大渡河黄金水道50.3千米，通航水域面积12.5平方千米。

二、严把技术质量关，确保建成“放心路”

坚持“专业人才干专业的事”，通过公开招录专业人员10名，引进交通专业人才4人，上挂学习7人，争取对口援彝人才4人；每年组织全县乡（镇）开展农村公路“建、管、养、运”综合培训不少于一次，为乡（镇）培育和锻炼交通技术人才。严格执行标准，严格按照上级政策和技术规范标准，结合山区实际，全面加强路基宽度、弯道半径、纵坡、防护等关键指标控制，全面提升农村公路设计质量。认真落实农村公路建设“七公开”制度，近三年来年均完成检测数据超过2000组次，完成197个农村公路桥梁项目的交竣工验收质量检测鉴定，广泛“公开+全程监督+严格”验收，确保了农村公路建设质量。

三、加强示范引领，突出公路美化

大力实施撤并建制畅通工程、幸福美丽乡村路、加宽提升等工程，畅通了农村公路网络的“末梢神经”，实现所有乡（镇）通油路、所有建制村通硬化路和通客运“2个100%”目标，建成“四好农村路”示范路173.3千米，创建“四好农村路”示范乡镇7个、示范村16个、示范路36条。实施农村公路美化行动，坚持“修一条路、造一片景、富一方百姓”理念，建成规模化公路绿化带65千米、零星断续绿化带120余千米，黑竹沟景区公路建成彩林通道12千米，在公路沿线建设服务设施，实现“道路有颜值，沿途有美景”。全面加强农村公路清理保洁力度，结合“五清行动”“八清行动”大力整治农村公路路域环境，全面整肃交通道路整体风貌。坚持养护优先，深化农村公路养护体制改革，专业化部门养护、市场化招标养护、公益性岗位养护相结合，全县等级公路列养率100%，优、良、中等路比例达到90%以上。

四、强化产业带动，打通致富“振兴路”

着力于全力打通农村公路“最后一公里”，整合资源、集中力量，织密乡村道路网，不断改善群众出行条件。围绕“城区、园区、景区”规划建设交通网络，突出“产业沿着公路走、公路促进产业活、产业推动农民富”，推动“交通+产业”“产业+交通”深度融合。围绕交通公路骨架布局规划建设大渡河百里桃竹片区、白沙河高山果蔬片区、官料河生态林竹片区、黑竹沟彝文化旅游片区“四大农业产业片区”，估算投资40亿元，启动建设黑竹沟旅游通道51千米，放大黑竹沟景区核心优势。

新林镇黄泥村桃产业基地以桃为主导产业，依托通村通组路建成优质核心种植基地1180亩，带动2镇5村20个村民小组1623户农户户均增收1.2万元。果农通过便利的交通当天即可输送到乐山、峨眉和成都。

宜坪乡聚焦整乡推进宜居宜业和美乡村建设，以粮果园区高质发展为抓手，紧扣玉米、枇杷主导产业，推动粮果、粮蔬、果药复合种植，建成粮果、粮药、粮蔬复合产业园区11000亩。宜坪乡在“高山枇杷第一乡”创建的基础上，成功取得了国家认证的绿色食品N级标准，有两个合作社达到了千余吨的绿色食品产量。

五、养好护好公路，畅通安全“幸福路”

完善县级农村公路管理机构，现有县交通运输综合行政执法人员32名，建立了农村公路“总路长+县、乡、村道路长”的路长制组织体系，乡（镇）级农村公路管理机构设置率达100%，农村公路管理机构经费全部纳入财政预算，农村管理和爱路护路的乡规民约、村规民约制定率达到100%。2020年以来，共安装护栏244千米，增设公路标志1542个，增设标线斑马线5750平方米。加强源头管理，治理超载超限，处置非法载客、超限超载等交通违法行为460起；强化路查、路检，依法制止和查处违法占道、建控区内违章建筑5座。完善农村公路保护设施，及时制止和查处违法超限运输及其他各类破坏、损坏农村公路设施等行为，制止查处446件次。

六、运营便民“四好路”，发力舒畅“连心路”

精准把握交通运输的初心和使命，深刻聚焦人民群众生活中的所思所盼。全面开展城乡交通运输一体化建设，共投运68台车辆，优化农村客运，实施“金通工程”，实现乡（镇）、村100%通客运。开行“学生号”“春风行动专车”和假日旅游专线等客运专线，鼓励旅游客运、包车客运等多样化发展。整合运输资源，利用已建成的20个客运站和村级党群服务中心构建81个乡（镇）、村两级物流站点，实现“交邮”“邮快”合作共配。全县交通运输持续发展，群众出行更便捷，生活水平更优质。交通物流融合发展，“农产品进城、工业品下乡”渠道畅、速度快，有效驱动山区农村特色农产品走入市场。

七、发展为民“四好路”，致力融合“致富路”

一根翠竹，护一方生态、富万千百姓。峨边县属于亚热带湿润季风气候，特殊的地理环境造就了县境内富集的竹类资源。全县竹资源面积达38万余亩，有三月竹、八月竹、油竹、蜘蛛竹、牛尾竹、苦竹等20余种，全年鲜笋上市时间长达9个月。近年来，峨边县整合各级资金在13个乡（镇）人工栽植培育竹产业面积5.76万亩，建成省级竹产业示范基地1个。截至2024年年底，峨边竹产业综合产值达3.8亿元。

近年来，峨边县围绕“一心一线四基地”布局，重点抓好“两基地一环线”建设，确保建成杨河、平等两个现代林竹产业基地，打通百里林竹南环风景线，完成0.9万亩的林竹新造。借助乡村振兴东西协作平台，突出竹笋产业协作，鼓励和支持企业参与竹产业发展，切实推动峨边从竹资源大县向竹经济大县跨越。

围绕重点产业，峨边县建设了大渡河百里桃竹片区、白沙河高山果蔬片区、官料河生态林竹片区、黑竹沟彝文化旅游片区“四大农业产业片区”产业路；积极推动交通邮政物流协同融合发展模式，推进“金通工程·天府交邮通”，促进农村客运、货运、邮政快递融合发展，统筹解决群众幸福出行、物流配送、邮政寄递“最后一公里”，初步构建农村物流服务体系，实现村村通客车、村村通快递。交通物流融合发展，“农产品进城、工业品下乡”渠道畅、速度快，有效驱动山区农村特色农产品走入市场。

下一步，峨边县将深入贯彻落实习近平总书记对“四好农村路”重要指示精神，持续发力，久久为功，抢抓发展新机遇，统筹内外，兼顾城乡，协调发展，构建安全高效、四通八达、互联互通的交通路网体系，为打造全省重要的区域交通物流枢纽主要节点、奋力建设民族地区中国式现代化先行区提供强大的交通保障。

关于茶园统防统治促茶叶质量安全的调研报告

高县农业农村局局长　李　强

高县作为产茶大县，现有茶园面积33万亩，位列全省第二。一直以来，全县高度重视茶叶质量安全问题，但全县茶叶的生产管理除茶叶企业、茶叶合作社的自有（或挂钩）基地外，基本以一家一户的分散经营管理为主。分散经营户以中老年为主要群体，经营管理观念较为守旧落后，科学用药认识不足，常凭个人感觉和习惯盲目用药，导致农药残留超标。长期使用单一农药使病虫产生抗药性，造成防效下降，加上随意加大用药量导致农药残留检测超标。有些茶农不了解茶园病害虫的实际情况和主要防治对象，在选购农药时把防虫与治病的多种农药一起购买混配使用，不但浪费农药、增加成本，而且造成茶叶农药残留累积。个别茶农不重视农药安全间隔期的问题，在茶青采摘前担心受病虫为害，打保险药，新梢芽叶生长成熟就采摘，安全间隔期不到，导致农药残留超标。目前，威胁全县茶树农残安全的主要因素有以下几方面：禁限用高毒高残留农药、水溶性农药、农药安全间隔期、随意加大用药剂量等。亟需通过对全县茶园开展统防统治，从技术和管理上保障全县茶叶质量安全。

一、调研情况分析

本次发放调研问卷有效填写人次91人，主要分布见图1。参与调查的人中，来自蕉村的人数最多，占总人数的25.27%；其次是罗场镇、落润镇和来复镇，分别占19.78%、17.58%和12.09%；可久镇和庆符镇分别占5.49%和10.99%，涵盖主要茶产镇、主要产茶村，占全县产茶村总数的63.6%，具有较强的代表性。

从茶园管理规范性来看，70.33%的人认为村里的茶园管理规范，27%的人认为不规范（茶园管理规范性调查结果见图2）。部分茶农认为茶园管理还存在以下问题：一是农药使用不规范。在茶园的病虫害防治过程中，农药的使用方式、使用剂量以及使用频率等环节可能存在一些不规范的情况。茶民对于农药的正确使用方法和注意事项缺乏全面的了解，可能会导致过量喷洒或者控制不当，进而导致鲜叶质量安全问题。二是未达到安全间隔期进行采摘。部分茶民为了更好的收益，将催芽素和农药混用，并在安全间隔期内进行采摘。三是极少数农民还存在使用国家规定的禁限用农药。

从夏秋茶下树率来看，大部分受访者表示弃采夏秋茶的主要原因一是天气炎热，不利于茶园作业；二是夏秋茶销路不畅，价格低；三是劳动力不足，无精力采摘。从夏秋茶机采率来看，机采率不足30%，主要原因：一是部分茶园

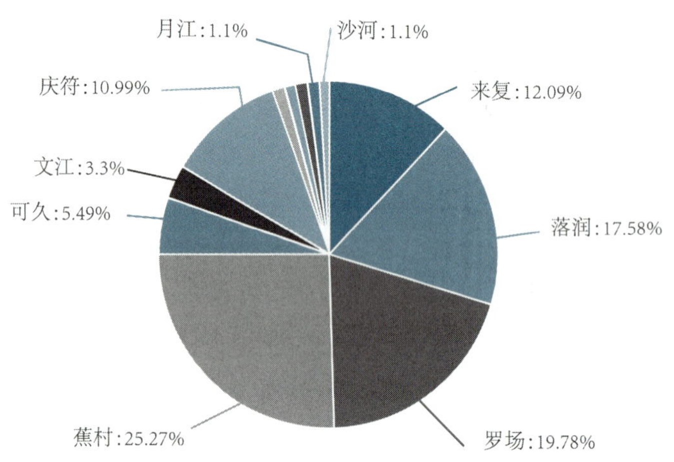

图1　调研问卷有效填写人次分布

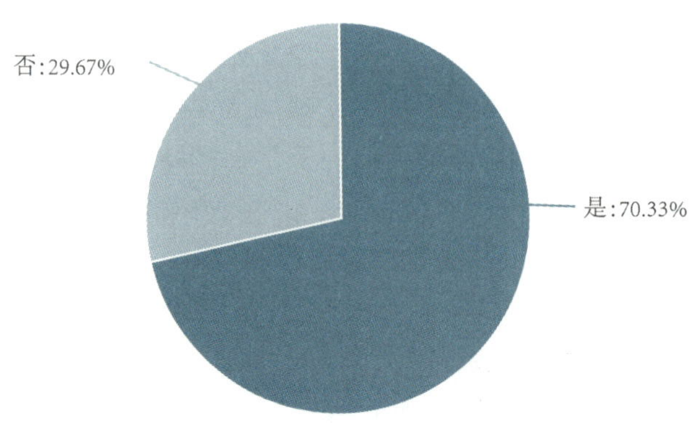

图2　茶园管理规范性调查结果

的地理位置差，不利于机械作业；二是大部分茶农不会使用机采设备，技术上跟不上；三是部分茶农认为机采后会影响芽茶的质量。

从茶叶社会化服务组织的接受度来看，有73.77%的茶农选择施肥服务，75.41%的茶农选择打药服务，77.05%的茶农选择修剪服务，55.74%的茶农选择夏秋茶机采服务，还有6.56%的茶农表示希望得到茶园深耕、销售服务（茶农接受统防统治意愿度调查结果见图3，茶叶社会化服务内容接受度结果见图4）。综合来看，茶农对茶叶专业社会化服务的接受度较高。

从茶叶社会化服务组织形式上来看，69.23%的人认为村集体和企业合作，收益分成是较好的组建运营方式，而30.77%的人认为村集体组建运营是较好的方式。从托管价格来看，67.03%的茶农愿意将茶园以200～1000元/亩的价格托管给社会化服务组织管理，32.97%的茶农不愿意，主要原因：一是担心自己的利益受损。如果将夏秋茶交予社会化服务组织进行管理，担心茶树的剪切过度，影响来年的春茶采摘率，影响春茶收益。二是担心统防统治使用的肥料、农药等在质量及数量上不达标，影响鲜叶质量。三是认为自己托管后担心无事可做，收入减少。

从实地走访座谈的主要产茶镇落润镇和来复镇来看，茶园管理方面普遍存在茶园管理技术指导不够、鲜叶质量不高、夏秋茶下树率较低、机采率不高、劳动力紧缺等问题，进一步验证了问卷调研结果具有代表性。

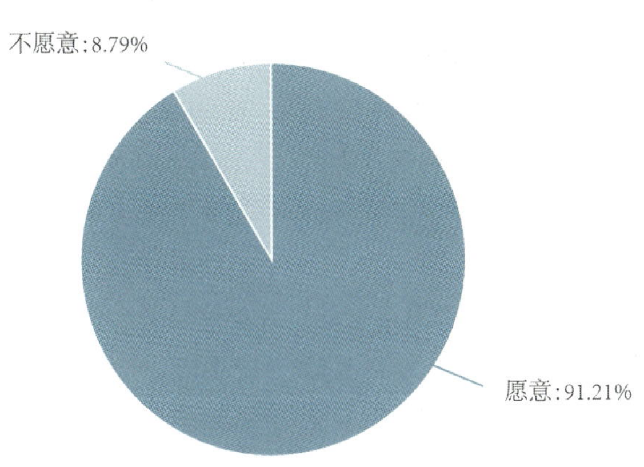

图3 茶农接受统防统治意愿度调查结果

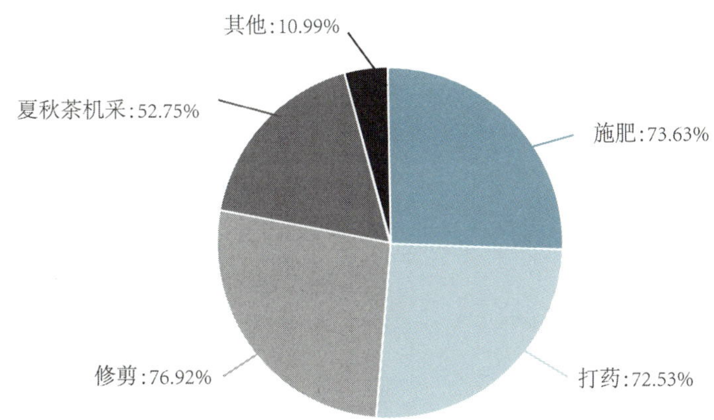

图4 茶叶社会化服务内容接受度结果

二、存在的问题及原因分析

（一）安全意识方面存在偏差

茶叶从业人员质量安全意识淡薄。部分茶企、茶农对质量安全还不够重视。没有基地的茶企在收购鲜叶时往往不关心农残问题，更多的是考虑价格和品质；加上茶叶在交易时农残是否超标的信息不能快速获取，因此，每一笔鲜叶交易要检测是不经济或是不现实的。加上鲜叶是流动、无品牌交易，只能靠茶农的道德底线进行自我约束，所以，农残风险可以转移到茶企或是销售商，对茶农的约束就显得力不从心。

（二）规范管理方面存在缺陷

全县的茶叶种植模式基本以一家一户的分散种植管理为主，分散茶叶种植户以中老年人为主要群体，经营管理观念较为守旧落后，科学用药认识不足，常凭个人感觉和习惯用药，导致农药残留超标；长期使用单一农药造成药效下降，随意加大用药量导致农药残留检测超标。有些茶农不了解茶园病虫害的实际情况和主要防治对象，将防虫、治病的多种农药一起混配使用，造成农药浪费以及茶叶农药残留累积。有的茶农甚至施用茶园禁用、限用农药。

（三）夏秋茶资源利用率不高

一是夏秋茶销路不畅。由于夏秋茶原料粗老，品质低，供大于求，市场需求小；无利可图，加工企业较少，导致收购价也较低，所以鲜叶下树率普遍不高。二是人工采摘成本较高。高县为劳动人口流出大县，茶农多为留守老人。采茶为劳动密集型工作，需要大量体力支撑，采茶机使用的培训力度也不够。

（四）政策保障方面不够完善

一是缺少有针对性的地方性或行业性的法规为茶叶质量安全保驾护航，特别是缺乏在违规和超量使用农药上的处罚和举报奖励制度。二是农药农资经营主体规模小、点多面广，监管还不够全面和细化，流动商贩贩卖农药监管难度较大。

三、工作建议

（一）工作目标

以茶叶专业社会化服务组建并实体化运营为抓手，以富农增收为目标，以企业为主体，以市场化运作为原则，切实解决茶园管理不规范、鲜叶质量不高、夏秋茶利用率不足和劳动力紧缺问题，通过试点运营，示范带动，取得较好效果后全域推广，做出高县样板，总结模式，形成全国各产茶区可复制可推广的茶叶专业社会化服务模式。

（二）工作思路

充分发挥村集体经济组织对茶农的组织宣传发动作用、企业的市场营销优势，组建茶叶专业社会化服务队，采取全托管和菜单式两种模式、包工包料和只提供人工劳动的多元选择，建立保底收益加二次分红的利益联结机制，调动一部分茶农的参与积极性。

（三）工作重点

1.组建专业服务队，推广机采技术

做好宣传发动，引导茶农算好收益账。以春茶结束，5月后将茶园托管给社会化服务来看，制定茶叶专业社会化服务收费标准见表1。

以全托管模式、包工包料来看，茶园管理成本为1685元，收益可达到2065元，按照收益分红茶农占60%，村集体占10%，企业占30%计算，茶农可获得收益1239元的分红，加上务工收益879元，综合收益可达到2118元/亩，村集体收入为206.5元/亩，企业收益为619.5元/亩。

以全托管模式，农户提供农资，社会化服务组织提供人工服务和销售来看，社会化服务组织托管茶园成本为1090元，收益可达到2660元，茶农综合收益可达到2471元/亩。

菜单式服务可尊重茶农意愿，就某一环节提供服务，由社会化服务组织收取劳务费。

2.做好监督管理，确保服务质量

在产茶村设置茶园规范管理监督岗，明确岗位职责。一是定期开展茶园管理技术培训，普及茶园安全用药、茶园增产技术，科学施肥；二是强化日常监管，确保茶农规范化用药、社会化服务组织规范化运营。

3.加大政策引导，鼓励夏秋茶生产

一是在产业前端加大采茶机补贴力度。经调研走访，采茶机械政策补贴50%以上，茶农会有较强购买意愿，采茶机的普及能减少人工成本，提高采茶效率，提高茶农的采茶积极性。二是在产业中端培育经营主体。鼓励县域内注册的茶叶加工主体生产夏秋季大宗茶。在大宗茶生产期间，为生产用电量≥5万度或生产用气量≥3万立方米时，给予实际用电、用气支出费用10%的补助；对升规入统的茶叶企业另增加1%电费、气费补助。三是在产业后端积极拓展市场。向黑茶、边销茶、出口茶拓市场，鼓励县域内注册的茶叶企业自营出口茶叶，对实现出口“零突破”的企业一次性奖励10万元。

4.加大科技研发，推动综合利用

一是发展智慧农业，降低制茶成本。推动政产学研用协同创新，发展名优茶智能化采摘，减少人工采摘成本，提高鲜叶下树率。二是开发精深加工产品，延伸茶产业链。支持茶企开发抹茶、茶菜肴、新式茶饮、含茶食品、调味茶、保健品、化妆品等精深加工产品，满足多样化消费需求。三是推广高效加工技术，拓展功能用途。鼓励茶企研发推广夏秋茶高效加工技术，提取茶多酚、茶多糖、茶色素等功能成分，推进茶产品深度开发，拓展茶产品功能用途。

表1　茶叶专业社会化服务收费标准

项目名称	农资费	人工费	频次	农资加人工总计
打药(飞防)	65元/亩	15元	6	480元
开沟施肥	130元/亩	100元	1	230元
修剪(轻修)	—	100元	1	100元
采摘成本(大宗茶)	—	0.7元/千克	—	875元
总人工费	—	—	—	1685元
备注：以夏秋茶保底每亩2500斤鲜叶计算，按照大宗茶均价1.5元/斤的标准，社会化服务组织的收益为2500*1.5-1685=2065元				

实施乡村振兴战略背景下高县乡村旅游发展问题及对策研究

高县经济商务信息化和科学技术局 梁 明

乡村旅游是指以具有乡村性的自然和人文客体为旅游吸引物，依托农村区域的优美景观、自然环境、建筑和文化等资源，在传统农村休闲游和农业体验游的基础上，拓展开发会务度假、休闲娱乐等项目的新兴旅游方式。大力发展乡村旅游，是拓宽农民增收致富渠道、促进乡村振兴的重要途径。本文重点分析了全县乡村旅游发展的优势以及存在的问题，探讨以市场化经营理念提出如何推动全县乡村旅游发展的对策建议。

一、高县乡村旅游的发展优势

近年来，高县大力发展乡村旅游，积极推动农文旅融合发展，全县共有国家A级旅游景区6个（国家4A级景区2个、国家3A级景区1个、国家2A级景区3个），省级森林康养基地9个、省级湿地公园1个，国家森林乡村2个。全县先后成功创建为全国休闲农业和乡村旅游示范县、四川省乡村旅游示范县、四川省乡村旅游强县、四川省林业生态旅游示范县。2022年，全县乡村旅游接待游客452.64万人次，乡村旅游收入达41.261亿元，占全县旅游总收入53亿元的77.85%。

（一）生态资源禀赋良好

高县山水资源富集，乌蒙山余脉纵贯全境，南广河穿境而过80余千米，有丹霞奇观南北红岩山，数量众多的植物界“大熊猫”——桫椤海等自然生态资源，有茶园面积33万亩、桑园面积23.5万亩；森林覆盖率为50.2%，胜天红岩山、大雁岭景区森林覆盖率达80%以上。

（二）乡风文明不断提升

全县13个镇、218个村（社区）均建立了基层文化阵地，群众性精神文明活动不断丰富；以革命先驱李硕勋、新文化运动先驱阳翰笙、红军将领张锡龙为代表的革命老区红色文化资源丰厚；深入开展乡风文明示范创建，形成了一批乡风文明示范品牌，成功创建为省级文明城市。实施文化惠民和乡村文化振兴“百千万”工程，2022年新建县级乡村文化振兴样板村15个。

（三）人文遗产丰富多彩

境内有以茶马古道、石门关为主要代表的秦五尺道文化，以可久半边寺、胜天流米寺等为代表的宗教文化；省级非遗项目——川南请春酒、市级非遗项目——高县土火锅制作技艺等传统技艺和品牌影响力逐步加大。全县登记在案的非物质文化遗产31项（省级2项、市级6项），未入级的非遗项目30余项，形成了川南请春酒、沙河豆腐、何氏鸭儿粑等一批非遗饮食产品。

（四）民俗文化资源丰富

人文、农耕、乡土等文化资源丰富，大雁岭景区成功打造集绿色生态花园、茶文化、茶科技于一体的“中国红茶第一庄园”，庆符镇小靖村打造川南农耕农具展示馆、农耕研学体验园、二十四节气步游道等民俗景观，李硕勋故居、阳翰笙故居红色旅游成为重要节点。县内的落魂腔、南广河号子、苗族芦笙等民俗文化资源丰富。

（五）交通优势比较明显

高县地处川云交界地，紧邻宜宾市主城区，距宜宾五粮液机场约50千米、长江航运码头约55千米，宜（宾）昭（通）、宜（宾）威（信）高速公路穿境而过，渝昆高铁在县城设站。主要乡村景区均有便利的交通条件，胜天红岩山景区距宜宾市主城区32千米，绕城高速过境与蜀南竹海、兴文石海旅游区毗邻相接；大雁岭景区距宜宾市主城区10千米，有宜（宾）庆（符）一级公路连接景区，沙河驿、文武田园、川南春酒、蜀南茶海均处于交通便利的省、市主干线公路上。

二、乡村旅游发展存在的问题

（一）旅游产品同质化

旅游产品缺乏文化支撑，依然停留在表面化的资源开发、资产转化上，没有挖掘当地的文化习俗，大多景点都仍局限于赏花、吃果就是“看点”，“土（鸡鸭）”、腊肉、豆花、“土火锅”就是农家菜，麻将、钓鱼就是休闲娱乐，一台戏、一桌菜就是民俗文化，这些千篇一律的乡村旅游开发，即使做得再好的旅游景区也不会有生命力。

（二）旅游资源开发不足

乡村旅游景区缺乏长远规划设计，目标定位模糊，发展方向未细化明确；未深入发掘独特的资源优势、人文优势，资源开发利用率低下，如胜天红岩山国家4A级景区拥有相当多的资源，但其“中国传统村落”旅游品牌未彰显足够的吸引力，流米寺、流米洞、仙女潭等许多景点的文化故事未充分挖掘，桫椤海、丹霞山等自然资源未做深层次开发，“猪儿肉”、桫椤乌鸡、红岩竹笋等特色农产品还未充分占领市场；庆岭文武田园的荷文化和川南春酒文化及大雁岭景区的雁鸣湖等在文化底蕴、资源开发利用方面都还有很大不足。

（三）基础设施投入不足。

乡村旅游景区基本都处于偏远地带，景区内道路狭窄崎岖，路况比较差；旅游配套设施如停车场、卫生间、游客中心建设不规范；景区内住宿、餐饮条件差，难以让游客停下来、住进来；医疗、安保、导游等配套服务不足，游客个性化需求无法满足。

（四）专业人才队伍匮乏

乡村农民整体素质偏低、组织能力不强，缺乏专业经营理念和能力，国家A级景区内的农家乐等旅游业态几乎都是单打独斗、各自为政；景区内农家乐、民宿、餐饮店缺少专业的指导和统一的标准，提供的服务质量参差不齐，游客评价褒贬不一；国家A级景区缺乏专业运营团队，景区业主分散经营、相互竞争，市场化运营理念不足，景区整体经济效益无法显现。

三、高县乡村旅游发展的对策建议

（一）深挖地域文化优势和自然资源优势，形成差异化发展

乡村旅游的本质在于体验，只有深挖独特的地域文化，才能做出差异化发展，才能形成独特的核心竞争力。一是深挖红色文化。将革命烈士李硕勋、文坛巨匠阳翰笙等红色故事讲深讲透，不断提升红色文化吸引力，打响红色文化旅游品牌。二是深挖民俗文化。充分挖掘胜天安和村“最美传统古村落”、可久王氏庄园民居、川南春酒、小靖村农耕文化等传统民俗文化，赋予景区（景点）深厚的文化内蕴。三是深挖康养文化。重点打造大雁岭、云锋湖、接印山居、途居露营康养地，推动景区农家乐改造升级为民宿，吸纳更多游客入住。四是打造研学地。梳理如桫椤树、沙河豆腐等具有研究价值的产品，与学校、科研机构合作，建立研学基地，充分开发有关优势资源。

（二）延伸乡村旅游产业链条，壮大乡村旅游产业集群

乡村旅游，产业是基础，产品变商品是核心。乡村旅游要依托本土文化、地域特色，围绕“吃、住、行、游、娱、购”六要素，加大旅游产业关联度，延伸乡村旅游产业链条，增加产业链条上的产品。一是深度开发“吃”产品，如将200余种沙河豆腐做成能带走的商品，将胜天桫椤乌鸡制作成预制菜向市场推销，尝试开发李子果干、李子全宴、茶食品等，尽量让特色“吃”产品走向深加工，商品种类丰富起来。二是着力开发“娱”产品。如设立豆花、糍粑、九大碗等制作体验日；举办采茶节、采桑节、摘李节等活动，吸引更多游客在游玩中得到娱乐体验；开发不同年龄层次的游乐体验项目，让孩子们有能玩的、青年人有能乐的、老年人有能念的，吸引更多城市人愿意走进来、住下来、乐起来。三是扩大“购”产品。产品只有转变为商品才能将资源变资金。在延长乡村旅游产业链条、增加农特产品的同时，要进一步拓展农特产品销售渠道，让群众把资源变经济，促进农民增收。如建立农特色产品交易平台，广泛开展电商直播，大力推行“线上购”。四是以节为媒打响知名度。借鉴龙门秘境节气活动营销策略，举办文化节、体验节、丰收节等节气活动，在提高旅游景区知名度的同时，也能够更好地把商品推销出去。

（三）以市场化理念开展乡村旅游运营

2017年，浙江省杭州市临安区在全省率先全域推进“村落景区”建设，探索市场化运营模式，提升乡村产业发展，让美丽乡村带来美丽经济，并成功运营了“龙门秘境”等12个乡村旅游村落景区。高县可以借鉴临安区“龙门秘境”乡村景区“政府助营、市场主营、村级合营”的市场化运营模式，改革创新，以市场化经营理念推动全县乡村旅游大发展。一是做好顶层设计。在现有政策条件下，在运营团队招募、运营方式及考核、运营工作机制等方面作出科学设计，注重引入市场机制，把懂运营、爱农村、有实力的运营团队招引进来。二是选好运营村落景区。在基础设施好、有市场前景、旅游产品成熟的村落景区进行试点，做好经验总结，实现经验可复制、能推广。如可在胜天红岩山景区推行“村集体+运营商”模式，在大雁岭景区试点成立运营公司进行合作运营等。三是创新政策保障。注重改革创新，在政策法规框架内给予景区村落最优政策、最好服务、最多支持，推动乡村运营持续健康发展。

（四）坚持导引结合，培育乡村旅游发展内生动力

针对全县乡村旅游景区基础设施普遍差、接待水平普遍低等困难，各级政府应主动发挥主导作用，着力培育乡村旅游发展内生动力。一是坚持统筹规划。对所有A级景区进一步作好科学发展规划，深挖景区优势资源，明确各景区定位目标，形成独具特色的“旅游品牌”，走各景区差异化发展路子，推进各景区协调可持续健康发展。二是加大资金投入。整合各类乡村扶持资金投入到山、水、路、房、园等基础设施建设领域，引进社会资金开发景区资源，打造美丽乡村、美丽景点。进一步加大村集体将集体土地、林地、湖库等资源流转给经营主体工作力度，将资源变资金投入到景区基础

设施建设中；引导村民将闲置房屋、土地租赁给村集体或经营主体，同时给他们"打工"，既收租金又领工资。三是加强人才培养。大力培育新型农民，加大对乡村旅游从业人员的管理培训，培育一批乡村旅游职业经理人、经纪人、文化人和乡村工匠，引导广大村民从事或参与乡村旅游的经营管理和服务，促进增收致富。四是注入"新鲜血液"。实施"青年回农村、乡贤回农村、资金进乡村、科技进乡村"计划，引导本土乡贤、能人"回流"进行创业就业，为乡村旅游注入本地人才；开展以商招商、以情招商，吸引社会资本参与景区新业态、新产业投资、经营，丰富景区业态、产业。

因路而美　因路业兴 以"四好农村路"推动乡村全面振兴

中共雅安市名山区委书记　余云峰

习近平总书记强调："新时代新征程，要持续发力，久久为功，进一步完善政策法规，提高治理能力，实施好新一轮农村公路提升行动，持续推动'四好农村路'高质量发展，助力宜居宜业和美乡村建设，为促进农民农村共同富裕、推进乡村全面振兴、加快农业农村现代化步伐、推进中国式现代化提供坚强服务保障。""要想富，先修路"，农村公路是连接城、乡、村的"毛细血管"，不仅事关人民群众出行，更是加快推进乡村振兴的"血脉通道"。近年来，雅安市名山区坚持把建设"四好农村路"作为促进县域经济发展、推动乡村振兴、改善群众出行条件的系统工程、民心工程、惠民工程，大胆探索，勇于实践，创新"交商邮农旅供"融合发展模式，走出了农村公路建管养运协调发展的新路径。

一、强化"三个保障"，推动建设工作

一是强化组织保障。区委、区政府始终把"四好农村路"创建作为全区重点工作，专题安排部署，成立创建工作领导小组，全面加强创建工作组织领导、统筹协调和督促督导，推动形成以上率下抓创建的"一盘棋"工作格局。二是强化政策保障。同步印发创建工作方案，区级领导分工负责，各部门领题解题，推动创建工作由"单机运行"向"并网联动"转变。将加强农村交通运输体系建设作为全区重点改革内容，出台相关文件，建立健全政策保障体系，加强农村道路管理养护体系建设，推动示范县创建。坚持财政和金融优先服务保障农村公路建设管理，逐年加大公共财政倾斜力度。三是强化资金保障。近年来，统筹投入资金约20亿元用于农村公路建设管理养护，进一步提升农村公路通行能力。

二、聚焦"四个坚持"，不断织密画美农村公路网

一是坚持服务产业。围绕3个中心镇、29个中心村和全区39.2万亩茶园、4个茶叶加工园区，出台《名山区乡镇级片区交通运输专项规划》，规划"五纵四横一环"的骨干交通网，高质量建设农村公路1048公里，形成乡镇间点状连接，乡镇向周边村庄、农业产业辐射扩展的农村公路网络。二是坚持标准规范。实行农村公路建设项目管理责任制，建立项目建设"作战图"，严格落实项目监管、严把质量安全关，开展建设、养护、运营领域信用评价，农村公路一次性交工验收合格率为100%。依托39.2万亩茶园底蕴，近年来，高标准建设了500余公里的农村公路，进村入户路比例达到91.7%；中国至美茶园绿道连点串景，构建了全域旅游的新业态。三是坚持生命至上。严格落实农村交通安全设施与公路建设主体工程同时设计、同时施工、同时投入使用的"三同时"制度。开展事故易发路段专项整治工作，推进农村公路安全设施全覆盖。2021年以来，实施村道生命防护工程路侧护栏240余公里，改造危桥24座，多部门联合整治事故易发多发路段，推进农村公路安全设施全覆盖。四是坚持群策群力。坚持农村公路建设"部门牵头、镇村联动、群众参与"总体思路，发动群众主动调地、协调困难、参与监督，确保项目建设各项要素保障到位。2021年以来，实施交通基础设施以工代赈项目23个，有效促进本地农民增收。名山区"以工代赈"模式获得国家发改委表扬并作经验交流发言。

三、健全"四项机制"，推动管养提质增效

一是以"路长制"推动"路长治"。深入实施管养提升行动，458名路长、养护员常态上岗，以“路长制”推动了“路长治”，在2022年度四川省“最美农村路”“最美路长”“最美护路员”评选中，名山区推选名单全员上榜。二是以“考核制”倒逼责任落实。将“四好农村路”有关指标纳入对各部门、镇(街道)的绩效考核，把考核结果与农村公路日常养护补助资金分配、交通项目投资计划申报等挂钩，提升各部门、镇(街道)工作积极性。三是以规范化健全路权管理。建立“区有综合执法员、乡有监管员、村有护路员”的三级路产路权保护队伍，加大对农村公路路产路权的保护，2021年以来，共查获超限超载车辆469辆，追缴路产路权赔(补)偿案件105起。持续开展路域环境整治提升工程，推进“路田分家”“路宅分家”，保障农村公路安全畅通。四是以信息化赋能监管有序。整合“雪亮工程”“慧眼工程”公共视频资源9887路，建成集资产状态监测、路长巡查、客运监控、动态治超、公路安全监控、项目建设于一体的交通综合管理平台，实现全区农村公路监管全覆盖。

四、提质“融合赋能”，带动乡村全面振兴

按照“车在路上行，人在画中游”的理念，高质量建成150公里中国至美茶园绿道，串联蒙顶山、月亮湖等7个4A、3A级景区，形成万亩观光茶园旅游环线，衔接精品民宿和茶家乐100余家、乡村度假旅游接待点300余家，打造“小茶园、茶岸、小西湖”等一批网红民宿，先后举办环中国国际公路自行车赛、环“茶马古道”国际自行车大赛等国际赛事、重要会节活动，中国至美茶园绿道成功入选“全国美丽乡村路”，名山区获评省级全域旅游示范区、天府旅游名县。2024年，全区农村居民人均可支配收入增速达6.1%，居全省同类区(县)前列。因地制宜将公交、班线、区域经营等整合发展，采取优化客运线路、调整运行路径、延伸运行路段等方式，开通13条农村客运线路和6条农村公交线路，推行农村客运“定制模式”，开行“采茶车、上学车、赶场车、预约车”等定制客运，实现建制村农村客运全覆盖，形成了遍布农村、连接城乡、纵横交错的农村客运网络，全区城乡客运一体化发展水平达到5A级，成为全省“金通工程”首批试点县。深入推动“交商邮农旅供”发展模式，利用农村客运通达优势，整合全区快递物流行业，探索实施统一配送、快递进村，农村客运携带小件快递进村业务，完成邮政、申通、顺丰、京东等多家快递企业入驻，开行农村客运代运电商商品的运输路线13条，合作线路建制村覆盖率达到100%，年均完成农村地区快递收寄40余万件，入选“四川省交商邮供融合发展试点县”“川货寄递先进县”。

下一步，名山区将坚定沿着习近平总书记指引的道路奋勇前进，持续发力建好、管好、护好、运营好农村公路，真正让“四好农村路”成为民生路、致富路、连心路和乡村振兴之路，奋力谱写好“四好农村路”高质量发展的名山新篇章。

聚焦聚力农业农村重点工作 扎实有效推进农业强县建设

中共乐至县委　乐至县人民政府

2023年，乐至县坚定以习近平新时代中国特色社会主义思想为指导，深入学习贯彻党的二十大精神、习近平总书记关于“三农”工作重要论述和习近平总书记来川视察重要指示精神，全面落实党中央国务院、省委、省政府和市委、市政府各项决策部署，坚持农业农村优先发展，统筹推进“五大振兴”，加快推进农业强县建设。全县实现第一产业增加值42.6亿元，增长3.9%；农村居民人均可支配收入20713.9元，增长6.7%。被省委、省政府命名为2023年度四川省乡村振兴成效显著县。

一、坚持提站位、强统筹，扎实推进农业农村优先发展

县委、县政府坚持以更高的政治站位看“三农”，把“三农”工作作为全县工作的重中之重，坚定扛起推进农业农村优先发展的政治责任，建立“县级部门周调度、县级分管领导月调度、县级主要领导季调度”工作推进机制，形成主要负责同志亲自抓、分管负责同志直接抓、其他同志共同抓的良好局面。坚持资金、土地、项目、人才优先向乡村倾斜，切实推进农业农村优先发展，2023年全县一般公共预算支持乡村振兴项目建设、产业发展等共计10.42亿元，土地出让收入用于农业农村占比达9.1%，保障乡村振兴产业发展项目用地占新增建设用地总量的26.76%，招引

430名高校毕业生服务“三农”，有效夯实乡村振兴基础。

二、坚持重衔接、防返贫，持续巩固脱贫攻坚成果

严格落实五级书记抓乡村振兴责任制，构建“1+31”衔接政策落实责任体系，及时开展驻村工作队调整轮换，优化调整市（县）结对帮扶部门。抓实防返贫监测帮扶工作，落实“一户一策”，全年新增监测对象1675户3889人，消除风险79户190人，切实做到“应纳尽纳、应帮尽帮”。出台“产业就业10条激励措施”，投入衔接资金2亿元，规划实施到户产业、集体经济发展、基础设施建设等项目163个，安排衔接资金57.42万元，创新为监测户购买“防返贫保险”，从源头上防范返贫风险。打造全市首个“零工爱心驿站”，构建形成“454”灵活就业服务体系，实现脱贫人口稳岗就业1.98万人，同比增长8%。

三、坚持建园区、育特色，加快构建现代产业体系

围绕建设新时代更高水平“天府粮仓”丘陵示范区，出台《促进粮食生产八条措施》，坚决保障粮食安全。坚持“育繁推、种养加、农文旅”一体推进，做好“土特产”文章，推动现代农业园区提档升级，着力培育白僵蚕、黑山羊和珍稀花卉、珍稀苗木“一白一黑”“一花一木”特色产业。有序推进乐至僵蚕、川产道地药材打造，加快推进乐至黑山羊产业发展，积极推动林业科技成果就地转化，打造全省林业科研成果转化基地。持续创响农业品牌，成立乐至县农产品供应链协会，将“乐至黑山羊”“川乡黑猪”等畜禽优势品牌，“蝴蝶兰”“桢楠”等珍稀花卉苗木品牌，“乐至僵蚕”等特色蚕桑品牌统一管理、集中推广，打造“乐滋乐味”农产品区域公用品牌。“乐滋乐味”云供销成为工商银行系统全国首家服务乡村振兴的县级供销云平台，已发展协会会员单位48家，年生产经营额达1亿元以上。

四、坚持优环境、强治理，全力推进和美乡村建设

学习借鉴“千万工程”经验，深入开展“五提五美”行动，加快推进农村人居环境整治，全县75%的行政村生活污水得到有效治理，4728户农村“厕所革命”年度目标任务全面完成，行政村生活垃圾收转运处置体系覆盖率100%。全县农村公路硬化里程达3284千米，农村公路优良中等率达到81%。有序推进毗河供水工程配套渠系建设和病险水库整治，协调抗旱应急调水3400万立方米，有效保障全县人民生产生活用水。深入开展矛盾纠纷“大起底大排查大化解”专项行动，调解成功率达99%，将各类矛盾纠纷化解在基层、处置在萌芽状态。深化新时代文明实践中心、所、站、基地、点“五级阵地”建设，开展“快板·移风易俗唱新歌”等各类活动5000余场次，获评四川省新时代文明实践示范中心（所、站）3个，宝林镇万斤沟村被评为2023年第三批全国乡村治理示范村。

五、坚持抓改革、破难题，充分激发农村发展活力

坚持以改革为动力，稳慎推进农村宅基地改革两项试点，初步形成“三权分置清晰、监督管理到位、盘活利用高效”的宅基地管理制度体系。持续稳妥推进土地延包30年试点，完成4个先行试点作业小组延包试点工作，成功申报获批成为全国整县试点县。扎实推进农村集体经济创新发展，探索盘活闲置资产资源、股份合作经营、“飞地”抱团经营等8种经营模式，助推村集体经济加快发展，实现全县集体经济经营性收入3279.57万元，村均11.23万元。扩面20个“农业共营制”推广试点，健全三级社会化服务体系，成立县农业社会化服务中心1个、社会化服务站21个、社会化服务点292个。

六、坚持办实事、保民生，全面落实惠农惠民政策

坚持以人民为中心，扎实开展农民耕地地力保护补贴、农机购置补贴、种粮农民一次性补贴等各项补贴核实核查及发放工作，通过“一卡通”系统兑现各种补贴1亿余元。积极推动城乡居民基本养老保险适龄参保人员“应保尽保”，合理引导灵活就业农民工按规定参加企业职工基本养老保险，为低保对象等困难群体代缴个人费用1.32万人。落实巩固脱贫成果过渡期医保综合帮扶责任，资助农村低收入人口和脱贫人口参保5.49万人，筑牢因病返贫防线。落实兜底保障对象救助政策，定期开展年度复核和日常抽查走访，将符合条件的困难群众及时纳入社会救助范围，实现兜底保障对象“应救尽救、应养尽养”。

附录

FULU

SICHUAN

表彰

2023年国家乡村振兴示范县创建名单（四川省部分）

巴中市恩阳区、德阳市罗江区、高县、射洪市、红原县

第七批国家生态文明建设示范区名单（四川省部分）

成都市青羊区、成都市成华区、攀枝花市米易县、绵阳市梓潼县、广元市苍溪县、宜宾市南溪区、阿坝藏族羌族自治州

首批文化产业赋能乡村振兴试点名单（四川省部分）

绵阳市北川县、阿坝州壤塘县

2023年全国休闲农业重点县名单（四川省部分）

彭州市、广元市利州区、雅安市雨城区

2023年中国美丽休闲乡村名单（四川省部分）

成都市新津区兴义镇张河村
自贡市荣县铁厂镇黑观音村
攀枝花市盐边县红格镇和爱村
泸州市古蔺县大寨苗族乡富民村
绵阳市北川羌族自治县曲山镇石椅村
广元市青川县青溪镇阴平村
遂宁市大英县卓筒井镇为干屏村
乐山市峨边彝族自治县新林镇茗新村
达州市大竹县团坝镇白茶村
雅安市荥经县龙苍沟镇万年村
巴中市平昌县驷马镇双城村
甘孜藏族自治州理塘县濯桑乡汉戈村

第三批全国乡村治理示范村镇名单（四川省部分）

一、第三批全国乡村治理示范乡镇

泸州市江阳区黄舣镇
广元市昭化区昭化镇
内江市隆昌市胡家镇
乐山市峨眉山市双福镇
南充市蓬安县新园乡
雅安市汉源县九襄镇

二、第三批全国乡村治理示范村

成都市青白江区城厢镇十八湾村
成都市温江区万春镇和林村
成都市郫都区安德街道广福村
成都市邛崃市羊安街道界牌村
自贡市自流井区荣边镇尖山村
自贡市大安区三多寨镇八甲村
自贡市富顺县代寺镇丰光村
攀枝花市仁和区大田镇榴园村
攀枝花市米易县攀莲镇贤家村
攀枝花市米易县湾丘彝族乡热水村
泸州市纳溪区上马镇黄桷坝村
泸州市泸县石桥镇洪安桥村
泸州市合江县荔江镇柿子田村
德阳市旌阳区新中镇白河村
德阳市绵竹市新市镇石虎村
德阳市中江县永太镇石狮村
绵阳市涪城区新皂镇刘家坪村
绵阳市安州区河清镇金花村
绵阳市梓潼县宏仁镇金宝村

广元市剑阁县普安镇水池村
广元市苍溪县五龙镇三会村
遂宁市船山区永兴镇新开村
遂宁市蓬溪县群利镇印花村
遂宁市大英县卓筒井镇为干屏村
内江市市中区永安镇尚腾新村
内江市东兴区田家镇正子村
乐山市市中区平兴镇三圣村
乐山市马边彝族自治县荍坝镇茶叶村
南充市南部县万年镇子龙村
南充市营山县东升镇朝阳村
宜宾市江安县夕佳山镇五里村
宜宾市长宁县梅硐镇泽鸿村
宜宾市筠连县巡司镇银星村
宜宾市珙县上罗镇代家村
广安市华蓥市明月镇白鹤咀村
广安市岳池县顾县镇羊山湖村
广安市邻水县柑子镇桅子村
达州市万源市旧院镇大伦坎村
达州市渠县新市镇五通村
巴中市巴州区天马山镇狮子寨村
巴中市平昌县三十二梁镇柳林村
巴中市通江县春在镇棋子顶村
巴中市南江县正直镇长滩村
雅安市荥经县宝峰彝族乡田坝村
雅安市天全县仁义镇红军村
眉山市东坡区太和镇四维村
眉山市仁寿县珠嘉镇棚村村
眉山市洪雅县止戈镇青杠坪村
眉山市青神县高台镇诸葛村
资阳市雁江区宝台镇富凉村
资阳市安岳县文化镇隆恩村
资阳市乐至县宝林镇万斤沟村
阿坝藏族羌族自治州理县古尔沟镇丘地村
阿坝藏族羌族自治州九寨沟县漳扎镇中查村
阿坝藏族羌族自治州金川县卡拉脚乡二普鲁村
甘孜藏族自治州康定市呷巴乡俄达门巴村
甘孜藏族自治州泸定县兴隆镇和平村
甘孜藏族自治州雅江县八角楼乡松茸村
凉山彝族自治州会理市城北街道三元村
凉山彝族自治州盐源县卫城镇大堰沟村

国家农业产业强镇名单（四川省部分）

旺苍县高阳镇（茶叶）
武胜县飞龙镇（柑橘）
峨边彝族自治县新林镇（桃）
彭州市九尺镇（冬春露地蔬菜）
威远县向义镇（无花果）
南部县八尔湖镇（柑橘）
攀枝花市仁和区大龙潭彝族乡（芒果）
三台县芦溪镇（麦冬）
安岳县镇子镇（柠檬）
茂县南新镇（李）
华蓥市禄市镇（蜜梨）
广安市广安区龙安乡（龙安柚）
盐边县惠民镇（蚕桑）
都江堰市天马镇（猕猴桃）
金堂县竹篙镇（羊肚菌）
平昌县邱家镇（茶叶）
广元市朝天区曾家镇（高山蔬菜）
米易县撒莲镇（早春蔬菜）
德阳市罗江区金山镇（水稻）
荣县双古镇（茶叶）
蓬溪县天福镇（食用菌）
梓潼县许州镇（蜜柚）
合江县荔江镇（荔枝）
宜宾市南溪区长兴镇（生态高粱）
兴文县周家镇（蚕桑）
宣汉县大成镇（蜀宣花牛）
大竹县乌木镇（小龙虾）
马边彝族自治县劳动镇（茶叶）
隆昌市胡家镇（水稻）
资中县公民镇（血橙）
丹棱县杨场镇（柑橘）
大竹县月华镇（糯稻）
江安县四面山镇（酿酒专用粮）
石棉县美罗镇（黄果柑）
蓬溪县常乐镇（优质水稻）
广元市利州区白朝乡（食用菌）
自贡市大安区何市镇（肉鸡）
邻水县柑子镇（葡萄）
攀枝花市仁和区啊喇彝族乡（生猪）
盐源县龙塘镇（苹果）

南充市高坪区走马镇(晚熟柑橘)
北川羌族自治县桂溪镇(生猪)
资阳市雁江区丰裕镇(柑橘)
泸县方洞镇(水稻)
遂宁市安居区三家镇(水稻)
宝兴县硗碛藏族乡(藏香猪)
达州市达川区百节镇(乌梅)
巴中市恩阳区下八庙镇(水稻)
南充市高坪区擦耳镇(花椒)
古蔺县马蹄镇(甜橙)
米易县草场镇(枇杷)
内江市市中区永安镇(白乌鱼)
眉山市彭山区公义镇(葡萄)
广安市前锋区虎城镇(青花椒)
青川县蒿溪回族乡(茶叶)
威远县东联镇(枳壳)
盐亭县鹅溪镇(生猪)

全国第四批农村物流服务品牌名单(四川省部分)

宜宾市高县“红色速递”、眉山市丹棱县“金通+电商+邮快+”融合发展

2023年全国兽用抗菌药使用减量化行动效果突出县(市、区、旗)名单(四川省部分)

崇州市、梓潼县、剑阁县、夹江县

2023年全国“平安农机”示范县名单(四川省部分)

南江县、盐亭县、成都市新都区、蓬安县

2023年国家级水产健康养殖和生态养殖示范区名单(四川省部分)

安岳县、隆昌市

第七批“绿水青山就是金山银山”实践创新基地名单(四川省部分)

成都市天府新区直管区、丹巴县

2023年度四川省农村改革工作先进县(市、区)名单

邛崃市、攀枝花市仁和区、泸县、德阳市旌阳区、广元市朝天区、射洪市、资中县、渠县、巴中市恩阳区、青神县

2023年度四川省乡村振兴先进县(市、区)、成效显著县(市、区)、重点帮扶优秀县(市、区)和先进乡镇、示范村、重点帮扶优秀村名单

一、乡村振兴先进县(市、区)

大邑县、自贡市大安区、什邡市、广元市利州区、威远县、夹江县、宜宾市叙州区、大竹县、巴中市恩阳区、荥经县

二、乡村振兴成效显著县(市、区)

成都市温江区、金堂县、自贡市沿滩区、中江县、江油市、大英县、内江市市中区、乐山市市中区、仪陇县、筠连县、邻水县、开江县、汉源县、洪雅县、乐至县

三、乡村振兴重点帮扶优秀县(市、区)

乐山市金口河区、通江县、理县、红原县、丹巴县、道孚县、石渠县、布拖县、雷波县、越西县

四、乡村振兴先进乡镇

成都市(3个)
温江区寿安镇、都江堰市天马镇、彭州市桂花镇
自贡市(2个)
荣县长山镇、富顺县古佛镇
攀枝花市(1个)
盐边县惠民镇
泸州市(2个)
合江县白米镇、叙永县叙永镇
德阳市(2个)
罗江区略坪镇、中江县仓山镇
绵阳市(3个)
梓潼县石牛镇、平武县高村乡、北川羌族自治县禹里镇

广元市(2个)

剑阁县白龙镇、青川县木鱼镇

遂宁市(2个)

船山区永兴镇、射洪市沱牌镇

内江市(2个)

东兴区郭北镇、资中县公民镇

乐山市(3个)

五通桥区西坝镇、犍为县清溪镇、井研县研经镇

南充市(3个)

嘉陵区大通镇、南部县万年镇、蓬安县巨龙镇

宜宾市(2个)

南溪区、江南镇、屏山县中都镇

广安市(1个)

广安区大安镇

达州市(4个)

通川区蒲家镇、万源市太平镇、宣汉县毛坝镇、渠县宝城镇

巴中市(2个)

恩阳区渔溪镇、平昌县邱家镇

雅安市(1个)

宝兴县硗碛藏族乡

眉山市(2个)

东坡区太和镇、丹棱县齐乐镇

资阳市(2个)

雁江区保和镇、安岳县林凤镇

阿坝藏族羌族自治州(4个)

马尔康市松岗镇、汶川县水磨镇、黑水县沙石多镇、若尔盖县麦溪乡

甘孜藏族自治州(3个)

康定市甲根坝镇、炉霍县虾拉沱镇、新龙县博美乡

凉山彝族自治州(4个)

德昌县乐跃镇、宁南县幸福镇、昭觉县三岔河镇、美姑县拉马镇

五、乡村振兴示范村(500个)

成都市(44个)

龙泉驿区:同安街道红旗村、东安街道顶佛寺村

青白江区:弥牟镇曙光村、福洪镇龙王村

新都区:斑竹园街道升庵村、斑竹园街道北星村

温江区:公平街道分水惠和村、和盛镇李义村

双流区:正兴街道官塘村、新兴街道梅家村、彭镇永和村、永安镇三新村

郫都区:德源街道东林村、唐昌镇横山村

新津区:兴义镇波尔村、兴义镇广滩村

都江堰市:聚源镇双土社区、天马镇禹王社区、青城山镇大通社区

彭州市:隆丰街道井堰村、丽春镇黄龙村、九尺镇宝马村、敖平镇凤泉村

邛崃市:羊安街道民乐村、高埂街道共富村、夹关镇龚店村、大同镇孔家山村

崇州市:廖家镇廖场村、街子镇古寺村、隆兴镇黎坝村

简阳市:新市街道石家村、云龙镇海棠村、平武镇八角村、高明镇高塔村、董家埂镇尊恭村

金堂县:官仓街道红旗村、淮口街道白云村、竹篙镇金简河村

大邑县:悦来镇义和村、西岭镇飞水村、鹤鸣镇新民村

蒲江县:寿安街道南锋村、大塘镇东岳村、大兴镇王店村

自贡市(16个)

自流井区:仲权镇百胜村、飞龙峡镇草堂村

贡井区:建设镇刘家村、成佳镇徐家村、五宝镇王家村

大安区:新店镇高峰村、牛佛镇红旗村、庙坝镇柑子村

沿滩区:兴隆镇卫星村、黄市镇水井沟村、瓦市镇新堂村

荣县:保华镇五皇村、来牟镇来牟村、高山镇正义村

富顺县:富世街道联合村、怀德镇司湾村

攀枝花市(5个)

仁和区:仁和镇红旗村、福田镇金龟村、同德镇共和村

米易县:撒莲镇安全村、普威镇新舟村

泸州市(22个)

江阳区:黄舣镇瓦窑滩村、方山镇熊坝村

龙马潭区:特兴街道长春村、金龙镇雪骡村

纳溪区:大渡口镇民生村、护国镇沙田村、白节镇团结村

泸县:牛滩镇新林村、玄滩镇新山村、太伏镇永利村、海潮镇红合村

合江县:白沙镇灵丹村、先市镇大土湾村、石龙镇大久村、荔江镇慈竹林村

叙永县:分水镇鱼洞村、赤水镇双山村、龙凤镇后安村

古蔺县:彰德街道长岭村、永乐街道水落村、茅溪镇柏腊村、德耀镇凤凰村

德阳市(19个)

旌阳区:柏隆镇隆兴桥村、德新镇胜利村、双东镇东美村

罗江区:略坪镇松花村、调元镇百花村、白马关镇凤雏村

广汉市:金鱼镇和兴社区、南丰镇新城村、金轮镇五里村

什邡市:马祖镇东岳村、蓥华镇红峡谷村、师古镇共和村

绵竹市:九龙镇新龙集镇社区、广济镇卧云村、清平镇圆包村

中江县:南华镇南山村、集凤镇新丰村、富兴镇富强村、龙台镇荣桥村

绵阳市(30个)

涪城区:丰谷镇水塘村、杨家镇柏林湾村、新皂镇五福寺村

游仙区:新桥镇王家坝村、魏城镇星光村、小枧镇雨凤村

安州区:桑枣镇干柏村、塔水镇油房村、睢水镇枫香村

江油市:永胜镇永平村、厚坝镇百胜村、西屏镇常青村

梓潼县:石牛镇清华村、双板镇南垭村、演武镇小亭村、宝石乡阁楼村

平武县:响岩镇同心村、大桥镇河口村、平通羌族乡牛飞村

北川羌族自治县:擂鼓镇楠竹村、永昌镇福田村、桃龙藏族乡九成村

三台县:景福镇钟鹤楼村、西平镇金星村、八洞镇书房村、乐安镇断山村、建平镇芝麻村

盐亭县:富驿镇五柳村、金孔镇木冈村、鹅溪镇广协村

广元市(25个)

利州区:嘉陵街道虎星村、荣山镇岩窝村、宝轮镇梨源村、三堆镇羊盘村

昭化区:卫子镇新荣村、王家镇晋贤村、昭化镇牛头村

朝天区:朝天镇双河村、大滩镇自然村、李家镇蒋家村

剑阁县:普安镇亮垭村、元山镇双柳村、公兴镇人马垭村、剑门关镇八里店村

旺苍县:木门镇柳树村、高阳镇虎垭村、国华镇小河村、龙凤镇锦旗村

青川县:三锅镇青石村、建峰镇马村、观音店乡青竹村

苍溪县:歧坪镇和平村、运山镇双牌村、龙山镇金桥村、白鹤乡柳池村

遂宁市(22个)

船山区:新桥镇凤阁村、桂花镇翰林村、桂花镇杉树村、永兴镇长安村、保升镇观山村

安居区:安居镇轿顶村、白马镇白塔村、保石镇贺家井村、常理镇万福村

射洪市:大榆镇古井口村、仁和镇张王村、香山镇苏家堰村、明星镇龙胆村、瞿河镇六合村

蓬溪县:赤城镇水口村、新会镇川江村、任隆镇幸福桥村、蓬南镇钟山村

大英县:河边镇坤龙村、卓筒井镇蓄金村、玉峰镇智平村、象山镇文龙村

内江市(19个)

市中区:白马镇三边冲村、龙门镇茅蓬寺村

东兴区:双才镇罗皇村、椑木镇游家坝村、双桥镇元觉村、永福镇鲤鱼塘村

隆昌市:黄家镇长螺村、双凤镇庵堂村、龙市镇点灯村

资中县:归德镇芦高山村、鱼溪镇齐心村、球溪镇翠流村、龙结镇米粮村、龙江镇龙结村、高楼镇鹤林村

威远县:龙会镇互助村、高石镇童家村、镇西镇正荣村、连界镇镇江村

乐山市(20个)

市中区:牟子镇苏坪村、水口镇黄金村

五通桥区:蔡金镇中心村

沙湾区:福禄镇燕子坎村、踏水镇公坪村

金口河区:永和镇新乐村

峨眉山市:符溪镇友谊村、双福镇双福村

犍为县:罗城镇白鹤村、舞雩镇双桥村

井研县:千佛镇瓦子坝村、纯复镇红庙村

夹江县:甘江镇弱漹村、吴场镇新合村

沐川县:永福镇双河村、底堡乡花园村

峨边彝族自治县:黑竹沟镇古井村、宜坪乡宜坪村

马边彝族自治县:下溪镇两河口村、莜坝镇金华村

南充市(40个)

顺庆区:芦溪镇龙南山村、李家镇桂花湖村、双桥镇凤凰村

高坪区:擦耳镇擦耳村、胜观镇龙王塘村、会龙镇石门楼村

嘉陵区:世阳镇小石垭村、大通镇车水湾村

阆中市:老观镇雪洞村、妙高镇妙高楼社区、水观镇金鼎观村、五马镇钟家梁村、木兰镇尖山村

南部县:东坝镇园坝寺村、定水镇柏垭观村、建兴镇付家庙村、三官镇太和庵村、伏虎镇蚕子山村、双佛镇新田坝村、桐坪镇胜利村

西充县:南台街道永清社区、青狮镇观音桥村、鸣龙镇龙井沟村、东太乡鱼池寺村

仪陇县:新政镇银山农村社区、新政镇柳树店农村社区、土门镇将军农村社区、复兴镇玉皇观农村社区、回春镇胡家沟村、大仪镇致富村

营山县:东升镇黄桷社区、东升镇玉帝村、骆市镇建通村、骆市镇新华村、黄渡镇宗祠村、清水乡清水湖社区

蓬安县:锦屏镇中坝社区、利溪镇万寿村、睦坝镇虹管村、新园乡踏坡梁村

宜宾市(33个)

翠屏区:双城街道高庙村、李庄镇南胜村、思坡镇小龙村、永兴镇颜家村、双谊镇红场村

南溪区:南溪街道古永村、罗龙街道砚台村、仙源街道石马村、仙临镇合众村

叙州区:柏溪街道新龙村、横江镇回龙村、柳嘉镇三合村、泥溪镇红春村、高场镇东升村

江安县:红桥镇红色村、铁清镇白鹤村

长宁县:竹海镇联盟村、龙头镇龙华村

高县:庆符镇小靖村、来复镇太平村、复兴镇群乐村

筠连县:腾达镇官井村、沐爱镇石林村、蒿坝镇龙盘村

珙县:孝儿镇丰田村、洛亥镇俄塘村

兴文县:古宋镇星火村、古宋镇阳坝村、僰王山镇博望村、莲花镇高义村

屏山县:中都镇民建村、大乘镇柏杨村、新安镇聚福村

广安市(25个)

广安区:枣山街道新店子社区、协兴镇向前村、浓溪镇围子村、花桥镇星火村、大龙镇黄坝村

前锋区:观塘镇仁和村、虎城镇茶花村

华蓥市:华龙街道沙坝村、永兴镇造甲沟村、阳和镇观城村

岳池县:白庙镇黄莲桥村、顾县镇赵佰庙村、石垭镇大城村、乔家镇照画壁村、裕民镇新桥村

武胜县:飞龙镇大石桥村、万善镇钟鸣村、龙女镇联合村、三溪镇谷花村、华封镇先锋岭村、真静乡深水井村

邻水县:柑子镇岐山村、观音桥镇樱花岭村、袁市镇护林村、丰禾镇高磝河村

达州市(32个)

通川区:凤北街道双鱼湖社区、蒲家镇钟庙社区、碑庙镇锣鼓村、安云乡三层村

达川区:石板街道三牌村、麻柳镇张家店村、大树镇光辉村、石梯镇田家店村、石桥镇宝井寨社区、罐子镇跑马坪村

万源市:旧院镇大伦坎村、河口镇土龙场村、白沙镇金鸡坪村、石塘镇双合村、固军镇新开寺村、曾家乡覃家坝村

宣汉县:黄金镇康乐村、胡家镇黄花村、毛坝镇天坪村、大成镇回龙村

开江县:回龙镇乐园村、任市镇观音阁村、长岭镇中山坪村、灵岩镇天宝寨村

大竹县:石桥铺镇周河村、高穴镇清滩村、庙坝镇老场村、月华镇蔡家庵村

渠县:静边镇春光村、清溪场镇紫坝村、琅琊镇大仙社区、中滩镇花园村

巴中市(27个)

巴州区:兴文街道中营村、奇章街道楼台村、大茅坪镇白云村、水宁寺镇大坝村、

曾口镇佛龙村、光辉镇白羊坝村

恩阳区:司城街道碧石村、茶坝镇金鳌村、下八庙镇钱库村、渔溪镇长岭村

平昌县:金宝街道石庙村、响滩镇元沱社区、白衣镇长岭村、涵水镇幸福村、驷马镇双城村、三十二梁镇柳林村

通江县:诺江镇秋锦山村、铁佛镇文峰村、三溪镇傲盘寨村、春在镇向家营村、杨柏镇双凤垭村

南江县:沙河镇红旗村、长赤镇龙泉村、长赤镇青杠村、仁和镇仁同坪村、云顶镇云顶茶村、公山镇甘溪村

雅安市(11个)

雨城区:多营镇五营村

名山区:百丈镇安桥村、茅河镇茅河村

汉源县:九襄镇堰沟村

石棉县:回隆镇叶坪村、丰乐乡蜡树村

天全县:思经镇青元村、兴业乡柑子村

芦山县:太平镇大河村、龙门镇古城村

宝兴县:硗碛藏族乡夹金山村

眉山市(12个)

东坡区:尚义镇英勇社区、修文镇岳营村

彭山区:黄丰镇新丰社区、锦江镇象耳村

仁寿县:彰加镇德意村、龙正镇冲天村、藕塘镇明珠村、贵平镇庆祝村

洪雅县:余坪镇黄里村、中保镇桐升社区

丹棱县:杨场镇古井村

青神县:青竹街道季时坝村

资阳市(20个)

雁江区:保和镇天鹅村、保和镇团山村、保和镇马蹄湾村、保和镇盘龙村、丹山镇太平村

安岳县:龙台镇藕塘村、林凤镇玉带村、林凤镇长林村、石羊镇园门村、石羊镇六合村、天林镇二郎村、驯龙镇龙坝社区、合义乡大安村、合义乡西冲村

乐至县:石湍镇长埝沟村、大佛镇吕河坝村、劳动镇双龙村、通旅镇乐阳桥村、高寺镇孝义村、盛池镇短沟村

阿坝藏族羌族自治州(16个)

马尔康市:马尔康镇西索村

汶川县:绵虒镇三官庙村

理县:薛城镇木卡村、通化乡通化村

茂县:叠溪镇较场村

九寨沟县:南坪镇和平二村、白河乡芝麻南岸村

金川县:勒乌镇新开宗村

小金县:达维镇冒水村、日尔乡四大安村

黑水县:芦花镇泽盖村

壤塘县:上壤塘乡雪木达村

阿坝县:龙藏乡卡西村

若尔盖县:唐克镇俄色村

红原县:刷经寺镇加当村、安曲镇夺龙村

甘孜藏族自治州(27个)

康定市:鱼通镇赶羊村

泸定县:冷碛镇尖茶坪村、烹坝镇固包村

丹巴县:格宗镇江达村、半扇门镇团结村

九龙县:呷尔镇察尔村、湾坝镇小伙房村

雅江县:河口镇三道桥村、麻郎措镇巴德村

炉霍县:朱倭镇克羊壁村、仁达乡勒格村

甘孜县:甘孜镇根布夏村、来马镇来马村

新龙县:大盖镇汤科村

白玉县:赠科乡扎马村

色达县:康勒乡汪扎一村、杨各乡加根达村

理塘县:甲洼镇东珠村、村戈乡牧民新村

巴塘县:竹巴龙乡水磨沟村、苏哇龙乡南戈村

乡城县:香巴拉镇沙孜村、正斗乡白坝村

稻城县:金珠镇皮洛村、蒙自乡黑龙村

得荣县:白松镇白松村、古学乡卡日贡村

凉山彝族自治州(35个)

西昌市:礼州镇宁乐村、太和镇九龙村

会理市:城北街道沙坝社区、彰冠镇打吉塘村、木古镇新桂村

德昌县:永郎镇锦川村、麻栗镇阿月村

会东县:鲁吉镇鲁吉村、溜姑乡盘龙村

宁南县:竹寿镇卫星村、宁远镇披砂村

冕宁县:复兴镇花果村、河边镇胜阳村

普格县:夹铁镇阿木村、大坪乡底古村

布拖县:龙潭镇龙潭社区、补尔乡竹尔苦村

昭觉县:解放沟镇大石头村、三岔河镇尔打火村

金阳县:南瓦镇丝窝中心村、德溪镇哼里村

雷波县:金沙镇金沙村、渡口镇顺江村

美姑县:巴普镇三河村、峨曲古乡四基觉村

甘洛县:海棠镇松树坪村、普昌镇眉山村

越西县:大瑞镇挖布村、板桥镇瓦岩村

喜德县:光明镇幸福村、两河口镇洛甘村

盐源县:梅雨镇八家村、龙塘镇十五股村

木里藏族自治县:瓦厂镇纳子店村、后所乡田坝子村

六、乡村振兴重点帮扶优秀村(200个)

成都市(8个)

简阳市:平泉街道梓桐村、禾丰镇农云村、云龙镇石塔村、施家镇裕丰村、踏水镇泉水村、涌泉镇凉塘村、青龙镇粮丰村、宏缘镇大堰村

自贡市(5个)

贡井区:成佳镇晏家村

大安区:团结镇申家村

荣县:双石镇平坦桥村

富顺县:古佛镇凤仪村、李桥镇腰塘村

攀枝花市(2个)

米易县:撒莲镇金花塘村

盐边县:共和乡纳底河村

泸州市(7个)

纳溪区:白节镇赵坪村

泸县:奇峰镇长林村

合江县:九支镇石顶山村

叙永县:马岭镇龙盘村、观兴镇普兴村

古蔺县:观文镇民乐村、马嘶苗族乡建新村

德阳市(7个)

旌阳区:黄许镇泰康村

罗江区:略坪镇广安村

广汉市:向阳镇高寿村

什邡市:蓥华镇竹溪村

绵竹市:新市镇花园村

中江县:联合镇雄狮村、富兴镇辉山村

绵阳市(8个)

游仙区:魏城镇栖凤村

江油市:枫顺乡龙池村

梓潼县:自强镇黎明村

平武县:锁江羌族乡坝子村

北川羌族自治县:永昌镇新华村、白坭乡大方岭村

三台县:金石镇明朗村

盐亭县:大兴回族乡尖子村

广元市(11个)

利州区:金洞乡水磨村

昭化区:射箭镇帽壳村

朝天区:云雾山镇中坝村

剑阁县:白龙镇远大村、汉阳镇壮岭村

旺苍县:东河镇福临村、木门镇茶元村

青川县:乔庄镇三盘村

苍溪县:运山镇宝明村、龙山镇玉带村、百利镇新龙村

遂宁市(7个)

船山区:仁里镇桃李村

安居区:西眉镇新宁村

射洪市:太乙镇富乐村、涪西镇龙垭村

蓬溪县:天福镇三合村、吉祥镇进士村

大英县:回马镇金山村

内江市(8个)

东兴区:高梁镇方家沟村、永福镇盘陀村

隆昌市:金鹅街道光辉村

资中县:铁佛镇高荣村、公民镇葛麻寺村、高楼镇集中村

威远县:越溪镇青龙村、小河镇民治村

乐山市(9个)

市中区:剑峰镇四家沟村

五通桥区:牛华镇真武村

沙湾区:牛石镇安池村

峨眉山市:双福镇胡场村

犍为县:石溪镇联盟村

夹江县:马村镇杨湾村

沐川县:利店镇回龙村

峨边彝族自治县:沙坪镇六丰村

马边彝族自治县:荣丁镇光荣村

南充市(15个)

顺庆区:华凤街道元宝山村

高坪区：会龙镇熊家桥村
嘉陵区：大通镇弥陀院村、金宝镇青家沟村
阆中市：桥楼乡落阳村
南部县：永定镇永定村、双峰乡寨山村
西充县：义兴镇有机村、莲池镇天兴桥村
仪陇县：新政镇金鸭铺村、五福镇骑龙村
营山县：新店镇大田村、回龙镇金竹村
蓬安县：金溪镇马家桥村、睦坝镇太安村
宜宾市（8个）
叙州区：观音镇广学村
江安县：夕佳山镇梅溪村
长宁县：梅硐镇中坪村
高县：蕉村镇联民村
筠连县：乐义乡花园村
珙县：曹营镇鹿鸣村
兴文县：共乐镇鹤盘山村
屏山县：中都镇雪花村
广安市（10个）
广安区：悦来镇天台村、井河镇高桥村
前锋区：龙塘街道玉龙村、观塘镇碧峰村
华蓥市：高兴镇跳石沟村
岳池县：顾县镇团坝村、石垭镇石龙庙村
武胜县：胜利镇桥亭村
邻水县：城北镇北出口村、袁市镇龙安村
达州市（12个）
通川区：双龙镇尚寺村
达川区：景市镇文家场村、大堰镇堰坝村
万源市：大竹镇营盘村、沙滩镇红旗村、玉带乡玉带村
宣汉县：白马镇沙坪村、三墩土家族乡大河村
开江县：普安镇沙河村
大竹县：中华镇中华村
渠县：渠北镇双桥村、东安镇千秋村
巴中市（10个）
巴州区：水宁寺镇走马村、平梁镇青包山村
恩阳区：关公镇双桥村、尹家镇下苏村
平昌县：兰草镇中仁村、土兴镇小湖村
通江县：沙溪镇白石寺村、空山镇青龙村
南江县：下两镇两河村、石滩镇雪花寺村
雅安市（8个）
雨城区：草坝镇范山村
名山区：万古镇横山村
荥经县：龙苍沟镇万年村
汉源县：九襄镇新阳村
石棉县：美罗镇三明村
天全县：乐英乡爱国村
芦山县：芦阳街道仁加村
宝兴县：穆坪镇雪山村
眉山市（7个）
东坡区：万胜镇新星村、三苏镇新西村
彭山区：谢家街道邓庙村
仁寿县：大化镇龙门村、高家镇千丘村
洪雅县：柳江镇兴胜村、将军镇阳坪村
资阳市（9个）
雁江区：石岭镇二龙村、南津镇振书村
安岳县：岳阳镇离山村、永顺镇油坝村、石羊镇天成村、文化镇新回村
乐至县：良安镇田家坝村、中天镇大楼湾村、佛星镇飞凤山村
阿坝藏族羌族自治州（17个）
马尔康市：沙尔宗镇呷博村
汶川县：水磨镇马家营村
理县：薛城镇小岐村
茂县：富顺镇上关子村
松潘县：川主寺镇上磨村、小河镇丰河村
九寨沟县：玉瓦乡三道城村
金川县：庆宁乡庆宁村、咯尔乡金江村
小金县：两河口镇油坊村
黑水县：色尔古镇色尔古村、沙石多镇杨柳秋村
壤塘县：岗木达镇阳培村
阿坝县：麦尔玛镇阿布洛村
若尔盖县：辖曼镇河拉村、阿西镇牙弄村
红原县：麦洼乡滚塘村
甘孜藏族自治州（17个）
康定市：新都桥镇拔桑一村
泸定县：岚安乡昂乌村
丹巴县：墨尔多山镇前进村、半扇门镇麦龙村
九龙县：子耳彝族乡麻窝村
雅江县：米龙乡本孜绒村
道孚县：色卡乡农牧村
炉霍县：充古乡卡莎村
甘孜县：南多乡卓依村
新龙县：拉日马镇松多顶村
德格县：竹庆镇更达村
白玉县：章都乡马拉村
石渠县：色须镇赤哇村
色达县：亚龙乡下邱果一村
理塘县：奔戈乡托仁村
巴塘县：竹巴龙乡自林贡村
乡城县：香巴拉镇岗色村

凉山彝族自治州(15个)
会理市:树堡乡石可莫村
会东县:乌东德镇大梨树村
冕宁县:大桥镇店子村
普格县:花山镇建设村
布拖县:九都镇呷乌村、基只乡基只村
昭觉县:地莫镇瓦古村
金阳县:热水河乡体可洛村
雷波县:宝山镇金兴村
美姑县:巴普镇埂则村
甘洛县:田坝镇罗群村
越西县:越城镇大块村
喜德县:鲁基乡鲁基村
盐源县:龙塘镇二道沟村
木里藏族自治县:牦牛坪乡下坪子村

2023年四川省乡村文化振兴省级样板村镇名单

一、四川省乡村文化振兴省级样板镇(乡、街道)

剑阁县下寺镇
眉山市东坡区太和镇
内江市市中区龙门镇
合江县尧坝镇
雅安市雨城区上里镇
江油市青莲镇
蒲江县甘溪镇
广汉市向阳镇
金堂县栖贤街道
广安市广安区协兴镇
乐山市市中区悦来镇
绵阳市安州区桑枣镇
成都市温江区寿安镇
荣县双石镇
什邡市洛水镇
仪陇县铜鼓乡
青神县瑞峰镇
通江县永安镇
万源市八台镇
阆中市老观镇
金川县安宁镇
兴文县大坝苗族乡
南江县杨坝镇
都江堰市青城山镇
乐山市金口河区和平彝族乡
内江市东兴区田家镇
广元市昭化区柏林沟镇
简阳市青龙镇
盐亭县歧伯镇
旺苍县白水镇
广元市利州区荣山镇
江安县夕佳山镇
井研县周坡镇
宜宾市南溪区裴石镇
中江县永安镇
大英县隆盛镇
宣汉县普光镇
米易县撒莲镇
遂宁市安居区东禅镇
渠县贵福镇
叙永县摩尼镇
汶川县绵虒镇
天全县城厢镇
华蓥市庆华镇
乡城县青德镇
开江县任市镇
南部县东坝镇
古蔺县双沙镇
茂县黑虎镇
自贡市大安区牛佛镇
攀枝花市仁和区仁和镇
安岳县林凤镇
邻水县太和镇
乐至县石佛镇
宁南县松新镇
巴中市巴州区天马山镇
白玉县河坡镇
越西县大瑞镇
九龙县湾坝镇
雷波县黄琅镇
蓬安县罗家镇

二、四川省乡村文化振兴省级样板村(社区)

北川羌族自治县曲山镇石椅村
崇州市白头镇五星村
宜宾市翠屏区白花镇一曼村

德阳市罗江区万安镇响石村
南充市高坪区走马镇姜家祠村
眉山市东坡区尚义镇英勇社区
达州市达川区石桥镇鲁家坪社区
乐山市沙湾区踏水镇柏林村
成都市温江区永宁街道杏林社区
绵竹市九龙镇棚花村
三台县秋林镇红星村
剑阁县普安镇小玲珑社区
稻城县噶通镇寒桑村
蒲江县成佳镇麟凤村
丹棱县仁美镇桂香村
平武县江油关镇党家沟村
峨边彝族自治县新场乡星星村
宝兴县蜂桶寨乡邓池沟村
攀枝花市东区银江镇阿署达村
犍为县定文镇方井村
彭州市桂花镇金城社区
邻水县城北镇金垭村
武胜县万隆镇飞来石村
平昌县白衣镇柳州社区
南江县长赤镇龙泉村
射洪市瞿河镇中皇村
蓬溪县大石镇牛角沟村
德阳市旌阳区新中镇龙居村
自贡市大安区大山铺镇江姐村
雅安市名山区新店镇新星村
理县米亚罗镇吉柯村
蓬安县新园乡宽敞沟村
泸州市江阳区泰安街道咀阳村
大竹县庙坝镇五桂村
金堂县福兴镇棠湖社区
资阳市雁江区丰裕镇高洞村
泸定县咱里镇咱里村
泸州市龙马潭区罗汉街道航天苑社区
筠连县沐爱镇兴隆村
旺苍县水磨镇桥板村
广元市利州区金洞乡清河村
泸县得胜镇仁和村
隆昌市石燕桥镇净土村
威远县新店镇民富村
资中县鱼溪镇红莲村
高县来福镇陈坝村
安岳县姚市镇方石村
渠县渠南街道大山社区
西充县仁和镇丹桂垭村
遂宁市船山区河沙镇梓桐村
南充市顺庆区搬罾街道小河坝村
富顺县狮市镇马安村
德格县错阿镇马达村
普格县普基镇红军树村
盐边县红果彝族乡三滩村
若尔盖县麦溪乡俄藏村
米易县麻陇彝族乡中心村
广元市利州区嘉陵街道小岩村
巴中市恩阳区下巴庙镇石桥村
自贡市自流井区仲权镇竹元村
攀枝花市仁和区仁和镇红旗村
自贡市沿滩区沿滩镇升坪社区
得荣县古学乡比拥村
广安市广安区悦来镇中合村
甘洛县团结乡瓦姑录村
冕宁县宏模镇优胜社区
盐源县泸沽湖镇多舍村

第四批“四好农村路”四川省级示范市名单

绵阳市、广元市、内江市、南充市、阿坝州

第七批“四好农村路”四川省级示范县名单

成都市：双流区
自贡市：荣县
攀枝花市：东区
德阳市：旌阳区
绵阳市：游仙区、平武县、北川县
内江市：资中县
乐山市：五通桥区、峨边县
宜宾市：筠连县
雅安市：石棉县、汉源县、天全县
阿坝州：阿坝县、红原县、茂县
甘孜州：理塘县、稻城县
凉山州：西昌市、木里县

2023年度四川省“十大最美农村路”名单

攀枝花市盐边县金纳路、广元市苍溪县黄猫垭镇高台村红色美丽村庄道路、成都市大邑县顺兴路、乐山市市中区乐沙生态大道、达州市通川区明磐路、泸州市合江县福玉路、雅安市汉源县甘溪坝至清溪公路、眉山市丹棱县奔康大道、泸州市龙马潭区胡况路、绵阳市梓潼县许青路

2023年四川省森林城市、森林乡镇、森林村庄、森林人家名单

一、四川省森林城市

南充市、荥经县、天全县

二、四川省森林乡镇

自贡市:自流井区飞龙峡镇

攀枝花市:米易县新山傈僳族乡

绵阳市:梓潼县演武镇、平武县江油关镇

广元市:朝天区两河口镇、朝天区李家镇

南充市:顺庆区新复乡

眉山市:东坡区万胜镇

阿坝州:理县米亚罗镇、理县上孟乡

甘孜州:泸定县岚安乡、康定市雅拉乡、丹巴县墨尔多山镇

凉山州:会东县江西街乡

三、四川省森林村庄

自贡市:自流井区荣边镇尖山村、自流井区飞龙峡镇草堂村、自流井区飞龙峡镇红岩村

攀枝花市:盐边县红格镇联合村

泸州市:江阳区华阳街道西岸村

广元市:朝天区曾家镇荣乐村

乐山市:峨眉山市黄湾镇龙洞村、峨眉山市高桥镇兴宏村、市中区悦来镇荔枝弯村

南充市:西充县仁和镇百福寺村、蓬安县新园乡宽敞沟村

达州市:渠县临巴镇老龙村

巴中市:恩阳区下八庙镇万寿村、恩阳区柳林镇罐子沟村

眉山市:洪雅县瓦屋山镇炳灵社区、洪雅县瓦屋山镇金花桥社区

资阳市:安岳县文化镇燕桥村

阿坝州:理县米亚罗镇吉柯村、理县上孟乡日波村、理县上孟乡木尼村、理县米亚罗镇八角碉村、黑水县沙石多镇昌德村

凉山州:会东县江西街乡碗厂村、德昌县昌州街道昌州村、会东县江西街乡大村村、越西县南箐镇小相岭村、德昌县永郎镇永定社区

四、四川省森林人家

攀枝花市:仁和区栖迟旅游度假区

泸州市:江阳区树蛙部落

广元市:朝天区云庐、苍溪县高城映像生态农庄、昭化区古渡人家

遂宁市:船山区半隐山舍

南充市:西充县禾舍、阆中市向家院子农家乐小院

巴中市:文旅新区自在光雾山度假民宿、文旅新区光雾山山语林燕憩堂民宿、通江县草堂香村、经开区龙池花舞、恩阳区水井湾农家乐

眉山市:洪雅县雅女湖有机农庄

甘孜州:丹巴县贰喜班莫民宿

凉山州:会理市景庄院、喜得县阳光温泉大酒店

四川省第二批农村致富带头人名单

成都市(34人)

龙泉驿区:宋兵、李维波

青白江区:李兴健

新都区:朱尚轩、刘庆蓉

温江区:陶勋花、邬晶

双流区:游鹏飞、伍志祥

郫都区:侯洵

天府新区:李德明、刘美伦

都江堰市:赵勇刚、杨思林

彭州市:雷德华、鲍开春

邛崃市:赵艳琴、徐学祥

崇州市:刘建波、谢勇

简阳市:段作其、贾先文陈奇

金堂县:朱勇、向元春

大邑县:周正国、王浩瀚

蒲江县:杨欣、罗廷万

新津区:徐小龙、涂成元

东部新区:蒋延金、张润莉、周季春

自贡市(17人)

自流井区:张超

贡井区:陈安俊、罗淮良

大安区:葛建、张丽华、邹仁权

沿滩区:明光银、陈亮

荣县:代建权、黄竟波、毛开荣、杨志明、朱碧英

富顺县:何峰、唐元明、杨周袁永富

攀枝花市(12人)
东区:鲍孝花
仁和区:许天荣、张福元、陈洪志、汤国斌
米易县:白世成、李明燕、何庭全
盐边县:罗顺兵、李友福、韦 鹏、王芳
泸州市(20人)
江阳区:陈小刚、杨祖全
龙马潭区:夏尚容
纳溪区:许洪科、向省辉
泸县:龙洪烽、邱宗祝、高大伦
合江县:康一可、吴家宾、李成明、白德友
叙永县:李春燕、白勋、韦思华、徐艳
古蔺县:余洪、江玉海、赖国华、黄世进
德阳市(17人)
旌阳区:陈丽华、李兴廷、邓波
罗江区:刘忠兵、武公银
广汉市:刘健、张廷领
什邡市:罗万春、鲍小利、李洪贵
绵竹市:杨洪东、魏 军、罗玉军
中江县:刘辉、唐青松、唐武琼、蓝定奎
绵阳市(25人)
涪城区:罗仁肤、周玉
游仙区:加宇、申超、何博
安州区:李同贵、薛兴全
江油市:郑明利、杨莉霞
梓潼县:李永、古国洪
平武县:朱帅、邓青和、胡浩亮、何伟
北川县:唐祖贵、张其均、杨道江、王蓉
三台县:巫成宝、李晓川、寇永江、陈恒文
盐亭县:王益、陶永生
广元市(20人)
利州区:杨帆、胡晓全、赵利平
昭化区:王振均、黄定军
朝天区:丁彬瀚、李永安、谭松松
剑阁县:陈安江、孙国民、张裴阳
旺苍县:程飞、何亨亨、刘浪
青川县:范树伟、杨飞
苍溪县:罗洪、张家安、崔维建
经开区:李朝春
遂宁市(15人)
船山区:童其友、冉智明
安居区:彭巧、奉欢、罗长春
射洪市:柯昌军、张强、胥小铭、谭炳洲
蓬溪县:唐向前、张跃、严俊洪、唐学坦
大英县:徐淘、陈善武
内江市(15人)
市中区:孙吟诗、黄宗明
东兴区:夏秋波、杨辉、李红
隆昌市:严龙江、刘唐莉、徐飞
资中县:邓刚、刘勇、肖文华、邹能
威远县:张勇奇、王小燕、王伟
乐山市(30人)
市中区:童小洪、肖超
五通桥区:张建华、张红
沙湾区:张兆忠、徐志雄、祝正前
金口河区:彭波、段树凡、徐平
峨眉山市:王正云、胡志容
犍为县:胡先军、范伯林彭刚
井研县:谭克华、郭俊华、严虎
夹江县:蒋静伟、王伟、郭玉
沐川县:杨远兵、何太军
峨边县:林永财、陈治宏、舒福安
马边县:魏云华、吴太全、郑布金姑
高新区:熊泽明
南充市(27人)
顺庆区:文武、李鹏
高坪区:王令、刘顺
嘉陵区:郑光明、曹勇
阆中市:黎明虎、常治富、赵江
南部县:梁雄、王湖冬、毛丹、谢松
西充县:任晏、何金蓉、高元斗
营山县:蒋洪斌、杨长军、李远红、何佰林
仪陇县:王大春、彭爽、吕光明、唐小勇
蓬安县:杨天仁、张宏标、祝泽英
宜宾市(28人)
翠屏区:顾凤、廖强吉、罗娟
南溪区:韩彬、钟燕宜、胡海
叙州区:彭明乾、林洪、蒋申富
江安县:邹汉明、熊章栋
长宁县:陈小鹏、李琴
高县:何春霖、严红早、杨雨
筠连县:罗刚、苏国西、赵扬举
珙县:李艳军、钟历亨、曾焕兵
兴文县:叶文、梁中华、万天绪
屏山县:沈伦强、刘介辉、杨松

广安市(17人)
广安区:谢浩剑、周宗兵、杜小清
前锋区:王刚、吴德平、方立蓉
华蓥市:蒋树江、查文明
岳池县:秦小艳、罗兵、雷四云
武胜县:张志华、李俊锋、周星宇
邻水县:冯建乔、尹广平、甘文丽
达州市(20人)
通川区:李劲、苏乾证、冉红江
达川区:寇德梅、罗通健、赵小龙
万源市:项尔华、邓间、郑炳秀
宣汉县:桂继芳、何宗政
开江县:肖中华、何思琪、顾森彬
大竹县:周文川、沈贤云
渠 县:廖梓婷、蒋仁国
高新区:宋苹菊
东部经开区:石安军
巴中市(15人)
巴州区:程朝辉、冯泽龙
恩阳区:曹发明、彭梅
平昌县:何刚、张国松、周天全、傅和聪
通江县:龙爱军、邹勇、闫伟、吴本政
南江县:唐天福、王海、陈富华
雅安市(20人)
雨城区:孙新勇、黄大兵、邓显俊
名山区:杨拓、蒋达伟、吴海帆
荥经县:程涛、宋志良、黄雅东
汉源县:杜仕福、羊波涛、罗顺彬
石棉县:熊德孝、马光芬
天全县:王江、高志华
芦山县:胡明剑、杨文广
宝兴县:张华东、卫启林
眉山市(17人)
东坡区:向峰、李成、王元威
彭山区:蔡朝江、王程淋、张仕云
仁寿县:张大志、赖东妹、白燕
洪雅县:何平、郑炳泽
丹棱县:尤应均、赵刚
青神县:罗亚琴、魏立兴
天府新区:廖杰、夏光华
资阳市(12人)
雁江区:杨勇、孙传辉、刘成军、伍弦
安岳县:左孝川、饶春梅、黄晓艳、王波
乐至县:肖勇、陈仁见、何海军、蒋雪莲
阿坝州(39人)
马尔康市:东周、安开红、确布让
汶川县:王世涛、姚红伟、马光华
理县:沙继安、邓怀安、杨伟
茂县:顺斌、何华琦、罗权成
松潘县:李洪、鲜德成、杨贵明
九寨沟县:毛海平、黎 凤、高 建
金川县:肖发友、赵树勇、韩兴桥
小金县:王本华、曹俊辉、黄正江
黑水县:兴保、阿尔基、若学
壤塘县:松木周、俄更、林立勇
阿坝县:泽波、张银辉、泽朗扎西
若尔盖县:尕让甲、仁在秀、班玛仁郑
红原县:周雷皓、龙让建措、泽旺仁真
甘孜州(54人)
康定市:何明理、仁青郎甲、登巴达吉
泸定县:张勇、李忠琴、岳国勇
丹巴县:王继华、张海华、泽里贡布
九龙县:黄泽富、余小东、四郎仁曾
雅江县:中布青、扎西汪堆、泽仁邓珠
道孚县:高绒、桑吉灯张、多吉次灯
炉霍县:王开友、尼玛翁色、向巴志麦
甘孜县:恩 珠、土登生龙、泽仁郎加
新龙县:泽 仁、白马加巴、白玛洛布
德格县:土 呷、降 称、泽仁拉姆
白玉县:绒布、其麦、四郎多登
石渠县:普布、达瓦志玛、格拉扎西
色达县:巴德、斑九、雄生
理塘县:泽批、曲扎、康穆桑梅朵
巴塘县:桑登、拥批、扎西志玛
乡城县:陈康宁、周军、泽仁曲批
稻城县:哈面、降呷、小兵
得荣县:翁堆、中次仁、拥忠次仁
凉山州(45人)
西昌市:张勇、谌生波、马绯
德昌县:王朝兰、贤祥
会理市:郭万楷、何爽
会东县:汪庆胜、张友清
宁南县:余德祥、王作海
普格县:蔡超、黎远辉、期沙子聪
布拖县:马日色呷、吉地木拉、尾日尔要
昭觉县:吉布日则、吉子子呷、马黑拉色

金阳县：余志英、万先明、吉牛么尔扎
雷波县：吴于宽、耿鸿、赵国发
美姑县：马依尼、罗格阿林、阿海木体
甘洛县：黄福蓉、杨红、黑乃尔布
越西县：杨仕华、卢海英、阿于伍合
喜德县：童兴磊、阿西阿叁、海来曲古
冕宁县：饶庆、杨红宾
盐源县：魏兆红、杨小建
木里县：杨潇、胡三组、王光勇

第四批四川省级乡村旅游重点村名单

成都市(8个)
龙泉驿区山泉镇美满村
新津区兴义镇张河村
都江堰市石羊镇马祖社区
彭州市桂花镇磁峰社区
邛崃市平乐镇金河社区
蒲江县甘溪镇藕塘村
大邑县新场镇桐林社区
大邑县花水湾镇温泉社区
自贡市(5个)
贡井区艾叶镇六房村
自流井区飞龙峡镇草堂村
大安区三多寨镇徐家村
荣县来牟镇一洞桥村
富顺县童寺镇天池湖村
攀枝花市(4个)
仁和区仁和镇红旗村
西区格里坪镇庄上村
米易县撒莲镇安全村
盐边县格萨拉彝族乡大湾村
泸州市(3个)
纳溪区护国镇梅岭村
龙马潭区双加镇大冲头村
古蔺县马嘶苗族乡茶园村
德阳市(4个)
旌阳区孝感街道红伏村
罗江区白马关镇凤雏村
绵竹市九龙镇清泉村
广汉市三星堆镇三星村
绵阳市(5个)
涪城区杨家镇鲜家坝村
安州区桑枣镇红牌村
三台县鲁班镇太阳村
平武县高村乡民主村
北川羌族自治县桂溪镇辛夷村
广元市(5个)
朝天区曾家镇石鹰村
朝天区曾家镇荣乐村
旺苍县木门镇柳树村
青川县青溪镇东方社区
剑阁县剑门关镇雄关社区
遂宁市(5个)
船山区永兴镇新开村
安居区东禅镇先华村
射洪市瞿河镇中皇村
蓬溪县大石镇牛角沟村
大英县隆盛镇土门垭村
内江市(5个)
东兴区田家镇火花村
隆昌市石燕桥镇净土村
资中县鱼溪镇蚂蟥坪村
资中县鱼溪镇双联村
威远县界牌镇桥凼村
乐山市(6个)
市中区悦来镇道锌村
沙湾区轸溪镇轸溪村
峨眉山市高桥镇福田村
井研县千佛镇民建村
峨边彝族自治县黑竹沟镇解放村
马边彝族自治县雪口山镇永兴村
南充市(5个)
高坪区都京街道永安村
嘉陵区双桂镇三龙场村
南部县八尔湖镇大堰场社区
营山县明德乡石狮村
阆中市江南街道田公社区
宜宾市(5个)
江安县夕佳山镇坝上村
高县胜天镇安和村
珙县巡场镇三合村
兴文县僰王山镇水泸坝社区
屏山县书楼镇高田村

广安市(5个)
广安区协兴镇佛手山社区
前锋区龙滩镇欢喜坪村
华蓥市华龙街道柏木山村
岳池县平滩镇低坑村
邻水县丰禾镇五华山村
达州市(5个)
万源市太平镇快活坪村
万源市固军镇三清庙村
渠县临巴镇老龙村
宣汉县马渡关镇石林社区
开江县普安镇宝塔坝社区
巴中市(4个)
巴州区平梁镇青包山村
平昌县驷马镇双城村
通江县民胜镇方山村
南江县长赤镇龙泉村
雅安市(5个)
名山区蒙顶山镇蒙山村
荥经县龙苍沟镇万年村
汉源县九襄镇堰沟村
芦山县龙门镇青龙场村
宝兴县蜂桶寨乡邓池沟村
眉山市(3个)
东坡区太和镇永丰村
青神县汉阳镇汉阳场社区
丹棱县张场镇峨山村
资阳市(3个)
雁江区老君镇万年村
乐至县高寺镇清水村
安岳县石羊镇油坪村
阿坝州(5个)
马尔康市松岗镇松岗村
汶川县映秀镇秀坪社区
汶川县映秀镇中滩堡村
九寨沟县漳扎镇甘海子社区
红原县安曲镇下哈拉玛村
甘孜州(5个)
丹巴县甲居镇聂拉村
丹巴县甲居镇喀咔村
新龙县博美乡仁乃村
理塘县甲洼镇卡娘村
乡城县青德镇下坝村
凉山州(5个)
会理市城北街道铁厂村
会东县姜州镇民权村
盐源县润盐镇龙口河村
昭觉县解放沟镇火普村
雷波县千万贯乡青杠村

2023年度四川省星级现代农业园区名单

一、四川省五星级现代农业园区(13个)

德阳市旌阳区粮油现代农业园区
绵阳市安州区粮油现代农业园区
兴文县粮油现代农业园区
渠县粮油现代农业园区
阿坝县青稞现代农业园区
彭州市蔬菜水稻现代农业园区
泸州市江阳区蔬菜现代农业园区
蓬溪县食用菌现代农业园区
南部县柑橘现代农业园区
青神县柑橘生猪种养循环现代农业园区
旺苍县茶叶现代农业园区
乐山市沙湾区中药材现代农业园区
武胜县蚕桑现代农业园区

二、四川省四星级现代农业园区(13个)

富顺县水稻高粱现代农业园区
西充县粮油现代农业园区
广安市广安区粮油现代农业园区
眉山市东坡区稻菜现代农业园区
会东县烟叶粮食现代农业园区
小金县蔬菜现代农业园区
德阳市罗江区枣现代农业园区
金川县梨现代农业园区
乡城县苹果藏猪种养循环现代农业园区
越西县苹果现代农业园区
屏山县茶叶生猪种养循环现代农业园区
马边彝族自治县茶叶现代农业园区
色达县牦牛现代农业园区

三、四川省三星级现代农业园区(57个)

崇州市粮食现代农业园区
广元市昭化区粮食现代农业园区
南充市顺庆区粮食现代农业园区
华蓥市粮食现代农业园区

天全县粮食现代农业园区
成都市双流区粮油现代农业园区
邛崃市粮油现代农业园区
资中县粮油现代农业园区
阆中市粮油现代农业园区
宜宾市南溪区粮油现代农业园区
宜宾市翠屏区粮油现代农业园区
江安县粮油现代农业园区
广安市前锋区粮油现代农业园区
达州市达川区粮油现代农业园区
宣汉县粮油现代农业园区
平昌县粮油现代农业园区
雅安市雨城区粮油现代农业园区
石棉县粮油现代农业园区
芦山县粮油现代农业园区
丹棱县粮油现代农业园区
自贡市自流井区水稻高粱现代农业园区
古蔺县高粱现代农业园区
都江堰市稻菜现代农业园区
峨眉山市稻药现代农业园区
泸县稻渔现代农业园区
遂宁市安居区红薯现代农业园区
安岳县红薯现代农业园区
峨边彝族自治县马铃薯现代农业园区
黑水县小麦蔬菜现代农业园区
茂县粮经复合现代农业园区
德昌县粮经复合现代农业园区
康定市青稞现代农业园区
道孚县青稞油菜现代农业园区
炉霍县青稞蔬菜现代农业园区
资阳市雁江区蔬菜现代农业园区
松潘县花椒现代农业园区
沐川县魔芋现代农业园区
米易县枇杷现代农业园区
苍溪县枇杷现代农业园区
梓潼县蜜柚生猪种养循环现代农业园区
得荣县葡萄现代农业园区
昭觉县草莓现代农业园区
平武县果梅现代农业园区
荣县茶叶现代农业园区
叙永县茶叶现代农业园区
南江县茶叶现代农业园区
九龙县茶叶现代农业园区
盐边县蚕桑现代农业园区
盐亭县生猪种养循环现代农业园区
内江市市中区黑猪种养循环现代农业园区
汶川县生猪种养循环现代农业园区
喜德县生猪种养循环现代农业园区
青川县肉牛现代农业园区
会理市肉牛现代农业园区
布拖县黑绵羊现代农业园区
万源市黑鸡现代农业园区
泸州市龙马潭区水产现代农业园区

四川省第一批农村法治教育基地名单

成都市青白江区弥牟镇白马村法律之家
成都市青白江区城厢镇十八湾村刘家巷党建法治示范院
成都市青白江区大同街道界牌村基层文化服务中心
崇州市隆兴镇千功村
崇州市白头镇五星村
蒲江县甘溪镇法治公园
自贡市尖山振兴乡村学校
自贡市自流井区仲权镇双石铺社区灯之源广场
自贡市贡井区成佳镇吴家祠村
自贡市贡井区桥头镇玉麒村
自贡市大安区何市镇雨山村党群服务中心
自贡市大安区三多寨镇八甲村党群服务中心
自贡市沿滩区黄市镇丰光村
自贡市沿滩区兴隆镇兴隆场社区法治广场
荣县新桥镇赶场冲村
荣县乐德镇天宫庙村
荣县正紫镇坟嘴山村法治广场
富顺县稻粱农耕博物馆
富顺县乡村振兴学院
攀枝花市西区格里镇格里坪村法治长廊
攀枝花市仁和区同德烈士陵园
攀枝花市仁和区大田镇榴园社区法律之家
攀枝花市仁和区平地镇法律之家
攀枝花市仁和区仁和镇红旗村党群服务中心
米易县攀莲镇贤家村法治广场
米易县新山傈僳族乡新山村法治广场
盐边县渔门镇渔门社区法律之家
叙永县济民职业培训学校
德阳市旌阳区新中镇龙居村法治广场

德阳市罗江区白马关镇万佛村八零后家庭农场
广汉市小汉镇法治广场
什邡市禾丰镇法治广场
绵竹市九龙镇棚花村法治广场
中江县辑庆镇尖寨村党群服务中心
江油市青莲镇太华村村民委员会
江油市鑫卓源农机专业合作社
广元市朝天区青少年法治教育基地
苍溪县陵江镇笋子沟村
苍溪县元坝镇公共文化服务中心
射洪县大榆镇龙凤泉村法治广场
内江市市中区酒房沟村法治文化院
内江市市中区白马镇朝天门社区党群服务中心
内江市东兴区高梁镇杨岭村
内江市东兴区田家镇正子村
资中县孟塘镇互助村
资中县双龙镇檬茨村
威远县界牌镇南强村法治文化走廊
威远县向义镇水口村
隆昌市古湖街道古宇村
隆昌市界市镇王家寺村
隆昌市圣灯镇三台村
乐山市市中区棉竹镇“1+10”法治文化宣传教育基地
乐山市五通桥区金山镇杏林村
乐山市沙湾区踏水镇柏林村
乐山市金口河区永胜乡顺河村
峨眉山市法治广场
井研县集益镇雨台村
犍为县定文镇方井村
夹江县黄土镇凤桥社区
沐川县高笋乡安坪村
峨边彝族自治县新林镇茗新村
马边彝族自治县烟峰镇烟峰社区
阆中市天宫镇五龙村
宜宾市叙州区赵场街道土主村党群服务中心
宜宾市叙州区柏溪街道喜龙社区村党群服务中心
宜宾市翠屏区牟坪镇庆南社区村党群服务中心
宜宾市翠屏区白花镇一曼村党群服务中心
宜宾市南溪区仙临镇高新社区村党群服务中心
宜宾市南溪区仙源街道添丘村党群服务中心
屏山县新安镇新民村党群服务中心
高县胜天镇安和村党群服务中心
高县来复镇大屋村党群服务中心
长宁县竹海镇永江村党群服务中心
珙县珙泉镇鱼竹村党群服务中心
筠连县筠连镇五凤村党群服务中心
筠连县腾达镇春风村党群服务中心
兴文县仙峰苗族乡群鱼社区村党群服务中心
江安县铁清镇杨狮村党群服务中心
广安市广安区兴平镇文明村
广安市前锋区龙滩镇高岭村萧家大院
广安市前锋区代市镇会龙村党群服务中心
华蓥市明月镇白鹤咀村
岳池县中药材现代农业园区
邻水县柑子镇桅子村党群服务中心
达州市通川区蒲家镇钟庙社区
达州市达川区万家镇五洞村党群服务中心
达州市达川区农业技术学校
达州市达川区双庙镇二东社区党群服务中心
大竹县老刘家家庭农场
大竹县农业技术综合培训中心
渠县定远镇团寨村法治广场
渠县三汇镇汇南社区
巴中市巴州区曾口镇书台村党群服务中心
巴中市恩阳区下八庙镇石桥村
平昌县邱家镇嘶峰村
平昌县元山镇插旗山村
通江县新场镇红岩村党群服务中心
巴中村政学院
雅安市名山区中峰镇海棠村党群服务中心
汉源县皇木镇松坪村
眉山市东坡区太和镇四维村法治长廊
眉山市彭山区凤鸣街道金烛村宪法主题广场
眉山天府新区北斗镇甘泉村法治广场
仁寿县大化镇水利社区法治文化园
洪雅县将军镇杨场社区青少年社会实践教育基地
丹棱县仁美镇桂香村法治文化广场
资阳市雁江区伍隍镇印合村
乐至县龙门镇金马村
安岳县通贤镇文寨村文家寨红色文化教育基地
西昌市大兴乡建新村
会理市城北街道三元村
甘洛县田坝镇斯补勒拖村
喜德县鲁基乡中坝社区
冕宁县职业技术学校
冕宁县复兴镇建设村
木里县沙湾乡沙湾村
盐源县

政策法规

四川省人民政府关于印发《建设“天府森林粮库”实施方案》的通知

川府发〔2023〕24号

各市（州）、县（市、区）人民政府，省政府有关部门、有关直属机构，有关单位：

现将《建设“天府森林粮库”实施方案》印发给你们，请结合实际认真组织落实。

四川省人民政府

2023年12月7日

（本文有删减）

建设“天府森林粮库”实施方案

为贯彻落实省委、省政府《建设新时代更高水平“天府粮仓”行动方案》有关要求，着力构建多元食物供给体系，切实维护粮食安全，制定本方案。

一、总体要求

（一）指导思想

坚持以习近平新时代中国特色社会主义思想为指导，深入学习贯彻习近平总书记关于“树立大食物观”、森林是“粮库”等重要论述，按照省委、省政府决策部署，以高质量发展为统领，坚持生态优先、绿色发展，市场导向、因地制宜，科技赋能、特色取胜，通过育主体、扩规模、塑品牌、提质效，构建森林粮库食物（以下简称林粮）生产、经营和服务体系，推进森林资源优势向经济优势、林业资源大省向林业经济强省转变，共同打造新时代更高水平的“天府粮仓”。

（二）发展思路

聚焦盘活林地资源，空间上不与农业争地；立足满足多样性、功能性消费需求，产品上与大宗农产品错位互补；发挥森林生态环境独特优势，品质上突出绿色生态；实现“成片建基地，布点精加工，区域生态游”有机结合，业态上推进三产融合；坚持“企业拓市场，业主建基地，农民共参与”，模式上依托龙头企业引领；抓住“多方投入、种业先行、科技创新、深化林改”四大关键环节，方法上注重政府统筹。

（三）建设目标

到2030年，“天府森林粮库”建设取得显著成效。全省林粮生产体系和经营服务体系更加完善，设施装备水平和产品质量显著提升，经济效益大幅增长。全省林粮经营面积达到1亿亩，年产林粮2000万吨以上，年综合产值达到3000亿元，带动全省林农人均增收2400元。建成高水平全国森林粮库示范省。

（四）发展种类及布局

根据直接利用林木产品和依托林下空间生产产品的区别，将林粮分为经济林食物和林下食物两大类。依托森林资源，全面发展木本粮食、木本油料、森林蔬菜、森林药材、林产调料、林产饮料、森林水果、食药用花卉等8类经济林食物；充分利用林地空间和林下生境，采用林下种植、林下养殖、林下采集等3种模式大力发展林下食物。

综合自然条件、发展方向、区域连片等因素，“天府森林粮库”建设总体分为四大区域。平原丘陵区，包括成都等17个市72个县（市、区）；盆周山区，包括雅安等11个市37个县（市、区）；川西峡谷区，包括阿坝等3个州31个县（市）；攀西地区，包括攀枝花等4个市（州）22个县（市、区）。

二、主要任务

（一）实施六大重点工程

将经营面积、产量、产值在全国排位靠前，或战略地位重要、发展前景好的林粮品种列入“天府森林粮库”重点工程，加大培育力度。

1. 千万亩核桃提质工程。聚焦核桃主产区基地提质和加工提升，重点推进凉山、甘孜等地品种改良、定向培育、集约经营和核桃脱皮、清洗、烘干等就地初加工；广元、巴中等地扩大现代基地占比，提升核桃油、乳、粉等精深加工能力和档次。到

2025年，全省累计建成核桃标准化采穗圃8个以上、优质高产基地800万亩以上。〔责任单位：省林草局、各有关市（州）人民政府，经济和信息化厅、科技厅、财政厅。逗号前为牵头单位，下同〕

2. 百万亩油茶倍增工程。以川南为核心，辐射带动秦巴山区和安宁河—金沙江流域油茶产业发展，实现种植面积和综合产值翻番。按照相对集中连片建设要求，开展油茶林新造和低产低效林改造，支持油茶就地初加工，开发茶油精炼、副产品综合利用等精深加工，打造油茶产业发展示范样板和高地。〔责任单位：省林草局、各有关市（州）人民政府，经济和信息化厅、科技厅、财政厅〕

3. 百万亩油橄榄领先工程。加快形成安宁河流域、秦巴山区和川中丘陵区油橄榄集中发展带。重点开展区域性良种选育，推进扩面增产，提升橄榄油及养生、保健、美容产品等精深加工能级，打造油橄榄文化、自然教育等林旅融合新业态。到2025年，全省油橄榄年综合产值达到26亿元。橄榄油产量、品质和产值领先全国。〔责任单位：省林草局、各有关市（州）人民政府，经济和信息化厅、科技厅、文化和旅游厅〕

4. 百万亩竹笋培优工程。持续优化竹笋产业布局，加快优良竹种和优质竹笋产品开发利用。在竹笋集中发展区采取新造和改造方式培育优质笋用竹林基地；采取技改和新建方式提升加工能力。加强科技创新和产品研发，提升竹笋种挖机械化、加工智能化、市场全球化水平，推动川东北中小径竹笋、川中有机竹笋和川南名特优竹笋产业化集群化发展。鼓励支持大熊猫国家公园周边社区因地制宜建设特色竹笋基地，发展熊猫特色竹旅餐饮新业态。到2025年，累计新培育优质高产笋用竹林基地100万亩以上，新增竹笋加工能力30万吨以上。〔责任单位：省林草局、各有关市（州）人民政府，经济和信息化厅、科技厅、财政厅、文化和旅游厅〕

5. 百万亩林药提升工程。全面提升森林药材种植加工水平，提高森林药材产量和品质。以龙门山区、秦巴山区、乌蒙山区和川西高原为重点，推广生态种植和仿野生栽培，加快建设木本药材和林下中药材标准化种植基地，鼓励就地开展烘干、切片及精深加工，提高森林药材产品附加值。到2025年，建成森林药材规范化基地100万亩以上，带动全省森林药材产业提质增效。〔责任单位：省林草局、各有关市（州）人民政府，经济和信息化厅、科技厅、财政厅、省中医药局〕

6. 千万亩林菌双增工程。加快推进林下食用菌种植，实现林菌面积、产量双增长。以秦巴山区、龙门山区、长江干流流域为重点，加快扩大林下竹荪、大球盖菇、香菇等标准化种植面积；以岷江、雅砻江、大渡河、金沙江流域为重点，拓展林下松茸、羊肚菌、鸡枞菌等野生菌类采集范围。鼓励就地集中建立菌类初加工及冷链物流体系，培育精深加工企业，提升产品附加值。到2025年，全省林菌规范化种植或采集面积达到700万亩，年产菌类150万吨。力争到2030年全省林菌规范化种植或采集面积达到1000万亩。〔责任单位：省林草局、各有关市（州）人民政府，经济和信息化厅、科技厅、财政厅、农业农村厅〕

（二）建设百个产业园区。整合资源要素，规划建设一批特色鲜明、链条完整、生产方式绿色、品牌知名、效益明显、辐射带动强的林粮现代产业园区。强化动态管理，鼓励市（州）级园区争创国家现代林业产业示范园区或省级“森林粮库”现代产业园区，加快形成国家、省、市、县园区层级体系。到2025年，全省建成县级及以上林粮现代产业园区100个，其中省级及以上30个（含油茶和竹食品）。〔责任单位：省林草局、各有关市（州）人民政府，经济和信息化厅、科技厅、财政厅〕

（三）培育千个示范基地。坚持“一区一品”，规划建设一批规模适度、管理规范、优质高效、特色鲜明的经济林食物基地和林下食物基地。加强良种及丰产栽培、低产低效林复壮、林下生态种养、林产品采收和初加工等技术集成运用，通过集约管理提升产品质效。引导经营主体扩大规模，参与就地初加工、林区道路、水利设施、防火防虫设施建设。到2025年，全省建成县级及以上示范基地300个，其中省级及以上示范基地100个（含竹食品）。力争到2030年建成各级林粮示范基地1000个。〔责任单位：省林草局、各有关市（州）人民政府，经济和信息化厅、科技厅、财政厅、自然资源厅、农业农村厅〕

三、重点工作

（一）绿色生产推进行动

提倡近自然生产方式，建立全过程绿色生产管理体系。全面开展可用林地土壤、空气、水质检测，开展林粮产地环境评价，实施土壤分类管理，科学区划林粮生产范围。制定完善产地环境、种养采、加工储运全环节技术标准。建立健全生产流通监督、产品质量动态监测和追溯机制。推进化肥、农药、农膜减量替代，禁用高毒高残留农药。开展生产、加工、包装等废弃物回收利用和无害化处理，淘汰落后工艺和设备。到2025年，制定林粮生产标准30项。〔责任单位：省林草局、各市（州）人民政府，省发展改革委、科技厅、生态环境厅、农业农村厅、省市场监管局〕

（二）良种良法引领行动

开展林粮重要树种种质资源调查、收集保存、评价利用，选育和审（认）定一批高产、优质、抗性强的品种。加快建设林木良种基地、采种基地、保障性苗圃，完善核桃、油茶、油橄榄等良繁体系。支持科研单位、龙头企业开展林粮高效培育、加工利用等关键技术攻关，加快科技成果和现代实用技术集成转化。强化种苗质量监管，开展制售假劣林草种苗执法行动。到2025年，林粮优良品种达到80个，主要经济林基地建设良种使用率达到80%以上。〔责任单位：科技厅、省林草局、各市（州）人民政府，农业农村厅〕

（三）设施装备提升行动

实施山区林区路网、水网、电网、互联网"四网"补短工程。分区域、分品种、分环节编制完善装备需求目录，支持引导科研院校、企业开展种植、采摘（挖）、加工等机具装备研发攻关，支持特殊地形、特种作物生产设备研制。制定完善林粮机具设备采购补助目录，纳入农机补贴范围。支持引导重点林粮生产区实施全产业链机械化生产。到2025年，重点林粮生产区内路网密度达到1.3米/亩，耕种、采运及初加工机械化率达到40%。〔责任单位：农业农村厅、省林草局、各市（州）人民政府，科技厅、交通运输厅〕

（四）主体培育壮大行动

在分林到户、明晰产权的基础上，发挥村集体经济组织引领作用，推进集体林权股份化集中，引导林粮规模化经营。引进培育打造一批年产值亿元以上加工企业，加大林粮精深加工产品研发和成果转化力度，实现产品功能差异化发展。支持各类生产经营管理人才领办林粮新型经营主体，通过"公司+合作社+林农+基地""公司+村集体+基地"与林农构建紧密利益联结机制。鼓励国有林场发展林粮相关产业。到2025年，全省经营主体达到7500个，国家和省级龙头企业80个、农民合作社150个。〔责任单位：农业农村厅、省林草局、各市（州）人民政府，经济和信息化厅、科技厅、自然资源厅〕

（五）特色品牌塑造行动

打造林粮省级公共品牌，构建"区域公共品牌+企业品牌+产品品牌"体系。打造"天府林粮""川林好物""天府茶油"等区域公共品牌，鼓励经营主体和加工企业积极申请使用地理标志专用标志；重点培育优势明显、特色突出的"川字号"林粮产品品牌，加强产品质量建设。支持从业者参与绿色食品、有机产品、森林生态标志产品等认证，开展商标国际注册。加强品牌宣传，强化品牌保护，支持开展产品推介、营销和宣传。完善物流体系，构建线上线下展销网络，拓展林粮产品市场。到2025年，全省林粮品牌体系基本形成，打造区域公共品牌2个，企业品牌20个，产品品牌20个以上，开展地理标志产品保护5个以上。〔责任单位：省林草局、各市（州）人民政府，经济和信息化厅、商务厅、省市场监管局〕

（六）典型示范引领行动

以林粮主产区为重点，围绕特色基地培育、产品加工转化、设备设施完善，采取竞争性立项方式，选取20个县（市、区）开展以六大重点工程为载体、七大行动为支撑、全产业链提升为目标的示范项目建设。鼓励各地建设并申创一批要素集聚、三产融合、机制完善、创新驱动、效益显著的林粮高质量发展县。力争到2025年全省建成省级林粮高质量发展县10个（含油茶和竹食品）。〔责任单位：省林草局、各市（州）人民政府，经济和信息化厅、科技厅、财政厅、自然资源厅、农业农村厅〕

（七）资源保护提质行动

统筹森林资源保护与利用，注重林粮与其他产业协调发展。完善落实林地分类经营制度，分区制定林粮生产负面清单，确定适宜发展的种类、规模及利用强度，维护生态平衡。精准提升森林质量，加强人工中幼林抚育管理。支持各地按规程调整低产商品林树种结构，强化集约经营，有序扩大林粮生产规模、提高产量。〔责任单位：各市（州）人民政府，省发展改革委、自然资源厅、生态环境厅、省林草局〕

四、保障措施

（一）加强组织领导

省级层面"天府森林粮库"建设工作由省政府分管领导牵头，省直有关部门（单位）按职责分工推进。各有关市（州）、县（市、区）要落实主体责任，提出具体目标任务和工作举措，科学建立考评机制，强化目标考核，确保完成各项目标任务。

（二）强化财政支持

省级财政统筹安排中省林业草原专项资金，对竞争性立项确定的示范建设项目，按每个1000万元分阶段进行补助。对认定的省级林粮高质量发展县、"森林粮库"现代产业园区和示范基地，省级财政分别按每个2000万元、1000万元和200万元标准一次性奖补。市（州）和县级财政要加大涉农资金整合力度，落实本级奖补资金，加快推进特色基地培育、基础设施建设、技术培训推广、园区建设和经营主体激励等措施。

（三）加大金融税收扶持力度

鼓励将符合条件的"天府森林粮库"项目纳入地方政府债券项目目录。将符合条件的林粮基地建设纳入政策性贷款和国家储备林建设项目支持范围。鼓励"天府森林粮库"建设项目纳入农业信贷担保和政策性森林保险范围，支持金融机构开发适合林粮生产特点的信贷产品，建立投融资项目储备库，搭建银企对接平台，加大金融信贷资金投入力度。落实农林产品加工和支持小微企业、个体工商户、农户的普惠金融服务税收优惠政策。积极引导龙头企业等社会资本布局建设、投资兴业。

（四）提供林地空间保障

以人工商品林为"天府森林粮库"建设主战场，利用符合条件的低效商品林、低产经济林或经评估后的第一轮退耕还生态林，改造和培育木本粮油基地。在宜林荒山、荒地、荒滩或新一轮退耕还林地、园地新造经济林食物基地。在确保生态安全前提下，利用商品林、二级国家公益林或地方公益林发展林下生态种养业和采集业，建立林下食物基地。支持依法利用林地修筑直接为林业生产经营服务的工程设施。

（五）提升科技服务能力。推动“天府森林粮库”种质创新、高效培育、加工利用、质量检测等创新平台、科研基地、工程技术中心等建设。积极探索“揭榜挂帅”“赛马制”等模式，开展关键技术攻关和集成示范。扎实开展科技下乡万里行、“1+N”科技服务团等“组团式”精准服务，“订单式”开展决策咨询、技术指导、人才培训、成果推广。加强基层队伍建设，培养一批技术创新人才、经营管理人才和基层技能人才，推动“产学研推用”深度融合。

四川省人民政府办公厅
关于印发四川省深入推进农产品质量安全省建设行动方案的通知

川办发〔2023〕33号

各市（州）、县（市、区）人民政府，省政府有关部门、有关直属机构，有关单位：

《四川省深入推进农产品质量安全省建设行动方案》已经省政府同意，现印发给你们，请结合实际认真组织实施。

四川省人民政府办公厅

2023年10月16日

四川省深入推进农产品质量安全省建设行动方案

为深入贯彻落实习近平总书记来川视察关于在推进乡村振兴上全面发力的重要指示精神，认真落实省委、省政府关于建设农产品质量安全省的部署安排，制定本方案。

一、总体要求

（一）指导思想

坚持以习近平新时代中国特色社会主义思想为指导，全面贯彻党的二十大精神和习近平总书记对四川工作系列重要指示精神，认真落实省委十二届二次、三次全会决策部署，坚持农产品“保安全”“优品质”同步推，全域行动、梯次推进、补短强弱、共建共治，推动农产品质量安全治理革新，全面提升农产品质量安全水平，筑牢新时代更高水平“天府粮仓”质量根基，助推农业强省建设。

（二）建设目标

到2025年，全省重点农产品突出问题得到有效治理，农业标准化覆盖率达到50%以上，绿色优质农产品比重达到50%以上，例行监测合格率稳定在98%以上，群众满意度达到80%以上，基本构建适应“天府粮仓”和农业强省建设的农产品质量安全治理体系；80%以上涉农县（市、区）成功创建省级农产品质量安全监管示范县（以下简称省级监管示范县），70%以上市（州）实现省级监管示范县全域创建，30%以上涉农县（市、区）成功创建国家农产品质量安全县（以下简称国家农安县）。

到2030年，全省禁用药物使用得到基本遏制，常规农兽药残留超标实现根本好转，农业标准化覆盖率达到70%以上，绿色优质农产品比重达到60%以上，例行监测合格率达到99%以上，群众满意度达到90%以上，基本实现农产品质量安全治理体系及治理能力现代化；90%以上涉农县（市、区）成功创建省级监管示范县，80%以上市（州）实现省级监管示范县全域创建，50%以上涉农县（市、区）成功创建国家农安县。

二、建设任务

（一）实施农业生产源头治理工程

1.加强农产品产地环境监管。推进农产品产地环境监测与评价，建设耕地质量长期定位监测点，开展农产品及产地协同监测，动态掌握耕地质量状况。加强农产品产地周边涉镉等重金属企业排查整治。推进受污染耕地分类管理和安全利用，实施耕地生产障碍修复利用试点，因地制宜探索受污染耕地安全利用新模式。建立健全农药包装等废弃物回收处理体系，推进畜禽粪污等资源化利用。〔农业农村厅、生态环境厅按职责分工负责，各市（州）、县（市、区）人民政府负责落实（以下均需各市（州）、县（市、区）人民政府落实，不再列出）〕

2.加强农业投入品经营管理。加强证照许可及产品登记管理，开展农资经营标准化门店建设。建立健全农资生产销售全程质量追溯管理机制，推进农药、兽药二维码标识管理，实现农资监管信息化。从严管控限制使用农药经营网点，探索农药处方制度。开展农资打假专项治理，依法严厉打击网络、电话、游商违法销售问题。（农业农村厅、经济和信息化厅、公安厅、省市场监管局、省供销社按职责分工负责）

3.推广科学用药用肥。探索"肥药两制"改革，开展化学农药、化肥使用减量攻坚行动，推行生态调控、理化诱控、生物防治等病虫害绿色防控技术，集成融合全程绿色防控与统防统治，探索作物专用肥套餐制配送、植物营养全程化管理等模式。开展兽用抗菌药使用减量化行动（以下简称减抗行动），国家农安县规模养殖场全覆盖实施养殖减抗行动，其他涉农县（市、区）50%以上规模养殖场实施养殖减抗行动。（农业农村厅负责）

（二）实施农业全产业链标准化工程

4.构建全产业链标准体系。编制四川省农业地方标准建设指南，推动安全、质量、服务等标准制定，每年制（修）订省级农业地方标准20项以上，逐步集成农产品全产业链标准综合体。探索建立标准实施审查机制，每年开展省级农业地方标准运行评估工作。支持生产经营主体制定企业标准、团体标准，争创标准"领跑者"。支持科研院所、大专院校、企业事业单位等主导或参与国家标准、行业标准编制工作。（农业农村厅、省市场监管局按职责分工负责）

5.推动农业标准化生产。推进优势特色产业全产业链标准化生产，每年开展一批省级农业全产业链标准化试点，建设一批国家现代农业全产业链标准化基地，选树推广一批可复制、可借鉴的农业标准集成应用模式。开展农业标准化生产基地建设，到2025年，建成经济作物标准化基地100个、部省级畜禽养殖标准化场150个、国家级水产健康养殖和生态养殖区4个。（农业农村厅、省市场监管局按职责分工负责）

6.增加优质农产品供给。大力发展绿色食品、有机农产品、地理标志农产品和名特优新农产品。到2025年，首批建设优质农产品生产重点市（州）2个、重点县（市、区）15个、生产基地130个。加强绿色优质农产品品牌培育与推广，打造"天府粮仓"品牌精品300个，建设绿色有机地理标志农产品超市、专卖店100个。（农业农村厅、经济和信息化厅、商务厅、省市场监管局按职责分工负责）

7.提升标准服务供给能力。鼓励农业（农资）企业、农民专业合作社、社会化服务组织等采取"农资+服务""科技+服务""互联网+服务"等方式，开展农业标准推广、绿色生产等技术服务。推进农业生产"大托管"服务模式，促进农业绿色生产和可持续发展。鼓励发展一批农产品质量安全联盟，提高农产品生产经营主体绿色生产技术服务能力。（农业农村厅、省供销社按职责分工负责）

（三）实施农产品精细化监管工程

8.强化基层网格化管理。按照"有机构、有职能、有人员、有设备、有经费"标准，开展乡镇监管服务站星级化、标准化建设，探索协管员专职化。到2030年，建设乡镇星级监管服务站400个、标准化监管服务站1680个，村级服务点1000个。建立精准监管服务机制，落实风险分级、信用评级监管制度，推行精准速测、移动巡查。（农业农村厅负责）

9.实施农产品溯源管理。健全农产品质量安全追溯制度，完善追溯协作机制，建设农产品溯源公共服务平台，推动重点农产品实现全过程追溯。落实省内生产销售食用农产品抽检不合格批次追溯信息通报制度。（农业农村厅、省市场监管局按职责分工负责）

10.加强收贮运环节监管。制定四川省农产品收贮运质量安全管理办法。严格落实农产品收贮运环节交货查验、自查自检、无害化处理等制度。强化畜禽屠宰管理，落实官方兽医检疫制度，督促屠宰企业履行质量安全主体责任，确保屠宰环节畜禽产品质量安全。加强生鲜乳收贮运及奶站管理，保障生鲜乳质量安全。（农业农村厅、省市场监管局按职责分工负责）

11.严格落实农产品市场准入机制。加强农产品集中交易市场规范化建设，明确市场开办主体管理责任，精准建立农产品集中交易市场档案，建立健全承诺达标合格证查验机制。深化农产品集中交易市场等级评定，引导支持农贸市场向现代超市转型。（省市场监管局、农业农村厅按职责分工负责）

12.创新监管机制模式。推动农产品质量安全监管数字化、智慧化转型，升级建设农产品质量安全智慧监管平台。深入推进农产品质量安全信用体系建设，完善信用评价运行机制，探索推广"信用+网格"分级监管制度。打造一批"网格化监管、合格证推行、质量追溯、信用监管、监测预警"等制度机制集成创新试点县。开展"天府阳光农安"试点，全面提升农产品质量安全智慧化、信用化治理水平。探索特大城市鲜活农产品供应质量安全保障模式。（农业农村厅负责）

13.开展突出问题攻坚治理。建立农业行政执法、食品安全监督执法、公安刑事侦查联动机制，开展农产品质量安全执法"利剑"行动，严厉打击农产品质量安全违法犯罪行为。对豇豆等重点品种和水产品地西泮超标等突出问题，开展专项攻坚治理。（农业农村厅、公安厅、司法厅、省市场监管局按职责分工负责）

（四）实施农产品质量监测升级工程

14.推进检测能力建设。实施农产品检测机构综合能力提升计划，提升农产品风险评估、有害物质非靶向筛查、品质指标分析等检测能力。到2025年，建设7个专业化农产品检测中心；到2030年，建设20个区域性农产品检测中心。加强农产品检测机构监督管理，定期开展能力验证、监督抽查等。（农业农村厅、省市场监管局按职责分工负责）

15.加大农产品抽检力度。健全省市县农产品质量安全监测网络，组织实施各级农产品质量安全风险监测和监督抽查，逐年提高监测密度，到2025年，全省抽检样品量达到2批次/千人。实施农产品抽检进集群、进园区行动，实现农业产业集群和主要农业园区监测全覆盖。实施小宗特色农产品质量监测计划。（农业农村厅负责）

16.提高抽检结果应用效能。构建农产品质量安全抽检结果信息化管理机制，推动各地各部门（单位）抽检信息互通共享。强化抽检数据分析和应用，优化结果会商通报、风险评估预警、检打联动等机制，问题产品溯源查处率达到100%。（农业农村厅、省卫生健康委、公安厅、省市场监管局、省粮食和储备局、成都海关按职责分工负责）

（五）实施农产品质量安全社会共治工程

17.压实生产经营主体责任。严格落实生产经营主体生产记录、质量控制、自查自检、承诺达标合格证、包装标识等制度，确保生产经营的农产品符合质量安全标准。加强小农户监管，探索行之有效的监管模式，选树一批诚信守法典型。实施“科学施肥进万家”“百县千乡万户”安全用药大实训，每年培训生产经营主体1万户以上。（农业农村厅负责）

18.发动群众参与治理。将农产品质量安全纳入公益性宣传范围，持续提振“川字号”农产品消费信心。依托基层司法资源，建立常态化普法机制。发动群众参与监督，推行有奖举报制度，鼓励有条件的地区构建“农安110”系统，集中处理农产品质量安全领域诉求。（农业农村厅、司法厅按职责分工负责）

19.强化突发事件应急处置。加强农产品质量安全应急处置体系和能力建设，健全省市县快速响应联动机制，完善应急预案，开展应急演练，强化应急处置。加强舆情监控，主动回应社会关切。（农业农村厅、省委网信办、省市场监管局按职责分工负责）

三、保障措施

（一）加强组织领导。农业农村厅牵头负责农产品质量安全省建设工作，发展改革、财政、公安、司法、市场监管、生态环境等省直有关部门（单位）根据责任分工抓好相关工作，共同推动农产品质量安全省建设。各市（州）、县（市、区）人民政府要切实承担农产品质量安全省建设的主体责任，明确目标任务和工作举措，将相关工作经费纳入财政预算统筹保障，确保各项目标任务落地落实。

（二）加强队伍建设

加强农产品质量安全检测队伍建设，依法落实考核晋升、有毒有害保健津贴等政策。加强农业综合行政执法队伍建设，依法配齐乡镇监管员、设立村级信息员。建设一批检测、监管、执法、标准化等人员技能实训基地，全面加强业务能力培训。

（三）严格考核监管

严格乡村振兴实绩考核和食品安全党政同责考核，加强农产品质量安全工作相关指标约束。对工作突出的地方、单位，按规定给予表扬，对工作不力的地方和单位依法依规实行通报批评。继续开展省级监管示范县认定工作，农业农村厅会同发展改革、财政、市场监管等部门组织考核，实行动态管理。对建成的省级监管示范县，通过省级财政农业高质量发展共同财政事权转移支付资金农产品质量安全专项支出，统筹支持实施奖补。

四川省人民政府办公厅
关于印发《四川省农村一二三产业融合发展行动方案》的通知

川办发〔2023〕43号

各市（州）、县（市、区）人民政府，省政府各部门、各直属机构，有关单位：

《四川省农村一二三产业融合发展行动方案》已经省政府同意，现印发给你们，请结合实际认真组织实施。

四川省人民政府办公厅

2023年12月26日

四川省农村一二三产业融合发展行动方案

为深入学习贯彻习近平新时代中国特色社会主义思想和党的二十大精神，认真落实省委十二届二次、三次、四次全会精神，扎实推进农村一二三产业融合发展，促进乡村全面振兴，加快建设具有四川特色的现代化产业体系，制定如下行动方案。

一、工作目标

到2025年，“川字号”特色农产品生产供应链、精深加工链、品牌价值链“三链同构”格局基本形成。农产品产地初加工率提高到70%以上，规模以上农产品加工企业营业收入平均增速达到5%，农产品加工业总产值与农业总产值比值提高到2.5 :1。累计认定农民合作社省级示范社3500户，培育农业产业化省级重点龙头企业1000户，百亿级农产品加工园区10个，建设30个国家级和省级现代农业产业集群。绿色食品、有机农产品、地理标志农产品达到2500个。新业态新模式发展更加活跃，产业融合机制进一步完善，产业竞争力明显提高。

到2030年，基本实现农村一二三产业深度融合，主要经济指标协调发展，链群能级、企业规模、创新能力、品牌效益实现全面提升。

二、重点任务

（一）实施农林产业强基提质行动

1.夯实粮油等重要农产品基础。实施国家新一轮千亿斤粮食产能提升行动，加快“天府良田”建设，加强水源和灌区工程建设，持续推进大中型灌区续建配套和现代化改造，提高灌溉用水保障水平。扩大酿酒、饲料等专用粮生产，持续深化“天府菜油”行动，增强油料供给保障能力。加强生猪产能调控，确保生猪存栏量出栏量稳定。深入开展肉牛肉羊增量提质行动，推进草原畜牧业转型升级。培育能够满足人民群众多元化消费和农产品加工多样化需求的专用粮、专用肉。（责任单位：农业农村厅、省发展改革委、水利厅、省粮食和储备局）

2.发挥果蔬等特色农产品优势。优化品种，提升品质，加快建设优质蔬菜、水果、干果、茶叶、中药材、水产品、蚕桑、花椒、牦牛等特色农畜产品生产基地。加强鲜食果蔬产地冷链、烘干、分选设施建设，提高商品化水平。支持建设一批国家级和省级优势特色产业集群、农业产业强镇，培育一批全国“一村一品”示范村镇，在农产品主产区培育一批省级百强中心镇。（责任单位：农业农村厅、省发展改革委、住房城乡建设厅）

3.深挖林竹等新型产业潜力。建设“天府森林粮库”，推进重点“林粮”扩面提质，大力培育“林粮”产业园区和示范基地。建设优质高效竹林和油茶基地。结合国家储备林建设积极培育珍贵树种和大径级用材林，增加优质加工木材供给。到2025年，建成县级以上“林粮”示范基地300个、“林粮”现代产业园区100个。（责任单位：省林草局）

（二）实施农产品精深加工攻坚行动

4.做大主食加工。扩大米、面、油等大宗产品规模，推动方便米饭、速冻主食、杂粮主食产业化发展。稳步发展猪肉加工业，提高牦牛肉深加工率，鲜肉制品向精分割包装、冷链流通方向发展。开发牛羊肉、禽兔肉、水产方便制品，熟肉制品向多品种、营养化、预制化发展，积极开发高档休闲熟食产品。（责任单位：经济和信息化厅、科技厅）

5.做强特色农产品加工。巩固川酒现有优势，发展适应新消费形势的酒类创新产品。巩固发展以名优绿茶为主，工夫红茶、茉莉花茶、藏茶等为辅的精制茶产品体系，推进衍生产品开发，丰富产品结构。建设具有全国竞争力的果蔬加工基地，发展果汁、乳制品、水果罐头、现代中药等深加工产品。（责任单位：经济和信息化厅、农业农村厅、科技厅）

6.做精预制菜及调味品加工。创新开发减盐、减糖、低脂、有机等系列健康产品。提升泡菜、豆瓣、火锅底料、鱼子酱等加工业发展水平，开发多种风味型和功能型复合调味品。开展风味缓释、生物防腐等关键技术攻关，加强预制菜质量安全监管，打造一批预制川菜“大单品”，建设一批预制菜产业园区。（责任单位：经济和信息化厅、科技厅、省市场监管局）

7.做优林竹产品和丝绸加工。持续巩固林浆纸一体化优势，大力发展竹食品、森林粮食加工等重点产业。聚焦以竹代塑、以竹代木、以竹代钢等领域，研发推广应用新型竹制产品。传承弘扬丝绸文化，发展精品生丝、绸缎和家纺等产品，创新研发蚕丝衍生材料、医疗手术缝合线等产品。（责任单位：经济和信息化厅、科技厅、农业农村厅、省林草局）

（三）实施“川字号”农产品市场拓展行动。

8.构建长期稳定的销售渠道。鼓励省内产品生产销售企业在省外设立分销中心，建立订单农业、产销一体等长期稳定对接模式。积极拓展线上营销渠道，引导鼓励大型电商平台企业为“四川造”产品设立专区、专场、专馆等。推进“川货寄递”工程，加快实施“互联网+”农产品出村进城。（责任单位：商务厅、四川邮政管理局、农业农村厅、经济和信息化厅）

9.加大专项市场促销。推动定点帮扶采购，充分利用东西部消费协作机制，协调浙江、广东两省各级单位定向采购我省“天府乡村”公益品牌产品。带动企业参加省内外有影响力的展会，支持拓展省外市场。鼓励企业组团进驻省外城市社区，开展集中展销配送，举办中国（四川）国际熊猫消费节、四川农特产品展、四川优质农特产品杭州行等活动。（责任单位：商务厅、农业农村厅、省乡村振兴局）

10.打造产销平台新模式。深入推进电子商务进农村综合示范，开展农村电商快递协同发展示范区创建，打造一批快递服务现代农业示范项目，发展线上线下互动的沉浸式体验消费新模式。搭建产品“走得出”、主播“找得到”的双向对接平

台，形成电商消费新业态集聚发展态势，打造直播电商人才、企业、产品等资源集聚基地。（责任单位：商务厅、四川邮政管理局）

11.拓展海外市场。支持企业开拓国际市场，加强与“一带一路”沿线国家和地区在农产品贸易领域合作。用好跨境电商综合试验区平台和中欧班列、中老铁路等国际铁路运输通道。推进内外贸一体化试点，全力培育壮大农产品外贸主体，构建全球布局的产品流通网络。（责任单位：商务厅、成都海关）

12.发展农村流通网络。开展县域商业建设行动，支持大型流通企业以县城和中心镇为重点下沉供应链，推动农产品批发市场优化升级。鼓励企业加快建设保鲜、冷藏、冷冻、运输等冷链物流设施。深入推进“交商邮供”合作，畅通农产品“最初一公里”物流通道，降低农产品物流成本，加快县、乡、村物流共同配送体系建设。到2025年，全省冷链库容达1254万吨。（责任单位：商务厅、交通运输厅、农业农村厅、省供销社、四川邮政管理局）

（四）实施农文旅融合发展振兴行动

13.大力发展“乡村精品游”。打造城郊休闲、本地文化体验等主题特色鲜明的乡村“微度假”旅游目的地。活化利用好传统建筑，发展培育特色民宿集群。推动更多乡村旅游线路入选“乡村四时好风光”全国乡村旅游精品线路。到2025年，培育20个“天府度假乡村”。（责任单位：文化和旅游厅、农业农村厅、住房城乡建设厅）

14.有效拓展“乡村体验游”。充分挖掘乡村文化内涵，依托历史文化名镇名村、传统村落及优秀传统建筑，开发民俗风情体验、农耕文化体验等沉浸式交互式体验项目。发展乡村研学、乡村康养、乡村“夜经济”，丰富乡村文化旅游新体验，将农业生产、农村环境、农民生活等元素融入旅游，拓展乡村旅游新业态。发展休闲农业，开发竹编、年画、剪纸、蜀锦、刺绣、石刻、唐卡等文创产品。（责任单位：文化和旅游厅、农业农村厅、住房城乡建设厅）

15.积极培育“城乡全域游”。学习运用浙江“千万工程”经验，加快建设特色鲜明的宜居宜业和美乡村，合理规划布局文化旅游康养等产业。推进农房和村庄建设现代化，加快巴蜀美丽庭院示范片建设。推进路水电气讯“五网”配套建设，增点、连线、扩面，补齐旅游配套设施，打造乡村旅游功能片区，推动乡村旅游由“点上开花”向城乡“串珠成链”转变。到2025年，推出100条“天府乡村风景旅游道”。（责任单位：文化和旅游厅、农业农村厅、省发展改革委、交通运输厅、住房城乡建设厅）

（五）实施经营主体培育壮大行动

16.加大龙头企业引进培育力度。在白酒、主食加工等领域引进和培育一批具有国际竞争力的重点企业和产业链配套企业。在预制川菜、方便休闲食品等特色领域培育一批创新力强、成长性好的专精特新企业。引进烘干冷链物流、精深加工、香精香料等配套链企业。开展“小升规”重点企业培育，推动小微企业规范化、标准化生产。（责任单位：经济和信息化厅、省经济合作局、农业农村厅）

17.培育新型农业经营主体。实施家庭农场培育提升行动，健全农民合作社规范管理长效机制，加强农民合作社省级示范社培育。壮大新型农村集体经济，发展农业生产社会化服务。实施乡村产业振兴带头人培育“头雁”项目，扶持新型农业经营主体带头人。（责任单位：农业农村厅）

18.推进供销合作社为农服务综合平台建设。壮大供销合作社流通骨干企业，在农资、农产品、日用消费品、再生资源行业和农业社会化服务，培育一批具有核心竞争力的供销合作社社有企业。健全供销合作社经营服务网络，拓展经营服务领域。加强为农服务中心建设，提升服务农业生产水平。（责任单位：省供销社）

19.高质量建设现代产业园区。进一步完善各类现代园区建设管理体制机制，鼓励“链主”企业领办产业园区，培育壮大各类主体。积极创建国家现代农业产业园、国家农业高新技术产业示范区，建设国家农村产业融合发展示范园。深入开展星级现代农业园区、农业高新技术产业园区、农业科技园区等培育认定。打造一批百亿级农产品加工园区。到2025年，建成国家级和省级、市级现代农业园区1000个以上，建设国家农村产业融合发展示范园20个以上。（责任单位：省发展改革委、农业农村厅、经济和信息化厅、科技厅）

（六）实施科技赋能提升行动。

20.强化种业振兴创新攻关。实施“天府良种创制”行动，创制与产量、品质、抗性、养分高效等有关的育种中间材料。助力南繁科研育种、南方蔬菜种业、攀西育种制种等基地建设。加快引领性重大主导品种突破。实施农作物及畜禽育种攻关计划和主要粮食作物生物育种、川猪重大科技专项。到2025年，培育并推广高产优质、绿色低碳、宜机宜饲、加工专用等突破性新品种10个以上。（责任单位：科技厅、农业农村厅）

21.健全现代农业装备和服务支撑体系。实施“天府良机研发”行动，加强大中型、智能化、复合型农业机械研发推广应用。推动丘陵山区现代农机装备产业园和研发制造基地建设。发展现代设施农业，强化农机农艺融合，推进主要农作物生产全程机械化和农机作业条件改善。健全省、市、县、乡四级农技推广网络，建设区域性农机社会化服务中心。到2025年，全省农机总动力达到5100万千瓦，主要农作物耕种收综合机械化率达到75%。（责任单位：农业农村厅、经济和信息化厅、科技厅）

22.加强科技创新和成果转化推广。加快农业科技成果中试熟化，推进大规模应用前的中试放大验证。推动作物绿色高效生产、植物工厂等关键技术与科技攻关。建设一批省级科技助力乡村振兴先行村。推行科技特派员制度，加强农业专家大院、科技小院、星创天地、四川科技兴村在线等新型农村科技服务体系建设。（责任单位：科技厅、农业农村厅）

23.着力提升数字化水平。强化数字理念引领和数字技术应用，深入实施数字乡村发展行动，推进智慧农业发展。推动新一代信息技术和农机装备深度融合。支持"互联网+"农业和5G赋能农业发展。大力发展互联网慈善，实施工业互联网标识解析体系"贯通"行动，推进标识解析在农业农村各领域广泛应用。推动发展农产品数字电商，推动农产品加工企业开展数字化转型和智能化升级。（责任单位：省委网信办、经济和信息化厅、农业农村厅、省发展改革委、科技厅、民政厅）

（七）实施"川字号"农产品品牌提升行动

24.强化标准化生产。推动完善全省标准体系，保障农产品质量安全，形成产前、产中、产后全链条标准化发展新格局。开展现代农业全产业链标准化试点示范，加快国家农产品质量安全省建设，大力实施农业生产"三品一标"提升行动。完善与品牌建设配套的相关标准制修订，不断优化"川字号"农产品标准，推进产品按标生产、按标上市、按标流通。（责任单位：农业农村厅、省市场监管局、省卫生健康委）

25.做响一批特色品牌。建立品牌价值链，健全运营管理机制，巩固"老字号"产品品牌，选定一批"小而美""小而精"传统产业，培育"乡字号""土字号"产品品牌。围绕特色优势产业，做优做强一批品质优良、知名度美誉度高的企业品牌。集中培育"天府粮仓"等省级公用品牌。讲好品牌故事，加大宣传推介力度，提升四川特色农产品知名度，提高"川字号"品牌市场占有率。（责任单位：农业农村厅、省市场监管局）

26.完善品牌服务体系。加强法制保障力度，推广"五调融合"化解农产品纠纷工作法。建设运营质量基础设施"一站式"服务平台——川质通，提供计量、标准、检验检测、认证认可等服务。构建公益性与经营性服务相结合、专项与综合服务相协调的新型农产品品牌建设服务体系。加强对质量认证（有机产品认证）示范区的监督管理，开展创建评价、监督检查和验收认定等工作。（责任单位：省法院、省委政法委、省市场监管局、农业农村厅）

三、保障措施

（一）加强组织领导

充分发挥农村一二三产业融合发展专项工作领导小组作用，将农村一二三产业融合发展作为推进农业农村现代化的重要举措，加强分类指导、压实主体责任，围绕重点任务出台七个专项行动方案，因地制宜、突出特色，引导生产要素向农村一二三产业融合发展集聚。（责任单位：省发展改革委、经济和信息化厅、农业农村厅、商务厅、文化和旅游厅等）

（二）完善支持政策

强化财政资金引导机制，支持符合条件的项目申报发行地方政府专项债券。完善金融服务体系，引导社会资本更快更多投入。强化规划引领、梳理产业空间，有效保障农村一二三产业融合发展用地。健全乡村人才激励机制，加大人才培养、培训力度，引导各类人才到乡村创业兴业。鼓励各地加大改革创新力度，探索新机制、新模式。（责任单位：财政厅、省发展改革委、自然资源厅、人力资源社会保障厅、省地方金融监管局、人行四川省分行等）

（三）推进试点示范

加强统筹谋划，围绕特色优势产业，培育新业态，探索新模式，及时总结发现典型经验和好的做法，加强宣传推广，有序推进农村一二三产业融合发展。在积极创建培育国家农村产业融合发展示范园的基础上，按程序申报开展省级农村产业融合发展示范园建设，支持推进有关重点项目实施，发挥引领示范效应。（责任单位：省发展改革委、经济和信息化厅、商务厅、农业农村厅、文化和旅游厅）

（四）强化考核运用

加快构建农村一二三产业融合发展统计监测机制和指标体系，在市县党政领导班子和领导干部推进乡村振兴战略实绩考核中注重考核农村一二三产业融合发展实施情况。（责任单位：省委农办、省发展改革委、省统计局）

编写组

BIAN XIE ZU

SICHUAN

《四川农村年鉴》省级部门编写组

单位名称	编写组组长	成员
中共四川省委组织部	戴桢	潘强
四川省高级人民法院	秦海	马鹏飞 周辰
中共四川省委宣传部	王军	李春槐 杨德刚 刘芳 朱鹏 吴永胜 田小华 李娟 曾丽娟 田密
中共四川省委台湾工作办公室	刘浩	林萍 陈志龙 许贤维 王腾 赵少飞
四川省发展和改革委员会	钟振宇	赵茆州
四川省教育厅	谢志道	苏盐生 史燕莉
四川省民族宗教事务委员会	刘向鸿	石东红 李雪峰 祁祖斌 马立发 郭佳 韦忠仕 泽晓鸿
四川省公安厅	吴坤	何川 杨林 石韵 朱鑫 李强 张亚丽
四川省民政厅	赵坤	邹哲
四川省司法厅	冯川	马旭 李清 梁彦 李寒 冯正超 吕晚霞 向星宇 曾伟
四川省生态环境厅	钟承林	彭勇 刘华太 蒲彬 昝学军 王忠 芮永峰 康宁 蒲小东
四川省交通运输厅	岑松	王谦
四川省水利厅	蒋文	杜晓刚 罗玉文 龙源 周强 杨歌 吴勇 廖强 李梦柔 周媛 苟雷 杨抒平 蔡维路 范赓 陈茉彤 喻涵雨 邹春梅 陈玉 邓方芳 闫玲 张蓉 冯江 李馨楠 王喜 徐晓娟
四川省文化和旅游厅	王成平	李东倜 张茂
四川省审计厅	康东进	魏旭敏 胡新兵 曾坤
四川省市场监督管理局	李明	陈潇
四川省体育局	朱明	徐庆愿 璩秀强 邹魁 张志远
国家金融监督管理总局四川监管局	余文楠	王竹 弓灿 朱妍颖 邓荥川 刘珊珊 李珺 姜明欣
四川省林业和草原局	宾军宜	张程杰 郑夔荣
四川省粮食和物资储备局	张丽萍	王程 柳易 钱俊桦 李向东
中华人民共和国成都海关	王勇涛	张军 林竹
四川省农业科学院	牟锦毅	张雄 周评平 余棣 龚一耘
四川省气象局	姚志国	游泳 杨宗林 曾弘正 邓彪 林丹 王闫利 刘自牧

续表

单位名称	编写组组长	成　员
国家统计局四川调查总队	赵太想	夏龙生　李海琴　石文格　向海平　张友才　吴金箍　李永刚　刘　锦
四川省消防救援总队	黄建智	程道鹏　邱　湛　孟宏昌　张界宇　何祝同　白　宁
四川省妇女联合会	吴咏梅	侯雪轶　周光圳　曹佳佳
中国农业发展银行四川省分行	胡　杰	汪　茜　刘珂珂
中国邮政集团有限公司四川省分公司	魏雪梅	赖煜寰
四川省自然资源科学研究院	谭小琴	涂卫国

《四川农村年鉴》市（州）编写组

市（州）	编写组组长	成　员
成都市	宋　峰	舒　航　魏英明　叶　颖　杨生成
自贡市	吉　飞	倪志辉　刘　军　李　旭　朱荣新　罗钱博
攀枝花市	李　恒	刘云杰　周太敏
泸州市	葛洪亮	陈廷俊　刘　康　杨国超　常　敏　江维兵　杨　洋　刘思宇　陈明鑫　陈云强　高　潭　肖志洪　喻贞彬　潘成菊　章华高　冯炼兵　余长松
德阳市	江　涛	周录学　梁　辉
绵阳市	张廷伟	唐以胜　周　杨　谢贵强　龙宇佳　李　兵　李　毅　任春红　唐光军　汪云升　鲁　松　胥力月　陈　宁　包雪梅　李　明　陈宇航
广元市	阳　磊	何荟琳
遂宁市	刘正乾	蒋　坤
内江市	徐炼英	蒋学飞　黎兆武　付海霞
乐山市	王晋辉	何依芮　吴　涛　罗　琴
南充市	何　欣	姚连武　杨佳奇
宜宾市	赵金江	黄旭强　陈俊义　曾金鑫　范登健
广安市	尹黎明	刘　健　朱小龙　龚显军
达州市	杨和平	蔡光辉

续表

市(州)	编写组组长	成　员
巴中市	苟斌才	邹思程　李昱萱　李　磊
雅安市	邓朝金	袁　兵　谭　林　胥　强
眉山市	林双全	严明宇　周天才　吴洪波　吴　翔　许　政　何永列　邹成双　冷　军　程志春　瞿泽林　朱科良　李昇锦　王　果　杨传华　周明强　万红缨　乐　军
资阳市	管昌平	李析芮
阿坝藏族羌族自治州	旺　娜	李世林　刘　俊　张禄文　赵　怡
甘孜藏族自治州	冯发贵	袁　纲　泽郎格西　杨尚志　西绕让布
凉山彝族自治州	马小合	阿呷说哈　刘　犁　涂　坦　阿育木加　戴世勇　麻觉千千

《四川农村年鉴》县（市、区）编写组

市(州)	县(市、区)	编写组组长	成　员
成都市	锦江区	黄　婉	李　峰
	青羊区	冉丽丽	徐宝清　吴传方　袁　满
	金牛区	方　波	刘汉科
	武侯区	刘　莉	任德才
	成华区	邱　洪	王占成
	龙泉驿区	王旭涛	张　毅
	新都区	魏　柯	杨金华　代　刚　余念林　陈　伟　王　婷　马文波
	温江区	张　杰	王通文
	双流区	欧　昭	杨　钒　苏　巍　罗仕明　沈登水　罗　川　杨　科　杨明德　张起龙　张　君　赵友源　周雅希
	郫都区	孙大伟	孙怀举　张型刚　尹华龙　何晓芳　朱友成　范海桥　罗川江　黄天丁
	新津区	方若旭	李　璐
	都江堰市	唐　彬	程绍容　王雨沐　罗　强　徐继刚　成　鑫　骆志家　刘　军　刘　丹　陈　彬　斯　灵　潘　超
	彭州市	钱　亮	郑　川　李世斌　董秀凤

续表1

市（州）	县（市、区）	编写组组长	成 员
成都市	邛崃市	肖　庆	李霞琼　卢　剑
	崇州市	万国威	高　东　徐　宏　贵庆庆
	简阳市	罗　巍	张健涛　黄　丽
	金堂县	唐　毅	蒋增兵
	大邑县	向　征	付永慧
	蒲江县	彭　东	吴　疆　陈建华
自贡市	贡井区	甘　静	母　丹　董晓军　刘　利　冉雪飞　刘寒聪　廖　俊　范　胜　杨开燕　郑　伟　胡慧玲
	大安区	周　怡	李茂彬　袁思遥
	沿滩区	杨　文	黄祥荣　江　源　陈志远
	荣　县	伍祁君	税红霞　张里慧　李小珍　丁小英　李凤天
攀枝花市	东　区	苏　波	杜　蓉　朱思铭　胡　琳　窦明明
	西　区	王　彬	邓效禹　曾　树　孙正朝　杨　雄
	仁和区	颜忠亮	石　芸　张　剑　罗　文　周　萍　胡良川　张万金　郑战江　倪承梅　沙万林　夏　敏　江元军
	米易县	唐文跃	李明江　王子华
	盐边县	张建涛	滕依巧
泸州市	江阳区	王　玲	宋哲远　武佳丽
	龙马潭区	秦登杰	杨　帆　袁富强　汪　倩　彭华权　王顺南　艾玉洁　唐一平　皇泸锋
	纳溪区	蔡安娜	兰诗航
	泸　县	肖　刚	吕　先　王先奎　何明江　许国庆　王学良　杨　玲　邓基祥　谢　鑫　郑光明　郭武灿　胡　波　罗万宣　郑晓波　冯秋兰　刘代全　雷　林　李　玲　沈中良　熊开芬　熊豪德
	合江县	王　波	李　庆　王　卉　陈　勇　唐　焰　尹德彬　赵中权　贾小伟　潘　静　程邦国　姚录平　张从权　匡红兰　梁　暇　税世芳　曾庆健　赵经纬　叶青林
	叙永县	郭　浩	何　平　严　萍　陈　聪
	古蔺县	赵源华	李小波　汤渊仲　陈　波　蓝　毅　蒲　良　赖　蔺　祁联飞　何元发　徐慎祥　明祖江　赵　剑
德阳市	旌阳区	陈　然	柏　杨　丁　丹　潘　航　廖晓云　黎　坤　周　伟　王永钦　邱海文　石　强　蒋禄强
	罗江区	曾　骥	郑文斌　刘祥华　聂　殷

续表2

市(州)	县(市、区)	编写组组长	成 员
德阳市	广汉市	周 捷	赵忠涛 王 军
	什邡市	杨 益	沈 彬 邓德春
	绵竹市	古广华	叶 强 鲜宇清 冷 静
	中江县	毛 毅	刘福兴 邓高辉 吴志鹏 唐家琦 李 俊
绵阳市	涪城区	刘 琳	顾雪邦
	游仙区	罗盛军	姚永强 蒋 睿 刘晓东 杨华容 文 峰 李 进 郑浩南 张代利 叶 飞 王 斌 唐莉萍 左维波 李 平 王崧霖 唐 玺 刘 芳 刘绍彪 刘 光 任朝伟 李 博 强义凯 吴俊洋 杨 晓
	安州区	蒋 波	张志勇
	江油市	康 明	蔡孟希 田春燕
	梓潼县	胡 鹏	焦 剑 范思瑶 邓 茹
	平武县	陈文秦	张 琦
	北川羌族自治县	周福兰	李 智 贾德春 张 亮 文运海 肖 坤 淳 森 秦慧斌 苏 浩 张 洁 董银华 刘莉娟
	三台县	唐顺江	王梦阳 何 广
	盐亭县	刘仕通	许 飞 任洪连 姚 克 冯青春 毛 亨 黄 涛 顾性军 顾化鑫 王大章 胥 杰 李运波 衡刚强 赵 超 任茂刚 邓仙煜
广元市	利州区	梁晓玲	文 峰 罗卿心
	昭化区	刘自强	王 静 张玉全 任 斌 张德学 张 红 王定杰 罗 兰
	朝天区	杨金军	沈万全
	旺苍县	赵福勇	李 斌
	剑阁县	唐家华	罗映波
	青川县	杨政国	李 力
	苍溪县	翟广生	温仕雄
遂宁市	船山区	鲍 波	龚成宇
	安居区	叶 强	张 清
	射洪市	包祚勋	邹婷亭
	蓬溪县	冯友才	郭 刚
	大英县	周 通	帅思静
内江市	市中区	杨 云	粟学书 魏新征
	东兴区	罗 波	王家荣 肖 斌 甘代学 罗 亮 邱 伟 王 杜 钟家英 罗 鑫 张春梅 阮开聪 李 勇 贺建勇 魏 忠 王 康 杨海波 谢红军 杨 洁 舒 波 刘 畅 杨 怡 邱成东 李仕永

续表3

市(州)	县(市、区)	编写组组长	成员
内江市	隆昌市	钟　辉	罗玉雪　董　瑜
	资中县	唐　荣	杨　靖　罗文超
	威远县	唐小洪	张学琦　向　楷　杨　江　潘利鑫　隆　强　缪雨利　党　伟　周隆斌　李璐君　杨跃忠　蒋志德　陈　威　欧　石　曾晓刚　李金平
乐山市	市中区	夏文娟	肖　拉　杨　宽　季　佳　喻秋霖
	五通桥区	钟　琴	谷金芳　刘人铜
	沙湾区	吴沁珍	梁　萍
	金口河区	卢丽萍	何　川　唐　丽
	峨眉山市	吴春梅	张路彬　李忠洪
	犍为县	刘　涛	代　璐
	井研县	熊劲宇	陈　雨　康智超　熊倩莉
	夹江县	徐　媚	段　莎　张　杨
	沐川县	税一梅	刘云才　夏雨欣
	峨边彝族自治县	许　强	毛付易
	马边彝族自治县	简梦娅	杨　颖　李志强　刘　芳　张卫中
南充市	顺庆区	唐粼波	宋　敏　周大勇　付德勇
	高坪区	兰吉春	吴再合　杜素太　王　栋　鲜　瑛　何　涛
	嘉陵区	张青松	张全杰　苏长龙　苟会平　陈东海
	阆中市	梁春生	汤文剑
	南部县	陈晓波	刘　颖　何周旋　何　会　史小龙　周　鹏　董　凉　蒲　跃　敬友贵　曹　东　何文俊　刘志芳　李东峰　蔺文静
	西充县	张洪波	华　彦　赵建平　程克良　陈志川　刘　欢
	营山县	张倡铭	王学谦　吕道坤
	仪陇县	赵云强	唐弘平　吴　江　王　漓　罗兴智　兰光明
	蓬安县	苟　耄	陈俊先　柯　杰　蒋依伲　杨明辉　何　龙
宜宾市	翠屏区	钟林志	杨　静　梁　源　熊代俊　赵福强　陈　兵
	南溪区	邓　骁	买耀彬　温柠瑜　周元昭
	叙州区	唐德松	唐晓丽　李　林　张露丹
	江安县	王映龙	黄　崧
	长宁县	童光琴	叶秀容　徐　静
	高　县	胡　利	叶晓燕
	筠连县	汤朝银	王　成
	珙　县	唐利娟	曾中强　刘　倩

续表4

市(州)	县(市、区)	编写组组长	成员
宜宾市	兴文县	何明强	刘　立　高　伟　孙小燕　阎　果　吴鸿瑮
	屏山县	李胜全	傅　淼
广安市	广安区	罗　钧	雍文超　王　历　陈全胜　刘春燕　程海奎　谢冰寒　马裕冬　李敏华
	前锋区	鲁崇兵	胡一卷　邹春林　吴德军　吴嘉明
	华蓥市	熊巧利	向　果　肖庆生　代　辉
	岳池县	龙军华	陈高林　赵　毅　范昭东　罗小萍　陈富威
	武胜县	张安民	段秋林　杨　姣
	邻水县	赵宏剑	徐梓杰　蒋明勇　高　扬
达州市	通川区	杨馥繁	陈首宇
	达川区	代炳红	谭　华
	万源市	袁道勋	童其洪
	宣汉县	李海达	李青春
	大竹县	蒋加初	唐　冉
	渠　县	李夏冬	贾峥嵘
	开江县	杜安安	李沛胜
巴中市	巴州区	刘映德	陈廷玺
	恩阳区	邓甫海	谢支宁　程仁杰　吴高效　刘必泉　王　伟
	南江县	马　明	李正东　杨雪峰　罗　冰　杜　玲　岳　腾　邓　凯　韩朝良
	通江县	谭青松	熊纯俊　赵怀舜　向　川　刘力滔　岳　竞　冯　勇　苟　晓　肖　涛　雷力川　何　明　岳　晓　任书华　纪新春　文显成　金碧云　王开明
	平昌县	胥英豪	何映舟　周艳丽　李治国　左继国　蒲飞鸿　李华勋　赵　元　杨晓敏　李思庆　张　川　徐　勇
雅安市	雨城区	冯俊涛	陈建伟　韩　东　万雅平　程瑜涵　宋志剑
	名山区	包启繁	高成龙
	天全县	徐　良	彭继林　何鹏晖　廖德林　高德琼　周　炯　李　雪
	芦山县	王　伟	王　刚　康　燕　任德洪　寇子敏　吴　夏　谢　斌　马　骏　竹世军　何　杰
	宝兴县	王惠明	李智宽　高　波　彭　伟
	荥经县	高学松	兰昌蓉　刘　敏
	汉源县	覃建生	李树敏　刘　勇
	石棉县	张瑜峰	吴大斌　宋　朝　徐元军

续表5

市(州)	县(市、区)	编写组组长	成　员
眉山市	东坡区	朱　刚	赵　翔　彭　刚　王萌梅　余爱琼　杜　江
	彭山区	张潇丹	罗　杰　潘茂利
	仁寿县	唐　余	李维峰　李　超　余　倩　范　敏　刘泽文　郑建良　黄健康　何建普　张永朕　陈宇坤　沈科先
	洪雅县	李忠云	杨传华　陈天容　伍仕波　赵　昆　王　芳　侯　霞
	丹棱县	周明强	叶晓梅　殷　花　徐　毅　蒋　林　饶正大　戴轶琴　王　毅　龚晓菲　张新雨
	青神县	谭　勇	祝婉秋
资阳市	雁江区	秦　兵	尧　琼　张　科　王　苑　杨　刚　彭俊铬
	安岳县	舒　华	吴芷竞　杨学虎
	乐至县	罗　旭	陈建军　全　陆　邓　巧　陈吉军　李　萍　张　达　罗　斌　刘　宽
阿坝藏族羌族自治州	马尔康市	向政亦	吴　均　朱学军　常玉春　李联明　张智励
	汶川县	李雪燕	岳洪春　刘　艳　唐琼芳　吴　丽　唐金福
	理　县	曹　帅	岳云刚　冯丽娟
	茂　县	兰志龙	钟　宇　周　斌　苏泽松　谭　平　周顺友　全学军　曾雪梅　任国华　刘光华　汪建康　雍　茂　张成定　唐莉萍　苏泽民　万力基　赵子强　胡华宇
	松潘县	任　剑	蔡大勇　曹林志　马良玺
	九寨沟县	汪　磊	陈　权　孙　凯　郭文凯　何俊华
	金川县	陶　丹	谭　旭　贺菡松　张红军　赵明垚
	小金县	雍　茂	黄仁炎　吴品俊　马兴武　张　伟　王崇安　黄　河　蒋劲松　袁兴露　牛显文　杨　成
	黑水县	程　娇	董平居　任青云　何　军　王维东　方　毅　梁栎彬
	壤塘县	钱　莉	李吉龙　王志蓉　刘　玲　李　伟
	阿坝县	王　锋	唐郁鑫　扎西泽让　康成品　泽里善珠　任新明　岳　斌　杨忠钬　格兴初
	若尔盖县	杨　勇	孙玉波　蒋祖建
	红原县	兰　刚	袁友兴　贡波华清　蒲　娟　唐月华　冯忠武　冯　澜　鲍　莉　邓仕强
甘孜藏族自治州	康定市	王　强	尹天林　杨国勇　胡德强
	泸定县	王　蕾	且　军　车成军
	丹巴县	李　樱	扎西尼玛
	九龙县	张　军	张光珍
	雅江县	郑显峰	钟　色　罗让贡布

续表6

市(州)	县(市、区)	编写组组长	成　员
甘孜藏族自治州	道孚县	伍金泽仁	根确单孜　仁青多吉　巴登益西
	炉霍县	邓建光	洛绒昂汪　张建勇　扎　巴
	甘孜县	其　太	何　鉴　其　格　赵　杰
	新龙县	徐　芳	熊永军　杨国军
	德格县	方一舟	土　格　春　雷
	白玉县	洛绒倾培	曾　超　根秋桑珠　彭智勇
	石渠县	刘　泽	杨　玮　扎西郎珠　曲　多
	色达县	易西泽仁	泽仁尼玛　郅忠云
	理塘县	四郎曲批	翁　登
	巴塘县	洛绒拉珍	张　莉　赖祯鹏　张舒凤
	乡城县	尼玛西日	陈文铭　翁　秋　胡　勇
	稻城县	袁　斌	曾晓平　丁真多吉　电　登
	得荣县	温美华	阿　车
凉山彝族自治州	西昌市	杨伟洪	刘光宇　黄燕飞　谢绍飞　杨　梅
	会理市	张孝华	王志荣
	木里藏族自治县	孙根若	向世凯
	盐源县	胡　玮	罗科霖
	德昌县	牟宗合	宋兴燕　孙崇源　李　刚　沈友全　曾月祥
	会东县	海　波	赵太勇　罗德方　付金莉　杨永龙　蔡建新　王其福　李　旭
	宁南县	吴　玮	江浓华　秦　伟　徐应品　肖克智
	普格县	曲木日沙	吉木尔杰　期沙子虫　余正文　周春果
	布拖县	向国华	姚仲华
	金阳县	杨克哈	杨堵且
	昭觉县	克惹伍沙	马比小龙
	喜德县	阿尔猛杰	何　平
	冕宁县	陈明华	孔庆林
	越西县	马海木呷	罗热古
	甘洛县	罗建华	王世均
	美姑县	罗文才	瓦西一布
	雷波县	马格胚	周明亮

全面建设社会主义现代化四川

聚焦

聚焦“三农”

》》

用镜头记录四川擦亮农业金字招牌、由农业大省向农业强省跨越的发展历程。

四川省审计厅

厅长朱大兴（右一）现场指导宜居宜业和美乡村建设工作

审计署农业农村审计司副司长李建全（左二）一行到四川省调研农田水利审计工作

副厅长康东进（右一）现场察看巩固脱贫攻坚产业发展项目情况

四川省审计厅成立于1983年，是四川省人民政府组成部门，主管全省审计工作，中共四川省委审计委员会办公室设在审计厅。省委审计办设秘书处1个；审计厅现有机构30个，其中内设机构19个、机关党办1个、派出机构6个、直属事业单位4个。

2023年，审计厅坚持以习近平新时代中国特色社会主义思想为指导，深刻领会习近平总书记对“三农”工作的重要论述和对审计工作的系列重要指示批示精神，把农业农村审计摆在突出位置，聚焦群众反映强烈、能抓得住、抓几年就能见成效的高标准农田建设、巩固拓展脱贫攻坚成果、种粮

审计厅召开党纪学习教育专题党课报告会

审计厅召开2023年度农业农村审计培训

审计厅组建第二轮凉山综合帮扶工作队

农民收益保障3件大事，集中资源、持续用力，加快突破、久久为功，努力做到审计作为与审计地位相适应，多项工作取得新突破。开展高标准农田建设专项审计，推动修订乡村振兴战略实绩考核规则，促进出台高标准农田建设技术规范和项目管理办法，助力打造新时代更高水平“天府粮仓”；开展乡村振兴重点帮扶县审计，推动盘活闲置资产、兑现惠民惠农补贴、健全联农带农机制，严防规模性返贫风险；开展种粮农民收益保障审计，推动价格、补贴、保险“三位一

审计厅召开2023年种粮农民收益保障审计片区推进工作会

审计厅召开大小凉山彝区乡村振兴重点帮扶县审计业务研讨会

体”政策体系落地见效，坚决惩治群众身边的“蝇贪蚁腐”，切实保障国家粮食安全。

一年来，全省农业农村审计促进化解“非粮化”面积7.13万亩，通过收回财政、统筹盘活和增加投入等方式提高财政资金绩效6.32亿元，健全完善配套政策制度446项，追责问责356人，为加快推进全省农业农村现代化建设、奋力谱写中国式现代化四川新篇章发挥了监督保障作用。2021年至2023年，审计厅连续三年获评四川省乡村振兴先进单位。

审计人员现场察看现代农业园区建设情况

审计助力农业农村现代化建设

审计人员检查支持粮食生产政策落实情况

审计人员现场调研水稻病虫害防治工作开展情况

审计人员现场察看高标准农田建后管护和利用情况

审计人员开展入户调查

审计人员现场察看易地扶贫搬迁安置点地质灾害避险项目建设情况

审计人员运用无人机对耕地变化情况进行现场核查取证

审计人员核实土地流转情况

市（州）审计工作

审计人员现场核实农机使用情况

审计人员现场检查农田水利项目建设情况

审计人员现场察看大户流转耕地种粮情况

审计人员调查了解大豆种植及收益情况

审计人员现场核实服务中心带动小农户发展情况

审计人员向农户了解联农带农项目分红情况

审计人员现场核查财政奖补项目数据分析疑点

四川省农业科学院

四川省农业科学院是四川省人民政府直属的正厅级综合性农业科研事业单位，前身为1938年成立的四川省农业改进所，至今已有86年历史。省农科院坚持新发展理念，融入新发展格局，新一届院党委、行政提出以政治建设为统揽，以强院目标为引领，以院史院训为守循，以“三五四”为发展思路，以人才科研为根本，以转化应用为导向，以改革创新为动力，以条件平台为支撑，以团结和谐为基础，以制度作风为保障的新时期强院建设总体谋划，坚持党建引领、凝心铸魂，继续构建“团结和谐、大气包容”良好氛围。作为四川省农业科技进步的排头兵、农业科技创新的主力军、“三农”工作的重要智库和全省农业发展重要的人才基地，主要开展农业基础、农业应用基础、农业应用、农业装备和软科学研究，提供农业公共科技供给和应急科技支撑；开展重大农业科技创新，组织农业科技力量协同攻关；开展农业新技术研发、科技成果示范与转移转化、技术培训与普及，组织管理和实施承担的农业科技工程项目；开展国内外科技合作交流、技术贸易活动；开展科技宣传和人才培养；开展“三农”战略问题研究，参与全省“三农”决策咨询；完成省委、省政府及农业农村厅交办的其他任务。

全院设有12个职能处室和机关党委、18个科研机构和1个所级科研保障机构，设有海南分院。研究和开发领域涵盖“粮、经、饲”作物、畜禽与水产，涉及作物（动物）遗传育种、耕作栽培、植物保护、畜牧与兽医、土壤肥料、资源环境、农业微生物、生物技术、农用核技术、蚕业、分析测试、农业遥感、农产品储藏加工、农业信息、农业经济、农业工程等80余个学科和领域。建有国际、国家、部、省级科研平台101个，其中国际级4个、部级51个、部省共建1个、省级41个、市级4个；国家博士后科研工作站1个、省博士后创新实践基地1个；现代农业科技示范综合实验站11个、现代农业科技示范农场750家。国省引智引才等基地10个，与南充、绵阳、攀枝花等14个市（州）共建14个分院。在成都市新都区、成都市郫都区、彭州市、成都市青白江区、邛崃市、大邑县、泸县、德阳市、南充市、宜宾市、乐至县、马尔康市及海南省陵水、云南省西双版纳等地建有科研试验基地100余个，其中有土地产权基地总面积7150.77亩。

截至目前，全院在职职工1576人，其中正高级专家222人、副高级专家381人，博士284人、硕士521人；“百千万人才工程”国家级人选4人，享受国务院特殊津贴专家40人；四川杰出人才奖2人，四川省学术和技术带头人52人，四川省有突出贡献的优秀专家39人，四川省“天府青城计划”入选专家21人，四川省“天府峨眉计划”入选专家2人。

“十三五”以来，全院获得国家、部、省级科技成果奖226项，其中国家科技进步奖二等奖5项、四川省科技进步奖一等奖19项、全国农牧渔业丰收奖一等奖8项、神农中华农业科技奖一等奖7项，获得省部级成果数量和等级位居全省前茅；通过审定动植物新品种800余个，占全省审定品种总数的40%以上，其中国家审定新品种193个；省农科院作为第一技术依托单位研制的省主推技术335项次，占全省农业主推技术的48%，连续8年位居全省第一。

以提升产能为导向 加快农业科技研发应用助力粮油大面积单产提升

按照省委、省政府“天府粮仓·百县千片”建设行动工作部署，省农科院高度重视、迅速响应、积极行动，启动实施科技支撑“天府粮仓·百县千片”建设行动（2024—2026年），动员全院专家投入到各地“百县千片”建设当中，重点抓好以下三个方面工作。

一、着力构建“天府粮仓·百县千片”建设技术体系

“十四五”以来，省农科院选育农作物品种近400个，研发173项次主推技术，集成50余套高产高效技术模式。下一步，省农科院将重点建立三大技术体系，为“天府粮仓·百县千片”建设提供坚实的科技支撑。

一是建立适用技术供给体系。分区域、分熟制实施增产技术集成创新与应用，重点加强周年作物中单产偏低的小春和晚秋作物的技术集成应用，统筹建立“百亩吨半粮、千亩1.2吨粮、万亩吨粮”的适用技术遴选体系。

二是建立关键技术创新体系。实施“1+3”种子耕地农机关键核心技术、“1+9”揭榜挂帅等四大创新专项，重点支持新品种定向培育、熟制搭配模式、智能农机农艺、高效节水技术等关键领域的技术攻关。

三是建立技术支撑战略研究体系。发挥省农科院“三农”智库、天府良机智库作用，加强战略研究，明确不同区域的增产潜力和技术路径，每年分专题撰写决策咨询建议10份以上，助力全省“百县千片”建设行动。

二、深入实施科技支撑“天府粮仓·百县千片”建设八大行动

开展粮油作物大面积增产暨农业科技进村入户“百千万”、持续推动“新、优、适”科技成果“三进三入”等八大行动。在成都平原、盆中丘陵、盆周山区三大区域建设10个现代农业科技成果转化示范综合试验站，为“百县千片”建设提供示范样板；每年熟化示范100项以上实用科技成果，源源不断为“百县千片”建设提供品种和技术供给；培育1000家现代农业科技示范农场，挖掘生产经营主体中的高产典型，示范带动更多生产经营主体向适度规模经营转变；培养10000户科技示范户，积极参与“百县千片”建设行动。

四川省种质资源中心库揭牌仪式

四川省种质资源中心库全面运行启动仪式

“天府农科”产品孵化园启动暨线下体验店（总部）开业仪式

广汉市金鱼镇小麦种植基地

三、开展“天府粮仓·百县千片”建设示范服务

通过20年的持续攻关和技术集成，水稻、玉米、马铃薯等作物屡次刷新全省乃至西南地区高产纪录。下一步，省农科院将强化三个方面工作，努力将高产典型转化为大面积单产提升。

一是强化院地合作。积极主动服务各地“百县千片”建设行动，重点在成都的邛崃市和简阳市、德阳的广汉市和中江县、达州的宣汉县和万源市等40余个县（市、区），深度参与300余个千亩示范片建设。

广汉市油菜种植基地

二是强化示范培训。在广汉、梓潼、洪雅等地打造千亩高产、百亩超高产示范片10个，建立大面积单产提升示范样板；组织国家乡村振兴科技特派团等“四路大军”，组建了40余个团队、300余名专家投入各地“百县千片”建设当中，积极参与建设方案编制，举办现场观摩会100场，培训10000人次。

三是强化定期服务。探索构建“农科院专家＋地方农业服务部门＋农户”陪伴式服务机制，开展“一对一”定期田间指导服务，提高主导品种、主推技术的入户到田率，将“专家产量”转化为“农户产量”。

省农科院将锚定打造“国内一流、国际知名”强院建设目标，持续加强农业关键核心技术攻关和技术集成示范，科技支撑“百县千片”建设，为打造新时代更高水平“天府粮仓”和加快推进农业强省建设做出应有贡献。

广汉市小麦机收

新都基地小麦

新都基地农业环境数据基准站

什邡市稻芎轮作

四川省农业科学院现代农业科技创新示范园

四川省种质资源中心库

新都基地番茄设施大棚

海南南繁基地

2024年现代农业科技示范农场工作推进会

第四届分院现场观摩会

简阳丘区现代农业科创转化中心现场观摩会

四川丘区小麦产业振兴研讨会

夏繁硅谷现场观摩及学术交流会

国际山地农业科技创新联盟农产品质量安全专业委员会成立暨2024年学术交流会

国家统计局四川调查总队

国家统计局四川调查总队是经国务院批准设立、由国家统计局实行垂直管理的正厅级政府统计调查机构，下辖1个副省级城市调查队、20个市级调查队、46个县级调查队。内设18个处室，分别为：办公室、执法监督处、制度方法处、综合处、农业调查处、农村调查处、居民收支调查处、住户监测处、劳动力调查处、生产价格调查处、消费价格调查处、专项调查处、社会调查处、信息技术应用处、人事教育处、财务管理处、纪律检查室（巡察办）、机关党委办公室。

国家统计局四川调查总队既是政府统计调查机构，也是统计执法机构，依法独立行使统计调查、统计监督职权，独立向国家统计局上报调查结果，并对上报调查资料的真实性负责。主要职责包括：组织实施农业与农村调查、居民收支调查、农民工监测调查、劳动力调查、工业生产者价格调查、居民消费价格调查、房地产价格调查、采购经理调查、小微企业和个体经营户调查等常规调查任务，以及全面从严治党民意调查、全国文明城市测评等专项调查任务；组织实施国家统计快速反应制度，开展经济社会重大问题专项调查，及时报告本地区经济和社会等方面信息；依法对本地区贯彻落实党中央经济社会发展重大决策部署情况、国家重大发展战略实施情况、重大风险挑战应对成效及人民群众反映突出问题解决情况等进行统计监督；参与组织实施国家有关普查项目；根据国家统计局的授权，管理和发布有关统计调查数据；依法查处所组织实施的统计调查中发生的统计违法行为；接受地方党委、政府的委托，开展统计调查和提供信息服务；完成国家统计局交办的其他事项。

国家统计局党组成员、副局长盛来运（前排左二）到四川省调研一季度经济运行形势，指导统计调查工作

国家统计局党组成员、副局长蔺涛（右二）到四川省指导统计调查工作，现场督导市（县）调查队第二批主题教育开展情况

国家统计局党组成员、副局长毛盛勇（中）到四川省调研经济运行形势，指导党建与业务融合推进情况

国家统计局农村社会经济调查司司长王贵荣（前排右二）到四川省调研农业生产情况

国家统计局四川调查总队党组书记、总队长赵太想（右三）到广汉市国家现代农业产业园开展粮食生产情况调研

国家统计局统计设计管理司副司长吕庆喆（前排左二）到四川省调研指导国家调查基层基础工作

国家统计局四川调查总队党组成员、副总队长黄加才（左二）到总队定点帮扶村金阳县南瓦镇丝窝中心村调研乡村振兴定点帮扶工作，开展支部结对共建活动

国家统计局四川调查总队党组成员、副总队长陈山俊（中）带队到乐山市市中区敖坝社区督导省一级示范高中测评工作

国家统计局四川调查总队党组成员、总统计师夏龙生（左二）到达州调查队调研指导基层基础工作

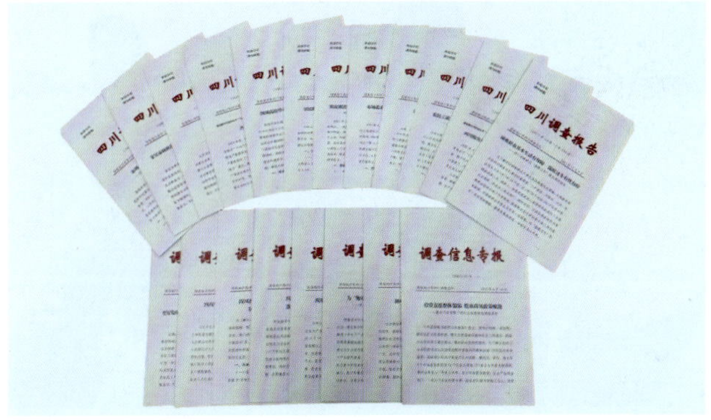

国家统计局四川调查总队编发的《四川调查报告》《调查信息专报》《四川调查快讯》获得省部级及以上领导批示107篇次，其中获得省部级主要领导批示25篇次

国家统计局四川调查总队召开四川调查队系统2023年年中工作推进会

国家统计局四川调查总队举办年轻干部统计职业素养培训

国家统计局攀枝花调查队强化监督指导，走村入户，了解主要畜禽摸底入户登记情况

国家统计局四川调查总队开展第三次全国时间利用调查跟访督导

“国家调查进粮田，实割实测鉴粮仓”四川夏粮实割实测现场活动在绵阳市举行

国家统计局四川调查总队到邛崃市高埂街道共富村通过红外快速测产小麦产量

国家统计局四川调查总队与成都市（县）队到简阳市镇金镇河坝村联合开展“根在基层·乡约青春”青年干部学农助农实践活动

国家统计局四川调查总队到射洪市举办系统首届统计调查技能大赛

农产量调查

无人机技能飞行

农作物识别及面积遥感测量

理论知识测试

国家统计局四川调查队系统第二届职工运动会在成都市举行

交通银行股份有限公司四川省分行

科技赋能，锻造产业兴旺“强引擎”

作为与地方发展同频共振的国有大行，交行四川省分行结合四川实际，提出坚持“三个 1/3”，即服务实体经济、助力普惠小微和乡村振兴、提升零售信贷，不断引导金融资源向经济重点领域和薄弱环节倾斜，夯实四川经济发展根基。

近年来，为加快推进乡村振兴全面发力、助力打造新时代更高水平“天府粮仓”，交行四川省分行联合农业农村厅、四川省农担等单位，搭建四川农业信贷直通车，开发“银村直联”“农贷通”和“支农快贷”等产品，服务新型农业经营主体；支持新希望、通威、省供销社等各类主体农业龙头，针对“川字号”优势特色产业，上线了“冷链 e 贷”“新希望生猪养殖贷”“特驱农牧经销商快贷”“供销肉牛贷”“供销粮油贷”等定制产品。

同时，交通银行四川省分行深度参与成都市财政局搭建的会计核算软件系统与银行机构互通平台，高效推动成都市村（社区）资金“银村直联”工作，有效服务村（居）委会、村民小组、村集体经济组织及村民专业合作社。

这种通过场景定制产品批量获客、远程获客，实现打通上下游进行一二三产业深度融合发展，强力带动涉农产业链协同共进。截至 2024 年 11 月底，上述场景定制产品已合计落地约 5.4 亿元，惠及近 400 户经营主体，成为乡村发展的有力助推器。

信贷引领，激活农业产业“全链条”

信贷支持是交通银行四川省分行助力乡村振兴的关键一招。除了在乡村振兴领域大展身手，交通银行四川省分行针对优化农村特色产业供应链、小微企业的普惠金融产品也在

交通银行四川省分行党委书记、行长张薇（右七），党委委员、副行长常鑫蕊（右九）到峨边县新场乡羊子岩村开展定点帮扶工作调研

交通银行四川省分行党委委员、副行长李杰（左二）到峨边县新场乡羊子岩村实地调研村民集中安置区情况

交通银行四川省分行党委委员、副行长左文杰（右三）到峨边县新场乡羊子岩村调研定点帮扶情况

交通银行四川省分行党委委员、纪委书记许可（左一）到峨边县新场乡羊子岩村调研定点帮扶工作

交通银行四川省分行参加省直部门（单位）定点帮扶峨边助力乡村振兴工作推进会

交通银行四川省分行开展“引智入峨”，携四川省供销科技集团与峨边县委、县政府举行三方座谈会，共谋乡村振兴

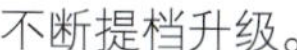

不断提档升级。

交通银行四川省分行一方面抓各地农业龙头，持续开展农业龙头企业清理提升行动。重点围绕农业龙头主体及其上下游新型农业经营主体，聚焦新希望、通威等民营农业龙头企业，以及四川省林业集团、省供销集团等省、市涉农国企，加大授信支持力度。截至 11 月底，交通银行四川省分行对上述农业龙头化企业合计授信超百亿元，带动了产业链融合发展，进一步拓宽乡村振兴的合作舞台。同时，也让更多的乡村产品从田间地头迈向城市餐桌，走向更广阔市场，以产业发展带动农民增收致富，夯实乡村经济根基。

另一方面，以更实措施推进小微企业融资协调机制落地实施。理塘县位于甘孜州西南部，地处高海拔地区，自然环境艰苦，经济发展相对滞后。近年来，随着国家对西部地区开发开放政策的深入实施，理塘县的小微企业迎来了前所未有的发展机遇，但客观上存在着地理位置偏远、基础设施薄弱、融资成本高等因素，众多小微企业在发展过程中遇到了资金瓶颈。自 2015 年起，交通银行通过帮扶工作。交通银行四川省分行作为交通银行总行在川机构，履行结对帮扶理塘排头兵作用，随着该行为理塘县某企业成功发放了一笔信用贷款后，越来越多的当地小微企业找到交通银行申请贷款扶持并成功授信，为当地小微企业发展注入了新的活力。截至目前，交通银行四川省分行在理塘贷款余额增速超过该行平均贷款增速，这种可持续的“输血式”帮扶样本，让理塘产业兴、百姓富的美好愿景成为现实。

定点帮扶，筑牢乡村生活“新堡垒”

交通银行四川省分行定点帮扶逐年升级。近年来，交通银行四川省分行以“产业帮扶、消费帮扶、捐赠帮扶”三大抓手，构建起“三位一体”的帮扶格局，助力峨边县经济高质量发展。

锚定定点帮扶区域，精准发力，如同精准滴灌，将资源

交通银行四川省分行定点帮扶峨边县工作对接会

交通银行助力理塘县乡村振兴督导座谈会

和力量精准输送到需求的“根部”，滋养发展土壤，孕育繁荣生机。截至目前，交通银行四川省分行已累计向峨边县辖内企业发放贷款超2亿元，支持了该县重点企业和重大产业发展。截至目前，在峨贷款余额近亿元。

交通银行分管领导到峨边县新场乡羊子岩村通过“坝坝会”形式宣讲党的二十届三中全会和省委第十二届六次全会精神

以爱为桥、消费为路，搭建城乡共富的桥梁。交通银行四川省分行积极为当地农产品找“出路”，通过多个渠道推荐、推广，将峨边县田间地头的优质农特产品与城市的广阔市场紧密相连。截至年底，交通银行四川省分行已累计采购和帮助销售峨边县农特产品约700万元。

交通银行四川省分行2024年拨款用于羊子岩村农文旅项目、路面硬化、路灯安装等项目建设。在帮扶过程中，交通银行四川省分行利用自身平台和朋友圈积极做好宣传工作，讲好“帮扶故事”，并捐赠了监控设备、太阳能艺术灯、移动购物车、移动厕所、农用无人机等设备。帮助搭建新场乡兴农统一信息平台，将便民惠民服务以数字化信息平台的形式呈现，帮助驻村干部提升管理质效。

在乡村振兴的伟大征程中，交通银行四川省分行一直坚持以金融为笔、服务为墨，奋力书写助力巴蜀乡村繁荣发展的精彩篇章。

交通银行四川省分行党委组织部到峨边县新场乡羊子岩村开展党建指导工作

交通银行四川省分行党建指导组到峨边县新场乡羊子岩村开展党建指导工作

峨边县新场乡羊子岩村党群服务中心

理塘县的交通银行乡村振兴金融帮扶示范点、消费帮扶点

慰问交通银行驻村工作队

交通银行四川省分行到峨边县新场乡羊子岩村开展联学联建暨结对共建活动

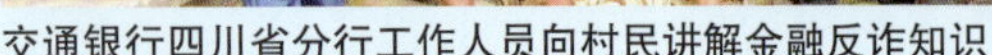
交通银行四川省分行工作人员向村民讲解金融反诈知识

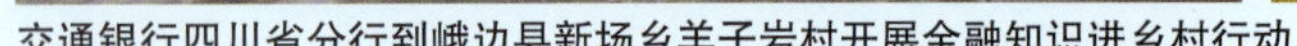
交通银行四川省分行到峨边县新场乡羊子岩村开展金融知识进乡村行动

交通银行四川省分行金融支持的理塘县牦牛养殖企业

交通银行四川省分行捐赠峨边县新场乡羊子岩村农用无人机

交通银行四川省分行定点帮扶村峨边县新场乡羊子岩村高标准农田

交通银行四川省分行机关大楼展销的理塘县农特产品

交通银行定点帮扶峨边县新场乡猕猴桃产业

交通银行四川省分行捐赠的太阳能路灯

四川师范大学

四川师范大学2024年帮扶工作推进会

党的二十大报告提出，“要巩固拓展脱贫攻坚成果，增强脱贫地区和脱贫群众内生发展动力”。习近平总书记来川视察指出，“要巩固脱贫攻坚成果，把乡村振兴摆在治蜀兴川的突出位置”。四川师范大学作为四川省举办本科师范教育最早、师范类院校中办学历史最为悠久的大学，认真履行服务治蜀兴川新战略、服务国家重大需求、促进地方经济社会发展的责任和使命。2024 年，学校坚决贯彻中央农村工作会议精神，坚决落实四川省委、省政府定点帮扶工作部署，根据《2024 年度省直部门和有关单位定点帮扶工作要点》以及《四川师范大学定点帮扶普格县五年工作规划》等文件精神，“三‘深’”并举，扎实推进各项帮扶项目、举措落地落实，奋力谱写高校助力乡村振兴新篇章。

一、深刻把握乡村振兴使命要求，坚决扛起定点帮扶政治责任

高度重视，强化使命担当。习近平总书记在党的二十大报告中指出：“全面建设社会主义现代化国家，最艰巨最繁重的任务仍然在农村。”持续巩固拓展脱贫攻坚成果是贯彻落实党的二十大和二十届三中全会精神、加快推进城乡融合

四川师范大学与普格县人民政府召开定点帮扶普格县工作座谈会

四川师范大学党委书记郭勇（三排右六）、党委副书记张海东（三排右四）等人看望慰问在普格县顶岗支教的学生

四川师范大学原党委副书记、校长汪明义（前排右一），党委常委、副校长蒋文涛（前排左一）代表学校向普格县捐赠顶岗支教项目资金50万元

发展的底线任务，是推进乡村全面振兴、加快农业农村现代化的前提基础。十二届省委提出了实施“四化同步、城乡融合、五区共兴”发展战略，围绕促进区域协调发展作出了一系列重要部署。

定点帮扶普格县是党中央、省委、省政府赋予四川师范大学的重要政治任务和重大责任使命。2024 年，学校坚决贯彻落实省委、省政府、省教育工委、教育厅的各项要求，继续推进领导班子主责、承办机构主推、部门全员主帮、驻村干部主干的“四位一体”帮扶工作机制。学校主要领导召开定点帮扶工作专项会议 6 次，选派 6 名驻村工作人员，其中 2 人担任驻村“第一书记”。学校主要领导 8 人次率领学校帮扶工作组到县到村开展系列帮扶活动。

二、深度聚焦普格县发展现实需求，扎实推进定点帮扶目标任务

学校充分发挥教育、科技、人才等综合优势，深度对接普格县“生态立县、产业强县、开放兴县”三大战略，巩固

教育部体育美育浸润计划四川师范大学定点帮扶的普格县夹铁镇中心校健美操啦啦队演出排练

普格县夹铁镇中心校“向阳花”童声合唱团到学校参加2024年迎新晚会

普格县夹铁镇中心校“向阳花”童声合唱团与学校星空合唱团交流合影

四川师范大学定点帮扶的普格县夹铁镇中心校“向阳花”童声合唱团在北京中国宋庆龄青少年科技文化交流中心排练合影

四川师范大学到普格县夹铁镇中心校开展推普助力乡村振兴系列活动

四川师范大学党委副书记张海东（右四）代表学校向普格县夹铁镇菜子小学捐赠166套课桌

拓展脱贫攻坚成果，助推乡村振兴开新局。

在实施“教育振兴工程”、助力乡村教育振兴上，2024年学校投入50万元，选派74名公费师范生、7名研究生到普格县开展顶岗支教工作，有效解决了民族地区基础教育师资力量不足、结构性紧缺等问题。组织夹铁镇中心校“向阳花”童声合唱团到学校开展为期一周的研学活动，活动受到了《光明日报》《党报头条》《凉山日报》等媒体的广泛关注和报道，并受中国宋庆龄基金会邀请，学校教育基金会带领“向阳花”童声合唱团到北京市参加“民族之花　童心绽放”儿童民族文化晚会。学校继续实施国家通用语言文字普及攻坚和质量提升行动，为普格县夹铁镇中心校授牌“国家语言文字推广基地（四川师范大学）实践基地”，并开展了书法、吟诵、歌唱、表演等系列活动。向普格县菜子小学捐赠166套课桌。

在实施“产业富农工程”、助力乡村产业振兴上，学校继续坚持“扶持产品促消费、扶持产业促增收、扶持智力促振兴”的产业帮扶模式，通过832平台以购代捐消费帮扶，采购优质农产品166.5万余元。发挥学校科技帮扶优势，利用西南土地资源评价与监测教育部重点实验室等科研平台检测当地土壤，研究适合当地耕种的农作物，为产业发展强动

四川师范大学党委书记郭勇（右一）到学校援建的普格县夹铁镇阿木村蔬菜大棚调研

四川师范大学党委书记郭勇（左）代表学校“以购代捐，消费帮扶”普格县夹铁镇优质农产品107万元

四川师范大学邀请四川省农业科学院专家为普格县夹铁镇村镇干部、党员群众代表开展专题培训

四川师范大学组织普格县夹铁镇村镇干部、党员群众代表到遂宁市调研乡村产业发展

四川师范大学党委常委、副校长蒋文涛（左）代表学校向普格县夹铁镇阿木村捐赠5万元用于人居环境整治和村文化活动建设

四川师范大学到普格县夹铁镇开展结对帮扶困难群众活动

四川师范大学党委副书记张海东（左一）看望慰问学校派驻的驻村帮扶干部

四川师范大学党委常委、副校长郭朝辉（左）看望学校派驻的驻村帮扶干部

能、注活力、增效益。

在实施“党建引领工程”、助力乡村组织振兴上，学校组织夹铁镇9名村镇干部、党员群众代表到成都市、遂宁市开展乡村振兴专题培训。向普格县阿木村、菜子村分别捐赠5万元用于人居环境改造，向夹铁镇中心校捐赠5万元建设特殊教育资源室。学校领导班子成员以及结对共建支部党员结对帮扶阿木村、菜子村等困难群众，开展结对帮扶慰问及关心关怀活动。发挥学校“全省高校党建工作标杆院系”马克思主义学院党委的引领示范作用，接续开展马克思主义学院教工第二党支部与夹铁镇阿木村党支部结对共建活动。组织开展“农民夜校”活动，持续开展法治、感恩奋进等各类宣传教育，广泛宣传党的路线方针政策、适龄残疾儿童义务教育保障政策，进一步引导脱贫群众听党话、感党恩、跟党走。

在实施“人才赋能工程”、助力乡村人才振兴上，学校法学院普法宣讲实践队聚焦环境保护、《中华人民共和国未成年人保护法》和《中华人民共和国民法典》有关方面内容，针对普格县当地法治情况和当地群众关切的问题，联合普格县法院到基层社区、集会等场所开展了系列普法活动。

四川师范大学召开教育部师范教育协同提质计划工作推进会

四川师范大学举行教育部师范教育协同提质计划北京师范大学组团师范生美育论坛

三、深耕师范院校主责主业，助力民族地区高等教育事业发展

四川师范大学发挥地域邻近优势，加强帮扶工作力度，全力推进西昌民族幼儿师范高等专科学校内涵式高质量发展。围绕人才队伍建设、学科专业建设、基础教育服务能力建设、学校管理与发展建设四大核心领域制定工作方案，以师范生美育教育建设为特色帮扶项目，构建“4+1”全方位帮扶西昌民族幼专工作体系，落实 15 项具体行动计划，形成协同提质的“一揽子”帮扶工程。

通过选派教师支教、建立名师工作室、联合申报科研项目等方式，打造“发展共同体”。2024 年，选派 50 余人次到西昌民族幼专开展讲座、线下线上指导、座谈交流、现场教学、集中培训、学术沙龙、示范教学等各类活动 60 余次。完成“54321”创新工作内容，强化协同提质项目落实。学校选派 5 名教授担任西昌民族幼专教学督导，帮助西昌民族幼专教师提升教学技能，推动教育质量的整体提升。选派 4 名辅导员担任西昌民族幼专辅导员名师工作室负责人，建强西昌民族幼专辅导员队伍，并以此推动学生高质量就业、高质量深造、高水平学科竞赛。选派 3 位教授在西昌民族幼专学前教育系、基础教学部、职业教育系分别成立师范教育协同提质计划名师工作室。选派 2 名挂职干部担任西昌民族幼专副校长、教务处副处长。学校举办 1 场提质计划北京师范大学组团美育论坛，邀请组团内其他 7 所高校 40 余人参加活动，交流学习师范院校美育教育经验做法。

实施乡村振兴战略，是以习近平总书记为核心的党中央着眼党和国家事业全局作出的重大决策，是新时代新征程“三农”工作的总抓手。2025 年是“十四五”收官和“十五五”谋划之年，下一步，学校将坚持以习近平新时代中国特色社会主义思想为指导，深入贯彻党的二十大和二十届二中、三中全会精神，认真贯彻落实习近平总书记关于“三农”工作的重要论述，持续提高教育服务乡村振兴本领，统筹教育、科技、人才的优势力量，紧盯普格所急所需，精准对接民生、教育、产业等发展需求，赋能普格高质量发展。进一步提升师范生顶岗支教、体育美育浸润行动、普通话推广等项目质量，推动科研教学、人才培养与定点帮扶实践相融合，提升育人实效。进一步整合学校平台、人才、智力资源，围绕普格县产业振兴、人才振兴、文化振兴、生态振兴、组织振兴，不断创新帮扶工作形式，巩固脱贫攻坚成果。结合普格县全面建设脱贫地区农文旅发展先行县所提出的需求，变成学校师生定点帮扶普格县乡村振兴事业的追求，为全面推进乡村振兴、加快建设农业强省、全面建设社会主义现代化四川篇章贡献四川师大的智慧和力量。

国家能源集团四川公司

国家能源集团四川公司定点帮扶布拖县助力托底性帮扶开新局

国家能源集团四川公司是国家能源集团在川省级子公司，主要从事电源项目开发和运营工作。目前是川内最大规模的燃煤火电企业。2013 年以来，在省委领导下，以中央和省直单位两种身份帮扶布拖县 11 年，先后派出 14 名干部，投入 4.5 亿元无偿帮扶资金，实施文化教育、医疗健康、特色产业、就业指引等民生项目 70 余个，帮扶成效经验被中央和省级媒体宣传报道，获得 13 项省部级及以上集体和个人荣誉。

2024 年，国家能源集团四川公司根据布拖县资源禀赋和产业需求，帮助布拖县引入先进的产业技术和理念，以新能源开发、黑绵羊全产业链等重点项目为抓手，因地制宜谋划和培育特色产业项目，累计投入帮扶资金 6527 万元。

国家能源集团四川公司坚决压实帮扶主体责任，加强组织领导和协调力度，结合布拖县“十四五”发展规划，聚焦全面推进乡村振兴和巩固脱贫攻坚成果，充分发挥大型能源央企专业优势，高质量完成乡村振兴工作年度目标任务，以“五大助力”抓落实，全面推动布拖县乡村振兴开新局。

火电厂

2024年，国家能源集团四川公司对布拖县开展定点帮扶，大力实施党建引领乡村振兴，扎实开展产业帮扶，坚持深化教育帮扶，关注特殊人群健康，加强公共文化建设，推进乡村绿色发展，发挥企业专业优势，积极拓展帮扶渠道等工作举措，进一步帮助布拖县优化完善农牧业产业结构，发展其特色优势产业，打造生产—储存—销售链条，协同发力，创新路径，促进了布拖县农牧业增效增收，带动了乡村就业创业，全方位拓宽群众增收致富途径，助力布拖县托底性帮扶开新局。

一、党建引领乡村振兴，建立共联共建机制

2024年，国家能源集团四川公司与布拖县深入开展党组织结对共建，公司党委书记、董事长先后于2024年2月21日、4月1日、4月19日到布拖县开展调研，并与布拖县委书记李剑会面；布拖县委书记李剑先后于2024年1月4日、8月29日到公司分别拜访了公司党委书记、董事长张平，公司党委副书记、总经理程什，双方围绕乡村振兴、欠发达县域托底性帮扶、新能源项目开发等工作进行深入交流，在推进布拖县百万风光一体化新能源基地建设项目上达成新共识。

公司明确由党委委员、副总经理何文牵头，党建部具体负责结对共建工作，通过开展阵地联建、活动联动等方式，进一步统一思想认识，强化沟通交流，凝聚工作合力。公司已制定《公司与布拖县开展2024年党支部结对共建实施方案》，由公司机关党委规划建设党支部、党建部党支部分别与布拖县博作村、菲土鲁村开展结对共建，重点围绕“共学理论、共带队伍、共兴产业、共树新风”四大重点任务，深入开展党支部工作交流、主题党日活动等工作，投入共建经费25.5万元用于加强支部阵地建设、扶持党员致富带头人、慰问困难党员和老党员等。四川公司还将选派党建指导组前往帮扶村蹲点驻村开展工作不低于3天，党建指导组结合当地组织部门对结对基层党组织的分类进行评定，查找不足，制定改进对策措施。

二、扎实开展产业帮扶，增强村民致富信心

国家能源集团四川公司根据布拖县资源禀赋和产业需求，帮助布拖县引入先进的产业技术和理念，以新能源开发、黑绵羊全产业链等重点项目为抓手，因地制宜谋划和

蔬菜粗加工园区

布拖县拖觉镇蔬菜粗加工农业产业园厂区外观

布拖县拖觉镇蔬菜粗加工农业产业园厂房

培育特色产业项目。一是投入资金 833 万元，开展黑绵羊智慧化养殖，推动实施“1+1+52+N”养殖策略，即 1 个核心育种场、1 个产业中心、52 个养殖专业合作社、N 个养殖农户协同参与的可持续养殖模式。借助智能一体化管理平台，通过运用物联网、大数据、人工智能等技术进行数据实时采集、分析，实现养殖过程全流程追溯，解决了黑绵羊繁育、育肥、品质、需求等方面的问题，为其健康生长提供了科学有效的数据支撑和技术支持。同时，投入资金 100 万元在园区试点安装畜牧养殖饮水槽和防腐蚀储水罐等先进设备，将国家能源集团新材料科技技术运用到畜牧养殖领域，为乡村振兴注入新的活力。二是按照《四川省凉山彝族自治州布拖县高标准农田建设规划（2021—2030）》要求，投入资金 2900 万元，支持布拖县高标准农田建设，为进一步转变农业增长方式、促进现代农业发

冷链服务中心

布拖县冷链服务中心外观

工人师傅将打包好的茭白转运到冷链运输车上，准备把布拖产的茭白运往北上广深等一线城市

冷链服务中心分拣区堆满了即将打包发往外地的蔬菜

放暑假的孩子们在冷链服务中心帮助父母包装茭白

黑绵羊交易市场

黑绵羊交易市场鸟瞰图

每逢赶场日，在市场内交易的养殖户络绎不绝

养殖户把牛、羊带到市场等待交易

市场在交易大棚为养殖户免费提供畜禽喂养点

交易成功的群众脸上洋溢着幸福的笑容

布拖县黑绵羊现代农业园区

布拖县黑绵羊现代农业园区养殖的黑绵羊

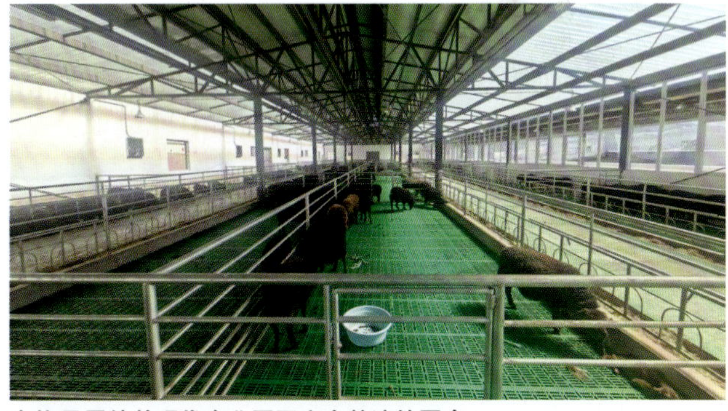
布拖县黑绵羊现代农业园区宽大整洁的圈舍

布拖县黑绵羊现代农业园区养殖厂房

工作人员给黑绵羊喂食饲草

教育帮扶

国家能源集团四川公司援建的布拖县特木里镇依撒小学

依撒小学“走出去+引进来=共成长”教研活动现场

展提供物质基础，进一步改善农业生产条件，大幅度提升布拖县粮食综合保障能力。三是注册成立国能布拖新能源公司，积极开展#1地块（补尔光伏项目36万千瓦）、#3地块（19万千瓦）光伏项目前期工作，力争尽快实施竞配落实开发权。同时，积极探索“光伏+牧业”牧光互补示范项目、“千乡万村驭风行动”项目、储能项目，打好“新能源发展+乡村振兴”组合拳，携手推动将布拖风、光资源快速转化为发展优势，共享发展成果。

三、坚持深化教育帮扶，加强本地人才培养

国家能源集团四川公司坚持将人才振兴作为党建引领乡村振兴的重中之重，不断夯实乡村振兴基础。2024年，公司继续大力支持布拖县教育事业发展，投入帮扶资金929万元，实施特木里镇初级中学建设项目和中小学教辅书籍捐赠两个帮扶项目，捐赠教辅书籍26万余册，直接惠及近5万名中小学生。同时，国家能源集团四川公司致力于“志智双扶”，激活乡村振兴“智力引擎”，不断培育壮大乡村致富人才队伍，投入帮扶资金280万元，持续开展基层干部、乡村振兴带头人和专业技术人才培训，提升其党建、教育、医疗、科技、电商、农文旅等方面理论知识和专业水平，已举办领导干部读书班、党员示范轮训班、“第一书记”和帮扶队员业务培训班、村党组织书记培训班等，培训人数超过3000人次。依托国家能源集团

依撒小学“玛薇”班女足队员进行训练

依撒小学的彝族学生身着民族服装在新建的运动场上载歌载舞

依撒小学引进的优秀老师讲授公开课

爱心红丝带

“爱心红丝带”项目国家能源集团帮扶文化墙

“爱心红丝带”项目健康教育培训室

“爱心红丝带”项目母婴阻断儿童照片墙

“爱心红丝带”项目婴儿保育室

党校“乡村振兴”分院，开设“组织振兴”“产业振兴”“数字乡村”等专题网络培训，培训人员达1497人次。此外，公司在布拖县委组织部的支持下，选拔2名优秀干部于2024年1月至6月到四川公司进行跟岗培训，以提升其专业技能水平，进一步激发乡村振兴的内生动力。

四、关注特殊人群健康，持续开展助医帮扶

国家能源集团四川公司坚持聚焦布拖重点区域、重点领域、重点人群，有针对性地给予医疗专项救助，做到精准施策、应帮尽帮。继续投入530万元实施“爱心红丝带”（艾防母婴阻断）项目。2024年，能源集团“爱心红丝带”项目支持布拖“艾梅乙”消除母婴传播工作，截至10月15日，开展育龄妇女早孕筛查发现HIV感染孕产妇584人（产妇333人）、乙肝感染孕产妇580人（产妇406人）、梅毒感染孕产妇402人（产妇272人），HIV感染孕产妇转介治疗209人，治疗覆盖率100‰，有效率97.6‰，住院分娩率99.39‰；管理所生婴儿335人，预防性治疗335人，入住科学喂养中心332人，目前在院50人，100%落实人工喂养，感染孕产妇梅毒治疗391人，管理所生婴儿276人，感染乙肝高风险孕产妇治疗率82.21%，随访管理所生婴儿410人，目前HIV母婴传播率1.79%，乙肝母婴传播率0.26%，梅毒母婴传播率31.3/10万活产，圆满完成消除指标任务。落实县医院、县妇幼保健院助产团队职业暴露风险激励；落实HIV感染孕产妇孕早、中期激励；补充县妇幼保健院母婴阻断管理办、科学喂养中心和各相关科室工作人员35人，大大解决人员不足问题；支持县妇幼保健院打造科学喂养中心、院内文化建设、相关维修改造、宣传片和专题片制作、更新上墙展板制度和宣传栏等，完善医院信息系统，补充医疗设施设备和办公用品，为县妇幼保健院成功通过“二乙”复审起到积极作用。

五、加强公共文化建设，助力布拖文化振兴

国家能源集团四川公司坚持物质文明和精神文明两手抓，不断助力布拖县培育文明乡风、良好家风、淳朴民风，提高社会文明程度。有针对性地创新开展“四学一坚持”特色品牌活动。在博作村建成全县首个村级电脑教学室和首个村级多媒体大屏，联系专家、老师到村上开展“学国语、学电脑、学技能、学法律”培训2400余人次。村干

乡村文化建设

布拖县拖觉镇博作村村民围观更新的移风易俗展板

布拖县拖觉镇博作村的孩子们在乡村图书馆借阅书籍

部不定期利用村委会广场的多媒体大屏组织开展“坝坝电影”观影活动，将优秀的文化作品以“坝坝电影”这种接地气的形式送到群众家门口，拉近了与群众的距离，为乡村振兴注入了强大的精神动力。投入 60 万元实施布拖县深化移风易俗，开展彝族特色传统文化示范项目，通过协调服务队培训，加强移风易俗宣传工作，开展移风易俗演讲比赛、移风易俗争先创优活动，强力营造浓厚的移风易俗宣传氛围，培育和践行社会主义核心价值观，倡导和弘扬时代新风，充分发挥正面典型示范引领作用，引领全县各个乡（镇）弘扬民族特色文化，崇尚健康生活，摈弃陈规陋习。在拖觉镇、龙潭镇、特木里镇开展火把节斗羊、赛马、摔跤、选美等彝族特色文化活动、篮球比赛、职称技能等级申报培训等体育文化活动，充分展示本地文化旅游资源，促进文化振兴。

六、推进乡村绿色发展，积极实现生态宜居

国家能源集团四川公司坚持在乡村振兴中推进绿色发展方式和生活方式，让生态美起来、环境靓起来，积极打造人与自然和谐共生的发展新格局。投入 155 万元，建设博作村基础设施升级工程。便民桥惠民工程项目的实施将极大地方便村民的出行和物资运输，从而提高生产效率

布拖县拖觉镇博作村发放2024年第二季度移风易俗奖励现场

布拖县拖觉镇博作村组织村民观看“坝坝电影”

村民为准备参加斗羊比赛的黑绵羊做赛前准备工作

和生活质量。此外，该项目还将促进村庄两岸的经济和文化交流，增强村民的团结和凝聚力。改善交通条件和生活环境，将进一步提升村庄的宜居性和吸引力。农村基础设施建设项目的实施将显著改善环境卫生，有效提升农村的的卫生状况，减少污水和粪便对环境的污染，从而提高村庄的整体卫生水平。通过收集和处理污水及粪便，可以预防疾病的传播，减少细菌和病毒的扩散，有助于控制肠道传染病和其他卫生问题。此外，该项目还能提高水资源的保护水平，有效解决农村污水排放问题，减少对水源的污染，保护水资源，并提高水资源的利用效率。

七、积极拓展帮扶渠道，大力实施消费帮扶

充分发挥集团电商和线上采购平台，积极支持布拖县本地经销商销售本地特色农特产品，通过打造禾森农业、京源农业两家网络销售平台公司，帮扶布拖县销售农产品1431万元。此外，公司系统通过工会福利、食堂集采及职工个人购买等渠道，按照人均不低于500元的标准，以集团公司慧采商城为依托线上和线下直接采购等方式完成消费帮扶165万元。

2024年10月，公司作为唯一央企代表在四川省托底性帮扶现场会发言，工作成绩获得省政府与省国资委的肯定，在乡村振兴进程中树立了央企典范，彰显了卓越担当与引领示范作用。

八、下一步工作计划

国家能源集团四川公司将继续深入贯彻落实党的二十大和二十届三中全会精神，坚定践行习近平总书记关于“三农”和乡村振兴工作重要指示，学习运用“千万工程”经验，按照中央、国务院国资委和省、州、县有关工作要求，秉承“产业帮扶、兴教助医、志智双扶、移风易俗”工作思路，坚持“立足布拖所需、竭尽国能所能”，围绕布拖县“三篇大文章”和“124”现代农业产业体系，聚焦主责主业、突出产业振兴，继续打好“新能源发展+乡村振兴”组合拳，做好资源能源大文章，进一步深化布拖县乡村振兴与托底性帮扶工作，推动产业、人才、文化、生态和组织全面振兴，助力布拖县经济社会快速发展、摆脱欠发达县域地位。

三 大 培 训

布拖县民营经济人士助力乡村振兴培训班开班仪式

布拖县特木里镇厨师培训

布拖县拖觉镇蓝莓种植技术专项培训

四川省国有资产投资管理有限责任公司

高质量发展高原生态产业　深化推进若尔盖县托底性帮扶

2017 年，四川省国有资产投资管理有限责任公司（以下简称“省国投公司”或“公司”）在深入研究中央乡村振兴战略和四川省推进向农业强省跨越重大决策部署的基础上，结合省国资委产业结构布局与结构调整规划，提出构建公司高原生态产业集群的发展思路，打出了高原生态产业发展第一枪。近年来，公司稳步布局阿坝州高原生态产业，扎实做好川西北民族地区产业振兴文章。

巩固拓展脱贫攻坚成果是全面推进乡村振兴的底线任务。2023 年 7 月 25 日—27 日，习近平总书记在四川考察时强调，要巩固脱贫攻坚成果，把乡村振兴摆在治蜀兴川的突出位置，要抓住种子和耕地两个要害，加强良种和良田的配套，打造新时代更高水平的“天府粮仓”。四川省深入学习贯彻习近平总书记对四川工作系列重要指示精神，将巩固拓展脱贫攻坚成果放在突出位置，加快推进脱贫地区乡村产业、人才、文化、生态、组织全面振兴。2023 年 9 月，四川省启动 39 个欠发达县域托底性帮扶工作，按照省委、省政府工作部署，公司托底性帮扶阿坝州若尔盖县，公司高原生态产业迎来了发展新任务、新机遇。公司紧密结合高原生态产业发展实际和托底性帮扶工作具体要求，提出了“深化推进托底性帮扶，高质量发展高原生态产业”帮扶模式，将原来提出的单核式“高原生态产业集群”发展模式转为双核式“补血式深化推进托底性帮扶 + 造血式高质量发展高原生态产业”模式，力求充分发挥高原地区资源集聚、产业积聚的效用，将高原生态产业高质量发展与托底性帮扶工作深度融合，两项核心工作互相促进，以帮扶推进产业发展，以产业发展助

省国投公司领导到下属企业白河牧场调研

若尔盖县—省国投公司托底性帮扶工作交流座谈会

力帮扶、赋能乡村振兴。

一、有的放矢系统性扎实推进帮扶工作开展

在省国资委指导下，省国投公司聚焦培育和壮大若尔盖县特色优势产业、围绕优势资源开发利用、现代产业投资布局、产业链补链强链延链等帮扶工作领域，持续推进各项帮扶工作深入开展，确保帮扶工作走深走实，取得实实在在的工作成效。

（一）深化认识省委、省政府重大决策的重要政治意义

省国投公司不断深化思想认识、提高政治站位，全面贯彻落实省委、省政府及省国资委托底性帮扶会议精神，认真贯彻落实《39个欠发达县域托底性帮扶十条措施》《关于压实39个欠发达县级工作专班主体责任努力构建党建引领帮扶工作共同体的实施方案》《国资国企托底性帮扶欠发达县域振兴发展实施方案》及国有企业支持欠发达县域振兴发展各片区座谈会会议等精神，着眼全省“一盘棋”大局意识和托底性帮扶工作没有“局外人”的自觉担当，善于从政治上看问题，既算“经济账”，又算“社会账”，更算“政治账”，用心用情用力把欠发达县域的振兴发展当成自己的事情来全力谋划推动。

（二）扛牢责任、尽锐出战，全面推进托底性帮扶工作

一是为进一步减少管理层级、提高工作效率，按照“领导班子主责、专班专人主推、下派干部主干”工作机制，全力调度资源推动帮扶工作开展。二是公司主要领导召开多次专题帮扶工作会研究部署托底性帮扶工作，公司领导及下属二级企业主要领导前往帮扶县域调研督导推进帮扶工作达18次，并商洽邀请若尔盖县域主要领导及主管领导4次到公司座谈帮扶工作；子企业开展企地互访10余次，召开专题沟通会、座谈会、视频会等达40余次，探索托底帮扶、振兴发展工作新模式。三是在前期帮扶工作基础上，遴选精兵强将迅速派驻若尔盖县开展托底性帮扶工作，公司派驻若尔盖县专班成员参加县域托底性帮扶工作联席会达5次，交流帮扶思路、创新举措及项目情况等，支持帮扶工作高效开展。四是大力开展产业帮扶，在若尔盖县新设2家企业，积极开展甘松种植、牧草种植、标准化养殖等项目投资，各类投资金额累计达3300余万元，以实体产业的投入助力当地经济发展。五是全力支持若尔盖特色产品扩大影响力，出资开展若尔盖县高原特色农牧产品推介活动，定向采购若尔盖县农副特色产品，积极参展第十届四川农业博览会，通过开设“养珍出优”39优品主题展区向广大参展人员和企业展示若尔盖各类名优特产，开设省国投公司“若尔盖·原选”乡村振兴1店，未来将以更加专业有序有效运营来推动若尔盖县特色产业创品牌。六是依托产业发展积极开展就业帮扶，白河牧场、草业公司、交易市场、甘松项目在运营过程中积极解决

省国投公司托底性帮扶工作领导小组例会

省国投公司下属企业组织农牧民现场培训

大地艺术

万亩生态油菜

当地就业，以 2024 年为例，累计解决长期就业 25 人、季节性用工 7 人、临时性用工近 2000 人次。七是多种方式开展各类帮扶，推进开展捐资助学、建设“若尔盖·唐克”高原省级“职工之家”等工作，在保就学、送文化等方面持续投入，为若尔盖县经济发展提供更多助力。

（三）聚焦所能、围绕所需高质量完成帮扶规划编制和合作协议

一是积极发挥在地企业优势，以高原生态产业高质量发展为发力点，以项目落地为导向，结合省国投公司《“一企一策”中长期帮扶若尔盖县域振兴发展规划（2023—2035 年）》《2024 年托底性帮扶若尔盖县计划》，围绕“高原粮仓”建设、草畜融合交易、产业基金、草畜产业转型升级、深化企地战略合作、培育草原科技人才等，配合若尔盖县完成“一县一方案”及“一企一策”规划编制《托底性帮扶若尔盖县工作方案（2024—2027 年）》，并形成“时间表”“路线图”，确保每月有进展、每年有成效。二是精准落实省委、省政府关于 39 个欠发达县域托底性帮扶决策部署，持续深化企地合作，全力构建党建引领帮扶工作共同体格局，积极与若尔盖县接洽，拟定《党建引领县企共兴框架协议》，“三级联帮”推动若尔盖县产业发展，每年通过直接及引导投资、采购帮扶等方式开展帮扶工作相关金额不少于 1000 万元，支持县域集中培育 1 ~ 2 个重点产业。会同其他帮扶单位，在托底性帮扶工作任务期内实现县域乡（镇）产业帮扶全覆盖。三是聚焦企业主责主业与地方资源禀赋相结合，致力在阿坝州各县布局更多的大项目、新项目、精品项目，助力阿坝州高质量振兴发展。

（四）凝心聚力、用心用情开展产业帮扶

省国投公司支持若尔盖县域振兴发展是落实省委、省政府及省国资委有关决策部署的重要工作，公司切实提高政治站位，强化组织领导，聚焦主责主业和帮扶县域资源禀赋，聚集帮扶合力、强化工作联动，用心用情用力开展好帮扶各项工作。

一是通过挂职、交流等方式常态化开展人才帮扶。公司 1 名中层干部进入县级工作专班、1 名青年职工驻村开展产业帮扶，该名青年职工已成长为若尔盖县嫩哇乡下村“第一书记”，县上拟派年轻干部挂职白河牧场担任副总经理。二是组织 50 名干部职工到若尔盖“胜利曙光”纪念碑及陈列馆开展党性教育活动，以党性教育活动的开展加强省国投公司广大干部职工与若尔盖县的交流学习。三是公司各级企业聚焦主责主业，立足所能、围绕所需，积极助力高原农牧民技能提升，同时认真贯彻党的民族政策，积极服务区域就业，目前已招聘包含若尔盖籍的少数民族高校毕业生 13 人，4 人已在公司体系内培育成长为本单位中高层管理骨干。四是利用好公司下属锦国人力“国企人才网”平台，免费开设若尔盖对口招聘专区，已完成专区页面开发并成功上市运营，未

万亩油菜大地艺术

若尔盖县黄河九曲十八弯

来将着力为若尔盖县提供更多线上招聘服务，以人才引进助力若尔盖县经济振兴发展。

二、“八位一体”产业发展推动帮扶工作开展

公司已初步形成与高原地区产业链上下游企业和农牧民共生共荣的生态系统，立足畜牧业拓展全产业链发展，为帮扶若尔盖县域经济稳定发展助力，以使广大农牧民在产业发展过程中真正受益，带来实际的收入增长。探索开展集育种、种植、养殖、加工、交易、销售、服务、科研“八位一体”的高原生态全产业链建设，高原生态产业发展得到了进一步的巩固与拓展，下属企业聚点成链，在不断完善的产业链条建设中推动当地经济发展形势，为当地社会治安稳定、人民安居乐业奠定坚实的经济基础做出了积极贡献。

牦牛育种及品种改良。通过与科研院所加强交流在牦牛优质品种培育改良上精准发力，开展与龙日种畜场关于牦牛冻精技术进步和发展的合作，推进开展高原牦牛种源繁育基地建设，准备筹建四川省牦牛种源保护中心，拓展牦牛种源保护项目，一期预计每年能生产优质牦牛冻精 3000 支，高原牦牛种源繁育基地和四川省牦牛种源保护中心将围绕唐克现代畜牧业产业园区开展建设。

牧草和草种种植。近年来加强研发创新，开展近 800 亩高原人工草地研发攻关项目，种植繁育优质牧草，目前牧草种植效果良好，经评鉴，牧草产量达 3440 千克 / 亩，产量高于同区域 14.67%。公司依托白河牧场 65 万亩国有草场优势资源壮大产业，2023 年种植油菜 5000 亩、种植牧草 9000 亩、参与政府抗灾免耕播种牧草公益项目 55000 亩，2024 年进一步扩大牧场种植规模，新增牧草基地一期 6600 余亩种植工作已完成，已开始进行晾晒打捆作业，推动饲草保供草种生产基地不断发展。

牦牛养殖。2023 年，公司累计发展联农代养专合社、牧户共 36 家（户），存栏牦牛、羊合计约 27150 混合头（只），其中自养牦牛出栏 847 头；2024 年，在唐克镇与若尔盖县合作共建标准化养殖场，已入栏牦牛 1480 头，撰写了《关于牦牛标准化养殖技术规范的报告》，提出了牦牛标准化养殖新模式。年内带动牧户 200 户，联牧统养近 20000 头。

屠宰及精深加工。基于已有的食品加工板块（下属公司遛遛牛公司），2024 年开展了对黄河美园屠宰项目的托管经营，立足牦牛肉干等老品不断精进完善的同时，紧扣时代脉搏，围绕牦牛相关原料，积极研发三大类预制品类别 12 个产品的新品，加工板块做优做强不断赋能。

畜产品交易。川甘青畜产品综合交易市场日益完善运营方案，做大牛羊交易功能载体，积极拓展上下游，打造集畜产品交易、疫情防控、人员培训、饲草储备、屠宰加工和草原沙化治理等于一体的若尔盖多功能服务平台。2023 年完成活畜交易 45289 头，2024 年突破至 51000 头活畜交易规模。

若诗若画若尔盖

省国投公司下属企业玉米青贮饲料加工现场

省国投公司下属企业燕麦草长势喜人

品牌建设及渠道销售。以"川国投"品牌为核心，系统整合塑造"川国投""遛遛牛""阿尔甲""川农垦""卡布藏"等高质量国货品牌，在农博会、熊猫节、全国丰收节等活动上展示国企风采，助力推动产业发展。公司通过整合上下游资源，建立起一条稳定性较强、效率较高的完整链条，业务领域辐射四川、甘肃、青海、重庆、云南、广东、上海等国内多个省份，实现了在部分区域市场农产品稳产保供能力的持续提升，在高质量打造省属国有企业特色优质农产品矩阵中贡献积极力量。

"农牧＋旅"。借助油菜基地、狮子山的优美自然风光，积极开展农牧旅相结合的创新式旅游业务，每年旅游观光人次超过12万人次，初步实现种植、养殖和生态旅游"农牧旅三核齐发"，"黄河美园·若诗若画"大地艺术成为若尔盖县旅游的一张名片。

省国投公司托底性帮扶若尔盖县展区外观

科研投入。近年来，公司深入实施创新驱动发展战略，坚持培育与招引并举，公司科创管理及骨干人才显著增加，柔性引进牧草育繁（周青平）、牦牛繁育（罗光荣）、疾病防控、生物医药（刘园）等领域专家学者，已在若尔盖县申报实施科技项目2个（川西高原优势特色若尔盖县油菜种植国家级科研项目、川西北肉羊杂交繁育和肥羔生产省级科研项目），并新增教育部科技小院。与之同步的是研发投入显著提高，2023年，公司及下属企业研发（R&D）经费投入共计555万元，研发投入增速在20%以上，创历史新高。

三、用心用情积极推动帮扶工作行稳致远

省国投公司坚决贯彻执行省委、省政府及省国资委各项决策部署和工作安排，全力以赴、用心用情用力做好未来帮扶各项工作。全力推进"市场化""产业化"帮扶若尔盖县项目，为草原畜牧业转型升级类、"高原粮仓"建设实施类、草畜区域交易展示中心类、就业及人才帮扶类等四个类型6个项目持续赋能。

（一）草原畜牧业转型升级类

一是完成新增1480头牦牛标准化养殖规模，联牧统养和联农带牧200余户，全力协助若尔盖县将唐克产业园区纳入省级星级园区创建范围。二是积极与若尔盖县开展互动，

省国投公司帮扶若尔盖县参展农博会

省国投公司托底性帮扶若尔盖县展区展示的下属企业高原精品菜籽油

省国投公司下属企业农业队抢抓农时收割菜籽

省国投公司“若尔盖·原选”乡村振兴1号店开业

围绕黄河美园项目推进深度合作和产业链发展，并与川甘青交易市场串联，打造集收购、屠宰、加工与销售一体化发展新模式。

（二）“高原粮仓”建设实施类

一是发挥国企示范带动作用，带动全县及临近区域内高原菜籽油品牌打造，加快对适应高原油菜的育种开发。二是着眼若尔盖乃至青藏高原生态治理及牧草需求，加快对接属地政府部门，进驻草原治理生态工程。做严做实若尔盖牧草种植示范基地项目建设，完成牧草示范基地 6614 亩燕麦草收割、打捆、转运和仓储工作，并全力推进销售出清工作。

（三）草畜区域交易展示中心类

在完成各项基础设施等技术改造升级后，全力推进提能增效，凸显价值创造。一是川甘青交易市场保持每年活畜 50000 头以上交易量。二是联合中石油推进若尔盖牦牛销售，在若尔盖县每年收购、屠宰、加工、销售牦牛达万头以上。省国投公司乡村振兴 1 店“若尔盖·原选”特色产品展示展销中心已正式开业，未来将以规范有序有效运营来推动特色产业创品牌，助力帮扶县域农特产品和文旅产业多元发展。

（四）就业及人才帮扶类

一是深化就业帮扶，利用“国企人才网”平台，搭建好若尔盖对口招聘专区，常态发布招聘信息，助力若尔盖县人

省国投公司下属企业产业帮扶若尔盖县甘松移栽

才引进和群众就业，开展乡村振兴人才培训，助力农牧民技能提升。与“若尔盖就业”新媒体进行深度合作与联动，实现就业信息资源共享与高效传播，不断提升帮扶县域就业信息覆盖面与影响力。二是深入推行智力支持，商洽遴选帮扶县域优秀干部人才到公司跟岗锻炼，着力培养一批懂经营、会管理、善决策的现代经营管理人才，推进产业帮扶县域人才本地化，助力提升帮扶县域推动产业发展和县域经济的能力水平。三是充分激发并用活用好派驻帮扶县域专班和定点帮扶村 2 名开展托底性帮扶工作人员，根据帮扶区域发展实际，统筹协调抓实抓细“三级联帮”，凝聚工作合力，不断增强帮扶实效，助力帮扶县域振兴发展。

省国投公司下属企业唐窝塞草场长势喜人

优质牧草种植基地

雪地牦牛

省国投公司下属企业标准化生态养殖基地的牦牛

省国投公司下属企业标准化牦牛养殖场

省国投公司下属企业川甘青交易市场

省国投公司下属企业四川红原遛遛牛食品有限责任公司

省国投公司下属企业四川红原遛遛牛食品有限责任公司厂区

省国投公司下属企业牛肉干制造

省国投公司下属企业四川红原遛遛牛食品有限责任公司展销中心

省国投公司国企人才网若尔盖人才招聘专区

四川金融控股集团有限公司

四川金融控股集团有限公司（以下简称“集团”）成立于2017年2月，注册资本金300亿元，注册地位于成都市高新区，主体信用评级AAA，是四川省唯一的省属国有金融资本投资控股运营管理平台，由四川省财政厅、四川发展（控股）有限责任公司共同持股，四川省财政厅是实际控制人，履行国有金融资本出资人职责。

集团实质控制子公司11家，是四川银行股份有限公司、四川农村商业联合银行股份有限公司、国宝人寿保险股份有限公司3家金融机构的单一第一大股东，另有其他参股企业3家，业务范围涵盖银行、保险、资管、担保、租赁、增信、小贷、保理、投资、基金、征信等领域。

成立8年多来，集团坚定以习近平新时代中国特色社会主义思想为指导，始终聚焦主责主业，紧紧围绕四川省委、省政府中心工作，不断整合金融资源、创新金融供给、提供特色化综合金融服务，在培育地方法人金融机构、支持全省经济社会发展、化解地方及金融机构各类风险等方面发挥了重要作用，累计为全省经济社会发展提供了超万亿元的综合金融服务支持，是服务四川实体经济发展、完善省级金融服务体系、防范化解区域金融风险、助推西部金融中心建设的重要平台。

下一步，集团将深入贯彻落实党的二十大、二十届三中全会精神和习近平总书记对四川工作系列重要指示精神，全面落实省委十二届历次全会决策部署和省委、省政府工作安排，勇担“构建金融生态，服务实体经济，赋能治蜀兴川”使命，发扬“团结协作、开放创新、专业引领、担当奉献、稳健合规”核心价值观，坚持稳中求进、创新突破，进一步做强做优做大，切实发挥好省级唯一国有金融资本投资控股运营管理平台的功能作用，为谱写中国式现代化四川新篇章做出更大贡献。

集团党委书记、董事长周兴云（前排中），党委副书记、董事、总经理卢赤斌（前排左一）带队到苍溪县开展托底帮扶调研

集团党委委员、副总经理苟利民（左一）带队到苍溪县调研中药材产业发展情况

提升金融服务水平　助力乡村振兴

——四川金控集团金融支持乡村振兴

习近平总书记强调，强化金融服务方式创新，提升金融服务乡村振兴能力和水平。党的二十大报告提出，健全农村金融服务体系。全面推进乡村振兴、加快建设农业强国，是党中央着眼全面建成社会主义现代化强国作出的战略部署。金融是现代经济的核心，是促进农民共同富裕、乡村全面发展的重要驱动力，全面推进乡村振兴离不开金融的有效支持。作为四川省唯一的省级国有金融资本投资控股运营管理平台，四川金控集团始终坚持以习近平新时代中国特色社会主义思想为指导，深入学习贯彻习近平总书记关于“三农”工作的重要论述和党的二十大精神、二十届三中全会精神，以及党中央和省委、省政府关于金融支持服务乡村振兴的部署要求，牢牢把握金融工作的政治性和人民性，紧扣乡村全面振兴的重点领域和薄弱环节，充分发挥多业务板块协同优势，综合运用多种金融手段，持续打造多元化、多层次、多渠道的投融资服务体系，强化要素保障、提升服务水平，积极为助力全面推进乡村振兴、加快建设农业强国发挥四川金控作用。

一、坚持党建引领，强化组织领导，推动工作落实

四川金控集团始终坚持全面落实“两个一以贯之”，充分发挥党委把方向、管大局、保落实领导作用，不断挖掘党建工作对做好金融服务、助力乡村振兴的引领促进作用。集团党委高度重视乡村振兴工作，多次召开会议专题学习习近平总书记关于“三农”工作的重要论述，结合学习贯彻党的二十大和二十届三中全会、中央经济工作会议、中央农村工作会议、中央金融工作会议和十二届省委历次全会、省委经济工作会议、省委农村工作会议、省委金融工作会议等会议精神，自觉把思想和行动统一到党中央和省委关于推进乡村振兴的决策部署上来，认真领会把握新形势下金融支持乡村振兴工作形势任务，提高站位、找准定位、立足本位，主动融入巩固拓展脱贫攻坚成果与全面推进乡村振兴大局。组建工作领导小组，加强组织领导，整合优势力量，发挥跨条线、跨部门推动作用。党委班子领导多次到农村地区特别是帮扶县、村开展调研和座谈，了解金融支持“三农”工作和帮扶工作进展情况，积极探索助力乡村振兴工作的新思路、新举措、新路径。在扎实调研的基础上，研究制定推动金融高质量服务乡村振兴的系列措施，围绕农村基础设施、农业农村产业链、绿色金融、农业示范园区等重点领域积极用“金融活水”精准浇灌“三农”沃土。

集团副总经理蒋刚（右三）带队到苍溪县调研亚泰油脂公司发展情况

二、加大资源投入，积极布局设立服务“三农”专业机构

集团切实将助力“三农”发展、推动乡村振兴纳入服务中心大局进行统筹布局，在紧抓新兴赛道发展机遇、对外拓展业务板块之际，优先考虑加大在“三农”领域的资源投放，积极通过参与组建涉农领域市场主体或设立专业子公司等方式，优化金融供给，创新服务“三农”路径模式。联合四川省自然资源投资集团、四川省国土整治中心发起设立四川省土地发展集团有限责任公司，注册资本30亿元。该公司主要承担全省土地综合整治、山水林田湖草沙冰一体化系统治理、生态修复、低效资源盘活等项目的投融资运作，聚焦“土地整治”“生态修复”重点领域，建设全国一流的土地综合整治与生态修复龙头企业。目前，已在眉山市、遂宁市、凉山州、攀枝花市等实施一批土地综合整治项目。力争用5年时间，按照高标准农田建设标准实施土地整治50万亩，助力打造新时代更高水平“天府粮仓”。集团作为战略合作伙伴入股四川省自然资源信息流转服务有限公司，搭建全省耕地占补平衡指标、城乡建设用地增减挂钩结余指标等政策性指标的集中统一流转平台，推动全省自然资源要素的高效配置与有序流动，切实保障全省重大建设项目用地需求，更好服务全省城乡融合和经济高质量发展。设立政府性融资担保机构四川普惠融资担保有限公司，注册资本5亿元。公司专注支小支微，聚焦单户融资需求在1000万元以下的小微企业，积极参与国家融担基金银担“总对总”业务合作模式，深化新型

集团挂职干部到苍溪县开展金融知识培训

银担合作，创新普惠担保业务模式，引导更多“金融活水”流向中小微企业、“三农”等普惠领域。截至2024年年底，累计发生涉农项目业务金额78.08亿元。

三、搭建全省涉农金融征信平台，夯实金融基础设施底座

在农业农村厅的指导和支持下，四川金控集团依托旗下四川征信公司运营的“天府信用通”省级唯一融资信用服务平台和征信平台，整合涉农信用信息搭建全省涉农金融大数据系统和涉农金融一站式服务平台——四川农业信贷直通车。直通车平台于2022年12月上线运行，累计入驻各级金融机构3000余家，归集企业信用信息数据15大类63种、14.87亿条，有效整合“行业＋金融”资源，推出农业端、金融端相关服务，打造涉农“金融超市”。在农业端，平台安全接入土地确权、农民耕地地力保护补贴、农机作业补贴、农产品追溯、农机购置补贴等涉农数据，实现了涉农信用信息在授权体系下的合规共享，通过大数据建模对涉农主体信用状况进行“精准画像”，“量身定制”纯线上信贷产品，并在此基础上上线了重大项目融资、高标准农田管护保险、专项债项目、招商引资项目以及设施农业贴息等功能模块。在金融端，实现农村主体业务申请、金融机构业务办理、政府部门统计监督有效串联。各金融机构按照平台标准将自身产品和服务接入，各农村主体通过入乡入村宣传单海报二维码扫描即可享受平台入驻金融机构提供的各项金融产品和服务。截至2024年年底，直通车平台已上线专属融资产品42款，接受农村主体融资申请3.7万笔，累计授信133.53亿元。

四、发挥综合金融服务优势，加大涉农重点项目支持

四川金控集团依托自身品牌优势和多牌照优势，发挥“业务协同、科技赋能”作用，通过旗下的融资担保、资产管理、信用增进、小额贷款、商业保理、金融科技等业务板块，聚焦重点领域和重大项目，为全省“三农”和乡村振兴工作提供优质综合金融服务。一是旗下融资担保公

四川金控集团与苍溪县签订《托底性帮扶政企合作协议》

四川金控集团组织开展“苍溪农特产品进金控”消费帮扶活动

四川金控集团与苍溪县共同发起总规模2.01亿元的"四川苍溪金兴股权投资基金"，积极参与苍溪县重点产业和重大项目建设，助力苍溪县培育发展特色优势产业

司为成都市龙泉驿区"锦绣天府乡村振兴"项目涉及的3亿元、5年期贷款提供担保服务。项目资金主要用于保障农民集中建房整理工作，涉及安置补偿农户900余户、修建新农村安置房面积15万平方米。该项目作为成都世界大学生夏季运动会重点配套项目，毗邻东安湖大运会主场馆，总体定位为"大运门户、文旅客厅"，为办好大运会、支持成都建设"国际赛事之都"提供了优美环境与良好配套。二是旗下资产管理公司作为不良资产收购处置的专业机构，于2022年6月成功竞得广元市贵商村镇银行不良资产包，实现省内首单村镇银行不良资产批量转让业务落地，开启了省内地方资管公司协助农村中小金融机构改革化险的新征程。截至目前，已成功收购广元市贵商村镇银行金融不良资产包3个，项目投放总金额超过1亿元。积极助力简阳市城乡一体化建设，实施简阳市禾丰三村乡村振兴支持项目，深化和拓展农村土地制度改革，释放集体经营性建设用地改革红利，充分激发农村发展内生动力，切实助力农村农业升级、村容焕新。三是旗下信用增进公司积极与地方企业对接，聚焦债券发行增信主责主业精准发力，助力达州市宣汉县城乡建设发展有限公司2021年第一期乡村振兴专项公司债券、成都市龙腾水利开发有限公司农村产业融合发展专项债券成功发行，累计支持全省乡村振兴领域融资超过10亿元。其中，宣汉县城乡建设发展有限公司2021年第一期乡村振兴专项公司债券为全省首单乡村振兴专项公司债券。四是旗下小额贷款公司积极走访新型农村建设龙头企业，实地调研企业经营情况和资金需求，积极为乡村基础设施建设、生态环境改善、农村公共服务提升等方面提供资金支持。依托"惠票贷"业务优势，以商业承兑汇票为纽带，向四川简州空港农业投资发展集团供应链上企业提供信贷支持33笔，放款金额达1.46亿元，将平泉街道荷桥村家风荷乡景区、连山村永明农旅融合等项目打造成为乡村振兴示范项目。为多家劳务用工企业开通绿色通道，高效完成贷前调查及投放手续，确保农民工

四川金控集团旗下信用增进公司捐赠资金支持苍溪县浙水乡梁都村建设安全饮水工程

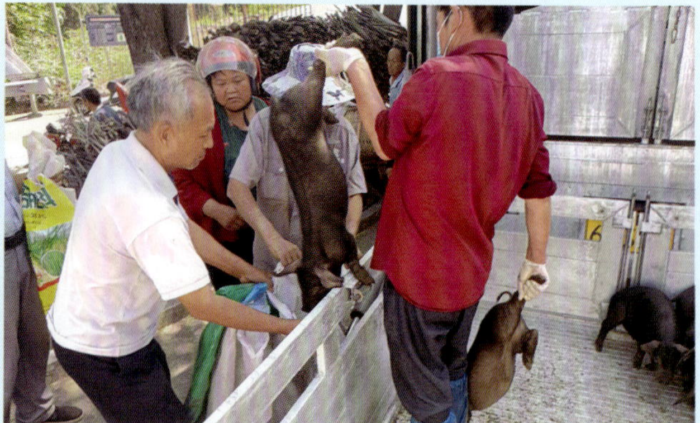

四川金控集团及旗下天府保理公司捐赠资金90万元在苍溪县白桥镇实施“生态猪·云认养”项目，建设“云认养”平台链接养殖户和消费者

工资能够按时足额发放，先后为四川省商投建筑劳务公司、成都市惠英建筑劳务有限责任公司等发放贷款76笔，提供资金支持2.44亿元。五是旗下天府保理公司全面推进金融服务乡村振兴的特色实践与探索，主动对接区域内涉农主体，为成都天府农博乡村发展集团有限公司设计保理产品，推动项目累计投放1亿元，解决了该公司短期的资金短缺困境，为服务“三农”、推动乡村振兴、筑牢“天府粮仓”贡献天府保理力量。六是旗下数字科技公司先后开发“智慧养殖生猪抵押贷”、川金链数字金融服务平台涉农商票质押和电子债权凭证业务等创新科技金融产品，协同银行、融资担保等金融机构，为涉农产业链上中小企业输出平台化、线上化、数字化的高效率、低成本票据融资服务，累计为涉农领域中小微供应商提供数字化商票质押贷款和电子债权凭证线上保理业务近1.5亿元。

五、践行国企责任，用心用情做好帮扶工作

按照省委、省政府托底性帮扶和定点帮扶工作决策部署，四川金控集团认真做好托底性帮扶广元市苍溪县和定点帮扶旺苍县金华村各项工作，始终坚持从讲政治的高度高位推动、高效行动，以实际行动践行省属金融国企责任担当。一是加强组织领导。成立以党委书记、董事长为组长的工作领导小组，选派2名干部到苍溪县挂职、1名干部到金华村担任驻村“第一书记”，抽调精干力量在公司组建工作专班，建立健全领导班子主责、专班专人主推的工作机制。立足地方所需、金控所能，高起点谋划、高规格制定中长期帮扶规划和年度帮扶计划，与苍溪县签订《托底性帮扶政企合作协议》，研究形成公司《托底帮扶苍溪县工作清单》，科学确定帮扶目标、重点任务、建设项目和支持资金，找准金融助力县域经济振兴发展着力点。二是突出产业帮扶。充分发挥省级国有金融资本控股运营管理平台的专业优势和市场优势，协调引导各类金融资源向县域下沉。采取“四川金控集团＋政府平台公司”模式，共同组建总规模2.01亿元的托底性帮扶股权投资基金，

四川金控集团旗下数字科技公司到苍溪县行政审批局和数据局开展托底帮扶工作调研，为苍溪县建设政府采购小额项目“网上超市”

引导各类资金、资源向苍溪县特色优势产业、新兴产业集中，加快形成欠发达县域“基金+产业”协同发展新格局。该基金实现全省托底性帮扶基金首笔项目投放，通过增资打造苍溪县“焕新生活”数字消费平台，预计3年拉动当地社会消费品零售总额提升15亿元。通过基金牵线搭桥，与山东上市公司朗源股份共同出资成立苍溪金朗农业有限公司，依托朗源股份丰富的产品种销经验及渠道资源，助力苍溪特色农产品升级推广和品牌打造。通过融资担保、债券增信、咨询服务等方式，积极助力苍溪县重点产业和重大项目对接资本市场、打通融资渠道、降低融资成本。针对县级国有企业融资缺乏抵押物、银行融资难的问题，旗下融资担保公司为苍溪国有公司首批提供4900万元纯信用融资担保。信用增进公司通过调研，为苍溪平台公司发行公司债提出建议方案，为苍溪县下一步进入资本市场融资找准方向。三是强化公益帮扶。认真落实“三级联帮”要求，下发通知明确下属首批7家公司结对帮扶苍溪县6个乡（镇）和1个村。集团层面统筹安排帮扶资金，组织二、三级公司分批次实施具体帮扶项目。计划4年捐赠公益性资金4000万元，2024年到位1060万元，为苍溪县高质量发展托底补短。其中，年内捐资450万元，通过帮助设立公益性岗位500个、支持“三类群体”发展庭院经济、发放求职补贴和创业贴息补贴等方式，提升居民人均收入；捐资490万元，支持建设白鹭湖农旅融合项目，以及浙水乡梁都村安全饮水工程、黄猫垭镇应急避险文化广场、百利镇冷链保鲜库、五龙镇停车场等基础设施项目，改善城乡人居环境；捐资90万元，支持实施“生态猪·云认养”项目，带动脱贫户、监测户等帮扶对象户均增收5000元；捐资30万元，举办苍溪县金融人才培训班。四是统筹抓好定点帮扶旺苍县金华村工作。围绕打造“生态种养+市场销售+牧草加工+联农带农+农旅休闲”五位一体的特色产业种养殖模式，先后投入200余万元帮助金华村购买种牛、机器设备、魔芋种子等生产资料，助力其建设“广元市靠前、旺苍县一流”的种养殖示范基地。截至目前，该村肉牛羊存栏量达到2500头，建成饲草加工厂、有机肥加工厂和魔芋种植示范基地，种养殖产业发展初具规模。

下一步，四川金控集团将继续紧紧围绕国、省重大战略，把支持农业农村现代化和乡村振兴作为工作的重中之重，以更加优质的金融产品和服务模式精准对接农村经济发展的多元化需求，助力农业更强、农村更美、农民更富，为全面推进乡村振兴、加快建设农业强省做出新的更大贡献。

四川金控集团旗下天府信用增进股份有限公司第一、第二党支部与四川苍溪国有投资（集团）有限公司党支部联合开展主题党日活动

四川金控集团旗下资产管理公司实现省内首单村镇银行不良资产批量转让业务落地，开启省内地方资管公司协助农村中小金融机构改革化险的新征程

四川金控集团旗下信用增进公司积极与地方企业对接，助力宣汉县城乡建设发展有限公司2021年第一期乡村振兴专项公司债券发行，为全省首单乡村振兴专项公司债券

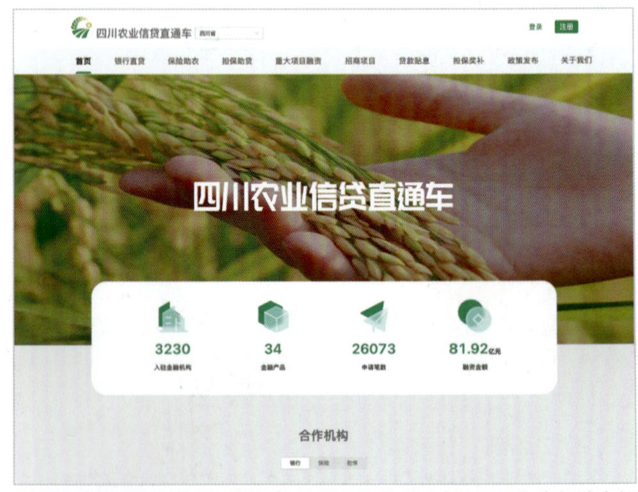

四川金控集团依托旗下四川征信公司运营的“天府信用通”省级地方征信平台，整合涉农信用信息搭建全省涉农金融大数据系统和涉农金融一站式服务平台——四川农业信贷直通车

四川金控集团旗下数字科技公司开发“川金链”数字金融服务平台，为涉农产业链上中小企业输出平台化、线上化、数字化的高效率和低成本票据融资服务

四川金控集团助力建设“四川省自然资源信息流转服务平台”，实现全省自然资源要素的高效配置与有序流动，保障全省重大建设项目用地需求

四川金控集团创新服务“三农”路径模式支持高标准农田建设，助力打造新时代更高水平“天府粮仓”

四川金控集团旗下融资担保公司为成都市龙泉驿区“锦绣天府乡村振兴”项目涉及的3亿元、5年期贷款提供担保服务

四川金控集团旗下天府保理公司为成都天府农博乡村发展集团有限公司设计保理产品，推动项目累计投放1亿元助力粮油产业园区建设

四川省都江堰水利发展中心

都江堰灌区基础设施提升项目开工典礼

水利遗产保护发展联盟2023年成员大会

三年来，在水利厅党组的坚强领导下，都发中心深入践行习近平新时代中国特色社会主义思想和习近平总书记“节水优先、空间均衡、系统治理、两手发力”治水思路，秉承着“传承古堰文明、引领现代水利，服务灌区、造福人民”的理念，以追求卓越、奋进姿态谋划发展大蓝图，做到极致、苦干实干，谱写发展新篇章，灌区活力全面激发，改革效能全面释放，发展势头强劲，迈入了高质量发展的快车道，示范引领全省存量水生产力创新发展。

体制机制重大突破。按照水利厅以“一体化”为核心、以“省牵头、市参与，一体化、增质效”为原则的“一核心四原则”总体改革思路，都发中心按照“三统三两”要求，搭建了完备的“六大组织”架构，建立了涵盖 5 大类 210 项的制度体系，改革带来了从“九龙治水”向“一龙管水”的历史性转变。灌区发展壁垒得到破除，体制机制优势全面凸显，发展规划、工程管理、水资源调度、人力资源配置、财务监管、考核标准实现了“六个统一”，都江堰灌区的管理效率和服务水平显著提升。

发展格局全面升级。作为四川经济社会高质量发展的“压舱石”，都江堰灌区在深入推进成渝地区双城经济圈建设、加快打造新时代更高水平“天府粮仓”的关键时期承载着新的历史使命。中央将都江堰灌区纳入国家重大战略实施和重点领域安全能力项目实施规划，省委、省政府为都江堰灌区擘画了“建设‘国际知名、国内一流’灌区榜样，实现工程永续利用”的宏伟蓝图。水利厅顶层设计制定灌区榜样建设行动纲要和实施方案，批复实施都江堰灌区高质量发展规划，为灌区发展提供了前所未有的政策支持。依托灌区一体化管理优势，都发中心紧盯工程、管理、科技、文化、人才五大板块，推动灌区发展“一盘棋”布局，实现了从“区域切块”向“全域集中”的逆势转变。通过持续强化对外合作交流，都发中心先后与地方党委、政府就深化灌区管理达成 13 项合作共识。

发展基石夯实筑牢。以建设现代化灌区为引领，都发中心累计整合投入资金 21 亿元，推进建设了一系列标志性工程，包括水文化博物馆、档案中心、防汛运维物资仓库、灌区指挥中心、结算交易中心等。同时，推进实施灌区续建配套与现代化改造、基层站点标准化改造，以及黑龙滩、鲁班水库除险加固等基础工程的实施，有效改善了 92.9 万亩灌溉面积，新增粮食生产能力 0.11 亿千克，渠道及渠系建筑物完好率持续提升。都发中心构建了“1+8”指挥中心体系，建成全国灌区最大的云计算数据中心，开发建设了数字孪生都江堰渠首和数字孪生黑龙滩；完成灌区工程管理“一张图”绘制，建立全国首个灌区标准化“量水秤”体系，全面推进计量设施建设和闸门自动化改造；组建集测绘、巡查、宣传于一体的无人机队，构建“数字化场景、智慧化模拟、精准化决策”的智慧水网体系。都发中心通过公开招聘、考调、人才引进等多渠道吸纳人才，建立“1234 计划”后备干部人才库机制，不断健全职务职称晋升机制，激发人才资源活力。同时，都发中心搭建了智库团队，为灌区高质量发展提供智力支持。

资源利用高效优化。都发中心推进“省市县乡村联动、干支斗农毛互通”的一体化调水管水机制。平坝灌区与丘陵灌区实现同步育秧栽秧，春灌联合保障试点达到预期目标，芒种节气前“关秧门”成为常态，为护航“天府粮仓”提供

四川省都江堰水利发展中心

标准化量水秤

2024都江堰放水节

了有力保障。在供水结构调整和保障能力提升方面，都发中心在高效应对极端水旱灾害和保障第 31 届成都世界大学生运动会、成都世界园艺博览会等重大活动水安全工作中贡献突出。同时，以水权与水价改革为“动力源”推动节水，完成以县为单位的初始水权分配，农业水费执行省发展改革委 2017 年批复的标准，景观用水合同定价，水权交易取得积极突破。为盘活水土资源，都发中心制定实施经济发展 17 条措施，推动以投补水、以旅补水、以电补水。成立四川省金宝瓶水利发展有限公司，紧盯发电、旅游、建筑、设计、服务等五大板块深化企业发展；高标准打造电站运维中心等，推动绿色小水电示范电站创建，开展经营性文旅活动；灌区资源配置实现了从区域局部优势效益向整体最优效益的全面转变。

精神文化创新提升。都发中心积极开展“四强”党支部创建活动，持续擦亮“‘古堰先锋’为引领、‘一支部一特色’为支撑”的党建品牌体系，以高标准党建引领灌区高质量发展；构建大宣传格局，打造宣传媒体矩阵，组建中央、省、市、县四级媒体“朋友圈”；建立通站及特约通讯员机制，多维度、多视角推进内容创作；宣传质量、数量及宣传态势屡创新高，“视界都江堰”已成为行业领先的宣传品牌，都江堰声音的传播力、感染力、影响力得到空前提升。都发中心坚持聚焦遗产保护、理论研究、传播交流，引领蜀水文化建设。推动通济堰入选世界灌溉工程遗产名录，推动四大传统堰工技术申报为省级非物质文化遗产；建成“古堰清风”廉洁文化馆，发起成立水利遗产保护发展联盟，加入长江水文化联盟；全球唯一的世界灌溉工程遗产研究中心落户都江堰；开展八大水文化课题理论研究，总结提炼了“李冰精神”；先后 10 余次参与国际国内水文化研讨会，向世界分享都江堰的生态治水之道；常态化举办李冰诞辰纪念活动和都江堰清明放水节活动，推动都江堰文化多次在国际性大会和节庆活动上亮相，充分展示“活态遗产”的独特魅力，都江堰文化的创造性保护和创新型发展格局基本形成。

广汉市连山镇“天府粮仓”建设

黑龙滩水库除险加固

云计算中心

绿色小水电

现代化改造

四川省武都引水工程运管中心

绵阳市市长李云（二排右三）调研武都水库防汛减灾工作

2022 年 9 月 23 日，四川省武都引水工程运管中心挂牌成立，武都引水工程（简称“武引工程”）正式纳入省直管理，开始承担“3133”工程，即“三库”（武都水库、沉抗水库、金峰水库）、“一枢纽”（总干渠取水枢纽）、“三干渠”（总干渠、涪梓干渠、西梓干渠）、“三分干渠”（高复分干渠、红岩分干渠、金龙分干渠）等运行管理，在防御水旱灾害、保障粮食安全、保障经济社会发展、促进工农业生产、保护水土资源和改善生态环境等方面发挥了重要作用，已成为川西北区域经济社会发展资源性支撑的重要基础设施，为推动绵阳、广元、南充、遂宁 4 市 11 个县（市、区）城乡融合发展和促进乡村振兴做出重要贡献。

一、武都引水工程概况

武引工程被邓小平誉为“第二个都江堰”，是四川“六横六纵”水网规划和“一主四片”水生产力布局的大型骨干水利工程，以防洪、灌溉为主，兼有生态环保、城乡供水、发电等功能，控灌绵阳、广元、南充、遂宁 4 市 11 县（市、区），灌溉面积 459 万标准亩，受益人口 400 余万人。灌区分三期建设，一期工程灌溉面积 199.5 万标准亩，控灌江油市、梓潼县、绵阳市游仙区、三台县、盐亭县、射洪市等县（市、区）。二期工程包括武都水库和灌区工程，其中武都水库投资 33.99 亿元，2004 年开工建设，2013 年建设完成，2022 年完成竣工验收。三期工程为蓬（溪）船（山）灌区，由遂宁市建设，武引工程提供水源，设计灌溉面积 94.7 万亩，概算投资 36.69 亿元，2016 年开工建设，2022 年完工。

二、始终坚持党建引领，坚决扛起加快灌区高质量发展的责任担当

近年来，武引中心始终坚持以习近平新时代中国特色社会主义思想为根本遵循，深入贯彻党的二十大及二十届三中全会和省委十二届四次、五次全会精神，坚决贯彻落实水利厅党组“3226”总体工作思路，紧扣全省水利“三年上台阶，五年大发展”目标，纵深推进“六化”建设，精心打造“第二个都江堰”品牌，创新构建合作共赢的新型灌区合作模式，全面打响春灌保供、“十四五”现代化改造和国债项目建设、二期灌区工程竣工验收、水权水价

武都引水工程取水枢纽

武都引水工程水库

武都引水工程一期

武都引水工程灌区

武都引水工程干渠宏仁段全景

梓潼县白云镇九林村九根柏渡槽、导虹管、明渠

改革、防汛抗旱、水利经济增收、“事企分开”、灌区部级标准化创建、基础设施形象面貌大提升等重点工作攻坚战，走出了一条具有武引特色的大型灌区工程管理之路，为四川水利高质量发展贡献武引力量。

以规划为引领，建设现代化灌区。按照大型灌区高质量发展要求，编制完成《武引灌区高质量发展规划（2023—2035）》《武引灌区高质量发展三年行动实施方案（2024—2026）》《武引中心三年人才发展规划（2024—2026）》3个专项规划，制定《武引灌区争创县域城乡融合发展要素保障先行区行动方案》《武引灌区高质量发展先导区工作方案》。

以项目建设为“牛鼻子”，建设灌区水网工程。紧抓项目建设这个“牛鼻子”，抓好灌区水网建设规划及项目储备，推进“十四五”现代化改造和国债项目建设提速增效，着力抓好“十五五”灌区现代化改造项目申报，2024年申报项目储备总投资40.79亿元，其中A类投资21.8亿元、B类投资18.99亿元，全力构建灌区水网工程，增加灌区有效灌溉面积。

以水权水价改革为“动力源”，激发灌区发展活力。坚持以水权水价改革为“动力源”，按照“一年打基础、两年建机制、三年见成效”的总体安排，锚定2029年前全面完成改革任务目标。选择基础条件好的5个县作为水权水价改革试点区域，推动灌区各县（市、区）协商水价，制定《武引灌区水权水价改革工作方案》，与灌区县（市、区）建立新型合作模式，推进武引灌区和地方经济社会实现“两个高质量发展”。

以“六化”建设为路径，助推灌区高质量发展。聚焦以“六化”建设为主线，坚持以灌区高质量发展为纲，以“六化”建设为目，深化“一体化”改革成效，加快发展新质生产力，强化科技武装，推进“事企分开”“管养分离”“撤段并站”和机构“扁平化”管理，锚定2024年基本完成大发展目标，2025年查漏补缺，持续巩固提升，实现全方位大发展；2030年全面完成“六化”建设，以供水要素市场为需求，推动水利经济大发展。编制《武引中心高质量发展水利经济规划（2024—2026）》。加速灌区供水结构优化和要素调整，先后印发《武引中心水利经济收入管理考核办法》和《武引中心国有资产出租出借管理办法》，制定《武引中心效益“倍增计划”实施方案》，积极盘活各种资源资产，与灌区各县（市、区）共抓、共建、共享实践成果，催生水利经济收入，推动武引中心提前迈入“亿元俱乐部”。

以提升治理能力和治理水平为目标，全面改善基础设施形象面貌。实施机关办公用房维修改造，建设远控中心，推动现代化水利管理站试点沉抗水库管理站项目建设，规划盐亭站、金峰站合署办公，梓潼站、红岩站合署办公，武都枢纽站、响岩站合署办公，规划高复站建设选地，提升机关和站点基础设施形象面貌，推进灌区形象面貌大提升。

以增强党的政治功能和组织功能为着力点，创新党建特色工作。推进党纪学习教育走深走实，狠抓巡察问题整改落实落地，开展党建进工地活动，组建临时党支部，成立机关、支部和青年团员防汛突击队，协调灌区各级党委、政府成立应急抢险基干队，统筹抓好防汛抗旱工作。加强党员积分制管理，纵深推进党风廉政建设和反腐败工作，强化思想政治及意识形态工作。

强化宣传思想文化工作，着力提升宣传工作质量。紧扣武引中心工作，严格按照水利厅党组“推进大统筹，谋求大融合，搭建大平台，推动大转变，实现大提升”宣传工作要求。高效运转“武都引水”微信公众号和视频号，着力讲好“武引故事”、弘扬武引精神、发出武引声音、传承武引文化，成效显著，中央电视台《24小时》《朝闻天下》等栏目，中国新闻网、中国封面新闻、《中国水利报》、四川省政府网站、《四川日报》、四川电视台、川观新闻、川经瞭望、四川在线、四川乡村、四川水利、绵阳电视台等中央、省级、市级主流媒体组团报道武引灌区春灌保供工作。《中国水利报》专版报道武引中心“一体”推进“六化”，水利部网站和水利部“水利粮丰”微信公众号原文转载《武引中心打好春灌保供“组合拳” 当好灌区粮仓“守护人”》，“学习强国”选载《武引党建引领改革赋能》，全面提升了武引灌区的知名度和影响力。

大春灌溉

灌区插秧忙

灌区丰收（梓潼县白云镇九林村）

成都市新都区

交通运输部长江航务管理局政法处处长叶飞（左二）一行到新都区督导春运安全相关工作

区委书记王忠诚（左一）调研乡村振兴工作

区长魏柯（右三）带队调研重点项目推进情况

区委常委、区总工会主席吴桐（前排左二）检查叠秀路桥梁施工情况

副区长杨金华（左一）对成南、成绵高速扩容项目新都段建设情况进行察看并组织召开现场会。原区交通运输局党组书记、局长刘传银（中）及相关负责人陪同调研

区交通运输局党组书记、局长代刚（右二）检查“智慧交通”运行情况

成都市新都区"四好农村路"全国示范县评估验收工作会

新都,"古蜀三都"之一,汇状元府地书香、满城桂蕊花香、宝光古寺佛香,素有"天府明珠,香城宝地"之美誉。辖区面积496平方千米,地区生产总值超过千亿元,入选2023年度全国综合实力、绿色发展、投资潜力、科技创新、新型城镇化质量百强区;全国百强区排名上升5位,升幅居全省第一位。有大中专院校12所,服务人口超过162万人,地铁3号线、5号线建成通车,"7高8快17轨"建构起现代交通体系。2023年,新都区实现地区生产总值1086.1亿元,年末常住人口159.29万人。

新时代的新都,抢抓成渝地区双城经济圈战略机遇,以全面建设践行新发展理念的公园城市示范区为统领,围绕建设成都都市圈北部中心,聚力打造智能制造先行区、成北消费活力区、"天府粮仓"精品区,绘就人城境业和谐发展的大美画卷。

新都,流量枢纽,要素汇聚,氤氲市井烟火,站上时尚前沿。以片区开发思路推进有机更新、打造未来城市,成北文化艺术中心加快建设,超线公园闪亮出圈,沿天府大道百里中轴线布局旱雪、轮滑、冰壶、马术、足球等"体育+"场景,熊猫国际旅游度假区与天府沸腾小镇、漫花庄园、百花谷等网红打卡地串联成势,"抱着熊猫吃火锅,听着音乐滑旱雪"引领消费潮流;精华灌区粮油基地、川西林盘价值高地,成为新都公园城市的乡村表达。

"四好农村路"实施路径与举措

近年来,新都区深入贯彻习近平总书记关于"四好农村路"建设重要指示精神,全面落实党中央、国务院和省委、省政府、成都市委、市政府系列工作部署,以"四好农村路"示范县创建和乡村运输"金通工程"高质量发展为抓手,积极推进农村公路高质量发展,农村交通运输工作取得了显著成效。全区农村公路里程达1310千米,其中县道公路19条,共计140千米;乡道公路128条,共计433千米;村道公路661条,共计737千米。相继被交通运输部、农业农村部等表彰为第四批"四好农村路"全国示范县,被省政府认定为第四批"四好农村路"省级示范县,这是对全区"四好农村路"高质量发展成效的认可和肯定。

穿梭在田野里的美乡路

区交通运输局组织全体党员干部集体学习贯彻党的二十届三中全会精神

建设好。坚持“路旅、路产”融合，打造“最美农村路”约33千米，在锦水河片区现有产业项目基础上，按照“外串内连微循环”的思路打造，通过对绿道赛事路线、参观路线、熊猫BUS路线三条路线的打造，串联锦水河片区八大已初步成型的产业项目景区，实现农村公路与产业、旅游融合发展，为全区乡村振兴和公园城市建设提供了坚实的交通支撑。

管护好。在全区农村公路推行“路长制”管理，共设置路长221名。在各条公路显眼位置设置“路长制”公示牌，将路长、管养责任人、路线管护员的姓名和联系电话、监督单位名称及联系电话、路长职责等进行公示。路长每月定期开展巡查，发现公路、公路用地及建筑控制区内养护及路政问题及时通知相关管护单位处理。

运营好。开通香城乡巴公交专线，打造公路驿站，彰显人文关怀。增设大巴和机动车停车场等配套设施，增强了可达性，提升游客体验度，盘活旅游资源。

农村公路与产业、旅游、文化融合发展，助力农民就业增收，为乡村振兴注入强劲动能。新都区道路通畅，产业发展，群众增收致富，“四好农村路”铺就了乡村振兴的“康庄大道”，有力助推了当地经济社会发展，为推动农业大省向农业强省跨越、推动治蜀兴川再上新台阶做出了积极贡献。

区交通运输局组织年轻干部到一线锻炼

区交通运输局开展春运常态化安全执法检查，确保春运安全

让货运物流跑得更“稳当”，交通执法工作人员对运输车辆进行安全检查

新都区成功办理全省首例"开办运输企业一件事",实现交通运输政务服务升级

新都区2024年春运动员大会暨交通运输领域突发事件应急处置实战演练活动

轨道交通+城市公交无缝衔接(华桂路 P+R停车场)

方便市民出行、干净整洁的新都区出租车

节能减排、摆放整齐的新都区新能源公交车

城市轨道交通让生活更便捷——新都区地铁班列

京东“亚洲一号”

芳华微马公园十里紫藤绿道

红枫林路

马超东路

锦水渠路（水磨花溪乡村振兴景点）

美乡路旁音乐足球小镇大田景观

世安路（沿途大田农业风光）

石家路（夏河溪乡野公园）停车场、驿站等公路设施齐全

公路驿站

南三路路边小品和路长制公示牌

美乡路文化墙

成都市新都区开启“无人机＋无人车＋即时配送”新模式

无人机配送，包裹“从天而降”

乡村快递新场景——空地一体打通“最后一公里”

新都区获评“川货寄递”先进县，寄递量排全市第一位

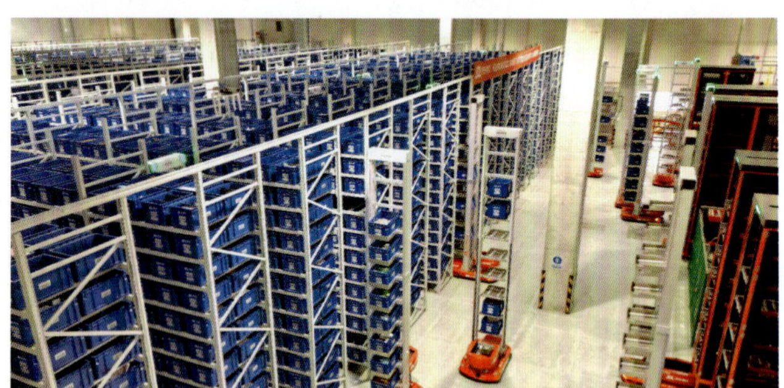
穿梭在货架之间的“飞狼”系统

新都区智慧交通平台信息化管理

新都区智慧交通综合管理平台

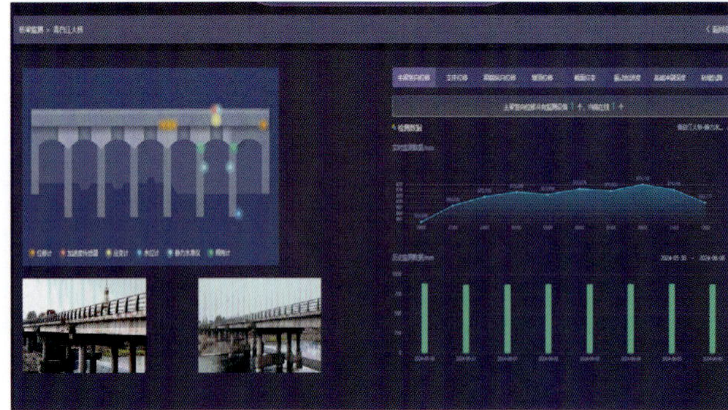
桥梁安全智能检测

科技治超系统

加强资源聚合　助力四川乡村全面振兴

四川省农村发展促进会

副会长郭晓鸣（左三）主持《打造琼江乡村振兴走廊的安居实践》课题评审会

农业农村厅农村社会事业促进处处长司开元（右二）一行调研指导协会工作

四川省农村发展促进会（简称“省农发会”）成立于1995年，农业农村厅主管。30年来，省农发会一直采用“行业行政单位主管和指导、协会自主发展”的管理模式，秉承“面向农村、发展农业、造福农民”的宗旨，致力于“三农”工作调研、政策咨询、规划编制、科技推广、人才培训、典型宣传等工作，现已发展成为专业型、研究型、服务型的省级社会团体。

秘书长陈军（左）应邀参加第十届农业品牌大会（嘉宾对话）

近年来，省农发会在主管单位党组织的领导和有关业务处室具体指导下，深入学习贯彻习近平总书记关于“三农”工作的重要论述和来川视察重要指示精神，认真落实省委、省政府决策部署，全面加强党组织建设，引领协会服务提质增效和转型。一是不断打造“乡村振兴资源聚合与综合服务平台”；二是整合专家力量和涉农领域资源，开展“与我同行·助力振兴——百村行动”，深化“协会＋镇村＋企业＋村民”合作机制，促进联农带农富农强村；三是以发展“专业委员会”为抓手，建圈强链聚焦产业发展和科技成果转化与运用；四是精编“三农”系列图书，记载“三农”发展历程、宣传“三农”政策和典型，供资政、存史、育人。

新时代新征程，新使命新作为。省农发会将积极发挥桥梁纽带作用，全力服务党委、政府部门及会员单位，为乡村全面振兴和农业农村高质量发展多做贡献。

参加农业农村厅社会组织联合党委泉水村联合党建活动

召开川东北经济区乡村振兴交流会暨四川农村“五位一体”集体经济股份合作社启动仪式

成都市双流区

区委书记、区总河长欧昭（右一）调研宜居宜业和美乡村建设情况，区委常委、区总工会主席苏巍（右二）陪同调研

区人大常委会主任刘航（中）带队调研生态环境保护和生态惠民工作推进情况

区长、区田长杨钒（中）调研田长制工作开展情况

区政协主席唐劲松（右二）带队到黄水镇调研乡村振兴及田长制工作情况

副区长罗仕明（前排右二）一行到双流艺体中学调研

区农业农村局党组书记、局长，区乡村振兴局局长沈登水（右）就结对帮扶巴塘县农产品销售等情况进行交流

2023年双流区田长制林长制全体会议

双流，位于成都市西南核心区域，是国家级天府新区、临空经济示范区和自由贸易试验区的重要承载地，实际管辖面积 466 平方千米，下辖 9 个镇（街道），户籍人口 73 万人，常住人口 150 余万人，2023 年实现地区生产总值 1197.5 亿元，列“赛迪百强区榜单”第 26 位，连续 4 年获评“中国最具幸福感城区”。2023 年，获评全市营商环境建设先进区县、企业口碑度优秀区县，连续 4 年在全市营商环境评价中保持先进。

近年来，双流区委、区政府坚定以习近平新时代中国特色社会主义思想为指导，认真落实中央和省、市系列决策部署，紧扣高质量发展主题主线，坚持成渝地区双城经济圈建设总牵引，以全面建设践行新发展理念的公园城市示范区为统领，加快打造社会主义现代化高品质空港双流。

农业产业化发展。坚决扛起稳粮保供政治担当，认真落实《成都市双流区农村土地流转管理实施细则》《成都市双流区制止耕地撂荒管理办法》，严管土地用途、严格主体准入、严防经营风险，全年恢复耕地 8706 亩，连续两年实现耕地净流入。着力农业产业多元融合发展，拓展“一业多效”，发展采摘体验、农耕教育等新业态，培育欣悦草莓等经营主体 9 家，打造瞿上田园等新场景 6 个，新培育市级以上农业产业化龙头企业 2 家。全区农业经营主体共有 909 家，其中市级以上业化龙头企业 18 家（国家级 2 家、省级 6 家、市级 10 家）、农业专业合作社 195 家、家庭农场 696 家。

农村集体产权制度改革。立足农村集体资产数字化管理改革试点任务，积极探索集体资产数字化管理新模式，助力农村集体资产精准、高效管控。推进农村产权清查核实工作，录入各类农村产权信息 1 万余条。实施集体经济“消薄创先”计划，分类梳理集体经济组织闲置资产，开展多元化招商，探索资源发包、物业出租、资产参股等形式壮大集体经济，全面消除集体经济年收入 20 万元以下薄弱村 13 个，打造市级壮大集体经济示范村项目 2 个。

区委农村工作会议

彭镇时光原野现代粮油园区高标准农田水稻长势喜人

供销合作社改革。探索建立“三社融合”发展新模式，在全省创新打造“社区共享超市”，规范建设“三社融合”基层社 15 个。双流区“三社融合”建基层社工作做法两次入选全国县级供销合作社主任培训班讲义并被列入四川省供销社“三社融合”发展典型案例，长埂基层社被评为“中国好社企”。

农产品品牌战略实施。全区有国家地理标志农产品 4 个（双流冬草莓、双流二荆条辣椒、双流永安葡萄、双流黄甲麻羊）、有机农产品 13 个、绿色食品 4 个，推荐“环太”牌苦荞茶、苦荞面、苦荞粉申报 2023 年四川省农业品牌目录并成功入选。依托空港综合农事服务中心全程综合服务能力，合力打造农产品区域公用品牌“瞿上珍品”，围绕优质优价，着力提升粮油、果蔬农产品品质和产量，提升双流农产品知名度和品牌影响力。

现代农业园区建设。持续提质发展现代农业园区，加快补齐基础设施建设短板，强化“双字号”粮食品牌打造，完成黄水园区接待展示中心建设，改造提升园区生产便道 3975 米、游步栈道 1000 米，配套建设服务驿站 3 个。持续推进园区腾退低效果木规模化种植粮油，园区高标准农田覆盖率达 90%。双流区空港创意都市现代农业园区获评四川省三星级园区，彭镇时光原野现代粮油园区获评市级四星级园区，黄水镇臻爱田园现代粮油园区获评市级三星级园区。

彭镇时光原野现代粮油园区规模化种植

黄水镇空港创意都市现代农业园区

区农业农村局农技人员讲解病虫害防治措施

科技助力粮食稳产增收（无人机监测稻谷长势情况）

永安镇双坝村产村相融

中国农民丰收节双流区庆丰收活动现场

永安镇8000余亩水稻喜获丰收

2024年中国农民丰收节双流区庆丰收活动现场

第十届四川农业博览会双流农博馆（空港双流）

双流白河获评成都市第五届“最美河湖”

双流区获评“2024企业家幸福感最强市（区）”

特色产业助农增收致富

地理标志产品——黄甲麻羊

地理标志产品——双流冬草莓

硕果累累的永安葡萄

地理标志产品——双流二荆条喜获丰收

空港花田美丽通村道（双流区获评第七批"四好农村路"省级示范区）

宜居宜业和美乡村——黄水镇白塔社区

黄水镇白塔社区瞿上新村村道

都市休闲农业——欢乐田园

天府旅游名县

2023年首届黄龙溪端午龙舟赛

非物质文化遗产——火龙灯舞

百年老街彭镇

国家4A级景区——黄龙溪古镇

空港绿道

农旅相融空港花田

幸福美丽新村——彭镇鲢鱼村

幸福美丽新村——彭镇临江村

幸福美丽新村——永安镇双坝村

幸福美丽新村——黄水镇云华新村

川渝两城国际航空门户枢纽　打造中国航空经济之都

中国现代五项赛事中心

双流空港口岸创新“空空中转”新模式赋能航空货运高质量发展被中央电视台新闻频道《朝闻天下》栏目专题报道

德阳市旌阳区

农业农村部大数据发展中心主任韩旭(中)一行到旌阳区调研耕地用途管控工作,区委书记谢斌陪同调研

德阳市委常委、纪委书记隆斌(右二)到旌阳区调研绵远河损毁堤防重建项目情况,区委书记谢斌(右一)陪同调研

德阳市旌阳区坚定以习近平新时代中国特色社会主义思想为指导,全面贯彻落实中央、省委和市委决策部署,深入实施乡村振兴战略,主动定位"国家城乡融合发展试验区""成渝地区双城经济圈乡村振兴样板区""成都都市圈现代都市农业示范区",以全域乡村振兴为抓手,建立"全域规划、全域推进、全域服务"制度体系和"点上示范、线上典范、面上规范"推进机制,聚焦"改革、数字、美育"等关键词,促进农业全面升级、农村全面进步、农民全面发展,探索出一条独具特色的乡村振兴之路,获评全国县域经济"百强区"、国家级油菜制种大县、四川省农村改革工作先进区、四川省数字乡村试点区,连续五年脱贫攻坚考核等级为"好"。

近年来,旌阳区围绕省五星级园区、全省乡村振兴成效显著县创建目标,牢牢守住粮食安全、耕地保护、不发生规模性返贫三条底线,持续深化"三变"改革、"五社"实践,大力开展数字农业建设,实施乡村美育提升行动,实现了农业更强、农村更美、农民更富目标。

德阳市旌阳区粮油现代农业园区

区委书记谢斌（中）调研防汛抗旱、地质灾害隐患排查整治和水库安全工作

区长李得立（中）参加旌阳区农民丰收节活动

副区长陈然（右三）率区农业、财政和发改等部门负责人调研粮油园区项目建设情况

农用地产权制度改革。巩固提升农村集体产权制度改革，开展农村集体产权制度改革“回头看”，确认集体经济组织重复成员，全区共清理重复成员3300余人。核对农村集体经济组织登记赋码信息，全区4个镇（街道）69个村7个社区33个村民小组全部完成信息核对。推进村级改革提质扩面，实现4个改革镇（街道）所辖村全覆盖，旌阳粮食现代农业园区实现4镇18村全覆盖。加速突破镇级试点，通过镇村联动推进改革，聚集产业资源、引进优质企业、实施特色项目，拓展镇域经济发展空间、提升发展能级，推动乡村全面振兴和新型城镇化协同融合发展。继续推进农村土地制度改革，在新中镇桂花村、孝泉镇五会村开展解决农村土地细碎化问题试点，探索经营权互换、出租、入股、流转等方式，解决承包地细碎化、农机作业条件差等问题，完成细碎化土地整治1050亩，地块面积提升至3亩左右。在柏隆镇、双东镇开展农村土地承包和流转合同网签试点，实现土地流转全程“不见面签约”“不见面审核”，系统已全面建成。

现代农业园区建设。全区完成6个现代农业园区的晋级和认定，其中德阳市旌阳区粮油现代农业园区晋升为四川省五星级现代农业园区，旌阳区旌秀桂花智慧粮油现代农业园区和旌阳区旌西粮油现代农业园区2个园区被认定为市一星级现代农业园区，旌阳区旌西粮油现代农业园区、旌阳区油菜制种现代农业园区和旌阳区生猪种养循环现代农业园区3个园区被认定为区级现代农业园区。

农产品品牌战略实施。一是有针对性地开展“一乡一品”工作，打造区域性公共品牌商标，助力乡村振兴。与四川米祥

油菜制种基地

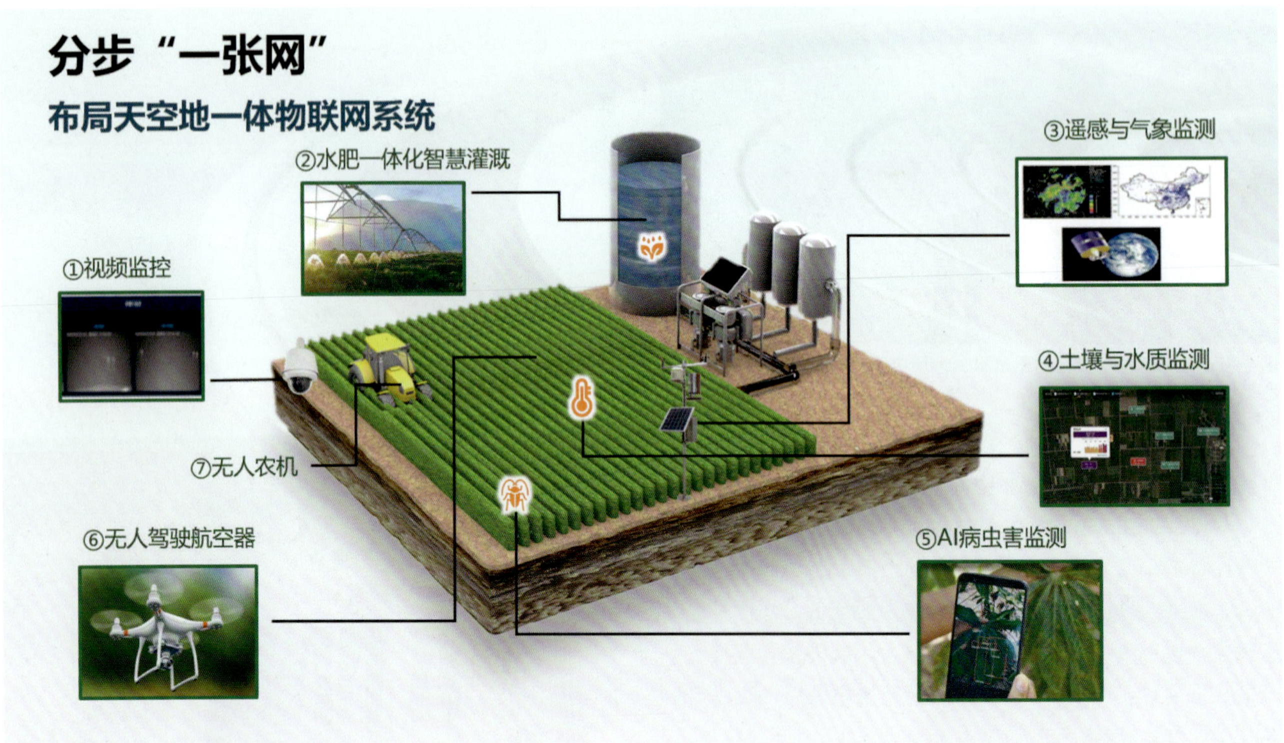

旌阳区数字农业——"一张网"概念图

知识产权代理有限公司签订商标品牌孵化培育服务合同，委托该公司协助旌阳区各乡（镇、街道）培育打造地理标志产品、区域性公共品牌商标等，以品牌建设促进乡村产业发展。二是加大农资产品知识产权保护力度。深入开展"春雷行动"，围绕川粮、川茶、川猪、川药、川菜、川酒等产业商标保护工作，全面打击侵犯商标、专利专用权和恶意抢注商标行为。

数字农业。建设全区域资源管理图，整合利用全区涉农数据，上线运行"旌阳数字三农管理平台"。全区42.9万亩耕地、1227家新型经营主体等"三农"数据实时上图。建设土地安全利用监管等8大管理系统（模块），开展农业经营主体试运用。建设全过程服务物联网，高标准建设"旌耘粮仓"智慧农业管理平台、"旌秀桂花"粮油智慧农业园区（5G无人农场）、东升农场农产品质量安全监管系统和青甜扬嘉数字农业示范园等示范应用场景。打造全周期产业区块链，以区块链技术为载体，将农业生产、行业管理、人才培训等与产业链对接，上链运营农业新型经营主体148家，上链产品374个，孵化30名主播23家网店。完成农业数字化人才培训5期、300余人次。玉泉市场数字双创基地和青甜扬嘉数字农业示范园投入使用。

涉农节会会展。以助力全面乡村振兴、推动农业经济高质量发展为目标，积极引导爱达乐、旌晶食品、黄许鹿头禽蛋、兴澳伊百香果等优质农产品企业参加四川农业博览会、绿色食品展销会、乡村振兴现场会等重大农业展会，全年参展企业32家，展会促成订单金额约600万元。承办德阳市中国农民丰收节主场庆祝活动，充分展示德阳现代化农业发展新成就、农村改革发展新变化、乡村振兴新成果。

数字农业项目——东升数字大棚

旌阳区农业数字人才培训班

农民丰收节

高粱喜获丰收

农民丰收节产品展销

直播带货（链上推广销售）

青甜扬嘉水果采摘节

旌耘+企业品牌赋能

涉农项目建设

人居环境优化

绵阳市游仙区

区委书记韩晓清（中）带队调研农业产业促推高质量发展工作，区委常委、组织部部长李静（右一），区政府党组成员、副区长姚永强（三排右三），区委农办主任，区农业农村局党组书记、局长蒋睿（二排右二）陪同调研

区长罗盛军（中）调研农业主题公园工作，区政府党组成员、副区长姚永强（左二），区政府办公室主任王波（左三），区农业农村局党组成员、副局长李进（右一）陪同调研

绵阳市游仙区认真贯彻中央和省委、市委关于农业工作的决策部署，结合当地实际创造性推动工作落实，在创新农村经营方式、强化经营管理等方面进行了有益探索，在带动农民增收方面做出了突出贡献。2018 年以来，游仙区农村经营管理工作连续 6 年被农业农村厅表扬为“全省农经工作典型地区”。

区委常委、组织部部长李静（中）调研农业园区工作，区园区办专职副主任李清正（右一）陪同调研

创新推行“户长代表制度”，推进农村集体产权制度改革。设置农村集体经济临时集体股，为农村后续综合改革预留改革接口。在全区三个镇试点创新建立镇级股份合作总社，在新桥镇试点开展闲置宅基地和闲置农房盘活利用，村级集体经济收入村均增加3万元；在忠兴镇开展土地大托管，改造农田 4 万余亩，解决土地细碎化面积 2.6 万亩；在仙鹤镇开展承包地“三权分置”改革试点，发展优质葡萄产业；在魏城镇开展城乡建设用地增减挂钩项目，复垦闲置宅基地 300 余亩。2020 年，游仙区农村集体产权制度改革试点经验被农业农村部确定为全国典型经验；2022 年，游仙区集体经济融合发展试点被农业农村厅评为省级先进区。

探索推行“三大模块、四屏联动、三级响应”工作机制和流程，实现农村集体“三资”管理账套规范化、内容公开化、监督全员化，有效杜绝“微腐败”发生。三大模块强监督，建立农村“三资”管理系统，将系统纳入“清风游仙”阳光监督平台，在平台设置“三资”管理监督、惠民政策执行监督、干部作风监督三大模块，实现农村“三资”透明管理。“四屏”联动便查询，辖区群众可随时扫描身份证

区政府党组成员、副区长姚永强（右二）调研农业产业发展情况，区委农办主任，区农业农村局党组书记、局长蒋睿（右一）陪同调研

区政府党组成员、副区长姚永强（左二）调研高标准农田建设工作，区农业农村局党组副书记、副局长刘晓东（左三）陪同调研

2023年区委农村工作会

绵阳市庆祝2023年“中国农民丰收节”暨游仙区农业区域公用品牌发布会

游仙区2023年水稻新品种展示评价暨现场观摩会

或输入身份证号码通过有线电视屏、查询终端触摸屏、手机屏、电脑屏查询了解所在集体经济组织的“三资”管理情况，并进行投诉、建议、咨询、举报等。三级响应问效率，镇、区级部门、区纪委监委依照各自权限和时限对群众的投诉、建议、咨询、举报进行反馈、裁决和处理。该改革举措在省委改革办 2018 年《四川改革专报》第 44 期刊发，作为绵阳市全面深化改革经验推广。

坚持以政府主导、集体主体、群众首位的原则开展合作、出租、入股等盘活利用闲置宅基地、农房新模式。在新桥镇完成闲置宅基地复垦 169 亩，复垦验收闲置宅基地 65.88 亩，解决 11 家农旅融合企业发展用地。新桥镇胜利村一宗 7.825 亩集体经营性建设用地顺利入市交易。在魏城镇、仙鹤镇、盐泉镇 3 个镇 32 个村实施两批次城乡建设用地增减挂钩项目，完成整理复垦 1380 余亩，其中取得指标确认 608.39 亩。在魏城镇铁炉村由村集体盘活 27 户农户闲置宅基地，采用传统夯土工艺，统一规划改建集书院、商城、小院、餐饮等于一体的“土居”民宿，形成全市规模最大的现代夯土建筑群，并配套发展青梅、脆桃种植 1800 亩，推动农文旅深度融合，2023 年全村集体经济总收入突破 100 万元。《盘活农村闲置宅基地助推乡村持续健康发展》典型经验在省委农办 2020 年《三农要情》第 1 期专刊刊发；《七举措盘活闲置宅基地》案例入选 2023 年四川省农村宅基地管理与改革典型案例。

探索建立农事一体化服务中心，为群众提供农业生产全产业链服务，实现农业丰收、集体创收、农民增收。探索“土地大托管”模式，将各村各户单打独斗式的农业生产方式转变为跨区域、规模化、机械化的现代农业生产模式，已托管土地 4.3 万亩，占试点地区耕地总量的 77%。在农事一体化服务中心带动下，全区整合 20 个服务主体，引进测土配肥、飞防植保、优良品种、先进农机等技术装备 400 余台（套），组建栽培、植保、机械、农技等 18 支专业服务团队进行生产技术指导，实现种粮成本、农资用量、机械化成本、设施投入降低和粮食产量增加，年均降本 200 元 / 亩，为农户节约成本 6000 余万元，农民年均增收 790 元 / 亩。2020 年，《土地托管“435”为农增收添动力》入选全国农业社会化服务典型案例；2021 年，《“托管中心 + 服务主体 + 农户”新时代种田好出路》入选全省农业生产社会化服务工作典型案例。

魏城镇鹤林绿洲农业主题公园

新桥镇石庙村高标准农田建设

仙鹤镇优质粮油示范区种植基地

仙鹤镇落水村农业园区葡萄产业基地

绵阳市游仙区盐泉镇

绵阳市副市长黄波（前排右二）到盐泉镇视察巡河工作，镇党委副书记、镇长任朝伟（前排右三）等陪同

游仙区区委书记韩晓清（中）带队到盐泉镇调研农业农村重点工作，区委常委、组织部部长李静（右一），区政府党组成员、副区长姚永强（三排右三）参加调研，镇党委书记刘光（左一）等陪同调研

游仙区区长罗盛军（中）带队到盐泉镇调研农耕文化建设情况，副区长王俊（左二）、镇党委书记刘光（右二）、镇长任朝伟（右一）等陪同调研

盐泉镇位于绵阳市游仙区东南部，东依三台县，北临梓潼县，距绵阳市区 53 千米，属于丘陵地貌。全镇面积 109.88 平方千米，辖 14 个行政村 3 个社区居委会 177 个村（居）民小组，总人口 39795 人。辖区生态优美、民风淳朴，魏城河自北向南穿境而过。盐泉镇历史底蕴深厚，从西魏到元朝的 725 年间，先后为魏城县和盐泉县的县治所在地，素有“状元故里、古县治所”之称。

特色产业。绵阳市游仙区现代蚕桑融合发展科技示范园区建设，在全区范围内率先制定出台《盐泉镇推进蚕桑产业高质量发展扶持办法（试行）》，提出扩大蚕桑种植面积、推进桑园改造提升、加快完善配套设施、发展壮大经营主体、

盐泉镇农旅产镇相融

省农科院蚕研所党委书记张友洪（中）到盐泉镇蚕桑现代农业园区调研

四川省扶贫基金会绵阳市分会副会长陈素琴（右四）到盐泉镇调研状元文化

游仙区区长罗盛军（中）带队到盐泉镇调研第一产业工作发展情况，区政府党组成员、副区长姚永强（右二），区政府办主任王波（右一），区委农办主任，区农业农村局党组书记、局长蒋睿（左二）参加调研

绵阳市农科院院长任勇（右二）到盐泉镇调研农业产业发展情况，镇党委书记刘光（右一）、镇长任朝伟（左一）等陪同调研

积极延伸产业链条、全力推进品牌发展等 6 个方面 15 项具体奖补措施，在充分发挥财政资金引导、撬动作用的基础上，全力调动各类主体共建蚕桑现代农业园区、共享蚕桑产业发展红利的积极性和主动性。

基础设施。2023 年被绵阳市政府评为第五批“四好农村路”示范乡镇。

社会治理。全镇开展“大排查、大整治、大曝光”行动，全年未发生影响安全稳定事件。

生态环境。严格落实河（林、路）长制，持续做好河流巡护、大气污染防治、长江水质保护、秸秆禁烧等工作。每月至少开展一次乡环境综合提质三年行动活动，常态化开展“党建引领垃圾分类”“志愿服务助力环境卫生整治”等各类志愿者服务活动 50 余次，营造“人人参与、家家行动、户户整洁”的人居环境治理良好氛围。

文化建设。用好“状元故里”金字招牌，充分挖掘苏易简状元文化、蚕桑文化、农耕文化和盐井文旅资源，充分发挥苏易简纪念馆、农耕博物馆、蚕桑博物馆“盐泉三馆”文化阵地聚合作用。苏易简纪念馆被四川省关工委评为“四川省青少年社会实践教育基地”、被绵阳市关工委评为“绵阳市青少年社会实践教育基地”。

盐泉镇优质蚕桑农业园区

峨边彝族自治县

县长陈玉秀（右二）调研“四好农村路”村道建设情况，县政府分管领导、县交通运输局相关负责人等陪同调研

峨边，地处西南小凉山麓，境内崇山峻岭、绵亘起伏、沟壑纵横，县域面积2382平方千米，总人口15.3万人，其中彝族人口5.6万人，占36.6%。中华人民共和国成立前，峨边仅有乐（山）西（昌）公路117千米建成于1941年的碎石路。境内公路交通十分落后，山间羊肠小道，行走艰难，人与货靠几千年传承下来的人背、肩扛和马驮。解放后，一代代交通人用艰辛和汗水铸就了一条条幸福大道。

特别是党的十八大以来，峨边县坚持把交通作为基础性、先导性、战略性产业，着力构建“两轴三环”县域交通路网体系和“五纵四横两环”城区骨干路网布局，以高速、高铁为“大动脉”，以农村公路为“毛细血管”，以打通对外“大通道”、畅通内部“主动脉”、贯通乡村“微循环”为主抓手，着力提升县域路网体系质量，致力形成“快进慢游”交通体系，不断加强管理养护水平，提高运营服务能力，打造“舒、安、畅、美”交通路网，让“四好农村路”成为群众家门口的致富路、幸福路、连心路、振兴路。

强化规划支撑，确保有规可依。突出规划引领，抽调行业系统专业精干力量组成“十四五”交通规划工作专班，高质量编制完成综合交通运输将交通建设作为重点内容纳入全县“十四五”发展规划和九个专项规划，有序推进多规衔接统一，全面强化交通项目立项与用地、规划、环评、安评等建设条件保障力度，高效服务保障交通项目建设。“十四五”规划交通建设项目70个，投资额达113亿元，已完工项目18个，完成投资15亿元。截至目前，全县新老成昆铁路里程54千米，峨汉高速境内里程22.8千米，有峨边站和黑竹沟站两个出口，全县农村公路里程达1367千米，其中县道301千米、乡道496千米、村道570千米。大渡河黄金水道50.3千米，通航水域面积12.5平方千米。

严把技术质量关，确保建成“放心路”。坚持“专业人才干专业的事”，通过公开招录专业人员10名，引进交通专业人才4人，上挂学习7人，争取对口援彝人才4人；每年组织全县乡（镇）开展农村公路“建、管、养、运”综合培训不少于一次，为乡（镇）培育和锻炼交通技术人才。严格执行标准，严格按照上级政策和技术规范标准，结合山区实际，全面加强路基宽度、弯道半径、纵坡、防护等关键指标控制，全面提升农村公路设计质量。认真落实农村公路建设“七公开”制度，近三年来年均完成检测数据超2000组次，完成197个农村公路桥梁项目的交竣工验收质量检测鉴定，广泛公开＋全程监督＋严格验收，确保了农村公路建设质量。

加强示范引领，突出公路美化。大力实施撤并建制畅通工程、幸福美丽乡村路、加宽提升等工程，畅通了农村公路网络的“末梢神经”，实现所有乡（镇）通油路、所有建制村通硬化路和通客运“2个100%”目标，建成“四好农村路”示范路173.3千米，创建“四好农村路”示范乡镇7个、示范村16个、示范路36条。实施农村公路美化行动，坚持“修一条路、造一片景、富一方百姓”

中华人民共和国成立前的人行索桥

20世纪80年代的交通运输

1993年9月，峨边沙坪至刘河坝公路竣工

1993年乡村公路贯通

通村通户乡村路连接幸福美丽新村

新林镇茗新村农村公路

红旗镇为觉村农村公路

沙坪镇松林坡村农村公路

五渡镇先锋村农村公路

理念，建成规模化公路绿化带 65 千米、零星断续绿化带 120 余千米，黑竹沟景区公路建成彩林通道 12 千米，在公路沿线建设服务设施，实现“道路有颜值，沿途有美景”。全面加强农村公路清理保洁力度，结合“五清行动”“八清行动”大力整治农村公路路域环境，全面整肃交通道路整体风貌。坚持养护优先，深化农村公路养护体制改革，专业化部门养护、市场化招标养护、公益性岗位养护相结合，全县等级公路列养率 100%，优、良、中等路比例达到 90% 以上。

强化产业带动，打通致富“振兴路”。着力于全力打通农村公路“最后一公里”，整合资源、集中力量，织密乡村道路网，不断改善群众出行条件。围绕“城区、园区、景区”规划建设交通网络，突出“产业沿着公路走、公路促进产业活、产业推动农民富”，推动“交通 + 产业”“产业 + 交通”深度融合。围绕交通公路骨架布局规划建设大渡河百里桃竹片区、白沙河高山果蔬片区、官料河生态林竹片区、黑竹沟彝文化旅游片区四大农业产业片区，估算投资 40 亿元，启动建设黑竹沟旅游通道 51 千米，放大黑竹沟景区核心优势。新林镇黄泥村桃产业基地以桃为主导产业，依托通村通组路建成优质核心种植基地 1180 亩，带动 2 镇 5 村 20 个村民小组 1623 户农户户均增收 1.2 万元，果农通过便利的交通当天即可输送到乐山、峨眉和成都等地。宜坪乡聚焦整乡推进宜居宜业和美乡村建设，以粮果园区高质量发展为抓手，紧扣玉米、枇杷主导产业，推动粮果、粮蔬、果药复合种植，建成粮果、粮药、粮蔬复合产业园区 11000 亩。宜坪乡在“高山枇杷第一乡”创建的基础上，取得了国家认证的绿色食品 N 级标准，有两个合作社达到了千余吨的绿色食品产量。

养好护好公路，畅通安全“幸福路”。完善县级农村公路管理机构，现有县交通运输综合行政执法人员 32 名，建立了农村公路“总路长 + 县、乡、村道路长”的路长制组织体系，乡（镇）级农村公路管理机构设置率达 100%，农村公路管理机构经费全部纳入财政预算，农村管理和爱路护路的乡规民约、村规民约制定率达到 100%。

黑竹沟镇西河村通村路方便大山深处群众出行

“金通工程”通达乡村

雅安市名山区

名山区，隶属四川省雅安市，辖区面积 614 平方千米，总人口 27.28 万人，辖 11 个镇 2 个街道 98 个建制村 17 个社区 944 个村民小组。公元 553 年，置蒙山郡，辖始阳、蒙山二县，为名山建县之始。593 年，将蒙山县改为名山县。2013 年，撤销名山县，设立雅安市名山区。

名山区位于四川盆地西隅边缘丘陵地带，东邻蒲江县，南接丹棱县、洪雅县，西靠雅安市雨城区，北接邛崃市，属中纬度内陆亚热带湿润季风性气候。地势西北高、东南低，蒙顶山、莲花山、总岗山三山环列，地形地貌以台状丘陵和浅丘平坝为主。森林资源属亚热带常绿阔叶林区，自然环境适宜多种植物生长，有木本植物 97 科 277 属 588 种。

名山是一座因茶而兴的文化之城，因境内有世界茶文化圣山——蒙顶山而得名，因茶产业而闻名，是世界茶文化发源地、世界茶文明发祥地，被誉为“中国茶叶第一区”。公元前 53 年，茶祖吴理真在蒙顶山五峰之间驯栽野生茶树，开创了世界有文字记载最早人工种茶的历史先河，2000 余年岁月传承，茶祖文化、茶马文化、贡茶文化、禅茶文化、茶艺文化五大文化在名山交相辉映，孕育积淀了博大精深的蒙顶山茶文化脉系。当前，名山区已建成 39.2 万亩绿色生态茶园，“蒙顶山茶”区域公用品牌价值位列四川第一，人均茶园面积、良种化率、机械化率居全国第一位。

名山是一座舒适宜居的生态之城，雨量充沛、气候温和，被誉为“天府之肺”。境内山、湖、峡、林资源类型多样、内涵丰富。蒙顶山仙雾缭绕、千年古银杏冠盖如云，百丈湖水碧如蓝、波光潋滟，牛碾坪梯田环绕、茶香四溢，月亮湖、清漪湖等特色景点交相辉映，已建成 7 个国家 A 级旅游景区，建成 150 千米中国至美茶园绿道，获评天府旅游名县、全省全域旅游示范区。

名山是一座区位优越的奋进之城，位于成渝地区双城经济圈规划范围内，属于成都平原经济区，在成都“半小时经济圈”覆盖的范围内，是雅安融入成渝地区双城经济圈的“桥头堡”，也是链接攀西、沟通康藏的“中转站”。当前，成渝地区双城经济圈、川藏铁路建设、川藏经济协作试验区三大战略机遇在名山叠加，全区正以打造现代服务业为主的茶文化名城和川藏经济协作试验区先行示范高地为抓手，着力营造风正气顺、人和业兴的发展氛围，全力推动经济社会高质量发展。

雅安市副市长郑胡勇（左二）调研交通在建项目建设情况

区委书记余云峰（前排左三）、区委政法委书记廖春雷（左一）调研交通在建项目建设情况

交通先行展现区域优势　蓄势聚能助推乡村振兴

近年来，名山区深入贯彻习近平总书记关于“四好农村路”重要指示精神，坚持把建设“四好农村路”作为促进县域经济发展、推动乡村振兴、改善群众出行条件的系统工程、民心工程、惠民工程，大胆探索，勇于实践，创新“交商邮农旅供”融合发展模式，走出了农村公路建管养运协调发展的新路径。截至目前，全区农村公路总里程1048千米，农村公路路网密度达170千米/每百平方千米，实现建制村通硬化路率、建制村通客车率、农村公路等级公路占比率、高等级铺装路面占比率四个100%。2018年，名山区获评四川省第二批“四好农村路”省级示范县；2019年，中国至美茶园绿道获评“全国美丽乡村路”；2020年，名山区交通运输局获得全国交通运输系统“先进集体”称号；2024年，名山区获评第四批“四好农村路”全国示范县。

建好农村路，铺设乡村振兴“致富路”。依托39.2万亩茶园绿色资源底蕴，按照以交通圈拓展城市圈、以交通网带动要素网、以交通线提升旅游线的思路推进资源路、产业路建设，累计投资约5亿元，高质量建成150千米“中国至美茶园绿道”，串联了蒙顶山、百丈湖、清漪湖以及沿线的万亩观光茶园等旅游资源。打造了7个各具特色、错位发展的茶乡组团，培育了若干个休闲农场、茶家乐、茶庄等旅游配套设施，全域创建为全国唯一以“茶”为主题的蒙顶山国家茶叶公园。近3年，全区累计接待游客超过2000万人次，通过旅游道路建设，推动群众收入结构从单一的鲜叶收入转变为集旅游、餐饮、销售等于一体的多元复合收入，2024年农村居民人均可支配收入增速达6.1%，居四川省同类区（县）前列。名山区先后获得全国农村一二三产业融合发展先导区、四川省实施乡村振兴战略先进区等称号，并创建为天府旅游名县。

管好农村路，织牢安全出行“美丽路”。全面实施路长制，构建以各级行政负责人为路长的组织体系，健全县有路政员、乡有监管员、村有护路员的路产路权保护队伍，

雅安市交通运输局副局长张华（右三）、区委政法委书记廖春雷（右四）、副区长谭庆（右六）调研交通规划项目建设情况

广西壮族自治区公路发展中心党委书记、主任冯永平（前排右三）调研名山区普通公路高质量发展工作

四川省交通运输厅公路局副局长李俊韬（右二）调研桥梁建设情况

天津市交通运输委员会设施管理处副处长汪东升（左三）调研名山区“四好农村路”建设情况

碧蒙路

环百丈湖路段

形成了横向到边、纵向到底的农村公路管理体制。全面推动信息化建设，投资 300 余万元，整合“雪亮工程”“慧眼工程”公共视频资源 9887 路，建成集资产状态监测、路长巡查、客运监控、科技治超、公路安全监控于一体的综合交通管理平台，实现全区农村公路监管全覆盖。进一步筑牢了农村公路安全生命线，近几年累计实施农村公路生命安全防护工程 240 千米、改造危桥 24 座、桥梁安全防护栏 44 座。将最美理念融入公路建设管理，全面提升农村公路绿化、美化、彩化水平，着力打造以绿为主、多彩协调的生态景观走廊，累计整合资金 3 亿元绿化美化重要旅游道路沿线茶园 2 万余亩，套种景观树种、灌木花卉等 70 万株，着力增强农村公路的交通、经济、生态和文化功能。名山区先后获得“世界最美茶乡”、全国休闲农业和乡村旅游示范区、全国最美乡村示范县等称号。

中国至美茶园绿道月亮湖知青广场段

养好农村路，绘就行车舒适“幸福路”。积极探索推行“市场化、专业化”农村公路养护新模式，推出县级部门养护、市场化养护、公益性岗位养护、群众参与的四种模式，农村公路列养率达 100%，道路优良路率达 83% 以上，有效实现“有路必养、养必优良”的工作目标。强化村民

中峰至双河公路

中国至美茶园绿道清漪湖段

名山区茶产业经济走廊天宫村至解放村段

中国至美茶园绿道高山坡段

中国至美茶园绿道万新路

爱路护路主体责任意识，爱路护路列入乡规民约、村规民约覆盖率达100%，全面清理路域范围内的杂物和非公路标志，保持路面常年整洁、无杂物，全区农村公路有条件的基本实现路田分家、路宅分家，打造“畅安舒美”的通行环境。

运营好农村路，打造运输服务“满意路”。将群众满意作为运营好农村公路的目标，推动“走得了、到得了”向“走得好，走得舒畅”转变。坚持党建引领，以交通运输协会为纽带，设立交通运输行业党委，开展从业人员党建工作，推动行业治理模式从部门监管向行业自治转变。主动适应“电商+”需求，投入1000余万元深入推动“交通+互联网+茶产业+现代物流”发展模式，构建由1个县级物流中心、11个镇级物流营运中心、98个农村物流节点共同组建的三级农村物流体系，实现农村物流网络全覆盖。整合资金118万余元实施村级寄递物流综合服务站点改造提升，推动邮政车辆保障45个村级站点、农村客运车辆服务53个村级站点，实现商家降本、农客增收双赢。2024年以来，农村客运车辆累计代投快递超过10余万件，带动农村客运车辆年收入平均增收1000余元。全区推广农村客运定制模式，开行“上学车”“赶场车”“采茶车”“预约车”，乡（镇）和建制村通客车比例均达100%,全区城乡客运一体化发展水平达到AAAAA级。以“家门到车门、车门到城门”的便捷服务，推动城乡要素双向流动，夯实乡村振兴民生基底。

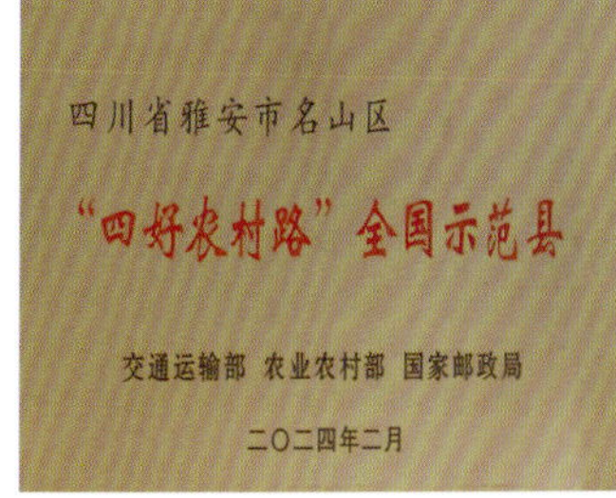

乐 至 县

省政协副主席、琼江省级河长杜和平（左二）到乐至县调研河（湖）长制工作，县长彭玉秀（右一）陪同调研

省农科院院长牟锦毅（右三）到乐至县调研四川（乐至）现代畜禽种业园区建设情况，县委书记文勇（右四）、县委副书记黄再平（右五）陪同调研

2023 年，全县辖 1 乡 18 镇 2 个街道，辖区面积 1424.2 平方千米，其中耕地面积 99.19 万亩、基本农田 88.65 万亩。全县实现地区生产总值 243 亿元，增长 6.2%，其中第一产业增加值 42.6 亿元，增长 3.9%；第二产业增加值 74.6 亿元，增长 7.2%；第三产业增加值 125.8 亿元，增长 6.5%。全县制定出台《关于做好 2023 年乡村振兴重点工作加快推进农业强县建设的意见》，推动“三农”工作发展，全面推进乡村振兴，加快农业农村现代化。全县第一产业增加值 42.6 亿元，增长 3.9%。农村居民年人均可支配收入达 20713.9 元，增长 6.7%。

完成清产核资年报报送，全县共核实登记农村集体土地面积 208.4 万亩、农村集体资产 13697.26 万元。完成农村集体经济收益分配工作，共计分配收益 678.75 万元。持续巩固农村集体产权制度改革成果，加强农村集体资产管理，制发《关于做好 2023 年发展壮大村集体经济工作的通知》，指导各乡（镇）科学制定 2023 年集体经济发展方案及目标任务，通过盘活闲置资产资源、股份合作经营、壮大实体经济产业等 7 种发展模式实现集体经济收入增长，全县集体经济经营性总收入 3279.57 万元，村均 11.23 万元。

种植业。坚持实施“藏粮于地，藏粮于技”发展战略，按照“两稳、两扩、两提升”思路，以保障重要农产品有效

2023年乐至县委农村工作会议

县委书记文勇（左二）到乡（镇）调研巩固拓展脱贫攻坚成果同乡村振兴有效衔接工作并实地走访群众，县委副书记黄再平（右二）陪同调研

县长彭玉秀（中）到基层调研乡村文化振兴、基层治理、文明城市创建等工作

供给和促进农民持续增收为目标，夯实粮食安全根基，全年粮食作物播种面积 125.5 万亩，总产量 41.3 万吨。粮油作物。完成小春粮食作物播种面积 13.06 万亩，产量 2.03 万吨；完成大春粮食作物播种面积 112.45 万亩，产量 39.31 万吨。其中，水稻 20 万亩，单产 494 千克 / 亩，总产量 9.89 万吨；玉米 51.65 万亩，单产 401.4 千克 / 亩，总产量 20.73 万吨；大豆 23.1 万亩，单产 151 千克 / 亩，总产量 3.49 万吨；红薯 16.82 万亩，单产 295 千克 / 亩，总产量 4.96 万吨；马铃薯 0.85 万亩，单产 270 千克 / 亩，总产量 0.23 万吨。油料作物播种面积 47.6 万亩，产量 8.7 万吨，其中油菜播种面积 43.1 万亩，较上年增加 2.5 万亩，总产量 7.39 万吨；花生种植面积 4.5 万亩，产量 1.31 万吨，面积和产量基本与上年持平。经济作物。全县经济作物栽培面积 30.77 万亩，总产量 33.6 万吨，其中水果种植面积 8.15 万亩，产量 5.5 万吨，增长 11.5%；蔬菜种植面积 20.21 万亩，产量 27.29 万吨，较上年同期增长 4.5%；中药材种植面积 1.01 万亩，产量 0.46 万吨，较上年同期增长 21.1%；青花椒、甘蔗、烟叶等其他经济作物种植面积达 1.4 万亩，产量 0.36 万吨。

林业。全县有林业用地 3.27 万公顷，林地面积 2.64 万公顷，活立木总蓄积量 253.9 万立方米，森林覆盖率达 43.8%。实施国土绿化，义务植树尽责率达 90% 以上；完成退化林本底评估 2.4 万亩，实施营造林 1.8 万亩，巩固退耕还林成果 11.12 万亩，管护非国有公益林 16.87 万亩；依托国家森林城市创建工作，实施童家镇伍家寨村、高寺镇石堰

乐至县毗河供水工程

陈毅广场

乐至县城及南湖公园

石湍镇优质油菜示范片

宝林镇万斤沟村粮油高产示范片

佛星镇飞凤山村无人机播撒油菜示范片

村、良安镇田家坝村乡村绿化美化项目。乐至县宝林林业工作站入选全国“一站一员一窗口”典型“家乡的林业站”。保障资源安全，持续深化林长制改革，实施有害生物防治 9.66 万亩，无公害防治率达 100%，成灾率为零；建立“一树一档”“一树一策”管理机制，挂牌保护古树名木 407 株，乐至报国寺树抱佛黄葛树入选“全国最美古树”。严格执行采伐限额管理制度，批准采伐蓄积量 7125.82 立方米，出材量 3562.91 立方米，占年森林采伐限额的 22.86%；办理、签发植物检疫证书 71 件，调运植物检疫证书 6 件，种苗产地检疫率 100%。加快发展惠民产业，推进实施国家储备林项目，集约栽培黄柏 4000 余亩，抚育中幼林 2 万余亩；提质培育乐至县中药材产业园区，发展“林粮”“林药”等林下经济，基本形成集枳壳种植、收购、加工、储藏、销售一条龙及林旅休闲的全产业链，带动农户种植特色经果林、珍贵用材林等各类苗木 15 万亩。

畜牧业。推动畜牧业健康稳定发展，抓好生猪产能调控，做好部、省级生猪标准化示范场创建工作，做强龙头企业，通过示范引领带动，稳定提升生猪产能，完成上报部省级标准化示范场 6 个，全县生猪规模养殖场保有量 160 个，能繁母猪保有量 4.4 万头，生猪存栏 45.76 万头、出栏 82.22 万头。做好乐至黑山羊生产工作，开展种羊生长和繁殖性能测定、性状选育等工作，完成 400 只优质种羊保种，乐至县八谊农业开发有限公司获得省级山羊遗传资源保种场认定。持续推进“乐至黑山羊”农产品地理标志核心保护区建设，已完成标准化乐至黑山羊保种场建设并投产，全年累计出栏乐至黑山羊 63.12 万只。常态化抓好畜禽养殖污染防治工作，做到粪污全量收集、设施正常运行、粪肥有效利用、日常监管到位，全县畜禽规模养殖场粪污处理设施设备配套率达 100%，粪污资源化利用率达 90% 以上。

水产业。推动渔业生产由扩大规模、追求产量的粗放式

良安镇全胜社区高标准农田改造

宝林镇周王沟村高标准农田改造

盛池镇伍家祠村千亩小麦种植基地

宝林镇水稻机收现场

增长方式向资源节约、环境友好型的生态、优质、安全、高效的集约型增长方式转变，全年水产品产量 2.279 万吨，实现产值 3.62 亿元。转方式，助增长。继续转变渔业增长方式，推广稻渔综合种养、高位池、池塘内循环流水养殖等新型水产养殖模式，提高渔业增长能力，全年建成稻渔综合种养示范片 2 个，稻渔综合种养面积达 4000 余亩。抓治理，保生态。有序推进水产养殖尾水治理工作，建立县级及以上河流沿河 200 米范围内 20 亩以上规模池塘尾水治理台账，利用渔业补助项目资金 589 万元开展重点流域水产养殖尾水治理 2887 亩。建立健全水产养殖尾水监测和排放报告制度，严控池塘养殖面积 20 亩以下分散水产养殖户尾水排放，避免尾水未经治理直排和无序集中排放。建机制，强执法。建立健全乐至县长江流域重点水域禁捕长效管理机制，制发《乐至县长江流域重点水域垂钓管理办法》，制定《乐至县"渔政亮剑"专项整治方案》等方案，开展部门联动禁捕专项执法整治行动，加强日常巡查检查。加强水产品质量安全监管，加大渔业生产薄弱环节检查力度，印发水产养殖用药明白纸 1 号、2 号等宣传资料，确保全县水产品质量安全。

乡村振兴。围绕"美丽乐至·宜居乡村"建设，推进农村人居环境整治，持续推进农村户用卫生厕所改造，全年完成 4728 户农村无害化卫生厕所改造；深化农村生活垃圾"户分类、村收集、乡（镇）转运、县处理"的收运处置体系建设，行政村生活垃圾收集处置率达 100%；结合"千村示范"建设工程项目，推进农村生活污水治理，污水有效处理率达 75%。开展乡村振兴"三级联创"，根据乡村振兴先进镇、示范村考核要求，在人居环境、产业发展及乡风文明等方面持续加强镇村各项建设，全年建成省级乡村振兴示范村 6 个、乡村振兴重点帮扶优秀村 3 个。

乡村旅游。发挥"旅游 +"的无穷潜力，整合优质旅游资源，推动"红色旅游 + 乡村旅游"协调发展，全年接待游客 640.2 万人，实现旅游收入 54.4 亿元，其中乡村旅游收入 18.3 亿元。推动文旅项目建设。推动陈毅故里景区有序开展"双品同创"，建成游客中心一期项目，完成德胜广场提质升级，黑化景区内部道路 10000 余平方米，改造内河一期 320 米，完成 5 平方千米景区地形测绘。不断完善以田园综合体为核心的农旅融合景区"秋千王国"，全年累计接待游客 30 余万人，实现收入 3000 余万元。提升文旅品质。整合乡村振兴及社会投资，实施景区提质工程，桑都桑海、五彩林乡、四季果乡等景区陆续引进亲子游乐、非遗体验展示、

劳动镇帅府粮仓粮经产业园农事综合服务中心

和美乡村建设

高寺镇阳化河葡萄产业园

高寺镇清水村“四好农村路”示范路

乐至县生猪基因交流中心

农耕农事等项目，各景区旅游功能不断完善、业态持续丰富，吸引力不断提升。有序推进蟠龙湖景区国家2A级景区创建。高寺镇清水村获评省级乡村旅游重点村。

农村水利。贯彻落实水利厅“3226”总体工作思路及市水务局安排部署，围绕年初既定的“1234”总体目标，有序推进各项工作，创建为省级乡村水务示范县。对接水利部、水利厅，编报项目60个，全年争取到位水利项目29个、资金3.03亿元（含国债、专项债）。推进毗河工程建设，全年移交复垦临时用地515.5亩，解决遗留问题127个。推广乐至“31411”基层河湖管护模式，4个国、省控断面水质优良率、达标率均为100%，集中式饮用水水源地水质持续稳定达标。严守用水总量、用水效率、水功能区限制纳污“三条红线”，开展非法取水、违规采用地下水等执法巡查200余次。投入资金1.83亿元，完成良安水厂、岔岔河水厂改（扩）建，新建供水管网77千米、高位水池3个。完成273处集中供水工作规范化管理达标评价和3处集中供水工作标准化管理达标评价，实现全县集中供水工程规范化管理达标率100%。完成蟠龙河、东禅寺2座中型水库蓄水验收，10个小型水库标准化建设。开展104座水库、111处山洪灾害危险区及6处涉水在建水利工程隐患排查，共排查整改隐患6处。全年共应急调水2次，累计调水3400万立方米，保障了全县群众生产生活及抗旱保供用水。

农业机械化。推广农业新机具、新技术，在保证农机安全生产的前提下，以全面提高水稻、玉米、油菜、小麦耕种收综合机械化率为重点，推进全县农业机械化进程，全县主要农作物耕种收综合机械化水平达60.5%，较上年增加2.5个百分点。全年共投入农机购置补贴资金300余万元（其中中央补贴资金128.168万元、购机农户自筹资金200余万元），补贴各类农机具795台，受益农户和农机服务组织627户（个）。投入县级补助资金477万元、省级现代农业发展资金120万元，维修改、造提灌站63座，不断完善农业基础配套设施建设，保障农业生产用水。依法依规开展拖拉机和联合收割机的注册登记、年检、转移登记、期满换证等业务，审验拖拉机和联合收割机驾驶证39个，检验拖拉机、联合收割机84台；开展“送检下乡”，服务机主30余人次，发放农机安全宣传资料500余份，发送农机安全宣传短信7864条。开展农

玉龙湖生态湿地

乐至县中国桑都文化展示馆

乐至县农旅融合项目——秋千王国

机安全知识培训 4 次，实地检验发现、消除事故隐患 19 个，全年农机安全零事故发生。

农村生态建设及环境保护。坚持综合施策，实现“水更清”。推进流域生态沟渠建设，加快推动县城污水处理厂尾水湿地建设，新增完成 18 个村（社区）农村生活污水治理，全县农村污水治理有效率达 75%。创新推广乐至县“31411”基层河湖管护模式，4 个国省控断面水质优良率、达标率均为 100%。坚持系统防治，实现“天更蓝”。加强烟花爆竹禁燃禁放宣传、巡查，清理整顿非法销售烟花爆竹点 30 余家，及时制止非法燃放行为 100 余起。利用空气微站、高空瞭望视频全天候监控，利用无人机常态化开展空中巡查，加强禁烧源头管控。坚持源头防控，实现“山更绿”。聚焦“吃得放心”，完成重点行业企业基础信息调查和持久性有机污染物统计，从源头遏制污染物质进入土壤。聚焦“住得安心”，推进“一住两公”用地土壤污染状况调查，做到转让入地“应查尽查”，未发生因建设用地开发利用不当而造成社会不良影响的“毒地”事件。聚焦“管得到位”，加强危废管理，严格执行转移联单、申报登记等制度，开展危险废物管理物联网建设试点工作，全县危险废物重点管理单位规范化管理抽检达标率为 100%。

农村社会保障。全县城乡居民养老保险参保覆盖 32.38 万人，新增参保人数 3790 人；缴费成功 12.24 万人，累计征收保费 2.08 亿元；每月按时足额发放养老金待遇，全县待遇

全国蚕桑产业高质量发展大会暨“中国桑都”建设推进会在乐至县举行

领取人数为 14.61 万人。为低保对象等困难群体代缴个人缴费 1.3 万人，资助农村低收入人口和脱贫人口参保 5.6 万人，筑牢防止因病规模性返贫防线。持续推进养老机构标准化建设，提升养老服务质量，安装各类适老化设备 227 件；在农村建有具备综合功能养老服务机构 15 个，占比达 79%。落实困境儿童保障政策，对全县 88 名孤儿、213 名事实无人抚养儿童每月按时足额将生活、医疗、就学等政策保障资金兑现到本人，累计发放孤儿基本生活费 101.16 万元、事实无人抚养儿童基本生活补贴 222.68 万元。适时提高保障标准，全年新增农村低保对象 1722 人、特困供养 296 人，将农村低保标准提高到 533 元 / 月、农村特困人员基本生活标准提高到 693 元 / 月。

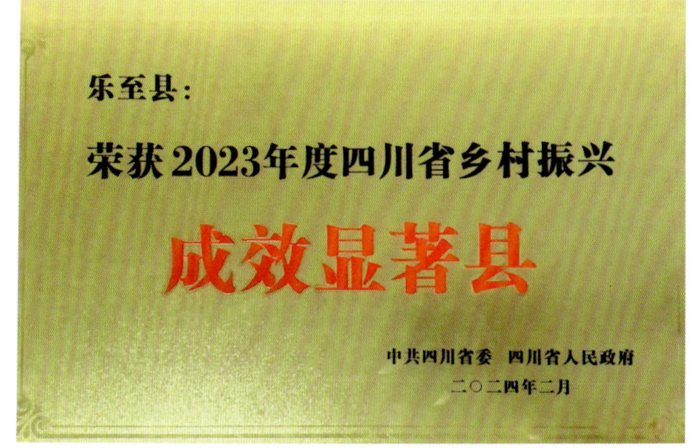
乐至县：

荣获2023年度四川省乡村振兴

成效显著县

中共四川省委　四川省人民政府

二〇二四年二月

乐至县获评2023年度四川省乡村振兴成效显著县

资阳市乐至县农业农村局：

荣获四川省农业丰收奖

先进集体

中共四川省委　四川省人民政府

二〇二二年九月

县农业农村局获评四川省农业丰收奖先进集体

九寨沟县

省政府驻京办党组书记、主任杨志远（左二）一行到保华乡灵保村调研定点帮扶工作

阿坝州州长罗振华（前排右二）到九寨沟景区调研景区安全和假期旅游要素保障工作

2023年，全县辖7乡5镇，辖区面积5288平方千米，总人口6.7万人（户籍人口）。全县实现地区生产总值37.1亿元，增长9.2%，其中第一产业增加值2.96亿元，增长8.5%，农、林、牧、渔及农林牧渔服务业之比为33.45 ：7 ：51.14 ：0.01 ：8.4；第二产业增加值5.03亿元，增长0.7%（工业产值5.42亿元，增长6.1%）；第三产业增加值29.11亿元，增长10.9%。三次产业对经济增长的贡献率分别为8%、13.5%和78.5%。全年接待游客702.89万人次，实现旅游收入72.14亿元，其中乡村旅游共接待游客210.87万人次，实现旅游收入185566万元。全县实现农林牧渔业总产值6.37亿元，按照可比价格计算，比上年增长8.9%，其中农业总产值2.13亿元，增长1.6%；林业总产值4462.6万元，增长14.9%；牧业产值3.26亿元，增长13.9%；渔业产值8万元，增长110%；农林牧渔专业及辅助性活动产值5352万元，增长4%。

农业产业化发展。围绕特色农牧业产业发展，因地制宜推进六大优势特色产业，构建“6+2”生态农业产业体系。2023年，新培育州级示范合作社1家，省级、州级家庭农场示范场各1家，截至2023年年底，全县共培育农业龙头企业7家，创建国家级示范社2家、省级示范社2家、州级示范社12家、县级示范社4家，培育省级、州级家庭农场示范场各1家。实施3个中央、省财政扶持村集体经济项目，全县150个村集体经济项目总收入1026万元。

农产品品牌战略实施。新增认证“九寨沟蓝莓”绿色食品，“风干牛肉”等10个产品被命名为“净土阿坝”品牌产品，“九

九寨沟县森林草原防灭火工作专题会议暨2023年“林长制”第二次全体会议

阿坝州委副书记杜海洋（右三）到九寨沟县调研指导农业农村、产业发展、乡村振兴、"三家园"建设以及重点项目建设等工作

阿坝州委常委贺松（中）率队到九寨沟县开展"两联一进"群众工作全覆盖

寨沟刀党"被评选为2022年四川十大地理标志道地药材。开展"走出去"特色农产品展销推介活动、"神奇九寨沟、绿色农产品"2023年九寨沟特色农产品推荐会、"庆丰收、促和美"九寨沟县2023年中国农民丰收节暨特色农产品宣传推介等活动；组织县域优秀农产品参加成都双流丰收节、陕甘川毗邻地区（九寨沟—武都）文旅联盟特色农产品展销活动、四川农博会、"阿坝文创大集市"、2023年消费帮扶金秋行动"三区三州"特色产品展销等活动，提高全县特色农产品知名度。

种植业。开展第三次全国土壤普查，9月启动表层土壤外业采样工作。全面落实耕地地力保护补贴、实际种粮农民一次性补贴面积4.8万亩，补贴农户9591户，补贴资金306万元。完成主粮作物保险面积11693.51亩，完成率73.24%。全县粮食作物播种面积4.43万亩，产量1.13万吨。开展油菜试验新品种10个、大豆试验新品种5个，改造特色水果基地700亩，发展标准化蔬菜示范基地380亩。中药材种植面积14662亩，产量2909吨；水果种植面积16447亩，产量7820吨，同比增长22.1%；蔬菜种植面积11287亩，产量18539吨，同比增长7.3%。实施天府油菜产业融合发展暨产油大县项目，建设春油菜核心区1000亩，打造农旅互动观光景点1处。

林业。全县林业用地39.73万公顷，占辖区总面积的74.44%；森林覆盖率达49.51%。有优质天然草场142万亩，建有勿角（5.89万公顷）、白河（1.62万公顷）、九寨沟保护区（65074.4公顷）、贡杠岭（12.39万公顷）4个自然保护区，1个国家级森林公园。林业产业基地面积达33255亩，其中木本油料（核桃）13470亩、木本药材（杜仲）3090亩、特色干果（花椒）16695亩、森林蔬菜23000亩。林下种植业党参6130亩、羌活3345亩、淫羊藿6亩、黄精5亩、重楼8亩、猪苓687亩。境内已发现陆生野生动物330种，有大熊猫、金丝猴、雉鹑、绿尾虹雉、羚牛、林麝、豹等珍稀动物81种，野生植物2145种，银杏、红豆杉、独叶草等珍稀植物27种。截至2023年年底，全县红腹锦鸡存栏266只、林麝存栏73只。

县委书记李为仁（右三）到九寨沟景区实地督导调研景区旅游运行及服务保障工作

县长许建国（右二）到大录乡、玉瓦乡调研重点项目建设、产业发展、森林草原防灭火等工作

县政协主席夏永胜（右二）到草地乡调研指导乡村民宿产业发展情况

新村建设

坚持“品种品质品牌”三品共进，让农业更强

坚持“宜居宜业宜游”三宜一体，让农村更美

坚持“生产生活生态”三生融合，让农民更富

产业发展

永和乡党参产业

郭元乡西梅产业

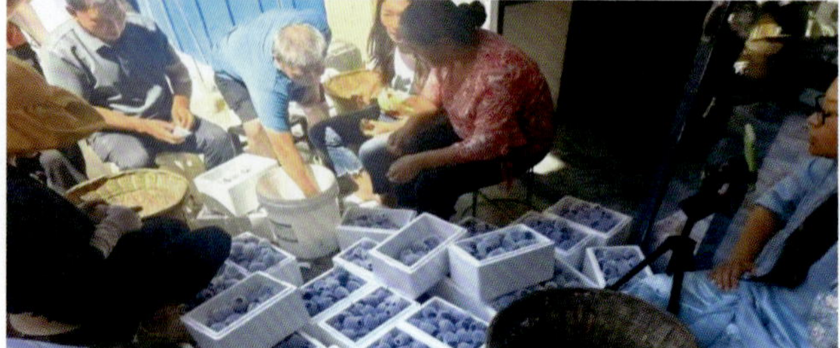

黑河镇果树种植技术培训

飞地产业园

景　区

九寨沟景区

神仙池景区

甲勿海·熊猫园景区

九寨沟·白河金丝猴旅游度假区

柴门关景区

九寨华美胜地旅游度假区

甘孜藏族自治州

州委书记沈阳（中）调研基层党组织建设情况

州长冯发贵（左三）到基层调研

2023年，全州辖17县1市177乡110镇2个街道，辖区面积14.96平方千米，其中人均耕地面积1.18亩、基本农田102.5514万亩。年末总人口1098278万人（户籍人口），增长0.39%；人口出生率11.6‰，增加0.1个千分点；人口自然增长率6.2‰，增加3.5个千分点。

副州长袁纲（右一）到基层调研

2023年，全州实现地区生产总值513.35亿元，增长6.2%，其中第一产业增加值86.88亿元，增长4.1%；第二产业增加值147.24亿元，增长8.9%（工业增加值127.31亿元，增长8.8%）；第三产业增加值279.23亿元，增长5.7%。三次产业对经济增长的贡献率分别为12.70%、37.56%和49.74%。

农业产业化发展。争取财政涉农资金12.11亿元，统筹使用乡村振兴中央、省级衔接资金17.02亿元，涉农贷款余额达470.77亿元，有序推进涉农重点项目建设。投入资金16.05亿元，启动实施“三江六带”现代农业产业带建设项目136个，建成现代高原特色农牧业基地79.33万亩，配套建设县域商业体系、中心镇农贸市场、物流设施29个。投入

州农牧农村局党组书记、局长泽郎格西（右二）到炉霍县虾拉坨镇调研青稞试验田建设情况

州农牧农村局科技服务队雅江县服务现场

石渠县邓玛观光生态农业科技示范园

资金2.38亿元，建设牦牛产业集群项目20个，开展人工饲草种植16.88万亩，新增载畜能力6.9万头，建成精深加工生产线5条，制定牦牛集群地方标准5个，开发牦牛特色制品41个，国家级牦牛产业集群建设通过农业农村部绩效评价和答辩。完成投资6470.65万元，实施藏香猪项目建设36个，建设种公猪配种点45个，培育养殖大户570户，建成扩繁场7个、规模养殖场17个，制定地方标准3个，补贴新增能繁母猪6600头。创建省级畜禽标准化养殖场5个。争取省级资金8610万元，实施德格、炉霍、白玉、石渠等9个县"高原粮仓"项目建设，占全省实施项目县总数的75%。争取中央、省级资金6900万元，实施炉霍县虾拉沱、丹巴县甲居、得荣县瓦卡等12个国家级、省级产业强镇项目建设。争取省级资金3180万元，启动实施牦牛、藏猪种业振兴项目建设，推动优异种质资源产业变现。落实资金1180万元，建设太阳能提灌站7座、"五良"融合产业宜机化改造项目1个和冷链仓储设施14个。落实资金10662万元，推动"9·5"泸定地震灾后农业产业项目恢复重建项目6个，支持受灾地区加快特色产业基地建设。争取省级财政资金537万元，助推稻城县亚丁村保护利用"由表及里"提升。全面启动57个现代农业园区创建，创建（晋升）省星级现代农业园区7个、州星级现代农业园区13个，园区覆盖产业基地面积21.6万亩、规模养殖畜禽19.77万头（只），实现园区产值45.34亿元，吸引新型农业经营主体2069户。全州农产品加工企业达107家（其中规模以上加工企业10家）、加工专合社达27家，农产品加工产值达9.41亿元。建成中心供销合作社74个，新发展种业企业2家，产业链条不断延伸补足。乡城县、色达县入选全省现代农业园区建设工作推进典型县。

农产品品牌培育。围绕打造"有机之州"的总体目标，及时调整优化全州绿色有机产品申报任务，以促进特色农产品标准化、品牌化和市场化为目标，以龙头企业、合作社等为申报主体，加大农产品品牌培育力度。全州"三品一标"农产品累计认证199个，认证面积5.6万公顷。有机产品从年初的23家获证企业44张证书增加到89家获证企业183张证书，增幅分别达287%和316%；绿色食品从47张证书增加到61张，增幅达30%；地理标志农产品达14个；10个农产品取得全国名特优新证书。编制有机产业发展规划，举办"有机之州·乡村振兴"现场会和"有机之州·甘孜甄选"推介会，现场签约项目8个，订单金额超1.2亿元。认证"三

炉霍县蔬菜大棚

无公害蔬菜

理塘县濯桑万亩生态萝卜种植基地

品一标”农产品258个（有机产品183个、绿色食品61个、地理标志农产品14个），新发布农业地方标准20项。有机产品类别达41个，面积达15.7万公顷，年产量8.2万吨，产值15.2亿元，分别增长90.7%、81.8%，农产品监测总体合格率达99.88%。乡城藏鸡蛋入选国家地理标志品牌，九龙花椒、理塘萝卜等10个农产品入选全国名特优新农产品，乡城县创建为省级有机产品认证示范区、泸定、九龙、甘孜3个县通过专家评审，康定市创建为全国绿色食品原料（青稞）标准化生产基地。授权113家经营主体103类农产品使用“天府乡村”公益品牌，申请商标217个。授权使用“圣洁甘孜”区域公用品牌46家，“圣洁甘孜”区域公用品牌、康巴拉牦牛肉入选全省100个精品（培育）品牌，“康藏阳光”牌白萝卜、“祥海雪域山珍”牌白葱菌和康巴拉、高城鹏飞分别入选2023年四川省农产品品牌和农业企业品牌，甘孜萝卜、康巴拉入选“天府粮仓・农博会”最受欢迎农产品和农产品品牌。全年农产品网络零售额达2亿元，同比增长18.04%。推动理塘萝卜入选全国农业标准化示范基地。九龙县魁多镇里五村（茶）、德格县麦宿镇（藏木香、大黄）入选全国“一村一品”示范村镇。巴塘四倍体“甲着”小麦、玛格绵羊、得荣树椒入选全国十大农作物、畜禽优异种质资源，全州国家畜禽优异种质资源达14个，位居全省第二。

种植业。在全州范围内实施“百万斤粮食产能提升行动”，开展主要粮食单产竞赛活动，各地通过全覆盖推广粮食作物主导品种、主推技术和主要模式，完成粮食作物播种面积103.2万亩，粮食总产量23.3万吨，单产226千克/亩，其中完成大豆生产任务1.8万亩，分别完成省下达粮食作物播种面积102.5万亩、粮食总产量23万吨、大豆生产任务1.7万亩年度目标任务的100.68%、101.3%和105.88%，推动粮食作物播种面积103万亩、产量23万吨任务只增不减。

畜牧业。推进牦牛产业集群建设，逐县对接2023年集群项目，指导相关县落实建设主体、实施地点等，及时制发年度实施方案，督促2022年未完工10个项目及时复工，启动2023年建设项目。组织召开牦牛产业集群项目推进与技术培训会暨2023年有机牦牛发展高峰论坛，邀请农业农村厅相关领导及院校专家培训13个县项目管理人员、经营主体负责人120人参加，组织州级专家服务团队技术人员11批60余

高原蕨菜

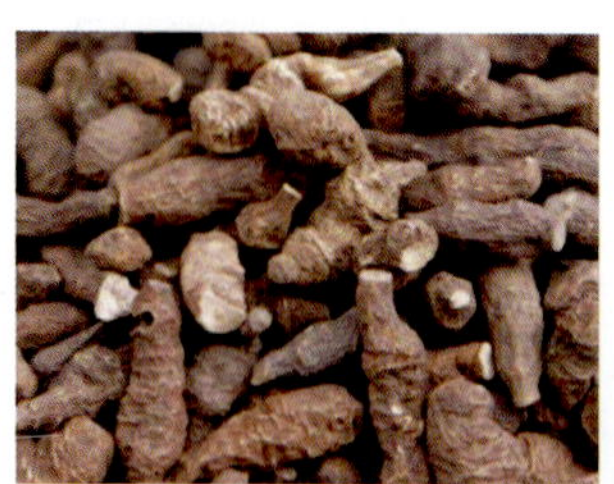
人参果

九龙县芍药花

松茸

冬虫夏草

理塘县牦牛现代农业产业园区

九龙县藏香猪养殖基地

人次蹲点培训基层科技人员和经营管理人员550余人次。制定《甘孜牦牛产业集群及藏香猪产业发展建设项目州级考核评价方案》，派出4个考评组对2022年牦牛产业集群项目进行考核评价。按照农业农村部、财政部《关于开展优势特色产业集群建设绩效评价工作的通知》要求，完成牦牛产业集群建设中期绩效评价。到道孚、炉霍、色达等7个县对29个饲草种植样地、90个样方点进行实地监测和现场产量测定，全州2023年人工饲草种植面积15.95万亩，平均每亩鲜草产量达2500千克。对四川农大、省草科院、西南民大等，在色达、理塘等地设立专家工作站，开展高原玉米种植、青贮加工、牦牛重要疾病防控、饲草饲料添加配比研究、牦牛养殖、饲草与中藏药材种植研究、饲料配比与育肥研究等课题。“亚克甘孜”商标获得国家知识产权局受理，建成康定原产地旗舰店，启动牦牛产品线上线下营销。理塘县与杭州小芳家公司签订战略合作协议，共建“甘孜州牦牛精深加工塘塘研发中心”，开展牦牛皮、绒、骨等系列产品研发，探索甘孜州牦牛产业发展政企合作新模式。

乡村振兴。推进实施乡村振兴“双百工程”，按照“月调度、季通报”制度严格进行督导，并将其纳入乡村振兴实绩考核。各县（市）均组建“双百工程”工作专班，结合示范村（精品村）建设指标及标准，以县为单位编制年度建设实施方案，并明确精品村打造主题，整合衔接资金、涉农资金6.6亿余元、项目190个，建设乡村振兴“双百工程”示范村100个（含精品村20个）。

精品村打造主题突出。各县（市）发挥地理优势、资源禀赋，挖掘产业、旅游、文化资源特点，按照“缺啥补啥”原则因村施策，20个精品村均在年初制定方案中明确打造主题，打造一批主题突出、内容丰富、吸引力强的宜居宜业和美新村，涌现出以丹巴县甲居镇聂拉村、康定市雅拉乡王母村等为代表的网红民宿村，以道孚县龙灯乡燃姑村为代表的牧旅融合村，以得荣县古学乡比拥村、泸定县烹坝镇固包村等为代表的特色种养村。

产业赋能增收明显。优化村级产业结构，按照“一村一品”因地制宜培育发展牦牛、藏猪、藏鸡、中蜂等特色养殖，苹果、葡萄、汉藏药材等特色种植，温泉民宿、风情小镇、文旅村寨等新业态，推动每个示范村（精品村）培育发展至少有1个特色主导增收产业。在打造乡村农牧旅产业的同时，重点聚焦农民增收和集体经济增效，引导22家企业、11家园区入驻示范村（精品村），建立完善“园区+集体经济组织+企业+农户”“公司+合作社+农户”“村集体+合作社+农户”等联农带农发展模式，示范村集体经济年收入达5万元及以上、精品村集体经济年收入达10万元及以上。

察青松多自然保护区白唇鹿

九龙县梅花鹿养殖基地

乡城县同登藏寨新貌

田园乡村

乡村建设助推蝶变。学习浙江“千万工程”经验，以改善人居环境、提升民生短板为切入点，在64个村新（改）建农村户厕2627户，建设产业路、联户路、通组路154千米，建设污水处理设施560处，提升饮水工程42处，其他庭院改造、路灯安装、绿化美化等人居环境整治107处，实现示范村（精品村）人居环境持续优化，基础设施得到提升，农村卫生厕所普及率、农村垃圾收转运处理率、村主干道硬化率均达100%，4G网络实现全覆盖，5G网络覆盖71个村。

乡村治理效能提升。坚持党建引领乡村治理，落实“三会一课”，建强基层党支部，21个基层党支部获评县级及以上4A级村党组织，12人获得“担当作为好支书”、县级及以上优秀党员称号。严格执行“四议两公开”，规范完善村规民约，推进移风易俗，探索“积分制”“清单制”等治理方式，基层自治法治德治智治相结合能力不断提升，涌现出“树下协商”等自治品牌。开展“民族团结进家庭”行动，挖掘传统文化，香巴拉文化、“梦乖”文化、亚丁人文、松格玛尼石石刻、红色文化等得到传承发展。推进“平安法治乡村”建设，落实“一村一辅警（警务助理）”“一村一法律顾问”，开展法治宣传教育，村民办事依法、有事找法意识不断提升。

乡村旅游。截至2023年年底，全州已创建天府旅游名村5个；国家级、省级乡村旅游重点村20个，其中国家级乡村旅游重点村3个、省级乡村旅游重点村17个。加强村基础建设，完善配套设施，完善停车场、游客中心等基础设施的规划和建设，完善进入村寨的旅游标识，做好旅游村寨的指导和服务，带动周边村旅游健康有序发展。促进休闲农业、体验农业、乡村旅游等农文旅融合发展，发展休闲食品、特色餐饮、民宿接待、民间手工艺等，提供丰富的农特产品。选准主导产业，发展优势特色种养业，传承农耕文化，植入现代农业发展元素，因地制宜培育发展传统村落特色产业，力争每个传统村落或片区有1～2个主导增收产业。打造休闲农业与乡村旅游精品工程，泸定县杵坭村、理塘县濯桑乡汉戈村获得“中国美丽休闲乡村”称号。

农村文化。全州10家国有博物馆、55家乡史村史社区小微博物馆及民办博物馆均实行免费开放，计划打造的54所县级博物馆已有10家开馆。指导相关县（市）完成康定木雅文化艺术博物馆、东嘎唐卡博物馆等22家小微型博物馆挂牌、德格民俗博物馆等2家民办博物馆授牌，完成理塘县民族博物馆等11家新设立博物馆在省文物局备案确认。组织举办展览展示、演艺等活动，丰富文化内涵，提升展览品质，扩大影响力。甘孜州民族博物馆2023年推出钱塘匠心——杭州工艺美术甘孜展，实现馆际交流、区域合作。红军飞夺泸定桥纪念馆与红军长征纪念碑碑园黄龙国家级风景名胜区管

色达县泥拉坝湿地风光

白玉县青山碧水拉龙措

稻城亚丁风景区

鱼通土司官寨

理局、陈毅故里景区开展馆际交流，与西北工业大学、齐齐哈尔医学院举行馆校交流，打造思政新课堂。甘孜州国有博物馆全年参观人数达115余万人。逐步实施完成州民族博物馆馆藏珍贵文物防震预防性保护、馆藏珍贵文物数字化保护，州民族博物馆完成23幅噶玛嘎孜画派唐卡征集。革命老区朱德和格达活佛纪念馆提升项目已完成。

耕地保护。全州耕地控制总量122.88万亩，2023年第一次上报国家变更调查数据显示，全州耕地实际保有量131.33万亩，高于控制数8.45万亩。有序开展耕地补充恢复，持续开展耕地变化情况动态监测，督促各县（市）推进年度耕地恢复补充并及时纳入变更调查，耕地净增加6576亩。缓解耕地占补平衡压力，推进新立土地整治项目实施，上报13个新增土整项目，10个项目取得省厅认定意见，7个项目审查立项，完成九龙县子耳彝族乡银厂湾村土地整治项目和甘孜县扎科乡扎科村、庭卡乡庭卡村等5个村土地整治项目2个新立土地整治项目验收。九龙县子耳彝族乡银厂湾村土地整治项目和甘孜县扎科乡扎科村、庭卡乡庭卡村等5个村土地整治项目于4月28日取得省厅《土地整治项目选址和新增耕地来源审核表》，符合立项要求，州自然资源和规划局于6月17日下达立项通知，批准项目立项实施。其中，九龙县为社会投资（投建一体）项目，投资规模1495.68万元；甘孜县为县级财政投资项目，投资规模547.21万元。经过财政评审、施工招投标等阶段，九龙县于6月下旬进场施工，甘孜县于9月初进场施工，2个项目均于11月初竣工。根据省中心出具的技术核查报告，九龙县子耳彝族乡银厂湾村土地整治项目新增耕地面积为481.53亩（其中净耕地面积405.13亩），甘孜县扎科乡扎科村、庭卡乡庭卡村等5个村土地整治项目新增耕地面积为120.65亩（其中净耕地面积111.58亩），耕地质量等别均为11等。新增耕地520余亩。压实全州各级党委、政府耕地保护责任，将耕地保护纳入州平安建设暨重点工作月例会内容，坚持月暗访、月分析、月通报。全面推行田长制，8月28日率先召开全州耕地保护暨田长制会议，庚即拟定并开展耕地保护重点工作专项督导，年末组织召开州田长办公室主任会议，通过建立健全州、县、乡、村四级田长制责任体系，设立各级田长和网格员6367人，注册巡田App 6468人，开展巡田139.51万次，设立州、县、乡、村标识标牌1084个；充实州田长办、州耕地保护领导小组办公室工作力量3人，保障工作正常运转。

机械化收割

西昌市林业和草原局

省政协主席田向利（左二）到天喜花卉博览园调研

国家标准委副主任孙晓康（左二）到天喜花卉博览园调研

凉山州委常委、西昌市委书记马辉（左三）到西昌市林下经济基地调研

凉山州副州长马小合（左一）到林下经济基地调研

市长宋莉（右一）带队到四合乡、安宁镇督促指导森林草原防灭火工作

外宾参观天喜花卉博览园生产区

凉山州林草局督导暗访西昌市森林草原防火工作

西昌市林草局到林下经济基地调研

近年来，西昌市委、市政府认真贯彻落实国家、省、州乡村振兴战略决策部署，围绕“创新、协调、绿色、开放、共享”五大发展理念，依托西昌花卉的“地理优势、政策优势、品种优势、品质优势”四大优势，高质量推进现代农林园区建设，加快以花卉为代表的特色产业发展，着力构建具有地方特色的花卉产业。

繁花似锦，西昌花卉产业成效显著

西昌市通过持续不断地招商引资，吸引来自北京、上海、广州、深圳、中国台湾及省内近27家骨干企业入驻，累计投入资金近10亿元，年产值达11.19亿元，建成各种温室大棚300万平方米，获得“第二批省级现代林业园区”称号。2024年，年产各类盆花11938.95万盆、鲜切花3950.2万支，鲜切花和盆花产量均稳居全省第一位，全市花卉产业全链条产值达20亿元以上。

多措并举，实现花卉产业高质量发展

突出规划引领，构建花卉产业“基地化、规模化、园区化”建设模式。西昌市坚持规划先行原则，以园区建设为契机，按照“南菜北花”的思路，出台花卉产业发展总体规划和一系列优惠政策，形成“一轴、两心、三片”的产业发展布局，推动花卉产业规模化、集约化、现代化发展。形成“种苗、种球、切花、盆花、绿化苗木、工业花卉”六大体系，形成“技术全国一流、标准全面统一、品质高端、质量恒定”的植物工厂“12650”生产模式，成为中国高档盆花最佳种植区、中国西部优质花卉培育产出的核心区。

强化科技支撑，不断借力借智提高花卉研发技术和种植水平。依托现代产业园区，引进省级龙头企业，与新西兰兰花协会、荷兰安祖、荷兰迪瑞特、日本麒麟生物、西班牙、比利时等多家世界知名企业建立长期合作关系，共同构建科研支撑体系。园区企业拥有自主知识产权的花卉专利产品10余项，建成了5000平方米的组培实验室。

开展特色产业，探索花卉产业融合发展模式。一是以“天喜”“七彩花卉”等知名商标为引领，突出高档盆花、鲜切花等特色优势，全力打造国际国内花卉知名品牌。二是建成集研发、种植、销售于一体的多肉植物产业基地，通过挖掘和传承当地文化特色与旅游资源优势，积极推动“多肉＋文旅＋研学”等融合发展模式的创新与实践，为乡村振兴注入新的活力和动力。

下一步，西昌花卉产业将在花卉种质资源收集、苗木组培、良种培育推广、苗木繁育销售等四大方面进一步赋能，并以此为花卉产业产值增长点，稳步推进西昌花卉产业质效，发挥西昌盆花品质优势，实现产业产值高质量增长，为四川高质量发展贡献西昌花卉力量。

西昌市林草局开展森林草原防火宣传活动

州市联动开展野生动植物保护暨林长制宣传活动

西昌市林草局开展“爱鸟周”暨林长制宣传活动

西昌市林草局开展古树名木保护科普宣传活动

天喜花卉博览园

索引

SUO YIN

SICHUAN

说　明

一、本索引按内容主题性质分类，以关键词首字按英文字母排序排列，页码后的a表示页面的左栏。

二、为方便检索，标目编排不考虑非汉字部分。内文检索至二级标目，年度聚焦、特载、大事记、调查与研究、附录、编写组、聚焦“三农”等类目未作索引。

三、本索引收录词条字体、字号设定和疏密安排均以方便读者查阅检索为要，欢迎读者提出宝贵意见。

A

阿坝藏族羌族自治州……564

阿坝县……593a

安居区……335a

安岳县……552a

安州区……285a

B

巴塘县……619a

巴中市……492

巴州区……495a

白玉县……616a

宝兴县……518a

北川羌族自治县……296a

布拖县……632a

C

苍溪县……326a

草原保护建设……046a

朝天区……323a

长宁县……451a

成都市…… 120
成华区…… 146a
城乡融合发展与新型城镇化建设…… 115
崇州市…… 165a
船山区…… 333a
翠屏区…… 437a

D

达川区…… 483a
达州市…… 482
大安区…… 191a
大邑县…… 168a
大英县…… 340a
大竹县…… 484a
丹巴县…… 607a
丹棱县…… 537a
道孚县…… 612a
稻城县…… 621a
得荣县…… 622a
德昌县…… 628a
德格县…… 616a
德阳市…… 243
东坡区…… 525a
东区…… 209a
东兴区…… 346a
都江堰市…… 159a

E

峨边彝族自治县…… 395a
峨眉山市…… 378a
恩阳区…… 500a

F

防汛抗旱…… 062a
涪城区…… 273a
富顺县…… 202a

G

甘洛县…… 638a
甘孜藏族自治州…… 596
甘孜县…… 614a
高坪区…… 406a
高县…… 458a
珙县…… 462a
贡井区…… 189a
古蔺县…… 241a
管理与监督…… 078
广安区…… 472a
广安市…… 471
广汉市…… 253a
广元市…… 308
国省干线公路建设…… 070a
国有林场林区…… 056

H

汉源县…… 522a
合江县…… 230a
河（湖）长制工作…… 065a
河（湖、库）管理…… 064a
黑水县…… 590a
红原县…… 595a
洪雅县…… 535a
华蓥市…… 474a
会东县…… 629a
会理市…… 626a

J

嘉陵区…… 407a
夹江县…… 387a
简阳市…… 167a
剑阁县…… 325a
江安县…… 449a
江阳区…… 216a
江油市…… 286a
交通建设与管理…… 066
交通运输…… 071a
金川县…… 588a
金口河区…… 374a
金牛区…… 144a
金融体制改革…… 077a
金堂县…… 168a
金阳县…… 634a
锦江区…… 142a
旌阳区…… 245a
井研县…… 384a
九龙县…… 608a
九寨沟县…… 584a
筠连县…… 461a

K

开江县…… 491a
康定市…… 605a

L

阆中市…… 408a
乐山市…… 355
乐至县…… 559a
雷波县…… 640a
理塘县…… 618a
理县…… 581a
利州区…… 316a
凉山彝族自治州…… 624
粮食安全…… 042a
邻水县…… 480a
林草产业…… 053a

林业和草原…… 043
龙马潭区…… 219a
龙泉驿区…… 147a
隆昌市…… 348a
芦山县…… 514a
炉霍县…… 613a
泸定县…… 606a
泸县…… 225a
泸州市…… 212
罗江区…… 251a

M

马边彝族自治县…… 399a
马尔康市…… 579a
茂县…… 582a
眉山市…… 524
美姑县…… 639a
米易县…… 210a
绵阳市…… 266
绵竹市…… 255a
冕宁县…… 636a
民族地区科技工作…… 117a
民族地区社会事业…… 116
民族地区文化工作…… 118a
名山区…… 511a
木里藏族自治县…… 627a
沐川县…… 392a

N

纳溪区…… 224a
南部县…… 412a
南充市…… 401
南江县…… 501a
南溪区…… 440a
内江市…… 343
宁南县…… 630a
农产品市场安全监管…… 080a
农村财政、金融与市场监管…… 075
农村财政与金融…… 076
农村防灾减灾…… 101a
农村妇女就业与创业…… 103a
农村公路建设及养护…… 069a
农村基础设施建设与管理…… 059
农村教育…… 092a
农村金融工作…… 076a
农村居民家庭收支情况…… 097a
农村居民社会保障…… 100a
农村民主法制建设…… 104a
农村群团工作…… 102a
农村人居环境整治…… 091a
农村社会治安综合治理…… 109a
农村生态建设…… 088a
农村体育…… 099a
农村文化…… 095a

农村邮政事业…… 073
农村邮政综合服务体系建设…… 074a
农田水利建设…… 072
农业对台合作与交流…… 057
农业发展概况…… 039

P

攀枝花市…… 203
彭山区…… 526a
彭州市…… 161a
蓬安县…… 418a
蓬溪县…… 338a
郫都区…… 155a
平昌县…… 507a
平武县…… 290a
屏山县…… 467a
蒲江县…… 170a
普格县…… 631a

Q

气候状况…… 034
前锋区…… 473a
犍为县…… 381a
青白江区…… 147a
青川县…… 325a
青神县…… 538a
青羊区…… 143a
邛崃市…… 162a
渠县…… 491a

R

壤塘县…… 591a
人口情况…… 037
仁和区…… 210a
仁寿县…… 529a
荣县…… 197a
若尔盖县…… 594a

S

三台县…… 300a
色达县…… 618a
森林病虫害防治…… 049a
森林和草原防火…… 048a
森林资源保护管理…… 045a
沙湾区…… 371a
射洪市…… 336a
涉农保险…… 077a
涉农审计工作…… 079a
涉农物价管理…… 078a
什邡市…… 254a
生猪价格波动体系建设…… 051a
石棉县…… 523a
石渠县…… 617a
市（州）、县（市、区）农村工作概况…… 119

市中区…………………………………… 345a，364a
双流区…………………………………………… 152a
水利工程建设与管理………………………… 061a
水利建设……………………………………… 060
水利科技……………………………………… 064a
水土保持……………………………………… 065a
水文工作……………………………………… 063a
水资源管理…………………………………… 061a
顺庆区………………………………………… 405a
四川概况……………………………………… 030
四川农村信息网建设………………………… 072
四川省农产品进出口概况及年度特点……… 086a
松潘县………………………………………… 583a
遂宁市………………………………………… 326

T

特色经济林产业……………………………… 055a
特色效益农业………………………………… 053
天全县………………………………………… 513a
通川区………………………………………… 482a
通江县………………………………………… 506a

W

万源市………………………………………… 483a
旺苍县………………………………………… 324a
威远县………………………………………… 350a
温江区………………………………………… 148a
文化振兴……………………………………… 112
汶川县………………………………………… 580a
五通桥区……………………………………… 367a
武侯区………………………………………… 145a
武胜县………………………………………… 476a

X

西昌市………………………………………… 625a
西充县………………………………………… 414a
西区…………………………………………… 209a
喜德县………………………………………… 635a
乡城县………………………………………… 620a
乡村旅游……………………………………… 110
乡村振兴……………………………………… 111
乡风文明建设………………………………… 092a
小金县………………………………………… 589a
新都区………………………………………… 148a
新津区………………………………………… 156a
新龙县………………………………………… 615a
新型农村金融机构…………………………… 076a
兴文县………………………………………… 465a
行政区划及变更……………………………… 035
畜牧业………………………………………… 050
叙永县………………………………………… 236a
叙州区………………………………………… 443a
宣汉县………………………………………… 484a

Y

雅安市…………………………………………………… 509
雅江县…………………………………………………… 611a
沿滩区…………………………………………………… 193a
盐边县…………………………………………………… 211a
盐亭县…………………………………………………… 305a
盐源县…………………………………………………… 627a
雁江区…………………………………………………… 549a
野生动植物保护……………………………………… 047a
仪陇县…………………………………………………… 415a
宜宾市…………………………………………………… 421
宜居宜业和美乡村建设……………………………… 088
宜居宜业和美乡村建设与乡村旅游……………… 087
饮水民生工程………………………………………… 063a
荥经县…………………………………………………… 519a
营山县…………………………………………………… 416a
游仙区…………………………………………………… 273a
渔业……………………………………………………… 052
雨城区…………………………………………………… 510a
岳池县…………………………………………………… 475a
越西县…………………………………………………… 637a

Z

昭化区…………………………………………………… 321a
昭觉县…………………………………………………… 634a
中国农业发展银行四川省分行涉农工作………… 078a
中江县…………………………………………………… 255a
中药材产业…………………………………………… 054a
种植业…………………………………………………… 040
抓党建促乡村振兴…………………………………… 113
资阳市…………………………………………………… 548
资中县…………………………………………………… 349a
梓潼县…………………………………………………… 289a
自贡市…………………………………………………… 172
自流井区……………………………………………… 188a
自然资源……………………………………………… 031
宗教情况……………………………………………… 038
综述…… 040a，043a，050a，060a，066a，073a，116a